Klaus Bitter

Beck'sches Prozeßformularbuch

Beck'sches Prozeßformularbuch

Herausgegeben von

Prof. Dr. Horst Locher

Rechtsanwalt in Reutlingen

Dr. Peter Mes

Rechtsanwalt in Düsseldorf

Bearbeitet von

Dr. Klaus Anschütz, Rechtsanwalt in Mannheim; *Wilfrid Antusch,* Richter am Oberlandesgericht München; *Friedrich Böhmer,* Richter am Oberlandesgericht Hamm; *Helmut Büchel,* Richter am Hanseatischen Oberlandesgericht Hamburg; *Dr. Hans Goll,* Rechtsanwalt in Karlsruhe; *Friedrich Irschlinger,* Rechtsanwalt in Mannheim; *Dr. Heribert Johlen,* Rechtsanwalt in Köln; *Dr. Wolfgang Koeble,* Rechtsanwalt in Reutlingen; *Prof. Dr. Horst Locher,* Rechtsanwalt in Reutlingen; *Dr. Helmuth Lutz,* Rechtsanwalt in Stuttgart; *Dr. Peter Mes,* Rechtsanwalt in Düsseldorf; *Dr. Joachim Mewing,* Rechtsanwalt in Hamburg; *Dr. Ekkehart Reinelt,* Rechtsanwalt in München; *Günter Schaub,* Vorsitzender Richter am Bundesarbeitsgericht; *Prof. Dr. Rolf A. Schütze,* Rechtsanwalt in Stuttgart; *Klaus Sedelmeier,* Rechtsanwalt in Stuttgart; *Dr. Siegbert F. Seeger,* Präsident des Niedersächsischen Finanzgerichts; *Dr. Hans Gottfried Strohm,* Rechtsanwalt in München; *Dr. Richard Weber,* Rechtsanwalt in Mannheim; *Dr. Klaus Wilde,* Vizepräsident des Landessozialgerichts Niedersachsen; *Prof. Dr. Rüdiger Zuck,* Rechtsanwalt in Stuttgart

7., neubearbeitete und erweiterte Auflage

C. H. Beck'sche Verlagsbuchhandlung
München 1995

Die Deutsche Bibliothek – CIP-Einheitsaufnahme

Beck'sches Prozeßformularbuch / hrsg. von Horst Locher ;
Peter Mes. Bearb. von Klaus Anschütz ... – München : Beck
  ISBN 3 406 39487 6
NE: Locher, Horst; Anschütz, Klaus
Buch. – 7., neubearb. Aufl. – 1995

ISBN 3 406 39487 6
Umschlag- und Einbandentwurf von Bruno Schachtner, Dachau
Druck der C.H. Beck'schen Buchdruckerei, Nördlingen
Gedruckt auf säurefreiem, aus chlorfrei gebleichtem Zellstoff hergestelltem Papier

Vorwort zur 7. Auflage

Seit dem Erscheinen der 6. Auflage 1992 hat sich das Recht im Bereich der Bundesrepublik rasch fortentwickelt. Dafür ist insbesondere die Notwendigkeit zur Rechtsvereinheitlichung maßgebend. So bestand ein Zwang zur Harmonisierung zwischen den alten und den neuen Bundesländern. Hier sind insbesondere auf dem Gebiet der Gerichtsbarkeiten und ihrer Organisation große Fortschritte erzielt worden. Darüber hinaus hat ein gewisser Reformstau in einzelnen Bereichen, wie etwa in den Verfahrensordnungen der Finanz- und Sozialgerichte oder im Kostenrecht, zum Teil tiefgreifende rechtliche Änderungen notwendig gemacht. Eine weitere Notwendigkeit zur Rechtsfortbildung ergab sich aus der Europäischen Union und der fortschreitenden Harmonisierung der nationalen Rechtsordnungen in ihren Mitgliedstaaten. Ein typisches Beispiel dafür ist das zum 1. Januar 1995 in Kraft getretene Markengesetz, mit dem eine EG-Richtlinie von 1988 in das deutsche Rechtssystem umgesetzt wird. Auch sonst nimmt das Recht der Europäischen Union zunehmenden Einfluß auf die Rechtsanwendung in Deutschland. Der deutsche Gesetzgeber war aber auch in anderen Bereichen nicht untätig und hat mit – teilweise überraschenden – Gesetzesänderungen aufgewartet. Typisch ist insoweit ein Beispiel aus dem Bereich des Wettbewerbsrechts, das Gesetz zur Änderung des Gesetzes gegen den unlauteren Wettbewerb vom 25. Juli 1994, das bereits eine Woche später, nämlich schon am 1. August 1994, in Kraft getreten ist. Dieses Gesetz sieht für die Praxis erhebliche Änderungen vor, z.B. für die Beurteilung der Aktivlegitimation von Wettbewerbsgläubigern und für die örtliche Zuständigkeit von Gerichten in wettbewerbsrechtlichen Streitigkeiten.

Diese vielfältigen Gesetzesänderungen und die vorstehend skizzierten Rechtsentwicklungen wurden begleitet von einer Fülle wesentlicher höchstrichterlicher Entscheidungen und von zahlreichen Stellungnahmen im Schrifttum.

Autoren, Herausgeber und Verlag legen mit dieser jüngsten Auflage des Prozeßformularbuchs ein Werk vor, das unter Berücksichtigung insbesondere der vorstehend geschilderten Umstände weitgehend neu überarbeitet worden ist. Als Ergänzung zum Buch wird bei dieser Auflage erstmals auch eine Textdiskette mit den Mustertexten ohne Anmerkungen erscheinen. Diese Diskette wird in einer DOS- und in einer Windows-Version erhältlich sein und soll der Arbeitserleichterung dienen. Einer inhaltlichen Übernahme der dort enthaltenen Mustertexte sollte in jedem einzelnen Fall eine gewissenhafte Prüfung und Anpassung an die individuellen Gegebenheiten vorausgehen.

Auch für diese Auflage gilt, daß in ihr Verbesserungsvorschläge und Anregungen enthalten sind, die die Herausgeber und Autoren aus den Kreisen der Benutzer erhalten haben. Dafür sind sie dankbar und hoffen ein weiteres Mal auf ein sowohl wohlwollendes wie auch kritisches Interesse der Benutzer.

Im September 1995   *Horst Locher*   *Peter Mes*

Vorwort zur 1. Auflage

Prozeß und Prozeßrecht dienen der Verwirklichung des materiellen Rechts. Die zunehmende Spezialisierung des materiellen und des Prozeßrechts sowie die Ausformung bestimmter spezifischer prozessualer Gestaltungsformen für Sondermaterien des Rechts erschweren einen zuverlässigen Überblick über die materiellen und prozessualen Besonderheiten der einzelnen Rechtsgebiete und eine sichere Geltendmachung der jeweiligen Ansprüche. Vielfach treten daher Hemmungen und Verzögerungen der Rechtsverwirklichung nur deshalb ein, weil es dem Rechtsuchenden, insbesondere auch seinem anwaltlichen Vertreter Schwierigkeiten bereitet, Klagen, Anträge und Rechtsbehelfe entsprechend den materiell- und prozeßrechtlichen Notwendigkeiten zu gestalten und zu formulieren. Hier unternehmen Verlag, Verfasser und Herausgeber mit Vorlage dieses Prozeßformularbuchs den Versuch, dem Prozeßpraktiker Hilfestellung zu leisten. Um es dem Benutzer zu ermöglichen, auch Prozesse in nicht vertrauten Rechtsmaterien sachgerecht zu führen, stellen Richter und Anwälte ihr Erfahrungswissen zur Verfügung. In dem hier vorgelegten Prozeßformularbuch sind Vorschläge zur Formulierung und Gestaltung von Klagen, Anträgen und Rechtsbehelfen für den Zivil-, den Arbeitsgerichts-, den Verwaltungsgerichts-, den Sozialgerichts- und den Finanzgerichtsprozeß enthalten. Des weiteren sind Anträge und Rechtsbehelfe zum Verfassungsrecht behandelt. Da nicht nur der Feststellung des materiellen Rechts im Prozeß Bedeutung zukommt, sondern in gleichem Maße die Fragen der Vermeidung eines Prozesses und die der Durchsetzung von gerichtlichen Entscheidungen in der Praxis hohen Rang haben, sind – soweit möglich – insbesondere auch Formularvorschläge für die vorprozessuale und außergerichtliche Behandlung eines Streitfalles und Anträge und Rechtsbehelfe des Zwangsvollstreckungs- sowie des gesamten Insolvenzrechts aufgenommen. Die Formularvorschläge enthalten, soweit erforderlich, auch den dazugehörigen Tatsachenvortrag und die rechtliche Begründung. Die den Formularen beigefügten Anmerkungen sollen die zum Verständnis notwendigen prozessualen und materiellen Gesichtspunkte darlegen und alternative Gestaltungsformen aufweisen, darüber hinaus aber auch weiterführende Literatur vermitteln. Es versteht sich von selbst, daß die Fülle der in der Prozeßpraxis zu meisternden Tatbestände in einem Prozeßformularbuch auch nicht annähernd erschöpfend behandelt werden kann. Der Benutzer ist deshalb gehalten, anhand der in diesem Buch niedergelegten Gestaltungsvorschläge in eigener Verantwortung die angemessene Formulierung zu finden.

Das vorliegende Prozeßformularbuch stellt ein Pendant zum „Beck'schen Formularbuch zum Bürgerlichen, Handels- und Wirtschaftsrecht" dar. Die Herausgeber danken allen Autoren für ihre Mitarbeit und dem Verlag für die Betreuung bei der Herstellung des Werkes. Für Anregungen und Verbesserungsvorschläge sind Herausgeber, Verfasser und Verlag dankbar.

Im August 1980 *Horst Locher* *Peter Mes*

Inhaltsverzeichnis

Vorwort zur 7. Auflage V
Vorwort zur 1. Auflage VI
Bearbeiterverzeichnis XXVII
Abkürzungsverzeichnis XXIX

I. Das allgemeine Zivilprozeßverfahren

A. Mandatsverhältnis

1. Bitte um Mandatsübernahme 1
2. Mandatsübernahmebestätigung 4
3. Honorarvereinbarung 5
4. Haftungsbeschränkungsvereinbarung 6
5. Kündigung des Mandatsverhältnisses durch den Anwalt und Anzeige der Niederlegung.... 7
6. Kostenfestsetzung nach § 19 BRAGO 8
7. Antrag auf Beratungshilfe 9

B. Mahnverfahren

1. Antrag auf Erlaß eines Mahnbescheides durch das Amtsgericht 12
2. Widerspruch gegen Mahnbescheid 18
3. Antrag auf Erlaß des Vollstreckungsbescheides 20
4. Einspruch gegen Vollstreckungsbescheid 22
5. Urkunden-, Wechsel- und Scheck-Mahnbescheid 25
6. Widerspruch gegen Urkunden-, Wechsel- und Scheck-Mahnbescheid 27
7. Anspruchsbegründung nach Überleitung in das streitige Verfahren 28
8. Anspruchsbegründung nach Einspruch gegen Vollstreckungsbescheid 30
9. Antrag auf Verwerfung des Einspruchs gegen Vollstreckungsbescheid 31

C. Prozeßkostenhilfe

1. Antrag des Klägers auf Bewilligung von Prozeßkostenhilfe und Beiordnung eines Rechtsanwalts 33
2. Antrag des Beklagten auf Bewilligung von Prozeßkostenhilfe und Beiordnung eines Rechtsanwalts 39
3. Antrag des Berufungsklägers auf Prozeßkostenhilfe und Beiordnung eines Rechtsanwalts .. 40
4. Antrag auf Änderung der Ratenzahlungsanordnung 42
5. Erinnerung gegen den Änderungsbeschluß nach § 120 Abs. 4 ZPO 44
6. Antrag auf Beiordnung eines Rechtsanwalts für eine auswärtige Beweisaufnahme .. 46
7. Antrag auf einstweilige Anordnung zur Leistung eines Prozeßkostenvorschusses 47
8. Beschwerde gegen die Ablehnung der Prozeßkostenhilfe 49

D. Klageerhebung

1. Grundmuster einer Klageschrift mit Begründung (Zahlungsklage an das Landgericht mit Anregung eines frühen ersten Termins und Einverständnis mit Übertragung auf den Einzelrichter) 52
2. Grundmuster einer Klageschrift mit Begründung (Zahlungsklage an das Landgericht, Kammer für Handelssachen, mit Anregung des schriftlichen Vorverfahrens) 58
3. Positive Feststellungsklage 62
4. Leistungsklage mit unbeziffertem Antrag, verbunden mit Feststellungsklage 65
5. Klage auf Vornahme einer Handlung 69

Inhalt

6. Klage auf Unterlassung	70
7. Klage auf Herausgabe mit Fristsetzung und Schadensersatz	72
8. Klage auf Abgabe einer Willenserklärung	74
9. Klage auf Duldung	76
10. Klage auf künftige Leistung	77
11. Stufenklage	78
12. Teilklage	82
13. Zwischenfeststellungsklage	84

E. Klageerwiderung

1. Vertretungsanzeige mit Ankündigung der Anträge bei frühem ersten Termin	86
2. Vertretungs- und Verteidigungsanzeige bei schriftlichem Vorverfahren	87
3. Vertretungsanzeige und Teilanerkenntnis unter Protest gegen die Kosten bei schriftlichem Vorverfahren	88
4. Materielle Klageerwiderung (Grundmuster mit Begründung)	89
5. Widerklage und Drittwiderklage	93
6. Prozeßaufrechnung und Hilfswiderklage	95
7. Negative Feststellungsklage gegenüber Teilklage	97
8. Schiedseinrede	98

F. Zustellungen, Fristen und Termine

1. Antrag auf Wiedereinsetzung bei Versäumung der Einspruchsfrist	100
2. Antrag auf Wiedereinsetzung bei Versäumung der Berufungsfrist	104
3. Antrag auf Bezeichnung als Feriensache	107
4. Antrag auf öffentliche Zustellung von Klageschrift und Ladung	108
5. Antrag auf Zustellung im Ausland und Festsetzung der Einlassungsfrist	110
6. Antrag auf Fristverlängerung	111
7. Antrag auf Terminsverlegung	112
8. Antrag auf Berichtigung des Protokolls	113
9. Antrag auf Erklärungsfrist nach § 283 ZPO	115

G. Versäumnisverfahren/Entscheidung nach Lage der Akten

1. Antrag auf Versäumnisurteil gegen den Beklagten	117
2. Antrag auf Erlaß eines Versäumnisurteils im schriftlichen Vorverfahren	119
3. Antrag auf Versäumnisurteil gegen den Kläger	121
4. Sofortige Beschwerde gegen die Zurückweisung des Antrags auf Versäumnisurteil	122
5. Einspruch gegen Versäumnisurteil mit Antrag auf Einstellung der Zwangsvollstreckung	123
6. Antrag auf zweites Versäumnisurteil	127
7. Antrag auf Verwerfung des unzulässigen Einspruchs durch Beschluß	128
8. Entscheidung nach Lage der Akten	130

H. Beweisverfahren

1. Antrag auf Vernehmung von Zeugen	132
2. Entschuldigung des nicht erschienenen Zeugen mit Antrag auf Aufhebung des Ordnungsmittelbeschlusses	136
3. Antrag auf Entscheidung über Zeugnisverweigerungsrecht	138
4. Antrag auf Sachverständigengutachten	139
5. Antrag auf mündliche Vernehmung des Sachverständigen nach schriftlichem Gutachten mit Ortsbesichtigung	142
6. Ablehnung des Sachverständigen und Antrag auf Einholung eines weiteren Gutachtens	143
7. Urkundenbeweisantritt	146
8. Antrag auf Parteivernehmung und Anhörung der eigenen Partei	148
9. Antrag im selbständigen Beweisverfahren	150
10. Antrag auf Klageerhebung im selbständigen Beweisverfahren	154

Inhalt

I. Besonderheiten bezüglich des Gerichts

1. Antrag auf Verweisung an die Kammer für Handelssachen 156
2. Antrag auf Verweisung bei örtlicher Unzuständigkeit 157
3. Antrag auf Verweisung wegen sachlicher Unzuständigkeit....................... 160
4. Antrag auf Vorabentscheidung über die Zulässigkeit des Rechtswegs mit Hilfsantrag auf Verweisung... 161
5. Antrag auf Bestimmung des zuständigen Gerichts 163

J. Besonderheiten bezüglich der Parteien

1. Prozeßführungsbefugnis (gewillkürte Prozeßstandschaft) 165
2. Streitverkündung.. 166
3. Beitritt eines Nebenintervenienten 169
4. Antrag auf Parteiberichtigung 171
5. Antrag auf Parteiwechsel.. 172
6. Parteierweiterung (subjektive Klageerweiterung) 174

K. Besonderheiten bezüglich des Streitgegenstandes

1. Klageänderung... 176
2. Eventuelle Klagenhäufung (Klageerweiterung durch Hilfsantrag) 178
3. Uneigentliche eventuelle Klagenhäufung.. 179

L. Anträge und Erklärungen im Prozeßverlauf

1. Antrag auf Aussetzung des Rechtsstreits wegen Strafverfahrens 180
2. Antrag auf Aussetzung des Rechtsstreits bei Tod einer Partei 182
3. Anzeige der Aufnahme des Rechtsstreits durch die Erben....................... 183
4. Antrag auf Erlaß eines Teilurteils.. 184
5. Antrag auf Erlaß eines Grundurteils... 185
6. Antrag auf Erlaß eines Vorbehaltsurteils bei Aufrechnung 187
7. Ablehnung eines Richters wegen Besorgnis der Befangenheit 189

M. Beendigung des Prozesses durch Parteiprozeßhandlungen

1. Antrag auf Protokollierung eines Vergleichs 192
2. Zurücknahme der Klage 195
3. Zustimmung des Beklagten zur Klagerücknahme und Kostenantrag 196
4. Verzicht 198
5. Antrag des Beklagten auf Verzichtsurteil 199
6. Anerkenntnis unter Verwahrung gegen die Kosten................................ 199
7. Antrag auf Anerkenntnisurteil.. 202
8. Erledigungserklärung des Klägers 203
9. Übereinstimmende Erledigungserklärung (Anschließungserklärung des Beklagten) .. 205
10. Einseitige Erledigungserklärung des Klägers 207

N. Anträge zum Urteil

1. Antrag auf Berichtigung des Urteils 209
2. Antrag auf Berichtigung der Parteibezeichnung 211
3. Antrag auf Urteilsergänzung.. 212
4. Antrag auf Berichtigung des Tatbestandes verbunden mit Antrag auf Urteilsergänzung 214
5. Antrag auf Hinausschiebung der Urteilszustellung................................ 216

O. Rechtsmittel und Rechtsbehelfe

1. Berufungsschrift 217
2. Berufungsbegründungsschrift 222
3. Anschlußberufung... 227
4. Berufungserwiderung 230
5. Revisionsschrift.. 232

Inhalt

6. Einfache Beschwerde	236
7. Sofortige Beschwerde	238
8. Gegenvorstellung	240

P. Klagen betreffend die Urteilswirkung

1. Nichtigkeitsklage	242
2. Restitutionsklage	244
3. Klage gemäß § 826 BGB	246
4. Abänderungsklage gemäß § 323 ZPO	248
5. Klage auf Anerkennung eines ausländischen Urteils	250

Q. Urkunden-, Wechsel- und Scheckprozeß

1. Klage im Urkundenprozeß	252
2. Klageerwiderung im Urkundenprozeß	255
3. Klage im Wechselprozeß gegen Annehmer, Aussteller und Indossanten	257
4. Klageerwiderung im Wechselprozeß	260
5. Klage im Scheckprozeß gegen Aussteller	263
6. Abstehen vom Urkundenprozeß (Wechselprozeß)	265
7. Fortsetzung des Rechtsstreits nach Vorbehaltsurteil durch den Beklagten	266
8. Fortsetzung des Rechtsstreits nach Vorbehaltsurteil durch den Kläger	268

R. Arrest und einstweilige Verfügung

1. Antrag auf dinglichen Arrest und Arrestpfändung	269
2. Antrag auf persönlichen Arrest	272
3. Antrag auf Aufhebung des Arrestes wegen veränderter Umstände	273
4. Antrag auf Erlaß einer auf Sicherung eines Herausgabeanspruchs gerichteten einstweiligen Verfügung	275
5. Antrag auf Ladung zum Rechtfertigungsverfahren	277
6. Widerspruch gegen einstweilige Verfügung	278
7. Antrag auf Erlaß einer auf Sicherung gerichteten Verfügung mit Grundbucheintragung	279
8. Antrag auf Erlaß einer Sicherungsverfügung, gerichtet auf Erwerbsverbot und Eintragung eines Widerspruchs	281
9. Antrag auf Erlaß einer Regelungsverfügung	283
10. Antrag auf Erlaß einer auf Leistung gerichteten einstweiligen Verfügung	285
11. Antrag auf Erlaß einer Unterlassungsverfügung	286
12. Schutzschrift zur Verhinderung des Erlasses einer einstweiligen Verfügung	288

S. Schiedsgerichtsverfahren

1. Aufforderung zur Bezeichnung eines Schiedsrichters	290
2. Aufforderung zur Bezeichnung eines Schiedsrichters durch einen Dritten	291
3. Ablehnung eines Schiedsrichters	292
4. Einrede des Schiedsvertrages	293
5. Klageschrift im schiedsgerichtlichen Verfahren	294
6. Schiedsvergleich	295
7. Antrag auf eidliche Vernehmung eines Zeugen im Schiedsverfahren	296
8. Antrag auf Vollstreckbarerklärung des Schiedsspruchs	297
9. Widerspruch gegen Vollstreckbarerklärung des Schiedsspruchs	298
10. Klage auf Aufhebung des Schiedsspruchs	299

T. Internationales Zivilprozeßrecht

1. Antrag auf Ausländersicherheit	301
2. Antrag auf Zustellung im Ausland	302
3. Antrag auf Erlaß einer einstweiligen Verfügung gegen ausländisches Beweisersuchen	304
4. Klage auf Vollstreckbarerklärung eines ausländischen Urteils nach §§ 722 f. ZPO	306
5. Klage auf Feststellung der Anerkennung eines ausländischen Urteils	309
6. Antrag auf Vollstreckbarerklärung eines ausländischen Unterhaltstitels nach Staatsvertrag	311

Inhalt

7. Antrag auf Klauselerteilung für ein ausländisches Urteil nach EuGÜbK 313
8. Beschwerde gegen die Ablehnung der Klauselerteilung nach Art. 40 EuGÜbK i.V.m. § 16 AVAG 315
9. Beschwerde gegen die Klauselerteilung nach Art. 36 EuGÜbK i.V.m. § 11 AVAG 317
10. Rechtsbeschwerde nach Art. 37 Abs. 2, 41 EuGÜbK i.V.m. §§ 17 ff. AVAG 319
11. Schutzschrift gegen Klauselerteilung nach EuGÜbK 321
12. Antrag auf Feststellung der Anerkennung einer ausländischen Entscheidung nach Art. 26 Abs. 2 EuGÜbk i.V.m. §§ 27 f. AVAG 323
13. Antrag auf Anerkennung einer ausländischen Ehescheidung nach Art. 7 § 1 FamRÄndG . . . 325
14. Antrag auf gerichtliche Entscheidung gegen die Feststellung der Landesjustizverwaltung nach Art. 7 § 1 FamRÄndG 327
15. Antrag auf Vollstreckbarerklärung eines ausländischen Schiedsspruchs nach § 1044 ZPO . . 328
16. Klage auf Vollstreckbarerklärung eines ausländischen Exequatururteils betreffend einen ausländischen Schiedsspruch 330

II. Klagen und Anträge im Zivilprozeß zu ausgewählten Gebieten des materiellen Rechts (einschließlich Anträge zum Kartellrecht)

A. Kaufrecht

1. Kaufpreisklage 333
2. Klage des Verkäufers auf Abnahme der Kaufsache 335
3. Klage auf Lieferung der Kaufsache 336
4. Die Gewährleistungsklage des Käufers (Klage auf Rückgewähr des Kaufpreises bei Wandelung) 338
5. Klage auf Schadensersatz wegen zu geringer Grundstücksfläche 340

B. Mietrecht

1. Klage des Vermieters auf Mietzinszahlung und Zwischenfeststellungsklage 343
2. Klage des Vermieters auf Zustimmung zur Mieterhöhung bei nichtpreisgebundenem Wohnraum 346
3. Klage des Mieters auf Fortsetzung des Mietverhältnisses über Wohnraum (zu geänderten Bedingungen) 349
4. Klage auf Räumung von Wohnraum wegen Zahlungsrückstandes 350
5. Klage des Erwerbers auf (künftige) Räumung von Wohnraum (§ 571 BGB) 353
6. Klage auf Räumung bei gewerblichem Zwischenmietverhältnis gegen Mieter und Untermieter 356
7. Klage des Vermieters auf Duldung baulicher Erhaltungs- oder Verbesserungsmaßnahmen . . 358
8. Klage des Vermieters auf Räumung eines gewerblich genutzten Lagerplatzes mit darauf errichteter Lagerhalle 360
9. Klage des Mieters auf Rückzahlung der Kaution 362
10. Antrag des Mieters auf Gewährung einer Räumungsfrist nach § 721 ZPO 364
11. Antrag des Mieters auf Ergänzung des Urteils bezüglich einer Räumungsfrist 365
12. Antrag des Mieters auf Bewilligung einer Räumungsfrist bei Verurteilung zur künftigen Räumung 366
13. Antrag des Mieters auf Verlängerung der Räumungsfrist 367
14. Antrag des Mieters auf Gewährung einer Räumungsfrist bei Räumungsvergleich 367
15. Sofortige Beschwerde gegen Beschluß des Amtsgerichts auf Bewilligung (Verlängerung) von Räumungsfrist 368
16. Antrag auf Vollstreckungsschutz nach § 765 a ZPO 369

C. Werkvertragsrecht

1. Klage auf Mängelbeseitigung vor Abnahme 371
2. Klage auf Vorschuß für Kosten der Mängelbeseitigung nach VOB 373
3. Klage wegen Verzögerungsschadens gegen einen VOB-Unternehmer 376
4. Minderungsklage eines Auftraggebers gegen einen Architekten 378
5. Wandelungsklage eines Wohnungseigentümers 380

XI

Inhalt

    6. Schadensersatzklage gegen Werkunternehmer (Vermessungsingenieur) 382
    7. Feststellungsklage wegen Baumängeln.. 385
    8. Klage auf Abnahme einer Bauleistung 387
    9. Klage auf Erstattung der Selbstbeseitigungskosten und der erforderlichen Aufwendungen eines Wohnungseigentümers wegen Mängeln des Gemeinschaftseigentums 388
10. Klage einer Wohnungseigentümergemeinschaft auf Geltendmachung von Schadensersatzansprüchen 390
11. Feststellungsklage des Werkunternehmers auf gesamtschuldnerischen Haftungsausgleich gegen einen Architekten 392
12. Vergleich im Prozeß zwischen Auftraggeber und einem gesamtschuldnerisch mit einem Bauunternehmer für einen Mangel haftenden Architekten 394
13. Vergütungsklage eines Bauunternehmers bei Vereinbarung der VOB 395
14. Honorarklage eines Architekten 397
15. Antrag im selbständigen Beweisverfahren wegen Baumängeln 399
16. Antrag auf Erlaß einer einstweiligen Verfügung in Bausachen 402
17. Klage auf Vertragsstrafe für nicht rechtzeitig erbrachte Bauleistungen 404

D. Unerlaubte Handlung, Gefährdungshaftung, Verkehrsunfälle

    1. Klage auf Schadensersatz, kombiniert mit Feststellungsantrag 406
    2. Klage wegen Verkehrssicherungspflichtverletzung....................................... 409
    3. Die sog. vorbeugende Unterlassungsklage (actio quasi negatoria)................... 411
    4. Klage auf Widerruf (Rücknahme) kreditgefährdender Äußerungen (§ 824 BGB) 413
    5. Klage bei Beschädigung oder Verletzung durch Gebäude (§ 836 BGB) 415
    6. Klage auf Geldrente (§ 843 BGB).. 417
    7. Klage auf Schadensersatz in Form einer Geldrente wegen Tötung des Unterhaltspflichtigen (§ 844 Abs. 2 BGB) 420
    8. Klage auf Schmerzensgeld, Schmerzensgeldrente und Feststellung hinsichtlich des künftigen immateriellen und materiellen Schadens 426
    9. Erstes außergerichtliches Schreiben bei Verkehrsunfall 430
10. Anspruchsschreiben an gegnerische Haftpflichtversicherung bei Verkehrsunfall (Reparaturkostenfall) 434
11. Schreiben an den zuständigen Polizeiverkehrsdienst.................................. 440
12. Schreiben an die Haftpflichtversicherung des Mandanten 441
13. Verkehrsunfallklage bei Alleinverschulden des Gegners (Totalschadenfall) 441
14. Verkehrsunfallklage bei Mitverschulden.. 447
15. Verkehrsunfallklage bei Mitverschulden nach Inanspruchnahme der Kaskoversicherung (Quotenvorrecht) 448
16. Verkehrsunfallklage aus Gefährdungshaftung... 450
17. Vergleich (Abfindungsvergleich) mit dem Haftpflichtversicherer 452

E. Besonderes Schuldrecht

    1. Klage auf Auskunft und Rechenschaft bei Auftrag und Geschäftsbesorgung (§§ 666, 675 BGB) 455
    2. Klage des Bürgen auf Befreiung von der Bürgschaft (§ 775 BGB) 457
    3. Klage auf Gewährung von Einsicht in eine Urkunde (§ 810 BGB) 458
    4. Klage auf Herausgabe einer Bürgschaftsurkunde 459
    5. Klage auf Bewilligung der Freigabe eines hinterlegten Beitrags 461

F. Sachenrecht

    1. Klage auf Herausgabe nach § 861 BGB 463
    2. Klage auf Beseitigung einer Besitzstörung nach § 862 BGB 465
    3. Einstweilige Verfügung auf Eintragung einer Vormerkung zur Sicherung einer Bauhandwerker-Sicherungshypothek 466
    4. Klage des Vormerkungsberechtigten nach § 888 BGB auf Zustimmung zur Eintragung bzw. Löschung 470
    5. Klage auf Grundbuchberichtigung nach § 894 BGB 472

Inhalt

6. Einstweilige Verfügung auf Eintragung eines Widerspruchs gegen die Richtigkeit des Grundbuchs (§ 899 BGB)	473
7. Klage auf Einräumung eines Notwegs (§ 917 BGB)	474
8. Auflassungsklage	476
9. Herausgabeklage nach § 985 BGB	477
10. Beseitigungsklage nach § 1004 BGB	479
11. Unterlassungsklage nach § 1004 BGB	480
12. Hypothekenklage nach § 1147 BGB	482

G. Wohnungseigentumsrecht

1. Antrag einer Wohnungseigentümergemeinschaft nach § 43 Abs. 1 Nr. 1 WEG gegen einen Wohnungseigentümer auf Erfüllung seiner sich aus der Gemeinschaft ergebenden Pflichten (hier: Beseitigung eines gemeinschaftswidrigen Zustands)	485
2. Antrag eines Verwalters in Verfahrensstandschaft für eine Wohnungseigentümergemeinschaft gegen säumige Wohnungs-(mit-)eigentümer wegen Wohngeldforderung (mit Anmerkungen zur Zulässigkeit des Mahnverfahrens nach §§ 688 ff. ZPO und zum Abgabeverfahren nach § 46 Abs. 1 WEG)	492
3. Antrag auf Erlaß eines Mahnbescheids (Verfahren nach § 46a WEG)	498
4. Antrag eines Wohnungseigentümers auf Leistung von Schadensersatz (Alternative: … auf Unterlassung) gegen einen anderen Wohnungseigentümer	503
5. Antrag auf Ungültigerklärung (Anfechtung) eines Beschlusses einer Eigentümerversammlung nach § 43 Abs. 1 Nr. 4 WEG mit Wiedereinsetzungsantrag entsprechend § 22 Abs. 2 FGG	506
6. Antrag einer Wohnungseigentümergemeinschaft nach § 43 Abs. 1 Nr. 2 WEG gegen einen abberufenen Verwalter auf Herausgabe der Verwalterunterlagen und Rechnungslegung mit einstweiliger Anordnung gemäß § 44 Abs. 3 WEG	513
7. Antrag auf Feststellung des Fehlens eines Verwalters und auf Bestellung eines Verwalters nach § 26 Abs. 3, § 43 Abs. 1 Nr. 3 WEG	517
8. Beschwerde (bzw. weitere Beschwerde) gegen einen Beschluß des Amtsgerichts (bzw. Landgerichts)	522
9. Klage auf Entziehung des Wohnungseigentums nach §§ 18, 19 WEG	524

H. Familien- und Kindschaftssachen

Kindschaftssachen und Kindesunterhalt

1. Ehelichkeitsanfechtungsklage	528
2. Klage auf Feststellung der Vaterschaft und Regelunterhalt	531
3. Klage auf Zuschläge zum Regelunterhalt (hier: Einwendungen des Beklagten)	533
4. Abänderungsklage gegen Unterhaltstitel	537

Ehesachen, insbesondere Scheidung

5. Eheaufhebungsklage	541
6. Antrag auf streitige Härtescheidung (auch bei Getrenntleben von weniger als 1 Jahr)	543
7. Antrag auf einverständliche Scheidung (Getrenntleben von mindestens 1 Jahr)	548
8. Antrag auf streitige Scheidung (Getrenntleben ab 1 Jahr)	552
9. Klage auf streitige Scheidung (hier: Einwendungen des Antragsgegners)	557

Andere Familiensachen

10. Antrag auf Regelung der elterlichen Sorge	563
11. Antrag auf Regelung des Umgangs mit Kindern	566
12. Antrag (Stufenklage) auf Ehegatten- und Kindesunterhalt nach Scheidung	569
13. Erwiderung auf eine Klage auf Unterhalt	574
14. Klage auf Zustimmung zum Realsplitting	579
15. Antrag auf Zugewinnausgleich (Stufenklage)	581
16. Antrag auf Zuteilung von Ehewohnung und Hausrat	584
17. Versorgungsausgleich – Antrag auf Nichtstattfinden und Genehmigung einer Vereinbarung nach § 1587o BGB	588

Inhalt

18. Versorgungsausgleich – Antrag auf Ausschluß wegen Unbilligkeit 593
19. Versorgungsausgleich – Antrag auf Herabsetzung 595
20. Versorgungsausgleich – Antrag auf anderweitige Regelung 598
21. Versorgungsausgleich – Antrag auf schuldrechtliche Regelung (VAHRG) 600
22. Versorgungsausgleich – Antrag auf Zwangsgeld wegen Auskunft 603

Einstweilige Regelungen

23. Antrag auf einstweilige Anordnung wegen Prozeßkostenvorschuß 605
24. Antrag auf vorläufige Anordnung wegen elterlicher Sorge und Herausgabe eines Kindes ... 608
25. Antrag auf einstweilige Anordnung wegen Getrenntlebens, Ehewohnung und persönlichen Gebrauchsgegenständen 612
26. Antrag auf einstweilige Anordnung wegen Ehegatten-Getrenntleben- und Kindesunterhalt . 614

Rechtsbehelfe, insbesondere Rechtsmittel

27. Antrag auf Abänderung und mündliche Verhandlung über einstweilige Anordnung 617
28. Negative Feststellungsklage bei Fortbestand einstweiliger Anordnung 620
29. Sofortige Beschwerde wegen „greifbarer Gesetzwidrigkeit" 622
30. Berufung gegen Verbundurteil 625
31. Berufungsbeschwerde gegen FGG-Entscheidung 629

I. Erbrecht

1. Klage auf Feststellung des Erbrechts (Nichtigkeit eines Testamentes) 632
2. Stufenklage auf Auskunft, Feststellung des Erbrechts und Herausgabe des Nachlasses 634
3. Klage auf Feststellung des Erbrechts nach Anfechtung eines Testamentes 635
4. Anfechtungsklage wegen Erbunwürdigkeit 637
5. Klage des Pflichtteilsberechtigten auf Auskunft (Entziehung des Pflichtteils) 638
6. Stufenklage auf Auskunft, eidesstattliche Versicherung und Zahlung des Pflichtteils 639
7. Klage gegen den Beschenkten wegen eines Pflichtteilsergänzungsanspruches 641
8. Klage des Erben gegen den Beschenkten auf Herausgabe des Geschenkes 643
9. Klage auf Erfüllung eines Vermächtnisses 645
10. Klage des Erben bei einem Vertrag zugunsten eines Dritten auf den Todesfall 646
11. Erbauseinandersetzungsklage 647
12. Klage eines nichtehelichen Kindes auf vorzeitigen Erbausgleich 649
13. Klage eines nichtehelichen Kindes auf Zahlung des Pflichtteiles 650
14. Klage des Vorerben gegen den Nacherben auf Einwilligung in eine Grundstücksveräußerung 651
15. Klage des Nacherben gegen einen beschenkten Dritten auf Einwilligung in eine Grundbuchberichtigung 653
16. Klage eines Miterben auf Erfüllung einer Nachlaßforderung 654
17. Klage gegen Miterben auf Erfüllung einer Nachlaßverbindlichkeit 655
18. Antrag auf Erteilung eines Erbscheins bei gesetzlicher Erbfolge 657
19. Antrag auf Erteilung eines gemeinschaftlichen Erbscheins bei testamentarischer Erbfolge .. 658
20. Antrag auf Erteilung eines Erbscheins bei Vor- und Nacherbfolge 659
21. Antrag auf Einziehung eines unrichtigen Erbscheins 660
22. Antrag eines Nachlaßgläubigers auf Erteilung eines Erbscheins 661
23. Antrag auf Erteilung eines gegenständlich beschränkten Erbscheins 662
24. Antrag auf Erteilung eines Doppelerbscheins 663

J. Gesellschaftsrecht

1. Auflösungsklage nach § 133 HGB 665
2. Ausschließungsklage nach § 140 HGB 669
3. Klage auf Übernahme des Geschäfts durch einen Gesellschafter nach § 142 HGB 672
4. Geschäftsführungsbefugnis- und Vertretungsmachtentziehungsklage nach §§ 117, 127 HGB 674
5. Antrag auf Erlaß einer einstweiligen Verfügung zur vorläufigen Entziehung der Geschäftsführungsbefugnis- und Vertretungsmacht nach §§ 117, 127 HGB, §§ 935 ff. ZPO 676

Inhalt

  6. Klage auf Bilanzmitteilung nach § 166 HGB 678
  7. Klage des ausgeschiedenen Gesellschafters auf Abfindung nach §§ 161 Abs. 2, 105 Abs. 2 HGB, § 738 BGB 680
  8. Klage auf Mitwirkung bei der Eintragung einer offenen Handelsgesellschaft nach §§ 108, 16 HGB 683
  9. Klage auf Mitwirkung bei der Anmeldung des Ausscheidens eines Gesellschafters nach § 143 HGB 684
10. Klage gegen einen Gesellschafter nach §§ 176, 128 HGB 687
11. Klage auf Aufwendungsersatz eines Gesellschafters nach § 110 HGB 689
12. Klage auf Unterlassung von Wettbewerb nach § 112 HGB 690
13. Klage gegen einen handelnden Gründer einer GmbH nach § 11 Abs. 2 GmbHG ... 693
14. Klage auf Nachschuß gegen einen GmbH-Gesellschafter nach § 26 GmbHG 695
15. Klage auf Zahlung nach § 32 a KO 696
16. Klage eines Geschäftsführers einer GmbH auf Feststellung, daß der Gesellschaft aus der Geschäftsführung einer Entlastungsperiode keine Ersatzansprüche zustehen („Entlastungsklage") 699
17. Anfechtung eines Gesellschafterbeschlusses und Klage auf Ausschüttung des Jahresüberschusses nach § 7 Abs. 1 S. 2 GmbHÄndG i. d. F. von Art. 11 Abs. 2 BiRiLiG 702
18. Antrag auf Feststellung nach §§ 51 a, 51 b GmbHG 705
19. Klage auf Ausschluß eines Gesellschafters einer GmbH 708
20. Klage auf Auflösung einer GmbH nach § 61 GmbHG 710
21. Antrag auf Bestellung eines Vorstandes nach § 85 AktG 712
22. Antrag auf Abberufung eines Aufsichtsratsmitgliedes nach § 103 AktG 714
23. Aktienrechtliche Anfechtungsklage nach § 246 AktG 715
24. Aktienrechtliche Nichtigkeitsklage nach § 249 AktG 718
25. Antrag auf gerichtliche Feststellung des angemessenen Ausgleichs und der angemessenen Abfindung nach §§ 304, 305 AktG 720

K. Kartellrecht

Verwaltungsverfahren

  1. Anmeldung eines Konditionenkartells (§ 2 GWB) 723
  2. Anmeldung eines Rabattkartells (§ 3 GWB) 725
  3. Anmeldung eines Kartellvertrages über Leistungsbeschreibungen oder Preisaufgliederungen (§ 5 Abs. 4 GWB) 727
  4. Anmeldung eines Normen- oder Typenkartells (§ 5 Abs. 1 GWB) 728
  5. Anmeldung eines Spezialisierungskartells (§ 5 a GWB) 729
  6. Anmeldung eines Kartellvertrages für kleine und mittlere Unternehmen (§ 5 b GWB) 730
  7. Anmeldung eines Exportkartells ohne Inlandsbindung (§ 6 Abs. 1 GWB) 732
  8. Anmeldung von Normen- oder Typenempfehlungen (§ 38 Abs. 2 Nr. 2 GWB) 733
  9. Anmeldung von Empfehlungen für Geschäfts-, Lieferungs- und Zahlungsbedingungen (§ 38 Abs. 2 Nr. 3 GWB) 735
10. Meldung eines Beschlusses einer Vereinigung von Erzeugervereinigungen (§ 100 Abs. 1 GWB) 736
11. Anmeldung eines Kartellvertrages von Versicherungsunternehmen (§ 102 GWB) .. 737
12. Erlaubnisantrag für ein Strukturkrisenkartell (§ 4 GWB) 738
13. Erlaubnisantrag für ein Rationalisierungskartell (§ 5 Abs. 2 GWB) 739
14. Erlaubnisantrag für ein Rationalisierungskartell mit Preisabsprachen oder gemeinsamen Beschaffungs- oder Vertriebseinrichtungen (§ 5 Abs. 3 GWB) 741
15. Erlaubnisantrag für ein Exportkartell mit Inlandsbindung (§ 6 Abs. 2 GWB) 741
16. Erlaubnisantrag für ein Einfuhrkartell (§ 7 GWB) 742
17. Erlaubnisantrag für ein Sonderkartell (§ 8 GWB) 743
18. Erlaubnisantrag für Schiedsklausel bei einem Exportkartell (§ 91 Abs. 1 S. 2 iVm. § 6 GWB) 744
19. Antrag, die Aufnahme eines Unternehmens in eine Wirtschaftsvereinigung anzuordnen (§ 27 GWB) 745
20. Antrag auf Eintragung von Wettbewerbsregeln (§ 28 GWB) 746
21. Anzeige eines Zusammenschlusses (§ 23 GWB) 747

Inhalt

22. Anmeldung eines Zusammenschlußvorhabens (§ 24a GWB) 751
23. Erlaubnisantrag für einen Zusammenschluß (§ 24 Abs. 3 GWB) 753
24. Beiladungsantrag (§ 51 Abs. 2 Nr. 4 GWB) 754
25. Antrag auf Erlaß einer einstweiligen Anordnung (§ 56 GWB) 756
26. Anfechtungsbeschwerde an das OLG (§ 62 Abs. 1 S. 1 GWB) 757
27. Verpflichtungsbeschwerde an das OLG (§ 62 Abs. 3 S. 1 GWB) 761
28. Antrag an das OLG, die aufschiebende Wirkung einer Beschwerde anzuordnen (§ 63a Abs. 3 S. 3 GWB) 763
29. Antrag an das OLG, die aufschiebende Wirkung einer Beschwerde wiederherzustellen (§ 63a Abs. 3 S. 1 GWB) 764
30. Antrag an das OLG, eine einstweilige Anordnung zu erlassen (§ 63 Abs. 3 iVm. § 56 GWB) . 766
31. Nichtzulassungsbeschwerde an den BGH (§ 74 GWB) 767
32. Rechtsbeschwerde an den BGH (§ 73 GWB) 768

L. Gesetz gegen den unlauteren Wettbewerb

1. Wettbewerbsrechtliche Abmahnung 780
2. Schutzschrift 789
3. Antrag auf Erlaß einer einstweiligen Verfügung wegen irreführender Werbung und unerlaubter Bezugnahme 794
4. Wettbewerbsrechtliches Abschlußschreiben 801
5. Formeller Widerspruch gegen eine einstweilige Verfügung 805
6. Widerspruch mit Anträgen und Widerspruchsbegründung 807
7. Kostenwiderspruch 808
8. Widerspruch mit Ankündigung der Abgabe einer strafbewehrten Unterlassungsverpflichtungserklärung 812
9. Wettbewerbsrechtliche Klage wegen Alleinstellungswerbung 813
10. Antrag auf Erlaß einer einstweiligen Verfügung wegen unzulässiger Sonderveranstaltung .. 820
11. Anrufung der Einigungsstelle 824
12. Vergleich in einer wettbewerbsrechtlichen Angelegenheit 826
13. Antrag auf Erlaß einer einstweiligen Verfügung wegen Verstoßes gegen die Zugabeverordnung 827
14. Antrag auf Erlaß einer einstweiligen Verfügung wegen Verstoßes gegen das Rabattgesetz .. 830
15. Anregung des Beklagten, den Rechtsstreit gemäß Artikel 177 EG-Vertrag dem Europäischen Gerichtshof zur Vorabentscheidung vorzulegen 832

M. Patent-, Gebrauchsmuster-, Geschmacksmuster-, Kennzeichen- und Urheberrecht

Patent- und Gebrauchsmusterrecht

1. Abmahnung wegen Patentverletzung 836
2. Abmahnung wegen Patentverletzung unter gleichzeitiger Übersendung eines Klageentwurfes 849
3. Patentverletzungsklage 851
4. Formelle Klageerwiderung in einer Patentverletzungsstreitigkeit 863
5. Materielle Klageerwiderung mit Aussetzungsantrag in einer Patentverletzungsstreitigkeit .. 864
6. Patentnichtigkeitsklage 867
7. Klage wegen Patentberühmung 872
8. Hinweis auf das Bestehen eines Gebrauchsmusters 873
9. Gebrauchsmusterverletzungsklage 875
10. Formelle Klageerwiderung auf eine Gebrauchsmusterverletzungsklage 881
11. Materielle Klageerwiderung auf eine Gebrauchsmusterverletzungsklage mit Aussetzungsantrag 882
12. Gebrauchsmusterlöschungsantrag 883

Geschmacksmusterrecht

13. Abmahnung wegen Verletzung eines Geschmacksmusters 885
14. Geschmacksmusterverletzungsklage 892
15. Formelle Klageerwiderung in einer geschmacksmusterrechtlichen Auseinandersetzung ... 900

Inhalt

16. Materielle Klageerwiderung in einer geschmacksmusterrechtlichen Streitigkeit 901
17. Klage wegen Geschmacksmusterberühmung 904

Kennzeichenrecht

18. Markenverletzungsklage und Klage auf Löschung einer nichtigen Marke 906
19. Antrag auf Erlaß einer einstweiligen Verfügung wegen Markenverletzung auf Unterlassung, Auskunft und Vernichtung 918
20. Klage wegen Verletzung eines Unternehmenskennzeichens 925
21. Schadensersatzhöheklage wegen Markenverletzung 931
22. Eintragungsbewilligungsklage 934

Urheberrecht

23. Urheberrechtsverletzungsklage 937

N. Presserecht

1. Gegendarstellung 944
2. Aufforderungsschreiben zum Abdruck einer Gegendarstellung 945
3. Ablehnung der Veröffentlichung einer Gegendarstellung 946
4. Antrag auf Anordnung der Veröffentlichung einer Gegendarstellung 946
5. Antrag auf Abweisung eines Antrags auf Veröffentlichung einer Gegendarstellung 948
6. Unterlassungsanspruch – vorprozessuale Abmahnung 949
7. Unterlassungsanspruch – Verpflichtungserklärung 950
8. Unterlassungsverfügung 951
9. Zwangsvollstreckung 953
10. Abschlußschreiben 953
11. Widerruf (Rücknahme, Richtigstellung, Klarstellung) 955
12. Eingeschränkter Widerruf 955
13. Distanzierung 956
14. Berichtigende Ergänzung 956
15. Nachträgliche Ergänzung 957
16. Vorläufiger Widerruf 957
17. Klage auf Unterlassung, Widerruf, Schadenersatzfeststellung und Zahlung immateriellen Schadens 957
18. Klageerwiderung 959

O. AGB-Gesetz

1. Abmahnung nach AGB-Gesetz 962
2. Antrag auf Erlaß einer einstweiligen Verfügung wegen Verstoßes gegen das AGB-Gesetz .. 964
3. Unterlassungsklage nach dem AGB-Gesetz 966
4. Klage auf Unterlassung und Widerruf gegen Empfehler von AGBG-widrigen AGB 968
5. Negative Feststellungsklage des Verwenders 970

III. Zwangsvollstreckung, Anfechtungsgesetz, Vergleichs- und Konkursordnung

A. Allgemeines Vollstreckungsrecht

Allgemeine Vollstreckungsvoraussetzungen

1. Anträge auf Notfrist- und Rechtskraftzeugnis, auf einfache Vollstreckungsklausel (§§ 706, 724 ZPO) 973
2. Klage auf Vollstreckbarkeit eines ausländischen Urteils (§§ 722, 723 ZPO) 974
3. Antrag auf Klauselerteilung bei bedingter Leistung etc. (§ 726 Abs. 1 ZPO) 975
4. Antrag auf Klauselerteilung für und gegen Rechtsnachfolger (§§ 727–729 ZPO) 976
5. Klage auf Klauselerteilung (§ 731 ZPO) 977
6. Zustellungsauftrag 979
7. Antrag auf weitere vollstreckbare Ausfertigung (§ 733 ZPO) 980

Inhalt

8. Antrag auf Rubrumsberichtigung (§§ 319, 727 ZPO) 982
9. Antrag auf Urkundenerteilung für Gläubiger (§ 792 ZPO) 983
10. Antrag auf Gestattung der Vollstreckung zur Nachtzeit (§ 761 ZPO) 984
11. Antrag auf richterliche Durchsuchungsanordnung für Schuldnerwohnung (§§ 758, 761 ZPO analog) 986

Rechtsbehelfe in der Zwangsvollstreckung

12. Erinnerung gegen Erteilung der Vollstreckungsklausel (§ 732 ZPO) mit Antrag auf einstweilige Einstellung 988
13. Vollstreckungsschutzantrag (§ 765 a ZPO) 989
14. Erinnerung bei dinglicher Gläubigersicherung (§ 777 ZPO) 991
15. Erinnerung gegen Gerichtsvollziehermaßnahmen (§ 766 ZPO) 992
16. Erinnerung gegen Vollstreckungsgerichtsmaßnahmen (§ 766 ZPO) 994
17. Vollstreckungsabwehrklage mit Antrag auf einstweilige Einstellung (§ 767 ZPO) .. 995
18. Antrag auf einstweilige Einstellung an Vollstreckungsgericht (§ 769 Abs. 2 ZPO) .. 997
19. Vollstreckungsabwehrklage gegen Vollstreckungsklausel (§ 768 ZPO) 999
20. Drittwiderspruchsklage (§§ 771 bis 774 ZPO) 1000
21. Klage auf vorzugsweise Befriedigung (§ 805 ZPO) 1002
22. Sofortige Beschwerde (§ 793 ZPO) 1004

Sonstiges

23. Klage auf Schadensersatz wegen vorläufiger Vollstreckung (§ 717 Abs. 2 ZPO) .. 1006

B. Zwangsvollstreckung wegen Geldforderungen

Zwangsvollstreckung in bewegliche Sachen

1. Vollstreckungsauftrag mit Varianten (§ 754 ZPO) 1009
2. Vollstreckungsauftrag bei Sonderfällen 1013
3. Antrag auf Gestattung der Austauschpfändung (§ 811 a ZPO) 1015
4. Antrag des Schuldners auf Aussetzung der Verwertung (§ 813 a ZPO) 1016
5. Antrag auf andere Verwertung (§ 825 ZPO) 1018

Zwangsvollstreckung in Geldforderungen

6. Pfändungs- und Überweisungsantrag (§§ 829, 835 ZPO) 1019
7. Vorpfändung (§ 845 ZPO) 1022
8. Überweisungsantrag bei verbrieften Forderungen (§§ 831, 835 ZPO) 1024
9. Pfändungsantrag bei Hypotheken und Grundschulden (§ 830 ZPO) 1025
10. Pfändungsantrag bei Sozialleistungen (§ 54 SGB) 1027
11. Pfändungsantrag bei Steuererstattungsansprüchen (§ 46 AO) 1029
12. Pfändungsantrag bei Kontoguthaben und sonstigen Ansprüchen gegen Banken pp. .. 1031
13. Pfändungsantrag bei GmbH-Stammeinlage 1034
14. Pfändungsantrag bei sonstigen Geldforderungen 1035
15. Antrag auf andere Verwertung (§ 844 ZPO) 1036
16. Klage nach § 856 ZPO auf Hinterlegung durch Drittschuldner 1038

Insbesondere: Vollstreckung in laufende Bezüge

17. Pfändungsantrag bei Arbeitseinkommen (§§ 850 ff. ZPO) 1040
18. Pfändungsantrag auf bedingt pfändbare Bezüge (§ 850 b ZPO, Taschengeldanspruch) .. 1041
19. Antrag auf Nichtberücksichtigung von Unterhaltsberechtigten (§ 850 c Abs. 4 ZPO) .. 1043
20. Pfändungsantrag bei Forderung aus unerlaubter Handlung (§ 850 f Abs. 2 ZPO) ... 1044
21. Schuldnerantrag auf Erhöhung des Pfandfreibetrages (§ 850 f Abs. 1 ZPO) ... 1046
22. Schuldnerantrag im Sonderfall (§ 850 i ZPO) 1047
23. Schuldnerantrag gegen Kontenpfändung (§ 850 k ZPO) 1048
24. Klage gegen Drittschuldner auf Arbeitslohn 1050

Zwangsvollstreckung in sonstige Rechte

25. Pfändungsantrag bei drittschuldnerlosem Recht (§ 857 Abs. 2 ZPO) 1052
26. Pfändungsantrag bei Gemeinschafts-, Gesellschafts- oder Genossenschaftsanteilen .. 1053
27. Pfändungsantrag bei Herausgabeanspruch (§§ 846 ff. ZPO) 1056

Inhalt

28. Pfändung von Anwartschaften an beweglichen Sachen und Grundstücken 1058
29. Pfändung von Rückübertragungsansprüchen bei nicht- oder teilvalutierten Grundschulden . 1059

Verteilungsverfahren

30. Widerspruch gegen den Teilungsplan (§ 876 ZPO) 1061
31. Widerspruchsklage gegen beteiligte Gläubiger (§ 878 ZPO) 1062

Zwangsvollstreckung in das unbewegliche Vermögen:
Zwangshypothek

32. Antrag auf Eintragung einer Zwangshypothek bei Grundstück, Erbbaurecht, Wohnungseigentum, Heimstätte (§ 867 ZPO) 1064

Zwangsversteigerung

33. Zwangsversteigerungsantrag für Grundstück, Erbbaurecht, Wohnungseigentum, Heimstätte 1066
34. Antrag auf Zwangsversteigerungsbeitritt. 1069
35. Antrag auf Einstellung der Zwangsversteigerung 1070
36. Beschwerde gegen Verkehrswertfestsetzung (§ 74a Abs. 5 S. 3 ZVG) 1072
37. Antrag auf Aufhebung der Beschlagnahme von Zubehör 1073
38. Antrag auf abweichende Versteigerungsbedingungen 1075
39. Beschwerde (Erinnerung) gegen Zuschlagsbeschluß. 1076
40. Vereinbarung des Bestehenbleibens (§ 91 Abs. 2 ZVG) 1077

Zwangsverwaltung

41. Zwangsverwaltungsantrag 1078
42. Räumungsantrag nach § 149 Abs. 2 ZVG 1079
43. Klage auf Planänderung (§ 159 ZVG) 1080

Teilungsversteigerung und ähnliche Verfahren

44. Teilungsversteigerungsantrag 1081

C. Zwangsvollstreckung wegen sonstiger Ansprüche

Herausgabe von Sachen

1. Vollstreckungsauftrag wegen Herausgabe beweglicher Sachen (§ 883 Abs. 1 ZPO) 1084
2. Vollstreckungsauftrag wegen Räumung (§ 885 ZPO) 1085

Vornahme vertretbarer Handlungen

3. Antrag auf Gestattung der Ersatzvornahme und Leistung eines Kostenvorschusses (§ 887 ZPO) 1086

Vornahme unvertretbarer Handlungen

4. Antrag auf Festsetzung von Zwangsmitteln (§ 888 ZPO) 1088

Erzwingung von Unterlassungen und Duldungen

5. Bestrafungsantrag (§ 890 ZPO) 1090

D. Das Verfahren zur Abgabe der eidesstattlichen Versicherung

1. Antrag auf Abnahme der Offenbarungsversicherung (§§ 807, 900 ZPO) 1093
2. Ergänzung der eidesstattlichen Versicherung 1096
3. Wiederholte eidesstattliche Versicherung (§ 903 ZPO) 1098
4. Widerspruch des Schuldners (§ 900 Abs. 5 ZPO) 1099
5. Verhaftungsauftrag 1101
6. Schuldnerantrag auf Löschung im Schuldnerverzeichnis (§ 915 Abs. 2 ZPO) 1103

E. Besonderheiten der Arrest- und Verfügungsvollstreckung

1. Pfändungsantrag bei Sicherungsverfügung mit Vereinbarung von Sequestration 1105
2. Arrestpfändung in eingetragenes Schiff (§ 931 ZPO) 1107
3. Antrag auf Arresthypothek (§ 932 ZPO) 1108

Inhalt

F. Anfechtungsgesetz und Insolvenzrecht

Anfechtung

1. Anfechtungsankündigung durch einfaches Schreiben......................... 1110
2. Gläubigeranfechtung durch Klage auf Duldung der Zwangsvollstreckung in eine Forderung 1111
3. Gläubigeranfechtung durch Klage auf Zahlung anfechtbar abgetretener Forderung....... 1115
4. Gläubigeranfechtung durch Klage auf Duldung der Zwangsvollstreckung in ein Grundstück 1117
5. Geltendmachung des Anfechtungsanspruches im Wege der Einrede 1119
6. Geltendmachung des Anfechtungsrechts durch Replik........................ 1121
7. Arrestantrag wegen drohender Vereitelung eines Anfechtungsanspruchs 1122
8. Anfechtungsklage im Wege der Stufenklage.................................. 1123

Vergleich

9. Antrag einer Kommanditgesellschaft auf Eröffnung des Vergleichsverfahrens mit Liquidationsvergleich 1125
10. Treuhandvertrag bei Liquidationsvergleich 1129
11. Vergleichsvorschlag im Quotenvergleich mit vereinbarter Überwachung und Sicherheit für die Erfüllung des Vergleiches 1131
12. Vergleichsvorschlag im Quotenvergleich mit Besserungsklausel bei Aufhebung des Vergleichsverfahrens, Bestellung des Vergleichsverwalters zum Treuhänder, sowie Garantie- und Bürgschaftserklärung für die Erfüllung des Vergleiches durch Auffanggesellschaft 1133
13. Antrag des Vergleichsschuldners auf Ermächtigung zur Ablehnung der Erfüllung eines noch nicht erfüllten gegenseitigen Vertrages 1135
14. Anmeldung einer Vergleichsforderung mit Zustimmungserklärung 1136
15. Antrag auf Erteilung eines vollstreckbaren Auszuges aus dem berichtigten Gläubigerverzeichnis durch Vergleichsgläubiger 1137
16. Antrag des Vergleichsschuldners auf Aufhebung des fortgesetzten Vergleichsverfahrens nach Erfüllung des Vergleiches 1138
17. Erinnerung des Vergleichsschuldners gegen die Einstellung des Vergleichsverfahrens unter gleichzeitiger Eröffnung des Anschlußkonkursverfahrens 1139

Konkurs

18. Antrag des Schuldners auf Eröffnung des Konkursverfahrens 1141
19. Antrag eines Gläubigers auf Eröffnung des Konkursverfahrens 1144
20. Anregung eines Gläubigers zur einstweiligen Anordnung von Sicherungsmaßnahmen vor Eröffnung des Konkursverfahrens 1145
21. Sofortige Beschwerde des Gemeinschuldners gegen die Eröffnung des Konkursverfahrens auf Antrag eines Gläubigers 1147
22. Antrag eines Konkursgläubigers auf Bestellung eines vorläufigen Gläubigerausschusses ... 1149
23. Antrag eines Konkursgläubigers auf Ladung des Gemeinschuldners zur Abgabe der eidesstattlichen Versicherung 1152
24. Anmeldung mehrerer selbständiger Konkursforderungen mit Antrag auf Vorwegbefriedigung bevorrechtigter Forderungen 1154
25. Anmeldung einer Ausfallforderung durch aus- und absonderungsberechtigten Gläubiger .. 1159
26. Stufenklage eines Aussonderungsgläubigers gegen den Konkursverwalter 1163
27. Schadensersatzklage gegen den Konkursverwalter 1168
28. Klage auf Feststellung einer streitig gebliebenen Konkursforderung 1170
29. Aufnahme eines unterbrochenen Rechtsstreites durch den Gläubiger gegen den Konkursverwalter 1173
30. Klage eines Massegläubigers bei Unzulänglichkeit der Masse..................... 1176
31. Vorschlag einer Kommanditgesellschaft als Gemeinschuldnerin zum Abschluß eines Liquidationszwangsvergleiches 1179
32. Antrag eines Konkursgläubigers auf Erteilung der Ausfertigung eines vollstreckbaren Tabellenauszuges 1184

Inhalt

IV. Der Arbeitsgerichtsprozeß

A. Leistungsklagen der Arbeitnehmer mit den häufigsten Beklagtenformen im Rubrum

1. Zahlungsklage wegen rückständigen Lohnes und fehlerhafter Eingruppierung, auch im öffentlichen Dienst 1187
2. Klage gegen Einzelkaufmann auf Über- und Mehrarbeitsstundenvergütung 1189
3. Klage gegen einen Freiberufler auf Vergütungsfortzahlung bei Arbeitsverhinderung und im Krankheitsfalle 1192
4. Klage des Arbeiters gegen einen Sachverständigen wegen Vergütungsfortzahlung bei Kur und Krankheit 1195
5. Klage gegen Gesellschaft bürgerlichen Rechtes auf Urlaubsabgeltung 1198
6. Stufenklage gegen Firma auf Erteilung einer Abrechnung und Auszahlung verdienter Provision 1199
7. Stufenklage auf Erteilung einer Akkordabrechnung und Zahlung gegen Arbeitsgemeinschaft 1201
8. Klage auf Zahlung einer Karenzentschädigung gegen eine oHG 1203
9. Klage auf Feststellung der Ruhegeldverpflichtung und Zahlung von Ruhegeld gegen eine KG 1205
10. Feststellungsklage gegen eine Unterstützungskasse wegen einer unverfallbaren Versorgungsanwartschaft bei Anrechnung von Vordienstzeiten 1207
11. Klage gegen eine GmbH auf Anpassung des Ruhegeldes 1211
12. Klage gegen eine GmbH & Co. KG auf Dokumentation der Ruhegeldanwartschaft 1213
13. Schadensersatzklage gegen eine Gemeinde wegen Verletzung der Beratungs- und Belehrungspflicht über die Altersversorgung 1215
14. Ansprüche des Arbeitnehmers wegen Verletzung des Grundsatzes der Gleichbehandlung und der Lohngleichheit 1216
15. Ansprüche des Arbeitnehmers aus betrieblicher Übung 1220
16. Klage wegen fehlerhafter Ausübung des Direktionsrechtes 1222
17. Anrufung einer Schiedsstelle wegen Vergütungsfortzahlung im Krankheitsfalle 1224

B. Klagen des Arbeitnehmers und Klageentgegnungen im Zusammenhang mit Beendigung des Arbeitsverhältnisses

1. Kündigungsschutzklage des Arbeitnehmers gegen eine AG 1225
2. Kündigungsschutzklage, Klage aus Annahmeverzug und auf Weiterbeschäftigung gegen eingetragene Genossenschaft 1230
3. Kündigungsschutzklage und Antrag auf nachträgliche Zulassung 1235
4. Klageentgegnung bei Kündigung aus personenbedingten Gründen 1237
5. Klageentgegnung bei Kündigung aus verhaltensbedingten Gründen 1240
6. Kündigung aus betriebsbedingten Gründen 1242
7. Replik wegen fehlerhafter sozialer Auswahl 1244
8. Kündigungsschutzklage mit Antrag auf Auflösung des Arbeitsverhältnisses 1246
9. Kündigungsschutzklage bei Änderungskündigung 1248
10. Feststellungsklage wegen Unwirksamkeit einer Teilkündigung 1251
11. Klagebeantwortung bei außerordentlicher Kündigung 1253
12. Feststellungsklage bei befristetem Arbeitsverhältnis 1255
13. Kündigungsschutzklage bei besonderem Kündigungsschutz 1257
14. Vergleich wegen Beendigung des Arbeitsverhältnisses 1258
15. Klage auf Herausgabe der Arbeitspapiere und Erteilung eines Zeugnisses 1261

C. Anträge und Klagen des Arbeitgebers

1. Klage auf Unterlassung von Wettbewerb vor und nach Beendigung des Arbeitsverhältnisses 1263
2. Schadensersatzklage des Arbeitgebers (Verkehrsunfall) 1264
3. Schadensersatzklage des Arbeitgebers (Mankohaftung) 1267
4. Schadensersatzklage des Arbeitgebers wegen Vertragsbruch des Arbeitnehmers 1268
5. Antrag des Arbeitgebers an Behörden auf Zustimmung zur Kündigung 1270

Inhalt

    6. Klage des Arbeitgebers wegen Widerrufs eines Ruhegeldes aufgrund wirtschaftlicher Notlage 1271
    7. Drittschuldnerklage nach § 850h ZPO 1273

D. Rechtsbehelfe und Rechtsmittel im Arbeitsgerichtsverfahren

    1. Einspruch gegen ein Versäumnisurteil des Arbeitsgerichts 1275
    2. Rechtsmittel wegen Verwerfung eines Einspruchs gegen ein Versäumnisurteil 1276
    3. Rechtsmittel wegen Verwerfung einer Berufung 1278
    4. Berufung und Berufungsbegründung 1280
    5. Nichtzulassungsbeschwerde wegen Divergenz 1286
    6. Nichtzulassungsbeschwerde wegen grundsätzlicher Bedeutung und fehlerhafter Tarifauslegung 1290
    7. Revision mit Aufklärungs- und Beweisrügen 1293

E. Beschlußverfahren

    1. Antrag auf Bestellung eines Wahlvorstandes zur Betriebsratswahl 1298
    2. Wahlanfechtung einer Betriebsratswahl 1299
    3. Verfahren zur Erstattung von Lohn oder Schulungskosten bei Betriebsratsschulung (§§ 37 Abs. 6, 40 BetrVG) 1302
    4. Antrag auf Freistellung eines Betriebsratsmitgliedes zur Schulungsveranstaltung .. 1304
    5. Antrag auf Freistellung und Kostenerstattung für die Beschaffung von Hilfsmaterial 1306
    6. Antrag auf Auflösung des Betriebsrates oder Ausschluß eines Betriebsratsmitgliedes 1307
    7. Antrag auf Ersetzung der Zustimmung des Betriebsrates nach §§ 99, 100 BetrVG 1310
    8. Anträge des Betriebsrates bei personeller Mitwirkung 1312
    9. Antrag auf Ersetzung der Zustimmung des Betriebsrats zur Kündigung eines Betriebsratsmitgliedes (§ 103 BetrVG) 1314
    10. Antrag des Arbeitgebers auf Entbindung von der Weiterbeschäftigung eines Jugend- und Auszubildendenvertreters 1316
    11. Klage des Jugend- und Auszubildendenvertreters auf Weiterbeschäftigung nach Beendigung des Ausbildungsverhältnisses 1318
    12. Feststellung der Unwirksamkeit eines Sozialplanes und des Spruches einer Einigungsstelle .. 1319
    13. Beschlußverfahren über Umfang und Grenzen des Mitbestimmungsrechtes des Betriebsrates 1320
    14. Vorabentscheidungsverfahren über Umfang des Mitbestimmungsrechts und Zuständigkeit einer Einigungsstelle 1323
    15. Verbot der Einführung von Kurzarbeit (einstweilige Verfügung in Beschlußverfahren) 1324
    16. Antrag auf Errichtung einer Einigungsstelle 1327
    17. Anhang: Honoraranspruch des Rechtsanwaltes 1328

F. Rechtsmittel im Beschlußverfahren

    1. Beschwerde 1331
    2. Nichtzulassungsbeschwerde (§ 92 a ArbGG) 1334
    3. Rechtsbeschwerde 1335

G. Vorabentscheidungsverfahren beim Europäischen Gerichtshof

    1. Beschluß 1337

V. Das Verwaltungsstreitverfahren

A. Außergerichtliche Rechtsbehelfe und sonstige Rechtshandlungen

    1. Anregungen und Bedenken zum Entwurf eines Flächennutzungsplanes 1343
    2. Geltendmachung von Verfahrens- und Formfehlern eines Bebauungsplanes 1345
    3. Geltendmachung eines Planungsschadens 1347
    4. Widerspruch gegen einen belastenden Verwaltungsakt (Baurecht) 1349
    5. Erstattung der Kosten eines isolierten Vorverfahrens 1350
    6. Antrag auf Wiederaufgreifen eines Verfahrens (Abgabenrecht) 1352

Inhalt

B. Klageverfahren erster Instanz

1. Anfechtungsklage (Erschließungsbeitragsrecht) 1354
2. Anfechtungsklage gegen einen Widerspruchsbescheid (Kündigungsschutz) 1357
3. Verpflichtungsklage (Baurecht) 1359
4. Untätigkeitsklage (Handwerksrecht) 1360
5. Bescheidungsklage (Beamtenrecht) 1362
6. Kombinierte Anfechtungs- und Verpflichtungsklage (Asylrecht) 1364
7. Kombinierte Anfechtungs- und Bescheidungsklage (Wehrpflichtrecht) 1370
8. Feststellungsklage (Wegerecht) 1372
9. Allgemeine Leistungsklage (Erschließungsvertrag) 1373
10. Antrag auf gerichtliche Entscheidung (Personalvertretungsrecht) 1375
11. Antrag auf gerichtliche Entscheidung (Kammer für Baulandsachen) 1376
12. Klageerwiderung (Erschließungsbeitragsrecht) 1379
13. Fortsetzungsfeststellungsantrag (Baurecht) 1380
14. Kostenantrag nach Erledigung der Hauptsache 1381
15. Antrag auf Beiladung (Immissionsschutzrecht) 1382

C. Rechtsmittel

1. Beschwerde gegen die Nichtzulassung der Berufung 1384
2. Berufung 1386
3. Revision 1388
4. Revisionsbegründung 1389
5. Beschwerde gegen die Nichtzulassung der Revision 1391
6. Begründung der Beschwerde gegen die Nichtzulassung der Revision wegen grundsätzlicher Bedeutung 1392
7. Beschwerde gegen die Nichtzulassung der Revision wegen Divergenz 1393
8. Beschwerde gegen die Nichtzulassung der Revision wegen eines Verfahrensmangels .. 1394
9. Antrag auf Zulassung der Sprungrevision 1395

D. Vorläufiger Rechtsschutz

Anträge nach § 80 VwGO

1. Antrag an die Widerspruchsbehörde auf Aussetzung der Vollziehung (Abgabenrecht) 1397
2. Antrag auf Anordnung der aufschiebenden Wirkung der Anfechtungsklage (Abgabenrecht) 1398
3. Antrag auf Wiederherstellung der aufschiebenden Wirkung des Widerspruchs (Entziehung der Fahrerlaubnis) 1399
4. Antrag auf Wiederherstellung der aufschiebenden Wirkung des Widerspruchs und Aufhebung der Vollziehung (Bauordnungsrecht) 1401
5. Antrag auf Wiederherstellung/Anordnung der aufschiebenden Wirkung des Widerspruchs (Ausländerrecht) 1403
6. Antrag auf Aufhebung der Anordnung der aufschiebenden Wirkung (Abgabenrecht) 1405

Anträge nach § 123 VwGO

7. Antrag auf Erlaß einer einstweiligen Anordnung (mit Befriedigungstendenz – Hochschulzulassungsrecht) 1406
8. Antrag auf Erlaß einer einstweiligen Anordnung (Sicherung eines Unterlassungsanspruches) 1410

E. Anträge und Rechtsbehelfe bei Verwaltungsakten mit Doppelwirkung (Baurecht)

Rechtsschutz des Dritten

1. Widerspruch gegen eine Baugenehmigung und Antrag auf Stillegung von Bauarbeiten durch die Behörde 1412
2. Anfechtungsklage gegen eine Baugenehmigung 1413
3. Antrag auf Anordnung der aufschiebenden Wirkung eines Widerspruches und Stillegung von Bauarbeiten nach § 80 Abs. 5 VwGO (Wohnungsbau) 1415

Inhalt

    4. Antrag auf Stillegung von Bauarbeiten bei aufschiebender Wirkung des Widerspruches (Wohn- und Geschäftshaus, alte Bundesländer) 1417
    5. Beschwerde gegen die Anordnung der sofortigen Vollziehung der Baugenehmigung durch das Verwaltungsgericht 1418

Rechtsschutz des Begünstigten

    6. Antrag an die Behörde auf Anordnung der sofortigen Vollziehung der Genehmigung 1419
    7. Antrag an das VG auf Anordnung der sofortigen Vollziehung der Genehmigung 1420
    8. Beschwerde gegen einen Beschluß nach § 80 Abs. 5 VwGO zur vorläufigen Stillegung von Bauarbeiten 1421
    9. Klage gegen einen die Genehmigung aufhebenden Widerspruchsbescheid 1422

F. Anträge im Vollstreckungsverfahren

    1. Antrag auf Vollstreckung zugunsten der öffentlichen Hand 1424
    2. Antrag auf Vollstreckung gegen die öffentliche Hand wegen einer Geldforderung 1425
    3. Antrag auf Vollstreckung gegen eine Behörde aus einem Verpflichtungsurteil 1426
    4. Vollstreckungsabwehrklage und Antrag auf einstweilige Einstellung (Baurecht) 1427

G. Normenkontrollverfahren nach § 47 VwGO

    1. Antrag auf Normenkontrolle 1430
    2. Nichtvorlagebeschwerde (§ 47 Abs. 7 VwGO) 1434
    3. Antrag auf Erlaß einer einstweiligen Anordnung (§ 47 Abs. 8 VwGO) 1436

VI. Verfassungsrecht

    1. Verfassungsbeschwerde gegen Zivilgerichtsurteil (Art. 5 Abs. 1 GG) 1439
    2. Verfassungsbeschwerde gegen Strafgerichtsurteil (Art. 19 Abs. 4, 101 Abs. 1, 103 Abs. 1 GG) 1443
    3. Verfassungsbeschwerde gegen Verwaltungsgerichtsurteil (Wesentlichkeitstheorie/Art. 14 Abs. 1 GG) 1445
    4. Verfassungsbeschwerde gegen Sozialgerichtsurteil (Sozialstaatsprinzip/Art. 3 Abs. 1 GG) .. 1447
    5. Verfassungsbeschwerde gegen Finanzgerichtsurteil (Art. 6 Abs. 1 GG) 1448
    6. Verfassungsbeschwerde gegen Arbeitsgerichtsurteil (Art. 2 Abs. 1, 20 Abs. 3 GG – richterliche Rechtsfortbildung) 1450
    7. Verfassungsbeschwerde wegen Verstoß gegen den Grundsatz rechtlichen Gehörs (Art. 103 Abs. 1 GG) 1452
    8. Verfassungsbeschwerde gegen Zwischenentscheidung (Art. 103 Abs. 3 GG) 1455
    9. Verfassungsbeschwerde gegen Gesetz (Unterlassen des Gesetzgebers/Art. 33 Abs. 5 GG) ... 1457
  10. Verfassungsbeschwerde gegen Gesetz (Art. 12 Abs. 1 GG) 1459
  11. Verfassungsbeschwerde gegen Gesetz (Art. 3 Abs. 1 GG) 1460
  12. Verfassungsbeschwerde gegen Gesetz (Art. 2 Abs. 1, 20 GG – Rückwirkungsverbot) 1462
  13. Antrag auf Erlaß einer einstweiligen Anordnung 1464
  14. Antrag auf Durchführung eines konkreten Normenkontrollverfahrens nach Art. 100 GG .. 1466
  15. Vollmacht 1468
  16. Ablehnungsgesuch 1468
  17. Antrag auf Festsetzung des Gegenstandswerts 1469
  18. Antrag auf Kostenfestsetzung 1470

VII. Der Finanzgerichtsprozeß einschließlich des außergerichtlichen Vorverfahrens

Einspruch

    1. Einspruch gegen einen Einkommensteuerbescheid mit Festsetzung von Vorauszahlungen, verbunden mit einem Antrag auf Aussetzung der Vollziehung und einstweiliger Stundung . 1472
    2. Einspruch gegen einen Bescheid über gesonderte und einheitliche Feststellung von Einkünf-

ten einer (gewerblich tätigen) Mitunternehmerschaft verbunden mit einem Antrag auf Aussetzung der Vollziehung unter Ausschluß von Sicherheitsleistung 1478
3. Einspruch gegen einen Bescheid über gesonderte und einheitliche Feststellung von Einkünften einer freiberuflichen Mitunternehmerschaft 1480
4. Einspruch gegen einen Grunderwerbsteuerbescheid.. 1482
5. Einspruch gegen einen Erbschaftsteuerbescheid 1483
6. Einspruch gegen Haftungsbescheid („Betriebsübernahme") 1484

Beschwerde

7. Beschwerde gegen die Ablehnung eines Erlaßantrags 1486
8. Untätigkeitsbeschwerde 1488

Klage

9. Klage gegen einen Einkommensteuerbescheid 1490
10. Antrag auf Aussetzung der Vollziehung neben einer Klage gegen einen Einkommensteuerbescheid (zu Form. VII. 9) 1495
11. Klage gegen einen Umsatzsteuerbescheid 1497
12. Antrag auf Aussetzung der Vollziehung eines Umsatzsteuerbescheids (mit Abweichung von Form. VII. 11) 1498
13. Klage gegen einen Bescheid über einheitliche und gesonderte Feststellung von Einkünften aus Gewerbebetrieb („Verlustfeststellungsbescheid") 1500
14. Antrag auf Aussetzung der Vollziehung neben einer Klage gegen einen Verlustfeststellungsbescheid (zu Form. VII. 13) 1502
15. Klage auf Erlaß eines „Verlustfeststellungsbescheids" 1503
16. Antrag auf vorläufige Verlustfeststellung im Wege der Aussetzung der Vollziehung (zu Form. VII. 15) 1505
17. Erklärung nach § 68 FGO nach Änderung des angefochtenen Verwaltungsakts 1507
18. Erklärung zur Erledigung der Hauptsache und Kostenantrag................................ 1509
19. Antrag auf Berichtigung eines Urteils wegen offenbarer Unrichtigkeit 1510
20. Antrag auf Berichtigung eines Urteilstatbestands 1512
21. Antrag auf Ergänzung eines Urteils 1514

Beschwerde im finanzgerichtlichen Verfahren

22. Beschwerde gegen die Zurückweisung eines Gesuchs auf Ablehnung eines Richters 1515
23. Beschwerde gegen die Nichtzulassung der Revision (Zulassung wegen grundsätzlicher Bedeutung) 1518
24. Beschwerde gegen die Nichtzulassung der Revision (Zulassung wegen mangelnder Sachaufklärung) 1522
25. Beschwerde gegen die Nichtzulassung der Revision (Zulassung wegen Verletzung des rechtlichen Gehörs) 1523

Revision

26. Einlegung der Revision – Antrag auf Verlängerung der Revisionsbegründungsfrist 1525
27. Begründung der Revision – Rüge der Verletzung materiellen Rechts 1528
28. Begründung der Revision – Rüge mangelnder Sachaufklärung 1530
29. Begründung der Revision – Rüge der Verletzung des Rechts auf Gehör 1532
30. Begründung der Revision – Rüge, daß die Entscheidung nicht mit Gründen versehen ist ... 1534

Kostenfestsetzung und Prozeßkostenhilfe

31. Antrag auf Kostenfestsetzung für Klage- und Revisionsverfahren 1536
32. Antrag auf Prozeßkostenhilfe 1540
33. Antrag auf Festsetzung der Vergütung des beigeordneten Rechtsanwalts/Steuerberaters für das Klageverfahren 1542

Inhalt

34. Antrag auf Festsetzung der Vergütung des beigeordneten Rechtsanwalts/Steuerberaters für das Klageverfahren gegenüber dem unterlegenen Gegner 1544

VIII. Der Sozialgerichtsprozeß

Vorverfahren (§§ 77 ff. SGG)

1. Widerspruch 1546
2. Isolierte Anfechtungsklage nach § 54 Abs. 1 SGG 1549
3. Leistungsklage (§ 54 Abs. 5 SGG) 1553
4. Verpflichtungsklage (§ 54 Abs. 1 SGG) 1555
5. Untätigkeitsklage (§ 8 SGG) 1556
6. Anfechtungs- und Leistungsklage – § 54 Abs. 4 SGG – (Beispiel 1: Klage auf Rente wegen Erwerbsunfähigkeit) 1558
7. Anfechtungs- und Leistungsklage – § 54 Abs. 4 SGG – (Beispiel 2: Klage auf Verletztenrente nach bindend gewordenem Ablehnungsbescheid) 1561
8. Feststellungsklage (§ 55 SGG) 1563
9. Anfechtungs-, Feststellungs- und Leistungsklage – §§ 54 Abs. 4, 55 Abs. 1 Nr. 3 SGG – (Klage auf Feststellung von Unfallfolgen und Verletztenrente) 1565
10. Berufung (§§ 143 ff. SGG) 1569
11. Nichtzulassungsbeschwerde 1572

Revision (§§ 160 ff. SGG)

12. Nichtzulassungsbeschwerde – Einlegung zur Fristwahrung 1574
13. Begründung der Nichtzulassungsbeschwerde – grundsätzliche Bedeutung 1576
14. Begründung der Nichtzulassungsbeschwerde – Divergenz 1577
15. Begründung der Nichtzulassungsbeschwerde – Verfahrensmangel 1579
16. Revisionsschrift 1580
17. Revisionsbegründung 1582
18. Wiederaufnahmeklage 1584
19. Beschwerde 1585

Sonstige Anträge

20. Antrag auf mündliche Verhandlung nach Gerichtsbescheid (§ 105 Abs. 2 S. 2 SGG) 1587
21. Beweisantrag (§§ 103, 160 Abs. 2 Nr. 3 SGG) 1588
22. Antrag auf Anhörung eines bestimmten Arztes (§ 109 SGG) 1591
23. Beiladungsantrag (§ 75 SGG) 1593
24. „Antrag" auf Verweisung (§ 98 SGG) 1595
25. Antrag auf Prozeßkostenhilfe (§ 73 a SGG) 1597
26. Zustimmung zur Entscheidung ohne mündliche Verhandlung (§ 124 Abs. 2 SGG) 1599

Vorläufiger Rechtsschutz

27. Vorläufiger Rechtsschutz (Beispiel 1: Antrag auf Aussetzung der Vollziehung nach § 97 Abs. 3 SGG) 1600
28. Vorläufiger Rechtsschutz (Beispiel 2: Antrag auf Erlaß einer einstweiligen Anordnung) 1602
29. Antrag auf Kostenentscheidung durch Beschluß (§ 193 Abs. 1 Halbs. 2 SGG) 1604
30. Antrag auf Kostenfestsetzung (§ 197 SGG) 1605

Fristenübersicht 1608

Sachregister 1619

Bearbeiter der 6. Auflage

Dr. Klaus Anschütz	II. J.	Gesellschaftsrecht
Wilfrid Antusch	II. G.	Wohnungseigentumsrecht
Friedrich Böhmer	II. I.	Erbrecht
Helmut Büchel	I. B.	Mahnverfahren
	I. C.	Prozeßkostenhilfe
	I. D.	Klageerhebung
	I. E.	Klageerwiderung
	I. F.	Zustellungen, Fristen und Termine
	I. G.	Versäumnisverfahren / Entscheidung nach Lage der Akten
	I. H.	Beweisverfahren
	I. I.	Besonderheiten bezüglich des Gerichts
	I. J.	Besonderheiten bezüglich der Parteien
	I. K.	Besonderheiten bezüglich des Streitgegenstandes
	I. L.	Anträge und Erklärungen im Prozeßverlauf
	I. M.	Beendigung des Prozesses durch Parteiprozeßhandlungen
	I. N.	Anträge zum Urteil
	I. Q.	Urkunden-, Wechsel- und Scheckprozeß
Dr. Hans Goll	I. O.	Rechtsmittel und Rechtsbehelfe
	I. P.	Klagen betreffend die Urteilswirkung
Friedrich Irschlinger	III. F.	Anfechtungsgesetz, Vergleichs- und Konkursordnung (zusammen mit Dr. Richard Weber)
Dr. Heribert Johlen	V. A.	Außergerichtliche Rechtsbehelfe und sonstige Rechtshandlungen
	V. B.	Klageverfahren erster Instanz
	V. C.	Rechtsmittel
	V. D.	Vorläufiger Rechtsschutz
	V. E.	Anträge und Rechtsbehelfe bei Verwaltungsakten mit Drittwirkung (Baurecht)
	V. F.	Anträge im Vollstreckungsverfahren
Dr. Wolfgang Koeble	II. A.	Kaufrecht
	II. D.	Unerlaubte Handlung, Gefährdungshaftung, Verkehrsunfälle
	II. E.	Besonderes Schuldrecht
	II. F.	Sachenrecht
Prof. Dr. Horst Locher	I. S.	Schiedsgerichtsverfahren
	II. C.	Werkvertragsrecht
	II. O.	AGB-Gesetz

Bearbeiter

Dr. Helmuth Lutz	II. K.	Kartellrecht
Dr. Peter Mes	II. L.	Gesetz gegen den unlauteren Wettbewerb
	II. M.	Patent-, Gebrauchsmuster-, Geschmacksmuster-, Warenzeichen- und Urheberrecht
Dr. Joachim Mewing	III. A.	Allgemeines Vollstreckungsrecht
	III. B.	Zwangsvollstreckung wegen Geldforderungen
	III. C.	Zwangsvollstreckung wegen sonstiger Ansprüche
	III. D.	Das Verfahren zur Abgabe der eidesstattlichen Versicherung
	III. E.	Besonderheiten der Arrest- und Verfügungsvollstreckung
Dr. Ekkehart Reinelt	I. A.	Mandatsverhältnis
	I. R.	Einstweilige Verfügung und Arrest
	II. B.	Mietrecht
Günter Schaub	IV.	Der Arbeitsgerichtsprozeß
Prof. Dr. Rolf A. Schütze	I. T.	Internationales Zivilprozeßrecht
Klaus Sedelmeier	II. N.	Presserecht
Dr. Siegbert Seeger	VII.	Der Finanzgerichtsprozeß einschließlich des außergerichtlichen Vorverfahrens
Dr. Hans Gottfried Strohm ..	II. H.	Familien- und Kindschaftssachen
Dr. Richard Weber	III. F.	Anfechtungsgesetz, Vergleichs- und Konkursordnung (zusammen mit Friedrich Irschlinger)
Dr. Klaus Wilde	VIII.	Der Sozialgerichtsprozeß
Prof. Dr. Rüdiger Zuck	V. G.	Normenkontrollverfahren nach § 47 VwGO
	VI.	Verfassungsrecht
		Fristenübersicht

Abkürzungsverzeichnis

a.	auch
aA.	andere Ansicht
aaO.	am angegebenen Ort
abgedr.	abgedruckt
abl.	ablehnend
ABl.	Amtsblatt
Abs.	Absatz
Abschn.	Abschnitt
Abt.	Abteilung
abw.	abweichend
AbzG	Gesetz betr. die Abzahlungsgeschäfte
AcP	Archiv für die civilistische Praxis (Band u. Seite)
Adler/Düring/Schmaltz	Adler/Düring/Schmaltz ua., Rechnungslegung und Prüfung der Unternehmen, 5. Aufl. 1987ff. (§§, Tz.)
ADSp	Allgemeine Deutsche Spediteurbedingungen
AdV	Aussetzung der Vollziehung
aE.	am Ende
Änd.	Änderung
ÄndG	Gesetz zur Änderung
aF.	alte Fassung
AfA	Absetzung für Abnutzung
AFG	Arbeitsförderungsgesetz
AfP	Archiv für Presserecht
AG	Aktiengesellschaft; Die Aktiengesellschaft (Jahr u. Seite); Amtsgericht; Ausführungsgesetz
AGB	Allgemeine Geschäftsbedingungen
AGBG	Gesetz zur Regelung des Rechts der Allgemeinen Geschäftsbedingungen
AgrarR	Zeitschrift für das gesamte Recht der Landwirtschaft, der Agrarmärkte und des ländlichen Raumes (Jahr u. Seite)
AktG	Aktiengesetz
AktO	Aktenordnung
allg.	allgemein
allgM.	allgemeine Meinung
Alt.	Alternative
Altendorf	Altendorf, Das vorläufige Verfahren, 2. Aufl. 1979
aM.	anderer Meinung
amtl.	amtlich
ANBA	Amtliche Nachrichten der Bundesanstalt für Arbeit
AnfG	Anfechtungsgesetz
Anh.	Anhang
AngKG	Gesetz über die Fristen für die Kündigung von Angestellten
Anm.	Anmerkungen
AnwBl.	Anwaltsblatt (Jahr u. Seite)
Anz.	Anzeiger
AO	Anordnung
AO 1977	Abgabenordnung vom 16. März 1976 (BGBl. I 1976, 613)
AOAnpG	Gesetz zur Anpassung von Gesetzen an die Abgabenordnung
AP	Arbeitsrechtliche Praxis, Nachschlagewerk des Bundesarbeitsgerichts (Jahrgang u. Seite; seit 1954 Gesetzesstelle u. Entscheidungsnr.)
ArbG	Arbeitgeber; Arbeitsgericht
ArbGG	Arbeitsgerichtsgesetz

Abkürzungen

ArbN	Arbeitnehmer
ArbPlSchG	Arbeitsplatzschutzgesetz
ArbRSamml.	Arbeitsrechtssammlung mit Entscheidung des Reichsarbeitsgerichts, der Landesarbeitsgerichte und Arbeitsgerichte (Band u. Seite)
ArbuR	Arbeit und Recht
ArchPR	Archiv presserechtlicher Entscheidungen
arg.	argumentum (siehe zum Beweis)
Art.	Artikel
AsylVfG	Asylverfahrensgesetz
ATV	Allgemeine technische Vorschriften für Bauleistungen
AÜG	Gesetz zur Regelung der gewerbsmäßigen Arbeitnehmerüberlassung
Aufl.	Auflage
AusfG	Ausführungsgesetz
AuslG	Ausländergesetz
AVG	Angestelltenversicherungsgesetz
AVO	Ausführungsverordnung
AVO (RHeimStG)	Ausführungsverordnung zum Reichsheimstättengesetz
AWD	Außenwirtschaftsdienst des Betriebs-Beraters
Az.	Aktenzeichen
AZO	Arbeitszeitordnung
B	Bundes-
Bärmann/Pick	Bärmann/Pick, Wohnungseigentumsgesetz, 13. Aufl. 1994
Bärmann Praxis	Bärmann/Seuß, Praxis des Wohnungseigentums, 3. Aufl. 1989
Bad.-Württ.	Baden-Württemberg
BAG	Bundesarbeitsgericht, auch Entscheidungen des Bundesarbeitsgerichts
BAGGS	Bundesarbeitsgericht Großer Senat
BAnstArb.	Bundesanstalt für Arbeit
BAnz.	Bundesanzeiger
Bassenge/Herbst	Bassenge/Herbst, FGG/RpflG, 6. Aufl. 1992
BAT	Bundesangestelltentarifvertrag
BauGB	Baugesetzbuch
Baumbach/Hopt	Baumbach/Hopt, Handelsgesetzbuch, 29. Aufl. 1995
Baumbach/Hefermehl	Baumbach/Hefermehl, Wechselgesetz und Scheckgesetz, 18. Aufl. 1995; in Teil II. L.: Wettbewerbsrecht, 18. Aufl. 1995; in Teil II. M.: Warenzeichenrecht und Internationales Wettbewerbs- und Zeichenrecht, 12. Aufl. 1985
Baumbach/Hueck GmbHG	Baumbach/Hueck, GmbH-Gesetz, 15. Aufl. 1988 (§§, Anm.)
Baumbach/Hueck AktG	Baumbach/Hueck, Aktiengesetz, 13. Aufl. 1981 (§§, Rdn.)
Baumbach/Lauterbach/ Albers/Hartmann	Baumbach/Lauterbach/Albers/Hartmann, Zivilprozeßordnung, 53. Aufl. 1995
Baumgärtel	Baumgärtel, Wesen und Begriff der Prozeßhandlung einer Partei im Zivilprozeß, 1957
baupol.	baupolizeilich
Baur/Stürner	Baur/Stürner, Lehrbuch des Sachenrechts, 16. Aufl. 1992
BauR	Baurecht (Jahr u. Seite)
Baur/Stürner	Baur/Stürner, Zwangsvollstreckungs-, Vergleichs- und Konkursrecht, 11. Aufl. 1983
BaWüAGBGB	baden-württembergisches Ausführungsgesetz zum BGB
Bay	bayerisch, Bayern
BayObLG	Bayerisches Oberstes Landesgericht, auch Entscheidungssammlungen in Zivilsachen
BayVBl.	Bayerisches Verwaltungsblatt
BB	Der Betriebs-Berater (Jahr u. Seite)
BBG	Bundesbeamtengesetz
BBiG	Berufsbildungsgesetz
Bd.	Band
BeamtVG	Beamtenversorgungsgesetz

Abkürzungen

BEG	Bundesentschädigungsgesetz
begl.	beglaubigt
Begr.	Begriff, Begründung
Beil.	Beilage
BekM.	Bekanntmachung
Benkard/Bearbeiter	Benkard, Patentgesetz, Gebrauchsmustergesetz, 9. Aufl. 1993
Ber.	Berufung
Bergerfurth	Bergerfurth, Der Ehescheidungsprozeß und die anderen Eheverfahren, 9. Aufl. 1994
Bernhardt	Bernhardt, Das Zivilprozeßrecht, 3. Aufl. 1968
bes.	besonders
Beschl.	Beschluß
Beschw.	Beschwerde
bestr.	bestritten
BestVerz.	Bestandsverzeichnis
Betr.	Der Betrieb (Jahr u. Seite)
BetrAVG	Gesetz zur Verbesserung der betrieblichen Altersversorgung
BetrVG	Betriebsverfassungsgesetz
Bette	Bette, Das Factoringgeschäft, 1973
BeurkG	Beurkundungsgesetz
BeurkÄndG	Beurkundungsänderungsgesetz
BewG	Bewertungsgesetz
BFH	Bundesfinanzhof, auch Sammlung der Entscheidungen und Gutachten des Bundesfinanzhofs (Band u. Seite)
BFH – EntlastG	Gesetz zur Entlastung des Bundesfinanzhofs vom 8. Juli 1975 (BGBl. I 1975, 1861)
BG	Beamtengesetz (der Länder)
BGB	Bürgerliches Gesetzbuch
BGBl.	Bundesgesetzblatt
BGH	Bundesgerichtshof, auch Entscheidungen in Zivilsachen
BGHZ	Entscheidungen des Bundesgerichtshofs in Zivilsachen
BImSchG	Bundesimmissionsschutzgesetz
BinnSchG	Binnenschiffahrtsgesetz
BiRiLiG	Bilanzrichtliniengesetz
BKartA	Bundeskartellamt
BKGG	Bundeskindergeldgesetz
Bl.	Blatt
BlGBW	Blätter für Grundstücks-, Bau- und Wohnrecht (Jahr u. Seite)
Blomeyer	Blomeyer, Zivilprozeßrecht, Erkenntnisverfahren, 2. Aufl. 1985, und Vollstreckungsverfahren 1975
BMF	Bundesminister(ium) der Finanzen
BMinG	Bundesministergesetz
BMinJ	Bundesministerium der Justiz
BMT-G	Bundesmanteltarifvertrag gemeindlicher Verwaltungen und Betriebe
BMWi	Bundesminister(ium) für Wirtschaft
BNotK	Bundesnotarkammer
BNotO	Bundesnotarordnung
Böttcher/Zartmann/Faut	Böttcher/Zartmann/Faut, Stille Gesellschaft und Unterbeteiligung, 3. Aufl. 1978
Borgmann/Haug	Borgmann/Haug, Anwaltshaftung, 3. Aufl. 1995
Boruttau/Egly/Sigloch GrEStG	Boruttau/Egly/Sigloch, Grunderwerbsteuergesetz, 13. Aufl. 1992 (§§, Rdn.)
BPersVG	Bundespersonalvertretungsgesetz
BPflVO	Bundespflegesatzverordnung
BRAO	Bundesrechtsanwaltsordnung
BRAGO	Bundesrechtsanwaltsgebührenordnung
BR-Drucks.	Bundesrat-Drucksache
Breithaupt	Breithaupt, Sammlung von Entscheidungen aus dem Sozialrecht

Abkürzungen

BremGBl.	Gesetzblatt (Bremen)
BRRG	Beamtenrechtsrahmengesetz
BRS	Baurechtsammlung
Bruns	Bruns, Zivilprozeßrecht, 2. Aufl. 1979
BSG	Bundessozialgericht, auch Sammlung der Entscheidungen (Band u. Seite)
BSHG	Bundessozialhilfegesetz
BSozG	Bundessozialgericht
Bsp.	Beispiel(e)
BStBl.	Bundessteuerblatt (II/III)
BT	Bundestag
BT-Drucks.	Bundestag-Drucksache
Buchst.	Buchstabe
Bülow/Böckstiegel	Bülow/Böckstiegel/Geimer/Schütze, Der Internationale Rechtsverkehr in Zivil- und Handelssachen, 3. Aufl. (Stand: 1994)
Büro	Das Juristische Büro (Jahr u. Seite)
BUrlG	Bundesurlaubsgesetz
II. BV	VO über wohnungswirtschaftliche Berechnungen (zweite Berechnungsverordnung)
BayVBl.	Bayerische Verwaltungsblätter (Jahr u. Seite)
BVerfG	Bundesverfassungsgericht
BVerfGE	Entscheidungen des Bundesverfassungsgerichts
BVerfGG	Bundesverfassungsgerichtsgesetz
BVerwG	Bundesverwaltungsgericht
BVerwGE	Bundesverwaltungsgerichtsentscheidungen
BVFG	Bundesvertriebenengesetz
BVG	Bundesversorgungsgesetz
BVSG-Saarland	Gesetz Nr. 768 über einen Bergmannsversorgungsschein im Saarland
BVSG-Niedersachsen	Gesetz über einen Bergmannsversorgungsschein im Lande Niedersachsen
BVSG-NRW	Gesetz über einen Bergmannsversorgungsschein in NRW
BWNotZ	Mitteilungen aus der Praxis. Zeitschrift für das Notariat in Baden-Württemberg (Jahr u. Seite)
bzgl.	bezüglich
BZRG	Bundeszentralregister
bzw.	beziehungsweise
ca.	circa
Co.	Companie
DAG	Deutsche Angestelltengewerkschaft
Daimer/Reithmann	Daimer/Reithmann, Die Prüfungs- und Belehrungspflicht des Notars, 4. Aufl. 1975
DAVorm.	Der Amtsvormund (Jahr u. Seite)
DBG	Deutsches Beamtengesetz
DDR	Deutsche Demokratische Republik
DE-AS	Deutsche Auslegeschrift
DE-BP	Deutsches Bundespatent
DE-GM	Deutsches Bundesgebrauchsmuster
DE-OS	Deutsche Offenlegungsschrift
Demharter	Demharter, Grundbuchordnung, 21. Aufl. 1995
DE-PS	Deutsche Patentschrift
dergl.	dergleichen
ders.	derselbe
DE-WZ	Deutsches Warenzeichen
DGB	Deutscher Gewerkschaftsbund
DGVZ	Deutsche Gerichtsvollzieherzeitung (Jahr u. Seite)
dh.	das heißt
Dietz/Richardi BetrVG	Dietz/Richardi, Betriebsverfassungsgesetz, 6. Aufl. 1982 (§§, Rdn.)

Abkürzungen

DIN	Deutsche Industrienorm
dingl.	dinglich
Dipl.-Ing.	Diplom-Ingenieur
DJ	Deutsche Justiz (Jahr u. Seite)
DM	Deutsche Mark
DNotZ	Deutsche Notar-Zeitschrift (Jahr u. Seite)
DNotZBayB	Bayerische Beilage zur Deutschen Notarzeitschrift
DÖV	Die Öffentliche Verwaltung
DONot	Dienstordnung für Notare
DR	Deutsches Recht (Jahr u. Seite)
DRiG	Deutsches Richtergesetz
DRiZ	Deutsche Richterzeitung (Jahr u. Seite)
DRZ	Deutsche Rechtszeitschrift (Jahr u. Seite)
DVBl.	Deutsches Verwaltungsblatt
DVO	Durchführungsverordnung
DWW	Deutsche Wohnungswirtschaft (Jahr u. Seite)
e.	eines
EA	Einstweilige Anordnung
ebd.	ebenda
Ebersbach Stiftung	Ebersbach, Handbuch des deutschen Stiftungsrechts, 1972
EDV	Elektronische Datenverarbeitung
EFG	Entscheidungen der Finanzgerichte
EG	Einführungsgesetz; Europäische Gemeinschaft
EGAO	Einführungsgesetz zur Abgabenordnung
EGBGB	Einführungsgesetz zum Bürgerlichen Gesetzbuch
EGGVG	Einführungsgesetz zum Gerichtsverfassungsgesetz
eGmbH	Eingetragene Genossenschaft mit beschränkter Haftung
EGZVG	Einführungsgesetz zum Zwangsversteigerungsgesetz
EheG	Ehegesetz
EheRG	Gesetz zur Reform des Ehe- und Familienrechts
Ehrenberg/Bearbeiter	Ehrenberg, Handbuch des gesamten Handelsrechts, 1913–1928 (§§, Anm.)
Einf.	Einführung
Einl.	Einleitung
einschl.	einschließlich
einstw.	einstweilig
elterl.	elterliche
EntlG	Entlastungsgesetz
entspr.	entsprechend, entspricht
EP	Europäisches Patent
E-PS	Europäische Patentschrift
EPÜ	Europäisches Patentübereinkommen
ER	Einzelrichter
ErbbauVO	Verordnung über das Erbbaurecht
ErbbRVO	Verordnung über das Erbbaurecht
ErbStDVO	Erbschaftsteuerdurchführungsverordnung
ErbStG	Erbschaftsteuer- und Schenkungsteuergesetz
Erman/Bearbeiter	Erman, Handkommentar zum Bürgerlichen Gesetzbuch, 9. Aufl. 1993 (§§, Rdn.)
EStDV	Einkommensteuerdurchführungsverordnung
EStG	Einkommensteuergesetz
EStR	Einkommensteuerrichtlinien
etc.	etcetera
EuGH	Gerichtshof der Europäischen Gemeinschaften
EuGÜbk	Übereinkommen der Europäischen Gemeinschaft über die gerichtliche Zuständigkeit und die Vollstreckung gerichtlicher Entscheidungen in Zivil- und Handelssachen (BGBl. 1972 II S. 774)
eV.	eingetragener Verein

Abkürzungen

EV	Einigungsvertrag vom 31. 8. 1990 (BGBl. II S. 889); Eigentumsvorbehalt
evtl.	eventuell
EWG	Europäische Wirtschaftsgemeinschaft
EWGV	Vertrag zur Gründung der Europäischen Wirtschaftsgemeinschaft
Eyermann/Fröhler	Eyermann/Fröhler, Verwaltungsgerichtsordnung, 9. Aufl. 1988 (§§, Rdn.)
EzA	Stahlhacke, Entscheidungen zum Arbeitsrecht
f.	folgend
Fa.	Firma
FA	Finanzamt
FamRÄndG	Familienrechtsänderungsgesetz
FamRZ	Zeitschrift für das gesamte Familienrecht (Jahr u. Seite)
ff.	folgende
FG	Finanzgericht
FGG	Gesetz über die Angelegenheiten der freiwilligen Gerichtsbarkeit
FGO	Finanzgerichtsordnung
FGO-E	Entwurf eines Gesetzes zur Änderung der Finanzgerichtsordnung, Bundestagsdrucksache 12/1061 vom 14. 8. 1991
Fitting/Auffarth/Kaiser BetrVG	Fitting/Auffarth/Kaiser, Betriebsverfassungsgesetz mit Wahlordnung, 17. Aufl. 1992 (§§, Rdn.)
Fitting/Wlotzke/Wißmann MitbestG	Fitting/Wlotzke/Wißmann, Mitbestimmungsgesetz, 2. Aufl. 1978 (§§, Rdn.)
FlNr.	Flurnummer
Flume	Flume, Allgemeiner Teil des bürgerlichen Rechts, Bd. I, 1. Teil, Die Personengesellschaft, 1977
FlSt.	Flurstück
FlStNr.	Flurstücknummer
Fn.	Fußnote
fob	free on board (frei an Bord)
FRG	Fremdrentengesetz
FR-PS	Französische Patentschrift
Form.	Formular
Furtner	Furtner, Das Urteil im Zivilprozeß, 5. Aufl. 1986
Fußn.	Fußnote
von Gamm	von Gamm, Gesetz gegen den unlauteren Wettbewerb, 3. Aufl. 1993; in Teil II.M.: Geschmacksmustergesetz, 2. Aufl. 1989
GAnwZ	Bayerische Geschäftsanweisung für Zivilsachen
GB	Grundbuch
GBO	Grundbuchordnung
GB-PS	Britische Patentschrift
GBVfg	Allgemeine Verfügung über die Einrichtung und Führung des Grundbuchs
geb.	geboren
GebrMG	Gebrauchsmustergesetz
gem.	gemäß
GemSOGB	Gemeinsamer Senat der Obersten Gerichtshöfe des Bundes
GenG	Genossenschaftsgesetz
GerNov	Gerichtsstandnovelle
Gerold/Schmidt BRAGO	Gerold/Schmidt, BRAGO, Kommentar, 12. Aufl. 1995
GerVollz.	Gerichtsvollzieher oder Der Gerichtsvollzieher (Jahrgang u. Seite)
Ges.	Gesetz
GesBl.	Gesetzblatt
Geßler/Hefermehl AktG/Bearbeiter	Geßler/Hefermehl/Eckardt/Kropff, Aktiengesetz, 1974 ff. (§§, Rdn.)

Abkürzungen

GeschmMG	Geschmacksmustergesetz
GewA	Gewerbearchiv (Jahr u. Seite)
GewO	Gewerbeordnung
GewStG	Gewerbesteuergesetz
gez.	gezeichnet
GG	Grundgesetz
ggf.	gegebenenfalls
GKG	Gerichtskostengesetz
GK-MitbestG/Bearbeiter	Gemeinschaftskommentar zum Mitbestimmungsgesetz, herausgegeben von Fabricius, Loseblatt, Stand 1991 (§§, Rdn.)
GleichberG	Gleichberechtigungsgesetz
Glomb	Glomb, Finanzierung durch Factoring, 1969
GmbH	Gesellschaft mit beschränkter Haftung
GmbHG	Gesetz betr. die Gesellschaften mit beschränkter Haftung
GmbHRdsch.	Rundschau für GmbH (Jahr u. Seite)
GO	Geschäftsordnung, Gemeindeordnung
GOA	Gebührenordnung für Architekten
Godin/Wilhelmi AktG	Godin/Wilhelmi, Aktiengesetz, 4. Aufl. 1971 (§§, Anm.)
Göppinger	Göppinger, Vereinbarungen anläßlich der Ehescheidung, 6. Aufl. 1988
GrdstVG	Grundstückverkehrsgesetz
Grdz.	Grundzüge
GrESt	Grunderwerbsteuer
GrEStDV	Durchführungsverordnung zum Grunderwerbsteuergesetz
GrEStEigWoG	Gesetz zur Grunderwerbsteuerbefreiung beim Erwerb von Einfamilienhäusern, Zweifamilienhäusern und Eigentumswohnungen v. 11. 7. 77, BGBl. I 1218
GrEStG	Grunderwerbsteuergesetz
Großkomm. AktG/Bearbeiter	Gadow/Heinichen, Aktiengesetz, Großkomm., 3. Aufl. 1970/1975 (§§, Anm.)
Großkomm. HGB/Bearbeiter	Staub, Handelsgesetzbuch, Großkommentar, 3. Aufl. 1967 ff. (§§, Anm.)
Grunsky	Grunsky, Arbeitsgerichtsgesetz, 6. Aufl. 1990
GRUR (Int.)	Gewerblicher Rechtsschutz und Urheberrecht (Jahr u. Seite) – (Internationale Ausgabe)
GrZS	Großer Senat in Zivilsachen
GS	Großer Senat
GStW	Gebührenstreitwert
GVbl.	Gesetz- und Verordnungsblatt
GVG	Gerichtsverfassungsgesetz
GVGA	Geschäftsanweisung für Gerichtsvollzieher
GVKostG	Gerichtsvollzieherkostengesetz
GV NW	Gesetz- und Verordnungsblatt für das Land Nordrhein-Westfalen
GVO	Gerichtsvollzieherordnung
GWB	Gesetz gegen Wettbewerbsbeschränkungen
hA.	herrschende Auffassung
Hachenburg/Bearbeiter	Hachenburg, Kommentar zum Gesetz betreffend die Gesellschaften mit beschränkter Haftung, 6. Aufl. 1956/59, 7. Aufl. 1975 ff. (§§, Rdn.)
Haegele GrBR	Haegele/Schöner/Stöber, Grundbuchrecht, 10. Aufl. 1993
Haegele/Litfin	Haegele/Litfin, Handbuch der Familienunternehmen, 1977 (Rdz., röm. Ziff., arab. Ziff.)
HaftPflG	Haftpflichtgesetz
Halbs.	Halbsatz
HandwO	Handwerksordnung
Hartmann	Hartmann/Albers, Kostengesetze, KurzKomm., 26. Aufl. 1995
HausratsVO	Hausratsverordnung
Hdb.	Handbuch

Abkürzungen

Hdb. AG/Bearbeiter	Möhring/Nirk/Brezing/Hagenmüller, Handbuch der Aktiengesellschaft, Loseblatt, Stand 1991 (Rdz., röm. Ziff., arab. Ziff.)
Hdb. GmbH/Bearbeiter	Wilke/Berg/Gottschling/Gaul, Handbuch der GmbH, Bd. 1, 3.–7. Aufl. 1969–1977 (Rdz., röm. Ziff., arab. Ziff.)
Hdb. PersGes./Bearbeiter	Westermann/Scherpf/Sigloch u.a., Handbuch der Personengesellschaften, Loseblatt, Stand 1991 (Rdz., röm. Ziff., arab. Ziff.)
Hennerkes/Binz	Hennerkes/Binz, Die GmbH & Co, 8. Aufl. 1992
Herrmann/Heuer/Raupach	Herrmann/Heuer/Raupach, Einkommensteuer- und Körperschaftsteuergesetz, Loseblatt, Stand 1991 (§§ EStG, KStG u. Nebengesetze, Rdn.)
Hesselmann GmbH & Co.	Hesselmann/Tillmann, Handbuch der GmbH & Co., 17. Aufl. 1991 (Rdz.)
Heymann/Kötter HGB	Heymann/Kötter, Handelsgesetzbuch, 4. (21. Gesamt-) Aufl. 1971 (§§, Anm.)
HFR	Höchstrichterliche Finanzrechtsprechung
HGB	Handelsgesetzbuch
Hillach/Rohs	Hillach/Rohs, Handbuch des Streitwertes in bürgerlichen Rechtsstreitigkeiten, 8. Aufl. 1992
hins.	hinsichtlich
hL.	herrschende Lehre
hM.	herrschende Meinung
HOAI	Verordnung über die Honorare für Leistungen der Architekten und Ingenieure (Honorarordnung für Architekten und Ingenieure) vom 4. 3. 1991 (BGBl. I 533)
HöfeO	Höfeordnung
HöfeVfO	Verfahrensordnung für Höfesachen
Hoffmann/Lehmann/Weinmann MitbeStG	Hoffmann/Lehmann/Weinmann, Mitbestimmungsgesetz Kommentar, 1981 (§§, Rdn.)
Horber	Horber/Demharter, Grundbuchordnung, 19. Aufl. 1991
HReg.	Handelsregister
HRR	Höchstrichterliche Rechtsprechung (Jahr u. Nr.)
HRV	Handelsregisterverfügung
Hueck Gesellschaftsrecht	Hueck, Gesellschaftsrecht, 19. Aufl. 1991
Hueck KSchG	Hueck, Kündigungsschutzgesetz, 11. Aufl. 1989
Hueck OHG	Hueck, Das Recht der offenen Handelsgesellschaft, 4. Aufl. 1971
HUÜ	Haager Übereinkommen über das auf Unterhaltsverpflichtungen gegenüber Kindern anzuwendende Recht (1956); Haager Übereinkommen über das auf Unterhaltspflichten anzuwendende Recht (1973)
HZPA (HZPrAbk)	Haager Zivilprozeßabkommen (1905)
HZPÜ	Haager Übereinkommen über den Zivilprozeß (1954)
IAO	Internationale Arbeitsorganisation
idÄnd.	in der Änderung
idF.	in der Fassung
idR.	in der Regel
IG	Industrie-Gewerkschaft
IHK	Industrie- und Handelskammer
iL.	in Liquidation
insbes.	insbesondere
IPrax	Praxis des Internationalen Privat- und Verfahrensrechts (Jahr u. Seite)
iRd.	im Rahmen des
iS.	im Sinne
iSd.	im Sinne des, der
iSv.	im Sinne von
iü.	im übrigen
iVm.	in Verbindung mit
iW.	in Worten

Abkürzungen

JArbSchG	Gesetz zum Schutze der arbeitenden Jugend (Jugendarbeitsschutzgesetz)
Jauernig	Jauernig, Zivilprozeßrecht, 24. Aufl. 1993; Zwangsvollstreckungs- und Konkursrecht, 19. Aufl. 1990
JBeitrO	Justizbeitreibungsordnung
jew.	jeweils
JFG	Jahrbuch für Entscheidungen in Angelegenheiten der Freiwilligen Gerichtsbarkeit und des Grundbuchrechts
JMBl.	Justizministerialblatt
JR	Juristische Rundschau (Jahr u. Seite)
jur.	juristisch
JurA	Juristische Analysen (Jahr u. Seite)
JuS	Juristische Schulung (Jahr u. Seite)
Justiz	Die Justiz (Jahr u. Seite)
JVBl.	Justizverwaltungsblatt (Jahr u. Seite)
JW	Juristische Wochenschrift (Jahr u. Seite)
JZ	Juristen-Zeitung (Jahr u. Seite)
KAG	Kommunalabgabengesetz
Kalsbach	Kalsbach, Standesrecht des Rechtsanwalts, 1956
KapErhG	Gesetz über steuerrechtliche Maßnahmen bei Erhöhung des Nennkapitals aus Gesellschaftsmitteln und bei Überlassung von eigenen Aktien an Arbeitnehmer
Kapp ErbStG	Kapp, Kommentar zum Erbschaftsteuer- und Schenkungsteuergesetz (Loseblattsammlung), Stand 1988
kath.	katholisch
Keidel/Kuntze/Winkler	Keidel/Kuntze/Winkler, Freiwillige Gerichtsbarkeit. Kommentar, 12. Aufl. 1987 (§§ FGG bzw. BeurkG)
Kfb	Kostenfestsetzungsbeschluß
KfH	Kammer für Handelssachen
Kfv	Kostenfestsetzungsverfahren
Kfz	Kraftfahrzeug
KG	Kammergericht; Kommanditgesellschaft
KGaA	Kommanditgesellschaft auf Aktien
KGJ	Jahrbuch für Entscheidungen des Kammergerichts
KHG	Krankenhausfinanzierungsgesetz
KJHG	Kinder- und Jugendhilfegesetz
kläger.	klägerisch(es)
KMK-HSchR-NF	Kultusministerkonferenz, Sammlung hochschulrechtlicher Entscheidungen, neue Fassung
KnAT	Knappschafts-Angestelltentarifvertrag
Knobbe-Keuk	Knobbe-Keuk, Bilanz und Unternehmenssteuerrecht, 9. Aufl. 1993
KO	Konkursordnung
Kölner Komm. AktG/Bearbeiter	Kölner Kommentar zum Aktiengesetz, herausgegeben von Zöllner, 1971/1986 ff. (§§, Rdn.)
Komm.	Kommentar
KonsG	Konsulargesetz
Kopp	Kopp, Verwaltungsgerichtsordnung, 10. Aufl. 1994 (§§, Rdn.); Verwaltungsverfahrensgesetz, 5. Aufl. 1991 (§§, Rdn.)
Korintenberg/Lappe/Bengel KostO	Korintenberg/Lappe/Bengel/Reimann, Kostenordnung, Kommentar, 12. Aufl. 1991
KostO	Kostenordnung
KOV	Die Kriegsopferversorgung (Jahr u. Seite)
KR-Bearb.	Becker/Etzel, Gemeinschaftskommentar zum Kündigungsschutzgesetz und sonstigen kündigungsschutzrechtlichen Vorschriften, 4. Aufl. 1994
KRG	Kontrollratsgesetz

Abkürzungen

KRsp.	Rechtsprechung zum Kostenrecht, Entscheidungssammlung
KSchG	Kündigungsschutzgesetz
KStG	Körperschaftsteuergesetz
KStZ	Kommunale Steuer-Zeitschrift (Jahr u. Seite)
KTS	Konkurs-, Treuhand- und Schiedsgerichtswesen (Jahr u. Seite)
Kunigk, Anwaltshonorar	Kunigk, Das Anwaltshonorar, 1978
KV	Kostenverzeichnis (Anlage zum GKG)
KVStDV	Kapitalverkehrsteuer-Durchführungsverordnung
KVStG	Kapitalverkehrsteuergesetz
LAG	Landesarbeitsgericht; Lastenausgleichsgesetz
Lambsdorff	Graf Lambsdorff, Handbuch des Eigentumsvorbehalts im deutschen und ausländischen Recht, 1974 (Rdn.)
Lange/Wulff/Lüdtke-Handjery	Lange/Wulff/Lüdtke-Handjery, Höfeordnung, 9. Aufl. 1991
lfd.	laufend
LG	Landgericht
Lgb.	Lagebuchnummer
lit.	litera (= Buchstabe)
Lit.	Literatur
LJM	Landesjustizministerium
LJV	Landesjustizverwaltung
LKartB	Landeskartellbehörde
LKV	Landes- und Kommunalverwaltung (Jahr u. Seite)
LM	Das Nachschlagewerk des Bundesgerichtshofs in Zivilsachen, herausgegeben von Lindenmaier und Möhring (Gesetzesstelle u. Entscheidungsnr.)
LohnFzG	Lohnfortzahlungsgesetz
LPachtG	Landpachtgesetz
LPG	Landespressegesetz
LSG	Landessozialgericht
LStDVO	Lohnsteuerdurchführungsverordnung
LStR	Lohnsteuerrichtlinien
LuftfzRG	Gesetz über Rechte an Luftfahrzeugen
LuftVG	Luftverkehrsgesetz
Lutter/Hommelhoff	Lutter/Hommelhoff, GmbH-Gesetz, 14. Aufl. 1994
LVwVfG	Landesverwaltungsverfahrensgesetz
LwErbR	Landwirtschaftserbrecht
LwVG	Gesetz über das Verfahren in Landwirtschaftssachen
m.	mit
MaBV	Makler- und BauträgerVO
Madert	Der Gegenstandswert in bürgerlichen Rechtsangelegenheiten, 3. Aufl. 1993
MB	Mahnbescheid
MDE	Minderung der Erwerbsfähigkeit
MDR	Monatsschrift für Deutsches Recht (Jahr u. Seite)
ME	Miteigentum
MedR	Medizinrecht (Jahr u. Seite)
Meilicke/Meilicke MitbestG	Meilicke/Meilicke, Kommentar zum Mitbestimmungsgesetz 1976, 2. Aufl. 1976 (§§, Rdn.)
Meyer-Ladewig SGG	Meyer-Ladewig, Sozialgerichtsgesetz, Erläuterungen, 5. Aufl. 1993
MHRG	Gesetz zur Regelung der Miethöhe
MietRÄndG	Mietrechtsänderungsgesetz
Min.	Ministerium
Mio.	Millionen
MitbestG	Gesetz über die Mitbestimmung der Arbeitnehmer

Abkürzungen

MittBayNot	Mitteilungen des Bayerischen Notarvereins, der Notarkasse und der Landesnotarkammer Bayern (Jahr u. Seite)
MittRhNotK	Mitteilungen der Rheinischen Notarkammer
MiZi	Anordnung über Mitteilungen in Zivilsachen vom 1. 10. 1967
MMV	Mustermietvertrag
MTV	Manteltarifvertrag
MünchKomm/Bearbeiter	Münchener Kommentar zum Bürgerlichen Gesetzbuch, Bd. 5, 2. Halbband, 2. Aufl. 1987 (§§, Rdn.)
MuSchG	Gesetz zum Schutz der erwerbstätigen Mutter
mwN.	mit weiteren Nachweisen
MWSt	Mehrwertsteuer
Nachf.	Nachfolger
Nachw.	Nachweise
NÄG	Namensänderungsgesetz
NBildUG	Niedersächsisches Gesetz über den Bildungsurlaub für den Arbeitnehmer
NdsRpfl.	Niedersächsische Rechtspflege (Jahr u. Seite)
nF.	neue Fassung
Niesel.	Niesel, Der Sozialgerichtsprozeß, eine Einführung mit Schriftsatzmustern, 2. Aufl. 1991 mit Nachtrag 1993
Nikisch	Nikisch, Zivilprozeßrecht, Lehrbuch, 2. Aufl. 1952
NJW	Neue Juristische Wochenschrift
NJW-RR	Neue Juristische Wochenschrift – Rechtsprechungs-Report Zivilrecht (Jahr u. Seite)
NMV	Neubaumietenverordnung
Nr.	Nummer
NRW	Nordrhein-Westfalen
NStZ	Neue Zeitschrift für Strafrecht (Jahr u. Seite)
NTS	Nato-Truppenstatut
NVwZ	Neue Zeitschrift für Verwaltungsrecht (Jahr u. Seite)
NVwZ-RR	Neue Zeitschrift für Verwaltungsrecht Rechtsprechungs-Report Verwaltungsrecht (Jahr u. Seite)
NWB	Neue Wirtschaftsbriefe
NWVBl.	Nordrhein-Westfälische Verwaltungsblätter (Jahr u. Seite)
NZA	Neue Zeitschrift für Arbeits- und Sozialrecht (Jahr u. Seite)
NZB	Nichtzulassungsbeschwerde
o.	oben
oa.	oben angegeben(en)
oä.	oder ähnlich
Odersky	Odersky, Nichtehelichengesetz, 4. Aufl. 1978
ÖTV	Gewerkschaft Öffentliche Dienste, Transport u. Verkehr
OFD	Oberfinanzdirektion
OGHbrZ	Oberster Gerichtshof für die britische Zone
OHG	offene Handelsgesellschaft
OLG	Oberlandesgericht
OLGZ	Entscheidungen der Oberlandesgerichte in Zivilsachen
OVG	Oberverwaltungsgericht
p.a.	pro anno
Palandt/Bearbeiter	Palandt, Bürgerliches Gesetzbuch, 54. Aufl. 1995 (§§, Anm.)
PatAnwO	Patentanwaltsordnung
PatG	Patentgesetz
Paulick	Paulick/Blaurock, Handbuch der stillen Gesellschaft, 4. Aufl. 1988
PersGes.	Personengesellschaft
PflVersG	Pflichtversicherungsgesetz
phG.	persönlich haftender Gesellschafter
pol.	polizeilich

Abkürzungen

Pos.	Position
ppa.	per procura
ProzBev.	Prozeßbevollmächtigte(r)
PStG	Personenstandsgesetz
RA	Rechtsanwalt
RabelsZ	Rabels Zeitschrift für ausländisches und internationales Privatrecht
Raiser MitbestG	Raiser, Mitbestimmungsgesetz nebst Wahlordnungen, 2. Aufl. 1984 (§§, Rdn.)
RAL	Reichsausschuß für Lieferbedingungen
RBerG	Rechtsberatungsgesetz
RdA	Recht der Arbeit (Jahr u. Seite)
RdL	Recht der Landwirtschaft (Jahr u. Seite)
Rdn.	Randnummer
Rdz.	Randziffer
Redeker/von Oertzen	Redeker/von Oertzen, Verwaltungsgerichtsordnung, 11. Aufl. 1994 (§§, Rdn.)
RegEntw.	Regierungsentwurf
RegNr.	Registernummer
Reichert/Dannecker/Kühr	Reichert/Dannecker/Kühr, Handbuch des Vereins- und Verbandsrechts, 5. Aufl. 1993 (Rdz.)
Reinhardt	Reinhardt/Schultz, Gesellschaftsrecht, 2. Aufl. 1981
Rev.	Revision
RG	Reichsgericht
RGBl.	Reichsgesetzblatt
RGRK/Bearbeiter	BGB-Kommentar, herausgegeben von Reichsgerichtsräten und Bundesrichtern, 12. Aufl. 1974 ff. (§§, Rdz.)
RGZ	Entscheidungen des Reichsgerichts in Zivilsachen
RHeimStG	Reichsheimstättengesetz
Riedel/Sußbauer BRAGO	Riedel/Sußbauer, Bundesgebührenordnung für Rechtsanwälte, 7. Aufl. 1995
RIW/AWD	Recht der internationalen Wirtschaft, Außenwirtschaftsdienst des „Betriebsberater" (Jahr u. Seite)
RMBeschrG	Rechtsmittelbeschränkungsgesetz
Rohs/Wedewer KostO	Rohs/Wedewer, Kostenordnung, Loseblatt-Kommentar, Stand 1992
Rolland	Rolland, Kommentar zum 1. Eherechtsreformgesetz, 2. Aufl. 1982
Rosenberg	Rosenberg, Lehrbuch des deutschen Zivilprozeßrechts, 9. Aufl. 1961
Rosenberg/Schwab/Gottwald	Rosenberg/Schwab/Gottwald, Zivilprozeßrecht, 15. Aufl. 1993
Roth	Roth, GmbH-Gesetz, Kommentar, 2. Aufl. 1987 (§§, Anm.)
Rpfleger	Der Deutsche Rechtspfleger (Jahr u. Seite)
RPflG	Rechtspflegergesetz
RRG	Rentenreformgesetz
Rspr.	Rechtsprechung
RsprEinhG	Gesetz zur Wahrung der Einheitlichkeit der Rechtsprechung der Obersten Gerichtshöfe des Bundes vom 19. Juni 1968 (BGBl. I 1968, 661)
RU	Regelunterhalt
Ruland/Tiemann	Ruland/Tiemann, Versorgungsausgleich und steuerliche Folgen der Ehescheidung, 1977
RuStAG	Reichs- und Staatsangehörigkeitsgesetz
RVO	Reichsversicherungsordnung
S.	Satz; Seite
s.	siehe
SAE	Sammlung arbeitsrechtlicher Entscheidungen (Jahr u. Seite)
Sauter/Schweyer	Sauter/Schweyer, Der eingetragene Verein, 15. Aufl. 1994
SchadErsAnspr.	Schadensersatzanspruch

Abkürzungen

Schaub ArbR-Formb.	Schaub, Arbeitsrechtliche Formularsammlung und Arbeitsgerichtsverfahren, 6. Aufl. 1994
Schaub ArbR-Hdb.	Schaub, Arbeitsrechts-Handbuch, 7. Aufl. 1992
ScheckG	Scheckgesetz
SchiffsR	Schiffsrecht
SchiffsRegR	Schiffsregisterrecht
SchiffsRegO	Schiffsregisterordnung
Schlegelberger/Bearbeiter	Schlegelberger, Handelsgesetzbuch Kommentar, bearb. v. Geßler, Hefermehl, Hildebrand, Schröder, 5. Aufl. 1973 ff. (§§, Rdn.)
Schmidt-Futterer/Blank	Schmidt-Futterer/Blank, Wohnraumschutzgesetze, 6. Aufl. 1988
Schneider	Schneider, Streitwert-Kommentar, 10. Aufl. 1992
Schönle/Hopt	Schönle/Hopt, Bank- und Börsenrecht, 3. Aufl. 1989
Scholz/Bearbeiter	Scholz/Emmerich, Kommentar zum GmbH-Gesetz, 8. Aufl. 1992/1994 (§§, Rdn.)
Scholz/Fischer GmbHG	Scholz/Fischer, Klein-Kommentar zum GmbH-Gesetz, 8. Aufl. 1977 (§§, Anm.)
Schrader/Steinert	Schrader/Steinert, Zwangsvollstreckung in das bewegliche Vermögen, 7. Aufl. 1994
Schwab	Schwab/Walter, Schiedsgerichtsbarkeit, 5. Aufl. 1995
Schwab	Schwab/Walter, Der Streitgegenstand im Zivilprozeß, 1954
SchwBG	Schwerbehindertengesetz
SE	Sondereigentum
SeemG	Seemannsgesetz
SG	Sozialgericht
SGb	Die Sozialgerichtsbarkeit (Jahr u. Seite)
SGB	Sozialgesetzbuch
SGG	Sozialgerichtsgesetz
SGV NW	Sammlung des bereinigten Gesetz- und Verordnungsblattes für das Land Nordrhein-Westfalen
SJZ	Süddeutsche Juristenzeitung (Jahr u. Seite)
so.	siehe oben
Soergel/Bearbeiter	Soergel/Siebert, Kommentar zum Bürgerlichen Gesetzbuch, 11. Aufl. 1978 ff. (§§, Rdn.)
sog.	sogenannt
SozR.	Sozialrecht, Rechtsprechung und Schrifttum, bearbeitet von den Richtern des Bundessozialgerichts
Sp.	Spalte
spät.	spätestens
städt.	städisch(e)
Stahlhacke	Stahlhacke/Preis, Kündigung und Kündigungsschutz im Arbeitsverhältnis, 5. Aufl. 1991
Standesamt	Das Standesamt (Jahr u. Seite)
Staudinger/Bearbeiter	Staudinger, Kommentar zum Bürgerlichen Gesetzbuch, 12. Aufl. 1978 ff. (§§, Rdn.)
Stöber	Stöber, Forderungspfändung, 10. Aufl. 1993
Stöber/Zeller	Stöber/Zeller, Zwangsvollstreckung in das unbewegliche Vermögen, 6. Aufl. 1992
Stein/Jonas/Bearbeiter	Stein/Jonas, bearbeitet von Pohle, Grunsky, Leipold, Münzberg, Schlosser und Schumann, Kommentar zur ZPO, 19. Aufl. 1964 ff., zT. 20. Aufl. 1977 ff.
StPO	Strafprozeßordnung
streitgen.	streitgenössisch
str.	strittig
stRspr.	ständige Rechtsprechung
StrVollzG	Strafvollzugsgesetz
StVG	Straßenverkehrsgesetz
StVO	Straßenverkehrsordnung
StVZO	Straßenverkehrs-Zulassungs-Ordnung
su.	siehe unten

Abkürzungen

Sudhoff GmbH	Sudhoff, Der Gesellschaftsvertrag der GmbH, 8. Aufl. 1992
Sudhoff GmbH & Co.	Sudhoff, Der Gesellschaftsvertrag der GmbH & Co., 4. Aufl. 1979
Sudhoff Personengesellschaften	Sudhoff, Der Gesellschaftsvertrag der Personengesellschaften, 6. Aufl. 1985
SVG	Soldatenversorgungsgesetz
teilw.	teilweise
Thomas/Putzo	Thomas/Putzo, Zivilprozeßordnung, 19. Aufl. 1995 (§§, Anm.)
Tschischgale/Satzky	Tschischgale/Satzky, Das Kostenrecht in Arbeitssachen, 3. Aufl. 1982
TÜV	Technischer Überwachungsverein
TVG	Tarifvertragsgesetz
Tz.	Textziffer
u.	unten; und
ua.	unter anderem
uä.	und ähnliche
UÄndG	Unterhaltsänderungsgesetz
UB	Unbedenklichkeitsbescheinigung
Überbl.	Überblick
Übers.	Übersicht
Ulmer/Brandner/Hensen AGBG	Ulmer/Brandner/Hensen, Kommentar zum AGBG, 7. Aufl. 1993
UmstG	Umstellungsgesetz
UmwG	Umwandlungsgesetz
UmwStG	Umwandlungssteuergesetz
unstr.	unstreitig
UnterhRAbändG	Gesetz zur vereinfachten Abänderung von Unterhaltsrenten
UPR	Umwelt- und Planungsrecht (Jahr u. Seite)
UrhG	Urheberrechtsgesetz
UR	Urkundenrolle
URNr.	Urkundenrollennummer
Urt.	Urteil
UStG	Umsatzsteuergesetz
usw.	und so weiter
uU.	unter Umständen
UWG	Gesetz gegen den unlauteren Wettbewerb
v.	von
VAHRG	Gesetz zur Regelung von Härten im Versorgungsausgleich
VB	Vollstreckungsbescheid
VerBAV	Veröffentlichungen des Bundesaufsichtsamtes für das Versicherungswesen
VereinfNov	Gesetz zur Vereinfachung und Beschleunigung gerichtlicher Verfahren (Vereinfachungsnovelle)
VerfGH	Verfassungsgerichtshof
VerglO	Vergleichsordnung
VerlG	Verlagsgesetz
VermBildG	Vermögensbildungsgesetz
VersAufsG	Versicherungsaufsichtsgesetz
VerschG	Verschollenheitsgesetz
VersR	Versicherungsrecht (Jahr u. Seite)
VersU	Versäumnisurteil
VG	Verwaltungsgericht
VGFGEntlastG	Gesetz zur Entlastung der Gerichte in der Verwaltungs- und Finanzgerichtsbarkeit vom 31. März 1978 (BGBl. I 1978, 446)
VGH	Verwaltungsgerichtshof
vgl.	vergleiche

Abkürzungen

vH.	vom Hundert
VO	Verordnung
VOB	Verdingungsordnung für Bauleistungen
Vogel GmbHG	Vogel, GmbH-Gesetz Kommentar, 2. Aufl. 1956 (§§, Anm.)
VOL	Verdingungsordnung für Leistungen – ausgenommen Bauleistungen
vollst.	vollständig
Vorbem.	Vorbemerkung
VR	Vereinsregister
VRS	Verkehrsrechtliche Sammlung
VU	Versäumnisurteil
vT.	von Tausend
VVaG	Versicherungsverein auf Gegenseitigkeit
VVG	Gesetz über den Versicherungsvertrag
VW	Versicherungswirtschaft
VwGO	Verwaltungsgerichtsordnung
VwVfG	Verwaltungsverfahrensgesetz
VwVG	Verwaltungsvollstreckungsgesetz
VwZG	Verwaltungszustellungsgesetz
VZS	Vereinigte Zivilsenate
WährG	Währungsgesetz
Warn	Warneyer, Rechtsprechung des RG oder BGH (Jahr u. Nummer)
WDR	Westdeutscher Rundfunk
WE	Wohnungseigentum
WeinWiG	Weinwirtschaftsgesetz
WEG	Wohnungseigentumsgesetz
WG	Wechselgesetz
WGB	Wohnungsgrundbuch
Wieczorek/Bearbeiter	Wieczorek, Zivilprozeßordnung und Nebengesetze, Kommentar, 2. Aufl. 1975 ff.
WKSchG	Wohnraumkündigungsschutzgesetz
WM	Wohnungswirtschaft und Mietrecht (Jahr u. Seite)
WoBindG	Wohnungsbindungsgesetz
WohnbauG	Wohnungsbaugesetz
WoModG	Wohnungsmodernisierungsgesetz
WPflG	Wehrpflichtgesetz
WPM	Wertpapier-Mitteilungen (Jahr u. Seite)
WRP	Wettbewerb in Recht und Praxis (Jahr u. Seite)
Wussow/Küppersbusch	Wussow/Küppersbusch, Ersatzansprüche bei Personenschäden, 5. Aufl. 1990
WuW/E	Wirtschaft und Wettbewerb. Entscheidungssammlung zum Kartellrecht
WZG	Warenzeichenrecht
ZAbkNTS	Zusatzabkommen zum Nato-Truppenstatut
zB.	zum Beispiel
ZBR	Zeitschrift für Beamtenrecht (Jahr u. Seite)
ZbR	Zurückbehaltungsrecht
Zeller/Stöber	Zeller/Stöber, Zwangsversteigerungsgesetz, Kurzkommentar, 14. Aufl. 1993
ZfA	Zeitschrift für Arbeitsrecht (Jahr u. Seite)
ZfBR	Zeitschrift für deutsches und internationales Baurecht (Jahr u. Seite)
ZGR	Zeitschrift für Unternehmens- und Gesellschaftsrecht (Jahr u. Seite)
z. Hd.	zu Händen
ZHR	Zentralblatt für Handelsrecht (Jahr u. Seite)
Ziff.	Ziffer
ZIP	Zeitschrift für die gesamte Insolvenzpraxis
ZMR	Zeitschrift für Miet- und Raumrecht (Jahr u. Seite)
Zöller/Bearbeiter	Zöller, Kommentar zur ZPO, 19. Aufl. 1994

Abkürzungen

ZPO .... Zivilprozeßordnung
ZRHO .... Rechtshilfeordnung in Zivilsachen
ZSEG .... Gesetz über die Entschädigung von Zeugen und Sachverständigen
zT. .... zum Teil
zus. .... zusammen
ZSEG .... Zeugen- und Sachverständigen-Entschädigungs-Gesetz
ZVG .... Zwangsversteigerungsgesetz
ZZP .... Zeitschrift für Zivilprozeß (Band u. Seite)
zZt. .... zur Zeit

I. Das allgemeine Zivilprozeßverfahren

A. Mandatsverhältnis

1. Bitte um Mandatsübernahme

Sehr geehrter Herr Kollege,

ich bitte Sie darum, ein Mandat der von mir ständig vertretenen Firma A zu übernehmen.[1] Diese wurde von der Firma B mit der in Fotokopie anliegenden Klage überzogen. Das wirksam als zuständig vereinbarte Landgericht ...... hat Termin auf ...... bestimmt und eine Frist zur Klageerwiderung bis ...... gesetzt. In der Anlage füge ich einen Entwurf für die Klageerwiderung bei mit der Bitte um Überprüfung, ggf. Ergänzung nach Ihrem Ermessen und Einreichung bei Gericht. Die Korrespondenz bitte ich mit mir zu führen[2]. Für eine Bestätigung des Mandats wäre ich dankbar[3]. Sollten Sie an der Übernahme oder Durchführung des Mandats verhindert sein, bitte ich Sie, das Mandat einem geeigneten Kollegen weiterzugeben[4].

Rechtsanwalt

Anmerkungen

1. Der für die Mandantin an deren Sitz tätige und zugelassene Rechtsanwalt kann auswärtige Zivilprozeßmandate selbst nur führen, soweit es keiner besonderen Zulassung nach § 78 ZPO beim auswärtigen Gericht bedarf (§ 79 ZPO Amtsgericht, Arbeitsgericht). In diesen Fällen wird er einen am Gerichtsort ansässigen Kollegen regelmäßig nur als Unterbevollmächtigten beauftragen. In anderen Fällen muß das Mandat dem zugelassenen Kollegen (von der Partei, vertreten durch deren Vertrauensanwalt) erteilt werden.

Die bisherige BRAO vom 1. 8. 1959 galt nicht in den neuen Bundesländern (Einigungsvertrag, Kapitel III, Sachgebiet A, Abschn. I, Nr. 7). Hier galt das Rechtsanwaltsgesetz vom 13. 9. 1990 (GBl. I 61 S. 1504) mit den Modifikationen des Rechtspflegeanpassungsgesetzes [RpflAnpG] (BGBl. I 1992 S. 1147).

Ursprünglich galt in den neuen Bundesländern uneingeschränkte Postulationsfähigkeit der Anwälte (Anlage 1 zum Einigungsvertrag, Kapitel III, Sachgebiet A, Abschnitt III Nr. 5 Buchst. b, S. 3). Mit dem Inkrafttreten der Gerichtsorganisationsänderung, also der Einführung des auch in den alten Bundesländern geltenden dreistufigen Gerichtsaufbaus (AG/LG/OLG – vgl. beispielsweise Artikel 6 und 10 des Sächsischen Gerichtsorganisationsgesetzes vom 30. 6. 1992, GV-Blatt, Seite 287) änderte sich die Regelung der anwaltschaftlichen Vertretung in Zivilsachen. Anstelle der uneingeschränkten Postulationsfähigkeit trat der Anwaltszwang (§§ 14, 17 Nr. 1, Buchst. d RpflAnpG iVm. § 78 ZPO), mit der Folge, daß auf dem Gebiet der Anwaltsprozesse nicht mehr jeder deutsche Rechtsanwalt, sondern nur noch ein im Beitrittsgebiet zugelassener Anwalt vertretungsberechtigt war (§ 22 RpflAnpG).

Am 8. 9. 1994 wurde das Gesetz zur Neuordnung des Berufsrechts der Rechtsanwälte und der Patentanwälte im Bundesgesetzblatt veröffentlicht. Ab 9. 9. 1994 gilt die neue BRAO. Sie hat das RAG vom 13. 9. 1990 aufgehoben und die BRAO auch im Beitrittsgebiet in Kraft gesetzt. Personen, die innerhalb von 2 Jahren nach Inkrafttreten des Gesetzes die fachlichen Voraussetzungen nach dem RAG erfüllen, besitzen die Befähigung zur anwaltlichen Tätigkeit und können noch zugelassen werden. Die Rechte auf Unterhaltung einer Niederlassung und eines Büros nach den Anordnungen der DDR vom 7. 6. 1990 und 17. 4. 1990 erlöschen am 31. 12. 1995 (Loewer, Neuordnung des anwaltlichen Berufsrechts, BRAK-Mitteilungen 1994, 186, 192).

Die am 9. 9. 1994 in Kraft getretene neue Bundesrechtsanwaltsordnung (BGBl. 1994, Teil I, S. 2278) enthält wesentliche Neuerungen. Von besonderer Bedeutung ist die Änderung des § 78 ZPO. Die Neufassung hebt den Lokalisierungsgrundsatz der bisherigen Fassung des § 78 ZPO auf. Diese Neuregelung tritt in den alten Bundesländern am 1. 1. 2000, in den neuen Bundesländern am 1. 1. 2005 in Kraft. In den alten Bundesländern ist also eine Übergangsfrist von 5, in den neuen Bundesländern eine solche von 10 Jahren vorgesehen, innerhalb deren der bisherige Lokalisationsgrundsatz weiter gilt.

Das Bundesverfassungsgericht hat mit Beschluß vom 7. 12. 1994 (1 BvR 2011/94) entschieden, daß die in den neuen Bundesländern zugelassenen Rechtsanwälte – wie bisher schon – vor den dortigen Landgerichten und den dortigen Amtsgerichten in Familiensachen zunächst auf die Dauer von weiteren 6 Monaten auftreten können. Damit ist die zum 1. 1. 1995 durch das Gesetz zur Neuordnung des Berufsrechts der Rechtsanwälte und der Patentanwälte vom 8. 9. 1994 (BGBl. I S. 2278) vorgenommene Einführung der beschränkten Postulationsfähigkeit in den neuen Bundesländern für die Dauer von 6 Monaten hinausgeschoben.

Neu verankert in § 43 a BRAO nF. sind neben den bereits früher aus anwaltlichem Gewohnheitsrecht und der Rechtsprechung gefolgerten Pflichten zur Verschwiegenheit, zur beruflichen Unabhängigkeit und zur Vermeidung widerstreitender Interessen das Sachlichkeitsgebot und die Fortbildungspflicht.

Nach § 43 b BRAO nF. ist Werbung in angemessenem Rahmen erlaubt. Schließlich ist wichtig, daß § 51 BRAO nF. eine Mindestversicherungssumme von DM 500.000,– für jeden Versicherungsfall gesetzlich vorschreibt.

§ 51 a BRAO nF. gestattet die vertragliche Begrenzung von Ersatzansprüchen auf die Höhe der Mindestversicherungssumme im Einzelfall und auf den 4fachen Betrag der Mindestversicherungssumme durch allgemeine Geschäftsbedingungen im Falle leichter Fahrlässigkeit.

2. Der Korrespondenzanwalt, der das Mandat vermittelt, verdient lediglich die Korrespondenzgebühr des § 52 BRAGO, und zwar grundsätzlich auch dann, wenn er – wie in der Praxis häufig – die Schriftsätze vorfertigt.

Die auch schon früher unter Geltung der Standesrichtlinien nicht zu beanstandende Teilung von Gebühren zwischen Prozeßbevollmächtigtem und Verkehrsanwalt ist nunmehr durch eine Neufassung des § 3 Abs. 1 Satz 2 BRAGO nF. sanktioniert worden. Danach gilt:

„Vereinbarungen über die Vergütung nach Abs. 5 sollen schriftlich getroffen werden; ist streitig, ob es zu einer solchen Vereinbarung gekommen ist, so trifft die Beweislast den Auftraggeber."

Weiterhin wird in § 3 folgender neuer Absatz 5 angefügt:

„In außergerichtlichen Angelegenheiten kann der Rechtsanwalt Pauschalvergütungen und Zeitvergütungen vereinbaren, die niedriger sind als die gesetzlichen Gebühren. Handelt es sich bei dem Auftraggeber um einen Verband oder Verein, so gilt dies auch für die Beratung seiner Mitglieder im Rahmen des satzungsmäßigen Aufgabenbereichs des Verbandes oder Vereins. Der Rechtsanwalt kann sich für gerichtliche Mahnverfahren und Zwangsvollstreckungsverfahren nach den §§ 803 bis 863 und 899 bis 915 der Zivilprozeßordnung verpflichten, daß er, wenn der Anspruch des Auftraggebers auf Erstattung der gesetzlichen Vergütung nicht beigetrieben werden kann, einen Teil des Erstattungsanspruchs an Erfüllungs Statt annehmen werde. Der nicht durch Abtretung zu erfüllende Teil der gesetzlichen Vergütung und die sonst nach diesem Absatz vereinbarten Vergütungen müssen in angemessenem Verhältnis zu Leistung, Verantwortung und Haftungsrisiko des Anwalts stehen."

Eine Teilung der Gebühren zwischen Korrespondenzanwalt und Prozeßanwalt, wenn ersterer die Schriftsätze stempelfertig liefert, ist verbreitet und üblich (nicht jedoch im Verhältnis zu Anwälten, die – wie z.B. in Nordrhein/Westfalen – ausschließlich beim Oberlandesgericht zugelassen sind). Die Verantwortlichkeit liegt jedoch stets beim Prozeßanwalt (vgl. zur Abgrenzung der Verantwortlichkeit BGH NJW 1988, 107).

Für Rechtsanwälte, die ihre Kanzlei in den neuen Bundesländern eingerichtet haben, ermäßigen sich die Gebühren nach BRAGO um 20%. Das gleiche gilt für die Tätigkeit von Anwälten in den alten Bundesländern, wenn diese im Auftrag eines Beteiligten tätig werden, der seinen Wohnsitz oder Sitz in den neuen Bundesländern hat (Maßgaben der Bundesgebührenordnung für Rechtsanwälte, abgedruckt im Schönfelder II, Nr. 342).

Am 1. 7. 1994 ist das Gesetz zur Änderung von Kostengesetzen und anderen Gesetzen (KostRÄndG 1994) vom 24. 6. 1994 in Kraft getreten (BGBl. Teil I 1994, 1325). Dieses Gesetz enthält Änderungen für alle Mandate, die ab 1. 7. 1994 erteilt werden. Die Gebühren wurden angehoben, ebenso die Gebühren bei Prozeßkostenhilfe und die Rahmengebühren.

Der Regelstreitwert des § 8 Abs. 2 Satz 2 BRAGO wurde von DM 6.000,– auf DM 8.000,– erhöht. Neu ist auch die Einführung einer Erstberatungsgebühr, die auf einen Höchstbetrag von DM 350,– beschränkt ist (§ 20 Abs. 1 Satz 2 nF. BRAGO).

Schließlich sind die Anwaltsgebühren für Vergleiche, die abgeschlossen werden, ohne daß ein gerichtliches Verfahren anhängig ist, auf eine 15/10-Gebühr angehoben worden (§ 23 Abs. 1 Satz 1 nF. BRAGO).

3. Erst mit dem rechtzeitigen Eingang dieser Bestätigung ist der Korrespondenzanwalt von der Haftung für die Versäumung der Klageerwiderungsfrist oder der Terminswahrnehmung frei. Der Verkehrsanwalt und der Prozeßbevollmächtigte haben je getrennte Aufgabenkreise, sie stehen zum Mandanten nicht in einem Gesamtschuldverhältnis. Jeder Anwalt kann davon ausgehen, daß der andere die ihm obliegenden Aufgaben erfüllt (*Borgmann/Haug* Anwaltshaftg 3. Aufl. 1995 § 37 Rdn. 36, vgl. auch BGH NJW 1988, 1079; OLG Frankfurt am Main, Anwaltsblatt 1985, 37, 38; Hartstang, Anwaltsrecht 1991, 83). Der Hauptbevollmächtigte haftet im übrigen auch im Falle der Erteilung einer Untervollmacht an einen auswärtigen Kollegen nicht für Fehler des Unterbevollmächtigten. Der Unterbevollmächtigte hat seine anwaltlichen Leistungen nicht gegenüber dem Hauptbevollmächtigten zu erbringen, sondern unmittelbar gegenüber dem Mandanten (Hartstang aaO., S. 85 mwN.).

Das Rechtspflegeanpassungsgesetz (RpflAnpG) ist abgedruckt im Bundesgesetzblatt 1992 vom 26. 6. 1992, I, S. 1147.

4. Dieser gängige Zusatz erscheint insbesondere dann zweckmäßig, wenn der Vertrauensanwalt der Partei den zu beauftragenden Anwalt nicht kennt und nur aus dem Anwaltsverzeichnis entnommen hat. Jener Anwalt kann aus tatsächlichen oder rechtlichen Gründen an der Übernahme oder Durchführung des Mandats verhindert sein, beispielsweise wegen Interessenkollision (vgl. § 43a Abs. 4 BRAO nF.).

2. Mandatsübernahmebestätigung

Sehr geehrter Herr Kollege,
ich bestätige dankend die Übernahme des Mandats.[1] Die Klageerwiderung wurde heute eingereicht. Der Schriftsatz hat das Datum vom ...... erhalten.[2] Den Termin am ...... werde ich wahrnehmen und berichten. Das beigefügte Vollmachtsformular erbitte ich durch die Partei rechtsverbindlich unterzeichnet zurück.[3] Für die Vermittlung eines Gebührenvorschusses in Höhe von ...... wäre ich dankbar.[4]

Anmerkungen

1. Anders als dem Notar steht es dem Rechtsanwalt grundsätzlich frei, ob er einen Auftrag annehmen will oder nicht (vgl. *Borgmann/Haug* § 12 Rdn. 36; Ausnahme: § 48 BRAO). Erst mit dem Zugang der Mandatsbestätigung beim bevollmächtigten Korrespondenzanwalt kommt der Mandatsvertrag zwischen der Partei und dem Prozeßbevollmächtigten zustande. Der Rechtsanwalt kann sich allerdings schadensersatzpflichtig machen, wenn er den Auftrag nicht annehmen will und die Ablehnung nicht unverzüglich erklärt (§ 44 BRAO).

2. Dieser Hinweis an den Verkehrsanwalt ist dringend zu empfehlen, damit dieser bei der Fertigung künftiger Schriftsätze oder bei sonstigen Bezugnahmen über die Datierung des ersten Schriftstückes im Bilde ist.

3. Für die Fassung der Prozeßvollmachtsformulare kann auf die im Handel erhältlichen Vordrucke verwiesen werden. Die Vorlage einer Prozeßvollmacht durch den Anwalt ist im Prozeß seit der Änderung des § 88 ZPO durch die Vereinfachungsnovelle vom 3. 12. 1976 (BGBl. I S. 3281) die Ausnahme. Sie wird – auch im Amtsgerichtsprozeß – nur auf Vollmachtsrüge des Gegners verlangt. Auch im Scheidungsverfahren wird die Vollmacht nicht von Amts wegen geprüft. Der Bevollmächtigte bedarf jedoch einer besonderen auf das Verfahren gerichteten Vollmacht (§ 609 ZPO). In jedem Fall ist es für den Prozeßbevollmächtigten zweckmäßig, sich eine unterzeichnete Vollmacht zu den Akten zu nehmen.

4. Der Gebührenvorschuß wird üblicherweise in Höhe von $^{10}/_{10}$ bis $^{20}/_{10}$ der jeweiligen Anwaltsgebühr zuzüglich evtl. verauslagter Gerichtskosten erhoben (Rechtsgrundlage: § 17 BRAGO).

Für die Gebühren des Prozeßbevollmächtigten haftet der Korrespondenzanwalt weder zivilrechtlich, noch ist er insoweit standesrechtlich gegenüber dem Prozeßbevollmächtigten gehalten, für dessen Kosten einzustehen. Anderes gilt jedoch im internationalen Rechtsverkehr zwischen Anwälten. Ziff. 19 der Internationalen Grundsätze des Standesrechts, deren Beachtung von der Bundesrechtsanwaltskammer empfohlen wird, lautet:

„Ein Rechtsanwalt, der einen ausländischen Kollegen zur Raterteilung oder Bearbeitung eines Falles in Anspruch nimmt, ist, wenn nicht ausdrücklich etwas anderes vereinbart worden ist, verantwortlich für die Zahlung von dessen Kosten. Wenn ein Rechtsanwalt einen Mandanten an einen ausländischen Kollegen verweist, ist er für die Zahlung von dessen Kosten nicht verantwortlich; er hat aber auch keinen Anspruch auf einen Teil der Gebühren des ausländischen Kollegen."

Im übrigen sieht § 59b Abs. 9 BRAO nF. vor, daß die besonderen Berufspflichten im grenzüberschreitenden Rechtsverkehr durch Satzung in einer Berufsordnung bestimmt werden können.

3. Honorarvereinbarung[1]

In der Angelegenheit: ......
vereinbaren die Rechtsanwälte: ......
mit Firma ......
vertreten durch ......
mit Herrn/Frau/ Fräulein ......
folgendes:

Für die Vertretung im laufenden Rechtszuge[2] ist – neben den gesetzlichen Gebühren[3] – anstatt der gesetzlichen Gebühren – ein Honorar von DM ...... (in Worten: Deutsche Mark ......) zuzüglich 15% Mehrwertsteuer = DM ...... zur Zahlung vereinbart, das nach Beendigung des Auftrags fällig ist. Auslagen, Reisekosten und dgl. sind daneben gesondert zu zahlen. Für jeden Tag der Abwesenheit von ...... erhalten die Anwälte, wenn die Reise im Interesse des Klienten liegt, ...

Für die Gebührenberechnung ist der vom Gericht festgesetzte Streitwert, mindestens jedoch ein Streitwert von DM ......[4] maßgebend.

Wird ein Verfahren in einer weiteren Instanz anhängig, so bleibt das Honorar hierfür einer weiteren Vereinbarung vorbehalten.

Ort, Datum

Unterschrift des Klienten   Rechtsanwalt

Anmerkungen

1. Wenn der Rechtsanwalt ohne Rechtsgrundlage erhöhte Gebühren fordert, macht er sich strafbar (§ 352 StGB). § 49b BRAO nF. regelt ausdrücklich, daß es grundsätzlich unzulässig ist, geringere Gebühren und Auslagen zu vereinbaren oder zu fordern, als der BRAGO entspricht. Insbesondere ist die Vereinbarung eines Erfolgshonorars oder eines Teils des erstrittenen Betrages als Honorar unzulässig (§ 49b Abs. 2 BRAO nF.). In Einzelfällen kann besonderen Umständen wie der Bedürftigkeit des Auftraggebers durch Ermäßigung oder Erlaß im nachhinein Rechnung getragen werden (§ 49b Abs. 1 Satz 2 BRAO nF.). Nach § 3 BRAGO können höhere als die gesetzlichen Gebühren jedoch vereinbart werden. Wirksamkeitserfordernis: Schriftform. Der Honorarschein darf keine anderen Erklärungen enthalten (§ 3 Abs. 1 BRAGO). Der Rechtsanwalt hat darauf hinzuweisen, daß die Gebühren über den gesetzlichen Gebühren liegen und im Prozeßfall bei Obsiegen nur die gesetzlich vorgesehenen Anwaltsgebühren erstattet werden (§ 51 Abs. 4 der Grundsätze des anwaltschaftlichen Standesrechts, vgl. *Kunigk* Anwaltshonorar S. 20).

2. Eine Honorarvereinbarung ist sowohl in gerichtlichen als auch in außergerichtlichen Fällen möglich.

3. Eine Gebührenvereinbarung kann auch hinsichtlich der Auslagenpauschale, der Reisekosten etc. mit gegenüber der BRAGO erhöhten Sätzen getroffen werden (argumentum e contrario aus § 49b Abs. 1 BRAO nF.).

4. Außer einer Pauschale kommt bei außergerichtlichen Tätigkeiten auch die Vereinbarung eines Zeithonorars in Betracht. In diesem Fall ist die exakte Erfassung der jeweils aufgewendeten Zeiteinheiten und die genaue Beschreibung der in diesen Zeiteinheiten geleisteten Tätigkeit unerläßlich.

5. Möglich ist auch die Vereinbarung eines höheren Streitwertes, aus dem dann die gesetzlichen Gebühren errechnet werden (vgl. *Kunigk* Anwaltshonorar S. 23).

4. Haftungsbeschränkungsvereinbarung

Vertrag über Haftungsbegrenzung[1]

Zwischen

Herrn/Frau/ Firma ......

und

den Rechtsanwälten ......

wird folgendes vereinbart:

1. Die Parteien kommen überein, daß die Haftung der Rechtsanwälte für etwaige Berufsversehen im Einzelfall auf DM 500.000,– beschränkt wird, soweit die Haftung nicht auf Vorsatz beruht.[2]
2. Das gleiche gilt für fehlerhafte Anwendung ausländischen Rechts.[3]
3. Ansprüche gegen die Anwälte verjähren in 3 Jahren ab Entstehung des Anspruchs, spätestens jedoch ab Beendigung des Mandats.[4]
4. Sollten einige der Bestimmungen ganz oder teilweise unwirksam sein, wird hierdurch die Wirksamkeit der übrigen Bestimmungen nicht berührt[5].

Mandant   Rechtsanwalt

Anmerkungen

1. Die Neufassung des § 51a BRAO bringt nunmehr Rechtssicherheit in der Frage der Zulässigkeit der vertraglichen Begrenzung von Ersatzansprüchen. Wirksamkeitserfordernis einer Haftungsbeschränkungsvereinbarung im Einzelfall ist eine schriftliche Vereinbarung. Sie ist nur wirksam, wenn Haftungsbegrenzung auf die Höhe der Mindestversicherungssumme (nach § 51 Abs. 4: DM 500.000,–) begrenzt wird.

Möglich ist allerdings auch eine vorformulierte Haftungsbeschränkung, also eine solche, die den Vorschriften des AGB-Gesetzes unterliegt. In diesem Fall kann eine Haftungsbegrenzung auf den vierfachen Betrag der Mindestversicherungssumme vereinbart werden, jedoch nur dann, wenn die Haftungsbegrenzungsvereinbarung auf den Fall einfacher Fahrlässigkeit beschränkt ist und insoweit Versicherungsschutz besteht.

Vermutlich wird diese Regelung keine große praktische Bedeutung haben, weil es für den Anwalt schwer vorauszuberechnen ist, ob ein Verstoß als leicht oder grob fahrlässig angesehen wird, und die Rechtsprechung dazu neigt, der Anwaltshaftung über Gebühr zu strapazieren.

Bedeutung haben Vereinbarungen über die Beschränkung der Haftung bei der Übertragung von Mandaten mit außergewöhnlich hohen Streitwerten und Honoraraufkommen. In solchen Fällen besteht im übrigen auch die Möglichkeit, ein einzelnes Mandat mit höheren Haftpflichtversicherungssummen zu versichern, wobei in der Praxis häufig die Mandanten die anfallenden höheren Versicherungsprämien ganz oder zum Teil übernehmen (vgl. Hartstang, S. 648).

2. Ausschluß für grobe Fahrlässigkeit ist jedenfalls in formularmäßig verwendeten Vordrucken nach § 51a Abs. 1 Ziff. 2 BRAO nF., § 11 Nr. 7 AGBG unwirksam. Dies gilt nicht nur für den Anwalt, sondern auch für seine Erfüllungsgehilfen, also das Büropersonal (vgl. *Borgmann/Haug* § 41 Rdn. 42). Inwieweit über § 11 Nr. 7 AGBG hinaus Haftungsbeschränkungen noch zusätzlich nach § 9 AGBG zu beurteilen sind, ist fraglich (im einzelnen *Wolf/Horn/Lindacher* § 9 AGBG Rdn. R 6; *Bunte* NJW 1981, 2657, vgl. hierzu

im einzelnen auch *Hartstang* AnwBl. 1982, 509 und *Schroeder* AnwBl. 1984, 552). (Zur Haftung des beratenden Anwalts vgl. BGH NJW 1988, 486; BGH NJW 1988, 706; OLG Schleswig NJW 1988, 569). Die Vereinbarung eines generellen Haftungsausschlusses ist nicht möglich (vgl. § 51a BRAO nF., § 11 Nr. 7 AGBG). Nach dieser Neuregelung des § 51a BRAO nF. dürfte es entgegen der bisherigen Praxis auch unzulässig sein, die Haftung für fernmündliche Auskünfte und Erklärungen auszuschließen, soweit diese nicht schriftlich bestätigt werden.

3. Entgegen der bisherigen Rechtslage (vgl. hierzu *Borgmann/Haug* 2. Aufl. § 41 Anm. 1) dürfte angesichts der Neufassung des § 51a BRAO nF. ein vollständiger Haftungsausschluß auch in Ausnahmefällen wie z.B. bei der Anwendung ausländischen Rechts nicht mehr möglich sein.

4. Auf den ersten Blick wiederholt die Klausel bezüglich der Verjährungsfrist nur die gesetzliche Regelung des § 51 BRAO, wonach die Verjährung 3 Jahre ab Entstehen des Anspruchs, spätestens 3 Jahre ab Beendigung des Mandats endet. Da der Rechtsanwalt jedoch nach ständiger Rechtsprechung als verpflichtet angesehen wird, die laufende Verjährungsfrist und die Möglichkeit der Fristwahrung vor Ablauf zu belehren mit der Folge, daß ein sekundärer Regreßanspruch entsteht, der wiederum erst 3 Jahre danach verjährt (vgl. Hartstang, S. 668 ff.), könnte die Klausel u. U. rechtliche Relevanz enthalten, wenn man sie so interpretiert, daß damit der sekundäre Regreßanspruch tangiert wird. Ein genereller Ausschluß des Sekundäranspruchs dürfte jedoch durch diese Klausel nicht bewirkt werden und im übrigen auch wegen unzulässiger Abbedingung von Kardinalpflichten unwirksam sein. Fraglich ist auch, ob eine formularmäßige Verkürzung der Verjährung einer Kontrolle nach § 9 AGBG standhalten würde.

5. Da die Rechtsprechung bei Haftungsausschlußvereinbarungen unwirksame Klauseln nicht auf den Inhalt einer an sich noch zulässigen Gesamtvereinbarung reduziert, sondern die Klauseln insgesamt als unwirksam behandelt, empfiehlt sich die Vereinbarung einer salvatorischen Klausel (Hartstang, aaO., S. 659).

5. Kündigung des Mandatsverhältnisses durch den Anwalt und Anzeige der Niederlegung

Sehr geehrter Herr ......,
nachdem Sie mein Vorschußersuchen bis heute trotz Mahnung ignoriert haben, sehe ich mich nicht in der Lage, für Sie weiter tätig zu sein. Ich lege daher das Mandat nieder[1]. Die Niederlegung habe ich gegenüber dem Landgericht ...... angezeigt[2]. Ich weise noch einmal darauf hin, daß Termin zur mündlichen Verhandlung ansteht am ...... Ich werde diesen Termin nicht wahrnehmen. Sofern für Sie kein anderer Anwalt auftritt, müssen Sie mit dem Erlaß eines Versäumnisurteils gegen sich rechnen.
Mit freundlichen Grüßen

Rechtsanwalt

Anmerkungen

1. Die Kündigung des Mandats mit der Folge der Beendigung des Geschäftsbesorgungsvertrages zwischen Mandanten und Anwalt ist jederzeit möglich. Kündigt der Anwalt ohne wichtigen Grund zur Unzeit, macht er sich nach § 627 Abs. 2 BGB unter Umständen schadensersatzpflichtig (vgl. im einzelnen zum Vorliegen eines wichtigen Grundes: *Borg-*

mann/Haug § 15 Rdn. 102 ff). Wenn die Kündigung nicht zur Unzeit geschieht, also so, daß sich der Mandant rechtzeitig einen anderen Anwalt suchen und diesen mit seiner Terminswahrnehmung oder anderen notwendigen Prozeßhandlungen beauftragen kann, kann die Kündigung nach § 627 BGB auch ohne wichtigen Grund erfolgen (zum Gebührenanspruch in diesen Fällen vgl. §§ 628 BGB, 13 Nr. 4 BRAGO, *Gerold/Schmidt* BRAGO § 13 Rdn. 59 ff.).

2. Zu unterscheiden von der Kündigung des Mandatsverhältnisses (zugangsbedürftige Willenserklärung) ist die Mitteilung des Rechtsanwalts an das Gericht von der erfolgten Mandatsbeendigung. Die Kündigung des Mandatsverhältnisses führt auch bei Anzeige an das Gericht im Parteiprozeß noch nicht zum Erlöschen der Prozeßvollmacht; diese bleibt vielmehr wirksam, bis dem Gericht und dem Gegner die Bestellung eines anderen Anwalts angezeigt wird (§ 87 ZPO). Bis dahin sind Zustellungen wirksam und vom bisherigen Anwalt entgegenzunehmen (§ 176 ZPO).

Bis zur vollständigen Zahlung der Kosten kann der Rechtsanwalt grundsätzlich die Handakten zurückhalten (§ 50 Abs. 3 BRAO nF.). Nach § 50 Abs. 3 Satz 2 BRAO darf das Zurückbehaltungsrecht jedoch nicht geltend gemacht werden, soweit die Vorenthaltung der Handakten oder einzelner Schriftstücke nach den Umständen unangemessen wäre (*Kalsbach* § 39 III; *Hartstang*, S. 506).

6. Kostenfestsetzung nach § 19 BRAGO

An das
Landgericht München I
– Zivilkammer –
Postfach
80316 München

Aktenzeichen:

In Sachen

......

Prozeßbevollmächtigter: ......

gegen

......

Prozeßbevollmächtigter: ......

bitte ich, gemäß § 19 BRAGO die vom Kläger an den Unterzeichner nach § 19 BRAGO zu zahlenden Kosten wie folgt festzusetzen:

......

Im übrigen bitte ich zu beachten, daß ich vorsteuerabzugsberechtigt bin.[1]

Ich bitte auszusprechen, daß der festzusetzende Betrag von der Einreichung des Gesuchs an mit 4% zu verzinsen ist[2].

Das Mandatsverhältnis zum Kläger ist durch meine Kündigung des Anwaltsvertrages vom ...... – in Fotokopie in der Anlage – beendet. Der Kläger hat trotz mehrfachen Bitten keinen Kostenvorschuß bezahlt. Mit der Kündigung des Mandats habe ich die in Fotokopie anliegende Kostenrechnung an den Kläger übersandt.

Rechtsanwalt

Anmerkungen

1. Die Festsetzung der Gebühren nach § 19 BRAGO gegen den Auftraggeber ist erst nach Fälligkeit möglich. Diese tritt gemäß § 16 BRAGO mit der Beendigung des Auftrags ein. Spätestens gleichzeitig mit dem Antrag nach § 19 BRAGO muß eine den Vorschriften des § 18 BRAGO entsprechende Kostenberechnung eingereicht werden (vgl. *Gerold/ Schmidt* BRAGO § 19 Rdn. 24). Wenn der Mandant außerhalb des Gebührenrechts liegende Einwendungen erhebt (oder evtl. schon erhoben hat), wird die Festsetzung abgelehnt und der Anwalt muß den Gebührenanspruch ggf. einklagen.
Erst dann hat er auch ein Rechtsschutzbedürfnis für die Klage.
Bei der Kostenfestsetzung wird die Umsatzsteuer des Antragstellers nur dann berücksichtigt, wenn er eine Erklärung abgibt, wonach er die Beträge nicht als Vorsteuer abziehen kann (§ 104 Abs. 2 ZPO nF., in Kraft seit 1. 7. 1994).

2. Die Verzinsung der Gebührenforderung gegen den eigenen Mandanten wird auch im Rahmen des § 19 BRAGO nur auf Antrag ausgesprochen (vgl. *Gerold/Schmidt* BRAGO § 19 Rdn. 39).

7. Antrag auf Beratungshilfe[1]

An das
Amtsgericht[2]

Namens des ......, Buchhalter,
– Antragstellers –
stelle ich den Antrag,

Beratungshilfe zu bewilligen.

Begründung:

1. Der Antragsteller hat mich in folgender Angelegenheit zu einer Beratung/ wegen Übernahme einer außergerichtlichen Vertretung[3] aufgesucht[4] ......

2. Der Antragsteller, der keine Rechtsschutzversicherung hat[5], und sich in dieser Sache auch sonst nicht anderweitig beraten lassen kann[6], verfügt über folgendes Bruttoeinkommen ......
Nach Abzug der Sozialversicherung, Arbeitslosenversicherung und Lohnsteuer in Höhe von DM ...... verbleibt ein Nettoeinkommen in Höhe von DM ......[7]
Die Ehefrau des Antragstellers hat kein eigenes Einkommen[8].
Schließlich hat der Antragsteller auch kein verwertbares Vermögen: Mit Ausnahme eines Bausparvertrages und einer von ihm und seiner Ehefrau selbst bewohnten Eigentumswohnung besitzt er nichts von Wert[9].
Glaubhaftmachung des gesamten vorstehenden Sachverhalts: Eidesstattliche Versicherung des Antragstellers[10].

3. Schließlich ergibt sich aus der beigefügten Versicherung des Antragstellers, daß ihm Beratungshilfe in der selben Sache bisher weder gewährt noch versagt wurde[11].
Beratungshilfe ist daher zu bewilligen[12].

Schrifttum: Grunsky, Die neuen Gesetze über Prozeßkosten- und Beratungshilfe, NJW 1980, 2041; *Lindemann*, Beratungshilfe in der Praxis, NJW 1981, 1638; *Greißinger*,

Beratungshilfe, Prozeßkostenhilfe und anwaltliche Aufklärungspflicht, AnwBl. 1982, 288; *Thieme-Garmann*, Prozeßverhütung durch Beratungshilfe? AnwBl. 1985, 444; *Kalthoener/Büttner*, Prozeßkostenhilfe und Beratungshilfe NJW-Schriftenreihe 1988.

Anmerkungen

1. Rechtsgrundlage: Gesetz über Rechtsberatung und Vertretung für Bürger mit geringem Einkommen (Beratungshilfegesetz) vom 18. 6. 1980 (BGBl. S. 689), in Kraft getreten mit Wirkung ab 1. 1. 1981.

Beratungshilfe wird nach § 2 Abs. 2 des Beratungshilfegesetzes in der Neufassung ab 15. 9. 1994 (BGBl. Teil I 1994, S. 2323) gewährt in Fällen des Zivilrechts einschließlich der Angelegenheiten, für deren Entscheidung die Gerichte für Arbeitssachen zuständig sind. Anders als bisher wird die Beratungshilfe also ausdrücklich auch auf Arbeitssachen erstreckt, nachdem der Einigungsvertrag vom 31. 8. 1990 (BGBl. II S. 899, 932) bereits die Beratungshilfe für das Gebiet der neuen Bundesländer auch auf Angelegenheiten des Arbeits- und Sozialrechts erstreckt hatte.

Der Rechtsanwalt ist grundsätzlich zur Gewährung von Beratungshilfe verpflichtet. Er kann sie nur aus wichtigem Grund ablehnen (§ 49a Abs. 2 BRAO nF.).

Die Verwendung eines bestimmten Formularvordrucks – im Handel erhältlich – ist nicht vorgeschrieben.

Das Gesetz verwendet den Begriff der Beratungshilfe mehrdeutig und mißverständlich in verschiedener Bedeutung: Zum einen für die Beratung und außergerichtliche Vertretung zu Gunsten des Rechtssuchenden selbst, zum anderen für die kostenmäßige Unterstützung dieser Aufgabe zu Gunsten des Rechtssuchenden durch die Landeskasse (vgl. §§ 1 Abs. 1 und 2 Abs. 1 Beratungshilfegesetz, vgl. auch § 131 BRAGO).

2. Zuständig für Bewilligung: Amtsgericht, in dessen Bezirk „ein Bedürfnis für Beratungshilfe auftritt". Der Mandant kann sich entweder direkt an einen Anwalt mit der Bitte um Beratungshilfe wenden (§§ 4, 7) oder an das AG, wo der zuständige Rechtspfleger nach § 6 Beratungshilfegesetz einen Berechtigungsschein ausstellt (vgl. dazu *Brangsch* AnwBl. 1982, 99; *Becker* AnwBl. 1982, 290).

3. Beratungshilfe (im Sinne von Beratung und außergerichtlicher Vertretung) wird in der Regel durch Rechtsanwälte gewährt (zu den Ausnahmen vgl. auch § 3 Beratungshilfegesetz) für Zivilrecht (nicht Arbeitsrecht), Verwaltungsrecht, Verfassungsrecht. Sie umfaßt grundsätzlich Beratung und außergerichtliche Vertretung, auf den Gebieten des Straf- und Ordnungswidrigkeitenrechts nur die Beratung (§ 2 Beratungshilfegesetz).

4. Der Sachverhalt ist gemäß § 4 Abs. 2 Satz 2 Beratungshilfegesetz anzugeben. Insoweit ist Glaubhaftmachung nicht erforderlich. Der Antrag kann – wie hier – auch nachträglich (nach erfolgter Beratung) gestellt werden, wenn die Beratung oder außergerichtliche Vertretung durch einen Rechtsanwalt erfolgte (§ 4 Abs. 2 Satz 2 Beratungshilfegesetz).

5. Zur Vermeidung von Rückfragen ist diese Erklärung im Rahmen der notwendigen Darlegung und Glaubhaftmachung der persönlichen und wirtschaftlichen Verhältnisse des Antragstellers (vgl. § 1 Abs. 1 und § 4 Abs. 2 Satz 2 Beratungshilfegesetz) zweckmäßig.

6. Etwa durch einen hierzu befugten Verband, dem der Antragsteller angehört (vgl. hierzu *Grunsky* NJW 1980, 2041/2047).

7. Genaue Angabe über alle Einkünfte (Lohn, Gehalt, Renten, Einkünfte sämtlicher Einkunftsarten nach § 2 EStG, Kindergeld etc.) und Abzüge vom Bruttoeinkommen ist erforderlich.

8. Eventuelles Einkommen des Ehegatten ist anzugeben, weil u. U. ein Unterhaltsanspruch bestehen kann, der nach § 1 Beratungshilfegesetz das Recht auf Inanspruchnahme von Beratungshilfe ausschließen könnte.

7. Antrag auf Beratungshilfe　　　　　　　　　　　　　　　　　　　I. A. 7

Bedingung der Bewilligung ist nach § 1 Abs. 2 Beratungshilfegesetz, daß die Voraussetzung zur Inanspruchnahme von Prozeßkostenhilfe nach den Vorschriften der ZPO *ohne eigenen Beitrag* zu den Kosten gegeben wären (hierzu *Grunsky* NJW 1980, 2041/2047), keine anderen zumutbaren Möglichkeiten für eine Hilfe zur Verfügung stehen und die Wahrnehmung der Rechte nicht mutwillig ist.

Zu den wirtschaftlichen Voraussetzungen der Prozeßkosten- und damit auch der Beratungshilfe vgl. *Kohte* Betr. 1981, 1174.

9. Vermögen ist nach dem auch hier in seinem Grundgedanken geltenden § 115 Abs. 2 ZPO nicht einzusetzen, wenn dies nicht zumutbar ist (vgl. auch § 88 BSHG). Ein selbstbewohntes Hausgrundstück oder eine Eigentumswohnung müssen nicht verwertet werden (§ 88 Abs. 2 Nr. 7 BSHG, § 115 Abs. 2 ZPO; vgl. auch *Schachel* NJW 1982, 88).

10. Glaubhaftzumachen sind die wirtschaftlichen und persönlichen Verhältnisse, also alle Angaben über Einkommen, Unterhaltspflichten, ggf. Nichtbestehen anderweitiger Hilfemöglichkeiten etc.

11. Nach § 7 Beratungshilfegesetz ist eine Versicherung des Antragstellers vorzulegen, wonach ihm in derselben Angelegenheit Beratungshilfe bisher weder gewährt noch durch das Amtsgericht versagt worden ist.

12. Die Bewilligung der Beratungshilfe führt zu einem eigenen Anspruch des Rechtsanwalts gegen die Landeskasse (§ 131 BRAGO). Unberührt bleibt ein zivilrechtlicher Erstattungsanspruch gegen den Gegner, der im Fall der Bewilligung der Beratungshilfe unmittelbar auf den Rechtsanwalt übergeht (§ 9 Beratungshilfegesetz).

B. Mahnverfahren[1]

1. Antrag auf Erlaß eines Mahnbescheides durch das Amtsgericht[2-5]

Antragsformular siehe Seite 13.

Schrifttum: Holch, Geändertes Mahnverfahren – neue Vordrucke, NJW 1991, 3177; *Salten,* Vordruckzwang und Formularwechsel, MDR 1995, 668; *ders.,* Zuständigkeiten im Mahnverfahren, MDR 1995, 448; *Haack,* Gerichtsstandsprobleme bei Streitgenossenschaft im Mahnverfahren, NJW 1980, 672; *Keller,* Die Automation des Mahnverfahrens, NJW 1981, 1184; *Mayer,* Automation des gerichtlichen Mahnverfahrens, NJW 1983, 92; *Zinke,* Streitfragen im Mahnverfahren, NJW 1983, 1081; *Fischer,* Antragsrücknahme im Mahnverfahren, MDR 1994, 124; *Nierwetberg,* Die Anhängigkeit im Mahnverfahren – maßgeblicher Zeitpunkt im Sinne des § 14 II RPflEntlG, NJW 1993, 3247; *Hök,* Das grenzüberschreitende Mahnverfahren, MDR 1988, 186; *K. Schmidt,* Mahnverfahren für Fremdwährungsforderungen, NJW 1989, 65; *Pfennig,* Zur Vorwirkung bei „Demnächst"-Zustellungen im Ausland, NJW 1989, 2172.

Anmerkungen

Vorbemerkung: Die Vorschriften über das Mahnverfahren wurden zunächst durch das Rechtspflege-Vereinfachungsgesetz vom 17. 12. 1990 (BGBl. I, 2846) und das Verbraucherkreditgesetz vom 17. 12. 1990 BGBl. I, 2848) mit Wirkung ab 1. 4. 1991 bzw. 1. 1. 1992 geändert. Dementsprechend waren seit dem 1. 1. 1992 nach der VO v. 18. 7. 1991 (BGBl. I, 1547) auch geänderte Vordrucke für die nicht maschinelle und maschinelle Bearbeitung zu benutzen. Diese Vordrucke und die zum Vordrucksatz gehörenden Ausfüllhinweise sind im Zuge des Kostenrechtsänderungsgesetzes 1994 mit Wirkung zum 1. 1. 1995 erneut geändert worden (Art. 8 Abs. 4, 5; BGBl. I, 1362, 1363). Nach der Überleitungsvorschrift in Art. 11 Abs. 2 können die alten Vordrucke bis 30. 6. 1995 weiterverwendet werden, wenn der Antragsteller sie in einer berichtigten Fassung bei Gericht einreicht.

1. Das Mahnverfahren empfiehlt sich für die gerichtliche Geltendmachung von Zahlungsansprüchen, die voraussichtlich nicht bestritten werden. Es hat in der Zivilrechtspflege außerordentliche Bedeutung; pro Jahr werden in der Bundesrepublik mehr als 6 000 000 Mahnbescheide beantragt. Davon führen ca. 80% zu einem Vollstreckungsbescheid. Vorteile des Mahnverfahrens: Es führt schneller zu einem Titel, da es keine mündliche Verhandlung erfordert; es ist billiger als das Klageverfahren, da nur eine halbe Gerichtsgebühr erhoben wird (KV Nr. 1100) und zudem auch bei Streitwerten über DM 10.000,– kein Anwaltszwang besteht; es ist einfacher, da nur ein Formular auszufüllen ist. Unzulässig ist das Mahnverfahren in den folgenden fünf Fällen:

a) Der Anspruch beruht auf einem Verbraucherkredit mit einem Zinssatz von 12% über dem Bundesbankdiskontsatz (§ 688 Abs. 2 Nr. 1).

b) Der Anspruch hängt noch von einer Gegenleistung ab (Vorleistung oder Zug-um-Zug-Leistung), § 688 Abs. 2 Nr. 2 ZPO.

c) Der Mahnbescheid müßte öffentlich zugestellt werden, § 688 Abs. 2 Nr. 3 ZPO. Stellt

1. Antrag auf Erlaß eines Mahnbescheides I. B. 1

① Der Antrag wird gerichtet an das
Amtsgericht
Plz. Ort
20355 Hamburg

② Antragsgegner/ges. Vertreter
A Versicherungs AG
vertreten durch ihre Vorstandsmitglieder X, Y, Z
Bismarckplatz 1

60601 Frankfurt
Plz Ort

Geschäftsnummer des Gerichts
Bei Schreiben an das Gericht stets angeben

Raum für Kostenmarken/Freistempler (falls nicht ausreichend, unteres Viertel der Rückseite benutzen)

– Graue Felder bitte nicht beschriften! –

Mahnbescheid ← Datum des Mahnbescheids

③ Antragsteller, ges. Vertreter, Prozeßbevollmächtigter; Bankverbindung
Peter Raabe, Student
Bogenstraße 5, 20249 Hamburg
Prozeßbevollmächtigter: Rechtsanwalt Rath, Poststraße 12, 20095 Hamburg
Postbank Hmb 1035 77-202   BLZ 200 100 20

④ **macht gegen Sie**
und Herrn Florian Schultz, Ottostraße 18, 52149 Köln   [X] als Gesamtschuldner

⑤ **folgenden Anspruch geltend** (genaue Bezeichnung, insbes. mit Zeitangabe):   Geschäftszeichen des Antragstellers:
Schadensersatz aus Verkehrsunfall am 03.02.19.. in Hamburg
gemäß Abrechnung vom 12.08.19..

⑥ Hauptforderung   DM 18.387,55   Zinsen, Bezeichnung der Nebenforderung   % ab Zustellung dieses Mahnbescheids
⑦ Nebenforderung   DM 5,00   4 % seit 12.08.19..
⑧ Kosten dieses Verfahrens   DM 1.319,25
   Summe [1] bis [5] DM
   ①Gerichtskosten 192,50 DM   ②Auslagen d. Antragst. -- DM   ③Gebühr d. Prozeßbev. 945,-- DM   ④Auslagen d. Prozeßbev. 40,-- DM   ⑤MwSt. d. Prozeßbev. 141,75 DM
⑨ Gesamtbetrag   DM 19.711,80   zuzüglich der laufenden Zinsen   Der Antragsteller hat erklärt, daß der Anspruch von einer Gegenleistung [X] nicht abhängt.   [ ] abhängt, diese aber erbracht sei.

Das Gericht hat nicht geprüft, ob dem Antragsteller der Anspruch zusteht.
Es fordert Sie hiermit auf, innerhalb von **zwei Wochen** seit der Zustellung dieses Bescheids **entweder** die vorstehend bezeichneten Beträge, soweit Sie den geltend gemachten Anspruch als begründet ansehen, zu begleichen **oder** dem Gericht auf dem beigefügten Vordruck mitzuteilen, ob und in welchem Umfang Sie dem Anspruch widersprechen.
Wenn Sie die geforderten Beträge nicht begleichen und wenn Sie auch nicht Widerspruch erheben, kann der Antragsteller nach Ablauf der Frist einen **Vollstreckungsbescheid** erwirken und aus diesem die Zwangsvollstreckung betreiben.
Der Antragsteller hat angegeben, ein streitiges Verfahren sei durchzuführen vor dem
⑩ Landgericht in 20355 Hamburg
An dieses Gericht, dem eine Prüfung seiner Zuständigkeit vorbehalten bleibt, wird die Sache im Falle Ihres Widerspruchs abgegeben.

Rechtspfleger

Antrag   Ort, Datum

⑪ Anschrift des Antragstellers/Vertreters/Prozeßbevollmächtigten   Eingangsstempel des Gerichts
Rechtsanwalt
Friedrich Rath
Poststraße 12

20095 Hamburg
Plz   Ort

Ich beantrage, aufgrund der vorstehenden Angaben einen Mahnbescheid zu erlassen.
⑫ [X] Im Falle des Widerspruchs beantrage ich die Durchführung des streitigen Verfahrens.
⑬ [X] Ordnungsgemäß Bevollmächtigung versichere ich.   Antragsteller ist nicht zum Vorsteuerabzug berechtigt
⑭ [2] Hier die Zahl der ausgefüllten Vordrucke angeben, falls sich der Antrag gegen mehrere Antragsgegner richtet.

Rath
Unterschrift des Antragstellers/Vertreters/Prozeßbevollmächtigten

Blatt 1: Antrag und Urschrift

Büchel   13

sich dies erst nach Einleitung des Mahnverfahrens heraus, ist nach hM. (OLG Frankfurt MDR 1987, 64 mwN., *Zöller/Vollkommer* § 688 Rdn. 8, str.) eine Abgabe an das Streitgericht möglich, vor dem dann Klage zu erheben ist; der Kostenvorschuß ist also nicht verloren.

d) Der Anspruch geht auf Zahlung in ausländischer Währung, § 688 Abs. 1 ZPO. Der Gläubiger kann aber eine Fremdwährungsschuld für das Mahnverfahren in DM umrechnen, auch dann wird die Verjährung durch Zustellung des Mahnbescheids unterbrochen (BGH NJW 1988, 1964).

e) Der Mahnbescheid müßte im Ausland zugestellt werden, § 688 Abs. 3 ZPO. Das Mahnverfahren kann dennoch eingeschlagen werden, wenn in einem Vertragsstaat des EuGVÜ vom 27. 9. 1968 (abgedr. bei *Baumbach/Lauterbach/Albers/Hartmann* Schlußanh. V C 1, Vertragsstaaten sind, neben der Bundesrepublik, Belgien, Frankreich, Italien, Luxemburg, die Niederlande, Dänemark, Großbritannien, Irland, Griechenland, Spanien und Portugal) oder in Israel und Norwegen zugestellt werden soll (zum Verfahren vgl. *Zöller/Vollkommer* § 688 Rdn. 10). Der Anspruch kann dann auch auf Zahlung in ausländischer Währung gehen.

Das Mahnverfahren ist nicht zu empfehlen, wenn zu erwarten ist, daß der Gegner Widerspruch einlegt; Mahnverfahren und Überleitung in das streitige Verfahren sind umständlicher als die Verfahrenseinleitung durch Klagerhebung. Ist also mit einem Widerspruch zu rechnen, sollte gleich Klage erhoben werden.

2. Das Mahnverfahren ist auch für Ansprüche gegeben, die zur sachlichen Zuständigkeit der Arbeitsgerichte gehören. Hierfür ist ein spezieller an das Arbeitsgericht zu richtender Vordrucksatz zu benutzen (VO zur Einführung von Vordrucken für das arbeitsgerichtliche Mahnverfahren vom 15. 12. 1977, BGBl. I S. 2625). Zu den Abweichungen gegenüber §§ 688 ff. ZPO vgl. § 46 a ArbGG. Auch Zahlungsansprüche nach § 43 Abs. 1 WEG können im Wege des Mahnverfahrens geltend gemacht werden (§ 46 a WEG).

3. Die Benutzung des amtlichen Vordrucksatzes ist nach § 703 c Abs. 2 ZPO zwingend vorgeschrieben (vgl. VO zur Einführung von Vordrucken für das Mahnverfahren vom 6. 5. 1977, BGBl. I S. 693 i.d.F. der VO vom 17. 7. 1991, BGBl. I, 1547, geändert durch Art. 8 Abs. 4 Kostenrechtsänderungsgesetz 1994 v. 24. 6. 1994 mit Wirkung zum 1. 1. 1995, BGBl. I, 1362). Die Nichtbeachtung des Formularzwangs oder die Wahl eines falschen Formulars machen den Antrag unzulässig. Für die in § 703 b ZPO vorgesehene maschinelle Bearbeitung des Mahnverfahrens durch das Gericht ist ein besonderer Vordruck eingeführt worden (VO vom 6. 6. 1978, BGBl. I S. 705; geändert durch VO v. 17. 7. 1991, BGBl. I, 1557 und Art. 8 Abs. 5 KostenRÄndG 1994). Die Automation ist inzwischen in mehreren OLG-Bezirken eingeführt, so für Baden-Württemberg zentral beim AG Stuttgart, für Berlin beim AG Wedding, für Nordrhein-Westfalen beim AG Hagen und für Rheinland-Pfalz beim AG Mayen, jeweils für mehrere LG-Bezirke (vgl. *Baumbach/Lauterbach/Albers/Hartmann* § 703 c Rdn. 4). Soweit Firmen mit umfangreichem Inkasso ihrerseits das Mahnverfahren im Wege der maschinellen Datenverarbeitung betreiben wollen, ist dies im Rahmen der genannten Verordnungen möglich. Schwierigkeiten ergeben sich sowohl in Hinblick auf den zu verwenden Durchschreibesatz als auch, bei maschineller Bearbeitung nach § 689 Abs. 1, 3 ZPO, in Zusammenhang mit der Datenübertragung. Hierzu sollten insbesondere Großantragsteller Vereinbarungen über den Datenträgeraustausch oder eine Datenfernübertragung treffen.

4. Soll der Mahnbescheid in einem der Vertragsstaaten des EuGVÜ zugestellt werden, ist die Benutzung des Vordrucksatzes zwar nicht vorgeschrieben, aber zweckmäßig. Allerdings sind in der Zeile vor Nr. ⑩ die Worte „in Ihrem allgemeinen Gerichtsstand" zu streichen, die Zuständigkeit des deutschen Gerichts (zB. Unfallort gemäß § 20 StVG, Erfüllungsort gemäß § 269 BGB, Vereinbarung gemäß § 38 ZPO, jeweils in Verbindung mit den Vorschriften des EuGVÜ), ist kurz zu begründen. Auch für Mahnbescheide, die

1. Antrag auf Erlaß eines Mahnbescheides   I. B. 1

nach Art. 32 des Zusatzabkommens zum Nato-Truppenstatut vom 1. August 1959 (BGBl. 1961 II S. 1183, 1218) zuzustellen sind, sind Vordrucke nicht eingeführt.

5. Der Mahnantrag ist sorgfältig und vollständig auszufüllen. Der Rechtspfleger hat den Antrag auf offensichtliche Fehler und Unstimmigkeiten bei den gesetzlich geforderten Angaben zu überprüfen und ihre Richtigstellung zu veranlassen (BGH NJW 1984, 242). Unvollständige oder ungenaue Angaben führen – in der Praxis häufig – zu Nachfragen des Mahngerichts, die den Erlaß des Mahnbescheides erheblich verzögern oder die Zurückweisung des Antrages zur Folge haben. Der Durchschreibesatz enthält ein amtliches Vorblatt mit Erläuterungen zur Ausfüllung des Vordruckes. Die folgenden Anmerkungen ergänzen die Hinweise des Vorblattes und folgen seiner Numerierung:

Zu ①: Die Angabe des zuständigen Gerichts ist gemäß § 690 Abs. 1 Nr. 2 ZPO zu treffen. Ausschließlich zuständig ist das Amtsgericht, bei dem der Antragsteller seinen allgemeinen Gerichtsstand (§§ 13, 17, 18 ZPO) hat, § 689 Abs. 2 S. 1 ZPO. Ein vom unzuständigen Gericht erlassener Mahnbescheid ist wirkungslos, er kann nicht Grundlage eines Vollstreckungsbescheids sein (BGH NJW 1990, 1119); Abgabe oder Verweisung sind nicht möglich. Wurde die Forderung durch die Zweigniederlassung einer juristischen Person begründet, so ist allein der Sitz der Hauptniederlassung maßgeblich (BGH NJW 1978, 321). Hat der Antragsteller im Inland keinen allgemeinen Gerichtsstand, so ist das Amtsgericht Berlin-Schöneberg zuständig (§ 689 Abs. 2 S. 2 ZPO). Dies gilt auch dann, wenn eine ausländische Firma in der Bundesrepublik eine Zweigniederlassung hat (BGH NJW 1991, 110); anders nur bei Niederlassungen ausländischer Versicherungsgesellschaften (BGH NJW 1979, 1785). Hat auch der Antragsgegner keinen allgemeinen Gerichtsstand im Inland, so ist für das Mahnverfahren das Amtsgericht zuständig, das für das streitige Verfahren – z.B. als Ort der unerlaubten Handlung gem. § 32 ZPO – zuständig sein würde (§ 703 d Abs. 2 ZPO, vgl. BGH NJW 1981, 2647). Gesamtgläubiger mit unterschiedlichem allgemeinen Gerichtsstand können in entsprechender Anwendung des § 35 ZPO wählen, bei welchem ihrer Gerichte das Mahnverfahren durchgeführt werden soll (BGH NJW 1978, 321).

Zu ②: Vgl. § 690 Abs. 1 Nr. 1 ZPO. Hinsichtlich der Bezeichnung des Antragsgegners gilt das gleiche wie für die Bezeichnung des Beklagten in der Klageschrift. Wichtig ist, daß bei Inanspruchnahme mehrerer Personen je ein eigener Formularsatz ausgefüllt werden muß und das Mahnverfahren unterschiedlich verlaufen kann. Regelmäßig wird es sich um Gesamtschuldner handeln, was in dem vorgesehenen Kästchen zu vermerken ist.

Zu ③: Vgl. § 690 Abs. 1 Nr. 1 ZPO. Der Antragsteller ist so zu bezeichnen wie der Kläger in der Klageschrift. Reicht der vorgesehene Raum für die Bezeichnung der gesetzlichen Vertreter nicht aus, können sie auf der Rückseite der Blätter 1–5 des Vordrucksatzes eingedruckt werden (§ 1 Abs. 3 Nr. 2 der Verordnung vom 6. 5. 1977, BGBl. I S. 693). Mehrere Gläubiger können einen ihnen gemeinsam zustehenden Anspruch mit einem Vordrucksatz geltend machen.

Zu ④: Vgl. die Anm. zu ②. Liegt keine Gesamtschuld vor, sollte jede Teilschuld in getrennten Mahnverfahren geltend gemacht werden.

Zu ⑤: Vgl. § 690 Abs. 1 Nr. 3 ZPO. Der geltend gemachte Anspruch ist so genau zu bezeichnen, daß der Antragsgegner erkennen kann, welcher genaue Anspruch gegen ihn erhoben wird, und einem späteren Vollstreckungsbescheid entnommen werden kann, welchen konkreten Anspruch dessen Rechtskraft umfaßt (BGH NJW 1992, 1111; 1994, 323, 324). Eine Angabe des Rechtsgrundes, aus dem der Anspruch hergeleitet wird, ist nicht geboten (BGH NJW 1991, 43, 44). Haupt- und Nebenforderungen sind gesondert und einzeln zu bezeichnen (§ 690 Abs. 1 Nr. 3 ZPO). Umstritten ist die Frage, in welchen Grenzen der Rechtspfleger eine sachliche Prüfung des Anspruches vornehmen kann (vgl. BGH NJW 1981, 875). Der Antragsteller wird jedoch nicht damit rechnen können, daß der Rechtspfleger bei einem erkennbar nicht gegebenen oder zweifelhaften Anspruch einen Mahnbescheid erläßt; an geltend gemachten Inkassokosten hat die Rspr. mehrfach Anstoß genommen (OLG Karlsruhe NJW-RR 1987, 15; OLG Düsseldorf JZ 1987, 887; LG Stuttgart RPfleger 1989, 246; vgl. *Zöller/Vollkommer* § 691 Rdn. 1 m.w.N.). Offensichtliche Irrtümer kann der Rechtspfleger von Amts wegen berichtigen (BGH NJW 1984, 242). In der Praxis führen insbesondere unberechtigte Nebenforderungen zu Zwischenverfügungen und Zurückweisungen, und zwar notwendig des gesamten Antrags (§ 691 Abs. 1 Nr. 2 ZPO).

Besondere Angaben sind für Ansprüche aus Verbraucherkrediten erforderlich (vgl. § 690 Abs. 1 Nr. 3 ZPO und die besonderen Ausfüllhinweise). Dem Rechtspfleger obliegt die Prüfung, ob der Zinssatz 12% über dem Bundesbankdiskontsatz liegt; dann hätte er den Antrag zurückzuweisen. Wegen des aufwendigeren Prüfungsverfahrens mag für solche Ansprüche die Erhebung einer Klage vorzuziehen sein (vgl. *Bülow* NJW 1991, 133).

Zu ⑥: Hier ist der genaue Betrag, bei mehreren Einzelposten ihre Summe, anzugeben. Ein unbezifferter Zahlungsantrag kann im Mahnverfahren nicht gestellt werden.

Zu ⑦: Bei höheren vorgerichtlichen Kosten, zB. wegen Inanspruchnahme eines Inkassoinstituts, empfiehlt sich ein erläuternder Hinweis in Feld Nr. ⑤.

Zu ⑧: An Gerichtskosten entsteht ½ Gebühr (KV Nr. 1100), Auslagen für die Zustellung sind ab 1. 1. 1995 nicht mehr zu zahlen. Der Mahnbescheid wird erst nach Zahlung des vom Antragsteller zu ermittelnden Betrages erlassen. Die Zahlung des Gerichtskostenvorschusses entfällt, wenn dem Antragsteller Prozeßkostenhilfe bewilligt wurde (§ 65 Abs. 7 Nr. 1 GKG). Ein solcher Antrag kann auch für das Mahnverfahren gestellt werden; die Prüfung der Erfolgaussicht durch den Rechtspfleger beschränkt sich hierbei auf die Frage, ob der Mahnbescheid aufgrund der Angaben im Antrag zu erlassen ist, der Anspruch selbst wird nicht geprüft (vgl. *Thomas/Putzo* Rdn. 12 vor § 688). Angesichts der Schwierigkeiten, die mit der Einleitung des Mahnverfahrens für einen Rechtsunkundigen verbunden sind, sollte auch die Beiordnung eines Rechtsanwalts möglich sein (aA. *Thomas/Putzo* aaO.). Die Höhe der Gebühr des Prozeßbevollmächtigten ergibt sich aus § 43 BRAGO iVm. der Tabelle (Anlage zu § 11 BRAGO). Vertritt der Prozeßbevollmächtigte mehrere Antragsteller (z.B. Eheleute), kann er die erhöhte Gebühr nach § 6 Abs. 1 BRAGO verlangen und mit dem Mahnbescheid geltend machen (vgl. *Gerold/Schmidt* BRAGO § 6 Rdn. 31).

Zu ⑨: Vgl. § 690 Abs. 1 Nr. 4 ZPO. Falls der Anspruch von einer noch nicht erbrachten Gegenleistung abhängig ist, also eine Zug-um-Zug-Verurteilung erfolgen müßte, ist das Mahnverfahren nicht zulässig.

Zu ⑩: Vgl. § 690 Abs. 1 Nr. 5 ZPO. Hier ist das sachlich (§ 23 GVG) und örtlich (§§ 13, 17, 18 ZPO) zuständige Gericht einzutragen. Ist das Landgericht zuständig, ist zu überlegen, ob der Anspruch vor die Kammer für Handelssachen gehört (vgl. Form. I. D. 2 Anm. 2), und das ggf. hinzuzufügen; ein entsprechender Antrag kann noch in der Anspruchsbegründung nachgeholt werden (vgl. OLG Frankfurt NJW 1980, 2202). Besteht ein ausschließlicher Gerichtsstand (zB. im Fall des § 29a ZPO), sollte das betreffende Gericht eingetragen werden; andernfalls droht eine Weiterverweisung mit späterer Kostenbelastung nach § 281 Abs. 3 Satz 2 ZPO. Besteht ein besonderer oder vereinbarter Gerichtsstand und will der Antragsteller den Rechtsstreit nicht am Wohnsitzgericht des Antragsgegners führen, muß er bereits jetzt das zuständige andere Gericht bezeichnen. Nach Abgabe hat er keine Möglichkeit mehr, durch eine Weiterverweisung an das Gericht des besonderen oder vereinbarten Gerichtsstandes zu gelangen; er hat sein Wahlrecht nach § 35 ZPO verbraucht (BGH NJW 1993, 1273). Eine Ausnahme besteht nur für den Fall, daß beide Parteien übereinstimmend die Abgabe an ein anderes Gericht verlangen (§ 696 Abs. 1 Satz 1, § 700 Abs. 3 Satz 1 ZPO). Hat der Antragsteller offenkundig (§ 291 ZPO) mißbräuchlich ein unzuständiges Gericht bezeichnet, zB. sein Wohnsitzgericht, liegt ein Grund vor, den Antrag zurückzuweisen; vorher soll ihm Gelegenheit zur Nachbesserung gegeben werden.

Bei Antragsgegnern mit unterschiedlichem Wohnsitz oder Sitz können unterschiedliche Gerichte zu bezeichnen sein. Meistens wird es jedoch einen gemeinsamen besonderen

1. Antrag auf Erlaß eines Mahnbescheides I. B. 1

Gerichtsstand, zB. am Erfüllungsort, am Ort der unerlaubten Handlung oder des Verkehrsunfalls geben. Im Ausgangsfall konnte also der Antragsteller im Mahnantrag gegen den Versicherer und gegen den Kfz-Halter jeweils das Landgericht, in dessen Bezirk sich der Unfall ereignete, als Gericht des besonderen Gerichtsstand bezeichnen.

Zu ⑪: Hier ist der Antragsteller noch einmal unter seiner genauen Postanschrift anzugeben, damit ihm der Vordruck für den Vollstreckungsbescheidsantrag zugeleitet werden kann.

Zu ⑫: Vgl. § 696 Abs. 1 ZPO. Das streitige Verfahren wird nur auf Antrag durchgeführt, diesen Antrag sollte der Gläubiger zur Beschleunigung des Verfahrens bereits hier stellen. Der Antrag kann bis zum Beginn der mündlichen Verhandlung des Gegners zur Hauptsache zurückgenommen werden (§ 696 Abs. 4 ZPO) und, falls erforderlich, später erneut gestellt werden (OLG Düsseldorf MDR 1981, 766); Anwaltszwang besteht nicht.

Zu ⑬: Die Kästchen sind bei anwaltlicher Vertretung von Bedeutung.

Zu ⑭: Im Beispiel richten sich die Mahnanträge gegen zwei Antragsgegner; das ist hier kenntlich zu machen.

Kosten und Gebühren

Vgl. Anm. zu ⑧. Die im Mahnverfahren entstandenen Kosten werden nach Überleitung in das streitige Verfahren Kosten des Rechtsstreits. Die Gebühr für das Mahnverfahren wird auf die später entstehende Prozeßgebühr angerechnet (§ 43 Abs. 2 BRAGO). Streitig ist in der Rechtsprechung der Oberlandesgerichte, wann die Kosten des nur im Mahnverfahren tätigen Anwalts nach Abgabe an ein anderes Gericht und dadurch bedingtem Anwaltswechsel erstattungsfähig sind. Nach überwiegender Meinung kommt es darauf an, ob der Antragsteller mit einem Widerspruch rechnen mußte (zB. OLG München MDR 1993, 285; OLG Frankfurt JurBüro 1992, 406; OLG Stuttgart JurBüro 1992, 476; OLG Saarbrücken JurBüro 1991, 248; OLG Schleswig JurBüro 1990, 363; OLG Hamm MDR 1994, 106; großzügiger OLG Düsseldorf MDR 1994, 106 u. OLG Hamburg AnwBl. 1987, 75). Streitig ist weiter, zu wessen Lasten die Ungewißheit darüber geht (vgl. *Zöller/ Herget* § 91 Rdn. 13 „Mahnverfahren").

Fristen und Rechtsmittel

Die Zustellung des Mahnbescheids wahrt Fristen und unterbricht die Verjährung (§ 209 Abs. 2 Nr. 1 BGB). Diese Wirkung tritt nach § 693 Abs. 2 ZPO bereits mit der Einreichung des ordnungsgemäß ausgefüllten Mahngesuchs ein, vorausgesetzt daß dessen Zustellung demnächst erfolgt (hierzu BGH NJW 1995, 2230). Unbedingt erforderlich ist aber, daß der geltend gemachte Anspruch im Mahnantrag hinreichend individualisiert wird (vgl. die Beispiele BGH NJW 1992, 1111; 1994, 323, 324). Wird der Mahnantrag zurückgewiesen, tritt eine Unterbrechung nur ein, wenn innerhalb eines Monats nach Zustellung des Beschlusses Klage eingereicht wird (§ 691 Abs. 2 ZPO idF. ab 1. 1. 1992). Im übrigen gelten die gleichen Grundsätze wie zu § 270 Abs. 3 ZPO (vgl. Form. I. D. 1 Anm. „Rechtsmittel und Fristen"; zur Auslandszustellung vgl. *Pfennig,* NJW 1989, 2172). Anders als bei der Klageerhebung wird die Verjährung nicht schon durch Einreichung des Antrags beim unzuständigen Gericht unterbrochen, es sei dann, daß er an das zuständige Gericht gerichtet war (BGH NJW 1990, 1368). Zu beachten ist auch, daß der Antragsteller nach Zustellung des Mahnbescheids nicht untätig sein darf: Die Unterbrechung endet, wenn das Mahnverfahren nach Widerspruch nicht betrieben wird (§§ 213, 212a, 211 Abs. 2 BGB, vgl. OLG Karlsruhe NJW-RR 1990, 1012); wird kein Widerspruch eingelegt, so gilt die Unterbrechung der Verjährung als nicht erfolgt, wenn die sechsmonatige Frist des § 701 ZPO verstrichen ist (§ 213 S. 2 BGB). Ist eine Frist durch gerichtliche Geltendmachung zu

I. B. 2

wahren, sollte der Antragsteller unverzüglich die angeforderte Gerichtsgebühren einzahlen und die Anspruchsbegründung einreichen (vgl. BGH NJW 1991, 171 für die Konkursanfechtungsfrist).

Bei Zurückweisung des Antrags: sofortige Erinnerung des Antragstellers binnen einer Notfrist von zwei Wochen ab Zustellung des Beschlusses, § 11 Abs. 1 RPflG; im Ausnahmefall des § 691 Abs. 3 ZPO unbefristete Beschwerde.

Bei Erlaß des Mahnbescheids: einziger Rechtsbehelf des Antragsgegners ist der Widerspruch (Form. I. B. 2).

2. Widerspruch gegen Mahnbescheid[1,2]

Anschrift des Antragsgegners/ges. Vertreters/Prozeßbevollmächtigten

Dr. Gustav Finke
Rechtsanwalt
Goetheplatz 3

60311 Frankfurt

An das Amtsgericht Frankfurt
Mahnabteilung Hünfeld

60256 Frankfurt
Plz   Ort

Geschäftsnummer des Gerichts
Bei Schreiben an das Gericht stets angeben

*Hinweis für den Antragsgegner:
Bitte überlegen Sie sorgfältig, ob Sie im Recht sind, und beachten Sie die Hinweise auf der Rückseite des Mahnbescheids. Falls Sie Widerspruch erheben, senden Sie bitte Blatt 1 und 2 dieses Vordrucks ausgefüllt und unterschrieben zurück.*

Mahnsache	Antragsteller (Name)	Antragsgegner (Name, Vorname)	Datum des Mahnbescheids
	Raabe	1. ... 2. Florian Schultz	25.10.19..

Gegen den Mahnbescheid erhebe ich Widerspruch [x] als Prozeßbevollmächtigter des Antragsgegners. Ordnungsgemäße Bevollmächtigung wird versichert. [ ] als gesetzlicher Vertreter des Antragsgegners

Der Widerspruch richtet sich gegen
[x] den Anspruch insgesamt.[3]
[ ] den nachfolgend bezeichneten Teil des Anspruchs (bitte Teilbetrag der Hauptforderung/Nebenforderung/Zinsen/Kosten genau bezeichnen):

Der Haftpflichtversicherer des von mir vertretenen Antragsgegners zu 2) hat 50% des Schadens abzgl. des nicht entstandenen Minderwertes von DM 600.-- gezahlt, nämlich DM 7693,77. Im übrigen hat der Kläger den Unfall selbst verschuldet.[4,5]

Durchschrift/Abschrift für den Antragsteller füge ich bei.

Ort, Datum
Frankfurt, 6.11.19..

Dr. Finke[6]
Unterschrift des Antragsgegners/Vertreters/Prozeßbevollmächtigten

Blatt 1: Urschrift des Widerspruchs

Anmerkungen

1. Der Antragsgegner sollte auf den zugestellten Mahnbescheid reagieren, und zwar – je nach dem, ob er den Anspruch ganz oder teilweise für begründet hält – durch Zahlung oder Widerspruch. Andernfalls riskiert er einen Vollstreckungsbescheid, durch den ihm weitere Kosten entstehen, insbesondere eine halbe Rechtsanwaltsgebühr gemäß § 43 Abs. 1 Nr. 3 BRAGO (im Ausgangsfall DM 472,50); diese Kosten hätte er auch dann zu tragen, wenn er nach Einspruch gegen den Vollstreckungsbescheid den Rechtsstreit im übrigen gewinnen sollte (§§ 700 Abs. 1, 344 ZPO). Zahlung oder Widerspruch müssen binnen 2 Wochen beim Antragsteller bzw. beim Gericht eingegangen sein; eine Fristüberschreitung ist allerdings unschädlich, wenn er noch eingeht, bevor der Vollstreckungsbescheid verfügt ist (hierzu BGH NJW 1982, 888; 1983, 633). Ein vor Zustellung des Mahnbescheids eingelegter Widerspruch soll wirkungslos sein (LG Oldenburg Rpfleger 1983, 117). Für die Überlegungen vor Einlegung des Widerspruchs sind zunächst die Hinweise auf der Rückseite der dem Antragsgegner zugestellten Ausfertigung des Mahnbescheids (Bl. 2 des Vordrucksatzes) zu beachten.

2. Mit dem Mahnbescheid wird dem Antragsgegner ein Vordruck zugestellt, der zweckmäßigerweise zur Einlegung des Widerspruchs benutzt werden sollte. Der Widerspruch kann allerdings auch auf andere Weise schriftlich oder zu Protokoll der Geschäftsstelle des Mahngerichts erhoben werden (§§ 692 Abs. 1 Nr. 5, 694 ZPO). Die Vertretung durch einen Rechtsanwalt ist nicht erforderlich, auch wenn der Rechtsstreit später an das Landgericht abzugeben wäre. Der Antragsgegner kann den Widerspruch gem. § 697 Abs. 4 ZPO zurücknehmen; dies hat zur Folge, daß der Antragsteller einen Vollstreckungsbescheid erwirken kann; für die Durchführung des streitigen Verfahrens fehlt dann das Rechtsschutzinteresse.

3. Wird nur wegen eines Teils des Anspruches Widerspruch eingelegt, muß der Antragsgegner damit rechnen, daß der Antragsteller wegen des übrigen Teils einen Vollstreckungsbescheid erwirkt. Wichtig ist, daß der Widerspruch genau erkennen läßt, gegen welchen Teil des Anspruches er sich richtet (vgl. BGH NJW 1983, 633).

4. Eine Begründung des Widerspruches ist nicht erforderlich. Sie kann allerdings zweckmäßig sein, um auf diesem Wege den Antragsteller auf Irrtümer in seiner Berechnung oder auf nicht berücksichtigte Zahlungen hinzuweisen. Das Mahngericht prüft die Erheblichkeit der Widerspruchsbegründung nicht. Eine Begründung des Widerspruchs macht die Erwiderung des Beklagten auf die Anspruchsbegründung im streitigen Verfahren nicht entbehrlich.

5. Der Antragsgegner kann im Widerspruch – oder auch später – seinerseits die Durchführung des streitigen Verfahrens beantragen (§ 696 Abs. 1 S. 1 ZPO). Dies empfiehlt sich, wenn er ein besonderes Interesse an einer schnellen Prozeßführung hat, zB. wenn er einen Anscheinsbeweis widerlegen muß und sich hierbei auf Zeugen stützen will.

6. Ein Widerspruch ohne Unterschrift wird als unwirksam angesehen (vgl. LG München NJW 1987, 1340; aA. *Zöller/Vollkommer* § 694 Rdn. 2; offen gelassen von BGH NJW 1987, 2588, 2589). Einlegung durch Fernschreiben oder Telekopie ist möglich.

Kosten und Gebühren

Der Rechtsanwalt erhält für die Erhebung des Widerspruches drei Zehntel der vollen, nach dem Widerspruchsbetrag zu berechnenden Gebühr (§ 43 Abs. 1 Nr. 2 BRAGO). Auch ein mit Gründen versehener Widerspruch löst keine höhere Gebühr aus. Beantragt der Rechtsanwalt zusätzlich die Abgabe an das Streitgericht zur Durchführung des streitigen Verfahrens – diesen Antrag kann auch der Antragsgegner stellen – oder verbindet er den Widerspruch mit einem Klageabweisungsantrag, soll ihm die volle Prozeßgebühr zustehen (OLG Hamburg MDR 1983, 233; OLG Frankfurt JurBüro 1984, 229; aA. LG Hannover AnwBl. 1985, 717; *Hartmann* § 43 BRAGO Rdn. 15 m.w.N.). Die Widerspruchsgebühr wird auf die später entstehende Prozeßgebühr angerechnet (§ 43 Abs. 2 BRAGO). Sehr streitig ist die Frage, ob bei einem Anwaltswechsel die zusätzlich entstandene Widerspruchsgebühr erstattet wird, vgl. OLG München MDR 1993, 285; OLG Düsseldorf MDR 1995, 423; *Zöller/Herget*, § 91 Rdn. 13 „Mahnverfahren".

Fristen und Rechtsmittel

Will der Antragsgegner vermeiden, daß ein Vollstreckungsbescheid ergeht, muß er den Widerspruch binnen 2 Wochen nach Zustellung des Mahnbescheids einlegen. Der Widerspruch kann auch später noch erhoben werden, solange der Vollstreckungsbescheid nicht verfügt ist (§ 693 Abs. 1 Satz 2 ZPO, vgl. Anm. 1). Ein danach eingelegter Widerspruch gilt als Einspruch gegen den Vollstreckungsbescheid (§ 693 Abs. 2 ZPO). Das gilt auch für einen rechtzeitigen Widerspruch, der vom Mahngericht übersehen wurde (BGH NJW 1983, 633).

3. Antrag auf Erlaß des Vollstreckungsbescheides[1,2]

Antragsformular siehe Seite 21

Anmerkungen

1. Der Antrag ist regelmäßig an das Mahngericht zu richten, nicht an das Gericht, das für die Durchführung des streitigen Verfahrens zuständig ist. Es bestehen jedoch zwei Ausnahmen: Nimmt der Beklagte den Widerspruch zurück, nachdem der Rechtsstreit an das Prozeßgericht abgegeben wurde (vgl. § 696 Abs. 4 ZPO) oder hatte der Beklagte nur hinsichtlich eines Teils Widerspruch eingelegt und ist der Rechtsstreit wegen dieses Teils abgegeben worden, so wird der Vollstreckungsbescheid vom Rechtspfleger des Prozeßgerichts erlassen (§ 699 Abs. 1 S. 3 ZPO). In diesen Fällen kann der Vollstreckungsbescheid auch beim Landgericht zu beantragen sein.

2. Der Antrag ist durch Ausfüllung des Formulars Bl. 3 des Vordrucksatzes zu stellen. Dieses Blatt wird dem Antragsteller mit der Zustellungsnachricht vom Mahngericht zurückgesandt. Es ist dem Antragsteller allerdings nicht verwehrt, in besonderen Fällen, etwa bei Verlust des Blattes oder wenn das Formular bereits für einen anderen Teil des Anspruchs benutzt wurde, den Antrag in anderer Form zu stellen. In jedem Fall ist der Antrag eigenhändig zu unterschreiben. Da der Vordruck Teil des Durchschreibesatzes ist, sind die meisten Angaben in ihm bereits enthalten. Vom Antragsteller sind jetzt noch die den Antrag auf Erlaß eines Vollstreckungsbescheides betreffenden Felder ① bis ⑧ auszufüllen. Ausfüllhinweise hierzu finden sich auf der Rückseite des Blattes. Ergänzend ist auf folgendes hinzuweisen, wobei unterstellt wird, daß im Ausgangsfall kein Widerspruch eingelegt wurde:

Zu ①: Der Antrag auf Erlaß des Vollstreckungsbescheids kann nicht schon mit dem Mahnbescheidsantrag gestellt werden (§ 699 Abs. 1 S. 2 ZPO). Der Antrag darf erst nach Ablauf der Widerspruchsfrist gestellt und auch nicht vorher abgesandt werden (vgl. LG Stade NJW 1981, 2366; *Zöller/Vollkommer* § 699 Rdn. 3).

Zu ④: Das Datum der Zahlung ist, obwohl im Vordruck nicht vorgesehen, unbedingt anzugeben, da sonst der Zinsanspruch nicht berechnet werden kann.

Zu ⑤: Weitere Gerichtskosten entstehen nicht. An Anwaltskosten für den Antrag auf Erlaß des Vollstreckungsbescheids entsteht eine $5/10$ Gebühr (§ 43 Abs. 1 Nr. 3 BRAGO),

3. Antrag auf Erlaß des Vollstreckungsbescheides   I. B. 3

Amtsgericht
Plz. Ort
20355 Hamburg

Antragsgegner/ges. Vertreter

A Versicherungs AG
vertreten durch ihre Vorstandsmitglieder X, Y, Z
Bismarckplatz 1

60601   Frankfurt
Plz   Ort

Geschäftsnummer des Gerichts
Bei Schreiben an das Gericht stets angeben

← Datum des Vollstreckungsbescheids

Zustellungsnachricht an den Antragsteller.
In Ihrer Mahnsache ist dem Antragsgegner der Mahnbescheid an dem aus dem folgenden Vordruckteil ersichtlichen Tag zugestellt worden.
Prüfen Sie, nachdem die mit dem darauffolgenden Tag beginnende Zwei-Wochen-Frist abgelaufen ist, ob der Antragsgegner die Schuld beglichen hat. Sollte das nicht der Fall sein und sollte auch nicht Widerspruch erhoben sein, können Sie den Erlaß des Vollstreckungsbescheids beantragen.
Verwenden Sie dazu bitte nur diesen Vordruck und beachten Sie die Hinweise auf der Rückseite.
                                                      Die Geschäftsstelle des Amtsgerichts

Vollstreckungsbescheid zum Mahnbescheid vom   zugestellt am

Antragsteller, ges. Vertreter, Prozeßbevollmächtigter, Bankverbindung

Peter Raabe, Student
Bogenstraße 5, 20249 Hamburg
Prozeßbevollmächtigter: Rechtsanwalt Rath, Poststraße 12, 20095 Hamburg
Postbank Hmb 1035 77-202   BLZ 200 100 20

macht gegen Sie
und Herrn Florian Schultz, Ottostraße 18, 52149 Köln   [X] als Gesamtschuldner

folgenden Anspruch geltend: Geschäftszeichen des Antragstellers:

Schadensersatz aus Verkehrsunfall am 03.02.19.. in Hamburg
gemäß Abrechnung vom 12.08.19..

Hauptforderung DM	18.387,55	Zinsen, Bezeichnung der Nebenforderung				
		4 % seit 12.08.19..				
Nebenforderung DM	5,00					
Bisherige Kosten des Verfahrens (Summe ①bis⑤) DM	1.319,25	①Gerichtskosten 192,50 DM	②Auslagen d. Antragst. -- DM	③Gebühr d. Prozeßbev. 945,- DM	④Auslagen d. Prozeßbev. 40,-- DM	⑤MwSt. d. Prozeßbev. 141,75 DM
Gesamtbetrag DM	19.711,80	zuzüglich der laufenden Zinsen	Der Antragsteller hat erklärt, daß der Anspruch von einer Gegenleistung [X] nicht abhänge, [ ] abhänge, diese aber erbracht sei.			

Auf der Grundlage des Mahnbescheids ergeht Vollstreckungsbescheid
② wegen vorstehender Beträge wegen ③
abzüglich gezahlter ④ DM 7.693,77

Hinzu kommen folgende weitere Kostenbeträge ⑤				insgesamt (Summe von ① bis ④)	Die Kosten des Verfahrens sind ab Erlaß dieses Bescheids mit 4% zu verzinsen.	Dieser Bescheid wurde dem Antragsgegner zugestellt am:
①Gerichtskost., Auslag. DM	②Gebühr d. Prozeßbev. DM	③Auslagen d. Prozeßbev. DM	④MwSt. d. Prozeßbev. DM	DM	[X]	

Rechtspfleger

[ ] Antragst. [ ] ges. Vertr. [ ] Prozeßbev.
wurde VB-Ausf. erteilt am:

Antrag ①   Ort, Datum

Eingangsstempel des Gerichts

Ich beantrage, aufgrund der vorstehenden Angaben einen Vollstreckungsbescheid zu erlassen.
Der Antragsgegner hat geleistet
⑥ [ ] keine Zahlungen. [X] nur die oben angegebenen Zahlungen.
⑦ [ ] Die Zustellung des Bescheids soll vom Gericht veranlaßt werden. **Die Auslagen für die Zustellung entrichte ich voraus.**
⑧ [X] Ich beantrage, mir den Bescheid in Ausfertigung zur Zustellung im Parteibetrieb zu übergeben.

Rechtsanwalt
Friedrich Rath
Poststraße 12

20095 Hamburg

Rath
Unterschrift des Antragstellers/Vertreters/Prozeßbevollmächtigten

Blatt 3: Zustellungsnachricht, Antrag und Urschrift

Büchel

sie ist nach dem Wert der – hier verminderten – Hauptforderung, für die der Vollstreckungsbescheid beantragt wird, zu berechnen.

Zu ⑥: Die Angabe ist gemäß § 699 Abs. 1 S. 2 ZPO notwendig. Fehlt sie, wird der Vollstreckungsbescheid nicht erteilt.

Zu ⑧: Das Gericht stellt den Vollstreckungsbescheid von Amts wegen zu (§ 699 Abs. 4 S. 1 ZPO), wenn der Antragsteller nichts anderes beantragt. Für Rechtsanwälte dürfte sich die Zustellung im Parteibetrieb empfehlen, um das Verfahren unter Kontrolle zu haben und um gleichzeitig mit der Zustellung durch den Gerichtsvollzieher die Vollstreckung versuchen zu können. Durch die Beauftragung des Gerichtsvollziehers mit der Zustellung entsteht eine $^3/_{10}$ Gebühr (§ 58 Abs. 2 Nr. 2 BRAGO).

Kosten und Gebühren

Der Rechtsanwalt erhält für den Antrag auf Erlaß des Vollstreckungsbescheids eine halbe Gebühr (§ 43 Abs. 1 Nr. 3 BRAGO). Diese Gebühr wird nicht auf die im nachfolgenden Streitverfahren entstehenden Gebühren angerechnet (§ 43 Abs. 2 BRAGO). Die Gebühr entsteht nicht, wenn der Antragsgegner rechtzeitig Widerspruch gegen den Mahnbescheid eingelegt hatte (vgl. OLG Hamburg MDR 1983, 142; str.).

Fristen und Rechtsmittel

Der Antrag darf frühestens 2 Wochen nach Zustellung des Mahnbescheids gestellt werden (s. Anm. 2 zu ①); er muß spätestens 6 Monate danach gestellt sein, sonst wird der Mahnbescheid wirkungslos, § 701 ZPO. Das Zustellungsdatum ist aus der Zustellungsnachricht des Mahngerichts ersichtlich.

Bei Zurückweisung des Antrags ist die unbefristete Erinnerung gegeben (vgl. *Zöller/ Vollkommer* § 699 Rdn. 18). Bei Absetzung geltendgemachter Kosten, aber Erlaß des Vollstreckungsbescheides im übrigen, hat der Antragsteller die befristete Erinnerung (vgl. *Zöller/Vollkommer* § 699 Rdn. 19). Gegen den erlassenen Vollstreckungsbescheid steht dem Antragsgegner nur der Einspruch zu.

4. Einspruch gegen Vollstreckungsbescheid[1–3]

An das
Amtsgericht Frankfurt
Mahnabteilung Hünfeld

Geschäfts-Nr. . . . . . .

In der Mahnsache

Raabe gegen 1. A Versicherungs- AG
              2. Schultz

wird gegen den Vollstreckungsbescheid vom . . . . . ., der Antragsgegnerin zu 1) zugestellt am . . . . . .,[4]

Einspruch

eingelegt.

Der Einspruch erfolgt gleichzeitig gemäß § 10 AKB im Namen unseres Versicherungsnehmers, des Antragsgegners zu 2), sofern gegen diesen gleichfalls ein Vollstreckungsbescheid ergangen sein sollte.

4. Einspruch gegen Vollstreckungsbescheid I. B. 4

Außerdem wird beantragt,
die Zwangsvollstreckung aus dem Vollstreckungsbescheid ohne Sicherheitsleistung einzustellen.[5]

In Hinblick auf den Einstellungsantrag wird beantragt,
die Sache unverzüglich an das Landgericht Frankfurt abzugeben.[6]

Dieses Gericht wird gebeten, über den Einstellungsantrag sofort zu entscheiden.

Begründung:

Der Vollstreckungsbescheid hätte nicht ergehen dürfen, denn die Antragsgegnerin zu 1) hatte bereits eine Woche nach Zustellung des Mahnbescheids für sich und ihren Versicherungsnehmer Widerspruch eingelegt.

Beweis: anliegende Kopie der Durchschrift des Widerspruchs

Dieser Widerspruch ist offenbar bei Erlaß des Vollstreckungsbescheids übersehen worden. Der Vollstreckungsbescheid ist daher iSd. § 719 Abs. 1 S. 2 ZPO gesetzwidrig ergangen, so daß die Zwangsvollstreckung ohne Sicherheitsleistung einzustellen ist.

Ihre sachlichen Einwendungen wird die Antragsgegnerin nach Abgabe des Rechtsstreits gegenüber dem Prozeßgericht geltend machen, sobald der Antragsteller seinen Anspruch begründet haben wird.

(Unterschrift)[7]

Anmerkungen

1. Vordrucke gem. § 703 c ZPO für den Einspruch gegen einen Vollstreckungsbescheid sind bisher nicht eingeführt.

2. Es handelt sich um den Einspruch gegen den Vollstreckungsbescheid Form. I. B. 3, wobei unterstellt wird, daß – was in der Praxis leider vorkommt – der Widerspruch bei Erlaß des Vollstreckungsbescheids übersehen wurde.

3. Für Frist (Notfrist von 2 Wochen ab Zustellung) und Form (Einspruchsschrift) des Einspruchs gegen einen Vollstreckungsbescheid gelten die Vorschriften für den Einspruch gegen ein Versäumnisurteil, § 700 Abs. 1 iVm. §§ 338 ff. ZPO (vgl. Form. I. G. 5). Es bestehen jedoch folgende Besonderheiten:
   a) Die Einspruchsfrist beginnt auch, wenn der Vollstreckungsbescheid im Wege der Parteizustellung (§ 699 Abs. 4 ZPO) zugestellt wird (vgl. OLG Koblenz NJW 1981, 408).
   b) Der Einspruch ist nicht beim Prozeßgericht, sondern beim Mahngericht einzureichen, es sei denn, daß der Vollstreckungsbescheid vom Prozeßgericht erlassen wurde (zB. bei Rücknahme des Widerspruchs nach Abgabe oder bei nur teilweisem Widerspruch, Abgabe und Vollstreckungsbescheid hinsichtlich des Restes, vgl. § 699 Abs. 1 S. 3 ZPO).
   c) Der Einspruch bedarf keiner Begründung, § 340 Abs. 3 ZPO gilt nicht.
   d) Auch bei Streitwerten über DM 10.000,– besteht kein Anwaltszwang, und zwar selbst dann nicht, wenn der Vollstreckungsbescheid durch das Landgericht (vgl. die zu a) genannten Fälle) erlassen wurde (str., vgl. *Thomas/Putzo* § 700 Rdn. 5).

4. Wenn der Vollstreckungsbescheid nicht von Amts wegen, sondern im Parteibetrieb zugestellt wurde, ist diese Mitteilung wichtig, denn sonst ist für das Gericht nicht zu erkennen, ob der Einspruch rechtzeitig eingelegt wurde. In diesem Fall empfiehlt es sich außerdem, Unterlagen, aus denen sich das Datum der Zustellung ergibt, also zB. den Zustellvermerk des Postbeamten auf dem übergebenen Schriftstück, miteinzureichen. Denn das Gericht wird die Zwangsvollstreckung nicht einstellen, wenn es den Einspruch für unzulässig hält.

5. Für die Einstellung der Zwangsvollstreckung gelten §§ 719, 707 iVm. § 700 Abs. 1 ZPO. Wie bei einem Versäumnisurteil kommt eine Einstellung ohne Sicherheitsleistung nur in den beiden in § 719 Abs. 1 S. 2 ZPO genannten Fällen, von denen hier der erste vorliegt, oder im Fall des § 707 Abs. 1 S. 2 ZPO in Betracht (vgl. aber OLG Hamburg NJW 1979, 1464 und KG NJW 1984, 316; *Thomas/Putzo* § 719 Rdn. 2 mwN.). Im letztgenannten Fall und im Fall der unverschuldeten Säumnis ist erforderlich, daß der Antragsgegner die Voraussetzungen glaubhaft macht (vgl. hierzu Form. I. G. 5). In allen anderen Fällen kann die Zwangsvollstreckung nur gegen Sicherheitsleistung eingestellt werden, wobei das Gericht überlegen wird, ob der Einspruch zulässig ist und in der Sache aussichtsreich erscheint. Wenn der Antragsgegner daher Einstellung der Zwangsvollstreckung beantragt und keiner der Sonderfälle des § 719 Abs. 1 S. 2 ZPO vorliegt, ist es immer zu empfehlen, die sachlichen Gründe für den Einspruch mitzuteilen (vgl. *Zöller/Herget* § 707 Rdn. 9). Möchte der Antragsgegner seine Sicherheit in bestimmter Weise, etwa durch die Bürgschaft einer geeigneten Bank, leisten, sollte er dies schon hier beantragen. Über den Einstellungsantrag entscheidet nicht das Mahngericht, sondern – nach Abgabe – das Prozeßgericht.

6. Weiteres Verfahren: Gemäß § 700 Abs. 3 S. 1 ZPO gibt das Gericht den Rechtsstreit an das im Mahnbescheid bezeichnete Gericht ab, das hierdurch an seine Zuständigkeit nicht gebunden ist. Der Antragsteller kann allerdings keine Verweisung mehr an das Gericht eines besonderen oder vereinbarten Gerichtsstandes erreichen, er hat sein Wahlrecht mit Ausfüllung des Mahnantrags verbraucht. Im Beispielsfall könnte eine Weiterverweisung des Rechtsstreits an das zuständige Amtsgericht in Betracht kommen, wenn der Streitwert durch die Zahlung vor Erlaß des Vollstreckungsbescheids unter DM 10.000,– gesunken ist. Von der Abgabe werden beide Parteien benachrichtigt. Nach der Abgabe wird das streitige Verfahren ähnlich wie nach Widerspruch gegen den Mahnbescheid eingeleitet (§ 700 Abs. 3–6 ZPO; vgl. Form. I. B. 9).

7. Der Einspruch muß handschriftlich unterzeichnet sein (BGH NJW 1987, 2588; a. A. *Zöller/Vollkommer* § 700 Rdn. 5 m. w. N.), sofern nicht eine den von der Rechtsprechung anerkannten Ersatzformen vorliegt (Telegramm, Fernschreiben, Telefax, vgl. BGH aaO. 2589). Der Mangel der Unterschrift ist nicht heilbar.

Kosten und Gebühren

Mit Einlegung des Einspruchs wird die halbe Gerichtsgebühr nach KV Nr. 1005 fällig. Es besteht aber keine Vorschußpflicht. Der Rechtsanwalt ist, anders als bei Einlegung des Widerspruchs, nicht auf die ³/₁₀ Gebühr nach § 43 Abs. 1 Nr. 2 BRAGO beschränkt.

Fristen und Rechtsmittel

Der Einspruch muß in einer Frist von 2 Wochen ab Zustellung des Vollstreckungsbescheids eingelegt werden (§§ 700, 339 ZPO), vgl. iü. Anm. 3. Bei unverschuldeter Fristversäumung kommt eine Wiedereinsetzung in Betracht (Form. I. F. 1).

5. Urkunden-, Wechsel- und Scheck-Mahnbescheid[1,2]

① Der Antrag wird gerichtet an das
Amtsgericht
Plz, Ort
68149 Mannheim

Geschäftsnummer des Gerichts
Bei Schreiben an das Gericht stets angeben

② **Antragsgegner**/ges. Vertreter

Edith Buchholz
Hausfrau
Josephstraße 13

69126 Heidelberg
Plz   Ort

Raum für Kostenmarken/Freistempler (falls nicht ausreichend, unteres Viertel der Rückseite benutzen)

– Graue Felder bitte nicht beschriften! –

Scheck
Mahnbescheid   ← Datum des Mahnbescheids

③ **Antragsteller**, ges. Vertreter, Prozeßbevollmächtigter; Bankverbindung

Fa. Textil-Möller, Inhaberin Gisela Möller,
Rheinallee 50, 68163 Mannheim

Postbankkonto ...

④ **macht gegen Sie**   ☐ als Gesamtschuldner

⑤ **folgenden Anspruch geltend** (genaue Bezeichnung, insbes. mit Zeitangabe):   Geschäftszeichen des Antragstellers

Scheck der Deutschen Bank Nr. 225 5809, ausgestellt am 1.5.19..
über   DM 2.850,--
zzgl. Scheckunkosten von   DM   14,25
1/3 % Provision   DM   9,50

⑥ Hauptforderung   DM 2.850,--   Zinsen, Bezeichnung der Nebenforderung
⑦ Nebenforderung   DM   23,75
⑧ Kosten dieses Verfahrens (Summe ① bis ⑤) DM 65,-- |①Gerichtskosten 65,-- DM |②Auslagen d. Antragst. DM |③Gebühr d. Prozeßbev. DM |④Auslagen d. Prozeßbev. DM |⑤MwSt. d. Prozeßbev. DM
⑨ Gesamtbetrag   DM 2.938,75   zuzüglich der laufenden Zinsen   Der Antragsteller hat erklärt, daß der Anspruch von einer Gegenleistung [X] nicht abhänge.   ☐ abhänge, diese aber erbracht sei.

Das Gericht hat nicht geprüft, ob dem Antragsteller der Anspruch zusteht.
Es fordert Sie hiermit auf, innerhalb von **zwei Wochen** seit der Zustellung dieses Bescheids **entweder** die vorstehend bezeichneten Beträge, soweit Sie den geltend gemachten Anspruch als begründet ansehen, zu begleichen **oder** dem Gericht auf dem beigefügten Vordruck mitzuteilen, ob und in welchem Umfang Sie dem Anspruch widersprechen.

Wenn Sie die geforderten Beträge nicht begleichen und wenn Sie auch nicht Widerspruch erheben, kann der Antragsteller nach Ablauf der Frist einen **Vollstreckungsbescheid** erwirken und aus diesem die Zwangsvollstreckung betreiben.
Der Antragsteller hat angegeben, ein streitiges Verfahren sei durchzuführen vor dem

⑩   Amtsgericht in 69115 Heidelberg

An dieses Gericht, dem eine Prüfung seiner Zuständigkeit vorbehalten bleibt, wird die Sache im Falle Ihres Widerspruchs abgegeben.

Rechtspfleger

Anschrift des Antragstellers/Vertreters/Prozeßbevollmächtigten   **Antrag**   Ort, Datum Mannheim, 20.5.19..

⑪
Firma
Textil-Möller
Inhaberin Gisela Möller
Rheinallee 50

68163 Mannheim
Plz   Ort

Eingangsstempel des Gerichts

Ich beantrage, aufgrund der vorstehenden Angaben einen Mahnbescheid zu erlassen.
⑫ ☐ Im Falle des Widerspruchs beantrage ich die Durchführung des streitigen Verfahrens.
⑬ [X] Ordnungsgemäße Bevollmächtigung versichere ich.   ☐ Antragsteller ist nicht zum Vorsteuerabzug berechtigt.
⑭ Hier die Zahl der ausgefüllten Vordrucke angeben, falls sich der Antrag gegen mehrere Antragsgegner richtet.

Gisela Möller
Unterschrift des Antragstellers/Vertreters/Prozeßbevollmächtigten

Blatt 1: Antrag und Urschrift

Büchel

Anmerkungen

1. Für Ansprüche, die gemäß § 592 ZPO durch Wechsel, Scheck oder andere Urkunden bewiesen werden können, stellt die Zivilprozeßordnung in § 703a ZPO ein besonderes Mahnverfahren zur Verfügung. Neben den üblichen Vorzügen des Mahnverfahrens bietet diese Verfahrensart die Möglichkeit, mit geringerem Kostenaufwand in das Nachverfahren zu gelangen, wenn der Antragsgegner seinen Widerspruch gem. § 703a Abs. 2 Nr. 4 ZPO beschränkt. Allerdings sollte der Antragsteller, wenn mit einem unbeschränkten Widerspruch zu rechnen ist, überlegen, ob er nicht im Klageverfahren (vgl. Form. I. Q. 1, 3, 5) schneller zu einem Vorbehaltsurteil gemäß § 599 ZPO kommt und dies gegenüber dem möglichen Kostenvorteil abwägen. Wählt der Antragsteller das Mahnverfahren, sind Wechsel, Scheck oder die sonstigen Urkunden nicht wie im Klageverfahren mit dem Mahnantrag einzureichen; dies geschieht erst später mit der Anspruchsbegründung. Aus Schecks, die keinen Vorlegungsvermerk tragen – fraglich auch bei Schecks unter DM 2.000,–, die im sog. beleglosen Scheckeinzugsverfahren der Banken geltend gemacht wurden – kann ein Scheckanspruch im streitigen Verfahren nicht erhoben werden (vgl. Form. I. Q. 5 Anm. 1).

2. Der beantragte Mahnbescheid ist in dem dafür vorgesehenen weißen Feld als Wechsel-, Scheck- oder Urkunden- Mahnbescheid zu bezeichnen. Nur wenn dies geschehen ist, gilt § 703a Abs. 2 Nr. 1–4 ZPO und ist eine Überleitung in den streitigen Urkundenprozeß mit den sich für den Kläger ergebenden Vorteilen möglich. Die fehlende Bezeichnung im Mahnantrag ist nicht nachholbar. Ergänzend zu den amtlichen Ausfüllhinweisen und den Anmerkungen zum gewöhnlichen Mahnantrag (vgl. Form. I. B. 1) gelten für diesen Antrag folgende Besonderheiten:

Zu ⑤: Die Urkunden, hier der Scheck, sollen im Antrag bezeichnet werden, § 703a Abs. 2 Nr. 2 ZPO; das sollte, wie Erfahrungen mit Mahngerichten zeigen, so genau wie möglich geschehen. Die einzelnen Rückgriffsansprüche ergeben sich aus Art. 40, 45 ScheckG.

Zu ⑥: Die Hauptforderung geht nur auf Zahlung der Schecksumme, nicht der weiteren Scheckansprüche (§ 4 Abs. 2 ZPO analog; vgl. *Zöller/Schneider* § 4 Rdn. 13).

Zu ⑦: Als vorgerichtliche Kosten können im Scheckprozeß grundsätzlich nur Scheckkosten und Provision geltend gemacht werden, nicht aber weitere Nebenforderungen aus Verzug.

Zu ⑩: Im Wechsel- und Scheckprozeß kann der Rechtsstreit nicht nur am allgemeinen Gerichtsstand des Beklagten geführt werden, sondern auch bei dem Gericht des Zahlungsortes (§ 603 ZPO i. Verb. m. Art. 1 Nr. 5 WG, Art. 1 Nr. 4 ScheckG).

6. Widerspruch gegen Urkunden-, Wechsel- und Scheck-Mahnbescheid[1,2]

Anschrift des Antragsgegners/ges. Vertreters/Prozeßbevollmächtigten

Dr. Zenk und Partner
Rechtsanwälte
Schloßplatz 1
69117 Heidelberg

Geschäftsnummer des Gerichts
Bei Schreiben an das Gericht stets angeben

An das Amtsgericht Mannheim

68163 Mannheim
Plz   Ort

Hinweis für den Antragsgegner:
Bitte überlegen Sie sorgfältig, ob Sie im Recht sind, und beachten Sie die Hinweise auf der Rückseite des Mahnbescheids. Falls Sie Widerspruch erheben, senden Sie bitte Blatt 1 und 2 dieses Vordrucks ausgefüllt und unterschrieben zurück.

Mahnsache | Antragsteller (Name): Fa. Textil-Möller | Antragsgegner (Name, Vorname): Buchholz, Edith | Datum des Mahnbescheids: 30.5.19..

Gegen den Mahnbescheid erhebe ich Widerspruch [x] als Prozeßbevollmächtigter des Antragsgegners. Ordnungsgemäße Bevollmächtigung wird versichert. [ ] als gesetzlicher Vertreter des Antragsgegners

Der Widerspruch richtet sich gegen
[x] den Anspruch insgesamt
[ ] den nachfolgend bezeichneten Teil des Anspruchs (bitte Teilbetrag der Hauptforderung/Nebenforderung/Zinsen/Kosten genau bezeichnen):

Der Widerspruch beschränkt sich auf den Antrag, der Beklagten die Ausführung ihrer Rechte im Nachverfahren vorzubehalten.[3,4]

Durchschrift/Abschrift für den Antragsteller füge ich bei.

Ort, Datum
Heidelberg, 10.6.19..

Dr. Zenk
Unterschrift des Antragsgegners/Vertreters/Prozeßbevollmächtigten

Blatt 1: Urschrift des Widerspruchs

Anmerkungen

1. Diese Form des Widerspruchs ist nur gegenüber einem Mahnbescheid möglich, der ausdrücklich als Urkunden-, Wechsel- oder Scheck-Mahnbescheid bezeichnet ist, § 703a ZPO. Das Beispiel knüpft an das Form. I. B. 5 an.

2. Die Bedeutung des beschränkten Widerspruchs liegt darin, daß er den Parteien ermöglicht, schneller und billiger – nämlich ohne einen streitigen Urkundenprozeß führen zu müssen – in das Nachverfahren gemäß § 600 ZPO zu gelangen. Der auf Antrag des Antragstellers zu erlassende Vollstreckungsbescheid ergeht unter dem Vorbehalt, daß dem Antragsgegner die Ausführung seiner Rechte im Nachverfahren vorbehalten bleibt, er entspricht damit dem Vorbehaltsurteil des § 599 ZPO. Der beschränkte Widerspruch empfiehlt sich für den Antragsgegner immer dann, wenn er im Urkundenprozeß keine Einwendungen geltend machen will oder kann (vgl. hierzu Form. I. Q. 2).

3. Die Formulierung entspricht der Fassung des § 703a Abs. 2 Nr. 4 ZPO.

4. Weiteres Verfahren: Auf den beschränkten Widerspruch hin kann der Antragsteller nur einen Vorbehalts- Vollstreckungsbescheid beantragen. Die anschließende Überleitung in das streitige Verfahren erfordert keinen Einspruch des Antragsgegners, vielmehr hat jede Partei das Recht, die Durchführung des streitigen Verfahrens zu beantragen, was zur Abgabe gemäß § 696 Abs. 1 ZPO führt. Die Abgabe auf Antrag des Klägers setzt voraus, daß dieser zunächst den weiteren Gerichtskostenvorschuß (bei unverändertem Streitwert 2,5 Gebühren, KV Nr. 1201) einzahlt, was ihm mit der Benachrichtigung vom Widerspruch aufgegeben wird. Für das Nachverfahren nach Abgabe gilt § 600 ZPO entspr. (vgl. hierzu Form. I. Q. 7 und 8).

7. Anspruchsbegründung nach Überleitung in das streitige Verfahren[1,2]

An das
Landgericht Hamburg[3]
Geschäfts-Nr. ......

In Sachen

Raabe
Prozeßbevollmächtigter: Rechtsanwalt ......

gegen

1. A Versicherungs-AG
2. Schultz

Prozeßbevollmächtigter: Rechtsanwalt ......

zeige ich innerhalb der gesetzten Frist[4] an, daß der Kläger im streitigen Verfahren durch mich vertreten wird. Es wird gebeten, einen baldigen Termin zur mündlichen Verhandlung zu bestimmen[5], in dem ich beantragen werde[6]:

1. Die Beklagten werden als Gesamtschuldner verurteilt, an den Kläger DM 18.387,55 nebst 4% Zinsen seit dem 12. 8. 19.. und DM 5,– vorgerichtlicher Kosten zu zahlen.
2. Die Beklagten tragen die Kosten des Rechtsstreits.
3. Das Urteil ist, notfalls gegen Sicherheitsleistung, vorläufig vollstreckbar.

Für den Fall, daß das Gericht das schriftliche Vorverfahren anordnet und der Beklagte nicht innerhalb der Frist seine Verteidigungsbereitschaft erklärt oder den Anspruch anerkennt, wird beantragt,

gegen den Beklagten ein Versäumnisurteil oder ein Anerkenntnisurteil ohne mündliche Verhandlung zu erlassen.

Einer Übertragung der Sache auf den Einzelrichter stehen keine Gründe entgegen.[7]

Begründung:[8]

......

Anmerkungen

1. Das Beispiel knüpft an den Mahnbescheid in Form. I. B. 1 an, wobei unterstellt wird, daß der Rechtsstreit auf den Widerspruch der Beklagten an das Landgericht Hamburg abgegeben wurde.

7. Anspruchsbegründung nach Überleitung in das streitige Verfahren I. B. 7

2. Legt der Antragsgegner gegen den Mahnbescheid Widerspruch ein, wird der Rechtsstreit nicht von Amts wegen, sondern nur auf Antrag einer der Parteien in das streitige Verfahren übergeleitet. Dieser Antrag wird vom Kläger regelmäßig bereits im Mahnantrag (Kästchen Nr. ⑫ des Vordrucks) gestellt. Eine Abgabe kommt nicht in Betracht, wenn der Mahnbescheid durch ein unzuständiges Amtsgericht erlassen wurde; der Antragsteller muß dann den Antrag zurücknehmen und beim zuständigen Mahngericht erneut stellen (BGH NJW 1990, 1119). Weitere Voraussetzung für die Abgabe auf Antrag des Klägers ist, daß dieser den weiteren Gerichtskostenvorschuß, bei unverändertem Streitwert also 2,5 Gebühren, einzahlt (§ 65 Abs. 1 S. 2 GKG iVm. KV Nr. 1201). Diese Vorschußpflicht trifft nur den Kläger, nicht den Beklagten, der im Widerspruch oder später die Abgabe beantragt; er kann ohne Kosten in das streitige Verfahren überleiten. Die Abgabe an das im Mahnbescheid im Feld Nr. ⑩ bezeichnete Gericht wird den Parteien durch das Mahngericht formlos mitgeteilt, § 696 Abs. 1 S. 3 ZPO. Die Abgabe an ein anderes Gericht ist nur möglich, wenn die Parteien es vor Abgabe übereinstimmend beantragen (§ 696 Abs. 1 Satz 1 ZPO). Das Prozeßgericht fordert nach Eingang der Akten den Kläger auf, die Anspruchsbegründung einzureichen und hierzu – wenn der Rechtsstreit an ein Landgericht abgegeben wurde – einen dort zugelassenen Rechtsanwalt zu bestellen, § 697 Abs. 1 iVm. § 253 ZPO.

3. Die Anspruchsbegründung ist an das Prozeßgericht zu richten. Allerdings ist es zT. üblich geworden, die Anspruchsbegründung bereits dem Mahngericht zu übermitteln und mit dem Antrag auf Abgabe und der Einzahlung des Vorschusses zu verbinden. Diese Handhabung kann zu einem schnelleren Verfahrensablauf führen und auch sonst zweckmäßig sein (vgl. Form. I. B. 8). Sie kann allerdings bei Landgerichtsprozessen dazu führen, daß die Anspruchsbegründung nicht durch einen beim Prozeßgericht zugelassenen Rechtsanwalt eingereicht und unterzeichnet wurde. Das Prozeßgericht wird jedoch idR. eine bereits im Mahnverfahren eingereichte Anspruchsbegründung beachten und als ordnungsgemäße Klageerhebung ansehen (vgl. OLG Köln NJW 1981, 2265; BGH NJW 1982, 2002).

4. Das Streitgericht setzt dem Antragsteller eine Frist von 2 Wochen, § 697 Abs. 1 ZPO.

5. Nach Eingang der Anspruchsbegründung verfährt das Gericht wie nach Eingang einer Klage (§ 697 Abs. 2 ZPO). Es kann nach § 275 ZPO einen frühen ersten Termin bestimmen oder nach § 276 ZPO das schriftliche Vorverfahren anordnen (vgl. Anm. 13 zu Form. I. D. 1). Die Vorschriften, die das Verfahren nach Eingang der Anspruchsbegründung anders regelten als nach Eingang der Klageschrift, sind seit dem 1. 4. 1991 außer Kraft.

6. Es empfiehlt sich schon aus Gründen der Kontrolle und besseren Übersicht, den Antrag auszuformulieren. Die bloße Ankündigung, den Antrag „aus dem Mahnbescheid" zu stellen, soll mangels Bestimmtheit nicht genügen (vgl. *Zöller/Vollkommer* § 697 Rdn. 2 m. w. N.). Zur Antragsfassung im übrigen vgl. die Beispiele zur Klageschrift.

7. Eine Äußerung hierzu soll in entsprechender Anwendung des § 253 Abs. 3 ZPO enthalten sein.

8. Die Begründung des Anspruchs entspricht der in der Klageschrift. Sie muß vollständig sein und kann nicht durch Bezugnahme auf die Angaben im Mahnbescheid ergänzt werden.

Kosten und Gebühren

Vgl. Anm. 2. Zur Berechnung des weiteren Gerichtskostenvorschusses bei Streitwertänderung vgl. *Hartmann* KV Nr. 1201 Rdn. 23. Zur Erstattungsfähigkeit der vor Abgabe entstandenen Anwaltsgebühren vgl. Form. I. B. 1.

Fristen und Rechtsmittel

Der Antragsteller braucht die nach § 697 Abs. 1 ZPO gesetzte Frist nicht einzuhalten, wenn er das Verfahren nicht weiterbetreiben will. Das Gericht trifft von sich aus keine Anordnung; nur auf Antrag des Antragsgegners kann ein Termin bestimmt werden (§ 697 Abs. 3). In diesem Fall wird dem Antragsteller noch einmal eine Frist zur Anspruchsbegründung gesetzt, die er dann unbedingt einhalten sollte. Andernfalls droht eine Zurückweisung seines Vorbringens nach § 296 Abs. 1 iVm. § 697 Abs. 3 Satz 2 ZPO.

Die Abgabe ist unanfechtbar (§ 696 Abs. 1 Satz 3 ZPO).

8. Anspruchsbegründung nach Einspruch gegen Vollstreckungsbescheid[1,2]

Rechtsanwalt R.
An das
Landgericht Hamburg
Geschäfts-Nr. ......

In Sachen

......

zeige ich innerhalb der gesetzten Frist an, daß der Kläger im streitigen Verfahren durch mich vertreten wird. Es wird gebeten, einen baldigen Termin zur mündlichen Verhandlung zu bestimmen, in dem ich beantragen werde:

1. Der Vollstreckungsbescheid vom ...... wird aufrechterhalten[3].
2. Die Beklagten haben die weiteren Kosten des Rechtsstreits zu tragen.
3. Das Urteil ist vorläufig vollstreckbar.[4]

Einer Übertragung der Sache auf den Einzelrichter stehen keine Gründe entgegen.

Begründung:

Zur Zulässigkeit des Einspruchs der Beklagten wird zunächst mitgeteilt, daß der Vollstreckungsbescheid am ...... zugestellt wurde. Die Zustellungsurkunde wird im Termin vorgelegt werden[5].
In der Sache wird zur Begründung des Anspruches folgendes ausgeführt[6]: ......

Anmerkungen

1. Es handelt sich um das streitige Verfahren nach Einspruch gegen den Vollstreckungsbescheid, Form. I. B. 4.
2. Die Überleitung in das streitige Verfahren ist ähnlich geregelt wie die nach Widerspruch gegen den Mahnbescheid (vgl. Form. I. B. 7). Allerdings gibt das Mahngericht bei Einspruch gegen den Vollstreckungsbescheid die Sache, ohne daß es eines Antrags bedarf, an das im Mahnbescheid bezeichnete Gericht ab, § 700 Abs. 3 S. 1 ZPO. Auf übereinstimmenden Antrag der Parteien ist auch die Abgabe an ein anderes Gericht möglich. Es besteht keine Vorschußpflicht der Parteien gemäß § 65 GKG. Die Abgabe wird den Parteien formlos mitgeteilt, § 700 Abs. 3 iVm. § 696 Abs. 1 S. 3 ZPO. Für das Gericht, an das die Sache abgegeben wurde, gelten wiederum die Vorschriften des § 697 Abs. 1 und 4

ZPO. Auch wenn es der Beklagte ist, der sich gegen einen Titel wendet, muß zunächst der Kläger innerhalb der gesetzten Frist seinen Anspruch begründen. Bei Abgabe an ein Landgericht muß er hierfür einen dort zugelassenen Rechtsanwalt bestellen. Dies gilt auch, wenn der Rechtsstreit aufgrund einer vor Abgabe geleisteten Zahlung inzwischen zur sachlichen Zuständigkeit des Amtsgerichts gehören würde, es sei denn, das Landgericht verweist den Rechtsstreit nach Anhörung der Parteien ohne mündliche Verhandlung an das Amtsgericht.

3. Die Fassung des Antrags beruht auf §§ 700 Abs. 1, 343 S. 1 ZPO.

4. Für die Entscheidung über die vorläufige Vollstreckbarkeit gilt § 709 ZPO.

5. Das ist erforderlich, wenn der Vollstreckungsbescheid, wie im angenommenen Fall, nicht von Amts wegen, sondern im Parteibetrieb zugestellt wurde, der Tag der Zustellung, mit dem die Einspruchsfrist beginnt, sich also nicht aus der Gerichtsakte ergibt.

6. Die Anspruchsbegründung muß auch in diesem Fall einer Klageschrift entsprechen. Wenn der Beklagte im Termin nicht erscheint, kann ein zweites Versäumnisurteil nur ergehen, wenn der Anspruch mit der Anspruchsbegründung schlüssig vorgetragen und diese dem Beklagten rechtzeitig zugestellt wurde (§ 700 Abs. 6 ZPO).

Weiteres Verfahren: Nach Eingang der Anspruchsbegründung prüft das Gericht zunächst, ob der Einspruch form- und fristgerecht eingelegt wurde; andernfalls kann es ihn durch Beschluß als unzulässig verwerfen (§ 700 Abs. 1, 4, § 341 ZPO; vgl. Form. I. B. 9). Ist der Einspruch zulässig, bestimmt das Gericht nach § 700 Abs. 4 ZPO einen frühen ersten Termin (§ 275 ZPO) oder ordnet das schriftliche Vorverfahren an (§ 276 ZPO). Im letzteren Fall kann weder ein (zweites) Versäumnisurteil nach § 331 Abs. 3 ZPO noch ein Anerkenntnisurteil nach § 307 Abs. 2 ZPO ergehen.

Fristen und Rechtsmittel

Geht die Anspruchsbegründung nicht innerhalb der gesetzten Frist ein, hat das Gericht unverzüglich Termin zu bestimmen. Gleichzeitig setzt es dem Antragsteller noch einmal eine Frist zur Anspruchsbegründung; diese Frist sollte unbedingt eingehalten werden, es droht sonst eine Zurückweisung des Vorbringens nach § 296 Abs. 1 ZPO (§ 700 Abs. 5 iVm. § 697 Abs. 3 Satz 2 ZPO).

Die Abgabe ist unanfechtbar (§ 700 Abs. 3, § 696 Abs. 1 Satz 3 ZPO).

9. Antrag auf Verwerfung des Einspruchs gegen Vollstreckungsbescheid[1]

An das
Landgericht Hamburg

In Sachen

......

wird beantragt,[2]

    den Einspruch gegen den Vollstreckungsbescheid ohne mündliche Verhandlung durch Beschluß als unzulässig zu verwerfen und dem Beklagten die Kosten des Einspruchs aufzuerlegen.

Begründung[3]

Der Vollstreckungsbescheid vom ...... wurde dem Beklagten am 1. 2. 19.. zugestellt, wie sich aus der anliegenden beglaubigten Abschrift der Zustellungsurkunde ergibt. Der Einspruch des Beklagten datiert vom 16. 2. 19.. und ist erst am 18. 2. 19.. bei Gericht eingegangen; er ist damit verspätet.

Anmerkungen

1. Ziel des Schriftsatzes ist es, eine Verwerfung des Einspruchs durch Beschluß ohne mündliche Verhandlung zu erreichen (§ 700 Abs. 4, § 341 Abs. 2 ZPO). Der Antrag empfiehlt sich insbesondere, wenn der Kläger den Vollstreckungsbescheid selbst zugestellt hat. In diesem Fall kennt das Gericht das Zustellungsdatum nicht, kann also der Akte nicht entnehmen, daß der Einspruch verspätet ist und die Voraussetzungen für einen Beschluß nach § 341 Abs. 2 ZPO gegeben sind.

Hat das Gericht bereits Termin bestimmt, kann gleichzeitig beantragt werden, den Termin aufzuheben, damit durch Beschluß entschieden werden kann. In jedem Fall hat das Gericht dem Beklagten Gelegenheit zur Stellungnahme zu geben.

2. Die Fassung des Antrags ergibt sich aus § 341 Abs. 2 Satz 1 ZPO. Entscheidet das Gericht nach mündlicher Verhandlung durch Urteil, ist der gleiche Antrag zu stellen.

3. Der Kläger hat nur darzulegen, daß der Einspruch verspätet ist. Die Einspruchsfrist beträgt zwei Wochen und beginnt mit der Zustellung des Vollstreckungsbescheids (§ 700 Abs. 1 iVm. § 339 Abs. 1 ZPO). Entscheidend ist also das Zustellungsdatum, welches sich im Falle der Parteizustellung aus der Urkunde des Gerichtsvollziehers ergibt.

Kosten und Gebühren

Rechtsanwaltsgebühren: vgl. § 38 BRAGO.

Fristen und Rechtsmittel

Der Beschluß unterliegt der sofortigen Beschwerde, falls gegen ein Urteil gleichen Inhalts die Berufung stattfinden würde (§ 341 Abs. 2 Satz 2 ZPO), sofern also die Berufungssumme erreicht ist. Nach anderer Ansicht ist die sofortige Beschwerde darüber hinaus statthaft, wenn dem Beklagten kein rechtliches Gehör gewährt wurde (vgl. *Zöller/Stephan* § 341 Rdn. 13 mwN.).

C. Prozeßkostenhilfe

1. Antrag des Klägers auf Bewilligung von Prozeßkostenhilfe[1, 2] und Beiordnung eines Rechtsanwalts[3]

An das
Landgericht[4]

Antrag auf Prozeßkostenhilfe[5] und Klageentwurf[6]

In der Sache
......

beantrage ich namens und in Vollmacht des Antragstellers[7],
1. dem Antragsteller für die erste Instanz Prozeßkostenhilfe zu bewilligen[8],
2. dem Antragsteller zur vorläufig unentgeltlichen Wahrnehmung seiner Rechte den Unterzeichnenden als Rechtsanwalt beizuordnen[9].

Begründung:[10, 11]

1. Der Antragsteller ist nach seinen persönlichen und wirtschaftlichen Verhältnissen außerstande, die Kosten des beabsichtigten Rechtsstreits aufzubringen. Einzusetzendes Einkommen im Sinne von § 115 Abs. 1 ZPO ist nicht vorhanden, so daß er nicht durch monatliche Raten zu den Kosten beitragen kann. Auch eigenes Vermögen steht ihm nicht zur Verfügung. Dies ergibt die anliegende

    Erklärung des Antragstellers über seine persönlichen und wirtschaftlichen Verhältnisse vom ...... (Datum) (Anlage 1).

    Die erforderlichen Belege sind der Erklärung beigefügt.

2. Die beabsichtigte Klage hat hinreichende Aussicht auf Erfolg und ist auch nicht mutwillig. Hierzu wird auf den anliegenden

    Klageentwurf (Anlage 2)

verwiesen.

Sofern das Gericht weitere Darlegungen oder Beweisantritte für erforderlich hält, wird um eine Auflage gebeten.

Schrifttum: Schoreit/Dehn, Kommentar zum Beratungshilfe- und Prozeßkostenhilfegesetz, 1987; *Kalthoener/Büttner,* Prozeßkostenhilfe und Beratungshilfe, 1988; *Engels,* Prozeßkostenhilfe, 1990; *Burgard,* Berücksichtigung des Vermögens beim Antrag auf Prozeßkostenhilfe, NJW 1990, 3240; *Christl,* Rückwirkende Bewilligung von Prozeßkostenhilfe, MDR 1983, 537 u. 624; *Kummer,* Rückwirkung der Bewilligung von Prozeßkostenhilfe, Büro 1985, 161; *Schneider,* Beweisantizipation bei der Erfolgsprüfung im PKH-Verfahren, MDR 1987, 20; *Herget,* Die Vergütung des beigeordneten PKH-Anwalts, MDR 1985, 617; *Leser,* Prozeßkostenhilfe im arbeitsgerichtlichen Verfahren, NJW 1981, 791; *Wax,* Die Rechtsprechung zur Prozeßkostenhilfe im Bereich des Familienrechts, FamRZ 1985, 10; *Vogel,* Prozeßkostenhilfe im familiengerichtlichen Verfahren, 1984; *Wielgoß,* Prozeßkostenhilfe für das Mahnverfahren, NJW 1991, 2070; *Bobenhausen,* Prozeßkostenhilfe für die Zwangsvollstreckung, Rpfleger 1984, 394; *Behn,* Prozeßkostenhilfe und Nebenklage, MDR 1984, 106; *ders.*, Ratenprozeßkostenhilfe in mehreren Instanzen, RPfleger 1983, 337; *Pentz*, Keine Bewilligung von Prozeßkostenhilfe nach Erledigung der Hauptsache, NJW 1985, 1820; *Sieg*, Zum Rechtsschutz auf Staatskosten, NJW 1992, 2992; *Rönnebeck*, Streitgenossen – Prozeßkostenhilfe zum Billigtarif, NJW 1994, 2273; *Steinert*, Kostenschätzung im Prozeßkostenhilfeverfahren, NJW 1995, 642.

Anmerkungen

Gesetzesänderung: Mit dem Prozeßkostenhilfeänderungsgesetz vom 10. 10. 1994 (BGBl. I 1954) und der Prozeßkostenhilfevordruckverordnung vom 17. 10. 1994 (BGBl. I 3001) sind die Vorschriften zur Ermittlung des maßgeblichen Einkommens erheblich verändert worden. Das neue Recht gilt für Bewilligungen ab 1. 1. 1995. Ist bereits vor diesem Tag Prozeßkostenhilfe bewilligt worden, gilt auch für die Folgeentscheidungen im jeweiligen Rechtszug das alte Recht fort. Die Änderungen betreffen vor allem § 115 ZPO: Die bisher als Anlage 1 zu § 114 ZPO beigefügte Tabelle ist aufgehoben; eine vereinfachte Tabelle ist in § 115 Abs. 1 ZPO eingearbeitet worden. Darin sind die Einkommensgrenzen den verteuerten Lebensverhältnissen angepaßt worden, für die künftige Anpassung ist eine jährliche Fortschreibung vorgesehen. Wichtig für den Antragsteller ist außerdem, daß er seine Erklärung über die persönlichen und wirtschaftlichen Verhältnisse seit dem 1. 1. 1995 mit dem neuen Vordruck abzugeben hat.

Vorbemerkung: Das Beispiel betrifft Prozeßkostenhilfe für eine zivilgerichtliche Klage. Prozeßkostenhilfe kann darüber hinaus für fast jedes Verfahren vor jedem Gericht bewilligt werden, sowohl für den Antragsteller als auch für den Antragsgegner. Das gilt für das selbständige Beweisverfahren nach §§ 485ff. ZPO (vgl. *Zöller/Herget* § 490 Rdn. 5), für die Zwangsvollstreckung, für Arrest und einstweilige Verfügung. Im Strafverfahren kann gem. § 379 Abs. 3 StPO der Privatkläger (zur Frage der Beiordnung eines Anwalts hierfür BVerfG NJW 1983, 1599) und gem. § 385 Abs. 1 StPO auch der Nebenkläger (vgl. OLG Frankfurt NJW 1986, 2587) Prozeßkostenhilfe erhalten. Für das Schiedsgerichtsverfahren ist Prozeßkostenhilfe ausgeschlossen (OLG Stuttgart BauR 1983, 486), ist jedoch der Kläger außerstande, die erforderlichen Vorschüsse einzuzahlen, kann er die staatlichen Gerichte anrufen und dort Prozeßkostenhilfe beantragen (vgl. *Sieg* NJW 1992, 2992). Umstritten ist die Frage, ob bereits für das – oft langwierige und aufwendige – Bewilligungsverfahren Prozeßkostenhilfe gewährt werden kann (vgl. *Thomas/Putzo* § 114 Rdn. 1). Das wird überwiegend verneint (vgl. *Pentz* NJW 1982, 1269; OLG Hamm NJW 1983, 2335; BGH NJW 1984, 2106); wenn aber der Rechtsstreit im Bewilligungsverfahren durch Vergleich erledigt werden soll oder gem. § 118 Abs. 2 ZPO Zeugen oder Sachverständige vernommen werden, kann hierfür Prozeßkostenhilfe und auch die Beiordnung eines Anwalts bewilligt werden (vgl. OLG Köln MDR 1983, 323; OLG München MDR 1987, 239; OLG Koblenz JurBüro 1991, 1645; offen gelassen von BGH aaO).

In folgenden Fällen kommt Prozeßkostenhilfe nicht in Betracht:
a) wenn eine Rechtsschutzversicherung besteht (BGH MDR 1982, 126), auch nicht, wenn der Versicherer die Deckung wegen fehlender Erfolgsaussicht verweigert (vgl. BGH NJW-RR 1987, 1343); bei Bewilligung für ein Rechtsmittel entfällt die Bedürftigkeit erst mit der Deckungszusage (BGH NJW 1991, 109),
b) wenn, zB. im Arbeitsgerichtsprozeß, gewerkschaftlicher Rechtsschutz besteht (LAG Hamm NJW 1988, 1358),
c) wenn der Antragsteller einen durchsetzbaren Unterhaltsanspruch auf einen Prozeßkostenvorschuß besitzt (vgl. OLG Frankfurt NJW 1981, 2129 mwN.), anders bei einer Klage auf Anfechtung der Ehelichkeit (OLG Frankfurt MDR 1983, 760); zwischen geschiedenen Eheleuten besteht kein Anspruch auf Prozeßkostenvorschuß (BGH NJW 1984, 291), hingegen soll er gegenüber einem Lebensgefährten bestehen können (OLG Koblenz NJW-RR 1992, 1348); die Vorschußpflicht entfällt, wenn der Ehegatte selbst

1. Antrag des Klägers auf Bewilligung von Prozeßkostenhilfe   I. C. 1

Prozeßkostenhilfe beanspruchen könnte, sei es auch unter Ratenzahlung (BSG MDR 1994, 512; OLG Oldenburg MDR 1994, 618).
d) wenn die Prozeßkosten das einsetzbare Vermögen und/oder 4 Monatsraten nicht übersteigen, § 115 Abs. 2, 6 ZPO.

Einer juristischen Person kann Prozeßkostenhilfe nur unter erheblich eingeschränkten Voraussetzungen gewährt werden, § 116 Nr. 2 ZPO (vgl. BGH NJW 1986, 2058; OLG München JurBüro 1986, 127; BGH NJW 1991, 702); im Konkurs der juristischen Person gelten die erleichterten Voraussetzungen des § 116 Nr. 1 ZPO (BGH NJW 1993, 135; 1994, 3170).

1. Für den Kläger ist es zweckmäßig, den Antrag auf Prozeßkostenhilfe mit der Klageschrift zu verbinden; hierbei ist – was in der Praxis oft nicht beachtet wird und zu Rückfragen führt – deutlich zu machen, ob die Klage nur für den Fall der Bewilligung der Prozeßkostenhilfe oder unabhängig davon erhoben sein soll (vgl. *Thomas/Putzo* § 117 Rdn. 2–4; BGH VersR 1978, 181). Die erste Möglichkeit hat den Vorteil, daß der Kläger die Rechtsauffassung des Gerichts „testen" und sich die Erhebung der Klage noch überlegen kann, wenn das Gericht die Erfolgsaussicht verneint; hierdurch wird unnötiger Kostenaufwand vermieden und eine Verzögerung des Bewilligungsverfahrens bis zur Entscheidungsreife des Rechtsstreits (abschreckendes Beispiel zB. OLG Oldenburg NJW-RR 1991, 189) ausgeschlossen. Zu beachten ist aber, daß mit der Einreichung nur des Gesuches nicht die fristwahrende Wirkung des § 270 Abs. 3 ZPO eintritt. Auch führt die Zustellung des Gesuchs nicht zur Rechtshängigkeit, was wiederum für die Wahrung von Fristen, die Unterbrechung der Verjährung, Prozeßzinsen und den Abänderungszeitpunkt bei Klagen nach § 323 ZPO von Bedeutung ist. Allerdings wird die Verjährungsfrist durch die Einreichung des vollständigen Gesuches, auch erst am letzten Tag der Frist, gehemmt (BGH NJW 1978, 938; vgl. *Palandt/Heinrichs* § 203 Rdn. 9); das gilt allerdings nur, wenn das Prozeßkostenhilfeverfahren vom Antragsteller auch gefördert wird (vgl. BGH NJW 1987, 3120; NJW-RR 1991, 573). Bei Abänderungsklagen dürfte sich meist sofortige Klageerhebung empfehlen, da der Antrag auf Prozeßkostenhilfe nicht der Erhebung der Klage iSd. § 323 Abs. 3 ZPO gleichsteht (str., vgl. *Thomas/Putzo* § 323 Rdn. 31 mwN.; OLG Nürnberg NJW 1987, 265). Prozeßkostenhilfe kann noch nach Klageerhebung bis zum Abschluß der jeweiligen Instanz beantragt werden, ihre Bewilligung ist jedoch rückwirkend nur bis zur Antragstellung möglich (vgl. BGH NJW 1982, 446 u. 1985, 921; *Christl* MDR 1983, 537 u. 624). Eine Rückwirkung auf diesen Zeitpunkt setzt aber voraus, daß die erforderlichen Unterlagen beigelegen haben (OLG Düsseldorf NJW 1991, 1186).

2. Die Bewilligung der Prozeßkostenhilfe befreit den Kläger einstweilen von der Zahlung der Gerichtskosten und der Anwaltsgebühren (§ 122 ZPO). Er kann also eine Klage erheben, ohne einen Gerichtskostenvorschuß gem. § 65 GKG zu leisten; sein Rechtsanwalt hat keinen Gebührenanspruch gegen ihn, sondern gegen die Staatskasse (§§ 121 ff. BRAGO). Die Partei ist außerdem von Vorschüssen für Zeugen, Sachverständigen etc. befreit. Die Prozeßkostenhilfe erfaßt auch notwendige Reisekosten der Partei (vgl. OLG Stuttgart MDR 1985, 852), die Vergleichsgebühr für einen außergerichtlichen Vergleich (BGH NJW 1988, 494) und die Kosten eines Verkehrsanwaltes, wenn dieser nach § 121 Abs. 3 ZPO beigeordnet wurde. Jedoch bleibt der Partei ein nicht unerhebliches Risiko: sie muß, wenn sie unterliegt, dem Gegner dessen Kosten erstatten (§ 123 ZPO).

Ob die Partei im Bewilligungsbeschluß verpflichtet wird, monatliche Zahlungen zu den Prozeßkosten zu leisten, ergibt sich aus § 115 Abs. 1 ZPO. Hierzu wird das einzusetzende Einkommen der Partei ermittelt, indem von ihren Einkünften die sich aus § 115 Abs. 1 S. 2 Nr. 1–4 ZPO ergebenden Beträge abgesetzt werden; die Höhe der nach Nr. 2 maßgebenden Beträge wird jährlich bekanntgemacht. Der verbleibende Differenzbetrag ist das einzusetzende Einkommen, aus dem sich bei Anwendung der nachstehenden Tabelle die Höhe der Monatsraten ergibt; die Zahl der Raten ist, unabhängig von der Zahl der Rechtszüge, auf 48 begrenzt.

Tabelle nach § 115 Abs. 1 S. 3 ZPO

einzusetzenden Einkommen (Deutsche Mark)	eine Monatsrate von (Deutsche Mark)
bis 30	0
100	30
200	60
300	90
400	120
500	150
600	190
700	230
800	270
900	310
1 000	350
1 100	400
1 200	450
1 300	500
1 400	550
1 500	600
über 1 500	600 zuzüglich des 1 500 übersteigenden Teils des einzusetzenden Einkommens

Daneben hat die Partei ihr Vermögen zur Prozeßführung einsetzen, soweit dies zumutbar ist (§ 115 Abs. 2 ZPO). Die Höhe der Raten und des Vermögensbeitrages setzt das Gericht mit der Bewilligung fest (§ 120 Abs. 1 ZPO). Mit dem Tod der Partei erlischt die Prozeßkostenhilfe (OLG Frankfurt NJW 1985, 751).

3. Im Anwaltsprozeß ist der bedürftigen Partei, wenn ihr Prozeßkostenhilfe bewilligt wird, ein Rechtsanwalt beizuordnen (§ 121 Abs. 1 ZPO). Üblicherweise wird bereits das Gesuch um Prozeßkostenhilfe von einem Rechtsanwalt eingereicht, der hiermit zugleich seine Beiordnung beantragt. Im Amtsgerichtsprozeß gilt § 121 Abs. 2 ZPO: das Gericht muß auf Antrag beiordnen, wenn die Gegenseite anwaltlich vertreten ist oder wenn es dem Gericht zur Wahrnehmung der Rechte sonst erforderlich scheint.

4. Das Gesuch ist beim Prozeßgericht zu stellen; wenn es mit einer Klage verbunden ist, also bei dem Gericht, das für den Rechtsstreit örtlich und sachlich zuständig wäre (§ 117 Abs. 1 ZPO). Der Antrag kann auch vor der Geschäftsstelle eines jeden Amtsgerichts zu Protokoll abgegeben werden (§ 129a ZPO); das Amtsgericht leitet ihn an das zuständige Gericht weiter.

5. Zur Form des Gesuchs vgl. § 117 ZPO. Es handelt sich um einen bestimmenden Schriftsatz, der unterschrieben sein muß (BGH NJW 1994, 2097). Der Antrag kann auch per Telefax übermittelt werden, dann muß aber die Kopiervorlage unterzeichnet sein und auch die Unterschrift auf dem Fax wiedergegeben werden (BGH aaO.).

6. Will der Kläger nicht zugleich mit dem Antrag Klage erheben, kann er das zB. dadurch kennzeichnen, daß er – wie hier – die Klageschrift nur als Klageentwurf bezeichnet, daß er die Klageschrift nicht unterschreibt (wohl aber den Antrag), daß er Prozeßko-

1. Antrag des Klägers auf Bewilligung von Prozeßkostenhilfe I. C. 1

stenhilfe ausdrücklich für eine beabsichtigte Klage beantragt oder daß er erklärt, die Klage nur so weit zu erheben, wie Prozeßkostenhilfe bewilligt wird (vgl. *Thomas/Putzo* § 117 Rdn. 3).

7. Für das Bewilligungsverfahren besteht auch beim Landgericht kein Anwaltszwang, so daß die Partei den Antrag selbst stellen kann.

8. Die Bewilligung erfolgt jeweils für eine Instanz ausschließlich der Zwangsvollstreckung (§ 119 ZPO). Eine rückwirkende Bewilligung ist, auch noch nach Beendigung des Rechtsstreits, möglich, jedoch nur bis zu dem Zeitpunkt, in dem ein formgerechter Antrag vorlag (BGH NJW 1982, 446; NJW 1985, 921; OLG Frankfurt NJW-RR 1995, 703; aA. OLG Oldenburg NJW-RR 1991, 189). Für die Zwangsvollstreckung muß die Prozeßkostenhilfe evtl. gesondert beantragt werden, zuständig ist das Vollstreckungsgericht (BGH NJW 1979, 1048; vgl. *Zöller/Philippi* § 119 Rdn. 33).

9. Wird der Antragsteller noch nicht anwaltlich vertreten, sollte er hier den Rechtsanwalt seiner Wahl bezeichnen; das Gericht muß diesen beiordnen (§ 121 ZPO). Zu bezeichnen ist nicht die Anwaltssozietät, sondern der einzelne Sozius (OLG Karlsruhe MDR 1992, 1138). Nennt der Antragsteller keinen Rechtsanwalt, wählt das Gericht einen aus. Wohnt die Partei nicht am Ort des Prozeßgerichts, kann ihr unter den Voraussetzungen des § 121 Abs. 3 ZPO zusätzlich ein Verkehrsanwalt beigeordnet werden (vgl. OLG München MDR 1983, 675); das gilt insbesondere in Familiensachen (zB. OLG Hamm FamRZ 1986, 374). Zum Antrag auf Beiordnung „zu den Bedingungen eines beim Prozeßgericht zugelassenen Anwalts" vgl. *Zöller/Philippi* § 121 Rdn. 8.

10. Der Antragsteller hat hier durch Beifügung einer Erklärung über seine persönlichen und wirtschaftlichen Verhältnisse seine Bedürftigkeit darzulegen. Die Benutzung des durch VO v. 17. 10. 1994 (BGBl. I, 3001) eingeführten Vordrucks ist zwingend (§ 117 Abs. 4 ZPO). Dem Vordruck sind allgemeine Hinweise für die Erklärung sowie spezielle Ausfüllhinweise zu den einzelnen Rubriken beigefügt. Dort finden sich auch Angaben über die Art der einzureichenden Belege. Die Belege sind unbedingt einzureichen, da sonst die sofortige Zurückweisung des Antrags droht (vgl. OLG Oldenburg NJW 1981, 1793; weniger streng BGH VersR 1981, 59). Die Erklärung bedarf der Unterschrift; ihr Fehlen kann nach der Rechtsprechung des BGH (NJW 1986, 62) unschädlich sein. Auch sonst bleibt das unvollständige Ausfüllen des Vordrucks folgenlos, wenn die Lücken durch übersichtliche Belege geschlossen werden können (BGH aaO.). Die Instanzgerichte entscheiden zT. strenger (vgl. OLG Nürnberg NJW 1985, 1563). Ein Steuerbescheid für ein zurückliegendes Jahr, auch wenn es der letzte ist, reicht nicht immer aus (BGH NJW-RR 1991, 637).

In drei Fällen ist der Vordruck ungeeignet, seine Benutzung daher nicht vorgeschrieben (§ 1 VO v. 17. 10. 1994):
1. für Anträge juristischer Personen iSd. § 116 ZPO,
2. für Unterhaltsprozesse eines minderjährigen unverheirateten Kindes,
3. für Vaterschaftsfeststellungsklagen eines unverheirateten nichtehelichen Kindes.

Ein Kind nach Nr. 2 u. 3 hat im Wege einer vereinfachten Erklärung nur darüber Angaben zu machen, wie es seinen Lebensunterhalt bestreitet, welche Einnahmen es im Monat durchschnittlich hat und daß es über Vermögen im Sinne des § 115 Abs. 2 ZPO nicht verfügt; es hat darüberhinaus, soweit es selbst oder sein gesetzlicher Vertreter davon Kenntnis hat, anzugeben, welche Einnahmen die ihm unterhaltspflichtigen Personen haben und über welches Vermögen diese verfügen (§ 2 VO v. 17. 10. 1994). Das Gericht kann die Benutzung des Vordrucks durch das Kind anordnen (§ 1 Abs. 3 VO).

Zur Berechnung des einzusetzenden Einkommens verweist § 115 Abs. 1 S. 3 Nr. 1 ZPO auf § 76 Abs. 2 u. 2a BSHG (abgedruckt bei *Zöller/Philippi* § 115 Rdn. 20, 25). Die nach Nr. 2 S. 1 abzuziehenden Beträge sind bis zum 30. 6. 1995 auf DM 639,– für die Partei und ihren Ehegatten und für jeden weiteren Unterhaltsberechtigten auf DM 450,– festgesetzt (BGBl. 1994 I, 2956). Wieweit der Antragsteller eigenes Vermögen für die Prozeßführung einzusetzen hat, bestimmt sich nach § 88 BSHG (abgedruckt bei *Zöller/Philippi*

§ 115 Rdn. 48). Diese Vorschriften sind in den Ausfüllhinweisen zum Vordruck berücksichtigt. Auf Verlangen des Gerichts hat der Antragsteller die Angaben zu seinen wirtschaftlichen Verhältnissen glaubhaft zu machen (§ 118 Abs. 2 ZPO). Macht der Kläger ein fremdes Recht geltend, kommt es idR., aber nicht immer, auf die wirtschaftlichen Verhältnisse des Rechtsinhabers an (vgl. BGH NJW 1990, 1053; OLG Celle NJW 1987, 783).

Die Erklärung wird einschließlich aller Belege in ein besonderes Beiheft, nicht in die Prozeßakte selbst genommen. Sie dürfen dem Gegner nur mit Zustimmung der Partei zugänglich gemacht werden, wie § 117 Abs. 2 S. 2 ZPO jetzt ausdrücklich vorschreibt. Die gleiche Regelung gilt auch für die Teile der Beschlußgründe, die sich mit den persönlichen und wirtschaftlichen Verhältnissen befassen (§ 127 Abs. 1 S. 3 ZPO).

11. In dem Antrag ist das Streitverhältnis unter Angabe der Beweismittel darzustellen. Das geschieht am besten in Form einer Klageschrift (vgl. Form. I. D. 1), und auch inhaltlich nicht nur summarisch, denn nach Ablehnung der Prozeßkostenhilfe hat eine nachgebesserte Klage auf eigene Kosten kaum je Erfolg. Der Antragsteller sollte auch vortragen, daß der Beklagte durch sein Verhalten Anlaß zur Klageerhebung gegeben hat, da die Rechtsverfolgung sonst als mutwillig iSd. § 114 ZPO erscheinen kann. Die Erfolgsaussicht ist im Laufe des Verfahrens auf Verlangen des Gerichts glaubhaft zu machen (§ 118 Abs. 2 ZPO). Die Vernehmung von Zeugen und Sachverständigen ist idR. ausgeschlossen. Eine vorweggenommene Beweiswürdigung von Zeugenaussagen durch das Gericht ist grundsätzlich unzulässig (BGH NJW 1988, 267), aber in der Praxis nicht selten (zB. OLG Köln MDR 1987, 62; OLG Koblenz NJW-RR 1992, 706, 707). Nach der Rechtsprechung des BVerfG (NJW 1991, 413) darf die Prüfung der Erfolgsaussicht nicht dazu führen, den eigentlichen Prozeß in das Bewilligungsverfahren vorzuverlagern; schwirige und ungeklärte Rechtsfragen sollen nicht im PKH-Verfahren durchentschieden werden. Das Gericht kann die Parteien zur mündlichen Erörterung laden, nach dem Gesetz allerdings nur, wenn eine Einigung zu erwarten ist (§ 118 Abs. 1 S. 3 ZPO). Vor der Bewilligung erhält der Gegner rechtliches Gehör (§ 118 Abs. 1 S. 1 ZPO). Falls die Anhörung des Gegners zB. wegen besonderer Eilbedürftigkeit der Sache untunlich ist, sollte der Antragsteller darauf hinweisen.

Kosten und Gebühren

Das Bewilligungsverfahren ist gerichtsgebührenfrei; bei Ablehnung der Prozeßkostenhilfe haftet der Antragsteller für entstandene Auslagen nach § 49 GKG.

Die Rechtsanwaltsgebühren des § 31 Abs. 1 BRAGO entstehen im Bewilligungsverfahren jeweils zu $5/10$ (§ 51 BRAGO); sie sind auf die im späteren Prozeß entstehenden Gebühren anzurechnen (§ 37 Nr. 3 iVm. § 13 Abs. 2 BRAGO). Kommt es zu einem Vergleich, erhält der Rechtsanwalt eine volle Gebühr nach § 23 BRAGO. Die Höhe der Gebühren des beigeordneten Rechtsanwalts ergibt sich aus § 123 BRAGO; die Höchstgebühr beträgt danach, auch bei Streitwerten über DM 50.000,–, DM 765,–. Zweifelhaft ist, ob der Rechtsanwalt, der schon vor seiner Beiordnung beauftragt war, von seinem Mandanten die Differenz zwischen den bereits entstandenen gewöhnlichen Gebühren – idR. geht es um die Prozeßgebühr – und den Gebühren nach § 123 BRAGO verlangen kann (verneinend KG Rpfleger 1984, 246 mwN.; im Ergebnis auch OLG Hamburg MDR 1985, 416). Der Rechtsanwalt kann nach § 127 BRAGO einen Vorschuß aus der Staatskasse verlangen.

Kostenerstattung: Im Bewilligungsverfahren entstandene Rechtsanwaltsgebühren des Gegners hat der Antragsteller, auch wenn die Prozeßkostenhilfe abgelehnt wird, nicht zu erstatten (§ 118 Abs. 1 S. 4 ZPO); dies gilt auch nach Bewilligung der Prozeßkostenhilfe und Unterliegen im Prozeß (str., vgl. OLG Köln NJW 1975, 1286; *Thomas/Putzo* § 118 Rdn. 12). Im übrigen ist hinsichtlich der Kostenerstattung aus der Sicht der obsiegenden und auch der unterliegenden Partei manches unklar (vgl. *Zöller/Philippi* § 118 Rdn. 27, 28).

Fristen und Rechtsmittel

Zur Unterbrechung und Hemmung von Verjährungsfristen vgl. Anm. 1. Das Prozeßkostenhilfegesuch kann auch die Klagefrist nach § 12 Abs. 3 VVG wahren, wenn die Zustellung der Klage demnächst erfolgt (BGH NJW 1987, 255).

Gegen die Bewilligung der Prozeßkostenhilfe hat der Gegner kein Rechtsmittel (§ 127 Abs. 2 S. 1 ZPO); er kann lediglich Gegenvorstellungen erheben oder unter den Voraussetzungen des § 124 ZPO eine Aufhebung der Bewilligung beantragen.

Dem Antragsteller steht, wenn die Bewilligung versagt wird, die einfache Beschwerde zu (vgl. Form. I. C. 8). Das gilt auch, wenn er mit der Festsetzung der Raten nicht einverstanden ist, die Beiordnung seines Anwalts abgelehnt wurde etc. Die Staatskasse hat ein eingeschränktes Beschwerderecht nach § 127 Abs. 3 ZPO.

2. Antrag des Beklagten auf Bewilligung von Prozeßkostenhilfe[1] und Beiordnung eines Rechtsanwalts[2]

An das
Landgericht
Klageerwiderung und Antrag auf Prozeßkostenhilfe[3]

In der Sache
......

zeige ich an, daß ich den Antragsgegner vertrete. Ich werde beantragen[4],
    1. die Klage abzuweisen,
    2. ......

Außerdem wird beantragt,[5]
    dem Beklagten Prozeßkostenhilfe für die Rechtsverteidigung zu gewähren und ihm den Unterzeichnenden als Rechtsanwalt beizuordnen.

Begründung:[6]

1. Dem Kläger steht der geltend gemachte Anspruch nicht zu. ...... (ist auszuführen).
2. Zur Bewilligung der Prozeßkostenhilfe reicht der Beklagte in der Anlage die
    Erklärung über seine persönlichen und wirtschaftlichen Verhältnisse
sowie die erforderlichen Belege ein

Die Erfolgsaussicht seiner Rechtsverteidigung ergibt sich aus den Ausführungen zu 1. Sofern das Gericht weitere Darlegungen oder Beweisantritte für erforderlich hält, wird um eine Auflage gebeten.

Anmerkungen

1. Dem Beklagten kann in gleicher Weise wie dem Kläger Prozeßkostenhilfe gewährt werden, die Anmerkungen zum vorangehenden Formular gelten entsprechend. Das Verfahren unterscheidet sich in der Praxis dadurch, daß von einer genaueren Prüfung der Erfolgsaussicht idR. abgesehen wird, um dem Kläger keine längere Verzögerung zuzumuten; dem Beklagten wird Prozeßkostenhilfe aber versagt, wenn keinerlei Erfolgsaussicht besteht (vgl. OLG Frankfurt MDR 1987, 61; *Baumbach/Lauterbach/Albers/Hartmann* § 114 Rdn. 85).

2. Die Beiordnung eines Rechtsanwalts ist im landgerichtlichen Verfahren zwingend, sollte aber auch im Amtsgerichtsprozeß vor allem beantragt werden, wenn der Kläger durch einen Rechtsanwalt vertreten wird (vgl. § 121 Abs. 2 ZPO).

3. Klageerwiderung und Antrag auf Prozeßkostenhilfe werden idR. so miteinander verbunden, daß der Beklagte bereits jetzt auf die Klage erwidert und hierfür Prozeßkostenhilfe beantragt. Etwas anderes gilt, wenn der Beklagte im Anwaltsprozeß noch nicht anwaltlich vertreten ist und daher nur das Gesuch einreichen, nicht auf die Klage wirksam erwidern kann.

4. Zu den Anträgen des Beklagten vgl. Form. I. E. 1, 2.

5. Vgl. Anm. 8, 9 zum vorangehenden Formular.

6. Der Beklagte legt die Erfolgsaussicht, auch wenn er noch nicht formell auf die Klage erwidert, am besten in einer §§ 130, 277 ZPO entsprechenden Weise dar (vgl. Form. I. E. 4). Zur Erklärung über seine persönlichen und wirtschaftlichen Verhältnisse vgl. Form. I. C. 1 Anm. 10.

Kosten und Gebühren

Vgl. die Hinweise zu Form. I. C. 1.

3. Antrag des Berufungsklägers auf Prozeßkostenhilfe und Beiordnung eines Rechtsanwalts[1]

An das
Oberlandesgericht[2]

Antrag auf Prozeßkostenhilfe[3]

In der Sache
......

ist der Beklagte durch Urteil des Landgerichts ...... vom ......, Geschäfts-Nr. ......, zugestellt am ......, zur Zahlung von DM ...... verurteilt worden, wie sich aus der beigefügten beglaubigten Abschrift des Urteils ergibt[4]. Der Beklagte beabsichtigt, gegen dieses Urteil Berufung einzulegen, sieht sich jedoch nicht in der Lage, die Kosten für das Rechtsmittelverfahren aus eigenen Mitteln aufzubringen. Aus diesem Grund wird beantragt,

dem Beklagten Prozeßkostenhilfe für den zweiten Rechtszug zu bewilligen und ihm den Unterzeichnenden als Prozeßbevollmächtigten beizuordnen[5].

Der Beklagte reicht außerdem eine Erklärung über seine persönlichen und wirtschaftlichen Verhältnisse vom ...... mit den erforderlichen Belegen ein. Eine entsprechende Erklärung hat der Beklagte bereits in erster Instanz vorgelegt; seine persönlichen und wirtschaftlichen Verhältnisse sind unverändert[6].

Die hinreichende Erfolgsaussicht ergibt sich aus dem anliegenden Entwurf der Berufungsbegründung[7].

Der Beklagte beabsichtigt, nach Entscheidung des Senats über die Prozeßkostenhilfe einen Antrag auf Wiedereinsetzung zu stellen[8].

Anmerkungen

1. Prozeßkostenhilfe wird nur für eine Instanz bewilligt; sie muß für das Rechtsmittelverfahren – ohne Rücksicht auf den Prozeßausgang – erneut beantragt werden (§ 119 ZPO). Der Rechtsmittelkläger hat, ähnlich wie im Falle der Klageerhebung, die Möglichkeit, das Rechtsmittel einzulegen und hierfür zugleich Prozeßkostenhilfe zu beantragen (vgl. BGH NJW-RR 1987, 376) oder (so das Beispiel) zunächst nur den Antrag auf Prozeßkostenhilfe für ein beabsichtigtes Rechtsmittel zu stellen. Dies bietet den Vorteil, die Rechtsauffassung des Rechtsmittelgerichts zu erfahren, ohne das volle Kostenrisiko zu tragen. Auch kann der Antrag noch durch den erstinstanzlichen Rechtsanwalt gestellt werden, während die Berufung, wenn sie mit dem Antrag verbunden wird, durch einen beim Berufungsgericht zugelassenen Rechtsanwalt eingelegt werden muß (vgl. BGH VersR 1981, 577). Zudem wird die Berufungsbegründungsfrist nicht in Lauf gesetzt (§ 519 Abs. 2 ZPO), die Partei also nicht gezwungen, vor Entscheidung über den PKH-Antrag die Berufung zu begründen (vgl. BGH NJW 1989, 1155). Daß das Gericht über den Antrag auf Prozeßkostenhilfe oft erst nach Ablauf der Berufungsfrist (§ 516 ZPO: 1 Monat) entscheiden wird, bedeutet kein Risiko, denn wenn eine Partei aus finanziellen Gründen die Berufung nicht durchführen kann und deshalb die Berufungsfrist versäumt, hat sie einen Anspruch auf Wiedereinsetzung (vgl. Form. I. F. 2). Allerdings muß der Antragsteller vernünftigerweise annehmen dürfen, daß er zur rechtzeitigen Berufungseinlegung finanziell nicht in der Lage ist (BGH VersR 1982, 41; NJW 1983, 2145; NJW-RR 1990, 550); hier liegt ein Risiko.
Beschränkt sich der Berufungskläger auf den Prozeßkostenhilfeantrag, muß er zwei Fristen beachten: Zum einen muß der Antrag innerhalb der Berufungsfrist – auch noch am letzten Tag (BGH NJW 1987, 440, 441; NJW 1994, 2097) – gestellt werden; das muß vollständig (vgl. BGH VersR 1981, 61 u. 884; NJW 1986, 62; NJW-RR 1991, 1532, 1533: sonst bei Ablehnung der Prozeßkostenhilfe keine Wiedereinsetzung) und beim zuständigen Gericht (BGH NJW 1987, 440) geschehen. Zum anderen muß nach Kenntnis der Entscheidung über die Prozeßkostenhilfe die Wiedereinsetzungsfrist (§ 234 Abs. 1 ZPO: 2 Wochen) eingehalten werden (vgl. Form. I. F. 2 Anm. 2).

2. Wird Prozeßkostenhilfe für ein Rechtsmittelverfahren beantragt, ist das jeweilige Rechtsmittelgericht zuständig. Allerdings gilt auch hier § 129a ZPO: Der Antrag kann vor der Geschäftsstelle eines jeden Amtsgerichts zu Protokoll abgegeben werden. Anwaltszwang besteht nicht.

3. Das Beispiel geht davon aus, daß der Beklagte in 1. Instanz verurteilt wurde und für die Berufung Prozeßkostenhilfe begehrt. Hätte der Gegner Berufung eingelegt, wäre dem Berufungsbeklagten ohne weitere Prüfung der Erfolgsaussichten Prozeßkostenhilfe zu bewilligen (§ 119 S. 2 ZPO; Ausnahmen vgl. *Thomas/Putzo* § 119 Rdn. 13). Will der Antragsteller, wie im Beispiel, zunächst nur den Antrag auf Prozeßkostenhilfe stellen, sollte er sich hüten, den Antrag als Berufung zu bezeichnen oder ihm ein als Berufung bezeichnetes und unterschriebenes Schriftstück beizufügen; die Rechtsprechung verlangt jeden vernünftigen Zweifel ausschließende Erklärungen, wenn die Berufung gleichwohl nicht eingelegt sein soll (BGH NJW 1988, 2056).

4. Der Rechtsstreit ist genau zu bezeichnen. Die Übersendung des Urteils kann sich empfehlen (vgl. § 518 Abs. 3 ZPO). Das Zustellungsdatum ist für die Berechnung der Berufungsfrist, die eingehalten sein muß, wichtig.

5. Vgl. Form. I. C. 1 Anm. 9. Es kommt nur die Beiordnung eines beim Rechtsmittelgericht zugelassenen Anwalts in Betracht.

6. Grundsätzlich muß der Antragsteller die Erklärung in der 2. Instanz erneut abgeben, auch wenn dies bereits in der 1. Instanz geschehen ist und er dort Prozeßkostenhilfe erhalten hat. Das gilt jedenfalls, wenn sich seine Verhältnisse verändert haben (BGH VersR 1981, 61). Fraglich ist, ob eine Bezugnahme verbunden mit der Erklärung ausreicht, daß die persönlichen und wirtschaftlichen Verhältnisse unverändert sind. Da es für den Antragsteller darum geht, innerhalb der Berufungsfrist einen vollständigen Antrag zu stellen (vgl. Anm. 1 aE.), sollte er die Erklärung sicherheitshalber einreichen und auch die Belege beifügen (vgl. OLG Oldenburg NJW 1981, 1793; weniger formalistisch BGH VersR 1981, 59; NJW 1983, 2145; NJW-RR 1990, 1212).

Bewilligt das Berufungsgericht Prozeßkostenhilfe unter Anordnung von Ratenzahlungen, so wird damit die Ratenzahlungsanordnung der Vorinstanz gegenstandslos (BGH NJW 1983, 944).

7. Es ist zweckmäßig, die Erfolgsaussichten in Form einer Berufungsbegründungsschrift darzulegen, die später ohnehin erforderlich wird. Zum Inhalt vgl. Form. I. O. 2.

8. Vgl. hierzu Form. I. F. 2.

Kosten und Gebühren

Vgl. die Hinweise zu Form. I. C. 1. Im Rechtsmittelverfahren erhöhen sich die Gebühren gem. § 11 Abs. 1 S. 4, 5 BRAGO.

Fristen und Rechtsmittel

Der Antrag muß vollständig innerhalb der Berufungsfrist (idR. 1 Monat nach Zustellung des Urteils, § 516 ZPO) gestellt sein, vgl. Anm. 1. Wird der Antrag nicht mit der Berufung verbunden, muß der Berufungskläger nach Bewilligung oder Ablehnung der Prozeßkostenhilfe die Wiedereinsetzungsfrist beachten (vgl. Form. I. F. 2 Anm. 2). Hat der Antragsteller die Berufung eingelegt, muß er auf die Einhaltung der Berufungsbegründungsfrist achten; der Lauf der Berufungsbegründungsfrist beginnt ohne Rücksicht auf den PKH-Antrag und den späteren Wiedereinsetzungsantrag (BGH NJW 1989, 1155).

Gegen die Ablehnung der Bewilligung durch das Berufungsgericht ist kein Rechtsmittel gegeben (§ 127 Abs. 2 S. 2 ZPO).

4. Antrag auf Änderung der Ratenzahlungsanordnung[1]

An das
Landgericht[2]

In der Sache
......
wird beantragt[3],

    den Bewilligungsbeschluß vom ... mit Wirkung vom 31. 12. 19.. insoweit zu ändern, als dem Kläger die Zahlung monatlicher Raten auferlegt wurde.

Begründung:[4]

Mit Beschluß vom ...... hat die Kammer dem Kläger Prozeßkostenhilfe unter Zahlung monatlicher Raten von DM 180,– bewilligt. Seit dem 31. 12. 19.. haben sich die wirtschaftlichen Verhältnisse des Klägers entscheidend verschlechtert. Sein damaliger Arbeitgeber hat ihn zum 31. 12. 19.. entlassen. Der Kläger bezieht seitdem Arbeitslosengeld in Höhe von monatlich DM 1.200,–, wie sich aus dem in Kopie beigefügten

Bescheid vom ......

ergibt. In Hinblick auf die bestehenden Unterhaltsverpflichtungen und die unveränderten sonstigen Belastungen hat der Kläger daher nach der Tabelle keinen Beitrag zu den Prozeßkosten zu leisten.

Der Kläger geht davon aus, daß bis zur Entscheidung über den Antrag keine Raten zu zahlen sind; er wäre hierzu auch außerstande.

Sollte das Gericht eine neue Erklärung gem. § 117 Abs. 2 ZPO für erforderlich halten, wird um einen Hinweis gebeten.

Rechtsanwalt

Anmerkungen

1. Nach § 120 Abs. 4 ZPO kann die Partei bei einer Verschlechterung ihrer wirtschaftlichen Verhältnisse eine Änderung des Beschlusses beantragen (vgl. *Thomas/Putzo* § 120 Rdn. 11). Diesem Antrag hat das Gericht unter Beachtung der Tabelle in § 115 Abs. 1 S. 3 ZPO zu entsprechen. Voraussetzung ist, daß sich die wirtschaftliche Situation nach Stellung des ursprünglichen Antrag verändert hat. Wurde Prozeßkostenhilfe bereits vor dem 1. 1. 1995 bewilligt, ist für die Abänderung § 115 ZPO noch in der alten Fassung anwendbar, auch wenn der Änderungsbeschluß erst danach ergeht. Beruht die Veränderung auf der Erhöhung der nach § 115 Abs. 1 S. 3 Nr. 2 ZPO n. F. jährlich festgesetzten Beträge, ist sie nur dann zu berücksichtigen, wenn sie zu einem Wegfall der Ratenzahlung führt (§ 120 Abs. 4 S. 1 Halbs. 2 ZPO). Nicht der Antrag nach § 120 Abs. 4 ZPO, sondern die Beschwerde nach § 127 Abs. 2 ZPO ist der richtige Weg, wenn das Gericht im Bewilligungsbeschluß zu Unrecht Raten angeordnet oder die Raten zu hoch angesetzt hat.

Der Antrag kann und sollte auch gestellt werden, wenn der Partei gem. § 124 Nr. 4 ZPO bereits die Prozeßkostenhilfe wegen Nichtzahlung der Raten entzogen oder die Entziehung angedroht wurde.

2. Zuständig ist das Gericht, das den Bewilligungsbeschluß erlassen hat. Die Entscheidung wird vom Rechtspfleger des Prozeßgerichts getroffen; ob das auch noch nach Rechtskraft gilt, ist streitig (vgl. *Thomas/Putzo* Rdn. 10; *Zöller/Philippi* § 120 Rdn. 18).

3. Der Antrag hat – je nach Sachlage – zum Ziel, eine Herabsetzung der Raten zu erreichen oder die Ratenzahlungsanordnung ganz zu beseitigen. Das Gericht spricht die Aufhebung oder die Herabsetzung rückwirkend bis zum Eintritt der Veränderung aus; eine Rückwirkung bis zum Zeitpunkt des ursprünglichen Beschlusses ist nicht zulässig (vgl. *Thomas/Putzo* § 120 Rdn. 11).

4. Hier hat die Partei zu begründen und zu belegen, daß sich ihre wirtschaftliche Situation verschlechtert hat. Die Einreichung einer neuen Erklärung gem. § 117 Abs. 2 ZPO dürfte nicht erforderlich sein, wenn die Partei die Veränderung in geeigneter Weise belegt (zB. durch Bescheid über Arbeitslosengeld, Arbeitslosenhilfe, Sozialhilfe, durch neue Lohn- oder Gehaltsbescheinigungen, durch Nachweis weiterer Unterhaltsberechtigter etc.) und im übrigen erklärt, daß sich gegenüber den früheren Angaben nichts geändert hat. Ein Problem kann daraus entstehen, daß die Ratenzahlungsanordnung bis zur Entscheidung fortbesteht, dem Kläger also bei Nichtzahlung eine Entziehung gem. § 124 Nr. 4 ZPO drohen kann. Jedoch wird der gem. § 20 Nr. 4c RPflG für die Entziehung zuständige Rechtspfleger mit seinem Beschluß warten, bis über den Antrag entschieden ist (vgl. *Zöller/Philippi* § 124 Rdn. 19); ein anderes Verfahren wäre rechtswidrig und mit der Beschwerde angreifbar.

I. C. 5   I. C. Prozeßkostenhilfe

Kosten und Gebühren

Gerichtskosten entstehen nicht. Für die Rechtsanwaltsgebühren gilt § 51 BRAGO.

Fristen und Rechtsmittel

Der Antrag ist zulässig, solange noch Raten zu begleichen sind, also auch nach rechtskräftigem Abschluß des Verfahrens (vgl. § 120 Abs. 4 Satz 3 ZPO; die in älteren Entscheidung zT. vertretene abweichende Ansicht beruht auf der Gesetzeslage vor Einfügung des § 120 Abs. 4 ZPO).

Gegen den ganz oder zT. ablehnenden Beschluß des Rechtspflegers ist die unbefristete Erinnerung nach § 11 Abs. 1 RPflG gegeben. Der Gegner hat kein Beschwerderecht.

5. Erinnerung gegen den Änderungsbeschluß nach § 120 Abs. 4 ZPO[1]

An das
Landgericht

In der Sache
......

hat der Rechtspfleger mit Beschluß vom ...... angeordnet, daß der Kläger die nach dem Vergleich vom ...... von ihm zu tragenden Prozeßkosten an die Staatskasse zu zahlen hat. Gegen diesen Beschluß wird

Erinnerung[2]

eingelegt.

Begründung[3]

Es ist zutreffend, daß der Kläger vom Beklagten den nach dem vor der Kammer geschlossenen Vergleich zu zahlenden Betrag von DM 5.000,- inzwischen erhalten hat. Damit ist aber keine Änderung der Verhältnisse im Sinne des § 120 Abs. 4 ZPO eingetreten.

1. Die Realisierung der Klageforderung, für deren Geltendmachung Prozeßkostenhilfe beantragt wird, kann nicht zu einer Änderung der von der Kammer getroffenen Prozeßkostenhilfeentscheidung führen. Die Kammer hat die Bewilligung der Prozeßkostenhilfe nicht dahin eingeschränkt, daß der Kläger, sobald der Beklagte zahlt, einen Betrag aus seinem Vermögen zu leisten hätte. Das Gericht hat dem Kläger auch keinen entsprechenden Hinweis gegeben. An diese Entscheidung ist der Rechtspfleger gebunden. Eine andere Beurteilung würde praktisch zu einer rückwirkenden Aufhebung der Bewilligung führen, die nur unter den hier nicht gegebenen Voraussetzungen des § 124 zulässig wäre.

2. Der Rechtspfleger hat nicht berücksichtigt, daß der verlangte Geldbetrag nach § 115 Abs. 2 ZPO iVm. § 88 Abs. 2 BSHG zum Schonvermögen zählt. Dem Kläger steht ein Freibetrag von DM 4.500,- zu (§ 88 Abs. 2 Nr. 8 BSHG). Den Restbetrag benötigt der Kläger dringend, um eine notwendige Reparatur seines PKW, auf der er beruflich angewiesen ist, durchführen zu können (§ 88 Abs. 2 Nr. 4 BSHG). Ein Kostenvoranschlag liegt an.

Rechtsanwalt

5. Erinnerung gegen den Änderungsbeschluß nach § 120 Abs. 4 ZPO   I. C. 5

Anmerkungen

1. Eine Änderung zum Nachteil der Partei kann nach § 120 Abs. 4 ZPO zum Inhalt haben, daß
- die festgesetzten Raten erhöht werden,
- erstmals Raten festgesetzt werden,
- der aus dem Vermögen zu zahlende Betrag erhöht wird,
- erstmals ein Betrag aus dem Vermögen zu zahlen ist.

Das Beispiel betrifft den letztgenannten Fall; es knüpft an die zunehmende Praxis der Gerichte an, eine Zahlung auf die von der Partei zu tragenden Prozeßkosten anzuordnen, nachdem sie die Klageforderung ganz oder zum Teil realisiert hat. Eine solche Situation kann insbesondere bei teilweisem Erfolg im Urteil oder im Vergleich eintreten, auch – wie im Beispiel – bei einem Vergleich im Bewilligungsverfahren. Ob und inwieweit eine solche Anordnung zulässig ist, ist umstritten (vgl. *Zöller/Philippi* § 120 Rdn. 14 a, c). Insbesondere wenn dem Kläger vor einem Vergleichsabschluß Prozeßkostenhilfe ohne Einschränkung bewilligt wurde, erscheint eine Änderung als problematisch; denn Gebühren können nach dem Vergleich nicht mehr entstehen, die Änderung würde also zurückwirken. Für den Kläger bedeutet das praktisch eine rückwirkende Aufhebung der Bewilligung, von der er keinen Vorteil gehabt hat; statt an seinen Rechtsanwalt hat er lediglich an die Staatskasse zu zahlen.

2. Gegen den Beschluß des Rechtspflegers ist nach § 11 Abs. 1 RPflG die Erinnerung gegeben. Hilft der Rechtspfleger nicht ab und hält der Richter sie nicht für begründet, gilt sie nach § 11 Abs. 2 RPflG als Beschwerde, über die das Rechtsmittelgericht entscheidet.

3. Die Erinnerung ist darauf zu stützen, daß keine wesentliche Änderung der maßgebenden persönlichen und wirtschaftlichen Verhältnisse eingetreten ist. Ob die Erinnerung bereits deshalb Erfolg hat, weil die Zahlung aufgrund des Vergleiches (oder Prozesses), für den Prozeßkostenhilfe bewilligt wurde, nicht berücksichtigt werden darf, hängt von der Rechtsprechung des jeweiligen Gerichts ab (vgl. einerseits OLG München OLGZ 1989, 32, andererseits KG MDR 1990, 450). Auch die Gerichte, die Prozeßkostenhilfe ohnehin nur mit der Einschränkung bewilligen, daß der Kläger nach Realisierung der Forderung den über DM 4.500,– hinausgehenden Betrag einzusetzen hat (zB. OLG Bamberg JurBüro 1989, 642; OLG Köln FamRZ 88, 740; vgl. *Thomas/Putzo* § 115 Rdn. 16), müßten eine Nachforderung ablehnen. Denn eine fehlerhafte PKH-Bewilligung – dazu gehört auch die unterbliebene Festsetzung von Zahlungen – kann durch den Rechtspfleger nicht korrigiert werden (vgl. zB. OLG Celle FamRZ 1991, 208). Hier ist manches noch unklar.

Die Partei kann sich aber immer darauf berufen, daß das erworbene Vermögen nicht verwertbar im Sinne von § 88 BSHG ist. Ein Freibetrag von zumindest DM 4.500,– bleibt nach § 88 Abs. 2 Nr. 8 BSHG immer unangetastet. Geldbeträge, die zur Instandhaltung von für die Erwerbstätigkeit notwendigen Gegenständen erforderlich sind, brauchen gleichfalls nicht eingesetzt zu werden (§ 88 Abs. 2 Nr. 4, auch § 76 Abs. 2 Nr. 4 BSHG). Es kann sich auch empfehlen, den über DM 4.500,– hinausgehenden Betrag zur Anschaffung angemessenen Hausrats (§ 88 Abs. 2 Nr. 3) oder zur Rückführung von Krediten zu verwenden. Die erneute Kreditaufnahme kann vom Gericht kaum verlangt werden; in Betracht käme, wegen des von Zins- und Tilgungsleistungen entlasteten Einkommens, wohl nur eine Erhöhung/erstmalige Festsetzung von Raten, wobei sich die Partei günstiger stehen dürfte. Darüber hinaus kann die Partei versuchen, eine besondere Härte nach § 88 Abs. 3 BSHG geltend zu machen.

Fristen und Rechtsmittel

Die Erinnerung ist nicht fristgebunden. Eine weitere Beschwerde ist nicht vorgesehen (§ 568 Abs. 2 ZPO).

6. Antrag auf Beiordnung eines Rechtsanwalts für eine auswärtige Beweisaufnahme[1]

An das
Landgericht[2]

In der Sache
......

wird beantragt[3],

> dem Beklagten zur Wahrnehmung des vor dem ersuchten Richter stattfindenden Termins zur Beweisaufnahme den dort zugelassenen Rechtsanwalt R beizuordnen.

Begründung:[4]

Die den Rechtsstreit entscheidende Beweisaufnahme soll gem. Beschluß des Gerichts vom ...... im Wege der Rechtshilfe vor dem Amtsgericht X stattfinden. Dem Kläger selbst ist es aus zeitlichen und finanziellen Gründen nicht möglich und zumutbar, diesen Termin wahrzunehmen. Der Prozeßbevollmächtigte des Klägers sieht sich angesichts der großen Entfernung und wegen anderer Termine gleichfalls außerstande, den Kläger dort zu vertreten; das wäre auch weit unwirtschaftlicher als die Beauftragung eines dortigen Rechtsanwalts. Die Beiordnung erscheint auch deswegen sachgerecht, weil damit zu rechnen ist, daß die Gegenseite einen Unterbevollmächtigten beauftragen wird.
Um eine baldige Entscheidung wird gebeten, damit der dortige Rechtsanwalt rechtzeitig informiert werden kann.

Anmerkungen

1. Vgl. § 121 Abs. 3 ZPO. Die Parteien haben das Recht, sich durch einen Rechtsanwalt im Beweistermin vor dem ersuchten Richter vertreten zu lassen. Wenn besondere Umstände dies erfordern (vgl. *Zöller/Philippi* § 121 Rdn. 16), kann der bedürftigen Partei hierzu ein besonderer Rechtsanwalt beigeordnet werden. Voraussetzung ist, daß der Partei Prozeßkostenhilfe bewilligt und ihr bereits ein Rechtsanwalt beigeordnet wurde.

2. Zuständig ist das Prozeßgericht, nicht etwa das Rechtshilfegericht.

3. Die Partei sollte im Antrag einen bestimmten Rechtsanwalt vorschlagen, um dem Gericht die Auswahl zu ersparen und die Entscheidung zu beschleunigen.

4. Hier sind die besonderen Umstände, die die Beiordnung erfordern, darzulegen.

Kosten und Gebühren

Der beigeordnete Rechtsanwalt erhält eine $5/10$ Gebühr (§ 54 BRAGO). Diese Gebühr und seine Auslagen sind notwendig iSd. § 91 ZPO und damit erstattungsfähig, wie sich aus der Tatsache der Beiordnung ergibt.

Fristen und Rechtsmittel

Einfache Beschwerde gem. § 127 Abs. 2 ZPO.

7. Antrag auf einstweilige Anordnung zur Leistung eines Prozeßkostenvorschusses[1]

An das
Amtsgericht
– Familiengericht[2] –

Antrag auf einstweilige Anordnung

In der Unterhaltssache
des minderjährigen Peter Schmidt, vertreten durch seine Mutter Lore Schmidt,
Prozeßbevollmächtigter: Rechtsanwalt ......
gegen
Herrn Hans Schmidt ......
beantrage ich namens und in Vollmacht des Antragstellers,
dem Antragsgegner im Wege der einstweiligen Anordnung gem. § 127a ZPO aufzugeben, für die gleichzeitig eingereichte Klage einen Prozeßkostenvorschuß in Höhe von DM ...... an den Antragsteller zu leisten[3].

Begründung:[4]

Der Beklagte ist der eheliche Vater des Klägers. Die Ehe ist geschieden, das Sorgerecht steht gemäß

Beschluß vom ...... (Anlage 1)

der Mutter zu. Der Beklagte ist durch

Scheidungsvergleich vom ...... (Anlage 2)

verpflichtet worden, für das Kind DM ...... monatlich zu zahlen. Sein damaliges Einkommen betrug DM ...... Inzwischen ist der Beklagte in seiner Firma zum Prokuristen aufgestiegen und verdient lt. anliegender

Verdienstbescheinigung vom ...... (Anlage 3)

DM ...... Der Antragsteller, der ohne weiteres Einkommen und ohne Vermögen ist, reicht gegen den Antragsgegner gleichzeitig eine Abänderungsklage ein, mit der er eine monatliche Zahlung von insgesamt DM ...... begehrt. Der Antragsgegner hat eine erhöhte Zahlung mit

Schreiben vom ...... (Anlage 4)

verweigert.
Für den erforderlichen Rechtsstreit steht dem Kläger ein Anspruch auf einen Prozeßkostenvorschuß zu, der sich wie folgt berechnet. ......[5]
Rechtsanwalt

Anmerkungen

1. Das Beispiel betrifft nur die einstweilige Anordnung gem. § 127a ZPO, der anwendbar ist, soweit §§ 620 Nr. 9, 621 f ZPO nicht eingreifen, also im wesentlichen bei Unterhaltssachen nichtehelicher und ehelicher Kinder, die nicht Folgesachen sind (vgl. *Zöller/Philippi* § 127a Rdn. 1, 2), aber auch bei Unterhaltsansprüchen der Ehegatten untereinander (BGH NJW 1980, 1392). § 127a ZPO gilt ferner nur für Unterhaltsklagen, nicht für

I. C. 7

andere Klagen des Unterhaltsberechtigten. Da ihm, wenn er einen Anspruch auf einen Prozeßkostenvorschuß hat, Prozeßkostenhilfe versagt sein kann (vgl. *Thomas Putzo* § 114 Rdn. 14), empfiehlt sich dieser vereinfachte Weg, zumal an die Erfolgsaussichten der Klage geringere Anforderungen gestellt werden als nach § 114 ZPO. Zu beachten ist, daß der Antrag erst zulässig ist, wenn die Unterhaltssache anhängig ist oder ein Gesuch auf Prozeßkostenhilfe eingereicht wurde (*Zöller/Philippi* § 127 a Rdn. 7). Es ist also zweckmäßig, die Unterhaltsklage, wenn sie nicht schon anhängig ist, gleichzeitig ohne Zahlung eines Gerichtskostenvorschusses einzureichen. Daneben hat der Antragsteller die Möglichkeit, eine selbständige Klage auf Zahlung eines Prozeßkostenvorschusses zu erheben (BGH NJW 1979, 1508). Der Anspruch auf den Prozeßkostenvorschuß selbst ergibt sich nicht aus § 127 a ZPO, sondern aus dem Unterhaltsrecht (§ 1610 iVm. § 1360 a Abs. 4 BGB entspr.; vgl. *Palandt/Diederichsen* § 1610 Rdn. 33–36); er besteht nicht zwischen geschiedenen Ehegatten (BGH NJW 1984, 291). Nach Beendigung des Prozesses kann die Zahlung eines Prozeßkostenvorschusses nicht mehr verlangt werden (BGH NJW 1985, 2265). Zum Verfahren vgl. § 127 a Abs. 2 S. 2 ZPO.

2. Zuständig ist nach § 620 a Abs. 4 ZPO iVm. § 127 a Abs. 2 S. 2 ZPO das Gericht des ersten Rechtszuges der Unterhaltssache, hier also gem. § 621 Nr. 4 ZPO das Familiengericht (vgl. *Zöller/Philippi* § 127 a Rdn. 8). Bei Beantragung eines Prozeßkostenvorschusses für die Klage eines nichtehelichen Kindes wäre das Amtsgericht, nicht das Familiengericht zuständig. Wird der Kostenvorschuß für das Rechtsmittelverfahren verlangt, ist das Rechtsmittelgericht zuständig (BGH NJW 1981, 2305).

3. Im Antrag ist der Betrag des verlangten Prozeßkostenvorschusses zu beziffern.

4. Hier ist vorzutragen, daß eine unter § 127 a ZPO fallende Unterhaltsklage anhängig ist, und darzulegen, daß dem Antragsteller der Anspruch auf einen Prozeßkostenvorschuß nach materiellem Recht zusteht, wozu auch die Darlegung gehört, daß die Unterhaltsklage nicht mutwillig oder aussichtslos ist (näher *Palandt/Diederichsen* § 1610 Rdn. 35).

5. Der Kostenvorschuß erfaßt die Gerichts- und Rechtsanwaltskosten sowohl für die beabsichtigte Klage (zunächst jedenfalls drei Gerichtsgebühren und zwei Rechtsanwaltsgebühren) als auch für die einstweilige Anordnung (vgl. *Palandt/Diederichsen* § 1360 a Rdn. 20, 22).

Kosten und Gebühren

Für das Verfahren entsteht keine Gerichtsgebühr, für die Entscheidung ½ Gebühr (KV Nr. 1700). Für den Rechtsanwalt entstehen gem. § 41 Abs. 1 a BRAGO die Gebühren des § 31 Abs. 1 BRAGO; maßgeblich für den Streitwert ist der Betrag des begehrten Vorschusses.

Fristen und Rechtsmittel

Die Entscheidung ist unanfechtbar, § 127 a Abs. 2 ZPO.

8. Beschwerde gegen die Ablehnung der Prozeßkostenhilfe[1]

An das
Landgericht [2]

Beschwerde[3]

In der Sache
......

wird für den Kläger gegen die die Prozeßkostenhilfe ablehnende Entscheidung der Kammer

Beschwerde

eingelegt mit dem Antrag,
1. dem Kläger für die erste Instanz rückwirkend auf den Zeitpunkt der Antragstellung Prozeßkostenhilfe zu gewähren[4]
2. den Unterzeichnenden als Rechtsanwalt beizuordnen[5].

Begründung:

1. Das Gericht hätte die hinreichende Erfolgsaussicht der Klage nicht verneinen dürfen. Es hat das Klagevorbringen tatsächlich und rechtlich unzutreffend gewürdigt ...... (ist auszuführen).
2. Da der Rechtsstreit in der Hauptsache weiter betrieben wird und inzwischen weitere Kosten angefallen sind, hat der Kläger ein Interesse daran, daß ihm die Prozeßkostenhilfe mit Rückwirkung auf den Zeitpunkt der Antragstellung bewilligt wird. Das ist geboten, weil der Antrag formgerecht gestellt wurde und die erforderlichen Unterlagen beigefügt waren (BGH NJW 1982, 446).

Rechtsanwalt

Anmerkungen

1. Dem Formular liegt der Sachverhalt zugrunde, daß die Prozeßkostenhilfe im Laufe des Rechtsstreits beantragt und versagt wurde, der Prozeß aber weiter betrieben wird.
Die Beschwerde ist gem. § 127 Abs. 2 ZPO statthaft gegen die ablehnende Entscheidung der ersten Instanz, gegen den bewilligenden Beschluß nur, soweit er die Anordnung von Monatsraten oder Zahlungen aus dem Vermögen enthält, eine Beiordnung ablehnt oder den Antragsteller sonstwie beschwert; für die Staatskasse gilt § 127 Abs. 3 ZPO. Auch wenn die Prozeßkostenhilfe erst mit dem Urteil abgelehnt wurde, ist nur die Beschwerde gegeben. Sie ist immer erforderlich, wenn der Antragsteller noch keine Klage erhoben hat, sich aber mit dem ablehnenden Beschluß nicht zufrieden geben will. Ist bereits Klage erhoben, hat der Kläger zwei Möglichkeiten: Er kann die voraussichtlich ungünstige Entscheidung der ersten Instanz abwarten und Prozeßkostenhilfe für die Berufung beantragen, oder er kann – wie vorgeschlagen – Beschwerde einlegen, auf diese Weise schon jetzt die Auffassung des Berufungsgerichts erkunden und evtl. noch eine Gebührenbefreiung für die erste Instanz erwirken. Wird die Berufungssumme nicht erreicht, ist die Beschwerde der einzige Weg, ihre Zulässigkeit ist dann aber zweifelhaft (vgl. *Zöller/Philippi* § 127 Rdn. 22, 23; OLG Frankfurt FamRZ 1986, 927; OLG Hamburg FamRZ 1988, 309; OLG Koblenz FamRZ 1989, 200; OLG Düsseldorf MDR 1991, 895; § 567 Abs. 3 ZPO steht einer Beschwerde nicht entgegen). Eine Beschwerdesumme braucht nicht erreicht zu sein

(vgl. *Zöller/Philippi* § 127 Rdn. 12). Mit der Beschwerde kann der Antragsteller erreichen, daß ihm Prozeßkostenhilfe rückwirkend gewährt wird, und zwar bis auf den Zeitpunkt, an dem der Antrag formgerecht und vollständig gestellt wurde (vgl. BGH NJW 1982, 446; NJW 1985, 921; *Zöller/Philippi* § 119 Rdn. 41). Auch nach Abschluß der Instanz (a. A. OLG Oldenburg NJW-RR 1991, 189) und sogar nach Abschluß des Verfahrens ist eine rückwirkende Bewilligung denkbar (vgl. *Christl* MDR 1983, 537 u. 624). Str. ist aber, ob eine erst nach Abschluß der Instanz eingelegte Beschwerde zulässig ist (vgl. einerseits *Thomas/Putzo* § 127 Rdn. 3, andererseits *Baumbach/Lauterbach/Albers/Hartmann* § 127 Rdn. 62 ff.).

Die Beschwerde kann auch statthaft sein, wenn sich das Gericht mit der Entscheidung über den Antrag über Gebühr Zeit läßt (vgl. OLG Celle MDR 1985, 591 mwN.).

2. Die Beschwerde ist idR. bei dem Gericht einzulegen, das die Prozeßkostenhilfe versagt hat (§ 569 Abs. 1 ZPO; Ausnahme: § 569 Abs. 1 2. Halbs. ZPO). Anwaltszwang besteht nicht (§ 569 Abs. 2 S. 2 ZPO).

3. Die Beschwerde wird durch Einreichung einer Beschwerdeschrift erhoben, sie kann aber auch zu Protokoll der Geschäftsstelle erklärt werden (§ 569 Abs. 2 ZPO). Sie ist nicht fristgebunden, sollte aber sofort nach Kenntnis vom ablehnenden Beschluß eingelegt werden, damit nicht noch weitere Kosten und Gebühren, die durch die Prozeßkostenhilfe nicht abgedeckt sind, entstehen und um einer Verwirkung der Beschwerde (vgl. *Baumbach/Lauterbach/Albers/Hartmann* § 127 Rdn. 65, 66) vorzubeugen. IdR. hat die Beschwerde einen Stillstand des Prozesses zur Folge, da die Akten dem Beschwerdegericht übersandt werden.

4. Sofern bereits ein Urteil erlassen wurde und damit die Kosten und Gebühren im wesentlichen entstanden sind, hat die Beschwerde nur Sinn, wenn sie zu einer rückwirkenden Bewilligung führt (vgl. Anm. 1 aE.). In einem solchen Fall kann es sich für den Antragsteller zusätzlich empfehlen, gleichzeitig oder jedenfalls vor Ablauf der Rechtsmittelfrist Prozeßkostenhilfe für die Berufung zu beantragen.

5. Wenn das Beschwerdegericht den vorinstanzlichen Beschluß abändert, ist es auch befugt, den von der Partei gewählten Rechtsanwalt beizuordnen (OLG Köln MDR 1983, 323, 324), es kann die Beiordnung aber auch der Vorinstanz überlassen (OLG Karlsruhe MDR 1992, 1178). Beiordnung eines Anwalts und Bewilligung der Prozeßkostenhilfe für das Beschwerdeverfahren sind hingegen unzulässig (vgl. OLG Nürnberg NJW 1982, 288 mwN.).

Kosten und Gebühren

Für das Beschwerdeverfahren entsteht eine Gerichtsgebühr von DM 50,–, jedoch nur, wenn die Beschwerde verworfen oder zurückgewiesen wird (KV Nr. 1905). Der Rechtsanwalt erhält $5/10$ der in § 31 Abs. 1 BRAGO bestimmten Gebühren (§ 61 Abs. 1 Nr. 1 BRAGO). Eine Kostenerstattung findet für den Gegner nach der ausdrücklichen Anordnung in § 127 Abs. 4 ZPO nicht statt. Problematisch ist die Frage, ob die in der Hauptsache obsiegende Partei oder auch ihr obsiegender Gegner die Beschwerdekosten im Kostenfestsetzungsverfahren geltend machen können (vgl. *Zöller/Philippi* § 118 Rdn. 26–28 mwN.). Ein Kostenerstattungsanspruch gegen die Staatskasse (vgl. OLG München OLGZ 1983, 342) dürfte nicht mehr möglich sein.

Fristen und Rechtsmittel

Die Beschwerde ist nicht fristgebunden (vgl. OLG Celle MDR 1985, 591). Da aber fraglich ist, wieweit eine spätere Bewilligung zurückwirkt (vgl. Anm. 1), sollte sie unver-

8. Beschwerde gegen die Ablehnung der Prozeßkostenhilfe   I. C. 8

züglich eingelegt werden. Ob nach Abschluß der Instanz gegen einen vorher ergangenen Beschluß noch Beschwerde eingelegt werden kann, ist str. (s. Anm. 1 aE.). Wird die Beschwerde erst eingelegt, wenn die Hauptsache nicht mehr anhängig ist, wird sie zum Teil für unzulässig gehalten (vgl. *Zöller/Philippi* § 127 Rdn. 24 mwN.).

Eine weitere Beschwerde ist ausgeschlossen (§ 568 Abs. 2 ZPO). Dem Antragsteller bleibt nur die Möglichkeit, Gegenvorstellung zu erheben. In seltenen Ausnahmefällen, bei „greifbarer Gesetzeswidrigkeit", läßt die Rechtsprechung eine weitere Beschwerde zum BGH zu (vgl. BGH WM 1986, 178; MDR 1993, 80).

D. Klageerhebung

1. Grundmuster einer Klageschrift mit Begründung (Zahlungsklage an das Landgericht mit Anregung eines frühen ersten Termins und Einverständnis mit Übertragung auf den Einzelrichter)

An das
Landgericht
München I, Zivilkammer[1]

Klage

der Kommanditgesellschaft in Firma Meyer & Wittrock, vertreten durch den persönlich haftenden Gesellschafter Hans Meyer[2], Feldstraße 1, 80355 München[3],

Klägerin

Prozeßbevollmächtigter: Rechtsanwalt ......

gegen

den Werbegrafiker Peter Meister[4], Karlstraße 9, 80801 München,

Beklagter

Prozeßbevollmächtigter: Rechtsanwalt ......[5]

wegen Kaufpreis[6]

Streitwert: DM 12.000,–[7]

Namens und in Vollmacht der Klägerin erhebe ich Klage und werde beantragen:

    1. Der Beklagte wird verurteilt, an die Klägerin DM 12.000,– nebst 7,5% Zinsen seit dem 2. 4. 19.. zu zahlen[8].
    2. Der Beklagte trägt die Kosten des Rechtsstreits[9].
    3. Das Urteil ist notfalls gegen Sicherheitsleistung vorläufig vollstreckbar[10],

hilfsweise für den Fall des Unterliegens,

    Vollstreckungsschutz[11].

Es wird weiter beantragt,

    der Klägerin zu gestatten, eine von ihr zu erbringende Sicherheit durch eine selbstschuldnerische Bürgschaft der X-Bank zu leisten[12].

Es wird angeregt, einen frühen ersten Termin zu bestimmen[13]. Sofern das Gericht das schriftliche Vorverfahren anordnet, wird für den Fall der Fristversäumnis oder des Anerkenntnisses beantragt,

    den Beklagten durch Versäumnisurteil oder Anerkenntnisurteil ohne mündliche Verhandlung zu verurteilen[14].

Mit einer Übertragung der Sache auf den Einzelrichter ist die Klägerin einverstanden[15].

Begründung:[16]

Die Klägerin, die einen Im- und Export betreibt, verlangt vom Beklagten den restlichen Kaufpreis für einen gebrauchten Firmenwagen. Auf eine Annonce der Klägerin suchte der Beklagte den Betrieb der Klägerin am 13. 2. 19.. auf und ließ sich von deren Fahrer, Herrn A, das Fahrzeug vom Typ Daimler-Benz 240 T, amtl. Kennzeichen ......, vorfüh-

1. Zahlungsklage mit Anregung eines frühen ersten Termins   I. D. 1

ren. Nach einer Probefahrt entschloß sich der Beklagte zum Kauf und unterzeichnete einen von Herrn A vorbereiteten Kaufvertrag.

    Beweis: Kaufvertrag vom 13. 2. 19..[17] – Anlage 1 –[18]

Nach dem Vertrag betrug der Kaufpreis DM 20.000,–, hiervon waren bei Übergabe DM 8.000,– zu zahlen, die restlichen DM 12.000,– wurden bis zum 1. 4. 19.. gestundet.

    Beweis: Kaufvertrag (Anlage 1)

Der Wagen wurde am 14. 2. 19.. auf den Beklagten zugelassen und ihm gegen Zahlung von DM 8.000,– übergeben[19]. Den Restbetrag von DM 12.000,– hat der Beklagte trotz Mahnschreiben vom 5. 4. und 30. 4. 19.., die als

    Anlagen 2 und 3[20]

überreicht werden, nicht beglichen.

Der Beklagte wird vermutlich einwenden[21], daß der Wagen mangelhaft sei. Hiermit kann der Beklagte jedoch nicht gehört werden, denn er hat das Fahrzeug kraft ausdrücklicher vertraglicher Vereinbarung „gekauft wie besehen und unter Ausschluß jeglicher Gewährleistung".

    Beweis: Kaufvertrag (Anlage 1)

Damit scheiden Gewährleistungsansprüche aus. Vorsorglich wird aber schon jetzt bestritten, daß der Wagen bei Übergabe Mängel aufwies, die über einen normalen Verschleiß hinausgingen. Im übrigen waren dem Beklagten Alter und Zustand des Fahrzeugs bekannt; denn er hat in Anwesenheit des Fahrers Herrn A Karosserie und Motor sorgfältig untersucht und sich auch den Kraftfahrzeugbrief und den Kraftfahrzeugschein zeigen lassen. Zusicherungen über den Zustand des Fahrzeugs sind nicht abgegeben worden.

    Beweis: Zeugnis des Angestellten A (ladungsfähige Anschrift)

Der Zinsanspruch steht der Klägerin als Verzugsschaden zu.[22] Der Beklagte befindet sich seit dem 1. 4. 19.., dem vereinbarten Zahlungsdatum, in Verzug. Die Klägerin nimmt seit dieser Zeit ständig Bankkredit in einer die Klagforderung übersteigenden Höhe zu einem Zinssatz von mindestens 7,5% in Anspruch,

    Beweis: anliegende Zinsbescheinigung der X-Bank (Anlage 4)

den sie um den eingeklagten Betrag zurückgeführt hätte.

Beglaubigte und einfache Abschrift liegen an[23].

Rechtsanwalt[2-4]

Schrifttum: Michel, Der Schriftsatz des Anwalts im Zivilprozeß, 3. Aufl. 1991; *Rinsche,* Prozeßtaktik, 1987; *Franzen,* Vermeidbare Prozesse, NJW 1982, 1854; *Benda,* Formerfordernisse im Zivilprozeß und das Prinzip der Fairneß, ZZP 1985, 365; *Lange,* Der frühe erste Termin als Vorbereitungstermin, NJW 1986, 1728; *Kunz-Schmidt,* Unterschriftserfordernis für bestimmende Schriftsätze im Zivilprozeß, NJW 1987, 1298; *Zimmermann,* Der Zins im Zivilprozeß, JuS 1991, 229; *Kleffmann,* Die ladungsfähige Anschrift der Parteien als Erfordernis ordentlicher Klageerhebung, NJW 1989, 1142.

Anmerkungen

1. Die genaue Bezeichnung des Gerichts gehört zu den Formalien der Klageschrift, § 253 Abs. 2 Nr. 1 ZPO. Seit 1. 3. 1993 liegt die Zuständigkeitsgrenze zwischen Amts- und Landgericht bei DM 10.000,– (§ 23 Nr. 1 GVG). Der Kläger sollte besonders prüfen, ob der Anspruch nicht zur Zuständigkeit der Kammer für Handelssachen gehört (vgl. Form. I. D. 2) und in diesem Fall seinen Antrag, den Rechtsstreit dort zu verhandeln, bereits in

der Klageschrift stellen (§ 96 Abs. 1 GVG). Sofern der Geschäftsplan eines Landgerichts bestimmte Klagen besonderen Kammern zuweist (zB. Wettbewerbssachen, Verkehrszivilsachen, Staatshaftungssachen), sollte in der Klageschrift deutlich gemacht werden, daß die Klage vor diese Kammer gehört. Die Annahmestelle des Landgerichts ist oft nicht in der Lage, dies zu erkennen, was zu zeitraubenden Abgaben innerhalb des Gerichts führt.

2. Besondere Sorgfalt ist auf die Bezeichnung der Parteien zu verwenden; eine unzureichende Bezeichnung kann zu Schwierigkeiten in der Zwangsvollstreckung führen. Es gilt § 130 Nr. 1 ZPO. Bei juristischen Personen ist die Angabe der „gesetzlichen Vertreter" erforderlich, es sind also bei einer GmbH der Geschäftsführer, bei einer Aktiengesellschaft und bei einem Verein die Vorstandsmitglieder, bei einer OHG oder KG die persönlich haftenden Gesellschafter aufzuführen. Sollen ein Kaufmann unter seiner Firma (§ 17 Abs. 2 HGB), eine Handelsgesellschaft oder eine juristische Person verklagt werden, ist unbedingt zu empfehlen, die genaue Firmenbezeichnung und die Namen der gesetzlichen Vertreter vorher durch eine Auskunft beim Handelsregister festzustellen (bei Vereinen entsprechend im Vereinsregister, bei Genossenschaften im Genossenschaftsregister). Eine unrichtige oder unvollständige Bezeichnung kann später von Amts wegen oder auf Antrag berichtigt werden (vgl. Form. I. J. 4).

3. Der Kläger muß seine ladungsfähige Anschrift angeben; verweigert er dies ohne zureichenden Grund, ist die Klage unzulässig (vgl., auch zu Ausnahmen, BGH NJW 1988, 2114; VGH Kassel NJW 1990, 138; *Kleffmann* NJW 1989, 142; einschränkend *Zöller/ Greger* § 253 Rdn. 8).

4. Von der genauen und zutreffenden Bezeichnung des Beklagten hängen die Zustellung der Klage und später die Vollstreckung ab. Es gilt das in Anm. 2 Gesagte entsprechend.

5. Sofern in der vorprozessualen Korrespondenz ein Rechtsanwalt seine Zustellungsbevollmächtigung für den Gegner mitgeteilt hat, ist er hier aufzuführen.

6. Eine Kurzbezeichnung des Streitgegenstandes in dieser Weise ist üblich, allerdings nicht notwendig (zB. Schadensersatz, Unterhalt, Auskunft, Herausgabe etc.).

7. Die Angabe des Streitwertes soll enthalten sein, da hiervon die sachliche Zuständigkeit und die Höhe des Gerichtskostenvorschusses abhängen, vgl. § 253 Abs. 3 ZPO. Ist durch die Klageerhebung eine Frist zu wahren, sollte der Streitwert unbedingt angegeben werden, da sich sonst die Klagezustellung zurechenbar verzögern kann (§ 270 Abs. 3 ZPO, vgl. BGH NJW 1994, 1073). Bei Klagen auf Zahlung einer bestimmten Geldsumme ist die Angabe nicht erforderlich, aber üblich.

8. Das Fehlen eines bestimmten Antrages (§ 253 Abs. 2 Nr. 2 ZPO) macht die Klage unzulässig. Die Formulierung ist bei Zahlungsklagen unproblematisch, Schwierigkeiten können sich aber zB. bei Klagen auf Herausgabe, Vornahme einer Handlung oder Feststellung ergeben.

9. Über die Kosten entscheidet das Gericht auch ohne Antrag (§ 308 Abs. 2 ZPO), der Kostenantrag ist jedoch allgemein üblich. Für den Fall einer späteren Erledigung der Hauptsache kann er Bedeutung erlangen.

10. Auch über die vorläufige Vollstreckbarkeit hat das Gericht ohne Antrag zu erkennen; dieser Antrag ist nur eine Anregung an das Gericht. Besondere Anträge nach §§ 710, 711 S. 2 ZPO, das Urteil ohne Sicherheitsleistung für vorläufig vollstreckbar zu erklären, sind zweckmäßigerweise bereits in der Klageschrift zu stellen; sie müssen gem. § 714 ZPO jedenfalls vor Schluß der mündlichen Verhandlung gestellt sein. Allerdings versprechen die Anträge nur Erfolg, wenn die tatsächlichen Voraussetzungen glaubhaft gemacht werden. Im angenommenen Fall wäre das Urteil für den Kläger im Fall des Obsiegens nur gegen Sicherheitsleistung vorläufig vollstreckbar, da der Gegenstand der Verurteilung den Betrag von DM 1.500,– übersteigen würde (§§ 708 Nr. 11, 709 ZPO).

1. Zahlungsklage mit Anregung eines frühen ersten Termins   I. D. 1

11. Für den Fall seines Unterliegens kann der Kläger den Schutzantrag nach § 712 ZPO (auch Antrag auf „Befugung" genannt) stellen. Hierzu ist Glaubhaftmachung der tatsächlichen Voraussetzungen erforderlich, § 714 Abs. 2 ZPO. Der Antrag kann gemäß § 714 Abs. 1 ZPO nur bis zum Schluß der mündlichen Verhandlung gestellt werden, aber auch noch in der Berufungsinstanz (hM., vgl. *Thomas/Putzo* § 714 Rdn. 5). Wird der Antrag im erstinstanzlichen Verfahren nicht gestellt, kann allerdings ein Einstellungsantrag nach § 719 Abs. 1 ZPO im Berufungsrechtszug unbegründet sein (so OLG Frankfurt NJW 1984, 2955).

12. Will der Kläger seine Sicherheitsleistung nicht wie im Normalfall (§ 108 Abs. 1 ZPO) durch Hinterlegung, sondern durch Bankbürgschaft erbringen, ist dies nur aufgrund gerichtlicher Anordnung möglich. Zu Zweck und Umfang der Sicherung vgl. BGH NJW 1979, 417. Üblicherweise wird eine selbstschuldnerische, unwiderrufliche, unbefristete und unbedingte Bürgschaft einer sicheren Bank (die genau zu bezeichnen ist) oder einer öffentlichen Sparkasse verlangt, auch eine Bürgschaft der Volks- und Raiffeisenbanken ist tauglich (vgl. *Beuthin/Jöstingmeier* NJW 1994, 2071). Zur Übergabe oder Zustellung der Bürgschaftsurkunde an den Gegner vgl. *Zöller/Herget* § 108 Rdn. 11; *Thomas/Putzo* § 108 Rdn. 13, jeweils mit Nachw. Manche Gerichte ordnen die gerichtliche Hinterlegung der Bürgschaftsurkunde an. Die Bürgschaft muß gegenüber der Bank verzinst werden, die dadurch entstandenen Kosten sind Prozeßkosten, also von der unterliegenden Partei zu tragen (OLG Frankfurt NJW 1978, 1442; KG MDR 1983, 495, str.; vgl. *Zöller/Stöber* § 788 Rdn. 5). Zur Rückgabe der Bürgschaft vgl. BGH NJW 1979, 417; ist der Anlaß für die Sicherheitsleistung entfallen, sollte die Bürgschaftsurkunde unverzüglich vom Gegner zurückgefordert werden (BGH NJW 1990, 2129). Möglich ist es auch, den Austausch einer beigebrachten Prozeßbürgschaft gegen die gleichwertige eines anderen Kreditinstitutes zu fordern (BGH NJW 1994, 1351). Entscheidungen über Art und Höhe der Sicherheitsleistung sind (eingeschränkt) anfechtbar, vgl. *Thomas/Putzo* § 108 Rdn. 17; aA. OLG München MDR 1984, 321.

13. Ob das Gericht einen frühen ersten Termin oder das schriftliche Vorverfahren anordnet, liegt in seinem Ermessen (§ 272 Abs. 2 ZPO). Das Gericht wird jedoch die Anregung des Klägers beachten. Die Verfahrensart ist unabhängig davon, ob der Rechtsstreit durch die Kammer oder den Einzelrichter verhandelt wird. In der Praxis wird von schriftlichen Vorverfahren weniger Gebrauch gemacht, die Verfahrensart kann aber von Kammer zu Kammer und auch innerhalb einer Kammer unter den Einzelrichtern unterschiedlich sein. Der frühe erste Termin empfiehlt sich für den Kläger immer dann, wenn abzusehen ist, daß sich der Rechtsstreit ganz oder zum Teil im ersten Termin erledigt, wenn er einen gerichtlichen Vergleich vor Beweiserhebung anstrebt, wenn er an einer baldigen Erörterung des Rechtsstreits mit dem Gericht interessiert ist, wenn die Vorbereitung des Rechtsstreits durch ein schriftliches Vorverfahren überflüssig scheint (vgl. *Thomas/Putzo* § 272 Rdn. 4). Wenn allerdings bekannt ist, daß beim angerufenen Landgericht Termine erst nach Monaten stattfinden, kann ein schriftliches Vorverfahren wegen der Möglichkeit, ohne Termin ein Versäumnisurteil oder Anerkenntnisurteil zu erwirken, günstig sein. Andererseits birgt das schriftliche Vorverfahren bei streitigem Prozeßverlauf stets die Gefahr der Verschleppung. Zur Prozeßförderungspflicht der Parteien für den frühen ersten Termin vgl. KG NJW 1980, 2362 u. BGH NJW 1983, 575. Bei Wahl eines frühen ersten Termins können sich die Parteien nicht darauf verlassen, daß noch ein weiterer Haupttermin stattfinden wird (BGH aaO. u. NJW 1987, 499), anders aber, wenn es sich ersichtlich um einen Durchlauftermin handelt (BVerfG NJW 1985, 1149; BGH NJW 1987, 500; BayVerfGH NJW 1990, 502).

14. Diese Anträge können bereits in der Klage gestellt werden (§ 307 Abs. 2 S. 2, § 331 Abs. 3 S. 2 ZPO). Das sollte, auch wenn der Kläger einen frühen ersten Termin anregt, stets geschehen; denn ordnet das Gericht dennoch das schriftliche Vorverfahren an, würde ein weiterer Schriftsatz erforderlich, was die Entscheidung verzögert.

15. Die Erklärung ist gemäß § 253 Abs. 3 ZPO erforderlich, die Übertragung steht aber im Ermessen der Kammer. Eine Verhandlung vor der Kammer empfiehlt sich über die in § 348 Abs. 1 ZPO genannten Fälle (besondere Schwierigkeit, grundsätzliche Bedeutung) hinaus, wenn der Sachverstand oder die Autorität der ganzen Kammer, insbesondere des Vorsitzenden, wünschenswert sind, um zB. mit schwierigen Parteien zu verhandeln oder eine komplizierte Beweisaufnahme und Beweiswürdigung durchzuführen. Vom Kläger zu berücksichtigen ist aber auch, daß ein Haupttermin vor dem Einzelrichter meist schneller zu erreichen ist als vor der Kammer. Der frühe erste Termin wird oft noch vor der Kammer stattfinden, da die Einzelrichtererklärung des Beklagten nach § 277 Abs. 1 Satz 2 ZPO im Zeitpunkt der Terminierung noch nicht vorliegt. Will der Kläger keine Verhandlung vor dem Einzelrichter, sollte er seine Gründe darlegen. Die Übertragung auf den Einzelrichter ist grundsätzlich unanfechtbar (§ 348 Abs. 2 S. 2 ZPO), selbst wenn sie unter Verstoß gegen § 348 Abs. 3 ZPO erfolgt (OLG Düsseldorf NJW 1981, 352; *Thomas/Putzo* § 348 Rdn. 12); nach aA. kann sie mit der Berufung angegriffen werden (OLG Schleswig NJW 1988, 69).

16. Die Klagebegründung muß die bestimmte Angabe des Gegenstandes und des Grundes des erhobenen Anspruches enthalten, die zur Begründung der Anträge dienenden tatsächlichen Verhältnisse angeben und die Beweismittel, derer sich der Kläger zum Nachweis tatsächlicher Behauptungen bedienen will, bezeichnen (§ 253 Abs. 2 Nr. 2 iVm. § 130 Nr. 3, 5 ZPO). Hierzu ist es zweckmäßig, daß der Kläger die materiell- rechtliche Anspruchsgrundlage (hier § 433 Abs. 2 BGB) zum Ausgangspunkt nimmt und zu deren Tatbestandsmerkmalen (Kaufvertrag einschließlich Vereinbarung des Kaufpreises) die erforderlichen Tatsachen vorträgt. Dabei genügt nicht die bloße Rechtsbehauptung, daß die Parteien einen Kaufvertrag geschlossen haben, vielmehr ist zur Schlüssigkeit näher darzulegen, wann, zwischen welchen Personen und auf welche Weise dies geschehen ist (Substantiierungspflicht, vgl. näher BGH NJW 1984, 310; 1984, 2888; WM 1985, 736; NJW 1991, 2707, 2709; NJW-RR 1993, 189). Genauer Sachvortrag und entsprechende Beweisanträge sind insbesondere ratsam, soweit die Darlegungs- und Beweislast beim Kläger liegt (hierzu grundsätzlich BGH NJW 1986, 2426, 2427). Der Kläger darf auch nur vermutete Tatsachen behaupten und unter Beweis stellen, wenn er zuverlässiges Wissen anders nicht erlangen kann (BGH NJW-RR 1988, 1529, NJW 1995, 1160 u. 2111). Es empfiehlt sich, die klagebegründenden Tatsachen in historischer Reihenfolge darzustellen. Eine rechtliche Qualifizierung des Anspruches ist nicht erforderlich. Rechtsausführungen sind nicht notwendig und häufig auch überflüssig. Soweit die Parteien nicht besonderen Anlaß haben, das Gericht von einer bestimmten Rechtsansicht zu überzeugen, und es nicht um Rechtsfragen von grundsätzlicher Bedeutung oder um Spezialfragen geht, sollten sie sich auf kurze Hinweise, ggf. unter Angabe einschlägiger Rechtsprechung und Literatur, beschränken.

17. Die Beweismittel sind gemäß § 130 Nr. 5 ZPO zu bezeichnen, spätere Nachholung ist möglich (BVerfG NJW 1993, 1319). Urkunden sind nicht nur zu bezeichnen, sondern vorzulegen (§ 420 ZPO). Es genügt die Einreichung einer Kopie, das Original sollte jedoch im Termin vorgelegt werden können.

18. Es ist zweckmäßig, daß die Parteien ihre Anlagen unterschiedlich bezeichnen, zB. der Kläger mit Zahlen, der Beklagte mit Buchstaben oder der Kläger mit K 1, 2 ...... und der Beklagte mit B 1, 2 ......

19. Die Übergabe der Kaufsache ist keine Anspruchsvoraussetzung, in Hinblick auf die zur Zug-um-Zug-Verurteilung führende Einrede des nichterfüllten Vertrages und als maßgeblicher Zeitpunkt für den Beginn der Sachmängelhaftung sollte sie jedoch bei Kaufpreisklagen stets vom Kläger vorgetragen werden.

20. Es ist zu empfehlen, nicht nur Mahnschreiben, sondern die gesamte prozeßerhebliche Korrespondenz dem Gericht vorzulegen.

1. Zahlungsklage mit Anregung eines frühen ersten Termins   I. D. 1

21. Ob der Kläger bereits in der Klageschrift auf mögliche Einwendungen des Beklagten eingehen soll, ist Frage des Einzelfalls. Wenn dessen Einwendungen jedoch abzusehen sind, kann dadurch eine schriftsätzliche Entgegnung auf die Klageerwiderung entbehrlich werden und zur Straffung des Prozesses beigetragen werden; dies kann auch den Beklagten veranlassen, seinen Standpunkt zu überdenken. Zudem wird dem Gericht eine gezielte Vorbereitung des Rechtsstreits erleichtert. In jedem Fall sollte der Kläger bereits zum Zeitpunkt der Klageerhebung wissen, was er auf die Einwendungen des Beklagten erwidern will, und Informationen hierzu gesammelt haben. Denn er kann nicht damit rechnen, daß das Gericht ihm zur Entgegnung auf die Klageerwiderung mehr als zwei Wochen Zeit gibt. Im angenommenen Fall dient das Vorbringen des Klägers dazu, Gewährleistungsansprüche wegen vertraglicher Vereinbarung (§ 476 BGB) auszuschließen und Kenntnis des Käufers (§ 460 BGB) zu behaupten.

22. Zum Beleg des über 4% hinausgehenden Zinsanspruches sollte bereits in der Klageschrift, und nicht erst auf Bestreiten des Beklagten, eine Zinsbescheinigung der Bank eingereicht werden. Ob der Kläger auch ohne nähere Darlegung einen höheren Zinssatz verlangen kann, ist fraglich (vgl. *Gelhaar* NJW 1981, 859 mwN.). Nach der Rechtsprechung des Bundesgerichtshofs (NJW 1984, 371) braucht der Zahlungsverzug des Schuldners nicht für die Kreditaufnahme ursächlich zu sein; es genügt also, eine Kreditaufnahme in Höhe der Klageforderung darzulegen.

23. Die Klageschrift selbst kommt zur Gerichtsakte. Für jeden Beklagten hat der Kläger eine beglaubigte Abschrift der Klageschrift beizufügen, die dem oder den Beklagten gemäß § 271 ZPO zugestellt wird (§ 253 Abs. 5 ZPO). Auch die Anlagen zur Klageschrift sind in der erforderlichen Zahl beizufügen, es sei denn, sie liegen dem Gegner bereits in Urschrift oder in Abschrift vor (§ 133 Abs. 1 ZPO). In Anwaltsprozessen ist es üblich, außer den beglaubigten Abschriften jeweils eine einfache Abschrift beizufügen.

24. Die Klageschrift muß von einem beim jeweiligen Landgericht zugelassenen Rechtsanwalt unterschrieben sein. Zur Bedeutung der Unterzeichnung „i. V." und „i. A." vgl. BGH NJW 1988, 210. Die Unterschrift selbst muß Mindestanforderungen genügen, dh. erkennen lassen, daß sie aus Buchstaben zusammengesetzt ist und individuelle Züge trägt, BGH NJW 1989, 588 mwN.; großzügiger BGH NJW 1992, 243; vgl. auch BAG NJW 1988, 2822; BFH NJW 1987, 343; *Thomas/Putzo* § 129 Rdn. 8. Das Gericht darf aber die Unterschrift eines Rechtsanwalts, die es längere Zeit nicht beanstandet hat, nicht ohne Hinweis als unzureichend ansehen (BVerfG NJW 1988, 2787). Ein Handzeichen, das erkennbar nur eine Namensabkürzung (Paraphe) darstellt, genügt nicht (BGH NJW 1994, 55).

Kosten und Gebühren

Die Klage wird erst nach Einzahlung des Gerichtskostenvorschusses (drei Gebühren nach KV Nr. 1201) zugestellt, § 65 GKG; Auslagen für die Zustellung brauchen nicht mehr eingezahlt zu werden. Die Gerichtskasse fordert den Vorschuß für die eingereichte Klage an. Der Kläger kann den Vorschuß auch selbst berechnen und entweder bei der Gerichtskasse (die den Empfang auf der Klageschrift quittiert) einzahlen oder in Gerichtskostenmarken entrichten. In den Fällen des § 65 Abs. 7 GKG entfällt die Vorschußpflicht; das gilt insbesondere, wenn dem Kläger Prozeßkostenhilfe bewilligt wurde oder er glaubhaft macht, daß ihm die alsbaldige Zahlung aus besonderen Gründen nicht möglich ist (§ 65 Abs. 7 Nr. 3 GKG).

Für das Gericht entstehen im Klageverfahren je Instanz drei Gebühren (KV Nr. 1201), die sich bei nichtstreitiger Beendigung auf eine Gebühr ermäßigen (KV Nr. 1202). Auslagen für Zustellungen werden nur noch erhoben, soweit sie DM 100,– pro Instanz überschreiten (KV Teil 9 vor Nr. 9000). Für die Rechtsanwälte fallen idR. bis zu drei Gebühren an, nämlich die Prozeßgebühr gem. § 31 Abs. 1 Nr. 1 BRAGO, die Verhandlungsgebühr oder die Erörterungsgebühr gem. § 31 Abs. 1 Nr. 2, 4 BRAGO (vgl. § 31 Abs. 2) und die Beweisgebühr gem. § 31 Abs. 1 Nr. 3 BRAGO. Zusätzlich kann eine Vergleichsgebühr entstehen (§ 23 BRAGO). Die Höhe der Gerichts- und Rechtsanwaltsgebühren richtet sich nach dem Streitwert (§ 11 Abs. 2 GKG; § 7 BRAGO). Der genaue Betrag ergibt sich aus den Gebührentabellen (Anlage 1 zum GKG bzw. Anlage zu § 11 BRAGO). Sämtliche Kosten – einschließlich der Auslagen für Zeugen und Sachverständige etc. – fallen idR. der unterliegenden Partei zur Last (§ 91 ZPO), die dem siegreichen Gegner dessen Kosten zu erstatten hat.

Fristen und Rechtsmittel

Prozessuale Fristen sind für die Klageerhebung nicht zu beachten. Jedoch können materielle Fristen (Verjährungsfristen, Ausschlußfristen) einzuhalten sein. Zu deren Wahrung genügt die Einreichung der Klageschrift bei Gericht, wenn die Zustellung, gemessen am Tag des Fristablaufs, „demnächst" (hierzu BGH NJW 1986, 1347; NJW 1993, 2320) erfolgt, § 270 Abs. 3 ZPO. Kann die Klage nicht mehr vor Fristablauf zugestellt werden, muß der Kläger aber alles tun, um eine nicht nur geringfügige Verzögerung der Zustellung zu vermeiden (vgl. BGH NJW 1992, 1820; NJW 1994, 1073); er sollte insbesd. den Gerichtskostenvorschuß bereits mit Klageeinreichung oder doch unverzüglich nach Aufforderung (nach BGH NJW 1986, 1347; 1993, 2811 ausreichend) leisten, die Parteien genau bezeichnen (zustellungsfähige Anschrift des Beklagten!; vgl. BGH NJW 1992, 1820, 1822) und die sonstigen Formalien erfüllen. Die lange Dauer einer Zustellung im Ausland geht nicht zu seinen Lasten (BGH NJW 1988, 411; vgl. *Pfennig* NJW 1989, 2172). Grundsätzlich unterbricht die Klage die Verjährung nur hinsichtlich des Streitgegenstandes, nicht hinsichtlich weiterer Teilbeträge (BGH NJW 1988, 1854) oder weiterer Schäden, auch wenn diese erst später entstehen (vgl. – auch zu Ausnahmen – BGH NJW 1988, 965).

Kein Rechtsmittel gibt es gegen die Entscheidung des Gerichts, das Verfahren des frühen ersten Termins oder des schriftlichen Vorverfahrens einzuschlagen, vgl. KG MDR 1985, 416; *Thomas/Putzo* § 272 Rdn. 2. Terminiert das Gericht aber gar nicht oder so spät, daß es einer Versagung des Rechtsschutzes gleichkommt, oder kommt es sonst zu einem Verfahrensstillstand, ist die Beschwerde zulässig (vgl. *Thomas/Putzo* § 216 Rdn. 11; OLG Karlsruhe NJW 1984, 985; OLG Hamburg NJW-RR 1989, 1022). Zur Anfechtbarkeit der Übertragung auf den Einzelrichter vgl. Anm. 14 aE.

2. Grundmuster einer Klageschrift mit Begründung (Zahlungsklage an das Landgericht, Kammer für Handelssachen, mit Anregung des schriftlichen Vorverfahrens)

An das
Landgericht[1]
Kammer für Handelssachen[2]

Klage

der eingetragenen Firma Druckerei X,

Inhaber X . . . . . . (vollständiger Name und Firmenanschrift)
Prozeßbevollmächtigter: Rechtsanwalt . . . . . .
gegen

2. Zahlungsklage mit Anregung des schriftlichen Vorverfahrens I. D. 2

1. die Druckerei Y KG, vertreten durch den persönlich haftenden Gesellschafter Y (vollständiger Name und Firmenanschrift)
2. den persönlich haftenden Gesellschafter der Beklagten zu 1), den Kaufmann Y (vollständiger Name und Firmen- oder Privatanschrift)[3]

wegen Werklohn

Streitwert: DM 17.250,–

Namens und in Vollmacht der Klägerin erhebe ich Klage und werde beantragen:

> 1. Die Beklagten werden wie Gesamtschuldner[4] verurteilt, an die Klägerin DM 17.250,– nebst 5% Zinsen vom 3. 3. 19.. bis 31. 10. 19..[5] und 8% Zinsen seit dem 1. 11. 19..[6] zu zahlen.
> 2. Die Beklagten tragen die Kosten des Rechtsstreits.
> 3. Das Urteil ist notfalls gegen Sicherheitsleistung vorläufig vollstreckbar.

Es wird angeregt, das schriftliche Vorverfahren[7] anzuordnen. Für den Fall der Fristversäumung oder des Anerkenntnisses wird beantragt,

> gegen den Beklagten ein Versäumnisurteil oder ein Anerkenntnisurteil ohne mündliche Verhandlung zu erlassen[8].

Mit einer Entscheidung durch den Vorsitzenden ist die Klägerin einverstanden[9].

Begründung:[10]

Die Klägerin hatte in längerer Geschäftsbeziehung für die Beklagte zu 1) Druckaufträge ausgeführt. Im Januar 19.. hatte die Beklagte zu 1) von einem ihrer Kunden, der Firma F, den Auftrag, 10000 Werbeprospekte herzustellen. Aus Kapazitätsgründen war die Beklagte zu 1) nicht in der Lage, diesen Auftrag selbst auszuführen. Ihr Prokurist Herr P rief daher den Inhaber der Klägerin am 15. 2. 19.. an und fragte, ob die Klägerin diesen Auftrag für sie übernehmen könne. Nachdem der Inhaber der Klägerin wegen der kurzen Frist zunächst abgelehnt hatte, erklärte er sich auf das Drängen des P schließlich hierzu bereit. Herr P überbrachte dem Inhaber der Klägerin noch am selben Tag die Druckunterlagen. Hierbei wurde zwischen beiden, in Anwesenheit des Angestellten Herrn A der Klägerin, ein Preis von DM 1.500,– pro 1000 Stück zuzüglich MWSt vereinbart.

> Beweis: Zeugnis des Angestellten Herrn A (ladungsfähige Anschrift)

Die Auslieferung sollte am 28. 2. 19.. unmittelbar an den Kunden der Beklagten zu 1) erfolgen.

> Beweis: wie vor.

Am 28. 2. 19.. lieferte die Klägerin die Ware vertragsgemäß aus, auf dem Lieferschein wurde vom Kunden der Beklagten zu 1) ordnungsgemäßer Empfang bescheinigt.

> Beweis: Lieferschein vom 28. 2. 19..
> (Anlage 1)

Unter dem 1. 3. 19.. erteilte die Klägerin der Beklagten zu 1) ihre entsprechend der vereinbarten Vergütung aufgemachte Rechnung.

> Beweis: Rechnung vom 1. 3. 19..
> (Anlage 2)

Die Beklagte zu 1) weigert sich zu Unrecht, die Rechnung zu begleichen. Sie hat in der vorprozessualen Korrespondenz zum einen eingewandt[11], nicht sie, sondern ihr Kunde, die Firma F, sei Vertragspartner der Klägerin geworden, die Klägerin müsse sich also an die Firma F wenden. Dies widerspricht jedoch den vertraglichen Vereinbarungen, denn der Prokurist der Beklagten zu 1) brachte mit keinem Wort zum Ausdruck, daß der Auftrag im Namen und mit Vollmacht für diese Firma erteilt werde.

I. D. 2 I. D. Klageerhebung

      Beweis: (unter Protest gegen die Beweislast)[12]: Zeugnis des Herrn A, bereits benannt

Die Beklagte zu 1) hat zum anderen geäußert, daß der Preis überhöht sei. Dies ist unerheblich, da die Vergütung, wie bereits unter Beweis gestellt ist, vereinbart wurde, ist aber im übrigen auch unzutreffend. Vorsorglich bezieht sich die Klägerin zum Beweis dafür, daß die berechnete Vergütung üblich und angemessen ist[13], auf das

      Gutachten eines Sachverständigen.

In einem ihrer Schreiben hat sich die Beklagte zu 1) außerdem auf Mängel berufen, diese Rüge war jedoch verspätet und unspezifiziert. Im übrigen sind die Prospekte von der Klägerin einwandfrei hergestellt worden.

      Beweis: 1. Augenschein
               2. Gutachten eines Sachverständigen.

Die zwischen den Parteien über diese Punkte gewechselten Schreiben werden zur Information des Gerichts als

      Anlage 3 (Schreiben der Klägerin vom ......),
      Anlage 4 (Schreiben der Beklagten zu 1) vom ......),
      Anlage 5 (Schreiben der Klägerin vom ......)

eingereicht. Mit Schreiben vom ......

      Anlage 6

setzte die Klägerin der Beklagten zu 1) eine letzte Zahlungsfrist zum 1. 11. 19...

Der Beklagte zu 2) haftet der Klägerin für die Forderung gegen die Beklagte zu 1) gemäß §§ 161 Abs. 2, 128 HGB.

Der Zinsanspruch ergibt sich für die Zeit bis 31. 10. 19.. aus §§ 352, 353 HGB, für die anschließende Zeit aus Verzug. Eine entsprechende Zinsbescheinigung der Hausbank wird als

      Anlage 7

überreicht[14].

Zwei beglaubigte Abschriften und eine einfache Abschrift liegen bei.

Rechtsanwalt

Anmerkungen

1. Zu den Formalien der Klageschrift wird zunächst auf das Form. I. D. 1 verwiesen.

2. Macht der Kläger eine Handelssache iSd. § 95 GVG – hier liegt ein Fall des § 95 Abs. 1 Nr. 1 GVG vor – beim Landgericht anhängig, steht es zunächst in seinem Belieben, ob er den Rechtsstreit vor der Zivilkammer oder der Kammer für Handelssachen führen will. Wählt er die Kammer für Handelssachen, muß er dies in der Klageschrift beantragen (§ 96 Abs. 1 GVG). Eine spätere Verweisung von der Zivilkammer an die Kammer für Handelssachen ist nur auf Antrag des Beklagten zulässig (vgl. Form. I. I. 1). Weil dies zu einer Prozeßverzögerung führen würde, sollte der Kläger idR. die Kammer für Handelssachen gleich anrufen. Im übrigen kann es ein Vorteil sein, daß der Rechtsstreit durch einen in Handelssachen erfahrenen Vorsitzenden Richter am Landgericht verhandelt und (mit-) entschieden wird und daß zwei im Wirtschaftsleben erfahrene ehrenamtliche Richter mitwirken.

3. Bei Zahlungsklagen gegen eine OHG oder KG empfiehlt es sich regelmäßig, den oder die persönlich haftenden Gesellschafter mit zu verklagen. Gemäß § 128 HGB, bei der KG iVm. § 161 Abs. 2 HGB, haftet der persönlich haftende Gesellschafter für die Verbindlichkeiten der Gesellschaft. Der Kläger erhält so einen weiteren Schuldner, der zudem als

2. Zahlungsklage mit Anregung des schriftlichen Vorverfahrens   I. D. 2

Zeuge ausscheidet. Gesellschaft und Gesellschafter sind einfache Streitgenossen (BGH NJW 1988, 2113).

4. Handelsgesellschaft und persönlich haftender Gesellschafter werden im Prozeß wie Gesamtschuldner behandelt (*Baumbach/Duden* § 128 Anm. 8 A).

5. Kaufleuten stehen untereinander aus einem beiderseitigen Handelsgeschäft gesetzliche Zinsen in Höhe von 5% bereits ab Fälligkeit zu (§§ 352, 353 HGB), was oft übersehen wird.

6. Mehrwertsteuer auf die Zinsen kann der Kläger nicht verlangen; vereinnahmte Verzugszinsen unterliegen nicht der Umsatzsteuer (EuGH NJW 1983, 505; OLG Frankfurt NJW 1983, 394).

7. Vgl. Anm. 12 zu Form. I. D. 1. Das schriftliche Vorverfahren mag für die Kammer für Handelssachen eher geeignet sein, weil hier der Rechtsstreit ohnehin durch den Vorsitzenden so weit zu fördern ist, daß er in einer mündlichen Verhandlung vor der Kammer entschieden werden kann (§ 349 Abs. 1 ZPO). Regt der Kläger das schriftliche Vorverfahren an, muß er besonders darauf achten, daß sein Anspruch auch in allen Nebenforderungen schlüssig ist. Andernfalls kann das Gericht ein schriftliches Versäumnisurteil höchstens als Teilurteil – dann aber ohne Kostenentscheidung – erlassen, wegen des Restes wird ein umständliches Verfahren erforderlich.

8. Vgl. Anm. 13 zu Form. I. D. 1.

9. Die Vorschriften über den Einzelrichter können für die Kammer für Handelssachen wegen ihrer besonderen Besetzung nicht gelten. Im Einverständnis der Parteien kann der Vorsitzende jedoch an Stelle der Kammer entscheiden (§ 349 Abs. 3 ZPO). Dieses Einverständnis kann bereits in der Klageschrift erteilt werden. Da es unwiderruflich ist (*Baumbach/Lauterbach/Albers/Hartmann* § 349 Rdn. 20), sollte die Erklärung idR. erst abgegeben werden, wenn der Prozeßverlauf für die Partei in etwa einzuschätzen ist.

10. Zur Klagebegründung allgemein vgl. Anm. 15 ff. zu Form. I. D. 1. Die vom Kläger vorzutragenden Tatbestandsvoraussetzungen der Anspruchsgrundlage § 631 BGB sind Vertragsschluß, Vereinbarung der verlangten Vergütung oder ihre Angemessenheit und Fälligkeit der Vergütung (§ 641 BGB, idR. Abnahme oder Verpflichtung des Bestellers zur Abnahme).

11. Wenn Einwendungen bereits bekannt sind, empfiehlt es sich zur Straffung des Prozeßstoffes, auf sie unter Beweisantritt einzugehen.

12. Die Beweislast für das Handeln in fremdem Namen tragen die Beklagten, es handelt sich um einen Gegenbeweisantrag. Hierauf kann das Gericht auf diese oder ähnliche Weise hingewiesen werden.

13. Es handelt sich um Hilfsvorbringen des Klägers, der damit rechnen muß, daß er die von ihm behauptete, von den Beklagten bestrittene Vergütungsvereinbarung nicht wird beweisen können. In diesem Fall kann der Kläger die übliche Vergütung iSd. § 632 Abs. 2 BGB verlangen. Die Darlegungs- und Beweislast dafür, daß die verlangte Vergütung für die Herstellung des Werkes üblich und im Rahmen des Üblichen angemessen ist (vgl. BGH NJW 1985, 1895), trifft ihn. Daher ist sein Beweisantritt erforderlich.

14. Die Darlegung, daß der Kläger als Kaufmann wegen der Klagforderung einen höheren Kredit in Anspruch genommen hat, ist bei Kaufleuten nicht erforderlich (BGH BB 1965, 305), aber gleichwohl zu empfehlen.

Kosten und Gebühren

Vgl. die Hinweise zu Form. I. D. 1. Für das schriftliche Vorverfahren gilt grundsätzlich nichts Besonderes. Allerdings entstehen die Verhandlungs- bzw. die Erörterungsgebühr der

Rechtsanwälte erst später, da es zu einer Verhandlung oder Erörterung erst im Haupttermin kommen kann. Eine Beweisaufnahme, die vor dem Haupttermin stattfindet, löst bereits eine Beweisgebühr aus.

Fristen und Rechtsmittel

Vgl. die Hinweise zu Form. I. D. 1.

3. Positive Feststellungsklage[1,2]

An das
Landgericht

Klage

In der Sache
des Alfred M. ......,
gegen
den Hans-Jürgen M. ......,
vorläufiger Streitwert 100.000,–[3],
erhebe ich Klage und werde beantragen:[4]

1. Es wird festgestellt, daß der Kläger berechigt ist, dem Beklagten wegen der im notariellen Testament vom ...... unter § 5 aufgeführten Vorfälle, nämlich des durch Strafurteil des Landgerichts Frankfurt vom 12. 5. 19.., Aktenzeichen ......, festgestellten Betruges sowie wegen des Vorfalles im Hause des Klägers am 13. 7. 19.., den Pflichtteil zu entziehen.
2. ......

Begründung

Der Kläger ist Gesellschafter eines alteingesessenen Familienunternehmens, der Fa. ......, die jetzt in Form einer GmbH & Co. KG betrieben wird. Seine pflichtteilsberechtigten Erben sind seine Ehefrau Margarethe M., sein älterer Sohn Georg M. und sein jüngerer Sohn Hans-Jürgen M., der Beklagte. Mit notariellem Testament vom ......,

Anlage 1

hat der Kläger seine Ehefrau zur Vorerbin und seinen älteren Sohn Georg M. zum Nacherben eingesetzt. Seinem jüngeren Sohn, dem Beklagten, hat der Kläger in § 5 des Testamentes den Pflichtteil entzogen und die hierfür maßgeblichen Gründe im Testament angegeben. Hierzu ist folgendes auszuführen:

1. Der Beklagte war früher, zusammen mit dem Kläger und dessen älterem Sohn, an der Firma M. beteiligt und zugleich als Mitgeschäftsführer tätig. Hauptgesellschafter des Unternehmens war damals der Kläger, der Beklagte und sein Bruder hielten Kommanditanteile. Der Beklagte hat in dieser Position das in ihn gesetzte Vertrauen des Klägers ständig mißbraucht und das Unternehmen des Klägers und damit auch sein Vermögen fast ruiniert. Seine Pflichtverletzungen gipfelten in einem Subventionsbetrug, für den der Beklagte durch Urteil der Wirtschaftsstrafkammer des Landgerichts Frankfurt (Aktenzeichen ......) zu Freiheitsstrafe und Geldstrafe verurteilt wurde. Eine Kopie des rechtskräftigen Urteils vom ...... wird als

3. Positive Feststellungsklage   I. D. 3

Anlage 2

überreicht. Damit hat der Beklagte sich eines schweren vorsätzlichen Vergehens gegen den Kläger schuldig gemacht, das nach § 2333 Nr. 3 BGB zur Entziehung des Pflichtteils berechtigt. Diese Verfehlung führte zum Bruch der Parteien.

2. Der zweite Vorfall ereignete sich am ...... im Hause des Klägers anläßlich einer Zusammenkunft, um die der Beklagte gebeten hatte. Im Zusammenhang mit Forderungen des Beklagten kam es zum Streit, in dessen Verlauf der Beklagte den Kläger attackierte, schlug und umstieß.

Beweis: Zeugnis ......

Tatbestandsmäßig handelte es sich um eine vorsätzliche Körperverletzung. Die Verletzungen, die der Kläger erlitt, ergeben sich aus dem als

Anlage 3

beigefügten ärztlichen Attest. Es sei darauf hingewiesen, daß es nur der Beklagte war, der tätlich wurde. Der Beklagte hat nicht etwa körperliche oder verbale Angriffe des Klägers oder der anderen Familienangehörigen erwidert. Hierin liegt eine vorsätzliche körperliche Mißhandlung im Sinne des § 2333 Nr. 2 BGB. Die von der Rechtsprechung (BGH NJW 1974, 1084; NJW 1990, 911) geforderte grobe Mißachtung des Eltern-Kind-Verhältnisses sieht der Kläger darin, daß der Beklagte diese Verfehlung in seinem Elternhaus, dazu noch im Beisein seiner Mutter und aus Anlaß der von ihm gewünschten Familienaussprache, begangen hat.

Beide Vorfälle hat der Kläger nicht im Sinne des § 2337 BGB verziehen. Die Parteien haben sich seitdem nicht mehr gesehen.

Dem Kläger geht es mit seiner Feststellungsklage darum, Klarheit darüber zu gewinnen, wie er letztwillig verfügen kann. Insbesondere muß er wissen, ob nach seinem Tode Pflichtteilszahlungen an den Beklagten zu leisten sind, die von den Erben aus der Firma entnommen werden müßten. Das begründet sein rechtliches Interesse im Sinne des § 256 ZPO (BGH NJW 1990, 911).

Rechtsanwalt

Schrifttum: Pawlowski, Das Verhältnis von Feststellungs- und Leistungsklage, MDR 1988, 630; *Macke,* Aufeinandertreffen von negativer und positiver Feststellungsklage im Schadensersatzprozeß, NJW 1990, 1651.

Anmerkungen

1. Es handelt sich um eine Feststellungsklage nach § 256 Abs. 1 ZPO, die darauf gerichtet ist, das Bestehen eines Rechtsverhältnisses positiv festzustellen. Gegenstand der Feststellung können – abgesehen vom seltenen Fall der Urkundenfeststellung – auf Vertrag oder Gesetz beruhende Rechtsbeziehungen oder auch einzelne Ansprüche aus einer solchen Rechtsbeziehung sein. Das Rechtsverhältnis muß regelmäßig zwischen den Parteien bestehen, ausnahmsweise kann auch auf Feststellung eines Rechtsverhältnisses zu einem Dritten geklagt werden (BGH NJW 1993, 2539). Nicht zulässig ist die Feststellung von Tatsachen oder von einzelnen Tatbestandsvoraussetzungen einer Anspruchsnorm (vgl. *Thomas/Putzo* § 256 Rdn. 10). Auch die Feststellung der Wirksamkeit oder Unwirksamkeit von Willenserklärungen oder sonstigen Rechtshandlungen kann nicht verlangt werden (BGH NJW 1990, 911), ebensowenig die Feststellung von Vorfragen und Berechnungsgrundlagen des streitigen Anspruchs (BGH NJW 1995, 1079). Die Feststellungsklage ist nur zulässig, wenn der Kläger ein Interesse an alsbaldiger Feststellung durch richterliche Entscheidung hat; es liegt nach der von der Rechtsprechung benutzten Formel vor, wenn

das behauptete Recht des Klägers durch eine gegenwärtige Unsicherheit gefährdet ist und das erstrebte Urteil geeignet ist, diese Gefahr zu beseitigen (BGH NJW 1986, 2507). Bei einer positiven Feststellungsklage liegt die Gefährdung idR. schon darin, daß der Beklagte das Recht des Klägers ernsthaft bestreitet, oder auch darin, daß Verjährung droht. Das Feststellungsinteresse fehlt grundsätzlich, wenn bereits eine Leistungsklage möglich ist (BGH NJW 1984, 1118, 1119 mwN.; die Möglichkeit einer Klage auf zukünftige Leistung steht nicht entgegen, BGH NJW 1986, 2507). Die positive Feststellungsklage kommt also vor allem dann in Betracht, wenn der Umfang des Anspruchs noch nicht feststeht (häufig im Schadensersatzprozeß oder im Deckungsprozeß gegen den Versicherer), wenn der Anspruch noch nicht fällig ist oder wenn sich aus dem gefährdeten Recht aus sonstigen Gründen noch kein bestimmter Anspruch ableiten läßt.

Zur Feststellungsklage bei noch nicht bezifferbaren Schadensersatzansprüchen vgl. Form I. D. 4, zur Zwischenfeststellungsklage vgl. Form I. D. 4, zur negativen Feststellungsklage Form I. E. 7.

2. Das Beispiel betrifft eine Klage auf Feststellung, daß dem klagenden Erblasser das Recht zusteht, einem Abkömmling den Pflichtteil nach § 2333 BGB zu entziehen. Die Rechtsprechung bejaht hierfür ein Feststellungsinteresse des Erblassers (BGH NJW 1974, 1084; NJW 1990, 911, 912; OLG Hamburg NJW 1988, 977). Gleiches hat für den Fall der Entziehung des Elternpflichtteils und des Ehegattenpflichtteils nach §§ 2334, 2335 BGB zu gelten. Nicht geklärt ist die Frage, ob auch der Pflichtteilsberechtigte vor Eintritt des Erbfalles eine Feststellungsklage gegen den Erblasser, der die Entziehung verfügt hat, erheben kann (BGH NJW 1990, 911, 912 mwN. läßt die Frage im Grundsatz offen und bejaht im konkreten Fall ein Feststellungsinteresse, das aber mit dem Tod des Erblassers entfällt, vgl. BGH NJW-RR 1993, 391). Eine vom Erblasser erhobene Feststellungsklage kann nach dessen Tod der Erbe nicht ohne weiteres fortsetzen; er müßte die Klage ändern (BGH FamRZ 1990, 145).

Ein Erblasser, der einem Pflichtteilsberechtigten den Pflichtteil entzogen hat, hat zwei Möglichkeiten: Er kann untätig bleiben und den Streit seinen Erben überlassen, oder er kann noch zu Lebzeiten selbst klären, ob die Entziehung wirksam ist. Da sein Erbe im Rechtsstreit mit dem Pflichtteilsberechtigten die Entziehungsgründe zu beweisen haben würde (§ 2336 Abs. 3 BGB), dieser Beweis aber bei langem zeitlichen Abstand schwierig werden kann, dürfte es sich in vielen Fällen empfehlen, die Frage gleich zu klären. Das gilt vor allem, wenn der Beweis durch Zeugenaussagen zu führen ist.

3. Bei der Bemessung des Streitwerts ist gegenüber der Leistungsklage ein Abschlag von 20–50% vorzunehmen (vgl. *Thomas/Putzo* § 3 Rdn. 65).

4. Der Antrag kann nicht dahin formuliert werden, die Wirksamkeit oder Unwirksamkeit der Entziehung festzustellen. Ein solcher Antrag wäre nicht auf Feststellung eines Rechtsverhältnisses gerichtet (BGH NJW 1990, 911). Gegenstand der Feststellungsklage ist vielmehr das Recht des Klägers als künftigem Erblasser, dem Beklagten den Pflichtteil zu entziehen. Wichtig ist dabei, den Antrag auf konkrete Gründe zu beziehen. Bei der umgekehrten Feststellungsklage des Pflichtteilsberechtigten gegen den Erblasser müßte der Antrag lauten:

„festzustellen, daß der Beklagte nicht das Recht hat, dem Kläger aus den im Testament vom ...... genannten Gründen den Pflichtteil zu entziehen."

5. Hier hat der Erblasser die Entziehungsgründe, für deren Vorliegen er nach § 2336 Abs. 3 BGB beweispflichtig ist, im einzelnen vorzutragen und unter Beweis zu stellen. Das Problem liegt für beide Entziehungsgründe darin, nicht nur eine vorsätzliche Körperverletzung oder ein schweres vorsätzliches Vergehen vorzutragen, sondern auch darzulegen, daß sich die Verfehlungen konkret gegen den Erblasser richten. Sie müssen sich als grobe Pietätsverletzung gegenüber dem Erblasser bzw. als grobe Mißachtung des Eltern-Kind-Verhältnisses darstellen (BGH NJW 1974, 1084; NJW 1990, 912). Der Kläger sollte auch vortragen, daß er die Entziehung formgerecht erklärt hat. Das kann nach § 2336 BGB nur

durch letztwillige Verfügung geschehen, wobei der Sachverhalt konkret und zutreffend anzugeben ist. Es genügt nicht, im Testament auf andere, nicht in Testamentsform errichtete Schriftstücke zu verweisen (vgl. *Palandt/Edenhofer* § 2336 Rdn. 2).

4. Leistungsklage mit unbeziffertem Antrag,[1] verbunden mit Feststellungsklage[2]

An das
Landgericht

Klage

des selbständigen Handelsvertreters K
Prozeßbevollmächtigter: RA ......

gegen

die A-Versicherungs-AG ......

wegen: Schadensersatz und Feststellung

Vorläufiger Streitwert[3]: DM 16.000,–

Namens und in Vollmacht des Klägers erhebe ich Klage und werde beantragen:
1. Die Beklagte wird verurteilt, an den Kläger
    a) ein über den gezahlten Betrag von DM 1.000,– hinausgehendes angemessenes Schmerzensgeld[4]
    b) eine angemessene merkantile Wertminderung[5]
   zu zahlen, jeweils nebst 4% Zinsen seit Rechtshängigkeit[6].
2. Es wird festgestellt[7], daß die Beklagte verpflichtet ist, dem Kläger allen materiellen und immateriellen[8] Schaden zu ersetzen, der dem Kläger aus dem Verkehrsunfall mit dem Versicherungsnehmer der Beklagten V......, am ...... in ...... noch entstehen wird, soweit der Anspruch nicht auf einen Sozialversicherungsträger oder andere Dritte übergegangen ist[9].
3. ...... (Kosten[10], Vollstreckbarkeit)

Es wird weiter beantragt,
  den Streitwert hinsichtlich der Anträge zu 1. und 2. möglichst bald festzusetzen[11].

Begründung:

Der Versicherungsnehmer der Beklagten, Herr V......, hat, was zwischen den Parteien unstreitig ist, am ...... in ...... durch eine Vorfahrtverletzung einen Verkehrsunfall verursacht, bei dem das Fahrzeug des Klägers stark beschädigt wurde und der Kläger erhebliche Verletzungen erlitt. Die Beklagte hat den Sachschaden des Klägers einschließlich seines bisher entstandenen Verdienstausfalles im wesentlichen reguliert und zum Ausgleich seiner Verletzungen ein – allerdings viel zu geringes – Schmerzensgeld von DM 1.000,– geleistet. Sie verweigert jedoch die Befriedigung der weiteren berechtigten Ansprüche des Klägers.

1. a) Dem Kläger steht ein erheblich höheres Schmerzensgeld zu[12]. Er hat durch den Unfall folgende Verletzungen und Beeinträchtigungen erlitten: ......
    Beweis: 1. ärztliche Atteste vom ...... (Anlagen 1, 2)
        2. Zeugnis der behandelnden Ärzte X, Y, die der Kläger hiermit von ihrer ärztlichen Schweigepflicht entbindet.

Die Verletzungen machen heute noch regelmäßige Arztbesuche mit schmerzhafter Behandlung erforderlich.

I. D. 4   I. D. Klageerhebung

Beweis: wie vor.

Die Rechtsprechung hat in vergleichbaren Fällen ein Schmerzensgeld von DM 4.000,– bis 5.000,– zugesprochen ...... (Rechtsprechungshinweise). Angesichts der im Strafverfahren festgestellten rücksichtslosen Fahrweise des Versicherungsnehmers der Beklagten

    Beweis: Beiziehung der Strafakte ......

und der verzögerlichen Regulierung durch die Beklagte stellt sich der Kläger für die bis heute erlittenen Beeinträchtigungen einen Betrag von insgesamt DM 5.000,– vor[13], überläßt die genaue Bestimmung jedoch dem Ermessen des Gerichts[14].

b) Der Kläger kann weiter einen Ausgleich dafür verlangen, daß sein Pkw durch den Unfall eine Wertminderung erfahren hat[15]. Der Wagen war am ...... erstmals zugelassen und wies z.Zt. des Unfalls eine Kilometerleistung von ...... auf. Er war zuvor unfallfrei. Durch den Unfall wurden tragende Teile beschädigt, wie sich aus dem von der Beklagten selbst eingeholten Sachverständigengutachten ergibt.

    Beweis: Gutachten vom ......
    (Anlage 3)

Der Kläger geht von einem merkantilen Minderwert von DM 1.000,– aus, überläßt dessen genaue Bestimmung jedoch der Schadensschätzung durch das Gericht.

2. Der Kläger kann derzeit nicht absehen, welche materiellen und immateriellen Schäden ihm aufgrund des Unfalls noch entstehen werden[16].

a) Es ist nicht auszuschließen, daß zu seiner endgültigen Wiederherstellung ein Krankenhausaufenthalt erforderlich wird oder daß er seinem Beruf wegen sonstiger unfallbedingter Gesundheitsschäden, insbesondere auch Spätfolgen, zukünftig nur vermindert nachgehen kann.

    Beweis: 1. Attest vom ...... (Anlage 2)
              2. Zeugnis des behandelnden Arztes X
              3. Sachverständigengutachten

In diesem Fall könnte er von der Beklagten Ersatz seiner zusätzlichen Aufwendungen und seines Verdienstausfalles verlangen.

b) Durch eine Fortdauer der Behandlung, insbesondere durch einen späteren Krankenhausaufenthalt, würden dem Kläger Beeinträchtigungen entstehen, die ein weiteres Schmerzensgeld rechtfertigen.

Da die Beklagte sich mit Schreiben vom ......

    – Anlage 4 –

geweigert hat, die Verpflichtung, deren Feststellung begehrt wird, anzuerkennen, ist Klage geboten[17].

Rechtsanwalt

Schrifttum: Butzer, Prozessuale und kostenrechtliche Probleme beim unbezifferten Klageantrag, MDR 1993, 539; *Röhl*, Der unbezifferte Klageantrag, ZZP 85, 52; *Schmidt*, Der unbezifferte Leistungsantrag und sein Streitwert, MDR 1968, 886; *Dunz*, Der unbezifferte Leistungsanspruch nach der heutigen Rechtsprechung des Bundesgerichtshofs, NJW 1984, 1734; *Mümmler*, Streitwert der unbezifferten Leistungsklage, AnwBl. 1985, 649; *Schneider*, Die Bindung des Gerichts an eine Wertvorstellung des Schmerzensgeldklägers, MDR 1985, 992; vgl. im übrigen Form. I. D. 3.

4. Leistungsklage mit unbeziffertem Antrag   I. D. 4

Anmerkungen

1. Vom Erfordernis des bestimmten Antrags (§ 253 Abs. 2 Nr. 3 ZPO) kann ua. dann abgesehen werden, wenn die Bezifferung eines Schadensersatzanspruches von der Ausübung des richterlichen Ermessens oder einer richterlichen Schätzung gemäß § 287 ZPO abhängt (BGH NJW 1967, 1420, weitere Fälle vgl. *Thomas/Putzo* § 253 Rdn. 11). Vorteil: Das Gericht, dessen Schätzung schwer voraussehbar ist, wird nicht durch einen bezifferten Antrag nach oben festgelegt, gleichzeitig wird das Kostenrisiko, vor allem in Hinblick auf § 92 Abs. 2 ZPO, verringert (vgl. *Zöller/Herget* § 92 Rdn. 12).

2. Es handelt sich um eine positive Feststellungsklage, für die gemäß § 256 Abs. 1 ZPO das rechtliche Interesse immer dann gegeben ist, wenn sich ein Schaden noch nicht beziffern läßt oder noch in der Entwicklung begriffen ist (vgl. *Zöller/Greger* § 256 Rdn. 7). Ihr Sinn liegt vor allem darin, die Verjährung auch für solche Ansprüche zu unterbrechen (§ 209 Abs. 1 BGB), die noch nicht mit der Leistungsklage geltend gemacht werden können. Für die Zulässigkeit genügt es, wenn die Verjährung droht und künftige Schadensfolgen auch nur entfernt möglich sind; begründet ist die Klage, wenn der Kläger beweist, daß der Schadenseintritt wahrscheinlich ist (BGH NJW 1991, 2707; nach BGH NJW 1992, 697 ist die Wahrscheinlichkeit Zulässigkeitsvoraussetzung). Bei ungewissem Schadenseintritt fehlt das Feststellungsinteresse, solange keine Verjährungsfrist läuft (BGH NJW 1993, 648). Die Feststellungsklage ist nicht schon dann zulässig, wenn die Höhe des Schadens erst in einer umfangreichen und zeitraubenden Beweisaufnahme geklärt werden müßte; hier ist die Vorabentscheidung über den Grund gemäß § 304 ZPO der richtige Weg (BGH BB 1974, 1184; vgl. Form. I. L. 5). Andererseits steht nicht entgegen, daß eine teilweise Bezifferung des Gesamtschadens schon bei Klageerhebung möglich wäre (BGH NJW 1984, 1552, 1554). Wird eine Bezifferung im Laufe des Rechtsstreits, auch in der zweiten Instanz, möglich, kann der Kläger von der Feststellungsklage zur Leistungsklage übergehen (BGH NJW 1985, 1784; NJW 1992, 2296). Er kann aber auch den Feststellungsantrag weiterverfolgen (BGH NJW 1978, 210). Eine Berufung nur zu dem Zweck, vom Feststellungsantrag auf den Leistungsantrag überzugehen, kann der Kläger nicht einlegen (BGH NJW 1988, 827). Zum Umfang der Rechtskraftwirkung eines Feststellungsurteils im späteren Leistungsprozeß vgl. BGH NJW 1979, 1046 u. NJW 1982, 2257.

3. Der Streitwert für die unbezifferten Anträge und für die Feststellungsklage bedarf der richterlichen Festsetzung gem. § 3 ZPO; die vom Kläger angegebene Höhe, nach der er den Gerichtskostenvorschuß einzahlt, kann daher nur vorläufig sein. Der Kläger sollte hierbei nicht „sparen", sondern von dem ausgehen, was er sich tatsächlich als Schadensersatz vorstellt. Beim Streitwert der Feststellungsklage ist ein Abschlag von 20%–50% vom Schaden, den der Kläger erwartet, vorzunehmen (vgl. BGH NJW-RR 1991, 509; *Thomas/Putzo* § 3 Rdn. 65). Die Wertangabe hat Bedeutung für die Streitwertfestsetzung durch das Gericht (vgl. OLG Köln MDR 1985, 154); sie hindert den Kläger aber nicht, Beschwerde einzulegen, falls das Gericht den Streitwert auf diesen Betrag festsetzt (vgl. OLG München JurBüro 1981, 892).

4. Zur Vermeidung einer Teilabweisung sind bereits geleistete Zahlungen anzugeben. Es ist zT. üblich, in den Antrag die Formulierung aufzunehmen „mindestens aber DM ......". Das wird jedoch von der Rspr. nicht verlangt (BGH NJW 1967, 1420; offen gelassen von OLG Celle NJW 1977, 343), der Kläger begibt sich damit nur in Gefahr, daß der Streitwert nach seinen Mindestvorstellungen festgesetzt und seine Berufungsmöglichkeit eingeschränkt wird (vgl. BGH VersR 1979, 472).

5. Auch die Wertminderung unterliegt der freien Schadensschätzung gemäß § 287 ZPO, so daß ein unbezifferter Antrag zulässig ist. Will sich der Kläger ein Mitverschulden oder die Betriebsgefahr seines Pkw anrechnen lassen, sollte er den Antrag mit den Worten

„unter Berücksichtigung einer Mithaftungsquote von 50%" ergänzen, um eine teilweise Klageabweisung mit Sicherheit zu vermeiden.

6. Auch bei unbeziffertem Antrag stehen dem Kläger Prozeßzinsen ab Rechtshängigkeit zu (BGH NJW 1965, 531), er kann auch weitergehende Zinsansprüche geltend machen (BGH NJW 1995, 733).

7. Das Rechtsverhältnis und der sich daraus ergebende Anspruch, den der Kläger festgestellt haben möchte, sind möglichst genau zu bezeichnen.

8. Diese Unterscheidung dient der Klarstellung, setzt aber voraus, daß in beider Hinsicht ein Schaden entstehen kann.

9. Diese Einschränkung sollte vorgenommen werden. Hat der Geschädigte aufgrund des Unfalls Ansprüche auf Sozialversicherungsleistungen, was auch bei Selbständigen der Fall sein kann, steht der Schadensersatzanspruch insoweit nicht ihm, sondern dem Sozialversicherungsträger zu (§ 116 SGB X, vgl. *Palandt/Heinrichs* Rdn. 147 vor § 249). Bestehen solche Ansprüche nicht, ist die Einschränkung unschädlich. Entsprechendes gilt für die Klagen von Beamten.

10. Zusätzlich kann es sich empfehlen, an dieser Stelle, in der Klagebegründung oder auch im Termin auf § 92 Abs. 2 ZPO hinzuweisen, da die Möglichkeiten dieser Vorschrift dem Gericht nicht immer geläufig sind.

11. Bei unbeziffertem Antrag sollte der Kläger stets auf umgehende Streitwertfestsetzung durch das Gericht drängen. Der Kläger kann sich dann überlegen, ob er sich aus Kostengründen den Betragsvorstellungen des Gerichts anschließt oder an seinen abweichenden Vorstellungen festhält und erforderlichenfalls Streitwertbeschwerde einlegt bzw. sein Begehren abweichend formuliert, um sich die Möglichkeit einer Berufung offenzuhalten (vgl. OLG Celle NJW 1977, 343). Vgl. iü. Anm. 3.

12. Hier sind die tatsächlichen Grundlagen darzulegen und unter Beweis zu stellen, die dem Gericht die Ausübung seines Ermessens iSd. § 847 BGB ermöglichen (vgl. BGH NJW 1966, 780; 1982, 340; OLG München NJW 1988, 1396). Der Kläger muß bereits jetzt alle objektiv erkennbaren oder vorhersehbaren Verletzungsfolgen berücksichtigen; einer späteren Nachforderung für solche Schäden stünde die Rechtskraft des ersten Urteils entgegen (BGH NJW 1988, 2300).

13. Der Betrag oder zumindest seine Größenordnung sind anzugeben (BGH VersR 1977, 861; MDR 1978, 44; NJW 1992, 311), sonst ist die Klage wegen § 253 Abs. 2 Nr. 2 ZPO unzulässig (BGH NJW 1982, 340; NJW 1984, 1807, 1809). Nicht zu empfehlen ist es wiederum, einen Mindestbetrag zu nennen, denn wenn das erstinstanzliche Urteil diese Mindestforderung zuspricht, der Kläger sie aber nun für zu gering hält, ist eine Berufung mangels Beschwer unzulässig (BGH MDR 1978, 44; VersR 1979, 472; NJW 1993, 2875). Wichtig ist, daß der Kläger alle Verletzungsfolgen einbezieht, mit denen er rechnen muß; denn einer Nachforderung wegen später eintretender, aber bereits vorhersehbarer Schäden steht die Rechtskraft dieses Urteils entgegen, und zwar selbst dann, wenn es den Beklagten zusätzlich zum Ersatz des künftigen immateriellen Schadens verpflichtet (vgl. BGH NJW 1980, 2754).

14. Diese Klarstellung kann zweckmäßig sein, um die Möglichkeit des § 92 Abs. 2 ZPO zu erhalten, wenn das Gericht weniger zuspricht (vgl. BGH LM § 249 (Gb) BGB Nr. 3).

15. Vgl. Anm. 13, 14.

16. Für das rechtliche Interesse an alsbaldiger Feststellung muß der Kläger darlegen, daß künftige Schadensfolgen möglich sind (vgl. BGH NJW 1991, 2707) und die Verjährung droht (BGH NJW 1993, 648). Für die Begründetheit ist darzulegen und unter Beweis zu stellen, daß der weitere Schadenseintritt wahrscheinlich ist (BGH NJW 1991, 2707; vgl. Anm. 2). Die Feststellungklage ist nur dann unbegründet, wenn aus der Sicht des Klägers bei verständiger Beurteilung kein Grund bestehen kann, mit Spätfolgen zu rechnen (BGH

VersR 1989, 1055); an die Darlegungen werden also keine hohen Anforderungen gestellt. Die Wirkung des Feststellungsurteils beschränkt sich auf später eintretende, noch nicht vorhersehbare Spätschäden; andere Schäden muß der Kläger bereits mit der Leistungsklage berücksichtigen (vgl. BGH NJW 1980, 2754; NJW 1988, 2300).

17. Der Kläger sollte die Feststellungsklage erst erheben, wenn der Beklagte sich geweigert hat, seine Verpflichtung anzuerkennen. Andernfalls besteht die Gefahr des sofortigen Anerkenntnisses mit der Kostenfolge aus § 93 ZPO.

Kosten und Gebühren

Vgl. die Hinweise zu Form. I. D. 1; für die Feststellungsklage gilt nichts Besonderes. Zu den Kostenvorteilen des unbezifferten Antrags s.o. Anm. 1, 14; zum Streitwert vgl. Anm. 3.

5. Klage auf Vornahme einer Handlung[1]

An das
Amtsgericht

Klage

In der Sache
……

Streitwert: DM 500,–[2]

erhebe ich Klage und werde beantragen[3]:
1. Der Beklagte wird verurteilt,
   a) die auf dem Grundstück des Beklagten …… an der Grenze zum Grundstück des Klägers …… befindliche Buchenhecke auf die Höhe von 1,80 m zurückzuschneiden,
   b) die auf das Grundstück des Klägers herüberragenden Zweige der Hecke zu beseitigen.
2. …… (Kosten, vorläufige Vollstreckbarkeit)

Begründung[4]:

……

Anmerkungen

1. Klagen auf Vornahme einer Handlung kommen vor allem vor, wenn es um die Erfüllung von Nebenpflichten aus einem Vertrag (zB. Mietvertrag, Arbeitsvertrag) geht, sind aber auch im Nachbarrecht häufig.

2. Der Streitwert richtet sich nach dem Interesse des Klägers an der Vornahme der Handlung unter Berücksichtigung der Kosten für die Vornahme (*Zöller/Herget* § 3 Rdn. 16 „Vornahme von Handlungen").

3. Bei der Formulierung der Anträge ist genau darauf zu achten, daß ein entsprechendes Urteil einen vollstreckungsfähigen Inhalt hätte. Ein Beispiel für ungenügende Bestimmtheit und damit Unzulässigkeit des Antrags bietet BGH WM 1982, 68. Die Vollstreckung wäre im angenommenen Fall nach § 887 ZPO zu betreiben (zur Abgrenzung gegenüber § 888 ZPO vgl. *Baumbach/Lauterbach/Albers/Hartmann* § 887 Rdn. 20).

4. Hinsichtlich des Antrags zu 1 a) folgt die Verpflichtung des Beklagten aus § 1004 BGB iVm. dem Bauordnungsrecht der Länder. Entscheidend ist hierbei, ob das Bauordnungsrecht nachbarschützenden Charakter hat (*Palandt/Bassenge* § 903 Rdn. 17). Beispiel für nachbarschützende Norm im Bauordnungsrecht: BGH NJW 1985, 2825, 2826; für nicht nachbarschützende Norm im Bauplanungsrecht: BGH NJW 1983, 1795, 1797. Stehen Bestimmungen des Naturschutzes einer Beseitigung entgegen, muß der Nachbar die Beeinträchtigung hinnehmen (vgl. OLG Düsseldorf NJW 1989, 1807). Zur Begründung des Antrags zu 1) hat der Kläger darzulegen, daß sich die Hecke auf dem Grundstück des Beklagten an der Grenze zu seinem Grundstück befindet und die Höhe von 1,80 m überschreitet. Zur Begründung des Antrags zu 1b) muß der Kläger die Voraussetzungen des § 910 Abs. 1 S. 2 BGB vortragen, also insbesondere das Setzen einer angemessenen Frist. Auch ist das Maß der Beeinträchtigung vorzutragen, und zwar sowohl in Hinblick auf § 910 Abs. 2 BGB als auch – für beide Anträge – in Hinblick auf den Streitwert.

6. Klage auf Unterlassung[1]

An das
Amtsgericht[2]

In der Sache
......

Streitwert: ......[3]

erhebe ich Klage und werde beantragen:
1. Der Beklagte wird verurteilt, es zu unterlassen, ein Funkgerät in einer Weise zu betätigen, die den Rundfunk- und Fernsehempfang des Klägers beeinträchtigt[4].
2. Dem Beklagten wird angedroht, daß für jeden Fall der Zuwiderhandlung ein Ordnungsgeld bis zur Höhe von 500.000,– DM oder eine Ordnungshaft bis zu 6 Monaten gegen ihn festgesetzt wird[5].
3. ...... (Kosten, vorläufige Vollstreckbarkeit)

Begründung[6]:

Der Kläger ist Eigentümer eines Fernsehgeräts sowie eines Rundfunkgeräts, die er in seiner Wohnung regelmäßig benutzt. Seit einigen Wochen machen sich während des Abendprogramms häufige starke, über längere Zeit anhaltende Störungen im Fernseh- und Radioempfang bemerkbar, für die zunächst weder der Kläger noch ein von ihm zu Rate gezogener Fachmann eine Erklärung besaß. Nunmehr hat der Kläger durch mehrere Personen erfahren, daß die Störungen durch ein vom Beklagten betätigtes Funkgerät ausgelöst werden und der Beklagte sich hieraus sogar einen Spaß macht. Dies hat der Beklagte mehrfach gegenüber den nachbenannten Zeugen geäußert.

Beweis: Zeugnis X Y.

Außerdem ist der Beklagte verschiedentlich von der Zeugin Z. beim Funken beobachtet worden, und zwar zu folgenden Zeiten: ......

Beweis: Zeugnis der Z.

Dafür, daß zur selben Zeit sein Fernsehbild und der Rundfunkempfang unerträglich gestört wurde, bezieht sich der Kläger zum Beweis auf das

Zeugnis seiner Ehefrau ......

Der Kläger hat den Beklagten mit Schreiben vom ......

6. Klage auf Unterlassung

– Anlage 1 –

abgemahnt, ohne daß die Störungen aufhörten.

Schrifttum: von Gamm, Konkrete Fassung des Unterlassungstitels, NJW 1969, 85; *Pikart,* Die neuere Rechtsprechung des Bundesgerichtshofs zur Eigentumsfreiheitsklage, WM 1976, 606; *Jestaedt,* Die Vollstreckung aus Unterlassungstiteln nach § 890 ZPO bei Titelfortfall, WRP 1981, 433.

Anmerkungen

1. Unterlassungsklagen haben praktische Bedeutung vor allem im Wettbewerbs-, Patent-, Urheberrecht und Presserecht sowie zum Schutz des allgemeinen Persönlichkeitsrechts, jedoch auch zur Abwehr allgemeiner Beeinträchtigungen der absoluten Rechte des § 823 Abs. 1 BGB und sonstiger geschützter Rechtsgüter (vgl. *Palandt/Bassenge* § 1004 Rdn. 2). Mehrfach hat sich die Rechtsprechung mit der Beobachtung des Grundstücksnachbarn durch eine Videokamera befaßt (LG Berlin NJW 1988, 346; OLG Köln NJW 1989, 720), wogegen eine Unterlassungsklage möglich ist. Die Klage kann mit einer Schadensersatzklage, bei schwerwiegenden Eingriffen in das Persönlichkeitsrecht auch wegen Schmerzensgeld (vgl. OLG Köln aaO.), verbunden werden. Im angenommenen Fall (vgl. dazu *Dehner,* Das Nachbarrecht im Bundesgebiet, 6. Auflage 1982, § 16 Fußn. 7) geht es um den Eigentumsschutz, der allerdings – was bei Klagen dieser Art stets zu beachten ist – durch § 906 BGB beschränkt wird (vgl. *Palandt/Bassenge* § 906 Rdn. 1). Mit der Unterlassungsklage soll eine künftige Störung abgewendet werden, dennoch ist § 259 ZPO nicht anwendbar, die Voraussetzungen ergeben sich allein aus § 1004 BGB (*Palandt/Bassenge* § 1004 Rdn. 28). Nach dem Gesetzeswortlaut muß eine Wiederholungsgefahr gegeben sein, jedoch kann auch eine erstmals drohende Beeinträchtigung genügen; die vorbeugende Unterlassungsklage ist auch als präventive Maßnahme möglich (vgl. OLG Zweibrücken NJW 1992, 1242). In einer Reihe gesetzlich geregelter Fälle ist zusätzlich eine Abmahnung erforderlich (zB. § 550 BGB, vgl. *Palandt/Bassenge* § 1004 Rdn. 29).

2. Die sachliche Zuständigkeit bei Unterlassungsklagen (Amtsgericht oder Landgericht) hängt nicht mehr davon ab, ob es sich um eine vermögensrechtliche oder nichtvermögensrechtliche Streitigkeit handelt. Maßgeblich ist allein der Streitwert.

3. Der nach § 3 ZPO zu schätzende Streitwert richtet sich nach dem Interesse des Klägers am Verbot der beeinträchtigenden Handlung (vgl. *Thomas/Putzo* § 3 Rdn. 152).

4. Beim Klageantrag ist besonders darauf zu achten, daß er dem Bestimmtheitsgebot des § 253 Abs. 2 Nr. 2 ZPO genügt. Er darf sich nicht in abstrakten Formulierungen erschöpfen („die Störung des Eigentums zu unterlassen"), sondern muß konkret gefaßt sein. Das gilt insbesondere für das Presse- und Wettbewerbsrecht (BGH NJW 1991, 1114; NJW-RR 1993, 937). Bei Unterlassungsklagen gegen Immissionen ist die Rechtsprechung im Hinblick auf die Schwierigkeit, das Maß unzulässiger Beeinträchtigung zu beschreiben, großzügiger (BGH NJW 1993, 1656). Mit dem Unterlassungsantrag darf nicht mehr verlangt werden, als zur Abwehr einer nicht unwesentlichen (vgl. § 906 Abs. 1 BGB) Beeinträchtigung erforderlich ist, andernfalls riskiert der Kläger eine Teilabweisung. Verfehlt wäre es zB., dem Beklagten das Funken überhaupt untersagen zu wollen.

5. Es ist zulässig (§ 890 Abs. 2 ZPO) und zweckmäßig, die Androhung bereits in das Urteil aufnehmen zu lassen. Versäumt der Kläger dies, ist – nach Anhörung des Schuldners – ein besonders zu beantragender Beschluß des Prozeßgerichts der ersten Instanz erforderlich, der dem Schuldner erneut zugestellt werden muß (*Zöller/Stöber* § 890 Rdn. 12). Die Androhung muß die Ordnungsmittel nach Art und Höchstmaß bezeichnen; dem sollte der Antrag entsprechen.

I. D. 7   I. D. Klageerhebung

6. Hier muß der Kläger eine Beeinträchtigung seines Eigentums darlegen, die nicht unwesentlich iSd. § 906 Abs. 1 BGB ist. Er muß außerdem die Wiederholungsgefahr darlegen, die jedoch nach mehrfachen Störungen idR. zu vermuten ist (vgl. *Palandt/Bassenge* § 1004 Rdn. 29), so daß das Schwergewicht des Vorbringens die vergangenen Beeinträchtigungen zu betreffen hat. Wird Unterlassung eines drohenden Erstverstoßes verlangt (vgl. Anm. 1), ist darzustellen, daß diese Erwartung nach den Umständen des Falles genügt. Zweckmäßig ist es weiter, den Beklagten vor Klageerhebung schriftlich abzumahnen, auch wenn dies hier nicht Anspruchsvoraussetzung ist. Eine vergebliche Abmahnung verdeutlicht die Wiederholungsgefahr und schließt § 93 ZPO aus.

7. Klage auf Herausgabe mit Fristsetzung und Schadensersatz[1,2]

An das
Landgericht

Klage

In der Sache
......
Streitwert[3]: DM 65.000,–

erhebe ich namens und in Vollmacht des Klägers Klage und werde beantragen:

1. Der Beklagte wird verurteilt, das Ölgemälde „Roter Hahn" von Otto Dix, signiert mit Datum 29. 6. 1935, an den Kläger herauszugeben[4].
2. Dem Beklagten wird zur Herausgabe eine Frist von 4 Wochen nach Rechtskraft des Urteils gesetzt, nach deren Ablauf der Kläger die Leistung ablehnt[5].
3. Der Beklagte wird verurteilt, nach fruchtlosem Fristablauf DM 65.000,– nebst 4% Zinsen seit Fristablauf zu zahlen[6].
4. ...... (Kosten, vorläufige Vollstreckbarkeit)

Begründung[7]:

Der Kläger ist Kunstsammler, der Beklagte Kunsthändler. Der Kläger hat dem Beklagten am ...... mehrere Ölbilder, darunter das im Antrag zu 1) bezeichnete Bild, zur Verfügung gestellt, die jener in seiner Kunstgalerie ausstellte.

Beweis: ......

Diese Bilder hat der Kläger aus privaten Gründen mehrfach zurückgefordert und auch nach und nach zurückerhalten, mit Ausnahme jedoch des streitigen Bildes. Eine letzte schriftliche Mahnung des Klägers vom ......

– Anlage 1 –

war vergeblich. Der Kläger, der es für möglich hält, daß der Beklagte das Bild nicht mehr in Besitz hat, verlangt in erster Linie Herausgabe des Bildes. Gleichzeitig macht er von seinem Recht Gebrauch, dem Beklagten schon im Urteil eine Frist zur Herausgabe zu setzen, nach deren Ablauf er die Leistung ablehnt (§ 283 Abs. 1 S. 1 BGB). Nach Ablauf der Frist kann der Kläger Schadensersatz wegen Nichterfüllung verlangen (§ 283 Abs. 1 S. 2 BGB), den er schon jetzt mit seinem Antrag zu 3) verfolgt. Denn der Kläger muß befürchten, daß sich der Beklagte iSd. § 259 ZPO der Rückgabe des Bildes entziehen will; der Kläger hat nämlich in Erfahrung gebracht, daß der Beklagte das streitige Bild einem Herrn X zu veräußern suchte.

Beweis: Zeugnis des X.

Die Höhe des Schadens ergibt sich aus der als

7. Klage auf Herausgabe mit Fristsetzung und Schadensersatz   I. D. 7

— Anlage 2 —

überreichten Expertise des Kunstexperten ...... vom ......
Rechtsanwalt

Schrifttum: K. Schmidt, Zivilprozessuale und materiell-rechtliche Aspekte des § 283 BGB, ZZP 87, 49 ff.; *Bunte,* Verbindung von Herausgabeanspruch und evtl. Schadensersatzanspruch in einer Klage, JuS 1967, 206.

Anmerkungen

1. Die Verbindung dieser Anträge ist vor allem sinnvoll, wenn der Kläger nicht weiß, ob dem Beklagten die Herausgabe noch möglich ist oder ob er einen Schadensersatzanspruch wegen Unmöglichkeit der Leistung geltend machen muß. In einem solchen Fall kann der Kläger nicht gleich auf Schadensersatz klagen, weil er den Prozeß, wenn der Beklagte doch noch zur Herausgabe imstande ist, verlieren würde. Er kann und sollte aber zunächst auf Herausgabe klagen; denn der Einwand des Beklagten, die Herausgabe sei ihm unmöglich geworden, ist unerheblich (vgl. *Palandt/Heinrichs* § 283 Rdn. 1), solange die Unmöglichkeit nicht feststeht (dann Übergang auf Schadensersatz, § 264 Nr. 3 ZPO). Der Herausgabetitel gibt dem Kläger zudem die Möglichkeit, mit Hilfe des Gerichtsvollziehers nach der streitigen Sache zu forschen; die Vollstreckung richtet sich nach § 883 ZPO.

2. Denkbar, aber problematisch ist auch eine Verbindung von Klage auf Herausgabe (bzw. Klage auf Vornahme einer Handlung) und Schadensersatz „für den Fall fruchtloser Zwangsvollstreckung", also ohne den Antrag auf Fristsetzung (vgl. *Stein/Jonas/Schumann/ Leipold* § 260 Anm. 25).

3. Vgl. § 6 ZPO. Maßgeblich ist der Betrag, der sich bei Veräußerung der Sache erzielen ließe (Verkehrswert, vgl. BGH NJW-RR 1991, 1210).

4. Die Sache ist so genau zu bezeichnen, daß sie vom Gerichtsvollzieher zweifelsfrei zu identifizieren ist.

5. Die Fassung dieses Antrages beruht auf § 283 Abs. 1 S. 1 BGB. Die Verbindung von Herausgabeantrag und Antrag auf Fristsetzung ist gemäß § 255 ZPO zulässig (*Thomas/ Putzo* § 255 Rdn. 2); sie bereitet den Schadensersatzanspruch vor. Hat der Kläger ein besonderes Interesse am Erhalt der Sache, sollte er die Frist so bemessen, daß ihm ausreichend Zeit bleibt, in der Vollstreckung den Verbleib der Sache aufzuklären. Ist er nur am Erhalt der Sache, nicht am Schadensersatz interessiert, sollte er nur den Antrag zu 1) stellen, weil nach Fristablauf die Erfüllung ausgeschlossen ist.

6. Der Antrag beruht auf § 283 Abs. 1 S. 2 BGB. Daß er mit den übrigen Anträgen zu einer Klage verbunden werden kann, wird von der hM. bejaht, wenn für den Schadensersatzanspruch die Voraussetzungen des § 259 ZPO vorliegen (*Zöller/Greger* § 255 Rdn. 3 mwN.). Antragsfassungen wie zB. „Im Unvermögensfalle" sollten vermieden werden, da sie zu Schwierigkeiten bei der Erteilung der vollstreckbaren Ausfertigung führen können (§ 726 Abs. 1 ZPO; vgl. allerdings OLG Hamburg MDR 1972, 1040). Verfehlt wäre ein Antrag auf „Herausgabe ......, hilfsweise Zahlung", da der Kläger den Zahlungstitel zusätzlich zum Herausgabetitel erwirken will.

7. Der Kläger muß hier neben seinem Herausgabeanspruch und der Schadenshöhe vor allem die Voraussetzungen des § 259 ZPO darlegen, von deren Vorliegen das Rechtsschutzbedürfnis für den Antrag zu 3) abhängt (vgl. *Thomas/Putzo* § 259 Rdn. 2, 3).

I. D. 8   I. D. Klageerhebung

8. Klage auf Abgabe einer Willenserklärung[1,2]

An das
Landgericht

Klage

In der Sache
......

Streitwert[3]: DM 12.000,–

erhebe ich namens und in Vollmacht des Klägers Klage und werde beantragen:

1. Der Beklagte wird verurteilt, zu erklären, daß das Eigentum am Pkw OPEL Diplomat B – MT 100, Fahrgestell-Nr. ....., auf den Kläger übergehen soll[4].
2. Der Beklagte wird weiter verurteilt, mit Rechtskraft des Urteils den Kraftfahrzeugbrief für das Fahrzeug an den Kläger herauszugeben[5].
3. Die Kosten des Rechtsstreits trägt der Beklagte.
4. Das Urteil ist hinsichtlich der Kostenentscheidung vorläufig vollstreckbar[6].

Begründung[7]:

Der Kläger hat dem Beklagten zur Sicherung einer Darlehensforderung über DM 18.000,– nebst 8% Zinsen seinen Pkw OPEL Senator B – MT 100, Fahrgestell-Nr. ....., übereignet und den Kraftfahrzeugbrief für dieses Fahrzeug ausgehändigt. Hierüber haben die Parteien am ...... einen schriftlichen Sicherungsvertrag abgeschlossen, der als

– Anlage 1 –

überreicht wird. Nach § 8 dieses Vertrages ist der Beklagte als Sicherungsnehmer verpflichtet, das Sicherungsgut nach Rückzahlung des Darlehens an den Kläger zurückzuübereignen. Der Kläger hat das Darlehen nebst Zinsen an den Beklagten überwiesen. Dieser weigert sich jedoch, dem Kläger das Kraftfahrzeug zu übereignen und den Kraftfahrzeugbrief auszuhändigen. Die Korrespondenz der Parteien hierüber (Schreiben des Klägers vom ......, Schreiben des Beklagten vom ......) ergibt sich aus den

– Anlagen 2 und 3 –

Der Wert des Kraftfahrzeugs (Baujahr 19.., Kilometerstand: ......) beträgt ca. DM 12.000,–.
Rechtsanwalt

Anmerkungen

1. Das Formular betrifft die Übereignung einer beweglichen Sache. Zu weiteren Beispielsfällen vgl. Form. II. F. 4, 5, 8.

2. Die Besonderheit dieser Klageart ist, daß es nicht zu einer Vollstreckung kommt, denn die Willenserklärung gilt mit Rechtskraft des Urteils als abgegeben (§ 894 ZPO). Nur die Kostenentscheidung des Urteils kann vollstreckt werden. Die Klage auf Abgabe einer Willenserklärung kommt vor allem in Betracht, wenn der begehrte Rechtserwerb von der Abgabe einer rechtsgeschäftlichen Erklärung oder einer Erklärung gegenüber einer Behörde (Grundbuchamt, Hinterlegungsstelle) abhängt (zu den einzelnen Fällen vgl. *Zöller/ Stöber* § 894 Rdn. 2), und auf diese Erklärung ein Anspruch besteht. Handelt es sich um eine empfangsbedürftige Erklärung, die nicht gegenüber dem Kläger, sondern gegenüber einem Dritten, auch einer Behörde, abzugeben ist, so tritt die materiellrechtliche Wirkung

der Erklärung erst ein, wenn dem Dritten das rechtskräftige Urteil zugeleitet wird (*Thomas/Putzo* § 894 Rdn. 9). Zu beachten ist, daß nur die Willenserklärung des Schuldners als abgegeben gilt; der erstrebte schuldrechtliche oder dingliche Vertrag (Einigung, Auflassung) kommt erst zustande, wenn auch der andere Teil seine Erklärung formgerecht abgegeben hat. Hängt der Vertrag noch von einer Genehmigung ab, braucht ein entsprechender Vorbehalt nicht in den Antrag aufgenommen zu werden (BGH NJW 1982, 881 für die Genehmigung nach § 2 GrdstVG). Geht es um einen Gesellschaftsbeschluß, ist außer der rechtskräftigen Verurteilung des verklagten Gesellschafters ein der Satzung entsprechender Beschluß der übrigen Gesellschafter erforderlich (vgl. BGH NJW-RR 1989, 1056).

Im angenommenen Fall handelt es sich um die zur Übereignung erforderliche Einigung gemäß § 929 S. 2 BGB, auf die der Sicherungsgeber nach Tilgung der zu sichernden Forderung entsprechend der hier getroffenen Abrede einen Anspruch hat (vgl. *Palandt/Bassenge* § 930 Rdn. 15).

3. Bei einer Klage auf Rückübertragung des Sicherungseigentums richtet sich der Streitwert nach dem Betrag der zu sichernden Forderung; wenn die Sache – wie hier – einen geringeren Wert hat ist dieser maßgeblich (str., vgl. *Baumbach/Lauterbach/Albers/Hartmann* § 6 Rdn. 9).

4. Der Antrag muß zweifelsfrei ergeben, welche Erklärung mit Rechtskraft des Urteils als abgegeben gelten soll. Geht es – wie hier – um die Übereignung einer Sache, ist diese genau zu bezeichnen.

5. Das Recht am Brief folgt dem Recht am Kraftfahrzeug (§ 952 BGB). Da das Eigentum am Kraftfahrzeug erst bei Rechtskraft übergeht, kann Herausgabe des Briefes wohl erst zu diesem Zeitpunkt verlangt werden.

6. Urteile auf Abgabe einer Willenserklärung haben wegen § 894 ZPO keinen vollstreckungsfähigen Inhalt (vgl. *Zöller/Stöber* § 894 Rdn. 4); die Entscheidung über die vorläufige Vollstreckbarkeit betrifft idR. nur die Kosten. Daher wird das Urteil oft ausdrücklich nur wegen der Kosten für vorläufig vollstreckbar erklärt. Etwas anderes gilt aber bei den Urteilen des § 895 ZPO (zB. auf Eintragungsbewilligung); sie dürfen nicht nur wegen der Kosten für vorläufig vollstreckbar erklärt werden, damit die Eintragung einer Vermerkung oder eines Widerspruchs als bewilligt gelten kann. Hierauf sollte das Gericht ggf. hingewiesen werden. Das gleiche gilt für die Anmeldung zum Handelsregister nach § 16 HGB.

7. Der Kläger muß vortragen, daß der Beklagte zur Rückübertragung des Sicherungseigentums aufgrund der getroffenen Abrede verpflichtet ist, und hierzu vor allem darlegen, daß die gesicherte Forderung nebst Zinsen durch Erfüllung erloschen ist. Das weitere Vorbringen betrifft den Streitwert. Es kann sich auch empfehlen, das Gericht darauf aufmerksam zu machen, daß das Urteil (wenn keiner der in Anm. 6 genannten Sonderfälle vorliegt) nur wegen der Kosten vorläufig vollstreckbar ist und für die Höhe einer etwa zu leistenden Sicherheit allein die Kostenentscheidung maßgeblich ist.

9. Klage auf Duldung[1,2]

An das
Landgericht

Klage

In der Sache
......

Streitwert[3]: ......

erhebe ich namens und in Vollmacht des Klägers Klage und werde beantragen:

1. Der Beklagte wird verurteilt zu dulden, daß der Kläger eine Abwasserleitung über das Grundstück ...... des Beklagten zum Abwasserrohr der Gemeinde in einer vom Gericht zu bestimmenden Richtung[4] verlegt und unterhält.
2. Dem Beklagten wird angedroht, daß für jeden Fall der Zuwiderhandlung ein Ordnungsgeld bis zur Höhe von DM 500.000,– oder Ordnungshaft bis zu 6 Monaten gegen ihn festgesetzt wird[5].
3. ...... (Kosten, vorläufige Vollstreckbarkeit)

Begründung[6]:

......

Anmerkungen

1. Das Beispiel betrifft eine Klage auf Duldung eines Notwegerechts (vgl. auch Form. II. F. 7). Zur Klage auf Duldung der Zwangsvollstreckung aus einer Hypothek vgl. Form. II. F. 12.

2. Die Duldungsklage gegen den Eigentümer ist das Gegenstück zur Unterlassungsklage des Eigentümers. Sie kommt vor allem im Nachbarrecht vor, und zwar dann, wenn der Eigentümer iSd. § 1004 Abs. 2 BGB zur Duldung verpflichtet ist (vgl. zu den einzelnen Fällen *Palandt/Bassenge* § 1004 Rdn. 34). Das ist insbesondere bei rechtmäßigen Eingriffen in das Eigentum des Nachbarn der Fall. Seine Duldungspflicht kann zB. aus §§ 906 ff. BGB folgen (BGH NJW 1991, 2826, 2827), aber auch aus öffentlich-rechtlichen Normen (vgl. OLG Düsseldorf NJW 1989, 1807). Für die Vollstreckung ist, wie bei der Unterlassungsklage, § 890 ZPO maßgeblich.

3. Für die Bestimmung des Streitwerts gilt § 7 ZPO entspr. (vgl. *Baumbach/Lauterbach/Albers/Hartmann* § 7 Rdn. 1; str.).

4. Die Richtung des Notwegs, hier in Form der Abwasserleitung, wird vom Gericht durch Gestaltungsurteil bestimmt (§ 917 Abs. 1 S. 2 BGB).

5. Zu diesem Antrag vgl. Form. I. D. 5 Anm. 5.

6. Zu den Tatsachen, die der Kläger zugunsten des beanspruchten Notwegrechts darlegen muß, vgl. BGH NJW 1964, 1321 u. NJW 1980, 585. Die Beweislast für die Duldungspflicht liegt beim Störer (BGH NJW 1989, 1032). Auch der Duldungsklage sollte eine Abmahnung des Eigentümers vorangehen und mit der Klage vorgetragen werden (vgl. OLG Karlsruhe MDR 1981, 939 und Form. I. D. 6 Anm. 6).

10. Klage auf künftige Leistung[1]

An das
Amtsgericht

Klage

In der Sache
......
erhebe ich Klage und werde beantragen[2]:
1. Der Beklagte wird verurteilt, an den Kläger DM 1.000,– nebst 4% Zinsen seit dem 1. 3. 19.. und dem 1. 6. 19.. jeweils auf DM 500,– zu zahlen.
2. Der Beklagte wird weiter verurteilt, am 1. 9. 19.. und am 1. 12. 19.. jeweils DM 500,– nebst 4% Zinsen seit diesen Tagen[3] zu zahlen.
3. ...... (Kosten, vorläufige Vollstreckbarkeit)

Begründung[4]:

Der Beklagte hat vom Kläger im Januar 19.. ein zinsloses Darlehen über DM 2.000,– erhalten. Nach dem schriftlichen Darlehensvertrag vom 15. 1. 19..

– Anlage 1 –

sollte die Rückzahlung in Raten von DM 500,– am 1. 3., 1. 6., 1. 9. und 1. 12. 19.. erfolgen. Der Beklagte hat die ersten beiden Raten bei Fälligkeit nicht gezahlt und auf Mahnungen nicht reagiert. Insoweit ist der Beklagte entsprechend dem Antrag zu 1) zu verurteilen.
Der Kläger hat Anlaß zur Befürchtung, daß der Beklagte auch die weiteren Raten nicht begleichen wird. Er macht daher von der gemäß § 257 ZPO gegebenen Möglichkeit Gebrauch, mit seinem Antrag zu 2) künftige Zahlung dieser Raten zu verlangen.
Zinsen stehen dem Kläger aus § 286 bzw. § 291 BGB zu.
Rechtsanwalt

Schrifttum: Roth, Die Klage auf künftige Leistung nach §§ 257–259 ZPO, ZZP 1985, 287; *Henssler*, Die Klage auf künftige Leistung im Wohnraummietrecht, NJW 1989, 138.

Anmerkungen

1. Klagen auf künftige Leistung kommen in der Praxis selten vor, sind aber insbesondere zweckmäßig, wenn der Kläger Anlaß zur Annahme hat, der Beklagte werde seine kalendermäßig bestimmte Leistung (Zahlung oder Räumung) nicht erbringen. § 257 ZPO gibt dem Kläger die Möglichkeit, sich bereits vor Fälligkeit einen Titel zu verschaffen, um bei Fälligkeit sofort vollstrecken zu können. Die Vorschrift gilt nur für Geldforderungen, die nicht von einer Gegenleistung abhängen; sie ist damit nicht auf künftige Mietzahlungen anwendbar, weil im Gegenzug noch der Gebrauch der Mietsache zu gewähren ist; u.U. kann die Klage nach § 259 ZPO zulässig sein (vgl. *Henssler* NJW 1989, 138, 140). Im übrigen sollte der Kläger nur auf noch nicht fällige Leistung klagen, wenn der Beklagte Anlaß zur Klageerhebung gegeben hat; sonst geht er das Risiko ein, im Falle des Anerkenntnisses gemäß § 93 ZPO die Kosten tragen zu müssen.
2. Ist zweifelhaft, ob die Voraussetzungen für eine Klage auf künftige Leistung vorliegen, sollte der Kläger zum Antrag zu 2), wenn der Beklagte seine Leistungspflicht bestrit-

ten hat, hilfsweise einen Feststellungsantrag stellen. Er kann nicht sicher sein, daß das Gericht den Antrag auf künftige Leistung von sich aus in einen Feststellungsantrag umdeutet (vgl. BGH NJW 1985, 2296).

3. Prozeßzinsen können erst ab Fälligkeit verlangt werden, § 291 S. 1 2. Halbs. BGB.

4. Der Kläger muß neben dem Anspruch selbst auch die Voraussetzungen des § 257 ZPO, von denen die Zulässigkeit der Klage abhängt, darlegen. Er sollte außerdem vortragen, daß der Beklagte Anlaß zur Klageerhebung gegeben hat (hier durch Nichtzahlung früherer Raten, vgl. *Zöller/Greger* § 257 Rdn. 6).

11. Stufenklage[1]

An das
Landgericht
Kammer für Handelssachen[2]

Klage

In der Sache
......

Streitwert: ......[3]

erhebe ich namens und in Vollmacht des Klägers Stufenklage und werde beantragen:

1. Der Beklagte wird verurteilt
   a) der Klägerin Auskunft darüber zu erteilen, welche Geschäfte über Kraftfahrzeugzubehör er in der Zeit von ...... bis ...... geschlossen hat, sowie die Kaufverträge hierüber vorzulegen[4],
   b) erforderlichenfalls die Richtigkeit und Vollständigkeit seiner Angaben an Eides Statt zu versichern[5],
   c) an die Klägerin Schadensersatz in einer nach Erteilung der Auskunft noch zu bestimmenden Höhe nebst 5% Zinsen seit Rechtshängigkeit zu zahlen[6].
2. ...... (Kosten, vorläufige Vollstreckbarkeit)

Begründung[7]:

Die Klägerin vertreibt Kraftfahrzeug-Zubehör über Handelsvertreter. Der Beklagte war für sie bis zum ...... als selbständiger Handelsvertreter tätig. Seine Provisionen betrugen im Monatsdurchschnitt mehr als DM 2.000,–. Die Rechtsbeziehungen der Parteien waren durch den Handelsvertretervertrag vom ......

– Anlage 1 –

geregelt, ein Exemplar des vom Beklagten unterzeichneten Vertrages wurde ihm bei Vertragsbeginn ausgehändigt. Nach § 12 des Vertrages war dem Beklagten für 2 Jahre nach Vertragsende der Verkauf von Kraftfahrzeugzubehör für eigene Rechnung oder für Rechnung eines Dritten gegen Zahlung einer Entschädigung verboten. Der Beklagte schied am ...... bei der Klägerin aus; zum Ausgleich für das Wettbewerbsverbot zahlte ihm die Klägerin eine Entschädigung von DM ....

Beweis: Quittung vom ......, (Anlage 2).

Die Klägerin hat von zweien ihrer Kunden zufällig erfahren, daß der Beklagte ihnen in der Verbotszeit Kraftfahrzeugzubehör verkaufte, wie sich aus den anliegenden Schreiben der Kunden im einzelnen ergibt.

Beweis: 1. Schreiben der Kunden vom ......,
(Anlagen 3 und 4);
2. Zeugnis der ......

11. Stufenklage I. D. 11

Die Klägerin hat daher begründeten Anlaß zu der Annahme, daß der Beklagte noch weitere Geschäfte geschlossen hat. Hierdurch ist der Klägerin ein vom Beklagten vorsätzlich verursachter Schaden entstanden, den sie jedoch erst beziffern kann, wenn sie die einzelnen verbotswidrigen Geschäfte kennt.

Die Klägerin hat vergeblich versucht, vom Beklagten die verlangte Auskunft zu erhalten; dieser hat wahrheitswidrig erklärt, keine Geschäfte abgeschlossen zu haben.

>Beweis: Schreiben des Beklagten vom ......, (Anlage 5).

Dieses Verhalten des Beklagten macht den Antrag der Klägerin, die Richtigkeit und Vollständigkeit der Auskunft an Eides Statt zu versichern, notwendig[8].

Den Zahlungsantrag wird die Klägerin beziffern, sobald der Beklagte die Auskunft erteilt hat[9].

Um baldige Festsetzung des Streitwertes wird gebeten[10].

Rechtsanwalt

Schrifttum: Schneider, Verhandlung und Entscheidung bei der Stufenklage, MDR 1969, 624; *ders.,* Streitwert und Gebühren bei der Stufenklage, Rpfleger 1977, 92; *Rixecker,* Die Erledigung im Verfahren der Stufenklage, MDR 1985, 633.

Anmerkungen

1. Die Stufenklage gem. § 254 ZPO ermöglicht es, einen Anspruch auf Rechnungslegung, Vorlage eines Vermögensverzeichnisses oder Erteilung einer Auskunft (1. Stufe) mit dem Anspruch auf Abgabe einer eidesstattlichen Versicherung (2. Stufe) und dem noch unbestimmten Leistungsantrag (3. Stufe) in einer Klage zu verbinden. Der Vorteil liegt für den Kläger – neben der Prozeßökonomie – darin, daß er auf diese Weise die Rechtshängigkeit seines noch unbestimmten Leistungsantrages erreichen und ua. die Verjährung unterbrechen kann (vgl. *Thomas/Putzo* § 254 Rdn. 4); die Auskunftsklage allein unterbricht nicht die Verjährung des Zahlungsanspruchs (vgl. *Palandt/Heinrichs* § 209 Rdn. 2). Zudem kann auf diese Weise die sachliche Zuständigkeit des Landgerichts, die für den Auskunftsanspruch allein oft nicht gegeben ist, eher begründet werden (vgl. *Zöller/Schneider* § 3 Rdn. 16 „Stufenklage"). Die Stufenklage hat praktische Bedeutung vor allem für Unterhalts- und Erbschaftsansprüche (vgl. Form. II. 1. 4), aber auch für Schadensersatzansprüche, bei denen der Verpflichtete, nicht aber der Berechtigte, die zur Berechnung des Anspruchs erforderlichen Umstände kennt (vgl. *Palandt/Heinrichs* §§ 259–261 Rdn. 12).

2. Innerhalb des Landgerichts ist bei Ansprüchen aus Handelsvertreterverträgen die Kammer für Handelssachen zuständig. Für Einfirmenvertreter, die im Monatsdurchschnitt nicht mehr als DM 2.000,– verdienen, ist die Zuständigkeit des Arbeitsgerichts gegeben (vgl. *Baumbach/Duden/Hopt* § 84 HGB Anm. 7).

3. Für den Zuständigkeitsstreitwert, den der Kläger hier anzugeben hat (§ 253 Abs. 3 ZPO), wird der Wert aller Stufen zusammengerechnet (vgl. *Zöller/Schneider* § 3 Rdn. 16 „Stufenklage"). Dabei wird das Gericht den Streitwert des unbestimmten Leistungsanspruches nach den objektiv zu würdigenden Angaben des Klägers festsetzen (vgl. *Schneider* MDR 1988, 358). Der Streitwert des Auskunftsanspruchs beträgt je nach Sachlage $1/10$ bis $1/4$ des Wertes des Leistungsanspruches (*Schneider* aaO.; BGH FamRZ 1984, 1029), er ist gem. § 3 ZPO unter Berücksichtigung seiner Bedeutung für den Leistungsanspruch festzusetzen (BGH JurBüro 1983, 1182). Für den Antrag auf eidesstattliche Versicherung ist maßgeblich, welche zusätzliche Auskunft der Kläger hierdurch zu erhalten meint (*Zöller/Herget* § 3 Rdn. 16 „Offenbarungsversicherung").

4. Wird mit dem Auskunftsantrag die Vorlage von Urkunden oder Belegen verlangt, müssen diese im Klagantrag möglichst genau bezeichnet sein, sonst ist die Klage unzulässig

(vgl. BGH NJW 1983, 1056). Weiß der Kläger, um welche Urkunden oder Belege es geht, sollte er ihre Vorlage verlangen, denn eine Vollstreckung aus dem Auskunftstitel auf Vorlage bestimmter, darin nicht bezeichneten Belege soll unzulässig sein (BGH aaO.; anders für erbrechtliche Auskunftstitel OLG Hamburg FamRZ 1988, 1213). Ob neben einem Rechnungslegungsantrag noch Raum für einen weitergehenden Auskunftsanspruch ist, ist Sache des Einzelfalles (BGH NJW 1985, 1694).

In anderen Fällen könnte dieser Antrag lauten:
(Der Beklagte wird verurteilt),

„dem Kläger einen Buchauszug über alle in der Zeit vom ...... bis ...... im Raum Schleswig-Holstein geschlossenen Geschäfte einschließlich der Folgegeschäfte sowie der direkt oder über andere Vertreter zustande gekommenen Geschäfte zu erteilen" (Klage des Bezirksvertreters, § 87c HGB);

„dem Kläger und seinem Miterben X ein Bestandsverzeichnis über den Nachlaß des am ...... verstorbenen Herrn ...... vorzulegen sowie über den Verbleib der Erbschaftsgegenstände Auskunft zu erteilen" (Klage des Miterben gegen den Erbschaftsbesitzer, §§ 2018, 2027, 260 BGB); vgl. auch Form. II. I. 6;

„den Klägern durch Vorlage eines Verzeichnisses Auskunft über sein Vermögen und seine Einkünfte und Ausgaben in der Zeit vom ...... bis ...... zu erteilen sowie eine Verdienstbescheinigung seines Arbeitgebers für diesen Zeitraum einzureichen" (Unterhaltsklage, §§ 1580, 1605 BGB), vgl. Form. II. H. 12.

Der Antrag der ersten Stufe kann nicht mehr gestellt werden, wenn der Beklagte vor oder während des Prozesses eine formell ordnungsgemäße Auskunft erteilt hat, mag sie auch nach Meinung des Klägers unvollständig oder unrichtig sein; der Streit darüber ist mit dem Antrag auf Leistung der eidesstattlichen Versicherung zu führen (BGH LM § 254 ZPO Nr. 3 u. 6).

5. Dieser Antrag kann nach hM. bereits in der Klageschrift, also vor Erledigung des Auskunftsantrags gestellt werden, auch wenn er erst nach Erteilung der Auskunft Bedeutung erlangt (*Zöller/Greger* § 254 Rdn. 3). Zur Abgabe der eidesstattlichen Versicherung ist der Beklagte jedoch nur verpflichtet, wenn ein begründeter Verdacht besteht, daß die Auskunft nicht mit der erforderlichen Sorgfalt erteilt wurde (*Palandt/Heinrichs* §§ 259–261 Rdn. 6a). Deshalb ist in den meisten Fällen zu empfehlen, den Antrag noch nicht jetzt, sondern erst nach Abgabe der Auskunft bzw. nach Vorlage des Verzeichnisses zu stellen, wenn dieser Verdacht besteht, und den Antrag zunächst nur anzudrohen, oder, wie vorgeschlagen, mit der Einschränkung „erforderlichenfalls" zu versehen.

6. Ist zweifelhaft, ob die Auskunft einen Leistungsanspruch ergibt, sollte der Kläger seinen unbezifferten Antrag (wenn er nicht die Verjährung unterbrechen muß) noch nicht stellen, sondern das Ergebnis des Auskunftsanspruches abwarten. Andernfalls kann der Kläger zur Vermeidung eines abweisenden Urteils gezwungen sein, die Leistungsklage zurückzunehmen; denn eine Erledigung ist nicht eingetreten (BGH MDR 1994, 717). Es besteht auch nicht die Möglichkeit, entgegen § 269 Abs. 3 ZPO dem Beklagten die Kosten aufzuerlegen (BGH a.a.O.; OLG Hamm NJW-RR 1991, 1407; anders OLG Stuttgart NJW 1969, 1216). Dem Kläger kann jedoch ein materiell-rechtlicher Kostenerstattungsanspruch aus § 286 BGB zustehen, den er noch im selben Rechtsstreit im Wege der Feststellungsklage geltend machen kann (BGH MDR 1994, 717, 718). Kann der Kläger einen Teil seines Leistungsanspruches schon ohne weitere Auskunft beziffern, sollte er den unbestimmten Leistungsantrag mit einem bezifferten Antrag verbinden (*Thomas/Putzo* § 254 Rdn. 4).

7. Im angenommenen Fall hat der Kläger darzulegen, daß ein begründeter Verdacht für einen Verstoß gegen ein nach § 90a HGB vereinbartes Wettbewerbsverbot besteht, der den Beklagten zum Schadensersatz verpflichtet (vgl. *Palandt/Heinrichs* §§ 259–261 Rdn. 10, 12; BAG NJW 1967, 1879). Vorab ist klarzustellen, daß nicht das Arbeitsgericht,

11. Stufenklage   I. D. 11

sondern das Landgericht sachlich zuständig ist, daß also der Beklagte mehr als DM 2.000,– pro Monat verdient hat (vgl. Anm. 2).

8. Hiermit legt der Kläger den für den Antrag auf der zweiten Stufe erforderlichen Verdacht dar, daß die Auskunft nicht sorgfältig erteilt wird.

9. Weiteres Verfahren: Über jede Stufe wird abgesondert und nacheinander verhandelt und durch Teilurteil entschieden. Erteilt der Beklagte, ohne daß es zu einer Verurteilung auf der ersten Stufe kommt, freiwillig eine formell ordnungsgemäße Auskunft, muß der Kläger die Hauptsache für erledigt erklären, und zwar auch dann, wenn die Auskunft seines Erachtens unvollständig ist (vgl. Anm. 4). Nur in besonderen Fällen kann er eine ergänzende Auskunft verlangen (vgl. für die Auskunftspflicht des Erben *Palandt/Edenhofer* § 2314 Rdn. 8; OLG Oldenburg NJW-RR 1992, 777). Wird der Beklagte durch Teilurteil zur Erteilung der Auskunft verurteilt, ist die Vollstreckung nach § 888 ZPO zu betreiben (*Thomas/Putzo* § 254 Rdn. 2). Entsprechendes gilt für den Antrag auf Leistung der eidesstattlichen Versicherung. Nach Abschluß einer Stufe geht das Verfahren auf der nächsten Stufe erst weiter, wenn der Kläger dies beantragt. Das Gericht ist an sein Auskunftsurteil auf der nächsten Stufe nicht gebunden; es kann zB. den Zahlungsanspruch in Abweichung von seiner früheren Beurteilung mangels Rechtsgrundes abweisen (BGH NJW 1985, 1349, 1350). Weiteres Vorbringen des Beklagten kann sich also lohnen. Zum Verfahren im übrigen vgl. *Zöller/Greger* § 254 Rdn. 3. Haben Auskunft und Versicherung ergeben, daß kein Anspruch besteht, sollte der Kläger die Klage zurücknehmen und überlegen, ob die von ihm nach § 269 Abs. 3 ZPO zu tragenden Kosten im Wege der Feststellungsklage im selben Rechtsstreit geltend gemacht werden können (BGH MDR 1994, 717; vgl. Anm. 6).

10. Hierauf sollte der Kläger drängen, um überprüfen zu können, ob seine Streitwertvorstellungen mit denen des Gerichts übereinstimmen.

Kosten und Gebühren

Gerichts- und Rechtsanwaltsgebühren entstehen in derselben Instanz nur einmal, auch wenn über die verschiedenen Stufen getrennt verhandelt und entschieden wird (§§ 18 GKG, 13 Abs. 2 BRAGO). Maßgebend für den Gebührenstreitwert ist der höchste der verbundenen Ansprüche (§ 18 GKG), also idR. der Zahlungs- oder Herausgabeanspruch (zu Einzelheiten vgl. *Schneider* Rpfleger 1977, 92 u. MDR 1988, 358; *Zöller/Greger* § 254 Rdn. 6). Unerheblich ist, ob die Auskunft später zu einem niedrigeren Anspruch führt (anders für die Verhandlungs- und Beweisgebühr des Anwalts, wenn nur über den niedrigeren Antrag verhandelt oder Beweis erhoben wird). Ergibt die Auskunft, daß kein Anspruch besteht, und nimmt der Kläger die Klage mit der Folge des § 269 Abs. 3 ZPO zurück, so ist streitig, ob der durch Teilurteil zur Auskunft verurteilte Beklagte nach § 92 ZPO einen Teil der Kosten trägt (so OLG München MDR 1990, 636; aA. OLG Hamm NJW-RR 1991, 1407).

Fristen und Rechtsmittel

Ein Teilurteil, welches das Gericht über die 1. oder die 2. Stufe erläßt, ist mit den gewöhnlichen Rechtsmitteln anfechtbar. Vor Erledigung des Rechtsmittels zu einer früheren Stufe kann nicht über eine spätere entschieden werden (vgl. *Thomas/Putzo* § 254 Rdn. 6). Das Rechtsmittelgericht muß den Rechtsstreit dann zur Verhandlung und Entscheidung über die späteren Stufen an die Vorinstanz zurückverweisen (vgl. BGH NJW 1982, 236). Eine Berufung des Beklagten gegen das Auskunftsurteil kann an der niedrigen Festsetzung des Rechtsmittelstreitwerts scheitern: nach der Rechtsprechung (BGH NJW-

RR 1994, 1092 u. 1271; der Vorlagebeschluß BGH NJW 1994, 1222 hat an dieser Rechtsprechung nichts geändert, vgl. BGH NJW 1995, 664) ist maßgeblich auf den Aufwand des Beklagten für die Erteilung der Auskunft abzustellen, der oft unter DM 1.500,– anzusetzen sein wird. Entsprechendes gilt auch für die Beschwer des zur eidesstattlichen Versicherung verurteilten Beklagten (BGH NJW 1991, 1833).

12. Teilklage[1]

An das
Amtsgericht[2]

Klage

in der Sache
......

erhebe ich namens und in Vollmacht des Klägers Klage und werde beantragen:
1. Die Beklagten werden als Gesamtschuldner verurteilt, an den Kläger DM 2.000,– nebst 4% Zinsen seit dem ...... zu zahlen.
2. ......

Begründung:

Der Kläger macht gegen den Beklagten zu 1) als Halter und Fahrer und gegen die Beklagte zu 2) als dessen Haftpflichtversicherer Schadensersatzansprüche aus einem Verkehrsunfall geltend[3]. ......
(ist auszuführen)
Durch den Unfall sind dem Kläger folgende Schäden entstanden[4]

1. Reparaturkosten	DM 4.000,–
2. merkantiler Minderwert	DM 800,–
3. Nutzungsausfall	DM 200,–
4. Verdienstausfall	DM 300,–
5. Unkostenpauschale	DM 20,–
6. Schmerzensgeld	DM 1.000,–
Gesamtschaden	DM 6.320,–

Dem Kläger steht zumindest ein Ersatzanspruch in Höhe von 50% (DM 3.160,–) zu[5]. Hiervon verlangt der Kläger aus Kostengründen[6] zunächst nur DM 2.000,–. Und zwar werden in erster Linie – jeweils zur Hälfte des genannten Schadensbetrages – der Schmerzensgeldanspruch, dann der Ersatz des merkantilen Minderwerts, der Verdienstausfall, die Nutzungsausfallentschädigung, schließlich die Reparaturkosten und zuletzt die Unkostenpauschale geltend gemacht[7].
Rechtsanwalt

Schrifttum: Pawlowski, Die bestimmte Angabe des Gegenstandes und des Grundes bei Teilklagen, ZZP 78, 307.

Anmerkungen

1. Eine nur teilweise Geltendmachung seiner Ansprüche kann sich für den Kläger zB. empfehlen, wenn er das Prozeßrisiko gering halten möchte oder auch, wenn an der Liquidität des Beklagten und damit an der Möglichkeit der Kostenerstattung Zweifel bestehen.

12. Teilklage
I. D. 12

Auch kann eine Teilklage den Vorteil bieten, daß der Prozeß beim Amtsgericht zu führen ist, der Kläger also ohne Anwalt prozessieren kann oder sein Rechtsanwalt keinen auswärtigen Hauptbevollmächtigten benötigt. Unzulässig ist es aber, einen Anspruch gleichzeitig in mehreren Prozessen geltend zu machen und dadurch die Zuständigkeit des Amtsgerichts zu begründen; das Gericht wird die Klagen verbinden, das Landgericht bleibt sachlich zuständig (*Baumbach/Lauterbach/Albers/Hartmann* § 2 Rdn. 7).

Bei einer Teilklage muß der Kläger zwei Punkte besonders beachten: Zum einen wird die Verjährung nur hinsichtlich des eingeklagten Teilbetrages unterbrochen, nicht hinsichtlich des weitergehenden Anspruchs (BGH NJW 1988, 1854; allerdings wahrt eine Teilklage die Ausschlußfrist nach § 12 Abs. 3 VVG, BGH NJW-RR 1991, 736). Zum anderen ist, wenn sich der Anspruch aus mehreren Forderungen zusammensetzt, genau zu bestimmen, wie sich der eingeklagte Teilbetrag errechnet (vgl. Anm. 7).

2. Das Amtsgericht ist zuständig, da der Streitwert unter DM 10.000,- liegt. Bei Teilklagen bestimmt sich der Streitwert nicht nach dem Gesamtbetrag, den der Kläger für sich in Anspruch nimmt, sondern nach dem eingeklagten Betrag (*Thomas/Putzo* § 3 Rdn. 142; zum Gebührenstreitwert vgl. § 21 GKG).

3. Zum Schadensersatzprozeß bei Kraftfahrzeugunfällen vgl. näher Form. II. D. 13.

4. Die Schäden sind im einzelnen unter Einreichung der Belege darzulegen und unter Beweis zu stellen.

5. Hiermit erklärt der Kläger, daß er vom Gesamtschaden nur 50% in Anspruch nimmt. Er sollte sich hüten, eine höhere Mithaftung des Beklagten zu behaupten, wenn er sich seiner Sache nicht sicher ist; denn er gewinnt damit nichts, kann jedoch leicht eine negative Feststellungsklage des Beklagten provozieren, der er unterliegt.

6. Es empfiehlt sich, die Gründe, die den Kläger zu einer Teilklage veranlassen, anzugeben, um Rechtsnachteile (vgl. Anm. 1) zu vermeiden; mit dem Wunsch nach sachlicher Zuständigkeit des Amtsgerichts darf die Teilklage nicht begründet werden.

7. Zur bestimmten Angabe des Anspruchsgegenstandes iSd. § 253 Abs. 2 Nr. 2 ZPO muß der Kläger bezeichnen, wie sich der Teilbetrag von DM 2.000,- aus den einzelnen Forderungen, die zusammen den Betrag von DM 3.150,- ergeben, zusammensetzt (vgl. BGH NJW 1990, 2068, 2069). Das kann dadurch geschehen, daß die Forderungen in einer bestimmten Reihenfolge geltend gemacht werden, daß jede Forderung zu einem Teil erhoben wird oder durch Vermischung beider Methoden (vgl. *Baumbach/Lauterbach/Albers/Hartmann* § 253 Rdn. 43–45). Die erste Bestimmungsart dürfte sich am meisten empfehlen, da sie die Gelegenheit bietet, unsichere Forderungen, für die besondere Voraussetzungen gegeben sein müssen oder deren Bestimmung vom Ermessen des Gerichts abhängt, prüfen zu lassen, das Prozeßrisiko jedoch gering zu halten.

Kosten und Gebühren

Gerichts- und Rechtsanwaltsgebühren entstehen nur auf die eingeklagte Teilforderung (vgl. Anm. 2). Macht der Kläger die Restforderung in einem zweiten Prozeß geltend, entstehen wegen der Degression der Gebührentabellen insgesamt mehr Kosten, als wenn der Kläger nur einen Prozeß geführt hätte. Ist die Aufteilung in mehrere Prozesse willkürlich, kann das Gericht die Erstattung der hierdurch entstandenen Mehrkosten versagen (*Zöller/Herget* § 91 Rdn. 13 „Mehrheit von Prozessen").

I. D. 13

13. Zwischenfeststellungsklage[1]

An das
Landgericht

In der Sache
......
erweitert der Kläger seine Klage[2] mit dem Antrag,

    festzustellen, daß der zwischen den Parteien vor dem Notar N in Hamburg am ...... geschlossene Grundstückskaufvertrag, Urkunden- Rolle Nr. ......, wirksam ist,

hilfsweise[3],

    festzustellen, daß die Beklagte sich auf die Unwirksamkeit des Vertrages nicht berufen kann.

Begründung[4]:

Die Beklagte hat gegenüber dem vom Kläger aus dem Grundstückskaufvertrag erhobenen Anspruch ua. eingewandt, der Kaufvertrag sei in Hinblick auf die Rechtsprechung des Bundesgerichtshofes (BGH NJW 1979, 1984) unwirksam, weil die Baubeschreibung des zu errichtenden Hauses nicht Gegenstand der Beurkundung vor dem Notar geworden und nicht verlesen worden sei. Da damit sämtliche Rechte des Klägers aus dem Kaufvertrag, nicht nur der hier streitige Anspruch, entfallen würden, ist das Rechtsschutzbedürfnis für eine Zwischenfeststellungsklage nach § 256 Abs. 2 ZPO gegeben.

Der Antrag ist auch begründet:
1. Der Vertrag ist wirksam beurkundet worden. Die Baubeschreibung ist zwar nicht Teil der Niederschrift geworden, jedoch wurde sie dieser als Anlage beigefügt. Zudem verweist die Niederschrift in § 8 ausdrücklich auf die Baubeschreibung, die damit nach § 9 Abs. 1 Nr. 2 BeurkG als in der Niederschrift enthalten gilt. Die Baubeschreibung ist, wie aus der Urkunde ersichtlich, auch mitverlesen worden.

    Beweis: Zeugnis des Notars ......

2. Jedenfalls kann sich die Beklagte nach Treu und Glauben nicht auf die Unwirksamkeit des Vertrages berufen, so daß zumindest dem Hilfsantrag stattzugeben ist. ......

Rechtsanwalt

Schrifttum: Schneider, Die Zulässigkeit der Zwischenfeststellungs(wider)klage, MDR 1973, 270.

Anmerkungen

1. Die Zwischenfeststellungsklage (§ 256 Abs. 2 ZPO) kann nicht selbständig, sondern nur im Laufe eines Rechtsstreits erhoben werden. Sie empfiehlt sich, wenn nur ein Teil der Ansprüche aus einem Vertrag rechtshängig ist, aber die Wirksamkeit des gesamten Vertrages im Streit ist. Beide Parteien können dann auf Feststellung klagen, daß der gesamte Vertrag wirksam bzw. unwirksam ist, die Rechtskraft des Urteils also hierauf erstrecken und damit weitere Prozesse vermeiden. Für die Zulässigkeit genügt die bloße Möglichkeit, daß der Vertrag über den gegenwärtigen Streit hinaus Bedeutung gewinnen kann (BGH NJW 1977, 1637; 1983, 1791; BGH NJW 1994, 1353). Die Zwischenfriststellungsklage ist aber unzulässig, wenn sie nicht auf die Klärung der Rechtsbeziehungen der Parteien,

sondern nur auf die Klärung einer Vorfrage für diese Rechtsbeziehungen gerichtet ist (vgl. BGH NJW 1985, 1959). Eine nach § 256 Abs. 1 ZPO unzulässige, selbständige Feststellungsklage kann, wenn sie um eine Leistungsklage erweitert wird, zu einer zulässigen Zwischenfeststellungsklage werden (BGH NJW-RR 1990, 318, 320). Zur Beweislast und zur beschränkten Rechtskraftwirkung vgl. BGH NJW 1994, 1353, 1354.

Das Beispiel geht von dem Sachverhalt aus, daß der Käufer Ansprüche aus einem Grundstückskaufvertrag geltend macht, der nach Auffassung des Verkäufers unwirksam beurkundet wurde (vgl. BGH NJW 1979, 1984).

2. Die Zwischenfeststellungsklage wird vom Kläger durch Klageerweiterung, vom Beklagten im Wege der Widerklage erhoben. Für die Klageerhebung gilt in beiden Fällen die Erleichterung des § 261 Abs. 2 ZPO. Ist der Rechtsstreit vor dem Amtsgericht anhängig, kann die Zwischenbestellungsklage zur sachlichen Unzuständigkeit und zur Verweisung an das Landgericht führen.

3. Für den Fall, daß das Bestehen oder Nichtbestehen des Rechtsverhältnisses vom Gericht nicht festgestellt wird, bleibt noch die Möglichkeit, daß der Feststellungskläger mit einer Einrede zum gleichen Ziel kommt. Daher empfiehlt sich ein entsprechender Hilfsantrag. Im angenommenen Fall geht es um die Einrede der unzulässigen Rechtsausübung (vgl. OLG München NJW 1979, 2157).

4. Für die Zulässigkeit hat der Feststellungskläger zwei besondere Voraussetzungen darzulegen: Die Entscheidung des Hauptanspruches muß vom Bestehen oder Nichtbestehen des Rechtsverhältnisses abhängig sein, außerdem muß die konkrete Möglichkeit bestehen, daß weitere Ansprüche aus dem Rechtsverhältnis erwachsen (Vorgreiflichkeit) (vgl. BGH NJW 1981, 228, 229; *Thomas/Putzo* § 256 Rdn. 32; vgl. auch oben Anm. 1). Ein besonderes Feststellungsinteresse wie nach § 256 Abs. 1 ZPO braucht nicht vorzuliegen.

E. Klageerwiderung

1. Vertretungsanzeige mit Ankündigung der Anträge bei frühem ersten Termin

In der Sache
......

zeige ich an, daß ich den Beklagten vertrete[1].
Vom Termin am ...... habe ich Kenntnis.
Ich werde beantragen[2]:
    1. Die Klage wird abgewiesen.
    2. Die Kosten des Rechtsstreits trägt der Kläger.
    3. Das Urteil ist vorläufig vollstreckbar.
Es wird weiter beantragt,
    dem Beklagten zu gestatten, eine von ihm zu erbringende Sicherheit durch eine Bürgschaft der X-Bank zu leisten[3].
Einer Übertragung der Sache auf den Einzelrichter stehen keine Gründe entgegen[4].
Die materielle Klageerwiderung wird innerhalb der hierzu gesetzten Frist eingereicht werden[5].
Rechtsanwalt

Anmerkungen

1. Wenn die materielle Klageerwiderung bei Erhalt des Mandats nicht sofort fertiggestellt werden kann, empfiehlt es sich für den Rechtsanwalt, zumindest die Vertretung gegenüber Gericht und Gegner anzuzeigen. Damit ist gewährleistet, daß künftige Mitteilungen oder Zustellungen unmittelbar an ihn ergehen.

2. Die Anträge sollten hier nur angekündigt werden, wenn bereits feststeht, daß und ggf. in welcher Höhe der Klage entgegengetreten werden soll. Dies gilt insbesondere in Hinblick auf § 93 ZPO (vgl. *Thomas/Putzo* § 93 Rdn. 10).

3. Vgl. Form. I.D.1 Anm. 11. Der Antrag ist bedeutsam für den Fall, daß die Klage abgewiesen wird, die Kosten aber den Betrag von DM 2000,- übersteigen (§ 708 Nr. 11 ZPO), oder der Kläger ganz oder zum Teil obsiegt und einer der Fälle des § 708 Nr. 4–11 ZPO vorliegt (§ 711 ZPO). Zur Sicherheitsleistung durch Bürgschaft vgl. Form. I. D. 1 Anm. 12.

4. Diese Erklärung braucht der Beklagte nicht schon jetzt, sondern erst mit der materiellen Klageerwiderung abzugeben (§ 277 Abs. 1 Satz 2 ZPO). Hierzu wird er mit der Anordnung nach § 275 oder § 276 ZPO aufgefordert.

5. Anträge auf Fristverlängerung gemäß § 224 ZPO sollten hier gestellt werden (vgl. Form. I. F. 6). Kann der Beklagte voraussehen, daß er innerhalb der Klageerwiderungsfrist nicht vollständig wird erwidern können, ist ein solcher Antrag dringend zu empfehlen; es ist immer einfacher, eine Fristverlängerung zu begründen als verspätetes Vorbringen gem. § 296 Abs. 1 ZPO zu entschuldigen.

2. Vertretungs- und Verteidigungsanzeige bei schriftlichem Vorverfahren

In der Sache
......

zeige ich an, daß die Beklagten zu 1) und 2) von mir vertreten werden[1].
Die Beklagten wollen sich gegen die Klage verteidigen[2].
Es wird beantragt zu erkennen:
    1. Die Klage wird abgewiesen.
    2. Die Kosten des Rechtsstreits trägt die Klägerin.
    3. Das Urteil ist vorläufig vollstreckbar.
Die materielle Klageerwiderung wird innerhalb der hierzu gesetzten Frist[3] eingereicht werden.
Rechtsanwalt

Anmerkungen

1. Vgl. zunächst die Anmerkungen zum Form. I. E. 1.

2. Bei Anordnung des schriftlichen Vorverfahrens muß diese Erklärung gemäß § 276 Abs. 1 ZPO binnen einer Notfrist von zwei Wochen abgegeben werden, wenn der Beklagte ein schriftliches Versäumnisurteil gemäß § 331 Abs. 3 ZPO vermeiden will. Ist die Frist bereits verstrichen, aber von einem Versäumnisurteil noch nichts bekannt, sollte die Erklärung unverzüglich nachgereicht werden; wenn sie noch eingeht, bevor das unterschriebene Versäumnisurteil der Geschäftsstelle übergeben wird, kann das Versäumnisurteil nicht erlassen werden (§ 331 Abs. 3 Satz 1 2. Halbs. ZPO).

Die Frist zur Anzeige der Verteidigungsabsicht sollte auch in den Gerichtsferien eingehalten werden, da sie eine Notfrist ist und somit durch den Lauf der Gerichtsferien nicht gehemmt wird (§ 223 Abs. 2 ZPO); denn zT. wird die Ansicht vertreten, daß das Versäumnisurteil gemäß § 331 Abs. 3 ZPO in den Gerichtsferien erlassen werden kann (AG Bergisch-Gladbach NJW 1977, 2080; *Baumbach/Lauterbach/Albers/Hartmann* § 331 Rdn. 25; anders hM., vgl. OLG Koblenz NJW 1979, 1465; *Thomas/Putzo* § 331 Rdn. 4). Jedenfalls kann das Versäumnisurteil am Tag nach Ablauf der Gerichtsferien (16. September) ergehen, die Frist beginnt nicht erst dann zu laufen.

3. Ein Antrag auf Fristverlängerung (vgl. Form. I. F. 6) sollte bereits jetzt gestellt werden.

Kosten und Gebühren

Die Verteidigungsanzeige allein ist kein Sachantrag iSd. § 32 BRAGO (vgl. OLG Koblenz MDR 1981, 507; OLG Düsseldorf MDR 1983, 764). Die Verhandlungsgebühr kann erst im Haupttermin entstehen.

3. Vertretungsanzeige und Teilanerkenntnis unter Protest gegen die Kosten bei schriftlichem Vorverfahren[1]

In der Sache
......
zeige ich an, daß die Beklagten zu 1) und 2) von mir vertreten werden.
Die Beklagten erkennen den Anspruch in Höhe von DM 5.750,- nebst 5% Zinsen seit Rechtshängigkeit an[2]. Hierbei gehen die Beklagten davon aus, daß der Klägerin allenfalls eine Vergütung von DM 5.000,- zuzüglich 15% Mehrwertsteuer zusteht[3].
Das Anerkenntnis erfolgt unter Protest gegen die Kosten[4]. Die tatsächlichen Voraussetzungen des § 93 ZPO werden die Beklagten in der Klageerwiderung darlegen.
Soweit der Anspruch nicht anerkannt wird, wollen sich die Beklagten gegen die Klage verteidigen[5] und werden beantragen:
    1. Die Klage wird abgewiesen.
    2. Die Kosten des Rechtsstreits trägt die Klägerin.
    3. Das Urteil ist vorläufig vollstreckbar.
Die materielle Klageerwiderung wird innerhalb der gesetzten Frist eingereicht werden[6].
Rechtsanwalt

Anmerkungen

1. Das Formular knüpft an die Klagschrift gemäß Form. I. D. 2 an.

2. Es handelt sich um ein Anerkenntnis, das im schriftlichen Vorverfahren auf die Aufforderung gem. § 276 Abs. 1 S. 1 ZPO abgegeben wird. Dieses Anerkenntnis führt, wenn der Kläger in der Klagschrift einen entspr. Antrag gestellt hat oder ihn später stellt, zu einem (Teil-) Anerkenntnisurteil ohne mündliche Verhandlung, § 307 Abs. 2 ZPO. Grundsätzlich könnte der Beklagte sein Anerkenntnis auch später in mündlicher Verhandlung abgeben. Will er jedoch die Kostenfolge des § 93 ZPO zu Lasten des Klägers herbeiführen, muß er es schon jetzt erklären, denn ein Anerkenntnis ist nicht mehr „sofort", wenn vorher eine Verteidigungserklärung abgegeben wurde (*Thomas/Putzo* § 93 Rdn. 9). Außer der Möglichkeit des § 93 ZPO bietet das Anerkenntnis für den Beklagten gegenüber einer streitigen Verurteilung erhebliche Kostenvorteile. Die dreifache Gerichtsgebühr nach KV Nr. 1201 ermäßigt sich auf die einfache Gebühr (KV Nr. 1202), ein Anerkenntnisurteil vor streitiger Verhandlung löst nur eine halbe Verhandlungsgebühr des Rechtsanwalts aus (§§ 33 Abs. 1, 35 BRAGO).

3. Bei einem Teilanerkenntnis ist darauf zu achten, daß deutlich wird, welcher Teil des Anspruches anerkannt wird. Macht der Kläger mehrere Ansprüche geltend (zB. mehrere Forderungen aus unterschiedlichen Verträgen oder auch Schadensersatz in Form von Sachschaden, Verdienstausfall, Schmerzensgeld etc.) muß eindeutig erkennbar sein, welche dieser Einzelforderungen das Anerkenntnis in welcher Höhe erfaßt. Das Anerkenntnis kann auch in der Weise eingeschränkt werden, daß der Anspruch nur Zug-um-Zug gegen Erbringen einer Gegenleistung anerkannt wird; allerdings kann ein Anerkenntnisurteil nur ergehen, wenn der Kläger seinen Sachantrag auf eine Zug-um-Zug-Verurteilung umstellt (vgl. BGH NJW 1989, 1934).

4. Regelmäßig hat das Anerkenntnis des Beklagten zur Folge, daß er gem. §§ 91, 92 ZPO die Kosten zu tragen hat. Mit dieser Formulierung kündigt der Beklagte an, daß er die Kostenfolge des § 93 herbeiführen möchte. Hierauf muß er bereits mit diesem Schrift-

satz hinweisen, denn sonst wird, jedenfalls wenn er den Anspruch in vollem Umfang anerkennt, ein Anerkenntnisurteil ohne mündliche Verhandlung nach § 307 Abs. 2 ZPO mit einer Kostenentscheidung zu seinen Lasten ergehen.

5. Diese Erklärung ist notwendig, um ein Teilversäumnisurteil gemäß § 331 Abs. 3 ZPO hinsichtlich des nicht anerkannten Anspruches zu vermeiden.

6. In der Klageerwiderung müssen auch die tatsächlichen Voraussetzungen des § 93 ZPO (kein Anlaß zur Klageerhebung) dargelegt und unter Beweis gestellt werden.

Kosten und Gebühren

Zu den Kostenvorteilen des Anerkenntnisses für den Beklagten und zu § 93 ZPO vgl. Anm. 2, 4 und Form. I. M. 6.

4. Materielle Klageerwiderung (Grundmuster mit Begründung)[1]

An das
Landgericht München I
Kammer für Handelssachen

In der Sache[2]
......
vertrete ich die Beklagten zu 1) und 2)[3].
Ich werde beantragen[4]:
    1. Die Klage wird abgewiesen.
    2. Die Kosten des Rechtsstreits trägt die Klägerin.
    3. Das Urteil ist – notfalls gegen Sicherheitsleistung – vorläufig vollstreckbar.
Mit einer Entscheidung durch den Vorsitzenden sind die Beklagten einverstanden.

Begründung[5,6]:

Der Beklagte beruft sich in erster Linie darauf, daß er nicht passiv legitimiert ist (1.). Hilfsweise wendet er ein, daß die verlangte Vergütung unangemessen hoch (2.), zudem nicht fällig ist (3.) und daß das Werk mangelhaft hergestellt wurde (4.)[7].

1. Es ist richtig, daß am 15. 2. 19.. zwischen dem Angestellten A für die Klägerin und dem Prokuristen der Beklagten ein Vertrag über den Druck von 10 000 Werbeprospekten der Firma F zustande kam. Herr P hat diesen Vertrag jedoch nicht im Namen der Beklagten zu 1), sondern ausdrücklich im Namen und in Vollmacht der Firma F geschlossen. Dies hat er bereits bei dem Telefonat am Vormittag erklärt und bei der von der Klägerin geschilderten mündlichen Vereinbarung wiederholt.

    Beweis: Zeugnis des Herrn P......[8]
    (ladungsfähige Anschrift)

Einwendungen sind hiergegen weder vom Inhaber der Klägerin noch von seinem Angestellten erhoben worden.

    Beweis: Zeugnis des P

Damit trifft die Verpflichtung aus dem Vertrag nicht die Beklagte zu 1). Sie hat auch nicht etwa eine Vergütung von der Firma F für die Herstellung der Prospekte verlangt oder erhalten.

2. Eine bestimmte Vergütung wurde weder telefonisch noch mündlich vereinbart. Zwar hat Herr A zunächst einen Preis von DM 1.500,– pro 1000 Stück genannt, auf den Einwand von P, daß dies zu teuer sei, hat er jedoch erwidert, daß man den Preis noch einmal durchkalkulieren müsse.

>Beweis: Zeugnis des P

Die übliche und angemessene Vergütung für einen derartigen Auftrag liegt bei höchstens DM 900,– pro 1000 Stück.

>Beweis (unter Protest gegen die Beweislast[9]):
>Gutachten eines Sachverständigen

Eine höhere Vergütung ergibt sich auch nicht daraus, daß der Auftrag besonders eilig war; die Klägerin hatte immerhin zwei Wochen – und damit ausreichend – Zeit.

3. Die Beklagte weist außerdem darauf hin, daß die Vergütung noch nicht fällig ist; denn weder die Firma F noch die Beklagte haben das Werk der Klägerin abgenommen.

4. Schließlich hat die Klägerin die Arbeiten mangelhaft ausgeführt[10]. Dies hat die Firma F gegenüber der Klägerin mehrfach gerügt, und zwar ua. mit Schreiben vom ......, die als

>Anlagen A, B[11]

eingereicht werden. Die darin ausgesprochenen Rügen (Farbabweichungen, ungenau übereinander gedruckte Farben bei fast allen Prospekten) hat sich die Beklagte später in ihrem bereits von der Klägerin als Anlage 4 überreichten Schreiben vom ...... vorsorglich zu eigen gemacht. Die Rügen wurden außerdem vom Prokuristen der Beklagten zu 1) bereits in einem früheren Telefonat mit dem Inhaber der Klägerin am ...... erhoben.

>Beweis: Zeugnis des P

Zum Beweis dafür, daß fast alle Prospekte die genannten Mängel aufwiesen und die gesamte Lieferung damit unbrauchbar war, beziehen sich die Beklagten auf

>1. Zeugnis des Angestellten der Firma F,
>2. Sachverständigengutachten.

Die Mängel berechtigten die Beklagte zu 1) – vorausgesetzt, sie wäre Vertragspartner – zur Wandlung des Vertrages, die hiermit vorsorglich ausgesprochen wird. Hilfsweise erhebt die Beklagte die Einrede des nicht erfüllten Vertrages und die Mängeleinrede gemäß § 639 BGB.

5. Der Zinsanspruch wird nach Grund und Höhe bestritten.

Rechtsanwalt

Schrifttum: Michel, Der Schriftsatz des Anwalts im Zivilprozeß, 3. Aufl. 1991; *Orfanides,* Probleme des gerichtlichen Geständnisses, NJW 1990, 3174; *Lange,* Bestreiten mit Nichtwissen, NJW 1990, 3233; *Deubner,* Die Zurückweisung fristwidrigen Vorbringens im frühen ersten Termin, NJW 1983, 1026; *ders.,* Das Ende der Zurückweisung verspäteten Vorbringens im frühen ersten Termin, NJW 1985, 1140; *Mertins,* Fluchtwege zur Vermeidung der Zurückweisung wegen Verspätung und ihre Abwehr, DRiZ 1985, 344; *Fischer,* Die Berücksichtigung „nachgereichter Schriftsätze" im Zivilprozeß, NJW 1994, 1315.

Anmerkungen

1. Die vorgeschlagene Fassung einer Klageerwiderung (§ 277 ZPO) ist sowohl bei Anordnung eines frühen Termins als auch bei schriftlichem Vorverfahren oder als Erwiderung auf die Anspruchsbegründung nach vorangegangenem Mahnverfahren möglich. Für die Form der Klageerwiderung enthält die ZPO keine besondere Vorschrift, es gilt aber

4. Materielle Klageerwiderung (Grundmuster mit Begründung) I. E. 4

§ 130 ZPO. Dem Beklagten wird durch das Gericht regelmäßig eine Frist zur Klageerwiderung gesetzt worden sein (§§ 275 Abs. 1 S. 1, 276 Abs. 1 S. 2 ZPO), die mindestens zwei Wochen betragen muß (§ 277 Abs. 3 ZPO). Diese Frist sollte unbedingt eingehalten werden, denn bereits im frühen ersten Termin kann verspätetes Vorbringen des Beklagten gem. § 296 Abs. 1 ZPO zurückgewiesen werden (BGH NJW 1983, 575; OLG Karlsruhe NJW 1983, 403; anders, wenn es sich bei dem frühen ersten Termin erkennbar um einen Durchlauftermin handelt (BVerfG NJW 1985, 1149; *Deubner* NJW 1985, 1140), wenn nach der Sach- und Rechtslage eine Erledigung in diesem Termin ohnehin nicht in Betracht kommt (BGH NJW 1987, 500) oder wenn das Gericht eine Verzögerung durch vorbereitende Maßnahmen oder rechtzeitige Hinweise nach § 273 ZPO hätte vermeiden können (BGH NJW 1989, 717; BVerfG NJW 1987, 2003). Das Gericht ist nicht verpflichtet, die in der Klageschrift benannten Zeugen schon vor Eingang der Klageerwiderung gem. § 273 ZPO zu laden, um eine Verzögerung zu vermeiden (BGH NJW 1987, 499). Die Fristsetzung ist unwirksam, wenn sie nicht vom Vorsitzenden verfügt ist, wenn die notwendigen Belehrungen fehlen (BGH NJW 1991, 2773 u. 2774) oder wenn sie nicht förmlich zugestellt wurde (BVerfG NJW-RR 1994, 254). Zur Möglichkeit der Fristverlängerung vgl. § 224 ZPO.

2. Das Beispiel knüpft an die Klageschrift gemäß Form. I. D. 2 an.

3. Ist das schriftliche Vorverfahren angeordnet und hat der Beklagte noch nicht angezeigt, daß er sich gegen die Klage verteidigen will, sollte er zusätzlich erklären:

„Der Beklagte will sich gegen die Klage verteidigen".

4. Zu den Anträgen und der Einzelrichtererklärung vgl. Form. I. E. 1. Sind die Anträge bereits in einer formellen Klageerwiderung gestellt, brauchen sie nicht wiederholt zu werden.

5. Gemäß § 277 Abs. 1 ZPO hat der Beklagte in der Klageerwiderung seine Verteidigungsmittel vorzubringen, soweit es seiner Prozeßförderungspflicht (§ 282 ZPO) entspricht. Er hat sich insbesondere zu allen vom Kläger vorgetragenen erheblichen Tatsachen zu erklären (§ 138 Abs. 2 ZPO). Unterläßt der Beklagte dies, wird das entsprechende Vorbringen des Klägers als unstreitig vom Gericht für seine Entscheidung zugrundegelegt werden. Da der Beklagte nicht ohne weiteres erkennen kann, was das Gericht für erheblich halten wird, sollte er sich zu allen Tatsachen erklären, die nicht völlig neben der Sache liegen. Dabei sollte er sich allerdings nach Möglichkeit hüten, ein „Geständnis" iSd. § 288 ZPO abzugeben, weil er hieran auch gebunden sein kann, wenn es unzutreffend war (§ 290 ZPO; vgl. BGH NJW-RR 1990, 1150, 1151). Der Umfang seiner Erklärungen hängt zunächst davon ab, ob ihn oder den Kläger die Darlegungs- und Beweislast trifft (hierzu grundsätzlich BGH NJW 1986, 2426, 2427), weiter davon, wie substantiiert sich der Kläger erklärt hat und schließlich davon, wie nah oder fern der Beklagte den vom Kläger vorgetragenen Geschehnissen steht (BGH VersR 1985, 239). Soweit es also um die Begründung von Einwendungen oder Einreden geht oder auf exakte Darlegungen des Klägers zu erwidern ist, muß dies mit genauer Darstellung der abweichenden Tatsachen – nicht nur mit einfachem Bestreiten (Ausnahme: § 138 Abs. 4 ZPO) – geschehen. Das gilt auch, wenn dem Beklagten durch das Gericht eine Auflage gemacht oder ein Hinweis gegeben wurde (vgl. weiter *Thomas/Putzo* § 277 Rdn. 5, 6). Erklärt der Beklagte die Aufrechnung mit einer Gegenforderung, hat er bereits in der Klageerwiderung alle zur Begründung erforderlichen Tatsachen geltend zu machen (vgl. BGH NJW 1984, 1964). Soweit der Beklagte nicht darlegungspflichtig ist und nicht substantiiert erwidern muß, besteht für ihn keine allgemeine prozessuale Aufklärungspflicht (vgl. BGH NJW 1990, 3151). Tatsachen, die sich nicht auf eigene Handlungen oder auf den Gegenstand eigener Wahrnehmungen beziehen, kann er mit Nichtwissen bestreiten (§ 138 Abs. 4 ZPO). Auch im eigenen Wahrnehmungsbereich soll die Partei nur eine begrenzte Erkundigungspflicht haben (BGH NJW 1990, 453; *Lange* NJW 1990, 3233); auch die nicht beweisbelastete Partei kann aber nach Treu und Glauben verpflichtet sein, dem Gegner gewisse Informa-

tionen zur Erleichterung seiner Beweisführung zu geben (BGH NJW 1994, 2289, 2292). Darüberhinaus müssen die Erklärungen des Beklagten gemäß § 138 Abs. 1 ZPO der Wahrheit entsprechen, als unwahr erkannte Informationen seiner Partei darf der Rechtsanwalt nicht vortragen (näher zur Wahrheitspflicht: *Rosenberg/Schwab* § 65 VIII). Riskant wäre es, Vorbringen aus taktischen Gründen noch zurückzuhalten. Ist der Beklagte jedoch der Überzeugung, daß die Klage unschlüssig ist oder eine seiner Einwendungen offensichtlich durchgreift, kann es genügen, auf die Unschlüssigkeit hinzuweisen bzw. das Vorbringen im wesentlichen auf diese Einwendung zu beschränken. Jedoch sollten dann die übrigen Einwendungen zumindest genannt und mit dem Hinweis verbunden werden, daß hierzu mehr vorgetragen werden wird, sofern das Gericht es für erforderlich hält (vgl. Anm. 10).

6. In der Klageerwiderung sind Rügen, die die Zulässigkeit der Klage betreffen (vgl. § 282 Abs. 3 ZPO) voranzustellen. In der Gliederung seines sachlichen Vorbringens sollte der Beklagte zur besseren Übersicht der Klageschrift folgen und anschließend seine Einwendungen und Einreden vorbringen. Offensichtlich durchgreifende Einwendungen (zB. Verwechslung des Schuldners, eindeutige Verjährung) sollte er jedoch voranstellen. Am Schluß einer Klageerwiderung – zuweilen auch in ähnlicher Form als Einleitung – findet sich oft der Satz: „Im übrigen wird der Sachvortrag des Klägers bestritten, soweit er nicht ausdrücklich zugestanden wurde". Ein solches Bestreiten entspricht nicht der Erklärungspflicht des Beklagten und ist bedeutungslos.

7. Bei einer umfangreichen Klageerwiderung kann es sich empfehlen, die einzelnen Einwendungen unter Hinweis auf die Gliederungspunkte in einem einleitenden Satz zu nennen.

8. Der Beklagte hat bereits in der Klageerwiderung seine Beweismittel zu bezeichnen. Das ist insbesondere erforderlich, wenn ihn – wie hier für die Tatsache des Handelns in fremdem Namen – die Beweislast trifft.

9. Vgl. Form. I. D. 2 Anm. 12.

10. Ist sich der Beklagte sicher, daß seine übrigen Einwendungen bereits zur Verteidigung ausreichen, könnte er auf eine nähere Darlegung der Mängel verzichten und etwa fortfahren:

> „Hierauf wird es jedoch nach Meinung des Beklagten nicht mehr ankommen. Hält das Gericht eine nähere Darlegung der Mängel und ihrer rechtzeitigen Rüge für erforderlich, wird um eine entsprechende Auflage gebeten."

Zu dieser Auflage wäre das Gericht dann gemäß §§ 139, 278 Abs. 3 ZPO verpflichtet (vgl. *Thomas/Putzo* § 277 Rdn. 6).

11. Vgl. Form. I. D. 1 Anm. 17.

Kosten und Gebühren

Vgl. die Hinweise zu Form. I. D. 1 und 2.

5. Widerklage[1,2] und Drittwiderklage[3]

An das
Landgericht München I

In der Sache

      1. der Kommanditgesellschaft in Firma Meyer & Wittrock
                                Klägerin und Widerbeklagte[4],
      Prozeßbevollmächtigter: Rechtsanwalt ......
      2. des persönlich haftenden Gesellschafters der Klägerin, Herrn Hans Meyer, Feldstraße 1, 80355 München,
                                         Drittwiderbeklagter[5],

gegen

den Werbegrafiker Peter Meister,
Karlstraße 9, 80801 München
                                    Beklagter und Widerkläger[5],

Prozeßbevollmächtigter: Rechtsanwalt ......
zeige ich an, daß ich den Beklagten vertrete.
Es wird beantragt,
      die Klage abzuweisen.
Gleichzeitig erhebe ich Widerklage[6]) und Drittwiderklage[7]) mit dem Antrag,
      die Klägerin sowie den Drittwiderbeklagten als Gesamtschuldner zu verurteilen, an den Beklagten DM 8.000,– nebst 4% Zinsen seit der Zustellung dieses Schriftsatzes Zug um Zug gegen Rückgabe des Pkw Daimler Benz 240 T, amtl. Kennzeichen ......, Fahrgestell-Nr. ...... an die Klägerin zu zahlen.
Es wird weiter beantragt,
      der Klägerin und dem Drittwiderbeklagten die Kosten des Rechtsstreits aufzuerlegen sowie das Urteil, notfalls gegen Sicherheitsleistung, für vorläufig vollstreckbar zu erklären[8]).
Beglaubigte Abschriften zur Zustellung an die Klägerin und den Drittwiderbeklagten sowie eine Abschrift der Klage für diesen liegen an[9].

                                Begründung:

Die Klage ist unbegründet.
1. Der Beklagte hat den mit der Klägerin geschlossenen Kaufvertrag wegen arglistiger Täuschung angefochten und gleichzeitig wegen Fehlens einer zugesicherten Eigenschaft gewandelt.
     ...... (ist auszuführen).
2. Aufgrund der Anfechtung und der Wandlung kann der Beklagte Rückzahlung der unstreitig geleisteten Anzahlung von DM 8.000.– verlangen. Diesen Anspruch macht er mit seiner Widerklage geltend.
3. Bei dem Drittwiderbeklagten handelt es sich um den persönlich haftenden Gesellschafter der Klägerin, der dem Beklagten für die Rückzahlung des Kaufpreises gemäß § 128 Abs. 1 HGB haftet.
Rechtsanwalt

I. E. 5   I. E. Klageerwiderung

Schrifttum: Haase, Besondere Klagarten im Zivilprozeß, JuS 1967, 405; *Lorff*, Die Widerklage, JuS 1979, 569; *Oehlers*, Zur Beschwer von Klage und Widerklage, NJW 1992, 1667; *Schneider*, Widerklage und materielle Beschwer, NJW 1992, 2680; *Nieder*, Die Widerklage mit Drittbeteiligung, ZZP 85, 437; *Schröder*, Widerklage gegen Dritte?, AcP 164, 517.

Anmerkungen

1. Das Formular knüpft an die Klage gem. Form. I. D. 1 an.

2. Hat der Beklagte gegen den Kläger einen fälligen Gegenanspruch auf Zahlung, stellt sich für ihn die Frage, ob er ihn zur Aufrechnung stellen, im Wege der Widerklage geltend machen oder gesondert einklagen soll. Gewöhnlich ist die Prozeßaufrechnung am zweckmäßigsten (vgl. Form. I. E. 6), wenn aber der Kläger, wie hier, einen restlichen vertraglichen Anspruch geltend macht und der Beklagte die geleistete Anzahlung aus demselben Vertrag zurückverlangen will, hat die Aufrechnung keinen Sinn. In diesem Fall und immer dann, wenn eine Aufrechnung oder ein Zurückbehaltungsrecht vertraglich oder gesetzlich ausgeschlossen sind oder die Aufrechnungsforderung höher ist als die Klageforderung (dann hinsichtlich des überschießenden Teils), kann sich die Erhebung einer Widerklage empfehlen. Hierfür spricht die Prozeßökonomie, vor allem, wenn beide Ansprüche dasselbe Rechtsverhältnis betreffen. Zudem hat der Beklagte das Privileg, seine Widerklage am Gericht seines allgemeinen Gerichtsstandes erheben zu können (§ 33 ZPO, anders, wenn für die Widerklage ein alleiniger Gerichtsstand im Ausland vereinbart wurde, BGH NJW 1981, 2644). Auch besteht die Möglichkeit, einen beim Amtsgericht anhängigen Rechtsstreit mit der Widerklage in die sachliche Zuständigkeit des Landgerichts zu bringen (§ 506 ZPO). Ein Gerichtskostenvorschuß braucht, auch wenn die Widerklagforderung erheblich höher ist als die der Klage, nicht geleistet zu werden (§ 65 Abs. 1 S. 4 GKG). Andererseits ist zu bedenken, ob nicht das Ergebnis der Klage als Test für die Widerklage abgewartet werden soll. Ob zwischen Klage und Widerklage ein rechtlicher Zusammenhang bestehen muß, ist streitig (vgl. *Zöller/Vollkommer* § 33 Rdn. 2).

3. Die Widerklage bietet dem Beklagten die Möglichkeit, weitere Personen in den Rechtsstreit hineinzuziehen, er kann insbesondere einen Dritten, der Streitgenosse des Klägers ist, mitverklagen (sog. Drittwiderklage, zu den einzelnen Fallgruppen und zur Zulässigkeit vgl. *Thomas/Putzo* § 33 Rdn. 10). So empfiehlt es sich, bei der Klage einer OHG oder KG, mit der Widerklage auch die gemäß § 128 HGB persönlich haftenden Gesellschafter zu verklagen. Die Hineinziehung eines Dritten kommt außerdem in Betracht, wenn der Beklagte in einem Verkehrsunfallprozeß seine Widerklage auf den Haftpflichtversicherer erstrecken möchte oder sonst eine mithaftende Person belangen will. Daß hierdurch für den Kläger der Dritte als Zeuge ausfällt, hat der Kläger idR. hinzunehmen (BGH NJW 1987, 3138), jedoch muß die Drittwiderklage sachdienlich iSd. § 263 ZPO sein (BGH NJW 1991, 2838). Sie setzt grundsätzlich eine Widerklage gegen den Kläger voraus (BGH NJW 1993, 2120). Hiervon läßt die Rechtsprechung Ausnahmen zu (OLG Düsseldorf MDR 1990, 728; vgl. auch BGH NJW 1984, 2104). Fehlt es an der örtlichen Zuständigkeit gegenüber dem Dritten, so bedarf es einer Gerichtsstandsbestimmung nach §§ 36, 37 ZPO (BGH NJW 1991, 2838). Eine Drittwiderklage ist ausgeschlossen, wenn gegenüber einem ausländischen Dritten keine internationale Zuständigkeit der deutschen Gerichte gegeben ist (BGH NJW 1981, 2642).

4. Zwar ist die Widerklage eine selbständige Klage, hinsichtlich der Bezeichnung der Parteien und des Gerichts sind ihre Voraussetzungen jedoch erleichtert, § 261 Abs. 2 ZPO.

5. Da es sich gegenüber dem Dritten um eine neue Klage handelt, die ihm zugestellt werden muß, sind er und der Widerkläger gemäß § 130 Nr. 1 ZPO mit ladungsfähiger Anschrift zu bezeichnen. Wird nur die Widerklage erhoben, sind die Anschriften nicht erforderlich (s. Anm. 4).

6. Prozeßaufrechnung und Hilfswiderklage   I. E. 6

   6. Die Widerklage wird gemäß § 261 Abs. 2 ZPO durch Zustellung des sie enthaltenden Schriftsatzes oder in mündlicher Verhandlung (dann gilt § 297 ZPO) erhoben; das kann grundsätzlich noch im Haupttermin geschehen, ohne daß eine Zurückweisung zu befürchten ist (vgl. BGH NJW 1995, 1223).

   7. Die Drittwiderklage bedarf als selbständige Klage immer der Zustellung (§ 253 Abs. 1 ZPO).

   8. Für die Kosten, die vorläufige Vollstreckbarkeit und auch die Einzelrichtererklärung gilt das gleiche wie für eine gewöhnliche Klage bzw. Klageerwiderung.

   9. Da für den Dritten dieser Schriftsatz nur im Zusammenhang mit der Klage verständlich wird, ist ihm auch eine Abschrift der Klage zuzustellen.

Kosten und Gebühren

   Ein Gerichtskostenvorschuß braucht, auch wenn die Widerklageforderung höher ist als die der Klage, nicht geleistet zu werden (vgl. § 65 Abs. 1 S. 4 GKG). Hinsichtlich der Kosten und Gebühren werden Klage und Widerklage nicht getrennt behandelt, die Streitwerte werden vielmehr zusammengerechnet (§ 19 Abs. 1 GKG), so daß der Kostenaufwand geringer ist als bei einer gesonderten Klage. Die Drittwiderklage verursacht – abgesehen von der Erhöhung der Prozeßgebühr gem. § 6 BRAGO – keine besonderen Kosten, soweit der Dritte sich durch den Rechtsanwalt des Klägers mitvertreten läßt (was meist der Fall ist) und das Gericht das Verfahren nicht trennt.

6. Prozeßaufrechnung[1] und Hilfswiderklage[2]

In der Sache[3]
......

wird beantragt:
    1. Die Klage wird abgewiesen.
    2. ......

          Begründung:

1. Dem Kläger steht der geltend gemachte Werklohn nicht zu.
   ...... (ist auszuführen).
2. Hilfsweise[4] rechnet der Beklagte mit einer Gegenforderung in Höhe von DM 6.283,– auf, die als Aufwendungsersatz gemäß § 633 Abs. 3 BGB begründet ist[5].
   ...... (ist auszuführen).
3. Für den Fall, daß die Aufrechnung durch die allgemeinen Geschäftsbedingungen des Klägers wirksam ausgeschlossen sein sollte[6], erhebt der Beklagte hilfsweise Widerklage mit dem Antrag:
    1. Der Kläger wird verurteilt, an den Beklagten DM 6.283,– nebst 4% Zinsen seit Zustellung dieses Schriftsatzes zu zahlen.
    2. ......

Rechtsanwalt

Schrifttum: Musielak, Die Aufrechnung des Beklagten im Zivilprozeß, JuS 1994, 817; *Tiedtke,* Aufrechnung und Rechtskraft, NJW 1992, 1473; *Foerste,* Lücken der Rechtskraft zivilgerichtlicher Entscheidungen über Aufrechnung, NJW 1993, 1183; *Schenkel/Ruthig,* Zur Aufrechnung mit rechtswegfremden Forderungen im Prozeß, NJW 1993, 1374; *Schneider,* Die Aufrechnung im zweiten Rechtszug, MDR 1975, 979; *ders.,* Der

Gebührenstreitwert von Klage und Hilfswiderklage, MDR 1988, 462; *Reinicke/Tiedtke,* Rechtskraft und Aufrechnung, NJW 1984, 2790; *Schumann,* Anspruchsmehrheiten im Streitwertrecht, NJW 1982, 2800.

Anmerkungen

1. Verglichen mit der Widerklage ist die Prozeßaufrechnung der einfachere Weg, eine Gegenforderung im Prozeß geltend zu machen. Die Aufrechnung erfordert zudem keinen rechtlichen Zusammenhang mit der Klagforderung. Sie führt nicht zur Rechtshängigkeit; dieselbe Forderung kann daher in mehreren Prozessen zur Aufrechnung gestellt werden, auch mit einer bereits rechtshängigen Forderung kann aufgerechnet werden (vgl. *Thomas/Putzo* § 145 Rdn. 20). Sie unterbricht die Verjährung wie die Klageerhebung (§ 209 Abs. 2 Nr. 3 BGB), allerdings nur in Höhe der Klagforderung und nur, wenn binnen sechs Monaten nach Prozeßende Klage erhoben wird, § 215 BGB. Die Unterbrechung tritt selbst dann ein, wenn die Aufrechnung mangels Gegenseitigkeit nicht durchgreifen sollte (BGH MDR 1981, 662). Übersteigt die Aufrechnungsforderung die Klagforderung, kann sich zur Abwendung der Verjährung hinsichtlich des überschießenden Teils eine Widerklage empfehlen. Macht der Kläger nur eine Teilforderung geltend, kommt für den Beklagten eine negative Feststellungswiderklage hinsichtlich des überschießenden Restes in Betracht. Auch gegenüber einer Feststellungsklage ist die Aufrechnung möglich (vgl. BGH NJW 1988, 2542). Besonders ist darauf zu achten, daß die Aufrechnungsforderung rechtzeitig, idR. also schon in der Klageerwiderung (BGH NJW 1984, 1964), begründet wird. Wird das diesbezügliche Vorbringen als verspätet zurückgewiesen, ist die Forderung rechtskräftig aberkannt (vgl. *Thomas/Putzo* § 145 Rdn. 18; BGH WM 1986, 864; WM 1987, 1086). Ob und wieweit die Aufrechnungsforderung sonst durch ein der Klage stattgebendes Urteil verbraucht ist, ergibt sich aus § 322 Abs. 2 ZPO. Problematisch ist dies, wenn das Urteil die Frage, ob die Aufrechnung zulässig ist, offen läßt oder verneint, aber dennoch auf die Aufrechnungsforderung sachlich eingeht (vgl. BGH NJW 1984, 218; 1988, 3210).

Wird die Hilfsaufrechnung erstmals im Berufungsrechtszug geltend gemacht, kommt es nach § 530 Abs. 2 ZPO auf die Sachdienlichkeit an (vgl. BGH WM 1987, 1086); verhandelt der Kläger rügelos zur Berufung, wird seine Einwilligung entsprechend § 267 ZPO vermutet.

2. Zur Zulässigkeit der Hilfswiderklage und ihrer verschiedenen Fallgruppen vgl. *Zöller/Vollkommer* § 33 Rdn. 26–28.

3. Es wird von dem in der Praxis häufigen Fall einer Werklohnklage ausgegangen, der gegenüber der beklagte Besteller ua. mit den Kosten einer Ersatzvornahme nach § 633 Abs. 3 BGB aufrechnet, wobei zweifelhaft ist, ob die Aufrechnung vertraglich ausgeschlossen wurde.

4. Der Beklagte sollte sich genau überlegen, ob er lediglich eine materiell-rechtliche Aufrechnungserklärung abgeben oder die Aufrechnung als Prozeßhandlung hilfsweise erklären will. Die (nur) materiell-rechtliche Aufrechnung gemäß § 388 BGB ist angebracht, wenn es sich um die einzige Einwendung des Beklagten handelt. Hat der Beklagte jedoch noch andere erfolgversprechende Verteidigungsmittel, sollte er die Aufrechnung hilfsweise erklären (dh. für den Fall, daß die anderen Einwendungen nicht durchgreifen, vgl. *Thomas/Putzo* § 145 Rdn. 15). Der Unterschied zeigt sich vor allem in der Höhe des für die Kosten maßgeblichen Gebührenstreitwerts: Gemäß § 19 Abs. 3 GKG werden bei Hilfsaufrechnung der Wert der Klagforderung und der Gegenforderung (bis zur Höhe der Klagforderung) idR. addiert, bei der gewöhnlichen Aufrechnung ist allein die Klagforderung maßgeblich. Durch die Geltendmachung von unerheblichen Einwendungen können dem Beklagten also beträchtliche Kosten entstehen, selbst wenn er mit seiner Aufrechnung Erfolg hat.

7. Negative Feststellungsklage gegenüber Teilklage   I. E. 7

5. Die Aufrechnungsforderung muß nach Grund und Höhe so bestimmt dargelegt werden wie eine Klageforderung. Handelt es sich um mehrere Einzelforderungen, ist anzugeben, in welcher Reihenfolge diese zur Aufrechnung gestellt werden (vgl. *Thomas/Putzo* § 145 Rdn. 14).

6. Die Wirksamkeit eines in AGB enthaltenen Aufrechnungsverbotes, das im Werkvertragsrecht häufig ist, kann zweifelhaft sein (*Palandt/Heinrichs* § 11 AGBG Rdn. 15, 16); in einem solchen Fall empfiehlt es sich, die Aufrechnung mit einer Hilfswiderklage zu verbinden (vgl. BGH NJW 1961, 1862).

Kosten und Gebühren

Die Hilfsaufrechnung spielt für den Streitwert und damit für die Höhe der Gebühren nur eine Rolle, wenn das Gericht die Klageforderung für begründet und die Aufrechnung für zulässig hält (§ 19 Abs. 3 GKG; vgl. Anm. 4; nähere Einzelheiten bei *Zöller/Schneider* § 3 Rdn. 16 „Aufrechnung"). War die Klageforderung begründet und hat nur die Hilfsaufrechnung zur Klageabweisung geführt, sind die Kosten nach § 92 ZPO zu teilen (vgl. *Zöller/Herget* § 92 Rdn. 5; str.). Die Hilfswiderklage ist für die Kosten erst von Bedeutung, wenn das Gericht die Klage als begründet und die Aufrechnung als unzulässig ansieht; dann gilt für den Gebührenstreitwert § 19 Abs. 1 GKG (vgl. Form. I. E. 5).

7. Negative Feststellungsklage gegenüber Teilklage[1,2]

An das
Amtsgericht

In der Sache[3]
......

zeige ich an, daß ich den Beklagten zu 1) vertrete. Ich werde beantragen:
    1. Die Klage wird abgewiesen.
    2. Es wird festgestellt, daß dem Kläger auch der weitere Anspruch von DM 1.155,– aus dem Verkehrsunfall zwischen den Parteien am ...... nicht zusteht[4].
    3. ...... (Kosten, vorläufige Vollstreckbarkeit)

Begründung[5]:
......

Schrifttum: Gürich, Verjährungsrechtliche Auswirkungen der negativen Feststellungsklage, MDR 1980, 359; *Schroers,* Negative Feststellungsklage und Schadensersatz, VersR 1973, 404; *Macke,* Aufeinandertreffen von negativer und positiver Feststellungsklage im Schadensersatzprozeß, NJW 1990, 1651; *Tiedtke,* Zur Rechtskraft eines die negative Feststellungsklage abweisenden Urteils, NJW 1983, 201 u. NJW 1990, 1697.

Anmerkungen

1. Das Formular knüpft an die Teilklage gemäß Form. I. D. 11 an.
2. Gemäß § 256 Abs. 1 ZPO kann die Klage auch auf die Feststellung des Nichtbestehens eines Rechtsverhältnisses gerichtet sein. Ein solches Rechtsverhältnis kann auch ein einzelner Anspruch sein (zB. unerlaubte Handlung, vgl. BGH NJW 1984, 1556). Das

Feststellungsinteresse ist vor allem dann gegeben, wenn sich der Beklagte ernsthaft eines Anspruchs gegen den Kläger „berühmt" (BGH NJW 1992, 437; vgl. *Thomas/Putzo* § 256 Rdn. 15). Das ist auch dann der Fall, wenn der Kläger ausdrücklich nur einen Teil des behaupteten Anspruches geltend macht. Das Feststellungsinteresse wird selbst dann bejaht, wenn der Gegner erklärt, er werde die Entscheidung über die Teilklage als verbindlich für die restliche Forderung anerkennen (BGH NJW-RR 1988, 749). Besonders zu beachten ist, daß der Feststellungsbeklagte der negativen Feststellungsklage das rechtliche Interesse dadurch entziehen kann, daß er seinerseits Leistungsklage erhebt. Das rechtliche Interesse entfällt dann, sobald die Leistungsklage nicht mehr einseitig zurückgenommen werden kann (dh. nach streitiger Verhandlung, § 269 Abs. 1 ZPO, vgl. BGH NJW 1973, 1500; 1987, 2680); der Feststellungskläger muß dann die Hauptsache für erledigt erklären. Das gilt aber nur bei gleichem Streitgegenstand beider Klagen (BGH NJW 1984, 1556). Wird die Klage rechtskräftig abgewiesen, ist das Bestehen der Forderung positiv festgestellt (vgl. BGH NJW 1986, 2508; 1995, 1757; kritisch *Tiedtke* NJW 1990, 1697).

3. Die negative Feststellungsklage wird hier als Widerklage erhoben, es gelten § 261 Abs. 2 ZPO und die weiteren Bestimmungen zur Widerklage, vgl. Form. I. E. 5.

4. Der Antrag bezieht sich hier auf die Differenz zwischen dem behaupteten und dem mit der Leistungsklage geltend gemachten Anspruch. Zu beachten ist, daß bei einer negativen Feststellungsklage der einfache Antrag auf Feststellung, daß der Kläger dem Beklagten nichts schulde, unzulässig ist (BGH NJW 1984, 1556 mwN.). Es bedarf vielmehr der Angabe des konkreten Schuldgrundes und Schuldgegenstandes.

5. Der Feststellungskläger hat vor allem darzulegen, daß der Gegner eine Forderung für sich in Anspruch nimmt. Im übrigen befindet er sich in der Beweisposition des Beklagten bei der Leistungsklage: die Darlegungs- und Beweislast für das Bestehen des Anspruches trifft nicht ihn, sondern den Gegner (vgl. BGH NJW 1993, 1716, 1717; für eine die Unterhaltspflicht leugnende Festellungsklage: OLG Stuttgart NJW 1981, 2581).

8. Schiedseinrede

An das
Landgericht

In der Sache
......

erhebe ich vorab die Einrede des Schiedsgerichtsverfahrens und beantrage,

die Klage als unzulässig abzuweisen.

Begründung

Die Parteien, die beide Vollkaufleute sind, haben in einer besonderen Urkunde einen der Formvorschrift des § 1027 ZPO entsprechenden Schiedsvertrag geschlossen

Beweis: Schiedsvertrag vom ...... (Anl. 1).

Der Schiedsvertrag erfaßt auch die vom Kläger geltendgemachte Forderung ...... (ist ggf. auszuführen). Die erhobene Klage ist daher vor den staatlichen Gerichten unzulässig.

Rechtsanwalt

Anmerkungen

1. Macht der Kläger einen Anspruch geltend, über den nach einer zwischen den Parteien bestehenden wirksamen Schiedsgerichtsklausel von einem Schiedsgericht zu entscheiden wäre, hat der Beklagte zwei Möglichkeiten: Er kann sich auf den Rechtsstreit vor dem staatlichen Gericht, das die Schiedsklausel von Amts wegen nicht beachtet, einlassen; er kann sich aber auch auf den Schiedsvertrag berufen und so die Unzulässigkeit der Klage bewirken (§ 1027a ZPO). Die Einrede ist in folgenden Fällen unbeachtlich:
a) Wenn der Beklagte aufgrund nach Vertragschluß eingetretener Umstände die Kostenvorschüsse für das Schiedsgerichtsverfahren (Gericht und Anwalt) nicht aufbringen kann (BGH NJW 1980, 2136), insbesondere wenn er Prozeßkostenhilfe in Anspruch nehmen muß (so der Fall BGH NJW 1988, 1215); anders aber, wenn der Beklagte zur Leistung der vom Kläger zu erbringenden Vorschüsse bereit ist.
b) Wenn der Schiedsvertrag aus wichtigem Grund gekündigt wurde.
c) Wenn der Beklagte im Schiedsgerichtsverfahren – unter Umständen auch vorher – geltend gemacht hatte, das ordentliche Gericht sei zuständig (vgl. *Thomas/Putzo* § 1027a ZPO Rdn. 3).
Zum Schiedsgerichtsverfahren vgl. Kapitel I. S.

2. Die Einrede muß innerhalb der Klageerwiderungsfrist, auf jeden Fall vor Verhandlung zur Hauptsache erhoben werden (§ 282 Abs. 3, § 296 Abs. 3 ZPO). Zur Frage der Entschuldigung bei Verspätung und zur Erhebung der Einrede erst in zweiter Instanz vgl. BGH NJW 1985, 743).

3. Das Gericht hat die Klage als unzulässig abzuweisen (§ 1027a ZPO), falls der Kläger sie nicht zurücknimmt.

4. Hier ist zu begründen, daß ein den Bestimmungen des § 1027 ZPO entsprechender Schiedsvertrag zustandegekommen ist. Der Vertrag ist vorzulegen, die bloße Behauptung einer Schiedsklausel genügt nicht. Die Beweislast liegt bei der Partei, die sich auf die Schiedsklausel beruft. Eine besondere Urkunde ist für die Wirksamkeit des Schiedsvertrages nicht erforderlich, wenn beide Parteien Vollkaufleute sind (§ 1027 Abs. 2 ZPO). Das ist im einzelnen darzulegen, wenn es an der Form des § 1027 Abs. 1 ZPO fehlt. Die Schiedsklausel kann auch in einem Testament enthalten sein (§ 1048 ZPO).

F. Zustellungen, Fristen und Termine

1. Antrag auf Wiedereinsetzung bei Versäumung der Einspruchsfrist[1,2]

An das
Landgericht[3]

Einspruch und Wiedereinsetzungsantrag[4]

In der Sache
......
lege ich gegen das Versäumnisurteil vom 1. 6. 19..

Einspruch

ein und beantrage[5]:

    1. Das Versäumnisurteil vom 1. 6. 19.. wird aufgehoben.
    2. ......

Gleichzeitig beantrage ich,
    dem Beklagten gegen die Versäumung der Einspruchsfrist Wiedereinsetzung in den vorigen Stand zu gewähren[6]
sowie
    die Zwangsvollstreckung aus dem Versäumnisurteil, notfalls gegen Sicherheitsleistung, einzustellen[7].

Es wird angeregt, das Verfahren zunächst auf die Verhandlung und Entscheidung über den Wiedereinsetzungsantrag zu beschränken[8].

Begründung[9]:

1. Dem Beklagten wurde das Versäumnisurteil des Gerichts vom 1. 6. 19.. am 15. 6. 19.. zugestellt. Am 16. 6. 19.. erteilte er seinem Prozeßbevollmächtigten das Mandat, ihn in dieser Sache gerichtlich zu vertreten. Daraufhin wies der Unterzeichnete seine Büroangestellte A an, die Einspruchsfrist im Fristenkalender zu notieren. Die Überwachung von Notfristen ist im Büro des Unterzeichnenden so organisiert, daß der zuständige Rechtsanwalt vor Ausstellung des Empfangsbekenntnisses auf der Urteilsausfertigung die Rechtsmittelfrist vermerkt und den Vorgang an die zuständige Büroangestellte weiterleitet. Diese notiert die Frist in einem besonderen Fristenkalender und trägt zusätzlich eine Woche vor Fristablauf eine Vorfrist ein, jeweils mit einem auffälligen Hinweis (z. B. „Einspruchsfrist"). Außerdem wird die Eintragung im Fristenkalender in den Handakten vermerkt. Bei Ablauf der Vorfrist wird die Sache dem sachbearbeitenden Rechtsanwalt mit einem auffälligen Vermerk „Fristsache" gesondert vorgelegt. Am Morgen des Fristablaufs wird die Erledigung überprüft und die Sache, wenn sie noch nicht erledigt ist, noch einmal mit einem auffälligen Aufkleber „heute Fristablauf" in der gleichen Weise vorgelegt. Vor Büroschluß wird kontrolliert, ob alle Fristsachen erledigt sind; erst dann wird die Frist gelöscht. Die Eintragung und die Kontrolle der Fristen obliegt der Angestellten A. In diesem Fall hat sie versehentlich nur die Vorfrist notiert und als gewöhnliche Frist behandelt, was dazu führte, daß der Unterzeichnende die Akte bei Ablauf der Vorfrist ohne den sonst üblichen Fristvermerk mit der normalen Vorlage erhielt. Am Tag des Fristablaufes wurde er nicht erinnert. Erst am 1. 7. 19.. fiel der Fristablauf auf, als die Sache im normalen Geschäftsgang bearbeitet werden sollte.

1. Antrag auf Wiedereinsetzung bei Versäumung der Einspruchsfrist I. F. 1

Bei der Angestellten A handelt es sich um eine geschulte und zuverlässige Bürokraft, die, wie regelmäßige Kontrollen des Unterzeichnenden ergeben haben, den Kalender seit über 2 Jahren sorgfältig und fehlerlos geführt hat.
Zur Glaubhaftmachung wird die Richtigkeit der Angaben, soweit sie die Wahrnehmung des Unterzeichnenden betreffen, anwaltlich versichert[10]. Außerdem wird als

– Anlage 1 –

eine eidesstattliche Versicherung der Frau A eingereicht[11].
2. In der Sache wird der Einspruch wie folgt begründet[12]:
......
Rechtsanwalt

Schrifttum: Müller, Typische Fehler bei der Wiedereinsetzung in den vorigen Stand, NJW 1993, 681; *Guttenberg,* Öffentliche Zustellung und Wiedereinsetzung in den vorigen Stand, MDR 1993, 1049; *Schneider,* Unterschriftsmängel und Wiedereinsetzung, MDR 1988, 747; *Ebnet,* Rechtsprobleme bei der Verwendung von Telefax, NJW 1992, 2985; *Förster,* Anwaltsverschulden, Büroversehen und Wiedereinsetzung, NJW 1980, 432.

Anmerkungen

1. Die Wiedereinsetzung ist nur statthaft bei Versäumung der in § 233 ZPO genannten Fristen, nie bei Versäumung eines Termins oder der Widerspruchsfrist gegen den Mahnbescheid. Ein Wiedereinsetzungsgrund kann zum einen gegeben sein bei Unkenntnis von der Zustellung, die die Notfrist in Lauf gesetzt hat (vgl. BGH LM § 233 (K) ZPO Nr. 2), zum anderen bei Verstreichenlassen des Fristendes. Das Formular betrifft ein Beispiel der zweiten Kategorie, nämlich den häufigen Fall, daß ein Rechtsmittel aufgrund eines Büroversehens bei der Überwachung der Rechtsmittelfrist unterbleibt (vgl. *Zöller/Greger* § 233 Rdn. 23 „Büropersonal"). Die Wiedereinsetzung setzt voraus, daß die Partei kein Verschulden trifft, sie also entweder schuldlos von der Zustellung keine Kenntnis erlangt oder – wie im Beispiel – schuldlos die Rechtsmittelfrist überschritten hat. Krankheit (BGH VersR 1985, 139 u. 550; 1987, 785; 1990, 1026; 1991, 1271; NJW 1994, 2552), Urlaub (BGH VersR 1986, 41 u. 892; 1993, 1548), sonstige Ortsabwesenheit (BGH VersR 1986, 966; NJW 1988, 2672; NJW-RR 1990, 379) oder eine Autopanne (BGH VersR 1988, 249; NJW 1989, 2393) schließen das Verschulden der Partei oder ihres Anwalts nur unter besonderen Umständen aus. Das Verschulden des Prozeßbevollmächtigten – nicht das seines Personals – steht dem Verschulden der Partei gleich (§ 85 Abs. 2 ZPO). Der Rechtsanwalt darf die Führung des Fristenkalenders und die Postausgangskontrolle idR. einer gut geschulten, zuverlässigen Bürokraft überlassen (BGH NJW-RR 1995, 58). Die Rechtsprechung verlangt aber von einem Rechtsanwalt für die Fristeintragung und ihre Kontrolle eine Organisation, die eine Fristversäumung weitgehend ausschließt, vgl. zB. BGH VersR 1988, 78 u. 1161; NJW 1989, 1157; NJW-RR 1993, 1214; 1994, 2551 u. 2831. Besondere Bedeutung hat hierbei die End- oder Ausgangskontrolle, die mit Hilfe eines Fristenkalenders vor Fristablauf sicherzustellen ist (st.Rspr., zB. BGH NJW 1991, 1178; 1993, 1655; VersR 1993, 207; NJW 1994, 3171 u. 3235); zur Fristenkontrolle im Wege der EDV vgl. BGH NJW 1995, 1756. Einige Fristen muß der Rechtsanwalt persönlich berechnen, so in Feriensachen (BGH VersR 1983, 82; 1985, 168; NJW-RR 1987, 711) oder bei Zustellungen nach § 212a ZPO (BGH VersR 1991, 124; 1994, 371). Wird ihm die Akte zur Vorbereitung einer fristgebundenen Prozeßhandlung, also insbes. einer Rechtsmittel- oder Rechtsmittelbegründungsfrist vorgelegt, muß der Rechtsanwalt eigenverantwortlich den Fristablauf nachprüfen (BGH NJW-RR 1990, 830; NJW 1992, 1632; 1994, 2831, 2832); das gilt auch bei Unterzeichnung eines Antrags auf Verlängerung der Berufungsbegründungsfrist (BGH NJW-RR 1991, 827).

I. F. Zustellungen, Fristen und Termine

Zur Wiedereinsetzung gegen die Versäumung der Berufungs- und Berufungsbegründungsfrist vgl. Form. I. F. 2.

2. Die Wiedereinsetzung muß innerhalb von zwei Wochen beantragt werden, nachdem das Hindernis behoben ist (§ 234 ZPO), dh. nicht erst, nachdem dem Antragsteller die Fristversäumung bekannt geworden ist, sondern bereits nachdem seine Unkenntnis nicht mehr unverschuldet ist, der Rechtsanwalt also bei zu erwartender Sorgfalt die Fristversäumung hätte erkennen können (BGH VersR 1990, 402 u. 543; NJW 1994, 2831). Die Frist ist keine Notfrist, wird also durch die Gerichtsferien gehemmt, § 223 Abs. 1 ZPO (BGH NJW 1994, 2552). Außerdem ist die Ausschlußfrist von 1 Jahr zu beachten (§ 234 Abs. 3 ZPO, Ausnahmen: BAG NJW 1982, 1664; BGH VersR 1987, 1237; jeweils mwN.). Die Form muß der der versäumten Prozeßhandlung entsprechen, richtet sich also bei Versäumung eines Rechtsbehelfs nach den dafür geltenden Vorschriften, bei Einspruch nach § 340 ZPO, bei Berufung nach § 518 ZPO, bei der Berufungsbegründungsfrist nach § 519 ZPO; der Antrag auf Verlängerung der Berufungsbegründungsfrist ist kein Ersatz für die Berufungsbegründung (BGH VersR 87, 308). Die die Wiedereinsetzung begründenden Tatsachen sind noch innerhalb der Frist möglichst vollständig darzulegen. Zwar kann das Vorbringen nach Fristablauf vervollständigt werden, soweit es erkennbar unklar oder ergänzungsbedürftig war (BGH VersR 1985, 1140; NJW 1991, 1892), neues Vorbringen hat das Gericht jedoch nicht zu berücksichtigen (BGH VersR 1985, 168 u. 1184; auch nicht in der Beschwerde, BGH NJW 1992, 697), zumal wenn es im Widerspruch zur ursprünglichen Sachdarstellung steht (BGH NJW 1991, 1892). Was sich aus der Gerichtsakte ergibt, braucht nicht näher dargelegt zu werden (BGH VersR 1980, 264); die Organisation der Fristenkontrolle im Büro des Anwalts muß jedoch bereits in der Wiedereinsetzungsfrist lückenlos dargestellt werden (BGH NJW-RR 1992, 1277). Die Darlegungslast hat aber auch ihre Grenzen (vgl. BGH NJW 1994, 2552).

Die Glaubhaftmachung der Wiedereinsetzungsgründe kann noch im Laufe des Verfahrens erfolgen (§ 236 Abs. 2 2. Halbs. ZPO), jedoch sollten die Mittel der Glaubhaftmachung bereits in der Antragsschrift bezeichnet werden (*Thomas/Putzo* § 236 Rdn. 7). Der Gegner hat im Wiedereinsetzungsverfahren Anspruch auf rechtliches Gehör (BVerfG NJW 1982, 2234).

3. Zuständig ist gemäß § 237 ZPO das Gericht, das über die nachgeholte Prozeßhandlung zu entscheiden hat, bei versäumtem Einspruch also das Gericht, das das Versäumnisurteil erlassen hat. Bei versäumtem Einspruch gegen einen Vollstreckungsbescheid sind Wiedereinsetzungsantrag und Einspruch an das Mahngericht zu richten, das die Sache an das im Mahnbescheid bezeichnete Gericht abgibt.

4. Die versäumte Prozeßhandlung, hier der Einspruch, ist innerhalb der Wiedereinsetzungsfrist nachzuholen, § 236 Abs. 2 S. 2 ZPO. Er sollte mit dem Wiedereinsetzungsantrag verbunden werden (*Thomas/Putzo* § 236 Rdn. 8).

5. Mit dem nachgeholten Einspruch sind Anträge und Einspruchsbegründung in der auch sonst erforderlichen Weise vorzutragen (vgl. Form. I. G. 5). Geschieht dies nicht mit dem Wiedereinsetzungsantrag, ist es innerhalb der Wiedereinsetzungsfrist nachzuholen, da sonst Zurückweisung als verspätet droht. Wurde die Berufungsbegründung versäumt, ist diese innerhalb der Wiedereinsetzungsfrist einzureichen (vgl. *Ganter* NJW 1994, 164).

6. Der Gegenantrag geht dahin, „den Wiedereinsetzungsantrag zurückzuweisen und den Einspruch als unzulässig zu verwerfen", oder, wenn der Gegner den Antrag für unzulässig hält, „den Wiedereinsetzungsantrag und den Einspruch als unzulässig zu verwerfen".

7. Vgl. § 707 ZPO. Eine Einstellung ohne Sicherheitsleistung ist nur im Ausnahmefall des § 707 Abs. 1 S. 2 ZPO zulässig. Anträge hinsichtlich der Art der Sicherheitsleistung können und sollten bereits hier gestellt werden. Der Antragsteller kann nicht mit einer Einstellung rechnen, wenn entweder der Wiedereinsetzungsantrag oder der Einspruch aussichtslos oder noch nicht begründet ist.

1. Antrag auf Wiedereinsetzung bei Versäumung der Einspruchsfrist I. F. 1

8. Diese Möglichkeit sieht § 238 Abs. 1 S. 2 ZPO vor. Für sie spricht die Prozeßökonomie. Will das Gericht die Wiedereinsetzung allerdings versagen, ist eine abgesonderte Entscheidung hierüber unzweckmäßig (vgl. *Thomas/Putzo* § 238 Rdn. 7).

9. Der Rechtsanwalt kann die Wiedereinsetzung nicht damit begründen, daß er selbst oder ein anderer von der Partei oder von ihm beauftragter Anwalt – gleich ob Sozius (BFH NJW 1984, 1992; BGH NJW 1994, 257; für überörtliche Sozietät BGH NJW 1994, 1878), Angestellter (BGH VersR 1982, 71; 1990, 874; NJW-RR 1993, 892), Unterbevollmächtigter (BGH VersR 1984, 239) oder Verkehrsanwalt (BGH VersR 1988, 418; 1990, 801; 1994, 497) – schuldhaft die Frist versäumt hat, § 85 Abs. 2 ZPO; etwas anderes kann gelten, wenn dem weiteren Anwalt keine selbständige, sondern nur eine untergeordnete Tätigkeit überlassen wurde (BGH VersR 1983, 83, 641; 1984, 240; NJW-RR 1992, 1019) oder wenn einem Sozius ein Einzelmandat erteilt würde (BGH NJW 1991, 2294). Mit einer unrichtigen, von ihm nicht überprüften Fristberechnung durch einen Referendar kann er sich nicht entlasten (BVerwG NJW 1991, 125). Der Rechtsanwalt muß also in einem Fall dieser Art darlegen, daß nicht ihn, sondern sein zuverlässiges Büropersonal ein Versehen trifft und sich der Fehler trotz ausreichender Anleitung und Überwachung ereignet hat. Dazu ist es erforderlich,
a) die Organisation des Büros in bezug auf die Wahrung von Notfristen und Rechtsmittelbegründungsfristen (Eintragung, Löschung, Kontrolle einschl. Postausgangskontrolle),
b) alle zwischen Beginn und Ende der versäumten Frist liegenden Umstände, die für die Frage bedeutsam sind, wie und durch wessen Verschulden die konkrete Frist versäumt wurde,
c) die Zuverlässigkeit und Überwachung des betreffenden Angestellten
im einzelnen vorzutragen und glaubhaft zu machen (vgl. z. B. BGH VersR 1986, 365, 891; 1989, 1316; 1992, 120; NJW-RR 1992, 1277; NJW 1994, 2552 u. 3171). In Hinblick auf die Wahrung der Wiedereinsetzungsfrist ist außerdem der Ablauf bis zur Entdeckung der Fristversäumung darzulegen. Die Glaubhaftmachung kann durch eidesstattliche Versicherungen erfolgen, die spätestens im Termin vorliegen müssen. Auch die schlichte Erklärung der eigenen Partei kann zur Glaubhaftmachung zugelassen werden (BVerfG NJW-RR 1994, 316).

10. Zur Glaubhaftmachung durch anwaltliche Erklärungen vgl. *Zöller/Greger* § 236 Rdn. 7; BAG BB 1986, 1232. Eine Glaubhaftmachung durch anwaltliche Versicherung wird anerkannt (OLG München MDR 1985, 1037; OLG Köln MDR 1986, 152). Es ist zweckmäßig, daß der Rechtsanwalt, der die Wiedereinsetzungsgründe glaubhaft machen kann, den Termin selbst wahrnimmt, damit er notfalls als präsenter Zeuge vernommen werden kann (§ 294 Abs. 2 ZPO).

11. Die eidesstattliche Versicherung seiner Angestellten oder der Partei darf nicht lediglich auf den Schriftsatz des Anwalts Bezug nehmen (vgl. BGH VersR 1988, 860 u. 2045).

12. Vgl. Anm. 5.

Kosten und Gebühren

Das Verfahren verursacht keine besonderen Gerichts- und Rechtsanwaltsgebühren (vgl. *Thomas/Putzo* § 238 Rdn. 18). Die durch das Verfahren entstandenen Auslagen des Gerichts und der Parteien trägt der Antragsteller ohne Rücksicht auf den Erfolg des Antrags, soweit sie nicht durch einen unbegründeten Widerspruch des Gegners entstanden sind (§ 238 Abs. 4 ZPO).

Fristen und Rechtsmittel

Zur Wiedereinsetzungsfrist und ihrer Berechnung vgl. Anm. 2.

Gegen die Gewährung der Wiedereinsetzung gibt es kein Rechtsmittel, § 238 Abs. 3 ZPO (Ausnahme bei Versagung des rechtlichen Gehörs, BVerfG NJW 1982, 2234); das gilt auch, wenn durch Zwischenurteil entschieden wurde. Bei Versagung der Wiedereinsetzung im Endurteil sind die gewöhnlichen Rechtsmittel gegeben. Wird durch Beschluß abgelehnt, hat der Antragsteller idR. die sofortige Beschwerde (näher *Thomas/Putzo* § 238 Rdn. 17). Zur Berücksichtigung neuen Vorbringens im Beschwerdeverfahren vgl. BGH VersR 1985, 168, 1140 u. 1184; NJW 1992, 697.

2. Antrag auf Wiedereinsetzung bei Versäumung der Berufungsfrist[1, 2]

An das
Oberlandesgericht

Berufung und Wiedereinsetzungsantrag[3]

In der Sache ......
......

lege ich namens und in Vollmacht des Beklagten gegen das am ...... verkündete, dem Beklagten am ...... zugestellte Urteil des Landgerichts ......, Geschäfts-Nr. ......,

Berufung[4]

ein mit dem Antrag ......

Gleichzeitig wird beantragt,
    dem Beklagten gegen die Versäumung der Berufungsfrist Wiedereinsetzung in den vorigen Stand zu gewähren.

Begründung:[5]

Der Beklagte war ohne sein Verschulden gehindert, die Berufungsfrist einzuhalten, denn er war aufgrund seiner persönlichen und wirtschaftlichen Verhältnisse nicht in der Lage, die Kosten der Prozeßführung in der Berufungsinstanz aufzubringen. Aus diesem Grund hat der Beklagte innerhalb der Berufungsfrist mit Antrag vom ...... für die beabsichtigte Berufung Prozeßkostenhilfe beantragt. Mit Beschluß vom ......, zugestellt am ......, wurde dem Beklagten die Prozeßkostenhilfe mit der Begründung versagt, die Rechtsverteidigung biete keine hinreichende Aussicht auf Erfolg. Der Beklagte ist nicht dieser Auffassung und hat sich entschlossen, die Berufung auf eigene Kosten durchzuführen.
Rechtsanwalt

Schrifttum: Ganter, Wiedereinsetzung in den vorigen Stand wegen Versäumung der Berufungsbegründungsfrist ohne Nachholung der Berufungsbegründung, NJW 1994, 164; *Meyer*, Versäumung der Berufungsfrist wegen Beantragung von Prozeßkostenhilfe, NJW 1995, 2139; vgl. im übrigen Form. I. F. 1.

2. Antrag auf Wiedereinsetzung bei Versäumung der Berufungsfrist   I. F. 2

Anmerkungen

1. Vgl. zunächst die Hinweise zum vorstehenden Formular.
Die Versäumung der Berufungsfrist oder der Berufungsbegründungsfrist führt besonders oft zu Wiedereinsetzungsanträgen. Hierzu gibt es eine fast unübersehbare Rechtsprechung des Bundesgerichtshofes, die an die Prozeßbevollmächtigten der Parteien strenge Anforderungen stellt. Bereits die Möglichkeit einer auf Verschulden beruhenden Versäumung der Frist schließt eine Wiedereinsetzung aus (BGH NJW 1992, 574; 1994, 2831). Folgende Fehlerquellen, die ein Verschulden des Anwalts begründen und einer Wiedereinsetzung entgegenstehen können, zeichnen sich als häufig ab:

a) Fehlerhafte Büroorganisation für die Notierung und die Kontrolle der Rechtsmittelfristen (vgl. die Hinweise zu Form. I. F. 1 Anm. 1).
b) Fehlerhafte Büroorganisation für die Entgegennahme von Berufungsaufträgen (vgl. BGH VersR 1981, 79, 959 u. 1179; 1984, 240; NJW 1993, 3140).
c) Falsche Adressierung oder sonstige Fehler der Rechtsmittelschrift (vgl. BGH VersR 1987, 357; 1988, 251; BAG NJW 1987, 3278; BGH NJW 1989, 589 u. 590; NJW-RR 1990, 1149; VersR 1990, 779; NJW 1994, 1879 u. 3235).
d) Verspätete oder nicht ordnungsgemäße Zuleitung an das Gericht (vgl. BGH VersR 1988, 249; NJW 1989, 2393; NJW-RR 1990, 379 u. 508; 1992, 1279; 1994, 566; BVerfG NJW 1983, 1479; zur Verspätung infolge Poststreiks vgl. BVerfG NJW 1994, 244 u. 1854; auf normale Postlaufzeiten darf sich der Anwalt verlassen, BGH VersR 1994, 496 u. 695).
e) Fehler bei Rechtsmittelschriften durch Telefax (BGH NJW 1992, 244; 1993, 1655, 3140 u. 3141; 1994, 1879, 2097 u. 2300; 1995, 1430 u. 2105).
f) Mangelnde Verständigung zwischen Partei und erstinstanzlichem Anwalt (vgl. BGH VersR 1986, 36 u. 966; 1988, 1162; NJW-RR 1988, 1282; VersR 1990, 189; NJW 1991, 109).
g) Mißverständnisse im Verkehr zwischen der Partei bzw. dem erstinstanzlichen Anwalt und dem Prozeßbevollmächtigten der 2. Instanz (vgl. BGH VersR 1984, 166; NJW 1985, 1709; VersR 1987, 589; 1988, 1162; 1990, 801 u. 873; NJW 1991, 1892; NJW-RR 1991, 91).
h) Verschulden eines angestellten oder sonst eingeschalteten Anwalts (entlastet den Prozeßbevollmächtigten nicht, es gilt § 85 Abs. 2 ZPO, vgl. Form. I. F. 1 Anm. 9).
i) Irrtum darüber, ob ein Rechtsstreit Feriensache ist (bedeutsam für die Berufungsbegründungsfrist; vgl. BGH VersR 1980, 194; 1981, 552; 1983, 82, 447 u. 757; 1985, 168; 1988, 941; BVerwG NJW 1991, 125; BGH NJW 1991, 2082 u. 2709; 1994, 2552).
j) Unvollständiger oder verspäteter Antrag auf Prozeßkostenhilfe für das Rechtsmittel (vgl. Form. I. C. 3; BGH NJW-RR 1990, 450; 1991, 637 u. 1532; NJW 1993, 732; VersR 1993, 1125).
k) Fristüberschreitung wegen erwarteter Verlängerung der Berufungsbegründungsfrist (hier hat sich die früher strenge Rechtsprechung gelockert, vgl. BGH NJW 1982, 1651; 1983, 1741; NJW 1991, 2080; 1993, 134; MDR 1995, 743; BVerfG NJW 1989, 1147; ein erst nach Fristablauf eingegangener Verlängerungsantrag kann die Wiedereinsetzung nicht mehr begründen, BGH VersR 1987, 808; NJW 1992, 842).
l) Untätigkeit nach Mandatsniederlegung (vgl. BGH VersR 1987, 286 u. 1042; OLG Frankfurt VersR 1991, 897).

Zu weiteren Einzelheiten vgl. *Zöller/Greger* § 223 Rdn. 23.

2. Das Beispiel betrifft den Fall, daß der Berufungskläger zunächst einen Antrag auf Prozeßkostenhilfe gestellt hat (vgl. Form. I. C. 3) und nach Entscheidung hierüber die Berufung durchführen will. War der Rechtsmittelkläger nach seinen persönlichen und

wirtschaftlichen Verhältnissen (§ 114 ZPO) hierzu nicht in der Lage, so liegt ein Wiedereinsetzungsgrund vor, wenn innerhalb der Rechtsmittelfrist ein ordnungsgemäßer Antrag auf Prozeßkostenhilfe gestellt war (vgl. Anm. 1j und Form. I. C. 3; *Thomas/Putzo* § 233 Rdn. 37). Auch wenn Prozeßkostenhilfe versagt wurde, der Antragsteller sich aber entschließt, das Rechtsmittel auf eigene Kosten einzulegen, kann er Wiedereinsetzung beantragen. Das gilt auch dann, wenn der Antragsteller noch hätte Berufung einlegen können, weil der ablehnende Beschluß noch kurz vor Ablauf der Berufungsfrist zugestellt wurde (BGH NJW 1986, 257). Wurde Prozeßkostenhilfe allerdings abgelehnt, weil dem Antragsteller ausreichend eigene Mittel zur Verfügung standen, hängt eine Wiedereinsetzung davon ab, ob er vernünftigerweise annehmen durfte, er sei zur Berufungseinlegung finanziell nicht in der Lage (BGH VersR 1982, 41; 1984, 192). Prozeßkostenhilfe kann nicht gewährt werden, wenn die Partei (oder ihr Rechtsanwalt) erkennen konnte, daß sie nicht bedürftig ist oder dies nicht hinreichend dargelegt war (BGH VersR 1987, 1219; 1990, 450), insbesondere also nicht, wenn die Erklärung nach § 117 ZPO fehlte (BGH VersR 1988, 943).

Besonders zu beachten ist in einem solchen Fall die Einhaltung der Wiedereinsetzungsfrist (§ 234 ZPO). Wird Prozeßkostenhilfe bewilligt, beginnt die Frist mit Mitteilung an die Partei oder ihren Prozeßbevollmächtigten (vgl. *Thomas/Putzo* § 234 Rdn. 9; einer förmlichen Zustellung bedarf es nicht, BGH VersR 1985, 68). Wird der Antrag auf Prozeßkostenhilfe zurückgewiesen, beginnt die Frist nach Kenntnisnahme vom Beschluß, wobei eine kurze Überlegungsphase von 3–4 Tagen (BGH VersR 1985, 272; NJW-RR 1990, 451) zugebilligt wird. Erfüllt der Antragsteller eine Auflage des Gerichts nicht, kann die finanzielle Verhinderung bereits vor der Entscheidung entfallen mit der Folge, daß die Frist schon vor der Entscheidung über die Prozeßkostenhilfe beginnt (BGH VersR 1981, 577 u. 678).

3. Wiedereinsetzungsantrag und Berufung sind tunlichst miteinander zu verbinden, vgl. Form. I. F. 1 Anm. 4. Da die Berufung wirksam nur durch einen beim Berufungsgericht zugelassenen Anwalt eingelegt werden kann, gilt das auch für das Wiedereinsetzungsgesuch (§ 236 Abs. 1 ZPO).

4. Zu den Formalien der Berufung vgl. Form. I. O. 1. Ein bestimmter Berufungsantrag ist nur erforderlich, wenn die Berufung mit demselben Schriftsatz begründet wird (§ 519 Abs. 3 Nr. 1 ZPO). Zur Fassung des Antrags vgl. Form. I. O. 2.

5. Auch wenn Prozeßkostenhilfe wegen mangelnder Erfolgsaussicht abgelehnt wurde, kann der Antragsteller Wiedereinsetzung verlangen (allg. M., vgl. BGH VersR 1985, 395 mwN.). Der Antragsteller sollte im Beispielsfall auf das Prozeßkostenhilfeverfahren Bezug nehmen und die für die Fristeinhaltung maßgeblichen Daten nennen. Eine Glaubhaftmachung erübrigt sich hier, da sich die notwendigen Angaben aus den Akten ergeben. Wurde die Prozeßkostenhilfe hingegen versagt, weil der Antragsteller nicht hinreichend bedürftig ist, muß zusätzlich dargelegt und glaubhaft gemacht werden, warum er annehmen durfte, zur Berufungseinlegung finanziell nicht in der Lage zu sein (BGH VersR 1983, 241; 1984, 192; 1987, 1219).

Die Berufung selbst kann bereits mit diesem Schriftsatz begründet werden, sonst ist auf die Einhaltung der Begründungsfrist zu achten. Auf keinen Fall darf die Partei die Entscheidung über die Wiedereinsetzung abwarten (s. „Fristen und Rechtsmittel").

Fristen und Rechtsmittel

Zur Wiedereinsetzungsfrist vgl. Anm. 2 und die Hinweise zu Form. I. F. 1. Die Jahresfrist des § 234 Abs. 3 ZPO gilt nicht, wenn über ein fristgerechtes Wiedereinsetzungsgesuchs noch nicht entschieden wurde (vgl. BGH VersR 1987, 1237). Wird die Berufung nicht zugleich mit dem Wiedereinsetzungsantrag begründet, muß dies innerhalb der Monatsfrist des § 519 Abs. 2 ZPO geschehen. Die Berufungsbegründungsfrist beginnt mit der Einlegung der mit dem Wiedereinsetzungsantrag verbundenen Berufung, nicht etwa erst mit der Entscheidung über die Wiedereinsetzung (vgl. BGH NJW 1987, 327; 1989, 1155). Der Lauf der Begründungsfrist wird durch das Wiedereinsetzungsverfahren nicht berührt (anders im Verwaltungsprozeß, BVerwG NJW 1971, 294). Der Irrtum des Anwalts hierüber soll eine Wiedereinsetzung gegen die Versäumung der Begründungsfrist nicht begründen können (BGH NJW 1989, 1155). Handelt es sich um die Wiedereinsetzung gegen die Versäumung einer Frist zur Rechtsmittelbegründung, muß diese innerhalb der Wiedereinsetzungsfrist eingereicht werden; ein innerhalb der Frist gestellter Verlängerungsantrag genügt nach hM. nicht (vgl. BGH MDR 1995, 522; *Ganter* NJW 1994, 164 mwN.).

Zu den Rechtsmitteln vgl. Form. I. F. 1. Das Berufungsgericht entscheidet meist durch Beschluß nach § 519b ZPO; wird die Berufung darin als unzulässig verworfen, hat der Antragsteller die sofortige Beschwerde, wenn gegen ein entspr. Urteil die Revision zulässig wäre (näher *Thomas/Putzo* § 519b Rdn. 10).

3. Antrag auf Bezeichnung als Feriensache[1]

An das
Landgericht (Amtsgericht)[2]

In der Sache
......

beantragt der Kläger (Beklagte)[3]

    den Rechtsstreit als Feriensache zu bezeichnen.[4]

Es wird jedoch gebeten, wegen Urlaubsabwesenheit des Unterzeichnenden nicht in der Zeit vom ...... bis ...... zu terminieren.[5]

                    Begründung:[6]

Der Rechtsstreit bedarf besonderer Beschleunigung, denn ......

Anmerkungen

1. Nach der Vorstellung des Gesetzgebers sind vom 15. Juli bis 15. September Gerichtsferien (§ 199 GVG). In dieser Zeit können nur in sog. Feriensachen Termine abgehalten und Entscheidungen erlassen werden (§ 200 Abs. 1 GVG), in allen anderen Sachen wird auch der Lauf von Fristen (nicht von Notfristen) gehemmt (§ 223 ZPO; näher *Thomas/Putzo* § 223 Rdn. 1). Diese Regelung ist ein Anachronismus, der durch die gerichtliche Praxis zT. überholt ist. Soweit die Urlaubszeit es zuläßt, sind die Gerichte meist bereit, auch andere Sachen zu fördern. Hierzu ist – sofern der Rechtsstreit nicht bereits eine Feriensache kraft Gesetzes ist (vgl. § 200 Abs. 2 Nr. 1–8 GVG; weitere Fälle bei *Thomas/Putzo* § 200 GVG Rdn. 4) – ein Gerichtsbeschluß erforderlich, den die Parteien beantragen sollten, wenn ihnen an einer Förderung des Verfahrens gelegen ist. Der Beschluß hat einerseits die Wirkung, daß das Gericht terminieren und entscheiden kann, andererseits entfällt die Hemmung der gesetzlichen und richterlichen Fristen, die dann auch eingehalten werden müssen. Diese Wirkung tritt nur ein, wenn der Beschluß förmlich zugestellt wurde (BGH VersR 1990, 66; NJW 1994, 2364, 2365). Der Beschluß gilt nur für die jeweilige Instanz.

2. Beim Landgericht und in der höheren Instanz sollen nur Sachen als Feriensachen bezeichnet werden, die besonderer Beschleunigung bedürfen (§ 200 Abs. 4 GVG). Diese Vorschrift wird von den Gerichten oft großzügig ausgelegt, zumal wenn der Ferienantrag von beiden Parteien gestellt wird. Beim Amtsgericht muß das Gericht dem Antrag entsprechen (§ 200 Abs. 3 GVG), soll den Beschluß aber wieder aufheben, wenn es zu einer streitigen Verhandlung kommt – das wird das Gericht kaum tun, wenn beide Parteien mit einer Weiterverhandlung einverstanden sind.

3. Der Antrag kann von beiden Parteien gestellt werden. Das kann auch stillschweigend geschehen. Jedoch kann ein Antrag auf Terminsbestimmung nicht ohne weiteres in einen Ferienantrag umgedeutet werden (BGH NJW 1994, 2364, 2365). Allerdings ist auch ein ohne Antrag ergangener Ferienbeschluß wirksam.

4. So die gesetzliche Formulierung in § 200 Abs. 3, 4 GVG.

5. Falls der Antragsteller nicht während der gesamten Gerichtsferien zur Verfügung steht, empfiehlt sich ein entsprechender Hinweis, den das Gericht in aller Regel beachten wird.

6. Bei Amtsgerichtsprozessen ist keine Begründung erforderlich. Für andere Rechtsstreitigkeiten ist das Bedürfnis nach besonderer Beschleunigung darzulegen. Falls der Gegner mit einer Verhandlung oder Entscheidung in den Gerichtsferien einverstanden ist, sollte dies mitgeteilt werden; damit können sich weitere Darlegungen uU. erübrigen.

Fristen und Rechtsmittel

Der ablehnende Beschluß unterliegt der einfachen (nicht fristgebundenen) Beschwerde (§ 567 Abs. 1 ZPO), ebenso der Beschluß, mit dem ein Ferienbeschluß aufgehoben wird. Der stattgebende Beschluß ist unanfechtbar. Eine unter Verstoß gegen § 200 Abs. 1 GVG ergangene Entscheidung könnte zwar aus diesem Grunde angefochten werden; das ist aber nur sinnvoll, wenn die Entscheidung auf diesem Verstoß beruht, was selten zutreffen wird (vgl. *Thomas/Putzo* § 200 GVG Rdn. 21).

4. Antrag auf öffentliche Zustellung von Klageschrift und Ladung[1]

An das
Landgericht

In der Sache
......

wird auf die Mitteilung des Gerichts, daß die Ladung nicht zugestellt werden konnte, beantragt,
    1. den Termin vom ...... aufzuheben[2],
    2. einen neuen Termin zu bestimmen
        und die öffentliche Zustellung der Klageschrift und der Ladung zu diesem Termin zu bewilligen[3]
Um eine Entscheidung ohne mündliche Verhandlung wird gebeten[4].

Begründung[5]:

Der Aufenthalt des Beklagten ist unbekannt. Wie sich aus der Mitteilung des Gerichts

4. Antrag auf öffentliche Zustellung von Klageschrift und Ladung   **I. F. 4**

ergibt, ist der Beklagte nach Auskunft der Post unbekannt verzogen. Dies wird durch die als

— Anlage 1 —

beigefügte schriftliche Erklärung seines Vermieters vom ...... bestätigt, wonach der Beklagte seine bisherige Wohnung ohne Angabe einer neuen Anschrift unter Hinterlassung von Mietschulden aufgegeben hat. Der Vermieter hat darin weiter erklärt, daß ihm keine Personen bekannt seien, die um den Aufenthalt des Beklagten wissen könnten.

Eine Anfrage beim Einwohnermeldeamt blieb, wie aus der

— Anlage 2 —

ersichtlich ist, erfolglos.

Sollte das Gericht weitere Angaben für erforderlich halten, wird um einen Hinweis gebeten[6].

Rechtsanwalt

Schrifttum: Finger, Öffentliche Zustellung und Datenschutz bei familiengerichtlichen Verfahren, NJW 1985, 2684; *Bindseil,* Öffentliche Zustellung bei Wohnsitz des Antragsgegners im Ausland, NJW 1991, 3071; *Guttenberg,* Öffentliche Zustellung und Wiedereinsetzung in den vorigen Stand, MDR 1993, 1049.

Anmerkungen

1. Bei unausführbarer Zustellung an den Gegner ist die öffentliche Zustellung gemäß §§ 203 ff. ZPO die einzige Möglichkeit, zu einem Titel zu gelangen. Sie ist zulässig bei unbekanntem Aufenthalt, bei unausführbarer Auslandszustellung, bei aussichtsloser Auslandszustellung (vgl. OLG Hamm NJW 1989, 2203) und bei exterritorialer Wohnung (vgl. *Thomas/Putzo* § 203 Rdn. 5 ff.). Die Bewilligung der öffentlichen Zustellung durch das Gericht erfolgt durch Beschluß. Die Vorschriften über Ausführung, Inhalt und Zeitpunkt der öffentlichen Zustellung (§§ 204–206 ZPO) sind mit Wirkung zum 1. 4. 1991 neu gefaßt worden.

2. Die Terminsaufhebung ist idR. erforderlich, weil die öffentliche Zustellung erhebliche Zeit erfordert.

3. Es ist darauf zu achten, daß sowohl die Zustellung der Klageschrift als auch die der Ladung bewilligt wird; andernfalls kann im Termin kein Versäumnisurteil ergehen. Zur öffentlichen Zustellung eines Versäumnisurteils vgl. Form. I. G. 1.

4. Die mündliche Verhandlung ist freigestellt, § 204 Abs. 1 S. 2 ZPO.

5. Zur Darlegung des unbekannten Aufenthalts vgl. *Zöller/Stöber* § 203 Rdn. 2; *Thomas/Putzo* § 203 Rdn. 6. Die Anfrage beim Einwohnermeldeamt allein dürfte nicht genügen; die Praxis der Gerichte ist jedoch unterschiedlich. Das BVerfG stellt im Hinblick auf Art. 103 GG strenge Anforderungen (NJW 1988, 2361; 1992, 2280). Zum unbekannten Aufenthalt eines ausländischen Ehegatten vgl. OLG Stuttgart FamRZ 1991, 342.

6. Dieser Satz empfiehlt sich, um eine Ablehnung zu vermeiden, wenn das Gericht dem Antrag ohne weitere Nachweise nicht stattgeben will.

Kosten und Gebühren

Auslagen für die Veröffentlichung der Ladung im Bundesanzeiger und ggf. in anderen Blättern (vgl. § 204 Abs. 3 ZPO) werden vom Gericht in voller Höhe erhoben (KV Nr. 9004).

Fristen und Rechtsmittel

Gegen den ablehnenden Beschluß einfache Beschwerde gem. § 567 Abs. 1 ZPO; der bewilligende Beschluß ist unanfechtbar.

5. Antrag auf Zustellung im Ausland[1] und Festsetzung der Einlassungsfrist[2]

An das
Landgericht

Klage

In der Sache
......

erhebe ich namens des Klägers Klage und beantrage,
......

Es wird außerdem beantragt,
   die Zustellung der Klageschrift und der Ladung im Ausland zu vermitteln sowie die Einlassungsfrist für den Beklagten festzusetzen.

Begründung[3]:

......

Schrifttum: Pfennig, Zur Vorwirkung bei „Demnächst"-Zustellungen im Ausland, NJW 1989, 2172.

Anmerkungen

1. Vgl. §§ 199 ff. ZPO. Da Klageschrift und Ladung von Amts wegen zuzustellen sind, wird auch die Zustellung im Ausland von Amts wegen vermittelt. Die Art und Weise der Zustellung ist unterschiedlich geregelt (vgl. *Baumbach/Lauterbach/Albers/Hartmann* § 199 Rdn. 1 und Anh. § 202). Es empfiehlt sich, vor Einreichung der Klageschrift beim jeweiligen Gericht in Erfahrung zu bringen, in welcher Anzahl und Form Abschriften eingereicht werden sollen, ob es zweckmäßig ist, der Klageschrift Anlagen beizufügen, wieweit eine Übersetzung erforderlich ist und wer diese veranlaßt, welche Kosten entstehen und wie lange die Zustellung dauern wird. Es ist eine Frage des Einzelfalles, ob nicht, selbst wenn ein deutsches Gericht zuständig wäre, eine Klage vor dem ausländischen Gericht durch einen dortigen Rechtsanwalt vorzuziehen ist. Trotz der langen Dauer kann eine Auslandszustellung aber „demnächst" iSd. § 270 Abs. 3 ZPO sein (BGH NJW 1988, 411). Jedoch sollte der Kläger alles tun, um eine schnelle förmliche Zustellung entsprechend den zwischenstaatlichen Bestimmungen sicherzustellen (vgl. OLG Schleswig NJW 1988, 3105; dazu *Pfennig* NJW 1989, 2172).

2. Vgl. § 274 Abs. 3 S. 3 ZPO. Der Antrag soll sicherstellen, daß das Gericht die von Amts wegen vorzunehmende Bestimmung nicht unterläßt, was ua. ein Versäumnisurteil verhindern würde.

3. Hier sollte insbesondere die örtliche Zuständigkeit des angerufenen Gerichts sorgfältig dargelegt und nachgewiesen werden, damit ein Versäumnisurteil hieran nicht scheitert.

Kosten und Gebühren

Auslagen können insbesondere durch Kosten des Rechtshilfeverkehrs mit dem Ausland entstehen (KV Nr. 9013); sie werden in voller Höhe erhoben (KV Nr. 9013).

6. Antrag auf Fristverlängerung[1,2]

An das
Landgericht

In der Sache
......

zeige ich an, daß ich den Beklagten vertrete.
Ich werde beantragen:
    1. Die Klage wird abgewiesen[3].
    2. ......
Im übrigen wird beantragt,
    die Frist zur Klageerwiderung um zwei Wochen zu verlängern[4].

Begründung[5]:

Der Beklagte ist durch die Klageerhebung überrascht worden. Bei Zustellung der Klageschrift befand er sich unmittelbar vor Antritt einer nicht aufschiebbaren Reise, von der er am ...... zurückkehren wird. Eine hinreichende Information seines Prozeßbevollmächtigten war ihm vorher nicht mehr möglich.
Sollte das Gericht zur Begründung des Antrags weitere Glaubhaftmachung für erforderlich halten, wird um einen Hinweis gebeten.
Rechtsanwalt

Anmerkungen

1. Eine Verlängerung von gesetzlichen und richterlichen Fristen ist nach § 224 Abs. 2 ZPO aus erheblichen Gründen möglich, für Notfristen jedoch ausgeschlossen. Gesetzliche Fristen können nur verlängert werden, wenn dies im Gesetz besonders bestimmt ist (zur Verlängerung der Einspruchsbegründungsfrist vgl. Form. I. G. 5 Anm. 14). Das Gesetz verlangt Glaubhaftmachung des Grundes, sie ist jedoch in der Praxis meist nicht in der Form des § 294 ZPO erforderlich (vgl. *Baumbach/Lauterbach/Albers/Hartmann* § 224 Rdn. 4). Dem Antragsteller ist zu raten, vor Fristablauf beim Gericht in Erfahrung zu bringen, ob dem Antrag stattgegeben wird; ist dies nicht der Fall, muß er sich zur Vermeidung von Rechtsnachteilen innerhalb der Frist äußern, soweit ihm dies möglich ist.

2. Eine Abkürzung von richterlichen und gesetzlichen Fristen ist nach § 224 Abs. 2 ZPO gleichfalls möglich, in der Praxis aber selten. Zum Antrag auf Abkürzung der Einlassungsfrist vgl. Form. I. Q. 3.

3. Der Sachantrag sollte nur gestellt werden, wenn ein Anerkenntnis nicht in Betracht kommt.

4. Der Antrag ist schriftlich zu stellen (BGH NJW 1985, 1558); er unterliegt dem Anwaltszwang. Ein nur telefonischer Antrag ist unwirksam, der Verlängerungsbeschluß

heilt aber einen solchen Mangel (BGH aaO.). Auf eine telefonisch durchgegebene Verlängerung darf sich der Anwalt verlassen (vgl. *Zöller/Schneider* § 519 Rdn. 18).

Die Klageerwiderungsfrist gem. § 277 Abs. 3 ZPO, um die es im Beispiel geht, ist eine richterliche Frist iSd. § 224 Abs. 2 ZPO.

5. Die Begründung muß ausschließen, daß der Antrag auf Fristverlängerung gestellt wird, weil der Rechtsanwalt verspätet beauftragt oder nicht rechtzeitig informiert wurde, obwohl dies zumutbar gewesen wäre. Zusätzlich kann es zweckmäßig sein, das Einverständnis des Gegners mit der Fristverlängerung einzuholen und dem Gericht mitzuteilen; das Gericht ist zwar nicht an das Einvernehmen der Parteien gebunden, wird es aber mitberücksichtigen (§ 227 Abs. 2 Nr. 3 ZPO entspr.). Einem Antrag auf wiederholte Fristverlängerung darf das Gericht nur nach Anhörung des Gegners stattgeben (§ 225 Abs. 2 ZPO). In einem solchen Fall empfiehlt es sich immer, vorher das kollegiale Einverständnis des Gegners herbeizuführen und vorzutragen.

Fristen und Rechtsmittel

Der Antrag muß vor Ablauf der Frist gestellt sein. Eine Verlängerung ist auch noch nach Fristablauf möglich, wenn der Antrag vorher eingegangen war (vgl. BGH NJW 1982, 1651 für die Berufungsbegründungsfrist). Eine Verlängerung gesetzlicher Fristen nach deren Ablauf ist wirksam nicht möglich (BGH NJW 1992, 842 für die Berufungsbegründungsfrist unter Aufgabe von BGH NJW 1988, 268). Der Antrag sollte, schon in Hinblick auf eine mögliche Ablehnung, so rechtzeitig gestellt werden, daß noch innerhalb der Frist über ihn entschieden werden kann.

Die Ablehnung des Antrags ist unanfechtbar, § 225 Abs. 3 ZPO. Gegen die vom Gericht gewährte Verlängerung hat der Gegner kein Rechtsmittel.

7. Antrag auf Terminsverlegung[1]

In der Sache
......
beantrage ich,
> den Termin zur Beweisaufnahme auf eine Zeit nach 12.00 Uhr oder einen anderen Terminstag zu verlegen.

Begründung[2]:

Der diesen Fall allein bearbeitende und allein informierte Rechtsanwalt R ist zur Terminszeit verhindert. Er nimmt zur selben Zeit einen anderen Beweistermin in der Sache ...... wahr, für den er in gleicher Weise unabkömmlich ist. Eine Vertretung würde in beiden Fällen dem Wunsch des Mandanten widersprechen und erschiene angesichts des komplizierten Prozeßstoffes auch nicht als sachdienlich. Der Antrag wird im versicherten Einverständnis mit der Gegenseite gestellt.
Rechtsanwalt

Anmerkungen

1. Vgl. § 227 ZPO. Es ist str., wann die Verhinderung des Rechtsanwalts einer Sozietät, eines Einzelanwalts oder auch der Partei persönlich ein erheblicher Grund iS. dieser Vorschrift ist (vgl. einerseits *Thomas/Putzo* § 227 Rdn. 6, andererseits *Baumbach/Lauterbach/*

Albers/Hartmann § 227 Rdn. 11). Die Praxis der Gerichte bei Terminskollisionen ist unterschiedlich, eine Verlegung kann insbesondere bei Hauptterminen mit Beweisaufnahme wichtig sein. Der Grundsatz des rechtlichen Gehörs kann die Gerichte zu einer Vertagung verpflichten, wenn erhebliche Gründe vorliegen (vgl. OLG Hamm NJW-RR 1992, 121; OLG Schleswig NJW 1994, 1227; BSG NJW 1992, 1190).

2. Der erhebliche Grund (zu weiteren Beispielen vgl. *Zöller/Stöber* § 227 Rdn. 6) ist darzulegen und auf Verlangen des Gerichts glaubhaft zu machen (§ 227 Abs. 3 ZPO). Insbesondere unter Anwälten empfiehlt es sich, das Einvernehmen mit dem Gegner herzustellen und mitzuteilen. Es reicht zwar allein nicht aus, kann aber mit anderen Tatsachen zusammen einen erheblichen Grund ergeben (§ 227 Abs. 1 Nr. 3 ZPO).

Kosten und Gebühren

Hat die Partei die Verlegung des Termins durch ihr Verschulden veranlaßt, sind ihr die hierdurch verursachten Kosten aufzuerlegen, § 95 ZPO, § 34 GKG.

Fristen und Rechtsmittel

Sowohl die Verlegung als auch die Ablehnung sind grundsätzlich unanfechtbar (vgl. *Thomas/Putzo* § 227 Rdn. 18; OLG Frankfurt MDR 1983, 1031). Kommt aber die Verlegung oder ihre Versagung einer Verweigerung des Rechtsschutzes gleich, kann eine Beschwerde zulässig sein (vgl. OLG München NJW-RR 1989, 64; *Zöller/Stöber* § 227 Rdn. 10). Unabhängig davon kann das Gericht seine Entscheidung jederzeit abändern, so daß eine begründete Gegenvorstellung erfolgreich sein kann.

8. Antrag auf Berichtigung des Protokolls[1]

In der Sache
......

beantrage ich,
das Protokoll der Sitzung vom ...... in folgenden Punkten zu berichtigen:
1. Zu Beginn des Protokolls muß es statt
 „die Parteien erklärten die Hauptsache in Höhe von DM 200,– nebst Zinsen übereinstimmend für erledigt"
 heißen
 „Die Parteien erklärten die Hauptsache in Höhe von DM 2.000,– nebst Zinsen seit dem ...... übereinstimmend für erledigt".
2. Die anschließend wiedergegebene Erklärung des Prozeßbevollmächtigten des Beklagten lautet nicht
 „der Beklagte hat an den Kläger am ...... DM 200,– gezahlt",
 sondern
 „Der Haftpflichtversicherer des Beklagten hat an den Kläger zu Händen seines Prozeßbevollmächtigten am ...... DM 2.000,– gezahlt".
3. Der Antrag auf Einholung eines Sachverständigengutachtens wurde nicht vom Prozeßbevollmächtigten des Klägers, sondern des Beklagten gestellt.
4. Im Anschluß an das Teilanerkenntnis des Beklagten/an die Teilrücknahme des Klägers fehlt der Vermerk „vorgelesen und genehmigt"[2], obwohl das Anerkenntnis/die Rücknahme vorgelesen und von ihm genehmigt wurde.

5. Nach Vernehmung des Zeugen Z. haben die Parteien gem. § 285 Abs. 1 ZPO streitig zum Beweisergebnis verhandelt. Das hätte nach § 160 Abs. 2 ZPO in das Protokoll aufgenommen werden müssen[3].

Der gegnerische Prozeßbevollmächtigte schließt sich dem Antrag an und wird dies dem Gericht noch selbst erklären[4].

Rechtsanwalt

Anmerkungen

1. Vgl. § 164 ZPO. Dem Protokoll kommt wegen seiner weitreichenden Beweiskraft erhebliche Bedeutung zu; sie kann nur durch den Nachweis der Fälschung (§ 165 ZPO; hierzu BGH NJW 1985, 1782) oder im Wege der Berichtigung entkräftet werden. Die Berichtigung des Protokolls kann wegen seines gesamten Inhalts beantragt werden, auch insoweit er für den Rechtsstreit unerheblich ist. Das Verfahren sollte jedoch nur wegen bedeutsamer Fehler oder sinnentstellender Ungenauigkeiten – zB. in den Aussagen der Zeugen und Parteien – eingeleitet werden. Sind die Anträge oder andere Formalitäten unrichtig aufgenommen, ist die Berichtigung wegen § 165 ZPO praktisch der einzige Weg, nachteilige Folgen zu vermeiden. Ergibt sich die fehlerhafte Protokollierung schon aus dem Diktat des Richters, sollte die Partei noch im Termin auf Korrektur drängen oder jedenfalls ihren Widerspruch zu Protokoll geben; andernfalls könnte Heilung nach § 295 ZPO eintreten.

2. Anerkenntnis, Verzicht, Rücknahme, Vergleich und andere in § 160 Abs. 3 ZPO aufgeführte Prozeßhandlungen sind den Parteien aus dem Protokoll bzw. aus der vorläufigen Aufzeichnung vorzulesen oder vom Tonträger abzuspielen und von ihnen zu genehmigen; anschließend ist im Protokoll zu vermerken, daß das geschehen ist (§ 162 Abs. 1 ZPO). Das Fehlen des Vermerks macht die Erklärung zwar nicht unwirksam, sie läßt sich aber nicht mehr durch das Protokoll beweisen, Abgabe und Inhalt müssen anderweitig festgestellt werden (BGH NJW 1989, 1934). Fehlt der Vermerk, sollte die betroffene Partei auf Ergänzung drängen. Besondere Sorgfalt ist bei der Protokollierung eines Vergleichs zu beachten; denn fehlt es an den Förmlichkeiten, ist er, anders als Anerkenntnis, Verzicht und Rücknahme, unwirksam (BGH NJW 1984, 1465, 1466). Unzulässig ist die Berichtigung eines vorgelesenen und genehmigten Vergleichsprotokolls, wenn Erklärungen eingefügt werden sollen, die nicht vorgelesen und genehmigt wurden (vgl. OLG Hamm OLGZ 1983, 89).

3. Nach der Rechtsprechung des BGH (NJW 1990, 121) muß in das Protokoll aufgenommen werden, daß die Parteien nach der Vernehmung von Zeugen, Sachverständigen, Parteien gem. § 285 Abs. 1 ZPO über das Ergebnis der Beweisaufnahme verhandelt haben und daß das Gericht gem. § 278 Abs. 2 Satz 2 ZPO den Sach- und Streitstand erneut erörtert hat. Andernfalls wird vermutet, daß das nicht geschehen ist; darin liegt ein Revisionsgrund.

4. Da die Parteien vor der Berichtigung des Protokolls zu hören sind, ist das Verfahren zeitraubend. Es kann sich daher empfehlen, den Antrag mit dem gegnerischen Rechtsanwalt abzustimmen und diesen zu veranlassen, sich dem Antrag anzuschließen; dadurch wird die Anhörung des Gegners überflüssig.

Kosten und Gebühren

Besondere Gerichts- oder Rechtsanwaltsgebühren entstehen nicht.

Fristen und Rechtsmittel

Der Antrag ist nicht fristgebunden, sollte aber unverzüglich nach Erhalt des Protokolls gestellt werden. Mängel der Protokollierung, die verzichtbare Fehler betreffen, müssen spätestens in der nächsten mündlichen Verhandlung gerügt werden, § 295 ZPO.

Kein Rechtsmittel gegen den berichtigenden Beschluß (vgl. OLG Hamm Rpfleger 1984, 193); aA. bei offensichtlich unzulässiger Berichtigung OLG Hamm MDR 1983, 410. Bei Ablehnung der Bewilligung ist die Beschwerde nur gegeben, soweit es nicht um die Richtigkeit des Protokolls geht (näher *Thomas/Putzo* § 164 Rdn. 5; OLG Hamm NJW 1989, 1680 mwN.).

9. Antrag auf Erklärungsfrist nach § 283 ZPO[1]

An das
Landgericht

In Sachen
......

ist dem Kläger der Schriftsatz des Beklagten vom ... erst heute, also 3 Tage vor dem Termin zur mündlichen Verhandlung[2], zugestellt worden. Darin trägt der Beklagte erstmals nähere Tatsachen zu der von ihm behaupteten Gegenforderung vor, mit der er gegen die Klageforderung aufrechnen will. Der Kläger kann zu diesem neuen Vorbringen nicht rechtzeitig zum Termin Stellung nehmen.
Für den Fall, daß das Gericht das neue Vorbringen für erheblich halten sollte, wird nach § 283 ZPO beantragt,

dem Kläger im Termin eine Schriftsatzfrist von zwei Wochen einzuräumen[3].

Im übrigen wird schon jetzt beantragt,

das neue Vorbringen des Beklagten als verspätet zurückzuweisen[4].

Rechtsanwalt

Schrifttum: Fischer, Die Berücksichtigung „nachgereichter Schriftsätze" im Zivilprozeß, NJW 1994, 1315.

Anmerkungen

1. Das Beispiel betrifft die häufige Situation, daß eine Partei kurz vor oder im Termin mit neuen Angriffs- oder Verteidigungsmitteln überrascht wird, die möglicherweise erheblich sind. In einem solchen Fall hat eine Partei folgende Möglichkeiten: Kann sie sich zum neuen Vorbringen erklären, besitzt also der Rechtsanwalt die hierfür erforderlichen Informationen, so kann er – spätestens im Termin – erwidern. Kann sich die Partei nicht im Termin erklären, weil ihr das Vorbringen nicht rechtzeitig mitgeteilt wurde, so kann sie gegenüber dem Gericht beantragen, ihr eine Frist zu bestimmen, in der sie ihre Erklärung nachbringen kann (§ 283 ZPO). Das Gericht muß dann die Erklärung für seine Entscheidung berücksichtigen. Riskant wäre es, das neue Vorbringen, ohne nähere Informationen zu besitzen, einfach zu bestreiten; das kann sich rächen, wenn später ein Verstoß gegen die Wahrheitspflicht offenbar wird. Ein Fehler wäre es auch, wenn die Partei – was in der Praxis oft zu beobachten ist – nur beantragt, das neue Vorbringen als verspätet zurückzuweisen: eine Zurückweisung würde nämlich voraussetzen, daß der Rechtsstreit bei Berück-

sichtigung des neuen Vorbringens verzögert würde; eine Verzögerung kann aber erst eintreten, wenn das Vorbringen streitig ist, unstreitiges Vorbringen erlaubt eine sofortige Entscheidung; die Frage der Verzögerung kann also erst nach Erwiderung der Partei beurteilt werden (hM., BGH NJW 1985, 1556, 1558; BAG NJW 1989, 2213, 2214). Die Partei hat auch nicht die Möglichkeit, den Antrag nach § 283 ZPO zu unterlassen, um auf diese Weise das Gericht zur Zurückweisung nach § 296 ZPO zu zwingen (BGH NJW 1985, 1539, 1543). Die Verzögerung, die der Rechtsstreit durch die Frist nach § 283 ZPO erleidet, rechtfertigt nach hM. keine Zurückweisung (BGH NJW 1985, 1556, 1558; vgl. BVerfG NJW 1989, 707 mwN.).

2. Für die Frage, ob einer Partei neues Vorbringen rechtzeitig mitgeteilt wurde, ist im Anwaltsprozeß § 132 ZPO maßgeblich. Danach muß ein Schriftsatz mit neuem Vorbringen eine Woche vor dem Termin zugestellt werden können, die Gegenerklärung des Beklagten drei Tage vor der mündlichen Verhandlung. Hat der Gegner diese Fristen nicht eingehalten, bedarf der Antrag im allgemeinen keiner näheren Begründung. Kann die Partei die sehr knappe Frist des § 132 ZPO für eine Gegenerklärung nicht einhalten, sollte sie die Gründe hierfür spätestens im Termin näher erläutern können.

3. Es genügt, wenn der Antrag ohne Ankündigung erstmals in der mündlichen Verhandlung gestellt wird. Notwendig ist er allerdings nur, wenn das Gericht das neue Vorbringen des Gegners für erheblich hält. Wenn sich die Partei in diesem Punkt nicht sicher ist, sollte sie den Antrag auf jeden Fall zu Protokoll nehmen lassen. Erkennt die Partei nicht, daß ein Antrag nach § 283 ZPO sachdienlich wäre, müßte das Gericht ihn nach § 139 ZPO nahelegen (BGH NJW 1985, 1539, 1543). Geht der nachgelassene Schriftsatz erst nach Ablauf der gesetzten Frist ein, kann das Gericht ihn noch berücksichtigen (§ 283 S. 2 ZPO); das wird das Gericht insbesondere dann tun, wenn die Partei die Verspätung hinreichend entschuldigt (vgl. *Fischer* NJW 1994, 1319).

4. Das Gericht wird, wenn es dem Antrag entspricht, idR. zugleich einen Entscheidungstermin bestimmen. Es ist nicht gehindert, das neue Vorbringen, wenn es durch den nachgereichten Schriftsatz streitig geworden ist, im Urteil als verspätet zurückzuweisen (BGH NJW 1985, 1556, 1558). Das Gericht kann jedoch nur die Erwiderung, nicht darüber hinausgehendes Vorbringen, berücksichtigen.

G. Versäumnisverfahren/Entscheidung nach Lage der Akten

1. Antrag auf Versäumnisurteil gegen den Beklagten[1]

An das
Landgericht

In der Sache
......

nehme ich den für die Zeit vor Rechtshängigkeit geltend gemachten Zinsanspruch zurück[2], stelle im übrigen für den Kläger den Antrag aus der Klageschrift[3]
und beantrage ein Versäumnisurteil[4].
Ich beantrage außerdem,
    die öffentliche Zustellung des Versäumnisurteils zu bewilligen[5] und die Einspruchsfrist auf einen Monat festzusetzen[6].
Rechtsanwalt

Schrifttum: Fastrich, Heilung der Verspätungsfolgen des § 296 Abs. 1 ZPO durch Versäumnis, NJW 1979, 2598; *Foerste,* Das Versäumnisurteil im Anwaltsprozeß zwischen Standesrecht und Grundgesetz, NJW 1993, 1309; *Furtner,* Das Versäumnisurteil im ersten Rechtszug, MDR 1966, 551; *Mennicke,* Der Antrag auf Erlaß eines Versäumnisurteils, MDR 1992, 221; *Nierwetberg,* Die Behandlung der materiellen Einreden bei Beantragung des Versäumnisurteils gegen den Beklagten, ZZP 98, 442; *Schneider,* Die Überprüfung des zweiten Versäumnisurteils im Berufungsrechtszug, MDR 1985, 375; *Prütting,* Versäumnisurteile in Statusprozessen, ZZP 91, 191.

Anmerkungen

1. Das Beispiel gilt nicht für das Versäumnisurteil im schriftlichen Vorverfahren, sondern für den Fall der Säumnis des Beklagten im Termin (§ 331 Abs. 1 ZPO). Der Antrag auf Erlaß des Versäumnisurteils wird in der Regel nicht schriftsätzlich angekündigt, sondern mündlich im Termin gestellt. Ein Versäumnisurteil kann nicht nur im ersten Termin, sondern in jedem zur streitigen Verhandlung anberaumten Termin beantragt werden, selbst noch nach ungünstiger Beweisaufnahme. Vor allem wenn bereits streitig verhandelt wurde, sollte der Kläger aber überlegen, ob nicht eine Entscheidung nach Lage der Akten gemäß § 331a ZPO günstiger wäre (vgl. Form. I. G. 8). Voraussetzungen für das beantragte Versäumnisurteil:
   a) Zulässigkeit der Klage, insbesondere örtliche und sachliche Zuständigkeit des Gerichts (zur Darlegung der Kaufmannseigenschaft für eine Gerichtsstandsvereinbarung vgl. OLG Frankfurt MDR 1981, 762; Zöller/Herget § 331 Rdn. 6),
   b) rechtzeitige und ordnungsgemäße Ladung des Beklagten (bei verkündeten Terminen nicht erforderlich, § 218 ZPO),
   c) Schlüssigkeit der Klage,
   d) rechtzeitige Zustellung der Klage und Mitteilung des weiteren für die Schlüssigkeit erheblichen Vorbringens innerhalb der Einlassungsfrist,
   e) Nichterscheinen oder Nichtverhandeln (§ 333 ZPO) des Beklagten (die Säumnis kann

nicht durch Zurücknahme eines bereits gestellten Antrags herbeigeführt werden, vgl. OLG Frankfurt MDR 1982, 153),

f) im Urkundenprozeß: Vorlage der Urkunde, des Wechsels oder des Schecks im Original (vgl. *Thomas/Putzo* § 592 Rdn. 6).

Im Anwaltsprozeß ist zu beachten, daß der Antrag auf Versäumnisurteil gegen die Partei eines nichterschienenen Rechtsanwalts zwar als standeswidrig angesehen wird; die Standesrichtlinien sind aber nach BVerfG NJW 1988, 191 nicht mehr verbindlich; die sich aus § 23 RichtlRA ergebende Verpflichtung gilt auch nicht als für eine funktionsfähige Rechtspflege unerläßliche Norm fort (BVerfG NJW 1993, 122). Ohnehin kann das Gericht dem Rechtsanwalt, der bei Ausbleiben seines Kollegen ein Versäumnisurteil beantragt, dieses nicht aus standesrechtlichen Gründen versagen (vgl. hierzu BGH NJW 1976, 196; NJW 1978, 428; OLG Hamm AnwBl. 1983, 515; OLG Stuttgart NJW 1994, 1884; BGH NJW 1991, 42).

Versäumnisurteile werden vom Gericht regelmäßig schon im Termin verkündet und bedürfen keiner Begründung. Der Kläger erlangt also schneller als sonst einen Titel, der zudem ohne Sicherheitsleistung vorläufig vollstreckbar ist (§ 708 Nr. 2 ZPO). Der Kläger sollte außerdem den Weg der vereinfachten Kostenfestsetzung gemäß § 105 ZPO gehen und sofort nach dem Termin den Kostenfestsetzungsantrag einreichen, damit der Festsetzungsbeschluß noch auf das Urteil gesetzt werden kann. Ist mit der Säumnis des Beklagten zu rechnen, sollte der Kläger den Festsetzungsantrag bereits im Termin einreichen.

2. In der Praxis hält das Gericht die Klage oft wegen eines Teils des Zinsanspruches oder der sonstigen Nebenforderungen nicht für schlüssig. Bleibt der Kläger dennoch bei seinem Antrag, könnte nur ein Teilversäumnisurteil ohne Kostenentscheidung ergehen, während die Klage wegen des Restes durch streitiges Schlußurteil abzuweisen wäre. In einem solchen Fall ist die Klagerücknahme vorzuziehen, die in der Regel keine nachteiligen Kostenfolgen haben wird (§ 92 Abs. 2 ZPO).

3. Vgl. § 297 Abs. 2 ZPO; der Antrag auf Erlaß eines Versäumnisurteils allein genügt nicht, der Kläger muß auch den Sachantrag stellen. Stellt der Kläger keinen Antrag, riskiert er eine Entscheidung nach Lage der Akten gemäß § 251a Abs. 1 u. 2 ZPO oder die Anordnung des Ruhens des Verfahrens (§ 251a Abs. 3 ZPO).

4. Vgl. § 331 Abs. 1 ZPO. Wird der Antrag gestellt, sind folgende Entscheidungen denkbar:

a) Erlaß eines Versäumnisurteils (ganz oder zum Teil, § 331 Abs. 2 1. Halbs. ZPO),
b) Abweisung der Klage als unzulässig (zB. bei fehlendem, nicht behebbarem Nachweis der Zuständigkeit, § 331 Abs. 2 2. Halbs. ZPO),
c) Abweisung der Klage als unbegründet (§ 331 Abs. 2 2. Halbs. ZPO),
d) Zurückweisung des Antrags durch Beschluß (in den Fällen des § 335 Abs. 1 ZPO),
e) Vertagung (§§ 335 Abs. 2, 337 ZPO),
f) im Urkundenprozeß: Abweisung der Klage als unstatthaft (§ 597 Abs. 2 ZPO).

Will das Gericht dem Antrag nicht entsprechen, muß es den Kläger darauf hinweisen. Dieser wird dann zu überlegen haben, ob er eine der unter b)–f) genannten Entscheidungen hinnimmt und Rechtsmittel einlegt oder ob er sein Begehren auf den Hinweis des Gerichts einstellt. Der Antrag auf Erlaß des Versäumnisurteils kann sich auf einen Teil des Anspruchs beschränken, was insbesondere in Betracht kommt, wenn das Gericht die Klage nicht nur zu einem geringfügigen Teil für unschlüssig hält.

5. Vgl. § 204 Abs. 1 ZPO und Form. I. F. 4. Es empfiehlt sich, den Antrag bereits im Termin zu stellen.

6. Vgl. § 339 Abs. 2 ZPO. Der Kläger sollte darauf achten, daß der Beschluß mit dem Urteil ergeht und mit diesem öffentlich zugestellt wird. Nachholung ist möglich, aber ein vermeidbarer Umweg (vgl. *Zöller/Herget* § 339 Rdn. 5).

Kosten und Gebühren

Es entstehen keine Gerichtsgebühren, insbes. keine Urteilsgebühr (anders bei unechtem Versäumnisurteil). Für den Rechtsanwalt des Klägers fällt außer der bereits entstandenen Prozeßgebühr ½ Verhandlungsgebühr an (§ 33 Abs. 1 BRAGO); dies gilt wegen § 13 Abs. 2 BRAGO nicht, wenn bereits vorher eine Verhandlungs- oder Erörterungsgebühr entstanden war. Eine Erörterungsgebühr kann bei Säumnis einer Partei nicht entstehen, selbst wenn das Gericht die Sache mit der erschienenen Partei erörtert (OLG Frankfurt Büro 1981, 1356; str.). Zur vereinfachten Kostenfestsetzung vgl. Anm. 1 aE.

Fristen und Rechtsmittel

Gegen die in Anm. 4 genannten Entscheidungen stehen den Parteien folgende Rechtsmittel zu:
a) Bei Erlaß des Versäumnisurteils: Nur Einspruch (vgl. Form. I. G. 5), wird zT. ein Versäumnisurteil erlassen, zT. die Klage abgewiesen, so ist für den Kläger die Berufung, für den Beklagten der Einspruch gegeben (BGH NJW-RR 1986, 1326),
b) Bei Abweisung der Klage als unzulässig: Berufung,
c) Bei Abweisung der Klage als unbegründet: Berufung, § 336 ZPO ist auf unechte Versäumnisurteile nicht anwendbar (vgl. BGH NJW 1987, 1204),
d) Bei Zurückweisung des Antrags durch Beschluß: sofortige Beschwerde gem. § 336 ZPO (vgl. Form. I. G. 4),
e) Bei Vertagung: sofortige Beschwerde gem § 336 ZPO analog (vgl. Form. I. G. 4),
f) Bei Abweisung der Urkundenklage als unstatthaft: Berufung.

2. Antrag auf Erlaß eines Versäumnisurteils im schriftlichen Vorverfahren[1]

An das
Landgericht

Schriftsatz

In der Sache
......

nimmt der Kläger auf den Hinweis des Gerichts seinen Zinsanspruch, soweit er die Zeit vor Rechtshängigkeit betrifft, zurück[2].
Im übrigen wird, da eine Verteidigungsanzeige des Beklagten bisher nicht vorliegt, gemäß § 331 Abs. 3 ZPO beantragt,

ein Versäumnisurteil ohne mündliche Verhandlung zu erlassen[3].

Rechtsanwalt

Schrifttum: Kramer, Neuerungen im Versäumnisverfahren nach der Vereinfachungsnovelle, NJW 1977, 1661; *Zugehör,* Einspruch gegen ein Versäumnisurteil im schriftlichen (Vor-)Verfahren vor Zustellung?, NJW 1992, 2261.

Anmerkungen

1. Vgl. § 331 Abs. 3 iVm. § 276 Abs. 1 S. 1 ZPO. Ordnet das Gericht das schriftliche Vorverfahren an, wird der Kläger hiervon durch das Gericht benachrichtigt. Spätestens dann sollte er den Antrag stellen – wenn dies nicht schon in der Klageschrift geschehen ist (vgl. Form. I. D. 2) – und nicht abwarten, bis die Frist für den Beklagten verstrichen ist. Denn es liegt im Interesse des Klägers, einer verspäteten Erklärung des Beklagten, die gemäß § 331 Abs. 3 S. 1 2. Halbs. ZPO noch bis zur Übergabe des fertigen Urteils an die Geschäftsstelle berücksichtigt wird, zuvorzukommen. Allerdings kann das Versäumnisurteil nach § 331 Abs. 3 ZPO nicht in den Gerichtsferien ergehen (OLG Koblenz NJW 1979, 1465; *Thomas/Putzo* § 331 Rdn. 4; str.). Auch nach vorausgegangenem Mahnverfahren ist ein schriftliches Versäumnisurteil möglich, wenn das Gericht das schriftliche Vorverfahren nach § 697 Abs. 2 ZPO angeordnet hat. Mit Terminsanberaumung entfallen die Voraussetzungen für ein Versäumnisurteil im schriftlichen Verfahren (KG MDR 1985, 416). Im übrigen gelten dieselben Voraussetzungen wie für das gewöhnliche Versäumnisurteil (vgl. Form. I. G. 1 Anm. 1). Es kann auch ein klageabweisendes unechtes Versäumnisurteil ergehen (hM., vgl. BayVerfG NJW 1991, 2078; *Thomas/Putzo* § 331 Rdn. 6).

2. Die Rücknahme geringfügiger Nebenforderungen auf Hinweis des Gerichts ist auch hier zu empfehlen (vgl. Form. I. G. 1 Anm. 2).

3. Der Antrag setzt voraus, daß in der Klageschrift oder in einem späteren Schriftsatz ein bestimmter Sachantrag gestellt wurde. Die Fassung des Antrages entspricht § 331 Abs. 3 S. 1 1. Halbs. ZPO. Zu den Entscheidungsmöglichkeiten des Gerichts vgl. Form. I. G. 1 Anm. 4. Auch eine (teilweise) Abweisung der Klage wegen (teilweiser) Unschlüssigkeit ist denkbar (OLG Frankfurt MDR 1984, 322; *Thomas/Putzo* § 331 Rdn. 6; str.).

Kosten und Gebühren

Das Versäumnisurteil im schriftlichen Vorverfahren löst dieselben Gebühren aus wie das Versäumnisurteil im Termin (vgl. die Hinweise zu Form I. G. 1). Eine vereinfachte Kostenfestsetzung ist auch hier möglich (LG Stuttgart AnwBl. 1981, 197).

Fristen und Rechtsmittel

Vgl. Form. I. G. 1. Die Einspruchsfrist beginnt mit der Zustellung des Versäumnisurteils (§ 310 Abs. 3 ZPO). Maßgeblich ist die letzte der von Amts wegen zu bewirkenden Zustellungen (BGH NJW 1994, 3359); wird das Versäumnisurteil nach § 331 Abs. 3 ZPO also nicht ordnungsgemäß an den Kläger zugestellt, hat die Einspruchsfrist nicht begonnen (vgl. BGH aaO.). Streitig ist, ob bereits vor Zustellung ein wirksamer Einspruch möglich ist (verneinend *Zugehör* NJW 1992, 2261; aA. *Thomas/Putzo* § 339 Rdn. 1).

3. Antrag auf Versäumnisurteil gegen den Kläger[1]

An das
Landgericht

In der Sache
......
beantrage ich,
    die Klage durch Versäumnisurteil abzuweisen[2].
Rechtsanwalt

Schrifttum: Dietrich, Die Wirkung des Versäumnisurteils gegen den Kläger, ZZP 84, 419.

Anmerkungen

1. Der Antrag betrifft den Fall der Säumnis des Klägers im Termin zur mündlichen Verhandlung (§ 330 ZPO). Er wird idR. nicht schriftsätzlich angekündigt, sondern im Termin gestellt, wenn der Kläger nicht erscheint oder nicht verhandelt (§ 333 ZPO). Weitere Voraussetzung für den Erlaß des Versäumnisurteils ist nur, daß der Kläger rechtzeitig und ordnungsgemäß geladen oder der Termin gemäß § 218 ZPO bestimmt wurde. Erforderlich ist nicht, daß der Beklagte erhebliche Einwendungen vorgetragen hat. Fehlt es an der sachlichen oder örtlichen Zuständigkeit des Gerichts, besteht für den Beklagten nach hM. die Möglichkeit, Klageabweisung als unzulässig durch streitiges Prozeßurteil zu erreichen (vgl. *Thomas/Putzo* Rdn. 12 vor § 330). Er kann aber auch Klageabweisung in der Sache durch Versäumnisurteil gemäß § 330 ZPO beantragen, soweit die Zuständigkeit gemäß § 39 ZPO prorogierbar ist (also zB. nicht bei einer nichtvermögensrechtlichen Streitigkeit, § 40 Abs. 2 ZPO; hier kommt nur Klageabweisung als unzulässig in Betracht, vgl. BGH NJW 1961, 2207; *Thomas/Putzo* § 330 Rdn. 3). Eine Verweisung des Rechtsstreits ist für den Beklagten nur im Ausnahmefall des § 506 ZPO zu erreichen. Er kann aber statt eines Versäumnisurteils in geeigneten Fällen eine Entscheidung nach Lage der Akten gem. § 331 a ZPO beantragen.

2. Nach dem Gesetzeswortlaut müßte der Antrag lauten: „...das Versäumnisurteil dahin zu erlassen, daß der Kläger mit der Klage abzuweisen ist". Bei Nichtigkeitsklagen und Feststellungsklagen in Ehesachen (§§ 635, 638 ZPO) und bei Klagen in Kindschaftssachen (§ 640 ZPO) ist das Versäumnisurteil gegen den Kläger dahin zu beantragen, „daß die Klage als zurückgenommen gilt". Eine Zurückweisung des Antrags auf Versäumnisurteil durch Beschluß gem. § 335 ZPO oder eine Vertagung nach § 337 ZPO ist auch bei Säumnis des Klägers denkbar. Stellt der Beklagte keinen Antrag, gilt § 251 a ZPO.

Fristen und Rechtsmittel

Dem Kläger steht gegen das Versäumnisurteil nur der Einspruch gem. §§ 338 ff. ZPO zu (vgl. Form. I. G. 5). Wird die Klage durch unechtes Versäumnisurteil (zB. als unzulässig) abgewiesen, ist für den Kläger nur die Berufung gegeben.

Kosten und Gebühren

Vgl. die Hinweise zu Form. I. G. 1. Die Möglichkeit der vereinfachten Kostenfestsetzung nach § 105 ZPO steht auch dem Beklagten offen (vgl. Form. I. G. 1 Anm. 1 aE.).

4. Sofortige Beschwerde gegen die Zurückweisung des Antrags auf Versäumnisurteil[1]

An das
Amtsgericht[2]

In der Sache
......

lege ich gegen den Beschluß vom ......[3], mit dem die Verhandlung über den Antrag auf Erlaß des Versäumnisurteils vertagt wurde[4],

sofortige Beschwerde

ein mit dem Antrag,
1. den Vertagungsbeschluß aufzuheben,
2. die Sache an das Amtsgericht zurückzuverweisen und hierbei anzuordnen, daß unverzüglich ein neuer Termin zur Entscheidung über den Antrag auf Versäumnisurteil bestimmt und der Beklagte zu diesem Termin nicht geladen wird[5].

Das Amtsgericht wird gebeten, die Akten unverzüglich dem Landgericht zur Entscheidung zuzuleiten und den Beklagten vor der Entscheidung über die sofortige Beschwerde nicht zu dem im Beschluß vom ...... bestimmten Termin zu laden[6].

Begründung[7]:

1. Gegen die vom Amtsgericht ausgesprochene Vertagung nach § 337 ZPO ist nach allgemeiner Meinung die sofortige Beschwerde gemäß § 336 ZPO zulässig.
2. Das Amtsgericht hat die Vertagung in Hinblick auf ein bei der Akte befindliches Schreiben des Beklagten ausgesprochen, in dem dieser mitteilte, daß er zwei Tage vor dem Terminstag seinen Jahresurlaub antrete und daher zum Termin nicht erscheinen könne. Die vom Amtsgericht der Entscheidung zugrundegelegte Auslegung des § 337 ZPO ist fehlerhaft; denn der Beklagte war trotz seines Urlaubs nicht am Erscheinen verhindert. Er hätte sich nämlich im Termin durch einen Rechtsanwalt oder eine andere Person seines Vertrauens vertreten lassen können und müssen. Hierauf ist er auch durch das gerichtsübliche Ladungsformular ausdrücklich hingewiesen worden.

Anmerkungen

1. Vgl. § 336 ZPO. Die sofortige Beschwerde ist zulässig bei Zurückweisung des Antrags in den vier Fällen des § 335 ZPO, aber ebenso bei Vertagung gemäß § 337 ZPO (vgl. OLG Hamm NJW-RR 1991, 703; *Thomas/Putzo* § 336 Rdn. 1). Mit der Beschwerde kann erreicht werden, daß das Untergericht einen neuen Termin bestimmt, zu dem der Beklagte nicht geladen wird (§ 336 Abs. 1 S. 2 ZPO) und in dem es bei seiner Entscheidung über den Antrag auf Versäumnisurteil an die Rechtsauffassung des Beschwerdegerichts gebunden ist. Erscheint allerdings der Prozeßgegner ohne Ladung im neuen Termin, so ist er nach hM. zur Verhandlung zuzulassen (*Thomas/Putzo* aaO.). Der Beschwerdeführer sollte bedenken, ob er nicht durch Hinnahme einer kurzfristigen – wenn auch unberechtigten – Vertagung schneller zum Ziel kommt.
2. Die sofortige Beschwerde könnte gemäß § 577 Abs. 2 S. 2 ZPO auch beim Beschwerdegericht, hier also beim Landgericht, eingelegt werden. Zur Beschleunigung empfiehlt sich jedoch idR. die Einlegung beim Untergericht, da sich dort die Akten befinden. Dies

gibt zudem die Möglichkeit, weitere Anträge an das Untergericht zu richten, die dessen Verfahrensleitung vor Übersendung der Akten an das Beschwerdegericht betreffen.

3. Der Tag des Fristbeginns – hier: Verkündung, meist Zustellung – sollte stets genannt werden. Die Zwei-Wochen-Frist ist eine Notfrist iSd. §§ 223 Abs. 2, 224, 233 ZPO.

4. Ein mit der sofortigen Beschwerde anfechtbarer („stillschweigender") Beschluß liegt auch vor, wenn der Antrag auf Versäumnisurteil nicht ausdrücklich zurückgewiesen wird, sondern das Gericht nur die Vertagung ausspricht.

5. Da das Beschwerdegericht das Versäumnisurteil nicht selbst erlassen kann – es würde bei Einspruch eine Instanz verloren gehen –, muß es zurückverweisen. Hierbei hat es die nach seiner Rechtsauffassung erforderlichen Anordnungen zu treffen.

6. Der Beschwerdeführer sollte auf besondere Beschleunigung drängen, damit er mit der sofortigen Beschwerde mehr erreicht als mit der Vertagung. Er sollte das Untergericht außerdem veranlassen, sich einstweilen jeder Maßnahme gegenüber dem Gegner zu enthalten, damit dieser für den Fall eines erfolgreichen Rechtsmittels über den Fortgang des Verfahrens nach Möglichkeit nichts erfährt. Auch im Beschwerdeverfahren ist die säumige Partei nicht zu hören.

7. Zur Begründung im angenommenen Fall vgl. BVerfG NJW 1969, 1103 und LG Mannheim NJW 1971, 250. Danach hätte das Rechtsmittel wohl nur Aussicht auf Erfolg, wenn der Beklagte die Ladung vor seinem Urlaub erhielt, nicht aber, wenn das Gericht dem Beklagten fälschlich mitgeteilt hätte, er brauche nicht zu kommen. Dann wäre ein Ablehnungsantrag zu erwägen.

Kosten und Gebühren

Gerichtsgebühren entstehen nur, wenn die Beschwerde verworfen oder zurückgewiesen wird (eine Gebühr nach KV Nr. 1906). Die Rechtsanwälte erhalten die Gebühren des § 31 Abs. 1 BRAGO je zur Hälfte (§ 61 Abs. 1 Nr. 1 BRAGO).

Fristen und Rechtsmittel

Die sofortige Beschwerde ist binnen einer Notfrist von zwei Wochen ab Verkündung des Beschlusses (nicht ab Zustellung!, abweichend LG Köln MDR 1985, 593) einzulegen, § 577 Abs. 2 ZPO.

Gegen den Beschluß des Beschwerdegerichts ist keine weitere Beschwerde gegeben (§ 568 Abs. 2 ZPO).

5. Einspruch gegen Versäumnisurteil[1,2] mit Antrag auf Einstellung der Zwangsvollstreckung[3]

**An das
Landgericht[4]**

In der Sache
......

wird gegen das am ...... verkündete Versäumnisurteil[5], dem Beklagten zugestellt am
......,[6]

Einspruch[7]

eingelegt.
Außerdem wird beantragt,
> die Zwangsvollstreckung aus dem Versäumnisurteil ohne Sicherheitsleistung[8] einzustellen.

Falls die Einstellung nur gegen Sicherheitsleistung erfolgt, wird beantragt,
> dem Beklagten zu gestatten, die Sicherheitsleistung durch eine selbstschuldnerische Bürgschaft der B-Bank zu erbringen[9].

In der Sache wird beantragt[10]:
> 1. Das Versäumnisurteil vom ...... wird aufgehoben und die Klage abgewiesen[11].
> 2. Die Kosten des Rechtsstreits – einschließlich der Säumniskosten[12] – trägt der Kläger.
> 3. Das Urteil ist – notfalls gegen Sicherheitsleistung – vorläufig vollstreckbar.

Einer Übertragung auf den Einzelrichter stehen keine Gründe entgegen.

Begründung[13]:

1. Die Zwangsvollstreckung aus dem Versäumnisurteil ist gemäß § 719 Abs. 2 ZPO ohne Sicherheitsleistung einzustellen; denn das Versäumnisurteil ist gesetzwidrig ergangen. Nachdem der Widerspruch gegen den Mahnbescheid nicht durch den Beklagten persönlich, sondern durch seinen Prozeßbevollmächtigten erhoben wurde, hätte gemäß § 176 ZPO auch die Terminsladung an den Prozeßbevollmächtigten zugestellt werden müssen. Dieser Verstoß machte die Zustellung unwirksam, so daß es an einer ordnungsgemäßen Ladung fehlte.

2. Zur Sache wird in Erwiderung auf die Klageschrift wie folgt vorgetragen: ......

Rechtsanwalt

Schrifttum: Zugehör, Einspruch gegen ein Versäumnisurteil im schriftlichen Vorverfahren vor Zustellung?, NJW 1992, 2261; *Bischof,* Alte und neue Zustellungsprobleme nach der Vereinfachungsnovelle, NJW 1980, 2235; *Schneider,* Rechtsmittelfähigkeit von Einstellungsbeschlüssen, MDR 1980, 529; *ders.,* Zulässigkeit und Begründetheit bei der Einstellungsbeschwerde, MDR 1985, 547.

Anmerkungen

1. Es wird von dem – in der Praxis leider vorkommenden – Sachverhalt ausgegangen, daß der Antragsgegner durch einen Prozeßbevollmächtigten Widerspruch gegen den Mahnbescheid eingelegt hat, die Terminsladung nach Abgabe an das Prozeßgericht jedoch unter Verstoß gegen § 176 ZPO nicht diesem, sondern dem Beklagten persönlich zugestellt wurde. Zur Beweislast für einen solchen Verstoß vgl. BGH NJW 1981, 1673.

2. Der Einspruch (§ 338 ZPO) ist der einzige Rechtsbehelf gegen ein erstes Versäumnisurteil, und zwar auch dann, wenn es gesetzwidrig ergangen ist. Eine Wiedereinsetzung gegen die Versäumung des Termins gibt es nicht. Die Berufung gemäß § 513 Abs. 2 ZPO ist nur gegen ein zweites Versäumnisurteil statthaft, gegen ein erstes Versäumnisurteil auch dann nicht, wenn kein Fall der Säumnis vorlag (BGH NJW 1994, 665). Handelt es sich allerdings um ein unechtes Versäumnisurteil – was im Einzelfall problematisch sein kann, vgl. *Thomas/Putzo* Rdn. 12 vor § 330 –, ist der Einspruch unstatthaft. Der verurteilten Partei ist im Zweifelsfall zu empfehlen, sich für die Wahl des Rechtsbehelfs an der Bezeichnung des Urteils zu orientieren, denn eine inkorrekte Bezeichnung durch das Gericht kann nicht zu ihren Lasten gehen (vgl. *Thomas/Putzo* Rdn. 6 ff. vor § 511; BGH WM 1981, 829, 830). Bleibt unklar, was für ein Urteil das Gericht erlassen wollte, sollte sowohl

5. Einspruch gegen Versäumnisurteil I. G. 5

Einspruch als auch Berufung eingelegt werden. Zur Frist und Form des Einspruchs vgl. §§ 339, 340 ZPO. Der Einspruch muß handschriftlich unterzeichnet sein (BGH NJW 1987, 2588), sofern nicht eine der von der Rechtsprechung anerkannten Ersatzformen (Telegramm, Fernschreiben, Telefax, vgl. BGH aaO. 2589; BAG NJW 1987, 341) vorliegt. Der Mangel der Unterschrift ist nach Fristablauf nicht heilbar, eine Wiedereinsetzung bei unzureichender Unterschrift scheidet aus (BGH NJW 1987, 957). Zu Verzögerungen und Verstümmelungen aufgrund Benutzung der Technik vgl. BGH NJW 1988, 2788; NJW 1994, 1879 u. 2097.

3. Das Versäumnisurteil ist für den Kläger gemäß § 708 Nr. 2 ZPO ohne Sicherheitsleistung und ohne Abwendungsmöglichkeit für den Beklagten vorläufig vollstreckbar. Diese Folgen kann der Beklagte nicht bereits durch den Einspruch beseitigen, sondern nur über einen Einstellungsantrag gemäß §§ 719, 707 ZPO, den er zweckmäßigerweise mit dem Einspruch verbindet. In aller Regel wird es nur zu einer Einstellung gegen Sicherheitsleistung kommen. Zur Einstellung der Zwangsvollstreckung aus einem Vollstreckungsbescheid vgl. Form. I. B. 4.

4. Der Einspruch ist immer bei dem Gericht einzulegen, das das Versäumnisurteil erlassen hat, § 340 Abs. 1 ZPO.

5. Vgl. § 340 Abs. 2 Nr. 1 ZPO.

6. Für das Gericht ergibt sich das Zustellungsdatum aus der in der Akte befindlichen Zustellungsurkunde. Zur Kontrolle sollte das Datum im Einspruch genannt werden; daraus kann die Wahrung der Einspruchsfrist entnommen werden.

7. Vgl. § 340 Abs. 2 Nr. 2 ZPO. Die unterliegende Partei kann den Einspruch auf einen Teil des Anspruches beschränken (vgl. *Thomas/Putzo* § 340 Rdn. 4). Der Umfang des Einspruches ist dann in Antrag und Begründung so deutlich zu machen, daß der Streitgegenstand des rechtskräftigen und des noch streitigen Teils genau erkennbar ist. Der Teileinspruch bei einem Versäumnisurteil gegen den Beklagten könnte lauten:

„In der Sache ......
wird gegen das Versäumnisurteil vom ......

Einspruch

eingelegt, soweit der Beklagte verurteilt wurde, an den Kläger DM 3281,76 nebst 4% Zinsen seit Rechtshängigkeit zu zahlen."

Bei Versäumnisurteil gegen den Kläger:

„ ...... wird gegen das Versäumnisurteil vom ......

Einspruch

eingelegt, soweit die Klage hinsichtlich des Anspruchs von DM 5.000,– nebst 7% Zinsen seit dem ...... abgewiesen wurde."

8. Eine Einstellung ohne Sicherheitsleistung kommt nur in den beiden in § 719 Abs. 1 S. 2 2. Halbs. ZPO genannten Fällen (gesetzwidriges VU, unverschuldete Säumnis) oder im Fall des § 707 Abs. 1 S. 2 ZPO in Betracht (nach OLG Hamburg NJW 1979, 1464 und KG NJW 1984, 316 u. MDR 1985, 330 nur im Fall des § 707 Abs. 1 S. 2 ZPO; aA. LG Düsseldorf MDR 1981, 941; OLG Köln JurBüro 1988, 1086; *Zöller/Herget* § 719 Rdn. 2, jeweils mwN.). Im Beispielsfall war das Versäumnisurteil wegen Verstoßes gegen § 176 ZPO gesetzwidrig. Bei unverschuldeter Säumnis sowie im Fall des § 707 Abs. 1 S. 2 ZPO sind die Voraussetzungen glaubhaft zu machen. Die Entscheidung über die Einstellung der Zwangsvollstreckung – sei es mit oder ohne Sicherheitsleistung – wird weiter davon abhängen, ob der Einspruch zulässig ist und auch in der Sache aussichtsreich erscheint. Trägt der Beklagte mit dem Einspruch keine oder nur unerhebliche Einwendungen vor, kann er nicht mit einer Einstellung rechnen (vgl. *Zöller/Herget* § 707 Rdn. 9).

9. Vgl. Form. I. D. 1 Anm. 12.

10. Die Einspruchsschrift sollte auch die Sachanträge des Beklagten enthalten, vgl. § 130 Nr. 2 ZPO. Hat der Beklagte auf die Klage bisher nicht erwidert, muß er die gleichen Anträge und Erklärungen abgeben wie in der Klageerwiderung, vgl. Form. I. E. 4.

11. Vgl. § 343 ZPO. Der Gegenantrag des Klägers geht dahin, „das Versäumnisurteil aufrechtzuerhalten".

12. Auch wenn die säumige Partei aufgrund des Einspruchs obsiegt, hat sie gemäß § 344 ZPO idR. die Säumniskosten (insbesondere die 1/2 Gebühr nach § 33 Abs. 1 BRAGO) zu tragen. Eine Ausnahme gilt nur, wenn das Versäumnisurteil – wie im Beispiel (dazu OLG Zweibrücken VersR 1979, 143) – nicht in gesetzlicher Weise ergangen ist, also die prozessualen oder sachlichen Voraussetzungen nicht gegeben waren oder gegen §§ 335, 337 ZPO verstoßen wurde. Hierauf sollte das Gericht besonders hingewiesen werden.

13. Die Begründung ist nicht Zulässigkeitsvoraussetzung für den Einspruch, fehlt sie aber, droht Zurückweisung späteren Vorbringens gemäß § 296 Abs. 1 ZPO (vgl. *Thomas/ Putzo* § 340 Rdn. 9). Erkennt die säumige Partei, daß sie die Frist aus besonderen Gründen nicht einhalten kann, sollte sie vor Fristablauf einen Antrag auf Verlängerung stellen (§ 340 Abs. 3 S. 2 ZPO). In der Einspruchsbegründung sollte zunächst, soweit erforderlich, der Einstellungsantrag begründet und seine Voraussetzungen glaubhaft gemacht werden. Sodann sind etwaige Zulässigkeitsrügen vorzubringen. Der sachliche Inhalt der Einspruchsbegründung hängt vom Stand des Verfahrens ab. Liegt noch keine Klageerwiderung vor, muß die Begründung § 277 ZPO entsprechen (*Thomas/Putzo* § 340 Rdn. 5). Zur Frage, unter welchen einzelnen Voraussetzungen das Vorbringen in der Einspruchsbegründung als verspätet zurückgewiesen werden kann, vgl. *Thomas/Putzo* § 340 Rdn. 9; *Fastrich* NJW 1979, 2598; BGH NJW 1980, 1105; NJW 1981, 2264; OLG Düsseldorf NJW 1981, 2264; OLG Celle NJW 1989, 3023. Hat das erstinstanzliche Gericht eine verspätete Einspruchsbegründung verwertet, ist das Berufungsgericht hieran gebunden (BGH NJW 1981, 928).

Kosten und Gebühren

Das Verfahren vor und nach Einspruch ist eine Gebühreninstanz; Gerichts- und Rechtsanwaltsgebühren können insgesamt nur einmal entstehen. War jedoch bereits vor Erlaß des Versäumnisurteils eine Verhandlungsgebühr entstanden (§ 13 Abs. 2 BRAGO). Für die nichtstreitige Verhandlung, auf die das Versäumnisurteil ergangen ist, erhält der Anwalt jedoch die ½ Gebühr nach § 33 Abs. 1 BRAGO besonders (§ 38 Abs. 2 BRAGO); das gilt auch dann, wenn vor Erlaß des Versäumnisurteils streitig verhandelt wurde (vgl. *Gerold/ Schmidt* § 38 BRAGO Rdn. 9). Die durch die Säumnis verursachten Kosten – also die ½ Rechtsanwaltsgebühr des Gegners gem. §§ 33 Abs. 1, 38 Abs. 2 BRAGO sowie die Auslagen des Gegners und des Gerichts – hat nach § 344 ZPO regelmäßig die säumige Partei zu tragen. Zu Ausnahmen vgl. Anm. 12.

Fristen und Rechtsmittel

Die Einspruchsfrist beträgt – auch vor dem Amtsgericht – zwei Wochen, im Arbeitsgerichtsprozeß eine Woche (§ 59 ArbGG). Sie ist eine Notfrist mit den sich aus §§ 223 Abs. 2, 224, 233 ZPO ergebenden Konsequenzen. Die Verlängerungsmöglichkeit in § 340 Abs. 3 ZPO bezieht sich nicht auf die Einspruchsfrist, nur auf die Begründungsfrist. Die Frist beginnt mit der Zustellung des Versäumnisurteils. Gemeint ist bei verkündeten Versäumnisurteilen die Zustellung gem. § 317 Abs. 1 ZPO an die unterliegende Partei, bei schriftlichen Versäumnisurteilen die letzte Amtszustellung gem. § 310 Abs. 3 ZPO (hier beginnt die Frist nach hM. erst, wenn das Urteil beiden Parteien zugestellt ist, BGH NJW 1994, 3359; *Thomas/Putzo* § 310 Rdn. 3; vgl. Form. I. G. 2 Anm. „Fristen und Rechtsmittel"). Die Zustellung durch den Gegner zum Zwecke der Zwangsvollstreckung gemäß § 750 Abs. 1 S. 2 ZPO ist für den Fristbeginn unerheblich (*Baumbach/Lauterbach/Albers/ Hartmann* § 339 Rdn. 2); anders beim Einspruch gegen den Vollstreckungsbescheid (vgl. Form. I. B. 4 Anm. 3). Zur Wahrung der Frist genügt der Einwurf der Einspruchsschaft in ein im Gerichtsgebäude befindliches Brieffach für eingehende Post (BGH Rpfleger 1984, 241).

Wird der Einspruch durch Urteil als unzulässig verworfen, steht der säumigen Partei die Berufung zu. Das gilt auch bei Verwerfung durch ein zweites Versäumnisurteil nach § 345 ZPO (vgl. Form. I. G. 6). Gegen ein Urteil, das den Einspruch für zulässig hält und das Versäumnisurteil aufhebt oder aufrechterhält, sind die allgemeineren Rechtsmittel gegeben. Beschlüsse über Anträge auf Einstellung der Zwangsvollstreckung sind gem. § 707 Abs. 2 ZPO unanfechtbar, hiervon gibt es aber, insbesondere bei greifbarer Gesetzeswidrigkeit, Ausnahmen (vgl. OLG Frankfurt NJW 1988, 79; *Zöller/Herget* § 707 Rdn. 22; *Schneider* MDR 1980, 529).

6. Antrag auf zweites Versäumnisurteil[1,2]

An das
Landgericht

In der Sache
......

wird beantragt[3],

den Einspruch des Beklagten gegen das Versäumnisurteil vom ...... durch zweites Versäumnisurteil zu verwerfen.
Rechtsanwalt

Schrifttum: Prütting, Das zweite Versäumnisurteil im technischen Sinn, JuS 1975, 150. *Braun*, Die Berufung gegen das zweite Versäumnisurteil, ZZP 93 (1980), 443.

Anmerkungen

1. Ein zweites Versäumnisurteil kann sowohl nach Einspruch gegen ein Versäumnisurteil gegen den Kläger oder den Beklagten als auch nach Einspruch gegen einen Vollstreckungsbescheid ergehen (§ 345 ZPO, für Vollstreckungsbescheid iVm. § 700 Abs. 1 ZPO). Das zweite Versäumnisurteil setzt außer dem Antrag und der Säumnis des Gegners voraus, daß der Einspruch zulässig war, also form- und fristgerecht eingelegt wurde (*Thomas/ Putzo* § 345 Rdn. 1; BGH NJW 1995, 1561; str.), und daß nach dem Einspruch noch nicht zur Hauptsache verhandelt wurde (*Thomas/Putzo* § 345 Rdn. 2). Nicht mehr zu prüfen ist nach hM., ob die säumige Partei auch bei Erlaß des ersten Versäumnisurteils säumig war, ob sie zB. damals korrekt geladen wurde (vgl. BGH NJW 1986, 2113 mwN.). Streit besteht darüber, ob bei einem zweiten Versäumnisurteil gegen den Beklagten die Schlüssigkeit der Klage zu prüfen ist (so *Thomas/Putzo* § 345 Rdn. 4; aA. *Baumbach/ Lauterbach/Albers/Hartmann* § 345 Rdn. 3; BGH NJW 1986, 2113, 2115 hat die Frage offen gelassen). Für den Einspruch gegen den Vollstreckungsbescheid ist dies in § 700 Abs. 3 S. 3 ZPO geregelt. Ein zweites Versäumnisurteil nach Einspruch gegen einen Vollstreckungsbescheid setzt nach allg. M. auch voraus, daß der Vollstreckungsbescheid rechtmäßig ergangen ist (BGH NJW 1979, 658; 1982, 888).

2. Der Antrag wird idR. nicht schriftsätzlich angekündigt, sondern zu Protokoll in dem nach § 341a ZPO bestimmten Termin gestellt.

3. Die Fassung des Antrags beruht auf § 345 ZPO. Der Antrag auf ein zweites Versäumnisurteil nach Vollstreckungsbescheid ist entsprechend zu formulieren. Bei unzulässigem Einspruch geht der Antrag dahin,

"den Einspruch als unzulässig zu verwerfen".

Streitig ist, ob dies durch echtes (erstes) Versäumnisurteil (so *Baumbach/Lauterbach/ Albers/Hartmann* § 341 Rdn. 7) oder durch unechtes Versäumnisurteil (so *Zöller/Herget* § 341 Rdn. 9) zu geschehen hat, ob also zusätzlich der Antrag auf Erlaß eines Versäumnisurteils zu stellen ist. Hier sollte im Termin die Rechtsauffassung des Gerichts erfragt werden.

Kosten und Gebühren

Es entsteht keine Gerichtsgebühr, insbes. keine Urteilsgebühr. Für die Gebühren des Rechtsanwalts gelten §§ 33, 38 BRAGO. Ob erneut ½ Gebühr gem. § 33 Abs. 1 BRAGO anfällt, ist str. (bejahend *Hartmann* § 38 BRAGO Rdn. 16; verneinend OLG Hamm NJW 1969, 2245; OLG Schleswig JurBüro 1986, 567).

Fristen und Rechtsmittel

Gegen das Versäumnisurteil, das den Einspruch als unzulässig verwirft, steht dem Gegner die Berufung zu, aber nur mit der Behauptung, daß kein Fall der Säumnis vorgelegen habe (§ 513 Abs. 2 ZPO; vgl. hierzu OLG Hamm AnwBl. 1983, 515; LAG Mannheim JZ 1983, 620 mit Anm. *Braun;* LAG Köln AnwBl. 1984, 159; LG Duisburg NJW-RR 1991, 1022). Die Berufung kann nicht darauf gestützt werden, daß bei Erlaß des ersten Versäumnisurteils keine Säumnis vorgelegen habe (BGH NJW 1986, 2113). Die Berufung ist aber immer dann gegeben, wenn das zweite Versäumnisurteil nicht hätte ergehen dürfen (BGH NJW 1991, 43, 44). Die Streitfrage, ob die Berufung auch auf fehlende Schlüssigkeit der Klage gestützt werden kann (so *Zöller/Gummer* § 513 Rdn. 6; a.A. OLG Hamm NJW 1991, 1067), hängt also vom Standpunkt des jeweiligen Gerichts zur Zulässigkeit eines zweiten Versäumnisurteils in diesem Fall ab. Ist ein Vollstreckungsbescheid vorausgegangen, kann der Beklagte mit der Berufung geltend machen, daß dieser in verfahrensrechtlich unzulässiger Weise ergangen ist (BGH NJW 1982, 888 u. *Schneider* MDR 1985, 375; abweichend OLG Düsseldorf MDR 1987, 769); der Beklagte kann die Berufung auch darauf stützen, daß bei Entscheidung über den Einspruch eine Prozeßvoraussetzung oder die Schlüssigkeit der Klage fehlte (BGH NJW 1991, 43). Ein weiterer Einspruch gegen das zweite Versäumnisurteil ist in keinem Fall statthaft.

7. Antrag auf Verwerfung des unzulässigen Einspruchs durch Beschluß[1]

An das
Landgericht

In der Sache
......

wird beantragt,
      den Einspruch des Beklagten ohne mündliche Verhandlung durch Beschluß als unzulässig zu verwerfen[2]
und dem Beklagten die weiteren Kosten des Rechtsstreits aufzuerlegen[3].

7. Antrag auf Verwerfung des zulässigen Einspruchs durch Beschluß   I. G. 7

Begründung:

Der Beklagte ist durch Versäumnisurteil vom ...... zur Zahlung verurteilt worden. Wie sich aus der Mitteilung des Gerichts vom ...... ergibt[4], wurde ihm das Urteil am ...... zugestellt, während sein Einspruch erst am ...... einging. Damit ist der Einspruch verspätet und gemäß § 339 ZPO unzulässig. Es wird gebeten, von einer Terminierung abzusehen und über den Einspruch gemäß § 341 Abs. 2 ZPO zu entscheiden.
Rechtsanwalt

Anmerkungen

1. § 341 Abs. 2 ZPO eröffnet die Möglichkeit, im Beschlußverfahren ohne mündliche Verhandlung über einen unzulässigen Einspruch zu entscheiden. Dieses Verfahren bedeutet für den Gegner der säumigen Partei eine Vereinfachung, die er anregen sollte, wenn er die Unzulässigkeit des Einspruchs erkennt. Ob das Gericht im Beschlußverfahren entscheidet, steht allerdings in seinem Ermessen. § 341 Abs. 2 ZPO gilt auch bei unzulässigem Einspruch gegen einen Vollstreckungsbescheid (vgl. Form. I B. 9). Will das Gericht durch Beschluß entscheiden, hat es zunächst dem Gegner rechtliches Gehör zu gewähren.

2. Die Fassung des Antrags ergibt sich aus § 341 Abs. 1 S. 2 ZPO.

3. Im Beschluß ist auch über die Kosten zu entscheiden, einer Entscheidung über die Vollstreckbarkeit bedarf es nicht.

4. Gemäß § 340 a ZPO wird dem Gegner der säumigen Partei die Einspruchsschrift zugestellt, außerdem wird ihm mitgeteilt, wann das Versäumnisurteil zugestellt und der Einspruch eingelegt wurde. Er kann also immer erkennen, ob der Einspruch rechtzeitig war, und auch, ob er etwa im Anwaltsprozeß nur durch die Partei selbst eingelegt wurde.

Kosten und Gebühren

Der Beschluß löst keine Gerichtsgebühren aus. Für den Rechtsanwalt entsteht eine (weitere) Verhandlungsgebühr (vgl. § 38 Abs. 1 BRAGO).

Fristen und Rechtsmittel

Der Beschluß unterliegt der sofortigen Beschwerde, sofern gegen ein Urteil die Berufung möglich gewesen wäre (sofern also insbes. die Berufungssumme erreicht wäre), § 341 Abs. 2 Satz 2 ZPO. Unabhängig davon soll die Beschwerde auch gegeben sein, wenn Verletzung des rechtlichen Gehörs gerügt wird (so *Zöller/Herget* § 341 Rdn. 13). Weitere sofortige Beschwerde gem. § 568 a ZPO.

8. Entscheidung nach Lage der Akten[1,2]

An das
Landgericht

In der Sache
......

wiederholt der Kläger den Antrag aus der Klageschrift[3]
und beantragt,
> eine Entscheidung nach Lage der Akten zu erlassen[4].

Für den Fall, daß das Gericht eine Entscheidung nach Lage der Akten ablehnt, wird hilfsweise beantragt[5],
> ein Versäumnisurteil zu erlassen.

Rechtsanwalt

Anmerkungen

1. Statt eines Versäumnisurteils kann die erschienene Partei auch eine Entscheidung nach Lage der Akten beantragen (§ 331 a ZPO). Das kann sich empfehlen, wenn ein Einspruch des Säumigen gegen das Versäumnisurteil zu erwarten wäre und der Erschienene an einer Förderung des Verfahrens oder an seiner abschließenden Entscheidung durch streitiges Urteil interessiert ist. Der Antrag kommt auch in Betracht, wenn sich ein Rechtsanwalt aus standesrechtlichen Gründen (§ 23 der Grundsätze des anwaltlichen Standesrechts) gehindert sieht, ein Versäumnisurteil gegen den anwaltlich vertretenen, nicht erschienenen Gegner zu beantragen. Ein Urteil nach Lage der Akten kann nur ergehen, wenn in einem früheren Termin streitig zur Sache verhandelt wurde (§ 331 a S. 2 iVm. § 251 a Abs. 2 ZPO). Stellt der Erschienene den Antrag, sollte er sicher sein, daß die aufgrund des Akteninhalts zu treffende Entscheidung für ihn günstig ist. Zur Frage, inwieweit der Akteninhalt für die Entscheidung verwertet wird, vgl. *Thomas/Putzo* § 251 a Rdn. 5.

2. Auch dieser Antrag wird idR. nicht schriftsätzlich angekündigt, sondern im Termin gestellt, wenn der Gegner nicht erscheint. Steht sein Nichterscheinen schon vorher fest, kann es sinnvoll sein, den Antrag zur Vorbereitung des Gerichts mit Schriftsatz anzukündigen.

3. Außer dem Prozeßantrag auf Entscheidung nach Lage der Akten ist auch der Sachantrag zu wiederholen, über den das Gericht zu entscheiden hat. Entsprechendes gilt für den Klageabweisungsantrag des Beklagten.

4. Die Entscheidung kann ein Beschluß, zB. ein Beweisbeschluß, oder ein ganz oder zT. stattgebendes oder abweisendes Urteil sein. Der Antragsteller kann seinen Antrag nicht in der Form einschränken, daß er für den Fall eines ungünstigen Urteils nicht gestellt sein soll. Ob das Gericht eine Entscheidung nach Lage der Akten verkündet, steht in seinem Ermessen.

5. Lehnt das Gericht die Entscheidung ab, kann der Erschienene immer noch ein Versäumnisurteil beantragen. Der Hilfsantrag ist für den Fall sinnvoll, daß das Gericht die Sache zur Entscheidung nimmt, ohne sich auf eine Entscheidung nach Lage der Akten festgelegt zu haben. Lehnt es dann im Verkündungstermin die Entscheidung nach Lage der Akten ab, muß es das Versäumnisurteil erlassen, ohne daß eine weitere mündliche Ver-

handlung erforderlich wird. Zur Zulässigkeit dieses Hilfsantrags vgl. *Baumbach/Lauterbach/Albers/Hartmann* § 331a Rdn. 1.

Kosten und Gebühren

Die Entscheidung nach Lage der Akten steht im Hinblick auf die Gerichtsgebühren einer sonstigen Entscheidung nach str. Verhandlung gleich. Der Rechtsanwalt erhält die volle Verhandlungsgebühr. Vgl. auch Anm. 1.

Fristen und Rechtsmittel

Die Ablehnung eines Antrags auf Entscheidung nach Lage der Akten ist unanfechtbar, § 336 Abs. 2 ZPO. Gegen die Entscheidung nach Lage der Akten haben die Parteien die gleichen Rechtsmittel wie sonst auch; ein Einspruch wäre nicht statthaft.

H. Beweisverfahren

1. Antrag auf Vernehmung von Zeugen[1]

An das
Landgericht

In der Sache ......

bezieht sich der Kläger zum Beweis für den von ihm vorgetragenen Unfallhergang[2] auf die Zeugen

    1. Herrn Andreas Wentz, Marienstraße 3, 70249 Stuttgart,[3]
    2. Herrn Meyer, ladungsfähige Anschrift nur dem Beklagten bekannt,[4]
    3. NN (ladungsfähige Anschrift wird nachgereicht),[5]
    4. Frau Rita Berger, Südwall 21, 31254 Hannover,
    5. Frau Tüley Özgörgün, Birkenallee 17, 70249 Stuttgart.

Der Zeuge Herr Wentz hat über den Unfallhergang seinerzeit eine Skizze gemacht. Es wird beantragt,

    dem Zeugen aufzugeben, diese Skizze zum Termin mitzubringen[6].

Bei dem Zeugen Herrn Meyer handelt es sich um den Fahrer des Fahrzeugs, das zur Zeit des Unfalls hinter dem Fahrzeug des Beklagten fuhr. Der Beklagte hat sich die Anschrift dieses Zeugen notiert, dem Kläger ist sie unbekannt. Der Kläger beantragt,

    dem Beklagten unter Fristsetzung aufzugeben, die Anschrift des Zeugen Herrn Meyer anzugeben.

Bei dem Zeugen NN handelt es sich um den Fahrer eines weiteren Fahrzeugs, dessen Namen der Kläger bemüht ist, über das zuständige Straßenverkehrsamt zu ermitteln.

Hinsichtlich der Zeugin Frau Berger wird beantragt,

    sie vorab im Wege der Rechtshilfe vor dem Amtsgericht Hannover zu vernehmen[7].

Frau Özgörgün hat den Unfall im Fahrzeug des Klägers miterlebt[8]. Sie ist Türkin. Da sie nur unzureichend Deutsch spricht, wird beantragt, zu ihrer Vernehmung einen Dolmetscher der türkischen Sprache hinzuzuziehen[9].

Zum Beweis für die dargelegten Unfallverletzungen und die sich daraus ergebenden Beschwerden, den Heilungsverlauf, die Dauer der Arbeitsunfähigkeit sowie den Behandlungszeitraum bezieht sich der Kläger auf das Zeugnis des

    Dr. med. Hans Schüler ...... (ladungsfähige Anschrift),

den der Kläger hierfür von seiner Verschwiegenheitspflicht entbindet[10]. Es wird angeregt, eine schriftliche Beantwortung der Beweisfrage anzuordnen, da Gegenstand der Vernehmung eine Auskunft bildet, die der Zeuge voraussichtlich anhand seiner ärztlichen Unterlagen geben kann[11].

Rechtsanwalt

Schrifttum: Arntzen, Psychologie der Zeugenaussage, 3. Aufl. 1993; *Meyke,* Die Funktion der Zeugenaussage im Zivilprozeß, NJW 1989, 2032; *Rüßmann,* Die Zeugenvernehmung im Zivilprozeß, DRiZ 1985, 41; *Reinecke,* Die Krise der freien Beweiswürdigung, MDR 1986, 993; *Peters,* Beweisvereitelung und Mitwirkungspflicht des Beweisgegners,

1. Antrag auf Vernehmung von Zeugen   I. H. 1

ZZP 82, 200; *Werner,* Verwertung rechtswidrig erlangter Beweismittel, NJW 1988, 993; *Bürck,* Der prozeßbevollmächtigte Rechtsanwalt als Zeuge im Zivilprozeß, NJW 1969, 906; *Schneider,* Die Beeidigung des Zeugen im Zivilprozeß, MDR 1969, 429; *Schmid,* Die Vorschußpflicht nach § 379 ZPO, MDR 1982, 94; *Bachmann,* Der Zeugen- und Sachverständigenvorschuß, DRiZ 1984, 401; *Sass,* Die Folgen der versäumten Zahlung des Auslagenvorschusses nach § 379 ZPO, MDR 1985, 96; *Pantle,* Erneute Zeugenvernehmung in der Berufungsinstanz, NJW 1988, 2027; *Gießler,* Vernehmung des nicht geladenen Zeugen, NJW 1991, 2885; *Grünberg,* Ordnungsmittel gegen einen ausgebliebenen Zeugen, MDR 1992, 326.

Anmerkungen

1. Der Zeugenbeweis ist die in der Praxis häufigste Beweisart, zu einer sicheren Beweisführung jedoch nur in Grenzen geeignet (vgl. *Baumbach/Lauterbach/Albers/Hartmann* vor § 373 Rdn. 3–6). Er setzt, soweit der Verhandlungsgrundsatz gilt, immer einen Antrag der beweispflichtigen Partei voraus. Zeuge kann nur sein, wer nicht Partei des Rechtsstreits ist oder als Partei zu vernehmen wäre (zB. der Inhaber einer Firma, der Geschäftsführer einer GmbH, der Vorstand eines Vereins, der persönlich haftende Gesellschafter einer OHG oder KG; vgl. näher *Baumbach/Lauterbach/Albers/Hartmann* vor § 373 Rdn. 8 ff.). Auch der Streitgenosse kann idR. nicht Zeuge sein, BGH NJW 1983, 2508.
Als Zeuge kommt iü. nur in Betracht, wer in Bezug auf das Beweisthema konkrete Wahrnehmungen gemacht hat, und zwar in zulässiger Weise; zweifelhaft bei heimlichem Mithören über eine Bürosprechanlage (BAG NJW 1983, 1691; LG Kassel NJW-RR 1990, 62) oder auf andere Weise (BGH NJW 1991, 1180); auch eine heimlich aufgenommene Tonaufzeichnung wäre nicht verwertbar (BGH NJW 1982, 277; 1988, 1016). Allerdings ist die Frage der Verwertbarkeit in diesen Fällen stets aufgrund einer Interessen- und Güterabwägung nach den Umständen des Einzelfalls zu entscheiden (BGH NJW 1994, 2289, 2292). Zur Abgrenzung des Zeugen vom Sachverständigen vgl. *Thomas/Putzo* Rdn. 1 vor § 373, zur Person des sachverständigen Zeugen vgl. § 414 ZPO u. OLG Hamm MDR 1988, 418.

2. Gem. § 373 ZPO gehört zum Beweisantritt die Bezeichnung der Tatsachen, über welche der Zeuge vernommen werden soll. Hieran kranken in der Praxis viele Beweisanträge. Unzureichend ist es zB., den Umstand, daß eine Sache „gekauft" wurde, unter Beweis zu stellen, denn hierbei handelt es sich nicht um eine Tatsache, sondern um den aus Tatsachen gezogenen rechtlichen Schluß. Statt dessen wäre konkret anzugeben, wie sich der Vertragsschluß abgespielt hat, und deutlich zu machen, über welche dieser Einzeltatsachen der Zeuge vernommen werden soll. Die Beweiserhebung kann abgelehnt werden, wenn die unter Beweis gestellten Tatsachen so ungenau bezeichnet sind, daß ihre Erheblichkeit nicht beurteilt werden kann, oder wenn sie erkennbar aus der Luft gegriffen sind (BGH NJW 1991, 2707; NJW-RR 1994, 377). Fraglich kann sein, wieweit mit dem Beweisantritt darzulegen ist, wie der Zeuge die in sein Wissen gestellte Tatsache erfahren hat. Das wird für die beweiserhebliche Tatsache selbst grundsätzlich nicht verlangt; anders ist es aber beim Indizienbeweis: hier ist darzulegen, aufgrund welcher Tatsache der Zeuge entsprechende Kenntnis erlangt hat (vgl. BGH NJW 1983, 2034; NJW-RR 1993, 443). Auch sonst stellen die Instanzgerichte zuweilen Anforderungen an die Substantiierung eines Beweisantritts, die nach der Rechtsprechung des BGH übertrieben sind (vgl. zB. BGH NJW 1988, 2740; 1989, 227; 1991, 2707, 2709; NJW-RR 1991, 446). Indizzeugen, die nicht den zu beweisenden Vorgang selbst beobachtet haben, aber an den anschließenden Gesprächen beteiligt waren, sind zu vernehmen (BGH NJW-RR 1990, 1276). Voraussetzung für die Beweiserhebung über Indiztatsachen ist allerdings, daß sie – ihre Richtigkeit unterstellt – das Gericht von der Wahrheit der Haupttatsache überzeugen würden (BGH

NJW 1989, 2947). Das Übergehen eines Beweisantritts kann ein Verstoß gegen Art. 103 GG sein (BVerfG NJW 1991, 285).

Weitere Zeugenbeweisantritte s. Form. I. E. 2.

3. Zeugen müssen mit ladungsfähiger Anschrift benannt werden, dazu gehört idR. auch der vollständige Name. Der Beweisführer sollte die Privatanschrift, nicht die Arbeitsanschrift angeben; auch die oft gebrauchte Formulierung „zu laden über den Kläger/Beklagten" wird nicht von allen Gerichten akzeptiert (vgl. LG Hagen MDR 1984, 1024). Allerdings liegt nach der Rechtsprechung des BGH (NJW 1993, 1926, 1927) auch bei fehlender oder unrichtiger Anschrift ein beachtlicher Beweisantritt vor, den das Gericht nach § 356 ZPO behandeln muß.

4. Das Gericht ist dem Beweisführer bei der Beschaffung der ladungsfähigen Anschrift nicht behilflich. Kennt der Gegner jedoch die dem Beweisführer unbekannte Anschrift eines Zeugen, ist dieser verpflichtet, sie zu offenbaren. Unterläßt er dies, kann das Gericht hieraus im Rahmen der Beweiswürdigung Schlüsse zu seinem Nachteil ziehen (BGH NJW 1960, 821; *Thomas/Putzo* § 286 Rdn. 19; eingehend *Peters* ZZP 82, 200).

5. Kennt der Beweisführer Namen und Anschrift nicht, kann er den Zeugen einstweilen mit „NN" (zB.) bezeichnen. Er sollte dann erklären, warum er den Zeugen trotz seiner Bemühungen noch nicht benennen kann. Andernfalls besteht die Gefahr, daß das Gericht den Beweisantritt übergeht oder nach § 296 ZPO zurückweist (vgl. BGH NJW 1983, 1905, 1908; NJW 1989, 227; *Zöller/Greger* § 356 Rdn. 4), auch wenn das Gericht eigentlich nach § 356 ZPO vorgehen müßte (vgl. BGH NJW 1993, 1926). In jedem Falle empfiehlt es sich, Namen und Anschrift unverzüglich nachzureichen. Steht der Vernehmung des Zeugen ein Hindernis entgegen (die fahrlässige Nichtangabe des Namens und der Anschrift soll kein Hindernis sein, *Baumbach/Lauterbach/Albers/Hartmann* § 356 Rdn. 3, 4), wird das Gericht, wenn es eine Beweiserhebung beabsichtigt, eine Frist zur Benennung des Zeugen gem. § 356 ZPO setzen, nach deren Ablauf das Beweismittel unbenutzbar werden kann. Die Fristsetzung ist unwirksam, wenn sie nicht förmlich zugestellt wird, eine Heilung nach § 187 ZPO ist nicht möglich (BGH NJW 1989, 227). Auch bei Angabe der Anschrift nach Fristablauf hat das Gericht den Zeugen noch zu laden, wenn dadurch keine Verzögerung eintritt (BVerfG NJW-RR 1994, 700); andernfalls bleibt die Möglichkeit, ihn zu sistieren.

6. Der Zeuge ist verpflichtet, sich mit Hilfe der ihm zugänglichen Unterlagen auf seine Aussage vorzubereiten (vgl. *Zöller/Greger* § 373 Rdn. 2). Diese Verpflichtung ist gesetzlich festgelegt (§ 378 Abs. 1 ZPO). Soweit ihm das zumutbar ist, hat der Zeuge diese Unterlagen – in Betracht kommen zB. Skizzen, Aufzeichnungen über Gespräche und Telefonate, Geschäftspapiere – zum Termin mitzubringen. Das dient allerdings nur der Unterstützung und Erläuterung seiner Aussage; eine Vorlegungspflicht gegenüber Parteien und Gericht folgt daraus nicht, sie besteht nur nach § 429 ZPO (§ 378 Abs. 1 Satz 2 ZPO). Bei Verletzung dieser Zeugenpflicht drohen dem Zeugen nach § 390 ZPO Ordnungsgeld und Mehrkosten des Verfahrens; allerdings nur nach vorheriger Androhung. Wenn die Partei daher weiß, daß dem Zeugen solche Unterlagen zur Verfügung stehen, sollte sie zweckmäßigerweise einen solchen Antrag stellen, damit das Gericht den Zeugen entsprechend laden kann. Handelt es sich bei dem Zeugen um einen Angestellten des Gegners, so empfiehlt es sich zusätzlich, die Vorlegung entsprechender Geschäftsunterlagen durch den Gegner gem. § 421 ZPO zu beantragen.

7. Vgl. § 375 Abs. 1 Nr. 3 ZPO. Es handelt sich um eine Anregung; die Anordnung steht im Ermessen des Gerichts, das einerseits den Kostenaufwand, andererseits die Bedeutung der Aussage berücksichtigen wird. Nachteilig an der Vernehmung im Wege der Rechtshilfe ist, daß entweder ein weiterer Prozeßbevollmächtigter am Wohnsitz des Zeugen beauftragt werden muß (zur Kostenerstattung vgl. *Zöller/Herget* § 91 Rdn. 13 „Beweistermin"), Reisekosten des Rechtsanwalts oder der Partei entstehen oder aber keine Möglichkeit besteht,

an den Zeugen Fragen zu richten und auf den Inhalt des zuweilen dürftigen Vernehmungsprotokolls Einfluß zu nehmen. Wird die Vernehmung im Wege der Rechtshilfe angeordnet, sollte die Partei zu erreichen suchen, daß diese vor dem Beweistermin des Prozeßgerichts stattfindet; auf diese Weise erübrigt sich dort ein abschließender mündlicher Termin. Es kann sich weiter empfehlen, in einem besonderen Schriftsatz an das Rechtshilfegericht Fragen zu nennen, die das Gericht dem Zeugen stellen soll.

8. Entgegen einer früher verbreiteten Praxis ist die Aussage von Unfallzeugen, die Beifahrer der Partei gewesen sind, nicht bereits aus diesem Grundsatz ohne Beweiswert (BGH NJW 1988, 566). Vielmehr muß das Gericht den Beweis erheben und durch eine individuelle Würdigung des Ergebnisses der Zeugenaussagen feststellen, ob der behauptete Unfallhergang bewiesen ist oder nicht.

9. Ist ein Zeuge oder eine sonstige am Prozeß beteiligte Person der deutschen Sprache nicht mächtig, muß das Gericht nach § 185 GVG einen Dolmetscher hinzuziehen (vgl. *Zöller/Gummer* § 185 GVG Rdn. 1). Um prozessualen Leerlauf zu vermeiden, sollte der Beweisführer dessen Ladung rechtzeitig anregen. Im Termin ist darauf zu achten, daß der Dolmetscher sich auf seinen allgemein geleisteten Eid beruft (§ 189 Abs. 2 GVG) oder vor der Vernehmung vereidigt wird (§ 189 Abs. 1 GVG). Die Nichtvereidigung bedeutet einen unheilbaren Verfahrensverstoß (BGH NJW 1987, 260) und macht eine erneute Vernehmung in der Berufung erforderlich (BGH NJW 1994, 941, 942).

10. Ärzte und andere Personen in besonderen Vertrauensstellungen (zB. Rechtsanwälte, Wirtschaftsprüfer etc.) können gem. § 383 Nr. 4 und 6 ZPO ihr Zeugnis verweigern, soweit ihre Verschwiegenheitspflicht reicht. Sie müssen daher durch den Betroffenen von dieser Pflicht entbunden werden. Besteht die Verschwiegenheitspflicht gegenüber dem Beweisführer, kann die Befreiung bereits in der Benennung als Zeuge gesehen werden (*Zöller/Greger* § 385 Rdn. 10). Ob der Prozeßgegner gehalten ist, einen Zeugen, der ihm gegenüber schweigepflichtig ist, zu entbinden, ist fraglich (vgl. OLG Düsseldorf MDR 1976, 762); jedoch können aus seiner Weigerung Schlüsse zu seinem Nachteil gezogen werden (BGH NJW 1967, 2012; OLG Frankfurt NJW 1980, 2758; *Zöller/Greger* § 385 Rdn. 13).

11. Vgl. § 377 Abs. 3 S. 1 ZPO. Dieses vereinfachte Verfahren sollte angeregt werden, wenn der Zeuge schreibgewandt ist, er im Termin doch nur das sagen würde, was in seinen Büchern steht, und an seiner Neutralität nicht gezweifelt wird. Das Einverständnis der Parteien ist nicht erforderlich. Auch in anderen Fällen kann eine Zeugenaussage schriftlich eingeholt werden, wenn das Gericht dies im Hinblick auf den Inhalt der Beweisfrage und die Person des Zeugen für ausreichend hält (§ 377 Abs. 3 ZPO). Das kann zB. bei im Ausland wohnenden Zeugen zweckmäßig sein. Die Richtigkeit der Aussage ist nicht mehr an Eides Statt zu versichern. Das Gericht kann nach Eingang der schriftlichen Aussage die Ladung der Zeugen anordnen. Das sollte die Partei beantragen, wenn sie Fragen an den Zeugen stellen will.

Kosten und Gebühren

Mit dem die Vernehmung anordnenden Beschluß, spätestens mit der Vernehmung des Zeugen, entsteht die Beweisgebühr der Rechtsanwälte gem. § 31 Abs. 1 Nr. 3 BRAGO. Die Gebühr entsteht auch, wenn der Zeuge nicht formell, sondern nur „informatorisch" vernommen wird (vgl. OLG München u. OLG Koblenz MDR 1981, 239). Das Gericht erhebt keine Beweisgebühr, verlangt jedoch meist gem. § 379 ZPO vom Beweisführer einen Vorschuß für die nach den Vorschriften des ZuSEG zu leistende Zeugenentschädigung (näher *Schmid* MDR 1982, 94; *Sass* MDR 1985, 96). Den angeforderten Vorschuß sollte die Partei innerhalb der gesetzten Frist zahlen, sonst unterbleibt die Ladung, was zwar nicht rechtlich, aber faktisch einen Ausschluß mit dem Beweismittel bedeutet (vgl.

hierzu und zur Ladung eines solchen Zeugen in der höheren Instanz BGH NJW 1982, 2560). Die Vorschußpflicht entfällt, wenn der Beweisführer eine Erklärung des Zeugen vorlegt, in der dieser auf eine Entschädigung verzichtet. Vielfach lassen die Gerichte anstelle des Vorschusses eine Erklärung des Rechtsanwalts des Beweisführens genügen, mit der die „Gebührenhaftung" übernommen wird (dh. die Haftung für den Erstattungsanspruch der Staatskasse nach Zeugenentschädigung). Zu den Kosten einer Zeugenvernehmung im Wege der Rechtshilfe vgl. Anm. 7.

Fristen und Rechtsmittel

Gegen den Beweisbeschluß, der die Beweiserhebung anordnet, gibt es kein Rechtsmittel. Die betroffene Partei hat nur die Möglichkeit, Gegenvorstellungen zu erheben und eine Änderung des Beweisbeschlusses nach § 360 ZPO zu beantragen. Das gilt auch für die Anordnung einer Vernehmung im Wege der Rechtshilfe bzw. das Absehen hiervon.

2. Entschuldigung des nicht erschienenen Zeugen mit Antrag auf Aufhebung des Ordnungsmittelbeschlusses[1]

An das
Landgericht

In der Sache
......

zeige ich an, daß ich den Zeugen X anwaltlich vertrete[2], und beantrage,

den Beschluß vom ......, in dem dem Zeugen die Kosten auferlegt[3] und Ordnungsmittel gegen ihn festgesetzt wurden, aufzuheben

sowie die Vollstreckung aus dem Beschluß bis zur Entscheidung über den Antrag einzustellen[4].

Rechtsanwalt

Begründung:[5]

Der Zeuge X konnte im Termin nicht erscheinen, da er von der Ladung erst nach dem Termin Kenntnis erhielt. In der Zeit vom ...... bis ...... befand er sich auf einer Urlaubsreise, erst nach seiner Rückkehr fand er die Ladung vor. Dies wird mit der anliegenden eidesstattlichen Versicherung vom ......
glaubhaft gemacht.
Rechtsanwalt

Anmerkungen

1. Kann ein Zeuge aus zwingenden Gründen zum Beweistermin nicht erscheinen, sollte er dies dem Gericht unverzüglich – notfalls auch telefonisch – mitteilen, damit ein Ordnungsmittelbeschluß gem. § 381 Abs. 1 S. 1 ZPO unterbleibt. Die Gründe für seine Verhinderung (Beispiele bei *Zöller/Greger* § 381 Rdn. 2) hat er auf Verlangen des Gerichts glaubhaft zu machen. Das Beispiel geht davon aus, daß der Zeuge die Ladung nicht erhalten hat und ein Ordnungsmittelbeschluß bereits ergangen ist. Der Zeuge hat dann die Wahl, sich nachträglich zu entschuldigen und Aufhebung des Beschlusses zu beantragen (§ 381 Abs. 1 S. 2 ZPO) oder Beschwerde einzulegen; er kann auch beides miteinander

2. Entschuldigung des nicht erschienenen Zeugen I. H. 2

verbinden (vgl. *Zöller/Greger* § 380 Rdn. 10). Die nachträgliche Entschuldigung kann schriftlich, zu Protokoll der Geschäftsstelle oder erst im folgenden Termin vorgebracht werden (§ 381 Abs. 2 ZPO); zur Vermeidung einer Vollstreckung aus dem Beschluß sollte der Zeuge aber nicht bis zum Termin warten. Die Einlegung einer förmlichen Beschwerde ist idR. nicht erforderlich; wenn das Gericht dem Antrag nicht entspricht, kann sie immer noch eingelegt werden (vgl. *Zöller/Greger* § 381 Rdn. 4).

2. Der Zeuge kann sich anwaltlich vertreten lassen, Anwaltszwang besteht jedoch nicht, auch nicht für eine Beschwerde (§ 381 Abs. 2 iVm. § 78 Abs. 2 ZPO).

3. Gem. § 380 Abs. 1 S. 1 ZPO werden dem unentschuldigt ausgebliebenen Zeugen die hierdurch verursachten Kosten auferlegt. Auch diese Anordnung ist aufzuheben, wenn der Zeuge sich nachträglich entschuldigt. Hat er allerdings versäumt, seine Verhinderung rechtzeitig vor dem Termin anzuzeigen, kann die Anordnung bestehen bleiben (*Zöller/Greger* § 381 Rdn. 5).

4. Oft wird das Gericht über den Antrag nicht sofort, sondern erst nach Anhörung des Zeugen im nächsten Termin entscheiden. Daher ist es zweckmäßig, das Gericht darauf hinzuweisen, daß die Vollstreckung aus dem Ordnungsmittelbeschluß bis zur Entscheidung zurückzustellen ist. Legt der Zeuge Beschwerde ein, folgt die aufschiebende Wirkung aus § 572 Abs. 1 ZPO. Nach Erlaß des Endurteils können Ordnungsmittel nicht mehr verhängt werden (vgl. OVG Bremen NJW 1980, 1180).

5. Gem. § 381 Abs. 1 S. 1 ZPO ist glaubhaft zu machen (§ 294 ZPO), daß dem Zeugen die Ladung nicht zugegangen ist. Glaubhaftmachung erübrigt sich, wenn der Zeuge zB. unter einer unrichtigen Anschrift geladen wurde (*Baumbach/Lauterbach/Albers/Hartmann* § 381 Rdn. 1). Es genügt eine Glaubhaftmachung im nächsten Beweistermin, jedoch riskiert der Zeuge dann die vorherige Vollstreckung des Ordnungsgeldes. Der Antrag kann nicht damit begründet werden, daß die Vernehmung überflüssig oder unergiebig gewesen wäre (OLG Frankfurt OLGZ 1983, 458; aA. *Thomas/Putzo* § 380 Rdn. 9).

Kosten und Gebühren

Die Kosten des erfolgreichen Antrags dürften zu den Kosten des Rechtsstreits der Parteien zählen (vgl. *Thomas/Putzo* § 380 Rdn. 12 für den Fall einer erfolgreichen Beschwerde), zumindest soweit sie dem Zeugen nach § 11 ZuSEG zu ersetzen sind (vgl. *Hartmann* § 11 ZuSEG Anm. 2 D). Nach OLG Hamm MDR 1980, 322 fallen die Kosten der Staatskasse zur Last, dagegen OLG Frankfurt MDR 1984, 322; OLG Düsseldorf MDR 1985, 60.

Fristen und Rechtsmittel

Statt des Antrags kann der Zeuge sogleich – einfache, nicht fristgebundene – Beschwerde gem. § 567 Abs. 1 ZPO gegen den Ordnungsmittelbeschluß einlegen (vgl. Anm. 1), allerdings nur, wenn der Beschwerdewert DM 100,– übersteigt. Weist das Gericht den Antrag zurück, bleibt dem Zeugen nur noch die Beschwerde. Gegen die Aufhebung des Ordnungsmittelbeschlusses gibt es kein Rechtsmittel (OLG Hamm NJW-RR 1987, 815).

3. Antrag auf Entscheidung über Zeugnisverweigerungsrecht[1]

An das
Landgericht

In der Sache
......
wird für den Kläger als Beweisführer beantragt,
  durch Zwischenurteil zu entscheiden, daß die Zeugnisverweigerung des Zeugen Dr. med. Schüler nicht rechtmäßig ist[2].

Begründung[3]:

Der vom Kläger benannte Zeuge hat sein Zeugnis mit der Begründung verweigert, daß er als Arzt zur Verschwiegenheit verpflichtet sei und von dieser Pflicht nach dem Tode seines Patienten auch durch die Erben oder sonstige Personen nicht mehr entbunden werden könne. Diese Auffassung ist unrichtig. Da sowohl die Personen, die dem Erblasser nahe standen, als auch dessen Erben den Zeugen von seiner Verschwiegenheitspflicht befreit haben, ist er zur Aussage verpflichtet. Im übrigen erstreckt sich das Zeugnisverweigerungsrecht des Arztes nicht auf die unter Beweis gestellten Tatsachen, wie eine Auslegung des mutmaßlichen Erblasserwillens unter Wahrung seiner schutzwürdigen Belange ergibt.
......
Rechtsanwalt

Schrifttum: Lenckner, Aussagepflicht, Zeugnisverweigerungsrecht und Schweigepflicht, NJW 1965, 321; *Groß,* Neuregelung des journalistischen Zeugnisverweigerungsrechts, NJW 1975, 1763.

Anmerkungen

1. Hat sich ein Zeuge gem. § 386 ZPO auf ein Zeugnisverweigerungsrecht berufen, kann die beweisführende Partei einen Zwischenstreit über die Zeugnisverweigerung herbeiführen (§ 387 ZPO). Kommt es auf die Aussage an, sollte das versucht werden. Wichtig ist, daß der Beweisführer den Antrag vor rügeloser Verhandlung zur Hauptsache stellt, da er sonst sein Recht gem. § 295 ZPO verliert (BGH LM § 295 ZPO Nr. 9). Geht es um das Zeugnisverweigerungsrecht nach § 384 ZPO, darf der Zeuge die Aussage nicht schlechthin verweigern, sondern nur die Antwort auf Fragen, die ihn in einen Konflikt iSd. Vorschrift bringen (BGH NJW 1994, 197). In einem solchen Fall sollte der Beweisführer versuchen, die Beantwortung der unverfänglichen Fragen zu erreichen, ohne daß es zu einem formellen Zwischenstreit kommt.

2. Ein formeller Antrag ist nicht erforderlich, es würde genügen, auf der Vernehmung des Zeugen zu bestehen. Über den Zwischenstreit wird durch Zwischenurteil entschieden. Parteien sind der Beweisführer und der Zeuge.

3. Der Beweisführer sollte darlegen, daß sich der Zeuge zu Unrecht auf ein Zeugnisverweigerungsrecht aus §§ 383, 384 ZPO oder aus anderen Vorschriften beruft. Für den angenommenen Fall ist dies streitig (vgl. *Baumbach/Lauterbach/Albers/Hartmann* § 385 Rdn. 6 mwN.). Auch ohne Befreiung von der Verschwiegenheitspflicht kann der Arzt zur Aussage über die Testierfähigkeit (BGH NJW 1983, 2895; BayObLG NJW 1987, 1492) und zur Vorlage der Krankenhausunterlagen des Verstorbenen (BGH NJW 1983, 2627)

verpflichtet sein. Zum Zeugnisverweigerungsrecht des Steuerberaters nach dem Tode des Mandanten vgl. OLG Stuttgart MDR 1983, 236.

Kosten und Gebühren

Für die Parteien des Rechtsstreits entstehen durch das Verfahren bis zum Zwischenurteil keine Gerichts- und Rechtsanwaltsgebühren. Für das Beschwerdeverfahren gelten KV Nr. 1181 und § 61 Abs. 1 Nr. 1 BRAGO. Läßt sich der Zeuge durch einen Rechtsanwalt vertreten, richten sich dessen Gebühren nach § 31 BRAGO; zum Streitwert vgl. *Zöller/ Greger* § 387 Rdn. 9.

Fristen und Rechtsmittel

Wird die Zeugnisverweigerung im Zwischenstreit durch Zwischenurteil für begründet erklärt, steht der beweisführenden Partei die sofortige Beschwerde zu, § 387 Abs. 3 ZPO; wird die Weigerung für unbegründet erklärt, ist der Zeuge beschwerdeberechtigt, nicht aber die Gegenpartei (vgl. OLG Frankfurt MDR 1983, 236 mwN.).

4. Antrag auf Sachverständigengutachten[1]

An das
Landgericht

In der Sache
......

bezieht sich der Kläger zum Beweis für seine Behauptung[2], daß die Bewegungsfähigkeit seines linken Beines erheblich eingeschränkt ist und daß es sich hierbei um eine Spätfolge des mißglückten operativen Eingriffs handelt, auf das
   schriftliche Gutachten eines Sachverständigen[3].
Es wird ausdrücklich gebeten, keinen Arzt aus den hiesigen Krankenhäusern zum Sachverständigen zu bestellen, um eine unvoreingenommene Begutachtung zu gewährleisten[4].
Außerdem wird schon jetzt angeregt, dem zu bestellenden Sachverständigen die für Art und Umfang seiner Tätigkeit erforderlichen Weisungen zu erteilen und insbesondere zu bestimmen, welche unfallbedingten Beschwerden und welchen Operationsverlauf er zugrundelegen soll[5].
Rechtsanwalt

Schrifttum: Jessnitzer/Frieling, Der gerichtliche Sachverständige, 10. Aufl. 1992; *Müller*, Der Sachverständige im gerichtlichen Verfahren, 3. Aufl. 1988; *Franzki*, Die Reform des Sachverständigenbeweises in Zivilsachen, DRiZ 1976, 97; *Olzen*, Das Verhältnis von Richtern und Sachverständigen im Zivilprozeß, ZZP 93 (1980), 66; *Sendler*, Richter und Sachverständige, NJW 1986, 2907; *Bleutge*, Die Hilfskräfte des Sachverständigen – Mitarbeiter ohne Verantwortung?, NJW 1985, 1185; *Wasner*, Die Haftung des gerichtlichen Sachverständigen, NJW 1986, 119; *Sendler*, Richter und Sachverständige, NJW 1986, 2907; *Peters*, Sachverständigeneid ohne Gerichtsbeschluß?, NJW 1990, 1832.

Anmerkungen

1. Die Einholung eines Sachverständigengutachtens ist erforderlich, wenn dem Gericht die Fachkunde fehlt, um aus den vorgetragenen Tatsachen schließen zu können, ob der Anspruch gegeben ist oder nicht. Sachverständige werden insbesondere hinzugezogen, wenn es um die Feststellung geht, ob mangelhaft geleistet wurde, welche Vergütung für eine Leistung angemessen ist (vgl. Form. I. D. 2), wie sich ein Schaden ereignet hat, welchen Wert eine beschädigte Sache besaß, ob eine Verletzungshandlung für Folgeschäden ursächlich ist, ob jemand Vater eines Kindes ist, ob eine Person geschäftsfähig ist, ob eine Unterschrift von einer bestimmten Person stammt, aber auch für die Fragen, ob ein Handelsbrauch besteht, ob – im Wettbewerbsrecht – eine bestimmte Verkehrsauffassung herrscht (hierzu *Baumbach/Lauterbach/Albers/Hartmann* Rdn. 5 ff. vor § 402) oder zur Ermittlung ausländischen Rechts (vgl. BGH NJW 1975, 2142; 1994, 2959). Die Beweiskraft eines Sachverständigengutachtens hängt wesentlich von der richtigen Auswahl der Person und von der Qualität seiner Ausführungen ab. Meist wird das Gericht dazu neigen, dem Ergebnis des Sachverständigen zu folgen; ohne Ergänzungsgutachten oder Erläuterung im Termin darf es idR. nicht abweichen (BGH NJW 1981, 2578; 1989, 2948). Nachteilig am Sachverständigenbeweis ist, daß er viel Zeit kostet und den Rechtsstreit erheblich verteuern kann.

2. Gem. § 403 ZPO wird der Beweis durch die Bezeichnung der durch den Sachverständigen zu begutachtenden Punkte angetreten. Hier stellen die Instanzgerichte zuweilen übertriebene Anforderungen an die Substantiierung (vgl. hingegen BVerfG NJW 1991, 2824); die Behauptung nur vermuteter Tatsachen kann ausreichen (BGH NJW 1995, 1160).

3. Ein besonderer Antrag der Partei ist zur Beweiserhebung nicht erforderlich, da das Gericht den Sachverständigen auch ohne Antrag hinzuziehen müßte (§§ 144 Abs. 1, 273 Abs. 2 Nr. 4, 287 ZPO); will das Gericht den Sachverständigenbeweis nicht von Amts wegen erheben, muß es zumindest darauf hinweisen, daß es einen Antrag erwartet (vgl. *Thomas/Putzo* Vorbem. 2 vor § 402; BGH NJW 1991, 493, 495; OLG Frankfurt MDR 1993, 81). Dennoch sollte der Antrag gestellt werden, um darauf hinzuwirken, daß der zu begutachtende Punkt nicht übergangen wird. Ob das Gericht eine schriftliche Begutachtung anordnet (§ 411 ZPO), steht in seinem Ermessen; in der Praxis ist es die Regel. Hält die Partei bei einer einfachen Beweisfrage die – meist schneller durchzuführende – mündliche Vernehmung eines Sachverständigen für ausreichend oder bei einer schwierigen Frage ein schriftliches Gutachten für erforderlich, sollte sie eine entsprechende Anregung geben.

4. Die beweispflichtige Partei hat nicht das Recht, mit Bindung für das Gericht einen bestimmten Sachverständigen zu benennen; die Auswahl trifft das Gericht (§ 404 ZPO). Einigen sich allerdings die Parteien auf eine bestimmte Person, muß das Gericht sie ernennen (§ 404 Abs. 4 ZPO). Da von der richtigen Auswahl viel abhängt, sollte die Partei auch sonst versuchen, auf die Auswahl eines geeigneten Sachverständigen Einfluß zu nehmen und insbesondere Gründe anführen, die gegen die Beauftragung eines bestimmten Sachverständigen oder einer Gruppe von Sachverständigen sprechen. Das Gericht ist verpflichtet, den Parteien vor der Bestellung des Sachverständigen Gelegenheit zur Stellungnahme zu geben.

5. Viele Gutachten kranken daran, daß der Sachverständige von einem unrichtigen Sachverhalt ausgeht, zu unerheblichen Fragen Stellung nimmt oder Verfahrensfehler zB. in Hinblick auf die Beteiligung der Parteien begeht. § 404 a ZPO gibt dem Gericht konkrete Möglichkeiten an die Hand, die Tätigkeit des Sachverständigen zu leiten. Insbesondere für die beweispflichtige Partei kann es sich empfehlen, dem Gericht zweckmäßige Anordnungen nahezulegen. Ist der Sachverhalt, auf dessen Grundlage das Gutachten erstellt werden soll, streitig – so im angenommenen Fall –, darf das Gericht entweder noch kein Gutachten

einholen (vgl. BGH NJW 1988, 3016) oder es muß dem Sachverständigen mitteilen, von welchem Sachverhalt er auszugehen hat. Geschieht das nicht im Beweisbeschluß, sollte die Partei auf eine entsprechende Ergänzung drängen. Auch ein Termin zur Einweisung des Sachverständigen nach § 404a Abs. 5 ZPO kann sinnvoll sein und beantragt werden. Benutzt der Sachverständige Geschäftsunterlagen, die nur ihm, aber nicht Gericht und Gegner zur Verfügung gestellt werden, ist das Gutachten unverwertbar (BGH MDR 1992, 466).

Ist zur Vorbereitung des Gutachtens – zB. in Bauprozessen – eine Ortsbesichtigung durch den Sachverständigen erforderlich, empfiehlt sich folgender Zusatz:

„Es wird weiter beantragt,
dem Sachverständigen aufzugeben, die Parteien zu der von ihm anzusetzenden Ortsbesichtigung hinzuzuziehen und ihnen den Termin rechtzeitig mitzuteilen."

Ob der Sachverständige ohne eine entsprechende Anordnung verpflichtet ist, den Parteien die Teilnahme an seinen Ermittlungen zu gestatten, kann fraglich sein (vgl. OLG München OLGZ 1983, 355). Jedenfalls wird den Parteien und auch einem von ihnen ausgewählten sachkundigen Vertreter das Recht eingeräumt, beim Ortstermin anwesend zu sein (OLG München NJW 1984, 807). Die Parteien sollten dieses Recht wahrnehmen. Nach § 404a Abs. 4 ZPO bestimmt das Gericht über die Beteiligung der Parteien; auf eine entsprechende Anordnung sollten sie hinwirken; denn Sachverständige sind in Verfahrensfragen nicht immer zuverlässig. Das Betreten der Wohnung eines Dritten darf das Gericht nur nach dessen vorheriger Anhörung anordnen (BVerfG NJW 1987, 2500).

Kosten und Gebühren

Die Hinweise zu Form. I. H. 1 gelten entsprechend. Auch für die Sachverständigenkosten besteht eine Vorschußpflicht der beweispflichtigen Partei (§ 379 iVm. § 402 ZPO); sie gilt nicht, wenn das Gericht von Amts wegen ein Gutachten einholt (vgl. *Thomas/Putzo* § 379 Rdn. 3). Für bestimmte Gutachten meist medizinischer Art ist die Höhe der Entschädigung gesetzlich festgelegt (§ 5 ZuSEG nebst Anlage). In der Praxis ist oft fraglich, wieweit die Kosten des Sachverständigen von den Parteien zu tragen sind, wenn der Vorschuß wesentlich überschritten wird (hierzu OLG Hamburg MDR 1981, 327; KG MDR 1983, 678; OLG Frankfurt MDR 1985, 152; OLG Koblenz Betrieb 1986, 33); hat der Sachverständige seine Pflicht verletzt, darauf hinzuweisen, daß der Vorschuß erheblich überschritten wird (so jetzt § 407a Abs. 3 ZPO), kann das zur Versagung der darüberhinausgehenden Entschädigung führen (OLG Düsseldorf MDR 1988, 874; OLG Köln MDR 1990, 559). Wenn das Gutachten fehlerhaft, unverwertbar oder zT. überflüssig ist, kann das den Entschädigungsanspruch mindern oder beseitigen (vgl. *Zöller/Greger* § 413 Rdn. 2–8). Eine Haftung des Sachverständigen gegenüber den Parteien für die Kosten kommt auch bei unrichtigen Gutachten nur in Ausnahmefällen in Betracht (vgl. OLG Hamm MDR 1983, 934 u. BB 1986, 1397; BGH MDR 1984, 305; OLG Düsseldorf NJW 1986, 2891).

Fristen und Rechtsmittel

Die Beweisanordnung selbst ist unanfechtbar. Auch gegen die Bestellung des Sachverständigen ist kein Rechtsmittel gegeben. Die Parteien sollten aber Gründe, die gegen die vom Gericht ausgewählte Person sprechen, im Wege der Gegenvorstellung geltend machen und darüber hinaus prüfen, ob Ablehnungsgründe bestehen (vgl. § 406 ZPO und Form. I. H. 6). Gegen die dem Sachverständigen gewährte Entschädigung steht den Parteien während des Rechtsstreites kein Beschwerderecht zu; sie können ihre Interessen später im Verfahren nach § 5 GKG wahrnehmen (vgl. BGH NJW 1984, 870; OLG Oldenburg NJW 1986, 265).

5. Antrag auf mündliche Vernehmung des Sachverständigen nach schriftlichem Gutachten[1] mit Antrag auf Ortsbesichtigung[2]

An das
Landgericht

In der Sache
......

wird, nachdem dem Kläger das schriftliche Sachverständigengutachten zugegangen ist, beantragt,

den Sachverständigen zur Erläuterung seines Gutachtens zu laden und zu diesem Zweck einen Ortstermin an der Baustelle anzuberaumen[3].

Begründung[4]:

Das Sachverständigengutachten ist in folgenden Punkten unrichtig bzw. bedarf der weiteren Erläuterung: ......
Um dem Gericht die technischen Fragen anschaulich zu machen, erscheint es dem Kläger sinnvoll, den Sachverständigen zu diesen Punkten an Ort und Stelle zu vernehmen.
Sollte der Sachverständige im Termin gegenüber seinem schriftlichen Gutachten neue und ausführlichere Beurteilungen abgeben, wird schon jetzt beantragt,

dem Kläger Gelegenheit zu geben, hierzu in einem weiteren Schriftsatz Stellung zu nehmen[5].

Dem Kläger wird es nicht möglich sein, zu den technischen Spezialfragen bereits im Termin angemessen Stellung zu nehmen.
Rechtsanwalt

Schrifttum: Schrader, Die Ladung des Sachverständigen zur Erläuterung seines Gutachtens, NJW 1984, 2806; *Ankermann*, Das Recht auf mündliche Befragung des Sachverständigen, NJW 1985, 1204; *Pantle*, Die Anhörung des Sachverständigen, MDR 1989, 312; *Plagemann*, Sachverständigenanhörung im Sozialgerichtsverfahren, NJW 1992, 400.

Anmerkungen

1. Ist das Gutachten für eine Partei ungünstig, aber nicht überzeugend, sollte sie beantragen, den Sachverständigen zur Erläuterung seines Gutachtens zu laden. Das Gericht muß diesem Antrag entsprechen (BGH NJW-RR 1987, 339; BGH NJW 1994, 2959), vorausgesetzt, er ist nicht rechtsmißbräuchlich und wird rechtzeitig gestellt. Nach § 411 Abs. 4 ZPO kann das Gericht den Parteien eine Frist für Einwendungen, Anträge (zB. auf Ladung des Sachverständigen) und Fragen setzen; verspätetes Vorbringen kann nach § 296 Abs. 1 ZPO zurückgewiesen werden. Auch sonst ist der Antrag so rechtzeitig vor dem Termin zu stellen, der auf die Übersendung des schriftlichen Gutachtens an die Parteien folgt, daß der Sachverständige noch geladen werden kann (vgl. *Zöller/Greger* § 411 Rdn. 5 a mwN.). Ein schriftliches Ergänzungsgutachten macht die Vernehmung im Termin nicht entbehrlich, wenn die Partei den Antrag mit sachlichen Einwendungen begründet (BGH NJW 1986, 2886). Hat der Sachverständige eine Hilfsperson eingeschaltet (in der Praxis häufig, aber nur begrenzt zulässig, vgl. *Zöller/Greger* § 404 Rdn. 1a, weiter einschränkend zB. OLG Frankfurt MDR 1983, 849), empfiehlt es sich, jedenfalls auch dessen Anhörung zu beantragen. Das Gericht kann auch ohne Antrag verpflichtet sein, den Sachverständigen zum

Termin zu laden, so z.B. bei Widersprüchen oder Unklarheiten im schriftlichen Gutachten (vgl. *Zöller/Greger* § 411 Rdn. 5). Das gilt auch für das Berufungsgericht, wenn es das Gutachten anders würdigen will als die erste Instanz (BGH NJW 1993, 2380). Zum Verfahren bei unvollständigen, unklaren und zweifelhaften Gutachten vgl. auch BGH NJW-RR 1988, 764.

2. Hierbei handelt es sich um einen Antrag auf Augenschein gem. § 371 ZPO, der sich vor allem in Bauprozessen, aber auch sonst, wenn die Entscheidung einer Beweisfrage durch den unmittelbaren optischen (oder akustischen etc.) Eindruck erleichtert wird, empfiehlt. Zur Einnahme des Augenscheins kann, auch wenn kein Sachverständigenbeweis angeordnet ist, immer ein Sachverständiger hinzugezogen werden (§ 372 Abs. 1 ZPO).

3. Zur Veranschaulichung des Gutachtens ist es oft günstig, entweder das zu begutachtende Objekt zum Termin mitzubringen oder – vor allem in Bauprozessen – einen Ortstermin anzuregen. Wenn die Parteien übereinstimmend einen solchen Antrag stellen, wird das Gericht sich dem kaum entziehen.

4. Dem Antrag auf Vernehmung des Sachverständigen ist nach hM. bereits dann stattzugeben, wenn die Partei lediglich erklärt, Fragen stellen zu wollen (vgl. *Pantle* MDR 1989, 312). Zur Sicherheit sollte jedoch kurz begründet werden, warum die Erläuterung des Gutachtens für notwendig gehalten wird; das wird zT. gefordert (vgl. *Baumbach/Lauterbach/Albers/Hartmann* § 411 Rdn. 10 mwN.). Darüberhinaus empfiehlt es sich, die Fragen, die dem Sachverständigen gestellt werden sollen, in einem vorbereitenden Schriftsatz zu formulieren. Das Gericht kann sich dann gezielt vorbereiten und sich die Fragen, soweit sie zulässig sind (§ 402 iVm. § 397 ZPO), zu eigen machen. Hält das Gericht die angekündigten Fragen für unerheblich, soll es von der Ladung absehen können (OLG Hamm MDR 1985, 593).

5. Gibt der Sachverständige im Termin neue und ausführlichere Beurteilungen ab, hat das Gericht der nicht sachkundigen Partei Gelegenheit zu geben, hierzu in einem nachzulassenden Schriftsatz Stellung zu nehmen (BGH NJW 1988, 2302). Es muß uU. auch die mündliche Verhandlung wiedereröffnen. Einen entsprechenden Antrag hat die Partei schon im Termin nach der Vernehmung des Sachverständigen zu stellen; sie kann dieses Recht sonst verlieren (BGH aaO. 2303).

6. Ablehnung des Sachverständigen[1] und Antrag auf Einholung eines weiteren Gutachtens[2]

**An das
Landgericht**

Ablehnungsgesuch

In der Sache
......

wird der Sachverständige ...... wegen Besorgnis der Befangenheit abgelehnt[3].

Weiter wird beantragt,
    das Gutachten eines weiteren Sachverständigen einzuholen[4].

Das Gericht wird außerdem gebeten, den bisherigen Sachverständigen nicht zu entschädigen, da sein Gutachten durch die selbst verschuldete Ablehnung nicht verwertbar ist[5].

Begründung[6]:

1. Der Kläger hat soeben erfahren, daß der Sachverständige vom Beklagten, offenbar unter

dem Eindruck des für ihn günstigen Gutachtens, den Auftrag erhalten hat, die Mängel, für die der Kläger verantwortlich sein soll, zu beseitigen, und diesen Auftrag bereits ausgeführt hat. Damit hat der Sachverständige seine Stellung als neutraler Gutachter parteiisch mißbraucht und hieraus noch Gewinn gezogen. Der Kläger muß befürchten, daß der Sachverständige bereits sein schriftliches Gutachten parteiisch erstattete, daß er aber zumindest nicht mehr in der Lage sein wird, sein Gutachten im Termin auf die Fragen des Klägers objektiv zu erläutern.

Zur Glaubhaftmachung wird eine
     eidesstattliche Versicherung des ...... vom ......

eingereicht. Dieser Zeuge hat beobachtet, wie die Leute des Sachverständigen beim Beklagten tätig waren, und dies dem Kläger am ...... mitgeteilt. Daraus ergibt sich auch, daß der Kläger den Ablehnungsgrund nicht früher geltend machen konnte. Der Sachverständige hat den vorgetragenen Sachverhalt gegenüber dem Unterzeichneten im übrigen telefonisch zugegeben.

2. Da eine Erläuterung des Gutachtens durch den Sachverständigen im Termin, auf die der Kläger einen Anspruch hat, nicht mehr möglich sein wird, hält der Kläger zur Frage, wer für den Mangel verantwortlich ist, die Einholung eines weiteren Gutachtens für erforderlich.

Rechtsanwalt

Schrifttum: Schneider, Befangenheitsablehnung eines Sachverständigen nach Einreichung des Gutachtens, MDR 1975, 353; *Müller,* Die Ablehnung des Sachverständigen im Beweissicherungsverfahren, NJW 1982, 1961; *Schulze,* Ablehnung von Sachverständigen im Beweissicherungsverfahren, NJW 1984, 1019; *Kahlke,* Der Sachverständige der Berufungsinstanz, ZZP 94 (1981), 50.

Anmerkungen

1. Sachverständige können gem. § 406 ZPO aus den gleichen Gründen wie Richter (Ausnahme: § 406 Abs. 1 S. 2 ZPO) abgelehnt werden. Auf die Anmerkungen zu Form. I. L. 7 wird verwiesen. Typische Ablehnungsgründe sind besondere Beziehungen des Sachverständigen zu einer Partei, seine frühere Tätigkeit als Privatgutachter in derselben Sache oder der Umstand, daß er bei der Vorbereitung seines Gutachtens, zB. bei der Besichtigung des zu begutachtenden Gegenstandes, nur eine Partei hinzuzieht (vgl. *Zöller/Greger* § 406 Rdn. 8; *Baumbach/Lauterbach/Albers/Hartmann* § 406 Rdn. 4–20 mit Beispielen aus der Rspr.; vgl. auch das Beispiel in Form. I. L. 7). Es besteht kein Anwaltszwang (§ 406 Abs. 3 S. 3 iVm. § 78 Abs. 2 ZPO).

2. Ob das Gericht ein weiteres Gutachten einholt, liegt gem. § 412 ZPO grundsätzlich in seinem Ermessen. Die Ablehnung des Sachverständigen vor Beendigung seines Gutachtenauftrages – hierzu gehört auch die Erläuterung des Gutachtens im Termin – verpflichtet das Gericht jedoch zur Einholung eines weiteren Gutachtens (*Thomas/Putzo* § 412 Rdn. 1), wobei die Verwertung des bereits vorliegenden schriftlichen Gutachtens Ermessensfrage ist. Im übrigen muß das Gericht in folgenden Fällen einen weiteren Sachverständigen hören (grundlegend BGH NJW 1970, 946, 949):

a) Wenn das Gutachten – auch nach Ergänzung oder Erläuterung (vgl. BGH NJW 1981, 2009) – von unzutreffenden tatsächlichen Voraussetzungen ausgeht,

b) wenn das Gutachten in sich oder mehrere Gutachten untereinander erhebliche Widersprüche enthalten, die sich nach Erläuterung nicht ausräumen lassen (vgl. BGH NJW 1994, 1596, 1597),

c) wenn die Sachkunde des ersten Gutachters zweifelhaft ist (vgl. BayObLG NJW 1986, 2893),

6. Ablehnung des Sachverständigen I. H. 6

d) wenn der neue Gutachter über überlegene Forschungsmittel verfügt (vgl. BGH VersR 1980, 533).

Ein weiteres Gutachten kann auch erforderlich sein, wenn eine besonders schwierige Frage zu entscheiden ist, wenn widerstreitende Gerichtsgutachten (vgl. BGH NJW 1987, 442) oder Privatgutachten (BGH NJW 1990, 759) vorliegen oder wenn das Gutachten grobe Mängel aufweist (BGH NJW 1970, 949; VersR 1980, 533). Die zu § 244 Abs. 4 StPO entwickelten Grundsätze gelten entspr. (BGH aaO.). Einwendungen der Partei gegen ein Gutachten, zumal wenn sie durch ein Privatgutachten unterstützt werden, können das Gericht zu weiterer Aufklärung verpflichten (BGH NJW-RR 1988, 764).

3. Die Ablehnung ist erst nach Ernennung des Sachverständigen möglich (*Thomas/Putzo* § 406 Rdn. 7). Steht die Person des Sachverständigen schon vorher fest und sind einer Partei Ablehnungsgründe bekannt, sollte sie diese dem Gericht darlegen und versuchen, bereits seine Ernennung zu verhindern. Auf jeden Fall sind bekannte Ablehnungsgründe vor der Vernehmung, spätestens aber zwei Wochen nach Verkündung der Zustellung des Ernennungsbeschlusses geltend zu machen (§ 406 Abs. 2 Satz 1 ZPO). Bei späterer Ablehnung ist glaubhaft zu machen, daß der Ablehnungsgrund nicht früher geltend gemacht werden konnte (§ 406 Abs. 2 Satz 2 ZPO). Das betrifft vor allem Ablehnungsgründe, die erst durch die Tätigkeit der Sachverständigen entstehen.

4. Die Einholung eines neuen Gutachtens ist nicht von einem Antrag abhängig. Um das Gericht gezielt zu veranlassen, sich mit dieser Frage zu befassen, sollte die betroffene Partei jedoch einen ausdrücklichen Antrag stellen.

5. Ist das Gutachten infolge einer begründeten Ablehnung des Sachverständigen nicht verwertbar, kann er je nach Lage des Falles seinen Anspruch auf Entschädigung nach § 3 ZuSEG verlieren (vgl. BGH NJW 1976, 1154; KG MDR 1993, 289; OLG Koblenz BB 1993, 1975; *Hartmann* § 1 ZuSEG Anm. 3 D). Der Antrag soll sicherstellen, daß das Gericht den Sachverständigen nicht grundlos entschädigt und der Streit hierüber in das Kostenverfahren getragen wird.

6. Der Ablehnungsgrund ist darzulegen und gem. § 294 ZPO glaubhaft zu machen; hierzu kann die Partei keine eigene eidesstattliche Versicherung abgeben (§ 406 Abs. 3 ZPO). Auch die Voraussetzungen des § 406 Abs. 2 S. 2 ZPO sind hier glaubhaft zu machen.

Zur Einholung eines weiteren Gutachtens sollte dargelegt werden, daß einer der in Anm. 2 genannten Fälle gegeben ist.

Kosten und Gebühren

Für das Ablehnungsverfahren bis zum Beschluß werden keine Gerichts- oder Rechtsanwaltsgebühren erhoben (§ 37 Nr. 3 BRAGO). Für das Beschwerdeverfahren gelten KV Nr. 1181 und § 61 Abs. 1 Nr. 1 BRAGO. Zur Entschädigung des abgelehnten Sachverständigen vgl. Anm. 5. Einen eigenen Anspruch gegen den abgelehnten Sachverständigen auf Freihaltung von den Kosten für das Gutachten hat die beweisführende Partei nicht (BGH MDR 1984, 305). Für die Stellungnahme zum Ablehnungsgesuch kann der Sachverständige nach § 3 ZuSEG zu entschädigen sein (OLG Frankfurt MDR 1993, 484).

Fristen und Rechtsmittel

Das Ablehnungsgesuch ist idR. vor der Vernehmung des Sachverständigen zu stellen, bei schriftlichem Gutachten vor dessen Einreichung und spätestens zwei Wochen nach Verkündung oder Zustellung des Ernennungsbeschlusses (§ 406 Abs. 2 S. 1 ZPO). Eine spätere Ablehnung ist jedoch zulässig, wenn sie vorher mangels Kenntnis des Ablehnungsgrundes nicht geltend gemacht werden konnte und dies glaubhaft gemacht wird (§ 406 Abs. 2 S. 2 ZPO). Das Gesuch muß dann unverzüglich (OLG Köln MDR 1983, 412: alsbald) nach Kenntnis des Ablehnungsgrundes gestellt werden (vgl. *Thomas/Putzo* § 406 Rdn. 7). Hat das Gericht den Parteien eine Frist zur Stellungnahme zum Gutachten gesetzt, genügt es idR., den sich erst aus dem Gutachten ergebenden Ablehnungsgrund innerhalb dieser Frist geltend zu machen (vgl. OLG Oldenburg MDR 1993, 1121; OLG Koblenz MDR 1994, 1147). Wird der Sachverständige im selbständigen Beweisverfahren tätig, ist er bereits hier, nicht erst im späteren Hauptprozeß, abzulehnen (vgl. *Thomas/Putzo* § 487 Rdn. 6 mwN.).

Gegen den Beschluß, der die Ablehnung für unbegründet hält, hat der Antragsteller die sofortige Beschwerde, § 406 Abs. 5 ZPO (Frist: Zwei Wochen, § 577 Abs. 2 ZPO). Hält das Gericht die Ablehnung für begründet, ist nach § 406 Abs. 5 ZPO kein Rechtsmittel gegeben; anders soll es sein, wenn dem Gegner kein rechtliches Gehör gewährt wurde (OLG Frankfurt MDR 1984, 323). Will eine Partei sich dagegen wenden, daß sie von der Gerichtskasse mit den Kosten des abgelehnten Sachverständigen belastet wurde, hat sie nur die Kostenerinnerung nach § 5 GKG, sie kann nicht den Sachverständigen direkt in Anspruch nehmen (BGH NJW 1984, 870).

7. Urkundenbeweisantritt[1]

An das
Landgericht
In der Sache
......

wird weiter vorgetragen, daß von dem zwischen den Parteien geschlossenen Vertrag, aus dem sich der Anspruch des Klägers ergibt, zwei Ausfertigungen hergestellt wurden. Die erste Ausfertigung hat der Kläger erhalten, die zweite Ausfertigung wurde dem Beklagten ausgehändigt. Zum Beweis für den von ihm vorgetragenen Vertragsinhalt legt der Kläger eine

> Kopie seiner Ausfertigung des Vertrages vom ...... (Anlage 1)

vor. Das Original wird im Termin vorgelegt werden[2].

Die Parteien haben nachträglich am ...... die Zahlungskonditionen dahin geändert, daß die Fälligkeit der Raten hinausgeschoben wurde, jedoch eine Verzinsung von 10% auf die damals noch offene Forderung von DM ...... eintreten sollte. Diese Vereinbarung wurde auf der Vertragsausfertigung des Beklagten vermerkt und unterzeichnet. Zum Beweis hierfür beantragt der Kläger,

> dem Beklagten die Vorlegung dieser Vertragsausfertigung innerhalb einer Frist von zwei Wochen aufzugeben[3].

Die Vorlegungspflicht ergibt sich aus § 810 BGB.

Zur Glaubhaftmachung dafür, daß auf der Vertragsausfertigung eine entsprechende Vereinbarung festgehalten wurde, überreicht der Kläger eine

> eidesstattliche Versicherung vom ......, (Anlage 2)[4].

Soweit der Beklagte die Hauptforderung von DM ...... in Zweifel zieht und sich hierfür auf eine in seinen Händen befindliche zusammen mit dem Kläger aufgestellte schriftliche Abrechnung vom ...... bezieht, beantragt der Kläger,

> dem Beklagten die Vorlage dieser Abrechnung aufzugeben[5].

Aus ihr wird sich ergeben, daß der Kläger die Hauptforderung richtig berechnet hat. Die Vorlegungspflicht des Beklagten beruht insoweit auf § 423 ZPO.
Rechtsanwalt

Anmerkungen

1. Urkunden sind von besonderer Beweiskraft für Erklärungen oder Vereinbarungen. Die formelle Beweiskraft von Privaturkunden, um die es meist geht, wird durch §§ 416, 440 ZPO gesichert. Die Beweisregel des § 416 ZPO greift ein, wenn die Urkunde, also insbesondere die Unterschrift, echt ist (BGH NJW 1988, 2741). Das hat derjenige zu beweisen, der sich auf die Urkunde beruft (§ 440 Abs. 1 ZPO, vgl. BGH NJW 1995, 1683). Dem Unterzeichner steht der Gegenbeweis offen, daß der Text über der Unterschrift abredewidrig, zB. durch Blankettmißbrauch, ausgefüllt wurde (BGH aaO.). Die Vermutung des § 440 Abs. 2 ZPO gilt auch bei einer Blankounterschrift (BGH NJW 1986, 3086), nicht aber bei „Oberschrift" am oberen Rand eines Formulars (BGH NJW 1991, 497 für den Überweisungsauftrag) oder bei Unterschrift neben dem Urkundentext („Nebenschrift", BGH NJW 1992, 829).
Die inhaltliche Bedeutung der Urkunde (materielle Beweiskraft) unterliegt zwar der freien Beweiswürdigung gem. § 286 ZPO, jedoch haben Urkunden, in denen eine rechtsgeschäftliche Erklärung aufgenommen wurde, die Vermutung der Vollständigkeit und Richtigkeit für sich (vgl. *Palandt/Heinrichs* § 125 Rdn. 15 mwN.), an den Gegenbeweis stellt die Praxis oft strenge Anforderungen. Äußere Mängel der Urkunde können ihre formelle Beweiskraft aufheben (§ 419 ZPO, vgl. BGH NJW 1980, 893); die Bedeutung der Urkunde ist dann aber im Rahmen des § 286 ZPO zu würdigen (BGH NJW 1988, 60, 62). Wie der Urkundenbeweis anzutreten ist, hängt davon ab, ob sich die Urkunde in den Händen des Beweisführers, des Gegners oder eines Dritten (§ 428 ZPO) befindet. Eine andere Form des Urkundenbeweises ist die Beiziehung von Akten, welche bei einem anderen Gericht oder einer Verwaltungsbehörde geführt werden. Sind solche Akten – zB. eines Vorprozesses, eines Strafverfahrens oder eines Verwaltungsverfahrens in gleicher Sache – einschlägig, sollte die Beiziehung beantragt oder das Gericht zumindest hierauf hingewiesen werden. Auch ein früher zur Beweisfrage erstattetes Gutachten kann im Wege des Urkundenbeweises verwertet werden (BGH NJW 1987, 2300) und sollte daher, wenn es günstig ist, überreicht werden. Den Parteien bleibt aber die Möglichkeit, die mündliche Anhörung des Sachverständigen in diesem Verfahren zu beantragen.

2. Hat der Beweisführer die Urkunde in Händen, wird der Beweis durch Vorlage im Prozeß angetreten (§ 420 ZPO). Unzulässig, wenn auch in der Praxis häufig, ist daher ein Beweisantrag zB. mit dem Inhalt: „Zum Beweis bezieht sich der Kläger auf den Vertrag vom ......" Vorzulegen ist idR. das Original der Urkunde, nicht eine Abschrift (Ausnahme: § 435 ZPO) oder Kopie, denn nur das Original entfaltet die Beweiskraft des § 416 ZPO (vgl. BGH MDR 1980, 299). Jedoch kann sich die Vorlage des Originals erübrigen, wenn der Gegner nach Vorlage der Kopie nicht bestreitet, daß das Original den Inhalt der Kopie hat. Um nicht den Verlust der Urkunde zu riskieren, ist es ratsam, mit dem Schriftsatz zunächst nur eine Kopie einzureichen; im Termin sollte das Original aber immer vorgelegt werden können.

3. Ist die Urkunde im Besitz des Gegners, muß der Beweisführer beantragen, dem Gegner die Vorlage aufzugeben (§ 421 ZPO). Voraussetzung für eine entsprechende Anordnung des Gerichts ist, daß der Gegner dem Beweisführer gem. § 422 ZPO zur Vorlage verpflichtet ist. Das ist immer der Fall, wenn die Urkunde ein Rechtsverhältnis zwischen den Parteien beurkundet (§ 810 BGB; weitere Bsp. bei *Thomas/Putzo* § 422 Rdn. 4). Zum Inhalt des Vorlegungsantrages vgl. die Aufzählung in § 424 Nr. 1–5 ZPO. Eine Fristsetzung ist nicht erforderlich, aber zweckmäßig. Das Verfahren nach der Anordnung des Gerichts auf Vorlegung ergibt sich aus §§ 425 ff. ZPO.

4. Die Anspruchsvoraussetzungen, die die Vorlegungspflicht begründen, hier also die Voraussetzungen des § 810 BGB, sind gem. § 424 Nr. 5 ZPO glaubhaft zu machen (§ 294 ZPO).

5. Bezieht sich der Gegner seinerseits auf eine Urkunde, entsteht gem. § 423 ZPO eine prozessuale Vorlegungspflicht. Auf Antrag hat ihm das Gericht, wenn es auf die Urkunde ankommt, die Vorlegung aufzugeben. Für diesen Antrag gilt wiederum § 424 ZPO. Eine Glaubhaftmachung ist nicht erforderlich, da der Vorgang aktenkundig ist.

Kosten und Gebühren

Befindet sich die Urkunde in Händen einer der Parteien, fällt keine Beweisgebühr an (§ 34 BRAGO), und zwar auch dann nicht, wenn die Urkunde auf Anordnung des Gerichts vorgelegt wird (vgl. *Riedel/Sußbauer* § 34 Rdn. 4). Werden durch das Gericht Akten oder Urkunden zum Beweis beigezogen oder als Beweis verwertet, erhält der Rechtsanwalt die Beweisgebühr, § 34 Abs. 2 BRAGO.

Fristen und Rechtsmittel

Der Streit um die Verpflichtung des Beweisgegners, eine Urkunde vorzulegen, kann durch Zwischenurteil gem. § 303 ZPO entschieden werden; ein solches Urteil kann nicht selbständig, nur zusammen mit dem Endurteil angefochten werden (vgl. *Thomas/Putzo* § 303 Rdn. 7).

8. Antrag auf Parteivernehmung[1] und Anhörung der eigenen Partei[2]

An das
Landgericht
In der Sache
......

bezieht sich der Beklagte zum Beweis dafür, daß der Kläger das vom Beklagten blanco unterzeichnete Vertragsformular abredewidrig ausgefüllt hat, auf die

Vernehmung des Klägers als Partei[3].

Der Beklagte wird im nächsten Termin persönlich erscheinen. Es wird angeregt, ihn anzuhören und dem Kläger ggf. gegenüberzustellen[4].
Rechtsanwalt

Schrifttum: Meyke, Zur Anhörung der Parteien im Zivilprozeß, MDR 1987, 358; *Schmidt,* Die Begründung der Ablehnung einer Parteivernehmung nach § 448 ZPO, MDR 1992, 637.

Anmerkungen

1. Eine Beweisaufnahme durch Vernehmung der Partei ist in drei Fällen möglich:
   a) wenn der Gegner dies beantragt (§ 445 ZPO),
   b) wenn die Partei selbst dies beantragt und – seltener Fall – der Gegner zustimmt (§ 447 ZPO)

8. Antrag auf Parteivernehmung und Anhörung der eigenen Partei I. H. 8

c) von Amts wegen gem. § 448 ZPO, wenn für die Richtigkeit des Tatsachenvortrags dieser Partei eine gewisse Wahrscheinlichkeit spricht und die Partei in Beweisnot ist (vgl. BGH NJW 1989, 3222; 1990, 1721; NJW-RR 1991, 983; 1994, 636; *Zöller/Greger* § 448 Rdn. 4).

In der Praxis häufig, aber selten erfolgreich, ist die Parteivernehmung auf Antrag des beweispflichtigen Gegners. Sie dient idR. nur dazu, nichts unversucht zu lassen, wenn andere Beweismittel fehlen oder nicht ausgereicht haben. Ist sie das einzige Beweismittel, verteuert sie den Rechtsstreit um die Beweisgebühr der Anwälte (§ 31 Abs. 1 Nr. 3 BRAGO). Hingegen kann es sich empfehlen, das Gericht auf die – oft nicht beachtete – Möglichkeit hinzuweisen, die eigene Partei gem. § 448 ZPO zu vernehmen (vgl. BGH aaO.).

2. Das Gericht kann die Parteien in jeder Lage des Verfahrens zur Aufklärung des Sachverhaltes anhören und hierzu ihr persönliches Erscheinen anordnen, § 141 ZPO. Die Anhörung ist kein Beweismittel, ihr Ergebnis fließt aber in die Beweiswürdigung mit ein. Ihre Anregung kann zweckmäßig sein, wenn die unmittelbare Schilderung der Ereignisse durch die Partei im Termin eine stärkere Überzeugungskraft verspricht. Leistet die Partei der Ladung zum persönlichen Erscheinen nicht Folge, kann gegen sie ein Ordnungsgeld wie gegen einen nicht erschienenen Zeugen festgesetzt werden (vgl. zB. OLG Bremen MDR 1988, 417). Das gilt nicht, wenn die Partei einen instruierten, mit Vollmachten versehenen Vertreter entsendet, der zur Aufklärung des Tatbestandes in der Lage ist (§ 141 Abs. 3 ZPO). Das Gericht muß nicht ankündigen, welche Fragen es ihm stellen will (OLG Frankfurt NJW 1991, 2090).

3. Zum Beweisantrag vgl. § 445 Abs. 1 ZPO. Dem Antrag wird erst entsprochen, wenn der Beweis mit anderen Beweismitteln nicht geführt ist oder andere Beweise nicht angetreten sind. Hält das Gericht die Tatsache bereits für bewiesen, ist der Antrag nicht zu berücksichtigen (§ 445 Abs. 2 ZPO). Im angenommenen Fall führt die gesetzliche Beweisregel der §§ 416, 440 ZPO nicht zur Unzulässigkeit der Parteivernehmung, dem Unterzeichner steht der Nachweis eines Blankettmißbrauches durch alle Beweismittel offen (vgl. BGH NJW 1988, 2741; mißverständlich *Baumbach/Lauterbach/Albers/Hartmann* § 416 Rdn. 6).

4. Soll die Parteivernehmung des Gegners Erfolg versprechen, empfiehlt es sich, eine Gegenüberstellung mit der eigenen Partei herbeizuführen. Ist die Partei im Beweistermin anwesend, wird das Gericht sie idR. anhören, zumindest hat sie ein Fragerecht nach § 451 iVm. § 397 ZPO.

Kosten und Gebühren

Eine Vorschußpflicht des Beweisführers besteht, anders als beim Zeugenbeweis, nicht. Für die Parteivernehmung erhält der Rechtsanwalt die Beweisgebühr (§ 31 Abs. 1 Nr. 3 BRAGO). Das gilt nicht bei bloßer Anhörung der Partei gem. § 141 ZPO, vgl. OLG Stuttgart MDR 1981, 945; anders im Fall des § 613 ZPO.

9. Antrag im selbständigen Beweisverfahren[1]

An das
Landgericht[2]

Antrag im selbständigen Beweisverfahren

des ......
                                                                                                              Antragstellers,

Verfahrensbevollmächtigter: ......[3]

gegen[4]

    1. A-Versicherungs-AG ......
    2. B ......

                                                                                                                  Antragsgegner,

Vorläufiger Streitwert[5]: DM 7.000,–

Namens und in Vollmacht des Klägers beantrage ich,

    im Wege der Beweissicherung ohne mündliche Verhandlung das schriftliche Gutachten[6] eines Kraftfahrzeug-Sachverständigen über folgende Fragen einzuholen[7]:
    1. Am Heck des Pkw Daimler- Benz 230 MA – DL 100 des Antragstellers befinden sich folgende Unfallschäden: ...... (näher zu bezeichnen),
    2. Die Schäden sind durch das Auffahren des Antragsgegners zu 2) mit seinem Pkw Opel Senator LU – AA 200 auf das Heck des zu 1.) bezeichneten Pkw am ......, nicht durch einen früheren Unfall verursacht worden.
    3. Zur Wiederherstellung des Fahrzeugs in einer Fachwerkstatt sind Kosten in Höhe von DM ...... erforderlich.

Das Gericht wird gebeten, einen geeigneten, von der Handwerkskammer zu benennenden Sachverständigen zu bestellen, nicht aber die Sachverständigen ......[8].

Begründung[9]:

Der Antragsteller ist Halter des Pkw Daimler-Benz 280 mit dem amtlichen Kennzeichen MA – DL 100. Am 24. 2. 19.. fuhr der Antragsgegner zu 2. mit seinem bei der Antragsgegnerin zu 1. versicherten Pkw Opel Senator LU – AA 200 auf das vor einer roten Ampel haltende Fahrzeug des Antragstellers auf. Die Antragsgegnerin zu 1. hat eine Regulierung der vom Antragsteller mit Schreiben vom ...... genannten Schäden bis heute mit der Behauptung abgelehnt, die Schäden seien zT. nicht auf diesen Unfall zurückzuführen, sondern älteren Datums. Das ist unrichtig.

Der Antragsteller hatte bereits vor dem Unfall ein neues Fahrzeug gekauft und den streitigen Wagen in Zahlung gegeben. Das neue Fahrzeug ist inzwischen eingetroffen, so daß er den beschädigten Altwagen aus der Hand geben muß. Der Antragsteller hat also ein rechtliches Interesse daran, daß der Sachschaden am Fahrzeug, dessen Ursache und der Beseitigungsaufwand festgestellt werden (§ 485 Abs. 2 ZPO). Er geht im übrigen davon aus, daß sich durch eine Klärung der Beweisfragen ein sonst erforderlich werdender Rechtsstreit erübrigt.

Zur Glaubhaftmachung[10] des rechtlichen Interesses an der Feststellung überreicht der Antragsteller

      1. Kaufvertrag vom ...... über das Neufahrzeug und die Inzahlungnahme des streitigen Wagens,
      2. Schreiben der Verkäuferfirma vom ......, in dem der Antragsteller zur Abnahme des Neuwagens aufgefordert wird,

3. eidesstattliche Versicherung des Antragstellers vom ......
Das streitige Fahrzeug befindet sich noch auf dem Grundstück des Antragstellers in ......
Der Kläger ist bereit, es dem Sachverständigen zur Besichtigung vorzuführen.

Den Antrag auf eine spätere Vernehmung des Sachverständigen im Termin behält sich der Antragsteller vor[11].

Falls das Gericht die Beauftragung des Sachverständigen von einem Kostenvorschuß abhängig macht, wird gebeten, dessen Höhe unverzüglich – auch telefonisch – mitzuteilen[12].
Rechtsanwalt

Schrifttum: Schilken, Grundlagen des Beweissicherungsverfahrens, ZZP 92, 238; *Locher*, Die Problematik des Beweissicherungsverfahrens im Baurecht, BauR 1979, 23; *Wussow*, Probleme der gerichtlichen Beweissicherung in Baumängelsachen, NJW 1969, 1401; *Schmitz*, Einzelne Probleme des gerichtlichen Beweissicherungsverfahrens in Bausachen, BauR 1981, 40; *Müller*, Die Ablehnung des Sachverständigen im Beweissicherungsverfahren, NJW 1982, 1961; *Meilicke*, Beweissicherungsverfahren bei Auslandssachverhalten, NJW 1984, 2017; *Mickel*, Beweissicherung und Streitverkündung, BB 1984, 438; *Knacke*, Der Streitwert im Beweissicherungsverfahren, NJW 1986, 36; *Schreiber*, Das selbständige Beweisverfahren, NJW 1991, 2600; *Cuypers*, Das selbständige Beweisverfahren, NJW 1994, 1985.

Anmerkungen

Vorbemerkung: Durch das Rechtspflege-Vereinfachungsgesetz vom 17. 12. 1990 (BGBl. I 2847) sind die Vorschriften über das Beweissicherungsverfahren (§§ 485 ff. ZPO) aufgehoben und durch ein „Selbständiges Beweisverfahren" ersetzt worden. Die seit 1. 4. 1991 geltenden Änderungen betreffen vor allem
– die Zuständigkeit des Gerichts
– die erleichterten Voraussetzungen für die Einholung eines schriftlichen Sachverständigengutachtens,
– die Bestellung des Sachverständigen: er wird nicht mehr vom Antragsteller benannt, sondern vom Gericht ausgewählt,
– die Rechtsstellung des Antragsgegners: er kann den Antragsteller nach Beendigung der Beweiserhebung zwingen, entweder Klage zu erheben oder die Kosten zu tragen.

1. Gem. §§ 485 ff. ZPO kann eine Partei die Begutachtung durch einen Sachverständigen, die Vernehmung von Zeugen und die Einnahme eines Augenscheines durch das Gericht auch unabhängig von einem Rechtsstreit oder vor der Beweisaufnahme in einem anhängigen Rechtsstreit erreichen. Das Ergebnis der Beweiserhebung steht einer Beweisaufnahme vor dem Prozeßgericht gleich. Der Sinn des Verfahrens liegt darin, Beweise, die später im Prozeß nicht mehr oder nur schwer erhoben werden könnten, vorab zu sichern. Vor allem setzt die schriftliche Begutachtung durch einen Sachverständigen in den in § 485 Abs. 2 ZPO genannten Fällen nur voraus, daß die Partei ein rechtliches Interesse an der Feststellung hat. Damit kann das Verfahren zur Vermeidung eines langwierigen Prozesses beitragen und eine vorprozessuale Einigung fördern, zumal der (zulässige, vgl. BGH NJW 1983, 1901) Antrag die Verjährung der Gewährleistungsansprüche aus Kauf und Werkvertrag unterbricht, §§ 477 Abs. 2, 639 BGB; hierbei ist allerdings § 212 BGB zu beachten. Das rechtliche Interesse ist bereits dann gegeben, wenn die Feststellung einen Rechtsstreit vermeiden kann (§ 485 Abs. 2 Satz 2 ZPO).

Das Beispiel betrifft einen Antrag auf schriftliche Begutachtung nach § 485 Abs. 2 ZPO. Damit kann der Antragsteller erreichen, daß – bei Personenschäden, Sachschäden oder Sachmängeln – Zustand (Nr. 1), Ursache (Nr. 2) und Beseitigungsaufwand (Nr. 3) festgestellt werden. Das selbständige Beweisverfahren bietet damit im Vergleich zum früheren Beweissicherungsverfahren, vor allem wegen des dritten Punktes, eine erhebliche Erweiterung. Für die Einnahme eines Augenscheines, die Vernehmung von Zeugen und die (auch mündliche) Begutachtung durch einen Sachverständigen in anderen Fällen haben sich die Voraussetzungen nicht verändert (§ 485 Abs. 1 ZPO). Schon in der bisherigen Praxis ging der Antrag meist auf Einholung eines schriftlichen Gutachtens; die besondere Bedeutung zur Vorbereitung von Bauprozessen (vgl. Form. II. C. 15) ist geblieben. Den Inhalt des Gesuchs schreibt § 487 ZPO vor.

2. Ist noch kein Rechtsstreit anhängig, ist der Antrag bei dem Gericht zu stellen, das nach dem Vorbringen des Antragstellers in der Hauptsache zuständig wäre (§ 486 Abs. 2 ZPO). Handelt es sich nicht um den allgemeinen Gerichtsstand des Beklagten, muß er den abweichenden Gerichtsstand schlüssig vortragen und glaubhaft machen (§ 487 Abs. 4 ZPO). Nur in Fällen dringender Gefahr ist auch die Zuständigkeit des Amtsgerichts gegeben, in dessen Bezirk sich die zu begutachtende oder zu vernehmende Person oder Sache befindet (§ 486 Abs. 3 ZPO). Ist bereits Klage eingereicht, so ist der Antrag – außer in Fällen dringender Gefahr – an das Prozeßgericht zu richten. Im angenommenen Fall ist das Landgericht als Gericht der Hauptsache sachlich zuständig.

3. Es besteht grundsätzlich kein Anwaltszwang (§ 78 Abs. 2 iVm. § 486 Abs. 4 ZPO). Nur wenn es vor dem Landgericht oder Oberlandesgericht zu einer mündlichen Verhandlung kommt, ist anwaltliche Vertretung erforderlich.

4. Vgl. § 487 Nr. 1 ZPO. Der Antrag ist gegen den Gegner des anhängigen oder beabsichtigten Prozesses zu richten, das kann auch der Bürge des Schuldners sein (OLG Frankfurt MDR 1991, 987). Kommen mehrere Verursacher in Betracht, kann der Antrag gegen sie alle gerichtet werden (OLG Frankfurt MDR 1994, 1244). Auf Identität der Parteien ist besonders zu achten, denn nur dann steht nach § 493 ZPO die Beweiserhebung einer Beweisaufnahme vor dem Prozeßgericht gleich. Andernfalls ist, wie bei anderen Verfahrensfehlern, uU. eine Verwertung des Gutachtens im Urkundenbeweis möglich (vgl. OLG Frankfurt MDR 1985, 1032; *Zöller/Herget* § 493 Rdn. 6); sonst bleibt eine Vernehmung als sachverständiger Zeuge. Unter der Voraussetzung des § 494 ZPO kann der Antrag auch gegen einen unbekannten Gegner gerichtet werden, unterbricht dann aber nicht die Verjährung (BGH NJW 1980, 1458). Eine Streitverkündung (vgl. Form. I. J. 2) ist zulässig (str., vgl. zB. KG MDR 1988, 680; OLG Köln NJW 1993, 1661; *Mickel* BB 1984, 438 mwN.; aA. *Cuypers* NJW 1994, 1991 mwN).

5. Für die sachliche Zuständigkeit ist der Streitwert der Hauptsache maßgeblich. Auch der Gebührenstreitwert richtet sich nach dem Wert des Hauptprozesses, wobei streitig ist, ob der volle Wert oder nur ein Bruchteil des Anspruches maßgeblich ist (vgl. *Zöller/Schneider* § 3 Rdn. 16 „Selbständiges Beweisverfahren" mwN.; differenzierend *Knacke* NJW 1986, 36; *Schneider* MDR 1986, 36).

6. Nach § 485 Abs. 2 ZPO kann nur die schriftliche Begutachtung angeordnet werden. Im Fall des § 485 Abs. 1 ZPO wäre auch eine mündliche Begutachtung möglich; dem Bedürfnis nach Verwertbarkeit im Hauptprozeß dürfte auch dann idR. die Einholung eines schriftlichen Gutachtens entsprechen.

7. Gem. § 487 Nr. 2 ZPO sind die Tatsachen, die Gegenstand des Gutachtens sein sollen, zu bezeichnen, eine ungenaue Bezeichnung des Beweisthemas kann den Antrag unzulässig machen (vgl. OLG Düsseldorf MDR 1981, 324). In Hinblick auf die Verwertbarkeit des Gutachtens empfiehlt es sich, die Beweisfragen genau zu formulieren, denn die Gerichte übernehmen den Antrag oft ohne nähere Prüfung in den Beweisbeschluß. Das Gericht prüft insbesondere nicht, ob die Beweisfragen für den Prozeß erheblich sind, soweit sich der Antrag im Rahmen des § 485 Abs. 2 ZPO hält. Im Beispielsfall ist der Antrag zu 1), bei dem es um die Feststellung des Zustandes einer beschädigten Sache geht, unproblematisch (§ 485 Abs. 2 Nr. 1 ZPO). Die Beweisfrage zu 2) dürfte nach § 485 Abs. 2 Nr. 2 ZPO zulässig sein. Der Antrag zu 3) war nach altem Recht problematisch, seine Zulässigkeit ergibt sich jetzt aus § 485 Abs. 2 Nr. 3 ZPO. Eine Ausweitung des

9. Antrag im selbständigen Beweisverfahren   I. H. 9

Beweisthemas ist ohne Risiko möglich, wenn der Gegner dem Beweissicherungsantrag zustimmt (vgl. § 485 Abs. 1 ZPO).

8. Gem. § 487 Nr. 3 ZPO ist der Sachverständige nicht mehr, wie nach altem Recht, vom Antragsteller zu benennen, nur das Beweismittel ist anzugeben. Will der Antragsteller Sachverständige ausschließen, mit denen er schlechte Erfahrungen gemacht hat, soll er das hier sagen. Von der Qualität des Sachverständigen hängt der Beweiswert des Gutachtens im Hauptprozeß ab. Früher war streitig, ob Ablehnungsgründe gegen den Sachverständigen bereits im Beweissicherungsverfahren vorzubringen waren oder noch im Hauptprozeß geltend gemacht werden konnten (vgl. *Schulze* NJW 1984, 1019). Im selbständigen Beweisverfahren sind Ablehnungsanträge in der Frist des § 406 Abs. 2 ZPO zu stellen, wie sich aus der Verweisung in § 492 Abs. 1 ZPO ergibt (*Zöller/Greger* § 406 Rdn. 1; OLG Köln NJW-RR 1993, 63).

9. Hier ist kurz zu schildern, worum es geht, und insbesondere darzulegen, daß die Voraussetzungen des § 485 ZPO gegeben sind. Im angenommenen Fall hat der Antragsteller nicht das besondere Sicherungsinteresse nach § 485 Abs. 1 ZPO, sondern nur das rechtliche Interesse an der Feststellung nach § 485 Abs. 2 ZPO zu begründen. Es empfiehlt sich immer, darauf hinzuweisen, daß die Feststellung der Vermeidung eines Rechtsstreites dienen kann (§ 485 Abs. 2 Satz 2 ZPO; diese Voraussetzung ist weit auszulegen, vgl. OLG Bamberg NJW-RR 1995, 893), das rechtliche Interesse ist aber nicht nur dann gegeben (OLG Frankfurt MDR 1991, 989).

10. Nach § 487 Abs. 4 ZPO hat der Antragsteller die Tatsachen, die die Zulässigkeit des selbständigen Beweisverfahrens betreffen – hier das rechtliche Interesse an den Feststellungen nach § 485 Abs. 2 Nr. 1–3 ZPO – und die Zuständigkeit des Gerichts glaubhaft zu machen.

11. Wenn eine Partei es beantragt, muß das Gericht einen Termin bestimmen, in dem der Sachverständige sein Gutachten erläutert (§ 492 Abs. 1 iVm. § 411 Abs. 3 ZPO; vgl. Form. I. H. 6).

12. Der Hinweis dient der Beschleunigung. Nach §§ 492, 402, 379 ZPO kann das Gericht die Beauftragung des Sachverständigen von der Einzahlung eines Kostenvorschusses abhängig machen. Dessen Höhe muß das Gericht erst vom Sachverständigen erfragen, um den Betrag dann anzufordern; hierdurch geht Zeit verloren, die in dringenden Fällen auch durch Einzahlung eines geschätzten Vorschusses oder, bei Anwälten, durch „Übernahme der Haftung" verkürzt werden kann.

Kosten und Gebühren

An Gerichtskosten entsteht, gegebenenfalls neben den im späteren Hauptprozeß zu erhebenden Gebühren, eine halbe Gebühr (KV Nr. 1600), hinzu kommen die Kosten des Sachverständigen, für die ein Vorschuß einzuzahlen ist, vgl. Anm. 12. Nach § 48 BRAGO nF. erhält der Rechtsanwalt die Gebühren des § 31 BRAGO in voller Höhe. Allerdings gehört die Tätigkeit im selbständigen Beweisverfahren, auch wenn die Hauptsache nicht anhängig ist, zum Rechtszug; die Gebühren können also durch denselben Anwalt im Rahmen des Hauptprozesses nicht noch einmal verdient werden (vgl. näher *Hansens* NJW 1991, 1137, 1143). Der Beschluß des Gerichts nach § 490 ZPO enthält keine Kostenentscheidung. Der Antragsteller kann eine Kostenerstattung nur erreichen, indem er die Hauptsache anhängig macht; die Kostenerstattung setzt voraus, daß es im Hauptprozeß auf die Beweiserhebung ankommt (OLG Koblenz NJW-RR 1994, 1277). Der Antragsgegner muß den Weg über § 494a ZPO gehen (vgl. Form. I. H. 10). Wird der Antrag zurückgenommen, ist nach OLG Karlsruhe MDR 1991, 993 ein Kostenbeschluß nach § 269 Abs. 3 ZPO möglich. Zum Streitwert vgl. Anm. 5.

Fristen und Rechtsmittel

Der stattgebende Beschluß ist wie ein gewöhnlicher Beweisbeschluß unanfechtbar, § 490 Abs. 2 S. 2 ZPO. Jedoch kann es sich für den Gegner empfehlen, Einwendungen gegen die Zulässigkeit, das Beweisthema oder die Person des Sachverständigen geltend zu machen oder eine Erweiterung des Beschlusses – auch durch einen Gegenbeweisantrag – zu beantragen. Der ablehnende Beschluß unterliegt der einfachen, nicht fristgebundenen Beschwerde. Die Auswahl des Sachverständigen kann nicht mit der Beschwerde angefochten werden (OLG München MDR 1992, 520).

10. Antrag auf Klageerhebung im selbständigen Beweisverfahren[1]

An das
Landgericht

In der Sache
......

wird für die Antragsgegner beantragt[2],
1. gegenüber dem Antragsteller anzuordnen, daß dieser binnen einer Frist von zwei Wochen Klage zu erheben hat,
2. nach Ablauf der Frist auszusprechen, daß der Antragsteller die den Antragsgegnern entstandenen Kosten zu tragen hat.

Begründung[3]

Die Beweiserhebung im selbständigen Beweisverfahren ist beendet; denn der Antragsteller hat innerhalb der nach § 411 Abs. 4 ZPO gesetzten Frist/innerhalb eines angemessenen Zeitraumes keine (weiteren) Einwendungen gegen das Gutachten erhoben und auch keine (weiteren) ergänzenden Fragen oder sonstige Anträge zum Gutachten gestellt. Damit sind die Voraussetzungen für eine Anordnung nach § 494a Abs. 1 ZPO gegeben. Eine Frist von zwei Wochen erscheint als angemessen.
Für den Fall, daß der Antragsteller keine Klage erhebt, wird schon jetzt der Kostenantrag nach § 494a Abs. 2 ZPO gestellt. Es wird angeregt, ohne mündliche Verhandlung zu entscheiden.

Rechtsanwalt

Anmerkungen

1. Im früheren Beweissicherungsverfahren hatte der Antragsgegner kaum eine Möglichkeit, Erstattung seiner Kosten zu erreichen, wenn die Beweiserhebung zu seinen Gunsten endete. Über die Vorschrift des § 494a ZPO kann er nunmehr eine Entscheidung auch über die Kosten des selbständigen Beweisverfahrens herbeiführen, sei es über den vom Antragsteller einzuleitenden Hauptprozeß, sei es über eine Kostenentscheidung nach § 494a Abs. 2 ZPO. Darüber hinaus gibt die Vorschrift dem Beklagten die Möglichkeit, auf den Beginn des Hauptprozesses Einfluß zu nehmen und Verzögerungen zu vermeiden. Nicht erstrebenswert ist es für den Antragsgegner, mit seinem Antrag Einwendungen des Antragstellers gegen das Gutachten zu provozieren, welche die Beendigung des Beweisver-

10. Antrag auf Klageerhebung im selbständigen Beweisverfahren   **I. H. 10**

fahrens hinauszögern. Der Antrag empfiehlt sich daher vor allem, wenn eine vom Gericht nach § 411 Abs. 4 Satz 2 ZPO gesetzte Frist verstrichen ist. Der Antragsgegner sollte daher schon bei Eingang des für ihn günstigen Gutachtens gegenüber dem Gericht anregen, dem Antragsteller eine solche Frist zu setzen.

2. Beide Anträge können miteinander verbunden werden (vgl. *Baumbach/Lauterbach/Albers/Hartmann* § 494a Rdn. 10). Der Antragsgegner kann den Antrag zu 2) auch erst nach Fristablauf stellen. Die Formulierung der Anträge entspricht dem Gesetzeswortlaut. Die Frist bestimmt das Gericht; insoweit handelt es sich um eine Anregung. Eine Prozeßaufrechnung steht der Klageerhebung iSd. § 494a Abs. 1 ZPO nicht gleich (OLG Düsseldorf MDR 1994, 201).

3. Der Antrag kann erst gestellt werden, wenn das selbständige Beweisverfahren beendet ist; das braucht der Antragsgegner nur kurz zu begründen, denn der Sachverhalt ergibt sich aus der Gerichtsakte. Beendigung ist eingetreten, wenn das Gutachten den Parteien mitgeteilt wurde und die in § 411 Abs. 4 ZPO genannte angemessene oder vom Gericht gesetzte Frist verstrichen ist, ohne daß Einwendungen erhoben, Ergänzungsfragen gestellt, die Vernehmung im Termin beantragt oder sonstige die Begutachtung betreffende Anträge gestellt sind. Andernfalls ist das Verfahren nach Erledigung der Einwendungen oder Anträge beendet. Über den Kostenantrag kann ohne mündliche Verhandlung entschieden werden; das sollte der Antragsgegner anregen.

Kosten und Gebühren

Gerichtskosten entstehen, über die bereits im selbständigen Beweisverfahren angefallenen Gebühren hinaus, nicht. Auch der Anwalt erhält für den Antrag nach § 494a Abs. 1 ZPO keine weiteren Gebühren, für den Antrag nach Abs. 2 nur, wenn darüber mündlich verhandelt wird; der Streitwert richtet sich dann nach den Kosten des selbständigen Beweisverfahrens.

Fristen und Rechtsmittel

Beide Anträge sind nicht fristgebunden.

Bei Ablehnung der Anordnung hat der Antragsgegner die einfache Beschwerde nach § 567 Abs. 1 ZPO. Gegen den Kostenbeschluß steht dem Antragsteller, bei Zurückweisung dem Antragsgegner die sofortige Beschwerde zu (§ 494a Abs. 2 Satz 2 ZPO).

I. Besonderheiten bezüglich des Gerichts

1. Antrag auf Verweisung an die Kammer für Handelssachen[1]

An das
Landgericht

In der Sache
......

zeige ich an, daß ich den Beklagten vertrete[2].
Vorab wird beantragt[3],

> den Rechtsstreit von der Zivilkammer an die Kammer für Handelssachen zu verweisen.

Begründung[4]:

Der Kläger macht Ansprüche aus einem Scheck geltend (§ 95 Abs. 1 Nr. 3 GVG).

Rechtsanwalt

Schrifttum: Brandi-Dohrn, Die Zuständigkeit der Kammer für Handelssachen bei mehrfacher Klagebegründung, NJW 1981, 2453.

Anmerkungen

1. Voraussetzung für die Verweisung ist, daß beim Landgericht eine Kammer für Handelssachen gebildet wurde (§ 93 GVG). Der Antrag beruht auf § 98 GVG. Ist der Rechtsstreit vor der Zivilkammer anhängig, hat also der Kläger die Klageschrift nicht an die Kammer für Handelssachen gerichtet, kann der Antrag nur vom Beklagten gestellt werden. Ihm muß stattgegeben werden, wenn eine Handelssache iSd. § 95 GVG vorliegt, es sei denn, der Beklagte stützt sich auf § 95 Abs. 1 Nr. 1 GVG, ohne im Handelsregister eingetragen zu sein (§ 98 Abs. 1 S. 2 GVG). Ist einer von mehreren Ansprüchen (objektive Klagenhäufung) keine Handelssache oder ist einer von mehreren Beklagten (subjektive Klagenhäufung) kein Kaufmann und wird er auch nicht als persönlich haftender Gesellschafter nach § 128 HGB in Anspruch genommen, ist die Kammer für Handelssachen unzuständig (vgl. *Zöller/Gummer* § 95 GVG Rdn. 2). Eine dennoch ausgesprochene Verweisung kann willkürlich und damit unwirksam sein (OLG Nürnberg NJW 1993, 3208). Zur Zweckmäßigkeit der Verweisung vgl. Form. I. D. 2, Anm. 2. Ist eine Verweisung von der Kammer für Handelssachen an die Zivilkammer vorausgegangen, kann eine Rückverweisung nicht beantragt werden; die erste Verweisung ist bindend (§ 102 S. 2 GVG). Etwas anderes gilt, wenn sie auf Willkür oder Versagung rechtlichen Gehörs beruht (vgl. *Zöller/Gummer* § 102 GVG Rdn. 6). Kommt es zur Verweisung, sollen Anordnungen der verweisenden Kammer auch nach Verweisung ihre Wirksamkeit behalten, so die Setzung einer Klageerwiderungsfrist nach § 275 Abs. 1 S. 1 oder § 276 Abs. 1 S. 2 ZPO iVm. § 296 Abs. 1 ZPO (OLG Frankfurt NJW-RR 1993, 1084).

2. Hat die Zivilkammer das schriftliche Vorverfahren angeordnet, sollte der Beklagte zusätzlich anzeigen, ob und wie weit er sich gegen die Klage verteidigen will.

2. Antrag auf Verweisung bei örtlicher Unzuständigkeit   I. I. 2

3. Der Antrag auf Verweisung des Rechtsstreits von der Zivilkammer an die Kammer für Handelssachen (und umgekehrt) ist nur vor der Verhandlung zur Hauptsache zulässig, § 101 Abs. 1 GVG. Wurde dem Beklagten eine Frist zur Klageerwiderung nach § 275 Abs. 1 S. 1 ZPO oder nach § 276 Abs. 1 S. 2 ZPO gesetzt, der Antrag aber nicht innerhalb der Frist gestellt und die Verspätung nicht hinreichend entschuldigt, kommt eine Verweisung nicht mehr in Betracht (§ 101 Abs. 1 S. 2 GVG). Die Entscheidung ergeht durch Beschluß entspr. § 281 Abs. 1 ZPO, eine mündliche Verhandlung ist nicht erforderlich (§ 101 Abs. 2 GVG). Anträge, die das von der Kammer für Handelssachen einzuschlagende Verfahren betreffen, sollte der Beklagte bereits hier stellen.

4. Hier ist darzulegen, daß einer der Fälle des § 95 GVG vorliegt. Wurde dem Beklagten von der Zivilkammer eine Frist zur Klageerwiderung gesetzt, sollte er diese mit dem Verweisungsantrag verbinden, um für eine Zurückweisung als verspätet keinen Anlaß zu geben.

Kosten und Gebühren

Durch die Verweisung entstehen keine zusätzlichen Kosten und Gebühren.

Fristen und Rechtsmittel

Der Antrag muß innerhalb der Klageerwiderungsfrist gestellt werden, § 101 Abs. 1 Satz 2 u. 3 GVG; andernfalls droht Zurückweisung nach § 296 Abs. 3 ZPO.
Die Entscheidung ist unanfechtbar, § 102 GVG.

2. Antrag auf Verweisung bei örtlicher Unzuständigkeit[1]

An das
Landgericht Hamburg

Verweisungsantrag[2]

In der Sache
der Fa. K GmbH, Hamburg

gegen

den Kaufmann B, Dortmund

hält der Kläger, nachdem der Beklagte die Einrede der örtlichen Unzuständigkeit erhoben hat[3], seine bisherigen Anträge aufrecht.

Hilfsweise[4] wird beantragt,
    den Rechtsstreit an das Landgericht Dortmund, Kammer für Handelssachen, zu verweisen[5].

Begründung[6]:

Die Klägerin hat in der Klageschrift im einzelnen dargelegt, daß beide Parteien Vollkaufleute iSd. § 38 ZPO sind und sie durch Unterwerfung des Beklagten unter die Verkaufs- und Lieferungsbedingungen der Klägerin in ständiger Geschäftsbeziehung Hamburg als Gerichtsstand vereinbart haben. Sollte das Gericht der nach Ansicht der Klägerin unzutreffenden Auffassung sein, daß es an einer wirksamen Gerichtsstandsvereinbarung fehlt, wird entsprechend dem Hilfsantrag um Verweisung gebeten.
Rechtsanwalt

Anmerkungen

1. Wird im landgerichtlichen Verfahren die örtliche oder sachliche Unzuständigkeit vom Beklagten zu Recht gerügt, kann der Kläger durch einen Antrag auf Verweisung an das zuständige Gericht eine Klagerücknahme oder eine Klageabweisung vermeiden. Unterbleibt die Rüge bis zur streitigen mündlichen Verhandlung, wird das Gericht gem. § 39 ZPO durch Prorogation zuständig (anders im Amtsgerichtsprozeß, § 39 S. 2 iVm. § 504 ZPO). Die Verweisung wird gem. § 281 Abs. 2 ZPO durch bindenden Beschluß ausgesprochen. Das neue Gericht ist allerdings nicht gebunden, wenn dem Antragsgegner kein rechtliches Gehör gewährt wurde (BVerfG NJW 1982, 2367) oder wenn der Beschluß auf Willkür beruht, weil ihm jede rechtliche Grundlage fehlt (BGH NJW 1993, 1273). Der Beschluß kann nach § 281 Abs. 2 Satz 2 ohne mündliche Verhandlung ergehen. Die Verweisung setzt voraus, daß das verweisende Gericht zur Zeit der Rechtshängigkeit unzuständig war (§ 261 Abs. 3 Nr. 2 ZPO), also bei Klageerhebung weder ein allgemeiner noch ein besonderer Gerichtsstand vorlag. Eine Verweisung von einem zuständigen Gericht an ein anderes gleichfalls zuständiges Gericht ist unzulässig; mit der Klageerhebung hat der Kläger sein Wahlrecht zwischen mehreren zuständigen Gerichten verbraucht (BayObLG NJW-RR 1991, 187; *Thomas/Putzo* § 35 Rdn. 2). Eine nach Rechtshängigkeit getroffene Vereinbarung über die Zuständigkeit eines anderen Gerichts ist unbeachtlich (vgl. *Thomas/Putzo* § 281 Rdn. 2). Stellt der Kläger keinen Verweisungsantrag, droht ihm die Abweisung der Klage als unzulässig; hiergegen ist Berufung möglich, § 512a ZPO erfaßt diesen Fall nicht. Vor Rechtshängigkeit ist keine Verweisung, auf Antrag des Klägers aber eine formlose Abgabe möglich (vgl. *Zöller/Greger* § 281 Rdn. 7); im Prozeßkostenhilfeverfahren kann eine Verweisung ausgesprochen werden; jedoch gilt die Bindungswirkung nicht für die spätere Hauptsache (BGH NJW-RR 1991, 1342).
Der Rechtsstreit vor dem verweisenden Gericht und dem Empfangsgericht bilden eine Einheit. Anordnungen des Erstgerichts bleiben wirksam; das soll auch für die Klageerwiderungsfrist nach § 275 Abs. 1 S. 1 und § 276 Abs. 1 S. 1 ZPO mit der Sanktion des § 296 Abs. 1 ZPO gelten (OLG Frankfurt NJW-RR 1993, 1084). Auch die Gewährung von Prozeßkostenhilfe (OLG Düsseldorf NJW-RR 1991, 63) und die Einzelrichteranordnung (OLG Koblenz MDR 1986, 153) wirken fort. Eine Rückverweisung ist auch bei fehlerhafter Erstverweisung grundsätzlich nicht statthaft, anders nur bei willkürlichen oder das rechtliche Gehör versagenden Verweisungsbeschlüssen (vgl. *Zöller/Greger* § 281 Rdn. 17 mwN.). Beruht der Verweisungsbeschluß hinsichtlich der Bezeichnung des Gerichts auf einem offensichtlichen Irrtum, kommt eine Berichtigung durch das verweisende Gericht nach § 319 ZPO in Betracht.

2. Der Antrag kann in einem vorbereitenden Schriftsatz, aber auch erst im Termin gestellt werden. Antragsberechtigt ist nur der Kläger. Es besteht kein Anwaltszwang (§ 281 Abs. 2 S. 1 iVm. § 78 Abs. 3 ZPO).

3. Vor Geltendmachung der Unzuständigkeit durch den Beklagten ist der Antrag unnötig, da die Zuständigkeit noch gemäß § 39 S. 1 ZPO durch rügelose Einlassung auf die Klage begründet werden könnte und der Kläger die Rüge des Beklagten nicht herausfordern sollte.

4. Der Antrag wird hilfsweise für den Fall gestellt, daß das Gericht sich für örtlich unzuständig hält. Der Hilfsantrag hat den Vorteil, daß der Kläger es einerseits dem Gericht offen läßt, die Zuständigkeit zu bejahen und über die Sache zu entscheiden, andererseits eine Klageabweisung als unzulässig vermeidet. Ist abzusehen, daß es zu einer Verweisung kommt, und will der Kläger sich hiermit abfinden, sollte er gleichzeitig eine Entscheidung ohne mündliche Verhandlung (§ 281 Abs. 2 S. 2 ZPO) anregen.

5. Das Gericht, an das zu verweisen ist, sollte genau bezeichnet werden. Ist dem Kläger das zuständige Gericht nicht bekannt, so genügt der Antrag, „den Rechtsstreit an das für

den allgemeinen Gerichtsstand des Beklagten zuständige Gericht zu verweisen". Unter mehreren zuständigen Gerichten hat der Kläger die Wahl (§ 281 Abs. 1 S. 2 ZPO). Er kann auch einen gestaffelten Verweisungsantrag stellen (zB. Antrag auf Verweisung an das Gericht A, hilfsweise an das Gericht B). Eine Verweisung an ein ausländisches Gericht ist nicht möglich. Im Rechtsmittelverfahren kommt nur eine Verweisung an das zuständige Gericht des ersten Rechtszuges in Betracht, nicht an das Rechtsmittelgericht (vgl. BGH MDR 1983, 214; *Zöller/Greger* § 281 Rdn. 9). Das Gericht kann eine abgesonderte Verhandlung und Entscheidung (durch Zwischenurteil) über die Frage der Zuständigkeit anordnen, § 280 ZPO. Entspr. Anträge können von den Parteien gestellt werden – sinnvoll zB., um bei unsicherer Zuständigkeitslage bindend Klarheit zu erhalten –, die Anordnung steht jedoch im Ermessen des Gerichts.

6. Stellt der Kläger einen Hilfsantrag, sollte er zunächst die Zuständigkeit des angerufenen Gerichts begründen und nachweisen, soweit dies nicht schon geschehen ist. Wird Verweisung an ein anderes Gericht als das des allgemeinen Gerichtsstandes beantragt, ist dessen Zuständigkeit darzulegen und nachzuweisen. Oft wird eine Begründung des Verweisungsantrages nicht nötig sein, da er sich von selbst versteht.

Kosten und Gebühren

Die durch die Anrufung des unzuständigen Gerichts entstandenen Mehrkosten, vor allem die durch Beauftragung eines weiteren Rechtsanwalts entstandenen notwendigen Anwaltsgebühren, treffen den Kläger auch wenn er in der Hauptsache obsiegt (§ 281 Abs. 3 ZPO; zum Begriff der Mehrkosten vgl. *Zöller/Greger* § 281 Rdn. 19). Enthält das Urteil keine entspr. Kostenentscheidung, muß der Beklagten binnen zwei Wochen eine Urteilsergänzung gem. § 321 ZPO beantragen (*Zöller/Greger* aaO.; vgl. Form. I. N. 3). Allerdings soll im Kostenfestsetzungsverfahren auch ohne Ausspruch im Urteil geprüft werden können, ob die Mehrkosten notwendig waren (str., vgl. OLG Frankfurt MDR 1988, 869 mwN., aA. OLG Koblenz NJW-RR 1992, 892 mwN.).

Fristen und Rechtsmittel

Der Verweisungsbeschluß ist gem. § 281 Abs. 2 ZPO bindend und unanfechtbar. Das gilt nicht, wenn dem Beschluß jede gesetzliche Grundlage fehlt oder wenn er auf einer Versagung des rechtlichen Gehörs beruht (vgl. *Thomas/Putzo* § 281 Rdn. 12; OLG München NJW-RR 1995, 957). In diesen Fällen ist eine Beschwerde möglich, nicht aber schon dann, wenn die Verweisung unrichtig war und sie prozeßordnungswidrig ergangen ist (BGH NJW 1988, 1794). Nach aA. ist ein Verweisungsbeschluß auch unanfechtbar, wenn er unter Verletzung rechtlichen Gehörs zustandegekommen ist, ihm fehlt dann nur die Bindungswirkung (OLG Hamm MDR 1988, 417). Erklärt sich auch das Empfangsgericht für unzuständig, kann eine Gerichtsstandsbestimmung nach § 36 Nr. 6 ZPO beantragt werden.

3. Antrag auf Verweisung wegen sachlicher Unzuständigkeit[1]

An das
Amtsgericht Hamburg

Verweisungsantrag

In der Sache
……

beantragt der Kläger[2],
den Rechtsstreit ohne mündliche Verhandlung an das Landgericht Hamburg, Zivilkammer, zu verweisen[3].

Begründung:[4]

Nachdem der Beklagte mit einem über den Betrag von DM 10.000,– hinausgehenden Anspruch Widerklage erhoben hat, gehört der Rechtsstreit zur sachlichen Zuständigkeit des Landgerichts und ist gem. § 506 ZPO auf Antrag des Klägers zu verweisen.

Anmerkungen

1. Vgl. zunächst Anm. 1, 2 zum vorangehenden Formular. Der Antrag ist erforderlich, wenn statt des angerufenen Landgerichts das Amtsgericht oder umgekehrt statt des Amtsgerichts das Landgericht zuständig ist. Die sachliche Zuständigkeit ergibt sich in der Regel aus dem Streitwert. Maßgeblicher Zeitpunkt für dessen Feststellung ist die Einreichung der Klage, nicht ihre Zustellung (§ 4 Abs. 1 ZPO); bei vorangegangenem Mahnverfahren kommt es auf den Eingang der Akten beim Streitgericht an (vgl. *Zöller/Vollkommer* § 696 Rdn. 3). Eine Reduzierung des Wertes nach diesem Zeitpunkt ist für die sachliche Zuständigkeit bedeutungslos. Zum Verhältnis von Amts- oder Landgericht zum Familiengericht bzw. zur freiwilligen Gerichtsbarkeit vgl. *Thomas/Putzo* § 281 Rdn. 3, 4. Eine Vereinbarung der sachlichen Zuständigkeit gem. § 38 ZPO ist möglich, nicht jedoch bei ausschließlicher Zuständigkeit des Amtsgerichts bzw. des Landgerichts (§ 40 Abs. 2 ZPO). Oft wird die Verweisung erforderlich, weil das zunächst angerufene Gericht den Streitwert so festgesetzt hat, daß er zur sachlichen Zuständigkeit des nicht angerufenen Amtsgerichts bzw. Landgerichts führt. Gegen diesen Beschluß gibt es kein Rechtsmittel (*Baumbach/Lauterbach/Albers/Hartmann* Einf. vor § 3 Rdn. 10, str.); wenn Gegenvorstellungen des Klägers nicht zur Abhilfe führen und eine Prorogation nicht möglich ist, bleibt nur die Verweisung. Das Beispiel betrifft den Fall, daß erst nachträglich durch Klageerweiterung oder Widerklage ein landgerichtlicher Streitwert erreicht wird (§ 506 ZPO).

2. Im Fall des § 506 ZPO kann der Antrag von beiden Parteien, nicht nur vom Kläger gestellt werden; dies muß vor weiterer mündlicher Verhandlung geschehen. Das Antragsrecht bleibt aber erhalten, wenn der nach § 504 ZPO erforderliche Hinweis des Gerichts fehlt (hM., vgl. *Thomas/Putzo* § 504 Rdn. 1).

3. Das Gericht, an das verwiesen werden soll, sollte genau bezeichnet werden. Falls die Kammer für Handelssachen zuständig ist, hat der Kläger bereits vor dem Amtsgericht Verweisung an sie zu beantragen (§ 96 Abs. 2 GVG). Fehlt auch die örtliche Zuständigkeit, ist es möglich und sinnvoll, den Antrag auf Verweisung an das sachlich zuständige Gericht mit dem auf Verweisung an das örtlich zuständige Gericht zu verbinden. Ist zweifelhaft, ob das angerufene oder ein anderes Gericht sachlich zuständig ist, sollte auch hier ein Hilfsantrag gestellt werden (vgl. vorstehendes Formular Anm. 4).

4. Hier ist die sachliche Unzuständigkeit des angerufenen Gerichts zu begründen und die Zuständigkeit des Gerichts, an das verwiesen werden soll, darzulegen und nachzuweisen, sofern sie sich nicht – wie hier – von selbst ergibt. Im Fall des § 506 ZPO ist zu beachten, daß für den Zuständigkeitsstreitwert der Wert von Klage und Widerklage nicht zusammengerechnet wird (§ 5 ZPO); eine Verweisung kommt nur in Betracht, wenn Klage oder Widerklage einen landgerichtlichen Streitwert erreichen.

Kosten und Gebühren

Vgl. die Hinweise zu Form. I. 1. 2.

4. Antrag auf Vorabentscheidung über die Zulässigkeit des Rechtswegs mit Hilfsantrag auf Verweisung[1,2]

An das
Landgericht Hamburg

In der Sache
Jensen ./. Freie und Hansestadt Hamburg

beantragt der Kläger, nachdem die Beklagte die Zulässigkeit des Rechtswegs gerügt hat,
    vorab zu entscheiden, daß der Rechtsweg zu den ordentlichen Gerichten zulässig ist[3].

Hilfsweise wird beantragt,
    den Rechtsstreit an das Verwaltungsgericht Hamburg zu verweisen[4].

Begründung[5]

Der Kläger hat bereits in der Klageschrift dargelegt, daß für den geltend gemachten Anspruch der Rechtsweg zu den ordentlichen Gerichten gegeben ist. Nachdem die Beklagte aber die Zulässigkeit des Rechtswegs ausdrücklich gerügt hat, ist nach § 17a Abs. 3 GVG vorab über die Zulässigkeit des Rechtswegs zu entscheiden.

Sollte das Gericht die Zulässigkeit des Rechtswegs verneinen, müßte der Kläger seine Klage vor dem Verwaltungsgericht verfolgen. Für diesen Fall wird der Hilfsantrag gestellt.
Rechtsanwalt

Schrifttum: Ressler, Zur vereinfachenden Wirkung der Verfahrensvorschriften über die Bestimmung des Gerichtszweiges, JZ 1994, 1035.

Anmerkungen

1. Für das Verhältnis der Gerichtsbarkeiten untereinander und die Verweisung an das Gericht eines anderen Rechtswegs gilt nicht § 281 ZPO, sondern § 17a GVG. In der Praxis geht es meist um das Verhältnis der Zivilgerichte zur Arbeitsgerichtsbarkeit – hierbei handelt es sich seit Neufassung der §§ 17 ff. GVG und § 48 ArbGG nicht mehr um eine Frage der sachlichen Zuständigkeit (vgl. OLG Köln NJW-RR 1993, 639; OLG Braunschweig NJW-RR 1994, 64) – oder, wie im Beispiel, zur Verwaltungsgerichtsbarkeit. §§ 17 ff. GVG sind entsprechend anwendbar für das Verhältnis der ordentlichen streitigen

zur freiwilligen Gerichtsbarkeit (BayObLG NJW-RR 1992, 597) und der freiwilligen zu einer anderen Gerichtsbarkeit (OLG Hamm NJW 1992, 2642).

2. Ist die Zulässigkeit des Rechtswegs zweifelhaft, hängt das weitere Verfahren davon ab, wie das Gericht diese Frage beantwortet. Hält es den Rechtsweg für unzulässig, spricht das Gericht dies durch Beschluß aus und verweist den Rechtsstreit gleichzeitig an das zuständige Gericht des zulässigen Rechtswegs (§ 17a Abs. 2 GVG). Zu einem klagabweisenden Urteil kann es also nicht mehr kommen. Hält das Gericht den Rechtsweg für zulässig, kann es das durch Beschluß vorab aussprechen (§ 17a Abs. 3 S. 1 ZPO); es hat vorab zu entscheiden, wenn eine Partei, wie im Beispiel, die Zulässigkeit des Rechtswegs gerügt hat (§ 17a Abs. 3 S. 2 GVG). In beiden Fällen erfordert der Beschluß keine mündliche Verhandlung, anders als der Verweisungsbeschluß nach § 281 ZPO ist er zu begründen (§ 17a Abs. 4 S. 1, 2 GVG).

3. Ein Antrag auf Vorabentscheidung ist nicht erforderlich, die Parteien können sie aber bei unklarer Rechtslage anregen. Das kann sinnvoll sein, um die Zulässigkeitsfrage mit Bindungswirkung zu klären (vgl. *Thomas/Putzo* § 17a GVG Rdn. 16). Wenn eine Partei die Zulässigkeit des Rechtswegs rügt, zwingt sie dadurch das Gericht, durch Beschluß vorab zu entscheiden (§ 17a Abs. 3 S. 2 GVG).

4. Anders als bei § 281 ZPO hängt die Verweisung nicht von einem Antrag ab; das Gericht spricht nicht nur die Unzulässigkeit des beschrittenen Rechtswegs, sondern auch die Verweisung an das zuständige Gericht des zulässigen Rechtswegs von Amts wegen aus (§ 17a Abs. 2 S. 1 GVG). Nur bei Zuständigkeit mehrerer Gerichte hat der Antragsteller ein Wahlrecht.

5. Hier sollte der Kläger, wenn er in erster Linie vor dem Gericht des eingeschlagenen Rechtswegs bleiben möchte, dessen Zulässigkeit begründen. Kommt eine Verweisung an verschiedene Gerichtszweige in Betracht, sollte er das ausführen; in diesem Fall hat er die Wahl. Das gleiche gilt, wenn zB. bei einer Verweisung an die ordentliche Gerichtsbarkeit mehrere Gerichte aufgrund allgemeinen und besonderen Gerichtsstands zuständig sind.

Kosten und Gebühren

Der Beschluß nach § 17a Abs. 2, 3 GVG enthält keine Kostenentscheidung, anders der Beschwerdebeschluß nach § 17 Abs. 4 GVG (BGH NJW 1993, 2541). Nach Verweisung werden dem Kläger die durch die Anrufung des zunächst angegangenen Gerichts entstandenen Mehrkosten im Urteil auferlegt. § 17b Abs. 2 GVG entspricht § 281 Abs. 3 ZPO (vgl. Form. I. I. 2).

Fristen und Rechtsmittel

Gegen Beschlüsse nach § 17a GVG, die die Zulässigkeit des Rechtswegs verneinen (Abs. 2) oder bejahen (Abs. 3), ist die sofortige Beschwerde gegeben; sie regelt sich nach der Verfahrensordnung der jeweiligen Gerichtsbarkeit. Hat das Gericht des ersten Rechtszuges im Endurteil die Zulässigkeit ausdrücklich oder stillschweigend bejaht, läßt sich hierauf keine Berufung stützen (BGH NJW 1991, 1686). Anders ist es, wenn eine Partei die Zulässigkeit des Rechtswegs gerügt hatte (BGH NJW 1993, 470; 1994, 287).

5. Antrag auf Bestimmung des zuständigen Gerichts[1], [2]

An den
Bundesgerichtshof[3]

In der Sache
......

stellt der Kläger[4] den Antrag,
    das Amtsgericht Peine als das zuständige Gericht zu bestimmen[5].

Begründung:[6]

Der Kläger hat gegen den Beklagten beim Amtsgericht München einen Mahnbescheid erwirkt. Nach Widerspruch des Beklagten hat das Mahngericht das Verfahren an das für den Wohnsitz des Beklagten zuständige Amtsgericht Peine abgegeben. Dieses Gericht hatte der Kläger im Mahnbescheidsantrag als für das Streitverfahren zuständig bezeichnet. Auf Antrag des Klägers hat das Amtsgericht Peine den Rechtsstreit durch Beschluß vom ... an das Amtsgericht München als Gericht des Erfüllungsortes verwiesen. Das Amtsgericht München hat den Rechtsstreit an das Amtsgericht Peine durch Beschluß vom ... zurückverwiesen, weil die Verweisung rechtswidrig gewesen sei. Damit haben sich zwei Gerichte im Sinne des § 36 Nr. 6 ZPO rechtskräftig für unzuständig erklärt. Nach Auffassung des Klägers war der Verweisungsbeschluß des Amtsgerichts Peine nicht bindend, so daß es als zuständiges Gericht zu bestimmen ist.

Schrifttum: Bornkamm, Die Gerichtsstandsbestimmung nach §§ 36, 37 ZPO, NJW 1989, 2713; *Fischer*, Zur Bindungswirkung rechtswidriger Verweisungsbeschlüsse, NJW 1993, 2417; *ders.*, Willkürliche Verweisungen, MDR 1994, 539.

Anmerkungen

1. Der Antrag beruht auf einem negativen Kompetenzkonflikt nach § 36 Nr. 6 ZPO, wie er in der Praxis zB. nach vorausgegangenem Mahnverfahren vorkommt. Der Beispielsfall ist der Entscheidung BGH NJW 1993, 1273 nachgebildet. § 36 Nr. 6 ZPO gilt nicht nur für Streitigkeiten über die örtliche, sondern auch über die sachliche und die funktionelle Zuständigkeit. Von den weiteren in § 36 ZPO erfaßten Situationen spielt nur noch der Fall des § 36 Nr. 3 in der Praxis eine Rolle: Der Kläger will mehrere Streitgenossen in einem Prozeß in Anspruch nehmen, die Streitgenossen haben jedoch einen unterschiedlichen allgemeinen und keinen gemeinsamen besonderen Gerichtsstand. Beispiele hierzu aus der Rechtsprechung: BGH NJW 1987, 439; NJW 1988, 646.

2. Eine Bestimmung des zuständigen Gerichts ist, in entsprechender Anwendung des § 36 Nr. 6 ZPO, auch möglich bei Zuständigkeitsstreit zwischen Zivilkammer und Kammer für Handelssachen, zwischen Familiengericht und Zivilkammer/Zivilabteilung bzw. Familiensenat und allgemeinem Senat des OLG (BGH NJW 1983, 47), zwischen Familiengericht und Vormundschaftsgericht (BGH FamRZ 1982, 745), zwischen zwei Gerichten der freiwilligen Gerichtsbarkeit (BGH NJW 1988, 2739); weitere Beispiele bei *Zöller/Vollkommer* § 36 Rdn. 29–32. Voraussetzung ist immer, daß zwei Gerichte sich rechtskräftig für unzuständig erklärt haben. Es genügt ein Verweisungsbeschluß des ersten Gerichts und ein gleichfalls unanfechtbarer Rück- oder Weiterverweisungsbeschluß des zweiten Gerichts (BayObLG NJW-RR 1991, 188) oder auch nur die Rücksendung der Akten (BGH NJW-RR 1992, 1154). Grundsätzlich ist auch erforderlich, daß eines der beiden

Gerichte wirklich zuständig ist (*Thomas/Putzo* § 36 Rdn. 18). Der Rechtsstreit kann jedoch durch die Zuständigkeitsbestimmung auch an ein drittes, ausschließlich zuständiges Gericht verwiesen werden (BGH NJW 1980, 1282, 1283; 1995, 534). Zum Verfahren, wenn die zweite Verweisung nicht bindend ist, vgl. BGH NJW 1989, 461.

3. Zur Entscheidung ist das im Rechtszug nächsthöhere gemeinsame Gericht zuständig, also zB. das Landgericht für die Amtsgerichte seines Bezirks, das Oberlandesgericht für die Landgerichte oder für Amtsgerichte aus mehreren Landgerichtsbereichen seines Bezirks, der Bundesgerichtshof für alle ordentlichen Gerichte aus unterschiedlichen Oberlandesgerichtsbezirken.

4. Der Antrag kann von beiden Parteien gestellt werden, also auch vom Beklagten (vgl. OLG Düsseldorf NJW-RR 1990, 1021; *Thomas/Putzo* § 37 Rdn. 1), anders im Fall des § 36 Nr. 3; dort ist nur der Kläger antragsberechtigt (BGH NJW 1987, 439; 1990, 2751). Auch eines der Gerichte kann die Sache dem für die Bestimmung zuständigen Gericht vorlegen (vgl. BGH NJW 1985, 2537; 1993, 1273; *Thomas/Putzo* § 36 Rdn. 1).

5. Das Gericht, das der Kläger für zuständig hält, braucht im Antrag nicht genannt zu werden, das entscheidende Gericht ist hieran iü. nicht gebunden. Auch die Bestimmung eines dritten Gerichts als zuständig ist möglich (vgl. BGH NJW 1980, 1282).

6. Die Begründung kann kurz gefaßt sein, denn der Sachverhalt ergibt sich aus den Gerichtsakten, die das Gericht beiziehen wird.

J. Besonderheiten bezüglich der Parteien

1. Prozeßführungsbefugnis (gewillkürte Prozeßstandschaft)[1,2]

An das
Landgericht

Klage

In der Sache
......

Namens des Klägers erhebe ich Klage und beantrage:
1. Der Beklagte wird verurteilt, an die Firma Autohaus Hoyer, Inhaber Klaus Hoyer, 3500 Kassel, Hochallee 16, DM 18.381,36 nebst 4% Zinsen seit Rechtshängigkeit zu zahlen[3].
2. ......

Begründung[4]:

1. Der Beklagte hat, wie unter 2. näher dargelegt wird, schuldhaft einen Verkehrsunfall verursacht, bei dem das Fahrzeug des Klägers beschädigt wurde. Der Kläger ließ das Fahrzeug bei seiner Werkstatt, der Firma Autohaus Hoyer, zum Preis von DM 18.381,36 reparieren. Mit Erklärung vom ......

– Anlage 1 –

trat der Kläger seinen Schadensersatzanspruch hinsichtlich der Reparaturkosten an diese Firma ab. Gleichzeitig ermächtigte der Firmeninhaber den Kläger durch mündliche Absprache, die Forderung gerichtlich geltend zu machen.

Beweis: Zeugnis des Herrn Klaus Hoyer
(vollständige Anschrift)

Das Interesse des Klägers an der gerichtlichen Geltendmachung der Forderung im eigenen Namen ergibt sich daraus, daß er die Reparaturrechnung selbst begleichen muß, wenn der Beklagte nicht an die Reparaturfirma leistet.
2. Zur Begründung des Anspruches wird folgendes ausgeführt: ......
Rechtsanwalt

Schrifttum: Balzer, Die Darlegung der Prozeßführungsbefugnis und anderer Sachurteilsvoraussetzungen, NJW 1992, 2721; *Lüke*, Die Prozeßführungsbefugnis, ZZP 76, 1; *Berg*, Die Prozeßführungsbefugnis im Zivilprozeß, JuS 1966, 461; *Koch*, Über die Entbehrlichkeit der gewillkürten Prozeßstandschaft, JZ 1984, 309; *Boecken/Krause*, Globalzession und gewillkürte Prozeßstandschaft bei nachfolgender Vermögenslosigkeit des Schuldners, NJW 1987, 420.

Anmerkungen

1. Es handelt sich um eine gesetzlich nicht geregelte Voraussetzung für die Zulässigkeit der Klage, die vorliegen muß, wenn ein anderer als der Rechtsinhaber ein Recht gerichtlich geltend machen will. Die Befugnis hierzu ist gegeben, wenn der Rechtsinhaber den Kläger

zur gerichtlichen Geltendmachung im eigenen Namen ermächtigt und der Kläger ein eigenes schutzwürdiges Interesse daran besitzt (vgl. *Thomas/Putzo* § 51 Rdn. 34). In der Praxis kommt sie zB. im Verkehrsunfallprozeß vor, wenn der Geschädigte seine Ansprüche vor Rechtshängigkeit an die Reparaturfirma (so der angenommene Fall) oder die Mietwagenfirma abgetreten hat. Aus der neueren Rechtsprechung vgl. BGH NJW 1979, 924, 925; MDR 1984, 228; NJW 1985, 2194; 1988, 1585; zur Prozeßführungsbefugnis des Inkassozessionars BGH NJW 1980, 991, des Empfängers wegen Beschädigung des Transportgutes BGH NJW 1979, 2472; des Gemeinschuldners für den Konkursverwalter BGH NJW 1987, 3121; des Gesellschafters für die GmbH BGH NJW 1987, 383; des Sicherungsgebers für die Bank OLG Celle NJW 1987, 783; eines Ehegatten für die Gütergemeinschaft betreffende Ansprüche BGH NJW 1994, 653. Wenn die Prozeßführungsbefugnis zweifelhaft sein kann, sollte der Kläger zur Sicherheit versuchen, sich die Klageforderung abtreten bzw. das Recht übertragen zu lassen, und zwar vor Ablauf der Verjährungsfrist (vor Abtretung keine Unterbrechung der Verjährung!).

2. Erfolgt die Übertragung auf den Dritten nach Rechtshängigkeit, bleibt dem Kläger die Prozeßführungsbefugnis gem. § 265 ZPO erhalten. Er muß dann lediglich seinen Antrag auf Zahlung an den Dritten umstellen (vgl. BGH NJW 1979, 924).

3. Der Antrag muß idR. auf Leistung an den Rechtsinhaber gerichtet sein. Eine weitergehende Ermächtigung wird in einem Fall dieser Art kaum erteilt werden. Etwas anderes gilt bei einer Inkassozession (vgl. *Thomas/Putzo* § 51 Rdn. 35).

4. Der Kläger muß zur Zulässigkeit der Klage die Ermächtigung und sein eigenes Interesse darlegen und erforderlichenfalls beweisen. Als Ermächtigung kann das stillschweigende Einverständnis mit der Prozeßführung genügen (BGH NJW 1979, 924, 925), grundsätzlich ist aber im Interesse des Prozeßgegners erforderlich, daß die Ermächtigung im Prozeß offengelegt wird (BGH NJW 1988, 1585, 1587). Eine unwirksame Abtretung kann uU. in eine Einziehungsermächtigung umgedeutet werden (BGH NJW 1987, 3121). Für das eigene Interesse reicht die Darlegung aus, daß die Entscheidung des Rechtsstreits Einfluß auf die eigene Rechtslage hat (vgl. *Thomas/Putzo* § 51 Rdn. 34).

Kosten und Gebühren

Ist die in Prozeßstandschaft zB. für eine Bank klagende Partei vermögenslos geworden, kann der mögliche Kostenerstattungsanspruch im Fall der Klagabweisung ins Leere gehen. Dieser Gesichtspunkt kann eine in Prozeßstandschaft erhobene Klage unzulässig machen, vgl. BGH NJW 1990, 1117; *Boecken/Krause* NJW 1987, 420. Die Frage, ob für die Gewährung von Prozeßkostenhilfe auf die Vermögensverhältnisse des Prozeßführers oder des Rechtsinhabers abzustellen ist, ist str. (vgl. OLG Celle NJW 1987, 783 mwN.; OLG Hamm NJW 1990, 1053); idR. müssen beide bedürftig sein (BGH NJW 1986, 850, 851).

2. Streitverkündung[1]

An das
Landgericht

                        Streitverkündung[2]

In der Sache
......

wird der Firma F......[3]
    der Streit verkündet mit der Aufforderung, dem Rechtsstreit auf seiten des Klägers beizutreten[4].

2. Streitverkündung

Das Gericht wird gebeten,
   diesen Schriftsatz nebst anliegender Kopie der Klageschrift und der Klageerwiderung dem Streitverkündeten alsbald zuzustellen[5].

Begründung[6]:

Der Kläger verlangt von der Beklagten Schadensersatz wegen mangelhafter Estrich-Arbeiten im Keller seines Hauses. In ihrer Klageerwiderung hat die Beklagte eingewandt, daß die vorhandenen Schäden nicht auf mangelhafter Arbeit ihrer Leute, sondern auf Fehler der Streitverkündeten zurückzuführen seien. Die Streitverkündete hatte im Auftrag des Klägers Abdichtungsarbeiten am Fundament des Hauses ausgeführt. Für den Fall, daß der Einwand der Beklagten zutrifft und er aus diesem Grunde im Prozeß gegen die Beklagte unterliegt, hätte er gegen die Streitverkündete einen Anspruch auf Schadloshaltung.
Der Stand des Prozesses ergibt sich aus der anliegenden beglaubigten Ablichtung der Klageschrift und der Klageerwiderung.
Das Gericht hat das schriftliche Vorverfahren angeordnet, jedoch bisher keinen Haupttermin bestimmt und auch sonst keine prozeßleitenden Anordnungen getroffen[7].
Rechtsanwalt

Schrifttum: Wieser, Die Interventionswirkung nach § 68 ZPO, ZZP 79, 246; *Häsemeyer,* Die Interventionswirkung im Zivilprozeß, ZZP 84, 179; *Werres,* Die Wirkungen der Streitverkündung und ihre Grenzen, NJW 1984, 208; *Kittner,* Streithilfe und Streitverkündung, JuS 1985, 703; *Fricke,* Zur Zulässigkeit von Nebenintervention und Streitverkündung im Arrestverfahren und Verfahren der einstweiligen Verfügung, BauR 1978, 257; *Schulze,* Verspätetes Vorbringen durch den Streithelfer, NJW 1981, 2663; *Mickel,* Beweissicherung und Streitverkündung, BB 1984, 438; *Pantle,* Der nicht unterstützte Streithelfer, MDR 1988, 924; *Schneider,* Kosten des Nebenintervenienten bei einem Prozeßvergleich zwischen den Parteien, MDR 1983, 801; *Schwarz,* Aufhebung oder Halbierung der Interventionskosten, MDR 1993, 1052.

Anmerkungen

1. Die Zulässigkeit der Streitverkündung ergibt sich aus § 72 ZPO. Sie ist für den Kläger sinnvoll, wenn nach dem Vorbringen des Beklagten ein Dritter verpflichtet sein kann und der Kläger vermeiden möchte, daß er zunächst gegen den Beklagten unterliegt, aber auch später gegen den Dritten mit der Begründung verliert, daß der erste Beklagte doch der richtige Schuldner gewesen wäre. Gleiches gilt für den Beklagten, wenn er befürchten muß, daß er im ersten Prozeß unterliegt und außerdem auf die Klage eines Dritten, der dieselbe Forderung für sich in Anspruch nimmt, verurteilt wird. Derart widersprüchliche Prozeßergebnisse können durch Herbeiführung der Nebeninterventionswirkung des § 68 ZPO (iVm. § 74 ZPO) vermieden werden. Außerdem bewirkt die Streitverkündung im Verhältnis zum Dritten die Unterbrechung der Verjährung (§ 209 Nr. 4 BGB, allerdings nur, wenn binnen sechs Monaten nach Prozeßende Klage gegen den Dritten erhoben wird, § 215 BGB), sowie die Erhaltung der Mängeleinrede (§§ 478, 639 BGB); diese Wirkungen treten bereits mit Eingang bei Gericht ein, wenn die Zustellung iSd. § 270 Abs. 3 ZPO demnächst erfolgt (BGH NJW 1994, 203). Die Interventionswirkung tritt nach hM. allerdings nur zugunsten der den Streit verkündenden Partei ein (BGH NJW 1987, 2874 mwN.); § 68 ZPO hilft auch nicht, wenn der Ausgangsprozeß aus Beweislastgründen verloren geht, vgl. BGH NJW 1983, 820. Ob auch das Gericht eines anderen Rechtswegs durch § 68 ZPO gebunden wird, ist umstritten (verneinend BGH NJW 1993, 2539; dagegen *Wax* NJW 1994, 2333). Die Streitverkündung ist in der Praxis häufig zB. in Bauprozessen, wenn Unklarheit über die Verantwortlichkeit mehrerer Baubeteiligter besteht (so der Beispiels-

fall, vgl. BGH NJW 1976, 39; OLG München NJW 1986, 263), in Frachtrechtsfällen, wenn unklar ist, in wessen Obhut das Gut sich bei Schadenseintritt befand (BGH NJW 1992, 1698), und in Prozessen gegen den Vertretenen, wenn die Vollmacht des Vertreters zweifelhaft wird (vgl. BGH NJW 1982, 281; 1989, 521, 522); weitere Beispielsfälle bei *Baumbach/Lauterbach/Albers/Hartmann* § 72 Rdn. 3–6; BGH NJW 1979, 264. Entscheidend für die Zulässigkeit ist, daß der Gegner und der Dritte nicht gemeinsam als Gesamtschuldner in Anspruch genommen werden können, sondern eine alternative Haftung besteht (BGH NJW 1976, 39, 40). Die Streitverkündung ist zwingend vorgeschrieben im Fall des § 841 ZPO (vgl. Form. III. B. 24).

2. Zur Form vgl. § 73 ZPO. Zur Angabe des Grundes der Streitverkündung ist es erforderlich, einen der Fälle des § 72 ZPO darzulegen. Außerdem ist dem Streitverkündeten der genaue Streitstand des Prozesses mitzuteilen. Die Streitverkündung kann bereits mit der Klageschrift erklärt werden. Zu ihrer Wirksamkeit genügt es, daß der Rechtsstreit anhängig ist (BGH NJW 1985, 328). Sie ist bis zur rechtskräftigen Entscheidung möglich, also auch noch nach Verkündung eines rechtsmittelfähigen Urteils. Allerdings tritt die Nebeninterventionswirkung nur ein, soweit der Dritte noch in der Lage war, Angriffs- und Verteidigungsmittel geltend zu machen (vgl. OLG Köln MDR 1983, 409); es empfiehlt sich also eine frühzeitige Streitverkündung (vgl. § 74 Abs. 3 ZPO). Die Zulässigkeit einer Streitverkündung im Beweissicherungsverfahrens war str. (vgl. *Mickel* BB 1984, 438 mwN.), dürfte aber im selbständigen Beweisverfahren nach §§ 485 ff. ZPO gegeben sein (h.M.; vgl. OLG Köln NJW 1993, 2757; OLG Koblenz MDR 1994, 619).

3. Der Dritte ist wie eine Partei zu bezeichnen; da ihm die Streitverkündung zugestellt werden muß (§ 73 S. 2 ZPO), ist seine ladungsfähige Anschrift anzugeben.

4. Diese Aufforderung ist gesetzlich nicht vorgeschrieben, aber üblich (vgl. § 74 Abs. 1 ZPO).

5. Die Zustellung erfolgt von Amts wegen. Es empfiehlt sich, dem Streitverkündeten zur Orientierung über den Streitstand sämtliche Schriftsätze, Beschlüsse und Protokolle zuzuleiten, damit er später die Nebeninterventionswirkung nicht gem. § 68 2. Halbs. ZPO abwenden kann.

6. Hier muß der Kläger darlegen, daß er für den Fall seines Unterliegens einen Anspruch auf „Schadloshaltung" gegen den Streitverkündeten hätte. Soweit er dem Streitverkündeten keine Abschriften der gewechselten Schriftsätze und des sonstigen Akteninhalts zuleitet, muß er außerdem den Sach- und Streitstand darstellen.

7. Der Streitverkündete sollte außerdem über den zukünftigen Prozeßverlauf (Terminsbestimmung, Beweisanordnungen, Auflagen) informiert werden.

Kosten und Gebühren

Solange der Streitverkündete nicht beitritt (dazu vgl. Form. I. J. 3), entstehen keine Gerichts- und Rechtsanwaltsgebühren, nur Zustellungskosten, die der Streitverkünder zu tragen hat (vgl. *Thomas/Putzo* § 73 Rdn. 8).

3. Beitritt eines Nebenintervenienten[1]

An das
Landgericht

Nebenintervention[2]

In der Sache
......

erkläre ich namens und in Vollmacht des Streitverkündeten:

>Der Streitverkündete tritt dem Rechtsstreit auf seiten des Klägers[3] als Nebenintervenient bei.

Er schließt sich als Nebenintervenient dem in der Klageschrift gestellten Antrag an[4] und beantragt außerdem,

>dem Beklagten die durch die Nebenintervention verursachten Kosten aufzuerlegen[5].

Ergänzend zur Klagebegründung wird folgendes vorgetragen[6]:
1. Die Abdichtungsarbeiten sind vom Nebenintervenienten entsprechend den Vergabebedingungen unter Beachtung der DIN-Vorschriften ausgeführt worden.

>Beweis: Sachverständigengutachten

2. Zur Ausführung der Estrich-Arbeiten durch die Beklagte ist vorzutragen, daß ......

Rechtsanwalt

Schrifttum: vgl. Form. I. J. 2.

Anmerkungen

1. Der Beitritt als Nebenintervenient erfolgt meist gem. § 74 ZPO auf eine Streitverkündung hin (so das Beispiel, das an das vorangehende Formular anknüpft), jedoch kann auch sonst jeder, der ein rechtliches Interesse am Obsiegen einer Partei hat, dem Rechtsstreit auf seiten dieser Partei beitreten (§ 66 ZPO, Beispiele bei *Zöller/Vollkommer* § 66 Rdn. 11 ff.). Der Zweck der Nebenintervention liegt für den Beitretenden darin, den Ausgang des Rechtsstreits in seinem Sinne zu beeinflussen zu können, da er im Rahmen des § 67 ZPO selbständig Angriffs- und Verteidigungsmittel geltend machen kann (vgl. *Zöller/Vollkommer* § 67 Rdn. 3–5). Der Nebenintervenient kann auch selbständig Rechtsmittel einlegen, ist allerdings an die Rechtsmittelfrist der Hauptpartei gebunden (BGH NJW 1990, 190). Ein Streitverkündeter sollte daher von der Beitrittsmöglichkeit immer dann Gebrauch machen, wenn er befürchtet, daß der Rechtsstreit von „seiner" Partei schlecht geführt wird; denn die Nebeninterventionswirkung des § 68 ZPO tritt auch ein, wenn er nicht beigetreten ist. Liegt eine Streitverkündung vor, reicht dies zur Zulässigkeit der Nebenintervention aus (vgl. OLG Hamm NJW-RR 1988, 155 mwN.). In anderen Fällen sollte der Beitretende sein rechtliches Interesse prüfen, da die Nebenintervention bei Nichtvorliegen gemäß § 71 ZPO auf seine Kosten zurückgewiesen werden kann.

2. Der Beitritt erfolgt durch einen Schriftsatz beim Prozeßgericht in der in § 70 ZPO bestimmten Form. Die Rechtsprechung ist zT. großzügig; auch die Vornahme einer eigenen Prozeßhandlung, so der Berufung, kann als Beitritt ausgelegt werden (BGH NJW 1994, 1537). Liegt eine Streitverkündung vor, genügt zur Angabe des Interesses an der

Nebenintervention der Hinweis hierauf. Im Fall des § 66 ZPO muß das Interesse näher dargelegt werden.

3. Die Partei, der beigetreten werden soll, ist zu nennen. Der Streitverkündete könnte auch auf seiten der Gegenpartei beitreten, wenn er ein rechtliches Interesse iSd. § 66 ZPO an deren Obsiegen hat (*Thomas/Putzo* § 74 Rdn. 1; BGH VersR 1985, 80).

4. Der Nebenintervenient kann sich die Anträge seiner Partei zu eigen machen oder auch weitergehende Anträge stellen; er kann sich auch auf eine rein passive Haltung beschränken.

5. Über die Kosten entscheidet das Gericht von Amts wegen, der Antrag soll sicherstellen, daß das Gericht die Kosten des Nebenintervenienten nicht übersieht.

6. Hier sollte der Nebenintervenient vor allem Tatsachen vortragen und Beweisanträge stellen, die zur Inanspruchnahme des Beklagten führen und eine „Schadloshaltung" des Klägers an ihm verhindern (oder im Falle des Beitritts auf seiten des Beklagten dem Anspruch des Klägers entgegenstehen und den Regreß des Beklagten verhindern).

Kosten und Gebühren

Soweit dem Gegner der Hauptpartei die Kosten des Rechtsstreits auferlegt werden, trägt er auch die der Nebenintervention; anderenfalls trägt sie der Nebenintervenient selbst (vgl. § 101 ZPO). Unterbleibt ein Kostenanspruch, muß der Nebenintervenient nach § 319 oder § 321 ZPO vorgehen. Zur Frage, ob und wieweit er einen Kostenerstattungsanspruch hat, wenn die Parteien einen Vergleich schließen, der über diese Kosten schweigt, vgl. *Schneider* MDR 1983, 801. Ist der Nebenintervenient dem Vergleich nicht beigetreten, kann er einen Kostenbeschluß des Gerichts herbeiführen, der ihm eine Kostenerstattung ermöglicht (vgl. OLG Frankfurt MDR 1990, 929; OLG München JurBüro 1990, 629; *Schwarz* MDR 1993, 1052). Zu den Kosten der Nebenintervention gehören seine Anwaltskosten (hierfür gilt § 31 BRAGO) sowie die Gerichts- und Rechtsanwaltskosten, die durch Prozeßhandlungen entstehen, an denen sich die Hauptpartei nicht beteiligt (vgl. *Thomas/Putzo* § 101 Rdn. 6). Der Streitwert ist gem. § 3 ZPO nach dem Interesse des Streithelfers am Obsiegen seiner Partei zu schätzen (OLG Koblenz MDR 1983, 59; OLG Saarbrücken Büro 1985, 445; OLG Köln MDR 1990, 246). Str. ist, ob der Streitwert der Nebenintervention so hoch ist wie derjenige der Klage, wenn der Nebenintervenient dieselben Anträge wie die Hauptpartei stellt (so OLG Hamburg AnwBl. 1985, 263).

Fristen und Rechtsmittel

Beide Parteien können gem. § 71 ZPO beantragen, die Nebenintervention zurückzuweisen, insbes. mit der Begründung, daß ein rechtliches Interesse iSd. § 66 ZPO fehle. Über einen solchen Zwischenstreit wird durch Zwischenurteil entschieden, gegen das sofortige Beschwerde stattfindet, §§ 71 Abs. 2, 577 ZPO (Frist: zwei Wochen, § 577 Abs. 2 ZPO). Bei versäumter Nebenintervention ist eine Wiedereinsetzung ausgeschlossen (BGH NJW 1991, 229).

4. Antrag auf Parteiberichtigung[1,2]

An das
Landgericht

Schriftsatz

In der Sache
X-GmbH
gegen
Fa. Hans Hoyer,
Inhaber Klaus Hoyer

wird auf die Auflage des Gerichts mitgeteilt, daß die Klägerin durch die Geschäftsführer X und Y (vollständiger Name) vertreten wird[3].

Es wird beantragt,
    das Aktivrubrum entsprechend zu ergänzen.

Es wird weiter beantragt,
    das Passivrubrum dahin zu berichtigen, daß nicht Herr Klaus Hoyer, sondern Herr Z (vollständiger Name) Inhaber der Beklagten ist[4].

Begründung:

Aufgrund des als Anlage 1 beigefügten Handelsregisterauszuges[5] hat sich ergeben, daß Herr Klaus Hoyer schon bei Rechtshängigkeit nicht mehr Inhaber der Beklagten war. Neuer Inhaber ist Herr Z. Da der Kläger ersichtlich nicht den früheren Inhaber der Beklagten, sondern den jetzigen Inhaber in Anspruch nehmen wollte – sonst hätte er die Klage nicht gegen die Firma gerichtet – kann die Bezeichnung berichtigt werden, ohne daß es einer Parteiänderung bedarf.

Rechtsanwalt

Schrifttum: Baumgärtel, Die Kriterien zur Abgrenzung von Parteiberichtigung und Parteiwechsel, Büro 1973, 164.

Beck'sche Formularbuch, 7. Aufl., Job 10292

Anmerkungen

1. Unrichtige und unvollständige Parteibezeichnungen können jederzeit – auch noch in der Revisionsinstanz (BGH WM 1981, 829) – auf Antrag oder von Amts wegen berichtigt oder ergänzt werden. Hieran muß den Parteien in Hinblick auf die Vollstreckung gelegen sein. Das Gericht wird idR. von sich aus auf eine korrekte und vollständige Parteibezeichnung drängen. Das Verfahren ist unproblematisch, wenn es nur um ergänzende Angaben geht (so das Beispiel hinsichtlich des Aktivrubrums). Problematisch, aber auch besonders wichtig ist die Berichtigung, wenn der Kläger den Beklagten so bezeichnet hat, daß dessen Identität zweifelhaft sein kann (so das Beispiel hinsichtlich des Passivrubrums). Wenn die aus der Klage zu entnehmende Identität nicht gewahrt bleibt, ist eine Berichtigung nicht möglich, es kommt dann nur eine Parteiänderung mit den sich daraus ergebenen Nachteilen in Betracht. Zur Abgrenzung von Berichtigung der Parteibezeichnung und Parteiwechsel vgl. BGH NJW 1981, 1453; WM 1981, 46; NJW 1983, 2448; 1987, 1946; OLG

Frankfurt NJW-RR 1990, 1471; OLG Hamm NJW-RR 1991, 188; weitere Beispielsfälle bei *Zöller/Vollkommer* Rdn. 7 vor § 50.

2. Zur Berichtigung der Parteibezeichnung im Urteil vgl. Form. I. N. 2.

3. Zur vollständigen Parteibezeichnung gehört die Angabe der „gesetzlichen Vertreter", § 130 Nr. 1 ZPO.

4. Auch hierin dürfte noch eine Berichtigung, keine Parteiänderung zu sehen sein, vgl. OLG München NJW 1971, 1615. Maßgeblich für die richtige Bezeichnung ist der Zeitpunkt der Rechtshängigkeit (*Thomas/Putzo* Rdn. 7 vor § 50).

5. Es ist stets zu empfehlen, die richtige Parteibezeichnung durch einen Handelsregisterauszug oder sonst in geeigneter Weise glaubhaft zu machen.

5. Antrag auf Parteiwechsel[1,2]

An das
Landgericht

In der Sache
......

wird die Klage nunmehr statt gegen Herrn B persönlich gegen die

B-GmbH, vertreten durch den Geschäftsführer, Herrn B, ... (vollständige Anschrift) gerichtet.[3,4]

Der Kläger stellt auch gegenüber der neuen Beklagten

>   den Antrag aus der Klageschrift,
>   jedoch mit der Maßgabe, daß Zinsen erst seit Zustellung dieses Schriftsatzes an die neue Beklagte geltend gemacht werden.

Es wird gebeten, einen neuen Termin zur Verhandlung gegen die jetzige Beklagte zu bestimmen[5] und ihr mit der Terminsladung diesen Schriftsatz und die anliegenden beglaubigten Abschriften der Klage, der Klageerwiderung und des Terminsprotokolls vom ...... zuzustellen.[6]

Sofern das Gericht der Auffassung sein sollte, daß für den Parteiwechsel die Zustimmung des ausscheidenden Beklagten erforderlich ist[7], wird beantragt,

>   dem Beklagten eine Frist zur Erklärung zu setzen, ob er dem Parteiwechsel zustimmt.

Allerdings ist der Kläger der Auffassung, daß es allein auf die Sachdienlichkeit des Parteiwechsels ankommt, die hier vorliegt, da es sich bei dem ausscheidenden Beklagten um den Hauptgesellschafter und Geschäftsführer der neuen Beklagten handelt. Bei dieser Sachlage wäre eine Verweigerung der Zustimmung im übrigen rechtsmißbräuchlich.
Rechtsanwalt

Schrifttum: Franz, Zur Behandlung des gewillkürten Parteiwechsels im Prozeß, NJW 1972, 1743; *ders.,* Zum Streit über die Wirksamkeit des gewillkürten Parteiwechsels im Prozeß, NJW 1982, 15; *Gross,* Zur Anwendung der Klageänderungs- und Klagerücknahmevorschriften auf den Parteiwechsel, ZZP 76, 200; *Roth,* Gewillkürter Parteiwechsel und Bindung an Prozeßlagen, NJW 1988, 2977; vgl. auch Form. I. J. 4.

5. Antrag auf Parteiwechsel I. J. 5

Anmerkungen

1. Ist die Möglichkeit einer Parteiberichtigung auf Kläger- oder Beklagtenseite versperrt, bleibt dem Kläger, wenn ihm die Aktivlegitimation oder dem Beklagten die Passivlegitimation fehlt, noch die Möglichkeit des „gewillkürten" Parteiwechsels. Seine grundsätzliche Zulässigkeit ist trotz Fehlens einer gesetzlichen Regelung anerkannt, seine dogmatische Einordnung umstritten. Die Gerichtspraxis behandelt ihn idR. wie eine Klageänderung, mit der Folge, daß die Zulässigkeit von der Frage der Sachdienlichkeit abhängt, die wiederum nach der Prozeßökonomie beantwortet wird (vgl. *Thomas/Putzo* Rdn. 15 vor § 50). Gegenüber einer neuen Klage bietet der Parteiwechsel den Vorteil, daß der bisherige Prozeßstoff meist verwendet werden kann und daß zumindest zusätzliche Gerichtsgebühren nicht anfallen. Die Kosten des ausscheidenden Beklagten treffen immer den Kläger (was auf Antrag des Beklagten auszusprechen ist), für die Kosten des ausscheidenden Klägers ist dies streitig (*Thomas/Putzo* Rdn. 21 vor § 50; *Baumbach/Lauterbach/Albers/Hartmann* § 263 Rdn. 15).

2. Fehlt dem Kläger die Aktivlegitimation und liegt auch kein Fall zulässiger Prozeßstandschaft vor (vgl. Form. I. J. 1), empfiehlt sich auf der Klägerseite statt des Parteiwechsels ein einfacherer und kostensparender Weg: Der Kläger sollte sich die Klageforderung abtreten bzw. das Recht übertragen lassen. Dies kann der Beklagte nicht verhindern; der Kläger muß dann nur noch befürchten, daß der Beklagte den Anspruch mit der Kostenfolge des § 93 ZPO anerkennt. Auch der Klägerwechsel in der Berufungsinstanz wird wie eine Klageänderung behandelt (BGH NJW 1994, 3358). Er setzt immer eine zulässige Berufung voraus; der alte Kläger, dessen Klage mangels Aktivlegitimation abgewiesen wurde, kann also nicht nur formell Berufung einlegen und die materielle Berufungsbegründung dem neuen Kläger überlassen (BGH aaO.; vgl. Form. I. K. 1 Anm. 1 aE.).

3. Das Beispiel geht von dem in der Praxis nicht ungewöhnlichen Fall aus, daß jemand für eine juristische Person gehandelt hat, aber persönlich verklagt wird. Eine Parteiberichtigung dürfte dann nicht durchsetzbar sein. Der Kläger könnte sie allerdings zunächst beantragen, vielleicht auch Erfolg haben, und erst bei Ablehnung den ungünstigeren Weg des Parteiwechsels gehen.

4. Voraussetzung für den Parteiwechsel auf seiten des Beklagten, um den es in der Praxis meist geht, ist die Erklärung des Klägers in einem bestimmenden Schriftsatz oder zu Protokoll (§ 261 Abs. 2 ZPO), daß die Klage nunmehr gegen einen anderen Beklagten gerichtet werde. Der neue Beklagte ist gemäß § 130 Nr. 1 ZPO zu bezeichnen; zur Frage, ob er zustimmen muß, vgl. Anm. 7. Die Zustimmung des neuen Beklagten ist für die Fortführung des Prozesses nicht erforderlich (*Baumbach/Lauterbach/Albers/Hartmann* § 263 Rdn. 8), sie läge im übrigen immer in einer rügelosen Einlassung im Termin. Streitig ist, wieweit der neue Beklagte an das bisherige Prozeßergebnis gebunden ist (vgl. *Thomas/Putzo* Rdn. 22 vor § 50; *Baumbach/Lauterbach/Albers/Hartmann* § 263 Rdn. 8). Ein Parteiwechsel in der Berufungsinstanz setzt grundsätzlich die Zustimmung des neuen Beklagten voraus (BGH NJW 1981, 989; NJW 1987, 1946), dessen Weigerung kann aber rechtsmißbräuchlich sein (vgl. BGH NJW 1987 aaO.). Eine Berufung nur mit dem Ziel, einen anderen Beklagten in Anspruch zu nehmen, ist unzulässig (BGH NJW 1988, 2540).

5. Auch wenn der Beklagte den Rechtsstreit so annimmt, wie er ihn vorfindet, ist zumindest ein neuer Termin zur streitigen Verhandlung erforderlich.

6. Das ist Voraussetzung dafür, daß der Prozeßstoff gegenüber dem neuen Beklagten Geltung hat und uU. im Termin ein Versäumnisurteil gegen ihn ergehen kann.

7. Ist noch nicht streitig verhandelt, soll die Zustimmung des alten Beklagten nicht erforderlich sein (§ 269 Abs. 1 ZPO entspr., *Thomas/Putzo* Rdn. 22 vor § 50), jedenfalls dann nicht, wenn das Gericht den Wechsel für sachdienlich hält. Folgt man der hM. in der

Literatur, ist die Zustimmung erforderlich, wenn bereits streitig verhandelt wurde, es sei denn, sie wird rechtsmißbräuchlich verweigert (vgl. BGH NJW 1981, 989, 990; *Thomas/ Putzo* Rdn. 20 vor § 50).

Kosten und Gebühren

Für den eintretenden Beklagten entstehen die Rechtsanwaltsgebühren von neuem. Wird der neue Beklagte durch denselben Rechtsanwalt vertreten, ist dies str.; zumindest erhöht sich die Prozeßgebühr um $^{3}/_{10}$ (vgl. OLG Koblenz MDR 1985, 942). Vgl. iü. Anm. 1 aE.

Fristen und Rechtsmittel

Über die Zulässigkeit des Parteiwechsels kann durch Zwischenurteil gem. § 280 Abs. 2 ZPO entschieden werden (BGH NJW 1981, 989). Dieses Urteil kann, jedenfalls bei einem Parteiwechsel auf der Beklagtenseite in der Berufungsinstanz, mit den gewöhnlichen Rechtsmitteln angefochten werden (BGH aaO.). Sieht man im Parteiwechsel iü. mit der Rechtsprechung eine Klageänderung, kann die Anfechtung des Zwischenurteils an § 268 ZPO scheitern. Die ausgeschiedene Partei kann gegen das Zwischenurteil oder gegen das Endurteil, welches den Wechsel für zulässig hält, Rechtsmittel einlegen (vgl. *Thomas/ Putzo* Rdn. 30 vor § 50).

6. Parteierweiterung (subjektive Klageerweiterung)[1]

An das
Landgericht

Klageerweiterung[2]

In der Sache
......

wird die Klage gegen
den Maurermeister Hans Klemm, Kieler Str. 3,
2000 Hamburg 50

erweitert. Es wird nunmehr beantragt:

    1. Die Beklagten werden als Gesamtschuldner verurteilt, an den Kläger DM ......
       nebst 4% Zinsen seit dem ...... zu zahlen.
    2. ......

Es wird gebeten,
    dem neuen Beklagten mit diesem Schriftsatz die anliegende Kopie der Klageschrift und der Klageerwiderung zuzustellen[3],

    ihn zum neuen Termin zu laden

    und sein persönliches Erscheinen zum Termin anzuordnen, damit er dem Kläger gegenübergestellt werden kann.

Begründung[4]:

In seiner Klageerwiderung hat der Beklagte erklärt, nicht er habe den Kläger anläßlich des Streits niedergeschlagen, dies sei vielmehr der jetzige Beklagte zu 2) gewesen. Der Kläger

6. Parteierweiterung (subjektive Klageerweiterung)   I. J. 6

behauptet nunmehr, daß die Beklagten ihn gemeinschaftlich niedergeschlagen haben oder zumindest beide an der gegen ihn gerichteten Schlägerei beteiligt waren.

      Beweis: ......

Die Beklagten haften dem Kläger daher jedenfalls aus § 830 Abs. 1 S. 2 BGB.
Im übrigen wird auf das Vorbringen in der Klageschrift Bezug genommen.
Rechtsanwalt

Anmerkungen

1. Eine Parteierweiterung ist in der ersten Instanz immer möglich, sofern alte und neue Partei Streitgenossen iSd. §§ 59, 60 ZPO sind (*Thomas/Putzo* Rdn. 25 vor § 50). Auf der Klägerseite kann sie durch sog. Drittwiderklage des Beklagten herbeigeführt werden (vgl. Form. I. E. 5), auf der Beklagtenseite erfolgt sie durch Erweiterung der Klage (so das Beispiel). Die Parteierweiterung wird von der Rechtsprechung als Klageänderung behandelt. Sie ist insbesondere zweckmäßig, wenn der Kläger versäumt hat, einen Streitgenossen mitzuverklagen oder dieser erst im Lauf des Prozesses namhaft geworden ist. Sie kann sich auch empfehlen, wenn der Beklagte behauptet, eine anderer sei der richtige Schuldner, der Kläger aber keinen Parteiwechsel herbeiführen möchte, weil er sich in diesem Punkt nicht sicher ist oder weil eine Haftung als Streitgenossen in Betracht kommt. Die neue Partei kann idR. nicht mehr Zeuge sein (vgl. BGH NJW 1983, 2508; *Thomas/Putzo* § 61 Rdn. 7). Die Parteierweiterung sollte möglichst frühzeitig herbeigeführt werden, da die Prozeßergebnisse, zB. eine Beweisaufnahme, gegenüber der neuen Partei nicht ohne weiteres wirksam werden; andernfalls ist auch mit einer Trennung des Prozesses gem. § 145 ZPO zu rechnen.

2. Die Klageerweiterung muß hinsichtlich des neuen Beklagten den Formalien einer Klageschrift entsprechen, da ihm gegenüber ein neues Prozeßverhältnis begründet wird. Er ist gemäß § 130 Nr. 1 ZPO zu bezeichnen.

3. Dem neuen Beklagten sollte im Interesse der Beschleunigung der bisherige Prozeßstoff zugänglich gemacht werden, damit er sich vollständig einlassen kann. Dies gilt insbesondere für die Klageschrift, auf die sich der Kläger auch ihm gegenüber bezieht.

4. Hier muß der Kläger darlegen, daß die Beklagten Streitgenossen iSd. §§ 59, 60 ZPO sind, außerdem die Verpflichtung des neuen Beklagten unter Beweisantritt begründen und im übrigen klarstellen, wie weit sein jetziges Vorbringen vom Vorbringen in der Klageschrift abweicht.

Kosten und Gebühren

Wird der neue Beklagte durch denselben Anwalt mitvertreten, entstehen keine weiteren Gebühren; lediglich die Prozeßgebühr erhöht sich um drei Zehntel (§ 6 BRAGO). Beauftragt er einen eigenen Anwalt, fallen für diesen die üblichen Gebühren an.

Fristen und Rechtsmittel

Vgl. Form. I. J. 5. Auch hier kann ein selbständig anfechtbares Zwischenurteil gem. § 280 Abs. 2 ZPO ergehen.

K. Besonderheiten bezüglich des Streitgegenstandes

1. Klageänderung[1]

An das
Landgericht

Klageänderung[2]

In der Sache
......

ändert der Kläger aufgrund des gerichtlichen Hinweises seinen Antrag wie folgt[3]:
  1. Der Beklagte wird verurteilt, an den Kläger folgende Waren herauszugeben:
     ......[4]
  2. ......
Der Kläger beantragt außerdem,
  einen möglichst nahen Termin zur Fortsetzung des Rechtsstreits anzuberaumen und dem Beklagten die Klageänderung mit der Ladung zuzustellen[5].

Begründung[6]:

Nachdem nunmehr davon auszugehen ist, daß der Beklagte die ihm vom Kläger in Kommission überlassene aus dem geänderten Antrag zu 1) ersichtliche Ware noch unverkauft in seinem Besitz hat, kann der Kläger insoweit nicht Herausgabe des Erlöses verlangen, wie dies mit dem bisherigen Antrag geschehen ist. Dem Kläger steht jedoch hinsichtlich dieser Ware ein Herausgabeanspruch gem. § 667 BGB zu; vorsorglich wird noch einmal die Kündigung des Kommissionsverhältnisses ausgesprochen.
Die Klageänderung ist sachdienlich, da der Streitstoff im wesentlichen identisch ist und ein weiterer Prozeß vermieden wird.
Rechtsanwalt

Schrifttum: Walther, Klageänderung und Klagerücknahme, NJW 1994, 423; *Altmeppen,* Klageänderung in der Rechtsmittelinstanz, ZIP 1992, 449; *Blomeyer,* Die Klageänderung und ihre prozessuale Behandlung, JuS 1970, 123, 229; *Gross,* Klageänderung und Klagerücknahme, ZZP 75, 447.

Anmerkungen

1. Ergibt sich im Laufe des Rechtsstreits, daß die Klage mit dem bisher gestellten Antrag oder den bisher vorgetragenen Tatsachen abgewiesen würde, bleibt für den Kläger zu überlegen, ob eine Klageänderung gemäß § 263 ZPO möglich ist (zu den beiden Fallgruppen vgl. *Thomas/Putzo* § 263 Rdn. 2 und 3). Sie hat den Vorteil, daß eine kostenpflichtige Klageabweisung vermieden wird und das bisherige Prozeßergebnis ganz oder zum Teil verwertbar bleibt, also prozessualer Aufwand erspart wird. Der Kläger muß allerdings auch damit rechnen, daß der Beklagte den geänderten Klageanspruch sofort anerkennt oder ihn erfüllt, und er gemäß § 93 oder § 91a ZPO die Kosten zu tragen hat. Die Klageänderung ist nach § 263 ZPO zulässig bei Einwilligung des Beklagten – die meist

1. Klageänderung

nicht zu erzielen ist – oder bei Sachdienlichkeit, für die ein großzügiger Maßstab angelegt wird (hierzu *Thomas/Putzo* § 263 Rdn. 8; BGH WM 1983, 604 u. 1162; NJW 1985, 1841; NJW-RR 1990, 505, 506). Läßt sich der Beklagte allerdings im folgenden Termin widerspruchslos auf die geänderte Klage ein, wird seine Einwilligung unwiderruflich vermutet, § 267 ZPO. Ohne Rücksicht auf Einwilligung oder Sachdienlichkeit ist eine Änderung in den drei Fällen des § 264 ZPO möglich. Hält das Gericht die Klageänderung für unzulässig, kann es nur zu einer Klageabweisung durch Prozeßurteil kommen; der Kläger ist also nicht gehindert, die geänderte Klage in einem neuen Prozeß zu erheben. Erkennt er, daß das Gericht die Klageänderung nicht für sachdienlich hält, sollte er überlegen, ob er, jedenfalls hilfsweise, zu seiner alten Klage zurückkehrt oder die Klage zurücknimmt.

Die Klage kann auch noch im zweiten Rechtszug geändert werden (BGH MDR 1983, 1017), und zwar auch dann, wenn die Änderung schon in erster Instanz möglich gewesen wäre (BGH NJW-RR 1990, 505, 506). Der Kläger darf aber mit seiner Berufung nicht nur die geänderte Klage verfolgen, sondern muß die alte Klage zumindest teilweise weiterverfolgen (BGH NJW 1988, 2540; vgl. *Altmeppen* ZIP 1992, 449); denn er muß die Beschwer durch das erstinstanzliche Urteil angreifen (vgl. *Zöller/Gummer* Rdn. 8, 8 a vor § 511). Anders ist es in den Fällen des § 264 Nr. 3 ZPO (*Zöller/Gummer* Rdn. 8 c vor § 511) oder wenn nur die Schadensberechnung geändert wird (BGH NJW 1992, 566). Will der Kläger also mit seiner Berufung die Klage ändern oder bestehen Zweifel, ob eine Klageänderung vorliegt, ist dringend zu empfehlen, mit der Berufung auch noch – zumindest teilweise – die nicht geänderte Klage und die geänderte Klage hilfsweise zu verfolgen.

2. Die Klageänderung ist in einem bestimmenden Schriftsatz oder zu Protokoll zu erklären (§ 261 Abs. 2 ZPO). Es genügt die Zustellung von Anwalt zu Anwalt (BGH MDR 1992, 407). Zur Klageänderung mit der Berufungsbegründung vgl. Anm. 1 aE.

3. Hier handelt es sich um den Übergang vom Zahlungsantrag zum Herausgabeantrag, also um das Gegenstück zum Fall des § 264 Nr. 3 ZPO, für das die Fiktion dieser Vorschrift nicht gilt. Zweckmäßig für den Kläger wäre es gewesen, von Anfang an auf Herausgabe zu klagen und den Antrag uU. mit einer Fristsetzung und einem Schadensersatzantrag zu verbinden (vgl. Form. I. D. 6).

4. Die Waren sind nach Zahl, Art und Maß genau zu bezeichnen.

5. Zur Verhandlung über den geänderten Klageantrag ist ein Termin erforderlich; der die Klageänderung enthaltende Schriftsatz ist dem Beklagten zuzustellen.

6. Hier ist zunächst der mit dem geänderten Antrag geltend gemachte Anspruch in einer der Klagebegründung entsprechenden Weise darzulegen, wobei auf das bisherige Vorbringen, soweit möglich, Bezug genommen werden kann. Außerdem sollte die Sachdienlichkeit begründet werden, wobei die Argumente in der Prozeßökonomie – vgl. BGH WM 1981, 657; NJW-RR 1987, 58 – zu suchen sind (wird ein weiterer Prozeß vermieden?); auf die subjektiven Interessen der Partei kommt es nicht an (BGH NJW 1985, 1841, 1842).

Kosten und Gebühren

Die bisher entstandenen Gerichts- und Rechtsanwaltsgebühren fallen nicht noch einmal an; darin liegt der Vorteil der Klageänderung (vgl. Anm. 1). Anders, wenn die Klageänderung in einem Parteiwechsel besteht (vgl. Form. I. J. 5).

Fristen und Rechtsmittel

Das Endurteil, das die Klageänderung nicht zuläßt, ist mit den gewöhnlichen Rechtsmitteln anfechtbar. Wird die Klageänderung durch Zwischenurteil oder im Endurteil zugelassen, so ist diese Entscheidung unanfechtbar, § 268 ZPO.

2. Eventuelle Klagenhäufung (Klageerweiterung durch Hilfsantrag)[1]

An das
Landgericht

Klageerweiterung[2]

In der Sache
......

wird hilfsweise zu dem zu 1) gestellten Antrag auf Übereignung zusätzlich beantragt,

den Beklagten zu verurteilen, an den Kläger DM 5.000,– nebst 4% Zinsen seit Rechtshängigkeit zu zahlen[3].

Begründung[4]:

Der Kläger begehrt in erster Linie Lieferung und Übereignung des ihm vom Beklagten verkauften Pkw. Nachdem der Beklagte nunmehr eingewandt hat, der Kaufvertrag sei unwirksam, verlangt der Kläger hilfsweise die von ihm geleistete Anzahlung von DM 5.000,– zurück. Dieser Anspruch steht ihm aus ungerechtfertigter Bereicherung zu, falls es dem Kläger nicht gelingen sollte, das wirksame Zustandekommen des Kaufvertrages zu beweisen. Zum Beweis für die geleistete Anzahlung bezieht sich der Kläger auf
......
Rechtsanwalt

Schrifttum: Merle, Zur eventuellen Klagenhäufung, ZZP 83, 436; *Schumann,* Anspruchsmehrheiten im Streitwertrecht, NJW 1982, 2800; *Schneider,* Der Gebührenstreitwert bei Eventualklagen, MDR 1984, 196.

Anmerkungen

1. Die Zulässigkeit der evtl. Klagenhäufung wird von der Praxis nicht bezweifelt. Bei ihr wird für den Fall der Abweisung des Hauptanspruches ein Hilfsantrag mit anderem Streitgegenstand gestellt. Für den Streitwert ist der Hilfsantrag erst von Bedeutung, wenn der Hauptantrag abgewiesen wird, aber auch dann nur, soweit sein Wert den Wert des Hauptanspruches übersteigt, § 19 Abs. 4 GKG (vgl. OLG Hamburg MDR 1984, 239). In geeigneten Fällen (Beispiele bei *Baumbach/Lauterbach/Albers/Hartmann* § 260 Rdn. 10–14) kann also durch Stellung eines Hilfsantrages das Prozeßrisiko verringert werden, ohne das Kostenrisiko zu erhöhen.

2. Der Hilfsantrag kann bereits mit der Klageschrift gestellt werden. Anderenfalls geschieht dies im Wege der objektiven Klageerweiterung durch bestimmenden Schriftsatz oder durch Erklärung zu Protokoll (§ 261 Abs. 2 ZPO). In der nachträglichen hilfsweisen Klagehäufung sieht die Rechtsprechung eine Klageänderung (BGH NJW 1985, 1841, 1842), die aber idR. sachdienlich sein dürfte. Auch in der Berufungsinstanz kann der Hilfsantrag noch zulässig gestellt werden (vgl. *Zöller/Greger* § 260 Rdn. 4).

3. Die Rechtshängigkeit des Hilfsantrages tritt mit seiner Zustellung oder seiner Erklärung zu Protokoll ein. Die Rechtshängigkeit entfällt, wenn der Klage im Hauptantrag stattgegeben wird.

4. Der mit dem Hilfsantrag geltend gemachte Anspruch ist in einer der Klageschrift entsprechenden Weise darzulegen und unter Beweis zu stellen.

Kosten und Gebühren

Vgl. Anm. 1.

Fristen und Rechtsmittel

Der Kläger ist auch dann beschwert, wenn der Hauptantrag abgewiesen wird, er aber mit dem Hilfsantrag erfolgreich ist (näher *Zöller/Greger* § 260 Rdn. 4a).

Auch der Hilfsantrag unterbricht die Verjährung des hilfsweise geltend gemachten Anspruches. Die Unterbrechung endet, wenn dem Hauptantrag stattgegeben wird (§§ 209, 211 BGB); jedoch kann der Kläger durch Klageerhebung binnen 6 Monaten die Unterbrechungswirkung erhalten (§ 212 Abs. 2 BGB; vgl. *Zöller/Greger* § 260 Rdn. 4).

3. Uneigentliche eventuelle Klagenhäufung[1]

......

Anmerkung

1. Vgl. hierzu Form. I. D. 7.

L. Anträge und Erklärungen im Prozeßverlauf

1. Antrag auf Aussetzung des Rechtsstreits[1] wegen Strafverfahrens[2]

An das
Landgericht

Aussetzungsantrag

In der Sache
......

wird für den Kläger beantragt,
    den Rechtsstreit bis zur Entscheidung des Amtsgerichts ...... in der Strafsache
    gegen den Beklagten ...... (genaue Bezeichnung) auszusetzen[3]
    und bei Aufnahme des Rechtsstreits die Akten des Strafverfahrens beizuziehen.

Begründung[4]:

Gegen den Beklagten ist wegen der von ihm begangenen Körperverletzung, auf die der Kläger seinen Schadensersatzanspruch stützt, das Hauptverfahren vor dem Amtsgericht ...... eröffnet worden. Dort steht am ...... Termin zur Hauptverhandlung an, zu dem alle maßgeblichen Zeugen geladen sind. Der Kläger hält es für sinnvoll, die Klärung des Vorfalls im Strafverfahren abzuwarten, um das Ergebnis für den Schadensersatzprozeß nutzen zu können.
Rechtsanwalt

Schrifttum: Schneider, Aussetzung wegen einer anderen Entscheidung, JurBüro 1979, 785.

Anmerkungen

1. Der Antrag beruht auf § 149 ZPO; die Aussetzung liegt im Ermessen des Gerichts, das zwischen den Vorteilen, die sich aus der Klärung im Strafverfahren für die Entscheidung des Zivilprozesses ergeben können, und den Nachteilen, die die Verzögerung bedeutet, abwägen wird (vgl. *Thomas/Putzo* § 149 Anm. 1b). Auch die Parteien sollten ihre Aussetzungsanträge danach ausrichten und berücksichtigen, daß die Beweisaufnahme im Strafverfahren für den Zivilprozeß nicht ohne weiteres verwertbar ist. Wenn beide Parteien einverstanden sind, kann das Zivilgericht Zeugenaussagen im Strafprozeß im Wege des Urkundenbeweises verwerten (vgl. BGH NJW 1982, 581). Zur Verwertung von Niederschriften aus dem Ermittlungsverfahren vgl. BGH NJW 1985, 1470. Die Verwertung der Akten anstelle der beantragten Vernehmung soll unzulässig sein (BGH NJW-RR 1992, 1214). Ist zweifelhaft, ob das Gericht aussetzen wird, haben aber beide Parteien ein Interesse daran, empfiehlt es sich, das Einverständnis des Gegners einzuholen und mitzuteilen. Das Gericht wird dann eher zu einer Aussetzung bereit sein. Im Arzthaftungsprozeß soll eine Aussetzung wegen eines Strafverfahrens idR. nicht gerechtfertigt sein (OLG Köln NJW 1990, 778). Die Aussetzung hat gemäß § 249 ZPO vor allem die Wirkung, daß Fristen unterbrochen werden und nach Beendigung der Aussetzung neu zu laufen beginnen.

1. Antrag auf Aussetzung des Rechtsstreits I. L. 1

2. § 149 ZPO verlangt, daß die Ermittlung der Straftat für die Entscheidung des Rechtsstreits von Einfluß ist. Das ist nicht der Fall, wenn sich das Strafverfahren gegen einen Zeugen richtet (KG MDR 1983, 139). Ist kein Strafverfahren, sondern ein anderer Zivilprozeß oder ein Verwaltungsverfahren für die Entscheidung des Rechtsstreits vorgreiflich, kommt eine Aussetzung unter den engeren Voraussetzungen des § 148 ZPO in Betracht. Eine Aussetzung wegen eines Normenkontrollverfahrens nach Art. 100 GG oder wegen einer Verfassungsbeschwerde in einem Parallelprozeß ist idR. ausgeschlossen (vgl. *Zöller/Greger* § 148 Rdn. 3 mwN.), soll in Ausnahmefällen aber zulässig sein (vgl. BAG NJW 1988, 2558).

3. Das Verfahren, zu dessen Gunsten ausgesetzt werden soll, ist genau zu bezeichnen. Das Gericht könnte nach § 149 ZPO den Rechtsstreit bis zur rechtskräftigen Entscheidung aussetzen. Dies wird aber oft nicht im Interesse der Parteien sein, da die Rechtskraft angesichts möglicher Rechtsmittel einschließlich Zurückverweisung erst nach Jahren eintreten kann. Wenn den Parteien die Aussetzung wegen Verzögerung des anderen Verfahrens zu lange währt, besteht für sie die Möglichkeit, eine Aufhebung der Aussetzung gemäß § 150 ZPO zu beantragen und gegen eine evtl. Ablehnung gem. § 252 ZPO Rechtsmittel einzulegen (vgl. *Thomas/Putzo* § 252 Rdn. 6).

4. Der Antragsteller sollte hier den Wert des Wartens auf die Erledigung des Strafverfahrens darlegen und dabei angeben, in welchem Stadium sich das Strafverfahren befindet.

Kosten und Gebühren

Nach Aufnahme des Rechtsstreits fallen die bereits entstandene Gerichts- und Rechtsanwaltsgebühren nicht erneut an.

Fristen und Rechtsmittel

Die Wirkung der Aussetzung auf prozessuale Fristen ergibt sich aus § 249 Abs. 1 ZPO: der Lauf der Frist endet, nach Beendigung der Aussetzung beginnt sie von neuem zu laufen, allerdings nur, wenn sie nicht schon vorher abgelaufen war (BGH NJW 1987, 2379). Nicht betroffen sind die Dreiwochenfrist nach § 310 Abs. 1 S. 2 ZPO, die Jahresfrist nach § 234 Abs. 3 ZPO, die Fünfmonatsfrist nach § 516 ZPO (wohl aber die anschließende Monatsfrist, BGH NJW 1990, 1854, 1855). Materielle Fristen, insbesondere die Verjährungsfrist, bleiben trotz Aussetzung unterbrochen, die Unterbrechung endet aber nicht erst mit der Wiederaufnahme des Rechtsstreits, sondern bereits mit Erledigung des anderen Verfahrens, wenn der Rechtsstreit anschließend nicht betrieben wird (§ 211 Abs. 2 S. 1 BGB, vgl. BGH NJW 1989, 1729).

Gegen den bewilligenden Beschluß findet einfache (nicht fristgebundene) Beschwerde, gegen die Ablehnung sofortige Beschwerde (Frist: zwei Wochen) statt, § 252 ZPO. Zum Antrag auf Aufhebung der Aussetzung nach § 150 ZPO vgl. Anm. 3.

2. Antrag auf Aussetzung des Rechtsstreits bei Tod einer Partei[1]

An das
Landgericht

Aussetzungsantrag[2]

In der Sache
......

wird mitgeteilt, daß der Beklagte am ...... verstorben ist.
Gemäß § 246 ZPO wird beantragt,
die Aussetzung des Verfahrens anzuordnen[3].
Sobald feststeht, wer die Erben des Beklagten sind und ob sie die Erbschaft angenommen haben, werde ich anzeigen, ob der Rechtsstreit aufgenommen werden soll.[4]
Rechtsanwalt

Anmerkungen

1. Entgegen § 239 Abs. 1 ZPO tritt keine Unterbrechung des Verfahrens ein, wenn der Verstorbene durch einen Prozeßbevollmächtigten vertreten wurde, § 246 Abs. 1 ZPO; die Prozeßvollmacht dauert gem. § 86 ZPO fort. Das Gericht muß jedoch den Rechtsstreit aussetzen, wenn der Prozeßbevollmächtigte dies beantragt. Hiervon sollte er idR. Gebrauch machen, schon um laufende Fristen gem. § 249 Abs. 1 ZPO zu unterbrechen und das Verhalten der Erben abwarten zu können. Die Aussetzung kann in jeder Lage des Verfahrens bis zu seiner rechtskräftigen Entscheidung erfolgen. Der ausgesetzte oder unterbrochene Rechtsstreit wird fortgesetzt, wenn die Erben ihn aufnehmen (vgl. Form. I. L. 3), wenn der Testamentsvollstrecker oder der Nachlaßpfleger seine Bestellung anzeigt (§§ 241, 243 ZPO; vgl. BGH VersR 1983, 666; NJW 1995, 2171), oder auch wenn nach dem Tod des einzigen Geschäftsführers einer GmbH ein neuer Geschäftsführer bestellt ist.

2. Vgl. § 248 Abs. 1 ZPO. Der Antrag sollte unverzüglich nach Kenntnis vom Tod gestellt werden, da die Wirkungen der Aussetzung erst mit dem Aussetzungsbeschluß eintreten, nicht etwa rückwirkend mit dem Tod der Partei oder schon mit Antragstellung durch den Prozeßbevollmächtigten (vgl. BGH NJW 1987, 2379; *Thomas/Putzo* § 248 Rdn. 2). Wenn der Prozeßbevollmächtigte in Kenntnis des Aussetzungsgrundes vorbehaltlos zur Sache verhandelt, kann darin ein Verzicht auf den Antrag gesehen werden (*Thomas/Putzo* § 246 Rdn. 4). Auch der Gegner der verstorbenen Partei hat ein Antragsrecht (§ 246 Abs. 1 Halbs. 2 ZPO).

3. Der Rechtsstreit wird nicht für eine bestimmte Zeit ausgesetzt.

4. Vor der Annahme der Erbschaft ist der Erbe gem. § 239 Abs. 5 ZPO nicht zur Aufnahme verpflichtet (vgl. § 1958 BGB).

Fristen und Rechtsmittel

Zur Wirkung der Aussetzung auf laufende Fristen vgl. Form. I. L. 1.
Gegen den bewilligenden Beschluß ist die einfache (nicht fristgebundene) Beschwerde gegeben, gegen die Ablehnung die sofortige Beschwerde (Frist: zwei Wochen), § 252 ZPO.

3. Anzeige der Aufnahme des Rechtsstreits durch die Erben[1]

An das
Landgericht

Aufnahme des Rechtsstreits

In der Sache
......
teile ich mit, daß der Beklagte durch seine Ehefrau F und seine beiden Kinder X, Y beerbt wurde, wie sich aus der anliegenden Abschrift des Erbscheins ergibt[2].
Es wird gebeten,
    das Passivrubrum entsprechend zu berichtigen.[3]
Für die Erben zeige ich an,
daß sie den Rechtsstreit anstelle des verstorbenen Beklagten aufnehmen wollen.[4]
Die Erben werden im Termin die bisherigen Anträge stellen,
zusätzlich wird hilfsweise beantragt,
    ihnen die beschränkte Erbenhaftung vorzubehalten[5].
Im übrigen machen sich die Erben die Ausführungen des verstorbenen Beklagten zu eigen.
Rechtsanwalt

Anmerkungen

1. Der gem. § 239 ZPO unterbrochene oder gem. § 246 ZPO ausgesetzte Rechtsstreit wird durch Zustellung eines Schriftsatzes aufgenommen (§ 250 ZPO). Eine Erklärung in mündlicher Verhandlung genügt (*Thomas/Putzo* § 250 Rdn. 1). Die Aufnahme kann freiwillig durch die Erben erklärt werden oder bei Verzögerung (§ 239 Abs. 2–4 ZPO) durch den Gegner herbeigeführt werden. Ist Testamentsvollstreckung angeordnet, wird der Rechtsstreit gem §§ 241, 243 ZPO fortgeführt; eine Aufnahme durch die Erben ist bei einem Aktivprozeß ausgeschlossen, bei einem Passivprozeß aber möglich (BGH NJW 1988, 1390); dann kann der Gegner den Testamentsvollstrecker in das Verfahren hineinziehen (vgl. BGH aaO.). Besonders zu beachten ist, daß bei Aufnahme des Rechtsstreits durch Erben oder Testamentsvollstrecker die durch den Tod unterbrochenen Fristen erneut zu laufen beginnen (vgl. BGH VersR 1983, 666). Zum Verfahren nach Aufnahme vgl. *Thomas/Putzo* § 239 Rdn. 6ff.

2. Da die Erben ihre Rechtsnachfolge beweisen müssen, wenn der Gegner sie bestreitet, empfiehlt es sich, den Erbschein vorzulegen.

3. Es hat ein gesetzlicher Parteiwechsel stattgefunden, so daß die Bezeichnung der betroffenen Partei geändert werden muß.

4. Die Aufnahmeerklärung kann mit Prozeßhandlungen, zB. mit Einlegung des Einspruchs gegen ein Versäumnisurteil oder der Berufung, auch mit einem Wiedereinsetzungsantrag verbunden werden (vgl. *Thomas/Putzo* § 239 Rdn. 10).

5. Vgl. § 780 ZPO. Steht noch nicht fest, ob der Erbe endgültig unbeschränkt haftet, sollte er unbedingt den Vorbehaltsantrag stellen, da er sonst eine spätere Beschränkung der Haftung in der Zwangsvollstreckung nicht mehr geltend machen kann.

I. L. 4   I. L. Anträge auf Erklärungen im Prozeßverlauf

Kosten und Gebühren

Die vor Unterbrechung oder Aussetzung entstandenen Gerichts- und Rechtsanwaltsgebühren entstehen nach Aufnahme nicht von neuem.

Fristen und Rechtsmittel

Die nach § 249 ZPO unterbrochenen Fristen beginnen im Zeitpunkt der Aufnahme ohne weiteres von neuem zu laufen (vgl. BGH VersR 1983, 666).

4. Antrag auf Erlaß eines Teilurteils[1]

An das
Landgericht

In der Sache
......

wird für den Kläger beantragt[2],
    gegen den Beklagten ein Teilurteil zu erlassen
    und das Teilurteil für vorläufig vollstreckbar zu erklären[3].

Begründung[4]

1. Das Gericht beabsichtigt, wie aus dem Beweisbeschluß ersichtlich, nur über die Einwendungen des Beklagten gegen den Werklohnanspruch für das Bauvorhaben X Beweis zu erheben. Offenbar hält es also den Anspruch aus dem Bauvorhaben Y über DM ...... für entscheidungsreif. Da sich die Beweisaufnahme noch lange hinziehen und der Kläger auf eine abschließende Entscheidung noch lange zu warten haben wird, ist der Erlaß eines Teilurteils angemessen.
2. Auch über die Widerklage des Beklagten will das Gericht keinen Beweis erheben. Sie ist nach Auffassung des Klägers ohne weiteres abzuweisen. Da Klage und Widerklage einen unterschiedlichen Streitgegenstand betreffen und auch nicht im sachlichen Zusammenhang stehen, kann und sollte auch insoweit durch Teilurteil entschieden werden.

Rechtsanwalt

Schrifttum: Schneider, Die Zulässigkeit des Teilurteils, MDR 1976, 93.

Anmerkungen

1. Gemäß § 301 ZPO kann ein Teilurteil ergehen, wenn von mehreren selbständigen Teilen des Streitgegenstandes noch nicht alle zur Endentscheidung reif sind. Sein Erlaß liegt im Ermessen des Gerichts, jedoch sieht § 301 ZPO den Erlaß als Regel an. Im Fall eines Teilanerkenntnisses, eines Teilverzichts und der Säumnis bei nur teilweisem Vorliegen der Voraussetzungen für ein Versäumnisurteil muß das Gericht ein Teilurteil erlassen, wenn es beantragt wird (vgl. *Thomas/Putzo* § 301 Rdn. 4). Das Teilurteil hat den Vorteil, daß eine Endentscheidung wegen eines Teilanspruches oft schon erheblich früher ergehen kann und den verbleibenden Streit entlastet; wenn darin Rechtsfragen entschieden werden, kann es auch als Richtschnur für den restlichen Anspruch dienen. Nachteile ergeben sich

jedoch, wenn der unterliegende Teil gegen das Teilurteil Berufung einlegt und zwei Prozesse mit derselben Gerichtsakte in verschiedenen Instanzen geführt werden müssen. Allerdings kann der restliche Anspruch nicht verjähren, wenn die Parteien auf den Ausgang des Rechtsmittelverfahrens gegen das Teilurteil warten und den Rechtsstreit im übrigen nicht betreiben (BGH NJW 1979, 810). Ein Teilurteil ist unzulässig, wenn die Teile nicht selbständig abgrenzbar sind (vgl. BGH NJW 1989, 2745, 2746) oder wenn die Gefahr widersprüchlicher Entscheidungen besteht (BGH NJW 1991, 570; 1993, 784, 785; anders, wenn das Teilurteil mit einem Grundurteil zum gesamten Anspruch verbunden werden kann); weitere Beispiele bei *Zöller/Vollkommer* § 301 Rdn. 6–8. Auch über Klage und Widerklage kann nicht immer getrennt durch Teilanteil entschieden werden (vgl. BGH NJW 1987, 441).

2. Der Erlaß des Teilurteils ist nicht von einem Antrag abhängig. Es handelt sich um eine Anregung, die vom Kläger oder vom Beklagten kommen kann.

3. Das Teilurteil ist hinsichtlich der Rechtsmittel und der Zwangsvollstreckung ein Endurteil; es ist für vorläufig vollstreckbar zu erklären. Hinsichtlich der Anträge zur vorläufigen Vollstreckbarkeit gilt das gleiche wie sonst auch. Eine Kostenentscheidung enthält das Urteil nicht. Über die Kosten wird einheitlich im Schlußurteil entschieden.

4. Der Antragsteller sollte zur Begründung deutlich machen, daß ein Teilurteil zulässig ist und in Hinblick auf die Prozeßökonomie kein Fall des § 301 Abs. 2 ZPO vorliegt.

Kosten und Gebühren

Vgl. Anm. 3. Für die Entstehung oder die Höhe der Gebühren ist der Erlaß eines Teilurteils ohne Belang.

Fristen und Rechtsmittel

Die Parteien haben die gewöhnlichen Rechtsmittel, jedoch muß für den Teilanspruch die Berufungssumme oder Revisionssumme erreicht sein (BGH NJW 1977, 1152); das gilt später auch für die Anfechtbarkeit des Schlußurteils (BGH NJW 1989, 2758). Prozeßökonomisch wäre es oft, wenn das Rechtsmittelgericht weitere Teile zur Entscheidung an sich ziehen könnte. Das läßt die Rechtsprechung nur in engen Grenzen zu (vgl. BGH MDR 1983, 1014). Wenn aber beide Parteien das Rechtsmittelgericht um Entscheidung des gesamten Rechtsstreits ersuchen, könnte dies zulässig sein (BGH aaO.).

5. Antrag auf Erlaß eines Grundurteils[1,2]

An das
Landgericht

In der Sache
......

wird für den Kläger beantragt[3],
> ein Grundurteil des Inhalts zu erlassen, daß der Schadensersatzanspruch des Klägers aus dem Verkehrsunfall vom ...... dem Grunde nach zur Hälfte gerechtfertigt ist, soweit er nicht auf einen Sozialversicherungsträger übergegangen ist, und daß dem Kläger außerdem ein angemessenes Schmerzensgeld unter Berücksichtigung seiner Mithaftungsquote zusteht[4].

Begründung[5]:

Das Gericht hat sämtliche zum Grund des Anspruchs angetretenen Beweise erhoben, damit ist der Rechtsstreit über den Grund des Anspruches im positiven Sinne entscheidungsreif. Es steht jedoch noch eine umfangreiche Beweisaufnahme zur Höhe des Anspruches aus. Da mit einiger Sicherheit zu erwarten ist, daß der Anspruchsgrund auch nach einem Urteil in dieser Instanz streitig bleiben und der Beklagte Berufung einlegen wird, scheint eine Vorabentscheidung über den Grund zweckmäßig und geboten.

Der Beklagte schließt sich diesem Antrag an und wird dies dem Gericht noch besonders erklären.

Rechtsanwalt

Schrifttum: Schneider, Probleme des Grundurteils in der Praxis, MDR 1978, 705, 793; *Schilken,* Abgrenzung zwischen Grund- und Betragsverfahren, ZZP 95 (1982), 45.

Anmerkungen

1. Sind Grund und Höhe eines Anspruches streitig, kann über den Grund gem. § 304 ZPO vorab entschieden werden. Der Erlaß eines solchen Grundurteils liegt im freien Ermessen des Gerichts. Es kann sich aus der Sicht der Parteien empfehlen, wenn zur Feststellung des Betrages noch eine umfangreiche und teure Beweisaufnahme erforderlich ist, aber das Risiko besteht, daß das Rechtsmittelgericht den Anspruch schon dem Grunde nach versagt (vgl. *Zöller/Vollkommer* § 304 Rdn. 1). Ein Vorteil ist es auch, daß der Streit über den Grund mit Bindungswirkung (§ 318 ZPO) aus dem weiteren Verfahren ausgesondert wird. Allerdings ist zu bedenken, daß sich der Rechtsstreit bei einem Rechtsmittel gegen das Grundurteil verzögern und auch verteuern wird, da die Rechtsanwaltsgebühren für das Rechtsmittelverfahren jeweils im Grund- und Betragsverfahren anfallen (vgl. *Zöller/Vollkommer* § 304 Rdn. 1; BGH NJW 1967, 2153, 2154). Zweckmäßig ist ein Grundurteil, wenn zum Grund und zum Betrag unterschiedliche Fragen zu klären sind, wie dies zB. in Verkehrsunfallprozessen oft der Fall ist. Erläßt das Gericht ein Grundurteil, gibt es zugleich zu erkennen, daß es den Anspruch auch dem Betrage nach mit hoher Wahrscheinlichkeit jedenfalls zum Teil für begründet hält; sonst dürfte kein Grundurteil ergehen (BGH NJW-RR 1988, 1405; 1992, 1053). Problematisch ist oft, was zum Grund und was zum Betrag gehört (hierzu *Thomas/Putzo* § 304 Rdn. 5 ff.; *Zöller/Vollkommer* § 304 Rdn. 7–9; BGH MDR 1979, 384, 385). Zu weiteren Zulässigkeitsfragen vgl. BGH NJW 1984, 1226; 1985, 1959; 1990, 1366; 1991, 1896; NJW-RR 1994, 319.

2. Weiteres Verfahren: Nach Rechtskraft des Grundurteils muß das Gericht von Amts wegen im Betragsverfahren terminieren (BGH NJW 1979, 2307). Das Verfahren kann auf Antrag auch schon vorher fortgesetzt werden (§ 304 Abs. 2); eine solche Anordnung dürfte aber kaum zweckmäßig sein.

3. Der Antrag auf ein Grundurteil kann von beiden Parteien gestellt werden, in dieser Form kommt er jedoch nur für den Kläger in Betracht. Der Beklagte könnte zB. beantragen,

„die Klage abzuweisen, hilfsweise, falls das Gericht den Anspruch dem Grunde nach ganz oder zum Teil für begründet hält, über den Grund vorab zu entscheiden"

und dies damit begründen, daß er vor einer Beweisaufnahme über den Betrag Rechtsmittel zum Grund einlegen möchte. Der Erlaß des Grundurteils setzt nur im Fall des § 304 Abs. 2 ZPO einen Antrag der Parteien voraus; sonst handelt es sich um eine Anregung.

4. Der Antrag sollte ausformuliert werden, um eine unzureichende, neue Probleme schaffende Tenorierung, wie sie in der Praxis vorkommt (vgl. *Wittmund* NJW 1967, 2387) zu vermeiden. Zur Formulierung, auch hinsichtlich des Schmerzensgeldanspruches,

vgl. *Thomas/Putzo* § 304 Rdn. 16f., *Zöller/Vollkommer* § 304 Rdn. 20; der mögliche Übergang auf einen Sozialversicherungsträger ist bereits beim Grund zu berücksichtigen. Das Urteil ist nur hinsichtlich der Rechtsmittel ein Endurteil; über Kosten und vorläufige Vollstreckbarkeit wird nicht entschieden.

5. Der Antragsteller sollte dem Gericht hier die Zweckmäßigkeit eines Grundurteils darlegen. Wie oft, wenn eine Entscheidung im freien Ermessen des Gerichts liegt, erhöht es das Gewicht des Antrags, wenn er mit der Gegenseite abgestimmt wird.

Kosten und Gebühren

In Rechtsstreitigkeiten, die vor dem 1. 7. 1994 anhängig geworden sind, wird für das Grundurteil eine Gerichtsgebühr erhoben (KV Nr. 1013 aF.), für das Betragsurteil die zweite Gebühr (KV Nr. 1014 in Abweichung von KV Nr. 1016 aF.). Nach KV Nr. 1201 nF. entfällt diese Aufteilung. Zusätzliche Anwaltsgebühren entstehen in derselben Instanz nicht, wohl aber in der Rechtsmittelinstanz, vgl. oben Anm. 1.

Fristen und Rechtsmittel

Den Parteien stehen gegen das Grundurteil die gewöhnlichen Rechtsmittel zu. Zur Möglichkeit des Rechtsmittelgerichts, Fragen des Betragsverfahrens an sich zu ziehen, vgl. BGH MDR 1983, 1014 u. Form I. L. 4 „Rechtsmittel und Fristen".

Die Anordnung des Betragsverfahrens vor Rechtskraft des Grundurteils nach § 304 Abs. 2 ZPO unterliegt der sofortigen Beschwerde (str.; Frist: zwei Wochen), die Ablehnung der Anordnung der einfachen (nicht fristgebundenen) Beschwerde (§ 252 ZPO).

6. Antrag auf Erlaß eines Vorbehaltsurteils bei Aufrechnung[1]

An das
Landgericht

In der Sache
......

ist der Kläger der Auffassung, daß die vom Beklagten erklärte Aufrechnung ohne Beweisaufnahme zurückzuweisen ist.

Sollte das Gericht in Bezug auf die Aufrechnung eine weitere Aufklärung oder eine Beweisaufnahme für erforderlich halten, wird beantragt[2],

den Beklagten durch ein Vorbehaltsurteil nach § 302 ZPO entsprechend dem in der Klageschrift gestellten Antrag zu verurteilen,

jedoch, soweit die Aufrechnung reicht,

unter Vorbehalt der Entscheidung über die Aufrechnung[3].

Begründung[4]:

......
Rechtsanwalt

Anmerkungen

1. Stehen Klageforderung und Aufrechnungsforderung nicht im rechtlichen Zusammenhang (hierzu *Zöller/Vollkommer* § 302 Rdn. 2, 3) und ist nur die Klageforderung, nicht aber die Aufrechnungsforderung entscheidungsreif, so kann ein Vorbehaltsurteil gem. § 302 ZPO ergehen. Diese Möglichkeit bietet dem Kläger den Vorteil, ohne Verzögerung durch eine ungeklärte Aufrechnung ein vollstreckbares Urteil zu erhalten; außerdem wird verhindert, daß der Beklagte im Laufe der Instanz weitere Einwendungen gegen die Klageforderung erhebt. An den Antrag des Klägers ist das Gericht allerdings nicht gebunden, der Erlaß eines Vorbehaltsurteils steht in seinem freien Ermessen. Hält es den Kläger für möglich, daß die Aufrechnungsforderung durchgreift, sollte er bei der Zwangsvollstreckung – jedenfalls bei der Verwertung – bedenken, daß er sich auch bei einem rechtskräftigen Vorbehaltsurteil gem. § 302 Abs. 4 S. 2 ZPO schadensersatzpflichtig machen kann, wenn das Gericht die Aufrechnungsforderung im Nachverfahren zuerkennt. Zur Bindungswirkung des Vorbehaltsurteils für das Nachverfahren vgl. *Thomas/Putzo* § 302 Rdn. 7, 8.

2. Der Kläger wird den Antrag – wie im Beispielsfall – oft nur hilfsweise stellen, da ein Vorbehaltsurteil voraussetzt, daß die Aufrechnungsforderung rechtzeitig und schlüssig vorgetragen und unter Beweis gestellt wurde. Fehlt es daran, ist der Klage endgültig stattzugeben.

3. Zur Fassung des Vorbehalts vgl. § 302 Abs. 1 ZPO. Im Beispielsfall wird angenommen, daß die Aufrechnungsforderung niedriger als die Klageforderung ist. Das Urteil ergeht dann zT. als gewöhnliches Endurteil, der Vorbehalt erfaßt die zuerkannte Klageforderung nur in Höhe der Aufrechnungsforderung. Der Tenor des Urteils und ein entsprechend ausformulierter Antrag würden – bei einer Klageforderung von DM 16.000,– und einer Aufrechnungsforderung von DM 4.500,– – etwa lauten:

„1. Der Beklagte wird verurteilt,
   an den Kläger DM 11.500,– nebst 4% Zinsen seit ...... zu zahlen.
2. Der Beklagte wird weiter verurteilt, an den Kläger DM 4.500,– nebst 4% Zinsen seit ...... unter Vorbehalt der Entscheidung über die im Tatbestand bezeichnete Aufrechnung mit einer Gegenforderung von DM 4.500,– zu zahlen."

Das Urteil enthält außerdem eine Kostenentscheidung und die Entscheidung über die vorläufige Vollstreckbarkeit.

4. Zur Begründung seines Antrags sollte der Kläger, soweit noch erforderlich, zunächst darlegen, daß die Klageforderung entscheidungsreif ist, und ggf. vortragen, daß die Aufrechnung verspätet oder unerheblich ist. Außerdem sollte er sein berechtigtes Interesse an einer schnellen Entscheidung über die Klageforderung ohne Verzögerung durch die Aufrechnungsforderung deutlich machen.

Kosten und Gebühren

Zusätzliche Gerichts- und Rechtsanwaltsgebühren entstehen durch die Aufspaltung des Rechtsstreits in Vor- und Nachverfahren nicht; beide bilden eine Gebühreninstanz. In Rechtsstreitigkeiten, die vor dem 1. 7. 1994 anhängig geworden sind (vgl. § 73 GKG), wird bereits für das Vorbehaltsurteil eine Gerichtsgebühr erhoben (KV Nr. 1013 aF.), für das Urteil im Nachverfahren jedoch nur noch eine weitere Gebühr (KV Nr. 1014 in Abweichung von KV Nr. 1016 aF.). § 39 BRAGO gilt für dieses Nachverfahren nicht.

Fristen und Rechtsmittel

Das Vorbehaltsurteil ist hinsichtlich der Rechtsmittel ein Endurteil, § 302 Abs. 3 ZPO, gegen das den Parteien die gewöhnlichen Rechtsmittel zustehen (näher *Thomas/Putzo* § 302 Rdn. 10 und BGH NJW 1979, 1046). Stehen Klageforderung und Aufrechnungsforderung nach Auffassung des Berufungsgerichts doch in rechtlichem Zusammenhang, kann es auch über die Aufrechnungsforderung entscheiden (vgl. OLG Karlsruhe NJW-RR 1987, 254; *Thomas/Putzo* aaO.).

7. Ablehnung eines Richters wegen Besorgnis der Befangenheit[1]

An das
Landgericht[2]

Ablehnungsgesuch[3]

In der Sache
......

wird der Einzelrichter ...... (Name)[4] wegen Besorgnis der Befangenheit abgelehnt. Es wird gebeten, die dienstliche Äußerung des Richters unverzüglich einzuholen[5] und dem Kläger mit Gelegenheit zur Äußerung zuzuleiten,[6] damit das Verfahren nicht mehr als nötig verzögert wird.

Begründung[7]:

Der Einzelrichter hat es für richtig gehalten, am ...... das streitige Bauvorhaben gemeinsam mit dem mit der Anfertigung eines Gutachtens beauftragten Sachverständigen zu besichtigen. An diesem Termin haben sich der Beklagte, mit dem der Sachverständige den Zeitpunkt offenbar abgestimmt hatte, und sein Prozeßbevollmächtigter beteiligt. Weder der Prozeßbevollmächtigte des Klägers noch der Kläger selbst hatten durch den Einzelrichter oder durch den Sachverständigen Kenntnis von dem Termin erhalten, konnten also nicht teilnehmen. Wie der Kläger von einem seiner am Bau tätigen Angestellten erfahren hat, haben der Beklagte und sein Prozeßbevollmächtigter den Sachverständigen mehrfach auf angebliche Mängel aufmerksam gemacht, ohne daß der Einzelrichter etwas dagegen unternommen hätte.
Mit diesem Ortstermin unter Ausschluß des Klägers hat der Einzelrichter in grober Weise seine Pflicht verletzt, sich gegenüber den Parteien neutral zu verhalten und nicht einseitig rechtliches Gehör zu gewähren. Auch bei einer objektiv vernünftigen Sicht muß der Kläger befürchten, daß der Einzelrichter den Rechtsstreit nicht unparteiisch verhandeln und entscheiden wird.
Zur Glaubhaftmachung des Ablehnungsgrundes bezieht sich der Kläger auf die anliegende
eidesstattliche Versicherung seines Angestellten A ......
sowie auf die einzuholende
dienstliche Äußerung des Einzelrichters.
Eine eidesstattliche Versicherung des gegnerischen Rechtsanwalts kann, falls dies noch erforderlich sein sollte, nachgereicht werden.
Eine Ablehnung des Sachverständigen behält sich der Kläger ausdrücklich vor.
Um eine schnelle Entscheidung wird gebeten.
Rechtsanwalt

I. L. 7

Schrifttum: Teplitzky, Die Richterablehnung wegen Befangenheit, JuS 1969, 318; *Gloede,* Mißbräuchliche Ablehnungsgesuche im Zivilprozeß, NJW 1972, 2067; *Göbel,* Die mißbrauchte Richterablehnung, NJW 1985, 1058; *Günther,* Unzulässige Ablehnungsgesuche und ihre Bescheidung, NJW 1986, 281; *ders.,* Entfällt das Rechtsschutzinteresse an Richterablehnung mit Entscheidung der Hauptsache?, MDR 1989, 691; *Hermisson,* Richterlicher Hinweis auf Einrede- und Gestaltungsmöglichkeiten, NJW 1985, 2558; *Schlichting,* Vorbefassung als Ablehnungsgrund, NJW 1989, 1343; *Schneider,* Der Streitwert der Richterablehnung, MDR 1968, 888; *Sendler,* Was dürfen Richter in der Öffentlichkeit sagen?, NJW 1984, 689.

Anmerkungen

1. Ergeben sich für eine Partei im Laufe eines Rechtsstreits konkrete Anhaltspunkte, die das Mißtrauen rechtfertigen, der Richter werde zu ihren Lasten parteiisch urteilen, stellt sich die Frage der Ablehnung gem. §§ 42 ff. ZPO. Eine Ablehnung führt immer zum Erfolg, wenn der Richter gem. § 41 ZPO von der Ausübung des Richteramtes ausgeschlossen ist, sie kann aber gem. § 42 ZPO auch wegen Besorgnis der Befangenheit gerechtfertigt sein. Nach der Formel der Rechtsprechung liegt ein solcher Grund vor, wenn eine Partei bei vernünftiger Würdigung aller Umstände Anlaß hat, an der Unvoreingenommenheit des Richters zu zweifeln (BVerfG NJW 1987, 430; 1993, 2230). Zu den einzelnen Fallgruppen vgl. *Thomas/Putzo* § 42 Rdn. 9–13. Zu berücksichtigen ist von den Parteien generell, daß ein vom Richter geführtes freimütiges Rechtsgespräch auch in ihrem Interesse liegt, aber nicht erwartet werden kann, daß jedes richterliche Wort darin sorgfältig abgewogen ist. Die Partei sollte bei Stellung eines Ablehnungsantrages nicht einer augenblicklichen Verärgerung nachgeben, sondern abwägen, was sie damit – außer einer Verzögerung – erreichen kann. Auch ein erfolgreiches Ablehnungsgesuch macht den Anlaß nicht ungeschehen. Wird die Ablehnung zB. darauf gestützt, daß der Richter den Beklagten auf die Verjährung hingewiesen hat (nach OLG Bremen NJW 1979, 2215, OLG Köln MDR 1979, 1027 u. OLG Hamburg NJW 1984, 2710 ein Ablehnungsgrund; aA. OLG Köln NJW-RR 1990, 192), so kann der Beklagte natürlich auch vor einem anderen Richter den Hinweis aufnehmen und die Einrede der Verjährung erheben. Zweckmäßig ist die Ablehnung also vor allem dann, wenn sich durch den Richterwechsel die prozessuale Situation – wie im angenommenen Fall – verbessern läßt. Die Ablehnung kann wegen Mißbrauchs unzulässig sein (OLG Zweibrücken MDR 1980, 1025; vgl. *Zöller/Vollkommer* § 42 Rdn. 6).

2. Das Gesuch ist immer bei dem Gericht zu stellen, dem der Richter angehört, nicht bei dem Gericht, das zu entscheiden hat (§ 44 Abs. 1 ZPO).

3. Für das Ablehnungsgesuch besteht auch beim Landgericht kein Anwaltszwang (§ 44 Abs. 1 iVm. § 78 Abs. 2 ZPO). Antragsberechtigt sind immer beide Parteien (§ 42 Abs. 3 ZPO); der Prozeßbevollmächtigte hat kein eigenes Ablehnungsrecht. Das Gesuch kann im Termin zu Protokoll erklärt werden, was idR. geschehen sollte, wenn der Ablehnungsgrund auf Vorfällen im Termin beruht. Denn läßt sich die Partei gem. § 43 ZPO weiter auf die Verhandlung ein – das Stellen von Anträgen ist hierzu nicht erforderlich (*Zöller/Vollkommer* § 43 Rdn. 4) – oder stellt sie gar Anträge, ohne einen bekannten Ablehnungsgrund geltend zu machen, verliert sie das Ablehnungsrecht. Eine schriftliche Begründung sowie die immer erforderliche Glaubhaftmachung (§ 44 Abs. 2 ZPO) kann dann nachgereicht werden. In anderen Fällen sollte die Ablehnung unverzüglich nach Kenntnis des Grundes schriftlich geschehen. Zum Verfahren vgl. § 46 ZPO.

4. Die Ablehnung muß sich immer auf einen bestimmten Richter beziehen, der namentlich oder sonst bestimmbar zu bezeichnen ist (*Zöller/Vollkommer* § 44 Rdn. 2). Es kann auch ein ganzer Spruchkörper abgelehnt werden (vgl. OLG Köln MDR 1979, 1027), aber nur, wenn in der Person jedes seiner Richter ein Ablehnungsgrund besteht. Auch ehren-

7. Ablehung eines Richters wegen Besorgnis der Befangenheit   I. L. 7

amtliche Richter können abgelehnt werden (BVerwG NJW 1990, 1865). Die Ablehnung eines Gerichts oder aller Richter eines Gerichts ist unzulässig (BGH NJW 1974, 55).

5. Vgl. § 44 Abs. 3 ZPO. Der dienstlichen Äußerung kommt oft die entscheidende Bedeutung zu. Sie ist dem Antragsteller zur Äußerung zuzuleiten (BVerfG NJW 1968, 1621; NJW 1993, 2229, 2230).

6. Das Gesuch muß die Tatsachen bezeichnen, aus denen sich die Befangenheit ergeben soll. Das gilt auch bei einem in der mündlichen Verhandlung zu Protokoll gestellten Gesuch. Eine bloße Ablehnungserklärung mit der Ankündigung, die Begründung werde nachgereicht, reicht nicht aus (vgl. *Zöller/Vollkommer* § 44 Rdn. 2). Das Vorbringen und die Glaubhaftmachung können aber, etwa nach Erhalt der dienstlichen Äußerung, vervollständigt werden. Die Begründung sollte in sachlichem Ton abgefaßt sein und die Tatsachen, die die Besorgnis der Befangenheit angeben, glaubhaft machen. Hierzu kann sich der Antragsteller auch auf die dienstliche Äußerung des Richters beziehen (vgl. *Thomas/Putzo* § 44 Rdn. 2), die Partei selbst und wohl auch ihr Prozeßbevollmächtigter sind zur eidesstattlichen Versicherung nicht zugelassen (§ 44 Abs. 2 S. 1 ZPO).

Kosten und Gebühren

Besondere Gerichts- und Rechtsanwaltsgebühren entstehen nur im Beschwerdeverfahren (KV Nr. 1181 aF., Nr. 1906 nF.; § 61 Abs. 1 Nr. 1 BRAGO). Diese Kosten sind als Kosten des Rechtsstreits erstattungsfähig (str., vgl. *Zöller/Vollkommer* § 46 Rdn. 20 mwN.).

Die Bemessungsgrundlage für den Streitwert ist str. (vgl. *Zöller/Schneider* § 3 Rdn. 16 „Ablehnung").

Fristen und Rechtsmittel

Der Beschluß, der die Ablehnung für begründet hält, ist unanfechtbar, § 46 Abs. 1 ZPO; anders, wenn der Gegenpartei das rechtliche Gehör versagt wird (*Zöller/Vollkommer* § 46 Rdn. 12; OLG Oldenburg NJW-RR 1995, 830). Wird das Gesuch als unzulässig oder unbegründet zurückgewiesen: sofortige Beschwerde (eingeschränkter Anwaltszwang nach § 569 Abs. 2 ZPO, vgl. KG MDR 1983, 60; Frist: zwei Wochen). Im Beschwerdeverfahren können keine neuen Ablehnungsgründe geltend gemacht werden (BayObLG MDR 1986, 60). Die Beschwerde soll unzulässig sein, wenn der Richter inzwischen eine die Instanz beendende Entscheidung erlassen hat (str., vgl. OLG Frankfurt NJW 1986, 1000; BayObLG MDR 1988, 500; KG MDR 1988, 237; OLG Koblenz NJW-RR 1992, 510).

M. Beendigung des Prozesses durch Parteiprozeßhandlungen

1. Antrag auf Protokollierung eines Vergleichs[1,2]

An das
Landgericht

In der Sache[3]
......

zeigt der Kläger im versicherten Einverständnis mit dem Beklagten an[4], daß die Parteien den Rechtsstreit aus wirtschaftlichen Überlegungen ohne Präjudiz für den beiderseitigen Rechtsstandpunkt[5] durch folgenden Vergleich beenden wollen:
1. Der Beklagte verpflichtet sich, an den Kläger DM 15.000,– zu zahlen[6].
2. Die Parteien sind sich darüber einig, daß der Eigentumsvorbehalt des Klägers am Pkw VW ...... bis zur vollständigen Zahlung dieses Betrages fortbestehen soll[7]. Der Kläger verpflichtet sich, nach vollständiger Zahlung den Kraftfahrzeugbrief für den Pkw herauszugeben.
3. Der Beklagte kann die Zahlung in monatlichen Raten von DM 1.500,– leisten. Die Raten sind jeweils am 15. eines Monats fällig, zuerst am 15. 10. 19..
4. Geht eine Rate bis zum 3. Werktag nach Fälligkeit nicht ein, kann der Kläger die Zahlung des gesamten noch offenen Betrages auf einmal verlangen[8] oder vom Vertrag zurücktreten[9].
5. Der Kläger verzichtet auf die Rechte aus dem Vorbehaltsurteil vom ...... (Vollstreckungsbescheid vom ......; Versäumnisurteil vom ......)[10]
6. Von den Kosten des Rechtsstreits haben der Kläger ¼ und der Beklagte ¾ zu tragen[11].
7. ...... (Widerrufsvorbehalt)[12]

Es wird um Anberaumung eines Termins zur Protokollierung des Vergleichs gebeten[13].
Rechtsanwalt

Schrifttum: Stürner, Grundfragen richterlicher Streitschlichtung, DRiZ 1976, 202; *Henckel,* § 1044b – Der Anwaltsvergleich, MDR 1993, 939; *Ziege,* Der vollstreckbare außergerichtliche Vergleich nach § 1044b ZPO (Anwaltsvergleich), NJW 1991, 1580; *Bergerfurth,* Der Widerrufsvergleich und seine Risiken, NJW 1969, 1797; *Pecher,* Über zivilrechtliche Vergleiche im Strafverfahren, NJW 1981, 2170; *derselbe,* Zur Geltendmachung der Unwirksamkeit eines Vergleichs, ZZP 1984, 139; *Strecker,* Möglichkeiten und Grenzen der Streitbeilegung durch Vergleich, DRiZ 1983, 97; *Salje,* Der mißbrauchte Prozeßvergleich, DRiZ 1994, 285; *Spangenberg,* Kreativ vergleichen, MDR 1992, 333; *Schneider,* Zweifelsfragen zur Berechnung des Gegenstandswertes von Vergleichen, Rpfleger 1986, 81; *ders.,* Kostenersparnis durch Vergleich im Arbeitsgerichtsverfahren, MDR 1986, 21.

Anmerkungen

1. In der zivilgerichtlichen Praxis wird ein erheblicher Prozentsatz der Prozesse durch einen Vergleich beendet. Die Vorteile einer vergleichsweisen Erledigung liegen vor allem in

1. Antrag auf Protokollierung eines Vergleichs   I. M. 1

der schnelleren, endgültigen und gütlichen Beendigung des Rechtsstreits, die Rechtsmittel ausschließt und eine vielleicht jahrelang belastende Ungewißheit über den Prozeßausgang vermeidet. Ein gerichtlicher Vergleich kann nicht nur im Erkenntnisverfahren nach §§ 253 ff. ZPO geschlossen werden, sondern auch im Prozeßkostenhilfeverfahren, im selbständigen Beweisverfahren, im Arrestverfahren (BGH NJW-RR 1991, 1021) und im Verfahren über eine einstweilige Verfügung, im Verfahren über Scheidungsfolgesachen im Sinne von § 630 Abs. 1 Nr. 3 ZPO sowie im Zwangsvollstreckungsverfahren. Darüberhinaus kann ein Vergleich auch außerhalb eines Prozesses von den Parteien und ihren Rechtsanwälten geschlossen werden (Anwaltsvergleich nach § 1044b ZPO, vgl. hierzu *Henckel* MDR 1993, 939; *Ziege* NJW 1991, 1580).

2. Der Vergleich dient, falls die darin übernommene Verpflichtung nicht erfüllt wird, als Vollstreckungstitel (§ 794 Abs. 1 Nr. 1 ZPO). Um Folgeprozesse zu vermeiden, ist daher auf einen eindeutigen und vollstreckungsfähigen Inhalt des Vergleichs Wert zu legen. Auch im Hinblick auf die Mehrwertsteuer sollte der Wortlaut unmißverständlich sein (vgl. BGH NJW-RR 1990, 32). Es empfiehlt sich, die beiderseitigen Verpflichtungen einem Urteilstenor entsprechend zu formulieren. Gegenstand des Vergleichs kann jede denkbare Vereinbarung sein, soweit sie nicht gegen zwingendes Recht, gesetzliche Verbote (§ 134 BGB) oder die guten Sitten (§ 138 BGB) verstößt, ein Vergleich setzt aber gegenseitiges Nachgeben voraus (vgl. *Thomas/Putzo* § 794 Rdn. 15). Der Vergleich bietet auch die Möglichkeit, weitere Streitigkeiten der Parteien, die nicht oder in einem anderen Prozeß rechtshängig sind, einzubeziehen und mit zu erledigen. Auch Personen, die nicht Partei des Rechtsstreits sind, können am Vergleich als Berechtigter oder Verpflichteter beteiligt werden, etwa um Rückgriffsansprüche des Verpflichteten mit zu regeln (vgl. *Thomas/Putzo* § 794 Rdn. 9, 12; zur Vollstreckung durch begünstigte Dritte vgl. *Zöller/Stöber* § 794 Rdn. 6). Für den Dritten besteht, entgegen früherer Ansicht, kein Anwaltszwang gem. § 78 ZPO (BGH NJW 1983, 1433 mwN.). Da der Vergleich auch ein Vertrag iSd. § 779 BGB ist (hM.), kann er nach dieser Vorschrift und nach den allgemeinen Bestimmungen des bürgerlichen Rechts unwirksam sein; zu den Rechtsfolgen vgl. *Thomas/Putzo* § 794 Rdn. 36. Die Parteien können den Prozeßvergleich durch Vertrag wieder aufheben; ob dann der alte Rechtsstreit fortzusetzen ist (so BAG NJW 1983, 2212 gegen BGH NJW 1964, 1524), ist str.

3. Dem Beispiel liegt der Sachverhalt zugrunde, daß der Beklagte zur Bezahlung eines Pkw einen später nicht eingelösten Scheck gegeben hat, durch Vorbehaltsurteil zur Zahlung verurteilt wurde und im Nachverfahren Mängel einwendet.

4. Vergleiche können von den Parteien unmittelbar vereinbart oder auf Vorschlag des Gerichts geschlossen werden. Sind die Parteien grundsätzlich vergleichsbereit, fällt ihnen aber eine konkrete Einigung schwer, kann es zweckmäßig sein, einen Vergleichsvorschlag des Gerichts anzuregen; das Gericht wird dem idR. entsprechen.

5. Ein solcher Zusatz kann den Parteien die Beendigung des Rechtsstreits erleichtern.

6. Ein Zusatz, daß der Kläger auf die mit der Klage geltend gemachte Mehrforderung verzichtet, ist überflüssig. Etwas anderes gilt, wenn der Kläger nur einen Teilanspruch geltend gemacht hat und der weitergehende Anspruch miterledigt werden soll.

7. Im Vergleich sollte klargestellt werden, was aus den bestehenden Sicherungsrechten wird. Sie können auch neu vereinbart werden.

8. Ratenzahlungsvereinbarungen mit Verfallklausel sind zulässig und üblich. Besteht allerdings das Nachgeben des Klägers nur in der Ratenzahlung, ist der Vergleich für den Beklagten besonders ungünstig, da er zusätzlich mit der Vergleichsgebühr der Rechtsanwälte belastet wird. Ein Anerkenntnisurteil oder auch ein Versäumnisurteil wäre für ihn erheblich kostengünstiger. Gebräuchlich ist auch die Formulierung (z. B.):

„Kommt der Beklagte mit der Zahlung einer Rate um mehr als 3 Tage in Verzug, wird der gesamte Restbetrag auf einmal fällig."

Jedoch setzt Verzug Verschulden voraus, hierüber könnte in der Vollstreckung Streit entstehen. Eine Verfallklausel kann – wenn die Klageforderung nicht bestritten und höher als der Vergleichsbetrag ist – auch in der Weise vereinbart werden, daß der Vergleich wirkungslos und wieder die ursprüngliche Forderung geschuldet wird, falls der Schuldner nicht wie vereinbart leistet (vgl. BGH NJW 1981, 2686); die Formulierung könnte dann etwa lauten:

> „Geht eine Rate bis zum 3. Werktag nach Fälligkeit nicht ein, wird der Vergleich wirkungslos und lebt die Forderung von DM ...... nebst 8% Zinsen seit dem ...... wieder auf."

Dieses Ergebnis kann auch dadurch erreicht werden, daß der Kläger, falls die Raten eine bestimmte Summe erreicht haben, auf die restliche Forderung verzichtet.

9. Hiermit erhält sich der Kläger die Möglichkeit, im Fall der Nichtzahlung die Kaufsache herauszuverlangen (vgl. § 455 BGB). Wenn der Prozeßvergleich Ansprüche aus einem Verbraucherkreditgeschäft betrifft, sind §§ 12, 13 VerbrKrG einschlägig; der Vergleich ist materiell wie ein Verbraucherkreditgeschäft zu behandeln.

10. Der Verzicht ist zweckmäßig, da sonst zwei vollstreckbare Titel vorhanden wären. Zwar macht der Vergleich die Vollstreckung aus einem bereits ergangenen Urteil unzulässig, der Nachweis gegenüber dem Vollstreckungsorgan wird jedoch auf diese Weise erleichtert.

11. Bei der Kostenregelung empfiehlt sich besondere Sorgfalt. Um einem späteren Streit über Kosten eines vorangegangenen Beweissicherungsverfahrens (vgl. OLG Frankfurt MDR 1983, 941 u. OLG Hamburg MDR 1983, 409) oder über Kosten einer Nebenintervention (vgl. OLG Köln MDR 1993, 472; *Schneider* MDR 1983, 801) vorzubeugen, sollte auch hierüber eine Regelung getroffen werden. Kosten, die durch Säumnis (§ 344 ZPO) oder durch Anrufung des unzuständigen Gerichts (§ 281 Abs. 3 ZPO) entstanden sind, sind von der Kostenregelung im Vergleich nur ausgenommen, wenn das ausdrücklich vereinbart wird. Falls die Parteien sich über den Kostenpunkt nicht einigen können, besteht die Möglichkeit, die Entscheidung über die Kosten dem Gericht zu überlassen. Zu der Frage, ob das Gericht dann nach § 91a ZPO oder nach § 98 ZPO zu entscheiden hat, vgl. OLG Bamberg MDR 1980, 60; *Thomas/Putzo* § 98 Rdn. 4. Z.T. wird verlangt, daß der Ausschluß des § 98 ZPO zugunsten des § 91a ZPO im Vergleichstext selbst enthalten ist (so OLG Zweibrücken OLGZ 1983, 80 mwN.).

12. Mag sich eine Partei – etwa weil erst die Zustimmung des Mandanten eingeholt werden soll – im Termin noch nicht endgültig entscheiden, ob der Vergleich akzeptiert wird, kann sie sich den Widerruf vorbehalten (hierzu *Bergerfurth* NJW 1969, 1797). Wenn es um Regelungen von erheblicher Tragweite geht (BGH NJW 1994, 2085) oder wenn der Mandant erkennbar andere Erwartungen hat (BGH NJW 1993, 1325), darf der Anwalt ohne Rücksprache keinen bindenden Vergleich abschließen. Der Widerrufsvorbehalt stellt eine aufschiebende Bedingung für die Wirksamkeit des Vergleichs dar (BGH NJW 1984, 312). Beispiel für die Formulierung:

> „Der Kläger (der Beklagte, beide Parteien ......) können den Vergleich durch schriftliche Anzeige an das Gericht bis zum ...... widerrufen".

Die Parteien sollten dann darauf drängen, daß das Gericht für den Fall des Widerrufs Anordnungen trifft, die den Prozeß fördern. Zur Form des Widerrufs vgl. BGH MDR 1980, 283; er muß unterschrieben sein (BAG NJW 1989, 3035), ein Widerruf durch Telefax kann wirksam sein (OLG München NJW 1993, 3042). Wenn im Vergleich nicht anderes vereinbart wird, ist der Widerruf gegenüber dem Gericht zu erklären (OLG Köln NJW 1990, 1369). Die Frist kann nur durch Vereinbarung der Vergleichsparteien verlängert werden (vgl. *Zöller/Stöber* § 794 Rdn. 10); zu den Sorgfaltspflichten des Anwalts für die Fristwahrung vgl. BGH NJW 1995, 521).

13. Der Vergleich bedarf zu seiner Wirksamkeit als Prozeßhandlung und Vollstreckungstitel der ordnungsgemäßen Protokollierung durch das Gericht. Er muß insbesondere vorgelesen bzw. abgespielt und genehmigt werden (vgl. *Thomas/Putzo* § 794 Rdn. 11), sonst ist der Vergleich unwirksam (BGH NJW 1984, 1465, 1466). Wegen der Beweiskraft des Protokolls (§ 165 ZPO) ist darauf zu achten, daß diese Förmlichkeiten in die Niederschrift aufgenommen werden.

Kosten und Gebühren

Die bisher entstandenen Gerichts- und Anwaltsgebühren entfallen nicht. Für das Gericht entsteht keine zusätzliche Gebühr. Falls über den Klageantrag hinausgehende Ansprüche einbezogen werden, entsteht auf den Mehrwert eine ¼ Gebühr (KV Nr. 1260 aF., Nr. 1660 nF.). In diesem Fall ist ein Streitwertbeschluß herbeizuführen. Für die Rechtsanwälte entsteht durch den Vergleich eine zusätzliche Gebühr gem. § 23 BRAGO auf den Wert des Vergleichs. Bei einem Vergleich über Gegenstände, die nicht gerichtlich anhängig sind, erhöht sich die Vergleichsgebühr auf ¹⁵⁄₁₀ (§ 23 Abs. 1 BRAGO nF.). Das gilt auch für den Anwaltsvergleich nach § 1044b ZPO.

Zur Kostenregelung im Vergleichstext vgl. Anm. 11.

2. Zurücknahme der Klage[1,2]

An das
Landgericht

In der Sache
......

nimmt der Kläger die Klage zurück[3].
Der Beklagte wird um baldige Erklärung gebeten, ob er in die Klagerücknahme einwilligt[4].
Rechtsanwalt

Schrifttum: Schneider, Kostenrechtliche Probleme bei der Klagerücknahme, MDR 1961, 545 u. 643; *ders.,* Kostenentscheidung bei teilweiser Klagerücknahme, NJW 1964, 1055; *Gross,* Klageänderung und Klagerücknahme, ZZP 75, 447; *Mayer,* Urteil bei Fehlen der nach § 269 Abs. 1 ZPO erforderlichen Einwilligung, MDR 1985, 373; *Hansens,* Zurücknahme einer noch nicht zugestellten Klage, JurBüro 1986, 495.

Anmerkungen

1. Der Kläger kann die Klage gem. § 269 ZPO in jeder Lage des Verfahrens von der Rechtshängigkeit bis zum rechtskräftigen Abschluß des Rechtsstreits zurücknehmen. In der Zeit zwischen Einreichung und Zustellung der Klage gilt § 269 ZPO entsprechend, allerdings kann ein Kostenbeschluß nach § 269 Abs. 3 ZPO nicht ergehen (vgl. *Zöller/Vollkommer* § 269 Rdn. 8). Eine Zurücknahme der Klage kommt zB. in Betracht, wenn der Kläger sich – etwa nach einen Hinweis des Gerichts oder aufgrund des Prozeßverlaufs – keine Chancen mehr ausrechnet und den Prozeß kostengünstig beenden will, wenn er sich mit dem Gegner außergerichtlich entsprechend verglichen hat oder wenn der Beklagte den Klageanspruch erfüllt und auch die Übernahme der Kosten, soweit sie sich noch nicht beziffern lassen, zuverlässig zugesagt hat (das ist billiger, als die Hauptsache für

erledigt zu erklären, und zB. in Haftpflichtprozessen gegen Versicherer ein häufig geübtes Verfahren). Die Zurücknahme kann den gesamten Anspruch, einen Teil des Anspruchs, die Nebenforderungen (vgl. Form. I. G. 1) oder auch einen von mehreren Beklagten betreffen. Nach streitiger Verhandlung ist die Rücknahme nur wirksam, wenn der Beklagte – was die Regel ist – zustimmt (vgl. auch Form. I. M. 3 Anm. 1). Verweigert er seine Zustimmung, bleibt dem Kläger noch die Möglichkeit eines Verzichts gem. § 306 ZPO (vgl. Form. I. M. 4). Im Arrest- und Verfügungsverfahren ist die Rücknahme des Antrags immer ohne Zustimmung des Gegners möglich (hM., vgl. OLG Düsseldorf NJW 1982, 2452).

2. Die Zurücknahme hat gem. § 269 Abs. 3 ZPO ua. zur Folge, daß der Rechtsstreit beendet wird; ein bereits ergangenes, noch nicht rechtskräftiges Urteil – zB. Versäumnisteil, Vorbehaltsurteil, Urteil der Vorinstanz – wird wirkungslos. Es bleibt dem Kläger aber unbenommen, nach Rücknahme die gleiche Klage erneut zu erheben; anders, wenn er auf den Klageanspruch verzichtet hat.

3. Die Klagerücknahme wird entweder im Termin zu Protokoll oder – wie im Beispiel – durch bestimmenden Schriftsatz, der dem Beklagten zugestellt wird, erklärt. Die Erklärung unterliegt im Anwaltsprozeß dem Anwaltszwang (hM.). Der Kläger ist an die Erklärung der Rücknahme gebunden, auch wenn die Wirksamkeit noch von der Zustimmung des Beklagten abhängt (vgl. *Thomas/Putzo* § 269 Rdn. 8).

4. Diese Aufforderung ist nur sinnvoll, wenn bereits streitig verhandelt wurde. Dann allerdings sollte der Kläger versuchen, die Entscheidung des Beklagten über seine Zustimmung möglichst bald herbeizuführen, evtl. auch das Gericht zu veranlassen, dem Beklagten eine Frist zur Erklärung zu setzen. Falls die Parteien außergerichtliche eine von § 269 Abs. 3 ZPO abweichende Kostenregelung getroffen haben, sollte der Kläger das Gericht darauf hinweisen, um einen Kostenbeschluß zu seinen Lasten mit Sicherheit zu vermeiden.

Kosten und Gebühren

Auf Antrag des Beklagten sind dem Kläger gem. § 269 Abs. 3 ZPO sämtliche bisher entstandenen Kosten des Rechtsstreits durch Beschluß aufzuerlegen. Das gilt auch, soweit sie durch Säumnis des Beklagten entstanden waren (hM., vgl. *Thomas/Putzo* § 269 Rdn. 13; OLG Düsseldorf MDR 1983, 65); auch für eine entspr. Anwendung des § 93 ZPO ist kein Raum (OLG Karlsruhe NJW-RR 1995, 955). Dennoch hat die Rücknahme für den Kläger gegenüber einer abweisenden streitigen Entscheidung den Vorteil, daß erheblich weniger Kosten entstehen. Er spart zumindest zwei Gebühren des Gerichts gem. KV Nr. 1016 aF. bzw. Nr. 1202 nF. und, wenn die Rücknahme vor einer Beweisaufnahme oder vor streitiger Verhandlung bzw. Erörterung im Termin erfolgte, die zweite und dritte Rechtsanwaltsgebühr gem. § 31 Abs. 1 Nr. 2–4 BRAGO. Es empfiehlt sich daher immer eine möglichst frühzeitige Rücknahme. Bei einer nur teilweisen Rücknahme wird über die Kosten nicht durch Beschluß nach § 269 Abs. 3 ZPO, sondern im Endurteil entschieden. Ein Kostenantrag ist dann nicht erforderlich.

3. Zustimmung des Beklagten zur Klagerücknahme[1] und Kostenantrag[2]

An das
Landgericht

In der Sache
......

stimmt der Beklagte der vom Kläger mit Schriftsatz vom ...... erklärten Klagerücknahme zu[3].

3. Zustimmung des Beklagten zur Klagerücknahme und Kostenantrag   I. M. 3

Der Beklagte beantragt,
1. dem Kläger durch Beschluß die Kosten des Rechtsstreits aufzuerlegen[4],
2. auszusprechen, daß das Vorbehaltsurteil vom ...... (das Versäumnisurteil vom ......, der Vollstreckungsbescheid vom ......) wirkungslos ist.[5]

Rechtsanwalt

Anmerkungen

1. Der Beklagte kann eine Klagerücknahme durch den Kläger nach streitiger Verhandlung verhindern, indem er seine Zustimmung verweigert. § 269 Abs. 1 ZPO stellt auf die mündliche Verhandlung des Beklagten zur Hauptsache ab. Sie beginnt gem. § 137 ZPO erst, wenn er seinen Klagabweisungsantrag oder als Berufungsbeklagter den Antrag auf Zurückweisung der Berufung stellt (BGH NJW 1987, 3263, 3264). Verhandeln zur Zulässigkeit genügt nicht, auch nicht Erörterung der Sache im Rahmen von Vergleichsverhandlungen. IdR. wird der Beklagte kein Interesse daran haben, seine Zustimmung zu verweigern; denn ein mit Gründen versehenes klageabweisendes Urteil kann er wegen der Möglichkeit des Klägers, auf den Anspruch gem. § 306 ZPO zu verzichten (vgl. Form. I. M. 4), nicht erzwingen. Wenn der Beklagte jedoch befürchtet, der Kläger werde den Anspruch in einem neuen Rechtsstreit geltend machen, sollte er seine Zustimmung davon abhängig machen, daß der Kläger die Rücknahme „unter Verzicht auf den Klageanspruch" (vgl. *Baumbach/Lauterbach/Albers/Hartmann* § 269 Rdn. 48) erklärt. Falls bereits ein Urteil gegen ihn ergangen ist (zB. ein Vorbehaltsurteil oder ein Versäumnisurteil), kann der Beklagte auch seine Zustimmung von der Aushändigung des Titels abhängig machen.

2. Durch den Kostenantrag erwirkt der Beklagte gem. § 269 Abs. 3 ZPO einen Kostenbeschluß, den er als Grundlage für die Kostenfestsetzung benötigt. Der Kostenbeschluß ergeht allerdings nur, wenn die Rücknahme den gesamten Klageanspruch trifft. Bei nur teilweiser Rücknahme wird über die Kosten erst im Schlußurteil entschieden, ohne daß es eines Antrages bedarf (vgl. *Thomas/Putzo* § 269 Rdn. 13). Der Antrag kann nach § 515 Abs. 3 ZPO auch durch einen nicht beim Berufungsgericht zugelassenen Anwalt, insbesondere durch den Anwalt der ersten Instanz, gestellt werden.

3. Die Einwilligung kann mit Schriftsatz oder im Termin zu Protokoll erklärt werden, auch schon vor Erklärung der Rücknahme. Sie kann auch konkludent erteilt werden, zB. dadurch, daß der Beklagte auf die Rücknahmeerklärung mit einem Kostenantrag reagiert. Will der Beklagte seine Zustimmung verweigern, könnte seine Erklärung lauten:

„...... erklärt der Beklagte, daß er seine Zustimmung zur Klagerücknahme verweigert. Der Beklagte ist an einem klageabweisenden Urteil interessiert."

Die Erklärung der Einwilligung ist bindend; das gilt auch für die Verweigerung.

4. Der Antrag kann nicht gestellt werden, wenn sich die Parteien über die Kosten außergerichtlich verglichen haben (vgl. *Thomas/Putzo* § 269 Rdn. 15, 17; dort auch weitere Ausnahmen). Der Antrag ist nicht erforderlich, wenn die Klage nur zum Teil zurückgenommen wird; dann wird auch insoweit über die Kosten von Amts wegen im Endurteil entschieden.

5. Wenn gegen den Beklagten ein Urteil ergangen ist, das noch nicht rechtskräftig ist, wird es durch die Rücknahme wirkungslos. Diese Folge kann auf Antrag des Beklagten gleichfalls durch Beschluß ausgesprochen werden, was zur Abwendung einer etwaigen Zwangsvollstreckung dienlich sein kann (vgl. *Zöller/Greger* § 269 Rdn. 17). Der Antrag ist nicht erforderlich, wenn sich der Beklagte den Titel vom Kläger aushändigen läßt.

Kosten und Gebühren

Durch den Beschluß nach § 269 Abs. 3 ZPO entstehen weder Gerichtskosten noch Rechtsanwaltsgebühren. Wird der Antrag nach § 269 Abs. 3 Satz 3 ZPO im Termin gestellt, soll eine halbe Verhandlungsgebühr nach § 33 Abs. 1 S. 1 BRAGO entstehen (OLG Hamburg MDR 1985, 154).

Fristen und Rechtsmittel

Gegen den Beschluß ist die sofortige Beschwerde gem. § 577 ZPO zulässig, jedoch nur, wenn der Kostenbetrag DM 200,– übersteigt (§ 567 Abs. 2 ZPO). Frist: zwei Wochen.

4. Verzicht[1]

An das
Landgericht

In der Sache
......

wird der Kläger, nachdem der Beklagte seine Zustimmung zur Klagerücknahme versagt hat, im nächsten Termin auf den geltend gemachten Anspruch gem. § 306 ZPO verzichten[2].
Rechtsanwalt

Schrifttum: Thomas, Zur Doppelnatur von Klageanerkenntnis und Klageverzicht, ZZP 89, 80.

Anmerkungen

1. Der Verzicht auf den Klageanspruch mit anschließendem Verzichtsurteil gem. § 306 ZPO kommt in der Praxis selten vor. Die Klagerücknahme gem. § 269 ZPO ist der einfachere und billigere Weg. Wenn allerdings der Beklagte die erforderliche Zustimmung zur Rücknahme verweigert, empfiehlt sich für den Kläger aus Kostengründen und zur Vermeidung eines mit Gründen versehenen klageabweisenden Urteils der Verzicht. Ein Verzicht „unter Verwahrung gegen die Kosten", entspr. dem Anerkenntnis, ist nicht möglich; § 93 ZPO gilt nicht entspr. (vgl. *Thomas/Putzo* § 306 Rdn. 4).

2. Der Verzicht muß im Termin erklärt werden, soweit nicht das schriftliche Verfahren angeordnet ist. Eine schriftsätzliche Erklärung genügt nicht, jedoch ist eine Ankündigung des Verzichts zweckmäßig. Die Erklärung des Verzichts unterliegt im Anwaltsprozeß dem Anwaltszwang (BGH NJW 1988, 210). Der Verzicht kann den gesamten Anspruch, aber auch nur einen Teil betreffen.

Kosten und Gebühren

Bei Abweisung der Klage durch Verzichtsurteil statt durch streitiges Urteil entfallen zwei Gerichtsgebühren nach KV Nr. 1016 aF. bzw. Nr. 1202 nF. Verzichtet der Kläger vor streitiger Verhandlung oder Erörterung der Sache, entfällt dazu ½ Rechtsanwaltsgebühr (§ 33 Abs. 1 S. 1 BRAGO).

5. Antrag des Beklagten auf Verzichtsurteil[1]

An das
Landgericht

In der Sache
……

wird der Beklagte aufgrund des Verzichts im Termin beantragen[2]:
    1. Die Klage wird abgewiesen.
    2. Die Kosten des Rechtsstreits trägt der Kläger[3].
    3. Das Urteil ist ohne Sicherheitsleistung vorläufig vollstreckbar[4].
Rechtsanwalt

Anmerkungen

1. Nach einem Verzicht des Klägers bleibt dem Beklagten nur der Antrag auf ein Verzichtsurteil; an einem streitigen Urteil hat er idR. kein Rechtsschutzinteresse (BGH NJW 1968, 503). Das Urteil ergeht allein aufgrund des Verzichts, eine Sachprüfung findet nicht statt. Gem. § 313b Abs. 1 ZPO bedarf das Urteil nicht des Tatbestandes und der Entscheidungsgründe und enthält sie auch in aller Regel nicht.

2. Das Verzichtsurteil ergeht nur auf Antrag des Beklagten. Liegt ein Teilverzicht vor, kann nur ein Teilverzichtsurteil ergehen, das das Gericht allerdings, wenn der Rechtsstreit im übrigen noch nicht zur Entscheidung reif ist, erlassen muß.

3. Bei einem Teilverzichtsurteil wird über die Kosten erst im Schlußurteil entschieden.

4. Vgl. § 708 Nr. 1 ZPO.

Kosten und Gebühren

Vgl. Form. I.M.4.

6. Anerkenntnis[1] unter Verwahrung gegen die Kosten[2]

An das
Landgericht

In der Sache
……

wird der Beklagte im Termin[3] den geltend gemachten Anspruch anerkennen, den Zinsanspruch jedoch nur in Höhe von 4% seit Rechtshängigkeit.
Der Beklagte verwahrt sich jedoch gegen die Tragung der Prozeßkosten[4].

Begründung[5]:

Der Beklagte hat zur Klageerhebung keinen Anlaß gegeben. Der Kläger hat ihm nicht einmal eine Rechnung über die Klageforderung übersandt, dem Beklagten war also die Höhe der Forderung nicht bekannt. Auch eine Mahnung hat der Beklagte nicht erhalten. Der Beklagte ist zur Erfüllung des Anspruchs bereit und wird alsbald Zahlung leisten[6].
Rechtsanwalt

Schrifttum: Meiski, Das sofortige Anerkenntnis im schriftlichen Vorverfahren, NJW 1993, 1904; *Mes,* Materiellrechtliche Teilleistung und prozessuales Teilanerkenntnis, ZZP 85, 334; *Schilken,* Zum Handlungsspielraum der Parteien beim prozessualen Anerkenntnis, ZZP 90, 157; *Thomas,* Zur Doppelnatur von Klageanerkenntnis und Klageverzicht, ZZP 89, 80.

Anmerkungen

1. Der Beklagte kann den Klageanspruch in jeder Lage des Rechtsstreits anerkennen. Die Folge ist, daß er auf Antrag des Klägers gem. § 307 ZPO durch ein Anerkenntnisurteil verurteilt wird. Anlaß für ein Anerkenntnis kann gegeben sein, wenn der Prozeß ungünstig verlief oder der Beklagte – so das Beispiel – durch die gerichtliche Geltendmachung eines begründeten Anspruches überrascht wurde. Aus der Sicht des Beklagten handelt es sich um eine kostengünstige Möglichkeit, einen als verloren anzusehenden Prozeß zu beenden. Das Anerkenntnis kann den gesamten Anspruch, einen Teil des Anspruches oder einen von mehreren Ansprüchen betreffen, aber auch von einem von mehreren Streitgenossen abgegeben werden. Der Beklagte kann den Anspruch auch in der Weise anerkennen, daß er eine unbedingt geforderte Leistung Zug-um-Zug erbringt (vgl. BGH NJW 1989, 1934). Das Anerkenntnis des Beklagten ist bindend; ein Widerruf ist nur in engen Grenzen möglich (vgl. BGH NJW 1981, 2193; *Thomas/Putzo* § 307 Rdn. 8). Zum Anerkenntnis im schriftlichen Vorverfahren vgl. Form. I. E. 3.

2. Grundsätzlich wird der Beklagte im Anerkenntnisurteil auch zur Tragung der Kosten verurteilt. Hat er jedoch keinen Anlaß zur Klage gegeben und erkennt er sofort – idR. im ersten Termin (vgl. *Thomas/Putzo* § 93 Rdn. 9), – an, fallen dem Kläger gem. § 93 ZPO die Kosten zur Last. Die Vorschrift ist auch noch anwendbar, wenn der Beklagte vorher gegen einen Mahnbescheid Widerspruch (BGH NJW 1979, 2040; anders wenn der Anspruch im Widerspruch bestritten wurde, OLG Frankfurt MDR 1984, 149) oder gegen ein Versäumnisurteil Einspruch eingelegt hatte (vgl. *Thomas/Putzo* § 93 Rdn. 7). § 93 ZPO ist aber unanwendbar, nachdem der Beklagte im schriftlichen Vorverfahren seine Verteidigungsanzeige abgegeben hat; das gleiche gilt im Nachverfahren, wenn der Beklagte dem Anspruch im Urkundenprozeß widersprochen hat (OLG Düsseldorf MDR 1983, 496). Problematisch ist in der Praxis oft die Frage, ob der Beklagte schon dadurch Anlaß zur Klageerhebung gegeben hat, daß er eine fällige Geldschuld nicht vor Klageerhebung beglich. Ein Unterhaltsschuldner, der zwar regelmäßig gezahlt hat, aber keinen Titel auf seine Kosten errichten ließ, hat Anlaß zur Klageerhebung gegeben (vgl. OLG Düsseldorf FamRZ 1988, 519). Im übrigen fordert die Rechtsprechung der Instanzgerichte meist, daß das Anerkenntnis bei einer fälligen Geldschuld mit alsbaldiger Erfüllung verbunden sein müsse (zB. OLG Düsseldorf NJW-RR 1994, 827; vgl. *Zöller/Herget* § 93 Rdn. 6 „Geldschulden" mwN.), demgegenüber stellt der BGH (NJW 1979, 2040, 2041 mwN.; so auch OLG Frankfurt NJW-RR 1993, 1472) auf das Verhalten des Beklagten vor Prozeßbeginn ab und fordert für § 93 ZPO nicht zusätzlich die Erfüllung. Sicherheitshalber sollte der Beklagte aber im Prozeß alles vermeiden, was ihm als nachträglicher Anlaß zur Klageerhebung ausgelegt werden könnte.

3. Das prozessuale Anerkenntnis muß gem. § 307 ZPO im Termin erklärt werden, eine schriftsätzliche Erklärung reicht nur im schriftlichen Vorverfahren nach § 276 ZPO (§ 307 Abs. 2 ZPO, vgl. Form. I. E. 3) oder im schriftlichen Verfahren nach § 128 Abs. 2, 3 ZPO. Auch sonst ist es aber – schon um kostenverursachende Maßnahmen des Gerichts zu vermeiden – zweckmäßig, das Anerkenntnis vor dem Termin anzukündigen. Auf eine Protokollierung des Anerkenntnisses (§ 160 Abs. 3 Nr. 1 ZPO) und seine gleichfalls zu protokollierende Verlesung und Genehmigung (§ 162 Abs. 1 ZPO) ist zu achten, vgl. BGH NJW 1989, 1934.

4. Die „Verwahrung gegen die Kosten" (üblich auch die Formulierung „unter Protest gegen die Kosten") macht das Anerkenntnis hinsichtlich des Klageanspruches nicht un-

6. Anerkenntnis unter Verwahrung gegen die Kosten **I. M. 6**

wirksam, sondern wird als Hinweis an das Gericht verstanden, daß dem Kläger die Kosten gem. § 93 ZPO aufzuerlegen seien (vgl. *Thomas/Putzo* § 307 Rdn. 3).

5. Der Beklagte muß insbesondere darlegen, daß er vorprozessual zur Klageerhebung keinen Anlaß gegeben hat (vgl. hierzu die Beispiele bei *Zöller/Herget* § 93 Rdn. 6). Die Beweislast hierfür trägt der Beklagte (*Thomas/Putzo* § 93 Rdn. 4); er soll auch beweisen müssen, ein vom Kläger behauptetes vorprozessuales Aufforderungsschreiben nicht erhalten zu haben (OLG Bremen JurBüro 1983, 764).

6. Will der Beklagte in Hinblick auf § 93 ZPO sichergehen (vgl. Anm. 2), sollte er den Anspruch erfüllen. In diesem Fall wäre die Hauptsache für erledigt zu erklären, über die Vorschrift des § 91a ZPO würde bei der Kostenverteilung der Rechtsgedanke des § 93 ZPO anwendbar sein (vgl. *Zöller/Vollkommer* § 91a Rdn. 24). Bei Geldschulden kann es sich auch empfehlen, im Termin einen Scheck bereitzuhalten und erforderlichenfalls zu überreichen, damit aus dem prozessualen Verhalten nicht geschlossen werden kann, daß der Kläger doch Anlaß zur Klage hatte.

Kosten und Gebühren

Bei einer Beendigung des gesamten Rechtsstreits durch Anerkenntnisurteil ermäßigen sich die Gerichtskosten auf 1 Gebühr (KV Nr. 1202). Fraglich ist, ob das auch bei einem Anerkenntnis unter Verwahrung gegen die Kosten gilt (*Herget*, MDR 1995, 785). Bei einem Teilanerkenntnisurteil und streitiger Entscheidung über den Rest kommt es nach dem Wortlaut der Vorschrift zu keiner Ermäßigung (vgl. *Hartmann* KV 1202 Rdn. 2). Erkennt der Beklagte vor streitiger Verhandlung und vor Erörterung der Sache an, entsteht neben der Prozeßgebühr des Anwalts nur ½ Verhandlungsgebühr (§ 33 Abs. 1 S. 1 BRAGO).

Fristen und Rechtsmittel

Will der Beklagte die Kostenfolge des § 93 ZPO herbeiführen, muß er „sofort" (hierzu Anm. 2) anerkennen.

Gegen das Anerkenntnisurteil hat der Beklagte die gleichen Rechtsmittel wie gegen ein streitiges Urteil (vgl. BGH NJW 1992, 1513, 1514), aussichtsreich aber wohl nur mit der Begründung, es habe kein wirksames Anerkenntnis zugrunde gelegen. Der Beklagte kann auch mit der Berufung geltend machen, daß er das Anerkenntnis wirksam widerrufen hat (KG NJW-RR 1995, 958). Die Kostenentscheidung ist für den Kläger oder für den Beklagten nach § 99 Abs. 2 ZPO mit der sofortigen Beschwerde gem. § 577 ZPO anfechtbar, je nachdem, ob das Gericht § 93 ZPO angewandt hat oder nicht; die Beschwerdesumme gem. § 567 Abs. 2 ZPO (DM 200,–) muß erreicht sein. Die hM. fordert auch, daß in der Hauptsache die Berufungssumme erreicht wurde (vgl. *Zöller/Herget* § 99 Rdn. 6; aA. *Gölzenleuchter/Meier* NJW 1985, 2813). Problematisch sind die Fälle, in denen zunächst ein Teilanerkenntnisurteil ergeht, anschließend ein Schlußurteil über die restliche Hauptsache und die Kosten oder nur über die Kosten (vgl. *Zöller/Herget* § 99 Rdn. 11). Das Teilanerkenntnisurteil kann nur mit der Berufung angegriffen werden, die sich aber nicht auf die Kostenentscheidung im Schlußurteil erstreckt; diese muß gesondert angefochten werden (vgl. KG MDR 1990, 160). Soll das Schlußurteil nur im Kostenpunkt angegriffen werden, empfiehlt sich die sofortige Beschwerde. Bei einer sog. gemischten Kostenentscheidung erfaßt die Beschwerde allerdings nur die auf den anerkannten Teil entfallenden Kosten, für die Kosten der streitigen Hauptsache gilt § 99 Abs. 1 ZPO (vgl. OLG Köln NJW-RR 1994, 767).

Frist für die sofortige Beschwerde: zwei Wochen.

7. Antrag auf Anerkenntnisurteil[1]

An das
Landgericht

In der Sache
......

wird der Kläger im Termin ein Anerkenntnisurteil mit folgendem Inhalt beantragen[2]:
1. Der Beklagte wird verurteilt, an den Kläger DM ...... nebst 4% Zinsen seit Rechtshängigkeit zu zahlen.
2. Die Kosten des Rechtsstreits trägt der Beklagte[3].
3. Das Urteil ist ohne Sicherheitsleistung vorläufig vollstreckbar[4].

Den weitergehenden Zinsanspruch nimmt der Kläger zurück[5].
Sollte das Gericht den Kostenpunkt noch für ungeklärt halten, wird beantragt[6],

ein Teilanerkenntnisurteil zu erlassen und die Kostenentscheidung dem Schlußurteil vorzubehalten.

Begründung[7]:

Der Beklagte hat, entgegen seiner Darstellung, Anlaß zur Klageerhebung gegeben. Wenn der Beklagte die ihm vom Kläger ausgestellte Rechnung nicht erhalten hat, so deswegen, weil der Beklagte umgezogen ist, ohne dies dem Kläger mitzuteilen. Der Kläger hat den Beklagten im übrigen durch einen Angestellten vor Erhebung der Klage in einem Telefonat am ...... gemahnt.

Beweis: Zeugnis des ......

Der Beklagte hat jedoch nur Ausflüchte benutzt.
Rechtsanwalt

Anmerkungen

1. Hat der Beklagte den Anspruch anerkannt, muß der Kläger ein Anerkenntnisurteil beantragen; für eine Entscheidung durch streitiges Urteil fehlt ihm idR. das Rechtsschutzinteresse. Das Anerkenntnisurteil ergeht, wenn ein wirksames Anerkenntnis vorliegt und die Prozeßvoraussetzungen gegeben sind (vgl. *Thomas/Putzo* § 307 Rdn. 10), eine sachliche Prüfung des Anspruches findet nicht statt. Das Anerkenntnisurteil bedarf nicht des Tatbestandes und der Entscheidungsgründe (§ 313b Abs. 1 ZPO) und enthält sie auch idR. nicht, es sei denn, daß die Kostenentscheidung wegen § 93 ZPO streitig ist.

2. Das Anerkenntnisurteil setzt einen entsprechenden Antrag des Klägers voraus, der hier angekündigt wird, aber im Termin noch zu stellen ist. Nach hM. ergeht ein Anerkenntnisurteil auch dann, wenn der Kläger ein streitiges Urteil beantragt (vgl. *Thomas/ Putzo* § 307 Rdn. 11). Liegt nur ein Teilanerkenntnis vor, kann der Beklagte nur ein Teilanerkenntnisurteil beantragen, das das Gericht, wenn der Rechtsstreit im übrigen noch nicht zur Entscheidung reif ist, abweichend von § 301 Abs. 2 ZPO erlassen muß (vgl. *Thomas/Putzo* § 301 Rdn. 4).

3. Ein Teilanerkenntnisurteil enthält keine Kostenentscheidung. Über die Kosten kann erst im Schlußurteil entschieden werden.

4. Vgl. § 708 Nr. 1 ZPO.

8. Erledigungserklärung des Klägers **I. M. 8**

5. Wenn der Anspruch zu einem geringen Teil, insbesondere hinsichtlich der Nebenforderungen, nicht anerkannt wird, kann insoweit eine Rücknahme der Klage vorteilhaft sein. Denn dadurch wird eine spätere streitige Entscheidung über die Restforderung durch Schlußurteil und damit auch eine Verzögerung der Kostenentscheidung vermieden und die Ermäßigung der Gerichtskosten auf eine Gebühr nach KV Nr. 1202 erreicht.

6. Wenn, wie im Beispielsfall, der gesamte Klageanspruch anerkannt ist, aber die Kostenfrage noch der Klärung bedarf, erläßt die Praxis – dogmatisch anfechtbar, aber zweckmäßig – meist ein Teilanerkenntnisurteil über die Hauptsache und später ein Schlußurteil über die Kosten (vgl. *Thomas/Putzo* § 307 Rdn. 12). Hierauf sollte der Kläger hinwirken.

7. Hier muß sich der Kläger zu den Darlegungen des Beklagten, soweit sie die Voraussetzungen des § 93 ZPO betreffen, erklären. Ist streitig, ob der Beklagte Anlaß zur Klageerhebung gegeben hat, kann es zu einer Beweisaufnahme kommen; die Beweislast liegt beim Beklagten.

Kosten und Gebühren

Vgl. Form. I. M. 6. Ob bei str. Verhandlung über die Kosten zusätzlich ½ Verhandlungsgebühr, eine volle Verhandlungsgebühr (so die wohl hM.) oder keine Gebühr auf den Wert der Prozeßkosten entsteht, ist umstritten (vgl. *Riedel/Sußbauer* BRAGO § 31 Rdn. 52). Für die sofortige Beschwerde nach § 99 Abs. 2 ZPO gilt KV Nr. 1900 und § 61 Abs. 1 Nr. 1 BRAGO.

Fristen und Rechtsmittel

Vgl. Form. I. M. 6. Liegen ein Teilanerkenntnis und eine teilweise Klagerücknahme vor, kann die Kostenentscheidung des Urteils allein mit der sofortigen Beschwerde angefochten werden (vgl. *Zöller/Herget* § 99 Rdn. 15), gleich ob eine Verletzung des § 93 ZPO, des § 269 Abs. 3 ZPO oder eine unrichtige Quotelung geltend gemacht wird.

8. Erledigungserklärung des Klägers[1]

An das
Landgericht

In der Sache ......

erklärt der Kläger die Hauptsache für erledigt[2] und beantragt,
    dem Beklagten die Kosten des Rechtsstreits aufzuerlegen[3].
Der Beklagte hat die Klageforderung am ......, also nach Rechtshängigkeit[4], beglichen.
Der Kläger regt an, über die Kosten ohne mündliche Verhandlung zu entscheiden.
Der Beklagte wird gebeten, sich der Erledigungserklärung unverzüglich anzuschließen, damit der Termin aufgehoben werden kann[5].
Rechtsanwalt

Schrifttum: Bücking, Zur Möglichkeit der Erledigung der Hauptsache vor Anhängigkeit des Verfahrens, ZZP 89, 307; *Haubelt*, Erledigung der Hauptsache vor Rechtshängigkeit?, ZZP 89, 192; *Reinelt*, Erledigung der Hauptsache vor Anhängigkeit, NJW 1974, 344; *Blomeyer*, Die Schuldtilgung durch den Beklagten nach Einreichung der Klage als Kostenproblem, NJW 1982, 2750; *Sannwald,* Übergang auf die Kostenklage nach „Erledigung" der Hauptsache vor Rechtshängigkeit, NJW 1985, 898; *Mertins,* Die streitige Erledigung der Hauptsache vor Rechtshängigkeit, DRiZ 1989, 281; *Holzer,* Die Erledigung der Hauptsache, JurBüro 1991, 1; *Bergerfurth,* Die Erledigung der Hauptsache im Zivilprozeß, NJW 1992, 1655; *Ulrich,* Die Erledigung der Hauptsache und die Vereinfachung des Verfahrens, NJW 1994, 2793.

Anmerkungen

1. Ist der mit der Klage geltend gemachte Anspruch im Laufe des Rechtsstreits durch Zahlung erloschen oder auf andere Weise entfallen (vgl. *Thomas/Putzo* § 91a Rdn. 4, 5), muß der Kläger die Hauptsache für erledigt erklären; denn eine Verurteilung des Beklagten kann er nicht mehr erreichen, eine Klagerücknahme würde ihn gem. § 269 Abs. 3 ZPO mit den Kosten belasten. Wenn der Kläger allerdings erkennt, daß seine Klage aus anderen Gründen unzulässig oder unbegründet ist, kann er sich der Abweisung nicht durch eine Erledigungserklärung entziehen; dann bleibt ihm nur die Rücknahme. Zahlt der Beklagte zur Abwendung der Zwangsvollstreckung aus einem vorläufig vollstreckbaren Titel (zB. Versäumnisurteil, Vollstreckungsbescheid, Vorbehaltsurteil), liegt keine Erledigung vor (vgl. *Thomas/Putzo* aaO.).

2. Die Erklärung braucht nach § 91a Abs. 1 Satz 1 ZPO nicht in mündlicher Verhandlung abgegeben zu werden, sie kann auch schriftsätzlich oder zu Protokoll der Geschäftsstelle erklärt werden. Es besteht kein Anwaltszwang. Hat sich die Hauptsache nur zum Teil erledigt – zB. durch eine Teilzahlung –, ist genau zu bezeichnen, inwieweit der Klageanspruch einschl. der Nebenforderungen für erledigt erklärt wird. Die Erklärung kann auch hilfsweise abgegeben werden (*Thomas/Putzo* § 91a Rdn. 12).

3. Wenn der Beklagte sich der Erledigungserklärung anschließt (vgl. Form. I. M. 9), entscheidet das Gericht nur noch gem. § 91a ZPO über die Kosten des Rechtsstreits. Maßgeblich für die Kostentragung ist die Frage, ob die Klage zulässig und begründet war und der Beklagte Anlaß zur Klageerhebung gegeben hatte. Hat sich die Hauptsache durch Zahlung erledigt, wird das Gericht davon ausgehen, daß der Beklagte hierzu auch verpflichtet war, und ihm idR. die Kosten auferlegen (näheres vgl. *Thomas/Putzo* § 91a Rdn. 47).

4. Umstritten ist die Rechtslage, wenn das erledigende Ereignis – hier also die Zahlung – vor Rechtshängigkeit (Zustellung der Klage) eingetreten ist (vgl. *Bergerfurth* NJW 1992, 1655). Wie der Kläger sich dann richtig verhält, hängt von der Rechtsprechung des jeweiligen Gerichts ab. Als Richtschnur mag folgendes gelten: Stellt sich heraus, daß die Zahlung schon eingegangen war, bevor die Klage eingereicht wurde, sollte der Kläger sie zurücknehmen. Eine Erledigung ist dann nach hM. (vgl. BGH NJW 1982, 1598; NJW-RR 1988, 1151 mwN.) nicht eingetreten und der Kläger kann nicht hoffen, daß der Beklagte seiner Erledigungserklärung zustimmt. Durch eine Fortsetzung des Rechtsstreits riskiert der Kläger weitere Kosten, für die der Beklagte ihm nicht haftet. Der Kläger kann auch nicht seinen Zahlungsantrag fallenlassen und die Klage dahin ändern, dem Beklagten die Kosten des Rechtsstreits aufzuerlegen (BGH MDR 1979, 1000). Wenn der Beklagte dem Kläger zB. aus Verzug hinsichtlich der aufgewandten Prozeßkosten schadensersatzpflichtig ist, sollte er sie in einem neuen Prozeß beziffert geltend machen. Liegt die Zahlung zwischen Einreichung der Klage und Rechtshängigkeit, ist umstritten, ob eine Erledigung eintritt oder dieser Fall einer Erledigung gleichzustellen ist; die Frage wird vom BGH (NJW 1990, 1905, 1906) verneint. Läßt sich die Zustellung der Klage noch verhindern, zB. weil der Kostenvorschuß noch nicht eingezahlt ist, sollte der Kläger sie zurückziehen und ggf. eine bezifferte Kostenklage einreichen (vgl. OLG Köln NJW 1978, 111, 112 mwN.); allerdings ist die Rechtsprechung hier uneinheitlich (vgl. zB. für die Gerichte in Berlin *Mertins* DRiZ

9. Übereinstimmende Erledigungserklärung   I. M. 9

1989, 281, 287f.). Tritt die Erledigung nach Einzahlung des die Zustellung auslösenden Prozeßkostenvorschusses ein, kann der Kläger die Hauptsache für erledigt erklären und versuchen, seinen Kostenanspruch im selben Verfahren durchzusetzen (vgl. OLG München NJW 1979, 274 mwN.; *Sannwald* NJW 1985, 898), ob dies auch dann möglich ist, wenn die Erledigung einseitig bleibt, ist nach der neueren Rechtsprechung des Bundesgerichtshofs (NJW 1982, 2750; NJW-RR 1988, 1151) fraglich (bejahend OLG Hamm MDR 1980, 854; KG NJW 1991, 499; aA. OLG Hamm MDR 1979, 500). Auch der Übergang in eine Klage auf Feststellung, daß der Beklagte die Kosten zu tragen hat (KG aaO.) oder eine Kostenentscheidung zu Lasten des Beklagten entsprechend § 93 ZPO (OLG Koblenz MDR 1994, 1045) werden für möglich gehalten.

5. Auch die Erklärung des Beklagten kann in einem Schriftsatz abgegeben werden (vgl. Form. I M. 9 Anm. 2). Dadurch wird ein Termin unnötig; denn nach § 91a Abs. 1 Satz 2 ZPO nF. kann das Gericht über die Kosten ohne mündliche Verhandlung entscheiden.

Kosten und Gebühren

Bei übereinstimmender Erledigungserklärung entsteht für den Beschluß nach § 91a ZPO idR. eine Gerichtsgebühr (KV Nr. 1900). Bei wechselseitigen Kostenanträgen fällt eine Rechtsanwaltsgebühr gem. § 31 Abs. 1 Nr. 2 BRAGO an. Streitwert ist jeweils der Wert der entstandenen Kosten, nicht der Wert der Hauptsache (näher *Thomas/Putzo* § 91a Rdn. 57). Bei nur teilweiser Erledigung werden die Gebühren nach dem Wert der verbleibenden Hauptsache berechnet (hM.; vgl. *Thomas/Putzo* § 91a Rdn. 58; OLG Frankfurt MDR 1983, 1033).

Fristen und Rechtsmittel

Gegen den Beschluß nach § 91a ZPO sofortige Beschwerde, sofern der Beschwerdewert gem. § 567 Abs. 2 ZPO (DM 200,–) erreicht wird. Darüberhinaus verlangen manche Gerichte zusätzlich, daß in der Hauptsache die Berufungssumme erreicht wurde (vgl. *Bergerfurth* NJW 1992, 1655, 1658; OLG Karlsruhe NJW 1987, 387). Bei nur teilweiser Erledigung wird über die Kosten des erledigten Teils im Urteil nach § 91a ZPO entschieden; auch insoweit ist die sofortige Beschwerde gegeben. Wird gegen das Urteil ohnehin Berufung eingelegt, erübrigt sich daneben die sofortige Beschwerde (hM., vgl. *Thomas/Putzo* § 91a Rdn. 56). Frist für die sofortige Beschwerde: zwei Wochen.

9. Übereinstimmende Erledigungserklärung (Anschließungserklärung des Beklagten)[1]

An das
Landgericht

In der Sache
......

schließt sich der Beklagte der Erledigungserklärung des Klägers an[2]
und beantragt,
    dem Kläger die Kosten des Rechtsstreits aufzuerlegen[3].

I. M. 9 I. M. Beendigung des Prozesses durch Parteiprozeßhandlungen

Begründung[4]:

Der Beklagte hat dem Kläger keinen Anlaß zur Klageerhebung gegeben und den Anspruch sofort nach Klageerhebung erfüllt. ...... (ist auszuführen).

Rechtsanwalt

Anmerkungen

1. Der Beklagte hat die Wahl, sich der Erledigungserklärung des Klägers anzuschließen oder Abweisung der Klage zu beantragen (vgl. *Thomas/Putzo* § 91a Rdn. 32). Wenn die Hauptsache wirklich erledigt ist, sollte er sich der Erledigungserklärung des Klägers anschließen, denn anderenfalls wird durch streitiges Urteil festgestellt, daß eine Erledigung vorliegt (vgl. Form. I. M. 10), was ihn mit höheren Kosten belastet. Hat sich die Hauptsache nicht erledigt, kann der Beklagte sich dennoch der Erledigungserklärung anschließen; im Beschluß nach § 91a ZPO werden dann meist dem Kläger die Kosten auferlegt werden, da die Klage nicht begründet war. Sicherer ist es allerdings, der Erledigung zu widersprechen und Klageabweisung zu beantragen; dies führt zu einem abweisenden Urteil mit der notwendigen Kostenfolge des § 91 ZPO zu Lasten des Klägers. Wie der Beklagte sich verhalten soll, wenn seine Zahlung zwischen Einreichung und Zustellung der Klage eingegangen ist, hängt von der Rechtsprechung des jeweiligen Gerichts ab (vgl. Form. I. M. 8 Anm. 4). Wenn der Beklagte der Erledigung widerspricht und damit den Kläger zwingt, die Klage zurückzunehmen und den Kostenanspruch als Verzugsschaden geltend zu machen, wird es für ihn im Ergebnis nicht billiger.

2. Die Erklärung braucht nach § 91a Abs. 1 Satz 1 ZPO nicht in mündlicher Verhandlung abgegeben zu werden, es genügt, wenn sich der Beklagte in einem Schriftsatz anschließt. Anwaltszwang besteht nicht. Gibt der Beklagte im Termin, zB. infolge Säumnis, keine Erklärung ab, kann gegen ihn ein Versäumnisurteil wegen der Kosten ergehen, wenn die Voraussetzungen des § 331 ZPO gegeben sind und insbesondere die Erledigung schlüssig vorgetragen ist. Möglich ist es, der Erledigung nur zT. zuzustimmen.

3. Einen streitigen Kostenantrag sollte der Beklagte nur stellen, wenn er Gründe vortragen kann, nach denen der Kläger die Kosten zu tragen hat. Hat der Beklagte eine fällige angemahnte Zahlung nach Rechtshängigkeit geleistet, würde er sich nur mit zusätzlichen Kosten belasten. In einem solchen Fall sollte er entweder ein Versäumnisurteil wegen der Kosten gegen sich ergehen lassen oder den Kostenanspruch anerkennen (vgl. BGH MDR 1985, 914; BAG NJW 1988, 990).

4. Der Rechtsgedanke des § 93 ZPO ist im Rahmen der Abwägung nach § 91a ZPO anwendbar (vgl. *Thomas/Putzo* § 91a Rdn. 48; Form. I. M. 6 Anm. 6), so daß in diesem Fall dem Kläger die Kosten aufzuerlegen wären. Die Beweislast liegt jedoch beim Beklagten.

Kosten und Gebühren

Wie Form. I. M. 8.

Fristen und Rechtsmittel

Wie Form. I. M. 8.

10. Einseitige Erledigungserklärung des Klägers[1]

An das
Landgericht

In der Sache
......

Nachdem der Beklagte der Erledigungserklärung widersprochen hat und auf seinem Klageabweisungsantrag besteht, beantragt der Kläger,
1. festzustellen daß sich der Rechtsstreit in der Hauptsache erledigt hat[2],
2. dem Beklagten die Kosten des Rechtsstreits aufzuerlegen[3],
3. das Urteil für vorläufig vollstreckbar zu erklären.

Begründung[4]:
......

Schrifttum: Blomeyer, Grundprobleme der Erledigung der Hauptsache, JuS 1962, 212; *Mössner,* Die einseitige Erledigung der Hauptsache, NJW 1970, 175; *Beuermann,* Erledigung der Hauptsache im schriftlichen Vorverfahren, DRiZ 1978, 311; *Rixecker,* Die nicht erledigte Erledigungserklärung, ZZP 1983, 505; vgl. auch Form. I. M. 8.

Anmerkungen

1. Wenn der Beklagte der Erledigung widerspricht und Klageabweisung beantragt, hat der Kläger drei Möglichkeiten: Er kann seinen ursprünglichen Klageantrag wieder aufnehmen, er kann die Klage zurücknehmen oder er kann an seiner Erledigungserklärung festhalten. Eine der beiden ersten Möglichkeiten wird er wählen, wenn er zu der Auffassung gelangt, daß keine Erledigung vorliegt; der dritte Weg ist richtig, wenn sich die Hauptsache wirklich erledigt hat. Das Gericht entscheidet dann durch Urteil, das entweder die Erledigung feststellt oder die (geänderte) Klage abweist (vgl. *Thomas/Putzo* § 91a Rdn. 33). In zweifelhaften Fällen sollte der Kläger daher *hilfsweise* seinen ursprünglichen Klageantrag weiterverfolgen (vgl. BGH NJW 1965, 1597). Nicht möglich ist es, den Klageantrag aufrechtzuerhalten und hilfsweise die Hauptsache einseitig für erledigt zu erklären (BGH NJW 1989, 2885). Zur Frage der Erledigung vor Rechtshängigkeit vgl. Form. I. M. 8 Anm 4.

2. Die einseitige Erledigungserklärung wird überwiegend als Antrag verstanden, die Erledigung der Hauptsache festzustellen (vgl. *Thomas/Putzo* § 91a Rdn. 32). Dieser Feststellungsantrag braucht allerdings nicht ausdrücklich gestellt zu werden, die Erklärung der Hauptsache als erledigt genügt.

3. Wenn das Gericht die Erledigung feststellt, hat der Beklagte die Kosten des Rechtsstreits zu tragen; anderenfalls fallen sie dem Kläger zur Last.

4. Der Kläger muß darlegen, daß der Klageanspruch durch ein Ereignis nach Rechtshängigkeit gegenstandslos geworden ist. Für den Ausspruch des Gerichts, daß die Hauptsache erledigt ist, kommt es also darauf an, ob die Klage im Zeitpunkt des nach ihrer Zustellung eingetretenen erledigenden Ereignisses zulässig und begründet war (so BGH NJW 1986, 588). Zum Fall, daß die Erledigung zwischen Einreichung und Zustellung der Klage liegt, vgl. Form. I. M. 8 Anm. 4.

Kosten und Gebühren

Für Gericht und Rechtsanwalt entstehen die üblichen Gebühren. Nach welchem Streitwert sie zu berechnen sind, ist umstritten, vgl. hierzu BGH NJW 1982, 768 mit Hinweisen auf die Rechtsprechung der Oberlandesgerichte; *Thomas/Putzo* § 91 a Rdn. 59 ff., OLG München NJW-RR 1995, 1086. Bei teilweiser einseitiger Erledigung ist dieser Wert dem verbleibenden Hauptsachewert hinzuzurechnen (BGH NJW-RR 1988, 1465; str.).

Fristen und Rechtsmittel

Das Urteil, das die Erledigung feststellt oder die Klage abweist, ist mit den gewöhnlichen Rechtsmitteln anfechtbar, wenn die Rechtsmittelsumme (nach wohl hM. der Wert der Kosten, vgl. Anm. „Kosten und Gebühren") erreicht wird.

N. Anträge zum Urteil

1. Antrag auf Berichtigung des Urteils[1,2]

An das
Landgericht[3]

In der Sache ......

beantragt der Kläger,
> das Urteil vom ...... wegen der nachstehend aufgeführten offenbaren Unrichtigkeiten gemäß § 319 ZPO ohne mündliche Verhandlung[4] zu berichtigen;

hilfsweise,
> das Urteil gemäß § 321 ZPO zu ergänzen[5].

1. Dem Kläger hätte – unter Zugrundelegung der Berechnung des Gerichts – ein höherer Betrag zugesprochen werden müssen. Die Summe der verschiedenen Teilansprüche, die das Gericht dem Kläger nach den Entscheidungsgründen zuerkennen wollte, ergibt nicht DM ......, sondern DM .... Hier liegt offenbar ein Additionsfehler vor[6].
2. Das Gericht hat dem Kläger nach den Entscheidungsgründen zwar Zinsen aus Verzug zusprechen wollen, im Tenor jedoch fehlt eine Entscheidung über den Zinsanspruch[7].
3. Nach dem Tenor hat der Kläger die Kosten des Rechtsstreits allein zu tragen. Das ist offenbar unrichtig, denn der Klage ist zT. stattgegeben worden und nach den Entscheidungsgründen sollte die Kostenentscheidung auf §§ 91, 92 ZPO – nicht auf § 92 Abs. 2 ZPO – gestützt werden[8].
4. Da das Urteil im Urkundenprozeß erlassen wurde, hat das Gericht die Entscheidung über die vorläufige Vollstreckbarkeit zutreffend aus § 708 Nr. 4 ZPO abgeleitet. Im Gegensatz hierzu und offenbar unrichtig ist die vorläufige Vollstreckbarkeit jedoch im Tenor von einer Sicherheitsleistung des Klägers abhängig gemacht worden.

Der Kläger reicht in der Anlage die ihm erteilte vollstreckbare Ausfertigung zurück mit der Bitte, eine neue vollstreckbare Ausfertigung des berichtigten Urteils zu erteilen oder die Berichtigung auf der Ausfertigung zu vermerken und diese zurückzusenden[9].
Rechtsanwalt

Schrifttum: Braun, Verletzung des Rechtes auf Gehör und Urteilskorrektur im Zivilprozeß, NJW 1981, 425; *Lindacher,* Divergenzen zwischen Urteilstenor und Entscheidungsgründen, ZZP 88, 64; *Schneider,* Der Beginn der Rechtsmittelfrist bei Urteilsberichtigung, MDR 1986, 377.

Anmerkungen

1. Offenbare Unrichtigkeiten von Urteilen oder Beschlüssen iSd. § 319 Abs. 1 ZPO kommen in der Praxis häufig vor. Jede Partei sollte gleich nach Erhalt der Entscheidungsausfertigung prüfen, ob solche Unrichtigkeiten zu ihrem Nachteil enthalten sind, und ggf. einen Antrag auf Berichtigung stellen. Die durch die Unrichtigkeit formell begünstigte Partei sollte, wenn sie zwar mit der unrichtigen, nicht aber mit der gewollten Entscheidung einverstanden ist, sogleich Rechtsmittel gegen die Entscheidung einlegen. Die Rechtsmittelfrist beginnt grundsätzlich bereits mit der Zustellung der Entscheidung, nicht erst mit der Zustellung des Berichtigungsbeschlusses (BGH NJW 1984, 1041; FamRZ 1990, 988).

Eine Unrichtigkeit nach § 319 ZPO liegt nur vor, wenn eine Divergenz zwischen der vom Gericht gewollten und der zum Ausdruck gekommenen Entscheidungsfassung besteht (vgl. BGH NJW 1985, 742; *Pruskowski* NJW 1979, 931 mwN.). Darunter können auch Rechenfehler (BGH NJW 1995, 1033) und eine Ungenauigkeit im Ausdruck (OLG Zweibrücken MDR 1994, 831) fallen. Die Praxis neigt zu einer großzügigen Auslegung (vgl. *Zöller/Vollkommer* § 319 Rdn. 4) und berichtigt auch Punkte, an die das Gericht nicht gedacht hatte oder bei denen bereits die Willensbildung offensichtlich fehlerhaft war (zB. LG Stade NJW 1979, 168). Die Unrichtigkeit kann das Rubrum (vgl. Form. I. N. 2), den Tenor (BGH NJW-RR 1991, 1278), den Tatbestand oder die Entscheidungsgründe betreffen; zu weiteren Fallgruppen vgl. *Zöller/Vollkommer* § 319 Rdn. 8 ff. Sie ist offenbar, wenn sie sich ohne weiteres aus dem Urteil selbst oder den Vorgängen bei seiner Verkündung ergibt (vgl. *Thomas/Putzo* § 319 Rdn. 4; BGH NJW 1980, 2813; 1989, 1281). Zur Abgrenzung von der Berichtigung des Tatbestandes (§ 320 ZPO, vgl. Form. I. N. 4) und von der Ergänzung des Urteils (§ 321 ZPO, vgl. Form. I. N. 3) siehe *Thomas/Putzo* § 320 Rdn. 1 und § 321 Anm. 1 sowie BGH NJW 1964, 1858).

Auch Beschlüsse können nach § 319 ZPO berichtigt werden, so zB. Verweisungsbeschlüsse (BGH NJW-RR 1993, 700) und Beschlüsse, die mit der sofortigen Beschwerde anfechtbar sind. Mit einfacher Beschwerde anfechtbare Beschlüsse, aber auch Beweisbeschlüsse (§ 360 ZPO) können außerhalb des Verfahrens nach § 319 ZPO geändert werden. Für gerichtliche Vergleiche ist § 319 ZPO unanwendbar, in Betracht kommt nur eine Berichtigung des Protokolls vgl. Form. I. F. 6.

2. Im Anwaltsprozeß (§ 78 ZPO) besteht Anwaltszwang, im Amtsgerichtsprozeß gilt § 496 ZPO.

3. Der Antrag ist idR. an das Gericht zu richten, das die zu berichtigende Entscheidung getroffen hat. Wurde gegen diese Entscheidung ein Rechtsmittel eingelegt, ist auch das Rechtsmittelgericht zuständig (vgl. BGH NJW 1989, 1281; *Thomas/Putzo* § 319 Rdn. 5 aE. mwN.). Wenn sich die Akten beim Rechtsmittelgericht befinden, sollte der Antrag auch dort gestellt werden.

4. Gem. § 319 Abs. 2 ZPO ist die mündliche Verhandlung freigestellt; in der Praxis ist sie meist entbehrlich.

5. Die Grenzen zwischen § 319 und § 321 ZPO sind manchmal unklar. Wenn dem Urteil daher etwas hinzugefügt werden soll, ist in Zweifelsfällen – vorausgesetzt, daß die 2-Wochen-Frist nach § 321 Abs. 2 ZPO noch nicht verstrichen ist – die Verbindung beider Anträge zu empfehlen.

6. Vgl. BGH NJW 1995, 1033 und *Zöller/Vollkommer* § 319 Rdn. 3 „Rechenfehler".

7. Zum Übergehen von Ansprüchen im Tenor vgl. BGH NJW 1964, 1858 gegen BAG NJW 1959, 1942; BGH NJW-RR 1991, 1278.

8. Zur Berichtigung der Kostenentscheidung vgl. *Zöller/Vollkommer* § 319 Rdn. 15 mwN.

9. Das Gericht wird zur Berichtigung idR. die Ausfertigung zurückfordern (vgl. *Zöller/Vollkommer* § 319 Anm. 23), zur Abkürzung des Verfahrens empfiehlt es sich daher, sie gleich miteinzureichen. Erteilt das Gericht eine neue vollstreckbare Ausfertigung, kann die Vollstreckung nur noch aus dieser betrieben werden (vgl. *Thomas/Putzo* § 319 Rdn. 8).

Kosten und Gebühren

Eine besondere Gerichtsgebühr wird weder für die Berichtigung noch für ihre Ablehnung erhoben; Rechtsanwaltsgebühren entstehen nicht (§ 37 Nr. 6 BRAGO). Folglich enthält der Berichtigungsbeschluß keine Kostenentscheidung.

Fristen und Rechtsmittel

Der Antrag bedarf keiner Frist; er kann jederzeit gestellt werden, auch noch nach Rechtskraft der Entscheidung. Allerdings kann der Antrag der Verwirkung unterliegen (OLG München OLGZ 1983, 368). Die Rechtsmittelfrist gegen die zu berichtigende Entscheidung beginnt nicht erst mit Zustellung des Berichtigungsbeschlusses, sondern auch für den Gegner bereits mit Zustellung der ursprünglichen Entscheidung (BGH NJW 1984, 1041); es bleibt uU. noch eine Wiedereinsetzung (BGH aaO.). Ergibt erst die Berichtigung, daß eine Partei durch das Urteil beschwert ist oder gegen wen das Rechtsmittel zu richten ist, beginnt die Rechtsmittelfrist mit Zustellung des Berichtigungsbeschlusses, BGH NJW 1995, 1033 bzw. BGH NJW 1991, 1834.

Bei Berichtigung des Urteils hat der Gegner die sofortige Beschwerde (Frist: zwei Wochen). Bei Ablehnung ist nur in Ausnahmefällen ein Rechtsmittel gegeben (einfache, nicht fristgebundene Beschwerde, vgl. *Zöller/Vollkommer* § 319 Rdn. 27; BGH NJW-RR 1990, 893; anders, wenn gegen die berichtigte Entscheidung selbst kein Rechtsmittel zulässig ist, BGH NJW 1989, 2625).

2. Antrag auf Berichtigung der Parteibezeichnung[1]

An das
Landgericht

In der Sache
......

beantragt der Kläger,

> das Rubrum des Urteils vom ...... in den folgenden Punkten gem. § 319 ZPO zu berichtigen,
> den Berichtigungsbeschluß auf die in der Anlage zurückgereichte vollstreckbare Ausfertigung zu setzen und die berichtigte Ausfertigung zurückzusenden, oder eine neue vollstreckbare Ausfertigung zu erteilen[2].
> 1. Der Kläger wird durch den Unterzeichnenden, nicht durch Herrn Rechtsanwalt X als Prozeßbevollmächtigten vertreten[3].
> 2. Die Firma der Beklagten lautet nicht B OHG, sondern B KG, vertreten duch die B GmbH, diese vertreten durch den Geschäftsführer Herrn B (unter gleicher Anschrift)[4].

Begründung:

1. Herr Rechtsanwalt X hat mit Schriftsatz vom ...... das Mandat niedergelegt, mit Schriftsatz vom ...... hat sich der Unterzeichnende als Prozeßbevollmächtigter legitimiert und den Beklagten seitdem vertreten.
2. Die Beklagte firmierte im Geschäftsverkehr mit dem Kläger als „B OHG". Ausweislich des
    Handelsregisterauszuges vom ......
    (Anlage 1)
ist die Beklagte jedoch bereits vor Klageerhebung in eine KG umgewandelt worden, deren persönlich haftender Gesellschafter die B GmbH ist; Geschäftsführer der GmbH ist der frühere persönlich haftende Gesellschafter der OHG, Herr B. Da die KG am

Verfahren beteiligt war und sich auf den Prozeß eingelassen hat, ist eine Berichtigung zulässig und geboten.
Rechtsanwalt

Schrifttum: Baumgärtel, Zur Abgrenzung von Parteiberichtigung und Parteiwechsel, Büro 1973, 169; vgl. im übrigen Form. I. N. 1.

Anmerkungen

1. Es handelt sich um einen Sonderfall des § 319 ZPO, auf die allgemeinen Anmerkungen zum vorangehenden Formular wird verwiesen. Der Berichtigung der Parteibezeichnung kommt in der Praxis eine besondere Bedeutung zu, weil hiervon die Vollstreckungsfähigkeit und damit der Wert des Urteils abhängen kann. Abgesehen von Irrtümern des Gerichts (vgl. den Antrag zu 1) ist die Berichtigung auch möglich, wenn die Parteien die falsche Bezeichnung selbst, zB. durch die Klageschrift, veranlaßt haben (vgl. BGH NJW 1988, 1585, 1587; *Thomas/Putzo* § 319 Rdn. 3; *Zöller/Vollkommer* § 319 Rdn. 14). Als Voraussetzung wird idR. angesehen, daß die Identität der Partei gewahrt bleibt oder zumindest die richtige Partei trotz ihrer falschen Bezeichnung am Rechtsstreit beteiligt war (so das Beispiel im Antrag zu 2., vgl. OLG Düsseldorf VersR 1977, 260 mwN.; weitergehend MDR 1990, 930). Zur Berichtigung der Parteibezeichnung vor Erlaß des Urteils vgl. Form. I. J. 4.

2. Vgl. Form. I. N. 1 Anm. 9.

3. Diese berichtigende Ergänzung ist zulässig und für das weitere Verfahren (Kostenfestsetzung, Vollstreckung, Rechtsmittel) wichtig.

4. Der Sachverhalt entspricht der Entscheidung OLG Düsseldorf VersR 1977, 260. Hätte der Kläger vor Klageerhebung eine Handelsregisterauskunft eingeholt, wäre ihm das Verfahren erspart geblieben.

3. Antrag auf Urteilsergänzung[1,2]

An das
Landgericht[3]

In der Sache
......

ist dem Beklagten das Vorbehaltsurteil vom ...... am ...... zugestellt worden. Der Tenor des Urteils ist in drei Punkten unvollständig:

1. Es fehlt der Ausspruch, daß dem Beklagten die Ausführung seiner Rechte im Nachverfahren vorbehalten wird, obwohl der Beklagte, wie sich aus dem Tatbestand ergibt, dem Anspruch widersprochen hat[4].
2. Über den ausweislich des Tatbestandes gestellten Schutzantrag des Beklagten gem. § 712 ZPO hat das Gericht nicht entschieden, obwohl der Beklagte dargelegt und glaubhaft gemacht hat, daß ihm die Vollstreckung einen nicht zu ersetzenden Nachteil bringen würde[5].
3. Der Kläger hat, wie das Gericht im Tatbestand zutreffend ausführt, zunächst das örtlich unzuständige Landgericht ...... angerufen. In der Kostenentscheidung hätten dem Kläger daher die Kosten für die Anrufung des unzuständigen Gerichts auferlegt werden müssen.[6]

3. Antrag auf Urteilsergänzung **I. N. 3**

Es wird beantragt,
    das Urteil vom ...... entsprechend zu ergänzen.
Der Beklagte ist mit einer schriftlichen Entscheidung gem. § 128 Abs. 2 ZPO einverstanden[7]. Falls der Kläger nicht zustimmt, wird um einen baldigen Termin gebeten.
In Hinblick auf die drohende Vollstreckung ist dem Beklagten an einer schnellen Entscheidung gelegen.
Rechtsanwalt

Schrifttum: Vgl. Form. I. N. 1.

Anmerkungen

1. Vgl. § 321 ZPO. Der Antrag ist erforderlich, wenn nach den im Tatbestand wiedergegebenen Anträgen der Parteien über einen der in § 321 Abs. 1 ZPO genannten Punkte hätte entschieden werden müssen, dies aber im Tenor unterblieben ist. Ist allerdings der Punkt in den Gründen behandelt, wäre ein Antrag nach § 319 ZPO der richtige Weg (vgl. OLG Hamm NJW-RR 1986, 1444). Fehlt der Antrag bereits im Tatbestand, muß zunächst Berichtigung des Tatbestandes gem. § 320 ZPO beantragt werden (vgl. Form. I. N. 5). Eine Urteilsergänzung kommt nicht in Betracht, wenn einzelne Angriffs- oder Verteidigungsmittel übergangen wurden (BGH NJW 1980, 840); dann bleibt nur das vorgesehene Rechtsmittel. § 321 ZPO ist kraft gesetzlicher Verweisung auch bei fehlendem Vorbehalt der Rechte für das Nachverfahren (§§ 302 Abs. 2, 599 Abs. 2 ZPO), bei übergangenem Antrag zur vorläufigen Vollstreckbarkeit (§ 716 ZPO) oder übergangenem Antrag auf Räumungsfrist (§ 721 Abs. 1 S. 3 ZPO) anwendbar. Zu weiteren Anwendungsfällen vgl. *Thomas/Putzo* § 321 Rdn. 7. Zur Abgrenzung von Anträgen nach §§ 319, 320 ZPO vgl. BGH NJW 1964, 1858 und *Thomas/Putzo* § 321 Rdn. 1. Die Entscheidung über die Zulassung der Revision kann nicht durch einen Antrag nach § 321 ZPO, nur im Wege der Berichtigung gem. § 319 nachgeholt werden (BGH NJW 1981, 2755; aA. *Zöller/Vollkommer* § 321 Rdn. 5).

2. Für den Antrag besteht Anwaltszwang, wenn für den Rechtsstreit Anwaltszwang bestand (§ 78 ZPO), im Amtsgerichtsprozeß gilt § 496 ZPO.

3. Der Antrag ist an das Gericht zu richten, das das unvollständige Urteil verkündet hat.

4. Vgl. § 599 ZPO. Der Vorbehalt ist auch auszusprechen, wenn der Beklagte dies nicht besonders beantragt hat (*Thomas/Putzo* § 599 Rdn. 4).

5. Vgl. § 716 iVm. § 712 ZPO. Wird der Antrag in einem Vorbehaltsurteil übergangen, kann der Beklagte auch die Fortsetzung des Rechtsstreits im Nachverfahren beantragen und dann den Schutzantrag nach § 707 ZPO stellen.

6. Hat das Gericht versehentlich nicht über die Kosten für die Anrufung des unzuständigen Gerichts nach § 281 Abs. 3 ZPO entschieden, kann die Kostenentscheidung nach § 321 ZPO ergänzt werden (OLG Koblenz NJW-RR 1992, 892). Das gleiche gilt für die Kosten der Säumnis (§ 344 ZPO) oder der Nebenintervention (§ 101 ZPO). Behandeln allerdings die Gründe diesen Punkt, liegt ein Fall des § 319 vor (vgl. Form. I. N. 1 Anm. 1).

7. Gem. § 321 Abs. 3 ZPO ist eine mündliche Verhandlung notwendig. In der Praxis wird sie oft entbehrlich sein, so daß sich der Weg des § 128 Abs. 2 ZPO empfiehlt. Über den Antrag wird durch ein sog. Ergänzungsurteil entschieden.

Kosten und Gebühren

Zusätzliche Gerichtsgebühren werden idR. nicht erhoben (vgl. näher *Zöller/Vollkommer* § 321 Rdn. 12). Rechtsanwaltsgebühren entstehen nicht (§ 37 Nr. 6 BRAGO).

Fristen und Rechtsmittel

Der Antrag muß innerhalb einer Frist von zwei Wochen nach Zustellung des Urteils durch das Gericht (nicht durch den Gegner) gestellt werden (§ 321 Abs. 2 ZPO). Ist die Frist versäumt worden, sollte die betroffene Partei versuchen, im Wege der Berichtigung nach § 319 ZPO – die Gerichte sind hier manchmal großzügig und die Grenzen unklar – zum Ziel zu kommen. Andernfalls bleibt nur die Einlegung der Berufung und erneute Stellung des übergangenen Antrags (vgl. *Zöller/Vollkommer* § 321 Rdn. 8). Setzt die Ergänzung eine Berichtigung des Tatbestandes voraus (vgl. Form. I. N. 4), beginnt die Frist erst mit der Zustellung des Berichtigungsbeschlusses (BGH NJW 1982, 1821, 1822).

Gegen das Ergänzungsurteil sind die normalen Rechtsmittel gegeben. Die Berufungsfrist gegen das Haupturteil beginnt mit der Zustellung des Ergänzungsurteils von neuem, § 517 ZPO.

4. Antrag auf Berichtigung des Tatbestandes[1] verbunden mit Antrag auf Urteilsergänzung[2]

An das
Landgericht[3]

In der Sache ......

beantragt der Kläger,

1. den Tatbestand des Urteils vom ...... gemäß § 320 ZPO dahin zu berichtigen, daß der Kläger auch beantragt hat, den Beklagten zur Zahlung von 4% Zinsen seit Rechtshängigkeit auf das Schmerzensgeld zu verurteilen,
2. nach Berichtigung des Tatbestandes das Urteil gemäß § 321 ZPO dahin zu ergänzen, daß der Beklagte zur Zahlung von 4% Zinsen seit Rechtshängigkeit auf den zuerkannten Schmerzensgeldbetrag von DM 2.000,– verurteilt wird.

Begründung:

1. Ausweislich des Terminsprotokolls vom ......[4] hat der Kläger den Antrag aus der Klageschrift gestellt. In der Klageschrift hatte der Kläger unter Ziff. 2. beantragt, den Beklagten zur Zahlung eines angemessenen Schmerzensgeldes nebst 4% Zinsen seit Rechtshängigkeit zu verurteilen. Diesen Zinsantrag hat das Gericht im Urteil übergangen. Der Tatbestand ist daher entsprechend zu berichtigen.
2. Da das Gericht nach dem berichtigten Tatbestand einen Nebenanspruch iSd. § 321 Abs. 1 ZPO übergangen hat, ist das Urteil durch ein Ergänzungsurteil zu ergänzen[5].

Um die Bestimmung eines baldigen Termins wird gebeten. Mit einer Entscheidung ohne mündliche Verhandlung gem. § 128 Abs. 2 ZPO ist der Kläger einverstanden[6].
Rechtsanwalt

Anmerkungen

1. Ein Antrag auf Berichtigung des Tatbestandes ist sinnvoll, wenn ein Rechtsmittel oder die Wiederaufnahme beabsichtigt ist oder wenn ein Antrag auf Urteilsergänzung vorbereitet werden soll (so das Beispiel). In Hinblick auf Rechtsmittel hat der Antrag den Zweck, der Beweiskraft des Tatbestandes (§ 314 ZPO) – zB. für die Frage, ob eine Tatsache bereits

4. Antrag auf Berichtigung des Tatbestandes   **I. N. 4**

in erster Instanz vorgetragen wurde und damit in zweiter Instanz nicht als neues Vorbringen zurückgewiesen werden kann – zu begegnen. Der Tatbestand liefert positiven Beweis für das, was die Parteien vorgetragen haben, aber auch negativen Beweis für das, was nicht behauptet oder bestritten wurde (vgl. BGH MDR 1983, 384). Die Beweiskraft erfaßt nicht das Prozeßgeschehen, also zB. nicht die Verlängerung von Fristen (BGH NJW 1983, 2030, 2032). Eine Berichtigung des Tatbestandes kommt nicht in Betracht, soweit es um die Wiedergabe nicht nachgelassener Schriftsätze geht (OLG Köln NJW-RR 1991, 1536). Nach der Neufassung des § 313 Abs. 2 ZPO, wonach der Tatbestand nur noch den wesentlichen Inhalt des Vorbringens knapp darstellen soll, ist die praktische Bedeutung des § 320 ZPO geringer geworden. Zur Vorbereitung des Antrags aus § 321 ZPO bleibt die Berichtigung jedoch bedeutsam, weil es für die Frage, ob ein Anspruch übergangen wurde, auf die Wiedergabe der Anträge im Tatbestand ankommt.

Für den Antrag besteht Anwaltszwang gem. § 78 ZPO, im Amtsgerichtsprozeß gilt § 496 ZPO.

2. Soll der Antrag – wie im Beispiel – eine Urteilsergänzung nach § 321 ZPO vorbereiten, ist es sinnvoll, beide Anträge zu verbinden, zumal die Frist des § 321 Abs. 2 ZPO nicht erst mit Zustellung des Berichtigungsbeschlusses nach § 320 ZPO beginnen soll (vgl. *Baumbach/Lauterbach/Albers/Hartmann* § 321 Rdn. 7; aM. BGH NJW 1982, 1821). Zum Antrag nach § 321 ZPO s. Form. I. N. 3.

3. Der Antrag ist an das Gericht zu richten, welches das unvollständige Urteil verkündet hat.

4. Dem Tatbestand wird seine Beweiskraft für die Frage, welche Anträge gestellt worden sind, gem. § 314 S. 2 ZPO durch das Sitzungsprotokoll genommen; es kommt also darauf an, welcher Antrag laut Protokoll gestellt wurde. Ist der Antrag bereits dort falsch aufgenommen, müßte gleichzeitig die Berichtigung des Protokolls gem. § 164 ZPO beantragt werden (vgl. Form. I. F. 8).

5. Vgl. hierzu Form. I. N. 3 Anm. 1.

6. Ein Termin wird in der Praxis oft entbehrlich sein, es empfiehlt sich daher, das Einverständnis des Gegners gem. § 128 Abs. 2 ZPO herbeizuführen.

Kosten und Gebühren

Wie Form. I. N. 1.

Fristen und Rechtsmittel

Der Antrag ist innerhalb von zwei Wochen nach Zustellung des vollständigen Urteils durch das Gericht, spätestens nach 3 Monaten zu stellen (zur Bedeutung dieser Fristen vgl. *Zöller/Vollkommer* § 320 Rdn. 7 f.).

Gegen den berichtigenden Beschluß gibt es idR. kein Rechtsmittel, § 321 Abs. 4 S. 4 ZPO (Ausnahmen: vgl. *Thomas/Putzo* § 320 Rdn. 6).

5. Antrag auf Hinausschiebung der Urteilszustellung[1]

An das
Landgericht[2]

In der Sache
......

wird im versicherten Einverständnis mit der Gegenseite beantragt,

    die Zustellung des am ...... verkündeten Urteils bis auf weiteres hinauszuschieben[3].

Die Gegenseite wird einen entsprechenden Antrag noch ausdrücklich stellen[4].
Rechtsanwalt

Anmerkungen

1. Vgl. § 317 Abs. 1 S. 3 ZPO. Der Antrag hat den Sinn, den Beginn der Rechtsmittelfrist (§§ 516, 552, 577 Abs. 2 ZPO) hinauszuzögern. Das ist insbesondere im Rahmen von Vergleichsverhandlungen zweckmäßig, damit die unterlegene Partei nicht gezwungen wird, zur Wahrung ihrer Rechte Berufung einzulegen und hierdurch neue Kosten zu verursachen. Für Ehe-, Familien- und Kindschaftssachen sowie im Arbeitsgerichtsprozeß ist § 317 Abs. 1 S. 3 ZPO ausgeschlossen (§§ 618, 621c, 640 Abs. 1 ZPO, 50 Abs. 1 S. 2 ArbGG). Ist das Urteil noch nicht verkündet, kann das gleiche Ziel durch einen Antrag auf Aussetzung des Termins zur Verkündung der Entscheidung erreicht werden.

2. Der Antrag ist an das Gericht zu richten, das die Entscheidung verkündet hat.

3. Die Zustellung kann nur bis zum Ablauf von 5 Monaten hinausgeschoben werden (§ 317 Abs. 1 S. 3 ZPO). Eine Frist braucht im Antrag nicht genannt zu werden. Wenn sich die Vergleichsverhandlungen zerschlagen, sollte die obsiegende Partei dies dem Gericht mitteilen und den Antrag stellen, das Urteil nunmehr zuzustellen.

4. Das Verfahren sollte, da ein übereinstimmender Antrag erforderlich ist, mit dem Gegner abgesprochen sein. Dem übereinstimmenden Antrag muß das Gericht entsprechen.

Kosten und Gebühren

Keine besonderen Gerichts- und Rechtsanwaltsgebühren.

Fristen und Rechtsmittel

Der Antrag kann nur vor der Zustellung des Urteils und nur innerhalb von 5 Monaten nach dessen Verkündung gestellt werden.
Rechtsmittel: einfache (nicht fristgebundene) Beschwerde.

O. Rechtsmittel und Rechtsbehelfe

1. Berufungsschrift[1]

An das
Landgericht[2]
– Berufungskammer –
in ......

Berufung

In Sachen

des Bauingenieurs ...... aus ......
– Kläger und Berufungskläger[3] –
Prozeßbevollmächtigter: RA ......

gegen

den Hausbesitzer ...... aus ......
– Beklagter und Berufungsbeklagter[4] –
Prozeßbevollmächtigter I. Instanz: RA ...... aus ......
Aktenzeichen I. Instanz: ...... Amtsgericht ......
Beschwerwert: ...... DM[5]

lege ich hiermit namens[6] des Klägers und Berufungsklägers gegen das am ...... verkündete und am ...... zugestellte Teilurteil des Amtsgerichts[7] ...... AZ.: ......

Berufung[8]

ein. Anträge und Begründung bleiben einem gesonderten Schriftsatz vorbehalten[9].
Die Urteilsausfertigung, deren Rückgabe erbeten wird, sowie 2 beglaubigte Abschriften sind beigefügt[10].

Rechtsanwalt[11, 12, 13]

Anmerkungen

1. Berufung, § 511 ZPO, ist gegen Endurteile, § 300 ZPO, I. Instanz möglich. Sie eröffnet eine neue Instanz und das Vorbringen neuer Tatsachen und Beweismittel mit der Einschränkung der §§ 527, 528 ZPO. Zur Frage verspäteter Beweisantritte in der Berufungsinstanz vgl. *Schmidt* in NJW 1992, 2005 ff. Ein Endurteil entscheidet den Prozeß für die Instanz endgültig. Endurteile sind auch Teilurteile (§ 301 ZPO), Ergänzungsurteile (§§ 321, 517 ZPO), Zwischenurteile (§ 280 Abs. 2 ZPO, vgl. BGH NJW 1979, 427/428; 1981, 989). Eine Anfechtung der Entscheidung über den Kostenpunkt ist unzulässig, wenn nicht gegen die Entscheidung in der Hauptsache ein Rechtsmittel eingelegt wurde (vgl. Form. I. O. 11 Anm. 3, BGH NJW 1988, 49/50). Ein echtes, also gegen die säumige Partei ergangenes Versäumnisurteil unterliegt nur dem Einspruch, nicht der Berufung, § 513 Abs. I ZPO. Eine Berufung ist nur dort möglich, wo der Einspruch unstatthaft ist (§ 513 Abs. II ZPO „echtes Zweites Versäumnisurteil"); vgl. auch BGH NJW 1991, 43; die Bezeichnung allein ist nicht maßgeblich (LG Wuppertal NJW 1985, 2653). Ein mit der

Feststellungsklage obsiegender Kläger kann Berufung nicht allein zu dem Zweck einlegen, um auf einen Leistungsantrag überzugehen (BGH NJW 1988, 827), anders hingegen wenn bei der Weiterverfolgung von Leistungsansprüchen zusätzlich von der Feststellungs- zur Leistungsklage in der Berufungsinstanz übergegangen wird (vgl. BGH NJW 1992, 2296). Die Klageänderung allein stellt keine Urteilsanfechtung dar (vgl. BGH NJW 1992, 3243f.).

Grundsätzlich ist das Mandat eines erstinstanzlichen Bevollmächtigten nicht beendet, bevor er seinem Auftraggeber das erstinstanzliche Urteil übersandt, dessen Zustellung mitgeteilt und auf die Rechtsmittelmöglichkeit hingewiesen hat.

2. Das Berufungsgericht ist sorgfältig mit Name und Ort richtig zu bezeichnen. Die fehlerhafte Adressierung der Rechtsmittelschrift führt zu einem Zugang beim unzuständigen Gericht bzw. Adressaten (BGH NJW 1990, 990, 2822). Berufungsgerichte sind das Landgericht (§ 72 GVG) bei vor dem Amtsgericht verhandelten bürgerlichen Rechtsstreitigkeiten sowie das Oberlandesgericht, sofern das Landgericht Eingangsinstanz ist (ausgenommen sind Kindschafts- und Familiensachen des Amtsgerichts, bei denen ebenfalls das Oberlandesgericht Berufungsgericht ist, vgl. im einzelnen § 119 GVG). Hat das AG in einer Nichtfamiliensache als Familiengericht entschieden, so ist das OLG für die Berufung zuständig (BGH NJW 1993, 1399, 4400). Soweit durch Anordnung der Landesjustizverwaltung außerhalb des Sitzes des Oberlandesgerichts für den Bezirk eines oder mehrerer Landgerichte auswärtige Senate gebildet wurden, ist die Berufung am Sitz des auswärtigen Senats des OLG einzulegen. Zur Wahrung der Berufungsfrist von einem Monat (§ 516 ZPO) genügt der Eingang der Berufungsschrift beim Stammgericht (BGH NJW 1967, 107). Entscheidend zur Fristwahrung ist allein, ob das Schriftstück rechtzeitig in die Verfügungsgewalt des Gerichts gelangt ist. Auf eine Mitwirkung von Bediensteten des Gerichts kommt es nicht an. Ausreichend ist deshalb der Einwurf in den Tagesbriefkasten des Berufungsgerichts auch am letzten Tage der Frist, wenn nach den Umständen mit einer Leerung an diesem Tage noch zu rechnen ist (BGH NJW 1981, 1789; BVerfG NJW 1980, 50). Die Zustellung des Urteils setzt die Rechtsmittelfrist auch dann in Lauf, wenn danach der Urteilstenor gemäß § 319 ZPO berichtigt wurde (BGH NJW 1984, 1041). Ist bei Kartellstreitigkeiten für mehrere OLG- Bezirke ein einheitliches Kartell-Oberlandesgericht gebildet worden, § 93 GWB, so kann die Berufung fristwahrend auch bei dem nach § 119 GVG allgemein zuständigen OLG eingelegt werden. Dieses hat die Sache auf Antrag an den Kartellsenat zu verweisen (BGH WuW/E Nr. 1553); zur Fristenkontrolle des Anwalts vgl. BGH NJW 1988, 568. Zur Neufassung von § 119 GVG vgl. BGH NJW 1991, 231; 1993, 1399, 1400.

In den neuen Bundesländern war alleiniges Berufungsgericht das Bezirksgericht; zwischenzeitlich sind LG und OLG eingerichtet, vgl. auch Gesetz zur Anpassung der Rechtspflege im Beitrittsgebiet BGBl. I 1992, 1147ff. Zur Zuständigkeit des Berufungsgerichts in Handelssachen in den neuen Bundesländern vgl. DtZ 1993, 86. Zu den Übergangsvorschriften des Einigungsvertrages für Rechtsmittel vgl. *Baumbach/Lauterbach/Albers/Hartmann* Anh. nach § 577a.

3. Berufungsberechtigt ist jeder, gegen den sich das Urteil richtet. So eine Partei der ersten Instanz, auch wenn sie durch eine unrichtige Bezeichnung im Urteil betroffen ist, wie es bei Verwechslungen der Identität vorkommt (BGH MDR 1978, 307), ebenso eine Person, deren Eintritt als Partei die erste Instanz abgelehnt hat, §§ 239, 265, 266 ZPO, ein Streithelfer, jeder Gläubiger bei der Hinterlegungsklage aus § 856 Abs. 2 ZPO, der Staatsanwalt, § 634 ZPO, der beigeladene Elternteil, § 640e ZPO (vgl. auch BGH NJW 1984, 353, wenn eine Beiladung unterblieb). Zur Zulässigkeit der Berufung des Nebenintervenienten trotz Rechtsmittelverzicht des Beklagten vgl. BGH NJW 1989, 1362; 1991, 229. Zur Berufungseinlegung in Namen des Streithelfers (vgl. BGH NJW 1994, 1537) und zur Stellung des Streithelfers nach Berufungsrücknahme der unterstützten Partei vgl. BGH NJW 1989, 1357f.

1. Berufungsschrift I. O. 1

Vertretungsanzeige ist durch den Anwaltszwang, § 78 ZPO, erforderlich; zum Zeitpunkt der Postulationsfähigkeit vgl. BGH NJW 1992, 2706; 1993, 2538 und zum Wegfall der Postulationsfähigkeit nach Unterzeichnung der Berufungsschrift vgl. OLG Frankfurt NJW 84, 2896; BGH NJW 1990, 1305. Zur fehlenden Vertreterbefugnis in der Rechtsmittelinstanz vgl. BGH NJW 1990, 3152. Zur Berufungseinlegung durch amtlich bestellten Vertreter vgl. BGH NJW 1991, 1175.

4. Der Berufungsbeklagte und seine Stellung im Prozeß ist näher zu bezeichnen (vgl. BGH NJW 1991, 2775). Soweit er in der ersten Instanz durch einen Prozeßbevollmächtigten vertreten war, ist dieser mit Anschrift anzugeben. An ihn hat die amtswegige Zustellung der Berufungsschrift zu erfolgen (vgl. § 210a Abs. 1 ZPO). Die Wirksamkeit der Berufung hängt jedoch nicht von der Zustellung ab, so daß Mängel oder deren Unterlassung nach § 295 ZPO heilbar sind (BGHZ 65, 114/116).

5. Die Berufung ist nur zulässig, wenn eine Beschwer vorhanden ist (vgl. *Baumbach/Lauterbach/Albers/Hartmann* Grundz. § 511 Anm. 3; BGH NJW 1984, 371). Bei vermögensrechtlichen Ansprüchen muß der Beschwerwert über DM 1500 betragen, § 511a; strittig ist, ob bei Klage und Widerklage, die nicht denselben Streitgegenstand betreffen, die Werte zusammenzurechnen sind; vgl. BGH NJW 1994, 3292; LG Gießen NJW 1993, 2709, LG Memmingen NJW 1992, 2710, LG Berlin NJW 1992, 2710; vgl. auch *Schneider*, Widerklage und materielle Beschwer, NJW 1992, 2680 ff. Zur Hilfsaufrechnung vgl. BGH NJW 1993, 1538, NJW-RR 1994, 61; eine Sonderregelung gilt für Wohnraummietverhältnisse, § 511a Abs. 2. Die Beschwer muß bei Rechtsmitteleinlegung vorliegen, späterer Wegfall schadet regelmäßig nicht (BGHZ 1, 29; vgl. auch BGH NJW 1975, 539; 1982, 340, 447, 1048; 1983, 1063). Die Berufung ist in entsprechender Anwendung des § 513 Nr. 2 ZPO trotz Nichterreichen der Berufungssumme bei Vorliegen eines Verstoßes gegen den Grundsatz der Gewährung rechtlichen Gehörs zuzulassen (BVerfG NJW 1986, 2305; 1993, 255, 3130; str. BGH NJW 1988, 67; 1990, 838; LG Hannover NJW 1989, 1165). Im Falle der Berufung des zur Auskunftserteilung verurteilten Beklagten richtet sich der Wert des Beschwerdegegenstandes grundsätzlich nach seinem Interesse, die Auskunft nicht erteilen zu müssen vgl. BGH NJW-RR 1993, 1468; NJW 1994, 3232. Zur Beschränkung der Berufung auf die vorläufige Vollstreckbarkeit vgl. OLG Nürnberg NJW 1989, 842. Eine Berufung ist unzulässig, wenn sie allein zu dem Zwecke der Klageänderung eingelegt wird (vgl. OLG Köln MDR 1981, 235). Zur Klageänderung im Berufungsverfahren und zum Beschwerwert vgl. BGH NJW 1990, 2683 f. Zur Weiterführung einer Beschwerde in Familiensachen als Berufung vgl. OLG Stuttgart MDR 1982, 43.

Zum Einspruch statt Berufung gegen ein gesetzwidrig ergangenes erstes Versäumnisurteil vgl. BGH NJW 1994, 665.

6. Entscheidend ist, daß in der Berufungsschrift hinreichend zum Ausdruck kommt, für wen und gegen wen die Berufung eingelegt worden ist (BGHZ 65, 114/115 mwN.). Zur Notwendigkeit der Anschrift des Klägers in Berufungsverfahren vgl. BGH NJW 1988, 2114. Die für eine wirksame Berufungseinlegung erforderlichen Angabe, für wen und gegen wen die Berufung eingelegt wird, bedarf der Schriftform (BGH NJW 1985, 2650; 1988, 2046). Sind diese Angaben nicht in der Rechtsmittelschrift enthalten, genügt es, wenn sie sich aus anderen, dem Gericht vorliegenden Unterlagen innerhalb der Rechtsmittelfrist entnehmen lassen. Ist der Prozeßbevollmächtigte erstmals in der Berufungsinstanz tätig, so hat er seine Vertretung gleichzeitig anzuzeigen.

7. Unerläßlicher Bestandteil der Berufungsschrift ist die Bezeichnung des angefochtenen Urteils. Die genaue Bezeichnung des Gerichts des ersten Rechtszuges ist notwendig; nur eingeschränkt kann eine falsche Bezeichnung unschädlich sein und formlos berichtigt werden (vgl. BGH NJW 1989, 2395 f.; BVerfG NJW 1991, 3140; kritisch *Obert* NJW 1992, 2139 f.). Daher ist hier Sorgfalt geboten, wenngleich unvollständige, ungenaue oder unrichtige Angaben der Wirksamkeit einer Berufung nicht entgegenstehen, soweit aufgrund anderer, innerhalb der Berufungsfrist erkennbarer Umstände für das Berufungsge-

Goll

richt und den Gegner die Identität des anzufechtenden Urteils zweifelsfrei feststeht (vgl. BGH MDR 1978, 308). Der Hinweis auf das Datum der Urteilszustellung kann ein Nachweis über den Tag der Zustellung darstellen (vgl. BGH NJW 1987, 2679). Vgl. auch Anm. 8.

8. Erforderlich ist die Erklärung des Berufungsklägers, daß er gegen das eingangs bezeichnete Urteil Berufung einlegt, § 518 ZPO. Der Gebrauch des Wortes „Berufung" ist zwar nicht zwingend notwendig, wenn sich der Wille, daß gerade dieses Rechtsmittel eingelegt wird, sonst klar ergibt, jedoch empfiehlt es sich, das Wort „Berufung" zu verwenden (BGH LM § 518 Abs. 2 Nr. 2 ZPO Nr. 3).

9. Die Berufung kann in einem gesonderten Schriftsatz begründet werden (§ 519 Abs. 2 S. 1 ZPO), was dem Regelfall in der Praxis entspricht.

Die Berufung darf nicht an eine Bedingung geknüpft werden. Eine Berufung, die für den Fall eingelegt wird, daß die gleichzeitig beantragte Prozeßkostenhilfe bewilligt wird, ist daher unzulässig (BGHZ 4, 54/55). Ist beabsichtigt, die Berufung nur dann durchzuführen, wenn dem Berufungskläger die Prozeßkostenhilfe bewilligt wird, ist innerhalb der Berufungseinlegungsfrist das Gesuch auf Bewilligung der Prozeßkostenhilfe einzureichen. Liegt eine Entscheidung über die Bewilligung der Prozeßkostenhilfe innerhalb der Berufungsfrist nicht vor, so geht die Rechtsprechung davon aus, daß der Berufungskläger infolge seiner Armut gehindert war, die Berufungsfrist einzuhalten und gewährt ihm Wiedereinsetzung in den vorigen Stand, wenn er sein Gesuch formgerecht in der nach § 234 ZPO bestimmten Frist gestellt hat (*Baumbach/Lauterbach/Albers/Hartmann* § 233 Rdnrn. 41 ff. – Prozeßkostenhilfe; vgl. auch BGH NJW 1988, 2046). Dabei wird der armen Partei eine kurze Überlegungsfrist (1–2 Tage) zugebilligt (BGH VersR 1978, 450; BAG NJW 1962, 462). Die Gerichtsferien verlängern die Wiedereinsetzungsfrist nicht (BGH MDR 1962, 466). Ist jedoch bereits ein Anwalt in jedem Fall mit der Rechtsmitteleinlegung beauftragt, so beginnt die Frist mit der Zustellung des ablehnenden Beschlusses (BGHZ 4, 55/57).

10. Mit der Berufungsschrift soll eine Ausfertigung oder beglaubigte Abschrift des angefochtenen Urteils beigefügt werden (§ 518 Abs. 3 ZPO). Hierbei handelt es sich zwar nur um eine bloße Ordnungsvorschrift, deren Beachtung aber insoweit an Bedeutung gewinnt, als aus dem beigefügten Urteil Unklarheiten in der Berufungsschrift aufgeklärt werden können. Daneben soll der Berufungskläger die nötige Anzahl von beglaubigten Abschriften der Berufungsschrift einreichen.

11. Die Berufungsschrift muß von dem beim Berufungsgericht zugelassenen Rechtsanwalt handschriftlich eigenhändig unterschrieben sein (vgl. BGH NJW 1976, 966/967; 1980, 291; 1989, 588). U.U. kann der Nachweis der anwaltlichen Urheberschaft eine Berufungsbegründungsschrift aus Begleitschreiben hervorgehen (vgl. BGH NJW 1986, 1760). Da die Rechtsprechung bei diesem Erfordernis nach wie vor streng ist, ist auch hier Sorgfalt geboten. Die Unterschrift selbst braucht nicht lesbar zu sein. Jedoch muß mit weitgehender Sicherheit feststehen, wer die Verantwortung für den Schriftsatz trägt. Dazu gehört, daß das Schriftbild einen individuellen Charakter aufweist, der die Unterscheidungsmöglichkeit gegenüber anderen Unterschriften gewährleistet und eine Nachahmung durch einen beliebigen Dritten zumindest erschwert (vgl. BGH NJW 1974, 1090; NJW 1975, 1705; 1982, 1467; 1985, 1227; BVerfG NJW 1988, 2787). Zur Verwendung von Blancounterschriften eines Rechtsanwalts vgl. BGH NJW 1966, 351; OLG München NJW 1989, 1166. Zur Postulationsfähigkeit bei der Berufungseinlegung in den neuen Bundesländern vgl. BGH NJW 1993, 2538.

12. Das Rechtsmittel kann auch telegrafisch, durch Telebrief, Fernschreiber oder Telekopie (-fax) eingelegt werden, wobei die Übermittlung einer eigenhändigen Unterschrift nicht möglich und daher auch nicht erforderlich ist (BGH LM § 518 Abs. 1 ZPO Nr. 3; NJW 1983, 1498; 1985, 2586; 1986, 1759; 1987, 2586; 1989, 589; 1990, 188; BAG

1. Berufungsschrift   I. O. 1

NJW 1966, 1077; NJW 1971, 2190/2191; MDR 1981, 578). Bei der Verwendung von Fernschreiben beachte BGH NJW 1988, 1980. Bei Berufungseinlegung durch Telefax ist die Kopievorlage von einem postulationsfähigen Anwalt zu unterzeichnen (BGH NJW 1990, 188). Zum unregelmäßigen Postlauf in den neuen Bundesländern vgl. DtZ 1993, 87. Bei einem Poststreik trifft den Anwalt auch bei rechtzeitiger Versendung der Berufungsschrift die Pflicht, nachzufragen, ob das Schriftstück rechtzeitig bei Gericht eingegangen ist (BGH NJW 1993, 1332f.). Zur mehrfachen Berufungseinlegung bei Einreichung durch Original und Telefax vgl. BGH NJW 1993, 3141. Zum Verschulden bei mangelhafter Telefaxübermittlung vgl. OLG Naumburg NJW 1993, 2543.

13. Gegebenenfalls ist – vorzugsweise mit gesondertem Schriftsatz – ein Antrag auf Einstellung der Zwangsvollstreckung gemäß §§ 707, 719 ZPO anhängig zu machen. Dieser muß gesondert begründet werden. Er bietet nur dann Aussicht auf Erfolg, wenn auch das eingelegte Rechtsmittel Erfolg verspricht und der Vollstreckungsschuldner durch die vorläufige Vollstreckung einen Schaden erleiden kann, der über die bloße Vollstreckungswirkung hinausgeht (vgl. OLG Köln MDR 1975, 850). Wegen der Notwendigkeit der Begründung des Einstellungsantrages empfiehlt es sich, die Berufungsbegründung mit einzureichen, aus der die Erfolgsaussichten der Berufung hervorgeht.

Kosten und Gebühren

Die Gerichtskosten richten sich nach § 11 GKG und dem Kostenverzeichnis Nr. 1220–1229, die Rechtsanwaltsgebühren nach § 11 (13/10 Gebühr), §§ 31 ff. BRAGO.

Fristen und Rechtsmittel

Die Berufungsfrist (§ 516 ZPO) beträgt 1 Monat, sie ist eine Notfrist und beginnt mit der Zustellung des in vollständiger Form abgefaßten Urteils, spätestens aber nach Ablauf von 5 Monaten nach der Verkündung. Zum Beginn der Berufungsfrist bei Urteilsberichtigung vgl. BGH NJW 1991, 1834; zur Organisation der Fristüberwachung vgl. BGH NJW 1992, 3176; 1994, 2551. Zur anwaltlichen Sorgfaltspflicht bei drohendem Ablauf der 5-Monatsfrist vgl. BGH NJW 1989, 1156f.; 1994, 458; zu den Pflichten bei Fristnotierungen in mehreren Familiensachen mit gleichem Rubrum vgl. NJW 1992, 2488; zur Fristenkontrolle BGH NJW 1989, 1157f., 1864, 2393f.; 1990, 2126; 1994, 458; zu mehrfachen Rechtsmitteleinlegung vgl. BGH NJW 1993, 269. Eine fernschriftlich übermittelte Rechtsmittelschrift ist in dem Zeitpunkt zugegangen, in dem sie im Empfängerapparat ausgedruckt wird (vgl. BGH NJW 1987, 2586; BVerfG NJW 1987, 2067). Eine Rechtsmitteleinlegung durch Fernschreiben auf einen nicht für das Rechtsmittelgericht eingerichteten Fernschreiber wird dadurch nicht wirksam, daß das Fernschreiben durch Boten von der Empfangsstelle an das zuständige Gericht weitergegeben wird (BGH NJW 1988, 1980). Zur Wiedereinsetzung bei Versäumung der Berufungsfrist vgl. §§ 233, 234 ZPO und dazu BGH NJW 1985, 1709; 1988, 568, 2804; 1989, 589f.; 1994, 2552, 2831, 2958, 3101. Zur Schuldhaften Fristversäumung durch nicht postulationsfähigen Zweitbüroanwalt vgl. BGH NJW 1993, 332; zur überörtlichen Sozietät vgl. BGH NJW 1994, 1878. Berufungsbegründungsfrist (§ 519 Abs. 2 S. 2 ZPO): 1 Monat mit der Möglichkeit der Verlängerung durch den Vorsitzenden (vgl. auch BGH NJW 1985, 1558; 1993, 732) BAG NJW 1986, 603; zur Wiedereinsetzung in die versäumte Berufungsbegründungsfrist vgl. *Ganter*, NJW 1994, 164ff.; BGH NJW 1989, 589f., 1158, 2393; 1991, 1178f; zur Glaufhaftmachung vgl. BGH NJW 1993, 732; Besonderheit für die Berufungsfrist im Falle der Urteilsergänzung gem. § 321 ZPO: vgl. § 517 ZPO, vgl. auch Anmerkung 12.

Zur Berufungsfrist bei Ergänzungsurteil vgl. § 417. Ein Streithelfer kann nur innerhalb der Rechtsmittelfrist der Hauptpartei Rechtsmittel einlegen (BGH NJW 1990, 190). Zur Unwirksamkeit der Zustellung vgl. BGH NJW 1994, 526.

Der Kanzleiabwickler eines verstorbenen Rechtsanwalts kann nur innerhalb der ersten sechs Monate ab Bestellung wirksam Berufung einlegen § 55 Abs. 2 BRAO, § 233 ZPO (vgl. BGH NJW 1992, 2158).

In den neuen Bundesländern sind die Übergangsvorschriften des Einigungsvertrages für Rechtsmittel (vgl. Anm. 2) zu beachten.

2. Berufungsbegründungsschrift

An das
Landgericht
– Zivilkammer –
in ……

Berufungsbegründung[1]

In Sachen

des ……
– Klägers und Berufungsklägers –
Prozeßbevollmächtigter: RA ……

gegen

die ……
– Beklagte und Berufungsbeklagte –
Prozeßbevollmächtigter: RA ……

wegen Forderung

Az.: ……

begründe ich namens des Klägers und Berufungsklägers die mit Schriftsatz vom …… eingelegte Berufung gegen das Urteil des Amtsgerichts …… mit folgenden Anträgen[2]:

Unter Abänderung des am …… verkündeten Urteils des Amtsgerichts ……, Az.: …… die Beklagte zu verurteilen, an den Kläger DM …… nebst ……% Zinsen zu bezahlen;[3–6]

Begründung:[7]

I. Umfang der Anfechtung:[8]

Das Amtsgericht hat zu Unrecht den Klageantrag abgewiesen, den der Kläger mit seiner Berufung weiter verfolgt. Das Urteil wird daher in vollem Umfang der Überprüfung durch das Berufungsgericht gestellt. Im einzelnen ist folgendes zu rügen:

II. Verfahrensverstöße, Beweiswürdigung und neuer Sachvortrag:[9]

Das Amtsgericht kam aufgrund falscher Beweiswürdigung zu dem Ergebnis, daß die Zahlung des Klägers an die Beklagte von DM …… eine Gesellschaftseinlage darstelle mit der Folge, daß der Kläger diesen Betrag bei Gesellschaftsliquidation und nicht schon vorher als Darlehensrückzahlungsanspruch geltend machen könne. Dabei mißachtete das Amtsgericht die Aussage des Zeugen A, daß der Kläger, anders als es für einen Gesellschafter typisch ist, am Verlust des Unternehmens nicht beteiligt sein sollte. Die Gegenleistung für

2. Berufungsbegründungsschrift

die Hingabe des Kapitals sollte darin liegen, daß erst ab Erreichen eines gewissen Gewinnes eine Vergütung zu zahlen war. Die Voraussetzungen für ein partiarisches Darlehen sind somit gegeben. Eine unabhängig von Gewinn und Verlust des Darlehensnehmers bestehende Pflicht zur Tilgung verbunden mit einer an Stelle eines festen Zinssatzes tretende Teilhabe am Gewinn liegen vor.

III. Fehlerhafte Rechtsanwendung:

Rechtsirrig geht das Amtsgericht weiter davon aus, daß selbst bei Annahme eines Darlehens die Klage unbegründet sei, weil die Kündigung zu spät erfolgt sei. Die Kündigung ist nicht entsprechend § 626 Abs. 2 BGB fristgebunden, sondern unterliegt nur der Verwirkung, die hier noch nicht eingetreten ist.

IV. Bezugnahme auf erstinstanzlichen Vortrag:[10]

Auf das gesamte erstinstanzliche Vorbringen des Klägers, insbesondere in den Schriftsätzen ...... einschließlich der dortigen Beweisantritte wird ergänzend Bezug genommen. Sollte das Berufungsgericht in der einen oder anderen Frage eine Ergänzung für erforderlich halten, wird um einen richterlichen Hinweis gemäß §§ 139, 278 Abs. 2 ZPO gebeten.[11]

Beglaubigte Abschriften liegen bei.[12]

Rechtsanwalt[13]

Anmerkungen

1a. Auch das Rechtsmittelgericht ist richtig zu bezeichnen (vgl. BGH NJW 1989, 590; 1990, 990).

1. Es empfiehlt sich die Verwendung der Überschrift, um damit zweifelsfrei den Schriftsatz als Berufungsbegründungsschrift zu kennzeichnen. Die Berufungsbegründung hat, sofern sie nicht bereits in der Berufungsschrift enthalten ist, in einem gesonderten Schriftsatz innerhalb einer Frist von einem Monat seit Einlegung der Berufung zu erfolgen, eine Fristverlängerung ist möglich, § 519 ZPO (vgl. auch BGH NJW 1990, 1791), jedoch muß die Fristverlängerung innerhalb der laufenden Begründungsfrist beantragt werden, BGH NJW 1982, 1651; 1983, 1741; 1988, 268; BAG NJW 1980, 309. Der Anwalt kann auch bei einem ersten Antrag auf Verlängerung der Berufungsbegründungsfrist grundsätzlich nicht erwarten, daß dem Antrag entsprochen werde, wenn keiner der Gründe des § 519 Abs. 2, 3 ZPO vorgebracht worden ist (BGH NJW 1993, 134; 1994, 55). Der Antrag auf Verlängerung der Berufungsbegründung bedarf der Schriftform und unterliegt dem Anwaltszwang (BGH NJW 1985, 1558). Die Gründe für die Fristverlängerung sind glaubhaft zu machen. Haben Hauptpartei und Streithelfer zulässigerweise Berufung eingelegt, wirkt die auf Antrag des Streithelfers gewährte Verlängerung der Berufungsbegründungsfrist auch zugunsten der Hauptpartei (BGH NJW 1982, 2069; vgl. auch BGH NJW 1985, 2480). Die Begründungsfrist ist keine Notfrist, dennoch ist Wiedereinsetzung nach § 233 Abs. 1 ZPO statthaft. Für Feriensachen vgl. § 200 GVG (bei Unterhaltsprozessen vgl. auch BGH NJW 1982, 282; 1983, 1561).

2. Der Berufungsbegründungsschriftsatz muß Berufungsanträge enthalten, dh. zu erkennen geben, inwieweit das Urteil angefochten und welche Abänderungen des Urteils beantragt werden. Neben den Sachanträgen sollen hier bereits die Anträge auf Vollstreckungsschutz, Sicherheit durch Bankbürgschaft und Revisionszulassung gestellt werden. Damit ist auch in gewisser Weise gewährleistet, daß sie in der mündlichen Verhandlung gestellt werden. Bei der Abfassung der Berufungsanträge ist größte Sorgfalt geboten. Spätere Erweiterungen oder Beschränkungen sind zulässig (*Baumbach/Lauterbach/Albers/Hart-*

mann § 519 Rdn. 19, BGH NJW 1984, 177). Wird eine Klage in 1. Instanz als unzulässig mangels hinreichend bestimmten Klageantrags abgewiesen, so kann im 2. Rechtszug die Klage durch richtige Antragstellung zulässig werden (BGH NJW 1984, 1807, 1809 f.). Durch die Beschränkung auf einen die Berufungssumme nicht erreichenden Betrag wird die Berufung unzulässig.

3. Sachantrag. Die Stellung der Sachanträge ist abhängig von der erhobenen Klage und deren Erfolg in der I. Instanz. Hatte der Kläger in I. Instanz bei einem Forderungsprozeß nur einen Teilerfolg erzielt, so ist zu beantragen:

> Unter Abänderung des am ...... verkündeten Urteils des X-Gerichts, Az.: ......, den Beklagten zur Bezahlung weiterer ...... DM nebst ......% Zinsen zu verurteilen.

War der Beklagte in der ersten Instanz unterlegen und hat er Berufung eingelegt, so ist zu beantragen:

> Das am ...... verkündete Urteil des X-Gerichts, Az.: ......, aufzuheben und die Klage abzuweisen.

4. Antrag betreffend den Vollstreckungsschutz und die Sicherheitsleistung bei Berufungsverfahren vor dem OLG (was vor allem für den unterlegenen Beklagten gilt):

> Dem Berufungskläger die Befugnis einzuräumen, gegen Sicherheitsleistung die Zwangsvollstreckung abzuwenden und ihm nachzulassen, eine nach § 711 ZPO zu erbringende Sicherheitsleistung durch selbstschuldnerische Bankbürgschaft einer deutschen Großbank, Volksbank oder öffentlichen Sparkasse zu leisten.

Der Ausspruch über die vorläufige Vollstreckbarkeit eines Urteils erfolgt von Amts wegen (§§ 708, 709 ZPO). Parteianträge beeinflussen den Ausspruch. Der Gläubiger kann nach §§ 711 S. 2, 710 ZPO den Wegfall der Sicherheitsleistung erreichen und dem Schuldner wird es ermöglicht, die Zwangsvollstreckung durch Sicherheitsleistung abzuwenden (§§ 711, 712 ZPO). Über die Vollstreckungsabwendungsbefugnis nach § 711 S. 1 ZPO entscheidet das Gericht von Amts wegen. Ein Vollstreckungsschutz nach § 712 ZPO wird nur auf einen bis zum Schluß der mündlichen Verhandlung gestellten Antrag gewährt, mit dem auch der nicht zu ersetzende Nachteil glaubhaft gemacht werden muß. Mit dem nachfolgenden Antrag können beide Möglichkeiten erfaßt werden:

> In den der Revision unterliegenden Sachen zugunsten meiner Partei
>> als Gläubiger es bei der Vollstreckbarkeit ohne Sicherheitsleistung gemäß §§ 711 S. 2, 710 ZPO zu belassen;
>> als Schuldner die Schutzanordnungen aus § 712 ZPO zu treffen;
>> hilfsweise in beiden Fällen ihr zu gestatten, eine Sicherheitsleistung nach § 711 ZPO auch durch Bürgschaft einer Großbank oder öffentlichen Sparkasse zu erbringen;

Eine Einstellung der Zwangsvollstreckung nach § 719 Abs. 1 ZPO in der Berufung kann unterbleiben, wenn der Vollstreckungsschuldner es versäumt hat, einen ihm möglichen und zumutbaren Antrag nach § 712 ZPO im erstinstanzlichen Verfahren zu stellen (OLG Frankfurt NJW 1985, 2955).

Ein Antrag auf Einstellung der Zwangsvollstreckung nach § 719 Abs. 2 ZPO wird in der Revisionsinstanz grundsätzlich als verspätet behandelt, wenn nicht zuvor in der zweiten Instanz ein Vollstreckungsschutzantrag nach § 712 ZPO gestellt und begründet worden ist (BGH GRUR 1980, 755). Zur Einstellung der Zwangsvollstreckung im Revisionsverfahren vgl. auch BGH NJW 1982, 1397; 1983, 455; 1991, 1117. Vgl. auch Form. I. 0. 1 Anm. 13.

5. Ein Antrag auf Revisionszulassung kann nur bei Berufungsverfahren vor dem OLG gestellt werden. Die Anregung der Revisionszulassung empfiehlt sich bei nicht vermögensrechtlichen Streitigkeiten und wenn klärungsbedürftige Rechtsfragen von allgemeiner Be-

2. Berufungsbegründungsschrift   I. O. 2

deutung vorliegen, die höchstrichterlich noch nicht entschieden sind (BGH NJW 1970, 1549). Bei Familiensachen des § 621d Abs. 1 ZPO hat das Berufungsgericht über die Zulassung der Revision zu entscheiden (BVerfG NJW 1984, 2346).

6. Ein Antrag, dem Gegner die Kosten aufzuerlegen, ist entbehrlich, da das Gericht von Amts wegen über die Kostenpflicht entscheidet (§ 308 Abs. 2 ZPO). Dies gilt auch im Falle des § 91a ZPO. Anders ist es nur dann, wenn die Kosten zur Hauptsache geworden sind (*Baumbach/Lauterbach/Albers/Hartmann* § 308 Rdn. 15).

7. Mit vorliegendem Berufungsbegründungsvorschlag wurde bewußt eine klare Gliederung gewählt, um insbesondere dem jungen Anwalt deutlich zu machen, daß er sich im einzelnen mit dem Urteil I. Instanz auseinandersetzen muß. Der BGH stellt auch an eine Berufungsbegründung strenge Anforderungen NJW 1994, 1481, 2289; er fordert eine eigene, verantwortliche Stellungnahme des Berufungsanwalts zu der tatsächlichen und rechtlichen Würdigung des Streitstoffes in dem angefochtenen Urteil. Die Berufungsbegründung muß die Anfechtungsgründe, neue Tatsachen, Beweismittel und Beweiseinreden enthalten. Keine ausreichende Begründung stellen formale und nicht auf den konkreten Streitfall bezogene Ausführungen dar (BGH WM 1979, 619; NJW 1990, 2628) bloße Bezugnahme auf das erstinstanzliche Vorbringen reicht nicht aus (BGH NJW 1981, 1620). Eine Berufung ist nur zulässig, wenn mit ihr die Beseitigung einer in dem angefochtenen Urteil liegenden Beschwer verfolgt wird, d.h. daß nach einer Klageabweisung das vorinstanzliche Begehren zumindest teilweise weiterverfolgt werden muß (BGH NJW 1993, 597f.). Mit der Berufungsbegründung hat der Berufungskläger die Gesichtspunkte seiner Rechtsverfolgung oder -verteidigung wiederzugeben und vor allem darzulegen, welche tatsächlichen oder rechtlichen Erwägungen des erstinstanzlichen Gerichts er bekämpft und auf welche Gründe er sich bei seiner Auffassung stützen will. Stützt das Instanzgericht seine Entscheidung auf mehrere von einander unabhängige, selbständig tragende rechtliche Erwägungen, muß der Rechtsmittelführer in der Rechtsmittelbegründung für jede dieser Erwägungen darlegen, warum sie nach seiner Auffassung die angegriffene Entscheidung nicht tragen, sonst ist das Rechtsmittel unzulässig (BGH NJW 1990, 1184). Im beschränkten Umfang können Berufungsgründe nachgeschoben werden (BGH NJW 1984, 177). Zur Berufungserweiterung vgl. BGH NJW 1984, 437; 1986, 2257; 1987, 1024; idR. kommt eine Klageänderung oder eine Klageerweiterung in der Berufungsinstanz ohne Angriffe gegen das erstinstanzliche Urteil nicht in Betracht (BGH NJW 1983, 172; 1993, 597, 598); zur Frage der Parteierweiterung vgl. BGH NJW 1986, 356, 2258. Mit diesem Formerfordernis wird weder eine inhaltlich schlüssige noch eine sachlich zutreffende Begründung vorausgesetzt (vgl. BGH VersR 1977, 152). Wurden mehrere Ansprüche abgewiesen, so muß jeder für sich gesondert begründet werden (vgl. BGH WM 1977, 941); für Haupt- und Hilfsansprüche vgl. BGH NJW 1989, 1486f.

Soweit der Beschwergegenstand nicht in einer bestimmten Geldsumme besteht, soll sein Wert angegeben werden, wenn von ihm die Zulässigkeit der Berufung abhängt. Der Beschwerwert ist glaubhaft zu machen.

8. Die Berufungsanträge, die eindeutig und bestimmt sein müssen, können vor der Darlegung der Berufungsgründe noch näher erläutert werden. Dies empfiehlt sich insbesondere dann, wenn mit der Berufung das erstinstanzliche Urteil nur teilweise angefochten wird. Zur Frage der Berufungserweiterung vgl. BGH NJW 1984, 2029.

Wird die Berufungseinlegung ausdrücklich auf einen von mehreren Klageanträgen beschränkt, so ist darin in der Regel ein wirksamer Rechtsmittelverzicht in bezug auf die anderen Anträge zu sehen (BGH NJW 1990, 1118).

9. Für neues, verspätetes oder zurückgewiesenes Vorbringen vgl. §§ 527, 528 ZPO (vgl. BVerfG NJW 1983, 1307, 2187; 1987, 1621, 2003; BGH NJW 1982, 1535, 2708; 1983, 999, 1495; 1985, 1539, 1556, 3079; 1986, 2257, 2314; 1988, 60, 62). OLG Düsseldorf NJW 1982, 1888), zur Frage des Parteiwechsels im Berufungsverfahren vgl. BGH NJW 1984, 2104. Widerklage und Aufrechnung ist nur mit Einwilligung des Gegners zulässig,

es sei denn, das Gericht hält die Geltendmachung in der zweiten Instanz für sachdienlich (BGH NJW 1980, 2418; 1984, 1552). Stützt sich die Berufung allein auf neue Tatsachen und Beweismittel, so ist eine Auseinandersetzung mit den Gründen des angefochtenen Urteils entbehrlich (BGH MDR 1967, 755). Zur Frage der nochmaligen Vernehmung eines Zeugen durch das Berufungsgericht vgl. BGH NJW 1982, 108; 1984, 2629.

10. Eine ergänzende Bezugnahme auf den erstinstanzlichen Vortrag soll in der Regel mit detaillierten Hinweisen auf bestimmte Schriftsätze verbunden werden (vgl. BGH NJW 1982, 581, 1636; str. KG Berlin NJW 1990, 844). Dies insbesondere dann, wenn mit der Berufung die Übergehung eines bestimmten Sachvortrags und die fehlende Beweiserhebung zu bestimmten Fragen gerügt wurde.

11. Zu den Aufklärungs- und Hinweispflichten des Gerichts vgl. BGH NJW 1984, 310; 2104; 1993, 597.

12. Vgl. Form. I. O. 1. Anm. 10.

13. Die Begründung muß von einem beim Berufungsgericht zugelassenen Rechtsanwalt unterzeichnet sein (hM. BGH LM § 519 ZPO Nr. 63; NJW 1982, 1467; 1985, 1227; *Baumbach/Lauterbach/Albers/Hartmann* § 519 Rdn. 3; abw. OLG Frankfurt NJW 1977, 1246). Die Begründung eines Rechtsmittels kann nicht anders behandelt werden als seine Einlegung, so daß eine Berufungsbegründung durch Fernschreiben oder Telefax möglich ist (vgl. BVerfG NJW 1987, 2067; BGH NJW 1989, 589; 1994, 1881); bei der Verwendung von Fernschreiben beachte jedoch BGH NJW 1988, 1980. Vgl. Form. I. O. 1 Anm. 11, 12.

Zur Verantwortung des Rechtsanwalts für eine von anderen verfaßte Rechtsmittelbegründung vgl. BGH NJW 1989, 384 f; 3022.

Fristen und Rechtsmittel

Berufungsbegründungsfrist (§ 519 Abs. 2 S. 2 ZPO): im Falle einer gesonderten Begründungsschrift 1 Monat, wobei die Frist mit Einlegung der Berufung zu laufen beginnt. Auch bei einer Verwerfung der Berufung als unzulässig sowie einem nachfolgendem Beschwerdeverfahren wird der Lauf der Berufungsbegründungsfrist nicht unterbrochen (vgl. BGH NJW 1989, 1155 f. mit Anm. *Wagner;* BVerfG NJW 1987, 1191). Hier empfiehlt es sich, eine Verlängerung der Berufungsbegründungsfrist zu beantragen. Eine Fristverlängerung durch den Vorsitzenden ist möglich: der Antrag ist schriftlich zu stellen (BGH NJW 1982, 1651; 1985, 1558; 1988, 268; BAG NJW 1986, 603); die Gründe nach § 519 Abs. 2 ZPO müssen begründet dargelegt werden, sonst besteht kein Anspruch auf Fristverlängerung (BGH NJW 1992, 2436; 1993, 134). Zum Vertrauensschutz auf erstmalige Verlängerung vgl. BGH NJW 1994, 2957. Dem Antrag auf Aussetzung des Verfahrens kann idR. kein Antrag auf Verlängerung der Berufungsbegründungsfrist entnommen werden (BGH NJW 1987, 2380).

Zur Fristenkontrolle vgl. BGH NJW 1989, 1157 f.; 2393 f.; 1991, 2080; zur Führung des Fristenkalender durch Datenspeicherung vgl. OLG München NJW 1990, 191; Zur Fristenkontrolle bei Verfahrensunterbrechung, § 240, vgl. BGH NJW 1990, 1239.

3. Anschlußberufung[1]

An das
Oberlandesgericht
– Zivilsenat –
in ......

Anschlußberufung[2]

In Sachen

......
– Kläger und Berufungskläger –
Prozeßbevollmächtigter: RA ......

gegen

......
– Beklagter und Berufungsbeklagter –
Prozeßbevollmächtigter: RA ......
wegen ......

Az.: ......
lege ich namens des Beklagten und Berufungsbeklagten gegen das am ...... verkündete Urteil des Landgerichts ......
Az.: ......

Anschlußberufung

ein,
mit den Anträgen[3],

1. das angefochtene Urteil abzuändern und die Klage insgesamt abzuweisen;[4]
2. hilfsweise dem Beklagten die Befugnis einzuräumen, gegen Sicherheitsleistung die Zwangsvollstreckung abzuwenden und für die zu erbringende Sicherheitsleistung eine selbstschuldnerische Bankbürgschaft einer deutschen Großbank, Volksbank oder öffentlichen Sparkasse stellen zu können;[5]
3. vorsorglich die Revision zuzulassen.[6]

I. Umfang der Anfechtung[7]:

Das Landgericht hält den vom Kläger geltend gemachten Schadensersatzanspruch in Höhe eines Teilbetrages von DM 750,00 für begründet. Gegen diese Verurteilung wendet sich der Beklagte mit seiner Anschlußberufung.

II. Begründung:

Zu Unrecht nimmt das Landgericht eine Haftung des Beklagten für den vom Kläger geltend gemachten Schadensersatzanspruch unter dem Gesichtspunkt einer Betriebsgefahr an. Der Beklagte haftet für den Verkehrsunfall nicht, da der Unfall nicht durch sein Verschulden zustande kam. Davon geht auch das Landgericht aus.
Das Gericht berücksichtigte jedoch nicht den Vortrag des Beklagten, daß er bereits sein Fahrzeug am rechten Straßenrand zum Halten brachte, als der Kläger mit seinem Pkw schleudernd auf die Gegenfahrbahn geriet und mit dem Pkw des Beklagten zusammenstieß. Für diesen Verlauf wurde der Beifahrer ...... als Zeuge benannt. Eine Zeugenver-

nehmung hat nicht stattgefunden. Es wird erneut eine Vernehmung des zuvor benannten Zeugen beantragt. Über diesen bestrittenen Vortrag war Beweis zu erheben, da er rechtserheblich war. Trifft es zu, daß der Beklagte sein Fahrzeug bereits zum Stehen gebracht hatte, als der Kläger mit seinem Pkw auf die Gegenfahrbahn geriet, so stellt der Unfall für den Beklagten selbst ein unabwendbares Ereignis dar. Der Beklagte ist daher auch nicht nach dem StVG zum Schadensersatz verpflichtet.
Beglaubigte Abschriften anbei.

Rechtsanwalt[8]

Anmerkungen

1. Jede Partei, die durch das erstinstanzliche Urteil beschwert ist, kann selbständig bis zum Ablauf der Berufungsfrist, die Notfrist ist (§ 516 ZPO), Berufung einlegen. Der Berufungsbeklagte kann jedoch von einer selbständigen Berufung Abstand nehmen und sich damit begnügen, sich der vom Gegner eingelegten Berufung anzuschließen. Diese Möglichkeit besteht selbst dann, wenn er auf die Berufung verzichtet hat, § 514 ZPO, oder die Berufungsfrist verstrichen ist. Mit der Anschlußberufung soll eine Abänderung des erstinstanzlichen Urteils zugunsten des Berufungsbeklagten herbeigeführt werden (vgl. auch BGH NJW 1991, 2569). Eine zulässige unselbständige Anschlußberufung bleibt auch dann wirksam, wenn über die Berufung eine abschließende Entscheidung ergeht, bevor über die Anschlußberufung verhandelt worden ist; allerdings ist eine Erweiterung der Anschlußberufung dann nicht mehr möglich (BGH NJW 1984, 2951). Die Anschlußberufung setzt keine Beschwer voraus (hM. vgl. *Stein/Jonas/Grunsky* § 521 Anm. I 1). Sie kann daher auch zu dem alleinigen Zweck der Erweiterung des Klageantrages oder zur Geltendmachung neuer Ansprüche oder zur Erhebung der Widerklage eingelegt werden (BGHZ 4, 224/234; BGHZ 24, 279/ 285; OLG Karlsruhe NJW 1965, 47/48; aA. *Stein/Jonas/Grunsky* § 521 Anm. I 1). Ausgeschlossen ist es, durch die Anschlußberufung die Klage auf einen bisher an dem Verfahren nicht beteiligten Dritten erstrecken zu wollen (BGH LM § 521 ZPO Nr. 4). Ist in erster Instanz ein Teilurteil ergangen, gegen das Berufung eingelegt worden ist, so kann der noch in der ersten Instanz anhängige Teil nicht im Wege der Anschlußberufung in die Berufungsinstanz gezogen werden (*Stein/Jonas/Grunsky* § 521 Anm. I 2; *Baumbach/Lauterbach/Albers/Hartmann* § 521 Rdn. 3; BGHZ 30, 213; aA. BGH NJW 1959, 640/641).

Die Möglichkeit, Anschlußberufung einzulegen, entfällt mit dem Verwerfungsbeschluß nach § 519b ZPO und mit Schluß der mündlichen Verhandlung, auf die das Berufungsurteil ergeht (BGH LM § 522a ZPO Nr. 8/Nr. 10); zur Unzulässigkeit der Anschlußberufung bei Säumnis des Berufungsklägers vgl. BGH NJW 1988, 568.

Die Anschlußberufung kann selbständig oder unselbständig sein (vgl. dazu § 522 ZPO). Dies wird bedeutsam im Fall der Rücknahme der Hauptberufung sowie deren Verwerfung als unzulässig. Eine selbständige, d. h. innerhalb der Berufungsfrist eingelegte Anschlußberufung bleibt als eigene Berufung des Anschließenden prozessual beachtlich; sie wird als selbständige Berufung weiterbehandelt (§ 522 Abs. 2 ZPO). Eine Anschließung des Berufungsklägers an die unselbständige Anschlußberufung des Rechtsmittelgegners ist nicht möglich (BGH NJW 1984, 437).

2. Die Anschlußberufung erfolgt durch Einreichung einer Anschlußberufungsschrift (§ 522 Abs. 1 ZPO), die dieselben Formalien, wie sie die Hauptberufung fordert, erfüllen muß (vgl. Form. I. O. 1). Die Anschlußberufung selbst muß, wenn sie vor Ablauf der Berufungsbegründungsfrist eingelegt wurde, sodann bis zum Ablauf der Berufungsbegründungsfrist begründet werden (vgl. Form. I. O. 2.), dies ist jedoch der Ausnahmefall.

In der Praxis entspricht das hier verwendete Formular dem Regelfall: Die Berufungsbegründungsfrist ist bereits abgelaufen und die Anschließung erfolgt in einem späteren

3. Anschlußberufung   I. O. 3

Schriftsatz. Dann ist es jedoch erforderlich, daß mit der Anschlußschrift gleichzeitig die Gründe dargelegt werden (§ 522a Abs. 2 ZPO). IdR. wird eine Partei eine unzulässige Hauptberufung als zulässige Anschlußberufung retten wollen; zur Auslegung einer Berufung als Anschlußberufung und deren Wirksamkeit vgl. BGH NJW 1987, 3263.

3. Zu den wesentlichen Erfordernissen der Anschlußschrift gehört die Bezeichnung des Urteils, gegen das sich die Anschlußberufung richtet, die Erklärung, daß sich die Partei der vom Gegner eingelegten Berufung anschließt. So ist auch folgende Formulierung möglich:

> Schließe ich mich hiermit namens des Beklagten und Berufungsbeklagen der Berufung des Klägers gegen das am ...... verkündete Urteil des Landgerichts ...... AZ.: ...... an.

Weiter ist erforderlich, wenn wie hier die Anschlußberufung nach Ablauf der Berufungsbegründungsfrist eingelegt wurde, gleichzeitig die schriftliche Begründung vorzulegen. Die schriftliche Begründung muß die gleichen Formalien erfüllen wie die Berufungsbegründung. Formale Mängel der Anschließung können durch eine mangelfreie Wiederholung der Anschlußberufung nachgeholt werden. Letztere wird an die Gegenpartei von Amts wegen zugestellt, es sei denn, die Abschrift wird dem Gegner in der mündlichen Verhandlung übergeben (BGH FamRZ 1965, 566).

4. Sachantrag; vgl. auch Form. I. O. 2 Anm. 4, 8.

5. Vollstreckungsschutz und Sicherheitsleistung (vgl. Form. I O. 2 Anm. 4)

6. Revisionszulassung (vgl. Form. I. O. 2 Anm. 5)

7. Für die Begründung der Anschlußberufung gelten die gleichen Grundsätze wie für die Berufungsbegründung (vgl. Form. I. O. 2 Anm. 7–12). Zur Zurückweisung von Angriffs- und Verteidigungsmittel, die erstmalig mit der Anschlußberufung vorgebracht werden vgl. BGH NJW 1982, 1708.

8. Vgl. Form. I. O. 2 Anm. 11, 12.

Kosten und Gebühren

Wegen der Kosten und Gebühren vgl. Form. I. O. 1.

Wird nach wirksamer Rücknahme der Hauptberufung die nach § 522 Abs. 1 ZPO wirkungslos gewordene Anschlußberufung weiterverfolgt, ist sie unzulässig und der Anschlußberufungskläger trägt ihre Kosten (BGH NJW 1987, 3263).

Fristen und Rechtsmittel

Die selbständige Anschlußberufung ist innerhalb der Berufungsfrist (§ 516 ZPO: 1 Monat) einzulegen, § 522 ZPO, und vor Ablauf der Berufungsbegründungsfrist, § 519 Abs. 2 ZPO, zu begründen, § 522a ZPO. Die unselbständige Anschlußberufung muß bis zum Schluß der mündlichen Verhandlung, auf die das Berufungsurteil ergeht, eingelegt und begründet werden, § 522a ZPO (vgl. BGH 1987, 3263).

4. Berufungserwiderung

An das
Oberlandesgericht
– Zivilsenat –
in ......

Berufungserwiderung[1]

In Sachen

Verein W.
Kläger, Berufungskläger
Prozeßbevollmächtigter: RA ......

gegen

Kaufmann A.
Beklagter, Berufungsbeklagter
Prozeßbevollmächtigter: RA ......
Az.: ......

melde[2] ich mich für den Beklagten und Berufungsbeklagten als Prozeßbevollmächtigter und beantrage[3]

1. die Berufung zurückzuweisen;[4]
2. hilfsweise dem Beklagten nachzulassen, die Zwangsvollstreckung gemäß § 712 ZPO gegen Sicherheitsleistung abzuwenden sowie[5]
   dem Beklagten eine Aufbrauchs- und Umstellungsfrist von 12 Monaten, beginnend ab Rechtskraft des Urteils über die Angaben „Steiger-Tröpfchen" auf den Warenetiketten zuzubilligen;[5]
3. ferner hilfsweise dem Beklagten die Befugnis einzuräumen, Sicherheitsleistung durch Bürgschaft einer deutschen Großbank, Volksbank oder öffentlichen Sparkasse stellen zu können.[6]

Begründung:[7]

Das Landgericht ging zutreffend davon aus, daß wettbewerbsrechtliche Unterlassungsansprüche in Hinblick auf die Bezeichnung „Steiger-Tröpfchen" nicht bestehen. Auch weinrechtliche Bestimmungen werden nicht tangiert.
Entgegen der Annahme des Berufungsklägers bedurfte es nicht der Einholung eines Sachverständigengutachtens. Das Gericht gehörte zu den angesprochenen Verkehrskreisen, nämlich den Letztverbrauchern, denen die mit der Bezeichnung „Steiger-Tröpfchen" gekennzeichneten Weinflaschen angeboten werden (vgl. Schriftsatz vom ...... S. ......). Mit der gewählten Bezeichnung wird eine zulässige Phantasiebezeichnung gewählt, die nicht zu den nach §§ 15, 20, 46 WeinG verbotenen Angaben gehört. Damit wird mit der gewählten Bezeichnung auch keine irreführende Beschaffenheitsangabe iSd. § 3 UWG verwendet.
Der Hilfsantrag auf Gewährung einer Aufbrauchs- und Umstellungsfrist für die Weinetiketten entspricht der Billigkeit, § 242 BGB. Durch ein unbefristetes Verbot entstehen dem Beklagten unverhältnismäßige Nachteile. Einmal ist eine Produktionsumstellung auf neue Etiketten erforderlich, die eine gewisse Zeit der Fertigung der neuen Etiketten voraussetzt. Zum anderen kommt hinzu, daß es dem Beklagten unmöglich ist, die Bestände an bereits etikettierten Weinflaschen mit neuen Bezeichnungen zu versehen. Nach den Erfahrungen des Beklagten werden seine Produkte nach einer Zeit von 12 Monaten an Letztverbraucher verkauft, so daß eine Umstellungsfrist von mindestens 12 Monaten geboten ist.
Aus den zuvor genannten Gründen wird auch gemäß § 712 ZPO vom Beklagten die

4. Berufungserwiderung   I. O. 4

Befugnis begehrt, die Zwangsvollstreckung durch Sicherheitsleistungen abzuwenden. Hätte der Kläger mit seinem Unterlassungsbegehren Erfolg, würde eine Zwangsvollstreckung eine über wenigstens 6 Monate dauernde Liefereinstellung zur Folge haben, die die Existenz des Beklagten bedroht. Der Beklagte hat sich durch langfristige Lieferverträge mit einer Vielzahl von Großhändlern gebunden und seine fristgerechte Erfüllung durch Vertragsstrafen sichergestellt. Selbst bei einer Liefereinstellung von nur einigen Wochen müßte der Beklagte mit Vertragsstrafen von wenigstens 100 000,00 DM rechnen, die zusammen mit dem Verlust durch die Liefereinstellung zu einem Existenzverlust führen würden. Auf die beiliegende eidesstattliche Versicherung des Verkaufsleiters des Beklagten wird Bezug genommen[8].

Rechtsanwalt[9]

Anmerkungen

1. Der Berufungsbeklagte hat die Möglichkeit, bereits mit der Vertretungsanzeige den Antrag auf Zurückweisung der Berufung zu stellen und die Begründung nach Vorlage der Berufungsbegründung nachzureichen. Diese Verfahrensweise empfiehlt sich im Hinblick auf die Kostenregelung der §§ 31 Abs. 1 Nr. 1, 32 BRAGO (vgl. auch OLG Nürnberg NJW 1982, 1056). In diesem Fall kann das hier vorliegende Formular gleichfalls verwandt werden, indem lediglich die Begründung weggelassen und in einem gesonderten Schriftsatz vorgelegt wird. Wird die Berufung vor Einreichung der Anträge des Berufungsbeklagten zurückgenommen, ermäßigt sich die Prozeßgebühr auf die Hälfte.

2. Im Gesetz ist keine Frist für die Erwiderung vorgesehen. Entsprechend § 277 Abs. 3 ZPO wird eine kürzere Erwiderungsfrist als zwei Wochen nicht gesetzt werden dürfen. Bei der Anwendung des schriftlichen Vorverfahrens (§ 520 Abs. 2 ZPO) muß dem Berufungsbeklagten eine Erwiderungsfrist von mindestens einem Monat gesetzt werden. Die Frist kann verlängert werden, § 224 Abs. 2 ZPO (OLG Köln MDR 1971, 933; OLG Celle NJW 1969, 1905). Keine Verlängerung nach Fristenablauf (OLG Koblenz NJW 1989, 987); die Versäumung der Erwiderungsfrist löst die prozessualen Nachteile nach § 296 Abs. 1, 4 ZPO aus.

3. In der Berufungsinstanz ist der gesamte Streitstoff, soweit ein Angriff erfolgte, in den durch die Anträge gesetzten Grenzen zu verhandeln (§ 525 ZPO).

Der Sachantrag des Berufungsbeklagten ist auf eine Zurückverweisung der Berufung gerichtet. Je nach Stellung des Berufungsbeklagten als Kläger oder Beklagten unterscheiden sich seine Vollstreckungsschutzanträge. Beim Kläger kommt ein Vollstreckungsschutz nur hinsichtlich der Kostenentscheidung in Betracht, wenn keine Widerklage erhoben wurde. Vgl. auch Form. I. O. 2 Anm. 4.

4. Sachantrag.

5. Vollstreckungsschutzanträge.

6. Sicherheitsleistung.

7. Mit der Berufungserwiderung wird auf den Vortrag des Berufungsklägers entgegnet. IdR. orientiert sich diese Entgegnung an der Berufungsbegründung. Detaillierte – nicht summarische – Bezugnahme auf erstinstanzliche Ausführungen ist möglich.

8. Der Schuldner kann die Zwangsvollstreckung abwenden, wenn sie ihm einen nicht zu ersetzenden Nachteil bringen würde (vgl. *Baumbach/Lauterbach/Albers/Hartmann* § 712 Rdn. 2). In der Revisionsinstanz kommt eine Zwangsvollstreckungseinstellung nach § 719 Abs. 2 ZPO regelmäßig nicht in Betracht, wenn der Vollstreckungsschuldner im Berufungsrechtszuge einen Vollstreckungsschutzantrag nach § 712 ZPO nicht gestellt hat, obwohl der nicht zu ersetzende Nachteil bereits erkennbar und nachweisbar war (BGH NJW 1979, 1208). Vgl. Form. I. O. 2 Anm. 4.

9. Vgl. Form. I. O. 2 Anm. 12.

5. Revisionsschrift[1,2]

An das Bayerische Oberste Landesgericht[1,2]
......

Revisionsschrift[3]

In Sachen

......
– Beklagter, Berufungskläger und Revisionskläger –
Prozeßbevollmächtigter: RA ......

gegen

......
– Kläger, Berufungsbeklagten und Revisionsbeklagten
Prozeßbevollmächtigter II. Instanz: RA ...... aus ......
Für den Revisionskläger lege ich gegen das Urteil des Oberlandesgerichts ......
verkündet am ......
zugestellt am ......
Aktenzeichen I. Instanz: ......
Aktenzeichen II. Instanz: ......
das zugelassene Rechtsmittel[4] der

Revision

ein.
Das vollständige Urteil des Oberlandesgerichts ......, dessen Rückgabe erbeten wird, sowie beglaubigte Abschriften sind beigefügt.

Rechtsanwalt[5]

Anmerkungen

1. In Bayern wurde gemäß § 8 EGGVG ein oberstes Landesgericht eingerichtet. Im Hinblick auf die Revisionsverfahren in Bayern wurden nachfolgende Formulare aufgenommen. Zur Revisionsbegründungsschrift vgl. Anm. 6.
Die Revision findet gegen Berufungsurteile des Oberlandesgerichts und gegen erstinstanzliche Urteile des Landgerichts, soweit die Parteien durch Sprungrevision die Umgehung des Oberlandesgerichts vereinbart haben, statt. In Arrest- und Verfügungsverfahren ist keine Revision statthaft, auch wenn die Berufung als unzulässig verworfen wurde (BGH NJW 1984, 2368).
Die Revision ist stets zulässig, soweit das Berufungsgericht die Berufung als unzulässig verworfen hat (§ 547 ZPO, vgl. aber bei der Anfechtung gemischter Kostenentscheidungen BGH NJW 1991, 2020). Eine Revision ist entgegen dem früheren Recht nicht mehr unbeschränkt zulässig, wenn nach Auffassung des Revisionsklägers das Berufungsgericht die Berufung zu Unrecht als zulässig behandelte (*Vogel* NJW 1975, 1301). § 547 ZPO findet keine Anwendung auf Arrest- und einstweilige Verfügungsverfahren, § 545 Abs. 2 ZPO (BGH NJW 1968, 699; 1984, 2368). Ebenso ist eine Revision, bei Änderung oder Aufhebung einer vorzeitigen Besitzeinweisung im Enteignungs- und Umlegungsverfahren, (§§ 116, 77 BBauG) nicht statthaft (BGHZ 43, 168/169 ff.).

5. Revisionsschrift I. O. 5

Bei Familiensachen nach § 621 Abs. 1 Nr. 4, 5, 8 ZPO ist eine Revision nur dann zulässig, wenn das Oberlandesgericht sie in dem Urteil zugelassen oder das Berufungsgericht die Berufung als unzulässig verworfen hat (§ 621d ZPO, vgl. auch BVerfG NJW 1984, 2346); zur beschränkten Rechtsmittelzulassung und zu der Auslegung der Entscheidungsgründe vgl. BGH NJW 1990, 327, 1795. Eine zulassungsfreie Streitwertrevision ist in Familiensachen ausgeschlossen; auch dann, wenn die Beschwer mehr als DM 60.000, beträgt, § 546 Abs. 1 ZPO, und vermögensrechtliche Ansprüche im Streit stehen (BGH NJW 1981, 128). Zur Abgrenzung der Zulässigkeit nach § 547; zu § 546 vgl. auch BGH NJW 1989, 3225 f.; auch keine generelle Zulässigkeit der Revision bei greifbarer Gesetzeswidrigkeit (BGH NJW 1989, 2758). Für das Revisionsverfahren gilt § 554b ZPO mit der Einschränkung, daß bei der Prüfung der Erfolgsaussicht nur das Vorliegen einer Abweichung überprüft wird, wenn das OLG als allgemeiner Zivilsenat einen Rechtsstreit irrtümlich nicht als Familiensache beurteilt und bei einem 60 000,00 DM übersteigenden Wert einen Fall der zulassungsfreien Revision annahm (BGH NJW 1984, 1188). In vermögensrechtlichen Streitigkeiten kann das Revisionsgericht über die Zulassung der Revision nicht selbst befinden (BGH NJW 1985, 978). Zur Zulässigkeit der Revision bei gleichzeitiger Entscheidung über vermögensrechtliche und nicht vermögensrechtliche Ansprüche vgl. BGH NJW 1991, 847.

Bei vermögensrechtlichen Streitigkeiten ist die Revision dann statthaft, wenn der Wert der Beschwer 60 000,00 DM übersteigt; (bis 31. 3. 1991 betrug die Revisionssumme 40 000 DM), zur Übergangsregelung vgl. Art. 10 II RpfVereinfG; sie bedarf der Annahme durch den Bundesgerichtshof (§ 554b ZPO; vgl. Anm. 4). Bei Werten unter 60.000,– DM entscheidet das OLG über die Zulassung der Revision in dem Urteil. Eine Zulassung erfolgt wegen grundsätzlicher Bedeutung der Rechtssache oder wenn das Urteil von einer Entscheidung des Bundesgerichtshofs oder des Gemeinsamen Senats der obersten Gerichtshöfe des Bundes abweicht und auf dieser Abweichung beruht (§ 546 Abs. 1 ZPO). Soweit das Berufungsgericht die Revision zugelassen hat, muß überprüft werden, ob die Revision nur beschränkt zugelassen wurde (vgl. BGH NJW 1983, 2084; 3264). Zulassung der Revision auch bei Nichterreichen der Berufungssumme möglich (BGH NJW 1990, 836 f.). Eine im Berufungsurteil unterlassene Revisionszulassung kann unter den Voraussetzungen des § 319 ZPO durch Berichtigungsbeschluß nachgeholt werden, wenn sie vom Gericht beschlossen war und nur versehentlich im Urteil nicht ausgesprochen wurde. Dies muß sich allerdings aus dem Zusammenhang des Urteils bzw. den Erlaßzusammenhängen ergeben (BGH MDR 1981, 41). Eine Zulassung der Revision durch Ergänzungsurteil ist nicht möglich (OLG Düsseldorf MDR 1981, 235; vgl. BGHZ 44, 395; BGH MDR 1981, 571). Die Wirksamkeit der Beschränkung wird durch das Revisionsgericht nachgeprüft (hM. BGH LM § 546 ZPO Nr. 74/77; vgl. *Tiedtke* WM 1977, 699).

Der Wert der Beschwer muß vom Oberlandesgericht im Urteil festgesetzt werden (§ 546 Abs. 2 S. 1 ZPO). Zur Berücksichtigung der Hilfsaufrechnung bei der Beschwer vgl. BGH NJW 1994, 1538. Das Revisionsgericht ist an die Wertfestsetzung gebunden, wenn der Wert 60.000,– DM übersteigt, auch wenn der dann gestellte Revisionsantrag unter DM 60.000,– liegt (BGH NJW 1981, 1564). Bei einer Wertfestsetzung unter 60.000,– DM entscheidet das Revisionsgericht auf Antrag. Der Antrag auf Heraufsetzung der Beschwer im Revisionsverfahren vor dem BGH kann nur durch einen dort zugelassenen (postulationsfähigen) Rechtsanwalt gestellt werden (BGH NJW 1989, 3226). Maßgeblich für die Beschwer ist der Wert bei Erlaß des Berufungsurteils. Später eintretende Wertänderungen, zB. durch Zahlung, berühren die Zulässigkeit der Revision nicht (BGH MDR 1978, 210). Bei mehreren Entscheidungen, seien es verschiedene Teilurteile oder Teil- und Schlußurteil, kommt es allein auf die Beschwer durch die jeweilige Entscheidung an, so daß keine Zusammenrechnung stattfindet (BGH NJW 1977, 1152).

Bei Streitgenossenschaft ist für die Beschwer die Summe der Einzelbelastungen aller Streitgenossen maßgebend, § 546 ZPO (BGH NJW 1981, 578).

2. Für das Revisionsverfahren ist der Bundesgerichtshof zuständig, soweit nicht die

Zuständigkeit eines Obersten Landesgerichts gegeben ist. In Bayern wurde gemäß § 8 EGGVG ein Oberstes Landesgericht eingerichtet. Bei einer Zulassung der Revision gemäß § 546 ZPO entscheidet das Oberlandesgericht gleichzeitig darüber, ob der Bundesgerichtshof oder das Oberste Landesgericht für die Entscheidung über die Revision zuständig ist. Dies geschieht mit bindender Wirkung für das Revisionsgericht. Die Revision ist demgemäß bei dem als zuständig bezeichneten Gericht einzulegen. Hat das Berufungsgericht die Revision zugelassen, aber entgegen § 7 I 1 EGZPO nicht darüber befunden, welches Gericht – das BayObLG oder der BGH – für die Verhandlung und Entscheidung zuständig sein sollte, kann der Rechtsmittelführer nach dem Meistbegünstigungsgrundsatz die Revision sowohl bei dem BayObLG auch bei dem BGH wirksam einlegen, BGH NJW 1994, 1224. Bei zulassungsfreier Revision (§§ 547, 554b, 566a ZPO) ist die Revision für bayerische Revisionsverfahren beim Bayerischen Obersten Landesgericht einzulegen. Dieses entscheidet dann darüber, ob das Verfahren bei ihm verbleibt oder an den Bundesgerichtshof abgegeben wird. Eine Ausnahme hiervon bilden Entschädigungs- und Baulandsachen (BGH LM § 189 BEG 1956 Nr. 1; BGHZ 46, 190); diese Revisionen werden unmittelbar beim Bundesgerichtshof eingelegt. Bis zu dem Beschluß des Bayerischen Obersten Landesgerichts, mit dem es sich für unzuständig erklärt, weil der Bundesgerichtshof zuständig ist (§ 7 Abs. 2 EG ZPO), sind alle Prozeßhandlungen gegenüber dem Obersten Landesgericht vorzunehmen, also auch der Antrag auf Verlängerung der Revisionsbegründungsfrist, die Einreichung der Revisionsbegründungsschrift selbst, der Antrag auf Bewilligung der Prozeßkostenhilfe zur Revisionseinlegung und der Antrag auf Einstellung der Zwangsvollstreckung (BGH LM § 233 ZPO Nr. 45). Ist bei einer nicht zugelassenen Revision der Wert der Beschwer von einem bayerischen OLG auf einen 60.000,– DM nicht übersteigenden Betrag festgesetzt, so ist, wenn der Revisionskläger eine höhere Beschwer geltend machen will, die Revision ebenfalls beim Bayerischen Obersten Landesgericht einzulegen. Wurde die Hauptrevision bereits durch Beschluß an den Bundesgerichtshof abgegeben, so muß die unselbständige Anschlußrevision beim Bundesgerichtshof eingelegt werden (BayObLG NJW 1977, 685).

3. Die Revisionsschrift ist entsprechend der Berufungsschrift aufgebaut. Sie muß die genaue Bezeichnung der Prozeßparteien, ihre Stellung im Prozeß, ihre Prozeßbevollmächtigten, beim Revisionsbeklagten die Angaben des Prozeßbevollmächtigten der II. Instanz zum Zwecke der Zustellung der Revisionsschrift, das Urteil mit Aktenzeichen, Verkündungs- und Zustellungsdatum, gegen das die Revision eingelegt werden soll, und die Erklärung enthalten, daß gegen das bezeichnete Urteil Revision eingelegt wird.

4. In nichtvermögensrechtlichen Streitigkeiten findet die Revision gemäß § 546 Abs. 1 ZPO nur statt, wenn das OLG sie in seinem Urteil zugelassen hat. Fehlt die Zulassung und ging das OLG erkennbar irrtümlich von einer vermögensrechtlichen Streitigkeit mit einem Beschwerwert von über 60.000 DM aus, ist für die Revision § 554b ZPO anzuwenden. Bei vermögensrechtlichen Streitigkeiten, deren Beschwerdewert 60.000,– DM übersteigt, ist der Bundesgerichtshof nur dann zur Annahme der Revision verpflichtet, wenn die Rechtssache grundsätzliche Bedeutung besitzt, § 554b ZPO. Eine teilweise Annahme der Revision ist zulässig, wenn nur bei einem von mehreren selbständigen Klageansprüchen ein Grund für die Annahme der Revision gegeben ist, auch wenn der dann angenommene Teil die Wertgrenze von 60.000,– DM nicht übersteigt. Eine Revision ist auch ohne grundsätzliche Bedeutung dann anzunehmen, wenn das Rechtsmittel im Ergebnis erfolgreich ist (str. BVerfG NJW 1979, 151/533/1161; 1981, 39/40). Der Ablehnungsbeschluß des Revisionsgerichts muß mit Gründen versehen sein (BVerfG NJW 1981, 446).

5. Die Revisionsschrift ist von einem beim Revisionsgericht zugelassenen Rechtsanwalt zu unterzeichnen (vgl. § 78 ZPO, § 8 Abs. 1 EG ZPO). Vgl. Form. I. O. 1 Anm. 10–12.

6. Die Revisionsbegründung ist, sofern sie nicht bereits in der Revisionsschrift enthalten ist, in einem gesonderten Schriftsatz bei dem Revisionsgericht einzureichen. Die Frist zur

5. Revisionsschrift I. O. 5

Revisionsbegründung beträgt einen Monat mit Einlegung der Revision und kann auf Antrag verlängert werden (§ 554 ZPO). Die Revisionsbegründung muß die Erklärung enthalten, inwieweit das Urteil angefochten und dessen Aufhebung beantragt wird (Revisionsanträge), sowie Darlegungen in den Fällen des § 554b ZPO darüber, ob die Rechtssache grundsätzliche Bedeutung besitzt, wobei es genügt, daß sich dies aus dem Zusammenhang der Begründungsschrift ergibt (BGHZ 66, 273).

Weiter müssen die Revisionsgründe alle materiellen und prozessualen Rügen umfassen und die verletzten Rechtsnormen bezeichnen.

Kosten und Gebühren

Die Gerichtskosten richten sich nach § 11 Abs. 1 GKV i.V.m. Nr. 1230–1239, 1530–1539, die Rechtsanwaltsgebühren 13/10 nach §§ 11, 31 BRAGO.

Fristen und Rechtsmittel

Revisions- und Revisionsbegründungsfrist: jeweils ein Monat (§§ 552, 554 Abs. 2 S. 2 ZPO). Zur telegraphischen Rechtsmitteleinlegung vgl. BGH NJW 1983, 1498; BVerfG NJW 1987, 2067 m.w.N.; bei Fernschreiben beachte BGH NJW 1988, 1980, bei Telefax vgl. BGH NJW 1989, 589; 1990, 188. Die Revisonsfrist ist eine Notfrist und kann nicht verlängert werden. Die Frist läuft mit Zustellung des in vollständiger Form abgefaßten schriftlichen Urteils, spätestens jedoch mit dem Ablauf von fünf Monaten nach Verkündung. Die Revisionsbegründungsfrist ist auf schriftlichen Antrag durch den Vorsitzenden verlängerbar (vgl. auch BGH NJW 1985, 1558).

Zur Fristenkontrolle vgl. BGH NJW 1989, 1157f.; 1864; 2393f.; zur Fristenkontrolle bei Verfahrensunterbrechung vgl. BGH NJW 1990, 1239. Für die neuen Bundesländer sind die Übergangsvorschriften des Einigungsvertrages (Form. I. O. I. Anm. 2) zu beachten.

Der Hauptantrag ist Sachantrag, der Hilfsantrag Prozeßantrag (Zurückverweisungsantrag). Hat das Berufungsgericht teilweise zugunsten des Revisionsklägers entschieden, ist folgende Antragsfassung geboten:
Ich beantrage,
    das Urteil des Oberlandesgerichts ...... vom ...... insoweit aufzuheben, als es zum Nachteil der Beklagten und Revisionsklägerin erkannte und insoweit nach den Schlußanträgen in der Berufungsinstanz zu erkennen;
hilfsweise
    den Rechtsstreit insoweit zur anderweitigen Verhandlung und Entscheidung an das Berufungsgericht zurückzuverweisen.

Diese Anträge genügen in der Regel stets, wenn der Revisionskläger teilweise in der Berufungsinstanz obsiegte und teilweise unterlag. Mit ihnen wird zum Ausdruck gebracht, daß er nur hinsichtlich des unterlegenen Teils eine Aufhebung des Berufungsurteils will. Zeigt sich, daß die Berufungsanträge nicht klar genug gefaßt sind, so ist der Sachantrag der Berufungsinstanz näher zu präzisieren und wiederzugeben. U. U. ist eine Erweiterung der ursprünglichen Revisionsanträgen bis zum Ende der mündlichen Verhandlung möglich (BGH NJW 1985, 3079). Zum Umfang der Revisionsprüfung bei Haupt-, Hilfsansprüchen vgl. BGH NJW 1989, 1486f.

6. Einfache Beschwerde[1]

An das
Landgericht[2]
– Zivilkammer –

In Sachen

......
– Kläger –
Prozeßbevollmächtigter: RA ......

gegen

......
– Beklagter –
Prozeßbevollmächtigter: RA ......
wegen ......

Az.: ......

lege ich namens des Beklagten gegen den Beschluß des Landgerichts ...... vom ......

Beschwerde[3]

ein mit dem Antrag:

unter Abänderung des Beschlusses vom ...... den Streitwert auf DM ...... herabzusetzen.

Begründung[4]:

Die Kammer hat den Gebührenstreitwert nach § 25 GKG für das vorliegende Verfahren mit dem Betrag von DM ...... zu hoch festgesetzt. Der vom Kläger angegebene Streitwert für das vorliegende Wandlungsbegehren entspricht nicht dem Verkehrswert der zurückzugebenden Sache. Bei den Wertangaben des Klägers handelt es sich lediglich um einen Liebhaberwert, der für den Gebührenstreitwert nicht maßgeblich ist. Hier entscheidet der objektive Verkehrswert, der dem diesseitig gestellten Antrag entspricht. Eine Abänderung des Streitwertfestsetzungsbeschlusses im beantragten Sinne ist daher geboten.

Rechtsanwalt

Anmerkungen

1. Der Rechtsbehelf der Beschwerde ist statthaft, wo er in der ZPO oder wie hier im GKG ausdrücklich zugelassen ist und wo das Gericht ein das Verfahren betreffendes Gesuch durch eine keine mündliche Verhandlung erfordernde Entscheidung zurückgewiesen hat (*Stein/Jonas/Grunsky* § 567 Anm. II, III) nicht dagegen bei prozeßleitenden Entscheidungen (vgl. OLG München NJW 1984, 2227). Bei Beschwerden gegen Entscheidungen über Kosten, Gebühren und Auslagen ist die Beschwerde nur zulässig, wenn der Wert des Beschwerdegegenstandes DM 100 übersteigt, § 567 Abs. 2 ZPO. Eine Beschwerde wird weiter dann zugelassen, wenn eine offensichtlich greifbare gesetzwidrige Entscheidung vorliegt, die dieser Art, dieses Inhalts oder von diesem Gericht gesetzlich überhaupt nicht vorgesehen ist bzw. die offensichtlich dem Wortlaut und dem Zweck zuwiderläuft (*Baumbach/Lauterbach/Albers/Hartmann* § 567 Rdn. 6; BGH NJW 1993, 135). Hierbei

6. Einfache Beschwerde I. O. 6

genügt jedoch nicht nur ein Verstoß gegen eine Verfahrensvorschrift (BGH VersR 1975, 343/344). Ausnahmsweise ist eine Beschwerde gegen die richterliche Terminsbestimmung zulässig, wenn sie „greifbar gesetzwidrig" wegen fehlerhafter Ermessensausübung im Rahmen der §§ 216, 272 ZPO ist (OLG Köln NJW 1981, 2263; 1982, 246) oder wenn überhaupt nicht in angemessener Zeit terminiert wird (OLG Schleswig NJW 1981, 691). Vgl. auch Form. I. C. 6.

Die Beschwerdeentscheidung ergeht regelmäßig ohne mündliche Verhandlung; sie ist aber freigestellt.

2. Für eine einfache Beschwerde läuft idR. keine Frist (vgl. aber die 6-Monatsfrist in § 25 Abs. 1, S. 4 GKG). Sie kann jederzeit eingelegt werden, solange eine Beschwer vorliegt. Wer jedoch allzu lange einen verletzenden Zustand duldet, kann sein Beschwerderecht uU. verwirken (BGHZ 43, 289/293; OLG Frankfurt MDR 1977, 586). Gegen Entscheidungen der Oberlandesgerichte und Revisionsgerichte ist idR. eine Beschwerde nicht zulässig. Nur in beschränktem Umfang ist gegen Beschwerdeentscheidungen des OLG eine weitere Beschwerde möglich (vgl. §§ 621e Abs. 2, 568a ZPO; BGH NJW 1982, 1104).

Die Beschwerde ist durch einen Schriftsatz bei dem Gericht einzulegen, von dem die angefochtene Entscheidung erlassen wurde. In dringenden Fällen kann sie auch beim Beschwerdegericht eingelegt werden (§ 569 Abs. 1 ZPO); allerdings ist bei Einreichung zum Beschwerdegericht bei Anwaltzwang auf die Postulationsfähigkeit zu achten (vgl. *Thomas/Putzo* § 569 Rdn. 5; OLG München NJW 1984, 2414). Eine Ausnahme bilden Beschwerden in Familiensachen nach § 621e ZPO, die unmittelbar zum Beschwerdegericht eingelegt werden müssen.

3. Für die beim Amtsgericht geführten Rechtsstreitigkeiten oder die sonstigen in § 569 Abs. 2 S. 2 ZPO genannten Fälle besteht kein Anwaltszwang. In den übrigen Fällen und bei Scheidungsfolgesachen, § 78 Abs. 2, S. 2 Nr. 2 ZPO (nicht jedoch bei FGG-Familiensachen, BGH NJW 1982, 2386), besteht Anwaltszwang (BGH NJW 1979, 766). Für die Beschwerdeschrift gilt § 518 ZPO entsprechend. Es empfiehlt sich die Verwendung des Wortes „Beschwerde", um den Rechtsbehelf von den übrigen Maßnahmen zu unterscheiden.

Die Beschwerdeschrift muß die Erklärung enthalten, für wen und gegen welchen Beschluß die Beschwerde eingelegt wird. Als bestimmender Schriftsatz ist sie eigenhändig handschriftlich zu unterzeichnen. Ein Beschwerdeantrag ist zwar nicht vorgeschrieben, wenngleich er zumindest in den Fällen des § 567 Abs. 2 ZPO geboten ist (vgl. Form. I. O. 1 Anm. 11). Zur Frage der Bindung des Beschwerdegerichts an die Sachanträge vgl. BGH NJW 1984, 2879.

4. Die Beschwerde ist zwar nicht zwingend aber sinnvollerweise zu begründen, wobei bestimmte Formalien hierfür gesetzlich nicht vorgeschrieben sind. Die Beschwerde kann auf neue Tatsachen und Beweise gestützt werden, § 570 ZPO, auch wenn diese vor der ersten Entscheidung entstanden sind (BVerfG NJW 1982, 1685). Die Beschwerde ist wie jeder Rechtsbehelf zu unterzeichnen. Vgl. Form. I. O. 1 Anm. 11.

Kosten und Gebühren

Die Gebühren des Gerichts richten sich nach § 11 Abs. 1 GKG i.V.m. KVerz. 1900–1906, die Rechtsanwaltsgebühren (5/10 Gebühren) nach §§ 31, 61 BRAGO.

Fristen und Rechtsmittel

Die einfache Beschwerde ist nicht fristgebunden; beachte aber die Fristen gem. § 25 Abs. 1 S. 4 und Abs. 2 S. 3 GKG. Über die Beschwerde entscheidet das im Rechtszug zunächst höhere Gericht. Gegen die Entscheidung des Beschwerdegerichts ist abgesehen von dem Fall des § 568a ZPO eine weitere Beschwerde nur unter der Voraussetzung des § 568 Abs. 2 ZPO statthaft und nur denkbar, wo in I. Instanz das Amtsgericht nicht entschieden hat (vgl. *Baumbach/Lauterbach/Albers/Hartmann* § 568 Rdn. 3; BVerfG NJW 1979, 538; OLG Zweibrücken NJW 1987, 2590). Hat das Landgericht in einer Familiensache über die Beschwerde fälschlich entschieden, so ist die weitere Beschwerde zum OLG ohne Zulassung statthaft (BGH NJW 1984, 2824); ebenso bei einer Entscheidung der Zivilkammer über eine Beschwerde in einer Handelsregistersache beim Vorhandensein einer KfH (BayObLG NJW 1988, 1099). Eine weitere Beschwerde in Versorgungsausgleichsverfahren gegen den Beschluß des OLG, der die Beschwerde eines anderen Beteiligten zurückweist, ist nicht möglich, wenn der die weitere Beschwerde führende Verfahrensbeteiligte, die erstinstanzliche Entscheidung nicht angefochten hatte (vgl. BGH NJW 1984, 2414).

7. Sofortige Beschwerde

An das
Amtsgericht[1]
– Familiengericht –

In der Familiensache

Frau A. ......
Prozeßbevollmächtigter: RA ......

gegen

Herrn B. ......
Prozeßbevollmächtigter: RA ......

lege ich gegen den Beschluß des Amtsgerichts ...... vom ...... zugestellt am ......

sofortige Beschwerde[2,3]

ein, mit dem Antrag:[4]

den Beschluß des Amtsgerichts ...... vom ...... aufzuheben und die Kosten des Verfahrens gegeneinander aufzuheben.

Begründung:

Das Familiengericht hat mit dem angefochtenen Beschluß dem Beklagten die Kosten des Verfahrens auferlegt. Zur Begründung führt es aus, der Beklagte habe durch sein Verhalten zur Erhebung der Klage Anlaß gegeben, da er entgegen seinen früheren Versprechungen nicht zum Jahresende, sondern erst acht Wochen nach Klageerhebung aus der Ehewohnung ausgezogen sei. Bei Abwägung der Billigkeitsgründe hat hier das Familiengericht außer acht gelassen, daß der Beklagte mehrere Wohnungsmakler beauftragte und dennoch längere Zeit keine anderweitige Wohnung finden konnte. Der Klägerin wurde mit Schreiben vom ...... mitgeteilt, daß der Beklagte beabsichtige, ab dem ...... zu seinen Eltern zu ziehen, was er auch getan hat. Durch das Bestreben, bei seinen Eltern unterzukommen, hat der Beklagte versucht, auf völlig unkomplizierte Art und Weise zu einer Unterkunft zu kommen. Unter Abwägung beiderseitiger Interessen und unter Berücksichtigung, daß dem Beklagten noch eine geringe Frist zur Suche einer Unterkunft zu gewährleisten war, entspricht es der Billigkeit, hier die Kosten gegeneinander aufzuheben.

Rechtsanwalt

7. Sofortige Beschwerde

Anmerkungen

1. Die sofortige Beschwerde ist überall dort gegeben, wo sie im Gesetz ausdrücklich als „sofortige Beschwerde" bezeichnet wird (vgl. *Stein/Jonas/Grunsky* § 567 Anm. II). Sie ist in gleicher Weise wie die einfache Beschwerde einzulegen (vgl. Form. I. O. 10 Anm. 2). Zur außerordentlichen sofortigen Beschwerde vgl. *Kempter* NJW 1993, 2158 f., *Chlosta* NJW 1993, 2160 f.

2. Die Verwendung der Bezeichnung „sofortige Beschwerde" ist aus Gründen der Klarheit geboten. Auch für die sofortige Beschwerde gelten keine besonderen Formalien. Allerdings ist auf die Beschwersumme von über 100,– DM besonders zu achten (§ 567 Abs. 2 ZPO).

3. Eine Anschlußbeschwerde wurde in entsprechender Anwendung der §§ 521 ff. auch in der Form der unselbständigen Anschließung als zulässig angesehen. Seit dem 1. 4. 1991 ist die Anschlußbeschwerde in § 577a geregelt (vgl. *Baumbach/Lauterbach/Albers/Hartmann* § 577a). Für die Zulassung einer Anschließung besteht insbesondere für das Kostenfestsetzungsverfahren sowie bei dem Kostenstreit nach Erledigung der Hauptsache, § 91a ZPO, eine praktische Notwendigkeit. Zur Frage des Anwaltszwangs vgl. §§ 78, 569 ZPO (Form. I. O. 10 Anm. 3); zum Anwaltszwang bei sofortiger Beschwerde an den BGH nach kreisgerichtlichem Urteil vgl. NJW 1991, 2492. Bei einer Kostenentscheidung gegenüber einem Dritten, der nicht Prozeßpartei ist, kommt das Rechtsmittel, die sofortige Beschwerde, nicht die Berufung oder Revision in Betracht (vgl. BGH NJW 1988, 49/50). Bei Entscheidungen des OLG ist mit Ausnahme des § 567 Abs. 3 S. 2 ZPO eine sofortige Beschwerde nicht möglich vgl. aber Anmerkung 1. Für die sofortige Beschwerde nach § 519b Abs. 2 in Familiensachen, die im ersten Rechtszug nicht als Anwaltsprozeß zu führen war, besteht kein Anwaltszwang (BGH NJW 1984, 2413). In der Rechtsbeschwerdeinstanz ist eine unselbständige Anschließung wie die Anschlußrevision nur bis zum Ablauf eines Monats nach Zustellung der Begründung des Hauptrechtsmittels zulässig (BGH NJW 1983, 578). Das Anschlußrechtsmittel muß sich jedoch insoweit auf den Gegenstand der Entscheidung beschränken. Eine Partei kann nicht durch einseitigen Antrag einen Verfahrensgegenstand, der nicht Gegenstand der angefochtenen Entscheidung ist, in die Rechtsmittelinstanz bringen (BGH NJW 1983, 1858). Zur unselbständigen Anschlußbeschwerde im Versorgungsausgleichsverfahren vgl. BGH NJW 1982, 224.

4. Zur Antragstellung und Beschwerdebegründung vgl. Form. I. O. 10 Anm. 3 u. 4. Beachte, daß die Beschwerde nach § 620c innerhalb der Beschwerdefrist begründet werden muß, § 620d.

Fristen und Rechtsmittel

Die sofortige Beschwerde unterscheidet sich von der einfachen Beschwerde dadurch, daß sie befristet innerhalb einer Notfrist von zwei Wochen eingelegt werden muß (§ 577 Abs. 2 ZPO). Zur telegraphischen und fernschriftlichen Rechtsmitteleinlegung vgl. BGH NJW 1983, 1498; zum Telefax NJW 1989, 589; BVerfG NJW 1987, 2067 m.w.N. Die Frist beginnt regelmäßig mit der Zustellung des mit Gründen versehenen Beschlusses, § 329 Abs. 3 ZPO. Ist die Zustellung unterblieben oder unwirksam, so beginnt die Frist fünf Monate nach Bekanntgabe zu laufen. Eine Abkürzung oder Verlängerung der Frist ist nicht zulässig; eine Wiedereinsetzung ist statthaft, § 233 ZPO. U. a. eröffnen folgende Bestimmungen das Rechtsmittel der sofortigen Beschwerde: §§ 71 Abs. 2, 91a Abs. 3, 99 Abs. 2, 104, 107, 135 Abs. 3, 269 Abs. 3, 319 Abs. 3, 336, 387 Abs. 3, 519b Abs. 2, 568a, 642a Abs. 3, 678, 685, 721 Abs. 6, 793, 794a Abs. 4, 934 Abs. 4, 952 Abs. 4 ZPO. In Familiensachen des § 621 Abs. 1 Nr. 4, 5, 8 ZPO findet gegen Beschlüsse des OLG, durch

die der Einspruch gegen ein Versäumnisurteil als unzulässig verworfen worden ist, die sofortige Beschwerde an den BGH statt, wenn das OLG sie zugelassen hat (BGH NJW 1982, 1104); anders im Falle des § 621 Abs. 1 Nr. 6 ZPO (BGH NJW 1982, 2286). Für eine weitere sofortige Beschwerde an den BGH vgl. BayObLG NJW 1982, 2453 und zur Zuständigkeit des BayObLG vgl. NJW 1988, 2053. Weitere Beschwerden nach § 621 e Abs. 2, 3 können nur durch einen am BGH zugelassenen Rechtsanwalt eingelegt werden (BGH NJW 1989, 2135). Eine den Wiedereinsetzungsantrag zurückweisende Entscheidung des Berufungsgerichts muß gesondert mit der sofortigen Beschwerde nach §§ 238 Abs. 2, 519 b Abs. 2 ZPO angefochten werden (BGH NJW 1982, 887). Gegen Entscheidungen des Rechtspflegers ist „Erinnerung" einzulegen (§§ 11, 21 RPflG), die als sogenannte Durchgriffserinnerung dem Beschwerdegericht zur Entscheidung vorgelegt werden muß, wenn keine Abhilfe geschaffen wurde. Die Erinnerung ist binnen der für die sofortige Beschwerde geltenden Frist einzulegen, wenn gegen die Entscheidung, falls sie der Richter erlassen hätte, die sofortige Beschwerde oder kein Rechtsmittel gegeben wäre (vgl. u. a. § 104 Abs. 3 ZPO).
Zur Fristenkontrolle vgl. BGH NJW 1989, 1157 f; 2393 f.

Zur weiteren Beschwerde vgl. § 568 ZPO (vgl. auch BVerfG NJW 1979, 538; BGH NJW 1984, 2414 und 2824). Sowohl eine stattgebende als auch eine zurückweisende Entscheidung nach § 1587 g Abs. 2 BGB unterliegen nicht der weiteren Beschwerde (BGH NJW 1984, 2364). Keine Beschwerde nach Berufungsrücknahme, § 515 Abs. 3 (vgl. BGH NJW 199. 840 f.).
In den neuen Bundesländern sind vereinzelt noch die Übergangsvorschriften des Einigungsvertrages zu beachten (vgl. *Baumbach/Lauterbach/Albers/Hartmann* Anhang nach § 577 a).

Kosten und Gebühren

Vgl. Form. I. O. 10.

8. Gegenvorstellung[1]

An den
Bundesgerichtshof[2]
– Zivilsenat –

In Sachen

A. ......

gegen

B. ......
Az.: ......

erhebe ich gegen den Beschluß vom ......

Gegenvorstellung

mit dem Antrag,

in Abänderung des Beschlusses vom ...... den Wert der Beschwer für die Revisionsinstanz auf DM 50.000,– festzusetzen.

8. Gegenvorstellung   I. O. 8

Begründung:

Es wurde bereits dargelegt, daß nach Auffassung des Klägers und Revisionsklägers der Wert der Beschwer im vorliegenden Verfahren DM 50.000,– beträgt. So hat auch das Landgericht den Streitwert auf DM 50.000,– festgesetzt. In gleicher Weise ist von einem Beschwerwert für die Revision auszugehen. In Abweichung hiervon haben das Oberlandesgericht und der erkennende Senat den Streitwert auf DM 30.000,– herabgesetzt.

Der Kläger begehrt von dem Beklagten die Unterlassung seines Firmennamens, da dieser mit der Firmenbezeichnung des Klägers verwechslungsfähig ist. Bei einer hier vorzunehmenden Schätzung entsprechend § 3 ZPO ist zu berücksichtigen, welche Bedeutung das verletzte Firmenrecht des Klägers im Wirtschaftsleben besitzt. Der Kläger erwirtschaftet mit seiner Firma einen Jahresumsatz von einer halben Million DM. Auch der Umsatz des Beklagten erreicht nahezu diesen Betrag. Das Unterlassenbegehren des Klägers ist an diesen Umsatzwerten zu messen, die die erhebliche wirtschaftliche Bedeutung des Rechtsstreits kennzeichnen (auf die Schriftsätze in der Berufungsinstanz vom . . . . . . wird verwiesen). Eine entsprechende Änderung des Beschlusses im beantragten Sinne ist daher geboten.

Rechtsanwalt

Anmerkungen

1. Die Gegenvorstellung ist auf eine Änderung einer Entscheidung ohne Anrufung der übergeordneten Instanz gerichtet. Sie ist gesetzlich nicht geregelt und wird nur beschränkt zugelassen. Eine Gegenvorstellung ist dann nicht statthaft, wenn eine Gerichtsentscheidung mit einem förmlichen Rechtsbehelf angefochten werden kann oder konnte (str. vgl. OLG Düsseldorf MDR 1977, 235; OLG Nürnberg NJW 1979, 169; *Baumgärtel* MDR 1968, 970; *Schneider* MDR 1972, 567); oder wenn sie unabhängig davon in materielle Rechtskraft erwächst (vgl. *Baumbach/Lauterbach/Albers/Hartmann* Übers. § 567 Rdn. 3 ff.; vgl. *Baumgärtel* MDR 1968, 970 ff.; BGH VersR 1982, 598; BVerfGE 55, 1/5). Gegenvorstellungen sind daher im wesentlichen bei Entscheidungen über Verfahrensfragen oder in unselbständigen Nebenverfahren möglich, in denen das Gericht gesetzlich ermächtigt ist, seine Entscheidung zu ändern (zB. § 25 Abs. 1 S. 3 GKG).

2. Die Gegenvorstellung ist dem Gericht vorzulegen, dessen Entscheidung geändert werden soll. Der Form nach ist eine Gegenvorstellung entsprechend einer Beschwerdeschrift abzufassen (vgl. Form. I. O. 10).

Gebühren und Kosten

Es entstehen keine Gerichtsgebühren und in der Regel keine Anwaltskosten, § 37 BRAGO.

Fristen und Rechtsmittel

Ein förmlicher Beschluß ist nur bei Erfolg der Gegenvorstellung nötig; sonst genügt formlose Mitteilung. Gegen die Entscheidung ist ein Rechtsmittel nicht möglich.

Bei der Gegenvorstellung nach § 25 Abs. 1 S. 3 GKG ist die Sechs-Monatsfrist gem. § 25 Abs. 1 S. 4 GKG zu beachten.

P. Klagen betreffend die Urteilswirkung

1. Nichtigkeitsklage

An das
Landgericht[1]
– Zivilkammer –

Nichtigkeitsklage[2]

In Sachen

der Frau ......vertreten durch ihren Vormund, Frau ......
– Nichtigkeitsklägerin und Beklagte des Vorprozesses –
Prozeßbevollmächtigter: RA ......
gegen
Fa. ......
– Nichtigkeitsbeklagte und Klägerin des Vorprozesses –
Prozeßbevollmächtigter des Vorprozesses:[3] RA ......
wegen Forderung
Streitwert: ......

Nach der in beglaubigter Abschrift beigefügten Bestallung ist Frau ......Vormund der Nichtigkeitsklägerin. Namens der Nichtigkeitsklägerin erhebe ich Klage und beantrage[4],

1. das rechtskräftige Versäumnisurteil des Landgerichts ......vom ......Az.: ......aufzuheben;
2. die im Verfahren ......vor dem Landgericht ......Az.: ......erhobene Klage der jetzigen Beklagten und früheren Klägerin zurückzuweisen;
3. hilfsweise:
der Klägerin Vollstreckungsschutz gemäß §§ 712, 714 Abs. 2 ZPO zu gewähren.

Begründung:

Der vorliegenden Klage geht ein Vorprozeß umgekehrten Rubrums voraus, in dem die jetzige Klägerin durch Versäumnisurteil zu DM ......verurteilt wurde.
Die jetzige Klägerin wurde durch Beschluß des Amtsgerichts ......seit dem ......entmündigt.

Beweis: Vormundschaftsakten des Amtsgerichts ......Az.: ......

Die frühere Klägerin und jetzige Beklagte hat das im Antrag bezeichnete Versäumnisurteil gegen die Nichtigkeitsklägerin erwirkt. Zum Zeitpunkt der diesem Rechtsstreit vorausgehenden Klage war die jetzige Klägerin bereits seit einem Jahr entmündigt. Ihr wurde die Klage und Ladung zum Termin zur mündlichen Verhandlung persönlich ausgehändigt. Sie hat diese Ladung an ihren Vormund nicht weitergegeben. Der Vormund hat erst nach Rechtskraft des Versäumnisurteils von dem Rechtsstreit zufällig Kenntnis erlangt. Da in diesem Rechtsstreit die jetzige Klägerin nicht ordnungsgemäß vertreten war, erweist sich das Versäumnisurteil als nichtig, so daß seine Aufhebung geboten ist. Auch das Versäumnisurteil selbst wurde der Nichtigkeitsklägerin persönlich zugestellt, ohne daß diese ihren Vormund davon benachrichtigte, so daß es seit dem ......rechtskräftig ist. Eine Aufhebung des im Klageantrag angeführten Urteils ist daher gemäß § 579 Abs. 1 Nr. 4 ZPO notwendig.

1. Nichtigkeitsklage   I. P. 1

In der Sache selbst erweist sich die frühere Klage als unbegründet, da zum Zeitpunkt der von der Nichtigkeitsklägerin bei der Beklagten gemachten Bestellung jene bereits entmündigt war.

   Beweis: Vormundschaftsakten, wie benannt

Ein wirksamer Vertrag liegt somit nicht vor und die Klage der früheren Klägerin ist sachlich unbegründet.

Der Gerichtskostenvorschuß ist durch Kostenmarken entrichtet; beglaubigte Abschriften für die Beklagte liegen bei.

                                                                   Rechtsanwalt

Anmerkungen

1. Für die Nichtigkeitsklage (§ 579 ZPO) ist das Gericht ausschließlich zuständig, dessen Endurteil angefochten wird (§ 584 Abs. 1 ZPO). Nichtigkeitsklagen gegen einen Vollstreckungsbescheid gehören ausschließlich vor das Gericht, das für eine Entscheidung im Streitverfahren zuständig gewesen wäre (§ 584 Abs. 2 ZPO). Das Klageverfahren richtet sich grundsätzlich nach den für die Instanz geltenden allgemeinen Vorschriften (§ 585 ZPO). Die Klagen selbst können nur zeitlich befristet erhoben werden (§ 586 ZPO). Zur Klagefrist bei einer Nichtigkeitsklage gegen ein Vaterschaftsfeststellungsurteil vgl. BGH NJW 1994, 589. Auch gegen Beschlüsse, durch die die Revision als unzulässig verworfen worden ist, findet das Nichtigkeitsverfahren statt (BGH NJW 1983, 883). Zur analogen Anwendung des § 579 Abs. 1 Nr. 4 ZPO bei Verletzung rechtlichen Gehörs vgl. VGH Kassel NJW 1986, 209. Zum Vorrang der Nichtigkeitsklage gegenüber der Verfassungsbeschwerde bei fehlerhafter Besetzung des Gerichts vgl. BVerfG NJW 1986, 372; 1993, 51; zur Nichtigkeitsklage wegen fehlerhafter Besetzung des I. Zivilsenats des BGH vgl. NJW 1993, 1596; 3140. Zur Nichtigkeitsklage nach Art. 173 Abs. 2 EWGV vgl. *von Danwitz* die Garantie effektiven Rechtsschutzes im Recht der Europäischen Gemeinschaft in NJW 1993, 1108 ff.

2. Die Klage soll als „Nichtigkeitsklage" bezeichnet werden. Sie muß die Bezeichnung des Urteils, gegen das sich die Klage richtet, und die Erklärung, daß Nichtigkeitsklage erhoben wird, enthalten (§ 587 ZPO). Daneben soll die Klage den Anfechtungsgrund, die Beweismittel für die Tatsachen, die den Grund und die Einhaltung der Notfrist ergeben, und die Erklärung enthalten, inwieweit eine Beseitigung des angefochtenen Urteils und welche andere Entscheidung in der Hauptsache beantragt wird (§ 588 ZPO). Im übrigen gelten die allgemeinen Verfahrensgrundsätze.

3. Der Prozeßbevollmächtigte des Vorprozesses ist anzugeben, da diesem die Restitutionsklage zuzustellen ist, §§ 176, 178, 587 ZPO (str. vgl. *Baumbach/Lauterbach/Albers/Hartmann* § 587 Rdn. 4).

4. Die Klageanträge setzen sich aus dem Antrag auf Aufhebung des nach § 579 ZPO nichtigen Urteils und den Sachanträgen in dem vorausgegangenen Prozeß zusammen. Die Begründung der Klage hat entsprechend den allgemeinen Richtlinien zu erfolgen. Besondere Vorschriften für den Beweis der in § 579 ZPO bezeichneten Nichtigkeitsgründe gibt es nicht. Im Interesse der Rechtssicherheit an der Aufrechterhaltung eines rechtskräftigen Urteils sind sowohl die formellen Erfordernisse der Klage als auch die Wahrheit der tatsächlichen Behauptungen von Amts wegen zu prüfen (*Stein/Jonas/Grunsky* § 579 Anm. IV; zum prozessualen Verfahrensablauf vgl. *Baumbach/Lauterbach/Albers/Hartmann* Grdz. 3 vor § 578).

Kosten und Gebühren

Die Kosten und Gebühren richten sich nach den allgemeinen Bestimmungen bei Zivilklagen, vgl. u. a. Form. I.O.1.

Fristen und Rechtsmittel

Für die Klage läuft eine Notfrist von 1 Monat, § 586 Abs. 1 ZPO, in BEG-Sachen läuft für das entschädigungspflichtige Land eine Notfrist von 3 Monaten, bei einem Wohnsitz des Restitutionsklägers außerhalb Europas von 6 Monaten (vgl. *Baumbach/Lauterbach/ Albers/Hartmann* § 586 Rdn. 1). Die Fristberechnung erfolgt nach §§ 222, 586 Abs. 2 ZPO. 5 Jahre nach Eintritt der Rechtskraft ist eine Anfechtung unstatthaft, § 585 Abs. 2 S. 2 ZPO. Bei einer Nichtigkeitsklage wegen mangelnder Vertretung gelten obige Fristen nicht, § 586 Abs. 3 ZPO.

Die Rechtsmittel richten sich nach den allgemeinen Bestimmungen vgl. Form. I.O.1 und 5.

2. Restitutionsklage

An das
Landgericht[1]
– Zivilkammer –

Restitutionsklage[2]

des Herrn ......
– Restitutionskläger und Beklagter des Vorprozesses –
Prozeßbevollmächtigter: RA ......

gegen

Herrn ......
– Restitutionsbeklagten und Kläger des Vorprozesses –
Prozeßbevollmächtigter des Vorprozesses: RA ......[3]
Streitwert: ......

Namens des Restitutionsklägers erhebe ich Restitutionsklage und beantrage[4]

1. das rechtskräftige Urteil umgekehrten Rubrums des Landgerichts ......vom ......Az.: ......aufzuheben;
2. die im Verfahren vor dem Landgericht ......Az.: ......erhobene Klage des jetzigen Beklagten und früheren Klägers zurückzuweisen;
3. hilfsweise:
   dem Kläger Vollstreckungsschutz gemäß §§ 712, 714 Abs. 2 ZPO zu gewähren.

Begründung:

Der vorliegenden Klage geht ein Vorprozeß umgekehrten Rubrums voraus, in dem der Restitutionskläger zur Zahlung von DM ......verurteilt wurde. Hierbei handelte es sich um die Rückzahlung von Darlehensvaluta, deren Bezahlung der damalige Beklagte nicht nachweisen konnte. Nach Rechtskraft des Vorprozesses hat der Restitutionskläger am ......den Quittungsbeleg über die Rückzahlung des Darlehens aufgefunden. Mit diesem hat der Restitutionsbeklagte handschriftlich bestätigt, daß er den Betrag von DM ......erhalten hatte. Die Urkunde enthält die eigenhändige Unterschrift des damaligen Klägers.

Beweis: Vorlage des Quittungsbelegs vom ......

Durch das Auffinden dieser Urkunde wird bewiesen, daß die Darlehensverpflichtung des damaligen Beklagten durch Zahlung erloschen ist. Das Urteil des Landgerichts ......vom ......wird daher gemäß § 580 Nr. 7 ZPO mit der Restitutionsklage angefochten.

2. Restitutionsklage   I. P. 2

Der Gerichtskostenvorschuß wird durch Kostenmarken entrichtet. Eine Ausfertigung des damaligen Urteils sowie eine beglaubigte Abschrift des Quittungsbelegs vom ......füge ich bei[5].

Rechtsanwalt

Anmerkungen

1. Die Zuständigkeit des angerufenen Gerichts richtet sich nach § 584 ZPO. In der Regel ist das Gericht sachlich zuständig, dessen Entscheidung angegriffen wird (*Baumbach/Lauterbach/Albers/Hartmann* § 584 Rdn. 2). Soweit Gerichte entschieden haben, die zwar nach § 584 ZPO ausschließlich zuständig wären, aber weggefallen sind, sind die Gerichte nach den allgemeinen Zuständigkeitsvorschriften anzurufen. Zur Restitutionsklage in Kindschaftssachen vgl. § 641 i ZPO (vgl. BGH NJW 1982, 2128; 1984, 2630).

2. Nur in eng begrenzten Ausnahmefällen wird dem Betroffenen die Möglichkeit eröffnet, im Wege der Restitutionsklage die Rechtskraft einer auf fehlerhafter Grundlage beruhenden, ihm ohne ein Verschulden unbillig belastenden Entscheidung zu beseitigen (vgl. BGH NJW 1974, 557; 1989, 1285 f). Zur Restitutionsklage gegen DDR-Urteile vgl. DtZ 1993, 85.

Die Notwendigkeit weiterer Beweiserhebungen im Vorprozeß hindert nicht die Restitionsklage, BGH NJW 1993, 1928.

Die Restitutionsklage soll als solche besonders bezeichnet werden (§ 587 ZPO). Die Verwendung der Bezeichnung Restitutionsklage empfiehlt sich, da sonst der Klageinhalt eindeutig die Natur der Klage erkennen lassen muß. Die Stellung der Parteien im gegenwärtigen Verfahren und in dem Vorprozeß muß genau gekennzeichnet werden. Auf die Klagefrist nach § 586 ZPO ist besonders zu achten.

3. Vgl. Form. I.P.1 Anm. 3.

4. Die Klage muß zwingend neben der Bezeichnung des Urteils, gegen das sich die Klage richtet, erkennen lassen, daß Restitutionsklage erhoben wurde (§ 587 ZPO). Daneben ist der Anfechtungsgrund zu bezeichnen und Beweismittel für die Tatsache, die den Grund und die Einhaltung der Notfrist ergeben, sind anzugeben. Auch die Erklärung, inwieweit die Beseitigung des angefochtenen Urteils und welche Entscheidung in der Hauptsache beantragt wird, soll in der Klageschrift niedergelegt sein. Wenngleich insoweit § 588 ZPO eine Ordnungsvorschrift ist, empfiehlt sich seine Beachtung im Hinblick auf § 273 ZPO. Im übrigen gelten die allgemeinen Verfahrensgrundsätze. Zu beachten ist, daß die Restitutionsklage im Rahmen des § 508 Nr. 7b ZPO nicht auf eine Privaturkunde gestützt werden kann, die lediglich die schriftliche Erklärung eines ansonsten als Zeugen zu vernehmenden Dritten beinhaltet (BGH NJW 1981, 2193/2194; 1984, 438).

5. Zum Erfordernis der Beifügung von Urkunden (und in Form von Abschriften) vgl. § 588 Abs. 2 S. 1 ZPO.

Kosten und Gebühren

Vgl. Form. I.P.1.

Fristen und Rechtsmittel

Vgl. Form. I.P.1.

3. Klage gemäß § 826 BGB[1]

An das
Landgericht[2]
– Zivilkammer –

Klage

des Herrn ......
– Kläger –
Prozeßbevollmächtigter: RA ......

gegen

Herrn ......
– Beklagter –

wegen Schadensersatz

Streitwert: ......

Namens des Klägers erhebe ich Klage und beantrage[3],

1. den Beklagten zu verurteilen, es bei Meidung eines für jeden Fall der Zuwiderhandlung fälligen Ordnungsgeldes bis zu DM 500.000,–, ersatzweise Ordnungshaft bis zu 6 Monaten oder Ordnungshaft bis zu 6 Monaten zu unterlassen, die Zwangsvollstreckung aus dem Urteil des Landgerichts ...... vom ...... Az.: ...... gegen den Kläger zu betreiben;
2. an den Kläger die vollstreckbare Ausfertigung des Versäumnisurteils des Landgerichts ...... vom ...... Az.: ...... herauszugeben;
3. den Beklagten ferner zu verurteilen, an den Kläger DM ...... nebst 4% Zinsen seit Klagezustellung zu zahlen.

Vorab werde ich beantragen,

anzuordnen, daß die Zwangsvollstreckung aus dem Urteil des Landgerichts ...... vom ...... Az.: ...... vorläufig eingestellt wird.

Begründung[4]

Mit dem im Klageantrag bezeichneten Urteil hat der jetzige Beklagte und Kläger des Vorprozesses ein Versäumnisurteil gegen den jetzigen Kläger auf Zahlung von DM ...... erwirkt. Der jetzige Beklagte hat in dem Vorprozeß dargelegt, daß der Aufenthaltsort des jetzigen Klägers unbekannt sei, so daß die damalige Klage öffentlich zugestellt wurde. Dem jetzigen Beklagten war jedoch zum damaligen Zeitpunkt bereits bekannt, daß der Kläger in X-Stadt wohnte, indem er sich selbst brieflich an den Kläger unter dieser Anschrift wandte.

Beweis: 1. Auskunft bei der Einwohnermeldebehörde in X-Stadt
2. Vorlage des Briefes vom ......

Der Beklagte hat damals so durch arglistige Täuschung des angerufenen Gerichts ein Versäumnisurteil gegen den Kläger erwirkt. Der Kläger ist daher gemäß § 826 BGB berechtigt, Schadensersatz zu fordern. Der Beklagte hat sich das Versäumnisurteil in sittenwidriger Weise durch Erwirken der öffentlichen Zustellung erschlichen. Die Wirkung der Rechtskraft eines Urteils hört dort auf, wo diese Rechtskraft bewußt rechtswidrig zu dem Zwecke herbeigeführt wird, um einem Unrecht den Schein des Rechts zu verleihen. Der Beklagte hat hinter dem Rücken des Klägers in Kenntnis des Nichtbestehens einer Forderung durch öffentliche Zustellung der Klage und Ladung, von denen er voraussetzte,

3. Klage gemäß § 826 BGB   I. P. 3

daß sie den Kläger nicht erreichen würden, gegen diesen einen rechtskräftigen Titel erlangt. Der Beklagte weiß, daß die von ihm behauptete Forderung bereits erfüllt ist.
    Beweis: Vorlage des Quittungsbelegs
Gemäß § 826 BGB kann daher der Kläger von dem Beklagten die Herausgabe der vollstreckbaren Ausfertigung des Versäumnisurteils und Rückzahlung der bisher durch die Vollstreckung des Versäumnisurteils rechtswidrig erlangten Beträge verlangen. Darüber hinaus ist eine Einstellung der Zwangsvollstreckung aus diesem Versäumnisurteil geboten. Der Beklagte betreibt die Zwangsversteigerung eines kürzlich vom Kläger erworbenen Grundstücks. Versteigerungstermin ist bereits auf den . . . . . . angesetzt.
Gerichtskostenvorschuß ist durch Kostenmarken entrichtet; beglaubigte Abschriften liegen bei.
                             Rechtsanwalt

Schrifttum: Thumm, Die Klage aus § 826 BGB gegen rechtskräftige Urteile in der Rechtsprechung des RG und BGH, 1959.

Anmerkungen

1. Die Rechtssicherheit ist ein wesentliches Element der Rechtsstaatlichkeit und damit ein Konstitutionsprinzip des Grundgesetzes. Aus ihm folgt (vgl. BVerfG NJW 1993, 1125) die grundsätzliche Rechtsbeständigkeit rechtskräftiger Entscheidungen. Die Rechtsprechung erkennt einen Schadensersatzanspruch nach § 826 BGB nur unter besonders strengen Voraussetzungen an, wenn eine Partei Schaden dadurch erlitten hat, daß ein anderer gegen sie arglistig durch Irreführung des Gerichts ein rechtskräftiges unrichtiges Urteil erschlichen hat (BGH NJW 1987, 3256/3266f; 1989, 1285f.: BAG 1987, 2038; OLG Stuttgart NJW 1985, 2272; OLG Hamm NJW 1985, 2275). Gleiches gilt auch dann, wenn ein Gläubiger ein nicht erschlichenes, unrichtiges Urteil in sittenwidriger Weise ausnutzt (vgl. *Rosenberg/Schwab/Gottwald* § 162 III; BGHZ 50, 115/117 mwN; NJW 1983, 2317). Nach § 826 BGB ist eine Durchbrechung der Rechtskraft gerechtfertigt, wenn der Gläubiger einen Vollstreckungsbescheid über einen Anspruch aus einem sittenwidrigen Ratenkreditvertrag erwirkt hat und erkennen konnte, daß im Klageverfahren die gerichtliche Schlüssigkeitsprüfung bei Antragstellung zur Klageerweiterung geführt hätte (vgl. BGH NJW 1987, 3256/3259/3266; 1989, 1285 f.).

2. Bei einer Klage aus § 826 BGB handelt es sich um eine allgemeine Leistungsklage, die den Bestand des dem Verfahren vorausgehenden Urteils nicht beeinträchtigt. Sie ist nur darauf gerichtet, den durch das Urteil und seine Rechtsfolgen verursachten Schaden vermögensrechtlich auszugleichen. Die Klage aus § 826 BGB unterscheidet sich grundlegend von der Vollstreckungsabwehrklage, § 767 ZPO (str. *Rosenberg/Schwab/Gotttwald* § 162 II; *Lukes* ZZP 1972, 55/113). Letztere ist eine reine prozessuale Gestaltungsklage, die nur die Vollstreckbarkeit des Titels beseitigt. Unter § 767 ZPO fallen die Einwendungen, die sich gegen den im Titel festgestellten sachlich-rechtlichen Anspruch richten (vgl. *Baumbach/ Lauterbach/Albers/Hartmann* § 767 Rdn. 17). Die Klage aus § 826 BGB führt daher formal nicht zu einer Aufhebung des Urteils. Die Rechtskraft des Urteils wird allerdings durchbrochen (*Rosenberg/Schwab/Gottwald* § 162 III 2). Der BGH läßt die Klage aus § 826 BGB auch neben der Restitutionsklage zu (BGHZ 70, 115/120).
Die Zuständigkeit des angerufenen Gerichts richtet sich nach den allgemeinen Bestimmungen der §§ 12 ff. ZPO, wobei insbesondere der Gerichtsstand der unerlaubten Handlung, § 32 ZPO, vorliegen wird.

3. Zur Formulierung der Klageanträge vgl. BGHZ 26, 391, 394 und *Rosenberg/Schwab/ Gottwald* § 162 III 4 d. Ein Antrag, die Zwangsvollstreckung für unzulässig zu erklären,

erscheint demnach nicht möglich. Der Antrag auf einstweilige Anordnung ist in Analogie zu § 769 ZPO gestellt.

4. Zur Klagebegründung vgl. insbesondere auch BGHZ 40, 130 ff.

4. Abänderungsklage gemäß § 323 ZPO

An das
Amtsgericht
– Familiengericht –

Abänderungsklage[1]

der Frau ......
– Klägerin –

Prozeßbevollmächtigter: RA ......

gegen

Herrn ......
– Beklagten –

wegen Urteilsabänderung
Streitwert: ......

Namens der Klägerin erhebe ich Klage und beantrage[2],
1. Das Urteil des Amtsgerichts ...... vom ...... Az.: ...... dahingehend abzuändern, daß der Beklagte vom ...... an die Klägerin eine im Voraus zu entrichtende Unterhaltsrente von monatlich DM ...... zu zahlen hat;
2. hilfsweise:
der Klägerin Vollstreckungsschutz gemäß §§ 712, 714 Abs. 2 ZPO zu gewähren.

Begründung[3]:

Der Beklagte ist der geschiedene Ehemann der Klägerin. Er wurde durch Urteil des Amtsgerichts ...... vom ...... zur Zahlung einer monatlichen Unterhaltsrente von ...... DM verurteilt. Seit dieser Verurteilung sind drei Jahre vergangen. In der Zwischenzeit hat sich das Einkommen des Beklagten nahezu verdoppelt. Hinzu kommt, daß die Klägerin einige Monate nach diesem Urteil an einer Bauchspeicheldrüsenentzündung erkrankte. Seither leidet sie an einer chronischen Entzündung. Dadurch ist die Klägerin gezwungen, in strenger Diät zu leben. Sie hat damit einen erhöhten Mehraufwand an Lebensunterhaltungskosten. Dieser Mehraufwand beträgt monatlich allein DM ...... Es haben sich nicht nur die Einkommensverhältnisse des Beklagten wesentlich begünstigend verändert, sondern auch der Unterhaltsbedarf der Klägerin ist krankheitsbedingt wesentlich gestiegen. Eine Anpassung der Unterhaltsansprüche an diese neuen Verhältnisse ist erforderlich. Gemessen am Lebenszuschnitt und den Einkommensverhältnissen der Parteien stellt die neu geforderte Unterhaltsrente ein angemessenes Unterhaltsentgelt dar.
Der Gerichtskostenvorschuß ist durch Kostenmarken entrichtet; beglaubigte Abschriften sind beigefügt.

Rechtsanwalt

Anmerkungen

1. Die Abänderungsklage nach § 323 ZPO ist eine prozessuale Gestaltungsklage, mit der eine anderweitige Gestaltung der Rechtsbeziehungen aus einem alten Urteils- oder sonsti-

4. Abänderungsklage gemäß § 323 ZPO

gem Schuldtitel wegen Veränderung der Verhältnisse herbeigeführt werden soll. Diese Klage ist der Vollstreckungsabwehrklage gemäß § 767 ZPO nachgebildet. Letztere dient der Erhebung von rechtsvernichtenden und rechtshemmenden Einwendungen gegen den festgestellten Anspruch. Insoweit gibt es zwischen beiden Klageformen keine Berührungspunkte (vgl. *Rosenberg/Schwab/Gottwald* § 158 IV). Ist ein Prozeßvergleich bereits durch Urteil abgeändert worden, so ist im erneuten Abänderungsverfahren § 323 Abs. 2 ZPO anwendbar (BGH NJW 1985, 64; 1988, 2473; 1990, 709 f.); zur rückwirkenden Abänderung einer notariellen Urkunde vgl. BGH NJW 1990, 3274. Zur Abänderung eines rechtskräftigen Teilurteils im Berufungsverfahren durch Abänderungswiderklage oder selbständige Abänderungsklage vgl. BGH NJW 1993, 1795.

Für die Abänderungsklage ist eine Verurteilung bzw. Verpflichtung auf wiederkehrende Leistungen im Sinne des § 258 ZPO erforderlich; wobei eine wesentliche Änderung der Verhältnisse eingetreten sein muß, die für die Verurteilung, oder die Dauer oder die Höhe der Leistung maßgeblich waren (vgl. *Baumbach/Lauterbach/Albers/Hartmann* § 323 Rdn. 17; BGH NJW 1987, 1551). Die Abänderung einer Verurteilung zu künftig fällig werdenden wiederkehrenden Leistungen setzt voraus, daß die in Frage stehende Änderung der Verhältnisse bereits eingetreten ist (vgl. auch BGH NJW 1983, 228; 1987, 1201). Es reicht nicht aus, daß die Prognose der künftigen Verhältnisse, die der Verurteilung zugrunde liegt, aus nachträglicher Sicht anders zu treffen wäre (BGH NJW 1981, 2193/2195). Die Rechtskraft des Urteils ist nicht Voraussetzung für die Abänderungsklage (str., vgl. *Rosenberg/Schwab/Gottwald* § 158 V 1.). Eine Änderungsklage ist nicht zulässig, wenn sie auf Gründe gestützt wird, die zwar nach Schluß der mündlichen Verhandlung erster Instanz im Vorprozeß entstanden sind, die aber durch Anschließung an die vom Gegner eingelegte Berufung mittels Erweiterung des Klageantrages bis zum Schluß der mündlichen Verhandlung zweiter Instanz hätten geltend gemacht werden können (BGH NJW 1986, 383). Die Zuständigkeit des Gerichts richtet sich nach den allgemeinen Prozeßvorschriften. Klageberechtigt ist jede Partei des Vorprozesses, bei einem Forderungsübergang gemäß § 1542 RVO auch der Versicherungsträger (vgl. *Baumbach/Lauterbach/Albers/Hartmann* § 323 Rdn. 42). Zum Unterhaltsabänderungsbegehren eines inzwischen volljährig gewordenen Kindes vgl. BGH NJW 1985, 1613. Zur Notwendigkeit einer Abänderungsklage gegenüber dem vereinfachten Unterhaltsabänderungsverfahren, §§ 1612a BGB, 641e ZPO, vgl. BGH NJW 1987, 2999. Zur Herabsetzung des titulierten Unterhaltsanspruchs durch Berufungserweiterung vgl. BGH NJW 1985, 2029. Zur Abänderungsklage wegen Änderung der Rechtsprechung aufgrund eines BVerfG-Urteils vgl. BGH NJW 1990, 3020.

2. Der Klageantrag hat das abzuändernde Urteil bzw. den entsprechenden Schuldtitel näher zu bezeichnen. Ebenso ist die gewünschte Abänderung im Antrag zum Ausdruck zu bringen. Wird mit der Klage die Herabsetzung einer Zahlungsverpflichtung begehrt, so ist ein Antrag auf Einstellung der Zwangsvollstreckung aus dem abzuändernden Urteil entsprechend § 769 ZPO möglich (vgl. *Baumbach/Lauterbach/Albers/Hartmann* § 323 Rdn. 54, mwN.), der folgendermaßen formuliert werden kann:

> die Zwangsvollstreckung aus dem Urteil des Amtsgerichts ...... vom ...... Az.: ...... einzustellen.

Das Gericht kann das alte Urteil nur für die Zeit seit Erhebung der Abänderungsklage abändern.

3. Es können nur solche Gründe die Klage rechtfertigen, die – wie bei § 767 ZPO – nach der letzten Tatsachenverhandlung entstanden sind und nicht durch Einspruch hätten geltend gemacht werden können. Eine Erhöhung von Unterhaltsleistungen ist nach der Rechtsprechung des BGH im Wege der Abänderungsklage und nicht als Unterhaltszusatzklage geltend zu machen (BGHZ 34, 110/114; NJW 1985, 1631).

Schuldtitel auf Unterhaltszahlungen, deren Abänderung im vereinfachten Verfahren (§§ 641l bis 641t ZPO, Unterhalt Minderjähriger) statthaft ist, können nur dann mit einer

Klage nach § 323 ZPO abgeändert werden, wenn eine Unterhaltsanpassung im vereinfachten Verfahren nicht den besonderen Verhältnissen der Parteien Rechnung trägt und somit zu einer wesentlichen Abweichung führen würde (vgl. *Köhler* NJW 1976, 1532). Zur Abänderungsklage eines Unterhaltsschuldners, der bestimmungswidrige Verwendung von Vorsorgeunterhalt einwendet vgl. BGH NJW 2229, 2232.

Formalien und Begründung der Abänderungsklage entsprechen der allgemeinen Leistungsklage (vgl. Form. I. D. 1).

5. Klage auf Anerkennung eines ausländischen Urteils

An das
Landgericht
– Zivilkammer –

Klage[1]

des Herrn ......
– Kläger –
Prozeßbevollmächtigter: RA ......

gegen

Herrn ......
– Beklagten –
wegen Anerkennung eines ausländischen Urteils[2]
Streitwert: ......

Namens des Klägers erhebe ich Klage und beantrage[3],

    1. festzustellen, daß das Urteil des Obersten Gerichtshofs ...... vom ...... Az.: ...... für den Geltungsbereich des deutschen Rechts wirksam ist;
    2. hilfsweise festzustellen, daß das am ...... von Herrn ...... errichtete eigenhändige Testament rechtsunwirksam ist.

Begründung[4]:

Der Kläger hat in einem ausländischen Prozeß vor dem Obersten Gerichtshof des ...... das im Klageantrag näher bezeichnete rechtskräftige Urteil erstritten. Mit dieser Entscheidung steht nach dem Recht des Landes ...... fest, daß das am ...... von Herrn ...... errichtete Testament wegen Rechtsmängeln rechtsunwirksam ist. Das ausländische Gericht war auch nach deutschem Recht zur Entscheidung hierüber zuständig.

Der Kläger begehrt in dem vorliegenden Rechtsstreit die Anerkennung dieses ausländischen Urteils. Zwischen der Bundesrepublik Deutschland und dem Land ...... ist für Streitigkeiten der vorliegenden Art durch Staatsvertrag vom ...... die Gegenseitigkeit im Sinne des § 328 Abs. 1 Nr. 5 ZPO verbürgt. Gründe, die eine Verweigerung der Anerkennung bewirken können, bestehen nicht.

Sollte nach Auffassung des Gerichts die Voraussetzungen für eine Anerkennung nicht gegeben sein, so wird mit der vorliegenden Klage hilfsweise die Feststellung der Unwirksamkeit des Testaments vom ...... begehrt. Diese Unwirksamkeit des Testaments muß aus folgenden Gründen angenommen werden: ......

Rechtsanwalt

Anmerkungen

1. Ausländische Urteile sind mit Ausnahme der in § 328 ZPO bezeichneten Fälle im Inland für rechtswirksam zu erklären. Die Anerkennung des Urteils bedeutet eine Erstreckung der dem ausländischen Urteil zukommenden Wirkungen auf das Inland. Mit der Anerkennung kommt dem Urteil Gestaltung-, Präklusions-, Tatbestandswirkung und materielle Rechtskraft zu. Von der vorliegenden Klage ist eine Klage nach § 722 ZPO zu unterscheiden, deren Ziel es ist, das ausländische Urteil für die Zwangsvollstreckung ausdrücklich als vollstreckbar zu erklären (vgl. dazu Form. I. T. 3 und III. A. 2, BGH NJW 1983, 2775). Zu den Anerkennungsvoraussetzungen vgl. *Stein/Jonas/Schumann/Leipold* § 328 Anm. I 3; *Rosenberg/Schwab/Gottwald* § 157 I 3. Für die Zuständigkeit und den Verfahrensgang gelten die allgemeinen Vorschriften der ZPO.

In Ehesachen gilt die Sonderregelung des Art. 7 § 1 FamRÄndG (vgl. *Baumbach/Lauterbach/Albers/Hartmann* § 328 Rdn. 49; BGH NJW 1982, 517; BayObLG NJW 1985, 2095; 1988, 2178).

2. Die Klage ist auf Feststellung der Wirksamkeit oder Unwirksamkeit der ausländischen Entscheidung im Inland gerichtet, wobei die Anerkennung keinen besonderen Anspruch hierauf voraussetzt, mit Ausnahme der Anerkennung ausländischer Urteile in Ehesachen (vgl. *Stein/Jonas/Schumann/Leipold* § 328 XI). Besonderheiten sind im Anwendungsbereich des Übereinkommens der Europäischen Gemeinschaften über die gerichtliche Zuständigkeit und die Vollstreckung gerichtlicher Entscheidungen in Zivil- und Handelssachen vom 27. 9. 1968 (BGBl. 1972 II, S. 774) zu beachten (vgl. *Baumbach/Lauterbach/Albers/Hartmann* Schlußanhang V C 1; BGH NJW 1984, 568). Vgl. Form. I. T. 5 und 6.

3. Der Klageantrag ist auf Feststellung der Wirksamkeit oder Unwirksamkeit der ausländischen Entscheidung gerichtet. Er kann auch in folgender Weise gestellt werden:
„Das Urteil des ...... vom ...... Az.: ...... wird als im Geltungsbereich des deutschen Rechts wirksam anerkannt."

Es ist auch möglich, nur einzelne anerkennungsfähige Teile eines „Urteils anerkennen zu lassen (vgl. *Melleker* NJW 1971, 303/307; *Müller*, Zum Begriff der „Anerkennung" von Urteilen in § 328 ZPO, ZZP 1966, 199; *Matscher*, Einige Probleme der internationalen Urteilsanerkennung und -vollstreckung, ZZP 1973, 404).

Bestehen hinsichtlich der Anerkennungsvoraussetzungen Zweifel, so empfiehlt es sich, in einem Hilfsantrag das eigentliche Klagebegehren zur gerichtlichen Entscheidung zu stellen (*Stein/Jonas/Schumann/Leipold* § 338 I 3 c; BGHZ 53, 332, 336).

4. Das Gericht prüft von Amts wegen, ob die Voraussetzungen für eine Anerkennung vorliegen. § 328 ZPO legt die Fallgruppen fest, bei denen eine Anerkennung zu versagen ist. Es empfiehlt sich, auf die Fragen der Zuständigkeit und Gegenseitigkeit bereits in der Klage einzugehen, obwohl diese von Amts wegen zu prüfen sind (vgl. *Baumbach/Lauterbach/Hartmann* § 328 Rdn. 14). Das gleiche gilt für die Hinderungsgründe nach § 328 Abs. 1 Nr. 2, 3, 4 ZPO, wenn im konkreten Fall Anlaß zur Darlegung besteht. Die Verbürgung der Gegenseitigkeit kann durch Staatsvertrag, Übung oder konsularische Anweisung begründet sein (*Stein/Jonas/Schumann/Leipold* § 328 VIII; BGHZ 22, 24/24; vgl. Anm. 2).

Q. Urkunden-, Wechsel- und Scheckprozeß

1. Klage im Urkundenprozeß[1]

An das
Landgericht
– Zivilkammer[2] –

Klage im Urkundenprozeß[3]

des Kaufmannes K
Prozeßbevollmächtigter: RA ......

gegen

den Angestellten B
Vorläufiger Streitwert: DM 22.500,–
Namens und in Vollmacht des Klägers beantrage ich, im Urkundenprozeß klagend:

1. Der Beklagte wird verurteilt, an den Kläger DM 22.500,– nebst 7% Zinsen seit dem ...... zu zahlen.
2. Der Beklagte hat die Kosten des Rechtsstreits zu tragen.
3. Das Urteil ist ohne Sicherheitsleistung vorläufig vollstreckbar[4].

Mit einer Übertragung auf den Einzelrichter ist der Kläger einverstanden.

Begründung:[5]

Der Beklagte war früher für den Kläger als Handelsvertreter auf Provisionsbasis tätig. Seine Provisionseinkünfte betrugen monatlich im Durchschnitt DM 4.000,–[6].

Beweis: Anliegende Provisionsabrechnung für die letzten 12 Monate

Der Beklagte erhielt auf die von ihm vermittelten Geschäfte regelmäßig Vorschüsse, die später wegen zahlreicher Stornierungen nicht vollständig verdient wurden. Am 20. Oktober letzten Jahres setzten sich die Parteien zusammen und errechneten für die Zeit bis 31. Juli 19...... einen Debet-Saldo des Beklagten in Höhe von DM 22.500,–. Daraufhin unterzeichnete der Beklagte im Beisein von Zeugen das anliegende Schuldanerkenntnis[7], in dem sich der Beklagte verpflichtete, spätestens bis zum 31. 3. dieses Jahres DM 22.500,– zu zahlen.

Beweis für die Echtheit der Unterschrift:
Parteivernehmung[8]

Der Beklagte hat keine Zahlung geleistet.
Der Zinsanspruch ergibt sich gleichfalls aus dem schriftlichen Schuldanerkenntnis[9].
Beglaubigte und einfache Abschrift der Klage nebst Anlagen[10] liegen an.

Rechtsanwalt

Schrifttum: Stürner, Statthaftigkeit und Beweisbedürftigkeit im Urkundenprozeß, NJW 1972, 1257; *Gloede*, Müssen im Urkundenprozeß auch unstreitige klagebegründende Behauptungen urkundlich beweisbar sein?, MDR 1974, 895; *Bundschuh*, Die neuere Rechtsprechung des Bundesgerichtshofes zum Wechselrecht, WM 1983, 1178; *Bilda*, Zur Bindungswirkung von Urkundenvorbehaltsurteilen, NJW 1983, 142; *Becht*, Der Beweis der Echtheit einer Urkunde im Urkundenprozeß, NJW 1991, 1993.

1. Klage im Urkundenprozeß I. Q. 1

Anmerkungen

1. Für Geldansprüche, deren anspruchsbegründende Tatsachen sich aus einer in Händen des Klägers befindlichen Urkunde ergeben, stellt die Zivilprozeßordnung mit dem Urkundenprozeß (§§ 592 ff. ZPO) ein beschleunigtes Verfahren zur Verfügung, das im Streitfalle allerdings nur zu einer vorläufigen Entscheidung, dem Vorbehaltsurteil führt. Die Beschleunigung wird dadurch erreicht, daß dem meist beweispflichtigen Beklagten als Beweismittel (auch für Aufrechnungsforderungen, BGH NJW 1971, 2226) nur der Antrag auf Parteivernehmung oder der Urkundenbeweis zur Verfügung steht (§ 595 Abs. 2 ZPO) und daß Widerklagen nicht statthaft sind (§ 595 Abs. 1 ZPO). Der Urkundenprozeß bietet dem Kläger zudem den Vorteil, daß das stattgebende Urteil ohne Sicherheitsleistung vorläufig vollstreckbar ist (§ 708 Nr. 4 ZPO; aber erhöhtes Risiko: §§ 600 Abs. 2, 302 Abs. 4 ZPO). Als Urkunden kommen nicht nur Schuldversprechen und Schuldanerkenntnisse in Betracht, sondern schriftlich niedergelegte Verträge jeder Art, sofern aus ihnen sämtliche anspruchsbegründenden Tatsachen, zB. auch die Fälligkeit, folgen. Dabei kann sich der Anspruch aus einer oder aus mehreren sich ergänzenden Urkunden ergeben. Zur Rückgriffsklage des Bürgen vgl. BGH NJW-RR 1988, 61; auch Ansprüche aus Mietverträgen über Wohnraum sollen im Urkundenprozeß geltend gemacht werden können (LG Bonn NJW 1986, 264). Nach OLG Köln (MDR 1991, 901) ist sogar ein Telefax eine Urkunde im Sinne des § 592 ZPO; die Ablichtung einer Urkunde genügt nicht (BGH NJW 1992, 829, 830).

2. Anders als für Wechsel- und Scheckansprüche ist im gewöhnlichen Urkundenprozeß die Kammer für Handelssachen idR. nur zuständig, wenn beide Parteien Kaufleute sind (§ 95 Abs. 1 GVG). Im angenommenen Fall war der Beklagte zwar als Handelsvertreter gleichfalls Kaufmann, jedoch kommt es nach hM. für die Kaufmannseigenschaft auf den Zeitpunkt der Rechtshängigkeit an (*Thomas/Putzo* § 95 GVG Rdn. 2).

3. Gemäß § 593 Abs. 1 ZPO muß die Klageschrift die Erklärung enthalten, daß im Urkundenprozeß geklagt wird. Spätere Nachholung wäre eine nur ausnahmsweise zulässige Klageänderung (*Thomas/Putzo* § 593 Rdn. 1).

4. Vgl. § 708 Nr. 4 ZPO.

5. In der Klagebegründung kann sich der Kläger idR. damit begnügen, das Zustandekommen der Urkunde darzustellen. Es ist meist nicht notwendig, auf schon bekannte Einwendungen des Beklagten näher einzugehen. Jedoch kann sich nach der Klageerwiderung für den Kläger die Notwendigkeit ergeben, bereits im Urkundenprozeß mehr vortragen zu müssen, nämlich zB. dann, wenn der Beklagte einen Sachverhalt dargelegt hat, der den sich aus der Urkunde ergebenden Anspruch zu Fall bringt (Anfechtung, Wandlung, Rücktritt, Kondiktion etc.). Selbst wenn der Beklagte dafür nur Beweismittel benannt hat, die im Urkundenprozeß unstatthaft sind, muß sich der Kläger jetzt schon erklären; denn die Unzulässigkeit des Beweismittels wirkt sich erst aus, wenn der Sachverhalt streitig ist (vgl. BGH WM 1974, 487; 1985, 739). Es kann sich daher empfehlen, bereits in der Klageschrift den zu erwartenden Sachvortrag des Beklagten zu bestreiten; jedenfalls sollte die Erwiderung des Klägers auf die zu erwartenden Einwendungen bereits präsent sein.

6. Die Angabe des Verdienstes ist zweckmäßig, da für Rechtsstreitigkeiten gegen Einfirmenvertreter, soweit sie durchschnittlich nicht über DM 2.000,– pro Monat verdienen, das Arbeitsgericht sachlich zuständig ist (vgl. *Baumbach/Duden/Hopt* § 84 Anm. 7). Vor dem Arbeitsgericht könnte der Kläger im übrigen nicht im Urkundenprozeß, auch nicht im Wechsel- oder Scheckprozeß klagen (§ 46 Abs. 2 S. 2 ArbGG). Falls die Voraussetzungen für die sachliche Zuständigkeit streitig werden oder das Gericht nähere Darlegungen verlangt, ist es nicht erforderlich, den Nachweis durch Urkunden zu führen: §§ 592, 595 ZPO gelten für die Prozeßvoraussetzungen nicht (*Thomas/Putzo* § 592 Rdn. 5).

7. Die Urkunden, aus denen sich der Anspruch ergibt, müssen der Klageschrift im Original oder in beglaubigter Abschrift beigefügt sein, § 593 Abs. 2 ZPO. Sie können auch mit einem späteren Schriftsatz eingereicht werden, den aber die Einlassungsfrist wahren sollte. Unbeglaubigte Fotokopien genügen nicht (vgl. OLG Düsseldorf MDR 1988, 504). Spätestens im Termin muß die Urkunde im Original vorgelegt werden, sonst ist der Urkundenprozeß unstatthaft (vgl. *Zöller/Schneider* § 597 Rdn. 11; OLG Frankfurt MDR 1982, 153). Anders ist es, wenn die klagebegründenden Tatsachen unstreitig oder zugestanden werden (BGHZ 62, 286). Ein Versäumnisurteil gegen den Beklagten kann aber nur ergehen, wenn der Kläger die Originalurkunden im Termin vorlegt (vgl. *Zöller/Schneider* § 597 Rdn. 11).

8. Als Beweismittel für die Echtheit der Urkunde, also insbesondere für die Echtheit der Unterschrift des Beklagten, kommt idR. nur der Antrag auf Parteivernehmung in Betracht (§ 595 Abs. 2 ZPO); mit Urkunden wird der Beweis kaum je zu führen sein. Ein Schriftsachverständigengutachten kann erst im Nachverfahren eingeholt werden, auch ein vorhandenes Gutachten dürfte nicht im Wege des Urkundenbeweises verwertet werden; auch eine Schriftvergleichung nach § 441 ZPO ist nicht statthaft. Der Beweisantritt ist vorsorglich gemeint; er wird erst erheblich, wenn der Beklagte seine Unterschrift bestreitet. Zu den Beweisregeln, die für die Echtheit der Urkunde und die Bedeutung ihres Inhalts gelten, vgl. Form. I. H. 7 Anm. 1.

9. Auch der Zinsanspruch muß, soweit es nicht um Prozeßzinsen geht, durch die Urkunde bewiesen werden können. Etwas anderes gilt, wenn der Zinsanspruch vom Beklagten trotz Verhandelns nicht bestritten wird (vgl. BGHZ 62, 286; *Thomas/Putzo* § 592 Anm. 3b).

10. Die Urkunden müssen dem Beklagten in beglaubigter Abschrift mitgeteilt werden. Fehlen sie oder werden sie nicht innerhalb der Einlassungsfrist nach § 274 Abs. 3 ZPO übermittelt, braucht sich der Beklagte nicht auf den Urkundenprozeß einzulassen; der Urkundenprozeß ist unstatthaft, ein Versäumnisurteil kann nicht ergehen.

Kosten und Gebühren

Gerichtskosten (KV Nr. 1201) und Anwaltsgebühren (§ 31 BRAGO) entstehen wie bei einer Klage im ordentlichen Verfahren (vgl. Form. I. D. 1). Jedoch kann ein im Urkundenprozeß begonnener Rechtsstreit, wenn es zu einem Nachverfahren kommt, erheblich teurer werden als ein gewöhnlicher Rechtsstreit; denn im Nachverfahren entstehen die Rechtsanwaltsgebühren – mit Ausnahme der Prozeßgebühr – erneut (§ 39 BRAGO).

Fristen und Rechtsmittel

Wird die Klage als im Urkundenprozeß unstatthaft abgewiesen, kann der Kläger Berufung einlegen und, falls erforderlich, im zweiten Rechtszug vom Urkundenprozeß Abstand nehmen (Form. I. Q. 6; zur Zulässigkeit im zweiten Rechtszug vgl. *Zöller/Schneider* § 596 Anm. 4); sonst bleibt nur die Möglichkeit, im ordentlichen Verfahren erneut Klage zu erheben. Erläßt das Gericht ein Vorbehaltsurteil, muß der Beklagte überlegen, ob er hiergegen Berufung einlegen oder seine Rechte im Nachverfahren geltend machen will (vgl. Form. I. Q. 7 Anm. 1); auch beides nebeneinander ist möglich.

2. Klageerwiderung im Urkundenprozeß[1]

An das
Landgericht

In Sachen
......

zeige ich an, daß ich den Beklagten vertrete.
Ich werde beantragen:
    1. Die Klage wird abgewiesen[2].
    2. Die Kosten des Rechtsstreits trägt der Kläger.
    3. Das Urteil ist vorläufig vollstreckbar[3].
Hilfsweise wird beantragt,
    dem Beklagten die Ausführung seiner Rechte im Nachverfahren vorzubehalten[4].

                  Begründung:[5]
......

                                            Rechtsanwalt

Schrifttum: Künkel, Das Vorbehaltsurteil als Anerkenntnis- und Versäumnisurteil im Urkunden- und Wechselprozeß, NJW 1963, 1041.

Anmerkungen

1. Bei der Klageerwiderung im Urkunden-, Wechsel- und Scheckprozeß muß der Beklagte sich zunächst darüber klar werden, ob er seine Chancen bereits hier oder erst im Nachverfahren suchen soll. Wenn die Klage zulässig ist, keine Einwendungen gegen die Echtheit der Urkunde bestehen und der Beklagte voraussieht, daß er seine Einwendungen mit den im Urkundenprozeß statthaften Beweismitteln nicht wird beweisen können, ist zu überlegen, ob er den Anspruch nicht im Urkundenprozeß unter Vorbehalt seiner Rechte im Nachverfahren anerkennen soll. Die Zulässigkeit eines solchen eingeschränkten Anerkenntnisses, das zu einem Vorbehaltsanerkenntnisurteil führt, ist streitig (vgl. *Thomas/ Putzo* § 599 Rdn. 5; offen gelassen von BGH NJW-RR 1992, 254), wird aber von der Rspr. zT. bejaht. Will der Beklagte sich also aus Kostengründen oder zur Konzentration des Rechtsstreits erst im Nachverfahren näher einlassen, empfiehlt sich folgende Fassung der Klageerwiderung:

„Der Beklagte will seine Einwendungen erst im Nachverfahren geltend machen. Er erkennt daher den Klageanspruch unter Vorbehalt seiner Rechte im Nachverfahren an.
Falls das Gericht ein solches Anerkenntnis nicht für zulässig halten sollte, widerspricht der Beklagte dem geltend gemachten Anspruch und beantragt:
    1. Die Klage wird abgewiesen.
    2. Die Kosten des Rechtsstreits trägt der Kläger.
    3. Das Urteil ist vorläufig vollstreckbar.
    4. (Hilfsweise)
        Dem Beklagten wird die Ausführung seiner Rechte im Nachverfahren vorbehalten.
Seine Einwendungen wird der Beklagte auch in diesem Fall erst im Nachverfahren näher darlegen."

Das Anerkenntnis hindert den Beklagten nicht, sämtliche Einwendungen – auch die Verjährungseinrede (BGH NJW-RR 1992, 254, 256) – noch im Nachverfahren geltend zu machen. Auch wenn es nicht zum Anerkenntnisurteil kommt, ist eine nähere Darlegung der Einwendungen im Urkundenprozeß jedenfalls dann nicht erforderlich, wenn der Beklagte erklärt, die Einwendungen erst im Nachverfahren geltend machen zu wollen. Allerdings muß der Beklagte darauf achten, daß er nicht Tatsachen unwidersprochen läßt, an deren Feststellung im Vorbehaltsurteil das Gericht für das Nachverfahren gebunden wäre (zB. hinsichtlich der Prozeßvoraussetzungen, der Formerfordernisse der Urkunde; vgl. zur Bindungswirkung des Vorbehaltsurteils Form. I. Q. 7 Anm. 1). Die Echtheit der Urkunde – insbes. also die der Unterschrift – braucht der Beklagte erst im Nachverfahren zu bestreiten (BGH NJW 1982, 183).

Will der Beklagte den Anspruch ohne Einschränkung, also nicht nur im Urkundenprozeß, anerkennen, sollte er das bereits jetzt, nicht erst im Nachverfahren tun. Bei einem Anerkenntnis erst im Nachverfahren ist § 93 ZPO unanwendbar (OLG Düsseldorf MDR 1983, 496).

2. Ist die Klage im Urkundenprozeß aus den in Form. I. Q. 1 Anm. 3, 7 genannten Gründen unstatthaft, sollte der Beklagten gem. § 597 Abs. 2 ZPO beantragen,

„die Klage als in den gewählten Prozeßart unstatthaft abzuweisen".

3. Auch klageabweisende Urteile im Urkunden-, Wechsel- und Scheckprozeß fallen unter § 708 Nr. 4 ZPO.

4. Hat der Beklagte dem geltend gemachten Anspruch widersprochen, wird ihm, wenn er im Urkunden-, Wechsel- oder Scheckprozeß verurteilt wird, die Ausführung seiner Rechte im Nachverfahren vorbehalten, § 599 Abs. 1 ZPO. Es genügt, wenn der Beklagte in streitiger Verhandlung Klageabweisung beantragt. Der Vorbehaltsantrag ist üblich und als Hinweis an das Gericht zweckmäßig, aber nicht notwendig. Fehlt der Vorbehalt im Urteil, muß eine Ergänzung nach § 321 ZPO beantragt werden (Form. I. N. 3), sonst kann das Urteil im Nachverfahren nicht mehr aufgehoben werden (vgl. OLG Karlsruhe, NJW-RR 1991, 1151).

5. Der Beklagte kann bereits im Urkundenprozeß sämtliche nach bürgerlichem Recht möglichen Einwendungen geltend machen. Er kann auch die Hilfsaufrechnung mit einer urkundlich belegten oder unstreitigen (vgl. BGH WM 1986, 537) Gegenforderung erklären. Seine Einwendungen werden aber als im Urkundenprozeß unstatthaft zurückgewiesen, wenn der Kläger ihre Voraussetzungen bestreitet und der Beklagte den ihm obliegenden Beweis nicht mit den Beweismitteln des § 595 Abs. 2 ZPO antritt (§ 598 ZPO).

Kosten und Gebühren

Auch wenn der Beklagte im Urkundenprozeß keine Einwendungen erhebt, entsteht die Verhandlungsgebühr nach § 31 Abs. 1 Nr. 2 BRAGO. Im Falle eines Anerkenntnisses (vgl. Anm. 1) entsteht nur eine Gerichtsgebühr (KV Nr. 1202b) und nur eine halbe Verhandlungsgebühr des Anwalts (§ 33 BRAGO).

3. Klage im Wechselprozeß gegen Annehmer, Aussteller und Indossanten[1]

An das
Landgericht Hamburg[2],
– Kammer für Handelssachen –[3]

Klage im Wechselprozeß[4]

des Kaufmannes K
Prozeßbevollmächtigter: Rechtsanwalt X

gegen

1. den Angestellten A in Hamburg
2. den Kraftfahrzeugmeister B in Lübeck
3. den Handelsvertreter C in Norderstedt

Vorläufiger Streitwert: DM 12.000,–[5]

Namens und in Vollmacht des Klägers beantrage ich, im Wechselprozeß klagend:

1. Die Beklagten werden als Gesamtschuldner verurteilt, an den Kläger DM 12.000,– nebst Zinsen in Höhe von 2% über dem jeweiligen Diskontsatz der Deutschen Bundesbank, mindestens aber 6%, seit dem 10. Juni 1994 sowie Wechselunkosten in Höhe von DM . . . . . .und Wechselprovision in Höhe von DM 40,– zu zahlen[6,7].
2. Die Beklagten haben die Kosten des Rechtsstreits zu tragen.
3. Das Urteil ist ohne Sicherheitsleistung[8] vorläufig vollstreckbar.

Es wird weiter beantragt,
die Einlassungsfrist auf ein Mindestmaß abzukürzen[9] und einen möglichst nahen Termin zur mündlichen Verhandlung vor dem Vorsitzenden zu bestimmen[10].

Begründung:[11]

Der Kläger ist Inhaber des in beglaubigter Abschrift[12] beigefügten Wechsels über DM 12.000,–, der am 10. März 1994 vom Beklagten zu 2) ausgestellt und vom Beklagten zu 1) angenommen wurde. Der Beklagte zu 3) ist Wechselnehmer, er hat die Wechselrechte ausweislich des Indossaments auf der Rückseite des Wechsels ordnungsgemäß auf den Kläger übertragen.
Beweis für die Echtheit der Unterschriften als Aussteller, Akzeptant und Indossant:

Parteivernehmung der Beklagten zu 1) bis 3)[13].

Der Wechsel wurde dem Beklagten zu 1) am Verfalltag, dem 10. 6. 1994, zur Zahlung vorgelegt, jedoch nicht eingelöst. Der Kläger hat am folgenden Werktage Protest mangels Zahlung erhoben[14]. Hierdurch sind ihm Auslagen in Höhe von DM . . . . . .entstanden.

Beweis: Protesturkunde (beglaubigte Abschrift ist beigefügt).

Der Wechsel nebst Protesturkunde wird im Termin im Original vorgelegt werden[15]. Außer der Wechselsumme und den Protestkosten macht der Kläger ein Drittel Prozent Provision und Wechselzinsen[16] auf die Wechselsumme geltend (Art. 48 WG).
Der Antrag, die Einlassungsfrist zu verkürzen, ist geboten, da die Beklagten zu 1) bis 3) sich offenbar in Vermögensverfall befinden. Mit dem Wechsel wurden Lieferungen des Klägers für eine im Aufbau befindliche gemeinsame Firma der Beklagten finanziert, die ihre Geschäftstätigkeit inzwischen wieder aufgegeben hat.

Beweis: Anliegende eidesstattliche Versicherung des Klägers.

Die örtliche Zuständigkeit ergibt sich aus § 603 ZPO; Hamburg ist im Wechsel als Zahlungsort angegeben.

Rechtsanwalt

Schrifttum: Baumbach/Hefermehl, Wechselgesetz und Scheckgesetz, 18. Aufl. 1993; *Bülow,* Wechselgesetz, Scheckgesetz, Allgemeine Geschäftsbedingungen, 1991; *Bundschuh,* Die neuere Rechtsprechung des Bundesgerichtshofes zum Wechselrecht, WM 1983, 1178; *Großelanghorst/Kahler,* Zur sachlichen Zuständigkeit eines Gerichts bei der Geltendmachung von Wechsel- und Scheckansprüchen aus einem Arbeitsverhältnis, WM 1985, 1025; *Cziempel/Keuth,* Schiedsvereinbarung und Wechselprozeß im deutschen und internationalen Privatrecht, NJW 1987, 2118.

Anmerkungen

1. Wechsel- und Scheckprozeß sind Sonderformen des Urkundenprozesses. Auf die Anmerkungen zur Urkundenklage (Form. I. Q. 1) wird daher zunächst hingewiesen.

Bei Wechsel- und Scheckprozessen ist besonders zu beachten, daß sie von Gesetzes wegen Feriensachen sind (§ 200 Abs. 2 Nr. 6 GVG), so daß auch in den Gerichtsferien vom 15. Juli bis 15. September Termine abgehalten und Entscheidungen erlassen werden können. Vor allem aber wird der Lauf von Fristen nicht wie sonst (§ 223 Abs. 1 ZPO) durch die Ferien gehemmt. Insbesondere läuft die Berufungsbegründungsfrist, was zuweilen übersehen wird. Der Rechtsstreit ist selbst dann Feriensache, wenn ein Wechselanspruch im ordentlichen Verfahren oder im Nachverfahren geltend gemacht wird (vgl. BGH VersR 1985, 168; 1988, 941; *Thomas/Putzo* § 200 GVG Rdn. 9 mwN.). Anders ist es nur, wenn der Kläger den Anspruch im Nachverfahren oder im ordentlichen Verfahren zusätzlich oder hilfsweise aus dem Grundgeschäft geltend macht (BGH NJW-RR 1991, 1469). Eine auf § 771 ZPO gestützte Klage gegen ein Wechselurteil ist keine Feriensache (BGH NJW 1988, 1095).

Voraussetzung für eine erfolgreiche Wechselklage ist, daß der Kläger Inhaber eines formal gültigen Wechsels ist, der die zwingenden Voraussetzungen der Art. 1, 2 WG erfüllt. Wenn der Kläger nicht erster Nehmer des Wechsels ist, muß er sein Recht durch eine ununterbrochene Kette von Indossamenten nachweisen (Art. 16 Abs. 1 WG). Der Kläger kann aber auch als Einlöser des Wechsels nach Art. 49 WG berechtigt sein, seine Vormänner in Anspruch zu nehmen; dann gilt Art. 16 Abs. 1 WG nicht (vgl. *Baumbach/ Hefermehl* Art. 16 Rdn. 7).

2. Die örtliche Zuständigkeit des Landgerichts Hamburg ergibt sich für den hier angenommenen Fall sowohl aus dem Gerichtsstand des Zahlungsortes (§ 603 Abs. 1 ZPO) als auch aus der Tatsache, daß einer der Beklagten seinen Wohnsitz in Hamburg hat (§ 603 Abs. 2 ZPO). Sachlich zuständig sind, je nach Streitwert, Amts- oder Landgericht, auch wenn für das zugrundeliegende Rechtsverhältnis zB. das Arbeitsgericht zuständig wäre (hM., vgl. *Großelanghorst/Kahler* WM 1985, 1025 mwN.).

3. Zuständig ist für Wechselansprüche innerhalb des Landgerichts stets die Kammer für Handelssachen (§ 95 Abs. 1 Nr. 2 GVG). Das gilt unabhängig davon, ob der Anspruch im Wechselprozeß oder im ordentlichen Verfahren erhoben wird.

4. Gemäß § 604 Abs. 1 ZPO muß bereits die Klage die Erklärung enthalten, daß im Wechselprozeß geklagt wird. Fehlt die Erklärung, ist die Klage im ordentlichen Verfahren erhoben. Ein späteres Nachholen ist unzulässig.

5. Für die Bemessung des Streitwertes bleiben alle Nebenansprüche außer Betracht (vgl. § 4 Abs. 2 ZPO).

6. Gemäß Art. 47 WG haften die Beklagten dem Kläger als Gesamtschuldner, der Beklagte zu 1) haftet als Annehmer iVm. Art. 28 WG. Auch wer einen Wechsel als Vertreter

ohne Vertretungsmacht gezeichnet hat, kann in Anspruch genommen werden, wenn er seine Vollmacht nicht beweist (Art. 8 WG, vgl. BGH NJW 1987, 649). Auch wenn der Vertreter nicht deutlich gemacht hat, daß er für eine andere Person unterzeichnet, trifft ihn die Wechselhaftung (BGH NJW 1992, 1381). Der Vertretene haftet nur, wenn der Wechselkläger die Vertretungsmacht beweist (vgl. BGH NJW 1992, 117 zum Scheck). Eine BGB-Gesellschaft kann durch einen Wechsel nicht verpflichtet werden (vgl. *Baumbach/ Hefermehl* Einl. WG Rdn. 20). Der Umfang der Rückgriffsansprüche einschließlich der Nebenansprüche ergibt sich aus Art. 48 Nr. 1–4 WG.

7. Nach den Vorschriften des Wechselrechts (Art. 39 Abs. 1, 50 Abs. 1 WG) kann der Wechselverpflichtete verlangen, daß ihm bei Zahlung der Wechsel ausgehändigt wird. In der Praxis wird daher zT. nur eine Zug-um-Zug-Verurteilung beantragt und vom Gericht ausgesprochen (vgl. *Zöller/Schneider* § 602 Rdn. 9). Da es sich jedoch nicht um eine echte Gegenleistung, sondern um ein besonderes Recht auf Quittung handelt (*Thomas/Putzo* § 756 Anm. 1 b), führt der uneingeschränkte Antrag nicht zu einer Teilabweisung mit nachteiliger Kostenfolge. Spätestens bei der Vollstreckung muß der Wechsel aber ausgehändigt werden, eine Teilleistung muß auf dem Wechsel quittiert werden (§ 757 ZPO entspr.).

8. Vgl. § 708 Nr. 4 ZPO.

9. Die Einlassungsfrist beträgt 2 Wochen, § 274 Abs. 3 ZPO. Da die Nichteinlösung eines Wechsels Indiz für drohende Insolvenz sein kann, bedürfen Wechselprozesse oft besonderer Beschleunigung und einer Verkürzung der Einlassungsfrist, wie sie § 224 Abs. 2 iVm. § 226 Abs. 1 ZPO vorsieht. Die Gründe hierfür sind glaubhaft zu machen. Bereits die Nichteinlösung eines Wechsels, die durch den Protest bewiesen wird, kann als Grund genügen; veröffentlichte Rspr. gibt es hierzu, soweit ersichtlich, nicht; die Unterstreichung durch eine eidesstattliche Versicherung kann sich empfehlen.

10. Vgl. § 349 Abs. 2 Nr. 8 ZPO.

11. Es gilt grundsätzlich das gleiche wie für den Urkundenprozeß (vgl. Form. I. Q. 1 Anm. 5). Auch im Wechselprozeß kann es für den Kläger erforderlich sein, auf die Klageerwiderung des Beklagten einzugehen. Die Ansicht, der Beklagte sei mit seinen Einwendungen aus dem zugrundeliegenden Rechtsverhältnis (Anfechtung, Wandlung etc.) immer auf das Nachverfahren beschränkt, ist verfehlt. Das gilt erst dann, wenn die Einwendungen aufgrund der Replik des Klägers streitig geworden sind und der beweispflichtige Beklagte den Beweis nicht mit den im Urkundenprozeß zulässigen Mitteln angeboten hat (§ 598 ZPO).

12. Vgl. § 593 Abs. 2 ZPO.
Es ist nicht ratsam, den Originalwechsel mit der Klageschrift aus der Hand zu geben; er muß dann aber im Termin vorgelegt werden. Eine Wechselklage, die nur mit der Kopie des (im Original abhanden gekommenen) Wechsels geführt wird, ist unstatthaft (vgl. OLG Frankfurt MDR 1982, 153). Beglaubigte Abschriften des Wechsels und der Protesturkunde sind für jeden der drei Beklagten erforderlich.

13. Vgl. Form. I. Q. 1 Anm. 8. Zum Beweis der Echtheit des Wechsels steht dem Kläger auch hier als Beweismittel nur der Antrag auf Vernehmung der Beklagten als Partei zur Verfügung (§ 595 Abs. 2 ZPO). Falls der Wechselschuldner die Echtheit seiner Unterschrift tatsächlich bestreitet, sollte der Kläger jedoch überlegen, ob er es auf die Parteivernehmung ankommen lassen will. Hier kann es sich empfehlen, vom Wechselprozeß Abstand zu nehmen und im ordentlichen Verfahren ein Schriftsachverständigengutachten oder eine Schriftvergleichung nach § 441 ZPO zu beantragen.

14. Der Protest (Art. 44 WG) ist notwendige Voraussetzung für den Rückgriff gegen Aussteller und Indossanten. Für die Inanspruchnahme des Annehmers bedarf es keines Protestes.

15. Vgl. Anm. 12.

16. Vgl. Anm. 6. Es wird zuweilen versucht, einen über den Wechselzinssatz hinausgehenden Verzugsschaden geltend zu machen. Das ist im Wechselprozeß unstatthaft, § 592 ZPO, es handelt sich nicht um einen Fall des § 605 Abs. 2 ZPO. Bei im Ausland ausgestellten und zahlbaren Wechseln beträgt der Zinssatz nur 6% (*Baumbach/Hefermehl* Art. 48 WG Rdn. 4).

Kosten und Gebühren

Vgl. Form. I. Q. 1.

4. Klageerwiderung im Wechselprozeß[1]

Klageerwiderung[2]

An das
Landgericht

In der Sache ......

zeige ich an, daß ich die Beklagten zu 1) bis 3) vertrete.
Namens und in Vollmacht der Beklagten werde ich beantragen:
    1. Die Klage wird abgewiesen.
    2. Die Kosten des Rechtsstreits hat der Kläger zu tragen.
    3. Das Urteil ist vorläufig vollstreckbar.
Lediglich hilfsweise wird beantragt,
    den Beklagten die Ausführung ihrer Rechte im Nachverfahren vorzubehalten.

Begründung:[3]

Es ist richtig, daß die Beklagten zu 1) bis 3) den Klagwechsel als Aussteller, Bezogener und Indossant gezeichnet haben. Es trifft auch zu, daß dies zugunsten von Forderungen des Klägers aus Lieferungen für ein von den Beklagten gemeinsam geplantes Geschäft geschah. Jedoch finden auf die zugrundeliegenden Kaufverträge die Bestimmungen des Verbraucherkreditgesetzes Anwendung. Denn der Kredit wurde nicht für eine bereits ausgeübte, sondern für die Aufnahme einer gewerblichen Tätigkeit gewährt (§ 3 Abs. 1 Nr. 2 VerbrKrG). Die Beklagten können gegenüber dem Kläger daher einwenden, daß dieser ihnen zur Herausgabe der Wechsel verpflichtet ist (§ 10 Abs. 2 Satz 3 VerbrKrG). Außerdem sind die Kaufpreisforderungen des Klägers inzwischen durch Rücktritt des Klägers vom Kaufvertrag entfallen, wie sich aus § 13 VerbrKrG ergibt[4].

    Mit Vertrag vom ...... verkaufte der Kläger den Beklagten zu 1) bis 3) zum Betrieb einer Selbstbedienungs-Wäscherei gebrauchte Waschautomaten zum Preis von insgesamt DM 27.000,– unter Eigentumsvorbehalt.

    Beweis: Kaufvertrag vom ...... (Kopie ist beigefügt)[5].

    Hinsichtlich der Zahlung des Kaufpreises wurde vereinbart, daß die Beklagten sechs Wechsel zeichnen, von denen der erste über DM 12.000,– am 10. 6. des vergangenen Jahres fällig wurde, die anderen fünf Wechsel über je DM 3.000,– jeweils einen Monat später.

    Beweis: wie vor.

    Die Wechsel wurden von den Beklagten zu 1) bis 3) unterzeichnet und dem Kläger übergeben. Dieser lieferte die Waschautomaten, die sich jedoch als zum Teil defekt und auch

4. Klageerwiderung im Wechselprozeß   **I. Q. 4**

sonst unbrauchbar erwiesen. Aus diesem Grunde haben die Beklagten den am 10. 6. fällig werdenden ersten Wechsel, den Klagwechsel, und auch die weiteren Wechsel nicht eingelöst. Nach unerfreulichen Verhandlungen in der Folgezeit holte der Kläger die Automaten vor ca. einem Monat in Begleitung mehrerer Angestellter mit einem LKW ab.

      Beweis: Parteivernehmung des Klägers.

Dies hat der Kläger selbst in einem anschließenden Schreiben, in dem er seine Aktion rechtfertigen wollte, eingeräumt.

      Beweis: in Kopie anliegendes Schreiben des Klägers vom . . . .

Damit ist der Kläger gem. § 13 Abs. 3 VerbrKrG vom Vertrag zurückgetreten. Vor allem aber hat der Kläger gegen das Wechselverbot in § 10 Abs. 2 VerbrKrG verstoßen. Ihm stehen daher keine Wechselansprüche zu.

Außerdem enthält der Kaufvertrag nicht die nach § 4 Abs. 1 Nr. 2 VerbrKrG erforderlichen Angaben, so daß ohnehin nur der Barzahlungspreis geschuldet wurde[6].

                                                                                      Rechtsanwalt

Schrifttum: Flume, Die Wandlungseinrede des Käufers bei Wechsel- oder Scheckhingabe; *Tiedtke,* Der Einfluß der Wandlung auf die Wechselforderung des Verkäufers, ZIP 1986, 953; *Schnauder,* Einwendungen aus dem Grundverhältnis gegen den ersten Wechsel- oder Scheckgläubiger, JZ 1990, 1046; *Bilda,* Einwendungen gegen Wechsel- oder Scheckforderungen bei Drittleistung, NJW 1991, 3251.

Anmerkungen

1. Es handelt sich um die Erwiderung auf die Klage im Wechselprozeß im Form. I. Q. 3 unter Berücksichtigung des dort vorgetragenen Sachverhalts.

2. Vgl. Anm. 1 bis 3 zu Form. I. Q. 3.

3. Für den Beklagten sind folgende materielle Einwendungen denkbar (vgl. hierzu im einzelnen *Baumbach/ Hefermehl* Art. 17 WG Rdn. 10ff.).

a) Einwendungen, die sich aus dem Inhalt des Wechsels ergeben: zB. Art. 16 WG, Art. 70 WG. Soweit es um das Fehlen wesentlicher Bestandteile des Wechsels geht, handelt es sich nicht um eine Einwendung, sondern um eine Voraussetzung für die förmliche Legitimation des Klägers (vgl. Form. I Q. 1 Anm. 1).

b) Einwendungen, die den Bestand der Wechselverpflichtung betreffen: insbes. Mängel des Begebungsvertrages zB. wegen Geschäftsunfähigkeit, § 138 Abs. 1 und 2 BGB, Anfechtung nach §§ 119, 123 BGB, Fälschung der Unterschrift oder des Wechseltextes (z.B. der Summe, BGH NJW 1986, 1834), Blankettfälschung gem. Art. 10 WG; auch Erfüllung und Aufrechnung oder Hilfsaufrechnung (BGH WM 1981, 385; NJW 1982, 1536; in der Vereinbarung einer Wechsel- oder Scheckzahlung kann allerdings ein Aufrechnungsausschluß liegen, vgl. OLG Köln NJW 1987, 262). Ist der Wechselinhaber nicht erster Nehmer, sondern Zweiterwerber aufgrund Indossaments, ist jeweils zu prüfen, ob die Einwendungen auch ihm gegenüber geltend gemacht werden können. (vgl. *Baumbach/Hefermehl* Art. 17 WG Rdn. 30ff.).

c) Persönliche Einwendungen des Wechselschuldners gegen den Inhaber (zB. Prolongation; Einwendungen aus dem der Wechselbegebung zugrunde liegenden Rechtsverhältnis – praktisch häufigster Fall, der insbesondere gegeben ist, wenn das Grundgeschäft unwirksam war, durch Anfechtung, Rücktritt, Wandlung etc. entfallen ist oder die zu sichernde Forderung noch nicht durchsetzbar ist, BGH NJW 1983, 1059; vgl. hierzu *Baumbach/Hefermehl* Art. 17 WG Rdn. 67). Die Beweislast für das Fehlen einer zugrundeliegenden Verbindlichkeit trägt der Wechselschuldner (BGH WM 1988, 1435). Einwendungen aus dem Grundverhältnis stehen dem Beklagten aber grundsätzlich nur zu, wenn der Inhaber des Wechsels Vertragspartner des Grundgeschäftes ist. Gegenüber einem Zweiterwerber des Wechsels versagt die Einwendung, wenn nicht der Beklagte beweist, daß dieser beim Erwerb des Wechsels bewußt zu seinem Nachteil gehandelt hat (Art. 17 WG). Allerdings kann sich der Erwerber nicht auf Art. 17 WG berufen, wenn er den Wechsel nicht durch ein Verkehrsgeschäft, d.h. durch eine dem Wechselumlauf dienende Indossierung, erhalten hat. An einem Verkehrsgeschäft fehlt es z.B. bei Zusammenwirken von Verkäufer und Kreditgeber beim finanzierten Kauf (vgl. *Baumbach/Hefermehl* Art. 17 WG Rdn. 23). Der Einwendungsausschluß nach Art. 17 WG greift hingegen ohne Rücksicht darauf ein, ob mit dem Wechsel auch die Grundforderung übertragen wurde (BGH NJW 1994, 113).

Alle genannten Einwendungen können bereits im Wechselprozeß erhoben werden, lediglich Widerklagen sind unstatthaft (§ 595 Abs. 1 ZPO).

4. Wurden mehrere nacheinander fällig werdende Wechsel von einem Nichtkaufmann zugunsten eines Kaufpreisanspruches hingegeben, handelt es sich um ein Verbraucherkreditgeschäft (vgl. § 1 Abs. 2 VerbrKrG). Die Berufung auf das Wechselverbot nach § 10 VerbrKrG ist eine persönliche Einwendung. Nach § 10 Abs. 2 S. 1 VerbrKrG ist zwar nicht die abstrakte Wechselbegebung unwirksam, sondern nur die Verpflichtung, eine Wechselverbindlichkeit einzugehen. Die aus § 134 BGB folgende Nichtigkeit kann der Schuldner dem ersten Nehmer des Wechsels im Wechselprozeß entgegensetzen. Den nach § 595 Abs. 2 ZPO erforderlichen Urkundenbeweis wird er idR. durch Vorlage des Vertrages führen können. Darüber hinaus gilt die Rücknahme der Maschinen nach § 13 Abs. 3 VerbrKrG als Rücktritt vom Kaufvertrag. Damit ist der Kaufpreisanspruch entfallen, der Kläger hat nur noch die Ansprüche aus § 13 Abs. 2 VerbrKrG iVm. §§ 346 ff. BGB. Im Zweifel ist nicht anzunehmen, daß auch diese Ansprüche durch den Wechsel gesichert werden sollten (*Baumbach/Hefermehl* Art. 17 WG Rdn. 83). Den Beklagten steht gegen den Kläger auch insoweit eine (persönliche) Einwendung aus dem Grundgeschäft zu. Daß der Kläger den Wechsel erst als Indossatar erhalten hat, ist hier unerheblich, da noch kein wechselmäßiger Verkehrserwerb stattgefunden hat, sondern die Indossierung nur die Wechselhaftung aller drei Käufer gegenüber dem Kläger begründen sollte (vgl. *Baumbach/Hefermehl* Art. 17 WG Rdn. 15). Gegenüber einem anderen Zweiterwerber soll die Einwendung nur unter den Voraussetzungen des Art. 17 WG (bewußtes Handeln zum Nachteil des Schuldners) durchgreifen (*Baumbach/Hefermehl* Art. 17 WG Rdn. 82). Allerdings hat die Rechtsprechung früher die Berufung auf Art. 17 WG zum Schutz des Abzahlungskäufers als mißbräuchlich angesehen (BGH NJW 1986, 3197, 3199); das sollte auch für das Verbraucherkreditgeschäft gelten.

5. Es ist wichtig, die Urkunden im Termin im Original zur Hand zu haben, denn im Falle des Bestreitens ist der Beweis durch Vorlage der Urkunde anzutreten.

6. Auch hierbei handelt es sich um eine gemäß § 1 a Abs. 3 AbzG (§ 6 Abs. 3 VerbrKrG) erhebliche Einwendung aus dem Grundgeschäft, die den Kaufpreisanspruch zT. zu Fall bringt und insoweit gegenüber dem Wechsel erheblich ist.

5. Klage im Scheckprozeß gegen Aussteller[1]

An das
Amtsgericht[2]

Klage im Scheckprozeß[3]

des ......

Vorläufiger Streitwert: DM 2.000,–

Namens und in Vollmacht des Klägers beantrage ich:

1. Der Beklagte wird verurteilt, an den Kläger DM 2.000,– nebst Zinsen in Höhe von 2% über dem jeweiligen Diskontsatz der Deutschen Bundesbank, mindestens aber 6% seit dem 15. Juni 1988, sowie Scheckunkosten in Höhe von DM ...... und Scheckprovision in Höhe von DM 6,66 zu zahlen.[4]
2. Die Kosten des Rechtsstreits hat der Beklagte zu tragen.
3. Das Urteil ist ohne Sicherheitsleistung[5] vorläufig vollstreckbar.

Begründung:

Der Kläger ist Inhaber des in beglaubigter Abschrift anliegenden Schecks über DM 2.000,– den der Beklagte unter dem 10. 6. 1988 in ...... ausstellte. Der Scheck ist auf das Konto des Beklagten bei der Deutschen Bank, Zweigstelle ......, Konto-Nr. ......, gezogen[6]. Der Kläger hat den Scheck über seine Bank am 15. 6. 1988 zur Zahlung vorgelegt, der Scheck wurde jedoch nicht eingelöst. Vorlegung und Nichteinlösung sind auf dem Scheck vermerkt worden[7]. Gemäß anliegender Scheckrückrechnung seiner Bank vom 20. 6. 1988 sind dem Kläger Auslagen in Höhe von DM ...... entstanden. Der Kläger verlangt vom Beklagten im Wege des Rückgriffs Zahlung der Schecksumme, seiner Auslagen, der Scheckzinsen und der Provision in Höhe von einem Drittel Prozent auf die Schecksumme (Art. 45 ScheckG).

Der Scheck wird im Termin im Original vorgelegt werden.

......

Rechtsanwalt

Schrifttum: Reifner, Der abhanden gekommene Euroscheck, NJW 1987, 630; *Reiser*, Das beleglose Scheckeinzugsverfahren im deutschen Kreditgewerbe, WM 1986, 409; *Schlie*, Belegloses Scheckeinzugsverfahren und Scheckprozeß, WM 1990, 617; *Häuser*, Die Scheckeinlösung in der neueren Rechtsprechung, WM 1988, 1505; *Huff*, Der gestohlene Euroscheck, NJW 1990, 1160; vgl. im übrigen Form. I. Q. 3.

Anmerkungen

1. Für die gerichtliche Geltendmachung von Ansprüchen aus einem Scheck gelten gegenüber dem Wechselprozeß kaum Besonderheiten. Auch Schecksachen sind Feriensachen mit der Folge, daß Fristen nicht durch die Gerichtsferien gehemmt werden, und zwar auch dann nicht, wenn Scheckansprüche im ordentlichen Verfahren oder im Nachverfahren verfolgt werden (BGH NJW 1988, 3266; anders, wenn der Anspruch auch auf das zugrundeliegende Rechtsgeschäft gestützt wird, vgl. BGH NJW-RR 1991, 1469). Gem. § 605a ZPO finden für den Scheckprozeß die Vorschriften für den Wechselprozeß entsprechende

Anwendung. Auf die Anmerkungen zu Form. I. Q. 3 wird daher im wesentlichen verwiesen. Es handelt sich hier um einen gegenüber der Wechselklage vereinfachten Formularvorschlag.

Das „beleglose Scheckeinzugsverfahren", eingeführt im Juli 1985 aufgrund eines Abkommens der Verbände der Kreditwirtschaft (abgedruckt in WM 1985, 986), hat für Schecks bis zu einer Summe von zunächst DM 1.000,–, jetzt DM 2.000,–, erhebliche Änderungen bewirkt: Rückgriffsansprüche aus solchen Schecks können wohl nicht mehr gerichtlich geltend gemacht werden, weder im Scheckprozeß noch im ordentlichen Verfahren (vgl. *Reiser* WM 1986, 413; *Schlie*, WM 1990, 617, 618; *Baumbach/Hefermehl* Anh. Art. 28 ScheckG Anm. 29 ff.; aA. Großkomm. HGB/*Canaris* Anm. 743 a zum Bankvertragsrecht). Da der Scheck der bezogenen Bank nicht mehr vorgelegt wird, dürfte es an der nach Art. 40 ScheckG notwendigen Erklärung fehlen. Denn der Scheck oder auch nur eine Scheckkopie wird von der Inkassostelle, nicht von der bezogenen Bank, mit dem Vermerk versehen „Vom bezogenen Kreditinstitut nicht bezahlt". Damit fehlen die Voraussetzungen für einen Rückgriffsanspruch gegen den Aussteller nach Art. 40 ScheckG. Der Berechtigte muß den Anspruch aus dem zugrundeliegenden Rechtsverhältnis geltend machen, ihm kann auch ein Scheckbereicherungsanspruch nach Art. 58 ScheckG zustehen. Beide Ansprüche wären im ordentlichen Verfahren geltend zu machen. In Betracht kommen auch Schadensersatzansprüche gegenüber der Bank, die den Scheck hätte vorlegen müssen (vgl. *Reiser* aaO.), jedoch wird es schwer fallen, einen auf der prozessualen Schlechterstellung beruhenden Schaden nachzuweisen (vgl. AG Lünen WM 1990, 398).

2. Die ordentlichen Gerichte, also das Amtsgericht oder bei höheren Streitwerten die Kammer für Handelssachen des Landgerichts, sind sachlich zuständig, auch wenn der zugrundeliegende Anspruch zB. arbeitsrechtlicher Natur ist (hM., vgl. OLG Hamm NJW 1980, 1399; *Großelanghorst/Kahler* WM 1985, 1025). Auch für die Scheckklage gibt es den besonderen Gerichtsstand des Zahlungsortes nach § 603 ZPO. Da auf den üblichen Scheckformularen kein Zahlungsort vermerkt ist, gilt der beim Namen des bezogenen Bankinstituts angegebene Ort als Zahlungsort (Art. 2 Abs. 2 ScheckG).

3. Die Klage muß die Erklärung enthalten, daß im Scheckprozeß geklagt wird.

4. Inhalt und Umfang der Rückgriffsansprüche gegen den Aussteller ergeben sich aus Art. 12, 40, 45 ScheckG.

5. Vgl. § 708 Nr. 4 und 11 ZPO.

6. Schecks dürfen nur auf eine Bank gezogen werden, Art. 3 ScheckG.

7. Besonderes Augenmerk ist bei der gerichtlichen Geltendmachung darauf zu legen, ob der Scheck der bezogenen Bank rechtzeitig vorgelegt wurde und diese die Verweigerung der Zahlung festgestellt hat. Das ist Voraussetzung für einen Rückgriff gegen den Aussteller (Art. 40 ScheckG). Auch die Datierung ist unverzichtbar (BGH NJW 1989, 1675; einschränkend OLG Stuttgart NJW 1990, 3279; OLG Hamm NJW-RR 1993, 1268 hält auch die Angabe der Jahreszahl für notwendig). Die Zahlungsverweigerung wird üblicherweise durch eine Erklärung der Bank auf dem Scheck vermerkt, aus der sich die Nichteinlösung ergibt (Art. 40 Nr. 2 ScheckG); dieser Vermerk muß unterschrieben sein (vgl. OLG Hamm WM 1995, 1101). Die Vorlegungsfrist beträgt gem. Art. 29 ScheckG für Inlandsschecks 8 Tage; das gilt auch für im Ausland ausgestellte Schecks, die einen inländischen Ausstellungsort tragen (OLG München NJW 1985, 567), auch wenn die Begebung im Ausland stattgefunden hat (BGH NJW 1992, 118). Eine verspätete Vorlegung des Schecks führt zum Verlust des Rückgriffs, auch die Scheckkartengarantie der Bank erlischt (*Baumbach/Hefermehl* Art. 29 ScheckG Rdn. 5). Eine Umdeutung des Schecks zB. in ein Schuldversprechen kommt nicht in Betracht (BGH NJW 1989, 1675, 1676). Dem Kläger bleibt nur die Möglichkeit, vom Scheckprozeß Abstand zu nehmen und den zugrundeliegenden Anspruch im ordentlichen Verfahren geltend zu machen.

Kosten und Gebühren

Vgl. Form. I. Q. 1.

6. Abstehen vom Urkundenprozeß (Wechselprozeß)[1]

An das
Landgericht
In der Sache
......

hat der Beklagte bestritten, den Klagwechsel unterschrieben zu haben. Dementsprechend ist zu erwarten, daß der Beklagte auch bei seiner Vernehmung als Partei hierbei bleiben wird. Der Kläger sieht keine Möglichkeit mehr, die Echtheit der Unterschrift mit den im Wechselprozeß zulässigen Mitteln zu beweisen[2]. Der Kläger nimmt daher vom Wechselprozeß Abstand und macht seinen Anspruch nunmehr im ordentlichen Verfahren geltend[3].
Die in der Klageschrift gestellten Anträge werden auch im ordentlichen Verfahren gestellt[4].
Mit einer Entscheidung des Rechtsstreits durch den Vorsitzenden ist der Kläger einverstanden[5].
Zum Beweis dafür, daß der Beklagte den Wechsel unterzeichnet hat, bezieht sich der Kläger auf das
   Gutachten eines Schriftsachverständigen[6].
Hierzu wird weiter beantragt, dem Beklagten mit dem Beweisbeschluß aufzugeben, die vom Sachverständigen benötigten Schriftproben zur Verfügung zu stellen.
Hilfsweise stützt der Kläger seine Klage nunmehr auch auf den der Wechselbegebung zugrunde liegenden Kaufpreisanspruch[7]. ...... (ist auszuführen)

Rechtsanwalt

Anmerkungen

1. Vgl. § 596 ZPO. Das hier gewählte Beispiel betrifft den Wechselprozeß, für den gewöhnlichen Urkundenprozeß und den Scheckprozeß gilt nichts Besonderes.

2. Das Bestreiten der Unterschrift durch den Beklagten ist einer der Hauptfälle, in denen der Übergang in das ordentliche Verfahren geboten ist, wenn der Kläger nicht vorher noch die zweischneidige Parteivernehmung des Beklagten beantragen will. Das Abstehen vom Urkundenprozeß kann außerdem erforderlich sein, wenn das Gericht ihn als nicht statthaft ansieht, es an einem zwingenden Formerfordernis des Wechsels (vgl. Art. 1, 2 WG) oder des Schecks (Art. 1, 2 ScheckG) fehlt, die Nichtigkeit der Wechsel- oder Scheckbegebung oder die Unwirksamkeit des beurkundeten Rechtsgeschäfts feststeht, der Wechselprotest fehlerhaft erhoben wurde (nicht bei Inanspruchnahme des Annehmers), der Scheck verspätet vorgelegt wurde etc. In diesen Fällen muß der Kläger gleichzeitig den Anspruch aus dem zugrundeliegenden Rechtsverhältnis begründen. Eine solche Klageänderung ist sachdienlich (BGH NJW-RR 1987, 58).

3. Dieses Recht steht dem Kläger bis zum Schluß der mündlichen Verhandlung in erster Instanz uneingeschränkt zu, § 596 ZPO. Zur Rechtslage in zweiter Instanz vgl. *Thomas/ Putzo* § 596 Rdn. 2; OLG Frankfurt MDR 1988, 326. Der Kläger sollte seine Erklärung so rechtzeitig abgeben, daß sie dem Beklagten noch innerhalb der Einlassungsfrist zugestellt werden kann; andernfalls braucht der Beklagte nicht zu verhandeln.

4. Auch im ordentlichen Verfahren macht der Kläger Ansprüche aus dem Wechsel geltend, deren Umfang sich aus Art. 48 WG ergibt. Einer Neuformulierung der Anträge – jedenfalls des Zinsantrages – bedarf es aber, wenn der Kläger (zB. bei nichtigem Scheck oder Wechsel) der Anspruch auf das zugrundeliegende Rechtsgeschäft stützen muß.

5. Vgl. § 349 Abs. 3 ZPO. Die Erklärung ist zweckmäßig, da die Zuständigkeit des Vorsitzenden aus § 349 Abs. 2 Nr. 8 ZPO nicht für das ordentliche Verfahren gilt (*Thomas/Putzo* § 349 Rdn. 13).

6. Bei Wechselprozessen über geringe Beträge muß der Kläger überlegen, ob der Kostenaufwand lohnt; Schriftsachverständigengutachten, bei denen es um die Echtheit der Unterschrift geht, können mehr als DM 1.000,– kosten.

7. Es empfiehlt sich, schon jetzt den Anspruch hilfsweise aus dem zugrundeliegenden Rechtsgeschäft zu begründen. Sollte der Beweis für die Echtheit des Wechsels fehlschlagen, besteht sonst die Gefahr, daß die dann erforderlich werdende Klageänderung nicht zugelassen wird.

Kosten und Gebühren

Bereits entstandene Gerichtsgebühren fallen nicht noch einmal an. Die Rechtsanwaltsgebühren – mit Ausnahme der Prozeßgebühr – entstehen im ordentlichen Verfahren erneut, auch wenn sie im Urkundenprozeß bereits angefallen waren (§ 39 BRAGO). Das Abstehen hat nicht zur Folge, daß der Kläger die bereits angefallenen Rechtsanwaltskosten zu tragen hat.

7. Fortsetzung des Rechtsstreits nach Vorbehaltsurteil durch den Beklagten[1]

An das
Landgericht[2]

In Sachen
......

ist dem Beklagten im Urteil vom ...... die Ausführung seiner Rechte im Nachverfahren vorbehalten worden. Der Beklagte will das Nachverfahren nunmehr durchführen[3]. Er beantragt:

    1. Das Vorbehaltsurteil vom ...... wird aufgehoben und die Klage abgewiesen.
    2. Die Kosten des Rechtsstreits hat der Kläger zu tragen.
    3. Das Urteil ist notfalls gegen Sicherheitsleistung vorläufig vollstreckbar[4].

Der Beklagte beantragt außerdem,
    die Zwangsvollstreckung aus dem Vorbehaltsurteil vom ......, notfalls gegen Sicherheitsleistung, einzustellen.[5]

Es wird gebeten, einen möglichst nahen Termin zur mündlichen Verhandlung zu bestimmen[6]. Mit einer Übertragung auf den Einzelrichter ist der Beklagte einverstanden[7].
Der Beklagte wiederholt zunächst sein gesamtes Vorbringen im Wechselprozeß und begründet seine Einwendungen im Nachverfahren weiter wie folgt[8]:
......

                                                                                        Rechtsanwalt

7. Fortsetzung des Rechtsstreits nach Vorbehaltsurteil **I. Q. 7**

Schrifttum: Stürner, Die Bindungswirkung des Vorbehaltsurteils im Urkundenprozeß, ZZP 85, 424; *Bilda,* Zur Bindungswirkung von Urkundenvorbehaltsurteilen, NJW 1983, 142.

Anmerkungen

1. Ist der Beklagte durch ein Vorbehaltsurteil verurteilt worden, muß er prüfen, ob er den Rechtsstreit, wie im Formular vorgeschlagen, im Nachverfahren aufnehmen soll oder gegen das Vorbehaltsurteil Berufung einlegen muß, weil die Feststellungen des Vorbehaltsurteils Bindungswirkung für das Nachverfahren haben. Wie weit diese Bindung, die einer Abänderung des Vorbehaltsurteils zugunsten des Beklagten entgegenstehen kann, reicht, ist str., vgl. *Zöller/Schneider* § 600 Rdn. 19–23; *Bundschuh,* WM 1981, 1246, 1247. Die Berufung ist insbesondere der richtige Weg, wenn im Vorbehaltsurteil eine Prozeßvoraussetzung zu Unrecht angenommen wurde (zB. Zuständigkeit des LG statt des ArbG, vgl. BGH NJW 1976, 330), die Formgültigkeit des Wechsels oder Schecks fälschlich bejaht wurde (vgl. BGH WM 1969, 1279), ein Verstoß des beurkundeten Vertrages gegen das AGB-Gesetz übersehen wurde (BGH WM 1991, 237), Einreden des Beklagten nicht mangels zulässigen Beweisangebots als unstatthaft, sondern als sachlich unerheblich zurückgewiesen wurden (BGH LM Nr. 4 zu § 600 ZPO). Legt der Beklagte Berufung ein, kann er dennoch das Nachverfahren betreiben und sollte dies idR. auch tun. Das Gericht darf das Nachverfahren nicht bis zur rechtskräftigen Entscheidung über die Berufung im Urkundenprozeß aussetzen (BGH LM Nr. 4 zu § 600 ZPO). Zur Wirkung des Urteils auf das jeweils andere Verfahren vgl. *Thomas/Putzo* § 600 Rdn. 9.

2. Zuständig für das Nachverfahren ist immer das Gericht, das das Vorbehaltsurteil erlassen hat.

3. Das Nachverfahren wird nicht von Amts wegen eingeleitet. Hierzu bedarf es des Antrages einer Partei, der bereits in dem Termin, in dem das Vorbehaltsurteil verkündet wird, gestellt werden kann (vgl. *Zöller/Schneider* § 600 Rdn. 3).

4. Die Entscheidung über die vorläufige Vollstreckung folgt hier aus §§ 708 Nr. 11, 711 bzw. § 709 ZPO.

5. Vgl. § 707 Abs. 1 ZPO.

6. Für das Gericht besteht die Wahl zwischen frühem ersten Termin und schriftlichem Vorverfahren. Da im Nachverfahren sämtliche erheblichen Beweise zu erheben sind, kann es sich für die Parteien auch empfehlen, das schriftliche Vorverfahren anzuregen.

7. Ist das Vorbehaltsurteil zB. im Wechselprozeß durch den Vorsitzenden der Kammer für Handelssachen ergangen (§ 349 Abs. 2 Nr. 8 ZPO), muß die Erklärung lauten:
„Mit einer Entscheidung des Nachverfahrens durch den Vorsitzenden ist der Beklagte einverstanden",
vgl. § 349 Abs. 3 ZPO, denn die Entscheidungsbefugnis des Vorsitzenden gilt nicht für das Nachverfahren.

8. Im Nachverfahren entfallen die Beschränkungen des Urkundenprozesses. Dem Beklagten stehen jetzt sämtliche Beweismittel für seine Einwendungen zur Verfügung. Auch eine Widerklage wäre jetzt zulässig. Der Beklagte kann neue Tatsachen vortragen und neue Beweise antreten, er kann anspruchsbegründende Tatsachen bestreiten, die er im Urkundenprozeß nicht bestritten hat (BGH NJW 1988, 1468; *Zöller/Schneider* § 600 Rdn. 13). Er kann auch jetzt noch die Echtheit der Unterschrift bestreiten (BGH NJW 1982, 183). Eine Zurückweisung von Vorbringen, das bereits im Urkundenprozeß hätte vorgetragen werden können, als verspätet, muß der Beklagte im Nachverfahren nicht befürchten (vgl. *Zöller/ Schneider* § 600 Rdn. 18).

Kosten und Gebühren

Für das Nachverfahren wird keine weitere Verfahrensgebühr des Gerichts erhoben. Die Rechtsanwaltsgebühren des § 31 Abs. 1 BRAGO, mit Ausnahme der Prozeßgebühr, können im Nachverfahren erneut entstehen, und zwar auch dann, wenn sie bereits im Urkundenprozeß angefallen waren (§ 39 BRAGO).

8. Fortsetzung des Rechtsstreits nach Vorbehaltsurteil durch den Kläger[1]

An das
Landgericht

In der Sache

ist durch Urteil vom ...... dem Beklagten die Ausführung seiner Rechte im Nachverfahren vorbehalten worden. Der Beklagte hat das Nachverfahren bisher nicht aufgenommen. Nunmehr bittet der Kläger um Durchführung des Nachverfahrens, in dem beantragt wird:
 1. Das Vorbehaltsurteil vom ...... wird für vorbehaltslos erklärt[2].
 2. Der Beklagte hat auch die weiteren Kosten des Rechtsstreits zu tragen.
 3. Das Urteil ist ohne Sicherheitsleistung vorläufig vollstreckbar[3].

Es wird weiter beantragt,
 einen möglichst nahen Termin zur mündlichen Verhandlung anzuberaumen.
Gegen eine Übertragung des Rechtsstreits auf den Einzelrichter bestehen keine Bedenken.

Begründung:[4]

......

Rechtsanwalt

Anmerkungen

1. Die Durchführung des Nachverfahrens kann genauso wie durch den Beklagten auch durch den Kläger beantragt werden, der, auch wenn er im Urkundenprozeß obsiegt hat, idR. an einer raschen Durchführung des Nachverfahrens interessiert sein wird. Für den Kläger gilt das in Anm. 2 bis 7 zum vorstehenden Formular Gesagte entsprechend.

2. Diese Fassung des Antrages entspricht der Zivilprozeßordnung, § 708 Nr. 5 ZPO. Manche Gerichte tenorieren auch:
 „Das Vorbehaltsurteil vom ...... wird bestätigt, der Vorbehalt entfällt"
 (vgl. *Baumbach/Lauterbach/Hartmann* § 600 Rdn. 9).

3. Vgl. § 708 Nr. 5 ZPO.

4. Da es Sache des Beklagten ist, das Vorbehaltsurteil im Nachverfahren anzugreifen, kann sich der Kläger in seiner Begründung kurz fassen oder sogar lediglich auf sein Vorbringen im Urkundenprozeß verweisen. Der Kläger kann jedoch auch seinerseits die Klage objektiv oder subjektiv erweitern, etwa einen sich nicht aus dem Wechsel ergebenden Verzugsschaden (zB. Zinsschaden) oder einen im Urkundenprozeß als unstatthaft abgewiesenen Anspruch geltend machen oder einen weiteren Schuldner in den Prozeß hineinziehen.

Kosten und Gebühren

Vgl. Form. I. Q. 7.

R. Arrest und einstweilige Verfügung

1. Antrag auf dinglichen Arrest und Arrestpfändung

An das
Landgericht[1]

Antrag auf dinglichen Arrest und Arrestpfändung

des Rechtsanwalts
Dr. ......
Verfahrensbevollmächtigter: selbst   – Antragsteller –

gegen

......   – Antragsgegner –

Wegen Arrestes und Arrestpfändung

beantrage ich in eigener Sache gegen den Antragsgegner – wegen der Dringlichkeit ausschließlich ohne mündliche Verhandlung[2] durch den Vorsitzenden allein[3] – den Erlaß folgenden

Arrestbefehles und Arrestpfändungsbeschlusses:

I. Wegen einer Anwaltshonorarforderung des Antragstellers in Höhe von DM ......nebst ......Zinsen p.a. seit ......gegen den Antragsgegner, sowie einer Kostenpauschale von DM ......wird der dingliche Arrest[4] in das gesamte Vermögen des Antragsgegners angeordnet.
II. Der Antragsgegner hat die Kosten des Arrestverfahrens zu tragen[5].
III. Die Vollziehung des Arrests wird durch Hinterlegung durch den Antragsgegner in Höhe von DM ......gehemmt[6].
IV. In Vollziehung des Arrestes wird gepfändet die angebliche Forderung des Antragsgegners auf Rückzahlung eines Darlehens nebst Zinsen gegen Herrn A ......bis zum Höchstbetrag von DM ......[7]. Der Antragsgegner hat sich jeder Verfügung über die Forderung zu enthalten. Der Drittschuldner darf an den Antragsgegner nicht mehr leisten[8].

Begründung:

1. Dem Antragsteller steht aus einer schriftlichen[9] Honorarvereinbarung eine fällige Forderung in Höhe des aus Antrag I ersichtlichen Betrages als Anwaltshonorar für eine Strafverteidigung des Antragsgegners in einem Strafverfahren gegen diesen wegen Kapitalanlagebetrugs, Steuerhinterziehung und Konkursdelikten zu.
Glaubhaftmachung[10]: beigefügte Honorarvereinbarung vom ......
2. Der Antragsgegner wurde im Strafverfahren verurteilt und sollte in die Justizvollzugsanstalt ......zur Strafverbüßung verbracht werden. Es ist ihm gelungen, während des Transportes den Bewachern zu entfliehen und sich abzusetzen. Am gleichen Tage rief er den Antragsteller an und erklärte, er werde sich nach Liechtenstein begeben, um dort Papiere und Unterlagen verschiedener Firmen „in Ordnung zu bringen" und zu retten, was zu retten sei[11].
Glaubhaftmachung: anliegende eidesstattliche Versicherung des Antragstellers vom ......

Das läßt besorgen, daß der Antragsgegner seine sämtlichen restlichen Vermögenswerte beiseiteschafft.

3. Von der Forderung des Antragsgegners aus Darlehensvertrag gegen Herrn A hat der Antragsgegner dem Antragsteller selbst berichtet[12,13].

Rechtsanwalt

Anmerkungen

1. Zuständigkeit: Wahlweise Gericht der Hauptsache als auch Amtsgericht, in dessen Bezirk sich der mit Arrest zu belegende Gegenstand (oder beim persönlichen Arrest: der Schuldner) befindet, § 919 ZPO.

2. Vgl. § 921 Abs. 1 ZPO. Entscheidung ohne mündliche Verhandlung nach Ermessen des Gerichts, bei einstweiliger Verfügung jedoch nach § 937 Abs. 2 ZPO nur in dringenden Fällen. Bei Gefährdung des Zwecks des Arrestverfahrens ist – mit Art. 103 GG vereinbar (BVerfGE 9, 89/98) – von Anhörung des Gegners abzusehen (*Zöller* § 921 Rdn. 1). Macht Antragsteller deutlich, daß er Arrest nur für den Fall der Entscheidung ohne mündliche Verhandlung begehrt, so kann das Gericht gleichwohl mündliche Verhandlung anordnen, hM. (vgl. *Zöller* § 921 Rdn. 1; *Thomas/Putzo* § 921 Rdn. 1; *Baumbach/Hartmann* § 921 Rdn. 1, sehr zweifelhaft: nach *Stein/Jonas/Grunsky* § 921 Anm. I 2 handelt es sich hier um zulässige bedingte Rücknahme im Fall der Ablehnung des Arrestgesuchs ohne mündliche Verhandlung).

3. Vgl. § 944 ZPO.

4. Bedeutung des dinglichen Arrests: Der Schuldner wird vorläufig verurteilt, für den Gläubiger einen Wert in Höhe der dem Arrest zugrunde liegenden Forderung sicherzustellen (*Altendorf* S. 9).
Voraussetzungen des dinglichen Arrests:
Arrestanspruch: Geldforderung oder Forderung des Gläubigers, die in Geldforderung übergehen kann (§ 916 ZPO), auch bedingte oder betagte, nicht jedoch erst künftig entstehende Forderung (*Thomas/Putzo* § 916 Rdn. 4). Voraussichtlich durch das Verfahren und die Vollstreckung entstehende Kosten können mit einer Kostenpauschale gesichert werden.
Arrestgrund: Besorgnis der Gefährdung oder erheblichen Erschwernis der Zwangsvollstreckung aus einem erforderlichen, aber noch nicht vorliegenden Titel (§ 917 ZPO).

5. Über die Kosten gem. §§ 91 ff. ZPO ist im Arrestverfahren an sich nach hM. wie im Erkenntnisverfahren nach § 308 Abs. 2 ZPO von Amts wegen zu entscheiden (vgl. *Altendorf* S. 10).

6. Der Arrestbefehl hat nach § 923 ZPO eine Lösungssumme anzugeben, durch deren Hinterlegung dem Gläubiger volle Sicherheit für Arrestforderung und Nebenforderungen gewährt wird. Hinterlegung hemmt Vollziehung des Arrests, nicht der Kostenentscheidung, und berechtigt zum Antrag auf Aufhebung ggf. bereits vollzogener Arrestmaßnahmen (*Baumbach/Hartmann* § 923 Rdn. 3). Gläubiger erwirbt Pfandrecht an der Hinterlegungssumme, § 233 BGB.
Sicherheit kann uU. – je nach Anordnung des Gerichts – auch durch geeignete Bürgschaft geleistet werden.

7. M.E. ist es sinnvoll, den Vollziehungsantrag gleichzeitig zu stellen; das Arrestgericht ist für die Pfändung zuständig, vgl. § 930 Abs. 1 Ziff. 3 ZPO (vgl. zur Vollziehung im übrigen *Zöller* § 928 Rdn. 4 ff.). Der Höchstbetrag entspricht der Lösungssumme zu Ziff. III. Bei Arrest und einstweiliger Verfügung ist auf eine Formalie zu achten, die häufig in der Praxis übersehen wird und Schwierigkeiten macht: Sofern der Arrest (oder die einstweilige

1. Antrag auf dinglichen Arrest und Arrestpfändung   I. R. 1

Verfügung) vor Zustellung an den Schuldner vollzogen wird, was nach § 929 Abs. 3 ZPO (§§ 936, 929 Abs. 3 ZPO) zulässig ist, also beispielsweise aufgrund des hier beantragten Arrests die Pfändung der Forderung durch Zustellung des Pfändungsbeschlusses an den Drittschuldner erfolgt, ist unbedingt darauf zu achten, daß innerhalb einer Woche nach Vollziehung (Zustellung an den Drittschuldner) und vor Ablauf 1 Monats nach der Verkündung oder Zustellung des Arrestbeschlusses eine zusätzliche Zustellung des Arrestbefehls im Parteibetrieb an den Antragsgegner oder dessen Prozeßbevollmächtigten erfolgt (§ 929 Abs. 3 ZPO). Auch ohne vorherige Vollziehung muß der Arrestbefehl im Parteibetrieb mindestens innerhalb der Monatsfrist des § 929 Abs. 2 ZPO zugestellt werden. Wird dies übersehen, ist die erfolgte Vollziehung des Arrestes wirkungslos und nach Ablauf der Monatsfrist eine erneute Vollziehung auch nicht mehr möglich (§ 929 Abs. 2 ZPO). Dies kann unter Umständen zu Schadensersatzansprüchen gegen den Verfahrensbevollmächtigten des Antragsstellers führen.

8. Die praktischen Erfahrungen in einem Fall vor dem LG Bonn (Az 7 O 631/85) legen es nahe, das sogenannte Arrestatorium und Inhibitorium in den Antrag aufzunehmen. Das Gericht hat dieses Verbot und Gebot zwar von amtswegen bei Erlaß des Arrestes auszusprechen. Wird dies aber aus Versehen unterlassen (und diese Gefahr ist bei verkürzter Fassung des Antrags größer) und der Arrestbeschluß ohne Arrestatorium und Inhibitorium dem Drittschuldner zugestellt, ist die Arrestpfändung u. U. nicht wirksam.

9. Vgl. § 3 BRAGO Form. I. A. 3.

10. Arrestanspruch und -grund sind nach § 944 Abs. 2 ZPO glaubhaft zu machen. Zulässig ist jedes geeignete (§ 294 ZPO), jedoch nur ein präsentes Beweismittel (*Altendorf* S. 46 ff.).

11. Rechtsprechung und Literatur sind mit Bejahung von Arrestgründen nach § 917 ZPO sehr zurückhaltend (vgl. *Baumbach/Hartmann* § 917 Rdn. 1 ff.; *Thomas/Putzo* § 917 Rdn. 1 ff.; *Zöller* § 917 Rdn. 4 ff.). Beiseiteschaffen von Vermögensgegenständen ist jedoch in jedem Fall Arrestgrund nach § 917 ZPO. Nach § 917 Abs. 2 ZPO bedarf es einer eingehenden Prüfung von Arrestgründen nicht mehr, wenn – wie hier – ein Titel gegen den Schuldner im Ausland vollstreckt werden müßte. Im Anwendungsbereich des EuGVÜ ist § 917 II ZPO wegen Verstoßes gegen das Gemeinschaftsrecht nicht mehr anzuwenden (vgl. *Zöller* § 917 Rdn. 15).

12. Die Vollziehung des Arrests richtet sich gem. § 928 ZPO nach den Vorschriften über die Zwangsvollstreckung. Sie ist nach § 929 Abs. 3 ZPO vor Zustellung – innerhalb Monatsfrist, § 929 Abs. 2 ZPO – zulässig, jedoch muß Zustellung nachfolgen. (Achtung: Vollziehung erfordert trotz Zustellung von Amts wegen erneute Zustellung im Parteibetrieb (OLG Frankfurt MDR 1981/680)). Hier wird Forderungspfändung nach §§ 930, 829 ZPO beantragt. Bestehen der gepfändeten Forderung muß nicht glaubhaft gemacht werden; es wird die angeblich bestehende Forderung gegen den Drittschuldner gepfändet.

13. Vorläufige Vollstreckbarkeit: Arrest und einstweilige Verfügung sind ihrer Natur nach vorläufig vollstreckbar: daher keine besonderen Anträge und kein besonderer Ausspruch in der Entscheidung. Bei Urteil, durch das der Antrag auf Arrest oder einstweilige Verfügung abgewiesen wird, gilt § 708 Nr. 6 ZPO.

Kosten und Gebühren

Streitwert: §§ 20 GKG, 3 ZPO; im allgemeinen ⅓ bis ½ der Hauptsache (*Hartmann* § 20 GKG Anm. 1).

Gerichtskosten: Gerichtskostenverzeichnis Nr. 1050 ff. Kein Kostenvorschuß erforderlich, da keine Klage (§ 65 GKG, vgl. *Hartmann* § 65 GKG Anm. 2).

Anwaltsgebühren: Volle Gebühren, Sondervorschriften in §§ 40, 59 BRAGO.

Fristen und Rechtsmittel

Gegen Arrest anordnenden Beschluß Widerspruch nach § 924 und/oder Antrag auf Aufhebung nach § 926 ZPO und/oder Antrag auf Aufhebung wegen veränderter Umstände gem. § 927 ZPO.

Gegen Arrest ablehnenden Beschluß einfache Beschwerde nach § 567 ZPO (vgl. *Baumbach/Hartmann* § 922 Rdn. 12).

Gegen Beschluß des LG als Berufungsgericht oder Beschwerdegericht oder gegen ablehnenden Beschluß des OLG keine (evtl. weitere) Beschwerde (*Baumbach/Hartmann* § 922 aaO.).

2. Antrag auf persönlichen Arrest

......[1]

I. Wegen einer Forderung von ......sowie einer Kostenpauschale von ......wird der persönliche Sicherheitsarrest[2] gegen den Antragsgegner angeordnet.
II. In Vollziehung von Ziff. I wird die Haft[3] gegen den Antragsgegner verhängt[4].
III. Die Vollziehung des Arrests wird durch Hinterlegung eines Geldbetrags von ......oder Stellung einer selbstschuldnerischen unbeschränkten unbefristeten und unwiderruflichen Bürgschaft einer deutschen Großbank über ......gehemmt[5].
IV: Der Antragsgegner hat die Kosten des Verfahrens zu tragen.

Begründung:

Der Antragsgegner hat in einem Ladenlokal in ......ein Reisebüro betrieben. Der Antragsteller hat – wie zahlreiche andere Kunden – über dieses Büro eine Ferienreise nach ......bei dem Reiseveranstalter gebucht und hierfür dem Antragsgegner in dessen Reisebüro eine Anzahlung von ......DM geleistet. Als er die Reisepapiere abholen wollte, war das Reisebüro aus dem Ladenlokal verschwunden und dieses geschlossen. Der Reiseveranstalter A weiß von der Buchung des Antragstellers und derjenigen zahlreicher anderer Kunden nichts; er hat keine Zahlung vom Antragsgegner erhalten. Der Antragsteller hat erfahren, daß eine Gewerbeanmeldung für den Antragsgegner nicht existiert, dieser jedoch bereits in mehreren Städten durch kurzfristige Eröffnung von Reisebüros und spurloses Verschwinden Kunden erheblich geschädigt hat. Wie der Antragsteller ermitteln konnte, wohnt der Schuldner derzeit im Hotel B in ......Irgendwelche Vermögenswerte des Antragsgegners sind derzeit dem Antragsteller nicht bekannt[6].

Glaubhaftmachung: Anliegende eidesstattliche Versicherungen des Antragstellers und der Kunden C und D vom ......

Rechtsanwalt

Anmerkungen

1. Zur Eingangsformulierung vgl. Form. I. R. 1.
2. Bedeutung des persönlichen Arrests: Herbeiführung persönlicher Freiheitsbeschränkung gegen den Schuldner als ultima ratio zur Sicherung künftiger Zwangsvollstreckungsmaßnahmen gegen den Schuldner.

Voraussetzungen: Arrestanspruch und Arrestgrund (§ 916 ZPO, vgl. Form. I. R. 1 Anm. 4).

3. Antrag auf Aufhebung des Arrestes wegen veränderter Umstände **I. R. 3**

Zusätzlich: Dinglicher Arrest reicht nicht aus oder ist nicht möglich, um die gefährdete Zwangsvollstreckung in das Vermögen des Schuldners zu sichern (§ 918 ZPO). Persönlicher Sicherheitsarrest kann auch angeordnet werden, um den Schuldner zu hindern, sich der Abgabe der eidesstattlichen Versicherung zu entziehen (OLG München NJW-RR 1988, 382).

3. Vollziehung des persönlichen Arrests nach Ermessen des Gerichts unter Berücksichtigung des Grundsatzes der Verhältnismäßigkeit, wahlweise oder kumulativ durch

Überwachung – Meldepflicht – Reiseverbot – Wegnahme von Ausweispapieren – Hausverbot – Haft (§ 933 ZPO, vgl. auch *Altendorf* S. 11). Im Zweifel ist Haft verhängt (str. *Baumbach/Hartmann* § 933 Rdn. 1; aA. *Altendorf* S. 11).

Bei Haftanordnung ist Haftbefehl nach § 908 ZPO zu erlassen.

4. Aufgrund der Haftanordnung kann Antragsteller den Antragsgegner (soweit Arresturteil ergangen ist: Arrestkläger den Arrestbeklagten) durch Gerichtsvollzieher verhaften lassen (§§ 933, 909 ZPO). Entrichtung eines Kostenvorschusses ist seit 1. 7. 1979 nicht mehr erforderlich (§ 911 ZPO nF., geändert durch Gesetz vom 1. 2. 1979, BGBl. I S. 127).

5. Die Lösungssumme ist nach § 933 S. 2 ZPO auch in den Haftbefehl aufzunehmen. Entgegen dem Wortlaut des § 923 ZPO kommt anstelle einer Hinterlegung auch eine Bürgschaft in Betracht (*Baumbach/Hartmann* § 923 Rdn. 1).

6. Da der persönliche Arrest gegenüber dem dinglichen subsidiär ist, sollte dargelegt werden, warum dinglicher Arrest nicht möglich ist oder nutzlos wäre.

Fristen und Rechtsmittel

Vgl. Form. I. R. 1

3. Antrag auf Aufhebung des Arrestes wegen veränderter Umstände

An das
……
– Streitgericht –[1]

In Sachen
……[2]

stelle ich den Antrag:

I. Der durch Endurteil vom …… bestätigte Arrest[3] wird aufgehoben.
II. Die Vollziehung des Arrestes wird bis zur Entscheidung im Aufhebungsverfahren einstweilen eingestellt[4].
III. Der Antragsgegner hat die Kosten des Verfahrens zu tragen[5].

Der Antragsteller steht zwischenzeitlich in Diensten der Firma …… und bezieht dort ein regelmäßiges Arbeitseinkommen, allenfalls bestehende Ansprüche des Antragsgegners sind daher ohne weiteres zu realisieren; eine Gefährdung der Zwangsvollstreckung besteht nicht.[6]

Rechtsanwalt

Anmerkungen

1. Für den Antrag auf Aufhebung wegen veränderter Umstände ist das Streitgericht (nicht das Vollstreckungsgericht, dieses nur bei Aufhebung nach § 934 ZPO) zuständig, und zwar entweder das Gericht, das den Arrest erlassen hat, oder – bei Anhängigkeit der Hauptsache – das Gericht der Hauptsache (§ 927 ZPO). Der Antrag auf Aufhebung der einstweiligen Verfügung ist auch im bereits anhängigen Widerspruchsverfahren nach §§ 936, 924, 925 ZPO zulässig (LG Freiburg NJW-RR 1988, 250).

2. Volles Rubrum. Zur Parteibezeichnung vgl. Anm. 3.

3. Voraussetzung für die Einleitung des gegenüber dem vorangegangenen Arrestprozeß selbständigen Verfahrens (darum sind hier auch die Parteien anders zu bezeichnen, nämlich der Schuldner als „Antragsteller", der Gläubiger als „Antragsgegner"):
Der Arrest ist rechtskräftig bestätigt (andernfalls können die veränderten Umstände im Widerspruchs- oder Rechtsmittelverfahren vorgetragen werden, so daß ein Rechtsschutzinteresse für das Aufhebungsverfahren fehlt, *Zöller* § 927 Rdn. 2; teilweise einschränkend *Thomas/Putzo* § 927 Rdn. 16).
Der Arrest muß noch Auswirkungen haben oder haben können (OLG Hamburg MDR 1960, 59).

4. Die einstweilige Einstellung der Arrestvollziehung im Aufhebungsverfahren ist analog §§ 924 Abs. 3 S. 2, 707 S. 1 ZPO möglich (*Baumbach/Hartmann* § 927 Rdn. 13).

5. Der Kostenausspruch in diesem – gesonderten – Verfahren kann sich stets nur auf die Kosten des Aufhebungsverfahrens selbst beziehen und nicht in die rechtskräftige Kostenentscheidung des Anordnungsverfahrens eingreifen (*Baumbach/Hartmann* § 927 Rdn. 10; OLG München NJW 1965, 1183, teilweise aA. jedenfalls bei Versäumung der Klageerhebungsfrist nach § 926 ZPO OLG Hamburg NJW 1964, 600; *Thomas/Putzo* § 927 Rdn. 16); ebenso für den Fall, daß Hauptsacheklage abgewiesen wurde, weil der Anspruch nicht besteht; (OLG Braunschweig RPfleger 1964, 289).

6. Aufhebung nach § 927 ZPO ist anzuordnen, wenn glaubhaft gemacht wird, daß der Arrestanspruch oder der Arrestgrund (letzterer ggf. auch aufgrund Sicherheitsleistung) erloschen sind oder von Anfang an nicht bestanden (vgl. im einzelnen *Zöller* § 927 Anm. II 1 und 2). Dementsprechend sind folgende Begründungen denkbar:

a. Der vom Antragsgegner im Anordnungsverfahren behauptete Arrestgrund bestand von Anfang an nicht: Dies ist zwischenzeitlich durch rechtskräftige Entscheidung im Hauptsacheverfahren festgestellt.

oder

b. Nach Bestätigung des Arrestes durch Endurteil vom ...... wurde ausweislich beigefügter Quittungen Zahlung geleistet.

oder

c. Der Antragsgegner hat innerhalb der vom Gericht nach § 926 ZPO gesetzten Frist keine Hauptsacheklage erhoben.
Nach § 926 Abs. 2 ZPO ist die Aufhebung des Arrestes auszusprechen, wenn die Frist zur Erhebung der Hauptsacheklage versäumt wurde.

Kosten und Gebühren

Gerichtskosten ebenso wie im Anordnungsverfahren, vgl. GKG Kostenverzeichnis Nr. 1051. Anwaltsgebühren: Sondervorschrift in § 40 Abs. 2 BRAGO (das Aufhebungsverfahren bildet mit dem Anordnungsverfahren eine Angelegenheit).

Fristen und Rechtsmittel

Gegen das Endurteil ist Berufung gegeben.

4. Antrag auf Erlaß einer auf Sicherung eines Herausgabeanspruchs gerichteten einstweiligen Verfügung[1]

Eilt!

An das
Amtsgericht[2]
– Streitgericht –

Antrag auf Erlaß einer einstweiligen Verfügung der Firma ...... KG, vertreten durch den persönlich haftenden Gesellschafter ......

– Antragstellerin –

Verfahrensbevollmächtigter: ......

gegen

Fa. ...... GmbH, vertreten durch den Geschäftsführer ......

– Antragsgegnerin –

Ich beantrage bei dem wegen der Dringlichkeit der Angelegenheit nach § 942 ZPO zuständigen Amtsgericht ohne mündliche Verhandlung den Erlaß folgender einstweiligen Verfügung:

I. Die Antragsgegnerin hat die im Eigentum der Antragstellerin stehenden 68 Rollen Glasfilamentgewebe, Artikel Nr. ......, 460 g/qm, 100 cm, an den Gerichtsvollzieher B als Sequester[3], hilfsweise an einen vom Gericht zu bestellenden Sequester herauszugeben.

II. Die Durchsuchung der Geschäftsräume in ...... der Antragsgegnerin zur Vollstreckung der Herausgabe wird gestattet[4].

III. Die Antragsgegnerin hat die Kosten des Verfahrens zu tragen.

Begründung:

Die Antragstellerin stellt ua. chemische Werkstoffe her. Sie hat die im Antrag I näher bezeichneten 68 Rollen Glasfilamentgewebe gemäß in beglaubigter Fotokopie anliegendem Kaufvertrag unter Eigentumsvorbehalt an die Antragsgegnerin geliefert, die diese Gewebe in ihrem kunststoffverarbeitenden Betrieb ständig ua. für Surfbretter und Segelboote verwendet. Die Antragsgegnerin hat für den Kaufpreis einen Wechsel akzeptiert und begeben, der bei Verfall am ...... zu Protest ging.

Glaubhaftmachung: in beglaubigter Fotokopie anliegender Wechsel mit Protesturkunde vom ......

Die Antragstellerin ist deshalb durch beigefügten Brief vom ...... vom Kaufvertrag zurückgetreten[5].

Glaubhaftmachung: beigefügtes Schreiben vom ......

Der Geschäftsführer der Antragsgegnerin hat dem Komplementär der Antragstellerin erklärt, daß die Ware zwar noch nicht verarbeitet sei, die Verarbeitung jedoch „in den nächsten Tagen" beginne. Die Aufforderung der Antragstellerin, die Ware herauszugeben, hat der Geschäftsführer der Antragsgegnerin abgelehnt.

Glaubhaftmachung: eidesstattliche Versicherung des Komplementärs der Antragstellerin vom ...... in der Anlage.

Der aufgrund Rücktritts sich ergebende Herausgabeanspruch der Antragstellerin ist gefährdet. Denn durch die Verarbeitung würde das Eigentum der Antragstellerin gemäß § 950 BGB untergehen[6].

Rechtsanwalt

Anmerkungen

1. Sicherungsverfügung:
Verfügungsanspruch: Ein zu sicherndes, nicht auf Geld gerichtetes subjektives Recht (*Zöller* § 935 Rdn. 6).
Verfügungsgrund: Besorgnis, daß durch die Veränderung des bestehenden Zustands die Verwirklichung dieses Rechts vereitelt oder wesentlich erschwert werden könnte § 935 ZPO. Die geeigneten Maßnahmen sind vom Gericht nach freiem Ermessen zu wählen (§ 938 ZPO). Zusammen mit dem Verfügungsgrund (bzw. der Notwendigkeit einer einstweiligen Regelung zur Sicherung des Rechtsfriedens nach § 940 ZPO) ist zu prüfen, ob die Sicherung des Verfügungsanspruchs (oder die einstweilige Regelung des Zustands) dringlich sind. Die Dringlichkeit wird – ausgehend von der Rechtsprechung in Wettbewerbssachen – auch bei sonstigen einstweiligen Verfügungen von der Rechtsprechung in der Praxis verneint, wenn der Antragsteller eine längere Frist hat verstreichen lassen, bevor er die einstweilige Maßnahme eingeleitet hat (vgl. *Baumbach/Hartmann* § 940 Rdn. 6 f.). Die Dringlichkeit wird in der Münchner Rechtsprechung regelmäßig verneint, wenn der Antragsteller mit der Anbringung seines Verfügungsantrags länger als 4 Wochen zuwartet (Fristbeginn: sobald der Antragsteller hinreichend Kenntnis und Anhaltspunkte hat, um den Verfügungsanspruch mit einiger Erfolgsaussicht geltend machen zu können) (vgl. zum ganzen OLG München GRUR 1980, 1018; OLG Stuttgart GRUR 1978, 540; OLG Hamburg GRUR 1983, 437; KG WPM 1980, 1395; *Stein/Jonas* § 940 Rdn. 7, 8.).
Die Münchner Rechtsprechung geht in einstweiligen Verfügungsverfahren sogar davon aus, daß ein Antrag des Antragstellers auf Verlegung eines Termins nach hinten oder ein Antrag auf Verlängerung etwa der Berufungsbegründungsfrist die Dringlichkeit widerlegen kann.

2. Grundsätzlich ist zuständig das Gericht der Hauptsache (§ 937 ZPO), in dringenden Fällen, wie er hier glaubhaft gemacht ist, jedoch nach § 942 ZPO das Amtsgericht, innerhalb dessen Bezirk sich der Streitgegenstand (hier die herauszugebende Ware) befindet. In diesem Fall hat das Amtsgericht in dem die einstweilige Verfügung erlassenden Beschluß eine Frist zur Durchführung des Rechtfertigungsverfahrens beim Gericht der Hauptsache zu setzen (§ 942 Abs. 1 ZPO).

3. Vgl. § 938 Abs. 2 ZPO, Vollstreckung nach § 883 ZPO. Der GV ist allerdings nicht verpflichtet, das Amt des Sequesters zu übernehmen (§ 195 Nr. 2 GVGA), ggf. muß das Gericht neuen Sequester bestellen.

4. Es ist zweckmäßig, gleichzeitig einen Durchsuchungsbeschluß zu beantragen, um die Herausgabe zu vollstrecken (vgl BVerfG NJW 1979, 1539, *Thomas/Putzo* § 758 Rdn. 2, 6).

5. Anspruch auf Herausgabe bei unter Eigentumsvorbehalt gelieferter Ware (§ 985 BGB) ist erst nach wirksamem Rücktritt des Vorbehaltsverkäufers, der das Recht des Käufers zum Besitz nach § 986 BGB beseitigt, durchsetzbar, nicht bereits aufgrund bloßen Zahlungsverzugs des Vorbehaltskäufer (BGH NJW 1970, 1733 str., vgl. *Palandt/Putzo* § 455 Rdn. 27). Fristsetzung nach § 326 BGB ist nicht erforderlich (RGZ 144, 62/65).

6. Ob ggf. Anspruch bei Weiterveräußerung aufgrund verlängerten Eigentumsvorbehalts (vgl. zu den Einzelheiten *Palandt/Putzo* § 455 Rdn. 17) oder Schadensersatzansprüche gegeben sind, spielt für die Frage der Gefährdung des Verfügungsanspruchs, der auf Herausgabe gerichtet ist, keine Rolle.

Fristen und Rechtsmittel

Vgl. Form. I. R. 1

5. Antrag auf Ladung zum Rechtfertigungsverfahren[1]

An das
LG München I[2]

hat das Amtsgericht auf meinen Antrag durch Beschluß vom ...... eine einstweilige Verfügung erlassen. Gleichzeitig wurde im Beschluß eine Frist von ...... bestimmt, innerhalb derer die Entscheidung des Gerichts der Hauptsache über die Rechtmäßigkeit der einstweiligen Verfügung zu beantragen ist.

Ich

beantrage,

hiermit beim Hauptsachegericht (Landgericht) das Rechtfertigungsverfahren durchzuführen, einen Termin zur mündlichen Verhandlung anzuberaumen[3] und kündige folgende

Anträge

an:

I. Die einstweilige Verfügung des Amtsgerichts ...... vom ...... Aktenzeichen ...... wird bestätigt[4].
II. Die Antragsgegnerin hat die Kosten des Verfahrens zu tragen.

Anmerkungen

1. Der Antragsteller hat innerhalb der Frist das Rechtfertigungsverfahren zu betreiben, bei dem das Gericht der Hauptsache die einstweilige Verfügung überprüft. Wird die Frist nicht eingehalten, hebt das Amtsgericht nach § 942 Abs. 3 ZPO die einstweilige Verfügung auf. Der Antrag zur Durchführung des Rechtfertigungsverfahrens ist nach § 942 Abs. 1 ZPO nicht an das Gericht der Zwangsbereitschaft, also das Amtsgericht, zu richten (so aber *Lempp* NJW 1975, 1920/1922), sondern an das Gericht der Hauptsache, das die Akten vom Gericht der Zwangsbereitschaft anfordert. Wird der Antrag an das Gericht der Zwangsbereitschaft (AG) gerichtet, ist ggf. nach § 281 ZPO an das Hauptsachegericht zu verweisen (vgl. im übrigen *Jacobs* NJW 1988, 1365/1366).

2. Bezeichnung des Hauptsachegerichts, aber Angabe des vollen Rubrums und Aktenzeichens des amtsgerichtl. Verfahrens.

3. Dieser Antrag enthält zugleich konkludent den Antrag auf Bestätigung der einstweiligen Verfügung (*Baumbach/Hartmann* § 942 Rdn. 8).

4. Nicht „aufrechterhalten", vgl. §§ 936, 925 Abs. 2 ZPO.

6. Widerspruch gegen einstweilige Verfügung

An das
Landgericht

In der einstweiligen Verfügungssache
......KG, vertreten durch den Komplementär ......

— Antragstellerin —

Verfahrensbevollmächtigter: ......
gegen
...... GmbH, vertreten durch den Geschäftsführer ......

— Antragsgegnerin —

Verfahrensbevollmächtigter: ......

zeige ich an, daß ich die Antragsgegnerin vertrete. In deren Namen und Auftrag lege ich gegen die am ...... vom Amtsgericht ...... nach § 942 ZPO erlassene einstweilige Verfügung gemäß §§ 936, 924 I Abs. 1 ZPO beim nunmehr zuständigen Gericht der Hauptsache[1]

Widerspruch

ein und kündige folgende Anträge an:

I. Die einstweilige Verfügung des Amtsgerichts ......, Aktenzeichen: ......, vom ......, wird aufgehoben[2].
II. Die Vollstreckung aus der einstweiligen Verfügung wird mit sofortiger Wirkung ohne — notfalls gegen — Sicherheitsleistung eingestellt[3].
III. Die Antragstellerin hat die Kosten des Verfahrens zu tragen.

Begründung:

1. Es trifft zwar zu, daß ein Wechsel der Antragsgegnerin protestiert wurde. Dieser Wechsel wurde jedoch zur Zahlung anderer längst verarbeiteter Ware begeben. Die Kaufpreisforderung für die streitgegenständliche Ware ist nach den zwischen den Parteien vereinbarten AGB der Antragstellerin erst 90 Tage nach Rechnungsdatum zu bezahlen, die Forderung ist daher bis heute nicht fällig.

Glaubhaftmachung: eidesstattliche Versicherung des Geschäftsführers der Antragsgegnerin, beigefügte Schreiben vom ......, aus denen sich die Vereinbarung der ebenfalls in beglaubigter Fotokopie beigefügten AGB der Antragsgegnerin ergibt.

2. Darüber hinaus hat die Antragstellerin nur Teile der zwischen den Parteien gewechselten Korrespondenz vorgelegt. Aus anderen Schreiben ergibt sich, daß die Antragsgegnerin der Vereinbarung eines Eigentumsvorbehalts in Bezug auf die gelieferte Ware entsprechend den AGB der Antragstellerin deutlich widersprochen hat, ohne daß hierzu eine gesonderte Stellungnahme der Antragstellerin erfolgt wäre.[4]

Glaubhaftmachung: beigefügtes Schreiben der Antragsgegnerin vom ......

Mangels Fälligkeit der Kaufpreisforderung und wirksamer Vereinbarung eines Eigentumsvorbehalts ist der Rücktritt der Antragstellerin daher unwirksam. Es besteht kein Herausgabeanspruch[5].

3. Wenn der Antragsgegnerin die bereits übereigneten Materialien entzogen werden, droht ein Produktionsstillstand und damit ein erheblicher Schaden, für den die Antragstellerin

7. Antrag auf Erlaß einer auf Sicherung gerichteten Verfügung   I. R. 7

trotz entsprechender gesetzlicher Verpflichtung wegen Unvermögen evtl. nicht wird aufkommen können. Die Einstellung der Zwangsvollstreckung ist daher dringend geboten.

Rechtsanwalt

Anmerkungen

1. Für das Widerspruchsverfahren ist das Gericht der Hauptsache ausschließlich zuständig (*Baumbach/Hartmann* § 942 Rdn. 9). Der Widerspruch leitet das streitige Verfahren ein, in dem der Antragsteller zum „Verfügungskläger", der Antragsgegner zum „Verfügungsbeklagten" wird. Als weitere Verteidigung eröffnet § 926 ZPO die Möglichkeit, den Antragsteller zur Erhebung der Hauptsacheklage zu zwingen. Zum Rechtsbehelf des § 927 ZPO vgl. Form. I. R. 3.

2. Daneben muß nicht zusätzlich noch Zurückweisung des Antrags auf Erlaß einer einstweiligen Verfügung beantragt werden (vgl. §§ 936, 925 Abs. 2 ZPO).

3. Der Widerspruch selbst hemmt die Vollziehung der einstweiligen Verfügung nicht (*Baumbach/Hartmann* § 924 Rdn. 11). Das Gericht kann jedoch nach §§ 924 Abs. 3, 707 ZPO die Zwangsvollstreckung und damit die Vollziehung der einstweiligen Verfügung einstweilen (auch ohne Sicherheitsleistung) einstellen. Soweit schon vollzogen ist, können außerdem bereits getroffene Vollstreckungsmaßnahmen (dies nur gegen Sicherheitsleistung auch im einstweiligen Verfügungsverfahren) aufgehoben werden (also etwa die vom Gerichtsvollzieher möglicherweise bereits sequestrierte Ware zurückgeschafft werden).

Hiervon kann jedoch nur in seltenen Ausnahmefällen (Beispiel: Unmöglichkeit kurzfristiger Entscheidung über die einstweilige Verfügung) Gebrauch gemacht werden (vgl. *Zöller* § 924 Rdn. 12), weil das einstweilige Verfügungsverfahren ohnehin seiner Natur nach eine sofortige Entscheidung bedingt, die nicht ihrerseits durch einstweilige Anordnung mit uU. endgültiger, die Entscheidung vorwegnehmender Wirkung unterlaufen werden sollte.

4. Argument des Vorrangs der Individualabrede gegenüber AGB-Vereinbarungen wirkt auch im vollkaufmännischen Verkehr (§§ 4, 24 AGBG). Bei widersprechenden Verkaufs- und Einkaufsbedingungen gilt nach h.M. nicht die Theorie des letzten Wortes, vielmehr sind die Bedingungen grundsätzlich nicht vereinbart. Der einfache Eigentumsvorbehalt setzt sich jedoch auch gegen eine Abwehrklausel durch, weil der Veräußerer bei Übergabe keinen Übereignungswillen hat (BGH NJW RR 1986, 1378).

5. Damit fehlt es am Verfügungsanspruch nach § 935 ZPO.

7. Antrag auf Erlaß einer auf Sicherung gerichteten Verfügung mit Grundbucheintragung

......[1]

......[2]

I. Es wird die Eintragung einer Vormerkung zur Sicherung des Anspruchs des Antragstellers auf Auflassung angeordnet in Bezug auf das nachstehende Wohnungseigentum (Miteigentumsanteile verbunden mit dem Sondereigentum): Wohnung Nr. .... Grundbuch von ...... Gemarkung ...... Band ...... Blatt ......, bestehend aus 59,55/10.000stel Miteigentumsanteilen verbunden mit dem Sondereigentum an der Wohnung Nr. ......, einzutragen an der vorbezeichneten Grundbuchstelle[3].

II. Das Grundbuchamt wird um die Eintragung der Vormerkung ersucht[4].
III. Der Antragsgegner hat die Kosten des Verfahrens zu tragen.

Begründung:

1. Der Antragsteller hat im Rahmen einer von der Antragsstellerin als Baubetreuerin betreuten und vom Antragsgegner mit anderen Bauherren in einer Bauherrengemeinschaft im Bauherrenmodell errichteten Wohnanlage in München, die am ...... bezugsfertig wurde, eine Eigentumswohnung ...... im 2. Obergeschoß bestehend aus 2 Zimmern zu ca. 66 qm errichtet.

Glaubhaftmachung: beigefügter Geschäftsbesorgungs- und Baubetreuungsvertrag von ...... zwischen den Parteien.

In § 12 Abs. 2 dieses Vertrages wurde zwischen den Parteien vereinbart, daß die Antragstellerin die Eigentumswohnung nach Ablauf von 5 Jahren nach Bezugsfertigkeit vom Bauherrn, also dem Antragsgegner, gegen Zahlung eines Kaufpreises von 130% des bezahlten Barkapitaleinsatz zuzüglich der bis dahin vom Bauherrn geleisteten Tilgungsbeträge und der Übernahme der Restschuld aus den von der Antragstellerin für den Bauherrn aufgenommenen Fremdmitteln kaufen kann, wenn sich der Bauherr, also der Antragsgegner, innerhalb von 4 Jahren nach Annahme dieses Auftrags in notariell beurkundeter Form zum Verkauf seiner Wohnung zu diesen Bedingungen verpflichtet.

2. Der Antragsgegner hat sich mit in Fotokopie anliegender notarieller Urkunde vom ...... zur Veräußerung seiner Einheit entsprechend dieser Regelung im Geschäftsbesorgungs- und Baubetreuungsvertrag verpflichtet.

Das hierin liegende Angebot wurde von der Antragstellerin mit in Fotokopie anliegender Urkunde angenommen. Damit hat die Antragstellerin ein eigenes Recht auf Auflassung des Miteigentumsanteils verbunden mit dem Sondereigentum, also auf Auflassung der Wohnung.

Die Antragstellerin kann daher nach § 883 BGB die Eintragung einer Vormerkung verlangen.

Dies kann nach § 885 BGB durch einstweilige Verfügung geschehen, ohne daß es erforderlich ist, die Gefährdung des zu sichernden Anspruchs glaubhaft zu machen.[5]

Der Antragsgegner wurde mit in Fotokopie anliegendem Schreiben vom ...... unter Hinweis auf die Annahmeerklärung aufgefordert, die Unterlagen zur Durchführung des Verkaufs zur Verfügung zu stellen. Er hat hierauf erklärt, es handle sich nur um eine Rücknahmegarantie zu seinen Gunsten, er sei jedoch trotz der abgegebenen Auflassungserklärung nicht verpflichtet, gegen seinen Willen die Wohnung zu verkaufen. Die Antragstellerin hat in Erfahrung gebracht, daß er versucht die Wohnung anderweitig günstiger zu verkaufen.

Rechtsanwalt

Anmerkungen

1. Zur Zuständigkeit vgl. Anm. zu Form. I. R. 4.

2. Volles Rubrum. Zur Bezeichnung der Antragsschrift und zur Eingangsformulierung vgl. Form. I. R. 4.

3. Behaupteter Verfügungsanspruch der Antragsstellerin: Anspruch auf Auflassung des Grundstücks aufgrund eines vorab in getrennten notariellen Urkunden geschlossenen Kaufvertrages. Zur Sicherung dieses Anspruchs kann – ohne daß es der Glaubhaftmachung eines gesonderten Verfügungsgrundes bedarf (vgl. § 885 S. 2 BGB, ebenso wie im Falle der Eintragung eines Widerspruchs nach § 899 Abs. 2 BGB) – eine Vormerkung ins Grundbuch eingetragen werden.

Zugrunde liegt hier ein sogenannter „Rückkaufsanspruch", ein in der Praxis nicht selten vorkommender Fall. Die Anbieter im Bauherrenmodell hatten Anfang der 70er Jahre sogenannte Ankaufs- oder „Rückkaufsgarantien" gegeben, mit denen die Anlage-Angebote attraktiver gemacht werden sollten, und die ein Recht des Bauherrn vorsahen, unter bestimmten Voraussetzungen die Wohnung gegen einen erhöhten Kaufpreis an den Anbieter zu verkaufen. Im vorliegenden Fall war Bedingung dieser Rückkaufsgarantie eine eigene Verkaufsverpflichtung des Anbieters, an die dieser sich nicht mehr gebunden halten wollte.

4. Nach § 941 ZPO kann das erkennende Gericht nach Ermessen ein Eintragungsersuchen an das Grundbuchamt richten. Ziff. II der Anträge enthält lediglich eine Anregung des Gläubigers (daher löst der Antrag auch keine Vollziehungsgebühren nach § 59 BRAGO aus, vgl. *Zöller* § 941 Rdn. 3 mwN.). Die Vollziehungsfrist wird mit dem Eingang des Ersuchens beim Grundbuchamt gewahrt (§ 932 Abs. 3, § 929 Abs. 2 und 3 ZPO). Natürlich kann der Gläubiger nach Erwirkung der einstweiligen Verfügung (ggf. auch vor Zustellung, §§ 936, 929 Abs. 3 ZPO, in diesem Fall aber Achtung auf unverzügliche Nachholung der Parteizustellung!; vgl. oben Form. I. R. 1. Anm. 7) den Antrag direkt an das Grundbuchamt richten.

5. Da im Falle des § 885 BGB ebenso wie im Falle des § 899 BGB grundsätzlich keine Glaubhaftung des Verfügungsgrundes erforderlich ist, dieser vielmehr in Grundbuchsachen infolge der Möglichkeit des Gutglaubenserwerbs nach § 892 BGB vom Gesetz grundsätzlich vorausgesetzt wird, bedarf es auch keiner Glaubhaftmachung in Bezug auf die vorgerichtliche Geltendmachung des Anspruchs gegenüber dem Antragsgegner, dessen Reaktion und dessen Verkaufsabsichten.

8. Antrag auf Erlaß einer Sicherungsverfügung, gerichtet auf Erwerbsverbot und Eintragung eines Widerspruchs

......[1]

I. Dem Antragsgegner wird verboten, seine Eintragung als Eigentümer des Grundstückes, vorgetragen im Grundbuch des Amtsgerichts ......, für ......, Band ......, Blatt ......, zu beantragen[2] bzw. einen evtl. bereits gestellten Eintragungsantrag aufrechtzuerhalten[3].
II. Es wird die Eintragung eines Widerspruchs gegen die für den Antragsgegner bei dem vorbezeichneten Grundstück in Abteilung II eingetragene Auflassungsvormerkung angeordnet[4].
III. Das Grundbuchamt wird um die Eintragung des Widerspruchs gemäß II ersucht[5].
IV. Der Antragsgegner hat die Kosten des Verfahrens zu tragen.

Begründung:

1. Der Antragsteller hat an den Antragsgegner durch Urkunde des Notars B vom ......, URNr. ......, sein im Antrag I näher bezeichnetes Baugrundstück in ...... verkauft. Gleichzeitig wurde in der notariellen Urkunde die Auflassung erklärt und eine Auflassungsvormerkung bewilligt sowie deren Eintragung beantragt. Die Auflassungsvormerkung ist zwischenzeitlich eingetragen.

Glaubhaftmachung: in beglaubigter Fotokopie anliegender Kaufvertrag vom ...... zur Urkunde des Notars B, URNr. ......,
beglaubigte Fotokopie des Grundbuchauszuges vom ......

2. In Ziff. ...... des notariellen Vertrages hat sich der Antragsteller zugleich verpflichtet, auf dem Grundstück ein schlüsselfertiges Haus zu errichten nach den beiden Parteien bekannten Plänen. Diese Pläne waren der notariellen Urkunde jedoch nicht beigefügt und wurden nicht mit vorgelegt. Der Antragsteller ist daher der Meinung, daß der Vertrag nichtig ist und er die Berichtigung des Grundbuchs verlangen kann[6]. Er will das Grundstück anderweitig wesentlich günstiger verkaufen[7]. Wenn der Antragsgegner als Eigentümer eingetragen wird und damit die Heilung des Kaufvertrags nach § 313 S. 2 BGB eintritt, verliert der Antragsteller seinen Grundbuchberichtigungsanspruch[8].

Rechtsanwalt

Anmerkungen

1. Zur äußeren Gestaltung vgl. Form. I. R. 4. Zur Zuständigkeit vgl. Form. I. R. 4 Anm. 2.

2. Selbst wenn der Eintragungsantrag schon gestellt sein sollte, hindert eine einstweilige Verfügung, die lediglich das Verbot der Stellung des Eintragungsantrags enthält, die Aufrechterhaltung eines bereits gestellten Eintragungsantrages (vgl. KG DNotZ 1962, 400).

3. Das Erwerbsverbot, das hier mit einstweiliger Verfügung erstrebt wird, ist eine von der Rechtsprechung entwickelte Sicherungsmaßnahme zur Verhinderung der Heilung eines nichtigen Kaufvertrages. Es steht einem Veräußerungsverbot nach § 136 BGB gleich (OLG Hamm OLGZ 1970, 438, 440). Nach hM. wirkt es sich als Eintragungshindernis nach § 18 GBO aus (OLG Hamm aaO.; KG Rpfleger 1962, 177 mwN.; aA. *Wieczorek* Bd. IV. Teil 2. § 938 Anm. B IIa 2: lediglich Eintragung eines Amtswiderspruchs nach § 53 GBO).

Das Erwerbsverbot ist nicht im Grundbuch eintragbar (KG JFG 18, 192, 194), es ist mit Zustellung an den Erwerber wirksam und zweckmäßigerweise dem Grundbuchamt bekanntzumachen, welches das Erwerbsverbot von Amts wegen zu beachten hat (KG DNotZ 1962, 400).

4. Wenn ein Kaufvertrag formnichtig ist und dementsprechend kein Auflassungsanspruch entsteht, hat der Erwerber damit auch keine Auflassungsvormerkung erworben (BGHZ 54, 56, 63). Das Grundbuch ist daher unrichtig. Dem Antragsteller steht ein Berichtigungsanspruch nach § 894 BGB zu.

Ob allerdings bei der Auflassungsvormerkung ein Widerspruch eingetragen werden kann, ist strittig (verneinend die hM.; beispielsweise KG OLGZ 1978, 122, weil der Widerspruch nur zum Ausschluß gutgläubigen Erwerbes diene, dieser jedoch mangels Entstehen einer Vormerkung nicht möglich sei; bejahend wohl OLG München OLGZ 1969, 196, differenzierend *Palandt/Bassenge* § 899 Rdn. 5; *Furtner* NJW 1963, 1484, 1486).

5. Vgl. § 941 ZPO.

6. Der BGH hatte in einer Reihe von Entscheidungen die Anforderungen an den Formzwang nach § 313 BGB erheblich verschärft und Bezugnahmen auf andere nicht der Urkunde beigefügte Unterlagen weitgehend ausgeschlossen (vgl. BGH NJW 1979, 1496). Diese Rechtsauffassung des BGH hatte in der Praxis insbesondere für Erwerber von Grundstücken weitreichende Konsequenzen, ebenso für die notarielle Praxis (zur Kritik dieser auch in der Öffentlichkeit stark beachteten Entscheidung vgl. ua. *Volhard* NJW 1979, 1488 und NJW 1980, 103). Das am 27. 2. 1980 in Kraft getretene Gesetz zur Änderung und Ergänzung beurkundungsrechtlicher Vorschriften (BGBl. I S. 157) hat Rechtssicherheit hergestellt (vgl. zur Verfassungsmäßigkeit des Beurkundungsänderungsgesetzes unter dem Gesichtspunkt der Rückwirkung BGH NJW 1981, 228). Bei Plänen genügt Vorlage zur Durchsicht (§ 13 Abs. 1 S. 1 und 2 BeurkG).

9. Antrag auf Erlaß einer Regelungsverfügung I. R. 9

7. Ob dies allein bereits zur Bejahung eines die Berufung auf Formnichtigkeit ausschließenden Rechtsmißbrauches ausreicht, erscheint sehr fraglich (vgl. dazu *Palandt/Heinrichs* § 125 Rdnr. 16; bejahend OLG München NJW 1979, 2157; LG München I NJW 1979, 2158).

8. Bei der Eintragung eines Widerspruchs bedarf es nach § 899 Abs. 2 S. 2 BGB keiner Glaubhaftmachung der Rechtsgefährdung.

Die einstweilige Verfügung mit dem Ziel der Eintragung eines Widerspruchs im Grundbuch eignet sich auch für folgenden praktisch immer wieder vorkommenden Fall:

Im Grundbuch eingetragene Grundschulden valutieren nicht mehr in Höhe des eingetragenen Grundschuldbetrages. Ein Verlangen des Eigentümers auf Rückübertragung oder Löschung (vgl. hierzu *Palandt/Bassenge* § 1191 Rdn. 21; BGH NJW 1985, 800) wird nicht erfüllt. Infolgedessen steht dem Eigentümer eine Einrede gegen die Grundschuld zu; die Eintragung im Grundbuch ist unrichtig. Da die Gefahr besteht, daß die Grundschulden einredefrei übertragen werden (§§ 1191, 1193, 1157 BGB), ist die Eintragung eines Widerspruchs hinsichtlich der im Grundbuch eingetragenen Grundschulden möglich und zweckmäßig.

Möglicher Antrag in diesem Falle:

„...... bezüglich der Rechte in Abteilung III lfd. Nr. 1 und 2 (Grundschulden: ......) die Eintragung eines Widerspruchs anzuordnen, soweit diese beiden Rechte einen Betrag von DM ...... nebst ...... Zinsen seit dem ...... übersteigen."

9. Antrag auf Erlaß einer Regelungsverfügung[1]

......[2]

I. Dem Antragsgegner wird geboten, dem Antragsteller und – in seiner Begleitung – seiner Ehefrau und seinem Architekten A den Zutritt zwecks Besichtigung der Räumlichkeiten und des Zustands der Räumlichkeiten und Installationen der im Anwesen ......, ... straße Nr. ......, gelegenen Eigentumswohnung Nr. ...... zu gestatten[3].
II. Der Antragsgegner hat die Kosten des Verfahrens zu tragen.

Begründung:

1. Der Antragsteller hat am ...... im Zwangsversteigerungsverfahren des Amtsgerichts ...... Aktenzeichen ...... die zuletzt im Eigentum des Antragsgegners stehende Eigentumswohnung gemäß Ziff. I ersteigert; der Zuschlagsbeschluß vom ...... ist rechtskräftig[4].

Da der Antragsgegner bis heute nicht geräumt hat, mußte im Auftrag des Antragstellers der zuständige Gerichtsvollzieher B beauftragt werden, der am ...... die Parteien und zuständigen Behörden verständigte und Räumungstermin auf den ...... ansetzte.

10 Tage vor dem Termin hat jedoch der Antragsgegner beim Amtsgericht ...... Antrag auf Räumungsaufschub gemäß § 765 a ZPO gestellt; im Rahmen dieses Verfahrens wurde bis zur endgültigen Entscheidung die Zwangsvollstreckung einstweilen eingestellt[5].

Glaubhaftmachung: Eidesstattliche Versicherung des Antragstellers,
                      Antrag des Antragsgegners gem. § 765 a ZPO,
                      Beschluß des ...... vom ...... in beglaubigter Fotokopie.

2. Der Antragsteller ist unabhängig vom Schicksal des Vollstreckungsschutzverfahrens dringend darauf angewiesen, unverzüglich seine ihm gehörende Eigentumswohnung gem. Ziff. I zusammen mit seiner Ehefrau und seinem Architekten betreten zu dürfen,

weil sich diese in einem bautechnisch außerordentlich schlechten Zustand befindet und dort ganz umfangreiche Instandsetzungs-, zum Teil Neu-Ausbauarbeiten dringend erforderlich sind, die Wochen dauern werden und vorher durch den Architekten festgelegt und geplant werden müssen ......

Der Antragsteller selbst hat im Vertrauen auf die Zusicherung des Antragsgegners, zum ...... auszuziehen, seine eigene Mietwohnung zum vorgesehenen Auszugstermin gekündigt; vor seinem eigenen Einzug ist die Durchführung dieser Arbeiten jedoch dringend erforderlich.

Glaubhaftmachung: Eidesstattliche Versicherung des Antragstellers

Rechtsanwalt

Anmerkungen

1. Sedes materiae der Regelungs- oder Befriedungsverfügung ist § 940 ZPO (Abgrenzung zwischen Sicherungsverfügung und Regelungsverfügung ist unsicher und praktisch ohne Bedeutung, vgl. *Baumbach/Hartmann* § 940 Rdn. 1).

Voraussetzungen:

Verfügungsanspruch: Regelung eines Zustands oder streitigen Rechtsverhältnisses im weitesten Sinn.

Verfügungsgrund: Notwendigkeit der einstweiligen Regelung zur Vermeidung wesentlicher Nachteile oder drohender Gewalt, oder aus anderen Gründen (§ 940 ZPO). Für die Regelungsverfügung gelten die Ausführungen über die Sicherungsverfügung entsprechend (vgl. Form. I. R. 4 Anm. 1). Es können nach Ermessen des Gerichts Anordnungen aller Art in Form von Geboten oder Verboten an den Antragsgegner ergehen (vgl. *Altendorf* S. 19).

2. Zur äußeren Gestaltung vgl. Form. I. R. 4. Zur Zuständigkeit vgl. Form. I. R. 4 Anm. 2.

3. Die Vornahme von vertretbaren Handlungen (Öffnung der Wohnung, strittig, *Baumbach/Hartmann*, ZPO § 887 Rdn. 38 „Vermieter") kann der Antragsgegner durch Ersatzvornahme oder ggf. – wie hier – auch durch unmittelbaren Zwang nach § 892 ZPO durchsetzen (zum Richtervorbehalt bei Verschaffung des Zugangs zur Wohnung, der hier durch die Anordnung des Gerichts gewahrt wäre, vgl. BVerfG NJW 1979, 1539; OLG Köln NJW-RR 1988, 832). Mit Rücksicht auf § 891 Satz 2 kann das Prozeßgericht erst nach Anhörung des Schuldners die zwangsweise Öffnung durch den zuständigen Gerichtsvollzieher und die Durchführung der Besichtigung in dessen Gegenwart anordnen.

4. Zuschlagsbeschluß ist Räumungstitel nach § 794 Nr. 3 ZPO, § 93 ZVG. Der Ersteher tritt in den Mietvertrag ein. Er hat ein außerordentliches Kündigungsrecht nach § 57a ZVG, auf das jedoch die Wohnraumschutzbestimmungen Anwendung finden (*Zeller* ZVG § 57a Rdn. 6).

5. Damit ist der Verfügungsgrund, hier die Notwendigkeit sofortiger Besichtigung zur Vorbereitung von baulichen Maßnahmen vor dem Einzug des Antragstellers, dargetan. Der Mieter ist nach § 541a BGB verpflichtet, die Durchführung baulicher Erhaltungsmaßnahmen zu dulden; der Vermieter kann dies ggf. durch einstweilige Verfügung erzwingen (vgl. *Palandt/Putzo* § 541a Rdn. 4; *MünchKomm/Voelskow* § 542 Rdn. 54; str.). Die Mietgerichte lehnen einstweilige Verfügung oft mit der pauschalen Begründung ab, die Hauptsache werde vorweggenommen. Dies führt bei oft langwieriger Terminierungspraxis zur Rechtsschutzverweigerung (vgl. auch Form. II. B. 5 Anm. 1).

Das Recht des Vermieters auf Durchführung baulicher Erhaltungsmaßnahmen umfaßt selbstverständlich auch die Befugnis, die Wohnung zum Zwecke der Überprüfung und Festlegung der notwendigen baulichen Maßnahmen zu besichtigen.

10. Antrag auf Erlaß einer auf Leistung gerichteten einstweiligen Verfügung[1]

Dringender Antrag auf Erlaß einer einstweiligen Verfügung

An das
Oberlandesgericht[2]

In Sachen

......   – Antragsteller –

Prozeßbevollmächtigter: ......

gegen

1) A   – Antragsgegner zu 1) –
2) B   – Antragsgegner zu 2) –
3) C   – Antragsgegner zu 3) –

bitte ich wegen der Dringlichkeit durch den Herrn Vorsitzenden allein ohne mündliche Verhandlung folgende einstweilige Verfügung zu erlassen:

I. Den Antragsgegnern wird als Gesamtschuldnern geboten, an den Antragsteller bis zum rechtskräftigen Abschluß des Verfahrens, Az.: ......, eine monatliche Schadensrente in Höhe von ...... zu zahlen.[3]

II. Die Antragsgegner haben die Kosten des Verfahren zu tragen.

Begründung

1. Der Antragsteller wurde – wie dem erkennenden Gericht aus dem unter Az.: ...... anhängigen Hauptsacheprozeß bekannt ist – bei einem Verkehrsunfall, den der Antragsgegner zu 1) als Fahrer verschuldet und der Antragsgegner zu 2) als Halter, der Antragsgegner zu 3) als Pflichtversicherer zu verantworten hat, so verletzt, daß er gelähmt und arbeitsunfähig ist. Der Antragsteller hat keine Rücklagen und keine Möglichkeit, die notwendigen Mittel für den laufenden Unterhalt zu beschaffen.

   Glaubhaftmachung: anliegende eidesstattliche Versicherung des Antragstellers.

2. In I. Instanz wurden die Antragsgegner ua. zur Zahlung einer monatlichen Schadensrente nach §§ 842, 843 BGB von ...... verurteilt. Den Antragsgegnern wurde jedoch nachgelassen, die Vollstreckung durch Sicherheitsleistung abzuwenden

   Glaubhaftmachung: Beiziehung der Akten des Landgerichts ......, Az.: ......, und des Oberlandesgerichts ......, Az.: ......

   Diese Sicherheit wurde durch die Antragsgegner in Form einer zugelassenen, unbeschränkten, unwiderruflichen, unbefristeten und selbstschuldnerischen Bankbürgschaft geleistet.

   Glaubhaftmachung: in beglaubigter Fotokopie anliegende Bankbürgschaft der X-Bank.

3. Da das Berufungsverfahren sich noch längere Zeit hinziehen wird, der Antragsteller seinerseits in I. Instanz versäumt hat, einen Antrag zu stellen, ohne Sicherheitsleistung vollstrecken zu dürfen,[4] er andererseits aber existenznotwendig auf die Schadensrente angewiesen ist, bleibt daher kein anderer Weg, als ihm durch einstweilige Verfügung während des Laufes des Hauptsacheverfahrens eine Schadensrente zuzusprechen.[5]

Rechtsanwalt

Anmerkungen

1. Die Leistungsverfügung ist eine gewohnheitsrechtlich entwickelte einstweilige Verfügung sui generis, die zum dringenden Schutz lebenswichtiger Bedürfnisse des Gläubigers erforderlich und auf einstweilige Befriedigung dieser Bedürfnisse gerichtet ist.
Verfügungsanspruch: Recht aus einem konkreten Streitverhältnis, auch ein – nicht notwendig – auf Geld gerichteter Anspruch, insbesondere fortlaufende Zahlungen, Unterhalts-Rentenansprüche, Arzt- und Krankenhauskosten etc. (*Altendorf* S. 27, 28). Für familienrechtliche Unterhaltsansprüche hat die Leistungsverfügung nur vor Einleitung eines familienrechtlichen Verfahrens Bedeutung (danach: einstweilige Anordnung nach § 620 ZPO, vgl. Form. II. H. 12).
Verfügungsgrund: Notwendigkeit eines faktischen Vorgriffs auf Befriedigung, um die zu erwartenden Dauerschäden an Gesundheit, Leib oder Leben abzuwenden (*Altendorf* S. 29).

2. Hier wird der Antrag an das Gericht der Hauptsache gerichtet, bei dem im konkreten Fall der Hauptsacherechtsstreit in der Berufungsinstanz anhängig ist (§ 937 ZPO).

3. Das Urteil auf Schadensrente ist an sich vorläufig vollstreckbar (§ 708 Nr. 8 ZPO), jedoch ist über eine Abwendungsbefugnis des Schuldners gem. § 711 ZPO von Amts wegen zu entscheiden.

4. Der Antrag nach § 710 ZPO, ausnahmsweise die Vollstreckung durch den Gläubiger ohne Sicherheit zuzulassen, der hier möglich gewesen wäre, kann nur bis zum Schluß der mündlichen Verhandlung gestellt werden (§ 714 ZPO). Wurde der Antrag nicht in der I. Instanz gestellt, kann in der Berufungsinstanz über die vorläufige Vollstreckbarkeit nicht vorab verhandelt und entschieden werden (*Thomas/Putzo* § 718 Rdn. 1; aA. *Zöller* § 718 Rdn. 2). Deshalb hilft – jedenfalls nach dieser Auffassung – nur die einstweilige Verfügung mit vorläufiger Befriedigungswirkung.

5. Die Existenz des vorläufigen vollstreckbaren Titels in I. Instanz schließt den Erlaß der einstweiligen Verfügung und damit die Schaffung eines zweiten Titels nicht aus (vgl. KG NJW 1969, 2018, zum Schutz des Schuldners gegen Doppelvollstreckung vgl. *Schuler* NJW 1959, 1801/1804). Da jedoch nicht eine volle Befriedigung erfolgen, sondern nur die Existenzgrundlage des Antragstellers gesichert werden soll, kann die – möglicherweise im Hauptsacheverfahren schon weitergehend zugesprochene – Rente im einstweiligen Verfügungsverfahren auf die pfändungsfreien Beträge nach § 850c ZPO begrenzt werden (KG aaO.).

11. Antrag auf Erlaß einer Unterlassungsverfügung[1]

An das
Landgericht[2]

Antrag auf Erlaß einer einstweiligen Verfügung

In Sachen

Rechtsanwalt ......

Prozeßbevollmächtigter: selbst

gegen

1. A Antragsgegner zu 1)

11. Antrag auf Erlaß einer Unterlassungsverfügung

2. B Antragsgegner zu 2)

wegen Unterlassung[3]

vorläufiger Streitwert[4]: DM 50.000,–

bitte ich um den Erlaß folgender einstweiliger Verfügung ohne mündliche Verhandlung durch den Vorsitzenden allein:

I. Die Antragsgegner haben es zu unterlassen, wörtlich oder sinngemäß[5] die Behauptung aufzustellen und/oder zu verbreiten, der Antragsteller habe eine falsche eidesstattliche Versicherung abgegeben.

II. Den Antragsgegnern wird angedroht, daß für jeden Fall der Zuwiderhandlung gegen die in Ziffer I ausgesprochene Verpflichtung ein Ordnungsgeld bis zu DM 500.000,– und für den Fall, daß dieses nicht beigetrieben werden kann, Ordnungshaft bis zu 6 Monaten festgesetzt werden kann[6].

III. Die Antragsgegner haben die Kosten des Verfahrens zu tragen.

Begründung

1. Der Antragsteller hat als Rechtsanwalt für seinen Mandanten Y eine einstweilige Verfügung erwirkt, mit der den Antragsgegnern dieses Verfahrens, A und B, verboten wurde, folgende Behauptungen über Y aufzustellen ......

Glaubhaftmachung:

In beglaubigter Kopie anliegender Beschluß des erkennenden Gerichts vom ...... (Datum).
Der Tatsachenvortrag in der dortigen Antragsschrift war glaubhaft gemacht worden mit einer eigenen eidesstattlichen Versicherung des Antragstellers dieses Verfahrens.

Glaubhaftmachung:

In Kopie anliegende eidesstattliche Versicherung des Antragstellers im vorausgegangenen Verfahren.

2. Die Antragsgegner haben nach Erlaß der einstweiligen Verfügung des erkennenden Gerichts mehrfach unter Zeugen erklärt, die seinerzeitige nicht weiter angegriffene einstweilige Verfügung des Gerichts beruhe auf einer eidesstattlichen Versicherung des Antragstellers als Prozeßbevollmächtigter des Y, die nachweislich in mehreren Punkten falsch sei[7]. Sie haben trotz Abmahnung des Antragstellers erklärt, sie würden es sich nicht nehmen lassen, diese nachweislich richtige Erklärung zu jeder Zeit und gegenüber jeder beliebigen Person zu wiederholen[8].

Glaubhaftmachung:

Eidesstattliche Versicherung des Zeugen N. in der Anlage.

Die eidesstattliche Versicherung des Antragstellers, deren Unrichtigkeit von den Antragsgegnern behauptet wird, ist richtig. Die Behauptung, der Antragsteller habe eine falsche eidesstattliche Versicherung abgegeben, ist geeignet, den Antragsteller in seiner Ehre persönlich schwer zu verletzen und in seinem beruflichen Ansehen als Rechtsanwalt und damit als Organ der Rechtspflege empfindlich zu beeinträchtigen.
Der Antragsteller hat daher einen im Wege einstweiliger Verfügung durchsetzbaren Unterlassungsanspruch gemäß §§ 1004, 823 BGB analog.

Anmerkungen

1. Vergleiche hierzu auf dem Gebiet des Presserechts auch Form. II. N. 8.

2. Zuständigkeit des Landgerichts: §§ 71, 23 GVG. Auf die Abgrenzung von vermögensrechtlichen und nicht vermögensrechtlichen Streitigkeiten kommt es in § 71 GVG seit dessen Änderung durch das RpflEntG (seit 1. 3. 1993) nicht mehr an. Entscheidend ist vorbehaltlich der Ausnahmeregelung des § 71 Abs. 2 GVG der Streitwert (Zuständigkeit des Landgerichts bei Streitwerten über DM 10.000,–).

3. Sinn ist Sicherung des Rechtfriedens nach § 940 ZPO (vgl. OLG Stuttgart MDR 1961, 1024).

4. Streitwert: § 3 ZPO, § 12 Abs. 2 GKG (mit Rücksicht auf die Schwere des Vorwurfs in dieser Höhe angemessen).

5. Vgl. Form. II. N. 7 Anm. 4.

6. § 890 ZPO. Die erforderliche Androhung wird zweckmäßigerweise gleich in den Antrag und in den entsprechenden Beschluß aufgenommen. Das ist zulässig (vgl. *Zöller* § 890 Rdn. 12).

7. Die Behauptung, ein anderer habe eine falsche eidesstattliche Versicherung abgegeben, stellt eine schwere Ehrverletzung dar. Den negatorischen Unterlassungsanspruch begründet die Rechtssprechung mit Analogie zu §§ 823, 1004 BGB (vgl. *Palandt/Thomas* Einf. v. § 823 Rdn. 18; § 1004 Rdn. 2); uU. sogar – eingeschränkt – Widerruf durch einstweilige Verfügung im Presserecht (vgl. OLG Köln JMBlNRW 1972, 29; LG Düsseldorf MDR 1962, 741). Die Einschränkung von Unterlassungsansprüchen bei Prozeßbehauptungen in einem schwebenden Verfahren (vgl. *Palandt/Bassenge* § 1004 Rdn. 26 mwN.) greift hier nicht ein (zur Ehrverletzung bei Bezugnahme auf die Feststellungen eines rechtskräftigen Strafurteils, vgl. BGH NJW 1985, 2644).

8. Vom Antragsteller zu beweisende Wiederholungsgefahr ist erforderlich (vgl. *Palandt/Thomas* Einf. v. § 823 Rdn. 24). Zur Hauptsacheklage und zum Abschlußschreiben vgl. LG Hamburg NJW 1988, 252.

12. Schutzschrift zur Verhinderung des Erlasses einer einstweiligen Verfügung[1]

An das
...... gericht

Schutzschrift

In Sachen

A, Rechtsanwalt in ......

– möglicher Antragsteller –

gegen

B, Rechtsanwalt ......

Verfahrensbevollmächtigter: selbst

– möglicher Antragsgegner –

wegen Abwehr einstweiliger Verfügung

lege ich in eigener Sache eine Schutzschrift vor. Ich muß den Umständen nach befürchten, daß der mögliche Antragsteller (im folgenden: Antragsteller) versuchen wird, gegen mich

12. Schutzschrift zur Verhinderung einer einstweiligen Verfügung   I. R. 12

eine einstweilige Verfügung des angerufenen Gerichts ohne mündliche Verhandlung zu erwirken. Die Folgen einer solchen einstweiligen Verfügung wären für mich – auch bei nachträglicher Aufhebung der einstweiligen Verfügung – außerordentlich schwerwiegend und irreparabel.

Ich

beantrage,

über einen möglichen Antrag des Antragstellers auf Erlaß einer einstweiligen Verfügung durch

Zurückweisung

zu entscheiden. In jedem Falle bitte ich darum, über einen möglichen Antrag des Antragstellers auf Erlaß einer einstweiligen Verfügung nicht ohne mündliche Verhandlung zu entscheiden.

Begründung:

Die Parteien sind gegenwärtig noch zur gemeinschaftlichen Berufsausübung als Rechtsanwälte innerhalb einer Sozietät verbunden. Die gemeinschaftliche Berufsausübung wird zum ...... beendet. Der Antragsgegner hat den Antragsteller aufgefordert, ein gemeinsames Schreiben über die Auflösung der Sozietät abzufassen und an die Mandanten der Kanzlei nach Maßgabe des § 29 der Grundsätze des anwaltschaftlichen Standesrechts zu versenden[2]. Der Antragsteller hat dies und auch einen Vermittlungsversuch des Vorstands der Rechtsanwaltskammer abgelehnt. Es steht zu befürchten, daß der Antragsteller – ggf. durch einstweilige Verfügung – versuchen wird zu verhindern, die Trennung der bisherigen gemeinschaftlichen Sozietät allen Mandanten dieser Sozietät anzuzeigen und deren Entscheidung über die Weiterbearbeitung der vorhandenen Mandate einzuholen. Ein solches befürchtetes Begehren des Antragstellers wäre unbegründet, weil ......

Rechtsanwalt

Anmerkungen

1. Die Schutzschrift ist eine im Gesetz nicht vorgesehene, in der Praxis entwickelte – nicht nur in Wettbewerbsprozessen bedeutsame – (*Thomas/Putzo* § 935 Rdn. 9) Sicherungsmaßnahme desjenigen, der den Erlaß einer einstweiligen Verfügung gegen sich befürchten muß (vgl. dazu *Teplitzky* WRP 1980, 373; *Zöller* § 937 Rdn. 4, *Thomas/Putzo* § 935 Rdn. 9; *Baumbach/Hartmann* Grundz. vor § 128 Rdn. 7). Ein weiteres Beispiel einer Schutzschrift findet sich in Form. II. L. 2. Sie dient dazu, den Erlaß einer einstweiligen Verfügung überhaupt, mindestens jedoch ohne mündliche Verhandlung, zu verhindern, jedenfalls dem möglicherweise um den Erlaß einer einstweiligen Verfügung angegangenen Gericht den Sachverhalt aus der Sicht des möglichen Antragsgegners zu schildern. Bei mehrfacher Zuständigkeit für den Erlaß einer einstweiligen Verfügung (mehrere allgemeine Gerichtsstände, Gericht der Hauptsache, § 937 ZPO, Zuständigkeit des Amtsgerichts, § 942 ZPO) empfiehlt sich die Niederlegung der Schutzschrift bei jedem in Betracht kommenden Gericht und jeder dort in Betracht kommenden Geschäftsstelle. Zur Schutzschrift vgl. auch Form. II. L. 2 und die Anmerkungen aaO.

2. Ein gemeinsames Mandantenrundschreiben ist nach § 29 der bisherigen Grundsätze des anwaltschaftlichen Standesrechts (Richtlinien gem. § 177 Abs. 2 Nr. 2 BRAO; vgl. zu verfassungsrechtlichen Problematik BVerfG NJW 1988, 191/194/196) bei Auflösung einer (Außen-)Sozietät an die Mandanten zu richten. Kommt eine Verständigung der Sozien nicht zustande und scheitert auch ein Vermittlungsversuch des Vorstands der Rechtsanwaltskammer, kann jeder der bisherigen Sozien einseitig ein sachlich gehaltenes Schreiben versenden. Zu Auseinandersetzungen kann es insbesondere kommen, wenn das Innenverhältnis zwischen den Sozien nicht dem gemeinsamen Auftreten nach außen entsprach, sich also etwa der Senior durch eine sogenannte Mandantenschutzklausel vertraglich gesichert hat.

S. Schiedsgerichtsverfahren

1. Aufforderung zur Bezeichnung eines Schiedsrichters[1]
(Einschreiben-Rückschein)

An die
Firma ......
vertreten durch ......
......

Sie haben uns am ...... eine Sechseck-Drahtflechtmaschine geliefert und am ...... einen Betrag von DM ...... in Rechnung gestellt. Die Maschine war, wie mit Schreiben vom ...... gerügt, mangelhaft. Wir haben mit Schreiben vom ...... infolge Fehlens zugesicherter Eigenschaften Schadensersatzansprüche in Höhe von DM ...... geltend gemacht. Nachdem Sie es ablehnten, den uns entstandenen Schaden zu ersetzen, sehen wir uns gezwungen, gemäß Schiedsvertrag vom ...... das Schiedsgericht anzurufen. Als Schiedsrichter benennen wir

Herrn Rechtsanwalt ...... in ......[2].

Wir fordern Sie auf, innerhalb von einer Woche nach Zugang dieses Schreibens den von Ihnen benannten Schiedsrichter zu bezeichnen[3,4].

Schrifttum: Baur, Der schiedsrichterliche Vergleich, 1979; *ders.*, Neuere Probleme der Schiedsgerichtsbarkeit, 1980; *Blomeyer, Karl*, Betrachtungen zur Schiedsgerichtsbarkeit, Festgabe für Rosenberg, 1949, S. 51; *Böckstiegel*, Das UNICITRAL-Modell-Gesetz für die internationale Wirtschaftsgerichtsbarkeit RJW 1984, 670; *Cohn, Ernst J.*, Schiedsgerichtsbarkeit und EWG-Vertrag, AWD 1965, 267; *Glossner/Bredow/Bühler*, Das Schiedsgericht in der Praxis, 3. Aufl. 1990; *Habscheid*, Festschrift für Baur 1981, 425 ff., *Jagenburg*, Schiedsgerichtsbarkeit zwischen Wunsch und Wirklichkeit, Festschrift für Oppenhoff 1985; 1; *Maier*, Handbuch der Schiedsgerichtsbarkeit, 1979; *Schwab/Walter*, Schiedsgerichtsbarkeit, 4. Aufl. 1990; *Schütze/Tscherning/Wais*, Handbuch des Schiedsverfahrens, 2. Aufl. 1990; *Schütze*, Schiedsgericht und Schiedsverfahren 1991.

Anmerkungen

1. Die Schiedsgerichtsordnungen der Verbände überlassen den Parteien selten die Auswahl der Schiedsrichter. Häufig enthält der Schiedsvertrag Bestimmungen über die Ernennung der Schiedsrichter, sofern nicht ein ständiges, mit bestimmten Schiedsrichtern besetztes Schiedsgericht zuständig ist. § 1028 ZPO greift ein, wo der Schiedsvertrag keine andere Art der Ernennung vorsieht. Der vertraglichen Regelung über die Ernennung sind Grenzen gesetzt. Der Vertrag darf nicht einer Partei die Ernennung sämtlicher Schiedsrichter überlassen oder der Gegenpartei bei Säumnis einer Partei das Recht einräumen, daß der von ihr ernannte Schiedsrichter allein entscheiden darf (BGHZ 54, 392). Oft sieht der Schiedsvertrag oder die Schiedsordnung die nach ihm anzuwenden ist, die Ernennung eines Obmanns vor. Sieht der Schiedsvertrag die Ernennung eines Obmanns nicht vor, so ist eine solche unstatthaft. Es gilt § 1033 Nr. 2 ZPO: „Der Schiedsvertrag tritt außer Kraft, sofern die Schiedsrichter den Parteien anzeigen, daß sich unter ihnen Stimmengleichheit ergeben hat."

2. Sofern die Parteien keine abweichende Vereinbarung getroffen haben, ist gemäß § 1029 Abs. 1 ZPO eine einwöchige Frist zu setzen. Die Aufforderung muß den Namen des eigenen Schiedsrichters und das Verlangen an den Gegner enthalten seinerseits einen Schiedsrichter zu ernennen. Verstreicht diese fruchtlos, so kann die betreibende Partei die Ernennung des nicht von ihr benannten Schiedsrichters durch das Gericht betreiben. Der Antrag muß die nötigen Unterlagen für die Beurteilung der Zuständigkeit enthalten. Diese Erfordernisse sowie die allgemeinen Prozeßvoraussetzungen sind von Amts wegen zu prüfen (*Baumbach/Lauterbach/Albers/Hartmann* § 1029 Rdnr. 5); a.A. *Stein/Jonas* II, 3. Ist ausländisches Recht anzuwenden, so darf das deutsche Gericht nicht benennen, es sei denn, das betr. Recht bestimmt dies.

3. Die Aufforderung zur Benennung eines Schiedsrichters und Bezeichnung des eigenen unterbrechen die Verjährung (§ 220 Abs. 2 BGB).

4. Nach KV 1145 (Anlage zum GKG) entsteht für das Verfahren bei Ernennung eines Schiedsrichters die Hälfte der vollen Gerichtsgebühr (*Zöller* 17. Aufl. § 1029 Rdnr. 6), nach § 46 Abs. 2 BRAGO erhält der Anwalt die Hälfte der in § 31 BRAGO bestimmten Gebühr.

2. Aufforderung zur Bezeichnung eines Schiedsrichters durch einen Dritten

An den
Präsidenten der Industrie-
und Handelskammer
......

Sehr geehrter Herr Präsident ......
Zwischen der Firma ...... und der Firma ...... ist am ...... ein Schiedsvertrag vereinbart worden.

Beweis: beiliegender Schiedsvertrag.

Da die Firma ...... ihrer in § ...... des Vertrages bezeichneten Pflicht zur Benennung eines Schiedsrichters nicht nachgekommen ist (vgl. meine Aufforderung vom ......), möchte ich Sie bitten, gemäß § ...... des Schiedsvertrages den 2. Schiedsrichter zu benennen. Der Kaufvertrag hat die Lieferung von Sechseckdrahtflechtmaschinen zum Gegenstand. Die Streitigkeit betrifft einen Gewährleistungsanspruch.

Hochachtungsvoll[1]
......

Anmerkungen

1. Nach § 1029 Abs. 1 ZPO hat die betreibende Partei dem Gegner den Schiedsrichter schriftlich mit der Aufforderung zu bezeichnen, binnen einer einwöchigen Frist seinerseits ein Gleiches zu tun. Nach § 1029 Abs. 2 ZPO erfolgt die Ernennung nach fruchtlosem Ablauf der Frist auf Antrag der betreibenden Partei durch das zuständige Gericht. Ist also nicht im Schiedsvertrag die Einschaltung eines Dritten (nicht des Gerichts) vereinbart, so ist der Antrag auf Ernennung des Schiedsrichters an das Gericht zu richten. Häufig sieht der Schiedsvertrag aber, wie hier, eine Regelung für den Fall vor, daß eine Schiedspartei ihrer Pflicht zur Benennung des Schiedsrichters nicht nachgekommen ist. Im vorliegenden Fall hat der Schiedsvertrag die Regelung getroffen, daß der Präsident der Industrie- und Handelskammer einen geeigneten Schiedsrichter zu ernennen hat.

3. Ablehnung eines Schiedsrichters[1]

a) Ablehnung gegenüber Schiedsgericht

An das
Schiedsgericht
in Sachen ...... gegen ......
z. Hd. des Obmanns
Herrn Vorsitzender Richter am OLG ......
......

Der von der Klägerin benannte Schiedsrichter, Rechtsanwalt ......, vertritt normalerweise die Klägerin in ihren Rechtssachen[2].

Ich sehe mich deshalb veranlaßt, Herrn Rechtsanwalt ...... wegen Besorgnis der Befangenheit abzulehnen und bitte, das Verfahren bis zur Entscheidung des staatlichen Gerichts über das Ablehnungsgesuch auszusetzen.

Anmerkungen

1. Nach § 1032 ZPO kann ein Schiedsrichter aus denselben Gründen und unter denselben Voraussetzungen abgelehnt werden, die zur Ablehnung eines Richters berechtigen, also bei Vorliegen eines gesetzlichen Ausschließungsgrundes und bei Besorgnis der Befangenheit. So ist insbesondere der Rechtsanwalt als Schiedsrichter befangen, der regelmäßig Beistand einer Partei ist (OLG Hamburg JZ 1956, 226) oder, wenn er ein Privatgutachten für die Partei erstattet hat (Dresd. JW 1938, 3055). Dagegen genügt es nicht, wenn er sich vor Übernahme des Amtes von einer Partei eine kurze Sachdarstellung geben ließ (OLG Neustadt MDR 1955, 616). Darüberhinaus kann gemäß § 1032 Abs. 2 ZPO eine Ablehnung auch erfolgen, wenn ein nicht in dem Schiedsvertrag benannter Schiedsrichter die Erfüllung seiner Pflichten ungebührlich verzögert. Ist der Schiedsrichter im Schiedsvertrag ernannt, so gilt in diesem Fall § 1033 Nr. 1 ZPO. Die Ablehnung kann vor Beginn des Schiedsverfahrens gegenüber der Gegenpartei oder dem Schiedsrichter mündlich oder schriftlich erklärt werden, im Schiedsverfahren vor dem Schiedsgericht. Nach Niederlegung des Schiedsspruchs erlischt das Ablehnungsrecht (BGH NJW 1952, 27). Die Ablehnung kann durch Einreichung eines Ablehnungsgesuchs beim staatlichen Gericht schon vor Beginn des Schiedsverfahrens erfolgen (*Schwab/Walter*, Schiedsgerichtsbarkeit, S. 105). Das Gesuch an das staatliche Gericht ist erforderlich, wenn der abgelehnte Schiedsrichter sein Amt nicht niederlegt. Es ist die beamten-richterrechtliche Genehmigung der Nebentätigkeit als Schiedsrichter erforderlich (§ 65 Abs. 1 Nr. 2 BBeamtenG/§ 40 DRiG). Trotz Fehlens der Genehmigung ist das schiedsrichterliche Verfahren jedoch dessentwegen nicht fehlerhaft (*Stein/Jonas/Schlosser* § 1032 Rdnr. 1).

2. Vgl. OLG Hamburg JZ 1956, 226; KG ZZP 55, 333.

b) Gesuch und Entscheidung über die Ablehnung an das staatliche Gericht[1]

An das
Landgericht ......
......

In der Schiedssache der Firma ...... gegen die Firma ...... stelle ich den Antrag,

4. Einrede des Schiedsvertrages I. S. 4

die von der Antragstellerin erklärte Ablehnung des von der Antragsgegnerin genannten Schiedsrichters Herrn Rechtsanwalt ...... wird für begründet erklärt.

Begründung: Herr Rechtsanwalt ...... vertritt ständig die Interessen der Klägerin in ihren Rechtssachen.

Beweis: ......

Wegen dieser Tätigkeit aus einer langjährigen Geschäftsverbindung heraus ist nicht die Gewähr gegeben, daß Herr Rechtsanwalt ...... als Schiedsrichter auch die berechtigten Interessen der Beklagten gebührend beachtet.

Der Schiedsvertrag liegt bei. Gemäß § ...... des Schiedsvertrags ist das Landgericht ...... zuständig.

Anmerkungen

1. Die Ablehnung kann beantragt werden vor Beginn des Schiedverfahrens gegenüber der Gegenpartei oder dem Schiedsrichter
im Schiedsverfahren vor dem Schiedsgericht (Regelfall)
durch Einreichung eines Ablehnungsgesuchs beim staatlichen Gericht.

Das Gesuch an das staatliche Gericht ist immer dann erforderlich, wenn der abgelehnte Schiedsrichter sein Amt nicht niederlegt.

4. Einrede des Schiedsvertrages

An das
Landgericht
......
In Sachen
der ...... Prozeßbevollmächtigter ...... (Klägerin)
gegen
die Firma ...... Prozeßbevollmächtigter ...... (Beklagte)
wegen ......
wird beantragt
      die Klage kostenpflichtig als unzulässig[1] abzuweisen.

Begründung:

Die Parteien haben am ...... zur Entscheidung von Streitigkeiten aus dem Kaufvertrag vom ...... einen Schiedsvertrag abgeschlossen[2].

Beweis: Schiedsvertrag vom ......

Die Beklagte erhebt die Einrede des Schiedsvertrags[3].

Anmerkungen

1. Geht der Kläger dem Schiedsvertrag zuwider das ordentliche Gericht an und beruft sich der Beklagte zurecht auf den Schiedsvertrag, so ist die Klage als unzulässig abzuweisen (§ 1027a ZPO). Hat sich der Beklagte jedoch im schiedsgerichtlichen Verfahren auf die Unwirksamkeit der Schiedsklausel berufen, so verstößt es i.d.R. gegen Treu und Glauben wenn er danach vor dem ordentlichen Gericht die Einrede des Schiedsvertrags erhebt (BGHZ 50, 191).

2. Das Prozeßurteil stellt die Wirksamkeit des Schiedsvertrags bindend fest (RG 40, 403; für Bindungswirkung sui generis: *Zöller* § 1027a Rdnr. 7).

3. Die Einrede ist vor der Verhandlung zur Hauptsache, wenn vor der mündlichen Verhandlung eine Frist zur Klageerwiderung gesetzt ist, innerhalb dieser Frist, zu erheben (§ 282 Abs. 3 ZPO).

5. Klageschrift im schiedsgerichtlichen Verfahren

An das
Schiedsgericht
...... gegen ......
z. Hd. des Obmanns
Herrn Vorsitzender Richter am OLG ......
......

Klage

im schiedsgerichtlichen Verfahren

der Firma ......
Prozeßbevollmächtigter: ......

gegen

die Firma ......

vorläufiger Streitwert: DM 100.000,–.

Namens und in Vollmacht der Klägerin erhebe ich

Klage[1]

und werde beantragen:

1. Die Beklagte hat an die Klägerin DM 100 000,– nebst 7% Zinsen hieraus seit ...... zu bezahlen.
2. Die Beklagte hat die Kosten des Rechtsstreits zu tragen.[2]

Begründung:

Die Parteien sind Kaufleute. Die Beklagte lieferte der Klägerin laut Auftragsbestätigung vom ...... eine Sechseck-Drahtflechtmaschine und sicherte ihr laut Auftragsbestätigung ausdrücklich einen stündlichen Ausstoß von ...... zu. Beweis: Auftragsbestätigung. Die Maschine wurde am ...... ausgeliefert. Zwei Tage nach Auslieferung, nämlich am ......, rügte die Klägerin die ungenügende Leistung der Maschine, die lediglich einen Ausstoß von ...... brachte. Beweis: Sachverständigengutachten. Mit Einschreiben vom ...... hat die Klägerin gemäß § 463 BGB Schadensersatzansprüche wegen Nichterfüllung geltend gemacht und diese wie folgt beziffert: ......
Am ...... wurde die Beklagte zur Zahlung der geltend gemachten Schadensersatzsumme gemahnt. Zahlung erfolgte nicht.
Die Klägerin nimmt Bankkredit in der geltend gemachten Höhe für die Klagsumme in Anspruch.
Die Parteien haben zur Beilegung sämtlicher Streitigkeiten aus der Lieferung der Maschine am ...... einen Schiedsvertrag abgeschlossen.
Beweis: Schiedsvertrag vom ......[3,4]

Anmerkungen

1. Die Klage ist an keine Form gebunden. Die Klage muß aber so beschaffen sein, daß sie die Grundlage für einen vollstreckungsfähigen Schiedsspruch bilden kann. Fehler im Rubrum, die vom Schiedsgericht übernommen werden, können sich im Vollstreckbarerklärungsverfahren unangenehm bemerkbar machen und zur Zurückweisung des Antrags führen. Die Klageschrift ist von der Klägerin oder ihrem Prozeßbevollmächtigten eigenhändig zu unterschreiben. Eine Einlassungsfrist (§ 274 ZPO) gibt es nicht. Dem Gegner ist ausreichende Zeit zur Erklärung und Vorbereitung zu lassen. Eine mündliche Verhandlung ist nicht obligatorisch, das Schiedsgericht muß nicht alle angebotenen Beweise erheben (BGH NJW 1966, 549). Verzögert die Partei die Klage ungebührlich, so kann das Schiedsgericht die Klageerhebung nicht erzwingen. Die Gegenpartei kann dann vom Schiedsvertrag zurücktreten. Die Schiedsrichter können den Schiedsvertrag aus wichtigem Grund kündigen (*Schwab/Walter* S. 103).

2. Eines Antrags zur Vollstreckbarkeit bedarf es im schiedsgerichtlichen Verfahren selbst nicht. Der Schiedsspruch stellt nicht wie ein Urteil einen Vollstreckungstitel dar. Erst der staatliche Vollstreckbarkeitsausspruch fügt die Vollstreckbarkeit hinzu und macht den Feststellungsausspruch zum vollstreckbaren Leistungsausspruch (§ 1042 ZPO).

3. Der Schiedsvertrag soll der Klage beigefügt werden. Das Gericht muß in den Stand versetzt werden, seine Zuständigkeit zu prüfen.

4. Für den Schiedsrichtervertrag gelten die Vorschriften des sachlichen Rechts. Ein Anspruch auf Vergütung der Schiedsrichter besteht bei Dienstvertrag, der im Zweifel anzunehmen ist. Die Schiedsrichter dürfen Vergütungsvorschüsse verlangen (BGHZ 55, 347). Vorschußpflichtig sind beide Parteien als Gesamtschuldner, weil sie zusammen Auftraggeber sind. Leistet eine Partei den Vorschuß nicht, so kann der Schiedsrichter den Vorschuß nicht einklagen (BGHZ 94, 92). Verzug der Bezahlung durch die Gegenpartei gibt der anderen Partei das Recht, vom Schiedsvertrag zurückzutreten (vgl. BGHZ 77, 65). Wer jedoch selbst keinen Vorschuß leisten kann, darf ihn nach Treu und Glauben nicht dem Gegner zumuten. Bleibt der Vorschuß aus, so dürfen die Schiedsrichter die Tätigkeit bis zur Zahlung einstellen (*Baumbach/Lauterbach/Albers/Hartmann* Anh. § 1028 Rdnr. 13). Über die Kosten wird im Schiedsspruch entschieden. Die Schiedsrichter haften für ihre richterliche Tätigkeit nur in den Grenzen des § 839 Abs. 2 BGB (BGH NJW 1954, 1763).

6. Schiedsvergleich

In Sachen
...... Prozeßbevollmächtigter (Klägerin)
gegen
...... Prozeßbevollmächtigter (Beklagte)
schließen die Parteien folgenden

Schiedsvergleich[1]

1. Die Beklagte zahlt an die Klägerin zur Abgeltung sämtlicher Vergütungsansprüche aus dem Bauvertrag vom ...... DM 50.000.– bis ......
2. Die Klägerin verzichtet auf die Geltendmachung irgendwelcher Gewährleistungsrechte aus dem Bauvertrag vom ......
3. Die Beklagte trägt die Kosten des Schiedsgerichts. Im übrigen trägt jede Partei ihre eigenen Kosten.
4. Die Beklagte unterwirft sich hinsichtlich Ziffer 1 des Vergleiches der sofortigen

Zwangsvollstreckung². Zugleich beschließt das Schiedsgericht mit der Niederlegung des Schiedsvergleichs den Obmann zu beauftragen.

Berlin, 2. 4. 1992　　　　　Parteien ......　　　　Schiedsgericht ......

Anmerkungen

1. Häufig werden schiedsgerichtliche Verfahren durch Schiedsvergleiche beendet. Beim schiedsgerichtlichen Vergleich müssen die Schiedsrichter mitgewirkt haben. Sie müssen diesen zumindest, ebenso wie die Parteien, mitunterzeichnet und damit gebilligt haben (§ 1044a ZPO). Nur dann kann er für vollstreckbar erklärt werden.

2. Der Schiedsvergleich muß, soll aus ihm vollstreckt werden können, auf der Geschäftsstelle des zuständigen Gerichts niedergelegt werden.

7. Antrag auf eidliche Vernehmung eines Zeugen im Schiedsverfahren

An das
Landgericht
......

Antrag auf eidliche Vernehmung eines Zeugen in der Schiedssache Fa. ...... gegen Fa. ....

Namens und im Auftrag der Antragstellerin beantrage ich

1. der Zeuge ...... ist zu der Behauptung der Abtragstellerin ...... zu vernehmen.
2. Der Zeuge ...... wird vereidigt.

Die Parteien führen vor dem Schiedsgericht bestehend aus .... einen Rechtsstreit. Das Schiedsgericht hat beschlossen den Zeugen ...... eidlich zu obigem Thema vernehmen zu lassen. Der Zeuge hat schriftlich erklärt, daß er vor dem Schiedsgericht nicht erscheinen werde.[1] Da kein Hinderungsgrund nach § 393 ZPO vorliegt, bitte ich dem Antrag gem. § 1036 ZPO zu entsprechen.

Schiedsvertrag, Klageschrift, Beweisbeschluß liegen bei.[2]

Anmerkungen

1. Es besteht kein Erscheinungszwang für Zeugen vor dem Schiedsgericht. Für die Vernehmung vor dem staatlichen Gericht genügt, die Wahrscheinlichkeit, daß ein Zeuge nicht vor dem Schiedsgericht erscheinen wird (OLG München OLG-Rspr. 27, 196). Die Schiedsrichter können nur Zeugen und Sachverständige vernehmen, die freiwillig vor ihnen erscheinen (§ 1035 Abs. 1 ZPO). Wird eine Beweisaufnahme durch Zeugen von den Schiedsrichtern für erforderlich gehalten, so ist auf Antrag einer Partei die Beweisaufnahme vor dem zuständigen Gericht vorzunehmen (§ 1036 Abs. 1 ZPO). Das staatliche Gericht muß von amtswegen das Vorliegen der allgemeinen Prozeßvoraussetzungen, die Wirksamkeit des Schiedsvertrags, auf dem die Berechtigung zum Antrag beruht, prüfen sowie das Vorliegen des Antrags und die Notwendigkeit des Beistands. Ferner ist ihm die Anordnung des Schiedsgerichts vorzulegen. Das staatliche Gericht hat dann weiter die Zulässigkeit der Handlung nach der ZPO zu prüfen.

Das Schiedsgericht darf keinen Eid abnehmen. Es darf aber die Beeidigung in den gesetzlich zulässigen Fällen anordnen.

2. Zuständig ist das Gericht des § 1045 ZPO, also zunächst das Gericht, das im Schiedsvertrag als solches bezeichnet ist, sonst das Gericht, das für die gerichtliche Geltendmachung des Anspruchs zuständig wäre und hilfsweise das Gericht, in dessen Bezirk das schiedsgerichtliche Verfahren stattfindet oder stattgefunden hat.

8. Antrag auf Vollstreckbarerklärung des Schiedsspruchs[1]

An das
Landgericht

In der Schiedssache der Firma ......
vertreten durch Rechtsanwalt ......

gegen Firma ......,
vertreten durch Rechtsanwalt ......

beantrage ich für die Antragstellerin,

1. den von dem Schiedsgericht, bestehend aus den Herren A und B als Schiedsrichter und Herrn C als Obmann, am ...... erlassenen und am ...... beim Landgericht ...... niedergelegten Schiedsspruch für vollstreckbar zu erklären[2],
2. den die Vollstreckbarkeit aussprechenden Beschluß für vorläufig vollstreckbar zu erklären[3],
3. die Kosten dieses Verfahrens der Antragsgegnerin aufzuerlegen[4].

Die Zuständigkeit des Gerichts ist im Schiedsvertrag vereinbart worden[5]. Aufhebungsgründe liegen nicht vor.

Rechtsanwalt

Anmerkungen

1. In der Regel unterwerfen sich die Parteien der Entscheidung des Schiedsgerichts und erfüllen den Schiedsspruch. Ist dies nicht der Fall, so kann die Zwangsvollstreckung aus dem Schiedsspruch erst nach Durchführung eines weiteren Verfahrens vor dem staatlichen Gericht stattfinden. Dadurch erhält der Schiedsspruch die Wirkung eines Urteils der staatlichen Gerichte. Zur Stellung des Antrags ist jede Partei berechtigt, auch wenn sie nur in geringem Umfang obsiegt hat (weitergehend *Schönke*, Das Schiedsgerichtsverfahren nach dem deutschen Recht 1954, S. 213, nach dem auch die völlig unterlegene Partei den Antrag stellen kann). Das Gericht hat die Wahl, ob es im schriftlichen Beschlußverfahren oder im Streitverfahren entscheiden will. Es kann zur mündlichen Verhandlung übergehen. Macht der Gegner einen Aufhebungsgrund geltend oder erhebt er Widerspruch gegen den im Vollstreckbarerklärungsverfahren ergangenen Beschluß, so muß mündliche Verhandlung angeordnet werden.
Der Antrag ist unter Aufhebung des Schiedsspruchs gemäß § 1042 Abs. 2 ZPO abzulehnen, wenn ein in § 1041 ZPO bezeichneter Aufhebungsgrund vorliegt. Eine révision au fond findet jedoch nicht statt.

2. Der Beschluß, der den Schiedsspruch für vollstreckbar erklärt, ist ohne Sicherheitsleistung für vorläufig vollstreckbar zu erklären (§ 1042c Abs. 1 ZPO). Ergeht ein Urteil, so richtet sich die vorläufige Vollstreckbarkeit nach §§ 709 ff. ZPO.

3. Vgl. *Schwab-Walter*, Schiedsgerichtsbarkeit, S. 234.

4. In der Entscheidung muß über die Kosten befunden werden. Der Streitwert ist grundsätzlich identisch mit dem Wert des Schiedsspruchs.

5. Ist das zuständige Gericht nicht im Schiedsvertrag bezeichnet, so ist für die Vollstreckbarerklärung des Schiedsspruchs gemäß §§ 1046, 1045 Abs. 1 ZPO das Amts- oder Landgericht zuständig, das für die gesetzliche Geltendmachung des Anspruchs zuständig sein würde.

6. Nach § 1042b Abs. 1 ZPO sind dem Antrag die für die Zustellung erforderliche Zahl von Abschriften beizufügen.

7. Gegen den Beschluß ist Widerspruch möglich (vgl. Form. I. S. 7). Ist Widerspruch erhoben, so ist über die Vollstreckbarkeit des Schiedsspruchs durch Endurteil zu entscheiden (§ 1042c Abs. 2 ZPO). Wird der Antrag auf Vollstreckbarerklärung abgelehnt, so ist sofortige Beschwerde möglich (§ 1042c Abs. 3 ZPO).

9. Widerspruch gegen Vollstreckbarerklärung des Schiedsspruchs

An das
Landgericht

In der Schiedssache
der Firma ......
Rechtsanwalt ......

gegen

Firma ......
Rechtsanwalt ......

erhebe ich für die Beklagte gegen den Beschluß des Landgerichts ...... vom ......

Widerspruch

und beantrage,

die Vollstreckung aus dem Schiedsspruch bis zur Entscheidung über den Schiedsspruch einstweilen einzustellen[1].

Begründung:

Das Landgericht ...... hat durch Beschluß vom ...... (Aktenzeichen ......) den am ...... abgefaßten Schiedsspruch für vollstreckbar erklärt.
Dieser Beschluß ist gemäß § 1041 Abs. 1 Nr. 4 ZPO aufzuheben, da dem Kläger das rechtliche Gehör versagt war.
Das Schiedsgericht hat dem Kläger Zinsen zugesprochen, ohne dem Beklagten mitzuteilen, daß der Kläger Zinsen gefordert hat[2].

Beweis: ......

Die Zuständigkeit des Gerichts ist im Schiedsvertrag vom ...... vereinbart worden.

Rechtsanwalt

Anmerkungen

1. Der Widerspruch gegen den die Vollstreckbarerklärung anordnenden Beschluß steht dem Antragsgegner anstelle aller Rechtsmittel zu und ist innerhalb einer mit der Zustellung beginnenden Notfrist von zwei Wochen durch Einreichung einer Widerspruchsschrift bei dem Gericht einzulegen, das den Beschluß erlassen hat (§ 1042d ZPO).
2. Vgl. OLG Hamburg MDR 1965, 64.

10. Klage auf Aufhebung des Schiedsspruchs[1]

An das
Landgericht

In Sachen
der Firma ......
Rechtsanwalt ......

gegen

Firma ......
Rechtsanwalt ......

wegen Aufhebung[2] des Schiedsspruchs

erhebe ich namens und in Vollmacht der Klägerin Klage und werde beantragen:

1. Der in der Schiedssache der Parteien von den Schiedsrichtern .... am ...... abgefaßte und am ...... beim Landgericht ...... unter dem Aktenzeichen ...... niedergelegte Schiedsspruch wird aufgehoben.
2. Die Kosten des Verfahrens hat die Beklagte zu tragen.

Begründung:

Das Schiedsgericht hat am ...... einen Schiedsspruch erlassen, wonach die Klägerin an die Beklagte DM ...... nebst ...... % Zinsen seit ...... zu bezahlen hat. In der Begründung des Schiedsspruchs wird ausgeführt, daß die Klägerin nicht bestritten habe, daß der Prokurist ...... der Beklagten gegenüber auf die Einrede der Verjährung bis ...... verzichtet habe. Ein Schriftsatz der Beklagten, in dem dieser Verzicht behauptet wurde, ist der Klägerin jedoch nie zugegangen. Nachdem die Schriftsätze vom Schiedsgericht nicht mit Einschreiben-Rückschein versehen wurden, ist es möglich, daß der Schriftsatz verlorengegangen ist. Infolge Nichtkenntnis der gegnerischen Behauptung konnte die Klägerin den dem Schiedsspruch zugrundegelegten Vortrag auch nicht bestreiten. Der Klägerin ist insoweit das rechtliche Gehör versagt[3].

Rechtsanwalt

Anmerkungen

1. Das Rechtsschutzbedürfnis für eine Aufhebungsklage fehlt, wenn die Vollstreckbarkeit beantragt ist (*Schwab-Walter*, Schiedsgerichtsbarkeit S. 213; *Zöller* § 1041 Rdnr. 2). Die Einrede der Rechtshängigkeit greift jedoch insoweit nicht durch. Beide Verfahren verfolgen verschiedene Zwecke.
2. Die Aufhebungsgründe ergeben sich aus § 1041 ZPO. Der in der Praxis wichtigste Aufhebungsgrund ist die Nichtgewährung des rechtlichen Gehörs (§ 1041 Abs. 1 Nr. 4

ZPO), sowie das Vorliegen eines fehlerhaften Schiedsvertrags und von sonstigen Verfahrensfehlern, insbesondere die fehlerhafte Besetzung des Schiedsgerichts. Umstritten sind die Grenzen der Nachprüfung des Schiedsspruchs unter dem Gesichtspunkt des ordre public (§ 1041 Abs. 1 Ziff. 2 ZPO). Der BGH (BGHZ 27, 249) läßt hier auch eine Prüfung der rechtlichen Subsumtion durch das staatliche Gericht zu. Die Nachprüfung beschränkt sich aber auf die Verletzung fundamentaler Normen. Durch die rechtskräftige, der Aufhebungsklage stattgebende Entscheidung wird der Schiedsspruch mit rückwirkender Kraft aufgehoben. Zur Entscheidung der Sache ist nunmehr das staatliche Gericht berufen, es sei denn, die Parteien träfen eine neue Schiedsabrede. Streitig ist es, ob dies auch da gilt, wo der Schiedsspruch den Schiedsvertrag nicht restlos erschöpft. So, wenn nicht die vereinbarten Schiedsrichter entschieden, oder wenn sie nicht zwischen den Parteien erkannt haben, oder wo nur eine von mehreren unter den Schiedsvertrag fallenden Streitigkeiten erledigt ist (vgl. *Baumbach/Lauterbach/Albers/ Hartmann* § 1041 Rdnr. 7; vgl. aber auch weitergehend: KG NJW 1976, 1357).

3. Das rechtliche Gehör muß den Parteien wie im Prozeß gewährt werden. Die eigenen Ermittlungen des Schiedsgerichts müssen den Parteien zur Stellungnahme bekanntgegeben werden, ebenso selbstverständlich das Vorbringen jeder Partei der anderen. Vgl. zum Begriff und Umfang des rechtlichen Gehörs: BGHZ 85, 291; *Habscheid* KTS 1970, 134.

T. Internationales Zivilprozeßrecht

1. Antrag[1] auf Ausländersicherheit

An das
Landgericht[2]

In Sachen

der Firma A[3] ......   – Klägerin –

Prozeßbevollmächtigter:
RA ......

gegen

die Firma B[4] ......   – Beklagte –

Prozeßbevollmächtigter:[5]
RA ......

beantrage

ich für die Beklagte, anzuordnen, daß die Klägerin der Beklagten wegen der Prozeßkosten Sicherheit zu leisten hat[6], und der Klägerin eine Frist zu bestimmen[7], binnen derer die Sicherheit zu leisten ist.

Begründung:[8]

Die Klägerin, eine Handelsgesellschaft nach englischem Recht, hat ihren Sitz in London. Sie hat nach § 110 Abs. 1 ZPO der Beklagten deshalb Sicherheit zu leisten. Eine Befreiung[9] nach dem deutsch-britischen Abkommen vom 3. Dezember 1928 kommt nicht in Betracht, da Art. 14 nur die Personen von der Sicherheitsleistungspflicht befreit, die ihren Wohnsitz im Gebiet des anderen Staates haben. Auch eine Befreiung nach Art. 9 Abs. 1 des Europäischen Niederlassungsübereinkommens[10] scheidet aus, da diese nur zugunsten natürlicher Personen wirkt. Schließlich bringen auch Artt. 59, 60 EWGV keine Befreiung der Klägerin[11], da § 110 ZPO gegen diese Bestimmungen nur insoweit verstößt als der Kläger in Ausübung seiner beruflichen Tätigkeit gegen Entgelt als Partei vor deutschen Gerichten auftritt[12].

Rechtsanwalt

Anmerkungen

1. Ausländer und Staatenlose, die keinen Wohnsitz im Inland haben, müssen, wenn sie als Kläger vor deutschen Gerichten auftreten, dem Beklagten Sicherheit für die Prozeßkosten leisten, vgl. §§ 110 ff. ZPO. Die Anordnung der Sicherheitsleistung erfolgt nicht von Amts wegen, sie setzt einen Antrag des Beklagten voraus. Die mangelnde Sicherheitsleistung begründet eine prozeßhindernde Einrede. Nach § 282 Abs. 3 ZPO ist das Verlangen der Sicherheitsleistung regelmäßig spätestens bis zur Verhandlung zur Hauptsache, bei Fristsetzung zur Klageerwiderung innerhalb der gesetzten Frist zu erheben.

2. Zuständig ist das Prozeßgericht.

3. Bei juristischen Personen ist auf den Sitz abzustellen. Sie sind bei Sitz im Ausland selbst dann zur Stellung der Sicherheit verpflichtet, wenn sie eine inländische Zweigniederlassung haben.

4. Die Staatsangehörigkeit des Beklagten – bzw. der Sitz bei juristischen Personen – ist unerheblich (OLG Düsseldorf NJW 1973, 2165). Die Verpflichtung zur Stellung der Prozeßkostensicherheit besteht auch gegenüber ausländischen Beklagten.

5. Im Anwaltsprozeß besteht auch für das Verlangen der Sicherheitsleistung Anwaltszwang.

6. Die Höhe der Sicherheitsleistung liegt im Ermessen des Gerichts. Bei ihrer Festsetzung ist von den Kosten aller möglichen Instanzen auszugehen (RGZ 154, 227; BGHZ 37, 267; BGH NJW 1981, 2646; str. vgl. *Danelzik,* Sicherheitsleistung für die Prozeßkosten, Diss. Bonn 1976, S. 72f.; *Wieczorek/Schütze,* ZPO³, § 112 Rdn. 6).

7. Vgl. § 113 ZPO.

8. Vgl. zum Sachverhalt LG Frankfurt RIW/AWD 1982, 58.

9. Zahlreiche Staatsverträge sehen eine Befreiung von der Sicherheitsleistungspflicht vor. Diese entfällt auch bei tatsächlicher Verbürgung der Gegenseitigkeit. Die Landesjustizministerien haben – nicht bindende – teilweise veraltete und überholte Länderübersichten veröffentlicht, vgl. z.B. LJM BW Justiz 1973, 234; 1976, 420. Zum Umfang der Gegenseitigkeitsverbürgung vgl. *Schütze* JZ 1983, 383; *ders.,* Deutsches Internationales Zivilprozeßrecht, 1985, S. 84ff. mit einer Länderübersicht.

10. Vgl. dazu OLG Koblenz RIW/AWD 1990, 753.

11. Vgl. dazu EuGH DZWir 1994, 1.

12. Vgl. dazu *Schütze* DZWir 1994, S. 22f.

Kosten und Gebühren

Gerichtsgebühren entstehen nicht. Die Tätigkeit des Rechtsanwalts ist mit der Regelgebühr des § 31 BRAGO abgegolten. Ist der Rechtsanwalt im Erhöhungs- oder Ermäßigungsverfahren nicht Prozeßbevollmächtigter, so kommt § 56 BRAGO zur Anwendung.

2. Antrag auf Zustellung[1] im Ausland[2]

**An das
Amtsgericht**[3]

In Sachen

der Firma A ......

– Antragstellerin –

Prozeßbevollmächtigter[4]:
RA ......

gegen

die Firma B ......

– Antragsgegnerin –

beantrage

2. Antrag auf Zustellung im Ausland   I. T 2

ich, den Arrestbefehl und Pfändungsbeschluß des Amtsgerichts Stuttgart vom ...... (Datum) an die Antragsgegnerin zuzustellen[5].

Einen Übersetzungskostenvorschuß[6] in Höhe von DM ...... füge ich in Form eines V-Schecks bei.

Die gepfändeten Rechte sind im Inland belegen, so daß auch die Zustellung des mit dem Arrestbefehl verbundenen Pfändungsbeschlusses[7] zulässig ist.

Rechtsanwalt

Anmerkungen

1. Ein Antrag auf Zustellung ist nur erforderlich, wenn die Zustellung im Parteibetrieb erfolgt, nicht dagegen bei Zustellung im Amtsbetrieb. Deshalb ist ein Antrag überflüssig für die Klagezustellung und die Zustellung von Urteilen. Diese werden von Amts wegen auf Veranlassung des Vorsitzenden zugestellt.

2. Bedeutung hat die Parteizustellung besonders bei Arrestbefehlen und einstweiligen Verfügungen. Die Zustellung kann im Ausland regelmäßig nicht innerhalb der Vollziehungsfrist bewirkt werden. Eine Anwendung von § 187 ZPO ist nicht möglich (BGHZ 58, 177: keine Anwendung bei Auslandszustellung; *Schütze* BB 1978, 589: keine Anwendung wegen des darin liegenden Hoheitsaktes; a.A. *Schack*, Internationales Zivilverfahrensrecht, 1991, Rdn. 618: Heilung möglich), jedoch treten Probleme im Regelfall nicht auf, da bei einer im Ausland zu bewirkenden Zustellung die fristgerechte Einreichung des Gesuchs bei Gericht ausreicht (§ 207 I ZPO, *Wieczorek/Schütze* ZPO² § 929 D IIa).

3. Zuständig ist der Vorsitzende des Prozeßgerichts der jeweiligen Instanz. Bei Arrest- und einstweiligen Verfügungsverfahren ist das Gesuch an den Vorsitzenden des angerufenen Gerichts zu richten.

4. Der Antrag unterliegt dem Anwaltszwang, soweit das Verfahren, in dem die Zustellung Bedeutung haben soll, dem Anwaltszwang unterliegt (*Wieczorek* ZPO² § 202 A, str.).

5. Nach § 199 ZPO erfolgt die im Ausland zu bewirkende Zustellung mittels Ersuchens der zuständigen Behörde oder des dort akkreditierten diplomatischen oder konsularischen Vertreters. Vgl. für die Behandlung ausgehender Ersuchen §§ 11 ff. ZRHO. Erleichterungen bringen zahlreiche zwei- und mehrseitige Staatsverträge, insbesondere das Haager Zivilprozeßübereinkommen vom 1. 3. 1954 (BGBl. 1958 II 577) und das Haager Zustellungsübereinkommen vom 18. 3. 1970 (BGBl. 1977 II 1453). Auf seine Anwendbarkeit kann im Antrag zur Beschleunigung hingewiesen werden. Vgl. dazu im einzelnen *Bülow/Böckstiegel/Geimer/Schütze*, Internationaler Rechtsverkehr 100 ff.; 350 ff.

6. Es empfiehlt sich, die Höhe des Übersetzungskostenvorschusses vorher zu erfragen, um die Durchführung der Zustellung zu beschleunigen.

7. Die Zustellung von Arrestbefehlen, die mit einer Pfändungsanordnung verbunden sind, ist nicht zulässig, wenn im Ausland belegene Gegenstände gepfändet werden, weil dadurch in fremde Hoheitsrechte eingegriffen würde (*Ost* Justiz 1976, 134). Betrifft der Pfändungsbeschluß jedoch im Inland belegene Rechte, etwa Forderungen gegen inländische Drittschuldner, so ist die Zustellung zulässig (*Schütze* WPM 1980, 1438; *Wieczorek/Schütze* ZPO² § 916 E VIa). Bei der einstweiligen Verfügung ist zu beachten, daß eine Strafandrohung bei einer Unterlassungsverfügung wegen des Eingriffs in fremde Hoheitsrechte nicht zugestellt werden darf (*Ost* aaO.; *Schütze* aaO.). Es empfiehlt sich, bei Antragsgegnern im Ausland, die Unterlassungsverfügung ohne Strafbewehrung zu beantragen. Andernfalls muß der Zustellungsantrag beschränkt und die Strafandrohung bei der Zustellung geschwärzt werden (vgl. im einzelnen *Schütze*, Deutsches Internationales Zivilprozeßrecht, 1985, 187 ff.

Kosten und Gebühren

Es entstehen keine Gerichtsgebühren; Auslagen werden in Ansatz gebracht. Für den Rechtsanwalt entsteht keine besondere Gebühr, da die Zustellung zum Gebührenrechtszug gehört (§ 37 Nr. 7, § 58 II Nr. 2 BRAGO). Anders ist dies nur, wenn sich die Tätigkeit des Rechtsanwalts allein auf die Zustellung beschränkt. In diesem Fall entsteht eine $^{10}/_{10}$ Gebühr (str., teilweise wird nur eine $^{5}/_{10}$ Gebühr zugebilligt).

3. Antrag auf Erlaß einer einstweiligen Verfügung gegen ausländisches Beweisersuchen[1]

An das
Landgericht[2]
– Zivilkammer[3] –

In Sachen
der Firma A ......   – Antragstellerin –

Verfahrensbevollmächtigter[4]:
RA ......

gegen

die Bank B......   – Antragsgegnerin –
zeigen wir an, daß wir die Antragstellerin vertreten. In ihrem Namen und in ihrer Vollmacht beantragen wir – wegen Dringlichkeit ohne mündliche Verhandlung durch Beschluß – den Erlaß folgender einstweiliger Verfügung[5]:
1. Der Antragsgegnerin wird bei Meidung eines für jeden Fall der Zuwiderhandlung festzusetzenden Ordnungsgeldes bis zu DM 500 000.– oder einer jeweils festzusetzenden Ordnungshaft bis zu sechs Monaten, zu vollziehen an ihren Vorstandsmitgliedern, verboten, gegenüber der Grand Jury des United States District Court Michigan gemäß Subpoena vom ...... (Datum) Auskünfte zu erteilen und/oder Unterlagen herauszugeben[6].
2. Der Antragsgegnerin werden die Kosten des Verfahrens auferlegt.

Begründung

Im Rahmen einer Untersuchung über angeblich widerrechtliche Geschäftspraktiken der Antragstellerin bei dem Verkauf von Pharmazeutika in den USA hat die Grand Jury des United District Court of Michigan der Antragsgegnerin – der Hausbank der Antragstellerin – aufgegeben, Kundenunterlagen, die das USA-Geschäft der Antragstellerin betreffen, herauszugeben und in diesem Zusammenhang Auskünfte zu erteilen[7].
Die Tatsachen, auf die sich das Auskunfts- und Herausgabeverlangen bezieht, unterfallen dem Bankgeheimnis[8]. Die Antragsgegnerin ist nicht berechtigt, dem Ersuchen nachzukommen. Sie würde dadurch ihre Verpflichtungen aus dem Bankvertrag zwischen den Parteien verletzen.
Das Auskunfts- und Herausgabeverlangen verstößt im übrigen gegen die Bestimmungen des Haager Beweisübereinkommens[9], das im Verhältnis zwischen der Bundesrepublik Deutschland und den USA gilt[10]. Der danach vorgesehene Weg über deutsche Behörden ist nicht eingehalten. Das Ersuchen greift in deutsche Hoheitsrechte ein und ist deshalb unzulässig.[11]
Die Antragsgegnerin hat erklärt, daß sie dem Auskunfts- und Herausgabeverlangen nachkommen werde.

3. Antrag auf Erlaß einer einstweiligen Verfügung   I. T 3

Glaubhaftmachung: Fernschreiben der Antragsgegnerin an die Antragstellerin vom ......
– Anlage –
Wie sich aus dem Telex ergibt, soll die Erledigung des Ersuchens in drei Tagen erfolgen. Der Erlaß einer einstweiligen Verfügung ist deshalb geboten.

Rechtsanwalt

Anmerkungen

1. Im Rahmen einer umfassenden „pre-trial-discovery" in US-Prozessen, die der Beweisermittlung (discovery) und Beweisoffenlegung (disclosure) dient, werden häufig von der deutschen Partei und/oder in der Bundesrepublik Deutschland wohnhaften Dritten Unterlagen angefordert oder Auskünfte verlangt (vgl. dazu u. a. *Heidenberger* RIW/AWD 1985, 270 ff., 437 ff.; *von Hülsen*, RIW/AWD 1982, 225 ff.; *ders.*, RIW/AWD 1974, 315; *Stiefel* RIW/AWD 1979, 509 ff.; *Stürner* JZ 1981, 521 ff.; *ders.*, ZVglRWiss 81 (1982), 159 ff.). Zum Schutz gegen unzulässige Beweiserhebungen kann der Betroffene ein Unterlassungsverfahren gegen den um Auskunft ersuchten Dritten in Deutschland führen (dazu LG Kiel RIW/AWD 1983, 206; *Stiefel/Petzinger* RIW/AWD 1983, 242 ff.).

2. Die Zuständigkeit des Landgerichts ergibt sich aus § 943 Abs. 1 ZPO.

3. Zuständig ist die Zivilkammer, nicht die Kammer für Handelssachen. Der Unterlassungsanspruch unterfällt nicht § 95 Abs. 1 Nr. 1 GVG.

4. Der Antrag unterliegt nicht dem Anwaltszwang, da er auch zu Protokoll der Geschäftsstelle erklärt werden kann, § 78 Abs. 2 ZPO. Der Anwaltszwang beginnt mit der mündlichen Verhandlung.

5. Zur einstweiligen Verfügung im einzelnen vgl. Form. I. R. 4.

6. Zum – leicht abgewandelten – Sachverhalt vgl. LG Kiel RIW/AWD 1983, 206; weiter *Geimer*, IZPR², Rdn. 176 ff.

7. Die gleichen Grundsätze gelten im Rahmen der „pre-trial-discovery" in amerikanischen Zivilprozessen.

8. Das Bankgeheimnis steht auch nach US-Recht einer Auskunfterteilung entgegen. So hat in einem unveröffentlichten New Yorker Fall das Gericht den Einwand der beteiligten deutschen Bank, die Vorlage der verlangten Unterlagen verstoße gegen das deutsche Bankgeheimnis unter Berufung auf Ings v. Ferguson 282 F. 2d. 149 (2 d Civ. 1960) als erheblich erachtet (vgl. *Schütze* WPM 1983, 1078 ff. (1079)). Die amerikanischen Gerichte sind aber bei der Zulassung von Ausnahmen sehr restriktiv (vgl. *Schütze*, Rechtsverfolgung im Ausland, 1986, S. 139 ff.; *Junker*, Discovery im deutsch-amerikanischen Rechtsverkehr, 1987, S. 302).

9. BGBl. 1977 II, 1453 (dazu *Böckstiegel/Schlafen* NJW 1978, 1073 ff.)

10. BGBl. 1980 II, 907.

11. Vgl. zur Verteidigung gegen unzulässige Beweiserhebungsmaßnahmen *Schütze* WPM 1986, 633 ff.

Kosten und Gebühren

Die Gerichtskosten bestimmen sich nach Gerichtskostenverzeichnis Nr. 1310 ff. Die Anwaltsgebühren bestimmen sich nach § 31 BRAGO, wobei §§ 40, 59 BRAGO zu beachten sind.

4. Klage auf Vollstreckbarerklärung eines ausländischen Urteils nach §§ 722 f. ZPO

An das
Landgericht[1,3]
– Zivilkammer[2] –

Klage[4]

der Firma A ......

— Klägerin —

Prozeßbevollmächtigter:
RA ......

gegen

die Firma B ......

— Beklagte —

Prozeßbevollmächtigter:
RA ......

wegen
Vollstreckbarerklärung eines ausländischen Urteils
Streitwert: FCFA 50.000.000,–[5]

Namens und in Vollmacht der Klägerin erheben wir

Klage

gegen die Beklagte und bitten um Anberaumung eines möglichst nahen Termins zur mündlichen Verhandlung, in dem wir

beantragen

werden:

I. das Urteil[6] des Tribunal de Première Instance Abidjan vom ...... (Aktenzeichen: ......), durch das die Beklagte zur Zahlung von FCFA 50.000.000,– nebst 10% Zinsen seit dem ...... verurteilt worden ist, für vollstreckbar zu erklären;
II. hilfsweise[7]: die Beklagte zu verurteilen, an die Klägerin FCFA 50.000.000,– nebst 10% Zinsen seit dem ...... zu zahlen;
III. der Beklagten die Kosten des Rechtsstreits aufzuerlegen;
IV. das Urteil für vorläufig vollstreckbar[8] zu erklären und Sicherheitsleistung durch selbstschuldnerische Bürgschaft der X-Bank zuzulassen;
V. hilfsweise im Unterliegensfalle: der Klägerin nachzulassen, die Zwangsvollstreckung durch Sicherheitsleistung, die auch durch selbstschuldnerische Bürgschaft der X-Bank erbracht werden kann, abzuwenden.

Begründung:

1. Die Beklagte schuldet der Klägerin FCFA 50.000.000,– als Kaufpreis aus einer Lieferung von Erdnüssen.[9] Durch Urteil des Tribunal de Première Instance Abidjan ist die Beklagte zur Zahlung dieses Betrages nebst Zinsen vom Zeitpunkt des Verzugseintritts an verurteilt worden. Das Urteil ist rechtskräftig[10].

Beweis: Anliegendes Urteil des Tribunal de Première Instance Abidjan nebst Rechtskraftvermerk.

— Anlage 1 u. 2 —

4. Klage auf Vollstreckbarerklärung eines ausländischen Urteils I. T 4

2. Die Erfordernisse der Anerkennung nach § 328 Abs. 1 ZPO sind gegeben, so daß die Vollstreckbarerklärung nach §§ 722 f. ZPO ohne sachliche Nachprüfung[11] erfolgen muß. Im einzelnen gilt folgendes[12]:
Das Erstgericht war international zuständig[13], da die Parteien eine wirksame Gerichtsstandsvereinbarung[14] im Kaufvertrag vom ...... (Datum) zugunsten des Tribunal de Première Instance Abidjan getroffen haben.
Beweis: Vorlage des Kaufvertrages
vom ...... (Datum)

– Anlage 3 –

Die Beklagte hat sich auf das erststaatliche Verfahren eingelassen, so daß es auf die Zustellung des verfahrenseinleitenden Schriftstückes nicht ankommt[15].
Beweis: Vorlage des Terminsprotokolls vom ...... (Datum)

– Anlage 4 –

Die verfahrensrechtlichen Rechte der Beklagten im erststaatlichen Prozeß sind gewahrt. Die Entscheidung verstößt nicht gegen den deutschen ordre public[16].
Die Gegenseitigkeit im Verhältnis zur Elfenbeinküste ist verbürgt[17]. Nach Artt. 345–350 der Zivil-, Handels- und Verwaltungsprozeßordnung vom 21. 12. 1972 (Gesetz Nr. 72–833) werden deutsche Urteile an der Elfenbeinküste unter gleichwertigen Bedingungen anerkannt und vollstreckbar erklärt – insbesondere ohne révision au fond –, denen ausländische Urteile im Anerkennungs- und Vollstreckbarerklärungsverfahren nach §§ 328, 722 f. ZPO unterliegen.
Beweis: Einholung eines Rechtsgutachtens[18].

3. Die Verbürgung der Gegenseitigkeit im Verhältnis zur Elfenbeinküste (§ 328 Abs. 1 Nr. 5 ZPO) ist jedoch nicht zweifelsfrei. Die Ansichten im Schrifttum sind geteilt.
Vgl. ......
Rechtsprechung liegt nicht vor. Nach einer Auskunft der deutschen Botschaft in Abidjan vom ...... (Datum) stößt die Geltendmachung deutscher Titel an der Elfenbeinküste auf Schwierigkeiten.
Beweis: Auskunft der deutschen
Botschaft vom ...... (Datum)

– Anlage 5 –

Mit dem Hilfsantrag wird deshalb der ursprüngliche Anspruch für den Fall geltend gemacht, daß das Gericht die Verbürgung der Gegenseitigkeit im vorliegenden Falle verneinen sollte.

Rechtsanwalt

Anmerkungen

1. Sachlich zuständig ist ausschließlich (§ 802 ZPO) das Gericht des ersten Rechtszuges, das für die Geltendmachung des ursprünglichen Anspruchs zuständig wäre (§ 722 Abs. 2 ZPO). Eine Zuständigkeit nach § 23 Abs. 2 GVG bleibt unberücksichtigt. Da Streitgegenstand des Vollstreckbarerklärungsverfahrens nicht der ursprüngliche Anspruch, sondern die Vollstreckbarkeit ist, ist das ordentliche Gericht auch für die Vollstreckbarerklärung ausländischer arbeitsgerichtlicher Urteile zuständig (BGHZ 42, 194). Der BGH macht eine Ausnahme für Entscheidungen in Familiensachen. Betrifft der Rechtsstreit, der der ausländischen Entscheidung zugrunde liegt, eine Angelegenheit, für die die Familiengerichte zuständig wären, so soll eine Zuständigkeit der Familiengerichte auch für das Vollstreckbarerklärungsverfahren gegeben sein (BGHZ 67, 255; 88, 113; BGH NJW 1980, 2025; BGH FamRZ 1986, 45; OLG Köln FamRZ 1979, 718; OLG Hamm IPRax 1986, 234; str. vgl. *Schütze* NJW 1983, 154; *Zöller/Geimer* § 722 Rdnr. 31 a).

2. Eine Zuständigkeit der Kammer für Handelssachen ist in keinem Fall gegeben (*Riezler*, Internationales Zivilprozeßrecht, 1949, S. 564; *Schütze* NJW 1983, 154; *Zöller/Geimer* § 722 Rdnr. 31 a).

3. Örtlich zuständig ist ausschließlich (§ 802 ZPO) das Gericht des allgemeinen Gerichtsstandes des Urteilsschuldners (§§ 13–19 ZPO), hilfsweise das des Vermögens (§ 23 ZPO, § 722 Abs. 2 ZPO).

4. Während die Anerkennung einer ausländischen Entscheidung formlos erfolgt und jedes Gericht oder jede befaßte Amtsstelle incidenter hierüber entscheiden kann, bedarf die Vollstreckbarerklärung einer gerichtlichen Entscheidung. Das Verfahren wird durch Klage eingeleitet. Es folgt den Regeln des ordentlichen Prozesses. Der Urkunden- und Wechselprozeß ist nicht statthaft, da Streitgegenstand allein die Vollstreckbarkeit der ausländischen Entscheidung ist (*Riezler* aaO. S. 565; *Zöller/Geimer* § 722 Rdnr. 16). Die Klage auf Vollstreckbarerklärung macht den ursprünglichen Anspruch nicht rechtshängig.

5. Die Urteilsforderung wird nicht in DM umgerechnet (vgl. *Baumann* IPRax 1990, 29). Soweit eine Devisengenehmigung erforderlich ist, sind § 32 AußenwG und die AußenwVO zu beachten (dazu *Fertig* NJW 1961, 711).

6. Nicht nur Urteile und sonstige gerichtliche Entscheidungen können nach §§ 722 f. ZPO für vollstreckbar erklärt werden, vielmehr auch vollstreckbare Urkunden (*Geimer* DNotZ 1975, 464; *Schütze* DNotZ 1992, 66/81). Das Urteil muß der Vollstreckung im engeren Sinne fähig sein; deshalb scheiden Feststellungs- und klagabweisende Urteile (RGZ 9, 372) von der Vollstreckbarerklärung aus, nicht dagegen die damit im Zusammenhang ergangenen Kostenentscheidungen (RGZ 9, 372).

7. Sind die Voraussetzungen der Vollstreckbarerklärung gegeben, so ist der Gläubiger gehalten, das Verfahren nach §§ 722 f. ZPO zu betreiben. Die Leistungsklage ist nach bestr. Ansicht (bejahend BGH NJW 1964, 1626; *Baumann* IPRnr 1990, 29) unzulässig (*Schütze* Betr. 1967, 497). Jedoch ist eine Verbindung von Vollstreckungs- und Leistungsklage im Wege eventueller Klagehäufung zulässig (*Schütze* Betr. 1977, 2129; *Zöller/Geimer* § 722 Rdnr. 57). Eine solche Klagehäufung ist in allen Fällen angezeigt, in denen die Anerkennung zweifelhaft ist, da sonst unter Umständen nach endgültiger Abweisung der Vollstreckungsklage der ursprüngliche Anspruch verjährt ist.

8. Das Vollstreckungsurteil ist nach §§ 709 ff. ZPO für vorläufig vollstreckbar zu erklären.

9. Der dem ausländischen Urteil zugrundeliegende Anspruch ist in der Begründung zur Bestimmung der Zuständigkeit nunmehr zu bezeichnen, nachdem die Rechtsprechung systemwidrig teilweise die Familiengerichte für zuständig erachtet (vgl. Anm. 1).

10. Vgl. § 723 Abs. 2 S. 1 ZPO.

11. Eine révision au fond ist ausgeschlossen (§ 723 Abs. 1 ZPO). Die Nachprüfungsbefugnis des Gerichts ist auf das Vorliegen der Erfordernisse des § 328 ZPO beschränkt (§ 723 Abs. 2 S. 2 ZPO).

12. Die Darlegung ist erforderlich, da nach h. L. die Nachprüfung sämtlicher Anerkennungserfordernisse von Amts wegen zu erfolgen hat. Im Anschluß an die Rechtsprechung des RG wird jedoch angenommen (RGZ 75, 148), daß sich die Untersuchungsmaxime nicht auf die tatsächlichen Grundlagen der Erfordernisse erstreckt. Eine Ausnahme von dem Untersuchungsgrundsatz wird für das Erfordernis des § 328 Abs. 1 Nr. 2 ZPO gemacht, das verzichtbar und nur auf Rüge zu beachten sein soll.

13. Vgl. § 328 Abs. 1 Nr. 1 ZPO.

14. Die internationale Gerichtsstandsvereinbarung ist geeignet, die internationale Zuständigkeit zu begründen (BGH WPM 1979, 445). Ihr Zustandekommen bestimmt sich nach dem Vertragsstatut, nicht nach der lex fori (BGHZ 59, 23; BAG JZ 1979, 647). Die

5. Klage auf Feststellung der Anerkennung eines ausländischen Urteils

Wirkungen dagegen bestimmen sich nach der lex fori (*Schütze* Betr. 1974, 1417; *Mezger*, Festschrift für Wengler, 1973, 541).

15. Vgl. § 328 Abs. 1 Nr. 2 ZPO.

16. Vgl. § 328 Abs. 1 Nr. 4 ZPO (dazu *Roth*, Der Vorbehalt des Ordre Public gegenüber fremden gerichtlichen Entscheidungen, 1967).

17. Vgl. § 328 Abs. 1 Nr. 5 ZPO.

18. Es handelt sich nicht um einen echten Beweisantritt, lediglich eine Anregung für das Gericht. Denn trotz der mißverständlichen Fassung des § 293 ZPO gilt auch für die Feststellung ausländischen Rechts der Grundsatz iura novit curia. Das Gericht muß ausländisches Recht von Amts wegen ermitteln (BGHZ 36, 348; 77, 32; BGH NJW 1976, 1581); es ist jedoch in der Auswahl der Erkenntnismöglichkeiten frei (BGH NJW 1963, 252; 1976, 1581). Da ausländisches Recht nicht dem Beweis unterliegt, ist die Partei, die sich auf einen ausländischen Rechtssatz beruft, auch nicht verpflichtet, einen Vorschuß für ein Sachverständigengutachten zu leisten.

Kosten und Gebühren

Die Gerichtsgebühren bestimmen sich nach KV Nr. 1430 ff. GKG, die Anwaltsgebühren nach § 31 BRAGO.

5. Klage auf Feststellung der Anerkennung eines ausländischen Urteils

An das
Landgericht[1]
– Zivilkammer[2] –

Klage[3]

des Kaufmanns A ......

– Kläger –

Prozeßbevollmächtigter:
RA ......

gegen

den Ingenieur B ......

– Beklagter –

Prozeßbevollmächtigter:
RA ......

wegen Feststellung der Anerkennung eines ausländischen Urteils[4]
Streitwert: DM 50.000,–[5]
Namens und in Vollmacht des Klägers erheben wir

Klage

gegen den Beklagten und bitten um Anberaumung eines möglichst nahen Termins zur mündlichen Verhandlung, in dem wir

beantragen

werden:

I. Das Urteil des High Court Singapore vom ...... (Az.: ......), durch das die partnership der Parteien unter der Firma ...... aufgelöst worden ist, anzuerkennen;
II. dem Beklagten die Kosten des Rechtsstreits aufzuerlegen;
III. das Urteil hinsichtlich der Kosten für vorläufig vollstreckbar zu erklären und Sicherheitsleistung durch selbstschuldnerische Bürgschaft der X-Bank zuzulassen;

Begründung

(1) Die Parteien waren die einzigen Gesellschafter einer partnership nach singapurischem Recht in Singapur unter der Firma ...... Wegen gesellschaftsschädigendem Verhaltens des Beklagten hat der High Court Singapore durch Urteil vom ...... (Az.: ......) die partnership aufgelöst[7]. Das Urteil ist rechtskräftig.
Beweis: Anliegendes Urteil des High Court Singapore

– Anlage K 1 –

(2) Die Erfordernisse des § 328 Abs. 1 ZPO sind erfüllt[8]. Der Beklagte hatte zur Zeit der Klageerhebung in Singapur dort seinen Wohnsitz. Er hat sich auf das erststaatliche Verfahren eingelassen,
Beweis: Affidavit des Solicitor and Advocate ...... vom ......

– Anlage K 2 –

so daß es auf die Zustellung des verfahrenseinleitenden Schriftstücks nicht ankommt. Die Gegenseitigkeit im Verhältnis zu Singapur ist verbürgt (§ 328 Abs. 1 Nr. 5 ZPO)[9].
vgl. ......

(3) Das Feststellungsinteresse i. S. von § 256 ZPO[10] ist angesichts der Gefahr einander widersprechender Entscheidungen gegeben.

Rechtsanwalt

Anmerkungen

1. Bei der Klage handelt es sich um eine Feststellungsklage nach § 256 ZPO. Die sachliche Zuständigkeit bestimmt sich nach §§ 23 Nr. 1, 71, Abs. 1 GVG. Eine Zuständigkeit nach § 23 Abs. 2 GVG bleibt unberücksichtigt. Da Streitgegenstand nicht der ursprüngliche Anspruch, sondern die Erstreckung der Urteilswirkungen auf das Inland ist, kommt es nicht darauf an, welchem Gerichtszweig das Erstgericht angehört. Auch die Feststellung der Anerkennung oder Nichtanerkennung ausländischer arbeitsgerichtlicher Urteile gehört vor die Amts- oder Landgerichte. Die Rechtsprechung macht für die Vollstreckbarerklärung ausländischer Urteile in Familiensachen eine Ausnahme (vgl. Form. I. T. 4 Anm. 1), die konsequenterweise auch für die Feststellungsklage gelten müßte.

2. Eine Zuständigkeit der Kammer für Handelssachen ist in keinem Fall gegeben, da Streitgegenstand nicht eine Handelssache ist.

3. Das deutsche Recht kennt – abgesehen von der Ausnahme des Art. 7 FamRÄndG – kein besonderes Anerkennungsverfahren für ausländische Entscheidungen. Die Anerkennung erfolgt formlos. Jedes Gericht und jede befaßte Amtsstelle entscheidet über die Anerkennung incidenter (vgl. *Schütze*, Deutsches internationales Zivilprozeßrecht, 1985, S. 159f.). Den Parteien steht die Feststellungsklage nach § 256 ZPO zur Klärung der Anerkennungsfähigkeit oder mangelnden Anerkennungsfähigkeit zur Verfügung (vgl. *Geimer* JZ 1977, 145/146; *Martiny*, Handbuch des Internationalen Zivilverfahrensrechts, Bd. III/1, 1984, S. 690ff.; *Schack*, Internationales Zivilverfahrensrecht, 1991, Rdnr. 885).

4. Die von der ausländischen Entscheidung begünstigte Partei kann eine positive, die unterlegene Partei eine negative (auf Feststellung der Nichtanerkennung) gerichtete Feststellungsklage erheben (vgl. *Geimer* JZ 1977, 146).

5. Der Streitwert entspricht dem Streitwert im Erstprozeß. Das gilt sowohl für die positive als auch für die negative Feststellungsklage. Ein prozentualer Abschlag ist nicht zu machen, da die Erstreckung der Urteilswirkungen auf das Inland der Erstreckung der Urteilswirkung im Ausland entspricht. Eine Umrechnung in DM ist aber im Rahmen der Streitwertfestsetzung nach § 3 ZPO angezeigt.

6. Da die Anerkennung sich formlos ergibt und die Wirkungen der ausländischen Entscheidung in dem Zeitpunkt automatisch auf das Inland erstreckt werden, in dem die Erfordernisse der Anerkennung gegeben sind und eine Inlandsbeziehung besteht (vgl. *Schütze*, NJW 1966, 1598), kann nicht die Anerkennung begehrt werden, sondern nur die Feststellung, daß die Anerkennung erfolgt ist, d.h. das ausländische Urteil seine Wirkungen im Inland entfaltet.

7. Vgl. zur partnership *Schütze*, Handels- und Wirtschaftsrecht von Singapur und Malaysia, 1987, S. 77 ff.; zur Auflösung durch gerichtliche Entscheidung *Wu Min Aun*, Business Law in Singapore, 1984, S. 311.

8. Auch Gestaltungsurteile bedürfen der Anerkennung nach § 328 ZPO, um Gestaltungswirkung im Inland zu entfalten (vgl. *Schütze* GmbHRdsch 1967, 6; *Zöller/Geimer* § 328 Rdnr. 44 ff.).

9. Vgl. *Geimer/Schütze*, Internationale Urteilsanerkennung, Bd. I, 2, 1984, S. 1898; *Martiny* (Anm. 3) S. 649; *Schütze* RIW/AWD 1982, 722.

10. Für das Feststellungsinteresse reicht die abstrakte Gefahr einander widersprechender Entscheidungen aus (vgl. *Schütze*, Die Anerkennung und Vollstreckung ausländischer Zivilurteile in der Bundesrepublik Deutschland als verfahrensrechtliches Problem, Diss. Bonn 1960, 35; *Zöller/Geimer* § 328 Rdnr. 189). Es ist nicht notwendig, daß ein zweites Verfahren über denselben Streitgegenstand in concreto droht, insbesondere trifft den Feststellungskläger insoweit keine Darlegungslast.

Kosten und Gebühren

Kostenrechtlich bestehen keine Besonderheiten gegenüber anderen Feststellungsprozessen. Die Gerichtsgebühren bestimmen sich nach KV Nr. 1201 ff. GKG, die Anwaltsgebühren nach § 31 BRAGO.

6. Antrag auf Vollstreckbarerklärung eines ausländischen Unterhaltstitels nach Staatsvertrag[1]

An das
Amtsgericht
– Familiengericht[2, 3] –

In Sachen
der minderjährigen A ......
gesetzlich vertreten durch ......
　　　　　　　　　　　　　　　　　　　　　　　– Antragstellerin –

Verfahrensbevollmächtigte[4]:
RA ......
gegen
den Metallfacharbeiter B ......
　　　　　　　　　　　　　　　　　　　　　　　– Antragsgegner –

wegen

Vollstreckbarerklärung eines österreichischen Unterhaltsbeschlusses

Streitwert: ÖSch 120.000,–[5]

Namens und in Vollmacht der Antragstellerin

beantrage

ich,

I. den Beschluß des Bezirksgerichts Leoben vom ...... (Datum) (Az.: ......), durch den der Antragsgegner zur Zahlung einer Unterhaltsrente an die Antragstellerin in Höhe von monatlich ÖSch ...... beginnend mit dem ...... (Datum) verurteilt worden ist, wobei die rückständigen Beträge sofort und die später fällig werdenden Beträge jeweils am 1. eines jeden Monats zahlbar sind, für vollstreckbar zu erklären;

II. dem Antragsgegner die Kosten[6] des Verfahrens aufzuerlegen;

III. den Beschluß für vorläufig vollstreckbar zu erklären[7].

Begründung:

1. Durch Beschluß des Bezirksgerichts Leoben vom ...... (Datum) ist der Antragsgegner zur Zahlung der im Antrag näher bezeichneten Unterhaltsbeträge verurteilt worden. Der Beschluß ist rechtskräftig und vollstreckbar.

2. Der Beschluß ist nach Art. 1 des deutsch-österreichischen Anerkennungs- und Vollstreckungsvertrages vom 6. Juni 1959 (BGBl. 1960 II 1245) anzuerkennen und gemäß Artt. 5 ff. des vorzitierten Vertrages für vollstreckbar zu erklären. Zwar ist der sachliche Geltungsbereich des Vertrages nach Art. 14 Abs. 1 Nr. 3 hinsichtlich einstweiliger Anordnungen beschränkt; es handelt sich vorliegend jedoch um eine einstweilige Anordnung auf Leistung von Unterhalt, die nach Art. 14 Abs. 2 des Vertrages in dessen sachlichen Geltungsbereich fällt.

3. Dem Antrag werden die in Art. 7 des Vertrages erwähnten Urkunden[8] beigefügt, nämlich

– die mit amtlichen Siegeln versehene Ausfertigung der Entscheidung vom ...... (Datum) mit dem Vermerk der Vollstreckbarkeit,

– Anlage 1 –

– die Amtsbestätigung über Rechtskraft, Vollstreckbarkeit und Zustellung vom ...... (Datum)

– Anlage 2 –

Rechtsanwalt

Anmerkungen

1. Die Ausführungsgesetze zu den bilateralen Anerkennungs- und Vollstreckungsverträgen (mit der Schweiz, Italien, Belgien, Österreich, Großbritannien, Griechenland, den Niederlanden und Tunesien) sehen eine Vollstreckbarerklärung in einem vereinfachten Beschlußverfahren vor (dazu *Geimer* NJW 1965, 1413), das teilweise als fakultatives Beschlußverfahren, teilweise als obligatorisches Beschlußverfahren ausgestaltet ist. Eine weitere Vereinfachung bringt das Gesetz zur Ausführung zwischenstaatlicher Anerkennungs- und Vollstreckungsverträge in Zivil- und Handelssachen (AVAG) v. 30. 5. 1988 (BGBl. 1988 I, 662), das auf die bilateralen Verträge mit Israel, Norwegen und Spanien anwendbar ist. Die Vollstreckbarerklärung österreichischer Titel nach dem deutsch-österreichischen Vertrag vom 6. 6. 1959 (BGBl. 1960 II 1246) und dem AusfG vom 8. 3. 1960 (BGBl. 1960 I 169) erfolgt im fakultativen Beschlußverfahren (dazu *Geimer/Schütze*, Internationale Urteilsanerkennung, Bd. II, 1971, S. 185 ff.).

7. Antrag auf Klauselerteilung für ein ausländisches Urteil nach EuGÜbK   I. T 7

2. Sachlich zuständig ist das Amtsgericht oder das Landgericht, das für die gerichtliche Geltendmachung des Anspruchs zuständig sein würde (§ 1 Abs. 1 AusfG). Betrifft der Rechtsstreit, der der ausländischen Entscheidung zugrunde liegt, eine Angelegenheit, für die die Zuständigkeit des Familiengerichts gegeben wäre, so soll nach der Rechtsprechung das Familiengericht auch für die Vollstreckbarerklärung zuständig sein (BGHZ 67, 255; BGH NJW 1980, 2025; OLG Köln FamRZ 1979, 718; str. vgl. *Schütze* NJW 1983, 154).

3. Örtlich zuständig ist das Gericht, an dem der Schuldner seinen allgemeinen Gerichtsstand hat, hilfsweise das Gericht, in dessen Sprengel Vermögen des Schuldners belegen ist oder die Zwangsvollstreckung durchgeführt werden soll (§ 1 Abs. 2 AusfG).

4. Der Antrag ist schriftlich zu stellen; er kann beim Amtsgericht auch mündlich zu Protokoll der Geschäftsstelle angebracht werden (§ 496 ZPO). Beim Landgericht und beim Familiengericht (in den Fällen des § 78 Abs. 1 S. 2 ZPO) unterliegt er dem Anwaltszwang.

5. Der Streitwert ist zur Bestimmung der Zuständigkeit anzugeben. Er entspricht dem Wert der für vollstreckbar zu erklärenden Entscheidung. Eine Umrechnung der in ausländischer Währung ausgewiesenen Urteilsschuld in DM findet nicht statt.

6. Für die Kostenentscheidung gelten §§ 91 ff. ZPO. § 93 ZPO ist regelmäßig unanwendbar, da der Urteilsschuldner durch die Nichterfüllung der titulierten Forderung Anlaß zum Vollstreckbarerklärungsverfahren gibt.

7. Die Vollstreckbarerklärung erfolgt ohne Sicherheitsleistung, wenn durch Beschluß entschieden wird (§ 2 AusfG in Verb. m. § 1042c Abs. 1 ZPO); bei einer Entscheidung durch Urteil sind §§ 708 ff. ZPO anzuwenden.

8. Zu den vorzulegenden Urkunden vgl. Art. 7 des Vertrages.

Kosten und Gebühren

Die Gerichtsgebühren bestimmen sich nach KV Nr. 1420–1425 GKG. Für die Rechtsanwaltsgebühren gelten die Bestimmungen des § 47 Abs. 1 bis 3 BRAGO, jedoch scheidet die Anwendung von § 47 Abs. 3 BRAGO aus, wenn die Vollstreckbarerklärung einer rechtskräftigen österreichischen Entscheidung ohne Beschränkung in Betracht kommt (KG AnwBl. 1974, 185).

7. Antrag auf Klauselerteilung für ein ausländisches Urteil nach EuGÜbK[1]

An das Landgericht
– Zivilkammer[2,3] –

In Sachen
der Firma A ......

— Antragstellerin —

Verfahrensbevollmächtigter[4]:
RA ......
gegen
die Firma B ......

— Antragsgegnerin —

wegen
Klauselerteilung nach dem EWG-Zuständigkeits- und Vollstreckungsübereinkommen

Streitwert: FF. 200.000,–
Namens und in Vollmacht der Antragstellerin

beantrage

ich:

I. das Urteil der Cour d'Appel Rennes vom ...... (Datum) (Aktenzeichen: ......)[5], durch das die Antragsgegnerin zur Zahlung eines vorläufigen Schadensersatzes in Höhe von FF. 200.000,–[6] an die Antragstellerin verurteilt worden ist, mit der Vollstreckungsklausel zu versehen;

II. der Antragsgegnerin die Kosten des Verfahrens aufzuerlegen[7].

Begründung:

1. In einem Rechtsstreit wegen einseitiger Beendigung eines Vertragsverhältnisses hat die Cour d'Appel Rennes[8] durch das im Antrag näher bezeichnete Urteil die Antragsgegnerin zur Leistung von Schadensersatz verurteilt. Zur endgültigen Bestimmung des Ersatzbetrages hat das Gericht einen Sachverständigen beauftragt, die Antragsgegnerin aber zugleich zur Zahlung eines vorläufigen Ersatzbetrages (Provision) in Höhe von FF. 200.000,– verurteilt.
Beweis: Vorlage des Urteils vom ...... (Datum)

– Anlage 1 –

2. Das Urteil ist gemäß Artt. 31 ff. EuGÜbk in Verbindung mit dem deutschen Ausführungsgesetz mit der Klausel zu versehen. Es verstößt nicht gegen die ordre public-Klausel (Art. 34 Abs. 2, 27 Nr. 1 des Übereinkommens), daß die Verurteilung zu vorläufiger Schadensersatzleistung erfolgt ist.
Die vorgelegte vollstreckbare Ausfertigung (grosse) mit der Vollstreckungsklausel erfüllt die Erfordernisse von Art. 46 Nr. 1 und Art. 47 Nr. 1 des Übereinkommens[9].

Rechtsanwalt

Anmerkungen

1. Das EWG-Zuständigkeits- und Vollstreckungsübereinkommen vom 27. 9. 1968 i.d.F. vom 25. 10. 1982 (BGBl. 1972 II, 774; 1988 II, 453; vgl. dazu *Kropholler*, Europäisches Zivilprozeßrecht, 4. Aufl., 1993; *Geimer/Schütze*, Internationale Urteilsanerkennung, Bd. I, 1, 1983) sieht im Rahmen seines Geltungsbereichs (Mitgliedstaaten zur Zeit: Bundesrepublik Deutschland, Belgien, Dänemark, Frankreich, Griechenland, Irland, Italien, Luxemburg, Niederlande, Vereinigtes Königreich) anstelle des kontradiktorischen Verfahrens nach §§ 722 f. ZPO ein einfaches Klauselerteilungsverfahren vor. Daneben ist eine Geltendmachung des ursprünglichen Anspruchs unzulässig (EuGH NJW 1977, 495 mit Anm. *Geimer* NJW 1977, 2023; LG Münster NJW 1980, 534 mit Anm. *Geimer* NJW 1980, 1234). Das Klauselerteilungsverfahren schließt aber auch eine Vollstreckbarerklärung nach autonomem (§§ 722 f. ZPO) oder anderweitigem Vertragsrecht aus. Unterfällt eine Annexentscheidung dem sachlichen Geltungsbereich des Übereinkommens, nicht jedoch die Hauptentscheidung, so ist für die Wirkungserstreckung der Annexentscheidung das Klauselerteilungsverfahren gegeben. Einzelheiten des Verfahrens sind im Gesetz zur Ausführung zwischenstaatlicher Anerkennungs- und Vollstreckungsverträge in Zivil- und Handelssachen (AVAG) v. 30. Mai 1988 (BGBl. 1988 I, 662) geregelt.

2. Ausschließlich sachlich zuständig ist der Vorsitzende einer Zivilkammer (nicht die Kammer), Art. 32 EuGÜbk i.V.m. § 5 Abs. 1 AVAG.

3. Örtlich zuständig ist das Wohnsitzgericht des Urteilsschuldners, hilfsweise das Gericht, in dessen Sprengel die Zwangsvollstreckung durchgeführt werden soll, Art. 32 Abs. 2 EuGÜbk i.V.m. § 2 Abs. 2 AVAG.

4. Der Antrag kann schriftlich oder mündlich zu Protokoll der Geschäftsstelle gestellt werden (§ 3 Abs. 2 AVAG). Er unterliegt deshalb nicht dem Anwaltszwang. Die Vertretung durch einen bei einem deutschen (nicht notwendigerweise bei dem für die Klauselerteilung zuständigen) Gericht zugelassenen Rechtsanwalt macht aber die sonst notwendige Bestellung eines Zustellungsbevollmächtigten (Art. 33 Abs. 2 EuGÜbk.) überflüssig, § 4 Abs. 3 AVAG.

5. Im Antrag ist anzugeben, für welche Entscheidung der Antragsteller die Klauselerteilung begehrt. Er kann auch seinen Antrag auf eine Teilklauselerteilung beschränken.

6. Der Vorsitzende entscheidet durch Beschluß. In den Beschluß ist die zu vollstreckende Verurteilung oder Verpflichtung in deutscher Sprache aufzunehmen (§ 7 AVAG), jedoch erfolgt keine Umrechnung der Urteilsforderung, wenn diese in fremder Währung ausgedrückt ist. Die Form der Klausel ist in § 8 Abs. 1 AVAG vorgeschrieben.

7. Die Kostenentscheidung erfolgt nach § 8 Abs. 4 AVAG i.V.m. § 788 ZPO.

8. Der Sachverhalt ist der Entscheidung OLG Celle RIW/AWD 1979, 129 entnommen.

9. Der Urteilsgläubiger hat folgende Urkunden vorzulegen:
Ausfertigung der Entscheidung (Art. 46 Nr. 1 EuGÜbk.)
Zustellungsnachweis des prozeßeinleitenden Schriftstücks bei Versäumnisurteilen (Art. 46 Nr. 2 EuGÜbk.)
Nachweis der Vollstreckbarkeit im Erststaat (Art. 47 Nr. 1 EuGÜbk.)
Nachweis, daß Armenrecht im erststaatlichen Verfahren gewährt wurde, wenn Prozeßkostenhilfe begehrt wird (Art. 47 Nr. 2 EuGÜbk.).
Da nach französischem Recht (Art. 502 Cpc) die Vollstreckungsklausel auf die vollstreckbare Ausfertigung (grosse) gesetzt wird, genügt die Vorlegung dieser Urkunde zur Erfüllung der Erfordernisse der Artt. 46 Nr. 1, 47 Nr. 1 EuGÜbk. im vorliegenden Fall (vgl. zu den Urkunden in den EWG Rechten *Schlafen* bei *Bülow/Böckstiegel/Geimer/Schütze*, Internationaler Rechtsverkehr in Zivil- und Handelssachen, 606.272 ff.)

Kosten und Gebühren

Die Gerichtsgebühren sind streitwertunabhängig und bestimmen sich nach KV Nr. 1426 GKG. Sie betragen für das Klauselerteilungsverfahren DM 140,– (KV. 1426 GKG). Für die Rechtsanwaltsgebühren gelten die Bestimmungen von § 47 Abs. 1 u. 2 BRAGO.

8. Beschwerde gegen die Ablehnung der Klauselerteilung nach Art. 40 EuGÜbK i.V.m. § 16 AVAG[1]

An das
Oberlandesgericht[2]
– Zivilsenat[3] –

In Sachen
der Firma A ......
      – Beschwerdeführerin und Antragstellerin –

Verfahrensbevollmächtigter:[4]
RA ......

gegen

die Firma B ......
                                            – Beschwerdegegnerin und Antragsgegnerin –

Verfahrensbevollmächtigter:
RA ......
zeigen wir an, daß wir die Beschwerdeführerin und Antragstellerin vertreten. In ihrem Namen und in ihrer Vollmacht legen wir gegen den Beschluß des Vorsitzenden Richters der ... Zivilkammer des Landgerichts ...... vom ...... (Datum) (Az. ......), zugestellt am ...... (Datum)

Beschwerde[5]

ein und

beantragen,

1. unter Abänderung des Beschlusses des Vorsitzenden Richters der ... Zivilkammer des Landgerichts ...... vom ...... (Datum) (Az ......) das Urteil der Cour d'Appel Rennes vom ...... (Datum) (Az ......), durch das die Antragsgegnerin zur Zahlung eines vorläufigen Schadensersatzes in Höhe von FF 200 000.– an die Antragstellerin verurteilt worden ist, mit der Vollstreckungsklausel zu versehen[6].
2. Der Antragsgegnerin die Kosten des Verfahrens aufzuerlegen[7].

Begründung

Zu Unrecht hat der Vorsitzende Richter der ... Zivilkammer des Landgerichts ...... in dem angefochtenen Beschluß die Klauselerteilung für das Urteil der Cour d'Appel Rennes verweigert. Entgegen der Ansicht des Vorsitzenden Richters verstößt die Verurteilung zu vorläufiger Schadensersatzleistung nicht gegen den deutschen ordre public. Ein Versagungsgrund nach Art. 34 II, 27 Nr. 1 EuGÜbK liegt nicht vor[8].

Rechtsanwalt

Anmerkungen

1. Gegen die Ablehnung der Klauselerteilung nach Art. 31 ff. EuGÜbK ist nach Art. 40 EuGÜbK i.V.m. § 16 AVAG v. 30. 5. 1988 (BGBl. 1988 I 662) die Beschwerde gegeben (vgl. dazu *Geimer/Schütze*, Internationale Urteilsanerkennung Bd. I, 1, 1983, S. 1236 ff.).

2. Zuständig zur Entscheidung über die Beschwerde des Antragstellers ist das Oberlandesgericht (Art. 40 EuGÜbK), in Berlin das Kammergericht. Die Beschwerde ist beim Oberlandesgericht einzulegen. Wird sie jedoch irrtümlicherweise fristgemäß beim Landgericht angebracht, so wird ihre Zulässigkeit hierdurch nicht berührt (§§ 16 Abs. 1, 12 Abs. 2 AVAG). Die Beschwerde ist in diesem Fall unverzüglich an das Oberlandesgericht abzugeben (§§ 16 Abs. 1, 12 Abs. 2 AVAG). Der Vorsitzende der Zivilkammer, der die Klauselerteilung abgelehnt hat, kann der Beschwerde nicht abhelfen.

3. Es entscheidet ein Zivilsenat, nicht dessen Vorsitzender. Die Entscheidung kann jedoch nach § 524 ZPO auf den Einzelrichter übertragen werden (vgl. *Geimer/Schütze* aaO. S. 1239).

4. Die Beschwerde wird durch Einreichen einer Beschwerdeschrift oder zu Protokoll der Geschäftsstelle eingelegt (§§ 16 Abs. 1, 12 Abs. 1 AVAG). Es besteht kein Anwaltszwang (§ 78 Abs. 2 ZPO), jedoch müssen die Erfordernisse hinsichtlich des Zustellungsbevollmächtigten wie im Verfahren vor dem Vorsitzenden Richter (vgl. dazu Form I, T, 7 Anm. 4) weiterhin gegeben sein.

5. Die Beschwerde gegen den die Klauselerteilung ablehnenden Beschluß ist nicht fristgebunden (vgl. *Geimer/Schütze* aaO. S. 1237 f.; *Kropholler*, Europäisches Zivilprozeßrecht, 4. Aufl., 1993, Art. 40 Rdnr. 3).

9. Beschwerde gegen die Klauselerteilung   I. T 9

6. Aufgrund des Beschlusses des OLG, durch den die Zwangsvollstreckung aus dem ausländischen Titel zugelassen wird, erteilt der Urkundsbeamte der Geschäftsstelle des OLG die Vollstreckungsklausel (§ 16 Abs. 2 AVAG).

7. Für die Kostentragungspflicht gelten §§ 91 ff. ZPO. Bei Erfolg oder teilweisem Erfolg sind die Kosten gemäß §§ 91, 92 ZPO ganz oder teilweise dem Beschwerdegegner aufzuerlegen, bei Zurückweisung oder Verwerfung der Beschwerde ist nach § 97 Abs. 1 ZPO zu entscheiden.

8. Vgl. dazu OLG Celle RIW/AWD 1979, 129.

Kosten und Gebühren

Die Gerichtsgebühren sind streitwertunabhängig. Sie betragen DM 210.– (KV 1901 GKG). Die Rechtsanwaltsgebühren bestimmen sich nach § 47 Abs. 2 BRAGO.

9. Beschwerde gegen die Klauselerteilung nach Art. 36 EuGÜbK i. V. m. § 11 AVAG[1]

An das
Oberlandesgericht[2]
– Zivilsenat –[3]

In Sachen
der Firma A ......

– Beschwerdeführerin und Antragsgegnerin –

Verfahrensbevollmächtigter:[4]
RA ......

gegen

die Firma B ......

– Beschwerdegegnerin und Antragstellerin –

Verfahrensbevollmächtigter:
RA ......

zeigen wir an, daß wir die Antragsgegnerin und Beschwerdeführerin vertreten. In ihrem Namen und in ihrer Vollmacht legen wir gegen den Beschluß des Vorsitzenden Richters der ... Zivilkammer des Landgerichts ...... vom ...... (Datum) (Az. ......), zugestellt am ...... (Datum)[5]

Beschwerde[6]

ein und

beantragen,

1. unter Abänderung des Beschlusses des Vorsitzenden Richters der ... Zivilkammer des Landgerichts ...... vom ...... (Datum) (Az. ......) den Antrag der Antragstellerin auf Zulassung der Zwangsvollstreckung und Klauselerteilung für das Urteil des Tribunal de Commerce d'Aix en Provence vom ...... (Datum) (AZ. ......) zurückzuweisen,[7]
2. der Antragstellerin die Kosten des Verfahrens aufzuerlegen.[8]

Begründung

Zu Unrecht hat der Vorsitzende Richter der ...... Zivilkammer des Landgerichts ...... in

dem angefochtenen Beschluß die Klauselerteilung für das Urteil des Tribunal de Commerce d'Aix en Provence angeordnet.[9]
Die Antragstellerin hatte wegen desselben Sachverhalts bereits vor Einleitung des Verfahrens in Frankreich Klage in Stuttgart erhoben. Das Landgericht Stuttgart hat die Klage durch Urteil vom ...... (Datum) (Az. ......) abgewiesen. Das Urteil ist rechtskräftig.
Beweis: Beiziehung der Akten ......; eine Ausfertigung des Urteils vom ...... (Datum) (Az. ......) mit Rechtskraftvermerk ist beigefügt.
Das Urteil des Tribunal de Commerce d'Aix en Provence kann nach Art. 27 Nr. 3 EuGÜbK[10] deshalb nicht anerkannt und mit der Klausel versehen werden.

Rechtsanwalt

Anmerkungen

1. Gegen die Klauselerteilung nach Art. 31 ff. EuGÜbK ist nach Art. 36 Abs. 1 EuGÜbK i. V. m. § 11 AVAG v. 30. 5. 1988 (BGBl. 1988 I 662) die Beschwerde gegeben (vgl. dazu *Geimer/Schütze*, Internationale Urteilsanerkennung Bd. I, 1, 1983, S. 1236 ff.).

2. Zuständig zur Entscheidung über die Beschwerde des Antragsgegners ist das Oberlandesgericht (Art. 37 EuGÜbK), in Berlin das Kammergericht. Die Beschwerde ist beim Oberlandesgericht einzulegen. Wird sie jedoch irrtümlicherweise fristgemäß beim Landgericht angebracht, so wird die Zulässigkeit hierdurch nicht berührt. Die Beschwerde ist in diesem Fall unverzüglich an das Oberlandesgericht abzugeben (§ 12 Abs. 2 AVAG). Der Vorsitzende der Zivilkammer, der die Klauselerteilung angeordnet hat, kann der Beschwerde nicht abhelfen.

3. Über die Beschwerde entscheidet ein Zivilsenat, nicht dessen Vorsitzender (vgl. *Geimer/Schütze* aaO. S. 1239). Die Entscheidung kann nach § 524 ZPO auf den Einzelrichter übertragen werden.

4. Die Beschwerde wird durch Einreichen einer Beschwerdeschrift oder durch Erklärung zu Protokoll der Geschäftsstelle eingelegt (§ 12 Abs. 1 AVAG). Es besteht kein Anwaltszwang (§ 78 Abs. 2 ZPO). Diese Bestimmung befreit nicht nur dann vom Anwaltszwang, wenn die Prozeßhandlung zu Protokoll vorgenommen worden ist, sondern auch in anderen Fällen (vgl. *Baumbach/Lauterbach/Albers/Hartmann* ZPO § 78 Rdnr. 40).

5. Die Beschwerdefrist wird durch die Zustellung in Lauf gesetzt.

6. Die Beschwerde ist fristgebunden. Sie ist binnen einer Notfrist von 1 Monat einzulegen (Art. 36 Abs. 1 EuGÜbK, § 11 Abs. 2 AVAG). Hat der Urteilsschuldner keinen inländischen Wohnsitz, so gelten abweichende Fristen:
- Bei Wohnsitz in einem anderen Vertragsstaat verlängert sich die Beschwerdefrist auf 2 Monate (Art. 36 Abs. 2 EuGÜbK). Sie ist nicht verlängerbar (Art. 36 Abs. 2 EuGÜbK).
- Bei Wohnsitz des Schuldners in einem Nichtvertragsstaat beträgt die Beschwerdefrist nur 1 Monat (vgl. *Geimer* JZ 1977, 215), kann aber verlängert werden. Die Verlängerung erfolgt durch den Vorsitzenden der Zivilkammer, der über die Klauselerteilung entscheidet in diesem Beschluß oder in einem gesonderten Beschluß (§ 9 Abs. 2 AVAG). Die Fristdauer liegt im Ermessen des Vorsitzenden. Sie kann auch mehr als 2 Monate betragen. Der Beschluß über die Fristbestimmung ist nicht selbständig anfechtbar (vgl. *Geimer/Schütze*, Internationale Urteilsanerkennung, Bd. I, 1, 1983, S. 1237).
- Ist der Wohnsitz des Urteilsschuldners unbekannt, so daß eine öffentliche Zustellung des Beschlusses über die Klauselerteilung notwendig ist, so gilt dasselbe wie bei Wohnsitz in einem Drittstaat. Der Vorsitzende kann eine über 1 Monat hinausgehende Frist festsetzen (§ 9 Abs. 2 AVAG).

7. Die Entscheidung des OLG erfolgt durch Beschluß, der mit Gründen versehen sein muß (§ 14 Abs. 1 AVAG). Eine vollständige Ausfertigung des Beschlusses ist den Parteien

10. Rechtsbeschw. nach Art. 37 Abs. 2, 41 EuGÜbK i. V. m. §§ 17ff. AVAG   I. T 10

von Amts wegen zuzustellen, und zwar auch dann, wenn der Beschluß verkündet worden ist (§ 14 Abs. 3 AVAG).

8. Für die Kostentragungspflicht gelten §§ 91 ff. ZPO. Bei Erfolg oder teilweisem Erfolg sind die Kosten nach §§ 91, 92 ZPO ganz oder teilweise dem Beschwerdegegner aufzuerlegen, bei Zurückweisung oder Verwerfung der Beschwerde ist nach § 97 Abs. 1 ZPO zu entscheiden.

9. Der Schuldner kann im Beschwerdeverfahren folgende Einwendungen gegen die Klauselerteilung geltend machen:
– Die ausländische Entscheidung unterfalle nicht dem Geltungsbereich des EuGÜbK;
– der Anerkennung und Klauselerteilung stünden Versagungsgründe entgegen (Art. 27, 28 EuGÜbK);
– die ausländische Entscheidung sei nicht vollstreckbar im engeren Sinne;
– der Anspruch sei nach Erlaß des ausländischen Urteils erloschen (Zahlung, Aufrechnung pp.) oder seine Geltendmachung gehemmt (Stundung).

10. Nach Art. 27 Nr. 3 EuGÜbK ist die Konkurrenz von Entscheidungen über denselben Streitgegenstand immer zugunsten der zweitstaatlichen Entscheidung zu lösen, auch wenn die erststaatliche zeitliche Priorität genießt (vgl. *Kropholler* aaO. Art. 27 Rdnr. 45).

Kosten und Gebühren

Die Gerichtsgebühren sind streitwertunabhängig. Sie betragen DM 210.– (KV 1901 GKG). Die Rechtsanwaltsgebühren bestimmen sich nach § 47 Abs. 2 BRAGO.

10. Rechtsbeschwerde nach Art. 37 Abs. 2,41 EuGÜbK i.V.m. §§ 17 ff. AVAG[1]

**An den
Bundesgerichtshof**[2]
Karlsruhe

In Sachen
der Firma A ......

– Rechtsbeschwerdeführerin,
Beschwerdeführerin und Antragstellerin –

Verfahrensbevollmächtigter:[3]
RA ......

gegen

die Firma B ......

– Rechtsbeschwerdegegnerin,
Beschwerdegegnerin und Antragsgegnerin –

Verfahrensbevollmächtigter:
RA ......

Streitwert:[4] FF 200 000.-

zeigen wir an, daß wir die Rechtsbeschwerdeführerin, Beschwerdeführerin und Antragstellerin vertreten. In ihrem Namen und in ihrer Vollmacht legen wir gegen den Beschluß des Oberlandesgerichts ...... vom ...... (Datum) (Az. ......) zugestellt am ...... (Datum ......)

Rechtsbeschwerde[5]
ein und beantragen,
1. unter Abänderung des Beschlusses des Oberlandesgerichts ...... vom ...... (Datum) (Az. ......) das Urteil der Cour d'Appel Rennes vom ...... (Datum) (Az. ......), durch das die Antragsgegnerin zur Zahlung eines vorläufigen Schadensersatzes in Höhe von FF 200 000.– an die Antragstellerin verurteilt worden ist, mit der Vollstreckungsklausel zu versehen[6];
2. der Antragsgegnerin die Kosten des Verfahrens aufzuerlegen[7].

Begründung[8]

Zu Unrecht hat das Oberlandesgericht ...... in dem angefochtenen Beschluß die Klauselerteilung für das Urteil der Cour d'Appel Rennes verweigert. Entgegen der Ansicht der Vorinstanzen verstößt die Verurteilung zu vorläufigem Schadensersatz nicht gegen den deutschen ordre public. Ein Versagungsgrund nach Art. 34 Abs. 2, 27 Nr. 1 EuGÜbK liegt nicht vor[9].

Die Sache hat grundsätzliche Bedeutung[10]. Über die Klauselerteilung von Entscheidungen, die zu vorläufigem Schadensersatz verurteilen, haben weder der BGH noch der EuGH[11] bisher entschieden.

Rechtsanwalt

Anmerkungen

1. Gegen die Entscheidung des Oberlandesgerichts findet die Rechtsbeschwerde zum Bundesgerichtshof statt (Artt. 37 Abs. 2, 41 EuGÜbK, § 17 Abs. 1 AVAG). Die Rechtsbeschwerde findet nur statt, wenn gegen die Entscheidung des Oberlandesgerichts – wäre sie durch Endurteil ergangen – die Revision gegeben wäre. Die Rechtsbeschwerde ist sowohl gegen den Beschluß des Oberlandesgerichts gegeben, der die Klauselerteilung anordnet oder eine anordnende Entscheidung bestätigt, als auch gegen den Beschluß, der die Klauselerteilung verweigert, einen verweigernden Beschluß bestätigt oder einen die Klauselerteilung anordnenden abändert.

2. Zuständig zur Entscheidung über die Rechtsbeschwerde ist der Bundesgerichtshof (Art. 37 Abs. 2, 41 EuGÜbK). Die Rechtsbeschwerde ist beim Bundesgerichtshof einzulegen (§ 18 Abs. 1 AVAG). Die Einlegung beim OLG wahrt die Frist – anders als bei der Beschwerde – nicht.

3. Es herrscht Anwaltszwang. Die Rechtsbeschwerde muß durch einen beim BGH zugelassenen Anwalt eingelegt werden.

4. Der Streitwert ist anzugeben, da die Annahme der Rechtsbeschwerde zur Entscheidung nur dann erfolgen kann, wenn der Wert der Beschwerde die Revisionssumme übersteigt (§§ 19 Abs. 3 AVAG, 554b ZPO). Übersteigt der Wert der Beschwerde die Revisionssumme nicht, so findet die Rechtsbeschwerde nur statt, wenn das OLG sie zugelassen hat (§§ 17 AVAG, 546 ZPO).

5. Die Rechtsbeschwerde wird durch eine Beschwerdeschrift eingelegt (§ 18 Abs. 1 AVAG). Die Frist zur Einlegung der Rechtsbeschwerde beträgt 1 Monat (§ 17 Abs. 2 AVAG). Sie ist eine Notfrist. Ihr Lauf beginnt mit der Zustellung des Beschlusses des OLG (§ 17 Abs. 3 AVAG). Die Frist gilt sowohl für die Rechtsbeschwerde des Antragstellers als auch die des Antragsgegners. Auf das Verfahren finden weitgehend die Bestimmungen über die Revision Anwendung. Der BGH ist an die tatsächlichen Feststellungen in dem Beschluß des OLG gebunden, es sei denn, daß in Bezug hierauf zulässige und begründete Rechtsbeschwerdegründe geltend gemacht werden (§ 19 Abs. 2 AVAG).

6. Wenn die Zwangsvollstreckung erstmals durch den BGH zugelassen wird, dann erteilt der Urkundsbeamte der Geschäftsstelle des BGH die Vollstreckungsklausel. Die Klausel ist unbeschränkt zu erteilen (§ 19 Abs. 4 AVAG).

7. Die Kostenentscheidung folgt §§ 91 ff. ZPO.

8. Die Rechtsbeschwerde bedarf der Begründung. § 554 ZPO. Insbesondere sind die Inhaltserfordernisse des § 554 Abs. 3 ZPO zu beachten (§ 18 Abs. 2 AVAG). Mit der Beschwerdeschrift soll eine Ausfertigung oder beglaubigte Abschrift des angefochtenen Beschlusses des OLG eingereicht werden (§ 18 Abs. 3 AVAG).

9. Vgl. dazu OLG Celle RIW/AWD 1979, 129.

10. § 554b ZPO ist für die Annahme der Rechtsbeschwerde durch den BGH anwendbar (§ 19 Abs. 3 AVAG).

11. Der EuGH hat umfassende Kompetenzen zur Auslegung des EuGÜbK durch das Protokoll vom 3. 6. 1971 (BGBl. 1972 II 846) übertragen erhalten. Für Einzelheiten vgl. *Schlosser*, Neue Zuständigkeiten des Gerichtshofs der Europäischen Gemeinschaften, RIW/AWD 1975, S. 534 ff.

Kosten und Gebühren

Die Gerichtsgebühren sind streitwertunabhängig. Sie betragen DM 280.– (KV 1903 GKG). Die Rechtsanwaltsgebühren sind nicht in der BRAGO geregelt. § 47 BRAGO findet keine Anwendung. In analoger Anwendung der Bestimmungen über die Revision erhält der Rechtsanwalt nach § 11 Abs. 1 BRAGO um 3/10 erhöhte Gebühren, also für die Vertretung im Rechtsbeschwerdeverfahren 13/10 der vollen Gebühr (BGH RIW/AWD 1983, 378; OLG Frankfurt/Main RIW/AWD 1981, 714; *Geimer/Schütze* aaO. S. 1240).

11. Schutzschrift gegen Klauselerteilung[1] nach EuGÜbK

An das
Landgericht[2]
– Zivilkammer –

In einem möglichen Klauselerteilungsverfahren
der Firma A ......

                                        – mögliche Antragstellerin –

gegen
die Firma B ......

                                        – mögliche Antragsgegnerin –

Verfahrensbevollmächtigter[3]:
RA ......

Ich zeige an, daß ich die mögliche Antragsgegnerin in einem drohenden Klauselerteilungsverfahren nach Artt. 31 ff. EWG-Zuständigkeits- und Vollstreckungsübereinkommen vom 27. 9. 1968 vertrete.

Ich beantrage,
      einen möglichen Antrag auf Klauselerteilung der Entscheidung der Arrondissementsrechtbank Rotterdam vom ...... (Datum) (Az.: ......) kostenpflichtig zurückzuweisen[4].

Begründung:

1. Die mögliche Antragstellerin hat am ...... (Datum) Klage auf Zahlung des Restkaufpreises für eine Teppichlieferung über DM 35.592,96 erhoben. Durch Urteil des Landgerichts Stuttgart vom ...... (Datum) ist die Klage als unbegründet abgewiesen worden. Das Urteil ist rechtskräftig.

   Glaubhaftmachung: Urteil des Landgerichts Stuttgart vom ...... (Datum) mit Rechtskraftvermerk.

   – Anlage 1 –

2. Am ...... (Datum) hat die mögliche Antragstellerin erneut Klage aus demselben Rechtsgrund mit demselben Antrag vor der Arrondissementsrechtbank Rotterdam erhoben.

   Glaubhaftmachung: Klageschrift vom ...... (Datum)

   – Anlage 2 –

   Die mögliche Antragsgegnerin hat sich auf das Verfahren nicht eingelassen. Es ist daher am ...... (Datum) Versäumnisurteil ergangen.

   Glaubhaftmachung: Versäumnisurteil vom ...... (Datum)

   – Anlage 3 –

3. Das Versäumnisurteil vom ...... (Datum) kann in der Bundesrepublik Deutschland nicht anerkannt und durch Klauselerteilung für vollstreckbar erklärt werden. Nach Art. 27 Nr. 3 EuGÜbK ist Versagungsgrund der Anerkennung, wenn die Entscheidung mit einer Entscheidung unvereinbar ist, die zwischen denselben Parteien in dem Staat, in dem die Anerkennung geltend gemacht wird, ergangen ist[5]. Das ist vorliegend der Fall.

Eine beglaubigte und eine einfache Abschrift sind zum Zwecke der Aushändigung an die mögliche Antragstellerin für den Fall beigefügt, daß der Antrag auf Klauselerteilung tatsächlich gestellt wird[6].

Rechtsanwalt

Anmerkungen

1. Die Schutzschrift, die über das Gesetz hinaus zur Verteidigung gegen einstweilige Verfügungen ohne mündliche Verhandlung entwickelt worden ist (vgl. Form. I. R. 11 und II. L. 2), ist auch im Klauselerteilungsverfahren nach Artt. 31 ff. EuGÜbK zulässig (vgl. *Schütze*, Die Geltendmachung von Einwendungen gegen die Klauselerteilung nach dem EG-Zuständigkeits- und Vollstreckungsübereinkommen durch eine Schutzschrift: Festschrift für Bülow, 1981, S. 211 ff.; *Geimer/Schütze*, Internationale Urteilsanerkennung, Bd. I, 1, 1983, S. 1200 f.; a.A. *Kropholler*, Europäisches Zivilprozeßrecht, 4. Aufl., 1993, Art. 34 Rdnr. 3). Die Schutzschrift hat hier eine besondere Bedeutung, da die Klauselerteilung in erster Instanz ohne Anhörung des Urteilsschuldners erfolgt (Art. 34 Abs. 1 EuGÜbK).

2. Die Schutzschrift ist bei den Gerichten zu hinterlegen, bei denen der Antrag auf Klauselerteilung gestellt werden kann. Bei Wohnsitz des Urteilsschuldners im Inland kommt nur das Wohnsitzgericht in Betracht (Art. 32 Abs. 2 EuGÜbK), im übrigen sollte sie bei allen Gerichten, in deren Sprengel die Zwangsvollstreckung stattfinden könnte, hinterlegt werden.

3. Eine Vertretung durch Anwälte ist nicht notwendig. Die Schutzschrift kann von der Partei selbst oder auch ihrem ausländischen Anwalt hinterlegt werden.

4. Da das Verfahren erster Instanz notwendigerweise einseitig ist, kann die Schutzschrift hier – anders als bei einstweiligen Verfügungen – nie zur mündlichen Verhandlung, sondern nur zur Antragszurückweisung führen.

5. Das Gericht muß Einwendungen gegen die Klauselerteilung berücksichtigen, da insoweit der Amtsermittlungsgrundsatz gilt.

6. Trotz des notwendigerweise einseitigen Verfahrens in erster Instanz kann nach § 5 Abs. 1 AVAG – und darüber hinaus (vgl. *Geimer* JZ 1977, 213, str.) – der Urteilsschuldner angehört werden, wenn der Urteilsgläubiger dies beantragt. Die Aushändigung der Schutzschrift an ihn kann deshalb sinnvoll sein.

Kosten und Gebühren

Gerichtsgebühren entstehen nicht. Die Anwaltsgebühren bestimmen sich nach § 118 Abs. 1 S. 1 BRAGO, wobei die Erstattungsfähigkeit zweifelhaft ist.

12. Antrag auf Feststellung der Anerkennung einer ausländischen Entscheidung nach Art. 26 Abs. 2 EuGÜbK i. V. m. §§ 27 f. AVAG

An das
Landgericht[1]
– Zivilkammer[2] –

In Sachen

des Großhandelskaufmanns A ......

– Antragsteller –

Verfahrensbevollmächtigter:
RA ......

gegen

den Finanzberater B ......

– Antragsgegner –

Verfahrensbevollmächtigter:
RA ......

wegen Feststellung der Anerkennung eines ausländischen Urteils nach dem EWG-Zuständigkeits- und Vollstreckungsübereinkommen[4]

Streitwert: DM 50.000,–[5]

Namens und in Vollmacht des Antragstellers

beantrage

ich:

I. die Anerkennung[6] des Urteils des High Court of Justice London vom ...... (Datum) (Az.: ......), durch das die partnership der Parteien unter der Firma ...... aufgelöst worden ist, festzustellen[7].

II. dem Antragsgegner die Kosten des Verfahrens aufzuerlegen.

Begründung

(1) Die Parteien waren die einzigen Gesellschafter einer partnership nach englischem Recht in London unter der Firma ...... Wegen gesellschaftsschädigendem Verhalten des Antragsgegners hat der High Court of Justice in London durch Entscheidung vom ...... (Az.: ......) die partnership aufgelöst[9]. Das Urteil ist rechtskräftig:

Beweis: Vorlage des Urteils vom ......

– Anlage K 1 –

(2) Das Urteil erfüllt die Erfordernisse nach Artt. 26 ff. EuGÜbK. Versagungsgründe i. S. von Art. 27 EuGÜbK liegen nicht vor. Die Feststellung der Anerkennung ist nach Art. 26 Abs. 2 EuGÜbK i. V. m. §§ 27 f. AVAG auszusprechen.

Die vorgelegte Ausfertigung des Urteils erfüllt die Voraussetzungen von Art. 46 Nr. 1 des Übereinkommens[11].

Rechtsanwalt

Anmerkungen

1. Ausschließlich sachlich zuständig ist das Landgericht, Artt. 26 Abs. 2, 32 Abs. 1 EuGÜbK i. V. m. §§ 2 Abs. 1, 27 AVAG.

2. Zuständig ist nicht eine Kammer des Landgerichts, sondern der Vorsitzende, § 5 AVAG.

3. In dem Verfahren vor dem Vorsitzenden besteht kein Anwaltszwang (§ 5 AVAG). Der Antrag kann schriftlich oder zu Protokoll der Geschäftsstelle gestellt werden (§§ 3 Abs. 2, 27 AVAG). Die Vertretung durch einen bei einem deutschen Gericht zugelassenen – nicht notwendigerweise bei dem für die Feststellung zuständigen – Rechtsanwalt macht die sonst notwendige Bestellung eines Zustellungsbevollmächtigten (Artt. 33 Abs. 2, 26 Abs. 2 EuGÜbK) überflüssig (§ 4 Abs. 3 AVAG).

4. Das EuGÜbK geht – ebenso wie das autonome deutsche Recht – von der Formlosigkeit der Anerkennung aus, Art. 26 Abs. 1 EuGÜbK. Neben der Inzidentfeststellung durch ein Gericht nach Art. 26 Abs. 3 EuGÜbK läßt Art. 26 Abs. 2 EuGÜbK die Feststellung der Anerkennung in einem besonderen Verfahren zu, für das die Regeln des Klauselerteilungsverfahrens entsprechend anwendbar sind, §§ 27 f. AVAG (vgl. im einzelnen *Geimer*, Das Anerkennungsverfahren gem. Art. 26 Abs. 2 des EWG-Übereinkommens vom 27. 9. 1968, JZ 1977, 145 ff.; 213 ff.; *Geimer/Schütze*, Internationale Urteilsanerkennung, Bd. I, 1, 1983, S. 1099 ff.; *Kropholler*, Europäisches Zivilprozeßrecht, 4. Aufl., 1993, Art. 26 Rdnr. 2 ff.).

5. Die Streitwertangabe ist an sich überflüssig, da sie weder für die Zuständigkeit noch die Gerichtskosten Bedeutung hat. Immerhin ist der Streitwert maßgebend für die Anwaltskosten im Kostenfestsetzungsverfahren.

6. Es ist streitig, ob das Verfahren nach Art. 26 Abs. 2 EuGÜbK nur für die Feststellung der Anerkennung offensteht oder auch negative Feststellung der Nichtanerkennung einer ausländischen Entscheidung begehrt werden kann (bejahend *Geimer/Schütze* aaO. S. 1107; verneinend *Kropholler* a. a. O. Art. 26 Rdnr. 7; *Geimer* JZ 1977, 149). Soweit man die Feststellung der Nichtanerkennung nach Art. 26 Abs. 2 EuGÜbK als nicht statthaft ansieht, steht die negative Feststellungsklage nach § 256 ZPO offen (vgl. *Geimer* JZ 1977, 149; *Kropholler* a. a. O. Art. 26 Rdnr. 7).

7. Da die Anerkennung sich formlos ergibt und die Wirkungen der ausländischen Entscheidung in dem Zeitpunkt automatisch auf das Inland erstreckt werden, in dem die Anerkennungserfordernisse vorliegen und eine Inlandsbeziehung besteht (vgl. *Schütze* NJW 1966, 1598), kann nicht die Anerkennung begehrt werden, sondern nur die Feststellung, daß die Anerkennung erfolgt ist, d. h. das ausländische Urteil seine Wirkungen im Inland entfaltet.

8. Die Kostenentscheidung folgt aus § 28 AVAG.

9. Die Auflösung einer partnership ist aus den in sect. 35 Partnership Act 1890 aufgeführten Gründen durch gerichtliche Entscheidung zulässig.

10. Anders als im Falle der Feststellung der Anerkennung durch Klage (vgl. dazu Form. I. T. 5 Anm. 9) bedarf es bei der Feststellung der Anerkennung nach Art. 26 Abs. 2

EuGÜbK keines besonderen Feststellungsinteresses (vgl. *Geimer* JZ 1977, 213; *Geimer/ Schütze* aaO. S. 1110; *Kropholler* aaO. Art. 26 Rdnr. 4).

11. Es muß eine Ausfertigung der Entscheidung vorgelegt werden, die den Erfordernissen von Art. 46 Nr. 1 EuGÜbK entspricht (vgl. *Geimer* JZ 1977, 214).

Kosten und Gebühren

Die Gerichtsgebühren sind streitwertunabhängig. Sie betragen nach KV 1426 GKG DM 140.–. Für die Rechtsanwaltsgebühren gelten die Bestimmungen von § 47 Abs. 1 und Abs. 2 BRAGO entsprechend.

13. Antrag auf Anerkennung einer ausländischen Ehescheidung[1] nach Art. 7 § 1 FamRÄndG

An das
Justizministerium[2]
Baden-Württemberg

In der Ehesache

des A ......
— Antragsteller[3] —

Verfahrensbevollmächtigter[4]:
RA ......

gegen

die B ......
— Antragsgegnerin —

wegen

Anerkennung eines österreichischen Ehescheidungsurteils

Ich beantrage namens und in Vollmacht des Antragstellers

festzustellen[5], daß die Voraussetzungen für die Anerkennung des Urteils des Landesgerichts für Zivilsachen Wien vom ...... (Datum) (Aktenzeichen: ......), durch das die Ehe zwischen den Parteien geschieden worden ist, vorliegen.

Begründung[6]:

1. Der Antragsteller ist österreichischer Staatsangehöriger, die Antragsgegnerin besitzt die deutsche Staatsangehörigkeit[7].
2. Der Antragsteller ist am ...... (Datum) in Wien geboren, die Antragsgegnerin am ...... (Datum) in München. Der gemeinsame Aufenthalt der Parteien im Zeitpunkt der Ehescheidung war Wien[8]. Beide Parteien haben ihren Aufenthalt nunmehr in Stuttgart[9].
3. Keine der Parteien hat sich wiederverheiratet. Die österreichische Entscheidung ist am ...... (Datum) in Rechtskraft erwachsen. Eine Ausfertigung der Entscheidung mit dem Rechtskraftvermerk ist als
— Anlage 1 —
beigefügt.
4. Die Antragsgegnerin hat sich im Rechtsstreit vor dem Erstgericht eingelassen[10]. Versagungsgründe der Anerkennung liegen nicht vor[11].

5. Der Antragsteller erkennt die ausländische Entscheidung an. Er hat die Anerkennung noch nicht bei einer anderen Behörde beantragt.

Rechtsanwalt

Anmerkungen

1. Während die Anerkennung ausländischer Zivilurteile regelmäßig formlos erfolgt, bedarf die Wirkungserstreckung ausländischer Entscheidungen in Ehesachen förmlicher Feststellung (Art. 7 § 1 FamRÄndG v. 11. 8. 1962). Vgl. dazu *Basedow*, Die Anerkennung von Auslandsscheidungen, 1980; *Kleinrahm/Partikel,* Die Anerkennung ausländischer Entscheidungen in Ehesachen, 2. Aufl., 1970. Kein Gericht und keine befaßte Amtsstelle darf über die Anerkennung eines solchen Urteils als Vorfrage entscheiden, etwa in einem Unterhalts- oder Rentenprozeß. Die Entscheidungskompetenz ist in Art. 7 § 1 FamRÄndG monopolisiert. Ausnahmen bestehen nur für Urteile des Heimatstaats beider Ehegatten, antrags- und klagabweisende Entscheidungen sowie Nebenentscheidungen.

2. Zuständig ist die Landesjustizverwaltung des Landes, in dem ein Ehegatte seinen gewöhnlichen Aufenthalt hat. Hat keiner der Ehegatten seinen gewöhnlichen Aufenthaltsort im Inland, so ist zuständig die Justizverwaltung des Landes, in dem die neue Ehe geschlossen werden soll (Art. 7 § 1 Abs. 2 FamRÄndG).

3. Antragsberechtigt ist jeder, der ein rechtliches Interesse an der Anerkennung glaubhaft macht (Art. 7 § 1 Abs. 3 FamRÄndG).

4. Der Antrag unterliegt nicht dem Anwaltszwang.

5. Der Antrag geht auf Feststellung, daß die Erfordernisse der Anerkennung vorliegen (Art. 7 § 1 Abs. 1 FamRÄndG). Trotz dieser mißverständlichen Fassung ist die Entscheidung der Landesjustizverwaltung gestaltender Natur (str.).

6. Die Landesjustizverwaltung hat den Sachverhalt von Amts wegen aufzuklären, also auch unstreitiges Vorbringen der Parteien nachzuprüfen. Ein Geständnis oder Anerkenntnis sind ohne rechtliche Wirkung.

7. Die Angabe der Staatsangehörigkeit ist notwendig, weil bei Urteilen des Heimatstaates beider Ehegatten ein Feststellungsverfahren unzulässig ist (Art. 7 § 1 Abs. 3 FamRÄndG). Ein Anerkennungsantrag ist zurückzuweisen (*Geimer* NJW 1971, 2138, str.).

8. Die internationale Zuständigkeit ist nach § 328 Abs. 1 Nr. 1 ZPO zu prüfen. Die Regelung des § 606a ZPO verdrängt nicht § 328 Abs. 1 Nr. 1 ZPO. Vgl. zur Aufenthaltszuständigkeit § 606a Nr. 2 ZPO.

9. Die Angabe ist wichtig für die Bestimmung der örtlichen Zuständigkeit, vgl. Art. 7 § 1 Abs. 2 S. 1 FamRÄndG.

10. Vgl. § 328 Abs. 1 Nr. 2 ZPO.

11. Die Verbürgung der Gegenseitigkeit (§ 328 Abs. 1 Nr. 5 ZPO) ist nicht Erfordernis der Anerkennung (Art. 7 § 1 Abs. 1 S. 2 FamRÄndG).

Kosten und Gebühren

Für das Verfahren vor der Landesjustizverwaltung wird eine Gebühr von 20–600 DM erhoben (Art. 7 § 2 Abs. 1 FamRÄndG). Die Gebühren des Rechtsanwalts bestimmen sich nach § 118 BRAGO.

14. Antrag[1] auf gerichtliche Entscheidung gegen die Feststellung der LJV nach Art. 7 § 1 FamRÄndG

An das
Oberlandesgericht[2]
– Zivilsenat –

In der Ehesache
des A ......

— Antragsteller —

Verfahrensbevollmächtigter[3]:
RA ......

gegen

die B ......

— Antragsgegnerin —

wegen
Anerkennung eines österreichischen Ehescheidungsurteils

Namens und in Vollmacht des Antragstellers bitte ich um gerichtliche Entscheidung[4] gemäß Art. 7 § 1 Abs. 4 FamRÄndG mit dem

Antrag:

I. Unter Aufhebung der Entscheidung des Justizministeriums Baden-Württemberg vom ...... (Datum) (Az.: ......) festzustellen, daß die Voraussetzungen für die Anerkennung des Urteils des Landesgerichts für Zivilsachen Wien vom ...... (Datum) (Az.: ......), durch das die Ehe zwischen den Parteien geschieden worden ist, vorliegen.
II. dem Justizministerium Baden-Württemberg die Kosten des Verfahrens aufzuerlegen.

Begründung

......

Rechtsanwalt

Anmerkungen

1. Gegen die ablehnende Entscheidung der Landesjustizverwaltung kann der Antragsteller, gegen die stattgebende der Antragsgegner gerichtliche Entscheidung beantragen (Art. 7 § 1 Abs. 4, Abs. 5 S. 1 FamRÄndG). Der Antrag ist unbefristet. Die Entscheidung der Landesjustizverwaltung kann also noch nach Jahren angefochten werden.

2. Zuständig ist das Oberlandesgericht (in Bayern das BayObLG), in dessen Bezirk die Landesjustizverwaltung ihren Sitz hat.

3. Es besteht kein Anwaltszwang.

4. Das OLG entscheidet im Verfahren der freiwilligen Gerichtsbarkeit. Der Antrag auf gerichtliche Entscheidung hat keine aufschiebende Wirkung (Art. 7 § 1 Abs. 6 FamRÄndG). Die Entscheidung des OLG ist endgültig, jedoch besteht Vorlagepflicht an den BGH wenn das OLG von einer Entscheidung des BGH oder eines anderen OLG abweichen will (§ 28 Abs. 2 FGG).

Kosten und Gebühren

Die Gerichtskosten bestimmen sich nach der KostO. Bei Zurückweisung des Antrags wird eine Gebühr von 20–600 DM erhoben, die sich bei Antragsrücknahme auf die Hälfte ermäßigt (Art. 7 § 2 II FamRÄndG). Die Höhe der Gebühr bestimmt das OLG. Das OLG bestimmt auch die von der Verwaltungsbehörde zu erhebende Gebühr, wenn die Entscheidung der Landesjustizverwaltung aufgehoben wird. Die Anwaltsgebühren bestimmen sich nach § 118 BRAGO (str. teilweise wird § 66 a BRAGO angewandt), wobei die Verfahren vor der Landesjustizverwaltung und dem OLG gesonderte anwaltliche Gebührenangelegenheiten sind (str.).

15. Antrag auf Vollstreckbarerklärung[1] eines ausländischen[2] Schiedsspruchs[3] nach § 1044 ZPO

An das
Landgericht[4]
– Zivilkammer[5] –

In Sachen
des Außenhandelsunternehmens Firma A ......, Warschau,

– Antragstellerin –

Verfahrensbevollmächtigter:
RA ......

gegen

die Firma B ......, Stuttgart,

– Antragsgegnerin –

Verfahrensbevollmächtigter:
RA ......

Streitwert[6]: DM 1 Mio.
Namens und in Vollmacht der Antragstellerin

beantrage ich

I. den Schiedsspruch des Schiedsgerichts bei der polnischen Außenhandelskammer[7] in Warschau, bestehend aus dem Vorsitzenden des Schiedsausschusses ...... (Namen) und den Schiedsrichtern ...... (Namen) vom ...... (Datum), durch den die Antragsgegnerin zur Zahlung von DM 1 Mio. nebst 8% Zinsen seit dem ...... (Datum) verurteilt worden ist, für vollstreckbar zu erklären;

II. der Antragsgegnerin die Kosten des Verfahrens aufzuerlegen[8]

III. Den Beschluß[9] für vorläufig vollstreckbar[10] zu erklären.

Begründung:

1. Die Parteien haben am ...... (Datum) einen Kaufvertrag über die Lieferung von Maschinen abgeschlossen. Zugleich wurde die ausschließliche Zuständigkeit des Schiedsgerichts bei der polnischen Außenhandelskammer[11] für alle Streitigkeiten aus dem Vertrag vereinbart.

   Beweis: Schiedsvereinbarung vom ...... (Datum)

   – Anlage 1 –

2. Die Maschinen wurden teils zu spät geliefert, teils waren sie mangelhaft. Die Antragstellerin hat Schadensersatzansprüche aus Verzug und Schlechtlieferung vor dem vereinbar-

15. Antrag auf Vollstreckbarerklärung eines ausländischen Schiedsspruchs   I. T 15

ten Schiedsgericht geltend gemacht. Dieses hat nach ordnungsgemäßem Verfahren den im Antrag näher bezeichneten Schiedsspruch erlassen.

Beweis: Vorlage des Schiedsspruchs vom ......(Datum)

– Anlage 2 –

Der Schiedsspruch ist nach polnischem Zivilprozeßrecht endgültig und vollstreckbar[12].

3. Die Erfordernisse der Wirkungserstreckung nach dem UN-Übereinkommen vom 10. 6. 1958 über die Vollstreckung ausländischer Schiedssprüche, das im deutsch-polnischen Verhältnis Anwendung findet[13], sind gegeben.

Rechtsanwalt

Anmerkungen

1. Ausländische Schiedssprüche bedürfen zur Entfaltung von Wirkungen im Inland der Vollstreckbarerklärung (§ 1044 ZPO; dazu *Ernemann*, Zur Anerkennung und Vollstreckung ausländischer Schiedssprüche nach § 1044 ZPO, 1979; *Schütze/Tscherning/Wais*, Handbuch des Schiedsverfahrens, 2. Aufl., 1990, Rdnr. 611 ff.). Soweit Staatsverträge über die Anerkennung und Vollstreckung von Schiedssprüchen bestehen, die im Einzelfall anerkennungsfreundlicher sind, kommen diese zur Anwendung. In Betracht kommen insbesondere das Genfer Abkommen zur Vollstreckung ausländischer Schiedssprüche vom 29. 9. 1927 (RGBl. 1930 II 1068) und das UN-Übereinkommen über die Anerkennung und Vollstreckung ausländischer Schiedssprüche vom 10. 6. 1958 (BGBl. 1961 II 122) sowie zahlreiche bilaterale Abkommen (vgl. dazu *Schütze*, Internationales Zivilprozeßrecht, 1980).

2. Die Nationalität eines Schiedsspruchs beurteilt sich nach dem auf das Schiedsverfahren anwendbaren Recht (BGHZ 21, 365 = JZ 1957, 26 m. Anm. *Habscheid*). Das ist zumindest bei institutionellen Schiedsgerichten regelmäßig das im Sitz des Schiedsgerichts geltende Recht.

3. Auch wenn der Schiedsspruch im Ausland bereits durch Exequatururteil für vollstreckbar erklärt worden ist, kann der Schiedsspruch für vollstreckbar erklärt werden (RGZ 5, 397; 30, 368; *Stein/Jonas/Münzberg* § 722 Rdnr. 10). Nach der neueren Rechtsprechung des BGH (vgl. z.B. BGH RIW/AWD 1984, 557 mit Anm. *Dielmann* und *Schütze* ebenda 734 ff.; BGH RIW/AWD 1984, 644 mit Anm. *Mezger*) hat der Gläubiger ein Wahlrecht, ob er die Vollstreckbarerklärung des Schiedsspruchs nach § 1044 ZPO oder des Exequatururteils nach §§ 722 ff. ZPO betreiben will (vgl. dazu Form. I. T. 16).

4. Zuständig ist nach §§ 1044, 1046, 1045 ZPO das im Schiedsvertrag bezeichnete, hilfsweise das Gericht, das für die gerichtliche Geltendmachung des dem Schiedsspruch zugrunde liegenden Anspruchs zuständig wäre, hilfsweise das Gericht, in dessen Bezirk das schiedsrichterliche Verfahren stattgefunden hat.

5. Zuständig ist bei dem Landgericht immer die Zivilkammer, nie die Kammer für Handelssachen, da Streitgegenstand des Verfahrens die Vollstreckbarkeit des Schiedsspruchs, nicht der ursprüngliche Anspruch ist.

6. Der Streitwert entspricht dem Wert des Schiedsspruchs (vgl. *Glossner/Bredow/Bühler*, Das Schiedsgericht in der Praxis, 3. Aufl., 1990, Rdnr. 507).

7. Bei institutionellen Schiedsgerichten ist es zweckmäßig, dieses im Antrag mit aufzuführen.

8. Für die Kostenentscheidung gelten §§ 91 ff. ZPO. Eine fehlende Kostenentscheidung ist nach § 321 ZPO zu ergänzen. Anlaß zu Vollstreckbarerklärungsverfahren gibt der Schuldner des Schiedsspruchs regelmäßig allein durch die Nichterfüllung.

9. Das Verfahren ist das der fakultativ-mündlichen Verhandlung, §§ 1044, 1042a ZPO. Entschieden wird durch Beschluß oder Urteil.

10. Die Vollstreckbarerklärung erfolgt ohne Sicherheitsleistung, §§ 1044, 1042c Abs. 1 ZPO, soweit durch Beschluß entschieden wird; bei Entscheidung durch Urteil sind §§ 708ff. ZPO anzuwenden (*Wieczorek/Schütze*[3] § 1042 Rdn.).

11. Die Schiedsgerichtsbarkeit der Außenhandelskammern der sozialistischen Staaten hat im Ost-West-Handel überragende Bedeutung erlangt. Die Unparteilichkeit der Schiedsrichter – mit der Folge des ordre public Widrigkeit des Schiedsspruchs – kann nicht schon wegen des in diesen Staaten bestehende staatlich gelenkten Wirtschaftssystems in Frage gestellt werden (BGHZ 52, 184; vgl. jedoch auch *Mezger* NJW 1970, 368; *Pfaff* AWD 1970, 55).

12. Die Verbindlichkeit und Vollstreckbarkeit beurteilt sich nach dem ausländischen Recht, dem der Schiedsspruch unterliegt. Nach der Rechtsprechung des Bundesgerichtshofs kann sich der Schuldner nicht mehr auf das Fehlen einer wirksamen Schiedsvereinbarung berufen, wenn er von einem nach der ausländischen Rechtsordnung möglichen befristeten Rechtsbehelf keinen Gebrauch gemacht hat (BGHZ 52, 154; 55, 162; 57, 143; sehr str.).

13. BGBl. 1962 II 102, 2170.

Kosten und Gebühren

Die Gerichtsgebühren sind dieselben wie bei der Vollstreckbarerklärung inländischer Schiedssprüche – soweit nicht in Staatsverträgen eine günstigere Regelung enthalten ist (vgl. KV Nr. 1410–1415 GKG). Die Anwaltsgebühren bestimmen sich nach § 31 BRAGO. Vgl. auch §§ 46, 47 BRAGO.

16. Klage auf Vollstreckbarerklärung eines ausländischen Exequaturteils betreffend einen ausländischen Schiedsspruch

An das
Landgericht[1]
– Zivilkammer –

Klage[2]

der Firma A ......

– Klägerin –

Prozeßbevollmächtigter:
RA ......

gegen
die Firma B ......

– Beklagte –

Prozeßbevollmächtigter:
RA ......

wegen
Vollstreckbarerklärung eines ausländischen Exequaturteils betreffend einen ausländischen Schiedsspruchs
Streitwert: US $ 500.000,–[3]
Namens und in Vollmacht der Klägerin erheben wir

16. Klage auf Vollstreckbarerklärung eines ausländischen Exequaturteils   I. T 16

Klage

gegen die Beklagte und bitten um Anberaumung eines möglichst nahen Termins zur mündlichen Verhandlung, in dem wir

beantragen

werden:
I. das Urteil des Supreme Court of New York vom ...... (Aktenzeichen: ......), durch das der Schiedsspruch des Schiedsgerichts bestehend aus dem Vorsitzenden ...... (Namen) und den Schiedsrichtern ...... (Namen) vom ...... (Datum), durch den die Beklagte zur Zahlung von US $ 500.000,– an die Klägerin verurteilt worden ist, für vollstreckbar erklärt worden ist, für vollstreckbar zu erklären;
II. der Beklagten die Kosten des Rechtsstreits aufzuerlegen;
III. Das Urteil für vorläufig vollstreckbar zu erklären[4] und Sicherheitsleistung durch selbstschuldnerische Bürgschaft der X-Bank zuzulassen;
IV. Hilfsweise im Unterliegensfalle: der Klägerin nachzulassen, die Zwangsvollstreckung durch Sicherheitsleistung, die auch durch selbstschuldnerische Bürgschaft der X-Bank erbracht werden kann, abzuwenden.

Begründung

Das im Antrag näher bezeichnete Schiedsgericht hat die Beklagte zur Zahlung von US $ 500.000,– wegen mangelhafter Lieferung von Maschinen für die Druckindustrie verurteilt. Zwischen den Parteien bestand eine Schiedsvereinbarung, wonach alle Streitigkeiten aus dem Vertragsverhältnis, aufgrund dessen die Maschinen geliefert wurden, von einem Schiedsgericht in New York nach der Schiedsgerichtsordnung der American Arbitration Association (AAA)[5] zu entscheiden waren. Das Schiedsgericht ist ordnungsgemäß gebildet worden.

Beweis: Schiedsvereinbarung vom ...... (Datum)

– Anlage 1 –

Schiedsspruch vom ...... (Datum)

– Anlage 2 –

Durch Urteil vom ...... (Datum) hat der Supreme Court of New York den Schiedsspruch für vollstreckbar erklärt.

Beweis: Urteil vom ...... (Datum)

– Anlage 3 –

Das Urteil ist rechtskräftig.
Nach dem anwendbaren New Yorker Recht nimmt das Exequaturteil den Inhalt des Schiedsspruchs in sich auf (doctrine of merger)[6]. Der BGH gibt für diesen Fall dem Gläubiger ein Wahlrecht, ob er die Vollstreckbarerklärung des Schiedsspruchs[7] oder des Exequaturteils betreiben will[8].

Rechtsanwalt

Anmerkungen

1. Bei der Klage auf Vollstreckbarerklärung eines ausländischen Exequaturteils handelt es sich um eine Klage nach §§ 722 f. ZPO. Sachlich zuständig ist ausschließlich (§ 802 ZPO) das Gericht des ersten Rechtszuges, das für die Geltendmachung des ursprünglichen Anspruchs zuständig wäre (§ 722 Abs. 2 ZPO). Bei der Vollstreckbarerklärung von Exequaturteilen für ausländische Schiedssprüche ist auf den Streitwert des ausländischen Vollstreckbarerklärungsverfahrens abzustellen. Vgl. im übrigen zur Zuständigkeit Form. I.T.4 Anm. 1.

2. Der BGH läßt nunmehr in Abkehr von einer jahrzehntelangen Rechtsprechung des Reichsgerichts (z.B. RGZ 5, 397; 30, 368) die Vollstreckbarerklärung von ausländischen Exequaturuurteilen für Schiedssprüche zu, soweit diese nach der doctrine of merger den Inhalt des für vollstreckbar erklärten Schiedsspruchs in sich aufnehmen (BGH RIW/AWD 1984, 557 mit Anm. *Dielmann* und *Schütze* ebenda S. 734ff.; BGH RIW/AWD 1984, 644 mit Anm. *Mezger;* dazu *Schlosser* IPRax 1985, 141). Nach dieser – zweifelhaften – Rechtsprechung hat der Gläubiger ein Wahlrecht hinsichtlich der Vollstreckbarerklärung des Schiedsspruchs nach § 1044 ZPO oder den etwa einschlägigen Staatsverträgen und der Vollstreckbarerklärung des Exequaturuurteils nach §§ 722f. ZPO (vgl. dazu *Schütze,* Die Bedeutung eines ausländischen Urteils über die Wirksamkeit eines Schiedsspruchs für dessen Exequierung im Inland, Jahrbuch für die Praxis der Schiedsgerichtsbarkeit 3 (1989), S. 118ff. [120f.]).

3. Streitwert für die Vollstreckbarerklärung ist der Streitwert der ausländischen Exequaturentscheidung.

4. Das Vollstreckungsurteil ist nach §§ 709ff. ZPO für vorläufig vollstreckbar zu erklären.

5. Die Entscheidungen des BGH sind zu New Yorker Schiedssprüchen ergangen. Besondere Bedeutung besitzt in den USA die Schiedsgerichtsbarkeit der AAA (vgl. dazu *Schütze/Tscherning/Wais,* Handbuch des Schiedsverfahrens, 2. Aufl., 1990, Rdnr. 894ff.).

6. Vgl. zur doctrine of merger *Borris,* Die internationale Handelsschiedsgerichtsbarkeit in den USA, 1987, S. 91f.

7. Vgl. zum Verfahren Form. I.T.15.

8. Vgl. zum Verfahren im übrigen Form. I.T.4.

Kosten und Gebühren

Es gelten die Grundsätze für das Verfahren nach §§ 722f. ZPO. Die Gerichtsgebühren bestimmen sich nach KV Nr. 1430 GKG, die Anwaltsgebühren nach § 31 BRAGO.

II. Klagen und Anträge im Zivilprozeß zu ausgewählten Gebieten des materiellen Rechts (einschließlich Anträge zum Kartellrecht)

A. Kaufrecht

1. Kaufpreisklage

An das
Landgericht[1,2]

Klage

des ...... (Klägers)

Prozeßbevollmächtigter: ......

gegen

den ...... (Beklagten)

wegen

Kaufpreisforderung

Vorläufiger Streitwert: DM 11.000,–.
Namens und in Vollmacht des Klägers erhebe ich Klage und werde beantragen:

    1. Der Beklagte wird verurteilt, an den Kläger DM 11.000,– nebst 8,5% Zinsen hieraus seit 1. Juni ...... Zug um Zug[3] gegen Übertragung des Eigentums[4,5] am Pkw ......, Fahrgestell-Nr. ......, Motor-Nr. ......, zu bezahlen.

    2. Es wird festgestellt, daß sich der Beklagte seit 1. 6. ...... in Annahmeverzug befindet.[3]

Der Übertragung des Rechtsstreits auf den Einzelrichter stehen keine Gründe entgegen.

Begründung[6]:

Die Parteien schlossen am 15. 5. ...... einen schriftlichen Kaufvertrag über das gebrauchte Fahrzeug des Klägers, einen Pkw ......, Fahrgestell-Nr. ......, Motor-Nr. ...... Als Kaufpreis wurden DM 11.000,– vereinbart. Die Bezahlung sollte bei Übergabe des Pkw erfolgen.
Beweis: Kaufvertrag v. 15. 5. ...... in Anlage
Der Kläger bot das Fahrzeug am 1. 6. ...... dem Beklagten an dessen Wohnsitz an. Der Beklagte erklärte, er lehne die Übernahme des Pkw und die Bezahlung ab, da er vom Kläger hinsichtlich des Preises übervorteilt worden sei.
Beweis: Zeugnis der Frau V., zu laden beim Kläger.
Der Klageanspruch ergibt sich aus § 433 Abs. 2 BGB, der Zinsanspruch aus § 286 Abs. 1 BGB, da sich der Beklagte am 1. 6. ...... endgültig geweigert hat, seiner Verpflichtung aus

dem Kaufvertrag nachzukommen. Der Kläger nimmt Bankkredit in Höhe der Klageforderung zu dem im Antrag genannten Zinssatz in Anspruch, den er bei Zahlung des Beklagten insoweit zurückgeführt hätte.
Beweis: Bescheinigung der X-Bank vom 5. 6. ...... in Anlage.

Anmerkungen

1. Bei Streitwerten über DM 10.000,– ist das Landgericht sachlich zuständig, im übrigen das Amtsgericht (§ 23 Nr. 1, § 71 Abs. 1 GVG).

2. Hinsichtlich der örtlichen Zuständigkeit führt § 29 Abs. 1 ZPO nicht dazu, daß das Gericht am Wohnsitz des Verkäufers zuständig ist, da es für die Erfüllung der Kaufpreisverbindlichkeit nicht darauf ankommt, wo sich die verkaufte Sache befindet, sondern Erfüllungsort der Wohnort des Käufers ist (zB. *Baumbach/Lauterbach/Albers/Hartmann* § 29 Rdn. 26). Der ausschließliche Gerichtsstand am Wohnsitz des Käufers bei Abzahlungsgeschäften ist durch das VerbrKrG weggefallen (vgl. *Bülow* NJW 1991, 129 (134); *Ulmer/Habersack,* VerbrKrG, Rdn. 36 vor § 1). Bei Haustürgeschäften ist ausschließlich das Gericht zuständig, in dessen Bezirk der Kunde zur Zeit der Klagerhebung seinen Wohnsitz hat (§ 7 HWiG). Bei Anwendbarkeit des CISG ist der Sitz des Verkäufers sowohl für die Kaufpreisklage als auch für die Lieferklage Erfüllungsort (Art. 19, 31, 57 CISG). Die Frage ist zwar noch nicht abschließend entschieden. Jedoch dürfte die Entscheidung des BGH (Z 74, 141) für die gleichlautenden Art. 19 Abs. 2, 59 Abs. 1 EKG weitergelten (a. A. *v. Caemmerer/Schlechtriem,* CISG, Art. 57 Rdn. 11).

3. Um die Kostennachteile einer teilweisen Klageabweisung zu vermeiden (§ 92 Abs. 1 S. 1 ZPO; vgl. im einzelnen *Baumbach/Lauterbach/Albers/Hartmann* § 92 Rdn. 26 Stichw. Zug-um-Zug-Leistung; *Thomas/Putzo* § 92 Rdn. 4), muß der Kläger in bestimmten Fällen auf Zahlung Zug um Zug gegen Erbringung seiner Gegenleistung klagen. Dies immer dann, wenn keine ausdrückliche Vorleistungspflicht des Käufers vereinbart ist und auch die Voraussetzungen des § 321 BGB nicht gegeben sind. Soweit der Käufer hier die Einrede des nicht erfüllten Vertrags (§ 320 BGB) erhebt, führt dies zwar nicht zur vollen Klageabweisung, sondern zur Zug-um-Zug-Verurteilung, die in aller Regel eine teilweise Klageabweisung mit der Kostenfolge des § 92 Abs. 1 ZPO ist (vgl. aber § 92 Abs. 2 ZPO). Erhebt der Käufer die Einrede nicht, so ergeht unbeschränktes Zahlungsurteil, auch ohne daß der Verkäufer behauptet, er habe seine Leistung bereits erbracht (hM., vgl. zB. *Palandt/Heinrichs* § 322 Rdn. 2).

Ist dagegen der Verkäufer zur Vorleistung verpflichtet, so kann er bei Annahmeverzug des Käufers auf Leistung nach Empfang der Gegenleistung klagen (§ 322 Abs. 2 BGB).

Die Zwangsvollstreckung des Zug-um-Zug-Urteils erfolgt nach § 756 ZPO. Der Annahmeverzug, der nach dieser Vorschrift das tatsächliche Angebot entbehrlich macht, kann durch Tatbestand, Entscheidungsgründe aber auch durch Ausspruch im Tenor nachgewiesen werden (*Baumbach/Lauterbach/Albers/Hartmann* § 756 Rdn. 10; *Thomas/Putzo* § 756 Rdn. 8). Für den Nachweis des Annahmeverzugs genügt es allerdings nicht, wenn der Beklagte im Prozeß Klagabweisung beantragt hat (vgl. KG NJW 1972, 2052). Da nicht feststeht, ob das Gericht in Tatbestand oder/und Entscheidungsgründen auf den Annahmeverzug eingeht, hat der Kläger mE ein Rechtsschutzbedürfnis, das ihm einen Antrag auf Feststellung, etwa wie im Klagantrag Z. 2 vorgeschlagen, ermöglicht. Dieser Antrag erhöht den Streitwert nicht, da er die in Z. 1 enthaltene Gegenleistung betrifft und durchweg beim Zug-um-Zug-Antrag ohne Bedeutung ist (h. M.; vgl. *Baumbach/Lauterbach/Albers/Hartmann* § 6 Rdn. 6).

4. Die Klage ist nicht auf Leistung Zug um Zug gegen Abnahme zu richten, da die Abnahme Pflicht des Käufers ist und hier die Gegenleistung des Verkäufers aufgeführt werden muß.

2. Klage des Verkäufers auf Abnahme der Kaufsache   II. A. 2

5. Bei beweglichen Sachen genügt der Antrag auf Eigentumsübertragung. Bei Grundstücken kann der Antrag folgendermaßen lauten: „...... Zug um Zug gegen Verschaffung des Eigentums am Grundstück Flurstück Nr. 2011/2 BG-Heft Nr. 459 Gemeinde ......" oder: „...... Zug um Zug gegen Auflassung des Grundstücks Flurstück Nr. 2011/2 GB-Heft Nr. 459 Gemeinde und Bewilligung der Eintragung im Grundbuch ......".

6. Zur Schlüssigkeit der Klage genügt es, den Abschluß des Kaufvertrags und seinen wesentlichen Inhalt im Hinblick auf die Hauptleistungspflichten der Vertragsparteien sowie die Voraussetzungen für den Zinsanspruch vorzutragen.

2. Klage des Verkäufers auf Abnahme der Kaufsache[1]

An das
Landgericht[2, 3]

                           Klage

des ......   (Klägers)

Prozeßbevollmächtigter: ......

gegen

den ......   (Beklagten)

wegen
              Abnahme eines Kaufgegenstandes
Vorläufiger Streitwert: DM 11.000,–[3]
Namens und in Vollmacht des Klägers erhebe ich Klage und werde beantragen:
    Der Beklagte wird verurteilt, die Druckmaschine ROTA XYL, Baujahr
    1993, Fabrik-Nr......., abzunehmen.

Anmerkungen

1. Die Abnahmeklage kann mit der Kaufpreisklage (Form. II. A. 1) kombiniert werden. Ein besonderer Antrag auf Abnahme ist für die Kaufpreisklage jedoch ebensowenig wie für die Werklohnklage erforderlich.

2. Die Abnahmeklage ist grundsätzlich am allgemeinen Gerichtsstand zu erheben (§§ 12–19 ZPO). § 29 ZPO führt nur in Ausnahmefällen zu einer anderen Zuständigkeit (vgl. hierzu Form. II.A.3 Anm. 3). Wird die Abnahmeklage mit der Kaufpreisklage verbunden, entscheidet für die Zuständigkeit der Zahlungsanspruch (*Baumbach/Lauterbach/Albers/Hartmann* § 29 Rdn. 15).

3. Der für die sachliche Zuständigkeit maßgebende Streitwert ist nicht nach dem Kaufpreis, sondern nach dem Interesse des Verkäufers an der Abnahme zu bemessen (*Baumbach/Lauterbach/Albers/Hartmann* § 3 Rdn. 5). Dieser kann zB. bei Gegenständen, von denen Gefahr ausgeht oder die spezielle Wartung oder Lagerung erfordern, höher zu bewerten sein als der Kaufpreis. Wird die Abnahmeklage mit der Kaufpreisklage verbunden, ist maßgebend derjenige für die Kaufpreisklage; nach hM werden beide Werte nicht zusammengerechnet (*Baumbach/Lauterbach/Albers/Hartmann* aaO m. Nachw.).

3. Klage auf Lieferung der Kaufsache[1]

An das
Amtsgericht[2, 3]

Klage

des ...... (Klägers)
Prozeßbevollmächtigter: ......
gegen
den ...... (Beklagten)
wegen

Eigentumsverschaffung

Vorläufiger Streitwert: DM 2800,–[2]
Namens und in Vollmacht des Klägers erhebe ich Klage und werde beantragen:

> Der Beklagte wird verurteilt, an den Kläger die Original-Litographie „Mein lieber Vater", 1963, Maße 50 × 60 cm, von Otto Kerner Zug um Zug[4] gegen Bezahlung von DM 2500,– zu übergeben und zu übereignen[5–9].

Anmerkungen

1. Zur Klage auf Auflassung vgl. Form. II.F.8; zur Herausgabeklage aus § 985 BGB, die bereits – etwa nach §§ 929 S. 2, 930f. BGB – begründetes Eigentum voraussetzt, vgl. Form. II.F.9.

2. Die sachliche Zuständigkeit des Gerichts bemißt sich nach § 23 Nr. 1 GVG, §§ 2, 6 S. 1 ZPO.

a) Für den Streitwert ist der Verkehrswert maßgebend, nicht der Kaufpreis (*Baumbach/Lauterbach/Albers/Hartmann* Anh. § 3 Rdn. 68), so daß Streitwert und Gegenleistung nicht den gleichen Betrag ausmachen müssen.

b) Ohne Bedeutung für den Streitwert ist der Wert der Gegenleistung beim Zug-um-Zug-Antrag (hM., vgl. *Baumbach/Lauterbach/Albers/Hartmann* § 6 Rdn. 2; *Thomas/Putzo* § 6 Rdn. 2).

3. Örtlich zuständig ist in der Regel das Gericht des allgemeinen Gerichtsstands (§§ 12–19 ZPO). Hervorzuheben sind folgende Besonderheiten:

a) Bei Klage auf Herausgabe eines Grundstücks ist nach § 24 Abs. 1 ZPO ausschließlicher Gerichtsstand der dingliche Gerichtsstand, wenn der Kläger bereits Eigentümer ist und Anspruch auf Herausgabe sowohl nach § 433 Abs. 1 S. 1 BGB als auch nach § 985 BGB besteht. Dagegen gilt § 24 ZPO nicht für die Klage auf Auflassung (vgl. hierzu Form. II. F. 8 Anm. 1).

b) Der besondere Gerichtsstand nach § 29 ZPO kann zur Klage an einem anderen als dem allgemeinen Gerichtsstand berechtigen, wenn ein anderer Erfüllungsort wirksam vereinbart ist oder aus den Umständen, insbesondere aus der Natur des Schuldverhältnisses ein anderer Erfüllungsort als der Wohnsitz des Verkäufers zu entnehmen ist (§ 269 Abs. 1 BGB). Bringschuld ist jedoch nur ausnahmsweise anzunehmen (zB. Heizöllieferung; vgl. *Palandt/Heinrichs* § 269 Rdn. 11). Bei beweglichen Sachen, die sich nicht am Wohnort des Verkäufers befinden, ist der Ort der Gegenstände Erfüllungsort (*Baum-*

3. Klage auf Lieferung der Kaufsache　　　　　　　　　　　　　　　　**II. A. 3**

bach/Lauterbach/Albers/Hartmann § 29 Rdn. 14). Zur Wirksamkeit einer Vereinbarung des Erfüllungsorts und damit des Gerichtsstands vgl. § 29 Abs. 2 ZPO.

c) Zu weiteren Besonderheiten bei Haustürgeschäften und bei Anwendbarkeit des CISG vgl. Form. II. A. 1 Anm. 2.

4. Vgl. hierzu Anm. 3 zu Form. II.A.1, Klage auf Kaufpreis und Abnahme. Wegen der Probleme bei der Vollstreckung des Zug-um-Zug-Urteils sollte in der Klagebegründung der Annahmeverzug des Beklagten dargetan und unter Beweis gestellt werden und zusätzlich ein entsprechender Antrag gestellt werden (vgl. Form. II. A. 1 und die dortige Anm. 3).

5. Ist das Eigentum bereits verschafft, so genügt es, auf Übergabe zu klagen. Statt „zu übereignen" kann auch beantragt werden: „...... zu erklären, daß das Eigentum an ...... auf den Kläger übergehen soll".

6. Die Vollstreckung der Übergabepflicht erfolgt nach § 883 ZPO, die Vollstreckung hinsichtlich der Übereignung nach § 894 ZPO. Stellt der Kläger einen nach § 283 Abs. 1 S. 1 BGB möglichen Antrag, wonach die Erfüllung nur binnen einer bestimmten Frist erfolgen kann, so kann er nach Ablauf der Frist nicht mehr wegen der Herausgabe vollstrecken.

7. Nach Rechtskraft des Herausgabetitels hat der Kläger einmal die Möglichkeit der Vollstreckung nach § 883 ZPO. Zum anderen kann er jedoch auch unter den Voraussetzungen des § 283 BGB Schadensersatz verlangen. Voraussetzung für den Schadensersatzanspruch ist nach § 283 Abs. 1 S. 1 BGB, daß der Kläger dem Beklagten eine Frist zur Herausgabe, verbunden mit einer Ablehnungsandrohung, setzt. Die Fristsetzung kann mit dem Klageantrag auf Herausgabe verbunden werden (§ 255 ZPO). Der Antrag auf Fristsetzung kann sonach vor allen ordentlichen Gerichten mit dem Herausgabeantrag kombiniert werden.

Der Kläger muß im Klageantrag keine bestimmte Frist angeben. Die Dauer der Frist steht im Ermessen des Gerichts. Der Kläger kann deshalb auch beantragen: „Die Übergabe kann nur innerhalb einer vom Gericht zu bestimmenden, angemessenen Frist erfolgen". Gibt der Kläger allerdings eine bestimmte Frist an, kann sie das Gericht nicht verkürzen (*Baumbach/Lauterbach/Albers/Hartmann* § 255 Rdn. 5; *Thomas/Putzo* § 255 Rdn. 5). Auch wenn dies im Tenor nicht zum Ausdruck kommt, beginnt die Frist mit der Rechtskraft des Urteils zu laufen.

Die Gefahr des Antrags auf Fristsetzung besteht darin, daß der Herausgabeanspruch nach Fristablauf ausgeschlossen ist (§ 283 Abs. 1 2. Halbs. BGB). Der Kläger wird deshalb eine erheblich längere Frist wählen, wenn ihm hauptsächlich an der Sache selbst gelegen ist, damit er genügend Zeit für die Zwangsvollstreckung hat.

8. Ein selbständiger, zusätzlicher Antrag auf Zahlung von Schadensersatz ist nur unter den Voraussetzungen des § 259 ZPO zulässig. Zum schlüssigen Klagvortrag gehört es damit, daß der Kläger Tatsachen dartut, die die Besorgnis rechtfertigen, der Schuldner werde sich der rechtzeitigen Leistung entziehen. Die Bestimmungen der §§ 510b ZPO und 61 Abs. 2 ArbGG, bei denen dies nicht erforderlich ist, gelten nur für das Verfahren vor dem Amts- bzw. Arbeitsgericht. Nach h. M. sind sie darüber hinaus auf den Herausgabeanspruch nicht anwendbar (OLG Köln OLGZ 1976, 477/478; *Baumbach/Lauterbach/Albers/Hartmann* § 510b Rdn. 1; *Thomas/Putzo* § 510b Rdn. 3).

9. Verliert der Beklagte aus irgendwelchen Gründen den Besitz der Sache nach Rechtshängigkeit, so hat der Kläger die Möglichkeit, den Rechtsstreit in der Hauptsache für erledigt zu erklären. Daneben gibt ihm § 264 Nr. 3 ZPO die Möglichkeit, auf das „Interesse" überzugehen.

4. Die Gewährleistungsklage des Käufers (Klage auf Rückgewähr des Kaufpreises bei Wandelung)[1]

An das
Landgericht[2, 3]

Klage

des ......　　　　　　　　　　　　　　　　　　　　(Klägers)

Prozeßbevollmächtigter: ......

gegen

den ......　　　　　　　　　　　　　　　　　　　　(Beklagten)

wegen

Rückzahlung des Kaufpreises.

Vorläufiger Streitwert: DM 12.000,–[2].

Namens und mit Vollmacht des Klägers erhebe ich Klage und werde beantragen:

    1. Der Beklagte wird verurteilt, an den Kläger DM 12.000,–[4] Zug um Zug gegen Übergabe[5] der Waschmaschine XY zu bezahlen.

    2. Es wird festgestellt, daß sich der Beklagte in Annahmeverzug befindet[6].

Begründung:

Der Kläger kaufte am 1. 2. ...... bei dem Beklagten die im Antrag genannte Waschmaschine zum Kaufpreis von DM 12.000,–. Der Kaufvertrag wurde mündlich abgeschlossen. Der Kläger stellte die Waschmaschine am 5. 2. ...... auf und setzte sie in Betrieb. Dabei stellte sich heraus, daß das Laufwerk defekt ist, die Waschmaschine unregelmäßig und unrund läuft und beim Laufen laute kratzende Geräusche von sich gibt.

Beweis: Einnahme eines Augenscheins; Sachverständigengutachten.

Darüberhinaus ist es so, daß Kleidungsstücke durch das Waschen in der Maschine nach wenigen Waschvorgängen an verschiedenen Stellen durchgescheuert werden.

Beweis: Einnahme eines Augenscheins; Sachverständigengutachten.

Obwohl er hierzu nicht verpflichtet gewesen wäre, gab der Kläger dem Beklagten Gelegenheit zur Nachbesserung.

Beweis: Einschreiben-Rückschein vom 5. 3. ...... in Anlage.

Der Beklagte lehnte jedoch die Nachbesserung ab.

Beweis: Schreiben des Beklagten vom 10. 3. ...... in Anlage.

Daraufhin erklärte der Kläger mit Schreiben vom 25. 3. ...... die Wandelung des Kaufvertrags und verlangte den bezahlten Kaufpreis zurück.

Beweis: Einschreiben-Rückschein vom 25. 3. ...... in Anlage.

Mit Schreiben vom 28. 4. ...... bot der Kläger die Waschmaschine nochmals an, mahnte den Beklagten und setzte Frist zur Zahlung zum 28. 5. .... Mit Schreiben vom 13. 5. ...... nahm der Beklagte Bezug auf das Schreiben des Klägers vom 28. 4. ...... und lehnte die Wandelung ab, da ein Mangel nicht vorliege. Dies ist jedoch unrichtig. Es war deshalb Klage geboten[7].

4. Die Gewährleistungsklage des Käufers II. A. 4

Anmerkungen

1. Schadensersatz- und Minderungsklage sind wie die allgemeine Leistungsklage zu behandeln (vgl. Form. I. D. 1); hier wird nur die Wandelungsklage behandelt. Im vorliegenden Fall käme auch die Klage auf Nachlieferung einer anderen Gattungssache in Frage (vgl. § 480 Abs. 1 BGB).

2. Die sachliche Zuständigkeit des Gerichts bemißt sich nach dem Wert der zurückgeforderten Leistung.

3. Für die örtliche Zuständigkeit kommt neben dem allgemeinen Gerichtsstand des Verkäufers der besondere Gerichtsstand des § 29 ZPO in Betracht. Hat der Käufer den Kaufpreis noch nicht bezahlt, so ist für die Wandelungsklage das Gericht an seinem Wohnsitz zuständig (*Zöller/Vollkommer* § 29 Rdn. 25 Stichw. Kaufvertrag), da hier um eine Zahlungspflicht gestritten wird und diese an seinem Wohnsitz zu erfüllen ist. Ist der Kaufpreis bezahlt und die Ware noch nicht an ihn geliefert, dann steht dieser Gerichtsstand nicht zur Verfügung. Ist dagegen – wie im Regelfall – bezahlt und geliefert, so ist str., ob die Wandelungsklage an dem Ort erhoben werden kann, „wo sich die Sache vertragsgemäß befindet", also am Wohnsitz des Käufers. Die noch hM bejaht dies (*Baumbach/Lauterbach/Albers/Hartmann* § 29 Rdn. 14; *Palandt/Heinrichs* § 269 Rdn. 15 m. Nachw. aus der Rspr.; *Zöller/Vollkommer* aaO; aA *Roussos* BB 1986, 10 (15 f.) mit dem Argument, daß es auch hier in erster Linie um die Befreiung von der Zahlungspflicht geht). Hat der Käufer die Kaufsache zurückgegeben, so ist die Klage nicht mehr an seinem Wohnsitz möglich (*Zöller/Vollkommer* aaO m. Nachw.; *Stein/Jonas/Schumann/Leipold* § 29 Anm. IV 3; aA. *Baumbach/Lauterbach/Albers/Hartmann* aaO).

4. Die Rechtsprechung (BGHZ 29, 148) läßt die Klage auf Rückgewähr der Leistung zu. Der Käufer muß also nicht auf Zustimmung zur Wandelung klagen, wie dies § 465 BGB nahelegen würde (str., ebenso die Herstellungstheorie; aA. die sog. Vertragstheorie, vgl. *Palandt/Putzo* § 465 Rdn. 1 ff. m. Nachw.). Die gelegentlich anzutreffende Formulierung „... wird verurteilt, sich mit der Wandelung einverstanden zu erklären und an den Kläger ...... DM ...... zu bezahlen ......" muß damit nicht verwendet werden. Bei der Wandelung eines Grundstückskaufs kann der Käufer sein Begehren in einem Leistungsantrag auf Abgabe der (Rück-)Auflassungserklärung des Verkäufers und seiner Eintragungsbewilligung fassen (BGH NJW-RR 1989, 650).

5. Der Zug-um-Zug-Antrag ist geboten, um Kostennachteile zu vermeiden (vgl. Form. II.A.1 Anm. 3), falls der Verkäufer die Einrede nach §§ 467 S. 1, 348 BGB erhebt. Zur Vollstreckung des Zug-um-Zug-Urteils vgl. Form. II. A. 1 Anm. 3.

6. Zu diesem Antrag vgl. Form. II. A. 1 und die dortige Anm. 4.

7. Der Anspruch auf Wandelung ergibt sich aus §§ 459 Abs. 1, 462 BGB. Zum Vollzug der Wandelung vgl. § 467 BGB und oben Anm. 4.

Rechtsmittel und Fristen

Die Klage muß innerhalb von 6 Monaten nach Übergabe der Waschmaschine erfolgt sein, da sonst Verjährung eintritt (§ 477 Abs. 1 BGB). Bei Grundstücken beträgt die Frist 1 Jahr. Unter den Voraussetzungen des § 478 BGB bleibt dem Käufer die Mängeleinrede auch danach erhalten.

5. Klage auf Schadensersatz wegen zu geringer Grundstücksfläche

An das
Landgericht[1]

Klage

des ...... (Kläger)
Prozeßbevollmächtigter: ......
gegen
den ...... (Beklagten)
wegen

Schadensersatz

Vorläufiger Streitwert: DM 22.000,–

Namens und in Vollmacht des Klägers erhebe ich Klage und werde beantragen:

Der Beklagte wird verurteilt, an den Kläger DM 22.000,– nebst 4% Zinsen seit ...... zu bezahlen.

Begründung:

Der Kläger macht Schadensersatzansprüche[2,3,4] geltend, weil ein ihm vom Beklagten verkauftes Grundstück nicht die vertraglich zugesicherte Fläche hat.

1. Mit notariellem Vertrag vom 1. 11. ...... kaufte der Kläger vom Beklagten einen noch wegzumessenden Teil des Grundstückes des Beklagten Flurstück-Nr. ...... Die zu erwerbende Teilfläche ist in § 1 des notariellen Vertrages und auch im Lageplan, der Gegenstand dieses Vertrages ist, näher beschrieben und mit „ca. 500 qm" angegeben. In § 5 Abs. 3 des notariellen Vertrages ist geregelt, daß der Verkauf „ohne Gewähr für die Größe des Grundstückes und die Beschaffenheit des Grund und Bodens" erfolge. Nach § 2 des notariellen Vertrages beträgt der Kaufpreis DM 100.000,–.

   Beweis: Notarieller Kaufvertrag vom 1. 11. ....

   Laut Wertgutachten des vereidigten Sachverständigen ...... beläuft sich der Verkehrswert für das Grundstück mit der vertraglich geschuldeten Fläche von 500 qm auf DM 130.000,–.

   Beweis: Wertgutachten des Sachverständigen ....

   Der Kläger bezahlte den Kaufpreis von DM 100.000,– am 5. 11. .... Die Auflassung erfolgte am 6. 11. ...... durch die bevollmächtigten Mitarbeiter des Notars, die Eintragung des Klägers im Grundbuch geschah am 1. 12. .... Am 10. 12. ...... stellte der Kläger fest, daß die tatsächliche Fläche des ihm übertragenen Grundstückes lediglich 420 qm beträgt.

   Beweis: Stellungnahme des Vermessungsingenieurs X in Anlage; Sachverständigengutachten.

   Der Verkehrswert für das an den Kläger tatsächlich aufgelassene Grundstück mit einer Fläche von 420 qm beträgt DM 108.000,–.

   Beweis: Wertgutachten des vereidigten Sachverständigen ......

2. Wegen der geringeren Grundstücksgröße[5] steht dem Kläger nach §§ 468 S. 1, 463 BGB ein Schadensersatzanspruch zu. Die Angabe der Grundstücksfläche ist wie eine zugesi-

5. Klage auf Schadensersatz wegen zu geringer Grundstücksfläche   II. A. 5

cherte Eigenschaft[6] zu behandeln. Die Regelung im Vertrag schließt die Schadensersatzansprüche nicht aus, da auch bei Angabe einer „Ca-Fläche" nur „geringfügige Abweichungen" von der „Ca-Größenangabe" keine Gewährleistungsansprüche auslösen. Auch die Regelung in § 5 Abs. 3 des Vertrages, wonach keine Gewähr für die Grundstücksgröße geleistet wird, ändert daran nichts[7].
Der Schaden besteht in der Differenz zwischen dem Wert des Grundstücks mit der geschuldeten Fläche in Höhe von DM 130.000,– und dem Wert des Grundstücks mit der tatsächlichen Fläche von DM 108.000,–.

Anmerkungen

1. Die sachliche Zuständigkeit ergibt sich aus dem Streitwert. Örtlich zuständig ist das Gericht am Wohnsitz des Beklagten.

2. Die Grundstücksfläche ist zwar keine zugesicherte Eigenschaft. Über § 468 BGB stehen aber die gleichen Ansprüche wie bei Fehlen einer zugesicherten Eigenschaft zur Verfügung. Schadensersatzansprüche wegen Nichterfüllung bzw. Minderungsansprüche können auch dann bestehen, wenn hinsichtlich der Grundstücksfläche nur „Ca-Angaben" gemacht wurden (vgl. BGH NJW 1986, 920 = BauR 1986, 367). Ausgenommen sind geringfügige Abweichungen (wohl bis 1% vgl. BGH WM 1984, 941, (943) und LG Nürnberg-Fürth NJW 1978, 1060; zum ganzen *Koeble*, Rechtshandbuch Immobilien, Kap. 20, Rdn. 17e ff.). Noch nicht abschließend geklärt ist, ob die Verschaffung einer geringeren Wohnfläche gleich zu behandeln ist (vgl. dazu unten Anm. 5).
Dem Kläger stehen deshalb im vorliegenden Falle Schadensersatzansprüche wegen Nichterfüllung nach § 463 BGB zu. Der Käufer hat danach die Wahl zwischen dem Behalten des Gegenstands und der Liquidation des Minderwerts (kleiner Schadensersatz) sowie der Zurückweisung der Sache nebst Ersatz des durch die Nichtdurchführung des Vertrags entstandenen Schadens (großer Schadensersatz; vgl. BGH NJW 1983, 1424; BGH NJW 1959, 620; MK-Westermann § 463 Rdn. 20). Bei der Wertberechnung für den kleinen Schadensersatzanspruch ist nicht auf die Berechnungsmethode des § 472 BGB für die Minderung abzustellen (MK-Westermann § 463 Rdn. 25).

3. Möglich wäre auch ein Anspruch auf Minderung nach § 472 BGB. Danach ist der Kaufpreis in dem Verhältnis herabzusetzen, in welchem zur Zeit des Verkaufs der Wert der Sache in mangelfreiem Zustand zu dem wirklichen Wert gestanden hätte (*Palandt/Heinrichs* § 472 Rdn. 7; MK-Westermann § 472 Rdn. 5). Im vorliegenden Fall ergibt sich somit folgende Berechnung:

$$\frac{DM\ 100.000,- \times DM\ 108.000,-}{DM\ 130.000,-} = DM\ 83.076,92$$

Der Differenzbetrag von DM 16.923,08 zu den von dem Kläger bezahlten Kaufpreis von DM 100.000,– ergibt den Minderungsbetrag nach § 472 BGB. Da dieser Betrag unter dem „kleinen Schadensersatzanspruch" nach § 463 BGB liegt, wird der Kläger keinen Minderungsanspruch geltend machen.

4. Möglich wäre auch die Wandelung des Kaufvertrages, wenn der Mangel so erheblich ist, daß die Erfüllung des Vertrages für den Kläger kein Interesse hat (§ 468 S. 2 BGB).

5. Ansprüche nach § 468 BGB bzw. beim Bauträgervertrag nach §§ 633 ff. BGB bestehen auch bei Verschaffung einer geringeren Wohnfläche bei einer Eigentumswohnung (vgl. zum Ganzen *Koeble* aaO.; vgl. oben Anm. 2). Hier ergeben sich häufig Probleme, wie die Wohnflächenangabe des Verkäufers in Prospekten oder im Vertrag zu verstehen ist (dazu OLG Hamburg BauR 1990, 469; OLG München BauR 1980, 470; OLG Düsseldorf BauR 1981, 476 = NJW 1981, 1455). Bei Verkauf eines Grundstücks kann die Wohnflächenan-

gabe sowohl Beschaffenheitsvereinbarung i.S. § 459 Abs. 1 BGB (Folge: Mängelansprüche, insbesondere Minderung) als auch zusicherungsfähige Eigenschaft sein (BGH V. Zivilsenat NJW 1991, 912 = BauR 1991, 230 m. Anm. *Quack*). Ebenso wie beim Kaufvertrag treten die gleichen Fragen auch beim Bauträgervertrag und bei allen anderen Baumodellen auf. Hier ist ebenfalls noch nicht höchstrichterlich geklärt, ob und wann Mängelansprüche bestehen oder nur bei Zusicherung entsprechend § 468 BGB Ansprüche geltend gemacht werden können (vgl. KG NJW-RR 1989, 459 = OLGZ 1989, 193, das Mängelansprüche bei einer Abweichung von 10% bejaht; vgl. auch LG Ravensburg, BauR 1992, 81, das § 468 BGB analog anwendet; zu Auslegungsfragen, wonach die Wohnfläche und die Minderung zu berechnen sind, vgl. insbesondere *Quack* in Anm. zu BGH BauR 1991, 230 (323) = NJW 1991, 912 sowie die Entscheidungen der Oberlandesgerichte oben). Ansprüche können auch bestehen, wenn die verschafften Räume zwar die richtige Größe haben, aber beschränkt genutzt werden können (dazu i.e. OLG Düsseldorf BauR 1984, 295; BGH BauR 1989, 219; *Koeble* aaO Rdn. 17iff.).

6. Für den vorliegenden Sachverhalt wurden bei Ca-Angabe trotz Haftungsausschluß vom BGH (NJW 1986, 920) dem Grunde nach Ansprüche aus § 468 BGB bejaht. Die Rechtsprechung nimmt auch bei diesen Regelungen an, daß Ansprüche nur hinsichtlich „geringfügiger Differenzen" zum angegebenen Wert ausgeschlossen sein sollen (vgl. BGH NJW 1986, 920; BGH WM 1984, 941, 943; LG Nürnberg-Fürth NJW 1978, 1060, wonach Abweichungen bis zu 1% toleriert werden müssen).

B. Mietrecht

1. Klage des Vermieters auf Mietzinszahlung und Zwischenfeststellungsklage

An das
Amtsgericht[1]
– Streitgericht –
Abteilung für Mietsachen

......

Klage

der Firma ...... GmbH & Co. KG
vertreten durch die persönlich haftende Gesellschafterin,
die Firma ...... GmbH,
diese vertreten durch ihren Geschäftsführer A

– Klägerin –

Prozeßbevollmächtigter: Rechtsanwalt ......

gegen

1) Herrn ......
2) Frau ......
   beide wohnhaft: ......

– Beklagte –

wegen Forderung
vorläufiger Streitwert: DM 6000,–[2]
Namens und mit Vollmacht der Klägerin erhebe ich Klage und werde

beantragen:

I. Die Beklagten werden gesamtverbindlich verurteilt, an die Klägerin DM 3000,– nebst 4% Zinsen aus je DM 500,– seit 3. 6. 94, 5. 7. 94, 4. 8. 94, 4. 9. 94, 4. 10. 94 und 4. 11. 94 zu bezahlen[3].
II. Es wird festgestellt[4], daß die Beklagten nicht berechtigt sind, wegen nachfolgender Mängel ...... die Miete für die von ihnen gemietete Wohnung ...... Straße Nr. ...... zu mindern.
III. Die Beklagten haben gesamtverbindlich die Kosten des Rechtsstreits zu tragen.
IV. Das Urteil ist in Ziffer I und III vorläufig vollstreckbar, notfalls gegen Sicherheitsleistung, die auch durch selbstschuldnerische unbeschränkte unbefristete Bürgschaft der ...... Bank erbracht werden kann.

Begründung:

1. Zwischen den Parteien besteht ein Mietverhältnis über die der Klägerin gehörende, von den Beklagten bewohnte Wohnung in der ...... Straße Nr. ......, bestehend aus ......
Beweis: In beglaubigter Fotokopie anliegender Mietvertrag vom ......

Nach § 4 des Mietvertrages haben die Beklagten monatlich spätestens am 3. Werktag eines Monats die Grundmiete von DM 1000,– zuzüglich Nebenkosten zu bezahlen. Mit beigefügtem Schreiben vom ...... haben die Beklagten eine Minderung des monatlichen Mietzinses von DM 500,– angekündigt wegen angeblicher Mängel der Wohnung, nämlich[5] ...... Sie haben entsprechend dieser Ankündigung ab Juni 1994 nur noch die hälftige Miete in Höhe von DM 500,– zuzüglich Nebenkosten geleistet. Die behaupteten Mängel bestehen nicht. Im einzelnen ist hierzu auszuführen ...... Für die Monate Juni bis einschließlich November ist daher der in Ziffer I eingeklagte Betrag offen.

2. Es steht zu befürchten, daß die Beklagten auch die zukünftigen Mietzinsen mindern. Die Frage der Berechtigung der Minderung ist für die Mietzinsansprüche der Klägerin vorgreiflich. Die Klägerin erhebt daher gleichzeitig Zwischenfeststellungsklage nach § 256 Abs. 2 ZPO.

3. Für den Fall, daß das Gericht ein schriftliches Vorverfahren durchführen sollte und die Voraussetzungen des § 331 Abs. 3 ZPO eintreten, wird bereits hiermit der Antrag nach § 331 Abs. 3 ZPO gestellt[6] ......

Rechtsanwalt

Anmerkungen

1. Örtlich ausschließlich zuständig für Streitigkeiten aus Mietverhältnissen ist das Amtsgericht, in dessen Bezirk der Raum liegt (§ 29a ZPO). § 29a ZPO gilt ab 1. 3. 1993 aufgrund des RpflEntG (BGBl. 1993 I 50) für alle Streitigkeiten über Ansprüche aus Mietverhältnissen, und zwar auch aus Geschäftsraummietverhältnissen.
Sachlich ausschließlich zuständig ist nach § 23 GVG das Amtsgericht nur bei Wohnraum. Bei Geschäftsraum bleibt es bei der streitwertabhängigen allgemeinen Zuständigkeitsregel (§§ 23, 21 GVG).
Zum Mietrecht in den neuen Bundesländern vgl. *Sternel*, Mietrecht aktuell, Rdn. A 50 ff.; *Schilling/Heerde*, Mietrecht in den neuen Bundesländern von A bis Z, 2. Aufl. Berlin. Zu beachten ist, daß der größte Teil der Wohnungen in den neuen Bundesländern der Mietpreisbindung unterliegt (*Sternel* A 108 ff.). Eingeschränkt sind die Möglichkeiten der Mieterhöhung nach MHG und die Kündigungsmöglichkeiten bei Eigenbedarf; ausgeschlossen ist die Kündigung bei Hinderung wirtschaftlicher Verwertung (*Sternel* A 89 ff.).

2. Bei der Klage auf rückständigen Mietzins ist maßgebend der geforderte Betrag (nicht § 16 GKG, sondern §§ 12 Abs. 1 GKG, 6 ZPO, vgl. *Zöller* § 3 Rdn. 16 Stichwort: „Mietstreitigkeiten"). Streitwert von Ziffer I ist daher an sich DM 3000,–. Es wird jedoch gleichzeitig auf (negative) Feststellung geklagt. Die Werte der Feststellungs- und Leistungsklage sind nicht zusammenzurechnen, vielmehr entscheidet für den Kostenstreitwert der höhere Wert (vgl. *Hartmann* Anh. nach § 12 GKG Stichwort: „Feststellungsklage"; *Thomas/Putzo* § 3 Rdn. 65, 189 Stichwort „Feststellungsklage" und „Zwischenfeststellungsklage"; anders nur für „Beschwerdewert" BGH LM § 280 aF. ZPO Nr. 18). Wert der leugnenden Feststellungsklage ist identisch mit dem vollen Wert des geleugneten Anspruchs, also – anders als bei positiver Feststellungsklage – kein Abschlag bei der negativen Feststellungsklage (BGH NJW 1970, 2025; str.). Voller Wert des geleugneten Anspruchs ist bei Mietverhältnissen auf unbestimmte Zeit § 3 ZPO zu entnehmen und der Höhe nach auf einen Jahresbetrag (§ 16 GKG) begrenzt (KG NJW 1964, 1480; sehr str. vgl. BGH NJW 1966, 778 – für Mietverhältnisse auf bestimmte Zeit –; BGH NJW 1958, 1967 für Mietverhältnisse über unbestimmte Zeit; *Hartmann* Anh. nach § 12 GKG Stichwort: „Mietverhältnis"; *Thomas/Putzo* aaO. Stichwort: „Mietstreitigkeiten"). Streitwert demnach DM 6000,–.

1. Klage des Vermieters auf Mietzinszahlung   II. B. 1

3. Häufig ist in Mietverträgen (beispielsweise den Formularen der Haus- und Grundbesitzervereine) vorgesehen, daß der Mietzins fällig ist jeweils am 3. Werktag eines Monats. Verzug tritt dann nach § 284 Abs. 2 BGB mit Ablauf dieses Tages ein. Ist der 3. Werktag Sonnabend, tritt die Fälligkeit erst am nächsten Montag, Verzug mithin ab Dienstag ein (§ 193 BGB).

4. Die (negative) Zwischenfeststellungsklage ist trotz des Wortlauts des § 256 Abs. 2 ZPO nicht nur zulässig, wenn das vorgreifliche „Rechtsverhältnis" (vgl. zu diesem Begriff *Zöller* § 256 Rdn. 3 mwN.) im Laufe des Prozesses streitig wird, sondern auch, wenn es schon vorher streitig war (BGH LM § 280 aF. ZPO Nr. 2). Ziel des Klageantrags zu II ist, Rechtskraft nicht nur für den Zahlungsanspruch, sondern auch für die Nichtberechtigung der Minderung in Vergangenheit und Zukunft – freilich nur aufgrund der im einzelnen behaupteten Mängel – herbeizuführen. Das Rechtsschutzinteresse für diese negative Feststellungsklage kann wegen ihrer Wirkung auch für die Zukunft m. E. nicht generell verneint werden (so aber wohl *Wetekamp* Mietsachen 1990 Rdn. 108). Klage auf künftige vollständige Zahlung nach § 257 ZPO wäre nicht möglich, weil die Mietzinszahlungen von einer Gegenleistung abhängig sind. Unter Umständen käme jedoch Klage nach § 259 ZPO hinsichtlich künftiger Mietzinsdifferenzen in Betracht, bei der die Ansprüche der Klägerin von einer Gegenleistung abhängig sein können (*Zöller* § 259 Rdn. 1).

5. Das Minderungsrecht des Mieters von Wohnraum bei erheblichen Mängeln ist nicht abdingbar (§ 537 BGB). Der Mieter muß Bestehen von Mängeln, der Vermieter Unerheblichkeit der Tauglichkeitsminderung bzw. Kenntnis oder grobfahrlässige Unkenntnis bei Vertragsabschluß bzw. Übernahme beweisen (*Palandt/Putzo* § 537 Rdn. 4, *Wetekamp* Rdn. 109).
In der Praxis häufig: Minderung wegen nicht ausreichender Wohnraumbeheizung oder Beheizbarkeit (Beispiel: 100%ige Minderung bei völligem Heizungsausfall von September bis Februar, LG Hamburg WM 1976, 10; 16 bis 17% Minderung bei Wärmegraden von 17 bis 18° C über längeren Zeitraum, LG Hamburg WM 1961, 38 – erforderlich: 20 bis 22° C Zimmertemperatur, vgl. *Palandt/Putzo* § 535 Rdnr. 25). Zur Mietminderung in Einzelfällen vgl. *Thieler/Vetter*, Mietminderungsliste 1984, mit 85 Beispielen aus der Rechtsprechung, die zeigen, daß es keine rechtssichere Prognostizierbarkeit für die Höhe der Mietminderung im Einzelfall gibt (vgl. *Sternel* MietR Rdn. 183 ff.; vgl. auch *Wetekamp* Mietsachen 1990 Rdn. 92 ff.). Ungerechtfertigte Minderung durch den Mieter berechtigt den Vermieter nicht zur Kündigung, wenn der Mieter sich irrtümlich ohne Fahrlässigkeit zur Minderung berechtigt glaubt (LG Kiel WM 1975, 169; AG Köln WM 1974, 126).
Die Minderung wirkt automatisch. Zahlt der Mieter jedoch den vollen Mietpreis, verliert er für die Vergangenheit das Minderungsrecht (*Palandt/Putzo* § 537 Rdn. 25), bei längerfristiger vorbehaltsloser Zahlung auch für die Zukunft (OLG Düsseldorf NJW-RR 1987, 911 f.).

6. In Mietsachen machen die Gerichte inzwischen häufiger von der Möglichkeit eines schriftlichen Vorverfahrens nach § 276 ZPO Gebrauch. Dieses Verfahren dürfte – jedenfalls in Mietsachen – für den Gläubiger auch nur dann von Vorteil sein, wenn die Voraussetzungen des § 331 Abs. 3 ZPO eintreten und sofort Versäumnisurteil ergehen kann. Um zu vermeiden, daß dem Beklagten mit Zustellung des Klagantrags diese Konsequenz sofort deutlich vor Augen geführt wird, empfiehlt sich für den Kläger, den Antrag nach § 331 Abs. 3 ZPO allgemein – wie oben – formuliert zu stellen.

II. B. 2

2. Klage des Vermieters auf Zustimmung zur Mieterhöhung bei nichtpreisgebundenem Wohnraum

An das
Amtsgericht[1]
– Streitgericht –
Abteilung für Mietsachen

Klage

des ......

– Kläger –

Prozeßbevollmächtigter: ......

gegen

1) ......
2) ......

– Beklagte –

Prozeßbevollmächtigter: ......

wegen Abgabe einer Willenserklärung[2]

Streitwert[3]: ......

Namens und mit Vollmacht des Klägers erhebe ich Klage und werde

beantragen:

I. Die Beklagten werden verurteilt[4], der Erhöhung der Nettomiete für die Wohnung ...... Straße Nr. ...... in ......, ... Stock ...... von bisher monatlich DM ...... netto zuzüglich Nebenkostenvorauszahlung wie bisher auf nunmehr monatlich DM ...... netto mit Wirkung ab 1. 7. 1994 zuzustimmen.
II. Die Beklagten haben die Kosten des Rechtsstreits zu tragen.
III. Das Urteil ist in Ziffer II[5] vorläufig vollstreckbar.

Begründung:

1. Zwischen den Parteien besteht ein Mietverhältnis über die im Antrag I näher bezeichnete Wohnung. Nach § ...... des Mietvertrages zahlen die Beklagten eine monatliche Nettomiete von DM ......, die bereits seit längerer Zeit als einem Jahr unverändert ist.[6] Staffelmiete ist zwischen den Parteien nicht vereinbart.

2. Mit Schreiben vom 5. 4. 1994 verlangte die Hausverwaltung A unter gleichzeitiger Vorlage der Hausverwaltervollmacht des Klägers in dessen Namen von den Beklagten die Zustimmung zur Zahlung einer erhöhten Nettomiete von DM ...... mit Wirkung ab dem 3. Monat ab Zugang des Erhöhungsverlangens, mithin ab 1. 7. 1994.

Beweis: In beglaubigter Fotokopie anliegendes Schreiben der Hausverwaltung A vom 5. 4. 1994.

Diesem Schreiben war beigefügt das in beglaubigter Fotokopie anliegende vom Kläger eingeholte Sachverständigengutachten des öffentlich bestellten und vereidigten Sachverständigen B, aus dem sich die Rechtfertigung für die Erhöhung der Nettomiete auf den vom Kläger verlangten Betrag ergibt.

Die Beklagten, die sich innerhalb der Überlegungsfrist nach § 2 Abs. 3 MHRG bis zum

2. Klage des Vermieters auf Zustimmung zur Mieterhöhung II. B. 2

30. 6. 1994 nicht geäußert haben und den alten Mietzins unverändert weiterzahlen, schulden die erhöhte Miete ab 1. 7. 1994.

3. Der vom Kläger verlangte Mietzins übersteigt nicht die üblichen Entgelte, die in München in der näheren oder weiteren Umgebung der Wohnung für vergleichbare Objekte verlangt werden.

Beweis: In beglaubigter Fotokopie anliegendes Gutachten des Sachverständigen B; vom Gericht einzuholendes Sachverständigengutachten.

Rechtsanwalt

Anmerkungen

1. Die örtliche Zuständigkeitsregel des § 29a ZPO, dessen Absatz 1 durch das RpflEntG mit Wirkung ab 1. 3. 1993 verändert und neu gefaßt wurde, gilt auch für Mieterhöhungsverfahren.
Zum Mietrecht in den neuen Bundesländern vgl. *Sternel,* Mietrecht aktuell, Rdn. 18 ff.; *Schilling/Heerde,* Mietrecht in den neuen Bundesländern von A bis Z.

2. Leistungsklage auf Abgabe einer Willenserklärung (*Fehl* NJW 1974, 924/928). Die rechtskräftige Verurteilung ersetzt die Zustimmung zur Mieterhöhung (§ 894 ZPO). Wenn der Mieter nicht freiwillig nach Verurteilung zur Erhöhung zahlt, ist ein neues Verfahren zur Zahlung erforderlich; die Verbindung von Mieterhöhungsklage mit Klage auf Verurteilung zur Zahlung gemäß §§ 259 oder 257 ZPO ist unzulässig. Besorgnis der Nichterfüllung nach § 259 ZPO kann nicht schon zu einem Zeitpunkt bejaht werden, bevor die Zustimmungserklärung durch den Mieter abgegeben oder er zur Zustimmung verurteilt wurde (*Schmidt-Futterer/Blank* C 153; LG Braunschweig ZMR 1973, 154).
Hat der Mieter der Erhöhung teilweise zugestimmt, kann nur der darüberhinausgehende Betrag verlangt werden, ansonsten erfolgt in Höhe des vom Mieter akzeptierten Betrages Klagabweisung (*Palandt/Putzo* § 2 MHG Rdn. 34, 35).

3. Das Zwölffache des monatlich geltend gemachten Erhöhungsbetrages gemäß § 16 Abs. 5 GKG (vgl. *Wetekamp* aaO. Rdn. 139).

4. Nicht als Gesamtschuldner (obwohl in Urteilen immer wieder zu finden), weil die Abgabe der vom jeweiligen Mieter geschuldeten Erhöhungserklärung keine teilbare Leistung nach § 420 BGB ist (vgl. zum Begriff der teilbaren Leistung *Palandt/Heinrichs* Rdn. 1 Überbl. vor § 420).

5. Keine vorläufige Vollstreckbarkeit der Verurteilung auf Abgabe der Erhöhungserklärung (vgl. § 895 ZPO).

6. Tatbestandsvoraussetzungen des materiell-rechtlichen Anspruchs auf Zustimmung zur Erhöhung sind gemäß § 2 Abs. 1 MHG: Der monatliche Mietzins ist seit mindestens einem Jahr unverändert; der verlangte Mietzins übersteigt nicht die Entgelte für nichtpreisgebundene Wohnungen in der Gemeinde oder in vergleichbaren Gemeinden; die Mieterhöhung hält sich an die sogenannten Kappungsgrenze (teilweise 30%, teilweise 20%, vgl. § 2 MHG Ziff. 3). Zur Neuregelung der Mietanpassungsvereinbarung vgl. § 10a MHG.
Im Beitrittsgebiet ist die Mieterhöhung nach § 2 MHG nur bei Wohnraum zulässig, der seit dem 3. 10. 1990 neu geschaffen wurde (§ 11 MHG, vgl. im einzelnen *Schilling/Heerde,* Mietrecht in den neuen Bundesländern von A bis Z, 2. Aufl., S. 75).
Zur Abgrenzung der Anwendbarkeit des § 2 MHG siehe § 10 Abs. 3 MHG. Verlangt der Vermieter die Erhöhung vor Ablauf des 3-Jahreszeitraumes nach § 2 Abs. 1 Nr. 3 MHG, bleibt das Verlangen auch ohne Einhaltung der Kappungsgrenze wirksam (vgl. i. einzelnen BayObLG NJW-RR 1988, 721).
Prozeßvoraussetzung der Klage auf Zustimmung (str., vgl. *Schmidt-Futterer/Blank* C 112): Wirksame Geltendmachung des Erhöhungsrechts durch Mieterhöhungserklärung

nach § 2 Abs. 2 MHG. Die Angabe des Zeitpunkts, ab dem die erhöhte Miete gelten soll, gehört nicht zu den Wirksamkeitserfordernissen eines Mieterhöhungsverlangens (OLG Koblenz NJW 1983, 1861).

Der Vermieter kann vermietereigene Wohnungen heranziehen, ebenso solche aus eigenem Bestand. Anders als nach der früheren Rechtsprechung müssen Vermieter- und Mieternamen nicht angegeben werden; die Wohnungsgröße ist nicht unbedingt entscheidend (vgl. BGH NJW 1982, 2867; BVerfG NJW 1980, 1617; Münchener Kommentar/ *Voelskow* Anh. zu § 564c Rdn. 48ff. mwN, *Sternel* MietR 3. Aufl., Rdn. III 686).

Die Vergleichswohnungen müssen dem örtlichen Wohnungsmarkt entstammen. Vergleichswohnungen aus Nachbargemeinden dürfen nur herangezogen werden, wenn es in der eigenen Gemeinde keine solchen gibt (*Sternel* Rdn. III 687). Nicht vergleichbare Wohnungen zählen nicht, so daß es sich empfiehlt, ein Erhöhungsverlangen eine größere Anzahl zu benennen, damit jedenfalls die Mindestzahl von drei vergleichbaren Wohnungen erreicht wird.

§ 2 Abs. 1 Nr. 2 MHG in der Fassung des 4. MietRändG sieht mit Wirkung ab 1. 9. 1993 für Mietspiegel und Vergleichswohnung vor, daß die letzten 4 Jahre zu berücksichtigen sind. Zuschläge zum oberen Grenzwert nach dem Mietspiegel sind auch bei Veränderung der Umstände seit Erhebung des Mietspiegels unzulässig (OLG Hamburg NJW 1983, 1803). Der sichere Weg ist in jedem Fall die Begründung der Mieterhöhung durch vorprozessual eingeholtes Gutachten. Allerdings sind nach hM. die Kosten für dieses Gutachten im Rechtsstreit nicht erstattungsfähig (so entgegen bisheriger Praxis jetzt LG München I, unveröffentlichter Beschluß vom 26. 6. 1979, Az. 14 T 5117/79; ebenso LG Berlin JurBüro 1980, 1078; LG Bielefeld Rpfleger, 1981, 70; *Baumbach/Hartmann* § 91 Rdn. 101 Stichwort: „Gutachten"; *Thomas/Putzo* § 91 Rdn. 49ff.). Zuschläge zur Vergleichsmiete des Mietspiegels aufgrund einer günstigeren Vertragsgestaltung für den Mieter als sie die für den Mietspiegel herangezogenen Verträge aufweisen (bezüglich Kostentragungslast bei Schönheitsreparaturen), sind möglich (vgl. OLG Koblenz NJW 1985, 333).

Recht unklar ausgestaltet vom Gesetzgeber ist die jetzt variabel gestaltete Kappungsgrenze nach § 2 Abs. 1 Nr. 3 MHG (30 bzw. 20%). Es bleibt nach der Fassung des Gesetzes offen, ob es sich hier um eine verfahrensmäßige Voraussetzung, eine materielle Voraussetzung oder eine materielle Begrenzung des Erhöhungsanspruchs handelt. Man wird davon ausgehen müssen, daß die Kappungsgrenze eine Anstiegsbegrenzung im Ergebnis herbeiführen will, also ein darüber hinausgehendes Mieterhöhungsverlangen, das verfahrensmäßig als wirksam anzusehen ist, nur auf die materiell-rechtlich zulässige Grenze zurückzuführen ist (so auch *Landfermann*, Gesetz zur Erhöhung des Angebots an Mietwohnungen Erläuterungen und Materialien zum neuen Mietrecht, S. 42). Übersteigt ein Mieterhöhungsverlangen also die Kappungsgrenze, hat es lediglich hinsichtlich des überschießenden Teiles keine rechtliche Bedeutung (BayObLG NJW 1984, 742 vgl. zu den Einzelheiten *Palandt/Putzo* § 2 MHG Rdn. 16f.).

Die neue Miete darf die vor 3 Jahren (gerechnet vom Zeitpunkt des Wirksamwerdens des Mieterhöhungsverlangens) gezahlte um nicht mehr als 30 bzw. 20% (§ 2 Ziff. 3 MHG, s. o.) übersteigen. Seit 1. 9. 1993 ist die Kappungsgrenze auf die Dauer von 5 Jahren gespalten. Sie beträgt 20% für Wohnraum, der vor dem 1. 1. 1981 fertiggestellt worden ist, wenn die monatliche Netto-Kaltmiete 8,00 DM/m^2 übersteigt, oder unter Anwendung einer Kappungsgrenze von 30% den Betrag von 9,60 DM/m^2 übersteigen würde. Im übrigen beträgt sie 30%. Bei neueren Mietverhältnissen ist der erste Mietzins der maßgebliche Betrag. Die Vorschrift bezieht Erhöhungen vor 1983 mit ein (*Scholz* NJW 1983, 1822/1824). Sie findet auch Anwendung auf Mietverhältnisse, die bisher der Wohnungsbindung unterlagen, bei denen also erstmalig eine freie Miete vereinbart wird (RE BayObLG NJW 1984, 742ff.; AG Köln NJW 1983, 2947; AG Hannover, AG Freiburg WuM 1983, 298; aA AG Neuss NJW 1983, 2327 mwN). Das Mieterhöhungsverlangen kann bereits vor Ablauf der einjährigen Wartefrist (RE OLG Frankfurt NJW-RR 1988, 722) bzw. vor Ablauf der dreijährigen Frist der Kappungsgrenze (RE BayObLG NJW-RR

1988, 721) gestellt werden, die Zustimmungsfrist wird in Gang gesetzt, die Erhöhung kann jedoch erst mit Ablauf der Frist eintreten.

Überschreitet der begehrte Mietzins die durch gerichtlichen Sachverständigen festgestellte ortsübliche Miete, ist das Erhöhungsverlangen wirksam, die Klage jedoch nur in dieser Höhe begründet. Behebbare Mängel werden bei der Bewertung nicht berücksichtigt, da §§ 537ff BGB eine Spezialregelung darstellen (*Sternel* Mietrecht, 3. Aufl., Rdn. III 598).

3. Klage des Mieters auf Fortsetzung des Mietverhältnisses über Wohnraum (zu geänderten Bedingungen)

Klage

......[1]

Namens und im Auftrag des Klägers erhebe ich Klage mit dem

Antrag[2]

zu erkennen:

I. Das zwischen den Parteien bestehende Mietverhältnis über die Wohnräume ...... gemäß Mietvertrag vom ...... wird auf unbestimmte Zeit, hilfsweise bis zum[3] ...... fortgesetzt.[4]
II. Der Beklagte hat die Kosten des Rechtsstreits zu tragen.
III. Das Urteil ist im Kostenpunkt vorläufig vollstreckbar.

Begründung:

Zwischen den Parteien besteht ein Mietvertrag über vom Kläger bewohnte Wohnräume ...... Dieses Mietverhältnis hat der Beklagte mit in Fotokopie anliegendem Schreiben vom ...... gekündigt. Der Kläger hat dieser Kündigung unverzüglich mit Schreiben vom ...... widersprochen. Er hat den Widerspruch zwar in diesem Schreiben nicht begründet.[5] Es steht jedoch fest, daß der Kläger für sich und seine Familie auf unabsehbare Zeit keinen Ersatzraum finden wird, weil ......[6]

Rechtsanwalt

Anmerkungen

1. Zur Gestaltung der Klage (Zuständigkeit, Rubrum usw.) vgl. Form. II. B. 1.

2. Die Klage des Mieters auf Fortsetzung des Mietverhältnisses (prozessuale Gestaltungsklage, vgl. *Pergande* NJW 1964, 1925/1935, *Sternel* MietR Rdn. IV 232; aA. Leistungsklage: *Schmidt-Futterer/Blank* B 220) kann vom Mieter nach Kündigung durch den Vermieter selbständig erhoben werden. Der Mieter kann auch die Räumungsklage des Vermieters abwarten. Widerklage auf Fortsetzung des Mietverhältnisses nach § 33 ZPO ist nicht erforderlich (vgl. *Palandt/Putzo* § 556a Rdn. 25), weil nach § 308a ZPO bei Erhebung einer Räumungsklage durch den Vermieter das Gericht ohnehin von Amts wegen über Fortsetzungsverlangen des Mieters entscheiden muß, und zwar auch über die Frage, ob das Mietverhältnis auf unbestimmte Zeit zu verlängern ist (letzteres str., vgl. *Palandt/Putzo* § 556a Rdn. 25). Eine gleichwohl erhobene Widerklage ist nicht als unzulässig abzuweisen, sondern als Antrag (oder Anregung) zu einer Entscheidung nach § 308a ZPO aufzufassen (*Schmidt-Futterer/Blank* B 220).

Der Mieter kann gegenüber der Räumungsklage des Vermieters jedoch ausdrücklich Antrag auf Fortsetzung stellen. Hier genügt Vortrag von Tatsachen, die das Fortsetzungsverlangen rechtfertigen. Umgekehrt kann der Vermieter gegenüber der hier erhobenen Klage auf Fortsetzung des Mietverhältnisses seinerseits Räumung im Wege der Widerklage verlangen (*Palandt/Putzo* § 556a Rdn. 25).

3. Die Verlängerung auf bestimmte Zeit ist ein minus gegenüber der Verlängerung auf unbestimmte Zeit. An sich umfaßt das allgemeine Verlängerungsverlangen dasjenige auf bestimmte Zeit (*Palandt/Putzo* § 556a Rdn. 25). Das Hilfsbegehren muß daher nicht ausdrücklich gestellt werden, macht aber dem Gericht deutlich, daß Verlängerung in jedem Fall angestrebt wird. Verlängerung auf unbestimmte Zeit erfolgt nur in Ausnahmefällen (§ 556a Abs. 3 S. 2 BGB).

4. Die Gestaltungswirkung des Urteils tritt erst mit Rechtskraft der Entscheidung ein (*Palandt/Putzo* § 556a Rdn. 29).

5. Anders als für die Vermieterkündigung (§ 564b Abs. 3 BGB) ist beim Widerspruch und Fortsetzungsverlangen des Mieters nach § 556a BGB, das ebenso wie die Kündigung zwingend der Schriftform bedarf (§ 556a Abs. 5 S. 1 BGB), eine Begründung nicht Wirksamkeitserfordernis. Die Gründe können noch uneingeschränkt – vorbehaltlich prozessualer Verspätung – im Prozeß nachgebracht werden. Wegen möglicher ungünstiger Kostenfolgen gemäß § 93b Abs. 2 ZPO ist jedoch die Angabe von Gründen bereits im vorprozessualen Widerspruch und Fortsetzungsverlangen zu empfehlen.

6. Widerspruch nach § 556a BGB muß spätestens 2 Monate vor Beendigung des Mietverhältnisses erklärt werden, außer wenn der Vermieter den Mieter nicht auf die Möglichkeit eines schriftlichen Widerspruchs hingewiesen hat (§§ 556a Abs. 6, 564a Abs. 2 BGB). Fristversäumnis ist gegebenenfalls nur auf Einrede des Vermieters zu beachten (*Palandt/ Putzo* § 556a Rdn. 11). Kaum prognostizierbarer Erfolg des Fortsetzungsverlangens hängt von Abwägung der Vermieter- und Mieterinteressen ab. (Einzelheiten vgl. *Palandt/ Putzo* § 556a Rdn. 14ff.).

Kosten und Gebühren

Streitwert in der Regel jährlicher Mietzins, beachte aber Sonderregelung in § 16 Abs. 3 und Abs. 4 GKG.
Sonderregelung für Kostenentscheidung: § 93b Abs. 2 S. 2 ZPO.

4. Klage auf Räumung von Wohnraum wegen Zahlungsrückstandes

An das
Amtsgericht[1]
– Abteilung für Mietsachen –

Klage

In Sachen
......

– Kläger –

Prozeßbevollmächtigter: Rechtsanwalt ......
gegen

......

– Beklagter –

wegen Räumung.
Vorläufiger Streitwert: DM ......[2]
werde ich beantragen:

4. Klage auf Räumung von Wohnraum wegen Zahlungsrückstandes II. B. 4

I. Der Beklagte wird verurteilt, die Wohnung in der ...... Straße Nr. ......, ... Stock, in ......, bestehend aus ...... Zimmer, Bad, Küche, Toilette, Kellerabteil Nr. ...... und Kfz-Abstellplatz ......, zu räumen und an den Kläger herauszugeben[3].
II. (Kosten) ......
III. (vorläufige Vollstreckbarkeit) ......

Begründung:

1. Der Beklagte mietete vom Kläger die im Antrag zu I. bezeichnete Wohnung zu einem Gesamtmietpreis von DM ......, zahlbar jeweils zum dritten Werktage eines Monats im voraus[4], an ......
Beweis: Mietvertrag vom ......, Anlage 1.

2. Die letzte Mietzahlung des Beklagten stammt vom März 1994. Da er sich am 16. 5. 1994 mit zwei Monatsmieten in Rückstand befand, kündigte der Kläger mit Schreiben vom gleichen Tage das Mietverhältnis fristlos[5].
Beweis: Kündigung vom 16. 5. 1994, Anlage 2.
Die Kündigung wurde dem Beklagten noch am gleichen Tage ausgehändigt[6].
Beweis: Zeugnis des ......

3. In der Kündigung war dem Beklagten eine Frist zur Räumung bis 25. 5. 1994 gesetzt worden, die er jedoch nicht befolgte. Mit Schreiben vom 27. 5. 1994 – überbracht am gleichen Tage – wurde der Beklagte nochmals zum Auszug aufgefordert. Darüber hinaus widersprach der Kläger einer Fortsetzung des Gebrauchs und drohte Räumungsklage an[7].
Beweis: Schreiben vom 27. 5. 1994, Anlage 3.
Der Beklagte war 1992 mit mehreren Monatsmieten in Rückstand geraten, so daß ihm damals bereits wegen Zahlungsverzuges fristlos gekündigt worden war[8]. Nachdem der Kläger Räumungsklage[9] erhoben hatte, zahlte der Beklagte den Rückstand, so daß Heilungswirkung eintrat[10].
Beweis: Beiziehung der Akten des AG ......, Geschäftsnummer: ......
Da die Zweijahresfrist noch nicht abgelaufen ist[11], hat der Beklagte heute keine Heilungsmöglichkeit mehr.

Rechtsanwalt

Anmerkungen

1. Zur Zuständigkeit bei Wohnraummietverhältnissen vergleiche Form. II. B. 1 Anm. 1.

2. Der Streitwert bemißt sich gem. § 16 Abs. 1 und 2 GKG nach der Jahresmiete. Heizkostenpauschalen oder -vorauszahlungen werden nicht miteingerechnet. Ob und inwieweit die übrigen Betriebskosten berücksichtigt werden, ist im einzelnen umstritten (vgl. *Thomas/Putzo* § 3 Anm. 2 Mietstreitigkeiten, *Zöller/Schneider* § 3 Rdn. 16 Mietstreitigkeiten).

3. Die Räumungsklage kann mit einer Zahlungsklage wegen rückständiger Mieten verbunden werden (hinsichtlich des Streitwertes gilt dann § 5 1. Halbsatz ZPO, vgl. *Thomas/Putzo* § 3 Rdn. 101 „Mietstreitigkeiten"). Manche Gerichte tendieren jedoch dazu, reine Räumungsklagen wegen der Heilungsmöglichkeit kurzfristiger zu terminieren.

4. Nach § 551 Abs. 1 Satz 2 BGB ist die Miete am Monatsende fällig. Die meisten Mietverträge enthalten jedoch eine Fälligkeitsregelung wie hier.

5. Zahlungsrückstand im Sinne von § 554a Abs. 1 Satz 2 BGB ist gegeben, wenn der Mieter zwei aufeinanderfolgende Termine nicht oder einen nicht unerheblichen Betrag,

d. h. insgesamt mehr als eine Monatsmiete (für Wohnraum siehe § 554a Abs. 1 Satz 2 BGB, für Gewerberaum BGH NJW-RR 1987, 903) nicht bezahlt hat. § 554 Abs. 1 Satz 2 BGB betrifft den Verzug mit mindestens zwei Mieten über mindestens zwei Monate, ohne daß sich zwischenzeitlich der Mietrückstand unter zwei Monatsmieten verringert haben darf (*Palandt/Putzo* § 554 Rdn. 7).

Für den Rückstand ist Verzug nötig. Da die Fälligkeit kalendermäßig bestimmt ist (§ 551 BGB), bedarf es keiner Mahnung (§ 284 Abs. 2 BGB). Allerdings kann fehlendes Verschulden nach § 285 BGB das Kündigungsrecht gem. § 554 BGB ausschließen, so etwa bei entschuldbarer fehlerhafter Bemessung der Mietminderung, ernsthaften Zweifeln an der Berechtigung der Mietforderung, nicht aber bei Zahlungsunfähigkeit des Mieters, gleich aus welchem Grund (vgl. *Sternel* Mietrecht, 3. Aufl., Rdn. IV 406 mwN). Bei Wohnraummiete ist § 554 BGB zu Lasten des Mieters nicht abdingbar (§ 554 Abs. 2 Satz 3 BGB), zu AGB bei Geschäftsraummiete vgl. BGH NJW 1987, 2506.

6. Da der Vermieter den Zugang beweisen muß, ist die Versendung per Einschreiben/Rückschein oft unsicher, da gerade zahlungsschwache Mieter niedergelegte Schriftstücke oft nicht abholen. Vorzuziehen ist daher die Zustellung durch den Gerichtsvollzieher oder die Aushändigung durch einen Boten (Zeugen).

7. Nach § 568 BGB, der auch bei fristloser Kündigung gilt (*Palandt/Putzo* § 568 Rdn. 2), muß der Vermieter innerhalb von zwei Wochen der Fortsetzung des Gebrauchs durch den Mieter widersprechen, anderenfalls wird ein unbefristetes Mietverhältnis fingiert, so daß der Räumungsanspruch erlischt. Der Widerspruch kann im Kündigungsschreiben enthalten sein, muß jedoch auch bei fristloser Kündigung ausdrücklich erklärt werden (*Palandt/Putzo* § 568 Rdn. 8). § 568 BGB ist auch bei Wohnraummietverträgen durch Allgemeine Geschäftsbedingungen abdingbar (RE OLG Hamm WM 1983, 48; aA. *Emmerich/Sonnenschein* Handkommentar § 568 Rdn. 10).

8. Bei Wohnraummiete gibt es sich die Möglichkeit, eine Kündigung des Vermieters durch Zahlung unwirksam zu machen (§ 554 Abs. 2 Satz 2 BGB). Die Monatsfrist des § 554 Abs. 2 Satz 2 BGB beginnt mit Zustellung der Räumungsklage, bei mehreren Mietern an den letzten (vgl. *Sternel* Mietrecht, 3. Aufl., Rdn. IV 419). Sie endet nach vollständigem Ausgleich aller fälligen Forderungen des Vermieters, auch inzwischen aufgelaufener Nutzungsentschädigung, nicht jedoch verjährter Ansprüche (vgl. *Sternel* aaO). Sind Zinsen oder Kosten entstanden, ist § 367 Abs. 1 BGB zu beachten; allerdings kann bei geringeren Beträgen die Berufung hierauf treuwidrig sein (vgl. *Sternel* aaO).

Der rechtzeitige Überweisungsauftrag kann genügen (vgl. *Palandt/Heinrichs* § 270 Rdn. 7). Der Erlaß eines Versäumnisurteils ist auch vor Ablauf der Schonfrist zulässig (str., vgl. *Sternel* Mietrecht, 3. Aufl., Rdn. IV 424 mwN).

9. § 554 Abs. 2 Satz 2 BGB gilt auch, wenn die Heilungswirkung damals nach Zugang der Kündigung, aber vor Erhebung der Räumungsklage eintrat (hM, vgl. *Palandt/Putzo* § 554 Rdn. 13).

10. Die Heilungswirkung nach § 554a Abs. 2 Satz 2 BGB wirkt ex nunc. Daher tritt während eines Prozesses die Erledigung der Hauptsache ein (vgl. Form. I. M. 8). Zur Erledigung zwischen Anhängigkeit und Rechtshängigkeit vgl. Form. I. M. 8 Anm. 4. Zur Erledigung unmittelbar vor Klageeinreichung vgl. *Thomas/Putzo*, § 91a Rdn. 36; *Reinelt* NJW 1974, 344; *Zöller/Vollkommer* § 91a Rdn. 16; BGHZ 83, 12).

11. Die Zweijahresfrist wird ab Zugang der letzten Kündigung zurück gerechnet (*Sternel* Mietrecht, 3. Aufl., Rdn. IV 425).

5. Klage des Erwerbers auf (künftige) Räumung von Wohnraum

An das
Amtsgericht
Abteilung für Mietsachen

Klage

In Sachen

......   – Kläger –

Prozeßbevollmächtigter: Rechtsanwalt ......

gegen

1) ...... (Mieter)
2) ...... (Untermieter)   – Beklagte –

wegen Räumung

vorläufiger Streitwert: DM ......

werde ich

beantragen:

I. Der Beklagte zu 1) wird verurteilt, die Wohnung in der ...... Straße Nr. ......, ... Stock, bestehend aus ...... Zimmer, 1 Bad, 1 Küche, 1 Toilette und 1 Kellerabteil Nr. ...... (am ......)[1] zu räumen und an den Kläger herauszugeben[2].
II. Die Beklagten werden gesamtverbindlich[3] verurteilt, das an den Beklagten zu 1) mitvermietete, vom Beklagten zu 2) bewohnte Zimmer im Souterrain ...... zu räumen und an den Kläger herauszugeben.
III. (Kosten) ......
IV. ...... (vorläufige Vollstreckbarkeit) ......

Begründung:

1. Herr A hat mit dem Beklagten zu 1) den in Fotokopie anliegenden Mietvertrag vom ...... geschlossen. Der Kläger hat die Eigentumswohnung des Herrn A gekauft und ist damit in die Rechte aus dem Mietverhältnis eingetreten[4]. Die Umschreibung im Grundbuch ist bereits erfolgt:
    Beweis: in Kopie anliegender Grundbuchauszug
Das Mietverhältnis war bis zum ...... befristet und verlängerte[5] sich mangels Kündigung jeweils um ......
Vermietet waren sämtliche in Ziff. I des Antrags näher genannten Räumlichkeiten an den Beklagten zu 1), darüber hinaus das im Antrag zu Ziff. II erwähnte Souterrainzimmer. Der Kläger hat das Mietverhältnis mit Schreiben vom ...... zum ...... gekündigt. Fotokopie dieses Schreibens, in dem der Eigenbedarf des Klägers im einzelnen dargelegt ist, liegt an.
2. Der Beklagte zu 1) hat das Souterrainzimmer ohne die Zustimmung des Klägers an den Beklagten zu 2) weitervermietet[6]. Als der Kläger den Beklagten zu 2) nach Kündigung des Beklagten zu 1) mit ebenfalls in Fotokopie anliegendem Schreiben vom ...... zur Räumung des Souterrainzimmers per ...... aufforderte, erklärten beide Beklagten gegenüber dem Kläger, sie dächten nicht daran auszuziehen, der Kläger schütze seinen Eigenbedarf nur vor, um nach Räumung durch eine Neuvermietung einen höheren

Mietzins zu erzielen. Hiervon kann jedoch keine Rede sein. Der Kläger benötigt die Wohnung, weil ......

Beweis: ......

Der Beklagte zu 1. hat der Kündigung nicht widersprochen, obwohl er auf sein Widerspruchsrecht im Kündigungsschreiben ausdrücklich hingewiesen wurde. Gründe, die die vertragsgemäße Beendigung des Mietverhältnisses als Härte für den Beklagten zu 1. erscheinen lassen könnten, sind nicht ersichtlich.

Die Beklagten sind zur Räumung und Herausgabe – soweit es das Souterrainzimmer betrifft gesamtschuldnerisch – verpflichtet[3].

Rechtsanwalt

Anmerkungen

1. § 259 ZPO gestattet bei Besorgnis nicht rechtzeitiger Räumung eine Klage auf künftige Räumung von Wohnraum (§ 257 ZPO gilt nach der Neufassung durch das Zweite Mietrechtsänderungsgesetz vom 14. 7. 1964 (BGBl. I S. 457) für künftige Räumung von Wohnraum nicht mehr). Die Klage nach § 259 ZPO ist auch vor Ablauf der Widerspruchsfrist nach § 556a Abs. 6 BGB möglich, sehr str. (OLG Karlsruhe WM 1983, 253; LG Bonn NJW 1971, 433; *Zöller/Stephan* § 259 Anm. 1; *Pergande* NJW 1964, 1925/1934; aA. OLG Celle NJW 1966, 668). Voraussetzung aber: Der Beklagte hat klar zu erkennen gegeben, daß er bei Vertragsende nicht räumen werde; hierfür reicht jedoch zB. der Widerspruch nach § 556a BGB (*Pergande* aaO.).

2. Räumung und Herausgabe nebeneinander zu verlangen, entspricht gängiger Praxis und der Terminologie des § 885 ZPO, der beide Begriffe unterscheidet.

3. Hauptmieter und Untermieter haften bei Beendigung des Mietverhältnisses für die Räumung gesamtschuldnerisch und können gleichzeitig verklagt werden (*Schmidt-Futterer/Blank* B 165). Sind beide zur Rückgabe verpflichtet, bringt der Auszug des einen den Anspruch aus § 556 BGB mangels Räumung des anderen nicht zum Erlöschen (*Palandt/Putzo* § 556 Rdn. 11, str.). Entsprechendes gilt bei einer Mehrheit von (Haupt-)Mietern. Da das Urteil gegen den Hauptmieter keine Rechtskraft gegen den Untermieter erlangt (Ausnahme: § 325 ZPO), ist gemeinsames Verklagen auch zweckmäßig (*Palandt/Putzo* § 556 Rdn. 23). Der Untermieter kann sich jedoch durch Leistung sowohl an den Eigentümer, als auch an den Hauptmieter befreien (*Palandt/Putzo* § 556 Rdn. 20). Kündigungsschutz genießt der Untermieter grundsätzlich nicht. Anderes gilt bei gewerblicher Zwischenmiete: Hier tritt der Vermieter bei Beendigung des Hauptmietverhältnisses in das Untermietverhältnis ein (§ 549a BGB, in Kraft seit 1. 9. 1993). § 549a BGB ist also lex specialis zu § 556 III BGB.

4. Der Erwerber wird mangels abweichender Regelung zur Geltendmachung der Rechte aus dem Mietvertrag nach § 571 BGB erst dann aktivlegitimiert, wenn Grundstücksüberlassung und Umschreibung im Grundbuch erfolgt und der Veräußerungsvorgang damit dinglich perfekt ist. Vor Grundbuchumschreibung kann der Erwerber nur mit Vollmacht des bisherigen Vermieters kündigen (vgl. RGRK/*Gelhaar* § 571 Rdn. 21) und ggf. in Prozeßstandschaft für diesen klagen.

5. Befristete Mietverhältnisse über Wohnraum mit Verlängerungsklausel sind nach § 565a BGB wie unbefristete zu behandeln. Es bedarf also einer Kündigung unter Beachtung der Vorschriften der §§ 564b, 564a Abs. 1, 565 Abs. 2 BGB. Auf den Zeitpunkt des Abschlusses des Mietvertrages kommt es dabei nicht an (sehr str., vgl. *Schmidt-Futterer/Blank* B 24 mwN.). Wirksamkeitserfordernis der ordentlichen Wohnraumkündigung nach § 564b BGB: Darlegung von berechtigten Interessen im Kündigungsschreiben, nämlich erhebliche Vertragsverletzungen durch den Mieter, Eigenbedarf des Vermieters oder Un-

5. Klage des Erwerbers auf (künftige) Räumung von Wohnraum   II. B. 5

möglichkeit angemessener wirtschaftlicher Verwertung. Für die Annahme von Eigenbedarf reicht die Absicht des Vermieters, in den vermieteten Räumen selbst zu wohnen oder Verwandte wohnen zu lassen nur aus, wenn er hierfür vernünftige Gründe hat. Das muß nicht unbedingt eigener Wohnungsmangel sein, die Gründe müssen nur nachvollziehbar sein (BVerfG, NJW 1989, 970; *Palandt/Putzo*, § 564b, Rdn. 42; BGH NJW 1988, 905). Das Tatbestandsmerkmal der Unmöglichkeit angemessener wirtschaftlicher Verwertung wird inzwischen nicht mehr so eng interpretiert, zu bejahen z.B. bei sachgerechter Sanierungsabsicht, vgl. BayObLG NJW 1984, 372). Die Möglichkeit der Erzielung anderweitig höherer Miete genügt nicht (§ 564b Abs. 2 S. 2 BGB, vgl. im einzelnen *Palandt/Putzo* § 564b Rdn. 55). Ausreichend ist aber, wenn der Eigentümer an einer angemessenen wirtschaftlichen Verwertung gehindert ist und dadurch erhebliche Nachteile erleidet, ohne daß er andernfalls in Existenznot geraten müßte (BVerfG WM 1989, 346ff.). Einige Besonderheiten gibt es für den Bereich der neuen Bundesländer für dortige Altverträge, also Mietverträge, die vor Inkrafttreten des Einigungsvertrages abgeschlossen worden sind. Ausgeschlossen ist die Kündigung wegen Verhinderung einer angemessenen wirtschaftlichen Verwertung (§ 564b Abs. 2 Ziff. 3 BGB) auf dem Gebiet der ehemaligen DDR für Altverträge. Eine auf Eigenbedarf gestützte Kündigung eines vor dem 3. 10. 1990 begründeten Wohnraummietverhältnisses kann dort erst nach dem 31. 12. 1995 ausgesprochen werden (Gesetz vom 21. 12. 1992, BGBl. I, S. 2117). Bei der Eigenbedarfskündigung des § 564b Abs. 2 Nr. 2 BGB ist die Entscheidung des Eigentümers über seinen Wohnbedarf grundsätzlich zu beachten (BVerfG WM 1989, 341ff.). Zur Sperrfrist zur Eigenbedarfskündigung des Erwerbers einer Eigentumswohnung vergleiche § 564b Abs. 2 Ziff. 2 S. 2 BGB. Unter Umständen kann die Verkaufsabsicht in bezug auf eine Eigentumswohnung zum Zweck des Ankaufs einer eigenzunutzenden anderen Wohnung die Kündigung rechtfertigen (LG München II NJW-RR 87, 1165). Die Kündigung zur besseren wirtschaftlichen Verwertung ist bei Altmietverträgen (also vor dem 3. 10. 1990 geschlossenen Verträgen) in den neuen Bundesländern ausgeschlossen (*Schilling/Heerde*, Mietrecht in den neuen Bundesländern von A bis Z, 2. Aufl., S. 53ff.). Nachschieben von Gründen für die Wirksamkeit der Kündigung ist grundsätzlich nicht möglich, möglicherweise ist eine entsprechende Erklärung im Prozeß als neue Kündigung aufzufassen (vgl. *Palandt/Putzo* § 564b Rdn. 25).

Auch bei befristeten Mietverhältnissen ohne Verlängerungsklausel hat der Mieter – wenn er rechtzeitig Verlängerung verlangt – grundsätzlich Kündigungsschutz (§ 564c Abs. 1 BGB).

Ausnahme: Die Befristung ist kürzer als 5 Jahre und der Vermieter hat bereits bei Vertragsabschluß, sowie erneut 3 Monate vor Ablauf der Mietzeit, schriftlich mitgeteilt, daß er die Räume aus Eigenbedarf oder wegen beabsichtigter Umbauarbeiten benötigt (§ 564c Abs. 2 BGB).

6. Eine Untervermietung ohne Zustimmung des Vermieters gibt bei Fruchtlosigkeit von Abmahnung auch ein Recht zur fristlosen Kündigung nach §§ 553, 549 BGB (vgl. *Palandt/Putzo* § 549 Rdn. 11; BGH NJW 1985, 2527). Der Mieter kann jedoch den Anspruch auf Erlaubniserteilung nach § 549 Abs. 2 BGB einredeweise geltend machen (MünchKomm-Voelskow § 549 Rdn. 33, str.).

Der Anspruch auf Räumung und Herausgabe gegen den Hauptmieter ergibt sich aus §§ 556 Abs. 1, 985, gegen den Untermieter aus §§ 556 Abs. 3, 985 BGB.

Kosten und Gebühren

Streitwert: Grundsätzlich die Jahresmiete (§ 16 Abs. 2 GKG).

6. Klage auf Räumung bei gewerblichem Zwischenmietverhältnis gegen Mieter und Untermieter

An das
Landgericht[1]
– Streitgericht –[2]
......

Klage

In Sachen

......

Prozeßbevollmächtigter: Rechtsanwalt ......

gegen

1. Firma ...... GmbH (Mieter)
2. ...... (Untermieter)

wegen Räumung

vorläufiger Streitwert: DM ......

werde ich beantragen:

  I. Die Beklagten zu 1. und 2. werden gesamtverbindlich[3] verurteilt, die Wohnung in der ...... Straße ......, ... Stock, bestehend aus ...... zu räumen und an den Kläger herauszugeben
  II. (Kosten) ......
  III. (vorläufige Vollstreckbarkeit) ......

Begründung:

1. Der Kläger macht seinen Anspruch auf Räumung und Herausgabe seiner im Antrag bezeichneten Wohnung gegen den Beklagten zu 1. als gewerblichen Zwischenmieter und den Beklagten zu 2. als Untermieter geltend.
Der Kläger ist Eigentümer der streitgegenständlichen Wohnung.
Beweis: In beglaubigter Fotokopie anliegender Grundbuchauszug

Er hat mit dem Beklagten zu 1., einer Wohnungsverwaltungsgesellschaft, einen Mietvertrag über die gewerbliche Zwischenvermietung der Wohnung geschlossen.
Beweis: In beglaubigter Fotokopie anliegender Mietvertrag ......

Die Beklagte zu 1. hat die Wohnung vertragsgemäß an den Beklagten zu 2. untervermietet.
Der Beklagte zu 2. nutzt die Wohnung überwiegend gewerblich: er betreibt in vier Räumen eine Zahnarztpraxis und bewohnt weitere zwei Räume.[4]
Die Beklagte zu 1. hat trotz der in Fotokopie anliegenden Mahnungen des Klägers vom ...... die gemäß § 3 des Mietvertrages jeweils am 3. Werktag eines Monats im voraus fällige Miete von DM ...... seit ...... nur in Höhe von DM ...... entrichtet.
Beweis (ohne Übernahme einer Beweislast): Kontoauszüge in beglaubigter Fotokopie in der Anlage beigefügt.

Die Beklagte zu 1. ist damit gemäß § 554 Abs. 1 Ziff. 1 BGB für zwei aufeinanderfolgende Termine mit einem nicht unerheblichen Teil der Miete in Verzug.
Es wird vorsorglich darauf hingewiesen, daß die Bestimmung des § 554 Abs. 2 Ziff. 1

BGB keine Anwendung findet, weil es sich bei dem Mietvertrag über eine gewerbliche Zwischenvermietung nicht um ein Wohnraummietverhältnis handelt[5].
Die anders lautende Bestimmung in § 3 des Mietvertrages, wonach für den Mietvertrag Wohnraummietrecht gelten soll, ist unwirksam[6].
Das Mietverhältnis wurde nach zweimaligem Zahlungsverzug vom Kläger mit Schreiben vom ...... fristlos gekündigt.
Die Beklagte ist daher nach §§ 554 Abs. 1, 556 Abs. 2 BGB zur sofortigen Räumung und Herausgabe verpflichtet.

2. Der Beklagte zu 2. wurde vom Kläger im Anschluß daran mehrfach aufgefordert, die Miete direkt an den Kläger zu zahlen. Das hat der Beklagte trotz Beendigung des Hauptmietverhältnisses durch Kündigung des Klägers abgelehnt und weder an die Beklagte zu 1. noch an die Klagepartei Miete bezahlt. Die Klagepartei hat daher auch gegenüber dem Beklagten zu 2. mit Schreiben vom ...... fristlos gekündigt. Der Beklagte zu 2. genießt keinen Kündigungsschutz[7]. Wegen der überwiegend gewerblichen Nutzung durch den Beklagten zu 2. finden die Wohnraumkündigungsschutzvorschriften keine Anwendung.

Rechtsanwalt

Anmerkungen

1. Die ausschließliche sachliche Zuständigkeit des Amtsgerichts gilt nur für Streitigkeiten zwischen Vermieter und Mieter bezüglich Überlassung, Benutzung oder Räumung bei Wohnraum gemäß § 23 Ziff. 2a GVG. Für die örtliche Zuständigkeit gilt § 29a ZPO auch bei Gewerberaum.

2. Zu der Frage, ob bei dieser Fallgestaltung von einem Wohnraummietverhältnis ausgegangen werden kann und damit von der Zuständigkeit des Amtsgerichts nach § 23 Ziff. 2a GVG, vgl. unten Anmerkungen 4 und 5.

3. Vgl. Form. II. B. 5 Anm. 3.

4. Es handelt sich um ein Mischmietverhältnis, auf das nach herrschender Auffassung die Übergewichtstheorie angewendet wird (OLG Schleswig in Rechtsentscheide Mietrecht, 6 RE 3/81 mit umfangreichen weiteren Hinweisen; *Palandt/Putzo* Vorbemerkung zu § 535 Rdn. 72). Danach richtet sich das anzuwendende Recht nach der überwiegenden Nutzungsart, die nach den Kriterien Vertragszweck, Parteiwille, objektiver Mietwert und Flächenverhältnisse (im einzelnen herrscht hier Streit, die Instanzgerichte entscheiden hier aber überwiegend nach objektiven Kriterien) zu ermitteln ist. Auch die Frage, ob diese Grundsätze bei wirtschaftlicher Teilbarkeit der Mieträume, über die ein einheitlicher Vertrag abgeschlossen worden ist, anzuwenden sind, wird kontrovers behandelt. Richtig dürfte es sein, mit dem OLG Schleswig a.a.O. bei von den Parteien gewollter Zusammenfassung in einen Vertrag von der Einheitlichkeit des Mietverhältnisses auszugehen (aA. OLG Hamburg ZMR 1979, 279 und *Palandt/Putzo* Vorbemerkung § 535 Rdn. 72).

5. Wenn der Vermieter dem Hauptmieter zum Wohnen geeignete Räume zum Zwecke der Untervermietung an Dritte zur Miete überläßt, liegt zwischen Eigentümer und Hauptmieter in keinem Fall ein Wohnraummietvertrag vor. Das gilt selbst dann, wenn – anders als im vorliegenden Formularfall – der Untermietvertrag ein Wohnraummietvertrag ist (vgl. OLG Karlsruhe NJW 1984, 373 und OLG Stuttgart NJW 1985, 1966, dort sogar für den Fall, daß der Hauptmieter nicht als gewerblicher Zwischenvermieter, sondern als gemeinnütziger Verein tätig wird).

6. Eine derartige Vereinbarung im Mietvertrag, die den Vertrag dem Wohnraummietrecht unterwerfen soll, ist generell als unzulässig anzusehen. Nach der hier vertretenen Auffassung – Rechtsprechung und Literaturmeinungen liegen soweit ersichtlich nicht vor

– folgt dies bereits aus der Tatsache, daß das Wohnraummietrecht mit seinen umfangreichen sozialen Schutzbestimmungen auf andere Mietverhältnisse nicht ohne weitgehende Modifikation anwendbar wäre. Bei einem Mischmietverhältnis könnte dieser Klausel jedoch eine Bestimmung über den Vertragszweck entnommen werden.

7. Seit 1. 1. 1993 gilt § 549a BGB. Danach tritt im Falle gewerblicher Zwischenmiete bei Beendigung des Hauptmietverhältnisses der Vermieter an die Stelle des Zwischenmieters in das Untermietverhältnis ein. Daraus folgt die Verpflichtung des Untermieters, an den Vermieter zu zahlen oder – bei Gläubigerungewißheit – die Miete nach § 372 BGB zu hinterlegen. Tut er das nicht, kann der Vermieter das neu begründete Mietverhältnis – wie hier – nach § 554 BGB kündigen. Ob § 549a BGB trotz des engen auf gewerbliche Zwischenmiete beschränkten Wortlauts auch in anderen Fällen (bei nichtgewerblichen Zwischenvermieter) analog anwendbar ist, ist fraglich (vgl. hierzu *Blank,* WM 1993, 573, 574; bejahend: AG Frankfurt WuM 1994, 276 mit zustimmender Anmerkung *Eisenhardt* WuM 1994, 277).

8. Zur Wirkung der Wohnraumkündigungsschutzvorschriften bei Wegfall von Kündigungsgründen siehe *von Stebut* NJW 1985, 289.

7. Klage des Vermieters auf Duldung baulicher Erhaltungs- oder Verbesserungsmaßnahmen[1]

An das
Amtsgericht
Abteilung für Mietsachen

Klage

In Sachen

......   – Kläger –

Prozeßbevollmächtigter: Rechtsanwalt ......

gegen

......   – Beklagter –

wegen

vorläufiger Streitwert: DM ......[2]

werde ich

beantragen:

I. Der Beklagte wird verurteilt,
    a) die erforderlichen Verbesserungs- und Modernisierungsmaßnahmen zum ...... (z.B.: Anschluß einer zentralen Heizungs- und Warmwasseranlage an das städtische Fernwärmesystem etc.) innerhalb der von ihm bewohnten Wohnung in der Zeit vom ...... bis ...... zu dulden[3];
    b) dem Kläger und den von ihm beauftragten Handwerkern in der Zeit vom ......, jeweils von ...... Uhr bis ...... Uhr, Zugang zu seiner Mietwohnung zu gewähren[4];
    c) dem Kläger und den von ihm beauftragten Handwerkern freien Zugang zu ...... zu verschaffen.

II. ...... (Kosten) ......
III. ...... (vorläufige Vollstreckbarkeit)

7. Klage des Vermieters auf Duldung baulicher Erhaltungsmaßnahmen II. B. 7

Begründung:

1. Die Wohnung im Hause des Klägers in ......, ... Straße Nr. ......, in der auch die vom Beklagten bewohnte Wohnung liegt, wurde bislang durch eine häufig defekte und nur unzureichend funktionierende Zentralheizungs- und Warmwasseranlage innerhalb des Hauses beheizt. Der Kläger hat sich entschlossen, das Heizungssystem des Hauses an das städtische Fernwärmenetz anzuschließen.
Für diesen Anschluß sind in den einzelnen Wohnungen, darunter auch der Wohnung des Beklagten, folgende Arbeiten erforderlich
......

Beweis: ......

2. Der Kläger hat sämtliche Mieter des Hauses mit Rundschreiben vom ...... darauf hingewiesen, daß die hierfür erforderlichen Umbauarbeiten innerhalb der einzelnen Wohnungen in der Zeit vom ...... bis ...... stattfinden[5]. Er hat gleichzeitig erklärt, daß er nach Beendigung der Arbeiten eine Mieterhöhung von ca. ...... geltend machen wird[6].
Der Beklagte hat erklärt, er widersetze sich diesen Arbeiten, weil er mit der bisherigen Heizung zufrieden sei und die höhere Miete nicht zahlen wolle.
Die Arbeiten sind in den anderen Wohnungen zum Teil bereits durchgeführt ......

Rechtsanwalt

Anmerkungen

1. Der Anspruch des Vermieters gegen den Mieter auf Duldung notwendiger baulicher Veränderungen kann auch durch einstweilige Verfügung durchgesetzt werden (*Palandt/ Putzo* § 541a Rdn. 4; aA. *Sternel* Rdn. II 305; vgl. auch Form. I. R. 10 Anm. 5). Es ist für die Zulässigkeit des Antrags und die Vollstreckbarkeit wichtig, alle Maßnahmen nach Art und Ort genauestens anzugeben.
   In der Praxis werden allerdings häufig entsprechende Anträge mit der – im Falle besonderer Dringlichkeit wenig überzeugenden – Begründung zurückgewiesen, es werde die Hauptsache vorweggenommen.

2. Der Streitwert der Klage auf Duldung von Modernisierungsmaßnahmen richtet sich nach dem Maß der angestrebten Verbesserung des Wohnraums. Gemäß § 16 Abs. 1 GKG, § 3 ZPO = zwölffacher Betrag der nach den Verbesserungsarbeiten gerechtfertigten Mieterhöhung (vgl. *Schmidt-Futterer/Blank* C 226b mwN.).

3. Der durch Gesetz vom 20. 12. 1982 (BGBl. I S. 1912) eingefügte § 541b BGB regelt die Voraussetzungen für Verbesserungs- und Modernisierungsmaßnahmen (im Gegensatz zu notwendigen Erhaltungsmaßnahmen nach § 541a BGB) generell und einheitlich. Anders als nach der früheren Rechtslage (§ 541a Abs. 2 BGB aF und § 20 ModEnG) ist die Differenzierung nach öffentlicher Förderung und freier Finanzierung weggefallen.
   Nunmehr gilt: Erhaltungsmaßnahmen richten sich wie vorher mit uneingeschränkter Duldungspflicht nach § 541a BGB.
   Verbesserungs- und Energieeinsparungsmaßnahmen sind immer zu dulden, wenn dadurch keine ungerechtfertigte Härte für den Mieter eintritt. Dabei sind jetzt auch die Interessen anderer Mieter des Gebäudes an der Modernisierung zu berücksichtigen, sowie Auswirkungen für Familienangehörige des Mieters und die regelmäßig folgende Mieterhöhung. Eine Verdoppelung der Miete ist unverhältnismäßig (vgl. *Sternel* Rdn. II 323). Ansonsten kommt es auf sozialen Status des Mieters und bisherige Miete an. Eine Angleichung an den „allgemein üblichen" Zustand muß aber in jedem Fall hingenommen werden.
   Der Duldungsanspruch des Vermieters umfaßt grundsätzlich auch die Verpflichtung des Mieters, freien Zugang zur Wohnung zu gewähren. Um jedoch keinen Zweifel hieran

aufkommen zu lassen und dem Beklagten seine Verpflichtung zur Verschaffung auch des Zugangs zur Wohnung deutlich zu machen, empfiehlt sich, diese besondere Duldungsverpflichtung in einen eigenen Antrag aufzunehmen. Bei Modernisierung durch Mieter vgl. auch Broschüre „Mustervereinbarung Modernisierung" des BMinJ sowie Kommentierung von *Eisenschmid* in ZRP 1982, 165.

4. Je nach der Art der durchzuführenden Maßnahme empfiehlt sich hier eine möglichst genaue Angabe dessen, was vom Mieter über die Duldungspflicht hinaus an Mitwirkungshandlungen verlangt werden muß. Diese im Zusammenhang mit der Duldung geschuldeten Mitwirkungsverpflichtungen können sogar bis zur vorübergehenden Räumung reichen (vgl. *Palandt/Putzo* § 541 a Rdn. 6).

5. § 541 b Abs. 2 BGB normiert detailliert die Mitteilungspflicht des Vermieters:
Wenn keine unerhebliche Einwirkung bevorsteht (mit Mieterhöhung von maximal 5%), hat der Vermieter spätestens 2 Monate vor Beginn der Arbeiten Art, Umfang, Beginn und Dauer der Maßnahme sowie die zu erwartende Mieterhöhung schriftlich (Kopie genügt nicht, vgl. *Palandt/Putzo* § 541 b Rdn. 20) mitzuteilen.
Folge einer unterlassenen, wegen Unvollständigkeit unwirksamen oder deutlich zu niedrigen Ankündigung (mehr als 10%): Die Erhöhungswirkung tritt 6 Monate später ein (§ 3 Abs. 4 MHG).
Ohne Mitteilung entsteht keine Duldungspflicht (*Palandt/Putzo* § 541 b Rdn. 22).
Die Mitteilung ist auch für den Lauf der Sonderkündigungsfrist des Mieters gemäß § 541 b Abs. 2 S. 2 BGB von Bedeutung.

6. Der Vermieter kann durch schriftliche Erklärung mit genau erläuterter Berechnung gemäß § 3 Abs. 1 MHG die jährliche Miete um 11% der für die Wohnung aufgewendeten Kosten erhöhen. Fälligkeit: § 3 Abs. 4 MHG. Stimmt der Mieter nicht zu, kann (und muß) gleich auf Zahlung erhöhter Miete, nicht – wie bei § 2 MHG – auf Zustimmung zur Mieterhöhung geklagt werden (*Schmidt-Futterer/Blank* C 226).

8. Klage des Vermieters auf Räumung eines gewerblich genutzten Lagerplatzes mit darauf errichteter Lagerhalle[1]

An das
...... gericht[2]

Klage

In Sachen
Deutsche Bahn AG, vertreten durch den Vorstand ......

– Klägerin –

Prozeßbevollmächtigter: Rechtsanwalt ......
gegen
......   – Beklagte –

wegen Räumung und Beseitigung
Streitwert: DM ......
Namens und mit Vollmacht der Klägerin erhebe ich Klage und werde

beantragen:

8. Klage des Vermieters auf Räumung eines Lagerplatzes

I. Die Beklagte wird verurteilt, das von ihr angemietete und als Lagerplatz genutzte Teilstück der Flurstück-Nr. ......, vorgetragen im Grundbuch des Amtsgerichts ...... für ......, Band ......, Blatt ......, gelegen südlich der Bahnlinie zwischen ...... Straße und ......, km ...... und km ......, von insgesamt ...... qm zu räumen und an die Klägerin herauszugeben.

II. Die Beklagte wird verurteilt, die von ihr auf dem zu I. näher bezeichneten Teilstück errichtete ebenerdig gemauerte Lagerhalle von ...... m Breite und ...... m Länge und ...... m Höhe abzubrechen und zu entfernen[3].

III. Die Beklagte hat die Kosten des Rechtsstreits zu tragen.

IV. Das Urteil ist, notfalls gegen Sicherheitsleistung, vorläufig vollstreckbar.

Begründung:

1. Die Klägerin hat an die Beklagte das in Ziff. I. näher bezeichnete Teilstück zur gewerblichen Nutzung ausschließlich als Lagerplatz bis ...... vermietet. Maßgebend für das Mietverhältnis ist der Mietvertrag vom ......, eine diesem Mietvertrag angeheftete und das oben unter Ziff. I. der Anträge näher beschriebene Grundstück ausweisende Skizze, sowie die Allgemeinen Lagerplatzbedingungen der Klägerin.

    Beweis: In beglaubigter Fotokopie anliegender Mietvertrag vom ...... nebst Skizze und Allgemeinen Lagerplatzbedingungen.

2. Die Beklagte hat trotz der in Fotokopie anliegenden Mahnungen der Klägerin vom ...... die gemäß § 2 des Mietvertrages jeweils am 1. eines Monats im voraus fällige Miete von zunächst[4] ......, seit ...... bis jetzt nicht mehr bezahlt.
    Das Mietverhältnis wurde daraufhin von der Klägerin mit Schreiben vom ...... fristlos gekündigt[5].

    Beweis: In beglaubigter Fotokopie anliegendes Schreiben der Klägerin vom ...... mit Rückschein.

    Die Beklagte ist daher nach § ...... des Mietvertrages in Verbindung mit Ziff. ...... der vereinbarten Allgemeinen Lagerplatzbedingungen und nach §§ 554, 554a BGB zur sofortigen Räumung und Herausgabe des gemieteten Teilstücks verpflichtet.

3. Die Beklagte hat unmittelbar nach Beginn des Mietverhältnisses am ...... die in Ziff. II. näher bezeichnete Lagerhalle auf der gemieteten Teilfläche aufmauern lassen[6]. Nach Ziff. ...... der zwischen den Parteien vereinbarten Allgemeinen Lagerplatzbedingungen der Klägerin sind bei Beendigung des Mietverhältnisses alle vom Mieter errichteten Bauwerke – gleich, aus welchem Material und in welcher Bauweise errichtet – auf seine Kosten abzureißen und zu entfernen; es ist ausdrücklich vereinbart, daß Bauwerke nur für die Dauer des fest befristeten Mietverhältnisses errichtet werden. Die Beklagte ist daher verpflichtet, die Lagerhalle abzureißen und zu beseitigen.

Rechtsanwalt

Anmerkungen

1. Vgl. zum Formular eines Mietvertrages über einen Lagerplatz und eine Halle zur gewerblichen Nutzung Beck'sches Formularbuch/*Gross* Form. III. D. 2.

2. Hier handelt es sich um eine Klage auf Räumung eines Grundstücks. Die sachliche Zuständigkeit richtet sich daher nur nach dem Streitwert, §§ 71, 23 GVG; auch § 23 Nr. 2a GVG findet keine Anwendung (nur bei Wohnraum). Die örtliche Zuständigkeit bestimmt sich nach den allgemeinen Vorschriften (§ 29a ZPO gilt nur für „Räume"). Sie ist – wie auch die sachliche Zuständigkeit – unter den Voraussetzungen des § 38 ZPO prorogierbar.

3. Die Räumung, die nach § 885 ZPO vollstreckt wird, umfaßt zwar das Recht des Gläubigers, den Schuldner aus einem von ihm errichteten Bauwerk zu entfernen (OLG Hamm NJW 1965, 2207), nicht aber ohne weiteres die Befugnis, vom Schuldner errichtete Bauwerke selbst zu beseitigen, auch wenn sie – wie hier – sonderrechtsfähige nicht wesentliche Bestandteile sind. Es empfiehlt sich daher ein Antrag wie zu Ziff. II., der unabhängig von der Räumung nach § 887 ZPO vollstreckt werden kann.

4. Bei gewerblicher Miete wird häufig eine zu genehmigende Wertsicherungsklausel oder eine Spannungsklausel vereinbart (vgl. hierzu Beck'sches Formularbuch/*Gross* Form. III.D.1 Anm. 14, III.D.2 Anm. 7). Seit 1. 9. 1993 wäre das auch bei Wohnraummiete möglich (§ 10a MHG).

5. Auch im Fall der Bebauung eines gemieteten Grundstücks zur Wohnraumnutzung durch den Grundstücksmieter findet das Kündigungsschutzrecht für Wohnraummietverträge keine Anwendung (vgl. BGH NJW 1985, 2878). Etwas anderes könnte für den Fall gelten, daß die vom Mieter errichteten Wohnräume bis Vertragsende entschädigungslos dem Vermieter zufallen sollten (*Sternel* Anm. I 144). Einen besonderen Kündigungsschutz für Altverträge auch bei Geschäftsraummiete gibt es auf dem Gebiet der ehemaligen DDR: der Mieter kann sich hier der Kündigung widersetzen, wenn sie zu einer erheblichen Gefährdung seiner wirtschaftlichen Existenz führen würde (Anl. I Kap. III Sachgebiet B Abschn. II Art. 232 § 2 des Einigungsvertrages vom 23. 9. 1990).

6. Trotz fester Verbindung wird die Halle nicht wesentlicher Bestandteil und fällt damit nicht ins Eigentum der Klägerin nach § 94, wenn der Mieter das Bauwerk zur Nutzung während der Vertragsdauer errichtet und der Vermieter es bei Vertragsende nicht übernehmen soll (vgl. *Palandt/Putzo* § 95 Rdnr. 2).

Kosten und Gebühren

Die Einzahlung von Gerichtskosten war bisher bei einer Klage der Deutschen Bundesbahn nicht erforderlich. Die Deutsche Bundesbahn war von Gerichtskosten, nicht aber von Auslagen befreit (§ 2 Abs. 1 GKG). Mit der Umwandlung der Bahn in eine AG ist diese Befreiung entfallen.

9. Klage des Mieters auf Rückzahlung der Kaution

An das
Amtsgericht[1]
– Streitgericht –
Abteilung für Mietsachen

Klage

des ...... – Kläger –

Prozeßbevollmächtigter: Rechtsanwalt ......

gegen

...... – Beklagten –

wegen Forderung

Streitwert: ......

Namens und in Vollmacht des Klägers erhebe ich Klage und werde

9. Klage des Mieters auf Rückzahlung der Kaution

beantragen:

I. Der Beklagte wird verurteilt, an den Kläger DM ...... und ......% Zinsen seit 1. 9. 1994 zu zahlen.
II. Kosten ......
III. Vollstreckbarkeit ......

Begründung:

1. Zwischen den Parteien bestand ein Mietverhältnis über die Wohnung des Beklagten ......, Straße ......, Nr. ......, ab 1. 1. 1980.
Beweis: In beglaubigter Form anliegender Mietvertrag vom 27. 12. 1979.
Der Kläger hat das Mietverhältnis fristgemäß zum 31. 5. 1994 gekündigt und zu diesem Zeitpunkt geräumt.
Beweis: In beglaubigter Fotokopie anliegendes Kündigungsschreiben vom 2. 3. 1994.
Der Beklagte hat keinerlei rückständige Ansprüche aus dem Mietverhältnis mehr[2].
Der Mietvertrag vom 27. 12. 1979 verpflichtet den Mieter zur Zahlung einer Kaution in Höhe von DM ......[3].
Der Kläger hat die Kaution am Tage des Vertragsabschlusses[4] durch Barzahlung an den Beklagten erbracht.

2. Der Beklagte hat das Geld bei der Stadtsparkasse ...... auf einem Sparkonto angelegt[5]. Da er über die erzielten Zinsen keine Auskunft erteilt hat, schuldet er mindestens den Spareckzins[6,7].

Rechtsanwalt

Anmerkungen

1. Die örtliche Zuständigkeit richtet sich nach § 29a ZPO.

2. Mit Bezahlung der Kaution an den Vermieter erhält der Mieter einen aufschiebend bedingten Kautionsrückzahlungsanspruch. Dieser wird fällig mit Befriedigung aller rückständigen Forderungen des Vermieters aus dem Vertrage (BGH NJW 1972, 721). Dem Vermieter wird nach Mietvertragsbeendigung jedoch eine Frist zugebilligt, innerhalb deren er prüfen kann, ob und welche Ansprüche ihm noch zustehen. Diese Frist hängt vom Einzelfall ab, sie beträgt bis zu 6 Monaten (vgl. *Sternel* Mietrecht, 3. Aufl., Rdn. III 254).
Der Vermieter kann gegen den Rückzahlungsanspruch mit Ersatzansprüchen wegen Veränderung oder Verschlechterung, die gem. § 558 BGB 6 Monate nach Auszug verjähren, auch später noch aufrechnen (vgl. BGH NJW 1987, 2372; aA. zuvor OLG Celle NJW 1985, 1715).

3. Die Kaution als umfassendes Sicherungsmittel des Vermieters für Forderungen aus dem Mietverhältnis konnte bis zum Gesetz vom 20. 12. 1982 (BGBl. I. S. 1912) der Höhe nach frei vereinbart werden. Nun legt für Wohnraummietverhältnisse § 550b Abs. 1 BGB als Obergrenze die dreifache Nettomiete als Obergrenze zwingend fest.

4. Eine Vereinbarung, wonach der Mieter die Kaution vor Beginn des Mietverhältnisses zu erbringen hat, ist wie jede andere Abweichung von den Bedingungen des § 550b BGB zuungunsten des Mieters nach neuem Recht unwirksam (§ 550b Abs. 3 BGB). Denn der Mieter ist nach der neuen gesetzlichen Regelung berechtigt, die Kaution in drei gleichen Teilleistungen zu erbringen, wobei nur die erste Teilleistung zu Beginn des Mietverhältnisses fällig ist (§ 550b Abs. 1 Satz 3).

5. Nach früherem Recht konnte die Unverzinslichkeit der Kaution vereinbart werden. § 550b Abs. 2 BGB schreibt nun vor, daß der Vermieter die Kaution von seinem Vermögen getrennt bei einer Sparkasse oder Bank anzulegen hat. Der Anspruch auf getrennte Anlagen der Kaution ist einklagbar (*Palandt/Putzo* § 550b Rdn. 12). Hinsichtlich der Art

der Anlage und der Höhe der Verzinsung hat der Mieter einen Auskunftsanspruch (*Sternel* Mietrecht, 3. Aufl., Rdn. III 230).

6. Bereits vor Inkrafttreten der Gesetzesänderung war jedenfalls seit der Entscheidung des BGH in NJW 1982, 2186 gesichert, daß die Kaution – soweit nicht vertraglich abbedungen – verzinslich für den Mieter anzulegen war. Die Verzinslichkeit ist jetzt in jedem Falle (bei Wohnraummiete) zwingendes Recht. Ein eventuell höherer als der gesetzliche Zinssatz steht mangels anderer Vereinbarung dem Vermieter zu.

Der Mieter kann die Zinsen für den gesamten Vertragszeitraum fordern. Die erwirtschafteten Zinsen (mindestens der Spareckzins) stehen dem Mieter zu (§ 550b Abs. 2 S. 2 und 3 BGB). Der Kläger kann in diesem Fall entweder den Spareckzins ermitteln und gleich mit der Klage geltend machen. Eine andere Möglichkeit besteht darin, im Wege der Stufenklage vom Vermieter zunächst Auskunft über den erwirtschafteten Zinsbetrag zu verlangen und nach deren Bezifferung zum Zahlungsanspruch überzugehen. Die 4jährige Verjährungsfrist gemäß § 197 BGB beginnt erst mit Fälligkeit, also frühestens mit Beendigung des Mietverhältnisses.

7. Verzug mit dem Kautionsrückzahlungsanspruch tritt mit einer nach Fälligkeit des Kautionsrückzahlungsanspruches (vgl. Anm. 2) erfolgten Mahnung (§ 286 Abs. 1 BGB) ein. Ab diesem Zeitpunkt gilt hinsichtlich der Verzinsung § 288 BGB.

10. Antrag des Mieters auf Gewährung einer Räumungsfrist nach § 721 ZPO

An das
Amtsgericht
– Streitgericht –
Abteilung für Mietsachen

Aktenzeichen: ......

In Sachen

......   – Klägerin –

Prozeßbevollmächtigter: Rechtsanwalt ......

gegen

1) ......
2) ......   – Beklagte –

zeige ich die Vertretung der Beklagten an. In deren Namen und Auftrag werde ich den Klageanspruch auf Räumung

anerkennen

und

beantragen:

I. Den Beklagten wird eine in das Ermessen des Gerichts gestellte Räumungsfrist[1] gewährt[2].
II. Der Kläger hat die Kosten des Rechtsstreits zu tragen[3].
III. Die Klage ist im Kostenpunkt vorläufig vollstreckbar.

Begründung:

Die Beklagten widersetzen sich der Räumung nicht. Sie haben auch vorprozessual die Wirksamkeit der Kündigung nicht bestritten. Sie haben jedoch den Kläger vergeblich

11. Antrag des Mieters auf Ergänzung des Urteils　　　　　　　　　　　II. B. 11

aufgefordert, ihnen eine ausreichende Räumungsfrist zu gewähren. Die Beklagte zu 2) ist im 6. Monat schwanger und wird voraussichtlich am ...... entbinden[4]. Ein Umzug ist in dieser Situation weder vor der Niederkunft noch unmittelbar danach möglich und zumutbar[5]. Weil der Kläger diesem Sachverhalt trotz Bitten der Beklagten keine Rechnung tragen will, ist es billig, ihm die Kosten des Rechtsstreits aufzuerlegen.

Rechtsanwalt

Anmerkungen

1. Über eine Räumungsfrist ist an sich nach § 308a ZPO auch von Amts wegen zu entscheiden. Vorteil des Antrags: uU. Antrag auf Ergänzung nach §§ 721 Abs. 1 S. 2, 321 ZPO (vgl. unten 10).

2. § 721 ZPO ist nur anwendbar, wenn Räumungsschutz bezüglich Wohnraum begehrt wird (bei Mischmietverhältnissen teilweise str., vgl. *Baumbach/Hartmann* § 721 Rdn. 3; aA. *Thomas/Putzo* § 721 Rdn. 1 mwN.) Räumungsfrist ist uU. auch beim Versäumnisurteil zuzubilligen (*Thomas/Putzo* § 721 Rdn. 9). § 721 gilt nicht bei Vermietung zu vorübergehenden Gebrauch etc. (vgl. § 564b Abs. 7 BGB, § 721 Abs. 7 ZPO).

3. Bei sofortigem Anerkenntnis und Bewilligung einer Räumungsfrist richtet sich die Kostenentscheidung nach § 93b Abs. 3 ZPO; also gegenüber § 93 ZPO erweiterte Möglichkeit kostenbefreienden Anerkenntnisses des beklagten Mieters.

4. Bei der Entscheidung über Räumungsfrist sind die Vermieter- und Mieterinteressen zu prüfen (Einzelheiten s. *Baumbach/Hartmann* § 721 Rdn. 12). Im Höchstfalle beträgt die Räumungsfrist insgesamt ein Jahr. Die Frist beginnt, falls nicht ausdrücklich festgelegt, mit Zustellung oder Verkündung der Entscheidung (§ 221 bzw. § 312 ZPO) bzw. ab Datum der Räumungsverpflichtung bei künftiger Räumung (§§ 721 Abs. 5 S. 2, 794a Abs. 3 S. 2 ZPO).

5. Liegen die Voraussetzungen des § 564c Abs. 2 BGB im vollen Umfang vor (vgl. hierzu im einzelnen Form. II. B. 5 Anm. 5), so entfällt auch der Vollstreckungsschutz gemäß §§ 721, 794a ZPO (vgl. §§ 721 Abs. 7, 794a Abs. 5 ZPO). Erhalten bleibt lediglich der Vollstreckungsschutz des § 765a ZPO (hierzu Form. II. B. 15). Entsprechendes gilt, soweit § 556a BGB wegen § 556b Abs. 2 BGB unanwendbar ist (*Baumbach/Hartmann* § 721 Rdn. 18).

Fristen und Rechtsmittel

Sofortige Beschwerde gegen erstinstanzliche Entscheidung innerhalb von 2 Wochen (§ 721 Abs. 6, § 577 ZPO).

11. Antrag des Mieters auf Ergänzung des Urteils bezüglich einer Räumungsfrist

In Sachen

......

wurde mir das Urteil des Amtsgerichts ...... vom ...... am ...... zugestellt. Im Urteil wurde der von mir mit Schriftsatz vom ...... gestellte Antrag auf Einräumung einer Räumungsfrist nicht verbeschieden. Ich stelle daher den

Antrag,

durch Ergänzungsurteil wie folgt zu entscheiden:

Den Beklagten wird eine Räumungsfrist bis zum 30. 9. 1994 gewährt[1].

Gleichzeitig stelle ich den

Antrag,

die Zwangsvollstreckung aus Ziff. I und II des Endurteils vom ...... ohne, hilfsweise gegen Sicherheitsleistung, deren Höhe in das Ermessen des Gerichts gestellt wird, einstweilen einzustellen[2].

Rechtsanwalt

Anmerkungen

1. Vgl. §§ 721 Abs. 1 S. 2, 321 ZPO (2 Wochen ab Zustellung des Urteils, wenn Antrag übergangen wurde). § 321 ZPO ist aber auch anwendbar, wenn ohne förmlichen Antrag das Gericht entgegen § 308a ZPO über eine Räumungsfrist nicht entschieden, obgleich entsprechender Vortrag erfolgte (*Baumbach/Hartmann* § 308a Rdn. 1 am Ende).

2. Vgl. §§ 721 Abs. 4 S. 5, 732 Abs. 2 ZPO. Einstweilige Einstellung möglich und uU. erforderlich, weil Räumungsurteil nach § 708 Nr. 7 ZPO ohne Sicherheitsleistung vorläufig vollstreckbar ist (vgl. *Baumbach/Hartmann* § 721 Rdn. 6).

Rechtsmittel

Das Ergänzungsurteil ist selbständiges Teilurteil, das unabhängig vom Haupturteil den normalen Rechtsmitteln unterliegt, anders nur bei einer Ergänzung der Kosten (*Thomas/ Putzo* § 321 Rdn. 6).

12. Antrag des Mieters auf Bewilligung einer Räumungsfrist bei Verurteilung zur künftigen Räumung

In Sachen

......

hat das Amtsgericht ...... durch Endurteil vom ...... auf künftige Räumung durch die Beklagten per ...... erkannt und über eine Räumungsfrist noch nicht entschieden. Gemäß § 721 Abs. 2 S. 1 ZPO stelle ich hiermit namens der Beklagten den

Antrag,

durch Beschluß eine Räumungsfrist bis ...... zu gewähren[1].

Begründung:

Die Beklagten haben sich unmittelbar nach Erlaß des Endurteils nachhaltig um eine neue Wohnung bemüht. Es ist ihnen schließlich gelungen, eine Wohnung zu finden und anzumieten. Der Mietvertrag über die neue Wohnung ...... in ...... sieht jedoch vor, daß die Beklagten die neue Wohnung erst ab ...... bewohnen können. Ich lege in der Anlage beglaubigte Fotokopie dieses Mietvertrages vor. Ein doppelter Umzug für die Dauer von 3 Monaten ist unmöglich und unzumutbar[2]. Die begehrte Räumungsfrist ist daher den Umständen nach angemessen.

Rechtsanwalt

Anmerkungen

1. Ist auf künftige Räumung erkannt, ohne daß über Räumungsfrist entschieden ist, kann bis 2 Wochen (uU. Wiedereinsetzung) vor dem Räumungstermin Antrag auf Bewilligung einer Räumungsfrist gestellt werden. Entscheidung durch Beschluß (vgl. § 721 Abs. 2 und Abs. 6 Ziff. 2 ZPO).

2. Zur Abwägung der Interessen vgl. *Baumbach/Hartmann* § 721 Rdn. 12 mwN. Der Anspruch auf Räumungsfrist nach §§ 721 bzw. 794a ZPO ist in den Fällen den § 564c Abs. 2 BGB bzw. der §§ 556b Abs. 2, 556a BGB ausgeschlossen (§§ 721 Abs. 7 ZPO, 794a Abs. 5 ZPO).

13. Antrag des Mieters auf Verlängerung der Räumungsfrist

In Sachen

......

hat das Gericht eine Räumungsfrist bis ...... gewährt. Es hat sich jedoch zwischenzeitlich herausgestellt, daß der Vermieter der neuen Wohnung in der ...... diese nicht bereits wie vorgesehen per ...... freimachen kann, sondern wegen der verzögerten Fertigstellung seines eigenen Hauses erst am ...... ausziehen kann. Namens und im Auftrag der Beklagten stelle ich daher den

Antrag[1],

die Räumungsfrist bis ...... zu verlängern[2].

Rechtsanwalt

Anmerkungen

1. Verlängerungsantrag ist nach § 721 Abs. 3 S. 1 ZPO möglich, nicht jedoch bei außergerichtlich vereinbarten Räumungsfristen (LG Wuppertal NJW 1967, 832), zur Frist gilt das unter Form. II. B. 12 Anm. 1 ausgeführte. Auch wiederholende Verlängerungsanträge sind möglich, allerdings nur bei Vorbringen neuer Tatsachen (*Baumbach/Hartmann* § 721 Rdn. 9). Die Höchstdauer beträgt 1 Jahr, § 721 Abs. 5 ZPO.

2. Unter Umständen empfiehlt sich ein ergänzender Antrag auf vorläufige Einstellung der Zwangsvollstreckung nach §§ 721 Abs. 4 S. 4, 732 Abs. 2 ZPO.
Der Vermieter kann nach § 721 Abs. 3 ZPO umgekehrt Antrag auf Verkürzung einer bewilligten Räumungsfrist stellen.

14. Antrag des Mieters auf Gewährung einer Räumungsfrist bei Räumungsvergleich

In Sachen

......

hat sich der Beklagte durch Prozeßvergleich vom ...... verpflichtet, die von ihm bewohnte Wohnung in .... bis spätestens ...... zu räumen und an den Kläger herauszugeben.

Der Beklagte wurde vor einer Woche mit schweren Verletzungen, die er bei einer Schlägerei auf dem Oktoberfest erlitten hat, ins Krankenhaus eingeliefert. Er ist daher nicht in der Lage, innerhalb der im Vergleich vorgesehenen Frist die Räumung durchzuführen. Im Hinblick hierauf stelle ich namens und im Auftrag des Beklagten den

Antrag[1],

dem Beklagten eine angemessene Räumungsfrist, mindestens bis ......, zu bewilligen und die einstweilige Einstellung der Zwangsvollstreckung aus dem Prozeßvergleich vom ...... anzuordnen[2].

Rechtsanwalt

Anmerkungen

1. Bei Räumungsverpflichtung aus Prozeßvergleich enthält § 794a ZPO eine dem § 721 ZPO entsprechende Regelung. Frist, Wiedereinsetzung und Interessenabwägung grundsätzlich wie bei § 721 ZPO, jedoch ist zu Gunsten des Vermieters zu berücksichtigen, daß der Mieter sich freiwillig zur Räumung zu einem bestimmten Zeitpunkt verpflichtet hat. Daher ist die Frist in der Regel nur bei unvorhergesehenen Umständen zu bewilligen (vgl. *Baumbach/Hartmann* § 794a Rdn. 3). § 794a ZPO ist nicht anwendbar im Falle des § 564c Abs. 2 BGB (vgl. § 794 Abs. 5 ZPO) und im Falle des § 556b Abs. 6 BGB (vgl. *Baumbach/Hartmann* § 794a Rdn. 6). Ein Verzicht auf die Rechte aus § 794a ZPO im Prozeßvergleich ist möglich (*Thomas/Putzo* § 721 Rdn. 8; aA. *Sternel* Mietrecht, 3. Aufl., Rdn. 109).

2. §§ 794a, 732 Abs. 2 ZPO.

Fristen und Rechtsmittel

Sofortige Beschwerde (§§ 794a Abs. 4, 577 ZPO).

15. Sofortige Beschwerde gegen Beschluß des Amtsgerichts auf Bewilligung (Verlängerung) von Räumungsfrist[1]

An das
Landgericht[2]

In Sachen
......   – Kläger –
Prozeßbevollmächtigter: Rechtsanwalt ......
gegen

......   – Beklagte –
Prozeßbevollmächtigter: Rechtsanwalt ......
hier: wegen Bewilligung einer Räumungsfrist

lege ich gegen den Beschluß des Amtsgerichts ...... vom ......, zugestellt am ......, Az.:
......

16. Antrag auf Vollstreckungsschutz nach § 765 a ZPO   II. B. 16

sofortige Beschwerde

ein und werde

beantragen:

I. Der Beschluß des Amtsgerichts ...... vom ...... zugestellt am ......, Az: ......, wird aufgehoben.
II. Der Antrag auf Bewilligung (Verlängerung) der Räumungsfrist wird abgewiesen.
III. Der Beklagte hat die Kosten des Verfahrens zu tragen.

Begründung:

Eine Bewilligung (Verlängerung) der Räumungsfrist ist bei gerechter Interessenabwägung nicht vertretbar. Der Beschwerdegegner zahlt seit Monaten keine Miete. Dem Beschwerdeführer entsteht daher durch die Bewilligung (Verlängerung) fortlaufend ein sich vergrößernder Schaden ......

Rechtsanwalt

Anmerkungen

1. Zulässigkeit: §§ 721 Abs. 6, 794 a Abs. 4 S. 1 ZPO.
2. Einlegung beim Beschwerdegericht oder beim iudex a quo (§§ 577 Abs. 2 S. 2, 569 ZPO). Zulässig bei Bewilligung oder Verlängerung (Verkürzung) der Räumungsfrist nach § 721 ZPO durch das Erstgericht (auch bei erstem Versäumnisurteil, vgl. *Baumbach/ Hartmann* § 721 Rdn. 17; *Thomas/Putzo* § 721 Rdn. 18).

Kosten und Gebühren

I. Instanz: Sonderregelung für Anwaltsgebühren in § 50 BRAGO; Kosten des Beschwerdeverfahrens: § 61 Abs. 1 S. 1 BRAGO.

Fristen und Rechtsmittel

Keine weitere Beschwerde bei Entscheidung durch Berufungsgericht (§§ 721 Abs. 6 S. 2 und 3, 794 a Abs. 4 S. 2 ZPO).

16. Antrag auf Vollstreckungsschutz nach § 765 a ZPO[1]

An das
Amtsgericht
– Vollstreckungsgericht –[2]

Aktenzeichen: ......

In Sachen

......

gegen

......

Verfahrensbevollmächtigter: ......
zeige ich die Vertretung der Räumungsschuldner an.

Namens und gemäß anliegender Vollmacht der Schuldner stelle ich hiermit folgenden Antrag:

Die Zwangsräumung des Gläubigers aus dem Zuschlagsbeschluß des Amtsgerichts ......
– Vollstreckungsgericht – Az.: ......, vom ......, wird einstweilen eingestellt[3].

Begründung:

Die Schuldner erhielten die in beglaubigter Fotokopie anliegende Räumungsmitteilung des Gerichtsvollziehers mit dem Aktenzeichen: ......, wonach die Zwangsräumung aus dem vorgenannten Zuschlagsbeschluß durch den Gläubiger am ...... erfolgen soll. Die Schuldner leben von Sozialhilfe in Höhe von ...... DM im Monat. Sie haben ...... Kinder im Alter von ...... Jahren. Ich überreiche in der Anlage eine Bestätigung des Wohnungsamts ...... vom ......, wonach bis zum Räumungstermin eine Ersatzwohnung oder ein Ersatzraum für die Schuldner nicht zugewiesen werden kann. Es steht auch keine Notunterkunft zur Verfügung. Durch Zwangsräumung würden die Schuldner obdachlos werden[4]. Die Schuldner haben einen Mietvertrag über Ersatzwohnraum abschließen können. Dieser beginnt jedoch erst zum ...... Ein Einzug ist derzeit nicht möglich, da die neue Wohnung noch vom Vormieter genutzt wird. Zum Nachweis hierüber lege ich beglaubigte Fotokopie des unterzeichneten neuen Mietvertrages vor. Ein Zwischenumzug ist wegen der Kürze der Zeit nicht zumutbar.

Rechtsanwalt

Anmerkungen

1. Vollstreckungsschutz nach § 765 a ZPO kann neben dem Räumungsschutz (und auch nach dessen Ausschöpfung) nach §§ 721, 794a ZPO zur vorläufigen Verhinderung drohender Vollstreckungsmaßnahmen gewährt werden. Jedoch ist § 765 a ZPO eine eng auszulegende Ausnahmevorschrift (BGHZ 44, 138/142), die bei Räumung nur in Ausnahmefällen zum Erfolg führen kann (vgl. *Schmidt-Futterer/Blank* B 335 ff.).

2. Anders als bei Anträgen nach §§ 721, 794a ZPO ist bei § 765 a ZPO nicht das Prozeßgericht, sondern das Vollstreckungsgericht zuständig (§ 802 ZPO). Gleichwohl kann uU. ein beim Streitgericht erfolgloser Antrag nach §§ 721, 794a ZPO in einen Antrag nach § 765 a ZPO umgedeutet werden (vgl. *Schmidt-Futterer/Blank* B 359).

3. Der Zuschlagsbeschluß im Zwangsversteigerungsverfahren ist auch schon vor seiner Rechtskraft Vollstreckungstitel (§ 93 ZVG). Im Zwangsversteigerungsverfahren ist jedoch fraglich, ob Vollstreckungsschutz nach § 765 a ZPO noch gewährt werden darf, wenn der Antrag nicht schon vor Zuschlag im Zwangsversteigerungsverfahren gestellt wurde (*Schmidt-Futterer/Blank* B 335).

4. Dies führt nicht zwingend zur Bejahung des § 765 a ZPO; uU. kommt Unterbringung im Obdachlosenasyl in Betracht; anders wenn erschwerende Umstände hinzutreten (vgl. Einzelheiten *Schmidt-Futterer/Blank* B 356/357; *Sternel* Rdn. V 123). Zur polizeilichen Wiedereinweisung des gekündigten Mieters in die bisherige Wohnung bei anberaumter Zwangsräumung und drohender Obdachlosigkeit (vgl. *Schlink* NJW 1988, 1689 ff.).

Kosten und Gebühren

Diese hat grundsätzlich der Vollstreckungsschuldner zu tragen (§ 788 Abs. 1 ZPO), ausnahmsweise aus Gründen der Billigkeit hiervon abweichend (teilweise) der Gläubiger nach § 788 Abs. 3 ZPO.

Fristen und Rechtsmittel

Gegen Beschluß des Rechtspflegers innerhalb von 2 Wochen Erinnerung (§ 11 Abs. 1 S. 2 RPflG).

C. Werkvertragsrecht

1. Klage auf Mängelbeseitigung[1] vor Abnahme[2]

An das
Landgericht[3]

Klage

des ...... (Klägers)

Prozeßbevollmächtigter: ......

gegen

die Firma ...... (Beklagte)

wegen

Mängelbeseitigung

Vorläufiger Streitwert: DM ......

Namens und in Vollmacht des Klägers erhebe ich Klage und werde beantragen,

    die Beklagte zu verurteilen, die Wände des Kellerraumes im Hause ... so abzudichten, daß in die Kellerräume kein Wasser mehr eindringt[4], und die durch Wassereintritt an den Kellerwänden entstandenen Flecken zu beseitigen[5].

Begründung:

Der Kläger hat mit der Beklagten, einem Grab-, Beton- und Maurerunternehmen, am ...... einen Werkvertrag über die Grab-, Beton- und Maurerarbeiten seines Neubaus in ...... abgeschlossen.

Beweis: Vertrag vom ...... (Anlage 1)

Die VOB wurde nicht zum Vertragsgegenstand gemacht[6]. Die Abnahme der Werkleistung ist nicht erfolgt[7].

Laut Leistungsverzeichnis vom ...... Pos. 6 war die Beklagte verpflichtet, einen zweifachen Wandexanstrich an den Kellerwänden anzubringen.

Beweis: Leistungsverzeichnis vom ...... (Anlage 2)

Dies geschah nicht, mit der Folge, daß am ...... an drei Stellen in den Keller Wasser eindrang und diesen unter Wasser setzte.

Beweis: Zeugnis des ......,
        Vorlage der Fotos[8] (Anlage 3).

Der Kläger forderte die Beklagte unter genauer Bezeichnung der Mängel[9] mit Schreiben vom ...... auf, die Mängel zu beseitigen[10].

Beweis: Schreiben vom ...... (Anlage 4)

Die Beklagte beseitigte nicht; sie erklärte vielmehr, sie sei für den Mangel nicht verantwortlich.

Beweis: Schreiben der Beklagten vom ...... (Anlage 5)

Die Beklagte hat den im Leistungsverzeichnis vorgeschriebenen Wandexanstrich nicht angebracht. Diese Unterlassung ist zumindest mitursächlich für den eingetretenen Schaden, der im übrigen allein in den Verantwortungsbereich der Beklagten fällt.

Beweis: Sachverständigengutachten.

Der doppelte Wandexanstrich hätte eine ausreichende Abdichtung gegen Wassereinbrüche von außen gewährleistet.

Beweis: Sachverständigengutachten.

Die Kosten für die Beseitigung der Mängel betragen lt. Auskunft des Architekten ca. DM 20.000,–.

Rechtsanwalt

Anmerkungen

1. Unter Mängelbeseitigung ist die Herstellung eines vertragsgemäßen Werks entweder durch Erfüllung oder durch Gewährleistung zu verstehen. Auch der Begriff Nachbesserung hat sich in der Baupraxis durchgesetzt.

Die VOB (B) regelt den Mängelbeseitigungsanspruch teilweise abweichend von den §§ 633 ff. BGB. Die Unterschiede liegen in folgendem: Der BGB-Werkvertrag kennt nur den Mängelbeseitigungsanspruch nach § 633 Abs. 2 BGB. Es handelt sich dabei um einen Erfüllungsanspruch, der für die Zeit vor und nach der Abnahme gilt. Die VOB unterscheidet dagegen zwischen dem Erfüllungsanspruch auf Mängelbeseitigung vor Abnahme gemäß § 4 Nr. 7 S. 1 VOB (B) und dem auf Mängelbeseitigung gerichteten Gewährleistungsanspruch nach Abnahme gemäß § 13 Nr. 5 VOB (B) (vgl. im einzelnen *Dähne* BauR 1972, 136).

Die Klage auf Mängelbeseitigung nach § 633 Abs. 2 S. 1 BGB und nach § 4 Nr. 7 VOB (B) ist eine Erfüllungsklage.

2. Mit Abnahme der Bauleistung erlischt der Erfüllungsanspruch gemäß § 631 Abs. 1 BGB. Nach Abnahme kann nur noch die Mängelbeseitigung, nicht aber mehr Neuherstellung verlangt werden, es sei denn, nur durch Neuherstellung wären die Mängel zu beseitigen (BGH BauR 1986, 93). Der Mängelbeseitigungsanspruch beschränkt sich auf das abgenommene Werk. Dem Bauunternehmer darf aber die Neuherstellung dann nicht versagt werden, wenn berechtigte Interessen des Bauherrn nicht entgegenstehen. Der Nachbesserungsanspruch ist dann nach Abnahme auf Neuherstellung gerichtet, wenn der Mangel nachhaltig nur durch Neuherstellung zu beseitigen ist (BGH BauR 1986, 93, vgl. zur Nachbesserungsklage des Bauherrn nach BGB vor und nach Abnahme: *Werner/Pastor*, Der Bauprozeß, 7. Aufl. Rdn. 1349; *Locher*, Das private Baurecht, 5. Aufl. Rdn. 32, 114).

3. Gerichtsstand für die Mängelbeseitigungsklage ist der Ort des Bauwerks (BGH BauR 1986, 241).

4. Dem Bauunternehmer obliegt es, zu bestimmen, in welcher Weise er den Schaden beheben will. Er trägt deshalb auch das Risiko des Gelingens der Mängelbeseitigung. Grundsätzlich kann der Bauherr nicht auf Vornahme bestimmter Nachbesserungsarbeiten klagen. Allerdings kann im Leistungsverzeichnis eine bestimmte Ausführungsart (Wandex-Anstrich) vorgeschrieben sein. Da es sich insoweit um einen Erfüllungsanspruch, der im Weg der Nachbesserung zu erfüllen ist, handelt, hat der Unternehmer insoweit keine Wahl.

Der Baumangel muß in seinem äußeren Erscheinungsbild, nicht in seinem technischen Ursachenzusammenhang genau bezeichnet vorgetragen werden. Dem Gericht müssen die Tatsachen vermittelt werden, die es benötigt, um das auf die Mängelbeseitigung gerichtete Klagebegehren rechtlich richtig einzuordnen.

5. Der Mängelbeseitigungsanspruch erstreckt sich auf alle Arbeiten, die erforderlich sind, um das Bauwerk in einen mangelfreien Zustand zu versetzen. Dazu gehört auch das

etwa notwendige Aufschlagen und Zuputzen der Wände, allgemein die Beseitigung aller Beeinträchtigungen, die das Bauwerk durch die mangelhafte Leistung erlitten hat. Vgl. hierzu BGH NJW 1979, 2095.

6. Zu jeder Klagebegründung in Baurechtssachen gehört die Angabe der Vertragsgrundlage. Die VOB wird nur Vertragsgegenstand, wenn sie ausdrücklich vereinbart ist.

7. Die Abnahme trennt die Erfüllungs- und Gewährleistungsebene. An sie sind mannigfache Folgen geknüpft (vgl. im einzelnen *Locher,* Das private Baurecht, 5. Aufl. Rdn. 38). Die Darlegung, ob Abnahme erfolgt ist, gehört deshalb zur Begründung von Klagen in Bausachen (siehe auch Anm. 2).

8. Die mangelhafte Werkleistung des Bauunternehmers muß vom Auftraggeber nach Abnahme unter Beweis gestellt werden, während vor Abnahme der Bauunternehmer beweisen muß, daß seine Leistung mangelfrei ist. Die Grundsätze des Anscheinsbeweises können Anwendung finden: Durch Hinweis auf ein mangelhaftes Ergebnis der Unternehmerleistung und deren Beschreiben hat der Auftraggeber im allgemeinen seine Darlegungslast hinreichend erfüllt.

9. Einer Aufforderung nach § 633 Abs. 2 BGB oder § 13 Nr. 5 Abs. 1 S. 1 VOB (B) bedarf es dann nicht, wenn der Auftragnehmer eindeutig zu erkennen gegeben hat, daß er einer Aufforderung zur Mängelbeseitigung nicht nachkommt, oder wenn er sich als völlig unzuverlässig erwiesen hat. Die Beweislast trägt insofern der Auftraggeber. § 13 Nr. 5 Abs. 2 VOB (B) enthält eine abschließende Regelung. Läßt der Auftraggeber die Mängel des Bauwerks vorschnell ohne Nachbesserungsaufforderung beseitigen, so steht ihm kein Kostenerstattungsanspruch oder Bereicherungsanspruch zu.

10. Nach § 633 Abs. 2 BGB und § 4 Nr. 7 VOB (B) ist für das Mängelbeseitigungsverlangen vor Abnahme keine Schriftform erforderlich. Wird das Nachbesserungsverlangen nach Abnahme gemäß § 13 Nr. 5 VOB (B) geltend gemacht, sieht die VOB Schriftform vor. Nach hM. ist jedoch die Entstehung der Pflicht zur Nachbesserung nicht von der Einhaltung der Schriftform durch den Auftraggeber abhängig (vgl. BGHZ 58, 332; *Ingenstau/Korbion* VOB, § 13, 5 Rdn. 493). Die in § 13 Nr. 5 Abs. 1 S. 1 VOB (B) erwähnte Schriftform ist jedoch entscheidend für die in § 13 Nr. 4 VOB (B) geregelte Verjährungsfrist wegen der Mängelansprüche.

2. Klage auf Vorschuß[1,2] für Kosten der Mängelbeseitigung nach VOB

An das
Landgericht

Klage

des ...... (Klägers)
Prozeßbevollmächtigter: ......
gegen
die Firma ...... (Beklagte)
wegen
Kostenvorschuß
Vorläufiger Streitwert: DM 12.000,–.
Namens und in Vollmacht des Klägers erhebe ich Klage und werde beantragen,
    die Beklagte zu verurteilen, an den Kläger DM 12.000,– nebst 4% Zinsen[3]
    seit ...... zu bezahlen[4].

II. C. 2

Begründung:

Der Kläger hat am ...... mit der Beklagten für den Bau eines Zweifamilienhauses in ...... einen VOB-Vertrag[5] über Plattenlegerarbeiten abgeschlossen.

Beweis: Vertrag vom ...... (Anlage 1)

Förmliche Abnahme[6] ist erfolgt am ......
Beweis: Abnahmeprotokoll vom ...... (Anlage 2)

Die Arbeiten der Beklagten waren mangelhaft. Die Platten auf dem Balkon im 1. Stock wurden so verlegt, daß sie ein Gefälle nach innen hatten, so daß das Wasser nicht nach außen abfließen konnte. Infolge mangelnden Gefälles nach außen entstanden Durchfeuchtungen in dem Wohn- und Schlafzimmer[7].

Beweis: ......

Bei der förmlichen Abnahme wurde dieser Mangel ausdrücklich vorbehalten[8].
Der Kläger hat diese Mängel mit Schreiben vom ...... gerügt und die Beseitigung der Mängel bis ...... verlangt[9].

Beweis: ...... (Anlage 3)

Die Beklagte hat die Beseitigung der Mängel mit der Begründung verweigert, daß sie diese Mängel nicht zu vertreten habe.

Beweis: ...... (Anlage 4)

Diese Mängel sind jedoch auf die vertragswidrige Leistung der Beklagten zurückzuführen.

Beweis: Sachverständigengutachten.

Gemäß § 13 Nr. 5 Abs. 2 VOB (B) kann der Kläger nunmehr die Mängel auf Kosten der Beklagten beseitigen lassen. Der Kläger macht mit der Klage einen Vorschußanspruch in Höhe der voraussichtlichen Kosten geltend[10]. Nach dem Kostenvoranschlag der Firma ......, einer angesehenen Plattenlegerfirma, betragen die Mängelbeseitigungskosten DM 12.000,–.

Beweis: Vorlage des Kostenvoranschlags (Anlage 5).

Der Kläger hat sich auch an eine andere Plattenlegerfirma, nämlich die Firma ......, gewandt und sich einen Kostenvoranschlag geben lassen, der um DM 1.000,– höher ist.

Beweis: ...... (Anlage 6)

Beide Kostenvoranschläge enthalten übliche Preise. Die darin enthaltenen Arbeiten sind zur Beseitigung der Mängel notwendig.

Beweis: Sachverständigengutachten.

Der Kläger wird nach Beseitigung der Mängel über den Kostenvorschuß abrechnen[11, 12].

Rechtsanwalt

Anmerkungen

1. Die Rechtsprechung gewährt im Rahmen des § 13 Nr. 5 VOB (B) dem Auftraggeber einen Vorschußanspruch auf Zahlung in Höhe der zur Mängelbeseitigung erforderlichen Kosten (BGHZ 47, 272; 66, 138). Dieselben Grundsätze gelten bei einem BGB-Werkvertrag (BGHZ 56, 136), soweit es sich um Nachbesserungskosten durch einen Dritten (§ 633 Abs. 3 BGB) handelt. Voraussetzung für die Entstehung des Vorschußanspruchs ist es, daß die dem Auftragnehmer zur Mängelbeseitigung gesetzte Frist ergebnislos verstrichen oder die Fristsetzung aus besonderen Gründen nicht notwendig ist, weil die Mängelbeseitigung verweigert wurde oder sich der Auftragnehmer als so unzuverlässig erwiesen hat, daß es dem Auftraggeber nicht zugemutet werden kann, weitere Nachbesserungsversuche des Auftragnehmers hinzunehmen.

2. Klage auf Vorschuß für Kosten der Mängelbeseitigung nach VOB

Die Zuerkennung des Vorschußanspruchs entspricht einem Gebot der Billigkeit, weil der Auftraggeber in die Lage versetzt werden muß, die Mängel auf Kosten des Auftragnehmers beseitigen zu lassen, ohne eigene Mittel aufzuwenden. Vgl. zum Kostenvorschußanspruch i. e.: *Erhardt-Renken,* Kostenvorschuß zur Mängelbeseitigung, Baurechtliche Schriften Bd. 6, 1986.

Der Kostenvorschußanspruch besteht jedoch nicht, wenn der Auftraggeber nicht nachbessern will oder ausreichende Sicherheit anderweitig geleistet ist. Vgl. *Ingenstau/Korbion* VOB, 12. Aufl. § 13, 5 Rdn. 551 ff.; *Locher,* Das private Baurecht, Rdn. 157, 158, 159.

2. Ein Vorschußanspruch besteht weder im Rahmen des Schadensersatzanspruchs nach § 635 BGB noch im Rahmen eines solchen nach § 13 Nr. 7 VOB (B). Hierfür besteht kein schutzwürdiges Interesse, weil der Auftraggeber hier die Nachbesserungskosten, die durch die Tätigkeit Dritter entstehen, auch schon vor Nachbesserung geltend machen und eine Feststellungsklage für den Fall erheben kann, daß der Schadensersatz bei späterer Nachbesserung nicht ausreicht (BGHZ 61, 28; 61, 369; 62, 323).

Ebensowenig kann ein Vorschußanspruch in der Regel durch eine einstweilige Verfügung durchgesetzt werden (OLG Düsseldorf BauR 1972, 323).

3. Bei Verurteilung zur Vorschußzahlung kann der Auftraggeber Zinsen in Höhe von 4% nach § 288 Abs. 1 S. 1 BGB bzw. von 5% unter den Voraussetzungen des § 352 HGB verlangen. Der Vorschuß ist zur Mängelbeseitigung einzusetzen, und kann nicht zur Abdeckung sonstiger Verbindlichkeiten verwendet werden (*Ingenstau/Korbion* VOB (B) § 13, 5 Rdn. 553; *Nicklisch/Weick* VOB 2. Aufl. § 13 Rdn. 158).

4. Es ist nicht erforderlich, daß in den Antrag aufgenommen wird „als Kostenvorschuß". Dies muß sich jedoch aus der Begründung ergeben.

5. Vgl. Form. II. C. 1 Anm. 6.

6. Vgl. Form. II. C. 1 Anm. 7.

7. Vgl. Form. II. C. 1 Anm. 5.

8. Gemäß § 12 Nr. 4 S. 4, § 12 Nr. 5 Abs. 3 VOB (B) sind Vorbehalte wegen bekannter Mängel spätestens mit der Abnahme geltend zu machen. Da es sich beim Kostenvorschußanspruch um keinen Schadensersatzanspruch handelt, der Verschulden voraussetzt, ist es zweckmäßig, in die Klage aufzunehmen, daß der Vorbehalt bei Abnahme gemacht wurde oder daß der Mangel nicht erkannt war. Die Beweislast dafür, daß der Auftraggeber in Kenntnis des Mangels die Abnahme vorgenommen hat, trägt allerdings der Auftragnehmer.

9. Einer Aufforderung nach § 13 Nr. 5 Abs. 1 VOB (B) bedarf es nicht, wenn der Auftragnehmer zweifelsfrei erkennen läßt, daß er die gerügten Mängel nicht beseitigt, oder wenn er sich als so unzuverlässig gezeigt hat, daß mit Sicherheit zu erwarten ist, daß die Mängelbeseitigung nicht gelingt. Für diese Ausnahmetatbestände ist der Auftraggeber beweispflichtig. Zur Schriftform vgl. Form. II. C. 1 Anm. 10.

10. Der Auftraggeber ist berechtigt, die erforderlichen Aufwendungen vom Unternehmer ersetzt zu verlangen. Der Rahmen der Erforderlichkeit darf nicht zu eng gezogen werden. Der Auftraggeber muß nicht vor Beauftragung eines dritten Unternehmers ein Ausschreibungsverfahren veranstalten, sondern kann sich einen Unternehmer seines Vertrauens aussuchen, sofern dieser nicht überhöhte Preise verlangt. Zu den Kosten der Mängelbeseitigung kann auch die Inanspruchnahme eines Architekten im Rahmen der Nachbesserung gehören sowie erforderliche Gutachterkosten zur Ermittlung der geeigneten Nachbesserungsmethode. Der Auftraggeber kann sich zur Spezifizierung auf Kostenanschläge berufen (*Ingenstau/Korbion* VOB § 13, 5 Rdn. 553).

11. Nach Abrechnung kann sich eine Nach- oder Rückzahlung ergeben (BGHZ 47, 272 = NJW 1967, 1366).

12. Der Kostenerstattungsanspruch unterliegt der kurzen Verjährung nach § 638 Abs. 1 BGB. Die Klage auf Zahlung eines bestimmten Betrages als Vorschuß zur Mängelbeseitigung unterbricht jedoch auch die Verjährung des späteren – mit zwischenzeitlichen Kostensteigerungen begründeten – Anspruchs auf Zahlung eines höheren Vorschusses zur Behebung desselben Mangels. Wird der Kostenvorschuß rechtzeitig vor Ablauf der Verjährungsfrist geltend gemacht, so tritt die Unterbrechungswirkung des § 209 Abs. 1 BGB nicht nur wegen des ursprünglich eingeklagten Betrages ein, sondern auch wegen späterer – selbst nach Ablauf der bisherigen Verjährungsfrist – erhöhter Ansprüche (BGHZ 66, 138; *Ingenstau/Korbion* VOB § 13, 5 Rdn. 570).

3. Klage wegen Verzögerungsschadens gegen einen VOB-Unternehmer[1]

An das
Landgericht

Klage

des ...... (Klägers)

Prozeßbevollmächtigter: ......

gegen

den ...... (Beklagten)

wegen

Verzögerungsschadens

Vorläufiger Streitwert: DM 32.000,–.

Namens und in Vollmacht des Klägers erhebe ich Klage und werde beantragen,

den Beklagten zu verurteilen, an den Kläger DM 32.000,– nebst ......% Zinsen seit ...... zu bezahlen.

Begründung:

Die Parteien haben einen VOB-Vertrag für die Grab-, Beton- und Maurerarbeiten am Neubau des Klägers in ...... abgeschlossen.

Beweis: Bauvertrag vom ...... (Anlage 1).

In diesem Vertrag hat sich der Beklagte verpflichtet, die Arbeiten in 90 Tagen fertigzustellen. Die Arbeiten wurden am ...... begonnen. Sie waren 95 Tage nach Arbeitsbeginn noch nicht fertiggestellt.

Beweis: Architekt ......

Der Kläger mahnte[2] deshalb am ......

Beweis: Mahnschreiben vom ...... (Anlage 2).

Der Kläger hat dem Beklagten am ...... eine Frist von 3 Wochen zur Vertragserfüllung gesetzt und erklärt, daß er ihm nach fruchtlosem Ablauf der Frist den Auftrag entziehe.

Beweis: Schreiben vom ...... (Anlage 3).[3,4]

Der Beklagte hat innerhalb der Frist die ihm obliegenden Leistungen nicht bewirkt.

Beweis: Architekt ......

Der Kläger hat den Vertrag am ...... gekündigt.

Beweis: Schreiben vom ...... (Anlage 4).

3. Klage wegen Verzögerungsschadens gegen eine VOB-Unternehmer — II. C. 3

Der Kläger macht mit der Klage Schadensersatzansprüche nach §§ 5 Nr. 4, 8 Nr. 3 Abs. 2 VOB (B) geltend. Er hat den bei Zugang der Kündigungserklärung noch nicht vollendeten Teil der Leistung, nämlich die ...... Arbeiten, durch die Firma ...... ausführen lassen. Der Beklagte hat seine Arbeiten mit DM 260.000,– laut Abrechnung vom ...... abgerechnet.

Beweis: Abrechnung vom ...... (Anlage 5).

Die noch nicht ausgeführten Leistungen, nämlich ......, hat die Firma ...... ausgeführt und dafür den Betrag von DM 82.000,– berechnet.

Beweis: Abrechnung vom ...... (Anlage 6).

Der Kläger hat sich ein Angebot der Firmen ...... und ...... geben lassen, die aber beide teurer waren als die Firma ......

Beweis: Angebote der drei Firmen (Anlage 7, 8 und 9).[5]

Lt. Einheitspreisvertrag hätte der Kläger für die nicht von dieser ausgeführten Leistungen noch 50.000,– DM zu bezahlen gehabt.

Beweis: Bauvertrag vom ...... Sachverständigengutachten.

Die Differenz zur Rechnung der Fa. in Höhe von 32.000,– wird als Verzugsschaden in Rechnung gestellt.

Rechtsanwalt

Anmerkungen

1. Nach § 5 Nr. 4 VOB (B) können die Rechte des § 6 Nr. 6 oder des § 8 Nr. 3 VOB (B) in Anspruch genommen werden, wenn der Auftragnehmer den Beginn der Ausführung verzögert, mit der Vollendung in Verzug gerät, oder wenn er Arbeitskräfte, -geräte, Gerüste, Stoffe oder Bauteile so unzureichend bereitstellt, daß die Ausführungsfristen offenbar nicht eingehalten werden können. Diese Voraussetzungen können alternativ vorliegen. Ein Verschulden des Auftragnehmers oder seines Erfüllungsgehilfen ist nur hinsichtlich des Verzugs der Vollendung erforderlich. So ist etwa Verschulden gegeben, wenn es der Auftragnehmer unterlassen hat, die zur Verwendung von Beton B 300 erforderliche baupolizeiliche Genehmigung einzuholen (BGH *Schäfer/Finnern* Z. 2.510 Bl. 21 ff.). Vgl. zu den Voraussetzungen des § 5 Nr. 4 VOB (B) *Ingenstau/Korbion* VOB § 5, 4 Rdn. 34 ff.; *Schmalzl*, Die Haftung des Architekten und Bauunternehmers, 4. Aufl. Rdn. 160 ff.

2. Sofern nicht Selbstmahnung vorliegt, ist Mahnung als Verzugsvoraussetzung erforderlich (vgl. zum Zugang der Mahnung *Göhner* NJW 1980, 873).

3. Liegen die Voraussetzungen der Verzögerung des Ausführungsbeginns, des Verzugs oder der Nichterfüllung der Verpflichtung gemäß § 5 Nr. 3 VOB (B) vor, so kann der Auftraggeber einmal den Vertrag aufrechterhalten und Schadensersatz gemäß § 6 Nr. 6 VOB (B) verlangen. Wählt er diesen Weg, so kann er nur den nachweislich entstandenen Schaden verlangen, nicht aber den entgangenen Gewinn, es sei denn, die Verzögerung sei grob fahrlässig oder vorsätzlich herbeigeführt worden.

4. Der Auftraggeber kann aber auch, wenn er die in § 5 Nr. 4 VOB (B) aufgeführten Voraussetzungen geschaffen hat, also eine angemessene Frist mit Kündigungsandrohung gesetzt hat, kündigen und die Rechte nach § 8 Nr. 3 VOB (B) geltend machen. Einer Fristsetzung mit Androhung des Auftragsentzugs bedarf es dann nicht, wenn eine besonders schwere positive Vertragsverletzung vorliegt, die es dem Auftraggeber unzumutbar erscheinen läßt, noch weiterhin mit diesem Auftragnehmer den Vertrag durchzuführen (vgl. *Ingenstau/Korbion* VOB § 5, 4 Rdn. 48). Dies ist insbesondere dann der Fall, wenn

der Auftragnehmer endgültig den Beginn oder die Fortsetzung der Leistung verweigert (BGHZ 50, 160).

5. Der Auftraggeber kann nach Kündigung den noch nicht vollendeten Teil der Leistung zu Lasten des Auftragnehmers durch einen Dritten ausführen lassen und kann, wie hier, die Mehraufwendungen geltend machen. Daneben bleiben seine Ansprüche auf Ersatz des entstehenden weiteren Schadens bestehen. Daneben kann er auch auf die weitere Ausführung verzichten und Schadensersatz wegen Nichterfüllung verlangen, wenn die Ausführung aus den Gründen, die zur Entziehung des Auftrags geführt haben, für ihn kein Interesse mehr hat. Der Ersatzanspruch bei Beauftragung eines Ersatzunternehmers bezieht sich auf die Differenz zwischen der bisherigen Vergütung (vertragliche Einheitspreise, Pauschalpreise) und dem Betrag, den der Auftraggeber an den Auftragnehmer und zusätzlich an den Dritten zu zahlen hat. Es handelt sich dabei um einen verschuldensunabhängigen Erstattungsanspruch (*Locher*, Das private Baurecht, Rdn. 125; vgl. *Anderson* BauR 1972, 67; *Ingenstau/Korbion* VOB (B) § 8, 3 Rdn. 89; a. A. *Daub/Piel/Soergel/Steffani* VOB (B) § 8 ErlZ 8, 66). Im Rahmen des Erstattungsanspruches ist auch ein Vorschußanspruch gegeben (h. M. vgl. i. e. *Ingenstau/Korbion* VOB § 8, 3 Rdn. 90). Darüber hinaus kann der weitere Verzugsschaden geltend gemacht werden, wobei es fraglich ist, ob der infolge des Verzugs entgangene Gebrauchsvorteil dem Schaden zuzurechnen ist (BGH BauR 1986, 105, grundsätzlich bejahend, BGH BauR 1987, 312; vgl. auch *Vygen* Bauvertragsrecht nach VOB und BGB 2. Aufl. Rdn. 673).

4. Minderungsklage[1] eines Auftraggebers gegen einen Architekten

An das
Landgericht

Klage

des ......   (Klägers)

Prozeßbevollmächtigter: ......

gegen

den ......   (Beklagten)

wegen

Minderung des Architektenhonorars

Vorläufiger Streitwert: DM 11.000,–.

Namens und in Vollmacht des Klägers erhebe ich Klage und werde beantragen,

    den Beklagten zu verurteilen, an den Kläger DM 11.000,– nebst 4% Zinsen
    seit ...... zu bezahlen[2].

Begründung:

Der Beklagte ist freier Architekt, der Kläger hat mit ihm am ...... für sein Bauvorhaben in ...... einen schriftlichen Architektenvertrag abgeschlossen.

Beweis: Architektenvertrag vom ...... (Anlage 1)

In diesem Vertrag wurden dem Beklagten die Leistungsphasen 1–5 der HOAI (Grundlagenermittlung, Vorplanung, Entwurfsplanung und Genehmigungsplanung) übertragen. Mangels abweichender schriftlicher Vereinbarung sind gemäß § 4 Abs. 4 HOAI die Mindestsätze vereinbart[3]. Der Beklagte hat die ihm übertragenen Architektenleistungen erbracht.

4. Minderungsklage eines Auftraggebers gegen einen Architekten

Vor Abschluß des Architektenvertrags hat der Kläger dem Beklagten mehrfach und nachhaltig erklärt, daß er für das Bauvorhaben nur Mittel in Höhe von DM 400.000,– zur Verfügung habe und daß der Beklagte damit auskommen müsse.

Beweis: ......

Die Planung des Beklagten war zwar technisch nicht zu beanstanden. Die Verwirklichung der Planung des Beklagten hätte jedoch Baukosten in Höhe von mindestens DM 600.000,– erfordert.

Beweis: Sachverständigengutachten.

Dies ergibt sich auch aus der dem Baugenehmigungsgesuch beigefügten vorläufigen Kostenermittlung des Beklagten.

Beweis: Vorlage des Baugesuches.

Die Planung ist deshalb mangelhaft und für den Kläger unbrauchbar[4]. Der Kläger hat deshalb seine Bauabsicht aufgegeben.

Der Kläger hat an den Beklagten gemäß § 8 Abs. 2 HOAI auf Anforderung eine Abschlagszahlung von DM 11.000,– bezahlt. Die Rückforderung dieses Betrages macht er im Wege der Minderung nach § 634 BGB geltend. Die Abnahme der Architektenleistung hat der Kläger verweigert[5].

Beweis: ......

Der Kläger hat das Baugesuch wegen der überhöhten Kosten nicht eingereicht. Er hat den Beklagten mit Schreiben vom ...... aufgefordert, seine Planung so nachzubessern, daß das Raumprogramm – was möglich gewesen wäre – mit einem Kostenaufwand von DM 400.000,– in einfacherer Weise verwirklicht werden könne[6]. Das Schreiben enthält eine angemessene Fristsetzung und Ablehnungsandrohung.

Beweis: Schreiben vom ...... (Anlage 2)

Der Beklagte lehnte dies mit Schreiben vom ...... ab mit der Begründung, er sei kein „Bettler-Architekt".

Rechtsanwalt

Anmerkungen

1. Die auf Gewährleistung gerichtete Klage muß klar erkennen lassen, auf welches Gewährleistungsrecht sich der Bauherr stützt. Der Bauherr hat kein Wahlrecht zwischen der Mängelbeseitigungs- und Gewährleistungsklage. Nachbesserungsanspruch als Erfüllungsanspruch oder Schadensersatzanspruch oder Minderungsanspruch als Gewährleistungsanspruch schließen sich gegenseitig aus und können deshalb nicht gleichzeitig und gleichrangig geltend gemacht werden (*Werner/Pastor*, Der Bauprozeß, Rdn. 1442). Zwischen den einzelnen Gewährleistungsrechten kann der Auftraggeber frei wählen. Er kann aber auch noch grundsätzlich nach der Klageerhebung die einzelnen Gewährleistungsansprüche untereinander austauschen, also – wenn die Voraussetzungen gegeben sind – von Minderung auch noch auf Schadensersatz übergehen. Es handelt sich dann um eine Klageänderung, die jedoch als sachdienlich und damit als zulässig anzusehen ist.

2. Meist wird Minderung gegen die Vergütungsklage des Auftragnehmers eingewendet. Der Minderungsanspruch kann jedoch nach Bezahlung auch aktiv geltend gemacht werden. Für die Berechnung des Minderwerts ist der Zeitpunkt der Abnahme maßgebend (*Werner/Pastor* Rdn. 1454; MünchKomm/*Soergel* § 634 Rdn. 34; aA. *Staudinger/Riedel* § 634 Rdn. 10; *Palandt/Thomas* § 634 Rdn. 8).

3. Nach § 4 Abs. 4 HOAI werden die Mindestsätze der Honorarordnung fingiert, sofern nicht gemäß § 4 Abs. 1 HOAI bei Auftragserteilung schriftlich eine abweichende Vereinbarung getroffen ist.

4. Die Kürzung des Honorars im Wege der Minderung ergibt sich aus dem Verhältnis des Werts der mangelfreien Architektenleistung zur mangelhaften. Ist die Werkleistung für den Bauherrn wertlos, so kann er im Wege der Minderung die bezahlte Vergütung verlangen (BGH NJW 1965, 152); OLG Saarbrücken NJW 1970, 1192 = BauR 1970, 109.

5. Gemäß § 640 Abs. 2 BGB wäre bei Abnahme ein Vorbehalt der dem Auftraggeber bekannten Mängel erforderlich.

6. Die Rechtsprechung hat grundsätzlich eine Nachbesserungs*pflicht* des Architekten nicht angenommen, es sei denn, der fehlerhafte Plan sei noch nicht im Bauwerk verkörpert (BGH NJW 1974, 367). Im vorliegenden Fall ist nach dem Plan des Architekten noch nicht gebaut. Vgl. zur Nachbesserungspflicht des Architekten *Locher*, Das private Baurecht, Rdn. 237, 238. Eine andere Frage ist es, ob dem Architekten ein Nachbesserungs*recht* zusteht, weil seine Fachkenntnisse und Verbindungen günstige Voraussetzungen für eine sachgerechte und preisgünstige Mängelbeseitigung bieten. Dieses Recht kann dem Architekten nach Treu und Glauben im Einzelfall zustehen. Der Architekt muß aber substantiiert darlegen, daß und warum er in der Lage ist, die Mängel auf eigene Kosten billiger zu beseitigen (*Locher* aaO. Rdn. 239).

5. Wandelungsklage eines Wohnungseigentümers[1]

An das
Landgericht

Klage

des ...... (Klägers)

Prozeßbevollmächtigter: ......

gegen

Firma ...... (Beklagte)

wegen

Wandelung

Vorläufiger Streitwert: DM 400.000,–.

Namens und in Vollmacht des Klägers erhebe ich Klage und werde beantragen,

die Beklagte zu verurteilen,

> Zug um Zug gegen Rückauflassung der Wohnung Nr. ...... an den Kläger den Betrag von DM 400.000,– zuzüglich 4% Zinsen seit ...... zu bezahlen.

Begründung:

Der Kläger hat mit der Beklagten, einer Bauträgergesellschaft, einen Bauträgervertrag[2] über eine Eigentumswohnung in ...... am ...... abgeschlossen.

Beweis: Bauträgervertrag.

Der als Kaufvertrag bezeichnete Vertrag enthält in § 2 die Verpflichtung, diese Eigentumswohnung entsprechend der Teilungserklärung und der Baubeschreibung schlüsselfertig und frei von Mängeln zu erstellen und an den „Käufer" zu übergeben. Der „Kaufpreis" sollte DM 400.000,– betragen. Er war als Festpreis vereinbart.

Die Wohnung wurde nach Fertigstellung von dem Kläger am ...... bezogen. Zwei Wochen nach Bezug rügte der Kläger, daß sowohl der Trittschall- als auch der Luftschallschutz in der Wohnung nicht den anerkannten Regeln der Technik entsprächen. Die

5. Wandelungsklage eines Wohnungseigentümers

Richtwerte von DIN 4109 seien nicht erreicht. Besonders gravierend seien die Mängel der Schallisolierung des Treppenhauses und der darüberliegenden Wohnung.

Beweis: Schreiben vom ...... (Anlage 1)

Der Kläger forderte die Beklagte unter Fristsetzung und Ablehnungsandrohung zur Beseitigung der Mängel innerhalb von zwei Monaten auf.

Beweis: Schreiben vom ...... (Anlage 2)

Die Beklagte erklärte, der Schallschutz entspräche dem Standard der Wohnung und den anerkannten Regeln der Baukunst. Es lägen keine Mängel vor.

Beweis: Schreiben der Beklagten vom ...... (Anlage 3)

Der Schallschutz ist völlig unzureichend und erreicht bei weitem nicht die Erfordernisse der DIN 4109[3].

Beweis: Sachverständigengutachten des ...... -Instituts. (Anlage 4)

Der Trittschallschutz ist allenfalls zwischen den mit Teppichböden belegten Wohn- und Schlafräumen der Wohnung A ausreichend. Zwischen dem Schlafraum der Wohnung A und dem Bad der darüberliegenden Wohnung erreicht der Trittschallschutz nicht einmal die Werte der Mindestanforderungen in DIN 4109, Fassung 1962. Gleiches gilt für den Luftschallschutz zwischen Küche und Wohnung ......

Die Schallisolierung genügt nicht einmal durchschnittlichen Wohnansprüchen, geschweige denn den von der Beklagten in ihrem Prospekt zugesagten erhöhten Ansprüchen in ruhiger Waldlage.

Diese Mängel beeinträchtigen in ihrer Gesamtheit die Nutzung der Eigentumswohnung erheblich.

Beweis: Augenscheinseinnahme,
Sachverständigengutachten.

Die ungünstigen Schallschutzwerte sind auf die mangelhafte Werkleistung der Beklagten zurückzuführen.

Der Kläger erklärt hiermit Wandelung. Der Wert und die Tauglichkeit der Eigentumswohnung ist durch den mangelhaften Schallschutz erheblich vermindert[4].

Beweis: Sachverständigengutachten.

Der Kläger kann deshalb Zug um Zug gegen Rückauflassung der Wohnung den bereits bezahlten Kaufpreis zurückverlangen[5].

Rechtsanwalt

Anmerkungen

1. Die Wandelung ist im Baurecht nicht unproblematisch. Die Rückgängigmachung des Vertrags läßt sich häufig nicht oder nur schwer verwirklichen. Das VOB-Recht sieht keine Wandelung vor. Die Wandelung einer Bauträgerleistung, die in der Errichtung einer Eigentumswohnung besteht, ist jedoch ohne weiteres möglich und vollziehbar (vgl. LG Tübingen, *Schäfer/Finnern/Hochstein,* Rechtsprechung zum privaten Baurecht, § 634 BGB Nr. 6). Es kann nicht davon ausgegangen werden, daß die Wandelungsklage bei Bauträgerverträgen stillschweigend zwischen den Parteien ausgeschlossen ist, es sei denn, die VOB (B) wäre vereinbart.

2. Der Bauträgervertrag, der die Erstellung eines Bauwerks zum Gegenstand hat, ist hinsichtlich der Errichtungsverpflichtung ein Werkvertrag; zumindest richten sich die Gewährleistungsansprüche nach den §§ 633 ff. BGB (ständige Rechtsprechung des BGH, vgl. BGH NJW 1979, 2207, NJW 1980, 2800). Die falsche Bezeichnung „Kaufvertrag" ändert hieran nichts. Zur Rechtsnatur des Bauträgervertrags (Baubetreuungsvertrags im weiteren

Sinn) vgl. *Locher*, Das private Baurecht, Rdn. 406; *Locher/Koeble*, Baubetreuungs- und Bauträgerrecht, 4. Aufl. Rdn. 21 ff.

3. Zu den Problemen des Schallschutzes allgemein *Susanne Weiss*, Schallschutz im Hochbau, Rechtsprobleme und technische Einführung, Baurechtliche Schriften, 2. Aufl. 1993.

4. Nach § 634 Abs. 3 BGB ist die Wandelung ausgeschlossen, wenn der Mangel den Wert oder die Tauglichkeit des Werkes nur unerheblich mindert.

5. Der Zug-um-Zug-Antrag ist geboten, um Kostennachteile zu vermeiden (vgl. zum Kaufrecht Form. II. A. 1 Anm. 3).

6. Schadensersatzklage gegen Werkunternehmer (Vermessungsingenieur)[1]

An das
Landgericht

Klage

des ......   (Klägers)

Prozeßbevollmächtigter: ......

gegen

den Vermessungsingenieur[2] ......   (Beklagten)

wegen

Schadensersatz

Vorläufiger Streitwert[3]: DM 80.000,–.

Namens und in Vollmacht des Klägers erhebe ich Klage und werde beantragen,

    I. den Beklagten zu verurteilen, an den Kläger DM 70.000,– nebst 4% Zinsen seit ...... zu bezahlen[4];

    II. festzustellen, daß der Beklagte dem Kläger sämtlichen über den in Klagantrag Ziff. I hinausgehenden Schaden zu ersetzen hat, der ihm dadurch entstanden ist, daß der Beklagte den Standort des Hauses des Klägers in ...... insoweit falsch eingemessen und abgesteckt hat, als der Bau bis einschließlich Kellerdecke auf seiner nordöstlichen Seite in eine öffentliche Verkehrsfläche hineinragt und der Baukörper auf Verfügung der Baurechtsbehörde um 5 m an der nordöstlichen Grundstücksgrenze zurückgenommen werden muß[5].

Begründung:

Der Kläger ist Eigentümer des Grundstücks ......, das er mit einem Einfamilienhaus nach den genehmigten Plänen bebauen wollte. Der Beklagte ist Vermessungsingenieur. Mit diesem schloß der Kläger einen Werkvertrag zur Erbringung der Vermessungsingenieurleistungen ab.

Beweis: ...... (Anlage 1)

Dem Beklagten unterlief beim Einmessen und Abstecken des Standorts des zu errichtenden Hauses auf dem Baugrundstück des Klägers ein schwerwiegender Fehler. Er maß das Haus an einem falschen Platz aus und steckte es falsch ab. Dadurch wurde die Baugrube auf einer als öffentlicher Weg vorgesehenen Verkehrsfläche ausgehoben und dort die Fundamente bis zum Einbringen der Kellerdecke errichtet.

6. Schadensersatzklage gegen Werkunternehmer (Vermessungsingenieur) II. C. 6

Beweis: Sachverständigengutachten des öffentlich bestellten Sachverständigen ......
 im selbständigen Beweisverfahren zwischen den Parteien beim Amtsgericht ......,
 Aktenzeichen ......

Es wird beantragt,
 das Sachverständigengutachten als Beweismittel zu verwerten.

Die Baurechtsbehörde der Stadt ...... hat den Fehler bemerkt und durch Verfügung vom ...... den Abbruch des Bauwerks und die Zuschüttung der Baugrube, soweit sie in die öffentliche Verkehrsfläche hineinragt und die gesetzlichen Abstände berührt, verlangt.

Beweis: Verfügung vom ...... (Anlage 2)

Dadurch mußte das Bauwerk um 5 m zurückgenommen werden.

Beweis: Sachverständigengutachten.

Der Kläger hat dem Beklagten Gelegenheit gegeben[6], zu der Verfügung der Baurechtsbehörde Stellung zu nehmen. Der Beklagte erklärte mit Schreiben vom ......, gegen die Verfügung sei wohl nichts zu machen.

Beweis: Schreiben vom ...... (Anlage 4)

Der Kläger macht Schadensersatzansprüche gemäß § 635 BGB geltend. Die Bauarbeiten wurden an die Firma ...... vergeben.

Beweis: ...... (Anlage 5)

Der Kläger hat mit dieser Firma verhandelt, um eine möglichst preisgünstige Beseitigung der Mängel zu erreichen. Die Firma ...... hat ein Angebot über 70.000,– für die Beseitigung der Mängel, nämlich das Abspitzen der Betonfundation, das Zuschütten der Baugrube, soweit sie gegen die Verfügung des Baurechtsamts verstößt, und die Neuaufbringung im baurechtlich zulässigen Rahmen abgegeben.

Beweis: Angebot vom ...... (Anlage 6)

Zur Sicherheit hat der Kläger über seinen Architekten ein Konkurrenzangebot eingeholt, das um DM 15.000,– teurer ist.

Beweis: Schreiben vom ...... (Anlage 7)

Der Kläger hat hierauf der Firma ......, die die von der Baurechtsbehörde beanstandeten Baumaßnahmen bereits vorgenommen hat, den Auftrag erteilt.

Der Beklagte hat also dem Kläger den Schaden in Höhe von DM 70.000,–, der zur unmittelbaren Beseitigung seines Vermessungsfehlers erforderlich ist, zu ersetzen.

Darüber hinaus werden noch weitere, ursächlich auf den Vermessungsfehler des Beklagten zurückzuführende Vermögenseinbußen entstehen, die noch nicht beziffert werden können. Insoweit wird Feststellung gemäß Klagantrag Ziff. II begehrt[7].

Durch das Abreißen der Fundamente, die weitere Aushebung der Baugrube, das Neueinbringen der Fundamente und des Bauwerks bis zur Kellerdecke, einschließlich der statisch und architektonisch notwendigen Leistungen, tritt eine erhebliche Bauverzögerung ein, die zumindest 3 Monate beträgt. Die Nachfolgegewerke sind teilweise vergeben. Die Verträge enthalten Lohn- und Materialpreisvorbehaltsklauseln. Des weiteren kann Nutzungs- und Mietausfall entstehen. Der Kläger wohnt zur Miete. Gegen ihn ist Räumungsurteil ergangen. Er muß sich für die Zwischenzeit möglicherweise in einem Hotel einmieten.

Rechtsanwalt

Anmerkungen

1. Ein Schadensersatzanspruch gemäß § 635 BGB kann einmal in der Weise geltend gemacht werden, daß der Anspruchsteller die Werkleistung behält und den durch den

Mangel verursachten Schaden verlangt, zum anderen dadurch, daß er das gesamte Werk zurückweist und den durch die Nichterfüllung des ganzen Vertrags eingetretenen Schaden fordert. In der Baupraxis wird meist das Bauwerk entgegengenommen und Schadensersatz wegen mangelhafter Erfüllung verlangt. Im vorliegenden Fall ist dies nicht möglich, weil die baurechtliche Verfügung entgegensteht.

Ist die VOB zum Gegenstand einer unmittelbaren Bauleistung gemacht (§ 1 VOB (A)), was für geistige Leistungen nicht möglich ist, so ist zu beachten, daß § 13 Nr. 7 VOB (B) den Schadensersatzanspruch abweichend von § 635 BGB ausgestaltet (kleiner Schadensersatzanspruch nach § 13 Nr. 7 Abs. 1 VOB (B) – großer Schadensersatzanspruch nach § 13 Nr. 7 Abs. 2 VOB (B)).

2. Der Vertrag mit dem Vermessungsingenieur ist ein Werkvertrag (BGH BauR 1972, 255; *Locher,* Das private Baurecht, Rdn. 367, 368). Das Leistungsbild des § 97b HOAI ist von Bedeutung für die Leistungspflichten des Vermessungsingenieurs.

3. Zum Streitwert für den Feststellungsantrag vgl. zum Kaufrecht Form. II. A. 1 Anm. 2 und 3.

4. Der Schadensersatzanspruch aus § 635 BGB richtet sich in aller Regel in Abweichung von § 249 S. 1 BGB auf Geldleistung, da sonst der Schadensersatzanspruch mit dem Erfüllungsanspruch gleichgesetzt würde. Seit der Entscheidung des Großen Senats (NJW 1987, 50) kann auch Schadensersatz wegen entgangener Gebrauchsvorteile bei Sachen verlangt werden, „auf deren ständige Verfügbarkeit die eigenwirtschaftliche Lebenshaltung des Eigentümers derartig angewiesen ist, wie auf das von ihm selbst bewohnte Haus".

5. Zum Feststellungsantrag vgl. Form. II. C. 7.

6. Einer Fristsetzung gemäß § 634 Abs. 2 BGB bedarf es nicht, wenn die Beseitigung des Mangels – wie hier – unmöglich ist, weil das Bauwerk teilweise bereits errichtet wurde. Dessen ungeachtet ist es zweckmäßig, dem Vermessungsingenieur vor Vornahme einschneidender und teurer Maßnahmen Gelegenheit zur Stellungnahme zu geben, damit er zur Berechtigung der baurechtlichen Verfügung Stellung nehmen kann.

7. In der Praxis umstritten ist die Zulässigkeit der unbezifferten Leistungsklage in Bausachen. Die Leistungsklage setzt nach § 253 Abs. 2 Nr. 2 ZPO grundsätzlich einen bestimmten Klagantrag voraus. Eine unbezifferte Leistungsklage wird jedoch in Fällen zugelassen, in denen die Bezifferung nicht möglich oder aus besonderen Gründen dem Kläger nicht zumutbar ist, sofern eine hinreichende Darlegung der Schätzungs- und Berechnungsgrundlagen erfolgt und es dem Gericht dadurch ermöglicht wird, die Höhe der berechtigten Klageforderung festzustellen (vgl. hierzu *Locher,* Taktik im Bauprozeß, S. 53 RWS-Skript 140, 2. Aufl. 1988; *Wussow* NJW 1969, 481; *Werner/Pastor,* Der Bauprozeß, Rdn. 401; BGH NJW 1970, 281; OLG Zweibrücken ZSW 1980, 36). Da einzelne OLGs die unbezifferte Leistungsklage mangels hinreichender Darlegung der Schätzungs- und Berechnungsgrundlagen in Bausachen für nicht zulässig halten, ist jedoch Vorsicht geboten.

7. Feststellungsklage[1] wegen Baumängeln

An das
Landgericht

Klage

des ......   (Klägers)

Prozeßbevollmächtigter: ......

gegen

Firma ......   (Beklagte)

wegen

Feststellung

Vorläufiger Streitwert: DM 20.000,–.

Namens und in Vollmacht des Klägers erhebe ich Klage und werde beantragen,
    festzustellen, daß die Beklagte dem Kläger sämtliche Schäden zu ersetzen hat, die ihm dadurch entstehen, daß die Beklagte das Bauwerk nicht nach Leistungsbeschreibung und Plänen des Architekten in einer Tiefe von ......, sondern nur in einer Tiefe von ...... gegründet hat[2].

Begründung:

Die Parteien haben zur Errichtung eines Dreifamilienhauses des Klägers auf dessen Grundstück ...... einen Bauwerkvertrag abgeschlossen. Die VOB ist Vertragsbestandteil[3]. Die förmliche Abnahme ist am ...... erfolgt[4].

Beweis: Abnahmeprotokoll (Anlage 1)

Laut Leistungsbeschreibung und den Plänen des Architekten ...... hatte die Gründung wie folgt zu erfolgen: ......

Beweis: Leistungsbeschreibung und Pläne (Anlage 2)

Die Beklagte führte dagegen die Gründung nur wie folgt durch: ......

Beweis: Sachverständigengutachten.

Infolge der nicht frostsicheren Gründung entstanden nach Abnahme Risse im Mauerwerk. Der Kläger hat ein selbständigen Beweisverfahren durchgeführt. Im Gutachten des Sachverständigen ...... ist die Rissebildung im einzelnen vermerkt und fotografisch festgehalten.

Beweis: Beweissicherungsgutachten, das im Hauptverfahren zu verwerten beantragt wird.
       Zeugnis des Sachverständigen ......

In den letzten 14 Tagen sind neue Risse aufgetreten. Die bereits im selbständigen Beweisverfahren festgestellten Risse haben sich verbreitert.

Beweis: Sachverständigengutachten.

Die Rissebildung infolge der mangelhaften Bauleistung der Beklagten ist also noch nicht abgeschlossen.

Am ...... hat der Kläger die Beklagte zur Beseitigung der Mängel unter Fristsetzung bis ...... aufgefordert.

Beweis: ...... Schreiben vom ...... (Anlage 3)

Die Beklagte hat die Mängelbeseitigung mit der Begründung abgelehnt, diese sei unzumutbar.

Beweis: Schreiben vom ...... (Anlage 4)

Da noch nicht abzusehen ist, wie sich die Rissebildung weiterentwickelt, und es von der Weiterentwicklung abhängig ist, welche Sanierungsmaßnahmen erforderlich sind, sind die Voraussetzungen der Feststellungsklage gegeben[5].

Rechtsanwalt

Anmerkungen

1. Die positive Feststellungsklage ist in Bausachen häufig anzutreffen. Sie wird dann erhoben, wenn die Erhebung einer Leistungsklage noch nicht möglich ist oder wenn ihr erhebliche Schwierigkeiten im Wege stehen. Es besteht schon im Hinblick auf die Unterbrechung der Verjährung nicht selten ein Bedürfnis, eine Klage auf Feststellung von Baumängeln zuzulassen (vgl. im einzelnen *Locher,* Das private Baurecht, Rdn. 499–501; *Wussow* NJW 1969, 481).

2. Der Kläger muß substantiiert und hinreichend bestimmt den Mangel vortragen (vgl. für die VOB *Ingenstau/Korbion* VOB § 18 Rdn. 119). Es muß dargelegt werden, worin die mangelhafte Ausführung liegt, im vorliegenden Fall, inwiefern sie von der vorgeschriebenen Ausführungsart abweicht.

3. Vgl. Form. II. C. 1 Anm. 5.

4. Vgl. Form. II. C. 1 Anm. 6.

5. Das Rechtsschutzbedürfnis für eine Feststellungsklage ist in Bausachen immer dann zu bejahen, wenn es sich um einen umfangreichen, aber in sich nicht abgeschlossenen Baumängelkomplex handelt und der endgültige Umfang der Schäden noch nicht feststeht. Ein Rechtsschutzinteresse ist aber auch dann zu bejahen, wenn – wie häufig – zwar der Mangel, nicht jedoch die Mängelbeseitigungskosten feststehen. Kostenvoranschläge sind meist nicht verbindlich, sie können dem Ergebnis nach weit auseinandergehen. Auch Gutachten geben Mängelbeseitigungskosten häufig nur in ungefähren Kostenbeträgen an. Nach der Rechtsprechung des BGH ist bei der Auslegung des Feststellungsinteresses eine weite und freie Auslegung geboten (BGH LM § 256 ZPO Nr. 34; *Werner/Pastor* aaO. Rdn. 392). Für die Verneinung des Rechtsschutzinteresses reicht es nicht aus, daß der Geschädigte uU. einen Kostenvorschußanspruch geltend machen könnte. Ihm muß die freie Entscheidung, ob er einen Kostenvorschußanspruch auf Abrechnung oder einen endgültigen Schadensersatzanspruch geltend macht, überlassen bleiben. Auch die Vermeidung der Verjährung der Gewährleistungsansprüche kann das Feststellungsinteresse rechtfertigen (vgl. im einzelnen *Baumbach/Lauterbach/Albers/Hartmann* § 256 Rdn. 98; *Locher,* Taktik im Bauprozeß, S. 41 RWS-Skript 140, 2. Aufl. 1988).

War eine Feststellungsklage bei Klageerhebung zulässig, so braucht der Kläger im Prozeß nicht zur Leistungsklage überzugehen (*Baumbach/Lauterbach/Albers/Hartmann* § 256 Rdn. 83; BGH LM § 256 ZPO Nr. 92). Dies gilt jedoch nicht, wenn die Schadensentwicklung bereits im ersten Rechtszug voll abgeschlossen ist, der Beklagte den Übergang anregt und damit weder eine Verzögerung noch ein Instanzverlust verbunden ist (BGH NJW 1978, 210).

8. Klage auf Abnahme[1] einer Bauleistung

An das
Landgericht

Klage

der Firma ...... (Klägerin)
Prozeßbevollmächtigter: ......
gegen
den ...... (Beklagten)
wegen
Abnahme
Vorläufiger Streitwert: DM 30.000,–.
Namens und in Vollmacht der Klägerin erhebe ich Klage und werde beantragen,
> den Beklagten zu verurteilen, die für das Bauvorhaben des Beklagten in ...... von der Klägerin fertiggestellten[2] Schreinerarbeiten abzunehmen.

Begründung:

Die Klägerin wurde vom Beklagten beauftragt, für dessen Bauvorhaben ...... laut Vertrag vom ...... die Schreinerarbeiten durchzuführen.
Beweis: Vertrag vom ...... (Anlage 1)
Die VOB ist zum Vertragsgegenstand gemacht[3].
Die Klägerin hat die Arbeiten mangelfrei fertiggestellt.
Beweis: Sachverständigengutachten.
Im VOB-Vertrag sind die fiktiven Abnahmeformen des § 12 Nr. 5 VOB (B) ausgeschlossen. Die Abnahme hat förmlich zu erfolgen. Die Klägerin hat den Beklagten mit Schreiben vom ...... zur Abnahme bis ...... aufgefordert.
Beweis: Schreiben vom ...... (Anlage 2)
Der Beklagte hat auf das Abnahmeverlangen nicht reagiert.

Rechtsanwalt

Anmerkungen

1. Die Abnahme ist der Dreh- und Angelpunkt des Bauvertrags (*Jagenburg* NJW 1973, 2265). Durch sie tritt eine Trennung zwischen Erfüllungs- und Gewährleistungsebene ein, die Vergütung wird fällig, die Verjährung der Gewährleistungsansprüche läuft ab Abnahme oder Abnahmeverweigerung. Ferner tritt eine Umkehr der Beweislast ein und geht die Gefahr des zufälligen Untergangs oder der Verschlechterung der abgenommenen Leistung auf den Auftraggeber über. Nach Abnahme des Werks besteht keine Kündigungsmöglichkeit mehr; eine Vertragsstrafe ist verwirkt, wenn sie nicht bei der Abnahme vorbehalten wird.
Nach der VOB besteht nach § 12 Nr. 4 VOB (B) ein Recht auf förmliche Abnahme. § 12 Nr. 5 Abs. 1 und 2 VOB (B) regeln fiktive Abnahmeformen. Letztere werden häufig in Bauverträgen ausgeschlossen. § 12 Nr. 4 VOB (B) betrifft die förmliche Abnahme, die dem gesetzlichen Werkvertragsrecht des BGB unbekannt ist. Die Folgen der grundlosen sowohl

förmlichen wie – nach BGB-Werkvertragsrecht – nicht förmlichen Nichtabnahme sind dieselben: Der Auftraggeber gerät in Annahmeverzug. Damit geht zwar die Gefahr des zufälligen Untergangs des Bauwerks auf den Auftraggeber über (§ 644 Abs. 1 S. 2 BGB). Auch beginnt die Gewährleistungsfrist bei endgültiger Ablehnung der Abnahme. Die übrigen Abnahmefolgen treten jedoch nicht ein.

Deshalb hat der Auftragnehmer ein schutzwürdiges Interesse für eine Abnahmeklage, um diese Abnahmewirkungen herbeizuführen BGH BauR 1981, 284/287. Eine gesonderte Klage auf Abnahme kann sich jedoch häufig erübrigen, weil die damit zusammenhängenden Fragen im Rahmen des Zahlungsprozesses geklärt werden können (*Ingenstau/ Korbion* VOB, § 16 Rdn. 20; *Locher*, Das private Baurecht, Rdn. 40; *Nicklisch/Weick* VOB (B) 2. Aufl. § 12 Rdn. 44).

2. Die Abnahme stellt eine Billigung der vollendeten Leistung als eine wenigstens in der Hauptsache vertragsgemäße Leistung dar (BGHZ 48, 262). Der Anspruch auf Abnahme setzt voraus, daß die Bauleistung bis auf unbedeutende Mängel oder geringfügige Restarbeiten erbracht ist (BGH BauR 1972, 252).

3. Vgl. Form. II. C. 1 Anm. 5.

9. Klage auf Erstattung der Selbstbeseitigungskosten und der erforderlichen Aufwendungen eines Wohnungseigentümers wegen Mängeln des Gemeinschaftseigentums[1]

An das
Landgericht

Klage

des ......   (Klägers)

Prozeßbevollmächtigter: ......

gegen

Firma ......   (Beklagte)

wegen

Vorläufiger Streitwert: DM 12.500,–.

Namens und in Vollmacht des Klägers erhebe ich Klage und werde beantragen,

> die Beklagte zu verurteilen, an den Kläger DM 12.500,– nebst 4% Zinsen hieraus seit ...... zu bezahlen.

Begründung:

Die Beklagte ist eine Bauträgerfirma. Sie errichtete ein Gebäude mit 50 Eigentumswohnungen. Eine dieser Wohnungen erwarb der Kläger durch notariellen Vertrag vom ......

Beweis: Vertrag vom ......(Anlage 1)

In die Wohnung des Klägers drang infolge mangelnder Isolierung der Außenwände Feuchtigkeit ein.

Beweis: Sachverständigengutachten.

Der Kläger hat deshalb die Beklagte mit Schreiben vom ...... aufgefordert, den Mangel zu beseitigen und dafür zu sorgen, daß das Eindringen der Feuchtigkeit verhindert wird.

Beweis: Schreiben vom ......(Anlage 2)

9. Klage auf Erstattung der Selbstbeseitigungskosten II. C. 9

Er hat mit Schreiben vom ...... die Beseitigung des Mangels angemahnt, ohne daß Abhilfe geschaffen wurde.

Beweis: Schreiben vom ......(Anlage 3)

Daraufhin hat der Kläger den Mangel durch die Firma ...... beseitigen lassen, die dafür einen Betrag von DM 12.500,– in Rechnung stellte.

Beweis: Rechnung der Firma ...... vom ......(Anlage 4)

Die Maßnahme war erforderlich, um das Eindringen von Feuchtigkeit zu verhindern. Der von der Firma ...... berechnete Betrag ist angemessen.

Beweis: Sachverständigengutachten.

Die Sachbefugnis des Klägers wird nicht davon berührt, daß sich der Nachbesserungsanspruch auf die Instandsetzung gemeinschaftlichen Eigentums bezieht[2].

Rechtsanwalt

Anmerkungen

1. Es war in der Rechtsprechung und ist in der Literatur streitig, ob der Wohnungseigentümer für einen Mangel, der am Gemeinschaftseigentum eingetreten ist, Erfüllungs-Nachbesserungsansprüche geltend machen kann. Nach der Rechtsprechung des BGH (BGHZ 68, 372 = NJW 1977, 1336; BGH NJW 1984, 725 = BauR 1984, 166; BGH NJW 1988, 1718) ist jeder einzelne Wohnungseigentümer zur selbständigen, auch gerichtlichen, Verfolgung der aus dem Vertragsverhältnis mit dem Veräußerer herrührenden, auf Beseitigung der Mängel am gemeinschaftlichen Eigentum gerichteten Ansprüche befugt. Er kann vom Veräußerer sowohl Nachbesserung als auch unter den Voraussetzungen des § 633 Abs. 3 BGB Ersatz seiner Aufwendungen für die Mängelbeseitigung sowie auch einen Vorschuß und den Vorschußanspruch auf die Mängelbeseitigungskosten verlangen (BGH BauR 1980, 69). Auch die Wandelung wegen erheblicher Mängel an gemeinschaftlichen Einrichtungen hat der BGH dem Erwerber einer Eigentumswohnung zugebilligt (BGH WM 1971, 1251; NJW 1979, 2209). Ansprüche auf Minderung und Schadensersatz, soweit der Erwerber die Eigentumswohnung behalten will, stehen jedoch der Wohnungseigentümergemeinschaft zu (vgl. Form. II.C.10 Anm. 1). Vgl. *Locher/Koeble*, Baubetreuungs- und Bauträgerrecht, 4. Aufl. Rdn. 230 ff. Zur Frage, ob die Wohnungseigentümergemeinschaft nach entsprechendem Mehrheitsbeschluß Nachbesserungsansprüche gegenüber dem Veräußerer durchsetzen kann vgl. BGHZ 81, 35.

2. Der BGH ist der Auffassung, daß etwaige sich aus der Verwaltungsbefugnis der Wohnungseigentümergemeinschaft ergebende Beschränkungen bei der Durchsetzung dieser Ansprüche nur das Innenverhältnis zwischen den Wohnungseigentümern berühren, nicht aber die Sachbefugnis des einzelnen Wohnungseigentümers gegenüber dem Veräußerer der Eigentumswohnung (BGHZ 62, 388). Anders könne es nur sein, wenn feststünde, daß ein zuerkannter Mängelbeseitigungsanspruch unter keinen Umständen durchzusetzen ist. Kritisch hierzu: *Weitnauer* NJW 1980, 400 (vgl. hierzu auch *Kellmann* NJW 1980, 402).

II. C. 10   II. C. Werkvertragsrecht

10. Klage einer Wohnungseigentümergemeinschaft auf Geltendmachung von Schadensersatzansprüchen[1]

An das
Landgericht

Klage

der Wohnungseigentümergemeinschaft[2] ......,
bestehend aus 1.–10. ......   (Klägerin)
Prozeßbevollmächtigter: ......
gegen
Firma ......   (Beklagte)
wegen
Schadensersatz
Vorläufiger Streitwert: DM 30.000,–.
Namens und in Vollmacht der Klägerin erhebe ich Klage und werde beantragen,

    die Beklagte zu verurteilen, an die Klägerin DM 30.000,– nebst 4% Zinsen hieraus seit ...... zu bezahlen.

Begründung:

Die Beklagte ist eine Bauträgerfirma, die in ...... eine Wohnanlage mit 10 Eigentumswohnungen errichtete.
Beweis: Handelsregisterauszug (Anlage 1)
Die Haftung der Beklagten richtet sich nach BGB-Recht mit der Modifikation der Ziff. 6 des Bewerbervertrags.
Beweis: Bewerbervertrag vom ...... (Anlage 2)
Zu der Wohnanlage gehört ein Hallenschwimmbad, das als Gemeinschaftseigentum mit den Eigentumswohnungen verbunden ist. An der Schwimmanlage traten Mängel auf, indem das Wasser nach unten in die Kellerräume, in denen sich die Heizanlage befindet, drang und dort Rostbildung hervorrief.
Beweis: Sachverständigengutachten;
    Beweissicherungsgutachten ......, dessen Verwertung im Hauptprozeß beantragt wird.
    Zeugnis des Sachverständigen ......,
    der das Beweissicherungsgutachten erstellt hat.
Die Klägerin hat die Beklagte zur Beseitigung der Mängel mit Schreiben vom ...... unter Fristsetzung bis ...... aufgefordert.
Beweis: Schreiben vom ...... (Anlage 3)
Die Beklagte lehnte ab.
In der Wohnungseigentümerversammlung vom ...... wurde einstimmig die Geltendmachung von Schadensersatzansprüchen beschlossen[3].
Beweis: Protokoll vom ...... (Anlage 4)

10. Klage einer Wohnungseigentümergemeinschaft   II. C. 10

Die Beseitigung der Mängel erforderte laut Rechnung der Firma ......einen Betrag von DM 30.000,–.

Beweis: Rechnung vom ......(Anlage 5);
Sachverständigengutachten.

Rechtsanwalt

Anmerkungen

1. Während zur Geltendmachung von Nachbesserungsansprüchen, die gemeinschaftliches Eigentum berühren, sowie von Wandelungsrechten der einzelne Wohnungseigentümer befugt ist (vgl. Form. II.C.9 und im einzelnen: *Locher/Koeble*, Baubetreuungs- und Bauträgerrecht, 4. Aufl. Rdn. 230 ff.; *Reithmann/Brych/Manhart*, Kauf vom Bauträger, 5. Aufl. Rdn. 73 ff.; *Brych/Pause*, Bauträgerkauf und Baumodelle Rdn. 398 ff.), ist die Wohnungseigentümergemeinschaft und nicht der einzelne Wohnungseigentümer befugt, Minderungsansprüche und Schadensersatzansprüche geltend zu machen, sofern die Erwerber die Eigentumswohnung behalten wollen (BGH NJW 1979, 2207 = BauR 1979, 420; BGH NJW 1983, 453; BGH NJW 1988, 1718). Die Wahlbefugnis kann insoweit nicht dem einzelnen Wohnungseigentümer zustehen, sondern der Wohnungseigentümergemeinschaft. Während der Wohnungseigentümergemeinschaft die Nachbesserung, die ein Wohnungseigentümer verlangt, in der Regel zugute kommt, ist die Interessenlage bei Minderung und Schadensersatzansprüchen, die nicht auf Rückgängigmachung des Erwerbsvertrags gerichtet sind, anders. Die Wahl, ob Minderung oder Schadensersatz verlangt werden soll, kann nicht von jedem einzelnen Wohnungseigentümer für sich allein, sondern muß gemeinschaftlich von allen getroffen werden. Dies folgt aus der grundsätzlichen Stellung als Gesamtgläubiger der aus den einzelnen Erwerbsverträgen gegen den Veräußerer herzuleitenden Rechte wegen Mängeln am gemeinschaftlichen Eigentum.

2. Die Gemeinschaft kann auch den Verwalter ermächtigen, den Anspruch im eigenen Namen einzuklagen. Einer Abtretung der Forderung an ihn bedarf es dazu nicht. Das für eine solche gewillkürte Prozeßstandschaft erforderliche rechtliche Interesse des Verwalters ergibt sich aus dem ihm zustehenden Recht, die für die ordnungsmäßige Instandhaltung und Instandsetzung des gemeinschaftlichen Eigentums notwendigen Maßnahmen zu treffen. Der Verwalter kann auch als in gewillkürter Prozeßstandschaft klagender Einziehungsermächtigter Leistungen an sich selbst verlangen (BGHZ 70, 389; BGH BauR 1979, 423). Ebenso kann die Gemeinschaft einen einzelnen Wohnungseigentümer zur Geltendmachung dieser Ansprüche im eigenen Namen ermächtigen.

3. Die Entscheidung, ob statt Nachbesserung Minderung oder Schadensersatz verlangt wird, haben die Wohnungseigentümer als Verwaltungshandlung gemäß § 21 WEG mit Stimmenmehrheit zu treffen. Da der Beschluß rechtsgestaltenden Charakter hat, muß ihm auch Außenwirkung mit Bindung für und gegen die überstimmten Mitglieder der Wohnungseigentümergemeinschaft zukommen. Im vorliegenden Fall wurde ein einstimmiger Beschluß herbeigeführt.

11. Feststellungsklage[1] des Werkunternehmers auf gesamtschuldnerischen Haftungsausgleich[2] gegen einen Architekten[3,4]

An das
Landgericht

Klage

der Firma ...... (Klägerin)
Prozeßbevollmächtigter: ......
gegen
den Architekten ...... (Beklagten)
wegen
Feststellung
Vorläufiger Streitwert: DM ......
Namens und in Vollmacht der Klägerin erhebe ich Klage und werde beantragen,

    festzustellen, daß der Beklagte an die Klägerin ⅕ des Schadens zu bezahlen hat, der ihr dadurch entsteht, daß sie in den nicht unterkellerten Räumen des Hauses ...... auf einer isolierten Betonschicht feuchte Schlacke aufgebracht und nach oben isoliert hat[5].

Begründung:

Die Klägerin war als Bauunternehmerin aufgrund eines BGB-Werkvertrags, der Beklagte als Architekt für das Bauvorhaben des ...... in ...... tätig.
Beweis: Bauwerkvertrag vom ...... (Anlage 1)

       Architektenvertrag vom ...... (Anlage 2)

Dem Beklagten oblagen sämtliche Grundleistungen des § 15 HOAI, also auch Koordinierung und Objektüberwachung.
Der Auftraggeber ...... nimmt die Klägerin auf Schadensersatz gemäß § 635 BGB in Anspruch mit der Begründung, daß in den nicht unterkellerten Räumen auf einer isolierten Betonschicht feuchte Schlacke aufgebracht und nach oben isoliert worden sei.
Beweis: Schreiben vom ...... (Anlage 3)
Der Auftraggeber hat den Schaden noch nicht beziffert.
Die Voraussetzungen des Schadensersatzanspruchs sind gegeben.
Beweis: Sachverständigengutachten im selbständigen Beweisverfahren vor dem Amtsgericht ......, Aktenzeichen ......
Die formellen Voraussetzungen des § 635 BGB sind erfüllt.[6]
Die Klägerin hat sich mit dem Beklagten in Verbindung gesetzt, nachdem gegen sie Schadensersatzansprüche geltend gemacht wurden, um zu prüfen, ob eine Nachbesserung möglich und zumutbar sei.
Beweis: Schreiben vom ...... (Anlage 4)
Der Beklagte hat erklärt, er nehme hierzu keine Stellung, auf keinen Fall sei er verantwortlich. Es sei Sache der Klägerin gewesen, auf der isolierten Betonschicht keine feuchte Schlacke aufzubringen.
Beweis: Schreiben vom ...... (Anlage 5)

Der Beklagte war bei Einbringung der feuchten Schlacke auf den isolierten Betonboden selbst anwesend und hat diese Maßnahme offensichtlich gebilligt, zumindest ihr nicht widersprochen.

Beweis: ......

Die Klägerin verkennt nicht, daß sie als bauausführendes Unternehmen in erster Linie im Innenverhältnis verantwortlich ist. Der Beklagte als Architekt hätte jedoch aufgrund seines Fachwissens die unsachgemäße Einbringung der feuchten Schlacke verhindern müssen. Insoweit besteht bei Inanspruchnahme der Klägerin hinsichtlich des gesamten Schadens gesamtschuldnerisch ein Ausgleichsanspruch gemäß § 426 BGB. Die Verantwortlichkeit des Beklagten wird mit $1/5$ des Schadens bemessen.

Beweis: Sachverständigengutachten[7].

Rechtsanwalt

Anmerkungen

1. Zur Feststellungsklage vgl. Form. II. C. 7. Das Rechtsschutzbedürfnis für die Feststellungsklage ist aufgrund der Inanspruchnahme der Klägerin und der Weigerung des Beklagten, für den Schaden irgendeine Verantwortung zu tragen, gegeben. Die Klägerin kann aber auch zuwarten, bis die Höhe des Schadens feststeht, und dann im Wege der Leistungsklage gegen den Beklagten vorgehen.

2. Architekt und Bauunternehmer haften nach ständiger Rechtsprechung des BGH (BGH NJW 1965, 1175) gesamtschuldnerisch, sofern der Bauunternehmer eine mangelhafte Werkleistung erbringt und der Architekt seine vertraglichen Pflichten bei der Beaufsichtigung des Bauvorhabens verletzt hat. Der gesamtschuldnerische Haftungsausgleichsanspruch verjährt in 30 Jahren. Die kurzen Verjährungsfristen des § 638 BGB und des § 13 Nr. 4 VOB (B) kommen insoweit nicht zur Anwendung.

3. Der Annahme eines Gesamtschuldverhältnisses zwischen Architekt und Bauunternehmer steht nicht im Wege, wenn gegenüber dem Architekten und Bauunternehmer wechselseitig Nachbesserung, Wandelung, Minderung oder Schadensersatz verlangt werden kann. Auch wenn der Architekt auf Schadensersatz wegen Nichterfüllung in Anspruch genommen wird, während der Bauunternehmer wegen desselben Mangels zunächst nachbesserungspflichtig ist und nur unter bestimmten weiteren Voraussetzungen von ihm Schadensersatz verlangt werden kann, wird ein Gesamtschuldverhältnis zwischen Architekt und Bauunternehmer angenommen, weil die Haftungsverhältnisse sowohl zwischen Architekt und Auftraggeber wie zwischen Bauunternehmer und Auftraggeber „hart an der Grenze der inhaltlichen Gleichheit" liegen (BGH NJW 1965, 1175). Dadurch kann dem Bauunternehmer sein Nachbesserungsrecht entzogen werden, wenn der Auftraggeber seine Gewährleistungsrechte beim Architekten geltend macht.

Die Verteilung und das Maß der Verantwortlichkeit für den Schaden im Rahmen des Ausgleichsanspruchs gemäß § 426 Abs. 1 BGB sind von der Verantwortlichkeit im Einzelfall abhängig. Als grobe Orientierungshilfe mag dienen, daß Planungsfehler in den Verantwortungsbereich des Architekten, Ausführungsfehler in den des Bauunternehmers fallen. Primäre Verantwortlichkeit im Rahmen dieser Zuordnung kann dazu führen, daß den primär Verantwortlichen die alleinige Haftung trifft (vgl. im einzelnen *Werner/Pastor*, Der Bauprozeß, Rdn. 1711). Im Einzelfall kann aber auch eine quotenmäßige Haftungsverteilung, in besonderen Fällen die alleinige Haftung des sekundär Verantwortlichen in Frage kommen (vgl. im einzelnen *Wussow* NJW 1974, 9). Im vorliegenden Fall hätte der Architekt, der auf der Baustelle war, als die feuchte Schlacke aufgebracht wurde, eingreifen müssen.

4. Besondere Schwierigkeiten bringt der sog. „gestörte oder hinkende gesamtschuldnerische Ausgleich" (BGH NJW 1973, 1648). In diesem Zusammenhang fragt es sich, ob

vertragliche oder aufgrund gesetzlicher Bestimmungen eingeräumte Haftungsvorteile eines Gesamtschuldners auch dem anderen Gesamtschuldner zugute kommen können. Der BGH verneint dies. Danach besteht ein Ausgleichsanspruch des in Anspruch genommenen Gesamtschuldners nach § 426 Abs. 1 BGB auch dann, wenn andere Gesamtschuldner dem geschädigten Auftraggeber wegen eines vertraglichen oder gesetzlichen Haftungsausschlusses oder einer Haftungserleichterung nicht oder nur eingeschränkt haften (BGHZ 58, 216 = NJW 1972, 942). Diese Auffassung wird teilweise in der Literatur mit beachtlichen Gründen abgelehnt (*Esser/Schmidt*, § 39, II; § 426 Rdn. 11; *Larenz*, § 37, III; *Medicus* JZ 1967, 398; *Bindhard/Jagenburg*, Die Haftung des Architekten, § 9 Rdn. 13 ff.; MünchKomm-*Selb* § 426 Rdn. 18).

5. Vgl. hierzu BGH NJW 1965, 1175.

6. Mängelbeseitigungsverlangen, angemessene Fristsetzung mit Ablehnungsandrohung oder vor Fristbestimmung Verweigerung der Beseitigung des Mangels oder Unmöglichkeit der Beseitigung des Mangels oder Unzumutbarkeit von Mangelbeseitigungsversuchen durch den Unternehmer.

7. Die quotenmäßige Bewertung der Verantwortlichkeit verlangt eine rechtliche Subsumtion und ist Sache des Richters. Da jedoch im Beweisantrag schon das Fachwissen des Architekten angesprochen ist, wird aus prozeßpraktischen Gründen der Beweisantrag umfassender gestellt. Die Erfahrung lehrt, daß in solchen Fällen meist auch die Wertung der Verantwortlichkeit durch den Sachverständigen – ob ins Urteil eingehend oder nicht – vom Gericht entgegengenommen wird.

12. Vergleich im Prozeß zwischen Auftraggeber und einem gesamtschuldnerisch mit einem Bauunternehmer für einen Mangel haftenden Architekten[1]

An das
Landgericht

In Sachen

......

gegen

......

– Az. –

schließen die Parteien folgenden

Vergleich

I. Der Beklagte bezahlt an den Kläger zur Abgeltung sämtlicher Ansprüche aus dem Bauvertrag vom ...... DM 6000,–[2].

II. Der Kläger verzichtet auf die Geltendmachung irgendwelcher Gewährleistungsrechte gegenüber dem gesamtschuldnerisch mithaftenden Bauunternehmer ...... wegen der mit dieser Klage geltend gemachten Mängel[3].

Anmerkungen

1. Dem Formular liegt der Sachverhalt zugrunde, daß der Auftraggeber gegen den Architekten einen Schadensersatzanspruch in Höhe von DM 12 000,– eingeklagt hat. Der

13. Vergütungsklage eines Bauunternehmers bei Vereinbarung der VOB   II. C. 13

Schaden entstand durch einen Ausführungsfehler des Bauunternehmers, den der Architekt infolge einer Verletzung seiner Bauaufsichtspflicht nicht vermieden hat. Sowohl Architekt wie Bauunternehmer haften gesamtschuldnerisch. Um schnell zu seinem Geld zu kommen, vergleicht sich der Kläger mit dem Architekten und verzichtet ihm gegenüber auf die Hälfte seiner Schadensersatzforderung.

2. Der Baumangel soll wie in Form. II. C. 11 entstanden sein.

3. Schließt der Auftraggeber in einem Prozeß gegen den Architekten einen Vergleich, so sind im Zweifel die Ansprüche des Auftraggebers gegen den gesamtschuldnerisch mithaftenden Bauunternehmer durch den Vergleich nicht berührt. Es fehlt in der Regel an einem Verzichtswillen. Der Auftraggeber kann dann bei dem gesamtschuldnerisch mithaftenden Bauunternehmer seine Ansprüche hinsichtlich des Differenzbetrags zwischen geltend gemachtem Schadensersatzanspruch und Vergleichssumme geltend machen. Dem Bauunternehmer sind im Rahmen der gesamtschuldnerischen Haftung etwaige Ausgleichsansprüche gegen den Architekten nicht entzogen (BGH *Schäfer/Finnern* Z. 3.01,325; vgl. im einzelnen *Locher*, Das private Baurecht, Rdn. 288; zweifelnd bei entsprechender Auslegung des Vergleichs: OLG Köln BauR 1993, 744).

Es ist deshalb notwendig, in den Vergleich eine klarstellende Regelung aufzunehmen, ob der Auftraggeber nach Abschluß des Vergleiches mit dem gesamtschuldnerisch in Anspruch Genommenen auch gegen den anderen gesamtschuldnerisch Haftenden auf Ansprüche verzichtet. Es liegt dann ein Vertrag zugunsten Dritter vor.

13. Vergütungsklage eines Bauunternehmers bei Vereinbarung der VOB[1]

An das
Landgericht

Klage

der Firma ......   (Klägerin)

Prozeßbevollmächtigter: ......

gegen

den ......   (Beklagten)

wegen

......

Vorläufiger Streitwert: DM 100 000,–

Namens und mit Vollmacht der Klägerin erhebe ich Klage und werde beantragen,

> den Beklagten zu verurteilen, an die Klägerin DM 100 000,– nebst 4% Zinsen seit ...... zu bezahlen.

Begründung:

Die Parteien haben für die Grab-, Beton- und Maurerarbeiten für das Bauwesen ...... des Beklagten in ...... einen Bauvertrag abgeschlossen, in dem die VOB zum Vertragsbestandteil gemacht wurde[2].

Beweis: Bauvertrag vom ...... (Anlage 1)

Die Arbeiten der Klägerin wurden am ...... abgenommen.

Beweis: Abnahmeprotokoll vom ......[3]. (Anlage 2)

Der Beklagte leistete folgende Abschlagszahlungen: ......
Am ...... erteilte die Klägerin Schlußrechnung.
Beweis: Schlußrechnung vom ...... (Anlage 3)
Diese Schlußrechnung ist prüfbar. Die Rechnung ist übersichtlich aufgestellt und hat die Reihenfolge der Posten eingehalten und die Bezeichnungen verwendet, die im Leistungsverzeichnis aufgeführt sind. Änderungen und Ergänzungen des Vertrags sind in der Rechnung besonders kenntlich gemacht und getrennt abgerechnet[4]. Ab Zugang der Schlußrechnung sind zwei Monate vergangen[5]. Am ...... hat der Beklagte DM 30000,– bezahlt und auf dem Überweisungsträger vermerkt: „Schlußzahlung". Die Klägerin hat ihren Vorbehalt binnen 12 Werktagen, nämlich am ......, erklärt und den Vorbehalt innerhalb weiterer 20 Tage eingehend begründet[6].
Beweis: Schreiben vom ...... (Anlage 4),
Schreiben vom ...... (Anlage 5)
Sie hat den Restbetrag von DM 100000,– nach Ablauf der Zweimonatsfrist ab Zugang der Rechnung, nämlich am ......, angemahnt.
Beweis: Schreiben vom ...... (Anlage 6)

Rechtsanwalt

Anmerkungen

1. Die Fälligkeit der Werklohnforderung beim BGB-Werkvertrag richtet sich ausschließlich nach § 641 BGB. Die Fälligkeit tritt mit Abnahme der Werkleistung ein. Ein Recht auf Abschlagszahlungen besteht nicht, sofern diese nicht ausdrücklich vereinbart sind. Zweifelhaft ist, ob beim BGB-Bauvertrag die Fälligkeit des Werklohns auch von der Erteilung einer Rechnung abhängig ist (vgl. hierzu OLG Celle NJW 1986, 327). Dieses Problem stellt sich beim VOB-Bauvertrag nicht, weil nach § 16 Nr. 3 Abs. 1 VOB (B) die Werklohnforderung erst nach Erteilung der Schlußrechnung fällig ist. Zur Frage der Rechnung als Fälligkeitsvoraussetzung vgl. *Locher*, Das private Baurecht, Rdn. 58; *Werner/Pastor*, Der Bauprozeß, Rdn. 1187; *U. Locher*, Die Rechnung im Werkvertragsrecht, Baur. Schriften Bd. 19, 1990.

Nach § 242 BGB kann auch der Bauunternehmer an seine Schlußrechnung gebunden sein, weil er einen Vertrauenstatbestand geschaffen hat (für die Architektenhonorarschlußrechnung: BGH NJW 1978, 319; NJW 1993, 659, 661.

2. Vgl. Form. II. C. 1 Anm. 5.

3. Auch beim VOB-Vertrag ist nach hM. die Abnahme der Bauleistung Fälligkeitsvoraussetzung (vgl. BGH NJW 1981, 822; *Ingenstau/Korbion* VOB, § 16 Rdn. 16 und die dort angeführte Literatur, sowie *Werner/Pastor* aaO. Rdn. 1200, *Nicklisch/Weick* § 16 Rdn. 38, str.). Deshalb gehört zum schlüssigen Klagevortrag für eine Vergütungsklage nach VOB, daß die Bauleistung abgenommen ist.

4. Fälligkeitsvoraussetzung ist beim VOB-Vertrag, daß eine *prüfbare* Abrechnung vorliegt (§ 14 Nr. 1 VOB (B)). Zur Frage der Prüffähigkeit vgl. *Mantscheff* BauR 1972, 205. Auch die Architektenhonorarrechnung ist nach § 8 Abs. 1 HOAI prüfbar aufzustellen.

5. Gemäß § 16 Nr. 3 VOB (B) ist die Schlußzahlung alsbald nach Prüfung und Feststellung der vom Auftragnehmer vorgelegten Schlußrechnung zu leisten, spätestens innerhalb von zwei Monaten nach Zugang. Dies gilt unabhängig davon, ob die Rechnung tatsächlich geprüft oder festgestellt worden ist (*Ingenstau/Korbion* VOB § 16, 3 Rdn. 105). In Fällen, in denen aus sachlichen Gründen die Prüfung und Feststellung der Schlußrechnung nicht alsbald durchgeführt werden kann, hat der Auftraggeber die vertragliche Pflicht, das unbestrittene – also insoweit feststehende – Guthaben des Auftragnehmers sofort an diesen als Abschlagszahlung zur Auszahlung zu bringen.

6. In der Baupraxis und auch von Anwälten wird häufig die Regelung des § 16 Nr. 3 Abs. 2 VOB (B), übersehen, wonach die vorbehaltlose Annahme der Schlußzahlung Nachforderungen ausschließt, sofern nicht innerhalb 24 Werktagen nach schriftlicher Unterrichtung und Hinweis auf die Ausschlußwirkung ein Vorbehalt erklärt und nicht innerhalb von weiteren 24 Werktagen eine prüfbare Rechnung über die vorbehaltene Forderung eingereicht oder, wenn das nicht möglich ist, der Vorbehalt eingehend begründet wird. Wenn deshalb bei einem VOB-Vertrag eine als Schlußzahlung bezeichnete Zahlung geleistet ist, ist es zweckmäßig, den rechtzeitigen Vorbehalt und die rechtzeitige Begründung in der Klage vorzutragen. Allerdings ist zu beachten, daß die vorbehaltlose Annahme der Schlußzahlung nicht von selbst Nachforderungen des Auftragnehmers ausschließt, vielmehr dem Auftraggeber nur eine Einrede gibt. Der Auftraggeber muß sich also ausdrücklich auf die Ausschlußwirkung berufen (BGHZ 62, 15). Die Ausschlußwirkung tritt aber nur ein, wenn der Auftragnehmer über die Schlußzahlung schriftlich unterrichtet und auf die Ausschlußwirkung hingewiesen wurde (§ 16 Nr. 3 Abs. 2).

14. Honorarklage eines Architekten[1]

An das
Landgericht

Klage

des freien Architekten ...... (Klägerin)
Prozeßbevollmächtigter: ......
gegen
den ...... (Beklagten)
wegen
Honorars

Vorläufiger Streitwert: DM 23.000,–.

Namens und in Vollmacht des Klägers erhebe ich Klage und werde beantragen,

den Beklagten zu verurteilen, an den Kläger DM 23.000,– nebst 4% Zinsen seit ...... zu bezahlen.

Begründung:

Der Kläger ist freier Architekt. Er hat mit dem Beklagten am ...... einen Architektenvertrag[2], der AGB-Charakter hat, abgeschlossen, in dem er sich zur Erbringung der Leistungsphasen 1–8 nach dem Leistungsbild des § 15 HOAI verpflichtet hat[3].

Beweis: Architektenvertrag vom ...... (Anlage 1).

Der Kläger hat seine Leistungen vertragsgemäß erbracht, und zwar die Leistungsphasen 1–7 voll, die Leistungsphase 8 ebenfalls, mit Ausnahme der Teilleistungen „Auflistung der Gewährleistungsansprüche" und „Kostenfeststellung". Bevor er diese Teilleistungen erbringen konnte, hat der Beklagte, ohne daß ein wichtiger Grund vorgelegen hätte, den Architektenvertrag gekündigt.[4]

Beweis: Kündigungsschreiben vom ...... (Anlage 2).

Der Kläger hat hinsichtlich der nicht erbrachten Teilleistungen an seiner Schlußrechnung einen Abzug von ...... vorgenommen,[5] unter Berücksichtigung eines Abzuges für ersparte Leistungen von 40%. Dies ist im einzelnen in der Schlußrechnung ausgewiesen.

Beweis: Schlußrechnung vom ...... (Anlage 3).

II. C. 14   II. C. Werkvertragsrecht

Die Schlußrechnung ist prüffähig.

Der Kläger hat deshalb gemäß § 10 Abs. 2 Z. 1 die Leistungsphasen 1–4 nach der Kostenberechnung, die Leistungsphasen[6] 5–8 nach dem Kostenanschlag abgerechnet, weil er zum Zeitpunkt der Kündigung die Rechnungsprüfung und Kostenfeststellung nicht mehr zu erbringen und noch nicht gefertigt hatte, als die Kündigung eintraf. Er hat seine Leistungen vertragsgemäß erbracht und die Schlußrechnung dem Beklagten überreicht[7].

Gemäß § 8 Abs. 1 HOAI ist die Rechnung deshalb zur Zahlung fällig. Der Kläger hat ohne Erfolg am . . . . . . die Bezahlung der Rechnung angemahnt.

Beweis: Schreiben vom . . . . . . (Anlage 4).

Klage ist deshalb geboten.

                                                                          Rechtsanwalt

Anmerkungen

Schrifttum: Hartmann, HOAI Loseblatt-Sammlung; *Hesse/Korbion/Mautscheff/Vygen* HOAI 4. Aufl.; *Jochem*, HOAI 3. Aufl. 1982; *Locher/Koeble/Frik*, HOAI 6. Aufl.; *Löffelmann/Fleischmann*, Architektenvertrag und HOAJ 2. Aufl. 1993; *Morlock*, Die HOAI in der Praxis 1985; *Neuenfeld/Baden/Dohna/Grosscurth/Schmitz*, Handbuch des Architektenrechts Bd. 2 HOAI Loseblatt-Sammlung; *Pott/Dahlhoff*, HOAJ 6. Aufl. 1992.

1. Der Architektenvertrag ist in aller Regel ein Werkvertrag. Gemäß § 641 BGB ist die Vergütung ab Abnahme fällig. § 8 Abs. 1 HOAI knüpft die Fälligkeit an die vertragsgemäße Erfüllung der Leistung und Überreichung der Schlußrechnung an. Bis zur Entscheidung des BGH NJW 1981, 2354 war es in der Literatur streitig, ob diese Abänderung des dispositiven BGB-Rechts durch die Honorarordnung nur Gültigkeit hatte, wenn die Vertragspartner die Geltung der HOAI vereinbart hatten. Nach der Entscheidung des BGH, der dies mit der Ermächtigung zum Erlaß einer „Honorarordnung" begründet, gelten die Bestimmungen der HOAI auch, wenn diese nicht ausdrücklich zum Vertragsgegenstand gemacht wurde.

2. Im Hinblick auf die Nichtprivilegierung des Architekten im AGBG sollte jeweils schon in der Klage angegeben werden, ob der Vertrag AGB-Charakter hat. Dies ist nach BGH NJW 1981, 2351 von Bedeutung, weil ein Abweichen vom Leitbild des Architektenvertrags, zu dem auch die HOAI mit ihren Honorarermittlungsgrundlagen gehört, gegen § 9 AGBG verstoßen kann.

3. Im Hinblick auf § 8 Abs. 1 HOAI, der die volle Leistungserbringung zur Fälligkeitsvoraussetzung macht, ist es für den Architekten zweckmäßig, sich die Leistungsphase 9 nicht übertragen zu lassen oder für die Leistungsphasen 1–8 eine von der Leistungsphase 9 unabhängige Fälligkeitsregelung vertraglich zu treffen.

4. Nach § 649 BGB kann der Auftraggeber ohne wichtigen Grund kündigen. In den meisten Formularverträgen wird jedoch das beiderseitige Kündigungsrecht vom Vorliegen eines wichtigen Grundes abhängig gemacht. Dies hält nach überwiegender Meinung der AGB-Kontrolle stand.

5. Fälligkeitsvoraussetzung ist die Prüffähigkeit der Honorarschlußrechnung. Hinsichtlich der Prüffähigkeit sind die gleichen Anforderungen wie in § 16 Nr. 1 VOB (B) zu stellen. Danach muß die prüfbare Aufstellung eine rasche und sichere Beurteilung der Leistungen ermöglichen. Die einzelnen Bestimmungen der HOAI, auf die sich die Abrechnung bezieht, müssen angegeben werden, ebenso die anrechenbaren Kosten nach § 10 Abs. 2 HOAI, die Honorarzone, gegebenenfalls nach dem Bewertepunktesystem des § 11 Abs. 3 HOAI, das Leistungsbild, die Berechnung des Honorars für Besondere Leistungen und auch, wie hier, die Berechnung der Honorarentlastung bei nicht erbrachten Teilleistungen; vgl. zur Prüffähigkeit i. e.: *Locher/Koeble/Frik* = HOAI, 6. Aufl. § 8 Rdn. 7. Zur

15. Antrag im selbständigen Beweisverfahren wegen Baumängeln II. C. 15

Notwendigkeit der Honorarrechnung die Kostenermittlungen der DIN 276 zugrundezulegen: OLG Stuttgart, BauR 1985, 587; OLG Celle BauR 1985, 591; vgl. hierzu *Maurer*, FS. *Locher* S. 196.

6. Nach § 10 Abs. 2 sind die Leistungsphasen 1–4 nach der Kostenberechnung, solange diese nicht vorliegt, nach der Kostenschätzung zu berechnen, für die Leistungsphasen 5–9 die Kosten nach der Kostenfeststellung, solange diese nicht vorliegt, nach dem Kostenanschlag. Sind die entsprechenden Kostenermittlungen nach § 10 Abs. 2 HOAI vom Architekten nicht vorgenommen, so ist seine Honorarforderung nicht fällig. Hat er also die in den entsprechenden Leistungsphasen vorzunehmende Kostenermittlung nicht gemacht, so muß er sie zur Fälligstellung seiner Rechnung u. U. kostenlos nachfertigen. Er kann nicht ohne weiteres auf die subsidiäre Kostenermittlung zurückgreifen. Liegt aber die der Leistungsphase entsprechende Kostenermittlung (hier die Kostenfeststellung) noch nicht vor und war sie zum Zeitpunkt der Beendigung auch noch nicht zu erbringen, so kann auf die subsidiäre Kostenermittlung zurückgegriffen werden (vgl. i. e. *Locher/Koeble/Frik* HOAI § 10 Rdn. 8).

7. Die Fälligkeitsvoraussetzungen für die Honorarforderung müssen mit der Klage schlüssig vorgetragen werden.

15. Antrag im selbständigen Beweisverfahren wegen Baumängeln

An das
Landgericht[1]

Antrag im selbständigen Beweisverfahren

der Eheleute ...... (Antragsteller)
Prozeßbevollmächtigter:
gegen
1. Firma ...... 2. den Architekten ...... 3. den Tragwerksplaner ......[2]
(Antragsgegner)
wegen
Beweissicherung

Namens und in Vollmacht der Antragsteller werden zur Sicherung des Beweises gemäß §§ 485 ff. ZPO folgende Anträge hinsichtlich des baulichen Zustands und der Mängel am Gebäude ...... in ...... gestellt:

I. In die Kellerräume dringt von der hangwärts gegen Norden gelegenen Seite Wasser ein. Die Betondecken zwischen Erdgeschoß und 1. Stock sowie 1. Stock und 2. Stock erreichen nicht die in der Ausschreibung geforderte Betongüte B 200[3,4].
II. Welches sind die Ursachen?
III. Ist die Planung/Aufsicht des Architekten und/oder die Planung des Tragwerkplaners oder die Ausführung der Fa. ...... ursächlich.
IV. Wie hoch ist der Aufwand für die Beseitigung?

Es wird beantragt, die Beweiserhebung durch schriftliches Sachverständigengutachten vorzunehmen.

Als Sachverständiger soll bestellt werden
......[5].

Es wird beantragt, den Beschluß ohne mündliche Verhandlung zu erlassen.

Begründung:

Die Antragsteller sind Eigentümer des Grundstücks ...... in ...... Sie haben mit der Antragsgegnerin Ziff. 1 einen VOB-Vertrag über die Grab-, Beton- und Maurerarbeiten am ...... abgeschlossen.

Beweis: VOB-Vertrag vom ...... (Anlage 1)

Als Architekt war der Antragsgegner Ziff. 2 gemäß Architektenvertrag vom ...... tätig.

Beweis: Architektenvertrag vom ...... (Anlage 2)

Am ...... wurde mit dem Antragsgegner Ziff. 3 ein Vertrag über die Tragwerksleistungen abgeschlossen.

Beweis: Vertrag vom ...... (Anlage 3)

Am ...... sind die Antragsteller in das Gebäude eingezogen und haben sich bei der Abnahme gegenüber dem Antragsgegner Ziff. 2 Gewährleistungsansprüche hinsichtlich der Feuchtigkeitsschäden im Keller vorbehalten. Diese Schäden traten damals in geringem Ausmaße auf. Bei eintretender Trockenheit waren solche Schäden jedoch nicht mehr feststellbar. Seit ...... ist jedoch auf der Hangseite ein erheblicher Feuchtigkeitseinbruch festzustellen, der eine 6 cm hohe Wasserschicht im Keller zurückläßt.

Zur Glaubhaftmachung beziehe ich mich auf beiliegende eidesstattliche Versicherung der Antragsteller nebst am ...... von den Antragstellern aufgenommenen Fotos (Anlagen 4–5).

Des weiteren haben die Antragsteller nunmehr festgestellt, daß die geforderte Betongüte nicht eingehalten ist. Der Zustand des Betons der Decken zwischen Erdgeschoß und 1. Stock sowie 1. Stock und 2. Stock ist so, daß eine wesentlich geringere Betongüte als im Leistungsverzeichnis verlangt, vorliegt. Dies wurde bei einer Besichtigung durch den als Privatgutachter für die Feuchtigkeitsschäden zugezogenen freien Architekten ...... festgestellt.

Beweis: Eidesstattliche Versicherung des ......
über seine Feststellungen (Anlage 6).

Die Anträge I. bis IV. sind gemäß § 485 Abs. 2 Z 1–3 ZPO gerechtfertigt. Die Antragsteller können die Durchfeuchtung des Kellers nicht hinnehmen. Es ist erforderlich, daß umgehend Abhilfe geschaffen wird. Die Antragsteller sind sich nicht darüber im klaren, ob für das Eindringen der Feuchtigkeit das ausführende Unternehmen (Antragsgegner Ziff. 1), der Architekt (Antragsgegner Ziff. 2) oder der Statiker (Antragsgegner Ziff. 3) oder mehrere der Antragsgegner verantwortlich sind.

Sie müßten durch einen Rechtsstreit die Verantwortlichkeit der Antragsgegner klären lassen, der durch das selbständige Beweisverfahren wahrscheinlich vermieden wird. Deckungszusage der Rechtschutzversicherung liegt bereits vor.[6]

Ein Rechtsstreit ist noch nicht anhängig.[7]

Der Streitwert in der Hauptsache (Beseitigungskosten) wird mit 20.000,– angegeben.

Rechtsanwalt

Schrifttum: Altenmüller NJW 1976, 92; *Hesse* ZfBR 1983, 247; *Ingenstau/Korbion* VOB § 18, 4 (B) Rdn. 81 ff.; *Koeble,* Gewährleistung und Beweissicherung bei Bausachen, 1988; *Kroppen/Heyers/Schmitz,* Beweissicherung im Bauwesen, 1982; *Locher* BauR 1979, 2; *ders.,* Das private Baurecht Rdn. 506 ff.; *Motzke* BauR 1983, 500; *Müller* NJW 1982, 1961; *Postel* BauR 1980, 33; *Quack,* Neuerungen für den Bauprozeß, vor allem beim Beweissicherungsverfahren BauR 1992, 278; *Schilken* ZZP 92, 238; *Schmitz* BauR 1981, 40; *Werner/Pastor,* Der Bauprozeß Rdn. 1 ff.; *Wussow* NJW 1969, 401; *ders.,* Das gerichtliche Beweissicherungsverfahren in Bausachen, 1979.

15. Antrag im selbständigen Beweisverfahren wegen Baumängeln   II. C. 15

Anmerkungen

1. Die Zuständigkeit richtet sich nach § 486 ZPO. Bei Anhängigkeit (nicht Rechtshängigkeit) ist das Gericht zuständig, vor dem der Prozeß schwebt, vor Anhängigkeit das Gericht, das zur Entscheidung in der Hauptsache berufen wäre. Es besteht für den Antrag im selbständigen Beweisverfahren kein Anwaltszwang (§ 486 Abs. 4 ZPO).

2. Der Antrag muß den Gegner bezeichnen. Es ist zweckmäßig, alle denkbaren Schadensverursacher als Antragsgegner zu benennen. Ohne Bezeichnung des Gegners wäre ein Antrag nach § 494 ZPO nur zulässig, wenn die Antragsteller glaubhaft machten, daß sie ohne Verschulden außerstande sind, den Gegner zu bezeichnen. Ein Beweissicherungsantrag gegen „unbekannt" unterbricht aber nicht die Verjährung (BGH NJW 1980, 1458).

3. Der Antrag muß die Bezeichnung der Tatsachen enthalten, über die die Beweiserhebung erfolgen soll. Dabei sollen die Tatsachen so genau wie möglich bezeichnet werden. Hierzu gehören neben der Lage des Bauwerks die Baumängel in ihrem äußeren Erscheinungsbild und die Bezeichnung des Bauwerksteils, an dem die Mängel festgestellt werden sollen.

4. Durch das RechtspflegevereinfachungsG v. 17. 12. 1990 (BGBl. I, 2847), wurde das Beweissicherungsverfahren neu geregelt. Nach § 485 Abs. 2 Z. 3 kann auch die Bezifferung des Aufwands für die Beseitigung eines Schadens im selbständigen Beweisverfahren verlangt werden: Voraussetzung für die Beweissicherung ist ein rechtliches Interesse, das anzunehmen ist, wenn die Feststellung der Vermeidung eines Rechtsstreits dienen kann (was fast immer der Fall sein wird).

5. Nach hM. hatte das Gericht im selbständigen Beweisverfahren bis zur Novellierung v. 17. 12. 90 kein Auswahlrecht. Den von den Antragstellern zu benennenden Sachverständigen hatte es zu bestellen (aA. *Locher* BauR 1979, 27 und *Thomas/Putzo* § 487 ZPO; *Schilken* ZZP 92, 252; OLG Karlsruhe NJW 1958, 188; OLG Köln OLGZ 1972, 475). Streitig war, ob das Gericht zusätzlich zu dem vom Antragsteller benannten Sachverständigen einen weiteren hinzuziehen konnte (so *Stein/Jonas/Schumann/Leipold* § 487, II, 3; *Thomas/Putzo* § 487; aA. *Wussow* NJW 1969, 1501; *Wieczorek* ZPO, 2. Aufl. 1975, § 487 B III). Nunmehr ist durch Änderung des § 487 ZPO sichergestellt, daß das Gericht nicht den benannten Sachverständigen bestellen **muß**.
Es ist streitig, ob der Antragsgegner nach hM. im selbständigen Beweisverfahren das Recht hat, den Sachverständigen abzulehnen (vgl. *Wussow* NJW 1969, 1404; *Werner/Pastor* Rdn. 54; OLG Frankfurt *Schäfer/Finnern* Z. 2.32, 19; LG Berlin NJW 1971, 251; OLG Düsseldorf NJW-RR 1986, 63; vgl. zum Meinungsstand: *Kroppen/Heyers/Schmitz* Rdn. 773; *Hesse* ZfBR 1983, 247; *Motzke* BauR 1983, 500). Im Hinblick auf die unklare Rechtslage, insbesondere das Urteil des OLG München (BauR 1985, 723), das die Ablehnung des Sachverständigen im nachfolgenden Hauptprozeß für unzulässig hält, wenn die Ablehnung schon im selbständigen Beweisverfahren hätte erfolgen können, ist jedoch dazu zu raten, den Ablehnungsantrag sofort nach der Kenntnis der ihn rechtfertigenden Tatsachen im selbständigen Beweisverfahren anzubringen (vgl. i.e. *Locher*, Taktik im Bauprozeß 2. Aufl. S. 65 ff.). Nach § 406 Abs. 2 der Novelle v. 1990 zur ZPO hat die Ablehnung nunmehr spätestens 2 Wochen nach Verkündung oder Zustellung des Beschlusses über die Ernennung zu erfolgen.

6. Eine Glaubhaftmachung der Tatsachen, die die Zulässigkeit des Beweissicherungsverfahrens begründen, umfaßt auch das rechtliche Interesse (Prozeßvermeidung). Im vorliegenden Fall ist der Antrag auch auf § 485 Abs. 2 ZPO gestützt. Vgl. zum „rechtlichen Interesse": *Quack*, BauR 1991, 278.

7. Die im selbständigen Beweisverfahren aufgenommenen Beweise können im späteren Rechtsstreit von beiden Parteien benutzt werden. Sie sind genauso zu behandeln, wie wenn sie erst im Rechtsstreit selbst erhoben wären. Dem Antragsteller bleibt es im Hauptprozeß vorbehalten, Einwendungen gegen die Art und Weise, insbesondere die Ordnungsmäßigkeit der Beweisaufnahme und die Zulässigkeit der Beweismittel, zu erheben. Die Benutzung im Hauptprozeß schränkt § 493 Abs. 2 ZPO ein. Die Beweisverhandlungen im Beweissicherungsverfahren haben für das Prozeßgericht keine Bindungswirkung im Hinblick auf einzuholende weitere Beweiserhebungen.

Kosten und Gebühren

Die Kosten des selbständigen Beweisverfahrens gehören zu den Kosten der Hauptsache und werden von der dortigen Kostenregelung umfaßt. Wer die Kosten zu tragen hat, bestimmt sich nach der im Bauprozeß ergehenden Kostenentscheidung. Die Kosten des selbständigen Beweisverfahrens, sofern es im Anschluß an das selbständige Beweisverfahren zum Hauptprozeß kommt, können grundsätzlich nicht gesondert als selbständiger Schadensposten eingeklagt werden. Durch selbständige Klage können sie, falls es nicht zum Hauptprozeß kommt, nur geltend gemacht werden, wenn die Voraussetzungen eines materiellen Schadensersatzanspruches gegeben sind. War der Antrag unzulässig, so sind die Kosten nicht erstattungsfähig (BGH NJW 1983, 284). Zu den Kosten bei späterem Vergleich vgl. OLG Frankfurt BauR 1982, 94.

Nach dem neu eingefügten § 494a ZPO kann bei Nichtanhängigkeit des Rechtsstreits der Antragsgegner beantragen, daß der Antragsteller innerhalb einer bestimmten Frist Klage zu erheben hat. Kommt der Antragsteller dieser Anordnung nicht nach, so sind ihm die Kosten des selbständigen Beweisverfahrens aufzuerlegen.

Der Streitwert richtet sich nach herrschender Ansicht idR. nach dem Gegenstandswert (*Werner/Pastor* Rdn. 131 nach aA. nach dem Interesse des Antragstellers an der Beweissicherung (*Ingenstau/Korbion* Rdn. 102; vgl. hierzu *Heintzmann* NJW 1970, 2097 und *Schneider* MDR 1981, 353).

Ist die Hauptsache noch nicht anhängig, so erhält der Rechtsanwalt gem. § 48 BRAGO eine volle Gebühr nach § 31 BRAGO und mit Erlaß des Beschlusses eine volle Beweisgebühr. Schließt sich eine mündliche Erörterung an, so erhält er noch eine Erörterungsgebühr.

Ist die Hauptsache bei Einleitung des selbständigen Beweisverfahrens schon anhängig, gehört gem. § 37 Nr. 3 BRAGO die Sicherung des Beweises zum Rechtszug. (Vgl. zu einzelnen Fallkonstellationen *Werner/Pastor* Rdn. 130.)

16. Antrag auf Erlaß einer einstweiligen Verfügung in Bausachen[1, 2]

An das
Amtsgericht/Landgericht[3]
......

Antrag auf Erlaß einer einstweiligen Verfügung der Firma ......
vertreten durch ......   – Antragstellerin –
Prozeßbevollmächtigter: RA ......

gegen

Firma ......
vertreten durch ......   – Antragsgegnerin –

16. Antrag auf Erlaß einer einstweiligen Verfügung in Bausachen   II. C. 16

wegen

Erlaß einer einstweiligen Verfügung
Streitwert: ...... DM

Namens und im Auftrag der Antragstellerin beantrage ich, wegen der Dringlichkeit des Falles ohne vorherige mündliche Verhandlung, den Erlaß der folgenden einstweiligen Verfügung:

1. Der Antragsgegnerin wird es bei Vermeidung eines für jeden Fall der Zuwiderhandlung fälligen Ordnungsgeldes bis zu DM 500 000,– ersatzweise Ordnungshaft bis zu 6 Monaten oder Ordnungshaft bis zu 6 Monaten untersagt, die Dichtung in den Naßzellen des Jugendwohnheims in ...... zu entfernen oder zu verändern, bis nach dem Antrag im selbständigen Beweisverfahren[4] der Antragstellerin die vom Sachverständigen an Ort und Stelle zu treffenden tatsächlichen Feststellungen erfolgt sind.

Begründung:

Die Antragsgegnerin wurde von der Antragstellerin laut Vertrag vom ...... mit den Sanitär- einschließlich den Dichtungsarbeiten im Jugendwohnheim ...... betraut. Die Arbeiten sind ausgeführt. Das Jugendwohnheim ist bezogen.

Am ...... rügte die Antragstellerin, daß die Dichtung in den Naßzellen nicht einwandfrei vorgenommen wurde, so daß Feuchtigkeitserscheinungen mit Korrosionsfolgen eintraten. Zur Glaubhaftmachung beziehe ich mich auf die Feststellungen des Privatgutachters ......
– Anlage 1 –

und das Rügeschreiben vom ......
– Anlage 2 –

Die Antragsgegnerin hat grundsätzlich ihre Verantwortlichkeit für den Schaden geleugnet. Zur Glaubhaftmachung beziehe ich mich auf das Schreiben vom ......
– Anlage 5 –

Die Antragsgegnerin schickte trotzdem ihren Polier ...... mit 2 Arbeitern an die Baustelle, die begannen, den Plattenbelag aufzureißen, um Sanierungsarbeiten durchzuführen. Zur Glaubhaftmachung beziehe ich mich auf die eidesstattliche Versicherung der ......
– Anlage 3 –

5 Tage zuvor, am ......, hat die Antragstellerin einen selbständigen Beweisantrag beim AG ...... eingereicht, der noch nicht beschieden ist. Mit Schreiben vom ...... hat die Antragstellerin nach Ablauf der von ihr gesetzten Frist für die Nachbesserung die Ausführung durch die Antragsgegnerin abgelehnt und angekündigt, daß sie einen anderen Unternehmer mit der Sanierung beauftrage.

Zur Glaubhaftmachung beziehe ich mich auf das Schreiben der Antragstellerin vom ......
– Anlage 4 –

Für die Antragstellerin ist bis zur Feststellung durch den im selbständigen Beweisverfahren zu bestellenden Sachverständigen die Klärung der Verantwortlichkeit erschwert, wenn die Antragsgegnerin die Platten herausreißt, bis die nach Antrag im selbständigen Beweisverfahren Antragstellerin im Schriftsatz vom ...... an Ort und Stelle zu treffenden tatsächlichen Feststellungen erfolgt sind.

Rechtsanwalt

Anmerkungen

1. Vgl. zunächst Form. I. R. 1–12
2. Die einstweilige Verfügung hat auch in Bausachen Bedeutung. Dies insbesondere im Hinblick auf die einstweilige Verfügung zur Sicherung eines Anspruchs auf Eintragung einer Bauhandwerkersicherungshypothek gem. § 649 BGB, aber auch bei Verletzung von

Mitwirkungspflichten des Auftraggebers im Rahmen eines Beweissicherungsverfahrens, Herausgabe von Bauunterlagen und Ansprüchen Dritter gegen Baubeteiligte (vgl. hierzu *Werner/Pastor* Rdn. 307 ff.).

3. Für den Erlaß der einstweiligen Verfügung ist nach § 937 ZPO regelmäßig das Gericht der Hauptsache zuständig. Ist die Hauptsache noch nicht anhängig, so ist das Gericht zuständig, das in der Hauptsache endgültig zu entscheiden hat.

4. Nur in seltenen Fällen kann im Wege der einstweiligen Verfügung ein Baustop verfügt werden. Dies verstieße gegen den Grundsatz der Verhältnismäßigkeit (OLG Hamburg MDR 1960, 849). Im vorliegenden Falle liegt kein Baustop im eigentlichen Sinne vor. Im übrigen erscheint es verhältnismäßig, wenn eine Einstellung der Tätigkeit des Auftragnehmers bis zur Augenscheinseinnahme im selbständigen Beweisverfahren beantragt wird.

17. Klage auf Vertragsstrafe[1] für nicht rechtzeitig erbrachte Bauleistungen

An das
Landgericht
......

Klage

des ......   – Klägers –
Prozeßbevollmächtigter: ......

gegen

Firma ......   – Beklagte –

wegen

Vertragsstrafe.
Vorläufiger Streitwert: DM 20 000,–.

Namens und in Vollmacht des Klägers erhebe ich Klage und werde beantragen:
     Die Beklagte wird verurteilt, an den Kläger eine Vertragsstrafe von DM 20 000,– nebst 4 % Zinsen hieraus seit ...... zu bezahlen.

Begründung:

Die Parteien haben am ...... einen VOB-Vertrag über die Durchführung von Grab-, Beton- und Maurerarbeiten für das Wohnhaus des Klägers in ...... abgeschlossen und dabei eine Vertragsstrafe vereinbart. Als Beginn der Bauleistungen war ...... vereinbart.

Beweis: Vertrag vom ......   – Anlage 1 –

Zu diesem festgelegten Zeitpunkt hat die Beklagte auch mit den Bauarbeiten begonnen. Es war unter Ziff. ...... des Vertrags vereinbart, daß die Beklagte ihre Arbeiten am 1. 3. 1984 fertigzustellen hatte[2]. Für jeden Tag des Verzugs[3] wurde eine Vertragsstrafe von DM 200,– vereinbart (Ziff. ......). In Ziff. ...... des Vertrags wurde eine Begrenzung der Vertragsstrafe der Höhe nach auf DM 25 000,– vereinbart. Die Bausumme für die Grab-, Beton- und Maurerarbeiten betrug DM 250 000,–[4].

Die Beklagte stellte ihre Arbeiten erst am ...... fertig.

Beweis: Architekt ......
     Herr ......

Die Überschreitung beträgt 100 Tage[5]. Irgendwelche Behinderungen durch andere Unternehmer oder bauseits lagen nicht vor[6].

17. Klage auf Vertragsstrafe für nicht rechtzeitig erbrachte Bauleistungen   II. C. 17

Die förmliche Abnahme erfolgte am ......
Beweis: Abnahmeprotokoll   – Anlage 2 –
Laut Abnahmeprotokoll ist die Vertragsstrafe vorbehalten[7].
Die Vertragsstrafe wurde angemahnt am ......
Beweis: Schreiben vom ......   – Anlage 3 –

Rechtsanwalt

Anmerkungen

1. Die Vertragsstrafe wegen nicht ordnungsgemäß erbrachter Bauleistungen hat im Baurecht eine erhebliche Bedeutung (vgl. *Kleine/Möller*, Die Vertragsstrafe im Bauvertrag, BB 1976, 442 und *Knacke*, Die Vertragsstrafe im Baurecht Baurechtl. Schriften Bd. 14, 1988). Auch in AGB-Bauverträgen sind Vertragsstrafeversprechen grundsätzlich zulässig (BGH BauR 1976, 279). § 11 Nr. 6 AGBG trifft auf den vorliegenden Fall der verspäteten Leistungserbringung nicht zu. Die Vertragsstrafeversprechen sind, soweit der Vertrag AGB-Charakter hat, jedoch an § 9 AGBG zu messen.
Da es sich um einen VOB-Vertrag handelt, ist § 11 VOB (B) zu berücksichtigen.

2. Nach § 11 Nr. 2 VOB (B) ist die Vertragsstrafe fällig, wenn der Auftragnehmer in Verzug gerät. Da hier der Fertigstellungstag nach dem Kalender bestimmt ist, sind die Verzugsvoraussetzungen gemäß § 284 Abs. 2 ohne Mahnung erfüllt.

3. In AGB unzulässig ist die Vereinbarung von Vertragsstrafen bei von Auftragnehmer nicht zu vertretender Verzögerung („Tag der Überschreitung"). (*Korbion/Locher* AGB-Gesetz und Bauerrichtungsverträge 1987, Rdn. 97; *Werner/Pastor* Rdn. 1759).

4. Ist die Vertragsstrafe in einem AGB-Vertrag unangemessen hoch, so ist das Vertragsstrafeversprechen unwirksam (BGH BauR 1981, 374). Es empfiehlt sich deshalb, eine *Begrenzung* der Vertragsstrafe in einer vernünftigen Relation zur Bausumme in den Vertrag aufzunehmen. Der BGH hat die Unangemessenheit angenommen, wenn der Auftragnehmer bereits bei verhältnismäßig kurzer Vertragsdauer „nicht nur seinen gesamten Werklohn verliert, sondern darüber hinaus auch noch möglicherweise Zahlungen an den Auftraggeber zu leisten hat" (vgl. BGH BauR 1988, 86). Dagegen hat er bei einer Begrenzung auf 10% der Auftragssumme die Vertragsstrafenklausel als wirksam angesehen. Vgl. hierzu auch *Korbion/Locher* BGB Gesetz und Bauerrichtungsverträge, Rdn. 95.

5. Zur Fristberechnung ohne Sonn- und Feiertage vgl. *Ingenstau/Korbion* VOB (B) § 11 Rdn. 29 ff.; *Werner/Pastor* Rdn. 1786.

6. Sind Umstände, die zu einer Verzögerung des Zeitplanes führen, nicht vom Auftragnehmer zu vertreten, so verlängert sich die Frist für die Berechnung der Vertragsstrafe entsprechend. Wird der gesamte Zeitplan durch Umstände völlig umgeworfen, die vom Auftragnehmer zu vertreten sind, so entfällt der Vertragsstrafenanspruch ganz (vgl. hierzu BGH NJW 1966, 971). Es ist deshalb zweckmäßig, in die Klage aufzunehmen, daß derartige Umstände nicht eingetreten sind.

7. Gemäß § 11 Nr. 3 VOB (B), aber auch nach § 341 Abs. 3 BGB ist die Vertragsstrafe verwirkt, wenn sie nicht bei Abnahme der Leistung vorbehalten wird. Wird über Abnahmeverhandlungen eine Niederschrift gefertigt, so reicht es aus, daß hierin der Vorbehalt der Vertragsstrafe aufgenommen wird (BGH BauR 1974, 206; vgl. LG Tübingen NJW 1973, 1975, wonach eine vorbehaltene Vertragsstrafe nur dann wirksam sein soll, wenn sie in das Abnahmeprotokoll aufgenommen wurde). Die Verpflichtung zum Vorbehalt einer Vertragsstrafe ist durch Individualvereinbarung abdingbar, nicht jedoch in AGB (vgl. i.e. *Werner/Pastor* Rdn. 1777; aber auch *Knacke* aaO. S. 63). Bei entsprechender Vereinbarung in AGB kann der Vorbehalt der Vertragsstrafe jedoch bis zur Schlußzahlung hinausgeschoben werden (BGH NJW 1979, 212).

D. Unerlaubte Handlung, Gefährdungshaftung, Verkehrsunfälle

1. Klage auf Schadensersatz kombiniert mit Feststellungsantrag

An das
Amtsgericht[1,2]

Klage

des ...... (Klägers)
Prozeßbevollmächtigter: ......
gegen
1. den ...... (Beklagten Ziff. 1)
2. den ...... (Beklagten Ziff. 2)
wegen

Schadensersatz.

Vorläufiger Streitwert[2]:

Klageantrag Ziff. I DM 3200,–
Klageantrag Ziff. II <u>DM 4000,–</u>
DM 7200,–

Namens und in Vollmacht des Klägers erhebe ich Klage und werde beantragen:

    I. Die Beklagten werden als Gesamtschuldner verurteilt, an den Kläger DM 3200,– nebst 8% Zinsen[3] hieraus seit 1. 5. ...... zu bezahlen[4].

   II. Es wird festgestellt[11], daß die Beklagten als Gesamtschuldner verpflichtet sind, dem Kläger sämtliche materiellen Schäden[5], die aus dem Vorfall vom 22. 2. ...... auf der X-Straße in Y. künftig entstehen, zu ersetzen, soweit sie nicht auf Sozialversicherungsträger[6] oder andere Dritte[7] übergehen.

Begründung:

Der Kläger macht gegen die Beklagten mit der vorliegenden Klage materielle Schadensersatzansprüche wegen einer tätlichen Auseinandersetzung geltend.

1.[8] Am 22. 2. ...... gegen 22 Uhr griffen die Beklagten den Kläger auf der X-Straße in Y. an und schlugen auf ihn ein. Einer der Beklagten hielt den Kläger fest, der andere versetzte ihm Faustschläge ins Gesicht und in den Magen. Der Kläger wurde bewußtlos und fiel zu Boden. Er erlitt bei der Auseinandersetzung schwere Verletzungen, ua. einen Jochbeinbruch, einen Bruch des linken Unterarmes sowie eine Gehirnerschütterung, zahlreiche Prellungen und Schürfungen.

    Beweis: Beiziehung und Verwertung der Akten des Amtsgerichts Y. in der Strafsache gegen B und C. (Aktenzeichen 7 Ds 502/......); Zeugnis der Frau Z., X-Straße 92, Y; ärztliches Attest des Dr. med. G. vom 23. 2. ...... in Anlage; Sachverständiges Zeugnis des Dr. med. G, X-Straße 52, Y., der hiermit von der ärztlichen Schweigepflicht befreit wird.

1. Klage auf Schadensersatz kombiniert mit Feststellungsantrag II. D. 1

Der Kläger kann nicht sagen, durch welchen Tatbeitrag der Beklagten er im einzelnen welche Verletzungen erlitt. Die Beklagten haften dem Kläger jedoch nach §§ 830 Abs. 1, 840 Abs. 1 BGB gemäß §§ 823 Abs. 1, 823 Abs. 2 BGB i. V. m. § 223a StGB als Gesamtschuldner für den entstandenen Schaden.

2.[9] Der Kläger erlitt folgenden materiellen Schaden:

a) Infolge der schweren Verletzungen ist der Kläger bereits 10 Wochen krank. In den ersten 6 Wochen erhielt er von seinem Arbeitgeber Lohnfortzahlung. Für die bisher verstrichenen 4 Wochen danach macht der Kläger den Differenzbetrag zwischen seinem regelmäßigen Einkommen und dem von der AOK bezogenen Krankengeld geltend[10]. Das ansatzfähige Einkommen des Klägers beträgt in 4 Wochen DM 5000,–, das ausbezahlte Krankengeld DM 4000,–.

Beweis: Bescheinigung des Arbeitgebers N. vom ...... in Anlage;
Auszahlungsbeleg der AOK Y. in der Anlage.

b) Bei der Auseinandersetzung wurde der Ledermantel des Klägers zerrissen. Er weist jetzt an der linken Vorderseite einen Riß von 20 cm auf, und zwar nicht an den Nähten. Der Mantel kann nicht mehr genäht werden. Der Kläger hatte den Mantel genau 6 Monate vor dem Vorfall zum Neupreis von DM 3000,– erworben. Zur Zeit des Vorfalls hatte der Mantel noch einen Zeitwert von mindestens DM 2200,–.

Beweis: Rechnung der Firma F. vom 22. 8. ...... in der Anlage;
Sachverständigengutachten.

Der Zinsanspruch ergibt sich aus § 286 BGB. Mit Schreiben vom 30. 4. ...... haben die Beklagten die Erfüllung der Schadensersatzansprüche des Klägers endgültig abgelehnt. Der Kläger mußte zum Erwerb eines neuen Mantels und wegen des Lohnausfalls Kredit in Höhe von DM 3200,– aufnehmen, den er bei Zahlung zurückgeführt hätte und für den er 8% Zinsen bezahlt[3].

Beweis: Bescheinigung der M.-Bank in Anlage.

Nach der Bescheinigung des Dr. X. ist der Kläger noch mindestens 5 Monate arbeitsunfähig krank.

Beweis: Arbeitsunfähigkeitsbescheinigung des Dr. X. in Anlage im Original.

Das erforderliche Feststellungsinteresse ist damit gegeben[11].

Anmerkungen

1. Neben dem allgemeinen Gerichtsstand (§§ 12–19 ZPO) ist der Gerichtsstand der unerlaubten Handlung gegeben (§ 32 ZPO).

2. Die sachliche Zuständigkeit bemißt sich nach dem Streitwert. Dieser errechnet sich aus der Summe des in Antrag Ziffer I bezifferten DM-Betrages und des für den Feststellungsantrag nach § 3 ZPO zu schätzenden Betrags. Für den Feststellungsantrag ist maßgebend der zu erwartende Schaden. Von dem geschätzten Betrag ist ein Abzug in aller Regel von 20%, gegebenenfalls auch mehr, vorzunehmen (vgl. BGH NJW 1965, 2298; OLG Köln MDR 1971, 226; *Baumbach/Lauterbach/Albers/Hartmann* Anh. § 3 Rdn. 53; *Thomas/Putzo* § 3 Rdn. 65).

3. Ein Anspruch auf Zinsen besteht entweder ab Verzug oder ab Rechtshängigkeit (§ 291 S. 1 BGB). Ein etwaiger Verzug ist durch Behauptung einer Mahnung oder der endgültigen Erfüllungsverweigerung darzulegen und ggfs. unter Beweis zu stellen. Die Höhe des Zinssatzes beträgt 4% (§§ 288, 291 S. 2 BGB). Ein höherer Zinssatz kann nur bei substantiierter Darlegung eines Schadens (§ 286 BGB) beansprucht werden. Im seltenen Fall des § 849 BGB können Zinsen auch ohne Verzug verlangt werden.

4. Der Anspruch kann auf Schadensersatz in Geld gerichtet sein wie hier, aber auch auf Freistellung von einer Verbindlichkeit. Bedeutung kann der Freistellungsanspruch haben, wenn der Schaden noch nicht eingetreten ist. Sobald der Schaden eingetreten ist, kann und muß im Termin zur mündlichen Verhandlung auf das Interesse übergegangen werden (§ 264 Nr. 3 ZPO). Der Freistellungsanspruch ist nach hM. (OLG Düsseldorf MDR 1982, 942; aA. *Rimmelsbacher* JR 1976, 89 f. und 183 f.) nur bestimmt und damit zulässig, wenn die Geldschuld nach Grund und Höhe eindeutig bezeichnet ist: „Der Beklagte wird verurteilt, den Kläger gegenüber der X-Bank von der Verbindlichkeit aus dem Scheck Nr. ... ausgestellt auf das Konto Nr. ... in Höhe von DM ... zuzüglich Bankspesen, Unkosten und ...% Zinsen seit Belastung freizustellen". Der Freistellungsanspruch setzt Fälligkeit der Schuld voraus (BGH v. 7. 11. 1985 – III ZR 142/84, vgl. NJW 1986, Heft 13, S. VI). Die Vollstreckung des Befreiungsanspruchs erfolgt nach § 887 ZPO (hM.; RGZ 150, 80; *Baumbach/Lauterbach/Albers/Hartmann* § 887 Rdn. 26 mwN.).

5. Stellt der Kläger einen Antrag auf Ersatz „jeden weiteren Schadens", so ist damit auch der immaterielle Schaden erfaßt (vgl. BGH NJW 1985, 2022). Vgl. zum Ersatz der immateriellen Schäden (Schmerzensgeld) Form. II. D. 8.

6. Infolge gesetzlichen Forderungsübergangs fehlt es insoweit an der Aktivlegitimation des Klägers. Der gesetzliche Forderungsübergang auf den Sozialversicherungsträger ergibt sich zB aus § 1542 RVO für Schadensfälle bis 30. 6. 1983 und § 116 SGB X für Schadensfälle ab 1. 7. 1983 oder auch aus § 77 Abs. 2 AVG in der Angestelltenversicherung (vgl. zum Übergang i. e. *Geigel*, Der Haftpflichtprozeß, Kap. 30 Rdn. 1 ff.; *Wussow/Küppersbusch*, Ersatzansprüche bei Personenschaden, Rdn. 453 ff.).

7. Als sonstige Dritte, die ebenso kraft Gesetzes die Forderungen erwerben, kommen der Arbeitgeber (§ 4 LohnfzG), die Schadens- und Krankenversicherer (§ 67 VVG) und der Staat (§ 87 a BBG, § 52 BRRG) in Frage.

8. Hier folgt der Vortrag zum Anspruchsgrund, gegliedert in tatsächliche Behauptungen und rechtliche Ausführungen.

9. Hier folgt der Vortrag zur Höhe des Anspruchs, gegebenenfalls mit rechtlicher Begründung der einzelnen Schadensposition.

10. Zur Berechnung des Erwerbsschadens sowie zur Frage, ob nach Bruttolohnmethode oder (modifizierter) Nettolohnmethode vorzugehen ist vgl. *Geigel*, Der Haftpflichtprozeß, Kap. 4 Rdn. 113 ff.; *Palandt/Heinrichs* § 252 Rdn. 8 ff.; *Scheffen*, Erwerbsausfallschaden bei verletzten und getöteten Personen, VersR 1990, 926; *Wussow/Küppersbusch*, Ersatzansprüche bei Personenschaden, Rdn. 27 ff.

11. Vgl. zum Feststellungsinteresse Form. II. D. 13 Anm. 8. Zur Unterbrechung der Verjährung beim Feststellungsantrag vgl. BGH NJW 1988, 965.

2. Klage wegen Verkehrssicherungspflichtverletzung[1]

An das
Landgericht[2]

Klage

des ...... (Klägers)
Prozeßbevollmächtigter: ......
gegen
die Gemeinde ......,
vertreten durch den Bürgermeister (Beklagten)
wegen

Schadensersatz

Vorläufiger Streitwert[2]: ......

Namens und in Vollmacht des Klägers erhebe ich Klage und werde beantragen:
1. Die Beklagte wird verurteilt, an den Kläger ein angemessenes Schmerzensgeld[3] nebst ......% Zinsen hieraus seit ...... zu bezahlen.
2. ......[4].

Begründung:[5]

Der Kläger macht mit der Klage Schadensersatzansprüche wegen eines Verkehrsunfalls vom ...... gegen 23.00 Uhr auf der ......straße in ...... geltend. Die Beklagte ist nach § ...... des Straßengesetzes des Landes ...... verpflichtet, alle Straßen innerhalb der geschlossenen Ortslage einschließlich der Ortsdruchfahrten ordnungsgemäß zu reinigen und bei Eisglätte zu bestreuen, soweit es sich um verkehrswichtige Straßen handelt.

1. Die ......-Straße ist eine verkehrswichtige Straße und die Kurve, in der der Unfall passierte, ist ein gefährlicher Straßenabschnitt[6]. Es handelt sich bei der ......-Straße um die Ortsdurchfahrt aus Richtung ...... in Richtung ...... Am Ortsausgang ca. 100 m vor dem Ortsschild, verläuft die ......-Straße in einer Rechtskurve. Neben der Straße in einer Wiese befindet sich rechtsseitig in ca. 10 m Entfernung ein Sumpf, von dem abends regelmäßig Feuchtigkeit aufsteigt, die sich dann auf der Straße niederschlägt. Während die Straßen sonst überall trocken waren, trat am fraglichen Abend Feuchtigkeit auf, die angesichts der Temperatur von min. 5° C gefror.

Beweis: Sachverständigengutachten;
Zeugnis des POM ......

Der Kläger befuhr die Rechskurve mit einer Geschwindigkeit von 50 km/h. Infolge Glatteis kam das Fahrzeug ins Rutschen und nach links von der Fahrbahn ab. Das Fahrzeug wurde leicht beschädigt und der Kläger wurde verletzt.

Beweis: Akten der Bußgeldbehörde ......,
deren Beiziehung und Verwertung hiermit beantragt wird.

Die Temperaturen lagen schon tagsüber unter dem Gefrierpunkt[7].

Beweis: Auskunft des Wetteramtes ......,
in Anlage in Fotokopie.

Die Tatsache, daß Feuchtigkeit und bei Temperaturen nahe dem Gefrierpunkt auch Glatteisbildung an der fraglichen Stelle häufig ist, ist der Beklagten aus verschiedenen Verkehrsunfällen aus den letzten Jahren bekannt[8].

Beweis: Zeugnis des POM ......

Das Streuen dieser Kurve wäre nicht zwecklos gewesen, weil die Streumittel im Hinblick auf die Temperaturen von um min. 5 °C nicht mitgefroren wären.

2. [9] . . . . . .

Anmerkungen

1. Es wird hier im Rahmen der Klagen nach § 823 BGB ein Fall der Streupflicht von Straßen durch eine Gemeinde behandelt, obwohl diese Streupflicht nach den Landesgesetzen in der Regel Amtspflicht ist und die Anspruchsvoraussetzungen des § 839 BGB erfüllt sein müssen (zu den landesrechtlichen Regelungen vgl. *Geigel,* Kap. 14 Rdn. 134 ff.; zu den Anforderungen an die Substantiierung einer Amtshaftungsklage BGH VersR 1990, 656). Die Frage, ob nach § 823 BGB oder nach § 839 BGB gehaftet wird, ist seit BGH (NJW 1979, 2043) nur noch zweitrangig, da die Subsidiaritäts- und Verweisungsklausel des § 839 Abs. 1 S. 2 BGB für die Straßenverkehrssicherungspflicht nicht gilt. Zu einem speziellen Fall der Verkehrssicherungspflicht bei Gebäuden vgl. Form. II. D. 5.

2. Zur sachlichen und örtlichen Zuständigkeit vgl. Form. II. D. 1. Soweit nach jeweiligem Landesrecht die Verkehrssicherungspflicht hoheitlich ausgestaltet ist, ist die ausschließliche sachliche Zuständigkeit des Landgerichts begründet.

3. In der Begründung ist beim vorliegenden Sachverhalt auf das eigene Mitverschulden als Bemessungsfaktor für den Schmerzensgeldanspruch hinzuweisen, damit keine Kostennachteile entstehen. Im Klagantrag könnte daneben formuliert werden: „. . . . . . unter Berücksichtigung eines Mitverschuldens des Klägers von 50% . . . . . ." (vgl. zur Quote BGH VersR 1974, 910 und zum Antrag Form. II. D. 8 Anm. 5).

4. Hinsichtlich der sonstigen Anträge wegen des materiellen Schadens und auf dessen Feststellung vgl. Form. II. D. 1.

5. Eine Streupflicht kann an verschiedenen Stellen innerhalb geschlossener Ortschaften oder außerhalb der Ortschaften bestehen: vgl. zu den Voraussetzungen der Streupflicht nach plötzlichem Auftreten von Glatteis auf dem Gehweg vor einem Theater BGH VersR 1985, 973; zur Streupflicht eines Gastwirts bei Glatteis auf dem Gästeparkplatz BGH NJW 1985, 482; zur Streupflicht der Wohnungseigentümer einer Eigentumsanlage BGH NJW 1985, 484; zur Anliegerstreupflicht bei mehreren Garagengrundstücken mit gemeinsamem Vorplatz vgl. OLG Stuttgart NJW-RR 1986, 958; zu den Anforderungen an die Streupflicht einer Stadtgemeinde bei winterlicher Glätte zur Sicherung eines verkehrswichtigen, mit Ampeln versehenen Fußgängerüberwegs vgl. BGH VersR 1987, 989; zur Räum- und Streupflicht der verkehrssicherungspflichtigen Gemeinde auf dem öffentlichen Verkehr gewidmeten Parkplätzen vgl. OLG Frankfurt VersR 1986, 1030; aus der neueren Rechtsprechung vgl. ferner OLG Hamm VersR 1988, 693; OLG Hamburg VersR 1989, 45; OLG Karlsruhe VersR 1989, 45; OLG Karlsruhe VersR 1989, 158; OLG Celle NJW 1989, 3287 = VersR 1989, 158.

6. Der Träger der Verkehrssicherungspflicht haftet nur dann, wenn diese zwei Voraussetzungen vorliegen: es muß sich um eine verkehrsreiche Straße handeln und um einen besonders gefährlichen Straßenabschnitt (vgl. aus der neueren Rechtsprechung OLG Köln VersR 1986, 1128; OLG Karlsruhe VersR 1987, 1225; OLG Karlsruhe NJW-RR 1990, 1504; ferner die Nachw. bei *Geigel,* Kap. 14 Rdn. 161). Als verkehrsreiche Straßen sind neben den Ortsdurchfahrten auch stark befahrene Straßen von größerer innerörtlicher Bedeutung anzusehen (Verkehrsadern). Um eine besonders gefährliche Stelle handelt es sich dort, wo Anlage und Zustand der Straße die Bildung von Glatteis derart begünstigen, daß diese besonderen Verhältnisse vom Fahrer trotz der zu fordernden erhöhten Sorgfalt nicht oder nicht rechtzeitig zu erkennen sind (OLG Köln aaO; OLG Karlsruhe aaO). Der Rechtsanwalt des Geschädigten muß die Tatsachen vortragen, die die besondere Gefähr-

lichkeit eines Straßenabschnitts begründen sollen. Damit wird ihm nicht die Darlegung naturwissenschaftlicher Fakten abverlangt (OLG Köln aaO).

7. Es besteht regelmäßig keine Pflicht zum vorbeugenden Streuen und zwar auch nicht an gefährlichen Straßenstellen. Aus den Umständen kann sich jedoch die Verpflichtung ergeben, an denjenigen Stellen zu streuen, an denen konkret mit Glatteisgefahr zu rechnen ist (BGH VersR 1974, 910; BGH VersR 1985, 973; OLG Frankfurt VersR 1987, 204). Vgl. zur Streupflicht innerhalb geschlossener Ortschaften ferner BGH NJW 1991, 33; OLG München NJW-RR 1990, 1121; OLG Stuttgart VersR 1987, 696 und zur Streupflicht einer Gemeinde im Einmündungsbereich OLG Stuttgart NJW 1987, 1831 sowie zur Streupflicht auf öffentlichen Straßen BGH VersR 1987, 934.

8. Ohne Kenntnis davon, daß sich mehrere Glatteisunfälle ereignet haben, trifft nach Ansicht des OLG Köln (VersR 1986, 1128) den Träger der Straßenbaulast kein Verschulden bei weiteren Unfällen.

9. Hier folgt die Begründung der Schadenshöhe und die Darlegung der Verletzungen sowie zum Schmerzensgeld entsprechend Form. II. D. 8.

3. Die sog. vorbeugende Unterlassungsklage[1,2] (actio quasi negatoria)

An das
Amtsgericht[3,4]

Klage

der ......   (Klägerin)
Prozeßbevollmächtigter: ......
gegen
den ......   (Beklagten)
wegen

Unterlassung.

Vorläufiger Streitwert: DM 8000,–[4]
Namens und in Vollmacht der Klägerin erhebe ich Klage und werde beantragen:

> Der Beklagte wird verurteilt, es bei Vermeidung eines Ordnungsgeldes bis DM 500 000,– ersatzweise Ordnungshaft oder der Ordnungshaft bis zwei Jahren[5] zu unterlassen, die Klägerin telefonisch anzurufen.

Begründung[6]:

Die Klägerin ist Mieterin des Hauses des Beklagten in X-Stadt, Y-Straße. Der Beklagte hat das Mietverhältnis gekündigt. Beim Amtsgericht X-Stadt ist eine Räumungsklage anhängig. Die Klägerin bestreitet die Berechtigung der Kündigung (§ 564b BGB), ferner hat sie der Kündigung widersprochen (§ 556a BGB).
Beweis: Beiziehung der Akten des Amtsgerichts X-Stadt in Sachen C../. A., Aktenzeichen 2 C 503/96.
Der Beklagte hat der Klägerin vor Erhebung der Räumungsklage erklärt, er werde sie so schikanieren, daß sie noch von selbst ausziehen werde. U.a. am ...... gegen 2.15 Uhr, am ...... gegen 3.30 Uhr und am ...... gegen 2.45 Uhr hat der Beklagte die Klägerin nachts angerufen und den Hörer, nachdem die Klägerin abgenommen und sich gemeldet hatte, sofort wieder aufgelegt.

Beweis: Bestätigung der Deutschen Bundespost X-Stadt vom ...... in Anlage in Fotokopie;
Parteivernehmung des Beklagten.

Die Deutsche Bundespost hat auf Antrag der Klägerin eine Fangschaltung eingerichtet und festgestellt, daß die genannten Anrufe vom Anschluß des Beklagten geführt wurden. Dies wird in der Bestätigung bescheinigt. Der Beklagte hat die Telefongespräche selbst geführt.

Beweis: Akten der Staatsanwaltschaft X-Stadt in der Strafsache gegen C., Aktenzeichen 22 Js 5070/......, deren Beiziehung hiermit beantragt wird;
Parteivernehmung des Beklagten.

Die Klägerin kann nach den Störanrufen nicht mehr einschlafen. Sie leidet unter erheblichen vegetativen Störungen an den Tagen nach den nächtlichen Störanrufen und mußte an den Tagen danach krankgeschrieben werden.

Beweis: Ärztliches Attest des Dr. med. G. in Anlage;
Zeugnis des Herrn Dr. med. G., der hiermit von seiner ärztlichen Schweigepflicht befreit wird.

Auf die nächtlichen Störanrufe angesprochen, erklärte der Beklagte gegenüber der Klägerin, er werde diese Anrufe fortsetzen, bis die Klägerin ausgezogen sei.

Beweis: Zeugnis des Herrn F.,
X-Stadt, Y-Straße.

Der Unterlassungsanspruch der Klägerin ergibt sich in entsprechender Anwendung der §§ 823, 1004 BGB, da ein Eingriff in die Gesundheit der Klägerin vorliegt.[7] Die Wiederholungsgefahr ergibt sich aus der Äußerung des Beklagten.

Anmerkungen

1. Die Schadensersatzansprüche nach § 823 Abs. 1, Abs. 2; § 824 BGB setzen neben dem Verschulden auch voraus, daß ein Schaden bereits eingetreten ist. In vielen Fällen besteht jedoch schon vor Schadenseintritt das Bedürfnis, die drohende (weitere) Verletzung zu verhindern. Einen hierauf gerichteten Unterlassungsanspruch stellt das Gesetz nur in bestimmten Fällen zur Verfügung, so zB. zum Schutz absoluter Rechte wie des Namensrechts (§ 12 BGB), des Eigentums (§ 1004 Abs. 1 BGB; vgl. hierzu Form. II. F. 11), einer Grunddienstbarkeit (§ 1127 BGB), eines Nießbrauchs (§ 1065 BGB), einer Hypothek (§ 1134 Abs. 1 BGB), eines Pfandrechts (§ 1227 BGB), oder zum Schutze des Besitzes (§ 862 Abs. 1 BGB), oder im Falle des unlauteren Wettbewerbs (vgl. §§ 1, 3, 14, 16 Abs. 1 UWG; vgl. hierzu Form. II. L. 9), oder im Falle der § 37 Abs. 2 S. 1 HGB, § 97 Abs. 1 S. 1 UrhG, § 47 Abs. 1 PatG, § 15 Abs. 1 GebrMG, § 24 Abs. 1 WZG, § 12 RabattG.

Die Rechtsprechung hat diese Abwehr- oder Unterlassungsklage (actio negatoria) weiterentwickelt und die vorbeugende Unterlassungsklage (zum Begriff vgl. Anm. 2) für alle Eingriffe in ein vom Gesetz geschütztes Rechtsgut zugelassen, soweit einer der Tatbestände der §§ 823 Abs. 1, 824 oder ein Schutzgesetz iSd. § 823 Abs. 2 verletzt ist (actio quasi negatoria). Hierzu gehören u. a. die praktisch bedeutsame Unterlassungsklage wegen Verletzung des allgemeinen Persönlichkeitsrechts (zu den materiellen Voraussetzungen zB. *Palandt/Thomas* § 823 Rdn. 175 ff. m. umf. Nachw.) zB. durch Presseberichterstattung (hierzu OLG Frankfurt NJW 1980, 597 und OLG Düsseldorf NJW 1980, 599) und die Unterlassungsklage wegen Ehrverletzung durch Schmähkritik (hierzu BGH NJW 1980, 1685 oder in anderer Weise (vgl. auch Anm. 5, 8).

Die vorbeugende Unterlassungsklage ist auch von der Beseitigungsklage, gerichtet auf Beseitigung einer bestehenden Beeinträchtigung, zu unterscheiden (vgl. hierzu Form. II. F. 10). Neben dem Unterlassungsanspruch kann auch ein Anspruch auf Widerruf bestehen (vgl. Form. II. D. 4). Bei rufschädigenden Meinungsäußerungen kann dem Verletzten auf negatorischer und deliktischer Grundlage ein Anspruch auf Veröffentlichung einer strafbewehrten Unterlassungsverpflichtung des Verletzten zustehen (vgl. hierzu BGH VersR 1987, 463).

2. Der Begriff vorbeugende Unterlassungsklage, der sich eingebürgert hat, ist nicht sehr glücklich, da auch die vom Gesetz vorgesehene Unterlassungsklage vorbeugenden Charakter hat.

3. Hinsichtlich der örtlichen Zuständigkeit ist neben dem allgemeinen Gerichtsstand (§§ 12–19 ZPO) der besondere Gerichtsstand nach § 32 ZPO gegeben, da diese Vorschrift nicht nur für Schadensersatzansprüche gilt.

4. Sachlich zuständig ist das Amtsgericht, weil die ausschließliche Zuständigkeit des Landgerichts für nicht vermögensrechtliche Angelegenheiten nach § 23 Nr. 1 GVG aF. entfallen ist und es damit auf den Streitwert auch hier ankommt (*Thomas/Putzo* § 23 GVG Rdn. 1).

5. Der Antrag auf Androhung des Ordnungsgeldes bzw. der Ordnungshaft muß der späteren Vollstreckung (§ 890 Abs. 1, 2 ZPO) vorausgehen. Er kann bereits mit dem Unterlassungsantrag verknüpft werden oder nachträglich beim Prozeßgericht des ersten Rechtszugs gestellt werden. Im letzteren Fall ergeht ein besonderer Beschluß (vgl. § 891 ZPO). Wirksam wird die Androhung des Ordnungsgeldes und der Ordnungshaft erst mit Zustellung des Urteils bzw. Beschlusses.

6. Anspruchsvoraussetzungen für die Klage sind:
a) Dargelegt und bewiesen werden muß ein Eingriff in ein gesetzlich geschütztes (§§ 823 ff. BGB; vgl. Anm. 1) Rechtsgut. Der Eingriff muß jedoch noch nicht geschehen sein. Es genügt vielmehr, wenn Tatsachen vorliegen, welche die Vorbereitung und die Absicht eines Eingriffs mit Sicherheit erkennen lassen, wenn die Beeinträchtigung also unmittelbar und konkret bevorsteht (BGH NJW 1957, 1762/1763). Verschulden ist nicht erforderlich. Ebensowenig ist der Eintritt eines Schadens Voraussetzung.
b) Ist eine Beeinträchtigung bereits erfolgt, so muß für die Unterlassungsklage Wiederholungsgefahr (anderenfalls Verletzungsgefahr, vgl. a) dargelegt und bewiesen werden.

7. Ein Unterlassungsanspruch bei Störanrufen ist nicht nur dann gegeben, wenn eine „Gesundheitsbeschädigung" eintritt. In aller Regel stellen derartige Anrufe eine Verletzung des allgemeinen Persönlichkeitsrechts dar, die ebenfalls eine actio quasi negatoria begründet (vgl. BGH NJW 1985, 809). Entsprechendes kann für rechtswidrige Telefonanrufe von politischen Parteien im Wahlkampf gelten (OLG Stuttgart NJW 1988, 2615).

4. Klage auf Widerruf (Rücknahme) kreditgefährdender Äußerungen[1] (§ 824 BGB)

An das
Amtsgericht[2,3]

Klage

des ......   (Klägers)
Prozeßbevollmächtigter: ......
gegen
den ......   (Beklagten)
wegen

Widerrufs

Vorläufiger Streitwert: DM 9000,–[3,4].

Namens und in Vollmacht des Klägers erhebe ich Klage und werde beantragen:

Der Beklagte wird verurteilt, seine gegenüber der Firma X. im Schreiben vom 2. März ...... aufgestellte Behauptung, der Kläger sei „zahlungsunfähig", durch schriftliche Erklärung gegenüber der Firma X. zu widerrufen[5,6].

Anmerkungen

1. Die Klage auf Widerruf unwahrer Tatsachenbehauptungen nach § 824 BGB ist ein Spezialfall der allgemeinen Beseitigungsklage (zum allgemeinen Beseitigungsanspruch vgl. *Palandt/Thomas* Einf. Rdn. 26 ff. vor § 823 BGB; zum Anspruch auf Gegendarstellung nach den Pressegesetzen der Länder: vgl. Form. II. N. 1 ff.). Ansprüche auf Widerruf aus anderen Rechtsgrundlagen werden dadurch nicht verdrängt. Von Bedeutung sind bei ehrverletzenden Behauptungen vor allem Ansprüche nach §§ 823 Abs. 2 BGB i. V. m. 185 ff. StGB (vgl. Anm. 6). Bei wertenden Äußerungen kommt ein Widerruf dann in Frage, wenn der Tatbestand der sog. „Schmähkritik" erfüllt ist. Neben der Widerrufsklage kommt auch die Unterlassungsklage – ggf. können beide Anträge in einer Klage verbunden werden – in Betracht (vgl. hierzu Form. II. D. 3). Darüberhinaus kann eine Klage auf Ersatz materiellen Schadens in Frage kommen. Ein Anspruch auf Ersatz immateriellen Schadens wird dagegen kaum in Frage kommen (anders bei Ehrverletzungen; vgl. hierzu *Mincke* JZ 1980, 86 und Form. II. D. 8 Anm. 11).

Auf § 824 BGB kann ein Widerrufsanspruch wegen falscher Tatsachenbehauptungen außerhalb des Wettbewerbs gestützt werden. Für Geschäftsehrverletzung und Anschwärzung im Wettbewerb kommen Ansprüche nach § 1 UWG und nach §§ 14 f UWG in Frage. Von § 1 UWG ist dabei nicht nur die Unterlassung und der Widerruf geschäftlich unrichtiger Behauptungen bei Fahrlässigkeit erfaßt, sondern sogar bei Schuldlosigkeit (*Baumbach/Hefermehl* UWG Einl. Rdn. 141).

2. Neben dem allgemeinen Gerichtsstand (§§ 12–19 ZPO) ist der Gerichtsstand der unerlaubten Handlung (§ 32 ZPO) gegeben.

3. Sachlich zuständig ist das Amtsgericht, soweit der Streitwert nicht über DM 10.000,– liegt. Die ausschließliche sachliche Zuständigkeit des Landgerichts für nichtvermögensrechtliche Streitigkeiten ist weggefallen (vgl. Form. II. D. 3 Anm. 4).

4. Vgl. hierzu § 12 Abs. 2 GKG. Ein Regelstreitwert ist im GKG für diese Fälle nicht mehr vorgesehen (vgl. i. e. Form. II. D. 3 Anm. 5).

5. Voraussetzungen für den Widerrufsanspruch sind im einzelnen:

a) Nach § 824 BGB ist eine Tatsachenbehauptung erforderlich. Es genügt nicht, wenn es sich um die Äußerung einer (subjektiven) Meinung, eines Werturteils, handelt, da deren Wahrheitsgehalt im Beweisweg objektiv nicht überprüft werden kann (ständ. Rechtsprechung, vgl. BGH NJW 1982, 2246; BGH NJW 1993, 930; BGH NJW-RR 1994, 1242 und 1246, auch zur Abgrenzung von Tatsachenbehauptungen und Werturteilen; *Palandt/Thomas* § 824 Rdn. 2). Der Widerrufsanspruch ist nur zur Richtigstellung falscher Tatsachenbehauptungen, nicht bei schuldhafter Verletzung der Ehre oder Eingriff in den ausgeübten und eingerichteten Gewerbebetrieb gegeben (BGH NJW 1965, 35/36). In diesen Fällen kann aber ein Unterlassungsanspruch gegeben sein (vgl. *Palandt/Thomas* Einf. v. § 823 Rdn. 20 und zur Unterlassungsklage Form. II. D. 3). Der Widerruf kann auch bei Äußerungen im „kleinen Kreis" und gegenüber Personen verlangt werden, die sich die Äußerungen zueigen gemacht haben (BGH VersR 1984, 267). Ein Anspruch besteht auch gegen Redakteure und Verleger neben dem presserechtlichen Recht auf Gegendarstellung (vgl. OLG Düsseldorf VersR 1985, 247). Der Beschuldigte eines Strafverfahrens kann von einem in dem Verfahren vernommenen Zeugen Widerruf seiner Aussage im Verfahren vor den Zivilgerichten nicht verlangen. Auch einer

5. Klage bei Beschädigung oder Verletzung durch Gebäude   II. D. 5

Klage auf Geldentschädigung fehlt das Rechtsschutzbedürfnis, solange das Strafverfahren nicht abgeschlossen ist (BGH JZ 1986, 1057 m. Anm. *Walter*).
b) Die Unwahrheit der Tatsachenbehauptung muß festgestellt werden (vgl. *Palandt/Thomas* § 824 Rdn. 3, Einf. Rdn. 26 ff. vor § 823, ebenso zur Frage, wann statt Widerruf Richtigstellung oder Ergänzung verlangt werden kann; vgl. zu letzterem und zu den verschiedenen Formen des Widerrufs auch Form. II. N. 11 ff.). Die Beweislast für die Unwahrheit trifft den Verletzten. Der Beweis erübrigt sich nur in Ausnahmefällen (vgl. *Palandt/Thomas* § 824 Rdn. 12; vgl. auch unten Anm. 6).
c) Die unwahre Tatsachenbehauptung muß eine Kreditgefährdung mit sich bringen. Geschützt ist nur die Gefährdung und unmittelbare Beeinträchtigung wirtschaftlicher Interessen. Für reine Ehrverletzungen können §§ 823 Abs. 2 BGB i. V. m. 185 ff. StGB in Frage kommen (vgl. Anm. 6). Der Schutz nach § 824 BGB besteht nur dann, wenn die unwahre Behauptung geschäftliche Entschließungen gegenwärtiger und künftiger Geschäftspartner des Betroffenen beeinflussen können (BGH NJW 1984, 1607). Dies ist z. B. bei folgender Behauptung zu bejahen: „Die Masche der X.: Mit Verlogenheit zum Geld!" (BGH NJW 1988, 1589).
d) Weitere Voraussetzung ist die Rechtswidrigkeit künftiger Störungen (vgl. zur Wahrnehmung berechtigter Interessen § 824 Abs. 2 BGB; hierzu *Palandt/Thomas* § 824 Rdn. 6 ff.).
e) Schließlich ist Verschulden, zumindest in Form der Fahrlässigkeit, erforderlich. Auch hierfür trifft den Verletzten die Beweislast (*Palandt/Thomas* § 824 Rdn. 5).
6. Neben § 824 BGB geben §§ 823 Abs. 2 BGB iVm. 185 ff. StGB häufig eine Anspruchsgrundlage für einen Widerrufsanspruch her. Von großer praktischer Bedeutung kann hier vor allem § 186 StGB werden, weil hiernach der Schädiger die Beweislast für die Wahrheit einer ehrverletzenden Behauptung hat. Dies gilt allerdings nicht, wenn sich der Schädiger auf Wahrnehmung berechtigter Interessen berufen kann (BGH NJW 1985, 1621).

5. Klage bei Beschädigung oder Verletzung durch Gebäude (§ 836 BGB)

An das
Landgericht[1]

Klage

des ......   (Klägers)
Prozeßbevollmächtigter: ......

gegen
den ......   (Beklagten)

wegen

Schadensersatz

Vorläufiger Streitwert für Klageantrag Ziff. I: DM   3 200,–
               für Klageantrag Ziff. II: DM   9 500,–
               für Klageantrag Ziff. III: DM 20 000,–
                                                            DM 32 700,–.

Namens und in Vollmacht des Klägers erhebe ich Klage und werde beantragen:
  I. Der Beklagte wird verurteilt, an den Kläger DM 3 200,–[2] ...... zu bezahlen.
 II. ......[3]
III. ......[4]

II. D. 5   II. D. Unerlaubte Handlung, Gefährdungshaftung, Verkehrsunfälle

Begründung:

Der Kläger macht Schadensersatzansprüche gegen den Beklagten aus einem Unfall geltend, der im Hause des Beklagten in ...... am ...... geschehen ist.

1. Am fraglichen Tag war der Kläger zu Besuch bei seiner Tochter und seinem Schwiegersohn, die Mieter der im OG des Hauses des Beklagten gelegenen Wohnung sind. Zu dieser Wohnung gehört eine damals noch nicht vollständig fertiggestellte Loggia. Es fehlten noch der Bodenbelag sowie das Holzgeländer. Zur provisorischen Absicherung der Loggia hatte der Beklagte zwei Reihen etwa 10 cm starker Bretter von außen an zwei Stützbalken angenagelt.

Beweis: Zeugnis der Frau N.;
          Zeugnis des Herrn N.

Der Kläger trat gegen 16 Uhr auf die Loggia, um frische Luft zu schöpfen. Dabei wurde dem Kläger plötzlich schwarz vor Augen. Als er am oberen Brett der provisorischen Brüstung Halt suchte, löste sich dieses. Der Kläger verlor das Gleichgewicht und stürzte in die Tiefe.

Beweis: Zeugnis der Frau N.;
          Zeugnis des Herrn N.

2. Der Beklagte hat den dem Kläger entstandenen Schaden nach § 836 BGB zu ersetzen[6]. Die Bretter waren nicht geeignet, irgendeine Belastung auszuhalten, da die Nägel nur 2 cm tief in das Holz der Stützbalken eingeschlagen waren.

Beweis: Zeugnis der Frau N.;
          Zeugnis des Herrn N.

Ein Hinweis des Beklagten an seine Mieter auf die Unbenutzbarkeit der Loggia ist nicht erfolgt

Beweis unter Verwahrung gegen die Beweislast:
          Zeugnis der Frau N.;
          Zeugnis des Herrn N.

Dabei war für den Kläger trotz der noch nicht vollständigen Fertigstellung der Loggia nicht erkennbar, daß die Bretter nur eine optische Begrenzung und keine Absicherung darstellen sollten[7].

3. Dem Kläger ist durch den Unfall folgender Schaden entstanden[8]:

Anmerkungen

1. Neben dem allgemeinen Gerichtsstand (§§ 12-19 ZPO) ist der Gerichtsstand der unerlaubten Handlung (§ 32 ZPO) gegeben, der hier am Ort des Grundstücks ist. Zur sachlichen Zuständigkeit vgl. Form. II. D. 1 Anm. 2

2. Zum Zahlungsantrag vgl. Form. II. D. 1. Zum Zinsanspruch vgl. Form. II. D. 1 Anm. 3.

3. Zum Schmerzensgeldantrag vgl. Form. II. D. 8.

4. Zum Feststellungsantrag vgl. Form. II. D. 1 und Form. II. D. 8; da im vorliegenden Fall ein Mitverschulden in Frage kommt, ist dies aus Kostengründen im Antrag bereits zu berücksichtigen, vgl. Form. II. D. 2, Anm. 3.

5. Der vorliegende Sachverhalt entspricht dem einer Entscheidung des BGH (NJW 1985, 1076) zugrundeliegenden.

6. Die Vorschrift des § 836 BGB regelt einen speziellen Fall der Verkehrssicherungspflicht (zur allgemeinen Verkehrssicherungspflicht vgl. Form. II. D. 2). Hierher gehören

6. Klage auf Geldrente   II. D. 6

häufig vorkommende Beschädigungen und Verletzungen, die infolge Unwetters oder Sturms von Gebäudeteilen angerichtet werden. Die Dachlawine aus Eis oder Schnee fällt allerdings nicht unter § 836 BGB (vgl. OLG Saarbrücken VersR 1985, 299). Zur Substantiierung der Klage ist folgendes zu beachten:

a) Es muß sich entweder um einen Einsturz eines Gebäudes bzw. Gebäudeteils oder eines anderen mit einem Grundstück verbundenen Werks (z.B. Bahndamm, Öltank, eine im Boden verankerte Kinderschaukel (vgl. OLG Celle VersR 1985, 345), einen auf Schienen laufenden Turmdrehkran o. ä.) handeln, oder es muß eine Ablösung eines Gebäudeteils, der eine feste Verbindung mit dem Gebäude hat, vorliegen (zur Frage, ob eine Duschkabine ein Gebäudeteil sein kann vgl. BGH VersR 1985, 666; zur Frage, ob bei Ablösung von Dachpappe eines Flachdachs ein Gebäudeteil betroffen ist vgl. BGH NJW 1993, 1782).

b) Der Einsturz oder die Ablösung müssen Folgen fehlerhafter Errichtung oder mangelhafter Unterhaltung sein. Außergewöhnliche Naturereignisse, wie ein Jahrhundertunwetter oder -sturm, führen also nicht zur Haftung (*Palandt/Thomas* § 836 Rdn. 9, 13).

c) Weitere Voraussetzung ist ein ursächlicher Zusammenhang zwischen Einsturz bzw. Ablösung und Schaden.

d) Passiv legitimiert ist der Eigenbesitzer, nicht der Eigentümer. Die bloße Vermietung läßt die Sicherheitspflicht aber noch nicht auf den Mieter übergehen (BGH NJW 1985, 1076).

e) Das Verschulden wird vermutet. Der Eigenbesitzer kann sich ggfs. entlasten (vgl. i. e. *Palandt/Thomas* § 836 Rdn. 13).

7. Die „Gefahr warnte also nicht vor sich selbst" (BGH NJW 1985, 1076 [1077]). Dennoch kommt im vorliegenden Fall ein Mitverschulden in Betracht, was vom BGH im Urteil des OLG nicht beanstandet wurde. Dies muß in den Klaganträgen berücksichtigt werden (vgl. Anm. 4).

8. Es folgt hier der Vortrag zum Schaden entsprechend Form. II. D. 1 und Form. II. D. 8.

6. Klage auf Geldrente[1] (§ 843 BGB)

An das
Landgericht[2]

                                    Klage

der ......   (Klägerin)
Prozeßbevollmächtigter: ......

gegen

1. den ......
2. die ......-Versicherungs-AG,
   vertreten durch den Vorstand, ...[3]   (Beklagte)

wegen
                                    Geldrente.

Streitwert für Antrag Ziff. I: DM   900,–
Streitwert für Antrag Ziff. II: DM 60 000,–[4]
Streitwert für Antrag Ziff. III: DM   5 000,–
                                                                  DM 65 900,–[5]

Namens und in Vollmacht der Klägerin erhebe ich Klage und werde beantragen:

I. Die Beklagten werden als Gesamtschuldner[6] verurteilt, an die Klägerin DM 900,–[7] nebst 4% Zinsen seit 1. 2. ...... zu bezahlen.

II. Die Beklagten werden als Gesamtschuldner verurteilt, an die Klägerin ab 1. April ...... eine vierteljährlich vorauszahlbare monatliche[7] Rente[8] in Höhe von DM 1000,–[9,10] jeweils im voraus zum 1. 1., 1. 4., 1. 7. und 1. 10. eines jeden Jahres bis zum 31. 12. ...... (60. Lebensjahr[11] der Klägerin) zu bezahlen.

III. Es wird festgestellt[12,13], daß die Beklagten als Gesamtschuldner verpflichtet sind, der Klägerin sämtliche weiteren Schäden, die ihr in Zukunft aus dem Verkehrsunfall vom 1. 2. ...... auf der K-Straße in P. entstehen, zu ersetzen, soweit die Ansprüche nicht auf Sozialversicherungsträger oder sonstige Dritte übergehen[14].

Begründung:

Die Klägerin macht Schadensersatzansprüche aus einem Verkehrsunfall vom 1. 2. ...... auf der K-Straße in P. geltend. Der Beklagte Ziff. 1 ist Halter und Fahrer des unfallbeteiligten Fahrzeugs, die Beklagte Ziff. 2 seine Haftpflichtversicherung.

1. Der Unfall ereignete sich wie folgt: Die Klägerin war am 1. 2. ...... gegen 17 Uhr auf dem Gehweg neben der ortsauswärts führenden Fahrbahn der K-Straße in P. unterwegs. Der Beklagte Ziff. 1 kam mit seinem Fahrzeug infolge überhöhter Geschwindigkeit in einer Linkskurve nach rechts von der Fahrbahn ab und geriet auf den Gehweg. Dort erfaßte das Fahrzeug die Klägerin. Die Klägerin wurde zu Boden geworfen und schwer verletzt.

Beweis: Akten des Amtsgerichts ...... in der Strafsache gegen den Beklagten Ziff. 1 wegen fahrlässiger Körperverletzung, Aktenzeichen ......, deren Beiziehung und Verwertung hiermit beantragt wird;
Zeugnis des ......

2. Durch den Unfall erlitt die Klägerin als schwerwiegendste Verletzung einen Hüftgelenkspfannenbruch rechts, deren Folge eine Coxarthrose im Hüftgelenk mit Bewegungseinschränkung sein wird.

Beweis: Ärztliches Gutachten des Dr. med. ...... in Anlage;
Sachverständigengutachten.

3. Die Klägerin ist ...... Jahre alt und Hausfrau[15]. Sie führt einen Haushalt mit 4 Personen, bestehend aus dem Ehemann und zwei Kindern im Alter von 10 bzw. 12 Jahren. Infolge der beim Unfall erlittenen Hüftgelenksverletzungen ist die Klägerin auf Dauer nicht mehr in der Lage, länger als 10 Minuten zu stehen.

Beweis: Ärztliches Gutachten des Dr. med. ...... in Anlage;
Sachverständigengutachten.

Die Klägerin kann deshalb nur noch diejenigen Hausarbeiten erledigen, die im Sitzen ausgeführt werden können, und bedarf aus diesem Grund einer Haushaltshilfe[16].

4. Zur Höhe des geltend gemachten Rentenanspruchs ist folgendes vorzutragen[7,9]: ......

5. Da die künftige Entwicklung der Verletzung der Klägerin noch nicht abzusehen ist und die Gefahr einer vollständigen Lähmung der rechten Hüfte besteht, ist im Augenblick noch nicht zu übersehen, ob weitere Schäden entstehen. Der Feststellungsantrag ist deshalb erforderlich[12].

Anmerkungen

1. Anspruch auf Geldrente besteht auch in den Fällen der § 13 StVG, § 7 HaftpflG, § 38 LuftVG.

2. Zur örtlichen und sachlichen Zuständigkeit vgl. Form. II. D. 1 Anm. 1, 2; zum Streitwert vgl. Anm. 4.

6. Klage auf Geldrente II. D. 6

3. Vgl. Form. Haftpflichtklage bei Verkehrsunfall II. D. 13 Anm. 3–5.

4. Angegeben wird hier zweckmäßigerweise nur der für die Gebühren maßgebende Streitwert (Gebührenstreitwert). Aus diesem Streitwert errechnet sich der vom Kläger vorzulegende Gebührenvorschuß. Der Gebührenstreitwert ist im vorliegenden Fall der 5-fache Betrag des einjährigen Bezuges der Rente (§ 17 Abs. 2 GKG). Der Streitwert für die Zuständigkeit und für ein etwaiges Rechtsmittel errechnet sich, da die Bezugsdauer mit dem 60. Lebensjahr abläuft, aus dem 25-fachen der jährlichen Rente (§ 9 ZPO). Zum Streitwert für den Feststellungsantrag vgl. Form. II. D. 1 Anm. 2.

5. Die Einzelstreitwerte sind zu addieren (§ 5 ZPO).

6. Vgl. Form. II. D. 13 Anm. 7.

7. Die Rente ist im voraus für 3 Monate fällig, vgl. §§ 843 Abs. 2, 760 BGB. Der Kläger kann deshalb – muß aber nicht – Zahlung vierteljährlich im voraus verlangen.

8. Der Geschädigte kann auch eine Kapitalabfindung verlangen (vgl. § 843 Abs. 3 BGB); hierzu zB BGH VersR 1981, 283 m. Anm. *Nehls*; *ders.*, VersR 1981, 407; *Geigel*, Kap. 4, Rdn. 159 ff.; *Schmid* DAR 1981, 129; *Schneider* VersR 1981, 1110; *Schlund* VersR 1981, 401; *Wussow/Küppersbusch* Rdn. 655 ff. und unten Anm. 9.

9. Die Höhe der Rente bemißt sich nach dem bisherigen durchschnittlichen Bruttolohn abzüglich desjenigen Einkommens, das dem Geschädigten in der anderen Stellung zufließt (vgl. *Palandt/Thomas* § 843 Rdn. 5 ff.; *Wussow/Küppersbusch* Rdn. 48 ff.). Auszugehen ist vom entgangenen Bruttoverdienst, wovon schadenbedingte Steuerersparnisse abzusetzen sind, wenn nicht gerade der Zweck der Steuervergünstigung solcher Entlastung entgegenstand (vgl. BGH VersR 1986, 162 m. Nachw.). Derartige Steuerersparnisse können sich daraus ergeben, daß eine dem Geschädigten zufließende Sozialrente nur mit ihrem Ertragsanteil der Einkommensteuer unterliegt (BGH VersR 1988, 464). Schwierigkeiten können sich hinsichtlich der Darlegung der Steuerersparnisse ergeben (zur Darlegungs- und Beweislast vgl. BGH JZ 1987, 574). Auf den Schadensersatzanspruch wegen Beeinträchtigung ihrer Fähigkeit zur Haushaltsführung (einschließlich Versorgung eines Kindes) muß sich eine verletzte Mutter und Ehefrau eine von der Berufsgenossenschaft an sie bezahlte Verletztenrente insoweit anrechnen lassen, als der Ersatzanspruch die Haushaltsführung für Mann und Kind betrifft, wobei dieser Aufwand in der Regel nach der Zahl der zum Haushalt gehörenden Personen abzugrenzen ist (BGH VersR 1985, 356; zum Fall der Haushaltstätigkeit vgl. auch BGH NJW-RR 1990, 34; hinsichtlich der Rente eines Minderjährigen vgl. BGH VersR 1990, 907). Bei nur fiktiver Berechnung des Lohns einer Haushaltshilfe kommt es auf den fiktiven Nettolohn an (BGH NJW-RR 1992, 792 = VersR 1992, 618). Statt der Rente kann bei Vorliegen eines wichtigen Grundes auch eine Kapitalabfindung verlangt werden (§ 843 Abs. 3 BGB). Die Rechtsprechung läßt sogar eine Kombination von Rente – für einige Jahre – und Abfindung – für die Zeit danach – zu (RG Recht 1917, Nr. 1631); vgl. auch Anm. 8.

10. Eine spätere Abänderung des Rentenbetrages ist nach § 323 ZPO möglich (vgl. auch Anm. 12).

11. Die Rente ist zeitlich beschränkt, nur ausnahmsweise ist sie auf Lebenszeit zu gewähren (vgl. *Geigel*, Kap. 4, Rdn. 158; *Palandt/Thomas* § 843 Rdn. 12; *Wussow/Küppersbusch* Rdn. 655 ff.). Eine Verdienstausfallrente ist auf die voraussichtliche Dauer der Erwerbstätigkeit zu begrenzen, also bei Männern regelmäßig auf das 65. Lebensjahr (BGH VersR 1988, 464). Dies ist bereits im Klagantrag zu berücksichtigen. Im vorliegenden Fall ist die Rente auf das 60. Lebensjahr der Klägerin beschränkt.

12. Das nach § 256 ZPO erforderliche Feststellungsinteresse ist gegeben, wenn die künftige Entwicklung noch nicht zu übersehen ist, zB ob der Kläger völlig arbeitsunfähig werden wird und im Zusammenhang damit weitere von der Geldrente unabhängige Schä-

den entstehen (vgl. iü. Form. II. D. 13 Anm. 8, auch zum erfaßten Schaden, sowie Form. II. D. 1 Anm. 11; zum Streitwert für den Feststellungsantrag vgl. Form. II. D. 1 Anm. 2).

13. Die Feststellungsklage ist nur insoweit zulässig, als nicht die Abänderung der Geldrente betroffen ist, da hierfür die Abänderungsklage nach § 323 ZPO zur Verfügung steht (vgl. BGH NJW 1961, 871). Zur Abänderungsklage vgl. Form. I. P. 4.

14. Zur Frage des Forderungsübergangs bei Leistungen der Sozialversicherungsträger und anderer Dritter vgl. Form. II. D. 1 Anm. 5f. und II. D. 13 Anm. 10.

15. Auch der Hausfrau steht ein Rentenanspruch nach § 843 BGB zu (BGH NJW 1974, 41).

16. Die Kosten für die Haushaltshilfe sind unabhängig davon zu ersetzen, ob tatsächlich eine solche in Anspruch genommen wurde (BGH NJW-RR 1992, 792 = VersR 1992, 618; *Geigel*, Kap. 4, Rdn. 155; *Wussow/Küppersbusch* Rdn. 138 jew. m. Nachw.). Basis für die Schadensberechnung ist hier der fiktive Nettolohn (BGH aaO.).

7. Klage auf Schadensersatz in Form einer Geldrente wegen Tötung des Unterhaltspflichtigen[1] (§ 844 Abs. 2 BGB)

An das
Landgericht[2,3]

Klage

der 1. ......
    2. ......
    3. ......   (Kläger)
Prozeßbevollmächtigter: ......

gegen

den ......   (Beklagten)[13]

wegen

Schadensersatz

Vorläufiger Streitwert[4] für Antrag Ziff. I 1:	DM 72 000,—
für Antrag Ziff. I 2:	DM 2 400,—
für Antrag Ziff. I 3:	DM 10 000,—
für Antrag Ziff. II 1:	DM 18 000,—
für Antrag Ziff. II 2:	DM 600,—
für Antrag Ziff. II 3:	DM 10 000,—
für Antrag Ziff. III 1:	DM 18 000,—
für Antrag Ziff. III 2:	DM 600,—
für Antrag Ziff. III 3:	DM 10 000,—
	DM 141 600,—

Namens und in Vollmacht der Kläger erhebe ich Klage und werde beantragen:

I. 1. Der Beklagte wird verurteilt, an die Klägerin Ziff. 1 eine monatliche Geldrente in Höhe von DM 1200,—, beginnend am 1. Juli ......, jeweils vierteljährlich im voraus zum 1. 1., 1. 4., 1. 7. und 1. 10 eines jeden Jahres[5], bis 31. Dezember ......[6] zu bezahlen[7].

2. Der Beklagte wird verurteilt, an die Klägerin Ziff. 1 DM 2400,— nebst 4% Zinsen aus DM 1200,— vom 2. 5. ...... bis 1. 6. ...... und aus DM 2400,— seit 2. 6. ...... zu bezahlen[8].

7. Klage auf Schadensersatz wegen Tötung des Unterhaltspflichtigen II. D. 7

   3. Es wird festgestellt[7], daß der Beklagte verpflichtet ist, der Klägerin Ziff. 1 jeden weiteren, über die Anträge Ziff. 1 und 2 hinausgehenden Unterhaltsschaden aus dem Verkehrsunfall vom 25. 3. ...... in ...... zu ersetzen.

II. 1. Der Beklagte wird verurteilt, an den Kläger Ziff. 2[9] eine monatliche Geldrente, deren Höhe in das Ermessen des Gerichts gestellt wird[10], beginnend am 1. Juli ......, jeweils vierteljährlich im voraus zum 1. 1., 1. 4., 1. 7. und 1. 10. eines jeden Jahres[5], bis zur Vollendung des 18. Lebensjahres[6] des Klägers Ziff. 2 zu bezahlen.

   2. Der Beklagte wird verurteilt, an den Kläger Ziff. 2 die rückständige Geldrente für die Monate Mai und Juni ......, deren Höhe in das Ermessen des Gerichts gestellt wird, nebst 4% Zinsen seit dem jeweiligen 2. der Monate zu bezahlen.

   3. Es wird festgestellt[7], daß der Beklagte verpflichtet ist, dem Kläger Ziff. 2 sämtlichen weiteren, über die Anträge Ziff. 1 und 2 hinausgehenden Unterhaltsschaden aus dem Verkehrsunfall vom 25. 3. ...... in ...... zu ersetzen.

III. 1. Der Beklagte wird verurteilt, an den Kläger Ziff. 3 eine monatliche Geldrente von DM 300,–, beginnend am 1. Juli ......, jeweils vierteljährlich im voraus zum 1. 1., 1. 4., 1. 7. und 1. 10. eines jeden Jahres[5], bis zur Vollendung des 18. Lebensjahres[6] des Klägers Ziff. 3 zu bezahlen.

   2. Der Beklagte wird verurteilt, an den Kläger Ziff. 3 DM 600,– nebst 4% Zinsen aus DM 300,– vom 2. 5. ...... bis 1. 6. ...... und aus DM 600,– seit 2. 6. ...... zu bezahlen.

   3. Es wird festgestellt[7], das der Beklagte verpflichtet ist, dem Kläger Ziff. 3 sämtlichen weiteren, über die Anträge Ziff. 1 und 2 hinausgehenden Unterhaltsschaden aus dem Verkehrsunfall vom 25. 3. ...... in ...... zu ersetzen.

Begründung:

Die Kläger machen Schadensersatzansprüche aus einem Verkehrsunfall vom 25. 3. ...... geltend. Der Beklagte ist Halter und Fahrer des Fahrzeugs mit dem Kennzeichen ......[13]. Durch den Unfall wurde der Ehemann der Klägerin Ziff. 1 und Vater der Kläger Ziff. 2 und 3 getötet[11]. Mit der vorliegenden Klage machen die Kläger Schadensersatzansprüche nach § 844 Abs. 2 BGB geltend[12].

1. Der Verkehrsunfall ereignete sich wie folgt: Der Mann bzw. Vater der Kläger fuhr mit seinem Pkw auf der X-Straße in Y. mit der zulässigen Höchstgeschwindigkeit von 50 km/h. Der Beklagte kam mit seinem Pkw entgegen. In einer Rechtskurve kam er mit seinem Fahrzeug nach links über die Mittellinie und geriet auf die Fahrbahn des Mannes bzw. Vaters der Kläger. Die beiden Fahrzeuge stießen frontal zusammen.

   Beweis: Akten des Amtgerichts ...... in der Strafsache gegen den Beklagten, deren Beiziehung und Verwertung hiermit beantragt wird.

Der Mann bzw. Vater der Kläger erlitt durch den Unfall einen Schädelbasisbruch. An dessen Folgen verstarb er noch am gleichen Tag im Kreiskrankenhaus ......

   Beweis: Gutachten des Dr. med. ......;
          Sachverständiges Zeugnis des Dr. med. ......; Sachverständigengutachten.

Der Beklagte haftet den Klägern gemäß §§ 823 Abs. 1, 844 Abs. 2 BGB auf Schadensersatz.

2. Der verstorbene Mann bzw. Vater der Kläger war zum Unfallzeitpunkt 55 Jahre alt. Er arbeitete bei der Firma ...... als kaufmännischer Angestellter und sorgte mit seinem Einkommen für den Familienunterhalt. Er war bei bester Gesundheit und hätte nach den derzeitigen Erwartungen das 70. Lebensjahr erreicht[6].

   Beweis: Zeugnis des Dr. med. ......;
          Sachverständigengutachten.

Das Nettoeinkommen des verstorbenen Mannes bzw. Vaters der Kläger bei der Firma ...... betrug DM 1750,– monatlich im Durchschnitt.

Beweis: Bescheinigungen der Firma ...... für den Lohn betreffend die Monate Januar ...... bis März ...... in Anlage.

Er erhielt ferner eine Rente, die aus Anlaß eines Berufsunfalls von der Berufskrankenkasse seit 1. 1. ...... in Höhe von DM 750,– monatlich bezahlt wurde.

Beweis: Rentenbescheid ...... in Anlage;
Überweisungsbeleg ...... in Anlage.

Die Kläger waren gegenüber dem Verstorbenen unterhaltsberechtigt[14].

3. Zur Höhe des Unterhaltsanspruchs und zur Höhe des Schadensersatzanspruchs[15] der Kläger ist folgendes vorzutragen:

a) Die Klägerin Ziff. 1 ist 55 Jahre alt und Hausfrau. Einen Beruf hat sie nicht erlernt. Sie hat seit der Eheschließung mit ihrem verstorbenen Mann im Jahre ...... keine berufliche Tätigkeit mehr ausgeübt, sondern den Haushalt versorgt[16].

Der Schadensersatzanspruch der Klägerin Ziff. 1 errechnet sich wie folgt:

Monatliches Nettoeinkommen des Verstorbenen	DM 1750,–
zuzüglich Berufsunfähigkeitsrente[17]	DM 750,–
	DM 2500,–.
Hiervon gehen ab die fixen Haushaltskosten[18] in Höhe von	DM 500,–,
so daß ein frei verfügbares Familieneinkommen von verbleibt.	DM 2000,–
Davon entfallen auf den Verstorbenen und die Klägerin Ziff. 1, da noch zwei weitere unterhaltspflichtige Kinder vorhanden sind, jeweils 35 %[19]. Der Klägerin Ziff. 1 steht damit der Anteil von zu. Hinzu kommen die fixen Unkosten in Höhe von	DM 700,–
	DM 500,–,
so daß sich der Gesamtbetrag von ergibt.	DM 1200,–

Anrechnungsfähiges Vermögen oder Einkünfte hieraus oder Leistungen Dritter, die anrechenbar wären, fließen der Klägerin Ziff. 1 nicht zu[20].

b) Der Kläger Ziff. 2 ist 13 Jahre alt und Schüler. Der Kläger Ziff. 3 ist 12 Jahre alt und ebenfalls Schüler. Von dem der Familie zustehenden Unterhalt entfielen auf die Kläger Ziff. 2 und 3 jeweils 15 %[19]. Damit stehen dem Kläger Ziff. 2 und dem Kläger Ziff. 3 monatlich jeweils DM 300,– als Schadensersatz zu, da anrechnungsfähige Leistungen Dritter oder anrechenbares Vermögen bzw. Erträgnisse hieraus nicht vorliegen. Der Kläger Ziff. 2 stellt die Höhe des Schadensersatzes in das Ermessen des Gerichts, hält aber DM 300,– als monatlichen Mindestbetrag für angemessen[10].

Anmerkungen

1. Neben dem Anspruch nach § 844 Abs. 2 BGB kann ein Schadensersatzanspruch der Erben (vgl. § 1968 BGB) wegen der Beerdigungskosten bestehen (§ 844 Abs. 1 BGB), der mit der bezifferten Leistungsklage geltend gemacht werden kann. Entsprechende Vorschriften wie in § 844 Abs. 2 BGB finden sich in §§ 10 Abs. 2 StVG, 5 Abs. 2 HaftpflG, 35 Abs. 2 LuftVG.

2. Zur örtlichen Zuständigkeit vgl. Form. II. D. 1 Anm. 1.

3. Die sachliche Zuständigkeit bemißt sich nach dem Streitwert (vgl. Anm. 4 und Form. II. D. 1 Anm. 2).

4. Angegeben wird hier bei den Anträgen Ziff. I 1, II 1 und III 1 der für die Gebühren maßgebende Streitwert (Gebührenstreitwert). Dieser ist entscheidend für den mit der Kla-

7. Klage auf Schadensersatz wegen Tötung des Unterhaltspflichtigen   II. D. 7

ge einzubezahlenden Gerichtskostenvorschuß. Er errechnet sich nach § 17 Abs. 2 GKG aus dem 5-fachen der jährlichen Geldrente. Der Streitwert für die Zuständigkeit und ein etwaiges Rechtsmittel bemißt sich im vorliegenden Fall nach dem Gesamtbetrag der Rente (§ 9 S. 2 ZPO), da dieser niedriger liegt als der 25-fache Betrag der jährlichen Rente. Beim Antrag II 1 ist die voraussichtliche Höhe der Rente zu schätzen und nach der gleichen Methode wie beim Antrag Ziff. I 1 der Gesamtstreitwert zu ermitteln. Die Streitwerte sind zu addieren (§ 5 ZPO).

5. Der Anspruch nach § 844 Abs. 2 BGB ist zwar kein Unterhaltsanspruch, sondern ein Schadensersatzanspruch. Da er jedoch den im voraus zu erfüllenden Unterhaltsanspruch (§ 1612 Abs. 3 S. 1 BGB) ersetzt, ist auch die Geldrente im voraus zu bezahlen. Die Rente kann für 3 Monate im Voraus verlangt werden (vgl. Form. II. D. 6. Anm. 7).

6. Die Rente kann nur für die mutmaßliche Dauer des Lebens des Getöteten geltend gemacht werden. Hinsichtlich der mutmaßlichen Dauer des Lebens kommt es auf den Gesundheitszustand, das Alter, den Beruf und die Lebensgewohnheiten des Getöteten an. Trotz der Schwierigkeiten für den Ersatzberechtigten hat es die Rechtsprechung verlangt, daß der Endzeitpunkt der Rente kalendermäßig abgegrenzt wird (vgl. Form. II. O. 6 Anm. 11).

Schadensersatzrenten von Kindern sind in der Regel auf die Vollendung des 18. Lebensjahres zu begrenzen und etwaige weitere Ansprüche durch einen Feststellungsantrag abzusichern (BGH NJW 1983, 2197; BGH NJW 1986, 715 (716); zur Rente für einen Minderjährigen vgl. ferner BGH VersR 1990, 907; zum Feststellungsantrag vgl. Antrag IV und Anm. 7).

Für die Behauptung, der Getötete wäre ohnehin schon wegen seiner bestehenden Krankheit früher gestorben, trägt der Schädiger die Beweislast (BGH NJW 1972, 1515 = LM Nr. 45 zu § 844 Abs. 2 BGB).

7. Neben dem Leistungsantrag ist ein Feststellungsantrag nur insoweit zulässig, als nicht die Abänderung der Geldrente betroffen ist, da hierfür die Abänderungsklage nach § 323 ZPO zur Verfügung steht (BGHZ 34, 110). Zur Abänderungsklage vgl. Form. I. P. 4. Haftet die Versicherungsgesellschaft nur mit der Mindestversicherungssumme (§ 158 c Abs. 3 VVG, § 3 Nr. 6 PflVG), so muß diese Höchstgrenze bezüglich der beklagten Gesellschaft im Antrag aufgenommen werden, damit Kostennachteile einer teilweisen Klagabweisung vermieden werden.

8. Da es sich um einen Schadensersatzanspruch handelt, können auch rückständige Rentenbeträge geltend gemacht werden. Insofern unterscheidet sich der Schadensersatzanspruch von einem Unterhaltsanspruch, bei dem Rückstände nur im Falle des Verzugs (§ 1613 Abs. 1 BGB) beansprucht werden können.

Hiervon zu unterscheiden ist die Frage, ob der Geschädigte gegen den Schädiger auch noch Unterhaltsrückstände des Getöteten geltend machen kann. Die Rechtsprechung (BGH NJW 1973, 1076 = MDR 1973, 662 = LM Nr. 47 zu § 844 Abs. 2 BGB) verneint dies (str., vgl. *Palandt/Thomas* § 844 Rdn. 7 mwN.).

9. Bei mehreren Klägern muß zwar für jeden eine Einzelsumme angegeben werden, die Aufteilung kann jedoch dem Gericht überlassen werden. Nimmt dann das Gericht eine andere Aufteilung der einzelnen Renten vor, spricht es jedoch im Ergebnis den gleichen Gesamtbetrag zu, so ist die Klage nicht etwa teilweise abzuweisen, sondern in vollem Umfang begründet (vgl. BGH NJW 1972, 1716 = LM Nr. 46 zu § 844 Abs. 2 BGB).

10. Die Höhe der Rente kann in das Ermessen des Gerichts gestellt werden, wenn dem Gericht eine ausreichende Grundlage für die Bemessung der Rente in der Begründung gegeben wird (BGHZ 4, 138; *Palandt/Thomas* § 843 Rdn. 14; zu den mit einem solchen Antrag zusammenhängenden Fragen vgl. Form. II. D. 8 Anm. 4; zum Selbstbehalt bei Unterhaltsschaden vgl. BGH VersR 1988, 954).

11. Im Hinblick auf das Zusammentreffen von Ansprüchen der Kinder und des Ehemannes nach § 844 Abs. 2 BGB vgl. BGH NJW 1972, 1130 = LM Nr. 44 zu § 844 Abs. 2 BGB und BGH NJW 1965, 1710; *Eckelmann* BB 1965, 1012; *Habscheid* JuS 1966, 180.

12. Besteht im Augenblick noch kein Anspruch auf Schadensersatz, da der Geschädigte eigenes Einkommen hat, so könnte er Feststellungsklage erheben mit folgendem Antrag (zur Zulässigkeit der Feststellungsklage vgl. BGH LM Nr. 9 zu § 844 Abs. 2 BGB): „Es wird festgestellt, daß der Beklagte verpflichtet ist, dem Kläger Ziff. 3 Schadensersatz in Form einer Geldrente zu bezahlen, sobald dieser von seinem durch den Beklagten getöteten Vater Unterhalt hätte verlangen können, bis zum Abschluß seiner Berufsausbildung, mindestens jedoch bis zum 31. Dezember 1995."

Hinsichtlich des Streitwertes für diesen Antrag vgl. Anm. 4. Gegenüber der dort angegebenen Berechnung ist ein Abschlag von 20% zu machen.

13. Zur Klage gegen die Haftpflichtversicherung vgl. Form. II. D. 13 Anm. 3–5.

14. Der Unterhaltsanspruch gegen den Getöteten mußte tatsächlich bestehen, oder es ist erforderlich, daß er tatsächlich entstanden wäre. Erforderlich ist ferner, daß der Unterhaltsanspruch realisierbar gewesen wäre (BGH NJW 1974, 1373). Als Unterhaltsberechtigte und damit für den Schadensersatz Aktivlegitimierte kommen in Frage: Der Ehegatte (§§ 1360 ff. BGB) oder unter bestimmten Voraussetzungen die Verwandten in gerader Linie (§§ 1601 ff. BGB). Partner einer nichtehelichen Lebensgemeinschaft haben dagegen auch dann keinen Anspruch, wenn sie sich gegenseitig verraglich verpflichtet hatten (vgl. *Geigel*, Kap. 8, Rdn. 21 m. Nachw.).

15. Hinsichtlich der Höhe des Schadensersatzanspruches ist der Geschädigte so zu stellen, wie wenn der Getötete am Leben geblieben wäre. Zu den Einzelheiten vgl. *Palandt/Thomas* § 844 Rdn. 8 ff. und zB. OLG Braunschweig VersR 1979, 1124 (1125 f.) mwN.; *Drees*, Berechnung des Unterhaltsschadens bei Ausfall des mitverdienenden Ehegatten, VersR 1985, 611; *Eckelmann/Nehls/Schäfer,* Die Berechnung des Schadensersatzes bei Ausfall von Geldunterhalt nach Unfalltod des Ehemannes/Vaters NJW 1984, 945; *Scheffen,* Erwerbsausfallschaden bei verletzten und getöteten Personen, VersR 1990, 926; *Geigel,* Kap. 8 Rdn. 37 ff.; *Wussow/Küppersbusch* Rdn. 288 ff.

16. Zur Frage, inwieweit der Ehefrau zugemutet werden kann, eine Arbeit anzunehmen und durch eigenes Einkommen den Schaden zu mindern, vgl. *Geigel,* 8. Kap., Rdn. 59 ff.; *Wussow/Küppersbusch* Rdn. 256 ff.

17. Maßgebend für die Berechnung ist das Nettoeinkommen, also das um Steuern und Sozialversicherungsbeiträge bereinigte Bruttoeinkommen. Etwaige Renten, die der Getötete empfangen hat, sind hinzuzurechnen (vgl. OLG Braunschweig VersR 1979, 1124 f.). Nicht zu berücksichtigen – auch nicht zum Teil – sind dagegen sog. Aufwandsentschädigungen, da sie nur zur Deckung von Unkosten bestimmt sind (BGH NJW 1986, 715 f.).

18. Hierzu gehören zB. Kosten für Miete, Heizung, Strom, Gas, Radio, Zeitung, Müllabfuhr, Schornsteinfeger, Brand-, Hausrats-, Rechtsschutz- und Privathaftpflichtversicherung, etwaige Grundsteuern, Reparatur- und Instandhaltungsrücklagen (vgl. iü. OLG Braunschweig VersR 1979, 1124 (1125); BGH VersR 1987, 1241; BGH NJW 1986, 715; *Geigel* 8. Kap. Rdn. 67; *Wussow/Küppersbusch* Rdn. 240 ff.). Der Aufwand an Zinsen und Tilgung für ein Eigenheim kann nicht zu den Haushaltskosten gerechnet werden, vielmehr ist hier der Mietwert einer dem Eigenheim nach Ortslage, Zuschnitt und Bequemlichkeit vergleichbaren Wohnung maßgebend (BGH NJW 1985, 49 = VersR 1984, 961). Im vorliegenden Bsp. wird davon ausgegangen, daß sich die fixen Kosten nicht reduzieren nach dem Tod des Mannes, was allerdings bei einigen Posten der Fall sein könnte. Desweiteren werden die fixen Kosten beim Anspruch der Frau voll berücksichtigt.

19. Die Ermittlung des Eigenbedarfs und die Aufteilung des Familieneinkommens auf die Hinterbliebenen ist vom Einzelfall abhängig (vgl. allgemein *Geigel,* Kap. 8 Rdn. 17 ff.;

Wussow/Küppersbusch, Rdn. 228 ff.). Die „Düsseldorfer Tabelle" kann nicht zur Grundlage für die Schadensberechnung gemacht werden (BGH VersR 1986, 39). Im vorliegenden Fall eines 4 Personenhaushalts ist die Verteilung in aller Regel folgendermaßen vorzunehmen: 35% Ehefrau, 35% Ehemann, je 15% pro Kind (vgl. BGH VersR 1979, 1029 [1030]; BGH NJW 1986, 715). Zum Schadensersatzanspruch wegen Unterhaltsverlustes infolge Todes einer Rentner-Ehefrau vgl. OLG Hamm, VersR 1980, 723; zur Berechnung des Unterhaltsschadens einer Ehefrau bei unfallbedingtem Tod des allein erwerbstätigen Ehemanns vgl. BGH VersR 1987, 507; zur Höhe der Unterhalts-Schadensrente bei Tötung des Ehemanns und Vaters in einem Fall, in dem das Kind erst 2 Tage vor dem Tod des Vaters geboren wurde und die Mutter vor und nach dem Tod ihres Ehemanns berufstätig ist vgl. BGH VersR 1987, 156; zum Anspruch der Kinder beim Tod ihrer Mutter vgl. BGH VersR 1982, 951 und die Vorinstanz OLG Frankfurt, VersR 1981, 241 m. Anm. Hofmann, S. 338 sowie OLG Celle, VersR 1980, 583; zur Bemessung der Schadensersatzrenten Minderjähriger wegen des Todes beider Eltern vgl. BGH NJW 1986, 715; BGH VersR 1983, 932 und OlG Stuttgart, VersR 1983, 932; zum Unterhaltsbedarf der Hinterbliebenen einer Ehefrau/Mutter vgl. BGH NJW 1982, 2864; BGH NJW 1982, 2866 und BGH NJW 1983, 1425 = VersR 1983, 458. Dem hinterbliebenen Ehegatten kann nach § 844 Abs. 2 BGB einAnspruch wegen der Mitarbeit des Ehegatten in seinem Beruf oder Geschäft zustehen. Schlüssig dargetan ist dieser Anspruch aber nur, wenn die Mitarbeit als Unterhalt geschuldet war (BGH VersR 1980, 921). Zum Ersatzanspruch der Witwe, deren getöteter Ehemann in ihrem Betrieb mitarbeitete, vgl. BGH NJW 1984, 479 = VersR 1984, 353; zum Unterhaltsbedarf des Witwers bei Doppelverdiener-Ehe und zur Berücksichtigung des Mietwerts einer Wohnung bei den fixen Haushaltskosten vgl. BGH NJW 1985, 49 = VersR 1984, 961. Ein Anspruch auf Schadensersatz wegen entgangener Haushaltstätigkeit besteht grundsätzlich auch dann, wenn die Ehegatten den Haushalt zu gleichen Teilen besorgt haben (BGH NJW 1988, 1783 auch zur Berechnung der Schadensrente).

Neben dem hier berücksichtigten Anspruch auf Barunterhalt kann ein weiterer Anspruch wegen entgangenen personalen (Natural-)Unterhalts hinsichtlich des Betreuungsaufwands bestehen. Dies kommt vor allem bei Kindern in Frage, die das 18. Lebensjahr noch nicht vollendet haben (vgl. BGH NJW 1986, 715; BGH NJW 1985 1460). Bei der Höhe des Betreuungsaufwandes können sich die Gerichte an den Pflegesätzen, die bei Unterbringung von Kindern in Pflegestellen nach dem Jugendwohlfahrtsgesetz gezahlt werden, orientieren. Ausgangspunkt kann der gesamte Pflegesatz sein (BGH NJW 1986, 715). Im Einzelfall kann jedoch auch eine andere Berechnung zugrundegelegt werden, so z.B. dann, wenn die beiden Eltern zweier Kinder getötet werden und die bisher arbeitstätige Großmutter ihre Pflege übernimmt. Der BGH hat hier als Betreuungsaufwand das bisherige Nettoeinkommen der Großmutter aus einer Halbtagsbeschäftigung in Höhe von DM 1100,– angesetzt.

20. Der Geschädigte muß sich verschiedene Leistungen bzw. Einkünfte anrechnen lassen. Hierzu zählte die Rechtsprechung anfangs allgemein die Erträgnisse und Einkünfte aus dem von dem Getöteten geerbten Vermögen (BGHZ 8, 325 = NJW 1953, 618; BGH VersR 1968, 770; VersR 1969, 713). Später schränkte der BGH (NJW 1974, 1236; NJW 1979, 760) dies dahin ein, daß nur diejenigen ererbten Vermögensteile (gleich, ob Stamm oder Erträgnisse) anzurechnen sind, die schon zu Lebzeiten des Erblassers dazu bestimmt waren, zur Bestreitung des Unterhalts zu dienen (BGH NJW 1979, 760). Abzuziehen sind auch Waisen- oder Witwenrenten, die wegen des Todes des Unterhaltsverpflichteten gewährt werden, da insoweit die Ansprüche auf den Rentenversicherungsträger übergehen.

Während der BGH (Z 39, 249 = NJW 1963, 1604) zunächst Lebensversicherungen, die nicht lediglich Risiko-, sondern gleichzeitig Sparversicherungen sind, für anrechenbar hielt, gab er dies in dem späteren Urteil (NJW 1979, 760/761 f.) auf. Nicht anrechenbar ist auch das staatliche Kindergeld, das umgekehrt aber auch bei der Berechnung der Rente nicht berücksichtigt werden darf (BGH VersR 1979, 1029).

Bei Wiederheirat des überlebenden Ehegatten entfällt der Unterhaltsschaden insoweit, als dieser vom neuen Ehegatten Unterhalt erhält (BGH VersR 1970, 522). Wird dagegen nur eine Lebensgemeinschaft eingegangen, so ist der Wert der dem oder vom Partner erbrachten Leistung nicht anzurechnen. Vielmehr müssen Einkünfte aus einer möglichen und zumutbaren Arbeitsleistung schadensmindernd berücksichtigt werden (BGH NJW 1984, 2520 = JZ 1985, 90 m. Anm. H. Lange; Becker VersR 1985, 201; Dunz VersR 1985, 509).

8. Klage auf Schmerzensgeld, Schmerzensgeldrente und Feststellung hinsichtlich des künftigen immateriellen und materiellen Schadens

An das
Landgericht[1,2]

Klage

des ...... (Klägers)
Prozeßbevollmächtigter: ......
gegen
den ...... (Beklagter)[3]
wegen

Schadensersatz

Vorläufiger Streitwert[2] für Klageantrag Ziff. I: DM 40 000,–
                für Klageantrag Ziff. II: DM 9 500,–
                für Klageantrag Ziff. III: DM 20 000,–
                                         DM 69 500,–

Namens und in Vollmacht des Klägers erhebe ich Klage und werde beantragen:

    I. Der Beklagte wird verurteilt, an den Kläger ein angemessenes Schmerzensgeld[4,5] für den Zeitraum vom 1. 2. ...... bis 30. 4. ......[6] nebst 4% Zinsen hieraus seit 1. Mai ...... zu bezahlen[7].

    II. Der Beklagte wird verurteilt, an den Kläger eine monatliche Schmerzensgeldrente[8] in Höhe von DM 250,–, ab 1. Februar ...... vierteljährlich im voraus jeweils zum 1. 2., 1. 5., 1. 8. und 1. 11. eines jeden Jahres bis 30. 4. ...... zu bezahlen.

    III. Es wird festgestellt, daß der Beklagte verpflichtet ist, dem Kläger sämtliche materiellen[9] und immateriellen[6] Schäden – letztere, soweit sie nach dem 30. 4. ...... entstehen – aus dem Unfall vom 1. 2. ...... auf der K-Straße in P. zu bezahlen, soweit die Ansprüche nicht auf Sozialversicherungsträger oder sonstige Dritte übergehen[10].

Begründung:

Der Kläger macht Schadensersatzansprüche aus einem Verkehrsunfall vom 1. 2. ...... auf der K-Straße in P. geltend. Der Beklagte ist Halter und Fahrer des unfallbeteiligten Fahrzeugs.

1. ......[11,12]

2. Durch den Unfall erlitt der am 30. 4. ...... geborene, derzeit 15jährige Kläger folgende Verletzungen:
Einen Schädelbasisbruch, ein Schädel-Hirntrauma mit Hirnblutung, Brüche des linken

8. Klage auf Schmerzensgeld, Schmerzensgeldrente und Feststellung   II. D. 8

Unterschenkels und rechten Unterarmes sowie zahlreiche Schürfungen und Prellungen am ganzen Körper.

Beweis: Gutachten des Dr. med. ...... in Anlage;
        sachverständiges Zeugnis des Dr. med. ......; Sachverständigengutachten.

Der Kläger war 5 Monate in stationärer Behandlung im Krankenhaus ...... Er schwebte 4 Wochen in Lebensgefahr. Während dieser Zeit war er bewußtlos. In den 2 Monaten danach war der Kläger nahezu vollständig erblindet. Danach besserte sich das Sehvermögen langsam. Seit etwa 5 Monaten nach dem Unfall ist das Sehvermögen auf beiden Augen etwa zu 50% eingeschränkt und das Gesichtsfeld stark verengt. Die übrigen Verletzungen waren etwa 3 Monate nach dem Unfall abgeklungen und folgenlos verheilt.

Beweis: Gutachten des Dr. med. ...... in Anlage;
        sachverständiges Zeugnis des Dr. med. ......; Sachverständigengutachten.

Der Kläger wird aller Wahrscheinlichkeit nach immer unter einer Einschränkung des Sehvermögens leiden. Eine abschließende gutachterliche Beurteilung ist erst bei Vollendung des 18. Lebensjahres des Klägers möglich.

Beweis: Gutachten des Dr. med. ...... in Anlage;
        sachverständiges Zeugnis des Dr. med. ......; Sachverständigengutachten.

Der Kläger ist Schüler. Er besucht das Gymnasium ...... Durch die Einschränkung des Sehvermögens wird der Kläger besonders betroffen, da ...... Der Kläger stellt die Höhe des Schmerzensgeldes zwar in das Ermessen des Gerichts. Er ist jedoch der Auffassung, daß ein Schmerzensgeld für die Zeit vom 1. 2. ...... bis 30. 4. ......[6] in Höhe von mindestens DM 40 000,– angemessen ist[4], auch in Relation zu der beantragten Schmerzensgeldrente[8,13]. Dem Kläger steht neben dem Schmerzensgeldantrag eine Rente zu, da die dauernde Einschränkung seines Sehvermögens für ihn eine ständige Beeinträchtigung der Lebensfreude darstellt[8]. Nachdem die weitere Entwicklung der Verletzungen erst mit Vollendung des 18. Lebensjahres abgesehen werden kann, ist der Kläger berechtigt, sowohl das Schmerzensgeld als auch die Rente vorläufig auf diesen Zeitpunkt zu beschränken[6]. Der Feststellungsantrag ist zulässig, da die Entwicklung nach dem 30. 4. ...... noch nicht übersehbar ist[6].

Anmerkungen

1. Neben dem allgemeinen Gerichtsstand (§§ 12–19 ZPO) ist der Gerichtsstand der unerlaubten Handlung gegeben (§ 32 ZPO).

2. Die sachliche Zuständigkeit bemißt sich nach dem Streitwert. Beim Streitwert des Klageantrags Ziff. I setzt das Gericht nicht die vom Kläger etwa genannte Mindestsumme, sondern die nach dem Klagevortrag objektiv angemessene Summe fest (*Baumbach/Lauterbach/Albers/Hartmann* Anh. § 3 ZPO Rdn. 99f. mwN.). Der Kläger kann auch einen Gesamtstreitwert angeben, aus dem sich dann der Streitwert für den Antrag Ziff. I ermitteln läßt. Hinsichtlich des Antrags Ziff. II ist der Gebührenstreitwert angegeben (vgl. Form. II. D. 7 Anm. 4). Er errechnet sich im vorliegenden Fall aus dem Gesamtbetrag der Rente (38 × DM 250,–), da dieser Betrag niedriger ist als der 5-fache Jahresbetrag (§ 17 Abs. 2 GKG). Gleiches gilt im vorliegenden Fall für den Zuständigkeitsstreitwert (§ 9 S. 2 ZPO), da der Gesamtbetrag der Bezüge niedriger als die in § 9 S. 1 ZPO angegebenen Maßstäbe liegt. Bei Antrag Ziff. III ist der voraussichtliche Schaden zu schätzen und ein Abschlag von 20% zu machen, da es sich um einen Feststellungsantrag handelt. Die einzelnen Streitwerte sind zu addieren (§ 5 ZPO).

3. Bei Schmerzensgeldklagen aus Verkehrsunfällen ist zu beachten, daß der vom Fahrer verschiedene Halter nicht haftet, da für die Anspruchsgrundlage des § 7 Abs. 1 StVG we-

gen § 11 StVG ein Schmerzensgeldanspruch nicht gegeben ist (vgl. auch Form. D. II. 5 Anm. 4). Allerdings kann im Ausnahmefall Schmerzensgeld trotz fehlenden Verschuldens geltend gemacht werden (BGH NJW 1995, 452).

4. Auch der unbezifferte Schmerzensgeldantrag genügt den Voraussetzungen des § 253 Abs. 2 Nr. 2 ZPO, wenn die tatsächlichen Grundlagen für die nach § 287 ZPO vorzunehmende Schätzung mit der Klage vorgetragen werden (vgl. BGH NJW 1992, 311; NJW 1974, 1551 = MDR 1974, 1000 = LM Nr. 53 zu § 253 ZPO). Hierzu gehören ua. Angaben über das Ausmaß und den Umfang der Verletzungen, die Dauer einer (stationären) ärztlichen Behandlung sowie der Arbeitsunfähigkeit, der verbleibenden Einschränkung usw. (vgl. auch Anm. 5). Darüberhinaus muß für die Zulässigkeit die ungefähre Größenordnung angegeben werden, wofür die Angabe eines Streitwerts genügen kann (vgl. BGH NJW 1982, 340; BGH NJW 1984, 1807; BGH VersR 1984, 739). Die anfängliche Unzulässigkeit einer Klage auf Zahlung eines gänzlich in das Ermessen des Gerichts gestellten Schmerzensgeldes kann nachträglich, sogar in der 2. Instanz, durch Konkretisierung der Höhe des Schmerzensgeldes geheilt werden (OLG Köln VersR 1985, 844).
Der Antrag auf unbeziffertes Schmerzensgeld kann Nachteile für den Kläger haben. Zwar kann der Kläger seine Vorstellungen über die Größenordnung auch in der Klagebegründung nennen. Unterläßt er dies jedoch, so fehlt es für ein Rechtsmittel an der Beschwer (BGH NJW 1992, 311; VersR 1974, 1182). Für die Angabe der Größenordnung reicht es nicht aus, daß aus dem angegebenen Streitwert oder den eingezahlten Gerichtskosten auf einen bestimmten Betrag geschlossen werden kann (BGH aaO.). Auch eine negative Angabe wie die, ein bestimmter vom Beklagten angebotener Betrag stehe außer jeder Diskussion, genügt nicht (BGH aaO.). Begehrt der Kläger ein „angemessenes, empfindliches Schmerzensgeld", ohne Angaben zu dessen Größenordnung zu machen, so fehlt ihm ebenfalls die für eine Berufung erforderliche Beschwer, wenn ihm auf der Grundlage seines Sachvortrags ein mit diesem nicht schlechthin unvereinbares Schmerzensgeld zugesprochen wird (OLG Köln MDR 1988, 62).
Eine Besonderheit besteht für den Antrag des Beklagten (Berufungsklägers) für die Berufungsinstanz: Nach einer Entscheidung des OLG Düsseldorf (VersR 1987, 203) kann der Beklagte in zweiter Instanz beantragen, daß das zuerkannte Schmerzensgeld „angemessen herabgesetzt" wird. Allerdings muß er in diesem Fall dem Berufungsgericht einen Sachverhalt unterbreiten, der die Bemessungsgrundlagen hinreichend deutlich macht. Dieser Antrag kann wiederum Kostenvorteile für ihn hinsichtlich der zweiten Instanz haben.
Gibt der Kläger einen Mindestbetrag oder die Größenordnung für das Schmerzensgeld im Antrag oder in der Klagbegründung an, so muß er mit einer teilweisen Klageabweisung mit der Kostenfolge des § 92 Abs. 1 ZPO rechnen. Das Gericht „kann" jedoch nach § 92 Abs. 2 ZPO die Kosten der anderen Partei auferlegen, „wenn der Betrag der Forderung der anderen Partei von der Festsetzung durch richterliches Ermessen ...... abhängig war". Dabei ist entscheidend, ob sich der Mindestbetrag im Verhältnis zum zugesprochenen Betrag in vertretbaren Grenzen hält (vgl. OLG München VersR 1985, 601; *Baumbach/ Lauterbach/Albers/Hartmann* § 92 Rdn. 52 f.). Der Vorteil des unbezifferten Antrags mit Mindestsumme besteht darin, daß das Gericht ein höheres Schmerzensgeld festsetzen kann und bei niedrigerem Betrag die Kostenentscheidung nach § 92 Abs. 2 ZPO ergehen kann. Für ein Rechtsmittel fehlt es an der Beschwer, wenn das Gericht den Mindestbetrag zuspricht. Zur Berücksichtigung eines eventuellen Mitverschuldens im Antrag vgl. Anm. 5.

5. Zur Bemessung des Schmerzensgeldes und zur Funktion des Schmerzensgeldes vgl. zB. *Hacks/Ring/Böhm*, Schmerzensgeldbeträge, 16. Aufl. 1993; *Geigel*, Der Haftpflichtprozeß, 21. Aufl. 1993, Kap. 7 Rdn. 1 ff. mwN.; *Slizyk*, Beck'sche Schmerzensgeldtabelle, 2. A., 1994; *Wussow/Küppersbusch* Rdn. 196 ff. Ein Mitverschulden des Verletzten ist bei der Bemessung des Schmerzensgeldes als einer von vielen Faktoren zu berücksichtigen, sodaß sich das Schmerzensgeld nicht einfach nach dem jeweiligen Haftungsanteil verringert. Bei Mitverschulden von zB. $\frac{1}{3}$ kann der Verletzte deshalb dennoch ein „angemesse-

nes" Schmerzensgeld verlangen. Möglich ist allerdings auch folgender Antrag: „... unter Berücksichtigung einer Mithaftung von ⅓ ein angemessenes Schmerzensgeld ..." Dieser Antrag muß jedoch nicht – auch nicht um die Kostenfolgen einer teilweisen Klagabweisung zu vermeiden – gestellt werden. Soweit sich aus der Klagbegründung das Mitverschulden des Klägers als Bemessungsfaktor für das Schmerzensgeld ergibt, kann nicht von einem teilweisen Unterliegen iS. § 92 Abs. 1 S. 1 ZPO gesprochen werden.

6. Der Antrag auf Schmerzensgeld nach Ziff. I kann auf einen bestimmten Zeitpunkt, zB. vom Unfall bis zur ersten Operation, beschränkt werden. In diesen Fällen ist der Feststellungsantrag Ziff. III hinsichtlich des künftigen immateriellen Schadens zulässig. Eine derartige Beschränkung des Schmerzensgeldanspruchs auf eine bestimmte Zeitspanne läßt die Rechtsprechung zu, wenn die künftige Entwicklung noch nicht überschaubar ist (vgl. zB. OLG Oldenburg NJW-RR 1988, 615; OLG Karlsruhe VersR 1971, 1068 und auch OLG Celle VersR 1973, 60; zum Feststellungsinteresse vgl. auch BGH NJW-RR 1989, 1367). Der Feststellungsantrag Ziff. III hinsichtlich des immateriellen Schadens ist dagegen dann unzulässig, wenn der Schmerzensgeldantrag Ziff. I nicht zeitlich beschränkt wird (OLG Celle aaO.). Zum Feststellungsinteresse vgl. iü. Form. II. D. 13 Anm. 8. Der Feststellungsantrag ist schon deshalb zulässig, weil im voraus kein Anspruch auf Schmerzensgeld wegen künftiger Operationen besteht, deren Durchführung nicht gewiß ist (OLG Köln VersR 1987, 361). Dies bestätigt BGH (VersR 1995, 471) für weiteres Schmerzensgeld trotz Rechtskraft eines Urteils. Wird in Fällen der Gesundheitsbeschädigung beantragt, „sämtliche Schäden" oder „jeden weiteren Schaden" zu erstatten, so sind damit materielle und immaterielle Schäden erfaßt (vgl. Form. II. D. 5 Anm. 9).

7. Seit dem 1. 7. 1990 ist der Anspruch übertragbar, pfändbar und vererblich, so daß das wegen § 847 Abs. 1 S. 2 BGB aF. früher erforderliche „Wettrennen mit dem Tode" bei lebensbedrohenden Verletzungen obsolet geworden ist.

8. Regelmäßig steht dem Geschädigten nur ein bestimmter Schmerzensgeldbetrag zu. In besonders schwerwiegenden Fällen kommt jedoch auch statt des Schmerzensgeldbetrages eine Schmerzensgeldrente in Frage. Der BGH (Z 18, 149 = NJW 1955, 1675; NJW 1957, 383) hält eine Schmerzensgeldrente für gerechtfertigt, wenn außergewöhnliche Umstände vorliegen, wie etwa anhaltende Schmerzen, die Notwendigkeit wiederholter, schmerzhafter und in ihrem Erfolg ungewisser ärztlicher Eingriffe oder auch die drohende Gefahr weiterer unfallbedingter Spätschäden und schließlich auch bei Einschränkung der Lebensfreude bei Beeinträchtigung eines wichtigen Gliedes. Der Schädiger kann dem Geschädigten die Rente aber nicht aufdrängen (OLG Schleswig VersR 1992, 462).

Schließlich können auch Schmerzensgeldbetrag und Schmerzensgeldrente nebeneinander beansprucht werden, wobei allerdings beide Beträge in einem ausgewogenen Verhältnis zueinander stehen müssen und die Schmerzensgeldsumme niedriger als bei ausschließlicher Zahlung des Schmerzensgeldes sein muß. Im Einzelfall kann aber auch ein Schmerzensgeld von DM 300.000,– zusammen mit einem monatlichen Pflegegeld (hier: DM 1800,–) vertretbar sein (BGH VersR 1986, 59). In den Fällen einer Unfallneurose kann auch Dritten ein Schmerzensgeldanspruch zustehen (BGH VersR 1986, 240). Zur Höhe von Rente und Schmerzensgeld vgl. die Beispiele bei *Hacks* lfd.-Nr. 1269 ff. Zur Problematik der Rente vgl. auch *Ciupka* VersR 1976, 226. Möglich ist es auch, Schmerzensgeld für einen bestimmten Zeitabschnitt als Kapitalabfindung und danach als Rente geltend zu machen (vgl. BGH NJW 1959, 1039). Für Veränderungen der Rente ist die Abänderungsklage nach § 323 ZPO gegeben. Eine Feststellungklage, gerichtet auf den gleichen Sachverhalt, ist unzulässig (vgl. BGH NJW 1961, 871). Zur Abänderungsklage vgl. Form. I. P. 4. Zur Beschwer, wenn der Kl. im Klagantrag Zahlung einer Geldrente, hilfsweise Kapitalabfindung verlangt und das Gericht dem Hilfsantrag stattgibt, vgl. BGH VersR 1984, 739. Die Rente kann vierteljährlich im voraus verlangt werden (vgl. Form. II. D. 6 Anm. 7).

9. Das nach § 256 ZPO erforderliche Feststellungsinteresse ist gegeben, wenn die künftige Entwicklung noch nicht zu übersehen ist, zB. ob der Kläger völlig arbeitsunfähig wer-

II. D. 9 II. D. Unerlaubte Handlung, Gefährdungshaftung, Verkehrsunfälle

den wird und im Zusammenhang damit weitere, von der Geldrente unabhängige Schäden entstehen werden (vgl. auch Form. II. D. 13 Anm. 8 und oben Anm. 6). Es besteht auch schon dann, wenn der Schädiger das Bestehen des Anspruchs bestreitet und Verjährung droht (BGH VersR 1989, 1055). Begründet ist der Antrag, wenn „eine nicht eben entfernt liegende Möglichkeit künftiger Verwirklichung der Schadensersatzpflicht durch Auftreten weiterer, bisher noch nicht erkennbarer und voraussehbarer Leiden besteht. Das trifft bei schwereren Verletzungen in aller Regel zu. Der Feststellungsanspruch kann in Fällen dieser Art nur verneint werden, wenn aus der Sicht des Klägers bei verständiger Beurteilung kein Grund besteht, mit Spätfolgen immerhin zu rechnen; es ist nicht erforderlich, daß der Kläger von den späteren Schäden eine bestimmte Vorstellung hat" (BGH aaO).

10. Vgl. Anm. 6, 7 zu Form. II. D. 1.

11. Zum Vortrag des Sachverhalts vgl. zB. Form. II. D. 6, Begründung zu Ziff. 1. Materiellrechtliche Grundlage für einen Anspruch auf Ersatz des immateriellen Schadens kann neben den in § 847 Abs. 1, 2 BGB genannten Fällen auch die Verletzung des allgemeinen Persönlichkeitsrechtes sein (zu den Voraussetzungen vgl. *Palandt/Thomas* § 823 Rdn. 175 ff. m. Nachw.).

12. Die Schilderung des Unfallhergangs ist auch bei unstreitigem Alleinverschulden des Beklagten erforderlich, da im Rahmen der Genugtuungsfunktion auch der Grad des Verschuldens und der Anlaß des Unfalls zu berücksichtigen sind (BGHZ 18, 149 = NJW 1955, 1675).

13. Vgl. zur Höhe des Schmerzensgeldes und der Rente vgl. Anm. 5; zum Mitverschulden eines nicht angeschnallten Pkw-Insassen und zum Anscheinsbeweis dafür vgl. BGH NJW 1991, 230.

9. Erstes außergerichtliches Schreiben bei Verkehrsunfall[1]

An die
......-Versicherungs-AG[2,3,4,5]
Postfach 830
Düsseldorf[6]

Betr.: Kraftfahrzeug-Haftpflichtschaden v. 4. 10. ....;
     Ihr Versicherungsnehmer: Adam Müller, Frankfurter Straße 20,
     7000 Stuttgart; Versicherungsschein-Nr. ......[2]
     Kennzeichen des Fahrzeugs: ......[2]

Sehr geehrte Damen und Herren,
in einer Verkehrsunfallsache vom 4. 10. ...... gegen 10 Uhr in Stuttgart auf der Theodor-Heuss-Straße vertrete ich

   Herrn Bertram Schmid, Heilbronner Straße 18, Stuttgart.

Fotokopie der auf mich lautenden Vollmacht[7] ist beigefügt. Ich bin beauftragt, die Schadensersatzansprüche meines Mandanten geltend zu machen. Der Unfall wurde von Ihrem Versicherungsnehmer, der mit seinem Pkw mit dem Kennzeichen S–AK 370 fuhr, verschuldet. Er ereignete sich wie folgt[8]: ......
Der Pkw meines Mandanten mit dem Kennzeichen S–KA 730, ein Opel Kadett, Baujahr ......, 10 000 km Fahrleistung, wurde wie folgt beschädigt: ......
Durch Sachverständigengutachten wird derzeit geklärt, ob wirtschaftlicher Totalschaden vorliegt. Die Schadensersatzansprüche werde ich im einzelnen beziffern, sobald das Gut-

achten und die weiteren Unterlagen vorliegen. Einstweilen bitte ich um Prüfung und Bejahung Ihrer vollen Einstandspflicht. Für Ihre Stellungnahme habe ich mir den

25. Oktober ......

vorgemerkt. Nach vorläufigen Angaben des Sachverständigen beträgt der Fahrzeugschaden mindestens DM 8000,–. Mein Mandant ist nicht in der Lage, diesen Betrag ohne Kreditaufnahme zu bezahlen[9]. Sollte ein entsprechender Vorschuß nicht bis

25. Oktober ......

entweder bei mir oder bei meinem Mandanten eingegangen sein, müßte mein Mandant Kredit aufnehmen. Die Kreditkosten würde ich Ihnen zu gegebener Zeit in Rechnung stellen.

Zu Ihrer Information teile ich schon jetzt mit, daß mein Mandant als Angestellter nicht zum Vorsteuerabzug berechtigt ist und daß keine Vollkaskoversicherung besteht. Der Haftpflichtversicherer ist die ......

Bei dem Unfall wurde mein Mandant verletzt. Er erlitt eine Gehirnerschütterung und eine Verstauchung der Halswirbelsäule. Mein Mandant war zunächst im Städtischen Krankenhaus Stuttgart stationär für 3 Tage in Behandlung. Behandelnder Arzt war Herr Dr. ...... Danach wurde die Behandlung durch den Hausarzt Dr. ...... fortgesetzt. Die behandelnden Ärzte werden von ihrer Schweigepflicht befreit. Ich darf Sie bitten, bei den Ärzten Berichte anzufordern, mir dies zu bestätigen und die Berichte nach Vorliegen in Fotokopie zu übersenden. Des weiteren bitte ich, einen angemessenen Schmerzensgeldvorschuß[10] zu überweisen. Auch insoweit habe ich mir das obige Datum für die Erledigung vorgemerkt.

Hochachtungsvoll
Rechtsanwalt

Schrifttum: Becker/Böhme, Kraftverkehrs-Haftpflicht-Schäden, 18. Aufl., 1992; *Geigel,* Der Haftpflichtprozeß, 21. Aufl., 1993; *Hacks/Ring/Böhm,* Schmerzengeldbeträge, 16. Aufl., 1993; *Peter,* Verkehrsunfallrecht, Diktat- und Arbeitsbuch für Rechtsanwälte, Loseblattsammlung; *Sanden/Voeltz,* Sachschadenrecht des Kraftverkehrs, 5. Aufl., 1986; *Wussow/Küppersbusch,* Ersatzansprüche bei Personenschäden, 5. Aufl., 1990.

Anmerkungen

1. Adressat des Schreibens ist im Regelfall die Haftpflichtversicherung für das Fahrzeug des Schädigers (zur Ermittlung der Gesellschaft vgl. Anm. 2). Möglich aber unzweckmäßig ist es, den Schädiger selbst anzuschreiben, da hierdurch Verzögerungen eintreten können und das spätere Vorgehen gegen ihn Vollstreckungsprobleme mit sich bringen kann. Ein rechtskräftiges Urteil gegen ihn (z.B. Versäumnisurteil) wirkt i.ü. nicht gegen die Haftpflichtversicherung, weshalb die Kosten des Verfahrens von dieser auch dann nicht zu erstatten sind, wenn sie später zu 100% den Schaden reguliert bzw. regulieren muß (vgl. i.e. §§ 158d, e VVG).

Besteht für das Fahrzeug keine Haftpflichtversicherung, so können die Ansprüche bei dem Verein Verkehrsopferhilfe e.V., Glockengießerwall 1, 20095 Hamburg, (Tel. 040/ 321071) geltend gemacht werden. Diesem vom HUK-Verband gegründeten Verein wurde durch Verordnung vom 14. 12. 1965 (BGBl. I S. 2093) die Stellung eines Entschädigungsfonds übertragen. Rechtsgrundlage für die Regulierung ist § 12 PflVG, der durch das auch von der Bundesrepublik Deutschland ratifizierte Europäische Abkommen vom 20. 4. 1959 (Straßburger Abkommen) in das PflVG am 5. 4. 1965 (BGBl. I S. 213) aufgenommen wurde (vgl. zum Ganzen: *Becker/Böhme,* Kraftverkehrs-Haftpflicht-Schäden, Rdn. 1060ff.). Der Verein haftet nur subsidiär (§ 12 Abs. 1 S. 2 PflVG). Schäden durch unversicherte Fahrzeuge und bei vorsätzlicher Handlung des Verursachers reguliert die Verkehrsopferhilfe, wie wenn der Schädiger mit der gesetzlichen Mindestdeckungssumme (bis zu DM 1 000 000,– für Personenschäden, bei mehreren Verletzten bis zu DM 1 500 000,– und für Sachschäden bis DM 400 000,–) versichert wäre. Hat der Schädiger „Unfallflucht" begangen und kann er nicht ermittelt werden, so kann ebenfalls eine (teilweise) Regulierung durch den Verein Verkehrsopferhilfe e.V. in Frage kommen. Allerdings werden hier Schäden am Fahrzeug nicht ersetzt. Sonstige Sachschäden (Kleidung, Ladung, Gepäck) sind erstattungsfähig, soweit sie DM 1000,– übersteigen. Für Personenschäden steht die Verkehrsopferhilfe bis zur Höchstsumme von DM 1 500 000,– ein. Die Zahlung von Schmerzensgeld kommt jedoch nur in Ausnahmefällen in Frage, nämlich dann, wenn dies wegen der bestehenden Schwere der Verletzung zur Vermeidung einer groben Unbilligkeit erforderlich ist (zur Beweislast und zum Anscheinsbeweis vgl. LG Krefeld VersR 1986, 270).

Neben der außergerichtlichen Tätigkeit gegenüber der Haftpflichtversicherung des Gegners berät der Rechtsanwalt seinen Mandanten darüber, daß dieser andere Versicherer informieren sollte: Die evtl. vorhandene Kaskoversicherung, die eigene Haftpflichtversicherung, falls an die Möglichkeit der Mithaftung – ggfs. aus Betriebsgefahr – gedacht werden muß, die Rechtsschutzversicherung, die Insassen-Unfallversicherung, eine etwa bestehende private Unfall- oder Lebensversicherung, die gesetzliche oder private Krankenversicherung, die gesetzliche Renten- oder Unfallversicherung. Ebenso empfiehlt sich ein Hinweis darauf, daß der Mandant seinen Arbeitgeber informieren sollte.

Die Information der Rechtsschutzversicherung des Geschädigten sollte der Rechtsanwalt übernehmen. Es ist sinnvoll, das erste Anspruchsschreiben an die gegnerische Haftpflichtversicherung und eine etwaige Vertretungsanzeige im Bußgeldverfahren bzw. ein Aktengesuch in Abschrift hier mitzuschicken. Darüber hinaus sollte gleichzeitig um Deckungszusage sowohl für die Geltendmachung von Schadensersatzansprüchen als auch in einem etwaigen Bußgeldverfahren oder Strafverfahren nachgesucht werden. Zum Ersatz von Anwaltskosten durch die Rechtsschutzversicherung vgl. *Chemnitz* AnwBl. 1987, 69.

2. Für die Ermittlung des zuständigen Haftpflichtversicherers gibt es – wenn die Polizei ausnahmsweise keine Feststellungen getroffen hat – zwei Möglichlichkeiten. Beidesmal ist Voraussetzung, daß das Kennzeichen des Schädigerfahrzeugs bekannt ist. Zunächst kann man sich an den Zentralruf der Autoversicherer telefonisch wenden. Er ist in folgenden Städten erreichbar: Aachen, Berlin, Dortmund, Essen, Frankfurt, Hamburg, Hannover, Köln, Mannheim, München, Nürnberg, Saarbrücken, Stuttgart. Wichtig ist, daß der Unfalltag angegeben wird. Da der Zentralruf nur über kurze Zeit – wohl einen Monat – zurück Auskunft erteilen kann, muß gelegentlich die zweite Möglichkeit genutzt und die Zulassungsstelle für das betreffende Fahrzeug angeschrieben werden, die gegen Gebühr Auskunft erteilt. Dazu sind sie verpflichtet, sobald ein Verkehrsteilnehmer im Straßenverkehr geschädigt worden ist. Ein wirtschaftliches Anliegen (Unfallschaden) ist als Begründung des „berechtigten Interesses" ausreichend (BVerwG NJW 1986, 2329). Die Gesichtspunkte des Datenschutzes treten demgegenüber zurück. Entsprechendes gilt auch für Auskünfte durch den Zentralruf.

3. Ist zwar der Unfall im Inland passiert, jedoch der Schädiger im Ausland versichert, so muß nicht mit der ausländischen Versicherung korrespondiert werden. Der Schaden kann vielmehr beim „Deutschen Büro Grüne Karte e.V." Glockengießerwall 1, 20095 Hamburg angemeldet werden (vgl. zum Ganzen: *Geigel*, Kap. 27 Rdn. 26 ff.). Dieses benennt und beauftragt eine inländische Versicherungsgesellschaft. Die Gesellschaft nimmt dann die Regulierung vor. Voraussetzung für die Regulierung ist, daß Name und Anschrift des Schädigers, das amtliche Kennzeichen des Fahrzeugs und möglichst auch die ausländische Gesellschaft sowie die Versicherungsscheinnummer genannt werden. Zweckmäßig im Hinblick auf die Beschleunigung der Regulierung ist die Vorlage der grünen oder rosaroten Versicherungskarte. Für die Regulierung gilt bezüglich der Anwaltskosten das DAV-Ab-

9. Erstes außergerichtliches Schreiben bei Verkehrsunfall   II. D. 9

kommen (vgl. hierzu Form. II.D.10 Anm. 19) ebenfalls, wenn die regulierende Gesellschaft ihm angeschlossen ist.

4. Die Regulierung von Unfällen im Ausland nimmt ausschließlich die ausländische Versicherungsgesellschaft vor (vgl. zum Ganzen: *Geigel*, Kap. 27 Rdn. 26 ff.). Wegen der recht unterschiedlichen gesetzlichen Regelungen und der gelegentlich langwierigen Regulierung empfiehlt sich oft die Einschaltung eines ausländischen Rechtsanwalts. Die Rechtsschutzversicherer geben eine Liste der mit ihnen zusammenarbeitenden deutschsprachigen Rechtsanwälte heraus und haben zum Teil auch Merkblätter hinsichtlich des ausländischen Rechts.

5. Für die Regulierung von Schäden, die durch die in der BRep. stationierten ausländischen Streitkräfte oder deren Mitglieder verursacht wurden, ist das jeweilige Amt für Verteidigungslasten zuständig, das bei Regierungspräsidien, Landratsämtern oder Städten bestehen kann. Die Ansprüche richten sich gegen den Entsendestaat. Dies gilt jedoch nur für Ansprüche aus dienstlichen Handlungen oder Unterlassungen einer Truppe oder deren Mitgliedern, in praxi also in der Regel für Militärfahrzeuge (Dienstfahrzeuge). Zu beachten ist hier, daß die Ansprüche nach Art. 6 AG zum NATO-Truppenstatut innerhalb einer Frist von 3 Monaten von dem Zeitpunkt an geltend zu machen sind, in dem der Geschädigte von dem Schaden und den Umständen Kenntnis erlangt hat, aus denen sich ergibt, daß der Entsendestaat einer Truppe rechtlich verantwortlich ist. Soweit es sich um Ansprüche aus Gefährdungshaftung handelt, gilt auch hier die kürzere Frist von 2 Monaten (§ 15 StVG; vgl. hierzu Form. II. D. 16 Anm. 6). Bei Unfällen mit Privatfahrzeugen von Mitgliedern einer Truppe richten sich die Ansprüche gegen den Fahrzeughalter und -führer sowie den Haftpflichtversicherer. Dieser kann – nicht über die Kraftfahrzeugzulassungsstelle – über das zuständige Amt für Verteidigungslasten nach Angabe des Kennzeichens und des Unfalltags erfragt werden.

6. Zuständig für die Regulierung sind meist nicht die Zentralen der Versicherungen, sondern regionale Schadenbüros, die sich durch Anruf bei der Zentrale oder beim zuständigen Versicherungsvertreter ermitteln lassen.

7. Vorlage der Vollmacht wegen der Berechtigung zum Inkasso ist zweckmäßig.

8. Hier folgt die genaue Unfallschilderung, vgl. z. B. Form. II.D.13.

9. Die Ankündigung der Kreditaufnahme und die Einräumung der Möglichkeit zur Zahlung eines Vorschusses ist Voraussetzung für die Erstattung etwaiger späterer Kreditkosten (BGH NJW 1974, 36; OLG Karlsruhe NVZ 1989, 23; LG Nürnberg-Fürth VersR 1969, 577; LG Bielefeld NJW 1972, 1985).

10. Ein Vorschußanspruch besteht an sich nicht, vielmehr kann ein Anspruch auf das Schmerzensgeld selbst geltend gemacht werden. Dennoch sollte bereits in diesem frühen Stadium ein Vorschuß angefordert werden, der von den Versicherungen häufig auch bezahlt wird.

10. Anspruchsschreiben an gegnerische[1] Haftpflichtversicherung bei Verkehrsunfall (Reparaturkostenfall)[2]

An die
..... Versicherungs-AG
Postfach 830
40332 Düsseldorf

Betr.: Schaden-Nr. KH 620/372/86 – Müller ./. Maier[3]

Sehr geehrte Damen und Herren,
in dieser Sache nehme ich Bezug auf mein Legitimationsschreiben vom ...... und Ihr Schreiben vom ...... In der Anlage übersende ich wunschgemäß einen Aktenauszug[4] aus der Bußgeldakte der Stadt Stuttgart. Daraus entnehmen Sie, daß Ihren Versicherungsnehmer das Alleinverschulden an dem Unfall trifft und der Unfall für meinen Mandanten unabwendbar i.S. § 7 Abs. 2 StVG war: ......
Die Schadensersatzansprüche[5] meines Mandanten beziffere ich wie folgt:

1. Das Fahrzeug meines Mandanten wurde folgendermaßen beschädigt: ...... Die Reparaturkosten[6,7] betragen nach der in Fotokpopie beigefügten Rechnung — DM 6532,17.

2. Geltend gemacht werden ferner die Gutachterkosten[8] in Höhe von — DM 423,46. Eine Fotokopie der Rechnung füge ich bei.

3. Weiter wird Nutzungsausfall[9] für die Reparaturdauer[10] von 10 Tagen (vgl. Reparaturrechnung) geltend gemacht, da es sich um einen Pkw BMW 325i handelt, in Höhe von DM 99,–[11] je Tag, also — DM 990,–.

4. Beansprucht wird ferner eine Wertminderung[12]. Das Fahrzeug meines Mandanten wurde am ...... erstmals zugelassen und hatte zum Unfallzeitpunkt eine Fahrleistung von ca. ...... km. Im Hinblick auf den Wiederbeschaffungswert des Pkw und die Reparaturkosten[13] ist eine Wertminderung in Höhe von — DM 400,– angemessen.

5. Wegen der Beschädigung war das Kraftfahrzeug meines Mandanten nicht mehr fahrbereit. Die Abschleppkosten[14] betragen gemäß in Fotokopie beigefügter Rechnung — DM 312,30.

6. Zur Bezahlung der Reparaturrechnung mußte mein Mandant Kredit aufnehmen. Die Kreditkosten[15] einschließlich Zinsen bis ...... betrugen — DM 150,–.

7. Durch verschiedene Telefonate mit der Werkstatt, dem Unterzeichneten und der Polizei sowie durch Fahrten zur Reparaturwerkstätte u.ä. entstanden meinem Mandanten Unkosten[16], die pauschal mit beziffert werden. — DM 50,–
   DM 8857,93

8. Die durch meine Inanspruchnahme entstandenen Rechtsanwaltskosten[17] beziffere ich wie folgt:
   Gegenstandswert[18]: DM 8857,93.

15/10 Gebühr gemäß DAV-Abkommen[19,20]	DM 810,–	
Unkostenpauschale gem. § 26 BRAGO	DM 40,–	
12 Fotokopien	DM 12,–	
	DM 862,–	
15% Mehrwertsteuer	DM 129,30	DM 991,30

10. Anspruchsschreiben an gegnerische Haftpflichtversicherung   II. D. 10

    Hinzu kommen die Kosten für den Aktenauszug[4]
Gebühr	DM 50,–	
10 Fotokopien	DM 10,–	
	DM 60,–	
15% Mehrwertsteuer	DM 9,–	DM 69,–
9. Ich darf Sie bitten, den Gesamtbetrag von		DM 9918,23

auf eines meiner Konten zu bezahlen.
Für die Erledigung habe ich mir den
                      16. November ......
vorgemerkt.

                                                        Hochachtungsvoll
                                                        Rechtsanwalt

Anmerkungen

1. Mit der Haftpflichtversicherung des Mandanten muß an sich nicht korrespondiert werden. Dennoch schadet es nichts, wenn der Rechtsanwalt diese gemäß dem Form. D. 12 informiert.

2. Vgl. zunächst Form. D. 9 und die dortigen Anm. 1–10. Dargestellt wird hier ein Reparaturkostenfall mit den dabei vorkommenden Schadenspositionen (zur Abrechnung bei Totalschaden vgl. Form. II. D. 13 und zur Abrechnung bei Inanspruchnahme der eigenen Vollkaskoversicherung bei Mitverschulden oder Mithaftung vgl. Form. II. D. 15).

3. Die Angabe der Parteien empfiehlt sich, damit die Versicherung diese Angaben wiederholt. Anderenfalls können Probleme bei der Einordnung der Sache im eigenen Büro auftreten.

4. Fordert die Versicherung einen Aktenauszug an, so ist der Rechtsanwalt berechtigt, hierfür nach einer Empfehlung des HUK-Verbandes seit 1. 1. 1991 pauschal DM 50,– und für jede Kopie DM 1,– zuzüglich Mehrwertsteuer zu berechnen. Für eine Ergänzung des Auszugs fallen seit 1. 1. 1991 weitere DM 25,– und je Kopie DM 1,– zuzüglich Mehrwertsteuer an. Hinsichtlich der Kopien gilt § 27 BRAGO.

5. Zum Personenschaden, insbesondere zum Erwerbsschaden, Schmerzensgeld und zur Rente vgl. Form. II. D. 6, 8. Zu Ansprüchen bei Tötung vgl. Form. II. D. 7. Hinsichtlich der Schadensberechnung bei Totalschaden vgl. Form. II. D. 13. Zur Geltendmachung des Schadensfreiheitsrabatts als Schadensposition vgl. Form. II. D. 14. Probleme können sich bei Leasing ergeben. Hier kann der Leasingnehmer auch hinsichtlich des Sachschadens am Fahrzeug und der Wertminderung aktivlegitimiert sein, wenn er im Leasingvertrag die Verpflichtung übernommen hat, den durch einen Dritten verursachten Schaden zu beseitigen. Andernfalls ist für diese Positionen der Leasinggeber zuständig. Dieser ist nicht Halter des Fahrzeugs (vgl. BGH NJW 1983, 1492), so daß er sich die Betriebsgefahr aus § 7 StVG nicht anrechnen lassen muß. Allerdings steht dem Schädiger hier ein Ausgleichsanspruch gegen den Leasingnehmer zu, da dieser der Halter ist. Dem Leasingnehmer stehen Ansprüche wegen Nutzungsausfalls, Mietwagenkosten und sonstiger Aufwendungen zu (vgl. i. e. *Geigel*, Kap. 28 Rdn. 170 und aus der Rechtsprechung z. B. LG Stade VersR 1987, 943).

6. Grenze für die Erstattungsfähigkeit der Reparaturkosten ist der Wiederbeschaffungswert (sog. wirtschaftlicher Totalschaden). Die Rechtsprechung hält darüber hinausgehende, tatsächlich entstandene Reparaturkosten für unverhältnismäßig (§ 251 Abs. 2 BGB) und damit für nicht erstattungsfähig, wenn sie ca. 10–30% über den Wiederbeschaffungswert hinausgehen (vgl. i. e. BGH NJW 1992, 305 und NJW 1992, 1618; *Geigel*, Kap. 4

Rdn. 6; *Sanden/Völtz*, Sachschadenrecht des Kraftverkehrs, 5. Aufl. Rdn. 109 ff.). Zur Abrechnung bei Totalschaden und zur Abrechnung bei sog. unechtem Totalschaden (Abrechnung auf Neuwagenbasis) vgl. Form. II. D. 13.

7. Die Reparaturkosten sind auch dann erstattungsfähig, wenn die Reparatur nicht oder in Eigenleistung durchgeführt wird (§ 249 S. 2 BGB; vgl. i. e. BGH NJW 1989, 3009; *Palandt/Heinrichs* § 249 Rdn. 6 ff.). Sie können auch dann verlangt werden, wenn die Instandsetzung nur teilweise durch eine Werkstatt und im übrigen in Eigenleistung durchgeführt wird (KG – 12 U 1192/84). Die auf die Reparaturkosten entfallende Mehrwertsteuer kann hier zusätzlich beansprucht werden (*Palandt/Heinrichs* § 249 Rdn. 8 ff.; vgl. sogar für die Abrechnung gegenüber der eigenen Kaskoversicherung: BGH VRS 68, 427), es sei denn, der Geschädigte ist zum Vorsteuerabzug berechtigt. Die Grenze für den Ersatz derartiger fiktiver Reparaturkosten bildet aber der Wiederbeschaffungswert abzüglich des Restwertes (BGH NJW 1993, 1850; NJW 1992, 302), wenn das Fahrzeug – was möglich ist – in unrepariertem Zustand bei der Beschaffung eines Ersatzfahrzeugs in Zahlung gegeben wird. Probleme ergeben sich in diesem Fall ferner wegen des Schadensnachweises. Meist wird ein Sachverständigengutachten erforderlich sein, dessen Kosten jedoch nur ab einer bestimmten Schadenshöhe verlangt werden können (vgl. unten Anm. 8). In Bagatellfällen sollte deshalb hier ein detaillierter Kostenvoranschlag einer Fachwerkstätte eingeholt werden. Anspruch auf Nutzungsausfall besteht des weiteren bei Abrechnung fiktiver Reparaturkosten nicht (vgl. unten Anm. 9). Auf Gutachtensbasis kann sogar dann abgerechnet werden, wenn tatsächlich repariert wird (zu den Einzelheiten vgl. BGH NJW 1989, 3009). Der Gegner kann hier allerdings substantiierte Einwendungen gegen das Gutachten vorbringen.

8. Die Sachverständigenkosten sind in der Regel erstattungsfähig, es sei denn, es liegt ein Verstoß gegen die Schadensminderungspflicht vor, was bei Bagatellschäden unter DM 1000,– der Fall sein kann (vgl. *Sanden/Völtz* Rdn. 251).

9. Nimmt der Geschädigte keinen Mietwagen (zur Erstattung der Mietwagenkosten vgl. Form. II. D. 13 Anm. 17 ff.) in Anspruch, so steht ihm nach ständiger Rechtsprechung des BGH seit 1963 eine Nutzungsausfallentschädigung zu. Voraussetzung dafür ist zunächst der Nutzungswille des Geschädigten, vor allem aber die Nutzungsmöglichkeit. Beides muß der Geschädigte im Prozeß durch Tatsachenvortrag substantiieren. Bei Krankheit oder unfallbedingter Verletzung (BGH NJW 1968, 1778) sowie bei Führerscheinentzug (BGHZ 63, 205; BGHZ 65, 173) besteht daher beim alleinnutzenden Halter kein Anspruch, es sei denn, der Pkw wäre auch von Familienangehörigen oder anderen Personen genutzt worden. Voraussetzung für die Entschädigung ist schließlich, daß das Fahrzeug wegen der Reparatur tatsächlich ausfällt, so daß bei Abrechnung der fiktiven Reparaturkosten kein Anspruch besteht (BGHZ 66, 249), ebensowenig bei Weiterveräußerung des Fahrzeugs in unrepariertem Zustand (KG VersR 1981, 553; *Sanden/Völtz* Rdn. 373a; *Geigel* Kap. 4 Rdn. 64). Umstritten und problematisch ist der Ansatz von Nutzungsausfall bei gewerblich genutzten (hierzu AG Rosenheim NJW 1985, 2954 m. Nachw.) und gemischt gewerblich bzw. privat genutzten Fahrzeugen (hierzu OLG Frankfurt NJW 1985, 2955 und ausführlich *Geigel* Kap. 4 Rdn. 70).

10. Nutzungsausfall kann für die „notwendige Reparaturzeit" beansprucht werden, Verzögerungen gehen in aller Regel zu Lasten des Schädigers, zB. auch bei Fehlleistungen der Reparaturwerkstätte (vgl. *Palandt/Heinrichs* § 249 Rdn. 2).

11. Für die Berechnung der Entschädigung legen die Gerichte heute einhellig die Tabelle von *Sanden/Danner/Küppersbusch* (derzeitiger Stand 1994; abgedruckt NJW 1994, 1131; abgedruckt auch bei *Palandt/Heinrichs* Anh. zu § 249 BGB) zugrunde. Andere Tabellen mit zum Teil höheren Werten haben sich dagegen nicht durchgesetzt. Der Zustand des Pkw ist mit zu berücksichtigen, wenn er Nutzungswert mit einem Kfz gleichen Typs nicht

mehr vergleichbar ist (BGH BB 1988, 161). Auch für Krafträder haben *Sanden/Danner* eine Tabelle erarbeitet (VersR 1989, 575).

12. Wegen eines evtl. verbleibenden merkantilen Minderwertes, der sich beim Verkauf des Fahrzeugs auswirken würde, kann trotz technisch einwandfreier Wiederherstellung des Fahrzeugs eine Wertminderung beansprucht werden. Für Pkw gelten dabei in der Regel drei Voraussetzungen: Das Fahrzeug darf nicht älter als vier bzw. fünf Jahre sein, die Fahrleistung darf nicht mehr als 100.000 Kilometer betragen und der Unfallschaden muß von einigem Gewicht sein, was in der Regel bei Schäden unter DM 1.000,– nicht der Fall ist (vgl. BGH NJW 1980, 281 auch zur Fahrleistung bei Lkw; OLG Stuttgart VersR 1978, 529; *Geigel* Kap. 4 Rdn. 30 ff.; *Palandt/Heinrichs* § 251 Rdn. 19 ff.; *Sanden/Voeltz* Rdn. 191 ff.).

13. Für die Berechnung der Wertminderung gibt es zahlreiche Formeln. In der Rechtsprechung anerkannt ist die von *Ruhkopf* und *Sahm* (vgl. i. e. *Palandt/Heinrichs* § 251 Rdn. 22 mit Tabelle und zB LG Bochum VersR 1986, 605; a. A. OLG Saarbrücken VersR 1990, 63, wonach der Schätzung durch einen Sachverständigen der Vorrang gegenüber dieser und anderen Tabellen gebührt).

14. In der Regel besteht bei nicht übermäßiger Entfernung ein Anspruch darauf, daß das Fahrzeug in die sonst beauftragte Werkstatt abgeschleppt wird. Bei weiterer Entfernung muß nicht in die nächste, beliebige Werkstätte abgeschleppt werden. Vielmehr darf die nächste, für das betreffende Fahrzeug zuständige Spezialwerkstatt angefahren werden (vgl. i. e. *Sanden/Völtz* Rdn. 242 ff.).

15. Zu den Voraussetzungen für die Erstattung von Finanzierungskosten vgl. Form. II. D. 9 Anm. 9 und *Sanden/Völtz* Rdn. 285 ff.).

16. Soweit belegbar, sind die Unkosten konkret zu erstatten. Anderenfalls kann eine – vom Gericht nach den Umständen gemäß § 287 ZPO zu schätzende – Pauschale von bisher DM 30,– bis DM 50,– geltend gemacht werden (für DM 50,– vgl. LG Augsburg ZfS 1989, 303; LG Saarbrücken ZfS 1989, 372).

17. In der Regel sind die Anwaltskosten als adäquter Schaden erstattungsfähig (z. B. OLG Stuttgart DAR 1989, 27), nur in Ausnahmefällen kann ein Verstoß gegen die Schadensminderungspflicht vorliegen, wenn die Schuldfrage eindeutig ist und/oder keine Einwendungen zu Grund und Höhe des Ersatzanspruchs geltend gemacht werden (*Sanden/Völtz* Rdn. 440 m. Nachw.). Der Umfang des Gebührenanspruchs ist in verschiedener Hinsicht problematisch (vgl. den instruktiven Aufsatz von *Chemnitz* AnwBl. 1985, 118 sowie *ders.* AnwBl. 1987, 468 und zum Ersatz der Anwaltskosten durch die Rechtsschutzversicherung des Mandanten *ders.* AnwBl. 1987, 69; zum Gegenstandswert vgl. Anm. 18; zum DAV-Abkommen und zu weiteren Problemen der Abrechnung vgl. Anm. 19; hinsichtlich der Gebühren bei Teilregulierung und anschließendem Prozeß vgl. Form. II. D. 13 Anm. 22; zu den Gebühren bei Inanspruchnahme der Vollkaskoversicherung und anschließender Regulierung des Restschadens vgl. unten Anm. 20; zum Anwaltshonorar im Passivprozeß bei Tätigkeit für „Schädiger" und Versicherer vgl. *Chemnitz* AnwBl. 1985, 118 (121 f)). In diesem Zusammenhang mit einer Klage des Gegners gegen den eigenen Mandanten und dessen Haftpflichtversicherer hat der Rechtsanwalt zu berücksichtigen, daß der Haftpflichtversicherer die Prozeßführungsbefugnis für diesen Rechtsstreit hat. Hierauf und auf die Regulierungsbefugnis des Haftpflichtversicherers muß er seinen Mandanten hinweisen (vgl. Bühren AnwBl. 1987, 13; *Chemnitz* AnwBl. 1987, 69). Er kann sich auch nicht ohne Auftrag des Versicherers im Passivprozeß als Prozeßbevollmächtigter seines Mandanten bestellen, ohne diesen darauf hingewiesen zu haben, daß bei Unterliegen oder teilweisem Unterliegen der Mandant die Kosten seiner Tätigkeit selbst zu tragen hat.

18. Seit BGH (NJW 1970, 1122) kann gegenüber dem Versicherer als Geschäftswert für die Abrechnung nicht die geltend gemachte Schadensersatzforderung, sondern nur die begründete Schadensersatzforderung bzw. der regulierte und anerkannte Betrag eingesetzt werden. Im Verhältnis zum Mandanten besteht dagegen die Berechtigung zur Abrechnung nach dem Geschäftswert der geltend gemachten Schadensersatzforderung. Findet das DAV-Abkommen (vgl. Anm. 19) Anwendung, so ist als Gegenstandswert der Erledigungsbetrag anzusetzen. Im Unterschied zu früher gilt das DAV-Abkommen heute für alle Gegenstandswerte. Zum Gegenstandswert bei vorheriger Inanspruchnahme der Vollkaskoversicherung vgl. unten Anm. 20).

19. Bei der normalen Abrechnung entsteht zunächst die Geschäftsgebühr nach § 118 Abs. 1 Nr. 1 BRAGO. Eine Vergleichsgebühr fällt auch dann nicht an, wenn der Versicherer im Verlaufe der Korrespondenz höhere Zahlungen leistet (BGH NJW 1970, 1122). Findet eine Besprechung bzw. Verhandlung mit dem Versicherer statt, so entsteht die Besprechungsgebühr nach § 118 Abs. 1 Nr. 2 BRAGO. Wird eine Vereinbarung abgeschlossen, so entsteht die Vergleichsgebühr nach § 23 BRAGO. Vertritt der Rechtsanwalt mehrere Auftraggeber, so ist entscheidend, ob er die Angelegenheiten getrennt bearbeitet (vgl. *Chemnitz* AnwBl. 1985, 115 (121); *ders.* AnwBl. 1987, 468). Bei gemeinsamer Bearbeitung entstehen zwar keine gesonderten Gebühren, jedoch sind in aller Regel die Gegenstandswerte zu addieren, und es kann zusätzlich die Erhöhungsgebühr von $^3/_{10}$ je Auftraggeber nach § 6 Abs. 1 S. 1 BRAGO beansprucht werden (vgl. i. e. *Chemnitz* aaO.).

Für die Abrechnung mit folgenden Versicherungsgesellschaften gilt das DAV-Abkommen: Agrippina Versicherung AG; Allianz Versicherung AG, Bayerische Versicherungsbank AG; Bruderhilfe Sachversicherung VaG; Continentale Sachversicherung AG, Deutscher Herold Allgemeine Versicherung AG, Deutsche Versicherungs-AG, Europa Sachversicherung AG, Frankfurter Versicherungs-AG einschließlich VVD und OVD, Generali Versicherungs-AG, HUK Coburg, Interunfall Allgemeine Versicherungs-AG, Karlsruher Versicherungs-AG, Kravag Versicherung VaG, Landschaftliche Brandkasse Hannover, Öffentliche Versicherung Oldenburg, Patria Versicherung AG, Provincial Brandkasse und Feuerversicherungsanstalt, Saarbrücker Versicherungs-AG (SAVAG), Sparkassenversicherung AG, VHV Versicherungs VaG, Vereinte Versicherung AG, Westfälische Provincial Feuersozietät, Württembergische Versicherung AG. Das DAV-Abkommen gilt seit 1. Juli 1995 in folgender Fassung:

Anwaltsgebühren bei der Unfallschadenregulierung

1. Rechtsanwälte und Kfz-Haftpflichtversicherer bemühen sich um eine zügige, rationelle und kostengünstige Unfallschadenregulierung.
2. Verhandlungen mit Geschädigten, insbesondere Vergleichsverhandlungen, sollen von Vertretern der betreffenden Versicherung nur mit dem vom Geschädigten bestellten Anwalt geführt werden.
3. Vor Beauftragung eines Sachverständigen soll der Rechtsanwalt, wenn die Wahrung der Interessen seines Mandanten dies zuläßt, mit dem Versicherer prüfen, ob die Beauftragung erforderlich ist. Entsprechendes gilt für weitere Fragen der Schadensminderung (zB. Unfallfinanzierung, Anmietung eines Mietwagens).
4. Anwälte sollten für die Anmeldung von Kfz-Haftpflichtschäden den zwischen dem DAV und dem HUK-Verband vereinbarten einheitlichen Fragebogen für Anspruchsteller verwenden. Versicherer sollten in diesem Falle auf die Verwendung eines eigenen Fragebogens verzichten.
5. Der Name des Sachbearbeiters sowohl der bevollmächtigten Anwaltskanzlei als auch der Versicherung soll aus der Korrespondenz erkennbar sein.
6. Rechtsanwälte und Kraftfahrtversicherer sollten im Falle eines Anrufs, der den jeweiligen Partner nicht erreicht, unverzüglich zurückrufen.
7. Vielfältige und häufige Meinungsverschiedenheiten zwischen Versicherern und Rechtsanwälten über Art und Höhe der bei außergerichtlichen Unfallschadenregulierungen zu ersetzenden Anwaltsgebühren stellen für beide Seiten eine unerfreuliche und unrationelle Belastung dar. Zur Vermeidung solcher Meinungsverschiedenheiten und im Interesse einer außergerichtlichen Schadenregulierung wird wie folgt verfahren:

10. Anspruchsschreiben an gegnerische Haftpflichtversicherung   II. D. 10

a) Im Verhältnis zwischen dem Rechtsanwalt des Geschädigten und dem Kfz-Haftpflichtversicherer des Schädigers zahlt der Versicherer dem Rechtsanwalt anstelle der ihm nach den §§ 118, 22, 23, 31 BRAGO entstandenen Gebühren unabhängig davon, ob ein Vergleich geschlossen wurde oder eine Besprechung stattgefunden hat, einen einheitlichen Pauschbetrag in Höhe einer $15/10$-Gebühr nach dem Erledigungswert der Angelegenheit. Sind Gegenstand der Regulierung (auch) Körperschäden, erhöht sich die Gebühr ab einem Gesamterledigungswert von 20 000 DM auf $17,5/10$.

b) Wird der Rechtsanwalt in einem Haftpflichtschadenfall auch mit der Abwicklung des Kaskoschadens beauftragt, dann wird der Erledigungswert angesetzt, der ohne Inanspruchnahme der Kaskoversicherung in Ansatz käme.

c) Vertritt der Rechtsanwalt mehrere durch ein Schadenereignis Geschädigte, so errechnet sich der zu ersetzende Pauschbetrag aus der Summe der Erledigungswerte. Er erhöht sich in diesen Fällen auf $20/10$: betrifft die Regulierung (auch) Körperschäden, auf $22,5/10$ ab einem Gesamterledigungswert von 20 000 DM.

d) Auslagen werden dem Rechtsanwalt nach den gesetzlichen Vorschriften ersetzt. MwSt auf die Anwaltskosten wird nicht ersetzt, wenn der Geschädigte vorsteuerabzugsberechtigt ist.

e) Wird der Haftpflichtversicherer für eine ausländische Versicherungsgesellschaft als Korrespondenzgesellschaft tätig, dann gilt die Regelung nur, wenn die ausländische Versicherungsgesellschaft sie gegen sich gelten läßt.

f) Die Regelung gilt grundsätzlich nur für den Fall der vollständigen außergerichtlichen Schadenregulierung; bei nur teilweiser Regulierung dann, wenn der Ausgleich weiterer Schadenpositionen einvernehmlich vorbehalten bleibt. Sie gilt dann nicht, wenn über einen Teilanspruch, sei es auch nur über die Kosten, gerichtlich entschieden worden ist.

g) Die Regelung gilt generell für die Rechtsanwälte nicht (mehr), die von ihr, sei es auch nur in einem Einzelfall, abweichen.

h) Vertritt der Anwalt mehrere Geschädigte und reguliert er den Schaden eines oder mehrerer Mandanten außergerichtlich, während er für einen oder mehrere andere eine gerichtliche Entscheidung herbeiführt, sind dies gebührenrechtlich verschiedene Angelegenheiten. Demzufolge kann der außergerichtlich erledigte Teil den vorstehenden Regeln entsprechend pauschaliert abgerechnet werden.

Die Regelung braucht nicht angewendet zu werden, wenn
— der Sachschaden durch eine Zwischenfinanzierung erhöht wurde, ohne daß dem Versicherer vorher Gelegenheit zur Zahlung gegeben war,
— generell, wenn sich der Rechtsanwalt in Widerspruch zu der von der Bundesrechtsanwaltskammer über die Zusammenarbeit von Anwälten mit Unfallhelfern veröffentlichten Auffassung (Stapelvollmacht, Beteiligung an einem Unfallhelferring usw.; AnwBl 1971, 133) gesetzt hat.

In den neuen Bundesländern ist nach den dort gültigen Gebührensätzen abzurechnen.

Das Abkommen gilt nur bei Kfz-Haftpflichtschäden, nicht jedoch bei sonstigen Haftpflichtschäden. Es gilt auch nur bei vollständiger außergerichtlicher Regulierung. Wird ein Teil reguliert und ein Teil eingeklagt, so verbleibt es hinsichtlich des regulierten Teiles bei der Abrechnung einer $7,5/10$ Geschäftsgebühr nach § 118 Abs. 1 Nr. 1 BRAGO. Bei Abrechnung nach dem DAV-Abkommen ist der Anwalt nicht berechtigt, eine etwa höhere Gebühr gegenüber seinem Mandanten abzurechnen (*Chemnitz* AnwBl. 1985, 115 (119)).

20. Häufig empfiehlt es sich, wegen des Quotenvorrechts bei Mithaftung bzw. Mitverschulden die Vollkaskoversicherung in Anspruch zu nehmen (vgl. Form. II. D. 15) und hinsichtlich des Restbetrages die Ansprüche bei der gegnerischen Versicherung geltend zu machen. Für diese Fälle der Teilschadenregulierung durch den Kasko-Versicherer und außergerichtlicher Regulierung des Restschadens gilt das DAV-Abkommen (vgl. oben Anm. 19).

11. Schreiben an den zuständigen Polizeiverkehrsdienst

An die
Polizei
Verkehrsdienst
z. Hd. Herrn POM Maier

Betr.: Verkehrsunfall vom ...... auf der ......-Straße in ......
Sehr geehrte Herren,
in dieser Verkehrsunfallsache vertrete ich
Herrn Alois Maier, Frankfurter Straße 40, ... Stuttgart.
An dem Unfall war beteiligt
...... mit seinem Fahrzeug mit dem Kennzeichen ......
Ich bin beauftragt, die Schadensersatzansprüche meines Mandanten geltend zu machen und diesen in einem etwaigen Bußgeld- oder Strafverfahren zu verteidigen. Fotokopie der auf mich lautenden Vollmacht füge ich bei. Ich bitte um

Akteneinsicht,

gegebenenfalls um Weiterleitung des Aktengesuchs und um Abgabenachricht[1].
Mein Mandant wurde bei dem Unfall wie folgt verletzt: ......
Ein ärztliches Attest des Dr. med. ...... füge ich in der Anlage bei. Namens und in Vollmacht meines Mandanten stelle ich hiermit

Strafantrag[2]

gegen Herrn ...... wegen fahrlässiger Körperverletzung.
Ich bitte um

Zulassung der Nebenklage

zum gegebenen Zeitpunkt.

Hochachtungsvoll
Rechtsanwalt

Anmerkungen

1. Der Hinweis auf Abgabenachricht empfiehlt sich, da sonst gelegentlich keine Auskunft erteilt wird, was mit dem Schreiben geschehen ist.

2. Die Stellung eines Strafantrags ist Voraussetzung für die eventuelle spätere Zulassung einer Nebenklage, nicht allerdings in Fällen der Tötung.

3. Hinsichtlich der Nebenklage ist zu beachten, daß hier keine Deckung durch die Rechtsschutzversicherung des Geschädigten besteht (vgl. *Chemnitz*, Der Ersatz von Anwaltskosten durch die Rechtsschutzversicherung, AnwBl. 1987, 69). Hierauf muß der Rechtsanwalt den Geschädigten hinweisen, bevor er in diesem Verfahren tätig wird.

12. Schreiben an die Haftpflichtversicherung des Mandanten[1]

An die
...... -Versicherungs-AG
Postfach 40
60352 Frankfurt

Betr.: Ihren Versicherungsnehmer, Herrn Gotthilf Maier,
Karlsruher Straße 60, ... Heilbronn;
Vers.-Schein-Nr. 673/325980-72

Sehr geehrte Damen und Herren,
Ihren Versicherungsnehmer vertrete ich in einer Verkehrsunfallsache vom ...... in ...... Ihr Versicherungsnehmer hat den Unfall bereits gemeldet. Es ist bekannt, daß die Regulierung in Ihre Zuständigkeit fällt, dennoch bitte ich, die Regulierung der etwaigen Ansprüche des Unfallgegners nur nach vorheriger Information vorzunehmen[2].

Hochachtungsvoll
Rechtsanwalt

Anmerkungen

1. Mit der Haftpflichtversicherung des Mandanten muß an sich nicht korrespondiert werden. Dennoch schadet es nichts, wenn der Rechtsanwalt die Haftpflichtversicherung informiert und darum bittet, daß eine Regulierung der gegnerischen Ansprüche nur nach vorheriger Absprache erfolgt. Ein Regulierungsverbot ist wegen § 5 Z. 7 AHB nicht empfehlenswert. Im übrigen sollte der Rechtsanwalt seinen Mandanten darüber informieren, daß zur Abwicklung der etwaigen Ansprüche des Gegners die eigene Haftpflichtversicherung zuständig ist und bei Übernahme der etwaigen Zahlungen durch seinen Mandanten die Rechtsanwaltskosten weder durch die Haftpflichtversicherung noch durch die Rechtsschutzversicherung abgedeckt sind.

2. Für die Abwehr der gegnerischen Ansprüche ist ein gesonderter Auftrag der Haftpflichtversicherung erforderlich (§ 10 Z. 5 AKB i. V. m. § 5 Z. 7 AHB). Die Rechtsschutzversicherung ist für die Abwehr der Ansprüche nicht eintrittspflichtig (§ 21 Abs. 4a ARB).

13. Verkehrsunfallklage bei Alleinverschulden des Gegners (Totalschadenfall)[1]

An das
Landgericht[2]

Klage

des ...... (Klägers)
Prozeßbevollmächtigter: ......
gegen
1. den ...... (Beklagten Ziff. 1)[3]
2. den ...... (Beklagten Ziff. 2)[4]

3. die ......-Versicherungs-AG,
vertreten durch den Vorstand (Beklagte Ziff. 3)[5]

wegen Schadensersatz und Feststellung.

Vorläufiger Streitwert für Antrag Ziff. I: DM 8000,–
vorläufiger Streitwert für Antrag Ziff. II: DM 4000,–[6]

Namens und in Vollmacht des Klägers erhebe ich Klage und werde beantragen:
  I. Die Beklagten werden als Gesamtschuldner[7] verurteilt, an den Kläger DM 8000,– nebst 4% Zinsen hieraus seit 8. 4. .... zu bezahlen.
  II. Es wird festgestellt[8], daß die Beklagten als Gesamtschuldner verpflichtet sind, dem Kläger sämtliche Schäden[9], die ihm in Zukunft aus dem Verkehrsunfall vom 6. 3. ...... auf der Bismarckstraße/Haydnstraße in F. entstehen, zu ersetzen, soweit die Ansprüche nicht auf Sozialversicherungsträger oder sonstige Dritte[10] übergehen.
  III. ......[11]

Begründung:

Der Kläger macht Schadensersatzansprüche aus einem Verkehrsunfall vom 6. 3. ...... gegen 19 Uhr auf der Kreuzung Bismarckstraße/Haydnstraße in F. geltend. Der Beklagte Ziff. 1 ist der Fahrer des beteiligten Fahrzeugs Opel Rekord mit dem Kennzeichen F– XY 210, dessen Halter der Beklagte Ziff. 2 ist und das bei der Beklagten Ziff. 3 am Unfalltag haftpflichtversichert war.

1. Der Unfall ereignete sich wie folgt: Der Kläger befuhr mit seinem Pkw Opel Ascona mit dem Kennzeichen F – AB 209 die Bismarckstraße in Richtung Stadtmitte. Der Kreuzung mit der Haydnstraße, an der keine Vorfahrtsregel angebracht ist, näherte er sich mit einer Geschwindigkeit von ca. 40 km/h. Als er sah, daß von rechts aus dem östlichen Teil der Haydnstraße kein Fahrzeug kam, orientierte er sich nach links und konnte auch von dort kein Fahrzeug erkennen. Er fuhr deshalb mit seinem Pkw in die Kreuzung ein. In diesem Augenblick kam der Beklagte Ziff. 1 mit dem Pkw des Beklagten Ziff. 2 aus Sicht des Klägers von links aus der Haydnstraße an die Kreuzung heran. Er fuhr, ohne anzuhalten, in die Kreuzung ein. Dadurch kam es zum Zusammenstoß der beiden Fahrzeuge. Das Fahrzeug des Beklagten Ziff. 1 fuhr mit der Front in die linke hintere Seitentür des Fahrzeugs des Klägers. Das Fahrzeug des Klägers kam dadurch ins Schleudern und fuhr frontal auf die am linken Straßenrand befindliche Gartenmauer.

Der Beklagte Ziff. 1 hat den Unfall allein verschuldet. Er haftet nach §§ 823 Abs. 2 BGB, 8 StVO sowie nach § 823 Abs. 1 BGB. Der Beklagte Ziff. 2 haftet als Halter nach § 7 Abs. 2 StVG. Die Beklagte Ziff. 3 ist nach § 3 Nr. 1 PflVersG einstandspflichtig. Der Unfall war für den Kläger unvermeidbar. Das gegnerische Fahrzeug war für den Kläger erst zu einem Zeitpunkt erkennbar, als er bereits in die Kreuzung eingefahren war. Die Haftpflichtversicherung des Beklagten Ziff. 2 hat die teilweise Regulierung abgelehnt mit der Begründung, der Kläger habe erkennen können und müssen, daß der Beklagte Ziff. 1 sich zur Erlangung freier Sicht in die bevorrechtigte Straße habe hineintasten müssen[12]. Diese Behauptung ist jedoch unzutreffend. Der Beklagte Ziff. 1 hat sich nicht in die Kreuzung hineingetastet. Er ist vielmehr mit gleichbleibender Geschwindigkeit von ca. 30 km/h weitergefahren, was sich aufgrund der festgestellten Reifenspuren, des Auslaufweges der Fahrzeuge sowie der Beschädigung ergibt. Unabhängig davon war das Fahrzeug des Beklagten Ziff. 2 aus Sicht des Klägers wegen der an der Ecke befindlichen Bäume erst bei Einfahren in die Kreuzung erkennbar.

  Beweis: Einnahme eines Augenscheins; Beiziehung und Verwertung der Akten der Staatsanwaltschaft ...;
  Sachverständigengutachten.

2. Dem Kläger entstand durch den Unfall folgender Sachschaden:

13. Verkehrsunfallklage bei Alleinverschulden des Gegners

a) Am Pkw des Klägers wurde die linke hintere Seite und die Vorderfront stark eingedrückt und verformt. Die Reparaturkosten[13] betragen nach dem beigefügten Sachverständigengutachten DM 15 732,60. Das Fahrzeug des Klägers, das am Unfalltag 3 Jahre und 5 Monate alt war und ein Fahrleistung von 110 000 km aufweist, hatte noch einen Wiederbeschaffungswert von DM 12 500,–.

Beweis: Gutachten des Sachverständigen X.; Einholung eines Sachverständigengutachtens.

Es ist deshalb wirtschaftlicher Totalschaden[14] eingetreten. Der Restwert[15] des Fahrzeugs wurde vom Sachverständigen mit DM 500,– beziffert, so daß DM 12 000,–
als Fahrzeugschaden geltend gemacht werden.

b) Die Gutachterkosten[16] betragen gemäß Rechnung des Sachverständigen X. DM 830,20

Beweis: Rechnung des Sachverständigen X.
in Anlage in Fotokopie.

c) Die Kosten für die Ab- bzw. Anmeldung des alten bzw. neuen Fahrzeugs einschließlich der Kosten für die neuen Nummernschilder betrugen DM 80,–

d) Der Kläger mußte für die Dauer der Wiederbeschaffung eines Ersatzfahrzeugs einen Mietwagen[17] nehmen, weil er täglich für die Fahrten von seiner Wohnung zur Arbeitsstätte und für die beruflich anfallenden Fahrten einen Pkw benötigt. Die Wiederbeschaffungsdauer[18] von 14 Tagen ist angemessen, da der Sachverständige 10 Werktage angesetzt hat.

Beweis: Sachverständigengutachten des Herrn X. in Anlage in Fotokopie; Sachverständigengutachten.

Die Mietwagenkosten belaufen sich gemäß Rechnung der Firma Y. auf DM 675,50

Beweis: Mietwagenrechnung in Anlage in Fotokopie.

Einen Abzug für ersparte eigene Aufwendungen muß der Kläger nicht vornehmen, da er einen Pkw eine Klasse tiefer angemietet hat und zwischen der Beklagten Ziff. 3 und dem Mietwagenunternehmen eine Individualvereinbarung besteht, wonach in diesem Fall die vollen Kosten erstattet werden.

e) Die Abschleppkosten[19] betragen DM 364,30

Beweis: Abschlepprechnung in Anlage in Fotokopie.

f) Geltend gemacht wird ferner eine Unkostenpauschale[20] in Höhe von DM 50,–
für Telefonate, Porto und Fahrtkosten.

g) Dies ergibt den Sachschaden von DM 14 000,–
Hierauf hat die Beklagte Ziff. 3 am 28. 3. ...... DM 6 000,–
bezahlt[21], so daß verbleiben DM 8 000,–

Geltend gemacht werden zunächst außergerichtlich noch die auf diesen Betrag entfallenden Anwaltskosten[22], die im Falle der Nichtzahlung hier noch eingebracht werden müssen. Die Beklagte Ziff. 3 wurde mit Anwaltsschreiben vom 28. 3. ...... mit Fristsetzung zum 7. 4. ...... gemahnt. Der Zinsanspruch ergibt sich deshalb aus § 288 BGB.

3. Bei dem Unfall wurde der Kläger schwer verletzt. Er erlitt eine Luxation des Beckens sowie einen Bruch des Beckens. Der Kläger ist noch mindestens 3 Monate krankgeschrieben.

Beweis: Attest des Kreiskrankenhauses ...... in Anlage in Fotokopie; Gutachten des Dr. med. ......, nach § 287 ZPO vom Gericht einzuholen.

Es ist nicht abzusehen, ob der Kläger seinen Beruf als Automatendreher, den er im Stehen ausüben mußte, je wieder ausüben kann. Es ist zu erwarten, daß der Kläger umgeschult werden und eine Arbeit ausüben muß, für die er ein geringeres Einkommen als bisher erzielen wird. Hinsichtlich des Schmerzensgeldes[23], eines Erwerbsschadens[24] und einer etwaigen Rente[25] bleiben Ansprüche noch vorbehalten. Ein Feststellungsinteresse[8] hinsichtlich dieser Schäden ist schon jetzt gegeben, da die Beklagte Ziff. 3 trotz Aufforderung und Mahnung vom 6. 3. ...... kein Anerkenntnis abgegeben hat.

Anmerkungen

1. Dargestellt wird hier die Abrechnung bei Totalschaden mit den dabei vorkommenden Schadenspositionen (zur Abrechnung auf Reparaturkostenbasis vgl. Form. II. D. 10 und zur Abrechnung bei Inanspruchnahme der eigenen Vollkaskoversicherung bei Mitverschulden oder Mithaftung vgl. Form. II. D. 15).

2. Zur sachlichen Zuständigkeit vgl. Form. II. D. 1 Anm. 2. Der Streitwert ergibt sich aus der Summe der beiden Anträge. Örtlich zuständig ist neben dem Gericht des allgemeinen Gerichtsstandes (§§ 12–19 ZPO) auch das Gericht, in dessen Bezirk der Unfall geschehen ist. Dies gilt sowohl für Ansprüche aus unerlaubter Handlung nach § 823 BGB (§ 32 ZPO) als auch für Ansprüche aus Gefährdungshaftung gegen den Halter nach § 7 Abs. 1 StVG und für Ansprüche nach § 18 StVG wegen vermuteten Verschuldens gegen den Fahrer (§ 20 StVG).
Zur Klage aus Gefährdungshaftung vgl. Form. II. D. 16.

3. Der Fahrer haftet wegen Verschuldens nach § 823, 249 ff BGB und wegen vermuteten Verschuldens, wenn der Entlastungsbeweis nicht gelingt, nach §§ 18 Abs. 1, 8 ff StVG (zur Gefährdungshaftung vgl. Form. II. D. 16). Die Klage gegen den Fahrer ist notwendig, damit dieser als Zeuge ausscheidet.

4. Der Halter haftet nur nach § 7 Abs. 1 StVG – und in Ausnahmefällen nach § 831 BGB und § 7 Abs. 3 StVG –, was hinsichtlich des Schadensumfangs nach §§ 8–15 StVG von Bedeutung sein kann, vor allem wegen des Schmerzensgeldes, das nach § 11 StVG nicht zu ersetzen ist (zur Schmerzensgeldklage vgl. Form. II. D. 8).

5. Die Haftpflichtversicherung für das Fahrzeug haftet nach § 3 Nr. 1 PflVersG direkt. Soweit sie aus versicherungsvertraglichen Gründen gegenüber dem Versicherungsnehmer von der Verpflichtung zur Leistung frei ist, haftet sie im Rahmen des § 3 Nr. 4–6 PflVersG.

6. Die Streitwerte sind zu addieren. Der Streitwert für den Feststellungsantrag betreffend den Zukunftsschaden ist nach § 3 ZPO zu schätzen. Dabei ist von dem nach der Klagbegründung voraussichtlich zu erwartenden Schaden auszugehen und ein Abschlag von 20 % zu machen (OLG Köln MDR 1971, 226).

7. Das Gesamtschuldverhältnis zwischen Halter und Versicherung ergibt sich aus § 3 Nr. 2 PflVersG, das Gesamtschuldverhältnis zwischen Fahrer und Halter aus § 7, 18 StVG, § 840 BGB.

8. Das nach § 256 ZPO erforderliche Feststellungsinteresse für einen derartigen Antrag ist immer dann gegeben, wenn eine gewisse Wahrscheinlichkeit für die Entstehung weite-

rer, in der Zukunft liegender Schäden besteht (BGH VersR 1976, 291). Bei Verletzungen ist das besondere Rechtsschutzinteresse gegeben, wenn bei dem Schweregrad der zugefügten Verletzungen mit der Möglichkeit weiterer Folgeschäden gerechnet werden kann (BGH VersR 1974, 248). Soweit Schäden – zum Zeitpunkt der letzten mündlichen Verhandlung – beziffert werden können, fehlt das Feststellungsinteresse.

Im Fall von Gesundheitsschäden sind mit Formulierungen wie „sämtliche Schäden" oder „jeden weiteren Schaden" sowohl materielle als auch immaterielle Schäden erfaßt. Dies gilt für Klaganträge ebenso wie für den Urteilstenor (vgl. hierzu BGH NJW 1985, 2022), wenn nicht der Antrag oder das sonstige Vorbringen eindeutige Hinweise auf eine Beschränkung des Streitgegenstandes enthält.

9. Haftet die Versicherungsgesellschaft nur mit der Mindestversicherungssumme (§ 158c Abs. c VVG, § 3 Nr. 6 PflVersG), so muß diese Höchstgrenze bezüglich der beklagten Gesellschaft im Antrag aufgenommen werden, damit Kostennachteile einer teilweisen Klagabweisung vermieden werden.

Bei der Schmerzensgeldklage ist im Verhältnis zum Halter zu berücksichtigen, daß dieser insoweit nicht haftet (vgl. Form. II. D. 8 Anm. 3).

10. Soweit der Sozialversicherungsträger in der gesetzlichen Renten-, Unfall- und Krankenversicherung Leistungen an den Geschädigten erbringt, gehen die dem Geschädigten gegen den Schädiger zustehenden Ansprüche insoweit (Kongruenz) nach § 116 SGB X (§ 1542 RVO a. F.) auf ihn über. Der Geschädigte ist deshalb insoweit nicht mehr aktiv legitimiert. Im Klagantrag ist deshalb die entsprechende Einschränkung aufzunehmen. Gleiches gilt für den gesetzlichen Forderungsübergang nach § 127 AFG im Bereich der Arbeitsförderung und nach §§ 90ff. BSHG sowie nach ähnlichen Vorschriften. Als sonstige Dritte, die ebenso kraft Gesetzes die Forderungen erwerben, kommen der Arbeitgeber (§ 4 LohnFZG), die Schadens- und Krankenversicherung (§ 67 VVG) und der Staat (§ 87a BBG, § 52 BRRG) in Frage.

11. Zum Schmerzensgeld vgl. Form. II. D. 8. Im vorliegenden Formular sind die Personenschäden nur im Feststellungsantrag berücksichtigt (unten Anm. 23f.).

12. Vgl. OLG Frankfurt VersR 1974, 684.

13. Zur Abrechnung auf Reparaturkostenbasis vgl. Form. II. D. 10.

14. Bei Durchführung der Reparatur kann der Geschädigte 130% des Wiederbeschaffungswerts ohne Abzug des Restwerts verlangen (BGH NJW 1992, 302 = VersR 1992, 61; BGH NJW 1993, 1850). Bei Abrechnung auf fiktiver Reparaturkostenbasis ist der Restwert abzuziehen (BGH aaO.). Repariert der Geschädigte selbst, können bis zu 130% des Wiederbeschaffungswerts ohne Abzug des Restwerts geltend gemacht werden (BGH NJW 1992, 1618). Da der Geschädigte Eigentümer der Restteile ist, kann der Versicherer bei Abrechnung auf Totalschadensbasis die Herausgabe des Fahrzeugs nicht verlangen. Allerdings ist der Geschädigte zur Schadensminderung verpflichtet. Angeboten oder Kaufnachweisen des Versicherers betreffend das Fahrzeugwrack muß der Geschädigte in der Regel nicht nachgehen, auch wenn diese höher liegen, als der vom Sachverständigen im Gutachten geschätzte Restwert (BGH NJW 1993, 1850). Soweit der Restwert nach den Grundsätzen der Rechtsprechung eine Rolle spielt, müßte der Schädiger einen höheren Erlös darlegen (BGH NJW 1992, 903).

Bei Beschädigung eines fabrikneuen Fahrzeugs kommt die Abrechnung auf Neukaufbasis (auch uneigentlicher Totalschaden bezeichnet) in Frage. Die Rechtsprechung zieht hierfür die Grenze bei einer Gebrauchsdauer von ca. einem Monat und ca. 1000 km Fahrleistung (vgl. OLG Nürnberg VersR 1986, 98; OLG Hamm VersR 1981, 788; *Geigel* Kap. 4 Rdn. 17; *Sanden/Völtz* Rdn. 115). Eine Abrechnung auf Neuwagenbasis kommt auch bei geringfügiger Überschreitung der 1000 Kilometer in Frage (vgl. OLG Hamm VersR 1986, 1196). Bei Beschädigung von tragenden Teilen eines Fahrzeugs, die für die Sicherheit von Bedeutung sind (Rahmen oder Fahrgestell) muß nach Auffassung verschiedener Gerichte der Haftpflichtversicherer den Neupreis auch dann ersetzen, wenn das Fahrzeug bereits 3000 Kilometer gefahren war und länger als einen Monat zugelassen war; allerdings hat der Geschädigte sich in diesem Fall einen Abzug von 1% vom Neupreis je 1000 Kilometer Fahrleistung gefallen zu lassen (LG München II – 11 O 4165/85). Nach anderer Auffassung kommt es für die Abrechnung auf Neuwagenbasis nicht entscheidend auf das Datum der Erstzulassung, sondern in erster Linie auf die Kilometerleistung an. Nach dieser Auffassung steht das Alter des Fahrzeugs nur in besonderen Ausnahmefällen einer Abrechnung in dieser Weise entgegen. So wurde bei einem Schaden von mehr als 40% des Neuwagenpreises und bei einer Fahrleistung von 943 km nach drei Monaten Erstzulassung die Abrechnung auf Neuwagenbasis bejaht, wenn keine Modelländerung eingetreten war (OLG Karlsruhe VersR 1986, 349). Der Eigentümer des Fahrzeugs ist nicht verpflichtet, bei Abrechnung auf Neuwagenbasis das Unfallfahrzeug an den Versicherer herauszugeben (KG NJW-RR 1987, 16).

15. Falls kein Restwert mehr vorhanden ist, kommt auch die Erstattung von Verschrottungskosten in Frage.

16. Vgl. hierzu Form. II. D. 10. Nach einer Entscheidung des AG Ahaus (VersR 1986, 1129) sollen bei Totalschaden auch fiktive Sachverständigenkosten erstattungsfähig sein (vgl. zur Erstattungsfähigkeit von Gutachterkosten für die Beschaffung eines Ersatzfahrzeugs beim Totalschaden auch *Jahnke* VersR 1987, 645).

17. Nimmt der Geschädigte kein Mietfahrzeug in Anspruch, so steht ihm Nutzungsausfall zu (vgl. Form. II. D. 10 Anm. 9). In diesem Fall muß der Geschädigte zur Substantiierung seiner Ansprüche im Prozeß zum Nutzungswillen und zur Nutzungsmöglichkeit Tatsachen vortragen. Die Mietwagenkosten sind nach der Rechtsprechung (vgl. i. e. *Geigel* Kap. 4 Rdn. 42 ff.; *Sanden/Völtz* Rdn. 319 a ff) nicht in vollem Umfang zu erstatten. Ein Abzug für Eigenersparnis von 15%–20% der Mietwagenkosten ist angemessen. Das frühere Abkommen zwischen dem HUK-Verband und den Mietwagenunternehmern, nach dem bei Anmietung eines Fahrzeugs eine Klasse tiefer ein Abzug vorgenommen werden sollte, ist gekündigt worden. Es bestehen jedoch heute Einzelabreden zwischen bestimmten Versicherungsgesellschaften und verschiedenen Mietwagenunternehmern. Der Geschädigte sollte sich bei der Haftpflichtversicherung vor der Anmietung eines Fahrzeugs deshalb erkundigen. Der HUK-Verband hat an seine Mitgliedsunternehmen Empfehlungen abgegeben (Stand vom 1. 4. 1986) betreffend die Abrechnung von Mietwagenkosten in Kraftfahrt-Haftpflicht-Schadensfällen (vgl. hierzu *Heitmann* VersR 1986, 408 mit Abdruck der Empfehlungen). Diesen Empfehlungen sind auch Gruppenpreislisten (Stand 1. 4. 1986) beigefügt, aus denen der Geschädigte bzw. sein Vertreter ersehen kann, welcher Gruppe sein Fahrzeug zugehörig ist und welcher Pkw-Typ eine Klasse tiefer angemietet werden kann.

Die Verpflichtung zur Schadensminderung kann den Geschädigten zwingen, statt eines Mietfahrzeugs für Einzelfahrten ein Taxi zu nehmen. Bei Fahrten, die täglich ca. 20 km nicht überschreiten, ist dies von den Gerichten bereits bejaht worden (*Geigel* Kap. 4 Rdn. 47; *Palandt/Heinrichs* § 249 Rdn. 13; *Sanden/Völtz* Rdn. 321). Ebenfalls aus Gründen der Schadensminderungspflicht muß der Geschädigte bei Inanspruchnahme eines Mietwagens während des Urlaubs die Möglichkeit eines Pauschalangebots prüfen (LG Frankenthal VersR 1986, 248).

18. Ebenso wie Nutzungsausfall kann auch der Ersatz von Mietwagenkosten nur für eine angemessene Dauer beansprucht werden (vgl. Form. II. D. 10 Anm. 10). Diese wird ohne Sachverständigengutachten nicht zu bestimmen sein.

19. Hierzu Form. II. D. 10 Anm. 14.

20. Hierzu Form. II. D. 10 Anm. 16.

21. Ohne ausdrückliche Bestimmung (§ 366 BGB) und vorbehaltslos geleistete Zahlungen des Versicherers stellen ein Anerkenntnis (§ 208 BGB) dar und unterbrechen die

14. Verkehrsunfallklage bei Mitverschulden   II. D. 14

Verjährung hinsichtlich des dem Geschädigten insgesamt zustehenden Schadensersatzanspruchs (BGH VersR 1986, 96).

22. Wird der Schaden teilweise außergerichtlich reguliert und zum Teil gerichtlich geltend gemacht, so gilt das DAV-Abkommen nicht (vgl. Form. II. D. 10 Anm. 19). Die Gebühren sind nach der BRAGO abzurechnen. Zu unterscheiden ist die Abrechnung des Rechtsanwalts im Verhältnis zum Auftraggeber einerseits und die Abrechnung im Verhältnis zum Haftpflichtversicherer (vgl. i. e. *Chemnitz* AnwBl. 1985, 122). Im Verhältnis zum Auftraggeber ist Geschäftswert für die Gebühren nach § 118 BRAGO der geltend gemachte Betrag, wobei die Geschäftsgebühr nach § 118 Abs. 2 BRAGO auf die Prozeßgebühr des anschließenden gerichtlichen Verfahrens anzurechnen ist. Im Verhältnis zum Gegner ist die Geschäftsgebühr aus dem außergerichtlich regulierten Betrag abzurechnen, und die Kosten des Prozesses sind nach der Kostenentscheidung im Urteil erstattungsfähig.

23. Hinsichtlich des Erwerbsschadens ist umstritten, ob nach der Bruttolohnmethode (so z.B. BGH VersR 1986, 162; OLG Hamm VersR 1985, 1194) oder nach der modifizierten Nettolohnmethode (so noch BGH VersR 1980, 529) vorzugehen ist (vgl. i. e. *Geigel* Kap. 4 Rdn. 173 ff; *Wussow/Küppersbusch*, 5. Aufl., Rdn. 48 ff). Im Ergebnis sind beide Auffassungen für die Praxis heute nahezu gleichbedeutend. Neben dem Erwerbsschaden des Geschädigten selbst kann auch der Verdienstausfall der Eltern erstattungsfähig sein (BGH VersR 1985, 784).

24. Hierzu Form. II. D. 6.

14. Verkehrsunfallklage bei Mitverschulden

An das
Amtsgericht[1]

Klage

des ......   (Klägers)
Prozeßbevollmächtigter: ......

gegen
den ......   (Beklagten[2]

wegen
Schadensersatz.

Vorläufiger Streitwert: DM 9000,—[1]

Namens und in Vollmacht des Klägers erhebe ich Klage und werde beantragen:
 I. Der Beklagte wird verurteilt, an den Kläger DM 7000,— nebst 8% Zinsen hieraus seit 1. 10. ...... zu bezahlen.
 II. Es wird festgestellt[3], daß der Beklagte verpflichtet ist, dem Kläger sämtliche Schäden, die ihm in Zukunft aus dem Verkehrsunfall vom ...... auf der ......-straße in ...... entstehen, zu ⅔ zu ersetzen, soweit die Ansprüche nicht auf Sozialversicherungsträger oder sonstige Dritte[4] übergehen.
 III. ......[5]

Begründung:

1.[6] ......
2.[7] ......

Anmerkungen

1. Zum Streitwert sowie zur sachlichen und örtlichen Zuständigkeit vgl. Form. II. D. 13 Anm. 1, 2

2. Zu den möglichen Beklagten vgl. Form. II. D. 13 Anm. 3–5.

3. Zur Zulässigkeit der Feststellungsklage vgl. Form. II. D. 13 Anm. 8 und 9.

4. Die Quote, mit der der Beklagte haftet, ist im Feststellungsantrag anzugeben, da sonst eine teilweise Klagabweisung mit Kostenfolgen (§ 92 Abs. 1 ZPO) stattfinden muß. Zum Übergang von Ansprüchen auf Sozialversicherungsträger oder sonstige Dritte vgl. Form. II. D. 13 Anm. 10 und Form. II. D. 1 Anm. 6.

5. Auch beim Schmerzensgeldantrag (vgl. hierzu Form. II. D. 8) ist das Mitverschulden zu berücksichtigen. Es ist hier allerdings einer von mehreren Bemessungsfaktoren, so daß nicht das bei alleiniger Haftung des Beklagten anfallende Schmerzensgeld einfach zu quoteln ist (vgl. BGH VersR 1970, 624; ebenso *Geigel* Kap. 7 Rdn. 4; a.A. *Wussow/Küppersbusch* Rdn. 204). Der hier vorgeschlagene Antrag (vgl. Form. II. D. 8 Anm. 5) führt nicht zu einer Quotelung des an sich bei Vollhaftung angemessenen Schmerzensgeldes, sondern er entspricht der Auffassung des BGH.

6. Der Aufbau der Klage entspricht dem bei Form. II. D. 13.

7. Der Schadensumfang entspricht dem in Form. II. D. 10. und Form. II. D. 13. Der Verlust des Schadensfreiheitsrabatts in der Haftpflichtversicherung stellt – anders als bei der Kaskoversicherung (vgl. Form. II. D. 15 Anm. 10) – keinen erstattungsfähigen Schaden dar (*Palandt/Heinrichs* Vor § 249 Rdn. 93; *Sanden/Völtz* Rdn. 257).

15. Verkehrsunfallklage bei Mitverschulden nach Inanspruchnahme der Kaskoversicherung (Quotenvorrecht)

An das
Amtsgericht[1]

Klage

des ......   (Klägers)
Prozeßbevollmächtigter: ......

gegen
den ......   (Beklagter)[2]

wegen
Schadensersatz.

Vorläufiger Streitwert[1]:
Für Antrag I: DM 1900,–
für Antrag II: DM _____
                       DM

Namens und in Vollmacht des Klägers erhebe ich Klage und werde beantragen:
 I. Der Beklagte wird verurteilt, an den Kläger DM 1900,– nebst 8% Zinsen hieraus seit 4. 1. ...... zu bezahlen.
 II.[3] ......

15. Verkehrsunfallklage bei Mitverschulden (Quotenvorrecht) II. D. 15

Begründung:

1.[4] ......

2. Dem Kläger ist durch den Unfall folgender Schaden[5] entstanden:

a) Quotenbevorrechtigte Ansprüche:

Reparaturkosten	DM 3 000,–
Wertminderung[6]	DM 1 300,–
Sachverständigenkosten[7]	DM 400,–
Abschleppkosten[7]	DM 300,–
Dies ergibt den Gesamtschaden von	DM 5 000,–

Davon hat der Beklagte wegen des 50%igen Mitverschuldens DM 2500,– zu ersetzen. Vom Kaskoversicherer hat der Kläger nach Abzug der Selbstbeteiligung erhalten. | DM 4 000,–

Dem Kläger verbleibt somit ein Schaden von | DM 1 000,–

Aus dem vom Beklagten zu zahlenden Betrag von DM 2500,– stehen dem Kläger sonach DM 1000,– zu[8].

b) Nicht quotenbevorrechtigte Ansprüche:

Mietwagenkosten[9]	DM 1 500,–
bereits entstandene Prämiennachteile in der Kaskoversicherung[10]	DM 250,–
Unkostenpauschale	DM 50,–
	DM 1 800,–

Davon stehen dem Kläger aufgrund des hälftigen Mitverschuldens DM 900,– zu.

c) Gesamtanspruch des Klägers:

Bevorrechtigte Ansprüche	DM 1 000,–
nicht bevorrechtigte Ansprüche	DM 900,–
	DM 1 900,–

Anmerkungen

1. Zum Streitwert sowie zur sachlichen und örtlichen Zuständigkeit vgl. Form. II. D. 13 Anm. 1, 2.

2. Zu den Beklagten vgl. Form. II. D. 13 Anm. 3–5.

3. Zum Feststellungsantrag vgl. Form. II. D. 14, zum Schmerzensgeldantrag vgl. Form. II. D. 8.

4. Der Aufbau der Klage entspricht dem Form. II. D. 13.

5. Bei Inanspruchnahme der eigenen Vollkaskoversicherung hinsichtlich des Sachschadens ist eine differenzierte Abrechnung notwendig. Zwar gehen nach § 67 Abs. 1 S. 1 VVG die Schadensersatzansprüche des Geschädigten insoweit auf den Versicherer über, als dieser ihm den Schaden ersetzt. Wegen des Quotenvorrechts nach § 67 Abs. 1 S. 2 VVG mindert die Zahlung des Kaskoversicherers den Ersatzanspruch des Geschädigten jedoch nur insoweit, als der Gesamtbetrag – aus Zahlung des Kaskoversicherers und vom Gegner verlangtem Betrag – den Schaden übersteigt. Anders gesagt, gehen die Ansprüche des Geschädigten nur insoweit auf den Kaskoversicherer über, als der entstandene Sachschaden insgesamt überschritten wird (sog. Differenztheorie; vgl. z.B. BGH NJW 1983, 827; BGH NJW 1982, 829). Diese Grundsätze gelten jedoch nur für den unmittelbaren, von der

Kaskoversicherung erfaßten (kongruenten) Schaden, nicht hinsichtlich des inkongruenten Sachfolgeschadens. Damit ist die Abrechnung aufzuteilen in quotenbevorrechtigte (kongruente) Ansprüche und nicht quotenbevorrechtigte (inkongruente) Ansprüche. Der Anwalt der Geschädigten muß bei Bestehen einer Kaskoversicherung immer prüfen, ob deren Inanspruchnahme nicht günstiger ist. Dabei muß er auch berücksichtigen, ob und gegebenenfalls welche Prämiennachteile dem Geschädigten bei Inanspruchnahme der Kaskoversicherung entstehen.

6. Die Wertminderung gehört nach BGH (NJW 1982, 827) zu den unmittelbaren Sachschäden (vgl. für die Erstattung der Wertminderung durch die Kaskoversicherung: BGH v. 29. 1. 1985 – VI ZR 59/84 –).

7. Die Sachverständigenkosten und die Abschleppkosten gehören nach BGH (NJW 1982, 829) ebenfalls zu den unmittelbaren Sachschäden.

8. Der Rest von DM 1500,– ist aufgrund des gesetzlichen Forderungsübergangs (§ 67 Abs. 1 S. 1 VVG) auf den Kaskoversicherer übergegangen.

9. Ein statt der Mietwagenkosten geltend gemachter Anspruch auf Nutzungsausfall gehört ebenfalls zu den nicht quotenbevorrechtigten Ansprüchen. Gleiches gilt für die Anwaltskosten im Falle einer teilweisen Regulierung (vgl. zu den Anwaltskosten Form. II. D. 10 Anm. 17 ff.).

10. Der Verlust des Schadensfreiheitsrabatts in der Kaskoversicherung ist erstattungsfähiger, adäquater Schaden wenn der Haftpflichtversicherer zuvor erfolglos aufgefordert wurde (*Palandt/Heinrichs* Vorbem. § 249 Rdn. 92). (str.; so BGH VersR 1976, 1066 (1067); LG Rottweil NJW 1986, 1996 = VersR 1986, 1129; *Palandt/Heinrichs* § 249 Rdn. 19 und Vorbem. vor § 249 Rdn. 92; *Sanden/Völtz* Rdn. 257 ff.; a.A. LG Osnabrück NJW-RR 1987, 18). Durch eine Entscheidung des BGH (NJW 1992, 1035 = VersR 1992, 244) wurde geklärt, daß der Schadensfreiheitsrabatt für die Zukunft nur im Wege der Feststellungsklage geltend gemacht werden kann.

16. Verkehrsunfallklage aus Gefährdungshaftung

An das
Landgericht[1]

Klage

des ......   (Klägers)
Prozeßbevollmächtigter: ......

gegen
1. den ......
2. die ......-Versicherungs-AG,
   vertreten durch den Vorstand
   ......   (Beklagte)[2]

wegen
Schadensersatz

Vorläufiger Streitwert für Antrag Ziff. I[1]: ......
Vorläufiger Streitwert für Antrag Ziff. II: ......

Namens und in Vollmacht des Klägers erhebe ich Klage und werde beantragen:
   I. Die Beklagten werden als Gesamtschuldner[3] verurteilt, an den Kläger DM ...... nebst 4% Zinsen hieraus seit ...... zu bezahlen.

16. Verkehrsunfallklage aus Gefährdungshaftung II. D. 16

II. Es wird festgestellt[4], daß die Beklagten als Gesamtschuldner verpflichtet sind, dem Kläger sämtliche Schäden, die ihm künftig aus dem Verkehrsunfall vom ...... auf der ......-Straße in ...... entstehen, nach den Bestimmungen des StVG[5] zu ersetzen.

Begründung:

Der Kläger macht Schadensersatzansprüche aus einem Verkehrsunfall vom ...... gegen ...... Uhr auf der ......-Straße in ...... geltend. Der Kläger war Beifahrer auf dem Vordersitz im Taxi des Beklagten Ziff. 1 mit dem Kennzeichen ......, das der Beklagte Ziff. 1 auch selbst fuhr. Die Beklagte Ziff. 2 ist die Haftpflichtversicherung für das Fahrzeug.

1. Der Unfall ereignete sich wie folgt: Der Beklagte Ziff. 1 befuhr mit seinem Taxi die ......-Straße in ...... mit etwa 50 km/h. Der Kläger war Fahrgast auf dem vorderen Beifahrersitz. Plötzlich platzte infolge äußerer Einwirkung unbekannter Art der linke Hinterreifen. Der Beklagte Ziff. 1 nahm eine Vollbremsung vor, wodurch das Fahrzeug ins Schleudern kam und nach verschiedenen Schleuderbewegungen rechts auf die Leitplanke aufprallte. Obwohl der Kläger angegurtet war, erlitt er bei dem Unfall Verletzungen, infolge derer er für mindestens ein halbes Jahr arbeitsunfähig krank sein wird: ......

2. Der Beklagte Ziff. 1 hat zwar nicht schuldhaft falsch reagiert. Ein idealer Kraftfahrer hätte jedoch in dieser Situation keine Vollbremsung vorgenommen, sondern das Fahrzeug ausrollen lassen. Es wäre dann zu keinem Unfall gekommen, da die Straße frei war und das Fahrzeug nur wegen der Vollbremsung des Beklagten Ziff. 1 ins Schleudern kam. Der Beklagte Ziff. ......1 haftet dem Kläger deshalb nach § 7 Abs. 1 StVG auf Schadensersatz[6,7].

3. Dem Kläger ist folgender Schaden entstanden: ......

Anmerkungen

1. Hinsichtlich des Streitwerts, der sachlichen und örtlichen Zuständigkeit sowie zum Gerichtsstand des Unfallorts vgl. Form. II. D. 13 Anm. 1f.

2. Zu den möglichen Beklagten vgl. zunächst Form. II. D. 13 Anm. 3–5. Aus Gefährdungshaftung nach § 7 Abs. 1 StVG haftet nur der Halter, nicht der Fahrer! Rechtsgrundlage für die Haftung des Fahrers ist § 18 Abs. 1 StVG. Soweit die Halterhaftung nach § 7 Abs. 1 StVG gegeben ist, haftet der Fahrer für vermutetes Verschulden. Er kann jedoch den Entlastungsbeweis antreten und führen (§ 18 Abs. 1 S. 2 StVG). Die Anforderungen an diesen Beweis sind geringer als bei § 7 Abs. 2 StVG. Der Fahrer ist nicht erst dann entlastet, wenn er ein unabwendbares Ereignis bewiesen hat. Anders gesagt, muß er nicht dartun und beweisen, daß auch ein Idealfahrer den Unfall vermieden hätte. Eine Einschränkung der Halterhaftung besteht nach § 8a StVG gegenüber Mitfahrern. Hier wird nur bei gewerblicher Beförderung gehaftet!

3. Zum Gesamtschuldverhältnis zwischen Halter und Versicherung vgl. Form. II. D. 13 Anm. 7.

4. Zum Feststellungsantrag vgl. Form. II. D. 13 Anm. 8.

5. Diese Einschränkung sollte im Klagantrag aufgenommen werden, da sonst eine teilweise Klagabweisung mit Kostenfolgen (§ 92 Abs. 1 ZPO) zu erwarten ist. Der nach §§ 8–15 StVG zu ersetzende Schaden kann gegenüber der Schadensersatzpflicht bei unerlaubter Handlung nach §§ 842ff. BGB geringer sein. Von Bedeutung ist dies vor allem hinsichtlich folgender Einschränkungen: Für Sachschaden wird nach § 12 StVG nur bis zur Höchstgrenze von DM 100 000,– gehaftet und bei Mitverschulden kommt es auf die Person an, die die tatsächliche Gewalt ausübt. Bei Personenschaden sind nach §§ 10ff.

StVG die Kosten der Heilung und Pflege, der Erwerbsschaden sowie der Unterhaltsschaden, nicht jedoch ein Schmerzensgeld zu erstatten.

6. Bei Klagen nach § 7 Abs. 1 StVG in Fällen von Beteiligung zweier Fahrzeuge ist zunächst zu beachten, daß zur substantiierten Behauptung der vollen Haftung des Gegners auch der Vortrag gehört, der Unfall sei für den Kläger unvermeidbar i.S. § 7 Abs. 2 StVG. Ferner empfiehlt es sich, hier vorsorglich – falls der Nachweis der Unvermeidbarkeit nicht geführt werden kann – zur Abwägung nach § 17 StVG vorzutragen und dabei auszuführen, weshalb dennoch eine Vollhaftung des Gegners zu bejahen ist (zum Problem des Schadensausgleichs gegenüber dem Leasinggeber vgl. BGH VersR 1986, 169 [71]).

7. Zum vorliegenden Sachverhalt vgl. BGH NJW 1976, 1504 und LG Bielefeld NZV 1991, 235; zu weiteren Fällen der Gefährdungshaftung vgl. aus der neueren Rechtsprechung: BGH (VersR 1986, 169) zum Einfahren auf eine BAB und Überwechseln auf die Überholspur und KG (VersR 1986, 60) zum Vorrang bei Verengung zweier Fahrspuren auf eine.

17. Vergleich (Abfindungsvergleich) mit dem Haftpflichtversicherer

Vergleich und Abfindungserklärung[1]

Schaden-Nr. ......
Versicherungsnehmer: ......
Anspruchsteller: ......

Ich (wir) ......
erkläre(n) mich (uns) gegen Zahlung eines Betrags von DM ...... aus dem Schadensfall vom ......
ein- für allemal abgefunden[2] wegen aller Schadensersatzansprüche[3] gegen die zuständigen Haftpflichtversicherer[4], die versicherten Personen und sonstige Dritte[5], soweit diesen im Fall ihrer Inanspruchnahme ein Ausgleichsanspruch gegen die zuständigen Haftpflichtversicherer oder die Versicherten zusteht.
Die Zahlung ist kein Anerkenntnis[6] einer Haftung. Die Ansprüche sind weder abgetreten noch gepfändet oder verpfändet.
Der Unterzeichner hält sich gebunden[7], wenn der Betrag binnen drei Wochen nach Eingang der Erklärung bei der Gesellschaft angewiesen wird.
Für den Sachschaden sind Zahlungen erfolgt oder zu erwarten von[8]: ......
Für den Personenschaden sind Zahlungen erfolgt oder zu erwarten von[8]: ......
Sondervereinbarungen[6]: ......
Abfindungssumme: DM 8000,–
Vorschüsse: DM 2000,–
Restzahlung: DM 6000,–[9].

Reutlingen, den ....

Anmerkungen

1. Die Formulare der Haftpflichtversicherungen müssen die Überschrift „Abfindungserklärung" enthalten. Dies ergibt sich aus den für den Inhalt von Abfindungserklärungen bindenden Anordnungen des Bundesamtes für das Versicherungswesen (VerBAV 1980, 242). Die Abfindungsformulare enthalten AGB, die nach den Vorschriften des AGBG zu überprüfen sind (vgl. BGH NJW 1985, 970 = VersR 1985, 165 und unten Anm. 5).

2. Damit sind die gesamten Schadensersatzansprüche für Vergangenheit und Zukunft abgegolten. Auch wenn Schäden auftreten, die nicht zu erwarten waren, beseht dem Grundsatz nach kein Schadensersatzanspruch mehr (vgl. BGH VersR 1983, 1034). Allerdings ist es Auslegungsfrage, ob ein Abfindungsvergleich, nach dem die Schadensersatzansprüche des Geschädigten „ein für allemal erledigt sind", auch unvorhergesehene Spätfolgen erfaßt (vgl. dazu OLG Frankfurt VersR 1993, 1147). Nur in Ausnahmefällen, wenn eine unerträgliche Härte für den Geschädigten vorliegen würde, kann § 242 BGB helfen (vgl. *Wussow/Küppersbusch* Rdn. 652 m. Nachw.). Hinsichtlich etwaiger Folgeschäden kann der Geschädigte nach der Rechtsprechung trotz eines Abfindungsvergleichs vollen Schadensersatz verlangen, wenn das Festhalten des Schädigers an der Abfindungsvereinbarung deshalb gegen Treu und Glauben verstößt, weil ein krasses Mißverhältnis zwischen dem Schaden und der Abfindungssumme besteht, und wenn der Zukunftsschaden bei der Festlegung der Abfindungssumme keine oder nur eine untergeordnete Rolle gespielt hat (BGH MDR 1990, 995 = LM Nr. 135 zu § 242 [Bb]; BGH VersR 1966, 243; OLG Hamm VersR 1987, 389; OLG Hamm VersR 1987, 509; OLG Köln VersR 1988, 520 jew. m.w. Nachw.). Dies gilt z.B. dann, wenn durch einen Unfall ein posttraumatischer Hirnschaden eingetreten ist, als dessen Spätfolge nun eine Partialepilepsie auftritt, die ihrerseits zu ständigen medikamentösen Behandlung zwingt; hier hat das OLG Köln (aaO) einen Anspruch auf zusätzliches Schmerzensgeld bejaht (vgl. im Hinblick auf Zukunftsschäden auch unten Anm. 6).

3. Hier handelt es sich um Ansprüche des Versicherungsnehmers und nicht um diejenigen Ansprüche, die Dritten zustehen, etwa nach §§ 844f BGB, oder auf Dritte übergegangen sind, z.B. nach § 116 SGB auf die Sozialverischerungsträger.

4. Die Haftpflichtversicherung schließt den Vergleich namens und in Vollmacht ihres Versicherungsnehmers ab (vgl. §§ 10 Abs. 5 AKB, 5 Abs. 7 AHB). Da der Versicherer nach § 3 PflVG aber auch selbst haftet, wird der Vergleich zusätzlich im eigenen Namen abgeschlossen.

5. Hier ist zwar in erster Linie der Fahrer angesprochen. Die Klausel ist jedoch weitergehend. Derartige AGB, wonach der Geschädigte einen Verzicht auf weitergehende Ansprüche nicht nur bezüglich des Versicherungsnehmers und des Versicherers, sondern uneingeschränkt hinsichtlich „jedes Dritten" erklärt, sind überraschend und benachteiligen den Geschädigten entgegen den Geboten von Treu und Glauben unangemessen. Sie sind daher nach § 9 AGBG unwirksam (BGH NJW 1985, 970 = VersR 1985, 165; BGH VersR 1986, 467).

6. Künftige Schäden sind mit dem vorliegenden Formular grundsätzlich ausgeschlossen (vgl. Anm. 2). Soweit zusätzliche Klauseln enthalten sind, ist folgendes zu unterscheiden: Möglich sind Vorbehalte, wobei häufig formuliert wird: „Vorbehalten bleibt der unfallbedingte materielle Zukunftsschaden, soweit er nicht vom Sozialversicherungsträger oder anderen Dritten übernommen wird." Oder „Nicht erfaßt sind materielle und immaterielle Zukunftsschäden, soweit ......". In diesen Fällen ist zu beachten, daß kein die Verjährungsfrist unterbrechendes Anerkenntnis vorliegt, so daß nach Ablauf der Verjährungsfrist auch diese Ansprüche erloschen sind (BGH VersR 1992, 1091). Aus der Sicht des Geschädigten ist deshalb darauf zu achten, daß ein eindeutiges Anerkenntnis erfolgt.

7. Formulare der Versicherer sind meist als einseitige Erklärung des Geschädigten ausgetaltet. Nach den für den Inhalt von Abfindungserklärungen bindenden Anordnungen des Bundesamtes für das Versicherungswesen (VerBAV 1980, 242) muß das Formular den Hinweis enthalten, daß der Geschädigte an sein Angebot nicht mehr gebunden ist, wenn eine bestimmte Frist – höchstens 4 Wochen – abgelaufen ist (vgl. § 148 BGB). Ist eine Bindungsfrist nicht genannt, so ergeben sich Probleme hinsichtlich der Bindungsdauer (§ 147 Abs. 2 BGB). Die Annahme des Angebots seitens des Versicherers erfolgt durch Erfüllung der Zahlungspflicht.

8. Hier muß der Geschädigte wahrheitsgemäße Angaben über bereits erfolgte oder zu erwartende Zahlungen seitens des Arbeitgebers, der Berufsgenossenschaft, der Krankenkasse, der LVA, der Knappschaft, der BfA, des Versorgungsamts, des Sozialamts, einer privaten Krankenversicherung oder anderer Stellen machen. Hinsichtlich des Sachschadens ist von Bedeutung, ob Zahlungen durch eine Versicherung zu erwarten sind, wobei in erster Linie die Vollkaskoversicherung, eine Teilkaskoversicherung oder andere Sachversicherungen zu nennen sind.

9. Fehlen Angaben über die vom Schädiger zu erstattenden Anwaltskosten, so sind sie an sich mit dem zu zahlenden Betrag erfaßt (vgl. OLG Köln VersR 1963, 468; *Wussow/ Küppersbusch* Rdn. 642). Es empfiehlt sich deshalb, in die Abfindungserklärung die Anwaltskosten mit aufzunehmen, obwohl in der Praxis die Versicherer tatsächlich keine Einwendungen erheben, auch wenn eine entsprechende Regelung nicht enthalten ist.
Hinsichtlich der Höhe der Anwaltsgebühren gilt folgendes: Mit der vorliegenden Urkunde und der Annahme durch Zahlung wird ein Vergleich abgeschlossen. Ist die Versicherungsgesellschaft dem DAV-Abkommen angeschlossen, so fällt auch bei Erörterung eine $^{15}/_{10}$ Gebühr aus dem regulierten Betrag (Form. II. D. 10 Anm. 19). Ist die Versicherungsgesellschaft dem DAV-Abkommen nicht angeschlossen, so fällt die Besprechungsgebühr nach § 118 Abs. 1 Nr. 2 BRAGO und die Vergleichsgebühr nach § 23 BRAGO an. Gegenstandswert ist der regulierte Betrag (Form. II. D. 10 Anm. 17f). Wird keine Vergleichs- und Abfindungserklärung unterschrieben, so ist zweifelhaft, wann die Vergleichsgebühr nach § 23 BRAGO anfällt (vgl. *Chemnitz* AnwBl. 1985, 118f).

E. Besonderes Schuldrecht

1. Klage auf Auskunft und Rechenschaft bei Auftrag und Geschäftsbesorgung (§§ 666, 675 BGB)

An das
Amtsgericht[1,2]

Klage

des ...... (Klägers)
Prozeßbevollmächtigter ......
gegen
den ...... (Beklagten)
wegen

Auskunft, Rechenschaft und eidesstattlicher Versicherung

Vorläufiger Streitwert[2]: DM 8000,–.

Namens und in Vollmacht des Klägers erhebe ich Klage und werde beantragen:

    I. Der Beklagte wird verurteilt, dem Kläger Auskunft über den Inhalt des namens und in Vollmacht des Klägers mit dem Bauunternehmer X. abgeschlossenen Bauvertrags betreffend die Erd-, Beton- und Maurerarbeiten für das Bauvorhaben des Klägers in ...... zu erteilen[3,4,5].

   II. Der Beklagte wird verurteilt, Rechenschaft zu legen[6] über die Verwendung der vom Kläger auf dem Baugeldkonto Nr. ...... bei der ...... -Bank in ...... einbezahlten Gelder[4,7,8].

  III. Der Beklagte wird verurteilt, die eidesstattliche Versicherung auf die nach Ziff. II abgelegte Rechenschaft zu leisten[9].

Begründung:

Der Kläger macht Ansprüche aus einem Baubetreuungsverhältnis zwischen den Parteien geltend.

1. Am 1. 2. ...... schlossen die Parteien einen Vertrag, mit dem sich der Beklagte verpflichtete, als Baubetreuer die Errichtung des Gebäudes ...... auf dem Grundstück ...... des Klägers für diesen zu bewirken. In § 2 des Vertrages ist dem Beklagten Vollmacht zum Abschluß aller Verträge mit den am Bau Beteiligten namens des Klägers erteilt. In § 4 des Vertrages ist bestimmt, daß die Zahlungen des Klägers entsprechend dem Zahlungsplan auf das Konto ...... bei der ...... -Bank erfolgen sollen, über das der Beklagte verfügungsbefugt ist[10].
Beweis: Baubetreuungsvertrag vom 1. 2. ...... in Anlage.

Namens und in Vollmacht des Klägers schloß der Beklagte einen Bauvertrag mit der Firma X. über die Erd-, Beton- und Maurerarbeiten für das Bauvorhaben des Klägers. Diesen Bauvertrag hat der Beklagte dem Kläger bisher nicht zugänglich gemacht. Hierzu ist er jedoch nach §§ 675, 666f. BGB verpflichtet, da das Baubetreuungsverhältnis zwischen den Parteien Geschäftsbesorgungscharakter hat[11]. Der Kläger benötigt den Vertrag u.a. wegen der Geltendmachung von Mängelansprüchen gegen den am Bau beteiligten Unternehmer X., damit er klären kann, ob Gewährleistungsansprüche eigenständig vertraglich geregelt sind, § 13 VOB (B) Anwendung findet oder die Gewährleistungsregeln des BGB (§§ 633 ff. BGB) zugrundeliegen. Da der Beklagte die Herausgabe des Vertrags verweigert, war Klage geboten.

2. Das Bauvorhaben ist in der Zwischenzeit abgeschlossen. Die Abnahme hat am ...... stattgefunden. Der Kläger ist nicht darüber informiert, wie seine auf das Konto ...... bei der ...... -Bank eingezahlten Gelder vom Beklagten verwendet wurden. Der Beklagte hat nun die Schlußrate angefordert. Da jedoch die Gefahr besteht, daß die am Bau Beteiligten aufgrund der Vertragsbeziehungen mit dem Kläger weitere Zahlungen direkt vom Kläger verlangen, muß der Kläger vor Leistung der Schlußrate auf das Konto Klarheit über die Verwendung der von ihm eingezahlten Mittel haben. Der Beklagte wurde zur Rechnungslegung aufgefordert mit Schreiben vom ...... Er wurde mit Schreiben vom ...... gemahnt. Die in diesem Schreiben gesetzte Frist ist abgelaufen, weshalb auch insoweit Klage erforderlich war. Der Rechnungslegungsanspruch ergibt sich aus § 8 der Makler- und Bauträgerverordnung[12]. Unabhängig davon besteht eine Rechenschaftspflicht nach §§ 675, 666 BGB.

Im Wege der Stufenklage wird bereits jetzt Antrag auf Abgabe der eidesstattlichen Versicherung auf die abzulegende Rechenschaft gestellt. Die nähere Begründung dieses Antrags erfolgt nach Vorlage der Rechenschaft[13].

Anmerkungen

1. Örtlich zuständig ist das Gericht des allgemeinen Gerichtsstands (§§ 12–19 ZPO). § 29 ZPO begründet keine Zuständigkeit am Wohnsitz des Auftraggebers, da Auskunft und Rechenschaft am Wohnsitz des Beauftragten zu erfüllen sind.

2. Die sachliche Zuständigkeit bemißt sich nach dem Streitwert. Der Streitwert für den Auskunftsanspruch hängt vom Interesse des Auftraggebers an der Auskunft ab und liegt niedriger als der Streitwert des Hauptanspruchs (*Baumbach/Lauterbach/Albers/Hartmann* Anh. § 3 Rdn. 24: $1/10$ bis $1/4$ des Hauptanspruchs; *Schmidt/Schmidt* Rdn. 61: $1/4$ bis $1/5$ des Hauptanspruchs; vgl. auch *Thomas/Putzo* § 3 Rdn. 21 jew. m. umfangreichen Nachw.). Der Streitwert für die Rechenschaftspflicht und die eidesstattliche Versicherung bemißt sich ebenfalls nach dem Interesse des Auftraggebers an der Rechenschaft bzw. eidesstattlichen Versicherung. Sie sind in gleicher Weise wie der Streitwert bei der Auskunft unter dem Wert des Hauptanspruchs anzusetzen (*Schmidt/Schmidt* Rdn. 253 m. Nachw.). Alle drei Streitwerte können zusammengefaßt werden (*Baumbach/Lauterbach/Albers/Hartmann* aaO.). Die Streitwerte sind auch dann zu addieren, wenn eine Stufenklage erhoben ist (zB. *Thomas/Putzo* § 5 Rdn. 4; vgl. Anm. 9).

3. Ein Anspruch kann sich aus dem der Vollmacht zugrundliegenden Auftragsverhältnis oder Geschäftsbesorgungsverhältnis, zB. aus einem Baubetreuungsvertrag, ergeben.

4. Neben dem Auskunfts- bzw. Rechenschaftsanspruch besteht – soweit es sich um Unterlagen wie Verträge, Leistungsverzeichnisse oä. handelt – nach §§ 667, 675 BGB ein Herausgabeanspruch. Insoweit geht die Rechenschaftspflicht nach dem Auftragsrecht über § 259 Abs. 1 BGB hinaus.

5. Die Zwangsvollstreckung erfolgt nach hM. gemäß § 888 ZPO (vgl. zB. *Thomas/Putzo* § 888 Rdn. 2 m. Nachw.).

6. Vgl. neben §§ 666, 675 BGB auch § 8 MaBV.

7. Zum Inhalt der Rechenschaftslegungspflicht vgl. § 259 Abs. 1 BGB und die einschlägige Kommentierung hierzu.

8. Die Klagen auf Auskunft und Rechenschaft kommen in aller Regel nicht für den gleichen Sachverhalt nebeneinander in Betracht. Im vorliegenden Fall handelt es sich um

eine objektive Klagenhäufung, da mehrere verschiedene materielle Ansprüche geltend gemacht werden.

9. Die Klage auf Abgabe der eidesstattlichen Versicherung nach § 259 Abs. 2 BGB kann im Wege der Stufenklage nach § 254 ZPO mit der Auskunfts- oder Rechenschaftsklage verbunden werden. Möglich ist es, als dritte Stufe noch einen Antrag auf Zahlung oder Herausgabe zu stellen (vgl. i.e. Form. I. D. 10).

10. Bei dieser Fallkonstellation – Ermächtigung zur Verfügung über Gelder des Betreuten – ist der Betreuer zur Sicherung nach § 2 der Makler- und Bauträgerverordnung (BGBl. 1975 I S. 351) verpflichtet, und zwar entweder durch Versicherung oder durch Vorlage einer Bürgschaft (vgl. im einzelnen *Locher/Koeble*, Baubetreuungs- und Bauträgerrecht, 4. Aufl. 1985, Rdn. 51).

11. Vgl. *Locher/Koeble* aaO. Rdn. 18; *Palandt/Thomas* § 675 Rdn. 20.

12. Zur Makler- und Bauträgerverordnung vgl. Anm. 10.

13. Zu den Voraussetzungen des Anspruchs auf eidesstattliche Versicherung vgl. *Palandt/Heinrichs* §§ 259–261 Rdn. 29f.

2. Klage des Bürgen auf Befreiung von der Bürgschaft (§ 775 BGB)

An das
Landgericht[1,2]

Klage

des ...... (Klägers)

Prozeßbevollmächtigter: ......

gegen

den ...... (Beklagten)

wegen

Befreiung von einer Verbindlichkeit

Vorläufiger Streitwert[2]: DM 50 000.–.

Namens und in Vollmacht des Klägers erhebe ich Klage und werde beantragen:

> Der Beklagte wird verurteilt, den Kläger von der selbstschuldnerischen Bürgschaft des Klägers vom ...... gegenüber der Sparkasse ...... wegen DM 50 000 zuzüglich Zinsen, Provisionen und Kosten der Bürgschaft freizustellen[3,4] oder nach seiner Wahl Sicherheit in Höhe von DM 50 000,– zuzüglich Zinsen, Provisionen und Kosten der Bürgschaft ...... bei der Sparkasse ...... zu leisten[5].

Begründung:

Der Kläger macht gegen den Beklagten einen Befreiungsanspruch aus einer Bürgschaft gegenüber der Sparkasse ...... geltend.

1. Aufgrund der verwandschaftlichen Beziehungen zwischen den Parteien erklärte sich der Kläger am ...... bereit, für ein Darlehen des Beklagten gegenüber der Sparkasse ...... in Höhe von DM ...... zuzüglich Zinsen, Provisionen und Kosten der Bürgschaftssumme selbstschuldnerisch zu bürgen.

Beweis: Bürgschaft vom ...... in Anlage in Fotokopie.

Der Kläger ging die Bürgschaft ein, ohne daß hierzu eine Verpflichtung gegenüber dem Beklagten bestanden hätte. Im Hinblick auf die Verwandschaft der Parteien wollte der Kläger dem Beklagten vorübergehende wirtschaftliche Hilfe zukommen lassen.

2. Ein Gläubiger des Beklagten hat gegen diesen wegen einer Forderung die Zwangsvollstreckung betrieben. Da pfändbare Gegenstände beim Beklagten nicht vorhanden waren, hat der Gläubiger in der Zwischenzeit Antrag auf Abgabe der eidesstattlichen Versicherung beim Amtsgericht ...... gestellt.

Beweis: Zeugnis des Herrn ......;
         Auskunft aus dem Schuldnerregister des Amtsgerichts ......

Mit Schreiben vom ...... wies die Sparkasse ...... darauf hin, daß mit der Inanspruchnahme aus der Bürgschaft gerechnet werden müsse, da beim Beklagten Zahlungsschwierigkeiten aufgetreten seien.

Der Befreiungsanspruch des Klägers ergibt sich aus § 775 Abs. 1 Nr. 1 BGB.

Anmerkungen

1. Die örtliche Zuständigkeit bemißt sich nach dem allgemeinen Gerichtsstand (§§ 12–19 ZPO).

2. Die sachliche Zuständigkeit bemißt sich nach dem Streitwert. Dieser richtet sich nach der Haftsumme der Bürgschaft (BGH NJW-RR 1990, 958; *Baumbach/Lauterbach/Albers/ Hartmann* Anh. § 3 Rdn. 27; *Schmidt/Schmidt* Rdn. 74 m. Nachw.).

3. Zu den materiellen Voraussetzungen des Befreiungsanspruchs vgl. § 775 Abs. 1 Nr. 1–4 BGB und die einschlägige Kommentierung hierzu. Der Freistellungsantrag ist nach hM. (vgl. OLG Düsseldorf MDR 1982, 942; aA. *Rimmelsbacher* JR 1976, 89f. und 183f.) nur bestimmt und damit zulässig, wenn die Geldschuld nach Grund und Höhe eindeutig bezeichnet ist.

4. Die Vollstreckung des Befreiungsanspruchs erfolgt nach § 887 ZPO (hM.), zB. *Baumbach/Lauterbach/Albers/Hartmann* § 887 Rdn. 22 mwN.

5. Wegen § 775 Abs. 2 BGB, der nur bei § 775 Abs. 1 Nr. 1 und 2 BGB Bedeutung hat, empfiehlt es sich, um Kostennachteile zu vermeiden, die Ersetzungsbefugnis des Schuldners in den Antrag mit aufzunehmen. Zur Sicherheitsleistung vgl. §§ 232ff. BGB.

3. Klage auf Gewährung von Einsicht in eine Urkunde (§ 810 BGB)

An das
Amtsgericht[1,2]

                              Klage

des ......   (Klägers)

Prozeßbevollmächtigter: ......

gegen

den ......   (Beklagten)

wegen

                Gewährung von Einsicht in eine Urkunde

Vorläufiger Streitwert:[2] DM 7000,–.

4. Klage auf Herausgabe einer Bürgschaftsurkunde

Namens und in Vollmacht des Klägers erhebe ich Klage und werde beantragen:

> Der Beklagte wird verurteilt, dem Kläger Einsicht in die vom Beklagten namens und in Vollmacht des Klägers mit den am Bauvorhaben des Klägers in ...... abgeschlossenen Verträge zu gewähren[3,4,5].

Begründung[6]:

Anmerkungen

1. Die örtliche Zuständigkeit richtet sich nach dem allgemeinen Gerichtsstand (§§ 12–19 ZPO).

2. Die sachliche Zuständigkeit richtet sich nach dem Streitwert. Dieser ist nach § 3 ZPO zu schätzen, wobei das Interesse des Klägers an der Offenlegung maßgebend ist (*Schmidt/Schmidt* Rdn. 109 m. Nachw.).

3. Im vorliegenden Fall bestünde auch ein Herausgabe- und Auskunftsanspruch, vgl. Form. II. E. 1 Anm. 4.

4. Als Anspruchsgrundlagen kommen neben § 810 BGB vor allem andere Vorschriften des BGB und HGB in Frage (vgl. *Palandt/Thomas* § 810 Rdn. 6). Nach § 810 BGB besteht zB. ein Anspruch des Patienten gegen den Arzt bzw. das Krankenhaus auf Einsichtnahme in die Krankenunterlagen, wenn ein berechtigtes Interesse besteht. Dieses ist gegeben, wenn der Patient die Aussichten eines Haftpflichtprozesses wegen fehlerhafter Behandlung prüfen will (OLG Bremen NJW 1980, 644; BGH NJW 1983, 328; BGH NJW 1983, 330; *Ahrens* NJW 1983, 2609; zum Ganzen *Peter*, Das Recht auf Einsicht in die Krankenunterlagen, Köln 1989).

5. Die Zwangsvollstreckung erfolgt nach § 888 ZPO.

6. Zum Sachverhalt vgl. Form. II. E. 1.

4. Klage auf Herausgabe einer Bürgschaftsurkunde

An das
Landgericht[1,2]

Klage

der A-Bank-AG — Kläger —

Prozeßbevollmächtigter: ......

gegen

den ...... — Beklagten —

wegen Herausgabe einer Bürgschaftsurkunde

Namens und in Vollmacht der Klägerin erhebe ich Klage und werde beantragen:

> Der Beklagte wird verurteilt, die Urkunde vom 26. 7. ...... über eine von der Klägerin zugunsten des Beklagten eingegangene Bürgschaftsverpflichtung in Höhe von DM 120.000,– zur Sicherung von Pachtzinsforderungen des Beklagten gegen die X-GmbH an die Klägerin herauszugeben[3].

Vorläufiger Streitwert[2]: DM 30.000,–

Begründung[6]:

Die Klägerin verlangt von dem Beklagten die Herausgabe einer Bürgschaftsurkunde[4,5].

1. Der Beklagte ist Eigentümer des Hotels „Kreuz" in ……. Mit Pachtvertrag vom …… wurde das Hotel an die X-GmbH als Betreiberin verpachtet. Zur Sicherung der Ansprüche des Beklagten aus dem Pachtverhältnis hat die Klägerin eine selbstschuldnerische Bankbürgschaft in Höhe von DM 120.000,– übernommen. Die Bürgschaftsurkunde wurde dem Beklagten mit Schreiben vom 26. 7. …… übersandt.

   Beweis: Schreiben vom 26. 7. …… in Kopie:
   Bürgschaftsurkunde vom 26. 7. …… in Kopie

2. Das Pachtverhältnis wurde durch Vereinbarung des Beklagten mit der X-GmbH vom …… am 31. 12. …… beendet. Die X-GmbH hat das Anwesen an diesem Tag geräumt und mängelfrei an den Beklagten übergeben[6].

   Beweis: Vorlage des Übergabeprotokolls vom 31. 12. ……

   Obwohl damit feststeht, daß eine Inanspruchnahme der Klägerin aus der Bürgschaft ausgeschlossen ist, verweigert der Beklagte trotz Aufforderung vom …… die Herausgabe der Bürgschaftsurkunde[7].

   Beweis: Schreiben vom ……

Rechtsanwalt Dr.

Anmerkungen

1. Die örtliche Zuständigkeit richtet sich nach dem allgemeinen Gerichtsstand (§§ 12–19 ZPO).

2. Die sachliche Zuständigkeit richtet sich nach dem Streitwert. Dieser bestimmt sich nach § 3 ZPO. Maßgebend ist das Interesse der Klägerin am Besitz der Urkunde. Ist die Hauptforderung erloschen und will der Bürge nur eine mißbräuchliche Inanspruchnahme verhindern, so ist der Streitwert erheblich geringer als die mit der Bürgschaft gesicherte Forderung. In der Regel werden dann 20 bis 30% angenommen (BGH BauR 1994, 541; OLG Stuttgart MDR 1980, 678; *Baumbach/Lauterbach/Albers/Hartmann* Anh. § 3 Rdn. 69).

Soll aber durch die Herausgabeklage eine Inanspruchnahme des Bürgen aus der Bürgschaft verhindert werden, ist der volle Wert der Bürgschaftsforderung anzusetzen (BGH BauR 1994, 541 mwN.).

3. Die Zwangsvollstreckung erfolgt nach § 883 ZPO. Dafür ist es erforderlich, daß die Urkunde im Titel genau bestimmt sein muß (*Thomas/Putzo*, § 883 Rdn. 5; vor § 704 Rdn. 16 ff.). Da der Beklagte möglicherweise im Besitz mehrerer Bürgschaftsurkunden ist, empfiehlt es sich, den Inhalt der Urkunde im Klagantrag möglichst exakt zu bezeichnen.

4. Anspruchsgrundlage für den Herausgabeanspruch ist § 371 BGB (LG Kiel WM 1984, 805; *Palandt/Heinrichs*, § 371 Rdn. 1). Der Anspruch besteht nicht nur in allen Fällen des Erlöschens der gesicherten Verbindlichkeit, sondern auch dann, wenn die Verbindlichkeit nicht entstanden oder untergegangen ist (MünchKomm/*Heinrichs*, § 371 Rdn. 5). Ein Herausgabeanspruch nach den §§ 985, 952 BGB wird von der h. M. beim Erlöschen der Verbindlichkeit abgelehnt (str. vgl. MünchKomm/*Quack*, § 952 Rdn. 30).

5. Anspruchsinhaber ist der Bürge. Dem Schuldner kann daneben ein eigenständiger vertraglicher Herausgabeanspruch zustehen, wenn er sich selbst gegenüber dem Gläubiger zur Sicherheitsleistung verpflichtet hatte. Die Rückgabeverpflichtung von Erfüllungs- und Gewährleistungsbürgschaften an den Auftragnehmer (Schuldner) beim Bauvertrag ist in § 17 Nr. 8 VOB/B ausdrücklich geregelt (vgl. dazu: *Ingenstau/Korbion* VOB 12. Aufl. B § 17 Rdn. 100 ff.).

6. Die Fälligkeit des Rückgabeanspruchs tritt im Regelfall selbst dann noch nicht mit der Rückgabe des Pachtobjekts ein, wenn der Pächter den Pachtzins vollständig bezahlt hat, weil mit der Bürgschaft auch Renovierungs- und Schadensersatzansprüche wegen Beschädigung des Pachtobjekts sowie noch nicht abgerechnete Nebenkosten gesichert werden. Der Anspruch wird deshalb erst nach Ablauf einer individuell zu bestimmender „angemessenen Zeitspanne" fällig. Die Rechtsprechung gewährt in der Regel eine Frist von 3–6 Monaten nach Beendigung des Miet- bzw. Pachtverhältnisses (vgl. *Bub/Treier*, Handbuch der Geschäfts- und Wohnraummiete 2. Aufl. S. 1248f.; MünchKomm/*Voelskow* § 550b Rdn. 17).

7. Behauptet der Gläubiger zur Rückgabe der Bürgschaftsurkunde außerstande zu sein, kann der Bürge nach § 371 S. 2 BGB ein öffentlich beglaubigtes Anerkenntnis verlangen, daß die Schuld erloschen ist. Ist ein Dritter im Besitz der Urkunde, ist dieser zur Herausgabe verpflichtet (MünchKomm/*Heinrichs* § 371 Rdn. 6).

5. Klage auf Bewilligung der Freigabe eines hinterlegten Betrags

An das
Landgericht[1,2]

Klage

des ...... — Kläger —

Prozeßbevollmächtigter: ......

gegen

den ...... — Beklagter —

wegen Freigabeerklärung

Namens und in Vollmacht des Klägers erhebe ich Klage und werde beantragen:

Der Beklagte wird verurteilt, die Freigabe des beim AG ...... – Az. ...... – hinterlegten Betrags von DM 20.000,– nebst 1‰ Zinsen pro Monat seit dem 1. 7. ......[3] an den Kläger zu bewilligen.

Vorläufiger Streitwert: DM 20.000,–[2]

Begründung:

Der Kläger verlangt von dem Beklagten die Einwilligung zur Freigabe des von S. beim AG ...... hinterlegten Betrags in Höhe von DM 20.000,– nebst Zinsen.[4,5,6,7]

1. Dem Kläger steht gegen S. eine titulierte Forderung in Höhe von DM 50.000,– zu.

   Beweis: Vollstreckungsbescheid des AG ......, Az. ......

   Der Kläger hat deshalb eine Kaufpreisforderung des S. gegen DS in Höhe von DM 20.000,– gepfändet und sich zur Einziehung überweisen lassen. Der Pfändungs- und Überweisungsbeschluß wurde vom AG ...... am 25. 1. ...... erlassen und dem DS am 3. 2. ...... zugestellt[8].

   Beweis: Pfändungs- und Überweisungsbeschluß vom ......
   Zustellungsurkunde vom 3. 2. ......

2. Der Beklagte hat aufgrund eines Titels gegen S. ebenfalls einen Pfändungs- und Überweisungsbeschluß auf die Kaufpreisforderung gegen DS erwirkt. Der Beschluß wurde am 28. 1. ...... erlassen und dem DS am 4. 2. ...... zugestellt.

   Beweis: ......

3. Die Kaufpreisforderung wurde deshalb von DS beim AG ......, Az. ......, am 10. 2.

...... hinterlegt. Der Kläger hat den Beklagten mit Schreiben vom 25. 2. ...... zur Bewilligung der Freigabe gegenüber dem AG ...... aufgefordert.

Beweis: Schreiben vom 25. 2. ......

Dies wurde von dem Beklagten mit Schreiben vom 7. 3. ...... verweigert[9].

Beweis: Schreiben vom 7. 3. ...... Rechtsanwalt

Anmerkungen

1. Die örtliche Zuständigkeit für die Klage auf Einwilligung in die Freigabe des hinterlegten Gegenstandes oder Geldbetrags richtet sich nach den §§ 12–19 ZPO.

Örtlich zuständig für die Hinterlegung ist nach § 374 BGB das Gericht am Ort, an dem der Schuldner die Leistungshandlung vorzunehmen hat. Wird an einem anderen Ort hinterlegt, so ist die Hinterlegung trotzdem wirksam. Der Schuldner macht sich aber schadensersatzpflichtig. Sachlich zuständig ist nach § 1 Abs. 2 HintO das Amtsgericht.

2. Der Streitwert bemißt sich nach dem Wert des hinterlegten Gegenstands (*Baumbach/ Lauterbach/Albers/Hartmann*, Anh. § 3 Rdn. 71).

3. Vgl. § 8 HintO. Zu weitergehenden Zinsansprüchen gegen den Beklagten vgl. Anm. 9.

4. Durch die Hinterlegung wird dem leistungswilligen Schuldner die Möglichkeit eingeräumt, sich von seiner Verbindlichkeit auch dann zu befreien, wenn er dies wegen eines in der Sphäre des Gläubigers liegenden Grundes nicht oder nicht mit hinreichender Sicherheit kann. Die Hinterlegung stellt ein Erfüllungssurrogat dar (MünchKomm/*Heinrichs* § 372 Rdn. 1; *Gernhuber*, Die Erfüllung und ihre Surrogate § 15 II). Der Schuldner ist beim Vorliegen der Voraussetzungen des § 372 BGB zur Hinterlegung berechtigt aber nicht verpflichtet (vgl. aber Anm. 5).

5. Im vorliegenden Fall der mehrfachen Pfändung einer Forderung ergibt sich die Berechtigung des Schuldners aus § 853 ZPO. Verlangt ein Gläubiger die Hinterlegung des gepfändeten Betrags, ist der Schuldner nach § 853 ZPO ausnahmsweise sogar zur Hinterlegung verpflichtet. Dieser Anspruch kann nach § 856 ZPO eingeklagt werden (*Thomas/ Putzo* § 853 Rdn. 3; *Baumbach/Lauterbach/Albers/Hartmann* § 856 Rdn. 3).

6. Verweigert der Beklagte die Bewilligung der Freigabe, darf die Hinterlegungsstelle den hinterlegten Betrag erst aufgrund einer rechtskräftigen Entscheidung freigeben (§ 13 Abs. 2 HintO).

7. Materiell-rechtlich ergibt sich der Anspruch auf Bewilligung der Freigabe aus einer Eingriffskondiktion nach § 812 Abs. 1 S. 1. 2. Alt. BGB (BGH NJW 1970, 463; BGH NJW 1972, 1045; BGH WM 1980, 1383; *Palandt/Thomas* § 812 Rdn. 22; aA. MünchKomm/*Lieb* § 812 Rdn. 296, der eine analoge Anwendung von § 816 Abs. 2 BGB vorzieht).

8. Der Rang des Pfandrechts und damit die materielle Berechtigung des Klägers richten sich nach dem Zeitpunkt der Zustellung des Pfändungs- und Überweisungsbeschlusses an den Drittschuldner (*Thomas/Putzo* § 853 Rdn. 1; § 829 Rdn. 31).

9. Dem Kläger stehen gegenüber dem Beklagten darüber hinaus Schadensersatzansprüche nach den §§ 284 ff. BGB zu, sobald der Beklagte mit seiner Verpflichtung zur Abgabe der Freigabeerklärung in Verzug gerät (BGH NJW 1970, 463; BGH NJW 1972, 1045).

Der Verzugsschaden besteht aufgrund der geringfügigen Hinterlegungszinsen (§ 8 HintO) regelmäßig in dem darüber hinausgehenden Zinsschaden. Dieser Schadensersatzanspruch kann auch im Wege der objektiven Klagehäufung zusammen mit dem Freigabeanspruch eingeklagt werden. Da dieser erst nach Freigabe des hinterlegten Betrages und somit nach Beendigung des Rechtsstreits abschließend beziffert werden kann, wäre bezüglich des künftigen Schadens eine Feststellungsklage zulässig (vgl. Formular I D 4).

F. Sachenrecht

1. Klage[1] auf Herausgabe nach § 861 BGB

An das
Amtsgericht[2,3]

Klage

des ...... (Klägers)

Prozeßbevollmächtigter: ......

gegen

den ...... (Beklagten)

wegen

Herausgabe

Vorläufiger Streitwert[4]: DM 500,–.
Namens und mit Vollmacht des Klägers erhebe ich Klage und werde beantragen:

  I. Der Beklagte wird verurteilt, die Schreibmaschine Neptun SX 20, Fabrik-Nummer 725, an den Kläger herauszugeben[5,6].
  II. Die Herausgabe kann nur binnen 14 Tagen nach Rechtskraft dieses Urteils erfolgen[7].
  III. Der Beklagte wird verurteilt, nach fruchtlosem Ablauf der Frist nach Z. II, an den Kläger DM 500,– als Schadensersatz zu bezahlen[8,9,10].

Begründung:

Der Kläger hat die im Antrag genannte Schreibmaschine von der Firma Neptun für die Zeit vom 1. 2. ...... bis 31. 12. ...... gemietet. Er hatte sie vom 1. 2. ...... an in Besitz.

Beweis: Zeugnis des Herrn ......, zu laden bei der Firma Neptun, ...; Zeugnis der Frau ......, zu laden beim Kläger

Der Beklagte, der bis zum 31. 12. ...... freier Handelsvertreter für die Werbeagentur des Klägers war, behauptet, er habe die Maschine gemietet und sei deshalb zum Besitz berechtigt. Dies ist jedoch nicht richtig. Am 31. 12. ...... hat der Beklagte die Schreibmaschine mitgenommen und in sein neues Büro verbracht. Dem Kläger steht deshalb ein Anspruch auf Wiedereinräumung des Besitzes nach § 861 BGB zu.

Der Kläger hat für das Jahr ...... eine Miete von DM 500,– im voraus bezahlt.

Beweis: Zeugnis des Herrn ......, wie oben.

Diesen Betrag macht er im Falle des Antrags Z. III als Entschädigung für die entgangene Nutzung der Schreibmaschine geltend.[10] Der Beklagte hat bereits erklärt, der Kläger erhalte weder die Maschine noch bekomme er Geld dafür[11].

Beweis: Zeugnis des Herrn ......, wie oben.

Anmerkungen

1. Möglich ist auch eine einstweilige Verfügung, gerichtet auf Herausgabe. Sie verstößt nicht gegen das Vorwegnahmeverbot (*Palandt/Bassenge* § 861 Rdn. 11 m. Nachw.). Zur einstweiligen Verfügung vgl. Form. I. R. 4, 7 ff.; zur Herausgabeklage nach § 985 BGB vgl. Form. II. F. 9.

2. Die sachliche Zuständigkeit richtet sich nach dem Streitwert (vgl. Anm. 4).

3. Örtlich zuständig ist das Gericht des allgemeinen Gerichtsstands (§§ 12–19 ZPO). Bei Zusammentreffen des Anspruchs nach § 861 BGB mit einem Anspruch aus unerlaubter Handlung dürfte für die auf § 861 BGB gestützte Klage § 32 ZPO gegeben sein (vgl. *Baumbach/Lauterbach/Albers/Hartmann* § 32 Rdn. 7). Auch § 29 ZPO ist nicht anwendbar, da es sich um keine Streitigkeit aus einem Vertragsverhältnis handelt. Für Grundstücke ist der ausschließliche Gerichtsstand des § 24 Abs. 1 ZPO zu beachten. Im dinglichen Gerichtsstand kann bei Grundstücken auch ein Schadensersatzanspruch wegen anläßlich der Besitzentziehung entstandener Schäden geltend gemacht werden (§ 26 ZPO).

4. Maßgebend für den Streitwert ist der Verkehrswert der Sache (vgl. § 6 ZPO), auch dann, wenn die Parteien zuvor einen Kaufvertrag zu einem bestimmten Preis abgeschlossen haben (Form. II.A.3 Anm. 2); zum Verkehrswert vgl. zB. *Schmidt/Schmidt* Rdn. 180.

5. Der Anspruch kann neben § 861 BGB auch auf §§ 985, 1007 BGB gestützt werden, wenn deren Voraussetzungen vorliegen.

6. Tritt während des Rechtsstreits Besitzverlust beim Beklagten ein, kann der Kläger auf das Interesse übergehen (§ 264 Nr. 3 ZPO).

7. Zum Antrag auf Fristsetzung vgl. Form. II. A. 3 Anm. 8. Zur Anwendbarkeit des § 283 BGB auf § 861 BGB, vgl. *Palandt/Heinrichs* § 283 Rdn. 3 m. Nachw. Zu beachten ist, daß der Herausgabeanspruch nach Fristablauf ausgeschlossen ist (§ 283 Abs. 1 2. Halbs. BGB).

8. Zur Zulässigkeit des Antrags auf Schadensersatz vgl. Form. II. A. 3 Anm. 9. Zur Anwendbarkeit des § 283 BGB vgl. Anm. 7.

9. Zur Frage, welchen Antrag der Kläger im Falle des Besitzverlustes nach Rechtshängigkeit zu stellen hat, vgl. Form. II. A. 3 Anm. 10; zur Weitergabe des Besitzes vgl. *Palandt/Bassenge* § 861 Rdn. 8.

10. Wegen schuldhafter Besitzentziehung kann dem Kläger neben dem Herausgabeanspruch nach § 861 BGB ein Schadensersatzanspruch nach § 823 Abs. 1 BGB zustehen, den er im Wege der objektiven Klagehäufung schon mit dieser Klage geltend machen kann.

11. Der Antrag Z. III ist nur unter den Voraussetzungen des § 259 ZPO zulässig (vgl. Form. II. A. 3 Anm. 9).

2. Klage[1] auf Beseitigung einer Besitzstörung nach § 862 BGB

An das
Amtsgericht[2]

Klage

des ...... (Klägers)
Prozeßbevollmächtigter: ......
gegen
den ...... (Beklagten)
wegen

Beseitigung einer Besitzstörung

Vorläufiger Streitwert[3]: DM 750,–.
Namens und mit Vollmacht des Klägers erhebe ich Klage und werde beantragen:

    Der Beklagte wird verurteilt, die auf dem Grundstück FlStNr. ......, Gemarkung ......, Grundbuchheft Nr. ......, an der Ostgrenze errichtete Backsteinmauer zu beseitigen[4,5].

Begründung:

Der Kläger ist Mieter des im Antrag genannten Grundstücks.
Beweis: Mietvertrag zwischen dem Kläger und Herrn ...... vom 7. 7. ...... in Anlage.
Von der östlichen Grundstücksgrenze nach Westen gemessen, in einer Entfernung von ca. 20 cm, hat der Beklagte eine 5 m lange, 20 cm hohe und 10 cm breite Mauer errichtet. Der Beklagte behauptet, die Mauer stehe auf seinem und nicht auf dem vom Kläger gemieteten Grundstück. Dies ist jedoch nicht richtig.
Beweis: Einnahme eines Augenscheins; Pläne des Katasteramts ...... in Anlage; Grundbuchauszug ...... in Anlage; Sachverständigengutachten.
Der Kläger ist in der Nutzung des von ihm gemieteten Grundstücks gestört, weshalb ihm ein Beseitigungsanspruch nach § 862 BGB zusteht[4].

Anmerkungen

1. Zur Möglichkeit einer einstweiligen Verfügung vgl. Form. II. F. 1 Anm. 1.
2. Zur sachlichen und örtlichen Zuständigkeit vgl. Form. II. F. 1 Anm. 2, 3.
3. Der Streitwert ist gemäß § 3 ZPO nach dem Interesse des Klägers an der Beseitigung der Besitzstörung zu schätzen (*Thomas/Putzo* § 3 Rdn. 31).
4. Der Mieter kann in bestimmten Fällen zur Duldung verpflichtet sein, nämlich dann, wenn der Eigentümer durch § 906 BGB zur Duldung verpflichtet wäre.
5. Dem Kläger steht auch die Unterlassungsklage zur Verfügung, wenn weitere Störungen zu besorgen sind (§ 862 Abs. 1 S. 2 BGB). Die Störung kann auch vom Nachbargrundstück ausgehen (vgl. zur Belästigung durch Hunde und Katzen OLG Hamm NJW-RR 1990, 335; OLG Köln, LG Ellwangen und AG Diez NJW 1985, 2338 ff. und *Dieckmann* NJW 1985, 2311 sowie zur Störung durch Baulärm BayObLG NJW 1987, 1950 auch zur Frage einer trotz Duldungspflicht möglichen Mietminderung).

3. Einstweilige Verfügung auf Eintragung einer Vormerkung zur Sicherung einer Bauhandwerker-Sicherungshypothek[1]

An das
Amtsgericht[2]

Einstweilige Verfügung

des ...... (Antragstellers)

Prozeßbevollmächtigter: ......

gegen

den ...... (Antragsgegner)[3]

wegen

    Vormerkung zur Sicherung einer Bauhandwerker-Sicherungshypothek
Vorläufiger Streitwert[2]: DM 15.000,–.
Namens und mit Vollmacht des Antragstellers beantrage ich, im Wege der einstweiligen Verfügung – wegen Dringlichkeit ohne mündliche Verhandlung[4] – für Recht zu erkennen:
    Im Grundbuch von ...... wird zu Lasten der Wohnungseigentumseinheiten[5] des Antragsgegners, Grundbuchheft ......, $^{450}/_{1000}$ Miteigentumsanteile, verbunden mit dem Sondereigentum an der Wohnung Erdgeschoß Nr. 1 gemäß Aufteilungsplan, Grundbuchheft ......, und $^{550}/_{1000}$ Miteigentumsanteile, verbunden mit dem Sondereigentum an der Wohnung Obergeschoß Nr. 8 gemäß Aufteilungsplan[6], zugunsten des Antragstellers eine Vormerkung zur Sicherung des Anspruchs des Antragstellers auf Einräumung einer Sicherungs-(Gesamt-) Hypothek für seine Forderung aus Bauvertrag vom 6. 5. ...... gemäß Schlußrechnung vom 3. 3. ...... in Höhe von DM 53.000,– sowie wegen eines Kostenbetrages von DM 1.430,56[7] eingetragen[8].

Es wird beantragt,

    den Antrag auf Eintragung der Vormerkung durch das Gericht beim zuständigen Grundbuchamt einzureichen[9, 10].

Begründung:

1.[11] Die Parteien schlossen am 6. 5. ...... einen Bauvertrag über die Ausführung der Außenputzarbeiten am Bauvorhaben ......, dem die VOB (B) zugrundeliegt. Der Antragsteller hat die nach dem Vertrag und Leistungsverzeichnis erforderlichen Arbeiten – Lieferung und Anbringung von Rippenstrickmetall (Putzträger), Lieferung und Anbringung von Eckschutzschienen, Anbringung des Außenputzes und der Rabitzkästen – bis 15. 2. ...... ausgeführt. Am 23. 2. ...... fand eine förmliche Abnahme im Beisein der Parteien statt[12]. Am 3. 3. ...... erteilte der Antragsteller Schlußrechnung

über den Betrag von	DM 153.000,–,
worauf der Antragsgegner als Abschlagszahlung	DM 100.000,–
bezahlt hat, so daß ein Rest von	DM 53.000.–

verbleibt.
Die zweimonatige Prüfungsfrist ist abgelaufen[13]. Auf die Mahnung des Antragstellers vom 5. 5. ...... ist keine Zahlung erfolgt.
Mängelansprüche werden vom Antragsgegner nicht geltend gemacht, was sich bis zum 23. 2. ...... aus dem Abnahmeprotokoll vom 23. 2. ...... ergibt. Die vom Antragsteller ausgeführten Leistungen sind mangelfrei[14].
Der Antragsgegner ist Eigentümer des im Antrag genannten Wohnungseigentums.

3. Einstweilige Verfügung auf Eintragung einer Vormerkung   II. F. 3

Beweis: Beglaubigter Grundbuchauszug in Anlage.

Der Antragsteller hat wegen seiner restlichen Vergütungsforderung gegen den Antragsgegner nach § 648 Abs. 1 BGB Anspruch auf Einräumung einer Sicherungshypothek, zu deren Sicherung er aufgrund §§ 883, 885 BGB die Eintragung einer Vormerkung verlangen kann.

2.[15] Der Verfügungsanspruch ist glaubhaft gemacht durch eidesstattliche Versicherung des Antragstellers[16].

3. Der Antragsgegner ist derzeit nicht in der Lage, seinen Zahlungspflichten gegenüber Gläubigern nachzukommen. Gegen den Antragsgegner hat der Antragsteller in anderer Sache erfolglos die Zwangsvollstreckung betrieben. Mehrere andere Gläubiger betreiben ebenfalls die Zwangsvollstreckung gegen den Antragsgegner[17].

Beweis[18]: Pfändungsprotokoll des Gerichtsvollziehers ...... vom ......

Es besteht die Gefahr, daß der Antragsteller durch Zeitverlust um die Vorteile der einstweiligen Verfügung gebracht würde, wenn die übrigen Gläubiger die Zwangsvollstreckung in das Grundstück vorrangig betreiben könnten.

Anmerkungen

1. Möglich ist die Klage auf Eintragung der Bauhandwerkersicherungshypothek. Der Gläubiger muß sie erheben, wenn der Schuldner trotz Eintragung der Vormerkung nicht bezahlt. Die Vormerkung dient nur zur Sicherung der Rangstelle für die Bauhandwerkersicherungshypothek, die ihrerseits nur aufgrund eines Titels – in der Regel kommt hier nur ein Urteil und keiner der sonstigen Titel (§ 794 Abs. 1 ZPO) in Betracht – eingetragen werden kann. Als Hauptklage scheidet die Zahlungsklage aus (hM.; vgl. zB. OLG Düsseldorf NJW-RR 1986, 322; OLG Frankfurt NJW 1983, 1129; *Baumbach/Lauterbach/Albers/Hartmann* § 926 Rdn. 9; MünchKomm/*Wacke* § 883 Rdn. 36 und zur Frage der Fristwahrung nach § 926 Abs. 1 ZPO: OLG Frankfurt BauR 1984, 535 = SFH Nr. 1 zu § 926 ZPO jew. m. w. Nachw.). Der Antrag der Hypothekenklage kann folgendermaßen lauten:

„Der Beklagte wird verurteilt, die Eintragung einer Sicherungshypothek (für die Forderung des Klägers aus Bauvertrag v. 6. 5. ...... gemäß Schlußrechnung v. 3. 3. ......) in Höhe von DM 53 000,– zuzüglich ......% hieraus seit ...... sowie wegen eines Kostenbetrages in Höhe von DM ...... im Grundbuch ...... zu bewilligen".

Die hinsichtlich des Klagantrags bei der Hypothekenklage früher vorgeschlagene Einschränkung „Zug um Zug gegen Löschung der aufgrund einstweiliger Verfügung eingetragenen Vormerkung" wird nicht mehr empfohlen. Möglich ist allenfalls noch ein Antrag „Zug um Zug gegen Rötung der Vormerkung". Das KG (vgl. *Borgmann* AnwBl. 1986, 501/502) hat nämlich die Auffassung vertreten, daß damit gleichzeitig die Löschung der Vormerkung bewilligt werde und die Hypothek damit nicht die gleiche Rangstelle wie die Vormerkung erhalte, sondern am Ende einzutragen sei! Ein Anwaltsverschulden liegt nach Auffassung des LG Berlin (vgl. AnwBl. 1988, 111) darin zwar nicht. Erteilt jedoch der Rechtspfleger einen Hinweis auf die Gefährdung des Ranges, so muß der Anwalt darauf nach dieser Entscheidung darauf reagieren.

Der Anspruch auf Bauhandwerkersicherungshypothek und entsprechende Vormerkung ist ausgeschlossen, wenn und soweit der Unternehmer Sicherheit nach § 648a Abs. 1, 2 BGB erlangt hat.

2. Sachlich und örtlich zuständig ist zwar in erster Linie das Gericht, bei dem die Hauptsache zu verhandeln ist (§§ 937 Abs. 1, 943 ZPO). Daneben begründet jedoch § 942 Abs. 2 ZPO die Zuständigkeit des Amtsgerichts, in dessen Bezirk das Grundstück belegen ist. Der Streitwert – maßgebend für die Gebühren, vgl. Anm. 2 – ist nach dem Interesse an der Sicherstellung zu schätzen (§§ 20 Abs. 1 GKG, 3 ZPO). Für Vormerkungen zur Siche-

rung einer Bauhandwerker-Sicherungshypothek wird ⅕ bis ¼ der Forderung angesetzt (*Baumbach/Lauterbach/Albers/Hartmann* Anh. § 3 Rdn. 35).

3. Vom Grundsatz her müssen der Besteller beim Bauvertrag und der Eigentümer in „rechtlicher Hinsicht" identisch sein (BGH BauR 1988, 88 = NJW 1988, 255 = ZfBR 1988, 72; OLG Hamm BauR 1990, 365). Während früher überwiegend vertreten wurde, daß wirtschaftliche Identität ausreicht (vgl. *Palandt/Thomas* § 648 Rdn. 3 m. Nachw.), genügt dies nach Auffassung des BGH regelmäßig nicht. Allerdings kann sich der Eigentümer nach Treu und Glauben in Ausnahmefällen wie der Besteller behandeln lassen müssen (BGH aaO; *Fehl* BB 1987, 2039). Die Identität dürfte auch dann zu bejahen sein, wenn eine Durchgriffshaftung des Eigentümers gegeben ist (vgl. KG ZfBR 1987, 247; *Reinelt* BB 1974, 1145; *Locher/Koeble,* Baubetreuungs- und Bauträgerrecht, 4. Aufl. Rdn. 461).

4. Die einstweilige Verfügung ergeht in aller Regel auf mündliche Verhandlung hin. Nur in „dringenden Fällen" kann ohne mündliche Verhandlung ein Beschluß ergehen (vgl. z.B. Anm. 17; zur einstweiligen Verfügung vgl. *Siegburg* BauR 1990, 290).

5. Denkbar ist auch, daß es sich nicht um Wohnungseigentum (§ 1 Abs. 2 WEG), sondern um Teileigentum (§ 1 Abs. 3, 6 WEG) handelt.

6. Ist das Eigentum noch nicht geteilt (§ 8 WEG) oder durch vertragliche Vereinbarung (§ 3 WEG) noch nicht entstanden, so lautet der Antrag – ebenso wie bei Eigentum –: „Im Grundbuch von ...... wird zu Lasten des Eigentums des Antragsgegners am Grundstück ......, Grundbuchheft ......, eine Vormerkung ......".

7. Durch die Bauhandwerker-Sicherungshypothek nach § 648 BGB sind auch die Kosten der Rechtsverfolgung und damit auch die Kosten der Eintragung der Vormerkung sicherbar (vgl. *Groß,* Die Bauhandwerker-Sicherungshypothek, 1978, S. 44, auch zum Umfang der sonstigen sicherbaren Ansprüche; *Palandt/Heinrichs* § 648 Rdn. 4).

8. Die einstweilige Verfügung muß innerhalb eines Monats nach Verkündung – bei mündlicher Verhandlung – bzw. Zustellung – ohne mündliche Verhandlung – vollzogen sein, da sie sonst auf Widerspruch des Antragsgegners hin aufgehoben werden muß (§ 929 Abs. 2 ZPO). Die Vollziehung erfolgt durch Eintragung im Grundbuch. Sie kann schon vor der Zustellung der einstweiligen Verfügung erfolgen. Die Zustellung muß dann jedoch innerhalb einer Woche nach der Vollziehung und vor Ablauf der Monatsfrist des § 929 Abs. 2 ZPO erfolgt sein (§ 929 Abs. 3 ZPO). Der Gegenstandswert für das Betreiben der Vollziehung ergibt sich nicht aus der Höhe der Forderung; maßgebend ist vielmehr das Interesse des Gläubigers an der Sicherung der Forderungen (OLG Frankfurt VersR 1984, 490).

9. Die Vorschrift des § 941 ZPO eröffnet die Möglichkeit, daß das Gericht den Eintragungsantrag stellen kann. Ein Antrag des Antragstellers hierauf ist zwar nach § 941 ZPO nicht erforderlich, aber dennoch sinnvoll. Die Entscheidung, ob das Gericht dem Ersuchen nachkommt und den Eintragungsantrag stellt, liegt in seinem Ermessen. Der Tenor (zum Ersuchen des Antragstellers vgl. Anm. 10) könnte folgendermaßen lauten: „Das Grundbuchamt wird um die Eintragung der Vormerkung ...... ersucht." Lehnt das Gericht den Antrag ab, so kann der Tenor folgendermaßen lauten: „Es bleibt dem Antragsteller überlassen, die Eintragung der Vormerkung im Grundbuch zu beantragen."

Der Antrag des Gerichts wahrt die Frist für die Vollziehung der einstweiligen Verfügung (§ 932 Abs. 3 ZPO entspr., vgl. *Thomas/Putzo* § 941 Rdn. 1 m. Nachw.; *Baumbach/Lauterbach/ Albers/Hartmann* § 941 Rdn. 2). Dennoch muß der Antragsteller daneben die Vollziehung vornehmen (hierzu Anm. 8).

10. Das Eintragungsersuchen des Antragstellers – im Falle der Ablehnung durch das Gericht – kann folgendermaßen aussehen: „Hiermit beantrage ich, die in der einstweiligen Verfügung des Amtsgerichts ...... vom ...... enthaltene Vormerkung zur Sicherung einer

3. Einstweilige Verfügung auf Eintragung einer Vormerkung **II. F. 3**

Bauhandwerker-Sicherungshypothek im Grundbuch von ......, FlStNr......, Grundbuchheft Nr. ......, einzutragen und von der Eintragung Nachricht zu geben."

11. Hier folgt die Darlegung des Verfügungsanspruchs. Der Anspruch auf die Sicherungshypothek kann in AGB nicht wirksam ausgeschlossen werden (BGH NJW 1984, 2100).

12. Abnahme (soweit die VOB (B) Vertragsgegenstand ist, vgl. § 12 VOB (B), iü. § 641 BGB) ist Fälligkeitsvoraussetzung, ebenso bei Zugrundeliegen der VOB die Erteilung einer Schlußrechnung (§ 16 Nr. 3 VOB (B). Die einstweilige Verfügung kann jedoch auch wegen einer Abschlagszahlung und wegen einer noch nicht fälligen Forderung beantragt werden (MünchKomm/*Wacke* § 885 Rdn. 5; BGH NJW 1977, 947 = BauR 1977, 208; OLG Düsseldorf BauR 1976, 211). Die Glaubhaftmachung ist dann jedoch mit großem Risiko verbunden (vgl. unten Anm. 16). Zumindest eine Abschlagsrechnung sollte vorliegen.

13. Vgl. § 16 Nr. 3 Abs. 1 VOB (B); vgl. auch Anm. 12.

14. Mängelansprüche des Bestellers sind im Verfahren der einstweiligen Verfügung zu berücksichtigen. Dies gilt nach der Rechtsprechung des BGH für die Rechtslage vor Abnahme und auch danach sowie für alle Mängelrechte des Bestellers, nämlich Erfüllungsanspruch, Nachbesserungsanspruch, Minderungsanspruch und Schadensersatzanspruch (BGH NJW 1977, 947 = BauR 1977, 208; OLG Koblenz NJW-RR 1994, 796; OLG Celle BauR 1986, 588; zum ganzen *Groß* aaO. S. 48 ff.; *Locher*, Das private Baurecht, 5. Aufl., Rdn. 436; *Peters* NJW 1981, 2550; *Werner/Pastor*, Der Bauprozeß, 7. Aufl., Rdn. 217 ff. jeweils m. Nachw.). Nach der Rechtsprechung des BGH dürfte jedoch der nach Abzug eines angemessenen Betrages für die Mängel zweifelsfrei offenstehende Rest sicherbar sein (vgl. auch Anm. 16).

15. Ein Verfügungsgrund – nämlich die Besorgnis, daß die Rechtsverwirklichung durch Veränderung des bestehenden Zustands erheblich erschwert oder gar vereitelt wird (§ 935 ZPO), oder daß die begehrte Maßnahme, insbesondere zur Abwendung wesentlicher Nachteile oder zur Verhinderung drohender Gewalt, erforderlich ist (§ 940 ZPO) – muß bei der Vormerkung nicht dargetan werden (§ 885 Abs. 1 S. 1 BGB).

16. Soweit nicht Beweis durch Urkunden, wie Vertrag, Schlußrechnung, Abnahmeprotokoll usw., erbracht wird, ist Glaubhaftmachung durch eidesstattliche Versicherung erforderlich (hierzu § 294 ZPO). Statt der Glaubhaftmachung kann das Gericht Sicherheitsleistung zulassen (§§ 936, 921 Abs. 2 ZPO). Es kann und sollte sie auch zusätzlich verlangen, wenn keine Urkunden beigefügt sind und Glaubhaftmachung nur durch eidesstattliche Versicherung erfolgt (vgl. MünchKomm/*Wacke* § 885 Rdn. 4). Die Glaubhaftmachung entfällt hinsichtlich des Verfügungsgrundes, da dieser selbst bei der Vormerkung nicht dargetan werden muß (vgl. Anm. 15). Problematisch ist, ob sich die Glaubhaftmachung auch auf die Mangelfreiheit erstrecken muß. Meines Erachtens ist zu unterscheiden, ob eine Abschlagszahlung oder die Restforderung aus der Schlußrechnung geltend gemacht wird. Im zweiten Fall muß die Abnahme vorliegen (vgl. Anm. 12). Für die Mangelfreiheit bis zur Abnahme trifft den Unternehmer die Darlegungslast und die Pflicht zur entsprechenden Glaubhaftmachung; bezüglich solcher Mängel, die nach der Abnahme auftreten, ist der Auftraggeber zur Darlegung und Glaubhaftmachung verpflichtet, da diese nicht zum Verfügungsanspruch gehören, sondern Einwendungen darstellen (ebenso *Locher*, Das private Baurecht, aaO., *Werner/Pastor*, aaO.).

17. Soll die einstweilige Verfügung ohne mündliche Verhandlung ergehen, muß der Antragsteller darlegen, daß es sich um einen „dringenden Fall" handelt (§ 937 Abs. 2 ZPO). Daran ändert es nichts, daß es der Angabe und Glaubhaftmachung eines Verfügungsgrundes wegen § 885 Abs. 1 S. 2 BGB nicht bedarf, da § 937 Abs. 2, eine gesteigerte Dringlichkeit voraussetzt (*Baumbach/Lauterbach/Albers/Hartmann* § 937 Rdn. 4).

18. Die Dringlichkeit ist entweder durch Urkunden zu beweisen oder glaubhaft zu machen (vgl. auch Anm. 16).

Kosten und Gebühren

Die Vormerkung kann aufgrund einstweiliger Verfügung oder Bewilligung des Eigentümers/Bestellers eingetragen werden. Beantragt der Unternehmer die einstweilige Verfügung, ohne zuvor zur Befriedigung aufgefordert zu haben, so trägt er die Kosten des Verfahrens, wenn der Besteller sofort anerkennt (str., vgl. zB. OLG Düsseldorf NJW 1972, 1676; OLG Düsseldorf BauR 1976, 285; OLG Düsseldorf BauR 1979, 358; OLG Düsseldorf BauR 1980, 92; *Groß* aaO. S. 92 ff.; *Heyers* BauR 1980, 20; *Jagenburg* NJW 1980, 1937; *Locher* aaO. Rdn. 434; *Werner/Pastor* aaO. Rdn. 282 jeweils m. Nachw.).

Fristen und Rechtsmittel

Die einstweilige Verfügung muß innerhalb eines Monats vollzogen sein, da sie sonst auf Widerspruch des Antragsgegners aufzuheben ist (vgl. i. e. oben Anm. 8). Gegen die durch Beschluß erlassene einstweilige Verfügung kann der Antragsgegner zeitlich unbefristet Widerspruch einlegen (§§ 936, 924 Abs. 1 ZPO) oder einen Aufhebungsantrag (§§ 936, 927 ZPO) stellen (zum Rechtfertigungsverfahren bei Erlaß der einstweiligen Verfügung durch das Amtsgericht der Belegenheit vgl. Form. I. R. 5). Er kann ferner beantragen, daß dem Antragsteller Frist zur Erhebung der Hauptsacheklage gesetzt wird (§ 942 ZPO). Der Antragsgegner kann sich aber auch nur gegen die Kostenentscheidung wehren mit Hilfe des Kostenwiderspruchs (vgl. OLG Düsseldorf NJW 1972, 1955). Gegen Urteile aufgrund mündlicher Verhandlung ist die Berufung gegeben.

4. Klage des Vormerkungsberechtigten nach § 888 BGB auf Zustimmung zur Eintragung bzw. Löschung[1]

An das
Landgericht[2, 3]

Klage

des ...... (Klägers)
Prozeßbevollmächtigter: ......

gegen

den ...... (Beklagten)

wegen

Zustimmung zur Löschung einer Hypothek.

Vorläufiger Streitwert[2]: DM 50.000,–.
Namens und mit Vollmacht des Klägers erhebe ich Klage und werde beantragen:

> Der Beklagte wird verurteilt, seine Zustimmung zur Löschung der im Grundbuch ......, FlStNr. ......, Grundbuchheft ......, zu seinen Gunsten eingetragenen Hypothek im Nennbetrag von DM 50.000,– zu erteilen[4, 5].

Begründung:

Zugunsten des Klägers ist im Grundbuch ......, FlStNr. ......, Grundbuchheft ......, seit 1. 4. ...... eine Auflassungsvormerkung eingetragen. Am 1. 5. ...... bewilligte der Eigen-

4. Klage des Vormerkungsberechtigten nach § 888 BGB II. F. 4

tümer dem Beklagten die Eintragung einer Hypothek über den Betrag von DM 50.000,–. Die Eintragung ist am 1. 6. ...... erfolgt.

Die Verfügung des Eigentümers ist gegenüber dem Kläger gemäß § 883 Abs. 2 BGB unwirksam. Daneben hat der Kläger nach § 888 Abs. 1 BGB Anspruch gegen den Beklagten auf Zustimmung zur Löschung der Hypothek, den er mit der Klage geltend machen muß, da der Beklagte mit Schreiben vom ...... seine Zustimmung verweigert hat.

Der Anspruch des Klägers auf Auflassung ist fällig[6]. Der Kläger hat den nach dem Kaufvertrag mit dem Eigentümer zu zahlenden Kaufpreis vereinbarungsgemäß an den Notar ...... als Treuhänder bezahlt.

Beweis: Zeugnis des Notars ......

Nach dem Kaufvertrag hat der Eigentümer demnach die Auflassung zu erklären.

Beweis: notarieller Kaufvertrag vom ......

Anmerkungen

1. Die Klage auf Zustimmung zur Eintragung bzw. Löschung ist zu unterscheiden von der Klage gegen den Vertragspartner bzw. (früheren) Eigentümer. Gegen diesen hat der Vormerkungsberechtigte Erfüllungs- oder Schadensersatzansprüche. Hier geht es um die Klage gegen den Dritterwerber. Die Vormerkung macht zwar entgegenstehende Eintragungen relativ unwirksam (§ 883 Abs. 2 BGB). Das Grundbuch wird aber nicht unrichtig, so daß keine Grundbuchberichtigung verlangt werden kann. Es besteht gegen den Dritterwerber der Anspruch auf Zustimmung nach § 888 BGB.

2. Die sachliche Zuständigkeit ergibt sich nach dem Streitwert. Dieser bemißt sich bei Löschung einer Grundschuld bzw. Hypothek nach dem Nennbetrag, bei Löschung einer Vormerkung, eines Widerspruchs oder eines Vorkaufsrechts nach dem Interesse an der Berichtigung des Grundbuchs gemäß § 3 ZPO, auf etwa ⅓ bis ¼ des Wertes des vorgemerkten Rechts (*Schmidt/Schmidt* Rdn. 224 m. Nachw.).

3. Örtlich zuständig ist ausschließlich das Gericht, in dessen Bezirk das Grundstück belegen ist, da § 24 ZPO für die Klage des Vormerkungsberechtigten gilt, sofern die Wirkung des § 883 Abs. 2 BGB gegen Dritte geltend gemacht wird (*Baumbach/Lauterbach/Albers/Hartmann* § 24 Rdn. 6; *Thomas/Putzo* § 24 Rdn. 4), nicht dagegen, sofern aus dem vorgemerkten Anspruch geklagt wird.

4. Str. ist, ob der Vormerkungsberechtigte auch den Verzicht auf die Hypothek oder die Übertragung auf sich verlangen kann (vgl. *Palandt/Bassenge* § 888 Rdn. 5).

5. Die Zwangsvollstreckung erfolgt nach § 894 ZPO.

6. Nach einer Entscheidung des OLG Düsseldorf (OLGZ 1977, 330) ist die Fälligkeit des Auflassungsanspruchs Voraussetzung für die Löschung. Zur Sicherheit sollte deshalb dazu vorgetragen werden, obwohl es sich auch nach Auffassung des OLG um „Einwendungstatsachen aus dem Verhältnis zwischen Verkäufer und Käufer" handelt.

5. Klage auf Grundbuchberichtigung nach § 894 BGB[1]

An das
Landgericht[2, 3]

Klage

des ......   (Klägers)

Prozeßbevollmächtigter: ......

gegen

den ......   (Beklagten)

wegen

Grundbuchberichtigung

Vorläufiger Streitwert[2]: DM 70.000,–.

Namens und mit Vollmacht des Klägers erhebe ich Klage und werde beantragen:

Der Beklagte wird verurteilt, seine Zustimmung zur Berichtigung des Grundbuchs ......, FlStNr. ......, Grundbuchheft ......, Abt. ......, insofern zu erteilen, als nicht der Beklagte, sondern der Kläger Eigentümer dieses Grundstücks ist[4, 5].

Begründung:

Am 7. 5. ...... schloß der Vater des Klägers mit dem Beklagten einen notariellen Vertrag über die Schenkung des im Antrag genannten Grundstücks an den Beklagten. Der Vertrag ist vollzogen, der Beklagte im Grundbuch am 7. 10. ...... eingetragen worden. Der Vater des Klägers verstarb am 5. 12. .... Der Kläger ist alleiniger Erbe.

Beweis: Erbschein des ...... in Anlage.

Der Vater des Klägers war zum Zeitpunkt des Vertragsabschlusses – am 7. 5. ...... – nicht mehr geschäftsfähig. Er litt zu diesem Zeitpunkt unter einer Hirnkrankheit, die es ihm unmöglich machte, seine Entschließungen von vernünftigen Erwägungen abhängig zu machen. Seine Willensfreiheit war völlig ausgeschlossen.

Beweis: Sachverständiges Zeugnis des Herrn Dr. ......; Sachverständigengutachten.

Der zwischen dem Vater des Klägers und dem Beklagten abgeschlossene Schenkungsvertrag und die Auflassung vom ...... waren damit nichtig (§§ 104 Nr. 2, 105 Abs. 1 BGB). Der Kläger ist gemäß § 1922 Abs. 1 BGB Eigentümer des im Antrag genannten Grundstücks geworden. Die Eintragung im Grundbuch steht mit der materiellen Rechtslage in Widerspruch, so daß ein Berichtigungsanspruch nach § 894 BGB besteht.

Anmerkungen

1. Die Sicherung des Anspruchs auf Grundbuchberichtigung nach § 894 BGB erfolgt durch Eintragung eines Widerspruchs im Grundbuch (vgl. Form. II. F. 6). Für eine Klage nach § 894 BGB fehlt das Rechtsschutzbedürfnis, wenn der Kläger die Unrichtigkeit des Grundbuchs nachweisen kann (§§ 22, 29 GBO), da hier ein einfacher Bewilligungsantrag an das Grundbuchamt genügt (OLG Zweibrücken NJW 1967, 1809). Im vorliegenden Fall kann der Nachweis der Geschäftsunfähigkeit nicht iSv. §§ 22, 29 GBO geführt werden.

2. Die sachliche Zuständigkeit richtet sich nach dem Streitwert. Dieser bemißt sich bei der Berichtigung der Eigentumsverhältnisse am Grundstück nach dem Verkehrswert ohne Abzug der Belastungen (BGH NJW 1958, 1397), bei Berichtigung von Belastungen nach deren Nennwert.

3. Örtlich ist das Gericht des belegenen Grundstücks ausschließlich zuständig (§ 24 Abs. 1 ZPO).

4. Es genügt nicht, wenn der Berechtigte auf Löschung des tatsächlich Eingetragenen klagt (BGH NJW 1970, 1544; zur Aktivlegitimation vgl. OLG Zweibrücken NJW-RR 1989, 1100). In Einzelfällen kann statt des Berichtigungsantrags auch ein anderer Antrag gestellt werden, zB. statt Berichtigung Auflassung oder statt Umwandlung in eine Eigentümergrundschuld Löschungsbewilligung (*Palandt/Bassenge* § 894 Rdn. 18 m. Nachw.).

5. Die Zwangsvollstreckung erfolgt nach § 894 ZPO.

6. Einstweilige Verfügung auf Eintragung eines Widerspruchs gegen die Richtigkeit des Grundbuchs (§ 899 BGB[1])

An das
Amtsgericht[2]

Einstweilige Verfügung

des ......   (Antragstellers)

Prozeßbevollmächtigter: ......

gegen

den ......   (Antragsgegner)

wegen

Eintragung eines Widerspruchs gegen die Richtigkeit des Grundbuchs.

Vorläufiger Streitwert[3]: DM 35.000,–.

Namens und mit Vollmacht des Antragstellers beantrage ich, im Wege der einstweiligen Verfügung – wegen Dringlichkeit ohne mündliche Verhandlung[4] – für Recht zu erkennen:
  Im Grundbuch von ......, FlSt. ......, Grundbuchheft ......, wird zugunsten des Antragstellers ein Widerspruch gegen das Eigentumsrecht des Antragsgegners eingetragen[5].

Es wird beantragt,
  den Antrag auf Eintragung des Widerspruchs durch das Gericht beim zuständigen Grundbuchamt einzureichen[6,7].

Begründung:

Am 7. 5. ...... schloß der Vater des Antragstellers mit dem Antragsgegner einen notariellen Vertrag über die Schenkung des im Antrag genannten Grundstücks an den Antragsgegner. Der Vertrag ist vollzogen, der Antragsgegner im Grundbuch am 7. 10. ...... eingetragen worden. Der Vater des Antragstellers verstarb am 5. 12. .... Der Antragsteller ist alleiniger Erbe.

Beweis: Erbschein des ...... in Anlage.

Der Vater des Antragstellers war zum Zeitpunkt des Vertragsabschlusses – am 7. 5. ...... – nicht mehr geschäftsfähig. Er litt zu diesem Zeitpunkt unter einer Hirnkrankheit, die es ihm unmöglich machte, seine Entschließungen von vernünftigen Erwägungen abhängig zu machen. Seine Willensfreiheit war völlig ausgeschlossen.

Der vorstehende Sachverhalt ist glaubhaft gemacht durch eidesstattliche Versicherung des Dr. ...... vom ...... [7].

Der zwischen dem Vater des Antragstellers und dem Antragsgegner abgeschlossene Schenkungsvertrag und die Auflassung vom ...... waren damit nichtig (§§ 104 Nr. 2, 105 Abs. 1 BGB). Der Antragsteller ist gemäß § 1922 Abs. 1 BGB Eigentümer des im Antrag genannten Grundstücks geworden. Die Eintragung im Grundbuch steht mit der materiellen Rechtslage in Widerspruch, so daß ein Berichtigungsanspruch nach § 894 BGB besteht.

Diesen Anspruch hat der Antragsteller mit der Klage geltend gemacht. Zur Sicherstellung ist daneben die vorliegende einstweilige Verfügung, gerichtet auf Widerspruch, erforderlich.

Anmerkungen

1. Der Widerspruch schützt den Berechtigten in der Zeit, bis das Urteil nach § 894 BGB (vgl. Form. II. F. 5) rechtskräftig ist, vor gutgläubigem Erwerb durch Dritte (§§ 892 Abs. 1 S. 1, 893 BGB; vgl. auch §§ 900 Abs. 1 S. 3; 902 Abs. 2; 927 Abs. 3 BGB).

2. Zur sachlichen und örtlichen Zuständigkeit vgl. Form. II. F. 3 Anm. 2.

3. Der Streitwert richtet sich nach dem Interesse an der Eintragung des Widerspruchs und ist in aller Regel geringer als die Hauptsache zu bewerten (vgl. z.B. *Schmidt/Schmidt* Rdn. 391).

4. Zur Dringlichkeit und zum Verfahren vgl. Form. II. F. 3 Anm. 4, 17, 18.

5. Zum Vollzug der einstweiligen Verfügung vgl. Form. II. F. 3 Anm. 8.

6. Zu diesem Antrag vgl. die entsprechenden Ausführungen zu Form. II. F. 3 Anm. 9, 10.

7. Dargelegt und glaubhaft gemacht werden muß nur der Verfügungsanspruch, nicht dagegen der Verfügungsgrund (§ 899 Abs. 2 S. 2 BGB). Zur Glaubhaftmachung vgl. Form. II. F. 3 Anm. 16.

7. Klage auf Einräumung eines Notwegs (§ 917 BGB)[1]

An das
Landgericht[2,3]

Klage

des ......   (Klägers)[4]

Prozeßbevollmächtigter: ......

gegen

den ......   (Beklagter Ziffer 1)
den ......   (Beklagter Ziffer 2)[5]

wegen

Einräumung eines Notwegs.
Vorläufiger Streitwert[2]: DM 12.000,–.

7. Klage auf Einräumung eines Notwegs (§ 917 BGB)   II. F. 7

Namens und mit Vollmacht des Klägers erhebe ich Klage und werde beantragen:

> Die Beklagten werden verurteilt, dem Kläger den Zugang und die Zufahrt mit dem Personenkraftwagen von der X-Straße über einen 2 m breiten Grundstücksstreifen – von der östlichen Grenze des Grundstücks der Beklagten in rechten Winkel gemessen – des Grundstücks ...... der Beklagten zum Grundstück des Klägers ...... Zug um Zug gegen Zahlung einer Notwegrente[6] in Höhe von DM ...... jährlich zu gewähren.[6]

Begründung:

Der Kläger ist Eigentümer des Haus-Grundstücks .... Die Beklagten sind Eigentümer des benachbarten Grundstücks .... Das Grundstück des Klägers hat keinen eigenen Zugang zur öffentlichen Straße.

Beweis: Einnahme eines Augenscheins.

Über andere Grundstücke als das der Beklagten ist im Augenblick für das klägerische Grundstück ein Zugang zur öffentlichen Straße nicht gegeben. Der im Antrag vorgeschlagene Zugang ist derjenige, der den kürzeren Weg über das Grundstück der Beklagten bildet.

Beweis: Einnahme eines Augenscheins.

Dem Kläger steht nach § 917 Abs. 1 S. 1 BGB ein Notwegrecht zu.

Anmerkungen

1. Praktische Bedeutung hat das Notwegrecht vor allem auch als Einrede gegenüber der Unterlassungsklage nach § 1004 BGB (zur Unterlassungsklage vgl. Form. II. F. 11).

2. Die sachliche Zuständigkeit richtet sich nach dem Streitwert. Dieser ist in entsprechender Anwendung des § 7 ZPO zu ermitteln (*Baumbach/Lauterbach/Albers/Hartmann* § 7 Rdn. 1). Der Wert des Notwegrechts für das berechtigte Grundstück ist zu schätzen.

3. Örtlich zuständig ist ausschließlich das Gericht, in dessen Bezirk die Grundstücke belegen sind (§ 24 Abs. 1 ZPO).

4. Das Notwegrecht kann nur der Eigentümer geltend machen, nicht der Besitzer, Pächter, Mieter, Nießbraucher. Diese Personen sind zwar zur Benutzung des Notwegs berechtigt. Ein klagbarer Anspruch steht ihnen jedoch nicht zur Verfügung (*Palandt/Bassenge* § 917 Rdn. 8 m. Nachw.).

5. Der Berechtigte muß gegen alle Miteigentümer des benachbarten Grundstücks klagen, da diese in notwendiger Streitgenossenschaft stehen (§ 62 Fall 2 ZPO; BGH NJW 1962, 633). Eine Notwegklage, die nicht gegen alle Miteigentümer gerichtet ist, ist unzulässig (BGH NJW 1985, 2210).

6. Der Anspruch auf Notwegrente entsteht mit dem Notwegrecht selbst. Das Verlangen des Berechtigten ist Tatbestandsmerkmal für das Entstehen einer Duldungs- und damit auch der Rentenzahlungspflicht (BGH NJW 1985, 1952). Wegen der Möglichkeit eines Zurückbehaltungsrechts im Hinblick auf die Rente sollte der Kläger den Zug-um-Zug-Antrag aufnehmen, um Kostennachteile einer teilweisen Klagabweisung zu vermeiden (vgl. Form. II. A. 1 Anm. 3).

7. Die Richtung und der Umfang des Notwegs müssen in der Klage nicht unbedingt angegeben sein, der Urteilstenor muß beides jedoch enthalten (§ 917 Abs. 1 S. 2 BGB).

8. Auflassungsklage

An das
Landgericht[1,2]

Klage

des ......   (Klägers Ziff. 1)
des ......   (Klägers Ziff. 2)
Prozeßbevollmächtigter: ......

gegen

den ......   (Beklagten)

wegen

Auflassung.
Vorläufiger Streitwert[2]: DM 70.000,–.
Namens und mit Vollmacht des Klägers erhebe ich Klage und werde beantragen:
Der Beklagte wird verurteilt, das Grundstück Gemarkung ......, FlStNr. ......, Grundbuchheft ......, an die Kläger zu je hälftigem Miteigentum aufzulassen[3] und die Eintragung im Grundbuch zu bewilligen[4,5].

Begründung:

Die Parteien schlossen am 5. 2. ...... einen notariellen Kaufvertrag über das im Eigentum des Beklagten stehende, im Antrag genannte Grundstück. Der Kaufpreis beträgt nach § 2 des Vertrages DM 70.000,–. Die Auflassung ist von der vollständigen Bezahlung des Kaufpreises nach § 2 des notariellen Kaufvertrages abhängig.
Beweis: Notarieller Kaufvertrag vom 5. 2. ...... des Notars ......, Urkundenrolle Nr. ....
Die Kläger haben den Kaufpreis am 7. 3. ...... bezahlt.
Beweis: Bankbestätigte Einzahlungsquittung der Bank des Beklagten vom 7. 3. ...... in Anlage im Original.
Der Auflassungsanspruch der Kläger ergibt sich aus dem Vertrag in Verbindung mit §§ 433, 873, 925 BGB.

Anmerkungen

1. Örtlich zuständig ist das Gericht des allgemeinen Gerichtsstandes des Schuldners (§§ 12–19 ZPO). § 24 ZPO ist nicht anwendbar (vgl. zB *Baumbach/Lauterbach/Albers/Hartmann* § 24 Rdn. 4). Die Vorschrift gilt auch nicht für die Klage auf Herausgabe eines Grundstücks, wenn der Kläger nicht Eigentümer ist (vgl. Form. II. A. 3 Anm. 3a), jedoch bei Herausgabeklage aufgrund bestehenden Eigentums (vgl. Form. II. F. 9 Anm. 1).

2. Die sachliche Zuständigkeit richtet sich nach dem Streitwert. Dieser wird nach § 6 ZPO bestimmt. Maßgebend ist dabei der Verkehrswert, nicht der Einheitswert und auch nicht der Kaufpreis (vgl. zB *Baumbach/Lauterbach/Albers/Hartmann* § 6 Rdn. 2).

3. Möglich ist auch folgende Fassung des Antrags: „...... zu erklären, daß das Eigentum an dem Grundstück ...... je zur Hälfte auf die Kläger übergehen soll und die Kläger je zur Hälfte als Miteigentümer des Grundstücks ...... im Grundbuch eingetragen werden sollen." Es genügt auch, wenn der Antrag mit „zu übereignen" formuliert ist (*Thomas/*

Putzo § 894 Rdn. 8). Der Antrag bei Wohnungseigentum kann folgendermaßen lauten: „...... verurteilt, einen Miteigentumsanteil von 169/1000 (i. W.: einhundertneunundsechzig Tausendstel) an dem Grundstück ......, verbunden mit dem Sondereigentum an der Wohnung ...... an den Kläger aufzulassen ......" Zur Klage auf Übereignung von beweglichen Sachen vgl. Form. II. A. 3. Die Verurteilung zur Auflassung eines Teilgrundstücks ist schon vor dem Teilungsvollzug im Grundbuch möglich (BGH NJW 1984, 1959).

4. Die Zwangsvollstreckung erfolgt nach § 894 ZPO. Damit ist die Auflassung aber noch nicht erfolgt, vielmehr liegt nur die Erklärung des Beklagten = Eigentümers vor. Der Gläubiger muß nun unter Vorlage des rechtskräftigen Urteils, seine Auflassungserklärung vor einem Notar abgeben (zu dieser Auflassungserklärung aufgrund eines Urteils vgl. Beck'sches Formularbuch, 6. Aufl., 1995, Form. IV. 7). Die Anwesenheit des Beklagten = Eigentümers ist trotz § 925 Abs. 1 S. 1 BGB nicht erforderlich (z.B. MünchKomm/*Kanzleiter* § 925 Rdn. 17).

5. Ist der Kaufpreis noch nicht vollständig bezahlt bzw. durch Aufrechnung erloschen, so kommt für den Kläger ein Zug-um-Zug-Antrag in Frage (vgl. auch § 320 Abs. 2 BGB bei geringen Rückständen). Zu diesem Antrag vgl. Form. II. A. 1 Anm. 3, zur Vollstreckung vgl. zusätzlich § 894 Abs. 1 S. 2 ZPO. In den Fällen der Klage auf Auflassung Zug um Zug ist auch hinsichtlich der Gegenleistung Bestimmtheit erforderlich (vgl. BGH NJW 1993, 324).

9. Herausgabeklage nach § 985 BGB

An das
Amtsgericht[1,2]

Klage

des ...... (Klägers)
Prozeßbevollmächtigter: ......

gegen

den ...... (Beklagten)
wegen
......
Vorläufiger Streitwert[2]: DM 2.500,—.
Namens und mit Vollmacht des Klägers erhebe ich Klage und werde beantragen:
    I. Der Beklagte wird verurteilt, die Schleifmaschine ...... an den Kläger herauszugeben[3].
    II. Die Erfüllung des Antrags Ziff. I kann nur binnen 14 Tagen nach Rechtskraft dieses Urteils erfolgen[4].
    III. Der Beklagte wird verurteilt, nach fruchtlosem Ablauf der Frist nach Z. II, an den Kläger DM 2.500,— als Schadensersatz zu bezahlen[5,6].

Begründung:

Der Kläger verkaufte und übergab am 3. 2. ...... der Einzelfirma des Beklagten die im Antrag genannte Schleifmaschine. In einem privatschriftlichen Vertrag vereinbarten die Parteien, daß der Beklagte DM 2.750,— in 5 Raten à DM 550,—, jeweils monatlich im voraus zum 1. eines Monats, beginnend am 1. 3. ......, zu bezahlen habe. Im Vertrag ist weiter vereinbart, daß der Kläger zum Rücktritt berechtigt ist, wenn der Beklagte mit mehr als einer Rate in Rückstand gerät. Schließlich ist der Eigentumsübergang von der vollständigen Bezahlung des Kaufpreises abhängig gemacht.

Beweis: Kaufvertrag vom 3. 2. ...... in Anlage.

Der Beklagte hat die am 1. 3. und 1. 4. ...... fälligen Raten nicht bezahlt. Der Kläger ist mit Einschreiben-Rückschein vom 7. 4. ...... vom Kaufvertrag zurückgetreten[6].

Beweis: Einschreiben-Rückschein vom 7. 4. ...... in Anlage.

Der Kläger hat einen Herausgabeanspruch nach § 985 BGB. Das Besitzrecht des Beklagten ist durch Rücktritt erloschen.

Die Schleifmaschine hat noch einen Wert von DM 2.500,–, da es sich um eine Spezialanfertigung handelt.

Beweis: Sachverständigengutachten.

Anmerkungen

1. Örtlich zuständig ist das Gericht des allgemeinen Gerichtsstands (§§ 12–19 ZPO). Für die Herausgabeklage bei Grundstücken ist nach § 24 ZPO der dingliche Gerichtsstand gegeben, wenn der Kläger Eigentümer ist, andernfalls der allgemeine Gerichtsstand (vgl. Form. II. A. 3 Anm. 3a und Form. II. F. 8 Anm. 1).

2. Die sachliche Zuständigkeit bemißt sich nach dem Streitwert. Hierbei ist der nach § 6 ZPO zu bestimmende Wert der Sache maßgebend. Entscheidend ist der Verkehrswert, nicht der Einheitswert oder der Kaufpreis (*Baumbach/Lauterbach/Albers/Hartmann* § 6 Rdn. 2 m. Nachw.).

3. Evtl. muß der Kläger einen Antrag Zug um Zug gegen Erstattung von Aufwendungsersatz nach §§ 994 ff. BGB stellen. Zum Zug-um-Zug-Antrag vgl. Form. II. A. 1 Anm. 3.

4. Die Vorschrift des § 283 BGB gilt im Falle des § 985 BGB (BGH NJW 1970, 241 [242]). Zum Antrag auf Fristsetzung vgl. zB. Form. II. A. 3 Anm. 8. Zu beachten ist, daß der Herausgabeanspruch nach Fristablauf nicht mehr geltend gemacht werden kann (§ 283 Abs. 1 2. Halbs. BGB).

5. Zum Schadensersatzanspruch und seiner Verbindung mit den Anträgen Ziffer I und II vgl. Form. II. A. 3 Anm. 9, 10. Er kann nur unter den Voraussetzungen des § 259 ZPO bereits mit den anderen Anträgen verknüpft werden.

6. Vollstreckt der Kläger aus Ziffer III des Urteilstenor, so kann der Beklagte in entsprechender Anwendung von § 255 BGB Übertragung des Eigentums Zug um Zug gegen Bezahlung verlangen (str., vgl. *Palandt/Heinrichs* § 283 Anm. 2 m. Nachw.). Um Kostennachteile zu vermeiden, kann der Kläger Antrag Ziffer III deshalb folgendermaßen fassen: „Der Beklagte wird verurteilt, nach fruchtlosem Ablauf der Frist nach Z. II, an den Kläger Zug um Zug gegen Übertragung des Eigentums an der Schleifmaschine ...... DM 2.500,– als Schadensersatz zu bezahlen."

10. Beseitigungsklage nach § 1004 BGB[1]

An das
Amtsgericht[2,3]

Klage

des ...... (Klägers)[4]
Prozeßbevollmächtigter: ......

gegen

den ...... (Beklagten)[5]

wegen

Beseitigung.

Vorläufiger Streitwert[2]: DM 10.000,–.
Namens und mit Vollmacht des Klägers erhebe ich Klage und werde beantragen:
    Der Beklagte wird verurteilt, seinen auf dem Grundstück ...... ausgeübten Schweinemästereibetrieb einzustellen[6,7].

Begründung:

Der Kläger ist Eigentümer des Grundstücks ......, das seit 1968 bebaut ist. Es liegt in einer Wohnsiedlung. Der Beklagte betreibt auf seinem 200 m westlich vom klägerischen Grundstück gelegenen Grundstück ...... einen Schweinemästereibetrieb. Durch diesen Schweinemästereibetrieb treten auf dem Grundstück des Klägers üble Gerüche („penetrant, süßlich und ekelerregend") auf, die von tierischen Extrementen und der Zubereitung der Fütterung in der Mästerei des Beklagten herrühren.

Beweis: Einnahme eines Augenscheins; Sachverständigengutachten.

Durch diese Gerüche wird die Benutzung des Grundstücks des Klägers, das mit einem Wohngebäude bebaut ist, für das Empfinden eines Durchschnittsmenschen nach Art, Stärke, Häufigkeit und Dauer – je nach den Witterungsverhältnissen – nicht nur unwesentlich beeinträchtigt[8].

Beweis: Einnahme eines Augenscheins.

Die Anlage des Mastbetriebs des Beklagten ist hinsichtlich Unterbringung der Tiere, Futteraufbereitung, Ablagerung und Abbau der tierischen Ausscheidungen unzureichend, da keinerlei Behälter, Silos oder gemauerte Räume zur Verfügung stehen[9].
Der Anspruch des Klägers aus § 1004 Abs. 1 S. 1 BGB ist demnach nicht durch eine Duldungspflicht nach § 906 BGB eingeschränkt.[10]

Anmerkungen

1. Das Gesetz stellt ähnliche Ansprüche auch für andere absolute Rechte zur Verfügung (vgl. zB. *Palandt/Bassenge* § 1004 Rdn. 2); zu erwähnen sind die entsprechenden Regelungen bei der Grunddienstbarkeit (§ 1027 BGB), beim Nießbrauch (§ 1065 BGB), bei der Hypothek (§ 1134 BGB) und beim Pfandrecht (§ 1227 BGB). Die Rechtsprechung hat die Unterlassungsklage daneben auf weitere absolute Rechte (allgemeines Persönlichkeitsrecht, Recht am eigenen Bild, Recht auf persönliche Ehre, Recht am eingerichteten und ausgeübten Gewerbebetrieb) und auf weitere gesetzlich geschützte Rechtsgüter erstreckt (vgl. zB. Form. II. D. 3 „Vorbeugende Unterlassungsklage" und Form. II. D. 4 Anm. 1).

2. Die sachliche Zuständigkeit richtet sich nach dem Streitwert. Dieser bemißt sich nach der Beeinträchtigung, die das Grundstück des Klägers erleiden würde, wenn die Immissionen auf unbestimmte Zeit zuzulassen wären (*Schmidt/Schmidt* Rdn. 107).

3. Soweit es sich um Grundstücke handelt, ist örtlich ausschließlich dasjenige Gericht zuständig, in dessen Bezirk das gestörte Grundstück belegen ist (§ 24 Abs. 1 ZPO). Im übrigen ist der allgemeine Gerichtsstand gegeben.

4. Aktiv legitimiert ist der Eigentümer.

5. Als Störer kommt sowohl derjenige in Frage, der durch Handlungen stört, als auch derjenige, der durch einen Zustand stört (vgl. zB. *Baur*, Sachenrecht, § 12 III; *Palandt/Bassenge* § 1004 Rdn. 16 ff.).

6. Der Beseitigungsanspruch ist grundsätzlich nur auf die Beseitigung bestimmter Störungen, wie Geräusche, Staubniederlassungen, Gerüche, gerichtet (BGH NJW 1958, 1776 m. Nachw.). In Ausnahmefällen kann er jedoch auf Einstellung des Betriebs gerichtet sein, wenn nur diese bestimmte Maßnahme die Beseitigung der Störung gewährleistet (BGH NJW 1977, 146). Im Falle des § 14 BImSchG besteht kein Anspruch auf Einstellung, sondern nur auf schützende Maßnahmen.

7. Der Klageantrag und der Urteilstenor müssen nicht auf Einstellung für eine bestimmte Zeit oder zu einem bestimmten Zweck – etwa Umgestaltung des Betriebs – lauten. Es genügt, wenn sich aus den Entscheidungsgründen eine Beschränkung dahin ergibt, daß beim derzeitigen Zustand der Betrieb eingestellt wird (BGH NJW 1977, 146).

8. Zunächst müssen die Immissionen dargelegt werden. Dann hat der Kläger die Tatsachen dafür vorzutragen, daß es sich um keine unwesentliche Beeinträchtigung nach § 906 Abs. 1 BGB handelt.

9. Der Kläger muß ferner vortragen, daß es sich um keine ortsübliche Benutzung des Grundstücks durch den Beklagten iSd. § 906 Abs. 2 BGB handelt (vgl. für den vorliegenden Fall: BGH NJW 1977, 146).

10. Verschulden ist nicht erforderlich.

11. Unterlassungsklage nach § 1004 BGB[1]

An das
Amtsgericht[2, 3, 4]

Klage

des ...... (Klägers)

Prozeßbevollmächtigter: ......

gegen

den ...... (Beklagten)

wegen

Unterlassung

Vorläufiger Streitwert[2]: DM 10.000,–.
Namens und mit Vollmacht des Klägers erhebe ich Klage und werde beantragen:
    Der Beklagte wird verurteilt, die Aufnahme des Gaststätten-, Tanzcafé- und Cafébetriebs auf dem Grundstück ...... zu unterlassen[5].

11. Unterlassungsklage nach § 1004 BGB   II. F. 11

Begründung:

Der Kläger ist Eigentümer des Grundstücks ...... Der Beklagte hat auf seinem daneben gelegenen Grundstück im reinen Wohngebiet eine Gaststätte mit Tanzcafé errichtet. Die baurechtliche Genehmigung wurde dem Beklagten erteilt. Widerspruch und Klage des Klägers im Verwaltungsverfahren wurden abgewiesen.

Unabhängig davon steht dem Kläger ein Unterlassungsanspruch nach § 1004 Abs. 1 BGB zu, da durch den Betrieb der Gaststätte, des Cafés und vor allem wegen der Tanzveranstaltungen erhebliche Störungen durch Lärm für die umliegenden Grundstücke zu erwarten sind[6]. Der Beklagte hat elektroakkustische Anlagen eingerichtet, die höhere Lautstärken und Lärmeinwirkungen auf das Grundstück des Klägers verursachen, als dies entsprechend den VDI-Richtlinien 2058 (Ausgabe ......) zulässig ist[7].

Beweis: Sachverständigengutachten.

Auch der von den Gästen der Gaststätte in Zukunft verursachte Lärm wird über den Richtwerten nach der VDI-Richtlinie liegen.

Beweis: Sachverständigengutachten.

Dies ergab sich bereits anläßlich eines Probelaufs der Geräte und einer Einführungsveranstaltung.

Eine Duldungspflicht des Klägers nach § 906 BGB besteht damit nicht. Der Beklagte hat die Eröffnung der Gaststätte mit Tanzveranstaltungen auf 1. 7. 1989 angekündigt[8].

Anmerkungen

1. Zur Beseitigungsklage nach § 1004 BGB vgl. Form II. F. 10; zur Erstreckung auf andere geschützte Rechte außer dem Eigentum vgl. dort Anm. 1 m. Nachw.; zur vorbeugenden Unterlassungsklage vgl. Form. II. D. 3.

2. Die sachliche Zuständigkeit richtet sich nach dem Streitwert. Dieser bemißt sich nach dem Interesse des Klägers an der Unterlassung. (Zu den Einzelheiten vgl. *Baumbach/Lauterbach/Albers/Hartmann* Anh. § 3 Rdn. 118; *Schmidt/Schmidt* Rdn. 337; *Thomas/Putzo* § 3 Rdn. 152)

3. Zur örtlichen Zuständigkeit vgl. Form. II. F. 10 Anm. 2.

4. Der ordentliche Rechtsweg ist ausgeschlossen, wenn die Beeinträchtigung durch hoheitliche Tätigkeit des Staates erfolgt (BGHZ 41, 264; RGZ 170, 40). Es muß dann Klage beim Verwaltungsgericht erhoben werden. Bei sonstiger Tätigkeit des Staates ist der ordentliche Rechtsweg gegeben.

5. Dem Wortlaut nach setzt § 1004 Abs. 1 S. 1, S. 2 BGB voraus, daß bereits eine Beeinträchtigung besteht („...... weitere Beeinträchtigungen ......"). Entgegen dem Wortlaut der Bestimmung wird jedoch bereits dann ein Unterlassungsanspruch gewährt, wenn ein Eingriff drohend bevorsteht (*Baur*, Sachenrecht, § 12 IV 2 m. Nachw.).

6. Die etwa erteilte baurechtliche oder baupolizeiliche Genehmigung hat auf den Anspruch nach § 1004 BGB keinen Einfluß (BGH LM Nr. 44 zu § 1004 BGB; Ausnahme: § 14 BImSchG).

7. Vgl. zur wesentlichen Beeinträchtigung und Ortsüblichkeit nach § 906 BGB und zur Anwendung der VDI-Richtlinien: BGH LM Nr. 36 zu § 906 BGB = MDR 1971, 119.

8. Im Regelfall muß nach § 1004 Abs. 1 S. 2 BGB die Wiederholungsgefahr dargetan und bewiesen werden (vgl. zB. *Palandt/Bassenge* § 1004 Rdn. 29), die jedoch im vorliegenden Fall bei Abwehr einer erstmals drohenden Beeinträchtigung entfällt. Stattdessen muß jedoch vorgetragen und bewiesen werden, daß ein erster Eingriff unmittelbar bevorsteht.

12. Hypothekenklage nach § 1147 BGB[1,2]

An das
Landgericht[3,4]

Klage

des ......   (Klägers)[5]

Prozeßbevollmächtigter: ......

gegen

den ......   (Beklagten)[6]

wegen

Duldung der Zwangsvollstreckung.

Vorläufiger Streitwert[3]: DM 40.000,–.
Namens und mit Vollmacht des Klägers erhebe ich Klage und werde beantragen:

    I. Der Beklagte wird verurteilt, an den Kläger DM 40.000,– nebst ......% Zinsen[7] seit ...... zu bezahlen[8].

    II. Der Beklagte wird verurteilt, aus der im Grundbuch ......, Grundbuchheft ......, in Abt. 3, lfd. Nr. 1, eingetragenen Hypothek in Höhe von DM 40.000,– nebst ......% Zinsen[7] hieraus seit ...... die Zwangsvollstreckung in das Grundstück ...... zu dulden[9].

Begründung:

Der Kläger ist Gläubiger der im Grundbuch ...... eingetragenen Briefhypothek.
Beweis: Hypothekenbrief und beglaubigter Grundbuchauszug vom ......[10] in Anlage.
Der Beklagte ist Eigentümer des Grundstücks ......
Beweis: Grundbuchauszug vom ......[11].
Er ist darüber hinaus Schuldner aus dem Darlehensvertrag zwischen den Parteien vom ......
Darlehen und Hypothek sind fällig[12]. Die Kündigung[13] des dem Beklagten gewährten Darlehens erfolgte am 26. 6. ...... zum 30. 9. ....
Beweis: Einschreiben-Rückschein vom 26. 6. ......, zugestellt am 27. 6. ......, in Anlage.
Der Beklagte hat auf seine Verbindlichkeit nichts bezahlt.

Anmerkungen

    1. Die Klage „aus der Hypothek" ist von der Klage aus dem Grundgeschäft streng zu unterscheiden. Letztere ist Zahlungsklage in Form der allgemeinen Leistungsklage. Ein Titel wegen der zugrundeliegenden Forderung genügt zwar ebenso zur Zwangsvollstreckung, verschafft dem Titel jedoch nicht den Rang der Hypothek. Die Hypothekenklage nach § 1147 BGB ist auch von der Klage auf Eintragung einer Bauhandwerkersicherungshypothek zu unterscheiden (vgl. hierzu Form. II. F. 3 Anm. 1). Behandelt wird hier die Hypothekenklage; für Grundschuld und Rentenschuld gelten die Ausführungen entsprechend.

    2. Voraussetzung für die Zwangsvollstreckung ist auch im Falle des § 1147 BGB ein Vollstreckungstitel (so die h.M.; vgl. z.B. MünchKomm/*Eickmann* § 1147 Rdn. 8

12. Hypothekenklage nach § 1147 BGB   II. F. 12

m. Nachw.). Außer dem Urteil kommt hier vor allem eine vollstreckbare Urkunde (§ 794 Abs. 1 Nr. 5 ZPO), gegebenenfalls mit Eintragung der Unterwerfungsklausel in das Grundbuch, in Frage, so daß die Unterwerfungserklärung gegenüber jedem Eigentümer des Grundstücks wirkt (§ 800 ZPO). Liegt eine derartige vollstreckbare Urkunde vor, so ist die Hypothekenklage mangels Rechtsschutzbedürfnisses unzulässig.

3. Die sachliche Zuständigkeit richtet sich nach dem Streitwert. Dieser bemißt sich nach dem Betrag der Hypothek bzw. der Schuldsumme. Die Streitwerte von persönlicher und dinglicher Klage sind nicht zusammenzurechnen (*Baumbach/Lauterbach/Albers/Hartmann* § 5 Rdn. 8 m. Nachw.).

4. Örtlich zuständig ist ausschließlich das Gericht des belegenen Grundstücks (§ 24 Abs. 1 ZPO). Die persönliche Klage kann im gleichen Gerichtsstand erhoben werden (§ 25 ZPO). § 25 gilt jedoch nur insoweit, als Schuldner und Eigentümer identisch sind. Im übrigen ist der Schuldner am eigenen Gerichtsstand zu verklagen (vgl. unten Anm. 8).

5. Aktiv legitimiert ist der Gläubiger der Hypothek.

6. Passiv legitimiert ist der Eigentümer des Grundstücks. Dem Kläger hilft hierbei die Vermutung des § 1148 S. 1 BGB. Sind persönlicher Schuldner und Eigentümer nicht identisch, dann entfällt der Klagantrag Z. I.

7. Die Höhe des Zinssatzes richtet sich nach der getroffenen Vereinbarung, ansonsten nach den allgemeinen Vorschriften (zB. §§ 286 Abs. 1, 288, 291 BGB). Aus Gründen der Bestimmtheit im Hinblick auf die Zwangsvollstreckung ist zu empfehlen, daß Hauptsumme und Zinsen genau angegeben werden, obwohl beides im Grundbuch eingetragen ist (vgl. die hins. der Zinsen abw. Vorschläge bei *Baur* Sachenrecht § 40 IV, 4d und MünchKomm/*Eickmann* § 1147 Rdn. 2).

8. Insoweit handelt es sich um die Klage aus dem zugrundeliegenden Schuldverhältnis (Schuldklage). Diese kann mit der Hypothekenklage im Wege objektiver Klagenhäufung verbunden werden (vgl. zur örtlichen Zuständigkeit Anm. 4; zum Streitwert Anm. 3). Dies gilt jedoch nur, wenn Schuldner und Eigentümer identisch sind. Ist Schuldner eine andere Person, dann muß der Klagantrag Z. I gegen diesen gerichtet werden und entfällt bei der Klage gegen den Eigentümer. Im Wege der subjektiven Klagehäufung kann der Kläger zwar auch bei Verschiedenheit von Schuldner und Eigentümer beide Klagen zu einem Rechtsstreit anhängig machen, aber allerdings nur dann, wenn für die Schuldklage nach §§ 12–19 ZPO der gleiche Gerichtsstand für den Schuldner gegeben ist. §§ 25 f. ZPO helfen dem Kläger hier nicht weiter.

9. Spätestens nach Durchführung der Zwangsvollstreckung hat der Eigentümer einen Anspruch auf Aushändigung der Löschungsunterlagen. Ein Teil der Literatur steht auf dem Standpunkt, daß dem Eigentümer wegen dieses Anspruchs ein Zurückbehaltungsrecht zustehe (so MünchKomm/*Eickmann* § 1144 Rdn. 29 m. w. Nachw.; *Palandt/Bassenge* § 1144 Rdn. 3 f.). Dementsprechend wurde in den Vorauflagen für den Antrag bei der Hypothekenklage ein Zug um Zug-Antrag empfohlen. Dieser Antrag lautete in Ergänzung des Antrags Ziff. II folgendermaßen: „... Zug um Zug gegen Aushändigung der Löschungsunterlagen bei Beendigung der Zwangsvollstreckung". Damit sollten Kostennachteile bei Erhebung der entsprechenden Einrede durch den Eigentümer vermieden werden. Probleme ergeben sich bei einem derartigen Antrag aber, weil eine vollstreckbare Ausfertigung des Urteils nach § 726 Abs. 2 ZPO auch bei Zug um Zug zu bewirkenden Leistungen erst nach Aushändigung der Löschungsunterlagen erteilt werden kann (vgl. *Zöller/Stöber* § 726 Rdn. 8).

Weitere Probleme dieses Zug um Zug-Antrags ergeben sich dann, wenn sich die Gerichte der anderen Auffassung anschließen, wonach § 1144 BGB nur bei § 1142 BGB anwendbar sein soll (so OLG Stuttgart v. 15. 7. 1987 – 4 U 27/87 unter Hinweis auf *Staudinger/Scherübl* § 1144 Bem. 18; *Erman/Westermann* § 1144 Bem. 3; *Soergel/Baur* § 1144 Anm. 2). Hier können dann dem beklagten Eigentümer Kostennachteile entstehen, wenn er sich auf die obengenannte Auffassung beruft. Aus diesen Gründen wird der Zug um Zug-Antrag nicht mehr empfohlen. Sollte das jeweils erkennende Gericht der Auffassung sein, es handle sich um eine Einrede und es müsse ein Zug um Zug-Antrag gestellt werden, so kann dies in der mündlichen Verhandlung nachgeholt werden. Es ist allerdings nicht auszuschließen, daß hiermit dann Kostennachteile verknüpft sind. Im Hinblick auf die geschilderten Schwierigkeiten erscheinen diese Nachteile aber noch erträglicher. Keine Probleme ergeben sich dann, wenn der Eigentümer in Annahmeverzug ist (vgl. § 726 Abs. 2 ZPO; hierzu Form. II. A. 1 Anm. 3). Muß der Zug um Zug-Antrag gestellt werden, so könnte die Vollstreckung des Urteils durch Hinterlegung der Urkunden mit der unwiderruflichen Erklärung geschehen, daß nach Beendigung der Zwangsvollstreckung die Unterlagen an den Schuldner herauszugeben sind. Eine Aushändigung der Unterlagen an den Schuldner ist nicht erforderlich, da es sich sonst um eine Vorleistung des Gläubigers handeln würde, die bis zur Beendigung des Verfahrens aber nicht verlangt werden kann.

10. Bei der Buchhypothek genügt der Nachweis der Berechtigung durch Vorlage eines Grundbuchauszugs (§ 891 Abs. 1 BGB). Bei der Briefhypothek kann statt des Grundbuchauszugs eine „zusammenhängende, auf einen eingetragenen Gläubiger zurückführende Reihe von öffentlich beglaubigten Abtretungserklärungen" vorgelegt werden (§ 1155 BGB).

11. Insoweit besteht eine Vermutung nach § 1148 S. 1 BGB.

12. Fälligkeit ist für beide Klagen Voraussetzung. Das Darlehen und die Hypothek werden entweder nach Vereinbarung oder aber durch Kündigung (§§ 609, 1141 Abs. 1 BGB) fällig.

13. Zu einem Fall fristloser Kündigung vgl. BGH JZ 1980, 528.

G. Wohnungseigentumsrecht

1. Antrag einer Wohnungseigentümergemeinschaft[3] nach § 43 Abs. 1 Nr. 1 WEG gegen einen Wohnungseigentümer auf Erfüllung seiner sich aus der Gemeinschaft ergebenden Pflichten (hier: Beseitigung eines gemeinschaftswidrigen Zustands)

An das Amtsgericht

Gericht der freiwilligen Gerichtsbarkeit[1]
Abteilung für Wohnungseigentumssachen

Antrag[2]

in der Wohnungseigentumssache der
Eigentümer der Eigentumswohnanlage X.-Straße Nr. ...... in Z.-Stadt namentlich aufgeführt in der anliegenden Eigentümerliste[3]
– Antragsteller –[4]
vertreten durch ......[5]
Verwalter der Eigentumswohnanlage[6]: A., Y.-Straße Nr. ...... in Z.-Stadt
Verfahrensbevollmächtigter der Antragsteller[7]:
(bzw. des Verwalters[5]):
V., W.-Straße Nr. ...... in Z.-Stadt
gegen
B., X.-Straße Nr. ...... in Z.-Stadt
– Antragsgegner –[8]
wegen Erfüllung der sich aus der Gemeinschaft ergebenden Pflichten[9]
hier: Beseitigung eines Zigarettenautomaten (Alternative: Herausgabe eines zum Gemeinschaftseigentum gehörenden Raumes)
Vorläufiger Geschäftswert[10]: ......
Unter Einzahlung eines Kostenvorschusses[11] von DM...... stelle ich im Namen und mit Vollmacht der Antragsteller (bzw. des Verwalters, dieser mit Vollmacht handelnd für die Antragsteller[5]) folgenden Antrag[12]:

I. Der Antragsgegner wird verpflichtet[13], den an der Vorderseite des Hauses X.-Straße Nr. ...... in Z. angebrachten Zigarettenautomaten zu entfernen.
(Alternative: ...... den vom Antragsgegner derzeit allein genutzten Abstellraum (Nr. oder sonstige genaue Bezeichnung) im Kellergeschoß zu räumen und an die Antragsteller herauszugeben).
II. Der Antragsgegner hat die Kosten des Verfahrens zu tragen[14].

(Vorläufige Vollstreckbarkeit[15])

Ich bitte, alsbald Termin zur mündlichen Verhandlung anzuberaumen[16] und trage zur Begründung des Antrags folgendes vor[17]:
Der Antragsgegner ist Alleineigentümer der in der Eigentumswohnanlage X.-Straße Nr. ...... in Z. gelegenen Wohnung Nr. ...... im ......-ten Stock und des in seinem Teileigentum[18] stehenden Ladens im Erdgeschoß desselben Gebäudes. Er hat vor einem Monat neben der Hauseingangstüre an der Außenwand des Gebäudes[19] unter dem Schlaf-

zimmerfenster der Wohnung C. ohne Zustimmung der übrigen Wohnungseigentümer[20] einen Zigarettenautomaten anbringen lassen.

Beweis[21]: Vernehmung von A., Verwalter der Wohnanlage, als Zeugen.

Der Aufforderung durch den Verwalter, den Automaten zu entfernen, hat der Antragsgegner keine Folge geleistet. Die Antragsteller haben dem Verwalter laut Verwaltervertrag vom ...... Verfahrensvollmacht erteilt[5], der Verwalter dem Unterzeichneten gemäß anliegender Vollmachtsurkunde[7].

Beweis: Verwaltervertrag vom ......, vorgelegt in Fotokopie,
schriftliche Verfahrensvollmacht, vorgelegt im Original.

(Alternative: ...... Der Antragsgegner weigert sich, den von ihm seit einem Monat allein genutzten und verschlossen gehaltenen Kellerabstellraum an die Wohnungseigentümergemeinschaft herauszugeben,

Beweis: Vernehmung von A., Verwalter der Wohnanlage, als Zeugen

obwohl dieser Raum laut Teilungserklärung mit Gemeinschaftsordnung[22] vom ......, Abschnitt ...... zum Gemeinschaftseigentum gehört und dem Antragsgegner daran auch kein Sondernutzungsrecht[23] zusteht.

Beweis: Teilungserklärung mit Gemeinschaftsordnung, vorgelegt in Fotokopie.)

(Namensunterschrift V)

Schrifttum: **Kommentare:** *Augustin,* Kommentar zum Gesetz über das Wohnungseigentum und das Dauerwohnrecht (Sonderband RGR-Komm. 12. Aufl.) 1983; *Bärmann/Pick/Merle,* Wohnungseigentumsgesetz, 6. Aufl. 1987; *Bärmann/Pick,* Wohnungseigentumsgesetz (WEG) mit Richtlinien und Grundbuchverfügung, 13. Aufl. 1994; *Henkes/Niedenführ/Schulze,* WEG, Handbuch und Kommentar, 2. Aufl. 1993; *Keidel/Kuntze/Winkler,* Freiwillige Gerichtsbarkeit, 13. Aufl. 1992; Münchner Kommentar/*Röll,* 2. Aufl., Band 4 1981, 3. Aufl. soweit erschienen (ab 1993); *Palandt/Bassenge,* Bürgerliches Gesetzbuch, 53. Aufl. 1994; *Sauren,* Wohnungseigentumsgesetz (WEG), 2. Aufl. 1995; *Soergel/Stürner,* 12. Aufl. 1989, Band 6; *Thomas/Putzo,* ZPO, 18. Aufl. 1993; *Weitnauer,* Wohnungseigentumsgesetz, 8. Aufl. 1995. – **Sonstiges:** *Bärmann,* Wohnungseigentum, Kurzlehrbuch, 1991; *Bärmann,* Erwerberhaftung im Wohneigentum für rückständige Lasten und Kosten, 1985, Partner im Gespräch Nr. 19, Schriftenreihe des Evangelischen Siedlungswerks in Deutschland e.V.; *Bärmann/Seuß,* Praxis des Wohnungseigentums, 4. Aufl. 1994; Festschrift für Johannes Bärmann und Hermann Weitnauer, 1990; *Junker,* Die Gesellschaft nach dem Wohnungseigentumsgesetz, 1993; *Müller,* Praktische Fragen des Wohnungseigentums, 2. Aufl. 1992; *Röll,* Handbuch für Wohnungseigentümer und Verwalter, 5. Aufl. 1991; *Seuß,* Die Eigentumswohnung, 10. Aufl. 1993.

Vgl. im übrigen die sehr ausführliche Zusammenstellung des Schrifttums bei *Soergel/Stürner,* Einl. vor § 1 WEG.

Anmerkungen

1. Gesetzliche Grundlage für das Verfahren: §§ 43 bis 50 WEG.
§ 43 WEG eröffnet eine besondere Verfahrensart (aM.: besonderen Rechtsweg) im Verfahren der freiwilligen Gerichtsbarkeit und regelt zugleich die Zuständigkeit. Die Verfahrensart kann nicht abbedungen werden. Das Verfahren ist – abgesehen vom Fall des § 43 Abs. 1 Nr. 3 WEG – sogenanntes „echtes Streitverfahren" der freiwilligen Gerichtsbarkeit, auf das außer den besonderen Verfahrensvorschriften in den §§ 43 ff. WEG die Bestimmungen der §§ 2 bis 34 FGG anzuwenden sind; ergänzend sind die Bestimmungen der ZPO heranzuziehen (vgl. *Keidel/Kuntze/Winkler* § 12 FGG Rdn. 195 ff.).

1. Antrag einer Wohnungseigentümergemeinschaft nach § 43 Abs. 1 Nr. 1 **II. G. 1**

Zu den Grundsätzen und Besonderheiten des Verfahrens s. nachstehende Anmerkungen 2 ff., insbesondere auch Anm. 12, 15 und 17.

Dagegen ist das Verfahren, mit dem die Entziehung des Wohnungseigentums (§§ 18, 19 WEG) oder Ansprüche aus Aufhebung der Gemeinschaft (§ 17 WEG) geltendgemacht werden, echtes Klageverfahren der ZPO.

Sachlich zuständig für das Antragsverfahren nach § 43 WEG ist ausschließlich das Amtsgericht, örtlich zuständig das Amtsgericht, in dessen Bezirk das Grundstück liegt, als ebenfalls ausschließlicher Gerichtsstand.

Zur Frage der Abgabe einer irrtümlich beim allgemeinen Prozeßgericht anhängig gemachten Wohnungseigentumssache an das Gericht der freiwilligen Gerichtsbarkeit und umgekehrt einer fälschlich im WE-Verfahren anhängig gemachten normalen Streitsache durch das Gericht der freiwilligen Gerichtsbarkeit an das Prozeßgericht vgl. Form. II. G. 2 Anm. 3.

2. Das Verfahren nach §§ 43 ff. WEG setzt immer einen Antrag voraus. Das Gericht kann nicht von Amts wegen eingreifen, selbst nicht für die Bestellung eines Verwalters nach § 26 Abs. 3 WEG. Auch für das Antragsverfahren gilt der Grundsatz der Amtsprüfung des § 12 FGG. Jedoch ist Mitwirkung der Beteiligten erforderlich, insbesondere des Antragstellers, sonst kann unter Umständen der Antrag zurückgewiesen werden (*Keidel/Kuntze/Winkler* § 12 FGG Rdn. 24).

Das Gericht ist im allgemeinen nicht streng an die Anträge (wie nach § 308 ZPO) gebunden (s. auch unten Anm. 12), anders aber im Verfahren der Beschlußanfechtung nach §§ 43 Abs. 1 Nr. 4, 23 Abs. 4 WEG (vgl. Form. II. G. 5 und Anm. hierzu).

Zur Antragsrücknahme s. unten Anm. 17 aE.

3. Die Wohnungseigentümergemeinschaft in ihrer Gesamtheit ist als solche weder rechtsfähig noch Verfahrensbeteiligte bzw. antragsberechtigt; sie ist nicht als solche aktiv- oder passivlegitimiert (aA *Junker* aaO, der die Wohnungseigentümergemeinschaft als „Gesellschaft" besonderer Art für parteifähig hält) Verfahrensbeteiligte sind nach hM immer nur die sämtlichen Wohnungseigentümer, zusammengeschlossen in dem durch das WEG besonders geregelten Personenverband „Wohnungseigentümergemeinschaft" oder einzelne von ihnen. Die Bezeichnung „Wohnungseigentümergemeinschaft X.-Straße" reicht daher für sich allein im Verfahren nach § 43 ff. WEG nicht aus. Es sollte, wenn eine Mehrzahl (oder alle) Wohnungseigentümer am Verfahren beteiligt sind, (zur Beteiligtenstellung s. unten Anm. 4 und 8, sowie vor allem Anm. 8 zu Form. II. G. 4) gleich ob als Antragsteller oder Antragsgegner oder als sonstige Verfahrensbeteiligte, eine Eigentümerliste neuesten Stands dem Antrag beigefügt oder alsbald nachgereicht werden.

4. Beteiligte im materiellen Sinne und damit Antragsteller (oder Antragsgegner) im formellen Sinne können einzelne oder alle Wohnungseigentümer sein, nicht aber ausgeschiedene Wohnungseigentümer (für diesen Fall ist nicht das Gericht der freiwilligen Gerichtsbarkeit sondern das ordentliche Prozeßgericht zuständig (BGHZ 44, 43 = BGH NJW 1965, 1763 sowie BGHZ 106, 34; a. M. *Weitnauer* § 43 Rdn. 14), ferner der Verwalter – auch der ausgeschiedene – (vgl. § 43 Abs. 1 Nr. 2 und 4 WEG). Zur Frage der Antragsberechtigung, insbesondere auch zu der Frage, inwieweit ein einzelner Wohnungseigentümer Ansprüche gerichtlich geltend machen kann, die der Gemeinschaft der Wohnungseigentümer zustehen, s. Anm. 4 zu Form. II. G. 2 und Anm. 1 zu II. G. 4).

Ob Beteiligter auch der noch nicht im Grundbuch eingetragene Wohnungseigentumsanwärter sein kann nach Abschluß des Kaufvertrags, Eintragung einer Auflassungsvormerkung, bzw. Inbesitznahme der Wohnung (so noch BayObLG 1974, 275 ff./281) und Übergang von Lasten und Kosten, ob also der sogenannte „faktische" oder „werdende" Wohnungseigentümer schon eigene Rechte hat und im WE-Verfahren geltend machen kann, war lange Zeit sehr umstritten und ist es teilweise jetzt noch. Nach BGHZ 106, 113 (= NJW 1989, 1087) hat ein noch nicht als Wohnungseigentümer eingetragener Erwerber noch keine eigenen Rechte und Pflichten aus dem WEG, kann aber vom Veräußerer ermächtigt werden, dessen Rechte im eigenen Namen geltend zu machen, soweit der Veräußerer sie nicht mehr selbst ausübt. Insbesondere für den Zweit- bzw. Folgeerwerb von Wohnungseigentum ist durch die konsequente Rspr. des BGH zur immer sehr undeutlichen Figur des „werdenden Wohnungseigentümers" klargestellt worden, daß ein Erwerber Wohnungseigentümer mit allen damit verbundenen Rechten und Pflichten erst mit der Eintragung als Eigentümer im Grundbuch wird (vgl. BGHZ 107, 285 = NJW 1989, 2697 und BGHZ 108, 44 = NJW 1989, 3018).

Vom sogenannten „werdenden Wohnungseigentümer" ist die in Entstehung befindliche Wohnungseigentümergemeinschaft, ebenfalls häufig faktische oder werdende Wohnungseigentümergemeinschaft genannt, zu unterscheiden. Die Figur der werdenden (faktischen) Gemeinschaft ist nach Voraussetzungen und Rechtsfolgen schwierig abzugrenzen. Soweit sie bejaht wird, unterliegt sie jedenfalls der Verfahrenszuständigkeit nach §§ 43 ff. WEG und wird auch materiell weitgehend nach WE-Recht behandelt. Als Voraussetzung für die Bildung einer tatsächlichen Gemeinschaft wird die Anlage eines Wohnungsgrundbuchs, eine wirksame Teilungserklärung (§ 8 WEG) oder -vereinbarung (§ 3 WEG) erforderlich sein, ferner die Veräußerung von mindestens einem Wohnungs- oder Teileigentum (im Falle der Teilung nach § 8) sowie der Übergang von Besitz, Nutzungen, Lasten und Gefahr auf den Erwerber, dessen Übereignungsanspruch durch eine (Auflassungs-)Vormerkung gesichert ist. Von großer Bedeutung ist das Problem der werdenden Gemeinschaft im Hinblick etwa auf die rechtliche Behandlung von Beschlüssen aus der Zeit vor der Eintragung der Erwerber als Wohnungseigentümer im Grundbuch (zu der sehr komplexen Figur der werdenden Wohnungseigentümergemeinschaft vgl. *Müller*, Praktische Fragen des Wohnungseigentums aaO, Rdn. 20 und 153 m.w.N. sowie BayObLGZ 90, 101 und *Weitnauer* Anh. § 10).

5. Der Verwalter ist nicht allgemeiner gesetzlicher Vertreter der Wohnungseigentümer. Er ist auch nicht auf Grund Gesetzes allgemeiner Verfahrens- (Prozeß-)vertreter (vgl. *Bärmann/Pick/Merle* § 27 Rdn. 11 und 33 ff.). Nach BGH NJW 1981, 282 ist der Verwalter zwar Vertreter der Wohnungseigentümer mit gesetzlicher Vertretungsmacht in dem in § 27 Abs. 2 WEG umschriebenen Rahmen. Er hat damit teilweise, inhaltlich beschränkte Verfahrensvollmacht, die gemäß § 27 Abs. 2 Nr. 3 WEG die Entgegennahme von Zustellungen für die Wohnungseigentümer umfaßt (s. auch Form. II. G. 5 Anm. 7 und Form. II. G. 7 Anm. 8). Allgemeiner Verfahrens-(Prozeß-)bevollmächtigter wird der Verwalter nur auf Grund ausdrücklicher Ermächtigung durch die Wohnungseigentümer im Sinne von § 27 Abs. 2 Nr. 5 WEG. Verfahrensvollmacht kann dem Verwalter, wie jedem anderen Verfahrensvertreter, etwa einem Rechtsanwalt, durch Einzelvollmacht erteilt werden oder auch allgemein durch Teilungserklärung, Gemeinschaftsordnung, im Verwaltervertrag oder durch Mehrheitsbeschluß der Eigentümerversammlung. Dies gilt sowohl für den Aktivprozeß wie für den Passivprozeß.

Der Verwalter kann von den Wohnungseigentümern auch ermächtigt werden, im eigenen Namen Ansprüche der Wohnungseigentümer gerichtlich geltend zu machen (gewillkürte Verfahrensstandschaft) mit Leistung an sich selbst oder an die Wohnungseigentümer (vgl. hierzu Form. II. G. 2 Anm. 8). In diesem Fall ist der Verwalter selbst Antragsteller (s. unten Form. II. G. 2 und dort Anm. 4).

6. Unabhängig von der Frage der Verfahrensvollmacht sollte der Verwalter in jedem Fall im Antragsrubrum aufgeführt werden im Hinblick auf die gesetzliche Zustellungsempfangsermächtigung gemäß § 27 Abs. 2 Nr. 3 WEG und insbesondere in den Fällen seiner gesetzlichen Beteiligtenstellung (§ 43 Abs. 4 Nr. 2 und 4 WEG).

7. Verfahrensvollmacht können die Wohnungseigentümer nach den in Anm. 5 dargestellten Grundsätzen auch anderen Verfahrensvertretern (beispielsweise einem Rechtsanwalt oder einem einzelnen Wohnungseigentümer) erteilen. Vor allem wenn der bestellte Verfahrensvertreter etwa weitere Verfahrens- (unter-)vollmacht erteilt, sollte die Art des Vertretungsverhältnisses klar im Antragsrubrum zum Ausdruck kommen, zB.

1. Antrag einer Wohnungseigentümergemeinschaft nach § 43 Abs. 1 Nr. 1 **II. G. 1**

„Die Eigentümer der Wohnanlage ......,
vertreten durch den Verwalter ......,
dieser vertreten durch ......"
und die Art der Vollmachtserteilung in der Antragsbegründung dargestellt werden, weil sich dadurch Verzögerungen im Verfahren, etwa durch Rückfragen des Gerichts, häufig vermeiden lassen.

8. Die Bezeichnung des Antragsgegners ist zwar im Verfahren der freiwilligen Gerichtsbarkeit ausdrücklich ebensowenig vorgeschrieben wie eine bestimmte Fassung des verfahrenseinleitenden Antrags. Das Gericht hat die Beteiligten von Amts wegen festzustellen. Die Bezeichnung des Antragsgegners bereits im Antrag ist aber im wohnungseigentumsrechtlichen Verfahren dringend zu empfehlen, zumal sich aus ihr meist erst die Zielrichtung des Antrags ergibt und unnötige Rückfragen vermieden werden können.

9. Unter den Tatbestand des § 43 Abs. 1 Nr. 1 WEG („die sich aus der Gemeinschaft der Wohnungseigentümer und aus der Verwaltung des gemeinschaftlichen Eigentums ergebenden Rechte und Pflichten der Wohnungseigentümer untereinander") fallen alle Streitigkeiten zwischen Wohnungseigentümern aus den in §§ 10 bis 29 WEG geregelten Angelegenheiten, soweit nicht Nr. 2 und 3 unterfallend, nicht aber Streitigkeiten über Inhalt und Umfang des Sondereigentums nach § 5 WEG (s. aber unten Anm. 22 und 23), über Begründung, Übertragung, Aufhebung, Belastung des Wohnungseigentums, auch nicht über die Rechtsgültigkeit und Ordnungsmäßigkeit einer mit der Begründung nach § 8 WEG verbundenen „Satzung der Gemeinschaft" (Teilungserklärung, Gemeinschaftsordnung).

10. Die Angabe des Geschäftswerts im Antrag ist nicht unbedingt erforderlich. Da gemäß § 18 KostO aber die Gerichts- (und Anwalts-)gebühren nach dem Geschäftswert berechnet werden und im Rahmen von § 8 KostO Kostenvorschüsse durch das Gericht erhoben werden, ist die Angabe des Geschäftswerts bereits im Antrag zweckmäßig, weil andernfalls mit Rückfragen des Gerichts zum Geschäftswert zur Berechnung des Vorschusses zu rechnen ist. Die Höhe des Geschäftswerts bestimmt sich gemäß § 48 Abs. 2 WEG nach dem Interesse der Beteiligten an der Entscheidung. Ergänzend kommt § 30 KostO in Betracht. Vgl. auch Anm. 6 zu Form. II. G. 5.

11. Ein Kostenvorschuß muß nicht schon mit der Einreichung des Antrags einbezahlt werden. Nach Maßgabe des § 8 KostO erhebt das Gericht einen zur Deckung der Kosten hinreichenden Vorschuß, und zwar in Anlehnung an § 48 Abs. 1 S. 1 WEG in Höhe von einer Gebühr. Die Gebührenhöhe bemißt sich gemäß § 32 KostO nach der Gebührentabelle für das Verfahren der freiwilligen Gerichtsbarkeit.

12. Eine bestimmte Fassung des verfahrenseinleitenden Antrags ist nicht vorgeschrieben. Auch einen „bestimmten Antrag" iSv. § 253 Abs. 2 Nr. 2 ZPO braucht die Antragsschrift an sich nicht zu enthalten. Das Gericht ist auch nicht an den Antrag gebunden – abgesehen von den Anträgen auf Ungültigerklärung von Beschlüssen (§ 43 Abs. 1 Nr. 4 WEG). Wenn der Antragsteller, wie meistens, aber ein bestimmtes Begehren verfolgt (vor allem bei auf Leistung oder Feststellung gerichteten Anträgen), empfiehlt es sich, das Ziel des Begehrens, also den Anspruchsinhalt, bereits im Antrag so genau wie möglich bzw. nötig zu bezeichnen.

13. Im streitigen Verfahren der freiwilligen Gerichtsbarkeit erfolgt die Sachentscheidung nicht in Form des Urteils sondern durch Beschluß nach § 44 Abs. 4 WEG. Die Formulierung in Entscheidungen über Anträge, mit denen eine Leistung begehrt wird, lautet daher meist „ist verpflichtet" oder „hat zu" oder ähnlich.

14. Ein Antrag zu den Verfahrenskosten ist an sich nicht erforderlich. Das Gericht hat stets von Amts wegen gemäß § 47 WEG über die Verfahrenskosten zu entscheiden. Als Anregung zu einer gewünschten Kostenentscheidung kann der Kostenantrag jedoch seinen Sinn haben, insbesondere dann, wenn die Erstattung der außergerichtlichen Kosten gemäß § 47 S. 2 WEG begehrt wird (s. auch Anm. 10 zu Form. II. G. 2).

An Gerichtskosten fällt gem. § 48 Abs. 1 S. 1 WEG für das Verfahren selbst eine volle Gebühr an; kommt es zur Entscheidung, wird das Dreifache der vollen Gebühr nach der KostO erhoben, bei Antragsrücknahme nur die Hälfte einer vollen Gebühr (§ 48 Abs. 1 S. 2 und 3 WEG).

15. Ein Antrag zur Vollstreckbarkeit erübrigt sich. Gemäß § 45 Abs. 3 WEG findet die Zwangsvollstreckung nur aus rechtskräftigen Entscheidungen, gerichtlichen Vergleichen und einstweiligen Anordnungen statt, und zwar nach den Vorschriften der ZPO. Vorläufige Vollstreckbarkeit gibt es im Verfahren nach dem WEG nicht. Lediglich durch Erlaß einer einstweiligen Anordnung gemäß § 44 Abs. 3 WEG während eines anhängigen Hauptsacheverfahrens kann vor rechtskräftiger Entscheidung eine der vorläufigen Vollstreckbarkeit ähnliche Wirkung erreicht werden, die jedoch dadurch eingeschränkt ist, daß der endgültigen Regelung durch die einstweilige Anordnung nicht vorgegriffen werden darf (vgl. Form. II. G. 6 Anm. 21 ff.).

16. Ein Terminsantrag muß nicht gestellt werden, da das Gericht gemäß der Sollvorschrift des § 44 Abs. 1 WEG grundsätzlich mündlich zu verhandeln hat. Nur ausnahmsweise darf rein schriftlich verfahren werden (*Bärmann/Pick/Merle* § 44 Rdn. 27). Der Terminsantrag kann zweckdienlich sein als Anregung, eine mündliche Verhandlung durchzuführen.

17. Auch eine Antragsbegründung ist zwar nicht eigens gesetzlich vorgeschrieben, aber das Gericht ist unbeschadet des Amtsermittlungsgrundsatzes bei der Stoffsammlung auf die Mitwirkung der Beteiligten, insbesondere durch Tatsachenvortrag und Angabe von Beweismitteln angewiesen (Beibringungsgrundsatz). Eine Antragsbegründung mit einer Sachverhaltsschilderung zur schlüssigen Anspruchsbegründung sollte daher erfolgen. Vergleichbares gilt für die Erwiderung des Antragsgegners. Es besteht eine echte prozessuale Förderungspflicht der Beteiligten neben der gerichtlichen Amtsermittlungspflicht (vgl. *Keidel/Kuntze/Winkler* § 12 FGG Rdn. 23, 24). Fehlt eine schlüssige Antragsbegründung, kann das Gericht den Antrag – unter Umständen sogar ohne die in der Regel nach § 44 Abs. 1 WEG gebotene mündliche Verhandlung – zurückweisen.

Ein Säumnisverfahren gibt es ebensowenig wie die Geständnisfiktion des § 138 Abs. 3 ZPO und die Beweiskraftwirkung des Geständnisses gemäß § 288 ZPO. Das Nichtbestreiten von Tatsachenbehauptungen kann aber auch im Rahmen der Amtsermittlung als Indiz für die Richtigkeit der aufgestellten Behauptung gewertet werden (vgl. im einzelnen *Keidel/Kuntze/Winkler* § 12 FGG Rdn. 89, 195 ff. [197]).

An weiteren Besonderheiten des Verfahrens sind hervorzuheben:
Ob die Antragsrücknahme nach Einlassung des Antragsgegners zur Sache nur mit seiner Zustimmung zulässig ist (so *Keidel/Kuntze/Winkler* FGG § 12 Rdn. 14), ist umstr. Gegenantrag entsprechend § 33 ZPO zulässig, wenn die Beteiligten identisch sind und rechtlicher Zusammenhang besteht; aber nicht mehr in der Rechtsbeschwerdeinstanz (*Palandt/Bassenge* § 43 WEG Rdn. 9).

Nebenintervention und Streitverkündung entsprechend §§ 72 ff. ZPO zulässig (vgl. Anm. 9 zu Form. II. G. 4).

Für das Verfahren gilt der Grundsatz der Öffentlichkeit (*Bärmann/Pick/Merle* § 44 Rdn. 31), obwohl ausdrückliche Vorschriften dazu fehlen.

18. Der Unterschied zwischen Teileigentum und Wohnungseigentum besteht nur darin, daß Gegenstand des Teileigentums nicht eine in sich abgeschlossene Wohnung iSv. § 3 Abs. 2 WEG ist, sondern „sonstige Räume", zB. gewerbliche Räume wie Läden, Büros, Werkstätten, auch Garagen. Die Verbindung von Wohnungs- und Teileigentum in der Hand eines Berechtigten ist möglich (*Bärmann/Pick* § 1 Rdn. 3).

19. Die Außenmauer eines Gebäudes gehört wie alle anderen für Bestand und Sicherheit des Gebäudes erforderlichen Gebäudeteile nach Maßgabe des § 5 WEG notwendig zum Gemeinschaftseigentum.

20. Bauliche Veränderungen oder das architektonische Aussehen eines Gebäudes verändernde Maßnahmen können die Wohnungseigentümer, wenn in Teilungserklärung bzw. Gemeinschaftsordnung nichts anderes vereinbart ist, nur „einstimmig" beschließen, genauer: die Zustimmung aller Wohnungseigentümer ist erforderlich (s. § 22 Abs. 1 WEG, der in Satz 2 eine Ausnahme vom Zustimmungs-(Einstimmigkeits-)prinzip enthält für den Fall, daß Rechte anderer Wohnungseigentümer nicht beeinträchtigt werden; vgl. hierzu auch Form. II. G. 5 Anm. 26). Eine eigenmächtige Veränderung von Gemeinschaftseigentum durch einzelne Wohnungseigentümer geht außerdem über die in §§ 13 Abs. 2, 14 Nr. 1 WEG gezogene Grenze des ordnungsmäßigen Gebrauchs des Gemeinschaftseigentums hinaus.

21. Trotz des Amtsermittlungsprinzips ist die Angabe von Beweismitteln zu dem möglicherweise bestrittenen anspruchsbegründenden Tatsachenvortrag nach Maßgabe des Beibringungsgrundsatzes erforderlich, weil das Gericht insoweit auf die Mitwirkung der Beteiligten angewiesen ist (s. auch Anm. 17). Das Gericht ist jedoch an die Beweisanträge nicht gebunden (*Keidel/Kuntze/Winkler* § 12 FGG Rdn. 86).

22. Die Teilungserklärung enthält häufig eine Vereinbarung, die Gemeinschaftsordnung ist praktisch immer eine „Vereinbarung" iSv. §§ 10 Abs. 1, 15, 21 Abs. 1, 3 und 4, 23 Abs. 1, 27 Abs. 3 WEG. Beides sind sogen. verdinglichte Vereinbarungen nach § 10 Abs. 2 WEG, soweit die Eintragung als Inhalt des Sondereigentums erfolgt (vgl. hierzu auch Beck'sches Formularbuch zum Bürgerlichen, Handels- und Wirtschaftsrecht, 6. Aufl. 1994, Anm. jeweils 1 ff. zu Form. IV. 32 und 33). Vor allem die Abgrenzung zwischen Gemeinschafts- und Sondereigentum iSv. § 5 Abs. 4 WEG ist meist in Teilungserklärung oder Gemeinschaftsordnung geregelt; ebenso häufig die Zweckbestimmung eines Sonder- bzw. Teileigentums (zB. „Laden" oder „gewerbliche Räume", vor allem aber auch die zwischen den Wohnungseigentümern untereinander bestehenden Rechte und Pflichten z.B. zur Kosten- und Lastentragung. Auch soweit keine Vereinbarung nach § 10 WEG getroffen ist, besteht ein Schuldverhältnis mit der Regelung des WEG als Inhalt. Während Streitigkeiten über Inhalt und Umfang des Sondereigentums (§ 5 WEG) grundsätzlich nicht im Verfahren der freiwilligen Gerichtsbarkeit nach §§ 43 ff. WEG sondern im ordentlichen Prozeßverfahren nach ZPO auszutragen sind (s. oben Anm. 9), ist im Verfahren der freiwilligen Gerichtsbarkeit nach §§ 43 ff. WEG als Vorfrage selbständig zu prüfen, wenn ein Wohnungseigentümer hinsichtlich des Gebrauchs des gemeinschaftlichen Eigentums etwa die Zugehörigkeit zu seinem Sondereigentum einwendet (*Bärmann/Pick/Merle* § 43 Rdn. 10).

23. Häufig werden in der Vereinbarung iSv. § 10 Abs. 1 und 2 WEG (s. Anm. 22) einzelnen Wohnungseigentümern Sondernutzungsrechte an Teilen des Gemeinschaftseigentums eingeräumt (zB. Garagenabstellplätze, BayObLG NJW 1975, 59). Auch ein Streit darüber ist als Vorfrage im Antragsverfahren nach § 43 Abs. 1 WEG zu klären.

Kosten und Gebühren

Zum Geschäftswert s. oben Anm. 10 und Form. II. G. 4 Anm. 11 sowie Anm. „Kosten und Gebühren" zu Form. II. G. 5; zum Kostenvorschuß s. oben Anm. 11; zu den Verfahrenskosten allgemein und zu den Gerichtsgebühren im besonderen s. oben Anm. 14; zu den außergerichtlichen Kosten vgl. Form. II. G. 2 Anm. 10.

Rechtsmittel und Fristen

Zur Anfechtbarkeit von Entscheidungen des WE-Gerichts vgl. Form. II. G. 8, vor allem Anm. 4 und 6. Besondere Fristen sind nur im Falle der Beschlußanfechtung (s. Form. II. G. 5) wegen § 23 Abs. 4 S. 2 WEG.

II. G. 2

2. Antrag[1,2] eines Verwalters in Verfahrensstandschaft für eine Wohnungseigentümergemeinschaft gegen säumige Wohnungs-(mit-)eigentümer wegen Wohngeldforderung[2]

An das Amtsgericht
Gericht der freiwilligen Gerichtsbarkeit[3]
Abteilung für Wohnungseigentumssachen

Antrag

in der Wohnungseigentumssache[3] des

A., Y.-Straße Nr. ...... in Z.-Stadt,
Verwalter der Eigentumswohnanlage X.-Straße Nr. ......
in Z.-Stadt,
— Antragsteller —

in Verfahrensstandschaft[4] für die Wohnungseigentümer der genannten Eigentumswohnanlage
Verfahrensbevollmächtigter[5]: V., W.-Straße Nr. ...... in Z.-Stadt

gegen

1. Ba.,
2. Bb., beide wohnhaft X.-Straße Nr. ...... Z.-Stadt
— Antragsgegner —

wegen Wohngeldforderung[1,13a]

Im Namen und mit Vollmacht des Antragstellers beantrage ich[6] unter Einzahlung eines Kostenvorschusses von DM ......[7]:

I. Die Antragsgegner werden als Gesamtschuldner verpflichtet, an die Wohnungseigentümer der Eigentumswohnanlage X.-Straße in Z.-Stadt zu Händen des Antragstellers[8] DM ...... nebst 4% Zinsen hieraus seit Zustellung dieses Antrags[9] zu bezahlen.
II. Die Antragsgegner haben als Gesamtschuldner die Gerichtskosten zu tragen und dem Antragsteller dessen außergerichtliche Kosten zu erstatten[10].

(Vorläufige Vollstreckbarkeit)[10a]

Zur Begründung des Antrags trage ich vor[10b]:

Der Antragsteller ist Verwalter der Eigentumswohnanlage X.-Straße in Z.-Stadt und durch Mehrheitsbeschluß der Eigentümerversammlung vom ...... ermächtigt[11], ausstehende Wohngelder[1,13a] gegenüber säumigen Wohnungseigentümern in eigenem Namen gerichtlich geltend zu machen.

Beweis: Protokoll der Eigentümerversammlung vom ......, vorgelegt in Fotokopie.

Die Antragsgegner sind je zur Hälfte Miteigentümer[12] der Wohnungen Nr. ...... und ...... der Wohnanlage, sowie des gewerblichen Teileigentums Nr. ...... und der beiden Tiefgarageneinheiten Nr. ...... und ...... in derselben Wohnanlage.

Beweis: Grundakten für Z.-Stadt Band ...... Blatt ......, deren Beiziehung angeregt wird.

Als Gesamtschuldner[13] schulden sie der Wohnungseigentümergemeinschaft folgende Wohngeldbeträge[13a]:

DM ...... Fehlbetrag zugunsten der Wohnungseigentümergemeinschaft aus der Gesamt- und Einzelabrechnung für das Wirtschaftsjahr ......
und zwar für

2. Antrag eines Verwalters wegen Wohngeldforderung   **II. G. 2**

        a) die Wohnung Nr. ...... DM ......,
        b) die Wohnung Nr. ...... DM ......,
        c) das gewerbliche Teileigentum DM ...... und
        d) die beiden Tiefgarageneinheiten je DM ......, zusammen DM ......;

DM ...... Wohngeldvorauszahlungen für die Zeit vom ...... bis ...... insgesamt in Höhe von DM ......
und zwar für
        a) die Wohnung Nr. ...... DM ...... (monatlich DM ......),
        b) die Wohnung Nr. ...... DM ...... (monatlich DM ......),
        c) das gewerbliche Teileigentum DM ...... (monatlich DM ......) und
        d) die beiden Tiefgarageneinheiten zusammen DM ...... (monatlich je DM ......)

DM ...... Sonderumlage gemäß Beschluß der Eigentümerversammlung vom ......, davon entfallend auf
        a) die Wohnung Nr. ...... DM ...... (entspricht DM ...... je $1/1000$ Miteigentumsanteil, hier $*/1000$)
        b) die Wohnung Nr. ...... DM ...... (entspricht DM ...... je $1/1000$ Miteigentumsanteil, hier $*/1000$)
        c) das gewerbliche Teileigentum DM ...... (entspricht DM ...... je $1/1000$ Miteigentumsanteil, hier $*/1000$)
        d) die beiden Tiefgarageneinheiten DM ...... (entspricht DM ...... je $1/1000$ Miteigentumsanteil, hier zusammen $*/1000$).

Gesamtschuldbetrag DM ......

Die für die Eigentumswohnanlage vom Verwalter für das Wirtschaftsjahr ...... erstellte Jahresgesamtabrechnung ist durch Beschluß der Eigentümerversammlung vom ...... genehmigt worden[14], ebenso der Wirtschaftsplan[14a] für das laufende Wirtschaftsjahr; auch die Sonderumlage ist in dieser Versammlung zu TOP ...... beschlossen worden. Aus ihm in Verbindung mit Abschnitt ...... der Gemeinschaftsordnung vom ...... ergeben sich die von den Antragsgegnern nach der Größe ihres Miteigentumsanteils[15] (....../1000) zu zahlenden Wohngeldvorauszahlungen. Die Wohngeldhöhe hat der Verwalter den Antragsgegnern am ...... schriftlich mitgeteilt, ebenso den Abrechnungsfehlbetrag[18].

Beweis[16]: Jahresgesamt- und -einzelabrechnung für das Wirtschaftsjahr ......;
        Wirtschaftsplan für das laufende Wirtschaftsjahr mit Wohngeldberechnung;
        Protokoll der Eigentümerversammlung vom ......;
        Mitteilung des Verwalters an die Antragsgegner vom ......;
        Teilungserklärung mit Gemeinschaftsordnung;
        alle in Fotokopie vorgelegt.

Die von den Antragsgegnern erklärte Aufrechnung mit einer angeblichen Schadensersatzforderung wegen eines Wasserschadens in ihrer Wohnung Nr. ...... ist unwirksam[17]. Auch auf die Zahlungsaufforderung[18] des Verwalters mit Schreiben vom ...... haben die Antragsgegner die Wohngeldrückstände nicht bezahlt.

                                                                       (Namensunterschrift V)

Anmerkungen

1. In der Praxis werden einseitige Zahlungsansprüche nach dem WEG, insbesondere Wohngeldforderungen, häufig im Mahnverfahren gemäß §§ 688 ff. ZPO geltend gemacht. Die Zulässigkeit des Mahnverfahrens für Wohngeldforderungen war früher sehr umstritten. Mit der Einfügung des § 46a WEG durch das Rechtspflegevereinfachungsgesetz vom 17. 12. 1990 (BGBl. I S. 2847) ist nunmehr klargestellt, daß Wohngeldforderungen und

andere Zahlungsansprüche, über die nach § 43 Abs. 1 WEG im WE-Verfahren zu entscheiden ist, auch im Mahnverfahren geltend gemacht werden können.

Zum Mahnverfahren wegen Wohngeldforderungen bzw. anderer Zahlungsansprüche nach § 43 Abs. 1 WEG s. Form. G. II. 3.

Als Wohngeld werden in der Praxis häufig pauschal alle von der Gesamtheit aller Wohnungseigentümer zu tragenden Kosten des gemeinschaftlichen Eigentums gem. § 16 Abs. 2 WEG bezeichnet. In einem engeren Sinne sind darunter die auf Grund eines beschlossenen Wirtschaftsplans von den sämtlichen einzelnen Wohnungseigentümern zu leistenden Vorauszahlungen i. S. von § 28 Abs. 2 WEG zu verstehen (vgl. auch Anm. 13a).

2. Statt eines Antrags im Mahnverfahren (§§ 688 ZPO, 46a WEG) wird sich ein Antrag gemäß § 43 Abs. 1 WEG unmittelbar an das Amtsgericht als Gericht der freiwilligen Gerichtsbarkeit vor allem dann empfehlen, wenn entweder ohnehin mit Widerspruch des Schuldners gerechnet wird oder wenn die geltend zu machende Forderung mehrfach zusammengesetzt ist und damit einer spezifizierten Begründung bedarf, vor allem wenn sie – wie im Beispielfall – verschiedene (Wohn- bzw. Teileigentums-)Einheiten betrifft.

3. Vgl. Form. II. G. 1 Anm. 1 und 2. – Ist eine Wohnungseigentumssache iSv. § 43 Abs. 1 WEG versehentlich beim allgemeinen Prozeßgericht anhängig gemacht worden, hat dieses die Sache – nach überwiegender Meinung von Amts wegen, aber nach Anhörung der Parteien – durch Beschluß gemäß § 46 WEG an das nach § 43 Abs. 1 WEG örtlich (und sachlich) zuständige Amtsgericht zur Erledigung im Verfahren der freiwilligen Gerichtsbarkeit abzugeben. Wenn auch kein Antrag der Parteien erforderlich ist, kann doch eine Anregung an das Gericht unter Umständen zweckdienlich sein. Die Abgabe kann in jeder Lage des Verfahrens, auch noch durch das Berufungsgericht, erfolgen und zwar durch Beschluß, der für das in ihm bezeichnete Gericht bindend ist. Die Bindungswirkung bezieht sich allerdings nur auf die sachliche bzw. die Verfahrenszuständigkeit, nicht auf die örtliche, d. h. ein im Abgabebeschluß genanntes örtlich unzuständiges Gericht kann die Sache an das Amtsgericht der belegenen Sache weitergeben (*Bärmann/Pick* § 46 Rdn. 3 und 6).

Nach jetzt wohl einhelliger Ansicht ist der Abgabebeschluß mit sofortiger Beschwerde anfechtbar (entspr. § 17a Abs. 4 S. 3 GVG).

In umgekehrter Richtung ist auch die Abgabe durch das Gericht der freiwilligen Gerichtsbarkeit an das zuständige Prozeßgericht zulässig (BGH NJW 1980, 2466 ff. m. w. N.), und zwar ebenfalls durch mit sofortiger Beschwerde anfechtbaren Beschluß (*Bärmann/Pick* § 46 Rdn. 7). Ob für diese Abgabe ein Antrag erforderlich ist, ist zweifelhaft.

Die Verweisung von einem örtlich unzuständigen Gericht der freiwilligen Gerichtsbarkeit an das örtlich nach § 43 Abs. 1 WEG zuständige Amtsgericht für Wohnungseigentumssachen wird allgemein entsprechend § 17 GVG auf Antrag hin für zulässig gehalten.

4. Die gerichtliche Geltendmachung von Wohngeldansprüchen bedarf stets einer Ermächtigung durch die Berechtigten, d. h. die Wohnungseigentümergemeinschaft. Auch ein einzelner Wohnungseigentümer hat kein eigenes Recht zur gerichtlichen Geltendmachung von Wohngeldforderungen gegen andere Wohnungseigentümer (BGHZ 111, 148 = BGH NJW 1990, 2386). Gleiches gilt für die gerichtliche Geltendmachung anderer der Gemeinschaft der Wohnungseigentümer – und nicht einem einzelnen Wohnungseigentümer – zustehender Ansprüche, etwa gegen den Verwalter oder gegen Dritte (BGHZ 115, 253 = BGH NJW 1992, 182; vgl. aber auch BGHZ 116, 392 = BGH NJW 1992, 978 sowie BGH NJW 1993, 727).

Die Ermächtigung zur Geltendmachung von Ansprüchen der Wohnungseigentümer durch den Verwalter in eigenem Namen (gewillkürte aktive Verfahrensstandschaft) kann – wie die Erteilung der Verfahrensvollmacht – in Form einer Einzelermächtigung erteilt werden oder auch allgemein durch Vereinbarung iSv. § 10 WEG (Teilungserklärung, Gemeinschaftsordnung), durch Verwaltervertrag oder durch Mehrheitsbeschluß einer Eigentümerversammlung. Weitere Voraussetzung für die Zulässigkeit aktiver Verfahrensstandschaft ist ein eigenes rechtsschutzwürdiges Interesse des Antragstellers an der Geltendmachung des fremden Rechts (BayObLG NJW 1971, 760). Beim Verwalter einer Wohnanlage wie beim einzelnen ermächtigten Wohnungseigentümer wird dies in der Regel gegeben sein. Gewillkürte passive Verfahrensstandschaft ist nicht möglich (BayObLG 1975, 233).

Wenn der Verwalter als Verfahrensstandschafter Ansprüche in eigenem Namen geltend macht, entfällt die Notwendigkeit, eine Eigentümerliste einzureichen. Dadurch kann – insbesondere bei sehr großen Wohnungseigentümergemeinschaften – das Verfahren bis hin zum Vollstreckungsverfahren erheblich vereinfacht werden.

5. S. Form. II. G. 1 Anm. 7.

6. S. Form. II. G. 1 Anm. 12 und 13.

7. S. Form. II. G. 1 Anm. 11.

8. Diese Antragsfassung (Leistung an die Wohnungseigentümer als materielle Rechtsinhaber) ist dann geboten, wenn reine, formelle Verfahrensstandschaft, d. h. ausschließlich prozessuale Ermächtigung zur Geltendmachung fremder (hier der WEigtmer) Rechte vorliegt ohne daß zugleich materielle Inkassoermächtigung oder gar Inkassozession erteilt wurde. Sie kann zu Schwierigkeiten in der Zwangsvollstreckung, und zwar insbesondere bei Eintragung einer Zwangshypothek, wegen des Auseinandergehens von Titelinhaber als – formellem – Vollstreckungsgläubiger und wirklichem Rechtsinhaber (materiellem Gläubiger) führen, wenn das Grundbuchamt etwa auch in diesem Fall die namentliche Bezeichnung aller Wohnungseigentümer verlangt (vgl. hierzu die ausführliche Kritik *Bärmanns* in DNotZ 85, 395 ff. an BayObLG 1984, 239 [= RPfleger 85, 102] und auch KG RPfleger 85, 435). Diese Schwierigkeiten würden nicht auftreten in dem – seltenen – Fall der echten Inkassozession, deren Voraussetzungen aber meist nicht vorliegen werden; im übrigen wird auch die treuhänderische – materielle – Rechtsübertragung auf den Verwalter meist nicht gewollt sein.

Wenn dem Verwalter durch die Wohnungseigentümergemeinschaft neben der prozessualen Ermächtigung auch materielle Einziehungs-(Inkasso-)Ermächtigung erteilt ist, kann nach wohl einhelliger Meinung (vgl. hierzu *Thomas/Putzo* Rdn. 38 zu § 51 ZPO) – anders als im vorgeschlagenen Formulartext – Leistung an den antragstellenden Verwalter selbst verlangt werden. In der Regel wird dem Verwalter im Falle der prozessualen Ermächtigung zur Geltendmachung von Ansprüchen des Wohnungseigentümers auch materielle Einziehungsermächtigung erteilt sein. Bei Verwalterwechsel muß dann allerdings formgültige Abtretung, etwa an den neuen Verwalter, erfolgen.

9. Anspruchsgrund und Höhe eines etwaigen Zinsanspruchs richten sich nach den allgemeinen Bestimmungen des bürgerlichen Rechts, §§ 288, 291 BGB. Für die Voraussetzungen der Rechtshängigkeit sind die Vorschriften der ZPO (§§ 261, 253, 696 Abs. 3) entsprechend anzuwenden.

10. Vgl. auch Form. II. G. 1 Anm. 14. Die Kostenentscheidung im Verfahren nach §§ 43 ff. WEG erfolgt stets gemäß § 47 WEG nach billigem Ermessen. Für die Gerichtskosten folgt dies aus Satz 1. Die außergerichtlichen Kosten hat in Wohnungseigentumssachen grundsätzlich jeder Beteiligte selbst zu tragen. Ausnahmsweise kann das Gericht nach § 47 S. 2 WEG auch eine Erstattung der außergerichtlichen Kosten anordnen (BayObLG 1965, 283/290); es entscheidet darüber ebenfalls nach billigem Ermessen. Die Erstattung notwendiger außergerichtlicher Kosten des Antragstellers oder der mehreren Antragsteller kommt insbesondere bei unzweifelhaften Wohngeldforderungen gegenüber säumigen Wohnungseigentümern in Betracht.

Diese Grundsätze gelten sowohl für das bis zur streitigen Entscheidung durchgeführte Verfahren, wie auch bei anderweitiger Erledigung, beispielsweise Erledigung der Hauptsache, auch bei Antragsrücknahme (!). Es tritt also nicht die automatische Kostenfolge wie nach § 269 Abs. 3 S. 2 ZPO bei Klagerücknahme ein. Bei Erledigung der Hauptsache (gleich ob auf Grund übereinstimmender Erklärung der Beteiligten oder durch Feststellung im Beschluß) wie bei Antragsrücknahme ist ähnlich den Grundsätzen des § 91 a ZPO der gesamte Sach- und Streitstand und damit auch die Erfolgsaussichten des Antrags zu berücksichtigen.

Die Gebühren eines Rechtsanwalts bestimmen sich nach § 63 Abs. 1 Nr. 2 BRAGO iVm. §§ 31 ff. BRAGO. Bei Vertretung mehrerer Auftraggeber, etwa aller Mitglieder einer Wohnungseigentümergemeinschaft, jedenfalls wenn diese ohne Mitwirkung des Verwalters klagen (BGH RPfleger 1984, 202), fällt die Erhöhungsgebühr nach § 6 BRAGO an, d.h. Erhöhung der normalen Prozeß- oder Geschäftsgebühr um $3/10$ pro weiteren Auftraggeber auf höchstens $30/10$ Gesamtgebühr. Keine Erhöhung bei Vertretung des Verwalters als Verfahrensstandschafters.

10a. S. Form. II. G. 1 Anm. 15.

10b. S. Form. II. G. 1 Anm. 17.

11. Die Ermächtigung zur gerichtlichen Geltendmachung von Ansprüchen der Wohnungseigentümergemeinschaft in eigenem Namen (Verfahrensstandschaft) kann ua. (vgl. auch oben Anm. 4) durch Mehrheitsbeschluß der Wohnungseigentümer gemäß §§ 21 Abs. 1 und 3, 23, 25 WEG erfolgen, soweit Teilungserklärung und Gemeinschaftsordnung nichts anderes bestimmen.

12. Inhaber eines Wohnungseigentums kann auch eine Bruchteilsgemeinschaft sein, ebenso eine Gesamthandgemeinschaft oder eine juristische Person (*Bärmann/Pick* § 1 Rdn. 4).

Für Wohngeldschulden haftet jedenfalls der im Grundbuch eingetragene Wohnungseigentümer, auch dann, wenn er das Wohnungseigentum veräußert hat, nicht mehr nutzt und für den Erwerber etwa schon eine Auflassungsvormerkung eingetragen ist (BGH abgedruckt in NJW 1983, 1615 mit irreführender Überschrift zur Haftung des „werdenden" Wohnungseigentümers). Umgekehrt haftet der Erwerber einer Eigentumswohnung für Wohngeldschulden aus der Zeit vor dem Erwerb, wenn der Eigentümerbeschluß, durch den die Nachforderungen begründet wurden (§ 28 Abs. 5 WEG), nach dem Eigentumserwerb gefaßt wurde (vgl. BGH NJW 1988, 1910; str.). Vgl. dazu auch Form. II. G. 1 Anm. 4.

13. Nach § 16 Abs. 2 WEG ist jeder Wohnungseigentümer den anderen Wohnungseigentümern gegenüber verpflichtet, anteilig die Wohnlasten mitzutragen. Dazu gehört insbesondere das sogenannte Wohn- oder Hausgeld. Bei mehreren Berechtigten an einem Wohnungseigentum – auch bei Bruchteilsgemeinschaft – wird überwiegend angenommen, daß die Miteigentümer am Wohnungseigentum für die Erfüllung der Lasten- und Kostentragungspflicht als Gesamtschuldner haften (*Bärmann/Pick* § 16 Rdn. 35).

13a. Als „Wohngeld" werden im allgemeinen Sprachgebrauch alle auf die Wohnungseigentümer umzulegenden Gemeinschaftskosten bezeichnet, neben dem Wohngeld im engeren Sinne, den Vorauszahlungspauschalen, auch Wohngeldrückstände in Gestalt von Abrechnungsfehlbeträgen, ja sogar Sonderumlagenanteile (s. auch oben Anm. 1 letzter Absatz).

Keinesfalls sollte der Antrag etwa nur mit „Schuldsaldo per ......" od. „...... gemäß Wohngeldkonto Stand ......" begründet werden, ohne die meist verschiedenartigen Teilforderungen genau zu bezeichnen.

14. Eine Nachzahlungspflicht wegen eines Abrechnungsfehlbetrages entsteht grundsätzlich erst durch entsprechende Beschlußfassung (BayObLG v. 21. 2. 1985 in Der Wohnungseigentümer 1985, 123). Wenn die nach § 28 Abs. 3 WEG vom Verwalter vorzunehmende jährliche Abrechnung von den Wohnungseigentümern nach Maßgabe des § 28 Abs. 5 WEG durch Mehrheitsbeschluß genehmigt worden und dieser Beschluß unanfechtbar geworden ist (§ 23 Abs. 4 WEG), sind Einwendungen des einzelnen Wohnungseigentümers gegen die Jahresabrechnung abgeschnitten. Ob neben der Gesamtabrechnung auch die Einzelabrechnungen durch Beschluß genehmigt sein müssen bzw. werden können, ist zweifelhaft. Jedenfalls sind Einwendungen gegen die Einzelabrechnung trotz Verbindlichkeit der Jahresgesamtabrechnung (infolge Nichtanfechtung binnen Monatsfrist gemäß § 23 Abs. 4 WEG) möglich, wenn und soweit über die Einzelabrechnung – unrichtigerweise – (vgl. *Müller* aaO, Rdn. 116) kein Beschluß gefaßt worden ist.

14 a. Zu einem ordnungsgemäßen Wirtschaftsplan gemäß § 28 Abs. 1 WEG gehört auch, daß er die auf den einzelnen Wohnungseigentümer entfallende anteilige Belastung, die – meist monatlich zu entrichtende – sogenannte Wohngeldvorauszahlung oder Wohngeldpauschale ausweist (§ 28 Abs. 1 Nr. 2 WEG).

15. Gemäß § 16 Abs. 2 WEG iVm. Abs. 1 S. 2 sind die Wohnlasten nach dem Verhältnis der im Grundbuch eingetragenen Miteigentumsanteile zu tragen; in der Regel ist die Größe der Miteigentumsanteile nach Tausendsteln oder Zehntausendsteln in der Teilungserklärung angegeben. Abweichungen von der gesetzlichen Regelung des Verteilungsschlüssels durch Vereinbarung (zB. Teilungserklärung bzw. Gemeinschaftsordnung) sind möglich. Insbesondere in solchen Fällen ist die Vorlage der maßgeblichen Vereinbarung geboten.

Die Verpflichtung zur Leistung von Wohngeldvorauszahlungen ergibt sich aus § 28 Abs. 2 WEG, ist aber meist genauer in Vereinbarungen (vor allem in Gemeinschaftsordnungen), dem beschlossenen Wirtschaftsplan selbst oder in sonstigen Beschlüssen der Wohnungseigentümer geregelt.

16. S. Form. II. G. 1 Anm. 17 und 21.

17. Gegen Forderungen auf Wohnlasten (Wohn-, Hausgeld) nach § 16 Abs. 2 WEG gibt es keine Aufrechnung und auch kein Zurückbehaltungsrecht, soweit die Gegenforderung nicht gemeinschaftsbezogen iSv. § 21 Abs. 2 WEG bzw. §§ 680, 683 BGB oder anerkannt ist (*Palandt/Bassenge* § 16 WEG Rdn. 10).

18. Voraussetzung für das Entstehen der Zahlungsverpflichtung oder auch für den Eintritt der Fälligkeit ist eine Zahlungsaufforderung zwar nicht. Wenn Wohngeldrückstände aus Abrechnungssalden geltendgemacht werden sollen, müssen sie – meist durch Zusenden einer Einzelabrechnung – dem Wohngeldschuldner aber irgendwie mitgeteilt werden. Für die Vorauszahlungen sieht dies § 28 Abs. 2 WEG ausdrücklich vor. Ein zusätzliches Mahnschreiben mit Fristsetzung empfiehlt sich jedoch immer vor Einleitung eines gerichtlichen Verfahrens deshalb, weil so am einfachsten und gegebenenfalls auch beweisbar die Voraussetzungen dafür geschaffen werden, daß einerseits Verzugszinsen ab einem früheren Zeitpunkt als dem Eintritt der Rechtshängigkeit (entsprechend § 291 BGB), nämlich dem Zeitpunkt des erfolglosen Ablaufs der Zahlungsfrist (§ 284 Abs. 1 BGB) geltendgemacht werden können – wenn nicht ohnehin schon früher Verzug zu einem etwa durch Teilungserklärung, Gemeinschaftsordnung oder Eigentümerbeschluß festgelegten kalendermäßig bestimmten Fälligkeitszeitpunkt eingetreten ist (§ 284 Abs. 2 BGB) –, andererseits die Erstattung auch der entstandenen außergerichtlichen Kosten durch Entscheidung gemäß § 47 Satz 2 WEG erwartet werden kann (vgl. oben Anm. 10).

Kosten und Gebühren

Der Geschäftswert bei Geldforderungen bemißt sich nach Maßgabe von § 48 Abs. 2 WEG grundsätzlich nach der Höhe der geltend gemachten Forderung. Zum Kostenvorschuß s. Anm. 11 zu Form. II. G. 1; zu den Verfahrenskosten allgemein s. Anm. 14 zu Form. II. G. 1; zur Erstattung der außergerichtlichen Kosten s. oben Anm. 10 zu Form. II. G. 2, ebenso zur Kostenentscheidung bei Antragsrücknahme und Erledigung der Hauptsache. Zu den Kosten des Verfahrens vor dem Prozeßgericht bis zur Abgabe vgl. § 50 WEG und Anm. „Kosten und Gebühren" zu Form. II. G. 2a.

3. Antrag auf Erlaß eines Mahnbescheids
(Verfahren nach § 46 a WEG)

Antragsformular siehe Seite 499

Anmerkungen

Vorbemerkung: Auch schon vor der Einfügung des § 46 a WEG durch das Rechtspflegevereinfachungsgesetz vom 17. 12. 1990 (BGBl. I S. 2847) wurden in der Praxis häufig Zahlungsansprüche gegenüber säumigen Wohnungseigentümern, insbesondere Wohngeldforderungen, im Mahnverfahren geltend gemacht. Durch § 46 a WEG ist jetzt eindeutig geklärt, daß Zahlungsansprüche, die aus Wohnungseigentum herrühren und über die nach § 43 Abs. 1 bzw. 2 WEG im WE-Verfahren zu entscheiden ist, insbesondere also Wohngeldforderungen im weiteren oder engeren Sinne (vgl. Anm. 1 und 13 a zu Form. II. G. 2), im Mahnverfahren geltend gemacht werden können. Wie allgemein im Mahnverfahren müssen für Mahnanträge die vorgeschriebenen Vordrucke für die nicht maschinelle bzw. die maschinelle Bearbeitung verwendet werden (s. Form. I. B. 1 Anm. 3).

1. Das Mahnverfahren ist nicht zu empfehlen, wenn ohnehin mit Widerspruch des Antragsgegners zu rechnen ist, aber auch dann, wenn die geltend zu machende Forderung einer spezifizierten Begründung bedarf, etwa wenn sie mehrfach aus unterschiedlichen Zahlungsansprüchen zusammengesetzt ist, und vor allem dann, wenn diese verschiedene Wohn- bzw. Teileigentumseinheiten betreffen. In solchen Fällen sollte gleich ein Antrag nach § 43 Abs. 1 WEG unmittelbar zum Gericht für Wohnungseigentumssachen, also zum örtlich als Gericht der belegenen Sache zuständigen Amtsgericht im Verfahren der freiwilligen Gerichtsbarkeit gestellt werden (vgl. Form. II. G. 2). Andernfalls wird das Verfahren mit Überleitung vom Mahnverfahren nach Widerspruch in das streitige Verfahren der freiwilligen Gerichtsbarkeit oder gar infolge Zurückweisung des Mahnantrags wegen nicht genügend genauer Bezeichnung des geltendgemachten Anspruchs umständlicher und jedenfalls langwieriger.

2. Für die Einreichung des Mahnantrags gemäß §§ 690 ZPO, 46 a WEG gelten hinsichtlich der Antragsberechtigung, der Bezeichnung der Antragsteller, Verfahrensvollmacht, eventueller Verfahrensstandschaft usw. dieselben Grundsätze wie bei der Antragstellung unmittelbar im streitigen Verfahren der freiwilligen Gerichtsbarkeit (vgl. Anm. 3 bis 7 zu Form. II. G. 1, sowie Anm. 4, 8 und 11 zu Form. II. G. 2). Im übrigen sind auch die Voraussetzungen des § 690 ZPO zu erfüllen (s. dazu im einzelnen die folgenden Anmerkungen), und als zuständiges Gericht ist – hier abweichend von § 689 Abs. 2 ZPO – zu bezeichnen das – ausschließlich zuständige – Amtsgericht der belegenen Sache (§ 46 a Abs. 1 S. 2 WEG). Wegen § 689 Abs. 3 ZPO muß es nicht identisch sein mit dem Amtsgericht nach § 43 Abs. 1 WEG.

3. Der Mahnantrag ist stets sorgfältig und vollständig auszufüllen. Der Rechtspfleger hat den Antrag auf offensichtliche Fehler und Unstimmigkeiten bei den gesetzlich geforderten Angaben zu überprüfen und gegebenenfalls ihre Richtigstellung zu veranlassen. Unvollständige oder ungenaue Angaben können zu Rückfragen des Mahngerichts und damit zu einer Verzögerung oder gar zu einer Zurückweisung des Mahnantrags führen.

4. Der Durchschreibesatz des amtlichen Vordrucks (s. oben Vorbemerkung letzter Satz) enthält ein Vorblatt mit Hinweisen zum Ausfüllen des Antragsformulars. Die folgenden Anmerkungen ergänzen insbesondere hinsichtlich der wohnungseigentumsrechtlichen Besonderheiten diese Erläuterungen und folgen ihrer Numerierung.

3. Antrag auf Erlaß eines Mahnbescheids (Verfahren nach § 46 a WEG)   II. G. 3

Der Antrag wird gerichtet an das
Amtsgericht
Plz, Ort
① 80315 München

Geschäftsnummer des Gerichts
Bei Schreiben an das Gericht stets angeben

② Antragsgegner/ges. Vertreter

Herrn
Lorenz Parler
Baderstr. 64

81379 München
Plz   Ort

Raum für Kostenmarken/Freistempler (falls nicht ausreichend, unteres Viertel der Rückseite benutzen)

– Graue Felder bitte nicht beschriften! –

Mahnbescheid   ← Datum des Mahnbescheids

③ **Antragsteller**, ges. Vertreter, Prozeßbevollmächtigter; Bankverbindung
WEG Pragerstr. 28/Taborstr. 1 (bestehd.aus den Wohnungseigentümern lt. beigef. Liste) vertr. dch. Hausverw. Gregor Rieth KG, diese vertr. durch d.pers.haft. Gesellschafter Gregor Rieth, Barbarastr. 87, 80797 München
Prozeßbevollmächtigter: Rechtsanwalt Dr. Anselm Klinger, Reichenbergstr. 78, 81249 München   Postgirokonto München (BLZ 700 100 80) 19999-909

④ **macht gegen Sie**   ☐ als Gesamtschuldner

⑤ **folgenden Anspruch geltend** (genaue Bezeichnung, insbes. mit Zeitangabe):   Geschäftszeichen des Antragstellers:
Wohngeldrückstand für die Garage Nr. 17 WE-Anl. Prager/Taborstr. (7/10000 Miteigtm.-Anteil) u. zw. Januar 94 - Juli 94 insges. 280,-- DM (mon. DM 40,-- gem. WiPlan 1994)
Sonderumlage (einmalig)   20,-- DM gem.Beschluß v. .... und Anfor-
insgesamt also   300,-- DM derungsschreiben d.Verw. v. ....,

⑥ **Hauptforderung**   DM 300,--   Zinsen, Bezeichnung der Nebenforderung
⑦ **Nebenforderung**   DM   4 % seit 4.8.1994
⑧ **Kosten dieses Verfahrens** (Summe ① bis ⑤) DM 76,90   ① Gerichtskosten 24,-- DM ② Auslagen d. Antragst. -- DM ③ Gebühr d. Prozeßbev. 40,-- DM ④ Auslagen d. Prozeßbev. 6,-- DM ⑤ MwSt. d. Prozeßbev. 6,90 DM
⑨ **Gesamtbetrag**   DM 376,90   zuzüglich der laufenden Zinsen   Der Antragsteller hat erklärt, daß der Anspruch von einer Gegenleistung ☒ nicht abhänge.   ☐ abhänge, diese aber erbracht sei.

Das Gericht hat nicht geprüft, ob dem Antragsteller der Anspruch zusteht.
Es fordert Sie hiermit auf, innerhalb von **zwei Wochen** seit der Zustellung dieses Bescheids **entweder** die vorstehend bezeichneten Beträge, soweit Sie den geltend gemachten Anspruch als begründet ansehen, zu begleichen **oder** dem Gericht auf dem beigefügten Vordruck mitzuteilen, in welchem Umfang Sie dem Anspruch widersprechen.
Wenn Sie die geforderten Beträge nicht begleichen und wenn Sie auch nicht Widerspruch erheben, kann der Antragsteller nach Ablauf der Frist einen **Vollstreckungsbescheid** erwirken und aus diesem die Zwangsvollstreckung betreiben.
Der Antragsteller hat angegeben, ein streitiges Verfahren sei durchzuführen vor dem

⑩   Amtsgericht 80315 München - WEG-Gericht
An dieses Gericht, dem eine Prüfung seiner Zuständigkeit vorbehalten bleibt, wird die Sache im Falle Ihres Widerspruchs abgegeben.

Rechtspfleger

Anschrift des Antragstellers/Vertreters/Prozeßbevollmächtigten   **Antrag**   Ort, Datum
München, 14.9.1994

⑪
Rechtsanwalt
Dr. Anselm Klinger
Reichenbergstraße 78

81249 München
Plz   Ort

Eingangsstempel des Gerichts   Ich beantrage, aufgrund der vorstehenden Angaben einen Mahnbescheid zu erlassen.
⑫ ☒ Im Falle des Widerspruchs beantrage ich die Durchführung des streitigen Verfahrens.
⑬ ☒ Ordnungsgemäße Bevollmächtigung versichere ich.   Antragsteller ist nicht zum Vorsteuerabzug berechtigt.
⑭ Hier die Zahl der ausgefüllten Vordrucke angeben, falls sich der Antrag gegen mehrere Antragsgegner richtet.

Klinger
Unterschrift des Antragstellers/Vertreters/Prozeßbevollmächtigten

Blatt 1: Antrag und Urschrift

Zu ①: Abweichend von § 689 Abs. 2 ZPO ist bei wohnungseigentumsrechtlichen Ansprüchen gemäß § 46a Abs. 1 S. 2 WEG ausschließlich zuständig das Amtsgericht, in dessen Bezirk das Grundstück, d.h. die Wohnungseigentumsanlage, liegt. Im Mahnantrag ist also dieses Gericht gemäß § 690 Abs. 1 Nr. 2 ZPO anzugeben.

Zu ②: Bei der Bezeichnung des Antragsgegners werden in der Regel keine Unterschiede zum allgemeinen Mahnverfahren bestehen. Insbesondere gilt auch, daß bei Inanspruchnahme mehrerer Personen für jeden Antragsgegner ein eigener Formularsatz auszufüllen ist und das Mahnverfahren unterschiedlich verlaufen kann. Eine etwaige Inanspruchnahme als Gesamtschuldner ist in dem dafür vorgesehenen Kästchen zu ④ zu vermerken. Überwiegend wird angenommen, daß mehrere Miteigentümer (auch solche nach Bruchteilen) einer Wohnungs- bzw. Teileigentumseinheit gesamtschuldnerisch für die Erfüllung ihrer Kosten- und Lastentragungspflicht, also insbesondere auch für ihre Wohngeldverpflichtungen, haften (s. Anm. 13 zu Form. II. G. 2).

Zu ③: Vgl. § 690 Abs. 1 Nr. 1 ZPO. Der oder die Antragsteller sind so zu bezeichnen wie in der Antragsschrift nach § 43 Abs. 1 WEG (vgl. Anm. 3 bis 7 zu Form. II. G. 1). Wichtig ist, daß bei Antragstellung durch eine Wohnungseigentümergemeinschaft oder für sie durch den Verwalter bzw. durch einen Prozeßbevollmächtigten die Bezeichnung „Wohnungseigentümergemeinschaft X.-Straße" nicht ausreicht. Es muß zusätzlich auf die Liste der sämtlichen Wohnungseigentümer, die dem Antrag beizufügen ist, hingewiesen werden. Die Angabe des Verwalters, einschließlich der genauen Bezeichnung der Verwalterfirma und ihrer etwaigen gesetzlichen Vertreter, ist immer erforderlich (u.a. wegen § 27 Abs. 2 Nr. 3 und § 43 Abs. 4 Nr. 2 WEG), vor allem natürlich dann, wenn der Verwalter selbst Verfahrens-(Prozeß-)Bevollmächtigter auf Grund Ermächtigung durch die Wohnungseigentümer (§ 27 Abs. 2 Nr. 5 WEG) oder gar in Verfahrensstandschaft auftritt (s. Anm. 5 zu Form II. G. 1), in diesem Fall also selbst Antragsteller ist. Bei der Angabe eines Rechtsanwalts als Prozeßbevollmächtigten bestehen keine Besonderheiten gegenüber dem allgemeinen Mahnverfahren.

Zu ④: Vgl. Anm. zu ②.

Zu ⑤: Vgl. § 690 Abs. 1 Nr. 3 ZPO. Der geltend gemachte Anspruch ist so genau zu bezeichnen, daß aus einem späteren Vollstreckungsbescheid klar hervorgeht, welcher konkrete Anspruch rechtskräftig zuerkannt wurde. Durch § 690 Abs. 1 Nr. 3 ist zunächst vorgeschrieben, daß Haupt- und Nebenforderungen gesondert und einzeln zu bezeichnen sind. Daneben ist aber vor allem bei Wohngeldforderungen wichtig, daß bei ihnen (als Hauptforderung) die jeweilige Einzelforderung nach ihrem Entstehungsgrund (z.B. Wohngeldrückstand auf Grund Einzelabrechnung vom ......, anteilige Sonderumlage gem. Beschluß vom ......, rückständige Wohngeldvorauszahlungen für die Monate ......) und ebenso unverwechselbar die Zuordnung der Wohnungs- bzw. Teileigentumseinheit (mindestens mit Bezeichnung der Wohnanlage und Angabe der Nr. der Einheit nach der Teilungserklärung) genau bezeichnet werden (vgl. auch oben Anm. 1). Bei Wohngeldvorauszahlungen ist vor allem auch der Zeitraum genau anzugeben, für den Rückstände verlangt werden, möglichst auch mit Hinweis auf den beschlossenen Wirtschaftsplan und den angewandten Verteilungsschlüssel, etwa entsprechend der Größe der Miteigentumsanteile (z.B. ....../1000) nach § 16 Abs. 1 S. 2, Abs. 2 WEG. Nicht ausreichend ist beispielsweise: Wohngeldforderung gemäß Kontoauszug oder gemäß Mahnschreiben vom ......

Zu ⑥: Hier ist der genaue Betrag bzw., falls unter ⑤ mehrere Einzelposten aufgeführt wurden, ihre Summe, einzusetzen.

Zu ⑦: Nebenkosten, etwa vorgerichtliche Kosten, müßten gegebenenfalls unter ⑤ erläutert werden.

Zu ⑧: Hier gibt es zunächst keine Besonderheiten gegenüber dem allgemeinen Mahnverfahren (s. aber unten Anm. „Kosten und Gebühren"). Bei Vertretung mehrerer Auftraggeber, etwa der Mitglieder einer Wohnungseigentümergemeinschaft, durch einen Rechtsanwalt fällt die Erhöhungsgebühr nach § 6 BRAGO an (s. Anm. 10 zu Form. II. G. 2) und kann mit dem Mahnbescheid geltend gemacht werden.

Zu ⑨: Geltend gemachte Wohngeldansprüche werden praktisch nie von einer Gegenleistung abhängen. Das Ankreuzen des betreffenden Feldes sollte jedenfalls nicht übersehen werden.

Zu ⑩: Vgl. § 690 Abs. 1 Nr. 5 ZPO i.V.m. § 46a Abs. 1 S. 3 WEG. Bei allen im Mahnverfahren geltend gemachten wohnungseigentumsrechtlichen Ansprüchen ist hier das nach § 43 Abs. 1 WEG – ausschließlich – zuständige Gericht der freiwilligen Gerichtsbarkeit, d.h. also das Amtsgericht als Gericht für Wohnungseigentumssachen, anzugeben, in dessen Bezirk das Grundstück der betreffenden Eigentumswohnanlage liegt.

Zu ⑪–⑭ gibt es keine Besonderheiten gegenüber dem allgemeinen Mahnverfahren. Zu ⑫: Den Antrag auf Durchführung des streitigen Verfahrens im Falle des Widerspruchs sollte der Gläubiger zur Beschleunigung des Verfahrens bereits hier stellen. Feld ⑭ sollte nicht übersehen werden, wenn Mahnanträge sich gegen mehrere Antragsgegner – etwa Miteigentümer einer Einheit – richten (s. oben zu ②).

5. Für den Widerspruch, den Antrag auf Erlaß eines Vollstreckungsbescheids und den Einspruch gegen einen Vollstreckungsbescheid ergeben sich gegenüber dem allgemeinen Mahnverfahren keine größeren Besonderheiten. Vgl. insoweit Form. I. B. 2 bis 4, aber auch unten Anm. „Rechtsmittel und Fristen".

Im Falle eines Widerspruchs und wenn Antragsteller oder Antragsgegner die Durchführung des streitigen Verfahrens nach § 696 ZPO beantragt haben (s. oben Anm. 4 zu ⑪–⑭ (⑫)) oder im Falle des Einspruchs gegen einen Vollstreckungsbescheid gibt das Mahngericht das Verfahren unanfechtbar an das nach § 690 Abs. 1 Nr. 5 ZPO i.V.m. § 46a Abs. 1 S. 3 WEG bezeichnete Gericht der freiwilligen Gerichtsbarkeit (WE-Gericht) ab. Mit Eingang der Akten bei diesem Gericht wird der Mahnantrag als Antrag nach § 43 Abs. 1 WEG angesehen.

6. Auch abgesehen von den Fällen des Übergangs vom Mahnverfahren in das streitige Verfahren der freiwilligen Gerichtsbarkeit kommt eine Abgabe an das WE-Gericht in das streitige Verfahren der freiwilligen Gerichtsbarkeit in Betracht, wenn etwa eine Wohnungseigentumssache versehentlich beim allgemeinen Prozeßgericht anhängig gemacht worden ist. In umgekehrter Richtung erfolgt eine Abgabe durch das WE-Gericht an das zuständige Prozeßgericht, wenn keine wohnungseigentumsrechtliche Streitigkeit iSv. § 43 Abs. 1 WEG vorliegt, z.B. bei einem Antrag gegen einen bereits ausgeschiedenen Wohnungseigentümer (vgl. hierzu Anm. 4 zu Form. II. G. 1 und Anm. 3 zu Form. II. G. 2).

7. Im Falle des Einspruchs gegen einen Vollstreckungsbescheid prüft das WE-Gericht die Zulässigkeit des Einspruchs nach §§ 46a Abs. 3 S. 2 WEG, 339, 340 Abs. 1 und 2 ZPO und verwirft einen etwa unzulässigen Einspruch gemäß § 341 ZPO durch Beschluß. Zu beachten ist allerdings, daß für die sofortige Beschwerde gegen einen solchen Beschluß § 45 Abs. 1 WEG gilt, d.h. die sofortige Beschwerde ist nur zulässig, wenn der in § 45 WEG genannte Wert des Beschwerdegegenstands überschritten ist (vgl. Form. II. G. 8).

8. Sowohl im Falle des Widerspruchs als auch des – zulässigen – Einspruchs gegen einen Vollstreckungsbescheid setzt das Gericht der freiwilligen Gerichtsbarkeit dem Antragsteller eine Frist zur Begründung, vor deren Ablauf es nicht tätig wird, im Falle des Einspruchs jedoch vorbehaltlich einer möglichen Maßnahme (einstweilige Anordnung) nach § 44 Abs. 3 WEG. Zur Einstellung der Zwangsvollstreckung s. unten Anm. „Rechtsmittel und Fristen" a. E.

Für die Begründung des Anspruchs gelten im wesentlichen dieselben Grundsätze wie für die Begründung eines unmittelbar nach § 43 Abs. 1 WEG gestellten Antrags.

Vgl. zur Antragsbegründung Form. II. G. 2 als Muster sowie Form. II. G. 1 Anm. 12 und 17.

9. Der Widerspruch kann bis zum Ablauf einer Frist von zwei Wochen seit Zustellung der Begründung, der Einspruch spätestens bis zum Beginn der mündlichen Verhandlung zurückgenommen werden (§ 46a Abs. 2 und 3 WEG).

Kosten und Gebühren

Vgl. Anm. 4 zu ⑧.

Die im Mahnverfahren entstandenen Kosten werden nach Abgabe des Verfahrens in das streitige Verfahren der freiwilligen Gerichtsbarkeit Kosten dieses WE-Verfahrens mit der Folge, daß über sie nach billigem Ermessen nach § 47 WEG entschieden wird. Das gilt nach § 50 WEG ohne Einschränkung auch bei Abgabe durch das Prozeßgericht.

Die Gerichtsgebühren werden im WE-Verfahren nicht nach dem GKG, sondern allein nach der KostO erhoben, während für die Entscheidung über den Mahnantrag zunächst die halbe – in der Regel höhere – Gebühr nach dem GKG (Nr. 1000 des Kostenverzeichnisses) erhoben wird. Diese Gebühr fällt bei Überleitung ins WE-Verfahren der freiwilligen Gerichtsbarkeit aber nicht weg, sondern wird auf die für das WE-Verfahren nach § 48 Abs. 1 S. 1 bis 3 WEG anfallenden Gebühren angerechnet (§ 48 Abs. 1 S. 4 WEG). Im Falle der Zurücknahme des Widerspruchs oder Einspruchs (s. oben Anm. 9) bleibt es also bei den im Mahnverfahren angefallenen Gebühren.

Für die Höhe und den Anfall der Rechtsanwaltskosten gelten unverändert die Bestimmungen der BRAGO. Auch bei diesen Kosten wird die Gebühr für das Mahnverfahren auf die später entstehende Prozeßgebühr angerechnet (§ 43 Abs. 2 BRAGO). Bei Vertretung mehrerer Auftraggeber gilt die Erhöhungsgebühr nach § 6 BRAGO.

Bezüglich der – endgültigen – Kostentragungspflicht ist stets zu beachten, daß im streitigen WE-Verfahren dem Grundsatz nach die außergerichtlichen Kosten, also auch Anwaltskosten, jeder Beteiligte selbst zu tragen hat und ihre Erstattung nur ausnahmsweise angeordnet wird. Bei unzweifelhaften Wohngeldansprüchen gegenüber säumigen Wohnungseigentümern ist normalerweise mit Anordnung der Erstattung außergerichtlicher Kosten der Gläubigerseite zu rechnen (s. auch Form. II. G. 2 Anm. 10).

Rechtsmittel und Fristen

Für das Mahnverfahren selbst bestehen insoweit bei Geltendmachung wohnungseigentumsrechtlicher Zahlungsansprüche grundsätzlich keine Besonderheiten. Gegen die Zurückweisung des Mahnantrags also: befristete Erinnerung nach § 11 RPflG (Ausnahme: § 693 Abs. 3 ZPO unbefristete Erinnerung), gegen die Zurückweisung des Antrags auf Erlaß des Vollstreckungsbescheids unbefristete Erinnerung. Zu Einlegung von Widerspruch und Einspruch, sowie zum Antrag auf Erlaß des Vollstreckungsbescheids s. Form. I. B. 2 bis 4. Für den Einspruch gegen den Vollstreckungsbescheid bestimmt § 46a Abs. 3 S. 2 WEG, daß §§ 339, 340 Abs. 1, 2, 341 ZPO anzuwenden sind. Zur Rücknahme von Widerspruch bzw. Einspruch s. oben Anm. 9.

Ab Eingang der Akten beim WE-Gericht der freiwilligen Gerichtsbarkeit gelten für das Verfahren dann die Bestimmungen des WEG/FGG. Nach diesem Zeitpunkt erläßt im Falle der Rücknahme des Widerspruchs das WE-Gericht den Vollstreckungsbescheid (§§ 46a Abs. 2 S. 3 WEG, 699 Abs. 1 S. 3 ZPO). Über die Zulässigkeit, insbesondere Rechtzeitigkeit, des Einspruchs gegen den Vollstreckungsbescheid entscheidet immer das WE-Gericht durch Beschluß nach § 341 ZPO. Diese Entscheidung ist – wie alle anderen Entscheidungen in WE-Sachen (ausgenommen einstweilige Anordnungen nach § 44 Abs. 3 WEG) mit sofortiger Beschwerde nach § 45 Abs. 1 WEG anfechtbar. (Vgl. zur sofortigen Beschwerde ausführlicher Form. II. G. 8.) Ein zweites Versäumnisurteil entsprechend § 345 ZPO gibt es nicht.

Nach Einlegung von Widerspruch bzw. – zulässigem – Einspruch setzt das WE-Gericht dem Antragsteller eine Frist zur Begründung seines Antrags. Vor Eingang der Begründung wird das Verfahren nicht fortgeführt (abgesehen von möglichen Maßnahmen – einstweilige Anordnung – nach § 44 Abs. 3 WEG). Im Falle des Einspruchs gegen einen Vollstrekkungsbescheid stellt – auf Antrag des Gegners – das Gericht die Zwangsvollstreckung ein und kann auch bereits getroffene Vollstreckungsmaßregeln aufheben (§ 46a Abs. 3 S. 4 und 5 WEG).

4. Antrag eines Wohnungseigentümers[1] auf Leistung von Schadensersatz[2] (Alternative: ...... auf Unterlassung[3]) gegen einen anderen Wohnungseigentümer[4]

An das Amtsgericht
Gericht der freiwilligen Gerichtsbarkeit[5]
Abteilung für Wohnungseigentumssachen

Antrag

in der Wohnungseigentumssache
A., X.-Straße Nr. ......, Z.-Stadt

– Antragsteller –

Verfahrensbevollmächtigter[6]: V., W.-Straße Nr. ......, Z.-Stadt

gegen

B., X.-Straße Nr. ......, Z.-Stadt

– Antragsgegner –[7]

Weitere Beteiligte[8]: C., X.-Straße, Nr. ......, Z.-Stadt, dem mit anliegendem Schriftsatz, den ich zuzustellen bitte, der Streit verkündet wird[9] mit der Aufforderung, dem Verfahren auf Seiten des Antragsgegners beizutreten:

Verwalter der Wohnanlage[10]: D., Y.-Straße Nr. ......, Z.-Stadt

wegen Schadensersatzforderung (Alternative: Unterlassung)
Vorläufiger Geschäftswert[11]: ......

Unter Einzahlung eines Kostenvorschusses von DM ...... beantrage ich im Namen und mit Vollmacht des Antragstellers,

I. den Antragsgegner zu verpflichten, an den Antragsteller DM ...... zu bezahlen (Alternative: dem Antragsgegner unter Androhung eines angemessenen Ordnungsgeldes für den Fall der Zuwiderhandlung aufzugeben[12], es zu unterlassen, durch übermäßige Geräuschentwicklung der zu seinem Teileigentum gehörenden Klimaanlage den Antragsteller in der Nutzung seines Wohnungseigentums zu stören),
II. dem Antragsgegner die Kosten des Verfahrens aufzuerlegen[13].

Begründung[14]:

Antragsteller und Antragsgegner sind Mitglieder der Wohnungseigentümergemeinschaft X.-Straße Nr. ...... in Z.-Stadt. Der Antragsteller ist Eigentümer der Wohnung Nr. ......, der Antragsgegner der über der Wohnung des Antragstellers liegenden Wohnung Nr. ......, die an den Streitverkündungsgegner C. vermietet ist. Durch dessen schadhafte Waschmaschine kam es in der Wohnung des Antragstellers schon wiederholt zu Überschwemmungen, zuletzt am ...... Dabei entstanden wiederum durch eindringendes Wasser in der Wohnung des Antragstellers an der Decke des Flurs große Flecken, die sich nur durch Überstreichen beseitigen ließen. Die dadurch entstandenen Kosten von ...... werden als Schadensersatz vom Antragsgegner verlangt[15].

Beweis[16]: Vernehmung von D., Verwalter der Wohnanlage;
Rechnung der Firma Y. in Z.-Stadt vom ......, in Fotokopie vorgelegt.

(Alternative: Der Antragsteller ist Eigentümer der im x-ten Stock der Wohnungseigentumsanlage X.-Straße Nr. ...... in Z.-Stadt gelegenen Wohnung Nr. ......, der Antragsgegner der in seinem Teileigentum[17] stehenden Geschäfts- und Lagerräume im Keller- und Erdgeschoß. Diese gewerblichen Räume sind an den Streitverkündungsgegner C vermietet. Die vom Antragsgegner vor einiger Zeit eingebaute Klimaanlage verursacht im Wohn- und Schlafzimmer der Wohnung des Antragstellers so starke Geräusche, daß die Bewohner dieser Wohnung tagsüber und auch nachts in einem Maß gestört werden, das erheblich über das Ortsübliche hinausgeht[18].

Beweis[19]: Vernehmung von D., Verwalter der Wohnanlage, und von
E., X.-Straße Nr. ......, Z.-Stadt, Untermieter in der Wohnung des Antragstellers, als Zeugen;
Einholung eines schalltechnischen Gutachtens.

Der Antragsgegner wurde am ...... aufgefordert Abhilfe zu schaffen. Da der Antragsgegner und der Streitverkündungsgegner sich mit Schreiben vom ...... weigern Abhilfe zu schaffen, sind weitere Beeinträchtigungen zu erwarten, so daß der gestellte Antrag auf Unterlassung der Störungen gerechtfertigt ist).

(Namensunterschrift V)

Anmerkungen

1. Aktivlegitimiert im Antragsverfahren nach § 43 Abs. 1 Nr. 1 WEG können außer der Gesamtheit der Wohnungseigentümer (vgl. Form. II. G. 1 und II. G. 2) auch einzelne Wohnungseigentümer sein, denn zu den in § 43 Abs. 1 S. 1 WEG genannten Rechten und Pflichten der Wohnungseigentümer untereinander aus der Gemeinschaft gehören auch die sich aus § 14 Nr. 1 und 2 WEG ergebenden Rechte und Pflichten. Der in seinem Wohnungseigentum, dh. sowohl hinsichtlich seines Sondereigentums (§§ 3, 5 WEG) wie seiner Mitberechtigung am Gemeinschaftseigentum beeinträchtigte Wohnungseigentümer kann die Abwehrklage, Beseitigungs- oder Schadensersatzansprüche wegen unzulässiger Beeinträchtigung für sich allein geltend machen. Ob bei Beeinträchtigung des Gemeinschaftseigentums dem einzelnen Miteigentümer neben seinem eigenen Abwehranspruch und über § 21 Abs. 2 WEG hinaus die actio pro socio zusteht, ist zweifelhaft (vgl. zu dieser Frage Anm. 4 zu Form. II. G. 2 erster Absatz und die dort zitierte Rspr.).

2. Schadensersatzansprüche der Wohnungseigentümer gegeneinander sind im Verfahren der freiwilligen Gerichtsbarkeit nach §§ 43ff. WEG geltend zu machen, wenn diese Ansprüche aus der Verletzung von Rechten und Pflichten aus der Gemeinschaft der Wohnungseigentümer oder der Verwaltung des Gemeinschaftseigentums herrühren. Dabei ist es gleichgültig, ob diese Ansprüche ihre Grundlage im WEG oder in sonstigen bürgerlich-rechtlichen Vorschriften haben (vgl. auch Anm. 4). Auch die sekundären Hilfs- und Ersatzansprüche, die aus einer Störung im Rechtsverhältnis erwachsen, sind hinsichtlich der Verfahrenszuständigkeit den aus den §§ 10ff. WEG folgenden primären Erfüllungsansprüchen gleichzustellen (*Bärmann/Pick/Merle* § 43 Rdn. 21 mwN.).

3. Auch ein Unterlassungs- oder Beseitigungsanspruch eines Wohnungseigentümers aus einem Tatbestand, der zugleich eine Verletzung von Gemeinschaftspflichten darstellt, ist im Verfahren nach §§ 43ff. WEG geltend zu machen, gleichviel, ob der Anspruch zugleich unmittelbar auf Bestimmungen des BGB (zB. §§ 823, 1004) gestützt ist. Dagegen sind Ansprüche des Mieters, auch an Wohnungseigentümer abgetretene, vor dem Prozeßgericht geltend zu machen.

4. Abwehransprüche (einschließlich nachbarrechtlicher) und Schadensersatzansprüche gegen Dritte (dh. Personen, die nicht Mitglieder der Wohnungseigentümergemeinschaft sind und nicht Verwalter) sind nicht im Verfahren der freiwilligen Gerichtsbarkeit sondern im Klageverfahren vor dem ordentlichen Prozeßgericht geltend zu machen.

4. Antrag eines Wohnungseigentümers auf Schadensersatz   II. G. 4

5. S. Form. II. G. 1 Anm. 1 und 2.

6. S. Form. II. G. 1 Anm. 5 und 7.

7. Vgl. zunächst Form. II. G. 1 Anm. 8. Die Frage, wer Beteiligter im Verfahren nach § 43 WEG ist, hat wegen der bindenden Wirkung der Entscheidung für alle Beteiligten nach § 45 Abs. 2 S. 2 WEG erhebliche Bedeutung. Dabei spielt es keine Rolle, ob die nach § 43 Abs. 4 WEG am Verfahren Beteiligten sich aktiv im Verfahren betätigen. Da das Gericht zur Ermittlung der materiell Beteiligten dem Antragsteller deren Namhaftmachung aufgeben kann und dies in der Regel auch tun wird, empfiehlt sich die Angabe aller Beteiligten bereits im Antrag.

8. Weitere Beteiligte (s. auch Anm. 7) können gemäß § 43 Abs. 4 Nr. 1 WEG sämtliche übrigen Wohnungseigentümer sein, dies vor allem dann, wenn Belange der ganzen Wohnungseigentümergemeinschaft berührt sind, zB. bei Beeinträchtigungen des Gemeinschaftseigentums. Allerdings brauchen die weiteren Beteiligten nicht notwendig schon im Antrag aufgeführt zu werden, weil das Gericht von Amts wegen die Beteiligten zu ermitteln hat.

Der Mieter eines Wohnungseigentümers ist nach Maßgabe von § 43 Abs. 4 WEG nicht auf Grund Gesetzes Verfahrensbeteiligter. Er kann auch im Verfahren nach §§ 43 ff. WEG weder aktiv- noch passivlegitimiert sein (ausgenommen als „Dritter" iSv. § 43 Abs. 1 Nr. 3 WEG). Soll der Mieter oder ein sonstiger Nichtwohnungseigentümer in das Verfahren einbezogen werden, kann dies nur in Form der Nebenintervention oder der Streitverkündung in entsprechender Anwendung der §§ 66 ff. und 72 ff. ZPO geschehen (s. auch Anm. 9).

9. Nebenintervention und Streitverkündung sind in entsprechender Anwendung der ZPO-Vorschriften zulässig (*Palandt/Bassenge* § 43 WEG Rdn. 10). Vgl. auch Form. I. J. 1 und 2.

10. S. Form. II. G. 1 Anm. 6.

11. Der Geschäftswert bemißt sich gemäß § 48 Abs. 2 WEG bei Geldforderungen in der Regel nach der Höhe der Forderung; bei anderen Ansprüchen kann, soweit keine anderen Anhaltspunkte vorliegen, auf den Regelwert gemäß § 30 Abs. 2 KostO zurückgegriffen werden (vgl. auch Anm. 10 zu Form. II. G. 1 sowie Anm. „Kosten und Gebühren" zu Form. II. G. 5).

12. Da die Zwangsvollstreckung aus rechtskräftigen Entscheidungen sich gemäß § 45 Abs. 3 WEG nach den Vorschriften der ZPO richtet, sind auch §§ 887 ff. ZPO anzuwenden, bei Titeln über Unterlassungs- und Duldungspflichten § 890 ZPO. Die Androhung von Zwangsmaßnahmen bei Zuwiderhandlung kann bereits in der Entscheidung erfolgen (*Thomas/Putzo* § 890 Rdn. 18) und setzt einen Antrag voraus.

Die Zwangsmaßnahmen zur Durchsetzung eines Beseitigungsanspruchs sind je nachdem verschieden, ob er auf eine vertretbare Handlung (§ 887 ZPO) oder auf eine nicht vertretbare Handlung (§ 888 ZPO) gerichtet ist.

13. S. Form. II. G. 1 Anm. 14 und Form. II. G. 2 Anm. 10.

14. S. Form. II. G. 1 Anm. 17.

15. Jeder Wohnungseigentümer hat nach § 14 Nr. 2 WEG dafür zu sorgen, daß die in Nr. 1 genannten Pflichten der Wohnungseigentümer untereinander auch durch die Personen eingehalten werden, denen er die Benutzung seines Wohnungseigentums ganz oder teilweise überläßt. Da die Haftung aus § 14 WEG eine Haftung aus Vertrag ist, gibt § 14 Nr. 2 WEG eine nähere Umschreibung des Personenkreises, für den der Wohnungseigentümer nach § 278 BGB einzustehen hat (*Bärmann/Pick/Merle* § 14 Rdn. 49).

16. S. Form. II. G. 1 Anm. 21.

17. S. Form. II. G. 1 Anm. 18.

18. Infolge des „intensivierten Nachbarverhältnisses" (*Bärmann/Pick/Merle* § 13 Rdn. 158) der Wohnungs- und Teileigentümer bestehen gesteigerte nachbarrechtliche Verpflichtungen, für deren Einhaltung jeder Wohnungs- und Teileigentümer nach Maßgabe von § 14 Nr. 1 und 2 WEG zu sorgen hat. §§ 906 bis 908 BGB sind dabei entsprechend anzuwenden und begrenzen die Nutzung des Sondereigentums nach § 13 Abs. 1 WEG. Umgekehrt beschreibt § 14 Nr. 3 WEG die Duldungspflicht. Die darüber hinaus gehenden Einwirkungen kann jeder Wohnungseigentümer als Besitz- und Eigentumsstörungen abwehren. (Zu Umfang und Grenzen der Duldungspflicht vgl. *Bärmann/Pick/Merle* § 13 Rdn. 158 ff., 172 ff., 185 ff.).

19. Auch das Anbieten von Sachverständigenbeweis ist wie jede Angabe eines Beweismittels wegen des Amtsermittlungsgrundsatzes lediglich Anregung an das Gericht, das an bestimmte Beweisanträge der Beteiligten nicht gebunden ist (vgl. Form. II. G. 1 Anm. 21).

Bei Beweisanordnung kommt Vorschußpflicht zur Deckung der Auslagen nach Maßgabe von § 8 Abs. 1 S. 2 KostO in Betracht.

Kosten und Gebühren

Zum Geschäftswert s. Anm. 11 zu Form. II G. 4; zum Kostenvorschuß s. Anm. 11 zu Form. II. G. 1; zu den Verfahrenskosten allgemein s. Anm. 14 zu Form. II. G. 1; zur Erstattung außergerichtlicher Kosten s. Anm. 10 zu Form. II. G. 2, ebenso zur Kostenentscheidung bei Antragsrücknahme und Erledigung der Hauptsache.

5. Antrag auf Ungültigerklärung (Anfechtung)[2,4,12,23] eines Beschlusses einer Eigentümerversammlung nach § 43 Abs. 1 Nr. 4 WEG mit Wiedereinsetzungsantrag entsprechend § 22 Abs. 2 FGG

An das Amtsgericht
Gericht der freiwilligen Gerichtsbarkeit[1]
Abteilung für Wohnungseigentumssachen

Antrag

in der Wohnungseigentumssache
A., X.-Straße Nr. ...... in Z.-Stadt

– Antragsteller –[2]

Verfahrensbevollmächtigter[3]: V., W.-Straße Nr. ...... in Z.-Stadt
gegen
die Eigentümer[4] der Wohnungseigentumsanlage
X.-Straße Nr. ...... in Z.-Stadt,
namentlich aufgeführt in der anliegenden Eigentümerliste[4]

– Antragsgegner –

Verwalter der Wohnungseigentumsanlage[5]: B., Y.-Straße Nr. ...... in Z.-Stadt
wegen Ungültigkeit eines Beschlusses
Vorläufiger Geschäftswert[6]: ......

Unter Vorlage von ...... weiteren Abschriften[7] dieses Antrags und unter Einzahlung eines Kostenvorschusses[8] von DM ...... beantrage[9] ich im Namen und mit Vollmacht des Antragstellers

5. Anfechtung eines Beschlusses einer Eigentümerversammlung   II. G. 5

1. ihm vorsorglich Wiedereinsetzung wegen etwaiger Versäumung der Frist[10,11] zur Anfechtung[12,23] des Eigentümerbeschlusses vom ...... zu gewähren,
2. den „Beschluß"[23] der Eigentümerversammlung vom ...... zu Tagesordnungspunkt ...... für ungültig zu erklären[12,23],
3. den Antragsgegnern die Verfahrenskosten aufzuerlegen[13].

Begründung[14]:

Das Protokoll über die Versammlung der Wohnungseigentümer der Eigentumswohnanlage X.-Straße Nr. ......, vom ......, in der dem Antragsteller die Wohnung Nr. ...... gehört, weist zu Tagesordnungspunkt ...... folgende Beschlußfassung aus[15+23]:

„Auf einem Teil der Grünfläche neben dem Wohngebäude werden 10 Garagen in Fertigbauweise errichtet; die Finanzierung der Gesamtbaukosten von ...... erfolgt je zur Hälfte aus der Instandhaltungsrücklage[16] bzw. aus einer von den Wohnungseigentümern entsprechend der Größe ihrer Miteigentumsanteile[17] aufzubringenden Umlage."

An der Versammlung, zu der der Verwalter mit Schreiben vom ...... unter Hinweis auf den einzigen Tagesordnungspunkt „Verschiedenes" eingeladen hatte[18], haben laut Versammlungsniederschrift 46 von 85 Wohnungseigentümern teilgenommen, die 478/1000 der gesamten Miteigentumsanteile repräsentierten. Teilungserklärung und Gemeinschaftsordnung enthalten keine Abweichung von der gesetzlichen Regelung zur Beschlußfähigkeit[19]. Bei der Abstimmung über den beanstandeten Beschluß haben 16 Eigentümer mit Ja, 17 mit Nein gestimmt und 13 haben sich der Stimme enthalten[20].

Beweis[21]: Einladungsschreiben vom ......
Versammlungsprotokoll vom ......
Teilungserklärung mit Gemeinschaftsordnung,
jeweils in Fotokopie.

Nach der Teilungserklärung mit Gemeinschaftsordnung ist zwar richtig nach Köpfen abgestimmt worden[22]. Die erforderliche Mehrheit für eine Beschlußfassung lag aber nicht vor, ein Beschluß ist daher überhaupt nicht zustandegekommen[23]. Darüberhinaus war auch die Bezeichnung des Gegenstands der Abstimmung in der Einladung nicht ausreichend[24]. Vor allem aber durfte die Eigentümerversammlung ohne Zustimmung aller Miteigentümer über den Garagenbau gar nicht beschließen[25] und zur Finanzierung nicht den Antragsteller in Anspruch nehmen[26].

Der Antrag auf Wiedereinsetzung wird vorsorglich[23] gestellt, weil der Antragsteller ohne sein Verschulden von dem angeblichen Beschluß erst nach Ablauf eines Monats seit der Abstimmung Kenntnis erhielt[27], als der Verwalter ihn zur Bezahlung der Umlage aufforderte. Der Antragsteller selbst hatte an der entscheidenden Versammlung nicht teilgenommen; er brauchte auch nach der unzureichenden Angabe der Tagesordnung im Einladungsschreiben nicht mit einer Beschlußfassung von so weitreichender Bedeutung rechnen[28]. Er hat schließlich das Protokoll der Eigentümerversammlung erst innerhalb der vergangenen zwei Wochen[29] erhalten.

Zur Glaubhaftmachung der vorstehenden Angaben[30] lege ich eine eidesstattliche Versicherung des Antragstellers vor, und verweise auf das Einladungsschreiben des Verwalters und die Anwesenheitsliste zur Eigentümerversammlung vom ......

Der eingangs genannte „Beschluß" wird wegen der dargestellten Mängel bei der Beschlußfassung angefochten[23] für den Fall[31], daß der Beschluß als zustandegekommen angesehen würde.

(Namensunterschrift V)

Anmerkungen

1. S. Form. II. G. 1 Anm. 1 und 2.

2. Antragsberechtigt im Verfahren über die Gültigkeit bzw. Ungültigkeit von Eigentümerbeschlüssen nach § 43 Abs. 1 Nr. 4 WEG einschließlich des Beschlußanfechtungsverfahrens im engeren Sinne (s. unten Anm. 12 und 23) ist gemäß Abs. 4 jeder Wohnungseigentümer und der Verwalter. Die Anträge mehrerer Miteigentümer nebeneinander sind zulässig (BayObLG 1977, 226). Vgl. auch Anm. 4 zu Form. II. G. 1. Sehr umstritten war lange und ist es teilweise noch, ob und unter welchen Voraussetzungen ein bereits ausgeschiedener oder gar ein sogen. werdender (faktischer) Wohnungseigentümer zur Beschlußanfechtung berechtigt sind. Nach BGHZ 106, 113 hat ein noch nicht als Wohnungseigentümer eingetragener Erwerber jedenfalls noch keine eigenen Rechte und Pflichten aus dem WEG, also aus eigenem Recht auch kein Stimm- und kein Anfechtungsrecht. Vgl. aber auch das Problem der sogen. werdenden (faktischen) Wohnungseigentümergemeinschaft (s. auch Form. II.G.1 Anm. 4).

3. Für die durch einen einzelnen Wohnungseigentümer erteilte Verfahrensvollmacht gelten keine Besonderheiten. Vgl. ergänzend Anm. 5 und 7 zu Form. II. G. 1.

4. Genau genommen sind Antragsgegner des antragstellenden Wohnungseigentümers im Verfahren nach § 43 Abs. 1 Nr. 4 (einschließlich des Beschlußanfechtungsverfahrens im eigentlichen Sinne gemäß § 23 Abs. 4 WEG) die übrigen Wohnungseigentümer. Wie stets im Verfahren der freiwilligen Gerichtsbarkeit nach § 43 WEG ist die Bezeichnung des Antragsgegners zwar nicht gesetzlich vorgeschrieben. Da aber im Verfahren über die Ungültigkeit von Beschlüssen alle Wohnungseigentümer gemäß § 43 Abs. 4 Nr. 2 WEG neben dem Verwalter Verfahrensbeteiligte sind und die rechtskräftige Entscheidung nach § 45 Abs. 2 S. 2 WEG für alle Beteiligten bindend ist, hat das Gericht auch hier die Beteiligten von Amts wegen festzustellen und ist hierzu auf die Vorlage einer Eigentümerliste mit Namen und Anschriften der Wohnungseigentümer angewiesen. Wenn die Eigentümerliste bei Einreichung des Antrags noch nicht verfügbar ist, kann sie auch später nachgereicht werden. Vgl. auch Anm. 3 zu Form. II. G. 1.

5. Die Angabe des Verwalters ist in diesem Verfahren besonders wichtig. Der Verwalter ist gemäß § 43 Abs. 4 Nr. 2 WEG Beteiligter am Verfahren, dem schon die Antragsschrift zuzustellen ist. Da aber auch allen anderen Verfahrensbeteiligten, dh. sämtlichen Wohnungseigentümern, der Antrag (und alle weiteren bestimmenden Schriftsätze, Ladungen, Entscheidungen) zugestellt werden müssen, erleichtert die gesetzliche Zustellungsempfangsermächtigung des Verwalters nach § 27 Abs. 2 Nr. 3 WEG vor allem bei großen Wohnungseigentümergemeinschaften – auch kostenmindernd – das Zustellverfahren: die den Wohnungseigentümern zuzustellenden Antragsschriften (und anderen Schriftstücke) werden mit einer Sendung unter der Anschrift des Verwalters zugestellt. Vgl. auch Anm. 7 sowie Form. II. G. 1 Anm. 5 und 6.

6. S. auch Form. II. G. 1 Anm. 10. Gerade im Verfahren über die Gültigkeit oder Ungültigkeit von Beschlüssen kann die Ermittlung des Geschäftswerts nach Maßgabe von § 48 Abs. 2 WEG Schwierigkeiten bereiten, so daß der Antragsteller sich möglicherweise auf die tatsächlichen Angaben in der Antragsbegründung beschränken muß. Im Einzelnen s. zum Geschäftswert unten Anm. Kosten und Gebühren.

7. Wegen der gesetzlichen Vertretungsmacht des Verwalters bei der Entgegennahme von Zustellungen nach § 27 Abs. 2 Nr. 3 WEG genügt zur Zustellung an die Wohnungseigentümer über den Verwalter (nach BGH NJW 1981, 282 ff. in Anwendung des § 189 Abs. 1 ZPO) die Übergabe einer Abschrift des zuzustellenden Schriftstücks an den Verwalter (s. auch oben Anm. 5 und Form. II. G. 1 Anm. 5), so daß auch bei Anträgen nach § 43

5. Anfechtung eines Beschlusses einer Eigentümerversammlung II. G. 5

Abs. 1 Nr. 4 WEG nicht mehr als zweckmäßigerweise zwei Abschriften beigefügt werden brauchen (beachte aber die in Form. II. G. 7 Anm. 8 genannten Ausnahmefälle!).

Zur Fristwahrung gemäß § 23 Abs. 4 S. 2 WEG genügt stets die Einreichung einer Antragsschrift bei Gericht.

8. Vgl. Form. II. G. 1 Anm. 11. Insbesondere dann, wenn der Geschäftswert nicht einfach zu ermitteln ist (vgl. Anm. 6), wird man von der Einzahlung eines Kostenvorschusses zunächst solange absehen können, bis das Gericht den Geschäftswert vorläufig festgesetzt hat und einen Kostenvorschuß anfordert.

9. Bei Anträgen auf Ungültigerklärung von Beschlüssen gemäß § 43 Abs. 1 Nr. 4 WEG ist es – anders als in den Verfahren nach § 43 Abs. 1 Nr. 1 bis 3 WEG – erforderlich, daß der Antrag wenigstens so bestimmt ist, daß sich aus ihm der Wille zur Anfechtung und der Gegenstand der Anfechtung ergibt. Der Beschluß, dessen Ungültigerklärung (bzw. Feststellung der Nichtigkeit oder des Nichtzustandekommens) begehrt wird, ist in unverwechselbarer Weise zu bezeichnen, zB. nach dem Datum der Eigentümerversammlung und dem jeweiligen Tagesordnungspunkt; auch die Wiedergabe des Beschlußwortlauts kann manchmal zweckmäßig sein, ist aber nicht unbedingt erforderlich. Das Gericht ist im Beschlußanfechtungsverfahren entsprechend § 308 ZPO an den Antrag gebunden (BayObLG NJW 1974, 1910). Vor allem eine etwaige Beschränkung der Anfechtung (zulässig nach BayObLG NJW 1986, 385 bei einzelnen Abrechnungsposten einer Jahresabrechnung) muß im Antrag deutlich gemacht werden.

10. Die Frist zur Anfechtung von Beschlüssen beträgt nach § 23 Abs. 4 S. 2 WEG einen Monat. Mit Ablauf dieser Frist werden alle verzichtbaren Mängel eines Beschlusses geheilt (s. auch Anm. 12). Für die Berechnung der Frist gelten gemäß § 17 Abs. 1 FGG die Bestimmungen der §§ 186 ff. BGB. Die Monatsfrist ist danach gewahrt, wenn der Antrag auf Ungültigerklärung eines zB. am 15. eines Monats gefaßten Beschlusses am 15. des folgenden Monats bei Gericht eingeht (§ 188 Abs. 2 BGB).

11. Bei unverschuldeter Versäumung der Anfechtungsfrist des § 23 Abs. 4 S. 2 WEG findet auf Antrag die Wiedereinsetzung in den vorigen Stand in entsprechender Anwendung des § 22 Abs. 2 FGG statt (BGH NJW 1970, 2061 m. Anm. *Pick* und BayObLGZ 1981, 21 ff.).

12. Beschlüsse von Eigentümerversammlungen werden für alle Mitglieder der jeweiligen Wohnungseigentümergemeinschaft (und für ihre Rechtsnachfolger – § 10 Abs. 3 WEG) und den Verwalter bindend, wenn sie nicht nach § 23 Abs. 4 WEG angefochten werden und solange sie nicht für ungültig erklärt sind, ausgenommen Beschlüsse, die nichtig sind, weil sie an einem unverzichtbaren Mangel leiden, zB. bei Verträgen gegen Vorschriften über notwendig gemeinschaftliche Sachen (§ 5 Abs. 2 WEG), Unauflösbarkeit der Gemeinschaft (§ 11 WEG) und Verbotsgesetze außerhalb des WEG (*Bärmann/Pick/Merle* § 23 Rdn. 26). Im einzelnen ist die Abgrenzung zwischen bloßer Anfechtbarkeit und Nichtigkeit schwierig und umstritten. Die Nichtigkeit kann ohne Rücksicht auf eine Frist zu jeder Zeit ebenfalls im Verfahren nach § 43 Abs. 1 Nr. 4 WEG geltend gemacht werden.

Auf den Anfechtungsantrag hin kann das Gericht den mangelhaften Beschluß nicht abändern oder ersetzen (streitig), sondern ihn entweder für ungültig erklären (bzw. die Nichtigkeit feststellen) oder den unbegründeten (bzw. unzulässigen) Antrag zurückweisen.

Zur Antragsfassung für den vorliegenden Fall s. aber auch unten Anm. 23.

13. S. Form. II. G. 1 Anm. 14.

14. Vgl. auch Form. II. G. 1 Anm. 17. Der prozessualen Förderungspflicht der Beteiligten kommt im Beschlußanfechtungsverfahren große Bedeutung zu, weil das Gericht ohne ausreichenden Sachvortrag der Beteiligten keine genügende Entscheidungsgrundlage erlangen kann. Welche Bedeutung die Antragsbegründung haben kann, zeigt der Formularfall mit der Problematik des nichtzustandegekommenen Beschlusses („Schein-" oder „Nichtbeschluß") bzw. des nur anfechtbaren Beschlusses (s. unten Anm. 23). Wenn etwa aus

Zeitnot wegen drohenden Fristablaufs der Antrag bei der Einreichung noch nicht begründet werden kann – zur Fristwahrung genügt die Einreichung des Antrags allein – kann die Begründung auch nachgeholt werden.

15. Die Willensbildung der Wohnungseigentümergemeinschaft erfolgt – wenn nicht durch Vereinbarung unter Mitwirkung aller Miteigentümer – durch Beschlußfassung in der Regel in einer Eigentümerversammlung (§ 23 Abs. 1 WEG), außerhalb der Eigentümerversammlung durch schriftliche Zustimmung aller Wohnungseigentümer (§ 23 Abs. 3 WEG). Für die Beschlußfassung in der Eigentümerversammlung gilt das Mehrheitsprinzip in Angelegenheiten der Gemeinschaft, die Verwaltung und gemeinschaftliche Nutzung betreffen (§ 21 Abs. 3 WEG). Zu den Grenzen des Mehrheitsprinzips s. unten Anm. 25:
Durch erneute Beschlußfassung über denselben Gegenstand in einer späteren Versammlung, sogen. Zweitbeschluß, werden in der Praxis häufig Anfechtungsverfahren nach dem WEG vermieden oder soweit sie schon anhängig waren, erledigt. Je nach seinem Inhalt kann der Zweitbeschluß den Erstbeschluß ersetzen – in diesem Fall wird der Erstbeschluß aufgehoben und das Rechtsschutzinteresse für seine Anfechtung entfällt – oder bestätigend wiederholen – hier bleibt der Erstbeschluß bestehen samt seiner etwa vorhandenen, nur innerhalb der Monatsfrist des § 23 Abs. 4 WEG geltend zu machenden materiell-rechtlichen Anfechtbarkeit, während formelle Mängel durch den Bestätigungsbeschluß rückwirkend geheilt werden könnten (BayObLG 1977, 226 = NJW 1978, 1387); die etwaige materiell- rechtl. Anfechtbarkeit bleibt bis zur Unanfechtbarkeit des Zweitbeschlusses bestehen.
Der Klarheit wegen sollten die Wohnungseigentümer einen zweifelhaften früheren Beschluß, gerade auch, wenn er angefochten ist oder eine Anfechtung zu befürchten ist, durch einen reinen Aufhebungsbeschluß beseitigen und – getrennt davon – neuen Beschluß in der Sache selbst fassen.

16. Soweit die sogen. Instandhaltungsrückstellung (= I.-Rücklage) – vgl. § 21 Abs. 5 Nr. 4 WEG – in Anspruch genommen wird, handelt es sich um eine finanzielle Inanspruchnahme der einzelnen Wohnungseigentümer. Die durch Beitragszahlung der Wohnungseigentümer gebildete Rücklage gehört zum gemeinschaftlichen Vermögen aller Miteigentümer in untrennbarer wohnungseigentumsrechtlicher Bindung. Maßnahmen, denen nicht alle betroffenen Miteigentümer nach § 22 Abs. 1 WEG zugestimmt haben, dürfen nicht aus der Instandhaltungsrückstellung finanziert werden (*Bärmann/Pick/Merle* § 21 Rdn. 100).

17. S. Form. II. G. 2 Anm. 15.

18. Gem. § 24 Abs. 4 S. 1 WEG muß zu einer Eigentümerversammlung schriftlich eingeladen werden mit Angabe jedenfalls der Tagesordnungspunkte, zu denen Beschlüsse gefaßt werden sollen (§ 23 Abs. 2 WEG). Die Nichteinladung eines Wohnungseigentümers kann bei Ursächlichkeit für das Abstimmergebnis zur Anfechtbarkeit von Beschlüssen führen.
In der Praxis ist häufig die Eventualeinladung zu einer auf den gleichen Tag meist kurze Zeit nach der ersten einberufenen zweiten (Ersatz-)versammlung anzutreffen. Eine ordnungsgemäß einberufene Ersatzversammlung mit dem gleichen Gegenstand ist nach § 25 Abs. 4 S. 2 WEG ohne Rücksicht auf die Zahl der erschienenen Wohnungseigentümer bzw. der vertretenen Miteigentumsanteile beschlußfähig. Die Zulässigkeit der Eventualeinladung ist in Rspr. und Lit. sehr umstritten (vgl. *Bärmann/Pick* § 25 Rdn. 30).

19. Gemäß § 25 Abs. 3 WEG (abdingbar) ist Beschlußfähigkeit gegeben, wenn mehr als die Hälfte der Miteigentumsanteile vertreten sind.

20. Für die Feststellung einer Stimmenmehrheit gilt nach der gesetzlichen, in der Praxis allerdings häufig zulässigerweise abbedungenen Regelung des § 25 Abs. 2 WEG das Kopf- und nicht das Wert-(Anteils-)prinzip. Ob Enthaltungen wie Nein-Stimmen zählen (so noch KG NJW 1978, 1439), war lange Zeit sehr umstr. Nach BGHZ 106, 179 (= BGH NJW 1989, 1090) zählen Stimmenthaltungen bei der Berechnung der Stimmenmehrheit nicht

5. Anfechtung eines Beschlusses einer Eigentümerversammlung   II. G. 5

mit. Stimmrechtsvollmacht bzw. -ermächtigung kann an andere Personen erteilt werden, soweit nicht bestehende Vereinbarungen, z. B. Teilungserklärung bzw. Gemeinschaftsordnung, dies einschränken.

21. S. Form. II. G. 1 Anm. 17 und 21.

22. S. Anm. 20.

23. Im Normalfall der reinen Beschlußanfechtung (s. oben Anm. 4 und 12) entfallen die Anführungsstriche bei „Beschluß". Fehlt es – wie im Formularbeispiel – schon an einer Stimmenmehrheit (vgl. oben Anm. 20), so ist eigentlich überhaupt kein Beschluß zustandegekommen, so daß es strenggenommen keiner Anfechtung (im eigentlichen Sinne) bedürfte. Es könnte in diesem Fall – auch im Verfahren nach § 43 Abs. 1 Nr. 4 WEG – ein Antrag auf Feststellung, daß ein Beschluß nicht gefaßt wurde, gestellt werden, zweckmäßigerweise verbunden mit dem Antrag, den Verwalter zur Protokollberichtigung zu verpflichten (vgl. OLG Hamm Rpfleger 1979, 342). Der Feststellungsantrag könnte lauten: ... festzustellen, daß der Beschluß vom ...... zu TOP ...... wegen Nichterreichen einer Stimmenmehrheit nicht zustandegekommen ist. (Dann folgt der Antrag zur Protokollberichtigung gemäß obigem Vorschlag.)

Ob der Antrag, die Ungültigkeit eines Beschlusses wegen Nichtzustandekommens einer Stimmenmehrheit festzustellen, an die Ausschlußfrist des § 23 Abs. 4 Satz 2 gebunden ist oder nicht, ist umstritten. Die Lösung dieser Frage hängt davon ab, ob die Feststellung des Ergebnisses der Abstimmung durch den Versammlungsleiter bzw. in der Versammlungsniederschrift (Protokoll) als konstitutiv für das Vorliegen eines Beschlusses (oder Nichtzustandekommen eines solchen) angesehen wird. Überwiegend wird dies verneint, so daß nach dieser Ansicht für Feststellung, daß ein Beschluß überhaupt nicht gefaßt worden sei, mithin ein „Nichtbeschluß" vorliege, die Frist des § 23 Abs. 4 S. 2 – wie beim Antrag, die Nichtigkeit festzustellen – nicht eingehalten werden muß (*Bärmann/Pick* § 23 Rdn. 18, § 25 Rdn. 7; BayObLGZ 1984, 213 ff. (215), str.).

Aber auch wenn – wie im Formularfall – das Ergebnis der Abstimmung unrichtig beurteilt, also etwa durch den Versammlungsleiter oder auch im Versammlungsprotokoll fälschlich eine Beschlußfassung festgestellt wurde, empfiehlt es sich, vor allem wenn auch andere Mängel vorliegen, jedenfalls nicht nur den erwähnten Feststellungsantrag zu stellen. Eine Anfechtung des (Schein-)Beschlusses sollte – zumindest vorsorglich – erfolgen, um seine Ungültigerklärung wegen der sonstigen Mängel, der echten Anfechtungsgründe, zu erreichen. Dies hat vor allem dann Bedeutung, wenn das Feststellungsbegehren aus irgendeinem Grund erfolglos bliebe. Die im Formulartext vorgeschlagene Antragsfassung (in Verbindung mit der Antragsbegründung) umfaßt neben der echten Anfechtung auch das Feststellungsbegehren. Im Hinblick auf die Fristgebundenheit der Anfechtung empfiehlt es sich – zumindest vorsorglich – Wiedereinsetzung in den vorigen Stand zu beantragen (vgl. oben Anm. 11 und nachstehend Anm. 29 und 30), wenn – wie im Formularfall – die Monatsfrist bereits abgelaufen war und Wiedereinsetzungsgründe vorliegen.

Von den geschilderten Fällen zu unterscheiden ist der sogenannte „Negativ"-Beschluß, d. h. ein Antrag in der Eigentümerversammlung erhält unzweifelhaft nicht die erforderliche Mehrheit und wird demzufolge abgelehnt; dieser „Negativ"-Beschluß kann überhaupt nicht gemäß § 23 Abs. 4 angefochten werden, vielmehr ist nur unbefristeter Antrag auf ordnungsgemäße Verwaltung nach § 21 Abs. 4 möglich (*Palandt/Bassenge* § 23 WEG Rdn. 22, str.).

24. Gemäß § 23 Abs. 2 WEG ist Gültigkeitsvoraussetzung für einen Beschluß die Angabe des Gegenstands (Tagesordnung) bei der Einberufung der Eigentümerversammlung. Sie muß mindestens so genau sein, daß die Eingeladenen vor Überraschungen geschützt sind und sie die Möglichkeit zur Vorbereitung und zur Überlegung haben, ob ihre Teilnahme veranlaßt ist (BayObLG Der Wohnungseigentümer 1979, 59 ff.). Ein Verstoß führt aber nur zur Anfechtbarkeit.

25. Grenzen des Mehrheitsprinzips werden durch verschiedene Vorschriften des WEG bestimmt, mit der Konsequenz, daß für bestimmte Angelegenheiten Einstimmigkeit, dh. die Zustimmung aller Wohnungseigentümer erforderlich ist. Dazu gehören ua. die in § 22 Abs. 1 S. 1 WEG genannten baulichen Veränderungen und sonstigen über die normale Verwaltung des gemeinschaftlichen Eigentums hinausgehenden Maßnahmen. S. aber auch Anm. 26. Vor allem genügt ein Mehrheitsbeschluß nicht zur Änderung oder Ergänzung bestehender Vereinbarungen wie Teilungserklärung, Gemeinschaftsordnung u. a. Hierzu ist eine (Abänderungs-)Vereinbarung aller Wohnungseigentümer erforderlich. Anders jedoch, wenn Gemeinschaftsordnung/Teilungserklärung selbst Änderungen durch Mehrheitsentscheidung vorsehen. Zur – schwierigen – Abgrenzung zwischen Beschlüssen iS. des § 23 WEG und Vereinbarungen iS. von § 10 WEG vgl. *Bärmann/Pick/Merle* § 10 Rdn. 57 ff. und BayObLG DNotZ 1984 102/103

Trotzdem werden aber auch Mehrheitsbeschlüsse über Gegenstände, die nur mit Zustimmung aller Wohnungseigentümer geregelt werden können, infolge Nichtanfechtung mit Ablauf der Monatsfrist des § 23 Abs. 4 WEG für die ganze Wohnungseigentümergemeinschaft endgültig bindend, die Fälle der Nichtigkeit ausgenommen; auch ein von der Teilungserklärung/Gemeinschaftsordnung abweichender Beschluß kann, wenn er nicht angefochten wird, für alle Wohnungseigentümer bindend werden (s. auch oben Anm. 12).

26. In § 22 Abs. 1 S. 2 WEG ist eine Ausnahme vom Grundsatz des Satzes 1 enthalten: die Zustimmung einzelner Wohnungseigentümer ist dann entbehrlich, soweit deren Rechte nicht über das in § 14 WEG bestimmte Maß hinaus beeinträchtigt werden. In diesem Fall darf aber der nichtzustimmende Wohnungseigentümer gemäß § 16 Abs. 3 WEG weder Nutzen aus der Maßnahme ziehen noch mit Kosten belastet werden.

27. Ob die Versäumung der Anfechtungsfrist unverschuldet ist, hängt davon ab, ob der Anfechtende hinsichtlich der Rechtzeitigkeit der Anfechtung die den Umständen nach gebotene und ihm nach seinen persönlichen Verhältnissen zumutbare Sorgfalt hat walten lassen (*Keidel/Kuntze/Winkler* § 22 FGG Rdn. 18). Von Bedeutung kann dabei sein, ob der Anfechtende mit einer Beschlußfassung überhaupt hatte rechnen können; dann eventuell Nachfragepflicht.

28. S. Anm. 27.

29. Die Wiedereinsetzung muß entsprechend § 22 Abs. 2 S. FGG innerhalb von zwei Wochen nach Beseitigung des Hindernisses beantragt werden. Für die Glaubhaftmachung der die Wiedereinsetzung begründenden Tatsachen gilt die Zweiwochenfrist jedoch nicht, ebensowenig müssen die die Wiedereinsetzung begründenden Tatsachen und die Mittel zu ihrer Glaubhaftmachung innerhalb der Zweiwochenfrist angegeben werden (*Keidel/Kuntze/Winkler* § 22 FGG Rdn. 38).

30. Für Art und Umfang der Glaubhaftmachung gelten die allgemeinen Grundsätze.

31. Der Zusatz „für den Fall ......" entfällt natürlich bei der bloßen Beschlußanfechtung (s. Anm. 23).

Kosten und Gebühren

Geschäftswert: Bei der Anfechtung von Eigentümerbeschlüssen kann ein hohes Kostenrisiko bestehen, denn für den Geschäftswert im Anfechtungsverfahren nach § 43 Abs. 1 Nr. 4 WEG ist wegen der Rechtskraftwirkung der Entscheidung für und gegen alle Beteiligten im Rahmen des § 48 Abs. 2 WEG das Interesse aller Wohnungseigentümer und des Verwalters maßgebend (BayObLG Rpfleger 1975, 98; JurBüro 89, 1168), nicht nur das Interesse des einzelnen Antragstellers. Allerdings darf bei – verfassungskonformer – Auslegung und Anwendung des § 48 Abs. 2 WEG auch in seiner bisherigen Fassung das Kostenrisiko für den Rechtsuchenden nicht außer Verhältnis zu seinem Interesse am Verfahren

6. Antrag gegen einen Verwalter nach § 43 Abs. 1 Nr. 2 WEG   II. G. 6

stehen (BVerfG NJW 1992, 1673). Je nach Gegenstand der Beschlußfassung kommt der volle Wert des Beschlußgegenstands oder – wie etwa bei Anfechtung der Beschlußfassung über Jahresabrechnung, Wirtschaftsplan oä. – ein dem jeweiligen Einzelfall angemessener Bruchteil davon (etwa im Bereich zwischen 10% und 25%) in Betracht. Bei konkret beanstandeten Positionen in einer teilweise angefochtenen Jahresabrechnung ist beispielsweise der volle Wert dieser Posten maßgebend (vgl. zu Einzelfällen etwa *Palandt/Bassenge* § 48 WEG Rdn. 9).

Falls tatsächliche Anhaltspunkte für die Wertfeststellung völlig fehlen, erfolgt die Festsetzung eines Regelwerts (Mittelwert: 5.000,– DM) gemäß § 30 Abs. 2 bzw. 3 KostO.

Zum Kostenvorschuß s. Anm. 11 zu Form. II. G. 1; zu den Verfahrenskosten allgemein und den Gerichtsgebühren s. Anm. 14 zu Form. II. G. 1; zu den außergerichtlichen Kosten s. Anm. 10 zu Form. II. G. 2, ebenso zur Kostenentscheidung bei Antragsrücknahme und Erledigung der Hauptsache.

6. Antrag einer Wohnungseigentümergemeinschaft nach § 43 Abs. 1 Nr. 2 WEG gegen einen abberufenen Verwalter auf Herausgabe der Verwalterunterlagen und Rechnungslegung mit einstweiliger Anordnung gemäß § 44 Abs. 3 WEG

An das Amtsgericht
Gericht der freiwilligen Gerichtsbarkeit[1]
Abteilung für Wohnungseigentumssachen

Antrag

in der Wohnungseigentumssache der
Eigentümer[2] der Eigentumswohnanlage X.-Straße Nr. ......, Z.-Stadt,
namentlich aufgeführt in der anliegenden Eigentümerliste[3]

— Antragsteller —

Verwalter der Wohnanlage[4]: A., Y.-Straße Nr. ......, Z.-Stadt
Verfahrensbevollmächtigter der Antragsteller (bzw. des Verwalters)[5]: V., W.-Str. Nr. ......, Z.-Stadt

gegen

B., C.-Straße Nr. ...... Z.-Stadt

— Antragsgegner —[6]

wegen Herausgabe der Verwalterunterlagen und Rechnungslegung
Vorläufiger Geschäftswert[7]: ......

Unter Einzahlung eines Kostenvorschusses[8] von ...... stelle ich im Namen und mit Vollmacht der Antragsteller (bzw. des Verwalters, dieser mit Vollmacht handelnd für die Antragsteller)[5] folgenden Antrag[9]:

I. Der Antragsgegner wird verpflichtet,
   1. sämtliche Verwalterunterlagen betreffend die Eigentumswohnanlage X.-Straße Nr. ...... in Z.-Stadt an die Antragsteller (zu Händen ihres Verwalters A.)[10] herauszugeben, insbesondere
      a) die Liste mit Namen und Anschriften aller Mitglieder der Wohnungseigentümergemeinschaft[11]
      b) alle Versammlungsniederschriften mit Eigentümerbeschlüssen (Protokollbuch) nebst Einberufungsschreiben[12]
      c) Jahresgesamt- und Einzelabrechnungen[13]

d) Wohngeldkonten[14]
e) Wirtschaftspläne[15]
f) Kontoauszüge und sonstige Unterlagen für das Konto der Wohnungseigentümergemeinschaft[16] bei ...... (Name des Kreditinstituts) Nr. ......
g) Rechnungen, Überweisungsträger, sonstige Belege
h) alle sonstigen aus der Verwaltung der Eigentumswohnanlage herrührenden Unterlagen;[17]

2. Rechnung zu legen durch Erstellung einer Schlußabrechnung zum, ... ferner die Abrechnung für die Zeit vom ...... bis ...... (Jahresabrechnung ......)[18] zu erstellen und vorzulegen.

II. Der Antragsgegner hat die Verfahrenskosten zu tragen[19].

(Vollstreckbarkeit[20])

Ich rege weiter an, vorab eine einstweilige Anordnung[21] folgenden Inhalts zu erlassen:

Der Antragsgegner hat[22] für die Dauer von ...... (z.B. sechs Wochen) die oben unter Ziff. 1 a – f aufgeführten Unterlagen an die Wohnungseigentümer zu Händen ihres jetzigen Verwalters A. zwecks Einsichtnahme zu übergeben[22].

Diese Anordnung ist sofort vollziehbar.

Zur Begründung[23] des Antrags trage ich folgendes vor:

Der Antragsgegner wurde zum ...... durch Beschluß der Eigentümerversammlung vom ...... mit Stimmenmehrheit[24] als Verwalter abberufen[25]; gleichzeitig wurde der Verwaltervertrag gekündigt.

Beweis[26]: Versammlungsniederschrift vom ......, in Fotokopie vorgelegt.

Dieser Beschluß wurde nicht angefochten[27].

Der Antragsgegner hat sämtliche Verwalterunterlagen aus dem beendeten Verwalterverhältnis noch in Besitz trotz Aufforderung durch den neuen Verwalter vom ......, sie herauszugeben.

Beweis: Vernehmung von A., Verwalter der Wohnanlage.

Er hat bisher auch noch keine Schlußabrechnung[18] erstellt; auch die Jahresabrechnung für ......[13] fehlt noch.

Beweis: Vernehmung der Verwaltungsbeiratsmitglieder C., D., E., alle X.-Straße Nr. ......, Z.-Stadt.

Der Erlaß einer einstweiligen Anordnung ist geboten[28], weil zur Zeit eine ordnungsgemäße Verwaltung wegen Fehlens aller Unterlagen nicht möglich ist und für die Zeit bis zur rechtskräftigen Entscheidung über die Hauptsache[29] ein dringendes Bedürfnis besteht, durch eine sofortige Maßnahme Einblick in die Verwalterunterlagen zu erhalten.

(Namensunterschrift V)

Anmerkungen

1. Vgl. Form. II G. 1 Anm. 1 und 2.

2. Antragsberechtigt im Verfahren nach § 43 Abs. 1 Nr. 2 WEG über Rechte und Pflichten des Verwalters sind einzelne oder die Gesamtheit aller Wohnungseigentümer und der Verwalter, um dessen Rechte und Pflichten es geht. Streitigkeiten zwischen den Wohnungseigentümern und einem abberufenen Verwalter und zwar sowohl wegen Ansprüchen der Wohnungseigentümer als auch solchen des Verwalters sind gleichfalls im Verfahren nach Nr. 2 auszutragen (so die überwiegende Meinung in Rspr. und Schrifttum).

3. Zur Bezeichnung der Wohnungseigentümergemeinschaft und zur Eigentümerliste s. Anm. 3 zu Form. II. G. 1, zur Beteiligtenstellung vgl. auch Anm. 4 zu Form. II. G. 1.

4. Der jetzige Verwalter sollte unabhängig von der Frage der Verfahrensvollmacht im Antragsrubrum aufgeführt werden; vgl. auch Anm. 6 zu Form. II. G. 1. Im eigenen Namen kann der jetzige Verwalter die entsprechenden Ansprüche der Wohnungseigentümergemeinschaft gegen den abberufenen Verwalter nur auf Grund besonderer Ermächtigung zum Handeln in Verfahrensstandschaft geltend machen (vgl. Anm. 4 zu Form. II. G. 2).

5. Zur Verfahrensvollmacht s. Anm. 5 und 7 zu Form. II. G. 1.

6. S. Form. II. G. 1 Anm. 8.

7. Die Angabe des Geschäftswerts ist nicht vorgeschrieben und kann im Verfahren auf Herausgabe von Verwalterunterlagen und Rechnungslegung (ebenso bei Auskunfterteilung) auf Schwierigkeiten stoßen, ähnlich wie im Beschlußanfechtungsverfahren, vor allem wenn die voraussichtliche Abrechnungssumme nicht geschätzt werden kann (vgl. auch Anm. Kosten und Gebühren zu Form. II. G. 5). In diesem Fall wird es sich empfehlen, sich auf die möglichen tatsächlichen Angaben in der Antragsbegründung zu beschränken.

8. Zum Kostenvorschuß gelten entsprechend die Ausführungen unter Anm. 8 zu Form. II. G. 5.

9. Bei einem Antrag nach § 43 Abs. 1 Nr. 2 WEG wird es sich stets empfehlen, das Ziel des Begehrens so genau wie möglich zu bezeichnen, wenngleich auch hier keine bestimmte Fassung des Antrags vorgeschrieben und auch das Gericht nicht an den Antrag gebunden ist.

Weitere Beispiele für Anträge im Rahmen von § 43 Abs. 1 Nr. 2 WEG:
  Auskunfterteilung durch den Verwalter (BayObLG 1972, 166);
  Zustimmung des Verwalters zum Verkauf einer Eigentumswohnung nach Maßgabe von § 12 WEG (BayObLG 1972, 348ff.);
  Vergütungsanspruch des Verwalters;
  Feststellung der Wirksamkeit der Verwalterbestellung.
Nicht dagegen:
  Streit aus Vermietungsauftrag betreffend Sondereigentum; dafür ist das ordentliche Prozeßverfahren nach ZPO gegeben (OLG Braunschweig MDR 1976, 669).

10. Die Herausgabe der Verwalterunterlagen an den neuen Verwalter ist erforderlich, um ihm die Unterlagen für die laufende Verwaltung zu verschaffen. Der Anspruch auf Herausgabe steht aber den Wohnungseigentümern selbst aus ihrem Vertragsverhältnis mit dem abberufenen Verwalter gemäß §§ 667, 675 BGB zu. Außerdem sind sie Eigentümer der Verwalterunterlagen, die zum Verwaltungsvermögen zählen. S. auch Anm. 4.

11. Vor allem in größeren Wohnungseigentümergemeinschaften führt der Verwalter Eigentümerlisten mit Namen und Anschriften der Wohnungseigentümer.

12. Die Niederschrift über die in Eigentümerversammlungen gefaßten Beschlüsse ist Pflicht (§ 24 Abs. 6 WEG), allerdings keine Gültigkeitsvoraussetzung.

13. Die Verpflichtung zur Aufstellung einer Jahresgesamtabrechnung für jedes abgelaufene Kalenderjahr ergibt sich aus § 28 Abs. 3 WEG. Besondere Vorschriften über die Art der Erstellung bestehen über § 28 WEG hinaus nicht; die Jahresgesamtabrechnung muß aber mindestens eine geordnete Gegenüberstellung der Einnahmen und Ausgaben unter Beifügung der Belege enthalten (*Bärmann/Pick* § 28 Rdn. 13). Eine gesonderte Jahreseinzelabrechnung für die einzelnen Wohneinheiten gehört regelmäßig zur Jahresabrechnung; sie wird auf Grund der Jahresgesamtabrechnung an Hand der üblicherweise geführten Wohngeldkonten (s. Anm. 14) erstellt und gehört zu den herauszugebenden Verwalterunterlagen. Zur Abrechnungspraxis vgl. iü. *Bärmann/Pick/Merle* § 28 Rdn. 26ff. Wegen der Pflicht zur Erstellung der Jahresabrechnung für das abgelaufene Jahr bei Verwalterwechsel zum Jahresende s. auch unten Anm. 18 a.E.

14. Zur Überwachung der Beitragsleistungen der Wohnungseigentümer zu den Wohnlasten werden meist für jeden einzelnen Wohnungseigentümer (bzw. jede Wohneinheit) sogen. Wohngeldkonten geführt, aus denen etwaige Rückstände oder Überzahlungen ersichtlich sind.

15. Die Aufstellung eines Wirtschaftsplans für jedes Kalenderjahr ist durch § 28 Abs. 1 WEG vorgeschrieben.

16. Das angesammelte Vermögen der Gemeinschaft, das vom Verwalter nach Maßgabe von § 27 Abs. 1 Nr. 4 WEG verwaltet wird, ist gemäß § 27 Abs. 4 S. 1 WEG vom Verwaltervermögen gesondert zu halten. Die Anlage dieser Gelder erfolgt zumeist auf Treuhandkonten, die der Instandhaltungsrücklage häufig auf gesonderten Festgeldkonten.

17. In Betracht kommen zB. Vollmachtsurkunden, Pläne, Kostenangebote, behördliche Genehmigungen ua.

18. Aus der Verwalterpflicht, jederzeit auf Verlangen der Wohnungseigentümer Rechnung zu legen (§ 28 Abs. 4 WEG), ergibt sich der Anspruch auf Rechnungslegung insbesondere auch für den Zeitpunkt der Beendigung des Verwalterverhältnisses (vgl. *Weitnauer* § 28 Rdn. 20). Wenn die früheren Jahresabrechnungen ordnungsgemäß erstellt wurden und insbesondere wenn insoweit Entlastung durch Eigentümerbeschluß erteilt ist, wird sich das Rechnungslegungsverlangen auf den Zeitpunkt der Beendigung der Verwaltung bzw. die letzte Abrechnungsperiode beschränken. Bei Verwalterwechsel zum Jahresende soll nicht der ausgeschiedene sondern der ihm nachfolgende Verwalter zur Erstellung der Abrechnung für das abgelaufene Jahr nach § 28 Abs. 3 WEG verpflichtet sein (OLG Köln NJW 86, 328), es sei denn, der ausscheidende Verwalter hat sich zur Erstellung gegenüber der Wohnungseigentümerschaft verpflichtet.

19. S. Form. II. G. 1 Anm. 14.

20. S. Form. II. G. 1 Anm. 15.

21. Die einstweilige Anordnung ersetzt im Verfahren der freiwilligen Gerichtsbarkeit nach § 43 ff. WEG die einstweilige Verfügung, die hier nicht zulässig ist. Einstweilige Anordnungen kann das Gericht nach § 44 Abs. 3 WEG nach pflichtgemäßem Ermessen treffen. Voraussetzung ist immer ein anhängiges Hauptsacheverfahren. Ein Antrag auf Erlaß einer einstweiligen Anordnung ist als Anregung zum Tätigwerden von Amts wegen anzusehen. Ein förmlicher Antrag ist daher nicht erforderlich. Eine ablehnende Entscheidung muß nicht ergehen; wenn sie ergeht, ist sie nicht selbständig anfechtbar (BayObLG Rpfleger 1972, 412), wie auch der Erlaß der einstweiligen Anordnung nicht selbständig (dh. gesondert neben der Hauptsacheentscheidung) angefochten werden kann (§ 44 Abs. 3 S. 2 WEG). Die sofortige Vollziehbarkeit (= Vollstreckbarkeit) folgt aus § 45 Abs. 3 WEG.

22. Die „einstweilige" Anordnung darf nicht der endgültigen Regelung vorgreifen. So könnte die Anregung zum Erlaß einer einstweiligen Anordnung im Beispielfall auch dahin gehen, daß dem neuen Verwalter gestattet wird, die Verwaltungsunterlagen in den Büroräumen des bisherigen Verwalters einzusehen.
Weitere Beispiele für mögliche einstweilige Anordnungen:
– Ermächtigung eines Wohnungseigentümers zur Einberufung einer außerordentlichen Eigentümerversammlung, etwa bei Fehlen eines Verwalters;
– Vorläufige Bestellung eines Verwalters bis zur Verwalterneuwahl bzw. bis zur rechtskräftigen Entscheidung über die Bestelllung eines sog. Notverwalters nach § 26 Abs. 3 WEG (vgl. aber Form. II. G. 7 Anm. 2, 3 und 15);
– Vorläufige Gebrauchsregelung über Teile des Gemeinschaftseigentums.

23. S. Form. II. G. 1 Anm. 17.

24. Die Abberufung des Verwalters erfolgt – wie die Bestellung – nach der gesetzlichen Regelung des § 26 Abs. 1 S. 1 WEG durch Mehrheitsbeschluß (s. Anm. 15 und 20 zu Form. II. G. 5), nur in Ausnahmefällen durch das Gericht (vgl. *Bärmann/Pick* § 26 Rdn. 35).

7. Antrag auf Bestellung eines Verwalters **II. G. 7**

25. Die Abberufung durch Eigentümerbeschluß ist zu trennen von der Beendigung des zugrundeliegenden Vertragsverhältnisses zwischen den Wohnungseigentümern und dem Verwalter (Auftrag oder Dienstvertrag), die durch Widerruf bzw. Kündigung erfolgt, wenngleich die Beendigungsgründe häufig identisch sind.

26. S. Form. II. G. 1 Anm. 21.

27. S. Form. II. G. 5 Anm. 12.

28. Die Anregung zum Erlaß einer einstweiligen Anordnung müßte an sich ebensowenig wie der Hauptsacheantrag begründet werden, da das Gericht von Amts wegen nach freiem Ermessen tätig wird. Als Hinweis auf den regelungsbedürftigen Zustand und die Eilbedürftigkeit kann eine knappe Begründung aber zweckdienlich sein.

29. Eine Änderung der einstweiligen Anordnung ist während des noch laufenden Hauptsacheverfahrens zulässig. Auch das Rechtsmittelgericht kann, wenn das Verfahren in der Rechtsmittelinstanz anhängig ist, die einstweilige Anordnung ändern oder aufheben. Mit dem Ende des Verfahrens wird die einstweilige Anordnung ohne förmliche Aufhebung gegenstandslos (*Bärmann/Pick/Merle* § 44 Rdn. 41, 42).

Kosten und Gebühren

Für den Geschäftswert ist wie stets im Verfahren der freiwilligen Gerichtsbarkeit nach dem WEG das Interesse aller Beteiligten an der Entscheidung maßgebend (§ 48 Abs. 2 WEG). Für den Antrag auf Herausgabe der Verwalterunterlagen werden konkrete Wertangaben meist nicht möglich sein, so daß insoweit Geschäftswertfestsetzungen nach § 30 Abs. 2 KostO in Betracht kommen. Für den Antrag auf Rechnungslegung bzw. Erstellung einer fehlenden Jahresabrechnung ist – ausgehend vom Wert des Gesamtvolumens – für den Geschäftswert ein angemessener Bruchteil des Gesamtvolumens der Abrechnung anzusetzen (vgl. weiter Anm. „Kosten und Gebühren" zu Form. II. G. 5).

Zum Kostenvorschuß s. Anm. 8 zu Form. II. G. 5; zu den Verfahrenskosten allgemein und zu den Gerichtsgebühren s. Anm. 14 zu Form. II. G. 1; zu den außergerichtlichen Kosten s. Anm. 10 zu Form. II. G. 2, ebenso zur Kostenentscheidung bei Antragsrücknahme und Erledigung der Hauptsache.

7. Antrag auf Feststellung[1] des Fehlens eines Verwalters und auf Bestellung[2] eines Verwalters nach §§ 26 Abs. 3, 43 Abs. 1 Nr. 3 WEG

An das Amtsgericht
Gericht der freiwilligen Gerichtsbarkeit
Abteilung für Wohnungseigentumssachen

Antrag[3]

in der Wohnungseigentumssache
der Eigentumswohnanlage X.-Straße Nr. ......, Z.-Stadt
A., Y.-Straße Nr. ......, Z.-Stadt

— Antragsteller[4] —

gegen[5]
B., C.-Straße Nr. ......, Z.-Stadt

— Antragsgegner —

weitere Verfahrensbeteiligte[6]:

Antusch 517

die übrigen Mitglieder der Wohnungseigentümergemeinschaft X.-Straße Nr. ...... in Z.-Stadt, namentlich aufgeführt in beiliegender Eigentümerliste
wegen Feststellung und Bestellung eines Verwalters
Vorläufiger Geschäftswert[7]:
Unter Vorlage von ...... weiteren Abschriften[8] dieses Antrags und unter Einzahlung eines Kostenvorschusses[9] von DM ...... stelle ich folgenden Antrag[10]:
  I. Es wird festgestellt, daß B. (seit ...... [11]) nicht mehr Verwalter der Eigentumswohnanlage X.-Straße Nr. ...... in Z.-Stadt ist.
  II. Als Verwalter der Eigentumswohnanlage X.-Straße Nr. ...... in Z.-Stadt wird ab sofort[12] Herr (bzw. Frau) D.[13], E.-Straße Nr. ......, Z.-Stadt (oder: die Firma F. ...... oder: eine vom Gericht auszuwählende Person bzw. Firma) bestellt.
  III. Die Verfahrenskosten haben die Wohnungseigentümer der Eigentumswohnanlage als Gesamtschuldner (bzw. der Antragsgegner[14]) zu tragen.
Ich rege weiter an, vorab eine einstweilige Anordnung[15] folgenden Inhalts zu erlassen:

Herr G.[16], X.-Straße Nr. ......, Z.-Stadt wird ermächtigt und angewiesen, unverzüglich eine außerordentliche Eigentümerversammlung einzuberufen[17] und zu leiten mit den Tagesordnungspunkten

  1. Bestellung[18] eines neuen Verwalters
  2. Abschluß eines Verwaltervertrages
  3. Gerichtliches Vorgehen gegen den früheren Verwalter[18a]

Zur Begründung[19] des Antrags trage ich vor:
Die Bestellung des Antragsgegners (bzw. des B.[5]) zum Verwalter lief am ...... aus[20]. Bis zu diesem Zeitpunkt war er durch Beschluß der Eigentümerversammlung vom ...... zu TOP ...... als Verwalter bestellt worden. Eine Neu- oder Weiterbestellung[21] des Antragsgegners oder einer anderen Person zum Verwalter ist seitdem nicht erfolgt, so daß die Wohnungseigentümergemeinschaft derzeit ohne Verwalter ist[22]. Der Antragsgegner tritt aber immer noch als Verwalter auf[23]. Ein Verwaltungsbeirat ist nicht vorhanden[24].
Mit dem Feststellungsantrag soll geklärt werden, daß die vom Antragsgegner immer noch in Anspruch genommene Verwalterposition verwaist ist. Daneben ist die Neubestellung eines Verwalters dringend erforderlich, weil ......(s. Anm. 2 und 22), und nur durch den Antrag auf Bestellung durch das Gericht[3] kann sichergestellt werden, daß die Eigentumswohnanlage alsbald wieder einen Verwalter erhält. Durch die angeregte einstweilige Anordnung könnte dies noch vereinfacht und beschleunigt werden[15].
Herr G. ist Mitglied der Wohnungseigentümergemeinschaft, war früher langjähriger Verwaltungsbeirat und ist zur Einberufung und Leitung einer Eigentümerversammlung bereit[16].

(Namensunterschrift A)

Anmerkungen

1. Ein Antrag auf Feststellung, daß ein Verwalter nicht mehr bestellt ist oder nicht oder jedenfalls nicht wirksam bestellt worden ist oder auch umgekehrt, daß ein Verwalter wirksam bestellt ist (in diesem Fall wäre der Antrag auf gerichtliche Bestellung nur hilfsweise zu stellen), wird nur erforderlich und nur dann unter dem Gesichtspunkt des Rechtsschutzinteresses zulässig sein, wenn darüber Unklarheit oder Streit besteht, z.B. wenn jemand sich zu Unrecht der Verwaltereigenschaft berühmt oder wenn umgekehrt etwa einzelne Wohnungseigentümer zu Unrecht die Wirksamkeit der Verwalterbestellung anzweifeln.

2. Eine Verwalterbestellung durch das Gericht kommt nach § 26 Abs. 3 WEG nur in Betracht, wenn ein Verwalter „fehlt", d.h. außer in den Fällen, in denen ein Verwalter

überhaupt nicht oder nicht wirksam bestellt ist oder seine Bestellung durch Zeitablauf beendet ist, ohne daß sie erneuert worden ist (§ 26 Abs. 2 WEG), auch schon, wenn der Verwalter tatsächlich oder rechtlich (z.B. § 181 BGB) an der Ausübung seiner Tätigkeit gehindert ist (*Bärmann/Pick/Merle* § 26 Rdn. 50) und nur in „dringenden Fällen" und „bis zur Behebung des Mangels".

Ein dringender Fall wird – vor allem bei größeren Eigentumswohnanlagen – immer schon dann vorliegen, wenn bei Fehlen eines Verwalters die Wohnungseigentümergemeinschaft auch nicht aus eigener Initiative eine Verwalterbestellung durch Mehrheitsbeschluß gemäß § 26 Abs. 1 S. 1 WEG vornehmen kann, etwa wenn auch kein Verwaltungsbeirat vorhanden sein sollte, der eine Wohnungseigentümerversammlung nach § 24 Abs. 3 WEG einberufen könnte.

Behoben ist der Mangel, sobald eine Wohnungseigentümerversammlung ordnungsgemäß einen Verwalter gewählt hat.

3. Ein Antrag – im Verfahren der freiwilligen Gerichtsbarkeit (vgl. Form. II. G. 1 Anm. 1) – ist auf jeden Fall erforderlich, d.h. das Gericht kann ohne Antrag nicht etwa von Amts wegen tätig werden (s. auch Form. II. G. 1 Anm. 2). Der Antrag nach § 26 Abs. 3 WEG muß auch dann gestellt werden, wenn beabsichtigt ist, in erster Linie durch Erlaß einer einstweiligen Anordnung mit Ermächtigung einer geeigneten Person zur Einberufung einer Wohnungseigentümerversammlung in kürzester Zeit zu erreichen, daß die Wohnungseigentümergemeinschaft selbst durch Beschluß einen Verwalter bestellen kann. Denn auch eine solche einstweilige Anordnung setzt ein anhängiges Hauptsacheverfahren voraus (s. Form. II. G. 6 Anm. 21).

4. Antragsberechtigt ist jeder Wohnungseigentümer sowie ein Dritter (§ 43 Abs. 1 Nr. 3 WEG), der ein berechtigtes Interesse an der Bestellung eines Verwalters hat.

5. Beim Feststellungsantrag sind Antragsgegner der sich zu Unrecht seiner Stellung berühmende Verwalter bzw. in umgekehrter Richtung beim Antrag des Verwalters die ihm seine Stellung streitig machenden Wohnungseigentümer. Gemäß § 43 Abs. 1 Nr. 2 und Abs. 4 Nr. 2 WEG sind aber auch alle übrigen Wohnungseigentümer Verfahrensbeteiligte. Beim isolierten Antrag auf Verwalterbestellung nach § 26 Abs. 3 WEG gibt es idR keinen Antragsgegner, jedoch sind auch in diesem Fall alle Wohnungseigentümer gem. § 43 Abs. 1 Nr. 3 und Abs. 4 Nr. 3 WEG Verfahrensbeteiligte.

6. S. vorstehende Anm. 5.

7. Der Geschäftswert muß im Antrag nicht unbedingt angegeben werden; es gelten aber auch hier die Ausführungen zu Form. II. G. 1 Anm. 10.

Als Geschäftswert wird beim Feststellungsantrag mangels anderer Anhaltspunkte die Höhe der Verwaltervergütung für die streitige Zeit in Betracht kommen, ergänzend § 30 KostO, beim Antrag auf Verwalterbestellung die Höhe der Verwaltervergütung für die Zeit, für die ein Verwalter bestellt werden soll, idR wohl mindestens die Vergütung für ein Jahr.

8. Wenn kein Verwalter vorhanden ist, entfällt die Möglichkeit, die an die Wohnungseigentümer gerichteten Zustellungen an den Verwalter als Vertreter nach § 27 Abs. 2 Nr. 3 WEG zu leiten. Das gleiche gilt, wenn in einem Feststellungs- (oder Anfechtungs-) Verfahren über die Verwalterbestellung gestritten wird und die gesetzliche Vertretungsbefugnis beim Empfang von Zustellungen dann wegen Interessenkollision ruht. In diesen Fällen muß, wenn nicht ein anderer Vertreter der Wohnungseigentümer (z.B. Verfahrensbevollmächtigter) bestellt ist, die Antragsschrift (auch Terminsladungen und Entscheidungen) allen Wohnungseigentümern zugestellt werden, so daß eine genügende, dh. der Anzahl der Beteiligten entsprechende Anzahl von Abschriften eingereicht werden muß.

9. S. Form. II. G. 1 Anm. 11.

10. S. zunächst Form. II. G. 1 Anm. 12.

II. G. 7

Der Antrag sollte aber jedenfalls erkennen lassen, ob etwa außer einer Verwalterbestellung durch das Gericht eine bestimmte Feststellung begehrt wird.

11. Diese Zeitangabe kann im Antrag entfallen, zumal wenn der Zeitpunkt rechtlich umstritten ist.

12. Wirksam wird eine Bestellung durch Beschluß des Gerichts nach § 45 Abs. 2 WEG erst mit Rechtskraft des Beschlusses. Wenn die Bestellung schon früher, während des Laufs des Verfahrens, wirksam werden soll, kommt dafür die Bestellung eines vorläufigen Verwalters durch einstweilige Anordnung nach § 44 Abs. 3 WEG in Betracht. S. auch unten Anm. 15 und Form. II. G. 6 Anm. 22.

13. Die Angabe einer bestimmten Person, die als Verwalter bestellt werden soll, ist an sich nicht erforderlich. Auch ist das Gericht nicht an einen personellen Vorschlag gebunden (*Bärmann/Pick/Merle* § 26 Rdn. 54 aE). Ein Vorschlag wird aber zweckmäßig sein, weil häufig schon ein Kontakt zwischen der Wohnungseigentümergemeinschaft und der als Verwalter gewünschten Person oder Firma aufgenommen worden sein dürfte und dem Gericht dadurch in jedem Fall die Auswahl erleichtert wird.

14. S. Form. II. G. 1 Anm. 14.

Die Überbürdung von Verfahrenskosten auf den jeweiligen Antragsgegner im Rahmen des § 47 S. 1 WEG kommt ohnehin nur in Betracht, wenn – wie beim Feststellungsantrag – überhaupt ein Antragsgegner vorhanden ist; beim isolierten Antrag auf Verwalterbestellung wird idR die Überbürdung der Gerichtskosten auf die Gesamtheit aller Mitglieder der Wohnungseigentümergemeinschaft billigem Ermessen entsprechen.

15. Zur einstweiligen Anordnung s. zunächst Form. II. G. 6 Anm. 21, 22, 28, 29 und oben Anm. 3.

Durch Erlaß einer einstweiligen Anordnung kann erreicht werden, daß eine Wohnungseigentümergemeinschaft ohne Verwalter in kürzester Zeit entweder selbst in einer einzuberufenden Eigentümerversammlung einen Verwalter bestellen kann oder einen vorläufigen Verwalter für die Dauer des Verfahrens erhält. Die Ermächtigung einer Person zur Einberufung einer idR außerordentlichen – Wohnungseigentümerversammlung durch einstweilige Anordnung hat gegenüber einer Verwalterbestellung durch das Gericht den Vorzug, daß die Auswahl des Verwalters den Wohnungseigentümern selbst überlassen bleibt, sie die Verwalterbestellung gleich endgültig beschließen können, die Bestellung sofort wirksam wird und sich dadurch praktisch immer das gerichtliche Verfahren nach §§ 26, Abs. 3, 43 Abs. 1 Nr. 3 WEG erledigt und der Antrag an das Gericht dann kostensparend (§ 48 Abs. 1 S. 2 WEG) zurückgenommen werden kann.

16. Die Person, die zur Einberufung und Leitung einer Wohnungseigentümerversammlung ermächtigt werden soll, ist zweckmäßigerweise dem Gericht namentlich vorzuschlagen, weil sie für diese Aufgabe auch geeignet sein sollte und die Mitglieder der Wohnungseigentümergemeinschaft dies selbst am besten beurteilen können; auch der Antragsteller selbst kann ermächtigt werden.

17. Die Einberufung der Wohnungseigentümerversammlung hat nach den Bestimmungen des §§ 23 Abs. 2 und 24 Abs. 4 WEG, dh. schriftlich, idR. unter Einhaltung der Frist von einer Woche und unter Angabe der Tagesordnung zu erfolgen.

18. Die Verwalterbestellung erfolgt durch Mehrheitsbeschluß (§ 26 Abs. 1 S. 1 WEG) oder durch Vereinbarung aller Wohnungseigentümer. Der Beschluß über die Verwalterbestellung hat Außenwirkung und bindet auch eine überstimmte Minderheit. Von diesem Bestellungsakt ist der das Innenverhältnis zwischen Verwalter und den Wohnungseigentümern bestimmende Anstellungsvertrag (entgeltlicher Geschäftsbesorgungsvertrag oder Auftrag) zu unterscheiden; allerdings wird vielfach dieser Verwaltervertrag bereits mit der Annahme des konkreten Inhalts eines Bestellungsbeschlusses, vor allem wenn dieser bereits Einzelheiten der Vertragsgestaltung enthält, durch den Verwalter stillschweigend

7. Antrag auf Bestellung eines Verwalters

oder konkludent mit der Wohnungseigentümergemeinschaft abgeschlossen (vgl. hierzu ausführlich *Bärmann/Pick/Merle* § 26 Rdn. 31 ff.).

18 a. Ein gerichtliches Vorgehen gegen den früheren Verwalter wird beispielsweise dann in Betracht kommen, wenn dieser noch im Besitz der Verwaltungsunterlagen ist (vgl. hierzu Form. II. G. 6).

19. S. zunächst Form. II. G. 1 Anm. 17.

Auch beim Antrag auf Verwalterbestellung ist eine Begründung nicht gesetzlich vorgeschrieben. Die Notwendigkeit einer Begründung bei einem solchen Antrag, erst recht bei einem Feststellungsantrag, ergibt sich auch hier aus der prozessualen Mitwirkungspflicht der Beteiligten. Damit das Gericht überhaupt die Voraussetzungen einer Bestellung nach § 26 Abs. 3 WEG prüfen kann, müssen zur Begründung wenigstens die Tatsachen vorgetragen werden, aus denen sich ergibt, daß und warum kein Verwalter vorhanden ist.

20. Abgesehen von dem – praktisch sehr seltenen – Fall, daß ein Verwalter überhaupt noch nicht bestellt worden war, kommen verschiedene Fallgestaltungen in Betracht, nach denen das Amt eines Verwalters geendet hat: das Ablaufen der Bestellungszeit ist dabei am häufigsten. In Betracht kommt auch ein mangelhafter Bestellungsbeschluß. In diesem Fall muß allerdings innerhalb der Monatsfrist des § 23 Abs. 4 WEG der Beschluß über die Bestellung angefochten worden sein, da er – abgesehen vom (seltenen) Fall der Nichtigkeit – sonst bindend geworden ist und Mängel der Bestellung dann nicht mehr geltend gemacht werden können. Auch eine durch nichtangefochtenen Beschluß erfolgte Abberufung aus wichtigem Grund (vgl. § 26 Abs. 1 WEG) kann zum Fehlen eines Verwalters geführt haben.

21. Normalerweise vollzieht sich der Verwalterwechsel bzw. eine Verlängerung des Verwalterverhältnisses ordnungsgemäß und ohne Lücke dadurch, daß der bisherige Verwalter vor Ablauf der Bestellungszeit eine Eigentümerversammlung einberuft, die über die Neubestellung oder eine Weiterbestellung (beachte § 26 Abs. 2 WEG) beschließt.

22. Das Fehlen eines Verwalters kann, abgesehen von einem Stillstand bei der Verwaltungstätigkeit, auch dazu führen, daß die Veräußerung von Wohnungseigentum blockiert wird, wenn etwa nach den Bestimmungen der Teilungserklärung bzw. Gemeinschaftsordnung zur Veräußerung die Zustimmung des Verwalters nach § 12 Abs. 1 WEG erforderlich ist. Der Antrag auf Verwalterbestellung kann auch verbunden werden mit dem Antrag, den zu bestellenden Verwalter zu verpflichten, die zur Veräußerung erforderliche Zustimmung zu erteilen; allerdings ist dabei das möglicherweise hohe Kostenrisiko zu beachten, da auch für ein solches Verfahren für den Geschäftswert das Interesse aller Beteiligten maßgebend ist (vgl. hierzu weiter Anm. „Kosten und Gebühren" zu Form. II. G. 5).

23. Der Feststellungsantrag setzt ein entsprechendes Rechtsschutzinteresse voraus, das jedenfalls dann besteht, wenn der Antragsgegner sich zu Unrecht seiner Verwalterstellung berühmt.

24. Wenn ein Verwaltungsbeirat gem. § 29 WEG existiert, könnte dieser nach § 24 Abs. 3 WEG eine Wohnungseigentümerversammlung einberufen zum Zweck der Verwalterbestellung, so daß mangels „Dringlichkeit" ein Rechtsschutzbedürfnis für den Antrag nach § 26 Abs. 3 WEG fehlen würde.

25. S. oben Anm. 16.

Kosten und Gebühren

Zum Geschäftswert s. oben Anm. 7; zu den Verfahrenskosten allgemein und zu den Gerichtsgebühren s. Form. II. G. 1 Anm. 14 und ergänzend oben Anm. 14; zu den außergerichtlichen Kosten vgl. Form. II. G. 2 Anm. 10.

8. Beschwerde (bzw. weitere Beschwerde) gegen einen Beschluß des Amtsgerichts (bzw. Landgerichts)

An das Amtsgericht (oder Landgericht)[1]
(bzw. Landgericht oder Oberlandesgericht[2])

In der Wohnungseigentumssache der Eigentumswohnanlage X.-Straße Nr. ...... in Z.-Stadt

lege ich namens des Antragstellers (bzw. Antragsgegners oder eines sonst Beteiligten)[3]

sofortige[4] (bzw. weitere[5]) Beschwerde gegen den Beschluß[6] des Amtsgerichts (bzw. Landgerichts) Z.-Stadt vom ...... ein.

Ich beantrage[7],
den Beschluß des Amtsgerichts (Landgerichts) aufzuheben und entsprechend dem Antrag vom ...... den Beschluß der Eigentümerversammlung vom ...... zu Tagesordnungspunkt ...... für ungültig zu erklären[8] und den Antragsgegnern (bzw. Antragstellern) die Kosten des Verfahrens einschließlich der außergerichtlichen Kosten des Antragstellers (bzw. des Antragsgegners oder sonst Beteiligten) aufzuerlegen[9].

Begründung[10]:

Das Amtsgericht (Landgericht) hat in seinem Beschluß zu Unrecht die Gültigkeit des Eigentümerbeschlusses vom ...... in formeller und materieller Hinsicht bejaht. ...... usw.[10]

(Namensunterschrift V)[11]

Anmerkungen

1. Auf die Beschwerde nach § 45 Abs. 1 WEG sind die Bestimmungen der §§ 19 ff. FGG anzuwenden. Die Beschwerde gegen einen Beschluß des Amtsgerichts im Verfahren nach §§ 43 ff. WEG kann gemäß § 21 Abs. 1 FGG wahlweise beim Amtsgericht als dem Gericht, dessen Verfügung angefochten wird, oder beim Landgericht als dem Beschwerdegericht (§ 19 Abs. 2 FGG) eingelegt werden. Die Einlegung kann durch Einreichung einer Beschwerdeschrift oder durch Erklärung zu Protokoll erfolgen (§ 21 Abs. 2 FGG). Für die Beschwerdeschrift bei der Erstbeschwerde (anders bei der weiteren Beschwerde – s. Anm. 2 und 11) besteht kein Anwaltszwang.

2. Die weitere Beschwerde gegen einen Beschluß des Beschwerdegerichts kann nach § 29 Abs. 1 FGG wahlweise beim AG oder LG oder beim OLG (in Bayern beim BayObLG, in Rheinland-Pfalz beim OLG Zweibrücken, in Berlin-West beim KG; vgl. hierzu im einzelnen *Keidel/Kuntze/Winkler* § 29 FGG Rdn. 3, 4) eingelegt werden. Anwaltszwang besteht auch hier nicht, ausgenommen die Unterzeichnung der Beschwerdeschrift (s. auch Anm. 11).

3. Die Beschwerdeberechtigung ist Verfahrensvoraussetzung. Nach § 20 Abs. 1 FGG ist beschwerdeberechtigt jeder, dessen Recht durch die Verfügung (= Beschluß) beeinträchtigt, dh. jeder, der unmittelbar in einem materiellen, subjektiven Recht betroffen ist. Im Verfahren nach §§ 43 ff. WEG können danach beschwerdeberechtigt sein: die Wohnungseigentümer und der Verwalter. Wegen der Einschränkung des § 20 Abs. 2 FGG ist, wenn ein Antrag zurückgewiesen worden ist, – unter den Voraussetzungen des § 20 Abs. 1 FGG – nur der Antragsteller beschwerdeberechtigt; wenn jedoch im Beschlußanfechtungsverfahren von mehreren Antragsberechtigten nur einer den Antrag gestellt hat, sind den-

8. Beschwerde gegen einen Beschluß **II. G. 8**

noch auch alle übrigen zur Beschwerde gegen die Zurückweisung befugt (umstr.). Für die weitere Beschwerde gelten hinsichtlich der Beschwerdebefugnis die gleichen Grundsätze.

4. Die Beschwerde nach § 45 Abs. 1 WEG ist sofortige Beschwerde, dh. sie ist gemäß § 22 Abs. 1 FGG binnen einer Frist von zwei Wochen ab Bekanntmachung (= Zustellung nach Maßgabe von § 16 Abs. 2 S. 1 FGG) einzulegen. Der Beschwerdewert muß DM 1500,– übersteigen. Beschwerdewert ist der Wert der (individuellen) Beschwerde für den Beschwerdeführer und nicht der Geschäftswert des Beschwerdeverfahrens (BGH NJW 1992, 3305). Wiedereinsetzung wegen Versäumung der Beschwerdefrist ist unter den Voraussetzungen von § 22 Abs. 2 FGG möglich. Im Beschwerdeverfahren gilt das Verbot der reformatio in peius, es sei denn, der Gegner hat Anschlußbeschwerde eingelegt. Die Zulässigkeit der Anschlußbeschwerde ist allerdings umstritten (für Zulässigkeit unselbständiger Anschlußbeschwerde: BGH 71, 314; BGH NJW 1985, 2717 sowie *Bärmann/Pick* § 45 Rdn. 29).

5. Auch die weitere Beschwerde ist gemäß §§ 45 Abs. 1 WEG, 29 Abs. 2 FGG sofortige weitere Beschwerde. Sie ist zulässig, wenn der Wert der Beschwer die allgemeine Beschwerdewertgrenze (s. Anm. 4) übersteigt. Soweit die Einlegung durch Einreichung einer Beschwerdeschrift erfolgt, besteht Anwaltszwang für die Unterzeichnung der Beschwerdeschrift. Für die Beschwerdebefugnis gelten die gleichen Grundsätze wie für die Erstbeschwerde (s. oben Anm. 3). Die weitere Beschwerde ist Rechtsbeschwerde (§ 27 S. 1 FGG), dh. das entscheidende Gericht ist grundsätzlich an die tatsächlichen Feststellungen des Beschwerdegerichts gebunden und prüft nur Gesetzesverletzungen nach. Auch hier gilt das Verbot der reformatio in peius, ausgenommen bei Anschlußbeschwerde (s. oben Anm. 4). Sprungbeschwerde gibt es im Verfahren der freiwilligen Gerichtsbarkeit nicht.

6. Die Beschwerde nach § 45 Abs. 1 WEG ist gegeben gegen Entscheidungen, dh. nicht nur Endentscheidungen, sondern alle Verfügungen iSv. § 19 Abs. 1 FGG. Dazu gehören neben Endentscheidungen in der Sache auch Zwischen- oder Teilentscheidungen (*Bärmann/Pick/Merle* § 45 Rdn. 3 ff.).

Einstweilige Anordnungen nach § 44 Abs. 3 WEG sind selbständig nicht anfechtbar, auch nicht solche des Beschwerdegerichts.

Wie nach § 99 ZPO ist auch eine Kostenentscheidung nicht selbständig anfechtbar (§ 20a Abs. 1 FGG), es sei denn, in der Hauptsache ist keine Entscheidung ergangen (§ 20a Abs. 2 FGG) wie etwa nach Antragsrücknahme oder Erledigung der Hauptsache. Die Beschwerde gegen die selbständige Kostenentscheidung ist sofortige gemäß §§ 20a Abs. 2 FGG, 22 Abs. 1 FGG. Gegen die unselbständige Kostenentscheidung ist die Beschwerde nur im Zusammenhang mit einem zulässigen Rechtsmittel in der Hauptsache gegeben. Gegen die Festsetzung des Geschäftswerts ist unbefristete Beschwerde gemäß § 31 Abs. 3 KostO gegeben (BayObLG 1978, 309 ff.).

7. Ein ausdrücklicher Antrag ist im Beschwerdeverfahren der freiwilligen Gerichtsbarkeit nicht erforderlich. Nach Einlegung der Beschwerde hat das Beschwerdegericht nach § 12 FGG von Amts wegen die Richtigkeit der Entscheidung der Vorinstanz in tatsächlicher und rechtlicher Hinsicht zu prüfen. Wenn ein Beschwerdeantrag gestellt wird, ist das Beschwerdegericht an ihn gebunden (vgl. *Keidel/Kuntze/Winkler* § 23 Rdn. 1a).

8. Dem Beschwerdebegehren liegt im Formularbeispiel ein Antrag des Antragstellers auf Ungültigerklärung des Beschlusses einer Eigentümerversammlung zugrunde, den das Amtsgericht als Gericht erster Instanz im Verfahren nach §§ 23 Abs. 4, 43 Abs. 1 Nr. 4 WEG zurückgewiesen hat (zum Verfahren vgl. Form. II. G. 5 mit Anmerkungen) und den der Antragsteller jetzt im Beschwerdeverfahren wiederholt.

9. Ein Kostenantrag ist an sich entbehrlich wie stets im Verfahren nach §§ 43 ff. WEG, da auch das Beschwerdegericht über die Verfahrenskosten gemäß § 47 WEG von Amts wegen nach billigem Ermessen zu entscheiden hat, wenn es in der Sache selbst entscheidet und nicht etwa zurückverweist. Als Anregung zu einer bestimmten gewollten Kostenentscheidung kann der Kostenantrag auch hier sinnvoll sein.

10. Eine Begründung der Beschwerde ist gesetzlich ebensowenig vorgeschrieben wie ein bestimmter Antrag. Als Anregung an das Beschwerdegericht, bestimmte Punkte des Erstbeschlusses (bzw. bei der weiteren Beschwerde auch der Beschwerdeentscheidung) bzw. sonstige entscheidungserhebliche Fragen besonders zu prüfen, wird sich eine Begründung aber empfehlen. Das Beschwerdegericht kann auch eine Begründung anfordern und dafür eine Frist setzen (*Bärmann/Pick/Merle* zu § 45 Rdn. 23f.). Neues Tatsachen- und Beweisvorbringen ist entsprechend der Regelung des § 570 ZPO möglich (§ 23 FGG); eingeschränkt jedoch für die weitere Beschwerde (s. oben Anm. 5).

11. Im Beschwerdeverfahren besteht kein Anwaltszwang; auch nicht für die weitere Beschwerde, ausgenommen hier die Unterzeichnung der Beschwerdeschrift (§ 29 Abs. 1 S. 2 FGG).
Im übrigen muß die Beschwerdeschrift noch nicht einmal eine Unterschrift (des Beschwerdeführers oder seines Vertreters) tragen (*Keidel/Kuntze/Winkler* § 21 FGG Rdn. 12); jedoch muß aus der Beschwerdeschrift hervorgehen, daß sie vom Beschwerdeführer herrührt und seinem Willen entspricht. Ein versehentlich eingereichter Entwurf ohne Unterschrift ist keine Beschwerdeschrift.

Kosten und Gebühren

Für Geschäftswert und Kostenentscheidung gelten im Beschwerdeverfahren keine Besonderheiten; vgl. ergänzend oben Anm. 9 und die Anm. Kosten und Gebühren zu Form. II. G. 1 und II. G. 5).
Zu den Gerichtsgebühren im Beschwerdeverfahren s. § 131 KostO.
Zu den Anwaltsgebühren im Beschwerdeverfahren s. § 63 Abs. 2 BRAGO.

Rechtsmittel und Fristen

Die Frist für die Einlegung der sofortigen Beschwerde nach § 45 sowie der sofortigen weiteren Beschwerde (§§ 45 Abs. 1 WEG, 29 Abs. 2 FGG) beträgt zwei Wochen und beginnt nach § 22 Abs. 1 FGG mit der Bekanntmachung der Entscheidung; das ist bei Beschlüssen in WE-Sachen gemäß §§ 44 Abs. 4, 45 WEG die Zustellung der Entscheidung nach § 16 Abs. 2 FGG. Zur – unselbständigen – Anschlußbeschwerde s. oben Anm. 4. Auch die Beschwerde gegen eine selbständige Kostenentscheidung ist sofortige, diejenige gegen die Festsetzung des Geschäftswerts unbefristete (s. oben Anm. 6).

9. Klage auf Entziehung des Wohnungseigentums nach §§ 18, 19 WEG

An das
Amtsgericht[1]

Klage[2]

der Wohnungseigentümer[3] der Eigentumswohnanlage X.-Straße Nr. ...... in Z.-Stadt, namentlich aufgeführt in der anliegenden Liste[4]

– Kläger –

vertreten durch ......[5]

9. Klage auf Entziehung des Wohnungseigentums   II. G. 9

Verwalter der Eigentumswohnanlage[6]: A., Y.-Straße Nr. ...... in Z.-Stadt

Prozeßbevollmächtigter[7] (der Kläger bzw. des Verwalters): V., W.-Straße Nr. ...... in Z.-Stadt

gegen

B., X.-Straße Nr. ...... in Z.-Stadt
                                                                      – Beklagter –

wegen Entziehung des Wohnungseigentums

Streitwert[8]: ......

Im Namen und mit Prozeßvollmacht der Kläger (bzw. des Verwalters, dieser handelnd mit Prozeßvollmacht der Kläger) und unter Einzahlung eines Gerichtskostenvorschusses[9] von DM ...... erhebe ich Klage mit folgendem Antrag[10]:

I. Der Beklagte wird zur Veräußerung[11] seines in der Eigentumswohnanlage X.-Straße Nr. ...... in Z.-Stadt gelegenen Wohnungseigentums, bestehend aus einem Miteigentumsanteil zu ....../1000, verbunden mit dem Sondereigentum an der Wohnung Nr. ......, vorgetragen im Grundbuch des Amtsgerichts Z.-Stadt für Y.-heim Band ...... Blatt ......, verurteilt.

II. Der Beklagte hat die Kosten des Rechtsstreits zu tragen.[12]

III. Das Urteil ist gegen Sicherheitsleistung vorläufig vollstreckbar[13];

und bitte um Anberaumung eines frühen ersten Termins (bzw. Anordnung des schriftlichen Vorverfahrens).

Begründung[14]

Die Kläger sind Mitglieder der Wohnungseigentümergemeinschaft der Eigentumswohnanlage X.-Straße Nr. ...... in Z.-Stadt. Der Beklagte ist Eigentümer der in dieser Wohnanlage gelegenen Wohnung Nr. ......, bestehend aus einem Miteigentumsanteil von ....../1000, verbunden mit dem Sondereigentum an der Wohnung Nr. ...... laut amtlichem Aufteilungsplan. Mit Beschluß[15] der Eigentümerversammlung vom ...... bevollmächtigten die Kläger mit 23 von insgesamt 45 vorhandenen Stimmen[16] den Verwalter[17], gegen den Beklagten Entziehungsklage gemäß § 18 WEG zu erheben.

Beweis: Versammlungsprotokoll vom ......

Der Beklagte hat seit zwei Jahren keine monatlichen Vorausleistungen[18] zu den Lasten des Gemeinschaftseigentums nach Maßgabe der Gemeinschaftsordnung mehr erbracht. Die Kläger mußten ihre Ansprüche auf das vom Beklagten zu zahlende Wohngeld jeweils in – bisher insgesamt sechs – Verfahren nach § 43 Abs. 1 Nr. 1 WEG gerichtlich geltend machen, teils durch den Gerichtsvollzieher beitreiben lassen.

Beweis: Vernehmung von A., Verwalter der Wohnanlage als Zeugen;
        Beiziehung der Akten ...... (Az.) des Amtsgerichts Z.-Stadt

Damit hat der Beklagte so schwer gegen Gemeinschaftspflichten verstoßen, daß den anderen Wohnungseigentümern eine Fortsetzung des Gemeinschaftsverhältnisses mit dem Beklagten nicht mehr zuzumuten ist[19].

(Namensunterschrift V.)

Anmerkungen

1. Zuständig für die Klage auf Entziehung des Wohnungseigentums nach §§ 18, 19 WEG ist gemäß § 51 WEG ohne Rücksicht auf den Wert des Streitgegenstands das Amtsgericht, in dessen Bezirk das Grundstück liegt; diese örtliche und sachliche Zuständigkeit ist keine ausschließliche (*Palandt/Bassenge* § 51 WEG Rdn. 1).

2. Ansprüche nach § 18 WEG (Entziehung des Wohnungseigentums) und § 17 WEG (Ansprüche im Fall der Aufhebung der Gemeinschaft) sind im ordentlichen Klageverfahren vor dem Prozeßgericht und nicht im Verfahren der freiwilligen Gerichtsbarkeit geltend zu machen (vgl. § 43 Abs. 1 Nr. 1 WEG). Das Verfahren richtet sich – mit den Besonderheiten des § 19 WEG – ausschließlich nach den Vorschriften der ZPO, der Inhalt der Klageschrift daher nach § 253 ZPO. Vgl. im übrigen die Formulare und Anmerkungen zu Abschn. I. D.

In der Praxis kommt die Entziehungsklage selten vor. Sie ist gewissermaßen letztes und von den Voraussetzungen her – wegen der Stärke des Eingriffs – stark eingeschränktes Mittel zur Unterbindung gröbster Pflichtverletzungen. Die Klage zielt lediglich auf die erzwingbare Veräußerung (s. unten Anm. 11).

3. Die Frage, wer klagebefugt ist, ist im Gesetz nicht geregelt. Klageerhebung durch alle übrigen Wohnungseigentümer ist auf jeden Fall möglich (vgl. *Bärmann/Pick* § 18 Rdn. 16; *Weitnauer* § 18 Anm. 8); weitere Möglichkeiten: Klageerhebung nur durch die Beschlußfassenden (s. unten Anm. 16) oder durch einzelne Wohnungseigentümer (str., vgl. *Palandt/Bassenge* § 18 WEG Rdn. 4). Klageerhebung durch den Verwalter als Prozeßstandschafter ist ebenfalls möglich entsprechend den allgemeinen Grundsätzen zur Prozeßstandschaft.

4. Wenn mehrere oder alle Wohnungseigentümer klagen, genügt im Klagerubrum die Bezeichnung „Wohnungseigentümer der Eigentumswohnanlage ......" oder „Wohnungseigentümergemeinschaft ......" mit Bezugnahme auf die Namen der klagenden Wohnungseigentümer in einer anliegenden Liste; s. auch Anm. 3 zu Form. II. G. 1.

5. Für etwaige Prozeßvertretung durch den Verwalter gelten die Ausführungen in Anm. 5 zu Form. II. G 1 entspr.

6. Die Angabe des Verwalters auch im Klagerubrum ist, auch wenn er nicht Prozeßvertreter ist, wegen der gesetzlichen Zustellungsempfangsermächtigung gemäß § 27 Abs. 2 Nr. 3 WEG zweckmäßig.

7. Zur Erteilung der Prozeßvollmacht durch die Wohnungseigentümer s. Anm. 5 und 7 zu Form. II. G. 1. Im übrigen gelten die allgemeinen Grundsätze der ZPO.

8. Der Streitwert für die Entziehungsklage bemißt sich nach §§ 3 ZPO, 12 Abs. 1 GKG; entscheidend ist das Interesse der klagenden Wohnungseigentümer am Eigentumswechsel. Der Streitwert orientiert sich dabei – wie auch der Geschäftswert für den Streit über die Wirksamkeit des Entziehungsbeschlusses (vgl. *Bärmann/Pick* § 18 Rdn. 23) – am Verkehrswert der zu veräußernden Wohnung als Ausgangspunkt und wird einem angemessenen Prozentsatz daraus entsprechen. Gemäß § 23 GKG ist die Wertangabe vorgeschrieben.

9. Die Vorschußpflicht ergibt sich aus § 65 GKG.

10. Die Notwendigkeit eines bestimmten Antrags – anders als im streitigen Verfahren der freiwilligen Gerichtsbarkeit nach §§ 43 ff. WEG – folgt aus § 253 Abs. 2 Nr. 2 ZPO, der Inhalt des Antrags bestimmt sich nach § 19 WEG.

11. Der Klageantrag ist auf Veräußerung des Wohnungseigentums schlechthin, nicht an bestimmte Personen, gerichtet. Das Urteil nach § 19 WEG wird allgemein als eines auf Abgabe von Erklärungen des Beklagten angesehen (vgl. im einzelnen *Bärmann/Pick/Merle* § 19 Rdn. 13, 14) und ersetzt dessen Zustimmung zur freiwilligen Versteigerung nach §§ 53 ff. WEG, und zwar schuldrechtliche Erklärung auf Veräußerung, Auflassungserklärung und Bewilligung nach § 19 GBO (*Bärmann/Pick/Merle* § 19 Anm. 14); keine Zuschlagswirkung. S. auch Anm. 13.

12. Für die Prozeßkosten gelten §§ 91 ff. ZPO. S. auch unten Anm. Kosten und Gebühren.

13. Die vorläufige Vollstreckbarkeit richtet sich nach §§ 708 ff. ZPO. Das Urteil nach §§ 18, 19 WEG ersetzt nicht nur Willenserklärungen, sondern ist darüber hinaus Vollstreckungstitel auf Räumung und Herausgabe zugunsten des Erstehers (§ 19 Abs. 1 S. 2 WEG). Das Verfahren der Versteigerung gemäß § 19 WEG ist in §§ 53 ff. WEG geregelt. Abwendungsbefugnis des Verurteilten: § 19 Abs. 2 WEG.

14. Die Notwendigkeit einer Begründung folgt aus § 253 Abs. 2 Nr. 2 ZPO; sie muß alle anspruchsbegründenden Tatsachen umfassen, aus denen sich die Berechtigung zum Begehren nach § 18 WEG ergibt.

15. Ein (Mehrheits-)beschluß der Wohnungseigentümer ist erforderlich (§ 18 Abs. 3 S. 1 WEG); s. auch Anm. 16.

16. Es genügt nicht die einfache Mehrheit (der Anwesenden); erforderlich ist gemäß § 18 Abs. 3 S. 2 WEG absolute Mehrheit (aller insgesamt vorhandenen stimmberechtigten Wohnungseigentümer), ohne Stimmberechtigung des Betroffenen (§ 25 Abs. 5 WEG). Abweichend davon kann eine qualifizierte Mehrheit vereinbart werden (OLG Celle NJW 1955, 953); § 18 Abs. 4 WEG verbietet nur Einschränkungen oder völligen Ausschluß des Anspruchs auf Entziehung. Durch den Beschluß wird nur die Frage entschieden, ob Veräußerung verlangt werden soll, nicht, ob der Anspruch besteht (*Weitnauer* § 18 Anm. 8a).

17. Im Beschluß ist hier gleichzeitig Prozeßvollmacht erteilt worden. Vgl. auch Anm. 5 und 7 zu Form. II. G. 1.

18. Die Pflicht zur Leistung in der Regel monatlicher Vorauszahlungen folgt aus § 28 Abs. 2 WEG iVm. der jeweiligen Regelung in Gemeinschaftsordnung bzw. Teilungserklärung und dem beschlossenen Wirtschaftsplan; s. hierzu auch Anm. 14a und 15 zu Form. II. G. 2.

19. Der Anspruch auf Veräußerung kann allein auf die Generalklausel des § 18 Abs. 1 WEG gestützt werden, wie auch auf die Sondertatbestände des Abs. 2. Im Fall des Abs. 1 kann die Entziehung auch dann begründet sein, wenn die Pflichtverletzung im Zeitpunkt der Entscheidung nicht mehr andauert. Falls die Klage auf einen der Sondertatbestände des Abs. 2 gestützt werden kann, braucht die Frage der Zumutbarkeit nicht mehr geprüft zu werden.

Kosten und Gebühren

Die Kosten eines Entziehungsverfahrens nach §§ 18, 19 WEG sind gemäß § 16 Abs. 4 WEG von der Gemeinschaft zu tragen. Mit dieser Bestimmung wird nicht in die prozessuale Kostenregelung der §§ 91 ff. ZPO eingegriffen; sie regelt vielmehr lediglich die Lastenverteilung zwischen den Wohnungseigentümern, wenn der Gemeinschaft aus der Prozeßführung Kosten entstehen, wie insbesondere beim Obsiegen des Beklagten.

Zum Streitwert s. oben Anm. 8.

Für Anfall und Höhe der Gerichtsgebühren (nach § 11 GKG iVm. Kostenverzeichnis und -tabelle zum GKG) und für die Rechtsanwaltsgebühren (nach §§ 31 ff. BRAGO) gelten keine Besonderheiten.

H. Familien- und Kindschaftssachen

Kindschaftssachen und Kindesunterhalt

1. Ehelichkeitsanfechtungsklage

An das
Amtsgericht[1]
– Streitgericht –

......, den

Klage

des minderjährigen Kindes ......, geb. am 2. 7. 1991, ... – Kläger –
ges. vertr. durch seine Mutter ......, geschiedene ......, ebenda[2]
Verfahrensbevollmächtigte: Rechtsanwälte ......[3]
gegen
...... – Beklagten –
wegen Feststellung der Nichtehelichkeit[4]
vorläufiger Streitwert: DM ......[5]
Gerichtskosten in Höhe von DM ...... sind beigefügt in ......
Namens und im Auftrag des Klägers erheben wir unter Vorlage besonderer Prozeßvollmacht[6] gegen den Beklagten Klage mit folgenden Anträgen:

I. Es wird festgestellt, daß der Kläger nicht das eheliche Kind des Beklagten ist.
II. Die Kosten des Rechtsstreits werden gegeneinander aufgehoben[7].

Begründung:

1. Der am 2. 7. 1991 geborene Kläger gilt noch als eheliches Kind des Beklagten als Vater, weil bei seiner Geburt seine Mutter und jetzige gesetzliche Alleinvertreterin, damals Frau ......, noch mit dem Beklagten verheiratet war. Diese seit dem 5. 10. 1984 bestehende Ehe zwischen der Mutter des Klägers und dem Beklagten wurde erst am 4. 11. 1992 durch den ...... Familiensenat des OLG ......, Aktenzeichen ......, rechtskräftig geschieden. Jedoch wurde bereits im Scheidungsverfahren festgestellt, daß die Mutter des Klägers den Beklagten schon Anfang 1989 endgültig verlassen hatte, um mit Herrn X. Y. in ständiger eheähnlicher Gemeinschaft zusammenzuleben.

   Beweis: Geburtsurkunde des Klägers;
   Akten des Scheidungsverfahrens Mutter des Klägers/Beklagter des Amtsgerichts – Familiengerichts – ...... und des ...... Familiensenats des OLG ......, Aktenzeichen ...... und ......, insbesondere Urteil des Familiensenats vom 4. 11. 1992, deren Beiziehung hiermit beantragt wird.

2. Die Mutter des Klägers hat ferner schon im Scheidungsverfahren vorgetragen, daß Vater des Klägers nicht der Beklagte, sondern Herr X. Y. ist, mit dem sie auch weiterhin

1. Ehelichkeitsanfechtungsklage II. H. 1

und bis heute in eheähnlicher Gemeinschaft zusammenlebt. Herr X.Y. bekennt sich dazu, der Vater des Klägers zu sein.

Beweis: Herr X.Y., als Zeuge;
Akten des Scheidungsverfahrens, insbesondere Bericht des Jugendamtes vom ......, sowie Terminsprotokolle vom ......, wie vor.

3. Durch Scheidungsurteil des Amtsgerichts – Familiengerichts – München vom 30. 1. 1991 und das dieses Urteil bestätigende, rechtskräftige Urteil des ...... Familiensenats des OLG ...... vom 4. 11. 1992 wurde zugleich der Mutter des Klägers dessen elterliche Sorge und gesetzliche Alleinvertretung übertragen[8].

Beweis: Scheidungsakten, wie vor.

4. Das Amtsgericht – Vormundschaftsgericht – ......, Aktenzeichen ......, hat die Erhebung dieser Ehelichkeitsanfechtungsklage durch Beschluß vom ...... genehmigt[9].

Beweis: Beiziehung der Vormundschaftsakten ......, insbesondere des genannten Beschlusses.

5. Der Kläger ist anfechtungsberechtigt gemäß § 1596 Abs. 1 Nr. 2 BGB. Die zweijährige Anfechtungsfrist des § 1596 Abs. 2 BGB ist gewahrt, da der Fristablauf (frühester Fristbeginn: 2. 7. 1991) bis zur rechtskräftigen Übertragung der alleinigen gesetzlichen Vertretung des Klägers auf die Mutter am 4. 11. 1992 gemäß § 1596 Abs. 2 Satz 2 und 3 in Verbindung mit §§ 203, 206, 1629 Abs. 2 Satz 1, 1795 Abs. 1 Nr. 3 BGB gehemmt war[10].

6. Der Beklagte hat schon im Scheidungsverfahren und bis heute die nichteheliche Herkunft des Klägers, offensichtlich vor allem, um der Mutter Schwierigkeiten zu machen, bestritten. Die Anfechtung der Ehelichkeit ist jedoch gemäß § 1591 Abs. 1 Satz 2 BGB begründet, da es den Umständen nach offenbar unmöglich ist, daß die Mutter des Klägers den Kläger vom Beklagten empfangen hat und die Beiwohnungsvermutung des § 1591 Abs. 2 BGB widerlegt ist.
Innerhalb der gesetzlichen Empfängniszeit bestand schon seit langem kein Kontakt mehr zwischen dem Beklagten und der Mutter des Klägers, die vielmehr in ständiger eheähnlicher Gemeinschaft mit Herrn X.Y. zusammenlebte, welcher sich zu dem Kind bekennt.

Beweis: Der Zeuge X.Y., wie vor.

Eine Abstammung des Klägers vom Beklagten als Vater ist jedoch auch deshalb unmöglich, weil der Kläger weder die Blutgruppe der Mutter noch die des Beklagten hat, und zwar auch unter Berücksichtigung der von der Wissenschaft entwickelten verfeinerten Überprüfung auf einzelne Blutfaktoren. Im einzelnen ......

Beweis: Ärztliches Blutgruppengutachten;
ein weitergehendes erbbiologisches Gutachten, das lediglich rein vorsorglich beantragt wird, erscheint bei dieser Sachlage nicht mehr erforderlich[11].

7. Der Kostenantrag entspricht der zwingenden Kostenbestimmung des § 93c Satz 1 ZPO. Vorbehalten bleibt ein abweichender Kostenantrag zu Lasten des Beklagten gemäß § 93c Satz 2 ZPO in Verbindung mit § 96 ZPO für den Fall, daß durch das unverständliche fortgesetzte Bestreiten des Beklagten weitergehende kostspielige Beweiserhebungen erforderlich werden sollten[12].

Rechtsanwalt

Anmerkungen

1. Ausschließlich zuständig für die sog. Kindschaftssachen (Katalog in § 640 Abs. 2 ZPO: Ehelichkeitsanfechtung, Feststellung eines Eltern-Kind-Verhältnisses, zB. der Vaterschaft – s. Form. II. H. 2 –, Anfechtung der Vaterschaftsanerkennung und Feststellung

über elterliche Sorge) ist das Amtsgericht (Streitwert, s. Anm. 4.), § 23 a Nr. 1 GVG, hier das AG im allgemeinen Gerichtsstand des Beklagten, hilfsweise des Kindes, dann der Mutter (§ 640 a ZPO; u. U. jedoch: § 641 a ZPO und Form. II. H. 2). Ausnahme: Antrag zum Vormundschaftsgericht nach Tod einer der Parteien, vgl. § 1599 Abs. 2 BGB.

2. Zum stark eingeschränkten Klagerecht vgl. §§ 1594, 1595 a, 1596 BGB, mit weiteren Besonderheiten zum Klagerecht des Kindes §§ 1597, 1598 BGB, 640 b ZPO; insbesondere zu den teilw. komplizierten Fristen auch Ziff. 5. im Form. und u. Anm. 10. Der wirkliche Vater kann seine Vaterschaft nicht feststellen lassen, bevor die Ehelichkeit nicht mit Erfolg angefochten ist, BGHZ 80, 218. Im Ehelichkeitsanfechtungsprozeß ist Beiladung des anderen Elternteils erforderlich (§ 640 e ZPO). Es kann der (vermeintliche) außereheliche Erzeuger dem Kind als Nebenintervenient beistehen und gegen das stattgebende Urteil Berufung einlegen, BGH NJW 1985, 386 m.w.Nachw.

3. Kein Anwaltszwang beim AG (aber beim OLG).

4. Streitiges Urteilsverfahren, jedoch durch Verweisungen in § 640 Abs. 1 ZPO dem Verfahren in Familiensachen stark angenähert (Untersuchungsmaxime, § 616 ZPO, aber Einschränkungen in § 640 d) und durch §§ 640 a–640 h ZPO besonders ausgestaltet, ferner z. T. von flankierenden Maßnahmen des Vormundschaftsgerichts abhängig.

5. Regelstreitwert DM 4.000,–, § 12 Abs. 2 S. 3 1. Alt. GKG.

6. §§ 640 Abs. 1 mit 609 ZPO.

7. Bei Erfolg zwingend, § 93 c, sonst § 91 Abs. 1 ZPO; Ausnahmen s. Anm. 12.

8. Bei Minderjährigen – wie hier – nicht nur Voraussetzung der Prozeßfähigkeit und wirksamen Vertretung (vgl. § 640 b S. 2 ZPO, sonst Vormund oder Pfleger nötig), sondern – hier – auch des materiellen Anfechtungsrechts, § 1596 Abs. 1 Nr. 2 (oder ggf. Nr. 3) BGB.

9. Bei Anfechtung durch Kind weitere zwingende Voraussetzung (ergeht in eigenem FGG-Verfahren), §§ 1597 Abs. 1, 640 b S. 2 2. Halbs. ZPO.

10. Zur Berechnung der Empfängniszeit nach §§ 1591, 1592, 187 Abs. 1, 188 BGB vgl. *Palandt/Diederichsen* § 1592 Rdn. 2; zur Anfechtungsfrist des Mannes und seiner Eltern vgl. §§ 1594, 1595 a BGB. Zur Anfechtungsfrist des Kindes die §§ im Text, Fristlauf demnach (Kenntnis!) zT. sehr unterschiedlich, wie hier *Palandt/Diederichsen* § 1596 Rdn. 3, str., aus der Rspr. etwa BGH NJW 1990, 2813 m. Nachw.

11. Zu den Beweismitteln vgl. etwa *Firsching/Graba,* Handbuch der Rechtspraxis, Bd. 5 Familienrecht, Rdn. 755 ff.; *Palandt/Diederichsen* Einf. 3 vor § 1591.

12. Da § 93 c ZPO im Erfolgsfalle zwingend, günstigere Kostenregelung für das Kind nur so, §§ 93 c S. 2 mit 96 ZPO.

Kosten und Gebühren

GK: KV Nr. 1201 ff.; RA: §§ 31 ff. BRAGO, uU. privilegiert über § 33 Abs. 1 Nr. 3 BRAGO. Beiordnung eines RA erforderlich (§ 121 Abs. 2 ZPO), OLG Bremen FamRZ 1986, 189. Prozeßkostenhilfeanspruch auch des beklagten Kindes, das aussichtsreichen Antrag unterstützt, OLG Nürnberg FamRZ 1985, 1275.

Fristen und Rechtsmittel

Gegen Endurteile: Berufung, i. ü. Beschwerde zum OLG (§ 640 Abs. 2 ZPO mit § 119 Abs. 1 Nr. 1 und Nr. 2 GVG). Ferner über § 580 ZPO hinaus erweiterte Restitutionsklage (§ 640 i ZPO).

2. Klage auf Feststellung der Vaterschaft und Regelunterhalt

An das
Amtsgericht[1]
– Streitgericht –

Klage

des minderjährigen Kindes ......, geb. am 29. 3. 1993, gesetzlich vertreten durch das Kreisjugendamt ...... als Amtspfleger[2]

– Kläger –

gegen

......
– Beklagten –

wegen Vaterschaft und Regelunterhalt[3]
vorläufiger Streitwert: DM ......[4]

Namens des Klägers erheben wir Klage gegen den Beklagten und stellen folgende Anträge:
I. Es wird festgestellt, daß der Beklagte der Vater des Klägers ist.
II. Der Beklagte wird verurteilt, an den Kläger zu Händen von dessen gesetzlichem Vertreter von der Geburt des Kindes an, das ist der 29. 3. 1993, bis zum vollendeten 18. Lebensjahr monatlich im voraus den jeweiligen Regelunterhalt zu bezahlen[5].
III. Der Beklagte hat die Kosten des Verfahrens zu tragen[6].

Begründung:

1. Die Mutter des am 29. 3. 1993 geborenen Klägers, Frau ......, ..., hat mit dem Beklagten in den Jahren 1990 und 1991 in ständiger, eheähnlicher Gemeinschaft zusammengelebt, bis sie vom Beklagten Ende 1992 verlassen wurde. Innerhalb der gesetzlichen Empfängniszeit des § 1592 BGB hat der Beklagte der Mutter des Klägers, damals ledig, beigewohnt.

Beweis: Frau ......, als Zeugin.

Da der Beklagte die Vaterschaft bestreitet, ist er im Klagewege gemäß §§ 1600a, 1600n, 1600o BGB, 640 ZPO als Vater festzustellen[7].
Die Zuständigkeit des angerufenen Gerichts ergibt sich aus § 641a ZPO[1].

2. Da der Beklagte ferner die Zahlung von Kindesunterhalt verweigert, ist die Klageforderung auf Leistung des Regelunterhalts gemäß § 1615f BGB begründet, und zwar hier in Verbindung mit dem Antrag auf Vaterschaftsfeststellung (§ 643 Abs. 1 ZPO)[8].
3. Gerichtskosten in Höhe von DM ...... sind beigefügt in ......[9]

Rechtsanwalt

Anmerkungen

1. Kindschaftssache (vgl. Anm. 1 zu Form. II. H. 1), daher ausschließlich zuständig das AG, § 23a Nr. 1 GVG. Im übrigen Sondervorschriften für den Unterfall der nichtehelichen Vaterschaft, §§ 641ff. ZPO, danach örtlich zuständig das AG am Ort der Vormundschaft oder Pflegschaft, hilfsweise am Wohnsitz, ggf. gewöhnlichen Aufenthaltsort des Kindes, mit weiteren Ersatzzuständigkeiten, vgl. § 641a Abs. 1 S. 3 ZPO.

2. Kein Anwaltszwang in I. Instanz, in der Praxis Domäne der Jugendämter als Amtspfleger: zwar steht elterliche Sorge kraft Gesetzes der nichtehelichen Mutter zu, § 1705

II. H. 2

BGB, jedoch für in § 1706 Nr. 1–3 BGB bezeichnete Sachen (insbes. Vaterschaftsfeststellung, Unterhalt, Erb- und Pflichtteilsrechte) Amtspflegschaft des Jugendamtes entweder kraft Gesetzes, §§ 1706, 1709 BGB, 55 SGB VIII (nicht in der ehem. DDR, Art. 230 Abs. 1 EGBGB), oder als Folge eines Statusurteils auf Nichtehelichkeit (zB. nach Form. II. H. 1), §§ 1791c Abs. 1 S. 2 BGB, 55 SGB VIII (vgl. *Christian* DAVorm 1987, 721 f. und 843 f.). Auf Antrag der Mutter Einschränkungen der Amtspflegschaft durch Vormundschaftsgericht möglich, § 1707 BGB.

3. In der Praxis häufige Kombination dieser beiden im Ausgangspunkt verschiedenen Verfahren: außer dieser Kombination, bei der durch § 643 ZPO, in Durchbrechung des Grundsatzes des § 640c ZPO, das Verfahren auf Regelunterhalt (RU) zum bloßen Annex der Kindschaftssache auf Vaterschaftsfeststellung wird (daher RU-Entscheidung auch nur mit Vaterschaftsurteil anfechtbar), hat das nichteheliche Kind in perfektionistisch verworrener Regelung andere Möglichkeiten mit sehr unterschiedlichen Verfahrens- und Rechtsmittelkonsequenzen, nämlich

– Vaterschaftsfeststellungsprozeß allein, dabei Regelung RU zunächst nur durch einstweilige Anordnung, §§ 641d, 641g ZPO;
– getrennte Klage auf – unbezifferte – Verurteilung zum RU, § 642 ZPO, mit Möglichkeit – für beide Parteien – zu zusätzlichen Anträgen (Zu- oder Abschläge zum RU, Erhöhung oder Herabsetzung, Stundung, Erlaß);
– gewöhnliche Unterhaltsklage auf bestimmte Beträge (vgl. auch Übersicht bei *Firsching* aaO. S. 503 ff.).

Vorteil des Annexverfahrens nach § 643 ZPO für Kind: schnellere Sicherstellung des Mindestbedarfs, weitergehender Ausschluß von Einwendungen des Vaters zur Höhe in diesem Verfahren (Erfüllungseinwand soll jedoch zulässig sein, so OLG Düsseldorf FamRZ 1981, 603). Nachteil: im Annexverfahren nach § 643 ZPO sind Zusatzanträge und bezifferte Anträge ausgeschlossen (§ 643 Abs. 1 S. 2 ZPO). Bei Wahrung der 3-Monats-Frist des § 643a Abs. 2 u. 3 ZPO, sog. „Konkretisierungsverfahren", gewisse prozessuale und materielle Vorteile für Kind.

Während im Falle des § 643 ZPO (Vaterschaftsfeststellung mit RU als Annex) für Berufung und Beschwerde das OLG zuständig ist, § 119 Abs. 1 Nr. 1 u. 2 GVG, handelt es sich bei den übrigen Fällen um eigene Unterhaltssachen des nichtehelichen Kindes mit Berufung und Beschwerde zum LG, §§ 23a Abs. 1 Nr. 2 u. 3, 72, 119 Abs. 1 Nr. 1 u. 2 GVG. Zum Beschlußverfahren auf – ziffernmäßige – Festsetzung des RU nach §§ 642a ff. ZPO und der 3-Monats-Frist des § 643a Abs. 2 u. 3 ZPO noch näher Form. II. H. 3.

4. Regelstreitwert Vaterschaftsfeststellung DM 4.000,–, § 12 Abs. 2 S. 3 1. Alt. GKG; für RU Sondervorschrift in § 17 Abs. 1 S. 2 GKG.

5. Vgl. *Thomas/Putzo* Rdn. 2 zu § 642 ZPO. Materiellrechtlich: § 1615a BGB, insbes. § 1615d (U. auch für Vergangenheit).

6. Grundsätzlich Kostenverteilung nach allgemeinen Grundsätzen, §§ 91 Abs. 1, 92 ZPO, jedoch mit Einschränkungen zu Lasten des unterhaltspflichtigen nichtehelichen Vaters aus § 93d Abs. 1 ZPO.

7. Für Beklagten käme außergerichtlich wirksame Anerkennung, §§ 1600b, 1600e BGB, und Zustimmung des Kindes (nicht der Mutter), § 1600c BGB, oder zu gerichtlichem Protokoll, § 641c ZPO, in Frage; zu den Formalitäten vgl. *Firsching/Ruhl* aaO. Rdn. 392, ferner a. Anm. 10.

8. Auch hier kann Beklagter Rechtsschutzbedürfnis außergerichtlich durch Verpflichtungsurkunde beseitigen, vgl. §§ 59 Abs. 1 Nr. 1, 60 SGB VIII (kostenlose Titulierung durch Jugendamt) und *Firsching/Ruhl* aaO. Rdn. 392. Sehr strittig, ob Titulierungsanspruch auch bei freiwilliger, pünktlicher Zahlung durch Unterhaltsschuldner, vgl. z.B. OLG Saarbrücken FamRZ 1985, 1280 (*nein*, ebenso OLG Hamburg u. OLG Schleswig) gegen OLG Karlsruhe FamRZ 1984, 584 (*ja*, ebenso OLG Hamm FamRZ 1985, 506 und

OLG Düsseldorf FamRZ 1984, 725, die aber Titulierung auf Kosten des Unterhaltsberechtigten annehmen).

9. In der Regel jedoch Antrag auf Prozeßkostenhilfe (str., ob ohne Prüfung der Vermögenslage oder des Bestehens eines Anspruchs auf Prozeßkostenvorschuß, vgl. OLG Frankfurt FamRZ 1982, 193 gegen KG NJW 1982, 111), wohl auch Antrag auf Prozeßkostenvorschuß gem. § 127a ZPO, der nicht auf das Familienrecht beschränkt ist, vgl. *Stein/ Jonas/Leipold* § 127a Rdn. 2 (jedenfalls im gesonderten RU-Verfahren möglich).

10. Zu möglichen Vereinbarungen vgl. § 1615e BGB und Beck'sches Formularbuch, 6. Aufl. 1995, u. dort. Form. V. 26. (Anerkennung der Vaterschaft), Form. V. 27. (Zustimmung des Kindes hierzu) und Form. V. 28. (Abfindungsvertrag gemäß § 1615e BGB).

Kosten und Gebühren

GK: KV Nr. 1201 ff. (Protokollierung Vaterschaftsanerkenntnis gebührenfrei), hier auch nicht Nr. 1800 ff.; RA: §§ 31 ff. BRAGO, uU. privilegiert über § 33 Abs. 1 Nr. 3 BRAGO.

Fristen und Rechtsmittel

Gegen einstweilige Anordnung (§ 641d ZPO): einfache Beschwerde nur gegen AG-Beschlüsse, vgl. *Thomas/Putzo* § 641d ZPO Rdn. 15; gegen Urteile in der Hauptsache, je nachdem ob Annexverfahren (§ 643 ZPO) oder selbständige Unterhaltsklage, Berufung zum OLG (§ 119 Abs. 1 Nr. 1 GVG) oder LG, vgl. o. Anm. 3 a. E. Ferner besondere Abänderungsklage (§ 643a ZPO) für bestimmte Fälle und Fristen. Zu den materiellrechtlichen Besonderheiten bei Beteiligten in den neuen Bundesländern vgl. jetzt *Kalthoener/ Büttner*, NJW 1991, 388f.

3. Klage auf Zuschläge zum Regelunterhalt (hier: Einwendungen des Beklagten)

An das
Amtsgericht[1]
– Streitgericht –

Klageerwiderung

In der Kindesunterhaltssache
des minderjährigen Kindes ......, geb. am ......, gesetzlich vertreten durch seine Mutter, Frau ......
– Klägers –

Prozeßbevollmächtigter: Rechtsanwalt ......[1]
gegen
......
– Beklagten –

Prozeßbevollmächtigte: Rechtsanwälte ......[2]
wegen Zuschlags zum Regelunterhalt eines nichtehelichen Kindes und Sonderbedarf[3]
bestellen wir uns unter Vorlage unserer Prozeßvollmacht für den Beklagten und treten in dessen Namen und Auftrag der Klage entgegen.

A. Vorab rügen wir die örtliche Unzuständigkeit des angerufenen Gerichts, da der Beklagte, wohnhaft in ......, dort, und nicht im Bezirk des angerufenen Amtsgerichts seinen allgemeinen Gerichtsstand hat. Zwar ist richtig, daß das angerufene Amtsgericht durch Endurteil vom ...... die Vaterschaft des Beklagten festgestellt und ihn zur Zahlung des Regelunterhalts verurteilt, ferner durch Beschluß vom ...... den Betrag des Regelunterhalts festgesetzt hat. Die diesen Beschluß bestätigende Beschwerdeentscheidung des Landgerichts ...... vom ......, Aktenzeichen ......, ist dem Beklagten jedoch bereits am ...... in seiner Wohnung in ...... wirksam zugestellt worden, hat daher am ......[4] Rechtskraft erlangt.

Beweis: Beiziehung der Akten des Amtsgerichts ......, Aktenzeichen im Beschlußverfahren gleichen Rubrums, insbesondere Zustellungsnachweise zum Beschluß des Landgerichts ...... vom ......

Daß der Kläger am ...... eine erneute Zustellung vornehmen ließ, setzt die 3-Monats-Frist der §§ 643a Abs. II und Abs. III ZPO nicht erneut in Lauf.

Ferner ist das angerufene Amtsgericht in jedem Fall unzuständig für die Klage insoweit, als sie auf Leistung von Sonderbedarf für eine Kinderheimverschickung des Klägers gerichtet ist, da das Verfahren nach § 643a ZPO für einen solchen Anspruch unzulässig und hierfür jedenfalls das Amtsgericht am allgemeinen Gerichtsstand des Beklagten zuständig ist[5].

B. Zur Sache stellen wir namens und im Auftrag des Beklagten folgende Anträge:

I. Die Klage wird abgewiesen.
II. Die Kosten des Rechtsstreits werden gegeneinander aufgehoben[6].

Begründung:

1. Wegen vorherigen Ablaufs der 3-Monats-Frist des § 643a Abs. 2 ZPO ist die Klage unbegründet insoweit, als ein Zuschlag von 50% zum Regelunterhalt bereits seit der Geburt des Klägers verlangt wird. Schon aus diesem Gesichtspunkt kann ein Zuschlag zum Regelunterhalt bestenfalls für die Zeit nach Klageerhebung begehrt werden[7].

Rein vorsorglich wird darauf hingewiesen, daß der Beklagte etwa 2 Monate vor und noch 10 Monate nach Geburt des Klägers mit der Mutter des Klägers in deren Wohnung in ...... zusammenlebte, zu der er unter zeitweiliger Aufgabe seines damaligen, inzwischen wiederhergestellten Wohnsitzes gezogen war. In dieser Zeit hat er zum Unterhalt der Mutter des Klägers und des Klägers selbst durch persönliche Betreuung, zum Teil auch durch Gelegenheitsarbeiten mit Geld, in einer offene Unterhaltsansprüche ausschließenden Weise beigetragen[8].

2. Der Beklagte bestreitet, daß die sehr unsubstantiierten Darlegungen in der Klage über seine derzeitigen Arbeits- und Einkommensverhältnisse zutreffen:

Für Umstände, die einen Zuschlag zum Regelunterhalt rechtfertigen, hat der Kläger die Darlegungs- und Beweislast, es muß nicht etwa der Beklagte seine fehlende weitergehende Leistungsfähigkeit beweisen[9].

Rein vorsorglich wird darauf hingewiesen, daß der Beklagte seine Arbeitsstelle als Forstarbeiter durch das zeitweise Zusammenleben mit der Mutter des Klägers an deren Wohnort verloren hatte und seither arbeitslos ist und auch keine Unterstützung erhält. Seine ohnehin nur saisonal auszuübende Tätigkeit als Skilehrer kann er derzeit nicht ausüben, da ihm dies aufgrund eines am ...... erlittenen Verkehrsunfalls mit kompliziertem Oberschenkelhalsbruch auf absehbare Zeit nicht möglich ist. Der Beklagte ist vermögenslos.

Beweis: ......

Der Beklagte lebt daher derzeit ausschließlich von der Unterstützung seiner Eltern, die ihm freie Kost und Logis, ferner wöchentlich DM 50,- Taschengeld geben.

3. Klage auf Zuschläge zum Regelunterhalt   II. H. 3

   Beweis: ......
   – als Zeugen –

3. Für den Fall, daß das Gericht von einer Wahrung der 3-Monats-Frist durch die vorliegende Klage dennoch ausgehen sollte, wird rein vorsorglich der dann auch dem Beklagten gemäß § 643a Abs. 2 Satz 2 und 3 ZPO noch zugängliche und zulässige[10] Antrag auf Erlaß der von ihm aufgrund des vorbezeichneten Beschlusses des Amtsgerichts ...... vom ......, Aktenzeichen ......, derzeit noch geschuldeten, rückständigen Regelunterhaltsbeträge für die Zeit vom ...... bis heute gestellt.

   Ein Erlaß erscheint gerechtfertigt, weil ......,

4. Der weiter erhobene Anspruch auf Sonderbedarf ist, selbst wenn er zulässig wäre, unbegründet. Es handelt sich um keinen Fall des § 1613 Abs. 2 BGB, weil hier ......[11] Ferner ist der Sonderbedarf inzwischen bereits durch die Mutter, die einer sehr vermögenden Familie angehört und selbst Vermögen hat, gedeckt worden, der Kläger daher insoweit nicht mehr aktivlegitimiert[12].

C. Namens und im Auftrag des Beklagten erheben wir ferner für diesen gegen den Kläger Widerklage mit folgenden Anträgen:

   I. Der vom Beklagten an den Kläger zu leistende Regelunterhalt wird auf 50% des jeweils geltenden Regelunterhalts herabgesetzt.
   II. Der Kläger und Widerbeklagte hat die Kosten der Widerklage zu tragen[13].

Zur Begründung beziehen wir uns auf die oben geschilderten Lebens- und Einkommensverhältnisse des Beklagten und die hierzu oben angebotenen Beweismittel, welche weitergehende Leistungsfähigkeit des Beklagten widerlegen.

                                                                 Rechtsanwalt

Anmerkungen

1. Sachlich und örtlich grundsätzlich zuständig das Amtsgericht am allgemeinen Gerichtsstand des Beklagten; hier wird jedoch gestritten um die besondere perpetuatio fori aus § 643a Abs. 2 u. 3 ZPO und deren wegen der Rückwirkung in § 643a Abs. 2 S. 1 ZPO für Unterhalt in der Vergangenheit auch materiell-rechtlich bedeutsame Voraussetzungen, nämlich
– „Annex-Urteil" nach § 643 Abs. 1 ZPO (vgl. Anm. 3 zu Form. II. H. 2);
– bezifferter Festsetzungsbeschluß des Rechtspflegers gem. § 642a ZPO;
– Wahrung der 3-Monats-Frist ab Rechtskraft des Festsetzungsbeschlusses durch RU-Antrag;
– Beschränkung auf bestimmte Abänderungsarten
(§§ 1615c, 1615h, 1615i BGB, § 642d ZPO).

Das „Vereinfachte Verfahren" nach §§ 641l ff. ZPO geht in der Regel (mit Ausnahmen, vgl. BGH FamRZ 1987, 1021ff.) auch Abänderungsklage nach § 323 ZPO vor (vgl. Form. II.H.4.); fristgerechtes Anpassungsverlangen in einer Richtung wahrt Frist auch für weitere Anträge – auch des Beklagten – zB. auf Stundung oder Erlaß –, § 643a Abs. 2 S. 3 ZPO und *Stein/Jonas/Schlosser* § 643a Rdn. 2.

2. Kein Anwaltszwang in I. Instanz (wohl aber im Berufungsverfahren – hier ebenfalls zum LG – nach allgemeinen Vorschriften).

3. Hier wird also von einer – in diesem Verfahren zulässigen – vgl. *Stein/Jonas/Schlosser* § 643a Rdn. 1 – Klageverbindung zwischen RU-Zuschlagsklage (nur in Prozentsätzen ausgedrückter Zuschlag, § 642d ZPO) und gewöhnlicher, bezifferter Unterhaltsklage (zB. auf Sonderbedarf) ausgegangen.

II. H. 3

4. Gegen Beschluß nach § 642a ZPO (Rechtspfleger) befristete Durchgriffserinnerung, § 11 Abs. 1 S. 2 RPflG, iü. sofortige Beschwerde zum LG, mit 2-Wochen-Fristen (§§ 642a Abs. 3, 577 Abs. 2 ZPO).

5. So *Thomas/Putzo* § 643a Rdn. 6.

6. Hier muß Bekl. – soweit im folgenden Erlaß bzw. Stundung beantragt wird – § 93d ZPO gegen sich gelten lassen, iü. Prozeßkostenhilfe-Anträge möglich und häufig, vgl. Anm. 9 zu Form. II. H. 2. und Form. I. C. 1.–3.

7. Die Zeit, ab der Unterhalt verlangt wird, ist stets anzugeben, auch wegen §§ 253, 308 ZPO.

8. Str., ob dies hier geprüft werden darf, bejahend *Stein/Jonas/Schlosser* § 643a Anm. 3 und OLG Düsseldorf FamRZ 1981, 603; materielle Rechtsgrundlage: § 1615f Abs. 1 S. 1 BGB.

9. Wegen der Fassung von §§ 1615f, 1615h BGB (grundsätzliche Pflicht zur Leistung des RU ohne Rücksicht auf Leistungsfähigkeit) hat Vater Tatsachen für Herabsetzung zu beweisen; andererseits müßte aber nach allgemeinen Grundsätzen für Erhöhung, auch in Form des Zuschlags, gem. §§ 1603, 1610, 1615c BGB das klagende Kind darlegungs- und beweispflichtig sein, gemildert in der Praxis durch Erfahrungssätze und Tabellen sowie den nunmehr allgemein aus § 1605 BGB folgenden Auskunftsanspruch. Allgemein – auch bei Unterhaltsstreitigkeiten in echten Familiensachen – erkennbare Tendenz: wer Leistungsunfähigkeit behauptet, hat Darlegungs- (und ggf. Beweis-)last so substantiiert wie bei Auskunftserteilung (vgl. OLG Stuttgart FamRZ 1983, 1267, dort auch zur Obliegenheit des bisher selbständigen Unterhaltsschuldners, u. U. eine „abhängige Arbeitstätigkeit" aufzunehmen). Zu Art und Umfang der Auskunftserteilung vgl. Form. II. H. 12.

10. Die Einhaltung der 3-Monats-Frist – hier durch das Kind – kann also durchaus zweischneidig sein, weil nach Ablauf auch Stundungs- und Erlaßanträge für die Vergangenheit ausgeschlossen wären.

11. Materiell-rechtliche Einwände aus § 1613 Abs. 2 BGB sind insbesondere, daß es sich
a) zwar um Unterhaltsbedarf, jedoch nicht außergewöhnlicher Art, oder
b) zwar um, auch besonders hohen, Unterhaltsbedarf handele, der jedoch nicht unregelmäßig anfalle (vgl. Beispiele bei *Palandt-Diederichsen*, 53. Aufl., Rdn. 12 zu § 1613 BGB).

12. Dann gesetzlicher Forderungsübergang nach § 1615b BGB (uU. aber § 265 ZPO).

13. Materielle Rechtsgrundlage: § 1615h BGB. Allgemein – auch nach Ablauf der 3-Monats-Frist, in Fällen außerhalb der §§ 643, 643a ZPO zB. auch durch Abänderungsklage (§ 323 ZPO) – oder durch Antrag auf Neufestsetzung im Rechtspfleger-Beschlußverfahren (§ 642b ZPO) denkbar. Kostenentscheidung nach allgemeinen Regeln, §§ 91 Abs. 1, 92 ZPO; Streitwert nach § 17 Abs. 1 S. 2 GKG (Jahresbetrag RU und Rückstände).

14. Zu Vereinbarungen vgl. Anm. 10 zu Form. II. H. 3. Zum DDR-Übergangsrecht vgl. Art. 234 § 9 EGBGB und *Kalthoener/Büttner* NJW 1991, 388.

Kosten und Gebühren

GK: KV Nr. 1166 (RU-Neufestsetzung) bzw. Nr. 1201 ff.; RA: 5/10 gemäß § 43b Abs. 1 Nr. 2 BRAGO (RU-Neufestsetzung), iü. §§ 31 ff. BRAGO (Sonderbedarf).

Fristen und Rechtsmittel

Wie Form. II. H. 2 Anm. 3 und a. E.

4. Abänderungsklage gegen Unterhaltstitel

An das
Amtsgericht[1]
– Familiengericht –

Klage

der Frau ......, ...
– Klägerin –

Prozeßbevollmächtigter: Rechtsanwalt ......[2]

gegen

......
– Beklagter –

wegen Abänderung eines Unterhaltstitels[3, 13]

vorläufiger Streitwert: DM ......[4]

Namens und im Auftrag der Klägerin erheben wir hiermit gegen den Beklagten Klage mit folgenden Anträgen:

I. Das Urteil des Amtsgerichts – Familiengericht – ...... vom 22. 2. 1988 wird dahin abgeändert, daß der Beklagte mit Wirkung vom ......[5] an die Klägerin für das Kind Martin, geb. 30. 1. 1983, einen monatlich im voraus zu entrichtenden Unterhalt in Höhe von DM 360,– zu bezahlen hat.
II. Der Beklagte hat die Kosten des Rechtsstreits zu tragen[6].
III. Das Urteil ist vorläufig vollstreckbar[7].

Begründung:

1. Die Klägerin und der Beklagte sind noch verheiratet, leben jedoch – ohne Scheidungsverfahren – seit Ende 1987 vollständig getrennt. Die Klägerin betreut die bei ihr lebenden ehelichen Kinder ......, geb. am ...... und Martin, geb. am 30. 1. 1983, dessen Unterhaltsansprüche die Klägerin hier in Prozeßstandschaft gemäß § 1629 Abs. 3 BGB geltend macht.
2. Durch Endurteil des Amtsgerichts – Familiengerichts – ...... vom 22. 2. 1988, Aktenzeichen ......, ergangen aufgrund der mündlichen Verhandlung vom 30. 1. 1988[9], wurde der Beklagte auf Antrag des Klägers rechtskräftig verurteilt, an den Kläger zu Händen von dessen Mutter eine monatliche Kindesunterhaltsrente von DM 240,– zu bezahlen. Mit der vorliegenden, auf § 323 ZPO gestützten Klage wird nicht lediglich eine Anpassung an die Veränderung der allgemeinen wirtschaftlichen Verhältnisse, sondern die Anpassung an einen nach der letzten mündlichen Verhandlung im vorangegangenen Verfahren eingetretenen, insbesondere durch den Alterssprung des Anspruchsinhabers wesentlich gestiegenen Unterhaltsbedarf geltend gemacht. Dies ist im vereinfachten Verfahren gemäß §§ 1612a BGB, 641l ff. ZPO nicht möglich, so daß die Abänderungsklage in der vorliegenden Form gemäß § 323 Abs. 5 ZPO nach wie vor zulässig ist.
3. Im vorangegangenen Unterhaltsverfahren hat der damalige Kläger, zum Zeitpunkt der Erstentscheidung 5 Jahre alt, seinen Unterhaltsanspruch bei einem damaligen, durch eine Gehaltsauskunft des Arbeitgebers des Beklagten vom 30. 11. 1987 mit DM 1875,–/Monat angegebenen Nettoeinkommen des Beklagten, allein mit den damals geltenden Sätzen der Düsseldorfer Tabelle (Stand: 1. 1. 1985, Altersklasse 1, damalige Gehaltsstufe 2) begründet. Im Urteil vom 22. 2. 1988 wird auch hierauf allein abgestellt.

Beweis im Bestreitensfall: Beizeihung der Akten des Amtsgerichts – Familiengericht – ......, Aktenzeichen ......, insbesondere des Terminsprotokolls vom 30. 1. 1988 und des Urteils vom 22. 2. 1988.

Die Sätze der Düsseldorfer Tabelle per 1. 1. 1985 wurden unter Erhöhung der hier maßgeblichen Unterhaltssätze für eheliche Kinder neu gefaßt und erhöht mit Wirkung auf den 1. 1. 1989 (vgl. NJW 1988, 2352). Insbesondere hat der Anspruchsinhaber am 30. 1. 1989 das 6. Lebensjahr vollendet und damit einen Alterssprung in die Altersstufe 2 vollzogen. Damit bereits ist die für eine Abänderung aus § 323 ZPO erforderliche wesentliche Änderung der besonderen Unterhaltsverhältnisse und ein wesentlich gestiegener Unterhaltsbedarf begründet[10,13]. Außerdem verdient der Beklagte inzwischen aufgrund von zwei Lohnerhöhungen monatlich netto DM 2500,– (bei sonst gleichbleibenden Unterhaltsverpflichtungen), so daß sich nach dem Stand per 1. 1. 1989 der Düsseldorfer Tabelle ein monatlicher Unterhalt für den Anspruchsinhaber von jetzt DM 360,– ergibt, somit ein vom Ergebnis eines Anpassungsverfahrens wesentlich abweichender Betrag.

4. Der Beklagte hat zwar, vom Unterfertigten mit dem in der Anlage beigefügten Schreiben vom 17. 9. 1989 zu dieser erhöhten Zahlung zunächst außergerichtlich aufgefordert, seine Bereitschaft erklärt, statt bisher DM 240,– jetzt monatlich DM 290,– zu bezahlen, weigert sich aber, hierüber ein notarielles Schuldanerkenntnis abzugeben, obwohl Kostentragung angeboten wurde. Rechtsschutzbedürfnis ist daher für den vollen Differenzbetrag gegeben[11].

5. Gerichtskosten in Höhe von DM ...... sind beigefügt in ......[12]

Rechtsanwalt

Anmerkungen

1. Die im Formular vorgestellte Klage – auf Abänderung eines den gesetzlichen Kindesunterhalt regelnden „isolierten" Unterhaltsurteils des Familiengerichts gem. § 323 ZPO bei getrenntlebenden Eltern ohne Scheidungsverfahren – wird hier aus dem Sachzusammenhang, nicht systematisch, im Teil „Kindschaftssachen und Kindesunterhalt" gebracht; es handelt sich jedoch, wie inzwischen trotz großer Differenzen in der neuesten Rechtsprechung klar sein dürfte, um keine Kindschaftssache und auch nicht um eine „gewöhnliche" (etwa bei § 23a Nr. 1 GVG einzuordnende) Unterhaltssache (zB. eines nichtehelichen Kindes oder – str. – aus rein vertraglicher Unterhaltsvereinbarung), sondern um eine echte, hier: „isolierte" Familiensache iSd. §§ 23b Abs. 1 Nr. 5 GVG, 621 Abs. 1 Nr. 4 ZPO: ausschließlich zuständig daher das örtlich nach den allgemeinen Bestimmungen sich ergebende Familiengericht. Tendenz der Praxis: ständige Ausweitung des Begriffs der (unterhaltsrechtlichen) „Familiensache", vgl. zB. BGH NJW 1981, 346: Vollstreckungsabwehrklage gegen Titel auf gesetzlichen Unterhalt; OLG Köln NJW 1979, 1661: Klage aus § 323 ZPO, wie hier; allerdings nicht, wenn durch Anschlußberufung verfolgbar, vgl. BGH FamRZ 1986, 43. Noch weitergehend seit BGH FamRZ 1983, 155 m. Anm. *Walter* in FamRZ 1983, 363: Zuständigkeit „kraft Sachzusammenhangs" bei „Misch-Sachen", wenn auch nur eine der geltendgemachten materiell-rechtlichen Anspruchsgrundlagen das Verfahren zur Familiensache macht, vgl. im einz. *Thomas-Putzo* Rdn. 8 ff zu § 621 ZPO. Keine Familiensache jedoch aufgrund – und nur – gesetzlich gewollter Fiktion: „Vereinfachtes Verfahren" zur Abänderung von Unterhaltstiteln nach den §§ 641 ff. ZPO (wegen § 641 Abs. 1 S. 2 ZPO), welches Verfahren hier aber (im hier gegebenen besonderen Fall zulässigerweise, vgl. BGH FamRZ 1987, 1021ff.) gerade *nicht* angestrebt wird; ferner *nicht*, wenn das Verfahren nach § 641q ZPO statthaft ist (sog. Anpassungskorrekturklage).

2. Kein Anwaltszwang in I. Instanz (wohl aber in der gem. §§ 23b Abs. 1 Nr. 4, 119 Abs. 1 Nr. 1 GVG zum Familiensenat des OLG führenden Berufung; wohl aber dann,

wenn eine derartige Unterhaltssache eines ehelichen Kindes als – auch ehemalige – Folgesache zu einem früheren Ehescheidungsverfahren nunmehr selbständig betrieben würde, insoweit hM.).

3. Urteilsverfahren nach ZPO als „isolierte" Familiensache (zur Abgrenzung vgl. auch Anm. 4 zu Form. II. H. 10). Zusätzliche Erfordernisse und Besonderheiten ergeben sich für das Rechtsschutzbedürfnis und die Präklusion des Tatsachenvortrags sowohl – wie schon lange – aus § 323 ZPO selbst (vgl. z.B. OLG Düsseldorf FamRZ 1981, 587: alle für alten Titel maßgeblichen Bemessungsfaktoren vom Kl. darzulegen und zu beweisen; OLG Zweibrücken FamRZ 1981, 1189: auch seinerzeit vorhandene unbekannte Umstände präkludiert; bei Quotenbemessung keine Änderung bei Änderung einzelner Bedarfsposten, so BGH NJW 1983, 1118; auch bei fiktivem Arbeitseinkommen, OLG Karlsruhe FamRZ 1983, 931 Geltendmachung zunächst übersehener Ansprüche – Vorsorgeunterhalt – im Wege der Abänderungsklage nur bei Änderung der maßgeblichen Verhältnisse, BGH FamRZ 1985, 690) wie aus §§ 323 Abs. 5 mit 641 l ff. ZPO (grundsätzlicher Vorrang des „Vereinfachten Verfahrens", vgl. hierzu besonderen Sachvortrag in Ziff. 2 des Form.). Die Rspr. u. Lit. zur Abgrenzung des Verfahrens aus § 323 ZPO von Verfahren mit ähnlichen Zielen ist kaum mehr übersehbar, vgl. näher *Köhler* FamRZ 1980, 1088 m.w.Nachw., *Hahne* FamRZ 1983, 1189; *Roth* NJW 1988, 1233 ff. und *Thomas-Putzo* Rdn. 39 ff. zu § 323 ZPO, insbes. zur Rspr. bei „offenen" Teilklagen (Zusatzklage möglich) gegenüber „verdeckten" Teilklagen (nach Rspr. grundsätzlich nur der – erschwerte – Weg über die Abänderungsklage). Grundsatz stets: kein Wiederaufrollen des alten Sachverhalts (BGH FamRZ 1987, 259 f.). Ist Verurteilung zu Kindesunterhalt durch Verbundurteil ergangen, ist die Klage trotz § 1629 BGB gegen das Kind zu richten, OLG Hamburg FamRZ 1981, 589, nicht aber bei Scheidungsvereinbarung nach altem Recht, BGHZ 83, 684, vgl. auch Anm. 8. Die Anrechnung einer VA-geborenen Rente beim berechtigten Ehegatten soll aber nur über § 769 ZPO verfolgbar sein (BGH FamRZ 1988, 1156).

Bei noch erheblichen Unklarheiten in der Rechtsauslegung tendiert die zZt. wohl überwiegende Meinung dazu, im Rahmen „isolierter" Unterhalts-Familiensachen (Ehegatten- und ehelicher Kindesunterhalt gem. § 621 Abs. 1 Nr. 4 und 5 ZPO) das Verfahren der einstweiligen Anordnung gem. §§ 620–620g ZPO, insbesondere aus § 620 Nr. 4 ZPO, nicht stattfinden zu lassen (Ausnahme: Kostenvorschuß, unmittelbar über § 127a ZPO), sondern es für einstweilige Maßnahmen bei § 940 ZPO zu belassen (str., vgl. *Stollenwerk/Rahm*, Handbuch des Familiengerichtsverfahrens, VI. Rz. 6, 7, 69 und ausführlich *Gießler*, 2. Aufl. 1993, Rdn. 94 ff., 564). Vorläufigen Rechtsschutz kann der Unterhaltsschuldner andererseits nach § 769 ZPO analog anstreben (vgl. BGH FamRZ 1986, 793, 794).

Neue, interessante Möglichkeiten – auch zur Verminderung des Kostenrisikos – bietet die jetzt regelmäßig zugelassene Ausgestaltung der Abänderungs- als Stufenklage, vgl. Anm. 13.

4. Berechnung (Jahresbetrag der Abweichung) nach § 17 Abs. 1 S. 1 GKG.

5. Wirkt grundsätzlich nur für die Zeit nach Klageerhebung, § 323 Abs. 3 ZPO (zu Sonderfällen beim nichtehelichen Kind vgl. Form. II. H. 2 und 3), soweit nicht Verzug, anders bei Prozeßvergleich, falls Rückwirkung nicht ausdrücklich ausgeschlossen (BGH – Großer Senat – FamRZ 1983, 22).

6. Kostenentscheidung folgt allgemeinen Regeln, s. auch u. Anm. 12.

7. Vgl. § 708 Nr. 8 ZPO.

8. Die Vertretungsverhältnisse für das minderjährige Kind sind nach dem UÄndG vom 20. 2. 1986 in § 1629 Abs. 2 und 3 BGB wie folgt neu geregelt:
– ohne Getrenntleben oder anhängige Ehesache nur gemeinsame Vertretung durch die Eltern (ggf. Pfleger nötig);
– ab Getrenntleben der Eltern oder Anhängigkeit einer Ehesache Geltendmachung von Unterhaltsansprüchen des Kindes durch Elternteil, in dessen Obhut sich das Kind befin-

II. H. 4 II. H. Familien- und Kindschaftssachen

det, nur noch im eigenen Namen, § 1629 Abs. 3 BGB i. d. Fassung des UÄndG vom 20. 2. 1986;
- für Geltendmachung durch einen Elternteil im fremden Namen also praktisch kein Raum mehr (jedoch: nur Unterhaltsansprüche).

9. Wegen etwaiger Präklusion in § 323 Abs. 2 ZPO; hierzu und zum Begriff der „wesentlichen Änderung der ...... für die Verurteilung ...... maßgebenden Verhältnisse (Faustregel: 10% Änderung)" s. auch Form. Ziff. 3 und u. Anm. 3, 10 sowie BGH NJW 1986, 383 zur Änderung der Verhältnisse während des Berufungsverfahrens; zur Anwendung des § 323 ZPO auf gerichtliche Vergleiche vgl. ferner *Stollenwerk/Rahm*, Handbuch des Familiengerichtsverfahrens, IV. Rdn. 718 m. w. Nachw.

10. Soll für sich allein bereits ausreichen, vgl. OLG Köln NJW 1979, 1661 m. Nachw., a. A. OLG Oldenburg FamRZ 1993, 1475, dagegen kritisch u. allg. *Kalthoener/Büttner*, NJW 1994, 1829 ff., 1837. Inzwischen hat sich die „Düsseldorfer Tabelle" wohl – fast – bundesweit durchgesetzt; die Neufassungen sind seit 1. 1. 1989 (NJW 1988, 2352) bereits zwischen den OLGen Köln, Hamm und Düsseldorf abgestimmt. Hierzu jedoch gesonderte/ergänzende „Leitlinien", vgl. Übersichten bei *Palandt/Diederichsen*, Rdn. 4 ff. und Rdn. 17 ff. zu § 1610 BGB und NJW 1992, 1367 (= Düsseldorfer Tabelle ab 1. 7. 1992). Zum Übergangsrecht für die neuen Bundesländer Art. 234 § 8 EGBGB und *Kalthoener/Büttner* NJW 1991, 388, 389.

11. Mindestens in diesen Fällen wohl Rechtsschutzbedürfnis (und Kostenfolge für Beklagten!), vgl. die Rspr. bei Anm. 8 zu Form. II. H. 2., wenn stets voller Unterhalt bezahlt wurde (str. nach wie vor bei EAs).

12. Prüfung zweckmäßig, ob stattdessen besser Antrag auf Prozeßkostenhilfe (vgl. Form. I. C. 1.–3.) oder auf einstweilige Anordnung nach § 127a ZPO, welcher gem. Verweisung von § 127a Abs. 2 S. 2 ZPO auf § 620a Abs. 2 ZPO schon vor Zustellung der Hauptsacheklage zulässig wäre.

13. Die neuere Rspr. erlaubt zunehmend die Abänderungsklage in Form der *Stufenklage* (a. A. noch OLG Hamburg FamRZ 1982. 935; bejahend nach OLG Hamburg und OLG Köln jetzt BGH NJW 1993, 1920): dies ermöglicht Minderung des Kostenrisikos, vor allem aber frühere Rechtshängigkeit des Unterhaltsanspruch (wegen § 1613 BGB wichtig). Zu Form und Inhalt des Auskunftsanspruchs vgl. allgemein Form. II. H. 12.

Kosten und Gebühren

GK: KV Nr. 1201; RA: §§ 31 ff. BRAGO (beachte aber § 43a BRAGO).

Fristen und Rechtsmittel

Grundsätzlich normale Berufung zum OLG (§ 119 GVG); die Unterscheidung zwischen Kindschafts- und „isolierten" Familien-(Unterhalts-)Sachen einerseits und Verbundsachen besonders wichtig – und regreßträchtig – für Berechnung der *Berufungsbegründungsfrist*; denn die einen sind u. U. geborene *Feriensachen*, § 200 Abs. 2 Nr. 5, 5a, 5b GVG, die anderen *nicht*, vgl. näher Form. II. H. 30 und dort Anm. 12.

Ehesachen, insbesondere Scheidung

5. Eheaufhebungsklage

An das
Amtsgericht
– Familiengericht –

......, den 3. 1. 1990

Klage

der ......   – Klägerin –

Verfahrensbevollmächtigte: Rechtsanwälte ......[2]

gegen

......   – Beklagten –

wegen Aufhebung der Ehe[3]

vorläufiger Streitwert: DM ......[4]

Wir erheben unter Vorlage besonderer Prozeßvollmacht[5] namens und im Auftrag der Klägerin gegen den Beklagten Klage mit folgenden Anträgen:

I. Die am 1. 8. 1989 vor dem Standesbeamten des Standesamtes München II, Heiratsregister Nr. ....../89, geschlossene Ehe der Parteien wird aufgehoben[6].

II. Die Kosten des Rechtsstreits werden gegeneinander aufgehoben[7].

Begründung:

1. Die Klägerin, persönlich sehr vermögend und aus einer angesehenen ortsansässigen Unternehmerfamilie stammend, hat den Beklagten am 1. 8. 1989 nach nur sehr kurzer Bekanntschaft in für sie 2. Ehe geheiratet. Beide Ehegatten sind deutscher Staatsangehörigkeit[8]. Der Beklagte hatte sich der Klägerin und ihrer Familie als wohlhabender Geschäftsmann vorgestellt, der die letzten zehn Jahre in Argentinien verbracht, dort ein Vermögen aufgebaut und eben erst seinen Wohnsitz wieder nach Deutschland verlegt habe, um in der alten Heimat eine internationale Vermögensanlage-Beratungsgesellschaft auf dem Gebiete des sogenannten Warenterminhandels aufzubauen. Da er Vollwaise und in Deutschland derzeit ohne Kontakte sei, könne auch keiner seiner Angehörigen und Freunde an der Trauung teilnehmen.

Beweis: Heiratsurkunde;
......
– als Zeugen –

Der Beklagte verstand es ferner, von der Klägerin wenige Tage nach Eheschließung ein Darlehen über DM 250.000,– als Startkapital für sein geplantes Unternehmen mit der Begründung zu erhalten, sein Auslandsvermögen werde ihm infolge devisenrechtlicher Schwierigkeiten in Argentinien erst später zur Verfügung stehen. Er versuchte das gleiche bei der Mutter der Klägerin.

Beweis: ......
– als Zeugin –.

2. Erst nachdem der Beklagte in der Wohnung der Klägerin am 24. 12. 1989 aufgrund eines Haftbefehls des Amtsgerichts München verhaftet worden war, erfuhr die Klägerin, daß gegen den Beklagten Anklage wegen Betruges und Untreue durch betrügerische Warentermingeschäfte und Veruntreuung von Kundengeldern zum Amtsgericht München erhoben war, der Beklagte ferner bis zum Zeitpunkt der ersten Bekanntschaft der Parteien nicht etwa in Argentinien, sondern zur Abbüßung einer vorangegangenen Verurteilung wegen Betruges und Untreue eben erst 4½ Jahre in der Justizvollzugsanstalt L. gewesen war. Das genannte Darlehen der Klägerin und andere Gelder hatte er bei seiner Verhaftung bereits für neue betrügerische Geschäfte unwiederbringlich verbraucht, er ist vermögenslos und hoffnungslos überschuldet.

Beweis: Beiziehung der Strafermittlungsakten ......,
    insbesondere ......;
    Zeitungsberichte der ......, je vom ......

Dies traf die Klägerin um so schwerer, als ihre erste Ehe im Jahre 1980 (mit einem leitenden Angestellten im Unternehmen ihrer Eltern) u. a. wegen Aufdeckung erheblicher Unterschlagungen ihres ersten Ehemannes in der elterlichen Firma geschieden worden war, was der Klägerin nicht nur schwere Zerwürfnisse mit ihrer Familie, sondern auch monatelange seelische Depressionen verursachte.

Beweis: ......

3. Die Klägerin hat sich also bei der Eheschließung gerade über den Charakter, das Vorleben und die Integrität des Beklagten in einer Weise geirrt, die sie bei Kenntnis der Sachlage und bei verständiger Würdigung des Wesens der Ehe, nicht zuletzt aufgrund vorhergehender leidvoller Erfahrungen, mit Sicherheit von der Eingehung der Ehe mit dem Beklagten abgehalten haben würde (§ 32 Abs. 1 Ehegesetz). Sie hat den Beklagten seit seiner Verhaftung am 24. 12. 1989 nicht mehr gesehen, sondern unverzüglich diese Klage eingereicht, da sie diese Ehe nicht fortsetzen will (§ 32 Abs. 2 Ehegesetz)[9].

4. Kostenvorschuß in Höhe von DM ...... ist beigefügt in ......

Rechtsanwalt

Anmerkungen

1. Ausschließlich zuständig in dieser, neben der Scheidung praktisch noch am ehesten vorkommenden Ehesache (zum Katalog und Verfahren in Ehesachen vgl. u. Anm. 3.) das Familiengericht; zur örtlichen Zuständigkeit vgl. § 606 ZPO und näher Anm. 1 zu Form. II. H. 6.

2. Anwaltszwang, § 78 Abs. 1 S. 2 Nr. 1 ZPO.

3. Katalog der Ehesachen (Scheidung, Eheaufhebung, Ehenichtigerklärung, Feststellung des Bestehens oder Nichtbestehens einer Ehe, Herstellung des ehelichen Lebens) in § 606 Abs. 1 ZPO, bis auf die Ehesache „Scheidung" kein Verbund; einstweilige Anordnungen nach §§ 620 ff. ZPO jedoch auch hier grundsätzlich möglich. Oft Verbindung mit Scheidungsantrag (dann Verbund) zweckmäßig und – im Hilfsverhältnis – möglich (§ 610 Abs. 1 ZPO).

4. § 12 Abs. 2 S. 1, S. 2 und S. 3 2. Halbs. GKG (mindestens DM 4000,–, 3-Monats-Nettoeinkommen der Eheleute, ferner Bedeutung der Sache (§ 12 Abs. 2 GKG) und weitere Zuschläge nach Vermögensverhältnissen, vgl. *Lappe/Rahm*, Handbuch des Familiengerichtsverfahrens, IX. Rz. 17 ff.

5. Erforderlich wegen § 609 ZPO.

6. Materielle Rechtsgrundlage hier § 32 Ehegesetz.

6. Antrag auf streitige Härtescheidung   II. H. 6

7. § 93 Abs. 3 S. 1 ZPO; hier weitergehende Kostenentscheidung zu Lasten des Beklagten aus S. 2 denkbar.

8. Zweckmäßig wegen hiervon uU. abhängender internationaler Zuständigkeit (vgl. § 606b ZPO) und nach IPR anzuwendender materieller Rechtsnormen (Art. 17 EGBGB).

9. Für die eine Aufhebung nachträglich ausschließenden Fälle des § 32 Abs. 2 EheG (Bestätigung seitens des irrenden Ehegatten durch Ehefortsetzung; Bewährung des anderen Ehegatten) ist der andere, für persönliche Umstände und Irrtum ist der irrende Ehegatte beweisbelastet, Beweislastumkehr in Grenzen möglich, vgl. *Palandt/Diederichsen* § 32 EheG Rdn. 17 mwN. Klagefrist: 1 Jahr ab Entdeckung (§ 35 Abs. 1 EheG).

Kosten und Gebühren

GK: KV Nr. 1510; RA: §§ 31 ff. BRAGO, uU. privilegiert nach § 33 Abs. 1 Nr. 3 BRAGO.

Fristen und Rechtsmittel

Berufung zum OLG (§ 23b Abs. 1 Nr. 1 mit § 119 Abs. 1 Nr. 1 GVG).

6. Antrag auf streitige Härtescheidung (auch bei Getrenntleben von weniger als 1 Jahr)

An das
Amtsgericht[1]
– Familiengericht –

......, den 16. 2. 1994

Antrag

der ......   – Antragstellerin –

Verfahrensbevollmächtigte: Rechtsanwälte ......[2]

gegen

den ......   – Antragsgegner –

Verfahrensbevollmächtigte: nicht vertreten[2]

wegen streitiger Ehescheidung[3]

vorläufiger Streitwert: DM ......[4]

Unter Vorlage besonderer Prozeßvollmacht[2] bitten wir namens der Antragstellerin um Anberaumung eines möglichst nahen Termins zur mündlichen Verhandlung[5] und stellen gegen den Antragsgegner folgende Anträge:

I. Die am 11. 1. 1993 vor dem Standesbeamten in ......, Heiratsregister Nr. ....../......, geschlossene Ehe der Parteien wird geschieden.

II. Die Kosten des Verfahrens trägt der Antragsgegner[6].

Begründung:

I. Persönliche Verhältnisse der Parteien[7]

1. Die Antragstellerin, geb. am ......, und der Antragsgegner, geb. am ......, beide Deutsche[7], haben wie im Antrag bezeichnet die Ehe geschlossen. Der letzte gemein-

same gewöhnliche Aufenthalt der Ehegatten befand sich im Bezirk des angerufenen Familiengerichts[1].
2. Aus der Ehe sind keine Kinder hervorgegangen[8].

Beweis zu 1–2: Familienstammbuch;
Reisepässe, im Termin vorzulegen.

3. Familiensachen iS. des § 621 Abs. 1 ZPO sind anderweitig nicht anhängig[8].
II. Wirtschaftliche Verhältnisse der Parteien[7]:
1. Die Antragstellerin ist Miteigentümerin zu ½ der Eigentumswohnung (frühere Ehewohnung) der Parteien in ......, ... mit einem derzeitigen Verkehrswert von DM ...... und einer derzeitigen Belastung von noch ca. DM ......, die sie selbst bewohnt; sie ist seit Eheschließung nicht mehr berufstätig und verfügt derzeit über kein eigenes Einkommen.
2. Der Antragsgegner hat derzeit ein monatliches Nettoeinkommen von DM ...... und ist ebenfalls Miteigentümer zu ½ dieser Eigentumswohnung.

Beweis zu 1–2: ......[9]
III. Ehescheidung:
1. Die Ehe der Parteien ist gescheitert[10].
   a) Die Lebensgemeinschaft der Ehegatten besteht nicht mehr, ihre Wiederherstellung erscheint aussichtslos: die Ehegatten, zwischen denen seit Oktober 1993 kein ehelicher Verkehr mehr stattgefunden hat, haben seit dem 15. 12. 1993 bereits innerhalb der ehelichen Wohnung getrennt gelebt und getrennte Haushalte geführt; seit dem 15. 1. 1994 ist der Antragsgegner aus der Ehewohnung ausgezogen.
   b) Er will die eheliche und häusliche Gemeinschaft nicht wiederherstellen, weil er die eheliche Lebensgemeinschaft ablehnt. Er strebt dringend die Scheidung und eine neue eheliche Verbindung mit einer anderen Frau an, mit der er seit etwa Anfang August 1993 ständige und fortdauernde ehebrecherische Beziehungen unterhält.
2. Die Fortsetzung der Ehe würde für die Antragstellerin aus Gründen, die allein in der Person des Antragsgegners liegen, eine unzumutbare Härte darstellen (§ 1565 Abs. 2 BGB).
Die Antragstellerin, die sich bisher völlig ehegemäß verhalten hatte und von dem ehebrecherischen Verhältnis des Antragsgegners zu dieser anderen Frau nichts ahnte, weil der Antragsgegner ihr dies verheimlichte, erfuhr erst am 14. 12. 1993 von diesem Verhältnis und mußte feststellen, daß es sich um eine gemeinsame Bekannte der Ehegatten handelte, welche die Antragstellerin bisher zudem als ihre beste Freundin betrachtet hatte. Im Rahmen einer schweren ehelichen Auseinandersetzung am 15. 12. 1993 gestand der Antragsgegner das bereits seit Anfang August 1993 andauernde ehebrecherische Verhältnis, ferner, daß er im September 1993 statt einer der Antragstellerin gegenüber angegebenen Geschäftsreise mit dieser Frau eine Ferienreise im Ausland durchgeführt und sich in der Folge fast jedes Wochenende sowie auf mehreren auswärtigen Geschäftsreisen mit dieser Frau in ihrer Wohnung oder auswärtigen Hotels getroffen hatte. Er gestand ferner ein, daß diese andere Frau „die große Liebe seines Lebens" sei, die er als seine zukünftige Frau auch mehreren – zum Teil gemeinsamen – Bekannten der Ehegatten sowie seiner Mutter als solche vorgestellt hatte. Auf die Bitte der Antragstellerin, sich diesen Entschluß nochmals zu überlegen, lehnte der Antragsgegner brüsk ab, bekräftigte seinen Entschluß, sich unbedingt scheiden zu lassen, um jene andere Frau zu heiraten, und zog – nach 4-wöchigem Getrenntleben innerhalb der ehelichen Wohnung[11] – am 15. 1. 1994 zu dieser anderen Frau in deren Appartment.

Beweis zu 1–3: Parteieinvernahme
3. Der Antragsgegner, der auch in der Folgezeit ständig erklärt hat, er wolle keine

6. Antrag auf streitige Härtescheidung **II. H. 6**

Fortsetzung der Ehe, sondern die Scheidung zwecks Heirat seiner Freundin, wird diesen Sachverhalt im Scheidungstermin zugeben[12].

IV. Folgesachen[13]
1. Elterliche Sorge/Umgang/Kindesunterhalt. Anträge hierzu entfallen.
2. Ehegattenunterhalt/Ehewohnung/Hausrat[14]. Über diese Fragen haben sich die Parteien bereits außergerichtlich für die Zeit bis zur Scheidung geeinigt[14]. Für die Zeit ab Scheidung sollen diese Punkte durch die als Anlage 1 beigefügte Scheidungsvereinbarung (dortige Ziffern 1 und 2) zu Gerichtsprotokoll geregelt werden.
3. Zugewinnausgleich/sonstige Vermögensfragen[13]
   a) Auch alle Ansprüche aus dem ehelichen Güterrecht werden durch die Scheidungsvereinbarung gemäß Anlage 1 (vgl. dortige Ziff. 3.) geregelt.
   b) Zu den sonstigen Vermögensfragen wird auf Ziff. 4 bis 6 der in Anlage 1 vorgelegten Scheidungsvereinbarung verwiesen, welche die Parteien insoweit anstelle des gesetzlichen Versorgungsausgleichs (s. u. 4. und gesonderter Schriftsatz hierzu) im Rahmen des § 1587 o BGB geregelt und genehmigt wissen wollen.
4. Versorgungsausgleich
   Die Parteien streben die möglichst rasche Regelung des gesetzlichen Versorgungsausgleichs durch Parteivereinbarung und deren Genehmigung durch das Familiengericht an; insoweit darf auf unseren gesonderten, gleichzeitigen Schriftsatz zu diesem Punkt verwiesen werden.[15]

V. Kosten/Hilfs- und Prozeßanträge/Sonstiges
1. Der eingangs gestellte Antrag, allein dem Antragsgegner die Kosten des Scheidungsverfahrens aufzuerlegen, rechtfertigt sich gemäß § 93 a Abs. 1 S. 3 ZPO aus der in Anlage 1 vorgelegten Scheidungsvereinbarung (dortige Ziff. 7).
2. Hilfs- oder Prozeßanträge werden derzeit nicht gestellt.
3. Der Antragsgegner, von Beruf Prokurist und in seinem Unternehmen für den Bereich „Recht und Finanzen" zuständig, ist geschäftsgewandt, so daß die Beiordnung eines Anwalts für ihn weder erforderlich ist, noch beantragt werden wird. Für den Antragsgegner wird sich lediglich zum Abschluß der Scheidungsvereinbarung und zur Erklärung des Rechtsmittelverzichts im Scheidungstermin ein Anwalt bestellen[16].
4. Kostenvorschuß in Höhe von DM ...... ist beigefügt in ......

Rechtsanwalt

Anmerkungen

1. Ausschließliche Zuständigkeit nach § 606 ZPO, jeweils Amtsgericht (neue Bundesländer vorübergehend: Kreisgericht) – Familiengericht – in folgender Reihenfolge:
Gemeinsamer gewöhnlicher Aufenthalt;
gewöhnlicher Aufenthalt eines Ehegatten mit den (allen) gemeinsamen minderjährigen Kindern, also nicht, wenn Kinder verteilt leben (BGH NJW-RR 1987, 1348);
letzter gemeinsamer gewöhnlicher Aufenthalt, wenn einer der Ehegatten diesen bei Rechtshängigkeit noch hat;
gewöhnlicher Aufenthalt des Antragsgegners, wenn im Inland;
gewöhnlicher Aufenthalt des Antragstellers;
Amtsgericht – Familiengericht – Berlin-Schöneberg.
Zur internationalen Zuständigkeit vgl. § 606 b ZPO.

2. Grundsätzlich besteht Anwaltszwang vor dem Familiengericht (einziger Fall des Anwaltszwangs beim Amtsgericht, § 78 ZPO). Ausnahme: Ein großer Teil isolierter Familiensachen, vgl. §§ 78, 621 ZPO, ferner i.e. *Bergerfurth*, Der Anwaltszwang und seine Ausnahmen, 2. Aufl. 1988 m. Nachtrag 1991 (auch zu den Besonderheiten des Übergangsrechts in den neuen Bundesländern).

Postulationsfähig sind alle beim Amtsgericht und beim übergeordneten Landgericht zugelassenen Rechtsanwälte. Besondere Vollmacht nach § 609 ZPO erforderlich (sie erstreckt sich auch auf Folgesachen, § 624 Abs. 1 ZPO).

3. Die Durchführung eines streitigen Scheidungsverfahrens ist ohne zweiten Anwalt uU. möglich, zur einvernehmlichen Scheidung vgl. unten und die Anm. bei Form. II. H. 7. Nur kann der Antragsgegner dann keine Prozeßhandlungen vornehmen (vgl. auch *Schwab*, Handbuch des Scheidungsrechts, 3. Aufl. 1995, I Rdn. 122). Interessante, aber wohl nur in Sonderfällen realisierbare Vorschläge zur „Einsparung des zweiten Anwalts" im einverständlichen Scheidungsverfahren (su. Form II. H. 7) macht *Jost* NJW 1980, 327.

„Streitiges" ZPO-Verfahren mit den sich aus §§ 622 ff. ZPO ergebenden Besonderheiten, insbesondere zum Antragsinhalt, § 622 Abs. 2 ZPO.

4. Gegenstandswert: §§ 19a, 12 Abs. 2 S. 3 GKG, nicht unter DM 4000,–.

5. Rasche Terminsansetzung, auch wenn für eine Partei vorteilhaft, nicht erzwingbar, vgl. aber zur heute immer weiter verbreiteten Praxis, selbst unschlüssige Härtescheidungsanträge durch Hinausschieben der Terminierung, Vorziehen der Ermittlungen etc. trotz Widerspruchs des (scheidungsunwilligen) Antragsgegners über das Trennungsjahr zu bringen, Form. H. II. 8 und dort Anm. 3 und 6.

6. In der Regel Kostenaufhebung, jedoch nach billigem Ermessen des Gerichts unter – nicht bindender, aber tunlicher – Beachtung der Einigung der Ehegatten (§ 93a Abs. 1 S. 1 und 3 ZPO).

7. Allgemeine Angaben zu persönlichen und wirtschaftlichen Verhältnissen in vielfacher Richtung zweckmäßig, vgl. u. Anm. 7 zu Form. II. H. 8.

Angaben zur Staatsangehörigkeit erforderlich, weil hiervon unter Umständen die internationale Zuständigkeit (vgl. § 606b ZPO), sowie das nach IPR anzuwendende materielle Recht abhängt (Art. 17 EGBGB).

8. Diese Angaben sind bei jeder Scheidung zwingend erforderlich (§ 622 ZPO), Verstoß kann jedoch durch Nachreichung eines Schriftsatzes geheilt werden (*Baumbach/Lauterbach/Albers/Hartmann* § 622 Rdn. 4).

9. Tatsachen- und Beweisvortrag dienen hier zugleich der Begründung eines Genehmigungsantrages gemäß § 1587o Abs. 2 S. 3 BGB, vgl. weiter im Form. Ziff. 4. m. Anm. und ferner Form. II. H. 15.

10. Die streitige Härtescheidung vor Ablauf der Jahresfrist nach § 1565 Abs. 2 BGB sollte eigentlich nur Erfolg haben, wenn „schmutzige Wäsche" gewaschen wird. An die Gründe des § 1565 Abs. 2 BGB stellte die Rechtsprechung z. T. strenge Anforderungen (vgl. OLG Hamm FamRZ 1979, 512; OLG Frankfurt/Main NJW 1978, 169, weniger einschneidend: OLG Stuttgart NJW 1978, 275). Erforderlich sind insbesonders schwere Eheverfehlungen des anderen Ehegatten oder schikanöses Verhalten (vgl. zB. OLG Hamm FamRZ 1979, 586: völlig mittelloses Dastehenlassen der Ehefrau, Eintreten der Wohnungstür; andererseits OLG Celle NJW 1982, 586: Homosexualität soll nicht genügen; str. sogar, ob ehebrecherisches Verhältnis erst bei öffentlichem Bekanntwerden ausreicht, vgl. OLG Düsseldorf FamRZ 1986, 998; OLG Schleswig NJW-RR 1989, 260), auch wenn langandauerndes, sich steigerndes Fehlverhalten die Ehe allmählich zerstört („Faßprinzip", vgl. z.B. OLG München NJW 1978, 49).

Die „positive" Härteklausel hat in der Praxis inzwischen sehr stark an Bedeutung verloren wegen der Neigung, auch unschlüssige oder unrichtige Scheidungsanträge irgendwie doch über das Trennungsjahr zu bringen, vgl. bereits Anm. 5 und insbes. Anm. 3, 6 zu Form. II. H. 8.

11. Zum Begriff des Getrenntlebens, speziell innerhalb der ehelichen Wohnung, vgl. u. Anm. 9 zu Form. II. H. 7.

6. Antrag auf streitige Härtescheidung

12. Beschränkung des Tatsachen– und Beweisvorbringens wohl auch unter neuem Recht weiterhin zweckmäßig, zulässig und erwünscht.

13. Anträge in Folgesachen können in die Antragsschrift bezüglich der Ehescheidung aufgenommen werden. Es empfiehlt sich jedoch schriftsatzmäßige Trennung und Anlage gesonderter Akten für Anwalt und Gericht, weil jede Folgesache unter Umständen ein anderes Schicksal haben kann (vgl. §§ 624 Abs. 4, 627–629 ZPO; ferner u. Anm. 12. zu Form. II. H. 8).

14. Zu beachten: Ein Verzicht auf künftigen Unterhalt während des Bestehens der Ehe ist nicht möglich (§ 1614 BGB), er ist lediglich möglich für den Zeitraum nach Scheidung (§ 1585 c BGB). Wegen Getrenntlebenvereinbarungen vgl. u. Anm. 17.

15. Die Praxis der Genehmigung nach § 1587 o BGB wird trotz der offensichtlich gegenteiligen Absicht des Gesetzgebers (vgl. die Fassung des § 1587 o Abs. 2 S. 2 BGB; „Wiederherstellung der Privatautonomie im Bereich des Versorgungsausgleiches", vgl. *Palandt/ Diederichsen* § 1587 o Rdn. 1) von manchen Familiengerichten restriktiv gehandhabt. Leider geschieht die Prüfung nicht, wie *Schwab* (aaO. VI Rdn. 295) vorschlägt, „mit Hilfe des groben Rasters der Evidenz" („offensichtlich"). Die Familiengerichte erheben vielmehr in der Regel die zeitraubenden Auskünfte der Versorgungsträger (*Udsching* NJW 1978, 291) und verweigern, trotz ihrer Verpflichtung, in vertretbaren Fällen zu genehmigen (vgl. *Friederici* FamRZ 1978, 655), häufig die Genehmigung, vgl. im einzelnen Form. II. H. 15 und Anm. dort.

16. Beiordnung eines Rechtsanwalts: § 625 Abs. 1 ZPO, § 36a BRAGO; vgl. auch Form. I. C. 3.

17. Wegen Vereinbarungen vgl. auch Beck'sches Formularbuch z. Bürgerlichen, Handels- u. Wirtschaftsrecht, 6. Aufl. 1995 u. dort V. 24 und 23. (Unterhalt Ehegatten und Kinder sowie Versorgungsausgleichs-Regelungen bei Scheidung).

Kosten und Gebühren

GK: KV Nr. 1510 ff.; RA: §§ 31 ff. BRAGO, mit den Besonderheiten aus § 31 Abs. 1 Nr. 3 2. Alt., § 33 Abs. 1 Nr. 3, § 36 BRAGO. Zur Berechnung der Einkommens- und Vermögensverhältnisse für den Gegenstandswert einer Ehesache – § 12 II GKG – vgl. OLG Saarbrücken FamRZ 1986, 194: Nebeneinkommen minus 500 DM für jedes unterhaltsberechtigte Kind und Vermögen minus 70 000 DM für jeden Ehegatten, 35 000 DM für jedes Kind (wie OLGe Bamberg und Braunschweig). Ausführlich auch *Haberzettl*, Streitwert, 2. Aufl. 1985, S. 37 ff.

Fristen und Rechtsmittel

Vgl. im einzelnen Form. II. H. 30.

7. Antrag auf einverständliche Scheidung
(Getrenntleben von mindestens 1 Jahr)

An das
Amtsgericht[1]
– Familiengericht –

......, den 1. 3. 1994

Antrag

der ......[1]   – Antragstellerin –
Verfahrensbevollmächtigte: Rechtsanwälte ......[2]
gegen
den ......[1]   – Antragsgegner –
Verfahrensbevollmächtigte: Rechtsanwälte ......[3]
wegen einverständlicher Ehescheidung[3]
vorläufiger Gegenstandswert: DM ......[4]

Unter Vorlage besonderer Prozeßvollmacht[2] bitten wir namens der Antragstellerin um Anberaumung eines möglichst nahen Termins zur mündlichen Verhandlung[5] und stellen gegen den Antragsgegner folgende Anträge:

I. Die am 1. 3. 1982 vor dem Standesbeamten in ......, Heiratsregister Nr. ...... /......, geschlossene Ehe der Parteien wird geschieden.
II. Die Kosten des Verfahrens werden gegeneinander aufgehoben[6].

Begründung:

I. Persönliche Verhältnisse der Parteien[7]
  1. Die Antragstellerin, geb. am ......, und der Antragsgegner, geb. am ......, beide Deutsche[6], haben wie im Antrag bezeichnet die Ehe geschlossen. Die Parteien haben ihren derzeitigen gewöhnlichen Aufenthalt zwar im Bezirk verschiedener Familiengerichte, jedoch hat ihn die Antragstellerin mit den gemeinsamen minderjährigen Kindern (s. u. 2.) im Bezirk des angerufenen Familiengerichts[1].
  2. Aus der Ehe sind folgende gemeinschaftliche Kinder hervorgegangen:
    a) ......, geb. ......
    b) ......, geb. ......[7]
  Beweis zu 1–2: Familienstammbuch;
                  Reisepässe, im Termin vorzulegen.
  3. Familiensachen i. S. des § 621 Abs. 1 ZPO sind anderweitig nicht anhängig[7].
II. Wirtschaftliche Verhältnisse der Parteien
  1. Die Antragstellerin, in den ersten 10 Monaten nach Eheschließung zunächst noch berufstätig, sodann Hausfrau ohne Einkommen, ist seit dem 1. 1. 1993 wieder halbtags berufstätig als Friseuse mit einem monatlichen Nettoeinkommen von DM .... Sie verfügt über kein nennenswertes Vermögen.
  2. Der Antragsgegner hat derzeit ein monatliches Nettoeinkommen als angestellter Kraftfahrer von DM .... Auch er verfügt über kein nennenswertes Vermögen.
III. Ehescheidung
  1. Die Ehe der Parteien ist gescheitert[8].
    a) Die Lebensgemeinschaft der Ehegatten besteht nicht mehr: die Parteien lebten seit Anfang März 1993 zunächst innerhalb der ehelichen Wohnung (3-Zimmer-Woh-

nung mit Wohnzimmer, Elternschlafzimmer, Kinderzimmer, Küche und Bad mit Toilette) räumlich getrennt in der Form, daß die Antragstellerin das Schlafzimmer, der Antragsgegner gelegentlich das Wohnzimmer benutzten, wobei sich der Antragsgegner selbst versorgte und die Antragstellerin nur für sich und die gemeinsamen ehelichen Kinder den Haushalt führte. Soweit die Ehegatten hierbei zusammenkamen, handelte es sich nur um ein durch die Umstände bedingtes Nebeneinander ohne persönliche Beziehung oder gar geistige Gemeinschaft[9].

Der Antragsgegner hat eine ständige Freundin, mit der er mindestens seit Anfang März 1993 den größten Teil seiner Freizeit und die Wochenenden verbrachte. Nachdem er aus der ehelichen Wohnung zunächst nur deshalb nicht ausgezogen ist, weil die Wohnung seiner Freundin zu klein ist, hat er sich seit ...... ein möbliertes Zimmer gemietet, bis er mit dieser Freundin eine neue Wohnung findet; die Wiederherstellung der ehelichen Lebensgemeinschaft lehnt er aufgrund der Beziehung zur Freundin ab[10].

b) Die Parteien haben zwar über kürzere Zeit, und zwar vom ...... bis zum ...... im Zusammenhang mit einer gemeinsamen Urlaubsreise um Ostern 1993 wieder zusammengelebt. Dies sollte der Versöhnung der Ehegatten dienen, der Versuch ist jedoch gescheitert, weil der Antragsgegner von seiner Freundin nicht lassen will[9].

Beweis zu 1.a)–1.b): Parteieinvernahme beider Ehegatten[11].

2. Der Antragsgegner wird durch seine Verfahrensbevollmächtigten sowie bei seiner Vernehmung die Zustimmung zur Scheidung, wie sie bereits in der als Anlage 1 hiermit vorgelegten Scheidungsvereinbarung zum Ausdruck kommt, erneut erklären[8]. Da die Ehegatten seit 1 Jahr getrennt leben, die Antragstellerin Scheidung begehrt und der Antragsgegner der Scheidung zustimmt, ist das Scheitern der Ehe und deren Zerrüttung unwiderlegbar zu vermuten (§ 1566 Abs. 1 BGB).

IV. Folgesachen[12]

1. Elterliche Sorge/Umgang/Kindesunterhalt[13]

Zur Erfüllung der Voraussetzungen des § 630 Abs. 1 Nrn. 2 und 3 ZPO erklären wir für die Antragstellerin – der Antragsgegner wird dem zustimmen – und legen als Anlage 1 eine zur Erfüllung von § 630 Abs. 3 ZPO im Termin zu protokollierende Scheidungsvereinbarung vor wie folgt:

a) Die Parteien sind sich darüber einig, daß die elterliche Sorge für die gemeinsamen Kinder ......, geb. ......, und ......, geb. ......, der Antragstellerin übertragen werden soll, weil diese infolge der Berufstätigkeit des Antragsgegners schon seit Jahren fast ausschließlich von der Antragstellerin betreut werden, mit dieser besonders gut auskommen und der Antragsgegner aus beruflichen und sonstigen Gründen wenig Zeit für sie hat, diese Regelung daher dem Wohle der Kinder am besten entspricht[14].

b) Über Art und Ausmaß des persönlichen Umgangs des Antragsgegners mit den gemeinsamen Kindern waren und sind sich die Parteien einig, so daß eine gerichtliche Entscheidung nicht angeregt wird.

c) In Ziff. 1 der Scheidungsvereinbarung haben sich die Parteien auch über den Unterhalt gegenüber den gemeinsamen ehelichen Kindern geeinigt[15].

2. Ehegattenunterhalt/Ehewohnung/Hausrat

a) Die Einigung der Parteien über den Ehegattenunterhalt ist in Ziff. 2 der Scheidungsvereinbarung enthalten.

b) Gleiches ergibt sich aus der Scheidungsvereinbarung für die Ehewohnung (Ziff. 3) und den gemeinsamen Hausrat (Ziff. 4)[16].

3. Zugewinnausgleich/sonstige Vermögensfragen

Anträge zum ehelichen Güterrecht sind nicht veranlaßt (vgl. auch Ziff. 5 der vorgelegten Scheidungsvereinbarung[17]).

4. Versorgungsausgleich
Hinsichtlich des Versorgungsausgleichs, über den von Amts wegen zu entscheiden ist, sehen wir der Übersendung der entsprechenden Formulare entgegen[18].

V. Kosten/Hilfs- und Prozeßanträge/Sonstiges
1. Bei den geschilderten Einkommens- und Vermögensverhältnissen ist eine Abweichung von der gesetzlichen Kostenregelung nicht veranlaßt.
2. Die anfangs aufgeführten Verfahrensbevollmächtigten des Antragsgegners, mit denen die vorgelegte Scheidungsvereinbarung ausgehandelt wurde, sind unmittelbar zustellungsbevollmächtigt.
3. Kostenvorschuß in Höhe von DM ...... ist beigefügt in ......

Rechtsanwalt

Anmerkungen

1.–7. Vgl. hierzu Anm. 1–8 zu Form. II. H. 6.

8. Grundtatbestand des § 1565 Abs. 1 BGB ergänzt durch die beiden zusätzlichen Merkmale des § 1566 Abs. 2 BGB (1 Jahr Getrenntleben/Zustimmung bzw. beiderseitiger Scheidungsantrag). Die Angabe, daß der Antragsgegner zustimmen wird, ist bei der einverständlichen Scheidung nach §§ 1566 BGB, 630 Abs. 1 Nr. 1 ZPO erforderlich, einverständliches Scheidungsverfahren kann aber auch aus zunächst streitigem Scheidungsverfahren über Antragsänderung hervorgehen (*Thomas-Putzo*, Rdn. 4 zu § 630 ZPO). Der Antragsgegner kann aber, auch wenn er sich zur Zustimmung verpflichtet hat, diese Erklärung bis zum Schluß der mündlichen Verhandlung, selbst noch in der Berufungsinstanz, frei widerrufen (§ 630 Abs. 2 ZPO). Der Antragsteller muß dann zur streitigen Scheidung übergehen, vgl. *Thomas-Putzo* § 630 Rdn. 11 und BGH NJW 1984, 1303. Diese – „streitige" – Scheidung nach 1 Jahr Getrenntleben kann u. U. auch wegen der Probleme, welche hier der in § 630 ZPO vorgeschriebene Titel aufwerfen kann, zweckmäßiger sein, vgl. Anm. 3, 6 zu Form. II. H. 8.

9. Zum Begriff des Getrenntlebens (objektive, totale Trennung und Trennungsabsicht) vgl. Kommentare zu § 1567. Erfolgt die Trennung innerhalb der ehelichen Wohnung, ist die Aufgabe des gemeinsamen Haushalts und der wesentlichen persönlichen Beziehungen erforderlich; bloß räumliches „Nebeneinander" schadet nicht, wenn aus objektiv erkennbaren Umständen (vor allem Sorge für Kinder) erklärbar, vgl. zB. BGH NJW 1979, 1360 oder OLG Köln NJW 1987, 1561. Auch ein nicht völliges Getrenntleben kann bei ersichtlich unheilbarer Zerrüttung ausreichen, vgl. OLG München FamRZ 1978, 596, jedoch kann erneutes Zusammenleben über mehr als 3 Monate Trennung unterbrechen, OLG Hamm NJW-RR 1986, 554.

10. Laut OLG Köln NJW 1978, 1009 f. und NJW 1978, 167 f. soll das Familiengericht statt gesetzlicher Vermutungen konkrete Ermittlungen verwenden dürfen (jedenfalls bei § 1566 Abs. 2 BGB). Vorsorglicher Vortrag negativer „Eheprognose", z.B. „Sündenregister" des anderen Ehegatten (§ 1565 Abs. 1 S. 2 2. Halbs. BGB) uU. auch zweckmäßig, wenn Widerruf der Zustimmung des Antragsgegners (so. Anm. 8 aE.) zu besorgen ist. In der Praxis zunehmende Tendenz, auch verfrühte Scheidungsanträge teils ganz offen, teils verdeckt (späte Terminierung, Vertagungen, Vorziehen von Ermittlungen) jedenfalls über das Trennungsjahr zu bringen, vgl. insbes. Anm. 3, 6 zu Form. II. H. 8.

11. Zur Pflicht des Gerichts, Trennungszeiten exakt festzustellen, su. Anm. 9 zu Form. II. H. 8; zum Begriff der „Versöhnung" su. Anm. 7 zu Form. II. H. 9.

12. Vgl. Anm. 12 zu Form. II. H. 8 und Anm. 4 zu Form. II. H. 10.

13. Bei streitiger Scheidung oder Streit zu diesen Einzel-Familiensachen su. Form. II. H. 10, 11 und 12.

7. Antrag auf einverständliche Scheidung **II. H. 7**

14. Durch § 630 Abs. 1 Nr. 2 ZPO vorgeschriebenes „Einigungspapier" der Eltern; zur Neuregelung des elterlichen Sorgerechts durch Gesetz vom 18. 7. 1979 (BGBl. I S. 1061, vgl. *Luthin* FamRZ 1979, 986; *ders.* FamRZ 1983, 1044; *Diederichsen* NJW 1980, 1.). Keine absolute Bindung des Familiengerichts, vgl. auch u. Form II. H. 10 und die dortigen Anm.

15. Vorgeschrieben durch § 630 Abs. 1 Nr. 3 ZPO: Der Titel wird entweder durch Prozeßvergleich herbeigeführt (in diesem Falle – da Prozeßhandlung – ist Mitwirkung eines Rechtsanwalts auf Seiten des Antragsgegners nötig, so BGH NJW 1991, 1743, str.) oder aber durch notarielle Urkunde sowie jetzt Anwaltsvergleich, § 1044b ZPO. Bei streitiger Scheidung oder Einzelstreit zu diesem Punkt vgl. u. Form. II. H. 12 und die dortigen Anm. sowie u. Anm. 19.

16. Vorgeschrieben durch § 630 Abs. 1 Nr. 3 ZPO für einverständliche Scheidung (für Fälle streitiger Scheidung oder Streit zu diesen Punkten vgl. u. Form. II. H. 16 und 23 und die dortigen Anm.): ein Vollstreckungstitel (durch Prozeßvergleich; notarielle Urkunde wohl nicht möglich) muß selbstverständlich nur insoweit herbeigeführt werden, als die eingegangene Verpflichtung einen vollstreckbaren Inhalt hat (*Baumbach/Lauterbach/Albers/Hartmann* § 630 Rdn. 7), also – was oft der einzige Ausweg ist – wohl nicht bei der üblichen deklaratorischen Formel „Der Hausrat ist bereits auseinandergesetzt", vgl. auch Anm. 19.

17. Anträge zum ehelichen Güterrecht (alle Güterstände) stehen – auch bei einverständlicher Scheidung – im Belieben der Parteien, auch wenn über diese Punkte echt gestritten werden soll; vgl. hierzu insbes. Form. II. H. 15 und die dortigen Anm. sowie Anm. 19.

18. Vgl. hierzu insbes. die Form. II. H. 18 und 20 und die dortigen Anm.

19. Hinweise auf Musterform. Vgl. bei Anm. 17 zu Form. II. H. 6, vgl. ferner *Vespermann*, Familiensachen (Bd. 1) bei VGL (4) 13–18.

Kosten und Gebühren

Wie zu Form. II. H. 6. Bei GK aber uU. zusätzlich KV Nr. 1660; bei RA beachte § 37 Nr. 2 BRAGO, zu den Gebühren für Scheidungsvereinbarungen gemäß § 630 Abs. 3 ZPO – sehr str. – *Lappe/Rahm* a. a. O., IX. Rdn. 39 ff.

Fristen und Rechtsmittel

Vgl. im einzelnen Form. II. H. 30.

8. Antrag auf streitige Scheidung
(Getrenntleben ab 1 Jahr)

An das
Amtsgericht[1]
– Familiengericht –

......, den 15. 3. 1993

Antrag

des ......   – Antragsteller –

Verfahrensbevollmächtigter: Rechtsanwalt ......[2]

gegen

......   – Antragsgegnerin –

wegen streitiger Ehescheidung[3]

vorläufiger Streitwert: DM ......[4]

Unter Vorlage besonderer Prozeßvollmacht[5] bitten wir namens und im Auftrag des Antragstellers um Termin[6] zur mündlichen Verhandlung und stellen für diesen gegen die Antragsgegnerin folgende Anträge:

I. Die am ...... vor dem Standesamt ......, Heiratsregister Nr. ...... / ......, geschlossene Ehe der Parteien wird geschieden.

II. Die Kosten des Rechtsstreits werden gegeneinander aufgehoben.

Begründung:

I. Persönliche Verhältnisse der Parteien[7]
1. Der Antragsteller, geb. am ......, und die Antragsgegnerin, geb. am ......, beide Deutsche[8], haben die im Antrag bezeichnete Ehe geschlossen. Die Antragsgegnerin, bei der die gemeinsamen minderjährigen Kinder derzeit noch leben, hat ihren gewöhnlichen Aufenthalt im Bezirk des angerufenen Familiengerichts[1].
2. Aus der Ehe der Parteien sind folgende gemeinsame Kinder hervorgegangen:
   a) Paul, geb. am 1. 12. 1978;
   b) Michael, geb. am 7. 6. 1985.
   Beweis zu 1. u. 2.: Familienstammbuch ......
3. Familiensachen i. S. des § 621 Abs. 1 ZPO sind anderweitig nicht anhängig.

II. Wirtschaftliche Verhältnisse der Parteien[7]
1. Der Antragsteller, früher Ingenieur im Anstellungsverhältnis mit einem monatlichen Nettoeinkommen von DM 3500,–, ist seit 1. 1. 1992 als selbständiger Handelsvertreter mit sehr unregelmäßigem Einkommen, im Durchschnitt derzeit DM 1800,– netto/Monat, tätig. Er verfügt über kein nennenswertes Vermögen.
Er hat in der Vergangenheit für die Antragsgegnerin und die gemeinsamen ehelichen Kinder monatlich ca. DM 1050,– geleistet, diese Beträge aber infolge eines niedrigeren Einkommens in den letzten Monaten erheblich einschränken müssen, zumal er seit Januar 1992 für ein weiteres (außereheliches) Kind unterhaltspflichtig ist.
2. Die Antragsgegnerin soll nach ihren Angaben derzeit ohne Arbeitseinkommen sein. Sie verfügt aber über zinsbringende Ersparnisse in Höhe von mindestens DM 35 000,–.

III. Ehescheidung
1. Die Ehe der Parteien ist gescheitert[9].
   a) Die eheliche Lebensgemeinschaft besteht nicht mehr: die Parteien leben bereits seit Mai 1990 getrennt, zunächst bis Oktober 1990 unter Aufhebung der persönlichen, insbesondere ehelichen, Beziehungen und bei getrennter Haushaltsführung in der damaligen ehelichen Wohnung in ......, ab Ende Oktober 1990 in der Weise, daß der Antragsteller aus der damaligen ehelichen Wohnung auszog und seitdem in ...... mit seiner Lebensgefährtin, Frau X, ständig zusammenlebt, mit der er inzwischen das am 1. 1. 1992 geborene Kind ...... hat.
   b) Da die Parteien im Zeitpunkt der letzten mündlichen Verhandlung über den Scheidungsantrag mindestens 3 Jahre getrennt leben werden, ist das Scheitern der Ehe unwiderlegbar zu vermuten (§ 1566 Abs. 2 BGB).
2. Rein vorsorglich wird darauf hingewiesen[10], daß die Ehe der Parteien unabhängig von der genauen Dauer der Trennungszeit schon jetzt als endgültig und unwiderruflich gescheitert anzusehen ist:
Der Antragsteller hat sich schon Anfang 1990 von der Antragsgegnerin, mit der er ständig Auseinandersetzungen hatte, ab- und einer anderen Frau, nämlich Frau X., zugewandt, mit der seitdem ein Liebesverhältnis und seit Ende Oktober 1990 darüber hinaus ständiges Zusammenleben in häuslicher Gemeinschaft besteht. Schon vor seinem Auszug aus der damaligen ehelichen Wohnung in ......, erst recht nach dem Zusammenziehen mit Frau X. und insbesondere nach der Geburt des Kindes ...... am 1. 1. 1992 hat der Antragsteller der Antragsgegnerin immer wieder klar und deutlich erklärt, daß er die Wiederherstellung der Lebensgemeinschaft mit ihr ablehne und dringend die Scheidung wolle, um Frau X. zu heiraten, auch im Interesse des gemeinsamen Kindes mit dieser. Die fortbestehenden Kontakte zwischen den Parteien basieren nur noch auf dem Umgang mit den gemeinsamen ehelichen Kindern.

Beweis zu 1–2: Parteieinvernahme;
   Anhörung des Kindes Paul ......[11]

Die bisherige Ablehnung der Scheidung durch die Antragsgegnerin erfolgt seit langem nicht mehr aus innerer Bindung der Antragsgegnerin an diese gescheiterte Ehe, sondern allein aus Feindseligkeit gegenüber dem Antragsteller und seiner Freundin.

IV. Folgesachen[12]
1. Elterliche Sorge/Umgang/Kindesunterhalt
   a) Zur elterlichen Sorge für das Kind Paul, geb. am 1. 12. 1978, wird Antrag auf Übertragung der elterlichen Sorge auf den Antragsteller in gesondertem Schriftsatz gestellt. Ein Vorschlag für das Kind Michael, geb. am 7. 6. 1985, wird derzeit nicht unterbreitet[13].
   b) Rein vorsorglich wird in gesondertem Schriftsatz eine Regelung des Umgangs des Antragstellers mit den gemeinsamen ehelichen Kindern förmlich beantragt[14] werden.
   c) Zum Kindesunterhalt sind derzeit Anträge nicht veranlaßt[15].
2. Ehegattenunterhalt/Ehewohnung/Hausrat
   a) Seitens des Antragstellers sind Anträge zum Ehegattenunterhalt derzeit nicht veranlaßt[15].
   b) Anträge zur Ehewohnung entfallen, zumal die Antragsgegnerin die frühere eheliche Wohnung, von ihr seit Ende Oktober 1990 allein bewohnt, im Jahre 1991 aufgelöst hat und mit dem Hausrat in eine eigene Wohnung gezogen ist.
   c) Anträge zum Hausrat bleiben jedoch vorbehalten[16].
3. Zugewinn/sonstige Vermögensfragen
   Anträge zum Zugewinn will der Antragsteller, obwohl möglicherweise ein Zugewinn seitens der Antragsgegnerin vorliegt, derzeit ebenfalls nicht stellen[16].

4. Versorgungsausgleich

Dieser ist hier an sich von Amts wegen durchzuführen[17]. Jedoch beantragt der Antragsteller insoweit Vorwegentscheidung über den Scheidungsantrag (s. u. V. 2. mit weiterer Begründung).

V. Kosten/Hilfs- und Prozeßanträge/Sonstiges

1. Die gesetzliche Kostenfolge gemäß § 93 a Abs. 1 ZPO erscheint angemessen.
2. Vorwegentscheidung über Scheidung vor Versorgungsausgleich
   Der Antragsteller war während der Ehezeit[18] mehrfach selbständig, dann wieder in verschiedenen Bereichen als Angestellter tätig und bei verschiedenen Versorgungsträgern versichert, so daß sich ein sehr komplizierter Versicherungsverlauf ergibt. Über Teilaspekte, insbesondere die Zulässigkeit und Bewertung von durch den Antragsteller während Zeiten selbständiger Tätigkeit entrichteten freiwilligen Einzahlungen und Nachzahlungen zur Sozialversicherung, muß der Antragsteller einen Rechtsstreit in der Sozialgerichtsbarkeit möglicherweise noch anstrengen[19]; dies wird vom Ausgang eines derzeit beim Landesarbeitsgericht ......, Aktenzeichen ...... anhängigen Arbeitsgerichtsprozesses des Antragstellers mit seiner früheren Arbeitgeberin, der Fa. ......, abhängen, in welchem es unter anderem um die Frage geht, ob das letzte Anstellungsverhältnis des Antragstellers zu dieser Firma bis zum 31. 12. 1991 Bestand hatte oder aufgrund fristloser Arbeitgeberkündigung bereits im Januar 1991 beendet wurde, mit Auswirkungen auf die Versorgungsanwartschaften des Antragstellers in der Angestelltenversicherung.
   Beweis: ......
   ......

   Die gleichzeitige Entscheidung über den Versorgungsausgleich würde daher den Scheidungsausspruch so außergewöhnlich verzögern, daß der Aufschub, bei vergleichsweise geringerer Bedeutung der Folgesache, im Hinblick auf die langjährige Trennung und die Notwendigkeit baldiger Legitimierung des nichtehelichen Kindes des Antragstellers mit X. eine unzumutbare Härte darstellen würde[20].
   Vorwegentscheidung vor Entscheidung über den Versorgungsausgleich wird daher gemäß § 628 Abs. 1 Nr. 3 ZPO ausdrücklich beantragt.
3. Bereits jetzt wird gemäß §§ 629 Abs. 3, 626 Abs. 2 ZPO beantragt, dem Antragsteller vorzubehalten, im Falle einer Abweisung seines Scheidungsantrages das Verfahren über die elterliche Sorge für das Kind Paul als selbständige Familiensache fortzuführen[21].
4. Kostenvorschuß in Höhe von DM ...... ist beigefügt in ......

Rechtsanwalt

Anmerkungen

1.–2. Vgl. Anm. 1, 2 zu Form. II. H. 6.

3. Vorausgesetzt, die tatsächliche Trennung im Rechtssinne läßt sich beweisen (zum Begriff vgl. Anm. 9 zu Form. II. H. 7; zu möglichen Einwendungen des scheidungsunwilligen Ehegatten vgl. Form. II. H. 9, insbes. Text III.1. und Anm. 6 und 7), dürfte die „echte" streitige Scheidung bei Getrenntleben von mehr als einem, aber weniger als drei Jahren (die formell-streitige Härtescheidung gemäß Form. II. H. 6 läßt sich praktisch nur in Kooperation mit dem Antragsgegner bewerkstelligen) von zunehmender praktischer Bedeutung sein – jedoch auch als „verdeckte" Konventionalscheidung ohne die Einigungszwänge aus § 630 ZPO („neue Konventionalscheidung" lt. *Vespermann*).

In der Praxis gehen die Familiengerichte zT. verdeckt, zT. ganz offen (vgl. OLG München NJW 1979, 1050 und insbes. KG FamRZ 1983, 821 m. krit. Anm. *Braeuer*, kritisch auch FamRZ 1983, 1044, aber erfolglos) dazu über, auch eindeutig verfrühten (weil im

8. Antrag auf streitige Scheidung **II. H. 8**

Sinne wenigstens von § 1565 Abs. 2 BGB unschlüssigen oder unbeweisbaren) Scheidungsanträgen über das Trennungsjahr zu helfen. Hierzu dienen (zT. bewußt) verzögerte Terminsansetzung (so KG aaO.), Vertagungen, insbes. Vorziehen von Ermittlungen zur elterlichen Sorge und zum Versorgungsausgleich, dies auch dann, wenn der Scheidungsgegner nicht will: er muß selbst dann z. B. Auskunft zum Versorgungsausgleich geben und riskiert gerichtliches Zwangsgeld nach § 11 VAHRG (hierzu näher Form. II. H. 17 b). Ob dann, wenn der Scheidungsantrag erst in der Berufungsinstanz schlüssig wird (weil 1 Jahr Trennung inzwischen eingetreten), wenigstens Kostennachteile dem verfrühten Ast. drohen, ist str. (ja: OLG Düsseldorf FamRZ 1983, 628, das § 97 Abs. 2 ZPO analog anwendet; nein: OLG Zweibrücken FamRZ 1983, 627).

Außerdem werden in der Praxis die Anforderungen an das Vorliegen der Zerrüttung und deren Nachweis ständig herabgesetzt, so daß heute sehr oft trotz Abweisungsantrag des Ag. nach 1 Jahr Trennung streitig geschieden wird (falls nicht Folgesachen Verzögerung bringen).

4.–5. Vgl. Anm. 3–5 zu Form. II. H. 6.

6. Wann das Familiengericht ersten – und bei Beweisschwierigkeiten zur 3-jährigen Trennungszeit möglicherweise letzten vor Antragsabweisung – Scheidungstermin ansetzt, liegt in dessen pflichtgemäßem Ermessen. Die Praxis ist sehr unterschiedlich; nur noch selten erfolgt im Interesse des scheidungsunwilligen Antragsgegners sehr kurzfristige Terminierung, häufiger ist das Verfahren wie in Anm. 3 a. E. beschrieben (anders noch *Wohlnick/Rahm*, III. Rdn. 10 m. Nachw.).

7. Genauer Vortrag zu den persönlichen und wirtschaftlichen Verhältnissen über die Mindestanforderungen der §§ 253, 622 Abs. 2 ZPO hinaus empfiehlt sich normalerweise als Check-Liste für den bearbeitenden Anwalt und zur Vermeidung späterer Rückfragen und Verzögerungen, für rasche Ermittlung von Streitwert und Kosten einschließlich Kostenvorschüssen, aber auch als Bezugsbasis für spätere Einzelausführungen zu einzelnen Sachanträgen (einschließlich Folgesachen).

8. Bedeutsam für internationale Zuständigkeit (§ 606 b ZPO) und das nach IPR anzuwendende materielle Recht (Art. 17 EGBGB).

9. Wegen der Unbestimmtheit der Rechtsbegriffe in § 1567 Abs. 1, insbesondere bei Getrenntleben innerhalb der ehelichen Wohnung und kürzeren „Versöhnungszeiten" gemäß § 1567 Abs. 2 BGB (vgl. zB. OLG Hamm NJW-RR 1986, 554: erneutes Zusammenleben von mehr als 3 Monaten unterbricht Trennung; OLG Köln FamRZ 1982, 1015; 4 Monate), ist bei echter streitiger Scheidung substantiierter Vortrag zur Trennung erforderlich. Nach OLG Köln NJW 1978, 167 f. und 1009 f. kann das Gericht, statt auf die gesetzliche Vermutung des § 1566 Abs. 2 BGB alleine zurückzugreifen, auch konkrete Ermittlungen zum Scheitern der Ehe anhand aller Umstände des Einzelfalles anstellen, a. A. *Palandt/Diederichsen*, Rdn. 1 zu § 1566 BGB. „Scheitern der Ehe" nach hM. (aA. insbes. OLG Stuttgart) Grundtatbestand für alle Scheidungsvarianten.

10. Wegen Anm. 9 (Chancen für scheidungsunwillige Antragsgegner beim Bestreiten ausreichender Trennungszeiten, vgl. Form. II. H. 9) und als Vor-Abwehr gegnerischer Aussetzungsanträge nach § 614 ZPO (ggf. auch als Vorbereitung einer Vorwegentscheidung aus § 628 ZPO) empfiehlt sich häufig mindestens sofortige Ermittlung, oft auch baldiger schriftsätzlicher Vortrag weiterer das Scheitern der Ehe begründender Umstände mit Beweismitteln, z.B. des „Sündenregisters" des anderen Ehegatten.

11. Zu unterscheiden sind die Anhörung gemäß § 50b FGG in der Neufassung durch SorgeRG grundsätzlich in allen die Personen- oder Vermögenssorge betreffenden Verfahren, vgl. hierzu *Luthin* FamRZ 1981, 1149 f. und OLG Frankfurt FamRZ 1981, 813 (unverzichtbar auch in isolierten Sorgerechtsverfahren, zB. nach § 1634 BGB), und die Einvernahme im Zeugenbeweis, vgl. im einzelnen noch Form. II. H. 10. und 11. mit Anm.

12. Katalog in § 621 Abs. 1 ZPO, Regelungen zur Sicherung des Verbundes insbesondere in §§ 621 Abs. 2 und 3, 623–629, 629 d ZPO. Nach Schluß der mündlichen Verhandlung erster Instanz in der Scheidungssache ist der Eintritt in Verbund grundsätzlich ausgeschlossen, § 623 Abs. 2 S. 1, vgl. auch OLG Düsseldorf FamRZ 1987, 958.

Immer noch uneinheitlich ist die Entwicklung in der praktischen Ausgestaltung von „Verbund-Schriftsätzen": Der klassische „Einheitsschriftsatz" bietet für die Anwaltspraxis meines Erachtens immer noch die einfachste schreibtechnische und organisatorische Vorgehensweise. Er schafft jedoch Probleme, besonders beim Gericht, schon im normalen Verbundverfahren, erst recht bei Herauslösung von Einzelsachen aus dem Verbund und zB. auch wegen § 624 Abs. 4 ZPO (nur auszugsweise Mitteilung von Schriftstücken an beteiligte Dritte); sehr weit in die Gegenrichtung (extrem getrennte Aktenführung) gehen Versuche einiger Familiengerichte, sogar mit „Hilfs-Aktenzeichen"; hier wird ein Mittelweg vorgeschlagen:

a) Wenn sich dies nicht aus prozeßtaktischen Gründen verbietet, wird in der Scheidungsantragsschrift, soweit bereits möglich, ein Überblick über die Folgesachen und Umfang und Ausmaß der Probleme im sich abzeichnenden Verbund gegeben;
b) weiterhin wird aber zu den einzelnen Folgesachen mit getrennten Schriftsätzen gearbeitet.

Daß diese dann zum Teil Wiederholungen enthalten müssen, ist Folge des in der praktischen Handhabung selten ganz sauber lösbaren Konflikts zwischen Anspruch der Parteien auf Vertraulichkeit und anspruchsbeteiligter Dritter auf rechtliches Gehör, der in § 624 Abs. 4 ZPO nicht gelöst ist.

13. Vorgeschrieben in § 622 Abs. 3 Nr. 2 ZPO; falls – irgendein, nicht notwendig übereinstimmender – Vorschlag unterbreitet wird, muß Inhalt angegeben werden, *Thomas-Putzo* § 622 Rdn. 7.

14. Stellt im Hinblick auf § 623 Abs. 3 S. 2 ZPO förmliche, rechtsmittelfähige Entscheidung sicher (kein Antrag und keine Anregung: Gericht kann nur in Ausnahmefällen, soll möglichst nicht entscheiden; nur Anregung: Gericht kann entscheiden, muß aber nicht).

15. Beachte: Unterhaltsansprüche des Kindes für die Zeit der noch bestehenden Ehe und Unterhaltsansprüche des Ehegatten aus § 1361 BGB sind, obwohl Familiensachen, keine Folgesachen und laufen grundsätzlich (eine Abmilderung dieses Grundsatzes wird man aber aus praktischen Gründen im Einzelfall befürworten müssen, vgl. *Stein/Jonas/Schlosser* § 623 Rdn. 2 und 9) nicht im Verbund (vgl. *Thomas-Putzo*, Rdn. 4 zu § 623 ZPO). Die Zeit bis zur Rechtskraft des Scheidungsurteils kann mit einstweiligen Anordnungen überbrückt werden (zum Problem einstweiligen Rechtsschutzes in Unterhaltssachen außerhalb des Scheidungsverfahrens s. Form. II. H. 4 Anm. 3).

16. Nach §§ 1361a, b BGB, 18, 18a HaushaltsVO gemäß UÄndG vom 20. 2. 1986 auch als isolierte Familiensache ohne Scheidungsverfahren möglich für Ehewohnung und Hausrat. Isolierte EAen gemäß § 13 Abs. 4 HausratsVO zulässig, vgl. auch Anm. zu Form. II. H. 16 und 25.

17. Achtung! Dieser Umstand ist in allen Fällen, in denen der Versorgungsausgleich (VA) Besonderheiten aufweist, keine Beruhigung, sondern eine Gefahr; denn obwohl allgemein im Amtsverfahren laufend, erfordern zahlreiche Sondervorschriften zusätzliche förmliche Anträge der Parteien, andere mindestens speziellen Tatsachenvortrag, s. u. Form. II. H. 17–20, insbes. Anm. 4 zu Form. II. H. 17.

18. Legaldefinition in § 1587 Abs. 2 BGB: endet am Ende des der Zustellung des Scheidungsantrages vorausgegangenen Monats auch dann, wenn Scheidungsverfahren später längere Zeit zum Ruhen kommt (aA. AG Stuttgart NJW 1978, 646f.; dagegen *Parche* NJW 1979, 139/140, in diesem Sinne – wenn auch zum Zugewinn – auch BGH FamRZ 1983, 350: alter Stichtag bleibt).

19. Reicht nicht für § 628 Abs. 1 Nr. 2 ZPO, da dort Aussetzung durch Familiengericht gemäß § 53c FGG wegen bereits anhängigem Verfahren (zB. Sozialgericht, Verwaltungsgericht, Arbeitsgericht) vorangegangen sein muß, so *Thomas-Putzo* § 628 Rdn. 10; aA. (Aussetzung und Abwarten, ob Klage tatsächlich angestrengt wird) *Stein/Jonas/Schlosser* § 628 Rdn. 5.

20. Abwägung gegen die Interessen des anderen Ehegatten und der Kinder, für eine Fallgestaltung ähnlich wie im Text als unzumutbare Härte anerkannt zB. durch OLG Frankfurt FamRZ 1978, 363; noch weitergehend BGH NJW 1987, 1772 bei Verzögerung des Zugewinn-Verfahrens wegen nötiger Grundstückssachverständiger: die dort angenommene durchschnittliche Verbundverfahrensdauer von 2 Jahren dürfte bei umfangreichem Zugewinnausgleich selten zutreffen (dort allerdings: erwartetes Kind aus neuer Partnerschaft führt zu Härte, vgl. auch BGH NJW 1991, 2491: Härte wegen sehr niedrig – ggü zu erwartendem Ergebnis im Scheidungsurteil – tituliertem Trennungsunterhalt).

21. Auch bei Rücknahme, falls rechtzeitig beantragt, möglich, § 626 ZPO; führt ua. auch zur Ausklammerung der Kosten dieser nunmehr selbständigen einzelnen Familiensache, § 626 Abs. 2 S. 3 ZPO. Die derart verselbständigte Familiensache erfährt regelmäßig zugleich eine Änderung nach prozessualem Streitgegenstand und materieller Rechtsgrundlage, schon deshalb, weil sie nun nicht mehr „für den Fall der Scheidung" beantragt wird (daher ist über §§ 626, 629 ZPO Fortführung des Versorgungsausgleiches nicht möglich), sondern – meist – für den Zustand des Getrenntlebens (Ehegattenunterhaltsklage nunmehr statt aus §§ 1569ff. BGB aus § 1361 BGB, elterliche Sorgeregelung nunmehr statt direkt aus § 1671 BGB aus § 1672 BGB ff., der in neuer Fassung ohnehin fast reine Verweisungsnorm ist).

Kosten und Gebühren

Wie Form. II. H. 6. Zur Prozeßkosten-Vorschußpflicht vgl. auch Form. II. H. 23.

Fristen und Rechtsmittel

Vgl. im einzelnen Form. II. H. 30.

9. Klage auf streitige Scheidung
(hier: Einwendungen des Antragsgegners)*

An das
Amtsgericht[1]
– Familiengericht –

......, den 7. 5. 1993

Antrag

in der Ehesache

......   – Antragsteller –

Verfahrensbevollmächtigter: Rechtsanwalt ......[2]

gegen

......   – Antragsgegnerin –

II. H. 9

Verfahrensbevollmächtigte: Rechtsanwälte ......[2]
wegen streitiger Ehescheidung[3]
Az.: ......

bestellen wir uns unter Vorlage besonderer Prozeßvollmacht[4] für die Antragsgegnerin, in deren Namen und Auftrag wir dem Scheidungsantrag des Antragstellers entgegentreten mit folgenden Anträgen:

I. Der Ehescheidungsantrag wird abgewiesen.
II. Hilfsweise: Das Verfahren wird gemäß § 614 ZPO auf die Dauer von 6 Monaten ausgesetzt.
III. Der Antragsteller hat die Kosten des Rechtsstreits zu tragen.

Begründung:

I. Persönliche Verhältnisse der Parteien*
1. Die Angaben des Antragstellers zur Eheschließung und den gemeinsamen ehelichen Kindern sind richtig.
2. Auch sind Familiensachen zur Zeit anderweitig nicht anhängig, jedoch hat der Antragsteller bereits im Jahre 1986 versucht, sich von der Antragsgegnerin wegen angeblicher unzumutbarer Härte gemäß § 1565 Abs. 1 und Abs. 2 BGB scheiden zu lassen, diesen Scheidungsantrag jedoch im seinerzeitigen Verfahren kurz nach Einreichung vorbehaltslos zurückgenommen.
   Beweis: Scheidungsakten des Amtsgerichts – Familiengerichts – ......, Aktenzeichen ......, deren Beiziehung hiermit beantragt wird.
II. Wirtschaftliche Verhältnisse der Parteien*
1. Die Angaben des Antragstellers zu seinen wirtschaftlichen Verhältnissen müssen bestritten werden. Die Antragsgegnerin muß davon ausgehen, daß der Antragsteller derzeit auch als selbständiger Handelsvertreter über ein monatliches Nettoeinkommen von mindestens DM 3.500,– verfügt und erhebliches Vermögen, insbesondere aus Lebensversicherungsverträgen (Kapitallebensversicherungen), Aktien und anderen Wertpapieren, mindestens einem Bausparvertrag, ferner zwei Beteiligungen an Handelsgesellschaften, welche die Antragsgegnerin nicht nennen kann, besitzt (im übrigen s. u. IV. 3.).
   Auch die Angaben über vom Antragsteller geleistete Unterhaltszahlungen sind so nicht richtig (im übrigen s. u. IV. 1.).
2. Die Antragsgegnerin ist ohne eigenes Arbeitseinkommen, nicht erwerbstätig und als Hausfrau und Mutter durch die Betreuung der beiden gemeinsamen ehelichen Kinder Paul und Michael, die bei ihr leben, auch nicht erwerbsfähig. Infolge der völlig unzureichenden Unterhaltsleistungen des Antragstellers hat sie die von diesem behaupteten Ersparnisse bereits verbrauchen müssen, den Rest, derzeit höchstens noch DM 7.000,– benötigt sie als Notreserve[5].
III. Ehescheidung
1. Die Ehe zwischen den Parteien ist nicht endgültig gescheitert, obwohl die Lebensgemeinschaft der Ehegatten derzeit nicht besteht. Aus der Sicht der Antragsgegnerin kann vielmehr durchaus erwartet werden, daß die Ehegatten die eheliche Lebensgemeinschaft eines Tages wiederherstellen werden[6].
   a) Soweit der Antragsteller seinen Scheidungsantrag auf §§ 1566 Abs. 2, 1567 BGB stützt, scheitert dieser schon daran, daß die gesetzliche Trennungszeit von 3 Jahren in Wirklichkeit noch nicht abgelaufen ist. Die angeführten Streitigkeiten im Jahre 1990 waren durch Seitensprünge des Antragstellers mit anderen Frauen verursacht, welche die Antragsgegnerin dem Antragsteller jedoch aus ehelicher Gesinnung und im Interesse eines geborgenen Zuhauses der gemeinsamen Kinder

in einer intakten Familie verziehen hat. Auch haben die Parteien zwischen Mai und Oktober 1990 in der damaligen ehelichen Wohnung in ...... noch nicht im Sinne des § 1567 BGB vollständig getrennt gelebt; vielmehr ......[7]

Beweis: ......
– als Zeugen –.

b) Ferner kam es zwischen den Parteien im Januar 1991 anläßlich eines gemeinsamen Skiurlaubs mit den Kindern zu einer Versöhnung und einem erneuten Zusammenleben über einen Zeitraum, der über ein Zusammenleben im Sinne des § 1567 Abs. 2 BGB deutlich hinausging. Im einzelnen ......[7]
Der Antragsteller äußerte damals mehrfach die Absicht, zur Antragsgegnerin zurückzukehren.

Beweis: Parteieinvernahme;
......
– als Zeugen –.

2. Aussetzungsantrag

a) Auch das Verhalten des Antragstellers nach seinem Auszug aus der damaligen ehelichen Wohnung in ...... im März 1991 zeigt, daß die Ehe der Parteien durchaus noch zu retten ist. Jedenfalls erscheint die hilfsweise beantragte Aussetzung des Verfahrens gemäß § 614 Abs. 2 und Abs. 4 ZPO gerechtfertigt, weil Aussicht auf Fortsetzung der Ehe trotz der derzeitigen Verbindung des Antragstellers zu jener Frau X. und des angeblich vom Antragsteller stammenden Kindes dieser Frau X. besteht. Dies ergibt sich im einzelnen aus folgenden Umständen:
......

Beweis: ......

Der Antragsteller hat noch im Jahre 1992 wiederholt seine Bereitschaft zum Ausdruck gebracht, zur Antragsgegnerin und den gemeinsamen Kindern zurückzukehren: ......

Beweis: ......

Die Antragsgegnerin ist bereit, mit dem Antragsteller zusammen eine Eheberatungsstelle in Anspruch zu nehmen (§ 614 Abs. 5 ZPO).

b) Eine Aussetzung des Verfahrens auf die Dauer von mindestens 6 Monaten ist danach selbst dann gesetzlich möglich (§ 614 Abs. 4 Satz 2 ZPO) und hier auch sachlich begründet, wenn das Gericht von einer Trennung von bereits 3 Jahren als erweisbar ausgehen würde[8].

3. Rein vorsorglich beruft sich die Antragsgegnerin auf die Härteklausel des § 1568 BGB[9].

a) Die Aufrechterhaltung dieser Ehe ist notwendig im Interesse der beiden minderjährigen Kinder Paul und Michael, wie sich insbesondere aus folgendem ergibt:
......

Beweis: ......

b) Darüber hinaus würde eine Scheidung im derzeitigen Zeitpunkt für die Antragsgegnerin aufgrund außergewöhnlicher Umstände eine so schwere Härte darstellen, daß die Aufrechterhaltung der Ehe auch unter Berücksichtigung der Belange des Antragstellers hier ausnahmsweise geboten erscheint (§ 1568 Abs. 1 2. Alt. BGB). Die Antragsgegnerin, heute 46 Jahre, hat sich für den Antragsteller, heute 58 Jahre, menschlich und wirtschaftlich aufgeopfert, der jetzt wegen seiner ehewidrigen Verbindung zu Frau X., 22 Jahre, aus der Ehe fortstrebt. Die geltend gemachten Umstände vornehmlich menschlich-psychologischer, aber auch wirtschaftlicher Art[10] sind insbesondere folgende: ......

Beweis: ......

c) Die vom Antragsteller – der immerhin die derzeitige Krise dieser Ehe allein verschuldet hat – geltend gemachten Belange sind nicht so schwerwiegend, daß sie die Anwendung des § 1568 Abs. 1 BGB im vorliegenden Falle ausschließen würden; denn ......

Beweis: ......

IV. Folgesachen

Da der Scheidungsantrag abzuweisen, mindestens das Verfahren auszusetzen ist, kommt eine Entscheidung über die vom Antragsteller für den Fall der Scheidung beantragten anderen Familiensachen nicht in Betracht (§ 623 Abs. 1 S. 1 ZPO).
Die Antragsgegnerin macht auf Rat ihrer Anwälte lediglich rein vorsorglich für den Fall, daß das Gericht dem Scheidungsantrag dennoch stattgeben sollte, zu anderen Familiensachen i.S. des § 621 ZPO, soweit erforderlich, folgende Ausführungen:

1. Elterliche Sorge/Umgang/Kindesunterhalt
   a) Dem Antrag des Antragstellers auf Übertragung der elterlichen Sorge für das gemeinsame eheliche Kind Paul wird die Antragsgegnerin in gesondertem Schriftsatz entgegentreten. Für beide Kinder wird Übertragung auf die Mutter beantragt[11].
   b) Gleiches gilt für den Antrag auf Regelung des Umgangs mit den Kindern. Sollte dieser Antrag des Antragstellers allerdings so zu verstehen sein, daß hierdurch auch der Umgang mit den gemeinsamen ehelichen Kindern Paul und Michael während der Dauer des Getrenntlebens erfaßt ist, handelt es sich nicht um eine Verbundsache; rein vorsorglich wird insoweit Abtrennung gemäß § 145 ZPO beantragt[12].
   c) Zum Kindesunterhalt für die Dauer des Getrenntlebens der Parteien verweisen wir auf den gleichzeitig eingereichten Antrag der Antragsgegnerin auf Erlaß einer diesbezüglichen einstweiligen Anordnung[13].

2. Ehegattenunterhalt/Ehewohnung/Hausrat
   Auch insoweit wird auf den gleichzeitig eingereichten Antrag auf Erlaß einer einstweiligen Anordnung zum Ehegatten-Getrenntleben-Unterhalt verwiesen[14].

3. Zugewinn/sonstige Vermögensfragen
   Rein vorsorglich für den Fall, daß dem Scheidungsantrag dennoch stattgegeben werden sollte, wird die Antragsgegnerin in gesondertem Schriftsatz Stufenklage auf Zugewinnausgleich einreichen[15].

4. Versorgungsausgleich
   Die Antragsgegnerin widersetzt sich dem Antrag auf Vorwegentscheidung, weil die vom Antragsteller behaupteten Verzögerungsumstände so nicht zutreffen, für den Antragsteller auch keine unzumutbare Härte darstellen, jedenfalls das Interesse der Antragsgegnerin an einer Regelung aller Folgesachen im Verbund, wenn schon geschieden werden soll, überwiegt. Im einzelnen ......[16]

   Beweis: ......

V. Kosten/Prozeß- und Hilfsanträge/Sonstiges

1. Hinsichtliches des Kostenantrages wird gebeten zu prüfen, ob bei den dargestellten, ggf. näher aufzuklärenden wirtschaftlichen Verhältnissen beider Parteien nicht eine die Antragsgegnerin stärker entlastende Kostenverteilung billig erscheint (§ 93a Abs. 1 S. 2 ZPO).
2. Antrag auf einstweilige Anordnung eines Prozeßkostenvorschusses erfolgt gleichzeitig mit gesondertem Schriftsatz[17].

Rechtsanwalt

9. Klage auf streitige Scheidung   II. H. 9

Anmerkungen

* Der zugrundeliegende Sachverhalt ist in Form. II. H. 8 zu ersehen!

1.–2. Vgl. je Anm. 1, 2 zu Form. II. H. 6. Dort auch (Anm. 3) zu streitigem Scheidungsverfahren ohne zweiten Anwalt, was bei Einwendungen der in diesem Muster vorgesehenen Art von vorneherein ausscheidet.

3. Sowohl bei – wie hier – einseitig streitigem Scheidungsantrag wie beiderseits streitigem, dh. nur auf Scheitern der Ehe, ggf. zusätzlich auf § 1565 Abs. 2 BGB gestützten Scheidungsanträgen liegt streitige Scheidung mit nunmehr nur noch einheitlichem Streitgegenstand (Bestand der Ehe) vor (str.), vgl. etwa OLG Stuttgart NJW 1979, 167 mit Nachweisen.

4. § 609 ZPO; gilt automatisch auch für die – hier nur hilfsweise – geltendgemachten Folgesachen, § 624 Abs. 1 ZPO. Auch in diesem Antrags-Erwiderungsschriftsatz wird das Schema teilweise getrennter Aktenführung beibehalten, Anm. 12 zu Form. II. H. 8.

5. Zur erweiterten Unterhaltspflicht (auch mit dem Stamm des Vermögens) der Eltern gegenüber minderjährigen unverheirateten Kindern vgl. § 1603 Abs. 2 BGB.

6. Angegriffen wird also die 2. Voraussetzung des Grundtatbestandes in § 1565 Abs. 1 S. 2 BGB („Prognose"; zu den Einzelkriterien vgl. *Palandt/Diederichsen* § 1565 Rdn. 4–9 insbesondere auch zur Beweislast für ehegünstige Umstände und zur besonderen Bedeutung des Zeitmoments). Zugleich wichtig für Aussetzungsantrag nach § 614 ZPO, su. Anm. 8. Zusammenstellung möglicher Einwendungen vgl. auch bei *Wohlnick/Rahm* III. Rdn. 71 ff. m. Nachw.

7. Zum Begriff des Getrenntlebens vgl. Anm. 1 zu Form. II. H. 7 und Anm. 9 zu Form. II. H. 8; Trennungsfristen sind genau festzustellen. Zum „Zusammenleben über kürzere Zeit, das der Versöhnung der Ehegatten dienen soll" (Beweislast: Scheidungsantragsgegner, OLG Celle FamRZ 1979, 234) und der Abgrenzung von der „echten Versöhnung" und „Zusammenleben über längere Zeit" *Palandt/Diederichsen* § 1567 Rdn. 9–13.

8. Aussetzung nach § 614 ZPO (auch in anderen Ehesachen) ist für den an der Ehe festhaltenden Ehegatten formell uU. leichter erreichbar als Durchdringen mit der Härteklausel des § 1568 Abs. 1 BGB, auch nach mehr als einjährigem Getrenntleben noch gegen erklärten Willen des scheidungswilligen Partners (Grenze: Mißbrauch, vgl. *Stein/Jonas/Schlosser* § 614 Rdn. 12), ja sogar nach mehr als dreijähriger Trennung (arg. aus § 614 Abs. 4 S. 2 ZPO), zumal in die freie, von Beweisergebnissen weitgehend entbundene Überzeugung des Gerichts gestellt. In der Praxis kann es daher gefährlich sein, Antrag nach § 614 ZPO und Berufung auf § 1568 BGB – wie hier aus Platzgründen vorgenommen – im gleichen Verfahrenszeitpunkt hilfsweise hintereinander zu schalten, da die Berufung auf die Härteklausel, wenn sie überhaupt Erfolgsaussicht haben soll (su. Anm. 9), häufig zum Eingeständnis der Zerrüttung, uU. zu schwerwiegenden Angriffen gegen Person und Verhalten des scheidungswilligen Partners führen muß.

9. Härteklauseln nach § 1568 BGB (sogenannte „negative Härteklauseln" im Gegensatz zur „positiven Härteklausel" des § 1565 Abs. 2 BGB) stellen eine eng auszulegende Ausnahme dar (*Ambrock* FamRZ 1978, 314, 318), die Vorschrift muß, obwohl als „Sollvorschrift" ausgestaltet, als zwingende Vorschrift interpretiert werden (hierzu und zu den Varianten des § 1568 BGB *Palandt/Diederichsen* § 1568 Rdn. 1 und BVerfG NJW 1981, 108: nicht die Scheidung schlechthin soll verhindert werden, sondern die Scheidung *zur Unzeit*). Etwas günstiger für Anwendung BGH NJW 1979, 1042 (ähnlicher Fall wie im Text, wobei die Argumentation stark an die moralisch-wirtschaftliche Betrachtungsweise zum alten § 48 Abs. 2 EheG erinnert), sehr „scheidungsfreundlich" aber wieder BGH FamRZ 1981, 1161 (durch Ehekrise, aber nicht Scheidungsausspruch ausgelöste Gemüts-

krankheit mit Selbstmordversuch noch nicht völlig ausreichend). In der 2. Alternative wird die Härteklausel also äußerst selten durchdringen, erst recht nach der Beseitigung der 5-Jahres-Frist als absoluter Grenze durch UÄndG vom 20. 2. 1986; erfolgreich z.B. bei jahrzehntelanger Ehe und trotz langjähriger Trennung bestehender Suizidgefahr vgl. bei KG FamRZ 1983, 1133, anders wieder OLG Hamm FamRZ 90, 60 (Möglichkeit psychotherapeutischer Behandlung).

10. Obwohl im Gesetzgebungsverfahren – da das neue Scheidungsfolgenrecht ja gerade besondere Regelungen zum Ausgleich materieller Härten bezweckt – ausdrücklich ausgeschlossen, in der Rechtsprechung (vgl. insbes. BGH NJW 1979, 1042) und Kommentarliteratur (vgl. *Palandt/Diederichsen* § 1568 Rdn. 5; MünchKomm/*Wolf* § 1568 Rdn. 66–74) dennoch in Ausnahmefällen anerkannt. Scheidungsunwilliger, sich auf Härteklausel berufender Ehegatte muß Scheidung ausdrücklich (Antrag) ablehnen und zur Wiederherstellung der Ehe bereit sein (BGH FamRZ 1985, 905); nicht ganz ungefährlich daher auch die – hier aus Platzgründen zusammengefaßte – Antragstellung zu Folgesachen für den Fall der Scheidung im gleichen Verfahrenszeitpunkt.

11. Vgl. im einzelnen Form. II. H. 10.

12. Vgl. im einzelnen u. Form. II. H. 11.

13. Vgl. hierzu u. Form. II. H. 12, dort auch zur Abgrenzung von Unterhaltssachen als Folgesachen (nur ab Scheidung) und als – nicht im Verbund laufende – andere Familiensachen (für die Zeit des Getrenntlebens).

14. Auch beim Ehegattenunterhalt muß verfahrensmäßig genau zwischen Unterhalt für die Zeit des Getrenntlebens bis zur Scheidung und die Zeit danach unterschieden werden, so. Anm. 13 und u. Form. II. H. 12, insbes. Anm. 3. In der Praxis dürften auch Hauptsache-Anträge zu Ehewohnung und Hausrat, zumal bei Beteiligung Dritter an solchen Verfahren, zu erheblichen Verzögerungen des Scheidungsausspruches führen, su. Form. II. H. 16 und dort Anm. 9.

15. Vgl. u. Form. II. H. 15.

16. Zu Interessenabwägung und Voraussetzungen so. Form. II. H. 8, dort insbes. Anm. 19 und 20.

17. Vgl. als Beispiel u. Form. II. H. 23. Dort auch näher zu Prozeßkostenhilfe und Prozeßkostenvorschuß.

Kosten und Gebühren

Wie Form. II. H. 6 und 8. Zur Prozeßkostenhilfe vgl. Form. I. C. 1.–3., ferner Anm. zu Form. II. H. 23.

Fristen und Rechtsmittel

Vgl. im einzelnen Form. II. H. 30, dort insbes. auch zu Angriffsmöglichkeiten in der Berufung, wenn das Familiengericht zwecks Beschleunigung der Scheidung Folgesachen (z. B. Versorgungsausgleich) abgetrennt hat.

Andere Familiensachen

10. Antrag auf Regelung der elterlichen Sorge*

An das
Amtsgericht[1]
– Familiengericht –

..... , den 7. 5. 1993

Antrag

der ......   – Antragsgegnerin und Anschlußantragstellerin –[2]
Verfahrensbevollmächtigte: Rechtsanwälte ......[3]
gegen
......   – Antragsteller und Anschlußantragsgegner –[2]
Verfahrensbevollmächtigter: Rechtsanwalt ......[3]
wegen streitiger Ehescheidung
hier: Regelung der elterlichen Sorge über die gemeinsamen ehelichen Kinder der Parteien*
a) Paul, geb. 1. 12. 1978;
b) Michael, geb. 7. 6. 1985[4];
Aktenzeichen: ......
vorläufiger Streitwert: DM ......[5]

Namens und in bereits vorgelegter besonderer Prozeßvollmacht (§ 609 ZPO) der Antragsgegnerin und hiesigen Anschlußantragstellerin im obigen Scheidungsverfahren nehmen wir Bezug auf die Scheidungsantragsschrift des Antragstellers vom 15. 3. 1993 und seinen Antragsschriftsatz vom 15. 4. 1993 in diesem Verfahren. Danach beantragt der Antragsteller im Rahmen des anhängigen Scheidungsverfahren die Übertragung der elterlichen Sorge für das gemeinsame eheliche Kind Paul der Parteien auf sich, während er für das gemeinsame eheliche Kind Michael der Parteien keinen Vorschlag unterbreiten will.
Für die Antragsgegnerin und Anschlußantragstellerin treten wir dem entgegen mit folgenden Anträgen:

I. Die elterliche Sorge für die gemeinsamen ehelichen Kinder Paul, geb. am 1. 12. 1978 und Michael, geb. am 7. 6. 1985 der Parteien wird der Mutter übertragen.
II. Die Kosten folgen der Scheidungssache[6].

Begründung:

1. Zwar können die Parteien zur elterlichen Sorge für das gemeinsame Kind Michael, geb. am 7. 6. 1985, leider keinen gemeinsamen Vorschlag vorlegen. Die Übertragung der elterlichen Sorge für ihn auf die Mutter entspricht jedoch dem Kindeswohl am besten, wie offenbar auch der Antragsteller einsieht, welcher insoweit einen Gegenvorschlag nicht gemacht hat. Von der Entwicklung her ist Michael noch sehr kindlich, es besteht eine besonders enge Bindung zur Mutter und eine ausgesprochene Scheu vor dem Vater. Das Kind wird bei der Mutter, wie das Jugendamt bestätigen wird, auch bestens betreut (§ 1671 Abs. 2 BGB).

Eine persönliche Anhörung von Michael erscheint zweckmäßig und wird angeregt (§ 50b Abs. 1 FGG)[7].
2. Aber auch dem Wohl des gemeinsamen ehelichen Kindes Paul, geb. am 1. 12. 1978, entspricht am besten die beantragte Sorgerechtsentscheidung. Der mit Schriftsatz des Antragstellers vom 15. 4. 1993 vorgelegte handschriftliche Brief von Paul, welcher einen „Vorschlag zur elterlichen Sorge für mich" an den „sehr geehrten Herrn Familienrichter" enthält, ist so unkindlich abgefaßt, daß er offenbar unter dem Einfluß des Vaters zustandegekommen ist. Ein eigenes Vorschlagsrecht steht ihm zwar aus Altersgründen bereits zu (§ 1671 Abs. 3 S. 2 BGB). Selbst wenn Paul diesen seinen Vorschlag wiederholen oder aufrechterhalten sollte, ist das Familiengericht hieran nicht gebunden, sondern hat allein nach dem Kindeswohl gemäß § 1671 Abs. 2 BGB zu entscheiden[8]. Eine andere als die hier beantragte Regelung würde insbesondere die starke Bindung von Paul an seinen jüngeren Bruder Michael und die fortbestehende Bindung an die Mutter entgegen § 1571 Abs. 2 2. Halbs. BGB nicht hinreichend berücksichtigen; ferner sind folgende Umstände zu berücksichtigen:
. . . . . .

Beweis: . . . . . .

Eine ausführliche Anhörung von Paul durch das Familiengericht gemäß § 50b Abs. 2 FGG, ggf. unter Zuziehung eines Jugendpsychologen, wird, da auch die Antragsgegnerin nicht ausschließen will, daß sein Wille für diese Entscheidung von Bedeutung ist, dringend angeregt[7].

3. Die Kostenentscheidung folgt aus § 93a Abs. 1 S. 1 ZPO.

4. Wie schon in der Antragserwiderung zum Scheidungsantrag selbst ausgeführt, erfolgen die vorstehenden Anträge und Ausführungen nur hilfsweise für den Fall, daß dem Scheidungsantrag des Antragstellers – gegen den Willen der Antragsgegnerin – stattgegeben werden sollte[9].

Rechtsanwalt

Anmerkungen

* Zugrundeliegender Sachverhalt wie Form. II. H. 8 und 9!

1. Ausschließlich sachlich und örtlich zuständig hier, da im Verbund als Folgesache geltendgemacht, das Familiengericht (Fälle der §§ 1671, 1672, 1678, 1681, 1696 BGB) der Ehesache im ersten Rechtszug, sonst das Familiengericht der allgemeinen örtlichen Zuständigkeit, § 1621 Abs. 1 Nr. 1, Abs. 2 ZPO. Zur Unterscheidung der „anderen Familiensachen" des Katalogs in § 621 Abs. 1 Nrn. 1–9 ZPO in „isolierte Familiensachen" und „Folgesachen" su. Anm. 4.

2. Bezeichnungsvorschlag von *Thomas-Putzo*.

3. Soweit – wie hier – im Verbund, Anwaltszwang, § 78 Abs. 1 Nr. 2 ZPO. Nach § 78 Abs. 2 Nr. 1 ZPO i.d.F. des UÄndG vom 20. 2. 1986 besteht Anwaltszwang jedenfalls für Ehegatten auch für alle Folgesachen des Katalogs des § 621 Abs. 1 ZPO, soweit sie als Folgesachen im Verbund laufen – also auch bei isolierter Anfechtung.

Die früher sehr str. Fragen, ob Drittbeteiligte dem Anwaltszwang unterliegen (z.B. Vermieter, Sozialversicherungsträger etc.), klärt § 78 Abs. 2 ZPO nF. jetzt einigermaßen, vgl. hierzu auch *Bergerfurth*, Der Anwaltszwang und seine Ausnahmen, 2. Aufl. 1988 mit Nachtrag 1991 (neue Bundesländer): in Ehe und Folgesachen für beteiligte Dritte nur für weitere Beschwerde (§ 621e II), in isolierten Familiensachen nur im Güterrecht und bei Unterhaltsstreit höherer Instanz. Stets befreit: Jugendamt, Sozialversicherungsträger und die in Abs. 2 S. 3 weiter genannten Körperschaften und Verbände.

4. In den Form. II. H. 10–20 aktenmäßig getrennte (so. II. H. 8, insbes. Anm. 12) Abhandlung der „anderen Familiensachen" (*Firsching*: „Ehewirkungssachen") des Kata-

10. Antrag auf Regelung der elterlichen Sorge   II. H. 10

loges in § 621 Abs. 1 Nr. 1–9 ZPO, wobei das auf ein „typisches Scheidungsverfahren" zugeschnittene Verbundprinzip zu teilweise unklaren Überschneidungen führt. Überblick:
a) Einige Familiensachen sind sowohl als Folgesachen wie als isolierte Familiensachen (ggf. mit anderer materieller Rechtsgrundlage) möglich, nämlich elterliche Sorge, Umgangsregelung, Kindesherausgabe; auch Kindes- und Ehegattenunterhalt ab Scheidung (nämlich dann, wenn sie im Scheidungsverfahren, insoweit Antragsmaxime, nicht eingebracht sind), Ehewohnung und Hausrat, Güterrecht (§ 621 Abs. 1 Nr. 8 BGB hat jedoch vor Scheidung nur in den Fällen der §§ 1385, 1386 BGB Bedeutung).
b) Der Versorgungsausgleich als Wertausgleich selbst (zu ergänzenden Anträgen nach Scheidung su. Form. II. H. 17 und Anmerkungen dort) ist praktisch nur als Folgesache, nicht isoliert, denkbar.
c) Schließlich sind einzelne Familiensachen (andere Ehesachen als Scheidung, Ehegatten- und Kindesunterhalt für Trennungszeit bis zur Scheidung) grundsätzlich nur „isoliert" denkbar, also außerhalb des Verbundes (wenn auch mit zum Teil befürworteter möglicher Einbeziehung in Sonderfällen, s. Anm. 15 zu Form. II. H. 8). Wegen des im Rahmen des Verbundes geltenden „Mischverfahrens" (gegenseitige Überlagerung von Vorschriften der ZPO und des FGG), des Anwaltszwangs und der Rechtsmittel, der Frage nach Lösbarkeit oder Nichtlösbarkeit des Verbundes ua. sind diese Unterscheidungen von besonderer praktischer Bedeutung. Eine gute Übersicht über die möglichen Verfahren und die Zuständigkeitsfragen hierzu gibt *Schneider/Rahm* IV. Rdn. 2 f., 41 f. und 63 ff. (dort differenziert nach den materiellen Rechtsgrundlagen), m. zahlr. Nachw. ferner *Luthin* FamRZ 1984, 114.

5. In der Regel je DM 1.500,–, § 12 Abs. 2 S. 3 GKG, wegen Zuschlägen vgl. *Haberzettl* S. 50 f. (Behandlung als Folgesache) bzw. Rdn. 77 (uU. niedriger als selbständige Familiensache, vgl. § 30 Abs. 3 KostO).

6. Kostenverbund des § 93 a Abs. 1 ZPO ist nicht ausdehnbare Sonderregelung für Scheidungs- und Folgesachen; hier auch abweichender Kostenantrag gemäß § 93 a Abs. 1 S. 2 1. Alt. ZPO denkbar.

7. Eingefügt durch SorgeRG mit komplizierten Differenzierungen, vgl. *Luthin* FamRZ 1981, 111 f. und 1149 f., OLG Frankfurt FamRZ 1981, 813 („grundsätzlich unverzichtbar"). Die neuere Tendenz geht dahin, selbst Kleinkinder persönlich anzuhören, vgl. BayObLG FamRZ 1983, 948 m. Nachw. und insbes. KG FamRZ 1983, 1159 (schon ab 3 Jahren, durch den Senat, im Gericht!) sowie *Luthin* FamRZ 1983, 761. Nach Auffassung des AG Mönchengladbach ist dem Kind im streitigen Sorgerechtsverfahren sogar ein Anwalt beizuordnen, vgl. AG Mönchengladbach FamRZ 1985, 1532. Nichtdurchführung u. U. wesentlicher Mangel (Nachholung, sonst Aufhebung und Zurückverweisung), OLG Hamburg FamRZ 1983, 527 mit Rspr. Übersicht. Kein Anspruch Eltern und Anwälte auf Anwesenheit, aber Information durch das Gericht (KG FamRZ 1980, 1156).

8. Vgl. *Palandt/Diederichsen* § 1671 Rdn. 11 ff. Eignungsdefizit des Sorgerecht anstrebenden Elternteils kann durch stärkere persönliche Bindung „kompensiert" werden, KG FamRZ 1983, 1159. Seit Nichtigerklärung von § 1671 Abs. 4 S. 1 BGB (Sorgerechtszuweisung ausschließlich an einen Elternteil) durch BVerfG vom 3. 11. 1982 (NJW 1983, 101) wiederholte OLG-Entscheidungen zu gemeinsamem Sorgerecht beider Eltern, falls beide erziehungsfähig und einig (vgl. z.B. OLG Celle NJW 1985, 923; OLG Bamberg NJW-RR 1987, 1034: Einigkeit müsse fortbestehen, Rückzieher also schädlich). Zur Würdigung eines „Eigenantrags" des Kindes (über 14 Jahre alt) vgl. BGH FamRZ 1985, 169.

9. Vorbehalt der Fortsetzung als selbständige Familiensache für die Fälle der Abweisung oder Zurücknahme des Scheidungsantrages möglich, §§ 626, 629 ZPO (dann gesonderte Kostenentscheidung); dann wie auch bei Betreiben als isolierte Familiensache jedoch aus § 1672 BGB (grundsätzlich Antragserfordernis); bei Vorwegentscheidung über elterliche Sorge gemäß § 627 ZPO – ausnahmsweise bei Abweichen des Gerichts von übereinstim-

mendem Vorschlag der Eltern – bleibt jedoch Verbund über § 627 Abs. 2 ZPO bestehen; daneben einstweilige Anordnungen, nur hier auch vAw (§ 620 S. 2 ZPO) mit – ausnahmsweise – sofortiger Beschwerde, § 620c S. 1 ZPO.

10. Zum Inhalt möglicher Vereinbarungen vgl. *Schneider/Rahm* IV. Rdn. 73.

Kosten und Gebühren

GK: bei Entscheidung im Verbund aus KV Nr. 1510 ff. (einheitl. Streitwert, § 19a S. 1 mit § 1 Abs. 2 GKG); bei Vorwegentscheidung (§ 627 ZPO) KV Nr. 1516/1517; bei isolierter Entscheidung dagegen aus § 94 Abs. 1 Nr. 4, Abs. 2 KostO (einheitlich, auch für mehrere Kinder); RA: §§ 31 ff. BRAGO (Verbund) bzw. § 118 BRAGO (isoliert), vgl. auch *Wohlnick/Rahm* a.a.O., IX. Rdn. 10 ff. und 64 f. Amtsermittlungsgrundsatz schließt PKH für Teilnahme des bedürftigen Elternteils am Verfahren nicht aus, OLG München in OLG-Report 1994, 127.

Fristen und Rechtsmittel

Vgl. bereits Anm. 9 und Form II. H. 30 und 31.

11. Antrag auf Regelung des Umgangs mit Kindern*

An das
Amtsgericht[1]
– Familiengericht –

.... , den 15. 4. 1993

Antrag

des ......   – Antragstellers –

Verfahrensbevollmächtigter: Rechtsanwalt ......[2]

gegen

......   – Antragsgegnerin –

wegen streitiger Ehescheidung
hier: Regelung des Umgangs mit den gemeinsamen ehelichen Kindern der Parteien[3] *
a) Paul, geb. am 1. 12. 1978;
b) Michael, geb. am 7. 6. 1985;

Aktenzeichen: ......
vorläufiger Streitwert: DM ......[4]

Namens und in bereits mit dem Scheidungsantrag vom 15. 3. 1993 vorgelegter besonderer Prozeßvollmacht des Antragstellers auf uns (§ 609 ZPO) stellen wir für diesen in der vorbezeichneten Folgesache folgende Anträge:

I. Dem Antragsteller wird der persönliche Umgang ohne Anwesenheit der Antragsgegnerin mit dem gemeinsamen ehelichen Kind Michael wie folgt gestattet:
  a) jeden 2. Samstag von vormittags 9.00 Uhr bis abends 18.00 Uhr;
  b) 3 Wochen während der Sommer-Schulferien von Michael;

11. Antrag auf Regelung des Umgangs mit Kindern

c) an den hohen Feiertagen abwechselnd mit der Mutter jeweils an zwei aufeinanderfolgenden Feiertagen mit dem davorliegenden schulfreien Nachmittag.

II. Die Antragsgegnerin wird angewiesen, das Kind Michael zu dieser Zeit pünktlich zur Abholung durch den Antragsteller bereitzuhalten und es ggf. durch geeignete erzieherische Maßnahmen anzuhalten, mit dem Antragsteller mitzugehen.

III. Dem Antragsteller wird der persönliche Umgang mit dem gemeinsamen ehelichen Kind Paul gewährt wie folgt:
a) jedes 2. Wochenende, abwechselnd mit den für Michael vorgesehenen Samstagen, von Samstag, 8.00 Uhr bis Sonntag, 19.00 Uhr;
b) einmal monatlich an einem Nachmittag der Woche nach der Berufsschule bis abends, 20.00 Uhr;
c) jeweils für die Hälfte der jeweiligen Berufsschulferien.

IV. Die Antragsgegnerin wird angewiesen, sich gegenüber den Kindern aller moralisch abwertenden Äußerungen über die Erziehungsqualitäten und die Vaterbindung des Antragstellers gegenüber seinen Kindern, sowie über dessen Freundin, Frau X., und das gemeinsame Kind mit dieser zu enthalten.

V. Die Kosten folgen der Scheidungssache[5].

Begründung:

1. Im anhängigen Scheidungsverfahren strebt der Antragsteller, wie in der Scheidungsantragsschrift vom 15. 3. 1993 angekündigt und mit gesondertem Schriftsatz vom heutigen 15. 4. 1993 näher begründet, die elterliche Sorge für das gemeinsame eheliche Kind Paul an, während er hinsichtlich des gemeinsamen weiteren ehelichen Kindes Michael der Mutter freie Entscheidung lassen will. Die Parteien leben seit Mai 1990 getrennt, die Kinder bei der Antragsgegnerin.

2. Da der elterliche Umgang des Antragstellers mit den Kindern bisher nicht gerichtlich geregelt und ihm von der Antragsgegnerin nur völlig unzureichend gewährt wird, ist dieser Antrag gemäß § 1634 BGB – ferner der gleichzeitig eingereichte Antrag auf einstweilige Anordnung – erforderlich und gerechtfertigt:

a) Seinen Sohn Michael darf der Antragsteller derzeit nach dem Willen der Antragsgegnerin nur einmal monatlich am Samstag nachmittag in der Wohnung der Antragsgegnerin besuchen, die dabei mehr oder weniger ständig anwesend bleibt, sich einmischt und selbst Spaziergänge in der näheren Umgebung der Wohnung nur selten erlaubt. Das Kind Michael ist hierdurch und durch ständige moralisch abwertende Redensarten der Mutter über den Vater, der ein Versager sei und sich nicht einmal selbst, geschweige denn Kinder erziehen könne, ferner mit einer Schlampe und deren Bankert (gemeint sind die Freundin X. des Antragstellers und das gemeinsame Kind mit dieser) zusammenlebe, völlig verwirrt und verängstigt und weigert sich nur deshalb häufig, den Antragsteller überhaupt zu begrüßen oder mit ihm mitzugehen. Wiederholt wurde dem Antragsteller selbst an diesen wenigen Besuchstagen der Zutritt durch die Antragsgegnerin mit Ausreden über angebliche Verhinderungen oder angebliche Ablehnung des Besuches durch Michael verweigert. Wegen der näheren Einzelheiten darf auf die im gleichzeitigen einstweiligen Anordnungsverfahren eingereichte eidesstattliche Versicherung des Antragstellers vom ...... (dortige Ziff. 1.) Bezug genommen werden.
Beweis: ......[6]
Die beantragte Umgangsregelung ist – bei richtigem Verhalten der Mutter – für ein Kind dieser Altersstufe nicht abträglich, sondern angemessen und der fortbestehenden Vater-Kind-Beziehung förderlich (§ 1634 Abs. 1 BGB), die weiteren hierzu beantragten Anordnungen nach den Umständen geboten (§ 1634 Abs. 1 Satz 2, Abs. 2 BGB).

b) Der Sohn Paul steht, wie bereits im gleichzeitigen Antrag auf Übertragung der elterlichen Sorge für ihn auf den Antragsgegner vom 15. 4. 1993 dargelegt, seinem Vater persönlich sehr nahe, will selbst die Übertragung der elterlichen Sorge für ihn auf den Antragsteller und teilt mit ihm seit Jahren dessen technische und sportliche Interessen, insbesondere das Interesse an Wochenendausflügen ins Gebirge.

Im Rahmen seiner jetzt begonnenen Ausbildung als KFZ-Mechaniker ist er altersbedingt auch sonst häufig, zum Beispiel mit Freunden, Arbeitskollegen und Berufsschulkameraden, selbständig unterwegs und selten zu Hause bei der Antragsgegnerin. Deren Aversionen gegen den Antragsteller, die auch ihm gegenüber häufig in Ausdrucksweisen wie den unter a) angeführten zum Ausdruck kommen, lehnt er ab. Die beantragte Umgangsregelung entspricht daher dem Willen, den Neigungen und den Bindungen an den Vater für diesen fast 15jährigen Jungen am besten und ist für ihn angemessen und förderlich. Wegen der weiteren Einzelheiten darf erneut auf die im gleichzeitigen einstweiligen Anordnungsverfahren vom Antragsteller vorgelegte eidesstattliche Versicherung vom …… (insbesondere die dortige Ziff. 2.) Bezug genommen werden.

Beweis: ……

c) Es ist gesetzlich zwingend vorgesehen, das Kind Paul in diesem Zusammenhang ausführlich anzuhören (§ 50b Abs. 2 FGG). Dagegen wird beantragt, von einer Anhörung des Kindes Michael zur Frage der Umgangsregelung gemäß § 50b Abs. 3 FGG hier abzusehen, da diese Anhörung seine Verwirrung – zumal in dieser Frage der konkreten Ausgestaltung des Umgangsrechts – nur erhöhen und nachteilige psychische Folgen für ihn haben würde[7].

3. Die Kostenfolge ergibt sich aus § 93a Abs. 1 ZPO[5].

Rechtsanwalt

Anmerkungen

* Zugrundeliegender Sachverhalt wie Form. II. H. 8, 9 und 10!

1.–3. Vgl. zunächst Anm. 1–4 zu Form. II. H. 10; wegen § 623 Abs. 3 S. 3 ZPO sichert nur förmlicher Antrag Erlaß gerichtlicher (Verbund-)Entscheidung. Als isolierte Familiensache möglich.

4. Regelmäßig je DM 1500,–, § 12 Abs. 2 GKG, soweit Folgesache, differenzierend und mit Bedenken hier und bei selbständigem Verfahren *Haberzettl* S. 51 f. und § 30 Abs. 2 KostO.

5. Kostenverbund nach § 93a Abs. 1 ZPO.

6. Materielle Rechtsgrundlage: § 1634 BGB, nicht unerheblich geändert durch das Gesetz zur Neuregelung des Rechts der elterlichen Sorge (SorgeRG) vom 18. 7. 1979, BGBl. I S. 1061, vgl. nachfolgenden Formulartext, zur neueren Rspr. vgl. Übersicht bei *Dorr*, NJW 1989, 692; zum Beweis unterscheide Anhörung, zB. nach § 50b FGG, und Zeugeneinvernahme.

7. Vgl. § 50b Abs. 2 S. 3 und Abs. 3 FGG, neu eingefügt durch SorgeRG, ferner Anm. 7 zu Form. II. H. 11 m.w. Nachw. Antrag, von Anhörung abzusehen, nach neuerer OLG-Rspr. wenig aussichtsreich, in der erstinstanzlichen Praxis jedoch einen Versuch wert.

Kosten und Gebühren

Wie Form. II. H. 10, also unterschiedlich je nach Behandlung im Verbund (GK: KV Nr. 1510 ff.; RA: §§ 31 ff. BRAGO) oder isoliert (GK: § 94 KostO; § 118 BRAGO).

Fristen und Rechtsmittel

Vgl. Anm. 9 bei Form. II. H. 10. und Form. II. H. 31.

12. Antrag (Stufenklage) auf Ehegatten- und Kindesunterhalt nach Scheidung

An das
Amtsgericht[1]
– Familiengericht –

Antrag

der ......   – Antragstellerin –[2]
Verfahrensbevollmächtigter: Rechtsanwalt ......[3]
gegen

......   – Antragsgegner –

wegen streitiger Ehescheidung
hier: Ehegatten- und Kindesunterhalt[4]
vorläufiger Streitwert: DM ......[5]
Aktenzeichen: noch unbekannt

Namens und im Auftrag der Antragstellerin nehme ich Bezug auf deren gleichzeitig eingereichten Scheidungsantrag vom ......, die mit diesem Scheidungsantrag vorgelegte besondere Prozeßvollmacht (§ 609 ZPO) und die dortigen Darlegungen über die persönlichen und wirtschaftlichen Verhältnisse der Parteien (s. dort I. und II.):
Danach hat der Antragsgegner derzeit ein monatliches Nettoeinkommen aus einem Anstellungsverhältnis bei der Fa. ......, ferner Einkünfte aus Kapitalvermögen und aus einer von ihm schon vor dem Zeitpunkt der Trennung vor 3 Jahren gegründeten, bis heute betriebenen selbständigen Tätigkeit als Unternehmensberater. Genaue Kenntnis hierüber hat die Antragstellerin nicht. Der Antragsgegner zahlt derzeit keinerlei Unterhalt für Ehefrau und Kinder, nicht einmal für die früher gemeinsame eheliche Mietwohnung, erklärt vielmehr, die Antragstellerin solle lieber arbeiten gehen.
Die Antragstellerin betreut die beiden gemeinsamen Kinder ......, geb. am ...... und ......, ist nicht erwerbsfähig, ohne Einkommen oder Vermögen, ferner ohne jede Sicherung für Alter, Erwerbsunfähigkeit und Krankheit. Im einzelnen ist ihre wirtschaftliche Situation derzeit wie folgt: ......
Ferner nehme ich Bezug auf den gleichzeitig eingereichten Antrag der Antragstellerin auf Erlaß einer einstweiligen Anordnung zur vorläufigen Regelung des Ehegatten- und Kindesunterhalts (Antragsschriftsatz von heute): dort wird zunächst die Verpflichtung des Antragsgegners zur Zahlung des sich aus der Düsseldorfer Tabelle (Stand: 1. 7. 1992) ergebenden Normalunterhalts für die Antragstellerin und die gemeinsamen Kinder angestrebt, allerdings nach dem letzten der Antragstellerin derzeit bekannten, bereits fast ein Jahr zurückliegenden Nettoverdienst des Antragstellers bei der Fa. ......[6]
Zur endgültigen Regelung des Ehegatten- und Kindesunterhalts im Verbund stellen wir für die Antragstellerin zunächst[7] folgende Anträge:
I. Der Antragsgegner wird verurteilt, der Antragstellerin
  1. Auskunft zu erteilen durch Vorlage einer geschlossenen, systematischen Aufstellung über
     a) seine Bruttoeinkünfte einschließlich Sonderzuwendungen aus dem Anstellungsverhältnis mit der Firma ...... während des Jahres 1993 und die hierauf vorgenommenen Abzüge für Kranken-, Alters- und Erwerbsunfähigkeitsvorsorge sowie für Steuern, nebst Erläuterung der steuerlichen Abzüge;
     b) seine Bruttoeinkünfte nebst Abzügen für Steuern und Erläuterungen dieser Abzüge aus seinem Gewerbebetrieb „Unternehmensberatung X" für den Zeitraum 1991–1993;

c) seine sonstigen Einkünfte, insbesondere aus Kapitalvermögen, unter Darlegung der Bruttoeinnahmen und der steuerlichen Abzüge nebst Erläuterungen dieser Abzüge für die Jahre 1991–1993;
2. die erteilten Auskünfte gemäß Ziff. I. 1. zu belegen durch
   a) Vorlage einer vollständigen, auch die Sonderzuwendungen und alle Abzüge erfassenden Gehaltsbescheinigung für das Jahr 1993 und der Lohnsteuerkarte 1993;
   b) Vorlage der Bilanzen nebst Gewinn- und Verlustrechnungen der Firma „Unternehmensberatung X" für die Jahre 1991–1993 sowie der für die Jahre 1991–1993 hierfür abgegebenen Umsatzsteuererklärungen);
   c) Vorlage seiner Einkommensteuererklärungen 1991–1993 nebst vollständigen, gesetzlich vorgeschriebenen Anlagen hierzu (soweit nicht bereits Gegenstand von lit. a) oder b)) sowie der Steuerbescheide für die Veranlagungsjahre 1991 und 1992.
II. Der Antragsgegner wird erforderlichenfalls verurteilt, die Richtigkeit und Vollständigkeit der Auskünfte Ziff. I. eidesstattlich zu versichern.
III. Der Antragsgegner wird, gegebenenfalls nach Erledigung von Ziff. II., verurteilt, an die Antragstellerin je eine monatlich im voraus zu entrichtende Unterhaltsrente
1. in Höhe der sich aus Ziff. I. und gegebenenfalls Ziff. II. ergebenden Beträge für Elementarunterhalt und Vorsorgeunterhalt;
2. in Höhe der sich aus Ziff. I. und gegebenenfalls Ziff. II. ergebenden Beträge für das gemeinsame eheliche Kind ...... geb. am ......;
3. in Höhe der sich aus Ziff. I. und gegebenenfalls Ziff. II. ergebenden Beträge für das gemeinsame eheliche Kind ...... geb. am ......
zu bezahlen, beginnend mit dem Tag der Rechtskraft des Scheidungsurteils[8,9].
IV. Der Antragsgegner hat die Kosten dieser Folgesache zu tragen[10].

Begründung:

1. Die Antragstellerin macht hiermit im Wege der Stufenklage zunächst die ihr selbst und den gemeinsamen ehelichen Kindern (§ 1629 Abs. 2 BGB) zustehenden Auskunftsansprüche (§§ 1605, 1580 BGB) geltend, zur Klärung der Unterhaltsansprüche für sich und die Kinder. Der Antragsgegner hat ihr letztmals vor fast einem Jahr lediglich eine „Verdienstbescheinigung" für einen konkreten Monat (Mai 1993) über seine Bezüge bei der Firma ...... vorgelegt. Über seine Gesamtbezüge und über seine sonstigen Einkünfte gemäß Klagantrag zu I. (insbesondere aus Gewerbebetrieb und sonstigen Einkünften, vor allem Kapitalvermögen) hat er Belege nicht vorgelegt und Auskunft hierüber mit unzutreffenden Gründen – u.a. der Behauptung, die Antragstellerin sei selbst mit eigenen angeblichen Auskunftspflichten in Verzug – verweigert.
Daß der Antragsgegner schon allein in seinem Anstellungsverhältnis insgesamt durchschnittlich monatlich mehr verdient, als in seiner lediglich für den Monat Mai 1993 zur Verfügung gestellten „Verdienstbescheinigung" ersichtlich, daß seine Bezüge bei dieser Firma ferner kürzlich angehoben worden sind und daß der Antragsgegner außerdem die weiteren im Klagantrag zu I. genannten Einkünfte erzielt, ergibt sich aus folgenden Umständen, soweit sie der Antragstellerin bisher zugänglich geworden sind: ......
Soweit die Auskunftsanträge nicht nur auf die Bruttoeinnahmen, sondern auch auf die Erläuterungen der hiervon durch den Antragsgegner sicherlich vorgenommenen Abzüge, insbesondere steuerlicher Art, gerichtet sind, sind die Anträge auch deshalb gerechtfertigt, weil erfahrungsgemäß bei Personen vom Lebensstandard des Antragsgegners häufig erhebliche steuerlich wirksame Abzüge für z.B. Verlust aus Beteiligungen oder Absetzungen für Immobilienanlagen vorgenommen werden, welche in der Regel zu einer Korrektur der steuerlichen Nettoeinkünfte nach unterhaltsrechtlichen Grundsätzen führen müssen.
2. Der Antragsgegner[11] dürfte allein bei der Firma ......, bei der er als Prokurist in leitender Position tätig ist, nach der dort gegebenen Gehaltsregelung inzwischen ein

12. Antrag auf Ehegatten- und Kindesunterhalt   II. H. 12

Nettoeinkommen nach Gruppe 6 der Düsseldorfer Tabelle (Stand: 1. 7. 1992)[12] erzielen; jedenfalls steht eine solche Gehaltserhöhung für den Antragsgegner dort unmittelbar bevor. Eine derartige, absehbare Erhöhung der daraus folgenden Unterhaltsverpflichtung des Antragsgegners ist im Verbundurteil, soweit möglich, zweckmäßigerweise bereits jetzt zu berücksichtigen[13].

3. Eine genaue Bezifferung des Ehegattenunterhalts für die Antragstellerin und insbesondere dessen Aufteilung in Elementarunterhalt und Vorsorgeunterhalt ist derzeit mangels hinreichender Auskünfte noch nicht möglich. Speziell zum Vorsorgeunterhalt wird jedoch rein vorsorglich bereits jetzt ausgeführt ......[14,15]

4. Der Kostenantrag ist hier gerechtfertigt, weil beide Alternativen der Billigkeitsregelung des § 93a Abs. 1 Satz 2 ZPO vorliegen dürften (unverhältnismäßige Beeinträchtigung der Lebensführung der allein durch das Verhalten des Antragsgegners unverschuldet in Not geratenen Antragstellerin; obsiegende Antragstellerin).

Rechtsanwalt

Anmerkungen

1. Ausschließlich sachlich und örtlich zuständig das Familiengericht, §§ 23b Abs. 1 Nr. 5 und 6 GVG, 621 Abs. 1 Nr. 4 und 5 ZPO, bei Verbundverfahren der Ehesache, sonst örtlich nach allgemeinen Vorschriften (§ 621 Abs. 2 S. 2 ZPO, II. Instanz das OLG, § 190 Abs. 1 GVG); echtes ZPO-Verfahren mit Besonderheiten aus §§ 622 ff. ZPO und Möglichkeit einstweiliger Anordnung ab Anhängigkeit einer Ehesache oder Prozeßkostenhilfeantrag (auf eigenes EA-Form. wird unten Form. II. H. 23 ff. verzichtet, da weitgehend inhaltsgleich); isoliert möglich, wegen Unterhalt vor der Scheidung, also insbesondere auf Getrenntleben-Unterhalt (§ 1361 BGB) und laufenden Kindsunterhalt sogar nur isoliert vorgesehen.
Beachte:
Unterhaltsansprüche nichtehelicher Kinder oder gegenüber anderen als den Eltern sind als „gewöhnliche Unterhaltssachen" iSd. § 23a Nr. 2 GVG nicht Familiensache (Abgrenzung insbesondere bei Sonderfragen des Unterhalts und des Unterhaltsausgleiches sehr strittig, vgl. Anm. 1 zu Form II. H. 4 m.w. Nachw.), zuständig daher das Amtsgericht als Streitgericht mit Berufung zum Landgericht.

2. Zur Vertretungsbefugnis der Anstragstellerin gemäß § 1629 Abs. 2 und 3 BGB vgl. o. Form. II. H. 4 Anm. 8.

3. Bei Führung als – wie hier – Folgesache im Verbund Anwaltszwang aus § 78 Abs. 1 Nr. 2 ZPO (auch für isolierte Berufung); bei Führung als isolierte Familiensache (zB. weil nicht durch Antrag in den Verbund einbezogen, für die Zeit nach Scheidung, ferner auf Ehegatten- und Kindesunterhalt bei bloßem Getrenntleben) nur Anwaltszwang in höheren Instanzen nach näherer Maßgabe von § 78 Abs. 2 Nr. 3 ZPO.

4. Zum Verfahren innerhalb und außerhalb des Verbundes und zur Vertretungsbefugnis des Elternteils, der die Obhut hat, vgl. o. Anm. 1 und 2 mwN. Die Prozeßstandschaft gemäß § 1629 BGB soll nach rechtskräftiger Scheidung erlöschen (Titelumschreibung nach § 727 ZPO), so OLG Stuttgart FamRZ 1983, 1267, vgl. auch *Palandt-Diederichsen* Rdn. 35 zu § 1629 BGB.

5. Rspr. differenziert: bei Klageabweisung $1/10$ bis $1/3$ des Leistungsanspruchs (BGH FamRZ 1993, 1189); sonst Wert des Interesses des Bekl. = Aufwand für Auskunftserstellung (BGH NJW-RR 1993, 1028).

6. Eigenes EA-Muster wird behandelt bei Form II. H. 26 m. Nachw. Rechtsschutzbedürfnis für Hauptsacheverfahren durch EA-Anordnung grundsätzlich nicht ausgeschlossen, selbst außerhalb der in § 620 f. ZPO genannten Fälle des Außerkrafttretens solcher EA (str.). Durch UÄndG vom 20. 2. 1986 neu die Möglichkeit zeitlicher Begrenzung von

II. H. 12
II. H. Familien- und Kindschaftssachen

Elementar-, Aufstockungs- und Vorsorgeunterhalt in den Fällen des § 1573 BGB, ferner gesetzl. Regelung von Verwirkungstatbeständen durch § 1579 Nrn. 1.–7. (negative Härteklausel; hierzu ausführlich bei Form. II. H. 13 – Einwendungen des Unterhaltsschuldners –). Maßgebend ist nach der neuen Regelung, die sich auch auf die Unterhaltshöhe nach § 1578 BGB erstreckt, ob ein zeitlich unbegrenzter Unterhaltsanspruch unter Berücksichtigung verschiedener Faktoren unbillig wäre. Der Unterhaltsgläubiger, speziell beim Ehegatten-Trennungs- und Scheidungsunterhalt, hat *Darlegungs- und Beweislast* für eigene Bedürftigkeit (konkrete Angaben über Lebenssituation und wirtschaftliche Verhältnisse, BGH FamRZ 1986, 244 ff.), für eheliche Lebensverhältnisse als Maß des Unterhaltsbedarfs und Leistungsfähigkeit des U-Schuldners (vgl. BGH NJW-RR 1987, 194 f.), ggf. auch dafür, daß eine im Umfeld der Trennung aufgenommene eigene Erwerbstätigkeit nicht trennungsbedingt war (wegen der dann eingreifenden, meist günstigeren Differenzmethode; vgl. BGH aaO.; BGH NJW 1984, 292 ff.), bei Unterhalt aus § 1573 BGB ferner für ausreichende Erfüllung eigener Erwerbsobliegenheit (BGH aaO.), hilfsweise dafür, daß deren Nichterfüllung nicht kausal für Erwerbslosigkeit ist (BGH FamRZ 1986, 885 und BGH NJW-RR 1987, 962 m. Nachw.), in Fällen des § 1573 Abs. 4 ferner dafür, daß nachhaltige Unterhaltssicherung fehlschlug (BGH FamRZ 1985, 1234). Die Rspr. gewährt gewisse Beweiserleichterungen, vor allem beim Vortrag außergewöhnlicher Umstände durch U-Schuldner (BGH FamRZ 1983, 352). Der Unterhaltsschuldner ist dagegen darlegungs- und beweispflichtig für neg. Härteklausel (§ 1579 BGB; vgl. bei Form. II. H. 13) und wohl auch für Begrenzungsvoraussetzungen aus § 1573 Abs. 5 BGB.

7. Stufenklage auf Auskunft (§ 1605, § 1361 Abs. 4, § 1580 BGB), dann bezifferte Leistung ist auch hier – trotz Verbund, es muß dann über Auskunft vorab Teilurteil, über beziffertem Unterhalt Entscheidung im Verbundurteil ergehen – zulässig, vgl. OLG Hamm FamRZ 1994, 49; BGH FamRZ 1982, 151; inzwischen hM., auch im Rahmen von Abänderungsklagen aus § 323 ZPO, BGH NJW 1993, 1920. Die Stufenklage empfiehlt sich zur Verminderung des Kostenrisikos, aber auch zwecks baldiger Rechtshängigkeit (§ 1613 BGB!), die hier bereits mit zunächst unbezifferter Stufenklage eintritt und Mahnung bewirkt, BGH FamRZ 1990, 283, 285; nach OLG Frankfurt NJW-RR 1987, 964 soll Stufenkläger nach 2. Stufe kostengünstig auch für erledigt erklären dürfen.

Trotz der §§ 259 ff. BGB herrscht in der Praxis oft Unklarheit über Art und Umfang der Auskunftspflicht, weshalb die neuere Rspr. wiederholt darauf hingewiesen hat, die Lieferung von „Mosaiksteinchen" oder nur von Belegen ohne Aufstellung genüge nicht, es sei vielmehr ein „geschlossenes Auskunftswerk" vorzulegen, ... Auskunftsantrag muß vollstreckungsfähigen Inhalt haben, insbes. Zeitraumangaben, vgl. OLG Celle, OLG-Report 1994, 74, Belege zur Auskunft müssen im Klageantrag bezeichnet werden, BGH NJW-RR 1993, 1027, eingehend und instruktiv zu Art und Umfang des Anspruchs und Anforderungen an die Anträge *Arens/Spicker* FamRZ 1985, 121 ff. Nach OLG Hamburg in FamRZ 1985, 394 besteht kein Auskunftsanspruch hinsichtlich Vermögensgegenständen und dem Verbleib.

Anerkannt ist die Pflicht unselbständiger Schuldner zur Auskunft über mindestens 1 Jahr, selbständiger Schuldner über regelmäßig 3 Jahre, vgl. auch *Brüne* FamRZ 1983, 65 und BGH FamRZ 1983, 996 sowie BGH FamRZ 1983, 680, mit engen Ausnahmen zur Vorlagepflicht von ESt.-Bescheiden bei Zusammenveranlagung mit neuem Ehegatten.

8. Im Verbund nur ab diesem Zeitpunkt, da „Entscheidung für den Fall der Scheidung", § 623 Abs. 1 ZPO (Tag der Scheidung: BGH FamRZ 1984, 256). Zur gleichzeitigen Verhandlung und Entscheidung mit dem Verbundverfahren vgl. Form. II. H. 8, insbes. Anm. 15.

9. Obwohl das materielle Recht beim Kindesunterhalt zwischen der Zeit vor und nach Scheidung anders als beim Ehegattenunterhalt nicht differenziert (§ 1603 BGB), gilt Anm. 8 entsprechend. Zwischen Kindes- und Trennungsunterhalt ist genau zu differenzieren wegen § 253 Abs. 2 Nr. 2 ZPO, vgl. OLG München, OLG-Report 1994, 59.

12. Antrag auf Ehegatten- und Kindesunterhalt **II. H. 12**

10. Hier bessere Möglichkeiten anderweitiger Kostenverteilung als Kostenaufhebung gemäß § 93a Abs. 1 S. 1 ZPO, da beide Alternativen von § 93a Abs. 1 S. 2 ZPO in Frage kommen. Daneben (außer Prozeßkostenhilfe) EA auf Prozeßkostenvorschuß nach § 127a ZPO, s.u. Form. II. H. 23.

11. Wichtig wegen der teilweise eingeschränkten Möglichkeiten späterer Abänderung über § 323 ZPO, vgl. hierzu OLG Köln NJW 1979, 1661. Allgemein zu den schwierigen Abgrenzungen zwischen Abänderungsklage (§ 323 ZPO), Zusatzklage und Vollstreckungsabwehrklage Anm. 9 zu Form. II. H. 4 m. Nachw.

12. Die zum Verständnis und zur Anwendung der „Düsseldorfer Tabelle" im Einzelfall sehr wichtigen „amtlichen" Anmerkungen sind abgedruckt, zum Tabellenstand per 1. 7. 1992 in NJW 1992, 1367, vgl. auch *Kalthoener/Büttner*, NJW 1994, 1829ff. und Übersicht bei *Palandt-Diederichsen*, Rdn. 4ff. und 17ff. zu § 1610 BGB, ferner dort vor § 1564 BGB. Zu- oder Abschläge zB, bei sonstigen Einkünften, bes. Belastungen etc. denkbar, wozu viele OLGs eigene, z.T. abweichende Anwendungsleitlinien entwickelt haben. Rspr.Übersicht nunmehr bei *Kalthoener/Büttner* aaO. und (NJW 1991, 398) auch zum Übergangsrecht in der Ex-DDR (über Art. 234 § 5 EGBGB). Erhebliche Rechtsunsicherheit löste die neuere Rspr. zur Unterhaltsverwirkungsklausel des § 1579 Abs. 1 Nrn. 2–4 aus, vgl. hierzu ausführlich Form. II. H. 13 und dortige Anm. sowie Neuregelungsversuch durch UÄndG vom 20. 2. 1986 (vgl. Anm. 6).

13. Vgl. hierzu insbes. BGH NJW 1980, 2083 und ausführlich BGH FamRZ 1984, 39 m. Nachw.

14. Zur Unterscheidung Elementarunterhalt/Vorsorgeunterhalt vgl. §§ 1361 Abs. 1 S. 1, 1578 Abs. 3 BGB und statt vieler *Gröning* FamRZ 1983, 331 sowie *Christl u. Sprinz*, FamRZ 1989, 347 ff. (noch stärkere Differenzierung des V-Unterhalts vorgeschlagen, mit Formeln!). Unter den verschiedenen Berechnungsmethoden ist die Methode „Elementarunterhalt = fiktives Nettoeinkommen" mit Hochrechnung analog § 14 Abs. 2 SGB bzw. dem lohnsteuerlichen „Abtastverfahren" besonders verbreitet, ergänzt durch die sog. *Bremer Tabelle*, fortgeführt von *Gutdeutsch*, vgl. NJW 1994, 237 (Neufassung ab 1. 1. 1994). Die Rspr. des BGH ist schwankend, vgl. BGH NJW 1982, 1873 und 1987 sowie BGH FamRZ 1983, 888. Zur getrennten Geltendmachung (zulässig nach BGH 1983, 152) und zur Substantiierung (vgl. BGH NJW 1982, 1986) ist ferner stets zu beachten, daß fehlende oder undeutliche *Trennung* beider Unterhaltsformen in Antrag/Schriftsätzen spätere Nachforderungen ausschließen, mindestens gefährden kann (nur erschwerte Abänderungsklage! vgl. BGH FamRZ 1985, 690), daher Vorsicht!

15. Zur Vollstreckung des Auskunftsurteils vgl. *Stollenwerk/Rahm* IV. Rdn. 687 und 688 (eidesstattliche Versicherung, nach §§ 888, 889 ZPO; aber: obwohl Zwangsgeld an die Staatskasse abzuführen, soll Auskunftsgläubiger dessen Beitreibung nicht nur beantragen (h.M.), sondern auch selbst beitreiben müssen, str., so aber jetzt (für VA) BGH FamRZ 1983, 578.

Es wird die Auffassung vertreten, daß die Unterscheidung zwischen Elementar- und Vorsorgeunterhalt auch in (Klage-)Antrag und Tenor vorzunehmen sei (vgl. daher Ziff. I der Anträge im Text), BGH FamRZ 1983, 152.

Kosten und Gebühren

Entscheidung im Verbund: GK einheitlich (§§ 1 Abs. 2, 19a S. 1 GKG) aus KV Nr. 1510 ff.; RA einheitlich nach §§ 31 ff. BRAGO. Isolierte Entscheidung: GK aus KV Nr. 1201 ff.; RA wie vor.

Fristen und Rechtsmittel

Berufung zum OLG, vgl. im einzelnen Form. II. H. 30.

13. Erwiderung auf eine Klage auf Unterhalt*

An das
Amtsgericht
– Familiengericht[1] –

In der Familiensache
der ......   – Antragstellerin –
Verfahrensbevollmächtigte[1]: RA ......
gegen

......   – Antragsgegner –

wegen streitiger Ehescheidung
hier: Ehegatten- und Kindesunterhalt (Stufenklage)
Az.: ......

trete ich namens und im Auftrag des Antragsgegners, unter Bezugnahme auf die bereits im Scheidungsverfahren vorgelegte besondere Vollmacht, dem Antrag der Antragstellerin (Stufenklage auf Auskunft, gegebenenfalls eidesstattliche Versicherung, gegebenenfalls Verurteilung zur Zahlung einer Unterhaltsrente für die beiden gemeinschaftlichen ehelichen Kinder und für die Antragstellerin als nachehelichen Ehegattenunterhalt) entgegen mit folgenden Anträgen:
I. Der Antrag wird abgewiesen[10].
II. Die Antragstellerin hat die Kosten[1] dieser Folgesache zu tragen.

Begründung:

1. Zu den persönlichen und wirtschaftlichen Verhältnissen der Parteien darf ich, ebenso wie dies die Antragstellerin tut, auf meinen Schriftsatz für den Antragsgegner vom ...... verweisen. Dort habe ich hierzu im Rahmen der Erwiderung auf den Scheidungsantrag der Antragstellerin im einzelnen Stellung genommen.
2. Der Auskunftsanspruch ist schon als solcher, mindestens teilweise, nicht begründet:
   a) Soweit der Anspruch auf Auskunft und Belege betreffend das Kalenderjahr 1991 gerichtet ist, besteht er nicht mehr, weil die Parteien für das Jahr 1991 (in dessen Verlauf sie sich endgültig getrennt haben) noch eine gemeinsame Veranlagung durchgeführt haben, in deren Verlauf der Antragstellerin sämtliche begehrten Auskünfte für dieses Jahr erteilt und sämtliche von ihr hier begehrten Unterlagen zugängig gemacht worden sind[2]. Im einzelnen ......
   b) Soweit die Antragstellerin darüber hinaus für die Jahre 1992 und 1993 Auskünfte und Belege über Einkünfte aus der „Unternehmensberatung X" und sonstige Einkünfte, insbesondere aus Kapitalvermögen, begehrt, ist dieses Verlangen rechtsmißbräuchlich. Der Antragsgegner hat seine Einkünfte insoweit bereits in anderer Weise ausreichend belegt und kann ein schutzwürdiges Interesse an der Zurückhaltung der hierauf bezogenen Steuerunterlagen geltend machen, zumal aufgrund besonderer Umstände die Gefahr einer mißbräuchlichen Verwendung dieser Unterlagen durch die Antragstellerin besteht[3]. Im einzelnen ......
   c) Rein vorsorglich macht der Antragsgegner gegenüber dem Auskunftsverlangen der Antragstellerin ein Leistungsverweigerungsrecht[4] geltend: Entgegen dem Vortrag der Antragstellerin ist nämlich nicht nur, wenn überhaupt, der Antragsgegner dieser gegenüber auskunftspflichtig. Auskunftspflichtig ist vielmehr umgekehrt auch die Antragstellerin, nämlich über von ihr schwarz bezogene Nebeneinkünfte aus „freiberuflicher" Übersetzertätigkeit und von ihr noch bezogene Kapitaleinkünfte. Der An-

tragsgegner hat die Antragstellerin mehrfach vergeblich aufgefordert, darüber Auskunft nebst Belegen zu erteilen. Im einzelnen ......
Wie mehrfach entschieden, setzt der Auskunftsanspruch voraus, daß der Auskunftsgläubiger vorher, mindestens gleichzeitig einer eigenen Auskunftspflicht nachkommt. Diese Rechtsfrage, vor allem zum Auskunftsanspruch gemäß § 1379 BGB in der Rechtsprechung behandelt, mag strittig sein (Bejahung eines solchen Zurückbehaltungsrecht OLG Stuttgart FamRZ 1982, 282); dieser Rechtsauffassung ist jedenfalls im Unterhaltsrecht, wo eine originäre Darlegungs- und Beweislast des Unterhaltsgläubigers über seinen tatsächlichen Unterhaltsbedarf weitgehend anerkannt wird[5], der Vorzug zu geben aus rechtlichen Gründen wie aus den besonderen tatsächlichen Umständen des hier vorliegenden Einzelfalles, weil ......

d) Schließlich ist der geltend gemachte Auskunftsanspruch in der eigenen Person der Antragstellerin für sich selbst unzulässig, jedenfalls unbegründet, weil die begehrte Auskunft unter keinem rechtlichen oder tatsächlichen Gesichtspunkt für die Bemessung eines Unterhaltsanspruchs der Antragstellerin gegenüber dem Antragsgegner von Bedeutung sein kann. Vielmehr steht der Antragstellerin gegenüber dem Antragsgegner aus keinem rechtlichen oder tatsächlichen Gesichtspunkt derzeit ein Unterhaltsanspruch zu. Dies gilt insbesondere hinsichtlich Einkünften, die der Antragsgegner aus der „Unternehmensberatung X" erzielt, deren Aufbau erst nach der Trennung der Parteien Mitte 1991 begonnen hat, so daß sich diese Einkünfte als eine unerwartete, vom Normalverlauf abweichende Entwicklung darstellen, die nicht geeignet ist, die ehelichen Lebensverhältnisse und damit das Maß des Unterhalts der Antragstellerin zu prägen[6].

e) Ferner hat die Antragstellerin jeden Ehegatten-Unterhaltsanspruch gegen den Antragsgegner verwirkt. Wegen der Einzelheiten darf insoweit auf die Ausführungen zu Ziff. 3. verwiesen werden, in welchen im einzelnen dargelegt wird, daß der Antragstellerin ein Unterhaltsanspruch schon dem Grunde nach nicht zustehen kann.[10]

3. Der Antragstellerin steht schon dem Grunde nach derzeit keinerlei Ehegatten-Unterhaltsanspruch zu, insbesondere nicht auf den hier geltend gemachten Ehegatten-Unterhalt nach Scheidung.

a) Zwar kann von einer kurzen Ehedauer im Sinne des § 1579 Abs. 1 Nr. 1 BGB hier nicht ausgegangen werden.

b) Jedoch hat sich die Antragstellerin schon vor der endgültigen Trennung der Parteien und insbesondere seit der Trennung und bis heute wiederholt schwerer vorsätzlicher Vergehen gegen den Antragsgegner schuldig gemacht (§ 1579 Abs. 1 Nr. 2 BGB). Sie hat insbesondere am ...... den Antragsgegner bei einer Party im Hause seines Chefs, zu der sie unerlaubt eingedrungen war, mit einem Messer angefallen und verletzt, ferner bereits seit Ende 1988 wiederholt bis in jüngste Zeit hinein immer wieder versucht, durch fortgesetzte schwere Beleidigungen und Verleumdungen sowie durch schwerwiegende falsche Anschuldigungen den Antragsgegner bei seinem Chef und verschiedenen Geschäftspartnern zu schädigen. Im einzelnen: ......[7]

c) Nach Auffassung des Antragsgegners verfügt die Antragstellerin in Wirklichkeit über erhebliche Einkünfte aus – möglicherweise schwarz betriebener – „freiberuflicher" Übersetzertätigkeit und aus Kapitalvermögen; letzteres stammt aus einer im Jahre 1991 zwischen den Parteien vorgezogenen Auseinandersetzung des Zugewinnausgleichs, in dessen Rahmen ein gemeinsames Ferienhaus der Parteien verkauft und hieraus der Antragstellerin ein ganz erheblicher Erlösanteil zugewiesen wurde. Im einzelnen: ......

Beweis: ......

Sollte sich jedoch in diesem Rechtsstreit herausstellen, daß die Antragstellerin diesen ganz erheblichen Erlösanteil nicht mehr zur Verfügung hat – die Antragstellerin hat solches außergerichtlich dem Antragsgegner gegenüber bereits angedeutet – und tatsächlich es böswillig unterläßt, ihre bereits vor der Ehe erworbenen und während der ersten Jahre der Ehe auch noch in Anstellungsverhältnissen, dann freiberuflich eingesetzten Fähigkeiten und Erwerbsmöglichkeiten als Übersetzerin zur Einkommenserzielung einzusetzen, so hätte die Antragstellerin ihre behauptete Bedürftigkeit mutwillig herbeigeführt (§ 1579 Abs. 1 Nr. 3 BGB). Unterhaltsrechtlich würde sich hieraus folgendes ergeben: ......[8]

d) Insbesondere aber ist die Antragstellerin schon vor der endgültigen Trennung der Parteien, wahrscheinlich schon Ende 1990, mutwillig und ohne daß der Antragsgegner hierzu irgendeinen Anlaß gegeben hätte, aus der intakten Ehe der Parteien ausgebrochen, indem sie sich ehebrecherisch einem anderen Partner zuwandte und mit diesem mehrere Monate in ...... unter Zurücklassung des Antragsgegners und der gemeinsamen beiden ehelichen Kinder zusammenlebte. Zwar ist die Antragstellerin anläßlich der endgültigen Trennung der Parteien Mitte 1991 wieder in die damals eheliche Wohnung zurückgekehrt, dies aber nur, weil ihr dies offensichtlich von ihrem damaligen Anwalt zwecks Erhaltung etwaiger eigener Unterhaltsansprüche geraten worden war. In Wirklichkeit hat die Antragstellerin das Verhältnis zu jenem anderen Partner auch damals nicht aufgegeben und sofort nach der endgültigen Trennung der Parteien – der Antragsgegner mußte damals notgedrungen ausziehen – fortgesetzt in der Weise, daß spätestens seit Anfang 1992 dieser zu ihr in die frühere eheliche Wohnung gezogen ist, ständig mit ihr in eheähnlicher Lebensgemeinschaft zusammenlebt und sich von ihr den Haushalt führen läßt, ferner die Miete für die frühere eheliche Wohnung der Parteien an den Vermieter ...... bezahlt. Im einzelnen: ......[7]

Beweis: ......

Damit hat die Antragstellerin aus anderen Gründen im Sinne des § 1579 Abs. 1 Nr. 6 BGB, insbesondere im Sinne der neueren Rechtsprechung zum Ausschluß des Unterhaltsanspruchs wegen Aufnahme einer nichtehelichen Lebensgemeinschaft, jeden eigenen Unterhaltsanspruch verwirkt.

e) Rein vorsorglich wird dazu, daß der Aufbau der „Unternehmensberatung X" durch den Antragsgegner nach der Trennung der Parteien die ehelichen Lebensverhältnisse nicht prägte und eine unerwartete, vom Normalfall abweichende Entwicklung darstellt, so daß die Antragstellerin hierauf zusätzliche Unterhaltsansprüche jedenfalls nicht stützen kann, folgendes dargelegt und[6] unter Beweis gestellt: ......

......

f) Im vorliegenden Fall erreicht ferner das rechnerische Gesamteinkommen der Parteien, bei besonders hohem Nettoeinkommen des Antragsgegners, einen Betrag, der den nachehelichen laufenden Lebensunterhaltsbedarf beider objektiv betrachtet übersteigt. Es kann daher nur ein Teil der Einkünfte zur Unterhaltsberechnung herangezogen werden[9]. Im einzelnen ist hierzu auszuführen: ......

Beweis: ......

4. Nur rein vorsorglich wird hilfsweise beantragt, einen etwa verbleibenden Ehegatten-Unterhaltsanspruch der Antragstellerin zeitlich zu begrenzen auf eine Dauer von ...... Monaten ab dem Zeitpunkt der Scheidung. Ein weitergehender Unterhaltsanspruch wäre hier grob unbillig[11] (§ 1579 Abs. 5 BGB) im Hinblick auf folgende besondere Umstände: ......

Beweis: ......

Rechtsanwalt

13. Erwiderung auf eine Klage auf Unterhalt   II. H. 13

Anmerkungen

* Sachverhalt wie Form. II. H. 12.

1. Zur Zuständigkeit, Prozeßvollmacht, Anwaltszwang und Zulässigkeit der Stufenklage (auch im Verbund) vgl. die Anm. zu Form. II. H. 12, ferner die klarstellende Neufassung des § 78 Abs. 2 ZPO durch das UÄndG vom 20. 2. 1986, ebenso zu Streitwert und – grundsätzlich – Kosten.

2. Einwand der Erfüllung; ggf. müßte der hier auf Auskunft klagende Ehegatte nach allgemeinen Grundsätzen den Zusatzantrag auf eidesstattliche Versicherung der Richtigkeit und Vollständigkeit geltend machen, vgl. Form. I. D. 10 und Form. II. H. 12. mit dort. Anm.

3. Einwand sehr str. und unsicher, Auskunftsanspruch geht grundsätzlich sehr weit (z.B. gegenüber einem Rechtsanwalt als Mitglied einer Sozietät auch auf die wirtschaftlichen Verhältnisse der Sozietät, damit indirekt der Mitgesellschafter, so – für Auskunftsanspruch zum Zugewinn, § 1379 BGB – OLG Hamm NJW 1983, 1914). Vgl. auch BGH NJW 1993, 3262 (3269) m.w. Nachw.

4. Außerordentlich streitig ist, ob ein Zurückbehaltungsrecht besteht, wenn der andere, an sich ebenfalls auskunftspflichtige, Ehegatte seine Auskunft nicht erteilt, so – allerdings zum Auskunftsanspruch über Zugewinn gemäß § 1379 BGB – OLG Stuttgart, 15. ZS, FamRZ 1982, 282 (bejaht) einerseits und OLG Stuttgart, 16. ZS, FamRZ 1984, 273 sowie OLG Bamberg FamRZ 1985, 610 und OLG Frankfurt/M. FamRZ 1985, 483 (verneint) andererseits. Zu erheblicher Verzögerung im Verbund (Teilurteil, gesonderte Anfechtung) kann der Einwand wegen Anm. 5 durchaus in der Praxis führen. Verzögerte Auskunftserteilung oder Unterschlagen von Bezügen kann Schadensersatzpflicht auslösen, BGH FamRZ 1985, 155/158; u.U. sogar passives Verschweigen von Veränderungen (z.B. Arbeitsaufnahme), BGH NJW 1988, 1965.

5. Die Rspr. zum Umfang der eigenen Darlegungs- und Beweislast des Unterhaltsgläubigers ist unklar; sie wird grundsätzlich bejaht (vgl. i.e. Anm. 6 a.E. zu Form. II. H. 12 m. Nachw.), aber zum Teil auf „abstrakten Vortrag" reduziert, so z.B. auch zum Vorsorgeunterhalt, vgl. BGH FamRZ 1983, 152; nach a.A. Darlegungs- und Beweislast für eine – unterhaltsrechtlich relevante – „unerwartete, vom Normalverlauf erheblich abweichende Entwicklung der ehelichen Lebensverhältnisse" bei dem Ehegatten, der hieraus Rechte herleitet, BGH FamRZ 1983, 352 m. Nachw. Die Darlegungs- und Beweislast für Verwirkungstatbestände trägt Unterhaltsschuldner, und zwar – bei § 1579 Nr. 6 und Nr. 7 – sowohl für offensichtlich schwerwiegendes Fehlverhalten des Unterhaltsklägers wie auch dafür, daß er selbst daran unschuldig war (Einseitigkeit); der Kläger kann relativ leicht durch zeitlich und räumlich konkretisierten Gegenvortrag zum eigenen „Sündenregister" des Bekl. diesem Widerlegung wieder aufbürden (vgl. OLG Bamberg FamRZ 1985, 598; BGH FamRZ 1982, 779 und FamRZ 1983, 670). Darlegungs- und Beweislastverschärfung für Unterhaltsgläubiger u.U. aber dann, wenn dieser nach Scheidung mit einem anderen eine „Lebensgemeinschaft" eingeht, vgl. BGH FamRZ 1983, 151 u. Anm. 6 und 7. Vgl. im übrigen Anm. 6 zu Form. II. H. 12 und – neueste Entwicklungen der Kasuistik – *Kalthoener/Büttner*, NJW 1994, 1829, 1835.

6. Die – materiell-rechtliche – Frage, welche konkreten Umstände (in der Praxis vor allem: Einkommensverhältnisse) die „ehelichen Lebensverhältnisse prägen", kann für den Trennungs- wie Nachscheidungsunterhalt des Ehegatten von entscheidender Bedeutung sein wegen der davon abhängigen Anwendung entweder der Differenz-Methode (bei durch Doppelverdienerehe „geprägten Lebensverhältnissen": z.B. 3/7 der Differenz zwischen eigenem, meist niedrigerem Nettoeinkommen der Ehefrau zum meist höheren Nettoeinkommen des Mannes, für die Ehefrau oft günstiger) oder aber der Anrechnungs- bzw. Subtraktions-Methode (Unterhaltsanspruch ½ des Nettoeinkommens des Alleinverdieners, von welchem sich ergebenden Unterhaltsbetrag das Nettoeinkommen des Unterhaltsgläubigers voll abgezogen würde). Dies wirkt besonders einschneidend bei minderbemittelten Ehegatten, die erst nach Trennung bzw. Scheidung, obwohl an sich nicht erwerbspflichtig, mangels ausreichender Unterhaltung durch den anderen trotz Kindern Erwerbstätigkeit zwangsweise aufnehmen mußten; vgl. hierzu statt vieler etwa *Kalthoener/Büttner*, NJW 1991, 398, 401 f. und NJW 1994, 1829, 1831 ff. m. Nachw. Nach den Entscheidungen des BGH vom 23. 11. 1983 (NJW 1984, 292 und NJW 1984, 294) sollen, abweichend von Versuchen einiger OLGe, Unbilligkeiten durch Zuschläge etc. Rechnung zu tragen, einem Normalverlauf entsprechende Entwicklungen „prägend", dagegen unerwartete, vom Normalverlauf abweichende spätere Entwicklungen „nicht prägend" sein (so z. B. Wiedererlangung von Grundbesitz durch deutsche Wiedervereinigung, vgl. OLG Hamm FamRZ 1993, 972). Dabei hat Darlegungs- und Beweislast derjenige Ehegatte, der sich auf eine unerwartete Entwicklung beruft (BGH FamRZ 1983, 352 m. Anm.). Besonders sorgfältiger Tatsachenvortrag wird hier erforderlich. Zur Berücksichtigung des durch Zugewinnausgleich erhaltenen Vermögens für den Unterhaltsanspruch BGH NJW 1985, 909.

7. Die – gänzliche oder teilweise (zeitliche Begrenzung ist nach dem UÄndG vom 20. 2. 1986 auch in § 1579 BGB normiert) – „Verwirkung" des Ehegatten-Unterhaltsanspruchs aus den verschiedenen Gesichtspunkten des § 1579 BGB wegen grober Unbilligkeit, nach der Eherechtsreform fast totgesagt (Abkehr vom Verschuldensprinzip) und wohl in der durch die Rechtsprechung entwickelten Form so auch nicht beabsichtigt, spielt in der täglichen Gerichtspraxis eine ganz erhebliche Rolle, mit Zwang zu besonders ausführlichem Sachvortrag nebst Beweisantritten. Dies gilt insbesondere für die „anderen, ebenso schwerwiegenden Gründe" des § 1579 Abs. 1 Nr. 7 (früher Nr. 4) BGB und Nr. 6 BGB: an 1. Stelle steht hier in der Rechtsprechung das Zusammenleben des getrennten oder geschiedenen Ehepartners mit einem anderen Partner in „eheähnlicher Lebensgemeinschaft" ohne – offizielle – Unterhaltung durch diesen auf Kosten des Unterhaltsschuldners, auch wenn der Ehepartner die Kinder betreuen muß, vgl. etwa BGH NJW 1984, 297, ferner (Fall der schweren Verfehlung gemäß § 1579 Abs. 1 Nr. 2 BGB) BGH NJW 1984, 296, je mit Nachw. Manche Obergerichte arbeiten statt mit Ausschluß oder Teilausschluß mit einer „Zurechnung fiktiver Einkünfte" des mit einem anderen Partner zusammenlebenden Gatten (vgl. z. B. OLG Hamm FamRZ 1984, 498 ff., 500), wobei immer wieder – einschränkend – auch betont wird, daß die Verfehlungen oder „andere schwerwiegenden Gründe" des Unterhaltsschuldners „unterhaltsbezogen" sein müssen, typisch hier: Abhalten des Unterhaltspflichtigen von der Ehelichkeitsanfechtungsklage, vgl. BGH NJW 1985, 426 und *Kalthoener/Büttner* aaO, S. 407 f. Das Gesetz ermöglicht nun auch zeitliche Begrenzung der Unterhaltsansprüche aus den in § 1579 Nr. 1 bis 7 BGB genannten Gründen, vgl. hierzu Text Nr. 3 und Anm. 11.

8. Einwand, daß der Unterhaltsgläubiger seine Bedürftigkeit mutwillig herbeigeführt hat, § 1579 Abs. 1 Nr. 3 BGB, bei vorzeitiger Verschwendung des Zugewinnausgleichs sehr einschränkend OLG Karlsruhe FamRZ 1983, 506. Zu beachten ist im übrigen die erweiterte Aufzählung von Ausschluß- oder Begrenzungstatbeständen in § 1579 BGB nach UÄndG vom 20. 2. 1986.

9. Einwand der sog. „Sättigungsgrenze", welche – obwohl vom BGH bisher nicht offiziell bestätigt – bei den Obergerichten mit ähnlichen Formulierungen wie in der Formularbegründung z. T. praktiziert wird, vgl. z. B. OLG Düsseldorf FamRZ 1983, 928 oder OLG München FamRZ 1983, 925 (bei Einkommen des Unterhaltsverpflichteten über DM 10 000,– netto pro Monat).

10. Negative Feststellungsklage gegen Unterhaltsbeklagte ist unzulässig (OLG Düsseldorf FamRZ 1985, 1149), anders jedoch bei Klage gegen Unterhaltsverpflichtung aus EA,

14. Klage auf Zustimmung zum Real-Splitting **II. H. 14**

wenn Bedürftigkeit des Berechtigten entfallen ist: zulässig, u. U. auch für die Vergangenheit (OLG Düsseldorf FamRZ 1985, 1147).

11. Da Darlegungslast (Vortrag konkreter, zeitlich und räumlich präziser Umstände) und Beweislast wohl beim Unterhaltsschuldner, empfiehlt sich für diesen – in der Praxis vielleicht noch nicht sofort mit der ersten Klagerwiderung – genauer Sachvortrag. Zur Frage, ob der Unterhaltskläger dies (u. a. aus Kostengründen) schon in der Klage selbst vorwegnehmen kann, vgl. *Christel* FamRZ 1986, 627. Die OLG-Praxis arbeitet mit differenzierten „Schonfristen", z. T. gestaffelt („Abschmelzung" des Unterhaltsanspruchs, vgl. OLG Hamm FamRZ 1986, 908; OLG Frankfurt FamRZ 1986, 683; OLG Koblenz NJW-RR 1987, 132: sehr kurze Schonfrist, da schon vor Trennung bei kurzer Ehedauer aufgenommene Halbtagstätigkeit „ehebedingte" Benachteiligung nicht erkennen lasse).

Kosten und Gebühren

Wie Form. II. H. 12. Streitwert der Auskunft nicht direkt abhängig von Höhe des später hieraus evtl. abzuleitenden Unterhalts sondern vom Interesse, Aufwand für Erteilung nicht leisten zu müssen, jetzt st. Rspr., vgl. BGH NJW-RR 1993, 1028; aber Bruchteil ($1/10$ bis $1/5$) der mutmaßlichen Leistungsklage bei Abweisung, BGH FamRZ 1993, 1189.

Fristen und Rechtsmittel

Wie Form. II. H. 12.

14. Klage auf Zustimmung zum Real-Splitting

An das
Amtsgericht
– Familiengericht[1] –

Klage

des ......　　　　　　　　　　　　　　　　　　　　　　　　– Klägers –
Verfahrensbevollmächtigter: RA ......

gegen

......　　　　　　　　　　　　　　　　　　　　　　　　　　– Beklagte –
wegen Ehegattenunterhalt nach Scheidung
hier: Zustimmung zum Real-Splitting

vorläufiger Streitwert[2]: DM ......

Namens und in Vollmacht des Klägers erhebe ich Klage gegen die Beklagte mit folgenden Anträgen[3]:
 I. Die Beklagte wird verurteilt, ihre Zustimmung dazu zu erklären, daß der Kläger für den Veranlagungszeitraum ...... seine Unterhaltsleistungen an die Beklagte als Sonderausgabe angibt. Der Kläger ist verpflichtet, die Beklagte von Einkommensteuerschulden für den Veranlagungszeitraum ...... freizustellen, die infolge seines Antrags nach § 10 Abs. 1 EStG entstehen werden.
 II. Die Beklagte hat die Kosten des Rechtsstreits zu tragen.

Begründung

1. Die Ehe der Parteien ist durch Verbundurteil des Familiengerichts ...... vom 13. 12. 1991 rechtskräftig geschieden worden. Hierbei wurde der Kläger als dortiger Antrags-

gegner zugleich rechtskräftig verurteilt, an die Beklagte als dortige Antragstellerin einen monatlichen nachehelichen Ehegattenunterhalt von 2.225,– DM wegen damals angeblich bestehender krankheitsbedingter Erwerbsunfähigkeit der Beklagten zu bezahlen mit Wirkung ab 1. 1. 1992; dem ist der Kläger nachgekommen.

Beweis: ......

2. Der Kläger befindet sich einkommensbedingt in einer hohen Steuerprogression. Er hat deshalb die Beklagte mit Schreiben vom ...... und Anwaltsschreiben vom ...... unter Fristsetzung aufgefordert, ihre Zustimmung zur Angabe der an die Beklagten geleisteten und noch zu leistenden laufenden Unterhaltszahlungen als Sonderausgabe bei seinem zuständigen Einkommenssteuerfinanzamt, zunächst für den Veranlagungszeitraum 1992, zu erklären. Die Beklagte hat zunächst nicht reagiert, sodann mit Schreiben vom ...... ihres Anwalts dieses Verlangen des Klägers endgültig, und zwar ersichtlich auch für den weiteren Veranlagungszeitraum 1993, abgelehnt mit der Behauptung, sie, die Beklagte, erleide hierdurch „unübersehbare steuerliche Nachteile", außerdem stehe die vom Kläger in den vorgenannten Schreiben gleichzeitig erklärte Bereitschaft zur Freistellung der Beklagten von steuerlichen Nachteilen wegen seines „undurchsichtigen Finanzgebarens" nur auf dem Papier.

Beweis: Die vorbezeichneten Schreiben, insbesondere ......

3. Klage ist daher geboten, und zwar wegen ernstlicher und endgültiger Weigerung der Beklagten auch für den nunmehr laufenden Veranlagungszeitraum 1993. Die Klage auf Zustimmung ist nach der nunmehr h. M. der höchstrichterlichen Rechtsprechung als Anspruch auf eine Nebenpflicht aus dem bestehenden gesetzlichen Unterhaltsverhältnis auch in der obigen Form begründet.
Insbesondere ist der Kläger nicht verpflichtet, ohne besondere, von der Beklagten darzulegende und gegebenenfalls zu beweisende Umstände schon jetzt eine Sicherheitsleistung für die von ihm gleichzeitig einzugehende Freistellungsverpflichtung anzubieten oder zu übernehmen.

4. Die beantragte Kostenentscheidung ist hier nach allgemeinen Grundsätzen gerechtfertigt.

Rechtsanwalt

Anmerkungen

1. Es handelt sich (gerade noch) um eine Familiensache im Sinne der §§ 23 b Abs. 1 Nr. 6 GVG, 621 Abs. 1 Nr. 5 ZPO, vgl. OLG Hamm FamRZ 1987, 489 und *Thomas-Putzo*, Rdn. 29 zu § 621 ZPO (h.M.); das Verfahren folgt ZPO-Grundsätzen; bei einer Klage auf Zustimmung zur Lohnsteuerermäßigung bzw. auf Stellung des entsprechenden Antrags durch den Ehegatten handelt es sich jedoch nach Auffassung des BayObLG nicht um eine Familiensache, BayObLG NJW 1985, 1787. Der Streit um die Aufteilung der Steuerrückerstattung soll nach OLG Düsseldorf FamRZ 1985, 82 keine Familiensache sein, während die Schadensersatzklage wegen Mitwirkungspflichtverletzung bei der Steuererklärung nach LG Hannover FamRZ 1985, 405 Familiensache sei. Zur neueren Kasuistik vgl. *Kalthoener/Büttner*, NJW 1994, 1829, 1834 f.

2. Der Streitwert dürfte der angestrebten Steuerersparnis beim Kläger entsprechen.

3. Zu den materiellen Rechtsgrundlagen und zur Ausgestaltung der Anträge des hier geltend gemachten Anspruchs vgl. z.B. *Stollenwerk/Rahm* IV. Rdn. 550 mwN und insb. ausführlich mwN BGH FamRZ 1983, 576 (dort auch zu den – eingeschränkten – Voraussetzungen, zu denen der Unterhaltsgläubiger Sicherheit für den Freistellungsanspruch verlangen kann), ferner BGH FamRZ 1988, 820, 821. Str., ob außerdem eine Verpflichtung besteht, den anderen am Steuervorteil „angemessen zu beteiligen", so wohl OLG Düssel-

15. Antrag auf Zugewinnausgleich (Stufenklage)   II. H. 15

dorf FamRZ 1983, 73. Bei Zustimmung des Unterhaltsberechtigten Ehepartners zum begrenzten Realsplitting – § 10 I Nr. 1 EStG – besteht Anspruch auf Erstattung des daraus erwachsenden steuerlichen Nachteils, Einzelheiten str., vgl. *Kalthoener/Büttner* Rdn. 534 f. und *dies.* NJW 1994, 1829, 1834 f. m. Nachw.

Kosten und Gebühren

Bei – wie hier – isolierter Entscheidung GK aus KV Nr. 1201 ff.; RA einheitlich nach §§ 31 ff. BRAGO.

Fristen und Rechtsmittel

Berufung zum OLG gemäß § 23 b Abs. 1 Nr. 6 mit § 119 GVG. Verwendbarkeit gegenüber dem Finanzamt erst mit Rechtskraft der Verurteilung (§ 894 ZPO).

15. Antrag auf Zugewinnausgleich (Stufenklage)[*]

An das
Amtsgericht[1]
– Familiengericht –

                    Antrag[2]

der ......   – Antragsgegnerin und Anschlußantragstellerin –[2]
Verfahrensbevollmächtigte: Rechtsanwälte ......[3]

gegen

......   – Antragsteller und Anschlußantragsgegner –[2]
Verfahrensbevollmächtigter: Rechtsanwalt ......[3]

wegen streitiger Ehescheidung

hier: Zugewinnausgleich (Auskunft und Zahlung)[1, 2]

vorläufiger Streitwert: DM ......[4]

Aktenzeichen: ......

Wir nehmen Bezug auf die für die Antragsgegnerin und Anschlußantragstellerin bereits vorgelegte besondere Prozeßvollmacht[5] im vorbezeichneten, vom Antragsteller und hiesigen Anschlußantragsgegner anhängig gemachten Scheidungsverfahren und unseren Antragserwiderungsschriftsatz vom ...... für die Antragsgegnerin, in welchem diese ebenfalls Scheidung beantragt hat. Namens und im Auftrag der Antragsgegnerin und Anschlußantragstellerin stellen wir zum Zugewinnausgleich folgende Anträge:

I. Der Antragssteller wird verurteilt, der Antragsgegnerin
   1. Auskunft zu erteilen über
      a) sein Endvermögen am ......, mit Ausnahme des gemeinsamen ehelichen Hausrats und der persönlichen Gebrauchsgegenstände, durch Vorlage eines vollständigen, systematischen Bestandsverzeichnisses über seine zu diesem Zeitpunkt vorhandenen Aktivposten und Schuldposten mit Wertangaben;
      b) die ihm am ...... von seinen Eltern schenkweise zugewendete Kommanditbeteiligung an der Firma ...... mit Angabe eines geschätzten Verkehrswertes[7];

2. die Auskünfte gemäß Ziff. 1. zu belegen durch
   a) Kontoauszüge zum ...... zum Beleg der zu diesem Zeitpunkt bestehenden Haben- und Sollsalden bei der X-Bank und der Y-Sparkasse sowie eine Bescheinigung der Z-Lebensversicherung über den zu diesem Zeitpunkt vorhandenen Rückkaufswert sowie durch Vorlage des Kaufvertrags und des Kfz.-Briefes des Pkw ......;
   b) Vorlage der Bilanzen nebst Gewinn- und Verlustrechnungen der Jahre ...... bis ...... der ABC-KG für die Jahre ...... bis ......
II. Der Antragsteller wird ggf. verurteilt, die Richtigkeit des vorgelegten Verzeichnisses gemäß Ziff. I. an Eides Statt zu versichern.
III. Der Antragsteller wird ggf. verurteilt, die Hälfte des sich aus Ziff. I. ergebenden Zugewinns an die Antragsgegnerin und Anschlußantragstellerin zu bezahlen.
IV. Die Kosten des Zugewinnausgleichsverfahrens trägt der Antragsteller.

Begründung:

1. Zwischen den Parteien ist das vorbezeichnete streitige Ehescheidungsverfahren durch der Antragsgegnerin am ...... zugestellte Scheidungsantragsschrift des Antragsgegners rechtshängig geworden. Über den Zugewinnausgleich zwischen den Parteien, welche die Ehe geschlossen haben am ...... und im gesetzlichen Güterstand leben, konnte bisher außergerichtlich keine Einigung erzielt werden. Zwar hat die Antragsgegnerin und Anschlußantragstellerin dem Verfahrensbevollmächtigten des Antragstellers das in Anlage 1 beigefügte eigene Vermögensverzeichnis über ihr Anfangsvermögen und Endvermögen vorgelegt und den Antragsteller unter Fristsetzung bis zum ...... aufgefordert, ebenfalls über den von ihm in der Ehezeit erzielten Zugewinn in der Form des § 260 BGB Auskunft zu erteilen.
Der Antragsteller, welcher schon während der Ehezeit sich alleine um die wirtschaftlichen Angelegenheiten der Familie gekümmert, seine eigenen vermögensmäßigen Dispositionen stets für sich selbst erledigt und der Antragsgegnerin keinen näheren Einblick gegeben hat, weigert sich jedoch trotz dieses Aufforderungsschreibens, gemäß §§ 1379 Abs. 2, 260 BGB die erforderlichen Auskünfte zu erteilen, dies, obwohl er sie unschwer erteilen könnte, während die Antragsgegnerin und Anschlußantragstellerin schuldlos zur eigenen Erstellung eines solchen Bestandsverzeichnisses mit hinreichender Sicherheit derzeit außer Stande ist. Sie kann insbesondere auch die näheren Umstände und den Wert der dem Antragsteller am ...... von seinen Eltern schenkweise zugewendeten KG-Beteiligung an der ABC-KG, welche das Anfangsvermögen des Antragstellers erhöht (§ 1375 Abs. 2 BGB), schuldlos nicht selbst feststellen, weil ......

Beweis: ......

2. Die Antragsgegnerin hat gemäß der obigen Anlage 1, welche vom Antragsteller bisher in keiner Weise beanstandet wurde, während der Ehezeit keinen Zugewinn erzielt.

Beweis im Bestreitensfall: ......

Antrag auf Zugewinnausgleich in der obigen Form, nämlich in der Form der Stufenklage, war daher geboten[8].

3. Der Kostenantrag ergibt sich aus § 93a Abs. 1 S. 2. 2. Alt. ZPO[9].
4. Gerichtskosten in Höhe von DM ...... sind beigefügt in ......[10].

Rechtsanwalt

Anmerkungen

* Zugrundeliegender Sachverhalt ähnlich Form. II. H. 8!
1. Ausschließlich zuständig für alle güterrechtlichen Auseinandersetzungen (alle Güterstände, also nicht nur Zugewinnausgleich; alle Sonderfragen und -verfahren, auch die

15. Antrag auf Zugewinnausgleich (Stufenklage) II. H. 15

FGG-Verfahren der §§ 1382, 1383 BGB) nunmehr, da Familiensache, Familiengericht, § 23b Abs. 1 Nr. 9 und 10 GVG, § 621 Abs. 1 Nr. 8 und 9 ZPO, am Gericht der Ehesache, sonst in allgemeiner örtlicher Zuständigkeit, § 621 Abs. 2 S. 2 ZPO.

2. Da reines ZPO-Verfahren (im Verbund mit Besonderheiten aus §§ 622 ff. ZPO), an sich „Klage", „Klägerin" etc. denkbar. Stark gelockerter Verbund, da nur auf Antrag in Verbund einzubeziehen, erleichterte Abtrennung bei Beteiligung eines Dritten (§ 623 Abs. 1 S. 2 ZPO) und erleichterte Abtrennung und Vorwegentscheidung über Ehescheidung bei komplizierten güterrechtlichen Auseinandersetzungen gemäß § 628 Abs. 1 Nr. 1 ZPO (vgl. etwa BGH NJW 1987, 1772, wonach eine Verfahrensdauer von etwa 2 Jahren noch normal); möglich auch als isolierte Familiensache nach Scheidung oder bei Getrenntleben (dann aus §§ 1385, 1386 BGB).

3. Als Folgesache für Ehegatten in allen Instanzen Anwaltszwang, § 78 Abs. 2 Nr. 1 ZPO, als isolierte Familiensache ebenso Anwaltszwang nach § 78 Abs. 2 Nr. 2 ZPO, beachte auch verfahrensrechtliche Sonderregeln in § 621b ZPO und – für Verfahren nach § 621 Abs. 1 Nr. 9 ZPO – in § 621a Abs. 2 ZPO (Entscheidung, obwohl FGG-Verfahren, durch Urteil).

4. Soll bei unbeziffertem Klagantrag – wie hier – angegeben werden, § 621b Abs. 1 ZPO. Zur Bemessung vgl. Form. II. H. 13 (Kosten und Gebühren).

5. § 609 ZPO.

6. Berechnungszeitpunkt Anfangsvermögen: Tag der Eheschließung; Berechnungszeitpunkt Endvermögen bei Scheidung gemäß § 1384 BGB: Zeitpunkt der Rechtshängigkeit desjenigen Scheidungsantrages, auf den hin (ggf. unmittelbar damit im Zusammenhang stehende Widerklage oder Gegenantrag) die Ehe geschieden wird, wobei früher eingeleitetes Scheidungsverfahren, obwohl formal zunächst fortbestehend, bei neuem Scheidungsantrag nicht berücksichtigt wird, vgl. BGH NJW 1979, 2099; andererseits führt – uU. auch längeres – Ruhen ein und desselben Verfahrens nicht zur Abänderung des ursprünglichen Berechnungszeitpunkts, selbst bei zwischenzeitiger Versöhnung (str., vgl. BGH FamRZ 1983, 350; OLG Frankfurt FamRZ 1982, 1013). Zum Übergangsrecht in der Ex-DDR vgl. Art. 234 § 4 EGBGB und *Dörr*, NJW 1991, 1090, 1095.

7. § 1379 BGB verlangt an sich Auskunft nur über Endvermögen; da aber Vermutung des § 1377 Abs. 3 BGB widerlegbar und bloße Endvermögen-Auskunft uU. nichtssagend, bei erheblichem Kosten-Risiko, sollte m. E. Auskunft auch über Anfangsvermögen und die besonderen Vermögensteile der §§ 1374 Abs. 2, 1375 Abs. 2 BGB nach allgemeinen Vorschriften (einerseits unverschuldete Unkenntnis, andererseits zumutbare Auskunftsmöglichkeit, § 242 BGB) auch weitergehend zugelassen werden, wie hier OLG Schleswig FamRZ 1983, 1126, einschränkend – nur für Zuerwerb nach § 1375 Abs. 2 BGB und nur gemäß § 242 BGB – aber BGH NJW 1982, 176, ähnlich OLG Düsseldorf FamRZ 1982, 805.

Zum Umfang der Auskunft vgl. OLG Hamm NJW 1983, 1914 (u. a. Pflicht zur Vorlage des RA-Sozietätsvertrages; offengelassen, ob Zurückbehaltungsrecht nach § 273 BGB bei Gegen-Auskunftsanspruch besteht: bejahend OLG Stuttgart FamRZ 1982, 292; verneinend aber OLG Stuttgart FamRZ 1984, 273).

Hausrat nach nunmehr gefestigter Rspr. *nicht* im Zugewinn, daher auch keine Auskunftspflicht nach § 1379 BGB, vgl. BGH FamRZ 1984, 144 m. w. Nachw.

8. Trotz Verbundverfahren Stufenklage zulässig, Vorabentscheidung (Teilurteil) über Auskunft, Endentscheidung in Verbundurteil, nunmehr h. M.

9. Gerade im güterrechtlichen Verfahren kann dieser anderweitigen Kostenregelung besondere Bedeutung zukommen.

10. Auch hier (außer Prozeßkostenhilfe) einstweilige Anordnung auf Kostenvorschuß möglich, § 621f. ZPO. Da Gegenantrag und außerdem Verbund, wird Gericht Termine-

Kosten und Gebühren

Gleiche Grundsätze wie zu Form. II. H. 12, da – auch kostenrechtlich – ZPO-Streitigkeit. Aber: Verfahren nach § 621 Abs. 1 Nr. 9 ZPO (Sonderfälle des Ehegüterrechts): GK aus § 97 Abs. 1 Nr. 1 KostO, RA aus § 118 BRAGO, soweit isoliert. Zur Prozeßkostenhilfe vgl. Form. I. C. 1.–3. und Anm. zu Form. II. H. 23.

Fristen und Rechtsmittel

Berufung zum OLG, §§ 23b Abs. 1 Nr. 9, 119 Abs. 1 Nr. 1 GVG, vgl. im einzelnen Form. II. H. 30.

16. Antrag auf Zuteilung von Ehewohnung und Hausrat

An das
Amtsgericht[1]
– Familiengericht –

Antrag

der ......　　　　　　　　　　　　　　　　　　　　– Antragstellerin –
Verfahrensbevollmächtigter: Rechtsanwalt ......[2]
gegen
......　　　　　　　　　　　　　　　　　　　　　　– Antragsgegners –
Verfahrensbevollmächtigter: Rechtsanwalt ......[2]
wegen streitiger Ehescheidung
hier: Ehewohnung und Hausrat[3]
vorläufiger Streitwert: ......[4]
Beteiligter: Herr ......, ...[5]
Aktenzeichen: ......

Ich nehme in bereits vorgelegter besonderer Prozeßvollmacht[6] für die Antragstellerin Bezug auf deren Antragsschrift auf streitige Ehescheidung vom ......, in der ich unter Ziff. I. und II. bereits dargelegt habe, daß die Antragstellerin und der Antragsgegner mit den gemeinsamen ehelichen Kindern ...... bis zum Auszug des Antragsgegners am ...... als Ehewohnung die vom Beteiligten gemietete Wohnung Nr. ...... im Anwesen ...... bewohnt haben. Im Rahmen des vorbezeichneten Scheidungsverfahrens stelle ich nunmehr für die Antragstellerin gegen den Antragsgegner folgende Anträge:

　I. Die Ehewohnung (Wohnung Nr. ...... im Anwesen ......) wird der Antragstellerin unter Begründung eines Allein-Mietverhältnisses ab dem ...... mit dem Vermieter ...... zugewiesen[7].
　II. Der eheliche Hausrat wird zwischen den Parteien wie folgt aufgeteilt:
　　1. Die Antragstellerin erhält:
　　　a) ......
　　　b) ......
　　　......

16. Antrag auf Zuteilung von Ehewohnung und Hausrat   II. H. 16

   2. Der Antragsgegner erhält:
      a) ......
      b) ......
     ......[8]

III. Der Anspruch auf etwaige Rückzahlung der seinerzeit vom Antragsgegner allein geleisteten Mietkaution in Höhe von DM ...... gegenüber dem Vermieter ...... wird der Antragstellerin allein zugewiesen[7].

IV. Der Antragstellerin wird eine Ausgleichszahlung an den Antragsgegner für Kautionszuweisung und Hausratszuweisung auferlegt in Höhe von DM ......[7]

V. Die Kosten folgen der Hauptsache.

                         Begründung:

1. Die Parteien sind aufgrund des kurz nach Eheschließung gemeinschaftlich abgeschlossenen Mietvertrages vom ...... mit dem Beteiligten als Vermieter ......, zugleich Grundstückseigentümer[5], Mieter der Wohnung Nr. ...... im Anwesen ...... (Ehewohnung); auf den Mietvertrag hat der Antragsgegner bei Mietbeginn aus eigenen Mitteln eine Kaution an den Vermieter in Höhe von DM ...... geleistet.

2. Seit dem Auszug des Antragsgegners am ...... aus der bisher gemeinsamen ehelichen Mietwohnung wird diese von der Antragstellerin mit den gemeinsamen ehelichen Kindern ......, geb. am ......, und ...... geb. am ......, allein bewohnt. Obwohl der Antragsgegner sich dem widersetzt, kann der Antragstellerin und den Kindern wegen schlechter finanzieller Verhältnisse und günstiger Lage dieser Wohnung zu Schule und Kindergarten ein Umzug auf absehbare Zeit nicht zugemutet werden.

Beweis: ......

3. Ferner hat der Antragsgegner damit begonnen, nach seinem freien Belieben und gegen den Widerspruch der Antragstellerin einzelne Stücke des durchgehend in gemeinsamem Miteigentum der Parteien stehenden Hausrats wegzubringen, darunter ......, und ......, welche die Antragstellerin für den Haushalt mit den Kindern dringend benötigt. Auch insoweit besteht ein akutes Bedürfnis nach Gesamtregelung. Der Gesamt-Hausrat der Parteien ergibt sich aus der als Anlage 1 beigefügten Hausratsliste, wobei die Wertangaben zum Neuwert laut Rechnungen erfolgt sind, wovon höchstens 30% als derzeitiger Wert in Betracht kommen[8].

Beweis im Bestreitensfall: Sachverständigengutachten

4. Die beantragte Entscheidung hinsichtlich der Ehewohnung, nämlich Zuweisung der Mietwohnung an die Antragstellerin allein unter gleichzeitiger Zuweisung des Kautionsanspruches gegen den Vermieter ......, entspricht am besten den Vorschriften der §§ 1, 2, 5 Hausratsverordnung und sichert zugleich die Ansprüche des Vermieters aus dem Mietverhältnis, nunmehr gegenüber der Antragstellerin allein (§ 5 Abs. 1 S. 2 Hausratsverordnung). Gleiches gilt für die vorgeschlagene Aufteilung des durchweg im gemeinsamen Eigentum beider Ehegatten stehenden Hausrats (§ 8 Abs. 1 und 2 Hausratsverordnung). Die angeregte Ausgleichszahlung durch die Antragstellerin erfaßt sowohl einen Ersatz zum Zeitwert derjenigen Hausratsgegenstände, welche über den Hälfteanteil der Antragstellerin hinaus bei der Antragstellerin bleiben sollen, gemindert um jeweils 50%, wie den Ausgleich für die von der Antragstellerin übernommene Mietkaution[9]. Im Einzelnen ist hierzu vorzutragen: ......

5. Kosten ......

......

                                             Rechtsanwalt

Anmerkungen

1. Da Familiensache, ausschließlich zuständig das Familiengericht, § 23b Abs. 1 Nr. 8 GVG, § 621 Abs. 1 Nr. 8 ZPO, der Ehesache, sonst isoliert (über § 1361b BGB n.F.) der allgemeinen örtlichen Zuständigkeit, § 621 Abs. 2 S. 2 ZPO, ebenso für Anspruch auf Rückschaffung entzogener Hausratsgegenstände, BGH in FamRZ 1982, 1200; anders jedoch bei Schadensersatzanspruch wegen nicht herausgegebener Gegenstände, BGH FamRZ 1980, 45. Die Auskunftsklage bezüglich der Personen, an die Hausrat verkauft worden ist, zur Geltendmachung der Unwirksamkeit der Veräußerung ist Familiensache nach OLG Düsseldorf FamRZ 1985, 721.

2. Anwaltszwang für Ehegatten im Verbund, § 78 Abs. 2 Nr. 1 ZPO; soweit isoliert als FGG-Verfahren möglich, was durch Neufassung von § 1361b BGB inzwischen auch für Antrag schon vor Einleitung des Scheidungsverfahrens klargestellt ist, kein Anwaltszwang in I. und Beschwerdeinstanz.

3. FGG-Mischverfahren mit besonderen Verfahrensvorschriften in der Verordnung über die Behandlung der Ehewohnung und des Hausrats – 6. Durchführungsverordnung zum Ehegesetz – vom 21. 10. 1944, RGBl. I S. 256, §§ 2, 11–19 HausratsVO, einschließlich Kosten, §§ 20–23 HausratsVO; als isolierte Familiensache ausdrücklich zugelassen in § 1361a BGB, § 18a HausratsVO für den Hausrat selbst; für die Ehewohnung nunmehr geregelt in § 1361b BGB mit UÄndG vom 20. 2. 1986. Danach kann die Ehewohnung zur Vermeidung schwerer Härten schon vor Anhängigkeit einer Ehesache einem Ehegatten zugewiesen werden; u.U. hat er dem anderen Ehegatten eine Nutzungsvergütung zu leisten. Die Vorschriften der HausratsVO sind sinngemäß anzuwenden, § 18a der HausratsVO ist entsprechend ergänzt worden. Isolierte Familiensache nach § 621 Abs. 1 Nr. 7 ZPO. Im Verbund ist jedoch (außer u.U. durch EA) nie diese vorläufige, sondern nur die endgültige Wohnungsregelung zulässig. Bei Rücknahme des Scheidungsanstrags ist Fortsetzung als isolierte Familiensache möglich. Regelungswirkung aber nur bis zur rechtskräftigen Scheidung. EA auch im isolierten Verfahren möglich, § 13 Abs. 4 HausratsVO. Zur Frage der hier dann zulässigen Rechtsmittel vgl. *Palandt/Diederichsen* § 13 HausratsVO Rdn. 2 m. Nachw. Kein Zwangsverbund, nur auf Antrag; obwohl speziell bei Ehewohnung typischerweise Drittbeteiligung denkbar, zweifelhaft, ob erleichterte Abtrennung aus § 623 Abs. 1 S. 2 ZPO analog möglich ist.

4. Ehewohnung: Wohl einjähriger Mietwert, § 21 Abs. 2 S. 1 1. Halbs. HausratsVO mit (direkt oder analog) § 16 Abs. 1 GKG, als Folgesache (selbständig uU. niedriger, so *Lappe* aaO. Rdn. 313–317 und 512). Hausrat: Wert nach § 12 Abs. 1 GKG, §§ 6 oder 3 ZPO, § 21 Abs. 2 S. 1 2. Halbs. HausratsVO.

5. Als Vermieter der Ehewohnung Verfahrensbeteiligter, § 7 HausratsVO, mit Anspruch auf rechtliches Gehör, vgl. § 624 Abs. 4 ZPO, jedoch, soweit Folgesache, insoweit auch für diesen Anwaltszwang aus § 78 Abs. 1 Nr. 2 ZPO. Wichtig bei Führung als isolierte Familiensache: später als 1 Jahr nach Rechtskraft des Scheidungsurteils darf Gericht in Rechte des Drittbeteiligten nur mit dessen Einverständnis eingreifen, § 12 HausratsVO.

6. § 609 ZPO. Getrennte Aktenführung, vgl. § 624 Abs. 4 ZPO, bei notwendiger Drittbeteiligung besonders bedeutsam, aber auch zu Wiederholungen zwingend.

7. Zu den erforderlichen Ermittlungen durch den Richter: Eigentumsverhältnisse sind aufzuklären, soweit mit zumutbarem Aufwand möglich (s. auch MünchKomm/*Müller-Gindullis* Rdnrn. 12, 13 zu § 6 HausratsVO). Weitgehende Gestaltungsfreiheit des Richters (Grundsätze siehe § 2 VO), auch für neue Kautionsregelungen und Ausgleichszahlungen der Ehegatten (typische Fälle: Kaution, Freigabe Hausrat aus Vermieterpfandrecht, Mietereinbauten etc. Zusätzliches Sonderproblem: Gefahr des Verlustes von Kündigungs-

schutzregelungen; vgl. *Palandt/Diederichsen* § 5 HausratsVO Rdn. 6 und *Brudermüller*, FamRZ 1989, 7). Bleibt ein Ehegatte im gemeinsamen Haus wohnen, kann Miet- oder Nutzungsverhältnis gegen Entschädigung begründet werden, vgl. BayObLGZ 1973, 240 und BGH NJW 1982, 1753, sowie BGH NJW 1983, 1845. Zur Berücksichtigung des Wohnwertes beim Unterhalt vgl. auch OLG München FamRZ 1984, 173. Nach OLG Düsseldorf FamRZ 1981, 806 soll genau bestimmter Sachantrag, da FGG-Sache, entbehrlich sein, Bindung des Gerichts an den Antrag besteht nicht. Ferienhaus, auch wenn häufig benutzt, keine „Ehewohnung" (OLG München, OLG-Report 1994, 127).

8. Zum Begriff des Hausrats vgl. *Palandt/Diederichsen* § 1 HausratsVO Rdn. 12; der Begriff ist nicht identisch, ja möglicherweise konträr zu dem der „zum persönlichen Gebrauch eines Ehegatten oder eines Kindes bestimmten Sachen" im Sinne von § 620 Nr. 8 ZPO, wie andererseits auch der Streitgegenstand der §§ 620 Nr. 7 (Benutzung der Ehewohnung und des Hausrats) und 8 (Herausgabe oder Benutzung persönlicher Gebrauchsgegenstände) ZPO mit dem der HausratsVO nicht identisch sein und Verfahren nach § 620 S. 1 Ziff. 7 ZPO Vorrang haben soll. OLG Zweibrücken FamRZ 1983, 1148 hält Teilentscheidung hier für unzulässig. Nach jetzt gefestigter Rspr. gehört Hausrat nicht in den Zugewinn (daher insoweit z. B. auch keine Auskunftspflicht aus § 1379 BGB), vgl. BGH FamRZ 1984, 144 m. Nachw. und Besprechung dazu von *Smid*, NJW 1985, 173. Einen klagbaren Auskunftsanspruch über den Bestand des Hausrats soll es nicht geben, wegen § 242 sehr zweifelhaft, so aber OLG Düsseldorf FamRZ 1985, 1152: Amtsermittlungsgrundsatz, Antrag nach § 1 HausRVO ist Verfahrensantrag.

9. Da die für einverständliche Scheidung gemäß § 630 Abs. 1 Nr. 3 ZPO erforderliche Einigung der Ehegatten über „die Rechtsverhältnisse an der Ehewohnung und am Hausrat" nach *Stein/Jonas/Schlosser* § 630 Rdn. 9, auch den Vermieter und die sonst in § 7 HausratsVO genannten Personen rechtsverbindlich (als Wirksamkeitsvoraussetzung) einschließen müsse, und das Gericht auch insoweit Wirksamkeit der Vereinbarung von Amts wegen überprüfen müsse, könnte eine Konventionalscheidung trotz Einigkeit in allen anderen Punkten also uU. am Widerstand des Vermieters scheitern und die Ehegatten zum streitigen Scheidungsverfahren und förmlicher Anhängigmachung der Ehewohnungsregelung als Folgesache zwingen, mit zusätzlichen Schwierigkeiten für die Rechtskraft der Scheidung selbst.

Zu möglichen Vereinbarungen vgl. Beck'sches Formularbuch, 6. Aufl. 1995, Form. V. 24.

Kosten und Gebühren

Bei Entscheidung im Verbund wie Form. II. H. 12, 15. Isoliert: GK aus § 21 Abs. 1 S. 1 und 2 HausratsVO; RA nur $5/10$ der Gebühren aus § 31 Abs. 1 BRAGO (vgl. § 63 Abs. 1 Nr. 1 und Abs. 3 BRAGO).

Fristen und Rechtsmittel

Zum OLG durch Berufung (Verbund) oder FGG-Beschwerde, befristet, vgl. II. H. 30. und 31. Zur Sicherung nur des ungestörten Besitzes vor Scheidungsverfahren allerdings normale einstweilige Verfügung und deren Rechtsmittel (allg. Prozeßgericht, vgl. OLG Düsseldorf FamRZ 1985, 1061).

17. Versorgungsausgleich – Antrag auf Nichtstattfinden und Genehmigung einer Vereinbarung nach § 1587 o BGB*

An das
Amtsgericht[1]
– Familiengericht –

......, den 16. 2. 1994

Antrag

In der Ehesache

...... – Antragstellerin –

Verfahrensbevollmächtigter: Rechtsanwalt ......[2]

gegen

den ...... – Antragsgegner –

– nicht vertreten –

wegen streitiger Ehescheidung[3]

hier: Versorgungsausgleich – Antrag auf Nichtstattfinden und Genehmigung nach § 1587 o BGB[4]

vorläufiger Streitwert: DM ......[5]

Aktenzeichen: noch unbekannt

nehme ich Bezug auf meine besondere Prozeßvollmacht für die Antragstellerin, eingereicht mit Antragsschriftsatz auf streitige Ehescheidung vom heutigen Tage, in welchem ich als dortige Anlage 1 eine umfassende Scheidungsvereinbarung der Parteien mit (insbesondere in Ziff. 4 und 6) einer ausführlichen Parteivereinbarung auch über den Versorgungsausgleich vorgelegt habe. Ich stelle für die Antragstellerin folgende Anträge:

I. Ein Versorgungsausgleich zwischen den Parteien findet nicht statt[9].
II. Die Kosten folgen der Hauptsache.

Ferner wird die Genehmigung der vorgelegten Parteivereinbarung über den Versorgungsausgleich durch das Familiengericht – der Antragsgegner wird sich dem anschließen – hiermit beantragt[6].

Begründung:

1. Die vorgelegte Parteivereinbarung über den Versorgungsausgleich, welche durch Protokollierung im Scheidungstermin über §§ 1587 o Abs. 2 S. 2, 127 a BGB die erforderliche Form erhalten wird, ist zu genehmigen[7], weil die vereinbarte Leistung des Antragsgegners, die danach anstelle der möglichen Übertragung von Versorgungsanwartschaften des Antragsgegners auf die Antragstellerin treten soll, auch unter Einbeziehung der Unterhaltsregelung und der Vermögensauseinandersetzung zwischen den Parteien zur Sicherung der Antragstellerin für den Fall der Erwerbsunfähigkeit und des Alters geeignet ist und außerdem zu einem nach Art und Höhe angemessenen Ausgleich unter den Ehegatten führt (§ 1587 o Abs. 2 S. 3 BGB).
Dies allein muß für eine Genehmigung ausreichen[7].
a) Wie bereits im Antrag auf Ehescheidung (vgl. dort Ziff. I. und II.) dargelegt, war die Ehe der Parteien nur von sehr kurzer Dauer und kinderlos; beide Parteien sind relativ jung, wobei der Antragsgegner erfolgreich im Erwerbsleben steht und die durch mich vertretene Antragstellerin bereits am 1. 4. 1994 wieder ihren bis zur Eheschließung ausgeübten Beruf als angestellte Steuerbevollmächtigte mit einem monatlichen Net-

toeinkommen von DM 4.900,–/Monat aufnehmen wird. Bei ihrem Alter hat sie daher noch ausreichend Zeit, sich selbst eine ausreichende Sicherung für den Fall der Erwerbsunfähigkeit und des Alters mit den auch schon vor der Ehe erworbenen Anwartschaften zu schaffen.

b) Darüber hinaus soll für die Antragstellerin in Ziff. I. und II. der vorgelegten Scheidungsvereinbarung ein relativ großzügiger Ehegattenunterhalt, unabhängig von diesem bevorstehenden Erwerbseinkommen, bis einschließlich 31. 12. 1994 bezahlt werden.

c) Auch die in der Scheidungsvereinbarung (Ziff. III.) vorgesehene Regelung aller Ansprüche aus dem ehelichen Güterrecht ist, wie sich hieraus und den der Vereinbarung beigefügten Aufstellungen über den beiderseitigen Zugewinn beider Ehegatten ergibt, für beide, insbesondere die Antragstellerin, angemessen.

d) Die beiderseits während der Ehezeit[8] erworbenen Versorgungsanwartschaften, die auszugleichen wären, sind – insbesondere im Vergleich mit den außerhalb der Ehe erworbenen Versorgungsanwartschaften – relativ gering.

Beweis: Ausrechnung des Rentenberaters ...... vom ...... für beide Parteien.

e) Darüber hinaus soll (vgl. Ziff. IV.–VI. der vorgelegten Scheidungsvereinbarung als Anlage 1) der Antragstellerin als zusätzliche Gegenleistung des Antragsgegners anstelle des gesetzlichen Versorgungsausgleichs die noch dem Antragsgegner gehörende Hälfte der gemeinsamen Eigentumswohnung (vgl. hierzu bereits Ziff. II. der Scheidungsantragsschrift) übereignet werden, bei einem derzeitigen Verkehrswert von DM ...... und einer derzeitigen Belastung von nur ca. DM ......

Beweis: Amtliches Schätzgutachten hierzu.

2. Da die vorgelegte Parteivereinbarung daher genehmigungsfähig ist, ist für die Einholung von Rentenauskünften kein Raum und auszusprechen, daß der Versorgungsausgleich nicht stattfindet[9]; die Parteivereinbarung ist für die Antragstellerin sogar insgesamt wesentlich günstiger, weil ...

3. Die Kostenfolge bestimmt sich hier (vgl. Ziff. V. 1. der Scheidungsantragsschrift) nach § 93a Abs. 1 S. 3 ZPO.

4. Gerichtskosten in Höhe von DM ...... sind beigefügt in ......[11]

Rechtsanwalt

Anmerkungen

* Zugrundeliegender Sachverhalt wie Form. II. H. 6!

1. Ausschließlich zuständig das Familiengericht der Ehesache, da Familiensache, §§ 23b Abs. 1 Nr. 7 GVG, 621 Abs. 1 Nr. 6 ZPO, sonst – soweit isoliert überhaupt möglich, su. Anm. 3. – der allgemeinen örtlichen Zuständigkeit.

2. Anwaltszwang und Zwang zu besonderer Prozeßvollmacht, §§ 609, 78 Abs. 2 Nr. 1 ZPO (soweit Folgesache, su. Anm. 3). In Zukunft erst recht, wenn Parteivereinbarungen nach § 1587o BGB getroffen und genehmigt werden sollen. Vom Anwaltszwang befreit sind nach Änderung des § 78 ZPO durch UÄndG vom 20. 2. 1986 hier die Träger der gesetzlichen Rentenversicherung sowie der sonstigen in § 78 Abs. 2 Satz 2 ZPO genannten Körperschaften, Verbände etc., vgl. BGH NJW 1993, 1208 (für FGG-Folgesachen allgemein).

3. Der eigentliche Versorgungsausgleich als Wertausgleich ist als isolierte Familiensache nicht denkbar. Jedoch hat das Gesetz für die Zeit nach Scheidung eine Reihe isolierter Verfahren zum Versorgungsausgleich (VA) geschaffen, und zwar in Fällen von Störungen der Abwicklung des VA, §§ 53e und f FGG, dies sowohl zum öffentlich-rechtlichen wie zum schuldrechtlichen VA, ausführlich z.B. *Lardschneider* in *Rahm/Künkel*, Handbuch

des Familiengerichtsverfahrens, V Rdn. 527 ff. Das materiell-rechtlich wie verfahrensrechtlich wichtige Ergänzungsgesetz zu den §§ 1587 ff. BGB (Gesetz zur Regelung von Härten im Versorgungsausgleich – VAHRG –) von 1983 wurde mehrfach geändert, zuletzt in Folge des Rentenreformgesetzes (RRG) ab 1.1.1992 und im Zuge der deutschen Wiedervereinigung, vgl. näher *Ruland,* NJW 1992, 1 ff. und *ders.,* NJW 1992, 77 ff., wobei prozessual vor allem § 10a VAHRG n. F. wichtig werden dürfte (Abänderung von Entscheidungen). Stets FGG-Verfahren mit den sich aus §§ 622 ff. ZPO ergebenden Besonderheiten (jedoch keine Möglichkeit zu EA nach § 620 ZPO, vgl. aber Anm. 11; ob solche unmittelbar auf allgemeine Vorschriften des FGG gestützt werden könnten, erscheint zweifelhaft).

Immer noch strittig: Feststellungsantrag, daß für bestimmte Bereiche schuldrechtlicher VA (später!) stattfindet, s. Anm. 4a (5) und ausführlich Form. II. H. 21 mit Anm. 1.

4. Bei der Vielfalt der versorgungsrechtlichen Möglichkeiten kommt – mit entsprechend erhöhter Haftungsgefahr für den beratenden Anwalt – eine große Anzahl von Verfahrens- und Antragsmöglichkeiten in Betracht. Für die Praxis mag in diesem Rahmen, zugleich als Check-Liste, nützlich sein die folgende, auf die erforderlichen Vorprüfungs- und Antragstätigkeiten des Anwalts abgestellte *Übersicht* (zum Stand der Rspr. vgl. auch *Maydell* FamRZ 1981, 509 ff. und 623 ff., ferner jetzt *Palandt-Diederichsen,* 53. Aufl., Rdn. 9–18 vor § 1587 BGB und Rdn. 41 f. zu § 1587b BGB):

a) VA von Amts wegen (Normalfall beim öffentlich-rechtlichen VA):

(1) Zu beachten ist die sorgfältige und ggf. beschleunigte Ermittlung, insbes. durch beiderseitige Ausfüllung der vom Familiengericht vermittelten Formulare, bestehender Anwartschaften.

Ist der Antragsgegner dabei säumig, so sind nunmehr gerichtliche Zwangsmaßnahmen neben der Auskunftsklage nach §§ 1587e Abs. 1, 1580 BGB, ggf. im Wege der Stufenklage (Vorabentscheidung durch Teilurteil über Auskunftsanspruch, Endentscheidung im Verbundurteil, vgl. die Grundsätze bei Form. II. H. 15, insbes. Anm. 8) durch ges. Regelung des § 11 VAHRG mit § 33 FGG zugelassen, vgl. Form. II. H. 22 ausführlich.

(2) Soweit VA durch (neue) Einzahlung bisher in Betracht kam (insbes. aus § 1587b Abs. 3 BGB) und für die möglicherweise zahlungspflichtige Partei rechtzeitig – auch im Scheidungsverfahren selbst – eine *Rentenbereiterklärung* abzugeben war (vgl. u. Form. II. H. 18 und dort Anm. 5), hat sich die Gesetzeslage durch die Urteile des BVerfG vom 28.2.1980, FamRZ 1980, 326 und vom 27.1.1983, FamRZ 1983, 342 sowie das seit 1.4.1983 (für die §§ 4–10 sogar rückwirkend ab 1.7.1977) geltende VAHRG vom 21.2.1983 (BGBl. I 105) sehr stark (weitere Zurückdrängung des schuldrechtlichen VA) und Folgefassungen nochmals verändert, insbes. für den Bereich der privaten Betriebs- wie der öffentlich-rechtlichen Zusatzrenten, vgl. hierzu *Palandt-Diederichsen,* aaO, Rdn. 40 zu § 1587b (Bereiterklärung eher schlechter als Neuregelung durch RRG 1992) und Form. II. H. 18 Anm. 5, ferner Form. II. H. 21 m. Anm. und die Lit. bei den Anm. zu Form. II. H. 22.

(3) Spezifizierter *Tatsachenvortrag* ferner unbedingt erforderlich dann, wenn trotz bestehender Versorgungsanwartschaften geltend gemacht werden soll, daß diese nicht auf gemeinsamer Leistung (Vermögen oder Arbeit der Ehegatten) während der Ehe beruhen (Einwand aus § 1587 Abs. 1 S. 2 BGB), ferner dann, wenn überhaupt keine Versorgungsanwartschaften während der Ehezeit begründet wurden, zur Beschleunigung mindestens zweckmäßig.

(4) Antrag auf Feststellung, daß für nicht sofort regelbare Versorgungsbereiche (später!) der schuldrechtliche VA stattfindet, sehr str., bejaht in Grenzen („soweit jetzt schon konkretisierbar") von BGH FamRZ 1982, 42; wieder eingeschränkt durch BGH FamRZ 1984, 251, vgl. näher bei Form. II. H. 21 m. Anm. 1: dies kann zB. bei Auslandsversorgungsansprüchen oder noch nicht unverfallbaren Betriebsren-

ten in Frage kommen. Dagegen ist Abtrennung einzelner VA-Fragen nicht zulässig, OLG München FamRZ 1979, 1025.

b) Ausschluß des VA durch richterliche Entscheidung (ganz oder teilweise).

(1) Spezifizierter *Tatsachenvortrag* ist erforderlich für die Ausschlußfälle aus Billigkeit des § 1587c Nrn. 1, 2 und 3 BGB (zu Nr. 3 vgl. Form. II. H. 18) und die ähnlichen gelagerten Fälle der Herabsetzung, vgl. auch Form. II. H. 19., ferner, wenn schon im VA-Verfahren selbst die Veränderung individueller Umständen in den VA-relevanten Verhältnissen der Ehegatten berücksichtigt werden soll, was der BGH seit 1988 in erweitertem Maße zuläßt, vgl. *Palandt-Diederichsen* aaO., Rdn. 36 ff. zu § 1587 BGB, also *vor* einem Verfahren nach § 10a VAHRG.

(2) *Antrag* (und *Tatsachenvortrag*) ist erforderlich, wenn der VA durch das Gericht in anderer Weise geregelt werden soll, Fälle der Nichtbegünstigung oder Unwirtschaftlichkeit des § 1587b Abs. 4 BGB oder des neuen § 3b VAHRG, ggf. verbunden mit Antrag auf schuldrechtlichen Versorgungsausgleich gemäß § 1587f Nr. 5 1. Alt. BGB (falls Familiengericht als „Regelung in anderer Weise" den schuldrechtlichen VA gewählt hat; vgl. hierzu allgemein (Nichtbegünstigungsfall) u. Form. II. H. 20 und Anm. 3), während § 3c VAHRG (Bagatellfälle) wieder gestrichen wurde.

(3) *Antrag* mit spezifiziertem *Tatsachenvortrag* für die (aus § 1587b Abs. 3 BGB resultierenden, Anordnung des VA allerdings zunächst voraussetzenden) Stundungsfälle des § 1587d BGB erforderlich (betrifft im wesentlichen Altfälle, sonst § 1 Abs. 1 VAHRG).

(4) Mindestens spezifizierter *Tatsachenvortrag* auch bei den § 1587c BGB weitgehend entsprechenden Ausschluß- und Herabsetzungsfällen (Billigkeitsgründe) des schuldrechtlichen VA, § 1587h BGB.

(5) *Antrag* und *Tatsachenvortrag* schließlich in den Sonderfällen des § 1587f Nr. 1 bis 5 BGB, insbesondere weil einer oder beide Ehegatten bereits Altersruhegeld beziehen oder der Höchstwert erreicht ist, mit ergänzenden (regelmäßig *Antrag*) gerichtlichen Regelungen über die Modalitäten der Durchführung des schuldrechtlichen VA in §§ 1587i, 1587l BGB und die Abfindungsregelungen zu beiden VA-Formen in §§ 1587l–n BGB (zur Problematik der Abfindung bei schuldre. VA nach den neuen VAHRG vgl. *Hahne/Glockner* FamRZ 1983, 222; zu den zusätzlichen richterlichen Möglichkeiten aus § 3b VAHRG n.F. *Friederici* AnwBl. 1987, 171, und *Dörr* FamRZ 1987, 1093).

c) Anderweitige Regelung des VA nach Parteiwillen oder durch Gericht (auch nachträglich).

(1) Vorlage notarieller Ausschlußurkunde gemäß § 1408 Abs. 2 BGB, falls Jahresfrist gewahrt, vgl. hierzu Beck'sches Formularbuch, 6. Aufl. 1995, Form. V. 17–22 und BGH NJW 1985, 315 sowie 992, zur Frist.

(2) Vorlage einer Parteivereinbarung gemäß § 1587o BGB (wichtigster Fall, vgl. bereits u. Form. II. H. 6 und speziell das hier behandelte Form. II. H. 17, insbes. die Anm. 7) zur Genehmigung durch das Familiengericht, bei der derzeitigen, restriktiven Genehmigungspraxis der Familiengerichte zweckmäßig verbunden mit ausführlichem Tatsachenvortrag zu den Genehmigungskriterien des § 1587o Abs. 2 S. 4 BGB; soweit die Parteivereinbarung lediglich auf schuldrechtlichen VA gerichtet ist (zulässig gemäß § 1587f Nr. 5 2. Alt. BGB), ferner zusätzlich *Antrag;*

(3) *Antrag* bei (nachträglicher) Änderung rkr. VA-Entscheidungen gemäß § 10a VAHRG n.F. wegen Veränderung individueller, VA-relevanter Umstände der Ex-Ehegatten, soweit nicht schon (vgl. 4.b. (2) oben) in familiengerichtlichen Verfahren berücksichtigt.

(4) Weitere Verfahren auf *Antrag* betreffen nicht das familiengerichtliche, sondern eigene Rentenverfahren gegenüber den Leistungsträgern, so in den Fällen der §§ 3a, 9 und 10 VAHRG und Art. 4 VAwHG (Altfälle).

5. Bei einer Vereinbarung über den VA ist derjenige Versorgungswert anzusetzen, der sich ohne Vereinbarung als Streitwert des gerichtlichen VA-Verfahrens ergeben würde (*Lappe* aaO. Rdn. 299); das ist gemäß § 17 GKG der Jahresbetrag des zu übertragenden oder zu begründenden (öffentlicher-rechtlichen) VA bzw. der von der anderen Rente abzuführenden Jahres-Ausgleichsrente (schuldrechtlicher VA), mindestens jedoch jeweils DM 1000,– (§ 99 Abs. 3 S. 1 Nr. 1 und 2 KostO); gilt auch im selbständigen Verfahren. Zu Form und Inhalt von VA-Vereinbarungen vgl. auch die Hinweise in Anm. 12.

6. Die Genehmigung des Familiengerichts nach § 1587o Abs. 2 S. 3 BGB (Verfahren: § 53b FGG) setzt zwar grundsätzlich keinen Antrag voraus, „wird aber regelmäßig erst auf ein entsprechendes Ersuchen eines Ehegatten erteilt" (so *Keidel/Kuntze/Winkler*, § 53d FGG Rdn. 14 und § 55 FGG Rdn. 5). Verweigerung der Genehmigung ist nicht selbständig anfechtbar, § 53d S. 2 FGG und BGH NJW 1982, 1463.

7. Zur restriktiven, durch den Gesetzeswortlaut nicht gedeckten Genehmigungspraxis der Familiengerichte vgl. bereits o. Anm. 15 zu Form. II. H. 6, ferner u. Anm. 10 und im Text. Andererseits kann (zB. nach OLG Celle NJW 1979, 1659) ein entgegen dem ausdrücklich erklärten und wohl überlegten Willen beider Parteien (die anderweitige alterssichernde Regelungen im privaten Vermögensbereich getroffen hatten) durchzuführender Versorgungsausgleich sogar grob unbillig im Sinne des § 1587c Nr. 1 BGB sein!

8. Legaldefinition in § 1587 Abs. 2 BGB. Ehezeit verlängert sich auch nicht deshalb, weil das Verfahren – uU. längere Zeit – zum Ruhen gekommen ist (aA. AG Stuttgart NJW 1978, 646f.; dagegen *Parche* NJW 1979, 139/140). Anwartschaften, die durch Nachentrichtung für die Ehezeit nach Ablauf der Ehezeit erworben werden, fallen nicht in den Versorgungsausgleich, vgl. BGH NJW 1985, 2024.

9. In § 53d S. 1 FGG heißt es unklar, daß „eine Entscheidung über den Versorgungsausgleich . . . . . ." nicht stattfindet; in der Praxis meist ausdrückliche Entscheidung im Urteil, daß der VA nicht stattfindet.

10. In der Regel wird das Familiengericht, um die Rechtsfolgen des gesetzlichen VA mit denen der Parteivereinbarung vergleichen zu können, dennoch Auskünfte der Versorgungsträger einholen. Zu den erforderlichen Prüfungen vgl. etwa BGH NJW 1982, 1463f. (eher genehmigungsfreundlich), aber auch BGH NJW 1987, 1768, 1770. Verzögerung hierdurch soll kein Grund für Abtrennung nach § 628 Abs. 1 Nr. 3 ZPO sein (*Palandt/Diederichsen* § 1587o Rdn. 11ff. und 19 m.w. Nachw.). Parteien können noch im Verfahren Änderungsanregungen des Familiengerichts aufgreifen und ursprünglich vorgelegte Parteivereinbarung abändern; Vorabgenehmigung außerhalb eines anhängigen Scheidungsverfahrens jedoch nicht möglich, vgl. OLG Frankfurt NJW 1979, 1368.

11. Einstweilige Anordnung auf Kostenvorschuß möglich, § 621f Abs. 1 ZPO.

12. Wegen Vereinbarungen zum Versorgungsausgleich vgl. ferner Beck'sches Formularbuch, 6. Aufl. 1995, zu Form. V. 17–21 (außergerichtlich) und 23 u. 24 (anläßlich der Scheidung), ferner *Lardschneider/Rahm* a.a.O., V. Rdn. 479ff. Zum Übergangsrecht der Ex-DDR vgl. Art. 234 § 6 EGBGB.

Kosten und Gebühren

Bei Verbund einheitlich nach ZPO und GKG mit KV hierzu wie Form. II. H. 12–16. Soweit isoliert überhaupt möglich: GK nach § 99 Abs. 1 S. 1 und 2 KostO, RA nach § 118 BRAGO. Nach OLG Hamm JurBüro 1981, 1520, soll die Einholung von Rentenauskünften eine Beweisgebühr auslösen, wohl nein.

18. Versorgungsausgleich – Antrag auf Ausschluß wegen Unbilligkeit

Fristen und Rechtsmittel

Vgl. bei Verbundurteil Form. II. H. 30, bei isolierter Entscheidung Form. II. H. 31. Aus § 53d S. 2 FGG ist entgegen dem Wortlaut nicht die Unanfechtbarkeit der Verweigerung der gerichtlichen Genehmigung überhaupt zu folgern, sondern nur die Verhinderung verzögernder Zwischenstreite (hM., vgl. zuletzt BGH NJW 1987, 1768, 1770 m.w. Nachw.). Anschlußbeschwerde eines Ehegatten zur Erstbeschwerde eines Versorgungsträgers ist nicht zulässig, BGH FamRZ 1985, 59 und 267. Bei Teilanfechtung durch Versorgungsträger soll nach OLG Celle FamRZ 1985, 939 eine Anschlußbeschwerde eines Ehegatten hins. der nicht angefochtenen Teile zulässig sein, weil insofern eine Überprüfung sonst nicht stattfände. Zum durch UÄndG vom 20. 2. 1986 neugeregelten Anwaltszwang vgl. § 78 Abs. 2 ZPO n. F., der insbes. beteiligte Versorgungsträger von Anwaltszwang befreit.

18. Versorgungsausgleich – Antrag auf Ausschluß wegen Unbilligkeit

An das
Amtsgericht[1]
– Familiengericht –

Antrag

In der Ehesache
der ......   – Antragstellerin –
Verfahrensbevollmächtigte: Rechtsanwälte ......
gegen
......   – Antragsgegner –
wegen streitiger Ehescheidung
hier: Versorgungsausgleich – Ausschluß gemäß § 1587c BGB[2]
vorläufiger Streitwert: DM ......[3]
Aktenzeichen: ......

nehmen wir Bezug auf unsere besondere Prozeßvollmacht[4] für die Antragstellerin, vorgelegt mit deren Antragsschrift auf streitige Ehescheidung vom ......, in deren Ziff. I. und II. wir bereits auf die persönlichen und wirtschaftlichen Verhältnisse der Parteien, insbesondere deren Erwerbsleben während der Ehe und die sich hieraus für den Versorgungsausgleich ergebenden Umstände, eingegangen sind. Im Rahmen des anhängigen Scheidungsverfahrens stellen wir für die Antragstellerin folgende

Anträge:

I. Ein Versorgungsausgleich zwischen den Parteien findet nicht statt.
II. Die Kosten folgen der Hauptsache.

Begründung:

1. Die Antragstellerin, damals gerade fertig ausgebildete Fremdsprachensekretärin, und der Antragsgegner, damals Professor für Weltraumtechnik mit einem Gastschuljahr am New Yorker Institut für ......, beide Deutsche, haben vor mehr als 5 Jahren in New York geheiratet und gelebt; der Antragsgegner hat die Antragstellerin jedoch ein Jahr nach Eheschließung und wenige Wochen nach Geburt des einzigen gemeinsamen Kindes

......, geb. am ......, nachdem diese mit Eheschließung ihre dortige Erwerbstätigkeit aufgegeben hatte, verlassen, um als freier Berater eines Raketenprojekts im Kongo tätig zu sein, in den folgenden 5 Jahren nichts mehr von sich hören lassen und insbesondere für die Antragstellerin und das Kind keinerlei Unterhalt geleistet.

Der Antragstellerin blieb nichts anderes übrig, als nach Deutschland zurückzukehren, wo sie schließlich vor 4 Jahren glücklicherweise eine sehr gut bezahlte Stellung als Chefsekretärin mit Rentenversicherungspflicht bei der BfA fand und dort inzwischen nicht unerhebliche Versorgungsanwartschaften erworben hat. Scheidungsantrag gegen den Antragsgegner war aus verschiedenen Gründen erst jetzt möglich.

Beweis: Anstellungsvertrag der Antragstellerin bei ......;
......

2. Der Antragsgegner, der übrigens inzwischen in Deutschland ein selbständiges Ingenieurbüro betreibt und auch aus dieser Tätigkeit keine Versorgungsanwartschaften erwirbt, macht geltend – was ihm nicht zu widerlegen ist – auch in der früheren Ehezeit weder in den USA noch anderswo ausgleichsfähige Versorgungsanwartschaften erworben zu haben.

Beweis: Schreiben des Antragsgegners an die Antragstellerin vom ......

3. Da der Antragsgegner, wie oben dargelegt, seine Unterhaltspflicht gegenüber der Antragstellerin und dem gemeinsamen ehelichen Kind seit Jahren gröblich verletzt hat, muß ein Versorgungsausgleich in diesem Falle ausgeschlossen werden.

4. Die Kostenfolge ergibt sich aus § 93a Abs. 1 Satz 1 ZPO.

5. Gerichtskosten in Höhe von DM ...... sind beigefügt in ......

Rechtsanwalt

Anmerkungen

1. Zu Zuständigkeit, Verfahren, Anwaltszwang und Vollmacht vgl. Anm. 1–3 zu Form. II. H. 17.

2. Da eine Art Verwirkungstatbestand aus Billigkeitsgründen, ist kein Antrag, wohl aber spezifizierter *Tatsachenvortrag* nötig, vgl. im übrigen die Übersicht in Form. II. H. 17 Anm. 4. Grundsätzlich sind an die „grobe Unbilligkeit" strenge Anforderungen zu stellen. Andererseits kann das Gericht stark differenzieren („soweit"), also zB. Teilausschluß oder Teilentscheidungen vornehmen, vgl. *Palandt-Diederichsen* aaO, Rdn. 3 zu § 1587c BGB. Neben dem hier vorgestellten Fall des § 1587c Nr. 3 BGB (gröbliche Unterhaltspflichtverletzung, vgl. zB. OLG Stuttgart NJW 1982, 241; ähnlich BGH NJW-RR 1987, 578) und dem ebenfalls „moralisierenden" Fall des § 1587c Nr. 2 BGB (Vereitelung von Versorgungsansprüchen; aber auch „erhebliches wirtschaftliches Ungleichgewicht" als Folge, vgl. zB. BGH NJW-RR 1987, 324 m. Nachw.) können im Grundtatbestand des § 1587c Nr. 1 BGB (grobe Unbilligkeit) auch rein objektive Gesichtspunkte ausreichen, uU. (so jedenfalls OLG Celle NJW 1979, 1659) sogar entgegenstehender ausdrücklich erklärter und wohl überlegter Parteiwille (anderweitige private Vermögensauseinandersetzung mit Ausgleichsregelung wurde getroffen; nach BGH NJW-RR 1987, 322 sind auch ggs. Auswirkungen zwischen VA und Zugewinnausgleich zu berücksichtigen, z.B. bei freiwilliger, späterer Nachentrichtung); ähnlich in der Billigkeitsregelung des Übergangsrechts (Herabsetzung des Ausgleichsanspruches auf Antrag des Verpflichteten in sog. Altfällen des § 48 Abs. 2 aF. EheG), vgl. Art. 12 Nr. 3 III des 1. EheRG.

3. § 17a GKG, vgl. oben Form. II. H. 17 Anm. 5.

4. § 609 ZPO.

5. Zu den möglichen Altfällen, in denen eine – möglichst frühe, auch im Rahmen von Schriftsätzen an das Familiengericht eingereichte – *Rentenbereiterklärung* zweckmäßig ist,

19. Versorgungsausgleich – Antrag auf Herabsetzung II. H. 19

vgl. o. Form. II. H. 17 Anm. 4 lit. a Ziff. (2) und (3) sowie lit. c Ziff. (2), sowie *Palandt-Diederichsen* aaO, Rdn. 40 zu § 1587b BGB, ferner die hier unerläßliche Spezialliteratur.

Kosten und Gebühren

Wie Form. II. H. 17. Denkbar sind ferner – meist spätere – Einzel- und Nebenverfahren, zB. aus §§ 53e, 53f FGG, häufig in Verbindung mit Regelungen des VAHRG, insbes. dessen neuen § 10a (Änderung von VA-Entscheidungen). Oft GK – frei, für RA jedoch besondere Angelegenheiten nach § 118 BRAGO, s. im einzelnen *Lappe* Rdn. 264ff., 279, 287.

Fristen und Rechtsmittel

Vgl. zunächst Form. II. H. 17 a. E. „Rechtsmittel", ferner Form. II. H. 30 (Verbund) und Form. II. H. 31 (isolierte FGG-Entscheidungen).

19. Versorgungsausgleich – Antrag auf Herabsetzung

An das ....., den 20. 6. 1992
Amtsgericht[1]
– Familiengericht –

In der Familiensache

des ......   – Antragsteller –

Verfahrensbevollmächtigter[1]: RA ......

gegen

......   – Antragsgegnerin –

wegen Versorgungsausgleich nach Abtrennung
hier: Herabsetzung aus Billigkeitsgründen (§ 1587c Ziff. 1 BGB)

Az. bisher: ......

vorläufiger Streitwert: DM ......[4]

rufe ich für den Antragsteller das durch Beschluß des Familiengerichts vom 30. 3. 1990 gemäß § 628 Abs. 1 abgetrennte und bis zur rechtskräftigen Entscheidung über die behaupteten betrieblichen Altersversorgungsansprüche des Antragstellers bei der Firma ...... zum Ruhen gebrachte Verfahren über den Versorgungsausgleich zwischen den Parteien wieder auf, mit der Bitte um baldige Terminsbestimmung und folgenden Anträgen[2]:
 I. Vom Versicherungskonto-Nummer ...... des Antragstellers ...... bei der BfA in Berlin werden auf das Versicherungskonto Nr. ...... der Antragsgegnerin ...... Rentenanwartschaften bei der BfA Berlin in der gesetzlichen Rentenversicherung, die der gesetzlichen Rentenanpassung unterliegen, in Höhe von monatlich DM 125,–, bezogen auf die Ehezeit vom 1. 4. 1980 bis zum 31. 3. 1989, übertragen.
 II. Die Kosten werden gegeneinander aufgehoben.

Begründung:

1. Der am ...... 1932 geborene Antragsteller war (seit 1960) 25 Jahre lang als selbständiger Steuerberater ohne Einzahlungen oder Anwartschaften auf gesetzliche Altersversorgung tätig, dies auch noch nach Eheschließung der Parteien am 1. 4. 1980; erst am

...... 1985 trat er eine zunächst hochdotierte Position als Prokurist bei der Firma ...... mit Einzahlungen und Erwerb von Anwartschaften bei der gesetzlichen Rentenversicherung (BfA Berlin) an, hierzu insbesondere bewogen durch eine äußerst großzügig erscheinende betriebliche Altersversorgungszusage der Firma ...... Diese ging jedoch Ende 1989 in Konkurs, in welchem Zusammenhang unter Berufung auf besondere Bestimmungen des zugrundeliegenden Versorgungswerkes die vom Antragsteller erhofften betrieblichen Altersversorgungsansprüche widerrufen sowie nach Grund und Höhe bestritten wurden; das Familiengericht, welches auf den Scheidungsantrag des Antragstellers vom 1. 4. 1989 im übrigen durch Verbundurteil vom 30. 3. 1990 die Ehe der Parteien rechtskräftig geschieden hat, hat daher durch Beschluß vom gleichen Tage den Versorgungsausgleich abgetrennt und das Ruhen des Verfahrens insoweit angeordnet, bis die vom Antragsteller und anderen Betroffenen gegen die Firma ...... und Dritte geführten Prozesse auf Klärung der betrieblichen Altersversorgungsansprüche rechtskräftig entschieden wären. Dies ist durch Urteile vom ...... inzwischen geschehen, im einzelnen ......

Beweis: ......

2. Zusammen mit den vom Familiengericht schon während des Scheidungsverfahrens erholten Auskünften der übrigen Versorgungsträger ergibt sich, daß dem Antragsteller nur eine vom Pensionsicherungsverein übernommene Betriebsrente von DM 150,– (umgerechnet) monatlich zustehen wird, aus Ansprüchen gegenüber der BfA ferner eine monatliche Altersrente von DM 1.000,–.

Demgegenüber stehen der Antragsgegnerin, welche, 1935 geboren, von 1955 bis 1985 als zuletzt hochdotierte angestellte Steuerbevollmächtigte tätig war, aus der gesetzlichen Rentenversicherung monatliche Ansprüche von DM 1.200,– zur Verfügung. Davon entfällt auf die Ehezeit jedoch lediglich ein Betrag von DM 300,–.

Eine hälftige Übertragung der Differenz von DM 425,– auf das Konto der Antragsgegnerin würde zu einer End-Gesamtrente des Antragstellers von nur noch DM 725,–, also unterhalb des Existenzminimums, führen, während der Antragsgegnerin unter Berücksichtigung ihrer vor der Ehezeit erreichten Anwartschaften eine Monatsrente von DM 1.625,– zur Verfügung stünde.

Insoweit wäre die Inanspruchnahme des Antragstellers unter Berücksichtigung der beiderseitigen Verhältnisse mindestens bei Übertragung in vollem Umfang grob unbillig; dagegen wird eine herabgesetzte Übertragung von nur DM 125,– Monatsrente den beiderseitigen Verhältnissen in billiger Weise gerechter[3].

3. Wie bereits im Scheidungsverfahren vorgetragen, hat der Antragsteller während der Ehezeit seine Ersparnisse als nichtversicherter, freier Steuerberater in ganz erheblichem Umfange in ein Zweifamilienhaus mit einem Verkehrswert von heute DM ...... investiert, welches er bei Erwerb und Bauerrichtung bereits zur Hälfte, im Zusammenhang mit dem Scheidungsverfahren durch einen Vergleich über den Zugewinn in vollem Umfang auf die Antragsgegnerin übertragen hat. Dies geschah, obwohl diese an den Investitionskosten in keiner Weise teilgenommen hatte, in der Erwartung einer raschen Scheidung und in der trügerischen Hoffnung, er selbst werde durch die ihm zugesagte großzügige Betriebsrente auf jeden Fall für sein Alter sichergestellt sein.

Im einzelnen: ......

Beweis: ......

Eine volle Übertragung der Rentendifferenz vom Antragsteller auf die Antragsgegnerin gemäß § 1587b Nr. 1 BGH wäre daher auch unter Berücksichtigung des beiderseitigen Vermögenserwerbs der Parteien während der Ehe oder im Zusammenhang mit der Scheidung zusätzlich grob unbillig[3]. Dies gilt auch unter Berücksichtigung des Alters der Beklagten, da diese Wartezeiten in der gesetzlichen Rentenversicherung nicht mehr erfüllen muß und zusätzliche Einkünfte aus Vermietung dieses Hauses bezieht.

......

Rechtsanwalt

19. Versorgungsausgleich – Antrag auf Herabsetzung   II. H. 19

Anmerkungen

1. Zur Zuständigkeit, Vollmacht, Anwaltszwang (hierzu beachte Neufassung § 78 Abs. 2 ZPO durch UÄndG vom 20. 2 1986) und Verfahren vgl. zunächst Form. II. H. 17 und 18. Es liegt ein – durch Abtrennung – isoliertes FGG-Verfahren vor dem Familiengericht vor. Davon zu unterscheiden (engere Voraussetzungen) das nachträgliche isolierte Verfahren gemäß § 10a VAHRG n. F. (insbes. nach dessen Abs. 3 – Billigkeitsklausel –). Zur Tendenz des BGH, individuelle, VA-relevante Veränderungen jetzt schon im Erstverfahren zu berücksichtigen, vgl. Form. II. H. 17. Anm. 4 und *Palandt-Diederichsen* aaO, Rdn. 36ff. zu § 1587 BGB und BGH NJW 1989, 29.

2. Antrag erforderlich, ferner spezifizierter Tatsachenvortrag, vgl. bereits die Übersicht bei Form. II. H. 17 und dort Anm. 4.

3. Zur materiellen Rechtsgrundlage vgl. zunächst *Lardschneider* in *Rahm/Künkel*, aaO. V. Rdn. 511 ff.; jeweils m.w.N. Str. ist insbes. die Einbeziehung subjektiver Elemente und eines Verschuldens eines der Ehegatten in die hier angezogene allgemeine Unbilligkeits-Härteklausel des § 1587c Nr. 1 BGB, ferner der Einfluß des Ehegüter- und Unterhaltsrechts; str. auch die Frage, ob § 1587c BGB allgemein zur Milderung grobunbilliger Ergebnisse des Einzelfalles im Versorgungsausgleich über den unmittelbaren Regelungsbereich hinaus herangezogen werden kann, so wohl OLG Stuttgart FamRZ 1980, 594; OLG München FamRZ 1981, 281 ff.; MünchKomm/*Maier* ErgBd, RdNr. 3 zu § 1587c BGB; im Ergebnis ähnlich wie der Fall lt. Form. zB. BGH NJW-RR 1987, 324 (Ausgleichspflichtiger würde als Folge uU. zum Unterhaltsgläubiger). Allgemein anerkannt ist, daß § 1587c BGB nicht nur den vollständigen Ausschluß (vgl. hierzu Form. II. H. 18), sondern auch eine – wie hier im Formular – anteilige Herabsetzung ermöglicht („... soweit die Inanspruchnahme des Verpflichteten ...... grob unbillig wäre ..."); so schon zum Übergangsrecht BGH NJW 1981, 394.

4. Zum Streitwert vgl. Form. II. H. 17 und 18.

Kosten und Gebühren

Vgl. hierzu Form. II. H. 17 und 18.

Fristen und Rechtsmittel

Vgl. hierzu Form. II. H. 17 und 18, im einzelnen II. H. 31 (befristete „Berufungsbeschwerde" ausschließlich zum OLG, § 119 GVG).

20. Versorgungsausgleich – Antrag auf anderweitige Regelung[1]

An das
Amtsgericht[1]
– Familiengericht –

Antrag

In der Ehesache
der ......   – Antragstellerin –
Verfahrensbevollmächtigte: Rechtsanwälte ......[2]
gegen
......   – Antragsgegner –
Verfahrensbevollmächtigte: Rechtsanwälte ......[2]
wegen streitiger Ehescheidung
hier: Versorgungsausgleich – anderweitige Regelung gemäß § 1587b Abs. 4 BGB[3]
vorläufiger Streitwert: DM ......[4]
Aktenzeichen: ......

Namens und im Auftrag der Antragstellerin, deren besondere Prozeßvollmacht auf uns wir bereits im vorbezeichneten Scheidungsverfahren selbst vorgelegt haben, stellen wir für diese nunmehr zum Versorgungsausgleich folgende

Anträge:

I. Zwischen den Parteien findet der schuldrechtliche Versorgungsausgleich statt.
II. Die Kosten folgen der Hauptsache.

Begründung:

1. Wie schon in der Antragsschrift auf streitige Ehescheidung für die Antragstellerin dargelegt (vgl. dortige Ziffn. I. und II.), ist die Antragstellerin als ...... bei ...... seit dem ......, der Antragsgegner als ...... bei ...... seit dem ...... beschäftigt, so daß die Antragstellerin während der Ehezeit[5] insoweit Versorgungsanwartschaften aus einem öffentlich-rechtlichen Dienstverhältnis und der Antragsgegner aus einem Arbeitsverhältnis mit Anspruch auf Versorgung nach beamtenrechtlichen Grundsätzen, beide fast gleich lang und beide im Sinne des § 1587a Abs. 2 Nr. 1 BGB, erworben haben[6]. Hinsichtlich der Einzelheiten darf auf die dem Familiengericht inzwischen vorliegenden Auskünfte der ...... vom ...... (für Antragstellerin) und des ...... vom ...... (für Antragsgegner) verwiesen werden. Aus diesen ergibt sich auch, daß an sich zwischen den Parteien der Versorgungsausgleich im Sinne des Wertausgleiches (Quasi-Splitting) gemäß §§ 1587, 1587a Abs 2 Nr. 1 und 1587b Abs. 2 BGB in Betracht käme; die danach zu Gunsten der Antragstellerin in Betracht kommende Begründung einer Rentenanwartschaft in der gesetzlichen Rentenversicherung durch das Familiengericht wäre aber für diese ohne Interesse, da der Betrag nicht ausreicht, um selbst die kleine Wartezeit von 60 Beitragsmonaten zu erfüllen und die Entrichtung von freiwilligen Beiträgen für die Antragstellerin ausgeschlossen ist wegen ......

Beweis: Die dem Familiengericht bereits vorliegenden Auskünfte der ......

2. Da sich die Durchführung des Wertausgleiches hier gerade nicht zu Gunsten der Antragstellerin als der Berechtigten auswirken würde (§ 1587b Abs. 4 1. Alt. BGB), ist hier –

20. Versorgungsausgleich – Antrag auf anderweitige Regelung   **II. H. 20**

nachdem sich die Parteien anderweitig nicht zu einigen vermögen[5] – die Anordnung des Ausgleichs in Form des schuldrechtlichen Versorgungsausgleichs ausnahmsweise die beste Lösung; denn ......
Beweis: ......

Rechtsanwalt

Anmerkungen

1.–2. Zur Zuständigkeit des Familiengerichts, Verfahren, Anwaltszwang und Vollmacht so. Anm. 1 bis 3 zu Form. II. H. 17.

3. Hier soll das Familiengericht selbst eine anderweitige Regelung treffen, Antrag einer Partei (nicht notwendig des Begünstigten), erforderlich (vgl. die Übersicht Form. II. H. 17 Anm. 4), der hier auf ersatzweise Durchführung des schuldrechtlichen Versorgungsausgleiches (§§ 1587f ff. BGB) gerichtet und möglich ist (arg. aus § 1587f Nr. 5 1. Alt. BGB): jedoch keine Bindung des Familiengerichts an bestimmten Antrag, vielmehr echte Ermächtigung zu rechtsgestaltender FGG-Regelung, wenn die gesetzlichen Voraussetzungen (Nichtbegünstigung, Unwirtschaftlichkeit) vorliegen; zu den Möglichkeiten vgl. *Palandt/Diederichsen* § 1587b Rdn. 51 u. 52 und *MünchKomm/Maier* § 1587d Rdn. 44 bis 47, mit Verweisung auf die hier unerläßliche Spezialliteratur; ferner *Ruland/Tiemann* Rdn. 464–466 sowie *Lardschneider* in *Rahm/Künkel*, V. Rdn. 505f. Die rechtsgestaltenden Möglichkeiten des FamG zur erweiterten Durchführung des öffentlich-rechtlichen gegenüber dem normalerweise ungünstigeren schuldrechtlichen VA sind durch § 3b des (zweiten) VAHRG erweitert worden, vgl. OLG Hamm FamRZ 1990, 1255 m.Nachw. und Anm. 4.b. zu Form. II. H. 17. Vom hier behandelten Antrag auf anderweitige Regelung (Parteiwille) zu unterscheiden ist der Antrag auf Feststellung, für bestimmte derzeit nicht endgültig regelungsfähige Versorgungsbereiche habe (später!) der schuldrechtliche VA stattzufinden, str., vgl. Anm. 4. a. (5) zu Form. II H. 17. In 2. Instanz soll Antrag auf schuldrechtlichen VA nicht mehr gestellt werden können, KG FamRZ 1981, 60, wohl auch OLG Zweibrücken FamRZ 1983, 1237.

4. Zur maßgeblichen Ehezeit des § 1587 Abs. 2 BGB vgl. Form. II. H. 17 Anm. 8.

5. Zu möglichen Vereinbarungen vgl. die Hinweise bei Anm. 12 in Form. II. H. 17.

6. Beispiel für die umfangreiche Judikatur zur Zuordnung von Versorgungsträgern zu denen des § 1587a Abs. 2 Nr. 1 BGB ist BGH NJW 1985, 2708.

Kosten und Gebühren

Wie Form. II. H. 17 und 18.

Fristen und Rechtsmittel

Wie Form. II. H. 17 und 18, vgl. im einzelnen Form. II. H. 30 und 31.

21. Versorgungsausgleich – Antrag auf schuldrechtliche Regelung[1] (VAHRG)

An das
Amtsgericht
– Familiengericht[2] –

Antrag

In der Ehesache
der ...... – Antragsstellerin –
Verfahrensbevollmächtigte[3]: RA ......
gegen

...... – Antragsgegner –
Verfahrensbevollmächtigte[3]: RAe ......
wegen streitiger Ehescheidung
hier: Versorgungsausgleich – Antrag auf schuldrechtliche Regelung nach dem Gesetz zur Regelung von Härten im Versorgungsausgleich (VAHRG)
vorläufiger Streitwert[4]: ......
Az.: ......

stelle ich für die Antragsstellerin in bereits im Scheidungsverfahren vorgelegter besonderer Prozeßvollmacht nunmehr zum Versorgungsausgleich – soweit er nicht im Wege des öffentlich-rechtlichen Wertausgleichs stattfinden kann – folgenden

Antrag[5]:

I. 1. Es wird festgestellt[1], daß der Antragsgegner verpflichtet ist, der Antragsstellerin zum Ausgleich der ihm gegenüber der Fa. ...... zustehenden Ansprüche auf betriebliche Alters- und Invaliditätsversorgung eine Ausgleichsrente auf der Basis von DM ...... per ...... zu bezahlen, sobald folgende Voraussetzungen vorliegen:
   a) ......;
   b) ......;
I. 2. Hilfsweise: Es wird festgestellt[1], daß hinsichtlich der dem Antragsteller gegenüber der Firma ...... zustehenden Ansprüche auf betriebliche Alters- und Invaliditätsversorgung zwischen den Parteien der schuldrechtliche Versorgungsausgleich stattfindet.
I. 3. Höchsthilfsweise: Der Ausgleich der dem Antragsgegner gegenüber der Firma ...... zustehenden Ansprüche auf betriebliche Alters- und Invaliditätsversorgung zwischen den Parteien bleibt dem schuldrechtlichen Versorgungsausgleich vorbehalten[1].
II. Die Kosten folgen der Hauptsache[8].

Begründung:

1. Ich nehme zunächst Bezug auf die Darstellung im Scheidungsverfahren zu den persönlichen und wirtschaftlichen Verhältnissen, ferner auf die bisherigen Schriftsätze der Parteien, die von diesen eingereichten Formulare und die vom Familiengericht eingeholten Auskünfte der Versorgungsträger zum Versorgungsausgleich. Dabei hat sich ergeben, daß der öffentlich-rechtliche Versorgungsausgleich zwischen den Parteien derzeit nur wegen folgender Versorgungsanwartschaften stattfinden kann:
......
Dagegen kann hinsichtlich der dem Antragsgegner gegenüber der Firma ...... aus deren Versorgungswerk zustehenden Ansprüche auf betriebliche Alters- und Invaliditätsver-

21. Versorgungsausgleich – Antrag auf schuldrechtliche Regelung   II. H. 21

sorgung ein öffentlich-rechtlicher Wertausgleich derzeit nicht stattfinden, zum einen wegen der Einschränkung des Anwendungsbereichs von § 1587b III BGB durch das Gesetz zur Regelung von Härten im Versorgungsausgleich (VAHRG), zum anderen, weil diese Betriebsrentenansprüche des Antragstellers gegenüber dem Versorgungswerk der Firma ...... entweder überhaupt noch nicht (so der Antragsgegner) oder nur dem Grunde nach und beschränkt auf eine allerdings zum ...... bereits mit DM ...... errechenbare Sockelrente (so die Antragsstellerin) unverfallbar sind[7].

Da das Versorgungswerk der Firma ...... eine Realteilung im Sinne von § 1 Abs. 2 VAHRG nicht vorsieht und sich das Anrecht des Antragsgegners auch nicht gegen einen öffentlich-rechtlichen Versorgungsträger mit der Möglichkeit des Quasi-Splitting (§ 1 Abs. 3 VAHRG) richtet, ist daher gemäß dem derzeit geltenden[6] § 2 VAHRG der schuldrechtliche Versorgungsausgleich zwischen den Parteien durchzuführen. Im einzelnen ergibt sich hierzu an künftigen Anrechten für die Antragsstellerin folgendes:
......

Die gegenteilige Auffassung des Antragsgegners ist nicht zutreffend, weil ......

2. Der Antragsgegner hat vorgerichtlich und im Verfahren, wie oben näher dargelegt, bestritten, daß überhaupt eine Ausgleichspflicht hinsichtlich seiner Betriebsrente gegenüber der Firma ...... jemals in Frage käme. Darüber hinaus hat die Antragsstellerin erfahren müssen, daß der Antragsgegner von der Firma ...... als Arbeitgeber demnächst für mehrere Jahre zu einer ausländischen Tochtergesellschaft (unter Aufrechterhaltung seiner Ansprüche gegen das Versorgungswerk) versetzt wird; er hat sich am Auslandsort bereits eingerichtet und wird – auch im Hinblick auf das fortgeschrittene Alter der Parteien – dort möglicherweise endgültig bleiben.

Die Antragsstellerin hat daher ein berechtigtes Feststellungsinteresse im Sinne des § 256 ZPO dahin, daß jetzt schon festgestellt wird, daß hinsichtlich der strittigen Betriebsrente der schuldrechtliche Versorgungsausgleich zwischen den Parteien stattfindet; darüber hinaus darauf, daß jetzt schon festgestellt werden der zum ...... (Ende der Ehezeit) feststellungsfähige – im übrigen auch für den sonstigen Versorgungsausgleich bedeutsame – Sockelbetrag gemäß dem Hauptantrag und eine Verpflichtung des Antragsgegners, dem Grunde nach später an die Antragsstellerin eine entsprechende Ausgleichsrente zu zahlen. Sollte sich das Familiengericht dem nicht anschließen, so wäre jedenfalls im Interesse der Klarstellung im Tenor des zu erlassenden Verbundurteils über die Scheidung der Ehe festzustellen, daß der schuldrechtliche Versorgungsausgleich zwischen den Parteien im Sinne des Hilfsantrags zu I.2. stattfindet, hilfsweise gemäß I.3. zur Klarstellung der künftigen Rechtsverhältnisse vorbehalten bleibt.

Rechtsanwalt

Anmerkungen

1. Der dem Sachverhalt des BGH-Beschlusses vom 14. 10. 1981, FamRZ 1982, 42 nachgebildete Fall ist durch den neuen Beschluß des BGH vom 7. 12. 1983, FamRZ 1984, 251 = NJW 1984, 610, sehr problematisch geworden. Im Beschluß vom 14. 10. 1981 läßt der BGH feststellende Entscheidungen (und damit entsprechende Feststellungsanträge) zu dem – in der Regel sehr viel später durchzuführenden – schuldrechtlichen Versorgungsausgleich in begrenztem Rahmen entsprechend § 256 ZPO zu, wenn ein besonderes Feststellungsinteresse – wie hier wohl der Fall – gegeben ist. Dies wird in der Lit. z. T. bejaht, vgl. *Borth*, Versorgungsausgleich in anwaltschaftlicher und familiengerichtlicher Praxis, Seite 308 m. Nachw., wohl auch *Hahne/Glockner*, Das Gesetz zur Regelung von Härten im Versorgungsausgleich, FamRZ 1983, 221 ff., 223, und zwar auch für die Rechtslage nach Inkrafttreten des VAHRG a. F., offensichtlich auch von der Praxis vieler Instanzgerichte, speziell im Bereich der betrieblichen Altersversorgung auch *Glockner* FamRZ 1988, 782.

Im weiteren Beschluß vom 7. 12. 1983 aaO. zieht der BGH dies wieder grundsätzlich in Zweifel. Soweit er einen Antrag auf künftige Regelung (§§ 257ff. ZPO) und eine vorgezogene Entscheidung über Ausschluß- bzw. Herabsetzungsanträge (§§ 1587c, 1587h BGB) für unzulässig hält, mag dies noch angehen. Der grundsätzliche Zweifel am Feststellungsinteresse (vor allem aus der Gesetzgebungsgeschichte entnommen) aber deshalb, weil möglicherweise später Ausschluß- oder Herabsetzungsverlangen (§§ 1587c, 1587h BGB) durchgreifen könnten, überzeugt nicht: Gerade die Tatbestände des § 1587c BGB (Verhalten oder Unterlassen der Ehepartner während Ehe und Scheidung, teilweise Verschulden) sind mit Scheidung der Ehe in sich abgeschlossen und uU. Jahrzehnte später praktisch nicht mehr beweisbar. Auch § 10a VAHRG bringt wegen engerer Voraussetzungen keinen vollen Ersatz. Es besteht also häufig ein erhebliches Interesse des Ausgleichspflichtigen, sie jetzt geklärt zu wissen, ebenso wie ein erhebliches Widerlegungsinteresse des Ausgleichsberechtigten.

Die – mit dem Hilfsantrag im Formular verfolgte – rein klarstellende „Feststellung", daß ein schuldrechtlicher VA derzeit nicht abschließend entschieden, als später stattfindend behandelt oder vorbehalten ist, dürfte m.E. nicht von BGH vom 7. 12. 1983 aaO. erfaßt sein, vgl. aber andererseits auch BGH FamRZ 1984, 251 und FamRZ 1984, 669 (kein schutzwürdiges Feststellungsinteresse an zukünftigem, derzeit unbeziffertem Stattfinden). Anders dagegen wohl bei Hilfsantrag auf schuldrechtlichen VA als Restgröße bei jetzt schon gegebenen Voraussetzungen (zum *Antragserfordernis* vgl. § 1587f. BGB und Anm. 4 zu Form. II. H. 17 mit Übersicht). Ersatzweise kann Antrag auf Abfindung (§ 1587l BGB) in Frage kommen, OLG Stuttgart FamRZ 1989, 760.

2. Vgl. Form. II. H. 18 m.w. Nachw.

3. Vgl. Form. II. H. 17 m.w. Nachw.

4. Zum Streitwert vgl. Form. II. H. 17 Anm. 5. und Form. II. H. 18 Anm. 3.

5. Das Antragserfordernis (nicht notwendig durch den Berechtigten) bzw. Erfordernis spezifizierten Tatsachenvortrages – vgl. ausführlich Form. II. H. 17 Anm. 4 – im Rahmen des schuldrechtlichen VA bleibt auch nach dem VAHRG erhalten, insbesondere für Sonderfälle wie Ausschluß, Herabsetzung, Abfindung; zur Problematik der u.U. nur noch teilweise gegebenen Abfindungsmöglichkeit nach dem VAHRG vgl. *Hahne/Glockner* aaO., Seite 222 m. Beisp.

6. Die Geltung des VAHRG ist nunmehr unbefristet. Zu den Neuregelungen per 1. 1. 1992 (RRG) und durch das RÜG vgl. *Ruland*, NJW 1992, 1ff. und *ders.*, NJW 1992, 77ff. m. Nachw.

7. Zur Problematik der erst „dem Grunde nach" oder wegen Sockelbeträgen (Grundrente) unverfallbaren Altersversorgungsanwartschaften vgl. BGH FamRZ 1982, 899ff. (Einbeziehung mit dem Grundrenten-Anteil in den sofort durchzuführenden öffentlich-rechtlichen Ausgleich bejaht, somit Aufspaltung, da der Rest dem schuldrechtlichen VA zugewiesen wird; kritisch *Hahne/Glockner* aaO., 222f.).

8. Zu einstweiligen Anordnungen auf Kostenvorschuß und zu Vereinbarungen vgl. Form. II. H. 17 Anm. 11 und 12.

Kosten und Gebühren

Wie Form. II. H. 17 und 18.

Fristen und Rechtsmittel

Wie Form. II. H. 17 und 18.

22. Versorgungsausgleich – Antrag auf Zwangsgeld[1] wegen Auskunft

An das
Amtsgericht
– Familiengericht[2] –

Antrag

In der Ehesache

des ...... — Antragssteller —
Verfahrensbevollmächtigte[3]: RA ......

gegen

...... — Antragsgegnerin —
Verfahrensbevollmächtigter: RA ......

wegen streitiger Ehescheidung
hier: Versorgungsausgleich – Auskunft über Versorgungsanwartschaften
vorläufiger Streitwert[4]: DM ......
Az. ......

stelle ich für den Antragssteller, dessen besondere Prozeßvollmacht auf mich ich bereits im vorbezeichneten Scheidungsverfahren vorgelegt habe, nunmehr zum Versorgungsausgleich folgenden

Antrag[5]:

I. Der Antragsgegnerin wird ein Zwangsgeld in Höhe von DM 1.000,– angedroht, für den Fall, daß sie nicht bis spätestens ...... dem Familiengericht ordnungsgemäß zur Verfügung stellt
   a) den vollständig ausgefüllten und von ihr unterzeichneten Allgemeinen Fragebogen zum Versorgungsausgleich;
   b) folgende weiteren Belege und Bescheinigungen: ......
II. Die Antragsgegnerin hat die Kosten dieses Zwangsgeldverfahrens zu tragen[7].

Begründung:

1. Obwohl die Parteien bereits mehr als 1 Jahr getrennt leben, sucht die Antragsgegnerin die nach Lage der Dinge unvermeidliche Scheidung (vgl. hierzu meinen Schriftsatz in der Scheidungssache selbst vom ......) mit allen erdenklichen Mitteln zu verzögern. Insbesondere hat sie die ihr vom Familiengericht bereits am ...... übermittelten ausgefüllten Formulare und erforderlichen Unterlagen zu den von ihr erworbenen Versorgungsanwartschaften und damit zur Durchführung des hier von Amts wegen erforderlichen öffentlich-rechtlichen Versorgungsausgleichs bis heute nicht vorgelegt.
2. Da ein Antrag auf Abtrennung des Versorgungsausgleichs derzeit noch keine Erfolgsaussicht hat und eine gerichtliche Geltendmachung des zivilrechtlichen Auskunftsanspruchs des Antragsstellers gegenüber der Antragsgegnerin gem. § 1587e Abs. 1 BGB nur zu weiteren Verzögerungen führen würde, ist es erforderlich, daß das Familiengericht von den Möglichkeiten des § 11 Satz 2 VAHRG in Verbindung mit § 33 FGG Gebrauch macht, und zwar – da dies Voraussetzung für eine etwaige Zwangsgeldfestsetzung wäre – zunächst durch Androhung der Festsetzung eines Zwangsgeldes, wenn die Auskünfte nicht innerhalb der hier begehrten, nach Sachlage auch angemessenen Frist erteilt werden[6].
3. Wie der Antragssteller bereits in gesondertem Schriftsatz vom ...... zum Versorgungsausgleich vorgetragen hat, steht bereits jetzt fest, daß über den Allgemeinen Fragebogen

zum Versorgungsausgleich hinaus von der Antragsgegnerin die weiteren im Antrag näher bezeichneten Belege und Bescheinigungen, insbesondere über Fehl- und Ausfallzeiten, zur ordnungsmäßigen Abwicklung des Versorgungsausgleichs beizubringen sind. Im einzelnen:

....

Die Auskunftsverpflichtung der Antragsgegnerin und die beantragte Androhung haben sich daher auch auf diese weiteren Unterlagen zu erstrecken.

Rechtsanwalt

Anmerkungen

1. Ob im Versorgungsausgleichs-Verfahren (FGG-Verfahren) gerichtlicher Zwang gemäß § 33 FGG durch Zwangsgeld zulässig ist, war sehr umstritten, vgl. Anm. 4a. (1) zu Form. II. H. 17 m. w. Nachw. § 11 des seit 1. 4. 1983 geltenden Gesetzes zur Regelung von Härten im Versorgungsausgleich (VAHRG) hat eine FGG-Zwangsgeldbefugnis des Familiengerichts geschaffen, vgl. hierzu und zum VAHRG überhaupt *Rolland*, Gesetz zur Regelung von Härten im Versorgungsausgleich (HRG), insbes. S. 72; ausführlich *Borth*, Versorgungsausgleich in anwaltschaftlicher und familiengerichtlicher Praxis, insbes. S. 296 ff.; *Friederici* NJW 1983, 785 ff.; zur Auskunftspflicht zB. *Lardschneider* in *Rahm/Künkel*, Handbuch des Familiengerichtsverfahren (Loseblatt), V. Rdn. 530 ff. (Verfahrensrecht und materielles Recht des VAHRG) und OLG Köln FamRZ 1984, 1111 (Auskunftspflicht unabhängig davon, ob Scheidungsantrag aussichtsreich).

Die Auskunftsansprüche der Ehegatten untereinander – notfalls geltend zu machen durch Auskunftsklage, auch Stufenklage mit vorgezogenem Teilurteil im Verbund, vgl. Anm. 4a. (1) zu Form. II. H. 17 – bleiben bestehen. Entscheidungen (materielle Grundlage: § 1587e BGB) sind dann über § 888 ZPO vollstreckbar (zusätzlich, auch Zwangshaft dann möglich). Zu den Auskunftsansprüchen und Möglichkeiten der Ehegatten gegenüber den Versorgungsträgern vgl. *Lardschneider* in *Rahm/Künkel* aaO. Rdn. 533 f.

2. Zuständigkeit des Familiengerichts wie Form. II. H. 17, 18–21 und dortige Anm.

3. Anwaltszwang wohl nein (vgl. OLG Hamm FamRZ 1984, 183, da das Verfahren nach § 33 FGG wie ähnliche Verfahren, zB. Ordnungsgeldfestsetzungen gemäß §§ 141, 613 Abs. 2 ZPO ein selbständiges, auch von den Parteien selbst betreibbares Verfahren sei; es soll danach auch für die – einfache – Beschwerde nach § 19 FGG gegen den Zwangsgeld-Anordnungsbeschluß anwaltliche Vertretung nicht erforderlich sein).

4. Streitwert nach Interesse des Gläubigers, nicht der des Zwangsgeldes, da über § 53 g Abs. 3 FGG die ZPO (unvertretbare Handlungen, § 888 ZPO) gilt, vgl. *Thomas-Putzo* Rdn. 188 „Zwangsvollstreckung" zu § 3 ZPO.

5. Ein Antrag an sich nicht erforderlich (Amtsermittlungsprinzip), wenn aber von der betreibenden Partei zwecks – wie hier – Verfahrensbeschleunigung gestellt, vom Gericht zu verbescheiden. Maximalbetrag: DM 1.000,–. Anwendung der ZPO-Vorschriften zu Rechtsfolgen zu Beweisverteilung wohl abzulehnen (Amtsermittlung), vgl. *Lardschneider* in *Rahm/Künkel* aaO.

6. Der Verhängung von Zwangsgeld muß eine Androhung, jedenfalls zunächst Aufforderung des Familiengerichts regelmäßig vorausgehen (§ 33 Abs. 1 S. 1 FGG), vgl. OLG Stuttgart FamRZ 1986, 705; *Keidel/Kuntze/Winkler* FGG, Teil A, 13. Aufl. 1992, Rdn. 22–22c zu § 33 FGG, dort auch Rdn. 30 und 31 zu Kosten und Vollstreckung durch den Rechtspfleger nach Beitreibungsordnung. Im Rahmen der Vollstreckung aus § 888 ZPO (Voraussetzung: vorliegender Auskunftstitel!) soll Androhung dagegen nicht mehr nötig sein (so *Thomas-Putzo* Rdn. 10 zu § 888 ZPO; OLG Hamm NJW-RR 1988, 767).

Dem Wesen des Zwangsgeldes als reines Beugemittel entspricht, daß nach Zweckerfüllung (hier: Auskunftserteilung) für Zwangsgeldanordnungen kein Raum mehr ist, vgl.

23. Antrag auf einstweilige Anordnung wegen Prozeßkostenvorschuß **II. H. 23**

Keidel/Kuntze/Winkler aaO., Rdn. 4 zu § 33 FGG; OLG Hamm FamRZ 1984, 183. Wiederholte Festsetzung mit jeweils wiederholter, vorausgehender Androhung zulässig.

7. Die Gerichtskosten sind dem Pflichtigen aufzuerlegen (§ 33 Abs. 1 S. 3 FGG), außergerichtliche Kosten gemäß § 13a Abs. 1 FGG nur im Rahmen der Billigkeit (anders bei grobem Verschulden, § 13a Abs. 1 Satz 2 FGG).

Kosten und Gebühren

Gerichtskosten gemäß §§ 119 ff. Kostenordnung; Anwaltskosten wohl nach § 58 Abs. 3 Nr. 8 BRAGO (str.).

Fristen und Rechtsmittel

Da keine Endentscheidung i.S. des § 621e ZPO (BGH FamRZ 1981, 25), einfache, unbefristete Beschwerde nach § 19 FGG, jedoch entgegen § 19 Abs. 2 FGG wegen § 119 Abs. 1 Nr. 2 GVG immer zum OLG (vgl. auch *Keidel/Kuntze/Winkler* aaO., Rdn. 45 zu § 19 FGG).

Einstweilige Regelungen

23. Antrag auf einstweilige Anordnung wegen Prozeßkostenvorschuß

An das
Amtsgericht[1]
– Familiengericht –

Antrag auf einstweilige Anordnung

der ......   – Antragstellerin –
Verfahrensbevollmächtigter: Rechtsanwalt ......[2]
gegen

......   – Antragsgegner –

wegen streitiger Ehescheidung[3]
hier: einstweilige Anordnung eines Prozeßkostenvorschusses[4]
vorläufiger Streitwert: DM ......[5]
Aktenzeichen: ......[6]

Ich nehme Bezug auf die im vorbezeichneten Scheidungsverfahren von mir für die Antragstellerin mit deren Ehescheidungsantrag vom ...... eingereichte besondere Prozeßvollmacht[7]. Im Rahmen dieses Verfahrens wird namens und im Auftrag der Antragstellerin der Erlaß folgender einstweiliger Anordnung – wegen Dringlichkeit ohne mündliche Verhandlung –[8] beantragt:

  I. Der Antragsgegner hat an die Antragstellerin einen Prozeßkostenvorschuß in Höhe von DM ...... zu bezahlen.
 II. Die Kosten folgen der Hauptsache[11].

Begründung:

1. Nach den im Scheidungsantrag vom ...... dargelegten wirtschaftlichen Verhältnissen der Parteien und unserem gleichzeitig gesondert eingereichten Antrag auf Streitwertfestsetzung vom ...... dürfte sich für das anhängige Scheidungsverfahren einschließlich Sorgerechtsregelung für zwei gemeinsame Kinder und Versorgungsausgleich einschließlich des einstweiligen Anordnungsverfahrens selbst[10] ein Verfahrensstreitwert von mindestens DM ......[9] ergeben. Hieraus errechnet sich ein Bedarf der Antragstellerin für Gerichts- und Prozeßkosten, wie er sich aus der in Anlage 1 beigefügten Kostenvorschußrechnung der Unterfertigten im einzelnen aufgeschlüsselt ergibt, in Höhe von mindestens DM ......

Glaubhaftmachung: Scheidungsantragsschrift vom ......, wie vor;
eidesstattliche Versicherung Ast. vom ......

2. Die Antragstellerin, wie bisher während der Ehezeit nicht erwerbstätig, mit der Betreuung der beiden gemeinsamen minderjährigen ehelichen Kinder voll ausgelastet und ohne eigenes Einkommen oder Vermögen, erhält vom Antragsgegner derzeit lediglich die Wohnungsmiete und einen unzureichenden Unterhaltszuschuß für sich und die Kinder von insgesamt ca. DM ......

Glaubhaftmachung: Eidesstattliche Versicherung Ast. vom ......

Die Antragstellerin ist daher derzeit ohne erhebliche Beeinträchtigung eines angemessenen Lebensunterhaltes für sich und die Kinder außerstande, die erforderlichen Prozeßkosten selbst zu tragen, so daß der Antrag nach §§ 1360a BGB, 620f ZPO begründet ist[10]. Scheidungsantrag und Folgesachen sind auch hinreichend aussichtsreich.
Dagegen ist der Antragsgegner hinreichend leistungsfähig, weil ......

3. Die Kostenentscheidung folgt aus § 620g ZPO[11].

Rechtsanwalt

Anmerkungen

1. Zuständigkeit: Gericht des ersten Rechtszuges, wenn Rechtsstreit jedoch in der Berufung anhängig ist, das Berufungsgericht; ist eine Folgesache in 2. oder 3. Instanz anhängig, so ist, soweit es sich um denselben Gegenstand handelt, das Berufungs- oder Beschwerdegericht der Folgesache zuständig (§§ 620a Abs. 4 ZPO, 620b Abs. 3 ZPO) – aber nur solange anhängig, vgl. BGH NJW 1984, 291 (kein Vorschußanspruch bei geschiedenen Ehegatten) sowie BGH NJW 1985, 2265 (kein Vorschuß mehr nach Rechtskraft) offen, ob doch bei vorher eingetretenem Verzug.

2. Das einstweilige Anordnungsverfahren (ausführlich insbes. *Gießler*, Vorläufiger Rechtsschutz, 2. Aufl. 1993) unterliegt als Teil der Ehesache grundsätzlich dem Anwaltszwang (§ 78 Abs. 2 Nr. 1 ZPO), mit Parteiantragsrecht nach §§ 78 Abs. 3, 620a Abs. 2 S. 2 ZPO. Antrag auf mündliche Verhandlung und das ihm nachfolgende Verfahren unterliegen dem Anwaltszwang (hM., vgl. Nachw. bei *Gießler* aaO., Fn. 47 zu Rdn. 109). Tragweite des in §§ 620ff. ZPO eingeführten Systems der einstweiligen Anordnungen (EA) teilweise geklärt (wohl keine reine Spezialisierung zu §§ 916ff. ZPO und erweiterte Gestaltungsbefugnis des Richters ohne strikte Bindung an das materielle Recht, durch UÄndG vom 20. 2. 1986 (vgl. insbes. die Neufassung von §§ 620 S. 1 Nr. 9, 620a Abs. 4, 620d ZPO); iü. bei Form. II. H. 27ff. (Rechtsmittel). Insbes. erstreckt § 620 S. 1 Nr. 9 ZPO n. F. den Vorschuß ausdrücklich auf alle Folgesachen; er kann auch für damit verbundene EA-Verfahren verlangt werden.

Weitere Grundlage (vor allem für eheliche und nichteheliche Kinder) kann die (eigenständige?) Vorschrift des § 127a ZPO sein, auch dort, wie hier, jedoch erst mit Einreichung einer (Unterhalts-)Klage bzw. Prozeßkosten-Hilfe-Antrag hierzu, vgl. im einz. Form. I. C. 5 mwNachw.

3. Vgl. dazu o. Form. II. H. 8.

4. § 620 S. 1 Nr. 9 ZPO. Materielle Rechtsgrundlage als Tatbestandsvoraussetzung: § 1360a Abs. 4 BGB. Daneben steht der Klageweg offen (*Thomas-Putzo* § 620 Anm. 2 b. ee, § 620a Anm. 2a ee; aA. *Palandt/Diederichsen* § 1360a Rdn. 9 ff.). Zulässig erst nach Anhängigkeit der Ehesache oder des Antrags auf Prozeßkostenhilfe (*Baumbach/Lauterbach/Albers/Hartmann* § 620 Rdn. 4); zuvor uU. Antrag nach § 940 ZPO (OLG Düsseldorf NJW 1978, 895, aA. OLG Oldenburg FamRZ 1978, 526, vgl. auch BGH FamRZ 1979, 472 gegen OLG Düsseldorf FamRZ 1980, 175). Nach Prozeßende kein Anspruch mehr auf vorher nicht geltend gemachten Prozeßkostenvorschuß, BGH NJW 1985, 2265 (bejahend jedoch, falls vorher Verzug, OLG Bamberg FamRZ 1986, 484). Spätere Rückforderung bei erheblicher Verbesserung der wirtschaftlichen Verhältnisse des anderen Ehegatten soll in Frage kommen (OLG Saarbrücken NJW-RR 1987, 522 unter Hinweis auf BGH FamRZ 1985, 802).

Verhältnis zur (staatlichen) Prozeßkosten-Hilfe in der Praxis oft schwierig: grundsätzlich soll Anspruch auf Vorschuß als „vorhandenes Vermögen" Anspruch gegen den Staat auf Hilfe ausschließen bzw. beschränken (Subsidiarität), was langwierige Vorwegbeurteilungen der Rechtslage (Unterhaltsanspruch gegeben?) mit ungeklärten zusätzlichen Kostenrisiken verursachen kann, vgl. hierzu auch Form. I. C. 1–4 und insbes. 5., ferner *Gießler* aaO. (Rdn. 739, 768) und aus der Rspr. zB. OLG Frankfurt FamRZ 1982, 418; OLG Bamberg FamRZ 1983, 204, OLG Frankfurt/M. FamRZ 1985, 826: Prozeßkostenvorschuß kann auch in Raten geschuldet werden, bei mehr als 4 Raten PKH. § 624 Abs. 2 ZPO n. F. fordert besondere Bewilligung für Folgesachen auf Antrag. Praktische Hinweise bei *Rahm/Künkel,* Handbuch aaO., II., Rdn. 82 ff. Für das Prozeßkostenhilfeverfahren selbst gibt es keine Prozeßkostenhilfe, hier sollte Antrag nach dem Beratungshilfegesetz gestellt werden, BGH FamRZ 1985, 690.

5. Für den Streitwert bei der einstweiligen Anordnung auf Prozeßkostenvorschuß gilt nicht § 20 GKG, sondern § 12 GKG: Maßgebend ist der verlangte Betrag.

6. Das einstweilige Anordnungsverfahren führt das gleiche Aktenzeichen. Es werden bei Gericht „Sonderhefte" gebildet, jedoch in der Akte der Hauptsache geführt (vgl. § 13a AktO). Für den Anwaltsbetrieb empfiehlt mancher ebenfalls die Anlage von gesonderten Akten.

7. Die besondere Prozeßvollmacht gemäß § 609 ZPO erstreckt sich kraft Gesetzes auch auf Folgesachen (§ 624 ZPO) und damit auch auf einstweilige Anordnungsverfahren.

8. Es liegt im Ermessen des Gerichts, ob es vor Erlaß einer einstweiligen Anordnung mündliche Verhandlung anordnet (§ 620a Abs. 1 ZPO). Bei einem Antrag auf Prozeßkostenvorschuß wird das in der Regel nicht nötig sein.

9. Vgl. § 12 Abs. 2 S. 2 GKG (grundsätzlich 3-monatiger Nettoverdienst der Ehegatten). Zur Höhe des Prozeßkostenvorschusses: OLG München FamRZ 1987, 301: wie nach § 17 BRAGO, also: in der Regel drei Anwaltsgebühren zuzüglich Unkostenpauschale, ebenso *Gießler* aaO., Rdn. 736.

10. Anspruchsvoraussetzungen nach § 1360a Abs. 4 BGB. Ob der Vermögensstamm angegriffen werden muß, bestimmt sich nach Billigkeit (*Palandt/Diederichsen* § 1360a Rdn. 14). PKV-Anspruch erfaßt auch Kosten des Verfahrens auf PKV selbst (OLG Frankfurt FamRZ 1979, 732; zustimmend *Palandt/Diederichsen* aaO., Rdn. 16 und *Gießler* aaO. Rdn. 736). Bei wesentlicher Verbesserung der wirtschaftlichen Verhältnisse als PKV-Gläubigers kommt spätere Rückforderung in Betracht (OLG Saarbrücken NJW-RR 1987, 522 unter Bezug auf BGH FamRZ 1985, 802).

11. In der Regel ergreift der Kostenausspruch der Hauptsache die Kosten des einstweiligen Anordnungsverfahrens, § 620g ZPO, weshalb vielfach keine besondere Tenorierung für nötig gehalten wird. Das Gericht kann jedoch nach § 96 ZPO bei Erfolglosigkeit des Antrags dessen Kosten dem Antragsteller auferlegen.

Kosten und Gebühren

GK: KV Nr. 1700/1701 (nur falls Entscheidung, nur einmal für Rechtszug) bzw. Nr. 1702; RA: da besondere Angelegenheit (§ 41 BRAGO), die der §§ 31 ff. BRAGO, aber für die in § 41 Abs. 1 S. 1 lit. a–d BRAGO aufgeführten Verfahren nur einmal pro Rechtszug. Die nach hM. gegenüber Prozeßkostenvorschuß grundsätzlich subsidiäre Prozeßkostenhilfe, s. auch Form. I. C. 1.–5., wird oft nur zögernd für spätere (möglichen) Folgesachen bewilligt, § 624 Abs. 2 ZPO nF. erstreckt PKH nur auf Folgesachen von Amts wegen, so daß PKH jeweils für Antrags-Folgesachen neu beantragt und bewilligt werden muß, vgl. OLG Bamberg FamRZ 1986, 701. Das schränkt die prozeßtaktischen Möglichkeiten der armen Partei zusätzlich ein, vgl. hierzu *Herpers* FamRZ 1981, 734 und *Wax* FamRZ 1980, 975, zur „rückwirkenden Bewilligung" auch BGH NJW 1982, 446.

Bedauerlich die hM., daß für das – oft komplizierte – Prozeßkostenhilfe-Bewilligungsverfahren selbst keine PKH erreichbar (ja: OLG Hamm NJW 1982, 287; nein: OLG Nürnberg NJW 1982, 228 und der BGH in FamRZ 1985, 690 – stattdessen Beratungshilfe? –).

Fristen und Rechtsmittel

Im Verfahren nach §§ 620 ff. ZPO grundsätzlich keine außer Antrag nach § 620 b ZPO; uU. sofortige Beschwerde in Fällen „greifbarer Gesetzwidrigkeit", vgl. Form. II. H. 29.

24. Antrag auf vorläufige Anordnung wegen elterlicher Sorge und Herausgabe eines Kindes

An das
Amtsgericht[1]
– Familiengericht –

Antrag auf vorläufige Anordnung

des ......   – Antragsteller –
Verfahrensbevollmächtigter: Rechtsanwalt ......[2]
gegen
......   – Antragsgegnerin –
wegen elterlicher Sorge und Kindesherausgabe[3]
hier: vorläufige Anordnung[4]
vorläufiger Streitwert: DM ......[5]
Aktenzeichen: ......[6]

Ich nehme Bezug auf die in der vorbezeichneten Familiensache (Hauptsacheverfahren) von mir für den Antragsteller vorgelegte gesonderte Prozeßvollmacht[7]. Im Rahmen dieses

24. Antrag auf vorläufige Anordnung wegen elterlicher Sorge II. H. 24

Verfahrens wird namens und im Auftrag des Antragstellers der Erlaß folgender vorläufiger Anordnung – wegen Dringlichkeit ohne mündliche Verhandlung –[8] beantragt:

I. Die elterliche Sorge für das gemeinsame eheliche Kind ...... der Parteien, geb. am ......, wird einstweilen dem Antragsteller übertragen[9].
II. Die Herausgabe des gemeinsamen ehelichen Kindes ...... der Parteien, geb. am ......, an den Antragsteller wird angeordnet.
III. Die Kosten folgen der Hauptsache.

Begründung:

1. Wie bereits in der Antragsschrift des Hauptsacheverfahrens dargelegt, wurde die Ehe der Parteien, aus der das gemeinsame eheliche Kind ......, geb. am ......, hervorgegangen ist, am ...... durch Endurteil des Amtsgerichts – Familiengericht – ...... vom ...... (Aktenzeichen: ......) im Wege der Scheidung nach § 630 ZPO rechtskräftig geschieden. Gemäß dem im Scheidungsverfahren vorgelegten übereinstimmenden Vorschlag der Parteien wurde die elterliche Sorge für das Kind ...... der Antragsgegnerin übertragen. Der Scheidung vorausgegangen war der Wegzug der Antragsgegnerin mit dem Kind aus der früheren Ehewohnung nach ...... zu ihrer Mutter: diese werde sich, wie die Antragsgegnerin im früheren Scheidungsverfahren vortragen ließ, während der Zeit der Berufstätigkeit der Mutter zusätzlich um das Kind kümmern. Es bestand ferner Getrenntleben von 13 Monaten der Parteien.

Glaubhaftmachung: Akten des Scheidungsverfahrens ......, insbesondere von den Parteien vorgelegte Scheidungsvereinbarung gemäß § 630 ZPO vom ...... und Schriftsatz der Antragsgegnerin, dortigen Antragstellerin, vom ...... an das Familiengericht ......

2. Im Scheidungsverfahren hat der Antragsteller den eigentlichen Grund für die Zerrüttung der Ehe nicht vorgetragen, nämlich ständigen, trotz zweimaliger Entziehungskuren wiederholten Alkoholmißbrauch durch die Antragsgegnerin, welche hierdurch mehrere Arbeitsstellen alsbald wieder verlor; ferner hat er nicht vorgetragen den eigentlichen Grund seiner Zustimmung zu dem übereinstimmenden Vorschlag der Parteien, die elterliche Sorge auf die Antragsgegnerin zu übertragen, nämlich wiederholte Selbstmorddrohungen der Antragsgegnerin ihm gegenüber für den Fall, daß sie das Kind nicht erhalte, verbunden mit ausdrücklicher Zusicherung, dem Alkohol zu entsagen und sich besser als früher um das Kind zu kümmern.

Glaubhaftmachung: Schreiben der Antragsgegnerin an Antragsteller vom ...... und vom ...... (also während des Scheidungsverfahrens); eidesstattliche Versicherung des Antragstellers vom ...... (insbesondere Ziff. 1.), beigefügt.

Die nachstehenden Feststellungen über die Lebensverhältnisse des gemeinsamen Kindes ...... bei der Antragsgegnerin und ihrer Mutter seit Scheidung, welche der Antragsteller in den letzten Monaten treffen mußte, zwingen ihn, seine damalige Zustimmung zur Übertragung der elterlichen Sorge auf die Antragsgegnerin zu widerrufen und im Hauptsacheverfahren eine andere Regelung der elterlichen Sorge anzustreben[11].

3. Bei seinen Besuchen beim Kind, erstmals möglich geworden durch Regelung des elterlichen Umgangs im vorbezeichneten Scheidungsurteil, mußte der Antragsteller feststellen, daß die Antragsgegnerin unmittelbar nach dem Scheidungsurteil wieder rückfällig und nach einer einwöchigen „Sauftour" in Gaststätten der Umgebung dringlich zur Alkoholentziehung in die Klinik ...... am ...... eingeliefert wurde, in der sie nach Mitteilung ihrer Mutter mindestens 6 Monate ständig verbleiben wird. Die Mutter der Antragsgegnerin beklagte sich beim Antragsteller mehrfach, daß sie, zumal als Rentnerin mit Nebentätigkeit, des damals zweieinhalbjährigen Kindes ......, das „zu frech" sei, nicht Herr werde und es immer wieder schlagen müsse; ein Versuch, das nunmehr

dreijährige Kind ganztägig in einem Kindergarten am Ort unterzubringen, scheiterte daran, daß das Kind dort nach nur 3 Wochen als störend zurückgewiesen wurde. Auf Befragen erklärten die dortigen beiden Kindergärtnerinnen dem Antragsteller, das Kind habe wiederholt Spuren von Schlägen aufgewiesen, sei verwahrlost und offensichtlich verhaltensgestört, während des 3-wöchigen Kindergartenbesuches ferner nur unregelmäßig hergebracht und abgeholt worden, der Antragsteller solle dringend richterliche Hilfe in Anspruch nehmen.

Glaubhaftmachung: Eidesstattliche Versicherung Ast. vom ...... (Ziff. 2. und 3.);
Schreiben Kindergarten ...... an Ast. vom ......, in beglaubigter Fotokopie beigefügt.

Gleichwohl verweigern die Antragsgegnerin, die der Antragsteller deshalb persönlich aufsuchte, wie auch ihre Mutter hartnäckig jede Änderung des bisherigen Zustandes.

4. Bei dieser Situation wird das Hauptsacheverfahren mit großer Wahrscheinlichkeit im Sinne der Anträge des Antragstellers ausgehen, da der frühere übereinstimmende Vorschlag der Parteien über die elterliche Sorge das Familiengericht nicht bindet[10, 11], ferner die angestrebte Entscheidung eindeutig im Interesse des Kindes ist, das weder von seiner Mutter noch von deren Mutter hinreichend betreut werden kann und bereits deutliche Zeichen von Verwahrlosung und Verhaltensstörungen zeigt; beim Alter des Kindes erscheint eine Anhörung des Kindes selbst nicht angezeigt. Die besondere Eilbedürftigkeit der Sache – insbesondere, da das Kind bei der Mutter der Antragsgegnerin häufig geschlagen, häufig vernachlässigt und von ihr offensichtlich auch innerlich nicht akzeptiert wird – rechtfertigt eine sofortige vorläufige Anordnung des Familiengerichts vor Anhörung des Jugendamtes und persönlicher Fühlungnahme durch das Gericht, bevor Schlimmeres geschieht; beides kann nachgeholt werden, sobald sich das Kind in der Obhut des Antragstellers befindet. Dieser hat durch Übernahme einer Teilzeitbeschäftigung und Vormerkung eines Halbtagsplatzes in einer nahe seiner Wohnung gelegenen Kinderkrippe seinerseits Vorsorge für eine intensive Betreuung des Kindes getroffen.

Glaubhaftmachung: Eidesstattliche Versicherung Ast. vom ...... (insbesondere Ziff. 4) wie vor.

5. Die Kostenentscheidung folgt aus § 620 g ZPO.

Rechtsanwalt

Anmerkungen

1. Wenn es um Herausgabe des Kindes zwischen Eltern geht, ist das Familiengericht zuständig (Anhörung des Jugendamtes: § 49 Abs. 1 Nr. 1 e) FGG nF.), ansonsten das Vormundschaftsgericht, vgl. § 1632 Abs. 3 BGB. Ist eine Folgesache derselben Art in 2. oder 3. Instanz anhängig, ist das Berufungs- oder Beschwerdegericht der Folgesache zuständig, § 620a Abs. 4 ZPO.

2. Insoweit (isoliertes FGG-Verfahren) auch für mV kein Anwaltszwang (anders bei eAO in Folge der Ehesache, vgl. Form. II. H. 23 Anm. 2).

3. §§ 620 S. 1 Nr. 1 und 3, 620a, 606 ZPO. Hiergegen ausnahmsweise bei einstweiligen Anordnungen Rechtsmittel nach § 620c ZPO, bei diesen ausnahmsweise auch von Amts wegen (§ 620 S. 2 ZPO).

4. Herausgabe des Kindes kann über eine *einstweilige* Anordnung durchgesetzt werden nur bei Anhängigkeit einer Ehesache zwischen Ehegatten nach §§ 620 S. 1 Nr. 3, 620a, 606 ZPO, außerhalb eines Scheidungsverfahrens als *vorläufige* Anordnung nach FGG (*Palandt/Diederichsen* § 1632 Rdn. 14; BGH FamRZ 1982, 788; zu den Grundsätzen für den Erlaß solcher Anordnungen vgl. BayObLG FamRZ 1981, 814). Eine einstweilige Anordnung über die elterliche Sorge muß begründet werden (OLG Celle FamRZ 1978,

54). Vollstreckung stets nach § 33 FGG, da § 794 Abs. 1 Nr. 3a ZPO i. d. F. durch UÄndG 1986 Entscheidungen nach § 620 S. 1 Nrn. 1–3 nicht mitenthält.

5. Scheidungsverfahren und Folgesachen gelten nach § 19a GKG und § 7 Abs. 3 BRAGO als dieselbe Sache. Der Wert ist daher zusammenzurechnen.

Streitwert bei einstweiliger Anordnung über elterliche Sorge in der Regel DM 1.500,– (auch wenn mehrere Kinder), sonst nach §§ 30 Abs. 2, 94 Abs. 2 KostO.

6. Vgl. Form. II. H. 23 Anm. 6.

7. Vgl. Form. II. H. 23 Anm. 7. Das hier anhängige Hauptverfahren ist nicht die bereits erledigte Ehesache, sondern ein neues Verfahren über die elterliche Sorge gemäß §§ 1696, 1671 BGB, vgl. i. einz. *Gießler* aaO., Rdn. 1034f. (eAO) bzw. 1041f. (vAO).

8. Vgl. Form. II. H. 23 Anm. 8. Die Entscheidung wird jedoch hier kaum ohne mündliche Verhandlung ergehen können.

9. UU. kann als minus gegenüber dem Recht der elterlichen Sorge zunächst auch nur das Aufenthaltsbestimmungsrecht geregelt werden (vgl. *Baumbach/Lauterbach/Albers/Hartmann* § 620 Rdn. 8; *Thomas-Putzo* § 620 Rdn. 15). Zu den materiellrechtlichen Grundlagen und richterlichen Gestaltungsmöglichkeiten vgl. iü. Form. II. H. 10 u. dort. Anm.

10. Zu den Tatbestandsvoraussetzungen des Abänderungsverfahrens nach § 1696 BGB vgl. *Palandt/Diederichsen* § 1696 Anm. 2: Es muß sich um triftige das Kindeswohl berührende Gründe handeln.

11. Übereinstimmender Vorschlag über elterliche Sorge ist widerruflich, jedenfalls bei Vorliegen triftiger Gründe (teilw. str., vgl. *Dörr*, NJW 1991, 77ff.; *Palandt-Diederichsen* Rdn. 23 zu § 1671 BGB; OLG Bamberg NJW-RR 1991, 580). Zum gemeinsamen Sorgerecht nach Nichtigerklärung von § 1671 Abs. 4 S. 1 BGB vgl. Form. II. H. 10 und Anm.

Kosten und Gebühren

Vgl. zunächst Anm. zu Form. II. H. 23. GK: hier nach § 94 Abs. 1 Nr. 4 KostO (str. Auslagen, vgl. *Lappe* Rdn. 73ff.), wohl auch hier im isolierten Verfahren; RA: §§ 41, 118 BRAGO.

Fristen und Rechtsmittel

Gegen Beschlüsse ohne mündliche Verhandlung zunächst Antrag nach § 620b Abs. 2 ZPO, falls im Rahmen einer Ehesache (nach § 620b Abs. 1 S. 2 ZPO sogar von Amts wegen), dann nur nach § 620c S. 1 ZPO oder bei „greifbarer Gesetzwidrigkeit" (hierzu Form. II. H. 29) mit befristeter Beschwerde nach § 621c Abs. 3 ZPO. Im übrigen einfache Beschwerde aus § 19 FGG. Umgangsrechtsregelung kann nicht im Rahmen des Beschwerdeverfahrens über die elterliche Sorge verlangt werden, OLG Saarbrücken FamRZ 1986, 182.

25. Antrag auf einstweilige Anordnung wegen Getrenntlebens, Ehewohnung und persönlichen Gebrauchsgegenständen

An das
Amtsgericht[1]
– Familiengericht –

Antrag auf einstweilige Anordnung

der ......   – Antragstellerin –
Verfahrensbevollmächtigter: Rechtsanwalt ......[2]

gegen

......   – Antragsgegner –

wegen streitiger Ehescheidung[3]

hier: einstweilige Anordnung zu Getrenntleben, Ehewohnung und persönlichen Gebrauchsgegenständen[4]

vorläufiger Streitwert: DM ......[5]

Aktenzeichen: ......[6]

Ich nehme Bezug auf die im vorbezeichneten Hauptsacheverfahren auf Scheidung, Zuweisung der Ehewohnung und Hausratverteilung von mir für die Antragstellerin bereits vorgelegte besondere Prozeßvollmacht[7]. Im Rahmen dieses Verfahrens wird namens und im Auftrag der Antragstellerin der Erlaß folgender einstweiliger Anordnung – wegen Dringlichkeit ohne mündliche Verhandlung –[8] beantragt:

  I. Der Antragstellerin wird das Getrenntleben vom Antragsgegner gestattet.
 II. Dem Antragsgegner wird verboten, die eheliche Wohnung der Parteien in ...... ohne Zustimmung der Antragstellerin zu betreten.
III. Dem Antragsgegner wird geboten, an die Antragstellerin folgende persönliche Sachen herauszugeben:
    a) eine Frisierkommode mit Spiegel in venezianischem Schliff;
    b) ein Paar goldene Ohrringe und ein Damenhalsband (Goldkette und Anhänger mit Brillantsplittern);
    c) einen Kleinkühlschrank zu 50 l, Marke ABC.
IV. Die Kosten folgen der Hauptsache.

Begründung:

1. Wie aus der Scheidungsantragsschrift vom ...... ersichtlich, leben die Parteien derzeit getrennt wie folgt: Der Antragsgegner ist vor 4 Monaten aus der bisher gemeinsamen ehelichen Wohnung der Parteien in ......, bestehend aus 1 Wohnzimmer, 1 Schlafzimmer, 1 Küche und 1 Bad mit Toilette, ausgezogen und hat mit seiner ständigen Freundin eine neue Wohnung genommen; die Antragstellerin bewohnt die Wohnung nunmehr allein und ist auf diese auch angewiesen. Die Ehewohnung war von den Parteien gemeinsam gemietet, die Gegenstände gemäß Ziff. III. a) und b) wurden der Antragstellerin vom Antragsgegner während der Ehe geschenkt, der Kühlschrank gemeinsam während der Ehe angeschafft.

Glaubhaftmachung: Mietvertrag vom ......;
                   eidesstattliche Versicherung Ast. vom ...... (Ziff. 1.), beigefügt.

2. Wie in der eidesstattlichen Versicherung der Antragstellerin vom ...... (insbesondere Ziff. 2. und 3.) näher dargelegt, hat der Antragsgegner die Antragstellerin vor seinem

25. Antrag auf einstweilige Anordnung wegen Getrenntlebens   II. H. 25

Auszug wiederholt schwer verprügelt; er kommt jedoch auch nach seinem Auszug immer wieder unangemeldet, teilweise mitten in der Nacht, in die Wohnung zurück, um die Antragstellerin, die nichts mehr von ihm wissen will, zu belästigen. Bei solchen Gelegenheiten hat er sie, besonders wenn er angetrunken war, mehrfach grob beschimpft und geschlagen, einmal so stark, daß ärztliche Hilfe in Anspruch genommen werden mußte. In die Wohnung dringt er jeweils ein mit einem von ihm zurückbehaltenen Haus- und Wohnungsschlüssel.

Glaubhaftmachung: Eidesstattliche Versicherung Ast., wie vor;
......

3. Am letzten Samstag ist der Antragsteller ferner auf gleiche Weise während der Abwesenheit der Antragsgegnerin in die eheliche Wohnung eingedrungen und hat von dort die in Ziff. III. a), b) und c) bezeichneten Gegenstände, welche der Antragstellerin zum persönlichen Gebrauch dienen, in seine neue Wohnung mitgenommen und der Antragstellerin auf telefonische Reklamation nur erklärt, daran sei sie selber schuld, die Gegenstände gehörten ferner ihm, soweit er sie geschenkt habe, nehme er sie wegen des undankbaren Verhaltens der Antragstellerin ihm gegenüber wieder zurück, zumal er sie für die neue Wohnung brauche und seiner Freundin auch einmal eine Freude machen müsse.

Glaubhaftmachung: Eidesstattliche Versicherung Ast., wie vor (Ziff. 4.).

Die Anträge sind daher aus §§ 1353 Abs. 2, 1361b BGB in Verbindung mit § 620 S. 1 Nrn. 5, 7 und 8 ZPO und den Vorschriften der Hausratsverordnung begründet, die besondere Eilbedürftigkeit durch das für die Antragstellerin bedrohliche und grob rechtswidrige, völlig uneinsichtige Verhalten des Antragsgegners gegeben[9].

4. Die Kostenentscheidung folgt aus § 620g ZPO.

Rechtsanwalt

Anmerkungen

1. Allgemein zu einstweiligen Regelungen durch richterliche Anordnung (EA) vgl. Form. II. H. 23 Anm. 1. Vgl. ferner das Form. II. H. 16 mwNachw. Der Streit um den Zutritt zur Ehewohnung zwischen getrennt lebenden Ehegatten ist auch Familiensache, OLG Düsseldorf FamRZ 1985, 497.

2. Form. II. H. 23 Anm. 2.

3. Form. II. H. 23 Anm. 3.

4. § 620 S. 1 Nr. 5, 7 und 8 ZPO; vgl. *Gießler* aaO., Rdn. 964 ff., 871 ff. und 826 ff. mit 834 f., dort auch zur Abgrenzung „Hausrat" (dann § 620 S. 1 Nr. 7 ZPO) - zu „persönliche Gebrauchsgegenstände" fließend, strenger *Thomas-Putzo* aaO., Rdn. 24 zu § 620 ZPO (nicht Hausrat!), unabhängig von Eigentumslage, wichtig auch z.B. für benötigte Unterlagen und Urkunden; bei - wie hier - reiner Benutzungsregelung ohne große praktische Bedeutung. Außer im Rahmen der Ehesache auch bei bloßer Trennung möglich für Hausrat nach § 1361a BGB mit §§ 13 Abs. 4, 18a HausratsVO. Das UÄndG 1986 hat klargestellt, daß auch Wohnungszuweisung und Hausratverteilung vor Trennung und voranhängiger Scheidung über § 1361b BGB und HausratsVO laufen. In diesen isolierten Verfahren dann auch EAs, nach §§ 18a, 13 Abs. 4 HausratsVO (jeweils nur vorläufige Regelungen). Voraussetzung bei Ehewohnung „schwere Härte" (Rspr. setzt zT. unzumutbar hohe Hürden wie „unerträglich" etc.), bei Hausrat u. U. nur schutzwürdiges Interesse.

5. Streitwert: § 21 Abs. 2 HausratsVO mit § 16 GKG (Ehewohnung) bzw. § 12 Abs. 1 GKG (Hausrat, Benutzungsinteresse ca. ⅕ des aktuellen Werts, *Lappe* aaO., Rdn. 356).
Wohnung: Deren 3-monatiger Mietwert.
Gebrauchsgegenstände: Deren Wert.
Getrenntleben in der Regel: DM 1.000,– (OLG Bamberg JurBüro 1978, 860).

6. Vgl. Form. II. H. 23 Anm. 6.

7. Vgl. Form. II. H. 23 Anm. 7.

8. Vgl. Form. II. H. 23 Anm. 8. Genaue Bezeichnung der Gegenstände als vollstreckungsfähiger Inhalt nötig, OLG Zweibrücken FamRZ 1983, 1162. Str. weiter, wie bei Wohnung vollstreckt wird, über § 885 Abs. 1 ZPO (OLG Hamburg FamRZ 1983, 1151, ebenso *Gießler* aaO., Rdn. 825) oder über § 888 ZPO (OLG Köln FamRZ 1983, 1231).

9. Hieraus folgt das für die einstweilige Anordnung grundsätzlich erforderliche „Regelungsbedürfnis" (wohl identisch mit „Rechtsschutzbedürfnis"). Das soll nach verbreiteter Meinung zB. die Geltendmachung von Vorsorgeunterhalt im EA-Verfahren ausschließen, da nicht „dringend". Leben die Parteien noch beide in der Ehewohnung, ist Wohnungszuweisung an einen allein (und Räumungsanordnung für den anderen) grundsätzlich letztes Mittel, dennoch sehr weitgehend OLG Hamburg FamRZ 1984, 64; (Gefahr für Leib und Leben soll allein nicht genügen) vgl. iü. zu diesem FGG-Verfahren Form. II. H. 16.

Kosten und Gebühren

GK: EA für Getrenntleben gebührenfrei, iü. KV Nr. 1701; RA hier (Verbund) §§ 41, 31 ff. BRAGO, beachte aber § 41 Abs. 1 BRAGO (mehrere aus § 620 ZPO nur einmal pro Rechtszug). Es muß PKH jeweils gesondert ausdrücklich beantragt und bewilligt werden (OLG Bamberg FamRZ 1986, 701).

Rechtsmittel

Bei Verfahren nach §§ 620 ff. ZPO außer Abänderungsantrag nach § 620 b ZPO (vgl. Form. II. H. 27) grundsätzlich keine, uU. aber Vollstreckungsgegenklage oder negative Feststellungsklage (§ 620 c ZPO). Ausnahme: Alleinzuweisung Ehewohnung (befristete Beschwerde nach § 621 e ZPO) und „greifbare Gesetzwidrigkeit" (vgl. Form. II. H. 29). Auch nach UÄndG 1986 weiterhin sehr str., ob isoliert möglich, vgl. OLG Zweibrücken FamRZ 1983, 517, 518, und ob gegen EA auf Räumung § 721 ZPO hilft, verneinend OLG Hamburg FamRZ 1983, 1152.

26. Antrag auf einstweilige Anordnung wegen Ehegatten-Getrenntleben- und Kindesunterhalt*

An das
Amtsgericht
– Familiengericht[1] –

Antrag auf einstweilige Anordnung[2]

der ......   – Antragsstellerin –
Verfahrensbevollmächtigte[2]: RA ......
gegen

......   – Antragsgegner –

wegen streitiger Ehescheidung
hier: einstweilige Anordnung auf Ehegatten-Getrenntleben- und Kindesunterhalt
vorläufiger Streitwert[2]: DM ......
Az.: ......

26. Antrag auf einstweilige Anordnung wegen Kindesunterhalt

nehme ich Bezug auf den Sachvortrag der Antragsstellerin im Scheidungsverfahren, die hierzu bereits vorgelegte besondere Prozeßvollmacht und den mit Schriftsatz vom ...... für die Antragsstellerin eingeleiteten Antrag auf Auskunft über die Einkommens- und Vermögensverhältnisse des Antragsgegners zum Zwecke der Klärung der der Antragsstellerin und den gemeinsamen ehelichen Kindern ......, geb. am ......, und ......, geb. am ......, zustehenden derzeitigen und künftigen Unterhaltsansprüche. Da die Antragsstellerin für sich und die beiden gemeinsamen ehelichen Kinder derzeit vom Antragsteller keinerlei Unterhalt erhält und eine einstweilige Regelung daher dringend erforderlich ist, wird ferner beantragt, im Wege einstweiliger Anordnung gegen den Antragsgegner zu erkennen:

I. Der Antragsgegner hat an die Antragsstellerin eine monatlich im voraus, erstmals ab ......, zu entrichtende Unterhaltsrente von DM ...... zu bezahlen[3].

II. Der Antragsteller hat an die Antragsstellerin eine monatlich im voraus, erstmals ab ...... zu entrichtende Unterhaltsrente von DM ...... für das gemeinsame eheliche Kind ......, geb. am ......, zu bezahlen.

III. Der Antragsteller hat an die Antragsgegnerin eine monatlich im voraus, erstmals ab ...... zu entrichtende Unterhaltsrente von DM ...... für das gemeinsame eheliche Kind ......, geb. am ......, zu bezahlen.

IV. Die Kosten folgen der Hauptsache[4].

Begründung:

1. Wie bereits in der Unterhalts-Hauptsache im einzelnen dargestellt, ist die Antragsstellerin ohne eigene Einkünfte und nicht erwerbsfähig, da sie die beiden gemeinsamen ehelichen Kinder ...... und ...... altersbedingt ganztägig seit der Trennung der Parteien am ...... zu betreuen hat. Ihr stehen daher für die Zeit des Getrenntlebens für sich selbst (§ 1361 BGB) und in gesetzlicher Prozeßstandschaft für die Kinder (§ 1629 mit §§ 1605 ff. BGB) Unterhaltsansprüche zu[5].

2. Wie in der Auskunftsklage zur Klärung der Unterhaltsansprüche in der Hauptsache dargelegt, ist die Antragsstellerin derzeit nicht im Stande, diese Unterhaltsansprüche endgültig zu beziffern, auch nicht den Anteil, der auf Elementar- und Versorgungsunterhalt entfällt. Der Antragsgegner verfügt jedoch mindestens über ein monatliches Durchschnitts-Nettoeinkommen von DM ......, wie sich im einzelnen aus folgendem ergibt: ...... Glaubhaftmachung: ......

   Daraus errechnet sich für die Antragsstellerin und die Kinder folgender, vom Antragsgegner mindestens geschuldeter Unterhalt/Notunterhalt:
   ......
   ......
   ......

3. Die Zahlung dieses Mindest-Unterhalts wird für den Monatsersten ab Zustellung dieses Antrags vorläufig verlangt. Weitergehende, in der Hauptsache verfolgte Unterhaltsansprüche sowie die gesonderte Geltendmachung von Unterhaltsrückständen für die Vergangenheit, wegen derer der Antragsgegner bereits in Verzug gesetzt wurde, bleiben vorbehalten[3].

Rechtsanwalt

Anmerkungen

* Sachverhalt ähnlich wie in Form. II. H. 12. (Stufenklage auf Auskunft wegen Ehegatten- sowie Kindesunterhalt), allerdings im Wege der EA schon für die Zeit des Getrenntlebens vor der Scheidung, vor Stellung des Scheidungsantrag einstweilige Verfügung, dann aber nur auf dringenden Notbedarf – § 940 ZPO –, der fehlt, wenn Sozialhilfe in dieser Höhe geleistet wird, OLG Saarbrücken FamRZ 1986, 185, und nur für die Zukunft, OLG

Zweibrücken FamRZ 1986, 76. Nach Stellung des Scheidungsantrags nach BGH und hM. nur noch EA als Sonderregelung.

1. Zur ausschließlichen Zuständigkeit des Familiengerichts für diese einstweilige Anordnung gemäß § 620 Nr. 4 und Nr. 5 ZPO vgl. allgemein Form. II. H. 23. und dort. Anm. zum EA-System, ist aber eine Folgesache derselben Art in 2. oder 3. Instanz anhängig, so ist das Berufungs- oder Beschwerdegericht der Folgesache zuständig (§ 620a Abs. 4 ZPO nF.). Materielle Rechtsgrundlage sind §§ 1361 ff. BGB (Ehegatten-Getrenntlebensunterhalt) bzw. §§ 1605 ff. (Kindesunterhalt). Der BGH hat inzwischen auch darüber hinaus klargestellt, daß die verschiedenen in der ZPO geregelten Möglichkeiten einstweiliger Anordnungen (§ 620 ZPO, § 621f. ZPO und § 127a ZPO, letztere zu einstweiligen Anordnungen auf Kostenvorschuß in Familiensachen) keine Ansprüche aus sich heraus begründen, sondern einer jeweiligen materiellen Rechtsgrundlage – im BGB – bedürfen, vgl. BGH NJW 1984, 291: Deshalb zB. keine Prozeßkostenvorschußpflicht zwischen geschiedenen Ehegatten). Das „zugehörige" Hauptsacheverfahren auf Ehegatten-Getrenntlebenunterhalt (das wegen der Möglichkeit einer EA gemäß Formular dann oft gar nicht erst stattfindet, Rechtsfolgen bei fortbestehender EA nach Scheidung vgl. Form. II. H. 28.), ist Familien-, aber keine Verbundsache (da nicht „für den Fall der Scheidung" begehrt), vgl. Form. II. H. 4. und Form. II. H. 12. mit Anm.

2. Zum System der einstweiligen Anordnungen in Familiensachen vgl. zunächst Anm. 1 ff. zu Form. II. H. 23., dort auch zu Anwaltszwang und Streitwert; zum Streitwert vgl. auch II. H. 12. und aaO. Anm. 5. (Jahresbetrag nach § 17 GKG einschließlich etwaiger Rückstände, § 17 Abs. 4 GKG) m. Nachw. Durch UÄndG vom 20. 2. 1986 wurde § 620 S. 1 Nr. 4 ZPO dahingehend geändert, daß der Unterhaltsanspruch nur noch für minderjährige Kinder, nunmehr aber mit unmittelbarer Wirkung auch für und gegen diese, geltend gemacht werden kann. Volljährige Kinder müssen nun den Weg der einstweiligen Verfügung beschreiten. Durch BGH FamRZ 1983, 355 dürfte klargestellt sein, daß Rechtsschutzbedürfnis für (isolierte) Hauptsacheklage durch EA nicht entfällt (Rechtskraftfähigkeit). Überblick und Abgrenzung zu anderen summarischen Verfahren (eV, Arrest) sehr detailliert jeweils bei *Gießler* aaO., 2. Aufl. 1993, Rdn. 7 ff. und Rdn. 424 ff. mit zahlr. Nachw.

3. Während es sich im Unterhalts-Hauptsacheverfahren uU. empfiehlt, den Elementar- und Vorsorgeunterhalt gesondert zu beziffern und zu begründen, ist es eine Frage des jeweiligen örtlichen Gerichtsgebrauchs, ob dies im EA-Verfahren notwendig, überhaupt möglich oder zweckmäßig ist: An sich handelt es sich um ein summarisches Verfahren, das einstweilige, dafür aber möglichst rasche Abhilfe schaffen soll. Viele Familienrichter halten EA-Regelung für Vorsorge-Unterhalt nicht für „dringend", andere ermitteln jedoch bereits im einstweiligen Anordnungsverfahren (fast) genauso sorgfältig wie im Hauptsacheprozeß, so daß die einstweilige Anordnung oft einer Endentscheidung gleichkommt (gefährlich wegen nur sehr begrenzter Rechtsmittel aus § 620b ZPO – Abänderungsantrag –, danach grundsätzlich Unanfechtbarkeit, § 620c Satz 2 ZPO, wobei allerdings Abänderungsanträge auch in der II. Instanz – zuständig dann das OLG – möglich sind; Durchbrechung in Fällen „greifbarer Gesetzwidrigkeit" durch sofortige Beschwerde, vgl. Form. II. H. 29, darüber hinaus – auch rückwirkend – nach inzwischen höchstrichterlicher Klärung auch nach Ende des Scheidungsverfahrens durch negative Feststellungs- oder Leistungsklage (vgl. Form. II. H. 28.).

Ebenfalls örtlich verschieden die Frage, ab welchem Zeitpunkt im Wege einstweiliger Anordnung Unterhalt zugesprochen werden kann (ab dem Monatsersten nach Zustellung des Antrags, so wohl überw. Meinung? oder erst ab Monatsersten nach mündlicher Verhandlung, bzw. Beschluß – mit der Folge, daß Rückstände für die Zeit bis dahin im Wege gesonderter, nicht in den Verbund fallender Hauptsache-Klage geltend zu machen wären, mit den Risiken der Verwirkung für die Vergangenheit bei nicht ordnungsgemäßer Inverzugsetzung aus § 1613 BGB?). Unterschiedliche Praxis z. T. auch zur zeitlichen Begrenzung (z.B. auf 6 Monate) wie häufig im „normalen" Verfahren der einstweiligen Verfügung isoliert aus § 940 ZPO, vgl. hierzu *van Els*, FamRZ 1990, 581.

4. § 620g ZPO, eigene Kostenentscheidung daher in der Regel entbehrlich.

5. Zur materiellen Rechtsgrundlage vgl. Form. II. H. 4., 12. und 13.

Kosten und Gebühren

Vgl. Form. II. H. 12. und Form. II. H. 18.

Fristen und Rechtsmittel

Vgl. obige Anm. 3 und Form. II. H. 27, 28 und 29. Grundsätzlich gilt eine einstweilige Unterhaltsanordnung auch nach rechtskräftiger Scheidung fort, soweit keine „anderweitige Regelung" in Kraft tritt, § 620f ZPO, wobei an diese „anderweitige Regelung" in der Regel strenge Anforderungen gestellt werden, vgl. *Thomas-Putzo* aaO., Rdn. 5ff. zu § 620f, auch zu weiteren Rechtsbehelfen, ferner BGH FamRZ 1983, 355 (und hierzu ausführlich im Rahmen der gerade aus diesem Umstand hergeleiteten Zulässigkeit negativer Feststellungs- oder Leistungsklage bei Form. II. H. 28.). Abänderungsklage nach § 323 ZPO gegen Regelung nach § 620 S. 1 Nr. 4, 5 jedenfalls nicht gegeben (BGH FamRZ 1983, 892).

Rechtsbehelfe, insbesondere Rechtsmittel

27. Antrag auf Abänderung und mündliche Verhandlung über einstweilige Anordnung

An das
Amtsgericht[1]
– Familiengericht –

Antrag

In der Familiensache
der ......   – Antragstellerin –
Verfahrensbevollmächtigter: Rechtsanwalt ......[2]
gegen
......   – Antragsgegner –
Verfahrensbevollmächtigter: Rechtsanwalt ......[2]
wegen Ehegatten- und Kindesunterhalt[3]
hier: Abänderung einstweiliger Anordnung über Ehegatten- und Kindesunterhalt[4]
Aktenzeichen: ......[5]

bestelle ich mich unter Vorlage besonderer Prozeßvollmacht[6] für den Antragsgegner. Diesem hat das Familiengericht im Wege einstweiliger Anordnung durch ohne mündliche Verhandlung ergangenen Beschluß[7] die Zahlung eines monatlichen Unterhalts von DM ...... an seine getrenntlebende Ehefrau, die Antragstellerin, und von DM ...... an das bei dieser lebende gemeinsame eheliche, minderjährige Kind ......, geb. am ...... auferlegt (Ziff. I. und II.), ferner die Leistung eines Prozeßkostenvorschusses für das vorbezeichnete Hauptsacheverfahren in Höhe von DM ...... (Ziff. III. des Beschlusses). Namens und im Auftrag des Antragsgegners wird mündliche Verhandlung und der Erlaß folgenden Abänderungsbeschlusses beantragt:

 I. Der Beschluß des Amtsgerichts – Familiengerichts – ...... vom ...... wird in Ziff. III. aufgehoben.
 II. In Ziff. I. und II. wird der vorbezeichnete Beschluß dahin abgeändert, daß der Antragsgegner an die Antragstellerin als Ehegattenunterhalt monatlich DM ...... und für das gemeinsame eheliche minderjährige Kind ...... monatlich DM ...... zu bezahlen hat.
III. Die Kosten folgen der Hauptsache.

Begründung:

1. Dem ohne mündliche Verhandlung ergangenen, hiermit angefochtenen Beschluß wurde eine eidesstattliche Versicherung der Antragstellerin zugrunde gelegt, wonach der Antragsgegner derzeit über ein monatliches Nettoeinkommen von DM ...... verfüge, während die Antragstellerin kein nennenswertes Vermögen habe.

Diese Angaben der Antragstellerin mögen im Zeitpunkt ihres Antrages auf einstweilige Anordnung zutreffend gewesen sein; inzwischen ist jedoch in den Einkommensverhältnissen des Antragsgegners und in den Vermögensverhältnissen der Antragstellerin eine wesentliche Veränderung eingetreten:[8]

a) Der Antragsgegner wurde aus seiner Arbeitsstelle fristlos entlassen, ob und wann er – nach Ablauf der vom Arbeitsamt gegen ihn verhängten Sperrfrist von ...... – überhaupt Arbeitslosengeld und in welcher Höhe beziehen wird, ist derzeit zwischen dem Antragsgegner und dem zuständigen Arbeitsamt strittig, jedenfalls ist der Antragsgegner derzeit ohne Einkommen.

Glaubhaftmachung: Schreiben Arbeitsamt ...... an Ag. vom ......;
 eidesstattliche Versicherung Ag. vom ...... (insbes. Ziff. 1.).

b) Dagegen hat die Antragstellerin einige Tage nach Erlaß des angefochtenen Beschlusses den oberen Teil des von den Parteien gemeinsam gemieteten, vom Antragsgegner nicht mehr bewohnten Reihenhauses an ein Ehepaar ...... für monatlich ...... untervermietet und von ihren Eltern inzwischen eine Geldzuwendung in der stattlichen Höhe von DM ...... erhalten und nach eigener Aussage zinsbringend angelegt. Der Antragsgegner, obwohl derzeit ohne jedes Einkommen, ist zwar bemüht, immerhin einen geminderten Unterhalt zu bezahlen; bei diesen eigenen Einkünften ist jedoch die Antragstellerin – verpflichtet, auf diese Einkünfte und Vermögenswerte für sich und das gemeinsame Kind ebenfalls zurückzugreifen[9].

Ferner entspricht die Leistung eines Prozeßkostenvorschusses durch den Antragsgegner bei dieser Situation nicht mehr der Billigkeit und den Grundsätzen der §§ 1361a BGB, 127a und 620 ZPO[10].

Der ohne mündliche Verhandlung ergangene, angefochtene Beschluß ist daher antragsgemäß abzuändern.

Rechtsanwalt

Anmerkungen

1. Form. II. H. 23 Anm. 1.
2. Form. II. H. 23 Anm. 2.
3. Form. II. H. 23 Anm. 3.
4. § 620 S. 1 Nr. 4 und 6 ZPO; Abänderungsantrag kann nach § 620b ZPO jederzeit gestellt werden, auch wiederholt. Folgt man *Thomas-Putzo* aaO, Rdn. 2 zu § 620b ZPO, wonach auch die neue Entscheidung nach § 620b Abs. 1 Satz 1 im Ermessen des Gerichts steht (allg. M.), so ist zwischen Antrag nach § 620b Abs. 1 oder Abs. 2 – außer unterschiedlicher Verfahrenslage – ein praktischer Unterschied kaum zu erkennen. Insbesondere ist eine nachträgliche Änderung der Sach- und Rechtslage nicht unbedingt Voraussetzung; abweichende Beurteilung kann ausreichen (*Thomas-Putzo* aaO, Rdn. 3 zu § 620b und Rdn. 12 zu § 620 ZPO). UU. kann Abänderung auch mit Rückwirkung erfolgen (*Baumbach/Lauterbach/Albers/Hartmann* § 620b Rdn. 6).
Die prozessualen Möglichkeiten der Abänderung von EAs wie der Einstellung der Vollstreckung hieraus sind – besonders bei sich änderndem Stand des Hauptsacheverfahrens – z.T. immer noch umstritten, auch die Rechtsmittel, vgl. *Gießler* aaO, Rdn. 159 ff. (zu § 620b Abs. 2 ZPO) bzw. Rdn. 172 f. (zu § 620b Abs. 1 ZPO), je m. w. Nachw., ferner OLG München FamRZ 1981, 912 (nach Rechtskraft) und OLG Bremen FamRZ 1981, 1091 (zur Zulässigkeit sof. Beschwerde gegen Ablehnung einer EA-Änderung – unstatthaft) sowie OLG Koblenz FamRZ 81, 1093 (§ 767 ZPO nicht gegeben) gegenüber OLG Bamberg FamRZ 1982, 86 (Hinweis auf § 766 ZPO) und OLG Frankfurt FamRZ 1986, 183 (bei Verweigerung des rechtlichen Gehörs). Die Neufassung des § 620a Abs. 4 ZPO durch UÄndG vom 20. 2. 1986 weist immerhin bei Anhängigkeit einer Folgesache in 2. oder 3. Instanz EAs mit gleichem Gegenstand jetzt klar der (2.) Tatsacheninstanz zu. *Andererseits* bestimmt § 620f Abs. 2 ZPO als zuständiges Gericht für Antrag auf Außerkrafttreten einer EA dasjenige Gericht, das die EA erlassen hat.
5. Form. II. H. 23 Anm. 5.
6. Form. II. H. 23 Anm. 6.
7. Form. II. H. 23 Anm. 7. Tatbestandsvoraussetzung des Abänderungsantrages nach § 620b Abs. 2 ZPO ist vorherige Entscheidung ohne mündliche Verhandlung.
8. Vgl. Anm. 4.
9. Auf die Verwertung des Stammes des Vermögens darf der getrenntlebende unterhaltsberechtigte Ehegatte nur ausnahmsweise verwiesen werden (vgl. *Palandt/Diederichsen* § 1361 Rdn. 14).
10. Da EA auf Prozeßkostenvorschuß nur eine vorläufige Regelung ist, kann diese – nach § 620b ZPO überprüfbar – bei Änderung der tatsächlichen Voraussetzungen wieder entfallen (vgl. *Palandt/Diederichsen* § 1360a Rdn. 23 ff.). Dies ist insbesondere der Fall, wenn der Rechtsstreit vor Zahlung beendet ist (BGH NJW 1985, 2265), offen, ob auch dann, wenn vorher Verzug eingetreten ist, vgl. auch Form. II. H. 23 m. Anm.

Kosten und Gebühren

Da auch dieser Verfahrensabschnitt zum gleichen Rechtszug gehört: Keine zusätzlichen Gebühren GK und RA (also hier wie Form. II. H. 25), aber uU. weitere RA-Gebühren (Verhandlung, Beweis etc.) und evtl. Streitwertänderungen.

Fristen und Rechtsmittel

Gegen EAs auf Grund mündlicher Verhandlung *sofortige Beschwerde* zum OLG nach § 620c mit §§ 569f., 577 ZPO grundsätzlich nur bei elterlicher Sorge, Kindesherausgabe und (Voll-)Zuweisung der Ehewohnung an einen Ehegatten. Im übrigen unanfechtbar; allerdings sind – zum Ausgleich – neue Abänderungsanträge möglich. Unanfechtbarkeit tritt auch nur ein, soweit nicht ausnahmsweise sofortige Beschwerde wegen „greifbarer Gesetzwidrigkeit" durchgreift, vgl. hierzu i. einz. Form. II. H. 29. Bei über Rechtskraft hinaus fortbestehender EA (insbes. auf Unterhalt) uU. auch negative Feststellungs- oder Leistungsklage, vgl. Form. II. H. 28.

28. Negative Feststellungsklage bei Fortbestand einstweiliger Anordnung

An das ......, den 21. 6. 1994
Amtsgericht
– Familiengericht[1] –

Klage und Antrag auf einstweilige Einstellung der Vollstreckung

In Sachen

des ...... – Klägers –
Prozeßbevollmächtigte[1]: RA ......

gegen

...... – Beklagte –

wegen Feststellung[3] zu Ehegatten-Unterhaltsansprüchen

vorläufiger Streitwert[2]: DM ......

erhebe ich namens und im Auftrag des Klägers unter Vorlage besonderer Prozeßvollmacht[1] Klage gegen die Beklagte mit folgenden Anträgen:
  I. Es wird festgestellt, daß der Kläger der Beklagten aus der einstweiligen Anordnung des Amtsgerichts – Familiengerichts – ...... vom 14. 1. 1993 mit Wirkung ab 1. 1. 1994 keinen Unterhalt mehr schuldet.
 II. Die Beklagte hat die Kosten[4] des Rechtsstreits zu tragen.
III. Das Urteil ist in Ziff. II. vorläufig vollstreckbar.

Zugleich stelle ich für den Kläger folgenden Antrag[5]:
  I. Die Zwangsvollstreckung aus der einstweiligen Anordnung des Amtsgerichts – Familiengerichts – ...... vom 14. 1. 1993 wird, soweit sie sich auf Ansprüche ab dem 1. 1. 1994 bezieht, einstweilen eingestellt ohne Sicherheitsleistung.
 II. Die Kosten folgen der Hauptsache.

Begründung:

1. Die kinderlose Ehe der Parteien wurde am 4. 5. 1993 durch am gleichen Tag rechtskräftig gewordenes Endurteil des Amtsgerichts – Familiengerichts – ...... geschieden; im Scheidungsurteil wurde lediglich zusätzlich der Versorgungsausgleich geregelt, eine Entscheidung über nachehelichen Ehegattenunterhalt mangels Antrags der Beklagten und dortigen Antragstellerin nicht getroffen. Jedoch hatte das Amtsgericht – Familiengericht – ...... im vorangegangenen Scheidungsverfahren auf Antrag der Beklagten dem Kläger durch einstweilige Anordnung nach mündlicher Verhandlung auferlegt, an die Beklagte einen monatlichen Unterhalt von DM 900,– mit Wirkung ab 1. 12. 1992 zu

28. Negative Feststellungsklage bei Fortbestand einstweiliger Anordnung

bezahlen, und zwar durch Beschluß vom 14. 1. 1993, der bis heute fortbesteht und auch nicht durch eine anderweitige Regelung ersetzt werden konnte.

2. Das Familiengericht ging damals davon aus, daß die seinerzeit nicht erwerbstätige Beklagte trotz Bemühungen hierum eine Erwerbstätigkeit in naher Zukunft nicht finden werde und daß der Kläger damals über ein monatliches Durchschnitts-Nettoeinkommen von DM 2.100,- verfügte. Der Kläger zahlte diese monatliche Unterhaltsrente von DM 900,- auch nach Rechtskraft des Scheidungsurteils zunächst weiter, da er von der Beklagten hierzu mehrfach unter Androhung der Vollstreckung aufgefordert wurde, stellte aber dann Anfang 1994 seine Zahlungen ein, weil sich die wirtschaftlichen Verhältnisse nach der Scheidung wesentlich geändert haben. Insbesondere hat die Beklagte ab 1. 9. 1993, wie der Kläger inzwischen erfahren hat, eine Ganztagsbeschäftigung für monatlich netto DM 1.500,- aufgenommen, während der Kläger wegen Konkurses des Arbeitgebers zum 31. 12. 1993 arbeitslos geworden ist und bis heute lediglich ca. DM 1.200,- netto an Arbeitslosengeld bezieht, zudem mit erheblichen Rückzahlungsverpflichtungen aus der Ehezeit zusätzlich belastet ist. Im einzelnen:

Beweis und Glaubhaftmachung: ......

3. Obwohl der Beklagten daher spätestens seit dem 1. 1. 1994 gegenüber dem Kläger kein Ehegatten-Unterhalt nach Scheidung mehr zusteht, hat diese trotz Gegenvorstellungen des Klägers aus der einstweiligen Anordnung vom 14. 1. 1993 die Vollstreckung eingeleitet. Sie hat insbesondere ......
Da nach herrschender Meinung die Rechtsbehelfe der Vollstreckungsgegenklage (§ 767 ZPO) und der Abänderungsklage (§ 323 ZPO) gegen diese fortbestehende einstweilige Anordnung nicht ausreichend bzw. nicht gegeben sind, steht dem Kläger hiergegen die hier erhobene negative Feststellungsklage zur Verfügung, und zwar auch rückwirkend[3].

4. Unabhängig davon, welche der in Betracht kommenden Vorschriften (§§ 707, 719, 769 ZPO) insoweit entsprechend anzuwenden sind, ist im Rahmen dieser negativen Feststellungsklage auch vorläufiger Rechtsschutz auf einstweilige Einstellung der Zwangsvollstreckung aus der einstweiligen Anordnung möglich[6] und hier nach Sachlage auch ohne Sicherheitsleistung geboten, weil ......

Rechtsanwalt

Anmerkungen

1. Der Fall des Formulars betrifft materiell die gesetzliche Unterhaltspflicht zwischen Ehegatten nach Scheidung (§§ 1670 ff. BGB), über welche im rechtskräftigen Scheidungs-Verbundurteil – wie in der Praxis nicht selten – in der Hauptsache selbst nicht entschieden wurde, wohl aber vorher durch – an sich auf den Getrenntleben-Unterhalt gerichtete – einstweilige Anordnung (vgl. Form. II. H. 26). Es liegt also eine isolierte Familiensache in ausschließlicher Zuständigkeit des Familiengerichts vor, § 621 Abs. 1 Nr. 5 ZPO, 23b Abs. 1 Nr. 6 GVG. Zu Zuständigkeit, Vollmacht, Streitwert vgl. daher Anm. zu Form. II. H. 12.

2. Vgl. Form. II. H. 12. und dort Anm. 5 (in der Regel Jahresbetrag der geforderten – hier der zu beseitigenden – Leistung gemäß § 17 Abs. 1 GKG).

3. Da die hier fortbestehende einstweilige Anordnung nicht Endentscheidung gemäß § 621e Abs. 1 ZPO (zudem Beschwerdefrist abgelaufen) und gemäß § 620c Satz 2 ZPO grundsätzlich unanfechtbar ist (zur Durchbrechung bei Fällen „greifbarer Gesetzeswidrigkeit" vgl. Form. II. H. 29), außerdem die – normalerweise stets offene – Möglichkeit eines Abänderungsantrags über § 620b ZPO nach rechtskräftigem Abschluß des Scheidungsverfahrens wohl nicht mehr eröffnet ist, war in der Vergangenheit außerordentlich streitig, welcher der denkbaren Rechtsbehelfe (§ 323 ZPO? §§ 767, 769 ZPO?) dennoch in Frage kommt.

Die sehr unterschiedlichen Meinungen in Rechtsprechung und Literatur (vgl. *Gießler* FamRZ 1982, 929; *Braeuer* FamRZ 1984, 10) haben an Bedeutung verloren: Der BGH läßt seit der Entscheidung vom 9. 2. 1983, NJW 1983, 1330, vgl. auch BGH NJW 1991, 705 und *Gießler* aaO., Rdn. 214 f., nunmehr die negative Feststellungsklage für den eine Herabsetzung oder Beseitigung begehrenden Unterhaltsschuldner, Leistungsklage für den Unterhaltsgläubiger zu, und zwar auch rückwirkend für vergangene Zeiträume, ebenso BGH FamRZ 1989, 850, aber: erst mit Rechtskraft nach BGH FamRZ 1989, 180 (als „anderweitige Regelung"). Gleiche Wirkung, vgl. *Gießler* aaO., Rdn. 214 m. Nachw., hat die Rückforderungsklage über §§ 812, 818 Abs. 4 BGB. Die Vollstreckungsabwehrklage (§§ 767, 795 ZPO) gegen EA nach mündlicher Verhandlung bleibt zwar erhalten, ist aber auf bestimmte Arten von Einwendungen begrenzt, die u.U. auch von der Präklusion bedroht sind, vgl. zB. BGH FamRZ 1985, 802, aber z.T. abw. *Gießler* aaO., Rdn. 217.

Ebenso schon zum Kindesunterhalt gegenüber Regelung gemäß § 620 Abs. 1 Nr. 4 ZPO (= kein Titel des Kindes wegen § 1629 BGB), wo BGH FamRZ 1983, 892 Umdeutung eines Abänderungsantrages nach § 323 ZPO in Leistungsklage für möglich hält.

4. Vgl. Anm. 1 und Verweisung dort.

5. Da § 93 a ZPO als eng auszulegende Ausnahmeregelung wohl nicht gilt (keine Ehe-, auch keine durch Abtrennung aus dem Verbund isolierte Folgesache, vgl. *Thomas-Putzo* Rdn. 1 zu § 93 a ZPO), Kostenregelung nach allgemeinen Bestimmungen (§§ 91 ff. ZPO).

6. Vorläufiger Rechtsschutz auf einstweilige Einstellung der Zwangsvollstreckung wird vom BGH a.a.O. ausdrücklich – wenn auch ohne Festlegung auf konkrete ZPO-Normen – zugelassen; Einzelheiten strittig, vgl. Meinungsstand bei OLG Hamm FamRZ 1987, 499 und jetzt *Gießler* aaO., Rdn. 606 ff. m. Nachw.

Kosten und Gebühren

Vgl. Form. II. H. 4. und 12.

Fristen und Rechtsmittel

ZPO-Berufung ausschließlich zum OLG (§ 119 GVG), vgl. Form. II. H. 30 und dort insbes. Anm. 1a und 12.

29. Sofortige Beschwerde wegen „greifbarer Gesetzwidrigkeit"

An das ......, den 17. 6. 1994
OLG ......
– Familiensenat[2] –

Sofortige Beschwerde[1]

In der Ehesache

...... – Antragstellerin und Beschwerdegegnerin –
Verfahrensbevollmächtigter: RA ......

gegen

...... – Antragsgegner und Beschwerdeführer –
Verfahrensbevollmächtigte[3]: RAe ......

wegen Kindesherausgabe, Hausrat und Ehewohnung, Unterhalt

29. Sofortige Beschwerde wegen „greifbarer Gesetzwidrigkeit"   II. H. 29

vorläufiger Streitwert: DM ......
Az. des Familiengerichts: ......
lege ich namens und in vorgelegter Prozeßvollmacht für den Antragsgegner und Beschwerdeführer gegen die einstweilige Anordnung des Amtsgerichts – Familiengerichts – ...... obigen Aktenzeichens vom 10. 6. 1994, zugestellt am 13. 6. 1994, sofortige Beschwerde ein mit folgenden Anträgen:
  I. Die einstweilige Anordnung des Amtsgerichts – Familiengerichts – ...... vom 10. 6. 1994 wird aufgehoben.
 II. Die Antragstellerin und Beschwerdegegnerin hat die Kosten[5] des Rechtsstreits zu tragen.

Begründung[3]:

1. Die Ehe der Parteien ist aufgrund mündlicher Schlußverhandlung vom 2. 5. 1994 durch Verbundurteil vom gleichen Tag, allen Prozeßbeteiligten spätestens am 9. 5. 1994 zugestellt, geschieden worden. Dabei wurde die elterliche Sorge für das gemeinschaftliche eheliche Kind ...... der Parteien der Antragstellerin zugesprochen und zugleich der Versorgungsausgleich geregelt; weitere Folgesachen waren in der Hauptsache nicht anhängig. Der Antragsgegner hat hiergegen unter dem 24. 5. 1994 Berufung zum erkennenden Senat eingelegt, diese jedoch mit Schriftsatz vom ......, der am 8. 6. 1994 beim OLG einging, zurückgenommen; andere Prozeßbeteiligte haben Rechtsmittel gegen das Verbundurteil nicht eingelegt, das damit rechtskräftig ist.
Die Antragstellerin hatte im erstinstanzlichen Scheidungsverfahren mit Schriftsatz vom 18. 3. 1994 u.a. beantragt, ihr die eheliche Wohnung in ...... zur alleinigen Nutzung zuzuweisen und ihr bestimmte Hausratsgegenstände zu übereignen, ferner dem Antragsteller die Zahlung von Ehegatten-Getrenntleben- und Kindesunterhalt an sie aufzuerlegen. Über diese Anträge wurde ausweislich des Protokolls im Schlußtermin vom 2. 5. 1994 ebenfalls verhandelt, jedoch weder im Urteil noch zunächst gesondert hiervon entschieden. Durch den angegriffenen Beschluß vom 10. 6. 1994 – also nach eingetretener Rechtskraft – hat das Familiengericht „im Wege einstweiliger Anordnung zu den unerledigten Anträgen" der Antragstellerin
  (1) diese befugt, das gemeinschaftliche eheliche Kind der Parteien notfalls unter Anwendung von Gewalt zu sich zu nehmen;
  (2) ihr die bisherige eheliche Wohnung zur alleinigen Nutzung und die im Beschluß im einzelnen aufgeführten Hausratsgegenstände zu Alleineigentum zugewiesen;
  (3) den Antragsteller zur Zahlung von Ehegatten-Getrenntleben- und Kindesunterhalt an die Antragstellerin gemäß Ziff. 3. des angefochtenen Beschlusses „verurteilt".
2. Die angegriffene Entscheidung beruht auf greifbarer Gesetzeswidrigkeit; denn
  (1) die Anordnung unmittelbaren Zwangs ist im Verfahren der einstweiligen Anordnung nach §§ 620 ff. ZPO gesetzlich nicht vorgesehen;
  (2) für die Zuweisung von Hausrat zu Alleineigentum im einstweiligen Anordnungsverfahren fehlt überhaupt, für eine Unterhaltsanordnung nach rechtskräftiger Scheidung jedenfalls im Zeitpunkt des Erlasses der angegriffenen Anordnung jegliche Rechtsgrundlage, und
  (3) auch die Zuweisung der Ehewohnung hätte zu diesem Zeitpunkt durch einstweilige Anordnung, wie aber geschehen, jedenfalls nicht mehr in dieser Form erfolgen dürfen.
3. In diesen Fällen greifbarer Gesetzeswidrigkeit schließt § 620c Satz 2 ZPO die sofortige Beschwerde nach gefestigter Rechtsprechung auch insoweit nicht aus, zumal ein Rechtsbehelf gemäß § 620b ZPO nach stattgefundener mündlicher Verhandlung nicht gegeben ist.
Im übrigen beruht die angefochtene Entscheidung auch nicht nur auf Fehlern bei Auslegungsfragen oder einfachen Verfahrensfehlern.

4. Die sofortige Beschwerde, die hiermit zugleich begründet wird, wird wegen Dringlichkeit unmittelbar beim Beschwerdegericht eingelegt, da die Antragstellerin bereits versucht hat, den angegriffenen Beschluß durch Gewaltanwendung und Einleitung von Vollstreckungsmaßnahmen in die Tat umzusetzen.

5. Eine selbständige Kostenentscheidung ist hier erforderlich, weil eine Kostenentscheidung in der Hauptsache im Sinne von § 620g ZPO ausscheidet, und zwar gemäß § 91 ZPO zu Lasten der Antragstellerin und Beschwerdegegnerin. Von der Erhebung von Gerichtskosten sollte gemäß § 8 GKG abgesehen werden.

Rechtsanwalt

Anmerkungen

1. Das Beschwerde-System ist verwickelt: Im Einzelfall kann die einfache (unbefristete) Beschwerde gemäß § 19 FGG (z.B. vorläufige Anordnung in reinen isolierten FGG-Verfahren), die befristete „Berufungsbeschwerde" (gegen FGG-Endentscheidungen über § 621e ZPO, Frist: 1 Monat!), aber – wie im Formular – vor allem gegen einstweilige, vorläufige und Zwischenentscheidungen des Familiengerichts 1. Instanz auch die sofortige Beschwerde (Frist: 2 Wochen!) über § 620c ZPO mit §§ 569ff., 577 ZPO in Frage kommen; vgl. hierzu ausführlich Form. II. H. 30. und Form. II. H. 31 je mit Anm. Zuständig stets OLG (§ 119 GVG). Die sofortige Beschwerde als weiterer Rechtsbehelf (nämlich nach erfolglosem Abänderungsantrag gemäß § 620b und mündlicher Verhandlung über einen zunächst ohne mündliche Verhandlung ergangenen einstweiligen Anordnungsbeschluß) gegen einstweilige Anordnungen des Familiengerichts 1. Instanz im Sinne der §§ 620ff. ZPO läßt § 620c ZPO an sich nur zu bei einstweiligen Anordnungen aufgrund mündlicher Verhandlung über die elterliche Gewalt, die Kindesherausgabe und die vollständige Zuweisung der Ehewohnung an einen Ehegatten (str. bei bloßen Teilentscheidungen, z.B. lediglich des Aufenthaltsbestimmungsrechts, Beschwerdemöglichkeit bejaht durch z.B. OLG Hamm NJW 1979, 49; nicht für Umgangsrecht, so z.B. OLG Hamburg FamRZ 1987, 497; str. auch bei nur teilweiser Wohnungszuweisung, bejaht bei nur zeitweise erfolgter Zuweisung von KG FamRZ 1986, 1010).

Die Rechtsprechung hat jedoch entgegen und über § 620c Satz 2 ZPO hinaus aus allgemeinen, im wesentlichen verfassungsrechtlichen Grundsätzen (vgl. *Baumbach/Lauterbach/Albers/Hartmann* § 620c Rdn. 5) bei Fällen greifbarer, grober Gesetzwidrigkeit (hierzu zB. BGH FamRZ 1986, 150: „mit der Rechtsordnung schlechthin unvereinbar") auch gegen andere solcher einstweiligen Anordnungen die sofortige Beschwerde zugelassen.

Fälle: Ablehnung einer Sachentscheidung trotz Vorliegen der gesetzlichen Voraussetzungen, vgl. OLG Hamburg FamRZ 1979, 528; Entscheidung dieser Art oder dieses Inhalts gesetzlich überhaupt nicht vorgesehen, vgl. z.B. – wie im Formular – OLG Hamm NJW 1979, 988 (Gestattung von Gewaltanwendung gemäß § 33 Abs. 2 Nr. 1 FGG); Übereignung von Hausrat durch EA ohne Entschädigung oder einstweilige Regelung eines Auskunftsanspruchs, vgl. OLG Frankfurt FamRZ 1979, 320 und OLG Hamm FamRZ 1983, 515 (Abgrenzung im einzelnen sehr strittig, a.M. z.B. OLG Düsseldorf FamRZ 1983, 514; einschränkend gegenüber früherer Auflage auch *Baumbach/Lauterbach/Albers/Hartmann* aaO. und noch stärker *Thomas-Putzo* ZPO, Rdn. 9 zu § 620c); Fehlen jeder Rechtsgrundlage im Zeitpunkt der Anordnung, so zB. – wie im Fall des Formulars – OLG Hamm FamRZ 1982, 721 für eine einstweilige Unterhaltsanordnung nach rechtskräftiger Scheidung; dagegen soll zB. nach OLG Frankfurt FamRZ 1986, 183 selbst fehlendes rechtliches Gehör nicht genügen, ähnlich allgemein BGH NJW-RR 1986, 738 (PKH-Fall).

2. Zuständig hier ausschließlich das OLG, einzureichen an sich beim Ausgangsgericht (das aber nicht änderungsbefugt ist, § 577 Abs. 2 und Abs. 3 ZPO), sofort beim Beschwerdegericht jedoch auch für nicht dringliche Fälle nicht schädlich; Anwaltszwang (hM., vgl.

30. Berufung gegen Verbundurteil   II. H. 30

zB. OLG Frankfurt FamRZ 1983, 516, aA. OLG Hamm FamRZ 1985, 1146), in Gebieten mit Singularzulassung also durch OLG-Anwalt (str., aA. OLG Celle FamRZ 1982, 321).

3. Begründungszwang (§ 620d ZPO), und zwar spätestens innerhalb der Beschwerdefrist, so § 620d ZPO, neugefaßt durch UÄndG vom 20. 2. 1986. Zur Begründung der Beschwerde im einzelnen vgl. Ziff. 2. und 3. der Begründung des Formulars.

4. Ebenso OLG Hamm FamRZ 1982, 721.

Kosten und Gebühren

Gericht: Volle Gebühr nach KV Nr. 1900; Anwalt: 5/10 Gebühren (uU. auch für – freigestellte – mündliche Verhandlung oder etwaige Beweisaufnahme) nach § 61 Abs. 1 Nr. 1 BRAGO.

Fristen und Rechtsmittel

Keine weitere Beschwerde (§ 567 Abs. 3 S. 1 ZPO).

30. Berufung gegen Verbundurteil

An das
Oberlandesgericht[1]
– Familiensenat –

Berufung und Berufungsanträge

der ......   – Antragstellerin und Berufungsführerin –[2]

Verfahrensbevollmächtigter: Rechtsanwalt ......[3]

gegen

......   – Antragsgegner und Berufungsgegner[2] –

Verfahrensbevollmächtigte I. Instanz: Rechtsanwälte ......[3]

wegen Ehescheidung
hier: Versorgungsausgleich und Zugewinnausgleich[4]
vorläufiger Streitwert: DM ......[5]
Aktenzeichen I. Instanz: ......[6]

Ich nehme Bezug auf die im Scheidungsverfahren I. Instanz für die Antragstellerin vorgelegte besondere Prozeßvollmacht[7]. Namens und im Auftrag der Antragstellerin und Berufungsführerin lege ich hiermit gegen das anliegende Urteil des Amtsgerichts – Familiengerichts – ...... vom ...... obigen Aktenzeichens, zugestellt am ......,

Berufung

ein mit folgenden

Anträgen:

I. Das Endurteil des Amtsgerichts – Familiengerichts – ...... vom ......, Aktenzeichen: ......, wird in Ziff. II. aufgehoben. Der Antrag des Antragsgegners und Berufungsgegners auf Durchführung des Versorgungsausgleiches wird zurückgewiesen[8].

II. Das Endurteil des Amtsgerichts – Familiengerichts – ...... vom ......, Aktenzeichen: ......, wird in Ziff. III. aufgehoben. Die Klage des Antragsgegners und Berufungsgegners auf Zahlung von Zugewinnausgleich wird abgewiesen[9].
III. Der Antragsgegner und Berufungsgegner hat die Kosten des Berufungsverfahrens zu tragen.
IV. Das Urteil ist in Ziff. III. vorläufig vollstreckbar.

Begründung:

I. Prozeß- und Sachstand:
1. Durch das angegriffene Urteil des Familiengerichts (Ziff. I.) wurde auf Antrag der Antragstellerin und Berufungsführerin, welchem sich der Antragsgegner und Berufungsgegner angeschlossen hat, die kinderlose Ehe der Parteien gemäß § 622 ZPO geschieden[10]. Die Parteien haben sich trotz der noch offenen Streitpunkte (Versorgungsausgleich und Zugewinnausgleich) hinsichtlich des Scheidungsausspruches dahin verständigt, daß der Antragsgegner insoweit Rechtsmittel nicht einlegen und insoweit auch auf Anschlußberufung verzichten wird[11]; auch die Antragstellerin erklärt hiermit, beschränkt auf Ziff. I. des angegriffenen Urteils des Familiengerichts ...... vom ......, Verzicht auf Rechtsmittel und Anschlußberufung.
2. Jedoch hat das angefochtene Urteil auf förmlichen Anschlußantrag des Antragsgegners und Berufungsgegners in Ziff. II. den Versorgungsausgleich gemäß § 1587b Abs. 1 BGB zwischen den Parteien durchgeführt, zu Lasten der Antragstellerin und Berufungsführerin auf den Antragsgegner Rentenanwartschaften bei der Bundesversicherungsanstalt für Angestellte in Höhe von DM ...... übertragen und dabei zu Unrecht den Tatsachenvortrag der Antragstellerin und Berufungsführerin gemäß § 1587c Nr. 1 BGB nicht hinreichend gewürdigt, wonach die Inanspruchnahme der Antragstellerin hier grob unbillig wäre[13].
3. Ferner hat das angegriffene Urteil des Familiengerichts in Ziff. III. auf Antrag des Antragsgegners und Berufungsgegners die Antragstellerin und Berufungsführerin zur Zahlung eines Zugewinnausgleichs in Höhe von DM ......, insoweit gegen den Klageabweisungsantrag der Antragstellerin, zu Unrecht verurteilt.

Hiergegen richtet sich die fristgerecht eingelegte, hiermit zugleich begründete[12] Berufung der Antragstellerin.

II. Berufungsanträge:
1. Versorgungsausgleich (Ziff. II. des angefochtenen Urteils)
   Entgegen der Auffassung des Erstgerichts kann ein Versorgungsausgleich nicht stattfinden, weil die Inanspruchnahme der Antragstellerin hier gemäß § 1587c Nr. 1 BGB grob unbillig wäre:
   ......[13]
2. Zugewinnausgleich (Ziff. III. des angefochtenen Urteils)
   Ferner hat das Erstgericht zu Unrecht einen den unstreitigen Zugewinn des Antragsgegners und Berufungsgegners übersteigenden Zugewinn der Antragstellerin und Berufungsführerin angenommen, und zwar durch zu niedrigen Ansatz des Anfangsvermögens der Antragstellerin und Einbeziehung in das Endvermögen der Antragstellerin einer angeblichen Vermögensminderung gemäß § 1375 Abs. 2 Nr. 1 BGB. Außerdem hat das Erstgericht zu Unrecht ein Recht der Antragstellerin auf Leistungsverweigerung wegen grober Unbilligkeit (§ 1381 BGB) verneint, unter unzureichender Würdigung des hierzu von der Antragstellerin dargelegten, spezifizierten Tatsachenvortrags und unter Nichterhebung hierzu von der Antragstellerin angebotener Beweise.
   Im einzelnen:
   ......[14]
3. Der Kostenantrag wird auf § 93a Abs. 1 Satz 2, 2. Alt. ZPO (Zugewinnausgleich) bzw. § 93a Abs. 1 S. 2, 1. Alt. ZPO (Versorgungsausgleich) gestützt[15].

4. Vorsorglich: Antrag auf Zulassung der Revision/weiteren Beschwerde[16] und Begründung.

Rechtsanwalt

Anmerkungen

1. Generell zuständig für Berufungen und Beschwerden in allen Familiensachen (und Kindschaftssachen, vgl. o. Form. II. H. 1, 2 und 3) ist das OLG (Familiensenat), § 119 Abs. 1 Nr. 1 und 2 GVG mit § 64k Abs. 3 FGG; hier werden nur Rechtsmittel gegen Entscheidungen der Familiengerichte behandelt. Bei der Fülle der möglichen Entscheidungsinhalte, zusätzlich kompliziert durch unterschiedliche Verfahrensvorschriften in einzelnen Familiensachen (ZPO-Verfahren, FGG-Verfahren, Mischsystem), die zudem als isolierte Familiensachen wie als Scheidungsfolgesachen vorkommen können, sowie wegen des teilweise (Einzelheiten str., vgl. Anm. 2) bis in die letzte Instanz der Rechtsmittel reichenden Zwangs zum Verbund sind die verschiedensten Rechtsbehelfe und „unendlich viele Möglichkeiten für Antragsteller und Antragsgegner, wechselseitige Anträge zu stellen" (*Lynker*) denkbar. Einige Klarstellungen hat die Neufassung und Erweiterung von § 629a Abs. 2 und Abs. 3 ZPO durch das UÄndG vom 20. 2. 1986 gebracht (su.). In der Praxis hilft, zugleich als Check-Liste für den Anwalt, folgende Rechtsmittel-Übersicht (vgl. auch *Liermann* in *Rahm/Künkel,* Handbuch des Familiengerichtsverfahrens, VII. Rdn. 160f. und 216f. (neue Bundesländer)):
a) Rechtsmittel gegen isolierte FamG-Entscheidungen (Urteile)
   (1) in ZPO-Verfahren Berufung nach §§ 629a, 511ff. ZPO, aber zum OLG, § 119 GVG (keine Besonderheiten, aber Anm. 12)
   (2) in FGG-Verfahren befristete (1 Monat) Berufungsbeschwerde nach §§ 621e Abs. 1 und Abs. 3, 577 Abs. 3 ZPO, aber zum OLG, § 119 GVG (hierzu Anm. zu Form. II. H. 31)
b) Rechtsmittel gegen Verbundurteile (§ 629 ZPO) des Familiengerichts.
Es ist (nur) wegen des Verbundes zunächst zu differenzieren zwischen Scheidungsurteilen und Nichtscheidungs- (abweisenden) Urteilen, da hierdurch auch die in I. Instanz anhängig gewesenen Folgesachen „gegenstandslos" werden (§ 629 Abs. 3 ZPO; falls jedoch selbständige Fortführung über §§ 629 Abs. 3 S. 2, 626 Abs. 2 ZPO, dann uU. daneben isoliertes Rechtsmittel, vgl. u. Form. II. H. 31):
   (1) gegen Nichtscheidungsurteil selbst nur Berufung, selbst im Erfolgsfall wenn nur irgendeine Folgesache noch ansteht, nur (falls nicht „nackte" Scheidung, selten): Aufhebung und Zurückverweisung an das Familiengericht, § 629b ZPO, vgl. zB. OLG Karlsruhe FamRZ 1981, 191;
   (2) gegen Scheidungsurteil zunächst immer Berufung beider Parteien gegen Scheidungsausspruch selbst (auch durch Antragsteller selbst zwecks Aufrechterhaltung der Ehe, aber nach BGH NJW-RR 1987, 387, nur zulässig verbunden mit Rücknahme des eigenen Scheidungsantrags bzw. Verzicht nach § 306 ZPO; auch bei einverständlicher Scheidung nach § 630 ZPO, da Zustimmung immer noch widerruflich, Verfahren geht dann in streitige Scheidung nach § 622 ZPO über);
   (3) nicht gegen Scheidungsausspruch selbst, aber gegen (eine oder mehrere) mitentschiedene Folgesachen (dann insgesamt Berufung, soweit – wie im hier behandelten Fall – auch nur eine der Folgesachen im ZPO-Verfahren läuft);
   (4) nicht gegen Scheidungsausspruch, sondern nur gegen einzelne FGG-Folgesache(n) (dann sog. Berufungsbeschwerde, weitgehend der ZPO-Berufung angeglichen, § 621e ZPO; Rechtsmittel-Wertgrenzen hier (vgl. zB. § 14 HausratVO, DM 1200,–), ebenso wie bei isolierter ZPO-Berufung, § 511a ZPO nunmehr DM 1500,– besonders zu beachten).
Zu Rechtsmitteln gegen schon in I. Instanz isolierte besondere Entscheidungen (zB. Vorwegentscheidung gemäß § 628 ZPO) su. Form. II. H. 31 und dort Anm. 1b.bb. Nach der

Neuregelung des § 119 GVG durch UÄndG vom 20. 2. 1986 ist das OLG als Rechtsmittelinstanz immer zuständig, wenn erstinstanzlich das Familiengericht entschieden hat. Damit gilt auch im Familienrecht nunmehr der Grundsatz der formellen Anknüpfung.

Nach § 629a Abs. 3 ZPO, eingefügt durch UÄndG vom 20. 2. 1986, können bei Anfechtung von Teilen eines Verbundurteils durch die jeweiligen Rechtsmittel andere Teile der einheitlichen Entscheidung nur noch bis zum Ablauf eines Monats nach Zustellung der Rechtsmittelbegründung — bzw. bei mehreren Rechtsmitteln nach Ablauf eines Monats nach der letzten Zustellung — angefochten werden. Die Monatsfrist verlängert sich im Fall einer Anfechtung durch Anschlußrechtsmittel um einen weiteren Monat. Dadurch erhält der Hauptrechtsmittelführer Gelegenheit, sein Rechtsmittel zu erweitern. Die Fristverlängerung gilt auch für den Fall eines erneuten Abänderungsantrags in verlängerter Frist. Die gesamte Regelung gilt nur für die nachträgliche Anfechtung durch unselbständige Anschließung oder Rechtsmittelerweiterung, nicht für Hauptrechtsmittel. Durch die vorstehenden Änderungen ist insbesondere die Möglichkeit des Hinausschiebens der Rechtskraft der Scheidungssache, also auch bisher nicht angegriffener Folgesachen weitgehend beseitigt worden. Der Scheidungsausspruch erwächst in Rechtskraft, sobald er nicht mehr angefochten werden kann.

Durch § 629a Abs. 4 ZPO wird klargestellt, daß der Verzicht auf ein Anschlußrechtsmittel gegen den Scheidungsanspruch vor Rechtsmitteleinlegung durch die gegnerische Partei möglich ist, wenn beide auf Rechtsmittel gegen die Scheidung verzichtet haben.

2. Die ZPO-Berufung „überwiegt", da Berufung gegen Verbundurteil, vgl. zur Parteibezeichnung auch hier § 622 Abs. 3 ZPO, eher Geschmackssache. Nach § 629a Abs. 2 S. 3 ZPO stehen Folgesachen, die ohne die Scheidungssache in der Rechtsmittelinstanz anhängig sind, nunmehr in dieser Instanz untereinander im Verbund (§ 629a Abs. 2 S. 3 mit § 623 Abs. 1 ZPO).

3. Anwaltszwang beim OLG (Familiensenat) gilt nicht nur in Ehesachen (insbes. Berufung gegen Scheidungsausspruch) und Familien-Verbundsachen, sondern — wie bisher auf beim OLG zugelassene Anwälte beschränkt — auch in isolierten ZPO-Berufungen (Ehegatten- und Kindesunterhalt, Güterrecht) und vor allem nach § 78 Abs. 2 Nr. 1 ZPO nF. auch für sämtliche Familien-Folgesachen, vgl. auch o. Form. II. H. 10 Anm. 3. Zu Möglichkeiten des Antragsgegners, doch ohne Anwalt auszukommen, vgl. *Liermann* in *Rahm/Künkel*, VII. Rdn. 41 ff.

4. Vgl. o. Form. II. H. 15 und 17–20.

5. Da Anfechtung isolierter Folgesachen, nur deren Streitwert (vgl. o. Form. II. H. 15 Anm. 4; Form. II. H. 17 Anm. 5); beachte die Rechtsmittel-Streitwertgrenzen in den Familiensachen des § 621 Abs. 1 Nrn. 4, 5, 7 und 8 ZPO, durch § 511a Abs. 1 ZPO auf DM 1500,— heraufgesetzt.

6. Hinausschiebung der Urteilszustellung gemäß § 317 Abs. 1 S. 3 ZPO durch § 621c ZPO ausgeschlossen.

7. § 609 ZPO.

8. Vgl. hierzu o. Form. II. H. 18.

9. Vgl. hierzu o. Form. II. H. 15.

10. Scheidungsausspruch auf streitigen (oder einverständlichen) Scheidungsantrag schließt — für beide Parteien — Berufung an sich nicht aus, so. Anm. 1. lit. b (2).

11. Jedes — auch unselbständige — Rechtsmittel gegen Scheidungsausspruch muß ausgeschlossen sein, Einzelheiten in § 629a Abs. 2–4 ZPO, hierzu *Thomas-Putzo* Rdn. 13 ff. zu § 629a ZPO m.w. Nachw., neu (kompliziert) geregelt, Verzicht-Möglichkeiten insbes. in Abs. 3 und 4, vgl. Anm. 1 aE.

12. Nach allgemeinen ZPO-Berufungsgrundsätzen, also Berufungsfrist 1 Monat ab Amtszustellung. Nach der Neuregelung des § 200 GVG sind Unterhaltsprozesse nur noch

Feriensachen, wenn sie keine Folgesachen i.S.d. § 623 Ab. 1 Nr. 1 ZPO sind. Die Zweifelsfragen über richtige Begründungsfristen nach früherem Recht sind damit ausgeräumt, da es auf Abtrennung oder isolierte Anfechtung nicht mehr ankommt.

13. Vgl. hierzu u. Form. II. H. 18 und ferner Form. II. H. 17 Anm. 4. lit. b (1).

14. Vgl. hierzu u. Form. II. H. 15 und die dortigen Anm.

15. Bei den klassischen ZPO-Verfahren wird also insgesamt der Orientierung der Kostenentscheidung am Erfolg weiterhin etwas größerer Spielraum eingeräumt.

16. Die III. (BGH-) Instanz unterliegt stets dem Anwaltszwang, auch in FGG-Sachen, § 621e Abs. 2 ZPO. Wenn angestrebt, empfiehlt sich daher Antrag mit Begründung für Revision (in den ZPO-Sachen zur Ehe selbst, sowie der des § 621 Abs. 1 Nrn. 4, 5 und 8 ZPO, niemals zu Hausrat oder Zugewinn-Stundung; allein anerkannt ist die Zulassungsrevision (§ 546 Abs. 1 S. 1 ZPO soll verfassungsgemäß sein, BGH NJW 1979, 2046) oder befristete weitere Beschwerde gegen Beschlüsse des OLG in Familiensachen nach § 621 Abs. 1 Nrn. 1, 2, 3 und 6 ZPO, (zulassungsbedürftige Rechtsbeschwerde, vgl. § 621e Abs. 2 ZPO).

Einlegung beim Beschwerdegericht binnen 1-Monatsfrist beim Revisions- bzw. weiteren Beschwerdegericht, § 621e Abs. 3 ZPO (Achtung in Bayern: nur zum BayObLG, Falscheinlegung der weiteren Beschwerde durch RA wird der Partei als Verschulden zugerechnet, Regreßgefahr, vgl. BGH NJW 1979, 14).

Kosten und Gebühren

GK: KV Nr. 1520 ff.; RA: wie I. Instanz mit 3/10 Erhöhung aus § 11 Abs. 1 S. 2 BRAGO.

Fristen und Rechtsmittel

Vgl. oben Anm. 16: ZPO-Sachen (außer § 621 Abs. 1 Nrn. 7 oder 9) nur Zulassungsrevision, befristete weitere Beschwerde gegen FGG-Beschlüsse stark eingeschränkt durch § 621e Abs. 2 ZPO. Jedoch kein völliger Ausschluß anderweitiger Rechtsmittel aus FGG, hierzu *Thomas-Putzo* ZPO, § 621e Rdn. 1, ferner allgemein *Liermann* in *Rahm/Künkel*, VII. Rdn. 253 f., 268 ff., Handbuch, VII., Rdn. 253 ff. und 268 ff. m. Nachw.

31. Berufungsbeschwerde gegen FGG-Entscheidung

An das
Oberlandesgericht[1]
– Familiensenat –

Beschwerde

des ......   – Antragsgegners und Beschwerdeführers –[2]
Verfahrensbevollmächtigte: Rechtsanwälte ......[3]
gegen
......   – Antragstellerin und Beschwerdegegnerin –[2]
wegen elterlicher Sorge[4]
vorläufiger Streitwert: DM ......[5]
Aktenzeichen I. Instanz: ......

Unter Bezugnahme auf die von uns für den Antragsgegner und Berufungsführer bereits in I. Instanz vorgelegte besondere Prozeßvollmacht legen wir hiermit namens und im Auftrag des Antragsgegners und Berufungsführers gegen den beigefügten Beschluß des Amtsgerichts – Familiengerichts – ...... vom ......, Aktenzeichen ......, zugestellt am ......,

Beschwerde

ein mit folgenden

Anträgen:

I. Der Beschluß des Amtsgerichts – Familiengerichts – ...... vom ......, Aktenzeichen ......, wird aufgehoben.
II. Die elterliche Sorge für das gemeinsame eheliche Kind der Parteien ......, geb. am ......, wird auf den Antragsgegner und Beschwerdeführer übertragen.
III. Die Antragstellerin und Beschwerdegegnerin trägt die Kosten des Berufungsverfahrens[6].

Begründung erfolgt in gesondertem Schriftsatz[7].

Rechtsanwalt

Anmerkungen

1. Zuständig in Familiensachen (und Kindschaftssachen) das OLG, § 119 Abs. 1 Nr. 1 GVG mit § 64k Abs. 3 FGG; hier werden nur Beschwerde-Rechtsmittel gegen Familiengerichtsentscheidungen behandelt, vgl. zunächst o. Form. II. H. 30, insbes. Anm. 1: soweit also der Scheidungsausspruch selbst und/oder – zulässig – auch nur eine ZPO-Familiensache gemäß § 621 Abs. 1 Nrn. 4, 5 oder 8 ZPO mitangefochten ist, überwiegt die Berufung. Die Bedeutung der sog. Berufungsbeschwerde (§ 621e Abs. 1 und Abs. 3 ZPO) als 2. Tatsacheninstanz in Folgesachen (die im Verbund stehen), auch für EAs, vgl. § 629a Abs. 2 S. 3 ZPO und § 620a Abs. 4 ZPO, liegt daher vor allem bei (mehr oder weniger isolierten) Rechtsmitteln gegen
a) aa) von vornherein isolierte FGG-End-Entscheidungen (§ 621 Abs. 1 Nrn. 1, 2, 3, 6, 7, und 9 ZPO (soweit alleinstehend);
bb) erst durch das Rechtsmittel selbst aus dem erstinstanzlichen Verbund „herausisolierte" FGG-Folgesachen (soweit es hierbei verbleibt, auch beim zur selbständigen oder unselbständigen Anschlußberufung/Anschlußbeschwerde berechtigten Antragsgegner);
cc) erstinstanzlichen FGG-Folgesachen-Entscheidungen durch Rechtsmittelführer, die mangels weitergehender Beschwer von vornherein nur isoliert anfechten können, insbes. die Drittbeteiligten in den Folgesachen des § 621 Abs. 1 Nr. 6 (Sozialversicherungsträger) und Nr. 7 ZPO (Verfahrensbeteiligte nach § 7 HausratsVO).

Teilweise anderen Regeln folgen die – zahlreich möglichen – Zwischenentscheidungen des Familiengerichts in I. Instanz, speziell in FGG-Sachen (teilweise sofortige grundsätzlich unbefristete Beschwerde, zB. gemäß § 19 FGG), wie insbesondere
b) aa) einstweilige Anordnungen (sofortige Beschwerde, nur gegen ganz wenige, vgl. § 620c S. 1 ZPO);
bb) Vorwegentscheidungen gemäß § 627 ZPO (über elterliche Gewalt, führt über § 627 Abs. 2 zu einer Entscheidungssperre für das gesamte restliche Verfahren), aber nicht zB. gegen nur inzidente „Entscheidungen" der I. Instanz, zB. „Nichtgenehmigung" einer Parteivereinbarung zum VA oder Abtrennung einer Folgesache gemäß § 628 Abs. 1 ZPO (wohl aber ist die im 2. Falle folgende Endentscheidung auf Scheidung im Rechtsmittelverfahren – Berufung – auch daraufhin nachprüfbar, ob die I. Instanz dem Scheidungsantrag zu Recht vor der Entscheidung über die abge-

trennte Folgesache stattgeben durfte, hM., vgl. BGH NJW 1979, 1603 m. Nachw., was besonders bei Abtrennung wegen Verzögerung des *Versorgungsausgleich* bedeutsam werden kann, die nicht ohne weiteres zur unzumutbaren Härte führt (so OLG Köln FamRZ 1983, 289 und OLG Zweibrücken FamRZ 1983, 623: deshalb Aufhebung, Zurückverweisung und Anweisung an das Familiengericht, nicht abzutrennen), gegen ablehnende Sorgerechtsentscheidung durch EA nach OLG Düsseldorf dagegen Beschwerde nicht zulässig, FamRZ 1980, 817).

2. In isolierter FGG-Sache Beschwer grundsätzlich erforderlich, Beschwerdeberechtigung vgl. § 20 Abs. 1 FGG.

3. Bei von Anfang an isolierten FGG-Familiensachen grundsätzlich kein Anwaltszwang wie schon beim FamG, § 78 Abs. 2 Nr. 3 ZPO, anders bei selbständiger Anfechtung einer Folgesache (gemilderter Anwaltszwang vor m. V.). § 78 Abs. 2 ZPO regelt nunmehr auch den Anwaltszwang für Drittbeteiligte genauer (Regel: keiner für 2. Instanz, Ausnahmen: Güterrecht, Unterhaltssachen ab 2. Instanz).

4. Der im Muster behandelte Fall geht aus von einer von Anfang an isolierten FGG-Entscheidung (zB. während des Getrenntlebens vor Scheidung aus § 1672 BGB; oder nachträgliche Abänderungsentscheidung aufgrund veränderter Umstände, wie in Form. II. H. 24 – dort zunächst nur vorbereitet durch EA-Antrag – angestrebt). Wird eine solche Beschwerde nach § 621e ZPO gegen einen Teil eines erstinstanzlichen Verbundurteils eingelegt, so kann sie nur in den Grenzen und Fristen des § 629a Abs. 2–4 ZPO noch auf andere Teile dieses Verbundurteils zulässig erweitert werden. Die schon bisher zulässige Anschlußbeschwerde ist allgemein in § 577a ZPO neu geregelt worden (durch Rechtspflege-Vereinfachungsgesetz vom 17. 12. 1990).

5. Wie in Form. II. H. 10 Anm. 5.

6. Da – jedenfalls in diesem Muster – nicht Scheidungsfolgesache, nicht über § 93a Abs. 1 S. 2 1. Alt. ZPO, sondern bestenfalls über § 13a Abs. 1 S. 1, Abs. 2 FGG in Verbindung mit § 91 Abs. 1 S. 2 ZPO erreichbar.

7. Wegen § 621e Abs. 1 und Abs. 3 S. 2 ZPO mit den dortigen Verweisungen also jetzt – in den obigen Grenzen – auch hier „Berufungsbeschwerde" mit 1-Monatsfrist zur Beschwerdeeinlegung (nur beim Beschwerdegericht – OLG, § 21 FGG gilt insoweit nicht mehr) und weiterer, verlängerbarer 1-Monats-Begründungsfrist ab Berufungseinlegung, vgl. im einzelnen *Stein/Jonas/Schlosser* § 621e Rdn. 1–5. Zu den besonders komplizierten, teilweise sehr str. Fragen der III. Instanz – insbes. bei Nichtzulassung – vgl. *Liermann* in *Rahm/Künkel*, Handbuch des Familiengerichtsverfahrens, VII. Rdn. 268 ff. Isolierte FGG-Sachen werden nach OLG Karlsruhe mit Verkündung formell rechtskräftig, FamRZ 1981, 581.

Kosten und Gebühren

GK: im hier vorgestellten Fall (Beschwerde gegen isolierte Sorgerechtsentscheidung in I. Instanz) je nach Erfolg keine bis ½, § 131 Abs. 1 KostO; RA: § 118 BRAGO. Sondervorschriften bei VA-Sachen und Hausrat (vgl. §§ 131a KostO, 21 Abs. 3 HausratsVO, 63 BRAGO). § 32 Abs. 1 BRAGO gilt auch hier.

Fristen und Rechtsmittel

Vgl. hierzu ausführlich Anm. 16 und „Rechtsmittel" bei Form. II. H. 30 und *Liermann* in *Rahm/Künkel*, Handbuch, VII., Rdn. 268 ff. m. Nachw.; dort sowie in der Neufassung der §§ 629a, 629 Abs. 4 ZPO (durch UÄndG vom 20. 2. 1986) auch jeweils zum „Zerfall des Verbundes" in den Rechtsmittelinstanzen.

I. Erbrecht

1. Klage auf Feststellung des Erbrechts
(Nichtigkeit eines Testaments)

An das
Landgericht[1]

Klage

der ...... (Klägerin)
Prozeßbevollmächtigter: Rechtsanwalt ......

gegen

die ...... (Beklagte)

wegen

Feststellung des Erbrechts

Vorläufiger Streitwert: 80.000,– DM[2]

Namens und mit Vollmacht der Klägerin erhebe ich Klage und werde beantragen:

I. Es wird festgestellt, daß die Klägerin Alleinerbin des am ...... in ...... verstorbenen Kaufmanns K ist.
II. Die Beklagte hat die Kosten des Rechtsstreits zu tragen.

Begründung:[3]

Am ...... verstarb in ......, seinem letzten Wohnsitz[1], der Kaufmann K. Die Klägerin war die Ehefrau des Erblassers. Die Ehe ist am ......, also vor etwa 20 Jahren geschlossen worden. Kinder sind aus der Ehe nicht hervorgegangen.

Am ......, also vor etwa 3 Jahren hat der Erblasser die Klägerin verlassen. Seitdem lebte er mit der Beklagten zusammen.

Am ...... errichtete der Erblasser ein notarielles Testament[4], in dem er die Beklagte zu seiner Alleinerbin einsetzte.

Beweis: Testament vom ...... – URNr. .../... des Notars N in ...... – (Fotokopie liegt an)

Dieses Testament ist aus mehreren Gründen unwirksam. Es ist drei Tage vor dem Tode des Erblassers errichtet worden. Der Erblasser befand sich schon in dem Krankenhaus in ...... Er hatte am ...... einen Schlaganfall erlitten, an dessen Folgen er schließlich gestorben ist. Er war zum Zeitpunkt der Testamentserrichtung nicht mehr testierfähig[5].

Beweis: Sachverständiges Zeugnis des Arztes Dr. med. A in ......

Außerdem hat der Erblasser das Testament nicht eigenhändig[6] unterschrieben. In der Niederschrift des Notars ist nicht vermerkt, daß der Erblasser die Unterschrift eigenhändig geleistet hat[7]. Zum Zeitpunkt der Testamentserrichtung war der Erblasser überhaupt nicht mehr zur Unterschriftsleistung in der Lage. Er war rechtsseitig gelähmt.

Beweis: Sachverständiges Zeugnis des Dr. med. A

In dem vorprozessualen Schriftwechsel hat die Beklagte behauptet, sie habe den Arm des Erblassers bei der Unterschriftsleistung nur gestützt. Tatsächlich war der Erblasser aber zu

1. Klage auf Feststellung des Erbrechts

diesem Zeitpunkt völlig schreibunfähig. Die Beklagte hat die Hand des Erblassers so geführt, daß ihre charakteristischen Schriftzüge zum Audruck gekommen sind. Diese Schriftzüge sind der Handschrift des Erblassers wesensfremd.

Beweis: Gutachten eines Schriftsachverständigen

Schließlich verstößt die Erbeinsetzung der Beklagten gegen die guten Sitten[8]. Die Beklagte war die Geliebte des Erblassers. Dieser wollte die Beklagte durch die Einsetzung als seine Alleinerbin für die geschlechtlichen Beziehungen belohnen. Andere Gründe gibt es dafür nicht. Insbesondere hat die Beklagte den Erblasser nicht gepflegt. Er ist vielmehr direkt nach seiner Erkrankung in das Krankenhaus eingeliefert worden.

Der Nachlaß hat einen Wert von etwa 100.000,– DM[2].

Rechtsanwalt

Anmerkungen

1. Die sachliche Zuständigkeit des Landgerichts ergibt sich aus §§ 71, 23 GVG; hinsichtlich der örtlichen Zuständigkeit gibt § 27 ZPO den besonderen Wahlgerichtsstand der Erbschaft.

2. Für die Höhe des Streitwertes ist nach § 3 ZPO das Interesse an der Feststellung maßgebend. Bei der behauptenden Feststellungsklage ist im allgemeinen ein Abschlag von 20% gegenüber der entsprechenden Leistungsklage zu machen (*Baumbach/Lauterbach/Albers/Hartmann* Anh. § 3 Stichwort: Feststellungsklage Rdn. 53).

3. Für die Feststellungsklage fehlt ein Rechtsschutzbedürfnis nicht schon deswegen, weil ein Erbscheinsverfahren anhängig gemacht werden könnte. Das Erbscheinsverfahren kennt keine materielle Rechtskraft (*Palandt/Edenhofer* Überbl. vor § 2353 Rdn. 6). Darüberhinaus müssen die Voraussetzungen für die Zulässigkeit einer positiven Feststellungsklage nach § 256 ZPO erfüllt sein (vgl. dazu Form. I. D. 3 Anm. 1).

4. Nach § 2231 BGB gibt es zwei ordentliche Testamentsformen, und zwar das öffentliche und das eigenhändige Testament. Das öffentliche Testament wird nach § 2232 BGB zur Niederschrift eines Notars errichtet (s. Beck'sches Formularbuch zum Bürgerlichen, Handels- und Wirtschaftsrecht/*Castell* Form. VI. 1).

5. § 2229 Abs. 4 BGB.

6. Nach § 13 BeurkG gehört die eigenhändige Unterschrift des Erblassers zu den Wirksamkeitserfordernissen. Eine Schreibhilfe ist zulässig, wenn der betreffende Beteiligte damit einverstanden ist und mitwirkt. Der Schriftzug muß von seinem Willen bestimmt werden. Bei einem Schreibunfähigen muß nach § 25 BeurkG ein Zeuge oder ein zweiter Notar bei dem Vorlesen und der Genehmigung zugezogen werden.

7. Nach § 13 Abs. 1 S. 2 BeurkG soll die eigenhändige Unterschriftsleistung in der Niederschrift festgestellt werden. Dabei handelt es sich nicht um ein Wirksamkeitserfordernis.

8. Will ein Erblasser eine Frau, zu der er ehebrecherische Beziehungen unterhalten hat, dafür belohnen, so ist die letztwillige Verfügung in der Regel sittenwidrig und damit nichtig (§ 138 Abs. 1 BGB). Im übrigen ist neben der Frage, welche Beziehungen den Erblasser mit der bedachten Person verbunden haben, bei der Würdigung des Gesamtcharakters der letztwilligen Verfügung insbesondere zu berücksichtigen, wer zurückgesetzt worden ist, in welchen Beziehungen diese Person zu dem Erblasser stand und wie sich die Verfügung für sie auswirkt (BGHZ 53, 377; *Palandt/Edenhofer* § 1937 Rdn. 23).

2. Stufenklage auf Auskunft, Feststellung des Erbrechts und Herausgabe des Nachlasses

An das
Landgericht[1]

Stufenklage

der Frau F ...... (Klägerin)
......[2]

wegen

Auskunft, Feststellung des Erbrechts und Herausgabe

Vorläufiger Streitwert: ......[3]

Namens und mit Vollmacht der Klägerin erhebe ich Klage und werde beantragen:
I. Der Beklagte wird verurteilt, der Klägerin Auskunft über den Bestand der Erbschaft nach dem am ...... (Datum) verstorbenen Rentner R ...... und über den Verbleib der Erbschaftsgegenstände zu erteilen.
II. Es wird festgestellt, daß die Klägerin Alleinerbin nach dem am ...... (Datum) in ...... verstorbenen Rentner R ...... geworden ist.
III. Der Beklagte wird verurteilt, an die Klägerin die nach Erteilung der Auskunft noch zu bezeichnenden Nachlaßgegenstände herauszugeben.
IV. Der Beklagte hat die Kosten des Rechtsstreits zu tragen.

Begründung[4]:

Am ...... (Datum) verstarb in ...... seinem letzten Wohnsitz, der Rentner R ......, dessen einziger Abkömmling der Beklagte ist. Die Mutter des Beklagten und Ehefrau des R verstarb vor etwa fünf Jahren. In den letzten Jahren verschlechterten sich die Beziehungen zwischen R und dem Beklagten erheblich. Schließlich wurde der Kontakt völlig abgebrochen. Seitdem hat sich nur noch die Klägerin, eine Nichte des R, um diesen gekümmert. Sie hat ihn auch allein versorgt, als er vor etwa einem Jahr bettlägerig erkrankte.
Am ...... (Datum) errichtete R ein eigenhändiges Testament[5]. Darin traf er folgende Bestimmungen:
„Mein Haus und meine Möbel vermache ich der Frau F. Diese hat mich allein betreut, als es mir sehr schlecht ging. Dafür soll sie belohnt werden. Von meinem Bargeld sollen die Beerdigungskosten bezahlt werden. Außerdem soll meine Nichte F einen angemessenen Betrag für die Grabpflege festlegen. Den Restbetrag (höchstens 10.000,– DM) soll sie an meinen Sohn auszahlen[6].

Beweis: Testament vom ...... (Datum)

Der Beklagte hat bislang die Auffassung vertreten, dieses Testament enthalte keine Erbeinsetzung. Demgegenüber ist der Klägerin bekannt, daß der Erblasser sie als seine Alleinerbin hat einsetzen wollen. Er hat noch wenige Tage vor seinem Tode gegenüber dem nachbenannten Zeugen geäußert, daß die Klägerin alles erhalten werde, was er hinterlasse.

Beweis: Zeugnis des ......

Inzwischen hat der Beklagte den gesamten Nachlaß in Besitz genommen und verweigert die Herausgabe. Der Klägerin ist der genaue Bestand der Erbschaft nicht bekannt.

Rechtsanwalt

Anmerkungen

1. S. Anm. 1 zu Form. II. I. 1.
2. Zur Gestaltung des Rubrums vgl. Form. II. I. 1.
3. Der Streitwert für die Kostenberechnung ist gem. § 18 GKG zu bestimmen.
4. Nach § 2018 BGB kann der Erbe von dem Erbschaftsbesitzer die Herausgabe des Erlangten verlangen. Dabei handelt es sich um einen erbrechtlichen Gesamtanspruch. Wegen der Regelung in § 253 Abs. 2 Nr. 2 ZPO sind aber auch bei dieser Klage die einzelnen Gegenstände, deren Herausgabe verlangt wird, bestimmt zu bezeichnen. Wenn der Erbe dazu nicht in der Lage ist, bleibt ihm die Möglichkeit, die Herausgabeklage in der Form der Stufenklage (§ 254 ZPO) mit einer Auskunftsklage zu verbinden. Der Auskunftsanspruch steht ihm nach § 2027 BGB zu. Zweckmäßig ist es weiterhin, diese Klage mit einer Klage auf Feststellung des Erbrechts zu verbinden, weil sich andernfalls die Rechtskraft des Urteils nur auf den Anspruch auf Herausgabe der einzelnen Gegenstände erstreckt (vgl. *Palandt/Edenhofer* Einf. vor § 2018 Rdn. 2).
5. § 2247 BGB.
6. Jede letztwillige Verfügung ist eine Willenserklärung und nach § 133 BGB auszulegen. Da sie, abgesehen vom Erbvertrag, keine empfangsbedürftige Willenserklärung darstellt, kann der objektive Sinn der Erklärung zurücktreten. Der subjektive Wille muß ermittelt werden, auch wenn er nur unvollkommen ausgedrückt ist (vgl. *Palandt/Edenhofer* § 2084 Rdn. 2; BGH NJW 83, 673). Ein bestimmter Wortlaut ist für eine Erbeinsetzung nicht entscheidend. § 2087 BGB stellt nur eine Auslegungsregel dar.

3. Klage auf Feststellung des Erbrechts nach Anfechtung eines Testamentes

An das
Landgericht[1]

Klage

des ...... (Klägers)
......[2]

wegen

Feststellung des Erbrechts

Vorläufiger Streitwert: ......[3]

Namens und mit Vollmacht des Klägers erhebe ich Klage und werde beantragen:

I. Es wird festgestellt, daß der Kläger Miterbe zur Hälfte nach der am ...... in ...... verstorbenen Mutter der Parteien, Frau ......, geworden ist.
II. Der Beklagte hat die Kosten des Rechtsstreits zu tragen.

Begründung:

Die Parteien sind die einzigen Kinder der Eheleute ...... Ihr Vater verstarb im Jahre ...... Zu seinem Nachlaß gehörte das bebaute Grundstück ......, ..., eingetragen im Grundbuch von ...... Blatt ...... Der Vater der Parteien hatte keine letztwillige Verfügung errichtet.

Nach dem Tode des Vaters erhielt der Kläger von seiner Mutter einen Betrag von 20.000,– DM. Damit schied er aus der Erbengemeinschaft mit seiner Mutter und dem Beklagten aus.
Am ...... (Datum) errichtete die Mutter der Parteien vor dem Notar ...... in ...... ein öffentliches Testament. Darin setzte sie den Beklagten als ihren Alleinerben ein. Ferner erklärte sie, der Kläger sei bereits abgefunden.
Beweis: Testament vom ...... (Datum) – URNr. .../(Jahr) des Notars ...... in ......
Das Testament wurde am ...... von dem Nachlaßgericht in ...... eröffnet[4]. Am ......[5] hat der Kläger dieses Testament durch Erklärung gegenüber dem Nachlaßgericht[6] angefochten.
Beweis: Beiziehung der Akten ...... Amtsgericht ......
Die Mutter der Parteien hat sich bei Errichtung des Testaments in einem Irrtum[7] befunden. Sie hat angenommen, der Kläger sei durch die Zahlung des Betrages von 20.000,– DM auch bezüglich ihres Nachlasses abgefunden. Diese Zahlung hat sich jedoch nur auf den Nachlaß nach dem Vater der Parteien bezogen. Das ergibt sich aus der Vereinbarung der Parteien und ihrer Mutter vom ......
Beweis: Vertragsurkunde vom ...... (Fotokopie anbei)
Gegenüber dem beurkundenden Notar hat die Mutter der Parteien nur erwähnt, daß der Kläger durch die Zahlung des Betrages von 20.000,– DM abgefunden sei.
Beweis: Zeugnis des Notars ...... in ......

Rechtsanwalt

Anmerkungen

1. S. Anm. 1 zu Form. II. I. 1.
2. Zur Gestaltung des Rubrums vgl. Form. II. I. 1.
3. S. Anm. 2 zu Form. II. I. 1.
4. § 2260 BGB.
5. Die Anfechtungsfrist beträgt nach § 2082 Abs. 1 BGB ein Jahr. Sie beginnt mit dem Zeitpunkt, in welchem der Anfechtungsberechtigte von dem Anfechtungsgrund Kenntnis erlangt. Die Frist läuft nicht, solange der Anfechtungsberechtigte die letztwillige Verfügung für unwirksam hält, zB. für wirksam angefochten oder widerrufen. Dagegen ist der Fristablauf nicht gehemmt, wenn sich der Anfechtungsberechtigte infolge Rechtsunkenntnis in einem Irrtum über die Möglichkeit und Notwendigkeit einer Anfechtung befindet (*Palandt/Edenhofer* § 2082 Rdn. 4).
6. Die Anfechtung einer letztwilligen Verfügung hat in den in § 2081 Abs. 1 BGB aufgeführten Fällen gegenüber dem Nachlaßgericht zu erfolgen. Als amtsempfangsbedürftige Willenserklärung wird eine solche Anfechtung mit ihrem Zugang beim örtlich und sachlich zuständigen Nachlaßgericht wirksam (*Palandt/Edenhofer* § 2081 Rdn. 3). Eine besondere Form ist nicht vorgeschrieben. Der Anfechtungsgrund braucht nicht angegeben zu werden, so daß die Anfechtung jederzeit auch auf andere Tatsachen gestützt werden kann, die schon vor der Anfechtung gegeben waren. Jedoch können später entstandene Anfechtungsgründe nur in einer neuen Anfechtungserklärung geltend gemacht werden (*Palandt/Edenhofer* § 2081 Rdn. 2).
7. Nach § 2078 BGB berechtigt ein Irrtum des Erblassers über die Erklärungshandlung, den Erklärungsinhalt der letztwilligen Verfügung und im Beweggrunde zur Anfechtung. Ein Anfechtungsrecht besteht auch, wenn der Erblasser widerrechtlich durch Drohung zu der Verfügung bestimmt worden ist. Eine Anfechtung wegen Irrtums kann nur auf Vorstel-

lungen und Erwartungen gestützt werden, die der Erblasser bei Errichtung der letztwilligen Verfügung gehabt hat, nicht auf solche, die er bei Kenntnis von damals unbekannten Umständen gehabt haben würde (*Palandt/Edenhofer* § 2078 Rdn. 5).

Der Beweis für den Anfechtungsgrund obliegt dem, der sich auf die Anfechtung der letztwilligen Verfügung beruft. Das gilt auch für den Nachweis, daß ein etwaiger Irrtum ursächlich für die Verfügung war (*Palandt/Edenhofer* § 2078 Rdn. 11).

Ein Sonderfall des Irrtums im Beweggrund ist in § 2079 BGB geregelt, die Anfechtung wegen Übergehung eines Pflichtteilsberechtigten.

4. Anfechtungsklage wegen Erbunwürdigkeit

An das
Landgericht[1]

Klage

des ...... (Klägers)[2]

wegen

Erbunwürdigkeit

Vorläufiger Streitwert: ......[3]

Namens und mit Vollmacht des Klägers erhebe ich Klage und werde beantragen:

I. Der Beklagte wird hinsichtlich des Nachlasses der am ...... in ...... verstorbenen ...... für erbunwürdig erklärt[4].

II. Der Beklagte hat die Kosten des Rechtsstreits zu tragen.

Begründung:

Der Kläger ist der einzige Abkömmling[5] der am ...... (Datum) in ...... verstorbenen ...... Der Vater des Klägers ist bereits im Jahre ...... verstorben. Im Jahre ...... heiratete die Erblasserin den Beklagten.

Am ...... (Datum) errichtete sie ein eigenhändiges Testament[6], in dem sie den Beklagten als ihren Alleinerben einsetzte.

Beweis: Testament vom ...... (Datum) (Fotokopie liegt an)

Im Jahre ...... nahm der Beklagte ehewidrige Beziehungen zu der Zeugin Z auf. Die Erblasserin erfuhr davon im Sommer (Jahr). Es kam zu einer heftigen Auseinandersetzung zwischen den Eheleuten. Dabei erklärte die Erblasserin, sie werde sich scheiden lassen und ihr Testament zugunsten des Klägers ändern, wenn der Beklagte die Beziehungen zu der Zeugin nicht sofort abbreche. Daraufhin versicherte der Beklagte, daß er die Beziehungen sofort beenden werde. Im Vertrauen auf diese Erklärung änderte die Erblasserin ihr Testament nicht. Der Beklagte setzte jedoch auch nach dieser Unterredung die Beziehungen zu der Zeugin fort.

Beweis: Zeugnis der Z ......

Davon erhielt die Erblasserin keine Kenntnis. Wenige Tage vor ihrem Tode erklärte sie ihrem Bruder gegenüber, daß sie sehr froh darüber sei, daß der Beklagte die Beziehungen zu der Zeugin beendet habe.

Beweis: Zeugnis des Bruders B ......

Seit dem Tode der Erblasserin lebt der Beklagte mit der Zeugin zusammen.

Die Erblasserin hat demnach ihr Testament nur deswegen nicht geändert, weil der Beklagte sie arglistig getäuscht hat. Er ist erbunwürdig[7].

Der Wert des Nachlasses beträgt etwa ...... DM[3].

Rechtsanwalt

Anmerkungen

1. Die Klage ist auch im Gerichtsstand der Erbschaft (§ 27 ZPO) möglich (*Palandt/ Edenhofer* § 2342 Rdn. 2).
2. Zur Gestaltung des Rubrums s. Form. II. I. 1.
3. Der Streitwert ist gem. § 3 ZPO nach der Beteiligung des Beklagten am Nachlaß zu bestimmen (BGH NJW 1970, 197).
4. Die Anfechtung eines Erbschaftserwerbs wegen Erbunwürdigkeit erfolgt nach § 2342 BGB durch Erhebung der Anfechtungsklage. Diese ist darauf zu richten, daß der Erbe für erbunwürdig erklärt wird. Mit Rechtskraft des Urteils gilt der Anfall der Erbschaft an den für erbunwürdig erklärten Erben als nicht erfolgt (§ 2344 BGB). Ein Prozeßvergleich hat diese Wirkung nicht (*Palandt/Edenhofer* § 2342 Rdn. 3).
5. Die Anfechtungsberechtigung folgt aus § 2341 BGB.
6. § 2247 BGB.
7. Die Erbunwürdigkeitsgründe ergeben sich aus § 2339 BGB. Eine widerrechtliche Verhinderung des Erblassers kann auch durch Täuschung begangen werden. Es muß ein ursächlicher Zusammenhang zwischen der Täuschungshandlung und dem Unterbleiben der beabsichtigten Verfügung oder Aufhebung bestehen (*Palandt/Edenhofer* § 2339 Rdn. 5).

5. Klage des Pflichtteilsberechtigten auf Auskunft (Entziehung des Pflichtteils)

An das
Landgericht[1]

Klage

des ...... (Klägers)
......[2]

wegen

Auskunft

Vorläufiger Streitwert: ......[3]

Namens und mit Vollmacht des Klägers erhebe ich Klage und werde beantragen:
I. Der Beklagte wird verurteilt, dem Kläger Auskunft über den Bestand des Nachlasses nach dem am ...... (Datum) verstorbenen Rentner R zu erteilen.
II. Der Beklagte hat die Kosten des Rechtsstreits zu tragen.

Begründung[4]:

Am ...... (Datum) verstarb in ......, seinem letzten Wohnsitz, der Rentner R. Er war der Vater der Parteien.
Der Erblasser errichtete am ...... (Datum) ein eigenhändiges[5] Testament, in dem er den Beklagten als seinen Alleinerben einsetzte. Hinsichtlich des Klägers erklärte er, daß er ihm den Pflichtteil entziehe[6]. Der Kläger habe ihn am ...... (Datum) grundlos geschlagen, so daß er erhebliche Verletzungen erlitten habe.
Beweis: Testament vom ......
Mit Rücksicht auf den Inhalt dieses Testamentes verweigert der Beklagte dem Kläger den Pflichtteil.

6. Stufenklage auf Auskunft II. I. 6

Es trifft zwar zu, daß es am ...... (Datum) zu einem heftigen Wortwechsel zwischen dem Erblasser und dem Kläger gekommen ist. Der Kläger hat seinen Vater aber nicht geschlagen. Vielmehr hat der Erblasser den Kläger mit einer Eisenstange angegriffen. Der Kläger hat sich nur verteidigt und seinen Vater zurückgestoßen. Ob dieser dabei zu Fall gekommen ist und sich verletzt hat, weiß der Kläger nicht, weil er schnellstens weggelaufen ist. Jedenfalls ist die Entziehung des Pflichtteils nicht gerechtfertigt[7].

Rechtsanwalt

Anmerkungen

1. S. Anm. 1 zu Form. II. I. 1.

2. Zur Gestaltung des Rubrums vgl. Form. II. I. 1.

3. Der Wert hängt von dem Interesse an der Auskunftserteilung ab und beträgt im allgemeinen nur einen Bruchteil desjenigen Anspruchs, dessen Geltendmachung die Auskunft erleichtern soll (vgl. *Baumbach/Lauterbach/Albers/Hartmann* Anh. § 3 Stichwort: Auskunft Rdn. 24).

4. Der Klage nach § 2314 BGB steht nicht entgegen, daß der Pflichtteilsberechtigte nach § 2006 BGB als Nachlaßgläubiger die Abgabe der eidesstattlichen Versicherung vor dem Nachlaßgericht verlangen kann. Die Zwangsvollstreckung hinsichtlich der Auskunftserteilung erfolgt nach § 888 ZPO.

5. § 2247 BGB.

6. Der Pflichtteil eines Abkömmlings kann unter den Voraussetzungen des § 2333 BGB entzogen werden. Nach § 2336 BGB erfolgt die Entziehung durch letztwillige Verfügung. Der Grund der Entziehung muß in der Verfügung angegeben werden.

7. Die Beweislast für den Entziehungsgrund trifft nach § 2336 Abs. 3 BGB den Erben, der sich auf die Entziehung beruft. Das gilt auch dafür, daß eine vom Pflichtteilsberechtigten behauptete Notwehrlage nicht vorgelegen habe (vgl. *Palandt/Edenhofer* § 2336 Rdn. 3).

6. Stufenklage auf Auskunft, eidesstattliche Versicherung und Zahlung des Pflichtteils[1]

**An das
Landgericht**[2]

Klage

des ...... (Klägers)[3]

wegen

Pflichtteils

Vorläufiger Streitwert: ......[4]

Namens und mit Vollmacht des Klägers erhebe ich Klage und werde beantragen:

I. Die Beklagte wird im Wege der Stufenklage verurteilt,
   1. in der ersten Stufe
      a) Auskunft[5] über den Bestand des Nachlasses des am ...... verstorbenen ...... zu erteilen, und zwar durch Vorlage eines durch einen Notar aufgenommenen Verzeichnisses[6],

b) den Wert des im Grundbuch vom ...... Blatt ...... eingetragenen Grundstücks durch Vorlage eines Sachverständigengutachtens[7] zu ermitteln,
2. in der zweiten Stufe zu Protokoll an Eides Statt zu versichern, daß sie nach bestem Wissen den Bestand des Nachlasses so vollständig angegeben hat, als sie dazu im Stande ist[8],
3. in der dritten Stufe an den Kläger den Pflichtteil in Höhe von ¼ des sich aus der Auskunft ergebenden Nachlaßwertes zu zahlen.
II. Die Beklagte hat die Kosten des Rechtsstreits zu tragen.

Begründung:

Am ...... verstarb in ...... der .... Er war der Ehemann der Beklagten. Der Kläger ist das einzige Kind des Erblassers und der Beklagten.
Der Erblasser hat am ...... ein öffentliches Testament errichtet, in dem er die Beklagte zu seiner Alleinerbin eingesetzt hat.
Beweis: Testament vom ...... – URNr. .../... des Notars ...... in ...... – (Fotokopie liegt an)
Zum Nachlaß des Erblassers gehören u. a. das Grundstück, eingetragen im Grundbuch von ......, Blatt ......, und verschiedene Sparguthaben. Bestand und Wert des Nachlasses im einzelnen sind dem Kläger nicht bekannt.
Durch Schreiben vom ...... hat der Kläger gegenüber der Beklagten seinen Pflichtteilsanspruch geltend gemacht und sie um Auskunft über den Bestand des Nachlasses gebeten. Die Beklagte hat mit Schreiben vom ...... erwidert, dem Kläger stehe kein Pflichtteil zu, weil er von seinem Vater etwa zwei Jahre vor dessen Tode 10.000,– DM erhalten habe. Eine Auskunftserteilung wurde abgelehnt. Der Kläger ist der Auffassung, daß dieser Betrag nicht auf seinen Pflichtteil anzurechnen ist, weil der Erblasser keine entsprechende Bestimmung getroffen hat[9]. Auf jeden Fall ist aber damit der Pflichtteilsanspruch noch nicht erfüllt. Als Pflichtteil verlangt der Kläger ¼ des Nachlaßwertes[10].

Rechtsanwalt

Anmerkungen

1. Der Pflichtteil besteht in der Hälfte des Wertes des gesetzlichen Erbteils. Pflichtteilsberechtigt sind Abkömmlinge, Eltern und der Ehegatte des Erblassers (§§ 2303, 2309 BGB). Nach § 2332 BGB verjährt der Pflichtteilsanspruch in drei Jahren von dem Zeitpunkt an, in welchem der Pflichtteilsberechtigte von dem Eintritt des Erbfalls und der ihn belastenden Verfügung Kenntnis erlangt, spätestens jedoch in dreißig Jahren von dem Eintritt des Erbfalls an. Rechtliche Zweifel können die Kenntnis ausschließen. Auf die Kenntnis vom Nachlaßstand kommt es nicht an (*Palandt/Edenhofer* § 2332 Rdn. 2). Die Verjährung wird durch die bloße Klage auf Auskunft nicht unterbrochen, jedoch durch eine Stufenklage (§ 254 ZPO) auf Auskunft, Leistung einer eidesstattlichen Versicherung und Zahlung (*Palandt/Edenhofer* § 2332 Rdn. 8).

2. Hinsichtlich der sachlichen Zuständigkeit sind die Werte der Anträge aller Stufen zusammenzurechnen (*Baumbach/Lauterbach/Albers/Hartmann* Anh. § 3 Stichwort: Stufenklage).

3. Zur Gestaltung des Rubrums s. Form. II. I. 1.

4. Der Streitwert für die Kostenberechnung ist gem. § 18 GKG nach dem höchsten der Ansprüche zu bestimmen.

5. Der Pflichtteilsberechtigte kann nach § 2314 BGB von dem Erben Auskunft über den Bestand des Nachlasses verlangen. Der Bestand ergibt sich aus dem Bestandsverzeichnis. Anzugeben sind auch die Passiven, da nur so die Höhe des Pflichtteilsanspruches errechnet werden kann. Wegen eines möglichen Pflichtteilsergänzungsanspruches nach § 2325 BGB

7. Klage gegen die Beschenkten

sind auch Schenkungen anzugeben, die der Erblasser gemacht hat (*Palandt/Edenhofer* § 2314 Rdn. 5; BGHZ 89, 27).

6. § 2314 Abs. 1 S. 3 BGB.

7. Der Pflichtteilsberechtigte kann nach § 2314 Abs. 1 S. 2 BGB verlangen, daß der Wert der Nachlaßgegenstände ermittelt wird. Die Kosten fallen nach § 2314 Abs. 2 BGB dem Nachlaß zur Last. Der Erbe muß den Wert der Nachlaßgegenstände einschließlich derjenigen, die dem realen Nachlaß hinzuzurechnen sind, durch Gutachten eines unparteiischen Sachverständigen ermitteln lassen (BGHZ 89, 27f.; *Palandt/Edenhofer* § 2314 Rdn. 13).

8. Nach § 260 Abs. 2 BGB ist auf Verlangen die eidesstattliche Versicherung zu leisten, wenn Grund zu der Annahme besteht, das Verzeichnis sei nicht mit der erforderlichen Sorgfalt aufgestellt worden. Unvollständige und mehrfach berichtigte Angaben können die Annahme mangelnder Sorgfalt begründen (*Palandt/Heinrichs* § 261 Rdn. 30). Diese Voraussetzungen muß der Kläger darlegen, wenn er nach Erledigung der ersten Stufe das Verfahren fortsetzen und den Anspruch auf Abgabe der eidesstattlichen Versicherung geltend machen will.

9. Nach § 2315 BGB sind Leistungen des Erblassers auf den Pflichtteil anzurechnen, wenn der Erblasser eine entsprechende Anrechnungsbestimmung durch einseitige, empfangsbedürftige Willenserklärung getroffen hat. Die Anrechnungsbestimmung braucht nicht ausdrücklich erklärt worden zu sein. Der Pflichtteilsberechtigte muß sich aber der Anrechnungspflicht bewußt geworden sein. Die Anrechnungsbestimmung darf sich auch nicht nur auf den Erbteil beziehen (*Palandt/Edenhofer* § 2315 Rdn. 2).

10. Ist der Ehegatte des Erblassers Alleinerbe und hat er mit dem Erblasser im Güterstand der Zugewinngemeinschaft gelebt, so steht dem Abkömmling unter Zugrundelegung der §§ 2303 Abs. 2 S. 2, 1371 Abs. 1 BGB als Pflichtteil nur ¼ des Nachlaßwertes zu (*Palandt/Edenhofer* § 2303 Rdn. 6).

7. Klage gegen den Beschenkten wegen eines Pflichtteilsergänzungsanspruches[1]

**An das
Landgericht**[2]

Klage

der ...... (Klägerin)[3]

wegen

Duldung der Zwangsvollstreckung

Vorläufiger Streitwert: ......[4]

Namens und mit Vollmacht der Klägerin erhebe ich Klage und werde beantragen:

I. Der Beklagte wird verurteilt, wegen einer Forderung in Höhe von 40.000,– DM nebst 4% Zinsen seit Rechtshängigkeit die Zwangsvollstreckung in das im Grundbuch von ......, Blatt ......, eingetragene Grundstück zugunsten der Klägerin zu dulden[5].

II. Der Beklagte hat die Kosten des Rechtsstreits zu tragen.

Begründung:

Am ...... verstarb in ...... die Frau .... Sie war die Mutter der Klägerin und Großmutter des Beklagten. Der Beklagte ist ein Sohn der einzigen Schwester der Klägerin, der Frau ...... Die Erblasserin hinterließ keine letztwillige Verfügung. Ihre gesetzlichen Erben sind die Klägerin und die Mutter des Beklagten.

II. I. 7

Durch notariellen Vertrag vom ...... übertrug die Mutter der Klägerin ihr Grundstück, eingetragen im Grundbuch von ......, Blatt ......, mit einem im Jahre 1910 erbauten Haus „im Wege der vorweggenommenen Erbfolge" auf den Beklagten.
In § 4 dieses Vertrages erklärte die Mutter des Beklagten einen Verzicht auf Erb- und Pflichtteilsansprüche nach ihrer Mutter.
Beweis: Vertrag vom ...... – URNr. .../... des Notars ...... in ...... (Fotokopie liegt an)
Der Beklagte wurde am ......[6] als Eigentümer dieses Grundstückes im Grundbuch eingetragen.
Bei dem Tode der Mutter der Klägerin war ein Nachlaß nicht vorhanden.
Die Übertragung des Hausgrundstückes auf den Beklagten ist unentgeltlich erfolgt[1]. Das Grundstück hatte im Zeitpunkt der Schenkung einen Wert in Höhe von mindestens 80.000,– DM[7].
Beweis: Gutachten eines Sachverständigen
Da die Mutter des Beklagten in dem Vertrag auf ihre Erb- und Pflichtteilsansprüche verzichtet hat[8], steht der Klägerin ein Pflichtteilsanspruch in Höhe der Hälfte des Nachlaßwertes zu. Dem Nachlaß ist insofern der Wert des an den Beklagten verschenkten Grundstückes hinzuzurechnen. Da der Nachlaß tatsächlich beim Tode der Erblasserin wertlos war, kann die Klägerin von dem Beklagten wegen ihres Pflichtteilsergänzungsanspruches die Duldung der Zwangsvollstreckung in das geschenkte Grundstück verlangen.[5]

Rechtsanwalt

Anmerkungen

1. Nach § 2325 BGB kann ein Pflichtteilsberechtigter eine Ergänzung des Pflichtteils wegen aller Schenkungen verlangen, die der Erblasser in den letzten zehn Jahren vor seinem Tode geleistet hat. Ausgenommen sind Anstandsschenkungen im Sinne des § 2330 BGB. Dagegen können belohnende Schenkungen und auch gemischte Schenkungen unter Abzug des nicht als Schenkung anzusehenden Betrags darunter fallen. Bewertungen der Vertragsparteien über Leistung und Gegenleistung müssen dabei grundsätzlich anerkannt werden, wenn sie, auch unter Berücksichtigung eines Verwandtschaftsverhältnisses, noch im vernünftigen Rahmen bleiben (*Palandt/Edenhofer* § 2325 Rdn. 7). Bei einem groben Mißverhältnis zwischen Leistung und Gegenleistung spricht eine tatsächliche Vermutung für eine Einigung über die Unentgeltlichkeit (BGHZ 59, 132).

2. S. Anm. 1 zu Form. II. I. 1.

3. Zum Rubrum vgl. Form. II. I. 1.

4. Der Streitwert bemißt sich nach dem vollen Wert der Forderung oder der Haftungsmasse, je nachdem, welche kleiner ist (*Baumbach/Lauterbach/Albers/Hartmann* Anh. § 3 Stichwort: Duldung der Zwangsvollstreckung Rdn. 31).

5. Der Pflichtteilsergänzungsanspruch richtet sich grundsätzlich gegen den Erben und nur, soweit dieser zur Ergänzung nicht verpflichtet ist, gegen den Beschenkten. Ist jedoch der Pflichtteilsberechtigte der Alleinerbe, so geht der Anspruch von vornherein gegen den Beschenkten (§ 2329 BGB). In diesem Fall kann dem pflichtteilsberechtigten Erben gegen den Beschenkten auch ein Auskunfts- und Wertermittlungsanspruch zustehen. Die Grundlage dafür kann allerdings nicht aus § 2314 BGB, sondern nur aus § 242 BGB hergeleitet werden (vgl. BGH FamRZ 1985, 1249 f.). Bei Geldgeschenken wird der Beschenkte auf Zahlung in Anspruch genommen, im übrigen im Wege der Klage auf Duldung der Zwangsvollstreckung in den geschenkten Gegenstand in Höhe der verbleibenden Ergänzungsforderung (*Palandt/Edenhofer* § 2329 Rdn. 8).

8. Klage des Erben

6. Die Frist von zehn Jahren nach § 2325 Abs. 3 BGB beginnt bei beweglichen Sachen mit Vollendung des Eigentumsübergangs und bei Grundstücken mit der Umschreibung im Grundbuch (BGH NJW 1988, 821; Palandt/Edenhofer § 2325 Rdn. 14). Behielt sich der Erblasser bei der Schenkung eines Grundstückes den Nießbrauch uneingeschränkt vor, so hat er den Genuß des verschenkten Gegenstandes nicht aufgegeben. Eine Leistung des verschenkten Gegenstandes i. S. d. § 2325 Abs. 3 Hs. 1 BGB liegt dann trotz Umschreibung im Grundbuch nicht vor (BGH NJW 1994, 1791).

7. Nach § 2325 Abs. 2 S. 2 BGB ist bei einem Grundstück von den Werten zur Zeit der Schenkung und zur Zeit des Erbfalls der niedrigere Wert in Ansatz zu bringen. Dabei ist der für den Zeitpunkt der Schenkung ermittelte Wert nach den Grundsätzen über die Berücksichtigung des Kaufkraftschwundes (BGH 65, 75) auf den Tag des Erbfalls umzurechnen (Palandt/Edenhofer § 2325 Rdn. 13). Auch wenn der Erblasser den Genuß des verschenkten Gegenstandes bis zum Erbfall nicht entbehrt hat, kommt es für die Höhe des Pflichtteilsergänzungsanspruches auf den (den Wert der vorbehaltenen Rechte übersteigenden) wirtschaftlichen Wert des im Zeitpunkt der Schenkung übertragenen Eigentums an (BGH NJW 1994, 1791).

8. Der Erbverzichtsvertrag bedarf nach § 2348 BGB der notariellen Beurkundung. Der Verzichtende ist von der gesetzlichen Erbfolge ausgeschlossen und hat auch kein Pflichtteilsrecht (§ 2346 BGB). Der Verzicht erstreckt sich nach § 2349 BGB grundsätzlich auch auf die Abkömmlinge des Verzichtenden. Der Verzicht kann auch zugunsten eines anderen erklärt werden. Dann gilt er im Zweifel nur, wenn der andere Erbe wird (§ 2350 BGB).

8. Klage des Erben gegen den beschenkten Pflichtteilsberechtigten auf Herausgabe des Geschenkes[1]

An das
Landgericht[2]

Klage

des ...... (Klägers)[3]

wegen

Herausgabe

Vorläufiger Streitwert: ......[4]

Namens und mit Vollmacht des Klägers erhebe ich Klage und werde beantragen:

I. Die Beklagte wird verurteilt, das im Grundbuch von ......, Blatt ......, eingetragene Grundstück an den Kläger aufzulassen und in die entsprechende Änderung des Grundbuches einzuwilligen, und zwar Zug um Zug gegen Zahlung von ...... DM[5].

II. Die Beklagte hat die Kosten des Rechtsstreits zu tragen.

Begründung:

Die Parteien sind Geschwister. Ihre Eltern, die Eheleute ...... errichteten am ...... (Datum) 1970 ein gemeinschaftliches Testament, in dem sie sich gegenseitig als Erben einsetzten. Zugleich bestimmten sie, daß nach dem Tode des Längstlebenden der beiderseitige Nachlaß an den Kläger fallen sollte[6].

Die Mutter der Parteien verstarb am ...... (Datum). Nach dem Tode der Mutter zog die Beklagte mit ihrer Familie in das Haus des Vaters. In der Folgezeit verschlechterten sich die Beziehungen des Klägers zu seinem Vater merklich. Es kam wiederholt zu heftigen Wortwechseln, weil der Vater dem Kläger unbegründete Vorwürfe machte. Daran beteiligte sich auch die Beklagte. Dem Kläger drängte sich der Eindruck auf, daß die Beklagte den Vater gegen ihn aufhetzte.

Unter dem ...... (Datum) errichtete der Vater ein privatschriftliches Testament, in dem er die Beklagte als seine Alleinerbin einsetzte. Dieses Testament ist unwirksam[7].
Durch notariellen Vertrag vom ...... (Datum) übertrug der Vater das Hausgrundstück an die Beklagte. Diese wurde am ...... (Datum) als Eigentümerin im Grundbuch eingetragen[8].
Bei der Übertragung verfolgte der Vater lediglich die Absicht, dem Kläger die Vorteile der Erbeinsetzung in dem gemeinschaftlichen Testament der Eltern zu entziehen. Das ergibt sich auch aus dem privatschriftlichen Testament von (Jahr). Ein beachtenswertes Interesse des Erblassers an der Übertragung des Grundstücks ist nicht ersichtlich. Er verfügte über ein monatliches Renteneinkommen von über 2.000,– DM. Bei seinem Tode waren keine Ersparnisse vorhanden. Hinzu kommt, daß der Erblasser überraschend verstorben ist und bis zu seinem Tode nicht pflegebedürftig war[9].
Der Wert des Grundstückes wird mit 120.000,– DM angegeben[4].

Rechtsanwalt

Anmerkungen

1. Nach § 2287 BGB kann ein Vertragserbe von einem Beschenkten die Herausgabe des Geschenkes nach den Vorschriften über die ungerechtfertigte Bereicherung verlangen, wenn der Erblasser die Schenkung in der Absicht gemacht hat, den Vertragserben zu beeinträchtigen. Der Anspruch verjährt in drei Jahren von dem Anfall der Erbschaft an. Diese Bestimmung gilt auch für bindend gewordene Verfügungen in einem gemeinschaftlichen Testament (BGH 82, 274; *Palandt/Edenhofer* § 2287 Rdn. 3). Bei einer Erbengemeinschaft steht der Anspruch nicht der Erbengemeinschaft als solcher, sondern den einzelnen Erben entsprechend ihrer Erbquote zu (*Palandt/Edenhofer* § 2287 Rdn. 11). Ein Testamentsvollstrecker kann ihn nicht geltend machen.

2. S. Anm. 1 zu Form. II. I. 1.

3. Zum Rubrum vgl. Form. II. I. 1.

4. Nach § 6 ZPO ist für den Streitwert der Verkehrswert des Grundstücks maßgeblich. Lasten, zB. valutierende Grundpfandrechte können den Wert mindern (*Baumbach/Lauterbach/Albers/Hartmann* § 6 Anm. 1 E Rdn. 5, str.).

5. Der Inhalt der Herausgabepflicht bestimmt sich nach der Art des Erlangten. Bei Grundstücken besteht ein Anspruch auf Auflassung und Zustimmung zur Umschreibung des Grundbuches (*Palandt/Thomas* § 818 Rdn. 6). Ist der Beschenkte pflichtteilsberechtigt, kann der Vertragserbe den Herausgabeanspruch nur Zug um Zug gegen Zahlung des Pflichtteilsbetrages geltend machen (BGH 88, 269; *Palandt/Edenhofer* § 2287 Rdn. 15).

6. Bei einem sogenannten Berliner Testament ist der überlebende Ehegatte Vollerbe des Erstversterbenden. Der Dritte ist Erbe des Längstlebenden (§ 2269 BGB).

7. Nach §§ 2271, 2296 BGB kann bei wechselbezüglichen Verfügungen jeder Ehegatte zu Lebzeiten des anderen Ehegatten durch notarielle Erklärung diesem gegenüber seine Verfügung widerrufen. Mit dem Tode des anderen Ehegatten erlischt jedoch dieses Widerrufsrecht. Damit wird auch die Testierfreiheit des Überlebenden eingeschränkt (*Palandt/Edenhofer* § 2271 Rdn. 9).

8. Der Überlebende kann grundsätzlich unter Lebenden entsprechend § 2286 BGB wirksam verfügen.

9. Der Erbe trägt im Rechtsstreit die Beweislast für die Beeinträchtigungsabsicht. Sie ist jedoch dann anzunehmen, wenn ein beachtenswertes lebzeitiges eigenes Interesse des Erblassers fehlt, seine Verfügung vielmehr ersichtlich darauf angelegt ist, daß an Stelle des eingesetzten Erben ein anderer sein Vermögen oder Teile desselben ohne angemessene Gegenleistung erhält (BGH NJW 1976, 749/751).

9. Klage auf Erfüllung eines Vermächtnisses[1]

An das
Landgericht[2]

Klage

des ...... (Klägers)[3]

wegen

Auflassung

Vorläufiger Streitwert: ......

Namens und mit Vollmacht des Klägers erhebe ich Klage und werde beantragen:

I. Der Beklagte wird verurteilt, das im Grundbuch von A, Blatt ......, eingetragene Grundstück an den Kläger aufzulassen und in die entsprechende Änderung des Grundbuches einzuwilligen[4].

II. Der Beklagte hat die Kosten des Rechtsstreits zu tragen.

Begründung:

Die Parteien sind Brüder. Ihre Eltern errichteten am ...... (Datum) 1970 ein gemeinschaftliches Testament, in dem sie sich gegenseitig als Erben einsetzten. Zugleich bestimmten sie, daß nach dem Tode des Längstlebenden der beiderseitige Nachlaß an den Beklagten fallen sollte[5]. Ferner sollte dem Überlebenden vorbehalten bleiben, über sein Vermögen anderweitig letztwillig zu verfügen[6].

Beweis: Testament vom ...... – URNr. .../... des Notars ...... in ...... – (Fotokopie anbei)

Dem Vater der Parteien gehörte das im Grundbuch von A, Blatt ......, eingetragene Grundstück. Außerdem besaß er ein beträchtliches Sparguthaben. Der Mutter der Parteien gehörte das im Grundbuch von B, Blatt ......, eingetragene Grundstück.

Die Mutter der Parteien verstarb im Jahre ......

Durch notarielles Testament vom ...... (Datum) bestimmte der Vater der Parteien, daß nach seinem Tode der Beklagte als sein Erbe verpflichtet sein sollte, das im Grundbuch von A, Blatt ......, eingetragene Grundstück auf den Kläger zu übertragen.[6]

Beweis: Testament vom ...... (Datum) – URNr. .../... des Notars ...... in ...... – (Fotokopie liegt an)

Der Beklagte weigert sich, diesen letzten Willen seines Vaters zu erfüllen.

Das Grundstück hat einen Verkehrswert von ...... DM.

Rechtsanwalt

Anmerkungen

1. Durch ein Vermächtnis wird nach § 2174 BGB für den Bedachten nur ein Forderungsrecht gegen den Beschwerten begründet. Durch ein Vermächtnis beschwert werden kann der Erbe und auch ein Vermächtnisnehmer (§ 2186 BGB). Die Höhe des Vermächtnisses ist nicht beschränkt; es kann also den ganzen Nachlaß aufzehren (*Palandt/Edenhofer* Einf. vor § 2147 Rdn. 7).

2. S. Anm. 1 zu Form. II. I. 1.

3. Zum Rubrum vgl. Form. II. I. 1.

4. Der Beschwerte muß die vermachte Sache übereignen. Bei einem Grundstückvermächtnis muß er auch die Kosten der Umschreibung des Grundbuchs tragen (*Palandt/ Edenhofer* § 2174 Rdn. 4).

5. § 2269 BGB.

6. Da die Ehegatten frei darüber bestimmen können, ob und inwieweit ihre Verfügungen wechselbezüglich sein sollen, können sie dem Überlebenden auch ein freies Widerrufsrecht einräumen (BGHZ 2, 35). Es kann dem Überlebenden gestattet werden, über seinen Nachlaß anderweitig zu verfügen, und zwar durch eine letztwillige Verfügung (*Palandt/Edenhofer* § 2271 Rdn. 19).

10. Klage des Erben bei einem Vertrag zugunsten eines Dritten auf den Todesfall[1]

An das
Landgericht[2]

Klage

des ...... (Klägers)[3]

Namens und mit Vollmacht des Klägers erhebe ich Klage und werde beantragen:

I. Der Beklagte wird verurteilt, an den Kläger 20.000,– DM nebst 4% Zinsen ab Rechtshängigkeit[4] zu zahlen.
II. Der Beklagte hat die Kosten des Rechtsstreits zu tragen.

Begründung:

Die Eltern des Klägers, die Eheleute ......, errichteten am ...... (Datum) ein gemeinschaftliches Testament, in dem sie sich gegenseitig als Erben einsetzten. Erbe des Längstlebenden sollte der Kläger werden[5].

Beweis: Testament vom ...... (Datum) – URNr. ..../... des Notars ...... in ...... – (Fotokopie anbei)

Der Vater des Klägers verstarb im Jahre ......[6]. Nach seinem Tode nahm die Mutter des Klägers den Beklagten in ihre Wohnung auf.
Sie war Inhaberin des Sparkontos mit der Nr. ...... bei der Sparkasse in ...... Am ...... (Datum) unterzeichnete die Mutter eine schriftliche Vereinbarung mit der Sparkasse, wonach mit ihrem Tode alle Rechte aus diesem Konto unmittelbar auf den Beklagten übergehen sollten. Die Mutter sollte berechtigt sein, diese Vereinbarung durch einseitige schriftliche Erklärung gegenüber der Sparkasse zu widerrufen. Mit ihrem Tode sollte das Widerrufsrecht erlöschen[7].
Die Mutter verstarb am ...... (Datum). Der Kläger erfuhr erst kurz nach dem Tode seiner Mutter, daß diese die Vereinbarung vom ...... (Datum) mit der Sparkasse getroffen hatte. Daraufhin hat er durch Schreiben seiner Prozeßbevollmächtigten vom ...... (Datum) sämtliche Erklärungen seiner Mutter hinsichtlich des Sparguthabens gegenüber dem Beklagten widerrufen. Trotzdem ließ sich der Beklagte anschließend das Sparguthaben auszahlen. Es handelte sich um einen Betrag von 20.000,– DM.
Der Kläger ist der Auffassung, daß ihm dieser Betrag als Erben seiner Mutter auf jeden Fall zusteht[8].

Rechtsanwalt

Anmerkungen

1. Der Erblasser kann durch Vertrag mit seinem Schuldner vereinbaren, daß die Leistung nach seinem Tode an einen Dritten erfolgen soll. Ein solcher Vertrag ist grundsätzlich formfrei. Insbesondere greift nicht die Vorschrift des § 2301 BGB ein. Der Dritte erwirbt das Recht auf die Leistung im Zweifel mit dem Tode des Gläubigers (§ 331 BGB).

2. S. Anm. 1 zu Form. II. I. 1.

3. Zum Rubrum vgl. Form. II. I. 1.

4. Die Zinsforderung ergibt sich aus §§ 291, 288 BGB.

5. § 2269 BGB.

6. Mit dem Tode des erstversterbenden Ehegatten ist die wechselbezügliche Verfügung bindend geworden (§ 2271 BGB).

7. Der überlebende Ehegatte kann auch bei einer wechselbezüglichen Verfügung durch Rechtsgeschäft unter Lebenden entsprechend § 2286 BGB frei verfügen. Das Recht zum Widerruf der Vereinbarung mit dem Schuldner erlischt mit dem Tode des Gläubigers.

8. Wenn der Erblasser dem Dritten die Zuwendung schenkweise hat machen wollen, so ist der Rechtserwerb im Verhältnis zu dem Erben nur dann gesichert, wenn die Voraussetzungen der §§ 516 ff. BGB gewahrt sind. Hat der Dritte von seiner Begünstigung noch keine Kenntnis erlangt, so fehlt es an einer Einigung über die Unentgeltlichkeit. Zwar kann der Dritte das Schenkungsangebot noch nach dem Tode des Erblassers annehmen; der Erbe kann dies jedoch durch Widerruf des Angebots verhindern. Erhält der Dritte die Leistung trotzdem, so steht dem Erben ein Bereicherungsanspruch zu (BGH NJW 1975, 383; *Palandt/Heinrichs* § 331 Rdn. 4), evtl. auch ein Anspruch aus § 2287 BGB.

11. Erbauseinandersetzungsklage[1]

An das
Landgericht[2]

Klage

des ...... (Klägers)[3]

wegen

Erbauseinandersetzung

Vorläufiger Streitwert: ......[4]

Namens und mit Vollmacht des Klägers erhebe ich Klage und werde beantragen:

I. Der Beklagte wird verurteilt, zur Herbeiführung der Erbauseinandersetzung nach dem am ...... (Datum) verstorbenen Vater der Parteien, dem ...... folgenden Teilungsplan zuzustimmen:
  1. Das im Grundbuch des Amtsgerichts ...... von ......, Blatt ...... – Gemarkung ......, Flnr. ......, FLStNr. ......, Liegenschaftsnummer ...... – eingetragene Grundstück erhält der Kläger mit Inventar zum Alleineigentum.
  2. Der Beklagte erhält das Guthaben auf dem Konto mit der Nr. ...... bei der Sparkasse in ....

II. Der Beklagte wird verurteilt, das im Grundbuch von ......, Blatt ......, eingetragene Grundstück an den Kläger als Alleineigentümer aufzulassen und in die entsprechende Umschreibung des Grundbuchs einzuwilligen.[5]

III. Der Beklagte hat die Kosten des Rechtsstreits zu tragen.

Begründung:

Die Parteien sind Brüder. Ihre Mutter ist schon im Jahre ...... verstorben. Am ...... (Datum) verstarb auch ihr Vater, der .... Dieser war Eigentümer des im Grundbuch von ......, Blatt ......, eingetragenen Grundstückes. Außerdem hinterließ er bei seinem Tode ein Sparguthaben bei der Sparkasse in ...... in Höhe von etwa 50.000,– DM. Am ...... (Datum) errichtete der Vater der Parteien ein privatschriftliches Testament[6]. Darin bestimmte er, daß nach seinem Tode der Kläger das im Grundbuch von ......, Blatt ......, eingetragene Grundstück und der Beklagte das Sparguthaben erhalten sollten[7].

Beweis: Testament vom ...... (Datum) (Fotokopie anbei)

Mit Schreiben vom ...... (Datum) hat der Kläger die Aufteilung des Nachlasses entsprechend dem letzten Willen des Vaters verlangt. Der Beklagte weigert sich. Nachlaßverbindlichkeiten sind nicht vorhanden.

Rechtsanwalt

Anmerkungen

1. Nach § 2042 BGB kann grundsätzlich jeder Erbe jederzeit die Auseinandersetzung verlangen. Dabei ist eine Beschränkung auf die Miterben zulässig, die der geplanten Auseinandersetzung nicht zustimmen. Die Auseinandersetzungsklage ist auf den Abschluß eines Auseinandersetzungsvertrages zu richten; der Klageantrag lautet dementsprechend auf Zustimmung zu der begehrten Auseinandersetzung. Außergerichtlich kann ein Auseinandersetzungsvertrag durch freie Vereinbarung unter den Erben geschlossen werden (s. Beck'sches Formularbuch zum Bürgerlichen, Handels- und Wirtschaftsrecht/*Castell* Form. VI. 37). Ein Auseinandersetzungsvertrag kann auch unter Mitwirkung des Nachlaßgerichtes zustande kommen (§§ 86 ff. FGG).

Mit der Auseinandersetzungsklage muß ein Teilungsplan vorgelegt werden. Es müssen bestimmte Anträge gestellt werden (vgl. *Palandt/Edenhofer* § 2042 Rdn. 16).

Das Gericht ist nicht befugt, den Teilungsplan von sich aus abzuändern. Es hat aber auf eine sachgemäße Antragstellung hinzuwirken.

Der Teilungsplan kann sich nur auf Anordnungen des Erblassers, Vereinbarungen der Miterben oder auf die gesetzlichen Teilungsregeln (§§ 750–758 BGB) stützen. Nach den gesetzlichen Teilungsregeln sind zunächst die Nachlaßverbindlichkeiten zu tilgen. Der Nachlaß ist, soweit erforderlich, zu versilbern. Das geschieht nach den Vorschriften über den Pfandverkauf bzw. bei Grundstücken durch Zwangsversteigerung. Sodann erfolgt Teilung im Verhältnis der Erbteile (*Palandt/Edenhofer* § 2042 Rdn. 3).

Steht ein Miterbe unter Vormundschaft, so ist zur Erhebung der Erbteilungsklage eine vormundschaftsgerichtliche Genehmigung nicht erforderlich. Wenn aber in dem Teilungsplan eine Verfügung über ein Nachlaßgrundstück vorgesehen ist, so ist die gem. § 1821 I Nr. 1 BGB erforderliche Genehmigung vom Kläger vor der Entscheidung beizubringen.

Das rechtskräftige Urteil ersetzt die Zustimmung des widerstrebenden Miterben (§ 894 ZPO). Es kann auch zugleich auf Zustimmung zu den dinglichen Erklärungen für die Ausführung des Teilungsplanes geklagt werden (*Palandt/Edenhofer* § 2042 Rdn. 16).

2. S. Anm. 1 zu Form. II. I. 1.

3. Zum Rubrum vgl. Form. II. I. 1.

4. Für den Streitwert ist das Interesse des Klägers maßgeblich (*Thomas/Putzo* § 3 Anm. 2 Stichwort: Erbauseinandersetzung).

5. Auf Grund einer Teilungsanordnung des Erblassers sind die Erben verpflichtet, den Nachlaß entsprechend aufzuteilen. Dem einzelnen Erben steht aber grundsätzlich nur der Erbauseinandersetzungsanspruch zu (*Palandt/Edenhofer* § 2048 Rdn. 3).

6. § 2247 BGB.

7. Wird in der letztwilligen Verfügung der Nachlaß unter mehreren nach Vermögensgruppen verteilt, so ist von einer entsprechenden Erbeinsetzung mit Teilungsanordnung auszugehen (*Palandt/Edenhofer* § 2087 Rdn. 5).

12. Klage eines nichtehelichen Kindes auf vorzeitigen Erbausgleich

An das
Landgericht

Klage

des ...... (Klägers)[1]
Prozeßbevollmächtigter: Rechtsanwalt ......

gegen

den ...... (Beklagten)

wegen

vorzeitigen Erbausgleichs[2]

vorläufiger Streitwert: ......

Namens und mit Vollmacht des Klägers erhebe ich Klage und werde beantragen:
I. Der Beklagte wird verurteilt, an den Kläger nach Eintritt der Rechtskraft DM ......, hilfsweise DM ...... zu zahlen[3].
II. Der Beklagte hat die Kosten des Rechtsstreits zu tragen.

Begründung:

Der am ...... (Datum) geborene Kläger[4] ist ein nichteheliches Kind des Beklagten. Dieser hat die Vaterschaft anerkannt[5]. Mit Schreiben vom ...... (Datum) hat der Kläger von dem Beklagten die Zahlung eines vorzeitigen Erbausgleichs verlangt[6]. Der Beklagte hat darauf nicht reagiert.
Als vorzeitigen Erbausgleich verlangt der Kläger das Dreifache des Unterhalts, den der Beklagte ihm im Durchschnitt der letzten fünf Jahre, in denen der Kläger voll unterhaltsbedürftig war, jährlich zu leisten hatte. Der Kläger war voll unterhaltsbedürftig bis zum ...... (Datum). In den letzten fünf Jahren vor diesem Zeitpunkt hatte der Beklagte folgende monatliche Unterhaltsbeträge aufzubringen:
vom ...... bis ...... DM ......
vom ...... bis ...... DM ......
Der durchschnittliche Jahresunterhalt betrug danach während dieses Zeitraums DM ......
Daraus errechnet sich der verlangte Erbausgleich.

Rechtsanwalt

Anmerkungen

1. Zur Gestaltung des Rubrums vgl. Form. II. I. 1.

2. Nach § 1934 d BGB kann ein nichteheliches Kind von seinem Vater einen vorzeitigen Erbausgleich in Geld verlangen. Eine Reform dieser Regelung ist von der BReg geplant, insbesondere auch wegen der durch EG 235 § 1 II eingetretenen Rechtsspaltung (*Leutheusser-Schnarrenberger* NJW 1993, 2466). Für eine Vereinbarung zwischen dem Kind und seinem Vater über einen solchen Ausgleich ist notarielle Beurkundung vorgeschrieben (vgl. dazu Beck'sches Formularbuch zum Bürgerlichen, Handels- und Wirtschaftsrecht/ *Castell* Form. VI. 16).

Der Ausgleichsbetrag beläuft sich grundsätzlich auf das Dreifache des Unterhalts, den der Vater dem Kinde im Durchschnitt der letzten fünf Jahre, in denen es voll unterhaltsbedürftig war, jährlich zu leisten hatte. Eine Erhöhung oder Herabsetzung dieses Betrages unter Berücksichtigung der Verhältnisse des Einzelfalles ist möglich. Jedoch ist mindestens das Einfache und höchstens das Zwölffache des Regelbetrages zu leisten.

Der Vater kann unter bestimmten Voraussetzungen eine Stundung des Ausgleichsbetrages verlangen. Entsprechend der Regelung in § 1382 Abs. 5 BGB kann, wenn über die Ausgleichsforderung ein Rechtsstreit anhängig ist, der Stundungsantrag nur in diesem Verfahren gestellt werden. Sonst ist das Vormundschaftsgericht zuständig.

Ist ein vorzeitiger Erbausgleich durch rechtskräftiges Urteil zuerkannt, sind gegenseitig Erb- und Pflichtteilsansprüche ausgeschlossen (§ 1934 e BGB).

3. Es kann nur Zahlung nach Eintritt der Rechtskraft verlangt werden, da erst dann Fälligkeit eintritt. Die Stellung von Hilfsanträgen ist zu empfehlen, da der Tatrichter nicht ohne weiteres einen niedrigeren Betrag zusprechen kann (BGHZ 96, 273/274).

4. Anspruchsberechtigt ist ein nichteheliches Kind, welches das einundzwanzigste, aber noch nicht das siebenundzwanzigste Lebensjahr vollendet hat. Die Verjährungsfrist von drei Jahren beginnt erst von dem Zeitpunkt an, in dem das Kind das siebenundzwanzigste Lebensjahr vollendet hat. Kommt es zu einer notariellen Vereinbarung oder wird der Anspruch durch ein rechtskräftiges Urteil zuerkannt, so verjährt die Forderung nach §§ 195, 218 BGB in dreißig Jahren (vgl. *Palandt/Edenhofer* § 1934 d Rdn. 13).

5. Nach § 1600 a BGB können die Rechtswirkungen der nichtehelichen Vaterschaft erst geltend gemacht werden, wenn sie durch Anerkennung (§ 1600 e BGB) oder gerichtliche Entscheidung festgestellt ist.

6. Das Verlangen eines vorzeitigen Erbausgleichs ist eine einseitig empfangsbedürftige Willenserklärung. Es muß dem Vater vor Fristablauf (§ 1934 d Abs. 1 BGB) zugehen (*Palandt/Edenhofer* § 1934 d Rdn. 7).

13. Klage eines nichtehelichen Kindes auf Zahlung des Pflichtteils

An das
Landgericht

Klage

des ...... (Klägers)[1]
Prozeßbevollmächtigter: Rechtsanwalt ......

gegen

die ...... (Beklagte)

wegen

Pflichtteils

vorläufiger Streitwert: ......

Namens und mit Vollmacht des Klägers erhebe ich Klage und werde beantragen:

I. Die Beklagte wird verurteilt, an den Kläger DM ...... nebst 4% Zinsen ab Rechtshängigkeit zu zahlen[2].
II. Die Beklagte hat die Kosten des Rechtsstreits zu tragen.

Begründung:

Die Beklagte ist die Witwe des am ...... (Datum) verstorbenen ...... (Name, Ort, Straße) Der am ...... (Datum) geborene Kläger ist der nichteheliche Sohn des Erblassers. Der Erblasser hat die Vaterschaft am ...... (Datum) anerkannt[3].

Am ...... (Datum) errichtete der Erblasser ein privatschriftliches Testament[4], in dem er die Beklagte als seine Alleinerbin einsetzte.
Zum Nachlaß gehören im wesentlichen ein Grundstück im Werte von DM ...... sowie ein Sparguthaben in Höhe von DM ...... Nach Abzug der Nachlaßverbindlichkeiten in Höhe von DM ...... verbleibt ein Überschuß in Höhe von DM ...... Hiervon verlangt der Kläger ein Viertel als seinen Pflichtteil[5].
Weitere Abkömmlinge des Erblassers sind nicht vorhanden. Der Erblasser lebte mit der Beklagten im gesetzlichen Güterstand.

Rechtsanwalt

Anmerkungen

1. Zur Gestaltung des Rubrums vgl. Form. II. I. 1.
2. Wegen der Zinsen s. § 291 BGB.
3. S. § 1600 a BGB.
4. Ein eigenhändiges Testament muß den Voraussetzungen des § 2247 BGB entsprechen.
5. Nach § 1934 a Abs. 1 BGB steht einem nichtehelichen Kind beim Tode seines Vaters neben dem überlebenden Ehegatten oder neben ehelichen Abkömmlingen des Erblassers an Stelle des gesetzlichen Erbteils ein Erbersatzanspruch gegen den Erben in Höhe des Wertes des Erbteils zu. Dieser Erbersatzanspruch kann ihm nach § 2338 a BGB durch Verfügung von Todes wegen mit der Folge entzogen werden, daß er pflichtteilsberechtigt ist. Eine ausdrückliche Entziehung des Erbersatzanspruches im Sinne des § 2338 a S. 1 BGB ist aber zur Begründung eines Pflichtteilsanspruches nicht erforderlich. Ein solcher Anspruch ergibt sich vielmehr schon aus § 2303 Abs. 1 S. 1 BGB iVm. § 2338 a S. 2 BGB, wenn der Erblasser durch Verfügung von Todes wegen die gesetzliche Erbfolge ausgeschlossen hat (§ 1937 BGB). In einem solchen Fall kann der Erbersatzanspruch nicht entstehen (vgl. BGH NJW 1981, 1735).

14. Klage des Vorerben gegen den Nacherben auf Einwilligung in eine Grundstücksveräußerung

An das
Landgericht[1]

Klage

der ...... (Klägerin)
......[2]

wegen
Einwilligung

Vorläufiger Streitwert: ......[3]
Namens und mit Vollmacht der Klägerin erhebe ich Klage und werde beantragen:
 I. Der Beklagte wird verurteilt, in die Eigentumsübertragung des im Grundbuch von ...... Blatt ...... eingetragenen Grundstücks auf den ...... einzuwilligen.
 II. Der Beklagte hat die Kosten des Rechtsstreits zu tragen.

Begründung:

Die Klägerin ist die Witwe des am ...... (Datum) in ...... verstorbenen Kaufmanns K. Dieser war Eigentümer mehrerer Grundstücke, insbesondere des im Grundbuch von ......

Blatt ...... eingetragenen unbebauten Grundstücks. Bei seinem Tode hinterließ er außerdem Bargeld in Höhe von 10.000,– DM. Demgegenüber bestanden Schulden in Höhe von 30.000,– DM.

Am ...... (Datum) haben der Erblasser und die Klägerin vor dem Notar ...... in ...... ein gemeinschaftliches Testament errichtet. Darin haben sie sich gegenseitig als Erben eingesetzt. Nach dem Tode des Längstlebenden soll der Nachlaß des Kaufmanns K auf den Beklagten übergehen, der der einzige Abkömmling des K aus dessen erster Ehe ist. Der Nachlaß der Klägerin soll deren nichtehelichen Tochter T zufallen[4].

Beweis: Testament vom ......

Die Klägerin beabsichtigt, die Schulden des Erblassers zu begleichen. Da das hinterlassene Bargeld dazu nicht ausreicht, muß ein Grundstück veräußert werden.

Das im Grundbuch von ...... Blatt ...... eingetragene Grundstück ist zum Preise von 20.000,– DM an ...... verkauft worden.

Beweis: Kaufvertrag vom ......

Der vereinbarte Kaufpreis entspricht dem tatsächlichen Wert des Grundstücks.

Beweis: Anliegendes Wertgutachten vom ......

Der Beklagte weigert sich, der Veräußerung zuzustimmen[5]. Deshalb ist Klage geboten.

Rechtsanwalt

Anmerkungen

1. S. Anm. 1 zu Form. II. I. 1.
2. Zur Gestaltung des Rubrums vgl. Form. II. I. 1.
3. S. SchlOLG Rpfleger 1968, 325.
4. Wenn Ehegatten sich in einem gemeinschaftlichen Testament gegenseitig als Erben eingesetzt und bestimmt haben, daß nach dem Tode des Überlebenden der beiderseitige Nachlaß an einen Dritten fallen soll, so ist nach § 2269 BGB der Dritte im Zweifel als sogenannter Schlußerbe eingesetzt. Bei § 2269 BGB handelt es sich um eine Auslegungsregel. Für die Annahme eines Berliner Testamentes im Sinne des § 2269 BGB ist entscheidend, ob die Eheleute das beiderseitige Vermögen ersichtlich als Einheit angesehen und eine verschiedene Rechtsstellung des Überlebenden zu den beiden ursprünglichen Vermögensmassen und die Möglichkeit einer Trennung der Massen beim Tode des Längstlebenden haben ausschließen wollen (vgl. RG 113, 240; *Palandt/Edenhofer* § 2269 Rdn. 6). Nach dem den Klagegrund bildenden Testament sollen nach dem Tode des Längstlebenden die beiden ursprünglichen Vermögensmassen der Eheleute getrennt verschiedenen Personen zufallen. Deshalb dürfte das Testament die Anordnung von Vor- und Nacherbschaft enthalten.
5. Nach § 2113 BGB sind Verfügungen eines Vorerben über ein Nachlaßgrundstück im Falle des Eintritts der Nacherbfolge insoweit unwirksam, als sie das Recht des Nacherben vereiteln oder beeinträchtigen würden. Die Verfügung ist aber sogleich vollwirksam, wenn der Nacherbe zustimmt (RG 65, 129). Bei einem Minderjährigen ist die Genehmigung des Vormundschaftsgerichts erforderlich (§§ 1643, 1821 Abs. 1 Nr. 1 BGB). Zur Erteilung der Einwilligung ist der Nacherbe unter den Voraussetzungen des § 2120 BGB verpflichtet.

15. Klage des Nacherben gegen einen beschenkten Dritten auf Einwilligung in eine Grundbuchberichtigung[1]

An das
Landgericht[2]

Klage

des ...... (Klägers)
......[3]

wegen
Einwilligung

Vorläufiger Streitwert: ......[4]

Namens und mit Vollmacht des Klägers erhebe ich Klage und werde beantragen:

I. Der Beklagte wird verurteilt, darin einzuwilligen, daß das Grundbuch von ...... (Ort) Blatt ...... dahin berichtigt wird, daß Eigentümer des eingetragenen Grundstücks der Kläger ist, und zwar Zug um Zug gegen Zahlung von 40.000,– DM[5].

II. Der Beklagte hat die Kosten des Rechtsstreits zu tragen.

Begründung:

Der am ...... (Datum) in ...... (Ort) verstorbene Rentner R ...... (Name) wurde aufgrund eines privatschriftlichen Testamentes[6] vom ...... (Datum) von seiner Ehefrau als befreiter Vorerbin[7] beerbt. Die Parteien sind Söhne der Eheleute R. Aufgrund des bereits erwähnten Testamentes wurde nach dem Tode der Frau R am ...... (Datum) der Kläger Erbe des Rentners R.

Beweis: Testament vom ...... (Datum)

Zum Nachlaß des Erblassers gehörte das im Klageantrag erwähnte Grundstück. Aufgrund eines notariellen Vertrages vom ...... (Datum) übertrug Frau R dieses Grundstück auf den Beklagten. Sie behielt sich ein unentgeltliches Wohnrecht vor. Außerdem verpflichtete sich der Beklagte, Frau R in kranken Tagen zu pflegen und zu verpflegen.

Das Grundstück hatte im Zeitpunkt der Übertragung einen Wert von 120.000,– DM. Der Wert der Gegenleistungen des Beklagten betrug allenfalls 40.000,– DM.

Beweis: Sachverständigengutachten

Der Beklagte weigert sich, in die Berichtigung des Grundbuches einzuwilligen, obwohl es sich zumindest um eine gemischte Schenkung gehandelt hat[8], so daß die Verfügung über das Grundstück mit Eintritt des Nacherbfalles unwirksam geworden ist[9].

Rechtsanwalt

Anmerkungen

1. Der Anspruch auf Grundbuchberichtigung folgt aus § 894 BGB.

2. Für die sachliche Zuständigkeit ist der Streitwert maßgeblich, der sich nach dem Verkehrswert des Grundstücks bemißt (BGH NJW 1958, 1397).
Nach § 24 Abs. 1 ZPO ist örtlich das Gericht ausschließlich zuständig, in dessen Bezirk das Grundstück belegen ist.

3. Zum Rubrum vgl. Form. II.I.1.

4. Die Gegenleistung des Klägers (Zahlung von 40.000,– DM) bleibt grundsätzlich außer Betracht (vgl. *Baumbach/Lauterbach/Albers/Hartmann* § 6 Rdn. 6).

5. Die Zwangsvollstreckung richtet sich nach § 894 ZPO. Wenn die Willenserklärung von einer Gegenleistung abhängig gemacht ist, so tritt die Vollstreckungswirkung erst ein, wenn eine vollstreckbare Ausfertigung des rechtskräftigen Urteils erteilt ist. Diese darf aber erst dann erteilt werden, wenn der Nachweis der Erfüllung oder des Annahmeverzuges erbracht ist (s. § 726 ZPO).

6. § 2247 BGB.

7. Nach § 2136 BGB kann der Erblasser den Vorerben nicht von allen gesetzlich vorgesehenen Beschränkungen befreien. Eine Befreiung ist insbesondere nicht für unentgeltliche Verfügungen zulässig (§ 2113 Abs. 2 BGB).

8. Eine Verfügung ist unentgeltlich, wenn nach wirtschaftlichen Gesichtspunkten der Vorerbe objektiv ohne gleichwertige Gegenleistung aus der Erbmasse Opfer bringt und subjektiv die Ungleichwertigkeit erkennt oder bei ordnungsmäßiger Verwaltung hätte erkennen müssen (BGH NJW 1984, 366). Verfügt der Vorerbe nur teilweise unentgeltlich, so tritt trotzdem Unwirksamkeit in vollem Umfange ein (BGHZ 5, 173).

9. Die Verfügung des Vorerben ist mit Eintritt des Nacherbfalles insoweit unwirksam, als das Recht des Nacherben vereitelt oder beeinträchtigt würde. Wenn die Verfügung teilweise unentgeltlich erfolgt ist, liegt die Beeinträchtigung lediglich in der Differenz, um die die Gegenleistung wertmäßig hinter dem weggegebenen Nachlaßgegenstand zurückbleibt. Dabei ist es bei der befreiten Vorerbschaft gleichgültig, ob die Gegenleistung in den Nachlaß gelangt oder nur dem Vorerben zugute gekommen ist. Der Nacherbe kann daher die Einwilligung in die Grundbuchberichtigung nur gegen Rückerstattung der Gegenleistung verlangen (vgl. BGH NJW 1985, 382).

16. Klage eines Miterben auf Erfüllung einer Nachlaßforderung

An das
Landgericht

Klage

des ...... (Klägers)
......[1]

wegen
Kaufpreisforderung

Vorläufiger Streitwert: ......[2]
Namens und mit Vollmacht des Klägers erhebe ich Klage und werde beantragen:
I. Der Beklagte wird verurteilt, an die Erbengemeinschaft[3] nach dem am ...... (Datum) verstorbenen ...... bestehend aus:
   a) dem Kläger,
   b) dem ......,
   c) dem ......
20.000,– DM nebst 4% Zinsen ab Rechtshängigkeit[4] zu zahlen.
II. Der Beklagte hat die Kosten des Rechtsstreits zu tragen.

Begründung:

Am ...... (Datum) verstarb in ...... der Vater des Klägers. Er wurde kraft Gesetzes von dem Kläger und seinen beiden Brüdern beerbt[5].
Der Vater hatte durch notariellen Vertrag vom ...... (Datum) sein im Grundbuch von ...... Blatt ...... eingetragenes Grundstück an den Beklagten verkauft.

Beweis: Kaufvertrag vom ......

Einen Restbetrag des vereinbarten Kaufpreises in Höhe von 20.000,– DM hat der Beklagte noch nicht gezahlt. Mit Schreiben vom ...... (Datum) hat der Beklagte erklärt, er rechne mit einer Forderung in gleicher Höhe gegen den Kläger auf. Diese Aufrechnung ist unzulässig[6].

Rechtsanwalt

Anmerkungen

1. Zur Gestaltung des Rubrums s. Form. II. I. 1.
2. Maßgeblich ist der Wert der ganzen eingeklagten Forderung und nicht nur das anteilige Interesse des klagenden Miterben (BGH LM § 3 Nr. 9).
3. Ansprüche, die zum Nachlaß gehören, kann nach § 2039 BGB ein einzelner Miterbe allein und im eigenen Namen geltend machen. Er kann aber regelmäßig nur Leistung an alle Miterben fordern. Grundsätzlich kann er auch nicht Leistung an sich in Höhe des seinem Erbteil entsprechenden Teils der Forderung verlangen. Wenn die Miterben zur Annahme nicht bereit sind, muß er Hinterlegung für alle erwirken (vgl. *Palandt/Edenhofer* § 2039 Rdn. 10).
   Das Urteil schafft für und gegen die anderen Erben keine Rechtskraft (RGZ 93, 127).
4. § 291 BGB.
5. § 1924 BGB.
6. § 2040 Abs. 2 BGB.

17. Klage gegen Miterben auf Erfüllung einer Nachlaßverbindlichkeit bei Testamentsvollstreckung

An das
Landgericht[1]

Klage

des ...... (Klägers)

gegen

1. den ......
2. den ......
3. den Rechtsanwalt R als Testamentsvollstrecker hinsichtlich des Nachlasses des am ...... verstorbenen Landwirts L (Beklagte)[2]

wegen
Darlehn

Vorläufiger Streitwert: ......

Namens und mit Vollmacht des Klägers erhebe ich Klage und werde beantragen:
  I. Die Beklagten zu 1. und 2. werden als Gesamtschuldner verurteilt, an den Kläger 30.000,– DM nebst 4% Zinsen ab Rechtshängigkeit zu zahlen.
 II. Der Beklagte zu 3. wird verurteilt, die Zwangsvollstreckung wegen der vorstehenden Forderung in den Nachlaß des am ...... Landwirts L zu dulden.
III. Die Beklagten haben die Kosten des Rechtsstreits als Gesamtschuldner zu tragen.

Begründung[3]:

Der Kläger hat am ...... (Datum) dem Landwirt L ein Darlehn in Höhe von 30.000,– DM gewährt, das am ...... (Datum) zur Rückzahlung fällig sein sollte.

Beweis: Darlehnsvertrag vom ......

Eine Rückzahlung ist noch nicht erfolgt. L verstarb am ...... (Datum). Er wurde von den Beklagten zu 1. und 2. aufgrund eines privatschriftlichen Testaments[4] vom ...... (Datum) zu je ½ beerbt. Der Beklagte zu 3. ist in diesem Testament zum Testamentsvollstrecker ernannt worden[5]. Eine Beschränkung seiner Rechte ist nicht erfolgt[6].

Beweis: Testament vom ...... (Datum)

Der Beklagte zu 3. hat das Amt angenommen[7].

Die Beklagten haben geltend gemacht, der Nachlaß sei dürftig[8]. Dies wird bestritten.

Rechtsanwalt

Anmerkungen

1. Die Bestimmung des zuständigen Gerichts muß nach § 36 Nr. 3 ZPO beantragt werden, wenn die Beklagten bei verschiedenen Gerichten ihren allgemeinen Gerichtsstand haben.

2. Zur Gestaltung des Rubrums vgl. Form. II. I. 1. Der Beklagte zu 3. ist Partei kraft Amtes.

3. Bei Verwaltung des ganzen Nachlasses kann nach § 2213 Abs. 1 S. 1 BGB ein Nachlaßanspruch sowohl gegen die Erben als gegen den Testamentsvollstrecker gerichtlich geltend gemacht werden. Nach § 748 Abs. 1 ZPO ist zur Zwangsvollstreckung in den Nachlaß ein gegen den Testamentsvollstrecker ergangenes Urteil erforderlich. Zweckmäßig ist eine Klage gegen die Erben auf Leistung und zugleich gegen den Testamentsvollstrecker auf Leistung oder auf Duldung der Zwangsvollstreckung (*Palandt/Edenhofer* § 2213 Rdn. 2).

Nach § 2058 BGB haften Miterben für die Nachlaßverbindlichkeiten als Gesamtschuldner. Zur Zwangsvollstreckung in den Nachlaß ist nach § 747 ZPO ein gegen alle Erben ergangenes Urteil erforderlich. Bis zur Teilung des Nachlasses hat der Gläubiger grundsätzlich die Wahl zwischen der Gesamtschuldklage nach § 2058 BGB und der Gesamthandklage nach § 2059 Abs. 2 BGB, die gegen die Erbengemeinschaft als solche zu richten ist.

4. § 2247 BGB.

5. § 2197 Abs. 1 BGB.

6. § 2208 BGB.

7. § 2202 BGB.

8. Dem vorläufig unbeschränkt haftenden Erben stehen nach §§ 1975, 1990–1992 BGB Haftungsbeschränkungsrechte zu. In § 2059 BGB ist außerdem für eine Erbengemeinschaft bis zur Teilung ein besonderes Verweigerungsrecht vorgesehen. In diesen Fällen werden grundsätzlich im Urteil die Rechte nicht ausgesprochen, sondern nur nach § 780 ZPO vorbehalten. Ohne den Vorbehalt im Urteil kann die beschränkte Haftung in der Zwangsvollstreckung nicht geltend gemacht werden.

Der Vorbehalt kann nur dann im Urteil ausgesprochen werden, wenn der Erbe die Einrede einer beschränkten Haftung geltend gemacht hat (vgl. *Baumbach/Lauterbach/Albers/Hartmann* § 780 Rdn. 3).

18. Antrag auf Erteilung eines Erbscheins bei gesetzlicher Erbfolge[1]

An das
Amtsgericht ......[2]

      Antrag auf Erbscheinserteilung[3] des ...... (folgen Namen und Anschrift
      des Antragstellers)

Am ...... (Datum) verstarb in ...... (Ort), seinem letzten Wohnsitz, der Kaufmann K. Er war verheiratet mit der Frau F. Diese ist vor ihm verstorben, und zwar am ...... (Datum). Sein einziger Abkömmling bin ich, der Antragsteller.
Andere Personen, durch die ich von der Erbfolge ausgeschlossen oder mein Erbteil gemindert werden würde, sind und waren nicht vorhanden.
Eine Verfügung von Todes wegen hat der Verstorbene nicht hinterlassen.
Ein Rechtsstreit über mein Erbrecht ist nicht anhängig[4].
Ich bin bereit, an Eides Statt zu versichern, daß mir nichts bekannt ist, was der Richtigkeit meiner Angaben entgegensteht[5].
Ich beantrage,
1. einen Termin zur Abgabe der eidesstattlichen Versicherung anzuberaumen,
2. mir den Erbschein zu erteilen, wonach ich Alleinerbe geworden bin[6].
Ich überreiche:
  1 Sterbeurkunde meines Vaters
  1 Sterbeurkunde meiner Mutter
  1 Heiratsurkunde
  1 Geburtsurkunde[7]
Der Wert des Nachlasses nach Abzug der Schulden beträgt ...... DM[8].

                                              Unterschrift

Anmerkungen

1. Der Erbschein ist ein Zeugnis über erbrechtliche Verhältnisse (§ 2353 BGB). Nach § 2365 BGB besteht eine Vollständigkeitsvermutung. Sie gilt positiv nur für das bezeugte Erbrecht und negativ dafür, daß der Erbe nicht durch andere als die angegebenen Anordnungen beschränkt ist.
Im Prozeß bringt der Erbschein dem durch ihn ausgewiesenen Kläger eine Erleichterung in der Beweisführung. Der Prozeßrichter ist aber an den Inhalt des Erbscheins nicht gebunden.
Im Grundbuchverkehr ist der Nachweis der Erbfolge grundsätzlich durch einen Erbschein zu führen (§ 35 Abs. 1 S. 1 GBO).
Der Erbschein genießt öffentlichen Glauben (§ 2366 BGB). Der öffentliche Glaube bezieht sich aber nicht darauf, daß ein Gegenstand zum Nachlaß gehört (vgl. *Palandt/Edenhofer* § 2366 Rdn. 1).
Die Erteilung des Erbscheins setzt die Annahme der Erbschaft voraus, die aber regelmäßig in dem Antrag liegt (*Palandt/Edenhofer* § 2353 Rdn. 10).

2. Die örtliche Zuständigkeit bestimmt sich nach dem letzten Wohnsitz oder Aufenthalt des Erblassers (§ 73 FGG). Sachlich zuständig ist das Amtsgericht (§ 72 FGG).

3. Der Antrag ist formfrei. Im allgemeinen wird er allerdings zu Protokoll des Nachlaßgerichts (§ 11 FGG) oder zur Niederschrift eines Notars gestellt, wobei zugleich die Versicherung an Eides Statt (§ 2356 Abs. 2 BGB) abgegeben werden kann.

4. In § 2354 BGB sind die Angaben vorgeschrieben, die ein gesetzlicher Erbe für die Erteilung des Erbscheins machen muß. Wenn ein Rechtsstreit über das Erbrecht anhängig

ist, soll nach § 2360 BGB vor Erteilung des Erbscheins der Gegner des Antragstellers gehört werden.

5. S. § 2356 Abs. 2 BGB.

6. Der Erbscheinsantrag muß das beanspruchte Erbrecht genau bezeichnen. Er bindet das Gericht, das nur stattgegeben oder ablehnen kann (vgl. *Palandt/Edenhofer* § 2353 Rdn. 14).

7. Nach § 2356 BGB hat der Antragsteller förmliche Nachweise zu erbringen, soweit die Tatsachen bei dem Nachlaßgericht nicht offenkundig sind. Als Beweismittel kommen öffentliche Urkunden, insbesondere Personenstandsurkunden, Verfügungen von Todes wegen und die eidesstattliche Versicherung in Betracht.

8. Für die Kosten ist nach § 107 Abs. 2 KostO der Wert des reinen Nachlasses nach Abzug der Nachlaßverbindlichkeiten maßgeblich.

19. Antrag auf Erteilung eines gemeinschaftlichen Erbscheins bei testamentarischer Erbfolge[1]

An das Amtsgericht ...... [2]

Verhandelt am ...... (Datum)
in ...... (Ort)

Vor mir

...... (Name)

Notar in ...... (Ort)

erschienen in meinen Amtsräumen in ......
1. Frau ...... (Name, Anschrift),
2. Herr ...... (Name, Anschrift),
beide mir persönlich bekannt.
Die Erschienenen erklärten:
Am ...... (Datum) verstarb in ...... (Ort) unser Vater, der Architekt ...... (Name). In seinem am ...... (Datum) eröffneten eigenhändigen Testament[3] vom ...... (Datum) hat er uns zu gleichen Teilen als Erben eingesetzt. Unsere Mutter ist in dem Testament nicht bedacht.
Auf die Akten ...... (Aktenzeichen) wird Bezug genommen[4].
Weitere Verfügungen von Todes wegen sind nicht vorhanden. Ein Rechtsstreit über unser Erbrecht ist nicht anhängig[5].
Wir versichern an Eides Statt, daß uns nichts bekannt ist, das der Richtigkeit unserer Angaben entgegensteht[6].
Wir beantragen,
   uns zu Händen des Erschienenen zu 2) einen gemeinschaftlichen Erbschein zu erteilen, wonach wir Erben zu je ½ geworden sind.
Wir überreichen:
   1 Sterbeurkunde,
   2 Geburtsurkunden.
Der Wert des Nachlasses nach Abzug der Schulden beträgt ...... DM[7].

Anmerkungen

1. Nach § 2357 BGB kann auf Antrag ein gemeinschaftlicher Erbschein erteilt werden, wenn mehrere Erben vorhanden sind. Antragsberechtigt ist jeder Erbe. In dem Antrag sind die Erben und ihre Erbteile anzugeben. Daneben ist auch die Erteilung eines Teilerbscheins zulässig, in dem die Größe des Erbteils anzugeben ist (vgl. *Palandt/Edenhofer* § 2353 Rdn. 6).

2. S. §§ 72, 73 FGG.

3. S. § 2247 BGB.

4. Die Eröffnung des Testaments (§§ 2260, 2300 BGB) ist Voraussetzung für die Erteilung des Erbscheins (vgl. *Palandt/Edenhofer* § 2353 Rdn. 10). Grundsätzlich ist es erforderlich, die Verfügung von Todes wegen in Urschrift vorzulegen. Eine Bezugnahme reicht aber aus, wenn sich die Urschrift infolge der Eröffnung schon bei dem angegangenen Gericht befindet (vgl. *Palandt/Edenhofer* § 2356 Rdn. 9).

5. Bei gewillkürter Erbfolge muß der Antragsteller außer den in § 2354 Abs. 1 Nr. 1, 5, Abs. 2 BGB vorgeschriebenen Angaben auch die Verfügung bezeichnen, auf der sein Erbrecht beruht. Außerdem muß er angeben, ob und welche Verfügungen des Erblassers von Todes wegen außerdem noch vorhanden sind (§ 2355 BGB).

6. Die eidesstattliche Versicherung kann nach § 2356 Abs. 2 BGB vor einem Notar abgegeben werden.

7. S. § 107 KostO.

20. Antrag auf Erteilung eines Erbscheins bei Vor- und Nacherbfolge[1]

An das
Amtsgericht ...... [2]

Verhandelt am ...... (Datum)
in ...... (Ort)

Vor mir

...... (Name)
Notar

erschien in meinen Amtsräumen in ...... (Ort)

Frau ...... (Name, Anschrift), mir persönlich bekannt.

Sie erklärte:
Am ...... (Datum) verstarb in ...... (Ort), seinem letzten Wohnsitz, mein Ehemann, der Bauingenieur ...... (Name). In seinem privatschriftlichen Testament vom ...... (Datum) hat er mich als Vorerbin eingesetzt. Nacherbe im Falle meines Todes soll unser Sohn ...... (Name) werden. Mein Schwager ...... (Name) soll Testamentsvollstrecker sein[3].
Mein Mann hat das Testament, das am ...... (Datum) eröffnet worden ist, eigenhändig geschrieben und unterschrieben[4].
Ich nehme Bezug auf die Akten ...... (Aktenzeichen)[5].
Andere Verfügungen von Todes wegen hat mein Mann nicht hinterlassen.
Ein Rechtsstreit über mein Erbrecht ist nicht anhängig[6].
Ich versichere an Eides Statt, daß mir nichts bekannt ist, was der Richtigkeit meiner Angaben entgegensteht[7].

II. I. 21

Ich beantrage,
   mir einen Erbschein dahingehend zu erteilen, daß ich Vorerbin bin und unser Sohn für den Fall meines Todes Nacherbe sein soll. Außerdem ist ein Testamentsvollstrecker ernannt.
Ich füge bei:
   1 Sterbeurkunde,
   1 Heiratsurkunde,
   1 Geburtsurkunde.
Der Wert des Nachlasses nach Abzug der Nachlaßverbindlichkeiten beträgt ...... DM[8].

Anmerkungen

1. Nach § 2363 BGB sind in dem Erbschein, der einem Vorerben erteilt wird, die Anordnung der Nacherbfolge, ihre Voraussetzungen und der Zeitpunkt ihres Eintritts anzugeben. Ferner ist der Nacherbe möglichst genau zu bezeichnen. Während der Vorerbschaft ist der Nacherbe nicht berechtigt, die Erteilung eines Erbscheins zu beantragen (vgl. *Palandt/Edenhofer* § 2353 Rdn. 12).

2. S. §§ 72, 73 FGG.

3. Nach § 2364 BGB ist die Ernennung eines Testamentsvollstreckers durch den Erblasser in dem Erbschein anzugeben. Der Name des Testamentsvollstreckers gehört allerdings nicht in den Erbschein, sondern in das Testamentsvollstreckerzeugnis nach § 2368 BGB.

4. S. § 2247 BGB.

5. Die Bezugnahme ist zulässig, wenn sich die Urschrift schon bei dem angegangenen Gericht befindet.

6. S. §§ 2354, 2355 BGB.

7. § 2356 Abs. 2 BGB.

8. § 107 KostO.

21. Antrag auf Einziehung eines unrichtigen Erbscheins[1]

An das
Amtsgericht ......[2]

Das Amtsgericht hat am ...... (Datum) unter dem Aktenzeichen ...... einen Erbschein erteilt, wonach meine Mutter ...... (Name) Vorerbin meines am ...... (Datum) verstorbenen Vaters ...... (Name) geworden ist und ich Nacherbe bin. Nach dem Inhalt des Erbscheins konnte der Nacherbfall auch mit der Vollendung meines 30. Lebensjahres eintreten[3]. Dieser Zeitpunkt ist inzwischen verstrichen.

Beweis: Anliegende Geburtsurkunde.

Ich bitte, den unrichtig gewordenen Erbschein einzuziehen[4].
......[5]

Anmerkungen

1. Nach § 2361 BGB hat das Nachlaßgericht einen unrichtigen Erbschein einzuziehen. Mit seiner Einziehung wird der Erbschein kraftlos. Wenn er nicht sofort erlangt werden kann, ist er durch Beschluß für kraftlos zu erklären. Das Nachlaßgericht hat von Amts

22. Antrag eines Nachlaßgläubigers auf Erteilung eines Erbscheins

wegen zu ermitteln. Für die Einleitung des Verfahrens ist ein Antrag nicht erforderlich. Die Anregung kann von jedem Beeinträchtigten ausgehen und mit einem neuen Erbscheinsantrag verbunden werden (vgl. *Palandt/Edenhofer* § 2361 Rdn. 7)

2. Zuständig ist das Nachlaßgericht (§ 2361 BGB).

3. S. §§ 2106, 2109 BGB.

4. Mit dem Eintritt der Nacherbfolge wird der dem Vorerben erteilte Erbschein unrichtig und ist deshalb einzuziehen (vgl. *Palandt/Edenhofer* § 2361 Rdn. 3).

5. Vollständiger Name und Anschrift sowie Unterschrift.

22. Antrag eines Nachlaßgläubigers auf Erteilung eines Erbscheins[1]

An das
Amtsgericht ......[2]

Am ...... (Datum) verstarb in ...... (Ort), seinem letzten Wohnsitz, der Kaufmann ...... (Name). Eine Verfügung von Todes wegen hat er nicht hinterlassen. Seine Ehefrau ist schon vor ihm verstorben. Seine einzigen Abkömmlinge sind sein Sohn ...... (Name) und seine Tochter ...... (Name).
Die Tochter hat durch form- und fristgerecht eingereichte Erklärung gegenüber dem Nachlaßgericht die Erbschaft ausgeschlagen[3].

Beweis: Akten ...... (Aktenzeichen)

Der Sohn hat durch Erklärung gegenüber dem Nachlaßgericht die Erbschaft angenommen[4].

Beweis: Akten ...... (Aktenzeichen)

Der Sohn ist damit Alleinerbe.
Andere Personen, durch die er von der Erbfolge ausgeschlossen oder sein Erbteil gemindert werden würde, sind und waren nicht vorhanden. Ein Rechtsstreit über sein Erbrecht ist nicht anhängig[5].
Der Antragsteller ist bereit, an Eides Statt zu versichern, daß ihm nichts bekannt ist, was der Richtigkeit seiner Angaben entgegensteht[6].
Durch rechtskräftiges Urteil des Landgerichts ...... vom ...... (Datum) ist der Kaufmann ...... (Name), der Erblasser, verurteilt worden, an den Antragsteller 10.000,– DM zu zahlen. Um eine vollstreckbare Ausfertigung dieses Urteils gegen den Sohn des Verstorbenen zu erlangen, benötigt der Antragsteller einen Erbschein, aus dem sich ergibt, daß der Sohn Alleinerbe ist[7].
Unter Vorlage einer Urteilsabschrift wird um Erteilung eines entsprechenden Erbscheins gebeten.
......[8]

Anmerkungen

1. Auch dem Nachlaßgläubiger steht nach §§ 792, 896 ZPO das Recht zu, an Stelle des Erben die Erteilung eines Erbscheins zu beantragen, falls er ihn benötigt.

2. S. §§ 72, 73 FGG.

3. S. §§ 1944, 1945 BGB.

4. Die Annahme der Erbschaft ist eine formlose und nicht empfangsbedürftige Willenserklärung. Sie kann auch dem Nachlaßgericht gegenüber erfolgen (vgl. *Palandt/Edenhofer* § 1943 Rdn. 2). Wenn der Gläubiger den Antrag stellt, muß er die Annahme nachweisen (*Palandt/Edenhofer* § 2353 Rdn. 10).

5. S. § 2354 BGB.

6. Der Nachlaßgläubiger, der einen Erbschein beantragt, kann die nach § 2356 Abs. 2 BGB erforderliche eidesstattliche Versicherung selbst abgeben. Er muß den Titel, nicht aber eine vollstreckbare Ausfertigung des Titels vorlegen (*Baumbach/Lauterbach/Albers/ Hartmann* § 792 Rdn. 2).

7. Nach § 727 ZPO kann u. a. eine vollstreckbare Ausfertigung gegen den Rechtsnachfolger erteilt werden, wenn die Rechtsnachfolge durch öffentliche Urkunde nachgewiesen wird.

8. Vollständiger Name und Anschrift sowie Unterschrift.

23. Antrag auf Erteilung eines gegenständlich beschränkten Erbscheins[1]

An das
Amtsgericht ......[2]

Verhandelt am ...... (Datum)
in ...... (Ort)

Vor mir

...... (Name)
Notar in ...... (Ort)

erschien in meinen Amtsräumen in ...... (Ort)
Herr ...... (Name, Anschrift),
mir persönlich bekannt.

Er erklärte:

Am ...... (Datum) verstarb in ...... (Ort), seinem letzten Wohnsitz, mein Vater, der ...... (Name). Sein einziger Abkömmling bin ich. Seine Ehefrau ...... (Name) ist bereits vor ihm verstorben, nämlich am ...... (Datum).
Andere Personen, durch die ich von der Erbfolge ausgeschlossen oder mein Erbteil gemindert werden würde, sind und waren nicht vorhanden.
Eine Verfügung von Todes wegen hat der Verstorbene nicht hinterlassen.
Mein Vater besaß bis zu seinem Tode die Staatsangehörigkeit ...... (ausländischer Staat).
Nach dem maßgeblichen Recht des Heimatlandes meines Vaters bin ich dessen Alleinerbe geworden.
Ein Rechtsstreit über mein Erbrecht ist nicht anhängig.
Ich versichere an Eides Statt, daß mir nichts bekannt ist, das der Richtigkeit meiner Angaben entgegensteht[3].

Ich beantrage,
mir einen Erbschein mit dem Inhalt zu erteilen, daß ich hinsichtlich der Nachlaßgegenstände, die sich im Inlande befinden, nach dem Recht ...... (Heimatland des Erblassers) Alleinerbe meines Vaters geworden bin.

Ich überreiche
1 Sterbeurkunde meines Vaters,
1 Sterbeurkunde meiner Mutter,
1 Heiratsurkunde,
1 Geburtsurkunde.

Der Wert des im Inland befindlichen Nachlasses nach Abzug der Schulden beträgt ...... DM[4].

Anmerkungen

1. Nach § 2369 BGB kann ein Erbschein erteilt werden, der auf die Gegenstände beschränkt ist, die sich im Inland befinden. Voraussetzung dafür ist das Fehlen eines zuständigen deutschen Nachlaßgerichts. Diese Voraussetzung ist erfüllt, wenn der Erblasser ein Ausländer war und er nach Art. 25/27 EGBGB oder Staatsvertrag nach ausländischem Recht beerbt wird oder Staatenloser mit gewöhnlichem Aufenthalt im Ausland war (Art. 29 EGBGB). Es handelt sich um einen Erbschein, dessen Erteilung die Anwendung ausländischen materiellen Erbrechts voraussetzt. Die im Inland befindlichen Gegenstände sind in dem Erbschein nicht aufzuführen. Anzugeben ist aber, nach welchem Recht die Erbfolge zu beurteilen ist (vgl. *Palandt/Edenhofer* § 2369 Rdn. 11).

2. Die internationale Zuständigkeit ergibt sich aus § 2369 BGB, die örtliche richtet sich nach § 73 Abs. 1 und 3 FGG.

3. Der notwendige Inhalt des Antrags ergibt sich aus §§ 2354, 2356 BGB.

4. Kostenrechtlich ist der Wert der im Inland befindlichen Gegenstände maßgeblich (§ 107 Abs. 2 Satz 3 KostO).

24. Antrag auf Erteilung eines Doppelerbscheins[1]

An das
Amtsgericht ...... [2]

Verhandelt am ...... (Datum)
in ...... (Ort)

Vor mir

...... (Name)
Notar in ...... (Ort)

erschien in meinen Amtsräumen in ...... (Ort)
Herr ...... (Name, Anschrift),
mir persönlich bekannt.

Er erklärte:
Am ...... (Datum) verstarb in ...... (Ort), seinem letzten Wohnsitz, mein Vater, der ...... (Name). Ich bin sein einziger Abkömmling. Seine Ehefrau ist bereits vor ihm verstorben, nämlich am ...... (Datum).
Durch eigenhändiges Testament vom ...... (Datum) hat der Erblasser mich als seinen Alleinerben eingesetzt.
Das Testament ist am ...... (Datum) eröffnet worden.
Ich nehme Bezug auf die Akten ...... (Aktenzeichen)[3].
Andere Verfügungen von Todes wegen hat mein Vater nicht hinterlassen.
Das maßgebliche Recht des Heimatlandes meines Vaters, der bis zu seinem Tode die Staatsangehörigkeit ...... (ausländischer Staat) besaß, verweist hinsichtlich des im Inland befindlichen Grundbesitzes auf das deutsche Recht zurück. Im übrigen richtet sich die Vererbung nach dem Heimatrecht meines Vaters.
Zum Nachlaß meines Vaters im Inland gehören vor allem Grundstücke und Sparguthaben[4].
Ich beantrage,
mir einen Erbschein mit dem Inhalt zu erteilen, daß ich hinsichtlich des im Inland befindlichen Grundbesitzes nach deutschem Recht und hinsichtlich der im Inland be-

findlichen Mobilien nach dem Heimatrecht meines Vaters dessen Alleinerbe geworden bin.

Ein Rechtsstreit über mein Erbrecht ist nicht anhängig.

Ich versichere an Eides Statt, daß mir nichts bekannt ist, was der Richtigkeit meiner Angaben entgegensteht.

Der Wert des Nachlasses im Inland beträgt ...... DM[5].

Anmerkungen

1. Wenn das Heimatrecht des Erblassers nur hinsichtlich eines Teils des im Inland befindlichen Nachlasses (etwa hinsichtlich der Immobilien) auf das deutsche Recht zurückverweist, so ist insofern ein Eigenrechtserbschein und im übrigen ein Fremdrechtserbschein zu erteilen. Diese beiden Erbscheine können als Doppelerbschein in einer Urkunde zusammengefaßt werden (vgl. *Palandt/Edenhofer* § 2369 Rdn. 9).

2. Die örtliche Zuständigkeit richtet sich nach § 73 Abs. 1 und 3 FGG.

3. Letztwillige Verfügungen von Ausländern sind auf jeden Fall zu eröffnen, wenn kraft Rückverweisung deutsches materielles Erbrecht wenigstens auf einen Teil des Nachlasses anzuwenden ist oder wenn ein beschränkter Erbschein beantragt werden soll (vgl. *Palandt/Edenhofer* § 2260 Rdn. 4).

4. Soweit das ausländische Recht auf das deutsche Recht zurückverweist, ist ein Erbschein nach § 2353 BGB zu erteilen. Im übrigen gilt § 2369 BGB.

5. Der notwendige Inhalt des Antrags ergibt sich aus §§ 2354, 2356 BGB. Kostenrechtlich gilt § 107 Abs. 2 KostO.

J. Gesellschaftsrecht

1. Auflösungsklage nach § 133 HGB

An das
Landgericht
Kammer für Handelssachen

Klage

des ......   (Klägers)

Prozeßbevollmächtigter: ......

gegen

den ......   (Beklagten)

wegen

Auflösung einer Kommanditgesellschaft (§ 161 Abs. 2, § 133 HGB)

Vorläufiger Streitwert: DM ......

Namens und mit Vollmacht des Klägers erhebe ich Klage und werde beantragen:

I.

Die im Handelsregister des Amtsgerichts ...... unter der Register-Nr. HRA ...... eingetragene Kommanditgesellschaft in Firma ...... wird aufgelöst[1].
Fürsorglich: Es wird festgestellt, daß die im Handelsregister des Amtsgerichts ...... unter der Register-Nr. HRA ...... eingetragene Kommanditgesellschaft in Firma ...... zum 31. 12. 19.. wirksam gekündigt ist[2].

II.

Der Beklagte trägt die Kosten des Rechtsstreits.
Zur
Begründung
trage ich vor:

I.

Die Parteien sind die einzigen Gesellschafter der Kommanditgesellschaft in Firma ....
Der Kläger ist der persönlich haftende Gesellschafter mit einer Einlage von   DM ......,
der Beklagte ist Kommanditist
mit einem Kommanditanteil von   DM ......
des insgesamt   DM ......
betragenden Kapitals.
Zwischen den Parteien besteht der zum 1. 1. 19.. abgeschlossene und als Anlage K 1 dieser Klage beigefügte Gesellschaftsvertrag[3].

II.

Der Kläger begehrt die Auflösung der Kommanditgesellschaft nach § 133 HGB aus wichtigem Grund. Zwischen den Parteien besteht ein dauerndes tiefgehendes Zerwürfnis, das jede gedeihliche Zusammenarbeit sowohl im privaten Bereich (dazu III. 1.)[4] als auch innerhalb der Gesellschaft ausschließt. Der Beklagte stört fortgesetzt den Kläger in der Geschäftsführung. Der Beklagte maßt sich ihm nach dem Gesellschaftsvertrag nicht zustehende Rechte an (dazu III. 2.)[5]. Überdies ist dem Kläger als dem alleinigen persönlich haftenden Gesellschafter der Kommanditgesellschaft ein Festhalten am Gesellschaftsvertrag auch deswegen nicht mehr zumutbar, weil die Gesellschaft von Anbeginn an mit Verlust arbeitet und eine Änderung der Ertragslage auch nicht zu erwarten ist (dazu III. 3.)[6].

Fürsorglich begehrt der Kläger die Feststellung, daß die Gesellschaft durch die in dieser Klage enthaltene Kündigung zum 31. 12. 19.. aufgelöst ist (dazu IV.)[7].

III.

1. Das Zerwürfnis zwischen den Parteien:

   Die Parteien sind Geschwister. Sie haben das Geschäft, das sie als Kommanditgesellschaft betreiben, von ihrem Vater geerbt. Da der Kläger sich auf die Führung der Geschäfte des väterlichen Betriebes beruflich vorbereitet, der Beklagte indes einen ganz anderen Berufsweg eingeschlagen hatte, haben sich die Parteien auf die Rechtsform einer Kommanditgesellschaft geeinigt. Der Beklagte sollte nach dem übereinstimmenden Willen beider Parteien nur die gesetzlichen Rechte des Kommanditisten haben.

   Während sich die beiden Geschwister nach Gründung der Gesellschaft zunächst verstanden und der Beklagte mit der Geschäftsführung des Klägers zufrieden war, ist der Beklagte seit einiger Zeit dazu übergegangen, den Kläger ständig zu kritisieren, ohne Gründe dafür anzugeben. Der Beklagte hat den Kläger wiederholt vor Angestellten der Gesellschaft schwer beleidigt. Er hat ihn am ...... als Taugenichts und am ...... als Betrüger bezeichnet. Versuche des Klägers, den Beklagten dazu zu bewegen, diese schweren Beleidigungen zurückzunehmen, sind fehlgeschlagen. Der Beklagte hat vielmehr noch vor wenigen Tagen seine Beschimpfungen des Klägers wiederholt[8].

   Beweis: Zeugnis ......

2. Die mißlichen Beziehungen zwischen den Parteien beschränken sich nicht nur auf den privaten Bereich. Auch in geschäftlichen Dingen ist mit dem Beklagten kein Auskommen mehr. Der Beklagte stört die Geschäftsführung ständig. Er maßt sich Rechte an, die er nicht hat und er schädigt aus reiner Abneigung gegen den Kläger die Gesellschaft. So hat der Beklagte dem Kläger den Einkauf günstiger Rohstoffe für die Gesellschaft nicht nur untersagt, sondern den Exporteur X durch unmittelbare Intervention – durch einen Anruf am ...... – an der Belieferung der Gesellschaft gehindert.

   Der Gesellschaft ist damit ein erheblicher Gewinn entgangen.

   Beweis: 1. Zeugnis ......,
   2. Gutachten eines Sachverständigen.

Von Angestellten der Gesellschaft verlangt der Beklagte ständig Auskunft über Umsätze und er begehrt fortgesetzt die Aufschlüsselung nach Geschäften ab Lager, Direktgeschäften und Geschäften mit bestimmten Abnehmern. Er fordert Bekanntgabe der gesamten Korrespondenz mit Kunden und schreibt Geschäftspartner der Gesellschaft auch unmittelbar an. Der Beklagte verlangt von Prokuristen der Gesellschaft die Aushändigung von Aktenstücken und bringt ihm ausgehändigte Aktenstücke auch auf mehrmalige Aufforderung hin nicht zurück[9]. Er widersetzt sich der Anschaffung der notwendigsten Geräte für die Gesellschaft und bemerkt gegenüber Lieferanten der Gesellschaft, mit der Gesellschaft gehe es unter der Herrschaft des Klägers abwärts. Obwohl das Entnahmerecht im Gesellschaftsvertrag ausdrücklich ausgeschlossen ist[10], hat der Beklagte wiederholt größere Beträge der Gesellschaftskasse entnommen und sich geweigert, die Beträge unverzüglich wieder einzuzahlen. Der Kläger hat zwar wiederholt versucht, den Beklagten durch einstweilige Verfügungen an bestimmten gesell-

1. Auflösungsklage nach § 133 HGB II. J. 1

schaftsvertragswidrigen Verhaltensweisen zu hindern. Der Beklagte entwickelt jedoch immer neue Methoden zur Störung der Geschäftsführung, so daß der Kläger zu dem letzten Mittel der Auflösungsklage greifen muß[11].

Beweis: Zeugnis ......

3. Die Gesellschaft arbeitet von Anbeginn an mit erheblichen Verlusten. In den Anlagen K 2–K 5 legen wir die Bilanzen für die Geschäftsjahre 19.. bis 19.. vor, aus denen sich ergibt, daß die Gesellschaft in den Jahren 19.. bis 19.. Verluste von jährlich etwa gleichbleibend DM ...... erlitten hat. Dem Kläger ist bekannt geworden, daß auch schon vor Gründung der Gesellschaft der Vater der Parteien viele Jahre mit einem negativen Betriebsergebnis gearbeitet hat.
Der Vater der Parteien hat damals die Verluste jeweils aus privaten Mitteln ausgeglichen, so daß eine Liquidierung des Unternehmens nicht notwendig wurde.
In Anlage K 6 lege ich Kopie eines Schreibens der Wirtschaftsprüfungsgesellschaft ...... vom ...... vor. Aus diesem Bericht ergibt sich eindeutig, daß eine Verbesserung der Ertragslage nicht zu erwarten ist.
Dem Kläger ist es bei dieser Sachlage als dem alleinigen persönlich haftenden Gesellschafter nicht zuzumuten, abzuwarten, bis das Kapital vollständig aufgezehrt ist und bis die Gläubiger der Gesellschaft den Kläger persönlich in Anspruch nehmen.

IV.

Unter Hinweis auf die den Prozeßbevollmächtigten dazu ausdrücklich ermächtigende Vollmacht, die ich als Anlage K 7 beifüge, kündige ich hiermit vorsorglich namens des Klägers die Gesellschaft zum 31. 12. 19..[12].
Für die Feststellung nach dem Hilfsantrag besteht ein besonderes Rechtsschutzinteresse, da der Kläger für den Fall, daß das Gericht die Auflösungsklage für unbegründet halten sollte, wissen muß, ob er vom 1. 1. 19.. ab über seine Arbeitskraft verfügen kann.

V.

Die Sache ist Handelssache[13].
Den Streitwert gebe ich mit DM ...... an.
Ich füge einen auf mich lautenden Verrechnungsscheck über DM ...... (Gerichtskostenvorschuß DM ......, Zustellungskostenvorschuß DM ......) bei.

Rechtsanwalt

Anmerkungen

1. Die Klage nach § 133 HGB ist Gestaltungsklage. Die Wirkung tritt mit der Rechtskraft des Urteils ein. Zur Frage, ob Beendigung der Gesellschaft zu einem späteren Zeitpunkt im Urteil ausgesprochen werden kann, vgl. Großkomm. HGB/*Ulmer* § 133 Anm. 54. Zulässig ist eine Schiedsgerichtsabrede, vgl. Großkomm. HGB/*Ulmer* § 133 Anm. 75.
Die Gesellschafter sind notwendige Streitgenossen, es müssen deswegen alle anderen Gesellschafter verklagt werden (*Baumbach*/*Hopt* § 133 Rdn. 13; Großkomm. HGB/*Ulmer* § 133 Anm. 52), es sei denn, sie haben mit bindender Wirkung dem Kläger gegenüber in die Auflösung eingewilligt (so Großkomm. HGB/*Ulmer* § 133 Anm. 53), *Baumbach*/*Hopt* § 133 Rdn. 13.

2. Die Kündigung nach § 132 HGB ist in der Regel in der Auflösungsklage, nicht in der Übernahmeklage enthalten, vgl. *Baumbach*/*Hopt* § 132 Rdn. 3.
Die Auflösungsklage ist gegenüber der ordentlichen Kündigung von besonderer Bedeutung, wenn nach dem Gesellschaftsvertrag die Wirkung der Kündigung besonders lang

hinausgeschoben ist oder nur zum Ausscheiden des Kündigenden führt, § 138 HGB, vgl. *Baumbach/Hopt* § 133 Rdn. 3. Eine Kündigung aus wichtigem Grund ist neben der Auflösungsklage im HGB nicht vorgesehen; sie kann nach h. M. im Gesellschaftsvertrag vereinbart werden, vgl. dazu und zu den möglichen Regelungen der Folgen Großkomm. HGB/ *Ulmer* § 133 Anm. 74; auch ohne Vereinbarung wird sie zugelassen bei fehlerhaftem Beitritt eines Kommanditisten oder arglistig erreichtem Eintritt in eine Publikumsgesellschaft (PublikumsKG, MassenKG), jeweils mit der Folge des Ausscheidens des Kündigenden, vgl. BGH NJW 1978, 225; BGHZ 63, 383; 69, 160; BGH WM 1981, 452; *Baumbach/Hopt* Anh. § 177a Rdn. 84.

3. Die Auflösungsklage kann nach HGB nicht ausgeschlossen werden, § 133 Abs. 3 HGB, jedoch kann der Gesellschaftsvertrag in einigen Beziehungen Regelungen treffen, so – außer über Kündigung aus wichtigem Grund (vgl. oben Anm. 2) – über Ausscheiden des Kündigenden oder dessen, der ein Auflösungsurteil erwirkt, vgl. Hdb. PersGes./*Westermann* Rdz. 424, Großkomm. HGB/*Ulmer* § 133 Anm. 76 ff.; BGH LM 20 zu § 142 HGB, auch über den wichtigen Grund selbst, vgl. *Baumbach/Hopt* § 133 Rdnrn. 18 f.; zweifelhaft ist, ob für den Fall, daß die Klage auf einen wichtigen Grund in der Person eines anderen Gesellschafters gestützt werden soll, Ausschließungsklage statt Auflösungsklage vorgeschrieben werden kann, vgl. *Sudhoff,* Personengesellschaften, S. 339; Großkomm. HGB/*Ulmer* § 133 Anm. 78.

4. Unter einem wichtigen Grund zur Auflösung versteht man einen Sachverhalt, der das Zusammenwirken der Gesellschafter zur Erreichung des Gesellschaftszwecks beeinträchtigt und dem Kläger die Fortsetzung der Gesellschaft unzumutbar macht (*Baumbach/Hopt* § 133 Rdn. 5 mwN.; *Heymann/Emmerich,* HGB, § 133 Rdn. 3).
Nach ständiger Rechtsprechung ist ein dauerndes tiefgehendes Zerwürfnis zwischen den Gesellschaftern einer Personalhandelsgesellschaft ein wichtiger Grund im Sinne des § 133 HGB (BGHZ 4, 108/113; BGH LM Nr. 4 u. Nr. 6 zu § 133 HGB; Großkomm. HGB/ *Ulmer* § 133 Anm. 32).

5. Darin liegt die Verletzung einer nach dem Gesellschaftsvertrag bestehenden wesentlichen Verpflichtung im Sinne von § 133 Abs. 2 HGB (vgl. Großkomm. HGB/*Ulmer* § 133 Anm. 30).

6. Nach ständiger Rechtsprechung ist die dauernde Ertragslosigkeit einer Gesellschaft Auflösungsgrund im Sinne des § 133 HGB (vgl. RG JW 1913, 265/266; RG JW 1927, 1684; RG JW 1927, 1350; *Hueck* OHG § 25 II, S. 374 mwN.; Großkomm. HGB/*Ulmer* § 133 Anm. 39; *Heymann/Emmerich,* HGB, § 133 Rdn. 13).

7. S. Anm. 2.

8. Für den Kläger muß es bei Würdigung der Gesamtumstände auch unzumutbar sein, auf den Ablauf der Kündigungsfrist warten zu müssen (vgl. *Baumbach/Hopt* § 133 Rdn. 6; Großkomm. HGB/*Ulmer* § 133 Anm. 21).

9. Zum Ausschluß des Kommanditisten von der Geschäftsführung s. § 164 HGB, zum Umfang seines Prüfungsrechts § 166 HGB.

10. So auch nach Gesetz: § 169 HGB.

11. Die Auflösungsklage ist als äußerstes Mittel anzusehen, sie setzt deswegen voraus, daß weniger einschneidende Maßnahmen (zB. Kündigung, Zeitablauf oder Entziehung der Geschäftsführungs- und Vertretungsbefugnis) nicht auch Abhilfe schaffen könnten (vgl. Großkomm. HGB/*Ulmer* § 133 Anm. 41; zur Rangfolge von Maßnahmen vgl. *Heymann/ Emmerich,* HGB, § 133 Rdn. 6).

12. Die Kündigung wird zu dem in § 132 HGB bestimmten Zeitpunkt wirksam, wenn nicht im Gesellschaftsvertrag eine andere Regelung getroffen ist.

13. § 95 Nr. 4a GVG.

2. Ausschließungsklage nach § 140 HGB   II. J. 2

Kosten und Gebühren

Streitwert nach § 3 ZPO; grundsätzlich ist das Interesse des Klägers maßgeblich; zur Frage der Berücksichtigung der Verluste der Gesellschaft vgl. *Hillach/Rohs*, Handbuch des Streitwerts in Zivilsachen, 9. Aufl., § 87 Anm. H S. 402; vgl. auch OLG Köln BB 1982, 1384, und *Happ/Pfeifer*, Der Streitwert gesellschaftsrechtlicher Klagen und Gerichtsverfahren, ZGR 1991, 103, 120.

2. Ausschließungsklage nach § 140 HGB

An das
Landgericht
Kammer für Handelssachen

Klage

der
1. ....
2. ....   (Kläger)
Prozeßbevollmächtigter: ......

gegen

den ......   (Beklagten)

wegen

Ausschließung aus einer offenen Handelsgesellschaft (§ 140 HGB)

Vorläufiger Streitwert: DM ......

Namens und mit Vollmacht der Kläger erhebe ich Klage und werde beantragen:

I.

Der Beklagte wird aus der offenen Handelsgesellschaft in Firma ...... ausgeschlossen[1].

II.

Der Beklagte trägt die Kosten des Rechtsstreits.

Zur
Begründung
trage ich vor:

I.

Die Parteien sind Gesellschafter der Firma ...... OHG[2]. Dem Beklagten ist gesellschaftsvertraglich die Geschäftsführung übertragen. Die Kläger sind von der Geschäftsführung ausgeschlossen[3].
Eine Kopie des Gesellschaftsvertrages der unter HRA des Amtsgerichts – Registergerichts – ...... eingetragenen Firma ...... OHG füge ich in Anlage K 1 bei.

II.

Gegen den Beklagten läuft ein Ermittlungsverfahren bei der Staatsanwaltschaft ......, in welchem der Vorwurf erhoben ist, der Beklagte habe seine Geliebte am ...... ermordet. Aufgrund eines Haftbefehls des Amtsgerichts ...... befindet sich der Beklagte seit über drei Monaten in Untersuchungshaft. Die Massenmedien haben sich des Kriminalfalls wiederholt angenommen und dabei auch die Zugehörigkeit des Beklagten zur ...... OHG wiederholt erwähnt.

Beweis: 1. Auskünfte aller öffentlich-rechtlichen Rundfunk- und Fernsehanstalten Deutschlands,
2. Presseberichte (Kopien einschlägiger Pressemeldungen sind in Anlagen K 2 bis K 10 beigefügt).

Im Verhalten von Geschäftspartnern und in der Auftragsentwicklung hat die Gesellschaft seit Bekanntwerden des Verdachts gegen den Beklagten schon empfindliche Nachteile erlitten.

Beweis: Zeugnis des Prokuristen ......

III.

Die Kläger begehren die Ausschließung des Beklagten aus der Gesellschaft nach § 140 HGB.[4]

Um die Gesellschaft wirksam vor weiteren schweren Vermögensschäden zu schützen, ist es erforderlich, daß der Beklagte aus der Gesellschaft ausgeschlossen und die Öffentlichkeit alsbald über diesen Ausschluß informiert wird[5].

Den Klägern kann nicht zugemutet werden abzuwarten, bis der Beklagte im Strafverfahren rechtskräftig verurteilt ist, da in der Zwischenzeit die Existenz der Gesellschaft bedroht wäre und der für §§ 140, 133 HGB erforderliche wichtige Grund durch das Ermittlungsverfahren, insbesondere den Haftbefehl, schon gegeben ist[6].

Die Entziehung von Geschäftsführungs- und Vertretungsbefugnis kann unter diesen Umständen den Belangen der Gesellschaft nicht genügen[7].

Die Kläger sind auch nicht in erster Linie gehalten, auf Auflösung der Gesellschaft nach § 133 HGB zu klagen, da der einzige Grund in der Person des Beklagten liegt, § 140 HGB[8].

IV.

Die Sache ist Handelssache[9].

V.

Den Streitwert gebe ich mit DM ...... an.
Ich füge einen auf mich lautenden Verrechnungsscheck über DM ...... (Gerichtskostenvorschuß DM ......, Zustellungskostenvorschuß DM ......) bei.

Rechtsanwalt

Anmerkungen

1. Die Ausschließungsklage ist wie die Auflösungsklage nach § 133 HGB Gestaltungsklage; wie bei jener tritt die Wirkung mit der Rechtskraft des Urteils ein, vgl. Großkomm. HGB/ *Ulmer* § 140 Anm. 30. Schiedsgerichtsabrede ist auch hier zulässig, vgl. *Baumbach/Hopt* § 140 Rdn. 17.

2. Auch hier – wie bei der Auflösungsklage nach § 133 HGB, vgl. Anm. 1 zu Form. J. 1 – ist notwendige Streitgenossenschaft gegeben, dh. grundsätzlich müssen alle Gesellschafter am Prozeß beteiligt sein, wobei eine Klage gegen mehrere Gesellschafter gleichzeitig nach herrschender Meinung möglich ist, vgl. BGHZ 64, 253; Großkomm. HGB/*Ulmer* § 140, Anm. 33; *Baumbach/Hopt* § 140 Rdn. 14; Hdb. PersGes./*Westermann* Rdz. 414. Zugelassen wird auch die Verbindung der Ausschließungsklage mit einer Klage auf Zustimmung gegen einen Gesellschafter, der sich an der Klage auf Ausschließung nicht beteiligen will,

2. Ausschließungsklage nach § 140 HGB

BGHZ 68, 81 = NJW 1977, 1013 mit Anm. von *Haarmann* und *Holtkamp* NJW 1977, 1396; anders Großkomm. HGB/*Ulmer* § 140 Anm. 35.

Nicht unbestritten ist auch, ob – ähnlich wie im Fall des § 133 HGB – das bindende Einverständnis eines Gesellschafters mit dem Klageziel statt seiner Mitwirkung bei der Klage genügt, so die Rspr., vgl. BGHZ 68, 81, und die überwiegende Meinung, vgl. Hdb. PersGes./*Westermann* (Rdz. 414 mwN.); ebenso *Heymann/Emmerich*, HGB, § 140 Rdn. 22; verneinend Großkomm. HGB/*Ulmer* § 140 Anm. 32 mwN.

3. Möglich ist auch die Ausschließung des einzigen vertretenden OHG-Gesellschafters. Das führt dann zu Gesamtvertretung der anderen, vgl. *Baumbach/Hopt* § 140 Rdn. 6.

Auch der einzige Komplementär einer KG kann nach hM. ausgeschlossen werden, vgl. BGHZ 68, 81, 82; Großkomm. HGB/*Ulmer* § 140 Anm. 23; *Baumbach/Hopt* § 140 Rdn. 6.

4. § 140 HGB ist abdingbar (*Heymann/Emmerich*, HGB, § 140 Rdn. 30); so kann auch im Gesellschaftsvertrag geregelt sein, daß an die Stelle der Klage ein Ausschließungsbeschluß tritt (Nachprüfung durch Feststellungsklage), vgl. BGHZ 31, 295 ff.; BGH NJW 1981, 2565; Großkomm. HGB/*Ulmer* § 140 Anm. 51 m. Nachw.; *Baumbach/Hopt* § 140 Rdn. 21; Beschlußbeispiel in Münchener Vertragshandbuch Bd. 1 Form. II. 28.

Eine Regelung im Gesellschaftsvertrag, nach welcher der Ausschluß eines Gesellschafters durch die übrigen auch ohne wichtigen Grund vorgesehen ist, bzw. der darauf beruhende Gesellschafterbeschluß – sog. „Hinauskündigung" – unterliegt nach der neueren Rechtsprechung und (zurückhaltenderen) Lehre sachlichen Einschränkungen vgl. BGHZ 68, 212; *Schilling* ZGR 1979, 419ff.; *Huber* ZGR 1980, 177ff., *Wiedemann* ZGR 1980, 147/155; *Hirtz* Betr. 1981, 761, BGHZ 81, 263 = NJW 1981, 2565; dazu *Krämer* NJW 1981, 2553 u. *Bunte* ZIP 1983, 8 zuletzt in Bestätigung und Ergänzung von BGHZ 81, 263 BGH NJW 1985, 2421 = ZIP 1985, 737 = WM 1985, 772: eine Klausel, die das Hinauskündigen nach freiem Ermessen zuläßt, ist unwirksam; dazu *Bunte* ZIP 1985, 915; Kündigungsbeispiel in Münchener Vertragshandbuch Bd. 1/*Oldenburg* Form. II. 30. Zu der in diesem Zusammenhang diskutierten Frage der Wirksamkeit von Buchwertabfindungsklauseln vgl. Form. II. J. 7.

5. Nach BGHZ 31, 295/304 ist ein wichtiger Grund zur Ausschließung eines Gesellschafters „immer dann gegeben, wenn in der Person dieses Gesellschafters Umstände vorliegen, die den anderen Gesellschaftern bei verständiger Abwägung aller in Betracht kommenden Tatsachen die Fortsetzung des Gesellschaftsverhältnisses unzumutbar machen"; es bedarf der „Berücksichtigung aller Umstände des Falles", Großkomm. HGB/*Ulmer* § 140 Anm. 9 mwN.; Beispiele Anm. 20; „es handelt sich um eine typische Interessenabwägung anhand der konkreten Umstände des Einzelfalles" (Hdb. PersGes./*Westermann* Rdz. 408).

In geeigneten Fällen kann die Klage unbegründet sein, wenn der Beklagte eine weniger harte Regelung vorgeschlagen, die Gesellschafter diese aber abgelehnt haben, vgl. hierzu *Baumbach/Hopt* § 140 Rdn. 18.

6. Es ist auch Verschulden nicht notwendige Voraussetzung für den wichtigen Grund, vgl. *Baumbach/Hopt* § 140 Rdn. 5; Großkomm. HGB/*Ulmer* § 140 Anm. 9.

7. Wie bei der Auflösungsklage ist auch hier zu prüfen, ob das mildere Mittel der Entziehung von Vertretungs- und Geschäftsführungsbefugnis nach §§ 117, 127 HGB genügt; vgl. Großkomm. HGB/*Ulmer* § 140 Anm. 18; Hdb. PersGes./*Westermann* Rdz. 412; zur Rangfolge von Maßnahmen vgl. *Heymann/Emmerich*, HGB, § 133 Rdn. 6.

8. Ob zwischen der Auflösungsklage und der Ausschließungsklage ein Rangverhältnis besteht, ist streitig, vgl. Großkomm. HGB/*Ulmer* § 140 Anm 15 ff.; MünchKomm/*Ulmer* § 737, RdNr. 8; *Blumers* Betr. 1980, 2273, vgl. auch die Anm. 3. zu Form. II. J. 1.

9. § 95 Nr. 4a GVG.

Kosten und Gebühren

Zum Streitwert vgl. *Hillach/Rohs* § 87 Anm. B S. 371; BGHZ 19, 172/173.

3. Klage auf Übernahme des Geschäfts durch einen Gesellschafter nach § 142 HGB

An das
Landgericht
Kammer für Handelssachen[1]

Klage

des ...... (Klägers)

Prozeßbevollmächtigter: ......

gegen

den ...... (Beklagten)

wegen

Geschäftsübernahme nach § 142 HGB

Vorläufiger Streitwert ...... DM

Namens und mit Vollmacht des Klägers erhebe ich Klage und werde beantragen:

I. Der Kläger wird für berechtigt erklärt, das Geschäft der ...... OHG ohne Abwicklung mit Aktiven und Passiven zu übernehmen[2].
II. Der Beklagte trägt die Kosten des Rechtsstreits.

Zur
Begründung
trage ich vor:

I.

Die Parteien sind die einzigen Gesellschafter der ...... OHG. Sie sind durch Gesellschaftsvertrag vom ...... verbunden.

II.

– Hier derselbe Sachverhalt wie in Form. II. J. 2 (Ausschließungsklage nach § 140 HGB) dargestellt[3] –.

III.

Der Kläger begehrt die Geschäftsübernahme nach § 142 HGB. Um das Geschäft der Parteien wirksam vor weiteren Vermögensschäden zu schützen, ... – Fortsetzung wie im Form. II. J. 2 unter III. –[4].

IV.

Die Sache ist Handelssache.

3. Klage auf Übernahme des Geschäfts durch einen Gesellschafter   II. J. 3

V.

Den Streitwert gebe ich mit DM ...... an.
Ich füge einen auf mich lautenden Verrechnungsscheck über DM ...... bei.

Rechtsanwalt

Anmerkungen

1. Die Sache ist Handelssache nach § 95 Abs. 1 Nr. 4a GVG.

2. Die Klage ist Gestaltungsklage, das Urteil Gestaltungsurteil, das mit Rechtskraft die Beendigung der OHG und Anwachsung der Vermögensbeteiligung des Beklagten beim Kläger bewirkt, vgl. Großkomm. HGB/*Ulmer* § 142 Anm. 22. Schiedsgerichtsabrede ist zulässig vgl. *Baumbach/Hopt* § 142 Rdn. 11.

Ein Klageantrag nur auf Übernahme des Geschäfts soll für § 142 HGB auch genügen, ebenso kann ein Antrag, den einzigen weiteren Gesellschafter auszuschließen, als Übernahmeverlangen ausgelegt werden, nicht dagegen ein Antrag auf Auflösung (vgl. Großkomm. HGB/*Ulmer* § 142 Anm. 21 mwN.

3. Es wird hier von demselben Sachverhalt ausgegangen, auch wenn das Recht auf Übernahme nach überwiegender Meinung nicht ohne weiteres immer dann gegeben ist, wenn das Ausschließungsverlangen Erfolg haben könnte, vgl. die folgende Anmerkung.

4. Die Bejahung des Übernahmerechts nach § 142 HGB setzt die Interessenabwägung unter Berücksichtigung aller Umstände im Einzelfall voraus, auch Berücksichtigung von Art und Maß beiderseitigen Verschuldens, vgl. BGHZ 46, 392; 51, 204; LM § 142 HGB Nr. 9; Großkomm. HGB/*Ulmer* § 142 Anm. 14ff.; *Baumbach/Hopt* § 142 Rdnrn. 3f.; im Hinblick auf die Wirkung, daß ein bisheriger Gesellschafter das Unternehmen zugesprochen erhält, vgl. BGH LM § 133 HGB Nr. 4.

Daß für § 142 HGB in der Person des Beklagten Gründe besonders schwerwiegender Art vorliegen müssen, die über die Anforderungen der Auflösungsklage nach § 133 HGB hinausgehen, wird auch von Großkomm. HGB/*Ulmer* § 142 Anm. 12 u. 13 vertreten, der ein Rangverhältnis zwischen Auflösungs- und Ausschließungsklage, §§ 133, 140 HGB, leugnet, vgl. Großkomm. HGB/*Ulmer* § 140 Anm. 16; vgl. weiter *Baumbach/Hopt* § 142 Rdn. 4; BGH LM § 133 HGB Nr. 4 Bl. 2 u. Form. II. J. 2 Anm. 5 ff.

§ 142 HGB ist nicht zwingend (*Heymann/Emmerich*, HGB, § 142 Rdn. 32; möglich ist Regelung eines Übernahmerechts durch Gesellschaftsvertrag ohne die Voraussetzungen des § 142 HGB, zB bei ordentlicher Kündigung des einen Übernahme durch den anderen, vgl. *Baumbach/Hopt* § 142 Rdnrn. 16f.; BGH LM 20 zu § 142 (möglicherweise Rechtsmißbrauch).

Kosten und Gebühren

Zum Streitwert – Berücksichtigung des gesamten Firmenwerts – vgl. *Hillach/Rohs* § 87 Anm. B S. 396.

4. Geschäftsführungsbefugnis- und Vertretungsmachtentziehungsklage nach §§ 117, 127 HGB

An das
Landgericht
Kammer für Handelssachen[1]

Klage

der
1. ......
2. ......
3. ......   (Kläger)
Prozeßbevollmächtigter: ......
gegen
den ......   (Beklagten)
wegen
Entziehung der Geschäftsführungsbefugnis und der Vertretungsmacht
Vorläufiger Streitwert: DM ......

Namens und mit Vollmacht der Kläger erhebe ich Klage und werde beantragen:

I.

Dem Beklagten wird die Befugnis, die Geschäfte der Firma ...... OHG zu führen und diese Gesellschaft zu vertreten, entzogen[2].

II.

Die Beklagte trägt die Kosten des Verfahrens.

Zur
Begründung
trage ich vor:

I.

Die Parteien sind die Gesellschafter der Firma ...... OHG. Dem Kläger zu 1) und dem Beklagten ist gesellschaftsvertraglich die Geschäftsführung übertragen, und zwar jedem einzeln[3]. Die Kläger zu 2) und 3) sind von der Geschäftsführung ausgeschlossen[4].
Eine Kopie des Gesellschaftsvertrages[5] der unter HRA des Amtsgerichts – Registergerichts – ...... eingetragenen Firma ...... OHG füge ich in Anlage K 1 bei.

II.

Der 75 Jahre alte Beklagte ist seit drei Jahren bettlägerig. Er kann die Tätigkeit eines Geschäftsführers der ...... OHG nicht mehr ausüben. Mit einer Wiederherstellung seiner Arbeitsfähigkeit kann nicht gerechnet werden.
Beweis: Gutachten eines Sachverständigen.

4. Geschäftsführungsbefugnis- und Vertretungsmachtentziehungsklage

III.

Die beim Beklagten gegebene Unfähigkeit zur ordnungsgemäßen Geschäftsführung ist ein wichtiger Grund zur Entziehung[6] der Geschäftsführungsbefugnis aufgrund § 117 HGB und der Vertretungsmacht aufgrund § 127 HGB.

IV.

Den Streitwert gebe ich mit DM ...... an.
Ich füge einen auf mich lautenden Verrechnungsscheck über DM ...... (Gerichtskostenvorschuß DM ......, Zustellungskostenvorschuß DM ......) bei.

Rechtsanwalt

Anmerkungen

1. Die Zuständigkeit ergibt sich sowohl aus § 12 ZPO als auch aus § 22 ZPO. Die Sache ist Handelssache (§ 95 Abs. 1 Nr. 4 HGB).

2. Die Klage ist Gestaltungsklage. Mit der Rechtskraft des Urteils wird die Entziehung wirksam. Zulässig ist auch hier Schiedsgerichtsabrede, vgl. *Baumbach/Hopt* § 117 Rdn. 8. Gesetzliche Grundlagen sind die §§ 117, 127 HGB, die nicht zwingend sind, vgl. *Heymann/Emmerich*, HGB, § 127 Rdn. 9. Zur „Kündigung der Geschäftsführung und Vertretung" durch den Personengesellschafter vgl. *Karsten Schmidt* Betr. 1988, 2241. Die Anträge auf Entziehung der Geschäftsführungsbefugnis und Entziehung der Vertretungsmacht werden meistens verbunden. Fehlt der ausdrückliche Antrag auf Entziehung der Vertretungsmacht, so kann die Auslegung des Antrags auf Entziehung der Geschäftsführungsbefugnis ergeben, daß er in diesem enthalten ist; vgl. Großkomm. HGB/*Fischer* § 117 Anm. 11; *Baumbach/Hopt* § 127 Rdn. 8; BGHZ 51, 198, 199.

Auch eine teilweise Entziehung ist möglich, zB. nur der Vertretungsmacht oder von Teilen der Geschäftsführungsbefugnis, sei es, daß dies beantragt ist, sei es, daß das Urteil hinter dem Antrag zurückbleibt; so *Baumbach/Hopt* § 117 Rdn. 3 mwN., streitig; nach Hdb. PersGes./*Westermann* Rdz. 218 ist Hilfsantrag erforderlich; grundsätzlich anders Großkomm. HGB/*Fischer* § 117 Anm. 26.

Entsprechend § 117 HGB sind auch einzelne die Geschäftsführung betreffende Rechte eines nicht geschäftsführenden Gesellschafters entziehbar, *Baumbach/Hopt* § 117 Rdn. 3; Großkomm. HGB/*Fischer* § 117 Anm. 2a und einzelne Rechte, die beim Geschäftsführer über den normalen Umfang der Geschäftsführung hinausgehen, so *Hueck* OHG § 10 VII mwN.

Für die KG ist in diesem Zusammenhang zu beachten, daß nach BGHZ 51, 198 die Entziehung der Vertretungsmacht (anders Geschäftsführungsbefugnis) beim einzigen persönlich haftenden Gesellschafter nicht möglich sein soll.

Eine vorläufige Entziehung ist durch einstweilige Verfügung möglich (*Baumbach/Hopt* § 117 Rdn. 7; Großkomm. HGB/*Fischer* § 117 Anm. 27).

3. Die Klagemöglichkeit ist unabhängig davon, ob der Antragsgegner der alleinige Geschäftsführer ist oder nicht, und auch davon, ob er Einzelgeschäftsführungsbefugnis oder Gesamtgeschäftsführungsbefugnis hatte. Im letzten Fall wandelt sich die Geschäftsführungsbefugnis des Verbleibenden nicht automatisch in Einzelbefugnis um, vgl. *Baumbach/Hopt* § 117 Rdn. 10; Großkomm. HGB/*Fischer* § 117 Anm. 33; es besteht vielmehr ein Anspruch gegen alle Beteiligten auf Neuordnung, der gegen einen Widersprechenden (in der Regel den hier Beklagten) auch im Klagewege (Verbindung der Klagen) geltend gemacht werden kann, *Baumbach/Hopt* § 117 Rdn. 10; Großkomm. HGB/*Fischer* § 117 Anm. 33, 34, 36.

4. Die Klage muß von allen Mitgesellschaftern erhoben werden; die Kläger sind notwendige Streitgenossen, vgl. *Baumbach/Hopt* § 117 Rdnrn. 6 und 7 mit § 140 Anm. 3 A; Großkomm. HGB/*Fischer* § 117 Anm. 16, und zwar auch dann, wenn im Gesellschaftsvertrag vorgesehen ist, daß ein Mehrheitsbeschluß als Entziehungsgrund genügt, Großkomm. HGB/*Fischer* § 117 Anm. 19, 29; Hdb. PersGes./*Westermann* Rdz. 228.

Bei Weigerung eines Gesellschafters kann gegen diesen zugleich auf Zustimmung geklagt werden (BGH BB 1977, 615; *Baumbach/Hopt* § 117 Rdn. 6; Großkomm. HGB/ *Fischer* § 117 Anm. 19).

Streitig ist, ob die Gesellschafter aus dem Gesellschaftsvertrag zur Mitwirkung verpflichtet sind, vgl. *Baumbach/Hopt* § 117 Rdn. 6; *Hueck* OHG § 10 VII 4.

5. Zu achten ist auf abweichende Bestimmungen im Gesellschaftsvertrag. Dieser kann die Entziehung von Geschäftsführungsbefugnis und Vertretungsbefugnis sowohl erschweren als auch erleichtern, er kann zB. einen Gesellschafterbeschluß zur Entziehung selbst genügen lassen (das ist ein anderer Fall als der in Anm. 4 genannte), so daß eine Gestaltungsklage nicht mehr erforderlich ist, vgl. Großkomm. HGB/*Fischer* § 117 Anm. 28; Hdb. PersGes./*Westermann* Rdz. 228.

6. Unfähigkeit durch Krankheit und Alter sind nicht in jedem Fall ausreichender Entziehungsgrund. Die Gesamtumstände im Zusammenhang mit der gesellschaftsvertraglichen Treuepflicht sind zu berücksichtigen, vgl. Großkomm. HGB/*Fischer* § 117 Anm. 5.

Der im Gesetz weiter genannte wichtige Grund, grobe Pflichtverletzung, setzt Verschulden voraus, zB. Unterlassung ordnungsgemäßer Buchführung, ungerechtfertigter Konkursantrag oder Schikane der Mitgesellschafter, vgl. Großkomm. HGB/*Fischer* § 117 Anm. 6.

Kosten und Gebühren

Streitwert nach § 3 ZPO; zur Bewertung des Interesses der Kläger vgl. *Schmidt/Schmidt*, Rdn. 168.

5. Antrag auf Erlaß einer einstweiligen Verfügung zur vorläufigen Entziehung der Geschäftsführungsbefugnis und Vertretungsmacht nach §§ 117, 127 HGB, §§ 935 ff. ZPO

An das
Landgericht
Kammer für Handelssachen

Antrag

der
1. ......
2. ...... (Antragsteller)

Prozeßbevollmächtigter: ......

gegen

den ...... (Antragsgegner)

wegen

vorläufiger Entziehung der Geschäftsführungsbefugnis und Vertretungsmacht (§§ 117, 127 HGB)

5. Antrag auf Erlaß einer einstweiligen Verfügung

Namens und mit Vollmacht der Antragsteller stelle ich den Antrag, gegen den Antragsgegner ohne vorgängige mündliche Verhandlung durch

Beschluß

folgende

einstweilige Verfügung

zu erlassen:

Dem Antragsgegner wird bis zur rechtskräftigen Entscheidung über die Klage der Antragsteller gegen den Antragsgegner auf Ausschließung des Antragsgegners aus der offenen Handelsgesellschaft in Firma ...... die Befugnis, die Geschäfte der Firma ...... OHG zu führen und diese Gesellschaft zu vertreten, entzogen. Geschäftsführungsbefugnis und Vertretungsmacht werden Herrn Rechtsanwalt ...... übertragen[1].

Zur

Begründung

trage ich vor:

I.

(Hier zunächst derselbe Sachverhalt wie in Form. II. J. 2 unter I. und II. dargestellt).
Die Antragsteller[2] haben aufgrund dieses Sachverhalts am ...... beim angerufenen Gericht Klage mit dem Antrag erhoben, den Antragsgegner aus der offenen Handelsgesellschaft in Firma ...... auszuschließen.

II.

Zur Glaubhaftmachung des vorgetragenen Sachverhalts nehme ich Bezug auf:
1. Ausschließungsklage gegen den Antragsgegner (Kopie in Anlage K 1)
2. eidesstattliche Versicherung des Antragstellers zu 1 vom ...... in Anlage K 2
3. Kopien einschlägiger Pressemeldungen in Anlagen K 3–K ......

III.

Den Antragstellern kann bei der glaubhaft gemachten Sachlage nicht zugemutet werden, abzuwarten, bis über die Ausschließungsklage entschieden ist. Nur die sofortige Entziehung von Geschäftsführungs- und Vertretungsbefugnis kann die Gesellschaft vor weiteren schweren Schäden schützen[3]. Die Übertragung der Geschäftsführungs- und Vertretungsbefugnis bis zur rechtskräftigen Entscheidung über die Ausschließungsklage an einen Dritten liegt auch im Interesse des Antragsgegners.

IV.

Die Sache ist Handelssache. Das besondere Eilbedürfnis ergibt sich aus dem glaubhaft gemachten Sachvortrag.

Rechtsanwalt

Anmerkungen

1. Die Möglichkeit der vorläufigen Entziehung von Geschäftsführungsbefugnis und Vertretungsmacht durch einstweilige Verfügung ist von der hL. anerkannt; vgl. *Baumbach/ Hopt* § 117 Rdn. 7; *Heymann/Emmerich*, HGB, § 127 Rdn. 7; Großkomm. HGB/*Fischer* § 117 Anm. 27 u. § 127 Anm. 11; *Hueck* OHG § 20 IV; *Semler*, Einstweilige Verfügun-

gen bei Gesellschafterauseinandersetzungen, BB 1979, 1533/1534; BGHZ 33, 105; skeptisch *Baur* JZ 1968, 386/ 387 (Anm. zu OLG Saarbrücken JZ 1968, 386); vgl. auch *Baur*, Studien zum einstweiligen Rechtsschutz, 1967, S. 54 – auch *Baur* läßt einstweilige Verfügung zu, wenn keine andere Möglichkeit besteht, die Verhältnisse in der Gesellschaft zu ordnen –.

Die vorläufige Entziehung der Geschäftsführungs- und Vertretungsbefugnis durch einstweilige Verfügung kommt in Frage sowohl beim Hauptprozeß über die (endgültige) Entziehung als auch bei Auflösungs-, Ausschließungs- und Übernahmeklage, vgl. Großkomm. HGB/*Fischer* § 117 Anm. 27 u. § 127 Anm. 11.

Zur vorläufigen Entziehung durch ein Schiedsgericht durch Anordnung einer Enthaltungspflicht bei Verfahrensbeginn vgl. *Baumbach/Hopt* § 117 Rdn. 8.

Ob vorläufige Entziehung oder eine andere einstweilige Maßnahme angeordnet wird, ist Sache des richterlichen Ermessens, vgl. Großkomm. HGB/*Fischer* § 117 Anm. 27; *Baumbach/Hopt* § 117 Rdn. 7.

Nach BGHZ 33, 105 (Ausschließungsprozeß gegen den einzigen geschäftsführungsbefugten und vertretungsberechtigten Gesellschafter einer OHG) ist die Übertragung der Befugnisse auf einen Nichtgesellschafter zulässig, wenn diese einstweilige Regelung erforderlich ist; zustimmend *Baumbach/Hopt* § 125 Rdn. 8; *Hueck* OHG § 20 und Anm. 78; Hdb. PersGes./*Westermann* Rdz. 222; Großkomm. HGB/*Fischer* § 117 Anm. 27; nach Großkomm. HGB/*Fischer* § 127 Anm. 11 gilt dies auch für den Fall, daß die Hauptsache die Entziehung der Vertretungsbefugnis betrifft.

2. Bei einer einstweiligen Verfügung muß wie bei der Hauptsache der Antrag von allen übrigen Gesellschaftern gestellt werden; vgl. Großkomm. HGB/*Fischer* § 117 Anm. 27; vgl. im übrigen die Anm. 2 zu Form. II. J. 2.

Nach neuerer Judikatur des BGH – vgl. BGH BB 1988, 159 = WM 1988, 23 – wird bei der PublikumsKG eine Mehrheitsentscheidung statt der Mitwirkung aller Gesellschafter für ausreichend erachtet. Wegen der von § 125 Abs. 4 HGB verlangten Mitwirkung aller Gesellschafter bei der Anmeldung zur Eintragung in das Handelsregister ist in solchem Fall ein weiterer Antrag an das Prozeßgericht zu empfehlen, daß Eintragung angeordnet werde, dazu *Reichert/Winter* BB 1988, 981/991.

3. Vgl. auch die Anm. 2 zu Form. II. J. 4.

6. Klage auf Bilanzmitteilung nach § 166 HGB

**An das
Landgericht
Kammer für Handelssachen**[1]

Klage

des ......   (Klägers)

Prozeßbevollmächtigter: ......

gegen

den ......   (Beklagter)

wegen

Bilanzmitteilung

Vorläufiger Streitwert: DM ......

Namens und mit Vollmacht des Klägers erhebe ich Klage und werde beantragen:

6. Klage auf Bilanzmitteilung nach § 166 HGB

II. J. 6

I.

Der Beklagte wird verurteilt, dem Kläger eine Abschrift des steuerlichen Jahresabschlusses der ...... Kommanditgesellschaft in ...... für das Geschäftsjahr 1987/1988 bestehend aus der Steuerbilanz zum 30. 9. 1987 und der steuerlichen Gewinn- und Verlustrechnung für die Zeit vom 1. 10. 1987 bis 30. 9. 1988 mitzuteilen.

II.

Der Beklagte trägt die Kosten des Rechtsstreits.

Zur

Begründung

trage ich vor:

I.

Der Kläger ist Kommanditist, der Beklagte der einzige persönlich haftende geschäftsführende Gesellschafter der ...... KG in ...... (HRA ...... des Handelsregisters des AG ......).
Eine Kopie des Gesellschaftsvertrages der ...... KG füge ich in Anlage K 1 und eine unbeglaubigte Abschrift aus dem Handelsregister betreffend die ...... KG in Anlage K 2 bei.

II.

Der Jahresabschluß ist für das im Antrag genannte Geschäftsjahr von dem Beklagten nach Handels- und Steuerrecht erstellt worden.
Der Beklagte hat dem Kläger lediglich eine Abschrift der Handelsbilanz zur Verfügung gestellt; er weigert sich, dem Kläger eine Abschrift der Gewinn- und Verlustrechnung und der Steuerbilanz zu überlassen mit der Begründung, er habe Aktennotizen über die Umsätze des Geschäftsjahres zugeschickt und dem Beklagten anheim gestellt, die Bücher einzusehen.

III.

Der Kläger hat als Kommanditist nach § 166 Abs. 1 HGB einen Anspruch auf die abschriftliche Mitteilung des Jahresabschlusses[2].
Hierzu gehört außer dem handelsrechtlichen Jahresabschluß auch der steuerliche Jahresabschluß[3].
Mit der Überlassung der genannten Unterlagen ist der Anspruch daher nicht erfüllt.

IV.

Den Streitwert gebe ich mit DM ...... an.
Ich füge einen auf mich lautenden Verrechnungsscheck über DM ...... (Gerichtskostenvorschuß DM ......, Zustellungskostenvorschuß DM ......) bei.

Rechtsanwalt

Anmerkungen

1. § 95 Nr. 4a GVG.
2. Der Anspruch richtet sich gegen den oder die geschäftsführenden Gesellschafter oder wahlweise gegen die Gesellschaft, die dann für die Erfüllung durch die geschäftsführenden Gesellschafter einzustehen hat, vgl. Großkomm. HGB/*Schilling* § 166 Rdn. 4; *Schlegel-*

berger/*Martens* § 166 Rdn. 3. Dem ausgeschiedenen Kommanditisten stehen die Kontrollrechte nach § 166 HGB nicht mehr zu; damit entfällt das für § 166 Abs. 3 vorgesehene Verfahren nach § 145 Abs. 1 FGG. Er hat nur den Anspruch nach § 810 BGB, vgl. BayObLG DB 1987, 215 mwN. Zum Informationsrecht in der GmbH u. Co. KG vgl. BGH ZIP 1988, 1175.

Daß der Kommanditist nicht nur den handelsrechtlichen, sondern auch den steuerlichen Jahresabschluß in Abschrift verlangen kann, ist herrschende Lehre, vgl. *Baumbach/Hopt* § 166 Rdn. 3; *Schlegelberger/Geßler* § 166 Rdn. 3; Hdb. PersGes./*Westermann* Rdz. 883.

Die Unterschiede von Handelsbilanz und Steuerbilanz (die durch die Bewertungsvorschriften des HGB – §§ 252 ff. HGB i. d. F. des BiRiLiG – nicht aufgehoben sind) ergeben sich aus den einerseits steuerrechtlich vorgeschriebenen, andererseits handelsrechtlich möglichen Bewertungen, vgl. Großkomm. HGB/*Brüggemann* § 40 Anm. 4. Zu den Kontrollrechten in der GmbH & Co. KG und im Konzern vgl. *Heymann/Horn*, HGB, § 166 Rdn. 22.

Kosten und Gebühren

Zum Streitwert vgl. die Grundsätze des § 3 ZPO.

7. Klage des ausgeschiedenen Gesellschafters auf Abfindung nach §§ 161 Abs. 2, 105 Abs. 2 HGB, § 738 BGB

An das
Landgericht
Kammer für Handelssachen[1]

Klage

des ...... (Klägers)
Prozeßbevollmächtigter ......

gegen

die ...... KG (Beklagte Nr. 1)
und
den ...... (Beklagten Nr. 2)
wegen
Abfindung nach §§ 161 Abs. 2, 105 Abs. 2 HGB, § 738 BGB
Streitwert: DM ......
Namens und mit Vollmacht der Klägerin erhebe ich Klage und werde beantragen:
I. Die Beklagten werden wie Gesamtschuldner[2] verurteilt, an den Kläger DM ...... zu zahlen.
II. Die Beklagten tragen wie Gesamtschuldner die Kosten des Rechtsstreits.

Zur

Begründung

trage ich vor:

7. Klage des ausgeschiedenen Gesellschafters auf Abfindung   II. J. 7

I.

1. Der Kläger war Kommanditist der Beklagten Nr. 1, deren persönlich haftender Gesellschafter der Beklagte Nr. 2 ist. Der Kläger ist aufgrund einer „Kündigung" durch die Beklagte Nr. 1 vom ......, zu der er keinen Grund gegeben, die er aber hingenommen hat[3] und der er auch nicht mehr entgegentreten will, zum 31. 12. 19...... aus der Beklagten Nr. 1 ausgeschieden. Eine Kopie des Gesellschaftsvertrages lege ich in Anlage K 1, die Kopie eines Handelsregisterauszuges der Beklagten Nr. 1 lege ich in Anlage K 2 vor.
   Die Beklagte Nr. 1 hat das sich aus § ...... des Gesellschaftsvertrages in Verbindung mit der Bilanz zum 31. 12. 19...... ergebende Auseinandersetzungsguthaben des Klägers in Höhe von DM ...... am ...... an den Kläger ausbezahlt. Die Parteien sind sich darüber einig, daß der bezahlte Betrag nach der in § ...... des Gesellschaftsvertrages vorgesehenen Buchwertabfindungsklausel richtig berechnet ist.
2. Der Kläger begehrt von der Beklagten darüber hinaus den im Klageantrag I genannten Betrag. Dieser Betrag ergibt sich, wenn man den Abfindungsanspruch unter Berücksichtigung der stillen Reserven und des Firmenwerts (good will) der Beklagten Nr. 1 berechnet. Über die Berechnung des Betrages sind sich die Parteien einig.[4] Das vom Kläger vorgelegte Gutachten der Wirtschaftsprüfungsgesellschaft ...... ist von der Beklagten Nr. 1 nicht in Zweifel gezogen worden. Fürsorglich beruft sich der Kläger zum Beweis für die Richtigkeit der Berechnung der stillen Reserven und des Firmenwerts in dem der Klage als Anlage K 3 beigefügten Gutachten der genannten Wirtschaftsprüfungsgesellschaft auf das Gutachten eines Sachverständigen.

II.

1. Die Beklagte Nr. 1 schuldet den eingeklagten Betrag nach § 738 Abs. 1 BGB iVm. §§ 161 Abs. 2, 105 Abs. 2 HGB. Zu dem nach § 738 Abs. 2 BGB zu schätzenden Wert des Gesellschaftsvermögens gehören sowohl die stillen Reserven als auch der Firmenwert[5]. Die Buchwertabfindungsklausel ist sittenwidrig und nach § 138 BGB nichtig[6]. Der Kläger, der der Gesellschaft als Kommanditist seit 25 Jahren angehört und zur Thesaurierung des Gewinns bei allen Gewinnverwendungsbeschlüssen beigetragen hat, wurde von der Beklagten Nr. 1 grundlos „hinausgekündigt".
2. Der Beklagte Nr. 2 haftet neben der Beklagten Nr. 1 wie ein Gesamtschuldner (§§ 161 Abs. 2, 128 HGB).

III.

Die Sache ist Handelssache.

IV.

Den Streitwert gebe ich mit DM ...... an. Ich füge einen auf mich lautenden Verrechnungsscheck über DM ...... bei.

                                                                          Rechtsanwalt

Anmerkungen

1. Handelssache nach § 95 Abs. 1 Nr. 4a GVG.
2. Gesellschaft und haftender Gesellschafter sind keine echten Gesamtschuldner, vgl. *Baumbach/Hopt* § 128 Rdnrn. 19–21 und – zur Art der Streitgenossenschaft – Rdn. 39. In der Praxis ist die Formulierung „wie Gesamtschuldner" häufig.
3. Zur Frage der Wirksamkeit der „Hinauskündigung" vgl. Form. II. J. 2 Anm. 4 und die dort genannten Literatur.

4. Andernfalls kann Kläger auch auf Aufstellung der Abschichtungsbilanz klagen (Stufenklage), vgl. Großkomm. HGB/*Ulmer* § 138 Anm. 50, wofür ein über den Buchwert hinausgehender Abfindungsanspruch Voraussetzung ist, vgl. BGH WM 1980, 1362.

Zur Frage, ob ein Anspruch auf Feststellung der Abschichtungsbilanz gegen die anderen Gesellschafter besteht und ob eine dahingehende Leistungsklage oder eine Feststellungsklage bezüglich der gesamten Bilanz gegeben ist, oder ob nur einzelne Bilanzansätze oder Berechnungsmethoden durch Feststellungsklage angreifbar sind vgl. Großkomm. HGB/*Ulmer* § 138 Anm. 54ff. m. Nachw.; *Baumbach/Lauterbach/Albers/Hartmann* § 256 Rdn. 60 – Auseinandersetzung –.

5. *Palandt/Thomas* § 738 Anm. 2c; § 718 Anm. 2d, jeweils mwN.

6. Zur Beurteilung von Buchwertklauseln allgemein vgl. *Heymann/Emmerich*, HGB, § 138 Rdn. 40 u. *Heymann/Horn*, HGB, § 161 Rdn. 112. Zu Inhalt und Auslegung von Buchwertklauseln vgl. BGH LM 8 zu § 738 BGB = NJW 1979, 104 = WM 1978, 1044, *Heckelmann:* Abfindungsklauseln in Gesellschaftsverträgen, 1973, S. 91; *Schilling* ZGR 79, 419/428; *Esch* NJW 1979, 1390.

Die Unwirksamkeit der Buchwertklausel im Falle der Hinauskündigung wird heute von der hM. mit etwas unterschiedlichen Begründungen angenommen, nach BGH LM 8 zu § 738 BGB Sittenwidrigkeit der Vertragsklausel, § 138 BGB (ablehnend noch *Flume* NJW 1979, 902), nach *Ulmer* NJW 1979, 81, MünchKomm/*Ulmer* § 738 Rdn. 36, *Schilling* ZGR 1979, 419/425, *Esch* NJW 1979, 1390, *Baumbach/Hopt* § 138 Rdnrn. 38 f. Ebenso BGHZ 116, 359, 369 (für die GmbH). Für das „erhebliche Mißverhältnis" gibt es keine festen Prozentsätze (*Baumbach/Hopt* § 138 Rdn. 36). Tritt im Laufe der Zeit das grobe Mißverhältnis ein und wird dadurch das Kündigungsrecht des Gesellschafters in tatsächlicher Hinsicht beeinträchtigt, wird die gesellschaftsvertragliche Abfindungsklausel nicht unwirksam. Es ist jedoch eine ergänzende Vertragsauslegung der vertraglichen Abfindungsregelung geboten (BGHZ 123, 281 = WM 1993, 2008, anders noch BGH WM 1993, 1412). Zur neueren Rechtsprechung des BGH zur Buchwertklausel vgl. *Haack,* Renaissance der Abfindung zum Buchwert?, GmbHR 1994, 437.

Für das Ausscheiden eines Gesellschafters durch eigene Kündigung soll die Buchwertklausel grundsätzlich möglich bleiben, vgl. BGH WM 1980, 1362; *Schilling* ZGR 79, 429; Einschränkungen werden jedoch auch hier vertreten aus dem Gedanken unzulässiger Kündigungsbeschränkung, vgl. *Heckelmann* S. 124ff., MünchKomm/*Ulmer* § 738 RdNr. 33, Hdb PersGes./*Westermann* Rdz. 450; so auch BGH WM 1984, 1506 = DB 1985, 167 = DNotZ 1986, 31, wonach die grundsätzlich zulässige Buchwertklausel „dann als unzulässig zu erachten ist, wenn sie aufgrund wirtschaftlich nachteiliger Folgen, insbesondere wegen eines erheblichen Mißverhältnisses zwischen Buchwert und wirklichem Wert, die Freiheit der Gesellschafter, sich zu einer Kündigung zu entschließen, unvertretbar einengt".

8. Klage auf Mitwirkung bei der Eintragung einer offenen Handelsgesellschaft nach §§ 108, 16 HGB

An das
Landgericht
Kammer für Handelssachen[1]

Klage

der ...... (Klägerin)
Prozeßbevollmächtigter: ......
gegen
die ...... (Beklagte)
wegen
Mitwirkung bei der Eintragung einer offenen Handelsgesellschaft (§§ 108, 16 HGB)
Vorläufiger Streitwert: DM ......

Namens und mit Vollmacht der Klägerin erhebe ich Klage und werde beantragen:

I. Die Beklagte wird verurteilt, die Firma ...... GmbH & Co. zum Handelsregister des Amtsgerichts ...... anzumelden[2].
II. Die Beklagte trägt die Kosten des Rechtsstreits.

Zur
Begründung
trage ich vor

I.

Die Parteien sind Gesellschaften mit beschränkter Haftung. Sie haben am ...... eine offene Handelsgesellschaft unter der Firma ...... GmbH & Co.[3] errichtet. Nach § ...... des Gesellschaftsvertrages hat die Gesellschaft am ...... begonnen. Eine Kopie des Gesellschaftsvertrages füge ich als Anlage K 1 bei.
Die Klägerin hat am ...... die ...... GmbH & Co. zur Eintragung in das Handelsregister des Amtsgerichts ...... angemeldet. Die Beklagte hat sich gemäß dem in Kopie als Anlage K 2 beigefügten Schreiben ohne Angabe von Gründen geweigert, bei der Anmeldung zum Handelsregister mitzuwirken.

II.

Zur Mitwirkung ist die Beklagte verpflichtet (§ 108 Abs. 1 HGB)[4]. Die Klägerin ist auf die Verurteilung der Beklagten nach § 16 Abs. 1 HGB[5] angewiesen.

III.

Den Streitwert gebe ich mit DM ...... an.
Ich füge einen auf mich lautenden Verrechnungsscheck über DM ...... bei.

Rechtsanwalt

Anmerkungen

1. Zuständigkeit sowohl nach § 17 ZPO als auch nach § 29 ZPO (Erfüllungsort ist Sitz des Registergerichts). Handelssache nach § 95 Abs. 1 Nr. 4a GVG.

2. Zur Anmeldepflicht und zum Inhalt der Anmeldung vgl. § 106 HGB. Nach § 108 Abs. 1 HGB ist die Anmeldung von allen Gesellschaftern zu bewirken.

3. Zur Firma einer OHG, in der keiner der Gesellschafter eine natürliche Person ist, vgl. BGHZ 68, 12/14; BGHZ 65, 103/105; BGHZ 62, 216/227; danach ist der auf die beschränkte Haftung hinweisende Zusatz „GmbH" in jedem Falle geboten.

4. Zur gesellschaftsrechtlichen Anmeldeverpflichtung vgl. *Baumbach/Hopt* § 108 Rdn. 6; Großkomm. HGB/*Ulmer* § 108 Rdn. 4; *Heymann/Emmerich*, HGB, § 108 Rdn. 8; *Hueck* OHG § 8 S. 102.

5. Die rechtskräftige Verurteilung zur Anmeldung ersetzt die Anmeldung (§ 894 ZPO; § 16 HGB). Zwar kann das Registergericht den zur Anmeldung Verpflichteten durch Zwangsgeld anhalten, seiner Verpflichtung nachzukommen. Diese Möglichkeit beseitigt aber das Rechtsschutzinteresse an der Mitwirkungsklage nicht. Der Registerrichter muß bei materiell rechtlichen Einwendungen nach § 127 FGG auf den Prozeßweg verweisen (zum Ganzen vgl. auch Großkomm. HGB/*Fischer* § 108 Anm. 9).

Kosten und Gebühren

Zum Streitwert vgl. *Hillach/Rohs* § 87 Anm. C S. 397.

9. Klage auf Mitwirkung bei der Anmeldung des Ausscheidens eines Gesellschafters nach § 143 HGB

An das
Landgericht
Kammer für Handelssachen

Klage

des ...... (Klägers)

Prozeßbevollmächtigter: ......

gegen

die ...... (Beklagte)

vertreten durch ...... (Vater) als gesetzlicher Vertreter

wegen

Abgabe einer Willenserklärung (Anmeldung des Ausscheidens eines Gesellschafters aus der Gesellschaft)

Vorläufiger Streitwert: DM ......

Namens und mit Vollmacht des Klägers erhebe ich Klage und werde beantragen:

I.

Die Beklagte wird verurteilt, zur Eintragung in das Handelsregister des Amtsgerichts – Registergerichts – ......, HRA ...... anzumelden, daß sie als Kommanditistin ...... aus

9. Klage auf Mitwirkung bei der Anmeldung des Ausscheidens II. J. 9

der ...... Kommanditgesellschaft ausgeschieden ist[1], und daß das Handelsgeschäft durch den Kläger als Alleininhaber fortgeführt wird.

II.

Die Beklagte trägt die Kosten des Rechtsstreits.

Zur
Begründung
trage ich vor:

I.

Die Beklagte ist minderjährig; ihr Vater ist verwitwet.
Der Kläger und der Vater der Parteien waren aufgrund Vertrages vom ...... die einzigen Gesellschafter der Firma ...... Kommanditgesellschaft in .... Der Kläger war persönlich haftender Gesellschafter, der Vater Kommanditist.
Nach einer vom Kläger gegen den Vater zu dem vereinbarten Schiedsgericht erhobenen Klage mit dem Antrag, das Schiedsgericht möge die im Handelsregister des Amtsgerichts ...... eingetragene Kommanditgesellschaft aus wichtigem Grund auflösen, fürsorglich feststellen, daß die Gesellschaft zum 31. 12 ...... wirksam gekündigt ist, wurde zur vergleichsweisen Erledigung des Rechtsstreits der Gesellschaftsvertrag vom ...... in einem Nachtrag geändert. Der Vater schied danach aus der Gesellschaft aus. Die Beklagte wurde Kommanditistin. Die Veränderungen wurden in das Handelsregister eingetragen. Der Kläger erhielt das Recht, vom 1. 1. ...... an jeweils zum Jahresende mit vierteljährlicher Frist die Gesellschaft schriftlich zu kündigen. Die Kündigung sollte zur Folge haben, daß der Gesellschafter, dem gegenüber sie erklärt wird, aus der Gesellschaft ausscheidet[2].

II.

Mit Schreiben vom 10. 8. ...... hat der Kläger der Kommanditistin gemäß dem Nachtrag zum Gesellschaftsvertrag gekündigt. Somit ist die Beklagte als Kommanditistin zum 31. 12. ...... aus der Gesellschaft ausgeschieden. Der Kläger führt das Handelsgeschäft als Alleininhaber fort.

III.

Der Vater weigert sich beharrlich, der Verpflichtung der Kommanditistin nachzukommen und das Ausscheiden seiner Tochter aus der Gesellschaft und die Fortführung des Handelsgeschäfts durch den Kläger als Alleininhaber in öffentlich beglaubigter Form[3] zur Eintragung in das Handelsregister anzumelden. Das Registergericht hat dem Vater mit Verfügung vom ...... unter Androhung eines Zwangsgeldes aufgegeben[4], binnen zwei Wochen nach Zustellung der Verfügung das Ausscheiden der Kommanditistin ...... aus der Gesellschaft und die Fortführung des Handelsgeschäfts durch den Kläger als Alleininhaber in öffentlich beglaubigter Form zur Eintragung in das Handelsregister anzumelden. Nachdem der Vater in seinem Einspruch[5] geltend gemacht hat, er erkenne die Kündigung wegen Treuwidrigkeit nicht an, hat das Registergericht die Entscheidung über die Eintragungsanmeldung des Klägers ausgesetzt und dem Kläger aufgegeben[6], binnen sechs Wochen gegen die noch eingetragene Kommanditistin ...... eine Klage auf Anmeldung zum Handelsregister zu erheben.

IV.

Nach §§ 161 Abs. 2, 143 Abs. 2 HGB haben alle Gesellschafter die Anmeldung vorzunehmen. Die Beklagte ist daher verpflichtet, die Anmeldung vorzunehmen[7].

V.

Die Zuständigkeit des angerufenen Gerichts ergibt sich aus § 29 ZPO. Erfüllungsort für die Verpflichtung, die Willenserklärung abzugeben, ist der Ort des Handelsregisters.
Die Sache ist Handelssache.
Das Rechtsschutzinteresse ergibt sich aus dem Vorgehen des Registergerichts.

VI.

Detaillierte Einwendungen gegen die Wirksamkeit der Kündigung sind vom Beklagten bisher nicht geltend gemacht. Zum Beweis für die Richtigkeit des vorgetragenen Sachverhalts berufe ich mich auf die Akten des Registergerichts ...... HRA ......, die ich beizuziehen bitte.
Den Gesellschaftsvertrag, den Nachtrag und das Kündigungsschreiben füge ich in den Anlagen K 1, K 2 und K 3 bei.
Den Streitwert gebe ich mit DM ...... an.
Ich füge einen auf mich lautenden Verrechnungsscheck über DM ...... (Gerichtskostenvorschuß DM ......, Zustellungskostenvorschuß DM ......) bei.

Rechtsanwalt

Anmerkungen

1. Ein dahingehendes rechtskräftiges Urteil genügt nach § 16 HGB zur Eintragung anstelle der nach § 143 HGB erforderlichen Anmeldung des Beklagten.
2. Zulässige gesellschaftsvertragliche Abweichung von §§ 131 Nr. 6 u. 140 HGB (vgl. *Baumbach/Hopt* § 131 Rdn. 14 u. § 140 Anm. 1B).
3. § 12 HGB.
4. § 14 HGB.
5. § 133 FGG.
6. Da hierdurch Meinungsverschiedenheiten über rechtliche und eventuell tatsächliche Fragen vorgetragen sind, konnte das Registergericht – statt das Zwangsgeldverfahren fortzuführen (§§ 131 ff. FGG) – auch die Verfügung bezüglich der Eintragung aussetzen, vgl. *Keidel/Kuntze/Winkler* § 127 FGG Rdz. 12 u. 14 u. § 135 FGG Rdz. 2.
7. Es besteht ein dahingehender gesellschaftsrechtlicher Anspruch, vgl. *Baumbach/Hopt* § 143 Rdn. 4; der Anspruch richtet sich gegen den Gesellschafter, nicht gegen den gesetzlichen Vertreter, vgl. Großkomm. HGB/*Ulmer* § 108 Rdn. 10 ff.

Kosten und Gebühren

Der Streitwert bestimmt sich nach § 3 ZPO; vgl. *Hillach/Rohs* § 87 Anm. C S. 397; etwa ¼ des Anteils samt stillen Reserven des klagenden Gesellschafters, beim Kommanditisten etwa ¹⁄₁₀ der Kommanditeinlage, vgl. *Baumbach/Hopt* § 143 Rdn. 4 aE mN.

10. Klage gegen einen Gesellschafter nach §§ 176, 128 HGB

An das
Landgericht
Zivilkammer

Klage

des ...... (Klägers)
Prozeßbevollmächtigter: ......
gegen
den ...... (Beklagten)
wegen
Mängelbeseitigung (gegen einen Gesellschafter)
Vorläufiger Streitwert: DM ......
Namens und mit Vollmacht des Klägers erhebe ich Klage und werde beantragen:

I.

Der Beklagte wird verurteilt, folgende Baumängel an dem Bauobjekt
in ......
a) ......
b) ......
c) ......
zu beseitigen.

II.

Der Beklagte trägt die Kosten des Rechtsstreits.

Zur
Begründung
trage ich vor:

I.

Der Kläger ist Bauherr und Eigentümer des Hauses in ......, ...straße Nr. .... Das Haus wurde am ...... fertiggestellt. Es weist unstreitig folgende Mängel auf:
......
......
......
Die Firma ...... Bauträger-Gesellschaft mbH & Co. KG, deren (Gründungs-)Gesellschafter (Kommanditist) der Beklagte ist, hat das Haus aufgrund Vertrages vom ...... errichtet und die jetzt geltend gemachten Baumängel anerkannt und die Beseitigung versprochen, ist zu deren Beseitigung aber nicht mehr in der Lage, da sie seit ...... in Konkurs ist.
Beweis: Zeugnis des RA ...... in ......, des Konkursverwalters über das Vermögen der Firma ...... Bauträger GmbH & Co. KG.
Die Firma ...... Bauträger GmbH & Co. KG hatte die Geschäfte mit Zustimmung des

Beklagten schon vor ihrer Eintragung im Handelsregister aufgenommen. In diesen Zeitraum fällt der Abschluß des Vertrages über die Erstellung des Hauses des Klägers[1,2].

II.

Der Beklagte haftet bei dieser Sachlage dem Kläger für alle Verbindlichkeiten aus dem Bau-Vertrag wie ein persönlich haftender Gesellschafter nach § 128 HGB, da er der Geschäftsaufnahme vor Eintragung zugestimmt hat, ohne daß der Kläger die Kommanditistenstellung des Beklagten kannte, und der Nachbesserungsanspruch gegen die GmbH & Co. KG, der jetzt gegen den Beklagten geltend gemacht wird, schon vor Eintragung der GmbH & Co. KG, nämlich mit Abschluß des Vertrages entstanden ist, § 176 Abs. 1 HGB. Der Nachbesserungsanspruch ergibt sich aus § 633 Abs. 2 Satz 1 BGB und besteht mit demselben Inhalt auch gegen den Beklagten.

III.

Den Streitwert gebe ich mit DM ...... an.
Ich füge einen auf mich lautenden Verrechnungsscheck über DM ...... (Gerichtskostenvorschuß DM ......, Zustellungskostenvorschuß DM ......) bei.

Rechtsanwalt

Anmerkungen

1. Zu diesem Sachverhalt vgl. BGH Betr. 1979, 1123 mit Behandlung der folgenden einzelnen Probleme:
– Für die Haftung aus einem von der KG abgeschlossenen Vertrag kommt es auf den Zeitpunkt des Vertragsabschlusses, nicht auf den einer später eingetretenen Bedingung an.
– Auch der Nachbesserungsanspruch hat seine Entstehungszeit bei Vertragsschluß.
– Aus § 128 HGB ergibt sich für den Gesellschafter nicht nur eine Verpflichtung zum Geldersatz, sondern auch eine Verpflichtung nach dem ursprünglichen Inhalt des gegen die Gesellschaft bestehenden Anspruchs.
– § 159 HGB ist für den Fall des § 176 HGB entsprechend anwendbar, wenn seit der Entstehung der KG fünf Jahre verstrichen sind.

2. Zur Klage gegen einen nicht eingetragenen Kommanditisten einer GmbH & Co. KG, der seinen Gesellschaftsanteil durch Abtretung erworben hat, vgl. BGH GmbHRdsch 1983, 238. Der BGH befaßt sich dort im Anschluß an BGHZ 82, 209 mit der Haftung aus § 176 Abs. 2 HGB trotz Konkurseröffnung über das Vermögen der Gesellschaft, der Haftung des nicht eingetragenen Kommanditisten auch bei Übertragung der Mitgliedschaft, mit der Tragweite des Gutglaubensschutzes nach § 15 Abs. 1 HGB und mit der fünfjährigen Verjährung des § 159 HGB. Die Frage der Haftung der Kommanditisten vor Eintragung läßt der BGH offen in NJW 1983, 2260; zum Ganzen vgl. *Baumbach/Hopt*, Anh. § 177a Rdn. 19. Als Ausweg für die Praxis wird empfohlen, Eintragung der KG vor der GmbH (so *Baumbach/Hopt* a.a.O.).

11. Klage auf Aufwendungsersatz eines Gesellschafters nach § 110 HGB

An das
Landgericht
Kammer für Handelssachen

Klage

des ...... (Klägers)
Prozeßbevollmächtigter: ......
gegen
Firma ...... KG
– vertreten durch einen noch gerichtlich zu bestellenden Vertreter – (Beklagte)
wegen
Forderung (Ersatz von Aufwendungen nach § 110 HGB)
Vorläufiger Streitwert: DM ......

Namens und mit Vollmacht des Klägers erhebe ich Klage und werde beantragen:

I.

Die Beklagte wird verurteilt, an den Kläger DM ...... nebst 5% Zinsen seit ...... zu zahlen.

II.

Die Beklagte trägt die Kosten des Rechtsstreits.

Zur
Begründung
trage ich vor:

I.

Zum Antrag auf Bestellung eines Vertreters:
Der Kläger ist der einzige geschäftsführungs- und vertretungsberechtigte persönlich haftende Gesellschafter der Beklagten, deren einziger Kommanditist Herr ...... ist. Da der Kläger einen eigenen Anspruch gegen die Beklagte geltend macht, kann er diese im vorliegenden Rechtsstreit nicht vertreten.
Da die Beklagte über keinen weiteren Vertreter verfügt, ist die gerichtliche Bestellung eines besonderen Vertreters für diesen Rechtsstreit geboten[2].

II.

Zum Klageantrag:
1. Die Beklagte hat für den Kaufmann A gegenüber der B-Bank wegen einer Darlehensforderung über DM 100.000,– selbstschuldnerisch gebürgt. Die B-Bank hat nach Fälligkeit des Anspruchs auf Rückzahlung des Darlehens und Zahlungsverweigerung durch den Kaufmann A die Beklagte in Anspruch genommen. Da diese ihrerseits über liquide Mittel nicht verfügte, hat der Kläger aus privaten Mitteln die B-Bank befriedigt.
2. Zur Zahlung der Bürgschaftssumme an die B-Bank war der Kläger nach § 765 BGB, § 128 HGB verpflichtet. Die Beklagte hat dem Kläger den Betrag nach § 110 HGB zu

erstatten³. Die Beklagte hat den zu erstattenden Betrag seit dem ......, dem Tag der Zahlung der Bürgschaftssumme an die B-Bank, mit 5% zu verzinsen⁴.
3. Die Beklagte hat ihren Sitz in ......, wonach nach § 17 ZPO der Gerichtsstand bei dem angerufenen Gericht begründet wird.

Rechtsanwalt

Anmerkungen

1. Die Sache ist Handelssache nach § 95 Nr. 4a GVG.

2. Die Kommanditgesellschaft wird im Prozeß durch ihre vertretungsberechtigten Gesellschafter vertreten. Klagt jedoch der einzige persönlich haftende Gesellschafter gegen die Gesellschaft, ist er an der Vertretung der Gesellschaft nach § 181 BGB gehindert. Dies macht die Bestellung eines besonderen Vertreters nach § 57 ZPO für den Rechtsstreit erforderlich (so ausdrücklich Großkomm. HGB/*Fischer* § 124 Anm. 16 aE.).

3. Aufwendungen in Gesellschaftsangelegenheiten sind vermögenswerte Opfer, die der Gesellschafter im Interesse der Gesellschaft freiwillig, dh. ohne nach dem Verhältnis der Gesellschafter untereinander dazu verpflichtet zu sein, gemacht hat (vgl. Großkomm. HGB/*Ulmer* § 110 Rdn. 12); dazu gehört auch das Eintreten für Gesellschaftsschulden, für die der Gesellschafter dem Gläubiger gegenüber nach § 128 HGB haftet (vgl. *Baumbach/Hopt* § 110 Rdn. 7; Großkomm. HGB/*Ulmer* § 110 Rdn. 12).
Zum Anspruch auf Aufwendungsersatz vgl. *Hueck* OHG § 15 S. 210 ff.; BGHZ 37, 299/301 mwN.

4. Die Zinspflicht ergibt sich aus § 110 Abs. 2 HGB, auch aus § 256 BGB, die Zinshöhe aus § 352 Abs. 2 HGB, vgl. *Baumbach/Hopt* § 110 Rdn. 15; Großkomm. HGB/*Ulmer* § 110 Rdn. 26.
Das gleiche gilt für die Zahlung eines Kommanditisten, der nach § 128 BGB nicht verpflichtet wäre, vgl. *Baumbach/Hopt* § 110 Rdn. 2.
Zur Frage, ob die Zinsverpflichtung sich auch aus § 352 Abs. 1 HGB ergibt, weil bereits der Abschluß des Gesellschaftsvertrages für den persönlich haftenden Gesellschafter ein Handelsgeschäft ist, vgl. einerseits Großkomm. HGB/*Ulmer* § 110 Rdn. 26, § 105 Rdn. 44, andererseits Voaufl. Großkomm. HGB/*Fischer* § 105 Anm. 19a u. 60a.
Zur Frage der Kaufmannseigenschaft des Kommanditisten vgl. Großkomm. HGB/*Schilling* § 161 Rdn. 12 und *Heymann/Horn*, HGB, § 161 Rdn. 11.

12. Klage auf Unterlassung von Wettbewerb nach § 112 HGB

**An das
Landgericht
Kammer für Handelssachen¹**

Klage

der
1. ......
2. ......
3. ...... (Kläger)
Prozeßbevollmächtigter: ......
gegen
den ...... (Beklagen)

12. Klage auf Unterlassung von Wettbewerb nach § 112 HGB

wegen
Unterlassung von Wettbewerb (§ 112 HGB)
Vorläufiger Streitwert: DM ......
Namens und mit Vollmacht der Kläger erhebe ich Klage und werde beantragen:

I.

Dem Beklagten wird bei Vermeidung von Ordnungsgeld oder Ordnungshaft verboten, als Gesellschafter der ...... GmbH Personenkraftwagen zu vermieten.

II.

Der Beklagte trägt die Kosten des Rechtsstreits.
Zur

Begründung

trage ich vor:

I.

1. Die Kläger sind Kommanditisten[2], der Beklagte ist der persönlich haftende Gesellschafter der ...... KG.
   Zweck der im Handelsregister des Amtsgerichts ...... unter HRA ...... eingetragenen ...... KG ist die gewerbliche Vermietung von Kraftfahrzeugen aller Art, die seit Jahren ausgeübt wird.
   Eine Kopie des Gesellschaftsvertrages füge ich als Anlage K 1 bei.
2. Der Beklagte hat zusammen mit seiner Ehefrau am ......[3] die ...... GmbH gegründet. Die Gesellschaft ist im Handelsregister des Amtsgerichts ...... unter HRB ...... eingetragen. Der Beklagte ist der alleinvertretungsberechtigte Geschäftsführer der ...... GmbH, deren Unternehmenszweck die gewerbliche Vermietung von Kraftfahrzeugen aller Art ist.
   Einen Handelsregisterauszug, die Firma ...... GmbH betreffend, lege ich in Anlage K 2, eine Kopie der Satzung der ...... GmbH in Anlage K 3 vor.
3. Die Kläger haben die vom Beklagten nachgesuchte Einwilligung, im Handelszweig der ...... KG geschäftlich tätig zu werden, verweigert.
   Beweis: Zeugnis ......,
   Ehefrau des Beklagten.

II.

1. Der Beklagte, der ohne Einwilligung als Geschäftsführer der ...... GmbH Kraftfahrzeuge vermietet, verstößt gegen § 112 HGB.
2. Auf § 1 GWB kann sich der Beklagte nicht berufen. Das gesetzliche Wettbewerbsverbot des § 112 HGB ist Ausfluß und notwendiger Bestandteil der Verpflichtung des Beklagten in seiner Eigenschaft als geschäftsführender Gesellschafter, seine Tätigkeit am Gesellschaftszweck auszurichten und sich für das gemeinsame Ziel einzusetzen. Ob und in welchen Fällen § 1 GWB zumindest eine einschränkende Auslegung des § 112 HGB gebietet, braucht hier nicht untersucht zu werden, da der Beklagte der einzige persönlich haftende Gesellschafter der ...... KG ist[4,5].

III.

Den Streitwert gebe ich mit DM ...... an.
Ich füge einen auf mich lautenden Verrechnungsscheck über DM ...... (Gerichtskostenvorschuß DM ......, Zustellungskostenvorschuß DM ......) bei.

Rechtsanwalt

Anmerkungen

1. Die Sache ist Handelssache nach § 95 Abs. 1 Nr. 4a GVG.

2. Der Unterlassungsanspruch nach § 112 HGB kann von jedem Mitgesellschafter – nicht notwendig von allen – geltend gemacht werden (vgl. BGH BB 1978, 467; Großkomm. HGB/*Schilling* § 161 Anm. 32; Großkomm. HGB/*Fischer* § 124 Anm. 11; *Hueck* OHG § 13 S. 199), ohne daß es eines Beschlusses über die Geltendmachung des Anspruchs bedarf. § 113 Abs. 2 HGB gilt für den Unterlassungsanspruch nicht (*Baumbach/Hopt* § 113 Rdn. 9; Großkomm. HGB/*Ulmer* § 112 Rdn. 38).

Außer Unterlassung kann nach § 113 HGB Schadensersatz oder statt dessen von dem das Wettbewerbsverbot verletzenden Gesellschafter gefordert werden, daß er die für eigene Rechnung gemachten Geschäfte als für Rechnung der Gesellschaft eingegangen gelten läßt und die aus Geschäften für fremde Rechnung bezogene Vergütung herausgibt oder seinen Anspruch auf die Vergütung abtritt (§ 113 Abs. 1 HGB).

3. Wesentlich ist uU. die zeitliche Reihenfolge (vgl. § 112 Abs. 2 HGB u. *Baumbach/Hopt* § 112 Rdnrn. 9 ff.).

4. Daß der Beklagte die Wettbewerbstätigkeit nicht im eigenen Namen ausübt, sondern als Geschäftsführer einer Kapitalgesellschaft, ist für die Anwendung des § 112 HGB ohne Belang (BGH BB 1978, 467; Großkomm. HGB/*Ulmer* § 112 Rdn. 22 u. 23; *Hueck* OHG § 13 S. 197).

5. § 1 GWB könnte nur eingreifen, wenn die den persönlich haftenden Gesellschafter treffenden Wettbewerbsbeschränkungen geeignet wären, die Marktverhältnisse zu beeinflussen (BGHZ 68, 6/10 ff.; ebenso BGH BB 1978, 467). Aber auch dann wäre das gesetzliche Wettbewerbsverbot des § 112 HGB nur unwirksam, wenn es sich bei der in Rede stehenden Personalhandelsgesellschaft nicht um den gesetzlichen Regelfall einer umfassenden Arbeits- und Haftungsgemeinschaft handeln würde (BGH BB 1978, 467). § 1 GWB greift trotz der Regelung in § 112 HGB ein, wenn ein rein kapitalistisch beteiligter Gesellschafter auf Unterlassung wettbewerblicher Tätigkeit in Anspruch genommen wird (BGHZ 38, 306; BGHZ 70, 331; zum Ganzen vgl. auch *Baumbach/Hopt* § 112 Rdnrn. 15–17 mwN.; Großkomm. HGB/*Ulmer* § 112 Rdn. 5 u. Rdn. 40 ff.; Großkomm. HGB/*Schilling* § 165 Rdn. 5; § 95 Abs. 1 Nr. 4a GVG; *Heymann/Emmerich*, HGB, § 112 Rdn. 3 und 4; *Emmerich*, Kartellrecht, 5. Aufl. 1988, S. 71 ff.).

Kosten und Gebühren

Der Streitwert bemißt sich nach der Regel für § 3 ZPO nach dem Interesse des Klägers an der Unterlassung des Wettbewerbs, insbesondere nach der Beeinträchtigung, die von dem beanstandeten Verhalten verständigerweise zu besorgen ist, vgl. *Zöller/Schneider* § 3, Rdn. 16 – Unterlassung –.

13. Klage gegen einen handelnden Gründer einer GmbH nach § 11 Abs. 2 GmbHG

An das
Landgericht
Zivilkammer

Klage

des ...... (Klägers)

Prozeßbevollmächtigter: ......

gegen

den ...... (Beklagten)

wegen

Forderung gegen einen Geschäftsführer einer noch nicht eingetragenen GmbH

Streitwert: DM 10.000,–

Namens und mit Vollmacht der Klägerin erhebe ich Klage und werde beantragen:

I. Der Beklagte wird verurteilt, an den Kläger DM 10.000,– mit 4% Zinsen hieraus seit ...... zu bezahlen.
II. Der Beklagte trägt die Kosten des Rechtsstreits.

Zur
Begründung
trage ich vor:

I.

Durch notariellen Vertrag vom ...... gründete der Beklagte zusammen mit A die B GmbH. Auf das Stammkapital von DM 50.000,– sollten der Beklagte DM 40.000,– und A DM 10.000,– einlegen. Gesellschaftszweck sollte der An- und Verkauf von Gebrauchtwagen sein. Zum Geschäftsführer ist der Beklagte bestellt worden. Die B GmbH ist in das Handelsregister nicht eingetragen worden.
Alsbald nach der Gründung der B GmbH hat der Beklagte im Namen der B GmbH vom Kläger mehrere Kraftfahrzeuge gekauft. Der vereinbarte Kaufpreis von DM 10.000,– wurde nicht bezahlt.
Dieser Sachvortrag ist unstreitig.

II.

Der Kläger hat den Beklagten zur Zahlung aufgefordert und am ...... gemahnt. Der Beklagte hat bestritten, selbst zur Zahlung verpflichtet zu sein. Die Gesellschaftskasse sei zwar erschöpft. Seine Haftung entfalle aber deswegen, weil er seine Einlage bereits geleistet habe. Für den „Verbrauch" seiner Einlage im Zusammenhang mit anderen Geschäften der B GmbH habe er nicht einzustehen.

III.

Der Anspruch ist nach § 11 Abs. 2 GmbHG begründet[1]. Der Beklagte ist als bestellter Geschäftsführer für die künftige GmbH tätig geworden. Er haftet als Handelnder im Sinne des § 11 Abs. 2 GmbHG[2]. Es kann dahingestellt bleiben, ob die Behauptung des Beklagten

zutrifft, wonach dieser seiner Einlageverpflichtung nachgekommen ist. Die persönliche Haftung als handelnder Gesellschafter der Gründervereinigung besteht unabhängig von der Einlageverpflichtung als Mitglied der künftigen GmbH[3].
Der Beklagte ist in Zahlungsverzug. Er hat deswegen die Hauptforderung mit ......% zu verzinsen[4].

Rechtsanwalt

Anmerkungen

1. § 11 Abs. 2 GmbHG regelt nur einen Ausschnitt aus den Fragen der Haftung in der Vorgesellschaft; zu diesen eingehend *Hachenburg/Ulmer* § 11 Rdn. 60 ff., 66 ff.; *Scholz/ Winter* § 11 Rdn. 2 u. 16 ff.; *Roth* § 11 Anm. 3.2.1. ff.; aus der neueren Rechtspr. vgl. BGHZ 72, 45 = NJW 1978, 1978 mit Anm. *Karsten Schmidt;* BGHZ 65, 378 = NJW 1976, 419; BGHZ 47, 24 = NJW 1967, 828; grundlegend jetzt BGHZ 80, 129 ff. = NJW 1981, 1373; dazu *Ulmer* ZGR 1981, 593 ff. Die Handlungshaftung nach § 11 Abs. 2 GmbHG besteht nur für die Zeit nach Beurkundung des Gesellschaftsvertrags (Vorgesellschaft) und nicht für Rechtsgeschäfte der Vorgründungsgesellschaft , so jetzt BGHZ 91, 148 = NJW 1984, 2164 = Betr. 1984, 1716 = WM 1984, 929; dazu *Fischer/Lutter/ Hommelhoff* § 11 Rdn. 23; *Baumbach/Hueck* GmbHG § 11 Rdn. 46; sie endet mit der Eintragung der GmbH, BGHZ 80, 129, 137 ff.; BGHZ 80, 182, dazu insbesondere *Baumbach/Hueck* GmbHG § 11 Rdn. 51 ff. Wird die Gesellschaft während des Rechtsstreits im Handelsregister eingetragen, muß der Kläger zur Vermeidung einer Klagabweisung die Klage zurücknehmen oder die Hauptsache für erledigt erklären (BGHZ 61, 140, 144 – eine Anwendung des § 265 Abs. 2 ZPO auf die befreiende Schuldübernahme nach § 414 BGB hält der BGH nicht für möglich; zum Meinungsstreit vgl. *Zöller/Greger* § 265 Rdn. 5); ob der Kläger den neuen Schuldner im Wege des gewillkürten Parteiwechsels in den Rechtsstreit einbeziehen kann, ließ BGH aaO. offen.

2. Daß die Haftung nach § 11 Abs. 2 GmbHG nur die mit der Geschäftsführung befaßten Personen betrifft, wird heute im Gegensatz zur früheren Meinung überwiegend angenommen (vgl. *Hachenburg/Ulmer* § 11 Rdnrn. 105 ff.; *Scholz/Winter* § 11 Rdn. 92, 94; *Roth* § 11 Anm. 3.3.; BGHZ 65, 378 = NJW 1976, 419; BGHZ 72, 45 = NJW 1978, 1978); zur Haftung des neuen Geschäftsführers entsprechend § 11 Abs. 2 GmbHG bei Änderung von Firma und Unternehmensgegenstand einer GmbH nach Übernahme eines Teils der GmbH-Geschäftsanteile vgl. OLG Koblenz Betr. 1989, 373.

3. Der Einwand, die Einlage sei geleistet, könnte nur gegenüber der von § 11 Abs. 2 GmbHG unabhängigen Haftung als Vorgesellschafter relevant sein und wird je nach Ansicht über den Umfang der Vertretungsmacht des Geschäftsführers in der Vorgesellschaft unterschiedlich beurteilt, vgl. dazu *Baumbach/Hueck* GmbHG § 11 Rdn. 22 u. 23: *Hachenburg/Ulmer* § 11 Rdn. 60 mwN.; BGHZ 65, 378/384; BGHZ 72, 45/50.

4. Verzugszinsen nach § 288 BGB (4%, oder mehr als Verzugsschaden); gegebenenfalls schon ab Fälligkeit 5% Fälligkeitszinsen gemäß §§ 352, 353 HGB.

14. Klage auf Nachschuß gegen einen GmbH-Gesellschafter nach § 26 GmbHG

An das
Landgericht
Kammer für Handelssachen

Klage

der ......   (Klägerin)

Prozeßbevollmächtigter: ......

gegen

den ......   (Beklagten)

wegen

Zahlung eines Nachschusses nach § 26 GmbHG

Streitwert: DM 10.000,–

Namens und mit Vollmacht der Klägerin erhebe ich Klage und werde beantragen:

I. Der Beklagte wird verurteilt, an die Klägerin den in der Gesellschafterversammlung vom ...... beschlossenen, auf ihn entfallenden Nachschuß von DM 10.000,– zu bezahlen[1].
II. Der Beklagte trägt die Kosten des Rechtsstreits.

Zur

Begründung

trage ich vor:

I.

Der Beklagte ist mit einem Geschäftsanteil von DM 100.000,– Gesellschafter der Klägerin, deren Stammkapital DM 500.000,– beträgt. Nach § ...... der Satzung[2] der Klägerin können die Gesellschafter mit einfacher Mehrheit[3] die Einforderung von Nachschüssen beschließen, wenn alle Stammeinlagen voll eingezahlt sind. Die Nachschußpflicht ist auf einen Betrag beschränkt, der 20% der Geschäftsanteile entspricht.
Die Nachschüsse sind drei Monate nach Beschlußfassung fällig.

Beweis: Satzung der Beklagten, die ich als Anlage K 1 vorlege.

Am ...... haben die Gesellschafter der Beklagten in einer ordnungsgemäß einberufenen Gesellschafterversammlung gegen die Stimmen des Beklagten beschlossen, Nachschüsse von allen Gesellschaftern in Höhe von 10% der Geschäftsanteile anzufordern. Die Klägerin hat den Beklagten drei Monate nach Beschlußfassung aufgefordert, DM 10.000,– in die Gesellschaftskasse einzuzahlen. Der Beklagte hat sich geweigert, seiner Verpflichtung nachzukommen.

Beweis: 1. Einladung vom ...... zur Gesellschafterversammlung vom ...... (Kopie in Anlage K 2);
2. Protokoll über die Gesellschafterversammlung vom ...... (Kopie in Anlage K 3);
3. Aufforderungsschreiben der Klägerin vom ...... (Kopie in Anlage K 4).

II.

Der geltend gemachte Anspruch ergibt sich aus § 26 GmbHG in Verbindung mit § ......
der Satzung der Beklagten[4].

III.

Die Sache ist Handelssache[5].

Rechtsanwalt

Anmerkungen

1. Ausreichend ist – da Zahlungsklage – ein einfacher Zahlungsantrag; von der Beschlußfassung an gehört der Anspruch zu den Aktiva der Gesellschaft (*Hachenburg/Welf Müller* § 26 Rdn. 46).

2. Eine nachträgliche Einführung der Nachschußpflicht durch Änderung der Satzung erfordert Zustimmung aller von der Nachschußpflicht betroffenen Gesellschafter, § 53 Abs. 3. GmbHG, vgl. dazu *Hachenburg/Welf Müller* § 26 Rdn. 28.

3. Das wäre auch die ohne besondere Regelung genügende Mehrheit, §§ 47, 45 GmbHG, vgl. *Hachenburg/Welf Müller* § 26 Rdn. 38.

4. Zur Nachschußpflicht nach den §§ 26–28 GmbHG vgl. *Hachenburg//Welf Müller* zu §§ 26–28, *Roth* § 26 Anm. 2 ff., *Baumbach/Hueck* GmbHG § 26 Anm. 1 ff. und *Lutter/Hommelhoff*, GmbHG, § 26 Rdn. 1 ff. und zu §§ 27, 28. Zur Nachschußregelung in GmbH-Satzungen vgl. *Sudhoff*, GmbH S. 206 ff. u. (Formulierungsvorschläge) S. 650.
Zur Frage der Rückzahlung vgl. §§ 46 Nr. 3, 30 Abs. 2 GmbHG.

5. § 95 Abs. 1 Nr. 4a GVG.

15. Klage auf Zahlung nach § 32 a KO

An das
Landgericht
Kammer für Handelssachen[1]

Klage

des ......   (Klägers)

Prozeßbevollmächtigter: ......

gegen

den ......   (Beklagter)

wegen Anspruch auf Rückgewähr nach §§ 32a, 37 KO, § 32a GmbHG

Streitwert: DM 60.000,–.

Namens und mit Vollmacht des Klägers erhebe ich Klage und werde beantragen:

1. Der Beklagte wird verurteilt, an den Kläger als Konkursverwalter über das Vermögen der Firma ...... GmbH 60.000,– DM und 4% Zinsen hieraus seit Zustellung der Klage zu bezahlen.
2. Der Beklagte trägt die Kosten des Rechtsstreits.

15. Klage auf Zahlung nach § 32a KO   II. J. 15

Zur
                Begründung

trage ich vor:

I.

Der Kläger ist Konkursverwalter über das Vermögen der Firma ...... GmbH, deren Gesellschafter der Beklagte mit einer Beteiligung von 20.000,– DM an dem 60.000,– DM betragenden Stammkapital der GmbH ist.

Beweis: 1. Auszug aus dem Handelsregister des Amtsgerichts zu HRA, Kopie in   Anlage K 1.
         2. Gesellschafterliste der Firma ...... GmbH, Kopie in   Anlage K 2.

II.

Der Beklagte hat aufgrund Vertrages mit der ...... GmbH vom 1. Februar 1988 der ...... GmbH ein unverzinsliches, mit fünftägiger Frist jederzeit kündbares Darlehen von 60.000,– DM gewährt.

Beweis: Darlehensvertrag vom 1. Februar 1988, Kopie in   Anlage K 3.

Das Kapital der Gesellschaft war zu diesem Zeitpunkt verbraucht.

Beweis: 1. Testierte Bilanz zum 31. 12. 1987, Kopie in   Anlage K 4,
         2. Bericht des Wirtschaftsprüfers ...... über die Lage der Gesellschaft zum 31. 1. 1988, Kopie in   Anlage K 5.

III.

Am 1. 4. 1988 teilte die Stadtsparkasse ...... der ...... GmbH mit, sie kündige das der Firma ...... GmbH im Jahre 1986 gewährte Darlehen über 50.000,– DM vertragsgemäß zum 31. 5. 1988 und verlange die Rückzahlung zum 1. 6. 1988 nebst Zinsen.

Zur Begründung führte die Stadtsparkasse ...... aus, die Analyse der von der Firma ...... GmbH der Stadtsparkasse vierteljährlich mitgeteilten geschäftsrelevanten Zahlen habe ergeben, daß die Firma ...... GmbH nicht mehr kreditwürdig sei, daß vielmehr die Gesellschafter der Firma ...... GmbH Eigenkapital in Höhe von mindestens 100.000,– DM zuführen müßten. Nur bei Erfüllung dieses notwendigen Kapitalbedarfs könne die Existenz der Firma ...... GmbH erhalten werden.

Beweis: Schreiben der Stadtsparkasse ...... vom 1. 4. 1988, Kopie in   Anlage K 6.

IV.

Die ...... GmbH zahlte am 15. 5. 1988 an den Beklagten 60.000,– DM mit dem Vermerk:

„Rückzahlung Ihres Darlehens entsprechend Ihrem mündlich gestellten Verlangen vom 10. 5. 1988".

Beweis: Überweisungsträger, Kopie in   Anlage K 7.

Zur Rückzahlung des Darlehens an die Stadtsparkasse war die GmbH nicht mehr in der Lage.

V.

Am 2. Januar 1989 wurde das Konkursverfahren über das Vermögen der ...... GmbH eröffnet und der Kläger zum Konkursverwalter bestellt.

VI.

Der geltendgemachte Anspruch ergibt sich aus § 37 KO iVm. § 32a KO und § 32a GmbHG[2], die Zinspflicht aus § 291 BGB[3].

Rechtsanwalt

Anmerkungen

1. Handelssache nach § 95 Abs. 1 Nr. 4a GVG.

2. Das Thema kapitalersetzende Darlehen ist durch die GmbH-Novelle 1980 nur teilweise neu geregelt, nämlich in §§ 32a und b GmbHG, § 32a KO, § 3b AnfG; Übergangsregelung in Artikel 12 § 3 der Novelle; zur Anwendung des § 32a KO auf Altdarlehen vgl. OLG Düsseldorf Betr. 1983, 1912.

Rechtsprechung und Rechtslehre haben sich schon seit langem mit den einschlägigen Fragen (auf der Grundlage der §§ 30, 31 GmbHG) befaßt, vgl. BGHZ 31, 268 ff.; BGH WM 1972, 74; BGHZ 67, 171; BGHZ 75, 334 = NJW 1980, 529; BGHZ 76, 326 = NJW 1980, 1524). Mit der zuletzt genannten Entscheidung des BGH fand die Rechtsprechung „ihren Höhepunkt und grundsätzlichen Abschluß" (*Fischer/Lutter/Hommelhoff* §§ 32a/b Rdn. 1). Im Anschluß an die ganz h.M. (vgl. die Nachweise bei *Hachenburg/ Ulmer* §§ 32a, 32b Rdn. 11 Fn. 15; *Baumbach/Hueck* GmbHG § 32a Rdn. 74) hat sich der BGH (BGHZ 90, 370 = NJW 1984, 1981 = WM 1984, 1067 = ZIP 1984, 698) für die Weitergeltung der Rechtsprechung zu §§ 30, 31 GmbHG neben der gesetzlichen Neuregelung der §§ 32a, 32b GmbHG für eigenkapitalersetzende Gesellschafterdarlehen entschieden. Der Anwendungsbereich der BGH-Regeln (dazu *Fischer/Lutter/Hommelhoff* §§ 32a/b Rdn. 8) unterscheidet sich vom Anwendungsbereich der Novellen-Regeln (dazu *Fischer/LutterHommelhoff* §§ 32a/b Rdnrn. 10ff.). Die BGH-Regeln, die auf §§ 30, 31 GmbHG beruhen, binden eigenkapitalersetzende Gesellschafterdarlehen nur in Höhe des verlorenen Stammkapitals zuzüglich der darüber hinausgehenden Verschuldung (BGHZ 76, 335; *Hachenburg/Ulmer* §§ 32a, 32b Rdn. 12; *Fischer/Lutter/Hommelhoff* §§ 32a/b Rdn. 8). Nach den Novellen-Regeln sind eigenkapitalersetzende Gesellschafterdarlehen bei Insolvenz der Gesellschaft in voller Höhe verstrickt. Anfechtbar sind nach § 32a KO indes nur Darlehensrückzahlungen an den Gesellschafter, die innerhalb eines Jahres vor der Konkurseröffnung erfolgt sind.

Zu den Voraussetzungen für die Anwendung der Novellen- und der BGH-Regeln vgl. die Übersicht bei *Baumbach/Hueck* GmbHG § 32a Rdn. 43. Für die Kreditunwürdigkeit als maßgebliches Kriterium kommt es nach BGHZ 76, 326 = NJW 1980, 1524; 81, 252 = NJW 1981, 2570 darauf an, ob die Gesellschaft den zur Fortführung notwendigen Kapitalbedarf im Zeitpunkt der Darlehensgewährung durch den Gesellschafter durch entsprechenden Kredit von dritter Seite zu marktüblichen Bedingungen hätte decken können. Ist diese Frage zu verneinen, ist das Gesellschafterdarlehen kapitalersetzend. Läßt es ein Gesellschafter – mit oder ohne Stundungsabrede – zu, daß die Gesellschaft Forderungen, die ihm gegen sie aus Warenlieferungen zustehen, fortlaufend um bis zu mehrere Monate verspätet begleicht, so kann darin eine nach den Kapitalersatzregeln zu beurteilende Kreditgewährung liegen (BGH WM 1995, 15).

Nach ständiger Rechtsprechung des BGH steht das Belassen eines Darlehens der Gewährung eines Gesellschafterdarlehens gleich (BGHZ 75, 334 = NJW 1980, 592; 81, 365 = NJW 1982, 386). Auch bei Gewährung einer Bürgschaft als Gesellschafterleistung wird die Aufrechterhaltung der Bürgschaft mit der Neuverbürgung gleichgesetzt; bei Leistung entsteht ein Erstattungsanspruch der Gesellschaft, vgl. BGHZ 81, 252 = NJW 1981, 2570.

Ist einem Drittgläubiger in einem Fall des § 32a Abs. 2 GmbHG von der Gesellschaft eine konkursfeste Sicherung für das Darlehen bestellt worden, so kann er auch nach

Eröffnung des Konkurs- oder Vergleichsverfahrens daraus Befriedigung suchen, ohne vorrangig die Gesellschaftersicherung oder -bürgschaft in Anspruch nehmen zu müssen. Der Konkursverwalter kann aber gegen den Gesellschafter im Umfang der von diesem bestellten Sicherung einen Erstattungsanspruch geltend machen (BGH NJW 1985, 858 = ZIP 1985, 158). Zur kapitalersetzenden Gebrauchsüberlassung vgl. BGHZ 109, 55, vgl. dazu auch BGH Betr. 1993, 1662; zum Thema Eigenkapitalersatz bei Gebrauchsüberlassung im Rahmen einer Betriebsaufspaltung BGH GmbHR 1993, 87; zur Behandlung kapitalersetzender Gesellschafterdarlehen in der GmbH Bilanz *Fleck* in GmbHR 1989, 313; zum Kapitalersatz durch Finanzierungsmittel naher Angehöriger BGH ZIP 1991, 366 = Betr. 1991, 798 = WM 1991, 678; zur Frage Dienstleistungspflichten als Kapitalersatz vgl. *Priester* Betr. 1993, 1173.

Nach BGHZ 90, 381 = ZIP 1984, 572 sind die vom BGH entwickelten Grundsätze über die Behandlung kapitalersetzender Gesellschafterdarlehen auf eine Aktiengesellschaft sinngemäß anzuwenden, wenn der Darlehensgeber an der Gesellschaft unternehmerisch beteiligt ist; dies ist regelmäßig gegeben, wenn er mehr als 25% des Grundkapitals hält und ist bei einer darunter liegenden, nicht unbeträchtlichen Beteiligung gegeben, wenn der Aktionär aufgrund weiterer Umstände gesicherten Einfluß auf die Unternehmensleitung hat und er auch entsprechendes unternehmerisches Interesse bekundet. Vgl. dazu auch HansOLG Hamburg WM 1986, 130 und *Ulmer* ZIP 1984, 1163 mit Ausführung über die Unanwendbarkeit der für die Aktiengesellschaft gemachten Einschränkung auf die GmbH.

Zu kapitalersetzenden Darlehen bei verbundenen Unternehmen vgl. BGHZ 81, 311 = NJW 1982, 383. Zu Rechtsfragen um die Eigenkapitalersatzfunktion des in der Krise belassenen Gesellschafterdarlehens vgl. *Markus Geißler*, GmbHR 1994, 152; zur Behandlung eigenkapitalersetzender Gesellschafterdarlehen; in der zum Zwecke der Ermittlung einer etwaigen Vorbelastungs- oder Unterbilanzhaftung aufzustellenden Vorbelastungsbilanz bei Fehlen einer Rangrücktrittsvereinbarung vgl. BGH BB 1994, 393 ff. Die einjährige Ausschlußfrist des § 41 Abs. 1 KO findet auf den Anspruch der Erstattung des Wertes einer kapitalersetzenden Sicherheit (§ 32 b GmbHG) entsprechende Anwendung (BGHZ 123, 289). Keine analoge Anwendung der konkursrechtlichen Anfechtungsfrist auf den Erstattungsanspruch bei Rückgewähr einer kapitalersetzenden Leistung nach §§ 30, 31 GmbHG analog (BGH ZIP 1994, 31). Zum eigenkapitalersetzenden Charakter eines selbständigen Schuldversprechens vgl. BGH BB 1992, 15; vgl. auch BGHZ 119, 201 (zur Umqualifizierung eines Gesellschafterdarlehens in Eigenkapitalersatz).

3. Kein erhöhter Zinssatz nach § 352 HGB.

16. Klage eines Geschäftsführers einer GmbH auf Feststellung, daß der Gesellschaft aus der Geschäftsführung einer Entlastungsperiode keine Ersatzansprüche zustehen („Entlastungsklage")

An das
Landgericht
Kammer für Handelssachen[1]

Klage

des ...... (Klägers)
Prozeßbevollmächtigter: ......
gegen
die ...... (Beklagte)

wegen

Feststellung

Vorläufiger Streitwert: DM ......

Namens und mit Vollmacht des Klägers erhebe ich Klage und werde beantragen:

I.

Es wird festgestellt, daß der Beklagten gegen den Kläger aus dessen Geschäftsführung für die Beklagte im Geschäftsjahr 19...... (1. Januar 19...... – 31. Dezember 19......) keine Ersatzansprüche zustehen.[2].

II.

Die Beklagte trägt die Kosten des Rechtsstreits.

Zur

Begründung

trage ich vor:

I.

Der Kläger ist seit 1. 1. 19...... Geschäftsführer der Beklagten. Weitere Geschäftsführer sind die Herren A und B.

Einen Registerauszug die Firma ...... GmbH betreffend füge ich in Anlage K 1 bei.

In der Gesellschafterversammlung der Firma ...... GmbH am 21. 5. 19...... haben die Gesellschafter zu dem Tagesordnungspunkt „Entlastung der Geschäftsführer für das Geschäftsjahr 19......"[3] mehrheitlich beschlossen, dem Kläger die Entlastung zu verweigern. Gründe hierfür wurden nicht angegeben. Fragen des Klägers nach konkreten Gründen blieben unbeantwortet.

Beweis: 1. Protokoll über die Gesellschafterversammlung vom 21. 5. 19......, von dem ich eine Kopie in Anlage K 2 beifüge.
        2. Zeugnis ....

Der Kläger hat die Beklagte nach der Gesellschafterversammlung unter Hinweis darauf, daß er die Geschäfte der Gesellschaft auch im Geschäftsjahr ...... einwandfrei geführt und alle ihm nach Gesetz, Satzung und Anstellungsvertrag obliegenden Pflichten erfüllt hat, wiederholt aufgefordert, ihm Entlastung zu erteilen. Dem wurde nicht entsprochen.

II.

Da die Gesellschafter dem Kläger die Entlastung ohne Angabe von Gründen verweigert und ihn – trotz ausdrücklicher Befragung – nicht darüber aufgeklärt haben, ob sie die Entlastung wegen vermeintlicher Schadensersatzansprüche versagt haben und um welche es sich konkret handelt, kann sich der Kläger mit der herkömmlichen Klage auf negative Feststellung gegen irgendeine Anspruchsberühmung nicht zur Wehr setzen. Er hat daher ein schutzwürdiges Interesse an einer Feststellungsklage unter „erleichterten Voraussetzungen", die die Beklagte mit allen ihr etwa zustehenden Ansprüche gegen Kläger ausschließt[4].

III.

Den Streitwert gebe ich mit DM ...... an. Einen Verrechnungsscheck über DM ...... füge ich bei.

Rechtsanwalt

16. Klage eines Geschäftsführers einer GmbH auf Feststellung II. J. 16

Anmerkungen

1. Die Sache ist Handelssache (§ 95 Abs. 1 Nr. 4a GVG).

2. Nach ganz herrschender Meinung wurde bisher – im Anschluß an RGZ 89, 396 – ein Anspruch des Geschäftsführers auf Entlastung, den dieser durch Leistungsklage durchsetzen kann, bejaht, wenn die Voraussetzungen für die Entlastung vorliegen (*Hachenburg/ Schilling* § 46 Rdn. 26; vgl. auch die Übersicht bei *Baumbach/Hueck/Zöllner* GmbHG § 46 Rdn. 29). Im Hinblick auf die von *Scholz/Schmidt* schon bisher, vgl. 6. Aufl. § 46 Rdn. 81, 7. Aufl. § 46 Rdn. 102, vertretene Ansicht, die Klage könne nur auf die negative Feststellung des Nichtbestehens von Schadensersatzansprüchen gerichtet werden, weil auf die Bekundung des Vertrauens nicht geklagt werden könne, wurde der hier vorgeschlagene Feststellungsantrag als Hilfsantrag zum Leistungsantrag empfohlen. Der Bundesgerichtshof hat in einem Urteil vom 20. 5. 1985 (BGHZ 94, 324 = NJW 1986, 129) entschieden, daß der Geschäftsführer einer GmbH gegen diese keinen mit einer Leistungsklage durchsetzbaren Anspruch auf Entlastung hat. Zwar fehle im Recht der GmbH eine dem § 120 Abs. 2 S. 2 AktG entsprechende Vorschrift, so daß nach einhelliger Meinung die nach § 46 Nr. 5 GmbHG beschlossene Entlastung Verzichtswirkung habe, dieser Rechtsverlust begründe aber keinen Rechtsanspruch auf Entlastung. Auch die hilfsweise Feststellung, daß der Gesellschaft gegen den Geschäftsführer aus Geschäftsführungsmaßnahmen des Klägers in der Entlastungsperiode keine Schadensersatzansprüche zustehen, könne grundsätzlich nicht getroffen werden. Gegen konkrete Anspruchsberühmungen könne sich der Geschäftsführer nach allgemeinen Grundsätzen mit der negativen Feststellungsklage zur Wehr setzen. Dem BGH haben sich angeschlossen: *Fischer/Lutter/ Hommelhoff* § 46 Rdn. 15; *Roth* § 46 Anm. 6.3.3.; *Meyer-Landrut* § 46 Rdn. 28; dagegen *Baumbach/Hueck/Zöllner* GmbHG § 46 Rdn. 29.

3. Gegenstand der Entlastung kann nur ein bestimmter Zeitabschnitt der Geschäftsführung, regelmäßig ein Geschäftsjahr, sein; vgl. *Hachenburg/Hüffer* § 46 Rdn. 62.

4. Ob es bei der in diesem Formular wiedergegebenen Fallgestaltung – die Gesellschaft hat nicht zu erkennen gegeben, ob sie Schadensersatzansprüche gegen den Geschäftsführer zu haben glaubt und um welche es sich konkret handelt – für den Geschäftsführer eine zulässige „Feststellungsklage ‚unter erleichterten Voraussetzungen' (geben kann), die die Gesellschaft auch mit allen ihr noch unbekannten Ersatzansprüchen ausschlösse" (BGH a.a.O.) ist in der Entscheidung ausdrücklich offen geblieben.

Kosten und Gebühren

Zum Streitwert vgl. *Schmidt/Schmidt* Rdn. 124 u. *Hillach/Rohs* § 87 Anm. D. S. 374 mwN.

17. Anfechtung eines Gesellschafterbeschlusses und Klage auf Ausschüttung des Jahresüberschusses nach § 7 Abs. 1 S. 2 GmbHÄndG i.d.F. von Art. 11 Abs. 2 BiRiLiG

An das
Landgericht
Kammer für Handelssachen[1]

Klage

des ...... (Klägers)

Prozeßbevollmächtigter: ......

gegen

die ...... (Beklagte)

wegen

Anfechtung eines Gesellschafterbeschlusses und Ausschüttung des Jahresüberschusses nach § 7 Abs. 1 S. 2 GmbHÄndG i.d.F. von Art. 11 Abs. 2 BiRiLiG

Vorläufiger Streitwert: DM ......

Namens und mit Vollmacht des Klägers erhebe ich Klage und werde beantragen:

I.

1. Der in der Gesellschafterversammlung der Gesellschafter der Beklagten vom ...... festgestellte Gesellschafterbeschluß mit dem Inhalt, den im Jahresabschluß der Beklagten zum 31. 12. ...... mit DM 250.000,– ausgewiesenen Jahresüberschuß nicht auszuschütten, wird für nichtig erklärt[2].
2. Die Beklagte wird verurteilt, einen Gewinnverteilungsbeschluß zu fassen, wonach der sich aus dem Jahresabschluß der Beklagten zum 31. 12. ...... ergebende Bilanzgewinn an die Gesellschafter nach Abzug von ...... % Kapitalertragssteuer ausgezahlt wird.
3. Die Beklagte wird verurteilt, an den Kläger DM 50.000,– und 4% Zinsen aus diesem Betrag seit Zustellung der Klage zu zahlen.

Fürsorglich:

1. Die Beklagte wird verurteilt, einen Gewinnverteilungsbeschluß zu fassen, wonach der sich aus dem Jahresabschluß der Beklagten zum 31. 12. ...... ergebende Jahresüberschuß an die Gesellschafter nach Abzug von ......% Kapitalertragssteuer ausgezahlt wird.
2. Die Beklagte wird verurteilt, an den Kläger DM 50.000,– und 4% Zinsen aus diesem Betrag seit Zustellung der Klage zu zahlen.

II.

Die Beklagte trägt die Kosten des Rechtsstreits.

Zur
Begründung

trage ich vor:

I.

Die Beklagte ist eine Gesellschaft mit beschränkter Haftung, die mit einem Stammkapital von DM 200.000,– ausgestattet ist. Sie ist im Handelsregister des Amtsgerichts ......

17. Anfechtung eines Gesellschafterbeschlusses

unter HRB ...... eingetragen. Eine Kopie des Registerauszuges, der auch noch den heutigen Verhältnissen entspricht, füge ich in Anlage K 1 bei.

Die Beklagte wurde von A und dem Kläger am ...... gegründet. Eine Kopie der Satzung der Beklagten gemäß Urkunde des Notars B vom ...... (Urkundenrolle ......) füge ich in Anlage K 2 bei.

Der Kläger und der Gesellschafter A halten mit ihren Geschäftsanteilen je die Hälfte des Stammkapitals, nämlich je DM 100.000,–. A ist der alleinige Geschäftsführer der Beklagten.

Bestimmungen über die Verwendung des Gewinns der Beklagten enthielt die Satzung am 1. 1. 1986 nicht. Auch heute ist darüber keine Regelung im Gesellschaftsvertrag getroffen.

Mit Schreiben vom ...... berief A für den ...... eine Gesellschafterversammlung der Beklagten ein. In dieser Gesellschafterversammlung, die der Steuerberater C im Einvernehmen der Gesellschafter leitete und protokollierte, wurde zum Tagesordnungspunkt „Jahresabschluß zum 31. 12. ......" der vorgelegte Jahresabschluß, der einen Jahresüberschuß von DM 250.000,– ausweist, von beiden Gesellschaftern genehmigt. Zu dem folgenden Tagesordnungspunkt „Beschluß über die Gewinnverwendung" stellte der Kläger den Antrag, den gesamten Jahresüberschuß auszuschütten. A trat dem Antrag entgegen und beantragte seinerseits, den Jahresüberschuß nicht auszuschütten, sondern auf neue Rechnung vorzutragen.

Steuerberater C protokollierte „keine Gewinnausschüttung". Der Kläger erklärte Widerspruch zu Protokoll.

Eine Kopie des Protokolls über diese Gesellschafterversammlung vom ...... füge ich in Anlage K 3 bei.

II.

Die Klage stützt sich auf § 7 Abs. 1 S. 2 GmbHÄndG i.d.F. von Art. 11 Abs. 2 BiRiLiG.[3] Die zunächst geltend gemachte Anfechtung dient der Beseitigung des den Antrag des Klägers auf Gewinnausschüttung ablehnenden Beschlusses[4], der noch – mangels Mehrheit inhaltlich unzutreffend – den Gegenantrag als angenommen feststellt[5]. Daraus ergibt sich ohne weiteres das Rechtsschutzinteresse[6] des Klägers.

Nach § 7 Abs. 1 S. 2 GmbHÄndG i.d.F. von Art. 11 Abs. 2 BiRiLiG hat der Kläger einen Anspruch auf den Jahresüberschuß zuzüglich eines Gewinnvortrags und abzüglich eines Verlustvortrags, da eine von § 29 GmbHG a. F. abweichende Regelung im Gesellschaftsvertrag nicht getroffen war[7].

Die vom Kläger begehrte Auszahlung des Reingewinns (Klageantrag Nr. 3) setzt einen Gewinnverteilungsbeschluß der Gesellschafter voraus[8] (Klageantrag Nr. 2)[9].

Der fürsorgliche Antrag begehrt nur die Fassung des Gewinnverteilungsbeschlusses und Auszahlung und wird für den Fall gestellt, daß das Gericht die Anfechtung des ablehnenden Beschlusses für nicht erforderlich und deswegen nicht begründet hält[10].

III.

Den Streitwert gebe ich mit DM ...... an. Einen Verrechnungsscheck in Höhe von DM ...... füge ich bei.

Rechtsanwalt

Anmerkungen

1. Die Sache ist Handelssache (§ 95 Abs. 1 Nr. 4a GVG).

2. Dieser Antrag bedeutet die Anfechtung des Beschlusses. Für die Anfechtung von Gesellschafterbeschlüssen der GmbH gelten die aktienrechtlichen Vorschriften entsprechend (vgl. *Hachenburg/Raiser* Anh. § 47 Rdn. 3; es handelt sich um die §§ 243–248, 251, 252, 254, 255, 257 AktG).

II. J. 17

3. Über die Reform des § 29 GmbHG a. F., die dem Gesellschafter grundsätzlich einen Anspruch auf Ausschüttung des gesamten Bilanzgewinns gewährte, wurde seit langem diskutiert (vgl. *Roth* § 29 Anm. 1; *Baumbach/Hueck* GmbHG § 29 Rdn. 2 m. Nachw.). Durch das BiRiLiG wurde § 29 GmbHG grundlegend geändert. Das gesetzliche Vollausschüttungsgebot, das nur durch die Satzung ausgeschlossen werden konnte, wurde beseitigt. Die Gesellschafter können nunmehr auch ohne eine dies zulassende Regelung im Gesellschaftsvertrag Beträge in Gewinnrücklagen einstellen oder als Gewinn vortragen (§ 29 Abs. 2 GmbHG n. F.). Die neue Regelung gilt nur für „Neugesellschaften", die nach dem 1. 1. 1986 in das Handelsregister eingetragen worden sind. Für „Altgesellschaften", für die § 29 GmbHG a. F. galt, gilt die Regelung nach Maßgabe des § 7 Abs. 1 GmbHÄndG i.d.F. von Art. 11 Abs. 2 BiRiLiG weiter; zur Geltung nur für Altgesellschaften, soweit die Satzung die Gewinnverwendung nicht regelt, BGH Betr. 1988, 2554; zum Wahlrecht der Gesellschafter und zu den Erleichterungen bei der Anpassung an die Neuregelung des § 29 Abs. 2 GmbHG n. F. vgl. § 7 Abs. 2 GmbHÄndG i.d.F. von Art. 11 Abs, 2 BiRiLiG; zu der dort vorgesehenen Registersperre als Mittel der Einwirkung auf die Gesellschafter, sich für die alte oder die neue Regelung zu entscheiden, vgl. *Gustavus,* Sperre des Handelsregisters durch das Bilanzrichtliniengesetz, ZIP 1986, 219; OLG Karlsruhe NJW 1988, 715; BayObLG WM 1987, 1333; *Grunewald,* Wozu dient die Registersperre des § 7 II GmbHÄndG? NJW 1987, 2410.

4. Das Vorliegen eines Beschlusses bei Ablehnung des Antrags und dessen Anfechtbarkeit wird in der Literatur überwiegend angenommen, auch wenn die Abstimmung zur Stimmengleichheit geführt hat, so *Hachenburg/Raiser* Anh. 47 Rdn. 14; *Geßler/Hefermehl* AktG/*Eckardt* § 133 Rdn. 14, 24; Kölner Komm. AktG/*Zöllner* § 133 Rdn. 6; Großkomm. AktG/*Schilling* § 241 Anm. 5; RGZ 122, 102/107, zumindest sofern er rechtliche Wirkung entfaltet oder gegen Gesetz oder Satzung verstößt, vgl. *Hachenburg/Raiser* Anh. 47 Rdn. 14.

Die Rechtsprechung steht dagegen auf dem Standpunkt, ein ablehnender Beschluß habe keine zu beseitigende Rechtswirkung, so BGH LM Nr. 2 zu § 29 GmbHG, es bedürfe daher keiner Anfechtungsklage, oder sogar, sie sei kein hier richtiges Mittel, BGHZ 51, 209.

5. Zur Frage der Bedeutung der Feststellung eines Beschlusses für Maßgeblichkeit und Inhalt vgl. ausführlich *Scholz/Schmidt* § 48 Rdn. 58; zur Frage, ob und wann der ablehnende Beschluß den dem Antrag entgegengesetzten positiven Inhalt hat, vgl. Großkomm. AktG/*Barz* § 133 Anm. 3, zum ablehnenden Beschluß überhaupt *Baltzer* GmbHRdsch. 1972 S. 57 ff.

6. Vgl. *Hachenburg/Raiser* Anh. § 47 Rdn. 192 mit Rdn. 194 am Ende.

7. Zum bisherigen Meinungsstand über die Frage, welche Mehrheiten bei Fehlen einer abweichenden Bestimmung im Gesellschaftsvertrag erforderlich sind für einen Gesellschafterbeschluß, der dem Anspruch nach § 29 GmbHG auf Gewinnausschüttung entgegenwirkt.

8. Ein Gewinnverteilungsbeschluß ist nach herrschender Meinung Voraussetzung für den Anspruch des Gesellschafters auf Gewinnauszahlung, vgl. *Baumbach/Hueck* § 29 Rdn. 42 u. § 46 Rdn. 12; *Hachenburg/Goerdeler/Welf Müller* § 29 Rdn. 90; BGH LM Nr. 2 zu § 29 GmbHG.

Dementsprechend besteht ein Anspruch (Klagemöglichkeit) gegen die Gesellschaft auf Beschlußfassung, so *Baumbach/Hueck* GmbHG § 29 Rdn. 40, ebenso *Hachenburg/Goerdeler/Welf Müller* § 29 Rdn. 56.

9. Die Anträge können verbunden werden; vgl. RGZ 64, 260; 76, 248; 80, 335; *Scholz* GmbHG, 4. Aufl. 1960, § 29 Rdn. 15.

10. S. Anm. 4.

Kosten und Gebühren

Für den Streitwert der Anfechtungsklage ist § 247 AktG analog anzuwenden (vgl. *Hillach/Rohs* § 87 Anm. G II S. 377 mwN. und *Happ/Pfeifer*, Der Streitwert gesellschaftsrechtlicher Klagen und Gerichtsverfahren ZGR 1991, 103, 114).

Rechtsmittel und Fristen

Eine feste Frist für die Erhebung der Anfechtungsklage nach Beschlußfassung kennt das GmbHG nicht. Die Anwendung von § 246 Abs. 1 AktG (Monatsfrist) wird überwiegend abgelehnt; jedoch ist nach herrschender Lehre die Einhaltung einer angemessenen Frist erforderlich, die nicht kürzer als ein Monat ist, BGHZ 111, 224, 225; BGH NJW 1993, 129; dazu auch *Hachenburg/Raiser* Anh. § 47 Rdnrn. 178–185; *Scholz/Schmidt* § 45 Rdn. 143; *Roth* § 47 Anm. 6.5.1.

18. Antrag auf Feststellung nach §§ 51a, 51b GmbHG

An das
Landgericht
Kammer für Handelssachen

Antrag

des ......   (Antragstellers)

Verfahrensbevollmächtigter: ......

gegen

die Firma ...... GmbH   (Antragsgegnerin)

auf gerichtliche Entscheidung über das Informationsrecht nach §§ 51a, 51b GmbHG
Geschäftswert: DM 10.000.–[2]
Namens und mit Vollmacht des Antragstellers stelle ich den

Antrag,

festzustellen[3], daß die Geschäftsführer der Antragsgegnerin Auskunft darüber zu geben haben, ob sich die Antragsgegnerin durch Vertrag mit der Firma ...... verpflichtet hat, ihren gesamten Bedarf an Sand für die Dauer von 10 Jahren bei der Firma X zu decken und zu welchen Bedingungen.

Zur
Begründung
trage ich vor:

I.

Die Antragsgegnerin ist eine Gesellschaft mit beschränkter Haftung, die sich satzungsgemäß mit der Herstellung und dem Vertrieb von Zement befaßt. Der Antragsteller ist Gesellschafter der Antragsgegnerin. Er ist Inhaber eines Unternehmens, das sich mit der Gewinnung und dem Vertrieb von Sand befaßt.
In der Gesellschafterversammlung vom ...... hat der Antragsteller die Geschäftsführer der Antragsgegnerin gebeten, Auskunft darüber zu geben, ob die Antragsgegnerin gegenüber

der Firma X die vertragliche Verpflichtung übernommen hat, den gesamten Bedarf an Sand bei der Firma X zu decken und welche Bedingungen in diesem Vertrag vereinbart worden sind.
Die Geschäftsführer haben die Auffassung vertreten, sie könnten dem Antragsteller hierüber keine Auskunft geben, da der Antragsteller sich mit der Gewinnung und dem Vertrieb von Sand gewerblich befasse und der Antragsteller somit die erbetene Auskunft zu gesellschaftsfremden Zwecken verwenden und dadurch der Antragsgegnerin einen nicht unerheblichen Nachteil zufügen werde. Die Gesellschafter haben die Auffassung der Geschäftsführer mehrheitlich geteilt und die Erteilung der begehrten Auskunft durch Beschluß verweigert.
Eine Kopie des Beschlusses füge ich in Anlage K 1
bei.

II.

Der Antragsteller begehrt die gerichtliche Entscheidung über das Auskunftsrecht nach § 51b GmbHG, § 132 AktG. Die Antragsberechtigung des Antragstellers folgt aus § 51b S. 2 GmbHG. Die Verpflichtung der Geschäftsführer, dem Antragsteller die gewünschte Auskunft zu geben, folgt aus § 51a Abs. 1 GmbHG[4]. Zur Verweigerung der erbetenen Auskunft besteht kein Grund. Die Antragsgegnerin kann weder schlüssig dartun noch beweisen, daß der Antragsteller die erbetene Auskunft zu gesellschaftsfremden Zwecken verwenden und dadurch der Gesellschaft einen nicht unerheblichen Nachteil zufügen wird[5]. Gerade weil der Antragsteller Konkurrent der Firma X ist, liegt die Erteilung der erbetenen Auskunft im Interesse der Antragsgegnerin. Der Antragsteller ist der Überzeugung, daß er schon aufgrund der geographischen Nähe seines Unternehmens zur Antragsgegnerin in der Lage wäre, Sand an die Antragsgegnerin zu günstigeren Konditionen zu liefern als die Firma X.

Rechtsanwalt.

Anmerkungen

1. Die Zuständigkeit der Kammer für Handelssachen ergibt sich aus der Verweisung von § 51b GmbHG auf § 132 AktG. Hatte eine Landesregierung von ihrer Konzentrationsermächtigung nach § 132 Abs. 1 S. 3 AktG durch Verordnung Gebrauch gemacht, so gilt diese VO nicht automatisch für das Verfahren nach § 51b GmbHG (OLG Hamm ZIP 1982, 840; BGH WM 1987, 870; zustimmend *Fischer/Lutter/Hommelhoff* § 51b Rdn. 1; *Baumbach/Hueck* GmbHG § 51b Rdn. 2. Das Verfahren ist ein Verfahren der Freiwilligen Gerichtsbarkeit (allerdings mit streitigem Charakter, § 99 AktG, vgl. dazu Kölner Komm. AktG/*Zöllner* § 132 Rdn. 17ff. *Ebenroth*, Das Auskunftsrecht des Aktionärs und seine Durchsetzung im Prozeß 1970 S. 149ff.) Es besteht kein Anwaltszwang, der Antrag kann auch zu Protokoll der Geschäftsstelle erklärt werden, § 11 FGG; die Vollstreckung erfolgt nach § 888 ZPO, vgl. § 132 Abs. 4 S. 2 AktG.

2. Vgl. § 132 Abs. 5 S. 5 u. 6 AktG.

3. Antragsgegner ist die Gesellschaft, vertreten durch den Geschäftsführer (*Baumbach/ Hueck* GmbHG § 51b Rdn. 4). Antrag und Urteilstenor sollen auf Feststellung lauten, vgl. Kölner Komm. AktG/*Zöllner* § 132 Rdn. 2; ebenso *Lutter/Hommelhoff*, § 51b Rdn. 1; *Zöllner* in Baumbach/Hueck, § 51b Rdn. 1. Nach *Roth*, GmbHG, § 51b Anm. 2 soll die Entscheidung im Erfolgsfalle auf Verpflichtung zur Erteilung bestimmter Auskünfte bzw. zur Gewährung bestimmter Einsichtnahmen lauten; nach *Hachenburg/Schilling*, § 51b Anm. 7 und *Scholz/Schmidt*, § 51b Anm. 8 handelt es sich ohne Rücksicht auf den Antrag und den Entscheidungstenor um ein Leistungserzwingungsverfahren. Der Beschlußtenor kann aber bei Erfolg des Antrags wohl nur auf Feststellung der jeweiligen Verpflichtung,

18. Antrag auf Feststellung nach §§ 51a, 51b GmbHG

Auskunft zu erteilen oder Einsichtnahme zu gestatten, lauten, weil im Beschlußverfahren nicht verurteilt werden kann (*Hachenburg/Hüffer,* § 51b Rdn. 13). Auch *Scholz/Schmidt* aaO. meint, üblicherweise werde ein Feststellungsantrag empfohlen, wonach die Geschäftsführer der Antragsgegnerin über den Informationsgegenstand Auskunft zu erteilen habe. Dieser übliche Antrag und ein entsprechender Tenor seien unschädlich, auch wenn er der Sache nicht gerecht würde. Zur Vollstreckbarkeit des Beschlusses und zur Art und Weise der Zwangsvollstreckung vgl. *Hachenburg/Hüffer* § 51b Rdn. 18.

4. Ein Auskunfts- und Einsichtsrecht des Gesellschafters (allerdings bei Vorliegen von besonderen Gründen) war schon nach altem Recht anerkannt, vgl. BGHZ 14, 53 ff.; in der Novelle ist dieses Recht als Kontrollrecht des Gesellschafters umfassend und unentziehbar normiert, vgl. dazu *Karsten Schmidt,* Das neue GmbH-Recht in der Diskussion 1981 S. 87 ff.; *Gessler* BB 1980, 1385/1390; *Lutter* Betr. 1980, 1317/1320 und ZGR 1982, 1 ff.; erwogen wird in der Literatur, ob als einschränkende Voraussetzung des Rechts ein Informationsbedürfnis verlangt werden könnte, so *Karsten Schmidt* aaO. 99/103; *Scholz/ Schmidt* § 51 Rdnr. 8; *Baumbach/Hueck* GmbHG § 51a Anm. 22, ablehnend *Roth* § 51a Anm. 2.2.1; OLG Stuttgart GmbHRdsch 1983, 242 = ZIP 1983, 306; KG ZIP 1988, 714 oder ob sich die Grenzen nur aus der Treupflicht gegenüber der Gesellschaft, *Hachenburg/ Schilling* § 51a Rdn. 3, bzw. dem Obstruktionsverbot, so *Lutter* Betr. 80, 1320; ZGR 82, 1/4/5; *Gessler* BB 80, 1385/1390; *v. Bitter* ZIP 1981, 825, ergeben; die Rechte (Auskunft und Einsicht) können auch durch Bevollmächtigte, die zur Berufsverschwiegenheit verpflichtet sind, ausgeübt werden, vgl. *Lutter* Betr. 80, 1320, *Gessler* BB 80, 1390; auch der Gesellschafter selbst soll zu Vertraulichkeit verpflichtet sein, so *Lutter* ZGR 82, 1/12 ff., *Karsten Schmidt* aaO. S. 119.

Zur Frage der Zulässigkeit der Anfechtungsklage gegen den Gesellschafterbeschluß nach § 51a Abs. 2 S. 2 GmbHG neben dem Antrag auf gerichtliche Entscheidung gemäß § 51b GmbHG vgl. BGH WM 1988, 121 = Betr. 1988, 327; zum Informationsrecht in der GmbH & Co. KG vgl. BGH ZIP 1988, 1175.

Zur Frage, ob der Gesellschafter die Anfertigung von Fotokopien verlangen oder solche selbst fertigen kann, zur Frage, ob sich das Auskunftsrecht auf Angelegenheiten von verbundenen Unternehmen erstreckt und zum Anspruch auf Auskunft über die Bezüge eines Geschäftsführers vgl. OLG Köln ZIP 1985, 800 = GmbHR 1985, 358 = AG 1986, 24 = WM 1986, 36.

5. Vgl. § 51a Abs. 2 GmbHG; nach OLG Stuttgart GmbHRdsch 1983, 242 kann die Information verweigert werden, wenn die Gefahr der gesellschaftsfremden Verwendung mit der Folge nicht unerheblicher Nachteilszufügung wahrscheinlich ist; im Regierungsentwurf vorgesehene weitere Verweigerungsgründe sind nicht in das Gesetz übernommen worden; daß die Geschäftsführer zur Auskunft nicht verpflichtet sein können, wenn sie sich durch die Erteilung strafbar machen würden, versteht sich auch ohne gesetzliche Regelung, so Bericht des Rechtsausschusses, abgedruckt bei *Deutler,* Das neue GmbH-Recht, GmbH-Novelle 1980, S. 96, *Roth* § 51a Anm. 3.3.1.

Kosten und Gebühren

Zur Kostenentscheidung und zu den Kosten des Verfahrens vgl. § 132 Abs. 5 AktG; s. auch Anm. 2.

19. Klage auf Ausschluß eines Gesellschafters einer GmbH

An das
Landgericht
Kammer für Handelssachen

Klage

der ...... (Klägerin)[1]

Prozeßbevollmächtigter: ......

gegen

den ...... (Beklagten)

wegen

Ausschluß aus einer GmbH

Vorläufiger Streitwert: DM ......

Namens und mit Vollmacht der Klägerin erhebe ich Klage und werde beantragen:

I. Der Beklagte wird aus der im Handelsregister des Amtsgerichts ...... unter HRB ...... eingetragenen ...... Gesellschaft mit beschränkter Haftung (Klägerin) unter der Bedingung ausgeschlossen, daß die Klägerin innerhalb eines Zeitraumes von höchstens sechs Monaten an den Beklagten ...... DM bezahlt. Unter dieser Bedingung wird die Klägerin für befugt erklärt, nach ihrer Wahl die Einziehung oder die Abtretung des Geschäftsanteils des Beklagten an sich, einen Mitgesellschafter oder einen Dritten herbeizuführen[2].

II. Der Beklagte trägt die Kosten des Rechtsstreits.

Zur

Begründung

trage ich vor:

I.

Die Klägerin ist eine Gesellschaft mit beschränkter Haftung, deren Stammkapital DM 100.000,– beträgt und an der A und B mit Geschäftsanteilen von je DM 20.000,– und der Beklagte, der zugleich alleiniger Geschäftsführer war, mit einem Geschäftsanteil von DM 60.000,– beteiligt sind.

Die Klägerin betreibt in der Innenstadt von ...... einen erstklassigen Hotel- und Restaurantbetrieb. Der Beklagte hatte sich an der Klägerin ...... Monate vor Klageerhebung beteiligt und auf Wunsch seiner Mitgesellschafter auch die alleinige Geschäftsführung übernommen. Er hatte sich – unzutreffend – als erfahrener Gastronom und Hotelier beworben. Der Beklagte hatte verschwiegen, daß er wiederholt wegen Meineides, Diebstahls und Hehlerei bestraft worden war und daß er deswegen mehrere Freiheitsstrafen verbüßt hatte. Nach Eintritt des Beklagten als Gesellschafter-Geschäftsführer der Klägerin hat er in mindestens 10 Fällen die gesamten Tageseinnahmen des Hotel- und Restaurantbetriebes der Klägerin aus der Kasse entnommen, in der Spielbank ...... verspielt und trotz mehrmaliger Aufforderung den Betrag nicht zurückbezahlt. Auf Antrag der Staatsanwaltschaft bei dem Landgericht ...... hat das Amtsgericht ...... Haftbefehl gegen den Beklagten erlassen. Dem Vollzug hat er sich durch die Flucht ins Ausland entzogen.

In mehreren Briefen hat sich der Beklagte geweigert, seinen Geschäftsanteil an einen von A und B benannten Dritten gegen Vergütung des Verkehrswerts zu übertragen. Auch den

Vorschlag von A und B, den Geschäftsanteil zunächst auf einen Treuhänder zu übertragen, hat der Beklagte schriftlich abgelehnt.

In der Gesellschafterversammlung vom ...... haben A und B den Beklagten abberufen und beschlossen, Ausschlußklage gegen ihn zu erheben.

Den Verkehrswert der Beteiligung des Beklagten hat die Klägerin von der Wirtschaftsprüfungsgesellschaft ...... schätzen lassen. Die Klägerin ist bereit, den ermittelten und im Klageantrag genannten Betrag innerhalb von sechs Monaten nach Rechtskraft des Urteils an den Beklagten zu zahlen.

Ich lege die Satzung der Klägerin, die letzte Gesellschafterliste, einen Handelsregisterauszug, das Protokoll mit dem Wortlaut des Beschlusses, wonach Ausschlußklage erhoben werden soll, die erwähnten Schreiben des Beklagten und das Bewertungsgutachten der Wirtschaftsprüfungsgesellschaft ...... in Anlagen K 1 – K ...... vor und berufe mich zum Beweis für die Richtigkeit des vorgetragenen Sachverhalts auf das

Zeugnis ...... sowie für die Richtigkeit des ermittelten Wertes der Beteiligung des Beklagten auf das

Gutachten eines Sachverständigen.

II.

Die Ausschließung eines Gesellschafters ist zwar in der Satzung der Klägerin nicht vorgesehen. Sie ist aber nach ständiger Rechtsprechung und herrschender Lehre zulässig und begründet[3].

Der Ausschluß des Beklagten ist geboten, weil der Beklagte durch seine Person und durch sein Verhalten die Erreichung des Gesellschaftszweckes zumindest erheblich gefährdet und das Verbleiben des Beklagten in der Gesellschaft im Hinblick auf seine Person und sein Verhalten für diese untragbar ist[4].

Der Ausschluß des Beklagten ist das einzige in Betracht kommende Mittel, da sich der Beklagte beharrlich weigert, seinen Anteil an einen Dritten, zumindest an einen Treuhänder, zu übertragen[5].

Der Ausschlußklage ist ein einstimmiger Gesellschafterbeschluß vorausgegangen, an welchem der Beklagte nicht mitgewirkt hat[6].

Die Klägerin bietet dem Beklagten den Verkehrswert seiner Beteiligung[7].

III.

Die Sache ist Handelssache[8].

IV.

Den Streitwert gebe ich mit DM ...... an. Ich füge einen Verrechnungsscheck über DM ...... bei.

Rechtsanwalt

Anmerkungen

1. Für den Ausschluß aus einer Zweimann-Gesellschaft wird verschiedentlich vorgeschlagen, die Klagebefugnis nicht der Gesellschaft, sondern dem Gesellschafter zu geben (*Hachenburg/Ulmer* Anh. § 34 Rdn. 26 und Rdn. 31 mwN., jedoch mit der Einschränkung, daß die Ausschließungsklage nicht vom Mitgesellschafter persönlich, sondern auch von der GmbH erhoben werden kann; *Roth* § 60 Anm. 6.2.2.); anders jedoch BGHZ 9, 157/177; BGHZ 16, 317/322; wie BGH auch *A. Hueck* Betr. 1953, 776.

2. Antrag im Anschluß an den Vorschlag bei *Hachenburg/Ulmer* Anh. § 34 Rdn. 36.

3. Die Ausschlußklage, die im Gesetz nicht vorgesehen ist, ist von der Rechtsprechung des BGH (im Anschluß an RGZ 169, 330 anerkannt); vgl. die in Anm. 1 zitierten Urteile.

Wie BGH die einhellige Lehre (*Hachenburg/Ulmer* Anh. § 34 Rdn. 8 mwN.; *Roth* § 60 Anm. 6.2.; *Baumbach/Hueck* GmbHG Anh. § 34 Rdn. 2 ff.; *Fischer/Lutter/Hommelhoff* § 34 Rdnrn. 26 ff.). Dieser Komplex ist entgegen dem Entwurf in der GmbH-Novelle nicht geregelt.

4. Der wichtige Grund muß in der Person des auszuschließenden Gesellschafters gegeben sein, vgl. BGHZ 9, 157/159; BGHZ 16, 317/322; *Hachenburg/Ulmer* Anh. § 34 Rdnrn. 10 und 11; *Scholz/Winter* § 15 Rdn. 134 ff.; zur Frage, wann bei Mitverschulden des Klägers die Ausschließung noch gerechtfertigt ist, vgl. BGHZ 80, 346 = NJW 1981, 2302.

5. BGHZ 16, 317/322 („...... Ausschließung nur das letzte und äußerste Mittel"); *Hachenburg/Ulmer* Anh. § 34 Rdn. 15.

6. Auch über die Notwendigkeit eines Gesellschafterbeschlusses zur Erhebung der Ausschlußklage besteht Einvernehmen (BGHZ 16, 317/322). Der Beklagte wirkt bei der Beschlußfassung nicht mit (*Hachenburg/Ulmer* Anh. § 34 Rdnrn. 20 f.).

7. Zur Frage der Koppelung von Ausschließungsurteil mit der Zahlung der Vergütung für den Geschäftsanteil vgl. BGHZ 9, 157 ff.; 16, 317 ff.; *Hachenburg/Ulmer* Anh. § 34 Rdn. 36; *Scholz/Winter* § 15 Rdn. 142a; *Roth* § 60 Anm. 6.2.3; *Baumbach/Hueck* GmbHG Anh. § 34 Rdn. 12; zur Frage der Regelung der Abfindungsberechnung im Gesellschaftsvertrag vgl. BGHZ 65, 22/26 ff.; BGH NJW 1977, 2316; zu der neueren Rechtsprechung und Literatur zum Thema Abfindung bei Personengesellschaften vgl. Form. II. J. 7 Anm. 6.

8. § 95 Abs. 1 Nr. 4 a GVG.

Kosten und Gebühren

Der Streitwert „bemißt sich in der Regel nach dem Wert der Gesellschaftsanteile der in der GmbH verbleibenden Gesellschafter", vgl. OLG Neustadt MDR 1964, 605; *Schmidt/Schmidt*, Rdn. 65, 170.

20. Klage auf Auflösung einer GmbH nach § 61 GmbHG

An das
Landgericht
Kammer Handelssachen

Klage

des ......   (Klägers)

Prozeßbevollmächtigter: ......

gegen

die ......   (Beklagte)

wegen

Auflösung einer GmbH (§ 61 GmbHG)

Vorläufiger Streitwert: ...... DM

Namens und mit Vollmacht des Klägers erhebe ich Klage und werde beantragen:

I. Die im Handelsregister des Amtsgerichts ...... unter HRB ...... eingetragene Gesellschaft mit beschränkter Haftung wird aufgelöst[2].
II. Die Beklagte trägt die Kosten des Rechtsstreits.

20. Klage auf Auflösung einer GmbH nach § 61 GmbHG

Zur Begründung trage ich vor:

I.

Der Kläger ist mit einem Geschäftsanteil von DM 25.000,– Gesellschafter der Beklagten, an der noch die beiden Brüder des Klägers mit Geschäftsanteilen von DM 50.000,– und DM 25.000,– beteiligt sind. Die beiden Mitgesellschafter des Klägers sind Geschäftsführer, der Kläger selbst ist es nicht. Kopie der Satzung der Beklagten, Kopie der letzten Gesellschafterliste der Beklagten und ein Handelsregisterauszug werden in Anlagen K 1 bis K 3 vorgelegt.

Der Kläger und seine Mitgesellschafter haben vor ...... Jahren die Beklagte mit dem Zweck gegründet, ein am Altrhein in ...... gelegenes Grundstück zu pachten und den dort damals vorhandenen Kies abzubauen und an die Zementindustrie zu verkaufen. Demgemäß heißt es in § 2 der Satzung der Beklagten:

„Gegenstand des Unternehmens ist der Abbau von Kies auf dem Grundstück ...... (Grundbuch von ......, Bd. ...... Bl. ......) und der Handel mit dem gewonnenen Kies".

Seit ...... sind die Kiesvorräte erschöpft.

Beweis: Augenschein;
Gutachten eines Sachverständigen.

Der Verpächter hat den Pachtvertrag zum ...... gekündigt. Die Wirksamkeit der Kündigung steht außer Streit.

Der Kläger hat sich vergeblich bemüht, die Mitgesellschafter zu einem Auflösungsbeschluß zu bewegen. Die Mitgesellschafter haben sich geweigert, an einem Auflösungsbeschluß mitzuwirken.

II.

Da der Gesellschaftszweck unmöglich geworden ist[3], ist die Gesellschaft auf Antrag des Klägers, dessen Geschäftsanteil 10% des Stammkapitals übersteigt[4], aufzulösen.

III.

Das angerufene Gericht ist ausschließlich zuständig[5]. Die Sache ist Handelssache[6].

IV.

Den Streitwert gebe ich mit DM ...... an. Ich füge einen Verrechnungsscheck über DM ...... bei.

Rechtsanwalt

Anmerkungen

1. Die Auflösungsklage ist gegen die Gesellschaft zu richten (§ 61 Abs. 2 S. 1 GmbHG). Vertreten wird die Gesellschaft durch ihren Geschäftsführer.

2. Gestaltungsklage. Mit Rechtskraft ist die Gesellschaft aufgelöst (*Baumbach/Hueck* GmbHG § 61 Rdn. 22).

3. Das Unmöglichwerden der Erreichung des Gesellschaftszwecks – und hier speziell die Zweckerreichung selbst – ist nach § 61 GmbHG ein wichtiger Grund zur Auflösung kraft Gesetzes, vgl. *Hachenburg/Ulmer* § 61 Rdn. 12 ff.

Für die Frage, wann sonst ein wichtiger Grund im Sinne von § 61 GmbHG vorliegt, gelten als Kriterien, ob dem Kläger nicht zugemutet werden kann, die Gesellschaft fortzusetzen, vgl. *Hachenburg/Ulmer* § 61 Rdn. 9 oder tiefgreifende unheilbare Zerrüttung zwischen den Gesellschaftern, vgl. *Hachenburg/Ulmer* § 61 Rdn. 21; *Baumbach/Hueck* GmbHG § 61 Rdn. 6 ff.; RGZ 98, 66; 164, 257, unter Berücksichtigung des Verschuldens, vgl. RGZ 164, 257/263.

Nach *Fischer/Lutter/Hommelhoff* § 61 Rdn. 8 ist für die Auslegung des wichtigen Grundes in § 61 GmbHG gegenüber der früheren Literatur und Rechtsprechung einschränkend zu berücksichtigen, daß Austritt und Ausschließung aus einer GmbH heute anerkannt werden; heute sind daher nur noch sehr wenige Fälle denkbar, in denen die Auflösung in Betracht kommt, vgl. *Fischer/Lutter/Hommelhoff* § 61 Rdn. 8 mit Beispielen u. das Form. II. J. 19.

Zu den bei der Personalhandelsgesellschaft sehr ähnlichen Problemen auch zur Frage des Rangverhältnisses der möglichen Klagen, vgl. die Form. II. J. 1 und II. J. 2 mit Anm. aus der neueren Literatur; vgl. auch *Roth* § 61 Anm. 2.

4. § 61 Abs. 2 S. 2 GmbHG.

5. § 61 Abs. 3 GmbHG.

6. § 95 Abs. 1 Nr. 4a GVG, vgl. auch *Baumbach/Hueck* GmbHG § 61 Rdn. 19; in Betracht kommt auch eine Schiedsgerichtsabrede im Gesellschaftsvertrag, vgl. *Baumbach/Hueck* GmbHG § 61 Rdn. 20; *Fischer/Lutter/Hommelhoff* § 61 Rdn. 5.

Kosten und Gebühren

Für den Streitwert maßgeblich ist das nach § 3 ZPO zu schätzende Interesse des Klägers an der Auflösung unter Berücksichtigung des Interesses der Gesellschaft, jedoch nach oben begrenzt durch den Wert der gesellschaftlichen Beteiligung des Klägers, vgl. *Schmidt/Schmidt* Rdn. 55 m.N.; *Hillach/Rohs* § 87 Anm. H S. 402 m.N. und *Happ/Pfeifer,* Der Streitwert gesellschaftsrechtlicher Klagen und Gerichtsverfahren, ZGR 1991, 103, 116.

21. Antrag auf Bestellung eines Vorstandes nach § 85 AktG

An das
Amtsgericht
Registergericht[1]

Antrag

des ......   (Antragstellers)
Verfahrensbevollmächtigter: ......[2]

auf Bestellung eines Vorstandes für die ...... AG nach § 85 AktG.

Namens und mit Vollmacht des Antragstellers stelle ich folgende Anträge:

  I. Für die ...... AG (HRB ...... des Amtsgerichts – Registergerichts –) ...... wird ein Vorstand bestellt.

 II. Die Beteiligte ...... AG trägt die Verfahrenskosten[3].

Zur

Begründung

trage ich vor:

21. Antrag auf Bestellung eines Vorstandes nach § 85 AktG II. J. 21

I.

Die im Antrag II genannte Beteiligte ist eine Aktiengesellschaft, die ihre aquisitorische Tätigkeit eingestellt hat. Sie verfügt über erhebliches Umlaufvermögen. Der Antragsteller hatte der Beteiligten am …… ein Darlehen über DM …… gewährt, das am …… zur Rückzahlung fällig war. Der Antragsteller hat die Beteiligte wiederholt zur Rückzahlung aufgefordert. Das letzte Mahnschreiben des Antragstellers, das dieser eingeschrieben gegen Rückschein abgeschickt hatte, kam mit dem Vermerk „unzustellbar" zurück. Recherchen des Antragstellers haben ergeben, daß die Beteiligte keine Bevollmächtigte hat und daß der einzige Vorstand A am …… gestorben ist. Aufforderungen des Antragstellers an den Aufsichtsrat der Beteiligten wurden nicht beantwortet.

Der Antragsteller hat ein dringendes Interesse daran, mit der Beteiligten über die rasche Rückzahlung des Darlehens zu verhandeln, entsprechende Vereinbarungen zu treffen und gegebenenfalls Klage gegen die Beklagte zu erheben und zu vollstrecken.

II.

Der Antrag ist nach § 85 AktG begründet[4]. Die Beteiligte hat keinen Vorstand. Es fehlt daher das erforderliche Vorstandsmitglied. Die Bestellung eines Vorstandes durch das Gericht ist dringend geboten, da der Aufsichtsrat seiner Pflicht, einen Vorstand zu bestellen, nicht nachkommt und dem Antragsteller wesentlicher Nachteil droht, wenn er nicht alsbald gegen die Beteiligten Klage erheben und in das im Augenblick noch vorhandene Umlaufvermögen vollstrecken kann[5].

Rechtsanwalt

Anmerkungen

1. Zuständig ist das Registergericht, bei dem die Aktiengesellschaft eingetragen ist (§ 145 FGG).

2. Antrag nach § 11 FGG, der zu Protokoll des Gerichts erklärt werden kann. Nach § 13 FGG mögliche Vertretung durch einen Rechtsanwalt nicht notwendig.

3. Die Aktiengesellschaft ist Beteiligte mit Beschwerderecht nach § 20 FGG. Zum Verfahren vgl. Großkomm. AktG/*Meyer-Landrut* § 85 Anm. 4; Kölner Komm. AktG/*Mertens* § 85 Rdn. 8 ff. Die Anhörung des Aufsichtsrats ist zulässig und wird von *Geßler/Hefermehl*/AktG/*Hefermehl* § 85 Rdn. 10 empfohlen, „zumal dieser in erster Linie dazu berufen ist, für einen arbeitsfähigen Vorstand zu sorgen (§ 146 FGG)".

4. Zu den Voraussetzungen des § 85 AktG vgl. *Keidel/Schmatz/Stöber,* Registerrecht, 4. Aufl. 1985, Rdn. 645; Antragsteller kann auch ein Dritter sein, insbesondere ein Dritter, der gegen die Aktiengesellschaft Klage erheben oder vollstrecken will, so Großkomm. AktG/*Meyer-Landrut* § 85 Anm. 3.

5. Zur Dringlichkeit vgl. *Geßler/Hefermehl*/AktG/*Hefermehl* § 85 Rdn. 6.

22. Antrag auf Abberufung eines Aufsichtsratsmitgliedes nach § 103 AktG

An das
Amtsgericht
Registergericht

Antrag

des Aufsichtsrats[1] der ...... AG (Antragstellers)
Verfahrensbevollmächtigter[2]: ......
gegen
den ......[3] (Antragsgegner)
wegen
Abberufung eines Aufsichtsratsmitgliedes

Namens und mit Vollmacht des Antragstellers stelle ich folgende Anträge:

1. Der Antragsgegner wird als Aufsichtsratsmitglied der ...... AG abberufen.
2. Der Antragsgegner trägt die Verfahrenskosten.

Zur

Begründung

trage ich vor:

Der Antragsteller besteht aus drei Mitgliedern[4] und ist Aufsichtsrat der ...... AG. Der Antragsteller hat in seiner Sitzung vom ...... gegen die schriftlich abgegebene Stimme des Antragsgegners beschlossen[5], dessen gerichtliche Abberufung zu beantragen, weil in dessen Person folgender wichtiger Grund[6] vorliegt:

Gegen den Antragsgegner wurde wegen des Verdachts strafbarer Handlungen vor vier Monaten ein Haftbefehl durch das Amtsgericht ...... auf Antrag der Staatsanwaltschaft in ...... erlassen, dessen Vollziehung sich der Antragsgegner durch die Flucht ins Ausland entziehen konnte. Über die Vorwürfe gegen den Antragsgegner wurde in den Massenmedien wiederholt berichtet. In diesen Berichten wurde auch darauf hingewiesen, daß der Antragsgegner Mitglied des Aufsichtsrates der ...... AG sei.

Selbst wenn der Antragsgegner an den Beschlußfassungen des Antragstellers jeweils dadurch teilnehmen würde, daß er seine schriftliche Stimmabgabe überreichen läßt, ist dem Antragsteller die weitere Zusammenarbeit mit dem Antragsgegner nicht zumutbar, weil zum einen die notwendige Beratung aller Mitglieder des Antragstellers nicht möglich ist und zum anderen die weitere Zugehörigkeit des Antragsgegners zum Antragsteller den Ruf und damit die Ertragslage der ...... AG nachhaltig beeinträchtigen würde. Der Antrag beruht auf § 103 Abs. 2 Satz 2 AktG[7].

Rechtsanwalt

Anmerkungen

1. Verfahrensbeteiligt ist nicht die AG, sondern der Aufsichtsrat der AG (§ 103 Abs. 2 S. 1 AktG).

2. Kein Anwaltszwang, da Verfahren vor dem Registergericht.

3. Antragsgegner ist das abzuberufende Aufsichtsratsmitglied (vgl. Kölner Komm. AktG/*Mertens* § 103 Rdn. 37).

4. **Mindestmitgliederzahl bei nicht mitbestimmten Aufsichtsräten** (§ 95 Abs. 1 S. 1 AktG); zugleich Mindestzahl für die Beschlußfähigkeit (§ 108 Abs. 2 S. 3 AktG). Mit der Abberufung des Antragsgegners wird der Aufsichtsrat der AG beschlußunfähig. Auf Antrag des Vorstandes, eines Aufsichtsrates oder eines Aktionärs hat das Gericht den Aufsichtsrat auf die notwendige Mitgliederzahl zu ergänzen (§ 104 Abs. 1 AktG). Über einen solchen Antrag kann hier schon vor Entscheidung über den Abberufungsantrag entschieden werden, da dem Fehlen eines Aufsichtsratsmitgliedes seine längere Zeit dauernde Verhinderung gleichzusetzen ist (Kölner Komm. AktG/*Mertens* § 104 Rdn. 8).

5. Dem Antrag hat ein Beschluß des Aufsichtsrats vorauszugehen. Ob das betroffene Aufsichtsratsmitglied stimmberechtigt ist, ist streitig (dafür Großkomm. AktG *Meyer-Landrut* § 103 Anm. 7; *Hoffmann,* Der Aufsichtsrat, Rdn. 366; dagegen die wohl herrschende Lehre, vgl. z.B. *Hachenburg/Schilling* § 52 Rdn. 89 m.w.N.).

6. Zum wichtigen Grund vgl. insbesondere Großkomm. AktG/*Meyer-Landrut* § 103 Anm. 7; *Geßler/Hefermehl* AktG/*Geßler* § 103 Rdn. 36–40; AG München AG 1986, 170.

7. Das Verfahren richtet sich nach § 145 Abs. 1 FGG (idF. des § 43 EGAktG). Zuständiges Gericht ist das Amtsgericht des Sitzes der Gesellschaft (§ 14 FGG). Kostenschuldner sind der Antragsgegner und die Gesellschaft (vgl. Kölner Komm. AktG/*Mertens* § 103 Rdn. 38).

23. Aktienrechtliche Anfechtungsklage nach § 246 AktG

**An das
Landgericht
Kammer für Handelssachen**

Klage

des ......   (Klägers)

Prozeßbevollmächtigter: ......

gegen

die ......   (Beklagte)

vertreten durch den Vorstand, nämlich ......
und den Aufsichtsrat[1], nämlich ......

wegen

Anfechtung eines Hauptversammlungsbeschlusses

Vorläufiger Streitwert: Vgl. den Antrag unter IV. der Klagebegründung.

Namens und mit Vollmacht des Klägers erhebe ich Klage mit folgenden Anträgen:

I. Die Beschlüsse der Hauptversammlung der Beklagten vom ......, durch welche dem Aufsichtsrat (Punkt 3 der Tagesordnung) und dem Vorstand (Punkt 4 der Tagesordnung) Entlastung erteilt wurde, werden für nichtig erklärt[2].
II. Die Beklagte trägt die Kosten des Rechtsstreits.

Zur

Begründung

trage ich vor:

I.

Der Kläger war zum Zeitpunkt der Hauptversammlung der Beklagten vom ...... deren Aktionär. Er ist es noch heute.

Beweis: Bescheinigung der A-Bank (Anlage K 1).

Die Punkte 3 (Entlastung des Aufsichtsrats) und 4 (Entlastung des Vorstands) der Tagesordnung für die Hauptversammlung vom ...... wurden von dem die Versammlung leitenden Vorsitzenden des Aufsichtsrates B weder aufgerufen, noch wurden Wortmeldungen (des Klägers und des Zeugen C) zugelassen, noch wurden Fragen des Zeugen D zu diesem Tagesordnungspunkt beantwortet. Der Versammlungsleiter schritt zur Abstimmung, ohne den Teilnehmern der Hauptversammlung auch nur die Gelegenheit zur Aussprache zu geben.

Beweis: Zeugnis C und D.

Gegen die beiden mit großer Mehrheit gefaßten Beschlüsse hat der Kläger Widerspruch zur Niederschrift des amtierenden Notars erklärt.

Beweis: Niederschrift des Notars ...... über die Hauptversammlung vom ......

II.

Der Kläger ist als in der Hauptversammlung erschienener Aktionär[3], der Widerspruch zur Niederschrift erklärt hat[4], zur Anfechtung befugt.

Die Klage ist auch begründet. Beide Beschlüsse verletzen das Gesetz[5,6]. Zur gesetzmäßigen Erledigung der Tagesordnung gehört, daß die Tagesordnungspunkte aufgerufen werden, daß die Aktionäre Gelegenheit erhalten, sachdienliche Ausführungen zu den Verhandlungsgegenständen zu machen und daß sie ihr Frageecht ausüben können. Diese Rechte der Aktionäre hat der Versammlungsleiter mißachtet.

III.

Das angerufene Gericht ist ausschließlich zuständig[7]. Die Sache ist Handelssache[8].

IV.

Ich stelle vorab den Antrag, anzuordnen, daß sich die Verpflichtung des Klägers zur Zahlung von Gerichtskosten nach einem seiner Wirtschaftslage angepaßten Teil des Streitwerts bemißt.

Begründung:

Der Kläger ist Student. Er verfügt außer der einen Aktie der Beklagten über keinerlei Vermögen. Da seine Eltern nicht imstande sind, ihn zu unterhalten, ist er ausschließlich auf öffentliche Mittel (nach dem Bundesausbildungsförderungsgesetz) angewiesen.

Glaubhaftmachung: Eidesstattliche Versicherung des Klägers vom ...... (Anlage K 2).

Daß die sogenannten BAföG-Mittel nur für den notwendigsten Unterhalt ausreichen, kann als gerichtsbekannt unterstellt werden.

Rechtsanwalt

Anmerkungen

1. § 246 Abs. 2 S. 2 AktG. Klagt der Vorstand oder ein Vorstandsmitglied, wird die Gesellschaft durch den Aufsichtsrat, klagt ein Aufsichtsratsmitglied, wird sie durch den Vorstand vertreten (§ 246 Abs. 2 S. 2 AktG). Im Anfechtungsprozeß auf Antrag eines Aktionärs wird die Beklagte durch Vorstand und Aufsichtsrat vertreten (über die Gründe für diese Regelung und zur Problematik der Willensbildung bei gemeinsamer Vertretung durch Vorstand und Aufsichtsrat vgl. Kölner Komm. AktG/*Zöllner* § 246 Rdn. 34 u. 35).
Die Klage kann dem Aufsichtsrat nicht unter der Geschäftsadresse der Gesellschaft wirk-

sam zugestellt werden. Da die Anfechtungsklage innerhalb eines Monats nach der Beschlußfassung erhoben werden muß (§ 246 Abs. 1 AktG), muß der Kläger im Hinblick auf § 270 Abs. 3 ZPO bereits in der Klagschrift die ladungsfähige Anschrift mindestens eines Aufsichtsratsmitglieds angeben, wobei dies die Privatanschrift des Aufsichtsratsmitglieds oder dessen Geschäftsanschrift sein kann (vgl. zu diesen Fragen OLG Frankfurt WM 1984, 209 und LG Frankfurt WM 1984, 502).

2. Die Anfechtungsklage ist eine Gestaltungsklage, die darauf gerichtet ist, einen (oder mehrere) Beschluß (Beschlüsse) der Hauptversammlung für nichtig zu erklären. Dem hat der Klageantrag Rechnung zu tragen (Kölner Komm. AktG/*Zöllner* § 246 Rdn. 44 u. 45).

3. § 245 Nr. 1 AktG. Der anfechtende Aktionär muß im Zeitpunkt der Klageerhebung Aktionär sein. Ob er darüber hinaus schon zur Zeit des Hauptversammlungsbeschlusses Aktionär gewesen sein muß, ist umstritten. Die hM. bejaht die Frage, vgl. etwa Großkomm. AktG/*Schilling* § 245 Anm. 5; *Godin/Wilhelmi* AktG § 245 Anm. 2; aM. Kölner Komm. AktG/*Zöllner* § 245 Rdn. 21. Der Kläger verliert die Anfechtungsbefugnis auch dann nicht, wenn er seine Aktie während der Dauer des Rechtsstreits veräußert (BGHZ 43, 261/267 für die GmbH, incidenter jedoch auch für die AG). Zur rechtsmißbräuchlichen Anfechtungsklage und Nichtigkeitsklage vgl. BGH in Die AktG 1989, 399; dazu *Henn*, Handbuch des Aktienrechts, 4. Aufl. 1990, S. 385; vgl. auch OLG Frankfurt/M. Betr. 1991, 644.

4. § 245 Nr. 1 AktG. Der Widerspruch kann schon vor der Beschlußfassung und danach bis zum Schluß der Hauptversammlung geschehen. Er muß nicht beurkundet worden sein. Deswegen ist auch Zeugenbeweis möglich, Großkomm. AktG/*Schilling* § 245 Anm. 8.

5. Nur wegen Verletzung von Gesetz oder Satzung kann Anfechtungsklage erhoben werden (§ 243 Abs. 1 AktG), soweit nicht der Beschluß aus den in §§ 192 Abs. 4, 212, 217 Abs. 2, 228 Abs. 2, 243 Abs. 3, 235 Abs. 2 und 241 AktG genannten Gründen nichtig ist.

6. Einen Überblick über die „praktisch" wichtigen Anfechtungsgründe gibt Kölner Komm. AktG/*Zöllner* § 243 Rdn. 112 ff. Der Aktionär, der anficht, braucht kein persönliches Interesse an der Vernichtung des Beschlusses darzutun, es sei denn, es handelt sich um einen Beschluß, durch den ein Antrag abgelehnt worden ist (vgl. *Godin/Wilhelmi* AktG § 245 Anm. 2). Mißbrauch des Anfechtungsrechts als privates Gestaltungsrecht des Aktionärs führt zum Verlust der materiellen Berechtigung und damit zum Verlust der Anfechtungsbefugnis, nicht zum Fehlen oder Wegfall des Rechtsschutzinteresses (BGH NJW-RR 1992, 1388). Entschließt sich der Kläger erst nach Erhebung der Anfechtungsklage, die Gesellschaft in grob eigennütziger Weise zu einer Leistung zu veranlassen, auf die er keinen Anspruch hat, ist die Anfechtungsklage rechtsmißbräuchlich (BGH AG 1992, 86).

7. § 246 Abs. 3 AktG.

8. § 95 Abs. 2 GVG. Zu den Besonderheiten bei mehreren nach § 246 Abs. 3 S. 3 AktG zu verbindenden Klagen vgl. Kölner Komm. AktG/*Zöllner* § 246 Rdn. 60, 79–81 mwN., insbesondere zu der streitigen Frage, ob die von § 246 Abs. 3 S. 3 AktG vorgeschriebene Verbindung zu erfolgen hat, wenn für eine Klage die Zuständigkeit der Kammer für Handelssachen begründet wurde, hinsichtlich der anderen Klage jedoch nicht (gegen Verbindung *Baumbach/Lauterbach/Albers/Hartmann* § 147 Rdn. 6) und ob bei der Zivilkammer oder der Kammer für Handelssachen zu verbinden ist.

Kosten und Gebühren

§ 247 Abs. 2 AktG. Zur Glaubhaftmachung genügt eine eidesstattliche Versicherung, § 294 ZPO. Der Antrag kann nur ausnahmsweise noch nach der Verhandlung zur Hauptsache gestellt werden, § 247 Abs. 3 AktG; vgl. im übrigen zum Streitwert § 247 Abs. 1 AktG und *Happ/Pfeifer*, Der Streitwert gesellschaftsrechtlicher Klagen und Gerichtsverfahren, ZGR 1991, 103, 105. Eine in erster Instanz getroffene Entscheidung, nach der sich die Verpflichtung der antragstellenden Partei nach einem ihrer Wirtschaftslage angepaßten Teil des Streitwerts bemißt, wirkt nicht für die folgenden Instanzen (BGH Betr. 1992, 2492).

Rechtsmittel und Fristen

Die Anfechtungsklage muß innerhalb eines Monats nach der Beschlußfassung erhoben werden, § 246 Abs. 1 AktG.

24. Aktienrechtliche Nichtigkeitsklage nach § 249 AktG

An das
Landgericht
Kammer für Handelssachen

Klage

des ...... (Klägers)

Prozeßbevollmächtigter: ......

gegen

die ...... (Beklagte)

vertreten durch den Vorstand, nämlich ......
und den Aufsichtsrat, nämlich ......

wegen

Feststellung der Nichtigkeit eines Hauptversammlungsbeschlusses

Vorläufiger Streitwert: Vgl. den Antrag unter IV. der Klagebegründung.

Namens und mit Vollmacht des Klägers erhebe ich Klage mit folgenden Anträgen:

I. Es wird festgestellt, daß die Beschlüsse der Hauptversammlung der Beklagten vom ......, durch welche dem Aufsichtsrat (Punkt 3 der Tagesordnung) und dem Vorstand (Punkt 4 der Tagesordnung) Entlastung erteilt wurde, nichtig sind[1].

II. Die Beklagte trägt die Kosten des Rechtsstreits.

Zur

Begründung

trage ich vor:

I.

Der Kläger war zum Zeitpunkt der Hauptversammlung der Beklagten vom ...... deren Aktionär. Er ist es noch heute.

Beweis: Bescheinigung der A-Bank (Anlage K 1).

Die Punkte 3 (Entlastung des Aufsichtsrats) und 4 (Entlastung des Vorstands) der Tagesordnung für die Hauptversammlung vom ...... wurden von dem die Versammlung leitenden Vorsitzenden des Aufsichtsrates B. ordnungsgemäß aufgerufen und behandelt. Nach mehreren Wortmeldungen schritt der Versammlungsleiter zur Abstimmung. Auf Vor-

24. Aktienrechtliche Nichtigkeitsklage nach § 249 AktG

schlag des Versammlungsleiters wurde offen abgestimmt. Weder bei der Beschlußfassung über die Entlastung des Aufsichtsrats noch bei der Beschlußfassung über die Entlastung des Vorstandes waren deutliche Mehrheiten erkennbar. Der Vorsitzende verzichtete darauf, die Stimmen zählen zu lassen. In der Niederschrift des Notars C ist zu beiden Punkten der Tagesordnung lediglich protokolliert: „Entlastung erteilt".

II.

Beide Beschlüsse sind nichtig. Dies folgt aus §§ 241 Nr. 2[2], 130 Abs. 2 AktG. Entgegen der Vorschrift des § 130 Abs. 2 AktG ist in der Niederschrift über die Beschlüsse der Hauptversammlung zu den hier interessierenden beiden Tagesordnungspunkten weder die Art noch das Ergebnis der Abstimmung, noch die Feststellung des Vorsitzenden über die Beschlußfassung angegeben.
Der Kläger ist als Aktionär zur Erhebung der Nichtigkeitsklage nach § 249 AktG befugt[3]. Der Kläger hat auch ein besonderes Feststellungsinteresse[4]. Die Beklagte bestreitet die Nichtigkeit des Beschlusses. Der Kläger ist der Auffassung, daß mit ihm die Mehrheit gegen Entlastung von Aufsichtsrat und Vorstand gestimmt hat.

III.

Das angerufene Gericht ist ausschließlich zuständig[5]. Die Sache ist Handelssache[6].

IV.

Ich stelle vorab den Antrag, anzuordnen, daß sich die Verpflichtung des Klägers zur Zahlung von Gerichtskosten nach einem seiner Wirtschaftslage angepaßten Teil des Streitwerts bemißt.

Begründung

Der Kläger ist Student. Er verfügt außer der einen Aktie der Beklagten über keinerlei Vermögen. Da seine Eltern nicht imstande sind, ihn zu unterhalten, ist er ausschließlich auf öffentliche Mittel (nach dem Bundesausbildungsförderungsgesetz) angewiesen.
Glaubhaftmachung: Eidesstattliche Versicherung des Klägers vom ...... (Anlage K 2).
Daß die sogenannten BAföG-Mittel nur für den notwendigsten Unterhalt ausreichen, kann als gerichtsbekannt unterstellt werden.

Rechtsanwalt

Anmerkungen

1. Feststellungsklage nach § 249 AktG; vgl. weiter Anm. 1 zu Form. II. J. 23.

2. Zu den Nichtigkeitsgründen außerhalb des § 241 AktG vgl. Großkomm. AktG/*Schilling* § 241 Anm. 11; Kölner Komm. AktG/*Zöllner* § 241 Rdn. 27–31.

3. Vgl. § 249 AktG; auch hier ist wie bei § 245 AktG für das Anfechtungsrecht (vgl. Anm. 3 zu Form. II. J. 21) streitig, ob der Kläger schon zum Zeitpunkt der Hauptversammlung Aktionär gewesen sein muß; vgl. Großkomm. AktG/*Schilling* § 249 Anm. 4; Kölner Komm. AktG/*Zöllner* § 249 Rdn. 13. Zur rechtsmißbräuchlichen Nichtigkeitsklage vgl. Form. II. J. 23 Anm. 3 a.E.

4. Das Feststellungsinteresse nach § 256 ZPO ist auch hier erforderlich, aber in der Regel zu bejahen; vgl. Kölner Komm. AktG/*Zöllner* § 249 Rdn. 20 u. Rdn. 21 mwN.

5. §§ 249, 246 Abs. 3 S. 1 AktG.

6. § 95 Abs. 2 GVG.

Kosten und Gebühren

§§ 249, 247 Abs. 2 AktG; vgl. auch die Anm. zu Form. II. J. 23.

25. Antrag auf gerichtliche Feststellung des angemessenen Ausgleichs und der angemessenen Abfindung nach §§ 304, 305 AktG

An das
Landgericht
Kammer für Handelssachen[1]

Antrag

des ......
Prozeßbevollmächtigter: ...... (Antragsteller)[2]

Weitere Verfahrensbeteiligte[3]
1. X-AG,
   vertreten durch den Vorstand, nämlich ......,
   (Verfahrensbeteiligte zu 2)
2. Y-AG,
   vertreten durch den Vorstand, nämlich ......,
   (Verfahrensbeteiligte zu 3)

auf gerichtliche Feststellung des angemessenen Ausgleichs und der angemessenen Abfindung nach §§ 304, 305 AktG.
Namens und mit Vollmacht des Antragstellers stelle ich den Antrag,
   den geschuldeten Ausgleich und die vertraglich zu gewährende Abfindung zu bestimmen.

Zur

Begründung

trage ich vor:

I.

Die Verfahrensbeteiligte zu 2 – X – ist eine Aktiengesellschaft mit Sitz in ...... Sie befaßt sich mit der Herstellung und dem Vertrieb von ...... und erzielte 1991 einen Jahresumsatz von ....
X ist eine Tochtergesellschaft von Y, der Verfahrensbeteiligten zu 3, die an X mit 76% beteiligt ist.

II.

X und Y haben am ...... einen Beherrschungsvertrag abgeschlossen, aufgrund dessen X die Leitung der Gesellschaft Y unterstellt.
Der Beherrschungsvertrag sieht für die außenstehenden Aktionäre einen Ausgleich in Form einer Dividendengarantie in Höhe von ......% vor. Die Barabfindung für die außenstehenden Aktionäre soll nach diesem Vertrag DM ...... je Aktie zum Nennbetrag von ...... betragen.
Wegen der Einzelheiten nehme ich Bezug auf den in Anlage ASt 1 beigefügten Beherrschungsvertrag vom ....

25. Feststellungsantrag nach §§ 304, 305 AktG   II. J. 25

Dem Beherrschungsvertrag hat die Hauptversammlung von X zugestimmt. Der Vertrag ist am ...... im Handelsregister des Amtsgerichts ...... eingetragen worden; er wurde im Bundesanzeiger vom ...... bekanntgemacht.

III.

1. Der im Beherrschungsvertrag vorgesehene Ausgleich ist nicht angemessen im Sinne des § 304 Abs. 1 Satz 2 in Verbindung mit § 304 Abs. 2 AktG. Als Ausgleichszahlung ist nach § 304 Abs. 2 AktG mindestens die jährliche Zahlung des Betrags zuzusichern, der nach der bisherigen Ertragslage der Gesellschaft und ihren künftigen Ertragsaussichten unter Berücksichtigung angemessener Abschreibungen und Wertberichtigungen, jedoch ohne Bildung anderer Gewinnrücklagen, voraussichtlich als durchschnittlicher Gewinnanteil auf die einzelne Aktie verteilt werden könnte. Aus den folgenden Ausführungen ergibt sich, daß der angebotene Ausgleich unangemessen ist.
(Hier sind im Regelfall die Feststellungen eines von der Partei beauftragten Gutachters wiederzugeben, mit Beweisantritt[4])

2. Außer der Verpflichtung zum Ausgleich nach § 304 AktG muß ein Beherrschungsvertrag auch die Verpflichtung des anderen Vertragsteils enthalten, auf Verlangen eines außenstehenden Aktionärs dessen Aktien gegen eine im Vertrag bestimmte angemessene Abfindung zu erwerben. Die im Beherrschungsvertrag vorgesehene Abfindung ist nicht angemessen. Zwar ist eine Barabfindung nach § 305 Abs. 2 Nr. 2 AktG möglich[5], die angebotene Barabfindung ist indes nicht angemessen. Auch dies ergibt sich aus dem beigefügten Gutachten *(vgl. oben)*.

IV.

Die Kosten sind nach § 306 Abs. 7 Satz 8 AktG X und Y als Partner des Unternehmensvertrags aufzuerlegen. Ich rege an, X und Y auch zu verpflichten, dem Antragsteller seine außergerichtlichen Kosten zu erstatten.

Anmerkungen

1. Örtlich und sachlich zuständig ist das Landgericht des Sitzes der Gesellschaft, der antragsbefugte Aktionäre angehören, § 306 Abs. 1 Satz 1 AktG. Nach herrschender Lehre ausschließliche Zuständigkeit der Kammer für Handelssachen (MünchHdb. AG/*Krieger*, § 70 Rdn. 83; *Koppensteiner* in Kölner Kommentar zum AktG, 2. Aufl., § 306 Rdn. 5).
Ermächtigung in § 306 Abs. 1 Satz 2 mit § 132 Abs. 1 Satz 3 AktG für die Landesregierungen, durch Rechtsverordnungen einem Landgericht für mehrere Landgerichtsbezirke Aktienrechtsstreitsachen zu übertragen. Zentralisierte Zuständigkeiten bestehen in Baden-Württemberg, Bayern, Hessen, Niedersachsen, Nordrhein-Westfalen und Rheinland-Pfalz (vgl. dazu im einzelnen MünchHdb. AG/*Semler*, § 37 Fn. 88).

2. Streitig ist, ob die Antragsberechtigung davon abhängt, in welchem Zeitpunkt der Antragsteller Aktionär wurde. Nach einer Meinung muß der Antragsteller schon am Tag der Beschlußfassung der Hauptversammlung über den Unternehmensvertrag oder seiner Änderung Aktionär gewesen sein. Nach einer zweiten Meinung muß der Antragsteller bis zur Bekanntmachung der Eintragung des Unternehmensvertrags in das Handelsregister Aktionär geworden sein. Die dritte Meinung hält den für antragsberechtigt, der im Zeitpunkt der Antragstellung Eigentümer zumindest einer Aktie der Gesellschaft ist (zum Meinungsstand eingehend *Krieger* a.a.O. und *Koppensteiner* a.a.O. § 304 Rdn. 63).

3. Verfahrensbeteiligte sind der Antragsteller, ein etwaiger gemeinsamer Vertreter nach § 306 Abs. 4 Satz 2 AktG und die Parteien des Unternehmensvertrags (*Koppensteiner* a.a.O. § 306 Rdn. 15; zum gemeinsamen Vertreter vgl. auch *Krieger* a.a.O. Rdn. 90). Zur

Rechtsstellung der außenstehenden Aktionäre im gerichtlichen Verfahren nach § 306 AktG vgl. BVerfG AG 1991, 428.

4. Verfahrensregeln richten sich gemäß § 306 Abs. 2, § 99 Abs. 1 AktG nach dem FGG, soweit nicht aktienrechtliche Sondervorschriften gelten. Es gilt der Amtsermittlungsgrundsatz des § 12 FGG (vgl. zum Verfahren auch *Krieger* a.a.O. Rdn. 89 und *Koppensteiner* a.a.O. Rdn. 16). Das Verfahren endet mit rechtskräftiger gerichtlicher Entscheidung; gegen landgerichtliche Entscheidungen sofortige Beschwerde (zum Inhalt der Entscheidung vgl. *Krieger* a.a.O. Rdn. 92). Vergleiche sind nach herrschender Meinung ausgeschlossen (*Koppensteiner* a.a.O. Rdn. 18 m.w.N.). Das Gericht kann in entsprechender Anwendung von § 258 HGB die Aufbewahrung von Handelsbüchern über die handelsrechtlichen Aufbewahrungsfristen hinaus anordnen (BayObLG Betr. 1993, 1027).

5. Der Beherrschungsvertrag kann unter den Voraussetzungen des § 305 Abs. 2 Nr. 2 AktG nach Wahl des herrschenden Unternehmens eine Abfindung entweder durch Gewährung von Aktien der herrschenden oder mit Mehrheit beteiligten Gesellschaft oder eine Barabfindung vorsehen. Hier hat sich das herrschende Unternehmen für eine Barabfindung entschieden.

Kosten und Gebühren

Schuldner der Gerichtskosten sind die Vertragsteile des Unternehmensvertrags (§ 306 Abs. 7 Satz 8 AktG). Die Kosten können ganz oder teilweise auch anderen Beteiligten auferlegt werden (vgl. dazu *Krieger* a.a.O. Rdn. 96). Für die außergerichtlichen Kosten vgl. § 13a Abs. 1 FGG (dazu *Krieger* a.a.O. und *Koppensteiner* a.a.O. Rdn. 28). Zum Gegenstandswert vgl. *Krieger* a.a.O. Rdn. 98 am Ende; *Koppensteiner* a.a.O. Rdn. 28; *Henn*, Handbuch des Aktienrechts, 4. Aufl., S. 141; nach *Geßler*, Aktiengesetz Kommentar, § 306 Rdn. 30 richtet sich der Geschäftswert nach dem Unterschiedsbetrag zwischen der angebotenen und der angemessenen Abfindung, sofern dieser Betrag bestimmt oder wenigstens bestimmbar ist, vgl. auch *Pentz*, Betr. 1993, 621 auch zur Rechtsstellung des gemeinsamen Vertreters im Spruchstellenverfahren nach § 306 AktG.

K. Kartellrecht

Verwaltungsverfahren

1. Anmeldung eines Konditionenkartells (§ 2 GWB)[1-4]

Bundeskartellamt[5]
Mehringdamm 129
10965 Berlin

Betr.: Anmeldung eines Konditionenkartells für ......
  I. Als Kartellvertreter[6] des Konditionenkartells für ...... melde ich den Kartellvertrag vom ...... an.
  II. Die Urschrift[7] des Kartellvertrages mit den Unterschriften[8] der Kartellmitglieder füge ich in der Anlage 1 bei.
  III. Das Kartell hat die Rechtsform einer BGB-Gesellschaft. Die Geschäftsstelle des Kartells ist in ......
  IV. Kartellvertreter ist ......, wohnhaft in ......
  V. Die Firmenbezeichnungen der Kartellmitglieder ergeben sich aus der Anlage 2.
  VI. Die Namen und Anschriften der Inhaber oder Gesellschafter der Kartellmitglieder, bzw. bei juristischen Personen der gesetzliche Vertreter, ergeben sich aus der Anlage 3.
  VII. Der Inhalt des Kartellvertrages ist in der Anlage 4 beschrieben.
  VIII. Meine Vertretungsbefugnis[9] als Kartellvertreter ergibt sich aus dem in der Anlage 1 vorgelegten Kartellvertrag.
  IX. Die Stellungnahmen[10] der durch den Vertrag betroffenen Lieferanten und Abnehmer füge ich in der Anlage 5 bei.

......
(Kartellvertreter)

Das Gesetz gegen Wettbewerbsbeschränkungen (GWB) gilt in der Fassung der Bekanntmachung vom 20. 2. 1990 (BGBl. I, S. 235), geändert durch Art. 8 Abs. 10 des Rechtspflege-Vereinfachungsgesetzes vom 17. 12. 1990 (BGBl. I, S. 2847) (zu §§ 54 und 95 GWB), geändert durch Art. 5 des Gesetzes zur Änderung von Gesetzen auf dem Gebiet der Wirtschaft vom 21. 12. 1992 (BGBl. I, S. 2133) (zu § 80 GWB), geändert durch Art. 51 des Gesetzes zur Ausführung des Abkommens vom 2. 5. 1992 über den Europäischen Wirtschaftsraum (EWR-Ausführungsgesetz) vom 27. 4. 1993 (BGBl. I, S. 512) (zu § 97 GWB), geändert durch Art. 6 Abs. 64 des Gesetzes zur Neuordnung des Eisenbahnwesens (Eisenbahnneuordnungsgesetz – ENeuOG vom 27. 12. 1993, BGBl. I, S. 2378) (zu §§ 44 und 99).

Verwaltungsgrundsätze: Bekanntmachung des BKartA Nr. 49/90 vom 25. 6. 1990 (BAnz. Nr. 121 vom 4. 7. 1990) betr. seine Verwaltungsgrundsätze über das Verfahren bei der Anmeldung von Kartellen und von Normen-, Typen- und Konditionenempfehlungen (WuW 1990, 735).

Anmerkungen

1. Gegenstand eines Konditionenkartells kann nur die einheitliche Anwendung von allgemeinen Geschäfts-, Lieferungs- und Zahlungsbedingungen einschließlich der Skonti sein.

Die Regelung darf sich nicht auf Preise oder Preisbestandteile beziehen (§ 2 Abs. 1 GWB) und auch nicht auf die Hauptleistung (BKartA 28. 4. 1982, Druckerei-Konditionen, WuW/E BKartA 1989, zu Konditionenempfehlungen). Erfaßt der Kartellvertrag weitere Wettbewerbsbeschränkungen, zB. Preise oder Spezialisierungen, dann sind die Vorschriften der anderen Kartellformen zu beachten.

2. Wirksamkeit des Kartellvertrages: Das Konditionenkartell bedarf zu seiner Wirksamkeit der Anmeldung bei der Kartellbehörde (§ 9 Abs. 1 S. 1 GWB). Es wird nur wirksam, wenn ihm die Kartellbehörde nicht innerhalb einer Frist von drei Monaten seit Eingang der Anmeldung widerspricht (§ 2 Abs. 3 S. 1 GWB). Der Widerspruch kann nur auf die in § 12 Abs. 1 GWB genannten Gründe gestützt werden (§ 2 Abs. 3 S. 2 GWB).

Nach der Bekanntmachung Nr. 49/90 des BKartA vom 25. 6. 1990 (BAnz. Nr. 121 vom 4. 7. 1990) verzichtet das Bundeskartellamt bei solchen Kartellverträgen und -beschlüssen auf die Anmeldung, die nach der Bekanntmachung Nr. 57/80 des Bundeskartellamtes über die Nichtverfolgung von Kooperationsabreden mit geringer wettbewerbsbeschränkender Bedeutung vom 8. 7. 1980 (BAnz. Nr. 133 vom 23. 7. 1980) nicht verfolgt werden.

Diese Erklärung des Bundeskartellamts wirkt aber nur bei der Ordnungswidrigkeit des § 38 Abs. 1 Nr. 1 GWB. Für die zivilrechtliche Wirksamkeit des Vertrages ist es erforderlich, daß er angemeldet ist (§ 9 Abs. 1 S. 1 GWB).

3. Die Anmeldung ist im Bundesanzeiger bekanntzumachen (§ 10 Abs. 1 Satz 1 Nr. 2 GWB).

4. Bleibt der Kartellvertrag ohne Widerspruch der Kartellbehörde, dann ist dies im Bundesanzeiger bekanntzumachen (§ 10 Abs. 2 GWB).

5. Die Anmeldung ist an das BKartA zu richten, wenn die Wirkung der Marktbeeinflussung durch das Kartell über das Gebiet eines Bundeslandes hinausreicht. Andernfalls ist die Anmeldung bei der Kartellbehörde des Landes vorzunehmen, wo die Marktbeeinflussung eintritt (§ 44 Abs. 1 Nr. 1d und Nr. 3 GWB).

6. Ist kein Kartellvertreter iSd. § 36 GWB bestellt, und ist das Kartell nicht rechtsfähig, ist die Anmeldung durch die nach Satzung oder Gesellschaftsvertrag vertretungsberechtigten Kartellmitglieder vorzunehmen.

Ist das Kartell rechtsfähig und ist kein Kartellvertreter bestellt, hat es der gesetzliche Vertreter anzumelden.

Soll das Kartell durch eine andere Person als den Vertretungsberechtigten angemeldet werden, ist dessen Vollmacht nachzuweisen.

7. An Stelle der Urschrift kann auch eine beglaubigte Abschrift des Kartellvertrages vorgelegt werden.

8. Ist der Vertrag nicht von allen Kartellmitgliedern unterschrieben, sondern ergeben sich die Unterschriften aus anderen Urkunden, auf die im Kartellvertrag Bezug genommen ist, dann sind diese Urkunden in Urschrift oder beglaubigter Abschrift vorzulegen. Alle Kartellmitglieder müssen bei der Anmeldung mitwirken oder ihr zustimmen, sonst ist die Anmeldung unzulässig (BKartA 17. 9. 1979 Ballenpressen, WuW/E BKartA 1834; KG 13. 3. 1980, Ballenpressen, WuW/E OLG 2310).

9. Ergibt sich die Vertretungsbefugnis nicht aus dem Kartellvertrag, dann ist die Urschrift oder eine beglaubigte Abschrift des Vertrages oder Beschlusses vorzulegen, aus dem sich die Vertreterbestellung nach § 36 GWB ergibt.

2. Anmeldung eines Rabattkartells (§ 3 GWB) II. K. 2

Melden andere Vertreter an, dann haben sie ihre Vertretungsbefugnis nachzuweisen durch Vorlage der Urschrift oder einer beglaubigten Abschrift der Urkunde und bei rechtsfähigen Kartellen durch beglaubigten Registerauszug.

10. Vgl. § 2 Abs. 2 GWB. Geben Lieferanten oder Abnehmer ihre Stellungnahme auch nach Mahnung innerhalb einer angemessenen Frist nicht ab, genügt es, Durchschläge der Schreiben beizufügen, mit denen die Stellungnahme erbeten oder angemahnt worden ist.

Kosten und Gebühren

Das Verfahren ist gebührenpflichtig (§ 80 Abs. 2 Satz 2 Nr. 1 iVm. Abs. 3 GWB). Zur Gebühr für ein Konditionenkartell von Mittelständlern vgl. OLG München 17. 3. 1982, VOB-Konditionenkartell, WuW/E OLG 2764. Bei überdurchschnittlicher wirtschaftlicher Bedeutung und normalem Aufwand der Kartellbehörde kann sie den Gebührenrahmen ausschöpfen (KG 28. 3. 1983, Skiindustrie, WuW/E OLG 3089, 3090). Neben dem Verwaltungsaufwand der Kartellbehörde ist die wirtschaftliche Bedeutung der Vereinbarung und das Gewicht der Wettbewerbsbeschränkung zu berücksichtigen (KG 10. 4. 1991, Kostenbeschluß, WuW/E OLG 4764; KG 29. 11. 1991, Versicherungsgebühren, WuW/E OLG 4859). Der Gegenstandswert für die Gebühren des Rechtsanwalts ist gemäß § 8 Abs. 2 S. 2 BRAGO nach dem wirtschaftlichen Interesse der Kooperationsteilnehmer mit einem gewissen Bruchteil des aufgrund der Kooperation erzielten Umsatzes zu ermitteln (vgl. BGH 13. 10. 1988, WM 1989, 358, 360). Im konkreten Fall wurden 1/10 des Umsatzes für angemessen gehalten, wobei unklar blieb, ob dies der Umsatz eines Jahres oder mehrerer Jahre war (vgl. aaO., S. 359, r. Sp.).

2. Anmeldung eines Rabattkartells (§ 3 GWB)[1-7]

Bundeskartellamt[8]
Mehringdamm 129
10965 Berlin

Betr.: Anmeldung eines Rabattkartells für ......
I.–VIII. wie Form. II. K. 1, Abschnitte I.–VIII.
IX. Die Stellungnahmen[9] der Wirtschaftsstufen, für welche die Rabattregelung gelten soll, füge ich in der Anlage 5 bei.
X. Der vereinbarte Rabatt ist ein echtes Leistungsentgelt[10], weil ......
Er führt nicht zu einer ungerechtfertigten unterschiedlichen Behandlung[10] von Wirtschaftsstufen oder von Abnehmern der gleichen Wirtschaftsstufe, weil ......

......
(Kartellvertreter)

Verwaltungsgrundsätze: Bekanntmachung des BKartA Nr. 49/90 vom 25. 6. 1990 (BAnz. Nr. 121 vom 4. 7. 1990) betr. seine Verwaltungsgrundsätze über das Verfahren bei der Anmeldung von Kartellen und von Normen-, Typen- und Konditionenempfehlungen (WuW 1990, 735).

Anmerkungen

1. Durch das Rabattkartell können nur Rabatte, nicht aber Grundpreise (Bruttopreise) geregelt werden (BKartA 30. 12. 1959, Röhrenhersteller, WuW/E BKartA 119, 124).

2. Als Rabatte kommen alle Rabattformen (zB. Mengen- und Funktionsrabatte) in Betracht. Gesamtumsatz-Rabattkartelle, bei denen Rabattberechnungsgrundlage nicht nur die Abnahme des Händlers beim rabattgewährenden Unternehmen ist, sondern auch bei anderen Unternehmen, sind unzulässig (BGH 24. 6. 1980, Haus- und Hofkanalguß, WuW/E BGH 1717; 2. 12. 1980, Schleifscheiben und Schleifkörper, WuW/E BGH 1758; 18. 5. 1982, Rauchtabak, WuW/E BGH 1923; 2. 10 1984, Zigarettenhersteller, WuW/E BGH 2130).

3. Der Rabatt kann für Warenlieferungen, nicht aber für gewerbliche Leistungen vereinbart werden (BKartA 10. 4. 1968, Anzeigenwesen, WuW/E BKartA 1219, 1220).

4. Die Vereinbarung eines bloßen Höchstrabattes wird den Voraussetzungen des § 3 Abs. 1 GWB nicht gerecht (BGH 19. 6. 1975, Kabinettartikel, WuW/E BGH 1410, 1412).

5. Wirksamkeit des Kartellvertrages: Das Rabattkartell bedarf zu seiner Wirksamkeit der Anmeldung bei der Kartellbehörde (§ 9 Abs. 1 S. 1 GWB). Es wird nur wirksam, wenn ihm die Kartellbehörde nicht innerhalb einer Frist von drei Monaten seit Eingang der Anmeldung widerspricht (§ 3 Abs. 3 S. 1 GWB). Die Widerspruchsgründe sind in § 3 Abs. 3 S. 2 GWB aufgeführt. Der Widerspruch kann auch auf § 12 Abs. 1 Nr. 1 GWB (Mißbrauch) gestützt werden (BGH 24. 10. 1963, Fensterglas IV., WuW/E BGH 588, 589; NJW 1964, 925).

Nach der Bekanntmachung Nr. 49/90 des BKartA vom 25. 6. 1990 (BAnz. Nr. 121 vom 4. 7. 1990) verzichtet das Bundeskartellamt bei solchen Kartellverträgen und -beschlüssen auf die Anmeldung, die nach der Bekanntmachung Nr. 57/80 des Bundeskartellamtes über die Nichtverfolgung von Kooperationsabreden mit geringer wettbewerbsbeschränkender Bedeutung vom 8. 7. 1980 (BAnz. Nr. 133 vom 23. 7. 1980) nicht verfolgt werden.

Diese Erklärung des Bundeskartellamts wirkt aber nur bei der Ordnungswidrigkeit des § 38 Abs. 1 Nr. 1 GWB. Für die zivilrechtliche Wirksamkeit des Vertrages ist es erforderlich, daß er angemeldet ist (§ 9 Abs. 1 S. 1 GWB).

6. Die Anmeldung ist im Bundesanzeiger bekanntzumachen (§ 10 Abs. 1 Satz 1 Nr. 2 GWB).

7. Bleibt der Kartellvertrag ohne Widerspruch der Kartellbehörde, dann ist dies im Bundesanzeiger bekanntzumachen (§ 10 Abs. 2 GWB).

8. Vgl. Rdn. 5 zu Form. II. K. 1.

9. Vgl. § 3 Abs. 2 GWB.

10. Diese Nachweise sind vom Anmelder zu führen (§ 3 Abs. 3 Nr. 1 GWB).

Kosten und Gebühren

Das Verfahren ist gebührenpflichtig (§ 80 Abs. 2 Satz 2 Nr. 1 iVm. Abs. 3 GWB). Vgl. auch Form. II.K.1.

3. Anmeldung eines Kartellvertrages über Leistungsbeschreibungen oder Preisaufgliederungen (§ 5 Abs. 4 GWB)[1-7]

Bundeskartellamt[8]
Mehringdamm 129
10965 Berlin

Betr.: Anmeldung eines Kartellvertrages über Leistungsbeschreibungen (oder Preisaufgliederungen) für ......

I.–VIII. wie Form. II. K. 1, Abschnitte I.–VIII.

......
(Kartellvertreter)

Verwaltungsgrundsätze: Bekanntmachung des BKartA Nr. 49/90 vom 25. 6. 1990 (BAnz. Nr. 121 vom 4. 7. 1990) betr. seine Verwaltungsgrundsätze über das Verfahren bei der Anmeldung von Kartellen und Normen-, Typen- und Konditionenempfehlungen.

Anmerkungen

1. Diese Kartellform bezieht sich nur auf das Festlegen einheitlicher Methoden der Leistungsbeschreibung oder Preisaufgliederung (§ 5 Abs. 4 S. 1 GWB).

2. Sie ist in Wirtschaftsbereichen zulässig, in denen bei Ausschreibungen Waren oder gewerbliche Leistungen nur aufgrund von Beschreibungen angeboten werden können, die eine Prüfung der Beschaffenheit bei Vertragsabschluß nicht ermöglichen (§ 5 Abs. 4 S. 2 GWB).

3. Das Kartell ist unverzüglich nach seinem Abschluß bei der Kartellbehörde anzumelden (§ 9 Abs. 1 S. 3 GWB).

4. Der Vertrag tritt mit seinem Abschluß in Kraft.

5. Wird die Anmeldung nicht oder nicht unverzüglich vorgenommen, dann liegt in der vorsätzlichen oder fahrlässigen Nichtanmeldung eine Ordnungswidrigkeit (§ 39 Abs. 1 Nr. 2 GWB).

6. Die Anmeldung ist im Bundesanzeiger bekanntzumachen (§ 10 Abs. 1 Satz 1 Nr. 2 GWB).

7. Das Wirksamwerden ist im Bundesanzeiger bekanntzumachen (§ 10 Abs. 2 GWB).

8. Vgl. Rdn. 5 zu Form. II. K. 1.

Kosten und Gebühren

Das Verfahren ist gebührenpflichtig (§ 80 Abs. 2 Satz 2 Nr. 1 iVm. Abs. 3 GWB). Vgl. auch Form. II. K. 1.

4. Anmeldung eines Normen- oder Typenkartells (§ 5 Abs. 1 GWB)[1-3]

Bundeskartellamt[4]
Mehringdamm 129
10965 Berlin

Betr.: Anmeldung eines Normen- und Typenkartells für ......
I.–VIII. wie Form. II. K. 1, Abschnitte I.–VIII.
IX. Die Stellungnahme des Rationalisierungsverbandes[5] ...... füge ich in der Anlage 5 bei.

......
(Kartellvertreter)

Verwaltungsgrundsätze: Bekanntmachung des BKartA Nr. 49/90 vom 25. 6. 1990 (BAnz. Nr. 121 vom 4. 7. 1990) betr. seine Verwaltungsgrundsätze über das Verfahren bei der Anmeldung von Kartellen und von Normen-, Typen- und Konditionenempfehlungen.

Anmerkungen

1. Wirksamkeit des Kartellvertrages: Das Normen- und Typenkartell bedarf zu seiner Wirksamkeit der Anmeldung bei der Kartellbehörde (§ 9 Abs. 1 S. 1 GWB). Es tritt mit seiner Anmeldung bei der Kartellbehörde in Kraft.

Die Anmeldung gilt nur als bewirkt, wenn ihr die Stellungnahme des Rationalisierungsverbandes beigefügt ist (§ 9 Abs. 1 S. 2 GWB).

Nach der Bekanntmachung Nr. 49/90 des BKartA vom 25. 6. 1990 (BAnz. Nr. 121 vom 4. 7. 1990) verzichtet das Bundeskartellamt bei solchen Kartellverträgen und -beschlüssen auf die Anmeldung, die nach der Bekanntmachung Nr. 57/80 des Bundeskartellamtes über die Nichtverfolgung von Kooperationsabreden mit geringer wettbewerbsbeschränkender Bedeutung vom 8. 7. 1980 (BAnz. Nr. 133 vom 23. 7. 1980) nicht verfolgt werden.

Diese Erklärung des Bundeskartellamts wirkt aber nur bei der Ordnungswidrigkeit des § 38 Abs. 1 Nr. 1 GWB. Für die zivilrechtliche Wirksamkeit des Vertrages ist es erforderlich, daß er angemeldet ist (§ 9 Abs. 1 S. 1 GWB).

2. Die Anmeldung ist im Bundesanzeiger bekanntzugeben (§ 10 Abs. 1 Satz 1 Nr. 2 GWB).

3. Das Wirksamwerden ist im Bundesanzeiger bekanntzumachen (§ 10 Abs. 2 GWB).

4. Vgl. Rdn. 5 zu Form. II. K. 1.

5. Der Begriff des Rationalisierungsverbandes ergibt sich aus § 5 Abs. 1 S. 3 GWB. Gegenwärtig sind anerkannt das Rationalisierungskuratorium der Deutschen Wirtschaft (RKW) e.V., Düsseldorfer Straße 40, 65760 Eschborn, und das Deutsche Institut für Normung e. V. (DIN), 70772 Berlin.

Kosten und Gebühren

Das Verfahren ist gebührenpflichtig (§ 80 Abs. 2 Satz 2 Nr. 1 iVm. Abs. 3 GWB). Vgl. auch Form. II. K. 1.

5. Anmeldung eines Spezialisierungskartells (§ 5 a GWB)[1-4]

Bundeskartellamt[5]
Mehringdamm 129
10965 Berlin

Betr.: Anmeldung eines Spezialisierungskartells für ......
 I.–VIII. wie Form. II. K. 1, Abschnitte I.–VIII.
 IX. Der Vertrag hat die Rationalisierung wirtschaftlicher Vorgänge durch Spezialisierung zum Gegenstand, weil ......[6]
 X. Der Vertrag läßt wesentlichen Wettbewerb bestehen, weil ......[7]

......
(Kartellvertreter)

Verwaltungsgrundsätze: Bekanntmachung des BKartA Nr. 49/90 vom 25. 6. 1990 (BAnz. Nr. 121 vom 4. 7. 1990) betr. seine Verwaltungsgrundsätze über das Verfahren bei der Anmeldung von Kartellen und von Normen-, Typen- und Konditionenempfehlungen.

Anmerkungen

1. Die Spezialisierung muß bei allen Kartellmitgliedern zu einer Leistungssteigerung führen (BKartA 2. 6. 1965, Gesellschaftsreisen II, WuW/E BKartA 938, 941).

2. Wirksamkeit des Kartellvertrages: Das Spezialisierungskartell bedarf zu seiner Wirksamkeit der Anmeldung bei der Kartellbehörde (§ 9 Abs. 1 S. 1 GWB).
Es wird nur wirksam, wenn die Kartellbehörde nicht innerhalb einer Frist von drei Monaten seit Eingang der Anmeldung widerspricht (§ 5 a Abs. 3 S. 1 GWB).
Nach der Bekanntmachung Nr. 49/90 des BKartA vom 25. 6. 1990 (BAnz. Nr. 121 vom 4. 7. 1990) verzichtet das Bundeskartellamt bei solchen Kartellverträgen und -beschlüssen auf die Anmeldung, die nach der Bekanntmachung Nr. 57/80 des Bundeskartellamtes über die Nichtverfolgung von Kooperationsabreden mit geringer wettbewerbsbeschränkender Bedeutung vom 8. 7. 1980 (BAnz. Nr. 133 vom 23. 7. 1980) nicht verfolgt werden.
Diese Erklärung des Bundeskartellamts wirkt aber nur bei der Ordnungswidrigkeit des § 38 Abs. 1 Nr. 1 GWB. Für die zivilrechtliche Wirksamkeit des Vertrages ist es erforderlich, daß er angemeldet ist (§ 9 Abs. 1 S. 1 GWB).

3. Die Anmeldung ist im Bundesanzeiger bekanntzumachen (§ 10 Abs. 1 Satz 1 Nr. 2 GWB).

4. Das Wirksamwerden ist im Bundesanzeiger bekanntzumachen (§ 10 Abs. 2 GWB).

5. Vgl. Rdn. 5 zu Form. II. K. 1.

6. Ist die Spezialisierungsvereinbarung mit einer Rationalisierungsvereinbarung nach § 5 Abs. 2 GWB verbunden oder wird die Rationalisierungsvereinbarung in Verbindung mit Preisabreden oder durch Bildung von gemeinsamen Beschaffungs- oder Vertriebseinrichtungen bewirkt (§ 5 Abs. 3 GWB), dann muß bei der Anmeldung nachgewiesen werden, daß diese Abreden zur Durchführung der Spezialisierung erforderlich sind.

7. Hier sind folgende Angaben zu machen (vgl. BKartA-Bekanntmachung Nr. 49/90 vom 25. 6. 1990):
a) Die Umsätze in Deutscher Mark, die jedes beteiligte Unternehmen mit den von der Spezialisierung betroffenen und gleichartigen Waren oder gewerblichen Leistungen im

letzten Kalenderjahr vor Einreichung der Anmeldung erzielt hat. Die Angaben sind nach dem Umsatz innerhalb und außerhalb des Geltungsbereichs des GWB aufzugliedern. Ist ein beteiligtes Unternehmen ein Konzernunternehmen, so sind für jedes andere Konzernunternehmen die gleichen Angaben zu machen.

b) Firma oder sonstige Bezeichnung und Ort der Niederlassung oder Sitz der übrigen Unternehmen, mit denen die beteiligten Unternehmen mit den von der Spezialisierung betroffenen Waren oder gewerblichen Leistungen in Wettbewerb stehen.

c) Die einzelnen vertragsgegenständlichen Erzeugnisse, die diese Wettbewerber herstellen.

d) Der im letzten Kalenderjahr vor der Anmeldung innerhalb des Geltungsbereichs des GWB erreichte Anteil jedes der beteiligten Unternehmen am Markt für die von der Spezialisierung betroffenen und gleichartigen Waren oder gewerblichen Leistungen und die den Angaben über diese Anteile zugrundeliegenden Berechnungen.

Kosten und Gebühren

Das Verfahren ist gebührenpflichtig (§ 80 Abs. 2 Satz 2 Nr. 1 iVm. Abs. 3 GWB). Vgl. auch Form. II. K. 1.

6. Anmeldung eines Kartellvertrages für kleine und mittlere Unternehmen (§ 5 b GWB)[1-4]

Bundeskartellamt[5]
Mehringdamm 129
10965 Berlin

Betr.: Anmeldung eines Kartellvertrages für kleine und mittlere Unternehmen für ......

I.–VIII. wie Form. II. K. 1, Abschnitte I.–VIII.[6,7]

IX. Durch die zwischenbetriebliche Zusammenarbeit werden wirtschaftliche Vorgänge dadurch rationalisiert, daß ...... und die Leistungsfähigkeit der Kartellmitglieder wird dadurch gefördert, daß ......[8]

X. Der Wettbewerb auf den Märkten für ...... wird nicht wesentlich beeinträchtigt, weil ......[9]

......
(Kartellvertreter)

Verwaltungsgrundsätze: Bekanntmachung des BKartA Nr. 49/90 vom 25. 6. 1990 (BAnz. Nr. 121 vom 4. 7. 1990) betr. seine Verwaltungsgrundsätze über das Verfahren bei der Anmeldung von Kartellen und von Normen-, Typen- und Konditionenempfehlungen.

Merkblatt des Bundesministers für Wirtschaft über die Kooperationserleichterungen für kleine und mittlere Unternehmen nach § 5 b GWB vom 15. 4. 1975 (WuW 1975, 368) und seine Mitteilung vom 7. 3. 1979 (WuW 1979, 225) über zugelassene Mittelstandskooperationen.

Anmerkungen

1. Die Kooperationsvereinbarung kleiner und mittlerer Unternehmen gemäß § 5 b GWB ist nicht nur abzugrenzen gegenüber dem Spezialisierungskartell des § 5 a GWB, sondern

6. Anmeldung eines Kartellvertrages für kleine und mittlere Unternehmen   II. K. 6

auch gegenüber der Einkaufskooperation des § 5 c GWB. Letztere bedarf nicht der Anmeldung bei der Kartellbehörde (vgl. § 5 c i.V.m. § 9 Abs. 1 GWB).

2. Wirksamkeit des Kartellvertrages: Der Kartellvertrag bedarf zu seiner Wirksamkeit der Anmeldung bei der Kartellbehörde (§ 9 Abs. 1 S. 1 GWB). Das Kartell wird nur wirksam, wenn die Kartellbehörde nicht innerhalb einer Frist von drei Monaten seit Eingang der Anmeldung widerspricht (§ 5 b Abs. 2 GWB).

Nach der Bekanntmachung Nr. 49/90 des BKartA vom 25. 6. 1990 (BAnz. Nr. 121 vom 4. 7. 1990) verzichtet das Bundeskartellamt bei solchen Kartellverträgen und -beschlüssen auf die Anmeldung, die nach der Bekanntmachung Nr. 57/80 des Bundeskartellamtes über die Nichtverfolgung von Kooperationsabreden mit geringer wettbewerbsbeschränkender Bedeutung vom 8. 7. 1980 (BAnz. Nr. 133 vom 23. 7. 1980) nicht verfolgt werden.

Diese Erklärung des Bundeskartellamts wirkt aber nur bei der Ordnungswidrigkeit des § 38 Abs. 1 Nr. 1 GWB. Für die zivilrechtliche Wirksamkeit des Vertrages ist es erforderlich, daß er angemeldet ist (§ 9 Abs. 1 S. 1 GWB).

3. Die Anmeldung ist im Bundesanzeiger bekanntzumachen (§ 10 Abs. 1 Satz 1 Nr. 2 GWB).

4. Das Wirksamwerden ist im Bundesanzeiger bekanntzumachen (§ 10 Abs. 2 GWB).

5. Vgl. Rdn. 5 zu Form. II. K. 1.

6. Die Begründung hat folgende Angaben zu enthalten (vgl. BKartA-Bekanntmachung Nr. 49/90 vom 25. 6. 1990):

a) Die Gesamtumsätze eines jeden beteiligten Unternehmens im Kalenderjahr vor der Einreichung der Anmeldung: Die Angaben sind nach dem Umsatz innerhalb und außerhalb des Geltungsbereichs des GWB aufzugliedern. Ist ein beteiligtes Unternehmen ein Konzernunternehmen, so sind für jedes andere Konzernunternehmen die gleichen Angaben zu machen.

b) Die Umsätze, die jedes der beteiligten Unternehmen mit den von der Zusammenarbeit betroffenen und gleichartigen Waren oder gewerblichen Leistungen im Kalenderjahr vor Einreichung der Anmeldung erzielt hat.

c) Bezeichnung und Sitz der übrigen Unternehmen, mit denen die beteiligten Unternehmen in bezug auf die von der Zusammenarbeit betroffenen Waren oder gewerblichen Leistungen im Wettbewerb stehen und Angaben der vertragsgegenständlichen Waren, die diese Wettbewerber herstellen bzw. mit denen sie handeln oder der vertragsgegenständlichen gewerblichen Leistungen, die diese Wettbewerber erbringen.

d) Anteile jedes der beteiligten Unternehmen im Kalenderjahr vor Einreichung der Anmeldung in dem Markt der von der Zusammenarbeit betroffenen und gleichartigen Waren oder gewerblichen Leistungen im Geltungsbereich des GWB.

7. Die Darlegungspflicht, die den Anmeldern gemäß § 5 b Abs. 2 GWB obliegt, enthebt die Kartellbehörde nicht der Pflicht, eigene Ermittlungen anzustellen. § 5 b Abs. 2 GWB führt aber zur Umkehr der materiellen Beweislast, d. h. Zweifel über das Vorliegen der Freistellungsvoraussetzungen gehen zu Lasten der Anmelder.

8. Die Rationalisierung muß eine betriebswirtschaftliche sein, und zwischen ihr und der Förderung der Leistungsfähigkeit muß eine kausale Beziehung bestehen (OLG Frankfurt 10. 2. 1989, Doppelgenossen WuW/E OLG 4495).

9. Durch den Kartellvertrag des § 5 b GWB darf der Wettbewerb auf dem relevanten Markt (oder auf den relevanten Märkten) nicht wesentlich beeinträchtigt werden. Nach der Verwaltungspraxis der Kartellbehörden dürfen die Marktanteile der Kartellmitglieder – je nach Intensität der Wettbewerbsbeschränkung – 10–15% nicht übersteigen (vgl. LKartB Nordrhein-Westfalen vom 15. 8. 1978, Verkehrszeichen, WuW/E LKartB 196; Mitteilungen des Bundesministers für Wirtschaft vom 7. 3. 1979, WuW 1979, 225, 226; OLG Stuttgart 17. 12. 1982, Gebrochener Muschelkalkstein, WuW/E OLG 2807; siehe aber auch OLG Frankfurt 20. 9. 1982, Betr. 1983, 219 betr. einen Martkanteil von 44 %, wenn die Wettbewerbsbeschränkung qualitativ nur eine geringe Marktaußenwirkung hat). KG 10. 7. 1985, Mischguthersteller, WuW/E OLG 3663, 3670, stellt auf die quantitativen und die qualitativen Merkmale ab; BGH 30. 9. 1986, Mischguthersteller, WuW/E BGH 2321, 2325 läßt die Beteiligung von Großunternehmen am Kartell dann zu, wenn ihre Beteiligung zur Leistungsförderung der kleinen und mittleren Unternehmen erforderlich ist und keine weiteren Wettbewerbsbeschränkungen bewirkt (so auch BKartA 1. 6. 1989, German Parcel Paket-Logistik, WuW/E BKartA 2384).

Kosten und Gebühren

Das Verfahren ist gebührenpflichtig (§ 80 Abs. 2 Satz 2 Nr. 1 iVm. Abs. 3 GWB). Vgl. auch Form. II. K. 1.

7. Anmeldung eines Exportkartells ohne Inlandsbindung (§ 6 Abs. 1 GWB)[1–5]

Bundeskartellamt[6]
Mehringdamm 129
10965 Berlin

Betr.: Anmeldung eines Exportkartells ohne Inlandsbindung
 I.–VIII. wie Form. II. K. 1, Abschnitte I.–VIII.
 IX. Das Kartell regelt nur den Wettbewerb auf Märkten außerhalb des Geltungsbereichs des GWB, weil ......
 X. Der Kartellvertrag dient der Sicherung und Förderung der Ausfuhr, weil ......

......
(Kartellvertreter)

Verwaltungsgrundsätze: Bekanntmachung des BKartA Nr. 48/90 vom 25. 6. 1990 (BAnz. Nr. 121 vom 4. 7. 1990) betr. seine Verwaltungsgrundsätze über das Verfahren bei der Anmeldung von Ausfuhrkartellen.

Anmerkungen

1. Das Exportkartell ohne Inlandsbindung (§ 6 Abs. 1 GWB) darf, im Gegensatz zum Exportkartell mit Inlandsbindung (§ 6 Abs. 2 GWB), die Regelung des Verkehrs mit Waren oder gewerblichen Leistungen innerhalb des Geltungsbereichs des GWB nicht umfassen. Bei der Feststellung, ob eine Inlandsregelung vorliegt, kommt es auf den Sitz des Käufers und nicht auf das endgültige Bestimmungsland an (BKartA-Bericht 1981/82, BT-Drucks. 10/243, S. 13).

2. Das GWB findet gem. § 98 Abs. 2 S. 2 der 4. Novelle zum GWB auch Anwendung auf Ausfuhrkartelle ohne Inlandswirkung, soweit an ihnen Unternehmen mit Sitz im Geltungsbereich des GWB beteiligt sind. Unerheblich ist damit, ob die Wettbewerbsbeschränkungen Inlandswirkung haben. Die BGH-Entscheidung vom 12. 7. 1973, Ölfeldrohre, WuW/E BGH 1276, 1279; NJW 1973, 1609 ist damit überholt.

3. Das Exportkartell bedarf zu seiner Wirksamkeit der Anmeldung bei der Kartellbehörde (§ 9 Abs. 1 S. 1 GWB) (vgl. OLG Stuttgart 18. 1. 1985, Orthopädie, WuW/E OLG 3525, 3526).

Obgleich dieses Kartell nicht in das Kartellregister eingetragen wird, fordert das BKartA die Angaben gemäß § 9 Abs. 2 GWB. Soweit die Texte in fremder Sprache sind, ist der Anmeldung eine beglaubigte oder eine von einem öffentlich bestellten oder beeidigten Dolmetscher oder Übersetzer gefertigte Übersetzung beizufügen.

Nach der Bekanntmachung Nr. 49/90 des BKartA vom 25. 6. 1990 (BAnz. Nr. 121 vom 4. 7. 1990) verzichtet das Bundeskartellamt bei solchen Kartellverträgen und -beschlüssen auf die Anmeldung, die nach der Bekanntmachung Nr. 57/80 des Bundeskartellamtes über die Nichtverfolgung von Kooperationsabreden mit geringer wettbewerbsbeschränkender Bedeutung vom 8. 7. 1980 (BAnz. Nr. 133 vom 23. 7. 1980) nicht verfolgt werden.

Diese Erklärung des Bundeskartellamts wirkt aber nur bei der Ordnungswidrigkeit des § 38 Abs. 1 Nr. 1 GWB. Für die zivilrechtliche Wirksamkeit des Vertrages ist es erforderlich, daß er angemeldet ist (§ 9 Abs. 1 S. 1 GWB).

4. Der Kartellvertrag wird mit seiner Anmeldung bei der Kartellbehörde wirksam.

5. Die Anmeldung wird nicht im Bundesanzeiger bekanntgemacht (vgl. § 10 Abs. 1 Satz Nr. 1 GWB). Das BKartA gibt auch keine Auskunft über das Kartell (vgl. § 9 Abs. 4 GWB).

6. Exportkartelle sind immer beim BKartA und nicht bei einer Landeskartellbehörde anzumelden (§ 44 Abs. 1 Nr. 1 GWB).

Kosten und Gebühren

Das Verfahren ist gebührenpflichtig (§ 80 Abs. 2 Satz 2 Nr. 1 iVm. Abs. 3 GWB).

8. Anmeldung von Normen- oder Typenempfehlungen (§ 38 Abs. 2 Nr. 2 GWB)[1–6]

Bundeskartellamt[7]
Mehringdamm 129
10965 Berlin

Betr.: Anmeldung einer Normenempfehlung für ......

I. Hiermit melde ich als Bevollmächtigter[8] eine Empfehlung für die Einhaltung von Normen für ...... (Waren) an.
II. Die Empfehlung wird ausgesprochen von ......
III. Der Wortlaut der Empfehlung ergibt sich aus der Anlage 1.
IV. Die Empfehlung richtet sich an ......
V. Die Empfehlung wird dadurch ausdrücklich als unverbindlich gekennzeichnet, daß ......
VI. Meine Vollmacht ergibt sich aus der Anlage 2.
VII. Die Stellungnahme des Rationalisierungsverbandes ......[9] füge ich in der Anlage 3 bei.

......
(Rechtsanwalt)

Verwaltungsgrundsätze: Bekanntmachung des BKartA Nr. 49/90 vom 25. 6. 1990 (BAnz. Nr. 121 vom 4. 7. 1990) betr. seine Verwaltungsgrundsätze über das Verfahren bei der Anmeldung von Kartellen und von Normen-, Typen- und Konditionenempfehlungen.

Anmerkungen

1. Die Begriffe der Normen und Typen sind identisch mit denen in § 5 Abs. 1 GWB.
2. Die Empfehlung kann von jedermann, also nicht nur von einer Wirtschafts- und Berufsvereinigung ausgesprochen werden.
Empfehlungen eines Rationalisierungsverbandes sind nicht bei der Kartellbehörde anzumelden. Sie müssen auch nicht als unverbindlich bezeichnet werden.
3. Die Empfehlung ist bei der Kartellbehörde anzumelden (§ 38 Abs. 2 Nr. 2b GWB).
4. Sie muß ausdrücklich als unverbindlich bezeichnet werden und zu ihrer Durchsetzung darf kein wirtschaftlicher, gesellschaftlicher oder sonstiger Druck angewendet werden.
5. Fehlt es an der Anmeldung oder am Unverbindlichkeitsvermerk oder wird Druck zur Durchsetzung der Empfehlung angewandt, dann ist ein Verstoß gegen das Empfehlungsverbot des § 38 Abs. 1 Nr. 11 GWB gegeben, sofern dessen Voraussetzungen erfüllt sind.
6. Die Anmeldung ist im Bundesanzeiger bekanntzumachen (§ 10 Abs. 1 S. 1 Nr. 3 GWB).
7. Vgl. Rdn. 5 zu Form. II. K. 1.
8. Die Anmeldung ist von dem zu bewirken, der die Empfehlung ausspricht.
Handelt es sich dabei um eine juristische Person, so ist die Anmeldung vom gesetzlichen Vertreter zu bewirken. Die Vertretungsbefugnis ist durch Vorlage eines beglaubigten Registerauszuges nachzuweisen. Wird die Empfehlung von einer nicht rechtsfähigen Personenvereinigung ausgesprochen, so ist die Anmeldung von demjenigen zu bewirken, der nach Satzung oder Gesellschaftsvertrag zur Vertretung der Personenvereinigung berechtigt ist. Die Vertretungsbefugnis ist bei nicht rechtsfähigen Handelsgesellschaften durch Vorlage eines beglaubigten Handelsregisterauszuges, in allen anderen Fällen durch Vorlage der Urschrift oder einer beglaubigten Abschrift des Vertrages oder Beschlusses, aus dem sich die Vertretungsbefugnis ergibt, nachzuweisen.
Soll die Empfehlung durch eine andere Person, z.B. einen Rechtsanwalt, angemeldet werden, bedarf diese einer Vollmacht.
9. Die Anmeldung gilt nur als bewirkt, wenn ihr die Stellungnahme eines Rationalisierungsverbandes beigefügt ist.
10. Das Wirksamwerden ist im Bundesanzeiger bekanntzumachen (§ 10 Abs. 2 GWB).

Kosten und Gebühren

Das Verfahren ist gebührenpflichtig (§ 80 Abs. 2 Satz 2 Nr. 1 iVm. Abs. 3 GWB).

9. Anmeldung von Empfehlungen für Geschäfts-, Lieferungs- und Zahlungsbedingungen (§ 38 Abs. 2 Nr. 3 GWB)[1–4]

Bundeskartellamt[5]
Mehringdamm 129
10965 Berlin

Betr.: Anmeldung von Empfehlungen für Geschäfts-, Lieferungs- und Zahlungsbedingungen

I. Hiermit melde ich als alleinvertretungsberechtigter Geschäftsführer der Wirtschafts- und Berufsvereinigung ...... e.V. die Empfehlungen dieser Vereinigung zur Erhaltung von Geschäfts-, Lieferungs- und Zahlungsbedingungen an.
II. Der Wortlaut der Empfehlung ergibt sich aus der Anlage 1.
III. Sie richtet sich an die Mitglieder der Wirtschafts- und Berufsvereinigung ...... e.V.
IV. Die Empfehlung wird dadurch ausdrücklich als unverbindlich gekennzeichnet, daß ......
V. Meine Vertretungsbefugnis ergibt sich aus dem Registerauszug des Vereinsregisters des Amtsgerichts ...... (Anlage 2).
VI. Die Stellungnahme der Wirtschafts- und Berufsvereinigung ...... e.V., deren Mitglieder von den empfohlenen Konditionen betroffenen sind, ist in der Anlage 3 beigefügt.[6]

......
(Geschäftsführer)

Verwaltungsgrundsätze: Bekanntmachung des BKartA Nr. 49/90 vom 25. 6. 1990 (BAnz. Nr. 121 vom 4. 7. 1990) betr. seine Verwaltungsgrundsätze über das Verfahren bei der Anmeldung von Kartellen und von Normen-, Typen- und Konditionenempfehlungen.

Anmerkungen

1. Der Begriff der Geschäfts-, Lieferungs- und Zahlungsbedingungen ergibt sich aus § 2 GWB.
Er ist nicht identisch mit dem Begriff der Allgemeinen Geschäftsbedingungen iSd. Gesetzes zur Regelung des Rechts der Allgemeinen Geschäftsbedingungen (AGB-Gesetz) vom 9. 12. 1976 (BGBl. I S. 3317).

2. Die Empfehlung kann nur von einer Wirtschafts- und Berufsvereinigung ausgesprochen werden.

3. Die Anmeldung ist im Bundesanzeiger bekanntzumachen (§ 10 Abs. 1 S. 1 Nr. 3 GWB).

4. Vgl. Rdn. 3–5 zu Form. II. K. 8.

5. Vgl. Rdn. 5 zu Form. II. K. 1.

6. Die Anmeldung gilt nur als bewirkt, wenn ihr die Stellungnahmen der Wirtschafts- und Berufsvereinigungen der Marktgegenseite beigefügt sind.

7. Das Wirksamwerden ist im Bundesanzeiger bekanntzugeben (§ 10 Abs. 2 GWB).

Kosten und Gebühren

Das Verfahren ist gebührenpflichtig (§ 80 Abs. 2 Satz 2 Nr. 1 iVm. Abs. 3 GWB).

10. Meldung eines Beschlusses einer Vereinigung von Erzeugervereinigungen (§ 100 Abs. 1 GWB)[1-3]

Bundeskartellamt[4]
Mehringdamm 129
10965 Berlin

Betr.: Meldung des Beschlusses einer Vereinigung von Erzeugervereinigungen

I. Der Obstbauvereinigung GmbH gehören die Obstbaugenossenschaften A, B und C als Mitglieder an.
II. Hiermit melde ich als alleinvertretungsberechtigter Geschäftsführer der Obstbauvereinigung GmbH den Beschluß dieser Vereinigung vom ...... betr.
   – die Erzeugung von Äpfeln und/oder
   – den Absatz von Äpfeln und/oder
   – die Benutzung gemeinschaftlicher Einrichtungen für die Lagerung, Be- und Verarbeitung von Äpfeln
   an.
III. Der Wortlaut des Beschlusses ist in der Anlage 1 beigefügt.
IV. Meine Vertretungsbefugnis ergibt sich aus ......
V. Der Beschluß enthält keine Verpflichtung der Obstbaugenossenschaften A, B, oder C oder deren Mitglieder zur Einhaltung einer Preisbindung[5].
VI. Der Wettbewerb wird nicht ausgeschlossen, weil ......[5].

......
(Geschäftsführer)

Anmerkungen

1. Die Meldevorschrift betrifft nur Vereinigungen von Erzeugervereinigungen, also die sogenannten höherstufigen Erzeugervereinigungen.

2. Die Wirksamkeit der Verträge und Beschlüsse ist nicht von der Meldung an die Kartellbehörde abhängig.

Wird die Meldung jedoch nicht unverzüglich vorgenommen, und beruht dies auf Vorsatz oder Fahrlässigkeit, dann liegt eine Ordnungswidrigkeit vor (§ 39 Abs. 1 Nr. 3 GWB).

3. Der angemeldete Beschluß wird nicht im Bundesanzeiger bekanntgemacht.

4. Vgl. Rdn. 5 zu Form. II. K. 1.

5. Fehlt es an dieser negativen Voraussetzung, ist der Kartellvertrag nicht von § 1 GWB freigestellt (zur vertikalen Preisbindung vgl. § 100 Abs. 3 GWB).

Kosten und Gebühren

Das Verfahren ist gebührenpflichtig (§ 80 Abs. 2 Nr. 1 iVm. Abs. 3 GWB).

11. Anmeldung eines Kartellvertrages von Versicherungsunternehmen (§ 102 GWB)[1-4]

Bundeskartellamt[5]
Mehringdamm 129
10965 Berlin

Betr.: Anmeldung der Prämien- und Provisionsvereinbarung für die Versicherung von ......

    I.–VIII. wie Form II.K.1, Abschnitt I.–VIII.
    IX. Eine weitere Ausfertigung der Anmeldung ist für die Aufsichtsbehörde beigefügt.[6]
    X. Der Vertrag steht im Zusammenhang mit Tatbeständen, die der Genehmigung (oder Überwachung) durch das Bundesaufsichtsamt für das Versicherungswesen unterliegen, weil ......[7]
    XI. Der Vertrag ist geeignet und erforderlich, die Leistungsfähigkeit der beteiligten Unternehmen in technischer (oder betriebswirtschaftlicher oder organisatorischer) Beziehung insbesondere durch zwischenbetriebliche Zusammenarbeit (oder durch Vereinheitlichung von Vertragsbedingungen) zu heben (oder zu erhalten) und dadurch die Befriedigung des Bedarfs zu verbessern, weil ......[7]
    XII. Der zu erwartende Erfolg steht in angemessenem Verhältnis zu der damit verbundenen Wettbewerbsbeschränkung, weil ......

                                                ......
                                             (Kartellvertreter)

Verwaltungsgrundsätze: Sie gibt es für diese Kartellart nicht. Es erscheint jedoch gerechtfertigt, sich bei den Anmeldeformalitäten nach der Bekanntmachung des BKartA Nr. 49/90 vom 25. 6. 1990, BAnz. Nr. 121 vom 4. 7. 1990 betr. seine Verwaltungsgrundsätze über die Verfahren bei der Anmeldung von Kartellen und von Normen-, Typen- und Konditionenempfehlungen (WuW 1990, 735) zu richten.

Anmerkungen

1. Der mögliche Gegenstand des Kartells ergibt sich aus § 102 Abs. 1 S. 1 GWB.

2. Das Kartell bedarf zu seiner Wirksamkeit der Anmeldung bei der Kartellbehörde (§ 102 Abs. 1 S. 2 GWB). Es wird nur wirksam, wenn ihm die Kartellbehörde nicht innerhalb der Frist von drei Monaten seit Eingang der Anmeldung widerspricht oder vorher erklärt, daß sie nicht widersprechen wird.

3. Die Anmeldung ist im Bundesanzeiger bekanntzumachen (§ 102 Abs. 4 S. 1 iVm. § 10 Abs. 1 GWB). Unter bestimmten Voraussetzungen kann die Kartellbehörde von der Bekanntmachung absehen.

4. Bleibt der Kartellvertrag ohne Widerspruch, dann ist dies im Bundesanzeiger bekanntzumachen (§ 102 Abs. 4 S. 1 iVm. § 10 Abs. 2 GWB).

5. Zur Zuständigkeit vgl. § 44 GWB.

6. Dies empfiehlt sich, weil das BKartA eine Ausfertigung der Anmeldung an die zuständige Aufsichtsbehörde weiterleiten muß (§ 102 Abs. 1 S. 2 GWB) und sie ihre Verfügungen im Benehmen mit dieser Behörde erläßt (§ 102 Abs. 5 GWB).

7. Diese Begründungen sind unerläßlich, weil sonst die Anmeldung unvollständig ist und die dreimonatige Widerspruchsfrist nicht zu laufen beginnt (BKartA 22. 6. 1993, HUK-Mietwagen-Empfehlung, WuW/E BKartA 2573, 2583).

Kosten und Gebühren

Das Verfahren ist gebührenpflichtig (§ 80 Abs. 2 Satz 2 Nr. 1 iVm. Abs. 3 GWB).

12. Erlaubnisantrag für ein Strukturkrisenkartell (§ 4 GWB)[1-4]

Bundeskartellamt[5]
Mehringdamm 129
10965 Berlin

Betr.: Erlaubnisantrag für ein Strukturkrisenkartell für ......

    I. Als Kartellvertreter[6] des Strukturkrisenkartells für ...... beantrage ich die Erlaubnis für den Kartellvertrag vom ......
    II. Die Urschrift[7] des Kartellvertrages mit den Unterschriften[8] der Kartellmitglieder füge ich in der Anlage 1 bei.
    III. Das Kartell hat die Rechtsform einer BGB-Gesellschaft. Die Geschäftsstelle des Kartells ist in ......
    IV. Kartellvertreter ist ......, wohnhaft in ......
    V. Die Firmen- oder sonstigen Bezeichnungen der Kartellmitglieder ergeben sich aus Anlage 2.
    VI. Die Namen und Anschriften der Inhaber oder Gesellschafter der Kartellmitglieder, bzw. bei juristischen Personen der gesetzlichen Vertreter, ergeben sich aus der Anlage 3.
    VII. Der Inhalt des Kartellvertrages ist in der Anlage 4 beschrieben.
    VIII. Meine Vertretungsbefugnis[9] als Kartellvertreter ergibt sich aus dem in der Anlage 1 vorgelegten Kartellvertrag.
    IX. 1. Der Absatzrückgang in den Jahren ...... betrug ......
        2. Er beruht auf einer nachhaltigen Änderung der Nachfrage, weil[10] ......
    X. Der Kartellvertrag ist notwendig, um eine planmäßige Anpassung der Kapazität an den Bedarf herbeizuführen, weil ......
    XI. Die kartellrechtliche Regelung erfolgt unter Berücksichtigung der Gesamtwirtschaft und des Gemeinwohls, weil ......

                                                                                        ......
                                                                                     (Kartellvertreter)

Verwaltungsgrundsätze: 1. Bekanntmachung des BKartA Nr. 49/90 vom 25. 6. 1990 (BAnz. Nr. 121 vom 4. 7. 1990) betr. seine Verwaltungsgrundsätze über das Verfahren bei der Anmeldung von Kartellen und von Normen-, Typen- und Konditionenempfehlungen.
2. Bekanntmachung des BKartA Nr. 37/78 über seine Grundsätze für die Beurteilung von Strukturkrisen- und Rationalisierungskartellen vom 31. 3. 1978 (BAnz. Nr. 66 vom 7. 4. 1978).

Anmerkungen

1. Die Kartellmitglieder müssen im Kartellvertrag oder in einer anderen rechtsverbindlichen Vereinbarung festlegen, wie und wann die Kapazitäten verringert werden, um sie dem Bedarf anzupassen (Kapazitätsabbau- bzw. Stillegungsplan) (BKartA 14. 12. 1959, Schuhbeschlag, WuW/E BKartA 114, 116).

13. Erlaubnisantrag für ein Rationalisierungskartell   II. K. 13

„Zum Zeitpunkt der Erlaubnis muß nicht in jedem Fall ein in allen Punkten für die gesamte Vertragszeit vollständiger Kapazitätenabbauplan vorgelegt werden. Die spätere Vervollständigung eines Abbauplans kann das Bundeskartellamt allerdings durch Auflagen sicherstellen. Nachweisbar erforderlichen Anpassungen eines Kapazitätsabbauplans an geänderte Markt- und Unternehmensdaten wird sich das BKartA nicht verschließen."
(So BKartA-Bekanntmachung Nr. 37/78)

Eventuell können flankierende Preis- und/oder Quotenabsprachen aufgenommen werden (vgl. Bekanntmachung Nr. 37/78). (Vgl. hierzu BKartA 31. 5. 1983, Betonstahlmatten, WuW/E BKartA 2049.) Bei der Verlängerung des Strukturkrisenkartells der Hersteller von Betonstahlmatten um 2 Jahre (ursprünglich 3 Jahre) wurde nur noch eine Quotenregelung, aber keine Preisabsprache mehr erlaubt (BKartA-Bericht 1985/86, BT-Drucks. 11/554, S. 578). Das Strukturkrisenkartell „Leichtbauplatten" (BKartA 22. 7. 1987, WuW/E BKartA 2271/72) enthält keine Preis- oder Quotenabsprachen.

2. Das Strukturkrisenkartell bedarf zu seiner Wirksamkeit der Erlaubnis der Kartellbehörde.

3. Der Erlaubnisantrag ist im Bundesanzeiger bekanntzumachen (§ 10 Abs. 1 Satz 1 Nr. 1 GWB).

4. Das Wirksamwerden ist im Bundesanzeiger bekanntzumachen (§ 10 Abs. 2 GWB).

5. Die Zuständigkeit des BKartA ergibt sich aus § 44 Abs. 1 Nr. 1 a GWB. Die Landeskartellbehörden sind nicht zuständig.

6. Vgl. Rdn. 6 zu Form. II. K. 1.

7. Vgl. Rdn. 7 zu Form. II. K. 1.

8. Vgl. Rdn. 8 zu Form. II. K. 1.

9. Vgl. Rdn. 9 zu Form. II. K. 1.

10. Nachhaltig im Sinne des Gesetzes ist jedenfalls jede wesentliche Änderung der Nachfrage, die sich zum Zeitpunkt der Erlaubniserteilung vorhersehbar über einen längeren Zeitraum erstrecken wird, für den ein auf diesem Nachfragerückgang beruhender nichtleistungsmäßiger bzw. übermäßiger Ausscheidungsprozeß zu erwarten ist."
(So BKartA Bekanntmachung 37/78 vom 31. 3. 1978).
Vgl. hierzu auch BKartA 31. 5. 1983, Betonstahlmatten, WuW/E BKartA 2049. Nach Auffassung des BKartA muß der Rückgang der Nachfrage gravierend sein und sich voraussichtlich über mehrere Jahre erstrecken (BKartA-Bericht 1983/1984, BT-Drucks. 10/3550, S. 34).

Kosten und Gebühren

Das Verfahren ist gebührenpflichtig (§ 80 Abs. 2 S. 2 Nr. 2 iVm. Abs. 3 GWB).

13. Erlaubnisantrag für ein Rationalisierungskartell (§ 5 Abs. 2 GWB)[1,2]

Bundeskartellamt[3]
Mehringdamm 129
10965 Berlin

Betr.: Erlaubnisantrag für ein Rationalisierungskartell für ......
    I.–VIII. wie Form. II. K. 12, Abschnitte I.–VIII.
    IX. Der Vertrag dient der Rationalisierung wirtschaftlicher Vorgänge[4], weil ......
    X. Er ist geeignet, die Leistungsfähigkeit[5] (oder Wirtschaftlichkeit) der beteiligten Unter-

nehmen in technischer (oder betriebswirtschaftlicher oder organisatorischer) Beziehung wesentlich zu heben, weil ......

XI. Der Bedarf wird dadurch besser befriedigt, daß ......[6]

XII. Der Rationalisierungserfolg steht im angemessenen Verhältnis zu der damit verbundenen Wettbewerbsbeschränkung, weil ......[7]

......
(Kartellvertreter)

Verwaltungsgrundsätze: 1. Bekanntmachung des BKartA Nr. 49/90 vom 25. 6. 1990 (BAnz. Nr. 121 vom 4. 7. 1990) betr. seine Verwaltungsgrundsätze über das Verfahren bei der Anmeldung von Kartellen und von Normen-, Typen- und Konditionenempfehlungen.

2. Bekanntmachung des BKartA Nr. 37/78 über seine Grundsätze für die Beurteilung von Strukturkrisen- und Rationalisierungskartellen vom 31. 3. 1978 (BAnz. Nr. 66 vom 7. 4. 1978).

Anmerkungen

1. Das Rationalisierungskartell, das nach § 5 Abs. 2 GWB erlaubt werden soll, darf keine Preisabreden enthalten. Auch darf die Rationalisierung nicht durch Bildung von gemeinsamen Beschaffungs- oder Vertriebseinrichtungen verwirklicht werden. Sind diese Wettbewerbsbeschränkungen erforderlich, dann ist der Erlaubnisantrag nach § 5 Abs. 3 GWB zu stellen.

2. Vgl. Rdn. 2–4 zu Form. II. K. 12.

3. Vgl. Rdn. 5 zu Form. II. K. 1.

4. Unter der Rationalisierung wirtschaftlicher Vorgänge sind solche Maßnahmen zu verstehen, durch die bei jedem beteiligten Unternehmen der betriebliche Aufwand für wirtschaftliche Vorgänge wie Finanzierung, Investition, Einkauf, Produktion und Absatz – umgerechnet auf die Produktionseinheit – verringert wird (BKartA 4. 10. 1962, Langfräsmaschinen, WuW/E BKartA 516, 520; 21. 3. 1979, Bimsbausteine III, WuW/E BKartA 1794, 1795). Der wesentliche Rationalisierungserfolg muß bei allen Kartellmitgliedern zu erwarten sein (BGH 18. 5. 1982, Basalt-Union, WuW/E BGH 1929; KG 6. 4. 1984, Nordhessische Basalt-Union, WuW/E OLG 3279).

5. Die Leistung eines Unternehmens erschöpft sich nicht im innerbetrieblichen Produktionsprozeß, sondern umfaßt auch die Unterbringung der Produkte auf dem Markt. Die Leistungsfähigkeit eines Unternehmens kann deshalb auch verbessert werden, wenn es bei unverändertem Produktionsablauf in die Lage versetzt wird, seine Produkte besser gegenüber den Wettbewerbern auf dem Markt durchzusetzen (so BKartA-Bekanntmachung Nr. 37/78 vom 31. 3. 1978).

6. Vgl. BKartA 29. 1. 1994, Baulogistik Potsdamer Weg, WuW/E BKartA 2617.

7. Vgl. BKartA 21. 3. 1979, Bimsbausteine III, WuW/E BKartA 1794, 1795; 12. 2. 1982, AKO-Abflußrohrkontor, WuW/E BKartA 2047; 31. 3. 1987, System-gut Logistik Service, WuW/E BKartA 2267.

Kosten und Gebühren

Vgl. Form. II. K. 12.

14. Erlaubnisantrag für ein Rationalisierungskartell mit Preisabsprachen oder gemeinsamen Beschaffungs- oder Vertriebseinrichtungen (§ 5 Abs. 3 GWB)[1,2]

1. wie Form. II. K. 13.

2. Im Erlaubnisantrag sollte zusätzlich dargelegt werden, daß der Rationalisierungszweck nicht auf andere Weise als durch die vereinbarten Wettbewerbsbeschränkungen erreicht werden kann und daß die Rationalisierung im Interesse der Allgemeinheit erwünscht ist (vgl. BKartA 31. 3. 1987, Systemgut Logistik Service, WuW/E BKartA 2267 betr. bundesweite Beförderung von Packstücken im Schnellverkehr; LKartB Hessen 13. 4. 1990, Pauschalhöchstpreissystem, WuW/E LKartB 289; BKartA 24. 1. 1994, Baulogistik Potsdamer Platz, WuW/E BKartA 2617).

15. Erlaubnisantrag für ein Exportkartell mit Inlandsbindung (§ 6 Abs. 2 GWB)[1–4]

Bundeskartellamt[5]
Mehringdamm 129
10965 Berlin

Betr.: Erlaubnisantrag für ein Exportkartell mit Inlandsbindung

  I.–VIII. wie Form. II. K. 12, Abschnitte I.–VIII.
  IX. Die Stellungnahmen der betroffenen inländischen Erzeuger und Abnehmer sind in den Anlagen 5 und 6 beigefügt.
  X. Das Kartell regelt den Wettbewerb auf Märkten außerhalb des Geltungsbereichs des GWB in der Form, daß ......
  XI. Der Kartellvertrag dient der Sicherung und Förderung der Ausfuhr, weil ......
  XII. Um die erstrebte Regelung des Wettbewerbs auf den Märkten außerhalb des Geltungsbereichs des GWB sicherzustellen, ist die vereinbarte Regelung des Verkehrs im Inland mit den vom Kartellvertrag erfaßten Waren (gewerblichen Leistungen) notwendig, weil ......

......
(Kartellvertreter)

Verwaltungsgrundsätze: Bekanntmachung des BKartA Nr. 49/90 vom 25. 6. 1990 (BAnz. Nr. 121 vom 4. 7. 1990) betr. seine Verwaltungsgrundsätze über das Verfahren bei der Anmeldung von Kartellen und von Normen-, Typen- und Konditionenempfehlungen.

Anmerkungen

1. Das Exportkartell mit Inlandsbindung regelt nicht nur, wie das reine Exportkartell nach § 6 Abs. 1 GWB, das Wettbewerbsverhalten der Kartellmitglieder auf Auslandsmärkten, sondern beschränkt die Kartellmitglieder auch in ihrem Wettbewerbsverhalten im Geltungsbereich des GWB. Die Inlandsbindung ist zB. gegeben, wenn die Kartellmitglieder die Exporteure in der BRD nur zu bestimmten Preisen und Bedingungen beliefern dürfen,

oder wenn sie die Exporteure nur beliefern dürfen, wenn diese beim Export die kartellierten Preise und Bedingungen einhalten (KG 28. 11. 1972, Linoleum, WuW/E OLG 1339, 1347).

Nach Ansicht des BKartA kommt es für die Inlandsregelung auf den Sitz des Käufers und nicht auf das letzte Bestimmungsland der Ware an (BKartA-Bericht 1981/82, BT-Drucks. 10/243, S. 13).

2. Dieses Exportkartell bedarf zu seiner Wirksamkeit der Erlaubnis der Kartellbehörde (vgl. OLG Stuttgart 18. 1. 1985, Orthopädie, WuW/E OLG 3525).

3. Der Erlaubnisantrag ist im Bundesanzeiger bekanntzumachen (§ 10 Abs. 1 Satz 1 Nr. 1 GWB).

4. Das Wirksamwerden ist im Bundesanzeiger bekanntzumachen (§ 10 Abs. 2 GWB).

5. Die Zuständigkeit des BKartA ergibt sich aus § 44 Abs. 1 Nr. 1a GWB.

Kosten und Gebühren

Das Verfahren ist gebührenpflichtig (§ 80 Abs. 2 Satz 2 Nr. 2 i.V.m. Abs. 3 GWB).

16. Erlaubnisantrag für ein Einfuhrkartell (§ 7 GWB)[1–4]

Bundeskartellamt[5]
Mehringdamm 129
10965 Berlin

Betr.: Erlaubnisantrag für ein Einfuhrkartell
I.–VIII. wie Form. II. K. 12, Abschnitte I.–VIII.
IX. Die Stellungnahmen der betroffenen inländischen Erzeuger und Abnehmer sind in den Anlagen 5 und 6 beigefügt.
X. Die kartellrechtlichen Regelungen betreffen lediglich die Einfuhr in den Geltungsbereich des GWB, weil ......
XI. Die deutschen Bezieher der importierten Waren (gewerblichen Leistungen) stehen keinem oder nur unwesentlichem Wettbewerb der Anbieter gegenüber, weil ......
 ......
(Kartellvertreter)

Verwaltungsgrundsätze: Bekanntmachung des BKartA Nr. 49/90 vom 25. 6. 1990 (BAnz. Nr. 121 vom 4. 7. 1990) betr. seine Verwaltungsgrundsätze über das Verfahren bei der Anmeldung von Kartellen und von Normen-, Typen- und Konditionenempfehlungen.

Anmerkungen

1. Die kartellrechtlich relevante Regelung darf nur die Einfuhr in den Geltungsbereich des GWB betreffen.

2. Das Einfuhrkartell bedarf zu seiner Wirksamkeit der Erlaubnis der Kartellbehörde.

3. Der Erlaubnisantrag ist im Bundesanzeiger bekanntzumachen (§ 10 Abs. 1 Nr. 1 GWB).

4. Das Wirksamwerden ist im Bundesanzeiger bekanntzumachen (§ 10 Abs. 2 GWB).

5. Die Zuständigkeit des BKartA ergibt sich aus § 44 Abs. 1 Nr. 1a GWB.

Kosten und Gebühren

Das Verfahren ist gebührenpflichtig (§ 80 Abs. 2 Satz 2 Nr. 2 iVm. Abs. 3 GWB).

17. Erlaubnisantrag für ein Sonderkartell (§ 8 GWB)[1-4]

Herrn
Bundesminister für Wirtschaft[5]
53107 Bonn

Betr.: Erlaubnisantrag für ein Sonderkartell

I.–VIII. wie Form. II. K. 12, Abschnitte I.–VIII.
IX. Die Stellungnahmen der betroffenen inländischen Erzeuger und Abnehmer sind in den Anlagen 5 und 6 beigefügt.
X. Die Beschränkung des Wettbewerbs ist aus überwiegenden Gründen der Gesamtwirtschaft und des Gemeinwohls notwendig, weil ......
oder[6]
Mit dem Kartellvertrag soll der unmittelbaren Gefahr für den Bestand des überwiegenden Teils der Unternehmen des Wirtschaftszweiges ...... in der Weise entgegengewirkt werden, daß ......
Andere gesetzliche oder wirtschaftspolitische Maßnahmen können nicht oder nicht rechtzeitig getroffen werden, weil ...... Die Beschränkung des Wettbewerbs ist geeignet, die Gefahr für den Bestand des überwiegenden Teils der Unternehmen des Wirtschaftszweiges ...... abzuwenden, weil ......
XI. Die Voraussetzungen der §§ 2 bis 7 GWB liegen nicht vor, weil ......

......
(Kartellvertreter)

Anmerkungen

1. Das Sonderkartell, auch Ministerkartell genannt, ist für Fälle gedacht, in denen die Voraussetzungen für die Ausnahmen vom Kartellverbot in den §§ 2 bis 7 GWB nicht vorliegen und trotzdem die Beschränkung des Wettbewerbs aus übergeordneten Gesichtspunkten notwendig ist.

2. Die Wirksamkeit des Sonderkartells setzt die Erlaubnis durch den Bundesminister für Wirtschaft voraus.

3. Der Erlaubnisantrag ist im Bundesanzeiger bekanntzumachen (§ 10 Abs. 1 S. 1 Nr. 1 GWB).

4. Das Wirksamwerden ist im Bundesanzeiger bekanntzumachen (§ 10 Abs. 2 GWB).

5. Die Zuständigkeit des Bundesministers für Wirtschaft ergibt sich aus § 44 Abs. 1 Nr. 2 GWB.

6. Es ist strittig, ob der § 8 GWB nur einen Erlaubnistatbestand, bestehend aus den Absätzen 1 und 2, oder zwei Erlaubnistatbestände enthält.

Beispiele für Sonderkartelle:
Einschränkung des Preiswettbewerbs, um Abgaben für die Stillegung von Überkapazitäten aufzubringen (Verfügung des Bundesministers für Wirtschaft vom 15. 7. 1969, Mühlenkartelle, WuW/E BWM 135).

Werbebeschränkung, die dem Schutz der Volksgesundheit dient (Verfügung des Bundesministers für Wirtschaft vom 14. 3. 1972, Fernsehwerbung für Zigaretten, WuW/E BWM 143).

Einschränkung der Abgabe von Arzneimittelmuster (Verfügung des Bundesministers für Wirtschaft vom 12. 1. 1976, WuW/E BWM 153; vom 31. 3. 1981, WuW/E BWM 175) und vom 26. 3. 1984, WuW/E BWM 183).

Ablehnende Verfügungen des Bundesministers für Wirtschaft vom 24. 1. 1990, MAN-Sulzer, WuW/E BWM 207 und 16. 6. 1992, BayWA/WLZ Raiffeisen, WuW/E BWM 213.

Kosten und Gebühren

Das Verfahren ist gebührenpflichtig (§ 80 Abs. 2 S. 2 Nr. 2 iVm. Abs. 3 GWB).

18. Erlaubnisantrag für Schiedsklausel bei einem Exportkartell (§ 91 Abs. 1 S. 2 iVm. § 6 GWB)[1,2]

Bundeskartellamt[3]
Mehringdamm 129
10965 Berlin

Betr.: Erlaubnisantrag für Schiedsklausel bei Exportkartell

I. Hiermit beantrage[4] ich für den Schiedsvertrag vom ......, der zwischen A und B abgeschlossen wurde, die Erlaubnis der Kartellbehörde.
II. Beglaubigte Abschriften des Schiedsvertrages und des Exportkartellvertrages vom ...... für ...... werden in der Anlage vorgelegt.
III. Der Vertrag sieht vor, daß künftige Rechtsstreitigkeiten zwischen den Parteien aus dem Exportkartellvertrag vom ...... nur durch ein Schiedsgericht entschieden werden können und die Entscheidung durch das ordentliche Gericht ausgeschlossen ist.
IV. Die Namen und Anschriften der Vertragsparteien ergeben sich aus der Anlage 2.
V. Die Namen und Anschriften der gesetzlichen Vertreter der Vertragspartner ergeben sich aus der Anlage 3.
VI. Der Handelsregisterauszug für das Unternehmen A, aus dem sich meine Vertretungsbefugnis ergibt, ist in der Anlage 4 beigefügt.

......
(Geschäftsführer)

Anmerkungen

1. Schiedsverträge über zukünftige Rechtsstreitigkeiten aus Exportkartellverträgen – und zwar sowohl solche ohne als auch solche mit Inlandsbindung (§ 6 Abs. 1 und Abs. 2 GWB) –, die nicht jedem Beteiligten das Recht geben, im Einzelfall statt der Entscheidung durch das Schiedsgericht eine Entscheidung durch das ordentliche Gericht zu verlangen, sind unwirksam, es sei denn, die Kartellbehörde hat dazu die Erlaubnis erteilt.

2. Der Erlaubnisantrag wird nicht im Bundesanzeiger bekanntgemacht.

3. Vgl. Rdn. 5 zu Form. II. K. 1.

4. Der Erlaubnisantrag ist an keine Frist gebunden.

Kosten und Gebühren

Das Verfahren ist gebührenpflichtig (§ 80 Abs. 2 Satz 2 Nr. 2 iVm. Abs. 3 GWB).

19. Antrag, die Aufnahme eines Unternehmens in eine Wirtschaftsvereinigung anzuordnen (§ 27 GWB)[1-3]

Bundeskartellamt[4]
Mehringdamm 129
10965 Berlin

Betr.: Antrag gemäß § 27 GWB

I. Ich beantragte anzuordnen, daß die Wirtschaftsvereinigung A das Unternehmen U als Mitglied aufzunehmen hat.
II. Die Wirtschaftsvereinigung A hat den Aufnahmeantrag des Unternehmens U durch Bescheid vom ...... abgelehnt[5]. Der Ablehnungsbescheid wird in der Anlage 1 vorgelegt.
III. Durch die Ablehnung des Aufnahmeantrags behandelt die Wirtschaftsvereinigung das Unternehmen U gegenüber den anderen Mitgliedern der Vereinigung, insbesondere gegenüber den Unternehmen F, G und H ungleich[6], weil ......
IV. Die Ablehnung führt zu einer unbilligen Benachteiligung[6] des Unternehmens U im Wettbewerb, weil ......[6]
V. Die Vereinigung hat im Ablehnungsbescheid nicht nur die Ungleichbehandlung in Abrede gestellt, sondern auch geltend gemacht, die Ungleichbehandlung sei sachlich gerechtfertigt, weil ......

Diese Argumente überzeugen nicht. Die Ungleichbehandlung ergibt sich aus ......[6]

......
(Rechtsanwalt)

Anmerkungen

1. Den Wirtschaftsvereinigungen sind gleichgestellt die Berufsvereinigungen und die Gütezeichengemeinschaften.

2. Die Kartellbehörde kann nicht die Mitgliedschaft des antragstellenden Unternehmens bewirken. Sie kann nur anordnen, daß die Vereinigung die Aufnahme des Antragstellers vorzunehmen hat.

3. Der Antragsteller kann an Stelle des Aufnahmeverfahrens nach § 27 GWB sein Verlangen auf Zulassung zu der Wirtschaftsvereinigung auch vor den Zivilgerichten verfolgen. Anspruchsgrundlage ist § 826 BGB (BGH 2. 12. 1974, Rad- und Kraftfahrerbund, WuW/E BGH 1347, 1352; BGH 10. 12. 1985, Aikido-Verband, WuW/E BGH 2226; KG 1. 10. 1986, Deutscher Pool-Billard-Bund, WuW/E OLG 4003) oder § 35 i.V.m. § 27 GWB (BGH 25. 2. 1959, Großhändlerverband II, WuW/E BGH 288, 290). Der Klagantrag geht dahin, den Beklagten zu verurteilen, in den Aufnahmeantrag des Klägers einzuwilligen und ihn in die Vereinigung aufzunehmen.

4. Vgl. Rdn. 5 zu Form. II. K. 1.

5. Eine Aufnahmeverweigerung liegt auch vor, wenn über den Aufnahmeantrag nicht in zumutbarer Frist entschieden wurde (KG 27. 9. 1978, WuW/E OLG 2028, 2030, BGH 11. 3. 1986, Verband für Deutsches Hundewesen, WuW/E BGH 2269, 2270).

6. Die Ungleichbehandlung und die unbillige Benachteiligung hat der Antragsteller darzulegen und zu beweisen. Für die sachliche Rechtfertigung der Ungleichbehandlung ist die Vereinigung darlegungs- und beweispflichtig.

II. K. 20

Zur sachlichen Rechtfertigung des Ausschlusses bei Wettbewerbsverstößen vgl. OLG Karlsruhe 11. 5. 1988, Tankuntersuchung, WuW/E OLG 4313.

Kosten und Gebühren

Das Verfahren ist gebührenpflichtig (§ 80 Abs. 2 Satz 2 Nr. 2 iVm. Abs. 3 GWB).

20. Antrag auf Anerkennung von Wettbewerbsregeln (§ 28 GWB)[1-4]

Bundeskartellamt[5]
Mehringdamm 129
10965 Berlin

Betr.: Antrag auf Anerkennung von Wettbewerbsregeln für ......
  I. Die Wirtschaftsvereinigung A hat für ihren Bereich Wettbewerbsregeln aufgestellt. Die Regeln werden in der Anlage 1 beigefügt.
 II. Die Wirtschaftsvereinigung beantragt die Anerkennung dieser Wettbewerbsregeln.
III. Die Wirtschaftsvereinigung hat die Rechtsform ......, ihre Anschrift ist ......
 IV. Ihr Vertreter ist ......, wohnhaft in ......
  V. Die Wettbewerbsregeln erstrecken sich auf folgende sachlichen und örtlichen Anwendungsbereiche ......
 VI. Diesem Antrag werden beigefügt:
   1. Der Wortlaut der Wettbewerbsregeln;
   2. die Satzung der Wirtschafts- und Berufsvereinigung;
   3. der Nachweis, daß die Wettbewerbsregeln satzungsgemäß aufgestellt sind;
   4. eine Aufstellung von außenstehenden Wirtschafts- und Berufsvereinigungen und Unternehmen der gleichen Wirtschaftsstufe sowie der Lieferanten- und Abnehmervereinigungen und der Bundesorganisationen der beteiligten Wirtschaftsstufen des betreffenden Wirtschaftszweiges.

......
(Geschäftsführer)

Anmerkungen

1. Wettbewerbsregeln sind Bestimmungen, die das Verhalten von Unternehmen im Wettbewerb zu dem Zweck regeln, einem den Grundsätzen des lauteren oder der Wirksamkeit eines leistungsgerechten Wettbewerbs zuwiderlaufenden Verhalten im Wettbewerb entgegenzuwirken und ein diesen Grundsätzen entsprechendes Verhalten im Wettbewerb anzuregen (§ 28 Abs. 2 GWB).

2. Den Vereinigungen steht es frei, ob sie die Anerkennung ihrer Regeln beantragen (§ 28 Abs. 3 GWB).

3. Die Vereinbarungen zur Einhaltung der Wettbewerbsregeln fallen nicht unter das Kartellverbot des § 1 GWB (§ 29 GWB).

4. Der Anerkennungsantrag, die Anerkennung sowie die Änderungen, Ergänzungen und Löschungen der Regeln sind im Bundesanzeiger bekanntzumachen (§ 32 Abs. 1 GWB).

5. Vgl. Rdn. 5 zu Form. II. K. 1.

Kosten und Gebühren

Das Verfahren ist gebührenpflichtig (§ 80 Abs. 2 Satz 2 Nr. 2 iVm. Abs. 3 GWB).

21. Anzeige eines Zusammenschlusses (§ 23 GWB)[1-4]

Bundeskartellamt[5]
Mehringdamm 129
10965 Berlin

Betr.: Anzeige des Zusammenschlusses der Unternehmen Er-GmbH (Erwerber) und A-GmbH (erworbenes Unternehmen)

    I. Namens und in Vollmacht (Vollmacht in der Anlage 1) des Unternehmens Er-GmbH zeige ich[6] den Zusammenschluß der Er-GmbH und der A-GmbH an.

   II. Die Er-GmbH hat am ......[7] von der Ve-GmbH (Veräußerer) 30% der stimmberechtigten Geschäftsanteile[8] der A-GmbH erworben. Der Zusammenschluß wurde gem. § 23 Abs. 2 Nr. 2a GWB[9] durchgeführt.[10]

  III. Am Zusammenschluß sind folgende Unternehmen beteiligt[11]:
    1. Auf seiten der Er-GmbH (Erwerber):
      a) Die Er-GmbH.
      b) Die Er-Mutter AG. Sie ist am Stammkapital der Er-GmbH mit 75% beteiligt[12].
      c) Die Er-Großmutter OHG. Sie ist am Grundkapital der Er-Mutter AG mit 60% beteiligt.
    2. Auf seiten der A-GmbH (Unternehmen, dessen GmbH-Anteile zu 30% von der Er-GmbH übernommen wurden):
      a) Die A-GmbH.
      b) Die A-Mutter AG. Sie ist am Stammkapital der A-GmbH mit 51% beteiligt.
      c) Die F-GmbH und die G-GmbH, die am Grundkapital der A-Mutter AG mit je 50% beteiligt sind und die aufgrund einer Stimmbindungsvereinbarung die A-Mutter AG gemeinsam beherrschen.

  IV. Die beteiligten Unternehmen Er-GmbH, Er-Mutter AG, Er-Großmutter oHG sowie A-GmbH, A-Mutter AG, F-GmbH und G-GmbH haben folgende mit ihnen verbundene[12] Unternehmen:
    1. Die Er-GmbH ihre 100%ige Tochtergesellschaft Er-Tochter GmbH.
    2. Die A-Mutter AG ihre 100%ige Tochtergesellschaft A-Tochter GmbH.

   V. Für die beteiligten und die mit ihnen verbundenen Unternehmen (eventuell Konzernunternehmen i. S. d. § 18 Aktiengesetz) mache ich gem. § 23 Abs. 5 GWB folgende Angaben:
    1. Fa. und Sitz: ......
                ......
    2. Art des Geschäftsbetriebs: ......[13]
                ......
    3. Die folgenden Angaben werden für jedes beteiligte Unternehmen einschließlich der mit ihm verbundenen Unternehmen insgesamt, aber nicht gesondert für jedes einzelne verbundene Unternehmen gemacht.[14]
      a) Er-GmbH und verbundene Unternehmen:
        aa) Umsatzerlöse im letzten Geschäftsjahr: ......[15]
        bb) Marktanteile im Inland einschließlich der Grundlagen für ihre Berechnung oder Schätzung: ......[16]
      b) A-GmbH und verbundene Unternehmen:
        aa) Umsatzerlöse im letzten Geschäftsjahr: ......
        bb) Marktanteile im Inland einschließlich der Grundlagen für die Berechnung oder Schätzung ......

  VI. Soweit gesetzliche Vermutungen eingreifen: Sachvortrag, der die Vermutungen entkräftet.[17]

VII. Soweit die Voraussetzungen des § 23a Abs. 2 GWB vorliegen: Sachvortrag mit Nachweis, daß die gesetzlichen Fiktionen nicht zutreffen[18].
VIII. Ich erbitte die Bestätigung, daß diese Anzeige vollständig ist[19].

......
(Rechtsanwalt)

Anmerkungen

1. Zu unterscheiden sind die Anzeigen von Zusammenschlüssen (§ 23 GWB) und die Anmeldungen von Zusammenschlußvorhaben (§ 24a GWB).

1.1 Beim anzeigepflichtigen Zusammenschluß ergeben sich die formellen Voraussetzungen der Anzeigepflicht, also die Zusammenschlußtatbestände (zB. Erwerb von 25% des Kapitals) aus § 23 Abs. 2 und 3 GWB. Die materielle Voraussetzung ergibt sich aus § 23 Abs. 1 GWB. Hiernach müssen die Umsatzerlöse der beteiligten Unternehmen im letzten vor dem Zusammenschluß endenden Geschäftsjahr mindestens DM 500 Mio. gewesen sein (§ 23 Abs. 1 S. 1 GWB). Bei Unternehmen, deren Geschäftsbetrieb ganz oder teilweise im Vertrieb von Waren besteht, sind insoweit nur drei Viertel der Umsatzerlöse in Ansatz zu bringen (§ 23 Abs. 1 S. 6 GWB). Bei Unternehmen, deren Geschäftsbetrieb ganz oder teilweise im Verlag, in der Herstellung oder im Vertrieb von Zeitungen, Zeitschriften oder deren Bestandteilen besteht, ist insoweit das Zwanzigfache der Umsatzerlöse in Ansatz zu bringen (§ 23 Abs. 1 S. 7 GWB). Bei Kreditinstituten und Bausparkassen tritt an die Stelle der Umsatzerlöse ein Zehntel der Bilanzsumme, bei Versicherungsunternehmen die Prämieneinnahmen des letzten abgeschlossenen Geschäftsjahres (§ 23 Abs. 1 S. 4 u. 5 GWB).

Beim Veräußerer sind nur die Umsatzerlöse maßgebend, die auf den veräußerten Vermögensteil entfallen (§ 23 Abs. 1 S. 8 GWB).

Die Anzeige hat unverzüglich zu erfolgen, nachdem der Zusammenschluß verwirklicht worden ist (§ 23 Abs. 1 S. 1 GWB). Dies gilt auch dann, wenn vorher ein Zusammenschlußvorhaben angemeldet worden war (§ 24a Abs. 3 GWB).

1.2 Beim anmeldepflichtigen Zusammenschlußvorhaben sind die formellen Voraussetzungen der Anmeldepflicht die gleichen wie beim anzeigepflichtigen Zusammenschluß (§ 23 Abs. 2 und 3 GWB). Die materiellen Voraussetzungen ergeben sich aus § 24a Abs. 1 S. 2 GWB: Eines der am Zusammenschluß beteiligten Unternehmen hatte im letzten abgeschlossenen Geschäftsjahr Umsatzerlöse von mindestens zwei Milliarden DM oder mindestens zwei der am Zusammenschluß beteiligten Unternehmen hatten im letzten abgeschlossenen Geschäftsjahr Umsatzerlöse von jeweils DM 1 Mrd. oder mehr oder der Zusammenschluß wird nach Landesrecht durch Gesetz oder sonstigen Hoheitsakt bewirkt. Die Anmeldepflicht besteht nicht für die Zusammenschlüsse nach § 23 Abs. 2 Nr. 6 GWB (Unternehmensverbindung mit wettbewerbsrechtlich erheblichem Einfluß). Sie entfällt nach der Verwaltungspraxis des BKartA auch dann, wenn nach der Ausnahmeregelung des § 24 Abs. 8 Nr. 2 und Nr. 3 GWB der Zusammenschluß nicht der materiellen Fusionskontrolle unterliegt. Die Anzeigepflicht bleibt jedoch bestehen.

1.3 Die Unternehmen haben auch die Möglichkeit, ein Zusammenschlußvorhaben (freiwillig) anzumelden, ohne daß die materiellen Voraussetzungen iSd. § 24a Abs. 1 S. 2 GWB gegeben sind (§ 24a Abs. 1 S. 1 GWB). Die Konsequenz ist, daß damit die Fristen für die Untersagungverfügung des BKartA gem. § 24a Abs. 2 S. 1 GWB (ein Monat und vier Monate) in Lauf gesetzt werden.

2. Der angezeigte Zusammenschluß ist im BAnz. bekanntzumachen (§ 10 Abs. 1 S. 1 Nr. 4 GWB). Die Bekanntmachung nennt Firma, Sitz und Art des Geschäftsbetriebs sowie die Form des Zusammenschlusses.

3. Die Anzeige ist gebührenpflichtig, es sei denn, es liegt ein Fall von § 24 Abs. 8 GWB vor oder der Zusammenschluß ist nach § 24a GWB angemeldet worden (§ 80 Abs. 2 S. 2 Nr. 3 GWB).

21. Anzeige eines Zusammenschlusses

4. Das BKartA darf einen Zusammenschluß untersagen, sobald ihm das Vorhaben des Zusammenschlusses bekannt geworden ist; einen vollzogenen Zusammenschluß darf das BKartA nur innerhalb einer Frist von einem Jahr seit Eingang der nach § 23 GWB vollständigen Anzeige untersagen (§ 24 Abs. 2 S. 2 GWB). Das BKartA hat keine Untersagungsbefugnis, wenn die Voraussetzungen des § 24 Abs. 8 GWB gegeben sind.

5. Die Anzeige ist immer an das BKartA zu richten (§ 44 Abs. 1 Nr. 1c GWB).

6. Die Anzeigepflicht besteht nur für solche Personen, deren Unternehmen am Zusammenschluß beteiligt sind (§ 23 Abs. 4 GWB) (vgl. Rdn. 11).

In den Fällen des § 23 Abs. 2 Nr. 1 und 2 GWB ist auch der Veräußerer zur Anzeige verpflichtet (§ 23 Abs. 4 Nr. 2b GWB).

Bei Unternehmen, deren Rechtsträger eine natürliche Person ist, ist anzeigepflichtig diese Person oder ihre Vertreter. Bei Unternehmen, deren Rechtsträger eine juristische Person oder Gesellschaft ist, muß die Anzeige von den nach dem Gesetz oder der Satzung zur Vertretung berufenen Personen vorgenommen werden (§ 23 Abs. 4 Nr. 2 GWB).

7. In der Anzeige soll das Datum des Vollzugs des Zusammenschlusses angegeben werden.

8. Beim Anteilserwerb iSd. § 23 Abs. 2 Nr. 2 GWB ist die Höhe der erworbenen und der insgesamt gehaltenen Beteiligung anzugeben (§ 23 Abs. 5 S. 2 Nr. 4 GWB). Für die Berechnung der Gesamtbeteiligung ist § 23 Abs. 2 Nr. 2 S. 2 GWB maßgebend.

9. In der Anzeige ist die Form des Zusammenschlusses, also die entsprechende Alternative (oder die Alternativen) des § 23 Abs. 2 und Abs. 3 S. 4 GWB anzugeben (§ 23 Abs. 5 S. 1 GWB).

10. Nach Auffassung des BKartA soll der Vertrag über den Zusammenschluß vorgelegt werden. Eine gesetzliche Pflicht hierzu besteht nicht. Auch ist die Vollständigkeit der Anmeldung hiervon nicht abhängig.

11. Beteiligt sind bei den einzelnen Zusammenschlußformen:

11.1 Unmittelbar Beteiligte:

a) Vermögenserwerb (§ 23 Abs. 2 Nr. 1 GWB)
Beteiligt ist das erwerbende und das veräußerte Unternehmen.

b) Anteilserwerb (§ 23 Abs. 2 Nr. 2 GWB)
Beteiligt ist der Erwerber und das Unternehmen, an dem die Anteile erworben wurden, nicht jedoch der Veräußerer.

c) Beteiligung an einem „Gemeinschaftsunternehmen" (§ 23 Abs. 2 Nr. 2 S. 3 GWB)
Erwerben mehrere Unternehmen (A und B) (gleichzeitig oder nacheinander) gem. § 23 Abs. 2 Nr. 2 GWB Anteile in Höhe von 25% oder mehr an einem anderen Unternehmen (Gemeinschaftsunternehmen), so gilt dies als Zusammenschluß der Unternehmen A und B, allerdings nur hinsichtlich der Märkte, auf denen das Gemeinschaftsunternehmen tätig ist.

d) Konzernbildungs- und Konzernerweiterungsverträge (§ 23 Abs. 2 Nr. 3a GWB)
Beteiligt sind die Vertragspartner des Konzernbildungs- bzw. Konzernerweiterungsvertrages.

e) Betriebsführungs- und Gewinnabführungsverträge (§ 23 Abs. 2 Nr. 3b GWB)
Beteiligt sind die Vertragspartner des Betriebsführungs- und Gewinnabführungsvertrages.

f) Betriebsverpachtungs- oder Überlassungsverträge (§ 23 Abs. 2 Nr. 3c GWB)
Beteiligt sind die Vertragspartner des Pacht- oder Überlassungsvertrages.

g) Personelle Verflechtung von Mitgliedern des Aufsichtsrats, des Vorstandes oder eines sonstigen zur Geschäftsführung berufenen Organs von Unternehmen (§ 23 Abs. 2 Nr. 4 GWB)
Beteiligt sind die Unternehmen, deren Organe mindestens zur Hälfte personengleich besetzt sind.

h) Sonstige Unternehmensverbindungen (§ 23 Abs. 2 Nr. 5 GWB)
Beteiligt sind das beherrschende und das beherrschte Unternehmen.
i) Unternehmensverbindung mit wettbewerblich erheblichem Einfluß (§ 23 Abs. 2 Nr. 6 GWB)
Beteiligt sind das einflußnehmende und das beeinflußte Unternehmen.
j) Abgeleiteter Zusammenschluß (§ 23 Abs. 3 S. 4 GWB)
Der Zusammenschluß von Unternehmen gilt auch als Zusammenschluß der von ihnen abhängigen Unternehmen.
Beteiligt sind die abhängigen Unternehmen.

11.2 Mittelbar Beteiligte:
a) Wenn ein abhängiges Unternehmen (§ 17 AktG) an einem Zusammenschluß beteiligt ist, dann ist auch sein herrschendes Unternehmen kraft Gesetzes (§ 23 Abs. 3 S. 3 GWB) am Zusammenschluß beteiligt. (Zur Beherrschung vgl. BGH 13. 10. 1977, WuW/E BGH 1523, 1524; BGH 30. 9. 1986, Mischgutersteller, WuW/E BGH 2321; 10. 11. 1987, Singener Wochenblatt, WuW/E BGH 2443.) Die Rechtsform der einzelnen verbundenen Unternehmen ist unerheblich (BGH 23. 10. 1979, Zementmahlanlage II, WuW/E BGH 1655).
b) Ist das beherrschende Unternehmen seinerseits abhängig, dann ist das Unternehmen, das das beherrschende Unternehmen beherrscht, ebenfalls Beteiligter (§ 23 Abs. 3 S. 3 GWB).
c) Herrschendes Unternehmen ist auch ein solches Unternehmen, das aufgrund einer Vereinbarung oder in sonstiger Weise derart mit einem anderen Unternehmen zusammenwirkt, daß sie gemeinsam einen beherrschenden Einfluß auf ein beteiligtes Unternehmen ausüben können (§ 23 Abs. 1 S. 2 2. Halbs. GWB; Mehrmütterklausel, BGH 29. 10. 1985, Morris-Rothmans, WuW/E BGH 2211; BGH 22. 9. 1987, Gruner + Jahr-Zeit, WuW/E BGH 2433; BGH 19. 1. 1993, Zurechnungsklausel, WuW/E BGH 2882). Hält ein Unternehmen 50% der Anteile eines anderen Unternehmens, dann geht das BKartA in der Regel davon aus, daß das Unternehmen (mit) beherrschenden Einfluß auf das andere Unternehmen ausüben kann (aA. BGH 8. 5. 1979, Westdeutsche Allgemeine Zeitungsverlagsgesellschaft, WuW/E BGH 1608, wonach die paritätische Beteiligung allein noch nicht die Beherrschungsmöglichkeit gibt; BGH 30. 9. 1986, Mischgutersteller, WuW/E BGH 2321; BGH 18. 11. 1986, Hussel-Mara, WuW/E BGH 2337).

12. Sind die beteiligten Unternehmen mit anderen Unternehmen verbunden (herrschende, abhängige oder Konzernunternehmen), dann sind die Tatsachen anzugeben, die das Herrschafts-, Abhängigkeits- bzw. Konzernverhältnis begründen (§ 23 Abs. 5 S. 3 GWB).

13. Anzugeben sind: Branche, Wirtschaftsstufe; Waren- bzw. Dienstleistungsangebot.

14. Vgl. § 23 Abs. 5 S. 3 GWB.

15. Bei Kreditinstituten und Bausparkassen sind anstelle des Umsatzes die Bilanzsumme und bei Versicherungsunternehmen die Prämieneinnahmen anzugeben (§ 23 Abs. 5 S. 2 Nr. 3 GWB).

16. Die Marktanteile sind nur anzugeben, sofern 20% erreicht werden.
Zum sogenannten relevanten Markt gehören solche Waren und gewerblichen Leistungen, die aus der Sicht der Abnehmer bzw. der Lieferanten nach Beschaffenheit, Verwendungszweck und Preis zur Deckung eines bestimmten Bedarfs als austauschbar anzusehen sind. BGH 3. 7. 1976, Vitamin B 12, WuW/E BGH 1435, 1440; 3. 3. 1969, Sportartikelmesse II, WuW/E BGH 1027, 1029; 24. 6. 1980, Mannesmann-Brueninghaus, WuW/E BGH 1711; 25. 6. 1985, Edelstahlbestecke, WuW/E BGH 2150, wonach auf der Abnehmerseite auf den Endabnehmer abzustellen ist; 11. 3. 1986, Metro-Kaufhof, WuW/E BGH 2231; 26. 5. 1987, Inter-Mailand-Spiel, WuW/E BGH 2406; 10. 11. 1987, Singener Wochenblatt, WuW/E BGH 2443; KG 16. 12. 1987, *Kampffmeyer-Plange*, WuW/E OLG 4167, 4168, wonach auf der Abnehmerseite auf den Handel abzustellen ist; BGH 7. 3. 1989, *Kampffmeyer-Plange*, WuW/E BGH 2575, 2576, wo die Frage offen blieb, ob es bei

den Abnehmern auf die Handels- oder die Endverbraucherstufe ankomme, „weil die Sicht des Lebensmittelhandels weitgehend durch die Sicht der von ihm belieferten privaten Haushalte bestimmt wird"; KG 26. 6. 1991, Radio NRW, WuW/E OLG 4811, 4825; BGH 28. 4. 1992, Kaufhof/Saturn, WuW/E BGH 2771, 2772.

17. Die Vermutungen iSd. § 22 Abs. 3 GWB sind keine Vermutungen im zivilrechtlichen Sinne. Sie greifen im Sinne einer materiellen Beweislastverteilung erst dann ein, wenn die Kartellbehörde bzw. das Gericht in freier Würdigung des gesamten Verfahrensergebnisses eine marktbeherrschende Stellung des Unternehmens oder des Oligopols weder ausschließen noch bejahen kann (BGH 2. 12. 1980, Klöckner-Becorit, WuW/E BGH 1749, 1754; BGH 11. 3. 1986, Metro-Kaufhof, WuW/E BGH 2231, 2237; 22. 9. 1987, Gruner + Jahr-Zeit, WuW/E BGH 2433, 2441).

18. Soll die Fiktion der Marktbeherrschung iSd. § 23 a Abs. 2 GWB beseitigt werden, müssen die am Zusammenschluß beteiligten Unternehmen den Gegenbeweis führen (BGH 2. 12. 1980, Klöckner-Becorit, WuW/E BGH 1749, 1755).

19. Diese Bestätigung ist wichtig wegen der Bedeutung der Vollständigkeit der Anzeige (vgl. Rdn. 2).

Kosten und Gebühren

Die Anzeige ist gebührenpflichtig (§ 80 Abs. 2 S. 2 Nr. 3 GWB), es sei denn, es liegt ein Fall von § 24 Abs. 8 GWB vor oder der Zusammenschluß ist nach § 24a GWB angemeldet worden (§ 80 Abs. 2 S. 2 Nr. 3 GWB). Maßstab für die Bemessung der Gebühren ist gem. § 80 Abs. 3 S. 1 GWB der personelle und sachliche Aufwand der Kartellbehörde unter Berücksichtigung der wirtschaftlichen Bedeutung der gebührenpflichtigen Handlung. Nach ständiger Rechtsprechung kommt der wirtschaftlichen Bedeutung grundsätzlich besonderes Gewicht zu (KG 29. 3. 1988, Objektgesellschaft, WuW/E OLG 4143, 4145; KG 28. 4. 1988, SPAR, WuW/E OLG 4366; KG 10. 4. 1991, Kostenbeschluß, WuW/E OLG 4764; KG 29. 11. 1991, Versicherungsgebühren, WuW/E OLG 4859; KG 7. 7. 1992, geringe Anmeldegebühr, WuW/E OLG 4995; KG 17. 3. 1992, Joint-Venture-Gebühr, WuW/E OLG 5003). Dabei sind die Auswirkungen des Zusammenschlusses auf das Marktgeschehen und auch die Höhe des Umsatzes erheblich. Letztlich maßgebend sind das Kostendeckungsprinzip des § 80 Abs. 2 S. 1 GWB und die Umstände des Einzelfalles. Der Untersagungsnähe oder -ferne des Zusammenschlusses hat keine ausschlaggebende Bedeutung (KG 30. 3. 1994, Kleinhammer, WuW/E BGH 5259, 5261).

Die Anzeigenden haben die Kosten der Bekanntmachung im Bundesanzeiger zu erstatten (§ 80 Abs. 2 S. 3 GWB).

22. Anmeldung eines Zusammenschlußvorhabens (§ 24a GWB)[1–3]

Bundeskartellamt[4]
Mehringdamm 129
10965 Berlin

Betr.: Anmeldung eines Zusammenschlußvorhabens der Unternehmen Er-GmbH (Erwerber) und A-GmbH (zu erwerbendes Unternehmen)

  I. Namens und in Vollmacht (Vollmachten in der Anlage 1) des Unternehmens Er-GmbH melde ich an[5], daß die Er-GmbH und die A-GmbH vorhaben, einen Zusammenschluß durchzuführen.
 II. Die Er-GmbH soll von der Ve-GmbH (Veräußerer) 30% des stimmberechtigten Kapitals der A-GmbH erwerben.

Die Übertragung der Geschäftsanteile ist gemäß Nr. .... der notariellen Urkunde davon abhängig, daß die Kartellbehörde den Zusammenschluß nicht untersagt.
III.–VII. wie Form. II. K. 21, Abschnitte III.–VII.
VIII. Ich erbitte die Bestätigung, daß diese Anmeldung vollständig ist[6,7],

....
(Rechtsanwalt)

Weisung des Bundesministers für Wirtschaft vom 30. 5. 1980 betr. Anmeldungen von Auslandszusammenschlüssen (BAnz. Nr. 103 vom 7. Juni 1980; WuW 1980, 591)

Anmerkungen

1. Zu den formellen und materiellen Voraussetzungen der Anmeldepflicht bei Zusammenschlußvorhaben vgl. Rdn. 1.2 zu Form. II. K. 21.

2. Das BKartA darf den Zusammenschluß nur untersagen, wenn es demjenigen, der die Anmeldung bewirkt hat, innerhalb einer Frist von einem Monat seit Eingang der Anmeldung mitteilt, daß es in die Prüfung des Zusammenschlußvorhabens eingetreten ist und wenn die Verfügung nach § 24 Abs. 2 S. 1 GWB (Untersagungsverfügung) innerhalb einer Frist von vier Monaten seit Eingang der Anmeldung ergeht (§ 24a Abs. 2 S. 1 GWB), es sei denn, es liegt ein Fall des § 24a Abs. 2 S. 2 GWB vor, z.B. die am Zusammenschluß beteiligten Unternehmen stimmen einer Fristverlängerung zu.

3. Die Anmeldung des Zusammenschlußvorhabens ist nicht im Bundesanzeiger bekanntzumachen.

4. Vgl. Rdn. 5 zu Form. II. K. 21.

5. Zur Frage, wer anzeigepflichtig ist, vgl. Rdn. 6 zu Form. II. K. 21.
Eine Ausnahme ergibt sich nur bei Verschmelzungen und Umwandlungen. Während beim anzeigepflichtigen Zusammenschluß nur die zuständigen Personen des aufnehmenden oder des neugebildeten Unternehmens anzeigepflichtig sind, trifft die Anmeldepflicht beim Zusammenschlußvorhaben die Vertreter der am Zusammenschluß beteiligten Unternehmen, also des Unternehmens, das aufgenommen wird und des Unternehmens, das aufnimmt, bzw. der Unternehmen, die verschmolzen werden (§ 24a Abs. 1 S. 3 GWB).

6. Die Anmeldung gilt nur als bewirkt, wenn sie die in § 23 Abs. 5 GWB bezeichneten Angaben enthält (§ 24a Abs. 1 Satz 4 GWB) (vgl. oben II.–V.).

7. Ist der Zusammenschluß, nachdem er vom Bundeskartellamt nicht untersagt wurde, vollzogen worden, dann ist er gemäß § 23 GWB anzuzeigen (§ 24a Abs. 3 GWB). Dabei kann auf die bei der Anmeldung des Zusammenschlußvorhabens eingereichten Unterlagen Bezug genommen werden.

Kosten und Gebühren

Das Anmeldeverfahren ist gebührenpflichtig (§ 80 Abs. 2 S. 2 Nr. 2 iVm. Abs. 3 GWB) (vgl. die Anmerkung zu den Kosten und Gebühren in K. 22.).

23. Erlaubnisantrag für einen Zusammenschluß (§ 24 Abs. 3 GWB)[1,2,5–7]

Herrn
Bundesminister für Wirtschaft[3]
53107 Bonn

Betr.: Erlaubnisantrag für den Zusammenschluß der Er-GmbH und der A-GmbH

I. Die Antragsteller haben am ...... beim BKartA ihren Zusammenschluß angezeigt (bzw. angemeldet) (Anlage 1).

II. Das BKartA hat durch Beschluß vom ...... den Erwerb von 30% der Geschäftsanteile an der A-GmbH durch die Er-GmbH von der Ve-GmbH untersagt. Der Beschluß, der in der Anlage 2 vorgelegt wird, wurde am ...... zugestellt.

III. Namens und in Vollmacht (Vollmacht in der Anlage 3) des Unternehmens Er-GmbH[4] beantrage ich die Erlaubnis für den Zusammenschluß dieser Unternehmen.

IV. Die Wettbewerbsbeschränkungen werden von den gesamtwirtschaftlichen Vorteilen des Zusammenschlusses aufgewogen, weil ......[8]
oder:
Der Zusammenschluß wird durch das überragende Interesse der Allgemeinheit gerechtfertigt, weil ......

......
(Rechtsanwalt)

Anmerkungen

1. Bevor der Erlaubnisantrag gestellt werden kann, muß die Untersagungsverfügung des BKartA den Anzeigern bzw. Anmeldern zugestellt sein. Die Unternehmen haben nach der Untersagungsverfügung zwei Möglichkeiten: Sie erheben entweder Beschwerde gegen die Untersagungsverfügung und führen dieses Verfahren bis zur Rechtskraft durch und stellen dann, wenn der Zusammenschluß untersagt ist, den Erlaubnisantrag beim BMWi oder sie stellen den Erlaubnisantrag beim BMWi, ohne zunächst das Beschwerdeverfahren durchzuführen. Die Frist für die Beschwerde gegen die Untersagungsverfügung beginnt dann erst mit der Zustellung der Entscheidung des BMWi (§ 65 Abs. 1 S. 3 GWB).

2. Der Erlaubnisantrag ist binnen einer Frist von einem Monat seit Zustellung der Untersagungsverfügung des BKartA zu stellen (§ 24 Abs. 4 S. 1 GWB).
Wird die Verfügung des BKartA entsprechend § 65 Abs. 1 GWB angefochten, dann läuft die Einmonatsfrist erst von dem Zeitpunkt an, zu dem die Verfügung des BKartA unanfechtbar geworden ist (§ 24 Abs. 4 S. 2 GWB).

3. Der Antrag ist an den Bundesminister für Wirtschaft zu richten, und zwar schriftlich (§ 24 Abs. 4 Satz 1 GWB). Der Bundesminister für Wirtschaft hat eine gutachtliche Stellungnahme der Monopolkommission einzuholen (§ 24b Abs. 5 Satz 7). Im Erlaubnisverfahren besteht eine Bindung hinsichtlich der vom BKartA gemäß § 24 Abs. 1 GWB festgestellten Wettbewerbsbeschränkungen sowie der dazugehörigen Feststellungen, die als richtig zu unterstellen sind (KG 7. 2. 1978, Thyssen-Hüller, WuW/E OLG 1937; BMWi 9. 12. 1981, IBH-Wibau, WuW/E BWM 177); BMWi 16. 6. 1992, BayWA/WLZ Raiffeisen AG, WuW/E BWM 213, 219.

4. Der Erlaubnisantrag kann, wie die Beschwerde gegen die Untersagungsverfügung, von allen iSd. § 23 GWB beteiligten Unternehmen und in den Fällen des § 23 Abs. 2 Nr. 1 und 2 GWB von den Veräußerern gestellt werden. Es genügt jedoch, daß ein beteiligtes Unternehmen den Erlaubnisantrag stellt.

5. Zur Beiladung vgl. Verfügung des BMWi vom 30. 3. 1979, WuW/E BWM 173.

6. Der Erlaubnisantrag ist im Bundesanzeiger bekanntzumachen (§ 10 Abs. 1 S. 1 Nr. 4 GWB).

7. Gegen die ablehnende Entscheidung des BMWi kann Beschwerde erhoben werden (§ 62 GWB). Das Beschwerdegericht kann die Erwägungen des BMWi zum Gemeinwohl und seine Abwägung zwischen Gemeinwohl und Wettbewerbsbeschränkung nicht nachprüfen. Das Beschwerdegericht prüft aber nach, ob die Tatsachen ohne Verfahrensverstoß richtig und vollständig festgestellt wurden (KG 7. 2. 1978, Thyssen-Hüller, WuW/E OLG 1937).

8. Vgl. BMWi 20. 2. 1986, VEW-Ruhrkohle, WuW/E BWM 185; 6. 9. 1989, Daimler-MBB, WuW/E BWM 191; 24. 1. 1990, MAN-Sulzer, WuW/E BWM 207; 16. 6. 1992, BayWA AG/WLZ Raiffeisen AG, WuW/E BWM 213.

Kosten und Gebühren

Der Erlaubnisantrag ist gebührenpflichtig (§ 80 Abs. 2 Satz 2 Nr. 2 iVm. Abs. 3 GWB).

24. Beiladungsantrag (§ 51 Abs. 2 Nr. 4 GWB)[1–2]

Bundeskartellamt[3]
Mehringdamm 129
10965 Berlin

Betr.: Beiladungsantrag

I. Beim BKartA ist gegen das Unternehmen A ein Verfahren wegen Mißbrauchs einer marktbeherrschenden Stellung i. S. d. § 22 GWB anhängig (Aktenzeichen ......).
Das Unternehmen A verpflichtet seine Abnehmer, mit der Hauptware R auch die sachlich nicht zugehörige Ware S abzunehmen.

II. Zahlreiche Großhandelsabnehmer des Unternehmens A sind Mitglieder des antragstellenden Verbandes.

III. Ich beantrage[4], den Verband ...... e.V. zum Mißbrauchsverfahren gegen das Unternehmen A beizuladen.

IV. Die Interessen der Verbandsmitglieder, die Abnehmer von A sind, werden durch die zu erwartende Entscheidung der Kartellbehörde erheblich berührt[5], weil ......

V. Nachdem der Verband beigeladen worden ist, werde ich Akteneinsicht[6] beantragen.

......
(Verbandsgeschäftsführer)

Anmerkungen

1. Die in § 51 Abs. 2 Nr. 1 bis 3 und 5 GWB aufgeführten Personen, Personenvereinigungen, Unternehmen und Unternehmensvereinigungen sind kraft Gesetzes am Verfahren vor der Kartellbehörde beteiligt.
Andere Personen, Personenvereinigungen, Unternehmen und Unternehmensvereinigungen sind nur aufgrund eines Beiladungsantrags und einer entsprechenden Verfügung der Kartellbehörde am Verfahren beteiligt.

2. Die Beigeladenen können zur Sach- und Rechtslage Ausführungen machen und Anträge stellen.
Sie sind auch beschwerdeberechtigt (§ 62 Abs. 2 GWB).

3. Der Beiladungsantrag ist an die Kartellbehörde zu richten, bei der das Verfahren anhängig ist.

4. Der Antrag ist an keine Form gebunden. Er unterliegt auch keiner zeitlichen Begrenzung. Die Beiladung kann jedoch nur solange erfolgen, als das Verfahren bei der Kartellbehörde anhängig ist (KG 31. 5. 1968, WuW/E OLG 933, 934; 3. 12. 1974, Saba, WuW/E OLG 1548, 1549; BMWi 30. 3. 1979, WuW/E BWM 173; KG 11. 1. 1984, WuW/E OLG 3217, also auch noch nach Erlaß der Verfügung, jedoch bevor Beschwerde eingelegt worden ist (BGH 10. 4. 1984, Coop-Supermagazin, WuW/E BGH 2077, 2078).

Die Beiladung zum Hauptverfahren erstreckt sich auch auf die Zwischenverfahren, z.B. das Verfahren über eine einstweilige Anordnung (KG 3. 12. 1974, Saba, WuW/E OLG 1548, 1549).

Die Kartellbehörde kann unter mehreren potentiell Beizuladenden eine sachgerechte Auswahl treffen (KG 22. 8. 1980, Sonntag Aktuell, WuW/E OLG 2356, 2359; KG 13. 11. 1981, WuW/E OLG 2686). Im Beschwerde- und im Rechtsbeschwerdeverfahren ist eine Beiladung nicht mehr möglich (§ 66 Abs. 1 Nr. 3 GWB). Hat der Ausgang des Verfahrens rechtsgestaltende Wirkung für Dritte, dann sind sie zum Verfahren beizuladen (KG 15. 3. 1991, VW-Leasing, WuW/E 4753, 4759). Dies gilt auch, soweit sie von dem Ausgang des Verfahrens betroffen sind (KG 26. 11. 1993, Importarzneimittel-Boykott, WuW/E OLG 5241, 5247).

5. Eine mittelbare Interessenberührung genügt, nicht jedoch eine entfernte oder absolut geringfügige (KG 13. 1. 1978, Bahnhofsbuchhandel, WuW/E OLG 2021; 22. 8. 1980, Sonntag Aktuell, WuW/E OLG 2356). Die Interessen werden erheblich berührt, wenn sie nicht nur entfernt oder absolut geringfügig berührt werden (KG 22. 8. 1980). Zum Fusionskontrollverfahren vgl. BKartA 7. 9. 1981, Morris-Rothmans, WuW/E BKartA 1915; KG 13. 11. 1981, WuW/E OLG 2686; KG 26. 6. 1991, Radio NRW, WuW/E OLG 4811.

Unterläßt die Kartellbehörde die Beiladung, obgleich die Voraussetzungen des § 51 Abs. 1 Nr. 4 GWB gegeben sind, dann kann der Betroffene, unabhängig von der Beiladung, Beschwerde einlegen (KG 12. 1. 1982, Gepäckstreifenanhänger, WuW/E OLG 2720). Der Beigeladene muß durch die der Rechtskraft fähige Entscheidungsformel beschwert sein. Sein Interesse an tatsächlichen oder rechtlichen Vorfragen ist unbeachtlich (KG 19. 1. 1983, Coop-Supermagazin, WuW/E OLG 2970; BGH 10. 4. 1984, Coop-Supermagazin, WuW/E BGH 2077).

6. Akteneinsicht

a) Das GWB regelt in § 71 GWB das Recht zur Akteneinsicht im Beschwerdeverfahren. Eine Bestimmung für das Verwaltungsverfahren fehlt.

b) Aus § 71 GWB kann jedoch abgeleitet werden, daß keine Akteneinsicht besteht, soweit die Kartellbehörde gem. § 71 Abs. 2 S. 2 GWB verpflichtet ist, ihre Zustimmung zur Einsicht in die ihr gehörigen Unterlagen zu versagen. Dies ist der Fall, soweit wichtige Gründe, insbesondere die Wahrung von Fabrikations-, Betriebs- oder Geschäftsgeheimnissen der Akteneinsicht entgegenstehen (vgl. KG 2. 10. 1981, WuW/E OLG 2603; 12. 9. 1985, Aldi, WuW/E OLG 3542).

c) Im übrigen wird § 29 des Verwaltungsverfahrensgesetzes anzuwenden sein. Das Recht zur Akteneinsicht besteht insoweit, als sie zur Geltendmachung oder Verteidigung der rechtlichen Interessen dessen, der Einsicht begehrt, erforderlich ist und berechtigte Geheimhaltungsinteressen der Behörde oder Dritter nicht entgegenstehen (vgl. auch KG 13. 11. 1981, WuW/E OLG 2686; 19. 8. 1986, WuW/E OLG 3908, 3909).

Der nach § 53 GWB gegebene Anspruch auf rechtliches Gehör umfaßt nicht das Recht auf Bekanntgabe des vollen Wortlauts eingereichter Schriftsätze der Beteiligten; es genügt vielmehr eine Mitteilung des wesentlichen Inhalts, sofern nur sämtliche Punkte, auf die die Kartellbehörde ihre Entscheidung stützt, bekanntgegeben werden. Soweit es sich um bloße behördeninterne Überlegungen handelt, besteht kein Anspruch auf vollständige Mitteilung (vgl. § 29 Abs. 1 VwVfG) (OLG Düsseldorf, 5. 7. 1977, Anzeigenpreise, WuW/E OLG 1881, 1882).

d) Ob die Verfahrensbeteiligten Kopien der Amtsakten verlangen können, ist noch nicht geklärt (vgl. KG 21. 6. 1979, Einbauküchen, WuW/E OLG 2140). Soweit schriftliche Zeugenvernehmungen durchgeführt werden, ergibt sich der Anspruch auf Kopien der Protokolle über die Vernehmungen aus § 54 Abs. 2 GWB iVm. § 299 ZPO (KG 21. 6. 1979). Verneint die Kartellbehörde die Akteneinsicht, dann verletzt sie den Anspruch des Beteiligten auf rechtliches Gehör.

25. Antrag auf Erlaß einer einstweiligen Anordnung (§ 56 GWB)[1-3]

Bundeskartellamt
Mehringdamm 129
10965 Berlin

Betr.: Antrag auf Erlaß einer einstweiligen Anordnung zur vorläufigen Erlaubnis eines Rationalisierungskartells

I. Ich nehme Bezug auf den am ...... beim BKartA gestellten Antrag auf Erlaubnis zu einem Rationalisierungskartell nach § 5 Abs. 2 und 3 GWB.
II. Ich beantrage, durch einstweilige Anordnung zu beschließen, daß dieses Rationalisierungskartell bis zur Entscheidung des BKartA über den Erlaubnisantrag erlaubt wird.
III. Zur Begründung nehme ich Bezug auf den Erlaubnisantrag vom ...... und seine Begründung.
IV. Die einstweilige Anordnung ist erforderlich, um erhebliche wirtschaftliche Nachteile von den Kartellmitgliedern abzuwenden, die darin liegen, daß ......
V. Die Interessen der übrigen Marktbeteiligten (Lieferanten und Abnehmer) und das öffentliche Interesse stehen dem Erlaß der einstweiligen Anordnung nicht entgegen, weil ......

......
(Kartellvertreter)

Anmerkungen

1. Im Erlaubnisverfahren, einschließlich Verlängerung, Änderung und Widerruf, kann die Kartellbehörde bis zur endgültigen Entscheidung einstweilige Anordnungen zur Regelung einstweiliger Zustände treffen (§ 56 Nr. 1 und 2 GWB).

2. Die Kartellbehörde zieht als Maßstab den § 63a Abs. 1 GWB heran, wonach sie die sofortige Vollziehung einer Verfügung anordnen kann, wenn dies im öffentlichen Interesse oder im überwiegenden Interesse eines Beteiligten geboten ist, verschärft diesen Maßstab jedoch, weil es sich im Gegensatz zur sofortigen Vollziehung einer Entscheidung um eine vorläufige Entscheidung in der Hauptsache handelt (BKartA 6. 3. 1978, Bimsbausteine II, WuW/E BKartA 1707). Das KG zieht die Rechtsvorschriften für den Erlaß gerichtlicher einstweiliger Anordnungen (§§ 123 VwGO, 940 ZPO und 32 BVerfGG) zur Auslegung heran. Die Anordnung kommt also nur in Betracht, wenn sie aus Gründen des Allgemeinwohls oder im überwiegenden Interesse eines Beteiligten oder Dritten notwendig ist, um wesentliche Nachteile und drohende Gefahren abzuwenden (KG 26. 1. 1977, Kombinationstarif, WuW/E OLG 1767, 1774; 13. 6. 1979, Sonntag Aktuell II, WuW/E OLG 2145, 2146; 10. 12. 1990, Hamburger Benzinpreise, WuW/E OLG 4640, 4642; vgl. auch OLG München 7. 5. 1992, Herr der Gezeiten, WuW/E OLG 4990). Die endgültige Entscheidung darf nicht vorweggenommen werden (KG 11. 1. 1993, ernstliche Untersagungszweifel, WuW/E OLG 5151). Eine zeitlich begrenzte Vorwegnahme ist jedoch möglich, wenn

26. Anfechtungsbeschwerde an das OLG   II. K. 26

das öffentliche Interesse dies unabweisbar gebietet (OLG Düsseldorf 22. 1. 1985, WuW/E OLG 3335).

3. Der Antrag auf Erlaß einer einstweiligen Anordnung kann bei der Kartellbehörde nur gestellt werden, solange das Erlaubnisverfahren bei ihr anhängig ist, also nicht mehr, nachdem ihre Entscheidung rechtskräftig wurde oder Beschwerde dagegen eingelegt wurde.

Kosten und Gebühren

Die einstweilige Anordnung ist gebührenpflichtig. Die Regelgebühr ist nicht mehr als ein Fünftel der Gebühr in der Hauptsache (§ 80 Abs. 2 Satz 2 Nr. 2 i. V. m. Abs. 3 S. 2 Nr. 12 e GWB).

26. Anfechtungsbeschwerde an das OLG (§ 62 Abs. 1 S. 1 GWB)[1,2,6]

Bundeskartellamt
Mehringdamm 129
10965 Berlin

In der Verwaltungssache

des Unternehmens ......

wegen Mißbrauchs einer marktbeherrschenden Stellung beim Verkauf der Ware G

lege ich gegen den Beschluß der Kartellbehörde vom ......, zugestellt am ......

Beschwerde[3]

ein.

Begründung[4]:

I. Ich beantrage, für Recht zu erkennen:
  1. Der Beschluß des BKartA vom ...... wird aufgehoben.
  2. Die Gerichtskosten werden dem BKartA auferlegt. Das BKartA hat dem Beschwerdeführer die außergerichtlichen Kosten zu erstatten.
  3. Hilfsweise rege ich an, die Rechtsbeschwerde zuzulassen.[7]
II. Die Beschwerde stützt sich auf folgende Tatsachen: ......
  Ich benenne dafür folgende Beweismittel: ......
III. Die vertraulichen Angaben betr. ...... sind in dem separaten Beistück A enthalten[5].
IV. Zur Höhe des Verfahrenswertes der Beschwerde mache ich die Angaben, die in dem verschlossenen Beistück B enthalten sind.
V. Ich beantrage Akteneinsicht[6].
VI. Ich bitte, nicht ohne mündliche Verhandlung zu entscheiden.[7]

......
(Rechtsanwalt)

Anmerkungen

1. Die Beschwerde kann sich dagegen richten, daß die Kartellbehörde eine Verfügung erließ (Anfechtungsbeschwerde, vgl. diesen Abschnitt) oder den Erlaß einer beantragten Verfügung ablehnte (Verpflichtungsbeschwerde) (vgl. II. K. 27). Unterformen der Verpflichtungsbeschwerde sind die Untätigkeitsbeschwerde (vgl. II. K. 27, Rdn. 2) und die Leistungsbeschwerde (vgl. II. K. 27, Rdn. 3).

Eine allgemeine Feststellungsbeschwerde kennt das GWB nicht (KG 18. 11. 1985, Aral, WuW/E OLG 3685, 3697; 4. 4. 1990, Blockheizkraftwerk, WuW/E OLG 4589, 4591; KG 3. 11. 1993, Bekanntmachungsgebühren, WuW/E OLG 5225), ausgenommen die sogenannte Fortsetzungsfeststellungsbeschwerde nach § 70 Abs. 2 GWB.

2. Die Anfechtungsbeschwerde richtet sich gegen hoheitliche Maßnahmen der Kartellbehörde (BGH 17. 5. 1973, Asbach-Uralt, WuW/E BGH 1264, 1265; KG 19. 8. 1986, WuW/E OLG 3908, 3909), insbesondere Verfügungen.

a) Verfügungen sind alle Maßnahmen der Kartellbehörden zur Regelung eines Einzelfalles. Dazu gehören insbesondere:
- Widerspruch gegen ein nach §§ 2, 3, 5 a und 5 b GWB angemeldetes Kartell
- Erteilung, Verlängerung, Einschränkung oder Widerruf der Erlaubnis zu einem Kartellvertrag (§ 11 GWB)
- Maßnahmen gemäß § 12 Abs. 3 GWB
- Aufhebungen von vertikalen Preisbindungen (§ 17 GWB) und Ausschließlichkeitsvereinbarungen (§ 18 GWB)
- Erlaubnis für Lizenzvertrag (§ 20 Abs. 3 GWB)
- Mißbrauchsverfügung, durch die ein Verhalten untersagt oder ein Vertrag für unwirksam erklärt wird (§ 22 Abs. 5 GWB)
- Untersagung eines Zusammenschlusses (§ 24 Abs. 2 GWB)
- Auflösung eines Zusammenschlusses (§ 24 Abs. 6 GWB)
- Anordnung der Aufnahme in eine Wirtschafts- oder Berufsvereinigung (§ 27 GWB)
- Anerkennung von Wettbewerbsregeln sowie ihre Ablehnung, Zurücknahme und Widerruf (§ 28 GWB)
- Untersagungsverfügung (§ 37 a GWB)
- Mehrerlösabschöpfung (§ 37 b GWB)
- Maßnahmen gegen unverbindliche Preisempfehlungen (§ 38 a Abs. 3 GWB)
- Auskunftsverlangen (§ 46 Abs. 1 Nr. 1 und 3 GWB; §§ 38 a Abs. 4 und 23 Abs. 6 GWB)
- Einsicht und Prüfung geschäftlicher Unterlagen (§ 46 Abs. 1 Nr. 2 GWB)
- Maßnahmen gemäß Art. 87 ff. EWG-Vertrag (§ 47 GWB)
- Vorabentscheidung über Zuständigkeit (§ 52 GWB)
- Beweiserhebung (§ 54 GWB)
- Beschlagnahme (§ 55 GWB)
- einstweilige Anordnung (§ 56 GWB)
- Ablehnung der Akteneinsicht (§ 71 GWB)
- Bescheide über Gebühren und Auslagen (§ 80 GWB)

b) Keine Verfügungen sind:
- Einleitung eines Verwaltungsverfahrens (§ 51 GWB)
- Einstellung eines Verwaltungsverfahrens (§ 57 Abs. 2 GWB)
- Mitteilung an einen „Antragsteller", daß ein Verfahren nicht eingeleitet werde (KG 10. 11. 1976, Medizinischer Badebetrieb, WuW/E OLG 1813, 1814)
- Abmahnungen, die einer Mißbrauchsverfügung vorangehen (§§ 17 Abs. 2, 22 Abs. 5 S. 2 und 38 a Abs. 5 GWB)
- Nichtwiderspruch (BGH 8. 4. 1965, Linoleum III, WuW/E BGH 680, 681)
- Nichtuntersagung eines Zusammenschlusses
- Bekanntmachungen im Bundesanzeiger (§§ 10, 32, 58 GWB) (KG 14. 12. 1977, WAZ, WuW/E OLG 1967; 12. 10. 1990, Bayerische Landesbank, WuW/E OLG 4645; 3. 11. 1993, Bekanntmachungsbeschwerde, WuW/E OLG 5267).
- bloße Äußerungen von Rechtsauffassungen (KG 4. 4. 1990, Blockheizkraftwerk, WuW/E OLG 4589, 4592)

3. Beschwerde

a) Berechtigung

Beschwerdeberechtigte sind die Personen, Personenvereinigungen, Unternehmen und

26. Anfechtungsbeschwerde an das OLG   II. K. 26

Unternehmensvereinigungen sowie Wirtschafts- und Berufsvereinigungen, die am Verfahren vor der Kartellbehörde beteiligt waren (§ 62 Abs. 2 iVm. § 51 Abs. 2 und 3 GWB), (BGH 25. 6. 1985, Edelstahlbestecke, WuW/E BGH 2150, 2151 betr. ein herrschendes Unternehmen beim Zusammenschluß eines abhängigen Unternehmens), sofern bei ihnen eine formelle und materielle Beschwer gegeben ist (BGH 10. 4. 1984, Coop-Supermagazin, WuW/E BGH 2077, 2079).
Über den Wortlaut des § 62 Abs. 2 GWB hinaus ist beschwerdeberechtigt, wer durch eine Verfügung in seinen Rechten verletzt sein kann (zB. in den Fällen des § 46 GWB).
b) Frist
   aa) Die Beschwerdefrist ist ein Monat (§ 65 Abs. 1 S. 1 GWB). Sie ist auch dann gewahrt, wenn die Beschwerde innerhalb der Frist beim Beschwerdegericht eingeht (§ 65 Abs. 1 S. 4).
   bb) Die Vorschriften der §§ 199 ff. GVG über die Gerichtsferien sind im Kartellverwaltungsverfahren nicht entsprechend anwendbar (BGH 29. 4. 1971, Bayerischer Bankenverband, WuW/E BGH 1173, 1174).
   cc) Die Frist beginnt mit der Zustellung der Verfügung der Kartellbehörde (§ 65 Abs. 1 S. 2 iVm. § 57 Abs. 1 Satz 2 GWB). Die Zustellung muß an alle formell Beteiligten iSd. § 51 Abs. 2 und 3 GWB erfolgen. Die Verfügung muß mit einer Begründung und der Rechtsmittelbelehrung versehen und nach den Vorschriften des Verwaltungszustellungsgesetzes zugestellt sein. Andernfalls läuft die Beschwerdefrist nicht (BGH 5. 12. 1963, Zigaretten, WuW/E BGH 559, 560; KG 14. 12. 1977, Westdeutsche Allgemeine Zeitungsverlagsgesellschaft, WuW/E OLG 1967, 1968; BGH 24. 3. 1987, Coop Schleswig-Holstein – Deutscher Supermarkt, WuW/E BGH 2389). Die Zustellung kann gemäß § 9 Abs. 1 VwZG geheilt werden (KG 16. 6. 1981, Veba/Stadtwerke Wolfenbüttel, WuW/E OLG 2507).
c) Form
   Die Beschwerde ist schriftlich einzureichen (§ 65 Abs. 1 S. 1 GWB). Sowohl die Beschwerdeschrift als auch die Beschwerdebegründung müssen durch einen bei einem deutschen Gericht zugelassenen Rechtsanwalt unterzeichnet sein; dies gilt nicht für die Beschwerde bei Akteneinsicht (§ 71 Abs. 2 S. 6) und für die Beschwerde der Kartellbehörde (§ 65 Abs. 5 GWB).
d) Adressat
   Die Beschwerde ist bei der Kartellbehörde einzulegen (§ 65 Abs. 1 S. 1 GWB). Es genügt, wenn sie innerhalb der Beschwerdefrist beim Beschwerdegericht eingeht (§ 65 Abs. 1 S. 4 GWB).
4. Beschwerdebegründung
a) Frist
Sie beträgt einen Monat und beginnt mit der Einlegung der Beschwerde. Sie kann auf Antrag vom Vorsitzenden des Beschwerdegerichts verlängert werden (§ 65 Abs. 3 GWB).
b) Inhalt
Sie muß enthalten:
   aa) die Erklärung, inwieweit die Verfügung angefochten und ihre Abänderung oder Aufhebung beantragt wird (§ 65 Abs. 4 Nr. 1 GWB). Bei der Anfechtungsbeschwerde geht der Antrag auf Aufhebung oder teilweise Aufhebung der Verfügung der Kartellbehörde (§ 70 Abs. 2 S. 1 GWB). Zur Beschwerdebegründung bei mehreren Beschwerdeführern vgl. KG 2. 7. 1982, Springer-Elbe-Wochenblatt II, WuW/E OLG 2753.
   bb) Angabe der Tatsachen und Beweismittel, auf die sich die Beschwerde stützt, § 65 Abs. 4 Nr. 2 GWB (BGH 27. 2. 1969, Papierfiltertüten II, WuW/E BGH 990, 993). Unter dem Gesichtspunkt des Untersuchungsgrundsatzes (§ 69 Abs. 1 GWB) hat das Beschwerdegericht nicht allen denkbaren Möglichkeiten von Amts wegen nachzugehen; vielmehr obliegt ihm eine Aufklärungs- und Ermittlungspflicht nur insoweit, als der Vortrag der Beteiligten oder der Sachverhalt als solcher bei sorgfältiger Überlegung der sich aufdrängenden Gestaltungsmöglichkeiten dazu Anlaß gibt (BGH 27. 2.

1969, Papierfiltertüten II, WuW/E BGH 990, 993; 22. 11. 1983, Druckereikonditionen, WuW/E BGH 2044, 2046; KG 5. 3. 1986, WuW/E OLG 3821, 3824).

5. Berechtigt zur Einsicht in die Akten sind der Beschwerdeführer, die Kartellbehörde, deren Verfügung angefochten wird und das Bundeskartellamt, wenn sich die Beschwerde gegen eine Verfügung einer obersten Landesbehörde richtet sowie Beigeladene. Der Umfang der Akteneinsicht ergibt sich aus § 71 Abs. 2 GWB (§ 71 Abs. 1 S. 1 iVm. § 66 GWB).

6. Vgl. § 68 Abs. 1 Halbsatz 2 GWB.

7. Die Beschwerde kann bis zur Rechtskraft der Entscheidung des Oberlandesgerichts – und zwar auch noch im Rechtsbeschwerdeverfahren – zurückgenommen werden (BGH 29. 6. 1982, Stuttgarter Wochenblatt, WuW/E BGH 1947).

8. Die Rechtsbeschwerde ist, sofern die gesetzlichen Voraussetzungen vorliegen, von Gerichts wegen zuzulassen. Ein Antrag ist daher nicht erforderlich und auch nicht zulässig. Der Beschwerdeführer kann jedoch anregen, die Rechtsbeschwerde zuzulassen.

9. Fortsetzungsfeststellungsbeschwerde
a) Hat sich die Verfügung vorher durch Zurücknahme oder auf andere Weise erledigt, kann der Beschwerdeführer, wenn er ein berechtigtes Interesse hat, beantragen, festzustellen, daß die Verfügung der Kartellbehörde unzulässig oder unbegründet war (§ 70 Abs. 2 S. 2 GWB) (OLG München 2. 9. 1982, Kaufmarkt II, WuW/E OLG 2872; KG 12. 2. 1982, WuW/E OLG 2614 zum Feststellungsinteresse nach erteilter Auskunft; KG 11. 1. 1984, WuW/E 0LG 3217, 3218; BGH 10. 4. 1984, Coop-Supermagazin, WuW/E BGH 2077). Das Feststellungsinteresse entfällt nicht dadurch, daß sich die Verfügung der Kartellbehörde bereits vor Einlegung der Beschwerde erledigt hat (KG 18. 6. 1971, Import-Schallplatten, WuW/E OLG 1189, 1190).

„Berechtigtes Interesse" ist umfassender als das rechtliche Interesse iSd. § 256 ZPO. Darunter fallen auch wirtschaftliche Interessen (BGH 5. 5. 1967, Großgebinde IV, WuW/E BGH 852, 853; OLG München 2. 9.1982, Kaufmarkt II, WuW/E OLG 2872; KG 7. 12. 1983, Zum bösen Wolf, WuW/E OLG 3213).

b) Hat sich eine Mißbrauchsverfügung nach § 22 Abs. 5 oder § 103 Abs. 6 GWB erledigt, kann der Betroffene, aber auch die Kartellbehörde beantragen, festzustellen, in welchem Umfange und bis zu welchem Zeitpunkt die Verfügung begründet war (§ 70 Abs. 3 GWB).

Kosten und Gebühren

1. § 77 S. 1 GWB.
a) § 77 GWB betrifft die gerichtlichen und die außergerichtlichen Kosten (KG 12. 1. 1982, Gepäckstreifenanhänger, WuW/E OLG 2720, 2721; OLG München 2. 3. 1987, Kart 4/84, WuW/E OLG 3978).

Der BGH ging grundsätzlich davon aus, daß jeder Beteiligte – unabhängig vom Verfahrensausgang – seine Kosten selbst zu tragen habe (BGH 20. 3. 1984, WuW/E BGH 2084). Das Bundesverfassungsgericht entschied (Beschluß vom 3. 12. 1986 – 1 BvR 872/82, WuW/E VG 313), daß § 77 Abs. 1 GWB im Hinblick auf Art. 3 Abs. 1 GG nicht dahin ausgelegt werden dürfe, daß ein Beschwerdeführer auch dann, wenn er eine Verletzung in seinen Rechten geltend gemacht und im Verfahren obsiegt hat, im Normalfall seine außergerichtlichen Kosten selbst tragen müsse (BVerfG 5. 10. 1988, Coop-Wandmaker, WuW/E VG 339, 342; KG 7. 2. 1989, Coop-Wandmaker, WuW/E OLG 4329, 4330).

b) Nach Erledigung der Hauptsache muß nach billigem Ermessen ohne nähere Würdigung eines zweifelhaften Verfahrensausgangs über die bisherigen Kosten entschieden werden. Die Gerichtskosten sind grundsätzlich zu teilen es sei denn, der Verfahrensausgang ist eindeutig zu erkennen (KG 25. 5. 1988, WuW/E OLG 4243, ständige Rechtsprechung des KG) (so auch OLG München 2. 3. 1987, Kart 4/84, WuW/E OLG 3978; a.A. OLG

Düsseldorf 30. 12. 1987, Allkauf ./. Nordmende, WuW/E OLG 4149, das § 91a ZPO anwendet und damit immer den bisherigen Sach- und Streitstand berücksichtigt).

c) Der Beigeladene hat im Falle des Obsiegens keinen Erstattungsanspruch, wenn hierfür nicht besondere Billigkeitsgründe sprechen (KG 13. 6. 1980, Levi's Jeans, WuW/E OLG 2425; 8. 7. 1988, Sportübertragungen, WuW/E OLG 4267, 4287; vgl. aber insbesondere BGH 14. 3. 1990, Sportübertragungen, WuW/E BGH 2627, 2643).

2. Der Verfahrenswert wird gem. § 78 GWB iVm. § 3 ZPO unter Berücksichtigung von § 13 GKG festgesetzt (KG 14. 4. 1978, Rama-Mädchen, WuW/E OLG 1983, 1988). Der Verfahrenswert ist in der Regel nach den wirtschaftlichen Auswirkungen des Obsiegens des Beschwerdeführers zu berechnen (BGH 7. 8. 1978, KVR 4/77, nicht veröffentlicht; Bericht in BKartA-Bericht 1978, BT-Drucks. 8/2980, S. 107). Der wirtschaftliche Wert bemißt sich nach den Jahresumsätzen mit der Vertragsware (KG 25. 2. 1981, GUR Rauchtabak, WuW/E OLG 2481, 2485); im Fusionskontrollverfahren ist beim Anteilserwerb vor allem der Kaufpreis der zu erwerbenden Anteile maßgebend (BGH 7. 8. 1978, WuW/E BGH 1804). Dabei wird aber in der Praxis nicht der volle Kaufpreis angesetzt, sondern z.B. nur 25%. Auch der Umsatz des zu erwerbenden Unternehmens spielt eine Rolle. Auch er wird nur mit einem Prozentsatz (z.B. 10%) berücksichtigt.

3. Die Entscheidung über die Gebühren der Kartellbehörde richtet sich nach der Entscheidung des Beschwerdegerichts über die Gerichtskosten (KG 15. 7. 1975, BP, WuW/E OLG 1620).

27. Verpflichtungsbeschwerde an das OLG (§ 62 Abs. 3 S. 1 GWB)[1,2]

Bundeskartellamt
Mehringdamm 129
10965 Berlin

In der Verwaltungssache

des Unternehmens ......

wegen seiner Aufnahme in die Wirtschaftsvereinigung ...... e. V.

lege ich gegen den Beschluß der Kartellbehörde vom ......, mit dem der Antrag, die Aufnahme des Unternehmens ...... in die Wirtschaftsvereinigung ...... e. V. anzuordnen, abgelehnt wurde,

Beschwerde[4]

ein.

Begründung[5]:

I. Ich beantrage[6], für Recht zu erkennen:
  1. Der Beschluß des BKartA vom ...... wird aufgehoben.
  2. Das BKartA hat anzuordnen, daß die Wirtschaftsvereinigung ...... e. V. das Unternehmen ...... aufzunehmen hat.
  3. Die Gerichtskosten werden dem BKartA auferlegt. Das BKartA hat dem Beschwerdeführer die außergerichtlichen Kosten zu erstatten.
  4. Hilfsweise rege ich an, die Rechtsbeschwerde zuzulassen.
II. Die Beschwerde stützt sich auf folgende Tatsachen: ......
  Ich benenne dafür folgende Beweismittel: ......
III.–VI. wie Form. II. K. 26, Abschnitte III.–VI.

......
(Rechtsanwalt)

Anmerkungen

1. Diese Beschwerde richtet sich dagegen, daß die Kartellbehörde die beantragte Verfügung nicht oder abweichend vom Antrag (BGH 31. 10. 1978, Air-Conditioning-Anlagen, WuW/E BGH 1562) erließ, insbesondere den Erlaß der beantragten Verfügung ablehnte oder die beantragte behördliche Handlung nicht vornahm.
a) Die Zulässigkeit der Beschwerde setzt voraus, daß der Beschwerdeführer am Verfahren vor der Kartellbehörde beteiligt war (§ 62 Abs. 2 iVm. § 51 Abs. 2 und 3 GWB) und formell und materiell beschwert ist (BGH 31. 10. 1978, Air-Conditioning-Anlagen, WuW/E BGH 1562, 1563; 10. 4. 1984, Coop-Supermagazin, WuW/E BGH 2077, 2079) und einen Sachverhalt vorträgt, der einen Rechtsanspruch auf die beantragte Verfügung (BGH 14. 11. 1968, Taxiflug, WuW/E BGH 995, 996; BGH 31. 10. 1978, Weichschaum III, WuW/E BGH 1556, 1557) oder auf die Vornahme des beantragten behördlichen Handels (KG 14. 12. 1977, Westdeutsche Allgemeine Zeitungsverlagsgesellschaft, WuW/E OLG 1967, 1968) ergeben kann.
Die Beschwerde ist unzulässig, wenn das vom Beschwerdeführer behauptete Recht unter keinem rechtlichen Gesichtspunkt bestehen oder ihm zustehen kann (BGH 14. 11. 1968, Taxiflug, WuW/E BGH 995, 996; 31. 10. 1978, Weichschaum III, WuW/E BGH 1556, 1557).
b) Die Beschwerde ist begründet, wenn der Beschwerdeführer ein Recht auf Erlaß der beantragten Verfügung oder die Vornahme des behördlichen Handelns hat.
Das GWB normiert diese Rechte nicht ausdrücklich. Soweit es jedoch den Unternehmen die Befugnis einräumt, Anträge an die Kartellbehörde zu richten, haben sie das Recht auf Erlaß der beantragten Verfügung, sofern die jeweiligen gesetzlichen Voraussetzungen gegeben sind.
Ein solches Antragsrecht besteht für Erlaubnisse zu Kartellverträgen (§§ 4, 5 Abs. 2 und 3, § 6 Abs. 2, 7, 8 GWB), zu Lizenzverträgen (§ 20 Abs. 3 GWB), zur Verwertung von Sicherheiten (§ 14 GWB), zur Geltendmachung des Rücktritts- oder Kündigungsrechts oder des Rechts zur Vertragsänderung für den Fall, daß die Kartellbehörde vertikale Verträge für unwirksam erklärt (§ 19 GWB), zur Schiedsklausel beim Exportkartell (§ 91 Abs. 1 S. 2 GWB), für einen Zusammenschluß (§ 24 Abs. 3 GWB).
Weiter besteht das Antragsrecht zur Aufnahme in eine Wirtschafts- oder Berufsvereinigung bzw. Gütezeichengemeinschaft (§ 27 GWB), auf Anerkennung von Wettbewerbsregeln (§ 28 GWB) und zur Unwirksamkeitserklärung einer vertikalen Preisbindung (§ 17 Abs. 1 GWB).
Verfahrensmäßig besteht das Recht auf Beiladung gem. § 51 Abs. 2 Nr. 4 GWB.
Die Rechtsprechung hat dem Marktbeteiligten iSd. § 3 Abs. 3 Nr. 3 GWB ein Antragsrecht zugebilligt (KG 8. 2. 1963, Interessengemeinschaft, WuW/E OLG 540, 543; offengelassen in BGH 8. 4. 1965, Linoleum III, WuW/E BGH 680, 684).
Kein Antragsrecht besteht, soweit eine Mißbrauchsverfügung der Kartellbehörde begehrt wird (zu § 22 GWB vgl. OLG Celle, 21. 2. 1973, Bauleitplan, WuW/E OLG 1387, 1389; BGH 14. 11. 1968, Taxiflug, WuW/E BGH 995, 996, 748; 22. 10. 1973, Strombezugspreis, WuW/E BGH 1299, 1300).

2. Eine Unterform der Verpflichtungsbeschwerde ist die Untätigkeitsbeschwerde (§ 62 Abs. 3 S. 2 und 3 GWB).
Die Zulässigkeit dieser Beschwerde setzt voraus, daß die Kartellbehörde die beantragte Verfügung ohne zureichenden Grund in angemessener Frist nicht beschieden hat und der Beschwerdeführer substanziiert behauptet, ein Recht auf Erlaß der beantragten Verfügung oder das behördliche hoheitliche Handeln zu haben und die Rechtsbeeinträchtigung möglich erscheint (BGH 14. 11. 1968, Taxiflug, WuW/E BGH 995, 996; KG 31. 3. 1992, Verbandsbeschwerde, WuW/E OLG 4973).

28. Antrag, die aufschiebende Wirkung einer Beschwerde anzuordnen

3. Eine weitere Unterform der Verpflichtungsbeschwerde ist die *Leistungsbeschwerde*. Sie ist zulässig, wenn durch schlichtes Verwaltungshandeln eine Rechtsbeeinträchtigung gegeben ist (KG 14. 12. 1977, WAZ, WuW/E OLG 1967, 1968; BGH 8. 5. 1979, WAZ, WuW/E BGH 1608) oder wenn nur durch sie ein lückenloser Rechtsschutz gewährleistet ist (BGH 18. 2. 1992, Unterlassungsbeschwerde, WuW/E BGH 2760, 2761; KG 3. 11. 1993, Bekanntmachungsbeschwerde, WuW/E OLG 5267, 5270). Die Leistungsbeschwerde kann auch eine *vorbeugende Unterlassungsbeschwerde* sein (KG 18. 11. 1985, Aral, WuW/E OLG 3685, 3698; KG 12. 10. 1990, Landesbank, WuW/E OLG 4645; BGH 18. 2. 1992, Unterlassungsbeschwerde, WuW/E BGH 2760, 2761).

4. Vgl. Rdn. 3 b), c), d) zu Form. II. K. 26.

5. Zur Frist vgl. Rdn. 4 a) zu Form. II. K. 26.

6. Der Antrag geht auf Verpflichtung der Kartellbehörde zum Erlaß der beantragten, von ihr aber unterlassenen, insbesondere abgelehnten Verfügung (§ 70 Abs. 4 GWB) (KG 13. 1. 1978, Bahnhofsbuchhandel, WuW/E OLG 2021, 2023) oder zur Vornahme des behördlichen Handelns.

7. Fortsetzungsfeststellungsbeschwerde: Hat sich der Rechtsanspruch des Beschwerdeführers auf Erlaß der Verfügung während des Verfahrens erledigt, kann der Beschwerdeführer, wenn er ein berechtigtes Interesse hat, beantragen festzustellen, daß die Kartellbehörde verpflichtet war, die Verfügung zu erlassen, § 70 Abs. 2 S. 2 GWB (vgl. Rdn. 9 zu Form. II. K. 26).

Kosten und Gebühren

Vgl. Form. II. K. 26.

28. Antrag an das OLG, die aufschiebende Wirkung einer Beschwerde anzuordnen (§ 63 a Abs. 3 S. 3 GWB)[1,2,4,5]

Kammergericht
Witzlebenstr. 4–5
14057 Berlin

In der Kartellverwaltungssache

des Unternehmens ......

gegen

das Bundeskartellamt

wegen Unzulässigkeitserklärung einer unverbindlichen Preisempfehlung für Markenwaren gem. § 38 a Abs. 3 Nr. 1 GWB
beantrage ich,
1. die aufschiebende Wirkung der am ...... eingelegten Beschwerde gegen den nach § 38 a Abs. 3 Nr. 1 GWB ergangenen Beschluß des BKartA vom ...... anzuordnen;
2. dem BKartA die Gerichtskosten und die außergerichtlichen Kosten des Beschwerdeführers aufzuerlegen.

Begründung:

1. Die Beschwerde vom ...... hat keine aufschiebende Wirkung (Gegenschluß aus § 63 Abs. 1 GWB).

2. An der Rechtmäßigkeit des angefochtenen Beschlusses des BKartA vom ...... bestehen ernsthafte Zweifel, weil ......

oder:

Die fehlende aufschiebende Wirkung der Beschwerde hat für den Betroffenen eine unbillige Härte zur Folge, weil ......
Sie ist nicht durch überwiegende öffentliche Interessen geboten, weil ......
3. Die Tatsachen, auf die dieser Antrag gestützt wird, werden wie folgt glaubhaft gemacht[3]: ......

......
(Rechtsanwalt)

Anmerkungen

1. Soweit die Beschwerde keine aufschiebende Wirkung hat, können die Betroffenen beim Beschwerdegericht den Antrag stellen, die aufschiebende Wirkung ganz oder teilweise anzuordnen (§ 63 a Abs. 3 S. 3 GWB). Ist die Verfügung zum Zeitpunkt der Entscheidung des Beschwerdegerichts schon vollzogen, kann beantragt werden, die Aufhebung der Vollziehung anzuordnen (§ 63 a Abs. 4 S. 3 GWB).

2. Die Beschwerde hat in den Fällen des § 63 Abs. 1 GWB aufschiebende Wirkung. Die Beschwerde gegen eine Entflechtungsanordnung aus öffentlichrechtlichem Vertrag hat ebenfalls aufschiebende Wirkung (KG 13. 4. 1994, Krupp-Hoesch-Brüninghaus, WuW/E OLG 5263). Im übrigen sind die Verfügungen sofort wirksam, ausgenommen bei der Vorabentscheidung über die Zuständigkeit (§ 52 GWB). In den Fällen, in denen die Beschwerde keine aufschiebende Wirkung hat, kann die Kartellbehörde die Vollziehung aussetzen (§ 63 a Abs. 3 S. 2 GWB).

3. Vgl. § 63 a Abs. 4 S. 2 GWB.

4. Ist das Verfahren in der Rechtsbeschwerdeinstanz anhängig, dann ist das Beschwerdegericht für die Anordnung der aufschiebenden Wirkung nicht mehr zuständig (KG 20. 9. 1982, WuW/E OLG 2875).

29. Antrag an das OLG, die aufschiebende Wirkung einer Beschwerde wiederherzustellen (§ 63 a Abs. 3 S. 1 GWB)[1,2,8,9]

Kammergericht
Witzlebenstr. 4–5
14057 Berlin

In der Kartellverwaltungssache

des Unternehmens ......

gegen

das Bundeskartellamt

wegen Untersagungsverfügung gem. § 22 GWB und Anordnung der sofortigen Vollziehung der Untersagungsverfügung gem. § 63 a Abs. 1 GWB

beantrage ich:

1. die aufschiebende Wirkung der am ...... eingelegten Beschwerde[3] gegen die nach § 22 GWB ergangene Untersagungsverfügung des BKartA vom ...... wiederherzustellen;
2. dem BKartA die Gerichtskosten und die außergerichtlichen Kosten des Beschwerdeführers aufzuerlegen.

29. Antrag, die aufschiebende Wirkung einer Beschwerde wiederherzustellen   II. K. 29

Begründung:

1. Das BKartA hat die sofortige Vollziehung der Untersagungsverfügung vom ...... angeordnet (§ 63 a Abs. 1 GWB), weil dies im öffentlichen Interesse geboten sei.
2. Die aufschiebende Wirkung der Beschwerde ist wiederherzustellen. Die sofortige Vollziehung liegt nicht im öffentlichen Interesse[4] oder im überwiegenden Interesse eines Beteiligten, weil ......

oder:

Es bestehen ernsthafte Zweifel an der Rechtmäßigkeit der angefochtenen Verfügung[5], weil ......

oder:

Die sofortige Vollziehung der Verfügung vom ...... hat für den Betroffenen eine unbillige, nicht durch überwiegende öffentliche Interessen gebotene Härte zur Folge[6], weil ......

3. Die Tatsachen, auf die dieser Antrag gestützt wird, werden wie folgt glaubhaft gemacht[7]: ......

......
(Rechtsanwalt)

Anmerkungen

1. Hat die Beschwerde aufschiebende Wirkung (§ 63 Abs. 1 GWB) und ordnet die Kartellbehörde die sofortige Vollziehung ihrer Verfügung an (§ 63 a Abs. 1 GWB), dann kann der Betroffene den Antrag stellen, die aufschiebende Wirkung der Beschwerde wiederherzustellen.

2. Ist die Verfügung zum Zeitpunkt der Entscheidung des Beschwerdegerichts schon vollzogen, kann beantragt werden, die Aufhebung der Vollziehung anzuordnen (§ 63 a Abs. 4 S. 3 GWB).

3. Sofern die Kartellbehörde die sofortige Vollziehung ihrer Verfügung bereits vor Einreichung der Beschwerde angeordnet hat, kann der Antrag, die aufschiebende Wirkung der Beschwerde wiederherzustellen, schon vor Einreichung der Beschwerde gestellt werden (§ 63 a Abs. 4 S. 1 GWB).

4. Vgl. KG 3. 5. 1974, Kalkulationsklausel, WuW/E OLG 1465, 1466; 14. 5. 1974, BP, WuW/E OLG 1467, 1468; 7. 6. 1974, Agip I, WuW/E OLG 1497; OLG Stuttgart 22. 10. 1979, Gemeinsamer Anzeigenteil, WuW/E OLG 2297; KG 19. 12. 1979, Basalt-Union, WuW/E OLG 2193, 2194.

Das öffentliche Interesse an der sofortigen Vollziehung muß über das Interesse hinausgehen, das den Verwaltungsakt selbst rechtfertigt (KG 14. 5. 1974, BP, WuW/E OLG 1467, 1468). Bei der Prüfung der Voraussetzungen für die sofortige Vollziehung sind strenge Anforderungen zu stellen (OLG Stuttgart 22. 10. 1979, Gemeinsamer Anzeigenteil, WuW/E OLG 2297; KG 16. 7. 1993, Empfehlung Ersatzwagenkostenerstattung, WuW/E OLG 5132, 5133).

5. Vgl. KG 15. 11. 1974, Valium-Librium I, WuW/E OLG 1547; 14. 5. 1974, BP, WuW/E OLG 1467, 1468; 5. 1. 1976, WuW/E OLG 1673).

6. Vgl. KG 4. 2. 1975, Brotindustrie, WuW/E OLG 1561.

7. Vgl. § 63 a Abs. 4 S. 2 GWB.

8. Zur Wiederherstellung der aufschiebenden Wirkung bei Zusammenschlußvorhaben vgl. KG 26. 11. 1980, Synthetischer Kautschuk II, WuW/E OLG 2419, 2420; 17. 7. 1981, Gaslöschanlagen, WuW/E OLG 2571.

9. Gegen die Entscheidung des Beschwerdegerichts ist, entgegen dem Wortlaut des § 63 a Abs. 5 S. 2 GWB, keine Rechtsbeschwerde gegeben (KG 19. 12. 1979, Basalt-Union, WuW/E OLG 2193).

30. Antrag an das OLG, eine einstweilige Anordnung zu erlassen (§ 63 Abs. 3 iVm. § 56 GWB)[1]

Kammergericht
Witzlebenstr. 4–5
14057 Berlin

In der Kartellverwaltungssache

des Exportkartells mit Inlandsbindung für ......

gegen

das Bundeskartellamt

wegen Erlaubnis zu diesem Exportkartell gem. § 6 Abs. 2 GWB

beantrage ich,

1. durch einstweilige Anordnung zu beschließen, daß der Exportkartellvertrag für ...... vom ...... bis zur Entscheidung des Senats über die Beschwerde vom ...... gegen die Ablehnung der Erlaubnis durch das BKartA durchgeführt werden darf;
2. dem BKartA die Gerichtskosten und die außergerichtlichen Kosten des Beschwerdeführers aufzuerlegen.

Begründung:

1. Ich nehme Bezug auf den Erlaubnisantrag an die Kartellbehörde vom ......, die Ablehnung des Antrags durch die Kartellbehörde vom ...... und die Beschwerde hiergegen vom ......
2. Die einstweilige Anordnung ist im überwiegenden Interesse der Antragsteller notwendig, um wesentliche Nachteile und drohende Gefahren abzuwenden, weil ......[2]

......
(Rechtsanwalt)

Anmerkungen

1. Vgl. die Rdn. zu Form. II. K. 25.
2. Das KG zieht die Rechtsvorschriften für den Erlaß gerichtlicher einstweiliger Anordnungen (§§ 123 VwGO, 940 ZPO und 32 BVerfGG) zur Auslegung heran. Die Anordnung kommt also nur in Betracht, wenn sie aus Gründen des Allgemeinwohls oder im überwiegenden Interesse eines Beteiligten oder Dritten notwendig ist, um wesentliche Nachteile und drohende Gefahren abzuwenden (KG 26. 1. 1977, Kombinationstarif, WuW/E OLG 1767, 1774; 13. 6. 1979, Sonntag Aktuell II, WuW/E OLG 2145, 2146; 10. 12. 1990, Hamburger Benzinpreise, WuW/E OLG 4640, 4642).
3. Zur einstweiligen Anordnung bei Zusammenschlußvorhaben vgl. KG 26. 11. 1980, Synthetischer Kautschuk II, WuW/E OLG 2419, 2421, „schwere formelle und möglicherweise materielle Fehler der Untersagungsverfügung und irreparabler Schaden für einen Beteiligten"; 17. 7. 1981, Gaslöschanlagen, WuW/E OLG 2571, 2572.
4. Ist das Verfahren in der Rechtsbeschwerdeinstanz, dann ist für die einstweilige Anordnung das Beschwerdegericht zuständig (§ 75 Abs. 5 S. 2 GWB).

31. Nichtzulassungsbeschwerde an den BGH (§ 74 GWB)[1,4]

Kammergericht
Witzlebenstr. 4–5
14057 Berlin

In der Kartellverwaltungssache

des Unternehmens ......

– Beschwerdeführer –
– Rechtsbeschwerdeführer –

gegen

das Bundeskartellamt,

wegen Aufnahme in die Wirtschaftsvereinigung ...... e. V.

lege ich gegen den Beschluß des Senats vom ......, durch den die Rechtsbeschwerde gegen Beschluß vom ...... nicht zugelassen wurde,

Nichtzulassungsbeschwerde[2]

ein.

Begründung[3]:

I. Ich beantrage, für Recht zu erkennen:
1. Der Beschluß des Kartellsenats des Kammergerichts vom ...... über die Nichtzulassung der Rechtsbeschwerde wird aufgehoben.
Die Rechtsbeschwerde gegen den Beschluß vom ...... wird zugelassen.
2. Die Gerichtskosten der Nichtzulassungsbeschwerde werden dem BKartA auferlegt. Das BKartA hat dem Rechtsbeschwerdeführer die außergerichtlichen Kosten zu erstatten.
II. Der Kartellsenat des Kammergerichts hatte über die Rechtsfrage ...... zu entscheiden. Sie ist von grundsätzlicher Bedeutung, weil ......

......
(Rechtsanwalt)

Anmerkungen

1. Ist der Beschluß des OLG in der Hauptsache ergangen und hat es die Rechtsbeschwerde nicht zugelassen, weil nach seiner Auffassung die Voraussetzungen des § 73 Abs. 2 Nr. 1 oder Nr. 2 GWB nicht gegeben sind, oder hat das OLG aus Versehen über die Zulassung nicht entschieden, kann dagegen die Nichtzulassungsbeschwerde erhoben werden (§ 74 GWB).
Ein Beschluß ist dann nicht in der Hauptsache erlassen, wenn er sich in der Entscheidung von Neben- und Zwischenfragen erschöpft, ohne das vor der Kartellbehörde geführte Verfahren über das eigentliche Streitverhältnis ganz oder teilweise zum Abschluß zu bringen (KG 19. 2. 1980, Schulbuch-Vertrieb, WuW/E OLG 2441, 2446). Auskunftsverlangen, auch gegen Dritte, und Beiladungen sowie Prüfungsanordnungen gegen Dritte (KG 4. 2. 1981, Metro-Kaufhof, WuW/E OLG 2433) sind keine Entscheidungen in der Hauptsache.

2. Diese Beschwerde ist binnen einer Frist von einem Monat nach Zustellung der OLG-Entscheidung schriftlich beim OLG einzulegen (§ 74 Abs. 3 S. 1 GWB). Sie muß von einem Rechtsanwalt unterzeichnet sein, es sei denn, die Kartellbehörde ist Beschwerdeführerin (§ 74 Abs. 4 S. 1 iVm. § 65 Abs. 5 GWB).

3. Die Beschwerde ist innerhalb einer Frist von einem Monat, nachdem sie eingelegt wurde, zu begründen (§ 74 Abs. 4 iVm. § 65 Abs. 3 GWB). Die Begründung kann auch beim Rechtsbeschwerdegericht eingereicht werden (BGH 18. 5. 1993, Pauschalreisen-Vermittlung II, WuW/E BGH 2869, 2871).

Die Begründung muß den Antrag enthalten, den Beschluß über die Nichtzulassung der Beschwerde aufzuheben und die Rechtsbeschwerde zuzulassen (§ 74 Abs. 4 iVm. § 65 Abs. 4 Nr. 1 GWB).

4. Für die Beurteilung der Frage, ob einer der Zulassungsgründe des § 73 Abs. 2 GWB vorliegt, ist von dem in der angegriffenen Entscheidung festgestellten Sachverhalt auszugehen. Das Ergebnis etwaiger mit der beabsichtigten Rechtsbeschwerde zu erhebender Verfahrensrügen ist nicht zu berücksichtigen (BGH 16. 6. 1981, Levi's Jeans, WuW/E BGH 1867).

32. Rechtsbeschwerde an den BGH (§ 73 GWB)[1,2,6,7]

Kammergericht
Witzlebenstr. 4–5
14057 Berlin

In der Kartellverwaltungssache

des Unternehmens ......

– Beschwerdeführer –
– Rechtsbeschwerdeführer –

gegen

das Bundeskartellamt,

wegen Aufnahme in die Wirtschaftsvereinigung ...... e. V.
lege ich gegen den Beschluß des Senats vom ......

Rechtsbeschwerde[3]

ein.

Begründung[4]:

I. Ich beantrage für Recht zu erkennen:
  1. Der Beschluß des Kartellsenats des Kammergerichts vom ...... und der Beschluß des BKartA vom ...... werden aufgehoben.
     Hilfsweise: Der Beschluß des Kartellsenats des Kammergerichts vom ...... wird aufgehoben und der Rechtsstreit an dieses Gericht zurückverwiesen.
  2. Die Gerichtskosten des Beschwerde- und des Rechtsbeschwerdeverfahrens werden dem BKartA auferlegt. Das BKartA hat dem Rechtsbeschwerdeführer die außergerichtlichen Kosten des Beschwerde- und des Rechtsbeschwerdeverfahrens zu erstatten.
II. Ich rüge die Verletzung folgender Verfahrensvorschriften: ......
    Die Verfahrensverstöße[5] beruhen auf folgenden Tatsachen: ......
III. Ich rüge die Verletzung folgender Vorschriften des materiellen Rechts: ......

......

(Rechtsanwalt)

Anmerkungen

1. Ist der Beschluß des OLG in der Hauptsache ergangen (vgl. hierzu BGH 15. 12. 1960, IG Bergbau, WuW/E BGH 415, 417; 16. 11. 1970, Feuerfeste Steine, WuW/E BGH 1161, 1162; 20. 11. 1975, Zementmahlanlage, WuW/E BGH 1377, 1378; 25. 1. 1983, Haribo, WuW/E BGH 1982; 15. 10. 1991, Rechtsbeschwerde, WuW/E BGH 2739, 2740), was nicht der Fall ist, wenn sich der Beschluß in der Entscheidung über Neben- und Zwischenfragen erschöpft, ohne das Verfahren über das eigentliche Streitverhältnis zum Abschluß zu bringen (BGH 6. 12. 1962, WuW/E BGH 547; BGH 25. 1. 1983, Haribo, WuW/E BGH 1982; 15. 10. 1991, Rechtsbeschwerde, WuW/E BGH 2739, 2740), und hat das OLG die Rechtsbeschwerde zugelassen (§ 73 Abs. 1 GWB) oder hat der BGH auf die Nichtzulassungsbeschwerde die Rechtsbeschwerde zugelassen (§ 74 Abs. 2 GWB) oder bedurfte es einer Zulassung der Rechtsbeschwerde nicht (§ 73 Abs. 4 GWB), (BGH 25. 10. 1983, Internord, WuW/E BGH 2058) können die am Beschwerdeverfahren Beteiligten (§ 75 Abs. 1 iVm. § 66 GWB) sowie die Kartellbehörde Rechtsbeschwerde einlegen, sofern der Rechtsbeschwerdeführer durch die Beschwerdeentscheidung beschwert ist. Maßgebend ist, ob seinen Sachanträgen nicht stattgegeben wurde.

2. Beteiligt am Rechtsbeschwerdeverfahren sind die Beteiligten des Beschwerdeverfahrens (§ 75 Abs. 5 S. 1 iVm. § 66 GWB). (Vgl. BGH 14. 3. 1968, Fahrlehrer, WuW/E BGH 941; 28. 6. 1983, Taxi-Funk-Zentrale Kassel, WuW/E BGH 2010).

3. Die Rechtsbeschwerde ist binnen einer Frist von einem Monat nach Zustellung des OLG-Beschlusses durch Anwaltsschriftsatz (ausgenommen die Rechtsbeschwerde durch die Kartellbehörde) beim OLG einzulegen (§ 75 Abs. 3 S. 1 GWB). Die Einlegung der Rechtsbeschwerde beim BGH wahrt die Frist (§ 577 Abs. 2 S. 2 ZPO, § 72 Nr. 2 GWB) (so BGH 3. 7. 1976, Vitamin B 12, WuW/E BGH 1435).

Wird die Verletzung von Verfahrensvorschriften gerügt, sind diese zu bezeichnen und die Tatsachen anzugeben, die den Verfahrensverstoß begründen (BGH 27. 6. 1968, Zementverkaufsstelle Niedersachsen, WuW/E BGH 967, 970).

Soweit der Verstoß materiellen Rechts gerügt wird, sollen die entsprechenden Vorschriften angegeben und die Art ihrer Verletzung bezeichnet werden.

4. Die Rechtsbeschwerde ist innerhalb einer Frist von einem Monat, nachdem sie eingelegt wurde, zu begründen (§ 75 Abs. 5 S. 1 iVm. § 65 Abs. 3 GWB). Die Begründung muß den Antrag enthalten, inwieweit der Beschluß des OLG angefochten und seine Abänderung oder Aufhebung beantragt wird (§ 75 Abs. 5 iVm. § 65 Abs. 4 Nr. 1 GWB).

Hat sich die angefochtene Verfügung in der Rechtsbeschwerdeinstanz erledigt, kann der Beschwerdeführer beantragen festzustellen, daß die angefochtene Verfügung unzulässig oder unbegründet war (§ 75 Abs. 5 iVm. § 70 Abs. 2 GWB) (BGH 5. 5. 1967, Großgebinde IV, WuW/E BGH 852, 853; 19. 6. 1975, Zementverkaufsstelle Niedersachsen, WuW/E BGH 1367, 1368).

5. Für das Rechtsbeschwerdeverfahren gelten, soweit das GWB keine besonderen Vorschriften enthält, die in anderen Gesetzen enthaltenen Vorschriften und die dazu von der Rechtsprechung aufgestellten Grundsätze (BGH 27. 6. 1968, Zementverkaufsstelle Niedersachsen, WuW/E BGH 967).

Wird das Bundeskartellamt am Beschwerdeverfahren gegen eine Verfügung einer Landeskartellbehörde entgegen § 66 Abs. 2 GWB nicht beteiligt, dann ist dies ein absoluter Rechtsbeschwerdegrund (BGH 28. 6. 1983, Taxi-Funk-Zentrale Kassel, WuW/E BGH 2010).

6. Anträge auf Erlaß einstweiliger Anordnungen sind während des Rechtsbeschwerdeverfahrens an das OLG zu richten (§ 75 Abs. 5 S. 2 iVm. § 63 Abs. 3 iVm. § 56 GWB).

7. Ob Anträge, die aufschiebende Wirkung einer Beschwerde anzuordnen bzw. wiederherzustellen, in der Rechtsbeschwerdeinstanz gestellt werden können, ist streitig.

Verfahren in Bürgerlichen Rechtsstreitigkeiten

33. Klage auf Belieferung gem. § 26 Abs. 2 S. 2 GWB bei der Kartellkammer des Landgerichts (§§ 87, 89 GWB)

Landgericht[1]
Kammer f. Handelssachen[2]
– Kartellkammer –
Postfach 10 29 55
70025 Stuttgart[3]

Klage

der Firma ...... GmbH, ..., 7000 Stuttgart,
vertreten durch ihren Geschäftsführer, ...

– Klägerin –

Prozeßbevollmächtigte: ......

gegen

die Firma ...... GmbH, ..., 7400 Tübingen,
vertreten durch ihren Geschäftsführer, ...

– Beklagte –

wegen Belieferung gem. § 26 Abs. 2 S. 2 GWB.[4]
Streitwert: DM ...... (vorläufig).

I. Namens und in Vollmacht der Klägerin beantrage ich, für Recht zu erkennen:
  1. Die Beklagte wird verurteilt, an die Klägerin die Erzeugnisse ...... Zug um Zug gegen Zahlung der zum Zeitpunkt der Lieferung gültigen Listenpreise des Beklagten zu liefern[5].
  2. Die Beklagte hat der Klägerin allen Schaden zu ersetzen, der ihr durch die Nichtbelieferung mit den zu 1. genannten Erzeugnissen seit dem ...... entstanden ist.
II. Hilfsweise beantrage ich Vollstreckungsschutz mit der Maßgabe, daß Sicherheit durch selbstschuldnerische Bürgschaft einer bundesdeutschen Großbank oder öffentlichen Sparkasse erbracht werden kann.
III. Begründung
  1. Der mit der Klage geltend gemachte Belieferungsanspruch wird auf §§ 35, 26 Abs. 2 S. 2 GWB gestützt.
     Der Rechtsstreit ergibt sich aus dem GWB. Damit ist das angerufene Landgericht ausschließlich zuständig (§ 87 GWB).[1]
  2. An sich wäre das LG Tübingen örtlich zuständig. Die Zuständigkeit des LG Stuttgart ergibt sich jedoch aus der Verordnung des Justizministeriums Baden-Württemberg über die Zuständigkeit der Landgerichte nach dem Gesetz gegen Wettbewerbsbeschränkungen vom 4. 12. 1990, GBl. 1990, 408.[3]
  3. Die Voraussetzungen des § 26 Abs. 2 S. 2 GWB:
     a) Die Klägerin ist ein kleines (oder mittleres) Unternehmen[6] und als Nachfragerin von ...... in der Weise von der Beklagten abhängig, daß ausreichende und zumutbare Möglichkeiten, auf andere Unternehmen auszuweichen, nicht bestehen, weil ......[7].

33. Klage auf Belieferung bei der Kartellkammer des Landgerichts II. K. 33

   b) Die Klägerin ist mit den von der Beklagten belieferten Unternehmen gleichartig[8], weil ……
   c) Der Geschäftsverkehr mit der Beklagten ist Unternehmen, die der Klägerin gleichartig sind, üblicherweise zugänglich[9], weil ……
   d) Die Beklagte behandelt die Klägerin gegenüber ihren Abnehmern unterschiedlich, weil sie diese, nicht jedoch die Klägerin, beliefert.
   e) Die Beklagte hat keinen sachlich gerechtfertigten Grund[10,11] dafür, daß sie die Klägern – im Gegensatz zu ihren anderen Abnehmern – nicht beliefert. Unter Verwahrung gegen die Darlegungs- und Beweislast trage ich hierzu vor: ……
   f) Die Beklagte handelt schuldhaft, weil ……[12,13]

……
(Rechtsanwalt)

Anmerkungen

1. Die Landgerichte sind für bürgerliche Rechtsstreitigkeiten, die sich aus dem GWB oder aus Kartellverträgen oder Kartellbeschlüssen ergeben, ausschließlich zuständig (§ 87 GWB).
a) Bürgerliche Rechtsstreitigkeiten aus dem GWB sind Klagen aus § 35 GWB iVm.:
   aa) § 1 GWB; unwirksamer Kartellvertrag:
   Ob § 1 GWB ein Schutzgesetz ist, läßt sich nach Ansicht des BGH nicht allgemein sagen, sondern muß für den einzelnen Fall an Hand des § 1 GWB entschieden werden (10. 12. 1985, Abwehrblatt II, WuW/E BGH 2195, 2201). Die §§ 1, 38 Abs. 1 Nr. 1 GWB sind jedoch Schutzgesetze, sofern Wettbewerber infolge der Beschränkung des Wettbewerbs am Zutritt zu dem durch den Vertrag beeinflußten Markt behindert werden (BGH 4. 4. 1975, Krankenhaus- Zusatzversicherung, WuW/E BGH 1361, 1365; zum Schutz der Marktgegenseite vgl. BGH 25. 1. 1983, Familienzeitschrift, WuW/E BGH 1985; OLG Bremen 20. 4. 1989, Versteigerung der Käuferposition, WuW/E OLG 4478; OLG Düsseldorf 23. 5. 1989, Ennepal-Vertrag, WuW/E OLG 4454).
   § 1 GWB ist nicht Schutzgesetz zugunsten der Kunden, die unter kartellmäßig abgesprochenen Bedingungen beliefert wurden (OLG Frankfurt 12. 6. 1975, Hefekunden, WuW/E OLG 1615). Er ist auch nicht Schutzgesetz für Wettbewerber eines Gemeinschaftsunternehmens, das unter § 1 GWB geprüft wird (BGH 10. 12. 1985, Abwehrblatt II, WuW/E BGH 2195, 2201).
   bb) § 15 GWB; nichtiger Vertikalbindungsvertrag:
   § 15 iVm. § 38 Abs. 1 Nr. 1 GWB schützt auch die Individualinteressen (BGH 21. 2. 1978, 4 zum Preis von 3, WuW/E BGH 1519, 1520).
   cc) §§ 20, 21 GWB; unwirksame Bindungen im Lizenzvertrag.
   dd) § 25 Abs. 1 GWB; verbotenes abgestimmtes Verhalten:
   Das Abstimmungsverbot ist Schutzgesetz zugunsten der Wettbewerber, die am Marktzutritt gehindert werden, aber nicht zugunsten der Kunden (OLG Karlsruhe 8. 11. 1978, Multiplex, WuW/E OLG 2085, 2086).
   ee) § 25 Abs. 2 GWB; Androhen oder Zufügen eines Nachteils:
   § 25 Abs. 2 GWB dient dem Schutz des unter Drohung gesetzten Unternehmens (BGH 24. 6. 1965, Brotkrieg II, WuW/E BGH 690, 693).
   ff) § 25 Abs. 3 GWB; Ausübung von Zwang.
   gg) § 26 Abs. 1 GWB; Aufforderung zur Liefersperre oder Bezugssperre (BGH 25. 1. 1983, Familienzeitschrift, WuW/E BGH 1985, 1988).
   hh) § 26 Abs. 2 GWB; unbillige Behinderung und unterschiedliche Behandlung ohne sachlich gerechtfertigten Grund.
   § 26 Abs. 2 GWB dient dem Schutz des einzelnen Unternehmens, das behindert

oder diskriminiert wird (BGH 20. 11. 1975, Rossignol, WuW/E BGH 1391; BGH 16. 12. 1986, Taxizentrale Essen, WuW/E BGH 2341, 2342).

ii) § 38 Abs. 1 Nr. 9 GWB; Zufügung eines wirtschaftlichen Nachteils (vgl. hierzu OLG Koblenz 12. 1. 1983, WuW/E OLG 2953).

jj) § 38 Abs. 1 Nr. 11 GWB, unzulässige Preisempfehlung; OLG Koblenz 16. 2. 1984, Landesapothekerverein, WuW/E OLG 3263; BGH 4. 2. 1986, Herstellerpreiswerbung, WuW/E BGH 2256, 2259.

b) Weitere bürgerliche Rechtsstreitigkeiten aus dem GWB sind:

aa) Unwirksamkeit einer Kündigung oder eines Rücktritts gem. § 13 Abs. 1 und 2 GWB.

bb) Unzulässigkeit der Verwertung von Sicherheiten iSd. § 14 GWB.

cc) Entschädigungsanspruch nach § 64 GWB.

c) Kartellverträge und Kartellbeschlüsse sind die in den §§ 1 bis 8 sowie §§ 99, 100, 102, 102a, 103 GWB geregelten Vereinbarungen (BGH 9. 7. 1958, WuW/E BGH 244, 246, 30. 5. 1978, Fertighäuser, WuW/E BGH 1525; BGH 30. 10. 1975, Mehrpreis von 11%, WuW/E BGH 1413, 1416).

Die Individualverträge der §§ 15 ff. GWB sind keine Kartellverträge.

Für die Ermittlung der Zuständigkeit ist daher die Zuordnung zu § 1 bzw. § 15 GWB erheblich (vgl. BGH 30. 5. 1978, Fertighäuser, WuW/E BGH 1525). Gerade diese Zuordnung ist aber mit erheblichen Unsicherheiten verbunden.

Bürgerliche Rechtsstreitigkeiten, die sich aus den Artikeln 85 oder 86 EGV und aus den Artikeln 53 oder 54 EWRV ergeben, begründen die ausschließliche Zuständigkeit des Landgerichts iSd. § 87 GWB (vgl. § 97 GWB).

2. Die Streitigkeiten iSd. § 87 GWB sind Handelssachen iSd. §§ 93 bis 114 GVG (§ 87 Abs. 2 GWB). Sie müssen nicht von der Kammer für Handelssachen, sondern können auch von der Zivilkammer entschieden werden (BGH 30. 5. 1978, Pankreaplex, WuW/E BGH 1553 = NJW 1978, 2096).

Welche Kammer innerhalb eines Landgerichts „Kartellkammer" ist, entscheidet der Geschäftsverteilungsplan. Entscheidet versehentlich eine Nicht-Kartellkammer als Kartellkammer, dann hat doch das Landgericht iSd. § 87 Abs. 1 GWB entschieden (OLG Düsseldorf 14. 7. 1975, WuW/E OLG 1618, 1619). Zur Aussetzung des Rechtsstreits vgl. II. K 34, Rdn. 4.

3. Gem. § 89 GWB haben Bundesländer einem Landgericht für die Bezirke mehrerer Landgerichte die ausschließliche Zuständigkeit zugewiesen.

Vgl. die Aufstellung in Schönfelder, Deutsche Gesetze, zu § 89 GWB.

4. § 26 GWB, soweit er die Diskriminierung und die unbillige Behinderung erfaßt, ist durch das 5. Gesetz zur Änderung des GWB vom 22. 12. 1989, BGBl. 1989 I, 2468, 2488 erheblich geändert worden.

Die Normadressaten sind:

a) Abs. 2 S. 1:

aa) Marktbeherrschendes Unternehmen (§ 22 Abs. 1 Nr. 1 und Nr. 2 GWB)

bb) Vereinigungen von Unternehmen iSd. §§ 2 bis 8, 99 Abs. 1 Nr. 1 und 2 und Abs. 2, § 100 Abs. 1 und 7, §§ 102 bis 103 GWB

cc) Preisbinder gemäß §§ 16, 100 Abs. 3 und § 103 Abs. 1 Nr. 3 GWB

b) Abs. 2 S. 2

Unternehmen und Vereinigungen von Unternehmen, soweit von ihnen kleine oder mittlere Unternehmen als Anbieter oder Abnehmer abhängig sind

c) Abs. 4

Unternehmen mit gegenüber kleinen und mittleren Wettbewerbern überlegener Marktmacht (§ 26 Abs. 4 GWB).

Im vorliegenden Muster wird der Fall des § 26 Abs. 2 **S. 2** GWB behandelt, d.h. die Klägerin ist ein kleines oder mittleres Unternehmen, das als Nachfrager von einem Liefe-

33. Klage auf Belieferung bei der Kartellkammer des Landgerichts

ranten in der Form abhängig ist, daß es keine ausreichenden und zumutbaren Möglichkeiten hat, auf einen anderen Lieferanten auszuweichen.

5. Zum Klagantrag bei der Leistungsklage vgl. BGH 26. 10. 1961, Gummistrümpfe, WuW/E BGH 442, 448; BGH 9. 11. 1967, Jägermeister II, WuW/E BGH 886; BGH 10. 7. 1969, Flughafenunternehmen, WuW/E BGH 1131, 1133; BGH 24. 9. 1979, Modellbauartikel II, WuW/E BGH 1629; OLG Koblenz 14. 7. 1982, Bitburger Pils, WuW/E OLG 2898 (vgl. auch *Weber*, Belieferungsansprüche aus § 26 Abs. 2 GWB und ihre Vollstreckung, GRUR 1982, 152; BGH 22. 1. 1985, Technics, WuW/E BGH 2125).

Zulässig ist es, an Stelle der Leistungsklage die Feststellungsklage zu erheben, wonach der Beklagte verpflichtet ist, den Kläger mit bestimmten Produkten zu beliefern. Das Rechtsschutzinteresse besteht (BGH 20. 11. 1964, Rinderbesamung I, WuW/E BGH 647, 648 = NJW 1965, 500; 17. 1. 1979, Nordmende, WuW/E BGH 1567; BGH 24. 3. 1981, SB-Verbrauchermarkt, WuW/E BGH 1793, 1794; BGH 22. 1. 1985, Technics, WuW/E BGH 2125).

Der Feststellungsantrag kann lauten: Es wird festgestellt, daß die Beklagte verpflichtet ist, die Klägerin mit ...... in handelsüblichen Mengen zu ihren bei gleicher Mengenabnahme üblichen Preisen und Konditionen zu beliefern (BGH 30. 6. 1981, Adidas, WuW/E BGH 1885; BGH 1. 12. 1981, Dispositionsrecht, WuW/E BGH 1879). Das Feststellungsbegehren braucht nicht zeitlich begrenzt zu werden (KG 13. 10. 1982, Taschenbücher, WuW/E OLG 2825).

Das Unternehmen, das liefern soll, kann die negative Feststellungsklage erheben, wonach es nicht verpflichtet ist, den Lieferauftrag des Beklagten vom ...... anzunehmen (BGH 20. 11. 1975, Rossignol, WuW/E BGH 1391, 1396).

Die Zuständigkeit richtet sich nach dem mit der Klage geltend gemachten Anspruch, nicht nach den Einwänden des Beklagten und auch nicht nach den zu entscheidenden Vorfragen (BGH 11. 11. 1959, Gärungsgetränke, WuW/E BGH 354, 355; BGH 4. 4. 1975, Abschleppunternehmen, WuW/E BGH 1383; BGH 30. 5. 1978, Fertighäuser, WuW/E BGH 1525).

Die Zuständigkeit des Kartellgerichts ist auch für etwa konkurrierende Ansprüche aus Vertrag, Geschäftsführung ohne Auftrag und ungerechtfertigter Bereicherung begründet (OLG Hamm 17. 11. 1978, Badebetrieb, WuW/E OLG 2043, 2044). Eine bürgerliche Rechtsstreitigkeit ist Kartellstreitsache iSd. § 87 Abs. 1 GWB auch dann, wenn die Klage neben anderen Anspruchsgrundlagen auf eine kartellrechtliche gestützt ist (OLG Karlsruhe 9. 1. 1980, Fach-Tonband-Kassetten, WuW/E OLG 2300; OLG Stuttgart 10. 10. 1986, Fiat-Bonus, WuW/E OLG 4001).

Ist das angerufene Gericht nicht das Kartellgericht und damit nicht zuständig, dann ist die Klage wegen Unzuständigkeit abzuweisen, es sei denn, der Kläger stellt den Antrag auf Verweisung (§ 281 ZPO) an das zuständige Kartellgericht (OLG Karlsruhe 9. 1. 1980, Fach-Tonband-Kassetten, WuW/E OLG 2300).

Nach dem Urteil des OLG Stuttgart vom 13. 10. 1978 (WuW/E OLG 2018) ist für eine Diskriminierungsklage auch das Gericht am Sitz des Diskriminierten (§ 32 ZPO) zuständig; a. A. OLG Frankfurt 4. 4. 1986, WuW/E OLG 3984.

6. Bei der Bestimmung des „kleinen oder mittleren Unternehmens" i.S.d. § 26 Abs. 2 S. 2 GWB kommt es, je nach Interessenlage dieses Unternehmens, auf den Größenvergleich mit seinen Wettbewerbern (horizontaler Vergleich) oder mit dem marktstarken Unternehmen, von dem das Unternehmen abhängig ist (vertikaler Vergleich) an (vgl. BGH 19. 1. 1993, Herstellerleasing, WuW/E BGH 2875, 2879).

7. Muß ein Händler, um wettbewerbsfähig zu sein, zwar keine bestimmten, aber mehrere allgemein anerkannte Markenwaren führen, besteht eine Abhängigkeit iSd. § 26 Abs. 2 S. 2 GWB grundsätzlich gegenüber den Anbietern, welche die stärkste Stellung am Markt haben, sofern andere Anbieter, deren Markenwaren ebenfalls geeignet sind, die zur Wettbewerbsfähigkeit erforderliche Sortimentsbreite herzustellen, nicht bereit sind, die Nach-

frage des Händlers zu befriedigen (BGH 17. 1. 1979, Nordmende, WuW/E BGH 1567, 1569; BGH 24. 9. 1979, robbe-Modellsport, WuW/E BGH 1671, 1674; OLG Stuttgart 27. 6. 1980, WuW/E OLG 2352, 2353; OLG Celle 8. 12. 1982, 5-Sterne Programm, WuW/E OLG 2909; KG 16. 3. 1984, Nordmende, WuW/E OLG 3169, 3170; BGH 22. 1. 1985, Technics, WuW/E BGH 2125; BGH 16. 12. 1986, belieferungsunwürdiger Verkaufsstätten II, WuW/E BGH 2351; BGH 24. 3. 1987, Saba-Primus, WuW/E BGH 2419).

Eine unternehmensbedingte Abhängigkeit besteht, wenn ein Abnehmer sein Unternehmen so auf die Produkte des Lieferanten ausgerichtet hat, daß er nur unter Inkaufnahme erheblicher Wettbewerbsnachteile auf einen anderen Lieferanten ausweichen kann. Dies gilt unabhängig davon, ob sich die Investitionen des abhängigen Unternehmens amortisiert haben oder nicht (BGH 23. 2. 1988, Opel-Blitz, WuW/E BGH 2491, 2493).

Bei der Abhängigkeit eines Lieferanten von einem Abnehmer (nachfragebedingte Abhängigkeit) gelten die gleichen Grundsätze (BGH 13. 11. 1990, Zuckerrübenanlieferungsrecht, WuW/E BGH 2683).

Zur selbstgeschaffenen Abhängigkeit vgl. OLG Karlsruhe, 23. 5. 1990, Trainingszentrale für Rennpferde, WuW/E OLG 4710; BGH 19. 1. 1993, Flaschenkästen, WuW/E BGH 2855.

8. Für die Beurteilung der Gleichartigkeit ist die unternehmerische Tätigkeit und die wirtschaftliche Funktion der zu vergleichenden Unternehmen im Verhältnis zum Adressaten des Diskriminierungsverbotes maßgebend. Sie dient nur einer verhältnismäßig groben Sichtung (BGH 22. 9. 1981, Original-VW-Ersatzteile II, WuW/E BGH 1829, 1833; KG 5. 12. 1986, Strass, WuW/E OLG 3957; KG 25. 3. 1987, Wertungsverfahren, WuW/E OLG 4040; BGH 26. 4. 1987, Krankentransporte, WuW/E BGH 2399; BGH 26. 5. 1987, Krankentransporte, WuW/E BGH 2399, 2403; BGH 25. 10. 1988, Lüsterbehangsteine, WuW/E BGH 2535, 2538).

9. Der üblicherweise zugängliche Geschäftsverkehr richtet sich danach, was sich innerhalb der in Betracht kommenden Kreise in natürlicher Entwicklung als allgemein geübt und als angemessen empfunden herausgebildet hat (BGH 22. 9. 1981, Original-VW-Ersatzteile II, WuW/E BGH 1829, 1833; OLG Stuttgart 12. 3. 1982, Keramik-Masse, WuW/E OLG 2728, 2730; LG Düsseldorf 14. 6. 1982, VVK/Schufa, WuW/E LG 494; OLG Saarbrücken 11. 5. 1983, Metro-Irisette, WuW/E OLG 2997, 2999; OLG Düsseldorf 31. 5. 1983, Schufa, WuW/E OLG 3028; OLG Frankfurt 4. 8. 1983, Messe-Dauerstandplatz, WuW/E OLG 3149, 3150; OLG Hamburg 8. 12. 1983, Metall-Lösungsmittel, WuW/E OLG 3195, 3197; OLG Frankfurt 30. 10. 1984, Kürschnerhandwerk, WuW/E OLG 3347; OLG Frankfurt 3. 5. 1987, Originalersatzteile für Gabelstapler, WuW/E OLG 4017; BGH 23. 2. 1988, Opel-Blitz, WuW/E BGH 2491, 2494; BGH 25. 10. 1988, Lüsterbehangsteine, WuW/E BGH 2535, 2538; OLG Düsseldorf 10. 12. 1991, Dehnfolien-Verpackungsmaschinen, WuW/E OLG 4901).

10. Ob ein sachlich gerechtfertigter Grund für die ungleiche Behandlung vorliegt, ist aufgrund einer Abwägung der Interessen der Beteiligten unter Berücksichtigung der auf die Freiheit des Wettbewerbs gerichteten Zielsetzung des GWB zu entscheiden (BGH 30. 6. 1981, Allkauf-Saba, WUW/E BGH 1814, 1819; BGH 8. 3. 1983, Modellbauartikel II, WuW/E BGH 1995; OLG Hamburg 27. 2. 1986, Polen-Zement, WuW/E OLG 3870; OLG München 30. 4. 1987, Dolmetscherverzeichnis, WuW/E OLG 4030; BGH 26. 5. 1987, Krankentransporte, WuW/E BGH 2399).

Auch die Kündigung eines Vertragsverhältnisses kann unwirksam sein, wenn kein sachlich gerechtfertigter Grund für die Kündigung vorlag (BGH 7. 3. 1989, Lotterievertrieb, WuW/E BGH 2584, 2587).

Dem Normadressaten des § 26 Abs. 2 GWB ist es jedoch nicht verwehrt, den Absatz seiner Erzeugnisse nach eigenem Ermessen so zu gestalten, wie er es für wirtschaftlich richtig und sinnvoll hält (BGH 25. 10. 1988, Lüsterbehangsteine, WuW/E BGH 2535, 2539).

34. Antrag auf Aussetzung eines Rechtsstreits **II. K. 34**

11. Das Unternehmen, das unterschiedlich behandelt, trägt die Darlegungs- und Beweislast dafür, daß die unterschiedliche Behandlung sachlich gerechtfertigt ist (BGH 1. 7. 1976, BMW-Direkthändler, WuW/E BGH 1455, 1457, 24. 9. 1979, robbe-Modellsport, WuW/E BGH 1671, 1675, 30. 6. 1981, Allkauf-Saba, WuW/E BGH 1814, 1819). (Zum EV-Verfahren vgl. OLG Düsseldorf 14. 4. 1981, WuW/E OLG 2650; OLG Karlsruhe 12. 7. 1989, Müllverbrennung, WuW/E OLG 4619, 4620).

12. Der BGH hat noch nicht entschieden, ob der Belieferungsanspruch durch vorbeugende Unterlassungsklage (ohne Verschulden) geltend gemacht werden kann, oder ob Verschulden erforderlich ist (BGH 8. 5. 1979, Modellbauartikel, WuW/E BGH 1587).

13. Keine Fahrlässigkeit bei kartellrechtlich komplexem Sachverhalt (OLG Karlsruhe 26. 6. 1985, Allkauf-Saba II, WuW/E OLG 3508). Unverschuldeter Rechtsirrtum nur dann, wenn der Irrende bei Anwendung der im Verkehr erforderlichen Sorgfalt mit einer anderen Beurteilung durch die Gerichte nicht zu rechnen brauchte (BGH 16. 12. 1986, Taxizentrale Essen, WuW/E BGH 2341).

Zur Durchsetzung des Lieferanspruchs im einstweiligen Verfügungsverfahren vgl. OLG Karlsruhe 7. 5. 1980, Lesezirkel, WuW/E OLG 2319; OLG Düsseldorf 13. 1. 1981, Nordmende III, WuW/E OLG 2390; OLG Saarbrücken 1. 4. 1981, Metro-Irisette, WuW/E OLG 2573; OLG Düsseldorf 14. 4. 1981, WuW/E OLG 2650; 29. 10. 1985, Renault, WuW/E OLG 3787; LG Hamburg 19. 2. 1987, Super-Leasing-Start, WuW/E LG 613; OLG Stuttgart 31. 7. 1987, Blaupunkt, WuW/E OLG 4047; KG 12. 9. 1990, Berlin-Ausgabe des Gong, WuW/E OLG 4628). Dem Antragsteller müssen wesentliche Nachteile drohen, die im Hauptverfahren nicht aufgefangen werden können (OLG Stuttgart 8. 3. 1991, Katalysatornachrüstsätze, WuW/E OLG 4829).

34. Anregung auf Aussetzung eines beim Nicht-Kartellgericht anhängigen Rechtsstreits bis zur Entscheidung einer kartellrechtlichen Vorfrage durch das Kartellgericht (§ 96 Abs. 2 GWB)[1-4]

Landgericht
Kammer f. Handelssachen
Postfach 1840
72008 Tübingen

In der Rechtssache

        Firma A GmbH gegen Firma B GmbH

wegen Bezahlung von Lizenzgebühr

rege ich an, den Rechtsstreit auszusetzen, bis das zuständige Kartellgericht rechtskräftig festgestellt hat, ob in der Verpflichtung der Beklagten zur Zahlung der Lizenzgebühr gem. § ...... des Know-how-Lizenzvertrages vom ...... eine Beschränkung im Geschäftsverkehr liegt, die über den Inhalt des Know-how hinausgeht.

        Begründung:

1. Die Klägerin kann aufgrund des Lizenzvertrages vom ...... nur dann die vertraglich bestimmte Lizenzgebühr verlangen, wenn der lizenzierte Know-how in der Zeit, für die von der Klägerin Lizenzgebühr beansprucht wird, ein Betriebsgeheimnis war (§ 21 iVm. § 20 GWB).
Fehlt es am Geheimsein, dann liegt in der Lizenzgebührvereinbarung eine Überschreitung des Schutzumfanges des lizenzierten Know-hows iSd. § 21 Abs. 1 iVm. § 20 Abs. 1 GWB. Die Lizenzgebührenvereinbarung ist dann gem. §§ 21, 20 GWB unwirksam[5].

2. Darüber, ob dem Lizenznehmer eine Beschränkung auferlegt wird, die über den Inhalt des Schutzrechts hinausgeht, hat gem. § 87 GWB das zuständige Kartellgericht zu entscheiden (§ 87 iVm. § 21, 20 GWB).
3. Zuständiges Kartellgericht ist gemäß der Verordnung des Landes Baden-Württemberg vom 17. 3. 1958 (GesBl. 1958, 102) das Landgericht Stuttgart.
4. Das Landgericht Tübingen hat den anhängigen Rechtsstreit bis zur rechtskräftigen Entscheidung des Kartellgerichts auszusetzen (§ 96 Abs. 2 GWB).

......
(Rechtsanwalt)

Anmerkungen

1. Die Zuständigkeitsregel des § 87 GWB wird ergänzt durch § 96 Abs. 2 GWB. Ist der Rechtsstreit, weil die ausschließliche Zuständigkeitsbestimmung des § 87 nicht eingreift, bei einem Nicht-Kartellgericht anhängig und ist seine Entscheidung von einer kartellrechtlichen Vorfrage abhängig, dann hat es den Rechtsstreit bis zur Entscheidung dieser Vorfrage durch das Kartellgericht auszusetzen. Eines Antrags einer Prozeßpartei bedarf es nicht. Die Aussetzung hat von Amts wegen zu erfolgen. Ein Aussetzungs-„Antrag" wäre als Anregung zu qualifizieren. Gleichzeitig ist sie die Rüge der Zuständigkeit des Gerichts, die in der Berufungsinstanz nur in den Grenzen des § 528 ZPO erhoben werden kann (BGH 26. 2. 1970, WuW/E BGH 1081; KG 11. 7. 1975, Roxy International, WuW/E OLG 1663, 1664). Das OLG Karlsruhe (17. 8. 1984, Apothekenpacht, WuW/E OLG 3295) hält eine Rüge nicht für erforderlich.

Abhängigkeit ist gegeben, soweit über den Prozeßstoff (Klaganspruch, Einwendungen) nicht entschieden werden kann, ohne über die kartellrechtliche Frage zu entscheiden (BGH 30. 5. 1978, Fertighäuser, WuW/E BGH 1525, 1526; OLG Düsseldorf 20. 11. 1980, Biegsames Seil, GRUR 1981, 212, 213). Derjenige, der kartellrechtliche Einwendungen erhebt, muß einen Sachverhalt darlegen, der in die Anwendbarkeit kartellrechtlicher Bestimmungen hineinführt.

2. Die Aussetzungspflicht nach § 96 Abs. 2 GWB besteht nur insoweit, als die Entscheidungen nach dem GWB zu treffen sind (BGH 15. 1. 1985, Apotheken-Werbung, WuW/E BGH 2141). Das Kartellgericht kann nicht über den Umfang des Aussetzungsbeschlusses hinausgehen (OLG Düsseldorf 17. 1. 1984, WuW/E OLG 3237). Auch ist das Kartellgericht an die Vertragsauslegung des aussetzenden Gerichts gebunden (BGH 22. 11. 1983, Stangenlademagazin, WuW/E BGH 2066). Es können Entscheidungen in bürgerlichen Rechtsstreitigkeiten (§ 87 ff. GWB) und in Verwaltungssachen (§ 51 ff. GWB) sein.

a) Bürgerlich-rechtliche Vorfragen sind die, über die gem. §§ 87, 89 GWB die Kartellgerichte ausschließlich entscheiden.

Hinzu kommen die Fragen, die nur unter Anwendung des GWB beantwortet werden können, wie zB. die Unwirksamkeit einer Preisbindung, weil sie nicht die Voraussetzungen des § 16 GWB erfüllt, die Unwirksamkeit einer lizenzvertraglichen Bindung gem. §§ 21, 20 Abs. 1 GWB, weil es am geheimen Know-how fehlt (BGH 30. 5. 1978, Fertighäuser, WuW/E BGH 1525, 1527) oder Unwirksamkeit wegen Fehlens der Schriftform (§ 34 GWB).

b) Zukünftige Entscheidungen der Kartellbehörde können nur dann vorgreiflich sein, wenn sie auf den Zeitpunkt der letzten mündlichen Verhandlung zurückwirken können. Eine rückwirkende kartellbehördliche Entscheidung gibt es nicht. Der Nicht-Widerspruch iSd. §§ 2, 3, 5a, 5b GWB ist keine Entscheidung und Erlaubnisse gem. §§ 4 ff. GWB haben keine rückwirkende Kraft. Mißbrauchsverfügungen und Untersagungsverfügungen gem. § 37a GWB wirken nur ab dem Verfügungszeitpunkt.

Wirkt die kartellbehördliche Verfügung aber nur für die Zukunft, dann ist der Rechtsstreit nicht nach § 96 Abs. 2 GWB auszusetzen (BGH 20. 10. 1959, Bierhaus, WuW/E

34. Antrag auf Aussetzung eines Rechtsstreits
II. K. 34

BGH 342, 344; 22. 1. 1964, Schiffspumpen, WuW/E BGH 602, 603; OLG Stuttgart 4. 5. 1971, WuW/E OLG 1177; OLG Hamburg, 2. 11. 1978, WuW/E OLG 2074).

3. Die Aussetzungspflicht besteht nicht,
a) wenn das Gericht die Entscheidungsreife des Rechtsstreits ohne Berücksichtigung der kartellrechtlichen Vorfragen herbeiführen kann (BGH 10. 7. 1959, Nescafé, WuW/E BGH 383, 384; 18. 9. 1959, Zamek, WuW/E BGH 387, 388);
b) wenn das nach dem GWB zu beurteilende Rechtsverhältnis zwischen den Parteien in tatsächlicher und rechtlicher Hinsicht unstreitig ist und das Prozeßgericht in Übereinstimmung damit seinerseits die Sach- und Rechtslage für völlig unzweifelhaft hält (BGH 15. 6. 1959, Schokolade, WuW/E BGH 318, 323);
c) wenn das Nicht-Kartellgericht – unabhängig vom abweichenden Rechtsvortrag der Klagpartei – keinerlei ernsthafte Zweifel daran hat, daß sich der Kläganspruch nicht aus dem GWB herleiten läßt (BGH 4. 4. 1975, Abschleppunternehmen, WuW/E BGH 1383, 1385; KG 21. 10. 1980, WRP 1981, 148/149; OLG Köln 29. 11. 1982, Werbung im Suchwortregister, WuW/E OLG 2950; BGH 4. 12. 1986, WM 1987, 697, 700).
d) im reinen Kostenstreit gem. § 91a ZPO (OLG Köln 14. 6. 1976, Wimpy-Hamburger, WuW/E OLG 1715, 1717);
e) wenn der Anspruch im einstweiligen Verfügungsverfahren geltend gemacht wird.
Der Aussetzungszwang des § 96 Abs. 2 GWB gilt an sich auch für die summarischen Verfahren. Er wird jedoch nicht angewandt, um nicht den Zweck des Eilverfahrens zu vereiteln. Einige Gerichte beurteilen die kartellrechtlichen Vorfragen mit, einige klammern sie aus.
OLG Frankfurt, 17. 7. 1958, Uhren-Weiß, WuW/E OLG 265, 269, schloß den Antragsgegner mit Einwendungen aus, die zur Aussetzung führen müssen.
LG Essen, 23. 1. 1959, Chocolat Tobler, WuW/E LG 155, 157, verlangte die Glaubhaftmachung der Voraussetzungen der Preisbindung, wendete aber § 96 Abs. 2 GWB nicht an.
OLG Hamm, 30. 6. 1959, Zuckerwaren, WuW/E OLG 295, 296, erließ die Verfügung, setzte jedoch eine Sicherheitsleistung fest und machte die Wirksamkeit der Verfügung davon abhängig, daß der Antragsteller Feststellungsklage beim zuständigen Kartellgericht erhob (so auch OLG Hamm 29. 3. 1984, Sonntagsnachrichten, WuW/E OLG 3208).
OLG Düsseldorf, 16. 10. 1959, Bärenmarke, WuW/E OLG 303, 306, wendet § 96 Abs. 2 GWB nicht an.
OLG Düsseldorf, 1. 10. 1962, WuW/E OLG 507, 508, hielt es für zulässig, daß, wenn kartellrechtliche Vorfragen eine Rolle spielen, der Kläger das an sich nicht zuständige Kartellgericht anruft.
OLG Düsseldorf, 31. 1. 1972, Strumpfhosen, WuW/E OLG 1277, sah keine Veranlassung zur Aussetzung, da es als Kartellgericht entschied.
OLG München, 26. 2. 1981, Kirchenmalerarbeiten, WuW/E OLG 2555 setzte nicht aus bei erstmals im Berufungsrechtszug erhobenen kartellrechtlichen Einwendungen.
LG Mosbach, 13. 7. 1982, Computerprogramme, GRUR 1983, 70 setzt nur dann aus, wenn es ernsthafte Zweifel hinsichtlich eines kartellrechtlichen Einwandes hat.

4. Ist der Rechtsstreit bei einem Kartell-LG oder -OLG anhängig, ist aber die Kammer bzw. der Senat nicht Kartellspruchkörper, dann ist der Rechtsstreit auszusetzen (so OLG Karlsruhe 23. 4. 1968, Querstromlüfter, WuW/E OLG 951; a.A. OLG Düsseldorf 14. 7. 1975, WuW/E OLG 1619).

5. Macht, nachdem der Aussetzungsbeschluß ergangen ist, keine der Parteien den Prozeß beim Kartellgericht anhängig, dann kann das Nichtkartellgericht das Verfahren nicht fortführen (OLG Karlsruhe 18. 1. 1985, Apothekenpacht, WuW/E OLG 3478, a.A. OLG Hamm 10. 10. 1980, Holzpaneele, WuW/E OLG 2461, 2462).

6. Die Aussetzung ist auch geboten, wenn es sich um eine bürgerliche Rechtsstreitigkeit aus Art. 85 oder Art. 86 EWGV handelt (§ 96 Abs. 2 iVm. § 97 GWB). Zur Aussetzung im Eilverfahren vgl. OLG Frankfurt 21. 9. 1989, Dampfmühle II, WuW/E OLG 4505.

35. Berufung an den Kartellsenat des OLG (§ 92 GWB)[1-4]

Hinweis: Die Förmlichkeiten der Berufungen in Kartellsachen sind die gleichen wie in Nicht-Kartellsachen. Sie werden daher hier nicht wiedergegeben. Besonderheiten bestehen nur bei der Zuständigkeit der Kartellsenate der OLGe. Sie werden in den Anmerkungen behandelt.

Anmerkungen

1. Zuständigkeit der Kartellsenate beim OLG:
Über die Berufung gegen Endurteile und die Beschwerden gegen sonstige Entscheidungen der nach §§ 87, 89 GWB zuständigen Landgerichte entscheiden die Kartellsenate beim OLG (§ 92 GWB).
Die Berufungszuständigkeit der Kartelloberlandesgerichte ist gegeben, wenn das Landgericht als Kartellspruchkörper entschieden hat und sich dies eindeutig aus dem Urteil ergibt (BGH 24. 2. 1976, Fotokopiergerät, WuW/E BGH 1399, 1401; OLG München 26. 2. 1981, Kirchenmalerarbeiten, WuW/E OLG 2555). Die Zuständigkeit richtet sich also nicht, wie in der ersten Instanz, nach der Natur des Klageanspruchs (BGH 4. 4. 1975, Abschleppunternehmen, WuW/E BGH 1383, 1384). Auch ist unerheblich, ob das Kartell-Landgericht gem. § 87 Abs. 1 GWB gerade in der jeweiligen Sache zuständig war (BGH 30. 5. 1978, Pankreaplex, WuW/E BGH 1553).
Die Eindeutigkeit iSd. BGH-Urteils vom 24. 2. 1976 wird man grundsätzlich nur den Entscheidungsgründen entnehmen können. Nach diesem BGH-Urteil ist die Benachrichtigung des BKartA nach § 90 Abs. 1 GWB kein entscheidendes Kriterium.
Aufgrund des Urteils des BGH vom 30. 5. 1978, Pankreaplex, WuW/E BGH 1553, genügt jedoch die Bezeichnung „Kartellkammer" im Kopf des Urteils.
Die Frage, ob das Kartell-OLG auch dann zuständig ist, wenn im ersten Rechtszug ein nach §§ 87, 89 GWB für Kartellsachen zuständiges Landgericht entschieden hat, ohne sich als solches zu kennzeichnen, und es sich tatsächlich um eine Kartellsache handelt, ließ der BGH im Urteil vom 30. 5. 1978, Pankreaplex, WuW/E BGH 1553, offen.

2. Fristwahrung:
Die Berufung, über die ein Kartell-OLG zu entscheiden hat, kann – entgegen dem Wortlaut des § 92 GWB – fristwahrend auch beim allgemein zuständigen OLG eingelegt werden, das dann auf Antrag die Sache nach § 281 ZPO an das Kartell-OLG zu verweisen hat (BGH 30. 5. 1978, Pankreaplex, WuW/E BGH 1553, 1556).

3. Verweisung:
Ist die Berufung – fälschlich – nicht beim Kartellsenat des OLG, sondern beim allgemein zuständigen OLG-Senat eingelegt worden, dann kann der Berufungskläger gem. § 281 ZPO die Verweisung des Rechtsstreits an den zuständigen Kartellsenat des OLG beantragen (BGH 9. 11. 1967, Kugelschreiber, WuW/E BGH 873, 876; BGH 30. 5. 1978, Pankreaplex, WuW/E BGH 1553, 1556). Mit dem Verweisungsbeschluß ist der Rechtsstreit beim Kartellsenat des OLG anhängig. Er hat dem Beschluß zu entsprechen.

4. Ausschließliche Zuständigkeit des OLG:
Gem. §§ 93, 94 GWB können die einzelnen Bundesländer, sofern sie mehrere Oberlandesgerichte haben, „einem oder einigen der Oberlandesgerichte oder dem obersten Landesgericht die ausschließliche Zuständigkeit" zuweisen.
Vgl. die Aufstellung in Schönfelder, Deutsche Gesetze, zu § 89 GWB.

36. Revision an den Kartellsenat des BGH (§ 95 Abs. 1 Nr. 3 GWB)

Hinweis: Die Förmlichkeiten der Revisionen in Kartellsachen sind die gleichen wie in Nicht-Kartellsachen. Sie werden daher hier nicht wiedergegeben. Besonderheiten ergeben sich nur aus der Zuständigkeit des Kartellsenats des BGH. Sie werden in den Anmerkungen behandelt.

Anmerkungen

1. Zuständigkeit des BGH:
Die Revisionszuständigkeit des Kartellsenats beim BGH ist gegeben „in bürgerlichen Rechtsstreitigkeiten, die sich aus dem GWB oder aus Verträgen und Beschlüssen der in den §§ 1 bis 8 und 29 GWB bezeichneten Art" ergeben (§ 95 Abs. 1 Nr. 3 GWB).

Diese Regelung entspricht der sachbezogenen Zuständigkeit der LGe (BGH 4. 4. 1975, Abschleppunternehmen, WuW/E BGH 1383, 1384). Für die Zuständigkeit des BGH ist es also nicht entscheidend, ob in erster oder zweiter Instanz das LG bzw. OLG als Kartellgericht entschieden hat. Auch ist ein Verstoß gegen das Aussetzungsgebot in der Berufungsinstanz kein absoluter Revisionsgrund (BGH 18. 5. 1982, WuW/E BGH 1961; 21. 4. 1983, Vertragsstrafenrückzahlung, WuW/E BGH 2003, 2005),

Auch ist der BGH bei der Ermittlung der Zuständigkeit nicht von der rechtlichen Beurteilung des Vorderrichters abhängig (BGH 4. 4. 1975, Abschleppunternehmen, WuW/E BGH 1383, 1384).

2. Verweisung

a) Ist ein Kartellrechtsstreit iSd. § 95 Abs. 1 Nr. 3 GWB bei einem Zivilsenat des BGH anhängig, dann hat er auf Antrag des Revisionsklägers den Rechtsstreit an den Kartellsenat zu verweisen (BGH 28. 2. 1985, Abwehrblatt WuW/E BGH 2187).

b) Weist der Kartellsenat des BGH den Rechtsstreit in einer Kartellsache an das Berufungsgericht zurück, und entschied in der Berufungsinstanz ein Zivilsenat, also nicht der Kartellsenat, dann erfolgt die Verweisung an das für Entscheidungen nach dem GWB zuständige Oberlandesgericht (BGH 30. 10. 1975, Mehrpreis von 11%, WuW/E BGH 1413, 1416).

L. Gesetz gegen den unlauteren Wettbewerb

1. Wettbewerbsrechtliche Abmahnung[1]

Firma B ......[2]
Geschäftsleitung

Betr.: A ..../. B ......

Sehr geehrte Herren!

Hiermit zeige ich Ihnen an, daß mich die Firma A mit der Wahrnehmung ihrer Interessen beauftragt hat, in deren Namen[3] ich Ihnen das Folgende mitzuteilen habe:

1. Meine Mandantin betreibt seit 19...... den Handel mit Orientteppichen. Sie verfügt über ein Geschäftslokal hier in X-Stadt, ... straße. Sie betreiben ebenfalls den Handel mit Orientteppichen. Allerdings verfügen Sie nicht über ein Geschäftslokal, sondern lediglich über einen Lagerraum im Hafengebiet der X-Stadt. Zwischen Ihnen und meiner Auftraggeberin besteht ein unmittelbares Wettbewerbsverhältnis.[4]

2. Meine Mandantin hat die Feststellung getroffen, daß Sie ungebeten Privatleute, deren Telefonnummern Sie aus dem Telefonbuch erlangt haben, anrufen und ihnen das Angebot unterbreiten, einmal mit einem Teppich, der eine „besonders günstige Gelegenheit" sei, vorbeizuschauen. Ist der Angerufene mit einem Besuch von Ihnen einverstanden, so vereinbaren Sie einen Termin. Fühlt sich der Angerufene gestört, so brechen Sie, was diesseits nicht verschwiegen werden soll, das Gespräch sofort höflich ab[5].
Der vorstehende Sachverhalt ist durch meine Auftraggeberin jederzeit beweismäßig zu belegen.

3. Mit dem vorstehend wiedergegebenen Verhalten verstoßen Sie gegen die Bestimmung des § 1 UWG. Danach ist ein Verhalten im geschäftlichen Verkehr zu Wettbewerbszwecken untersagt, das gegen die guten Sitten verstößt. Es ist unlauter, Privatpersonen ungebeten telefonisch anzurufen, um mit diesen Geschäftsabschlüsse anzubahnen, insbesondere Waren anzubieten. Darin liegt ein ungerechtfertigtes Eindringen in die Privatsphäre des Anschlußinhabers. Wer Inhaber eines Telefonanschlusses ist, hat sich diesen regelmäßig nur deshalb legen lassen, um seinerseits nach Belieben von den Vorteilen des Telefons Gebrauch zu machen bzw. von demjenigen Personenkreis angerufen zu werden, hinsichtlich dessen nach allgemeiner Auffassung ein anerkennenswertes Bedürfnis für die Benutzung des Telefons zum Zwecke der Ansprache des Anschlußinhabers bejaht werden kann. Der Inhaber eines Telefonanschlusses hat sein Heim jedoch nicht gegenüber jedermann, insbesondere nicht zur Anbahnung geschäftlicher Beziehungen öffnen wollen. Hält man sich vor Augen, daß der ungebeten Angerufene sich zunächst einmal auf das Gespräch einlassen muß, um sich Gewißheit über den Zweck des Anrufes zu verschaffen, daß er dabei des weiteren genötigt ist, ungebeten Werbung zur Kenntnis zu nehmen, bevor er sich entscheiden kann, ob er das Gespräch abbrechen will, so wird das Anstößige einer derartigen Werbung unmittelbar offenbar. Eine solche Belästigung ist mit lauterem Verhalten im Wettbewerb nicht vereinbar[6].

Neben einem Anspruch auf Unterlassung stehen meiner Mandantin gemäß § 1 UWG auch Ansprüche auf Schadensersatz sowie auf Auskunfterteilung zu. Es kann von Ihnen nicht geleugnet werden, daß der von Ihnen gewonnene Wettbewerbsvorsprung sich zum Nachteil der übrigen Mitbewerber und damit auch meiner Mandantin auswirkt und so der Eintritt eines Schadens wahrscheinlich ist. Da meine Auftraggeberin

1. Wettbewerbsrechtliche Abmahnung   II. L. 1

die Höhe des ihr entstandenen Schadens ohne nähere Kenntnis betreffend den Umfang Ihrer wettbewerbswidrigen Handlungen nicht berechnen kann, steht ihr auch ein Auskunftsanspruch zu[7].

4. Meine Auftraggeberin hat mich ermächtigt, Ihnen vor Einleitung gerichtlicher Schritte Gelegenheit zur außergerichtlichen Bereinigung des Streitverhältnisses zu geben. Ich habe Sie hiermit namens und in Vollmacht meiner Auftraggeberin aufzufordern, sich ihr gegenüber zu meinen Händen zu verpflichten,

a) es bei Meidung einer für jeden Fall der Zuwiderhandlung fälligen Vertragsstrafe in Höhe von DM 10.001,– (in Worten: Deutsche Mark zehntausendundeine) zu unterlassen,
im geschäftlichen Verkehr zu Wettbewerbszwecken im Zusammenhang mit dem Vertrieb von Orientteppichen Privatpersonen per Telefon auf die Möglichkeit eines Erwerbs eines derartigen Teppiches anzusprechen, ohne von diesen Personen zuvor dazu ausdrücklich aufgefordert worden zu sein[8];

b) meiner Auftraggeberin die durch meine Einschaltung entstandenen Kosten auf der Grundlage eines Gegenstandswertes von DM ...... in Höhe einer 7,5/10 Rechtsanwaltsgebühr zuzüglich Auslagen und Mehrwertsteuer zu erstatten[9].

Ich weise darauf hin, daß nur durch die Abgabe der vorstehenden Erklärungen, für deren Eingang ich mir den

......[10]

vorgemerkt habe, die Wiederholungsgefahr für den meiner Mandantin zustehenden Unterlassungsanspruch und damit auch das Rechtsschutzbedürfnis für die Einleitung gerichtlicher Schritte ausgeräumt werden können[11]. Ihre Kostenerstattungspflicht ergibt sich unter den rechtlichen Gesichtspunkten sowohl des Schadensersatzes als auch der auftraglosen Geschäftsführung[9]. Nach dem letztgenannten Rechtsgrundsatz ist meine Mandantin berechtigt, den wettbewerbswidrigen Störungszustand, den Sie durch Ihr Verhalten geschaffen haben, durch dieses Schreiben zu beseitigen und von Ihnen den dafür erforderlichen Aufwand, nämlich die Kosten meiner Einschaltung, erstattet zu verlangen. Ich bin berechtigt, für meine Mandantin zu erklären, daß diese auf die Geltendmachung ihrer Ansprüche auf Auskunftserteilung und Schadensersatz verzichtet, wenn innerhalb der von mir gesetzten Frist die vorstehend geforderten Erklärungen eingegangen sind[12]. Sollten Sie die Frist ungenutzt verstreichen lassen, werde ich meiner Mandantin empfehlen, unverzüglich gerichtliche Hilfe in Anspruch zu nehmen.[13]

Rechtsanwalt

Schrifttum: UWG: *Amann/Jaspers,* RWW/Rechtsfragen in Wettbewerb und Werbung, Loseblattsammlung, Stand 1993; *Baumbach/Hefermehl,* Wettbewerbsrecht (Gesetz gegen den unlauteren Wettbewerb, ZugabeVO, RabattG und Nebengesetze), 18. Aufl. 1995; *Emmerich,* Das Recht des unlauteren Wettbewerbs, 2. Aufl. 1987; *von Gamm,* Gesetz gegen den unlauteren Wettbewerb, 3. Aufl. 1993; *ders.,* Wettbewerbsrechtliche Nebengesetze, 1977; *ders.,* Neue höchstrichterliche Rechtsprechung zum Wettbewerbsrecht (UWG), 5. Aufl. 1987 (RWS-Skript 36); *ders.,* Wettbewerbsrecht, mit Zugabe- und Rabattrecht sowie mit Nebengesetzen und kartellrechtlichen Vorschriften, 2 Halbbände, 1987; *Gloy* (Herausgeber), Handbuch des Wettbewerbsrechts, 1986; *Jacobs/Lindacher/Teplitzky* (Herausgeber), UWG-Großkommentar, im Erscheinen; *Klammroth/Kinsberg/Walter,* Wettbewerbsrechtliche Entscheidungssammlung (2 Bände, 1983, 1985); *Nordemann,* Wettbewerbsrecht, 6. Aufl., 1993; *Schmidt,* Unlauterer Wettbewerb und Wettbewerbsprozeß 1992 (RWS-Grundkurs 9); *Pastor,* Wettbewerbs-Alphabet, 1971; *ders.,* Wettbewerbs-Alphabet, 2. Teil: 1970 bis 1976, 1977; *Piper,* Aktuelle Rechtsprechung des Bundesgerichtshofs zum Wettbewerbsrecht, 1992 (RWS-Skript 252); *Schräder/Hohl,* Der Wettbewerbsberater, Loseblattsammlung, Stand 1991; *Teplitzky,* Wettbewerbsrechtliche

Ansprüche, 5. Aufl. 1986; *Tetzner*, Gesetz gegen den unlauteren Wettbewerb, 2. Aufl. 1957; *Vogt*, Lexikon des Wettbewerbsrechts, 1994.

Wettbewerbsprozeß: *Pastor*, Der Wettbewerbsprozeß – Verwarnung – Einstweilige Verfügung – Unterlassungsklage, 3. Aufl. 1980; *Arnold/Jacobs* (Herausgeber), Formular-Kommentar, 3. Band, Handels- und Wirtschaftsrecht III, Gewerblicher Rechtsschutz, 1979, Seiten 219 ff.; *Nirk/Kurtze*, Wettbewerbsstreitigkeiten (NJW-Schriftenreihe Heft 34), 1980; *Ahrens*, Wettbewerbsverfahrensrecht, 1983; *Ahrens/Spätgens*, Die gütliche Streiterledigung in UWG-Sachen, 2. Aufl. 1987, RWS-Skript 150; *Kemper*, Beweisprobleme im Wettbewerbsrecht, 1992; *Melullis*, Wettbewerbsrechtliche Prozeßpraxis, 1985; *Traub*, Wettbewerbsrechtliche Verfahrenspraxis, 2. Aufl. 1991; *Nordemann*, Taktik im Wettbewerbsprozeß, 2. Aufl. 1984, RWS-Skript 134; *Borck*, Die anwaltliche Praxis in Wettbewerbssachen, 1992; *Bernecke*, Die einstweilge Verfügung in Wettbewerbssachen, 1995.

Wettbewerbsrechtliche Abmahnung und außerprozessuale Unterwerfung: *Borck*, Obliegt es dem Opfer, den Täter zu warnen?, WRP 1974, 241 ff.; *ders.*, Über Schwierigkeiten im Gefolge von Mehrfachabmahnungen, WRP 1985, 311 ff.; *Burchert*, Der Zugang der Abmahnung, WRP 1985, 478 ff.; *Eser*, Probleme der Kostentragung bei der vorprozessualen Abmahnung und beim Abschlußschreiben in Wettbewerbsstreitigkeiten, GRUR 1986, 35 ff.; *Gruber*, Drittwirkung (vor) gerichtlicher Unterwerfung, GRUR 1991, 354 ff.; *Lindacher*, Gesicherte Unterlassungserklärung, Wiederholungsgefahr und Rechtsschutzbedürfnis, GRUR 1975, 413 ff.; *Mes*, Unterwerfungserklärung und Kostenerstattung, GRUR 1978, 345 ff.; *Pastor*, Der Wettbewerbsprozeß – Verwarnung – Einstweilige Verfügung – Unterlassungsklage, 3. Aufl. 1980, Seiten 5 ff.; *Ulrich*, Die Aufklärungspflichten des Abgemahnten – Zur sinngemäßen Anwendung des § 93 ZPO zugunsten des Klägers/Antragstellers – WRP 1985, 117 ff.; *Wilke/Jungeblut*, Abmahnung, Schutzschrift und Unterlassungserklärung im gewerblichen Rechtsschutz, 1995; *Krahe*, Die Schutzschrift, Kostenerstattung und Gebührenanfall, 1991.

Zur Kostenerstattung bei außergerichtlicher Unterwerfung vgl. *Steinmetz*, Der „kleine" Wettbewerbsprozeß, 1993.

Zur UWG-Novelle vom 25. Juli 1994: *Gröning*, 100 Tage UWG-Änderungsgesetz, WRP 1994, 775 ff.; *von Linstow*, Klagebefugnis und Gerichtsstand nach der UWG-Novelle, WRP 1994, 787 ff.; *Nahm*, Anmerkungen zu den Änderungen des UWG, WRP 1994, 791 ff.

Anmerkungen

1. Im gesamten Bundesgebiet einschließlich der neuen Bundesländer gilt materiell ein einheitliches Wettbewerbsrecht (vgl. Art. 8 des Einigungsvertrages iVm. Anl. I Sachgebiet E: *von Mühlendahl*, GRUR 1990, 735 r. Sp.).

Literatur und Rechtsprechung zur wettbewerbsrechtlichen Abmahnung (wettbewerbsrechtlichen Verwarnung) sind nahezu unübersehbar. Nach hM. muß der durch eine Wettbewerbshandlung rechtswidrig Verletzte den Verletzer vor Einleitung gerichtlicher Schritte, auch im Falle eines Antrags auf Erlaß einer einstweiligen Verfügung, abmahnen, um dem Risiko zu entgehen, gemäß § 93 ZPO die Kosten eines gerichtlichen Verfahrens tragen zu müssen, wenn der Verletzer das Rechtschutzbegehren sofort anerkennt (vgl. *Baumbach/Hefermehl* UWG Einl. Rdn. 526). Dementsprechend ist die vorprozessuale Verwarnung unter Kostengesichtspunkten wesentliche Prozeßvorbereitungsmaßnahme. Zu den Ausnahmen von der Abmahnungslast vgl. Form. II. L. 7 mwN. in Anm. 4 bis 9.

2. Um einen Beleg für den Zugang der Abmahnung zu erhalten, wird empfohlen, das Abmahnungsschreiben als Einschreiben/Rückschein abzusenden. Notwendig ist dies allerdings nicht; die (im Zweifel zu beweisende) Absendung in Form eines einfachen Schreibens genügt (vgl. z.B. OLG Köln WRP 1984, 230 mwN; *Burchert* WRP 1985, 479 mwN), denn das Zugangsrisiko einer Abmahnung trägt nicht der Verletzte (Abmahnende), sondern der Verletzer (vgl. zB. OLG Hamburg GRUR 1976, 444; OLG Frankfurt WRP 1985,

1. Wettbewerbsrechtliche Abmahnung   II. L. 1

87 f.; OLG Oldenburg WRP 1987, 718; OLG Hamm WRP 1987, 43/44 li. Sp.; OLG Saarbrücken WRP 1990, 373, 374; KG MD 1991, 93; 1992, 567; 1993, 735). Es ist fraglich, ob infolge der Verwendung eines Rückscheins eine tatsächliche Schlechterstellung des Abmahnenden in der Weise erfolgen darf, daß der Eingang des Rückscheins vom Abmahnenden abgewartet werden muß, wie es ohne überzeugende Begründung OLG München WRP 1979, 817/818 re. Sp. fordert. Der Rückschein wird von der Post als einfache Postkarte befördert; er geht daher teilweise verloren, teilweise verspätet beim Abmahnenden ein. Im Falle eines fehlenden Rückganges des Rückscheines können über seinen Verbleib keine verbindlichen Feststellungen getroffen werden. Infolgedessen ist eine Abwartepflicht im Hinblick auf den Eingang des Rückscheins zu verneinen (vgl. z. B. OLG Köln WRP 1984, 230; OLG Hamm WRP 1984, 220). Erkennt allerdings der Abmahnende, daß das Einschreiben nicht zugegangen ist, kann es zur Vermeidung von Kostennachteilen geboten sein, die Abmahnung unter kurzer Fristsetzung zu wiederholen (OLG Köln WRP 1989, 47). Die Übersendung per Telefax genügt regelmäßig, um den Zugang beim Empfänger zu belegen (OLG Düsseldorf GRUR 1990, 310; KG, MD 1994, 19).

3. Eine Vollmacht muß nicht beigefügt werden, da die Abmahnung – im Normalfall – weder einseitiges Rechtsgeschäft noch geschäftsähnliche Handlung ist, so daß § 174 BGB keine Anwendung findet (OLG Köln WRP 1985, 360 f.; KG GRUR 1988, 79 a.A. OLG Nürnberg GRUR 1991, 387; zum Meinungsstreit vgl. *Burchert* WRP 1985, 478 ff.).

4. Die Aktivlegitimation für die Geltendmachung wettbewerbsrechtlicher Ansprüche steht dem unmittelbar betroffenen Mitbewerber zu (BGH in GRUR 1966, 445, 446 – Glutamal – für §§ 1 oder 3 UWG; ferner GRUR 1988, 620, 621 – Vespa-Roller aG Hamburg GRUR 1995, 130 und 132; *Baumbach/Hefermehl*, UWG, Einl., Rdn. 225 und § 13 UWG Rdn. 2). Maßgeblich für diese Art der Herleitung der Aktivlegitimation ist das Bestehen eines unmittelbaren Wettbewerbsverhältnisses zwischen den Parteien, mit der Folge, daß sich das wettbewerbswidrige Verhalten der einen Partei unmittelbar zum Nachteil der anderen auswirken kann (BGH GRUR 1966, 445, 446 r. Sp.). So ist der dem Formular zugrundeliegende Sachverhalt gelagert. Neben der Aktivlegitimation des unmittelbar Betroffenen besteht diejenige gemäß § 13 Abs. 2 Nrn. 1 bis 4 UWG. Danach sind neben den Verbänden zur Förderung gewerblicher Interessen (§ 13 Abs. 2 Nr. 2 UWG) und den Verbraucherverbänden (§ 13 Abs. 2 Nr. 3 UWG) insbesondere gemäß § 13 Abs. 2 Nr. 1 UWG auch die Gewerbetreibenden aktivlegitimiert, die (nur) Waren oder gewerbliche Leistungen gleicher oder verwandter Art vertreiben, mithin nur in einem sogenannten abstrakten Wettbewerbsverhältnis mit dem Störer stehen (vgl. dazu *Baumbach/Hefermehl*, UWG, Rdn. 14 zu § 13 m. w. N.). Diese sogenannte erweiterte Klagebefugnis/Aktivlegitimation ist durch Gesetz vom 25. Juli 1994 mit Wirkung zum 1. August 1994 deutlich eingeschränkt worden. Die nunmehr geltende Fassung des § 13 Abs. 2 Nr. 1 UWG lautet, daß in den Fällen der §§ 1, 3, 4, 6 bis 6c, 7 und 8 UWG der Anspruch auf Unterlassung nur noch von Gewerbetreibenden geltend gemacht werden kann, die Waren oder gewerbliche Leistungen gleicher oder verwandter Art auf demselben Markt verbreiten, soweit der Anspruch eine Handlung betrifft, die geeignet ist, den Wettbewerb auf diesem Markt wesentlich zu beeinträchtigen (vgl. dazu verneinend OLG Hamm MDR 1994, 899, 900; allerdings wohl verfehlt, weil die Frage eines konkreten Wettbewerbsverhältnisses nicht geprüft worden ist). Die Aktivlegitimation/Klagebefugnis von rechtsfähigen Verbänden zur Förderung gewerblicher Interessen ist mit Wirkung ab 1. August 1994 davon abhängig, daß ihnen eine erhebliche Zahl von Gewerbetreibenden angehört, die Waren oder gewerbliche Leistungen gleicher oder verwandter Art auf demselben Markt vertreiben; weitere gesetzliche Voraussetzungen sind, daß die Verbände personell, sachlich und finanziell in der Lage sind, ihre Aufgabe wahrzunehmen und daß schließlich der Anspruch eine Handlung betrifft, die geeignet ist, den Wettbewerb auf diesem Markt wesentlich zu beeinträchtigen (BGH GRUR 1995, 122 ff. – Laienwerbung für Augenoptiker). Der im Wettbewerbsrecht tätige Anwalt tut gut daran, frühzeitig darüber nachzudenken, ob sich die Aktivlegitimation seiner Partei schon aus einer unmittelbaren Betroffenheit ableiten

läßt oder nur auf Grund eines abstrakten Wettbewerbsverhältnisses gemäß § 13 Abs. 2 Nr. 1 UWG, weil bei Anwendung dieser Bestimmung nunmehr zusätzliche Hindernisse zu überwinden sind. Das hat insbesondere auch Bedeutung für den Gerichtsstand, sofern dieser unter dem Blickwinkel der unerlaubten Handlung des § 24 Abs. 2 UWG am Begehungsort begründet werden soll (vgl. dazu Anm. 1 zu Form. II.L.2.). Keine Aktivlegitimation besteht gemäß § 13 Abs. 2 UWG in den Fällen, in denen in erster Linie gemäß § 1 UWG Individualinteressen verfolgt werden, wie dies bei Nachahmungen der Fall ist. In einem solchen Fall ist regelmäßig nur der Hersteller der nachgeahmten Erzeugnisse aktivlegitimiert (BGH GRUR 1991, 223, 224 re. Sp. – Finnischer Schmuck).

5. Der dem Formular zugrundegelegte Sachverhalt entspricht der Entscheidung BGH GRUR 1970, 523f. – Telefonwerbung; vgl. auch BGH GRUR 1989, 753 und 1990, 280 – Telefonwerbung II und III; *v. Gamm*, GRUR 1990, 318; OLG Köln GRUR 1993, 562; zur Telefax-Werbung vgl. OLG Hamm GRUR 1990, 689; OLG München MD 1993, 507; weitere Nachweise bei *Steckler*, GRUR 1993, 865ff.; zum Thema „Unlautere Telefax-Werbung" vgl. *Unger/Sell*, GRUR 1993, 24ff.

6. Es empfiehlt sich, eine wettbewerbsrechtliche Abmahnung im Hinblick auf Sachverhaltsdarstellung und rechtliche Bewertung so ausführlich zu gestalten, daß diese auch dem nicht juristisch Ausgebildeten verständlich wird (vgl. z. B. OLG Koblenz WRP 1983, 700f.; OLG Düsseldorf WRP 1988, 107, 108 r. Sp.). Eine wettbewerbsrechtliche Abmahnung muß neben der Darstellung des Sachverhalts und des geltend gemachten Wettbewerbsverstoßes ein Unterwerfungs- und Vertragsstrafeverlangen, eine Fristsetzung und schließlich die Androhung gerichtlicher Schritte enthalten (vgl. OLG Düsseldorf WRP 1988, 107/108 re. Sp.). Nach Auffassung des OLG Hamburg (WRP 1989, 32) gehört eine vorformulierte Unterlassungsverpflichtungserklärung nicht zu den zwingenden Inhaltserfordernissen einer Abmahnung, ebenso nicht eine rechtliche Begründung (MD 1993, 137).

7. Zu den Ansprüchen auf Auskunft und Schadensersatz vgl. Anm. 8 und 9 zu Form II. L. 4; ferner BGH GRUR 1980, 227/232 – Monumenta Germaniae Historica – und GRUR 1988, 307/308 – Gaby. Zu den Auskunftsansprüchen nach dem Produktpirateriegesetz und ihre analoge Anwendung auf Wettbewerbsverstöße vgl. *Asendorf* in Festschrift für Fritz Traub, 1994, S. 21ff.; BGH GRUR 1994, 630 – Cartier-Armreif – mit Anm. *Jacobs* für Nachahmungstatbestände des § 1 UWG; ferner GRUR 1994, 635 – Pulloverbeschriftung – mit Anm. *Ahrens*.

8. Es handelt sich um eine sogenannte strafbewehrte Unterlassungsverpflichtungserklärung. Diese besteht aus zwei Teilen, nämlich der Beschreibung des Unterlassungsgebotes sowie dem Strafgedinge. Hinsichtlich des Unterlassungsgebotes gilt der Grundsatz, daß die sogenannte konkrete Verletzungsform so bestimmt als irgendmöglich zu bezeichnen ist (instruktiv: OLG Frankfurt GRUR 1988, 563). Dazu kann auf die Ausführungen Anm. 6 zu Form. II. L. 3 ergänzend verwiesen werden. Ein zu weit gefaßtes Unterlassungsgebot enthebt den Abgemahnten jedoch nicht der Obliegenheit, ggf. eine enger gefaßte Unterlassungsverpflichtungserklärung abzugeben (vgl. OLG Stuttgart WRP 1985, 53; OLG Düsseldorf WRP 1988, 107/108 r. Sp.; OLG München MD 1994, 87; zuvor WRP 1988, 62, 65; a. A. OLG München, WRP 1982, 600, 601).

Die hier gewählte Formulierung des Vertragsstrafeversprechens entspricht der Bestimmung des § 339 S. 2 BGB; sie hat sich in der Praxis bewährt. Gemäß §§ 316, 317 BGB ist es grundsätzlich zwar auch möglich, die Höhe der Vertragsstrafe durch den Unterlassungsberechtigten oder durch einen Dritten bestimmen zu lassen, wobei „Dritter" keinesfalls ein Gericht sein darf (BGH GRUR 1978, 192ff. mit Anm. *Schade* – Hamburger Brauch). Wegen der Unsicherheit, die mit der Bestimmung einer Vertragsstrafe durch einen Dritten sowohl in tatsächlicher als auch in rechtlicher Hinsicht verbunden ist, wird eine entsprechende Formulierung hier nicht vorgeschlagen (vgl. dazu aber Münchener Vertragshandbuch Bd. 3, Form. VII. 12 Anm. 10). Erhebliche Unsicherheitsmomente sind auch mit einer Vertragsstrafe verbunden, deren Höhe vom Gläubiger in einem vom Schuldner vorgegebenen Rahmen zu bestimmen ist (vgl. dazu BGH GRUR 1985, 155f. – „Vertragsstrafe bis zu ......" I mit

1. Wettbewerbsrechtliche Abmahnung   II. L. 1

Anm. *Ahrens* und GRUR 1985, 937 – „Vertragsstrafe bis zu ......" II mit Anm. *Ahrens).* Allerdings beseitigt ein solches Vertragsstrafeversprechen die Wiederholungsgefahr. Gleiches gilt für eine einseitige Unterlassungsverpflichtungserklärung, bei der die Bestimmung der Vertragsstrafe im Falle der Zuwiderhandlung dem Unterlassungsgläubiger in der Weise überlassen bleibt, daß keine Obergrenze für die Vertragsstrafe genannt ist (BGH GRUR 1990, 1051 = WRP 1991, 27). Das Formular sieht die Zahlung der versprochenen Vertragsstrafe an den Gläubiger vor. Es ist in Rechtsprechung und Schrifttum umstritten, ob auch eine Klaglosstellung des Gläubigers dadurch erfolgen kann, daß Zahlung an einen Dritten (zB. an eine gemeinnützige Organisation) versprochen wird. Die Rechtsprechung der Oberlandesgerichte verneint überwiegend die Beseitigung der Wiederholungsgefahr, wenn seitens des Unterlassungsschuldners die Zahlung der Vertragsstrafe an einen Dritten versprochen wird. Der Bundesgerichtshof stellt auf die Umstände des Einzelfalles ab, ob diese eine ausreichende Ernstlichkeit des Unterlassungsversprechens erkennen lassen (BGH WRP 1987, 724 m.N. insbesondere der OLG-Rechtsprechung – Getarnte Werbung II). Hat der Gläubiger ausdrücklich Zahlung der Vertragsstrafe an sich verlangt und verweigert der Unterlassungsschuldner dies ohne einsichtige Begründung, so spricht dies dafür, die Ernstlichkeit des Unterlassungswillens in Zweifel zu stellen (BGH aaO. S. 725/726).

Häufig findet sich die Formulierung, daß für jeden Fall schuldhafter Zuwiderhandlung eine Vertragsstrafe versprochen wird. Eine solche Formulierung sollte der Gläubiger nicht verwenden. Er muß sie im Falle des Angebots durch den Schuldner jedoch akzeptieren. Mit ihr ist nämlich keine Beweislastumkehr dahingehend verbunden, daß der Gläubiger das Verschulden des Schuldners im Falle eines objektiven Verstoßes gegen die Unterlassungserklärung beweisen muß (so noch *Pastor,* Der Wettbewerbsprozeß, 3. Aufl. 1980, S. 143 und die 5. Auflage des Prozeßformularbuchs; anders BGH GRUR 1982, 688, 690, 691 = WRP 1982, 634 – Seniorenpaß).

Zur Höhe der Vertragsstrafe lassen sich keine generalisierenden Angaben machen. Es kommt jeweils auf sämtliche Umstände des Einzelfalles an; vgl. dazu BGH GRUR 1983, 127 f. – Vertragsstrafeversprechen. Häufig findet sich die Summe von DM 10.001,–, um im Falle eines Streites über die Verwirkung der Vertragsstrafe die Zuständigkeit des Landgerichts zu begründen (§ 23 Nr. 1 GVG). Im Falle einer künftigen Änderung der Streitwertgrenzen durch den Gesetzgeber müßte sodann in Zukunft als Vertragsstrafe die Streitwertgrenze (für das Amtsgericht) zuzüglich DM 1,– vereinbart werden. Wurde trotz Unterwerfungserklärung der Wettbewerbsverstoß wiederholt, muß eine erheblich höhere Vertragsstrafe versprochen werden, um die neuerlich begründete Wiederholungsgefahr auszuräumen (BGH GRUR 1990, 534 = WRP 1990, 622 – Abrufcoupon). Insbesondere genügt im Fall einer neuerlich begründeten Wiederholungsgefahr das Versprechen einer Vertragsstrafe nach sogenanntem „Hamburger Brauch" nicht, d.h. einer solchen, deren Höhe der Gläubiger nach billigem Ermessen bestimmen darf und deren Angemessenheit vom zuständigen Gericht zu überprüfen ist (KG MD 1993, 747, 749).

Nach wohl herrschender Auffassung beseitigt die Abgabe einer strafbewehrten Unterlassungsverpflichtung ein Tatbestandsmerkmal des Unterlassungsanspruchs, nämlich die Wiederholungs- bzw. die Begehungsgefahr (vgl. BGH GRUR 1973, 208/210 – Neues aus der Medizin; GRUR 1985, 155/156 re. Sp. mwN. – „Vertragsstrafe bis zu ......" I; WRP 1987, 724/725 li. Sp. – Getarnte Werbung II; GRUR 1990, 534 = WRP 1990, 622 – Abrufcoupon; GRUR 1993, 677, 679 – Bedingte Unterwerfung). Nach Meinung des OLG Hamburg fehlt dem Gläubiger, wenn der Schuldner eine ausreichend strafbewehrte Unterlassungsverpflichtungserklärung abgegeben hat, für die gerichtliche Durchsetzung seines Unterlassungsanspruchs das Rechtsschutzbedürfnis (vgl. OLG Hamburg GRUR 1974, 108 = WRP 1973, 653). Dieser Meinungsstreit kann dahinstehen. Die der strafbewehrten Unterlassungsverpflichtungserklärung eigene Wirkung der Klaglosstellung beruht letztlich darauf, daß der Gläubiger infolge des Vertragsstrafeversprechens gegen den Schuldner Druck ausüben kann, die eingegangene Verpflichtung einzuhalten (BGH GRUR 1984, 72/73 – Vertragsstrafe für versuchte Vertreterabwerbung). Damit ist eine dem § 890 ZPO vergleichbare Beugewirkung begründet, denn in der wirtschaftlichen Auswirkung sind Ordnungsgeld gemäß § 890 ZPO und Vertragsstrafe für den Schuldner gleich spürbar.

Zu den Rechtsfolgen einer zwar abgegebenen, jedoch unbegründet zurückgewiesenen Unterwerfungserklärung vgl. *Teplitzky* GRUR 1983, 609f.

9. Zur Kostenerstattungspflicht des Wettbewerbsstörers vgl. BGHZ 52, 393, 399 – Fotowettbewerb; BGH MDR 1973, 483 = GRUR 1973, 384 – Goldene Armbänder; BGH GRUR 1984, 129ff. – shop in the shop – und GRUR 1985, 924 r. Sp. – Schallplattenimport II; sie besteht auch dann gemäß § 13 Abs. 6 UWG, wenn sich der Wettbewerbsstörer schon zuvor gegenüber einem Dritten unterworfen hatte (vgl. Anm. 11; LG Köln GRUR 1987, 741; LG Hamburg GRUR 1990, 216; OLG München GRUR 1988, 843 mwN.). Die Durchsetzung des Kostenerstattungsanspruchs ist oft mühsam und erfordert häufig einen sogenannten „kleinen" Wettbewerbsprozeß mit allen Risiken eines „normalen" Prozesses in wettbewerbsrechtlichen Streitigkeiten. Vgl. dazu *Steinmetz,* Der „kleine" Wettbewerbsprozeß, 1993. Zur Bemessung des Gegenstandswertes gelten die gleichen Grundsätze wie bei der Inanspruchnahme gerichtlicher Hilfe und damit zur Bemessung des Streitwertes. Vgl. dazu Anm. 3 zu Form. II. L. 9.

10. Welche Frist angemessen ist, hängt jeweils von den Umständen des Einzelfalles ab. Grundsätzlich kann in wettbewerbsrechtlichen Streitigkeiten eine relativ kurze Erklärungsfrist gesetzt werden. Angemessen erscheinen im Normalfall ca. 7 bis 14 Tage. Die Erklärungsfrist kann in Einzelfällen bedeutend kürzer sein und z.B. nur Stunden betragen (OLG Hamburg WRP 1976, 180/181 und 1989, 325; OLG Koblenz WRP 1983, 305; z.B. 2 Stunden: OLG München MD 1993, 510; ferner KG GRUR 1993, 778). Bei einer nur nach Stunden bemessenen Abmahnfrist kann freilich der Abmahnende gehalten sein, einer Bitte um Fristverlängerung zu entsprechen, um Kostennachteile zu vermeiden. Zur Länge der Abmahnfrist vgl. auch „Fristen und Rechtsmittel".

11. Nach Auffassung des BGH kann im Einzelfall auch die schon gegenüber einem Dritten abgegebene strafbewehrte Unterlassungsverpflichtungserklärung die Wiederholungsgefahr gegenüber dem Verletzten ausschließen (GRUR 1983, 186, 187 und 1987, 640 – Wiederholte Unterwerfung I und II). Das ist eine wertungsbedürftige Tatfrage, so daß eine im Verlauf des Revisionsverfahrens gegenüber einem Dritten abgegebene Unterlassungsverpflichtungserklärung keine Berücksichtigung finden kann (BGH WRP 1990, 319, 320 – Gruppenprofil). Zu den sich daraus für den Wettbewerbsgläubiger ergebenden Problemen vgl. zB. KG WRP 1985, 152f.; *Kues* WRP 1985, 196ff.; *Borck* WRP 1985, 311ff.; *Rödding* WRP 1988, 514ff.; *Gruber,* GRUR 1991, 354ff. Für den Abgemahnten ergibt sich für den Fall der Drittunterwerfung eine Aufklärungspflicht, und zwar sowohl gegenüber einem abmahnenden Wettbewerber (BGH GRUR 1987, 54f. m. Anm. *Lindacher* – Aufklärungspflicht des Abgemahnten – und GRUR 1987, 640, 641 r. Sp. – Wiederholte Unterwerfung II; OLG Frankfurt/M. WRP 1989, 391 m. Anm. *Traub*) als auch gegenüber einem Verband (BGH GRUR 1988, 716 – Aufklärungspflicht gegenüber Verbänden – und GRUR 1990, 381 = WRP 1990, 276 – Antwortpflicht des Abgemahnten).

12. In wettbewerbsrechtlichen Streitigkeiten ist es regelmäßig das Interesse des Verletzten, möglichst rasch das wettbewerbswidrige Verhalten des Verletzers beendet zu sehen. Häufig nimmt der Verletzer zur Verteidigung seines Verhaltens nur deshalb Zuflucht, um der Geltendmachung von Schadensersatzansprüchen vorbeugend entgegenzutreten. Da ein bezifferter Schaden im Falle einer Wettbewerbsverletzung nur sehr schwer geltend gemacht werden kann, hat der Verletzte regelmäßig kein vorrangiges Interesse an der Geltendmachung seines Schadens. Gleiches gilt für den vorbereitenden Auskunftsanspruch. Dementsprechend sieht das Formular im Interesse einer raschen Beilegung des Konfliktes vor, dem Schuldner vorzuschlagen, daß der Gläubiger unter der Bedingung des rechtzeitigen Eingangs der geforderten Erklärungen auf Schadensersatz- und Auskunftsansprüche verzichtet.

1. Wettbewerbsrechtliche Abmahnung II. L. 1

13. Der BGH sieht den Abgemahnten als verpflichtet an, innerhalb der gesetzten Frist auf die Abmahnung zu antworten, und zwar entweder dahingehend, daß er eine ausreichend strafbewehrte Unterlassungsverpflichtungserklärung abgibt oder deren Abgabe ablehnt (BGH GRUR 1990, 381 = WRP 1990, 276 – Antwortpflicht des Abgemahnten). Darüber hinaus wird man den Abgemahnten auch für verpflichtet halten müssen, die Abmahnung vollständig und wahrheitsgemäß zu beantworten (KG WRP 1989, 659; BGH GRUR 1990, 542 – Aufklärungspflicht des Unterwerfungsschuldners). Kommt der Abgemahnte seinen Verpflichtungen nicht nach, so kann sich daraus zu seinen Lasten eine Schadensersatzverpflichtung (z.B. zur Erstattung von Kosten in analoger Anwendung des § 93 ZPO bei Verzichtsurteil, vgl. OLG Frankfurt MD 1993, 475) ergeben. Auf eine Abmahnung hin bestehen für den Verwarnten folgende Reaktionsmöglichkeiten:

a) Uneingeschränkte Abgabe der geforderten Erklärungen, in eindeutiger Form (vgl. KG MD 1993, 751 und nachstehend a.E. dieser Anmerkung) und bedingungsfrei (vgl. BGH MD 1993, 537);

b) im Falle mehrfacher Abmahnungen verschiedener Wettbewerbsgläubiger: Abgabe der strafbewehrten Unterwerfungserklärung gegenüber einem der Gläubiger und im übrigen Verweisung auf den Wegfall der Wiederholungsgefahr gegenüber den übrigen Gläubigern (vgl. dazu im einzelnen BGH GRUR 1983, 186 und 1987, 640 – Wiederholte Unterwerfung I und II). Der später Abmahnende hat wohl auch einen Kostenerstattungsanspruch gegen den Wettbewerbsstörer, wenn dieser zuvor gegenüber einem Dritten eine strafbewehrte, nach der Rechtsprechung des Bundesgerichtshofs die Wiederholungsgefahr ausschließende Unterlassungsverpflichtungserklärung abgegeben hat und der später Abmahnende davon keine Kenntnis hatte. Die Kostenerstattungspflicht folgt aus dem Gesichtspunkt des Schadensersatzes aus unerlaubter Handlung, z.B. gemäß § 13 Abs. 6 UWG (vgl. LG Köln GRUR 1987, 741; OLG München in MD 1988, 473/476 = GRUR 1988, 843 – Anwaltskosten bei zeitlich früherer Abmahnung).

c) Abgabe der geforderten Erklärungen mit Einschränkungen, die allerdings der Gläubiger nicht zu akzeptieren braucht (dazu z.B. BGH MD 1993, 537):
   aa) in materieller Hinsicht, zB. abweichende Formulierung der Unterlassungsverpflichtungserklärung, abweichende Bestimmung der Höhe der Vertragsstrafe, im Hinblick auf etwaige geltend gemachte Auskunfts- und Schadensersatzansprüche; Inanspruchnahme von Aufbrauch- und Umstellungsfristen, die im Wege insbesondere eines Vergleichsangebotes unterbreitet werden; zur Inanspruchnahme einer Aufbrauchsfrist vgl. OLG Hamburg MD 1991, 110;
   bb) unter der auflösenden Bedingung einer durch Gesetz oder durch höchstrichterliche Rechtsprechung erfolgenden allgemein verbindlichen Erklärung des zu unterlassenen Verhaltens als rechtmäßig. Eine solche (Rechts-)Bedingung ist zulässig (BGH GRUR 1993, 677, 679 – Bedingte Unterwerfung);
   cc) im Hinblick auf den etwaig geltend gemachten Kostenerstattungsanspruch;

d) vorbereitende Verteidigungsmaßnahmen, z.B. Einreichung einer Schutzschrift (vgl. Form. II.L.2); keine Abgabe einer Unterlassungsverpflichtungserklärung; jedoch trifft den Abgemahnten eine Antwortpflicht (vgl. BGH GRUR 1990, 381, 382 = WRP 1990, 276 – Antwortpflicht des Abgemahnten –, ggf. auch eine Aufklärungspflicht: KG WRP 1989, 659; BGH GRUR 1990, 542 – Aufklärungspflicht des Unterwerfungsschuldners).

Gemäß vorstehend c) wird eine abweichende Formulierung vor allem dann in Betracht kommen, wenn die Formulierung der Unterlassungsverpflichtungserklärung entweder mit den tatsächlichen oder mit den rechtlichen Gegebenheiten nicht im Einklang steht. Desweiteren muß der Inanspruchgenommene regelmäßig prüfen, inwieweit ihn die Abgabe einer Unterlassungsverpflichtungserklärung für die Zukunft bindet, insbesondere ob künftig beabsichtigte Handlungen unter die abgegebene Erklärung subsumiert werden können. Das zwingt häufig dazu, die geforderte Unterlassungsverpflichtungserklärung lediglich unter Einschränkungen abzugeben. Solche Einschränkungen und/oder Umformulierungen der geforderten Unterlassungsverpflichtungserklärung begründen freilich ein neues Risiko. Gibt nämlich der Verwarnte entsprechend vorstehend unter c) abweichende Erklärungen als von ihm gefordert ab, bedeutet dies die Unterbreitung eines inhaltlich von dem seitens des Gläubigers erwarteten abweichenden Angebots. Der Verwarner muß sodann prüfen, ob er das Angebot des Verwarnten annimmt. Im Falle der Annahme empfiehlt es sich, diese dem Verwarnten mitzuteilen, um zum Abschluß eines Unterlassungsvertrages zu kommen, der die Rechtslage zwischen den Parteien verbindlich regelt (OLG Celle GRUR 1990, 481 – Vertragsstrafeversprechen; ein stillschweigender Verzicht auf den Zugang der Annahmeerklärung nach § 151 BGB scheidet aus (vgl. OLG Celle aaO.)). Nimmt der Verwarner hingegen die vom Verwarnten angebotene und von der Forderung des Verwarners abweichend formulierten Verpflichtungserklärungen nicht an, sondern nimmt gerichtliche Hilfe in Anspruch, so ist in diesem Verfahren zu prüfen, ob Rechtsschutzbedürfnis bzw. Wiederholungsgefahr für den geltend gemachten Unterlassungsanspruch noch bestehen. Das Risiko einer Fehleinschätzung – der Verwarner hält beispielsweise die abgegebene Unterlassungsverpflichtungserklärung für nicht ausreichend – trägt der Verwarner (vgl. dazu Anm. 8). Nach Auffassung einiger Oberlandesgerichte (z.B. OLG Köln WRP 1979, 392 ff. u. 816 – dazu *Schulte* GRUR 1980, 470 ff. – und WRP 1983, 42; OLG Hamburg WRP 1969, 119; OLG Frankfurt WRP 1979, 311) besteht eine Verpflichtung des Abgemahnten gegenüber dem Abmahnenden zur Mitteilung solcher Tatsachen, die den geltend gemachten Anspruch und seine prozessuale Durchsetzung ausschließen. Eine Verletzung dieser Pflicht soll nach dieser Auffassung zu einer Kostentragungslast des Abgemahnten analog §§ 91 a, 93 ZPO führen (vgl. auch *Ulrich* WRP 1985, 117 ff.; bzw. zu einer Schadensersatzpflicht aus positiver Forderungsverletzung (vgl. BGH GRUR 1987, 54, 55 m. Anm. *Lindacher* = WRP 1986, 672/673 – Aufklärungspflicht des Abgemahnten; GRUR 1990, 542 – Aufklärungspflicht des Unterwerfungsschuldners; GRUR 1990, 381 = WRP 1990, 276 – Antwortpflicht des Abgemahnten; KG WRP 1989, 659, 661, 662; OLG Frankfurt/M. WRP 1991, 249; OLG Köln WRP 1991, 257). Zu den Reaktionsmöglichkeiten im Falle einer Abmahnung vgl. auch *Borck* WRP 1980, 375 ff.

Die Abgabe einer Unterlassungsverpflichtungserklärung kann auch in Form eines Fern- oder Telefaxschreibens erfolgen. Zum Beleg der Ernstlichkeit des Unterwerfungswillens ist der Unterlassungsschuldner gehalten, auf Verlangen des Gläubigers diesem eine schriftliche Bestätigung zu erteilen (BGH GRUR 1990, 530 = WRP 1990, 685 – Unterwerfung durch Fernschreiben; OLG München MD 1993, 773; zuvor KG GRUR 1988, 567 und 568 – Telex-Unterlassungsverpflichtung I und II; dazu kritisch *Lachmann*, Telexunterwerfung nicht vollwertig? GRUR 1989, 96).

Kosten und Gebühren

Zur materiellen Kostenerstattungspflicht vgl. Anm. 9. Die Höhe der zu erstattenden Anwaltskosten bestimmt sich, wenn noch kein Auftrag zur Klageerhebung vorliegt, gemäß § 118 Abs. 1 Nr. 1 BRAGO, der einen Gebührenrahmen von $5/10$ bis $10/10$ zur Verfügung stellt (so die wohl hM., vgl. z.B. OLG Köln GRUR 1979, 76 = WRP 1978, 918; OLG Hamburg WRP 1981, 470 ff.; aA. *Pastor*, Der Wettbewerbsprozeß, 3. Aufl. 1980, S. 193). Regelmäßig angemessen ist eine mittlere Gebühr, damit eine Gebühr von $7.5/10$ (vgl. z.B. OLG Frankfurt GRUR 1985, 239). Liegt hingegen Klageauftrag vor, so ist gemäß § 32 BRAGO eine Gebühr von $5/10$ in Ansatz zu bringen. Vgl. zum Vorstehenden im Zusammenhang mit einem sogenannten Abschlußschreiben: BGH MDR 1973, 483 = GRUR 1973, 384 – Goldene Armbänder. Folgt der Abmahnung ein gerichtliches Verfahren, so ist eine Anrechnung der Abmahnungskosten gem. § 118 Abs. 2 BRAGO vorzunehmen; die Anwaltsgebühren für ein Abschlußschreiben (vgl. Form. II. L. 4.) entstehen selbständig (vgl. OLG Hamburg WRP 1981, 470 ff.; OLG Köln GRUR 1986, 96).

Fristen und Rechtsmittel

Schon bei der Bearbeitung der Abmahnung und der Bemessung der der Gegenseite zu setzenden Frist ist der weitere Ablauf der Auseinandersetzung zu berücksichtigen. Dabei kommt es insbesondere häufig darauf an, die Voraussetzung der Dringlichkeit für ein etwaig nachfolgendes Verfügungsverfahren zu erhalten (vgl. dazu Form. II. L. 3 Anm. 13).

2. Schutzschrift

An das
Landgericht
Kammer für Handelssachen[1]
Zivilkammer[2]

Schutzschrift[3]

in einem etwaigen einstweiligen Verfügungsverfahren
der Firma A[4]
— mutmaßliche Antragstellerin —

gegen

Firma B[4]
— mutmaßliche Antragsgegnerin —

Verfahrensbevollmächtigter[5]: Rechtsanwalt ......[6].
wegen angeblich unlauteren Wettbewerbs

Hiermit bestelle ich mich zum Verfahrensbevollmächtigten[6] für die Firma B (im folgenden: Antragsgegnerin) für den Fall, daß die Firma A (im folgenden: Antragstellerin) wegen des nachstehend wiedergegebenen Sachverhalts einen Antrag auf Erlaß einer einstweiligen Verfügung stellen sollte.

Ich beantrage,
1. einen etwaigen Antrag auf Erlaß einer einstweiligen Verfügung abzuweisen[7];
2. hilfsweise: über einen etwaigen Antrag auf Erlaß einer einstweiligen Verfügung nicht ohne vorherige mündliche Verhandlung zu entscheiden[8];
3. für den Fall der Abweisung des Verfügungsantrages oder seiner Zurücknahme: der Antragstellerin die Kosten des Verfügungsverfahrens einschließlich derjenigen aufzuerlegen, die durch die Hinterlegung dieser Schutzschrift entstanden sind[9].

Ich bin damit einverstanden, daß
— Termin zur mündlichen Verhandlung unter Abkürzung der Ladungsfrist bestimmt wird[10];
— der Antragstellerin die vorliegende Schutzschrift zugänglich gemacht wird, sofern diese einen Antrag auf Erlaß einer einstweiligen Verfügung stellen sollte[11].

Begründung[12]
1. Beide Parteien stellen her und vertreiben gebrauchsfertige Säuglings- und Kleinkindernahrung. Zwischen ihnen herrscht ein scharfer Wettbewerb. Die Antragsgegnerin wirbt seit ca. 1 Jahr für ihr Erzeugnis „X-Fertigbrei" unter anderem mit Werbeanzeigen, die ein lachendes kleines Kind zusammen mit der Packung des in Rede stehenden Erzeugnisses zeigen. Unterhalb der Packung erscheint sodann in blickfangmäßiger Hervorhebung die Angabe „Mutti gibt mir immer nur das Beste". Als Anlage 1 überreiche ich die Abbildung der in Rede stehenden Werbung[13].

Mit dem als Anlage 2 überreichten Anwaltsschreiben vom ...... hat die Antragstellerin die Antragsgegnerin abgemahnt und sie zur Abgabe einer strafbewehrten Unterlassungsverpflichtungserklärung betreffend die Werbeaussage „Mutti gibt mir immer nur das Beste" aufgefordert. Die Antragsgegnerin hat mit dem als Anlage 3 überreichten Schreiben ihres Verfahrensbevollmächtigten erwidert und insbesondere die Abgabe einer strafbewehrten Unterlassungsverpflichtungserklärung abgelehnt. Infolgedessen muß die Antragsgegnerin damit rechnen, daß die Antragstellerin den Versuch unternehmen wird, gegen sie eine einstweilige Verfügung zu erwirken. In tatsächlicher und rechtlicher Hinsicht ist dazu unter ausdrücklicher Bezugnahme auf den Inhalt des diesseitigen Antwortschreibens gemäß Anlage 3 folgendes zu bemerken:

2. Die in der Abmahnung gemäß Anlage 2 geäußerte Rechtsauffassung der Antragstellerin, die streitgegenständliche Werbeaussage beinhalte eine gemäß § 3 UWG unzulässige Alleinstellung, ist rechtsirrig. Das gilt schon deshalb, weil nur eine solche Werbeaussage den Tatbestand einer Alleinstellungswerbung begründen kann, die vom Publikum als Tatsachenangabe über geschäftliche Verhältnisse, insbesondere betreffend die Eigenschaften einer Ware, verstanden werden könnte. Angaben im Sinne des § 3 sind nämlich lediglich nachprüfbare Aussagen[14]. Der Werbeslogan „Mutti gibt mir immer nur das Beste" wird vom Kaufpublikum allein als ein Kaufappell verstanden, nämlich dahingehend, daß die Mütter aufgefordert werden, ihrem Kind jeweils nur das Beste zu geben. Auch soweit die räumliche Druckanordnung der gegenständlichen Werbeaussage zur Packung des X-Fertigbreis der Antragsgegnerin eine gedankliche Verbindung zwischen dem Superlativ „das Beste" und dem Erzeugnis der Antragsgegnerin herstellt, ist diese nicht geeignet, der streitgegenständlichen Werbeaussage Alleinstellungscharakter zu verleihen. Das gilt deshalb, weil im Bereich der Kindernahrungsmittel der Begriff „das Beste" überhaupt nicht erfaßbar ist. Denn die Bekömmlichkeit eines jeden Nahrungsmittels hängt von der Konstitution des einzelnen Kleinkindes ab. Des weiteren differieren die Auffassungen darüber, welche Ernährungsweise für die Kleinkinder die geeignetste sei, erheblich. Diese Gegebenheiten sind insbesondere den durch die Werbung der Antragsgegnerin angesprochenen Hausfrauen und Müttern bekannt. Dementsprechend werden sie die Werbeaussage als das erkennen, was sie tatsächlich ist, nämlich als eine Werbebehauptung im Sinne eines eindeutig subjektiven Werturteils[15].

3. Ein etwaiges Verfügungsbegehren der Antragstellerin wäre jedoch auch schon deshalb zurückzuweisen, weil es an der für den Erlaß einer einstweiligen Verfügung erforderlichen Dringlichkeit fehlt[16]. Insbesondere ist die Dringlichkeitsvermutung gemäß § 25 UWG widerlegt. Die Antragsgegnerin wirbt mit der angegriffenen Werbeaussage in erheblichem Umfang schon seit ca. 1 Jahr. Das war der Antragstellerin auch bekannt. So ist beispielsweise das Mitglied der Geschäftsleitung Y der Antragsgegnerin von dem Mitglied der Geschäftsleitung Z der Antragstellerin vor ca. 9 Monaten auf die streitgegenständliche Werbeaussage angesprochen worden. Seitdem ist die Antragstellerin – mit Ausnahme des Abmahnungsschreibens gemäß Anlage 2 – nicht mehr auf die Angelegenheit zurückgekommen. In einer etwaigen mündlichen Verhandlung werde ich entsprechende Glaubhaftmachungsmittel, nämlich eidesstattliche Versicherungen der Geschäftsleitung der Antragsgegnerin, vorlegen. Wer jedoch mehr als 9 Monate in Kenntnis eines vermeintlichen Wettbewerbsverstoßes zuwartet, bevor er gerichtliche Hilfe in Anspruch nimmt, kann sich nicht mehr auf die Dringlichkeitsvermutung des § 25 UWG berufen[17], jedenfalls ist die besondere Dringlichkeit i. S. der §§ 937 Abs. 2, 944 ZPO nicht mehr gegeben, die den Erlaß einer einstweiligen Verfügung ohne mündliche Verhandlung durch den Herrn Vorsitzenden allein gestattet[18].

Weiterer Sachvortrag bleibt vorbehalten.

Eine beglaubigte und eine einfache Abschrift sind zum Zwecke der Aushändigung an die Antragstellerin für den Fall beigefügt, daß ein Verfügungsantrag tatsächlich gestellt wird.

Rechtsanwalt

2. Schutzschrift

Schrifttum: Pastor, Die Schutzschrift gegen wettbewerbliche einstweilige Verfügungen, WRP 1972, 229 ff.; *ders.,* Der Wettbewerbsprozeß, 3. Aufl. 1980, S. 110 ff.; *Ahrens,* Wettbewerbsverfahrensrecht, 1983, S. 189 ff.; *Borck,* Kostenfestsetzung auf Grund von Schutzschrift-Hinterlegung?, WRP 1978, 262 ff.; *Teplitzky,* Die Schutzschrift als vorbeugendes Verteidigungsmittel gegen einstweilige Verfügungen, NJW 1980, 1667 ff.; *ders.,* Schutzschrift, Glaubhaftmachung und besondere Dringlichkeit bei § 937 Abs. 2 ZPO, WRP 1980, 373 ff.; *ders.,* Wettbewerbsrechtliche Ansprüche, 5. Aufl. 1986, Kap. 55, Rd. 51 ff.; *May,* Die Schutzschrift im Arrest- und Einstweiligen-Verfügungs-Verfahren, 1983; *Hilgard,* Die Schutzschrift im Wettbewerbsrecht, 1985; *Herr,* Vom Sinn und Unsinn der Schutzschriften, GRUR 1986, 436; *Deutsch,* Die Schutzschrift in Theorie und Praxis, GRUR 1990, 327; *Wilke/Jungeblut,* Abmahnung, Schutzschrift und Unterlassungsverpflichtungserklärung im gewerblichen Rechtsschutz, 1995; *Krahe,* Die Schutzschrift, Kostenerstattung und Gebührenanfall, 1991.

Anmerkungen

1. Schutzschriften sind an dasjenige Gericht und – beim Landgericht – an diejenige Kammer zu richten, das/die erwartungsgemäß der mutmaßliche Antragsteller anrufen wird. Handelt es sich wie hier um eine wettbewerbsrechtliche Streitigkeit, so ist gemäß §§ 94, 95, Abs. 1 Nr. 5 GVG, § 27 Abs. 1 UWG die Kammer für Handelssachen zuständig. Häufig ist es wegen des im Wettbewerbsrecht geltenden sogenannten fliegenden Gerichtsstandes (§ 24 Abs. 2 UWG) notwendig, eine Schutzschrift bei mehreren Gerichten zu hinterlegen (gegen „Übertreibungen" zu Recht *Herr* GRUR 1986, 436). Die Anwendbarkeit des „fliegenden Gerichtsstandes", nämlich denjenigen der unerlaubten Handlung, ist durch die Neufassung des § 24 Abs. 2 UWG durch das Gesetz zur Änderung des Gesetezs gegen unlauteren Wettbewerb vom 25. Juli 1994 mit Wirkung ab 1. August 1994 erheblich eingeschränkt. Danach gilt der Gerichtsstand des § 24 Abs. 2 Satz 1 UWG im Falle der Herleitung der Aktivlegitimation aus § 13 Abs. 2 Nrn. 1 bis 4 UWG (und damit für die nach Sicht des Gesetzgebers überwiegende Mehrzahl der Fälle) nur noch dann, wenn der Beklagte im Inland keinen Wohnsitz hat. Der in Wettbewerbssachen tätige Anwalt muß ab dem 1. August 1994 verstärkt der Frage Beachtung schenken, ob der Antragsteller/Kläger seine Aktivlegitimation aus unmittelbarer Betroffenheit (z.B. gemäß §§ 1, 3 UWG) oder nur aus § 13 Abs. 2 Nr. 1 UWG herleiten kann (vgl. dazu Anm. 4 zu Form. II. L. 1. mwN.). Bei eigener unmittelbarer Betroffenheit kann der Gerichtsstand des § 24 Abs. 2 S. 1 UWG in Anspruch genommen werden (vgl. OLG Düsseldorf, GRUR 1994, 837, 838 – Fliegender Gerichtsstand; *von Linstow,* WRG 1994, 789).

2. Es empfiehlt sich, aus Vorsichtsgründen eine Schutzschrift trotz der Zuständigkeit der Kammer für Handelssachen auch an die Zivilkammer zu richten. Gemäß § 96 Abs. 1 GVG hat der Kläger – im einstweiligen Verfügungsverfahren der Antragsteller – ein Wahlrecht zwischen Zivilkammer und Kammer für Handelssachen. Dieses gilt trotz § 27 Abs. 1 UWG auch für die Geltendmachung wettbewerbsrechtlicher Ansprüche, wenn diese in Anspruchsgrundlagenkonkurrenz zu bürgerlichrechtlichen Ansprüchen geltend gemacht werden (vgl. *Baumbach/Hefermehl* UWG § 27 Rdn. 2). Bei einigen Landgerichten sind Zivilkammern als Spezialwettbewerbskammern eingerichtet (z.B. bei den Landgerichten Frankfurt/M., Düsseldorf, Hamburg und Köln). Diese werden in der Praxis häufig auch in „reinen" Wettbewerbsstreitigkeiten angerufen, in der ebenfalls ganz überwiegend bestätigten Erwartung, daß der Beklagte keinen Verweisungsantrag gem. § 98 Abs. 1 S. 1 GVG stellt.

3. Das Institut der Schutzschrift ist in der geltenden Zivilprozeßordnung nicht ausdrücklich verankert. Es hat gewohnheitsrechtlichen Charakter und ist als eine außerhalb eines anhängigen Verfahrens nur für den Fall des Anhängigwerdens eines einstweiligen Verfügungsverfahrens erfolgte Anregung an das Gericht zu verstehen. Ihre Beachtlichkeit für das angerufene Gericht im Falle einer tatsächlichen Antragstellung auf Erlaß einer einstweiligen Verfügung ergibt sich als Ausformung des Grundsatzes vom rechtlichen Gehör (Art. 103 Abs. 1 GG) aufgrund des summarischen Charakters des einstweiligen Verfügungsverfahrens und insbesondere infolge der Regelung gemäß § 937 Abs. 2 ZPO, wonach in besonders dringenden Fällen die Entscheidung durch das Gericht auch ohne mündliche Verhandlung – regelmäßig durch den Vorsitzenden (§ 944 ZPO) – erfolgen kann. Diese prozessuale Möglichkeit gibt dem Antragsteller eine sehr scharfe Waffe in die Hand, denn eine so ergangene Beschlußverfügung bildet einen ohne Sicherheitsleistung vorläufig vollstreckbaren Titel, dessen Nichtbeachtung ein erhebliches Bestrafungsrisiko (§ 890 ZPO) mit sich bringt. Es erfordert durch das angerufene Gericht eine sehr sorgfältige und strenge Überprüfung, ob insbesondere die Voraussetzung besonderer Dringlichkeit gem. § 937 Abs. 2 ZPO für den Erlaß der beantragten einstweiligen Verfügung ohne mündliche Verhandlung gegeben ist (vgl. dazu *Teplitzky* GRUR 1978, 286 f. und WRP 1980, 374/375; OLG Karlsruhe WRP 1989, 265).

4. Die mutmaßlichen Parteien des etwaigen einstweiligen Verfügungsverfahrens sind im Aktiv- und Passivrubrum – wie auch sonst – möglichst genau zu bezeichnen.

5. Die Schutzschrifthinterlegung unterliegt keinem Anwaltszwang.

6. Erfolgt die Hinterlegung der Schutzschrift durch einen beim Gericht zugelassenen Rechtsanwalt, so muß die Zustellung einer etwaig ergehenden Beschlußverfügung an ihn erfolgen (§ 176 ZPO), anderenfalls grundsätzlich keine Vollziehung der Verfügung vorliegt (Gefahr des Verstreichens der Vollziehungsfrist, § 929 Abs. 2 ZPO; vgl. dazu OLG Düsseldorf WRP 1982, 531 f. und GRUR 1984, 79, 80; OLG Karlsruhe WPR 1986, 166 ff.; zur Problematik vgl. auch *Melullis* WRP 1982, 249 ff.; zur Heilung eines Zustellungsmangels gem. § 187 ZPO im Bereich des § 929 Abs. 2 ZPO vgl. OLG Karlsruhe aaO. mwN.). Hat der Antragsteller in nicht vorwerfbarer Weise keine Kenntnis davon, daß sich für den Antragsgegner ein Anwalt bestellt hat, so kann die Zustellung an den Antragsgegner persönlich als Vollziehung ausreichen (OLG Hamburg GRUR 1987, 66; OLG Frankfurt/M. MD 1988, 1105, 1106).

7. Es ist Ziel einer Schutzschrift, die vorstehend in Anm. 3 geschilderten und zu Lasten des mutmaßlichen Antragsgegners bestehenden prozessualen Nachteile auszugleichen. Da des weiteren bei Einreichung einer Schutzschrift ein Antrag auf Erlaß einer einstweiligen Verfügung regelmäßig noch nicht vorliegt, ist durch die Schutzschrift selbst ein Prozeßrechtsverhältnis noch nicht begründet (str., aA. OLG Hamburg WRP 1977, 495 f.), so daß ein Sachantrag nicht ohne weiteres möglich erscheint. Nach der Neufassung des § 937 Abs. 2 ZPO durch das Rechtspflegevereinfachungsgesetz kann jedoch nicht nur in dringenden Fällen, sondern auch dann, wenn der Verfügungsantrag aus prozessualen oder sachlichen Gründen zurückzuweisen ist, eine Entscheidung ohne mündliche Verhandlung ergehen. Es ist mithin schon in der Schutzschrift ein Zurückweisungsantrag zu stellen (zur Zulässigkeit eines Sachantrages vgl. *Hilgard* S. 14 mwN.; *Teplitzky*, Wettbewerbsrechtliche Ansprüche, 5. Aufl. 1986, Kap. 55 Rd. 51 mwN.; *Wilke/Jungeblut*, Abmahnung und Schutzschrift, S. 95).

8. Dieser Antrag verwirklicht den eigentlichen Zweck der Schutzschrift (vgl. Anm. 3).

9. Der Kostenantrag hat für den Fall Bedeutung, daß es trotz Einreichung eines Antrags auf Erlaß einer einstweiligen Verfügung nicht zur Durchführung einer mündlichen Verhandlung kommt, weil entweder der Verfügungsantrag durch Beschluß zurückgewiesen (vgl. zu dieser Möglichkeit Anm. 7) oder vom Antragsteller zurückgenommen wird. Kommt es zur Zurückweisung des Verfügungsantrags durch Beschluß, so muß das Gericht schon von Amts wegen gemäß § 308 Abs. 2 ZPO dem Antragsteller die Kosten des Verfahrens auferlegen, ohne zu prüfen, ob dem Antragsgegner erstattungsfähige Kosten entstanden sind oder nicht (zutr. OLG Hamburg WRP 1983, 586 für den Fall der Antragsrücknahme). Zu den Kosten des Verfügungsverfahrens gehören auch diejenigen der Hinterlegung einer Schutzschrift (str., wie hier die wohl überwiegende Auffassung der Oberlandes-

2. Schutzschrift
II. L. 2

gerichte, vgl. dazu die Nachweise bei *Teplitzky* in Anm. zu OLG Düsseldorf GRUR 1988, 405; a.A. OLG Düsseldorf aaO. S. 404, 405). Überwiegend wird in der Rechtsprechung der Oberlandesgerichte auch die Auffassung vertreten, daß die Kosten einer Schutzschrift im Falle der Antragsrücknahme gem. § 269 Abs. 3 Satz 2 ZPO (analog) vom Antragsteller zu tragen sind (vgl. OLG Hamburg WRP 1977, 495/496 = MDR 1976, 498 = NJW 1977, 813; OLG Köln NJW 1973, 2071; OLG Stuttgart NJW 1956, 426; WRP 1979, 818; OLG Frankfurt NJW 1955, 1194; WRP 1982, 334; OLG Koblenz WRP 1982, 539; KG Rpfleger 1980, 437; GRUR 1985, 325; OLG München WRP 1983, 358; Rpfleger 1986, 196; OLG Karlsruhe WRP 1981, 39; 1986, 352; OLG Düsseldorf (6. ZS) WRP 1981, 652; a.A. OLG Düsseldorf (2. ZS = Wettbewerbssenat) WRP 1980, 561 f.; WRP 1986, 331 f. und GRUR 1988, 404 ff. m. abl. Anm. *Teplitzky*, der eine ausführliche Übersicht zum Meinungsstand gibt; vgl. auch *Borck* WRP 1978, 262 ff.; *Hilgard* S. 55 ff.; *Wilke*, Abmahnung und Schutzschrift, 1991, S. 86 ff.). OLG Düsseldorf WRP 1986, 332 verneint generell die Erstattungsfähigkeit der Kosten für die Hinterlegung einer Schutzschrift durch einen beim Landgericht nicht zugelassenen Anwalt. Dieser Auffassung kann nicht gefolgt werden: Daß die Hinterlegung einer Schutzschrift geboten war, zeigt sich immer dann, wenn ein Antrag auf Erlaß einer einstweiligen Verfügung gestellt und sodann abgewiesen oder zurückgenommen wurde. Insoweit ist es eine sachgerechte Verteidigungsmaßnahme, eine Schutzschrift gegebenenfalls auch durch einen auswärtigen Anwalt zu hinterlegen, da anderenfalls lediglich für die Hinterlegung von Schutzschriften bei verschiedenen Gerichten mehrere anwaltliche Bevollmächtigte bestellt und tätig werden müßten. Das wäre ein in kostenmäßiger Hinsicht nicht zu vertretender Aufwand.

10. Zustimmungserklärung gemäß §§ 217, 224 Abs. 1 ZPO, die zwar entbehrlich (Ladungsfristen können gemäß § 226 Abs. 3 ZPO auch ohne Zustimmung des Antraggegners abgekürzt werden), jedoch üblich ist und dem besonderen Eil-Charakter des Verfügungsverfahrens entspricht. Eine Einlassungsfrist (§ 274 Abs. 3 ZPO) gibt es im einstweiligen Verfügungsverfahren nicht.

11. Diese Erklärung verwirklicht das Prinzip des rechtlichen Gehörs, diesmal für den Antragsteller.

12. Der Sachverhalt entspricht der Fallgestaltung der Entscheidung BGH GRUR 1965, 363 f. – Fertigbrei.

13. Es empfiehlt sich, das Streitverhältnis kurz darzustellen, insbesondere eine etwaig angegriffene Werbeanzeige zum Zwecke der Anschauung zu übermitteln. Im Hinblick auf die in § 937 Abs. 2 ZPO vorgesehene Möglichkeit, einen Verfügungsantrag sowohl aus prozessualen wie auch aus materiellen Gründen ohne mündliche Verhandlung durch Beschluß zurückzuweisen, sollte nicht nur zu den prozessualen Fragen der Dringlichkeit, die in Wettbewerbsangelegenheiten gemäß § 25 UWG vermutet wird, und der besonderen Dringlichkeit der §§ 937 Abs. 2, 944 ZPO, sondern auch zur materiell- rechtlichen Streitfrage in tatsächlicher und rechtlicher Hinsicht Stellung genommen werden (vgl. dazu auch *Teplitzky* NJW 1980, 1667 mwN.).

14. Vgl. *Baumbach/Hefermehl* UWG § 3 Rdn. 13.

15. Vgl. BGH GRUR 1965, 363, 365 linke Sp. – Fertigbrei.

16. Soweit zur Dringlichkeit als der Zulässigkeitsvoraussetzung eines Antrags auf Erlaß einer einstweiligen Verfügung Stellung genommen wird, enthält die Schutzschrift eine die Zurückweisung des Antrags auf Erlaß einer einstweiligen Verfügung betreibende Verteidigung (vgl. § 937 Abs. 2 ZPO).

17. Vgl. *Baumbach/Hefermehl* UWG § 25 Rdnrn. 11 ff., insbesondere 13 ff. mwN. aus der sehr kontroversen Rspr. Im Bereich der Bestimmung des § 3 UWG wird teilweise die Auffassung vertreten, daß die für den Erlaß einer einstweiligen Verfügung erforderliche Dringlichkeit ohne Berücksichtigung des Zeitablaufs gegeben sei (vgl. OLG Hamburg

WRP 1977, 109; kritisch: *Teplitzky* WRP 1978, 117 ff. und WRP 1980, 375 Fn. 29). Die Kenntnis des Gläubigers vom Wettbewerbsverstoß und damit die Widerlegung der Dringlichkeit muß der Wettbewerbsstörer darlegen und gegebenenfalls glaubhaft machen (*Baumbach/Hefermehl* UWG § 25 Rdn. 13).

18. Wird die für den Erlaß einer einstweiligen Verfügung erforderliche Dringlichkeit vom Gericht angenommen, so ist damit noch nicht die Annahme besonderer Dringlichkeit gemäß §§ 937 Abs. 2, 944 ZPO gerechtfertigt (vgl. Anm. 3), wenngleich auch in der Praxis regelmäßig bejaht. Dennoch sollte auf die besondere Problematik bei Annahme der besonderen Dringlichkeit in der Schutzschrift hingewiesen werden.

Kosten und Gebühren

Zur Höhe von Anwaltsgebühren im Zusammenhang mit der Hinterlegung von Schutzschriften vgl. *Hilgard* S. 112 ff.; *May* S. 109 ff.; *Wilke/Jungeblut*, Abmahnung und Schutzschrift, 1995, S. 98 ff.

Bejaht man eine prozessuale Kostenerstattungspflicht des Antragstellers im Falle der Hinterlegung einer Schutzschrift, so richten sich die Anwaltsgebühren für die Anfertigung und Hinterlegung einer Schutzschrift nach §§ 31 ff. BRAGO. Die nicht einheitlich in Rechtsprechung und Schrifttum beurteilte Rechtslage kann hier nur skizziert werden:

Enthält die Schutzschrift – wie im Formular vorgesehen – einen Sachantrag und kommt es zu einem Verfügungsantrag, so entsteht gemäß §§ 40 Abs. 1, 31 Abs. 1 Nr. 1 BRAGO eine $^{10}/_{10}$ Prozeßgebühr (str., wie hier *Göttlich/Mümmler*, BRAGO, 15. Aufl. 1984, S. 1260; a. A. z. B. *Gerold/Schmidt/von Eicken/Madert*, BRAGO, 12. Aufl. 1995, Rdn. 30 zu § 40; OLG Hamburg MDR 1978, 151; OLG Frankfurt WRP 1987, 114/115; OLG Köln GRUR 1988, 725 mit Anm. *Ahrens;* danach soll immer nur eine $^{5}/_{10}$ Gebühr gemäß §§ 32 Abs. 1, 40 Abs. 1 BRAGO entstehen, weil eine Schutzschrift keine Sachanträge, sondern nur Anregungen enthalten könne).

Enthält eine Schutzschrift nur Prozeßanträge oder kommt es nicht zu einem Verfügungsantrag, so entsteht nur eine $^{5}/_{10}$ Gebühr gemäß §§ 32 Abs. 1, 40 Abs. 1 BRAGO, die freilich im letztgenannten Fall mangels Prozeßgegnerschaftsverhältnisses nicht gerichtlich festgesetzt werden kann.

Geht man davon aus, daß die Kosten einer Schutzschrift nicht als Prozeßkosten erstattungsfähig sind, so ist § 118 Abs. 1 BRAGO einschlägig. Danach besteht ein Gebührenrahmen zwischen $^{5}/_{10}$ und $^{10}/_{10}$ Anwaltsgebühr (vgl. *Borck* WRP 1978, 265; *May* S. 111, der regelmäßig eine $^{5}/_{10}$ Gebühr für angemessen hält; ebenso zuvor schon *Pastor* WRP 1972, 229/237 r. Sp.).

3. Antrag auf Erlaß einer einstweiligen Verfügung wegen irreführender Werbung und unerlaubter Bezugnahme

An das
Landgericht
Kammer für Handelssachen[1]

Antrag

auf Erlaß einer einstweiligen Verfügung

des Landesinnungsverbandes der Bäcker- und Konditormeister des Landes Nordrhein-Westfalen e. V., X-Stadt, vertreten durch den Vorstand, dieser vertreten durch ......, ebenda, ... straße

– Antragstellers –

3. Antrag auf Erlaß einer einstweiligen Verfügung   **II. L. 3**

Verfahrensbevollmächtigter: Rechtsanwalt ......

gegen

die Firma B ......

– Antragsgegnerin –

wegen unlauteren Wettbewerbs

Streitwert: vorläufig geschätzt DM ......[2]

Namens und in Vollmacht[3] des Antragstellers beantrage ich,
das Gericht möge im Wege der einstweiligen Verfügung – wegen besonderer Dringlichkeit ohne mündliche Verhandlung durch Beschluß –[4] anordnen:

I. Der Antragsgegnerin wird es bei Meidung eines für jeden Fall der Zuwiderhandlung fälligen Ordnungsgeldes bis zu DM 500.000,–, ersatzweise Ordnungshaft bis zu 6 Monaten oder Ordnungshaft bis zu 6 Monaten, im Wiederholungsfall Ordnungshaft bis zu zwei Jahren[5], untersagt,
sich im geschäftlichen Verkehr zu Wettbewerbszwecken zur Kennzeichnung ihres auf den Vertrieb von fabrikmäßig hergestellten Brotes gerichteten Geschäftsbetriebes der Bezeichnung

„Die Backstube"

zu bedienen[6];

II. der Antragsgegnerin werden die Kosten des einstweiligen Verfügungsverfahrens auferlegt.

Begründung:

I.

1. Der Antragsteller ist der Landesinnungsverband der Bäcker- und Konditoreimeister-Innungen des Landes Nordrhein-Westfalen. Gemäß § 82 Handwerksordnung obliegt ihm die Förderung der gewerblichen Interessen der Mitgliederverbände und deren Mitglieder. Diese Aufgabe ist des weiteren in § ...... seiner Satzung enthalten.

Glaubhaftmachung: Satzung des Antragstellers, überreicht als Anlage 1.

Der Antragsteller ist daher zur Geltendmachung wettbewerbsrechtlicher Ansprüche gemäß § 13 Abs. 2 Nr. 4 UWG aktiv legitimiert[7].

2. Die Antragsgegnerin stellt fabrikmäßig Backwaren her. Sie verfügt beispielsweise über eine Fabrik in ...... stadt. Zum Zwecke der Glaubhaftmachung überreiche ich als Anlage 2 Angebotsunterlagen der Antragsgegnerin, aus denen sich die fabrikmäßige Herstellung ihrer Backerzeugnisse ergibt. Die Antragsgegnerin ist dazu übergegangen, ihre Backerzeugnisse nicht nur wie bisher durch Lebensmittelfilialisten und die Fachabteilungen der Kaufhäuser abzusetzen, sondern auch eigene Vertriebsstellen gegenüber dem Endverbraucher einzurichten. Eine derartige Vertriebsstelle befindet sich beispielsweise in ...... Bei dem Vertrieb ihrer Erzeugnisse durch eigene Vertriebsstellen gegenüber dem Endverbraucher bedient sich die Antragsgegnerin jedoch unzulässiger Mittel, indem sie ihre Vertriebsstellen jeweils mit der Bezeichnung „Die Backstube" versieht. Diese Bezeichnung bringt sie beispielsweise außerhalb des Ladengeschäftes an.

Glaubhaftmachung: Foto des Ladengeschäftes der Antragsgegnerin in ...... stadt; überreicht als Anlage 3[8].

3. Die Antragsgegnerin ist vor Antragstellung durch Übersendung eines Anwaltsschreibens unter Fristsetzung von einer Woche ergebnislos abgemahnt worden. Insoweit ist der anhängig gemachte Antrag auf Erlaß einer einstweiligen Verfügung zur Verteidigung der Rechte des Antragstellers dringend geboten[9].

Mes

II.

Die rechtliche Bewertung ergibt das Folgende:

1. Das Verhalten der Antragsgegnerin verstößt gegen § 3 UWG. Wird wie hier eine Bezeichnung „Die Backstube" im Zusammenhang mit einem Ladengeschäft und den darin angebotenen gewerblichen Leistungen benutzt, so handelt es sich um eine Angabe im Sinne des § 3 UWG[10]. Der Begriff „Backstube" weist auf eine handwerklich ausgeführte Tätigkeit des Bäckereigewerbes hin. In einer „Backstube" backt nach den Vorstellungen des Publikums der Bäcker; eine Fabrikationshalle, in denen Backwaren fabrikmäßig hergestellt werden, pflegt allgemein nicht als „Backstube" bezeichnet zu werden. Infolgedessen ist die Angabe „Backstube" im Zusammenhang mit dem Vertrieb von fabrikmäßig hergestellten Backwaren geeignet, das Kaufpublikum über den Herstellungsort, die Herstellungsweise und insbesondere auch die Qualität derartiger Backwaren irrezuführen. Denn allgemein besteht die Vorstellung, daß dasjenige, was „von Hand gebacken" ist, in der Qualität besser sei als die fabrikmäßige Herstellung. Da die Mitglieder der angerufenen Kammer ebenfalls zu den hier interessierenden Verkehrskreisen – den Letztverbrauchern – gehören und es sich um Waren des allgemeinen Bedarfs handelt, kann die Kammer aufgrund eigener Sachkunde und Erfahrung die hier geltend gemachte Irreführung bejahen[11].

2. Neben dem Verstoß gegen § 3 UWG liegt auch eine Verletzung des § 1 UWG in der Verwendung der Bezeichnung „Die Backstube" im Zusammenhang mit dem Vertrieb von Fabrikbackwaren. Mit der Bezeichnung „Backstube" wird nämlich anlehnend Bezug genommen auf das Bäckereihandwerk, indem die mit dem Bäckereihandwerk verbundenen Qualitätsvorstellungen der dort erzeugten Waren zum Vorspann für die eigene Leistung gemacht werden. Die in Rede stehende Bezugnahme ist auch ausreichend individualisiert, da der Kreis der Betroffenen überschaubar ist. Es handelt sich um die ortsansässigen Bäcker und Konditoren, an deren Leistungen sich die Antragsgegnerin anlehnt. Auf die Frage der Individualisierbarkeit der Bezugnahme kommt es hier jedoch schon deshalb nicht an, weil der streitgegenständlichen Angabe der Antragsgegnerin zu eigen ist, anstelle sachlicher Information in suggestiver Weise das Kaufpublikum durch die Verwendung einer Bezeichnung anzulocken, mit der es eine andere und günstigere Vorstellung verbindet, als es der wirklichen Sachlage entspricht. Ein solches Verhalten ist unzulässig (vgl. BGH WRP 1967, 184ff. – Maßkleidung)[12].

3. Der Verfügungsgrund wird in Wettbewerbssachen gemäß § 25 UWG vermutet. Tatsächlich liegt die Dringlichkeit auch auf der Hand. Würde es der Antragsgegnerin gestattet, ihr unzulässiges Verhalten weiterhin fortzusetzen, so würde den Mitgliedern der Innungsverbände des Antragstellers ein nicht wiedergutzumachender Schaden entstehen. Es ist ein allgemeiner Erfahrungssatz im Wettbewerbsrecht, daß im nachhinein durch die Geltendmachung von Schadensersatz der tatsächlich entstandene Schaden nicht mehr ausgeglichen werden kann. Damit ist zugleich auch die besondere Dringlichkeit für den Erlaß einer einstweiligen Verfügung gemäß § 937 Abs. 2 ZPO ohne mündliche Verhandlung dargetan[13].

4. Die Zuständigkeit des angerufenen Gerichts ergibt sich daraus, daß die Antragsgegnerin auch im Gerichtsbezirk über eine Vertriebsstätte verfügt.

Glaubhaftmachung: Eidesstattliche Versicherung gemäß Anlage 4.

Eine beglaubigte und eine einfache Abschrift sind zum Zwecke der Zustellung[14] beigefügt[15].

Rechtsanwalt

Schrifttum: Ahrens, Wettbewerbsverfahrensrecht/Zum vorbeugenden Rechtsschutz durch einstweiligen Rechtsschutz, 1983; *Bernecke,* Die einstweilige Verfügung in Wettbe-

3. Antrag auf Erlaß einer einstweiligen Verfügung **II. L. 3**

werbssachen, 1995; *Ulrich,* Die Beweislast in Verfahren des Arrestes und der einstweiligen Verfügung, GRUR 1985, 201 ff.; *ders.,* Die Aufbrauchsfrist in Verfahren der einstweiligen Verfügung, GRUR 1991, 26 ff.; *ders.,* Die Befolgung und Vollziehung einstweiliger Unterlassungsverfügungen sowie der Schadensersatzanspruch gem. § 945 ZPO, WRP 1991, 361 ff.; vgl. die weiteren Hinweise in der Schrifttumsübersicht zu Form. II. L. 1.

Anmerkungen

1. Die Zuständigkeit der Kammer für Handelssachen ergibt sich gemäß §§ 94, 95 Abs. 1 Nr. 5 GVG, § 27 Abs. 1 UWG. Vgl. zur Zuständigkeit auch Anm. 2 zu Form. II. L. 2. Vor jedem Antrag auf Erlaß einer einstweiligen Verfügung sowie insbesondere vor der Zustellung einer Beschlußverfügung sollte sorgfältig das sich im Zusammenhang mit § 945 ZPO ergebende Schadensersatzrisiko erwogen werden. Erweist sich nämlich die ergangene einstweilige Verfügung von Anfang an als unbegründet, so ist der Antragsteller verpflichtet, dem Antragsgegner den sich aus der Vollziehung (= Zustellung) der Unterlassungsverfügung entstehenden Schaden zu erstatten. Auf ein Verschulden des Antragstellers kommt es dabei nicht an. Instruktiv sind hierzu die Entscheidungen BGH GRUR 1992, 203 – Roter mit Genever; 1993, 998 – Verfügungskosten.

2. Gegenstand eines Verfügungsbegehrens ist lediglich ein Unterlassungsanspruch, dessen vorläufige Sicherung erstrebt wird. Bei einigen Gerichten hat sich daher die Übung herausgebildet, den Streitwert eines wettbewerbsrechtlichen Verfügungsverfahrens geringer als denjenigen eines Hauptklageverfahrens mit gleichem Unterlassungsantrag anzusetzen. LG Berlin und KG gehen z. B. davon aus, daß der Streitwert des Verfügungsverfahrens lediglich ⅓ der Hauptklage betrage (vgl. KG WRP 1982, 157; 1977, 793; dagegen *Ahrens* GRUR 1988, 727). Die Rspr. der Oberlandesgerichte ist nicht einheitlich (vgl. *Kur,* Streitwert und Kosten im Verfahren wegen unlauteren Wettbewerbs. Abmahnung, einstweilige Verfügung, Hauptsacheklage, Streitwertbegünstigung; *Ahrens,* Wettbewerbsverfahrensrecht, S. 227 ff., 279 ff.). Es erscheint häufig angemessen, den Streitwert des Unterlassungsverfügungsverfahrens in vergleichbarer Höhe wie denjenigen des Hauptklageverfahrens zu bestimmen. Die rasche Durchsetzung des Unterlassungsinteresses des Gläubigers im Verfügungsverfahren wiegt ebenso schwer wie seine langfristige Durchsetzung in einem Hauptklageverfahren. Hinzu kommt, daß der Weg der einstweiligen Verfügung vom Wettbewerbsgläubiger mit dem Ziel beschritten wird, eine endgültige Regelung zu bewirken (vgl. z. B. das Instrument des Abschlußschreibens, Form. II. L. 4; wie hier OLG Hamburg WRP 1980, 209, 213; vgl. auch *Baumbach/Hefermehl* UWG Rdn. 45 zu § 25 UWG mwN.; differenzierend *Teplitzky,* Wettbewerbsrechtliche Ansprüche, 5. Aufl. 1986, Kap. 49 Rdn. 10 ff., insbesondere Rdn. 24 ff.). Zum Streitwert einer Wettbewerbsklage vgl. Form. II. L. 9 Anm. 3. Der Angabe eines Streitwertes in wettbewerbsrechtlichen Anträgen auf Erlaß einer einstweiligen Verfügung oder in einer Klage kommt nur indizielle Bedeutung zu (OLG Köln MD 1994, 80). Dem wird durch die Hinzufügung der Worte „vorläufig geschätzt" Rechnung getragen. Es kann sich empfehlen – am Ende der Antragsschrift oder der Klage –, die Streitwertangabe näher zu begründen.

3. Gemäß § 88 Abs. 2 ZPO ist bei Einreichung eines Antrags auf Erlaß einer einstweiligen Verfügung die Übersendung einer Vollmacht nicht erforderlich.

4. Besondere Verfahrensbitte gemäß § 937 Abs. 2 ZPO. Diese beinhaltet zugleich regelmäßig auch die Verfahrensbitte gemäß § 944 ZPO, daß der Vorsitzende der angerufenen Kammer allein entscheiden möge.

5. Vgl. § 890 Abs. 1 ZPO. Das Höchstmaß der ersatzweisen Ordnungshaft beträgt ebenfalls sechs Monate. (vgl. *Pastor,* Der Wettbewerbsprozeß, 3. Aufl. 1980, S. 840 mwN.; a. A. unter Hinweis auf Art. 6 Abs. 2 EStGB *Baumbach/Lauterbach/Albers/Hartmann* Rdn. 17 zu § 890 ZPO: 6 Wochen). Es wird die Auffassung vertreten, daß bei Personalgesellschaften oder juristischen Personen Ordnungshaft, auch in Form der Ersatz-

ordnungshaft, nicht angedroht werden könne (vgl. OLG Bremen WRP 1979, 464/466 mwN.). Ein entsprechender Antrag auf Androhung schadet jedoch nicht.

6. Zur Bestimmung des Antragsinhalts vgl. die Ausführungen bei *Pastor,* Der Wettbewerbsprozeß – Verwarnung – Einstweilige Verfügung – Unterlassungsklage, 3. Aufl. 1980, S. 662 ff.; *Teplitzky,* Wettbewerbsrechtliche Ansprüche, 5. Aufl. 1986, Kap. 51, Rdn. 1 ff. In wettbewerbsrechtlichen Streitigkeiten gilt der Grundsatz, daß der Unterlassungsantrag eine „Kurzfassung" der Klageschrift bzw. des Antrags auf Erlaß einer einstweiligen Verfügung sein muß. In ihm müssen diejenigen Tatumstände gekennzeichnet sein, die das Verhalten des Verletzers nach Auffassung des Rechtsschutzsuchenden als wettbewerbswidrig erscheinen lassen. Mit anderen Worten: Zu beschreiben ist die sogenannte „konkrete Verletzungshandlung". Um einen entsprechenden Antrag formulieren zu können, ist zuvor zu fragen: „Was erscheint im Verhalten des Gegners wettbewerbswidrig? Was soll angegriffen (untersagt) werden?" Instruktiv: BGH GRUR 1979, 859/860 – Hausverbot II; 1984, 593/594 r. Sp. – Adidas; 1986, 898/900 – Frank der Tat; 1987, 371/373 – Kabinettwein; 1991, 254 = WRP 1991, 216 – Unbestimmter Unterlassungsantrag; GRUR 1992, 625 – Therapeutische Äquivalenz; WRP 1993, 478 – Faltenglätter; GRUR 1994, 310 – Mozarella II; OLG Frankfurt GRUR 1988, 563. Zum Begriff der konkreten Verletzungshandlung vgl. *Teplitzky* Kap. 5, Rdn. 2 ff.

7. Eines weiteren Sachvortrages zur Glaubhaftmachung der Aktivlegitimation der Antragstellerin bedarf es nicht; vgl. § 13 Abs. 2 UWG und die dort aufgeführten Regelungen; hier interessiert § 13 Abs. 2 Nr. 4 UWG; zur Rechtslage ab 1. 8. 1994 vgl. Anm. 4 zu Form. II. L. 1.

8. Mit diesem Sachvortrag und den entsprechenden Glaubhaftmachungsmitteln wird der Verletzungstatbestand glaubhaft gemacht.

9. Eines Hinweises auf eine vorprozessuale Abmahnung bedarf es zur Begründung des Verfügungsbegehrens nicht. Ein entsprechender Sachvortrag indiziert jedoch die besondere Dringlichkeit, weil infolge der Fruchtlosigkeit der Abmahnung die Annahme naheliegt, daß eine rasche gerichtliche Entscheidung dringend geboten ist. *Herr* schlägt vor, eine einstweilige Verfügung ohne mündliche Verhandlung dann nicht zu erlassen, wenn der Antragsteller nicht dem Verfügungsantrag das Abmahnschreiben beifügt und nicht über die Reaktion des Abgemahnten unterrichtet (GRUR 1986, 436 r. Sp.).

10. § 3 UWG enthält ein Verbot, im geschäftlichen Verkehr zu Zwecken des Wettbewerbs über geschäftliche Verhältnisse, insbesondere über die Beschaffenheit, den Ursprung, die Herstellungsart oder die Preisbemessung einzelner Waren oder gewerblicher Leistungen oder des gesamten Angebots, über Preislisten, über die Art des Bezuges oder die Bezugsquelle von Waren, über den Besitz von Auszeichnungen, über den Anlaß oder den Zweck des Verkaufs oder über die Menge der Vorräte irreführende Angaben zu machen. Der Begriff der Angabe ist wertfrei; er umfaßt jede Aussage über geschäftliche Verhältnisse, gleichgültig in welcher Weise sie geschieht, ob mündlich, schriftlich, ausdrücklich oder schlüssig. Insbesondere kann auch in der Bezeichnung einer Firma, eines Ladengeschäftes usw. eine Angabe liegen. So liegt der Fall hier. Weitere anspruchsbegründende Voraussetzung ist, daß es sich um eine irreführende Angabe handelt, die darüber hinaus geeignet sein muß, die Entschließung der Umworbenen irgendwie zu beeinflussen (vgl. zu diesem Erfordernis wettbewerbsrechtlicher Relevanz *Baumbach/Hefermehl* UWG § 3 Rdn. 87 ff.).

12. Sachverhalt und Begründung des Formulars sind der Entscheidung OLG Bremen WRP 1979, 464 ff. entnommen.

13. Die Angaben zur Dringlichkeit sollten sich sowohl auf die Bestimmung des § 25 UWG – Dringlichkeitsvermutung – als auch insbesondere auf die Darlegung der besonderen Dringlichkeit gemäß § 937 Abs. 2 ZPO beziehen.

Vor Einreichung eines Antrags auf Erlaß einer einstweiligen Verfügung muß freilich vom Antragsteller schon im Vorgriff auf ein etwaiges Verteidigungsvorbringen des An-

3. Antrag auf Erlaß einer einstweiligen Verfügung **II. L. 3**

tragsgegners geprüft werden, ob die Dringlichkeitsvermutung des § 25 UWG widerlegt werden kann (vgl. dazu Form. II. L. 2). Die Dringlichkeitsvermutung kann dann entfallen, wenn dem Antragsteller eine Durchsetzung seines Anspruchs im ordentlichen Verfahren zuvor möglich war oder noch ist (OLG Frankfurt MD 1993, 666, 667; GRUR 1989, 227). Sie ist regelmäßig dann widerlegt, wenn der Antragsteller durch sein Verhalten zu erkennen gegeben hat, daß es ihm mit der Durchsetzung des geltend gemachten Unterlassungsanspruchs nicht eilig ist. So kann die Dringlichkeitsvermutung widerlegt sein, wenn ein Antragsteller, der in erster Instanz mit seinem Antrag abgewiesen worden war, in der Berufungsinstanz den Verfügungsantrag zurücknimmt und diesen erneut vor einem anderen erstinstanzlichen Gericht anhängig macht (OLG Karlsruhe GRUR 1993, 135). Für die Annahme fehlender Eilbedürftigkeit spricht jede längere Untätigkeit in Kenntnis des Wettbewerbsverstoßes (allg. Meinung, vgl. die Nachweise bei *Baumbach/Hefermehl* UWG Rdn. 13 zu § 25 UWG). Die Frage, welcher Zeitraum seit Kenntnis des Wettbewerbsverstoßes verstrichen sein muß, um die Dringlichkeitsvermutung des § 25 UWG zu widerlegen, wird durch die Oberlandesgerichte uneinheitlich beantwortet:

Es scheint ein Nord-Südgefälle zu geben. Das Oberlandesgericht Hamburg beurteilt die Dringlichkeit relativ großzügig. Eine kritische Grenze ist bei einem Zuwarten von ca. 6 Monaten erreicht (vgl. OLG Hamburg GRUR 1977, 175, WRP 1981, 326, GRUR 1983, 134 – Frische-Werbung – und WRP 1984, 418). Soweit Allgemeininteressen berührt sind, wie es insbesondere bei einer Anspruchsherleitung aus § 3 UWG der Fall ist, steht das OLG Hamburg auf dem Standpunkt, daß auch nach längeren Zeitabläufen die Dringlichkeit – grundsätzlich – zu bejahen ist (vgl. OLG Hamburg GRUR 1977, 161; GRUR 1978, 313; dagegen: *Teplitzky* WRP 1978, 117 ff. und WRP 1980, 375 Fn. 29). Demgegenüber vertritt das Oberlandesgericht München die Auffassung, daß ein Zuwarten von 4 Wochen durch den Antragsteller bis zum Antrag auf Erlaß einer einstweiligen Verfügung, eine Verlängerung der Berufungsbegründungsfrist durch ihn sowie die Ausschöpfung der verlängerten Frist oder die Führung von Verhandlungen über einen Zeitraum von etwa 40 Tagen mit dem Ziel einer gütlichen Beilegung der Angelegenheit die Dringlichkeitsvermutung widerlegen (vgl. OLG München GRUR 1976, 150 – Q-Tips, WRP 1981, 49/50 rechte Sp., 1983, 643 f. und MD 1991, 72 (einen Monat); im Hinblick auf die Verlängerung der Berufungsfrist und deren Ausschöpfung ebenso OLG Köln WRP 1975, 745; ferner OLG Köln MD 1993, 408 = GRUR 1993, 685: Zuwarten von ca. 2 Monaten a.A. OLG München MD 1991, 72). Nicht ganz so einschneidend ist die Rechtsprechung des OLG Koblenz WRP 1973, 484: ein Zuwarten von 2 bis 3 Monaten soll die Dringlichkeit ausschließen. Nach einer vermittelnden, wohl noch in der Praxis als vorherrschend anzusehenden Auffassung (vgl. dazu Bericht in GRUR 1977, 209) gilt eine Grenze von ca. 6 Monaten, nach deren Ablauf die Dringlichkeitsvermutung widerlegt ist. Läßt der Antragsteller ca. 3 Monate verstreichen, kann die Begründung des Verfügungsgrundes schon Schwierigkeiten machen. Maßgeblich sind jeweils die Umstände des Einzelfalles. Zur Problematik vgl. *U. Krieger* GRUR 1975, 168 ff.; *Klaka* GRUR 1979, 593 ff.

Hatte ein Wettbewerber keine positive Kenntnis von der streitgegenständlichen Werbemaßnahme, so hindert auch eine langjährige und umfassend betriebene Werbung nicht die Annahme der Dringlichkeit gem. § 25 UWG (a.A. OLG Koblenz WRP 1985, 578/579). Insbesondere trifft einen Wettbewerber keine Marktbeobachtungspflicht, so daß lediglich positive Kenntnis von einem Wettbewerbsverstoß bei längerem Zuwarten geeignet ist, die Dringlichkeitsvermutung des § 25 UWG zu widerlegen (OLG Koblenz aaO.; OLG München GRUR 1980, 1017, 1019 li. Sp.; str. vgl. zum Meinungsstand *Baumbach/Hefermehl* UWG Rdn. 12 zu § 25 UWG). Allerdings kann die Dringlichkeitsvermutung des § 25 UWG im Einzelfall so stark erschüttert sein, daß den Gläubiger eine verstärkte Darlegungs- und Glaubhaftmachungslast im Hinblick auf den Zeitpunkt trifft, wann genau er bzw. seine Organe und/oder zuständigen Mitarbeiter erstmals Kenntnis von einem Wettbewerbsverstoß genommen haben. Ein solcher Fall liegt z.B. dann vor, wenn durch einen Wettbewerber eine Werbung angegriffen wird, die mehr als ein Jahr in großformatigen

Zeitungsinseraten ständig wiederholt wurde und bei Annahme normaler Umstände der Wettbewerber von eben dieser Werbung hätte Kenntnis nehmen müssen (OLG Düsseldorf WRP 1985, 266 ff.).

Ist die Dringlichkeitsvermutung widerlegt, so muß der Antragsteller die Dringlichkeit gesondert darlegen und ggf. glaubhaft machen, z. B. damit, daß neue Umstände eine sofortige gerichtliche Entscheidung erfordern. Zum „Wiederaufleben" der Dringlichkeit vgl. OLG Köln GRUR 1977, 220/221 – Charlie; WRP 1978, 557.

Schließlich kann die Dringlichkeitsvermutung widerlegt sein, wenn Dritte von dem gerügten Wettbewerbsverstoß Kenntnis hatten und dies dem Antragsteller zurechenbar ist; vgl. *Mes*, „Kenntnis Dritter und Dringlichkeitsvermutung des § 25 UWG" in Festschrift für Rudolf Nirk, 1992, S. 661 ff.

14. Zur Wahrung der einmonatigen Vollziehungsfrist (§§ 929 Abs. 2, 936 ZPO) ist es erforderlich, die Unterlassungsverfügung, auch soweit sie durch Urteil ergangen ist, im Parteibetrieb zuzustellen; eine amtswegige Zustellung der Urteilsverfügung gem. § 317 ZPO reicht insoweit nicht aus (so die wohl hM., vgl. BGH GRUR 1993, 415, 416 – Straßenverengung – mit Nachweisen zum Meinungsstand). Dabei ist insbesondere der Fall der Hinterlegung einer Schutzschrift zu beachten. Gemäß § 176 ZPO ist an den beim befaßten Landgericht zugelassenen Verfahrensbevollmächtigten, der sich z.B. mit einer Schutzschrift bestellt hat, zuzustellen. Eine Heilung dieses Zustellungsmangels ist gemäß § 187 ZPO möglich (zu dieser Streitfrage vgl. OLG Hamburg MD 1993, 916 ff. mit umfassender Übersicht des Meinungsstandes), allerdings nur in der Vollziehungsfrist des § 929 Abs. 2 ZPO (vgl. *Baumbach/Hefermehl*, UWG, Rdn. 57b zu § 25 UWG mwN.). Vgl. Form. II. L. 2. Anm. 6.

Bei einer Zustellung der einstweiligen Verfügung werden häufig Fehler gemacht, die dazu führen, daß die Vollziehungsfrist nicht gewahrt ist. So muß beispielsweise eine zugestellte Ausfertigung die Urschrift der ergangenen einstweiligen Verfügung wortgetreu wiedergeben. Gibt etwa die zugestellte Ausfertigung die Unterschrift eines Richters wieder, der die Beschlußverfügung bzw. das Urteil nicht selbst unterschrieben hat, enthält die Ausfertigung einen derart schwerwiegenden Mangel, daß die Zustellung nicht als wirksam angesehen werden kann (OLG Hamm WRP 1989, 262). Durch die ordnungsgemäße Amtszustellung des vollständig abgefaßten Urteils wird dieser Zustellungsmangel nicht geheilt (OLG Hamm, aaO.). Gleiches gilt für die Zustellung einer Beschlußverfügung, die keine Ordnungsmittelandrohung enthält (OLG Hamm GRUR 1991, 336). Die Zustellung einer beglaubigten Fotokopie einer einfachen Abschrift (ohne Ausfertigungsvermerk) ist wirkungslos. Dieser Zustellungsmangel ist auch nicht gemäß § 187 ZPO heilbar (vgl. OLG Karlsruhe 1989, 744; OLG Hamburg MD 1994, 283, 284). Ist eine einstweilige Verfügung gemäß § 927 ZPO wegen Vollziehungsmangels (§ 929 ZPO) nachträglich wieder aufzuheben, so sind die Kosten des ursprünglichen Verfügungsverfahrens dem dortigen Antragsteller aufzuerlegen (vgl. OLG Hamm GRUR 1990, 714 gegen OLG München NJW-RR 1986, 998). Häufig wird übersehen, daß sich nach Einlegung eines Widerspruchs der Tenor einer Beschlußverfügung durch das bestätigende Urteil sachlich ändert. In einem solchen Fall muß das Urteil erneut zugestellt werden, um die Vollziehungsfrist des § 929 ZPO zu wahren. Die Versäumung der Vollziehungsfrist ist ein veränderter Umstand im Sinne des § 927 ZPO (OLG Hamm GRUR 1989, 931).

15. Achtung: Die Zustellung einer einstweiligen Verfügung unterbricht die Verjährung nicht (BGH GRUR 1979, 121 – Verjährungsunterbrechung; GRUR 1981, 447/448 – Abschlußschreiben). Dies ist von besonderer Bedeutung für wettbewerbsrechtliche Ansprüche, da § 21 UWG eine Verjährungsfrist von nur sechs Monaten vorsieht (vgl. zur Verjährung wettbewerbsrechtlicher Ansprüche *Neu* GRUR 1985, 335 ff.

Kosten und Gebühren

Vgl. Anmerkung zu Form. I. R. 1.

4. Wettbewerbsrechtliches Abschlußschreiben   II. L. 4

Fristen und Rechtsmittel

1. Für den Antragsteller/Kläger:
Gegen die Zurückweisung des Verfügungsantrags ohne mündliche Verhandlung durch Beschluß ist die einfache (nicht fristgebundene) Beschwerde gegeben, gegen die Zurückweisung durch Urteile die Berufung. Ein längeres Zuwarten bis zur Einlegung eines Rechtsmittels oder bis zu seiner Begründung kann die Dringlichkeit beseitigen (vgl. oben Anm. 13 und *Baumbach/Hefermehl* UWG Rdn. 17 zu § 25 UWG).

2. Für den Antragsgegner/Beklagten:
Gegen die ohne mündliche Verhandlung ergangene einstweilige Verfügung Widerspruch gem. § 924 ZPO (vgl. Form. II. L. 5 bis 8), gegen die durch Urteil nach mündlicher Verhandlung erlassene oder bestätigte einstweilige Verfügung Berufung. Im übrigen: Antrag auf Fristsetzung zur Erhebung einer Hauptklage gem. § 926 ZPO und/oder Antrag auf Aufhebung einer einstweiligen Verfügung wegen veränderter Umstände gem. § 927 ZPO. Widerspruch und die Anträge gem. §§ 926, 927 ZPO sind nicht fristgebunden.

4. Wettbewerbsrechtliches Abschlußschreiben[1]

Firma
B ......
......

Betr.: A .... /. B ......
– ...... LG X –
(einstweiliges Verfügungsverfahren)

Sehr geehrte Herren!

In der im Betreff bezeichneten Angelegenheit habe ich für meine Mandantin, die Firma A ......, gegen Sie einen Antrag auf Erlaß einer einstweiligen Verfügung beim Landgericht X anhängig gemacht. Das Landgericht X hat diesem Antrag durch Beschluß vom ...... stattgegeben. Die ergangene Verfügung ist Ihnen ausweislich der mir vorliegenden Zustellungsurkunde am ...... zugestellt worden[2].
Die bisher im einstweiligen Verfügungsverfahren getroffene Regelung hat lediglich vorläufigen Charakter. Das Ihnen auferlegte Verbot beseitigt weder die Wiederholungsgefahr für den meiner Mandantin zustehenden Unterlassungsanspruch noch das Rechtsschutzbedürfnis für die Erhebung einer Klage[3]. Darüber hinaus unterbricht die ergangene einstweilige Verfügung nicht die Verjährung[4]. Schließlich stehen meiner Mandantin noch Ansprüche auf Schadensersatz und Auskunftserteilung zu. Es kann nämlich nicht geleugnet werden, daß meiner Auftraggeberin durch die im Verfügungsantrag und im Verfügungstenor bezeichneten Handlungen ein Schaden entstanden ist und künftighin weiter entstehen wird. Des weiteren kann Ihr Verschulden nicht bestritten werden. Als Fachfirma sind Sie verpflichtet, insbesondere die wettbewerbsrechtlichen Bestimmungen zu beachten[5]. Zur Vermeidung der Erhebung einer Hauptklage[6] habe ich Sie daher namens und in Vollmacht meiner Mandantin aufzufordern, sich dieser gegenüber zu meinen Händen dahingehend zu erklären, daß

1. Sie die am ...... ergangene einstweilige Verfügung des Landgerichts X (Aktenzeichen: ......) als endgültige und zwischen den Parteien materiell-rechtlich verbindliche Regelung anerkennen und insbesondere auf die Einlegung eines Widerspruchs gemäß § 924 ZPO sowie auf die Rechtsbehelfe der §§ 926, 927 ZPO, meiner Mandantin eine Frist zur Erhebung der Hauptklage setzen zu lassen und/oder die Aufhebung der einstweiligen Verfügung wegen veränderter Umstände zu beantragen, verzichten[7];

2. Sie sich verpflichten, meiner Mandantin allen denjenigen Schaden zu erstatten, der ihr durch die im Verfügungstenor bezeichneten Handlungen entstanden ist und künftighin entstehen wird[8];
3. Sie sich verpflichten, meiner Mandantin darüber Auskunft zu erteilen, in welchem Umfang Sie die im Verfügungstenor bezeichneten Handlungen begangen haben, insbesondere unter Angabe etwaig betriebener Werbung, aufgeschlüsselt nach Werbeträgern, Kalendervierteljahren und Bundesländern[9];
4. Sie sich verpflichten, die meiner Mandantin durch meine Einschaltung entstandenen Kosten auf der Grundlage eines Gegenstandswertes von DM ...... in Höhe einer 5/10 Rechtsanwaltsgebühr zuzüglich Auslagen und Mehrwertsteuer zu erstatten[10].

Für den Eingang der vorstehenden Erklärungen[11] habe ich mir den

......[12]

vorgemerkt. Nach fruchtlosem Fristablauf werde ich davon ausgehen, daß Sie einer gerichtlichen Entscheidung den Vorzug geben.

Schrifttum: Ahrens, Wettbewerbsverfahrensrecht, 1983, S. 356 ff.; *Eser,* Probleme der Kostentragung bei der vorprozessualen Abmahnung und beim Abschlußschreiben in Wettbewerbsstreitigkeiten, GRUR 1986, 35 ff.; *Klaka* GRUR 1979, 601 f.; Pastor, Der Wettbewerbsprozeß, 3. Aufl. 1980, S. 450 ff.; *Teplitzky,* Wettbewerbsrechtliche Ansprüche, 5. Aufl., Kap. 43; *Spehl,* Abschlußschreiben und Abschlußerklärung im Wettbewerbsverfahrensrecht, 1987.

Anmerkungen

1. Einstweilige Verfügung und Abschlußschreiben sind das wettbewerbsrechtliche Instrumentarium, um Streitigkeiten rasch zu beenden. Mit dem Abschlußschreiben soll die rechtliche Auseinandersetzung lediglich auf das einstweilige Verfügungsverfahren beschränkt bleiben, dieses quasi zur Hauptsache werden. Damit hat das Abschlußschreiben einen Doppelcharakter. Zum einen ist es Aufforderung zum Abschluß einer Vereinbarung, die im einstweiligen Verfügungsverfahren getroffene Regelung als endgültig und zwischen den Parteien verbindlich anzuerkennen; dies macht es notwendig, auch das Abschlußschreiben am Bestimmtheitserfordernis betreffend den Verbotsumfang des Titels, der endgültig werden soll, auszurichten (vgl. BGH WRP 1989, 572, 573 – Bioäquivalenzwerbung); zum anderen ist es Abmahnung im Hinblick auf das Hauptklageverfahren, was sich beispielsweise insbesondere dann äußert, wenn zugleich Ansprüche auf Auskunftserteilung und Schadensersatz geltend gemacht werden. Zur Notwendigkeit des Abschlußschreibens, um dem Kostenrisiko des § 93 ZPO zu entgehen vgl. OLG Hamburg WRP 1980, 208; OLG Köln WRP 1987, 188; OLG Frankfurt WRP 1982, 365. Der Unterlassungsschuldner kann den Gläubiger nur durch eine schriftliche Abschlußerklärung klaglos stellen (KG GRUR 1991, 258 = WRP 1991, 237). Die Abschlußerklärung muß bedingungsfrei abgegeben werden, da andernfalls das Rechtsschutzbedürfnis für eine Hauptklage fortbesteht (BGH WRP 1991, 97 – Rechtsschutzbedürfnis). Es kann sich auch die Notwendigkeit eines zweiten Abschlußschreibens ergeben (OLG Düsseldorf GRUR 1991, 479). Kündigt der Antragsgegner nach Zustellung der einstweiligen Verfügung ausdrücklich an, Widerspruch einlegen zu wollen, so ist ein Abschlußschreiben entbehrlich. Unterbleibt sodann der Widerspruch, bedarf es keines weiteren Nachfassens durch den Antragsteller vor Erhebung der Hauptklage (OLG Hamburg, GRUR 1993, 778).

2. Während der Bundesgerichtshof in der Entscheidung GRUR 1973, 384 = MDR 1973, 483 – Goldene Armbänder – die Absendung eines Abschlußschreibens noch vor der Zustellung der einstweiligen Verfügung für angemessen hielt und insbesondere einen Kostenerstattungsanspruch für das Abschlußschreiben zubilligte, ist diese Praxis durch die

4. Wettbewerbsrechtliches Abschlußschreiben

Rechtsprechung der Instanzgerichte unter rechtliche Zweifel gestellt. Nach LG Berlin WRP 1979, 240/241 und 1983, 119 (vgl. auch *Pastor*, Der Wettbewerbsprozeß, 3. Aufl. 1980, S. 462 zu Fn. 22b) sollen die Kosten eines Abschlußschreibens erst dann erstattungsfähig sein, wenn zwischen Zustellung der einstweiligen Verfügung und Absendung des Abschlußschreibens ein Monat verstrichen ist. Nach Auffassung des LG Hamburg beträgt der angemessene Zeitraum 14 Tage (WRP 1981, 58; offen gelassen in WRP 1983, 449ff). Zu dieser Problematik vgl. auch *Nordemann*, Taktik im Wettbewerbsprozeß, 2. Aufl. 1984, S. 43f. Aus Gründen anwaltlicher Vorsorge sollte mindestens dieser Zeitraum beachtet werden; jedenfalls dann, wenn vor Antrag auf Erlaß der einstweiligen Verfügung der Störer nicht abgemahnt worden ist. Grundsätzlich ist es des weiteren ein Gebot der Fairneß, dem Störer die Chance zu geben, nach Zustellung der einstweiligen Verfügung von sich aus ohne besondere Aufforderung eine Abschlußerklärung abzugeben.

Hat allerdings der Wettbewerbsstörer gegen eine ergangene Beschlußverfügung Widerspruch eingelegt, so bedarf es der Übersendung eines Abschlußschreibens nicht. In einem solchen Fall kann eine Hauptklage ohne Kostennachteil sogleich erhoben werden (OLG Hamm GRUR 1991, 336 r. Sp. oben). Das gleiche gilt, wenn der Antragsgegner ankündigt, Widerspruch einzulegen (vgl. zuvor Anm. 1 a.E.). Hat der Wettbewerbsgläubiger einen Antrag auf Erlaß einer einstweiligen Verfügung anhängig gemacht und ist über diesen noch nicht entschieden, so kann er sogleich auch Hauptklage erheben, ohne Kostennachteile des § 93 ZPO befürchten zu müssen (OLG Hamm GRUR 1991, 336).

3. Vgl. BGH GRUR 1973, 384 = MDR 1973, 483 – Goldene Armbänder. Zur Problematik der Zurechnung des Abschlußschreibens (noch) zum Verfügungsverfahren oder (schon) zur Hauptklage, von deren Lösung die Frage der Kostentragungspflicht des Störers ua. mit abhängt, vgl. *Pastor*, Der Wettbewerbsprozeß, 3. Aufl. 1980, S. 463ff.; OLG Köln GRUR 1986, 96 – „Abschlußschreiben": Vorbereitung der Hauptklage. Für den Fall der Versendung eines Abschlußschreibens nach einer Beschlußverfügung will *Pastor* aaO. S. 465f. eine Kostenerstattungspflicht des Störers für die Abmahnkosten verneinen (aA. BGH aaO.; OLG Köln aaO. gegen OLG Köln WRP 1969, 423/4242f.). Die Auffassung überzeugt schon deshalb nicht, weil bei der Beschlußverfügung vorausgegangener Verwarnung der Wettbewerbsstörer ausreichend unterrichtet worden ist und es einer besonderen Zurückhaltung durch den Gläubiger, seinen berechtigten Unterlassungsanspruch rasch und im Wege der Hauptklage durchzusetzen, nicht bedarf.

4. BGH GRUR 1979, 121 – Verjährungsunterbrechung; GRUR 1981, 447/448 – Abschlußschreiben. Die Frage der Verjährung ist bei wettbewerbsrechtlichen Ansprüchen von besonderer Bedeutung, da die Verjährungsfrist nur 6 Monate beträgt (§ 21 Abs. 1 UWG).

5. Zum Erfordernis des Verschuldens vgl. *Baumbach/Hefermehl* UWG, Einl. Rdn. 366ff.; es genügt leichte Fahrlässigkeit (*Baumbach/Hefermehl* aaO. Rdn. 372). Das Verschulden von Angestellten oder Beauftragten wird dem Betriebsinhaber zugerechnet (§ 13 Abs. 4 UWG).

6. Mit dieser Formulierung wird dem Abmahnungscharakter des Abschlußschreibens Rechnung getragen.

7. Die unter Ziffer 1 im Formular geforderte sogenannte Abschlußerklärung hat entsprechend der hier vorgeschlagenen Formulierung einen Doppelcharakter. Sie ist Prozeßvertrag, indem sie die im einstweiligen Verfügungsverfahren ergangene Regelung als zwischen den Parteien endgültig prozessual verbindlich festschreibt; insoweit ist der Verzicht auf sämtliche Rechtsbehelfe, die zur Aufhebung der einstweiligen Verfügung führen könnten, von Bedeutung. Im Hinblick auf die Rechtsprechung des Bundesgerichtshofs, wonach die Zustellung einer einstweiligen Verfügung, selbst wenn diese mit einer Strafandrohungsklausel versehen ist, die sechsmonatige Verjährungsfrist nicht unterbricht (vgl. Anm. 4), erscheint es geboten, die Abschlußerklärung auch als materiell-rechtliche Vereinbarung auszugestalten, die den im einstweiligen Verfügungsverfahren ursprünglich geltend

gemachten und mit der kurzen wettbewerbsrechtlichen Verjährungsfrist von 6 Monaten behafteten Unterlassungsanspruch durch einen vertraglichen Anspruch ersetzt.

Ob eine Abschlußerklärung auch einen Verzicht auf den Rechtsbehelf des § 927 ZPO umfassen muß, ist in Rspr. und Schrifttum umstritten (zum Meinungsstand vgl. OLG Koblenz GRUR 1986, 94f. = WRP 1985, 439f. – „Veränderte Umstände"). Zur Sicherung des Gläubigers erscheint es unumgänglich, daß der Schuldner jedenfalls insoweit auf die Rechte aus § 927 ZPO verzichtet, als die zur Zeit der Abgabe der Abschlußerklärung vorliegenden Umstände betroffen sind (OLG Stuttgart WRP 1983, 586; weitergehend OLG Hamburg GRUR 1993, 1001, 1002).

8. Diese Formulierung bietet keine Besonderheit. Die Rechtsgrundlage der Schadensersatzverpflichtung ist § 1 UWG. Es genügt die bloße Wahrscheinlichkeit eines Schadenseintritts (vgl. BGH GRUR 1993, 926, 927 – Apothekenzeitschriften; GRUR 1992, 61, 63 = WRP 1991, 654 – Preisvergleichsliste; GRUR 1974, 735, 736 – Pharmamedan; GRUR 1961, 241, 243 – Sosil).

9. Zum wettbewerbsrechtlichen Auskunftsanspruch, vgl. *Baumbach/Hefermehl* UWG, Einl. Rdn. 398 ff. Der sogenannte wettbewerbsrechtliche Auskunftsanspruch ist in der Rechtsprechung und im Schrifttum allgemein anerkannt. Er findet seine Rechtsgrundlage in einer schon den Rang von Gewohnheitsrecht (BGH GRUR 1988, 307/308 – Gaby; GRUR 1980, 227/232 – Monumenta Germaniae Historica) einnehmenden Anwendung des § 242 BGB. Danach besteht nach Treu und Glauben eine Auskunftspflicht des Verpflichteten gegenüber dem Berechtigten, wenn der Berechtigte auf die Auskunft zur Rechtsverfolgung angewiesen ist oder zumindest die Auskunft seine Rechtsverfolgung erleichtert, er über den Inhalt der der Auskunft unterliegenden Wissensmitteilungen entschuldbar im Unklaren ist und der Verpflichtete die Auskunft unschwer erteilen kann. Ein solcher Auskunftsanspruch dient insbesondere der Vorbereitung von Schadensersatzansprüchen. Er ist bei wettbewerbsrechtlichen Ansprüchen jeder Art gegeben (vgl. BGH GRUR 1965, 313/314 – Umsatzauskunft und GRUR 1972, 558/560 – Teerspritzmaschinen). Neben dem Auskunftsanspruch als Hilfsanspruch zur Vorbereitung eines Schadensersatzanspruches gibt es auch einen solchen, der seinem Rechtscharakter nach schon Schadensbeseitigung bzw. Vorbereitung zur Beseitigung einer Störung ist (vgl. zB. BGH GRUR 1972, 558/560 – Teerspritzmaschinen). Zum Umfang des wettbewerbsrechtlichen Auskunftsanspruchs, vgl. insbesondere BGH GRUR 1978, 52 – Fernschreibverzeichnisse – und GRUR 1981, 286, 288 – Goldene Karte I. Da der wettbewerbsrechtliche Auskunftsanspruch nicht der Durchsetzung eines Ausschlußrechtes dient, geht er seinem Inhalt nach regelmäßig nicht so weit wie der Rechnungslegungsanspruch, den Rechtsprechung und Schrifttum im Falle der Verletzung eines Ausschlußrechtes (Patent, Gebrauchsmuster, Warenzeichen, Urheberrecht usw.) zubilligen; insbesondere ist er grds. nicht auf Umsatzangaben gerichtet (vgl. BGH GRUR 1981, 286, 288 – Goldene Karte I). Das Produktpirateriegesetz vom 7. März 1990 hat den Auskunftsanspruch für gewerbliche Schutzrechte nach Inhalt und Art seiner Durchsetzung (im Verfügungsverfahren) deutlich verstärkt (z.B. §§ 25b WZG, 140b PatG). Zur analogen Anwendung dieser Bestimmungen auf Wettbewerbsverstöße vgl. *Asendorf* in Festschrift für Fritz Traub, 1994, S. 21ff.; vgl. auch BGH GRUR 1994, 630 mit Anm. *Jacobs* (Cartier-Armreif) und GRUR 1994, 635 mit Anm. *Ahrens* (Pulloverbeschriftung).

10. Zur Kostenerstattungspflicht vgl. Anm. 9 zu Form. II. L. 1.

11. *Spehl* Anh. VIII, Fn. 22, schlägt vor, in das Abschlußschreiben auch einen Verzicht auf die Geltendmachung eines Schadensersatzanspruches gemäß § 945 ZPO aufzunehmen. Davon wird im Formular abgesehen, da es nach den vom Schuldner geforderten Erklärungen nicht mehr zu einer gerichtlichen Auseinandersetzung kommen kann, nach deren Inhalt sich die ergangene einstweilige Verfügung von Anfang an als ungerechtfertigt im Sinne des § 945 ZPO erweisen könnte.

12. Da der Gläubiger durch die erlassene einstweilige Verfügung schon über einen Vollstreckungstitel gegen den Schuldner verfügt, sollte die Erklärungsfrist nicht allzu knapp bemessen werden. Aus Vorsichtsgründen sollte sie einen Monat betragen, da einige Instanzgerichte analog der Berufungsfrist eine Fristsetzung von einem Monat für erforderlich halten (OLG Karlsruhe WRP 1977, 117/119; KG Berlin WRP 1978, 213, wobei in der letztgenannten Entscheidung die Einmonatsfrist ab der Zustellung der einstweiligen Verfügung berechnet wird; OLG Frankfurt WRP 1982, 365: länger als eine Verwarnungsfrist vor einem Antrag auf Erlaß einer einstweiligen Verfügung, mindestens 2 Wochen). Der Schuldner wahrt – selbstverständlich – die gesetzte Frist nicht dadurch, daß er die Abgabe einer Abschlußerklärung durch seine Anwälte ankündigen läßt (KG MD 1994, 259).

Kosten und Gebühren

Für das Abschlußschreiben ergibt sich die gebührenrechtliche Grundlage regelmäßig aus §§ 37 Nr. 1, 32 Abs. 1 BRAGO. Das Abschlußschreiben ist Vorbereitung des Hauptklageverfahrens, so daß eine 5/10 Rechtsanwaltsgebühr in Ansatz gebracht werden kann. Liegt kein Klageauftrag vor, so gilt § 118 Abs. 1 BRAGO mit einem Gebührenrahmen von 5/10–10/10 Rechtsanwaltsgebühr. Regelmäßig wird auch dann eine 5/10 Gebühr in Ansatz zu bringen sein, sofern es sich nicht um eine schwierige Sache handelt (vgl. OLG Hamburg WRP 1981, 470, 473 re. Sp.). Zur grundsätzlichen Problematik der Kostenerstattungspflicht des Störers in Zusammenhang mit einem Abschlußschreiben vgl. Anm. 2 und 3.

5. Formeller Widerspruch gegen eine einstweilige Verfügung[1]

An das
Landgericht
...... Kammer ......[2]

In Sachen

A ......   (RA: ......)

gegen

B ......   (RA: ......)

– Aktenzeichen: ...... –

zeige ich an, daß ich die Vertretung der Antragsgegnerin übernommen habe.
Namens und in Vollmacht der Antragsgegnerin erhebe ich gegen die einstweilige Verfügung der angerufenen Kammer vom ......

Widerspruch.

Anträge und Begründung bleiben einem gesonderten Schriftsatz vorbehalten.
Ich richte an die angerufene Kammer die Bitte um Anberaumung eines möglichst nahen Verhandlungstermins.

Rechtsanwalt

Anmerkungen

1. Mit einem formellen Widerspruch wird seitens des Antragsgegners dem Eilcharakter des einstweiligen Verfügungsverfahrens Rechnung getragen, indem gegenüber dem Gericht Widerspruch eingelegt und des weiteren die Bitte geäußert wird, die Anberaumung eines Verhandlungstermins zu veranlassen. Dementsprechend sollte ein formeller Widerspruch erst dann eingelegt werden, wenn tatsächlich seitens des Antragsgegners im Hinblick auf seinen Verteidigungswillen und die Chancen einer Rechtsverteidigung Klarheit besteht, die Verteidigung ausreichend vorbereitet ist und es nur noch in untergeordneten Punkten einer weiteren Bearbeitung bedarf. Ist die Verteidigung vollständig vorbereitet, so sollte sogleich ein Widerspruch mit Anträgen und Widerspruchsbegründung eingereicht werden (vgl. Form. II. L. 6). Zwar ist es grundsätzlich im einstweiligen Verfügungsverfahren nicht erforderlich, daß der Antragsgegner zur Vorbereitung der mündlichen Verhandlung sein Verteidigungsvorbringen schriftsätzlich vorträgt; er kann dementsprechend auch im einstweiligen Verfügungsverfahren nicht mit lediglich mündlich Vorgetragenem oder mit einem in der mündlichen Verhandlung überreichten Schriftsatz ausgeschlossen werden. Die wettbewerbsrechtliche Prozeßpraxis zeigt jedoch, daß es empfehlenswert ist, dem Gericht ausreichend vor der mündlichen Verhandlung Gelegenheit zu geben, die Verteidigungsargumente im einzelnen zu prüfen. Bietet die materielle Verteidigung keine Aussicht auf Erfolg und hat der Antragsteller vor Einleitung des Verfügungsverfahrens nicht oder nicht ordnungsgemäß abgemahnt (zur Abmahnung vgl. Form. II. L. 1), so ist an die Einlegung eines Kostenwiderspruchs zu denken (vgl. Form. II. L. 7).

Dem Antragsgegner steht ferner die Verteidigungsmöglichkeit offen, dem Antragsteller gemäß § 926 ZPO eine Frist zur Erhebung der Hauptklage setzen zu lassen. Dies kann mit dem nachstehend skizzierten Antrag geschehen:

„In Sachen pp.
richten wir an das angerufene Gericht die Bitte, dem Antragsteller gemäß § 926 ZPO eine Frist zur Erhebung der Hauptklage zu setzen, vorzugsweise von einem Monat."

Der Antragsgegner wird den Weg des § 926 ZPO, nämlich einen Austrag der Streitfragen im Hauptklageprozeß wählen, wenn es sich entweder um Rechtsfragen von grundsätzlicher Bedeutung handelt oder wenn sich die Beschränkung der Beweismittel, die im einstweiligen Verfügungsverfahren gegeben ist, zum Nachteil des Antragsgegners auswirken kann. Zu Einzelheiten vgl. *Teplitzky,* Wettbewerbsrechtliche Ansprüche, 5. Aufl. 1986, Kap. 56 Rdn. 2 ff.

Schließlich steht dem Antragsgegner auch die Möglichkeit offen, gemäß § 927 ZPO die Aufhebung der einstweiligen Verfügung wegen veränderter Umstände zu beantragen, z.B. wenn die Vollziehungsfrist des § 929 Abs. 2 ZPO verstrichen ist (OLG München GRUR 1985, 160) oder durch eine Entscheidung des Bundesverfassungsgerichts gemäß § 31 Abs. 1 BVerfGG eine Änderung der Gesetzeslage eingetreten ist (vgl. OLG Köln GRUR 1985, 458/460 = WRP 1985, 362/363). Auch dann, wenn der der einstweiligen Verfügung zugrundeliegende Anspruch im Hauptklageverfahren rechtskräftig verneint worden ist, verliert die einstweilige Verfügung nicht per se ihre Wirkung, sondern muß gemäß § 927 ZPO aufgehoben werden (BGH NJW 1978, 2157/2158; WM 1976, 134; GRUR 1987, 125/126 – Berühmung).

2. Regelmäßig gehören Wettbewerbsstreitigkeiten vor die Kammern für Handelssachen (§ 94, 95 Abs. 1 Nr. 5 GVG, § 27 UWG). Selbstverständlich ist der Widerspruch jedoch bei der Kammer einzulegen, die die einstweilige Verfügung erlassen hat. Handelt es sich um eine Zivilkammer, kann ggf. Verweisung an die zuständige Kammer für Handelssachen beantragt werden.

Fristen und Rechtsmittel

Der Widerspruch gemäß § 924 ZPO sowie die Anträge gemäß §§ 926, 927 ZPO sind nicht fristgebunden.

6. Widerspruch mit Anträgen und Widerspruchsbegründung[1]

An das
Landgericht
...... Kammer ......[2]

In Sachen

A ...... (RA: ......)

gegen

B ...... (RA: ......)

– Aktenzeichen ...... –

bestelle ich mich für die Antragsgegnerin und erhebe gegen die einstweilige Verfügung der angerufenen Kammer vom ...... namens und in Vollmacht der Antragsgegnerin

Widerspruch.

Ich richte an die angerufene Kammer die Bitte,
einen möglichst nahen Verhandlungstermin anzuberaumen[3],

in dem ich beantragen werde,
1. unter Aufhebung der einstweiligen Verfügung vom ...... den Antrag der Antragstellerin vom ...... zurückzuweisen;
2. der Antragstellerin die Kosten des einstweiligen[4] Verfügungsverfahrens aufzuerlegen.

Begründung:

Es besteht weder ein Verfügungsanspruch noch ein Verfügungsgrund[5]. Im einzelnen:
1. Zum Verfügungsanspruch:
   ......
2. Zum Verfügungsgrund:
   ......

Rechtsanwalt

Anmerkungen

1. Bei Einlegung des Widerspruchs sollte auf seiten des Antragsgegners schon Klarheit im Hinblick auf seinen Verteidigungswillen und auf die Beurteilung der Chancen einer Verteidigung bestehen. Insoweit ist es grundsätzlich in wettbewerbsrechtlichen Streitigkeiten zu empfehlen, das Verteidigungsvorbringen gegenüber dem Gericht rechtzeitig in Form eines Schriftsatzes mitzuteilen, damit dieses vor der mündlichen Verhandlung Gelegenheit hat, die Argumente des Antragsgegners im einzelnen kennenzulernen. Damit wird der Rechtstatsache Rechnung getragen, daß in Wettbewerbsstreitigkeiten das Verfahren der einstweiligen Verfügung in vielen Fällen Hauptsachecharakter hat, indem es zu einer abschließenden Regelung führt (vgl. Form. II. L. 4: Abschlußschreiben). Durch eine sorgfältige schriftsätzliche Vorbereitung des Verhandlungstermins im einstweiligen Verfügungsverfahren durch den Antragsgegner wird insbesondere auch die Funktion des angerufenen Gerichts gestärkt, gemäß § 279 Abs. 1 ZPO auf eine gütliche Beilegung des Rechtsstreits oder einzelner Streitpunkte hinzuwirken.

Mit dem Vorstehenden steht es nicht in Widerspruch, daß infolge des besonderen Charakters des einstweiligen Verfügungsverfahrens keine der Prozeßparteien mit neuem Vorbringen in der mündlichen Verhandlung ausgeschlossen werden kann. Der Wert von „Überraschungsangriffen" in der mündlichen Verhandlung wird jedoch häufig überschätzt.

2. Vgl. Anm. 2 zu Form. II. L. 5.

3. Regelmäßig wird der Antragsgegner daran interessiert sein, einen möglichst nahen Verhandlungstermin zu erreichen, um möglichst rasch die Aufhebung der einstweiligen Verfügung erwirken zu können. Wird über eine einstweilige Verfügung möglichst bald verhandelt, so kann dies geeignet sein, einer etwaigen Neigung des Antragstellers zur Versendung eines Abschlußschreibens (vgl. Form. II. L. 4) entgegenzuwirken.

4. Mit dem Erlaß der beantragten einstweiligen Verfügung durch das Gericht ist in kostenmäßiger Hinsicht eine Zäsur eingetreten. Für die bis zum Erlaß einer einstweiligen Verfügung entstandenen Kosten verfügt der Antragsteller schon über einen Kostentitel. Über die durch die mündliche Verhandlung über den Widerspruch entstehenden Kosten ist bisher noch nicht entschieden. Durch den Kostenantrag ist klargestellt, daß insgesamt die Kosten des einstweiligen Verfügungsverfahrens dem Antragsteller auferlegt werden sollen.

5. Es wird davon abgesehen, in Form eines Beispiels eine Widerspruchsbegründung im Formular vorzustellen. Es soll lediglich darauf hingewiesen werden, daß eine Verteidigungsmöglichkeit sowohl in prozessualer Hinsicht (Verfügungsgrund) als auch in materieller Hinsicht (Verfügungsanspruch) gegeben sein kann.

7. Kostenwiderspruch[1]

An das
Landgericht
...... Kammer ......[2]

In Sachen

A ......   (RA: ......)

gegen

B ......   (RA: ......)

– Aktenzeichen: ...... –

zeige ich an, daß ich die Vertretung der Antragsgegnerin übernommen habe, in deren Namen und Vollmacht ich gegen den Beschluß der angerufenen Kammer vom ......

Widerspruch

einlege, den ich ausdrücklich auf die Kosten beschränke.[3]
Ich richte an die angerufene Kammer die Bitte, möglichst rasch einen Termin zur mündlichen Verhandlung anzuberaumen, in dem ich beantragen werde,

der Antragstellerin die Kosten des einstweiligen Verfügungsverfahrens aufzuerlegen.

Begründung:

1. Der auf die Kosten beschränkte Widerspruch ist zulässig.[4] Mit Anwaltsschreiben vom ...... hat die Antragsgegnerin gegenüber der Antragstellerin die ergangene einstweilige Verfügung als endgültige Regelung – ausgenommen den Kostenpunkt[5] – anerkannt und insbesondere auf Widerspruch und den Rechtsbehelf des § 926 ZPO verzichtet[6].
2. Der erhobene Kostenwiderspruch ist auch begründet. Die Antragstellerin hat die Antragsgegnerin vor Einleitung des einstweiligen Verfügungsverfahrens nicht abgemahnt[7]. Es ist kein Gesichtspunkt ersichtlich, der eine Abmahnung entsprechend den von der höchstrichterlichen Rechtsprechung entwickelten Ausnahmegrundsätzen entbehrlich macht. Im einzelnen:

a) In der Rechtsprechung der Oberlandesgerichte ist anerkannt, daß dann eine Abmahnung entbehrlich sein kann, wenn bei objektiver Würdigung sämtlicher erkennbarer Umstände der Verletzte davon ausgehen durfte, daß sich der Verletzer nur einem gerichtlichen Verbot beugen werde[8]. Von einer derartigen Annahme darf insbesondere dann seitens eines Verletzten ausgegangen werden, wenn Anhaltspunkte dafür bestehen, daß es sich bei dem vermeintlichen Verletzer um ein bedeutendes Unternehmen handelt, das in jeglicher Hinsicht werbetechnisch wie auch anwaltlich beraten ist, so daß die Frage der Zulässigkeit der angegriffenen Werbemaßnahme zuvor überprüft worden ist. In einem derartigen Fall liegt es nahe, daß auf eine Abmahnung hin nicht sofort mit der Einstellung der unzulässigen Werbeaktion und der Abgabe einer durch eine Vertragsstrafe gesicherten Unterlassungserklärung reagiert wird[9]. Diese Voraussetzungen sind nicht gegeben. Bei der Antragsgegnerin handelt es sich erkennbar um ein kleines Unternehmen ...... (wird ausgeführt).

b) Eine weitere Ausnahme vom Grundsatz der Abmahnungslast kann sich bei vorsätzlichen oder bewußt fahrlässigen Verstößen ergeben, wenn es sich zB. um einen ganz klaren Wettbewerbsverstoß handelt[10]. Ein derartiger Sachverhalt ist nicht gegeben. Zwar will die Antragsgegnerin, da sie ihren Widerspruch nur auf die Kosten beschränkt hat, die Frage nach der Wettbewerbswidrigkeit des den Gegenstand des einstweiligen Verfügungsverfahrens bildenden Verhaltens nicht vertiefen. Es wird jedoch darauf hingewiesen, daß das streitbefangene Verhalten der Antragsgegnerin nicht zweifelsfrei als wettbewerbswidrig angesehen werden kann. So hat beispielsweise das Oberlandesgericht ...... in seiner Entscheidung ...... ein derartiges Verhalten als zulässig erachtet. Von einem eindeutigen, insbesondere krassen Wettbewerbsverstoß kann daher nicht die Rede sein.

c) Schließlich kann die Antragstellerin auch nicht eine besondere Eilbedürftigkeit zu ihren Gunsten anführen, die möglicherweise eine Abmahnung entbehrlich erscheinen lassen kann[11]. Die Voraussetzungen dieses Ausnahmetatbestandes liegen nicht vor ...... (wird ausgeführt). Es bedurfte daher keiner sofortigen Inanspruchnahme gerichtlicher Hilfe[12].

Rechtsanwalt

Schrifttum: Nieder, Der Kostenwiderspruch gegen wettbewerbliche einstweilige Verfügungen, WRP 1979, 350 ff.

Anmerkungen

1. Der Kostenwiderspruch ist das Verteidigungsmittel gegen eine einstweilige Verfügung, bei der Verfügungsanspruch und Verfügungsgrund so begründet erscheinen, daß eine Verteidigung keine Aussicht auf Erfolg bietet. In einem solchen Fall steht lediglich noch die Frage im Raum, ob der Antragsteller den Antragsgegner hätte zuvor abmahnen müssen (vgl. Form. II. L. 1). Auf diese Frage ist dann auch die Verteidigung des Antragsgegners beschränkt, da die einstweilige Verfügung in ihrer sachlichen Entscheidung nicht angegriffen wird (vgl. OLG Düsseldorf WRP 1979, 863, 865, 866; OLG Frankfurt WRP 1985, 563). Neben dem Kostenwiderspruch steht zur Wahl, gegen die einstweilige Verfügung umfassenden Widerspruch einzulegen, sodann jedoch in der Hauptsache eine strafbewehrte Unterlassungsverpflichtungserklärung mit der Folge abzugeben, daß der Antragsteller den Verfügungsanspruch für erledigt erklären muß, so daß über die Kosten des einstweiligen Verfügungsverfahrens gemäß § 91a ZPO zu entscheiden ist (a.A. OLG Bremen WRP 1989, 523). Der letztgenannte Weg ist jedoch gebührenmäßig teurer, da für den anwaltlichen Bevollmächtigten des Antragsgegners zumindest eine Gebühr nach dem vollen Streitwert anfällt, wobei bei Einlegung eines Kostenwiderspruchs – sofern der Auftrag von vornherein auf die Einlegung eines Kostenwiderspruchs beschränkt ist – Prozeß- und

Verhandlungsgebühr sich jeweils nur nach dem Kostenstreitwert des einstweiligen Verfügungsverfahrens berechnen.

In einzelnen Fällen kann ein Interesse daran bestehen, den Verfügungstitel zu beseitigen; in derartigen Fällen empfiehlt sich dann nicht die Einlegung eines Kostenwiderspruchs, sondern die Kombination umfassender Widerspruch/strafbewehrte Unterlassungsverpflichtungserklärung. Hatte der Antragsteller zuvor nicht abgemahnt, so findet auch nach Erledigung der Hauptsache § 93 ZPO analoge Anwendung (str., wie hier OLG Hamburg MD 1993, 913; OLG Köln WRP 1990, 543).

2. Regelmäßig gehören Wettbewerbsstreitigkeiten vor die Kammern für Handelssachen (§§ 94, 95 Abs. 1 Nr. 5 GVG, 27 Abs. 1 UWG). Selbstverständlich ist der Widerspruch jedoch bei der Kammer einzulegen, die die einstweilige Verfügung erlassen hat.

3. Nach OLG Düsseldorf WRP 1986, 273/274 li. Sp. mwN. muß der Antragsgegner in Analogie zu § 93 ZPO **sofort,** vorzugsweise im Widerspruchsschriftsatz, spätestens im Widerspruchsbegründungsschriftsatz (OLG Düsseldorf aaO. S. 274 r. Sp. unten) den Widerspruch auf die Kosten beschränken. OLG Hamm GRUR 1990, 309 sieht in der Einlegung eines Widerspruchs und der gleichzeitigen Erklärung, „der Unterlassungsanspruch wird uneingeschränkt anerkannt", keinen nur auf die Kosten beschränkten Widerspruch. Vgl. auch OLG Köln GRUR 1990, 310, das es nicht als veranlaßt ansieht, den Störer mit einem Teil der Kosten nur deshalb zu belasten, weil er den Weg des Vollwiderspruchs, verbunden mit einer Unterwerfungserklärung, gewählt hat.

4. H. M., vgl. OLG Düsseldorf WRP 1976, 127; 1986, 273; OLG Hamburg WRP 1976, 180; OLG Köln WRP 1975, 173; KG WRP 1982, 350; OLG Frankfurt WRP 1982, 226; 1985, 563; jeweils mwN.

5. Will der zur Abschlußerklärung Aufgeforderte sich den Kostenwiderspruch vorbehalten, so ist dies bei Abgabe der Abschlußerklärung ausdrücklich klarzustellen. Wird eine derartige Klarstellung unterlassen, besteht die Gefahr des Verlustes dieses Rechtsbehelfes (vgl. dazu OLG Hamm WRP 1981, 475 f.).

6. Es ist str., ob es die Zulässigkeit des Kostenwiderspruchs erfordert, daß der Antragsgegner ausdrücklich die ergangene einstweilige Verfügung – mit Ausnahme der Kosten – als endgültige Regelung anerkennt, insbesondere auf den Rechtsbehelf gemäß § 926 ZPO verzichtet, dem Antragsteller eine Frist zur Erhebung der Hauptklage setzen zu lassen. Während die bisher wohl herrschende Meinung allein die Einlegung eines Kostenwiderspruchs dahingehend deutete, daß der Antragsgegner die einstweilige Verfügung im übrigen als endgültige Regelung hinnehmen wolle und somit in der Einlegung des Kostenwiderspruchs zugleich der Verzicht auf das Antragsrecht zur Hauptsache liege (vgl. *Nieder* WRP 1979, 351 Fußn. 12 mwN.), hat sich das Oberlandesgericht Düsseldorf auf den Standpunkt gestellt, daß der Antragsgegner dann, wenn er mit seinem Kostenwiderspruch auch die Sachentscheidung in Zweifel zieht, gerade nicht die ergangene einstweilige Verfügung als endgültige Regelung anerkennt und somit sich den Weg freihalten möchte, eine abweichende Entscheidung in der Hauptsache im Hauptklageverfahren zu suchen (WRP 1979, 863 ff.; unerörtert in WRP 1986, 273 f.). Ob dieser Auffassung des Oberlandesgerichts Düsseldorf zuzustimmen ist, bleibt hier unerörtert. In der Mehrzahl der Fälle wird es keine Probleme geben, weil regelmäßig der Entschluß, lediglich Kostenwiderspruch einzulegen, auch dem Antragsteller zuvor mitgeteilt wird und in einem derartigen Mitteilungsschreiben auch eine sogenannte Abschlußerklärung enthalten sein wird (zur Formulierung der Abschlußerklärung vgl. Form. II. L. 4; zum Erfordernis der Verdeutlichung, daß die Abschlußerklärung nicht die Kostenentscheidung der einstweiligen Verfügung mitumfaßt und daß dagegen Kostenwiderspruch vorbehalten bleibt, vgl. zuvor Anm. 5). Um auch der einschränkenden Rechtsprechung des Oberlandesgerichts Düsseldorf Rechnung zu tragen, ist im Formular ein Hinweis auf die Abgabe einer Abschlußerklärung enthalten.

7. Zur Abmahnungslast vgl. *Borck* WRP 1974, 241 ff.; weitere Einzelheiten bei *Baumbach/Hefermehl* UWG Einl. Rdn. 529 ff.

8. Vgl. OLG Düsseldorf GRUR 1961, 252; BB 1967, 93; WRP 1969, 454; 1971, 134 und 535; NJW 1970, 335; OLG Hamburg WRP 1969, 496; GRUR 1973, 50; OLG München WRP 1967, 69; OLG Köln NJW 1969, 935; OLG Saarbrücken WRP 1990, 548.

9. Vgl. z.B. OLG Düsseldorf BB 1971, 583/584; zur Frage der anwaltlichen Beratung des Verletzers, die eine Abmahnung entbehrlich machen kann, vgl. insbesondere auch OLG Düsseldorf WRP 1972, 257/258. Des weiteren ist beispielsweise eine Abmahnung entbehrlich, wenn sich die angegriffene Werbemaßnahme lediglich als Fortsetzung mit anderen Mitteln einer schon zuvor untersagten Werbung darstellt (vgl. dazu OLG Hamburg WRP 1974, 632 und GRUR 1989, 707; OLG Nürnberg WRP 1981, 342).

10. Vgl. z.B. OLG Düsseldorf WRP 1972, 258 re. Sp.; OLG Karlsruhe WRP 1981, 542; OLG Frankfurt WRP 1985, 87f. und GRUR 1989, 630; OLG Celle WRP 1993, 812; offengelassen von OLG Hamm GRUR 1993, 778; *Baumbach/Hefermehl* UWG Einl. Rdn. 543 mwN.; bei den Oberlandesgerichten scheint jedoch die gegenteilige Auffassung herrschend, vgl. OLG Düsseldorf GRUR 1979, 191 – Stahlbadewanne; OLG Karlsruhe WRP 1986, 165; OLG Saarbrücken WRP 1988, 198; OLG Köln GRUR 1988, 487; OLG Oldenburg GRUR 1990, 548 = WRP 1991, 193.

11. Diese Voraussetzungen sind allenfalls dann gegeben, wenn ohne sofortige gerichtliche Entscheidung der Wettbewerbsverstoß nicht mehr verhindert werden kann, z.B. im Falle des Verstoßes gegen die Bestimmungen im Zusammenhang mit Saisonschlußverkäufen (Karenzzeit), vgl. z.B. OLG Hamburg WRP 1973, 591 und GRUR 1975, 39f.; vgl. auch den Beispielsfall OLG Karlsruhe WRP 1981, 542/543 betr. die Ausgabe von Taxi-Gutscheinen, die ohne sofortiges gerichtliches Verbot nicht mehr verhindert werden konnte; ferner OLG Hamm GRUR 1990, 642 und 1993, 778.

12. Eine weitere Ausnahme von der Abmahnungslast kann dann bestehen, wenn der Wettbewerbsgläubiger neben seinem Unterlassungsanspruch einen Sequestrationsanspruch im Verfügungsverfahren geltend machen will, wie zB. im Fall der Verhinderung des Vetriebs gefälschter Waren (z.B. Markenpiraterie), vgl. OLG Hamburg WRP 1985, 40 und 1988, 47.

Fristen und Rechtsmittel

Die Entscheidung über einen Kostenwiderspruch ergeht durch Urteil. Gegen dieses Urteil ist in analoger Anwendung des § 99 Abs. 2 ZPO das Rechtsmittel der sofortigen Beschwerde gegeben (hM.; z.B. OLG Köln WRP 1975, 173 und 1983, 43 mwN; OLG Düsseldorf WRP 1976, 127 und 1986, 273, 274; OLG Celle WRP 1983, 157; OLG Hamburg WRP 1976, 180; jetzt auch OLG München GRUR 1990, 482, anders noch GRUR 1985, 327). Zu beachten ist, daß die Rechtsmittelfrist (Frist zur sofortigen Beschwerde) lediglich 2 Wochen beträgt.

8. Widerspruch mit Ankündigung der Abgabe einer strafbewehrten Unterlassungsverpflichtungserklärung[1]

An das
Landgericht
...... Kammer ......[2]

In Sachen

A ......   (RA: ......)

gegen

B ......   (RA: ......)

– Aktenzeichen ...... –

bestelle ich mich zum Verfahrensbevollmächtigten der Antragsgegnerin, in deren Namen und aufgrund mir erteilter Vollmacht ich gegen die einstweilige Verfügung der angerufenen Kammer vom ......

Widerspruch

einlege.

Vor Eintritt in die mündliche Verhandlung werde ich für die Antragsgegnerin folgende strafbewehrte Unterlassungsverpflichtungserklärung abgeben, nämlich,

daß sich die Antragsgegnerin gegenüber der Antragstellerin verpflichtet, es bei Meidung einer für jeden Fall der schuldhaften[3] Zuwiderhandlung fälligen Vertragsstrafe in Höhe von DM 10.000,– ...... zu unterlassen, im geschäftlichen Verkehr zu Wettbewerbszwecken ......[4]

Ich werde mich der Erklärung der Antragstellerin, daß der Rechtsstreit in der Hauptsache erledigt ist, anschließen und beantragen,

der Antragstellerin gemäß § 91a ZPO die Kosten des einstweiligen Verfügungsverfahrens aufzuerlegen.

Zur

Begründung

wird das Folgende ausgeführt[5]:
......

Rechtsanwalt

Anmerkungen

1. Grundsätzlich ist der lediglich auf die Kosten beschränkte Widerspruch kostengünstiger (vgl. Anm. 1 zu Form. II. L. 7). Es kann jedoch Fälle geben, bei denen dem Antragsgegner zwar an der streitigen Durchführung des Verfügungsverfahrens – z. B. aus Kostengründen oder wegen zweifelhafter Chancen – nicht, jedoch an der Beseitigung des Verfügungstitels gelegen ist. Solche Gründe können etwa in einem Wettbewerbsverhältnis der Parteien bestehen, das besorgen läßt, daß der Antragsgegner mit der einstweiligen Verfügung im gemeinsamen Kundenkreis „hausieren" geht (worin freilich regelmäßig eine unzulässige Behinderung gemäß § 1 UWG zu sehen ist). Zur Beseitigung des Verfügungstitels bietet sich für den Antragsgegner der Weg an, eine strafbewehrte Unterlassungsverpflichtungserklärung (vgl. dazu Form. II. L. 1) abzugeben. Wegen der damit verbundenen Klaglosstellung kann der Antragsteller (Gläubiger) lediglich noch das einstweilige Verfügungsverfah-

ren für in der Hauptsache erledigt erklären. Damit wird die ergangene Entscheidung wirkungslos und ist nicht mehr geeignet, als Grundlage einer Zwangsvollstreckung gemäß § 890 ZPO zu dienen (wohl h.M., z.B. vgl. OLG Köln GRUR 1974, 172; 1986, 335 f.; OLG Düsseldorf GRUR 1987, 575 f. – Titelfortfall; str., a.A. OLG Hamburg MDR 1986, 418; WRP 1987, 260; vgl. insbesondere zum Thema der Unterlassungsvollstreckung aus erledigten Titeln *Melullis*, GRUR 1993, 241 ff.). Handelt freilich der Antragsgegner arglistig, so wird man davon auszugehen haben, daß die Nichtannahme einer strafbewehrten Unterlassungsverpflichtungserklärung durch den Gläubiger für diesen ohne Rechtsnachteil ist und er dementsprechend auch das einstweilige Verfügungsverfahren nicht für erledigt zu erklären braucht. Ein derartiger Fall wird angenommen werden können, wenn der Schuldner (Antragsgegner) bewußt der einstweiligen Verfügung zuwidergehandelt hat und nunmehr einer Bestrafung gemäß § 890 ZPO dadurch vorbeugen will, daß er den Gläubiger zwingen will, das einstweilige Verfügungsverfahren für erledigt zu erklären (vgl. dazu *Melullis*, GRUR 1993, 241 ff.).

2. Vgl. Anm. 2 zu Form. II. L. 5.

3. Zur Beschränkung der Unterlassungsverpflichtungserklärung auf ein schuldhaftes Zuwiderhandeln vgl. BGH GRUR 1982, 688/691 = WRP 1982, 634 – Seniorenpaß; GRUR 1985, 155/156 – Vertragsstrafe bis zu ...... I – sowie Form. II. L. 1 Anm. 6.

4. Zur Formulierung einer strafbewehrten Unterlassungsverpflichtungserklärung und deren Rechtswirkungen sowie zur Höhe der Vertragsstrafe vgl. Form. II. L. 1, insbesondere Anm. 8.

5. Es gilt das in Anm. 1 zu Form. II. L. 6 Ausgeführte. Im Gegensatz zum Kostenwiderspruch (Form. II. L. 7.) ist der Antragsgegner nicht in seiner Verteidigung auf den Gesichtspunkt fehlender Abmahnung beschränkt, sondern kann ferner geltend machen, Verfügungsanspruch und -grund bestünden nicht. Durch Abgabe einer Unterwerfungserklärung begibt sich der Antragsgegner nicht automatisch in die Rolle des Unterlegenen (*Baumbach/Hefermehl* UWG, Einl. UWG, Rdn. 273 und 562 mwN. der Rspr. der OLGe; *Mes* GRUR 1978, 345 ff.). Bei fehlender, aber erforderlicher Abmahnung ist im Verfahren der Erledigung gemäß § 91a ZPO auch § 93 ZPO analog mit der Folge anwendbar, daß der Antragsteller die Kosten des Verfahrens trägt (OLG Hamburg MD 1993, 913; OLG Köln WRP 1990, 543; str.).

9. Wettbewerbsrechtliche Klage wegen Alleinstellungswerbung[1]

**An das
Landgericht
Kammer für Handelssachen**[2]

Klage

der Firma A ......

– Klägerin –

Prozeßbevollmächtigter: Rechtsanwalt ......

gegen

die Firma B ......

– Beklagte –

**wegen unlauteren Wettbewerbs
Streitwert: vorläufig geschätzt DM ......**[3]

Namens und in Vollmacht der Klägerin erhebe ich Klage und werde beantragen,
 I. Die Beklagte zu verurteilen,
  1. es bei Meidung eines für jeden Fall der Zuwiderhandlung vom Gericht festzusetzenden Ordnungsgeldes bis zu DM 500.000,–, ersatzweise Ordnungshaft bis zu 6 Monaten oder Ordnungshaft bis zu 6 Monaten zu unterlassen[4],
  im geschäftlichen Verkehr zu Wettbewerbszwecken in bezug auf das Bier „X- Alt" die Werbeangabe
  „Der Alt-Meister"
  zu benutzen[5];
  2. der Klägerin Auskunft darüber zu erteilen, in welchem Umfang die Beklagte die vorstehend zu Ziffer I 1 bezeichneten Handlungen begangen hat, wobei die Angaben nach Werbeträgern, Auflage der Werbeträger, Bundesländern und Kalendervierteljahren aufzuschlüsseln sind[6];
 II. festzustellen, daß die Beklagte verpflichtet ist, der Klägerin allen denjenigen Schaden zu erstatten, der ihr durch die vorstehend zu Ziffer I 1 bezeichneten Handlungen entstanden ist und künftig noch entstehen wird[7];
 III. die Kosten des Rechtsstreits der Beklagten aufzuerlegen;
 IV. das Urteil – gegebenenfalls gegen Sicherheitsleistung (Bank- oder Sparkassenbürgschaft) – für vorläufig vollstreckbar zu erklären;
  hilfsweise der Klägerin nachzulassen, die Zwangsvollstreckung gegen Sicherheitsleistung (Bank- oder Sparkassenbürgschaft) abzuwenden.
  ......[8,9]

Begründung:

I.

Beide Parteien sind Altbier-Brauereien und stehen miteinander in unmittelbarem Wettbewerb[10]. Die Beklagte wirbt für ihr Erzeugnis in Form der Abbildung eines Glases mit der schlagwortartig hervorgehobenen Bezeichnung „Der Alt-Meister". Um der angerufenen Kammer eine Vorstellung der Werbung der Beklagten zu vermitteln, überreiche ich als Anlage 1 ein Foto eines entsprechenden Plakatanschlages[11].
Die Klägerin hat die Beklagte mit dem als Anlage 2 überreichten Schreiben erfolglos abgemahnt[12]. Daher ist Klage geboten.

II.

Die rechtliche Bewertung des vorgetragenen Sachverhalts ergibt das Folgende:
1. Die angegriffene Werbung der Beklagten verstößt gegen § 3 UWG[13]. In der Angabe „Der Alt-Meister" liegt die Inanspruchnahme einer Alleinstellung, die der Beklagten nicht zusteht.
Die Werbeaussage „Der Alt-Meister" stellt eine irreführende Angabe im Sinne des § 3 UWG dar. Maßgeblich für die Annahme einer Angabe sowie für die Bewertung ihres Inhaltes als einer unzulässigen Alleinstellungswerbung ist allein die Auffassung der angesprochenen Werbeadressaten, d.h. hier der Letztverbraucher, wobei es schon genügt, wenn sich die streitige Angabe für einen nicht unerheblichen Teil der Letztverbraucher als Alleinstellungsberühmung darstellt. Ist eine Angabe mehrdeutig, so muß jede der verschiedenen Bedeutungen den Tatsachen entsprechen. Etwas anderes gilt nicht schon deswegen, weil die streitgegenständliche Werbung einen gewissen Sprachwitz verrät und ein Wortspiel beinhaltet. Das Attribut „Alt" kann sowohl auf den Begriff „Meister" als auch auf das Alt-Bier-Erzeugnis der Beklagten bezogen werden. Es ist jedoch davon auszugehen, daß auch diejenigen Teile des Publikums, die diesen Sprachwitz erkennen, davon ausgehen, daß das in Rede stehende Wortspiel gerade deswegen verwendet worden ist, weil jede der möglichen Deutungen „paßt".

9. Wettbewerbsrechtliche Klage wegen Alleinstellungswerbung

Die streitgegenständliche Angabe „Alt-Meister" wird in der Werbung der Beklagten ausweislich des Beispiels gemäß Anlage 1 nicht auf den Herstellungsbetrieb der Beklagten selbst, sondern auf das Produkt bezogen. Eine derartige Personalisierung eines Produktes ist nichts Ungewöhnliches. Als Beispiel wird verwiesen auf die Tatsache, daß Produkte häufig als „Renner", „Spitzenreiter", „unser Star" usw. bezeichnet werden.

Die Bezeichnung „Meister" vermittelt gegenüber einem rechtlich relevanten Teil des Kaufpublikums den Eindruck einer Alleinstellung, wobei dieser Eindruck noch durch die Hinzugabe des bestimmten Artikels deutlich verstärkt wird. Der Begriff des Meisters ist dem Durchschnittsverbraucher sowohl aus dem Bereich des Sports wie auch aus demjenigen des Handwerks allgemein bekannt. Zwar mag von der Sache her an sich im Zusammenhang mit Bier die Beziehung zu dem handwerklichen Bereich näher liegen. Mit einem derartigen Handwerksmeister hat das allgemeine Publikum es jedoch nur noch selten zu tun. Viel häufiger begegnen ihm die Begriffe „Meister" und „Meisterschaften" im Bereich des Sports. Diese Deutung liegt hier um so näher, wenn man sich vor Augen führt, daß der Vorjahresmeister, beispielsweise im Fußballsport, als der „Alt-Meister" bezeichnet wird. Es ist daher davon auszugehen, daß der Letztverbraucher bei Betrachtung der beanstandeten Werbung in erster Linie an den vertrauten Begriff des Meisters aus dem Bereich des Sports denkt, zumal dieser Begriff von der Beklagten keiner Person, sondern einem Produkt zugeordnet wird, mit dem man auch im übertragenen Sinne nicht ohne weiteres die Vorstellung verbinden kann, daß es sich um einen Meister im Sinne handwerklicher Kategorien handelt. Ein Produkt jedoch wird häufig und in üblicher Form im Sinne sportlicher Kategorien als „Renner", „Spitzenreiter", „Tabellenführer" oder eben auch als Meister im Gegensatz zu den Vizemeistern, den Nächstplazierten usw. bezeichnet.

Im Bereich des Sports kann nach allgemeiner Vorstellung nur jeweils einer „Meister" sein. Daraus ergibt sich der Alleinstellungscharakter der angegriffenen Werbeaussage. Dieser Charakter gilt insbesondere auch, soweit das Wortspiel „Alt-Meister" in Rede steht. Denn ein „Alt-Meister" ist jedenfalls der Meister der vergangenen Saison, dessen „Meisterehre" auch häufig noch in der gegenwärtigen Saison, nämlich bis zu dem Zeitpunkt anhält, bis ein neuer Meister den „Alt-Meister" ablöst.

Des weiteren wird darauf hingewiesen, daß selbst diejenigen, die die angegriffene Werbung mit Vorstellungen aus dem Bereich des Handwerks in Verbindung bringen, in ihr die Behauptung einer Alleinstellung sehen werden, da ein Meister unangefochten an der Spitze einer Hierarchie (Lehrling – Geselle – Meister) steht.

Es ist in der angegriffenen Werbung nicht ausdrücklich erkennbar, worin die Alleinstellung der Beklagten liegen soll. Für den Letztverbraucher liegt jedoch nahe, daß die alleinstehende Spitzenstellung im Zusammenhang mit der geschmacklichen Qualität liegen soll. Denn neben dem Preis, der bei den hier interessierenden Bieren kaum Unterschiede aufweist, ist es vor allem die geschmackliche Qualität, die für das Kaufpublikum von Interesse ist. Dieses Interesse wird auch mit der konkreten Werbung der Beklagten angesprochen, indem dort ein appetitlich aussehendes Glas Bier abgebildet ist. Zwar kann man über Geschmack bekanntlich nicht streiten und entzieht sich dementsprechend Geschmack einer eindeutigen Bewertung. Trotz dieser Relativität gibt es jedoch auch für die geschmackliche Qualität eines für den Konsum bestimmten Erzeugnisses einen objektiven Maßstab, nämlich den der allgemeinen Beliebtheit, der sich in den Umsatzzahlen niederschlägt. Dementsprechend ist davon auszugehen, daß die von der Beklagten beanspruchte Spitzenstellung auf einen durch Umsatzzahlen belegten Vorsprung in der geschmacklichen Qualität des beworbenen Bieres liegen soll.

Die Werbeangabe „Der Alt-Meister" wird vom Kaufpublikum auch durchaus ernst genommen und als nachprüfbare Tatsachenangabe bewertet. Insbesondere kann durch die Wahl eines Wortspieles nicht auf mangelnde Ernstlichkeit geschlossen werden. Es ist vielmehr davon auszugehen, daß das Kaufpublikum zu Recht von der Annahme ausgeht, daß das Wortspiel deswegen gewählt worden ist, weil jede der nur denkbaren Deutungen paßt. Die Bezeichnung des Produktes „Alt-Meister" ist auch ungewöhnlich und gerade deswegen geeignet, ernstgenommen zu werden. Der hier zu beurteilende Fall ist nicht vergleichbar mit den Angaben „Meister-Pils", „Meister-Bock" oder „Meister-Bräu"; in allen letztgenannten Fällen bezieht sich die Bezeichnung „Meister" vordringlich auf den Hersteller des Bieres, nicht jedoch auf das Erzeugnis selbst, das nicht als Meister bezeichnet wird.

Mit der streitgegenständlichen Werbung wendet sich die Beklagte an die Letztverbraucher. Zu diesen Verkehrskreisen gehören auch die Mitglieder der angerufenen Kammer. Dementsprechend kann die angerufene Kammer aufgrund eigener Sachkunde und Erfahrung den Tatbestand einer Irreführung feststellen[14].

Höchst vorsorglich treten wir dafür, daß das allgemeine Publikum die streitgegenständliche Werbeaussage der Beklagten in dem vorbezeichneten Sinn versteht und würdigt, Beweis an durch

Gutachten eines anerkannten Markt- und Meinungsforschungsinstituts[15].

2. Zwischen den Parteien des Rechtsstreits besteht ein unmittelbares Wettbewerbsverhältnis, da beide auf dem gleichen regionalen Markt gegenüber den gleichen Abnehmern ihre Erzeugnisse anbieten und vertreiben. Infolgedessen wirkt sich das streitgegenständliche Verhalten der Beklagten im Wettbewerbsverhältnis der Parteien unmittelbar zum Nachteil der Klägerin aus.

3. Gemäß §§ 3, 13 Abs. 6 Nr. 1 S. 1 UWG ist die Beklagte auch zu Schadensersatz verpflichtet. Infolge der irreführenden Alleinstellungsberühmung der Beklagten ist ein Schadenseintritt bei der Klägerin zumindest wahrscheinlich[16]. Die Beklagte handelt auch fahrlässig-schuldhaft, denn bei Beachtung der im Verkehr erforderlichen Sorgfalt hätte sie ohne weiteres das Wettbewerbswidrige ihres Verhaltens, nämlich das irreführende Moment ihrer Werbung erkennen können. Die Beklagte handelt seit Empfang der diesseitigen anwaltlichen Abmahnung vom ...... darüber hinaus auch vorsätzlich-schuldhaft.

Der mit Klageantrag I 2 geltend gemachte Auskunftsanspruch ist als vorbereitender Hilfsanspruch zum Schadensersatzbegehren aufgrund gewohnheitsrechtlicher Anwendung der Bestimmung des § 242 BGB in Verbindung mit den Rechtsregeln betreffend die auftragslose Geschäftsführung begründet. Die Klägerin kann nämlich ohne Kenntnis vom Umfang der wettbewerbswidrigen Handlungen der Beklagten den ihr entstandenen Schaden ziffernmäßig nicht bestimmen. Damit ist zugleich auch die Zulässigkeit des Schadensersatzfeststellungsbegehrens gem. Klageantrag II dargetan[17].

4. Die Zuständigkeit des angerufenen Gerichts ergibt sich aus der Tatsache, daß die Beklagte im Gerichtsbezirk ihren Sitz hat[18].

Rechtsanwalt

Anmerkungen

1. Die wettbewerbsrechtliche Beurteilung von Fällen der sogenannten Alleinstellungswerbung ist regelmäßig nicht einfach. Dem Formular ist der Sachverhalt der Entscheidungen LG Düsseldorf WRP 1979, 404 ff. und OLG Düsseldorf WRP 1979, 717 ff. zugrundegelegt. Das LG Düsseldorf hatte die Klage abgewiesen, das OLG Düsseldorf erkannte sie zu.

2. Zur Zuständigkeit vgl. Anm. 1 und 2 zu Form. II. L. 2.

3. Zur Bemessung des Streitwertes vgl. *Pastor*, Der Wettbewerbsprozeß – Verwarnung – einstweilige Verfügung – Unterlassungsklage, 3. Aufl. 1980, S. 923 ff.; *Teplitzky*, Wettbewerbsrechtliche Ansprüche, 5. Aufl. 1986, Kap. 49, Rd. 1 ff.; *Ulrich*, GRUR 1984, 177 ff.; *Kur*, Streitwert und Kosten im Verfahren wegen unlauteren Wettbewerbs, 1980. Einzelheiten können nur wie folgt skizziert werden:

9. Wettbewerbsrechtliche Klage wegen Alleinstellungswerbung II. L. 9

Bei wettbewerbsrechtlichen Streitigkeiten unterliegt die Streitwertbestimmung gem. § 3 ZPO freiem richterlichem Ermessen. Dazu dient die Angabe in der Klageschrift als Anregung, nämlich wie der Kläger selbst seine für die Streitwertbemessung maßgeblichen Interessen bewertet (OLG Köln, MD 1994, 80: nur indizielle Bedeutung der Streitwertangabe durch den Kläger). Als objektive Kriterien kommen für die Streitwertbemessung in Betracht: Größe und wirtschaftliche Bedeutung der Parteien, insbesondere des Klägers; Intensität des Wettbewerbsverstoßes (zB. umfangreiche Zeitschriftenwerbung einerseits oder Plakatanschlag an einem Ladenlokal andererseits), Dauer des Wettbewerbsverstoßes, Auswirkungen des Wettbewerbsverstoßes. *Pastor,* Der Wettbewerbsprozeß, 3. Aufl. 1980, S. 957 f. empfiehlt den Gerichten, für „normale" Wettbewerbsstreitigkeiten einen „Regelstreitwert" einzuführen, den er mit DM 20.000,– bewertet, wobei sodann je nach den Umständen des Einzelfalles Zu- und Abschläge gemacht werden sollen. In rechtstatsächlicher Hinsicht haben sich Regelstreitwerte jedoch nicht feststellen lassen (vgl. dazu *Kur,* Streitwert und Kosten im Verfahren wegen unlauteren Wettbewerbs, 1980, S. 90). *Kur* hat (aaO. S. 90) folgende Streitwerte ermittelt, die für die Geltendmachung eines Unterlassungsanspruches jeweils als Anhaltspunkte gelten können, wobei allerdings diese Angaben auf Ermittlungen beruhen, die 15 Jahre und länger zurückliegen:
a) für Bagatellverstöße und Massenverfahren: bis zu DM 10.000,–;
b) für „übliche" Verstöße: DM 20.000,– bis zu DM 50.000,– (zunehmend mit der Tendenz bis zu DM 100.000,–);
c) besonders unlautere Verstöße oder solche von größeren Unternehmen: DM 100.000,– bis zu DM 250.000,– (zunehmend mit der Tendenz bis zu DM 300.000,– und höher).

Für die Bemessung des Streitwertes bei Unterlassungsansprüchen enthält § 23 a UWG zwei Besonderheiten. Beruht die Geltendmachung der Unterlassungsansprüche auf §§ 1, 3, 4, 6, 6a bis 6c, 7 und/oder 8 UWG, so ist es wertmindernd zu berücksichtigen, wenn die Sache nach Art und Umfang einfach gelagert ist. Des weiteren soll streitwertmindernd berücksichtigt werden, wenn die Belastung einer der Parteien mit den Prozeßkosten nach dem vollen Streitwert angesichts ihrer Vermögens- und Einkommensverhältnisse nicht tragbar erscheint.

Werden, wie im Formular, neben einem Unterlassungsanspruch auch Ansprüche auf Auskunftserteilung und Schadensersatz geltend gemacht, so ist zur Bemessung des Streitwertes eine Aufteilung vorzunehmen. Hier gilt der Grundsatz, daß der Unterlassungsanspruch am Gesamtstreitwert einen Anteil von ca. $2/3$ ausmacht, wohingegen auf den Schadensersatzanspruch und den Auskunftsanspruch das verbliebene Drittel entfällt. Hinsichtlich der beiden letztgenannten prozessualen Ansprüche hat das Schadensersatzfeststellungsbegehren ein Übergewicht gegenüber dem Auskunftsbegehren, wobei wiederum als grober Maßstab die Aufteilung $2/3$ (Schadensersatzfeststellungsbegehren) zu $1/3$ (Auskunftsbegehren; höhere Festsetzung bei KG GRUR 1992, 611 – T-Shirt) angesetzt werden kann.

4. Zur Formulierung der Strafandrohungsklausel im Unterlassungsantrag vgl. Anm. 5 zu Form. II. L. 3.

5. Zur Bestimmung des Antragsinhalts vgl. Anm. 6 zu Form. II. L. 3. Zur Konkretisierung der angegriffenen Verletzungshandlung ist es häufig – wie im Antrag vorgesehen – erforderlich, daß eine Konkretisierung im Hinblick auf bestimmt bezeichnete Waren (oder einen bestimmt bezeichneten Geschäftsbetrieb) erfolgt, ferner im Hinblick auf bestimmt bezeichnete Handlungen (vgl. BGH GRUR 1984, 593/594 r. Sp. – Adidas; 1986, 898/900 – Frank der Tat; WRP 1993, 478 – Faltenglätter; GRUR 1994, 310 – Mozarella II).

6. Zur Rechtsnatur und zum Umfang des wettbewerbsrechtlichen Auskunftsanspruches vgl. Anm. 9 zu Form. II. L. 4.

7. Zum wettbewerbsrechtlichen Schadensersatzanspruch vgl. Anm. 8 zu Form. II. L. 4. Anders als § 1 UWG enthält § 3 UWG nicht zugleich die Anordnung einer Schadensersatzverpflichtung desjenigen, der gegen das dort aufgestellte Verbot verstößt. Diese ist in § 13 Abs. 6 Nr. 1 UWG enthalten. Es hat sich im Bereich des Wettbewerbsrechts bewährt, die Schadensersatzverpflichtung des Verletzers lediglich feststellen zu lassen. Daraus ergibt sich die Kombination der Klageanträge auf Auskunftserteilung und Schadensersatzfeststellung. Eine derartige Klagenverbindung ist gegenüber der an sich gegebenen Möglichkeit der Erhebung einer Stufenklage gem. § 254 ZPO (erste Stufe: Auskunft, zweite Stufe: Schadensersatz) vorzuziehen, da der gesamte Prozeß einheitlich durch die Instanzen geführt und damit auch rascher erledigt werden kann (vgl. auch Anm. 10 zu Form. II. M. 3). Das gem. § 256 Abs. 1 aE. ZPO erforderliche rechtliche Interesse an alsbaldiger Feststellung ergibt sich sowohl aus dem Unvermögen des Gläubigers, ohne nähere Kenntnis vom Umfang der wettbewerbswidrigen Handlungen des Schuldners den Schaden, der in seiner Entstehung regelmäßig des weiteren noch nicht abgeschlossen ist, ziffernmäßig zu bestimmen, als auch aus der drohenden Verjährung des Schadensersatzanspruches (Verjährungsfrist gem. § 21 UWG: 6 Monate).

8. Die amtswegige Übertragung des Rechtsstreits auf den Einzelrichter entfällt bei Kammern für Handelssachen (§§ 348, 349 ZPO), so daß es einer Stellungnahme des Klägers (§ 253 Abs. 3 ZPO; vgl. Form. I. D. 1.) nicht bedarf.

9. Macht nach Kenntnis des Klägers die angerufene Kammer von der Möglichkeit eines schriftlichen Vorverfahrens Gebrauch, so kann es sich empfehlen, schon in die Klageschrift Anträge nach §§ 307 Abs. 2, 331 Abs. 3 ZPO aufzunehmen. In der Praxis kommt dies in UWG-Sachen selten vor. Zu einem solchen Antrag vgl. Form. I. D. 1.

10. Mit dem Sachvortrag zum Bestehen eines Wettbewerbsverhältnisses wird zur Aktivlegitimation der Klägerin vorgetragen. Die Ausführungen werden nachstehend zu II 2 im Formular noch vertieft. Durch die Neufassung des § 24 Abs. 2 UWG, die den Gerichtsstand der unerlaubten Handlung für Wettbewerbsverstöße den nach § 13 Abs. 2 Nrn. 1 bis 4 UWG Aktivlegitimierten nur noch eingeschränkt eröffnet und ferner durch die Neufassung des § 13 Abs. 2 Nr. 1 und Nr. 2 UWG, die die Aktivlegitimation ebenfalls einschränkt, ist es angebracht, schon frühzeitig – d.h. bei der Entscheidung über die Abmahnung – die Frage der Aktivlegitimation zu bedenken. Zur Vertiefung wird auf Anm. 4 zu Form. II. L. 1 und nachfolgend Anm. 18 verwiesen.

11. Häufig bedarf es in wettbewerbsrechtlichen Streitigkeiten keines ausführlichen Tatsachenvortrages, sondern es genügt und erscheint sachgerecht, das angerufene Gericht insbesondere durch Übergabe von Mustern zu informieren.

12. Die Mitteilung, daß vor Klageerhebung erfolglos abgemahnt worden ist, ist zur Begründung des Unterlassungsantrages nicht erforderlich; sie hat jedoch Bedeutung für die Feststellung des Verschuldens, vgl. dazu im Form. die Ausführungen unter II 3.

13. Zur Anwendung der Bestimmung des § 3 UWG vgl. schon Anm. 10 zu Form. II. L. 3. Die Anwendungsvoraussetzungen dieser Bestimmungen sind die folgenden:
a) Es muß sich um ein Verhalten im geschäftlichen Verkehr zu Wettbewerbszwecken handeln;
b) es muß sich um eine Angabe im Sinne des § 3 UWG handeln;
c) die Angabe muß sich auf geschäftliche Verhältnisse des Werbungstreibenden beziehen; diese Voraussetzung liegt insbesondere dann vor, wenn über die Beschaffenheit, den Ursprung, die Herstellungsart oder die Preisbemessung einzelner Waren oder gewerblicher Leistungen oder des gesamten Angebots, über Preislisten, über die Art des Bezugs oder die Bezugsquelle von Waren, über den Besitz von Auszeichnungen, über den Anlaß oder den Zweck des Verkaufs oder über die Menge der Vorräte eine Aussage gemacht wird;
d) die Angabe muß insbesondere geeignet sein, auf die Entschließung der Werbeadressaten einzuwirken (zu diesem besonderen, häufig übersehenen Merkmal der Bestimmung des § 3 UWG vgl. *Baumbach/Hefermehl* UWG § 3 Rdn. 87ff.).

Die Voraussetzungen des § 3 UWG und ihre Auslegungskriterien sind im Formular im einzelnen an einem prägnanten, wenn auch nicht einfach gelagerten Beispiel behandelt. Darauf wird verwiesen.

9. Wettbewerbsrechtliche Klage wegen Alleinstellungswerbung II. L. 9

14. Zu den Beweisfragen im Zusammenhang mit einer Anspruchsherleitung aus § 3 UWG vgl. *Baumbach/Hefermehl* UWG § 3 Rdn. 110 ff. Gehören die Mitglieder des angerufenen Gerichts – wie regelmäßig bei Waren des täglichen Bedarfs – ebenfalls zu den angesprochenen Werbungsadressaten, kann das Gericht von sich aus aufgrund eigener Sachkunde und Erfahrung die Irreführungsgefahr feststellen. Will hingegen das Gericht die Irreführungsgefahr verneinen, so muß es dazu umfassende Feststellungen treffen. Denn im Bereich des § 3 UWG sind auch die Vorstellungen nicht ganz unerheblicher Teile der Verkehrsbeteiligten schutzwürdig. Deshalb wird im Falle der Verneinung einer Irreführung durch das Gericht häufig eine Beweisaufnahme erforderlich sein (vgl. BGH GRUR 1963, 270, 273 – Bärenfang; *Baumbach/Hefermehl* UWG § 3 Rdn. 114). Insbesondere gestattet § 291 ZPO es dem Gericht nicht, ein bestimmtes Verkehrsverständnis vom Inhalt einer Werbeaussage seiner Entscheidung als gerichtskundig zugrunde zu legen, wenn ein davon abweichendes Verständnis der angesprochenen Verkehrskreise unter Beweisantritt vorgetragen worden ist (BGH GRUR 1990, 607 – Meister-Kaffee; dazu auch BGH GRUR 1991, 215 – Emilio Adani). Das Gericht kann schließlich auch gehalten sein, den beweisbelasteten Kläger auf die Notwendigkeit eines Beweisantritts in Form eines demoskopischen Gutachtens hinzuweisen (BGH WRP 1991, 100 – Versäumte Meinungsumfrage).

15. Beweismittel sind insbesondere Auskünfte von Industrie- und Handelskammern sowie von Wirtschaftsverbänden und des weiteren Meinungsumfragen.

16. Die Wahrscheinlichkeit eines Schadenseintritts genügt (vgl. BGH GRUR 1993, 926, 927 – Apothekenzeitschriften – mwN.; vgl. ferner Anm. 8 zu Form. II. L. 4).

17. Zum Auskunftsanspruch vgl. Anm. 9 zu Form. II. L. 4.

18. Bisher hatte § 24 Abs. 2 UWG (dazu z.B. OLG Köln GRUR 1988, 148 – Kaminöfen) erhebliche praktische Bedeutung. Für den dort geregelten Gerichtsstand der unerlaubten Handlung ist ebenso wie für den Gerichtsstand der gewerblichen Niederlassung gemäß § 24 Abs. 1 UWG darauf hinzuweisen, daß es sich um ausschließliche Gerichtsstände handelt, die somit einer Prorogation gemäß § 40 Abs. 2 ZPO entzogen sind. Zur Begründung des Gerichtsstandes gem. § 24 Abs. 2 UWG genügte bisher jedes wettbewerbliche Verhalten der streitgegenständlichen Art, wobei vordringlich Werbeanzeigen in Zeitungen, die auch im Gerichtsbezirk vertrieben werden, Angebote und Lieferungen in den Gerichtsbezirk als Anknüpfungspunkt in Betracht kommen. Zum sog. „fliegenden Gerichtsstand" im Zusammenhang mit Zeitungsanzeigen einschränkend OLG Düsseldorf WRP 1981, 278 und *von Maltzahn* GRUR 1983, 711 ff.; aufgegeben von OLG Düsseldorf WRP 1987, 476. Eine weitere Einschränkung findet sich nunmehr in § 24 Abs. 2 Satz 2 UWG, der mit Wirkung zum 1. August 1994 eingefügt worden ist. Danach ist für den Fall der Herleitung der Aktivlegitimation aus § 13 Abs. 2 Nrn. 1 bis 4 UWG der Gerichtsstand der unerlaubten Handlung des § 24 Abs. 2 UWG nur dann noch anwendbar, wenn der Beklagte im Inland keinen Wohnsitz hat. Ob diese Beschränkung auch dann gilt, wenn der durch den Wettbewerbsverstoß unmittelbar Betroffene klagt bzw. einen Antrag auf Erlaß einer einstweiligen Verfügung anhängig macht, der mithin seine Aktivlegitimation nicht aus § 13 Abs. 2 Nrn. 1 bis 4 UWG herleitet (z.B. im Formular wegen Alleinstellungsberührung des Wettbewerbers), ist zur Zeit noch nicht höchstrichterlich entschieden. Die Rechtsprechung des Bundesgerichtshofs anerkennt jedoch seit langem die Aktivlegitimation des unmittelbar durch einen Wettbewerbsverstoß Betroffenen, und zwar sowohl für § 1 UWG als auch für § 3 UWG (vgl. GRUR 1966, 445, 446 – Glutamal; 1988, 620, 621 – Vespa-Roller – und Form. II. L. 1. Anm. 4). Im Falle der Herleitung der Aktivlegitimation aus unmittelbarer Betroffenheit kann die Beschränkung des § 24 Abs. 2 UWG durch die Neufassung des Gesetzes nicht wirksam werden. Hier verbleibt es bei dem bisherigen Rechtszustand mit der recht großzügigen Annahme des sogenannten fliegenden Gerichtsstandes (vgl. OLG Düsseldorf, GRUR 1994, 837, 838; *Linstow*, WRP 1994, 789).

Kosten und Gebühren

Vgl. Hinweise zu Form. I. D. 1.

10. Antrag auf Erlaß einer einstweiligen Verfügung wegen unzulässiger Sonderveranstaltung

An das
Landgericht
Kammer für Handelssachen[1]

Antrag
auf Erlaß einer einstweiligen Verfügung

der Firma A ......

— Antragstellerin —

Verfahrensbevollmächtigter: Rechtsanwalt ......

gegen

die Firma B ......

— Antragsgegnerin —

wegen unlauteren Wettbewerbs

Streitwert: vorläufig geschätzt DM ......[2]

Namens und in Vollmacht[3] der Antragstellerin beantrage ich,
das Gericht möge im Wege der einstweiligen Verfügung — wegen besonderer Dringlichkeit ohne mündliche Verhandlung durch Beschluß[4] — anordnen:

I. Der Antragsgegnerin wird es bei Meidung eines für jeden Fall der Zuwiderhandlung fälligen Ordnungsgeldes ......[5] untersagt,
im geschäftlichen Verkehr zu Wettbewerbszwecken in bezug auf ihren auf den Vertrieb von Lebensmitteln und Genußmitteln gerichteten Geschäftsbetrieb anzukündigen:

„Wir feiern Geburtstag.
Feiern Sie mit.
Es gibt einen Grund zum Feiern.
6 Jahre ...... SB-Warenhaus ......
Wir machen Ihnen deshalb Geburtstagsangebote. Wählen Sie!, z. B. ......",
insbesondere, wenn zugleich ca. 40 Artikel aus dem Lebensmittelbereich unter Preisangaben beworben werden, wobei durchgestrichenen älteren und höheren Preisen neue und niedrigere Preise gegenübergestellt sind[6].

II. Der Antragsgegnerin werden die Kosten des Verfahrens auferlegt.

Begründung:

Die Antragstellerin ist ein Lebensmittelfilialunternehmen mit Sitz in ......, das unter anderem auch eine Niederlassung im Gerichtsbezirk unterhält.
Glaubhaftmachung: Eidesstattliche Versicherung ......
Ebenfalls im Gerichtsbezirk unterhält die Antragsgegnerin einen SB-Markt, in dem sie ebenfalls Lebensmittel vertreibt[7]. Die Antragstellerin ist schon auf Grund des unmittelbar zwischen den Parteien bestehenden Wettbewerbsverhältnisses aktivlegitimiert, da sie

10. Antrag auf einstweilige Verfügung wegen unzul. Sonderveranstaltung   II. L. 10

durch das noch zu schildernde wettbewerbswidrige Verhalten der Antragsgegnerin im Wettbewerb deutlich benachteiligt wird. Zudem ergibt sich die Aktivlegitimation der Antragstellerin auch aus § 13 Abs. 2 Nr. 1 UWG, weil sie auf dem gleichen Markt wie die Antragsgegnerin Waren gleicher Art vertreibt und das streitgegenständliche Verhalten der Antragsgegnerin geeignet ist, den Wettbewerb auf diesem Markt wesentlich zu beeinträchtigen. Denn die Antragsgegnerin hat anläßlich ihres 6jährigen Bestehens in einer ganzseitigen Zeitungsanzeige die als Anlage 1 überreichte Werbeanzeige veröffentlicht[8]. Diese hat folgenden Wortlaut:

> „Wir feiern Geburtstag!
> Feiern Sie mit!
> Es gibt einen Grund zum Feiern.
> 6 Jahre ...... SB-Warenhaus.
> Das erste SB-Warenhaus in ......
> Tausende Käufer besuchen allwöchentlich diese leistungsfähige Einkaufsstätte. Aber nicht nur diese ...... – ...... SB-Märkte gibt es in vielen Städten ...... SB-Markt-Kunden: Anspruchsvolle und scharf rechnende Käufer. Die große Familie wächst von Woche zu Woche. Ist das alles nicht ein triftiger Grund zum Feiern ...... zum Mitfeiern. Wir haben uns deshalb Geburtstagsangebote ausgedacht, auch welche, damit Sie zu Hause mitfeiern können. Kribbelnd, spritzig ...... Prosit!"

Im Anschluß an den vorstehend wiedergegebenen Text werden sodann ca. 40 einzeln aufgeführte Artikel des Lebensmittelbereichs genannt, wobei die Antragsgegnerin durchgestrichenen höheren Preisen nunmehr geltende niedrige Preise gegenüberstellt.

2. Mit der vorstehend wiedergegebenen Werbeanzeige verstößt die Antragsgegnerin gegen § 7 Abs. 1 UWG und das dort geregelte Verbot der Ankündigung sowie der Durchführung von Sonderveranstaltungen. Im einzelnen[9, 10]:
Die unter der blickfangmäßigen Hervorhebung „Wir feiern Geburtstag – feiern Sie mit" von der Antragsgegnerin ausgelobten „besonderen Geburtstagsangebote" stellen keine erlaubten Sonderangebote gemäß § 7 Abs. 2 UWG dar. Es fehlt zunächst schon an dem Merkmal, daß lediglich einzelne Waren angeboten werden. Die blickfangmäßige Herausstellung des besonderen Anlasses „Geburtstag" sowie die ausdrückliche Kennzeichnung der Angebote der Antragsgegnerin als „Geburtstagsangebote" erwecken den Eindruck, daß das Angebot der Antragsgegnerin sich nicht nur auf einzelne Waren, sondern vielmehr auf ihr gesamtes Sortiment bezieht. Auch soweit in der Werbeanzeige der Antragsgegnerin eine Vielzahl von einzelnen Artikeln, nämlich insgesamt ca. 40 Artikel, unter Preisangabe beworben werden, handelt es sich ebenfalls schon wegen dieser Menge nicht mehr um „einzelne Waren" i.S. des § 7 Abs. 2 UWG. Des weiteren fügt sich das streitgegenständliche Angebot der Antragsgegnerin infolge seiner Bezeichnung „Geburtstagsangebote" nicht in den regelmäßigen Geschäftsverkehr ein; Geburtstagsangebote werden nur zu besonderer Gelegenheit eines Geburtstages geboten[11]. Es fehlt somit an den Voraussetzungen für die Annahme eines zulässigen Sonderangebotes gemäß § 7 Abs. 2 UWG.
Die streitgegenständliche Ankündigung der Antragsgegnerin verwirklicht demgegenüber sämtliche Tatbestandsmerkmale einer unzulässigen Sonderveranstaltung gemäß § 7 Abs. 1 UWG. Es handelt sich um eine – wie vorstehend schon ausgeführt – außerhalb des regelmäßigen Geschäftsverkehrs erfolgende Veranstaltung im Einzelhandel. Diese ist auch Verkaufsveranstaltung. Sie dient des weiteren der Beschleunigung des Warenabsatzes. Ihre Ankündigung erweckt den Eindruck, daß besondere Kaufvorteile gewährt werden. Das ergibt sich sowohl aus dem Wortlaut der vorstehend wiedergegebenen Werbeanzeige der Antragsgegnerin, als auch insbesondere aus der Angabe, daß „Geburtstag" gefeiert werde und daß „besondere Geburtstagsangebote" geboten würden. Insoweit ist auf die Wertung des Gesetzgebers in § 7 Abs. 3 Nr. 2 UWG hinzuweisen, die klarstellt, daß Jubiläumsver-

käufe immer, nämlich besonders typische Sonderveranstaltungen sind. Die gleiche Bewertung verdienen „Geburtstagsverkäufe".
3. Die streitgegenständliche Werbeankündigung der Antragsgegnerin enthält ein die Unlauterkeit qualifizierendes Merkmal. Das gilt insoweit, als eine Vielzahl von Artikeln mit Preisgegenüberstellungen beworben werden. Dieser Teil der Werbeankündigung ist geeignet, den Charakter einer Sonderveranstaltung noch besonders zu betonen. Insoweit ist es angebracht, das Angebot von Waren unter gleichzeitiger Preisgegenüberstellung in Form des Insbesondere-Teils des Verfügungsantrags in das vom Gericht auszusprechende Verbot mitaufzunehmen.[12,13]

Rechtsanwalt

Schrifttum: Baumbach/Hefermehl, UWG, 18. Aufl 1995 (Kommentierung zu §§ 7ff. UWG); *Kamin/Wilke*, Die Verkaufsveranstaltungen im Handel, 5. Aufl. 1987; *Kind*, Sonderveranstaltungen (Handbuch des Ausverkaufsrechts), 1979; *Nacken*, Preisgegenüberstellung, Mengenmäßige Beschränkung, Sonderveranstaltungen, 1990; *Tetzner*, Sonderveranstaltungen und Sonderangebote im Einzelhandel nach der Anordnung – AO – vom 4. 7. 1935, 1979.

Anmerkungen

1. Vgl. Anm. 1 und 2 zu Form. II. L. 2.

2. Zur Streitwertbemessung vgl. Anm. 3 zu Form. II. L. 9 und Anm. 2 zu Form. II. L. 3.

3. Vgl. Anm. 3 zu Form. II. L. 3.

4. Vgl. Anm. 4 zu Form. II. L. 3.

5. Zur Formulierung der Strafandrohungsklausel vgl. die Ausführungen in Form. II. L. 3 und Anm. 5.

6. Zur Formulierung der konkreten Verletzungshandlung vgl. Anm. 6 zu Form. II. L. 3 sowie Anm. 7 zu Form. II. L. 1. Der im Formular wiedergegebene Unterlassungsantrag weist eine weitere, in wettbewerbsrechtlichen Streitigkeiten häufig aufscheinende Besonderheit auf, nämlich einen „Insbesondere-Teil". Die Hinzufügung eines „Insbesondere-Teils" mit weiteren Umständen hat eine Mehrfachfunktion. Sie dient einmal dazu, quasi eine „Auffangstellung" für den Fall zu schaffen, daß das angerufene Gericht der Auffassung des Antragstellers, wonach schon die allgemein gekennzeichnete Handlung des Antragsgegners unzulässig ist, nicht folgen sollte (vgl. BGH GRUR 1982, 374, 376 r. Sp – Ski-Auslaufmodelle). Des weiteren besteht Veranlassung, auch gerade diejenigen Verhaltensweisen in den Antrag ausdrücklich aufzunehmen, die zusätzlich das Wettbewerbswidrige im angegriffenen Verhalten qualifizieren (vgl. dazu BGH GRUR 1965, 485 = WRP 1965, 140 – Versehrtenbetrieb – und *Pastor*, Der Wettbewerbsprozeß – Verwarnung – einstweilige Verfügung – Unterlassungsklage – 3. Aufl. 1980, S. 686 zu Anm. 77). Schließlich gibt es Fälle, wo der Insbesondere-Teil nur Beispielcharakter hat (vgl. KG GRUR 1988, 78; BGH GRUR 1993, 834, 835 re. Sp. – Haftungsbeschränkung bei Anwälten; dazu auch *Kurtze* in Festschrift für Nirk, 1992, S. 571 ff.).

7. Die Aktivlegitimation eines Klägers/Antragstellers muß infolge der Neufassung des § 13 Abs. 2 Nr. 1 UWG mit Wirkung zum 1. August 1994 sorgfältiger bedacht und begründet werden als bisher. Der Gesetzgeber hat die Anforderungen verschärft (vgl. dazu Anm. 4 zu Form. II. L. 1). Der Bundesgerichtshof hat bisher nur zu §§ 1 und 3 UWG auf Grund eines konkreten Wettbewerbsverhältnisses und daraus folgenden konkreten Wettbewerbsnachteilen neben der Aktivlegitimation aus § 13 Abs. 2 Nr. 1 UWG diejenige einer unmittelbaren Betroffenheit angenommen (vgl. BGH GRUR 1966, 445, 446 re. Sp. – Glutamal; 1988, 620, 621 – Vespa-Roller). Diese Begründung muß konsequenterweise auch z.B. für § 7 UWG gelten. Im Formular wird aus Vorsichtsgründen zu § 13 Abs. 2 Nr. 1 UWG vorgetragen.

8. Die Glaubhaftmachung der Passivlegitimation der Antragsgegnerin und deren wettbewerblichen Verhaltens ergibt sich aus der als Anlage 1 überreichten Zeitung.

9. Das Recht der Sonderveranstaltung war früher in der Anordnung des Reichswirtschaftsministers betreffend Sonderveranstaltungen vom 4. Juli 1935 geregelt, die auf der Grundlage des § 9a UWG a.F. bis zum 31. 12. 1986 in Kraft war (allg. M., vgl. BVerfG WRP 1970, 319; BGH GRUR 1958, 395 – Sonderveranstaltung). Durch die UWG-Novelle 1986 ist das Recht der Sonderveranstaltungen mit Wirkung zum 1. 1. 1987 – teilweise vereinfacht – neu geregelt in §§ 7, 8 UWG. § 7 Abs. 1 UWG betrifft die (unerlaubten) Sonderveranstaltungen, § 7 Abs. 2 die (erlaubten) Sonderangebote, wobei in dieser Bestimmung mit Wirkung zum 1. 8. 1994 durch Gesetz vom 25. 7. 1994 die Worte „ohne rechtliche Begrenzung" gestrichen worden sind. § 7 Abs. 3 UWG bezieht sich auf Winter- und Sommerschlußverkäufe sowie auf Jubiläumsverkäufe, wohingegen § 8 UWG Räumungsverkäufe regelt.

Die anspruchsbegründenden Voraussetzungen des § 7 Abs. 1 UWG lassen sich wie folgt gliedern:

a) Es hat sich als zweckmäßig erwiesen (vgl. zB. BGH GRUR 1962, 36/37 und GRUR 1962, 42/43 – Sonderveranstaltung I und II –; zuletzt noch BGH GRUR 1977, 794/795 – Geburtstagswerbung), zunächst zu prüfen, ob der Ausnahmetatbestand des § 7 Abs. 2 UWG gegeben ist und es sich um ein zulässiges Sonderangebot handelt;
b) es muß sich um eine Veranstaltung im Einzelhandel handeln;
c) es muß sich um eine Veranstaltung handeln, die außerhalb des regelmäßigen Geschäftsverkehrs liegt;
d) es muß sich um eine Verkaufsveranstaltung handeln, die überdies der Beschleunigung des Warenabsatzes dient;
e) es muß sich um die Ankündigung einer Verkaufsveranstaltung im Einzelhandel handeln, die den Eindruck hervorruft, daß besondere Kaufvorteile gewährt werden.

Zur Reihenfolge der vorstehend empfohlenen Prüfung vgl. zB. BGH GRUR 1977, 794 ff. – Geburtstagswerbung.

10. Bei der wettbewerbsrechtlichen Beurteilung einer Werbemaßnahme bzw. Werbeankündigung sind jede Auslegung und Ausdeutung zugrundezulegen, die die angesprochenen Verkehrskreise der Ankündigung beimessen. Es kommt somit entscheidend auf die Auffassung der beteiligten Verkehrskreise an. Das gilt insbesondere im Hinblick auf die Ankündigung einer Sonderveranstaltung. Beteiligte Verkehrskreise bei einer Sonderveranstaltung sind – da es sich um eine Maßnahme im Einzelhandel handelt – die Letztverbraucher. Zu diesen Verkehrskreisen gehören insbesondere auch Richter. Das hat Bedeutung für die beweismäßige Feststellung. Handelt es sich nämlich um Werbeangaben über Gegenstände des allgemeinen Bedarfs, so wird der angerufene Richter meist selbst die Feststellung treffen können, wie das angesprochene Publikum die Werbeankündigung versteht (vgl. dazu *Baumbach/Hefermehl* UWG § 3 Rdn. 111 ff.).

11. Zum Merkmal „außerhalb des regelmäßigen Geschäftsverkehrs" vgl. insbesondere *Baumbach/Hefermehl* UWG § 7 Rdn. 7 ff.

12. Zur Formulierung des Insbesondere-Teils des Antrags vgl. Anm. 6.

13. Im Formular wird, wie bei Sonderveranstaltungen häufig, lediglich ein Verbot der Ankündigung der Sonderveranstaltung erstrebt. An sich verbietet § 7 Abs. 1 UWG die Abhaltung von Verkaufsveranstaltungen, die die Tatbestandsmerkmale einer Sonderveranstaltung verwirklichen, so daß auch ein Verbot betreffend die Durchführung der Sonderveranstaltung durchgesetzt werden kann; ein solches Vorhaben scheitert in der Praxis häufig daran, daß einerseits Einzelheiten der Durchführung dem Antragsteller nicht bekannt sind und andererseits eine an sich erlaubte Verkaufsveranstaltung erst durch ihre Ankündigung den Charakter einer – unerlaubten – Sonderveranstaltung gewinnt (vgl. zB. BGH GRUR 1962, 42/44 – Sonderveranstaltung II und GRUR 1973, 125 – Sonderveran-

staltung III). Da die Ankündigung einer Sonderveranstaltung Teil der Sonderveranstaltung ist, kann sie ebenfalls untersagt werden. Zum Schadensersatzrisiko des § 945 ZPO vgl. Anm. 1 zu Form. II. L. 3.

11. Anrufung der Einigungsstelle[1]

Einigungsstelle
zur Beilegung von
Wettbewerbsstreitigkeiten
in der gewerblichen Wirtschaft
bei der Industrie- und Handelskammer
......[2]

Antrag auf Einleitung eines Einigungsverfahrens

der Firma A ......

Antragstellerin

Verfahrensbevollmächtigter: Rechtsanwalt ......[3]

gegen

die Firma B ......

Antragsgegnerin

wegen unlauteren Wettbewerbs

Namens und in Vollmacht der Antragstellerin beantrage ich,
die Einigungsstelle möge ein Einigungsverfahren gemäß § 27a UWG eröffnen, Termin zur mündlichen Verhandlung anberaumen und die Antragsgegnerin zum Verhandlungstermin laden.
In dem Verhandlungstermin werde ich beantragen,
die Antragsgegnerin möge sich verpflichten, es bei Meidung einer für jeden Fall der Zuwiderhandlung fälligen Vertragsstrafe in Höhe von DM ...... zu unterlassen, im geschäftlichen Verkehr zu Wettbewerbszwecken ......[4]

Begründung:

......(folgen Sachverhaltsschilderung und rechtliche Bewertung)[5,6,7,8].

Rechtsanwalt

Schrifttum: Samwer in *Gloy,* Handbuch des Wettbewerbsrechts, Nachtrag zu § 77, S. 111 ff., 1989; *Köhler,* „Das Einigungsverfahren nach § 27a UWG: Rechtstatsachen, Rechtsfragen, Rechtspolitik", WRP 1991, 617 ff.

Anmerkungen

1. Die im Formular behandelte Rechtsmaterie ist in § 27a UWG geregelt. Der in § 27a Abs. 1 UWG enthaltenen Verpflichtung zur Einrichtung von Einigungsstellen sind sämtliche Länder im wesentlichen übereinstimmend nachgekommen. Es kann davon ausgegangen werden, daß bei jeder Industrie- und Handelskammer eine entsprechende Einigungsstelle gegeben ist.

2. Die im Formular wiedergegebene Bezeichnung der Einigungsstelle ergibt sich aus der Bestimmung des § 27a Abs. 1 UWG. Die Anschrift der jeweiligen Industrie- und Handelskammer ist zu ergänzen.

11. Anrufung der Einigungsstelle   II. L. 11

Die Einigungsstelle ist mit drei Mitgliedern besetzt. Wird sie von einem letzten Verbraucher oder von einem Verbraucherverband i.S. des § 13 Abs. 2 Nr. 3 UWG angerufen, so muß der Vorsitzende die Befähigung zum Richteramt haben; als Beisitzer fungieren in gleicher Zahl je letzte Verbraucher und Gewerbetreibende. Ist ein Gewerbetreibender oder sonst jemand, der gemäß § 13 Abs. 2 UWG aktivlegitimiert ist, Antragsteller, braucht der Vorsitzende nicht die Befähigung zum Richteramt zu haben; als Beisitzer sind mindestens zwei Gewerbetreibende vorzusehen. Jedenfalls soll der Vorsitzende auf dem Gebiet des Wettbewerbsrechts erfahren sein (§ 27a Abs. 2 UWG).

Die sachliche Zuständigkeit der Einigungsstellen betrifft vordringlich die Beilegung von Wettbewerbsstreitigkeiten gemäß § 13 und § 13a UWG im Zusammenhang mit Wettbewerbshandlungen gegenüber Letztverbrauchern. Hier kann die Einigungsstelle auch ohne Zustimmung des Gegners angerufen werden. Handelt es sich um Wettbewerbshandlungen, die nicht gegenüber Letztverbrauchern erfolgen, so muß der Gegner der Anrufung der Einigungsstelle zustimmen (§ 27a Abs. 3 UWG).

Die Verfahrensregelungen der Einigungsstellen ergeben sich aus § 27a UWG sowie ergänzend aus den von den Bundesländern erlassenen Durchführungsverordnungen (vgl. dazu *Baumbach/Hefermehl* UWG § 27a Rdn. 9).

3. Bei den Einigungsstellen herrscht kein Anwaltszwang.

4. Die vorgeschlagene Antragsformulierung trägt der Tatsache Rechnung, daß das Einigungsverfahren die Herbeiführung eines gütlichen Ausgleichs bezweckt (§ 27a Abs. 3 und Abs. 6 UWG). Die Tätigkeit der Einigungsstelle ist keine schiedsrichterliche Tätigkeit; eine irgendwie geartete „Verurteilung" des Antragsgegners kommt nicht in Betracht.

Da mit der Anrufung der Einigungsstelle durch den Antragsteller der Versuch einer gütlichen Beilegung des wettbewerbsrechtlichen Konfliktes unternommen wird, ersetzt die Anrufung der Einigungsstelle die Abmahnung (vgl. Form. II. L. 1). Die Anrufung der Einigungsstelle hat des weiteren die Wirkung, daß gemäß § 27a Abs. 9 UWG die Verjährung in gleicher Weise wie durch Klageerhebung unterbrochen wird.

5. Der Inhalt der Antragsschrift folgt im wesentlichen den für einen Antrag auf Erlaß einer einstweiligen Verfügung bzw. eine wettbewerbsrechtliche Klage geltenden Grundsätzen. Allerdings ist zu beachten, daß es sich um ein gütliches Einigungsverfahren handelt, so daß Tatsachenvortrag und rechtliche Bewertung recht knapp gehalten werden können. Es wird regelmäßig auch kein Beweis angetreten zu werden brauchen.

6. Die örtliche Zuständigkeit der angerufenen Einigungsstelle richtet sich nach § 24 UWG (§ 27a Abs. 4 UWG).

7. Sofern die Einigungsstelle sich selbst für zuständig und den geltend gemachten Anspruch für begründet hält, wird sie das Einigungsverfahren einleiten und eine mündliche Verhandlung anberaumen. Die Eröffnung des Verfahrens kann von der Einigungsstelle abgelehnt werden, sofern die zuvor bezeichneten Voraussetzungen nicht gegeben sind (vgl. § 27a Abs. 8 UWG).

Kosten und Gebühren

Für die Anrufung der Einigungsstellen werden von diesen keine oder nur geringfügige Kosten erhoben. Zur Erstattungsfähigkeit dieser Kosten sowie derjenigen etwaig hinzugezogener Anwälte kann auf die allgemeinen Grundsätze betreffend die Abmahnung verwiesen werden (vgl. Form. II. L. 1 Anm. 7). Hat der Gegner zuvor die Abgabe einer Unterlassungsverpflichtungserklärung abgelehnt, weil er sein Verhalten als gerechtfertigt ansieht, so können die Kosten einer dennoch erfolgten Anrufung der Einigungsstelle nicht entspr. den Rechtsgrundsätzen der auftragslosen Geschäftsführung erstattet verlangt werden (OLG Hamm GRUR 1988, 715).

12. Vergleich in einer wettbewerbsrechtlichen Angelegenheit

......[1]

1. Die Antragsgegnerin (Beklagte) verpflichtet sich, es bei Meidung einer für jeden Fall schuldhafter[2] Zuwiderhandlung fälligen Vertragsstrafe[3] in Höhe von DM 6001,–, mindestens in Höhe von DM 100,– für jede der Verpflichtung widersprechende schriftlich Werbeverlautbarung, es zu unterlassen, im geschäftlichen Verkehr zu Wettbewerbszwecken ......[4]

2. Die Antragstellerin (Klägerin) verzichtet auf die Geltendmachung von Ansprüchen auf Auskunftserteilung und Schadensersatz, die zu ihren Gunsten in Zusammenhang mit den vorstehend unter Ziffer 1 bezeichneten Handlungen entstanden sind oder entstehen können[5].

3. Die Kosten des Rechtsstreits, mit Ausnahme dieses Vergleichs, trägt die Antragsgegnerin (Beklagte); die Kosten dieses Vergleichs trägt jede Partei selbst[6].

Anmerkungen

1. Der wiedergegebene materielle Inhalt des Vergleichs ist unabhängig von der Form, die er gefunden hat, ob es sich um einen Prozeßvergleich, um einen Vergleich vor einer Einigungsstelle gemäß § 27a UWG oder um einen lediglich materiell-rechtlichen Vergleich handelt. Auf die Einhaltung etwaiger Formvorschriften wird hier daher nicht abgestellt (zB. für einen Prozeßvergleich: volles Rubrum, Protokollvermerk „vorgelesen und genehmigt", Anwaltszwang). Auf den sogenannten Anwaltsvergleich des § 1044b ZPO wird hingewiesen. Danach kann ein außergerichtlicher Vergleich einen Vollstreckungstitel bilden, wenn er von den Parteien **und** deren Anwälten unterzeichnet ist.

2. Zur Aufnahme des Merkmals des Verschuldens in eine Unterlassungsverpflichtungserklärung mit Strafgedinge vgl. BGH GRUR 1982, 688/690/691 = WRP 1982, 634 – Seniorenpaß – u. Anm. 6 zu Form. II. L. 1.

3. Ein Prozeßvergleich (§ 794 Abs. 1 Nr. 5 ZPO, ebenso ein Schiedsvergleich mit Unterwerfungsklausel gemäß § 1044a ZPO oder ein – außergerichtlicher – Anwaltsvergleich gemäß § 1044b ZPO – können auf Antrag gemäß § 890 Abs. 2 ZPO mit einer gerichtlichen Strafandrohungsklausel versehen werden. Insoweit kann eine Formulierung im Vergleich lauten: „Die Parteien stimmen überein, daß der Gläubiger (Antragsteller, Kläger) befugt ist, die Unterlassungsverpflichtung dieses Vergleichs gemäß § 890 Abs. 2 ZPO mit einer gerichtlichen Strafandrohungsklausel versehen zu lassen". Nach wohl h.M. besteht eine Antragsbefugnis gemäß § 890 Abs. 2 ZPO allerdings auch dann, wenn der Schuldner eine Vertragsstrafe versprochen hat (OLG Saarbrücken, WRP 1979, 253; NJW 1980, 461; OLG Köln NJW 1969, 756; GRUR 1986, 688, 689; OLG Stuttgart WRP 1969, 289; 1976, 119 m. zust. Anm. *Pastor*; Hdb. WettbewerbsR/*Samwer* § 76 Rdn. 4, 5; *Ahrens/Spätgens*, Die gütliche Streiterledigung in UWG-Sachen, 2. Aufl. 1987, S. 7, 8 mwN.; a.A. OLG Hamm GRUR 1985, 82).

Ob der Gläubiger im Falle einer Zuwiderhandlung sowohl die Zahlung einer Vertragsstrafe an sich als auch die Verhängung eines Ordnungsgeldes/-mittels gem. § 890 Abs. 1 ZPO verlangen kann, ist zweifelhaft (bejahend: OLG Köln WRP 1987, 265/266; GRUR 1986, 688/689; a.A. OLG Hamm GRUR 1985, 82; zum Meinungsstand vgl. *Ahrens/Spätgens* S. 8 mwN.; *Samwer* aaO.).

4. Zur Formulierung einer strafbewehrten Unterlassungsverpflichtungserklärung vgl. Form. II. L. 1, insbes. Anm. 7 sowie Form. II. L. 3 Anm. 6. Bei Vertragsstrafeformulierungen spielt häufig die Frage eine Rolle, ob Fortsetzungszusammenhang ausdrücklich ausgeschlossen werden soll. Unter einer fortgesetzten Handlung ist eine Reihe gleichartiger Handlungen zu verstehen, die auf demselben Entschluß beruhen. Eine solche Handlung ist als einheitliche Handlung – auch im Zivilrecht – anzusehen (vgl. BGHZ 33, 163 – Krankenwagen II; LG Düsseldorf GRUR 1967, 158). Es stellt sich die Frage, ob der Ausschluß des Fortsetzungszusammenhanges überhaupt zur Disposition der Parteien steht. Will man diese Frage bejahen (so wohl BGH GRUR 1984, 72, 74 – Vertragsstrafe für versuchte Vertreterabwerbung), so würde der Ausschluß des Fortsetzungszusammenhanges für den Fall eines Vertragsstrafeversprechens dazu führen, daß jeder Fall der Zuwiderhandlung jeweils einen Bruch des Vertragsstrafeversprechens darstellt und diese dann so oft verwirkt ist, als einzelne Zuwiderhandlungen gegeben sind. Das kann zu einer Vertragsstrafe in unzuträglicher Höhe führen. Regelmäßig wird ein Vertragsstrafeversprechen für jeden Fall der Zuwiderhandlung dahingehend ausgelegt werden können, daß mehrere gleichartige äußerliche Einzelhandlungen zu einem Fall der Zuwiderhandlung zusammenzufassen sind (BGH GRUR 1984, 72/74 – Vertragsstrafe für versuchte Vertreterabwerbung; KG WRP 1986, 680 ff.). Häufig findet sich die im Formular vorgeschlagene Formulierung, daß jedenfalls ein Mindestbetrag für z.B. jedes Prospektblatt, Erzeugnis, Rechnung o. dgl. versprochen wird, auf dem sich die wettbewerbswidrige Handlung, z.B. Werbeäußerung findet.

5. Der Verzicht auf die Geltendmachung von Schadensersatz- und Auskunftsansprüchen ist die „Belohnung", die der Verletzte dem Verletzer für sein rasches Einlenken gewährt. Ein solches Nachgeben ist regelmäßig auch sachlich gerechtfertigt, da dann, wenn der Wettbewerbsverstoß nur kurze Zeit andauert, auch die Wahrscheinlichkeit eines nachweisbaren Schadens für den Verletzten gering ist.

6. Die vorgeschlagene Kostenregelung entspricht demjenigen, was bei etwas zweifelhaften wettbewerbsrechtlichen Fragen vereinbart wird. Handelt es sich hingegen um einen wettbewerbsrechtlich eindeutigen Verstoß des Verletzers, wird ein Nachgeben im Kostenpunkt durch den Verletzten im Hinblick auf die Vergleichskosten kaum in Betracht kommen. Das gilt um so weniger, als meist eine Abmahnung entsprechend dem Form. II. L. 1 vorausgegangen ist, in der zweckmäßigerweise schon zugleich ein Verzicht auf Schadensersatz- und Auskunftsansprüche in Aussicht gestellt werden kann.

13. Antrag auf Erlaß einer einstweiligen Verfügung wegen Verstoßes gegen die Zugabeverordnung

An das
Landgericht
Kammer für Handelssachen[1]

Antrag auf Erlaß einer einstweiligen Verfügung

der Firma A ......

                                                    Antragstellerin,

– Verfahrensbevollmächtigter: Rechtsanwalt ......

gegen

die Firma B ......

                                                    Antragsgegnerin,

wegen Verstoßes gegen die Zugabeverordnung

Streitwert: vorläufig geschätzt DM ......[2]

Namens und in Vollmacht[3] der Antragstellerin beantrage ich,

das Gericht möge im Wege der einstweiligen Verfügung – wegen besonderer Dringlichkeit ohne mündliche Verhandlung durch Beschluß[4] – anordnen:

I. Der Antragsgegnerin wird es bei Meidung eines für jeden Fall der Zuwiderhandlung fälligen Ordnungsgeldes bis zu DM 500.000,– ersatzweise Ordnungshaft bis zu 6 Monaten oder Ordnungshaft bis zu 6 Monaten, im Wiederholungsfall Ordnunghaft bis zu 2 Jahren[5] untersagt,

1. im geschäftlichen Verkehr zu Wettbewerbszwecken anzukündigen:

„Wenn Sie bei uns einen Fotoapparat der Marke X kaufen, schenken wir Ihnen dazu eine Bereitschaftstasche für diese Kamera aus echtem Leder";

2. entsprechend der vorstehend unter Ziffer I 1 wiedergegebenen Ankündigung beim Erwerb eines Fotoapparates der Marke X eine Bereitschaftstasche ohne Berechnung abzugeben[6];

II. der Antragsgegnerin werden die Kosten des einstweiligen Verfügungsverfahrens auferlegt.

Begründung:

1. Beide Parteien betreiben den Einzelhandel mit Fotoartikeln und verfügen über Geschäftslokale im Gerichtsbezirk. Das Geschäftslokal der Antragstellerin befindet sich in der X-Straße, dasjenige der Antragsgegnerin in der Y-Straße (Glaubhaftmachung: eidesstattliche Versicherung ......). Zwischen den Parteien besteht mithin ein Wettbewerbsverhältnis.

2. Die Antragsgegnerin hat in der Ausgabe vom ...... der im Gerichtsbezirk vertriebenen Zeitung ...... eine halbseitige Werbeanzeige veröffentlicht, die ich als Anlage[1] überreiche. Darin werden verschiedene Fotoapparate der Marke X mit der Angabe von Preisen bildlich dargestellt. Links oben in der Anzeige ist eine Bereitschaftstasche bildlich wiedergegeben. Im Kopf der Anzeige heißt es sodann in blickfangmäßiger Hervorhebung:

„Wenn Sie bei uns einen Fotoapparat der Marke X kaufen, schenken wir Ihnen dazu eine Bereitschaftstasche für diese Kamera aus echtem Leder."

3. Mit der unberechneten Abgabe einer Bereitschaftstasche bei dem Kauf einer Kamera sowie mit der Ankündigung einer derartigen Maßnahme verstößt die Antragsgegnerin gegen § 1 Abs. 1 Satz 1 Zugabeverordnung. Diesen Verstoß gerichtlich geltend zu machen ist die Antragstellerin gemäß § 2 Abs. 1 Satz 1 Zugabeverordnung iVm § 13 Abs. 2 Nr. 1 UWG aufgrund des bestehenden Wettbewerbsverhältnisses aktivlegitimiert. Im einzelnen:

Die von der Antragsgegnerin angebotene Bereitschaftstasche hat den Charakter einer Zugabe. Sie wird von der Antragsgegnerin neben einer entgeltlich angebotenen Hauptware (Kamera) ohne besondere Berechnung angeboten. Des weiteren ist der Erwerb der Nebenware (Bereitschaftstasche) vom Abschluß des Geschäfts über die Hauptware (Kamera) abhängig, wobei ein innerer Zweckzusammenhang derart besteht, daß die Bereitschaftstasche mit Rücksicht auf den Erwerb der Kamera angeboten wird und wegen dieser Abhängigkeit objektiv geeignet ist, den Kunden in seiner Entschließung zum Erwerb der Hauptware zu beeinflussen[7]. Sofern sich die Antragsgegnerin darauf berufen sollte, sie habe ihr Angebot als ein einheitliches Gesamtangebot verstanden wissen wollen[8], ist dem entgegenzuhalten, daß der Charakter eines Gesamtangebotes aus der den Verfügungsgrund bildenden Werbeanzeige nicht hervorgeht. Für die Auslegung der Werbeanzeige der Antragsgegnerin ist das Verständnis der angesprochenen Verkehrskreise maßgeblich, hier der Letztverbraucher[9], zu denen auch die Mitglieder des angerufenen Gerichts gehören[10]. Wird wie

13. Vergleich in einer wettbewerbsrechtlichen Angelegenheit II. L. 13

im Verfügungsantrag I 1 wiedergegeben quasi als „Belohnung" für den Erwerb einer Hauptware die unentgeltliche Abgabe einer Nebenware angekündigt, so liegt darin die Ankündigung einer Zugabe. Besonderes Merkmal einer Zugabe ist – und das ist auch dem allgemeinen Publikum geläufig –, daß sie unentgeltlich in Zusammenhang mit dem Erwerb einer anderen Ware angeboten und abgegeben wird.

4. Die Zuständigkeit des angerufenen Gerichts ergibt sich gemäß § 24 Abs. 1 UWG aus der Tatsache, daß die Antragsgegnerin ihren Sitz im Gerichtsbezirk hat.

Rechtsanwalt

Schrifttum: Kommentare: *Baumbach/Hefermehl,* Wettbewerbsrecht, 18. Aufl. 1995, S. 1371 ff.; *von Gamm,* Wettbewerbsrechtliche Nebengesetze, 1977, S. 21 ff.; *ders.,* Wettbewerbsrecht, 2. Halbbd., 5. Auflage 1987; *Hoth/Gloy,* Zugabe und Rabatt, 1973; *Seydel,* Zugabeverordnung und Rabattgesetz, 4. Aufl. 1993; *Reimer/Krieger,* Zugabe- und Rabattrecht, 1955. Monografien und Aufsätze: *Burmann,* Das Recht der Wertreklame 1965 (Grundlagen und Praxis des Wirtschaftsrechts, Band 2); *Borck,* Zugaben-Ernte 1970/71, Anmerkungen zu BGH-Entscheidungen mit zugaberechtlichem Einschlag, WRP 1972, 173 ff.; *Borck,* Zugabeverdächtige Werbehilfen und ihre Behandlung, WRP 1973, 121 ff.; *Seydel,* Verkaufshilfen. Zum Cognac- Portionierer-Urteil des BGH vom 24. März 1972, GRUR 1972, 580; *P. Sambuc/Th. Sambuc,* Handelsüblichkeit und Wettbewerbskonformität von Zugaben, GRUR 1976, 279 ff.

Anmerkungen

1. Der Begriff der „Wettbewerbsstreitigkeit" in §§ 95 Abs. 1 Nr. 5 GVG und 27 UWG ist weit auszulegen. Auch Streitigkeiten aufgrund der Zugabeverordnung sind Wettbewerbsstreitigkeiten und unterliegen der Zuständigkeit der Kammern für Handelssachen (vgl. *Baumbach/Hefermehl* UWG § 27 Rdn. 5). Zur Zuständigkeit vgl. auch Anm. 2 zu Form. II. L. 2.

2. Zur Bemessung des Streitwertes vgl. die Ausführungen in Anm. 3 zu Form. II. L. 9 und in Anm. 2 zu Form. II. L. 3.

3. Vgl. den Hinweis in Anm. 3 zu Form II. L. 3.

4. Vgl. Anm. 4 zu Form. II. L. 3.

5. Vgl. § 890 Abs. 1 ZPO und zur zweckmäßigen Formulierung Form II. L. 3 und dort Anm. 5. Zur Beschreibung der sog. konkreten Verletzungshandlung vgl. aaO. Anm. 6.

6. Gemäß § 1 Abs. 1 S. 1 Zugabeverordnung ist es verboten, im geschäftlichen Verkehr neben einer Ware oder einer Leistung eine Zugabe (Ware oder Leistung) anzubieten, anzukündigen oder zu gewähren. Ob neben einer Ware oder Leistung eine andere als Zugabe angeboten wird, beurteilt sich nach der objektiven Verkehrsauffassung; auf die vertragliche Gestaltung im einzelnen kommt es nicht an (BGH GRUR 1993, 774, 775 – Hotelgutschein; zuvor 1991, 933 – One for Two; 1991, 862, 863 – Rückfahrkarte). Im Hinblick auf die vorbezeichneten drei Zuwiderhandlungen besteht gemäß § 2 Abs. 1 S. 1 Zugabeverordnung ein Unterlassungsanspruch. Es kann demnach nicht nur die Ankündigung einer Zugabe, sondern auch die Gewährung einer Zugabe untersagt werden. Dem tragen die vorgeschlagenen Antragsformulierungen Rechnung.

7. Zu den anspruchsbegründenden Voraussetzungen vgl. *Baumbach/Hefermehl* UWG § 1 ZugabeVO Rdn. 1 ff. Zu beachten sind insbesondere auch die Ausnahmetatbestände in § 1 Abs. 2 Zugabeverordnung, deren Ankündigung – wegen der besonderen Fassung der Ankündigung – jedoch gemäß § 1 Abs. 3 Zugabeverordnung unzulässig sein kann. In § 1 Abs. 2 d ZugabeVO ist durch Gesetz vom 25. Juli 1994 die Zurückerstattung von Fahrgeld bei Benutzung öffentlicher Nahverkehrsmittel ausdrücklich als handelsüblich freigestellt.

Die anspruchsgewährende Bestimmung des § 2 Zugabeverordnung ist ähnlich wie § 13 UWG aufgebaut und verweist infolge der Neufassung durch die UWG-Novelle 1986 auf § 13 Abs. 2 Nrn. 1, 2 und 4 UWG, ferner auf § 13 Abs. 4 und 5 UWG.

8. Die Annahme einer Zugabe ist begrifflich ausgeschlossen, wenn nicht ein Nebeneinander von Haupt- und Nebenleistungen, sondern vielmehr eine einheitliche Leistung vorliegt. Infolge des Grundsatzes der Vertragsfreiheit kann auch die Kombination von Waren eine einheitliche Leistung darstellen. Als Beispiel für derartige Sachgesamtheiten kann auf Geschenkpackungen verwiesen werden.

9. Vgl. BGH GRUR 1972, 611/612 – Cognac-Portionierer; GRUR 1976, 314 – Büro-Service-Vertrag.

10. Zur Bedeutung dieses Hinweises vgl. Anm. 10 zu Form. II. L. 10.

11. Es gelten die gleichen Überlegungen wie bei § 27 UWG, vgl. Anm. 1.

14. Antrag auf Erlaß einer einstweiligen Verfügung wegen Verstoßes gegen das Rabattgesetz

An das
Landgericht
Kammer für Handelssachen[1]

Antrag auf Erlaß einer einstweiligen Verfügung

der Firma A ......

Antragstellerin,

– Verfahrensbevollmächtigter: Rechtsanwalt ......

gegen

die Firma B ......

Antragsgegnerin,

wegen Rabattverstoßes

Streitwert: vorläufig geschätzt DM ......[2]

Namens und in Vollmacht[3] der Antragstellerin beantrage ich,
das Gericht möge im Wege der einstweiligen Verfügung – wegen besonderer Dringlichkeit ohne mündliche Verhandlung durch Beschluß[4] – anordnen:

I. der Antragsgegnerin wird es bei Meidung ......[5] untersagt,
   1. im geschäftlichen Verkehr zu Wettbewerbszwecken anzukündigen:
      „Beim Kauf einer neuen Kamera nehmen wir Ihre alte in Zahlung und berechnen Ihnen unabhängig von ihrem Alter und Zustand DM 50,– auf die gekaufte ‚Neue' ";
   2. entsprechend der Ankündigung unter vorstehender Ziffer I 2 beim Kauf einer neuen Kamera einen Preisnachlaß von mehr als 3% Rabatt auf den gezahlten Barpreis zu gewähren;
II. der Antragsgegnerin werden die Kosten des einstweiligen Verfügungsverfahrens auferlegt.

Begründung:

1. Beide Parteien betreiben im Gerichtsbezirk den Einzelhandel mit Fotoartikeln. Die Antragstellerin verfügt über ein Geschäftslokal in der X-Straße. Die Antragsgegnerin be-

14. Antrag auf einstw. Verfügung wg. Verstoßes gg. das Rabattgesetz II. L. 14

treibt ihr Geschäft in der Y-Straße (Glaubhaftmachung: eidesstattliche Versicherung ......). Zwischen den Parteien herrscht ein Wettbewerbsverhältnis.

2. Die Antragsgegnerin hat in der Zeitung ......, und zwar in der Ausgabe Nr. ...... vom ...... ein Inserat veröffentlichen lassen, in dem es unter anderem heißt:

„Beim Kauf einer neuen Kamera nehmen wir Ihre alte in Zahlung und berechnen Ihnen unabhängig von ihrem Alter und Zustand DM 50,– auf die gekaufte ‚Neue'";

3. Die Inzahlungsnahme einer gebrauchten Kamera im Falle des Erwerbes einer neuen Kamera durch die Antragsgegnerin für einen „Festpreis" in Höhe von DM 50,–, unabhängig vom Alter und vom Zustand der in Zahlung genommenen Kamera, verstößt gegen die Bestimmung des § 2 Rabattgesetz. Die Antragstellerin ist auf Grund des bestehenden Wettbewerbsverhältnisses gem. § 12 Abs. 1 RabattG i.V.m. § 13 Abs. 2 Nr. 1 UWG befugt, den Verstoß gegen § 2 RabattG gerichtlich gegen die Antragsgegnerin geltend zu machen. Die rechtliche Bewertung des Verhaltens der Antragsgegnerin führt zu einer Anwendung des § 2 RabattG:

Das Angebot der Antragsgegnerin, beim Erwerb einer neuen Kamera eine alte Kamera in Zahlung zu nehmen, erfolgt im geschäftlichen Verkehr und bezieht sich auf Waren des täglichen Bedarfs im Einzelverkauf an den letzten Verbraucher. Die Ankündigung der Antragsgegnerin erfolgt auch zu Zwecken des Wettbewerbs. Das Versprechen der Inzahlungnahme einer gebrauchten Kamera für einen Festpreis von DM 50,– beinhaltet ferner die Ankündigung eines Preisnachlasses. Ein solcher Rabatt liegt immer dann vor, wenn gleichzeitig neben einem normalen allgemeingültigen Kaufpreis von dem Werbungtreibenden ein weiterer, nur im Einzelfall geltender Kaufpreis für die gleiche Ware bzw. gleiche Leistung gefordert wird[7]. Zwar verbietet das Rabattgesetz grundsätzlich nicht, den Kaufpreis durch Sachleistungen zu tilgen, so daß bei Verkauf eines neuen Gegenstandes auch ein alter Gegenstand in Zahlung genommen werden darf[8]. Wird jedoch der Anrechnungspreis für den in Zahlung genommenen Gegenstand von dem Verkäufer der neuen Ware zu hoch angesetzt, so liegt darin ein verschleierter Preisnachlaß, der dem Käufer vom Barpreis des erworbenen neuen Gegenstandes gewährt wird[9]. In der Werbeankündigung der Antragsgegnerin wird ausdrücklich darauf hingewiesen, daß es auf den Zustand der in Zahlung genommenen Kamera nicht ankommt. Selbst wenn diese daher nicht mehr funktionsfähig oder aus anderen Gründen (schlechter Zustand) nahezu wertlos ist, ist die Antragsgegnerin bereit, DM 50,– zu vergüten. Damit ist ein unzulässiger Nachlaß vom Barpreis gegeben.[10] Gemäß § 2 Rabattgesetz ist nämlich nur ein solcher Nachlaß zulässig, der 3% des Preises der Ware nicht überschreitet.

Ist die Ankündigung eines Preisnachlasses unzulässig, so ist gemäß § 1 Abs. 1 Rabattgesetz auch die Gewährung dieses – unzulässigen – Rabattes zu untersagen.

Die Zuständigkeit des angerufenen Gerichts ergibt sich ......[11]

Rechtsanwalt

Vorbemerkung:

Die Weitergeltung des Rabattgesetzes ist in Frage gestellt. Im Juni 1994 hat der Bundestag die Aufhebung des Rabattgesetzes beschlossen. Das Gesetzgebungsverfahren ist zum Zeitpunkt der Erstellung des Manuskriptes noch nicht abgeschlossen.

Schrifttum: vgl. die Hinweise zu Form. II. L. 14; ferner *Michel/Weber/Gries*, Rabattgesetz, 2. Aufl. 1957; *Tetzner*, Rabattgesetz, 1963; *Baumbach/Hefermehl*, Wettbewerbsrecht, 18. Aufl. 1995, S. 1430 ff.

Anmerkungen

1. Zur Zuständigkeit der Kammer für Handelssachen vgl. Anm. 1 zu Form. II. L. 14. Die dort wiedergegebenen Überlegungen gelten auch für das Rabattgesetz. Vgl. ferner Anm. 2 zu Form. II. L. 2.

2. Zur Streitwertbemessung vgl. Anm. 2 zu Form. II. L. 3 und Anm. 3 zu Form. II. L. 9.

3. Vgl. Anm. 3 zu Form. II. L. 3.

4. Zur Eingangsformel vgl. Anm. 4 zu Form. II. L. 3.

5. Zur Strafandrohungsklausel siehe § 890 ZPO, Form. II. L. 3 und aaO. Anm. 5; Form. II. L. 14.

6. Zur Konkretisierung der als wettbewerbswidrig angegriffenen Handlung vgl. Anm. 6 zu Form. II. L. 3. Ebenso wie bei der Zugabeverordnung (vgl. dazu Form. II. L. 14, insbes. Anm. 6) untersagt auch das Rabattgesetz in § 1 Abs. 1 die Ankündigung sowie die Gewährung eines Preisnachlasses (Rabattes). Dementsprechend kann ein Verbot sowohl der Ankündigung als auch der Gewährung eines Rabattes beantragt werden.

7. Zu den Voraussetzungen eines Rabattverstoßes vgl. die Kommentierung bei *Baumbach/Hefermehl* UWG, § 1 RabattG Rdn. 2 ff. Zum Preisnachlaß vgl. insbes. *Baumbach/Hefermehl* aaO. Rdn. 16 ff.

8. Allgemeine Meinung: vgl. *Baumbach/Hefermehl* aaO. Rdn. 40.

9. Vgl. *Baumbach/Hefermehl* aaO. Rdn. 40; ferner BGH GRUR 1960, 558/562 – Eintritt in Kundenbestellung.

10. Vgl. z.B. auch LG Köln GRUR 1954, 37.

11. Zur Zuständigkeit vgl. § 24 UWG und Anm. 11 zu Form. II. L. 14.

15. Anregung des Beklagten, den Rechtsstreit gemäß Artikel 177 EG-Vertrag dem Europäischen Gerichtshof zur Vorabentscheidung vorzulegen

An das
Landgericht
...... Kammer für Handelssachen
......

In Sachen

A ......   (RAe. ......)

gegen

B ......   (RAe. ......)

– AZ: ...... –

rege ich in Ergänzung des bisherigen Verteidigungsvorbringens für die Beklagte – hilfsweise – an, das erkennende Gericht möge gemäß Artikel 177 Abs. 2 EG-Vertrag dem Europäischen Gerichtshof die folgende Frage zur Vorabentscheidung vorlegen:

15. Anregung d. Bekl. zur Vorlage gem. Art. 177 EGV   II. L. 15

„Sind die Artikel 30 und 36 EG-Vertrag dahingehend auszulegen, daß sie der Anwendung einer nationalen Vorschrift über den unlauteren Wettbewerb entgegenstehen, die es erlaubt, die Einfuhr und den Vertrieb eines in einem anderen europäischen Land rechtmäßig hergestellten und/oder rechtmäßig vertriebenen kosmetischen Produkts mit der Begründung zu untersagen, durch den Produktnamen ‚Clinique' würden die Verbraucher irregeführt werden – sie verstünden es als medizinisches Produkt –, wenn dieses Produkt unter diesem Namen in anderen Ländern der Europäischen Gemeinschaft rechtmäßig und unbeanstandet vertrieben wird?".[1,2,3]

Ich beantrage ferner,[4]

den Rechtsstreit bis zur Vorabentscheidung des europäischen Gerichtshofs gemäß Artikel 177 Abs. 2 auszusetzen.

Für den Fall, daß die befaßte Kammer die vorstehend wiedergegebene Vorlagefrage nicht als sachgerecht formuliert ansieht, richte ich an das Gericht die Bitte, seinerseits eine entsprechende Formulierung zu wählen, die den nachstehend skizzierten rechtlichen Überlegungen der Beklagten entspricht:

1. Das Begehren der Klägerin ist darauf gerichtet,[5] der Beklagten möge es durch das angerufene Gericht untersagt werden, im geschäftlichen Verkehr zu Wettbewerbszwecken kosmetische Erzeugnisse unter der Kennzeichnung „Clinique" zu vertreiben, wenn diese Erzeugnisse keine heilende oder sonstwie therapeutische Wirkung aufweisen. Die Klägerin ist insoweit der Auffassung, ein entsprechendes Verhalten der Beklagten verstoße gegen § 27 LMBG[6] sowie ferner gegen § 3 UWG. Dabei liegt die Besonderheit des Streitfalles in einem europarechtlichen Bezug. Denn die Beklagte ist die Tochtergesellschaft einer französischen Muttergesellschaft. Das von der Klägerin unter dem Blickwinkel vermeintlicher Irreführung gemäß § 27 Abs. 1 Nr. 1 LMBG sowie gemäß § 3 UWG angegriffene kosmetische Erzeugnis der Beklagten wird von ihrer französischen Muttergesellschaft in Frankreich hergestellt und dort sowie im übrigen europaweit unter der gleichen Aufmachung wie auch im Bereich der Bundesrepublik Deutschland vertrieben. Die das Wesen des Rechtsstreits kennzeichnende Frage läßt sich mithin dahingehend formulieren, ob durch nationale, insbesondere wettbewerbsrechtliche Bestimmungen der Beklagten dieses Rechtsstreits etwas verboten werden kann, was ihr bzw. ihrer Muttergesellschaft im übrigen europäischen Ausland, insbesondere im Herkunftsland Frankreich, erlaubt ist. Nach Sicht der Beklagten ist diese Frage zu verneinen. Eine entsprechende Auslegung des § 27 LMBG und/oder des § 3 UWG würde aus den nachfolgend zu 2 wiedergegebenen Gründen gegen die Artikel 30 und 36 EG-Vertrag verstoßen.

2. Gemäß Artikel 30 EG-Vertrag sind mengenmäßige Einfuhrbeschränkungen sowie alle Maßnahmen gleicher Wirkung zwischen den Mitgliedsstaaten verboten. Artikel 30 EG-Vertrag wird u.a. durch Artikel 36 EG-Vertrag dahingehend ergänzt, daß Einfuhr-, Ausfuhr- und Durchführverbote oder -beschränkungen nicht untersagt sind, die aus Gründen der öffentlichen Sittlichkeit, Ordnung und Sicherheit, zum Schutze der Gesundheit und des Lebens von Menschen, Tieren oder Pflanzen, des nationalen Kulturgutes von künstlerischem, geschichtlichem oder archäologischem Wert oder des gewerblichen kommerziellen Eigentums gerechtfertigt sind. Soweit Verbote oder Beschränkungen gemäß Artikel 36 EG-Vertrag erlaubt sind, dürfen diese jedoch weder ein Mittel zur willkürlichen Diskriminierung noch eine verschleierte Beschränkung des Handels zwischen den Mitgliedsstaaten darstellen[7]. Ausgangspunkt der Rechtsprechung des Europäischen Gerichtshofs ist die Dassonville-Entscheidung[8]. In der dort aufgestellten Grundregel hat der Europäische Gerichtshof als eine Maßnahme gleicher Wirkung wie eine mengenmäßige Einfuhrbeschränkung „jede Regelung der Mitgliedsstaaten, die geeignet ist, den innerstaatlichen Handel unmittelbar oder mittelbar, tatsächlich oder potentiell zu behindern" bezeichnet. Damit gilt das Verbot des Artikel 30 EG-Vertrag insbesondere auch für solche Hemmnisse des freien Warenverkehrs, die sich daraus ergeben, daß Waren bestimmten Vorschriften entsprechen müssen, und zwar selbst dann, wenn diese Vorschriften unterschiedslos für alle

Erzeugnisse gelten, sofern sich die Anwendung dieser Vorschriften nicht durch einen Zweck rechtfertigen läßt, der im Allgemeininteresse liegt und den Erfordernissen des freien Warenverkehrs vorgeht[9].

Im Streitfall kann keinesfalls die Voraussetzung bejaht werden, daß das Verbot der Bezeichnung „Clinique" auf der Verpackung eines kosmetischen Erzeugnisses durch ein Irreführungsverbot im Allgemeininteresse zwingend gefordert wird und dies bei Abwägung den Erfordernissen des freien Warenverkehrs vorgeht. Insoweit ist von Bedeutung, daß die Palette der kosmetischen Erzeugnisse der Beklagten dieses Rechtsstreits ausschließlich durch Parfümerien und durch die Kosmetikabteilungen von Kaufhäusern vertrieben wird und keines dieser Erzeugnisse in Apotheken erhältlich ist. Das ist zwischen den Parteien nicht einmal streitig. Des weiteren sind die den Klagegrund bildenden Erzeugnisse der Beklagten ihrem äußeren Anschein nach als kosmetische Mittel und nicht als Arzneimittel aufgemacht. Insbesondere wird seitens des Klägers nicht behauptet, daß die Aufmachung den für kosmetische Mittel geltenden Vorschriften nicht entspreche. Schließlich ist seitens der Beklagten auch substantiiert vorgetragen worden, daß in den anderen europäischen Ländern die Kosmetika der Beklagten bzw. ihrer Muttergesellschaft rechtmäßig unter der Bezeichnung „Clinique" vertrieben werden, ohne daß die Verbraucher durch die Verwendung dieser Bezeichnung irregeführt würden[10,11].

Schrifttum: Grabitz/Bearbeiter, Kommentar zum EWG-Vertrag, Bd. I und II, Loseblatt, 5. Ergänzungslieferung September 1992; *von der Groeben/Boeckh/Thiesing/Ehlermann,* Kommentar zum EWG-Vertrag, 2 Bände, 3. Aufl. 1983; *Dauses,* Das Vorabentscheidungsverfahren nach Artikel 177 EGV, 2. Aufl. 1995.

Anmerkungen

1. Gemäß Artikel 177 Abs. 2 EG-Vertrag **kann** ein Gericht eines Mitgliedstaates eine Vorabentscheidung des Europäischen Gerichtshofes einholen, wenn es diese zum Erlaß eines Urteils für erforderlich hält. Gemäß Artikel 177 Abs. 3 EG-Vertrag **muß** ein nationales Gericht eine Vorabentscheidung unter den Voraussetzungen des Artikel 177 Abs. 2 EG-Vertrag einholen, wenn seine Entscheidungen selbst nicht mehr mit Rechtsmitteln des innerstaatlichen Rechts angefochten werden können. Der dem Formular zugrundegelegte Sachverhalt geht von einem erstinstanzlichen Verfahren und damit lediglich von einer Anregung der Beklagten gegenüber dem Gericht aus, gemäß Artikel 177 Abs. 2 EG-Vertrag die entscheidungserhebliche Vorfrage dem Europäischen Gerichtshof vorzulegen.

2. Vorlagefrage und der dem Formular zugrundeliegende Sachverhalt sind der Entscheidung des Europäischen Gerichtshofs „*Clinique*" vom 2. Februar 1994 – Rechtssache – C-315/92 – entnommen, die in GRUR 1994, 303 ff. abgedruckt ist.

3. Die Formulierung der Vorlagefrage durch den Beklagten/die Partei kann selbstverständlich nur eine Anregung sein. „Verbindlich" ist die Vorlagefrage sodann selbstverständlich durch das entwaig vorlegende befaßte Gericht zu formulieren.

4. Der Aussetzungsantrag beruht auf § 148 ZPO; vgl. OLG Düsseldorf, NJW 1993, 1661.

5. Zum besseren Verständnis des den Klagegrund bildenden Streitverhältnisses wird dieses im Formular noch einmal skizziert. Dies erscheint sinnvoll, um dem Gericht, dem gegenüber angeregt wird, die Streitfrage vorzulegen, noch einmal den Sachverhalt und die interessierenden rechtlichen Fragen zu verdeutlichen. Das befaßte Gericht ist nämlich bei einer Vorlage gegenüber dem Europäischen Gerichtshof gehalten, diesem gegenüber die Gründe darzulegen, aus denen es eine Beantwortung der Vorlagefrage für entscheidungserheblich hält. Insoweit ist es geboten, daß das befaßte Gericht den rechtlichen Rahmen

umreißt, in den sich die erbetene Auslegung einfügen soll, ohne daß der Europäische Gerichtshof seinerseits befugt wäre, die Erheblichkeit der Vorlage für die Endentscheidung des befaßten Gerichtes abschließend nachzuprüfen. Die Angabe eines rechtlichen Rahmens, in den die Vorlageentscheidung sich einfügt, ist deshalb sinnvoll, um zum einen dem Europäischen Gerichtshof eine bessere Beurteilung der Entscheidungsgrundlagen des vorlegenden Gerichtes zu ermöglichen, zum anderen jedoch die Regierungen der Mitgliedsstaaten sowie sonstige Betroffene besser in den Stand zu versetzen, im Verfahren vor dem Europäischen Gerichtshof sachdienliche Erklärungen abzugeben (vgl. dazu *Wohlfahrt* in Grabitz, Kommentar zum EWG-Vertrag, Loseblattsammlung, 5. Ergänzungslieferung September 1992, Rdnrn. 36 und 37 zu Artikel 177).

6. Die hier einschlägige Bestimmung des § 27 Abs. 1 Nr. 1 LMBG lautet:
„Es ist verboten, kosmetische Mittel unter irreführender Bezeichnung, Angabe oder Aufmachung gewerbsmäßig in den Verkehr zu bringen oder für kosmetische Mittel allgemein oder im Einzelfall mit irreführenden Darstellungen oder sonstigen Aussagen zu werben. Eine Irreführung liegt insbesondere dann vor,
1. wenn kosmetischen Mitteln Wirkungen beigelegt werden, die ihnen nach den Erkenntnissen der Wissenschaft nicht zukommen oder die wissenschaftlich nicht hinreichend gesichert sind; ..."

7. Die sehr komplizierte Rechtslage kann hier im einzelnen nicht dargestellt werden. Insoweit muß auf die Kommentierung der Artikel 30 und 36 EWG-Vertrag insbesondere bei *Matthies* in Grabitz, Kommentar zum EWG-Vertrag, 5. Ergänzungslieferung September 1992, verwiesen werden. Im Formular wird die Rechtsprechung des Europäischen Gerichtshofs nur skizziert wiedergegeben.

8. Rechtssache 8/74, *Dassonville,* Sammlung 1974, Seite 837, 852.

9. Vgl. Europäischer Gerichtshof in GRUR 1994, 303 re.Sp. – *Clinique;* zuvor in den verbundenen Rechtssachen *Keck* und *Mithouard,* GRUR 1994, 296 ff. m. Anm. Bornkamm, aaO. 297 ff.; dazu auch *Stuyck,* WRP 1994, 578 ff.

10. Die Darlegung der Gründe für das Fehlen eines Zweckes, der im Allgemeininteresse liegt und den Erfordernissen des freien Warenverkehrs vorgeht, entspricht der Zusammenfassung in Rdnrn. 21 bis 23 der Erwägungen der Entscheidung des Europäischen Gerichtshofs in GRUR 1994, 303, 304.

11. Eine Anregung gemäß Artikel 177 Abs. 2 EG-Vertrag, dem Europäischen Gerichtshof eine vorgreifliche Rechtsfrage zur Entscheidung vorzulegen, kann nur in gesondert gelagerten Ausnahmefällen in Betracht kommen. Die Häufung entsprechender Vorlagefälle in jüngerer Zeit zeigt zugleich auch eine Abnutzung. An Fällen in jüngerer Zeit seien beispielhaft aufgeführt: EuGH in GRUR Int. 1991, 215 ff. *Pall/Dahlhausen;* EuGH in GRUR 1994, 296 ff. – *Keck* und *Mithouard* – m. Anm. Bornkamm; EuGH GRUR 1994, 299 f. – *Hünermund;* EuGH 1994, 303 f. – *Clinique;* EuGH in GRUR 1993, 747 – *Yves Rocher I,* dazu BGH in GRUR 1994, 306 f. – *Yves Rocher II* zu § 6 e UWG, der durch das Gesetz zur Änderung des Gesetzes gegen den unlauteren Wettbewerb vom 25. Juli 1994 mit Wirkung zum 1. August 1994 aufgehoben worden ist (Bundesgesetzblatt 1994, Teil I, Seite 1738); dazu auch OLG Düsseldorf in GRUR 1994, 313 ff. und LG Düsseldorf in GRUR 1994, 314 ff.).

M. Patent-, Gebrauchsmuster-, Geschmacksmuster-, Kennzeichen- und Urheberrecht

Patent- und Gebrauchsmusterrecht

1. Abmahnung wegen Patentverletzung[1]

Firma
B ......
– Geschäftsleitung –
......

Betr.: A ..../. B ......
DE-BP ...... betreffend ein Mosaik-Schaltbild[2]

Sehr geehrte Herren!

Die Firma A ...... hat mich mit der Wahrnehmung ihrer Interessen beauftragt. Namens und in Vollmacht[3] meiner Mandantin teile ich Ihnen das Folgende mit:

1. Meine Mandantin ist alleinige und ausschließlich verfügungsberechtigte Inhaberin des DE-BP ...... betreffend ein Mosaik-Schaltbild[2]. Die zugrundeliegende Patentanmeldung erfolgte am 2. Januar 1990.[4] Sie wurde am 15. Juni 1991 bekanntgemacht. Die Veröffentlichung der Patenterteilung erfolgte am 12. Februar 1992.[5] Ich überreiche als Anlage A zu Ihrer Unterrichtung die zugehörige Patentschrift[6].

2. Das Patent lehrt eine gegenüber dem bisherigen Stand der Technik neue, auf erfinderischer Tätigkeit beruhende und gewerblich anwendbare[7] Verbesserung von Mosaik-Schaltbildern, soweit die Ausgestaltung der Randabschlüsse betroffen ist. Der Inhalt der DE-PS ...... ist aus sich heraus verständlich, so daß weitere Bemerkungen von mir nicht veranlaßt sind.

3. Meine Mandantin hat Kenntnis davon erlangt, daß Sie Mosaik-Schaltbilder anbieten und vertreiben, die in das DE-BP ...... eingreifen. So haben Sie beispielsweise am ...... an die Firma X ...... ein Mosaik-Schaltbild geliefert, das aus einer Montagewand mit zellenförmiger Struktur und darauf befestigten, die Zellengröße aufweisenden Mosaiksteinen bestand, wobei insbesondere die den Rand des Mosaik-Schaltbildes bildenden Rand-Mosaik-Steine breiter sind als die übrigen Mosaiksteine und darüber hinaus über den Rand der Montagewand vorstehen. Damit wird bei den von Ihnen angebotenen Mosaik-Schaltbildern vom Hauptanspruch des DE-BP ...... wortlautgemäß Gebrauch gemacht[8]. Infolgedessen sind Sie gegenüber meiner Mandantin gemäß §§ 139, 9 PatG zu Unterlassung, Rechnungslegung und Schadensersatz verpflichtet, ferner gemäß § 33 PatG zur angemessenen Entschädigung sowie gemäß § 140b PatG zur Auskunftserteilung z.B. über den Vertriebsweg Ihrer Erzeugnisse und schließlich gemäß § 140a PatG zur Vernichtung. Alle vorstehend skizzierten Ansprüche werden hiermit geltend gemacht.[9]

4. Meine Mandantin hat mich ermächtigt, Ihnen Gelegenheit zur außergerichtlichen Bereinigung des Streitverhältnisses zu geben. Ich habe Sie daher namens und in Vollmacht meiner Mandantin aufzufordern, sich ihr gegenüber zu meinen Händen rechtsverbindlich zu verpflichten[9a],

1. Abmahnung wegen Patentverletzung II. M. 1

(1) es bei Meidung einer für jeden Fall der Zuwiderhandlung fälligen Vertragsstrafe in Höhe von DM ...... (in Worten: Deutsche Mark ......) zu unterlassen[10], im Bereich der Bundesrepublik Deutschland[11] Mosaik-Schaltbilder, bestehend aus einer Montagewand mit zellenförmiger Struktur und darauf befestigten, die Zellengröße aufweisenden Mosaik-Steinen herzustellen, anzubieten, in den Verkehr zu bringen oder zu gebrauchen oder zu den genannten Zwecken entweder einzuführen oder zu besitzen, bei denen die den Rand des Mosaik-Schaltbildes bildenden Rand-Mosaik-Steine breiter sind als die übrigen Mosaik-Steine und über den Rand der Montagewand vorstehen[12];

(2) meiner Mandantin für die Zeit ab 12. März 1992 Auskunft über die Herkunft und den Vertriebsweg der unter vorstehend (1) beschriebenen Erzeugnisse zu erteilen, insbesondere unter Angabe der Namen und Anschriften der Hersteller, der Lieferanten und deren Vorbesitzer, der gewerblichen Abnehmer oder Auftraggeber sowie unter Angabe der Menge der hergestellten, ausgelieferten, erhaltenen oder bestellten Erzeugnisse;[13]

(3) meiner Mandantin über den Umfang[14] der vorstehend zu (1) beschriebenen und seit dem 15. Juli 1991[15] begangenen Handlungen Rechnung zu legen, und zwar unter Vorlage eines Verzeichnisses mit der Angabe der Herstellungsmengen und -zeiten sowie der einzelnen Lieferungen unter Nennung[16]

a) der Liefermengen, Typenbezeichnungen, Artikel-Nummern, Lieferzeiten, Lieferpreise und Namen und Anschriften der Abnehmer,

b) der Gestehungskosten unter Angabe der einzelnen Kostenfaktoren sowie des erzielten Gewinns

und unter Angabe der einzelnen Angebote und der Werbung unter Nennung

c) der Angebotsmengen, Typenbezeichnungen, Artikel-Nummern, Angebotszeiten und Angebotspreise sowie der Namen und Anschriften der Angebotsempfänger,

d) der einzelnen Werbeträger, deren Auflagenhöhe, Verbreitungszeitraum und Verbreitungsgebiet,

wobei

e) Ihnen vorbehalten bleiben mag,[17] die Namen und Anschriften der Angebotsempfänger und der nicht gewerblichen Abnehmer statt meiner Mandantin einem von dieser zu bezeichnenden und ihr gegenüber zur Verschwiegenheit verpflichteten vereidigten Wirtschaftsprüfer mitzuteilen, sofern Sie die durch seine Einschaltung entstandenen Kosten tragen und ihn ermächtigen, meiner Mandantin auf Anfrage mitzuteilen, ob bestimmte Abnehmer und/oder Lieferungen in der erteilten Rechnung enthalten sind,

f) und die Adressatin dieses Briefes die Angaben vorstehend zu b) erst für die Zeit seit dem 12. März 1992 zu machen hat;[20]

(4) die in Ihrem unmittelbaren oder mittelbaren Besitz oder Eigentum befindlichen Erzeugnisse entsprechend vorstehend (1) zu vernichten oder nach Ihrer Wahl an einen von meiner Mandantin zu bezeichnenden Treuhänder zum Zwecke der Vernichtung auf ihre Kosten herauszugeben;[18]

(5) meiner Mandantin für die zu vorstehend (1) bezeichneten Handlungen eine angemessene Entschädigung zu zahlen, soweit diese in der Zeit ab 15. Juli 1991 bis 11. März 1992 begangen worden sind;[19]

(6) meiner Mandantin allen Schaden zu erstatten, der ihr durch die vorstehend zu (1) bezeichneten und seit dem 12. März 1992 begangenen[21] Handlungen entstanden ist und künftig noch entstehen wird;

(7) meiner Mandantin die ihr durch meine Einschaltung entstandenen Kosten auf der Grundlage eines Gegenstandswertes von DM ...... in Höhe einer, 7,5/10 Rechtsanwaltsgebühr zuzüglich Auslagen und Mehrwertsteuer zu erstatten.[22]

Die diesseits geltend gemachte Kostenerstattungspflicht findet ihre Grundlage in dem rechtlichen Gesichtspunkt des Schadensersatzes sowie demjenigen der auftraglosen Ge-

schäftsführung. Sie ist in der höchstrichterlichen Rechtsprechung seit langem anerkannt.[23]
Ich erwarte den Eingang der vorstehenden Verpflichtungserklärungen bis zum ......[24]
Sollten Sie die gesetzte Frist ungenutzt verstreichen lassen, werde ich meiner Mandantin empfehlen, gerichtliche Schritte einzuleiten.[25]

Schrifttum: Kommentare: *Benkard,* Patentgesetz und Gebrauchsmustergesetz, 9. Aufl. 1993; *Busse,* Patentgesetz, 4. Aufl. 1972; *Klauer/Möhring,* Patentgesetz und Gebrauchsmustergesetz, 3. Aufl. 1971; *Lindenmaier,* Das Patentgesetz, 6. Aufl. 1973; *Reimer,* Patentgesetz und Gebrauchsmustergesetz, 3. Aufl. 1968; *Schulte,* Patentgesetz, 5. Aufl. 1994; *Tetzner,* Das materielle Patentrecht der Bundesrepublik Deutschland, 1972.
Lehrbücher und Monographien: *Bernhardt/Kraßer,* Lehrbuch des Patentrechts, 4. Aufl. 1986; *Bruchhausen,* Patent-, Sortenschutz- und Gebrauchsmusterrecht (*Schaeffers* Grundriß des Rechts und der Wirtschaft, Bd. 15, Teilbd. 1), 1985; *Goebel,* Das Patentgesetz 1981 in der Praxis des Deutschen Patentamtes (DPA), 1984 (RWS-Skript 132); *Schramm/Wiedemann/Henner/Popp,* Der Patentverletzungsprozeß – Patent- und Prozeßrecht –, 3. Aufl. 1987.
Aufsätze: Anders, Patentierbare Computerprogramme, GRUR 1990, 498 ff.; *von Falck,* Neues zum Schutzumfang von Patenten, GRUR 1990, 650 ff.; *ders.,* Patentauslegung und Schutzumfang, Festschrift gewerblicher Rechtsschutz und Urheberrecht in Deutschland, 1991, S. 544 ff.; *von Mühlendahl,* Gewerblicher Rechtsschutz im vereinigten Deutschland – eine Zwischenbilanz, GRUR 1990, 719 ff.
Zur Patentverwarnung: *Horn,* Die unberechtigte Verwarnung aus gewerblichen Schutzrechten, 1971; *ders.,* GRUR 1974, 235; *Reuthal,* Die unberechtigte wettbewerbliche Abmahnung unter besonderer Berücksichtigung der unberechtigten Schutzrechtsverwarnung, 1985; *Sack,* Die Haftung für unbegründete Schutzrechtsverwarnungen, WRP 1976, 733 ff.; zur immer problematischen Abnehmerverwarnung, d.h. derjenigen Verwarnung, die an die Kunden eines Herstellers gerichtet ist, vgl. *Brandi-Dohrn,* Die Abnehmerverwarnung in Rechtsprechung und Praxis, GRUR 1981, 679 ff.
Zum Europapatent und zum Europäischen Patentübereinkommen (EPÜ): *Fraulob,* Neuregelung des internationalen Patentrechts, 1978; *Singer,* Das neue Europäische Patentsystem, 1979; *Beier/Haertel/Schricker,* Europäisches Patentübereinkommen, Münchener Gemeinschaftskommentar (ab 1984 im Erscheinen); *Singer/Singer,* Europäisches Patentübereinkommen, 1989; *Teschemacher,* Die Erteilung des Europäischen Patents, GRUR 1985, 802 ff.; *Bezzenberger,* Gedanken zum europäischen Patentrecht, GRUR Int. 1987, 367 ff.; *Preu/Brandi-Dohrn/Gruber,* Europäisches und internationales Patentrecht, 2. Aufl. 1993; *Brinkhof,* Prozessieren aus europäischen Patenten, GRUR 1993, 177; *Rogge,* Abwandlungen eines europäischen Patents in Sprache und Inhalt, GRUR 1993, 282.
Hinweis: Die nachfolgende Darstellung bezieht sich auf das deutsche Patentrecht. Das Europapatent – nach dem Europäischen Patentübereinkommen (EPÜ) – und das Gemeinschaftspatent – nach dem Gemeinschaftspatentübereinkommen – sind in den Anmerkungen zu den Formularen mitbehandelt.
Mit Wirkung vom 3. Oktober 1990 sind die beiden Teile Deutschlands vereinigt. Grundlage ist der Einigungsvertrag vom 31. Oktober 1990, der infolge Gesetzes vom 23. September 1990 zu dem Vertrag vom 31. August 1990 zwischen der Bundesrepublik Deutschland und der Deutschen Demokratischen Republik über die Herstellung der Einheit Deutschlands – Einigungsvertragsgesetz – und der Vereinbarung vom 18. September 1990 geltendes Recht geworden ist (abgedr. in GRUR 1990, 748 ff.). Die Bestimmungen zum Gewerblichen Rechtsschutz finden sich in der Anlage I, Kapitel III, Sachgebiet E (Gewerblicher Rechtsschutz; Recht gegen den unlauteren Wettbewerb; Urheberrecht) des Einigungsvertrages. Seit dem 1. Mai 1992 ist das Gesetz über die Erstreckung von gewerblichen Schutzrechten (ErstrG) vom 23. April 1992 in Kraft (auszugsweise abgedruckt bei *Benkard,* Seiten 1506 ff.; vollständig abgedruckt in PMZ 1992, 202 ff. und bei *Tetzner,*

1. Abmahnung wegen Patentverletzung   II. M. 1

Die Koexistenz kollidierender Zeichenrechte unter besonderer Berücksichtigung des Erstreckungsgesetzes, 1993). Dieses erstreckt mit Zeitrang zum 1. Mai 1992 in den Gebieten der ehemaligen DDR bzw. der Bundesrepublik Deutschland bestehende Schutzrechte auf das übrige Gebiet der gesamten Bundesrepublik Deutschland.

Anmerkungen

1. In § 59 Abs. 2 Satz 2 PatG 1981 ist die Abmahnung (= Verwarnung) wegen Patentverletzung angesprochen. Danach ist sie die „Aufforderung des Patentinhabers, eine angebliche Patentverletzung zu unterlassen"; mithin ein ernsthaftes und endgültiges Unterlassungsbegehren (vgl. *Benkard/Bruchhausen* Rdn. 13 vor §§ 9 bis 14 PatG m.w.N.). Die Verwarnung aus dem Patent ist einerseits notwendige Prozeßvorbereitungsmaßnahme, um für den Fall der Klageerhebung und im Falle des sofortigen Anerkenntnisses des Klagebegehrens durch den Patentverletzer den Kläger davor zu bewahren, gemäß § 93 ZPO die Kosten des Rechtsstreits tragen zu müssen; andererseits birgt die patentrechtliche Verwarnung beträchtliche Risiken. Die unbegründete Verwarnung stellt einen Eingriff in den eingerichteten und ausgeübten Gewerbebetrieb dar und verpflichtet, sofern Verschulden gegeben ist, zu Schadensersatz (vgl. GRUR 1963, 255 – Kindernähmaschinen – mit Anm. *Moser v. Filseck;* GRUR 1974, 290 – Maschenfester Strumpf; GRUR 1976, 715 – Spritzgießmaschine mit Anm. *Horn* = NJW 1976, 2162; zum Fall einer Geschmacksmusterverwarnung eingehend BGH GRUR 1979, 332 – Brombeerleuchte mit Anm. *Horn*). Bevor ein Patentverletzer verwarnt wird, sollten daher sehr sorgfältig die Schutzfähigkeit des geltend gemachten Schutzrechtes sowie der Verletzungstatbestand überprüft werden (uU. durch Geltendmachung eines Vorlegungs-/ Besichtigungsanspruchs im Hinblick auf eine angegriffene Vorrichtung gem. § 809 BGB; vgl. dazu BGH GRUR 1985, 512ff. – Druckbalken). Geschieht dies sorgfältig und sachkundig, zieht insbesondere der Verwarner Patent- und Rechtsanwälte zu Rate, ist im Hinblick auf das Verschulden ein Entlastungsbeweis möglich (vgl. BGH GRUR 1976, 715ff. – Spritzgießmaschine). Dabei wird eher im Falle eines erteilten und nicht mehr einsprechbaren Patentes eine Fehleinschätzung seiner Schutzfähigkeit als unverschuldet angesehen werden können, wenn das Patent im nachhinein auf eine Nichtigkeitsklage hin (vgl. Form. II. M. 5) vernichtet wird, als eine Fehleinschätzung des Verletzungstatbestandes.

Ebenso wie die ungerechtfertigte Verwarnung stellt auch die unbegründet erhobene Verletzungsklage einen Eingriff in das Recht am eingerichteten und ausgeübten Gewerbebetrieb des Verwarnten dar (vgl. BGHZ 38, 200, 206/207 – Kindernähmaschine). Zur Verjährung eines Schadensersatzanspruchs wegen ungerechtfertigter Schutzrechtsverwarnung vgl. BGH GRUR 1978, 492 = NJW 1978, 1377 – Fahrradgepäckträger II.

Von der Verwarnung zu unterscheiden ist der sogenannte Schutzrechtshinweis (vgl. dazu Form. II. M. 8 und die dortigen Anmerkungen), mit dem lediglich ein die Tatsachen- und Rechtslage aufklärender Meinungsaustausch mit dem etwaigen Schutzrechtsverletzer eröffnet werden soll. Ein solcher Hinweis begründet regelmäßig, sofern er z.B. nicht gegenüber einem Dritten, etwa einem Abnehmer des vermeintlichen Verletzers erfolgt, keinen rechtswidrigen Eingriff in den eingerichteten und ausgeübten Gewerbebetrieb und damit keinen Schadensersatzanspruch. Die Abgrenzung zwischen Verwarnung und bloßem Schutzrechtshinweis ist oft schwierig (vgl. Form. II. M. 8 Anm. 1).

Ein Schaden des ungerechtfertigten Verwarnten ist in vielerlei Hinsicht denkbar (Produktions- und Liefereinstellung infolge der Verwarnung, Kosten durch Inanspruchnahme rechtsanwaltlicher und/oder patentanwaltlicher Hilfe). Erscheinen tatsächliche Umstände und Rechtslage im Einzelfall nicht ausreichend geklärt, sollte infolge des hohen Risikos, das mit einer Verwarnung verbunden ist, anstelle einer Verwarnung gegenüber dem vermeintlichen Verletzer lediglich ein Schutzrechtshinweis erfolgen.

An eine Verwarnung schließen sich häufig Vergleichsverhandlungen an, die auch mit einem Lizenzvertrag enden können. Zum Muster eines solchen Vertrages vgl. Münchener Vertragshandbuch Bd. 3/*Schultz-Süchting* Form. VI. 1.

2. Die Patentnummer ist im Formular offengelassen, der Patentgegenstand kurz bezeichnet.

3. Zur Problematik, ob der Abmahnung eine Vollmacht beigefügt sein muß, vgl. Form. II. L. 1 Anm. m.w.N.

4. Die Daten des im Formular zugrundegelegten Patentes sind aus Veranschaulichungsgründen so gewählt, daß das PatG 1981, das zum 1. Januar 1981 in Kraft getreten ist, in vollem Umfang anwendbar ist. Die geltende Patentgesetzeslage ist durch das Nebeneinander von PatG 1968, PatG 1978 und PatG 1981 schwer zu durchschauen, soweit Patentanmeldungen in Rede stehen, die vor dem 1. Januar 1981 erfolgt sind. Diese Fälle werden infolge Zeitablaufs seltener. Soweit es sich um Anmeldungen handelt, die nach dem 1. Januar 1981 getätigt wurden, gilt nur PatG 1981. Handelt es sich hingegen um eine Patentanmeldung vor dem 1. Januar 1981, so ist jeweils im Hinblick auf sämtliche anspruchsbegründenden Voraussetzungen, insbesondere im Hinblick auf Patentfähigkeit und Verletzungstatbestand, zu prüfen, ob PatG 1968, PatG 1978 oder PatG 1981 zur Anwendung kommen. Diese Prüfung ist darüber hinaus noch dadurch erschwert, daß sich die Paragraphenfolge und Bezifferung im PatG 1981 gegenüber den Gesetzesfassungen von 1968 und 1978 geändert haben. Eine gute Hilfe leistet *Schulte,* Patentrecht/Textausgabe, 2. Aufl. 1981. Dieses Werk enthält nicht nur Konkordanzverzeichnisse, sondern gibt insbesondere auch die noch in Kraft befindlichen Textteile der früheren Fassungen des PatG, verbunden mit Anwendbarkeitshinweisen, wieder. Im Formular wie auch in den Anmerkungen ist nur das PatG 1981 angeführt, soweit nichts Abweichendes bemerkt wird.

5. Die im Formular angegebenen Daten haben Bedeutung nicht nur für das anzuwendende Recht (vgl. Anm. 4), sondern insbesondere für den Beginn der sich aus der Patentanmeldung bzw. dem erteilten Patent ergebenden Ansprüche des Patentinhabers. Ab Offenlegung (Bekanntmachung) der Patentanmeldung entsteht im Falle der Benutzung durch Dritte ein Anspruch auf angemessene Entschädigung (vgl. Anmerkungen 6 und 15). Ab Veröffentlichung der Patenterteilung setzt die Ausschließungsbefugnis des Patentinhabers mit zugehörigen Ansprüchen ein (vgl. Anm. 6 und 15).

6. Eine Patentanmeldung gibt ihrem Inhaber ein Benutzungsmonopol und gewährt ihm Ausschließlichkeitsrechte (vgl. §§ 9, 10 PatG) erst dann, wenn das Patent erteilt und die Veröffentlichung der Erteilung im Patentblatt erfolgt sind (§§ 49, 58 Abs. 1 PatG). Gleichzeitig mit der Veröffentlichung der Patenterteilung im Patentblatt wird die Patentschrift (= Deutsche Patentschrift = DE-PS) veröffentlicht. In ihr sind die Patentansprüche, die Beschreibung und die Zeichnungen, aufgrund deren das Patent erteilt worden ist, enthalten (§ 32 Abs. 3 S. 1 PatG). Ferner sind in der Patentschrift die Druckschriften anzugeben, die das Patentamt für die Beurteilung der Patentfähigkeit des Anmeldungsgegenstandes geprüft hat (§§ 32 Abs. 3 S. 2, 43 Abs. 1 PatG). Schließlich kann die Patentschrift noch die sog. Zusammenfassung enthalten (§ 32 Abs. 3 S. 3 PatG), bei der es sich um eine der technischen Unterrichtung dienenden Kurzfassung der Anmeldung handelt, deren gesetzlich vorgeschriebener Inhalt sich aus § 36 Abs. 2 PatG ergibt. Die Patentschrift ist somit – in Schlagworten ausgedrückt – die ursprünglich eingereichte Patentanmeldung in der Gestalt, die sie im Anmelde- und Prüfungsverfahren gewonnen hat. Dementsprechend sind in § 35 Abs. 1 PatG die Erfordernisse einer Patentanmeldung analog zum Inhalt der Patentschrift bestimmt, wobei insbesondere in § 35 Abs. 2 PatG ausgeführt ist, daß die Erfindung in der Anmeldung so deutlich und vollständig zu offenbaren ist, daß ein Fachmann sie ausführen kann. Die Patentschrift, die nach Abschluß des Erteilungsverfahrens veröffentlicht wird, muß nicht die erste Unterrichtung der Öffentlichkeit über die Existenz seiner Patentanmeldung sein. Es kann zuvor schon eine Offenlegungsschrift (= Deutsche Offenlegungsschrift = DE-OS) gem. § 32 Abs. 1 Nr. 1 PatG veröffentlicht worden sein. Das

geschieht dann, wenn es nicht schon zuvor (wegen rascher Beendigung des Erteilungsverfahrens) zur Veröffentlichung einer Patentschrift gekommen ist (§ 32 Abs. 2 Satz 3 PatG) und die Akten einer Patentanmeldung jedermann zur Einsicht freistehen, nämlich wenn entweder der Anmelder sich gegenüber dem Patentamt mit der Akteneinsicht einverstanden erklärt und den Erfinder benannt hat (§ 31 Abs. 1 Nr. 1 PatG) oder seit dem Anmelde- bzw. seit dem Prioritätstag der Anmeldung – vgl. dazu Anm. 15 zu Form. II. M. 3 – 18 Monate verstrichen sind. Im Falle einer Offenlegung einer Patentanmeldung erfolgt eine entsprechende Anzeige im Patentblatt (§ 32 Abs. 5 PatG). Die Offenlegungsschrift enthält die in § 35 Abs. 1 Nr. 2–4 PatG bezeichneten Unterlagen der Anmeldung in der ursprünglich eingereichten oder in derjenigen Form, wie sie vom Patentamt zur Veröffentlichung zugelassen worden ist (vgl. §§ 32 Abs. 2 S. 1, 35 Abs. 1 Nr. 2–4 PatG).

Die gesetzlichen Wirkungen des Patentes treten mit der Veröffentlichung der Erteilung des Patentes im Patentblatt ein (§ 58 Abs. 1 PatG). Es sind folgende:

a) Das Patent gewährt dem Patentinhaber sowohl ein positives Benutzungsrecht als auch – negative – Verbietungsrechte. Der Umfang dieser Rechte ist in §§ 9 und 10 PatG positiv beschrieben, in §§ 11–13 PatG negativ im Sinne von Beschränkungen der Wirkungen des Patents. Besondere Bedeutung haben die in § 139 Abs. 1 u. 2 PatG ausdrücklich statuierten Ansprüche des Patentinhabers auf Unterlassung sowie auf Schadensersatz. Weitere Ansprüche gewähren §§ 140a und 140b PatG, die durch das Produktpirateriegesetz vom 7. März 1990 (gleichlautend auch für andere gewerbliche Schutzrechte, z.B. Marken, Sortenschutzrechte, Geschmacksmuster) mit Wirkung zum 1. Juli 1990 eingefügt worden sind (vgl. *Ernsthaler*, Produktpirateriegesetz, GRUR 1992, 273; *Cremer*, Die Bekämpfung der Produktpiraterie in der Praxis, Mitteilungen der Deutschen Patentanwälte 1992, 153 ff.; die amtliche Begründung ist in Blatt für Patent-, Muster- und Zeichenwesen 1990, 173 ff. abgedruckt). § 140a PatG gibt den Anspruch, patentverletzende Erzeugnisse zu vernichten bzw. vernichten zu lassen, § 140b PatG einen Anspruch auf Auskunftserteilung, dessen näherer Inhalt in § 140b Abs. 1 und 2 PatG bestimmt ist. § 140b Abs. 3 PatG gewährt das Recht, in Fällen offensichtlicher Patentverletzungen den Auskunftsanspruch auch im Wege der einstweiligen Verfügung geltend zu machen. Diese Möglichkeit ergibt sich in der Praxis allerdings nur selten, weil kaum „offensichtliche" Patentverletzungen vorkommen (vgl. allerdings den Fall OLG Düsseldorf GRUR 1993, 818, 821 – Mehrfachkleiderbügel). Wie § 140b Abs. 5 PatG ausdrücklich klarstellt, bleibt neben dem Auskunftsanspruch dieser Bestimmung der einhellig anerkannte und von der ständigen Rechtsprechung gewährte Anspruch auf Rechnungslegung (über Einzelheiten vgl. Anm. 13, 14 und Form. II. M. 3. Anm. 10) unberührt.

b) Der Schutzbereich eines Patentes ist in § 14 PatG ausdrücklich so festgeschrieben, daß er durch den Inhalt der Patentansprüche bestimmt wird, wobei die Beschreibung und die Zeichnungen jedoch zur Auslegung der Patentansprüche heranzuziehen sind (vgl. Anm. 10). Die Schutzdauer eines Patentes beträgt zwanzig Jahre (§ 16 Abs. 1 S. 1 PatG).

c) Aufgrund der bloßen Offenlegung einer Patentanmeldung können aus dieser keine Ansprüche auf Unterlassung, Rechnungslegung und Schadensersatz hergeleitet werden. § 33 Abs. 1 PatG gewährt jedoch ab dem Zeitpunkt der Offenlegung (in Übereinstimmung mit § 24 Abs. 5 PatG 1968) einen Anspruch auf eine den Umständen nach angemessene Entschädigung, wenn der Benutzer entweder von der Patentanmeldung wußte oder infolge Fahrlässigkeit von ihr keine Kenntnis hatte. Wer vom Gegenstand einer offengelegten Patentanmeldung Gebrauch macht, handelt allerdings nicht rechtswidrig (BGH GRUR 1989, 411 – Offenend-Spinnmaschine).

Das erteilte Patent unterliegt innerhalb einer Frist von 3 Monaten nach der Veröffentlichung der Erteilung dem Einspruch (§ 59 Abs. 1 PatG). Der Einspruch kann nur auf die Behauptung gestützt werden, das Patent sei zu Unrecht erteilt und dementsprechend zu widerrufen (§§ 59 Abs. 1 S. 3, 21, 61 PatG). Ist die Einspruchsfrist verstrichen, so kann gegen das Patent nur im Wege der Nichtigkeitsklage vorgegangen werden (§ 81 ff. PatG).

Zum Europapatent (EP) nach dem Europäischen Patentübereinkommen (EPÜ):
Das Übereinkommen über die Erteilung europäischer Patente (EPÜ) ist für die Bundesrepublik Deutschland am 7. Oktober 1977 in Kraft getreten (Bekanntmachung vom 9. September 1977 im BGBl. II 792). Am 1. Januar 1993 waren neben der Bundesrepublik Deutschland folgende Länder Mitglied des EPÜ: Belgien, Dänemark, Frankreich, Griechenland, Irland, Italien, Liechtenstein, Luxemburg, Monaco, Niederlande, Österreich, Portugal, Schweden, Schweiz, Spanien, Vereinigtes Königreich (vgl. die Aufzählung bei *Benkard/Ullmann* PatG Int. Teil-EPÜ, Rdn. 102 ff.). Das EPÜ schafft vereinheitlichte Anmelde- und Auslegungsregelungen für das EP und zentralisiert insbesondere seine Anmeldung beim Europäischen Patentamt, dessen Rechtsstellung und Organisation es regelt (Art. 5 ff. EPÜ). Das EP selbst stellt sich allerdings als sogenanntes „Europäisches Bündelpatent" dar. Es ist ein Bündel nationaler Patente der Vertragsstaaten (vgl. Art. 2 Abs. 2, 64, 66, 139 EPÜ). Mithin gelten im Hinblick auf die Rechtswirkungen eines EP für die Bundesrepublik Deutschland die Vorausführungen zu deutschen Patenten. Insbesondere wird eine Verletzung des EP nach nationalem Recht behandelt (Art. 64 Abs. 3 EPÜ). Für eine Verletzungsklage auf der Grundlage eines EP sind also die deutschen Verletzungsgerichte zuständig. Der Einspruch gegen ein EP ist beim Europäischen Patentamt einzureichen, das auch über eine Beschwerde gegen eine Einspruchsentscheidung entscheidet (Art. 99 ff., 106 ff. EPÜ). Hingegen ist für eine Nichtigkeitsklage gegen ein EP in erster Instanz das Bundespatentgericht, in zweiter Instanz der Bundesgerichtshof zuständig (vgl. Art. 138 EPÜ), wobei dort allerdings über den Rechtsbestand des EP nur für den Bereich der Bundesrepublik Deutschland entschieden wird. Das EP hat eine Laufzeit von 20 Jahren, gerechnet ab dem Anmeldetag (Art. 63 EPÜ). Seine Erteilung wird veröffentlicht und es wird eine Patentschrift (E-PS) ausgegeben (Art. 65, 98 EPÜ). Zur Ausgabe einer Europäischen Offenlegungsschrift vgl. Art. 93 EPÜ. Die Schutzwirkungen einer offengelegten europäischen Patentanmeldung entsprechen in der Bundesrepublik Deutschland denjenigen einer nationalen Patentanmeldung; mithin kann bei Benutzung ein Anspruch auf angemessene Entschädigung geltend gemacht werden (vgl. dazu nachstehend Anm. 19 und *Benkard/Ullmann*, Internationaler Teil PatG/EPÜ, Rdnrn. 122 ff.).

Zum Gemeinschaftspatent:
In Art. 142 Abs. 1 EPÜ ist vorgesehen, daß ein einheitliches Europäisches Patent (Gemeinschaftspatent) geschaffen wird, das für alle Staaten (der Europäischen Gemeinschaft) gemeinsam erteilt werden soll. Zu einer Einigung sämtlicher EG-Staaten ist es bisher jedoch noch nicht gekommen (vgl. Einzelheiten bei *Benkard/Ullmann* Internationaler Teil PatG/GPÜ, Rdn. 155).

7. Vgl. §§ 1 Abs. 1; 3, 4 und 5 PatG.

8. Um der Gefahr der Kostenauferlegung gemäß § 93 ZPO zu entgehen, muß der Verwarner den Verwarnten in den Stand versetzen, die Rechtslage nachprüfen zu können (OLG Düsseldorf GRUR 1970, 432; vgl. auch OLG Düsseldorf GRUR 1980, 135). Dazu gehört es regelmäßig, daß die Patentschrift übersandt, gegebenenfalls kurz erläutert und auf den Verletzungstatbestand eingegangen wird. Im Formular ist die entsprechende Schilderung sehr knapp gehalten. Das ist aus den dort angeführten Gründen insbesondere dann gut vertretbar, wenn es sich beim Verwarnten um ein Fachunternehmen sowie um einen einfachen Verletzungstatbestand handelt. In den meisten Fällen der Praxis ist freilich der Verletzungstatbestand in tatsächlicher und rechtlicher Hinsicht schwieriger gelagert (vgl. z.B. den Fall OLG Düsseldorf GRUR 1980, 135 re. Sp. unten). In Ausnahmefällen – z.B. Verstößen auf einer Messe – soll nach OLG Frankfurt GRUR 1988, 32 – Messeverstoß – auch eine mündliche Abmahnung ausreichen.

9. Die im Formular nachfolgend zu 4. aufgeführten Verpflichtungserklärungen entsprechen den Ansprüchen, die § 139 PatG gewährt, nämlich auf Unterlassung, Schadensersatz und Rechnungslegung. Der Rechnungslegungsanspruch ist freilich in § 139 PatG

1. Abmahnung wegen Patentverletzung   II. M. 1

1981 nicht ausdrücklich erwähnt, wird jedoch von der ganz herrschenden Meinung wie auch sonst bei gewerblichen Schutzrechten anerkannt (vgl. dazu Anm. 11). Dabei gilt im Patentrecht ebenso wie auch sonst im Bereich des gewerblichen Rechtsschutzes der Grundsatz, daß nur die strafbewehrte Unterlassungsverpflichtungserklärung den Patentinhaber in Hinblick auf den Unterlassungsanspruch klaglos stellt (vgl. Form. II. L. 1 zu Anm. 8 und aaO. Anm. 8). Die ebenfalls im Formular geltend gemachten Ansprüche auf Auskunftserteilung und Vernichtung sind in §§ 140a und 140b PatG geregelt (vgl. zuvor Anm. 6 mit weiteren Erläuterungen, ferner Anm. 13, 17 und 18).

9a. Angebot, einen Vertrag mit den nachfolgenden Verpflichtungen abzuschließen.

10. Die hier gewählte Formulierung des Vertragsstrafeversprechens entspricht der Bestimmung des § 339 S. 2 BGB; sie hat sich in der Praxis bewährt. Gemäß §§ 316, 317 BGB ist es grundsätzlich zwar auch möglich, die Höhe der Vertragsstrafe durch den Unterlassungsgläubiger oder durch einen Dritten bestimmen zu lassen, wobei „Dritter" keinesfalls ein Gericht sein darf (BGH GRUR 1978, 192ff. mit Anm. *Schade* – Hamburger Brauch). Wegen der Unsicherheit, die mit der Bestimmung einer Vertragsstrafe durch einen Dritten sowohl in tatsächlicher als auch in rechtlicher Hinsicht verbunden ist, wird eine entsprechende Formulierung hier nicht vorgeschlagen. Das Formular sieht die Zahlung der versprochenen Vertragsstrafe an den Gläubiger vor. Es ist in Rechtsprechung und Schrifttum umstritten, ob auch eine Klaglosstellung des Gläubigers dadurch erfolgen kann, daß Zahlung an einen Dritten (zB. an eine gemeinnützige Organisation) versprochen wird (verneinend OLG Stuttgart WRP 1978, 232ff. mwN. gegen zB. OLG Frankfurt WRP 1976, 699). Maßgeblich sind die Umstände des Einzelfalles, ob nämlich aus ihnen auf eine ausreichende Ernstlichkeit des Unterlassungsversprechens geschlossen werden kann (BGH WRP 1987, 724 m.w.N. – Getarnte Werbung II). Zu weiteren Einzelheiten vgl. Form. II. L. 1 Anm. 8.

11. Der Hinweis auf die räumliche Beschränkung der Unterlassungsverpflichtung ist an sich überflüssig, weil sich entsprechend der nur territorialen Geltung eines deutschen Patentes in Deutschland dessen Schutzwirkungen nur hier entfalten können. Der Hinweis schadet aber nicht. Er hat Bedeutung zum einen im Falle eines ausländischen Gegners, zum anderen für den Fall, daß der nationale (deutsche) Teil eines europäischen Patentes geltend gemacht wird. Dann könnte auch formuliert werden: „... im deutschen Geltungsbereich des EP ...".

12. Die Unterlassungsverpflichtungserklärung ist die kurzgefaßte Beschreibung der konkreten Verletzungsform. Sie hat sich am Anspruch bzw. an den Ansprüchen des Patentes zu orientieren. Den Patentansprüchen kommt besondere Bedeutung zu. Gemäß § 14 S. 1 PatG bestimmen sie vordringlich den Schutzbereich des Patentes. In ihnen ist angegeben, was seitens des Patentanmelders als patentfähig beansprucht und was im Falle der Patenterteilung durch das Patentamt als patentfähig angesehen worden ist. Der Patentanspruch beschreibt somit die patentfähige Erfindung. Gemäß § 1 Abs. 1 PatG werden Patente für Erfindungen erteilt, die neu sind, auf einer erfinderischen Tätigkeit beruhen und gewerblich anwendbar sind (vgl. §§ 1 ff. PatG; ebenso für europäische Patente, Art. 54 bis 57 EPÜ). Die Beschreibung des Erfindungsgegenstandes in den Patentansprüchen erfolgt überwiegend in der Weise, daß der Patentanspruch in einen Oberbegriff (= summarische Wiedergabe des vorbekannten Standes der Technik) sowie in einen kennzeichnenden Teil (Zusammenfassung der gegenüber dem vorbekannten Stand der Technik für sich oder in Kombination neuen Merkmale; vgl. § 1 Abs. 2 Patentanmeldeverordnung) untergliedert ist, ohne daß diese Unterteilung für die rechtliche Bewertung einer angegriffenen Ausführungsform als patentverletzend von Bedeutung ist (BGH GRUR 1994, 357 – Muffelofen). Sie folgt allein Zweckmäßigkeitsüberlegungen. Ein Patentanspruch kann auch sogenannt „einteilig" gefaßt sein, d.h. nicht nach Oberbegriff und kennzeichnendem Teil unterschieden (vgl. dazu *Flad*, GRUR 1994, 478, 479). Die Unterteilung in Oberbegriff und Kennzei-

chen ist auch der Unterlassungsverpflichtungserklärung im Formular zugrundegelegt. Es hat sich als zweckmäß erwiesen, „Oberbegriff" und „Kennzeichen" in der Unterlassungsverpflichtungserklärung in der Weise voneinander zu trennen, daß zwischen beide die Benutzungshandlungen aufgenommen werden, die der Patentverletzer unterlassen soll. Sie entsprechen den Befugnissen des Patentinhabers und sind in §§ 9 ff. PatG aufgeführt. Die in den Vorauflagen noch vorhandene Hervorhebung der „gewerbsmäßigen" Verhaltensweisen wurde fallengelassen. Das Wort „gewerbsmäßig" findet sich nicht mehr in § 9 PatG. Eine sachliche Änderung ist damit freilich nicht verbunden, da nur nicht gewerbsmäßige Benutzungshandlungen von der Ausschließungsbefugnis des Patentinhabers freigestellt sind (vgl. § 11 Nr. 1 PatG). Da der Fall mittelbarer Patentverletzung (§ 10 PatG) seltener ist, ist im Formular lediglich der Fall unmittelbarer Patentverletzung (§ 9 PatG) behandelt, des weiteren bezieht sich das Formular auf ein Sachpatent i.S. des § 9 Nr. 1 PatG. BGH GRUR 1987, 626/627 li. Sp. – Rundfunkübertragungssystem – vertritt zu § 6 Satz 1 PatG 1968 die Auffassung, daß ein Einführen keine Patentverletzung begründen könne, da es (noch) an einer Veräußerung = Indenverkehrbringen fehle (a. A. zuvor passim BGHZ 73, 182/186 = GRUR 1979, 461/462 li. Sp. – Farbbildröhre). Vgl. zum patentrechtlich relevanten Besitz und Import *Benkard/Bruchhausen* Rdnr. 46 und 47 zu § 9 PatG.

Um die Verletzungsform sowohl zutreffend zu erfassen als auch als patentverletzend zu charakterisieren, ist es notwendig, den Wortlaut der Patentansprüche, insbesondere des Hauptanspruchs und den darin festgelegten Gegenstand der Erfindung einerseits und die angegriffene Ausführungsform andererseits unter Berücksichtigung von *Aufgabe* (= technisches Problem) und *Lösung* des Patentes miteinander zu vergleichen. Grundsätzlich empfiehlt es sich, eine Merkmalsanalyse aufzustellen (das Muster einer derartigen Merkmalsanalyse findet sich in Form. II. M. 3). Anhand einer derartigen Merkmalsanalyse kann sodann die Verletzungsform im Hinblick auf bestehende Gemeinsamkeiten/Unterschiede mit dem Erfindungsgegenstand überprüft werden. Ob eine Verletzung des Streitpatentes vorliegt, bestimmt sich nach seinem Schutzumfang. Insoweit ist zu unterscheiden zwischen Patentanmeldungen, die vor dem 1. Januar 1978 eingereicht worden sind und solchen, die ab dem 1. Januar 1978 getätigt wurden.

a) Für Patentanmeldungen vor dem 1. Januar 1978 bestimmt sich der Schutzumfang vordringlich nach dem Patentanspruch, der angibt, was als patentfähig beansprucht wird (vgl. § 26 Abs. 1 Satz 5 PatG 1968). Demgegenüber sind Beschreibung und Zeichnungen zwar nicht bedeutungslos, treten aber jedenfalls mit der Maßgabe zurück, daß keine Beschränkung eines etwaig weiter gefaßten Patentanspruchs durch Beschränkung in der Beschreibung erfolgt (vgl. dazu BGH GRUR 1985, 967, 968 r. Sp. – Zuckerzentrifuge).

Der nach Aufgabe und Lösung ermittelte Schutzumfang ist identisch mit dem sog. Gegenstand der Erfindung i.S. des § 6 PatG 1968. Dazu vertritt die ganz herrschende Meinung die sogenannte Dreiteilungslehre (vgl. zB. BGH GRUR 1977, 654/656 – Absetzwagen III). Danach kann der Schutzumfang eines Patentes in dreifacher Hinsicht aufgegliedert werden, nämlich in einen unmittelbaren Gegenstand der Erfindung, in einen Gegenstand der Erfindung und in einen allgemeinen Erfindungsgedanken. Macht die angegriffene Ausführungsform von sämtlichen Merkmalen des Patentes, so wie sie sich aufgrund einer sachgerechten Merkmalsanalyse ergeben, wortlautgemäß Gebrauch, so unterfällt der Verletzungsgegenstand dem unmittelbaren Gegenstand des Patentes. Sind sämtliche Merkmale der Merkmalsanalyse beim Verletzungsgegenstand zwar verwirklicht, jedoch nicht wortlautgemäß, so stellt sich die Frage, ob sie mit sogenannten Äquivalenten verwirklicht sind. Äquivalenz liegt dann vor, wenn bei den einander gegenüberstehenden Ausführungsformen Aufgabe und technischer Erfolg gleich, die zur Lösung der Aufgabe und zur Erzielung des gleichen Erfolges verwendeten Mittel jedoch verschieden sind, sie der Durchschnittsfachmann jedoch aufgrund seines Fachwissens im Prioritätszeitpunkt aus der Patentschrift zur Lösung der konkreten Aufgabe ermitteln konnte (BGHZ 64, 86, 93 ff. – Metronidazol; GRUR 1979, 271/273 re. Sp. – Schaumstoffe). Ist die – technisch und patentrechtlich häufig sehr schwierige – Frage der Äquivalenz zu bejahen, so unterfällt die angegriffene Ausführungsform dem Gegenstand des Patentes.

Schwierigkeiten tauchen insbesondere dann auf, wenn festzustellen ist, daß die angegriffene Ausführungsform nicht von sämtlichen Merkmalen entsprechend der Merkmalsanalyse des Patentes, sei es unmittelbar gegenständlich (wortlautgemäß) oder gegenständlich, Gebrauch macht. In diesem Fall stellt sich die Frage einer Schutzerweiterung in Form der Zuerkennung eines sogenannten allgemeinen Erfindungsgedankens. Es ist dabei zu prüfen, ob über die konkrete Lehre des Patentes hinaus diesem aufgrund einer abstrahierenden Betrachtung eine allgemeinere Lehre entnommen werden kann, und zwar in der Weise, daß diese allgemeine Lehre sowohl in den ursprünglichen Anmeldungsunterlagen offenbart als auch darüber hinaus ebenfalls patentfähig, d.h. insbesondere neu und erfinderisch ist. Ein solcher, aus einem Patent hergeleiteter allgemeiner Erfindungsgedanke muß vom Kläger, der sich auf ihn beruft, formuliert werden und ist vom Verletzungsgericht, das im übrigen an den Akt der Patenterteilung gebunden ist, auf das Bestehen der rechtlichen Voraussetzungen hin zu überprüfen. Zur sogenannten Dreiteilungslehre vgl. die instruktive Entscheidung des BGH in GRUR 1960, 478 ff. – Blockpedale – m. Anm. *Tetzner*; vgl. ferner *Benkard/Ullmann* Rdn. 162 ff. zu § 14 PatG; *Schulte* Rdn. 71 ff. zu § 14 und *v. Falck* GRUR 1984, 392 ff.

b) Für Patentanmeldungen, die ab dem 1. Januar 1978 eingereicht sind, wird der Schutzumfang des erteilten Patentes durch § 14 PatG 1981 (für Europapatent: Art. 69 EPÜ) festgelegt. Da diese Bestimmung den Schutzbereich des Patentes als durch den Inhalt der Patentansprüche bestimmt definiert, wobei Beschreibung und Zeichnungen zur Auslegung der Patentansprüche heranzuziehen sind, wird von der herrschenden Meinung die Auffassung vertreten, daß die sogenannte Dreiteilungslehre keine Anwendung mehr finden kann. Danach kann für Patentanmeldungen, die nach dem 1. Januar 1978 eingereicht worden sind, der Schutz eines allgemeinen Erfindungsgedankens nicht mehr geltend gemacht werden (vgl. dazu *Benkard/Ullmann* Rdn. 123 zu § 14 PatG; *Schulte* PatG, Rdn. 81 und 82 zu § 14 PatG). Wie auch nach bisherigem Recht sind für die Beurteilung der Verletzung eines Patentes der Erfindungsgegenstand und die angegriffene Ausführungsform (Verletzungsform) miteinander nach Aufgabe (= technisches Problem) und Lösung zu vergleichen. Unter den Schutz eines Patents fällt jedenfalls die identische (wortlautgemäße = unmittelbar gegenständliche) Benutzung (vgl. z.B. BGHZ 98, 12 ff. = GRUR 1986, 802/804 li. Sp. unten – Formstein). Dabei ist nicht an einem philologischen Wortlaut des Patentanspruchs zu verweilen, sondern maßgeblich ist der technisch verstandene und häufig erst im Wege der Auslegung zu ermittelnde Wortsinn der Formulierungen des Patentanspruchs. Wortlautgemäßes Gebrauchmachen von einem Merkmal des Patentanspruchs liegt daher insbesondere auch dann vor, wenn eine wortsinngemäße Verwirklichung gegeben ist. Des weiteren fällt unter den Schutz eines Patentes auch diejenige Benutzung, die zwar vom Wortlaut (Wortsinn) abweicht, jedoch die Lehre des Patentes mit gleichwirkenden Mitteln (= Äquivalenz) verwirklicht (BGH aaO. S. 802/805; GRUR 1991, 436, 439 – Befestigungsvorrichtung II). Äquivalent sind freilich nur solche Mittel, die der Durchschnittsfachmann anhand von Überlegungen, die am Sinngehalt des Patentanspruchs anknüpfen, als gleichwirkend auffinden kann (BGHZ 98, 19 = GRUR 1986, 805 – Formstein; GRUR 1991, 436, 439 – Befestigungsvorrichtung II). Abwandlungen, die auf erfinderischer Tätigkeit beruhen, unterfallen nicht dem Schutzbereich (BGH GRUR 1994, 597 – Zerlegvorrichtung für Baumstämme). Dabei läßt der Bundesgerichtshof allerdings die Verteidigung zu, die als äquivalent angegriffene Ausführungsform stelle mit Rücksicht auf den vorbekannten Stand der Technik keine patentfähige Erfindung dar (BGH aaO. S. 802/805/806). Damit soll gewährleistet sein, daß sich der Schutz des Patentes nicht auf diejenige Weiterentwicklung des freien Standes der Technik erstreckt, die nicht erfinderisch ist und somit für den Gemeingebrauch offenstehen soll. Der Rechtsgedanke des Vertrauensschutzes auf den Wortlaut eines erteilten Anspruchs – Gebot der Rechtssicherheit – erfordert Beachtung (BGH GRUR 1989, 903, 905 r. Sp. unten – Batteriekastenschnur).

Die Bestimmung des § 14 PatG schließt nicht aus, daß ein sogenannter Teilschutz, ein Schutz der Unterkombination und ein Elementenschutz geltend gemacht werden, soweit dies im Wortlaut der Patentansprüche eine Stütze findet. Insoweit kommt es auf eine Beantwortung der Frage an, was Kern der Erfindung ist (vgl. dazu U. *Krieger* GRUR 1980, 683 ff.; *Benkard/Ullmann* Rdn. 141 ff. zu § 14 PatG und LG Düsseldorf GRUR int. 1990, 382 – Adapter; vgl. auch BGH GRUR 1992, 40 – Beheizbarer Atemluftschlauch).

13. Den im Formular geltend gemachten Auskunftsanspruch gibt § 140b Abs. 1 und 2 PatG seit dem 1. Juli 1990 (vgl. Anm. 6). Die zu erteilenden Auskünfte sollen den Patentinhaber insbesondere befähigen, weitere Patentverletzungen durch Dritte zu unterbinden. Für die Praxis hat die Mitteilung der gewerblichen Abnehmer besondere Bedeutung, ermöglicht sie doch, den etwaige weitere Patentverletzer in Erfahrung zu bringen (vgl. OLG Düsseldorf GRUR 1993, 818 – Mehrfachkleiderbügel). Ein Wirtschaftsprüfervorbehalt ist vom Gesetz nicht vorgesehen und nur in Ausnahmefällen (z.B. sehr enges Wettbewerbsverhältnis) denkbar. Denn gemäß § 140b Abs. 1 PatG sind die im Gesetz vorgesehenen Auskünfte zu erteilen, es sei denn, „daß dies im Einzelfall unverhältnismäßig ist" (vgl. BGH GRUR 1995, 338 – Kleiderbügel). Der Auskunftsanspruch des § 140b PatG ist nicht mit dem allgemeinen Rechnungslegungsanspruch identisch, der aus den nachstehend in Anm. 14 wiedergegebenen Gründen gewährt wird (vgl. auch § 140b Abs. 5 PatG).

14. Nach ständiger höchstrichterlicher Rechtsprechung kann im Falle der Patentverletzung wie auch sonst im Bereich gewerblicher Ausschließlichkeitsrechte der Schaden in dreifacher Weise berechnet werden (Ersatz des unmittelbaren Schadens, der durch die Patentverletzung entstanden ist, insbesondere des entgangenen Gewinns; die Zahlung einer angemessenen Lizenzgebühr und Herausgabe des Verletzergewinns; vgl. statt vieler *Benkard/Rogge* Rdnrn. 61 ff. mwN. zu § 139 PatG; *Melullis*, Zur Schadensberechnung im Wege der Lizenzanalogie bei zusammengesetzten Vorrichtungen, in Festschrift für *Fritz Traub*, 1994, Seiten 287 ff.). Um sich hinsichtlich der von ihm zu wählenden Berechnungsart schlüssig zu werden und seinen Schaden ziffernmäßig bestimmen zu können, kann der Verletzte einen Rechnungslegungsanspruch geltend machen, den zwar § 139 PatG nicht ausdrücklich erwähnt, der jedoch in ständiger höchstrichterlicher Rechtsprechung gewährt wird und gewohnheitsrechtlichen Charakter hat (vgl. BGH GRUR 1962, 398, 400 – Atomschutzvorrichtung; GRUR 1984, 728/729 li. Sp. – Dampffrisierstab II; zum Rechnungslegungsanspruch vgl. auch *Tilmann* GRUR 1987, 251 ff.). Die im Formular verlangten Angaben werden ebenfalls gewohnheitsrechtlich zuerkannt (vgl. z.B. BGH GRUR 1982, 723 f. – Dampffrisierstab I). Sie folgen den in der geltend gemachten Unterlassungsverpflichtung aufgeführten Benutzungshandlungen. Soweit die Namen und Anschriften von nicht gewerblichen Abnehmern bzw. Angebotsempfängern in Rede stehen, besteht die Besonderheit eines Wirtschaftsprüfervorbehalts (vgl. dazu Anm. 17). Zum Problem der aufgelaufenen Zinsen, wenn der Geschädigte seinen Schaden im Weg der Lizenzanalogie berechnet, vgl. Form. II. M. 19 Anm. 3 mwN.

15. Dem wegen Patentverletzung in Anspruch Genommenen wird ein Prüfungszeitraum von einem Monat ab Veröffentlichung der Patenterteilung eingeräumt. Erst nach Ablauf dieses Zeitraums kommen ein Verschulden und damit eine Haftung (auf Rechnungslegung und Schadensersatz) in Betracht (BGH GRUR 1986, 803, 806 – Formstein).

Im Formular ist noch die Besonderheit gegeben, daß auch Entschädigung für die Benutzung der offengelegten Patentanmeldung gefordert wird (vgl. sogleich die Verpflichtungserklärung zu (5) im Formular). Daher ist für die geforderte (und vom Benutzer auch geschuldete – vgl. BGHZ 107, 161 = GRUR 1989, 411 – Offenendspinnmaschine) Rechnungslegung auf das Datum der Offenlegung (Bekanntmachung) der Patentanmeldung zuzüglich einen Monat Karenzzeit abzustellen.

16. Die im Formular angeführten Angaben benötigt der Patentinhaber, um seinen Schaden beziffern, insbesondere entscheiden zu können, welche Berechnungsart er seinem Schadensersatzanspruch zugrundelegen will (vgl. dazu Anm. 14).

17. Bis zum Inkrafttreten des § 140b PatG am 1. Juli 1990 räumte die Rechtsprechung – bei bestehender Wettbewerbslage zwischen den Parteien von Amts wegen – dem Beklagten (Inanspruchgenommenen) einen umfassenden Wirtschaftsprüfervorbehalt ein (vgl. BGH GRUR 1981, 535; zu weiteren Einzelheiten vgl. Vorauflage Anm. 12 zu Form. II. M. 1.). Das ist mit dem Wortlaut des § 140b PatG nicht mehr vereinbar. Von einer Unverhältnismäßigkeit einer Auskunftserteilung/Rechnungslegung im Einzelfall im Sinne des § 140b Abs. 1 PatG kann nur im Hinblick auf die Namen und Anschriften der nicht gewerblichen Abnehmer ausgegangen werden, weil diese in der Folge nur im privaten Bereich das patentgeschützte Erzeugnis zu nicht gewerblichen Zwecken benutzen werden und daher als mögliche Patentverletzer gemäß § 11 Nr. 1 PatG ausscheiden. Eine weitere Ausnahme ist gerechtfertigt für (bloße) Angebotsempfänger, weil diese ebenfalls nicht als Patentverletzer in Betracht kommen. Von einem derartig eingeschränkten Rechnungslegungsanspruch wird im Formular ausgegangen und es wird ein entsprechender Wirtschaftsprüfervorbehalt vorgeschlagen (vgl. BGH GRUR 1995, 338, 341, 342 – Kleiderbügel).

18. Vgl. § 140a PatG. Die Vernichtung soll nach dem Wortlaut des Gesetzes durch den Verletzer selbst erfolgen (*Benkard/Rogge*, Rdn. 8 zu § 140a PatG; a.A. *Cremer*, Mitt. 1992, 153, 163 und LG Köln, Der Markenartikel, 1993, 15: durch den Verletzten); die ebenfalls im Formular vorgesehene Wahlmöglichkeit belastet den Schuldner nicht.

19. Vgl. § 33 PatG; für europäische Patentanmeldungen, mit denen auch für Deutschland Schutz beansprucht wird, gilt eine vergleichbare Regelung (Art. 67 Abs. 2 Satz 3 EPÜ iVm. Art. II § 1a Abs. 1 IntPatÜG i.d.F. des 2. Gemeinschaftspatentgesetzes vom 20. Dezember 1991), allerdings nur dann, wenn die Anmeldung in deutscher Sprache veröffentlicht worden ist bzw. ab dem Zeitpunkt, an dem bei fremdländischer Sprache die Ansprüche in deutscher Sprache veröffentlicht worden sind oder der Anmelder dem Benutzer die Ansprüche in deutscher Sprache übermittelt hat (Art. II § 1a Abs. 2 IntPatÜG). Die Benutzung einer offengelegten Patentanmeldung ist nicht rechtswidrig (BGHZ 107, 161 = GRUR 1989, 411 – Offenendspinnmaschine). Eine Haftungserstreckung auf Geschäftsführer einer GmbH oder Vorstandsmitglieder einer Aktiengesellschaft unter dem rechtlichen Gesichtspunkt der unerlaubten Handlung (vgl. dazu Form. II. M. 14. Anm. 2) ist nicht möglich (BGH aaO.).

Im Formular ist eine sogenannte Karenzzeit von einem Monat vorgesehen. Dem Benutzer einer offengelegten Patentanmeldung soll eine ausreichende Frist zum Kennenlernen der Patentanmeldung und zur Entschließung zugestanden werden. Erst nach Ablauf dieses Zeitraums sind die subjektiven Tatbestandsmerkmale des § 33 Abs. 1 PatG begründbar, nämlich Kenntnis oder fahrlässige Unkenntnis der Patentanmeldung.

Der Entschädigungsanspruch errechnet sich in seiner Höhe im Wege der Lizenzanalogie (vgl. dazu Anm. 14). Die Herausgabe des Benutzergewinns oder der Ersatz des entgangenen eigenen Gewinns können seitens des Inhabers der Patentanmeldung nicht verlangt werden (BGH aaO.). Daraus folgt auch eine nur eingeschränkte Rechnungslegungspflicht des Benutzers (vgl. auch Anm. 20).

20. In dieser zeitlichen Einschränkung kommt die Besonderheit des patentrechtlichen Entschädigungsanspruchs (§ 33 PatG) zum Ausdruck. Da es sich bei der Benutzung einer offengelegten Patentanmeldung nicht um eine Patentverletzung handelt, besteht kein Anspruch auf Schadensersatz, sondern nur auf angemessene Entschädigung. Zur Vorbereitung dieses Entschädigungsanspruchs gibt es nur einen beschränkten Rechnungslegungsanspruch; Angaben über den Verletzergewinn können nicht gefordert werden (BGH GRUR 1989, 411, 413, 414 – Offenendspinnmaschine; vgl. auch Anm. 19).

Das im Formular in diesem Zusammenhang angegebene Datum ist dasjenige der Veröffentlichung der Patenterteilung zuzüglich einen Monat Karenzzeit, weil für die Zeit vor diesem Datum eben nur ein eingeschränkter Anspruch, nämlich nur auf angemessene Entschädigung gilt.

21. Hier ist wieder vom Datum der Veröffentlichung der Patenterteilung zuzüglich einen Monat Karenzzeit auszugehen (vgl. Anm. 15).

22. Zur Begründung der Kostenerstattungspflicht vgl. BGHZ 52, 393/399 – Fotowettbewerb; BGH MDR 1973, 483 = GRUR 1973, 384 – Goldene Armbänder; GRUR 1984, 129ff. – shop in the shop – sowie GRUR 1985, 924 r. Sp. – Schallplattenimport II; zur Erstattungsfähigkeit der Kosten eines ebenfalls eingeschalteten Patentanwalts vgl. *Rehmann* GRUR 1985, 332ff.

23. Die Überprüfungs- und Erklärungsfrist sollte nicht zu kurz bemessen sein. Angemessen ist grundsätzlich ca. 1 Monat.

24. Zu den Reaktionsmöglichkeiten eines Verwarnten vgl. Form. II. L. 1 Anm. 13. Zusätzlich und in Abweichung zu dem aaO. Ausgeführten wird ein wegen vermeintlicher Patentverletzung Verwarnter folgendes zu prüfen haben, wobei die umfassende Materie hier nur skizziert und auf weniges beschränkt werden kann:

a) Ist der Tatbestand einer Patentverletzung gegeben?
b) Besteht ein privates Vorbenutzungsrecht (§ 12 PatG)?
c) Ist das geltend gemachte Patent schutzfähig oder ist druckschriftlicher oder offenkundig vorbenutzter Stand der Technik gegeben, der die Schutzvoraussetzungen (Neuheit und Erfindungshöhe für ab dem 1. Jan. 1978 angemeldete Erfindungen; Neuheit, Fortschrittlichkeit und Erfindungshöhe für Erfindungen, die vor dem 1. Jan. 1978 angemeldet wurden) zumindest als so zweifelhaft erscheinen läßt, daß ein Einspruch, ggf. ein Beitritt zu einem Einspruchsverfahren (§ 59 PatG) oder eine Nichtigkeitsklage gegen das Patent (vgl. dazu Form. II. M. 5) überwiegende Aussicht auf Erfolg bieten? Bietet eine Schutzrechtsrecherche Aussicht auf Erfolg, die Patentfähigkeit in Zweifel ziehendes Material zu ermitteln?
d) Liegt der Tatbestand einer widerrechtlichen Entnahme (§ 8 PatG) vor, der auch einredeweise im Verletzungsprozeß geltend gemacht werden kann (vgl. *Benkard/Bruchhausen* Rdn. 11 zu § 8 PatG)?
e) Ist eine unzulässige Erweiterung der Patentanmeldung gegeben (§ 38 PatG), die ebenfalls als Verteidigung im Verletzungsprozeß geltend gemacht werden kann (wichtig: Akteneinsicht beantragen, vgl. Form. II. M. 4 Anm. 6)?
f) Ist der mit der angegriffenen Ausführungsform erzielte Umsatz zur Zeit und/oder zukünftig von so großem Interesse, daß die regelmäßig nicht unbedeutenden Kosten eines Patentverletzungsprozesses einschließlich einer etwaigen Nichtigkeitsklage angemessen erscheinen? Für die Beantwortung dieser Frage wird es häufig von großer Bedeutung sein, ob eine zweifelsfrei nicht unter das geltend gemachte Patent fallende Umgehungsform gefunden und unter erträglichen wirtschaftlichen Bedingungen hergestellt werden kann.

Kosten und Gebühren

Die Höhe der zu erstattenden Anwaltskosten bestimmt sich, wenn noch kein Auftrag zur Klageerhebung vorliegt, gem. § 118 Abs. 1 Nr. 1 BRAGO, der einen Gebührenrahmen von 5/10 bis 10/10 zur Verfügung stellt. Regelmäßig angemessen ist eine mittlere Gebühr, damit eine Gebühr von 7,5/10. Liegt hingegen Klageauftrag vor, so ist gem. § 32 BRAGO eine Gebühr von 5/10 in Ansatz zu bringen (vgl. zu Vorstehendem im Zusammenhang mit einem sogen. Abschlußschreiben: BGH MDR 1973, 483 = GRUR 1973, 384 – Goldene Armbänder). Folgt der Abmahnung ein gerichtliches Verfahren, so findet gem. § 118 Abs. 2 BRAGO eine Anrechnung statt. Zu weiteren Einzelheiten vgl. die im wesentlichen übertragbaren Ausführungen zu „Kosten und Gebühren" bei Form. II. L. 1 mwN. sowie bei Form. II. M. 3 und zuvor Anm. 22.

2. Abmahnung wegen Patentverletzung unter gleichzeitiger Übersendung eines Klageentwurfes[1]

Firma
B ......
– Geschäftsleitung –

Betr.: A ..../.   B ......
DE-BP ...... betreffend ein Mosaik-Schaltbild

Sehr geehrte Herren!

In dieser Angelegenheit teile ich Ihnen mit, daß mich die Firma A ...... beauftragt hat, gemeinsam mit Herrn Patentanwalt X ...... ihre Interessen wahrzunehmen. Meine Mandantin hat mir die bisher zwischen Ihnen und Herrn Patentanwalt X ...... gewechselte Korrespondenz übergeben. In Abstimmung mit Herrn Patentanwalt X ...... teile ich Ihnen namens und in Vollmacht[2] meiner Mandantin das Folgende mit:

1. Sie sind aus der Vorkorrespondenz darüber unterrichtet, daß meine Auftraggeberin ausschließliche und alleinige Inhaberin des DE-BP ...... ist. Das in Rede stehende Schutzrecht, dessen Patentschrift Ihnen schon übersandt worden ist, betrifft ein Mosaik-Schaltbild. Sie stellen her und vertreiben Mosaik-Schaltbilder, die in die Rechte meiner Auftraggeberin an dem vorbezeichneten Schutzrecht eingreifen. Zur Vermeidung von Wiederholungen kann ich auf die Vorkorrespondenz verweisen.

2. Meine Auftraggeberin hat mich beauftragt, Klage zu erheben. Ich füge zu Ihrer Unterrichtung den von mir ausgearbeiteten Entwurf einer Klage bei, wobei ich von einer Übersendung der Anlagen zur Klage absehe, da diese sich schon in Ihrem Besitz befinden[3].

3. Meine Mandantin hat mich zugleich ermächtigt, Ihnen noch einmal – diesmal allerdings letztmalig – Gelegenheit zur außergerichtlichen Bereinigung des Streitverhältnisses zu geben. Sie können die Erhebung der Klage gegenstandslos machen, wenn Sie sich entsprechend dem diesseitigen Klagebegehren verpflichten, nämlich in Form der Abgabe folgender Erklärungen[4]:

   (a) einer strafbewehrten Unterlassungsverpflichtungserklärung entsprechend der Formulierung des Klageantrags I 1 des beigefügten Entwurfs, wobei anstelle der gesetzlichen Ordnungsmittel von Ihnen eine diesseits als geboten angesehene Vertragsstrafe in Höhe von DM ......[5] einzusetzen wäre;

   (b) einer Verpflichtungserklärung zur Auskunftserteilung entsprechend dem Klageantrag I 2;

   (c) einer Verpflichtungserklärung zur Rechnungslegung entsprechend dem Klageantrag I 3;

   (d) einer Verpflichtungserklärung zur Vernichtung entsprechend dem Klageantrag I 4;

   (e) eines Anerkenntnisses betreffend Ihre Verpflichtungen zu angemessener Entschädigung und zu Schadensersatz entsprechend den Klageanträgen II 1 und 2;

   (f) einer Verpflichtungserklärung zur Übernahme der unserer Auftraggeberin durch unsere Einschaltung sowie durch Einschaltung von Herrn Patentanwalt X ...... entstandenen Kosten, und zwar in Höhe von je einer 5/10 Rechtsanwaltsgebühr für die Tätigkeit des Herrn Patentanwalts X ...... als auch für die Tätigkeit des Unterzeichners auf der Grundlage eines Gegenstandswertes von DM ...... zuzüglich Auslagen und Mehrwertsteuer[6].

Für den Eingang der vorstehenden Erklärungen habe ich mir den
......[7]

vorgemerkt. Nach fruchtlosem Fristablauf gehe ich davon aus, daß Sie einem gerichtlichen Austrag den Vorzug geben.

Schrifttum: Vgl. die Hinweise zu Form. II. M. 1.

Anmerkungen

1. Es handelt sich um die schärfste Form der Verwarnung. Durch Übersendung des Klageentwurfes wird dem Inanspruchgenommenen nicht nur die Entschlossenheit des Patentinhabers vor Augen geführt, sondern insbesondere auch die Art der Argumentation, die der Patentinhaber im gerichtlichen Verfahren einschlagen will, gezeigt. Diese Art der Verwarnung erscheint dann angebracht, wenn schon einige Zeit außerprozessual und aus der Sicht des Patentinhabers erfolglos korrespondiert worden ist. Über die Risiken einer Verwarnung vgl. Form. II. M. 1 Anm. 1.

2. Zur Frage, ob eine Vollmachtsurkunde beizufügen ist, vgl. Form. II. L. 1 Anm. 3 und Form. II. M. 1 Anm. 3.

3. Der Inhalt dieser Verwarnung kann kurz gehalten werden, da gleichzeitig ein Klageentwurf mitübersandt wird. Die Abmahnung bezieht sich inhaltlich auf Form. II. M. 3.

4. Es kann sich auch empfehlen, die von dem Inanspruchgenommenen geforderten Verpflichtungserklärungen in vorformulierter Form auf einem gesonderten Blatt zu übersenden. Das ist eine reine Zweckmäßigkeitsfrage. Die hier vorgeschlagenen Formulierungen erfordern vom Inanspruchgenommenen ein gewisses Mitdenken, indem er die Klageanträge entsprechend umformulieren muß. Das wird vom Verfasser als vorteilhaft angesehen, um dem Inanspruchgenommenen auch die Bedeutung dessen, was er erklärt, im einzelnen bewußt zu machen. Zum Inhalt der geforderten Erklärungen vgl. Form. II. M. 1 Anm. 9 ff.

5. Zur Höhe der Vertragsstrafe lassen sich keine allgemein verbindlichen Angaben machen. Maßgeblich sind die Umstände des Einzelfalles, vornehmlich die bisherige Intensität der Verletzungshandlungen. Jedenfalls muß die Vertragsstrafe so hoch bemessen sein, daß sie geeignet erscheint, künftigen Zuwiderhandlungen des Schuldners vorzubeugen. Bei Patentverletzungen wird man regelmäßig Vertragsstrafen von DM 10.000,– und mehr für jeden Fall der Zuwiderhandlung für angemessen halten dürfen. Ein Problem betreffend die Zuständigkeit des Landgerichts für die etwaige Vertragsstrafenklage stelle sich nicht, da für Patentstreitsachen – zu denen auch die derartige Klage gehört (OLG Düsseldorf GRUR 1984, 650) – eine ausschließliche Zuständigkeit des Landgerichts besteht (§ 143 Abs. 1 PatG 1981). Vgl. ferner Form. II. L. 1 zu Anm. 10 und aaO. Anm. 10 sowie Form. II. M. 1 Anm. 10.

6. Zur Kostenerstattungspflicht vgl. Form. II. M. 1 Anm. 22. Die Kostenerstattungspflicht betreffend den Patentanwalt ergibt sich nach Grund und Höhe aus § 143 Abs. 5 PatG.

7. Die Erklärungs- und Überlegungsfrist sollte ca. 1 Monat betragen, um dem Inanspruchgenommenen eine ausreichende Überlegung zu ermöglichen.

Kosten und Gebühren

Da Klageauftrag erteilt ist, kann gemäß § 32 Abs. 1 BRAGO lediglich eine 5/10 Gebühr gefordert werden. Zur Erstattungsfähigkeit der Kosten eines hinzugezogenen Patentanwalts vgl. § 143 Abs. 5 PatG. Zu weiteren Einzelheiten vgl. „Kosten und Gebühren" zu Form. II. L. 1 mwN. und zu Form. II. M. 1 und 3.

3. Patentverletzungsklage

An das
Landgericht
4. Zivilkammer[1]
40002 Düsseldorf[1]

Klage

der Firma A
Prozeßbevollmächtigter: RA ......

gegen

die Firma B[2]

wegen: Patentverletzung

Streitwert: vorläufig geschätzt DM ......[3]

Namens und in Vollmacht der Klägerin erhebe ich Klage und werde beantragen,
I. die Beklagte zu verurteilen,
  1. es bei Meidung eines für jeden Fall der Zuwiderhandlung fälligen Ordnungsgeldes bis zu DM 500000,–, ersatzweise Ordnungshaft bis zu 6 Monaten oder Ordnungshaft bis zu 6 Monaten, im Wiederholungsfalle Ordnungshaft bis zu 2 Jahren, zu unterlassen[4],
    in der Bundesrepublik Deutschland[5] Mosaik-Schaltbilder, bestehend aus einer Montagewand mit zellenförmiger Struktur und darauf befestigten, die Zellengröße aufweisenden Mosaiksteinen[6], herzustellen, anzubieten, in den Verkehr zu bringen oder zu gebrauchen oder zu den genannten Zwecken entweder einzuführen oder zu besitzen[7], bei denen die den Rand des Mosaik-Schaltbildes bildenden Rand-Mosaiksteine breiter sind als die übrigen Mosaiksteine und über den Rand der Montagewand vorstehen[8];
  2. der Klägerin für die Zeit ab dem 12. März 1992 Auskunft über die Herkunft und den Vertriebsweg der unter vorstehend zu I 1 beschriebenen Erzeugnisse zu erteilen, insbesondere unter Angabe der Namen und Anschriften der Hersteller, der Lieferanten und deren Vorbesitzer, der gewerblichen Abnehmer oder Auftraggeber sowie unter Angabe der Menge der hergestellten, ausgelieferten, erhaltenen oder bestellten Erzeugnisse;[9]
  3. der Klägerin über den Umfang[10] der vorstehend zu I 1 bezeichneten und seit dem 15. Juli 1991 begangenen Handlungen Rechnung zu legen, und zwar unter Vorlage eines Verzeichnisses mit der Angabe der Herstellungsmengen und Herstellungszeiten sowie der einzelnen Lieferungen unter Nennung
    a) der Liefermengen, Typenbezeichnungen, Artikel-Nummern, Lieferzeiten, Lieferpreise und Namen und Anschriften der Abnehmer,
    b) der Gestehungskosten unter Angabe der einzelnen Kostenfaktoren sowie des erzielten Gewinns,
    und unter Angabe der einzelnen Angebote und der Werbung unter Nennung
    c) der Angebotsmengen, Typenbezeichnungen, Artikel-Nummern, Angebotszeiten und Angebotspreise sowie der Namen und Anschriften der Angebotsempfänger,
    d) der einzelnen Werbeträger, deren Auflagehöhe, Verbreitungszeitraum und Verbreitungsgebiet,
    wobei
    e) der Beklagten vorbehalten bleiben mag[11], die Namen und Anschriften der Angebotsempfänger und der nicht gewerblichen Abnehmer statt der Klägerin einem von dieser zu bezeichnenden und ihr gegenüber zur Verschwiegenheit verpflichteten vereidigten Wirtschaftsprüfer mitzuteilen, sofern die Beklagte die durch seine

Einschaltung entstehenden Kosten trägt und ihn zugleich ermächtigt, der Klägerin auf Anfrage mitzuteilen, ob bestimmte Abnehmer und/oder Lieferungen in der erteilten Rechnung enthalten sind,
  f) und die Beklagte die Angaben vorstehend zu b) erst für die Zeit seit dem 12. März 1992 zu machen hat[12],
  g) und wobei sich ferner die Verpflichtung zur Rechnungslegung für vor dem 1. Mai 1992 begangene Handlungen auf das Gebiet der Bundesrepublik Deutschland in den bis zum 2. Oktober 1990 bestehenden Grenzen einschließlich West-Berlin beschränkt.[12a]
4. die im unmittelbaren oder mittelbaren Besitz oder im Eigentum der Beklagten befindlichen Erzeugnisse entsprechend vorstehend (1) an einen von der Klägerin zu beauftragenden Gerichtsvollzieher zum Zwecke der Vernichtung auf Kosten der Beklagten herauszugeben;[13]
II. festzustellen, daß die Beklagte verpflichtet ist,
  1. der Klägerin eine angemessene Entschädigung für die vorstehend zu I 1 bezeichneten und in der Zeit vom 15. Juli 1991 bis 11. März 1992 begangenen Handlungen zu zahlen[14];
  2. der Klägerin allen Schaden zu ersetzen, der ihr durch die zu I 1 bezeichneten und seit dem 12. März 1992 begangenen Handlungen entstanden ist und künftig noch entstehen wird[15];
III. der Beklagten die Kosten des Rechtsstreits aufzuerlegen;
IV. das Urteil – gegebenenfalls gegen Sicherheitsleistung (Bank- oder Sparkassenbürgschaft) – für vorläufig vollstreckbar zu erklären;
hilfsweise der Klägerin nachzulassen, die Zwangsvollstreckung durch Sicherheitsleistung (Bank- oder Sparkassenbürgschaft) abzuwenden[16].

Es handelt sich um eine patentrechtliche Streitigkeit, so daß eine Übertragung auf den Einzelrichter nicht angezeigt erscheint[17].

......[18]

Begründung:

I.

1. Die Klägerin ist alleinige und ausschließlich verfügungsberechtigte Inhaberin des DE-BP ......[19] betreffend ein Mosaik-Schaltbild (im folgenden auch: Klagepatent). Die dem Klagepatent zugrundeliegende Anmeldung erfolgte am 2. Januar 1990[20] und wurde am 15. Juni 1991 bekanntgemacht. Die Veröffentlichung der Patenterteilung erfolgte am 12. Februar 1992[21]. Das Klagepatent steht in Kraft.

Beweis: Auskunft des Deutschen Patentamtes[22]

Ich überreiche als Anlage 1 – für das angerufene Gericht 3-fach[23] – die das Klagepatent betreffende Patentschrift. Die Erfindung nach dem Klageschutzrecht betrifft ein Mosaik-Schaltbild. Derartige Schaltbilder werden im Zusammenhang mit Meß-, Steuer- und Überwachungswarten benutzt. Auf ihnen sind durch entsprechende Symbole Anlagen oder Anlagenteile schematisch dargestellt, wobei zur schematischen Darstellung Informationselemente benutzt werden. Soweit auf derartigen Schaltbildern Flächen nicht als Informationselemente beansprucht werden und dementsprechend freibleiben, werden diese Flächen durch Abdeckplatten abgedeckt. Informationselemente und Abdeckplatten werden zusammenfassend als Mosaiksteine bezeichnet. Mosaik-Schaltbilder bestehen somit aus einer Montagewand und darauf befestigten Mosaiksteinen.

Das Klageschutzrecht geht von einem Stand der Technik[24] derartiger Mosaik-Schaltbilder aus, die aus einer Montagewand mit zellenförmiger Struktur und darauf befestigten, die Zellengröße aufweisenden Mosaiksteinen bestehen. Des weiteren ist der im Klageschutzrecht zugrundegelegte vorbekannte Stand der Technik dadurch gekennzeichnet, daß die in Rede stehenden Mosaiksteine der Mosaik-Schaltbilder alle gleich groß sind,

3. Patentverletzungsklage

so daß es zum randseitigen Abschluß dieser Schaltbilder besonderer Abschlußrahmen bedarf. Die Herstellung und Anbringung solcher Abschlußrahmen ist aus mehreren Gründen nachteilig. Sie stellen regelmäßig kostenintensive Sonderanfertigungen dar, beeinträchtigen die Erkennbarkeit des Mosaik-Schaltbildes bei seitlicher Betrachtung, stören in architektonischer Hinsicht und bilden eine endgültige Begrenzung des Mosaik-Schaltbildes, die bei jeder Erweiterung des Schaltbildes entfernt werden, so daß ein neuer Abschlußrahmen geschaffen werden muß.

Von dem vorstehend beschriebenen Stand der Technik ausgehend, liegt der Erfindung nach dem Klagepatent die Aufgabe[25] zugrunde, ein Mosaik-Schaltbild der eingangs beschriebenen Art so auszugestalten und weiterzubilden, daß Abschlußrahmen nicht mehr benötigt werden. Diese Aufgabe wird dadurch gelöst[26], daß die den Rand des Mosaikbildes bildenden Rand-Mosaiksteine breiter sind als die übrigen Mosaiksteine und über den Rand der Montagewand vorstehen. Dadurch wird eine ebene Fläche unter Einschluß des randseitigen Abschlusses geschaffen, bei dem kein Abschlußrahmen hinsichtlich der Betrachtung oder hinsichtlich der architektonischen Gestaltung stört. Schließlich ist insbesondere noch der Vorteil gegeben, daß bei der Erweiterung eines solchen Mosaik-Schaltbildes es keines neuen oder geänderten Abschlußrahmens bedarf. Zur weiteren Erläuterung des Gegenstandes des Klagepatents kann auf die Beschreibung und Figuren der als Anlage 1 überreichten Patentschrift verwiesen werden, die aus sich heraus verständlich sind.

2. Der für den Rechtsstreit allein interessierende Hauptanspruch[27] hat folgenden Wortlaut:

„Mosaik-Schaltbild, bestehend aus einer Montagewand mit zellenförmiger Struktur und darauf befestigten, die Zellengröße aufweisenden Mosaiksteinen, dadurch gekennzeichnet, daß die den Rand des Mosaik-Schaltbildes bildenden Rand-Mosaiksteine breiter sind als die übrigen Mosaiksteine und über den Rand der Montagewand vorstehen."

Überträgt man die Merkmale des Hauptanspruchs in eine Merkmalsanalyse[28], so ergibt sich folgendes:

Mosaik-Schaltbild
(1) das Schaltbild besteht aus einer Montagewand
(2) die Montagewand hat zellenförmige Struktur
(3) auf der Montagewand sind Mosaiksteine befestigt
(4) die Mosaiksteine weisen die Größe der Zellen der Montagewand auf

– Oberbegriff[29] –

(5) die den Rand des Mosaik-Schaltbildes bildenden Rand-Mosaiksteine sind breiter als die übrigen Mosaiksteine
(6) die Rand-Mosaik-Steine stehen über den Rand der Montagewand vor

– kennzeichnender Teil[30] –.

3. Die Beklagte stellt her und vertreibt Mosaik-Schaltbilder, die vom Hauptanspruch unmittelbar gegenständlich[31] Gebrauch machen. So hat die Beklagte beispielsweise am ...... an den Abnehmer X ein Mosaik-Schaltbild angeboten, verkauft und geliefert, das sämtliche Merkmale vorstehend wiedergegebenen Merkmalsanalyse verwirklicht. Ich überreiche, nur zu den Gerichtsakten, das von der Beklagten gelieferte Erzeugnis als Anlage 2. Es handelt sich um ein Mosaik-Schaltbild, das aus einer Montagewand (Merkmal 1) mit zellenförmiger Struktur (Merkmal 2) besteht, wobei auf der Montagewand Mosaiksteine befestigt (Merkmal 3) sind, die die Größe der Zellen der Montagewand aufweisen (Merkmal 4). Das gelieferte Mosaik-Schaltbild weist keinen gesonderten Abschlußrand auf; der Rand wird durch Rand-Mosaiksteine gebildet, wobei diese breiter als die übrigen Mosaiksteine (Merkmal 5) sind und im übrigen über den Rand der Montagewand vorstehen (Merkmal 6).

Die Beklagte ist vorprozessual erfolglos abgemahnt worden. Insoweit ist Klage geboten. Mit ihr werden die sich aus der Patentverletzung der Beklagten ergebenden Ansprüche der Klägerin geltend gemacht.

II.

Das Klagebegehren ist in seinem vollen Umfang gemäß §§ 139, 9 PatG[32] in Verbindung mit § 242 BGB sowie gemäß § 140a und § 140b PatG begründet:

1. Der mit Klageantrag I 1 geltend gemachte Unterlassungsanspruch findet seine rechtliche Begründung in § 139 Abs. 1 in Verbindung mit § 9 PatG. Die von der Beklagten hergestellten und feilgehaltenen Vorrichtungen verwirklichen wortlautgemäß sämtliche Merkmale des Anspruchs 1 des Klagepatents. Infolge der schon vorgekommenen Patentverletzungen ist Wiederholungsgefahr gegeben.

2. Es kann nicht geleugnet werden, daß der Klägerin durch das Verhalten der Beklagten auch ein Schaden entstanden ist und künftighin entstehen wird[33]. Bei Beachtung der ihr als Fachfirma obliegenden Sorgfalt hätte die Beklagte das Klagepatent kennen müssen und dementsprechend den Tatbestand einer Patentverletzung erkennen können, so daß ihr zumindest grobe Fahrlässigkeit zur Last fällt. Im übrigen ist die Beklagte vorprozessual abgemahnt worden, so daß ihr seit diesem Zeitpunkt auch positive Kenntnis und dementsprechend Vorsatz zur Last fällt[34]. Infolgedessen ist das mit Klageantrag II 2 geltend gemachte Schadensersatzfeststellungsbegehren begründet. Die Begründetheit des Rechnungslegungsanspruches ergibt sich daraus, daß die Klägerin ohne nähere Kenntnis vom Umfang der Verletzungshandlungen nicht in der Lage ist, ihren Schaden ziffernmäßig zu bestimmen, so daß die Beklagte in gewohnheitsrechtlicher Anwendung des § 242 BGB und der Rechtsregeln betreffend die auftraglose Geschäftsführung verpflichtet ist, der Klägerin die mit Klageantrag I 3 verlangte Rechnung zu legen[35]. Zugleich rechtfertigt sich die Zulässigkeit des Schadensersatzfeststellungsantrags.

Der mit Klageantrag I 2 geltend gemachte Auskunftsanspruch findet seine rechtliche Grundlage in § 140b Abs. 1 und 2 PatG[36]. Aus § 140a PatG ergibt sich der Vernichtungsanspruch gemäß Klageantrag I 4[37].

Für die Zeit ab Bekanntmachung der dem Klagepatent zugrundeliegenden Anmeldung steht der Klägerin gegen die Beklagte ein Entschädigungsanspruch gemäß § 33 PatG zu, der mit Klageantrag II 1 geltend gemacht wird[38]. Zur Vorbereitung seiner ziffernmäßigen Bestimmung bedarf es der Rechnungslegung durch die Beklagte gemäß Klageantrag I 3, wobei dem beschränkten Umfang des Rechnungslegungsanspruchs für den Entschädigungsanspruch durch die Formulierung im Klageantrag I 3 zu f Rechnung getragen wird[39]. Die Klageanträge I 2 und 3 sowie II werden von der Klägerin unter Berücksichtigung einer Karenzzeit von je einem Monat zu Gunsten der Beklagten geltend gemacht[40]. Daraus ergeben sich, bezogen auf die Daten der Bekanntmachung der Anmeldung des Klagepatents und der Bekanntmachung der Veröffentlichung der Patenterteilung, die Zeitangaben in den vorstehend bezeichneten Klageanträgen.

III.

Die Zuständigkeit des angerufenen Gerichts ergibt sich daraus, daß es sich um eine Patentverletzungsstreitigkeit handelt und die Beklagte ihren allgemeinen Gerichtsstand im Lande Nordrhein-Westfalen hat[41].

IV.

Ich zeige an, daß die Klägerin neben ihrem Prozeßbevollmächtigten

Herrn Patentanwalt ......

zur Mitwirkung in diesem Rechtsstreit bestellt hat[42, 43, 44].

Rechtsanwalt

Schrifttum: Vgl. die Hinweise zu Form. II. M. 1.

3. Patentverletzungsklage

Anmerkungen

1. Gemäß § 143 Abs. 1 PatG besteht in Patentstreitsachen (zum Begriff der Patentstreitigkeiten vgl. *Benkard/Rogge* Rdn. 1 ff. zu § 143 PatG, dazu gehören insbesondere Verletzungsprozesse auf der Grundlage nationaler, nämlich deutscher wie auch europäischer Patente) eine ausschließliche Zuständigkeit der Landgerichte. Gemäß § 143 Abs. 2 PatG sind die Landesregierungen ermächtigt, durch Rechtsverordnung die Patentstreitsachen für die Bezirke mehrerer Landgerichte einem von ihnen zuzuweisen. Von dieser Ermächtigung haben nahezu alle Bundesländer Gebrauch gemacht. Es gilt folgende Regelung: Baden-Württemberg (LG Mannheim); Bayern (LG München I für den OLG-Bezirk München; LG Nürnberg-Fürth für die OLG-Bezirke Nürnberg und Bamberg); Bremen, Hamburg und Schleswig-Holstein (LG Hamburg); Hessen (LG Frankfurt); Niedersachsen (LG Braunschweig); Nordrhein-Westfalen (LG Düsseldorf); Rheinland-Pfalz (ebenso wie Hessen: LG Frankfurt); Sachsen (LG Leipzig); Mecklenburg-Vorpommern (LG Rostock). Des weiteren sind für ihren Bezirk die Landgerichte Berlin (Land Berlin) und Saarbrücken (Saarland) zuständig. Die Postulationsfähigkeit ist in § 143 Abs. 3 PatG iS. eines „als ob" geregelt: Die Parteien können sich vor dem Gericht für Patentstreitsachen auch durch Rechtsanwälte vertreten lassen, die bei dem Landgericht zugelassen sind, vor das die Klage ohne die besondere Zuständigkeitsregelung gem. § 143 Abs. 2 PatG gehören würde.

2. Handelt es sich bei der Beklagten um eine Gesellschaft, so empfiehlt es sich regelmäßig, die Klage zur Erweiterung des Haftungsvermögens nicht nur gegen die Gesellschaft selbst, sondern gegen sämtliche haftende Gesellschafter zu erstrecken. Richtet sich die Klage – auch – gegen eine Gesellschaft mit beschränkter Haftung, sollten die verantwortlichen Geschäftsführer ebenfalls mitverklagt werden. Sie haften als Organe der Gesellschaft täterschaftlich, da es sich bei Patentverletzungen um eine unerlaubte Handlungen im weiteren Sinne handelt. Bei einer Aktiengesellschaft ist die Klage gegebenenfalls auf die verantwortlichen Vorstandsmitglieder zu erstrecken. Vgl. dazu BGH in GRUR 1986, 248, 250 – Sporthosen; *Baumbach/Hefermehl*, UWG, Rdn. 329 Einl. UWG; kritisch: *Götting*, GRUR 1994, 6.

3. Die Höhe des Streitwertes richtet sich in Patentverletzungsprozessen vordringlich – wie sonst auch – nach einer Bewertung der wirtschaftlichen Interessen des Klägers. Dabei steht regelmäßig der Unterlassungsanspruch, nämlich das Interesse des Klägers im Vordergrund, im Hinblick auf das ihm durch das Patentrecht gewährte Benutzungsmonopol nicht gestört zu werden. Dieses Interesse wird bei der Bewertung des Gesamtstreitwertes mit ca. ⅔ zu veranschlagen sein. Den Rest machen Auskunfts- und Schadensersatzfeststellungsbegehren aus, wobei zwischen diesen beiden das Schadensersatzfeststellungsbegehren eindeutig – ebenfalls mit ca. ⅔ zu veranschlagen – überwiegt. Allgemein gültige Angaben hinsichtlich der Beurteilung des Gesamtstreitwertes lassen sich nicht machen. Dieser hängt im wesentlichen von der wirtschaftlichen Bedeutung des geltend gemachten Patents ab. Bei Patentverletzungsprozessen kann regelmäßig – soweit nicht besondere Gesichtspunkte erkennbar sind – ein Streitwert in Höhe von DM 250 000,– zugrundegelegt werden. Gem. § 144 PatG kann auf Antrag der Streitwert herabgesetzt werden, sofern glaubhaft gemacht wird, daß die Belastung der dies beantragenden Partei nach dem vollen Streitwert ihre wirtschaftliche Lage erheblich gefährden würde. Die Herabsetzung ist vor der Verhandlung zur Hauptsache zu beantragen (§ 144 Abs. 2 S. 2 PatG; OLG Düsseldorf GRUR 1985, 219 f.). Von dieser Möglichkeit wird in der Praxis selten Gebrauch gemacht.

4. Der Wortlaut der Strafandrohungsklausel folgt § 890 Abs. 1 ZPO; vgl. die Hinweise in Form. II. L. 3 Anm. 5.

5. Der Hinweis auf die räumliche Beschränkung des Unterlassungsantrags ist an sich aus zwei Gründen überflüssig: Zum einen entfaltet ein in Deutschland geltendes (nationales oder europäisches) Patent nur hier Schutzwirkungen, zum anderen kann ein deutsches Gericht nur für den Geltungsbereich deutscher Gesetze urteilen. Der Hinweis schadet aber nicht. Im Falle der Geltendmachung eines europäischen Patentes könnte auch formuliert werden: „...... im deutschen Geltungsbereich des EP ......".

6. Entsprechend der Formulierung der Patentansprüche in der Patentschrift unterteilt man in einen sogenannten „Oberbegriff" und in einen „kennzeichnenden Teil" (vgl. dazu Anm. 8). Diese Unterteilung ist für die rechtliche Bewertung einer angegriffenen Ausführungsform als patentverletzend ohne Bedeutung und folgt allein Zweckmäßigkeitsüberlegungen. Hier handelt es sich um den sogenannten Oberbegriff der Verletzungsform. Vgl. ferner Anm. 12 zu Form. II. M. 1.

7. Die dem Patentinhaber vorbehaltenen und dementsprechend für Dritte untersagten Benutzungshandlungen sind in §§ 9 ff. PatG festgehalten. Dabei regeln §§ 9 und 10 PatG die Wirkungen des Patentes betreffend die unmittelbare und die mittelbare Benutzung, §§ 11 bis 13 PatG die Beschränkungen der Wirkung des Patentes. Die Formulierung im Klageantrag folgt dem Wortlaut des § 9 Nr. 1 PatG. Die in den Vorauflagen enthaltene Beschränkung auf gewerbliche Verhaltensweisen (vgl. § 11 Nrn. 1 und 2 PatG) wurde als überflüssig – wenngleich auch nicht schädlich – fallengelassen. Herstellungshandlungen können nur dann verboten werden, wenn sie entweder durch den Verletzer vorgekommen sind (Wiederholungsgefahr) oder zu besorgen sind (Begehungsgefahr). Infolgedessen ist zum begehrten Verbot der Herstellung durch den Kläger substantiiert vorzutragen. Hat freilich der Patentverletzer den Verletzungsgegenstand abgeboten oder sonstwie in Verkehr gebracht, so ergeben sich die im Antrag nachstehend aufgeführten Benutzungshandlungen ohne nähere Substantiierung. Insoweit gilt der Grundsatz der Einheitlichkeit der Benutzungshandlungen. Zur Formulierung vgl. auch Anm. 12 zu Form. II. M. 1; vgl. ferner die Vorschläge bei *Benkard/Rogge* Rdnr. 104 zu § 139 PatG.

8. Sogenannter kennzeichnender Teil der Verletzungsform. Bei jedem Patentverletzungsprozeß besteht die Notwendigkeit, gem. § 253 Abs. 2 Nr. 2 ZPO die Verletzungshandlung im Klageantrag zu konkretisieren. Es würde dazu nicht ausreichen, wenn man beispielsweise dem Beklagten untersagen wollte, es zu unterlassen, das (deutsche/europäische) Patent Nr. ...... des Klägers zu verletzen. Damit wird im Ergebnis lediglich das gesetzlich bestehende Verbot im Wortlaut wiederholt. Bei einer solchen Formulierung wäre eine Vollstreckung gem. § 890 Abs. 1 ZPO nicht möglich. Dementsprechend kommt es darauf an, so genau wie irgend möglich die sogenannte Verletzungsform zu bezeichnen. Dies geschieht anhand eines Vergleichs zwischen dem Wortlaut der Patentansprüche, wobei maßgeblich regelmäßig nur der Hauptanspruch ist, und dem darin festgelegten Gegenstand der Erfindung einerseits und der angegriffenen Ausführungsform andererseits. Grundsätzlich empfiehlt es sich, eine Merkmalsanalyse aufzustellen, wie sie in dem Muster einer Patentverletzungsklage vorstehend auch in der Begründung aufgeführt ist, anhand deren sodann die Verletzungsform im Hinblick auf bestehende Gemeinsamkeiten mit dem Erfindungsgegenstand überprüft werden kann. Aus Gründen der vereinfachten Darstellung und eines erleichterten Verständnisses wurde der Fall einer unmittelbar gegenständlichen (wortlautgemäßen) Verletzung ausgewählt. Des weiteren ist ein einfaches Beispiel zugrunde gelegt worden. Die Mehrzahl der Fälle liegt schwieriger. Zur Problematik des Schutzumfangs eines Patents vgl. Anm. 12 zu Form. II. M. 1.

9. Dieser Anspruch ergibt sich aus § 140 b PatG, der seit dem 1. Juli 1990 gilt. Zu Einzelheiten vgl. Anm. 5 und 13 zu Form. II. M. 1. Werden Ansprüche für die Zeit vor dem 1. Juli 1990 geltend gemacht, so ist im Antrag entsprechend klarzustellen, daß die Angaben zu a) nur für die Zeit seit dem 1. Juli 1990 zu machen sind.

10. Nach ständiger höchstrichterlicher Rechtsprechung kann der Verletzte seinen Schaden in dreifacher Weise berechnen (Ersatz des unmittelbaren Schadens, der ihm durch die Patentverletzung entstanden ist, insbesondere des entgangenen Gewinns; die Zahlung einer angemessenen Lizenzgebühr und die Herausgabe des Verletzergewinns). Vgl. dazu, zum Rechnungslegungsanspruch und zum Beginn der Verantwortlichkeit des in Anspruch Genommenen erst nach Ablauf einer Prüfungsfrist von ca. einem Monat Anm. 14 bis 17 zu

3. Patentverletzungsklage

Form. II. M. 1. Soweit die Namen und Anschriften von nicht gewerblichen Abnehmern bzw. von Angebotsempfängern in Rede stehen, besteht die Besonderheit eines Wirtschaftsprüfervorbehalts. Vgl. dazu BGH GRUR 1995, 338, 341, 342 – Kleiderbügel – und Anm. 17 zu Form. II. M. 1 und die nachfolgende Anmerkung. Die Praxis der Patentkammer des Landgerichts Düsseldorf kombiniert den Auskunftsanspruch des § 140b PatG mit dem herkömmlichen Rechnungslegungsanspruch, so daß anstelle der im Formular vorgeschlagenen getrennten Aufgliederung in den Anträgen I 2 und 3 ein einheitlicher Antrag wie folgt zu formulieren ist:

„… der Klägerin darüber Rechnung zu legen, in welchem Umfang die Beklagte die zu I 1 bezeichneten Handlungen seit dem … begangen hat, und zwar unter Angabe

a) der Herstellungsmengen und -zeiten (sofern Herstellungshandlungen vorgekommen sind; sollten Herstellungshandlungen nicht substantiiert vorgetragen werden können, dann: … der Menge der erhaltenen oder bestellten Erzeugnisse sowie der Namen und Anschriften der Hersteller, Lieferanten und anderer Vorbesitzer),
b) der einzelnen Lieferungen, aufgeschlüsselt nach Liefermengen, -zeiten und -preisen (gegebenenfalls Typenbezeichnungen) sowie der Namen und Anschriften der Abnehmer,
c) der einzelnen Angebote, aufgeschlüsselt nach Angebotsmengen, -zeiten und -preisen (und gegebenenfalls Typenbezeichnungen) sowie der Namen und Anschriften der Angebotsempfänger,
d) der betriebenen Werbung, aufgeschlüsselt nach Werbeträgern, deren Auflagenhöhe, Verbreitungszeitraum und Verbreitungsgebiet,
e) der nach den einzelnen Kostenfaktoren aufgeschlüsselten Gestehungskosten und des erzielten Gewinns.";

11. Besteht – wie meist – zwischen den Parteien eines Patentverletzungsprozesses ein Wettbewerbsverhältnis, so empfiehlt es sich, von vornherein das Rechnungslegungsbegehren mit einem Wirtschaftsprüfer-Vorbehalt zu versehen, da bei einer Verurteilung zur Rechnungslegung durch das Gericht von Amts wegen ein derartiger Vorbehalt zugunsten des Beklagten einzufügen ist (BGH GRUR 1981, 535 – Wirtschaftsprüfervorbehalt), allerdings wegen des § 140b PatG nur noch in einem eingeschränkten Umfang (vgl. Anm. 10). Kommt der Kläger dem durch eine entsprechende Formulierung des Rechnungslegungsantrags zuvor, so vermeidet er den möglichen Eindruck einer Teilabweisung. Zum Wirtschaftsprüfervorbehalt vgl. im einzelnen Anm. 12 zu Form. II. M. 1.

12. Die Benutzung einer offengelegten Patentanmeldung verpflichtet gemäß § 33 PatG zur Zahlung einer angemessenen Entschädigung sowie zur Rechnungslegung. Dazu vgl. Form. II. M. 1 Anm. 17.

12a. Diese Beschränkung ergibt sich aus der Tatsache, daß vor der Wiedererlangung der staatlichen Einheit Deutschlands sich die Schutzwirkungen des Patentes auf das Gebiet der Bundesrepublik Deutschland in den vor dem 2. Oktober 1990 geltenden Grenzen einschließlich West-Berlin beschränkten. Das Gesetz über die Erstreckung von gewerblichen Schutzrechten (ErstrG) vom 23. April 1992 hat die Schutzwirkung bestehender Patente mit Wirkung zum 1. Mai 1992 ausgedehnt (vgl. den Hinweis vor den Anmerkungen zu Form. II. M. 1).

13. Dieser Antrag findet seine Grundlage in § 140a PatG. Vgl. dazu Form. II. M. 1 Anm. 6, 9 und 18. Die Tathandlung des Vernichtens im Sinne des § 140a PatG ist eine vertretbare Handlung, so daß an sich die Zwangsvollstreckung gemäß § 887 erfolgen kann. Das setzt allerdings voraus, daß ein Dritter – und somit auch der Gläubiger – sich in den Besitz der zu vernichtenden Sachen setzen kann. Weigert sich der Schuldner, die Sachen selbst zu vernichten oder die Sachen zur Vernichtung herauszugeben, so kann die Zwangsvollstreckung nach dem Wortlaut des § 140a PatG nicht durchgeführt werden. Insoweit erscheint es sachgerechter, wie im Formular vorgeschlagen, zu formulieren und die Herausgabe an einen Gerichtsvollzieher (Sequester) zum Zwecke der Vernichtung zu beantragen (a. A. LG und OLG Düsseldorf; nach der dort geübten Praxis ist zu formulieren: „… die im unmittelbaren oder mittelbaren Besitz oder im Eigentum der Beklagten befindlichen Erzeugnisse entsprechend vorstehend (1) zu vernichten").

14. Neben einem Schadensersatzanspruch wegen (rechtswidriger) Patentverletzungshandlungen besteht ein Anspruch auf angemessene Entschädigung wegen (rechtmäßiger)

Patentbenutzungshandlungen nach Offenlegung der Patentanmeldung (vgl. §§ 33, 32 Abs. 5 PatG; dazu BGH GRUR 1989, 411 – Offenend-Spinnmaschine). Je nachdem, wie weit die Benutzungshandlungen des(r) Beklagten zurückreichen, kann es erforderlich sein, auch im Hinblick auf diesen Entschädigungsanspruch neben einem Rechnungslegungsanspruch auch ein Feststellungsbegehren betreffend die Verpflichtung zur angemessenen Entschädigung geltend zu machen. Davon wird im Formular ausgegangen. Zur Verbindung von Feststellungsbegehren und Rechnungslegungsanspruch vgl. die nachfolgende Anmerkung 15.

15. Es hat sich im Bereich des gewerblichen Rechtsschutzes bewährt, die Schadensersatzverpflichtung (ebenso wie die Verpflichtung zur angemessenen Entschädigung) des Verletzers lediglich feststellen zu lassen. An sich besteht auch die Möglichkeit einer Stufenklage gemäß § 254 ZPO, wobei der Verletzte vom Verletzer nach Maßgabe erfolgter Rechnungslegung Schadensersatz verlangen kann. Eine derartige Stufenklage führt jedoch dazu, daß zunächst der Prozeß auf der ersten Stufe, nämlich dem Unterlassungs- und Rechnungslegungsbegehren, durch die Instanzen geführt werden muß, bevor eine Entscheidung auf der zweiten Stufe (Schadensersatz/Entschädigung) ergehen kann. Demgegenüber ist eine einheitliche Prozeßführung durch Kombination von Rechnungslegungs- und Schadensersatz-(Entschädigungs-)Feststellungsbegehren vorzuziehen. Zur Höhe des Schadens und zu seiner Berechnung vgl. Form. II. M. 1 Anm. 14. Zum Problem der aufgelaufenen Zinsen bei einer Schadensberechnung im Wege der Lizenzanalogie vgl. Form. II. M. 19 Anm. 3.

Zur Beschränkung des Feststellungsbegehrens auf diejenigen schadensverursachenden Verletzungshandlungen, die bis zur letzten mündlichen Tatsachenverhandlung begangen sind, vgl. *Klauer-Möhring,* Rdn. 46 zu § 47 PatG m.w.N.

Neben dem Schadensersatzanspruch gibt es schließlich noch den sogenannten Restschadensersatzanspruch, den § 141 PatG dann gewährt, wenn der Schadensersatzanspruch – infolge der nur 3jährigen Verjährungsfrist – ganz oder teilweise verjährt ist. Gemäß § 141 S. 3 PatG ist nämlich auch nach eingetretener Verjährung der Patentverletzer verpflichtet, dasjenige, was er durch die Verletzung auf Kosten des Berechtigten erlangt hat, nach den Vorschriften über die Herausgabe einer ungerechtfertigten Bereicherung herauszugeben. Der Restschadensersatzanspruch erhält regelmäßig dem Berechtigten die Möglichkeit, vom Verletzer Ausgleich im Wege der sogenannten Lizenzanalogie zu erlangen (vgl. dazu *Benkard/Rogge,* Rdn. 6 zu § 141 PatG).

16. Kosten- und Vollstreckungsanträge sind zwar entbehrlich, da die Nebenentscheidungen von Amts wegen zu treffen sind. Sie werden aber regelmäßig noch in der Praxis gestellt.

17. Stellungnahme gemäß §§ 253 Abs. 3, 348 Abs. 1 Nr. 1 ZPO.

18. Dem Formular liegt die Verfahrensweise der Patentkammer (4. Zivilkammer) des Landgerichts Düsseldorf zugrunde. Hier wird der ausführliche Termin zur mündlichen Verhandlung durch einen frühen ersten Termin gemäß § 275 ZPO vorbereitet, in dem die Bearbeitungsfristen für Klageerwiderung und Replik sowie ein ausführlicher Termin zur mündlichen Verhandlung bestimmt werden, wenn nicht die Streitsache schon im frühen ersten Termin erledigt werden kann. Das schriftliche Vorverfahren gemäß § 276 ZPO eignet sich zur Erledigung einer Patentstreitsache vom Grundsatz her weniger. Für den Fall, daß die angerufene Patentkammer grundsätzlich oder im Ausnahmefall das schriftliche Vorverfahren gemäß § 276 ZPO wählt, ist hier höchst vorsorglich der Antrag auf Erlaß eines Anerkenntnis- bzw. Versäumnisurteils gemäß § 307 Abs. 2, § 331 Abs. 3 ZPO für den Fall fehlender Verteidigungsbereitschaft der Beklagten vorzusehen.

19. Aus einer Patentanmeldung können Ansprüche auf Unterlassung, Rechnungslegung und Schadensersatz erst dann hergeleitet werden, wenn das Patent erteilt und die Veröffentlichung der Erteilung im Patentblatt erfolgt sind (§§ 49, 58 Abs. 1 PatG; Art. 64, 67 EPÜ). Gleichzeitig wird die Patentschrift ausgegeben (§ 58 Abs. 1 S. 2 PatG; Art. 98 EPÜ). Zum Inhalt der Patentschrift sowie zum Gang des Erteilungsverfahrens vgl. Anm. 6 zu Form. II. M. 1.

3. Patentverletzungsklage

II. M. 3

Zur Geltendmachung von Ansprüchen auf der Grundlage eines Patents sind deren Inhaber sowie der ausschließliche Lizenznehmer befugt (BGH GRUR 1965, 591, 592 – Wellplatten; BGH GRUR 1995, 338 – Kleiderbügel). Hinsichtlich des einfachen Lizenznehmers ergibt sich für die Geltendmachung eines patentrechtlichen Unterlassungsanspruchs eine entsprechende Befugnis nur aufgrund gewillkürter Prozeßstandschaft (Prozeßführungsermächtigungserklärung), bei Ansprüchen auf Auskunft, Rechnungslegung und Schadensersatz einschließlich Entschädigung nur infolge einer Abtretung. Zur Prozeßführungsermächtigung vgl. BGH GRUR 1995, 54, 57 – Nicoline.

20. Die Mitteilung des Anmeldetages interessiert für die Berechnung der äußerstenfalls gemäß § 16 Abs. 1 S. 1 PatG (oder Art. 63 Abs. 1 EPÜ) 20-jährigen Schutzdauer (für Patente, die vor dem 1. Januar 1978 angemeldet worden sind, gilt lediglich eine Schutzdauer von 18 Jahren, vgl. § 10 Abs. 1 PatG 1968). Desweiteren interessiert der Anmeldetag, soweit er – wie regelmäßig – den Zeitrang der Anmeldung begründet, auch deshalb, weil sich die Schutzfähigkeit des Gegenstandes des Patentes nach den zum Zeitpunkt des Zeitranges geltenden Verhältnissen, insbesondere nach dem seinerzeit bekannten Stand der Technik und dem Fachwissen zum Zeitpunkt dieses Tages richtet.

Der Anmeldetag ist in allen über die Patentanmeldung berichtenden Schriften (Offenlegungsschrift, Patentschrift u. ggf. Auslegeschrift, soweit es sich um eine Anmeldung handelt, deren Bekanntmachung vor dem 1. Januar 1981 beschlossen worden ist) ausdrücklich angegeben. Kann eine Auslandspriorität in Anspruch genommen werden, so ist der Tag der entsprechenden Auslandsanmeldung „Prioritätstag", so daß in einem solchen Fall eine Vorverlagerung des maßgeblichen Zeitpunktes eintreten kann (vgl. Artikel 4 der „Pariser Verbandsübereinkunft zum Schutz des gewerblichen Eigentums" – PVÜ vom 20. 3. 1883, die verschiedentlich revidiert worden ist, zuletzt in Stockholm am 14. Juli 1967; vgl. im einzelnen *Benkard/Ullmann* Einl. PatG/Internationaler Teil Rdn. 9 ff.).

21. Das Formular geht analog dem Form. II. M. 1 von einer Patentanmeldung aus, die in der Bundesrepublik Deutschland nach dem 1. Januar 1981 getätigt worden ist, so daß das PatG 1981, das zum 1. Januar 1981 in Kraft getreten ist, in vollem Umfang anwendbar ist. Vgl. zu Einzelheiten Anm. 4 zu Form. II. M. 1. Ist die Bekanntmachung der Patentanmeldung vor dem 1. Januar 1981 beschlossen worden, so empfiehlt es sich, in der Klageschrift auch den Bekanntmachungstag, zu dem die sogenannte Auslegungsschrift erteilt wird, mit anzugeben, da für derartige Anmeldungen schon die Bekanntmachung vorläufig die Wirkungen der Patenterteilung entfaltet (vgl. § 30 Abs. 1 S. 2 PatG 1968). Für die auch die Vergangenheit erfassenden Anträge auf Rechnungslegung, Auskunftserteilung und Schadensersatz hat der Veröffentlichungstag der Patenterteilung Bedeutung.

22. Vgl. § 31 PatG. In dieser Bestimmung ist das Recht der Akteneinsicht dahingehend geregelt, daß vom Grundsatz zwar auf Antrag Einsicht in die Akten gewährt wird, wenn und soweit ein berechtigtes Interesse glaubhaft gemacht wird (§ 31 Abs. 1 S. 1 PatG), der Ausnahmekatalog, wonach jedoch ohne Glaubhaftmachung eines entsprechenden Interesses Akteneinsicht zu gewähren ist, tatbestandsmäßig überwiegt (vgl. § 31 Abs. 1 S. 2 u. Abs. 2 PatG). Für Patente, die auf vor dem 1. Januar 1981 getätigten Anmeldungen beruhen, gilt § 24 Abs. 3 PatG 1968 mit im wesentlichen gleichlautendem Inhalt. Das Patentamt ist insbesondere zur Erteilung von Rollenauszügen verpflichtet. Der in Rede stehende Beweisantritt wird selten praktisch, weil die Beteiligten einer Patent- bzw. Gebrauchsmusterverletzungsstreitigkeit regelmäßig die Amtsakten schon kennen oder diese Akten – meist auf Antrag des Beklagten – vom Verletzungsgericht beigezogen werden (vgl. als Beispiel für einen Aktenbeiziehungsantrag Form. II. M. 4).

23. Die Überreichung der Patentschrift für jedes Gerichtsmitglied empfiehlt sich, damit die gesamte Kammer der mündlichen Verhandlung, bei der regelmäßig insbesondere technische Einzelheiten zur Sprache kommen, ohne Schwierigkeiten anhand der Schrift des Klageschutzrechtes folgen kann.

24. Jede Erfindung stellt eine Lehre zum technischen Handeln dar, die – neben anderen Voraussetzungen – insbesondere neu, auf einer erfinderischen Tätigkeit beruhen und gewerblich anwendbar sein muß (so für deutsche Patentanmeldungen: § 1 Abs. 1 PatG; für europäische Patentanmeldungen: Art. 54 bis 57 EPÜ). Schon diese Voraussetzungen erfordern es, den Gegenstand des streitgegenständlichen Schutzrechtes gegenüber dem vorbekannten Stand der Technik näher herauszuarbeiten. Es empfiehlt sich, dem Gericht den behandelten Stand der Technik in Form von Anlagen zu überreichen. Für Anmeldungen vor dem 1. Januar 1978 und die darauf erteilten Patente gilt noch § 1 PatG 1968. Für diese entspricht es herrschender Meinung, daß weitere Patentierungsvoraussetzungen die Bereicherung der Technik und damit der sogenannte technische Fortschritt sind. Insoweit ist im Hinblick auf den jetzt geltenden Rechtszustand eine Änderung durch die Neufassung des § 1 Abs. 1 PatG mit Wirkung ab 1. Januar 1978 dahingehend eingetreten, daß im Zuge der europäischen Rechtsvereinheitlichung das Merkmal des technischen Fortschrittes nicht mehr ausdrücklich Patentierungsvoraussetzung ist (vgl. dazu *Blumenberg/Grünecker* GRUR 1978, 63 ff.; *Preu* GRUR 1980, 444; *Benkard/Bruchhausen* Rdn. 74 zu § 1 PatG).

25. Jede Erfindung besteht aus *Aufgabe* (= technischem Problem) und *Lösung*. Ist der relevante Stand der Technik dargestellt, so ergibt sich regelmäßig ohne Schwierigkeit die der Neuerung zugrundeliegende *Aufgaben*stellung.

26. Entsprechend dem in Anm. 25 Ausgeführten erfolgen nunmehr Ausführungen zur *Lösung* der gestellten Aufgabe.

27. Zur Bedeutung der Patentansprüche vgl. Anm. 6 und 12 zu Form. II. M. 1. Regelmäßig bestehen mehrere Ansprüche. Dabei ist vom Grundsatz her der erste Anspruch der allgemeinste, der den Erfindungsgedanken am umfassendsten beschreibt. Dieser Anspruch wird als Hauptanspruch bezeichnet. Ihm sind weitere Ansprüche nachgeordnet, die regelmäßig auf den Hauptanspruch Bezug nehmen (sogenannte echte Unteransprüche) und damit vom Grundsatz her Gestaltungen beinhalten, die nicht selbständig patentfähig sind. Es gibt freilich auch Patente, bei denen die Unteransprüche selbständig schutzfähige Erfindungen beinhalten (sogenannte Nebenansprüche, vgl. *Benkard/Ullmann* Rdn. 20 ff. zu § 14 PatG).

28. In einer *Merkmalsanalyse* ist die Zusammenfassung des Gegenstandes des Patentes, wie sie im Patentanspruch aufscheint, in Einzelmerkmale aufgegliedert. Diese Aufgliederung dient dem Vergleich der angegriffenen Ausführungsform (= Verletzungsform) unter Berücksichtigung von Aufgabe und Lösung mit dem Patentgegenstand. Damit ist zugleich auch die Frage des Schutzumfanges eines jeden Patentes angesprochen. Vgl. dazu Anm. 12 zu Form. II. M. 1.

29. Entsprechend der Formulierung des Hauptanspruches bildet auch die Merkmalsanalyse einen „Oberbegriff".

30. Entsprechend der Formulierung im Hauptanspruch gibt es neben dem „Oberbegriff" (Anm. 29) den – die erfindungswesentlichen Mittel – „kennzeichnenden Teil".

31. Aus Verständnisgründen wurde der einfachste Fall einer Patentverletzung ausgewählt, nämlich derjenige eines unmittelbar gegenständlichen (wortlautgemäßen) Gebrauchmachens. Zum Schutzumfang eines Patentes und den sich daraus ergebenden Verletzungsmöglichkeiten vgl. Anm. 12 zu Form. II. M. 1.

32. Verfügt der Kläger über mehrere Patente, die er gegen den Verletzer geltend machen will, so muß er dies in einer Klage tun, da anderenfalls eine spätere Klage unzulässig ist (vgl. § 145 PatG).

33. Ein Patent gibt seinem Inhaber ein Benutzungsmonopol. Wird dieses dadurch verletzt, daß auch ein anderer von der patentgemäßen Lehre Gebrauch macht, so ist schon allein aufgrund dieses Umstandes der Eintritt eines Schadens höchstwahrscheinlich. Diese Wahrscheinlichkeit genügt zur Geltendmachung eines Schadensersatzfeststellungsbegeh-

rens, insbesondere wenn schon ein Verletzungsfall festgestellt worden ist (vgl. BGH GRUR 1960, 423/426 rechte Sp. – Kreuzbodenventilsäcke; GRUR 1964, 496/497 rechte Sp. – Formsand II).

34. Zum Erfordernis eines Verschuldens vgl. die Ausführungen bei *Benkard/Rogge* PatG, Rdn. 42 ff. zu § 139 PatG.

35. Vgl. zum Rechnungslegungsanspruch Anm. 14 zu Form. II. M. 1 und die Ausführungen bei *Benkard/Rogge* Rdn. 88 ff. § 139 PatG sowie *Tilmann* GRUR 1987, 251 ff.

36. Vgl. zum Inhalt und zu den Voraussetzungen dieses Anspruchs Form. II. M. 1. Anm. 13.

37. Vgl. oben Anm. 13.

38. Vgl. oben Anm. 14.

39. Da die Benutzung einer offengelegten Patentanmeldung nicht rechtswidrig ist, gibt es weder einen Anspruch auf Herausgabe des Benutzergewinns noch auf Ersatz des entgangenen eigenen Gewinns. Daher besteht auch nur ein eingeschränkter Rechnungslegungsanspruch (vgl. Form. II. M. 1. Anm. 19 und 29).

40. Zur Überlegungsfrist (Karenzzeit) von einem Monat vgl. Form. II. M. 1. Anm. 19.

41. Die örtliche Zuständigkeit des Patentstreitgerichts folgt den ZPO-Gerichtsständen, wobei gem. § 143 Abs. 2 PatG eine Konzentration auf ein einziges Landgericht erfolgt (vgl. dazu Anm. 1).

42. Die Mitwirkung eines Patentanwalts ist in Patentverletzungsstreitigkeiten dringend zu empfehlen. Zur Erstattungsfähigkeit der Kosten des mitwirkenden Patentanwalts vgl. § 143 Abs. 5 PatG 1981 und *Rehmann* GRUR 1985, 332 ff.

43. *Literatur zum einstweiligen Verfügungsverfahren in Patentsachen:* Brinks/Fritze, Einstweilige Verfügung in Patentverletzungssachen in den USA und Deutschland, GRUR Int. 1987, 133 ff.; *Schultz-Süchting,* Einstwelge Verfügung in Patent- und Gebrauchsmustersachen, GRUR 1988, 571 ff.; *Marshall,* Die einstweilige Verfügung in Patentstreitsachen, in FS für *Klaka,* 1987, S. 99 ff.; *Meier-Beck,* Die einstweilige Verfügung wegen Verletzung von Patent- und Gebrauchsmusterrechten, GRUR 1988, 861 ff.; *Fischer,* Festschrift für *Fritz Traub,* 1994, Seiten 105 ff.; *Rogge,* Einstweilige Verfügungen in Patent- und Gebrauchsmustersachen, Festschrift für *von Gamm,* 1990, Seiten 461 ff.

Der patentrechtliche Unterlassungsanspruch ist auch im Wege der einstweiligen Verfügung durchsetzbar. Dies ist jedoch die – seltene – Ausnahme. Die komplizierte Rechtslage kann hier nur skizziert werden (vgl. dazu *Benkard/Rogge,* Rdnrn. 150 ff. zu § 139 PatG). Verfügungsanspruch sowie Verfügungsgrund sind vorzutragen und glaubhaft zu machen.

(1) Zum Verfügungsanspruch gehören Bestand des Patentes sowie der Verletzungstatbestand. Insoweit unterscheidet sich ein Verfügungsantrag nicht von einer Patentverletzungsklage.

(2) Besondere Schwierigkeiten macht der Verfügungsgrund. Um die „Notwendigkeit" eines gerichtlichen Verbotes zur Abwehr „wesentlicher Nachteile" (§§ 935, 940 ZPO) zu begründen, müssen regelmäßig folgende Voraussetzungen gegeben sein:

a) Die Schutzfähigkeit des Verfügungspatentes muß sich als so gesichert darstellen, daß „sich keine durchgreifenden Zweifel aufdrängen" (so OLG Karlsruhe GRUR 1982, 169/161 – Einhebelmischarmatur – und 1988, 900 – Dutralene; strenger: OLG Düsseldorf, GRUR 1959, 619: „über jeden Zweifel erhaben"; vgl. aber auch – großzügiger – OLG Düsseldorf GRUR 1983, 79/80; Mitt. Deutscher Patentanwälte 1982, 230/231; noch großzügiger OLG Karlsruhe GRUR 1979, 700 – Knickarm-Markise, das Zweifel an der Schutzfähigkeit durch Anordnung einer Sichtheitsleistung kompensieren möchte; dagegen wiederum *Benkard/Rogge* Rdn. 153 zu § 139 PatG).

Von einer ausreichend gesicherten Schutzfähigkeit des Verfügungspatentes wird man in der Praxis regelmäßig nur dann ausgehen können, wenn dieses in einem Einspruchs- oder Nichtigkeitsverfahren „erhärtet" worden ist (vgl. dazu Bericht über die Düsseldorfer Praxis von *Bierbach* GRUR 1981, 464 li. Sp.). Der Verletzte muß ferner zur Schutzfähigkeit des Verfügungspatents den Stand der Technik vortragen (vgl. z. B. OLG Düsseldorf, Mitteilungen Deutscher Patentanwälte 1982, 230, 231 re.Sp.). Dazu ist es regelmäßig erforderlich, zum Anmelde- und zu weiteren das Patent betreffenden Verfahren im einzelnen unter Überreichung des einschlägigen Standes der Technik (in jeweils deutscher Übersetzung fremdsprachigen Standes der Technik) vorzutragen und gegebenenfalls auf Einwendungen des als Verletzter Inanspruchgenommenen einzugehen (vgl. dazu sogleich nachfolgend c).

b) Der Verletzungstatbestand muß zweifelsfrei und darüber hinaus so gelagert sein, daß er im summarischen Verfügungsverfahren auch für Nichttechniker nachvollziehbar ist (vgl. OLG Düsseldorf GRUR 1983, 79, 80; OLG Karlsruhe GRUR 1988, 900 f. – Dutralene).

c) Der als Verletzer Inanspruchgenommene muß Gelegenheit gehabt haben, seine Einwendungen (insbesondere zum Stand der Technik) vorzubringen. Es ist daher regelmäßig eine umfassende, insbesondere auch über den einschlägigen Stand der Technik unterrichtende (gegebenenfalls müssen die Literaturstellen übersandt werden) vorprozessuale Abmahnung des Verletzers erforderlich. Diese sowie die Antwort des Inanspruchgenommenen und die weitere wesentliche Korrespondenz sind ebenfalls in das Verfügungsverfahren einzuführen.

d) Die Dringlichkeitsvermutung des § 25 UWG ist für patentrechtliche Streitigkeiten nicht anwendbar (OLG Düsseldorf, Mitteilungen Deutscher Patentanwälte 1980, 117; GRUR 1983, 79, 80; 1994, 508 – Dringlichkeit; anderer Ansicht: OLG Karlsruhe GRUR 1979, 700 – Knickarm-Markise; 1982, 169/171 – Einhebelmischarmatur).

44. Für den Auskunftsanspruch des § 140 b PatG hat der Gesetzgeber in Fällen „offensichtlicher Rechtsverletzungen" ausdrücklich den Weg der einstweiligen Verfügung eröffnet. Das bedeutet allerdings nicht, daß zur Frage der Dringlichkeit nicht vorgetragen werden müßte (vgl. *Eichmann*, GRUR 1990, 575, 586), die insbesondere nicht analog § 25 UWG vermutet wird (vgl. Anm. 43 zu d). § 140 b Abs. 3 PatG ändert die frühere Gesetzeslage nur insoweit, als für die schon endgültige Befriedigung des Gläubigers des Auskunftsanspruchs das einstweilige Verfügungsverfahren vorgesehen wird. Es muß sich ferner um einen Fall der **offensichtlichen** Rechtsverletzung handeln (dazu die Beispiele OLG Braunschweig GRUR 1993, 669 – Stoffmuster – verneinend für ein Geschmacksmuster; OLG Düsseldorf GRUR 1993, 818 – Mehrfachkleiderbügel – bejahend für ein Patent und ein – paralleles – Gebrauchsmuster).

Kosten und Gebühren

Es gelten die allgemeinen Grundsätze. Besonderheiten des Patentverletzungsprozesses bestehen wie folgt:

§ 143 Abs. 5 PatG: Die Kosten eines mitwirkenden Patentanwaltes sind grundsätzlich, ohne daß die Notwendigkeit seiner Mitwirkung zu prüfen wäre, in *Patentstreitsachen* erstattungsfähig, allerdings begrenzt bis zur Höhe einer vollen Gebühr nach § 11 BRAGO.

§ 143 Abs. 4 PatG: Läßt sich die Partei in einem Patentverletzungsprozeß durch einen nicht beim Patentstreitgericht zugelassenen Anwalt vertreten, sondern durch einen Anwalt gem. § 143 Abs. 3 PatG, so sind die dadurch entstehenden Mehrkosten nicht erstattungsfähig.

§ 144 PatG: Streitwertherabsetzung.

4. Formelle[1] Klageerwiderung in einer Patentverletzungsstreitigkeit[2]

An das
Landgericht
Zivilkammer (Patentkammer)[3]

In Sachen

Firma A   (Rechtsanwalt: ......)

gegen

Firma B   (Rechtsanwalt ......)

Aktenzeichen: ......

zeige ich an, daß ich die Vertretung der Beklagten übernommen habe.
Ich werde beantragen,
1. die Klage abzuweisen;
2. hilfsweise der Beklagten für den Fall ihrer Verurteilung zur Rechnungslegung nach ihrer Wahl vorzubehalten, die Namen und Anschriften ihrer nicht gewerblichen Abnehmer und Empfänger von Angeboten statt der Klägerin einem von der Klägerin zu bezeichnenden, ihr gegenüber zur Verschwiegenheit verpflichteten vereidigten Wirtschaftsprüfer mitzuteilen, sofern die Beklagte dessen Kosten trägt und ihn zugleich ermächtigt, der Klägerin darüber Auskunft zu geben, ob eine bestimmt bezeichnete Lieferung oder ein bestimmt bezeichneter Abnehmer oder ein bestimmt bezeichneter Empfänger eines Abgebotes in der Rechnung enthalten ist[4];
3. der Klägerin die Kosten des Rechtsstreits aufzuerlegen[5];
4. das Urteil – gegebenenfalls gegen Sicherheitsleistung (Bank- oder Sparkassenbürgschaft) – für vorläufig vollstreckbar zu erklären[5];
hilfsweise der Beklagten zu gestatten, die Zwangsvollstreckung gegen Sicherheitsleistung (Bank- oder Sparkassenbürgschaft) abzuwenden[5].
Des weiteren beantrage ich,
die Erteilungsakten des DE-BP ...... beizuziehen und der Beklagten für die Dauer ihrer vom Gericht zu bestimmenden Schriftsatzfrist zur Einsichtnahme zur Verfügung zu stellen[6].
Die Beklagte teilt die Auffassung der Klägerin, daß eine Übertragung auf den Einzelrichter wegen der tatsächlichen und rechtlichen Schwierigkeiten, die die vorliegende Patentstreitsache bietet, nicht angezeigt erscheint[7].

Rechtsanwalt

Anmerkungen

1. Es handelt sich um eine formelle Klageerwiderung, die kein materielles Klageverteidigungsvorbringen, sondern lediglich die Ankündigung der Anträge, die Erklärung gem. §§ 348 Abs. 1, 271 Abs. 3 ZPO, einen etwaigen Antrag auf Aktenbeiziehung und – sofern der Sachverhalt dies nahelegt (im Formular nicht enthalten) – die vom Gericht nicht amtswegig zu prüfenden prozeßhindernden Einreden (Prozeßkostensicherheit gem. § 269 Abs. 4 ZPO, Ausländersicherheit gem. §§ 110 ff. ZPO; Einrede des Schiedsvertrages gem. § 1027 a ZPO sowie die Einrede der fehlenden örtlichen Zuständigkeit, § 39 ZPO) enthält. Eine derartige formelle Klageerwiderung ist nur dann veranlaßt, wenn das angerufene Gericht nicht den Weg des schriftlichen Vorverfahrens wählt, sondern einen frühen ersten Termin zur mündlichen Verhandlung anberaumt.

2. Das Formular stellt die Klageerwiderung zu Form. II. M. 3 dar.

3. Patentstreitsachen gehören gem. § 143 Abs. 2 PatG vor die Patentkammer der berufenen und insoweit ausschließlich zuständigen Landgerichte (vgl. Form. II. M. 3 Anm. 1).

Darauf soll durch die Hervorhebung im Formular aufmerksam gemacht werden. Selbstverständlich ist die Klageerwiderung an die tatsächlich befaßte Kammer zu richten, ungeachtet ihrer geschäftsplanmäßigen Zuständigkeit oder der Frage der Zuständigkeit überhaupt des befaßten Landgerichts; ggf. ist auf Verweisung des Rechtsstreits hinzuwirken bzw. Klageabweisung als unzulässig zu beantragen. Zum Umfang des Wirtschaftsprüfervorbehalts vgl. Anm. 17 zu Form. II. M. 1.

4. In dem Form. II. M. 3, an dem sich dieses Formular inhaltlich ausrichtet, ist zwar der Wirtschaftsprüfervorbehalt von vorneherein schon in den Rechnungslegungsantrag mit aufgenommen. Es empfiehlt sich jedoch, einen entsprechenden Vorbehalt auch in die Anträge auf Klageabweisung aufzunehmen. Zum Inhalt des Antrags vgl. BGH GRUR 1995, 338, 341, 342 – Kleiderbügel.

5. Die Anträge zu den Nebenentscheidungen sind an sich überflüssig, werden jedoch in der Praxis fortgesetzt noch gestellt.

6. Gerade bei einer Patentverletzungsstreitigkeit sind die Erteilungsakten im Hinblick auf das Klagepatent von entscheidender Bedeutung. Zwar gehören die Erteilungsakten seit BGHZ 3, 365/370 – Schuhsohle – nicht mehr zu den üblichen Auslegungsmitteln eines Patentes. Andererseits sind jedoch Beschränkungen oder Verzichtserklärungen des Anmelders, die sich regelmäßig nur aus den Erteilungsakten ergeben, für die Ermittlung des Schutzumfanges des Patents von entscheidender Bedeutung. Nur aus den Erteilungsakten ergibt sich eine etwaig unzulässige Erweiterung (§ 38 PatG; für Anmeldungen vor dem 1. Januar 1981 und darauf erteilte Patente gilt § 26 Abs. 5 PatG 1968 mit ähnlichem Inhalt). Auch sonst sind die Erteilungsakten aufschlußreich; zB. können sich aus ihnen Indizien für die Kenntnisse des Durchschnittsfachmannes ergeben, indem aus ihnen beispielsweise ersichtlich ist, wie die Fachleute des Deutschen Patentamtes einen bestimmten Ausdruck zur Zeit der Anmeldung des Patentes verstanden haben, des weiteren wie beispielsweise der Anmelder einen bestimmten Ausdruck verstanden wissen wollte usw. (zur Bedeutung der Erteilungsakten vgl. *Benkard/Ullmann* Rdn. 33 f. zu § 14 PatG). Ohne Kenntnis der Erteilungsakten läßt sich ein Patentverletzungsprozeß nicht sachgerecht bearbeiten. Das Recht der Akteneinsicht ist in § 31 PatG geregelt.

7. Stellungnahme gem. §§ 348 Abs. 1, 271 Abs. 3 ZPO.

5. Materielle[1] Klageerwiderung mit Aussetzungsantrag in einer Patentverletzungsstreitigkeit[2]

An das
Landgericht
Zivilkammer (Patentkammer)

In Sachen

Firma A   (Rechtsanwalt ......)

gegen

Firma B   (Rechtsanwalt ......)

Aktenzeichen: ......

Termin: ......

werde ich in Ergänzung zu den Anträgen auf Klageabweisung im Schriftsatz vom ...... des weiteren beantragen,

    den Rechtsstreit bis zur rechtskräftigen Erledigung der gegen das Klagepatent ...... erhobenen Nichtigkeitsklage[3] auszusetzen[4].

5. Materielle Klageerwiderung mit Aussetzungsantrag

II. M. 5

Zur

Begründung

der Klageabweisungsanträge sowie des vorstehenden Antrages auf Aussetzung des Rechtsstreits wird ausgeführt:

I.

Das Klagepatent ...... ist nicht rechtsbeständig[5]. Die Beklagte hat daher unter dem Datum des ...... Nichtigkeitsklage erhoben, die ich als Anlage A überreiche. Zur Vermeidung von Wiederholungen nehme ich auf den Inhalt der Nichtigkeitsklage gemäß Anlage A Bezug und überreiche die darin angeführten Literaturstellen, nämlich

als Anlage A 1 die GB–PS 837 496
als Anlage A 1 a die deutsche Übersetzung der vorstehend bezeichneten britischen Patentschrift
als Anlage A 2 die FR–PS 1 234 567
als Anlage A 2 a die deutsche Übersetzung der vorstehend bezeichneten französischen Patentschrift.

Der der Nichtigkeitsklage zugrundegelegte Stand der Technik ist im Erteilungsverfahren nicht berücksichtigt worden. Er nimmt, wie im einzelnen in der Nichtigkeitsklage beschrieben ist, den Gegenstand des Klageschutzrechtes neuheitsschädlich vorweg. Es war nämlich im Stand der Technik vorbekannt, ein Mosaikschaltbild gattungsgemäßer Art so auszubilden, daß die den Rand des Mosaikschaltbildes bildenden Rand-Mosaiksteine breiter als die übrigen Mosaiksteine sind (Merkmal 5 der Merkmalsanalyse der Klageschrift) und die Rand-Mosaiksteine darüber hinaus über den Rand der Montagewand vorstehen (Merkmal 6).

Des weiteren ist die Nichtigkeitsklage auf eine neuheitsschädliche offenkundige Vorbenutzung gestützt. Ein Mosaik-Schaltbild der vorbeschriebenen Art ist ein Jahr vor dem Anmeldetag des Klagepatents, nämlich am ...... von der Firma X in der Bundesrepublik Deutschland angeboten und vertrieben worden, u.a. z.B. an das Elektrizitätswerk Y/Karlsruhe, wo es auch in dem Überwachungsraum für jedermann sichtbar installiert worden ist.
Beweis: Zeugnis des Herrn XYZ, zu laden ......

II.

Des weiteren fehlt es an einer Verletzung des Klagepatents[6].

1. Aufgabe des Klagepatents (vgl. Spalte 2 Zeilen 25–31) ist es, bei Mosaik-Schaltbildern gattungsmäßiger Art infolge des Vorhandenseins eines festen Abschlußrahmens bestehende Nachteile zu beseitigen, nämlich daß jeder Abschlußrahmen für jedes Mosaik-Schaltbild je nach dessen Größe eine Sonderanfertigung darstellt und damit mit einem besonderen Aufwand verbunden ist, daß die Erkennbarkeit des Mosaik-Schaltbildes bei seitlicher Betrachtung durch die Abschlußrahmen beeinträchtigt werden kann, daß der Abschlußrahmen in architektonischer Hinsicht stört und schließlich, daß der Abschlußrahmen die an sich gegebene Erweiterungsmöglichkeit von Mosaik-Schaltbildern beeinträchtigt. Diese Aufgabe soll nach dem kennzeichnenden Teil des Hauptanspruchs des Klagepatents dadurch gelöst werden, daß anstelle eines Abschlußrahmens Rand-Mosaik-Steine vorgesehen sind, die breiter sind als die übrigen Mosaiksteine (Merkmal 5) und darüber hinaus über den Rand der Montagewand vorstehen (Merkmal 6).

2. Vergleicht man die angegriffene Ausführungsform mit dem Gegenstand des Klagepatents nach Aufgabe und Lösung[7], so ergeben sich die Annahme einer Patentverletzung ausschließende Unterschiede. Die von der Beklagten angebotenen und in Verkehr gebrachten Mosaik-Schaltbilder weisen einen Abschlußrahmen auf und benutzen daher nicht die den Gegenstand des Klagepatents kennzeichnenden Merkmale 5 und 6. Der

Rand des Mosaik-Schaltbildes wird nämlich nicht durch einzelne Rand-Mosaiksteine gebildet (Merkmal 5), sondern die Beklagte verwendet einen durchgehenden, einstückig ausgebildeten Abschlußrahmen. Es fehlt des weiteren auch das Merkmal 6 des Klagepatents, nach welchem Rand-Mosaiksteine über den Rand vorstehen sollen. Bei dem Erzeugnis der Beklagten wird das Mosaik-Schaltbild in einen festen Rahmen eingefügt, über den die Abschlußleisten am Rand nicht hinausreichen.

Beweis: 1. Augenscheinseinnahme
2. Zeugnis ......

Rechtsanwalt

Schrifttum: v. Maltzahn, Die Aussetzung im Patentverletzungsprozeß nach § 148 ZPO bei erhobener Patentnichtigkeitsklage, GRUR 1985, 163 ff.

Anmerkungen

1. Im Gegensatz zur „formellen" Klageerwiderung enthält die materielle Klageerwiderung das sachliche Verteidigungsvorbringen des Beklagten.

2. Das Formular bezieht sich inhaltlich auf Form. II. M. 3 und II. M. 4. Zu den Verteidigungsmöglichkeiten im Falle der Inanspruchnahme wegen Patentverletzung vgl. Form. II. M. 1 Anm. 24.

3. Vgl. Form. II. M. 6. Die Nichtigkeitsklage ist gemäß § 81 Abs. 2 PatG subsidiär, gegenüber dem Rechtsbehelf des Einspruchs. Sie ist unzulässig, solange der wegen Patentverletzung Inanspruchgenommene Einspruch gegen das Patent einlegen oder sich an einem schon anhängigen Einspruchsverfahren durch Beitritt beteiligen kann (§ 59 Abs. 2 PatG). Sollte somit eine Nichtigkeitsklage ausscheiden und nur ein Einspruch bzw. Beitritt zu einem Einspruchsverfahren in Betracht kommen, so ist der Aussetzungsantrag wie folgt zu formulieren:

„...... den Rechtsstreit bis zur rechtskräftigen Erledigung des gegen das Klagepatent ...... anhängigen Einspruchs auszusetzen."

Vgl. zu weiteren Einzelheiten Anm. 4.

4. Grundlegend zur Aussetzungsproblematik: *v.Maltzahn* GRUR 1985, 163 ff. Der Akt der Patenterteilung ist ein begünstigender, nämlich ein Ausschluß- sowie ein Benutzungsrecht begründender Verwaltungsakt. Die ausschließliche Prüfungskompetenz im Hinblick auf die materiellen Schutzvoraussetzungen für ein Patent liegen beim Deutschen Patentamt, beim Bundespatentgericht sowie beim Bundesgerichtshof. Solange ein Patent formell in Kraft steht, ist demnach das Verletzungsgericht an den Akt der Patenterteilung gebunden (Tatbestandswirkung) und hat – vom Grundsatz her – das Patent so hinzunehmen, wie es erteilt worden ist (Feststellungswirkung; vgl. *Benkard/Rogge* Rdn. 25 zu § 139 PatG und *Benkard/Ullmann* Rdn. 99 zu § 14 PatG; LG Düsseldorf GRUR 1994, 509 – Rollstuhlfahrrad). Infolge dieser Bindung des Verletzungsrichters kann im Verletzungsprozeß vom Grundsatz her seitens des Beklagten die vermeintlich fehlende Schutzfähigkeit des Klagepatents nicht eingewendet werden. Insoweit bedarf es der Erhebung einer Nichtigkeitsklage (vgl. Form. II. M. 6) bzw. im Falle der §§ 81 Abs. 2, 59 Abs. 2 PatG 1981 eines Einspruchs oder des Beitritts zu einem anhängigen Einspruchsverfahren mit dem Ziel, gem. § 148 ZPO eine Aussetzung des Patentverletzungsprozesses zu erreichen. Die Verletzungsgerichte sind zu Recht mit der Anwendung des § 148 ZPO zurückhaltend. Durch eine Aussetzung wird der Verletzungsprozeß erheblich – meist um ein Jahr und länger – verzögert und wird dementsprechend der Patentinhaber an der Durchsetzung seines Ausschlußrechtes gehindert. Infolgedessen kommt eine Aussetzung aufgrund einer erhobenen Nichtigkeitsklage regelmäßig nur dann in Betracht, wenn diese mit *hoher Wahrscheinlichkeit* erfolgreich sein wird (vgl. BGH GRUR 1987, 284 – Transportfahrzeug; OLG Düsseldorf GRUR 1979, 188 – Flachdachabläufe). Von dieser Voraussetzung kann im allgemeinen nur dann ausgegangen werden, wenn *neuheitsschädlicher* Stand der Technik geltend

6. Patentnichtigkeitsklage

gemacht wird, der im Prüfungsverfahren noch nicht beurteilt wurde. Wird eine Nichtigkeitsklage auf fehlende Erfindungshöhe des Streitpatentes gestützt, so besteht in der Regel kein Anlaß zur Aussetzung des Verletzungsprozesses. Ob nämlich die Erfindungshöhe zu bejahen oder zu verneinen ist, ist eine Wertungsfrage, die mit guten Gründen sowohl bejaht als auch verneint werden kann (vgl. allerdings auch für den Ausnahmefall, daß sich kein „vernünftiges" Argument mehr für die Erfindungshöhe finden läßt, BGH GRUR 1987, 284 re. Sp. oben – Transportfahrzeug).

Scheidet wegen §§ 81 Abs. 2, 59 PatG eine Nichtigkeitsklage als subsidiär aus, so gelten die vorstehend aufgezeigten Grundsätze prinzipiell auch für ein anhängiges Einspruchsverfahren. Auch hier ist vom Grundsatz her im Hinblick auf die Frage einer Aussetzung des Verletzungsprozesses Zurückhaltung geboten, wobei freilich eine Aussetzung deshalb eher in Betracht kommen kann, weil bis zur Erteilung des Patentes ohne Beteiligung Dritter nur derjenige Stand der Technik berücksichtigt worden ist, den der Patentanmelder selbst und/oder den das Deutsche Patentamt ermittelt hat. Bei einem noch nicht durch ein Einspruchsverfahren „erhärteten" Patent ist daher die Möglichkeit grundsätzlich größer, daß neuer, bisher noch nicht berücksichtigter Stand der Technik aufgefunden wird.

Für Alt-Anmeldungen, d.h. solche, die vor dem 1. Januar 1981 bekanntgemacht worden sind, gilt § 30 PatG 1968. Gemäß § 30 Abs. 2 Satz 2 PatG 1968 genießt ein derartig bekanntgemachtes Patent vorläufigen Schutz wie ein endgültig erteiltes Patent (vgl. Form. II. M. 1 Anm. 5 aE.). Für derartige bekanntgemachte Alt-Patentanmeldungen ist die Frage der Aussetzung in § 47a PatG 1968 (ebenso wie für offengelegte Patentanmeldungen; für Patentanmeldungen, die nach dem 1. Januar 1981 erfolgt sind, gilt im Fall der Offenlegung § 140 PatG 1981) geregelt. Gegen ein derartig bekanntgemachtes Patent ist ebenfalls das Einspruchsverfahren gegeben. Zur Frage der Aussetzung gelten die gleichen Überlegungen, wie sie vorstehend zum Einspruchsverfahren gemäß § 59 PatG wiedergegeben worden sind.

Zur Aussetzung eines Patentverletzungsprozesses wegen einer anhängigen Nichtigkeitsklage vgl. BGH GRUR 1987, 284 – Transportfahrzeug; OLG Düsseldorf GRUR 1979, 188 – Flachdachabläufe – und GRUR 1979, 636 – Ventilanbohrvorrichtung – und *Benkard/Rogge* Rdn. 107ff. zu § 139 PatG. Regelmäßig wird eine Aussetzung gem. § 148 ZPO zunächst nur bis zur erstinstanzlichen Entscheidung im Nichtigkeits- bzw. Einspruchverfahren in Betracht kommen. Ein darüber hinausgehender Antrag (wie im Formular vorgesehen) schadet jedoch nicht.

5. Zum besseren Verständnis der nachfolgenden Ausführungen zum Inhalt der Nichtigkeitsklage vgl. Anm. 4.

6. Mit den im Formular nachfolgend wiedergegebenen Ausführungen wird der Verletzungstatbestand bestritten. Zur weiteren Verteidigungsmöglichkeit vgl. Form. II. M. 1 Anm. 24.

7. Vgl. *Benkard/Ullmann* Rdn. 116 zu § 14 PatG und Form. II. M. 1 Anm. 12.

6. Patentnichtigkeitsklage

**An das
Bundespatentgericht**[1]

Namens und in Vollmacht
der Firma B ......
wird
Klage[2]
gegen den Inhaber des DE-BP ......[3]
die Firma A ......[4],

wegen Nichtigkeit des DE-BP ...... [4] ...... erhoben und beantragt:
1. das DE-BP ...... in vollem Umfang für nichtig zu erklären[5];
2. der Beklagten die Kosten des Verfahrens aufzuerlegen[6].
Die Gerichtskosten in Höhe von DM ...... werden mit beiliegendem Verrechnungsscheck entrichtet[7]. Die Vertretervollmacht ist beigefügt[8].

Begründung[9]:

I.

1. Das Streitpatent ......[10] betrifft gemäß dem Oberbegriff des Hauptanspruchs ein Mosaik-Schaltbild mit folgenden Merkmalen:
(1) Das Schaltbild besteht aus einer Montagewand,
(2) die Montagewand hat zellenförmige Struktur,
(3) auf der Montagewand sind Mosaiksteine befestigt,
(4) die Mosaiksteine weisen die Größe der Zellen der Montagewand auf.
Nach der Beschreibungseinleitung (Sp. 1, Zeilen ......) geht das Streitpatent damit von einem Stand der Technik aus, bei dem die Mosaiksteine der hier interessierenden Mosaik-Schaltbilder alle gleich groß sind, so daß es zum randseitigen Abschluß der Mosaik-Schaltbilder besonderer Abschlußrahmen bedarf. Das wird aus mehreren Gründen als nachteilig bezeichnet, da Abschlußrahmen für jedes Mosaik-Schaltbild je nach dessen Größe Sonderanfertigungen darstellen, des weiteren Abschlußrahmen die Erkennbarkeit des Mosaik-Schaltbildes, nämlich bei seitlicher Betrachtung, beeinträchtigen. Schließlich stören Abschlußrahmen nach der Beschreibung des Streitpatents häufig in architektonischer Hinsicht. Der besonders gravierende Nachteil eines notwendigen Abschlußrahmens besteht jedoch nach dem in der Beschreibung des Streitpatents berücksichtigten Stand der Technik darin, daß an sich die gegebene Erweiterungsmöglichkeit von Mosaik-Schaltbildern, die gattungsgemäß aus einer Montagewand mit zellenförmiger Struktur und darauf befestigten, Zellengröße aufweisenden Mosaiksteinen bestehen, dadurch erschwert wird, daß ein neuer Abschlußrahmen geschaffen bzw. der vorhandene Abschlußrahmen aufgetrennt und vergrößert werden muß. Von diesem Stand der Technik ausgehend, liegt der vermeintlichen Erfindung des Streitpatents das technische Problem (die Aufgabe) zugrunde, ein Mosaik-Schaltbild der eingangs beschriebenen Art so auszugestalten und weiterzubilden, daß Abschlußrahmen nicht mehr benötigt werden (Sp. ......, Zeilen ......). Nach dem kennzeichnenden Teil des Hauptanspruchs wird diese Aufgabe mit folgenden Merkmalen gelöst:
(5) Die den Rand des Mosaik-Schaltbildes bildenden Rand-Mosaiksteine sind breiter als die übrigen Mosaiksteine;
(6) die Rand-Mosaik-Steine stehen über den Rand der Montagewand vor.
2. Der Gegenstand des Streitpatents ist gemäß § 1 Abs. 1, § 3 Abs. 1 PatG nicht patentfähig[11]. Er ist durch den im folgenden behandelten druckschriftlichen Stand der Technik, der im Erteilungsverfahren keine Berücksichtigung gefunden hat, neuheitsschädlich vorweggenommen. Im einzelnen:
a) Ich überreiche als Anlage 1 die GB-PS ......[12], die am ...... und damit ca. 1 Jahr vor dem Anmeldetag des Streitpatentes veröffentlicht worden ist. Es handelt sich damit um einen gemäß § 3 Abs. 1 PatG relevanten druckschriftlichen Stand der Technik. In dieser Literaturstelle (vgl. Sp. ......, Zeilen ......) ist ein Mosaik-Schaltbild der gattungsgemäßen Art beschrieben. Dazu wird inbesondere auf den Hauptanspruch sowie auf die Beschreibung, Sp. ......, Zeile ...... verwiesen. Während der Hauptanspruch ein Mosaik-Schaltbild der gattungsgemäßen Art mit einer festen Abschlußleiste betrifft, ist im Unteranspruch 3 der hier behandelten Literaturstelle ein Mosaik-Schaltbild behandelt, das sämtliche Merkmale des Kennzeichens des Hauptanspruchs des Streitpatents aufweist, indem dort vorgeschlagen wird, anstelle eines festen Randes bei einem Mosaik-Schaltbild einzelne Mosaiksteine vorzusehen, die

überdies sogar noch breiter sein sollen als die übrigen Mosaiksteine (Merkmal 5) und dementsprechend über den Rand der Montagewand ebenfalls vorstehen (Merkmal 6).

b) Des weiteren überreiche ich als Anlage 2 die FR-PS ......[12]. Diese zeigt ebenfalls in Figur 3 in Zusammenhang mit dem Unteranspruch 4 ein Mosaik-Schaltbild der hier interessierenden Art, wobei auch insoweit kein fester Rand vorgesehen, sondern vielmehr der Rand durch einzelne Mosaiksteine gebildet wird. Zwar sind bei der Literaturstelle gemäß Anlage 2 die den Rand bildenden Mosaiksteine nicht so ausgebildet, daß sie über die Montagewand hinausragen; sie weisen jedoch eine als äußere Abschlußkante dienende Umbördelung auf. Es stellt eine technische Banalität und damit eine glatt äquivalente Maßnahme dar, anstelle einer derartigen Umbördelung und dem damit verbundenen Übergreifen des Randes eine „schlichte" Verbreiterung des Mosaiksteines vorzusehen. Sofern das angerufene Gericht entgegen der hier vertretenen Auffassung in der französischen Literaturstelle gemäß Anlage 2 nicht schon eine neuheitsschädliche Vorwegnahme sehen will, kann kein Streit darüber herrschen, daß der Schritt von der französischen Patentschrift gemäß Anlage 1 zum Gegenstand des Streitpatentes keine ausreichende Erfindungshöhe aufweist.

3. Der Gegenstand des Streitpatentes ist darüber hinaus auch wegen neuheitsschädlicher offenkundiger Vorbenutzung nicht patentfähig. Im einzelnen:

Mit Angebot vom ...... hat die Firma XYZ aus X-Stadt ein Mosaikschaltbild patentgegenständlicher Art an die Firma ...... in ...... geliefert[13]. Ich füge als Anlage 3 dieses Angebot in Kopie bei[14]. Das an die Firma ...... gelieferte und dementsprechend vorbenutzte Mosaik-Schaltbild besteht aus einer Montagewand (Merkmal 1), die zellenförmige Struktur hat (Merkmal 2) und auf der Mosaiksteine befestigt sind (Merkmal 3), wobei die Mosaiksteine die gleiche Größe wie die Zellen der Montagewand haben (Merkmal 4). Der Rand des gelieferten Mosaik-Schaltbildes wird nicht durch eine Abschlußleiste, sondern durch einzelne Mosaiksteine gebildet, die über den Rand der Montagewand vorstehen, da sie breiter als die übrigen Mosaiksteine sind (Merkmale 5 und 6).

Für die Richtigkeit des Vorgetragenen berufe ich mich zum Beweis auf das Zeugnis ......

4. Wegen fehlender Patentfähigkeit ist das Streitpatent gem. §§ 21 Abs. 1 Nr. 1, 22 Abs. 1 PatG für nichtig zu erklären[15].

II.

Die beiden Unteransprüche 2 und 3 können nach Vernichtung des Hauptanspruchs des Streitpatentes keinen Bestand mehr haben. Beide Unteransprüche sind echte Unteransprüche, nämlich auf den Hauptanspruch rückbezogen. Sie enthalten lediglich Ausgestaltungen, die im handwerklichen Durchschnittskönnen liegen[16]

Rechtsanwalt/Patentanwalt

Schrifttum: Vogel, Zur Auswirkung des Vertrages über die Herstellung der Einheit Deutschlands auf die Verfahren vor dem Deutschen Patentamt und dem Bundespatentgericht, GRUR 1991, 83 ff.; *van Venroy*, Rechtskraftwirkung des klageabweisenden Urteils in Patentnichtigkeitsverfahren, GRUR 1991, 92 ff.

Anmerkungen

1. Ausschließliche Zuständigkeit des Bundespatentgerichts gemäß § 65 Abs. 1 Satz 1 PatG 1981, und zwar für deutsche wie auch für europäische Patente, soweit deren Schutzerstreckung auf das Gebiet der Bundesrepublik Deutschland betroffen ist (vgl. zu letzterem Art. 2 Abs. 2, 138 EPÜ).

2. Die Nichtigkeitsklage ist schriftlich beim Bundespatentgericht zu erheben (§ 81 Abs. 3 S. 1 PatG).

3. Die Nichtigkeitsklage ist gegen den in der Patentrolle als Patentinhaber Eingetragenen zu richten (§ 81 Abs. 1 S. 2 PatG).

4. Die Klage muß die Parteien und den Streitgegenstand bezeichnen (§ 81 Abs. 5 S. 1 PatG).

5. Die Klage soll einen bestimmten Antrag enthalten (§ 81 Abs. 5 S. 1 PatG). Das Formular bezieht sich auf ein deutsches Patent. Richtet sich die Klage gegen ein Europapatent, müßte der Antrag lauten: „das EP ...... in vollem Umfang für den Bereich der Bundesrepublik Deutschland für nichtig zu erklären". Es kann sowohl bei deutschen als auch bei europäischen Patenten auf eine Teilnichtigkeit geklagt werden. Dann ist der Klageantrag in etwa wie folgt zu formulieren: „....... das DE-BP ...... insoweit für nichtig zu erklären, als es über den Umfang des nachstehend wiedergegebenen Patentanspruchs (folgt Formulierung desjenigen Patentanspruchs, den der Nichtigkeitskläger noch als schutzbeständig ansieht) hinausgeht".

6. Gemäß § 84 Abs. 2 S. 1 PatG ist über die Kosten von Amts wegen durch das Bundespatentgericht zu entscheiden. Der Kostenantrag hat jedoch eigenständige Bedeutung deshalb, weil gemäß § 84 Abs. 2 S. 2 PatG die Kostenentscheidung in Ausnahmefällen nicht nach dem Maß des Obsiegens oder Unterliegens gem. § 91 ZPO, sondern nach billigem Ermessen erfolgt und mit einem Kostenantrag der Nichtigkeitskläger unterstreicht, daß der — unterlegene — Beklagte die Kosten tragen soll. Zur Erklärung der Vollstreckbarkeit betreffend die Kostenentscheidung vgl. BPatG GRUR 1986, 48 f. – Kostenvollstreckung.

7. § 81 Abs. 6 PatG in Verbindung mit Nr. 215 110 des Gebührenverzeichnisses des Patentgebührengesetzes (abgedruckt in *Schönfelder* Nr. 76). Wird die Gebühr nicht gezahlt, so gilt die Klage als nicht erhoben (§ 81 Abs. 6 2. HS PatG).

8. § 97 PatG 1981. Die Vollmacht kann nachgereicht werden.

9. Zu den Erfordernissen einer Begründung vgl. § 81 Abs. 5 S. 2 PatG.

10. Der Inhalt des Formulars ist an den Form. II. M. 3 und M. 5 ausgerichtet. Zunächst wird das Streitpatent erläutert, und zwar nach dem in ihm zugrundegelegten Stand der Technik und dem sich daraus ergebenden technischen Problem sowie der Lösung der gestellten Aufgabe.

11. Es folgt die Darlegung der Gründe, die die Rechtsbeständigkeit des Streitpatentes zweifelhaft erscheinen lassen, nämlich:

12. Druckschriftlicher, vorbekannter Stand der Technik (§ 3 Abs. 1 PatG).

13. Offenkundige Vorbenutzung (für Patente, die vor dem 1. 1. 1978 angemeldet worden sind, kann nur eine *inländische* offenkundige Vorbenutzung relevant sein; vgl. § 2 S. 1 PatG a F. vom 2. 1. 1968).

14. Wird offenkundige Vorbenutzung geltend gemacht, empfiehlt es sich, etwaig vorhandene schriftliche Unterlagen (Prospekte, Angebote, Zeichnungen u. dergl.) vorzulegen. Der Beweis mit einer bloßen Zeugenaussage ist mit Zurückhaltung zu betrachten, da das menschliche Gedächtnis meist schwach ist und es sich regelmäßig um längere Zeit zurückliegende Vorgänge handelt. Zu den Erfordernissen im Hinblick auf Sachvortrag und Beweisantritt bei offenkundiger Vorbenutzung vgl. BGH GRUR 1975, 254 – Ladegerät II.

15. Weitere Nichtigkeitsgründe außer der fehlenden Patentfähigkeit gem. §§ 1 bis 5 PatG 1981 sind in §§ 22 Abs. 1, 21 Abs. 1 PatG wie folgt aufgeführt:
– mangelnde Offenbarung (§ 21 Abs. 1 Nr. 2 PatG)
– widerrechtliche Entnahme (§ 21 Abs. 1 Nr. 3 PatG)
– unzulässige Erweiterung im Erteilungsverfahren (§ 21 Abs. 1 Nr. 4 PatG)
– unzulässige Erweiterung des erteilten Patents (§ 22 Abs. 1 2. Alt. PatG)

Für das Europapatent ergeben sich die Versagungs-/Nichtigkeitsgründe aus Art. 52 ff. EPÜ.

16. Zum Charakter der Unteransprüche vgl. Form. II. M. 3 Anm. 27.

Fristen und Rechtsmittel

Gegen die Urteile der Nichtigkeitssenate des Bundespatentgerichts ist das Rechtsmittel der Berufung gegeben. Es gelten einige Besonderheiten (vgl. §§ 110 ff. PatG). Die Berufung ist innerhalb eines Monats nach Zustellung des Urteils beim Bundespatentgericht schriftlich einzulegen (§ 110 Abs. 1 S. 1 PatG). Innerhalb der gleichen Frist ist die Berufungsgebühr einzuzahlen. Wird die Berufungsgebühr nicht fristgerecht eingezahlt, so gilt die Berufung als nicht eingelegt (§ 110 Abs. 1 S. 2 PatG). Die Berufungsschrift muß auch schon die Berufungsbegründung enthalten (§ 111 PatG). Dabei darf sich die Begründung auf die Formulierung der Anträge und eine relativ summarische Darstellung beschränken (vgl. BGHZ 113, 201 = GRUR 1991, 443 – Schneidwerkzeug). Ist die Berufung wegen Versäumung der Berufungsfrist oder aus sonstigen Gründen (vgl. § 112 Abs. 1 PatG) unzulässig, so ist sie vom Bundespatentgericht als unzulässig zu verwerfen. Leidet die Berufung nicht an einem der in § 112 Abs. 1 PatG aufgeführten Mängel, so stellt das Bundespatentgericht die Berufungsschrift dem Berufungsbeklagten zu und fordert ihn auf, sich innerhalb eines Monats nach Zustellung zu erklären (§ 113 Abs. 1 PatG). Die Erklärung des Berufungsbeklagten ist rechtlich eine Berufungserwiderung (vgl. § 113 Abs. 2 PatG). Nach Eingang der Erklärung des Berufungsbeklagten gibt das Bundespatentgericht die Akten an den Bundesgerichtshof ab, der sodann das Berufungsverfahren führt (§ 114 PatG).

Kosten und Gebühren

In erster Instanz erfolgt keine Streitwertfestsetzung für die Gerichtskosten, da sich deren Höhe nach dem Gebührenverzeichnis richtet. In der Berufungsinstanz wird hingegen durch das Berufungsgericht (Bundesgerichtshof) ein Streitwert festgesetzt; vgl. § 110 Abs. 2 PatG. Im Hinblick auf die außergerichtlichen Kosten erfolgt in erster Instanz regelmäßig keine Streitwertfestsetzung, solange ausschließlich Patentanwälte am Verfahren beteiligt sind (Ausnahme: Beiordnung eines Patentanwalts im Rahmen der Verfahrenskostenhilfe; vgl. dazu §§ 129 ff. PatG), da sich deren Gebühren unabhängig vom Streitwert nach den Bestimmungen der Patentanwaltsgebührenordnung richten. Eine Steitwertfestsetzung erfolgt im Hinblick auf die außergerichtlichen Kosten jedoch dann, wenn zumindest ein Rechtsanwalt am Verfahren mitwirkt (vgl. §§ 10 Abs. 1, Abs. 2; 7 BRAGO).

Ein Rechtsmittel gegen den Streitwertfestsetzungsbeschluß des Bundesgerichtshofes oder des Bundespatentgerichts ist nicht gegeben (§ 99 Abs. 2 PatG).

Zu den für die Streitwertbestimmung maßgeblichen Gesichtspunkten vgl. BGH NJW 1957, 144 = GRUR 1957, 79; GRUR 1985, 511 ff. – Stückgutverladeanlage – und *Struif* GRUR 1985, 248 ff.

Zu den Gebühren des Bundesgerichtshofs vgl. § 110 Abs. 2 PatG. Obgleich der Bundesgerichtshof als Berufunggericht tätig wird, werden Gebühren der Revisionsinstanz berechnet.

7. Klage wegen Patentberühmung

An das
Landgericht
Zivilkammer (Patentkammer)[1]

Klage
der Firma A ......

Klägerin,

Prozeßbevollmächtigter: RA ......

gegen

die Firma B ......

Beklagte,

wegen Patentberühmung

Streitwert: vorläufig geschätzt DM ......[2]

Namens und in Vollmacht der Klägerin erhebe ich Klage und werde beantragen,
1. die Beklagte zu verurteilen,
der Klägerin Auskunft darüber zu geben, auf welches Patent, im Falle des Bestehens mehrerer Patente, auf welche Patente sich die Verwendung der Bezeichnung „Patente" bzw. „Patent" bezieht, die die Beklagte im Zusammenhang mit dem Vertrieb und dem Feilhalten von elektronischen Rechengeräten benutzt;
2. ......[3]
3. ......[3]

Begründung:

1. Die Parteien des Rechtsstreits sind Wettbewerber. Beide stellen her und vertreiben elektronische Rechengeräte.
2. Die Beklagte ist in jüngster Zeit dazu übergegangen, ihre Rechengeräte mit den Hinweisen auf das Bestehen von Patentschutz zu vertreiben. Derartige Hinweise sind in dem als Anlage 1 überreichten Prospekt der Beklagten enthalten, mit der diese für ihre elektronischen Rechengeräte Werbung treibt. Es findet sich in der Anlage 1 sowohl der Hinweis „Patent" als auch „Patente". Die Beklagte hat sich vorprozessual geweigert, der Klägerin auf die als Anlage 2 überreichte Anfrage mitzuteilen, um welches Patent bzw. welche Patente es sich handelt. Dementsprechend ist Klage geboten. Mit ihr wird der der Klägerin gemäß § 146 PatG zustehende Auskunftsanspruch geltend gemacht. Die Beklagte verwendet den Hinweis „Patent" bzw. „Patente" in öffentlichen Verlautbarungen, nämlich entsprechend der Anlage 1. Sie ist dementsprechend verpflichtet, jedem, der ein berechtigtes Interesse an der Kenntnis der Rechtslage hat, auf Verlangen Auskunft darüber zu geben, auf welches Patent bzw. welche Patente sich die Verwendung der Bezeichnung stützt. Die Klägerin verfügt infolge des bestehenden Wettbewerbsverhältnisses über ein berechtigtes Interesse an der den Gegenstand der Klage bildenden Auskunft[4].
3. Es handelt sich um eine patentrechtliche Auseinandersetzung, so daß sich die Zuständigkeit des angerufenen Gerichts aufgrund der Tatsache ergibt, daß die Beklagte ihren Sitz im Land ...... hat[5, 6].

Rechtsanwalt

Schrifttum: Hubbuch, Der Schutzhinweis, GRUR 1975, 481f.; *Geißler,* Patent und § 3 UWG, GRUR 1973, 506ff.; *Lambsdorff/Skora,* Die Werbung mit Schutzrechtshinweisen, 1977: *Lambsdorff/Hamm,* Zur wettbewerbsrechtlichen Zulässigkeit von Patent-Hinweisen, GRUR 1985, 244 ff.; *Bogler*, Werbung mit Hinweisen auf zukünftige oder bestehende Patente, DB 1992, 413.

Anmerkungen

1. Da die geltend gemachte Rechtsfolgenbehauptung ihre Grundlage in § 146 PatG findet, handelt es sich um eine Patentstreitsache im Sinne des § 143 Abs. 1 PatG.

2. Die Höhe des Streitwertes ist gemäß § 3 ZPO zu ermitteln. Maßgeblich sind einerseits das Auskunftsinteresse des Klägers, andererseits die Bedeutung der Patentberühmung und der sich daraus ergebende Wettbewerbsvorsprung des Beklagten. Regelmäßig liegt der Streitwert für eine Patentberühmungsklage in der Größenordnung von DM 10 000,–.

3. Im Hinblick auf die Anträge zu den Nebenentscheidungen vgl. Anträge III und IV in Form. II. M. 3.

4. Zu den Voraussetzungen des § 146 PatG vgl. den Wortlaut dieser Bestimmung sowie die Kommentierung bei *Benkard/Ullmann*, Anm. zu § 146 PatG.

5. Zur Zuständigkeit vgl. § 143 Abs. 2 PatG und die Ausführungen in Anm. 1 zu Form. II. M. 3.

6. Die Reaktionsmöglichkeiten für den Beklagten sind folgende:
a) Verfügt er tatsächlich über ein Patent und bezieht sich die Patentberühmung auf dieses, so ist er im Grundsatz zur Auskunft verpflichtet.
b) Verfügt der Beklagte nicht über eine entsprechende Patentanmeldung, so ist dies ebenfalls mitzuteilen. In einem solchen Fall sollte der Auskunftsverpflichtete zugleich auch eine strafbewehrte Unterlassungsverpflichtungserklärung abgeben, die den Gläubiger im Hinblick auf den wegen einer unzulässigen Patentberühmung gemäß §§ 1, 3 UWG gegebenen Unterlassungsanspruch klaglos stellt, da anderenfalls der Gläubiger nach erlangter Auskunft, daß kein Patent bzw. keine Patentanmeldung besteht, einen solchen Anspruch mit einiger Wahrscheinlichkeit geltend machen wird.
Zur Frage der Gebrauchsmusterberühmung vgl. § 30 Gebrauchsmustergesetz, der der Bestimmung des § 146 PatG entspricht. Zur Frage einer Geschmacksmusterberühmung vgl. Form. II. M. 17.

8. Hinweis auf das Bestehen eines Gebrauchsmusters[1]

Firma
B ......
– Geschäftsleitung –

Betr.: A ..../.   B ......
DE-GM ...... betreffend einen Gasflaschenkasten mit eingebauten Unterlegkeilen

Sehr geehrte Herren!

Hiermit zeige ich Ihnen an, daß mich die Firma A ...... mit der Wahrnehmung ihrer Interessen beauftragt hat. Namens und in Vollmacht[2] meiner Mandantin teile ich Ihnen das Folgende mit:

1. Meine Mandantin ist alleinige und ausschließliche Inhaberin des DE-GM ...... betreffend einen Gasflaschenkasten mit eingebauten Unterlegkeilen, insbesondere für Wohnwagen. Das Gebrauchsmuster ist am 30. April 1992 angemeldet und am 13. August 1992 eingetragen worden. Es steht in Kraft. Zu Ihrer Unterrichtung füge ich die Gebrauchsmusterschrift meinem Schreiben in der Anlage A bei.

2. Das Gebrauchsmuster meiner Mandantin befaßt sich mit einer möglichst zweckmäßigen Ausgestaltung von Gasflaschenkästen. Derartige Kästen werden insbesondere bei Wohnwagen benutzt. Insoweit liegt dem Gebrauchsmuster die Aufgabe zugrunde, Gas-

flaschenkästen herkömmlicher Art so zu verbessern, daß sie auch Unterlegkeile aufnehmen können, die für Wohnwagen benötigt werden, um diesen gesicherten Stand, beispielsweise auf abschüssiger Strecke, zu vermitteln. Zur Lösung dieser Aufgabe wird vorgeschlagen, die Unterlegkeile in dem Gasflaschenkasten unterzubringen und diesen dementsprechend so auszugestalten, daß an den Vorder- oder Hinterkanten des Gehäuses Einformungen oder den Einformungen entsprechende Öffnungen vorhanden sind, die die Unterlegkeile und deren Befestigungsvorrichtungen aufnehmen.

3. Nach Feststellung meiner Mandantin stellen Sie her und vertreiben ebenfalls Gasflaschenkästen, die so ausgestaltet sind, wie die den Gegenstand des Gebrauchsmusters meiner Mandantin bildende Raumform. Bitte teilen Sie mir mit, aufgrund welcher Gesichtspunkte Sie sich für berechtigt ansehen, in das Schutzrecht meiner Mandantin einzugreifen. Ich sehe Ihrer Stellungnahme bis zum
......[3]
entgegen, anderenfalls gehe ich davon aus, daß Ihnen keine rechtfertigenden Gründe zur Seite stehen.

Schrifttum: Vgl. die Hinweise zu Form. II. M. 1; die dort angeführten Kommentare enthalten in der Mehrzahl auch eine Erläuterung des Gebrauchsmustergesetzes; vgl. ferner *Bühring*, Gebrauchsmustergesetz, 3. Aufl. 1989; *Pietzcker* Das Gebrauchsmuster nach der Neuordnung des Patentgesetzes, GRUR 1982, 385 ff.; *Starck*, Gebrauchsmusterrecht – Bemerkungen zur neueren Entwicklung der Rechtsprechung, GRUR 1982, 5 ff.; *ders.*, Aktuelle Fragen des Gebrauchsmusterrechts nach der Neuordnung des Patentrechts, GRUR 1983, 401 ff.; *Tronser*, Auswirkungen des Produktpirateriegesetzes vom 7. März 1990 auf das Gebrauchsmusterrecht, GRUR 1991, 10 ff.

Im Hinblick auf die sich aus der Vereinigung der beiden Teile Deutschlands ab dem 3. Oktober 1990 geltenden Rechtsfolgen gelten die Ausführungen vor den Anmerkungen zu Form. II. M. 1.

Anmerkungen

1. Da es sich bei einem Gebrauchsmuster um ein ungeprüftes Schutzrecht handelt, ist die Verwarnung aus einem Gebrauchsmuster gegenüber derjenigen aus einem Patent besonders problematisch. Sie bedarf einer sorgfältigen Überprüfung insbesondere der Schutzfähigkeit des Gebrauchsmusters, um den unberechtigt Verwarnenden vor der Inanspruchnahme unter dem rechtlichen Gesichtspunkt des § 823 Abs. 1 BGB wegen eines rechtswidrigen Eingriffs in den eingerichteten und ausgeübten Gewerbebetrieb zu bewahren. (Vgl. dazu insbesondere Anm. 1 Form. II. M. 1). Das bestehende Risiko bei der Verwarnung aus einem ungeprüften Schutzrecht führt häufig dazu, daß zunächst der Versuch einer weiteren Aufklärung des Sachverhalts unternommen wird, indem unmittelbar an den möglichen Verletzer eine Anfrage gerichtet wird, weshalb er sich berechtigt glaube, von den Merkmalen des Gegenstandes des Gebrauchsmusters Gebrauch machen zu dürfen (sog. Berechtigungsanfrage). Da mit einer derartigen Anfrage kein unmittelbarer Druck auf die Entschließungsfreiheit des Inanspruchgenommenen ausgeübt wird, kann diese nicht als Eingriff in den eingerichteten und ausgeübten Gewerbebetrieb angesehen werden. Grundsätzlich ist freilich Vorsicht geboten. Die Abgrenzung zwischen Verwarnung und Hinweis ist oft schwierig. Zur Problematik der Abgrenzung vgl. *Bruchhausen*, Der Meinungsaustausch über Patentverletzungen, Mitteilungen der deutschen Patentanwälte 1969, 286, 290; ferner *Brandi-Dohrn* GRUR 1981, 679/682.

2. Der Übersendung einer Vollmachtsurkunde bedarf es regelmäßig nicht (vgl. Form. II. L. 1 Anm. 3 m. w. N.).

3. Auch bei einem Hinweisschreiben sollte dem Adressaten ausreichend Zeit und Gelegenheit gegeben werden, Stellung zu nehmen. Das liegt hier im besonderen Interesse des Hinweisenden, da auch er daran interessiert sein muß, diejenigen Gründe kennenzulernen, die möglicherweise das objektiv schutzrechtswidrige Verhalten rechtmäßig erscheinen lassen.

9. Gebrauchsmusterverletzungsklage

An das
Landgericht
Zivilkammer (Patentkammer)[1]

Klage
der Firma A ......

Klägerin,

– Prozeßbevollmächtigter: RA ......

gegen

die Firma B ......[2]

Beklagte,

wegen Gebrauchsmusterverletzung
Streitwert: vorläufig geschätzt DM ......[3]
Namens und in Vollmacht der Klägerin erhebe ich Klage und werde beantragen,
 I. die Beklagte zu verurteilen,
  1. es bei Meidung ...... zu unterlassen[4],
   in der Bundesrepublik Deutschland[5] Gasflaschenkästen, deren Gehäuse mit Befestigungsvorrichtungen für die Unterlegkeile von Wohnwagen oder dergleichen versehen sind, herzustellen, in den Verkehr zu bringen, anzubieten oder zu gebrauchen oder zu den genannten Zwecken einzuführen oder zu besitzen[6], bei denen das Gehäuse an den Vorder- oder Hinterkanten mit die Unterlegkeile und deren Befestigungsvorrichtungen aufnehmenden Öffnungen versehen ist[7],
   insbesondere, wenn die dem Radius angepaßten Seiten der Unterlegkeile dem Innenraum des Gehäuses zugewandt sind[8].
   (Ansprüche 1 und 2 des DE-GM ......);
  2. der Klägerin für die Zeit ab 26. Oktober 1992 Auskunft über die Herkunft und den Vertriebsweg der vorstehend unter I 1 beschriebenen Erzeugnisse zu erteilen, insbesondere unter Angabe der Namen und Anschriften der Hersteller, der Lieferanten und deren Vorbesitzer, der gewerblichen Abnehmer oder Auftraggeber sowie unter Angabe der Mengen, der hergestellten, ausgelieferten, erhaltenen oder bestellten Erzeugnisse[9];
  3. der Klägerin Rechnung darüber zu legen[10], in welchem Umfang die Beklagte die vorstehend unter I 1 bezeichneten Handlungen seit dem 26. Oktober 1992[8a] begangen hat, und zwar unter Vorlage eines Verzeichnisses mit der Angabe der Herstellungsmengen und -zeiten sowie der einzelnen Lieferungen unter Nennung
   a) der Liefermengen, Typenbezeichnungen, Artikel-Nummern, Lieferzeiten, Lieferpreise und Namen und Anschriften der Abnehmer,
   b) der Gestehungskosten unter Angabe der einzelnen Kostenfaktoren sowie des erzielten Gewinns
   und unter Angabe der einzelnen Angebote und der Werbung unter Nennung
   c) der Angebotsmengen, Typenbezeichnungen, Artikel-Nummern, Angebotszeiten und Angebotspreise sowie der Namen und Anschriften der Angebotsempfänger,
   d) der einzelnen Werbeträger, deren Auflagenhöhe, Verbreitungszeitraum und Verbreitungsgebiet,
   wobei
   e) der Beklagten vorbehalten bleiben mag[11], die Namen und Anschriften der Angebotsempfänger und der nicht gewerblichen Abnehmer statt der Klägerin einem von dieser zu bezeichnenden und ihr gegenüber zur Verschwiegenheit verpflichte-

ten vereidigten Wirtschaftsprüfer mitzuteilen, sofern die Beklagte die durch seine Einschaltung entstehenden Kosten trägt und ihn ermächtigt, der Klägerin auf Anfrage mitzuteilen, ob bestimmte Abnehmer und/oder Lieferungen in der erteilten Rechnung enthalten sind;

4. die im unmittelbaren oder mittelbaren Besitz oder Eigentum der Beklagten befindlichen Erzeugnisse entsprechend vorstehend 1 an einen von der Klägerin zu bezeichnenden Sequester zum Zwecke der Vernichtung auf Kosten der Beklagten herauszugeben[12];

II. festzustellen, daß die Beklagte verpflichtet ist, der Klägerin allen Schaden zu erstatten, der ihr aus den vorstehend zu I 1 bezeichneten und seit dem 26. Oktober 1992 begangenen[8a] Handlungen entstanden ist und künftighin entstehen wird[13,13a];

III. der Beklagten die Kosten des Rechtsstreits aufzuerlegen;

IV. das Urteil – gegebenenfalls gegen Sicherheitsleistung (Bank- oder Sparkassenbürgschaft) – für vorläufig vollstreckbar zu erklären;

hilfsweise der Klägerin nachzulassen, die Zwangsvollstreckung gegen Sicherheitsleistung (Bank- oder Sparkassenbürgschaft) abzuwenden[14].

Es handelt sich um eine gebrauchsmusterrechtliche Streitigkeit, so daß eine Übertragung auf den Einzelrichter nicht angezeigt erscheint[15].

......[16]

Begründung:

I.

1. Die Klägerin ist ausschließliche und allein verfügungsberechtigte Inhaberin des DE-GM ...... betreffend einen Gasflaschenkasten mit eingebauten Unterlegkeilen, insbesondere für Wohnwagen. Das Klagegebrauchsmuster ist am 30. April 1992 angemeldet[17] und am 13. August 1992 in die Gebrauchsmusterrolle beim Deutschen Patentamt eingetragen worden. Die Bekanntmachung im Patentblatt erfolgte am 26. September 1992[18]. Es steht in Kraft.

Beweis: Auskunft des Deutschen Patentamtes[19].

Wir überreichen – für das angerufene Gericht dreifach[20] – die Schrift des DE-GM ...... als Anlage 1.

Das Klagegebrauchsmuster befaßt sich mit einer möglichst zweckmäßigen Ausgestaltung von Gasflaschenkästen. Derartige Kästen werden insbesondere bei Wohnwagen benutzt, um die zur Befeuerung und Speisung der Gas-Feuerstelle dienenden Gasflaschen aufzunehmen. Vor dem Prioritätstag des Klagegebrauchsmusters lag es im Stand der Technik, derartige Gasflaschenkästen so auszugestalten, daß sie lediglich geeignet waren, die Gasflaschen und sonst nichts mehr aufzunehmen. Demgegenüber hat es sich der Erfinder des Klagegebrauchsmusters zur Aufgabe gemacht[21], Gasflaschenkästen so auszugestalten, daß sie auch Unterlegkeile aufnehmen können, die für Wohnwagen benötigt werden, um diesen auf abschüssigen Flächen einen gesicherten Stand zu vermitteln. Es war nämlich vor dem Prioritätstag des Klagegebrauchsmusters lediglich üblich gewesen, die Unterlegkeile im Wohnwagen selbst oder in einem außerhalb am Wohnwagen angebrachten Kasten unterzubringen. Das führte häufig dazu, daß die Unterlegkeile im Gefahrenfalle erst gesucht werden mußten. Des weiteren ist eine derartige Art der Unterbringung nachteilig, weil der Einbau eines Keilkastens aufwendig ist. Zur Beseitigung der geschilderten Nachteile wird im Klagegebrauchsmuster vorgeschlagen[22], die Unterlegkeile in dem Gasflaschenkasten unterzubringen und diesen dementsprechend so auszugestalten, daß an den Vorder- oder Hinterkanten des Gehäuses Einformungen oder den Einformungen entsprechende Öffnungen vorhanden sind, die die Unterlegkeile und deren Befestigungsvorrichtungen aufnehmen. In einer besonderen Ausführungsform[23] wird vorgeschlagen, Unterlegkeile so anzubringen, daß ihre dem Radius angepaßten Seiten dem Innenraum des Gehäuses zugewandt sind.

9. Gebrauchsmusterverletzungsklage II. M. 9

Mit Eingabe vom 30. 3. 1994 hat die Klägerin neue Schutzansprüche eingereicht, die an die Stelle der bisherigen Schutzansprüche entsprechend der Anlage 1 treten[24]. Ich überreiche die entsprechende Eingabe als Anlage 2.

Dementsprechend haben die hier interessierenden Ansprüche 1 und 2 des Klagegebrauchsmusters folgenden Wortlaut:

1. Gasflaschenkasten, dessen Gehäuse mit Befestigungsvorrichtungen für die Unterlegkeile von Wohnwagen oder dergleichen versehen ist, dadurch gekennzeichnet, daß das Gehäuse (1) an den Vorder- oder Hinterkanten mit die Unterlegkeile und deren Befestigungsvorrichtungen (3) aufnehmenden Einformungen (2) oder den Einformungen (2) entsprechenden Öffnungen versehen ist.
2. Gasflaschenkasten nach Anspruch 1, dadurch gekennzeichnet, daß die dem Radius angepaßten Seiten der Unterlegkeile dem Innenraum des Gehäuses (1) zugewandt sind.

2. Die Beklagte stellt her und vertreibt Gasflaschenkästen, die das Klageschutzrecht unmittelbar gegenständlich verletzen. Die Beklagte hat in der vorprozessualen Korrespondenz nicht bestritten, daß der von ihr in den Verkehr gebrachte Gasflaschenkasten ein Gehäuse mit Befestigungsvorrichtungen für die Unterlegkeile von Wohnwagen oder dergleichen aufweist, wobei das Gehäuse an den Vorder- und den Hinterkanten mit die Unterlegkeile und deren Befestigungsvorrichtungen aufnehmenden Öffnungen versehen ist[25].

Da die Beklagte erfolglos abgemahnt worden ist, ist Klage geboten. Mit ihr werden die der Klägerin infolge der Gebrauchsmusterverletzungshandlungen zustehenden Ansprüche geltend gemacht.

II.

1. Das Unterlassungsbegehren ist gemäß §§ 24 Abs. 1, 11 GebrMG begründet. Die Beklagte ist auch gemäß Klageantrag II auf der Grundlage des § 24 Abs. 2 GebrMG gegenüber der Klägerin zu Schadensersatz verpflichtet. Es kann von ihr nicht geleugnet werden, daß der Klägerin durch die Gebrauchsmusterverletzungshandlungen ein Schaden entstanden ist[26]. Des weiteren hat die Beklagte auch schuldhaft gehandelt. Die Beklagte ist verpflichtet, bestehende Schutzrechte zu beachten. Dabei ist die Klägerin zu Gunsten der Beklagten davon ausgegangen, daß dieser ein Prüfungszeitraum von ca. einem Monat zuzubilligen ist, gerechnet ab dem Veröffentlichungstag der Eintragung des Klagegebrauchsmusters.[27] Im übrigen ist sie auf die Schutzrechte der Klägerin ausdrücklich hingewiesen worden[28]. Da die Klägerin ohne nähere Kenntnis vom Umfang der Verletzungshandlungen ihren Schadensersatzanspruch nicht beziffern kann, ist die Beklagte gemäß § 242 BGB zu der mit Klageantrag I 3 verlangten Rechnungslegung verpflichtet[29]. Die bei der Klägerin zur Zeit bestehende Unsicherheit betreffend die Berechnungsgrundlagen ihres Schadensersatzanspruches rechtfertigt auch die Zulässigkeit des Schadensersatzfeststellungsbegehrens gemäß § 256 ZPO. Der mit Klageantrag I 2 geltend gemachte Auskunftsanspruch findet seine Grundlage in § 24b GebrMG, der Vernichtungsanspruch gemäß Klageantrag I 4 in § 24a GebrMG.
2. Die Zuständigkeit des angerufenen Gerichts ergibt sich daraus, daß die Beklagte ihre gebrauchsmusterverletzenden Gasflaschenkästen auch im Lande ...... anbietet und vertreibt (§ 27 Abs. 2 GebrMG)[30].

III.

Ich teile mit, daß die Klägerin neben ihren Prozeßbevollmächtigten
Herrn Patentanwalt ......
zur Mitwirkung in diesem Rechtsstreit bestellt hat[31].

Rechtsanwalt

Schrifttum: Vgl. die Hinweise zu Form. II. M. 1 und II. M. 8.

Anmerkungen

1. § 27 Abs. 1 und 2 GebrMG folgen der Regelung für Patentstreitsachen in § 143 PatG. Gemäß § 27 Abs. 1 GebrMG sind die Zivilkammern der Landgerichte für Gebrauchsmusterstreitsachen ohne Rücksicht auf den Streitwert ausschließlich zuständig. § 27 Abs. 2 GebrMG enthält eine Ermächtigung der Landesregierungen, die Zuständigkeit für Gebrauchsmusterstreitsachen auf ein Landgericht zu konzentrieren. Davon haben einige Bundesländer Gebrauch gemacht. Es gilt – in Übereinstimmung mit der Regelung in Patentsachen (vgl. Form. II. M. 3 Anm. 1) – folgende Regelung: Baden-Württemberg – LG Mannheim; Bayern – LGe München I und Nürnberg-Fürth; Hessen – LG Frankfurt; Niedersachsen – LG Braunschweig; Nordrhein-Westfalen – LG Düsseldorf; Rheinland-Pfalz – LG Frankenthal; Mecklenburg-Vorpommern – LG Rostock; Sachsen – LG Leipzig. § 27 Abs. 3 GebrMG bestimmt, daß sich die Parteien vor dem Gericht für Gebrauchsmustersachen auch durch Rechtsanwälte vertreten lassen können, die bei dem Landgericht zugelassen sind, vor das die Streitsache (Klage oder einstweilige Verfügung) ohne die Konzentration auf ein Gebrauchsmusterverletzungsgericht gehören würde. Die dadurch entstehenden Mehrkosten sind nicht erstattungsfähig (§ 27 Abs. 4 GebrMG). Die Kosten eines mitwirkenden Patentanwalts sind bis zur Höhe einer vollen Gebühr nach § 11 BRAGO zuzüglich notwendiger Auslagen erstattungsfähig, ohne daß im Einzelfall die Notwendigkeit der Hinzuziehung eines Patentanwaltes zu prüfen wäre (§ 27 Abs. 5 GebrMG).

2. Handelt es sich bei der Beklagten um eine Gesellschaft, so empfiehlt es sich regelmäßig, die Klage zur Erweiterung des Haftungszugriffs auf die verantwortlichen Geschäftsführer bei einer GmbH, gegebenenfalls die verantwortlichen Vorstandsmitglieder bei einer AG zu erstrecken. Vgl. dazu die Form. II. L. 11 und II. M. 3, jeweils Anm. 2

3. Die Höhe des Streitwertes bemißt sich maßgeblich nach den Interessen des Klägers, wobei – analog den Patentstreitigkeiten – sein Interesse im Vordergrund steht, daß der Beklagte die schutzrechtsverletzenden Handlungen in Zukunft unterläßt. Allgemeingültige Angaben zur Streitwerthöhe lassen sich nicht machen. Alles hängt vom Einzelfall ab. In Gebrauchsmusterverletzungsstreitigkeiten liegen die Streitwerte freilich regelmäßig in einer Größenordnung von ca. DM 100000,– bis DM 200000,–.

4. Zum Wortlaut der Strafandrohungsklausel vgl. Klageantrag I 1 sowie Anm. 4 in Form. II. M. 3.

5. Vgl. Anm. 11 zu Form. II. M. 1 und 5 zu Form. II. M. 3. Es könnte auch formuliert werden: „... im räumlichen Geltungsbereich des DE-GM ...".

6. Die Formulierung folgt dem Wortlaut des § 11 Abs. 1 GebrMG. Die Systematik des Gebrauchsmustergesetzes folgt derjenigen des Patentgesetzes, so daß auf Form. II. M. 1 Anm. 12 und die dort erörterten Tathandlungen verwiesen werden kann.

7. Sogenannte Konkretisierung der Verletzungshandlung, die gem. § 253 Abs. 2 Nr. 2 ZPO erforderlich ist. Zu Einzelheiten vgl. Form. II. M. 3 Anm. 8; die dortigen Ausführungen lassen sich auf den Fall einer Gebrauchsmusterverletzung übertragen. In Gebrauchsmusterverletzungsstreitigkeiten gilt freilich die Besonderheit, daß bei einem Gebrauchsmuster die Schutzansprüche keinesfalls diejenige Rolle spielen wie bei einem Patent (vgl. BGH GRUR 1957, 270 – Unfallverhütungsschuh). Sie können daher – in einem beschränkten Rahmen – durch nachträgliche Eingaben geändert werden (vgl. Anm. 24).

8. Der Klageantrag I 1 verbindet Haupt- und Unteranspruch des Klagegebrauchsmusters mit dem Wort „insbesondere". Vgl. zu dieser Formulierung Form. II. L. 10 Anm. 6. Auch in Gebrauchsmusterrechtsstreitigkeiten sind derartige Formulierungen häufig, um im Falle der Feststellung der Schutzunfähigkeit des Gegenstandes des Hauptanspruches durch Hinzunahme eines besonderen zusätzlichen Ausgestaltungsmerkmales eines Unteranspruches ein „Minus" zu erhalten, das das Gericht im Falle der Abweisung des weiterge-

henden Antrages zuerkennen kann, indem es das Wort „insbesondere" im Urteilstenor streicht.

8 a. Analog einer Patentverletzung ist auch bei einer Gebrauchsmusterverletzung ein Prüfungszeitraum einzuräumen (vgl. Form. II. M. 1. Anm. 15), der vernünftigerweise erst ab Bekanntmachung der Gebrauchsmustereintragung im Patentblatt zu laufen beginnen kann, obgleich die Schutzwirkungen des Gebrauchsmusters schon mit der Eintragung beginnen (§§ 11, 24 GebrMG).

9. Antrag gemäß § 24b GebrMG. Diese Bestimmung ist durch das Produktpirateriegesetz gleichlautend in das Gebrauchsmustergesetz, das Patentgesetz, das Geschmacksmustergesetz, das Urhebergesetz und das Markengesetz mit Wirkung zum 1. Juli 1990 eingefügt worden. Zu Einzelheiten vgl. Form. II. M. 1. Anm. 5, 13 und Form. II. M. 3. Anm. 9.

10. Es handelt sich um die tatsächlichen Angaben, auf deren Mitteilung der Gebrauchsmusterinhaber als Inhaber eines Ausschließlichkeitsrechts nach allgemeiner Auffassung einen Anspruch hat, um seinen Schaden berechnen zu können. Zu Einzelheiten vgl. Form. II. M. 1. Anm. 14 bis 17.

11. Zum Wirtschaftsprüfervorbehalt gelten die Ausführungen wie in Form. II. M. 1. Anm. 17 und Form. II. M. 3. Anm. 10, 11.

12. Der mit diesem Klageantrag geltend gemachte Vernichtungsanspruch beruht auf § 24a GebrMG, der ebenso wie der Auskunftsanspruch des § 24b GebrMG (vgl. Anm. 9) in dieses wie auch in weitere Gesetze betreffend Sonderausschließkeitsrechte zum 1. Juli 1990 eingefügt worden ist (vgl. zu Einzelheiten Form. II. M. 1. Anm. 6, 9 und 18; zur Antragsformulierung vgl. Form. II. M. 3. Anm. 13).

13. Zur Zweckmäßigkeit der Verbindung von Rechnungslegungsantrag und Schadensersatzfeststellungsbegehren vgl. Form. II. M. 3 Anm. 15.

13 a. Zu sämtlichen Anträgen vgl. insbesondere die Anmerkungen und Hinweise zu den Antragsformulierungen und erforderlichen Substantiierungspflichten in Form. II.M.3.

14. Kosten- und Vollstreckungsanträge sind zwar entbehrlich, da diese Nebenentscheidungen von Amts wegen zu treffen sind. Die Anträge werden aber nach wie vor in der Praxis gestellt.

15. Stellungnahme gemäß § 253 Abs. 3, § 348 Abs. 1 Nr. 1 ZPO.

16. Vgl. die Ausführungen in Form. II. M. 3 Anm. die für den Gebrauchsmusterverletzungsprozeß in Hinblick auf die Aktivlegitimation ebenfalls gelten.

17. Die Mitteilung des Anmeldetages ist erforderlich für die Berechnung der drei – und nach Verlängerung um weitere 3 und zweimal 2 Jahre – insgesamt 10jährigen Schutzdauer des Gebrauchsmusters (§ 23 Abs. 1 und 2 und 6 S. 1 GebrMG). Der Anmeldetag hat als sogenannter Prioritätstag auch Bedeutung für die Beurteilung der Schutzfähigkeit der als Gebrauchsmuster angemeldeten Raumform. Sie bemißt sich nach dem Stand der Technik und dem Fachwissen zum Zeitpunkt der Anmeldung. Zur Prioritätsverlagerung bei Inanspruchnahme der sogenannten Unionspriorität vgl. Artikel 4 der „Pariser Verbandsübereinkunft zum Schutz des gewerblichen Eigentums" vom 20. 3. 1883 und Form. II. M 3 Anm. 15.

18. Die Mitteilung dieses Datums ist für die Ermittlung der sogenannten Karenzzeit wichtig. Vgl. dazu Anm. 8 a.

19. Der Beweisantritt wird selten praktisch. Die beim Deutschen Patentamt geführte Gebrauchsmusterrolle ist ein öffentliches Register, in das jedermann Einsicht nehmen kann. Regelmäßig werden die Erteilungsakten des Klagegebrauchsmusters auf Antrag des Beklagten hin beigezogen und ihm zur Einsichtnahme zugänglich gemacht. Vgl. für einen solchen Antrag Form. II. M. 10.

20. Es hat sich als zweckmäßig erwiesen, für jedes Mitglied des Verletzungsgerichts die Gebrauchsmusterschrift zu überreichen (vgl. Form.II. M. 3 Anm. 23).

21. Der Aufbau einer Gebrauchsmusterverletzungsklage erfolgt im wesentlichen wie eine Patentverletzungsklage (vgl. dazu Form. II. M. 3). Es empfiehlt sich, kurz den Inhalt der Klagegebrauchsmusterschrift wiederzugeben, um das angerufene Gericht in die technische Problematik einzuführen. Insbesondere kommt es darauf an, die erfindungsgemäße Raumform des Gebrauchsmusters vorzustellen. Eine Erfindung setzt sich aus einer *Aufgabe* (dem technischen Problem) und deren *Lösung* zusammen. Die nachfolgenden Ausführungen im Formular beschreiben die Aufgabe.

22. Auseinandersetzung mit der Lösung der Aufgabe.

23. Die im Formular bezeichnete „besondere Ausführungsform" bezieht sich auf einen Unteranspruch (vgl. dazu Form. II. M. 3 Anm. 24).

24. Bei einem Gebrauchsmuster handelt es sich um ein ungeprüftes Schutzrecht. Dementsprechend kommt es zur Ermittlung seines Schutzumfanges nicht so sehr auf den Wortlaut der Ansprüche an wie bei einem Patent (vgl. BGH GRUR 1957, 270 – Unfallverhütungsschuh). Daher begegnet es rechtlich keinen Bedenken, wenn der Gebrauchsmusterinhaber im nachhinein den Wortlaut der ursprünglich eingereichten Schutzansprüche durch einen anderen ersetzt, sofern die geänderte Fassung der Schutzansprüche eine Raumform beschreibt, die in den ursprünglichen Anmeldungsunterlagen ausreichend offenbart ist (vgl. BGH GRUR 1964, 433 – Christbaumbehang I mit Anm. *Reimer*). Des weiteren gilt in Gebrauchsmusterrechtsstreitigkeiten die Besonderheit, daß der Verletzungsrichter entgegen der Bindung, die bei einem Patent besteht (vgl. dazu Form. II. M. 5 Anm. 4), die Schutzfähigkeit des Gebrauchsmusters selbst überprüfen und dabei seinen Schutzumfang selbst festlegen muß (Ausnahme: es ist ein Löschungsantrag anhängig, vgl. Form. II. M. 12 und Form. II. M. 11 Anm. 3), wobei wiederum nicht auf den Wortlaut der eingereichten Schutzansprüche, sondern auf den gesamten Inhalt der Anmeldung, dh. insbesondere auf die Beschreibung abzustellen ist.
Hinweis: Durch das Produktpirateriegesetz vom 7. März 1990 ist § 12a GebrMG eingefügt worden. Dieser bestimmt den Schutzumfang eines Gebrauchsmusters in wörtlicher Übereinstimmung mit § 14 PatG betreffend das Patent. Es bleibt daher abzuwarten, ob die bisherige großzügige Rechtsprechung im Hinblick auf die geringere Bedeutung des Wortlauts der Ansprüche eines Gebrauchsmusters aufrechterhalten bleibt. Dazu kritisch *Benkard/Ullmann*, Rdn. 2 zu § 12a GebrMG, der allerdings aaO. Rdn. 4 die Entscheidung BGH GRUR 1957, 270 – Unfallverhütungsschuh – weiterhin zugrundelegt.

25. Da es sich um einen einfachen Sachverhalt handelt, ist im Formular von einer sogenannten Merkmalsanalyse Abstand genommen worden. Bei der Beurteilung schwieriger Fälle ist eine solche Analyse zweckmäßig. Ein Beispiel zeigt Form. II. M. 3.

26. Vgl. Form. II. M. 3 Anm. 33.

27. Zum Verschulden vgl. *Benkard/Rogge* PatG, Rdn. 7 ff. zu § 22 GebrMG.

28. Zum Rechnungslegungsbegehren vgl. Anm. 10, Form. II. M. 1 Anm. 14 und 15.

29. Zur Zuständigkeit vgl. Anm. 1. Anzugeben ist jeweils das Bundesland, in dem Verletzungshandlungen vorgekommen sind.

30. Ebenso wie in Patentverletzungsstreitigkeiten empfiehlt sich regelmäßig auch in Gebrauchsmusterrechtsstreitigkeiten die Hinzuziehung eines Patentanwaltes, dessen Mitwirkung angezeigt wird. Zur Erstattung der Kosten eines Patentanwalts vgl. oben Anm. 1.

31. Der gebrauchsmusterrechtliche Unterlassungsanspruch ist bei Vorliegen besonderer Voraussetzungen auch im Verfügungsverfahren gerichtlich durchsetzbar. Unter Beachtung, daß es sich bei einem Gebrauchsmuster um ein nicht geprüftes Recht handelt, gelten die gleichen Grundsätze wie bei einer einstweiligen Verfügung in einer patentrechtlichen Streitigkeit (vgl. Form. II. M. 3 Anm. 43 und 44). Es besteht Anlaß, gerade im Zusammenhang mit gebrauchsmusterrechtlichen Verfügungsverfahren auf das Schadensersatzrisiko des § 945 ZPO hinzuweisen.

10. Formelle Klageerwiderung auf eine Gebrauchsmusterverletzungsklage II. M. 10

Kosten und Gebühren

Vgl. die Hinweise zu Form. II. M. 3. Das dort Ausgeführte gilt auch für Gebrauchsmusterrechtsschutzstreitigkeiten, da § 27 GebrMG eine inhaltsgleiche Regelung wie § 143 PatG trifft. In § 26 GebrMG ist eine Streitwertherabsetzung vorgesehen.

10. Formelle[1] Klageerwiderung auf eine Gebrauchsmusterverletzungsklage

An das
Landgericht
Zivilkammer[2]

In Sachen
......[3]

zeige ich an, daß ich die Beklagte vertrete. Namens und in Vollmacht der Beklagten werde ich beantragen,
1. die Klage abzuweisen,
2. ......[4]

Des weiteren beantrage ich,
die Akten des DE-GM ...... beizuziehen und der Beklagten für die Dauer einer ihr noch zu bestimmenden Schriftsatzfrist zugänglich zu machen[5].
Es handelt sich um eine Gebrauchsmusterverletzungsstreitigkeit, so daß eine Übertragung auf den Einzelrichter nicht angezeigt erscheint[6].

                                                                  Rechtsanwalt

Anmerkungen

1. Zur Bedeutung einer formellen Klageerwiderung vgl. Form. II. M. 4 und Anm. 1 aaO.

2. Zur Zuständigkeit vgl. Form. II. M. 8 Anm. 1. Es gelten auch hier die Ausführungen in Anm. 3 zu Form. II. M. 4.

3. Zur Ausgestaltung des Rubrums vgl. beispielsweise Form. II. M. 4.

4. Zu den Anträgen vgl. Form. II. M. 4.

5. Das Recht der Akteneinsicht ist in § 8 Abs. 5 GebrMG geregelt.

6. Stellungnahme gem. § 271 Abs. 3 ZPO.

11. Materielle Klageerwiderung
auf eine Gebrauchsmusterverletzungsklage mit Aussetzungsantrag

An das
Landgericht
Zivilkammer[1]

In Sachen
......[2]
werde ich des weiteren beantragen,
den Rechtsstreit bis zur rechtskräftigen Erledigung des gegen das Deutsche Gebrauchsmuster ...... erhobenen Löschungsantrags auszusetzen[3].

Zur
                    Begründung

des vorstehenden Antrags sowie der diesseitigen Anträge auf Klageabweisung im Schriftsatz vom ...... trage ich das Folgende vor:
......[4]
                                                                    Rechtsanwalt

Anmerkungen

1. Zur Zuständigkeit vgl. Form. II. M. 10 Anm. 2.

2. Zum Rubrum vgl. zB. Form. II. M. 4.

3. Zur Ausgestaltung eines Gebrauchsmusterlöschungsantrages vgl. das nachfolgende Form. II. M. 12. Zur Frage der Aussetzung wegen eines Löschungsantrages vgl. die gesetzliche Regelung in § 19 GebrMG. Ihr liegt folgender Regelungsgehalt zugrunde:
Bei einem bekanntgemachten oder erteilten Patent, ist der Verletzungsrichter an den rechtsgestaltenden Verwaltungsakt der Patenterteilung gebunden. Dementsprechend sind Zweifel im Hinblick auf die Patentfähigkeit im Patentverletzungsprozeß nur im Zusammenhang mit der Frage, ob im Hinblick auf eine Nichtigkeitsklage oder ein Einspruchsverfahren gegen das Klagepatent eine Aussetzung geboten erscheint, beachtlich. Beim Gebrauchsmuster hingegen handelt es sich um ein ungeprüftes Schutzrecht. Dementsprechend kann der Beklagte im Gebrauchsmusterverletzungsprozeß selbst fehlende Schutzfähigkeit des Gebrauchsmusters einwenden. Das Verletzungsgericht hat die Schutzvoraussetzungen des Gebrauchsmusters selbständig zu überprüfen. Im Gegensatz zu einem Patentverletzungsprozeß ist daher der Beklagte, will er fehlende Schutzfähigkeit des Gebrauchsmusters einwenden, nicht gezwungen, einen – gesonderten – Löschungsantrag (beim Bundespatentamt) anhängig zu machen. Die Praxis zeigt freilich, daß sich ein derartiger Antrag, soweit für ihn Erfolgsaussicht besteht, empfiehlt. § 19 S. 1 GebrMG stellt insoweit klar, daß es im *Ermessen* des Gerichtes steht, den Verletzungsprozeß bis zur Entscheidung über den Löschungsantrag auszusetzen. Gemäß § 19 S. 2 GebrMG besteht freilich eine richterliche Pflicht zur Aussetzung, wenn das Gericht die Gebrauchsmustereintragung für unwirksam hält. Gemäß § 19 Satz 3 GebrMG ist das Verletzungsgericht an die einen Löschungsantrag zurückweisende Entscheidung nur gebunden, wenn sie zwischen denselben Parteien ergangen ist.

4. Der Aufbau einer Klageverteidigung im Gebrauchsmusterverletzungsprozeß folgt demjenigen einer Verteidigung gegen eine Patentverletzungsklage. Zur Vermeidung von Wiederholungen wird dazu auf Form. II. M. 5 verwiesen.

12. Gebrauchsmusterlöschungsantrag

Deutsches Patentamt
Gebrauchsmusterabteilung[1]

Antrag
des ......[2]

                                                      Antragstellers,

Verfahrensbevollmächtigter: ......

gegen

......[3]

                                                      Antragsgegners,

wegen Löschung des Gebrauchsmusters ......

Es wird beantragt,
1. das DE-GM ...... in vollem Umfang zu löschen[4];
2. dem Antragsgegner die Kosten des Löschungsverfahrens aufzuerlegen[5].
Die amtliche Gebühr in Höhe von DM ...... ist in Gebührenmarken beigefügt[6]. Gleichzeitig füge ich eine auf mich lautende Vollmacht bei[7].

                             Begründung:

vgl. Form. II. M. 6   Rechtsanwalt/Patentanwalt

Anmerkungen

1. Die Löschungsgründe für ein Gebrauchsmuster sind in § 15 Abs. 1 GebrMG aufgeführt. Es sind dies die fehlende Schutzfähigkeit gemäß §§ 1 bis 3 GebrMG, die Wesensgleichheit mit einem früheren Patent oder Gebrauchsmuster (§ 15 Abs. 1 Nr. 2 GebrMG), die unzulässige Erweiterung (§ 15 Abs. 1 Nr. 3 GebrMG) und die widerrechtliche Entnahme (§ 15 Abs. 2 in Verbindung mit § 13 Abs. 2 GebrMG).

2. Aktivlegitimiert ist in den Fällen des § 15 Abs. 1 GebrMG jedermann (vgl. §§ 15 Abs. 1, 16 GebrMG), im Falle der widerrechtlichen Entnahme nur der Verletzte (§ 15 Abs. 2 GebrMG).

3. Der Löschungsantrag richtet sich gegen den als Inhaber Eingetragenen (§ 17 Abs. 1 GebrMG).

4. Das Verfahren unterliegt weitgehend der Parteidisposition. Es ist ein bestimmter Antrag zu stellen (§ 16 Satz 1 GebrMG). Dieser kann auch auf Teillöschung des Gebrauchsmusters lauten (§ 15 Abs. 3 GebrMG). Die Prüfungskompetenz des Deutschen Patentamtes ist auf den geltend gemachten Löschungsgrund beschränkt (vgl. BPatG GRUR 1981, 908 – Brustprothese). Gemäß § 17 Abs. 1 GebrMG teilt das Patentamt dem Inhaber des Gebrauchsmusters den Antrag mit und fordert ihn gleichzeitig auf, sich dazu innerhalb einer Frist von einem Monat zu erklären. Widerspricht der Gebrauchsmusterinhaber nicht rechtzeitig, erfolgt die Löschung (§ 17 Abs. 1 Satz 2 GebrMG). Widerspricht der Gebrauchsmusterinhaber, so tritt das Patentamt in das Löschungsverfahren nach Maßgabe des § 17 Abs. 2 bis 4 GebrMG ein. Es findet eine mündliche Verhandlung statt (§ 17 Abs. 3 GebrMG), nach deren Schließung ein Beschluß über den Löschungsantrag ergeht. Dieser enthält auch eine Kostenentscheidung (§ 17 Abs. 4 GebrMG).

5. Die Kostenentscheidung ist durch das Patentamt gemäß § 17 Abs. 4 Satz 2 GebrMG i. V. m. § 34 Abs. 2 Satz 2 PatG zu treffen. Die letztgenannte Vorschrift bezieht sich auf §§ 91 ff. ZPO, läßt jedoch die Möglichkeit, nach billigem Ermessen eine abweichende Regelung zu treffen. Das Patentamt ist daher nicht zwingend an die Regelung der §§ 91 ff. ZPO gebunden. Grundsätzlich entspricht es jedoch billigem Ermessen, diese Grundsätze entsprechend anzuwenden.

6. Die Höhe der Amtsgebühr ergibt sich aus dem Gebührenverzeichnis entsprechend der Anlage zum Gesetz über die Gebühren des Patentamtes und des Patentgerichtes (*Schönfelder* Nr. 76), dort Nr. 123600. Die Einzahlung der Gebühr ist gem. § 16 S. 3 GebrMG Antragswirksamkeitsvoraussetzung; bei Nichtzahlung der Gebühr gilt der Antrag als nicht gestellt.

7. Das Löschungsverfahren ist in §§ 16 f. GebrMG nur in seinen Grundzügen geregelt. Der Nachweis einer Vertretervollmacht ist ein allgemein (insbesondere auch im Verwaltungsverfahren) geltendes Erfordernis (vgl. § 14 Abs. 1 S. 2 VwVfG).

8. Der Löschungsantrag erfordert eine Begründung (§ 16 S. 2 GebrMG). Diese unterscheidet sich im wesentlichen nicht von einer Begründung beispielsweise einer Patentnichtigkeitsklage. Darauf kann zur Vermeidung von Wiederholungen verwiesen werden (vgl. Form. II. M. 6).

Kosten und Gebühren

Vgl. das Gesetz über die Gebühren des Patentamts und des Patentgerichts (Schönfelder Nr. 76). Danach wird für die erste Instanz und für das Beschwerdeverfahren grds. kein Streitwert festgesetzt, sondern es kommen die Gebühren des Verzeichnisses (Nrn. 123600, 224120) in Ansatz. Eine Streitwertfestsetzung erfolgt nur bei Mitwirkung eines Rechtsanwaltes. Vgl. dazu „Kosten und Gebühren" zu Form. II. M. 6 und *Benkard/Ullmann* PatG, Rdn. 15 ff., 28 zu § 17 GebrMG.

Fristen und Rechtsmittel

Nach Eingang des Löschungsantrags teilt das Bundespatentamt dem Gebrauchsmusterinhaber diesen mit und fordert ihn auf, sich dazu innerhalb eines Monats (durch Widerspruch) zu erklären. Widerspricht er nicht, wird das Gebrauchsmuster gelöscht (§ 17 Abs. 1 GebrMG).

Gegen die Entscheidung des Patentamtes über den Löschungsantrag ist die Beschwerde an das Bundespatentgericht statthaft (§ 18 Abs. 1 GebrMG), für die eine Frist von einem Monat nach Zustellung gilt (§ 18 Abs. 3 GebrMG iVm § 73 Abs 2 S. 1 PatG). Die Beschwerde ist beim Patentamt einzulegen und es ist ggf. eine Beschwerdegebühr zu entrichten (§ 18 Abs. 2 GebrMG; vgl. Einzelheiten bei *Benkard/Schäfer* PatG, Rdnr. 1 ff. zu § 18 GebrMG).

Geschmacksmusterrecht

13. Abmahnung[1] wegen Verletzung eines Geschmacksmusters

Firma B ......
z. H. der Geschäftsleitung

Betr.: A ..../. B ......
Geschmacksmuster

Sehr geehrte Herren!

Die Firma A. ...... hat mich mit der Wahrnehmung ihrer Interessen beauftragt. Namens und in Vollmacht[2] meiner Mandantin teile ich Ihnen das Folgende mit:

1. Meine Mandantin ist alleinige und ausschließlich berechtigte Inhaberin des beim Deutschen Patentamt[3] am ...... angemeldeten[4] und am ...... eingetragenen[5] Geschmacksmusters betreffend eine Sitzschale aus Kunststoff. Die Bekanntmachung[6] ist ebenfalls schon am ...... erfolgt. Ich füge zu Ihrer Unterrichtung als Anlage A die Kopie der Geschmacksmustereintragungsakten einschließlich der niedergelegten beiden Abbildungen der Sitzschale meiner Auftraggeberin bei[7]. Sie können daraus ersehen, daß der Gesamteindruck der hier interessierenden Sitzschale durch die Kombination folgender Merkmale[8] begründet wird:
   a) Die Krümmung des Sitz- und Lehnenbereichs erfolgt stetig und ohne Unterbrechung,
   b) entlang den beiden Längsseiten der seitlichen konkaven Vorwärtswölbungen der Sitzfläche befinden sich deutliche Fasen, die ihre größte Breite am Übergang von Sitz und Lehne haben und sowohl nach vorn als auch nach oben jeweils spitzwinklig auslaufen,
   c) die Außenseitenflächen wirken im wesentlichen eben und sind zu den Fasen kantig abgewinkelt und verlaufen ungefähr rechtwinklig zum Längsmittelbereich des Sitzes und der Lehne, wobei die rechtwinklig zu den Kanten verlaufenden Linien dieser Seitenflächen ungefähr gerade sind und diese Seitenflächen sich vom Übergangsbereich Sitz/Lehne nach oben und nach vorn stetig verjüngen,
   d) die Breite der Lehne nimmt vom Übergangsbereich Sitz/Lehne in aufwärtiger Richtung linear ab und schließt dann zu dem oberen Rand der Lehne führende Rundungen an, die stetig in den schwach konvex gewölbten oberen Rand der Lehne übergehen.

   Die den Gegenstand des Geschmacksmusters meiner Mandantin bildende Sitzschale ist geschmacksmusterschutzfähig. Insbesondere sind die Voraussetzungen der Neuheit und der Eigentümlichkeit gegeben. Aufgrund Ihrer langjährigen Tätigkeit auf dem hier betreffenden Gebiet der Herstellung und des Vertriebes von Stühlen und Sitzschalen werden Sie ohne weiteres bestätigen können, daß es bisher keine Schale auf dem Markt gegeben hat, die in ihren Gestaltungsmerkmalen mit dem Erzeugnis meiner Auftraggeberin vergleichbar wäre[9].

2. Meine Auftraggeberin hat die Feststellung treffen müssen, daß Sie seit kurzer Zeit eine Sitzschale herstellen und vertreiben, die aufgrund ihrer äußeren Übereinstimmung mit dem niedergelegten Modell als dessen Nachbildung anzusehen ist[10]. Mit der Herstellung und dem Vertrieb dieser Nachbildung greifen Sie in die Geschmacksmusterrechte meiner Mandantin ein. Ich habe Sie daher zur Vermeidung einer gerichtlichen Auseinandersetzung aufzufordern, sich gegenüber meiner Mandantin zu meinen Händen bis zum ......[11]
zu verpflichten,

a) es bei Meidung einer für jeden Fall der Zuwiderhandlung fälligen Vertragsstrafe[12] in Höhe von DM 10001,– (in Worten: Deutsche Mark zehntausendundeine) zu unterlassen[13],
im Bereich der Bundesrepublik Deutschland[14] Sitzschalen für Stühle herzustellen, feilzuhalten oder in den Verkehr zu bringen[15], die nach Maßgabe der folgenden Abbildungen gestaltet sind und somit folgende Gestaltungsmerkmale aufweisen
(a') ......
(b') ......
(c') ......
(d') ......
(Es folgen Fotos des Verletzungsgegenstandes)[16];
b) meiner Mandantin Auskunft[17] über die Herkunft und den Vertriebsweg der vorstehend unter a) beschriebenen Erzeugnisse zu erteilen, insbesondere unter Angabe der Namen und Anschriften der Hersteller, der Lieferanten und deren Vorbesitzer, der gewerblichen Abnehmer oder Auftraggeber sowie unter Angabe der Mengen der hergestellten, ausgelieferten, erhaltenen oder bestellten Erzeugnisse;
c) meiner Mandantin darüber Rechnung[18] zu legen, in welchem Umfang Sie die vorstehend unter a) bezeichneten Handlungen begangen haben, und zwar unter Vorlage eines Verzeichnisses mit der Angabe der Herstellungsmengen und -zeiten sowie der einzelnen Lieferungen unter Angabe

aa) der Liefermengen, Typenbezeichnungen, Artikel-Nummern, Lieferzeiten, Lieferpreise und Namen und Anschriften der Abnehmer,
bb) der Gestehungskosten unter Angabe der einzelnen Kostenfaktoren sowie des erzielten Gewinns
und unter Angabe der einzelnen Angebote und der Werbung unter Nennung
cc) der Angebotsmengen, Typenbezeichnungen, Artikel-Nummern, Angebotszeiten und Angebotspreise sowie der Namen und Anschriften der Angebotsempfänger,
dd) der einzelnen Werbeträger, deren Auflagenhöhe, Verbreitungszeitraum und Verbreitungsgebiet
wobei
ee) Ihnen vorbehalten bleiben mag[19], nach Ihrer Wahl die Namen und Anschriften der Angebotsempfänger und der nicht gewerblichen Abnehmer statt meiner Mandantin einem von dieser zu bezeichnenden und ihr gegenüber zur Verschwiegenheit verpflichteten vereidigten Wirtschaftsprüfer mitzuteilen, sofern Sie dessen Kosten tragen und ihn ermächtigen, meiner Mandantin auf Anfrage mitzuteilen, ob eine bestimmte Lieferung oder der Name oder die Anschrift eines bestimmt bezeichneten Liefer- oder Angebotsempfängers in der erteilten Rechnung enthalten ist;

d) die in Ihrem unmittelbaren oder mittelbaren Besitz oder Eigentum befindlichen Erzeugnisse entsprechend vorstehend a) zu vernichten oder nach Ihrer Wahl an einen von meiner Mandantin zu bezeichnenden Treuhänder zum Zwecke der Vernichtung auf Ihre Kosten herauszugeben[20];
e) meiner Auftraggeberin allen denjenigen Schaden zu erstatten, der ihr aus den vorstehend unter a) bezeichneten Handlungen entstanden ist und künftighin entstehen wird[21];
f) meiner Mandantin die durch meine Einschaltung entstandenen Kosten auf der Grundlage eines Gegenstandswertes von DM ...... in Höhe einer 7,5zehntel Rechtsanwaltsgebühr zuzüglich Auslagen und Mehrwertsteuer (insgesamt DM ......) zu erstatten[22, 23].
Ihre Verpflichtungen zur Unterlassung sowie zu Schadensersatz finden ihre Grundlage in § 14a Abs. 1 Satz 1 GeschmMG. Der Anspruch meiner Mandantin auf Rechnungslegung ist in gewohnheitsrechtlicher Anwendung des § 242 BGB sowie der Rechtsregeln betreffend die auftraglose Geschäftsführung begründet. Der vorstehend ebenfalls gel-

tend gemachte Auskunftsanspruch betreffend Angaben über den Vertriebsweg und etwaige Vorbesitzer findet seine Grundlage in § 101a UrhG in Verbindung mit § 14a Abs. 3 GeschmMG. Gemäß § 98 UrhG in Verbindung mit § 14a Abs. 3 GeschmMG kann meine Mandantin schließlich auch verlangen, daß alle rechtswidrig hergestellten, verbreiteten oder zur rechtswidrigen Verbreitung bestimmten Vervielfältigungsstücke, die in Ihrem Besitz oder in Ihrem Eigentum stehen, vernichtet werden. Zur Kostenerstattung sind Sie sowohl unter dem rechtlichen Gesichtspunkt des Schadensersatzes als auch unter demjenigen der auftraglosen Geschäftsführung verpflichtet[24].

Sollten Sie die Ihnen gesetzte Frist ungenutzt verstreichen lassen, gehe ich davon aus, daß Sie einem gerichtlichen Austrag den Vorzug geben und werde meiner Mandantin empfehlen, gerichtliche Hilfe in Anspruch zu nehmen[25].

Schrifttum: Eichmann/von Falckenstein, GeschmMG, 1988; *Furler,* GeschmMG, 4. Aufl. 1985, neu bearbeitet von *Bauer* und *Loschelder; von Gamm,* GeschmMG, 2. Auflage 1989; *Gerstenberg,* GeschmMG – Kommentar für die Anmelde- und Prozeßpraxis, 2. Aufl. 1988; *Nirk/Kurtze,* GeschmMG, 1989.

Aufsätze und Monografien zum Geschmacksmusterrecht; Eichmann, Der Schutzumfang von Geschmacksmustern, GRUR 1982, 651 ff.; *Erdmann,* Neue höchstrichterliche Rechtsprechung zum Urheberrecht und Geschmacksmusterrecht, 1985 (RWS-Skript 152); *von Falkenstein,* Das Geschmacksmuster-Eintragungsverfahren, gegenwärtiger Stand, GRUR 1991, 98 ff.; *ders.,* Das neue Geschmacksmusterrecht, GRUR 1989, 631 ff.; *von Gamm,* Entwicklungen und Reformvorschläge zum Geschmacksmusterrecht, GRUR 1985, 889 ff.; *Gerstenberg,* Neue Rechtsprechung zum Geschmacksmusterrecht, GRUR 1981, 567 ff.; *ders.,* Zum Schutzumfang eines Geschmacksmusters, GRUR 1981, 15 ff.; *Kelbel,* Der Schutz typographischer Schriftzeichen, GRUR 1982, 79 ff.; *ders.,* Der Schutz typographischer Schriftzeichen, 1984; *Schliebs,* Merkmalanalyse und Schutz der Unterkombination eines Geschmacksmusters, GRUR 1979, 685 ff.; *von Falkenstein/Richter,* Das neue Geschmacksmustergesetz vor dem Start, GRUR 1988, 577 ff. und 583 ff.; *Buddeberg,* Kennzeichen- und Geschmacksmusterrecht (RWS-Skript), 1992.

Anmerkungen

1. Das Formular zeigt das Beispiel einer Abmahnung (Verwarnung). Verwarnungen auf der Grundlage gewerblicher Schutzrechte stellen für den Verwarner ein erhebliches Risiko dar. Eine unbegründete Abmahnung wird von der ständigen höchstrichterlichen Rechtsprechung als ein Eingriff in das Recht des Verwarnten am eingerichteten und ausgeübten Gewerbebetrieb angesehen, der bei Verschulden zu Schadensersatz verpflichtet (vgl. RG GRUR 1930, 959/962; BGH GRUR 1974, 290 – Maschenfester Strumpf, dazu *Horn* GRUR 1974, 235 ff.; WRP 1977, 704 – Klarsichtverpackung). Bei einem ungeprüften Schutzrecht, wie beispielsweise einem Geschmacksmuster, sind die Sorgfaltspflichtanforderungen, die an den Schutzrechtsinhaber betreffend die Prüfung der Schutzfähigkeit zu stellen sind, recht hoch. Derjenige Verwarner handelt – lediglich – nicht schuldhaft, der „sich durch eine gewissenhafte Prüfung und aufgrund vernünftiger und billiger Überlegungen" die Überzeugung verschafft hat, sein Schutzrecht werde rechtsbeständig sein (BGH GRUR 1974, 290 – Maschenfester Strumpf). Bestehen hinsichtlich der Schutzfähigkeit Zweifel oder erscheint der Verletzungstatbestand noch nicht ausreichend aufgeklärt, kann es sich gerade in Geschmacksmusterangelegenheiten empfehlen, anstelle einer Verwarnung zunächst nur auf die Existenz des Geschmacksmusters hinzuweisen und eine sogenannte Berechtigungsanfrage herauszusenden. Anstelle der Verpflichtungserklärung zu nachfolgender Anm. 11 würde dann folgende Formulierung aufscheinen: „Ich habe Sie daher namens und in Vollmacht meiner Mandantin aufzufordern, bis zum ...... mitzuteilen, aus welchen Gründen Sie sich berechtigt glauben, das Schutzrecht meiner Mandantin nicht zu

II. M. 13
II. M. Patent- und Gebrauchsmusterrecht

beachten" (vgl. Form. II. M. 8). Vgl. zu den Sorgfaltsanforderungen bei einer Verwarnung aus einem Geschmacksmuster insbesondere BGH GRUR 1979, 332/336 – Brombeerleuchte – m. Anm. *Horn*. S. ferner Anm. 1 zu Form. II. M. 1.

2. Die Vorlage einer Vollmacht ist nicht erforderlich. Vgl. Anm. 3 mwN. zu Form. II. L. 1.

3. Das Geschmacksmusterrecht ist durch Gesetz vom 18. Dezember 1986 weitgehend geändert worden. Gemäß § 8 Abs. 1 GeschmMG wird das Musterregister nunmehr vom Patentamt geführt, und zwar für alle ab dem 1. Juli 1988 angemeldeten Geschmacksmuster. Für alle Anmeldungen vor diesem Zeitpunkt gilt der bisherige Rechtszustand. Insoweit waren die Amtsgerichte zuständig.

Das Patentamt macht die Eintragung der Anmeldung in das Musterregister nebst einer Abbildung der Darstellung sowie jede Verlängerung der Schutzdauer durch einmalige Veröffentlichung im Geschmacksmusterblatt bekannt (§ 8 Abs. 2 GeschmMG). Gemäß § 8b Abs. 1 GeschmMG hat der Anmelder die Möglichkeit, zugleich mit der Anmeldung zu beantragen, daß die Bekanntmachung einer Abbildung der Darstellung des Musters oder Modells um 18 Monate, gerechnet von dem Tag an, der auf die Anmeldung folgt, aufzuschieben ist. Allerdings ist die Bekanntmachung der Anmeldung wesentlich für die Vermutung eines Nachbildungstatbestandes. Dazu ist auf die Rechtsprechung zum früheren Geschmacksmusterrecht zu verweisen. Dieses kannte eine offene oder verschlossene Niederlegung. Bei einer offenen Niederlegung war der prima-facie-Beweis einer Nachbildung einfacher zu führen als bei einer geschlossenen Niederlegung. Was nämlich der Öffentlichkeit nicht zugänglich ist, kann auch nicht nachgebildet werden (vgl. BGH GRUR 1978, 168 – Haushaltsschneidemaschine). Hatte seinerzeit eine verschlossene Niederlegung stattgefunden, mußte vorgetragen und ggf. bewiesen werden, daß eine Verwertung und damit Verbreitung des niedergelegten Musters stattgefunden hatte (vgl. BGH aaO.; GRUR 1981, 273, 276 li. Sp. – Leuchtenglas). Diese Rechtsgrundsätze lassen sich auf die Bekanntmachung bzw. die aufgeschobene Bekanntmachung übertragen.

Neben der Möglichkeit, nationalen Geschmacksmusterschutz durch Anmeldung und Niederlegung beim Deutschen Patentamt zu erlangen, gibt es die internationale Hinterlegung auf Grund des Haager Abkommens über die internationale Hinterlegung gewerblicher Muster und Modelle vom 6. November 1925 (in der Folgezeit mehrfach revidiert). Das Haager Abkommen gilt für die Bundesrepublik Deutschland seit dem 1. August 1984. Es eröffnet die Möglichkeit, durch einen einzigen Formalakt, nämlich Hinterlegung des Schutzgegenstandes beim „Internationalen Büro für den Schutz des geistigen Eigentums" (WIPO/OMPI) in Genf in den Verbandsländern jeweils nationale Geschmacksmuster zu erwirken. Die materiellen Schutzvoraussetzungen und -folgen richten sich nach nationalem – hier deutschem – Recht. In den folgenden Ausführungen wird nicht nach deutschen und internationalen Geschmacksmustern unterschieden, sofern nicht ausdrücklich etwas Gegenteiliges angeführt ist.

4. Gemäß § 9 Abs. 1 GeschmMG beginnen die Schutzwirkungen der Geschmacksmusterhinterlegung mit dem Tag, der der Anmeldung folgt.

5. Während Anmeldung und Niederlegung des Geschmacksmusters konstitutiv sind, ist die Eintragung ohne materielle Wirkung. Da das Musterregister ein öffentliches Register ist, bewirkt die Eintragung jedoch die Beweiskraft öffentlicher Urkunden gemäß §§ 415, 418 ZPO betreffend die Anmeldung, Niederlegung und gegebenenfalls die Verlängerung eines Geschmacksmusters (vgl. BGHZ 22, 209/213 – Morgenpost).

6. Die Bekanntmachung hat ebenfalls für die Begründung von Geschmacksmusterschutz keine konstitutive Wirkung. Sie führt allerdings dazu, daß jedenfalls mit der Bekanntmachung das Muster zum bekannten Formenschatz gehört. Das wiederum hat Bedeutung für den Vermutungstatbestand der Nachbildung (vgl. Anm. 3).

13. Abmahnung wegen Verletzung eines Geschmacksmusters II. M. 13

7. Da die Abmahnung der möglichst raschen außergerichtlichen Streiterledigung dient, empfiehlt es sich, dem Verwarnten eine sofortige Überprüfung des Wahrheitsgehaltes der Abmahnung zu ermöglichen. Insoweit ist die Übersendung vorhandener Kopien der Geschmacksmustereintragungsunterlagen erforderlich. Unterläßt der Verwarner eine ausreichende Unterrichtung, so besteht für ihn ein erhöhtes Kostenrisiko gem. § 93 ZPO (vgl. OLG Düsseldorf GRUR 1970, 432 und GRUR 1980, 135, jeweils für Patentverwarnungen; für Verwarnungen aus einem Geschmacksmuster vgl. OLG Düsseldorf GRUR 1979, 719/721 – Diamantschmuck).

8. Während beim Patent und beim Gebrauchsmuster die den Gegenstand des Schutzrechtes ausmachende Merkmalskombination schon regelmäßig aus dem Wortlaut der Schutzansprüche hergeleitet werden kann, müssen die Merkmale, deren Gesamteindruck den Gegenstand des niedergelegten Geschmacksmusters ausmacht, im einzelnen herausgearbeitet und in Worte gekleidet werden. Das begegnet häufig erheblichen Schwierigkeiten. Denn bei einem Geschmacksmuster wird nicht eine wörtliche Beschreibung eines technischen Gegenstandes niedergelegt, sondern ein Geschmacksmuster bezieht sich auf eine ästhetische Gestaltung. Diese entzieht sich meist der genauen Wiedergabe durch Worte (BGH GRUR 1967, 375, 378 – Kronleuchter).

9. Verwiesen wird auf den Inhalt der Anm. 1 und die dort hervorgehobene Notwendigkeit einer sorgfältigen Prüfung der Geschmacksmusterschutzfähigkeit. Diese ist anhand des vorbekannten Formenschatzes im Hinblick auf Neuheit und Eigentümlichkeit (vgl. § 1 Abs. 2 GeschmMG) vorzunehmen.
Im vorprozessualen Stadium genügt regelmäßig ein Sachvortrag wie im Formular vorgesehen, um den die Neuheit betreffenden Vermutungstatbestand des § 13 GeschmMG auszufüllen (vgl. dazu *von Gamm* § 13 Rdn. 5 mwN.; BGH GRUR 1958, 508/510 li. Sp. – Schlafzimmermodell; OLG Düssldorf GRUR 1985, 545/546 li. Sp. – Schlüsselanhänger). Da durch § 13 GeschmMG kein Vermutungstatbestand zugunsten einer ausreichenden Gestaltungshöhe (Eigentümlichkeit) begründet wird, bedarf es insoweit einer besonderen kurzen Begründung. Diese wird im Formular durch den Hinweis auf die bisherige Einmaligkeit und Besonderheit des hinterlegten Modelles gegeben. Besteht der Hinterlegungsgegenstand aus einer Kombination vorbekannter Formelemente, dürfen die Anforderungen an die erforderliche eigenschöpferische Gestaltungshöhe nicht zu niedrig angesetzt werden (BGH GRUR 1975, 81, 83 – Dreifachkombinationsschalter – und 1988, 369, 370 – Messergriff).

10. Eine derartige Darlegung des Verletzungstatbestandes genügt für eine Abmahnung. Die vor der Abmahnung erforderliche Überprüfung des Verletzungstatbestandes bedarf freilich größerer Sorgfalt. In dem dem Formular zugrunde liegenden Fallbeispiel wird davon ausgegangen, daß eine Bekanntmachung der Eintragung des Geschmacksmusters in das Musterregister beim Deutschen Patentamt schon vor dem Tatbestand des Aufscheinens von Nachahmungserzeugnissen erfolgt war. Zu den Voraussetzungen einer Geschmacksmusterverletzung in objektiver und subjektiver Hinsicht vgl. Form. II. M. 14, insbesondere zu Anm. 25 bis 28 und die vorbezeichneten Anm. selbst.

11. Für die Bemessung der Länge der Äußerungsfrist gibt es keine festen Regeln. Die Frist muß angemessen, d.h. so lang sein, daß dem Verwarnten eine Überprüfung der tatsächlichen und rechtlichen Angaben der Abmahnung möglich ist und ihm ausreichende Zeit zur Entschließung, gegebenenfalls zur Einholung von Rechtsrat verbleibt. Regelmäßig wird bei Geschmacksmusterverletzungen wie auch bei sonstigen Verletzungen von gewerblichen Schutzrechten eine Frist von ca. 1 Monat als angemessen erscheinen. Die Erklärungsfrist kann kürzer bemessen werden, wenn davon auszugehen ist, daß dem Verwarnten das Schutzrecht seit geraumer Zeit bekannt ist oder besondere Umstände eine Frist von einem Monat als zu lang erscheinen lassen (zB. besondere Eilbedürftigkeit;

besondere Bekanntheit des geschmacksmustergeschützten Gegenstandes infolge umfassender Werbung; besonders intensive Verletzungshandlungen).

12. Zur Bedeutung der Abgabe einer strafgesicherten Unterlassungsverpflichtungserklärung, vgl. Form. II. L. 1 Anm. 8, wo die wettbewerbsrechtliche Unterlassungsverpflichtungserklärung behandelt ist. Hier wie dort hat die Vertragsstrafe nicht den Charakter einer Privatstrafe, sondern dient ausschließlich dazu, die Ernsthaftigkeit des Willens des Versprechenden zu belegen, die eingegangene Unterlassungsverpflichtung auch einzuhalten. Zugleich ist sie pauschaler Schadensersatz (BGHZ 105, 25, 27; GRUR 1993, 926 re. Sp. – Apothekenzeitschriften). Zu den Möglichkeiten einer anderen Form des Vertragsstrafeversprechens, vgl. ebenfalls Form. II. L. 1 Anm. 6. Die Höhe der Vertragsstrafe braucht nicht so gewählt zu werden, daß die Zuständigkeit des Landgerichts begründet wird. Gemäß § 15 Abs. 1 GeschmMG gehören alle Geschmacksmusterstreitsachen (dazu zählt auch eine Vertragsstrafenklage) vor die Landgerichte, ohne Rücksicht auf den Streitwert.

13. Der geltend gemachte Unterlassungsanspruch findet seine Grundlage in § 14a Abs. 1 S. 1 GeschmMG. Die für die Annahme eines Unterlassungsanspruchs erforderliche Wiederholungsgefahr ergibt sich aus der Tatsache, daß Rechtsverletzungen vorgekommen sind. Das bedarf bei der Abmahnung keiner besonderen Hervorhebung.

14. Zur territorialen Beschränkung der Geltung gewerblicher Schutzrechte vgl. Anm. 11 zu Form. II. M. 1. Für internationale Geschmacksmuster, die auch in Deutschland gelten, könnte formuliert werden: „... im deutschen Geltungsbereich des internationalen Geschmacksmusters ...".

15. Die Aufzählung der streitgegenständlichen Benutzungshandlungen folgt dem Wortlaut des § 14a Abs. 1 S. 1 GeschmMG. Die dort angeführte Benutzungshandlung des Verbreitens wird in der Praxis des gewerblichen Rechtsschutzes regelmäßig aufgegliedert in die Handlungen des „Feilhaltens" und des „In-den-Verkehr-bringens". Der Hinweis auf gewerbsmäßige Verhaltensweisen, der noch in der Vorauflage enthalten war, ist entfallen (vgl. dazu *Nirk/Kurtze,* GeschmMG, Rdnrn. 31 ff. zu § 14).

16. Der Verletzungsgegenstand ist in Anlehnung an die herausgearbeitete und den Gegenstand des Geschmacksmusters kennzeichnende Merkmalskombination, die im vorstehenden Formular in Form eines Beispiels unter Ziffer 1 a–d aufgeführt ist, so konkret wie möglich zu bezeichnen, um den Gegenstand der Unterlassungsverpflichtung gemäß §§ 305, 241 BGB so zweifelsfrei wie möglich festzulegen. Es empfiehlt sich regelmäßig, Abbildungen des Verletzungsgegenstandes einzufügen, da nichts so deutlich wie eine Fotografie die Einzelmerkmale des Verletzungsgegenstandes zeigen kann (vgl. dazu BGH GRUR 1966, 81 – Laternenflasche; GRUR 1977, 406/407 – Elektroschalter; GRUR 1981, 273 – Leuchtenglas).

17. Ein Geschmacksmuster ist insbesondere ein Ausschließungsrecht. Jedermann – ausgenommen der Geschmacksmusterinhaber – ist es verboten, das geschmacksmustergeschützte gewerbliche Muster oder Modell ganz oder teilweise nachzubilden (§§ 1 Abs. 1, 5 GeschmMG). Wer dieses Ausschließlichkeitsrecht des Geschmacksmusterinhabers verletzt, kann gemäß § 14a Abs. 1 Satz 1 GeschmMG auf Beseitigung der Beeinträchtigung und bei Wiederholungsgefahr auf Unterlassung in Anspruch genommen werden. Der mit dem Formular geltend gemachte Auskunftsanspruch beruht auf § 14a Abs. 3 GeschmMG in Verbindung mit § 101a UrhG und dient dem Zweck, weiteren Geschmacksmusterverletzungen zu begegnen. Der Anspruch ist durch das Produktpirateriegesetz gleichlautend in die verschiedenen Gesetze betreffend gewerbliche Schutzrechte mit Wirkung zum 1. Juli 1990 eingefügt worden (vgl. Form. II. M. 1. Anm. 5 und 13; Form. II. M. 3. Anm. 9).

18. Ein Geschmacksmuster gibt neben einem positiven Benutzungsrecht insbesondere dem Geschmacksmusterinhaber die Befugnis, Dritte von der nachahmenden Benutzung des Gegenstandes des Geschmacksmusters auszuschließen (vgl. zur Diskussion einer allge-

13. Abmahnung wegen Verletzung eines Geschmacksmusters II. M. 13

meinen, dh. nicht nur die Nachbildung erfassenden Sperrwirkung des Geschmacksmusters *von Gamm* GRUR 1985, 891). Infolge des Ausschließlichkeitscharakters kann der Inhaber eines Geschmacksmusters seinen Schaden nach allen drei Berechnungsmethoden des gewerblichen Rechtsschutzes berechnen (BGH GRUR 1966, 97/100 – Zündaufsatz). Dementsprechend kann der Geschmacksmusterinhaber entweder seinen konkret entgangenen eigenen Gewinn, die Herausgabe des Verletzergewinnes (so ausdrücklich § 14a Abs. 1 S. 2 GeschmMG einschließlich zugehöriger Rechnungslegung) oder eine angemessene Lizenzgebühr verlangen (allgemeine Meinung; vgl. *von Gamm* § 14 Rdn. 37–40 mwN.; ferner insbesondere BGH GRUR 1974, 53 – Nebelscheinwerfer). Der Rechnungslegungsanspruch ist Hilfsanspruch zum Schadensersatzbegehren; er hat vorbereitenden Charakter, um dem Geschmacksmusterinhaber diejenigen Kenntnisse zu verschaffen, die er benötigt, um seine Wahl zwischen den verschiedenen bestehenden Schadensberechnungsmethoden zu treffen und im übrigen seinen Schaden ziffernmäßig bestimmen zu können. Der Rechnungslegungsanspruch hat infolge seiner jahrzehntelangen Anerkennung durch die höchstrichterliche Rechtsprechung den Charakter von Gewohnheitsrecht. Das gilt auch für das Geschmacksmusterrecht (vgl. zB. BGH GRUR 1965, 198/202 – Küchenmaschine; GRUR 1966, 97/100 – Zündaufsatz).

19. Die im Formular angeführten Einzelangaben werden von der höchstrichterlichen Rechtsprechung grundsätzlich zuerkannt (vgl. die Nachweise in Form. II. M. 1. Anm. 14). Eine Besonderheit besteht hinsichtlich der Namen und Anschriften von nichtgewerblichen Abnehmern und der Angebotsempfänger. Hier ist die Frage des Wirtschaftsprüfervorbehalts aufgeworfen. Vor dem Inkrafttreten des § 101 UrhG zum 1. Juli 1990 räumte die Rechtsprechung – bei bestehender Wettbewerbssituation zwischen den Parteien von Amts wegen – dem Verletzer einen umfassenden Wirtschaftsprüfervorbehalt ein (vgl. BGH GRUR 1981, 535; zu weiteren Einzelheiten vgl. Vorauflage Anm. 12 zu Form. II. M. 1., Anm. 15 und 16 zu Form. II. M. 13.). Das ist mit dem Wortlaut des § 101a UrhG, auf den § 14a Abs. 3 GeschmMG verweist, nicht mehr vereinbar. Ausgehend vom Wortlaut des § 101a Abs. 2 UrhG ist der Wirtschaftsprüfervorbehalt noch insoweit anzuerkennen, als es um die nichtgewerblichen Abnehmer und um die Empfänger von Angeboten geht. Diese sind in § 101a Abs. 2 UrhG nicht aufgeführt. Geht man nach wie vor davon aus, daß in dem vorstehend beschriebenen Umfang ein Wirtschaftsprüfervorbehalt im Falle einer gerichtlichen Auseinandersetzung von Amts wegen (BGH GRUR 1981, 535) einzuräumen wäre, so erscheint es gerechtfertigt, diesen von vornherein auch in der Abmahnung zu berücksichtigen (vgl. Form. II. M. 1. Anm. 17).

20. Den mit dieser Aufforderung geltend gemachten Vernichtungsanspruch gewährt § 14a Abs. 3 GeschmMG in Verbindung mit § 98 UrhG, ebenfalls eingefügt durch das Produktpirateriegesetz vom 7. März 1990. Zu Einzelheiten vgl. Form. II. M. 1. Anm. 6 und 18 sowie Form. II. M. 3. Anm. 13. Gemäß § 99 UrhG besteht die Möglichkeit, die ausschließlich oder nahezu ausschließlich zur rechtswidrigen Herstellung von Vervielfältigungsstücken benutzten oder bestimmten Vorrichtungen des Verletzers ebenfalls zu vernichten. Diese müssen allerdings im Eigentum des Verletzers stehen. Ausnahmen zu §§ 98, 99 UrhG finden sich in § 101 UrhG für schuldlose Verletzer sowie für nur teilweise geschmacksmusterverletzende Vervielfältigungsstücke bzw. Vorrichtungen.

21. Zur Schadensersatzverpflichtung vgl. Anm. 18.

22. Es empfiehlt sich, die Frage der Kostenerstattung gesondert neben der Schadensersatzverpflichtung im Abmahnungsschreiben anzusprechen, da zur Kostenerstattung auch derjenige verpflichtet ist, der möglicherweise nicht schuldhaft gehandelt hat (vgl. Anm. 24).

23. Um den Verwarnten nicht über die Höhe der auf ihn zukommenden Kosten im Falle der Abgabe einer Unterwerfungserklärung im Unklaren zu lassen, können die Kosten konkret angegeben werden. Ebenso ist der Gegenstandswert anzugeben. Zur Höhe des Gegenstandswertes vgl. Anm. 3 zu Form. II. M. 14.

24. Vgl. BGHZ 52, 393/399 – Fotowettbewerb; BGH GRUR 73, 384 = MDR 1973, 483 – Goldene Armbänder; GRUR 1984, 129ff. – shop in the shop; GRUR 1985, 924 r. Sp. – Schallplattenimport II.

25. Das Beispiel einer geschmacksmusterrechtlichen Klage zeigt Form. II. M. 14.

Kosten und Gebühren

Zur Kostenerstattungspflicht vgl. Anm. 24. Zur Höhe der Kosten vgl. die Hinweise zu Form. II. M. 1.

14. Geschmacksmusterverletzungsklage

An das
Landgericht
Kammer für Handelssachen/Zivilkammer[1]

Klage
der Firma A ......

Klägerin,

-Prozeßbevollmächtigter: Rechtsanwalt ......

gegen

die Firma B ......[2]

Beklagte,

wegen Geschmacksmusterverletzung

vorläufiger Streitwert: ......[3]

Namens und in Vollmacht der Klägerin erhebe ich Klage und werde beantragen,
I. die Beklagte zu verurteilen,
  1. es bei Meidung eines für jeden Fall der Zuwiderhandlung festzusetzenden Ordnungsgeldes bis zu DM 500000,–, ersatzweise Ordnungshaft bis zu 6 Monaten oder Ordnungshaft bis zu 6 Monaten, im Wiederholungsfalle bis zu 2 Jahren[4], zu unterlassen,
  Sitzschalen für Stühle herzustellen, feilzuhalten oder in den Verkehr zu bringen[5],
  die nach Maßgabe der folgenden Abbildungen gestaltet sind und somit folgende Gestaltungsmerkmale aufweisen:
    – die Krümmung des Sitz- und Lehnenbereichs erfolgt stetig und ohne Unterbrechung,
    – entlang den beiden Längsseiten der seitlichen konkaven Vorwärtswölbungen der Sitzfläche befinden sich deutliche Fasen, die ihre größte Breite am Übergang von Sitz und Lehne haben und sowohl nach vorn als auch nach oben jeweils spitzwinklig auslaufen,
    – die Außenseitenflächen wirken im wesentlichen eben und sind zu den Fasen kantig abgewinkelt und verlaufen ungefähr rechtwinklig zum Längsmittelbereich des Sitzes und der Lehne, wobei die rechtwinklig zu den Kanten verlaufenden Linien dieser Seitenflächen ungefähr gerade sind und diese Seitenflächen sich vom Übergangsbereich Sitz/Lehne nach oben und nach vorn stetig verjüngen,

14. Geschmacksmusterverletzungsklage

— die Breite der Lehne nimmt vom Übergangsbereich Sitz/Lehne in aufwärtiger Richtung linear ab und schließt dann zu dem oberen Rand der Lehne führende Rundungen an, die stetig in den schwach konvex gewölbten oberen Rand der Lehne übergehen,

(folgt Wiedergabe von Fotos des Verletzungsgegenstands)[6]

2. der Klägerin Auskunft[7] über die Herkunft und den Vertriebsweg der unter vorstehend zu I 1 beschriebenen Erzeugnisse zu erteilen, insbesondere unter Angabe der Namen und Anschriften der Hersteller, der Lieferanten und deren Vorbesitzer, der gewerblichen Abnehmer oder Auftraggeber sowie unter Angabe der Mengen der hergestellten, ausgelieferten, erhaltenen oder bestellten Erzeugnisse;

3. der Klägerin über den Umfang der vorstehend zu I 1 bezeichneten Handlungen Rechnung[8] zu legen, und zwar unter Vorlage eines Verzeichnisses mit der Angabe der Herstellungsmengen und Herstellungszeiten sowie der einzelnen Lieferungen unter Nennung

   a) der Liefermengen, Typenbezeichnungen, Artikel-Nummern, Lieferzeiten, Lieferpreise und Namen und Anschriften der Abnehmer,

   b) der Gestehungskosten unter Angabe der einzelnen Kostenfaktoren sowie des erzielten Gewinns,

   und unter Angabe der einzelnen Angebote und der Werbung unter Nennung

   c) der Angebotsmengen, Typenbezeichnungen, Artikel-Nummern, Angebotszeiten und Angebotspreise sowie der Namen und Anschriften der Angebotsempfänger,

   d) der einzelnen Werbeträger, deren Auflagehöhe, Verbreitungszeitraum und Verbreitungsgebiet,

   wobei

   e) der Beklagten vorbehalten[9] bleiben mag, die Namen und Anschriften der Angebotsempfänger und der nicht gewerblichen Abnehmer statt der Klägerin einem von dieser zu bezeichnenden und ihr gegenüber zur Verschwiegenheit verpflichteten vereidigten Wirtschaftsprüfer mitzuteilen, sofern die Beklagte die durch seine Einschaltung entstehenden Kosten trägt und ihn zugleich ermächtigt, der Klägerin mitzuteilen, ob ein konkret von ihr angefragter Abnehmer und/oder eine konkret von ihr angefragte Lieferung in der erteilten Rechnung enthalten sind;

4. die im unmittelbaren oder mittelbaren Besitz oder im Eigentum der Beklagten befindlichen Erzeugnisse entsprechend vorstehend I 1 an einen von der Klägerin zu beauftragenden Gerichtsvollzieher zum Zwecke der Vernichtung[10] auf Kosten der Beklagten herauszugeben;

II. festzustellen, daß die Beklagte verpflichtet ist, der Klägerin allen Schaden zu erstatten, der ihr durch die zu Ziffer I 1 bezeichneten Handlungen entstanden ist und künftig noch entstehen wird[11];

III. die Kosten des Rechtsstreits der Beklagten aufzuerlegen;

IV. das Urteil – gegebenenfalls gegen Sicherheitsleistung (Bank- oder Sparkassenbürgschaft) – für vorläufig vollstreckbar zu erklären;

hilfsweise der Klägerin nachzulassen, die Zwangsvollstreckung gegen Sicherheitsleistung (Bank- oder Sparkassenbürgschaft) abzuwenden[12].

......[13, 14]

Begründung:

I.

1. Die Parteien sind Wettbewerber. Beide stellen her und vertreiben Sitzschalen aus thermoplastischen Kunststoffen.

Die Klägerin ist alleinige und ausschließlich verfügungsberechtigte Inhaberin des beim Deutschen Patentamt[15] am ...... angemeldeten[16] und am ...... eingetragenen Geschmacksmusters betreffend eine Sitzschale aus Kunststoff. Das Klagegeschmacksmuster wurde am ...... bekanntgemacht.[17] Das Muster steht in Kraft. Ich überreiche als

Anlage 1 eine Kopie der Geschmacksmusterakten und trete für die Richtigkeit des Vorstehenden Beweis an durch

Antrag auf Beiziehung der Geschmacksmusterakten ...... des Deutschen Patentamts. Das Klagegeschmacksmuster betrifft eine Sitzschale. Insoweit sind von der Klägerin zwei Fotos einer Sitzschale hinterlegt (vgl. Anlage 1). Die Fotos zeigen eine Sitzschale, deren ästhetischer Gesamteindruck durch folgende Einzelmerkmale bestimmt wird:

a) ......
b) ......
c) ......
d) ......
......[18]

2. Die Beklagte stellt her und vertreibt eine thermoplastische Sitzschale, die mit dem Originalerzeugnis der Klägerin verwechselbar[19] übereinstimmt. Ich überreiche als Anlage 2 die betreffende Sitzschale der Beklagten, die diese unter der Bezeichnung ...... in den Verkehr bringt. Schon eine flüchtige Inaugenscheinnahme ergibt, daß die Sitzschale gemäß Anlage 2 alle wesentlichen Gestaltungselemente entsprechend der vorstehenden Merkmalsanalyse unter I 1 aufweist. Die Übereinstimmungen sind so augenfällig, daß von einer Wiederholung dieser Merkmale abgesehen werden kann. Ein einziger Unterschied besteht lediglich darin, daß die Sitzschale der Beklagten im oberen Lehnenbereich eine nach hinten abfallende Krümmung aufweist. Dieser Unterschied fällt jedoch nicht ins Auge, zumal er lediglich bei einer Betrachtung der Rückseite des Stuhles überhaupt bemerkt werden kann[20]. Zur Vermeidung von Wiederholungen verweise ich zur Beschreibung der Sitzschale der Beklagten auf den Inhalt des Klageantrags I 1 und die dort wiedergegebenen Abbildungen.

3. Die Beklagte hat einer vorprozessualen Abmahnung nicht Folge geleistet[21]. Daher ist Klage geboten. Mit ihr werden die Ansprüche der Klägerin wegen der unzulässigen Nachbildung ihres Geschmacksmusters geltend gemacht.

II.

Der mit Klageantrag I 1 geltend gemachte Unterlassungsanspruch sowie das Schadensersatzfeststellungsbegehren gemäß Klageantrag II finden ihre rechtliche Begründung in § 14a Abs. 1 GeschmMG. Auf die mit Klageantrag I 3 verlangte Rechnungslegung hat die Klägerin gemäß § 14a Abs. 1 GeschmMG in Verbindung mit § 242 BGB Anspruch. Die weiteren Ansprüche auf Auskunft betreffend den Vertriebsweg und die Vernichtung ergeben sich aus § 14a Abs. 3 GeschmMG und §§ 98, 101a UrhG.

1. Das Klagegeschmacksmuster ist schutzfähig. Es handelt sich um eine Gestaltung, die den durch das Auge vermittelten Formensinn anzuregen geeignet ist[22].

2. Des weiteren ist der Gegenstand des Klagegeschmacksmusters neu und eigentümlich[23]. Dabei sind der Prüfung die vorstehend unter I 1 angeführten konkreten Merkmale zugrundezulegen[24]. Die Schutzvoraussetzung der Neuheit wird gemäß § 13 GeschmMG vermutet[25]. Der Gegenstand des Klagegeschmacksmusters ist auch eigentümlich. Wie schon der Augenschein lehrt, handelt es sich um eine das Durchschnittskönnen eines Designers bei weitem übersteigende Leistung, die den Charakter des Eigenpersönlichen und Schöpferischen trägt. Das wird offenbar, sofern man sich einmal die eintönigen landläufigen Plastiksitzschalen vor Augen führt, die im Bereich des täglichen Lebens in Warteräumen, Gastwirtschaften, Parkanlagen oder sonstwie aufzufinden sind. Gegenüber diesem Einerlei hebt sich der Gegenstand des Klageschutzrechtes wohltuend und eindeutig ab[26].

3. Infolge der verwechselbaren Ähnlichkeit[27] zwischen der Sitzschale der Beklagten und dem Gegenstand des Klagegeschmacksmusters ist davon auszugehen, daß der objektive Tatbestand der Nachbildung gegeben ist[28]. Zugleich liegt damit auch der subjektive Tatbestand einer Nachbildung auf der Hand[29]. Denn es wird von der Beklagten nicht bestritten werden können, daß sie erst dann mit ihrer Sitzschale auf den Markt gelangt

ist, nachdem das Klagegeschmacksmuster hinterlegt und im übrigen Erzeugnisse nach dem Klagegeschmacksmuster von der Klägerin schon vertrieben worden waren. Infolgedessen ist nach Anscheinsbeweisgrundsätzen davon auszugehen, daß die Beklagte in Nachbildungsabsicht gehandelt hat[30].

4. Der mit Klageantrag I 1 geltend gemachte Unterlassungsanspruch ist gemäß § 14a Abs. 1 Satz 1 GeschmMG begründet. Im Hinblick auf die Verletzung des Geschmacksmusterrechts der Klägerin besteht Wiederholungsgefahr.

5. Das mit Klageantrag II geltend gemachte Schadensersatzfeststellungsbegehren ist ebenfalls gemäß § 14a Abs. 1 Satz 1 GeschmMG begründet. Es kann nicht geleugnet werden, daß der Klägerin durch die geschmacksmusterverletzenden Handlungen der Beklagten ein Schaden entstanden ist, beispielsweise dadurch, daß sie Umsatzeinbußen erlitten hat[31]. Die Beklagte hat auch mindestens fahrlässig-schuldhaft gehandelt. Bei Anspannung der gebotenen Sorgfalt hätte sie das Geschmacksmuster auch unabhängig von der Abmahnung kennen und erkennen können, daß die angegriffene Sitzschale nicht den erforderlichen Abstand zum Gegenstand des Klageschutzrechtes einhält[32].

Da die Klägerin die Höhe des ihr entstandenen und künftig noch entstehenden Schadens nur dann ziffernmäßig bestimmen kann, wenn sie genaue Kenntnis vom Umfang der geschmacksmusterverletzenden Handlungen der Beklagten erlangt hat, ist diese gemäß § 242 BGB zur Rechnungslegung verpflichtet[33]. Des weiteren besteht eine Rechnungslegungsverpflichtung der Beklagten gemäß § 14a Abs. 1 Satz 2 GeschmMG. Daraus ergeben sich die Begründetheit des mit Klageantrag I 2 geltend gemachten Rechnungslegungsbegehrens sowie das gemäß § 256 ZPO für die Zulässigkeit der Schadensersatzfeststellungsklage notwendige Feststellungsinteresse[34]. Die mit Klageanträgen I 2 und 4 geltend gemachten Ansprüche auf Auskunft betreffend den Vertriebsweg sowie auf Herausgabe der das Klagegeschmacksmuster verletzenden Erzeugnisse rechtfertigen sich gemäß § 14a Abs. 3 GeschmMG in Verbindung mit §§ 98, 101a UrhG.

5. Die Zuständigkeit des angerufenen Gerichts besteht aufgrund der Tatsache, daß die Beklagte die angegriffene Nachbildung auch im Gerichtsbezirk vertreibt[37,38,39].

Rechtsanwalt

Schrifttum: Vgl. die Hinweise zu Form. II. M. 13.

Anmerkungen

Vorbemerkung: Das Formular ist inhaltlich an Form. II. M. 13 ausgerichtet. Die Ausführungen dort gelten auch weitgehend hier.

1. Es handelt sich um eine Handelssache gem. § 95 Abs. 1 Nr. 4c GVG. Soweit bei Landgerichten Spezialkammern für Patentstreitsachen gebildet sind (vgl. Form. II. M. 3 Anm. 1) sieht regelmäßig der Geschäftsverteilungsplan die Zuweisung von Geschmacksmusterstreitigkeiten auch an die Patentkammer vor, so daß in solchen Fällen die Klage auch an die Zivilkammer gerichtet werden kann (aber: Verweisungsmöglichkeit an die Kammer für Handelssachen gemäß § 98 Abs. 1 S. 1 GVG).

§ 15 GeschmMG enthält eine besondere, an § 143 PatG ausgerichtete Zuständigkeitsregelung. Gemäß § 15 Abs. 1 GeschmMG sind ohne Rücksicht auf den Streitwert ausschließlich die Landgerichte zuständig. § 15 Abs. 2 GeschmMG ermächtigt die Landesregierungen, die Zuständigkeit für Geschmacksmusterstreitigkeiten auf eines von mehreren Landgerichten zu konzentrieren. Davon haben einige Länder Gebrauch gemacht. Insoweit gilt folgende Regelung: Baden-Württemberg – für den OLG-Bezirk Karlsruhe: LG Mannheim, für den OLG-Bezirk Stuttgart: LG Stuttgart; Bayern – für den OLG-Bezirk München: LG München I, und für die OLG-Bezirke Nürnberg und Bamberg: LG Nürnberg; Hessen – LG Frankfurt; Niedersachen – LG Braunschweig; Rheinland-Pfalz – für OLG-

Bezirke Koblenz und Zweibrücken: LG Frankenthal; Nordrhein-Westfalen – für den OLG-Bezirk Düsseldorf: LG Düsseldorf, für die Landgerichtsbezirke Bielefeld, Detmold und Paderborn: LG Bielefeld, für die Landgerichtsbezirke Bochum, Dortmund und Essen: LG Bochum, für die Landgerichtsbezirke Arnsberg, Hagen und Siegen: LG Hagen und für den OLG-Bezirk Köln: LG Köln; Mecklenburg-Vorpommern – für den OLG Bezirk Rostock: LG Rostock. Die Regelung der anwaltlichen Vertretungsbefugnis sowie diejenige der Kosten entspricht § 143 PatG (vgl. den Wortlaut des § 15 GeschmMG und die nachstehenden Ausführungen zu „Kosten und Gebühren").

2. Handelt es sich bei der Beklagten um eine Gesellschaft mit beschränkter Haftung oder um eine Kommanditgesellschaft, deren persönlich haftende Gesellschafterin eine Gesellschaft mit beschränkter Haftung ist, so empfiehlt es sich, zur Erweiterung des Haftungsrahmens auch die verantwortlichen Geschäftsführer der GmbH zu verklagen. Bei einer Geschmacksmusterverletzung handelt es sich um eine unerlaubte Handlung im weiteren Sinne. Dementsprechend haften die Geschäftsführer einer Gesellschaft mit beschränkter Haftung aufgrund eigenen (täterschaftlichen) Verhaltens sowie die GmbH selbst unter dem rechtlichen Gesichtspunkt der Organhaftung (§ 31 BGB). Gleiches gilt zB. für den Vorstand einer Aktiengesellschaft. Weitere Einzelheiten in Form. II. M. 3 Anm. 2.

3. Wie auch sonst im Bereich des gewerblichen Rechtsschutzes im Zusammenhang mit Schutzrechtsverletzungen beruhen die Streitwertangaben analog § 3 ZPO auf Schätzungen. Maßgeblich ist das Interesse des Klägers, das sich im wesentlichen nach dem wirtschaftlichen Wert des den Klagegrund bildenden Geschmacksmusters richtet. Dieser bestimmt sich ua. nach der Laufzeit des Schutzrechtes, den Umsätzen, die der Kläger mit nach dem Schutzrecht hergestellten Erzeugnissen erzielt, sowie nach der Intensität der Verletzungshandlungen. Im Vordergrund steht das Unterlassungsinteresse des Klägers. Zur Streitwertbemessung bei Geschmacksmusterverletzungen im einzelnen: *von Gamm* § 14 Rdn. 23.

4. Die Strafandrohungsformel entspricht dem Wortlaut des § 890 Abs. 1 ZPO.

5. Vgl. Form. II. M. 13 Anm. 15.

6. Es gelten die Ausführungen in Form. II. M. 13 Anm. 16.

7. Dieser Antrag findet seine Grundlage in § 14a Abs. 3 GeschmMG in Verbindung mit § 101a UrhG. Vgl. dazu Form. II. M. 13 Anm. 17.

8. Zur Rechnungslegungsverpflichtung des Verletzers siehe § 14a Abs. 1 S. 2 GeschmMG und die Ausführungen in Form. II. M. 13 Anm. 18 und 19.

9. Zum Wirtschaftsprüfervorbehalt vgl. Form. II. M. 13 Anm. 19.

10. Zum Vernichtungsanspruch siehe § 14a Abs. 3 GeschmMG in Verbindung mit §§ 98, 99 UrhG. Einzelheiten in Form. II. M. 13 Anm. 20. Zur Formulierung des Klageantrags vgl. Form. II. M. 3 Anm. 13. Im Formular wird davon abgesehen, von der Möglichkeit des § 99 UrhG Gebrauch zu machen und auch Vernichtung derjenigen Vorrichtungen oder Vorrichtungsteile (z.B. Spritzgußform) zu beanspruchen, die zur Herstellung der Plagiate benutzt werden bzw. wurden. Die Durchsetzung eines derartigen Anspruchs ist in der Praxis schwierig, z.B. schon deshalb, weil der Kläger nicht wissen kann, ob die Vorrichtung, wie dies § 99 UrhG verlangt, im Eigentum des Beklagten steht oder nicht. Man denke nur an Sicherungseigentum einer finanzierenden Bank.

11. Zur Verbindung von Feststellungsklage und Rechnungslegungsbegehren vgl. Form. II. M. 3 Anm. 15. Die dortigen Ausführungen zum Patentverletzungsprozeß gelten auch für den Geschmacksmusterverletzungsprozeß.

12. Die Nebenentscheidungen werden von Amts wegen getroffen. Dennoch entsprechen die Anträge allgemeiner Übung.

13. Wird der Geschmacksmusterrechtsstreit vor die Zivilkammer gebracht, so erfordert § 253 Abs. 3 ZPO eine Erklärung des Klägers darüber, ob Gründe entgegenstehen, die Sache auf den Einzelrichter zu übertragen (§ 348 ZPO). Regelmäßig sind Geschmacksmusterstreitigkeiten nicht für eine Entscheidung durch den Einzelrichter geeignet. Darauf sollte in der Klageschrift hingewiesen werden, beispielsweise mit folgender Formulierung: „Es handelt sich um eine geschmacksmusterrechtliche Streitigkeit, die tatsächlich und rechtlich nicht einfach gelagert ist. Insoweit erscheint eine Übertragung auf den Einzelrichter nicht angezeigt."

14. Eine geschmacksmusterrechtliche Streitigkeit eignet sich in der Mehrzahl der Fälle nicht so sehr zur Vorbereitung eines späteren Verhandlungstermins im Wege des schriftlichen Vorverfahrens. Aus Vorsichtsgründen kann empfohlen werden, dennoch die Anträge gemäß §§ 307 Abs. 2, 331 Abs. 3 ZPO in die Klageschrift aufzunehmen.

15. Zur Zuständigkeit des Deutschen Patentamts vgl. Anm. 3 zu Form. II. M. 13. AaO. finden sich auch Ausführungen zur internationalen Hinterlegung. Liegt eine solche der Klage zugrunde, so ist darauf hinzuweisen und sind die entsprechenden Daten anzuführen.

16. Gemäß § 9 Abs. 1 GeschmMG beginnen die Schutzwirkungen der Geschmacksmusterhinterlegung mit dem Tag, der auf die Anmeldung folgt; insoweit ist die Mitteilung des Anmeldetages anspruchsbegründendes Erfordernis, zB. für die Berechnung der Schutzdauer. Der Anmeldetag ist des weiteren der für die Beurteilung der Schutzfähigkeit des Geschmacksmusters entscheidende Zeitpunkt.

17. An sich sind die Eintragung eines Geschmacksmusters und seine Bekanntmachung ohne konstitutive Wirkung. Geschmacksmusterschutz wird durch bloße Anmeldung und Niederlegung des Musters oder Modells beim Deutschen Patentamt bzw. durch eine internationale Hinterlegung mit Wirkung auch für Deutschland erlangt. Die Tatsache der Eintragung hat jedoch Beurkundungsfunktion und dementsprechend Beweiskraft gemäß §§ 415, 418 ZPO betreffend die Anmeldung, Niederlegung und gegebenenfalls Verlängerung (vgl. BGHZ 22, 209/213 – Morgenpost). Nach der Bekanntmachung gehört freilich das Muster zum vorbekannten Formenschatz (BGH GRUR 1978, 168, 169 – Haushaltsschneidemaschine I). Es tritt dann insbesondere im Zusammenhang mit einer Nachahmung ein Vermutungstatbestand ein. Vgl. dazu Anm. 3 und 6 zu Form. II. M. 13.

18. Vgl. die beispielartige Ausfüllung der Merkmalskombination in Form. II. M. 13.

19. Die Begriffe „Verwechslungsgefahr" und „Verwechselbarkeit" gehören an sich dem Kennzeichnungsrecht an und sind dem Geschmacksmusterrecht fremd. Läßt sich jedoch von einem Erzeugnis sagen, daß es einem anderen verwechselbar ähnlich ist, so kann dies als wesentliches Indiz für eine Geschmacksmusterverletzung gewertet werden (vgl. BGH GRUR 1961, 640/642 – Straßenleuchte).

20. Bei der Beurteilung der Frage, ob eine Nachbildung vorliegt, kommt es nicht entscheidend auf die Unterschiede, sondern auf die Übereinstimmungen und deren Bedeutung für den Gesamteindruck zwischen dem Geschmacksmustergegenstand und dem angegriffenen Erzeugnis an (BGH in ständiger Rechtsprechung, vgl. dazu statt vieler BGH GRUR 1965, 198/201 – Küchenmaschine – und die weiteren Nachweise bei *von Gamm* § 5 Rdn. 31).

21. Ein Beispiel einer Abmahnung findet sich in Formular II. M. 13.

22. Es handelt sich um die gesetzliche Schutzvoraussetzung des § 1 Abs. 1 GeschmMG. Danach sind Muster (= flächenhafte Erzeugnisse) und Modelle (= Raumformen) schutzfähig (vgl. BGH GRUR 1962, 144/146 – Buntstreifensatin). Geschmacksmusterschutzunfähig sind Gestaltungen, die nur dem Gehör-, dem Geruchs- oder dem Geschmackssinn zugänglich sind. Desweiteren ist nur die Gestaltung geschmacksmusterschutzfähig, nicht sind es jedoch die ihr zugrundeliegenden Ideen, allgemeinen Gedanken und Lehren (vgl. BGH GRUR 1979, 705 – Notizklötze mit Anm. *Klaka*).

23. Schutzvoraussetzungen gemäß § 1 Abs. 2 GeschmMG.

24. Vgl. BGH GRUR 65, 198/200 ff. – Küchenmaschine.

25. Die höchstrichterliche Rechtsprechung dehnt den Wortlaut des § 13 GeschmMG auch auf die Neuheitsvermutung (vgl. *von Gamm* § 13 Rdn. 5 mwN. und GRUR 1985, 894; vgl. zB. BGH GRUR 1979, 240/241 – Küchenschütte) sowie darauf aus, daß der Anmelder das Muster selbst geschaffen hat (vgl. zB. BGH GRUR 1958, 509, 510 – Schlafzimmermodell; *von Gamm* GRUR 1985, 895).

26. Die Beurteilung der Frage der erforderlichen Eigentümlichkeit gehört zu den schwierigen Problemen des Geschmacksmusterrechts. Hier gilt die Vermutung des § 13 GeschmMG nicht (BGH GRUR 1963, 328, 329 – Fahrradschutzbleche). Als Faustregel kann gelten: Die Zubilligung einer eigenschöpferischen geschmacksmusterschutzfähigen Leistung hängt entscheidend von dem Durchschnittskönnen ab, das das betreffende Gestaltungsgebiet allgemein kennzeichnet (vgl. BGH GRUR 1969, 90/95 – Rüschenhaube). Dabei sind die Anforderungen, die für den Geschmacksmusterschutz zu stellen sind, niedriger als diejenigen, die für ein Kunstwerk zu verlangen sind (BGH GRUR 1966, 96/99 – Zündaufsatz). Soweit es jedoch – wie häufig – um die Kombination an sich vorbekannter Formelemente geht, dürfen die Anforderungen an die erforderliche eigenschöpferische Gestaltungshöhe nicht zu niedrig angesetzt werden (BGH LM § 1 GeschmMG, Nr. 11, Blatt 2 – Dreifachkombinationsschalter = GRUR 1975, 81; GRUR 1988, 369, 370 – Messergriff).

27. Vgl. Anm. 19 und die dort angeführte Entscheidung BGH GRUR 1961, 640/642 rechte Sp. unten – Straßenleuchte.

28. BGH GRUR 1961, 640/642/643 – Straßenleuchte; GRUR 1965, 198/201 – Küchenmaschine; GRUR 1979, 240/242 – Küchenschütte. Eine einschränkende Betrachtung findet sich in der Entscheidung des BGH GRUR 1980, 235 – Play-family – für den (Ausnahme-)Fall der Nachbildung von der menschlichen Gestalt angenäherten Spielzeugfiguren (vgl. die krit. Bemerkungen dazu von *Gerstenberg* GRUR 1981, 15).

29. Begriffsnotwendig ist eine „Nachbildung" im geschmacksmusterrechtlichen Sinn nur gegeben, wenn das Geschmacksmuster als „Vorbild" für das „Nachgebildete" gedient hat, der Verletzer das Vorbild somit gekannt hat. Dabei genügt auch mittelbare Kenntnis infolge von Abbildungen, Beschreibungen oder Anregungen Dritter (vgl. BGH GRUR 1958, 510–511 – Schlafzimmermodell), auch wenn diese nur unbewußt wahrgenommen worden sind (vgl. BGH GRUR 1981, 273/275/276 – Leuchtenglas).

30. Ständige Rechtsprechung, RGZ 142, 148; BGH GRUR 1958, 97 – Gartensessel; GRUR 1961, 640/643 – Straßenleuchte; GRUR 1965, 198/201 – Küchenmaschine; GRUR 1974, 406/410 – Elektroschalter; GRUR 1979, 240/242 – Küchenschütte; GRUR 1981, 273/275/276 – Leuchtenglas.

31. Für die Feststellung einer Schadensersatzverpflichtung genügt die Wahrscheinlichkeit eines Schadenseintritts (vgl. BGH GRUR 1960, 256/260 – Chérie-Musikwecker; GRUR 1965, 198/202 – Küchenmaschine).

32. Der Schuldvorwurf ist zu differenzieren von der Nachbildungsabsicht.

33. Der Anspruch auf Rechnungslegung ist ein Hilfsanspruch zum Schadensersatzanspruch, indem er darauf gerichtet ist, dem Verletzten die tatsächlichen Grundlagen für die Berechnung seines konkreten Schadens zu ermitteln. Als Anspruchsgrundlage wird überwiegend § 242 BGB angenommen, teilweise §§ 681, 687 Abs. 2, 666 BGB. Es erscheint vertretbar, diesen Theorienstreit dahinstehen zu lassen. Der Rechnungslegungsanspruch hat gewohnheitsrechtlichen Charakter; demzufolge wird er in höchstrichterlichen Entscheidungen des Bundesgerichtshofs zum Geschmacksmusterrecht ohne jede rechtsdogmatische Begründung zuerkannt (vgl. zB. BGH GRUR 1965, 198/202 rechte Sp. – Küchenmaschine; GRUR 1966, 97/100 linke Sp. – Zündaufsatz). Die in § 14a Abs. 1 Satz 2

GeschmMG enthaltene Regelung des Rechnungslegungsanspruchs enthält keine Einschränkung (vgl. BGH GRUR 1979, 240/242 – Küchenschütte).

34. Allgemeine Meinung und ständige Rechtsprechung, zB. BGH GRUR 1965, 198/202 rechte Sp. unten – Küchenmaschine.

35. Zu Einzelheiten des Anspruchs auf Auskunft s.o. Anm. 7 und Form. II. M. 13 Anm. 17.

36. Vgl. zum Vernichtungsanspruch oben Anm. 10 mit weiteren Verweisungen. Soll entgegen dem Vorschlag des Formulars auch ein Anspruch auf Vernichtung der die Plagiate herstellenden Vorrichtung (z.B. Spritzgußform) geltend gemacht werden, muß dazu vorgetragen werden, daß die Form im Eigentum des Verletzers steht und sie ferner ausschließlich oder nahezu ausschließlich zur Herstellung der Plagiate benutzt wird bzw. dazu bestimmt ist.

37. Gerichtsstand der unerlaubten Handlung (§ 32 ZPO).

38. Bei Geschmacksmusterverletzungsklagen stellt sich häufig die Frage, ob Ansprüche nicht auch auf § 1 UWG zu stützen sind. Diese greifen freilich nur selten durch (vgl. z.B. BGH GRUR 1980, 235, 237, 238 – Play-family; GRUR 1982, 371, 373 – Scandinavia).

39. Der geschmacksmusterrechtliche Unterlassungsanspruch kann – bei geeignetem Sachverhalt – auch im Wege des einstweiligen Verfügungsverfahrens gerichtlich durchgesetzt werden. Analog den Rechtsgrundsätzen, die im Zusammenhang mit einstweiligen Verfügungsverfahren in patentrechtlichen und gebrauchsmusterrechtlichen Streitigkeiten herrschen (vgl. dazu Form. II. M. 3 Anm. 43 und Form. II. M. 9 Anm. 31), kommt der Erlaß einer einstweiligen Verfügung in einer geschmacksmusterrechtlichen Streitigkeit nur dann in Betracht, wenn die Schutzfähigkeit des (nicht geprüften) Geschmacksmusters sowie der Verletzungstatbestand eine so ausreichend sichere Beurteilung erlauben, daß unter Berücksichtigung des Interesses des Verfügungsbeklagten eine Entscheidung im summarischen Verfahren geboten erscheint. Insbesondere ist es Aufgabe des Antragstellers/Klägers, zur Schutzfähigkeit des geltend gemachten Geschmacksmusters sowie zum Verletzungstatbestand substantiiert vorzutragen, insbesondere auch den vorbekannten Formenschatz vorzulegen.

§ 14a Abs. 3 GeschmMG in Verbindung mit § 101a Abs. 3 UrhG eröffnet die Möglichkeit, in Fällen „offensichtlicher Rechtsverletzung" für den Auskunftsanspruch den Weg des einstweiligen Verfügungsverfahrens zu beschreiten. Die Darlegung eines Falles einer offensichtlichen Rechtsverletzung bedarf besonderer Anstrengung. Das geltend gemachte Geschmacksmuster muß unter Berücksichtigung des vorbekannten Formenschatzes ausreichend rechtsbeständig sein (kritisch dazu z.B. OLG Braunschweig, GRUR 1993, 669, 670 – Stoffmuster), die Verletzung evident.

Kosten und Gebühren

Es gelten die allgemeinen Grundsätze, mit folgenden Besonderheiten des Geschmacksmusterverletzungsprozesses:

§ 15 Abs. 5 GeschmMG: Die Kosten eines mitwirkenden Patentanwalts sind grundsätzlich, ohne daß die Notwendigkeit seiner Mitwirkung zu prüfen wäre, bis zur Höhe einer vollen Gebühr nach § 11 BRAGO zuzüglich notwendiger Auslagen erstattungsfähig.

§ 15 Abs. 3 und 4 GeschmMG: Besteht eine Konzentration von Geschmacksmusterstreitigkeiten auf ein Landgericht, so sind die Mehrkosten, die dadurch entstehen, daß sich eine Partei durch einen bei ihrem „Heimatgericht" (vgl. § 15 Abs. 3 GeschmMG) zugelassenen Anwalt vertreten läßt, nicht erstattungsfähig.

15. Formelle[1] Klageerwiderung in einer geschmacksmusterrechtlichen Auseinandersetzung[2]

An das
Landgericht
Kammer für Handelssachen[3]

In Sachen
......[4]
Aktenzeichen: ......
zeige ich an, daß ich die Beklagte vertrete.
Ich werde beantragen,
1. die Klage abzuweisen;
2. ......[5]
3. ......[6]
Des weiteren beantrage ich,
die Akten des Geschmacksmusters des Deutschen Patentamts beizuziehen und der Beklagten für die Dauer ihrer vom Gericht zu bestimmenden Schriftsatzfrist zur Einsichtnahme zur Verfügung zu stellen[7].
......[8]

Rechtsanwalt

Anmerkungen

1. Zum Charakter einer „formellen" Klageerwiderung vgl. Form. II. M. 4, insbesondere Anm. 1 aaO.

2. Das Formular folgt inhaltlich der Klage gemäß Form. II. M. 14.

3. Es wird davon ausgegangen, daß die Klage schon an die Kammer für Handelssachen gerichtet worden ist (vgl. vorstehende Anm. 2). Mithin erübrigt sich die sonst anzustellende Prüfung, ob Verweisungsantrag gemäß §§ 98 Abs. 1 S. 1, 95 Abs. 1 Nr. 4c GVG an die Kammer für Handelssachen gestellt werden soll.

4. Zur Ausgestaltung des Rubrums siehe das Beispiel in Form. II. M. 4.

5. Es empfiehlt sich, hilfsweise zu beantragen, daß eine Verurteilung zur Rechnungslegung lediglich unter Wirtschaftsprüfervorbehalt erfolgt. Zur Formulierung eines solchen Antrages vgl. Form. II. M. 4.

6. Die Nebenentscheidungen sind von Amts wegen zu treffen. Entsprechende Anträge werden in der Praxis jedoch regelmäßig gestellt.

7. Geschmacksmusterschutz kann nur das genießen, was ordnungsgemäß hinterlegt worden ist. Ohne Kenntnis des Inhalts der Geschmacksmusterakten ist eine Bearbeitung der Klageverteidigung nicht möglich. Dementsprechend geht das Formular auch davon aus, daß zunächst lediglich eine formelle Klageerwiderung eingereicht wird, bevor materiell zur Klage Stellung genommen wird. Das erklärt auch die Annahme, daß der Beklagten eine Schriftsatzfrist zur materiellen Klageerwiderung gesetzt werden wird. Es ist freilich darauf hinzuweisen, daß diese Punkte schon bei der Prüfung der Ladung und der Einleitungsverfügung des befaßten Gerichtes beachtet werden müssen. Gegebenenfalls muß ein klärendes Telefongespräch mit dem Gerichtsvorsitzenden bzw. dem Berichterstatter geführt werden.

16. Materielle Klageerwiderung   II. M. 16

8. Sofern die Klage bei einer Zivilkammer eingereicht worden ist und der Beklagte sich
entschlossen hat, keine Verweisung des Rechtsstreits an die Kammer für Handelssachen zu
beantragen, muß zur Frage Stellung genommen werden, ob der Übertragung des Rechtsstreits auf den Einzelrichter Bedenken entgegenstehen (§§ 348 Abs. 1, 271 Abs. 3 ZPO).

16. Materielle[1] Klageerwiderung in einer geschmacksmusterrechtlichen Streitigkeit

An das
Landgericht
Kammer für Handelssachen

In Sachen
A...... (RA:......)
gegen
B...... (RA:......)
Aktenzeichen:......

begründe ich die Anträge auf Klageabweisung vom......:

1. Eine Einsichtnahme in die Geschmacksmusterakten durch den Unterzeichner hat ergeben, daß die Klägerin ihr Begehren auf Geschmacksmusterunterlagen stützt, die erst im
   nachhinein, nämlich 3 Monate nach dem Anmeldetag, zu den Registerakten eingereicht
   worden sind.

   Beweis: Geschmacksmusterakten ......

Schon ein flüchtiger Vergleich zeigt, daß die von der Klägerin nachgereichten Fotos nicht
dasjenige zeigen, was die Klägerin seinerzeit entsprechend den von ihr ursprünglich
eingereichten Abbildungen geschützt wissen wollte. Auf den zum Anmeldetag eingereichten Fotos sind die Merkmale (a), (b) und (c) der dem Klagebegehren zugrunde ge-
legten Merkmalskombination nicht erkennbar. Die zum Anmeldetag von der Klägerin
eingereichten Fotos zeigen vielmehr eine Sitzschale, die zwischen Sitz- und Lehnenbereich
ausgesprochen eckig wirkt und damit keinesfalls eine „stetige körpergerechte Krümmung" entsprechend dem Merkmal (a) der Merkmalskombination in der Klageschrift
aufweist. Auch das Merkmal (b) liegt nicht vor. Die von der Klägerin als schutzbegrün-
dend beanspruchten „Fasen" waren bei den ursprünglichen Abbildungen überhaupt
nicht vorhanden. Schließlich weist die Sitzschale entsprechend den ursprünglich von der
Klägerin eingereichten Abbildungen keine „Außenseitenflächen" auf (Merkmal c).
Wegen der konstitutiven Wirkung, die im Geschmacksmusterrecht der Anmeldung und
Niederlegung des Musters bzw. Modells zukommt, ist eine nachträgliche Abänderung,
z.B. – wie hier – in Form des Austausches des Niederlegungsgegenstandes nicht mehr
möglich, so daß sich der Geschmacksmusterschutz tatsächlich lediglich auf dasjenige
beschränkt, was zum Zeitpunkt der Anmeldung niedergelegt worden ist[2].

2. Sollte die angerufene Kammer wider Erwarten von der Annahme ausgehen, daß maßgeblich diejenige Gestaltungsform zugrunde zu legen ist, die sich aus den von der
   Klägerin zu ihrer Geschmacksmusteranmeldung nachgereichten Fotos ergibt und auf
   die die Klägerin ihr Begehren stützt, so ist vorsorglich diesseits darauf hinzuweisen, daß
   insoweit das Klagegeschmacksmuster schutzunfähig ist. Im einzelnen:

   a) Die Klägerin hat den Gegenstand ihres Geschmacksmusters 7 Monate vor dessen
      Anmeldetag, und zwar am...... vorverbreitet. Sie hat 30 derartige Sitzschalen, mit
      Untergestellen zu Stühlen vervollständigt, an den Gastwirt...... geliefert, der diese

in seinem Biergarten aufgestellt und damit einer beliebigen Öffentlichkeit zur Kenntnis gebracht hat.

Beweis: Zeugnis ......

Infolgedessen ist das Klagegeschmacksmuster gemäß § 7a GeschmMG schutzunfähig[3].

b) Des weiteren ist der Gegenstand des Klagegeschmacksmusters zum Zeitpunkt der Anmeldung keinesfalls mehr neu gewesen. Zum vorbekannten Formenschatz gehören die Sitzschalen gemäß Anlagen A und B, die ich in einem – nur für das Gericht bestimmten – Exemplar überreiche. Ein Vergleich beider Anlagen mit dem von der Klägerin in diesem Rechtsstreit beanspruchten Gegenstand des Klagegeschmacksmusters zeigt, daß sämtliche interessierenden Merkmale (a) bis (d) schon – und zwar auch in Kombination – vorweggenommen waren[4].

c) Fehlt es dem Klagegeschmacksmuster an der erforderlichen Neuheit, bedarf es keiner Ausführungen im Hinblick auf das Erfordernis der Eigentümlichkeit[5].

3. Schließlich liegt auch keine Nachbildung im Sinne des § 5 GeschmMG vor. Die Sitzschale der Beklagten ist von dem bekannten Designer XYZ nach dem Vorbild eines seit langem bekannten und gegenüber dem Klagegeschmacksmuster vorverbreiteten Kindersitz geschaffen worden, von dem ich als Anlage C ein Exemplar – nur zu den Gerichtsakten – überreiche. Dieser Kindersitz ist schon 1955 in der Bundesrepublik Deutschland vertrieben worden. Das ergibt sich aus dem als Anlage D überreichten Prospekt. Da Vorbild für das Erzeugnis der Beklagten somit nicht die als Geschmacksmuster niedergelegte Sitzschale der Klägerin war, liegt ein für die Annahme einer Nachbildung erforderlicher Nachbildungswille auf seiten der Beklagten nicht vor[6]. Des weiteren fehlt es auch an der objektiven Übereinstimmung, da es entgegen der Annahme der Klägerin lediglich auf diejenigen Abbildungen ankommt, die diese zum Zeitpunkt der Anmeldung niedergelegt hat. Von der sich aus diesen Abbildungen ergebenden Gestaltungsform weicht die Sitzschale der Beklagten, wie der Augenschein ergibt, eindeutig ab[7].

Rechtsanwalt

Anmerkungen

1. Im Gegensatz zur „formellen" Klageerwiderung enthält die „materielle" Klageerwiderung die gesamte Einlassung des Beklagten. Wegen der Vielfältigkeit der Gestaltung des täglichen Lebens kann der Entwurf nur ein „Rudiment" bestehender Verteidigungsmöglichkeit zeigen.

2. Vgl. *von Gamm* § 7 Rdn. 14. Das Formular geht von einem besonders krassen Fall aus, um darzulegen, worauf es ankommt: Es ist darauf zu achten, daß das Klagegeschmacksmuster als Schutzgegenstand auch dasjenige hergibt, was der Kläger geltend macht. Insbesondere kommt es dabei auf eine kritische Überprüfung der gegebenen Merkmalskombination an (vgl. BGH GRUR 1979, 705 ff. – Notizklötze m. Anm. *Klaka*). Von weiterer Bedeutung sind die Fälle nicht ordnungsgemäßer Verlängerung, weil der Text des § 8 GeschmMG a. F. mißverstanden wurde; vgl. dazu BGH GRUR 1979, 548 – Blumenwanne.

3. § 1 Abs. 2 GeschmMG erfordert insbesondere, daß die hinterlegten Muster und Modelle neu sind. In § 7 Abs. 2 GeschmMG a. F. war das Merkmal der Neuheit ein weiteres Mal insoweit aufgegriffen, als dort bestimmt war, daß die Anmeldung und Niederlegung des Geschmacksmusters erfolgen mußte, bevor ein nach dem Muster oder Modell gefertigtes Erzeugnis vorverbreitet worden war (dazu vgl. BGH GRUR 1969, 90/93 l. Sp. – Rüschenhaube; GRUR 1977, 796 – Pinguin; GRUR 1982, 371 – Scandinavia). Mit Geltung für alle Geschmacksmusteranmeldungen ab 1. Juli 1988 ist durch die Geschmacksmusternovelle vom 18. Dezember 1986 eine wesentliche Änderung der Rechtslage erfolgt.

Gem. § 7a GeschmMG gilt eine 6-monatige sog. Neuheitsschonfrist. Danach ist es nicht neuheitsschädlich, wenn der Anmelder oder sein Rechtsvorgänger innerhalb von sechs Monaten vor dem für den Zeitraum der Anmeldung maßgeblichen Tag den als Muster oder Modell hinterlegten Geschmacksmustergegenstand der Öffentlichkeit zugänglich gemacht hat.

Im Formular wird davon ausgegangen, daß außerhalb der Neuheitsschonfrist, nämlich sieben Monate vor dem Anmeldetag eine Vorverbreitung erfolgt ist. Im übrigen ist zu beachten, daß die Neuregelung des § 7a GeschmMG nur auf Geschmacksmusteranmeldungen ab dem 1. Juli 1988 Anwendung findet; für Geschmacksmusteranmeldungen, die früher getätigt worden sind, ist die Regelung nicht – auch nicht analog – anwendbar.

Eine weitere Ausnahme von dem Grundsatz der Neuheitsschädlichkeit einer Vorverbreitungshandlung wird durch Ziffer 2 des Gesetzes betreffend den Schutz von Erfindungen, Mustern und Warenzeichen auf Ausstellungen vom 18. März 1904 (RGBl. I S. 141) begründet. Danach muß es sich um eine sog. privilegierte Ausstellung handeln, die zuvor im Bundesgesetzblatt als solche bekanntgemacht worden ist. Des weiteren muß das Muster oder Modell auf der Ausstellung öffentlich zur Schau gestellt worden sein (vgl. BGH GRUR 1983, 31 – Klarsichtbecher) und schließlich gilt eine Frist von sechs Monaten ab dem Eröffnungstag der Messe.

4. Es geschieht lediglich zu Demonstrationszwecken, daß das Formular von einer neuheitsschädlichen Vorwegnahme sämtlicher Kombinationsmerkmale ausgeht. Regelmäßig liegt der Sachverhalt schwieriger, da allenfalls einzelne Kombinationsmerkmale als vorbekannt nachgewiesen werden können. Für derartige Fälle ist auf BGH GRUR 1975, 81 ff. – Dreifach-Kombinationsschalter – und GRUR 1988, 369, 370 – Messergriff – hinzuweisen. Danach dürfen die Anforderungen an die hinreichende eigenschöpferische Gestaltungshöhe nicht zu niedrig angesetzt werden, sofern die Gestaltung des Mustergegenstandes lediglich durch die Kombination vorbekannter Formenelemente erfolgt ist.

5. Vgl. vorstehende Anm. 4 und Form. II. M. 14 Anm. 26.

6. Die Annahme der Nachbildung erfordert Kenntnis hinsichtlich des Vorbildes und den Willen, das Vorbild nachzubilden. Beides ist regelmäßig nicht konkret nachweisbar. Es besteht jedoch eine prima-facie-Beweiserleichterung dahingehend, daß grundsätzlich bei Übereinstimmung im ästhetischen Gesamteindruck zwischen Gegenstand des Geschmacksmusters und angegriffenem Erzeugnis von beiden subjektiven Voraussetzungen für die Nachbildung auszugehen ist. Dieser Erfahrungssatz ist durch Gegenbehauptungen zu entkräften, zB. insbesondere durch Vorarbeiten im eigenen Geschäftsbetrieb. Da für die Annahme eines natürlichen Nachbildungswillens auch die bloß unbewußte Ausnutzung der Kenntnis vom prioritätsälteren Geschmacksmuster ausreicht, ist die Gegenbehauptung geeignet, den prima-facie-Beweis zu erschüttern, die auf das Fehlen eines Nachbildungswillens abzielt, beispielsweise die bewußte Schaffung des nachgebildeten Erzeugnisses nach einem gegenüber dem Geschmacksmuster vorverbreiteten Erzeugnis (vgl. dazu *von Gamm* § 5, Rdn. 30; str., a.A. BGH in BGH GRUR 1981, 273/276 – Leuchtenglas, wo eine Erschütterung des prima-facie-Beweises für den subjektiven Nachbildungswillen nur dann als möglich angesehen wird, wenn der Gestalter des angegriffenen Erzeugnisses das Vorbild nicht gekannt haben kann, weil es nur geschlossen hinterlegt worden war und keine Verbreitung stattgefunden hatte).

7. Fehlt es an der objektiven Übereinstimmung in dem ästhetischen Gesamteindruck, so liegt schon aus diesem Grund keine Nachbildung vor. Doch schon im Tatsächlichen können die Auffassungen betreffend einen „objektiv übereinstimmenden Gesamteindruck" sehr weit auseinandergehen, so daß diese Verteidigung im Formular bewußt an den Schluß gestellt worden ist, obgleich sie rechtsdogmatisch vor die subjektiven Nachbildungsvoraussetzungen gehört. Diese Verteidigung stärkt zugleich diejenige fehlenden Nachbildungswillens (vgl. Anm. 6).

17. Klage wegen Geschmacksmusterberühmung

An das
Landgericht
Kammer für Handelssachen[1]

Klage
der Firma A ......

                                                                Klägerin,

– Prozeßbevollmächtigter: Rechtsanwalt ......
gegen
die Firma B ......

                                                                Beklagte,

wegen Geschmacksmusterberühmung
Streitwert: vorläufig geschätzt DM ......[2]
Namens und in Vollmacht der Klägerin erhebe ich Klage und werde beantragen,
1. die Beklagte zu verurteilen, die Klägerin dahingehend zu unterrichten, auf welches in einem Register eingetragene Schutzrecht sich die von der Beklagten beim Vertrieb von folgenden Waren:
Artikel-Nr. ...... (Papierkorb mit Goldrand)
Artikel-Nr. ...... (Papierkorb mit Silberrand)
Artikel-Nr. ...... (Papierkorb mit Lederrand)
benutzte Bezeichnung „gesetzlich geschützt", auch in der Schreibweise „ges. gesch.", stützt[3];
2. der Beklagten die Kosten des Rechtsstreits aufzuerlegen;
3. das Urteil – gegebenenfalls gegen Sicherheitsleistung (Bank- oder Sparkassenbürgschaft) – für vorläufig vollstreckbar zu erklären;
hilfsweise der Klägerin nachzulassen, die Zwangsvollstreckung gegen Sicherheitsleistung (Bank- oder Sparkassenbürgschaft) abzuwenden.
......[4, 5]

Begründung[6]:

1. Die Klägerin stellt her und vertreibt Bürobedarfsartikel, u. a. Papierkörbe. Die Beklagte vertreibt im Wege des Versandhandels Geschenkartikel, u. a. auch die im Klageantrag 1 aufgeführten Papierkörbe. Dabei wirbt die Beklagte mit den Angaben „gesetzlich geschützt", auch in der Schreibweise „ges. gesch.".
Die Klägerin hat von der Beklagten vorprozessual Auskunft darüber gefordert, welche Schutzrechte, insbesondere Geschmacksmuster[7], die vorstehend bezeichneten Angaben betreffen. Die Beklagte hat jedoch jede Auskunft verweigert. Deshalb ist Klage geboten.
2. Die von der Beklagten benutzten Angaben „gesetzlich geschützt" und „ges. gesch." werden im Verkehr üblicherweise als Abkürzung für bestehende Geschmacksmuster benutzt[8]. Zwar ist im Geschmacksmustergesetz keine Bestimmung vorgesehen, die bei Geschmacksmusterberühmung einen Auskunftsanspruch gibt, wie beispielsweise die §§ 146 PatG, 30 GebrMG. Die bestehende Lücke ist jedoch sachgerecht durch eine analoge Anwendung der vorbezeichneten Bestimmungen auch für das Geschmacksmusterrecht zu schließen. An einer Aufklärung betreffend die Existenz vermeintlicher Geschmacksmuster besteht ein ebenso berechtigtes Interesse wie bei werblichen Hinweisen auf das Bestehen von Patenten oder Gebrauchsmustern[9]. Sofern die Beklagte geltend machen will, die streitgegenständlichen Angaben würden als Hinweise auf das Bestehen

von Patent- bzw. Gebrauchsmusterschutz verstanden, ergibt sich die Berechtigung des Klagebegehrens aus den vorbezeichneten Bestimmungen der §§ 146 PatG, 30 GebrMG.

Rechtsanwalt

Schrifttum: Lambsdorff/Skora, Die Werbung mit Schutzrechtshinweisen, 1977; *Lambstorff/Hamm*, Zur wettbewerbsrechtlichen Zulässigkeit von Patent-Hinweisen, GRUR 1985, 244 ff.; *Bogler*, Werbung mit Hinweisen auf zukünftige oder bestehende Patente, DB 1992, 413.

Anmerkungen

1. Es handelt sich um eine Handelssache gemäß § 95 Abs. 1 Nr. 4c GVG. Wird die Klage bei einer Zivilkammer anhängig gemacht, besteht für den Beklagten die Möglichkeit, den Rechtsstreit an die Kammer für Handelssachen gemäß § 98 Abs. 1 S. 1 GVG verweisen zu lassen. Zur Konzentration von geschmacksmusterrechtlichen Streitigkeiten bei nur einigen Gerichten vgl. Form. II. M. 14 Anm. 1.

2. Ebenso wie bei einer Geschmacksmusterverletzungsklage (vgl. Form. II. M. 14) beruht auch hier die Streitwertangabe auf Schätzung (§ 3 ZPO). Maßgeblich ist wiederum das Interesse des Klägers, diesmal am Erhalt der streitgegenständlichen Auskunft. Regelmäßig wird analog den Streitwerten für Auskunftsklagen ein Streitwert in der Größenordnung von ca. DM 10000,– in Betracht kommen.

3. Der Antrag ist nicht nur auf eine Auskunftserteilung betreffend bestehende Geschmacksmuster gerichtet, sondern erfaßt zugleich auch etwaig bestehende Patent- und Gebrauchsmusterrechte, da die Bezeichnung „gesetzlich geschützt" auch häufig für die letztgenannten Schutzrechte benutzt wird (vgl. dazu *Lambsdorff/Skora*, Die Werbung mit Schutzrechtshinweisen, 1977, Rdn. 80 ff., 89).

4. Hier sind gegebenenfalls die Anträge auf Erlaß eines Anerkenntnis- bzw. Versäumnisurteils im schriftlichen Verfahren gemäß §§ 307 Abs. 2, 331 Abs. 3 ZPO anzuschließen.

5. Wird die Zivilkammer angerufen, muß eine Stellungnahme gemäß § 348 ZPO betreffend die Frage der Übertragung des Rechtsstreits auf den Einzelrichter erfolgen.

6. Der Sachverhalt ist der Entscheidung des Oberlandesgerichts Düsseldorf GRUR 1976, 34 – Becherhalter – nachgebildet.

7. Vgl. den Literaturhinweis in Anm. 3.

8. Vgl. OLG Düsseldorf aaO.

9. Vgl. Form. II. M. 7.

Kennzeichenrecht

18. Markenverletzungsklage[1] und Klage auf Löschung einer nichtigen Marke

An das
Landgericht
Kammer für Handelssachen[2]

Klage

der Firma A ......

— Klägerin —

Prozeßbevollmächtigter: RA ......

gegen

1. die Firma B ...... GmbH, X-Stadt, vertreten durch ihren Geschäftsführer, den Beklagten zu 2, ebenda, ... Straße
2. Herrn ......[3]

— Beklagte —

wegen Markenverletzung und Löschung einer Marke

Streitwert: vorläufig geschätzt DM ......[4]

Namens und in Vollmacht der Klägerin erhebe ich Klage und werde beantragen,
I. die Beklagten zu verurteilen,
 1. es bei Meidung eines für jeden Fall der Zuwiderhandlung fälligen Ordnungsgeldes bis zu DM 500 000,–, ersatzweise Ordnungshaft bis zu 6 Monaten oder Ordnungshaft bis zu 6 Monaten, im Wiederholungsfall bis zu 2 Jahren, wobei die Ordnungshaft hinsichtlich der Beklagten zu 1) an ihrem jeweiligen Geschäftsführer zu vollstrecken ist[5], zu unterlassen, im Bereich der Bundesrepublik Deutschland[6] ohne Zustimmung der Klägerin das Zeichen „Magnet" im geschäftlichen Verkehr im Zusammenhang mit Möbeln, insbesondere Kleinmöbeln, Camping-Sesseln, Camping-Tischen und/oder Badezimmerschränken zu benutzen, insbesondere das vorstehend bezeichnete Zeichen auf den vorstehend bezeichneten Waren oder ihrer Aufmachung oder Verpackung anzubringen, unter dem vorstehend bezeichneten Zeichen die vorstehend wiedergegebenen Waren anzubieten, in den Verkehr zu bringen oder zu den genannten Zwecken zu besitzen, einzuführen oder auszuführen und schließlich das vorstehend bezeichnete Zeichen in Geschäftspapieren oder in der Werbung zu benutzen[7].
 2. der Klägerin Auskunft[8] über die Herkunft und den Vertriebsweg der unter vorstehend zu I 1 beschriebenen Erzeugnisse zu erteilen, insbesondere unter Angabe der Namen und Anschriften der Hersteller, der Lieferanten und deren Vorbesitzer, der gewerblichen Abnehmer oder Auftraggeber sowie unter Angabe der Mengen der hergestellten, ausgelieferten, erhaltenen oder bestellten Erzeugnisse;
 3. der Klägerin über den Umfang der vorstehend zu I 1 bezeichneten Handlungen Rechnung zu legen, und zwar unter Angabe des unter der Kennzeichnung „Magnet" mit Möbeln, insbesondere Kleinmöbeln, Camping-Sesseln, Camping-Tischen und Badezimmerschränken erzielten Umsatzes sowie unter Angabe des Umfangs der

betriebenen Werbung, aufgeschlüsselt nach Kalenderviertjahren, Bundesländern und Werbeträgern[9,10];

II. die Beklagte zu 1) zu verurteilen, in die Löschung der für die Waren „Möbel" am 15. August 1990 beim Deutschen Patentamt angemeldeten und am 1. August 1991 in die Warenzeichenrolle beim Deutschen Patentamt eingetragenen Marke Nr. ...... „Magnet" gegenüber dem Deutschen Patentamt einzuwilligen[11];

III. festzustellen, daß die Beklagten gesamtverbindlich verpflichtet sind, der Klägerin allen Schaden zu erstatten, der ihr aus den vorstehend unter Ziffer I 1 bezeichneten Handlungen entstanden ist und künftighin entstehen wird[12];

IV. den Beklagten die Kosten des Rechtsstreits aufzuerlegen[13];

V. das Urteil – gegebenenfalls gegen Sicherheitsleistung (Bank- oder Sparkassenbürgschaft) – für vorläufig vollstreckbar zu erklären;

hilfsweise der Klägerin nachzulassen, die Zwangsvollstreckung gegen Sicherheitsleistung (Bank- oder Sparkassenbürgschaft) abzuwenden[13].

......[14]

Begründung:

I.

1. Die Klägerin ist ein 1973 gegründetes Unternehmen, das den Einzelhandel mit Möbeln betreibt und über Zweigniederlassungen in X-Stadt, Y-Stadt sowie im Gerichtsbezirk verfügt. Sie ist alleinige und ausschließlich verfügungsberechtigte Inhaberin des DWZ 934 344 MAGNET, das am 26. Juli 1973 angemeldet und am 15. November 1973 eingetragen worden ist. Das Warenverzeichnis erfaßt die Waren „Möbel". Als Anlage 1 überreiche ich in Kopie einen Rollenauszug betreffend die Eintragung des DWZ 934 344 im Register. Das Klagezeichen steht in Kraft.

Beweis: Auskunft des Deutschen Patentamtes.

Es wird von der Klägerin in erheblichem Umfang benutzt.[15] Sämtliche von ihr vertriebenen Möbel sind mit der Kennzeichnung „Magnet" versehen.[16] Als Beispiel überreiche ich als Anlage 2 einen entsprechenden Aufkleber. Des weiteren benutzt die Klägerin ihr Zeichen „Magnet" in erheblichem Umfang in Werbeprospekten, Zeitungsanzeigen und ähnlichem zur Kennzeichnung der von ihr vertriebenen Möbel. Ich überreiche als Anlage 3 ein Kompendium von entsprechenden Werbeunterlagen, für das angerufene Gericht im Original, im übrigen in Kopie. Zum Beweis für alles Vorstehende berufe ich mich auf das Zeugnis ......

2. Die Beklagte zu 1) vertreibt wie die Klägerin Möbel, nämlich insbesondere Kleinmöbel sowie Möbel für den Camping-Bedarf. Als Anlage 4 überreiche ich einen Prospekt der Beklagten zu 1), mit dem sie ihre Artikel, nämlich unter anderem Kleinmöbel, Camping-Sessel, Camping-Tische und Badezimmerschränke anbietet. In dem in Rede stehenden Prospekt ist auf jeder Seite blickfangmäßig hervorgehoben:

„Magnet",

und zwar jeweils in unmittelbarer Nähe mit den bildlich dargestellten und unter Preisangabe beworbenen vorbezeichneten Erzeugnissen.

Die Beklagte zu 1) hat die Kennzeichnung „Magnet" auch als Marke eintragen lassen. Die entsprechende Anmeldung der Beklagten ist prioritätsjünger als das Klagekennzeichen. Die Anmeldung erfolgte am 15. August 1990, die Eintragung am 1. August 1991. Das Zeichen der Beklagten zu 1) trägt die Nummer .... Das Waren- und Dienstleistungsverzeichnis lautet: „Möbel".

3. Die Beklagte zu 1), deren Geschäftsführer der Beklagte zu 2) ist, ist vorprozessual durch die Klägerin erfolglos mit Anwaltsschreiben abgemahnt worden[17]. Deshalb ist Klage geboten. Mit ihr werden die sich aus der Warenzeichenverletzung der Beklagten ergebenden Rechte der Klägerin geltend gemacht. Zugleich klagt die Klägerin auf Löschung des prioritätsjüngeren Zeichens der Beklagten zu 1.

II.

1. Der mit Klageantrag I 1 geltend gemachte Unterlassungsanspruch findet seine Grundlage in § 14 Abs. 5 MarkenG. Diese Bestimmung gewährt dem Inhaber einer Marke einen Unterlassungsanspruch gegen denjenigen, der die Marke entgegen der Ausschließungsbefugnis des Markeninhabers benutzt. Die Klägerin ist formell eingetragene Inhaberin des Klagekennzeichens, das seine Schutzwirkungen mit Eintragung in das Register beim Patentamt entfaltet (§§ 4 Nr. 1, 14 Abs. 1 MarkenG)[18].

Zwischen den Waren des dem Klagezeichen zugrundeliegenden Warenverzeichnisses, nämlich „Möbeln" und denjenigen Waren, für die die Beklagten die Bezeichnung „Magnet" benutzen, besteht Warenidentität.[19] Sämtliche im Klageantrag I 1 aufgeführten Erzeugnisse der Beklagten sind Möbel. Zum Begriff Möbel gehören insbesondere auch Camping-Möbel, nämlich zusammenklappbare Möbel, selbst wenn diese aus Metall und/oder Aluminium hergestellt sind.

Die Benutzung der Bezeichnung „Magnet" durch die Beklagten erfolgt auch zeichenmäßig.[20] In dem Prospekt gemäß Anlage 4 wird die Bezeichnung „Magnet" in schlagwortartiger Hervorhebung zur Kennzeichnung der dort beworbenen Produkte nach Art einer Marke ohne jeden warenbeschreibenden Bezug benutzt.

Die einander gegenüberstehenden Kennzeichen sind identisch[21].

2. Der mit Klageantrag I 2 geltend gemachte Auskunftsanspruch betreffend die markenverletzenden Erzeugnisse der Beklagten findet seine Grundlage in § 19 Abs. 1 und Abs. 2 MarkenG.[22]

3. Durch die mit Klageantrag I 1 beschriebene Verletzungshandlung der Beklagten ist der Klägerin auch ein Schaden entstanden. Das gilt allein schon deshalb, weil die Beklagten in das ausschließliche Benutzungsrecht der Klägerin am Klagezeichen „Magnet" eingegriffen haben[23]. Den Beklagten hätte bei Anwendung der im kaufmännischen Verkehr erforderlichen Sorgfalt das prioritätsältere Zeichen der Klägerin nicht verborgen bleiben können[24]; des weiteren sind sie mit Anwaltsschreiben vom ...... auf das Klagezeichen ausdrücklich aufmerksam gemacht worden, ohne daß sie jedoch die streitgegenständlichen Benutzungshandlungen eingestellt hätten. Die Beklagten haben daher mindestens grob fahrlässig, seit dem Empfang des Abmahnungsschreibens vom ...... sogar vorsätzlich schuldhaft gehandelt[25]. Infolgedessen sind sie gesamtverbindlich[26] der Klägerin gegenüber zu Schadensersatz gemäß §§ 24 Abs. 2, 31 WZG verpflichtet. Da die Klägerin den Umfang des ihr entstandenen Schadens ohne nähere Kenntnis vom Umfang der rechtswidrigen Benutzungshandlungen der Beklagten nicht beziffern kann, sind die Beklagten ihr gegenüber infolge gewohnheitsrechtlicher Anwendung des § 242 BGB und der Rechtsregeln über die auftragslose Geschäftsführung auch zur Rechnungslegung entsprechend dem Klageantrag I 3 verpflichtet.[27] Aus dem Vorstehenden ergibt sich ferner die Zulässigkeit des Schadensersatzfeststellungsbegehrens gemäß Klageantrag III.[28]

4. Die Verantwortlichkeit der Beklagten zu 1) ergibt sich gemäß § 31 BGB analog unter dem rechtlichen Gesichtspunkt der Organhaftung; diejenige des Beklagten zu 2) aufgrund eigenen Verhaltens.

5. Der mit Klageantrag II geltend gemachte Anspruch auf Einwilligung in die Löschung der Marke Nr. ...... „Magnet" findet seine Rechtsgrundlage in §§ 55, 51 MarkenG. Das Klagekennzeichen ist, wie vorstehend vorgetragen und unter Beweis gestellt, von der Klägerin aufgrund einer früheren Anmeldung für identische, zumindest ähnliche Waren in der Zeichenrolle eingetragen, für das auch das gleichlautende Zeichen der Beklagten zu 1) eingetragen ist. Dementsprechend kann die Klägerin die Löschung dieses Zeichens fordern[29,30].

III.

Die Zuständigkeit des angerufenen Gerichts ergibt sich daraus, daß die Beklagte zu 1) den Prospekt gemäß Anlage 4 auch im Bezirk des Oberlandesgericht ...... versandt

18. Markenverletzungsklage   II. M. 18

hat.[31] Dieser Prospekt ist beispielsweise Herrn ...... als Postwurfsendung zugegangen. Für den Fall des Bestreitens werde ich entsprechenden Beweis antreten.
...... [32,33,34]

IV.

Ich zeige an, daß die Klägerin

Herrn Patentanwalt ......

zur Mitwirkung in diesem Rechtsstreit bestellt hat.[35]

Rechtsanwalt

Vorbemerkung: Am 1. Januar 1995 ist das „Gesetz zur Reform des Markenrechts und zur Umsetzung der Ersten Richtlinie 89/104/EWG des Rates vom 21. Dezember 1988 zur Angleichung der Rechtsvorschriften der Mitgliedstaaten über die Marken (Markenrechtsreformgesetz)" (BGBl. 1994, Teil I, S. 3082 ff.) in Kraft getreten. Mit diesem Markengesetz (im folgenden: MarkenG) erfolgt eine Neuordnung des gesamten, bisher im Warenzeichengesetz (WZG) sowie im Wettbewerbsrecht (UWG) geregelten Kennzeichenrechts. Praktische Erfahrungen mit dem neuen MarkenG liegen bei Abfassung des nachstehenden Formulars nicht vor. Der Benutzer wird daher Vorsicht bei Anwendung des Formulars walten lassen müssen. Vieles allerdings im neuen MarkenG entspricht bisherigem Recht, so daß der Abdruck eines Formulars verantwortbar erscheint.

Schrifttum zum alten Warenzeichenrecht: Althammer, WZG, 3. Aufl. 1985; *Baumbach/Hefermehl,* Warenzeichenrecht und Internationales Wettbewerbs- und Zeichenrecht, 12. Aufl. 1985; *Buddeberg,* Kennzeichen- und Geschmacksmusterrecht (RWS – Skript 8) 1992; *Busse/Starck,* WZG, 6. Aufl. 1990; *v. Gamm,* WZG, 1965; *Hartgen,* WZG, 1968; *Reimer,* Wettbewerbs- und Warenzeichenrecht, 1. Bd., Warenzeichen und Ausstattung, 4. Aufl. 1966; *Richter,* Warengleichartigkeit, 8. Aufl. 1987; *Schricker/Stauder* (Herausgeber), Handbuch des Ausstattungsrechts, 1986.

Aufsätze: Eisenführ, Begriff und Schutzfähigkeit von Marke und Ausstattung, in Festschrift Gewerblicher Rechtsschutz und Urheberrecht in Deutschland, 1991, Bd. II, S. 765 ff.; *v. Gamm,* Neuere Rechtsprechung zum Wettbewerbs- und Markenrecht, GRUR 1991, 495 ff.; *ders.,* Markenbenutzung und Benutzungszwang, in Festschrift Gewerblicher Rechtsschutz und Urheberrecht in Deutschland 1991, Bd. II, S. 801 ff.; *Ströbele,* Verwechslungsgefahr und Schutzumfang, in Festschrift Gewerblicher Rechtsschutz und Urheberrecht in Deutschland, Bd. II, S. 821 ff.; *Kraft,* Notwendigkeit und Chancen eines verstärkten Schutzes bekannter Marken im neuen Warenzeichengesetz, GRUR 1991, 339 ff.; *Müller,* Das Ankündigungsrecht des Zeicheninhabers im Lichte der Händlerwerbung, GRUR 1991, 274 ff.

Schrifttum zum MarkenG: von Gamm, Zur Warenzeichenrechtsreform, WRP 1993, 793 ff.; *ders.,* Schwerpunkt des neuen Markenrechts, GRUR 1994, 775 ff.; *Harte-Bavendamm/Scheller,* Die Auswirkungen der Markenrechtsrichtlinie auf die Lehre von der internationalen Erschöpfung, WRP 1994, 571 ff.; *Ingerl/Rohnke,* Die Umsetzung der Markenrechts-Richtlinie durch das deutsche Markengesetz, NJW 1994, 1247 ff.; *Klaka,* Erschöpfung und Verwirkung im Licht des Markenrechtsreformgesetzes, GRUR 1994, 321 ff.; *Lehmann/Schönfeld,* Die neue europäische und deutsche Marke: Positive Handlungsrechte im Dienste der Informationsökonomie, GRUR 1994, 481 ff.; *Rößler,* Die Ausnutzung der Wertschätzung bekannter Marken im neuen Markenrecht, GRUR 1994, 559 ff.; *Schmieder,* Neues deutsches Markenrecht nach europäischem Standard, NJW 1994, 1241 ff.; *Winkler,* Das Widerspruchsverfahren nach dem neuen Markenrecht, GRUR 1994, 569 ff.; *Munzinger,* Zur Eintragungsbewilligungsklage – Probleme des zweigleisigen Rechtsschutzes bei Zeichenkollisionen im Amts- und Gerichtsverfahren nach altem und neuen Markenrecht –, GRUR 1995, 12 ff.; *Kliems,* Relativer Ähnlichkeitsbegriff bei Waren/Dienstleistungen im neuen Markenrecht?, GRUR 1995, 198 ff.; *Goebel,* Schutz geografischer Herkunftsangaben nach dem neuen Markenrecht, GRUR 1995, 98 ff.; *Knaak,* Der Schutz geografischer Herkunftsangaben im neuen Markengesetz, GRUR 1995, 103 ff.

Anmerkungen

1. Vom Abdruck einer Abmahnung wegen einer Kennzeichenverletzung wurde abgesehen. Zur Formulierung einer Abmahnung kann auf die ansonsten im Formularbuch enthaltenen Vorschläge verwiesen werden (vgl. Form. II. L. 1, II. M. 1, II. M. 2, II. M. 8 und II. M. 13). Wie eine konkrete Verletzungshandlung in bezug auf eine Kennzeichenverletzung zu formulieren ist, zeigt der Klageantrag I 1. Eine Marke ist ein nur eingeschränkt, nämlich nur im Hinblick auf die sogenannten absoluten Eintragungshindernisse (§ 8 MarkenG) geprüftes Schutzrecht. Das gibt Anlaß, im Hinblick auf die Notwendigkeit und auf die Risiken einer vorprozessualen Abmahnung besondere Vorsicht walten zu lassen. Insoweit wird auf die Ausführungen in Anm. 1 zu Form. II. M. 8 verwiesen.

§§ 140 ff. MarkenG enthalten besondere (dem Patentverletzungsprozeß nachgebildete, vgl. dazu Form. II. M. 3 Anm. 1 und 41 sowie aaO. unter „Kosten und Gebühren") Bestimmungen für die sogenannten Kennzeichenstreitsachen. Das sind gemäß § 140 Abs. 1 MarkenG alle Klagen (wie auch Anträge auf Erlaß einer einstweiligen Verfügung), durch die ein Anspruch aus einem Rechtsverhältnis geltend gemacht wird, das im MarkenG geregelt wird. Das MarkenG regelt wesentlich umfassender das bisher im Warenzeichengesetz sowie in einzelnen Bestimmungen des Wettbewerbsrechts enthaltene Kennzeichenrecht. Insbesondere handelt es sich um die Regelung von Ansprüchen im Zusammenhang mit geschützten Marken (§ 1 Nr. 1 MarkenG), geschäftliche Bezeichnungen (§ 1 Nr. 2 MarkenG) und geografische Herkunftsangaben (§ 1 Nr. 3 MarkenG). Zu den Marken gehören insbesondere die eingetragenen Zeichen (§ 4 Nr. 1 MarkenG), ferner die nicht eingetragenen Zeichen, die Verkehrsgeltung erworben haben (§ 4 Nr. 2 MarkenG) oder die notorisch bekannten Marken im Sinne des Art. 6 bis der Pariser Verbandsübereinkunft zum Schutz des gewerblichen Eigentums. Zu den geschützten Marken gehören des weiteren die sogenannten Kollektivmarken (§§ 97 ff. MarkenG) sowie die international registrierten (IR-)Marken (§§ 107 ff.; 119 ff. MarkenG). Die geschäftlichen Bezeichnungen des § 1 Nr. 2 MarkenG sind in § 5 MarkenG näher definiert. Es handelt sich um die Unternehmenskennzeichen (§ 5 Abs. 2 MarkenG) und die Werktitel (§ 5 Abs. 3 MarkenG), die bis zum 1. Januar 1995 nach § 16 UWG alter Fassung geschützt waren.

2. § 140 Abs. 1 MarkenG begründet ohne Rücksicht auf den Streitwert die sachliche Zuständigkeit der Landgerichte. Dort sind gemäß §§ 94, 95 Abs. 1 Nr. 4c GVG die Kammern für Handelssachen zuständig. In § 140 Abs. 2 MarkenG werden die Landesregierungen ermächtigt, durch Rechtsverordnung die Kennzeichenstreitsachen insgesamt oder teilweise für die Bezirke mehrerer Landgerichte einem von ihnen zuzuweisen, wobei die einzelnen Bundesländer untereinander wiederum ein für mehrere Bundesländer zuständiges Gericht eines anderen Landes festlegen können. Von der Konzentrationsermächtigung des § 32 Abs. 1 WZG a. F. haben folgende Länder Gebrauch gemacht und dabei folgende Gerichte als Warenzeichenstreitgerichte bestimmt: Baden-Württemberg (zuständig sind das Landgericht Mannheim für Warenzeichenstreitsachen im OLG-Bezirk Karlsruhe und das Landgericht Stuttgart für den OLG-Bezirk Stuttgart); Bayern (Landgericht München I für den OLG-Bezirk München und das Landgericht Nürnberg-Fürth für die OLG-Bezirke Nürnberg und Bamberg); Hessen (Landgericht Frankfurt für die Bezirke sämtlicher Landgerichte); Nordrhein-Westfalen (Landgericht Düsseldorf für den OLG-Bezirk Düsseldorf, Landgericht Bielefeld für die Landgerichtsbezirke Bielefeld, Detmold und Paderborn, Landgericht Bochum für die LG-Bezirke Bochum, Dortmund und Essen, Landgericht Hagen für die LG-Bezirke Arnsberg, Hagen und Siegen, LG Köln für den OLG-Bezirk Köln); Rheinland-Pfalz (Landgericht Frankenthal für den OLG-Bezirk Zweibrücken und Landgericht Koblenz für den OLG-Bezirk Koblenz).

Es wird hier davon ausgegangen, daß diese Zuständigkeitsregelungen auch in Zukunft erhalten bleiben. Dies bedarf durch den Benutzer dieses Werkes der Prüfung.

18. Markenverletzungsklage II. M. 18

3. Zur Erweiterung der Zugriffsmöglichkeit infolge der Ausdehnung der Klage auf Organe juristischer Personen vgl. Form. II. M. 3 Anm. 2.

4. Auch für Kennzeichenstreitsachen gelten zur Frage des Streitwerts die Anm. 3 zu Form. II. M. 3 und die dort wiedergegebenen Feststellungen. § 142 MarkenG sieht (wie zuvor § 31a WZG) die Herabsetzung des Streitwertes auf Antrag vor. Von dieser Möglichkeit ist unter Geltung des § 31a WZG alter Fassung nur selten Gebrauch gemacht worden.

5. Vgl. § 890 ZPO. Zur Formulierung der Strafandrohungsklausel vgl. auch Form. II. L. 3 Anm. 5.

6. Die im Unterlassungsantrag I 1 im Formular vorgesehene territoriale Beschränkung ist an sich überflüssig, schadet jedoch nicht. Sie dient insbesondere Klarstellungszwecken, wenn es sich um eine ausländische Partei handelt, die im Bereich der Bundesrepublik Deutschland wegen einer Kennzeichenverletzung angegriffen wird. Die Klarstellung ist insbesondere dann angezeigt, wenn es sich um eine international registrierte Marke, mithin eine Marke nach dem Madrider Markenabkommen handelt, deren Schutz auf das Gebiet der Bundesrepublik Deutschland erstreckt worden ist (vgl. dazu §§ 107ff. MarkenG).

7. Die Beschreibung der konkreten Verletzungshandlung (vgl. zu diesem Begriff Form. II. L. 3 Anm. 6; Form. II. L. 9) ist am Wortlaut des § 14 Abs. 2 und Abs. 3 MarkenG ausgerichtet. Das entspricht der bisherigen Übung, den Wortlaut des Unterlassungsantrags an § 15 WZG alter Fassung auszurichten. Sowohl in § 15 WZG a.F. als auch in § 14 Abs. 3 MarkenG sind diejenigen Handlungen aufgeführt, die einem Dritten insbesondere untersagt sind. Bei der Verletzung von Kennzeichnungsrechten ist es zur Konkretisierung der Verletzungshandlungen insbesondere erforderlich, die angegriffenen Benutzungshandlungen, den interessierenden Geschäftsbetrieb und die interessierenden Waren genau zu bezeichnen (vgl. BGH GRUR 1974, 88 – Trumpf – zum Rechtszustand vor Geltung des Markengesetzes).

8. Dieser Auskunftsanspruch betreffend den Vertriebsweg und die Herkunft der rechtswidrig gekennzeichneten Erzeugnisse findet seine Grundlage in § 19 MarkenG (früher: § 25b WZG a.F.). Mit diesem durch das Produktpirateriegesetz vom 7. März 1990 mit Wirkung zum 1. Juni 1990 in § 25b WZG a.F. eingefügten Auskunftsanspruch sollen Markenverletzungen durch Dritte, die ihre Quelle möglicherweise im Verhalten des Beklagten des anhängigen Rechtsstreits haben, unterbunden werden. Zu Einzelheiten eines derartigen Auskunftsanspruchs vgl. Form. II. M. 1 Anm. 13 und Form. II M. 3 Anm. 9 und 10. Die in Form. II. M. 1 Anm. 17 behandelte Problematik eines Wirtschaftsprüfervorbehalts besteht bei Kennzeichenverletzungen aus den nachstehend im Zusammenhang mit der Berechnung des Schadensersatzes und dem zugehörigen Rechnungslegungsanspruch erörterten Gründen nicht.

9. In kennzeichnungsrechtlichen Streitigkeiten wird – gewohnheitsrechtlich – seit langem anerkannt, daß der Verletzte seinen Schaden in dreifacher Weise berechnen kann (in Form des eigenen entgangenen Gewinns, des Verletzergewinns oder im Wege der Lizenzanalogie). Das ist seit BGH GRUR 1973, 375 ff. – Miss. Petite – herrschende Auffassung. Da nach der Lebenserfahrung der Verletzergewinn jedoch nur teilweise auf die Kennzeichenverletzung zurückzuführen ist, besteht nach Auffassung des Bundesgerichtshofs (GRUR 1973, 375, 378 li.Sp.) grundlegend kein Interesse des Verletzten daran, von dem Verletzer die Lieferdaten, -zeiten und -preise im Hinblick auf den erzielten Umsatz zu erfahren. Dementsprechend gewährt die höchstrichterliche Rechtsprechung bei einer Kennzeichenverletzung im Grundsatz nur einen „kleinen" Rechnungslegungsanspruch, wie er der Antragsformulierung zugrundeliegt (vgl. ferner BGH GRUR 1977, 491, 494 li.Sp. – Allstar; *Baumbach/Hefermehl*, UWG Einl. Rdn. 405). § 19 MarkenG gibt dem Inhaber einer Marke oder einer geschäftlichen Bezeichnung insoweit keine weitergehenden Ansprüche, sondern formuliert in § 19 Abs. 5 MarkenG lediglich, daß weitergehende

Mes

Ansprüche auf Auskunft unberührt bleiben. Deshalb ist davon auszugehen, daß die Rechtsgrundsätze zum „bisherigen" Kennzeichenrecht (und damit insbesondere auch zum bisherigen Warenzeichenrecht) im wesentlichen unverändert anwendbar bleiben.

10. Im Formular ist kein auf Vernichtung gerichteter Antrag enthalten, so wie er an sich gemäß § 18 MarkenG vorgesehen ist. § 18 MarkenG ist ebenfalls in Form seines Vorläufers § 25 a WZG a. F. durch das Produktpirateriegesetz eingeführt (vgl. dazu z.B. die Ausführungen betreffend den parallelen patentrechtlichen Vernichtungsanspruch in Form. II. M. 1 Anm. 18). § 18 Abs. 1 MarkenG sieht eine Vernichtung von im Besitz oder im Eigentum des Verletzers befindlichen widerrechtlich gekennzeichneten Gegenständen nur insoweit vor, als der durch die Rechtsverletzung verursachte Zustand der Gegenstände auf andere Weise nicht beseitigt werden kann und die Vernichtung für den Verletzer oder den Eigentümer im Einzelfall nicht unverhältnismäßig ist. Bei dem im Formular zugrundeliegenden Sachverhalt wird man davon ausgehen können, daß zum einen Aufkleber, Anhängeetiketten u. ä. an den Möbeln ohne weiteres entfernt werden können und zum anderen die Vernichtung von Möbeln unverhältnismäßig wäre. Ein Beispiel für die Geltendmachung eines Vernichtungsanspruchs im Wege der einstweiligen Verfügung in Verbindung mit einem Auskunftsanspruch zeigt das nachfolgende Formular II. M. 19.

11. Zur Formulierung eines zeichenrechtlichen Löschungsantrags nach altem Recht (§ 11 WZG a. F.) vgl. *Baumbach/Hefermehl*, WZG, 12. Aufl. § 11 Rdn. 5 und *von Gamm*, Wettbewerbsrecht, 5. Aufl. II Halbbd. 1987, Kap. 57 Rdn. 49 zum vergleichbar gelagerten Fall der Löschung einer Firma im Handelsregister. In § 55 MarkenG ist das Löschungsverfahren vor den ordentlichen Gerichten im wesentlichen in Übereinstimmung mit § 11 WZG a. F. geregelt. Danach kann die Klage auf Löschung wegen des Bestehens älterer Rechte (§ 51 MarkenG) von den Inhabern eben dieser älteren Rechte, die in §§ 9 bis 13 MarkenG aufgeführt sind, erhoben werden. In § 51 Abs. 1 MarkenG heißt es dazu lediglich, daß die Eintragung einer Marke auf Klage wegen Nichtigkeit gelöscht werden kann, wenn ihr ein Recht im Sinne der §§ 9 bis 13 mit älterem Zeitrang entgegensteht. Wie der entsprechende Löschungsantrag zu formulieren ist, ist im Gesetz nicht geregelt. Insoweit lehnt sich das Formular an den bisherigen Rechtszustand an.

Im Formular nicht behandelt ist die Klage auf Rücknahme einer (z.B. noch im Widerspruchsverfahren) befindlichen Markenanmeldung unter dem Blickwinkel der vorbeugenden Störungsbeseitigung. Vgl. dazu – nach altem Recht – BGH in GRUR 1993, 556 ff. – TRIANGLE – und *Fritze,* „Die Anordnung von Handlungen, insbesondere Erklärungen, zur Beendigung einer andauernden Beeinträchtigung durch einstweilige Verfügung", in Festschrift für Fritz Traub, 1994, S. 113 f.

12. Zur Schadensersatzverpflichtung vgl. § 14 Abs. 6 MarkenG. Danach ist derjenige, der eine Marke vorsätzlich oder fahrlässig verletzt, dem Inhaber der Marke zum Ersatz des durch die Verletzungshandlungen entstandenen Schadens verpflichtet. Zur Zweckmäßigkeit der Verbindung von Rechnungslegungsantrag und Schadensersatzfeststellungsbegehren vgl. Form. II. M. 3 Anm. 15. Es läßt sich formulieren, daß dies geradezu die „klassische" Klagenkombination im gewerblichen Rechtsschutz ist. Die Gesamtschuld der Beklagten ergibt sich aus §§ 830, 840 BGB. Zur Haftung des Geschäftsführers einer GmbH bzw. des Vorstands einer AG neben der GmbH bzw. der AG vgl. Form. II. M. 3 Anm. 2 und oben Anm. 3.

13. Die Nebenentscheidungen sind von Amts wegen zu treffen. Auf sie gerichtete Anträge sind jedoch üblich.

14. Ist beim Landgericht eine Zivilkammer als Spezialkammer für Kennzeichenstreitsachen (bisher: Warenzeichensachen) eingerichtet (so zB. die 4. Zivilkammer beim Landgericht Düsseldorf) und wird die Klage dort eingereicht, so bedarf es einer Stellungnahme zu der Frage, ob die Übertragung des Rechtsstreits auf den Einzelrichter erfolgen soll (vgl. § 253 Abs. 3 ZPO). Grundsätzlich ist eine Kennzeichenstreitigkeit nicht geeignet, auf den

18. Markenverletzungsklage II. M. 18

Einzelrichter übertragen zu werden. Auch bei Bestehen einer Spezialzivilkammer bleibt die Zuständigkeit der Kammer für Handelssachen erhalten.

15. Ist eine Marke mindestens 5 Jahre in der Markenrolle eingetragen, so bedarf die Frage der Benutzung der Marke besondere Aufmerksamkeit. Schon nach altem Recht (§ 11 Abs. 1 Nr. 4 WZG a.F.) war die Marke löschungsreif, sofern sie während eines Zeitraums von 5 Jahren nicht benutzt wurde. Die Löschungsreife eines Warenzeichens konnte schon nach altem Recht im Verletzungsprozeß eingewendet werden. Dementsprechend war es schon nach altem Recht geboten, vor Erhebung einer Zeichenverletzungsklage der Frage Aufmerksamkeit zu widmen, ob ein ausreichender Benutzungstatbestand für die geltend gemachte Marke vorgetragen und gegebenenfalls bewiesen werden konnte (vgl. Vorauflage Form. II. M. 18 Anm. 12).

Der vorstehend skizzierte Rechtszustand ist nunmehr in § 25 MarkenG ausdrücklich geregelt. Gemäß § 25 Abs. 1 MarkenG kann der Inhaber einer eingetragenen Marke gegen Dritte Ansprüche im Sinne der §§ 14, 18 und 19 MarkenG nicht geltend machen, wenn die Marke innerhalb der letzten 5 Jahre vor der Geltendmachung des Anspruchs für die Waren oder Dienstleistungen, auf die er sich zur Begründung seines Anspruchs beruft, nicht gemäß § 26 MarkenG benutzt worden ist, vorausgesetzt, die Marke war zu diesem Zeitpunkt seit mindestens 5 Jahren eingetragen. § 25 Abs. 2 MarkenG setzt diese Bestimmung in eine prozessuale Regelung um, nämlich dahingehend, daß der Kläger auf Einrede des Beklagten nachweisen muß, daß die eingetragene Marke innerhalb der letzten 5 Jahre ausreichend benutzt worden ist. Was unter einer ausreichenden Benutzung zu verstehen ist, regelt § 26 MarkenG (im wesentlichen in Übereinstimmung mit dem bisherigen Recht).

Auf Grund des Vorstehenden wird im Formular schon vorbeugend zur Benutzung des Klagezeichens vorgetragen. Der Sachvortrag im Formular hat jedoch Bedeutung auch für den mit Klageantrag II geltend gemachten Löschungsanspruch. Denn gemäß § 51 Abs. 2 MarkenG ist Voraussetzung für den Löschungsanspruch, daß die Marke, auf Grund deren Löschung geltend gemacht wird, ausreichend benutzt ist.

Für Marken oder geschäftliche Bezeichnungen, die vor dem 1. Januar 1995 im Wege der Eintragung oder im Wege der Benutzung begründet worden sind, ergibt sich aus den Übergangsvorschriften des Markengesetzes eine weitere Komplikation. Da für die nähere Zukunft aus derartigen „Alt-Kennzeichnungen" geklagt werden wird, soll diese Komplikation im folgenden kurz aufgezeigt werden: Gemäß § 153 Abs. 1 MarkenG können Rechte aus einer Marke oder aus einer geschäftlichen Bezeichnung nach dem Markengesetz nur dann geltend gemacht werden, sofern die Benutzung der Marke, der geschäftlichen Bezeichnung oder eines übereinstimmenden Zeichens auch nach altem Recht rechtswidrig war und mit Erfolg angegriffen werden konnte. Es hat mithin eine „Doppelprüfung" der materiellen Erfolgsaussichten stattzufinden, nämlich sowohl nach altem wie auch nach neuem Recht. Ein Gleiches gilt für den Löschungsanspruch gegen eine eingetragene Marke wegen des Bestehens älterer Rechte. Hier bestimmt § 163 Abs. 1 S. 2 MarkenG, daß eine nach dem 1. Januar 1995 erhobene Klage nach § 55 MarkenG auf Löschung der Eintragung einer Marke, die vor dem 1. Januar 1995 eingetragen worden ist, nur dann Erfolg haben kann, wenn der Klage sowohl nach den bis dahin geltenden Vorschriften als auch nach den Vorschriften des Markengesetzes stattzugeben ist. Auf diese Komplikationen wird im Formular nicht näher eingegangen.

16. § 26 MarkenG bestimmt die Anforderungen, die an die Benutzung einer Marke zu stellen sind. Gemäß § 26 Abs. 4 MarkenG gilt als eine Benutzung im Inland auch das Anbringen der Marke auf Waren oder deren Aufmachung oder Verpackung im Inland, wenn die Waren ausschließlich für die Ausfuhr bestimmt sind. Das war nach bisherigem Warenzeichenrecht streitig. In § 26 Abs. 1 MarkenG ist lediglich formuliert, daß die Marke „im Inland ernsthaft benutzt worden sein muß". Es wird hier davon ausgegangen, daß eine rechtserhaltende Benutzung der Marke in Übereinstimmung mit den bisherigen Anforderungen der Rechtsprechung regelmäßig nur dann gegeben sein wird, wenn ein Indenverkehrbringen der mit dem Zeichen versehenen Waren erfolgt ist (vgl. BGH GRUR 1979, 511 – Lamod; GRUR 1980, 52 – Contiflex). Die Anbringung des Zeichens lediglich auf Prospekten, in Katalogen oder sonstwie in der Werbung stellt nach bisherigem Recht keine zeichenmäßige Benutzung dar (OLG Karlsruhe GRUR 1989, 270, 271 – Heinkel). Besonderheiten gelten für Arzneimittelspezialitäten. Infolge deren langen Entwicklungsdauer sowie der Notwendigkeit, sie registrieren zu lassen, gilt auch eine Benutzung im Registrierungsverfahren als rechtserhaltend (BGHZ 70, 143 – Orbicin; GRUR 1980, 1075 – Frisium). Die Benutzung der Marke durch einen Dritten mit Zustimmung des Inhabers gilt als ausreichende Benutzung (§ 26 Abs. 2 UrhG). Abweichungen, die den kennzeichnenden Charakter der Marke nicht verändern, sind unschädlich (§ 26 Abs. 3 S. 1 MarkenG).

17. Zur Schlüssigkeit der Klage ist es nicht erforderlich vorzutragen, daß vorprozessual abgemahnt worden ist. Die Abmahnung hat allerdings Bedeutung für das Verschulden des Verletzers (vgl. dazu Anm. 25).

18. Das Formular geht quasi von dem „Grundfall" einer Markenverletzung aus, nämlich der Verletzung einer eingetragenen Marke durch ein identisches Zeichen für identische Waren (§ 14 Abs. 2 Nr. 1 MarkenG). Die Systematik des neuen Markenrechts hat sich gegenüber dem bisherigen Rechtszustand verändert (vgl. zum früheren Recht Vorauflage Form. II. M. 18 Anm. 15). Die Anwendung des neuen Markenrechts durch die Rechtsprechung bleibt abzuwarten. Die Systematik des § 14 MarkenG läßt sich wie folgt skizzieren:
a) Die Klagekennzeichnung muß in Kraft stehen.
b) Ob das angegriffene Verhalten einen zeichenmäßigen Benutzungstatbestand (Benutzung nach Art einer Marke, wobei die zeichenmäßigen Benutzungshandlungen insbesondere in § 14 Abs. 3 MarkenG formuliert sind; das Gegenteil, nämlich nicht-zeichenmäßige Benutzungshandlungen findet sich in § 23 MarkenG) begründen muß, ist zweifelhaft. Im Formular wird von dieser Voraussetzung in Analogie zum bisherigen Warenzeichenrecht ausgegangen. Die Entwicklung der Rechtsprechung zum MarkenG bleibt abzuwarten, nämlich insbesondere zu der Frage, ob es außerhalb des § 23 MarkenG nichtzeichenmäßige Benutzungen gibt, die als Markenverletzung anzusehen sind (vgl. dazu *von Gamm,* WRP 1993, 797, 798; *Ingerl/Rohnke,* NJW 1994, 1252).
c) Die Folge der Benutzung im Sinne einer „Gefahr von Verwechslungen"
  aa) braucht nach dem Wortlaut des § 14 Abs. 2 Nr. 1 MarkenG nicht mehr gesondert geprüft zu werden, wenn sowohl zwischen den einander gegenüberstehenden Marken/Kennzeichnungen als auch im Hinblick auf die Waren/Dienstleistungen, für die die angegriffene Benutzung erfolgt, Identität besteht;
  bb) bedarf gemäß § 14 Abs. 2 Nr. 2 MarkenG im Sinne des Bestehens der Gefahr von Verwechslungen der Prüfung wie folgt: Besteht entweder nur Ähnlichkeit der einander gegenüberstehenden Marken/Zeichen bei Identität der zu vergleichenden Waren/Dienstleistungen oder besteht Identität der einander gegenüberstehenden Marken/Zeichen bei bloßer Ähnlichkeit der zu vergleichenden Waren/Dienstleistungen, so ist ausdrücklich gemäß § 14 Abs. 2 Nr. 2 MarkenG zu prüfen, ob „für das Publikum die Gefahr von Verwechslungen besteht, einschließlich der Gefahr, daß das Zeichen mit der Marke gedanklich in Verbindung gebracht wird".

Neben den vorstehend behandelten Fällen enthält § 14 Abs. 2 Nr. 3 MarkenG die Ausformulierung eines weiteren bisher nur von der Rechtsprechung entwickelten Rechtsgrundsatzes. Die Marke gewährt danach auch einen Schutz gegen die bisher sogenannte „Verwässerungsgefahr". Die tatbestandlichen Voraussetzungen ergeben sich unmittelbar aus § 14 Abs. 2 Nr. 3 MarkenG.

In § 14 Abs. 3 und Abs. 4 MarkenG sind die Abwehrbefugnisse des Markeninhabers näher aufgeführt. Die in § 14 Abs. 3 MarkenG aufgeführten zeichenmäßigen Benutzungshandlungen entsprechen den bisherigen Handlungen des § 15 WZG a.F. Diese Benutzungshandlungen sind im Klageantrag I 1 wiedergegeben. Neu ist die Bestimmung des § 14 Abs. 4 MarkenG, die dem Markeninhaber schon einen Unterlassungsanspruch quasi im

"Vorfeld" markenmäßiger Benutzung gibt. Gemäß § 14 Abs. 4 MarkenG ist es Dritten untersagt, ohne Zustimmung des Inhabers der Marke im geschäftlichen Verkehr ein mit der Marke identisches oder ähnliches Zeichen auf Aufmachungen oder Verpackungen oder auf Kennzeichnungsmitteln wie Etiketten usw. anzubringen, ohne daß der Dritte selbst unmittelbar schon so gekennzeichnete Waren in den Verkehr zu bringen braucht. Es genügt, daß die Gefahr besteht, daß die Aufmachungen/Verpackungen/Kennzeichnungsmittel ihrerseits zur Kennzeichnung von Waren oder Dienstleistungen durch weitere Dritte benutzt werden, bei denen die Benutzung des Zeichens nach den Absätzen 2 und 3 des § 14 MarkenG unerlaubt wäre. Der etwas schwierig zu verstehende § 14 Abs. 4 MarkenG befaßt sich in Nr. 1 mit dem Tatbestand des Anbringens des verletzenden Zeichens, in Nr. 2 mit dem Tatbestand des Anbietens, Inverkehrbringens oder des Besitzens entsprechend gekennzeichneter Aufmachungen, Verpackungen oder Kennzeichnungsmittel und schließlich in Nr. 3 mit den Tathandlungen des Einführens oder Ausführens, wobei vorstehend skizzierte Verhaltensweisen gemäß § 14 Abs. 4 a. E. MarkenG nur dann unerlaubt sind, wenn die skizzierten Handlungen tatsächlich zu einer „Begehungsgefahr" für Markenverletzungen entsprechend den Absätzen 2 und 3 des § 14 MarkenG führen.

Bei allen vorstehend behandelten Absätzen 2 bis 4 MarkenG ergibt sich für den Markeninhaber gemäß § 14 Abs. 5 MarkenG ein Unterlassungsanspruch. Im Formular ist im Klageantrag I 1 nur der Sachverhalt der Absätze 2 und 3 des § 14 MarkenG behandelt.

19. Das Markengesetz verwendet den Begriff der „Warengleichartigkeit" des früheren Warenzeichenrechts nicht mehr, sondern spricht von identischen oder ähnlichen Waren/Dienstleistungen. Zur Frage der Ähnlichkeit der einander gegenüberstehenden Waren/Dienstleistungen wird man die Ergebnisse der bisherigen Spruchpraxis des Bundespatentamts, des Bundespatentgerichts sowie der Zivilgerichte einschließlich insbesondere des Bundesgerichtshofs zum bisherigen Begriff der „Warengleichartigkeit" nach wie vor verwenden können (vgl. dazu *Richter,* Warengleichartigkeit, 9. Aufl. 1992). Allerdings wird dies mit Vorsicht zu geschehen haben, und zwar insbesondere unter Berücksichtigung der Tatsache, daß mit dem Begriff der „Ähnlichkeit" das neue Markenrecht einen neuen und eigenständigen Rechtsbegriff geschaffen hat, dessen nähere inhaltliche Ausfüllung der Rechtsprechung obliegt (BGH GRUR 1995, 216, 219 re. Sp. – Oxygenol II). Die Ähnlichkeit der Waren bzw. Dienstleistungen ist nicht mehr, wie nach bisherigem Recht, „selbständiges" Tatbestandsmerkmal, sondern im Zusammenhang mit der Beurteilung der Verwechslungsgefahr zu gewichtendes Kriterium, wie die Branchennähe im Zusammenhang mit § 16 UWG a. F. (vgl. dazu BGH aaO.; zum Problemkreis vgl. ferner *Kliems,* GRUR 1995, 198, 202 ff.).

20. Zur zeichenmäßigen Benutzung vgl. § 14 Abs. 3 MarkenG und insbesondere auch § 23 MarkenG, wo die nicht-zeichenmäßigen Benutzungstatbestände aufgeführt sind.

21. Bei Identität der gegenüberstehenden Kennzeichnungen und Identität der Waren/Dienstleistungen ist die Prüfung der Verwechslungsgefahr entbehrlich (so § 14 Abs. 2 Nr. 1 MarkenG). Bei bloßer Ähnlichkeit der Zeichen und/oder Waren/Dienstleistungen erfordert § 14 Abs. 2 Nr. 2 MarkenG das Bestehen von Verwechslungsgefahr. Dazu wird man die bisherige umfangreiche Rechtsprechung übertragen können, die hier nur skizziert werden kann: Die Beurteilung der Verwechslungsgefahr hängt im wesentlichen von vier Parametern ab, nämlich den Verkehrsbeteiligten (Endverbraucherpublikum oder Fachkreise), der Kennzeichnungskraft des „verletzten" Zeichens, dem Ähnlichkeitsgrad der Zeichen sowie schließlich dem Grad der Warennähe (vgl. zu allem BGH GRUR 1993, 118, 119 – Corvaton/Corvasal; 1972, 975 li.Sp. – Sana/Schosana; NJW-RR 1993, 553, 554 – apetito/apitta). Zwischen diesen Bestimmungsfaktoren besteht eine Wechselwirkung. Je größer die Kennzeichnungskraft und/oder Warennähe ist, um so geringer kann der Ähnlichkeitsgrad sein, während umgekehrt ein höherer Ähnlichkeitsgrad erforderlich ist, wenn die Kennzeichnungskraft nur schwach und/oder der Warenabstand größer ist. Insbesondere ist zu berücksichtigen, daß es bei der Beurteilung der Verwechslungsgefahr maßgeblich auf den Gesamteindruck der einander gegenüberstehenden Zeichen ankommt und daß ferner die in Frage stehenden Kennzeichnungen sich regelmäßig nicht gleichzeitig gegenübertreten und oft nur flüchtig wahrgenommen werden (BGH GRUR 1990, 450, 452 – St. Petersquelle; 1993, 972, 974, 975 – Sana/Schosana). Das führt dazu, daß es eher auf die Übereinstimmungen als auf die Unterschiede ankommt (BGH aaO. – Sana/Schosana).

22. Zu Einzelheiten vgl. Anm. 8 und 9.

23. Wie auch sonst bei der Verletzung gewerblicher Schutzrechte genügt die bloße Wahrscheinlichkeit eines Schadenseintritts, BGH in ständiger Rechtsprechung, vgl. GRUR 1972, 180/183 – Cherie; GRUR 1974, 735 – Pharmamedan. Die materielle Anspruchsgrundlage ist § 14 Abs. 6 MarkenG.

24. Es besteht eine Erkundigungspflicht, BGH GRUR 1971, 251/253 – Oldtimer.

25. Zum Verschulden vgl. *Baumbach/Hefermehl* WZG, 12. Aufl. 1985 § 24 Rdn. 27 ff. Ist der Beklagte vor Erhebung der Klage vorprozessual auf das Bestehen des Klagezeichens hingewiesen worden, so besteht seit diesem Zeitpunkt positive Kenntnis und dementsprechend – regelmäßig – Vorsatz im Hinblick auf die Verletzungshandlungen.

26. Die Gesamtschuld ergibt sich aus §§ 830, 840 BGB. Die Verantwortlichkeit des Geschäftsinhabers für das Verhalten von Angestellten oder Beauftragten regelt § 14 Abs. 7 MarkenG entsprechend § 13 Abs. 4 UWG im Sinne einer Erfolgshaftung. Zu Einzelheiten kann daher auf *Baumbach/Hefermehl*, UWG, § 13 Rdnrn. 60 ff. verwiesen werden; ferner *Köhler*, Die Haftung des Betriebsinhabers für Wettbewerbsverstöße seiner Angestellten und Beauftragten (§ 13 Abs. 4 UWG), GRUR 1991, 344 ff.

27. Vgl. Anm. 7.

28. Zur Zweckmäßigkeit der Verbindung des Schadensersatzfeststellungsbegehrens mit dem Rechnungslegungsanspruch sowie zur Zulässigkeit des Schadensersatzfeststellungsbegehrens vgl. oben Anm. 12.

29. Zur Löschungsklage vgl. §§ 48 ff. MarkenG. In § 55 MarkenG ist das Löschungsverfahren vor den ordentlichen Gerichten geregelt. Dieser Regelung folgt das Formular. Im MarkenG ist unterschieden zwischen der Klage auf Löschung wegen Verfalls (§§ 49, 55 MarkenG) und der Klage auf Löschung wegen des Bestehens älterer Rechte (§§ 51, 55 MarkenG). Zuständig für beide Klagen sind die ordentlichen Gerichte. Passivlegitimiert ist der als Inhaber der Marke Eingetragene oder sein Rechtsnachfolger (§ 55 Abs. 1 MarkenG). Aktivlegitimiert ist für die Klage auf Löschung wegen Verfalls jedermann (§ 55 Abs. 2 Nr. 1 MarkenG), in den Fällen des Antrags auf Löschung wegen des Bestehens von Rechten mit älterem Zeitrang die Inhaber der in den §§ 9 bis 13 MarkenG aufgeführten Rechte (§ 55 Abs. 2 Nr. 2 MarkenG). Soll die Löschung der eingetragenen Marke wegen einer prioritätsälteren geografischen Herkunftsangabe erfolgen (§ 51 Abs. 1 in Verbindung mit § 13 Abs. 2 Nr. 5 MarkenG), so besteht eine erweiterte Aktivlegitimation auf den Kreis der in § 13 Abs. 2 UWG Genannten.

Neben der Klage auf Löschung wegen Verfalls (§§ 49, 55 Abs. 1 MarkenG) kann auch ein Löschungsantrag beim Deutschen Patentamt gemäß § 53 MarkenG gestellt werden. Das ist das billigere und einfache Verfahren für den Fall, daß der Markeninhaber der Löschung wegen Verfalls (Nichtbenutzung seines Zeichens) nicht widersprechen will. Erfolgt kein Widerspruch des Inhabers der eingetragenen Marke innerhalb von 2 Monaten nach Zustellung der Mitteilung, daß ein Löschungsantrag anhängig gemacht worden ist, wird die Eintragung gemäß § 53 Abs. 3 MarkenG gelöscht. Widerspricht allerdings der Markeninhaber, so teilt das Patentamt dies dem Antragsteller mit und unterrichtet ihn darüber, daß der Antrag auf Löschung durch Klage gemäß § 55 MarkenG geltend zu machen ist (§ 53 Abs. 4 MarkenG). Im Formular wird davon ausgegangen, daß Identität im Hinblick auf sämtliche Waren, nämlich „Möbel", besteht und daher das gesamte Zeichen zu löschen ist. Häufig kann jedoch nur Einwilligung in eine Teillöschung verlangt werden, wenn z.B. das Warenverzeichnis der angegriffenen Marke nur für einen Teil der eingetragenen Waren mit demjenigen des prioritätsälteren Zeichens übereinstimmt oder nur für einen Teil der Waren der Tatbestand des Verfalls (der Löschungsreife wegen Nichtbenutzung) geltend gemacht werden kann. Dann ist der Klageantrag zu formulieren: „... in die Löschung der Marke ... für die Waren ... einzuwilligen". Zur Teillöschungsklage vgl. *Baumbach/Hefermehl*, 12. Aufl. 1985, WZG, Rdnrn. 5 und 31 zu § 11 WZG.

30. Nach früherem Recht wurde zwischen zeichenrechtlicher und außerzeichenrechtlicher Löschungsklage unterschieden, wobei der außerzeichenrechtlichen Löschungsklage andere als zeichenrechtliche Anspruchsgrundlage bzw. prioritätsältere Rechte zugrundelagen. Diese Unterscheidung kann nach der Systematik des § 55 Abs. 1 MarkenG entfallen. Zum einen ist das bisherige Unternehmenskennzeichenrecht in das Markenrecht integriert (§§ 1 Nr. 2, 4 Nr. 2, 5 MarkenG), zum anderen definiert § 13 MarkenG mögliche prioritätsältere Rechte umfassend, wobei gemäß § 13 Abs. 2 MarkenG zu den prioritätsälteren sonstigen Rechten gehören können: Namensrechte, das Recht einer eigenen Abbildung, Urheberrechte, Sortenbezeichnungen, geografische Herkunftsangaben und sonstige gewerbliche Schutzrechte. Auch schon gegen eine Markenanmeldung werden Inhaber prioritätsälterer Rechte vorgehen können (so BGH GRUR 1993, 556 = WRP 1993, 399 – TRIANGLE – für das bisherige Warenzeichenrecht).

31. Gerichtsstand der unerlaubten Handlung. Beachte § 141 MarkenG (zuvor gleichlautend: § 33 WZG a. F.), der den – ausschließlichen – Gerichtsstand des § 24 Abs. 2 UWG auf die Fälle beschränkt, in denen das Klagebegehren nicht auf Bestimmungen des Markengesetzes gestützt ist. Findet auch nur einer der geltend gemachten Ansprüche seine Grundlage in einer Bestimmung des Markengesetzes, so kann der Beklagte Verweisung an das Markengericht beantragen (zu den Bundesländern, in denen Kennzeichenstreitgerichte bestehen, vgl. Anm. 2).

32. Ein markenrechtlicher Unterlassungsanspruch ist grundsätzlich auch im Wege des einstweiligen Verfügungsverfahrens durchsetzbar, sofern der Sachverhalt dies zuläßt. Vgl. dazu Form. II. M. 19.

33. Die Verteidigungsmöglichkeiten eines wegen Markenverletzung Inanspruchgenommenen sind wie folgt zu skizzieren:
a) Die den Klagegrund bildende Marke ist nicht rechtsbeständig. Allerdings ist das Verletzungsgericht an den Tatbestand der Eintragung der Marke gebunden. Der fehlende Rechtsbestand der Marke ist seitens des Beklagten geltend zu machen, und zwar
   – die Nichtigkeitsgründe des § 50 Abs. 1 MarkenG durch Antrag beim Deutschen Patentamt auf Löschung (§ 54 MarkenG) und im Verletzungsprozeß durch Antrag gemäß § 148 ZPO, den Rechtsstreit auszusetzen;
   – die nicht ausreichende Benutzung der Marke und damit ihrer Löschungsreife wegen Nichtbenutzung (Verfall) durch Einrede gemäß § 25 MarkenG, gegebenenfalls durch Widerklage auf Löschung gemäß §§ 55 Abs. 1, 49 MarkenG.
b) Es liegt eine Benutzung i.S. des § 23 MarkenG vor, wobei von besonderem Interesse § 23 Nrn. 2 und 3 MarkenG sind (Nr. 2: keine zeichenmäßige Benutzung; Nr. 3: bloße Benutzung als Hinweis im Zusammenhang mit Zubehör- oder Ersatzteilvertrieb).
c) Es besteht keine Identität/Ähnlichkeit der einander gegenüberstehenden Marken/Zeichen bzw. Dienstleistungen/Waren und dementsprechend keine Gefahr von Verwechslungen.
d) Dem Beklagten stehen prioritätsältere oder zumindest im Zeitrang gleichrangige Rechte zu (§ 6 MarkenG).
e) Der Beklagte ist Inhaber eines wirksam erworbenen Zwischenrechts (§ 22 MarkenG).
f) Die Ansprüche des Markeninhabers sind verwirkt (§ 21 MarkenG).
g) Das Markenrecht ist erschöpft (§ 24 MarkenG).
h) Einrede der Verjährung (gegenüber Ansprüchen auf Rechnungslegung und Schadensersatz) gemäß § 20 MarkenG.

34. Neben den zivilrechtlichen Anspruchsherleitungen gibt es noch die Möglichkeit, im Falle von Kennzeichenverletzungen eine Beschlagnahme der rechtswidrig gekennzeichneten Waren bei Grenzübertritten durch die Zollbehörde zu erreichen. Die Regelungen dazu finden sich in §§ 146 ff. MarkenG.

35. Ebenso wie in patentrechtlichen Streitigkeiten kann es sich empfehlen, in kennzeichenrechtlichen Angelegenheiten einen Patentanwalt zur Mitwirkung hinzuzuziehen. Die Kosten sind in Höhe einer Rechtsanwaltsgebühr regelmäßig erstattungsfähig (vgl. § 140 Abs. 5 MarkenG; s. auch „Kosten und Gebühren").

Kosten und Gebühren

Es gelten die allgemeinen Grundsätze mit folgenden Besonderheiten für Kennzeichenstreitsachen:

§ 140 Abs. 5 MarkenG: Die Kosten, die durch die Mitwirkung eines (ggf. auch ausländischen, OLG Frankfurt GRUR 1994, 852) Patentanwalts in einer Kennzeichenstreitsache entstehen, sind bis zur Höhe einer vollen Gebühr nach § 11 der Bundesgebührenordnung für Rechtsanwälte unter Einschluß der notwendigen Auslagen des Patentanwaltes zu erstatten. Die Frage, ob die Mitwirkung des Patentanwalts notwendig war, ist nicht zu prüfen.

§ 140 Abs. 4 MarkenG: Die Mehrkosten, die einer Partei dadurch entstanden sind, daß sie gemäß § 140 Abs. 3 MarkenG einen bei ihrem „Heimatgericht" zugelassenen Anwalt eingeschaltet hat, sind nicht erstattungsfähig.

§ 142 MarkenG: Es besteht die Möglichkeit der Herabsetzung des Streitwertes, wenn eine Partei glaubhaft macht, daß die Belastung mit den Prozeßkosten nach dem vollen Streitwert ihre wirtschaftliche Lage erheblich gefährden würde. Gemäß § 142 Abs. 3 S. 2 MarkenG ist ein derartiger Streitwertbegünstigungsantrag **vor** der Verhandlung zur Hauptsache zu stellen. Der Gegner ist zu hören (§ 142 Abs. 3 S. 4 MarkenG).

19. Antrag auf Erlaß einer einstweiligen Verfügung wegen Markenverletzung auf Unterlassung, Auskunft und Vernichtung

An das
Landgericht
Zivilkammer/
Kammer für Handelssachen[1]
......

       Antrag auf Erlaß einer einstweiligen Verfügung

der ......

       – Antragstellerin –

Verfahrensbevollmächtigter: RA ......

gegen

die Firma ......

       – Antragsgegnerin –

wegen: Markenverletzung

Streitwert[2]: vorläufig geschätzt DM ......

19. Verfügung wegen Markenverletzung   II. M. 19

Namens und in Vollmacht der Antragstellerin beantrage ich, das Gericht möge im Verfahren der einstweiligen Verfügung – wegen besonderer Dringlichkeit ohne mündliche Verhandlung durch Beschluß[3] – anordnen:

I. Der Antragsgegnerin wird es
  1. bei Meidung eines für jeden Fall der Zuwiderhandlung fälligen Ordnungsgeldes bis zu DM 500.000,–, ersatzweise Ordnungshaft bis zu 6 Monaten oder Ordnungshaft bis zu 6 Monaten, im Wiederholungsfall Ordnungshaft bis zu 2 Jahren, untersagt[4], ohne Zustimmung der Antragstellerin im geschäftlichen Verkehr das nachstehend wiedergegebene Zeichen
  (folgt Abbildung des Nachahmungszeichens)[5]
  für Bekleidungsstücke, insbesondere Sporthemden, zu benutzen, insbesondere das vorstehend bezeichnete Zeichen auf Bekleidungsstücken oder ihrer Aufmachung oder Verpackung anzubringen, unter dem vorstehend bezeichneten Zeichen Bekleidungsstücke anzubieten, in den Verkehr zu bringen oder zu den genannten Zwecken zu besitzen, einzuführen oder auszuführen oder das vorstehend bezeichnete Zeichen in Geschäftspapieren oder in der Werbung zu benutzen[6,7];
  2. aufgegeben, mit dem vorstehend zu I 1 wiedergegebenen Zeichen versehene Bekleidungsstücke, insbesondere Sporthemden, die sich im Besitz oder im Eigentum der Antragsgegnerin befinden, an einen Gerichtsvollzieher als Sequester zur Verwahrung herauszugeben[8];
  3. aufgegeben, der Antragstellerin Auskunft[9] innerhalb einer Frist von 14 Tagen nach Zustellung der einstweiligen Verfügung über die Herkunft und den Vertriebsweg der zu I 1 bezeichneten Erzeugnisse zu erteilen, insbesondere unter Angabe des Namens und der Anschrift des Herstellers, des Lieferanten und etwaiger anderer Vorbesitzer, der gewerblichen Abnehmer oder der Auftraggeber, ferner über die Menge der hergestellten, ausgelieferten, erhaltenen oder bestellten Waren;

II. der Antragsgegnerin die Kosten des Verfahrens aufzuerlegen[10].

Begründung[11,12]:

I.

1. Die Antragstellerin ist alleinige und ausschließlich verfügungsberechtigte Inhaberin des Bildzeichens „Elefant", das unter der Nummer 1 003 700 in die Zeichenrolle beim Deutschen Patentamt eingetragen ist. Anmeldetag des vorstehend bezeichneten Zeichens (im folgenden auch: Verfügungszeichens) ist der ......, Eintragungstag der ...... Das Verfügungszeichen steht in Kraft. Ich überreiche dazu zum Zwecke der Glaubhaftmachung als

Anlage Ast 1

einen beglaubigten Registerauszug des Deutschen Patentamts.

2. Ich gehe davon aus, daß das Verfügungszeichen gerichtsbekannt ist. Es gehört zu den bekanntesten Zeichen auf dem Gebiet der Textilien im Bereich der Bundesrepublik Deutschland, das vielfältig beworben worden ist. Die Umsätze der Antragstellerin mit mit dem Verfügungszeichen versehenen Bekleidungstextilien sind außerordentlich hoch. Sie betragen Jahr für Jahr mehr als DM 200 Mio. Auch die Werbeaufwendungen, die die Antragstellerin für ihre Erzeugnisse hat, erreichen Jahr für Jahr die Größenordnung von mehr als DM 15 Mio. Alles Vorgetragene ergibt sich aus der als

Anlage Ast 2

überreichten eidesstattlichen Versicherung[13]. Zum Zwecke der Anschauung überreiche ich des weiteren als

Anlage Ast 3

– nur zu den Gerichtsakten – ein Original-Sporthemd der Antragstellerin. Dieses ist in der – nach diesseitiger Sicht gerichtsbekannten, weil allgemeinkundigen – Art und Weise mit „dem Elefanten" entsprechend dem Verfügungszeichen gekennzeichnet. Das Verfügungszeichen zeigt die Seitenansicht eines Elefanten, wobei der Kopf des Elefanten mit deutlich ausgebildeten Stoßzähnen nach links weist. Der Elefant ist blau, die Stoßzähne sind weiß.

3. Bei der Antragsgegnerin handelt es sich um einen Textil-Großhandel, der insbesondere darauf spezialisiert ist, die großen Kaufhäuser und Einkaufsringe mit Damen- und Herrenoberbekleidung, insbesondere Sportbekleidung zu beliefern[14]. Dazu verweise ich auf den Inhalt der eidesstattlichen Versicherung gemäß Anlage Ast 2. Die Antragstellerin hat soeben das als

Anlage Ast 4

in Kopie überreichte Werberundschreiben der Antragsgegnerin erhalten. Darin bietet die Antragsgegnerin die „Original-Elefanten-Hemden" der Antragstellerin zu „sensationellen Preisen" an. Die Antragstellerin hat diese Ankündigung zum Anlaß genommen – über einen Mittelsmann –, sich ein detailliertes Angebot der Antragsgegnerin zu beschaffen und insbesondere eines der angebotenen Hemden von der Antragsgegnerin sich im Original übersenden zu lassen. Sie hat zu ihrer Verwunderung dabei festgestellt, daß es sich bei den von der Antragsgegnerin angebotenen „Elefanten"-Hemden um Plagiate handelt. Ich überreiche das von der Antragsgegnerin der Antragstellerin übersandte Hemd – nur zu den Gerichtsakten – als

Anlage Ast 5

und verweise zum Zwecke der Glaubhaftmachung des vorgetragenen Sachverhalts ein weiteres Mal auf die eidesstattliche Versicherung gemäß Anlage Ast 2[13].

Im Wege der

Inaugenscheinseinnahme

ist ohne weiteres zu erkennen, daß das in Form eines Stoffetikettes im Brustbereich wiedergegebene Bildzeichen „Elefant" mit dem Bildzeichen der Antragstellerin gemäß Anlage Ast 1 nahezu identisch in Farbe und Größe übereinstimmt. Es besteht lediglich ein Unterschied dahingehend, daß der Elefant bei dem Nachahmungserzeugnis der Antragsgegnerin mit seinem Kopf und mit seinen Stoßzähnen nach rechts weist. Für den bekanntermaßen flüchtigen Verkehrsbeteiligten ist dieser geringfügige Unterschied jedoch nicht erkennbar. Er wird vielmehr das Plagiat der Antragsgegnerin für das Original-Elefanten-Hemd der Antragstellerin halten. Dabei will ersichtlich auch die Antragsgegnerin einen derartigen Irrtum bei ihren Abnehmern fördern bzw. ausnutzen, indem sie in ihrem Werberundschreiben gemäß Anlage Ast 4 von „Original-Elefanten-Hemden" spricht, die sie darüber hinaus noch zu einem „sensationellen Preis" anbietet.

Die Antragstellerin macht mit diesem Antrag auf Erlaß einer einstweiligen Verfügung die ihr zustehenden markenrechtlichen Ansprüche geltend[15].

II.

Die rechtliche Bewertung[16] ergibt die Begründetheit des Verfügungsbegehrens:

1. Der mit Verfügungsantrag I 1 geltend gemachte Unterlassungsanspruch findet seine Grundlage in § 14 Abs. 5 in Verbindung mit Absätzen 2 und 3 MarkenG. Wie zuvor zu I 1 glaubhaft gemacht, ist die Antragstellerin alleinige und ausschließlich verfügungsberechtigte Inhaberin des als Anlage Ast 1 überreichten „Elefanten-Zeichens". Nach Sicht der Antragstellerin ist das seitens der Antragsgegnerin benutzte Zeichen im Sinne des § 14 Abs. 2 Nr. 1 MarkenG identisch. Jedenfalls ist es im Sinne des § 14 Abs. 2 Nr. 2 MarkenG ähnlich. Der geringfügige Unterschied betreffend die spiegelbildliche Umkehr des Elefantenbildes ist für den insbesondere flüchtigen Verkehrsbeteiligten nicht bemerkbar. Das Verfügungszeichen genießt Schutz für Bekleidungsstücke, insbesondere Sport- und Freizeithemden. Das mit dem Verfügungszeichen identische, zumindest ähnliche Zeichen der Antragsgegnerin wird von dieser für identische Waren, nämlich Sporthemden, eingesetzt.

Infolgedessen greift die Antragsgegnerin mit der Benutzung dieses Zeichens in das Warenzeichen der Antragstellerin ohne deren Zustimmung ein. Daraus rechtfertigt sich der mit Verfügungsantrag I 1 geltend gemachte Unterlassungsanspruch.
Lediglich ergänzend wird darauf hingewiesen, daß sich der Unterlassungsanspruch der Antragstellerin gemäß Verfügungsantrag I 1 auch aus §§ 1, 3 UWG rechtfertigt. Die Antragsgegnerin täuscht die Werbungsadressaten, indem sie ihnen Fälschungen als Original-Ware anbietet und im Falle der Lieferung unterschiebt[17].

2. Die Antragsgegnerin ist des weiteren gemäß § 18 Abs. 1 MarkenG verpflichtet, die in ihrem Besitz oder Eigentum befindlichen widerrechtlich gekennzeichneten Bekleidungsstücke zu vernichten. Die Antragstellerin macht im einstweiligen Verfügungsverfahren zunächst einen die Vernichtung nur vorbereitenden Verwahrungsanspruch[18] geltend, nämlich dahingehend, daß die Antragsgegnerin an einen Gerichtsvollzieher (Sequester) die zu vernichtenden Bekleidungsstücke herausgibt. Es sei schon in diesem Zusammenhang darauf hingewiesen, daß die Antragsgegnerin sich nicht damit verteidigen kann, es käme eine Vernichtung nicht in Betracht, sondern die Stoffetiketten mit den nachgeahmten Elefanten seien von den Bekleidungsstücken zu entfernen und sodann eben nur diese Etiketten zu vernichten, wohingegen die Bekleidungsstücke selbst der Antragsgegnerin zu belassen seien. Gerade eine derartige Verteidigung hat der Gesetzgeber in der Begründung zum Produktpirateriegesetz im Zusammenhang mit der Bestimmung des § 18 Abs. 1 MarkenG als nicht mehr vertretbar angesehen; er wollte eine derartige Möglichkeit ausschließen. Dies bedarf letztlich im einstweiligen Verfügungsverfahren keiner abschließenden Bewertung.

3. Der mit Verfügungsantrag I 3 geltend gemachte Auskunftsanspruch findet seine Grundlage in § 19 MarkenG. Insbesondere ist gemäß § 19 Abs. 3 MarkenG für die Durchsetzung des der Antragstellerin zustehenden Auskunftsanspruchs das einstweilige Verfügungsverfahren eröffnet. Es liegt der Fall einer offensichtlichen Rechtsverletzung vor. Daß das Verfügungszeichen der Antragstellerin zusteht und darüber hinaus die Antragstellerin eben für dieses in Kraft befindliche Zeichen Rechtsschutz beanspruchen kann, ist nicht ernsthaft zu bezweifeln. Infolge der Bekanntheit des Verfügungszeichens wären sogar – ohne daß es dazu hier darauf ankäme – die Voraussetzungen für die Annahme der Entstehung eines Markenschutzes ohne formale Eintragung gemäß § 4 Nr. 2 MarkenG infolge erworbener Verkehrsgeltung gegeben. Des weiteren können die Mitglieder der angerufenen Kammer auch den Fall der Rechtsverletzung ohne weiteres auf Grund eigener Inaugenscheineinnahme abschließend schon im einstweiligen Verfügungsverfahren bewerten. Es liegt mithin ein Tatbestand vor, der nach Sicht des Gesetzgebers eine Durchsetzung des Auskunftsanspruchs im Wege des einstweiligen Verfügungsverfahrens ermöglicht, weil jedenfalls die Rechtsverletzung so eindeutig ist, daß eine Fehlentscheidung oder eine andere Beurteilung im Rahmen des richterlichen Ermessens und damit eine ungerechtfertigte Belastung des Antragsgegners kaum möglich ist (vgl. die Begründung zum Produktpirateriegesetz vom 7. März 1990 zu III 4 b, abgedruckt in Blatt für Patent-, Muster- und Zeichenwesen 1990, S. 173, 184 li. Sp.).
Im Streitfall wird seitens der Antragstellerin darauf hingewiesen, daß die Auskunftserteilung die Antragsgegnerin auch nicht ungebührlich belastet. Bei der Antragsgegnerin handelt es sich um einen Großhandel, so daß nur eine überschaubare Zahl von Abnehmern der verfügungsgegenständlichen Erzeugnisse in Betracht kommt. Des weiteren hat die Antragstellerin ein dringendes Interesse daran, die Abnehmer der Antragsgegnerin in Erfahrung zu bringen, um weiteren Zeichenverletzungen vorzubeugen. Ein Gleiches gilt insbesondere auch für die Vorlieferanten und die Vorbesitzer der Antragsgegnerin. Um im übrigen der Antragsgegnerin ausreichend Gelegenheit zur Erteilung der Auskunft zu geben, ist im Verfügungsantrag I 3 eine Zweiwochenfrist ab Zustellung der einstweiligen Verfügung vorgesehen.

4. Die für den Erlaß der einstweiligen Verfügung erforderliche Dringlichkeit wird für den mit Verfügungsantrag I 1 geltend gemachten Unterlassungsanspruch in analoger Anwendung des § 25 UWG vermutet[19]. Im übrigen ergibt sich die erforderliche Dringlichkeit für sämtliche Verfügungsansprüche der Antragsstellerin schon daraus, daß ohne die diesseits beantragte einstweilige Verfügung der Zeichenschutz der Antragstellerin ins Leere laufen würde. So hat die Antragstellerin ein rechtschutzwürdiges Interesse daran, von vornherein zu verhindern, daß zeichenverletzende Bekleidungsstücke seitens der Antragsgegnerin an deren Großabnehmer geliefert werden. Dieser Zielsetzung dienen die geltend gemachten Ansprüche auf Unterlassung und Verwahrung. Soweit schon Lieferungen an Großabnehmer erfolgt sind, hat die Antragstellerin des weiteren ein rechtschutzwürdiges Interesse daran, daß sie auch infolge des von ihr geltend gemachten Auskunftsanspruchs in den Stand versetzt wird, eben diese Großabnehmer an der Begehung von künftigen Zeichenverletzungen zu hindern. Damit liegt die Dringlichkeit für den Erlaß der diesseits beantragten einstweiligen Verfügung auf der Hand. Insbesondere geht es nicht an, die Antragsstellerin auf den Weg der Hauptklage und die Möglichkeit zu verweisen, von der Antragsgegnerin Schadensersatz zu erlangen. Es gehört zu den bekannten Erfahrungssätzen im Kennzeichenrecht, daß Zeichenverletzungen in der Folgezeit auch durch Zuerkennung von Schadensersatz nicht ausreichend ausgeglichen werden können.

Zugleich ergibt sich aus den vorstehenden Ausführungen die besondere Dringlichkeit im Sinne des § 937 Abs. 2 ZPO[20], entsprechend dem diesseitigen Antrag, die einstweilige Verfügung ohne vorherige mündliche Verhandlung zu erlassen. Soweit der Verwahrungsanspruch gemäß I 2 in Rede steht, wäre eine mündliche Verhandlung für die Antragstellerin erkennbar nachteilig, weil die Antragsgegnerin in den Stand versetzt werden würde, die Ware aus ihrem Besitz oder Eigentum wegzuschaffen, so daß das berechtigte Interesse der Antragstellerin, dafür zu sorgen, daß die rechtswidrig gekennzeichnete Ware der Antragsgegnerin nicht weiter in den Verkehr gelangen kann, vereitelt werden würde.

5. Die Zuständigkeit des angerufenen Gerichts beruht auf ...[21].

III.

Ich zeige an, daß die Antragstellerin neben ihrem Verfahrensbevollmächtigten

Herrn Patentanwalt[22]

...

zur Mitwirkung in diesem Rechtsstreit bestellt hat.

Wir richten an das Gericht die Bitte, von einer etwaigen Anordnung, Anlagen zu diesem Antrag auf Erlaß einer einstweiligen Verfügung der Antragsgegnerin zuzustellen, die Anlagen ... auszunehmen, da diese nicht kopierbar sind.

Beglaubigte und einfache Abschriften sind zum Zwecke der Zustellung beigefügt.

Rechtsanwalt

Schrifttum und Materialien zum Produktpirateriegesetz: Amtliche Begründung zum Produktpirateriegesetz, abgedruckt in Blatt für Patent-, Muster- und Zeichenwesen (herausgegeben vom Deutschen Patentamt), 1990, Seiten 173 ff.; *Ensthaler*, Produktpirateriegesetz, GRUR 1992, 273 ff.; *Cremer*, Die Bekämpfung der Produktpiraterie in der Praxis, Mitt. der Deutschen Patentanwälte 1992, Seiten 153 ff.;

Schrifttum zum bisherigen Warenzeichenrecht und Markengesetz: Vgl. die Hinweise bei Form. II. M. 18.

Anmerkungen

1. Zuständig sind für Kennzeichenstreitsachen, damit insbesondere Markenverletzungen, die Landgerichte, und zwar ohne Rücksicht auf den Streitwert (§ 140 Abs. 1 MarkenG). Sofern besondere Kennzeichenstreitgerichte gebildet worden sind (§ 140 Abs. 2 MarkenG), sind diese zuständig. Zu Einzelheiten vgl. Form. II. M. 18. Anm. 2.

2. Auch für Kennzeichenstreitsachen gelten zur Frage des Streitwertes die in Anm. 3 zu Form. II. L. 3 wiedergegebenen Angaben. Im Formular werden drei Ansprüche im Verfügungsverfahren geltend gemacht, nämlich auf Unterlassung, Vernichtung und Auskunftserteilung. Jeder dieser Ansprüche ist gesondert zu bewerten. Im Hinblick auf den Unterlassungsanspruch gelten die Bemessungsgrundsätze in Form. II. L. 3. Anm. 2. Im Hinblick auf den Auskunftsanspruch wird man diesen mit ca. $1/3$ des Unterlassungsanspruchs bewerten können. Im Hinblick auf den Vernichtungsanspruch erscheint ca. $1/3$ des Wertes des Unterlassungsanspruchs gerechtfertigt. Zur Bewertung eines Auskunftsanspruchs im Verfügungsverfahren vgl. KG GRUR 1992, 611 – T-Shirts.

3. Besondere Verfahrensbitte gemäß § 937 Abs. 2 ZPO. Diese beinhaltet zugleich regelmäßig auch die Verfahrensbitte gemäß § 944 ZPO, daß der Vorsitzende der angerufenen Kammer allein entscheiden möge.

4. Die Formulierung dieses Teils des Antrags folgt der gesetzlichen Bestimmung des § 890 Abs. 1 ZPO. Vgl. dazu Form. II. L. 3. Anm. 5.

5. Hier ist das angegriffene, d.h. das verletzende Zeichen einzufügen. Im Formular wird davon ausgegangen, daß es sich um ein Bildzeichen handelt.

6. Die Formulierung der sogenannten konkreten Verletzungsform (vgl. zu diesem Begriff Form. II. L. 3 Anm. 6; Form. II. L. 9) folgt dem Wortlaut des § 14 Abs. 2 und Abs. 3 MarkenG (vgl. Form. II. M. 18. Anm. 7). Der Verletzungstatbestand besteht darin, daß seitens der Antragsgegnerin Sporthemden vertrieben werden. Insoweit erscheint eine Verallgemeinerung durch die Formulierung „Bekleidungstextilien" vertretbar. Sollte das angerufene Gericht insoweit Bedenken haben, könnte es von sich aus den Antrag gemäß §§ 935, 940 ZPO dahingehend abändern, daß nur Sporthemden verbleiben.

7. Rechtliche Grundlage des Unterlassungsanspruchs ist § 5 Abs. 5 MarkenG, der von einer Marke im Sinne des § 4 gemäß § 14 Abs. 1 MarkenG ausgeht. Handelt es sich um eine geschäftliche Bezeichnung, gilt § 15, der in Abs. 4 ebenfalls einen Unterlassungsanspruch vorsieht.

8. Die Formulierung des Verfügungsantrags I 2 folgt der Bestimmung des § 18 MarkenG, die einen Vernichtungsanspruch zu Gunsten des Inhabers einer Marke oder einer geschäftlichen Bezeichnung vorsieht. Da eine einstweilige Verfügung nur vorläufigen Charakter hat, wird im Formular auch nur eine vorläufige Maßnahme beantragt, nämlich die Herausgabe von markenrechtswidrig gekennzeichneten Erzeugnissen an einen Gerichtsvollzieher als Sequester zum Zwecke der Aufbewahrung. Die Aufbewahrung dient der Sicherstellung für eine etwaige spätere Vernichtung.

9. Dieser Anspruch beruht auf § 19 MarkenG. Er folgt in seiner Formulierung auch dieser Bestimmung. Eine Besonderheit liegt in der Angabe einer Frist. Dieser Vorschlag des Formulars beruht auf der Überlegung, daß ein derartiger Antrag nach § 888 ZPO durch Verhängung eines Zwangsgeldes (Erzwingungsgeldes) für den Fall der Nichterteilung der Auskunft vollstreckt werden muß. Insoweit muß dem Antragsgegner/Schuldner eine ausreichende Zeit zugestanden werden, um die erforderlichen Angaben zusammenzustellen.

10. Der Anspruch auf Kostenerstattung ist überflüssig; er wird in der Praxis jedoch ständig gestellt.

11. Der Aufbau der Begründung der einstweiligen Verfügung folgt den tatbestandlichen Voraussetzungen der §§ 14, 25, 26 MarkenG. Zu diesen wird auf Form. II. M. 18. Anm. 18 verwiesen. Es bedarf insbesondere einer Glaubhaftmachung des Tatbestandes einer „offensichtlichen Rechtsverletzung", wie dies zum materiellen Anspruchsgrund des im Wege des einstweiligen Verfügungsverfahrens geltend zu machenden Auskunftsanspruchs gehört (§ 19 Abs. 3 MarkenG). Dazu ist es regelmäßig erforderlich, zum formellen Rechtsbestand des Verfügungszeichens vorzutragen, ferner zur Benutzungslage und zur etwaigen Bekanntheit infolge umfangreicher Benutzung und Werbung. Allerdings ist die Bekanntheit einer Marke kein Tatbestandsmerkmal des Unterlassungsanspruchs gemäß § 14 Abs. 5 MarkenG. Die Bekanntheit einer Marke spielt jedoch eine Rolle für die Durchsetzung des Vernichtungsanspruchs gemäß § 18 MarkenG und des Auskunftsanspruchs gemäß § 19 MarkenG.

12. Der dem Formular zugrundeliegende Sachverhalt ist so gewählt, daß sich bei Abwägung der Interessen der Parteien für den Erlaß der beantragten einstweiligen Verfügung kein allzu schwerwiegender Nachteil für den Antragsgegner im Falle seiner Verurteilung zur Auskunftserteilung gemäß § 19 MarkenG ergibt. Der Antragsgegner ist Großhändler. Zugleich zeigt das im Formular wiedergegebene Beispiel den besonderen Wert des § 19 MarkenG und des darin gewährten Auskunftsanspruchs: Kann ein Markenzeicheninhaber schon drohenden Verletzungen seines Zeichens auf der Großhandelsstufe begegnen, ist der Schaden von vornherein begrenzbar.

13. In der eidesstattlichen Versicherung sollten die zur Glaubhaftmachung erforderlichen Angaben näher dargestellt sein, und zwar regelmäßig deutlich umfassender als in der Antragsschrift selbst.

14. Die nachfolgenden Ausführungen beziehen sich auf die anspruchsbegründenden Voraussetzungen des § 14 Abs. 2 Nr. 1 und/oder Nr. 2 MarkenG. Die einander gegenüberstehenden Waren sind im Beispielsfall identisch. Es kann auch mit guten Gründen eine Identität der einander gegenüberstehenden Zeichen bejaht werden. Geht man im Hinblick auf das Verletzungszeichen von bloßer Ähnlichkeit aus, so ist gemäß § 14 Abs. 2 Nr. 2 MarkenG zusätzlich zu prüfen, ob durch die Benutzung eines ähnlichen Zeichens für das Publikum die Gefahr von Verwechslungen besteht, wobei auch die Gefahr bedeutsam sein kann, daß das verletzende Zeichen mit der Marke (nur) gedanklich in Verbindung gebracht wird. Zu weiteren Einzelheiten vgl. Form. II. M. 18. Anm. 18.

15. In dem dem Formular zugrundeliegenden Sachverhalt ist der Markenverletzer zuvor nicht abgemahnt worden. Eine solche Abmahnung ist untunlich, wenn – wie im Formular vorgesehen – ein Sequestrationsanspruch geltend gemacht wird. Durch eine Abmahnung würde der Verletzer vorgewarnt und wäre insbesondere in den Stand versetzt, die kennzeichenverletzenden Erzeugnisse wegzuschaffen, um sie später erneut selbst oder durch Dritte wieder in den Markt einzuschleusen. Von der grundsätzlichen Erforderlichkeit der Abmahnung wird in derartigen Fällen auch durch die Rechtsprechung abgesehen (vgl. Form. II. L. 7. Anm. 12 m.w.N.).

16. Die rechtliche Begründung folgt den einschlägigen Bestimmungen des § 14 Abs. 5 MarkenG (für den Unterlassungsanspruch) und des § 18 MarkenG (für den Vernichtungsanspruch). Vernichtungs- und Auskunftsanspruch sind durch das Produktpirateriegesetz in das Kennzeichenrecht eingeführt worden. Zur Entstehungsgeschichte und zu den interessierenden Rechtsfolgen vgl. oben den Literaturhinweis.

17. Dieser Irreführungstatbestand ist in nahezu allen Markenplagiatsfällen verwirklicht. Im Formular wird davon Abstand genommen, in wettbewerbsrechtlicher Hinsicht nähere Ausführungen zu machen. Der Benutzer des Formularbuchs wird sich freilich vor Augen halten müssen, daß in vielen Fällen durchaus Ergänzungen erforderlich sind.

18. Vgl. oben Anm. 9.

19. Nach dem vor Inkrafttreten des Markengesetzes geltenden Recht bestand Einigkeit darin, daß § 25 UWG sich auch auf den warenzeichenrechtlichen Unterlassungsanspruch bezieht. Es ist davon auszugehen, daß diese Auffassung sich auch auf das ab dem 1. Januar 1995 geltende Markengesetz übertragen läßt (*Baumbach/Hefermehl*, UWG, Rdn. 5 zu § 25 m.w.N.).

20. Die Ausführungen zur Dringlichkeit folgen der Bestimmung des § 937 Abs. 2 ZPO, und zwar insbesondere auch für die besondere Dringlichkeit, die beantragte einstweilige Verfügung ohne vorherige mündliche Verhandlung zu erlassen.

21. Die Zuständigkeit des angerufenen Gerichts muß im einzelnen begründet werden. Insbesondere kommt der Gerichtsstand der unerlaubten Handlung unter der Berücksichtigung des Bestehens besonderer Kennzeichenstreitgerichte in Betracht (vgl. Form. II. M. 18. Anm. 31).

22. Zur Hinzuziehung eines Patentanwalts vgl. Form. II. M. 18. Anm. 35.

Kosten und Gebühren

vgl. Anmerkungen zu Form. II. M. 18.

20. Klage wegen Verletzung eines Unternehmenskennzeichens

An das
Landgericht
Kammer für Handelssachen[1]

Klage

der Firma A ...... Magnet ......

— Klägerin —

Prozeßbevollmächtigter: Rechtsanwalt ......

gegen

1. die Firma B ...... Magnet GmbH, X-Stadt, vertreten durch ihren Geschäftsführer, den Beklagten zu 2), ebenda, ...straße ......
2. Herrn ......

— Beklagte —[2]

wegen Namens- und Firmenrechtsverletzung[3]
Streitwert: vorläufig geschätzt DM ......[4]

Namens und in Vollmacht der Klägerin erhebe ich Klage und werde beantragen,

I. die Beklagten zu verurteilen,
 1. es bei Meidung eines für jeden Fall der Zuwiderhandlung fälligen Ordnungsgeldes bis zu DM 500.000,— ersatzweise Ordnungshaft bis zu 6 Monaten oder Ordnungshaft bis zu 6 Monaten, im Wiederholungsfalle bis zu 2 Jahren, wobei die Ordnungshaft hinsichtlich der Beklagten zu 1 an ihrem jeweiligen Geschäftsführer zu vollstrecken ist[5], zu unterlassen,
 sich im geschäftlichen Verkehr zur Kennzeichnung ihres auf den Vertrieb von Wohn- und Heimwerkerartikeln gerichteten Geschäftsbetriebes der Kennzeichnung

„Magnet"

und/oder

„Magnet-Wohnbau-Markt"

zu bedienen[6];
2. der Klägerin über den Umfang der vorstehend unter I 1 bezeichneten Handlungen Rechnung zu legen unter Angabe des erzielten Umsatzes sowie unter Angabe der betriebenen Werbung, aufgeschlüsselt nach Werbeträgern, Kalendervierteljahren und Bundesländern[7];

II. die Beklagte zu 1) zu verurteilen, in die Löschung des Firmenbestandteils „Magnet"
in ihrer beim Amtsgericht ...... HRB ...... eingetragenen Firma
B ...... Magnet GmbH
einzuwilligen[8];

III. festzustellen, daß die Beklagten gesamtverbindlich verpflichtet sind, der Klägerin allen Schaden zu erstatten, der ihr aus den vorstehend unter I 1 bezeichneten Handlungen entstanden ist und künftighin entstehen wird[9]

IV. den Beklagten die Kosten des Rechtsstreits aufzuerlegen[10, 10a];

V. das Urteil – gegebenenfalls gegen Sicherheitsleistung (Bank- oder Sparkassenbürgschaft) – für vorläufig vollstreckbar zu erklären;
hilfsweise der Klägerin nachzulassen, die Zwangsvollstreckung gegen Sicherheitsleistung (Bank- oder Sparkassenbürgschaft) abzuwenden[10a].

Begründung:

I.

1. Die Klägerin ist ausweislich des als Anlage 1 überreichten Handelsregisterauszuges ein am 3. März 1973 beim Amtsgericht X-Stadt unter der Register-Nr. HRB ...... eingetragenes Unternehmen, das den Handel mit Möbeln und Einrichtungsgegenständen aller Art betreibt[11]. Die Firmenbezeichnung der Klägerin lautet wie im Aktivrubrum angegeben. Die Klägerin verfügt unter anderem über Niederlassungen in X-Stadt, Y-Stadt und im Gerichtsbezirk. Die Klägerin hat für ihren Geschäftsbetrieb unter Herausstellung der Kennzeichnung „Magnet" seit Beginn ihrer Tätigkeit in erheblichem Umfang geworben. Ich überreiche als Anlage 2 – zu den Gerichtsakten – ein Kompendium von Werbeanzeigen[12].

2. Die Beklagte zu 1, deren alleiniger Geschäftsführer der Beklagte zu 2 ist, ist vor ca. 4 Monaten, nämlich durch Gesellschaftsvertrag vom ...... gegründet und am ...... in das Handelsregister beim Amtsgericht ...... unter der Nr. HRB ...... eingetragen worden. Als Anlage 3 überreiche ich einen entsprechenden Handelsregisterauszug. Die Beklagte zu 1 hat sodann vor ca. zwei Monaten, nämlich am ...... im Gerichtsbezirk einen „Magnet-Wohnbau-Markt" eröffnet. Ich überreiche dazu als Anlage 4 eine von mehreren Eröffnungsanzeigen, die in überregionalen Zeitungen sowie in der im Gerichtsbezirk erscheinenden Zeitung ...... unter dem Datum des ...... erschienen sind. Dort heißt es in blickfangmäßiger Hervorhebung:

„Premiere: Heute, Punkt 9.00 Uhr hebt sich der Vorhang!
Magnet-Wohnbau-Markt eröffnet in ......-Stadt!"

Des weiteren erscheint im Text der Anzeige verschiedentlich zur Kennzeichnung des Unternehmens der Beklagten zu 1 die Bezeichnung „Magnet" in Alleinstellung. Ausweislich des Inhalts der als Anlage 4 überreichten Anzeige werden neben ausgesprochenen Heimwerkerartikeln, wie z. B. Vibrationsschleifern und Bohrständern, auch Artikel des Wohnbereiches angeboten, nämlich z. B. Kleinmöbel. Des weiteren werden Artikel angeboten, die mit Möbeln identisch, zumindest aber ähnlich sind. Es handelt sich dabei um folgende in der Anzeige gemäß der Anlage 4 aufgeführten Erzeugnisse:

Alu-Haushaltsleiter,
Fußmatte,
Camping-Sessel,
Sonnenschirm,
Zweibein-Liege,
Camping-Tisch,
Fußbodenbeläge,
Badezimmerschrank,
Wohnraumleuchte,
Spiegel.

3. Die Beklagten sind mit dem als Anlage 5 beigefügten Anwaltsschreiben vom ...... vergeblich aufgefordert worden, die die Namens- und Firmenrechte der Klägerin verletzenden Handlungen zu unterlassen[13]. Deshalb ist Klage geboten. Mit ihr werden die sich aus den Rechtsverletzungen der Beklagten ergebenden Ansprüche geltend gemacht.

II.

Die rechtliche Bewertung ergibt die Begründetheit der Klage:

1. Der gemäß Klageantrag I 1 geltend gemachte Unterlassungsanspruch ist gemäß § 15 Abs. 2 MarkenG begründet[14]. Nach dieser Vorschrift in Verbindung mit § 5 Satz 1 und 2 MarkenG genießt der Name bzw. die Firma der Klägerin den Ausschließlichkeitsschutz eines Unternehmenskennzeichens. Denn kennzeichnender Bestandteil in der Firmenbezeichnung der Klägerin ist die Bezeichnung „Magnet". Diese Bezeichnung ist von Hause aus kennzeichnungskräftig[15], da ein Wort der Umgangssprache in sprachunüblicher Hinsicht benutzt wird; das Publikum pflegt ein Möbelhaus nicht als „Magnet" zu bezeichnen[16]. Infolge der Aufnahme ihrer Tätigkeit und ihrer Eintragung im Handelsregister schon im Jahre 1973 verfügt die Klägerin gegenüber der erst vor vier Monaten gegründeten Beklagten zu 1 über namens- und firmenrechtliche Priorität im Sinne des § 6 Abs. 3 MarkenG[17]. Da des weiteren die Unternehmensbereiche der Klägerin und der Beklagten zu 1 in Teilbereichen deckungsgleich sind, im übrigen jedoch nahe beieinander liegen, kann die Klägerin von den Beklagten verlangen, die weitere Benutzung der Kennzeichnung „Magnet", auch in Form „Magnet-Wohnbau-Markt", zu unterlassen. Denn infolge der Identität der einander gegenüberstehenden Zeichen in Form des Firmen- bzw. Namensbestandteils „Magnet" sowie der Identität, zumindest der Ähnlichkeit der Geschäftsbereiche, in denen die Parteien tätig sind, ist die Gefahr von Verwechslungen zu besorgen[18].

2. Es kann seitens der Beklagten nicht geleugnet werden, daß der Klägerin durch das Verhalten der Beklagten ein Schaden entstanden ist und weiterhin entsteht. Dieser verwirklicht sich schon allein infolge der unberechtigten Firmenbenutzung durch die Beklagten. Die Beklagten handeln auch schuldhaft. Bei Anwendung der im kaufmännischen Verkehr erforderlichen Sorgfalt hätte ihnen die prioritätsältere Firmenkennzeichnung der Klägerin nicht verborgen bleiben können. Sie sind im übrigen auf das Rechtswidrige ihres Verhaltens mit Anwaltsschreiben gem. Anlage 5 hingewiesen worden und verfügen seitdem über positive Kenntnis von der Existenz der Firmenkennzeichnung der Klägerin. Seit dem letztgenannten Zeitpunkt handeln die Beklagten daher vorsätzlich-schuldhaft. Sie sind infolgedessen der Klägerin gegenüber gesamtverbindlich zu Schadensersatz verpflichtet[19] (§§ 15 Abs. 5 MarkenG, 830, 840 BGB).
Dabei beruht die Verantwortlichkeit der Beklagten zu 1 auf dem Gesichtspunkt der Organhaftung gemäß § 31 BGB analog für das Verhalten ihres Geschäftsführers, des Beklagten zu 2.[20] Dessen Haftung ergibt sich auf Grund eigenen Verhaltens.[20]
Da die Klägerin den Umfang ihres Schadens nicht ohne nähere Kenntnis vom Umfang der Verletzungshandlungen ziffernmäßig bestimmen kann, sind die Beklagten auch aufgrund

gewohnheitsrechtlicher Anwendung der Bestimmung des § 242 BGB sowie der Rechtsregeln betreffend die auftraglose Geschäftsführung ihr gegenüber zur Rechnungslegung verpflichtet[21]. Aus dem Vorgetragenen ergibt sich des weiteren die Zulässigkeit des Schadensersatzfeststellungsbegehrens[22].

3. Die Beklagte zu 1 ist des weiteren verpflichtet, den durch die Eintragung des in die Rechte der Klägerin eingreifenden Firmenbestandteils „Magnet" im Handelsregister bestehenden Störungszustand zu beseitigen. Daher ist auch der mit Klageantrag II geltendgemachte Löschungsantrag gerechtfertigt[23].

4. Die Zuständigkeit des angerufenen Gerichts ergibt sich aus der Tatsache, daß die Beklagte zu 1 ihren Sitz im Gerichtsbezirk hat[24].

Rechtsanwalt

Vorbemerkung: Am 1. Januar 1995 ist das „Gesetz zur Reform des Markenrechts und zur Umsetzung der Ersten Richtlinie 89/104/EWG des Rates vom 21. Dezember 1988 zur Angleichung der Rechtsvorschriften der Mitgliedstaaten über die Marke" („Markenrechtsreformgesetz") (BGBl. 1994, Teil I, S. 3082 ff.) in Kraft getreten. Mit diesem MarkenG erfolgt eine Neuordnung des gesamten Kennzeichenrechts, das zuvor für Warenzeichen und Ausstattungen (= Marken nach neuem Recht) im Warenzeichengesetz (WZG) sowie für Namen, Firmen, Werktitel und sonstige geschäftliche Bezeichnungen im Wettbewerbsrecht (UWG), überdies teilweise im bürgerlichen Recht und teilweise im Handelsrecht geregelt war. Die geschäftlichen Bezeichnungen werden nunmehr gemäß § 1 Nr. 2 MarkenG dem Markenschutz unterstellt.

Schrifttum zum bisherigen Recht: Pietzker, Auskunft, Rechnungslegung und Schadensersatz bei wettbewerbswidrigem Eingreifen in fremde Firmenrechte, GRUR 1972, 151 ff.; *Knaak,* Firma und Firmenschutz, 1986.

Anmerkungen

1. Auch für Streitfälle im Zusammenhang mit geschäftlichen Bezeichnungen gilt § 140 Abs. 1 MarkenG, der für Kennzeichenstreitsachen ohne Rücksicht auf den Streitwert die Zuständigkeit der Landgerichte begründet. Zur Existenz von Kennzeichenstreitgerichten vgl. § 140 Abs. 2 MarkenG und Form. II. M. 18. Anm. 2. Zuständig sind nach §§ 94, 95 Abs. 1 Nr. 4b und c GVG die Kammern für Handelssachen. Soweit bei Landgerichten Spezialzivilkammern als Kennzeichenstreitkammern eingerichtet sind (so z.B. die 4. Zivilkammer des Landgerichts Düsseldorf), können Kennzeichenstreitsachen auch bei diesen Kammern anhängig gemacht werden. Der Beklagte hat allerdings das Recht, Verweisung an die an sich zuständigen Kammern für Handelssachen zu beantragen (§ 98 GVG).

2. Zum Zwecke der Erweiterung des Zugriffs empfiehlt es sich, bei einer GmbH auch den Geschäftsführer mitzuverklagen, der für eigenes Verhalten unter dem rechtlichen Gesichtspunkt der unerlaubten Handlung im weiteren Sinne haftet. Zur Störereigenschaft allgemein vgl. BGH GRUR 1990, 373, 374 r. Sp. – Schönheitschirurgie; zur Haftung des Geschäftsführers einer GmbH vgl. die interessante Entscheidung des BGH GRUR 1986, 248 ff. – Sporthosen; *Maier* WRP 1986, 71 ff.; weitere Einzelheiten in Form. II. M. 3 Anm 2 und Form II. M. 14 Anm. 2.

3. Nach §§ 1 Nr. 2, 5 MarkenG könnte hier auch formuliert werden: „Wegen Verletzung einer geschäftlichen Bezeichnung" oder „Wegen Verletzung eines Unternehmenskennzeichens". Es ist im Formular die bisher übliche Bezeichnung beibehalten worden. Das erscheint im Hinblick auf den Wortlaut des § 5 Abs. 2 MarkenG vertretbar.

4. Namens- und Firmenrechte sind Ausschlußrechte. Wie auch sonst im Bereich des gewerblichen Rechtsschutzes beruht die Streitwertfestsetzung bei nichtbezifferten Anträgen auf § 3 ZPO. Zur Streitwertbemessung vgl. die Hinweise in Anm. 3 zu Form. II. L. 9.

20. Klage wegen Verletzung eines Unternehmenskennzeichens **II. M. 20**

5. Vgl. § 890 ZPO und Anm. 5 zu Form. II. L. 3. Folgt man der Auffassung, daß gegen Personalgesellschaften oder juristische Personen Ordnungshaft und Ersatzordnungshaft weder angedroht noch verhängt werden können (vgl. OLG Bremen WRP 1979, 464, 466 mwN. und Anm. 5 zu Form. II. L. 3), so kann die Strafandrohung wie folgt formuliert werden:

„es bei Meidung eines für jeden Fall der Zuwiderhandlung fälligen Ordnungsgelds bis zu DM 500.000,–, im Hinblick auf den Beklagten zu 2 außerdem ersatzweise Ordnungshaft oder Ordnungshaft bis zu sechs Monaten, zu unterlassen, ..."

6. Sogenannte Konkretisierung der Verletzungshandlung; vgl. dazu Anm. 6 zu Form. II. L. 3 sowie Anm. 5 zu Form II. L. 9. Es sei darauf hingewiesen, daß die Konkretisierung der Verletzungshandlung bei Streitigkeiten im Zusammenhang mit Kennzeichnungsrechten nicht nur erfordert, daß die angegriffene Kennzeichnung angegeben wird. Es muß auch eine genaue Bestimmung im Hinblick auf die Waren, den Geschäftsbetrieb und die zu untersagenden Benutzungsarten erfolgen (vgl. dazu BGH GRUR 1974, 88 – Trumpf).

7. Zwar kann auch im Falle einer Firmen- oder Namensrechtsverletzung der Verletzte seinen Schaden in dreifacher Weise berechnen (eigener entgangener Gewinn, Verletzergewinn oder Lizenzanalogie. Das ist seit BGH GRUR 1973, 375 ff. – Miss Petite – herrschende Meinung). Da nach der Lebenserfahrung der Verletzergewinn jedoch nur teilweise auf die Namensrechtsverletzung zurückzuführen ist, besteht nach Auffassung des Bundesgerichtshofs aaO., S. 378, linke Sp., kein Interesse des Verletzten daran, von dem Verletzer die Lieferdaten, -zeiten und -preise im Hinblick auf den erzielten Umsatz zu erfahren. Dementsprechend gewährt die höchstrichterliche Rechtsprechung bei einer Namens- und Firmenrechtsverletzung im Grundsatz nur einen „kleinen" Rechnungslegungsanspruch, wie er der Antragsformulierung zugrundeliegt. Neben dem allgemeinen Rechnungslegungsanspruch, der der Vorbereitung der Bezifferung eines Schadensersatzanspruchs dient, sieht § 19 MarkenG auch im Falle der Verletzung eines Unternehmenskennzeichens einen Auskunftsanspruch vor (Zur Natur und zu Einzelheiten vgl. Form. II. M. 18. Anm. 8, Form. II. M. 1. Anm. 13 und Anm. 17). Für die Verletzung eines Unternehmenskennzeichens durch eine firmenmäßige Benutzung, wie sie in dem dem Formular zugrundeliegenden Sachverhalt verwirklicht ist, paßt § 19 MarkenG allerdings nicht. Deshalb ist von der Geltendmachung eines Auskunftsanspruchs gemäß § 19 MarkenG Abstand genommen worden. § 19 Abs. 5 MarkenG stellt ausdrücklich klar, daß der im Formular vorgesehene Rechnungsanspruch weiterhin besteht.

8. Die Löschung einer Firma oder eines Firmenbestandteils erfolgt auf Antrag, mithin auf Einwilligung des Betroffenen (§ 31 Abs. 1 HGB). Daher ist der Klageantrag auf die Abgabe einer Willenserklärung gerichtet (§ 894 ZPO; vgl. *v. Gamm*, Wettbewerbsrecht, 5. Aufl., II. Halbbd. 1987, Kap. 57 Rdn. 49). Ebenso möglich erscheint jedoch auch eine Antragsformulierung, wonach die Beklagte zu verurteilen ist, „...... die Löschung ihrer Firma/ihres Firmenbestandteils ...... beim Handelsregister herbeizuführen" (so die Vorauflagen und z.B. die Antragsformulierung in BGH GRUR 1974, 162 – etirex). Der letztgenannte Antrag ist sodann gemäß § 888 ZPO zu vollstrecken.

9. Zur Kombination von Schadensersatzfeststellungsbegehren und Rechnungslegungsantrag, vgl. Anm. 6 zu Form. II. L. 9. Zur Zulässigkeit der Feststellungsklage vgl. Anm. 22.

10. Mehrere Beklagte haften im Hinblick auf den Unterlassungsanspruch nicht als Gesamtschuldner, so daß eine gesamtverbindliche Kostenauferlegung nicht in Betracht kommt (§ 100 Abs. 1 ZPO). Soweit eine gesamtschuldnerische Haftung besteht, zB. für den geltend gemachten Schadenersatzanspruch, ist eine Aufteilung der Kostenentscheidung in eine teilweise gesamtverbindliche Haftung und in eine solche nach Kopfteilen untunlich und nicht praktikabel. § 100 Abs. 2 ZPO trifft diesen Fall nicht.

10a. Die Nebenentscheidungen sind von Amts wegen durch das Gericht zu treffen; darauf gerichtete Anträge sind mithin überflüssig, werden jedoch regelmäßig gestellt.

11. § 5 Abs. 2 MarkenG enthält keine ausdrückliche Bestimmung, ab wann ein Unternehmenskennzeichenschutz besteht. Satz 1 dieser Regelung schützt die im geschäftlichen Verkehr benutzten Zeichen. Infolgedessen ist davon auszugehen, daß in Übereinstimmung mit dem bisherigen Recht der Unternehmenskennzeichenschutz schon bei der ersten inländischen Ingebrauchnahme im geschäftlichen Verkehr entsteht (vgl. zu früherem Recht *Baumbach/Hefermehl*, UWG, 17. Aufl. 1993, § 16 Rdn. 40 m.w.N.). Es erweist sich jedoch als sachgerecht, zugleich auch in der Klagebegründung den Zeitpunkt der Eintragung der Klägerin in das Handelsregister mitzuteilen. Bei einer GmbH ist die Eintragung konstitutiv (§ 13 Abs. 1 GmbH-Gesetz; zum Erwerb von Namensrechten vor der Eintragung vgl. BGH GRUR 1993, 404 – Columbus).

12. Sofern sich Anlagen nicht oder nur mit beträchtlichem Aufwand kopieren lassen, ist es vertretbar, sie nur zu den Gerichtsakten zu reichen. Selbstverständlich besteht ein Einsichtsrecht des Gegners (§§ 133, 134 ZPO).

13. Dieser Sachvortrag ist zur Schlüssigkeit der Klage nicht erforderlich. Die Übersendung einer Abmahnung hat jedoch Bedeutung für den Nachweis des erforderlichen Verschuldens, da mindestens ab Empfang der Abmahnung positive Kenntnis des Verletzers von der Existenz einer kollisionsbegründenden prioritätsälteren Firmenkennzeichnung besteht. Für den Zeitpunkt vor Empfang einer Abmahnung ergibt sich für denjenigen, der eine geschäftliche Bezeichnung benutzen will, die Pflicht, sich soweit möglich und zumutbar darüber zu vergewissern, daß dem Vorhaben keine Rechte Dritter entgegenstehen (zum Umfang einer Nachforschungspflicht vgl. *Baumbach/Hefermehl* UWG 17. Aufl. 1993, Rdn. 158 mwN. zu § 16 UWG a.F.).

14. Neben der zitierten Bestimmung ist an sich auch § 37 Abs. 2 S. 1 HGB einschlägig. Danach kann bei unbefugtem Firmengebrauch der Verletzte einen Unterlassungsanspruch geltend machen. Unbefugt im Sinne der §§ 17 ff. HGB ist ein Firmengebrauch im Falle einer Kollision jedoch nur in dem örtlichen Bereich der gleichen Gemeinde bzw. desselben Ortes (vgl. § 30 Abs. 1 HGB).

15. Ist ein Zeichen von Hause aus nicht unterscheidungskräftig und dementsprechend auch nicht kennzeichnungskräftig, dh. ist es ungeeignet, von sich aus als Herkunftshinweis auf ein bestimmtes Unternehmen zu dienen, so können aus einer solchen Bezeichnung nach bisherigem Recht Rechte nur dann hergeleitet werden, wenn sie Verkehrsgeltung im Inland erlangt hat (vgl. *Baumbach/Hefermehl* UWG 17. Aufl. 1993, § 16 Rdn. 28, 32). Der Nachweis der Verkehrsgeltung sowie des Zeitpunkts ihrer Entstehung ist häufig sehr schwer zu führen. § 15 Abs. 2 MarkenG trifft dazu keine Regelung.

16. Ein Wort der Umgangssprache kann von Hause aus für die Kennzeichnung eines Unternehmens ausreichende Namensfunktion haben, wenn es in sprachunüblicher Hinsicht benutzt wird (vgl. dazu *Baumbach/Hefermehl* UWG 17. Aufl. 1993, § 16 Rdn. 29, 30 mit Beispielen sprachunüblicher Benutzung; vgl. ferner BGH GRUR 1977, 226 – Wach und Schließ; für einen Sachbuchtitel BGH GRUR 1991, 153 = WRP 1991, 151 – Pizza Pasta; OLG Hamburg GRUR 1986, 475 – Blitz-Blank.). Ob eine Bezeichnung sprachüblich oder sprachunüblich benutzt wird, läßt sich häufig durch eine Gegenprobe feststellen. Pflegt der Verkehr ein Unternehmen der interessierenden Art oder seinen Geschäftsgegenstand mit dem Klagekennzeichen, beispielsweise auch in Form einer Kurzbezeichnung zu bezeichnen? Ist diese Frage, wie im Formular zu verneinen, kann häufig von einer sprachunüblichen Benutzung ausgegangen werden.

17. § 6 Abs. 1 MarkenG formuliert ausdrücklich den Grundsatz der Priorität, wobei Abs. 2 und 3 den maßgeblichen Zeitrang festlegen. Abs. 4 bestimmt, daß bei gleichem Tag als zu bestimmender Zeitrang kein Recht gegenüber dem anderen den Vorrang hat; beide Rechte sind gleichrangig und begründen keine Ansprüche.

18. § 18 Abs. 2 MarkenG stellt auf das Bestehen von Verwechslungsgefahr ab. Ob diese besteht, wird vordringlich von der Branchennähe und der Identität/Ähnlichkeit der einan-

21. Schadensersatzhöheklage wegen Markenverletzung **II. M. 21**

der gegenüberstehenden Unternehmenskennzeichen abhängen. § 18 Abs. 3 MarkenG geht über Abs. 2 für im Inland bekannte geschäftliche Bezeichnungen hinaus. Danach besteht eine Ausschließungsbefugnis auch dann, wenn keine Gefahr von Verwechslungen im Sinne des § 18 Abs. 2 MarkenG besteht, soweit die Benutzung des verletzenden Zeichens die Unterscheidungskraft oder die Wertschätzung der geschäftlichen Bezeichnung ohne rechtfertigenden Grund in unlauterer Weise ausnutzt oder beeinträchtigt. Diese Bestimmung erfaßt mithin die im bisherigen Recht nicht gesetzlich geregelten Fälle der unerlaubten Anlehnung sowie der Verwässerung.

19. Vgl. BGH GRUR 1973, 375 ff. – Miss Petite; zum Verschulden vgl. die vorangehenden Ausführungen im Form. sowie Anm. 13.

20. Vgl. *Baumbach/Hefermehl* UWG Einl Rdn. 328; zur Haftung des Geschäftsführers einer GmbH: OLG Hamm GRUR 1980, 732 – Kadett 80; BGH GRUR 1986, 248 ff. – Sporthosen.

21. Wie Anm. 19 und Anm. 7.

22. Wie Anm. 19; zur Zulässigkeit der Schadenersatzfeststellungsklage vgl. auch Anm. 7 zu Form. II. L. 9.

23. Vgl. dazu schon RG GRUR 1937, 1090, 1093 für Warenzeichen. Ob auf Löschung der gesamten Firma oder lediglich des die Rechte des Klägers verletzenden Bestandteils zu klagen ist, ist eine Frage des Einzelfalles. Auf Löschung der gesamten Firma kann geklagt werden, wenn sich Erlaubtes und Unerlaubtes nicht trennen lassen, insbesondere der verbleibende Teil registerwidrig (vgl. BGH GRUR 1968, 212; RG GRUR 1927, 66; *Baumbach/Hefermehl* UWG, 17. Aufl. 1993 § 16 Rdn. 155) oder irreführend ist (vgl. zB. BGH GRUR 1970, 321 – für den Unterlassungsanspruch). Die Löschung der gesamten Firma ist ein weitergehender Eingriff in die Rechtsstellung des Schuldners als diejenige eines Firmenbestandteils, so daß regelmäßig nur die Löschung des unzulässigen Bestandteils beantragt werden wird (vgl. BGH GRUR 1974, 162/164 – etirex; GRUR 1981, 60, 64 – Sitex; *v. Gamm,* Wettbewerbsrecht, II. Halbbd., 5. Aufl. 1987, Kap. 57, Rdn. 49 und Kap. 55, Rdn. 17).

24. Zur Zuständigkeit des Gerichts vgl. Anm. 1 und Form. II. M. 18 Anm. 2.

21. Schadensersatzhöheklage wegen Markenverletzung[1]

An das
Landgericht
Kammer für Handelssachen[2]

Klage
der Firma A ......

– Klägerin –

Prozeßbevollmächtigter: Rechtsanwalt ......

gegen

1. die Firma B ...... GmbH ......
2. Herrn Geschäftsführer ......,

– Beklagte –

wegen Markenverletzung
Streitwert: DM ......
Namens und in Vollmacht der Klägerin erhebe ich Klage und werde beantragen,

I. die Beklagten zu verurteilen, an die Klägerin gesamtverbindlich DM ...... nebst 5% Zinsen seit Klagezustellung zu zahlen[3];

II. den Beklagten gesamtverbindlich die Kosten des Rechtsstreits aufzuerlegen;

III. das Urteil – gegebenenfalls gegen Sicherheitsleistung (Bank- oder Sparkassenbürgschaft) – für vorläufig vollstreckbar zu erklären;
hilfsweise der Klägerin nachzulassen, die Zwangsvollstreckung wegen der Kosten durch Sicherheitsleistung (Bank- oder Sparkassenbürgschaft) abzuwenden.

Begründung:

Es handelt sich um einen Prozeß über die Höhe eines Schadensersatzanspruchs. Die Parteien sind der angerufenen Kammer aus dem vorangegangenen Zeichenverletzungsprozeß gleichen Rubrums LG ...... Aktenzeichen ...... bekannt. Das Oberlandesgericht ...... hat durch Urteil vom ...... festgestellt, daß die Beklagten gesamtverbindlich verpflichtet sind, der Klägerin allen denjenigen Schaden zu ersetzen, der ihr dadurch entstanden ist, daß die Beklagten in der Bundesrepublik Deutschland einschließlich West-Berlin im geschäftlichen Verkehr unter der Kennzeichnung „Magnet" Möbel feilgehalten, in den Verkehr gebracht und vertrieben haben. Des weiteren sind die Beklagten durch vorstehend bezeichnetes Urteil zur Rechnungslegung verurteilt worden. Das Urteil des Oberlandesgerichts ...... ist rechtskräftig.

Beweis: Beiziehung der Akten des LG ...... = OLG ......

Die Beklagten haben für den Zeitraum ...... entsprechend ihrer durch Urteil festgestellten Verpflichtung Rechnung gelegt. Ich füge die in Rede stehende Rechnungslegung in Kopie als Anlage 1 bei. Daraus ergibt sich, daß die Beklagte zu 1) in der hier interessierenden Zeit mit den streitbefangenen Verletzungshandlungen einen Umsatz in Höhe von DM ...... erzielt hat. Des weiteren ergibt sich aus der Rechnungslegung gemäß Anlage 1, daß die Beklagte zu 1) in sehr hohem Umfang Werbung betrieben hat. Ihre Werbeaufwendungen haben DM ...... betragen.

Aus Vereinfachungsgründen wählt die Klägerin für die Berechnung ihres Schadens den Weg der Lizenzanalogie[4], wobei sie sich vorbehält, auf eine andere Schadensersatzberechnungsmethode überzugehen[5]. In Berücksichtigung der Meßmer-Tee-II-Entscheidung des Bundesgerichtshofs in GRUR 1966, 375 erscheint der Klägerin ein Lizenzsatz in Höhe von 1% vom Umsatz angemessen. Daraus errechnet sich die geltend gemachte Klageforderung. Daß ein Lizenzsatz von 1% angemessen ist, kann die angerufene Kammer gemäß § 287 ZPO im Wege freier Schadensschätzung unter Berücksichtigung der nachfolgend wiedergegebenen Umstände ohne weiteres selbst ermitteln. Im einzelnen[6]:

Die Höhe der geschuldeten Lizenzgebühr richtet sich in erster Linie nach dem Verkehrswert des verletzten Ausschließlichkeitsrechtes. Bei Marken sind daher maßgeblich der Bekanntheitsgrad und der Ruf des Zeichens. Hier ist festzustellen, daß es sich bei dem Klagekennzeichen um eine im Bewußtsein des allgemeinen Publikums fest verankerte und sehr bekannte Kennzeichnung handelt, die über einen ausgezeichneten Ruf verfügt. Zur Vermeidung von Wiederholungen verweise ich auf die Feststellungen der angerufenen Kammer sowie des Oberlandesgerichts ...... im vorangegangenen Verletzungsprozeß, wie sie in den Urteilen vom ...... und vom ...... festgehalten sind. Danach kann es als unstreitig gelten, daß die Klägerin ihr Klagezeichen seit 1974 mit jährlichen Werbeaufwendungen von mehr als DM 10 Mio. durch Werbeanzeigen in großen Publikumszeitschriften bekanntgemacht hat.

Des weiteren ist für die Höhe einer Zeichenlizenz von Bedeutung, welche Einbußen und Schädigungen der Zeicheninhaber durch die Verletzungshandlungen hinnehmen muß. Insoweit kommt es insbesondere auf das Maß der Verwechslungsgefahr und der Warennähe an. Das Zeichen der Beklagten ist mit demjenigen der Klägerin identisch. Des weiteren erfolgten die streitgegenständlichen Benutzungshandlungen der Beklagten auf dem gleichen Warengebiet; es besteht nicht nur Ähnlichkeit der Waren, sondern sogar Warenidentität.

Hält man sich sämtliche vorbezeichneten Umstände vor Augen, so ist davon auszugehen, daß eine Höhe von 1% der Umsatzerlöse als Schadensersatz angemessen ist. Im Falle einer freiwilligen Vereinbarung würde ein Zeicheninhaber die Schwächung des wirtschaftlichen Wertes seines Zeichens, insbesondere seiner Herkunftsfunktion in die Lizenzvereinbarung mit einfließen lassen, die dadurch begründet wird, daß ein selbständiger Dritter das Zeichen ebenfalls in identischer oder verwechselbarer Form benutzt, und es würde ein verständiger Lizenznehmer diesen Gesichtspunkt auch akzeptieren, so daß schon insoweit eine Mindestvergütung in Höhe von 1% angemessen erscheint.

Der geltend gemachte Zinsanspruch rechtfertigt sich im Hinblick auf den Zinslauf unter dem Gesichtspunkt der Rechtshängigkeit (§ 291 Satz 1 BGB), im Hinblick auf die Zinshöhe aufgrund der Tatsache, daß die Parteien Kaufleute sind (§ 352 Abs. 1 HGB analog).[3]

Rechtsanwalt

Anmerkungen

1. Das Formular ist inhaltlich an Form. II. M. 18 ausgerichtet. Ihm liegt der Sachverhalt zugrunde, daß die Beklagten in der Zwischenzeit Rechnung gelegt haben, auf deren Grundlage nunmehr ein bezifferter Schadensersatzanspruch geltend gemacht wird.

2. Zur Zuständigkeit vgl. Form. II. M. 18 Anm. 2.

3. Zur Zinshöhe vgl. § 288 Abs. 1 S. 2 BGB. § 352 Abs. 1 HGB findet keine unmittelbare Anwendung, da kein Handelsgeschäft den Grund der Forderung bildet, sondern es sich um eine unerlaubte Handlung handelt. Es kommt jedoch eine analoge Anwendung von § 352 HGB in Betracht. Dazu wird auf die nachfolgenden Ausführungen verwiesen, die sich insbesondere mit der Problematik der sog. aufgelaufenen Zinsen befassen, aber auch auf Rechtshängigkeitszinsen übertragen werden können (vgl. BGH GRUR 1982, 286/288 – Fersenabstützvorrichtung). Zum Zinslauf vgl. §§ 288, 291 BGB: im Regelfall lediglich Verzugs- oder Rechtshängigkeitszinsen. Es wird die Auffassung vertreten, der im Wege des Schadensersatzes zu Lizenzzahlungen Verpflichtete habe die von ihm geschuldeten Beträge schon zu Zeitpunkten vor Eintritt des Verzugs bzw. der Rechtshängigkeit zu verzinsen (vgl. LG München GRUR 1972, 424 – Krampfaderstrümpfe). OLG Düsseldorf wendet §§ 352, 353 HGB analog an und begründet dies mit der Erwägung, daß der Verletzer zwar nicht schlechter, aber eben auch nicht besser gestellt sein dürfe als ein vertraglicher Lizenznehmer; infolgedessen sei vom ersten Monat nach Abschluß eines Abrechnungsjahres die Schadensersatzlizenz zu verzinsen (vgl. OLG Düsseldorf GRUR 1981, 45/52 f. – Absatzhaltehebel). Auf Revision des Beklagten hat der Bundesgerichtshof diese praxisnahe Lösung des OLG Düsseldorf bestätigt (GRUR 1982, 286 – Fersenabstützvorrichtung), sogleich freilich dabei darauf hingewiesen, daß die Schlußfolgerung des OLG Düsseldorf auf dem Gebiet der Tatsachenfeststellung liege. Infolgedessen wird jeder Einzelfall darauf zu prüfen sein, ob vergleichbare Voraussetzungen, wie vom Oberlandesgericht Düsseldorf angenommen, vorliegen. Eine Erstattung von Auflaufzinsen durch den im Wege des Schadensersatzes oder des Bereicherungsausgleiches Lizenzpflichtigen wird regelmäßig dann in Betracht kommen, wenn es sich bei den Parteien um Kaufleute handelt und üblicherweise – gegebenenfalls durch Vorlage von Verträgen zu belegen – bei vertraglichen Lizenznahmen Fälligkeitszinsen für Lizenzzahlungen vereinbart werden. In einer weiteren Entscheidung – Kunststoffhohlprofil II – in GRUR 1982, 301 hat der Bundesgerichtshof eine Verpflichtung zur Erstattung von Auflaufzinsen – diesmal unter dem Gesichtspunkt des § 818 Abs. 2 BGB – bestätigt. Kommt auch eine Verpflichtung des Verletzers auf Zahlung aufgelaufener Zinsen in Betracht, so ist der jeweilige Zinszeitpunkt zu ermitteln (im konkreten Fall des OLG Düsseldorf, GRUR 1981, 45/53 linke Sp. – Absatzhalter: jeweils ab einen Monat nach Abschluß eines Abrechnungsjahres). Die Zinshöhe ist aaO. mit 5%

angenommen worden (zustimmend BGH GRUR 1982, 286/289 – Fersenabstützvorrichtung).

4. Zu den Berechnungsmethoden vgl. Form. II. M. 3 Anm. 8 und – für den Fall einer Zeichenverletzung – Form. II. M. 18 Anm. 9.

5. Zur Möglichkeit des Übergangs auf eine andere Berechnungsmethode noch im Laufe des Prozesses, selbst nach erteilter Auskunft vgl. BGH GRUR 1974, 53 – Nebelscheinwerfer; zuvor BGH GRUR 1966, 375/379 – Meßmer-Tee-II.

6. Die nachfolgende Begründung folgt dem Gedankengang der Meßmer-Tee-II-Entscheidung des Bundesgerichtshofes, GRUR 1966, 375 ff. Dabei bleibt ein Zweifel, ob diese Grundsätze auf das neue Markengesetz ohne weiteres zu übertragen sind.

22. Eintragungsbewilligungsklage[1]

An das
Landgericht
Kammer für Handelssachen[2]

Klage
der Firma A ......

– Klägerin –

Prozeßbevollmächtigter: RA ......

gegen

Firma B ......

– Beklagte –

wegen: Bewilligung der Eintragung eines Warenzeichens

Streitwert: vorläufig geschätzt: DM ......[3]

Namens und in Vollmacht der Klägerin erhebe ich Klage und werde beantragen,
1. die Beklagte zu verurteilen,
    gegenüber dem Deutschen Patentamt darin einzuwilligen, daß das unter dem Aktenzeichen M ...... Wz beim Deutschen Patentamt angemeldete Warenzeichen „Magnet" in die Zeichenrolle des Deutschen Patentamtes eingetragen wird[4];
2. der Beklagten die Kosten des Rechtsstreits aufzuerlegen[5];
3. das Urteil – gegebenenfalls gegen Sicherheitsleistung (Bank- oder Sparkassenbürgschaft) – für vorläufig vollstreckbar zu erklären;
    hilfsweise der Klägerin nachzulassen, die Zwangsvollstreckung gegen Sicherheitsleistung (Bank- oder Sparkassenbürgschaft) abzuwenden[5].
......[6].

Begründung:

I.

1. Die Klägerin ist ein 1973 gegründetes Unternehmen, das den Einzelhandel mit Möbeln betreibt. Sie verfügt über Zweigniederlassungen in insgesamt 12 Städten in der Bundesrepublik Deutschland, verteilt über das gesamte Bundesgebiet, und zwar in den Städten ...... Seit Beginn ihrer Tätigkeit hat die Klägerin als Firmenschlagwort die Kennzeichnung „Magnet" in den Vordergrund gestellt. Ich überreiche dazu als Anlage 1 entsprechende Benutzungsbeispiele, beginnend vom Jahr 1973 bis zum Zeitpunkt der Klageer-

hebung. Für die Richtigkeit des Vorgetragenen berufe ich mich ferner zum Beweis auf das

Zeugnis ......

2. Die Klägerin hat am 2. Januar 1995 die im Klageantrag 1 bezeichnete Markenanmeldung betreffend ihr Firmenschlagwort „Magnet" getätigt. Das Marken-/Dienstleistungsverzeichnis umfaßt die Waren „Möbel". Die Beklagte hat gegen die vorbezeichnete Zeichenanmeldung aus der Marke Nummer 840 366 „Magnet" Widerspruch erhoben. Das Widerspruchszeichen ist am 6. Oktober 1975 angemeldet und am 5. Februar 1976 eingetragen worden, und zwar für die Beklagte für die Waren „Glühlampen". Das Patentamt hat im Widerspruchsverfahren das Zeichen der Klägerin gelöscht[7]. Dieser Beschluß des Deutschen Patentamtes hat vor 3 Monaten, nämlich am ......, Rechtskraft erlangt[8].
3. Das Widerspruchszeichen ist wegen Nichtbenutzung löschungsreif. Des weiteren steht ihm das prioritätsältere Firmenrecht der Klägerin entgegen. Da die Beklagte nicht bereit ist, sich entsprechend der Rechtslage zu verhalten, ist Klage geboten. Mit ihr wird gemäß § 44 MarkenG der der Klägerin zustehende Anspruch auf Einwilligung in die Eintragung der angemeldeten Marke „Magnet" geltend gemacht.

II.

Die rechtliche Bewertung ergibt die Berechtigung des Klagebegehrens[9]:
1. Die Widerspruchsmarke „Magnet" ist löschungsreif, da sie seit mehr als 5 Jahren von der Beklagten nicht mehr benutzt worden ist. Zwar hat die Beklagte dem von der Klägerin angemeldeten Wortzeichen „Magnet" im Widerspruchsverfahren Benutzungsbeispiele des Widerspruchszeichens „Magnet" entgegengehalten und diese in Form der Überreichung von Prospektmaterialien glaubhaft gemacht. Die Beklagte hat jedoch verschwiegen, daß die in Rede stehenden Benutzungsbeispiele nicht von ihr selbst, sondern von einem Konkurrenzunternehmen stammen. Eine Rückfrage der Klägerin bei diesem Unternehmen hat ergeben, daß es die Bezeichnung „Magnet" zwar für Glühlampen benutzt, jedoch ohne Zustimmung der Beklagten (§ 26 Abs. 2 MarkenG).[10] Dementsprechend hätte der Widerspruch der Beklagten zurückgewiesen werden müssen (§ 43 Abs. 2 S. 2 MarkenG).[11]
2. Die Bezeichnung „Magnet" hat für den Geschäftsbetrieb der Klägerin Namensfunktion und ist somit Unternehmenskennzeichen im Sinne des § 5 Abs. 2 S. 1 MarkenG. Wie die Benutzungsbeispiele gemäß Anlage 1 zeigen, wird die in Rede stehende Kennzeichnung von der Klägerin neben ihrer Firma als eine besondere Kennzeichnung in sämtlichen Werbemitteln, öffentlichen Verlautbarungen, Preislisten usw. besonders herausgestellt. Das geschieht seit der Firmengründung. Die in Rede stehende Bezeichnung ist von Hause aus unterscheidungskräftig, so daß die Klägerin mit Aufnahme ihrer Benutzung im Jahre 1973 an dieser Kennzeichnung über eine Priorität verfügt (§ 5 Abs. 2 S. 1 MarkenG).[12] Damit ist die Klagekennzeichnung prioritätsälter als das Widerspruchszeichen der Beklagten. Als prioritätsälteres Zeichen setzt es sich gegenüber der Marke der Beklagten auch im Rahmen dieser Eintragungsbewilligung durch.

Ich zeige an, daß in diesem Rechtsstreit auch

Herr Patentanwalt[13]
......

mitwirkt.

Rechtsanwalt

Anmerkungen

1. Vgl. § 44 MarkenG.

2. Es handelt sich um eine Kennzeichenstreitsache im Sinne des § 140 Abs. 1 MarkenG. Zur Zuständigkeit vgl. im einzelnen Form. II. M. 18 Anm. 2.

3. Die Höhe des Streitwertes ist analog § 3 ZPO zu bestimmen. Maßgeblich ist das Interesse des Klägers an dem Erwerb der den Klagegrund bildenden Marke. Dieses Interesse erreicht größenordnungsmäßig die Streitwertangaben in Markenverletzungsprozessen (vgl. dazu Form. II. M. 18 Anm. 4).

4. Die Eintragungsbewilligungsklage ist Leistungsklage, gerichtet auf Abgabe einer Willenserklärung (§ 894 Abs. 1 ZPO). Sie findet ihre rechtliche Begründung in § 44 MarkenG. Darin werden besondere Zulässigkeitsvoraussetzungen für die Eintragungsbewilligungsklage aufgestellt. Der Anspruchsgrund selbst ist in § 44 MarkenG nicht geregelt. Zulässigkeitsvoraussetzungen für die Eintragungsbewilligungsklage sind nach dem Wortlaut des § 44 MarkenG:
— Es liegt ein Beschluß des Deutschen Patentamts vor, mit dem die angemeldete Marke gelöscht worden ist;
— der Beschluß des Patentamts ist unanfechtbar;
— die Eintragungsbewilligungsklage ist rechtzeitig, nämlich binnen einer Frist von 6 Monaten nach Unanfechtbarkeit der Entscheidung, mit der die Eintragung gelöscht worden ist, erhoben worden.

5. Die Nebenentscheidungen sind vom Gericht von Amts wegen zu treffen. Dennoch werden sie regelmäßig beantragt.

6. Im Falle der Anrufung der Zivilkammer ggf. Stellungnahme gemäß § 253 Abs. 3 ZPO.

7. Die Löschung der Eintragung ist für die Eintragungsbewilligungsklage Zulässigkeitsvoraussetzung (vgl. Anm. 4). Nach früherem Recht, nämlich im Hinblick auf die Eintragungsbewilligungsklage des § 6 Abs. 2 WZG a.F., entfalteten die Feststellungen des Patentamts (Bundespatentgerichts) in mehrfacher Hinsicht eine Bindungswirkung. Weder konnte geltend gemacht werden, das Patentamt bzw. Bundespatentgericht habe Warengleichartigkeit und/oder Verwechslungsgefahr zu Unrecht festgestellt, noch konnte eingewandt werden, es fehle an den Eintragungsvoraussetzungen (vgl. dazu *Baumbach/Hefermehl*, WZG, 12. Aufl. 1985, § 6 Rdn. 10). Ob diese Grundsätze auch uneingeschränkt für das MarkenG und die Eintragungsbewilligungsklage des § 44 MarkenG gelten, ist zur Zeit noch offen.

8. Die Einhaltung der 6-Monatsfrist nach Unanfechtbarkeit der Löschungsentscheidung ist Zulässigkeitsvoraussetzung gemäß § 44 Abs. 2 MarkenG.

9. Die frühere Unterscheidung, wonach eine Eintragungsbewilligungsklage auf zeichenrechtliche Gründe wie auch auf sachlichrechtliche Gründe gestützt werden konnte (vgl. dazu im einzelnen *Baumbach/Hefermehl*, WZG, 12. Aufl. 1985, § 6 Rdnrn. 11 und 12), hat für § 44 MarkenG weitgehend ihre Bedeutung verloren. Das MarkenG hat ein umfassendes Kennzeichenrecht geschaffen, so daß die bisherigen früheren „nicht zeichenrechtlichen" Gründe, wie z.B. sämtliche prioritätsälteren Rechte an geschäftlichen Bezeichnungen (§ 5 MarkenG) nunmehr Teil des umfassenderen Markenrechtes sind.

10. Der Wortlaut dieser Bestimmung dürfte die frühere Diskussion darüber, ob die Benutzung eines Zeichens durch einen Dritten ohne vorherige Einwilligung des Zeicheninhabers eine ausreichende Benutzung im Sinne der Bestimmungen des warenzeichenrechtlichen Benutzungszwanges darstellte (§§ 5 Abs. 7, 11 Abs. 1, Abs. 5 WZG a.F., vgl. u.a. *Schricker*, GRUR Int. 1969, 14 ff.; *Heisecke* WRP 1974, 308 ff.), beendet haben.

23. Urheberrechtsverletzungsklage

11. Neben der Eintragungsbewilligungsklage kann die Löschung eines verfallenen Zeichens gemäß §§ 49, 43 MarkenG durch Antrag beim Patentamt betrieben werden. Widerspricht allerdings der Inhaber der eingetragenen Marke der Löschung nach Mitteilung eines entsprechenden Antrags durch das Patentamt (§§ 53 Abs. 2 und 4 MarkenG), so ist – gegebenenfalls in Kombination mit einer Eintragungsbewilligungsklage – das Löschungsverfahren wegen Verfalls im Wege der Klage vor den ordentlichen Gerichten anhängig zu machen (§ 55 MarkenG).

12. Die im Formular zugrundegelegte Rechtsauffassung beruht auf dem Wortlaut des § 5 Abs. 2 MarkenG, der zwei verschiedene Tatbestände regelt. Zum einen sind in § 5 Abs. 2 S. 1 MarkenG die Unternehmenskennzeichen angesprochen, hinsichtlich deren gesagt wird, daß sie Zeichen sind, die im geschäftlichen Verkehr als Name, als Firma oder als besondere Bezeichnung eines Geschäftsbetriebes oder eines Unternehmens benutzt werden. Zum anderen befaßt sich § 5 Abs. 2 S. 2 MarkenG mit solchen Geschäftsabzeichen und sonstigen zur Unterscheidung des Geschäftsbetriebs von anderen Geschäftsbetrieben bestimmten Zeichen, „die innerhalb beteiligter Verkehrskreise als Kennzeichen des Geschäftsbetriebs gelten". Infolgedessen wird im Formular davon ausgegangen, daß Unternehmenskennzeichen nur solche sind, die von Hause aus unterscheidungskräftig sind und dementsprechend ab Benutzungsaufnahme Schutz genießen, wohingegen Geschäftsabzeichen und die sonstigen zur Unterscheidung des Geschäftsbetriebes bestimmten Zeichen im Sinne des § 5 Abs. 2 S. 2 MarkenG solche sind, die Schutz erst dann erhalten, sofern sie Verkehrsgeltung erworben haben. Die künftige Rechtsentwicklung bleibt abzuwarten.

13. Zur Mitwirkung eines Patentanwalts vgl. § 140 Abs. 5 MarkenG.

Kosten und Gebühren

Vgl. § 140 Abs. 2 und Abs. 3 MarkenG. Gegebenenfalls ermäßigter Streitwert. Vgl. ferner die Angaben zu „Kosten und Gebühren" bei Form. II. M. 18.

Urheberrecht

23. Urheberrechtsverletzungsklage[1]

**An das
Landgericht
Zivilkammer**[2]

Klage

der Frau ......

– Klägerin –

Prozeßbevollmächtigter: RA ......

gegen

1. die Firma Kunstvertrieb GmbH, ..., vertreten durch ihren Geschäftsführer, den Beklagten zu ......[2]
2. Herrn Geschäftsführer ......[3]

– Beklagte –

wegen Urheberrechtsverletzung

Streitwert: vorläufig geschätzt DM ......[4]

Namens und in Vollmacht der Klägerin erhebe ich Klage und werde beantragen,
  I. die Beklagten zu verurteilen,
      1. es bei Meidung ...... zu unterlassen[5], die nachfolgend wiedergegebene Figur „Sitzendes Mädchen" (folgt Abbildung)[6]
         herzustellen, feilzuhalten oder in den Verkehr zu bringen[7];
      2. der Klägerin Auskunft über die Herkunft und den Vertriebsweg der vorstehend zu I 1 beschriebenen Figur zu erteilen, insbesondere unter Angabe der Namen und Anschriften der Hersteller, der Lieferanten und deren Vorbesitzer, der gewerblichen Abnehmer oder Auftraggeber sowie unter Angabe der Menge der hergestellten, ausgelieferten, erhaltenen oder bestellten Vervielfältigungsstücke[8];
      3. der Klägerin über den Umfang[9] der vorstehend zu I 1 beschriebenen Handlungen Rechnung zu legen, und zwar unter Vorlage eines Verzeichnisses mit der Angabe der Herstellungsmengen und -zeiten sowie der einzelnen Lieferungen unter Nennung
          a) der Liefermengen, Lieferzeiten, Lieferpreise und Namen und Anschriften der Abnehmer,
          b) der Gestehungskosten unter Angabe der einzelnen Kostenfaktoren
          c) sowie des erzielten Gewinns
          und unter Angabe der einzelnen Angebote und der Werbung unter Nennung
          d) der Angebotszeiten und Angebotspreise sowie Namen und Anschriften der Angebotsempfänger,
          e) der einzelnen Werbeträger, deren Auflagenhöhe, Verbreitungszeitraum und Verbreitungsgebiet;
      4. die in unmittelbarem oder mittelbarem Besitz oder Eigentum der Beklagten befindlichen Vervielfältigungsstücke der Figur „Sitzendes Mädchen" zu vernichten;[10]
 II. festzustellen, daß die Beklagten gesamtverbindlich verpflichtet sind, der Klägerin allen Schaden zu erstatten, der ihr aus den vorstehend zu I 1 bezeichneten Handlungen der Beklagten entstanden ist und künftig noch entstehen wird[11];
III. der Klägerin die Befugnis zuzusprechen, nach Rechtskraft des Urteils dieses in der Zeitschrift X auf Kosten der Beklagten bekanntzumachen[12];
IV. ...... (Kosten) ......[13]
 V. ...... (vorläufige Vollstreckbarkeit) ......[13]
Es handelt sich um eine urheberrechtliche Streitigkeit, so daß die Übertragung auf den Einzelrichter nicht angezeigt erscheint[14].

Begründung:

I.

Die Klägerin ist die einzige Tochter des am 13. Juli 1983[15] verstorbenen Bildhauers ......, der schon zu seinen Lebzeiten mit seinen Werken große Anerkennung und Berühmtheit erlangt hat. Die Klägerin ist die Alleinerbin. Als Anlage 1 überreiche ich den auf sie lautenden Erbschein des Amtsgerichts ...... vom ......
Unter den nachgelassenen Werken des Bildhauers ...... befindet sich die Plastik „Sitzendes Mädchen". Diese Plastik ist auf mehreren Ausstellungen noch vor dem Tode des Bildhauers ...... gezeigt worden. Sie hat infolge ihrer gestalterischen Qualität großes Aufsehen beim allgemeinen Publikum wie auch insbesondere in der Fachwelt gefunden. Zahlreiche Artikel sind in internationalen Fachzeitschriften über diese Plastik veröffentlicht worden, in denen ihre besondere Ausdruckskraft hervorgehoben wird. Ich überreiche als Anlage 2 in Kopie ein Kompendium derartiger Veröffentlichungen, unter deren Verfasser sich so bekannte Namen wie ...... befinden.
Die Beklagte zu 1), deren alleiniger Geschäftsführer der Beklagte zu 2) ist, unterhält im Gerichtsbezirk eine Galerie, in der sie Werke der bildenden Kunst feilhält. Die Klägerin hatte den Beklagten auf deren Bitten das im Besitz der Klägerin befindliche Original der Plastik „Sitzendes Mädchen" für eine Ausstellung zur Verfügung gestellt. Sie hat von den

Beklagten nach Beendigung der Ausstellung die Plastik zwar zurückerhalten, jedoch zu ihrer Überraschung feststellen müssen, daß die Beklagte zu 1) sie plagiiert hat und davon Vervielfältigungsstücke, nämlich Nachgüsse, anbietet und vertreibt. Auf diesen Sachverhalt von der Klägerin unmittelbar angesprochen, haben die Beklagten sich dahingehend eingelassen, da der Vater der Klägerin als der Schöpfer des Werkes verstorben sei, sei es ihnen gestattet, das in Rede stehende Werk zu vertreiben. Insoweit bestehe ein Interesse der Allgemeinheit. Auf ihren Rechtsirrtum angesprochen, waren die Beklagten jedoch nicht bereit, ihre Urheberrechtsverletzungshandlungen einzustellen. Daher ist Klage geboten. Mit ihr werden die sich aus der Urheberrechtsverletzung der Beklagten ergebenden Ansprüche der Klägerin geltend gemacht.

II.

1. Der mit Klageantrag I 1 geltend gemachte Unterlassungsanspruch findet seine Grundlage in § 97 Abs. 1 Satz 1 UrhG[16].
Die Plastik „Sitzendes Mädchen" ist ein geschütztes Werk der bildenden Kunst gemäß § 2 Abs. 1 Nr. 4 UrhG in Verbindung mit § 2 Abs. 2 UrhG[17]. Der sich unmittelbar dem Auge mitteilende ästhetische Gehalt der Plastik weist einen hohen schöpferischen Eigentümlichkeitsgrad auf, der nach allen bisher bekannt gewordenen Stimmen der auf dem einschlägigen Gebiet vertrauten Verkehrskreise das in Rede stehende Werk als eine persönliche geistige Schöpfung ausweist, so daß ohne weiteres von seiner Urheberrechtsschutzfähigkeit auszugehen ist[18]. Ich verweise dazu auf die in Anlage 2 zusammengestellten Publikationen.
Die von den Beklagten hergestellten und vertriebenen Erzeugnisse stimmen unmittelbar mit dem Original der Plastik überein. Dementsprechend greifen die Beklagten mit der Herstellung und dem Vertrieb derartiger Erzeugnisse in die allein dem Urheberrechtsberechtigten vorbehaltenen Verwertungsrechte gemäß §§ 15 ff. UrhG ein, indem sie in unzulässiger Weise vervielfältigen (§ 16 Abs. 1 UrhG) und verbreiten (§ 17 Abs. 1 UrhG).
Die sich daraus ergebenden Ansprüche gerichtlich geltend zu machen, ist die Klägerin als die Erbin des Urhebers aktivlegitimiert[19]. Da unbestritten Vervielfältigungs- und Verbreitungshandlungen im Hinblick auf die Plagiate seitens der Beklagten stattgefunden haben, ist Wiederholungsgefahr gegeben und ist dementsprechend der mit Klageantrag I 1 geltend gemachte Unterlassungsanspruch gemäß § 97 Abs. 1 Satz 1 UrhG begründet.
Der mit Klageantrag I 2 geltend gemachte Auskunftsanspruch ist gemäß § 101a UrhG begründet[20].

2. Mit Klageanträgen I 2 und II werden die Ansprüche auf Rechnungslegung und Schadensersatzfeststellung geltend gemacht. Sie sind ebenfalls gemäß § 97 Abs. 1 Satz 1 UrhG begründet. Es kann seitens der Beklagten nicht geleugnet werden, daß der Klägerin als der Alleinverwertungsberechtigten am Urheberrecht im Hinblick auf die hier interessierende Plastik durch das Verhalten der Beklagten ein Schaden entstanden ist und künftighin entstehen wird[21]. Die Beklagten können auch nicht leugnen, mindestens grob fahrlässig-schuldhaft gehandelt zu haben. Seit Kenntnis des Bestehens der Urheberrechtsberechtigung der Klägerin handeln die Beklagten sogar vorsätzlich-schuldhaft[22].
Da die Klägerin den Umfang ihres Schadens nicht ohne nähere Rechnungslegung der Beklagten bestimmen kann, ist der mit Klageantrag I 2 geltend gemachte Rechnungslegungsanspruch infolge einer gewohnheitsrechtlichen Anwendung der Bestimmung des § 242 BGB begründet[23]. Das unverschuldete Unvermögen der Klägerin, ihren Schadensersatzanspruch zu beziffern, rechtfertigt auch die Zulässigkeit des Schadenersatzfeststellungsbegehrens.

3. Der mit Klageantrag I 3 geltend gemachte Vernichtungsanspruch findet seine Grundlage in § 98 Abs. 1 UrhG. Alle Vervielfältigungsstücke sind rechtswidrig, nämlich ohne Zu-

stimmung des Urheberrechtsberechtigten, hergestellt. Einer solchen Zustimmung hätte es jedoch bedurft, da das Urheberrecht an der hier interessierenden Plastik mit dem Tode des Urhebers entgegen der Auffassung der Beklagten nicht erloschen, sondern vielmehr auf die Klägerin übergegangen ist. Das Urheberrecht steht noch 70 Jahre nach dem Tode des Urhebers in Kraft[24]. Da die Beklagten mindestens grob-fahrlässig, wenn nicht gar vorsätzlich-schuldhaft gehandelt haben, ist die Vernichtung der bei ihnen vorhandenen Vervielfältigungsstücke auch das gebotene Mittel, um weiteren Urheberrechtsverletzungen vorzubeugen[25].
4. Da es sich um einen besonders krassen Fall einer Urheberrechtsverletzung handelt und da des weiteren eine erhebliche Verunsicherung interessierter Kunstkreise zu befürchten ist, ist der Klägerin die Veröffentlichung des Urteils zu gestatten[26].
5. Die rechtliche Verantwortlichkeit des Beklagten zu 2) ergibt sich aufgrund eigener Tätigkeit; diejenige der Beklagten zu 1) unter dem rechtlichen Gesichtspunkt der Organhaftung (§ 31 BGB analog) aufgrund der Zurechnung des Verhaltens der Beklagten zu 2).
6. Das angerufene Gericht ist zuständig, weil ......[27]

Rechtsanwalt

Schrifttum: Kommentare: *Von Gamm,* Urheberrechtsgesetz, 1968; *Fromm/Nordemann,* Urheberrecht, 8. Aufl. 1994; *Mestmäcker/Schulze,* Kommentar zum Deutschen Urheberrecht, Loseblatt (Stand: Juni 1994); *Möhring/Nicolini,* Urheberrechtsgesetz, 1970; *Nordemann/Vinck/Hertin,* Int. Urheberrecht und Leistungsschutzrecht der deutschsprachigen Länder unter Berücksichtigung auch der Staaten der Europäischen Gemeinschaft, 1977; *Schricker* (Herausgeber) UrhG, 1987.

Lehrbücher und Monografien: *Delp,* Das Recht des geistigen Schaffens, 1993; *Erdmann,* Neue höchstrichterliche Rechtsprechung zum Urheberrecht und Geschmacksmusterrecht, 1985 (RWS-Skript 152); *Gerstenberg,* Die Urheberrechte an Werken der Kunst, der Architektur und der Photographie, 1968; *Hubmann,* Urheber- und Verlagsrecht, 3. Aufl. 1974; *Locher,* Das Recht der bildenden Kunst, 1970; *Ulmer,* Urheber- und Verlagsrecht, 3. Aufl. 1980; *Schulze,* Meine Rechte als Urheber, Urheber- und Verlagsrecht, 1991.

Zur Urheberrechtsschutzfähigkeit von Computer-Software: *Brandi-Dohrn,* Zur Reichweite und Durchsetzung des urheberrechtlichen Softwareschutzes, GRUR 1985, 179 ff.; *von Gravenreuth,* Unterlassungsanspruch gegen Software-Kopierprogramme, GRUR 1985, 504 ff.; *Holländer,* Ist der Kauf eines Computerprogramms eine Vervielfältigung im Sinne von § 96 UrhG trotz § 20 UrhG? GRUR 1991, 421 f.; *Schulze,* Urheberrechtschutzfähigkeit von Computerprogrammen – geklärte Rechtsfrage oder bloße Illusion?, GRUR 1985, 997 ff.; *Wenzel,* Problematik des Schutzes von Computer-Programmen, GRUR 1991, 105 ff.; *Dreier,* Verletzung urheberrechtlich geschützter Software nach der Umsetzung der EG-Richtlinie, GRUR 1993, 781 ff.

Rechtsprechungshinweis: BGH GRUR 1985, 1041 ff. – Inkasso-Programm; GRUR 1991, 448 – Betriebssystem II.

Aufsätze: Wandtke, Auswirkungen des Einigungsvertrags auf das Urheberrecht in den neuen Bundesländern, GRUR 1991, 263 ff. *A. Nordemann,* Zur Problematik der Schutzfristen für Lichtbildwerke und Lichtbilder im vereinigten Deutschland, GRUR 1991, 418 f.

Anmerkungen

1. Urheberrechte und urheberrechtsverwandte Leistungsschutzrechte sind ungeprüfte Schutzrechte. Es empfiehlt sich daher jedenfalls, vor Einleitung gerichtlicher Schritte den Verletzer abzumahnen (zum Risiko einer Schutzrechtsverwarnung vgl. Form. II. M. 9

23. Urheberrechtsverletzungsklage II. M. 23

Anm. 1 und Form. II. M. 1 Anm. 1). Von dem Abdruck einer entsprechenden Abmahnung wird abgesehen, da im Formularbuch anderweitige Formulierungsvorschläge enthalten sind (vgl. Form. II. L. 1, II. M. 1, II. M. 2, II. M. 8 und II. M. 13). Die Konkretisierung der Verletzungshandlung in Urheberrechtsstreitigkeiten ergibt sich aus dem im Formular wiedergegebenen Unterlassungsantrag I 1.

2. Urheberrechtsstreitigkeiten gehören nicht vor die Kammern für Handelssachen, sondern vor die Zivilkammern. § 105 UrhG enthält eine Konzentrationsermächtigung. Dieser sind die Mehrheit der Bundesländer gefolgt. Dementsprechend bestehen bei ausgewählten Gerichten (Amts- und Landgerichte) Spezial-Abteilungen bzw. Spezial-Kammern. Auf die Übersicht bei *Fromm/Nordemann* § 105 Rdn. 1 wird verwiesen.
§ 104 UrhG enthält eine Rechtswegregelung.

3. Zur Erweiterung der Zugriffsmöglichkeit infolge der Ausdehnung der Klage auf Organe juristischer Personen vgl. Form. II. M. 3 Anm. 2. Die dort für den Patentverletzungsprozeß gemachten Aussagen gelten auch für Urheberrechtsverletzungsstreitigkeiten.

4. Zu den Bemessungsgrundsätzen für die Streitwertbestimmung vgl. Form. II. M. 3 Anm. 3. Zur Streitwertbemessung in Urheberrechtsverletzungsstreitigkeiten vgl. insbesondere auch *von Gamm* § 97 Rdn. 24.

5. Vgl. § 890 ZPO. Zur Formulierung der Strafandrohungsklausel s. Form. II. L. 3 Anm. 5.

6. Zur Einfügung von Abbildungen vgl. Form. II. M. 13 Anm. 16.

7. Diese Formulierung wird in der Praxis häufig benutzt. Sie entspricht nicht dem Sprachgebrauch des Urheberrechtsgesetzes. Alternativ kann entsprechend §§ 15 ff. UrhG formuliert werden „...... zu vervielfältigen oder zu vertreiben".

8. Vgl. § 101a UrhG, eingefügt durch das Produktpiraterigesetz vom 7. März 1990. Vgl. dazu Form. II. M. 1 Anm. 5 und 13. Zur Geltendmachung im Wege der einstweiligen Verfügung bei offensichtlicher Rechtsverletzung vgl. Form. II. M. 19.

9. Zum Rechnungslegungsanspruch vgl. Form. II. M. 1 Anm. 14 und II. M. 3 Anm. 10. Er ist auch im Urheberrecht allgemein anerkannt, vgl. statt vieler *Fromm/Nordemann* § 97 Anm. 27.
Da in dem dem Formular zugrundeliegenden Sachverhalt zwischen den Parteien kein Wettbewerbsverhältnis besteht, bedarf es auch keiner Einschränkung des Rechnungslegungsanspruches durch einen sogenannten Wirtschaftsprüfervorbehalt (vgl. dazu zB. Form. II. M. 1 Anm. 17).

10. Der Vernichtungsanspruch ist in § 98 UrhG geregelt. Zu Einzelheiten und zur Antragsformulierung vgl. Form. II. M. 19, insbesondere auch zur Geltendmachung im einstweiligen Verfügungsverfahren.

11. Zur Verbindung von Rechnungslegungs- und Schadensersatzfeststellungsbegehren vgl. Form. II. M. 3 Anm. 15. Das dort Ausgeführte gilt auch für Urheberrechtsverletzungsstreitigkeiten. Das Schadensersatzbegehren findet seine Grundlage in § 97 Abs. 1 S. 1 UrhG.
Es wird darauf aufmerksam gemacht, daß § 97 Abs. 2 UrhG – im Ausnahmefall – auch einen Anspruch auf Ersatz des *immateriellen* Schadens gewährt.

12. Vgl. § 103 UrhG. Gegenstand der Veröffentlichungsbefugnis ist nach dem Wortlaut des § 103 Abs. 1 S. 1 UrhG „das Urteil". Regelmäßig kommt jedoch nur eine Veröffentlichung des verfügenden Teils in Betracht. Art und Umfang der Veröffentlichung werden durch das Gericht bestimmt; dementsprechend brauchen die Einzelumstände der Veröffentlichung nicht näher beantragt zu werden; es steht dem Kläger freilich frei, Anregungen zu geben.

13. Die Nebenentscheidungen werden von Amts wegen getroffen; sie werden in der Praxis jedoch üblicherweise beantragt.

14. Stellungnahme gemäß § 253 Abs. 1 aE. ZPO.

15. Die Mitteilung des Sterbedatums eines Künstlers ist von Bedeutung für die Berechnung der Dauer des Urheberrechtsschutzes (vgl. dazu §§ 64 ff. UrhG). Gemäß § 64 Abs. 1 UrhG erlischt das Urheberrecht 70 Jahre nach dem Tode des Urhebers.

16. Die anspruchsbegründenden Voraussetzungen des § 97 Abs. 1 UrhG sind folgende:
– Es besteht ein Urheberrecht (oder ein urheberrechtsähnliches Leistungsschutzrecht, vgl. §§ 70 ff. UrhG);
– das geschützte Recht wird verletzt;
– die Verletzung ist widerrechtlich.

Sind die vorstehend wiedergegebenen Voraussetzungen gegeben, so besteht ein Anspruch auf Beseitigung der Beeinträchtigung;
besteht
Wiederholungsgefahr,
so ist gemäß § 97 Abs. 1 S. 1 UrhG ein Unterlassungsanspruch begründet. Handelt des weiteren der Verletzer
fahrlässig oder vorsätzlich,
so besteht ein Anspruch auf Schadensersatz (gemäß § 97 Abs. 1 S. 2 UrhG: auf Herausgabe des Verletzergewinns), einschließlich eines vorbereitenden Rechnungslegungsanspruchs.

Zur Geltendmachung der vorstehenden Ansprüche sind befugt:
– Der Inhaber des Urheberrechts;
– der Inhaber eines ausschließlichen Nutzungsrechtes gemäß § 31 Abs. 3 UrhG;
– im Wege der Prozeßstandschaft (im Hinblick auf den Unterlassungsanspruch, im übrigen infolge von Abtretung): der einfach Nutzungsberechtigte gemäß § 31 Abs. 2 UrhG.

17. Die Voraussetzungen für die Urheberrechtsschutzfähigkeit sind in § 2 UrhG geregelt. § 2 Abs. 1 zählt die schutzfähigen Werke auf, während § 2 Abs. 2 die Schutzvoraussetzungen festlegt (es muß sich um ein Werk handeln, das eine persönliche geistige Schöpfung darstellt). Zu den Einzelheiten dieser sehr schwierigen Materie vgl. die eingangs genannte Literatur und insbesondere die Ausführungen bei *von Gamm* § 2 Rdn. 1 ff., insbes. Rdn. 4 ff.

18. Sehen die beteiligten Verkehrskreise ein Werk als Kunstwerk an, so spricht dies für Urheberrechtsschutzfähigkeit; vgl. *von Gamm* § 2 Rdn. 16 mwN.

19. Zur Übertragbarkeit des Urheberrechts vgl. §§ 28 ff. UrhG. Das Urheberrecht ist gemäß § 28 Abs. 1 UrhG vererblich.

20. Vgl. oben Anm. 8.

21. Für die Begründetheit des Schadensersatzfeststellungsbegehrens genügt der Sachvortrag, daß ein Schadenseintritt wahrscheinlich ist. Vgl. dazu Form. II. M. 3. Anm. 33. Das dort für den Patentverletzungsprozeß Ausgeführte gilt auch für Urheberrechtsverletzungsstreitigkeiten. Zum immateriellen Schaden vgl. § 97 Abs. 2 UrhG.

22. Zum Verschulden vgl. § 97 Abs. 1 S. 1 UrhG.

23. Zur Anspruchsgrundlage betreffend das Rechnungslegungsbegehren vgl. *Fromm/Nordemann*, § 97 UrhG, Rdn. 27, ferner Form. II. M. 1 Anm. 14.

24. Zur Dauer des Urheberrechtes vgl. §§ 64 ff. UrhG.

25. Vgl. die anspruchshindernden Ausnahmen gemäß § 101 UrhG; weitere Einschränkungen des Anspruchs enthalten Absätze 3 und 4 des § 98 UrhG.

26. Vgl. Anm. 11. § 103 Abs. 3 UrhG regelt des weiteren einen Anspruch auf Vorauszahlung der Kosten der Veröffentlichung.

27. Zur Zuständigkeit gelten die allgemeinen Regelungen. Zu beachten ist § 105 UrhG.

Kosten und Gebühren

Es gelten die allgemeinen Grundsätze mit folgenden Besonderheiten für Urheberrechtsstreitsachen:

Gemäß § 105 UrhG sind die Mehrkosten, die einer Partei dadurch erwachsen, daß sie sich durch einen bei ihrem „Heimatgericht" (vgl. § 105 Abs. 4 UrhG) und nicht beim Prozeßgericht zugelassenen Rechtsanwalt vertreten läßt, nicht zu erstatten.

N. Presserecht

Schrifttum: Damm/Kuner, Widerruf, Unterlassung und Schadensersatz in Presse und Rundfunk 1991; *Löffler,* Presserecht, 4. Aufl. 1995; *Löffler/Ricker,* Handbuch des Presserechts, 3. Aufl. 1994; *Seitz/Schmidt/Schoener,* Der Gegendarstellungsanspruch in Presse, Film, Funk und Fernsehen, 2. Aufl. 1990; *Soehring,* Das Recht der journalistischen Praxis, 1990; *Wenzel,* Das Recht der Wort- und Bildberichterstattung, 4. Aufl. 1994.

1. Gegendarstellung

Überschrift[1]

In der XY-Zeitung[2], Ausgabe Nr. ......, vom ......[3], ist auf Seite ...... ein Beitrag unter der Überschrift ...... enthalten, der unrichtige Behauptungen[4] enthält, die ich wie folgt richtigstelle[5].
a)[6] Unwahr ist ......
    Wahr ist ......
b)[6] Unrichtig ist die Behauptung ......
    Richtig ist ......
c)[6] Zu der Behauptung ...... ist zu ergänzen ......

......, den ....[7/8]
                                                                                             Unterschrift

Anmerkungen

1. Die Überschrift kann entweder nur aus dem Wort ‚Gegendarstellung' bestehen oder sie kann auch sachlichen Inhalt haben. Dabei kann sie entweder lauten „Gegendarstellung zum ...... -Bericht", oder sie kann den Inhalt der Gegendarstellung zusammenfassend vorwegnehmen oder eine Verneinung der Schlagzeile in der Erstmitteilung sein.

2. Rechtsgrundlagen: § 11 der Landespressegesetze, in Bayern, Berlin, Hessen, Mecklenburg-Vorpommern, Sachsen und Sachsen-Anhalt jeweils § 10, in Brandenburg § 12.
Gegendarstellungen gegenüber Funk und Fernsehen sind teilweise in den Rundfunk- und Mediengesetzen der Länder, für den SFB im Berliner Landespressegesetz, für den Südwestfunk, für den Mitteldeutschen und den Norddeutschen Rundfunk, für das Zweite Deutsche Fernsehen und für den privaten Rundfunk in Berlin und Brandenburg in den dazu abgeschlossenen Staatsverträgen geregelt, für Bildschirmtext im Btx-Staatsvertrag. Näheres bei *Löffler/Sedelmeier* § 11 Rdn. 2 und 243 ff.; *Wenzel* Rdn. 11.253 ff. Normen nach dem Stand von 1990 abgedruckt bei *Seitz/Schmidt/Schoener* Anhang I.

3. Die Gegendarstellung muß – außer in Bayern – unverzüglich, spätestens innerhalb von 3 Monaten (Hessen nur unverzüglich) dem Verpflichteten zugeleitet werden. In Bayern gilt die Aktualitätsgrenze (OLG München AfP 90, 311).

4. Eine Gegendarstellung ist immer nur gegenüber Tatsachenbehauptungen in der Erstmitteilung, nicht gegenüber Meinungsäußerungen zulässig (vgl. *Löffler/Sedelmeier* § 11 Rdn. 88 ff).

5. Es darf nur mit Gegentatsachen, die im Bezug zu den in der Erstmitteilung enthaltenen Tatsachen stehen, oder für die zutreffende Unterrichtung der Leser notwendigen

Ergänzungen entgegnet werden. Im einzelnen vgl. *Löffler/Sedelmeier* § 11 Rdn. 120 ff.; *Wenzel* Rdn. 11.85 ff.

6. Die gewählten Formulierungen sind sämtlich zulässig. Zweckmäßig bei Geschehenem und bei Zuständen wahr und unwahr, bei wertenden Tatsachenbehauptungen richtig und falsch, bei Ergänzungen die Formulierung unter c).

7. Die Unterzeichnung muß durch den Betroffenen oder seinen gesetzlichen Vertreter erfolgen in Baden-Württemberg, Brandenburg, Hamburg, Mecklenburg-Vorpommern, Nordrhein-Westfalen, Rheinland-Pfalz, Saarland, Sachsen und Schleswig-Holstein. Bayern fordert Unterzeichnung durch den Einsender, Hessen und Thüringen durch den Betroffenen, was in der Sache nichts ändert. Berlin, Bremen, Niedersachsen und Sachsen-Anhalt fordern lediglich Schriftform. Dort wird rechtsgeschäftliche Vertretung als zulässig angesehen. In den anderen Ländern ist rechtsgeschäftliche Vertretung ausgeschlossen, was insbesondere bei Gesellschaften und Vereinen beachtet werden muß. Hier genügt nicht Unterzeichnung durch den zuständigen Prokuristen oder Abteilungsleiter, sondern es muß jeweils der gesetzliche oder satzungsmäßige gesetzliche Vertreter unterzeichnen (vgl. *Löffler/ Sedelmeier* § 11 Rdn. 142 ff.).

8. Unterzeichnung muß handschriftlich erfolgen, Übermittlung per Telex oder Telefax nach h.M. nicht zulässig (*Löffler/Sedelmeier* § 11 Rdn. 145, OLG Hamburg NJW 90, 1613, str.; aA. f. Telefax OLG München NJW 90, 2895, KG AfP 93, 748, OLG Saarbrücken AfP 92, 287).

2. Aufforderungsschreiben zum Abdruck einer Gegendarstellung

Sehr geehrte Damen und Herren[1],

in der Anlage übersende ich eine Gegendarstellung des Herrn/der Frau A. zu Ihrem Bericht in der XY-Zeitung vom ...... auf Seite ...... unter der Überschrift ...... mit der Aufforderung, die Gegendarstellung in der nächsten für den Druck noch nicht abgeschlossenen Ausgabe der Zeitung entsprechend der Vorschrift des § 11 LPG[2] zu veröffentlichen. Ich habe Sie ferner aufzufordern, die Gegendarstellung im Inhaltsverzeichnis unter der Rubrik ...... anzukündigen[3].

Mit vorzüglicher Hochachtung

Unterschrift[4/5]

Anmerkungen

1. Verpflichtet zum Abdruck einer Gegendarstellung sind der Verleger und der verantwortliche Redakteur (Begriff vgl. *Löffler/Sedelmeier* § 9 Rdn. 17 ff.; *Löffler/Ricker* S. 78 ff.; *Wenzel* Rdn. 11.80), nicht der Verfasser, (zur Ausstrahlung in Funk und Fernsehen die Anstalt oder der Veranstalter bzw. Anbieter). Es genügt, die Gegendarstellung an die Zeitung als solche zu richten. Dies ist aber nur dann zu empfehlen, wenn der verantwortliche Redakteur oder der Verleger nicht ohne weiteres zu ermitteln ist.

2. S. Form. II. N. 1 Anm. 2.

3. Wenn die Erstmitteilung im Inhaltsverzeichnis angekündigt war, kann auch die Ankündigung der Gegendarstellung im Inhaltsverzeichnis verlangt werden (*Löffler/Sedelmeier* § 11 Rdn. 176, OLG Hamburg ArchPR 1974, 113 und 1975, 44). Zurückhaltender OLG München ArchPR 1974, 112 für den Fall, daß das Inhaltsverzeichnis nicht vollstän-

dig ist und die Gegendarstellung sich nur gegen einen verhältnismäßig kurzen Abschnitt eines ausführlichen Berichts wendet.

4. Im Gegensatz zur Gegendarstellung selbst ist beim Aufforderungsschreiben gewillkürte Stellvertretung zulässig.

5. Kosten sind nach den LPG nicht zu erstatten. Kostenerstattung nur, wenn die Erstmitteilung die Voraussetzungen der §§ 823, 824, 826 BGB erfüllt oder bei Verzug nach § 284 BGB.

3. Ablehnung der Veröffentlichung einer Gegendarstellung

Sehr geehrte(r) Frau ....../Herr ......

Wir bestätigen den Eingang Ihres Schreibens vom ......, mit dem Sie die Veröffentlichung der beigefügten Gegendarstellung fordern. Wir sind zur Veröffentlichung der Gegendarstellung nicht bereit, da sie nicht den Anforderungen des Landespressegesetzes entspricht.

Mit vorzüglicher Hochachtung

Unterschrift

Anmerkung

Teilweise wird in der Rechtsprechung qualifizierte Ablehnung verlangt, um den Einwand der fehlenden Unverzüglichkeit zu erhalten und bei Änderung der Gegendarstellung Prozeßkostenpflicht zu vermeiden. Näheres bei *Löffler/Sedelmeier* § 11 Rdn. 182 ff. u. *Wenzel* Rdn. 11. 197 ff. Bei qualifizierter Ablehnung muß angegeben werden, aus welchem Grund der Abdruck verweigert wird (OLG Stuttgart AfP 1979, 363).

4. Antrag auf Anordnung der Veröffentlichung einer Gegendarstellung

An das
Landgericht[1] (Amtsgericht)

Antrag gem. § 11 Landespressegesetz[2]

des ......   (Antragstellers)

Prozeßbevollm.: RA ......

gegen

1. den Verleger[3] ......
2. den verantwortlichen Redakteur ......

(Antragsgegner)

wegen Veröffentlichung einer Gegendarstellung.

Vorläufiger Streitwert: DM 15.000,–[4]

Namens und in Vollmacht des Antragstellers bitte ich unter Abkürzung der Einlassungs- und Ladungsfrist um Anberaumung eines möglichst nahen Termins zur mündlichen Verhandlung (vor der Kammer)[5], in dem ich den Antrag stellen werde, wie folgt zu erkennen:

4. Antrag auf Anordnung der Veröffentlichung einer Gegendarstellung   II. N. 4

1. Den Antragsgegnern als Gesamtschuldnern wird aufgegeben, in der nächsten für den Druck noch nicht abgeschlossenen Ausgabe der Zeitung ...... im Teil[6] ...... unter Ankündigung im Inhaltsverzeichnis[7] mit gleicher Schrift wie die Erstmitteilung ohne Einschaltungen und Weglassungen die nachfolgende Gegendarstellung zu veröffentlichen:

....

2. Die Antragsgegner haben als Gesamtschuldner die Kosten des Verfahrens zu tragen.

Begründung:

Der Antragsteller ist Betroffener der folgenden in der XY-Zeitung[8] Nr. ...... vom ...... auf Seite ...... unter der Überschrift ...... aufgestellten Behauptung ......

....

– Anlage 1 –

Der Antragsgegner zu 1 ist Verleger, der Antragsgegner zu 2 verantwortlicher Redakteur der Zeitung.

Der Antragsteller hat mit Aufforderungsschreiben[9] vom ...... (Anlage 2) die Veröffentlichung der in Anlage 3 beigefügten Gegendarstellung[10] gefordert.

Die Antragsgegner haben den Abdruck grundlos verweigert[11].

Die Ankündigung im Inhaltsverzeichnis hat zu erfolgen, weil auch die Erstmitteilung im Inhaltsverzeichnis angekündigt war und das Inhaltsverzeichnis den Inhalt der Zeitung vollständig erfaßt[7].

Anlagen   Rechtsanwalt

Anmerkungen

1. Bis 10.000,– DM Streitwert Amtsgericht, ab 10.001,– DM Landgericht.

2. In Hessen, Mecklenburg-Vorpommern, Sachsen-Anhalt und Berlin § 10 LPG, in Brandenburg § 12, in Bayern und Sachsen Antrag auf Erlaß einer einstweiligen Verfügung, wobei es einer gesonderten Begründung der Dringlichkeit nicht bedarf. Hauptverfahren in Baden-Württemberg, Berlin, Brandenburg, Bremen, Nordrhein-Westfalen, Saarland und Schleswig-Holstein ausgeschlossen. In Niedersachsen, Rheinland-Pfalz, Sachsen-Anhalt und Thüringen findet § 926 ZPO keine Anwendung. In Hessen, Hamburg und Mecklenburg-Vorpommern keine ausdrückliche gesetzliche Regelung. In Bayern und Sachsen ordentliches Klageverfahren wahlweise anstatt (nicht aber neben) dem Verfügungsverfahren zulässig (s. *Löffler/Sedelmeier* § 11 Rdn. 187).

3. S. Form. II. N. 2 Anm. 1.

4. Streitwert von mehr als DM 10.000,– zur Begründung der LG-Zuständigkeit dürfte für durchschnittliche Verfahren angemessen sein, ansonsten Streitwerte nach der Erfahrung im Rahmen zwischen etwa DM 5.000,– bis DM 50.000,–.

5. Anordnung ohne mündliche Verhandlung zulässig, aber wegen der Vielzahl der möglichen Einwendungen und der sofortigen Vollstreckbarkeit unzweckmäßig und unüblich (vgl. *Löffler/Sedelmeier* § 11 Rdn. 205), anders in ständiger Praxis LG Hamburg mit Billigung des Hanseatischen Oberlandesgerichts (OLG Hamburg AfP 1978, 25; 1979, 349; 1979, 361; 1980, 210; 1981, 408).

6. ZB. Wirtschaftsteil, Lokalteil, evtl. auch Theaterseite und in besonderen Fällen auch die Titelseite (*Löffler/Sedelmeier* § 11 Rdn. 174).

7. S. Form. II. N. 2 Anm. 3.

8. Bzw. andere periodische Druckschriften, s. § 7 LPG, Bayern, Berlin, Mecklenburg-Vorpommern, Sachsen, Sachsen-Anhalt und Thüringen § 6 LPG, Hessen § 4 LPG oder Rundfunk und Fernsehen s. Form. II. N. 1 Anm. 2.

9. Form. II. N. 2.

10. Form. II. N. 1.

11. Alternativ: Die Antragsgegner haben den Abdruck mit der Begründung verweigert ...... Die Verweigerung ist unbegründet, weil ......

5. Antrag auf Abweisung eines Antrags auf Veröffentlichung einer Gegendarstellung

An das
Landgericht (Amtsgericht)

In Sachen

..../.   ......

zeigen wir an, daß wir den Antragsgegner vertreten.

Wir werden den Antrag stellen,

den Antrag kostenpflichtig zurückzuweisen.

Begründung[1]:

1. a) Der Antragsgegner ist nicht passivlegitimiert, weil er weder Verleger noch verantwortlicher Redakteur ist[2].
   b) der Antragsteller ist nicht aktivlegitimiert, weil er durch die streitgegenständliche Veröffentlichung nicht betroffen ist.
   c) Der Antragsgegner ist nicht gegendarstellungspflichtig, weil die Erstmitteilung nicht in einem periodischen Druckwerk erschienen ist.
   d) Die Verpflichtung zum Abdruck einer Gegendarstellung besteht nicht, weil die Erstmitteilung in einer Anzeige enthalten war, die ausschließlich dem geschäftlichen Verkehr dient[3].
   e) Eine Verpflichtung zur Veröffentlichung der Gegendarstellung besteht nicht, weil die Erstmitteilung ein wahrheitsgetreuer Bericht über eine öffentliche Sitzung eines gesetzgebenden oder beschließenden Organs bzw. eines Gerichts war.[4]

2. Die Gegendarstellung entspricht nach Form und Inhalt nicht § 11 LPG:
   a) Die Gegendarstellung ist nicht fristgemäß verlangt worden[5].
   b) Die Gegendarstellung ist vom Betroffenen (alt. vom gesetzlichen Vertreter des Betroffenen) nicht eigenhändig handschriftlich unterzeichnet[6].
   c) Die Gegendarstellung bezieht sich nicht auf Tatsachenbehauptungen in der Erstmitteilung, sondern auf Meinungsäußerungen.
   d) Die Gegendarstellung besteht ihrerseits nicht aus tatsächlichen Behauptungen, sondern aus Meinungsäußerungen.
   e) Zwischen der Gegendarstellung und der Behauptung in der Erstmitteilung, an die sie anknüpft, besteht kein innerer Bezug.

3. Die Gegendarstellung braucht nicht veröffentlicht zu werden, weil
   a) sie strafbaren Inhalt hat ......
   b) sie unangemessen lang ist ......
   c) an ihrer Veröffentlichung kein berechtigtes Interesse besteht, weil ......

Rechtsanwalt

Anmerkungen

1. In der Antragsbeantwortung sind die wesentlichen und häufigsten Einwendungen gegen die Verpflichtung zum Abdruck einer Gegendarstellung kumulativ zusammengefaßt. Selbstverständlich sind nur die zutreffenden Einwendungen unter Aufführung der tatsächlichen Umstände vorzutragen. Unerheblich ist bloße Unwahrheit der Gegendarstellung.

2. Siehe Form. II. N. 2 Anm. 1.

3. Zu den Besonderheiten in Bayern, Hamburg, Hessen, Mecklenburg-Vorpommern und Schleswig-Holstein s. *Löffler/Sedelmeier* § 11 Rdn. 71 und *Seitz/Schmidt/Schoener* Rdn. 281.

4. Gilt in Bayern nicht für Gerichtsberichte (s. *Löffler/Sedelmeier* § 11 Rdn. 73).

5. Zur unverzüglichen Zuleitung *Löffler/Sedelmeier* § 11 Rdn. 151 ff. u. OLG Hamburg AfP 1981, 408 u. AfP 1981, 410.

6. S. Form. II. N. 1 Anm. 7 u. 8.

6. Unterlassungsanspruch – vorprozessuale Abmahnung

Sehr geehrte Damen und Herren[1],

A.[2] hat mich mit der Wahrnehmung seiner (ihrer) Interessen beauftragt.

In der XY-Zeitung[3] Nr. ...... vom ...... auf Seite ...... haben Sie unter der Überschrift ...... über A. folgendes behauptet:

....

Die Behauptung ist rechtswidrig. Sie ist geeignet, A. in seiner (ihrer) persönlichen Ehre[4] zu verletzen und zudem unwahr[5].

Ich habe Sie aufzufordern, bei Vermeidung gerichtlicher Schritte die in der Anlage beigefügte Verpflichtungserklärung[6] postwendend unterzeichnet zurückzusenden. Dem Eingang der Erklärung sehe ich bis ...... entgegen.

Mit vorzüglicher Hochachtung

Unterschrift

Anmerkungen

1. Anspruchsverpflichtet sind der Behauptende und der Verbreiter ohne Rücksicht auf Verschulden, also insbesondere der Verfasser, der Herausgeber, der Verleger, der zuständige Ressortredakteur, u. U. der Chefredakteur (str. s. *Damm/Kuner* Rdn. 224, *Löffler/Steffen* § 6 Rdn. 227, *Soehring* Rdn. 21.5, *Wenzel* Rdn. 12.58), ggf. auch der Drucker, nicht der verantwortliche Redakteur als solcher (vgl. BGH NJW 1974, 1762 und 1977, 626; ferner *Damm/Kuner* Rdn. 226, *Löffler/Sedelmeier* § 9 Rdn. 38 ff., *Löffler/Steffen* § 6 Rdn. 226, *Soehring* Rdn. 21.8, *Wenzel* Rdn. 12.57).

2. Anspruchsberechtigt ist, wer durch eine Behauptung betroffen und erkennbar, nicht notwendigerweise namentlich genannt ist.

3. Alternativ: Jede Art von Druckschriften, also auch Zeitschriften, Bücher, ferner Funk- und Fernsehsendungen.

4. Alternativ: in seinem allgemeinen oder besonderen Persönlichkeitsrecht, in seinem wirtschaftlichen Ruf, in seinem Kredit.

5. Bei Meinungsäußerungen Unterlassungsanspruch nur gegenüber der sog. Schmähkritik (BGH LM Art. 5 GG Nr. 40 – Halsabschneider, *Löffler/Steffen* § 6 Rdn. 262), gegenüber wahren Tatsachenbehauptungen nur soweit der Betroffene in sonstigen Rechten verletzt ist, insbesondere im allgemeinen Persönlichkeitsrecht, also vor allem bei Berichten aus der Privat-, Geheim- oder Intimsphäre.

6. Form. II. N. 7.

7. Unterlassungsanspruch – Verpflichtungserklärung

B. verpflichtet sich hiermit gegenüber A., es bei Vermeidung einer Konventionalstrafe[1] in Höhe von DM ......[2] für jeden Fall der Zuwiderhandlung unter Ausschluß des Fortsetzungszusammenhanges[3] zu unterlassen, wörtlich oder sinngemäß[4] die Behauptung aufzustellen und/oder zu verbreiten

....

B. verpflichtet sich ferner, die A. durch die Inanspruchnahme der Rechtsanwälte ...... entstandenen Kosten aus einem Gegenstandswert von DM ...... zu erstatten.

......, den ......   Unterschrift

Anmerkungen

1. Für die Ausräumung der Begehungs- bzw. Wiederholungsgefahr ist regelmäßig eine strafbewehrte Unterlassungserklärung erforderlich.

2. Höhe je nach Bedeutung des Falles, Größenordnung in durchschnittlichen Fällen ab DM 10 100,– (LG-Zuständigkeit).

3. Zweckmäßig, vgl. BGHZ 33, 163: Auch bei einem „für jeden Fall der Zuwiderhandlung" gegen eine Unterlassungspflicht abgegebenen Strafversprechen ist, sofern die Auslegung nichts Gegenteiliges ergibt, eine Zusammenfassung mehrerer gleichartiger Einzelhandlungen zu einem Fall der Zuwiderhandlung möglich.

4. Bei tatsächlichen Behauptungen. Meinungsäußerungen, die nur wegen ihrer Form unzulässig sind, können nicht sinngemäß verboten werden, vgl. BVerfG AfP 1976, 115; *Wenzel* Rdn. 12. 78 ff.

8. Unterlassungsverfügung

An das
Landgericht[1] (Amtsgericht)

Antrag auf Erlaß einer einstweiligen Verfügung

des ......

– Antragstellers –

Prozeßbevollm.: ......

gegen

den Verleger[2] ......

– Antragsgegner –

wegen Unterlassung.

Vorläufiger Streitwert: DM ......[3]

Namens und in Vollmacht des Antragstellers beantragen wir – der äußersten Dringlichkeit des Falles halber ohne mündliche Verhandlung und durch den (die) Kammervorsitzende(n)[4] – im Wege der einstweiligen Verfügung folgendes anzuordnen:

1. Der Antragsgegner hat es bei Vermeidung von Ordnungsgeld bis zu DM 500.000,–, ersatzweise Ordnungshaft oder Ordnungshaft bis zu sechs Monaten zu unterlassen, wörtlich oder sinngemäß[5] die Behauptung aufzustellen und/oder zu verbreiten ......
2. Der Antragsgegner hat die Kosten des Verfahrens zu tragen.

Begründung:

Der Antragsgegner ist Verleger der in ...... erscheinenden XY-Zeitung[6].

In der Ausgabe Nr. ...... vom ...... dieser Zeitung ist über den Antragsteller folgendes behauptet worden: ......

Glaubhaftmachung: XY-Zeitung, Ausgabe Nr. ...... vom ......

– Anlage –

Die Behauptung ist geeignet, den Antragsteller in seiner Ehre zu verletzen[7].

Die Behauptung ist zudem unwahr[8]. ......[9]

Glaubhaftmachung: eidesstattliche Versicherung des ......
......

– Anlage –

Der Unterzeichnete hat namens des Antragstellers den Antragsgegner mit dem in der Anlage beigefügten Anwaltsschreiben vom ...... abgemahnt[10].

– Anlage –

Der Antragsgegner hat es, wie aus der

– Anlage –

ersichtlich, abgelehnt, die ihm mit der Abmahnung übersandte Verpflichtungserklärung[11] unterzeichnet zurückzusenden.[12] Wiederholungsgefahr ist deshalb gegeben.[13]

Die außerordentliche Dringlichkeit für den Erlaß der einstweiligen Verfügung ohne mündliche Verhandlung durch den (die) Kammervorsitzende(n) ergibt sich aus der Natur der Sache, da eine Wiederholung der Behauptung zu jedem Zeitpunkt erfolgen kann. Darüber hinaus ergibt sich die außergewöhnliche Dringlichkeit aus folgenden Umständen: ......

Für den Fall, daß über diesen Antrag nicht ohne mündliche Verhandlung entschieden werden sollte, bitten wir, unter Abkürzung der Einlassungs- und Ladungsfrist möglichst nahen Termin zur mündlichen Verhandlung vor der Kammer zu bestimmen[4].
Der Gerichtsstand ...... ist gegeben, da die XY-Zeitung auch in ...... verbreitet wird[14].

Rechtsanwalt

Anmerkungen

1. Streitwert bis DM 10.000,– Amtsgericht, ab 10.001 DM Landgericht.

2. S. Form. II. N. 6 Anm. 1.

3. Streitwert bei Angelegenheiten von mittlerer Bedeutung über DM 10000,–, so daß Zuständigkeit des Amtsgerichts kaum praktisch werden dürfte.

4. Alternativ: ... unter Abkürzung der Einlassungs- und Ladungsfrist möglichst nahen Termin zur mündlichen Verhandlung zu bestimmen, in dem wir den Antrag stellen werden", vgl. Hilfsantrag am Schluß der Begründung.

5. S. Form. II. N. 7 Anm. 4.

6. Bzw. anderer periodischer oder nicht periodischer Druckerzeugnisse, evtl. auch Rundfunk- oder Fernsehanstalt, Verfasser von Rundschreiben etc.

7. Alternativ: in seinem allgemeinen oder einem besonderen Persönlichkeitsrecht zu verletzen, in seinem wirtschaftlichen Ruf zu verletzen, in seinem Recht am eingerichteten und ausgeübten Gewerbebetrieb zu verletzen, erforderlichenfalls nähere Darlegung.

8. Unwahrheit nicht erforderlich bei Verletzung besonderer Persönlichkeitsrechte oder bei Verletzung des allgemeinen Persönlichkeitsrechts durch Eindringen in die Geheim- oder Intimsphäre. Bei Unterlassungsansprüchen gegenüber unzulässigen Meinungsäußerungen (Schmähkritik – BGH LM Art. 5 GG Nr. 40 – Halsabschneider) kommt Unwahrheit nicht in Betracht.

9. Schilderung des Sachverhalts unter Angabe geeigneter Mittel zur Glaubhaftmachung erforderlich.

10. Form. II. N. 6.

11. Form. II. N. 7.

12. Alternativ: „Der Antragsgegner hat innerhalb der ihm gesetzten angemessenen Frist auf das Abmahnschreiben nicht geantwortet."

13. S. Form. II. N. 7 Anm. 1.

14. Gerichtsstand neben dem Verlags- oder Erscheinungsort jeder Ort, an dem die Druckschrift verbreitet wird: § 32 ZPO.

9. Zwangsvollstreckung

An das
Landgericht (Amtsgericht)

Antrag gemäß § 890 ZPO

In Sachen

....

beantragen wir,

gegen den Schuldner wegen Verstoßes gegen das Verbot in der einstweiligen Verfügung vom ...... ein empfindliches Ordnungsgeld, eventuell Ordnungshaft festzusetzen.

Begründung:

Mit einstweiliger Verfügung[1] vom ...... ist dem Schuldner verboten worden, über den Gläubiger wörtlich oder sinngemäß die Behauptung aufzustellen und/oder zu verbreiten ...... Für jeden Fall der Zuwiderhandlung ist dem Schuldner Ordnungsgeld bis zu DM 500.000,–, ersatzweise Ordnungshaft oder Ordnungshaft bis zu sechs Monaten angedroht worden. Die einstweilige Verfügung[1] vom ...... ist dem Schuldner wie aus anliegender Zustellungsurkunde

– Anlage –

ersichtlich, am ...... zugestellt worden.

Der Schuldner hat gegen das Verbot verstoßen, indem er ......

Beweis: ......

Rechtsanwalt

Anmerkung

1. Alternativ im ordentlichen Verfahren: Urteil.

10. Abschlußschreiben[1]

Sehr geehrter Damen und Herren ......!

A ...... hat uns mit der Wahrnehmung seiner Interessen beauftragt und uns gebeten, Ihnen folgendes mitzuteilen:

Mit einstweiliger Verfügung des Landgerichts (Amtsgerichts) ...... vom ...... ist Ihnen verboten worden, über A ...... wörtlich oder sinngemäß die Behauptung aufzustellen und/oder zu verbreiten ......

Wir haben Sie aufzufordern[2], rechtsverbindlich zu erklären, daß Sie die einstweilige Verfügung des Landgerichts (Amtsgerichts) ...... vom ...... als endgültige Regelung hinnehmen, d.h. gegen die einstweilige Verfügung keinen Widerspruch einlegen und keinen Antrag nach §§ 926, 927 ZPO stellen werden[3].

Wir sehen Ihrer Erklärung bis zum ...... entgegen[4].

Die Kosten unserer Inanspruchnahme haben Sie zu erstatten[5]. Wir haben Sie aufzufordern, den unten aufgeführten Betrag an uns zu überweisen.

Hochachtungsvoll

Kosten

......

Rechtsanwalt

Anmerkungen

1. Nach Durchführung des Verfügungsverfahrens notwendig, da der Unterlassungsanspruch durch die einstweilige Verfügung nur einstweilen gesichert ist. Nach Verjährung droht Aufhebung der einstweiligen Verfügung. Einstweilige Verfügung unterbricht – anders als die Klage im ordentlichen Verfahren – die Verjährung nicht und führt auch nicht zur dreißigjährigen Verjährung nach § 218 BGB.

2. Falls weitergehende Ansprüche in Betracht kommen, also insbesondere Widerrufsansprüche, Auskunftsansprüche, Schadensersatzansprüche und Ansprüche auf Ersatz des immateriellen Schadens, ist es zweckmäßig, diese Ansprüche zusammen mit dem Abschlußschreiben außergerichtlich geltend zu machen, um eventuelle Kosten bei sofortigem Anerkenntnis oder Unterwerfung zu vermeiden.

3. Bei einstweiliger Verfügung, die aufgrund mündlicher Verhandlung durch Urteil erlassen worden ist, Verzicht auf Berufung und Verzicht auf Antrag nach §§ 926, 927 ZPO. Ist die einstweilige Verfügung im Berufungsverfahren erlassen oder bestätigt worden, so lediglich Verzicht auf Fristsetzung nach § 926 ZPO und Aufhebung nach § 927 ZPO.

4. Die Frist muß mindestens einen Monat nach Zustellung der einstweiligen Verfügung und mindestens zwei Wochen nach Zugang des Abschlußschreibens betragen (vgl. KG WRP 1978, 451). Erhebt Antragsteller ohne Einhaltung dieser Frist Klage, so kann der Antragsgegner sich unter Verwahrung gegen die Kostenlast unterwerfen oder anerkennen, er hat dann keinen Anlaß zur Klageerhebung gegeben.

5. Die Kosten des Abschlußschreibens hat der Antragsgegner regelmäßig zu erstatten (vgl. BGH NJW 1973, 901), wenn er Gelegenheit hatte, von sich aus innerhalb einer Frist von 14 Tagen nach Zustellung der einstweiligen Verfügung eine Abschlußerklärung abzugeben und dies nicht getan hat.

11. Widerruf (Rücknahme, Richtigstellung, Klarstellung)[1]

In der XY-Zeitung, Ausgabe Nr. ......, vom ......, haben wir auf Seite ...... unter der Überschrift ...... über A behauptet[2], ...

Die Behauptung widerrufen wir hiermit als unwahr[3] („nehmen wir zurück", „stellen wir dahin richtig/klar ......")[1,4]

....
Unterschrift

Anmerkungen

1. Einteilung der verschiedenen Widerrufsarten nach *Wenzel* Rdn. 13.57 ff. Anstatt des Widerrufs kommen als mildere Form die Rücknahme, bei teilweiser Unwahrheit oder falschem Anschein die Richtigstellung und bei verdeckten Behauptungen die Klarstellung in Betracht (s. *Wenzel* Rdn. 13.62 bis 13.67).

2. Widerrufsansprüche bestehen ausschließlich gegenüber Tatsachenbehauptungen, nicht gegenüber Meinungsäußerungen und Werturteilen. Über die Abgrenzung vgl. *Wenzel* Rdn. 4.38 ff.

3. Bei zu widerrufenden Tatsachenbehauptungen über Geschehenes „unwahr", bei Tatsachenbehauptungen im Rechtssinne mit wertendem Inhalt „unrichtig". Der volle Wider-

ruf setzt den Nachweis der Unwahrheit bzw. Unrichtigkeit voraus, wobei die volle Beweislast beim Kläger liegt.

4. Evtl. Mitteilung des tatsächlichen Vorganges, vgl. *Wenzel* Rdn. 13.61.

12. Eingeschränkter Widerruf

Erklärung

In der XY-Zeitung, Ausgabe Nr. ......, vom ......, haben wir auf Seite ...... unter der Überschrift ...... über A behauptet[1], ...

Diese Behauptung erhalten wir nicht aufrecht[2].

....
Unterschrift

Anmerkung

1. Auch der eingeschränkte Widerruf ist nur gegenüber Tatsachenbehauptungen gegeben.

2. Im Gegensatz zum vollen Widerruf, der den Nachweis der Unwahrheit oder Unrichtigkeit der Erstmitteilung voraussetzt, ist der eingeschränkte Widerruf gegeben, wenn die Unwahrheit der Erstmitteilung nicht mit absoluter Sicherheit feststeht, wenn aber eine gewisse Wahrscheinlichkeit dafür nachgewiesen ist, so daß es für einen objektiven Beurteiler an ernsten Anhaltspunkten für die Wahrheit des Vorwurfs fehlt. Ergibt sich im Prozeß ein non liquet oder ein hoher Grad von Wahrscheinlichkeit für die Richtigkeit der angegriffenen Erstmitteilung, dann scheidet ein Widerrufsanspruch aus. Zweifel gehen immer zu Lasten des Klägers (vgl. *Wenzel* Rdn. 13.69 mit zahlreichen Nachw.).

13. Distanzierung

Erklärung

In der XY-Zeitung, Ausgabe Nr. ......, vom ......, haben wir auf Seite ...... unter der Überschrift ...... einen Beitrag von B veröffentlicht, in dem dieser über A behauptet hat, ...

Von der Darstellung des B distanzieren wir uns.

....
Unterschrift

Anmerkung

Die Distanzierung hat grundsätzlich dieselben Voraussetzungen wie der volle Widerruf. Sie kommt in Betracht, wenn Behauptender und Verbreiter auseinanderfallen (zB. bei Zitaten) und der Anspruch nur gegen den Verbreiter geltend gemacht wird. Zur Sonderform der berichtigenden Kommentierung s. *Wenzel* Rdn. 13.81 ff. Der Anspruch auf Distanzierung steht ggf. selbständig neben dem Widerrufsanspruch gegenüber dem Behauptenden. Vgl. dazu *Wenzel* Rdn. 13.78 ff.

14. Berichtigende Ergänzung

Ergänzung

In der XY-Zeitung, Ausgabe Nr. ......, vom ......, ist auf Seite ...... ein Beitrag unter der Überschrift ...... enthalten, der geeignet ist, über A. einen falschen Eindruck zu vermitteln.

Zu der Mitteilung über A. ist ergänzend darauf hinzuweisen, daß ....

....
Unterschrift

Anmerkung

Eine berichtigende Ergänzung kommt in Betracht, wenn infolge von Weglassungen ein den Tatsachen widersprechendes falsches Bild entstanden ist. So etwa, wenn über eine Verurteilung berichtet, dabei aber nicht erwähnt wird, daß die Verurteilung nicht rechtskräftig ist oder daß eine Strafe zur Bewährung ausgesetzt worden ist. Im übrigen sind die Voraussetzungen dieselben wie beim vollen Widerruf. Vgl. dazu *Wenzel* Rdn. 13.72.

15. Nachträgliche Ergänzung

Ergänzung

In der XY-Zeitung, Ausgabe Nr. ......, vom ......, Seite ...... ist unter der Überschrift ...... über A. berichtet worden, daß ....

Hierzu ist ergänzend mitzuteilen, daß ....

....
Unterschrift

Anmerkung

Der Anspruch auf nachträgliche Ergänzung ist bisher vom BGH ausschließlich im Falle eines Freispruchs anerkannt worden, der im Anschluß an einen zutreffenden Bericht über eine strafgerichtliche Verurteilung ergangen ist (BGH NJW 1972, 431). Die nachträgliche Ergänzung setzt eine Tatsachenbehauptung voraus, nicht aber daß die Erstmitteilung unrichtig war. Die ursprünglich richtige Behauptung muß vielmehr durch die spätere Entwicklung unrichtig geworden sein. Der Anspruch auf nachträgliche Ergänzung ist außerordentlich umstritten und nur unter ganz außergewöhnlichen Umständen anzuerkennen. Vgl. dazu *Wenzel* Rdn. 13.74 ff.

16. Vorläufiger Widerruf

In der XY-Zeitung, Ausgabe Nr. ......, vom ......, Seite ...... ist ein Beitrag unter der Überschrift ...... enthalten, der über A. die folgende Behauptung enthält: ......

Diese Behauptung kann vorläufig nicht aufrecht erhalten werden.

....
Unterschrift

Anmerkung

Der vorläufige Widerruf kommt in Anbetracht der strengen Beweisvoraussetzungen für einen vollen und selbst für einen eingeschränkten Widerruf vor allem bei nicht abgeschlossenen Sachverhalten in Betracht, ferner wenn die endgültige Aufklärung unverhältnismäßig viel Zeit in Anspruch nehmen würde und schließlich dann, wenn ein Widerrufsanspruch (ausnahmsweise) im Verfügungsverfahren „vorläufig" durchgesetzt wird. Die Zulässigkeit der Durchsetzung des vorläufigen Widerrufs im Verfügungsverfahren ist außerordentlich umstritten. Grundsätzlich verneinend zuletzt OLG Bremen AfP 1979, 355. OLG Köln AfP 1981, 358. Vgl. iü. *Wenzel* Rdn. 13.102.

17. Klage auf Unterlassung, Widerruf, Schadensersatzfeststellung und Zahlung immateriellen Schadens

An das
Landgericht (Amtsgericht)

Klage

des ......

– Klägers –

Prozeßbevollm.: ......

gegen

den Verleger[1] ......

– Beklagten –

wegen Unterlassung, Widerrufs, Feststellung und immateriellen Schadensersatzes

Vorläufiger Streitwert: DM ......

Namens und in Vollmacht des Klägers erhebe ich Klage und werde beantragen:

I. 1. Der Beklagte hat es bei Vermeidung von Ordnungsgeld bis zu DM 500.000,–, ersatzweise Ordnungshaft oder Ordnungshaft bis zu 6 Monaten zu unterlassen, wörtlich oder sinngemäß die Behauptung aufzustellen und/oder zu verbreiten:
......

2. Der Beklagte hat die oben in Ziffer 1 genannte Behauptung zu widerrufen und den Widerruf in der nächsten für den Druck noch nicht abgeschlossenen Ausgabe der XY-Zeitung wie folgt in einer vom Gericht zu bestimmenden Größe und Aufmachung zu veröffentlichen:
......

3. Es wird festgestellt, daß der Beklagte verpflichtet ist, dem Kläger denjenigen Schaden zu ersetzen, der dem Kläger aus der Verbreitung der in Ziffer 1 genannten Behauptung entstanden ist und künftig entstehen wird.
4. Der Beklagte wird verurteilt, an den Kläger zum Ausgleich des dem Kläger durch die Verbreitung der in Ziffer 1 genannten Behauptung entstandenen immateriellen Schadens einen Betrag zu zahlen, dessen Höhe in das Ermessen des Gerichts gestellt wird.

II. Der Beklagte hat die Kosten des Verfahrens zu tragen.

III. Das Urteil ist – eventuell gegen Sicherheitsleistung (Bankbürgschaft) – vorläufig vollstreckbar.

Begründung[2]:

Der Beklagte ist Verleger der in ...... erscheinenden XY-Zeitung.

In der Ausgabe Nr. ...... vom ...... dieser Zeitung ist über den Kläger folgendes behauptet worden:
......

Beweis: XY-Zeitung Ausgabe Nr. ...... vom ......

– Anlage –

1. Die Behauptung ist geeignet, den Kläger in seiner Ehre zu verletzen[3].
   Die Behauptung ist zudem unwahr[4]......[5]:

   Beweis: ......

   Der Unterzeichnete hat namens des Klägers den Beklagten mit dem in der

   – Anlage –

   beigefügten Anwaltschreiben vom ...... abgemahnt[6].
   Der Beklagte hat es wie aus der

   – Anlage –

   ersichtlich abgelehnt, die ihm mit der Abmahnung übersandte Verpflichtungserklärung[7] unterzeichnet zurückzusenden[8]. Wiederholungsgefahr ist deshalb gegeben. Der geltend gemachte Unterlassungsanspruch ist demzufolge begründet.

2. Die vom Beklagten aufgestellte Behauptung muß der Beklagte widerrufen, da es sich um eine nachweisbar unwahre Tatsachenbehauptung handelt[9].
   Der Widerruf der Behauptung ist auch notwendig, da die vom Beklagten über den Kläger aufgestellte Tatsachenbehauptung fortwirkt[9], also eine Quelle gegenwärtiger Rufbeeinträchtigung darstellt, deren Beseitigung der Kläger aufgrund des § 1004 BGB verlangen kann. Die Voraussetzungen für den Widerrufsanspruch sind damit gegeben.

3. Auch der Schadenersatzfeststellungsantrag ist begründet: Die Behauptung ist nicht bloß infolge ihrer Unwahrheit und ihres rufschädigenden Charakters rechtswidrig, der Beklagte hat auch schuldhaft gehandelt ......
   Außerdem ist dem Kläger ein Schaden entstanden, den der Beklagte durch die Verbreitung seiner Behauptung kausal verursacht hat: ......

   Beweis: ......

   Da die Höhe des dem Kläger entstandenen und künftig entstehenden Schadens noch nicht feststeht, ist die Verpflichtung des Beklagten, den Schaden zu ersetzen, festzustellen (§ 256 ZPO).

4. Schließlich hat der Kläger auch Anspruch auf Ersatz des ihm entstandenen immateriellen Schadens. Angesichts der schweren Persönlichkeitsbeeinträchtigung, die der Kläger durch die Verbreitung der Behauptung erleiden mußte und angesichts des schweren Verschuldens, das dem Beklagten anzulasten ist, besteht ein unabwendbares Bedürfnis für einen finanziellen Ausgleich: ......[10]

18. Klageerwiderung

Andere Ausgleichsmöglichkeiten fehlen: ......[11]
Gerichtskostenvorschuß in Höhe von DM ...... in Kostenmarken anbei.

Anlagen   Rechtsanwalt

Anmerkungen

1. Vgl. Form. II. N. 6 Anm. 1, wobei für die Klageansprüche Ziff. 3 und 4 Verschulden erforderlich ist.

2. Das Formular geht von einer rechtswidrigen Tatsachenbehauptung aus. Bei unzulässigen Werturteilen oder Meinungsäußerungen (vgl. Form. II. N. 6 Anm. 5) besteht kein Anspruch auf Widerruf, außerdem kann die Wiederholung nicht „wörtlich oder sinngemäß" verboten werden, vgl. Form. II. N. 7 Anm. 4. Evtl. kann anstelle des Widerrufs die Veröffentlichung des Unterlassungsurteils oder einer Unterlassungserklärung verlangt werden (vgl. BGH NJW 87, 1400).

3. Vgl. Form. II. N. 8 Anm. 7.

4. Vgl. Form. II. N. 8 Anm. 8.

5. Vgl. Form. II. N. 8 Anm. 9. Anstelle der Glaubhaftmachung muß der Beweisantritt treten.

6. Vgl. Form. II. N. 6, bei vorausgegangener einstweiliger Verfügung Form. II. N. 10.

7. Vgl. Form. II. N. 7.

8. Vgl. Form. II. N. 8 Anm. 12.

9. Nähere Darlegungen zur Frage Tatsachenbehauptung/Meinungsäußerung und zur Fortwirkung der Beeinträchtigung nur erforderlich und zweckmäßig, wenn der Sachverhalt dazu besonderen Anlaß bietet.

10. Anspruch auf Ersatz immateriellen Schadens setzt eine besonders schwere Persönlichkeitsverletzung voraus, je nach Lage des Falles auch schweres Verschulden. Ggf. kann der Anspruch entfallen, wenn andere Ausgleichsmöglichkeiten etwa durch Widerruf oder Gegendarstellung bestehen. Näheres vgl. *Löffler/Steffen* § 6 Rdn. 332 ff., *Wenzel* Rdn. 14.94 ff.

11. Ausführungen hierzu nur erforderlich und zweckmäßig, wenn der Sachverhalt dazu besonderen Anlaß bietet.

18. Klageerwiderung

An das
Landgericht (Amtsgericht)

                                  In Sachen

......

Prozeßbevollm.: ......

                                    gegen

......

zeigen wir an, daß wir den Beklagten vertreten.
Wir werden beantragen,
die Klage kostenpflichtig abzuweisen
hilfsweise,

evtl. gegen Sicherheitsleistung (Bankbürgschaft)
Vollstreckungsschutz zu gewähren.

Begründung[1]:

Der Kläger macht mit seiner Klage Unterlassungs-, Widerrufs-, Schadensersatzfeststellungs- und immaterielle Schadensersatzansprüche geltend. Für die Ansprüche fehlt es an allen Voraussetzungen:

Es ist richtig, daß der Beklagte Verleger der XY-Zeitung ist und es ist auch richtig, daß in der Ausgabe Nr. .... über den Kläger die in der Klage wiedergegebene Behauptung aufgestellt worden ist[2].

1. Der Unterlassungsanspruch ist nicht gegeben, weil die Behauptung nicht ehrenrührig ist und den Kläger auch nicht in einem anderen Recht verletzt.
   Zudem ist die Behauptung keine Tatsachenbehauptung, sondern eine durch Art. 5 GG gedeckte Meinungsäußerung. ......
   Soweit die Behauptung tatsächlichen Charakter haben sollte, ist sie wahr: ......

   Beweis: ......

   Schließlich scheitert der Unterlassungsanspruch daran, daß keine Wiederholungsgefahr besteht, weil ......

   Beweis: ......

2. Ein Widerrufsanspruch besteht unabhängig von der Frage der Wahrheit oder Unwahrheit nicht, weil es sich bei der angegriffenen Behauptung nicht um eine Tatsachenbehauptung, sondern um eine durch Art. 5 GG gedeckte Meinungsäußerung handelt. ......
   Soweit das Gericht der Behauptung tatsächlichen Charakter beimessen sollte, ist sie wahr: ......

   Beweis: ......

   Jedenfalls wird es dem Kläger nicht gelingen, den ihm obliegenden Beweis für die Unwahrheit zu erbringen.
   Im übrigen ist der Widerruf nicht zur Beseitigung einer Quelle gegenwärtiger Rufbeeinträchtigung notwendig, weil die Behauptung nicht fortwirkt: ......

3. Schadensersatzansprüche bestehen nicht, weil die Behauptung – wie oben ausgeführt – nicht rechtswidrig ist. Zudem trifft den Beklagten kein Verschulden und er hat auch nicht für das Verschulden Dritter einzustehen, weil ......

   Beweis: ......

   Es wird ferner bestritten, daß dem Kläger ein Schaden entstanden ist. Soweit der Kläger einen Schaden behauptet, ist dieser durch die Behauptung nicht kausal verursacht worden: ......

4. Immaterielle Schadensersatzansprüche scheiden von vornherein aus, weil von einer schweren Persönlichkeitsrechtsverletzung auch dann nicht die Rede sein könnte, wenn überhaupt eine Persönlichkeitsrechtsverletzung vorliegen sollte: ......
   In jedem Falle fehlt es am Verschulden, insbesondere am schweren Verschulden.[3]
   Schließlich hätte der Kläger andere Möglichkeiten gehabt, den von ihm behaupteten immateriellen Schaden auszugleichen, nämlich ...... Er hat aber davon keinen Gebrauch gemacht.

Rechtsanwalt

18. Klageerwiderung II. N. 18

Anmerkungen

1. In der Klageerwiderung, die sich auf die Klage in Form. II. N. 17 bezieht, sind die wesentlichen schlüssigen Einwendungen gegen die mit der Klage erhobenen Ansprüche kumulativ zusammengefaßt. Selbstverständlich sind nur die zutreffenden Einwendungen unter Aufführung der tatsächlichen Umstände vorzutragen.

2. Alternativ: Der Beklagte hat die beanstandete Behauptung weder aufgestellt noch verbreitet, oder: er hat die Behauptung nicht so aufgestellt, wie dies in der Klage behauptet wird.

3. Schweres Verschulden ist nicht Voraussetzung des Anspruchs. Ein fehlendes schweres Verschulden kann aber bei der erforderlichen Gesamtabwägung dazu führen, daß ein Schmerzensgeldanspruch zu verneinen ist (vgl. *Löffler/Steffen* § 6 Rdn. 335, *Wenzel* Rdn. 14.109 ff.).

O. AGB-Gesetz

1. Abmahnung nach AGB-Gesetz[1]

Sehr geehrte Herren,

hiermit zeige ich Ihnen an, daß mich die Verbraucherzentrale ......[2] mit der Wahrnehmung ihrer Interessen beauftragt hat. Namens und in Vollmacht meiner Mandantin teile ich Ihnen folgendes mit:

Sie verwenden als Fertighausherstellerin für eine Vielzahl von Verträgen vorformulierte Vertragsbedingungen, die Sie anderen Vertragsparteien (Fertighausabnehmern) bei Abschluß des Vertrages stellen[3]. Ein Hinweis hierfür ist Ihr gedruckt vorliegender Mustervertrag. Der Verbraucherzentrale sind jedoch drei Fälle bekannt, in denen Sie dieselben vorformulierten Bestimmungen drei verschiedenen Kunden[4], die keine Kaufmannseigenschaft aufweisen, zum Zwecke des Vertragsabschlusses vorlegten.

Der von Ihnen vorgelegte Vertrag hat AGB-Charakter. Er unterliegt der Inhaltskontrolle der §§ 9–11 AGB-Gesetz und verstößt in verschiedenen Punkten gegen die Bestimmungen des AGB-Gesetzes. Im einzelnen[5]:

1. Nach Ziff. 5 Ihrer AGB sind die Gewährleistungsansprüche gegen Sie auf ein Recht auf Nachbesserung beschränkt, ohne daß dem anderen Vertragsteil das Recht vorbehalten wird, bei Fehlschlagen der Nachbesserung oder Ersatzlieferung Herabsetzung der Vergütung zu verlangen[6]. Diese Bestimmung Ihrer AGB verstößt, weil es sich um Verträge über Lieferungen neu hergestellter Sachen und Leistungen handelt, gegen § 11 Nr. 10b AGB-Gesetz[7].
2. In Ziff. 8 Ihrer AGB ist bestimmt, daß Ihre Bauleistungen mit Inbenutzungnahme als abgenommen gelten. Diese Bestimmung verstößt gegen § 10 Nr. 5 AGB-Gesetz, weil dem Vertragspartner keine angemessene Frist zur Abgabe einer ausdrücklichen Erklärung eingeräumt ist und Sie sich nicht verpflichtet haben, den Vertragspartner bei Beginn der Frist auf die vorgesehene Bedeutung seines Verhaltens besonders hinzuweisen. Gerade bei Bauleistungen werden Baumängel häufig erst nach Abnahme sichtbar.

Meine Mandantin hat mich ermächtigt, Ihnen vor Einleitung gerichtlicher Schritte Gelegenheit zur außergerichtlichen Bereinigung zu geben. Ich habe Sie hiermit namens und in Vollmacht meiner Mandantin aufzufordern, sich ihr gegenüber zu meinen Händen zu verpflichten,

1. es bei Vermeidung einer für jeden Fall der Zuwiderhandlung fälligen Vertragsstrafe von DM 2000,–[8] (in Worten: zweitausend Deutsche Mark) zu unterlassen, im Zusammenhang mit Verträgen über Lieferung und Erstellung von Fertighäusern folgende oder inhaltsgleiche Bestimmungen in Ihren Allgemeinen Geschäftsbedingungen zu verwenden oder sich auf solche Klauseln zu berufen[9], sofern nicht Verträge mit einem Kaufmann im Rahmen seines Handelsgeschäfts vorliegen[10]:
   a) Gewährleistungsansprüche gegen uns sind auf das Recht zur Nachbesserung beschränkt;
   b) unsere Leistung gilt mit Inbenutzungnahme als abgenommen;
2. die meiner Mandantin entstandenen Aufwendungen in Höhe von DM 120,– zu erstatten[11].

Ich weise darauf hin, daß nur durch die Abgabe der vorstehenden Erklärungen bis

......

die Wiederholungsgefahr und damit das Rechtsschutzbedürfnis für die Einleitung gerichtlicher Schritte ausgeräumt werden können. Sollte nicht fristgerecht eine schriftliche Erklä-

1. Abmahnung nach AGB-Gesetz II. O. 1

rung im obigen Sinn bei mir eingehen, so wird meine Mandantin gerichtliche Maßnahmen einleiten[12].

Schrifttum: Bunte, Entscheidungssammlung zum AGB-Gesetz Bd. I–V; *ders.,* Handbuch der AGB 1982; *Dietlein/Rebmann,* AGB aktuell, 1976; *Koch/Stübing,* Allgemeine Geschäftsbedingungen Kommentar, 1. Aufl. 1977; *Locher,* AGBG in NJW-Schriftenreihe, Bd. 72, 2. Aufl. 1990; *Löwe/v. Westphalen/Trinkner,* Kommentar zum Gesetz zur Regelung des Rechts der Allgemeinen Geschäftsbedingungen, 2. Aufl. 1983 Bd. 3 Einzelklausel und Klauselwerke, 2. Aufl. 1983; *Kötz/Gerlach,* Münchener Kommentar zum Bürgerlichen Gesetzbuch, 2. Aufl. 1984; *Schlosser/Coester-Waltjen/Graba,* Kommentar zum Gesetz zur Regelung des Rechts der Allgemeinen Geschäftsbedingungen, 1. Aufl. 1977; *Staudinger/ Schlosser* AGBG; *Schmidt/Salzer,* Allgemeine Geschäftsbedingungen, NJW-Schriftenreihe, 2. Aufl. 1977; *Soergel/Hefermehl,* BGB, 12. Aufl. 1987; *Ulmer/Brandner/Hensen,* AGB-Gesetz, 7. Aufl. 1993; *Westphalen,* Vertragsrecht und AGB-Klauselwerke; *Wolf/Horn/Lindacher* AGB-Gesetz 3. Aufl. 1994.

Anmerkungen

1. Das prozessuale Vorgehen auf Unterlassung scheitert nicht mangels Rechtsschutzbedürfnisses, wenn keine Abmahnung erfolgt. Der Kläger riskiert jedoch nach § 93 ZPO Kostentragung, wenn er nicht vorher abmahnt. Darüber hinaus kann sich die Abmahnpflicht aus der Satzung der Verbände und Kammern ergeben. Ähnlich wie im Wettbewerbsrecht ist die Abmahnung auch im AGB-Recht zu einem gesicherten Rechtsinstitut geworden.

Auf die Abmahnung kann ausnahmsweise verzichtet werden, wenn der Verwender die Wiederholungsgefahr durch Abgabe der verlangten Verpflichtungserklärung ausgeräumt hat, gleichwohl sich anschließend wiederum derselben oder inhaltsgleicher unwirksamer AGB bedient (*Ulmer/Brandner/Hensen* § 13 Rdn. 66).

2. Das AGB-Gesetz räumt weder dem Vertragspartner noch einer zentralen Wettbewerbsbehörde oder sonstigen Dritten Unterlassungs- und Widerrufsansprüche ein. Nach § 13 Abs. 2 AGBG ist der Kreis der Klagebefugten beschränkt auf die dort angeführten Verbraucherverbände, Wirtschaftsverbände und Kammern.

Die Verbraucherverbände müssen rechtsfähig sein. Verbraucheraufklärung und -beratung muß tatsächlich ausgeübt werden. Das AGB-Gesetz verlangt jedoch nicht, daß der Verband sämtliche Interessen der Verbraucher durch Aufklärung und Beratung wahrnimmt. Deshalb fallen auch Mietervereine unter § 13 Abs. 2 Nr. 1 AGBG, nicht jedoch Gewerkschaften und Hausfrauenverbände (vgl. *Palandt/Heinrichs* § 13 AGBG Rdn. 12; *Ulmer/Brandner/Hensen* § 13 Rdn. 39).

3. Hier wird auf die AGB-Definition des § 1 AGBG verwiesen. Der Verwender „stellt" seine vorformulierten Bedingungen der anderen Vertragspartei, wenn er von ihr den Abschluß zu den vorformulierten Bedingungen verlangt. Auch Benützen, zB. auf Rechnungsformularen reicht aus (BGH BB 1981, 521).

4. Die Beweislast dafür, daß AGB vorliegen, trägt der Abmahnende. Sind die Bedingungen gedruckt, so besteht zumindest ein Anscheinsbeweis dafür, daß AGB-Charakter vorliegt. Der Nachweis des Individualcharakters von Vertragsbedingungen, also des individuellen Aushandelns, obliegt dann dem Verwender.

5. Die Abmahnung sollte schriftlich ergehen, möglichst zur Sicherung des Zugangs mit Einschreiben-Rückschein erfolgen. Dem Verwender sind die Bestimmungen der AGB im einzelnen zu nennen, die als unwirksam angesehen werden.

6. Da eine Bauleistung Vertragsgegenstand ist und Wandelung im Baurecht bei Verkörperung der Bauleistung nur schwer durchführbar ist, genügt gemäß § 11 Nr. 10b AGBG bei Bauleistungen der Vorbehalt der Herabsetzung der Vergütung.

7. Die Unwirksamkeit einer Klausel, die gegen ein Klauselverbot ohne Wertungsmöglichkeit (§ 11 AGBG) verstößt, muß nicht im einzelnen begründet werden, jedoch in der Regel die Unwirksamkeit einer Klausel nach § 9 AGBG (Generalklausel) und § 10 AGBG (Klauselverbote mit Wertungsmöglichkeit). Der Verwender soll die Möglichkeit haben, sich anhand der Argumente des Klagebefugten zu entscheiden, ob er die beanstandeten AGB weiter verwenden will oder nicht (*Ulmer/Brandner/Hensen* § 13 Rdn. 51; *Löwe/v. Westphalen/Trinkner* § 15 Rdn. 13); eine Begründung halten „kaum für erforderlich" *Wolf/Horn/Lindacher* § 13 Rdn. 85.

8. Als Faustregel dürfte sich eine Vertragsstrafe von 2000,– DM pro Zuwiderhandlung empfehlen. Bedenklich: sog. „Hamburger Brauch" (Offenlassen der Strafhöhe mit Antrag auf gerichtliche Festsetzung) (vgl. BGH BB 1978, 12 und Form. II. L. 1 Anm. 6 mwN.)

9. Vgl. hierzu BGH BB 1981, 934.

10. Die Inhaltskontrolle der §§ 10, 11 AGBG – im Gegensatz zu der nach § 9 – bezieht sich gemäß § 24 AGBG nicht auf Allgemeine Geschäftsbedingungen, die gegenüber einem Kaufmann verwendet werden, wenn der Vertrag zum Betriebe seines Handelsgewerbes gehört.

11. Grundsätzlich treffen die Kosten der Abmahnung den Abmahnenden. Während nach wettbewerbsrechtlichen Gesichtspunkten die Kosten dem Abgemahnten unter dem Gesichtspunkt der Geschäftsführung ohne Auftrag auferlegt werden (BGHZ 52, 399), dürfte eine Übernahme dieser Gesichtspunkte in das AGB-Recht nicht zulässig sein, streitig wie hier (*Koch/Stübing* § 13 Rdn. 32; *Schlosser/Coester-Waltjen/Graba* § 13 Rdn. 60; *Ulmer/Brandner/Hensen* § 13 Rdn. 63; aA. *Löwe/v. Westphalen/Trinkner* § 15 Rdn. 17; und mit anderer Begründung: *Wolf/Horn/Lindacher* AGB-Gesetz § 13, Rdn. 104).
Dagegen hat das LG Frankfurt (WRP 1977, 129) in Wettbewerbssachen eine Erstattungspflicht für Auslagen zugelassen. Vgl. auch OLG Nürnberg BB 1980, 179.

12. Dem Verwender ist eine angemessene Frist zur Abgabe der Verpflichtungserklärung zu setzen, die zumindest zwei Wochen betragen sollte. Außerdem sind gerichtliche Maßnahmen für den Fall anzudrohen, daß der Anspruchsgegner die verlangten Erklärungen nicht innerhalb der Frist abgibt.

2. Antrag auf Erlaß einer einstweiligen Verfügung wegen Verstoßes gegen das AGB-Gesetz

An das
Landgericht

Antrag

auf Erlaß einer einstweiligen Verfügung[1]

des Verbraucherschutzverbandes ......,
vertreten durch ......   (Antragsteller)

Verfahrensbevollmächtigter: Rechtsanwalt ......

gegen

Herrn ......   (Antragsgegnerin)

wegen

Verstoßes gegen das AGB-Gesetz.

Vorläufiger Streitwert: DM ......(geschätzt)[2]

2. Antrag auf Erlaß einer einstweiligen Verfügung

Namens und in Vollmacht des Antragstellers beantrage ich, das Gericht möge im Wege der einstweiligen Verfügung[3] – wegen besonderer Dringlichkeit ohne mündliche Verhandlung – durch Beschluß[4] anordnen:

I. Dem Antragsgegner wird es bei Vermeidung eines für jeden Fall der Zuwiderhandlung fälligen Ordnungsgeldes bis zu DM 500.000,–, ersatzweise Ordnungshaft bis zu 6 Monaten, untersagt, in AGB folgende Klausel oder inhaltsgleiche Bestimmungen – ausgenommen gegenüber Kaufleuten – zu verwenden: „Die Gewährleistungsfrist beträgt 2 Jahre ab Abnahme der Architektenleistung"[5, 6].

II. Dem Antragsgegner werden die Kosten des einstweiligen Verfügungsverfahrens auferlegt.

Begründung:

1. Der Antragsteller ist als Verbraucherschutzverband gemäß § 13 Abs. 2 AGB-Gesetz zur Geltendmachung von Unterlassungs- und Widerrufsansprüchen bei Verstößen nach §§ 9–11 des AGB-Gesetzes befugt.

   Beweis: Satzung der Antragstellerin (Anlage 1).

2. Der Antragsgegner ist Architekt. Er verwendet vorgedruckte AGB (Architektenformularvertrag), die er seinen Vertragspartnern stellt

   Beweis: Vorlage der gedruckten AGB (Anlage 2–3);
   eidesstattliche Versicherung der ...... über die Verwendung dieser AGB (Anlage 3)[7].

Der Antragsgegner ist vor Antragstellung durch Anwaltsschreiben unter Fristsetzung von 2 Wochen ergebnislos abgemahnt worden.

Beweis: Abmahnungsschreiben (Anlage 4);
eidesstattliche Versicherung, daß innerhalb der Frist keine Unterwerfungserklärung einging (Anlage 5).

3. Das Verhalten der Antragsgegner stellt einen Verstoß gegen § 11 Nr. 10f AGB-Gesetz dar.

   Die Abkürzung der fünfjährigen Gewährleistungsfrist des § 638 BGB ist nach § 11 Nr. 10f. AGB-Gesetz in AGB nicht zulässig.

Rechtsanwalt

Schrifttum: Bunte Betr. 1980, 484; *Hensen,* Keine einstweilige Verfügung in AGB-Sachen?, Betr. 1978, 2207; *Koch,* Einstweilige Verfügung im Unterlassungsverfahren nach § 13 AGBG, BB 1978, 1638; *Löwe,* Einstweilige Verfügung im Unterlassungsverfahren nach § 13 AGBG, BB 1978, 1433; *Löwe,* Ausräumung der Wiederholungsgefahr bei der Verwendung von AGB-Formularen, BB 1979, 705; *Stillner* ZVP 1980, 143.

Anmerkungen

1. Es war umstritten, ob im Rahmen des § 13 AGBG einstweilige Verfügungen zulässig sind. Das AGB-Gesetz erwähnt die einstweilige Verfügung nicht.

Gegen die Zulässigkeit einstweiliger Verfügungen haben sich ausgesprochen: *Koch,* BB 1978, 1638; *Koch/Stübing* § 13 Rdn. 34; OLG Düsseldorf NJW 1978, 2512, das seine Auffassung in einer Entscheidung (NJW 1989, 1487) geändert hat. Die ganz überwiegende Meinung bejaht jedoch die Zulässigkeit der einstweiligen Verfügung für den Unterlassungs-, nicht jedoch für den Widerrufsanspruch. Bei letzterem würde es um eine endgültig erfüllende Regelung gehen (MünchKomm/*Gerlach* § 15 AGBG Rdn. 21; *Wolf/Horn/Lindacher* § 13 Rdn. 101).

Für die Zulässigkeit der einstweiligen Verfügung: KG BB 1981, 148, OLG Hamburg NJW 1981, 2420; *Heinz/Stillner* WRP 1978, 726; *Locher,* AGBG S. 123; *Löwe/v. West-*

phalen/Trinkner § 21 Rdn. 16ff.; MünchKomm/*Gerlach* § 15 AGBG Rdn. 20ff.; Schlosser/Coester-Waltjen/Graba § 13 Rdn. 18; Staudinger/*Schlosser* AGBG § 13, Rdn. 6; Ulmer/Brandner/Hensen § 15 Rdn. 11; Wolf/Horn/Lindacher § 13 Rdn. 117ff.

2. Der Streitwert ist bei Rechtsstreitigkeiten aufgrund des AGB-Gesetzes beschränkt bis auf DM 500.000,– (§ 22). Je nach Größe des Unternehmens dürfte der Regelstreitwert pro beanstandeter Klausel mit 5000 DM anzunehmen sein, soweit es sich um Verwendungsunterlassung handelt, für Klagen auf Unterlassung und Widerruf einer Empfehlung mit 10.000,– DM.

3. Der Verfügungsanspruch iSd. §§ 935, 940, 936, 916 Abs. 1 ZPO ist der den Verbänden und Kammern nach § 13 Abs. 2 zustehende Anspruch auf Unterlassung. Die Wiederholungsgefahr ist im allgemeinen nur durch Abgabe einer strafbewehrten Unterlassungserklärung zu beseitigen (*Ulmer/Brandner/Hensen* § 15 Rdn. 24; *Löwe* BB 1979, 708). Vgl. auch BGH NJW 1981, 405.

4. Die Dringlichkeit wird nicht – wie im Falle des § 25 UWG – gesetzlich vermutet. Das Gericht muß im einzelnen prüfen, ob der Erlaß der beantragten einstweiligen Verfügung dringlich ist. Deshalb hat der Antragsteller die Dringlichkeit glaubhaft zu machen. Die Dringlichkeit ist jedoch anzunehmen, wenn das Abmahnverfahren erfolglos geblieben ist (*Ulmer/Brandner/Hensen* § 15 Rdn. 14). Sie folgt regelmäßig aus der Natur der Sache, dem Umgang mit zu beanstandenden AGB (für engere Voraussetzungen „grobe Unbilligkeit": MünchKomm/*Gerlach* § 15 Rdn. 27, „erhebliche Belastung": Schlosser/Staudinger § 15 Rdn. 8).

Hinsichtlich des Antrags, daß ohne mündliche Verhandlung entschieden werden soll (§ 937 Abs. 2 ZPO), muß das Vorliegen eines dringenden Falles glaubhaft gemacht werden. Es muß eine Gefährdung des Zwecks der einstweiligen Verfügung zu besorgen sein. Die Darlegung eines dringenden Falles wird deshalb Schwierigkeiten machen. Der Antrag, ohne mündliche Verhandlung zu entscheiden, ist aber unschädlich.

5. Nach § 11 Nr. 10f AGBG kann eine Abkürzung der gesetzlichen Gewährleistungsfrist nur im Wege individuellen Aushandelns nach § 1 Abs. 2 AGBG wirksam erfolgen.

6. Die Entscheidung darf dem Antrag entsprechen (*Ulmer/Brandner/Hensen* § 15 Rdn. 17). Dagegen wollen Schlosser/Coester-Waltjen/Graba (§ 13 Rdn. 18) nur eine Entscheidung zulassen, die den Verwender verpflichtet, seine AGB mit dem Zusatz zu versehen, die angefochtenen Klauseln würden zur Zeit gerichtlich überprüft und nur im Falle ihrer Zulässigkeit weiter verwendet werden. Bei Verwendungsunterlassung auch für „offene Verfügung": Wolf/Horn/Lindacher AGB-Gesetz § 13 Rdn. 124.

7. Die Darlegung und Glaubhaftmachung, daß die AGB vom Antragsgegner tatsächlich verwendet worden sind, ist im einstweiligen Verfügungsverfahren erforderlich.

3. Unterlassungsklage nach dem AGB-Gesetz[1,2]

An das
Landgericht[2]

Klage

des Verbraucherschutzverbandes ......   (Kläger)
Prozeßbevollmächtigter: Rechtsanwalt ......

gegen

den Makler ......   (Beklagter)

3. Unterlassungsklage nach dem AGB-Gesetz

wegen

Verstoßes gegen das AGB-Gesetz.

Vorläufiger Streitwert: DM ...... (geschätzt)

Namens und in Vollmacht des Klägers erhebe ich Klage und werde beantragen:

I. Der Beklagte hat es bei Vermeidung eines für jeden Fall der Zuwiderhandlung vom Gericht festzusetzenden Ordnungsgeldes bis zu DM 500 000,–, ersatzweise Ordnungshaft bis zu 6 Monaten, zu unterlassen, im Zusammenhang mit Maklerverträgen in AGB folgende oder inhaltsgleiche Klauseln zu verwenden: „Unser Provisionsanspruch entsteht unabhängig vom Zustandekommen des Geschäfts[3]."
II. Der Beklagte trägt die Kosten des Rechtsstreits.
III. Dem Kläger wird die Befugnis zugesprochen, die Urteilsformel mit der Bezeichnung des verurteilten Verwenders auf Kosten des Beklagten im Bundesanzeiger, im übrigen auf eigene Kosten bekanntzumachen[4].

„Begründung:

......"

Rechtsanwalt

Anmerkungen

1. Werden AGB Bestimmungen, die nach §§ 9–11 AGBG unwirksam sind, verwendet, so entsteht den in § 13 Abs. 2 AGBG genannten Verbänden und Kammern ein auf dauernde Unterlassung der Verwendung gerichteter Anspruch, der nach hM. als materiell-rechtlicher Unterlassungsanspruch anzusehen ist (*Dietlein/Rebmann* § 13 Rdn. 2; *Koch/Stübing* § 13 Rdn. 22; *Palandt/Heinrichs* Vorbem. § 13 Anm. 3; *Schlosser/Coester-Waltjen/Graba* § 13 Rdn. 8; *Ulmer/Brandner/Hensen* § 13 Rdn. 23). Wie bei jedem materiell-rechtlichen Unterlassungsanspruch muß die Wiederholungsgefahr gegeben sein. Wer AGB seinem rechtsgeschäftlichen Verkehr, zugrundelegt, indiziert die Absicht zur Mehrfachverwendung. Im Ausnahmefall kann jedoch die Wiederholungsgefahr entfallen. (Beispiel: Ein 12 Jahre altes, schrottreifes Fahrzeug wird von einem Privatmann unter Benutzung von AGB an einen anderen Privatmann verkauft.)

2. Die Zuständigkeit ergibt sich aus § 14 AGBG. Zuständig ist deshalb ausschließlich das Gericht, in dessen Bezirk der Beklagte seine gewerbliche Niederlassung oder in Ermangelung einer solchen seinen Wohnsitz hat.

Die Landesregierungen werden ermächtigt, durch Rechtsverordnung einem Landgericht für die Bezirke mehrerer Landgerichte Rechtsstreitigkeiten nach dem AGB-Gesetz zuzuweisen (§ 14 Abs. 2 AGBG). Davon haben Bayern und Nordrhein-Westfalen und Hessen Gebrauch gemacht.

3. Die Klage ist materiell auf § 9 AGBG gestützt. Ein Verstoß gegen die Generalklausel des § 9 setzt AGBG eine unangemessene Benachteiligung des Vertragspartners des Verwenders entgegen den Geboten von Treu und Glauben voraus. Sie ist im Zweifel anzunehmen, wenn eine Bestimmung mit wesentlichen Grundgedanken der gesetzlichen Regelung, von der abgewichen wird, nicht zu vereinbaren ist oder wesentliche Rechte oder Pflichten, die sich aus der Natur des Vertrages ergeben, so eingeschränkt werden, daß die Erreichung des Vertragszwecks gefährdet ist.

Die angefochtene Bestimmung wird an der Leitbild- und Ordnungsfunktion des dispositiven Rechts gemessen. Das Leitbild des Maklervertrags ist in § 652 BGB niedergelegt, der die Vergütung vom Erfolg der Maklerbemühungen abhängig macht. Abweichungen hiervon können nur durch Individualabreden wirksam getroffen werden. Schon vor Inkrafttreten des AGB-Gesetzes hat die Rechtsprechung die Begründung eines erfolgsunabhängigen Provisionsanspruchs in AGB abgelehnt (vgl. zB. BGH NJW 1965, 246; BGH WM 1970,

392). Nach Inkrafttreten des AGB-Gesetzes ist eine solche Vereinbarung in AGB nicht mit § 9 Abs. 2 Nr. 1 AGBG vereinbar (BGH NJW 1985, 2477; *Ulmer/Brandner/Hensen* Anh. §§ 9–11 Rdn. 488).

4. § 18 AGBG regelt die Veröffentlichungsbefugnis. Sie bedarf des Antrags des Klägers. Das Gericht „kann" dem Kläger bei einem Erfolg seiner Klage die Veröffentlichungsbefugnis zusprechen. Das Gericht hat eine Interessenabwägung vorzunehmen. Während bei einem Widerrufsurteil, das durch die nach § 17 Nr. 4 AGBG dem Kläger aufgegebene Bekanntgabe an die Empfänger meist schon die erforderliche Breitenwirkung erreicht, sich dann eine Veröffentlichung nach § 18 AGBG erübrigen wird, wird die Veröffentlichung eines Unterlassungsurteils vor allem dann in Frage kommen, wenn der Verwender einen größeren Kundenkreis hat und die beanstandeten AGB in erheblichem Ausmaße verwendet wurden (vgl. MünchKomm/*Gerlach* § 18 AGBG Rdn. 12; vgl. *Ulmer/Brandner/Hensen* § 18 Rdn. 5).

4. Klage auf Unterlassung und Widerruf gegen Empfehler[1] von AGBG-widrigen AGB

An das
Landgericht

Klage

des Verbraucherschutzverbandes ...... (Kläger)
Prozeßbevollmächtigter: ......

gegen

den Verband ...... (Beklagter)

wegen

Unterlassung und Widerruf AGBG-widriger Empfehlungen.

Vorläufiger Streitwert: DM ......

Namens und mit Vollmacht des Klägers erhebe ich Klage und werde beantragen:

1. Der Beklagte wird verurteilt, bei Vermeidung von Ordnungsgeld bis zur Höhe von DM 500 000,– oder von Ordnungshaft, folgende Bestimmungen in Allgemeinen Geschäftsbedingungen im Verkehr mit Nichtkaufleuten für Verträge für den Verkauf von Textilien an Einzelhandelskunden oder inhaltsgleiche Bestimmungen nicht mehr zu empfehlen[1]: „Mängel jedweder Art werden nicht mehr berücksichtigt, wenn sie nicht innerhalb einer Ausschlußfrist von 3 Tagen ab Auslieferung der Ware schriftlich gerügt werden."
2. Der Beklagte wird verurteilt, die Empfehlung dadurch zu widerrufen, daß er eine Abschrift des Urteils seinen Verbandsmitgliedern übersendet[2,3].
3. Dem Kläger wird die Befugnis zugesprochen, die Urteilsformel mit der Bezeichnung des verurteilten Empfehlers auf Kosten des Beklagten im Bundesanzeiger, im übrigen auf eigene Kosten, bekanntzumachen.

Begründung:

Der Kläger ist ein Verbraucherschutzverband, zu dessen satzungsgemäßen Zwecken Verbraucheraufklärung und -beratung gehört. Er übt diese Tätigkeit auch aus[4].

Beweis: Satzung;
eidesstattliche Versicherung.

4. Klage auf Unterlassung und Widerruf gegen Empfehler II. O. 4

Der Beklagte ist ein Verband zur ...... Seine Verbandsmitglieder verkaufen Textilien an Einzelhandelskunden.

Beweis: ......

Der Beklagte hat mit „Informationsbrief Nr. 10" im Hinblick auf das AGB-Gesetz seinen Verbandsmitgliedern die Überarbeitung der bisher von ihnen verwendeten AGB angeraten und die in dem Informationsbrief Nr. 10 enthaltenen „Musterbedingungen" empfohlen. Diese enthalten unter Ziff. 10 die folgende Bestimmung: „Mängel jedweder Art werden nicht mehr berücksichtigt, wenn sie nicht innerhalb einer Ausschlußfrist von 3 Tagen ab Auslieferung der Ware schriftlich gerügt werden."

Diese Bestimmung verstößt gegen § 11 Nr. 10e AGB-Gesetz, wonach bei Verträgen über Lieferung neu hergestellter Sachen eine Regelung in Allgemeinen Geschäftsbedingungen unwirksam ist, in der der Verwender dem anderen Vertragsteil für die Anzeige nicht offensichtlicher Mängel eine Ausschlußfrist setzt, die kürzer ist als die Verjährungsfrist für den gesetzlichen Gewährleistungsanspruch. Die Zulassung der Ausschlußfrist erfolgt in den Musterbestimmungen des Beklagten nicht nur bei offensichtlichen Mängeln.

Der Kläger hat den Beklagten ohne Erfolg abgemahnt.

Beweis: Abmahnungsschreiben vom ......;
eidesstattliche Versicherung[5].

Da der Informationsbrief an eine Vielzahl von Verbandsmitgliedern, die ihren Geschäftssitz in verschiedenen Teilen der Bundesrepublik haben, versandt wurde und anzunehmen ist, daß Verbandsmitglieder von dieser Empfehlung bereits Gebrauch gemacht haben, ist der Antrag auf Veröffentlichungsbefugnis gerechtfertigt.[6]

Rechtsanwalt

Anmerkungen

1. Unter den Begriff des Empfehlers fallen in erster Linie Wirtschafts- und Berufsverbände, die ihren Verbandsmitgliedern branchenspezifische AGB empfehlen (Verbandsempfehler). Werden unwirksame AGB empfohlen, so erwächst den in § 13 Abs. 2 AGBG bezeichneten Verbänden auch ein Anspruch auf Widerruf empfohlener AGB.

2. Der Widerruf wird durch den Empfehler dadurch vollzogen, daß er den Empfängern der empfohlenen AGBG-widrigen AGB, also hier den Verbandsmitgliedern, die Unwirksamkeit der einzelnen Bestimmungen mitteilt. Die Form des Widerrufs ist in § 17 Nr. 4 AGBG geregelt.

Da im vorliegenden Fall der Empfehler durch Verbandsmitteilungen (Informationsbriefe) die beanstandeten AGB bekanntgemacht hat, ist das Urteil in einem weiteren Informationsbrief oder in anderen Verbandsmitteilungen zu veröffentlichen (*Ulmer/Brandner/Hensen* § 17 Rdn. 8).

3. Ein Unterlassungsanspruch gegen den Verbandsempfehler ist nicht so dringend wie beim sonstigen Verwender. Es fehlt aber nicht an der Wiederholungsgefahr, weil der Verband neu aufgenommenen Mitgliedern die Verbandsempfehlung zukommen lassen kann.

4. BGH NJW 1972, 1988.

5. Vgl. Form. II. O. 1.

6. Eine Aufbrauchsfrist kann bei AGBG-Verstößen nicht verlangt werden (vgl. BGH 1980, 2518).

5. Negative Feststellungsklage des Verwenders[1]

An das
Landgericht[2]

Klage

der Firma ...... (Klägerin)
Prozeßbevollmächtigter: ......

gegen

den Verbraucherschutzverband ...... (Beklagter)

wegen

Feststellung der Rechtswirksamkeit von AGB.

Vorläufiger Streitwert: DM ......

Namens und mit Vollmacht der Klägerin erhebe ich Klage und werde beantragen:

I. Es wird festgestellt, daß die von der Klägerin in ihren AGB für den Verkauf von Gebrauchtwagen verwendete Klausel „gebraucht, wie besichtigt und unter Ausschluß jeder Gewährleistung" wirksam ist.
II. Der Beklagte trägt die Kosten des Rechtsstreits.

Begründung:

Die Klägerin betreibt in der Rechtsform der GmbH einen Handel mit gebrauchten Kraftfahrzeugen. Der Beklagte ist ein Verbraucherschutzverband, der mit Schreiben vom ...... die Klägerin hinsichtlich der Verwendung der Klausel „gebraucht, wie besichtigt und unter Ausschluß jeder Gewährleistung" abgemahnt hat.

Beweis: Abmahnungsschreiben.

Die Klägerin hat durch Anwaltsschreiben vom ...... ihren Rechtsstandpunkt zum Ausdruck gebracht, daß die verwendete AGB-Klausel nicht gegen § 9 AGB-Gesetz verstoße, und hat den Beklagten aufgefordert, bis ...... zu erklären, daß die Klausel von ihm nicht mehr beanstandet werde.

Beweis: Anwaltsschreiben vom ......

Der Beklagte hat durch Anwaltsschreiben vom ...... erwidert, daß er nach wie vor die Klausel im Hinblick auf § 9 AGB-Gesetz für unwirksam halte und daß er sich sämtliche weiteren Schritte vorbehalte.

Beweis: Anwaltsschreiben vom ......

Die Klausel ist mit § 9 AGB-Gesetz vereinbar. Der Gesetzgeber hat bereits durch die Beschränkung des § 11 Nr. 10 AGBG auf neu hergestellte Sachen zum Ausdruck gebracht, daß bei Gebrauchtwaren ein vollständiger Gewährleistungsausschluß nicht von vornherein unzulässig ist. Zum Leitbild des Gebrauchtwagenverkaufs durch einen Gebrauchtwagenhändler gehört der vollständige Gewährleistungsausschluß, weil der Händler nur beschränkte Möglichkeiten hat, sich über den Zustand des zu verkaufenden Fahrzeugs zu unterrichten. Ihn trifft keine allgemeine Untersuchungspflicht; dem Gebrauchtwagenkauf haftet grundsätzlich ein gewisses Risiko an. Der Käufer wird durch den Gewährleistungsausschluß auch nicht rechtlos gestellt, da ein Gewährleistungsausschluß nach § 476 BGB bei arglistigem Verschweigen eines Mangels unwirksam ist[3].

Das Rechtsschutzbedürfnis für die Feststellungsklage ist zu bejahen. Der für den Geschäftssitz der Klägerin zuständige Verbraucherschutzverband berühmt sich, Ansprüche nach § 13 AGB-Gesetz zu haben. Die Klägerin muß wissen, ob sie weiterhin ihre AGB mit

5. Negative Feststellungsklage des Verwenders

der beanstandeten Klausel verwenden kann. Solange die Klägerin, die einen erheblichen Umsatz mit gebrauchten Fahrzeugen hat und die ständig ihre AGB verwendet, keine Klarheit erlangt, ob die verwendete Klausel wirksam ist und ob der Beklagte seine Androhung, eine einstweilige Verfügung zu beantragen oder Klage zu erheben, wahrmacht, ist sie in der Ausübung ihres Gewerbebetriebs beeinträchtigt.[4]

Rechtsanwalt

Anmerkungen

1. Ein besonderes Rechtsschutzbedürfnis für Klagen von Verbänden und Kammern auf Feststellung, daß Bestimmungen in AGB unwirksam sind, besteht nicht, da sogleich auf Leistung, also auf Unterlassung oder Widerruf, geklagt werden kann. Dagegen können Feststellungsklagen von Verwendern und Empfehlern gegen die nach § 13 Abs. 2 AGBG zur Klage Befugten erhoben werden, wenn ein rechtliches Interesse (§ 256 Abs. 1 ZPO) an der Feststellung der Wirksamkeit der AGB besteht. Dem Vertragspartner des Verwenders steht kein eigener Anspruch auf Unterlassung oder Widerruf zu; Streitigkeiten zwischen dem Vertragspartner des Verwenders und dem Verwender über die Rechtswirksamkeit von AGB können nur im normalen Rechtsstreit ausgetragen werden. Deshalb kommen als Klagegegner einer Feststellungsklage nur die in § 13 Abs. 2 AGBG genannten Verbände und Kammern in Frage. Werden sie nach Abmahnung aufgefordert, den Anspruch fallenzulassen, und kommen sie dieser Aufforderung nicht nach, so ist ein Rechtsschutzbedürfnis für die Feststellungsklage gegeben (*Palandt/Heinrichs* § 15 AGBG Rdn. 8; *Ulmer/Brandner/Hensen* § 15 Rdn. 26); *Löwe/v. Westphalen/Trinkner* § 13 Rdn. 60). Die Aufforderung der Rücknahme halten für entbehrlich *Wolf/Horn/Lindacher* AGBG § 13 Rdn. 134.

2. Die Zuständigkeit regelt sich nach § 14 AGBG.

3. Vgl. BGH NJW 1979, 1886 mit Anm. *Löwe* BB 1979, 1063 und Anm. *Rudolf* BB 1979, 1377 mit Anm. *Löwe*; BGH NJW 1983, 217.

4. Erhebt der beklagte Verband seinerseits Leistungswiderklage, so entfällt nach hM. das Rechtsschutzbedürfnis für die Feststellungsklage. Der Kläger muß die Erledigung der Hauptsache erklären (vgl. hierzu: *Wolf/Horn/Lindacher* AGB-Gesetz § 13 Rdn. 136).

III. Zwangsvollstreckung, Anfechtungsgesetz, Vergleichs- und Konkursordnung

A. Allgemeines Vollstreckungsrecht

Allgemeine Vollstreckungsvoraussetzungen

1. Anträge auf Notfrist- und Rechtskraftzeugnis und auf einfache Vollstreckungsklausel (§§ 706, 724 ZPO)

An das
......gericht ......
Geschäftsstelle[1]
Az. ......

In der Sache

X ./. Y

überreiche ich anliegend Kurzausfertigung[2] des Urteils des ......gerichts ......, Az. ......, vom ...... mit Zustellungsbescheinigung – und Notfristzeugnis – sowie Rechtskraftzeugnis[3] – und bitte,

– das Notfristzeugnis[4]
– das Rechtskraftzeugnis[5]
– die Vollstreckungsklausel[6] mit Zustellungsbescheinigung

zu erteilen.

Rechtsanwalt

Anmerkungen

1. a) Das Notfristzeugnis erteilt die Geschäftsstelle des Rechtsmittelgerichtes, § 706 Abs. 2 ZPO.
   b) Das Rechtskraftzeugnis erteilt die Geschäftsstelle des Gerichtes erster Instanz oder die höherer Instanz, solange der Prozeß dort anhängig ist, § 706 Abs. 1 ZPO.
   c) Die Vollstreckungsklausel erteilt der Urkundsbeamte der Geschäftsstelle, im übrigen wie b), § 724 Abs. 2 ZPO.
   Anwaltszwang besteht für keinen der drei Anträge.

2. Verwendung der Kurzausfertigung, § 317 Abs. 2 S. 2 ZPO, ist für die Vollstreckung zweckmäßig.

3. Das Formular ist für alle 3 Anträge tauglich. Nichtzutreffendes streichen.

4. Ein Notfristzeugnis entfällt beim Einspruch, weil die Sache beim Gericht bleibt, § 340 Abs. 1 ZPO, und bei der Sprungrevision, wo das Revisionsgericht benachrichtigen muß, § 566a Abs. 7 ZPO, § 706 Abs. 2 S. 2 ZPO.

5. Es setzt – außer bei Erteilung durch das Rechtsmittelgericht, § 706 Abs. 1, 2. Alt. ZPO – die Notfristbescheinigung voraus, vgl. Anm. 4. Rechtsmittel wegen eines Teilbetrages hemmt idR. die Rechtskraft insgesamt (BGH NJW 1989, 170).

6. Sie wird auch für vorläufig vollstreckbare Urteile erteilt, setzt also das Rechtskraftzeugnis nicht voraus. Das ist in der Vollstreckung nur für die Sicherheitsleistung von Bedeutung, § 751 Abs. 2 ZPO. Diese entfällt bei Sicherungsvollstreckung, § 720a ZPO.

Die Vollstreckungsklausel ist generelle Vollstreckungsvoraussetzung für alle Arten von Titeln, §§ 795, 724 ZPO, außer
a) beim Arrestbefehl, § 929 Abs. 1 ZPO,
b) beim Vollstreckungsbescheid, § 796 Abs. 1 ZPO,
c) beim Kostenfestsetzungsbeschluß auf dem Urteil, § 795a ZPO.

Sonstige Vollstreckungstitel benennt § 794 ZPO. Weitere Vollstreckungstitel vgl. *Baumbach/Lauterbach/Albers/Hartmann* § 794 Rdn. 45–59 und § 68 GVGA.

Den Wortlaut der Vollstreckungsklausel schreibt § 725 ZPO vor.

Kosten und Gebühren

a) Gericht: keine besondere Gerichtsgebühr.
b) Anwalt: für Notfrist- und Rechtskraftzeugnis sowie erstmalige Erteilung der Vollstreckungsklausel (außer bei Klage nach § 731 ZPO) keine besondere Anwaltsgebühr, §§ 37 Nr. 7 und 58 Abs. 2 Nr. 1 BRAGO.
c) In Ostdeutschland nur 80 % der gesetzlichen Gebühren.

Fristen und Rechtsmittel

Bei Ablehnung der Erteilung von Notfrist- oder Rechtskraftzeugnis kann der Antragsteller gegen diese Entscheidung des Urkundsbeamten der Geschäftsstelle die Entscheidung des Prozeßgerichtes beantragen, § 576 Abs. 1 ZPO, ebenso der Gegner bei Erteilung dieser Zeugnisse.

Das gleiche gilt bei Ablehnung der Erteilung der Vollstreckungsklausel. Bei ihrer Erteilung kann der Schuldner gemäß §§ 732 oder 768 ZPO vorgehen (vgl. Form. III. A. 12 und Form. III. A. 19).

2. Klage auf Vollstreckbarkeit eines ausländischen Urteils (§§ 722, 723 ZPO)

(vgl. Form. I. T.4)

3. Antrag auf Klauselerteilung bei bedingter Leistung etc. (§ 726 Abs. 1 ZPO)

An das
......gericht ......[1]

In ......[2]

überreiche ich anliegend Ausfertigung des Scheidungsvergleichs[3] vom ...... und bitte namens der Klägerin,

die Vollstreckungsklausel gemäß § 726 Abs. 1 ZPO

zu erteilen.

Der Vergleich ist geschlossen „für den Fall der rechtskräftigen Scheidung der Parteien"[4]. Ich überreiche daher weiter das Scheidungsurteil des dortigen Gerichts vom ......, Az. ......, mit Rechtskraftzeugnis[5].

Rechtsanwalt

Anmerkungen

1. Gerichtliche Zuständigkeit wie bei der einfachen Klausel, Form. III. A. 1 Anm. 1. Die qualifizierte Klausel wird aber vom Rechtspfleger erteilt, § 20 Nr. 12 Rechtspflegergesetz.

2. Kurzrubrum mit Az. wie Form. III. A. 1.

3. Titel gemäß § 794 Abs. 1 Nr. 1 ZPO. Soweit in §§ 795a bis 800 ZPO nicht abweichende Vorschriften enthalten sind, gelten alle Vorschriften über Urteile in §§ 724 bis 793 ZPO entsprechend für die sonstigen Vollstreckungstitel, § 795 ZPO.

4. Der Beweis für den Bedingungseintritt ist durch öffentliche oder öffentlich beglaubigte (qualifizierte) Urkunden zu führen, § 726 Abs. 1 ZPO. Sicherheitsleistung ist erst bei Vollstreckungsbeginn dem Vollstreckungsorgan nachzuweisen, § 751 Abs. 2 ZPO.
Nachweis erst bei Vollstreckungsbeginn reicht auch bei Zug-um-Zug-Leistungen, § 756 ZPO, außer wenn die Leistung des Schuldners eine Willenserklärung ist, § 726 Abs. 2 ZPO. Denn diese gilt bei Zug-um-Zug-Leistungen mit Klauselerteilung als abgegeben, § 894 Abs. 1 S. 2 ZPO.

5. Der Urkundsbeweis entfällt, wenn die Tatsache beim Gericht im Sinne von § 291 ZPO offenkundig ist (*Baumbach/Lauterbach/Albers/Hartmann* § 726 Rdn. 5). Auch ein Geständnis des Schuldners bei Anhörung nach § 730 ZPO ersetzt den Urkundsbeweis (OLG Frankfurt Rpfleger 1975, 326). Sind diese Wege nicht gangbar, muß nach § 731 ZPO geklagt werden, vgl. Form. III. A. 5.

Kosten und Gebühren

a) Gericht: keine besonderen Gerichtsgebühren.
b) Anwalt: wie Form. III. A. 1. Nur bei Einwendungen des Schuldners nach § 732 ZPO fällt eine 3/10 Gebühr an, auch für Gläubigeranwalt, §§ 57, 58 Abs. 3 Nr. 1 BRAGO.
c) In Ostdeutschland nur 80 % der gesetzlichen Gebühren.

Fristen und Rechtsmittel

Bei Ablehnung für Gläubiger Erinnerung nach § 11 RPflG. Bei Erteilung für Schuldner Erinnerung nach § 732 ZPO (vgl. Form. III. A. 12) oder Klage nach § 768 ZPO (vgl. Form. III. A. 19).

Mewing

4. Antrag auf Klauselerteilung für und gegen Rechtsnachfolger (§§ 727–729 ZPO)

An das
......gericht ......[1]

In ......[2]
überreiche ich anliegend meine Vollmacht sowie die vollstreckbare Ausfertigung[3] des Urteils vom ...... und beantrage,
1. eine vollstreckbare Ausfertigung für den Rechtsanwalt Z als Konkursverwalter der Gläubigerin zu erteilen,
2. die vollstreckbare Ausfertigung auch gegen die P-GmbH zu erteilen.

Weiter überreiche ich Ausfertigung des Konkursverwalterzeugnisses gemäß § 81 Abs. 2 KO des AG ......, wonach mein Auftraggeber Konkursverwalter der Gläubigerin[4] und damit Rechtsnachfolger i.S. von § 727 ZPO ist[5].
Ich überreiche weiter beglaubigten Handelsregisterauszug des AG ......, wonach die P- GmbH am ......, also nach Rechtskraft des Urteils, in die schuldnerische OHG eingetreten ist. Auf diesen Fall ist § 729 Abs. 2 ZPO entsprechend anwendbar[6].

Rechtsanwalt

Anmerkungen

1. Zuständigkeit wie Form. III. A. 3 Anm. 1. Beim Mahnbescheid ist das Mahngericht zuständig, bei zentralem Mahngericht (in NRW: AG Hagen) ist dieses zuständig BGH ZIP 1993, 1729.

2. Kurzrubrum mit Az. wie Form. III. A. 1.

3. Damit Gläubiger nicht 2 Vollstreckungstitel hat, muß die erteilte vollstreckbare Ausfertigung zurückgereicht werden (vgl. unten Form. III. A. 7). Meist wird die neue qualifizierte Klausel auf die bisherige Titelurkunde gesetzt oder dieser angeheftet.

4. Wie bei Form. III. A. 3 Anm. 4 ersetzt auch hier Offenkundigkeit den Urkundsbeweis (Offenkundigkeit in der Klausel zu erwähnen, § 727 Abs. 2 ZPO), ebenso das Schuldnergeständnis bei Anhörung gem. § 730 ZPO. Sonst Klage nach § 731 ZPO.

5. Rechtsnachfolge ist hier im weitesten Sinne zu verstehen (LG Bremen KTS 1977, 124) auch wenn, wie beim Konkursverwalter, keine Rechtsnachfolge im engeren Sinne vorliegt. Auch für diese Fälle des Übergangs der Rechtsausübungsbefugnis ist aber Umschreibung des Titels erforderlich, kann also nicht unter der alten Parteibezeichnung weitervollstreckt werden (LG Bremen aaO.). Auch der gem. § 265 ZPO während des Prozesses eingetretene Neugläubiger benötigt die qualifizierte Klausel des § 727 ZPO, selbst wenn die Zahlung an ihn tituliert ist, BGH NJW 1984, 806.

Weitere Fälle sind auf Gläubigerseite (in Klammern die angezeigte qualifizierte Beweisurkunde):
a) Forderungsabtretung (notariell beglaubigte Abtretungsurkunde, vgl. § 403 BGB);
b) Erbe (Erbschein), dieser ggf. auch als „Rechtsnachfolger" des Testamentsvollstreckers, §§ 327, 728 Abs. 2 S. 1 ZPO;
c) Miterbe, aber Beschränkung nach § 2039 BGB (Erbschein);
d) Nacherbe als „Rechtsnachfolger" des Vorerben, §§ 326, 728 Abs. 1 ZPO (Erbschein);
e) Die Parteien kraft Amtes, nämlich Konkurs-, Gesamtvollstreckungs-, Nachlaß- und Zwangsverwalter, Sequester nach § 106 KO, Pfleger des Sammelvermögens nach

5. Klage auf Klausurerteilung   III. A. 5

§ 1914 BGB, Testamentsvollstrecker vgl. § 749 ZPO (jeweils das gerichtliche Zeugnis über Amtsinhaberschaft, § 81 Abs. 2 KO etc.); umgekehrt auch der jeweilige Vermögensinhaber nach Wegfall des Amtes;
f) Pfändungspfandgläubiger (Pfändungs- und Überweisungsbeschluß);
g) Kanzleiabwickler nach § 55 BRAO (Bestallungsurkunde);
h) Firmenübernehmer nach § 25 HGB, Fälle der Verschmelzung und Umwandlung im Gesellschaftsrecht (beglaubigter Handelsregisterauszug);
i) gesetzliche Forderungsübergänge, zB. §§ 774, 426 BGB, § 1542 RVO, §§ 90, 91 BSHG (mit rechtskräftiger Überleitungsanzeige), § 67 VVG.

6. Vgl. *Eickmann* RPfleger 1974, 260; weitere Fälle auf Schuldnerseite:
a) Zunächst die Fälle oben 5.b., c., d., h., die auch als Nachfolge, zT. beschränkt oder beschränkbar, in die Verbindlichkeit in Betracht kommen;
b) die Parteien kraft Amtes oben 5.e., aber nur zT., zB. der Konkursverwalter für die Aussonderungsrechte;
c) Schuldübernahme und -beitritt (notarielle Vertragsurkunde).

Kosten und Gebühren

a) Gericht: keine besonderen Gerichtsgebühren.
b) Anwalt: wie Form. III. A. 3., d.h. die 3/10 Gebühren gemäß §§ 57, 58 BRAGO entsteht mit dem Auftrag zur Beantragung der Klausel, deckt aber zugleich eine durch sie vorbereitete erste Vollstreckungsmaßnahme.
c) In Ostdeutschland nur 80 % der gesetzlichen Gebühren.

Fristen und Rechtsmittel

Wie Form. III. A. 3.

5. Klage auf Klauselerteilung (§ 731 ZPO)

An das
......gericht ......[1]

                              Klage

des ......
                                                              (Klägers)

Prozeßbevollmächtigter: ......

gegen

den ......
                                                              (Beklagten)

wegen Feststellung einer Rechtsnachfolge, § 731 ZPO[2]

Streitwert: ......DM[3]

Namens und mit Vollmacht des Klägers erhebe ich Klage und werde beantragen zu erkennen:

I. Es wird festgestellt, daß der Kläger Rechtsnachfolger des X für die durch rechtskräftiges Urteil des Gerichtes in der Sache X gegen den Beklagten vom ......, Az. ......, titulierten Forderung ist[4].
II. Der Beklagte trägt die Kosten des Rechtsstreites.

Begründung:

I.

Für X erging das im Antrag genannte Urteil auf Zahlung von ...... DM zuzüglich Zinsen und Kosten. Ich bitte insoweit ggf. die Akte des Vorprozesses beizuziehen. Mit Privaturkunde vom ...... trat X die Forderung an den Kläger ab.

Beweis: 1. anliegende Privaturkunde,
         2. Zeugnis des Y.

Wenige Tage später gab X seine Wohnung auf und verzog ohne Abmeldung mit unbekanntem Ziel, so daß notarielle Beurkundung, § 403 BGB, ausscheidet[5].

Beweis: Unauffindbarkeitsbescheinigung der Meldebehörde

II.

Der Beklagte leistete nicht, obgleich ihm die Abtretung gemäß § 409 Abs. 1 S. 2 BGB angezeigt und er zur Zahlung aufgefordert wurde.

Beweis: Aufforderungsschreiben und Gerichtsvollzieherzustellungsurkunde gemäß § 132 Abs. 1 BGB, verbunden mit der oben vorgelegten Abtretungsurkunde.

Der Kläger hat Klauselerteilung gemäß § 727 ZPO betrieben und beantragt, den Beklagten gemäß § 730 ZPO zu hören, damit er die Rechtsnachfolge zugestehe[6]. Der Beklagte hat nicht Stellung genommen. Mangels Urkundsbeweises hat der Rechtspfleger die Klauselerteilung abgelehnt[7], so daß Klage geboten ist.

Rechtsanwalt

Anmerkungen

1. Zuständig ist das erstinstanzliche Gericht des Vorprozesses, § 731 ZPO.

2. Ungenau ist die Bezeichnung als Klage auf Vollstreckungsklausel. Der Beklagte erteilt die Klausel nicht. Es wird die Rechtsnachfolge mit normalen Beweismitteln durch Urteil festgestellt. Mit dieser Urkunde kann der Titel nach § 727 ZPO umgeschrieben werden.
Der Vorteil gegenüber einer völlig neuen Klage ist der beschränkte Streitgegenstand. Hier ist nur noch die Rechtsnachfolge im Streit, nicht die Forderung selbst.

3. Streitwert ist der Wert des noch beizutreibenden Anspruches, OLG Köln RPfleger 1969, 247.

4. Andere Antragsfassung zB.:
„Dem Kläger ist die Vollstreckungsklausel zu dem Urteil des ...... vom ...... in Sachen ...... Az. ...... gegen den Beklagten zu erteilen."

5. Sonst wäre § 727 ZPO gegeben und für § 731 ZPO fehlte das Rechtsschutzbedürfnis.

6. Auch dies würde für § 727 ZPO ausreichen, vgl. Form. III. A. 4 Anm. 3.

7. Kann der Kläger den Nachweis nach §§ 727ff. ZPO führen oder die dafür erforderlichen Urkunden mit zumutbarem Aufwand beschaffen, fehlt für eine Klage das Rechtsschutzbedürfnis, RGZ 124, 151. Es muß aber keineswegs stets zunächst ein Antrag nach §§ 727ff. ZPO abgelehnt sein (so aber *Baumbach/Lauterbach/Albers/Hartmann* § 731 Rdn. 2; dagegen *Stein/Jonas/Münzberg* Anm. 2 und 4 zu § 731 und *Zöller/Stöber* Rdn. 2 zu § 731). Nach BGH NJW 1987, 2863 soll dagegen die Klagmöglichkeit nach § 731 ZPO nicht eine normale neue Klage aus dem Schuldverhältnis ausschließen.

Kosten und Gebühren

a) Gericht: Normale Verfahrensgebühren, KV-Nr. 1201 f.
b) Anwalt: Normale $^{10}/_{10}$ Prozeßgebühren nach §§ 31 ff. BRAGO, vgl. §§ 37 Nr. 7 und 58 Abs. 2 Nr. 1 BRAGO.
c) In Ostdeutschland 80 % der gesetzlichen Gebühren.

Fristen und Rechtsmittel

Wie im normalen Prozeß, vgl. Form. I. O. 1.

6. Zustellungsauftrag

An das
Amtsgericht/Kreisgericht (in Ostdeutschland)
Verteilungsstelle für Gerichts-
vollzieheraufträge[1]

(oder: Herrn Obergerichtsvollzieher ......[2])

In Sachen

X ./. Y

überreiche ich in Vollmacht des Gläubigers anliegend Ausfertigung und ...... beglaubigte Abschriften[3]

des Pfändungs- und Überweisungsbeschlusses des AG ...... vom ...... Az. ......
zur Zustellung[4] an
1. Herrn X als Drittschuldner (bitte nicht an Frau X ersatzzustellen, da Schuldnerin),
2. dessen Ehefrau, Frau X, als Schuldnerin[5].
Die mit Zustellungsurkunden versehene Ausfertigung erbitte ich zurück.
Mein Auftraggeber hat – keine – Prozeßkostenhilfe.

Besondere Hinweise:
Zur Beurkundung der Drittschuldnererklärung gemäß § 840 ZPO bitte ich die Zustellung an den Drittschuldner nicht durch Aufgabe zur Post zu bewirken[6].

Rechtsanwalt

Anmerkungen

1. Vgl. § 753 Abs. 2 ZPO, wenn der zuständige Gerichtsvollzieher nicht bekannt ist.

2. Zustellungen im Parteiauftrag werden von den Gerichtsvollziehern bewirkt, §§ 166 ff. ZPO. Bei Vertretung beider Seiten durch Anwälte können Zustellungen vereinfacht und kostensparend zwischen diesen direkt bewirkt werden, § 198 ZPO.

3. Vgl. § 169 Abs. 1, § 170 Abs. 2 ZPO; fehlen die Abschriften, so fertigt und beglaubigt Gerichtsvollzieher sie (§ 26 Nr. 2 GVGA) – jedoch auf Kosten des Gläubigers (§ 36 Nr. 2 Gerichtsvollzieherkostengesetz).

4. Urteile werden von Amts wegen zugestellt, § 317 ZPO, ebenso der Vollstreckungsbescheid, soweit nichts anderes beantragt ist, § 699 Abs. 4 ZPO. Den Pfändungsbeschluß

muß der Gläubiger zustellen lassen, § 829 Abs. 2 S. 1 ZPO, meist durch Vermittlung der Gerichtsgeschäftsstelle, § 166 Abs. 2 mit § 168 ZPO. Obwohl Zustellung durchgängig Vollstreckungsvoraussetzung ist, § 750 ZPO (Ausnahme: Arrest, § 929 Abs. 3 ZPO), erfolgt sie also nur in Eil- und Sonderfällen im direkten Auftrag des Gläubigers.

Bei Vollstreckung wird meist der Zustellungsauftrag mit dem Vollstreckungsauftrag verbunden, vgl. Form. III. B. 1. Dies ermöglicht § 750 Abs. 1 ZPO. Bei Sicherungsvollstreckung nach § 720a ZPO muß aber nach § 750 Abs. 3 ZPO zwei Wochen vor Vollstreckungsbeginn zugestellt werden.

5. Anzugeben ist eine vom Gläubiger zu ermittelnde (anders früher in der DDR!) zustellungsfähige Anschrift. Bei Postfach erteilt die Post bei berechtigtem Interesse Auskunft über die Anschrift. Wird ein Geschäftslokal bei mehreren Zustellversuchen nicht besetzt gefunden, gilt es als im Sinne von § 184 Abs. 2 ZPO nicht vorhanden. Dann Ersatzzustellung an gesetzlichen Vertreter möglich (OLG Karlsruhe BB 1994, 885).

6. Die Zustellung kann der Gerichtsvollzieher auch durch Aufgabe zur Post bewirken, § 193 ZPO. Beim Pfändungsbeschluß soll das aber nicht ausreichen, um bei der Erklärungsaufforderung an den Drittschuldner nach § 840 ZPO dessen Schadensersatzpflicht zu begründen (LG Tübingen MDR 1974, 677; aA. LG Schweinfurt DGVZ 56, 71). Daher ist vorsorglich vom Gerichtsvollzieher in Person zuzustellen.

Kosten und Gebühren

a) Anwalt: keine besondere Gebühr §§ 37 Nr. 7 und 58 Abs. 2 Nr. 1 BRAGO
b) Gerichtsvollzieher: bis zu 10 Deutsche Mark gemäß § 16 Gerichtsvollzieherkostengesetz, zuzüglich Auslagen, Schreibauslagen und Wegegeld, §§ 35 ff. GeKostG.
c) In Ostdeutschland 80 % der gesetzlichen Gebühren.

Fristen und Rechtsmittel

Unbefristete Erinnerung, § 766 ZPO, vgl. Form. III. A. 15.

7. Antrag auf weitere vollstreckbare Ausfertigung (§ 733 ZPO)

An das
......gericht ......[1]

In ......[2]

beantrage ich,

dem Gläubiger eine zweite vollstreckbare Ausfertigung[3] des Urteils vom ...... Az. ...... gegen den Schuldner zu 2.) zu erteilen.

Begründung:

In dem genannten Urteil war der Schuldner zu 2.) gemeinsam mit der Schuldnerin zu 1.), seiner damaligen Ehefrau, als Gesamtschuldner verurteilt[4]. Die Schuldner sind geschieden. Gegen die Schuldnerin zu 1.) vollstreckt der Gläubiger zur Zeit mit Haftauftrag.

Beweis: beigefügte Kopie des Haftauftrages

Der Gläubiger erfuhr, daß der Schuldner zu 2.) in ...... wohnt. Um gegen ihn zu vollstrecken[5], benötigt der Gläubiger eine zweite vollstreckbare Ausfertigung gegen diesen Schuldner[6].

Rechtsanwalt

Anmerkungen

1. Zuständigkeit wie bei Klauselerteilung, § 724 Abs. 2 ZPO, vgl. Form. III. A. 1 Anm. 1.

2. Kurzrubrum mit Az. wie Form. III. A. 1.

3. Die weiteren Ausfertigungen sollen zur Unterscheidbarkeit jeweils als 2., 3. etc. bezeichnet werden, Fehlen macht aber nicht unwirksam (*Baumbach/Lauterbach/Albers/Hartmann* § 733 Rdn. 7).

4. Ein Anwendungsfall von § 733 ZPO ist die gleichzeitige Vollstreckung gegen mehrere Gesamtschuldner. Die Regelung im Mahnverfahren (1 Titel für jeden Gesamtschuldner) zeigt, daß ohne besondere Voraussetzungen ein vollstreckbarer Titel pro Gesamtschuldner erteilt wird. Sonst wäre die haftungserweiternde Wirkung der Gesamtschuld faktisch eingeschränkt. Folgerichtig sollte daher bei Entstehung von Gesamtschuld nach Rechtskraft, zB. Firmenübernahme oder Schuldbeitritt, die Umschreibung nach §§ 727, 729 ZPO mit dem Antrag auf eine 2. Ausfertigung nach § 733 ZPO verbunden werden (vgl. AG Groß Gerau RPfleger 1981, 151 mwN.).

5. Der Gläubiger muß sein Rechtsschutzbedürfnis glaubhaft machen, meist, indem er den betreffenden Sachverhalt eidesstattlich versichert. Ggf. reicht die bloße Tatsache der Gesamtschuld (vgl. oben 4.). Die Angabe des konkreten Anlasses ist aber jedenfalls zweckmäßig.

Der Schuldner ist im Hinblick auf Art. 103 GG wohl zu hören, jedenfalls erhält er die Mitteilung nach § 733 Abs. 2 ZPO.

6. Weitere Fälle von § 733 ZPO sind zB.:
a) Verlust der ersten Ausfertigung (vgl. LG Köln Büro 1969 Sp. 1218);
b) versehentliche Aushändigung an Schuldner vor Tilgung (vgl. OLG Hamm Rpfleger 1979, 431);
c) Beschädigung, erschwerte Lesbarkeit oder Unübersichtlichkeit der ersten Ausfertigung, unter deren Rückgabe;
d) gleichzeitige Vollstreckung an mehreren Orten erforderlich (OLG Karlsruhe Rechtspfleger 1977, 453);

Kosten und Gebühren

a) Gericht: keine besondere Verfahrensgebühr, nur Schreibauslagen, § 64 GKG KV-Nr. 9000.
b) Anwalt: 3/10 Gebühr, §§ 57, 58 Abs. 3 Nr. 2 BRAGO.
c) In Ostdeutschland 80 % der gesetzlichen Gebühren.

Fristen und Rechtsmittel

Für Gläubiger, bei Ablehnung, Erinnerung nach § 11 RPflG. Für Schuldner, bei Erteilung, Erinnerung nach § 732 ZPO oder Klage nach § 768 ZPO (Zöller/Stöber § 733 Rdnr. 14).

8. Antrag auf Rubrumsberichtigung (§§ 319, 727 ZPO)

An das
......gericht ......[1]

In ......[2]

überreiche ich anliegend Vollstreckungsbescheid des dortigen Gerichts vom ...... und beantrage[3],

die Schuldnerbezeichnung dahin zu ergänzen, daß die Schuldnerin jetzt den Familiennamen X trägt.

Begründung:

Gemäß beigefügter standesamtlicher Urkunde[4] vom ...... führt die Schuldnerin jetzt durch Namensänderung[5] den Familiennamen X. Um die Feststellung der Nämlichkeit bei Fortsetzung der Vollstreckung zu erleichtern[6], bitte ich um entsprechende Ergänzung.

Rechtsanwalt

Anmerkungen

1. Zuständigkeit bei Antrag entsprechend § 727 ZPO nach § 724 Abs. 2 ZPO, bei Antrag entsprechend § 319 ZPO bei dem Gericht, das den Titel erließ.
Beide Fälle betreffen nur Berichtigung oder Ergänzung des Rubrums nach Vorliegen einer vollstreckbaren Entscheidung. Zur Rubrumsberichtigung im Prozeß vgl. Form. I. J. 4.
Berichtigung oder Ergänzung liegt vor, wenn bei Identität der Vollstreckungspartei deren Bezeichnung oder Name sich ändert (einschließlich des Wechsels oder Wegfalls gesetzlicher Vertreter).
Bei Parteiwechsel dagegen kommt nur Titelumschreibung in Betracht, vgl. Form. III. A. 4 und 5.

2. Kurzrubrum mit Az. wie Form. III. A. 1.

3. Unklar ist, ob eine Berichtigung in entsprechender Anwendung von § 319 ZPO (so wohl *Baumbach/Lauterbach/Albers/Hartmann* § 750 Rdn. 1 und BAG BB 1978, 453) oder von § 727 ZPO erfolgt. Letzteres nimmt *Petermann* Rpfleger 1973, 156 an, wenn die Parteibezeichnung sich nachträglich geändert hat, § 319 ZPO dagegen, wenn die Partei schon im Prozeß irrig falsch bezeichnet war. In beiden Fällen muß eindeutig belegt sein, daß sich der Name, nicht aber die Partei geändert hat. Die analoge Anwendung von § 727 ZPO verdient den Vorzug, da sie bei fehlenden Beweisurkunden die Klage nach § 731 ZPO eröffnet (LG Berlin MDR 1977, 236), während bei Fehlschlag des Vorgehens nach § 319 ZPO völlig neu geklagt werden muß.
Noch zutreffender wohl *Zöller/Stöber* Rdn. 31 ff. zu § 727 ZPO, wonach es sich um eine Fortsetzung des Klauselerteilungsverfahrens, §§ 724, 725 ZPO, handelt. Dann ist weiter der Urkundsbeamte zuständig, öffentlich oder öffentlich beglaubigte Urkunden sind nicht zwingend erforderlich, und die geänderte Klausel muß nicht erneut zugestellt werden.

4. Andere Nachweise wären zB. Einwohnermeldeamtsbescheinigungen, Gerichtsvollzieherprotokolle, Geständnis des Schuldners.

5. Weitere Fälle der Berichtigung oder Ergänzung zB.:
a) fehlerhafte Namensschreibung, fehlender Vorname oder Vorname nur mit Anfangsbuchstaben,

9. Antrag auf Urkundenerteilung für Gläubiger   III. A. 9

b) Alias-Namen, Künstlernamen, Spitznamen,
c) Ergänzung, Wechsel oder Wegfall bei gesetzlichen Vertretern,
d) Privatname des Inhabers einer Einzelfirma bei Titel auf Firmenbezeichnung, § 17 Abs. 2 HGB (vgl. OLG Frankfurt Rpfleger 1973, 64).
Vgl. im übrigen zu allem *Petermann* Rpfleger 1973, 153 ff.

6. Kann die Identität der Partei vom Vollstreckungsorgan ohne besondere Ermittlungen festgestellt werden, etwa weil der Namenswechsel durch qualifizierte – zB. über § 792 ZPO beschaffte – amtliche Urkunde belegt ist, ist zu vollstrecken, ohne daß es vorheriger Titelberichtigung bedarf (*Petermann* Rpfleger 1973, 156). Um verzögernden Streit darüber zu vermeiden, kann man vorsorglich die Rubrumsberichtigung betreiben.

Kosten und Gebühren

a) Gericht: keine besondere Gerichtsgebühr
b) Anwalt: keine besondere Gebühr, weder bei entsprechender Anwendung von § 319 ZPO (vgl. § 37 Nr. 6 BRAGO), noch bei entsprechender Anwendung von § 727 ZPO (dann § 58 Abs. 2 Nr. 1 BRAGO, außer in den Sonderfällen, in denen die Anwaltstätigkeit auf diesen Antrag beschränkt ist (dann Gebühren entweder nach § 56 oder §§ 57, 58 BRAGO).
c) In Ostdeutschland 80 % der gesetzlichen Gebühren.

Fristen und Rechtsmittel

Legt man die Auffassung von *Zöller/Stöber* zugrunde (vgl. oben Anm. 3), so vgl. Form. III. A. 1.

9. Antrag auf Urkundenerteilung für Gläubiger (§ 792 ZPO)

An das
Amtsgericht
Nachlaßgericht[1]

Antrag auf Erbscheinserteilung

In der Nachlaßsache
X
zuletzt wohnhaft ......

Namens und in Vollmacht des Y beantrage ich die Erteilung eines Erbscheins nach dem am ...... in ...... verstorbenen Kaufmann X, wonach dessen Sohn, der Kaufmann Z, sein alleiniger Erbe ist.
Über die erbrechtlichen Verhältnisse überreiche ich anliegend eidesstattliche Versicherung meines Mandanten in notariell beglaubigter Form[2].
Ich bitte, die Herbeischaffung der erforderlichen Familienstandsurkunden gemäß § 2358 BGB dem Erben aufzugeben[3].
Das Antragsrecht meines Mandanten ergibt sich aus § 792 ZPO[4]. Gemäß dem beigefügten vollstreckbaren Urteil des LG ...... vom ...... Az. ...... war der Verstorbene Schuldner meines Mandanten. Dieser benötigt den Erbschein, um für den Titel gemäß § 727 ZPO eine vollstreckbare Ausfertigung gegen den Erben zu erlangen[5].

Rechtsanwalt

Anmerkungen

1. Zuständig ist das AG, in dessen Bezirk der Erblasser seinen letzten Wohnsitz, hilfsweise seinen letzten Aufenthaltsort hatte, §§ 72, 73 FGG.

2. Die nach § 2356 BGB erforderliche Versicherung kann auch der Gläubiger abgeben (*Baumbach/Lauterbach/Albers/Hartmann* § 792 Rdn. 2), vor dem Notar oder dem Gericht, § 2356 Abs. 2 BGB. Zum Inhalt der Erklärung vgl. Beck'sches Form.-Buch VI.32.

3. Es besteht Amtsermittlungspflicht und Beweiserhebungsmöglichkeit, § 2358 BGB, so daß in der Versicherung über die erbrechtlichen Verhältnisse solche Beweismittel, etwa Zeugen, anzugeben sind, soweit der Gläubiger nicht die öffentlichen Urkunden und Personenstandsurkunden gleichfalls nach § 792 ZPO beschafft.

4. Der Gläubiger muß sich durch den Vollstreckungstitel legitimieren. Ist bereits ein Erbschein erteilt, so ist dem Gläubiger eine Ausfertigung zu erteilen, § 792 ZPO mit § 85 FGG.
Der Erbschein wird auch bei der Vollstreckung in Grundstücke des Erblassers nach § 867 ZPO oder § 17 ZVG benötigt (§§ 14, 39 GBO), soweit die Vollstreckung nicht noch nach § 779 ZPO fortgesetzt werden kann.

5. § 792 ZPO nennt den Erbschein nur beispielhaft. Andere Fälle wären die Zeugnisse der Parteien kraft Amtes, vgl. oben Form. III. A. 4 Anm. 5 d, wenn gegen diese vollstreckt werden soll. Ebenso die notarielle Urkunde bei Vermögensübernahme. Wohl auch anwendbar für Bescheide über behördliche Leistungen an Schuldner (Arbeitslosengeld), die Gläubiger für Billigkeitsvortrag nach § 54 SGB ggf. benötigt, da „im weitesten Sinne auszulegen" (vgl. *Stein/Jonas/Münzberg* Anm. 1 zu § 792 ZPO).

Kosten und Gebühren

Die Kosten richten sich nach den für den jeweiligen Antrag geltenden Vorschriften, beim Erbscheinsantrag also §§ 107 ff. KostO (Gerichtskosten) und § 118 BRAGO (Anwaltskosten).

Die Antragskosten und die Kosten etwa erforderlicher Beurkundungen sind solche der Vollstreckung, also nach § 788 ZPO zu behandeln.

In Ostdeutschland 80 % der gesetzlichen Gebühren.

10. Antrag auf Gestattung der Vollstreckung zur Nachtzeit (§ 761 ZPO)

An das
Amtsgericht
Vollstreckungsgericht[1]

Antrag nach § 761 ZPO[2]

in der Vollstreckungssache

X ./. Y

Namens und in Vollmacht des Gläubigers beantrage ich zu beschließen:
Die Zwangsvollstreckung aus dem Vollstreckungsbescheid des AG ...... vom ...... Az. ...... in Wohnung und Gaststätte des Schuldners in ...... X-Straße Nr. ...... wird in der Zeit vom ...... bis ...... auch zur Nachtzeit und an Sonn- und Feiertagen gestattet[3].

10. Antrag auf Gestattung der Vollstreckung zur Nachtzeit   III. A. 10

Begründung:

Nach anliegendem Gerichtsvollzieherprotokoll vom ...... URNr. ...... ist die Vollstreckung in Wohnung und Gaststätte des Schuldners erfolglos geblieben. Aus dem Protokoll ergibt sich, daß die Gaststätte tagsüber geschlossen ist und eine Kassenpfändung nur abends zum Erfolg führen kann. Daher bitte ich, die beantragte Erlaubnis zu erteilen.

Rechtsanwalt

Anmerkungen

1. Zuständig das AG, in dessen Bezirk vollstreckt werden soll, § 761 Abs. 1 ZPO, als Vollstreckungsgericht, durch den Richter, nicht den Rechtspfleger (h. M., *Zöller/Stöber* Rdn. 4 zu § 761 mwN.; aA., Rechtspfleger sei zuständig, *Baumbach/Lauterbach/Albers/ Hartmann* § 761 Rdn. 1).

2. Die Erlaubnis ist für alle Arten von Vollstreckungshandlungen außerhalb der normalen Tageszeit, die sich aus § 188 ZPO ergibt, erforderlich. In der Praxis wird sie vor allem beim Haftauftrag nach § 909 ZPO benötigt, wenn der Schuldner tagsüber nicht anzutreffen ist.

Der Antrag kann – zur Beschleunigung – auch vom Gerichtsvollzieher gestellt werden, im Namen des Gläubigers, § 65 Nr. 3 GVGA.

Da fraglich ist, ob dieser Beschluß zugleich die Genehmigung zur Wohnungsdurchsuchung nach § 758 ZPO enthält (dafür *Bischof* ZIP 1983, 522, dagegen *Zöller/Stöber* Rdn. 7 zu § 761 und OLG Hamm KTS 1984, 726), sollte man vorsorglich diesen Antrag mit dem auf Durchsuchungserlaubnis nach § 758 ZPO kombinieren, vgl. das nachfolgende Form. III. A. 11.

3. Da nach dem Wortlaut von § 761 ZPO die Erlaubnis nach einem vergeblichen Vollstreckungsversuch verbraucht wäre, sollte sie zweckmäßig für einen bestimmten Zeitraum oder für eine bestimmte Zahl von Vollstreckungsversuchen beantragt werden (zulässig, LG Mönchengladbach MDR 1972, 245 mwN.; *Baumbach/ Lauterbach/Albers/Hartmann* § 761 Rdn. 4).

Kosten und Gebühren

a) Gericht: keine besondere Gebühr
b) Anwalt: keine besondere Gebühr, § 58 Abs. 2 Nr. 3 BRAGO.

Fristen und Rechtsmittel

Für Gläubiger und Schuldner sofortige Beschwerde, § 793 ZPO, binnen zwei Wochen, § 577 ZPO. Ergeht der Beschluß ohne Anhörung des Schuldners, so soll dieser nach einer wohl überwiegenden Ansicht das Recht zur Erinnerung, § 766 ZPO haben, damit ihm keine Instanz verlorengeht (vgl. KG RPfleger 1986, S. 142 mwN.). Diese Erinnerung ist aber unzulässig, wenn die Vollstreckung aus dem Beschluß bereits durchgeführt ist, LG Frankfurt NJW 1988, 79.

11. Antrag auf richterliche Durchsuchungsanordnung für Schuldnerwohnung (§§ 758, 761 ZPO analog)

An das
Amtsgericht
Vollstreckungsgericht[1]

Antrag auf Durchsuchungserlaubnis[2]

in der Vollstreckungssache

X ./. Y

Namens und in Vollmacht des Gläubigers beantrage ich zu beschließen:
Die zwangsweise Öffnung und Durchsuchung von Wohnung und Geschäftsräumen[3] des Schuldners in ...... X-Straße einschließlich der Öffnung und Durchsuchung aller Räumlichkeiten und Behältnisse darin zum Zwecke der Vollstreckung aus dem Urteil des LG ...... vom ...... Az. ...... wird einschließlich der Anwesenheit des Gläubigers oder seines Vertreters dabei[4] gestattet.

Begründung:

Nach dem anliegenden Gerichtsvollzieherprotokoll vom ...... URNr. ...... ist die Vollstreckung aus dem gleichfalls anliegenden im Antrag genannten Urteil[5] erfolglos geblieben, da der Schuldner die Durchsuchung seiner Räume verweigert hat[6].
Daher ist richterliche Gestattung der Durchsuchung geboten[7].
Den Durchsuchungsbeschluß nebst Titel und Vollstreckungsunterlagen, welche ich beifüge, bitte ich direkt an die dortige Verteilungsstelle für Gerichtsvollzieheraufträge weiterzuleiten zwecks Vermittlung der Fortführung der Vollstreckung durch den zuständigen Gerichtsvollzieher.

Rechtsanwalt

Anmerkungen

1. Zuständigkeit analog § 761 ZPO (BVerfG NJW 1979, 1541), also das AG des Vollstreckungsortes, dort der Richter, nicht der Rechtspfleger.

2. Das BVerfG verlangt für die Vollstreckung in den Räumen des Schuldners gegen dessen Willen zusätzlich zum Titel eine ausdrückliche richterliche Durchsuchungsanordnung (vgl. zu den rechtlichen Folgen *Schmidt-Bleibtreu* Betr. 1979, 1493). Das Gericht nimmt sehenden Auges (BVerfG NJW 1979, 1540) in Kauf, daß der Schuldner zunächst den Gerichtsvollzieher abweist und bis zu dessen Wiedererscheinen mit Durchsuchungsbeschluß seine pfändbare Habe beiseite schafft oder darüber verfügt (zu den Auswirkungen OLG Köln NJW 1980, 1531; *Schneider* NJW 1980, 2377; *Bischof* ZIP 1983, 522; *Baur/Stürner* Rdn. 92).

3. Wohnungen im Sinne von Art. 13 GG sind die nicht öffentlich zugänglichen Räume (*Maunz/Dürig,* Grundgesetz, 5. Aufl. 1978, Art. 13 Anm. 8 und 9), also nicht Läden, Gaststätten, Ausstellungsräume etc. (so zutreffend BFH NJW 1989, 455; *Baumbach/Lauterbach/Hartmann* § 758 Rdn. 14 mwN. aA. *Zöller/Stöber* Rdn. 4 zu § 758 ZPO mwN.).

4. Sie ist bei Zwangsvollstreckung zulässig (KG DGVZ 1983, 72; *Baumbach/Lauterbach/Hartmann* § 758 Rdn. 25; *Zöller/Stöber* Rdn. 28 zu § 758), häufig nützlich, und sollte daher zur Klarstellung erwähnt sein.

11. Antrag auf richterl. Durchsuchungsanordnung für Schuldnerwohnung **III. A. 11**

5. Die Erlaubnis soll erforderlich sein für alle Titel, wenn sie nicht direkt die Durchsuchung implizieren. Daher ist in folgenden Fällen nach herrschender Ansicht eine besondere richterliche Durchsuchungserlaubnis nicht erforderlich:

a) Vollstreckung eines Räumungstitels (OLG Düsseldorf NJW 1980, 458; LG Kassel DGVZ 1981, 24; so auch § 107 Nr. 8 GVGA), auch für die Vollstreckung von Nebenforderungen und Kosten (*Zöller/Stöber* Rdn. 11 zu § 758 ZPO; OLG Köln NJW 1980, 1532). Teilweise wird angenommen, daß das bei nichtrichterlichen Räumungstiteln (Prozeßvergleich, Zuschlagsbeschluß) wieder anders ist. Dagegen aber LG Berlin DGVZ 1981, 184.

b) Vollstreckung wegen Herausgabe beweglicher Sachen (LG Kassel DGVZ 1981, 24; dagegen aber *Zöller/Stöber* Rdn. 10 zu § 758 mwN.; str.).

c) Vollstreckung eines Haftbefehls nach § 901 ZPO (LG Berlin NJW 1980, 457; *Zöller/Stöber* Rdn. 10 zu § 758 ZPO mwN.; hM.).

d) Vollstreckung auf richterliche Anweisung nach Erinnerung.

6. Alternative Begründung:

„....., da der Schuldner nicht angetroffen werden konnte."

Ob der GVZ verpflichtet oder jedenfalls berechtigt ist, selbst im Namen des Gläubigers den Antrag zu stellen, ist strittig (*Zöller/Stöber* Rdn. 17 zu § 758). Es wird zulässig sein, dem Vollstreckungsauftrag einen vorbereiteten Gläubigerantrag beizufügen mit der Bitte, diesen bei Zutrittsweigerung des Schuldners bei Gericht einzureichen (vgl. Form. III. B. 1).

7. Ausdrücklich hat das BVerfG NJW 1979, 1540 die Vollstreckung ohne richterlichen Durchsuchungsbeschluß bei Gefahr im Verzuge zugelassen, zB. bei konkreten Anhaltspunkten für drohende Vollstreckungsvereitelung.

Ob Gefahr im Verzuge vorliegt, entscheidet der Gerichtsvollzieher (dazu näher *Behr*, NJW 1992, 2125 und *van den Hövel*, NJW 1993, 2031).

Zumindest bei ohne mündliche Verhandlung erlassenen Arresten und einstweiligen Verfügungen wird der glaubhaft gemachte Arrestgrund zugleich die Gefahr im Verzug implizieren (vgl. *Zöller/Stöber* Rdn. 9 zu § 758 mwN.; str.).

Lehnt der Gerichtsvollzieher Vollstreckung ohne Beschluß ab, sollte man den hiesigen Antrag stellen, da eine Erinnerung gegen die Weigerung des Gerichtsvollziehers nach § 766 ZPO unpraktikabel lange dauert.

Kosten und Gebühren

a) Gericht: keine besondere Gebühr. Zu den Kosten des GerVollz. in diesem Fall vgl. *Lappe* NJW 1983, 1471.

b) Anwalt: keine besondere Gebühr, § 58 Abs. 2 Nr. 3 BRAGO analog.

Fristen und Rechtsmittel

Wie Form. III. A. 10.

Rechtsbehelfe in der Zwangsvollstreckung

12. Erinnerung gegen Erteilung der Vollstreckungsklausel (§ 732 ZPO) mit Antrag auf einstweilige Einstellung

An das
......gericht ......[1]

Az. ......

Erinnerung nach § 732 ZPO

in der Sache

X   ./.   Y

Namens und in Vollmacht des Schuldners beantrage ich zu beschließen:

Die Zwangsvollstreckung aus der für die notarielle Urkunde des Notars X vom ...... URNr. ...... von Notar X erteilten Vollstreckungsklausel vom ......[2] wird für unzulässig erklärt[3].

Ich beantrage ferner, vorab durch einstweilige Anordnung zu erkennen:

Die Zwangsvollstreckung aus der für die notarielle Urkunde des Notars X vom ...... URNr. ...... von Notar X erteilten Vollstreckungsklausel vom ...... wird einstweilen eingestellt[4].

Begründung:

Der Schuldner hat sich in der notariellen Urkunde der sofortigen Zwangsvollstreckung unterworfen. Der Gläubiger hat Notar X in seiner Eigenschaft als Rechtsanwalt mit der Vollstreckung aus der Urkunde beauftragt. Dieser hat selbst die Klausel erteilt, obgleich er insoweit von der Amtstätigkeit ausgeschlossen ist (vgl. LG Hildesheim NJW 1962, 1257). Daher ist die Klauselerteilung nichtig[5].

Rechtsanwalt

Anmerkungen

1. Zuständig ist bei Urteilen das Gericht, dessen Geschäftsstelle die Klausel erteilt hat, § 732 Abs. 1 ZPO, also das Gericht nach § 724 Abs. 2 ZPO. Beim Sonderfall der vollstreckbaren notariellen Urkunde ist das Amtsgericht zuständig, in dessen Bezirk der Notar seinen Amtssitz hat, § 797 Abs. 3 ZPO.

2. Die Vollstreckungsklausel für vollstreckbare notarielle Urkunden, § 794 Abs. 1 Nr. 5 ZPO wird von dem amtierenden Notar erteilt, § 797 Abs. 2 ZPO.

3. Die Antragsformel ergibt sich aus § 775 Nr. 1 ZPO. Denn die Rückgabe der vollstreckbaren Ausfertigung durch den Gläubiger kann nicht erzwungen werden (OLG Hamburg Hamburger Gerichtszeitung 1941, 141).

4. Hier ergibt sich die Formel aus § 775 Nr. 2 ZPO.

5. Andere Fälle von § 732 ZPO sind zB. die Erteilung einer Klausel für den Kostenfestsetzungsbeschluß ohne Angabe, daß nach dem Urteil Sicherheitsleistung erforderlich war (OLG München 1956, 996). Weitere Fälle bei *Zöller/Stöber* Rdn. 6–12 zu § 732 ZPO.

Neben der Einwendung nach § 732 ZPO kann ggf. die Klage aus § 768 ZPO stehen, § 768 S. 1 letzter Halbs. (vgl. Form. III. A. 19).

Kosten und Gebühren

a) Gericht: keine besondere Gebühr
b) Anwalt: 3/10 Gebühr nach §§ 57, 58 Abs. 3 Nr. 1 BRAGO, sowohl für Anwalt des Schuldners als auch für Anwalt des Gläubigers.
c) Gegenstandswert: Wert des zu vollstreckenden Anspruches.
d) In Ostdeutschland 80% der gesetzlichen Gebühren.

Fristen und Rechtsmittel

Nach h. M. für Gläubiger und Schuldner einfache Beschwerde, § 567 ZPO (Zöller/*Stöber* Rdn. 16 zu § 732 mwN.).

13. Vollstreckungsschutzantrag (§ 765 a ZPO)

An das
Amtsgericht
Vollstreckungsgericht[1]

Antrag nach § 765 a ZPO

in der Vollstreckungssache

der X-GmbH (ladungsfähige Anschrift),

Gläubigerin

gegen

den Rechtsanwalt A als Konkursverwalter[2] der Y-KG (ladungsfähige Anschrift)

Schuldner

wegen Zwangsversteigerung, Az. ...... des dortigen Gerichts.
Namens und in Vollmacht des Schuldners beantrage ich zu beschließen:

1. In dem Zwangsversteigerungsverfahren dieses Gerichts, Az. ......, für das Grundstück ...... (Anschrift), eingetragen im Grundbuch von ...... Band ...... Blatt ......, wird der Zuschlag an den Meistbietenden, den Kaufmann K, versagt[3].
2. Der Gläubigerin werden die Kosten dieses Verfahrens auferlegt[4].

Begründung:

Die Gläubigerin, am Grundstück erstrangig besichert, betreibt die Zwangsversteigerung, obgleich sich der Konkursverwalter seit Konkurseröffnung intensiv bemühte, freihändig zu verwerten.
Der Verkehrswert wurde auf 2,4 Mio. DM festgesetzt. Im ersten wie auch im nach § 85 a Abs. 2 ZVG abgehaltenen zweiten Termin vom ...... wurde ein Meistgebot von 1 343 000,– DM abgegeben, durch das die Gläubigerin voll befriedigt, die Masse aber nur ca. 150 000,– DM erhalten würde[5]. Der Konkursverwalter hat nun einen Käufer gefunden. Ich überreiche anliegend das notarielle Kaufangebot der Firma L über 1,9 Mio. DM.
Die Gläubigerin hat es abgelehnt, daraufhin das Versteigerungsverfahren aufzuheben. Ihr Geschäftsführer hat geäußert, da er auch in der Versteigerung zu seinem Geld komme, interessiere ihn der Mehrerlös nicht[6].
Beweis: Zeugnis des N[7] (ladungsfähige Anschrift)

Daher ist Vollstreckungsschutz gemäß § 765 a ZPO in der Form des § 33 ZVG geboten. Ein Schutzbedürfnis der Gläubigerin wird nicht verletzt, da ihre Befriedigung sichergestellt ist. Aber ohne den bei freihändigem Verkauf in die Masse fließenden Mehrerlös wäre das Konkursverfahren mangels Masse einzustellen.

Beweis: anliegender Bericht des Konkursverwalters gemäß § 131 KO

Daher wäre die Fortsetzung der Vollstreckung eine Härte für die Gesamtheit der Konkursgläubiger, die nicht mit den guten Sitten vereinbar ist[8].

Rechtsanwalt

Anmerkungen

1. Zuständig ist das Vollstreckungsgericht, § 765 a Abs. 1 ZPO, also das Amtsgericht, in dessen Bezirk die Vollstreckungshandlung stattfindet, § 764 Abs. 2 ZPO, hier das Amtsgericht der Grundstücksbelegenheit, § 1 ZVG. Es entscheidet der Rechtspfleger, § 20 Nr. 17 RPflG.

2. Auch ein Konkursverwalter kann nach § 765 a ZPO vorgehen (dafür die h. M., OLG Hamm BB 1976, 674; *Stein/Jonas/Münzberg*, 20. Aufl., Rdn. 19 zu § 765 a; *Zöller/Stöber* Rdn. 3 zu § 765 a ZPO).

3. Nach Ende der Versteigerung kann die Aufhebung oder Einstellung nur noch durch Zuschlagsversagung erfolgen, § 33 ZVG mit § 83 Nr. 6 ZVG, um für den Meistbietenden klare Verhältnisse zu schaffen. Antrag nach § 30 c ZVG ist hier wegen Ablauf der Frist von § 30 c Abs. 2 ZVG unzulässig.

4. Regelmäßig hat der Schuldner auch bei erfolgreichem Antrag nach § 765 a ZPO die Kosten zu tragen, § 788 Abs. 1 ZPO. Bei unbilligem Verhalten des Gläubigers können sie ausnahmsweise zum Teil oder ganz diesem auferlegt werden, § 788 Abs. 3 ZPO (*Baumbach/Lauterbach/Albers/Hartmann* § 765 a Rdn. 33).

5. § 765 a ZPO ist eine eng auszulegende (*Baumbach/Lauterbach/Albers/Hartmann* § 765 a Rdn. 1) Ausnahmevorschrift, die nur eine untragbare krasse Unbilligkeit vermeiden soll. Sie kann nicht auf Einwände gegen den Anspruch selbst gestützt werden (dafür § 767 ZPO oder Wiederaufnahme), sondern auf Unbilligkeit der Vollstreckung, meist aber nur einer bestimmten Maßnahme.

Allein ein Mißverhältnis zwischen Meistgebot und Verkehrswert rechtfertigt den Antrag noch nicht (OLG Hamm NJW 1976, 1755), wie auch § 85 a Abs. 2 ZVG zeigt.

6. Erst wenn konkrete Aussichten für baldigen deutlichen Mehrerlös bestehen, wird das Beharren des Gläubigers auf Zuschlagerteilung sittenwidrig (OLG Hamm NJW 1976, 1755).

7. Wegen der Tragweite des Beschlusses (bei Aufhebung einer Maßnahme ggf. Rangverlust des Gläubigers) muß Schuldner beweisen, nicht nur glaubhaft machen (*Baumbach/Lauterbach/Albers/Hartmann* § 765 a Rdn. 28).

8. § 765 a ZPO findet in allen Vollstreckungsverfahren Anwendung, einschließlich des Verfahrens zur Abnahme der Offenbarungsversicherung (Beispiele bei *Zöller/Stöber* Rdn. 9 zu § 765 a; *Baumbach/Lauterbach/Albers/Hartmann* § 765 a Rdn. 13–27). S. auch Form. II. B. 15. Praktisch bedeutsam ist § 765 a ZPO vor allem im Zwangsversteigerungsverfahren.

Kosten und Gebühren

a) Gericht: Festgebühr von 20,– DM, KV zum GKG Nr. 1641, die mit Eingang des Antrags, § 61 GKG, anfällt.

b) Anwalt: ³⁄₁₀ Gebühr nach §§ 57, 58 Abs. 3 Nr. 3 BRAGO, da besondere Angelegenheit.

c) Gegenstandswert: Das Interesse an der beantragten Schutzmaßnahme, § 3 ZPO, das nur in Ausnahmefällen, etwa wenn die Vollstreckung gänzlich eingestellt wird, den Wert des Vollstreckungsgegenstandes erreichen kann.

d) In Ostdeutschland 80 % der gesetzlichen Gebühren.

Fristen und Rechtsmittel

Für Gläubiger und Schuldner die Erinnerung nach § 11 RPflG binnen zwei Wochen.

14. Erinnerung bei dinglicher Gläubigersicherung (§ 777 ZPO)

An das
Amtsgericht
Vollstreckungsgericht[1]

Erinnerung gemäß § 777 ZPO

In ......[2]

Namens und in Vollmacht des Schuldners beantrage ich zu beschließen:

Die Zwangsvollstreckung aus dem Urteil des AG ...... Az. ...... wird eingestellt[3].
Die erfolgte Pfändung des Gerichtsvollziehers A vom ...... DRNr. ...... in das Kraftfahrzeug des Schuldners Marke ......, Fahrgestell-Nr. ...... wird aufgehoben[4].

Ferner bitte ich gemäß §§ 777, 766 Abs. 1 S. 2, 732 Abs. 2 ZPO vorab zu beschließen:

Die Zwangsvollstreckung aus dem Urteil des AG ...... Az. ...... des Gerichtsvollziehers A vom ...... DRNr. ...... in das genannte Kraftfahrzeug wird einstweilen eingestellt.

Begründung:

Der Gläubiger betreibt die Vollstreckung aus dem genannten Räumungs- und Zahlungsurteil in Höhe von ...... DM. Er ist aber durch die vom Schuldner gestellte Mietkaution in Höhe von ...... DM für diese Forderung vollen Umfanges gesichert[5]. Quittung über Einzahlung der Kaution bei Beginn des Mietverhältnisses füge ich bei[6]. Daher ist die Vollstreckung in das übrige Vermögen des Schuldners unzulässig[7].

Rechtsanwalt

Anmerkungen

1. Zuständig das Vollstreckungsgericht des Pfändungsortes, §§ 777, 766, 764 Abs. 2 ZPO.

2. Rubrum wie Form. III. A. 13.

3. Vgl. § 775 Nr. 1 ZPO.

4. Vgl. § 776 ZPO.

5. Erforderlich ist ein Besitzpfand an beweglichen Sachen, bei Sicherungsübereignung, Eigentumsvorbehalt und den besitzlosen Pfandrechten (Vermieter, Verpächter, Gastwirt) erst ab Besitzergreifung. § 777 ZPO entsprechend anwendbar bei hinterlegter Sicherheit des Schuldners (*Baumbach/Lauterbach/Albers/Hartmann* § 777 Rdn. 1). Auch anwendbar auf die Zurückbehaltungsrechte nach §§ 273, 1000 BGB und § 369 HGB (*Stein/Jonas/Münzberg* § 777 Anm. II 1).

6. Der Schuldner muß die Voraussetzungen beweisen.

7. Der Gläubiger kann Haftung dieser Sachen für andere Forderungen einwenden, § 777 S. 2 ZPO, hier etwa Haftung der Kaution für Ansprüche aus § 558 BGB.

Kosten und Gebühren

a) Gericht: keine besondere Gebühr

b) Anwalt: für Gläubigeranwalt keine besondere Gebühr, da keine besondere Angelegenheit iSv. § 58 Abs. 2 BRAGO (Zöller/Stöber Rdn. 40 zu § 766 ZPO). Erst bei Beschwerde entsteht für ihn die Gebühr nach § 61 Abs. 1 Nr. 1 BRAGO. Für Schuldneranwalt, der sonst in der Sache nicht tätig war, entsteht eine 3/10 Gebühr nach §§ 57, 58 BRAGO.

c) Gegenstandswert: Wert des Vollstreckungsgegenstandes.

d) In Ostdeutschland 80% der gesetzlichen Gebühren.

Fristen und Rechtsmittel

Wie bei der Erinnerung nach § 766 ZPO, vgl. Form. III. A. 15.

15. Erinnerung gegen Gerichtsvollziehermaßnahmen (§ 766 ZPO)

An das
Amtsgericht
Vollstreckungsgericht[1]

Erinnerung nach § 766 ZPO[2]

in der Vollstreckungssache

X   ./.   Y

Namens und in Vollmacht des Gläubigers überreiche ich das vollstreckbare Urteil des LG ...... vom ...... Az. ...... sowie das Vollstreckungsprotokoll des Gerichtsvollziehers A vom ...... DRNr. .... und beantrage,

den Gerichtsvollzieher anzuweisen, auch die Behandlungsstühle Nr. 1 und 2 im Frisiersalon des Schuldners zu pfänden.

Begründung:

Nach dem Pfandprotokoll hat der Gerichtsvollzieher beim Schuldner zwar die Behandlungsstühle Nr. 3 bis 6 gepfändet, die Pfändung der weiteren beiden Stühle aber nach § 811 Nr. 5 ZPO abgelehnt[3]. Dies ist unberechtigt, weil die Stühle im Vorbehaltseigentum des Gläubigers stehen.

Beweis: anliegender vom Schuldner unterzeichneter Kaufvertrag[4]

Der Schuldner hat den Kaufpreis nicht gezahlt. Die Vollstreckung erfolgt wegen der Kaufpreisforderung, wie sich aus der Begründung des vorgelegten Urteils ergibt. Dies Vorbehaltseigentum war dem Gerichtsvollzieher bei der Pfändung auch durch Beifügung des Kaufvertrages nachgewiesen worden.

Beweis: anliegende Kopie des Vollstreckungsauftrages

15. Erinnerung gegen Gerichtsvollziehermaßnahmen   III. A. 15

Unter diesen Umständen ist die Berufung des Schuldners auf den Pfändungsschutz des § 811 Nr. 5 ZPO arglistig[5], und der Gerichtsvollzieher durfte die Pfändung nicht ablehnen[6].

Rechtsanwalt

Anmerkungen

1. Zuständig ist das Vollstreckungsgericht, § 766 ZPO, vgl. Form. III. A. 13 Anm. 1.

2. Über die Erinnerung entscheidet der Richter, § 20 Nr. 17 RPflG. Sie ist nicht fristgebunden. Rechtsschutzbedürfnis besteht jedoch nur von der unmittelbar bevorstehenden Vollstreckung bis zu ihrer Beendigung. Vor der Entscheidung des Richters kann das Vollstreckungsorgan (Gerichtsvollzieher oder Rechtspfleger) abhelfen (OLG Koblenz RPfleger 1978, 227 mwN.).

3. Der Gerichtsvollzieher muß den Mittelweg zwischen den rechtlich geschützten Interessen der Beteiligten finden. Vorliegend wäre auch Schuldnererinnerung denkbar auf Aufhebung der Pfändung weiterer Behandlungsstühle. Für den Schuldner empfiehlt sich stets zusätzlich der Antrag auf einstweilige Einstellung, § 766 Abs. 1 S. 2 mit § 732 Abs. 2 ZPO, um die Beendigung der Vollstreckung zu verhindern.

4. Der Erinnerungsführer muß vollen Beweis antreten (AG Springe NJW 1978, 834).

5. Vgl. OLG Hamm MDR 1984, 855 mwN.; *Baumbach/Lauterbach/Albers/Hartmann* § 811 Rdn. 6 mwN., strittig; dagegen *Zöller/Stöber* Rdn. 7 zu § 811 mwN. Der Gerichtsvollzieher darf jedenfalls nur pfänden, wenn ihm das Vorbehaltseigentum eindeutig nachgewiesen ist.

6. Die Erinnerung ist in allen Vollstreckungsverfahren gegen Maßnahmen von Gerichtsvollzieher oder Vollstreckungsgericht gegeben; bei sonstigen Vollstreckungsorganen nur, soweit nicht die spezielleren Rechtsbehelfe der für diese geltenden Verfahrensordnungen eingreifen (vgl. Form. III. A. 16 Anm. 1). Sie kann von den Vollstreckungsparteien, aber auch von betroffenen Dritten eingelegt werden.

Für die Abgrenzung zwischen Erinnerung nach § 766 ZPO, Rechtspflegererinnerung und sofortiger Beschwerde vgl. unten Form. III. A. 22.

Für weitere Beispielsfälle vgl. *Baumbach/Lauterbach/Albers/Hartmann* § 766 Rdn. 15–23, und *Zöller/Stöber* Rdn. 14 bis 18 zu § 766 ZPO.

Kosten und Gebühren

Wie Form. III. A. 14.

Fristen und Rechtsmittel

Für Gläubiger und Schuldner sofortige Beschwerde binnen zwei Wochen, §§ 793, 577 ZPO.

16. Erinnerung gegen Vollstreckungsgerichtsmaßnahmen (§ 766 ZPO)

An das
Amtsgericht
Vollstreckungsgericht[1]

Erinnerung nach § 766 ZPO

in der Vollstreckungssache

X ./. Y

Namens und in Vollmacht des Kaufmanns Z (ladungsfähige Anschrift) beantrage ich im Wege der Erinnerung,

den Pfändungs- und Überweisungsbeschluß in obiger Sache vom ...... aufzuheben und den Antrag auf Erlaß des Pfändungsbeschlusses abzuweisen[2].

Begründung:

Der Pfändungsbeschluß pfändet das Arbeitseinkommen des Schuldners, das mein Mandant mit Pfändungsbeschluß des AG K, Az. ......, vom ......, den ich beifüge, nachrangig gepfändet hat[3]. Der vom Gläubiger X erwirkte Pfändungsbeschluß ist unwirksam. Er ist vom unzuständigen Gericht erlassen. Gemäß beigefügter Bescheinigung des Einwohnermeldeamtes ...... wohnt der Schuldner schon seit dem ......, also vor dem Antrag des Gläubigers, in K.

Für K ist das AG K ausschließlich zuständig, § 764 Abs. 2 mit § 802 ZPO. Daher ist der Beschluß aufzuheben[4].

Rechtsanwalt

Anmerkungen

1. Zuständiges Vollstreckungsgericht vgl. Form. III. A. 13. Bei Grundbuchamt (Zwangshypothek) und Registerbehörden (Schiffsregister etc.) als Vollstreckungsorganen geht der Erinnerung nach § 766 ZPO als Spezialregelung der in den einschlägigen Verfahrensvorschriften, so der GBO, vorgesehene Rechtsbehelf vor (*Mohrbutter*, Handbuch des gesamten Vollstreckungs- Konkurs- und Vergleichsrechtes, 2. Aufl. 1974, S. 107), beim Prozeßgericht als Vollstreckungsorgan (§ 887ff. ZPO) die sofortige Beschwerde. Neben die Erinnerung kann die Dienstaufsichtsbeschwerde treten.

2. Die Aufhebung beseitigt die Pfändungswirkung, § 776 ZPO, und wirkt insoweit rangzerstörend.

3. Die Erinnerung ist auch für betroffene Dritte statthaft (*Baumbach/Lauterbach/Albers/Hartmann* § 766 Rdn. 19 und 22). Sie können alle zur Aufhebbarkeit führenden Mängel rügen, zB. unbestimmte Anspruchsbezeichnung, unzureichende Drittschuldnerbezeichnung, Zustellungsmängel bei Titel oder Pfändungsbeschluß.

Deshalb lohnt – bei größeren Forderungen – für den nachrangig pfändenden Gläubiger die Prüfung der vorrangigen Pfändungsbeschlüsse auf solche Fehler. Einsicht in sie kann er sich notfalls gem. §§ 853, 856 ZPO verschaffen, vgl. Form. III B. 16.

4. Der Gläubiger wird stattdessen Verweisung ans zuständige AG beantragen. Aber ihm geht der Pfändungsrang verloren, da die Heilung durch neuerlichen Erlaß des Pfändungsbeschlusses nur vom zweiten Beschluß, ex nunc wirkt (hM. vgl. RGZ 125, 288; BGHZ 30,

17. Vollstreckungsabwehrklage mit Antrag auf einstweilige Einstellung   III. A. 17

175; *Zöller/Stöber* Vorbem. zu § 704 Rdn. 35; aA. *Baumbach/Lauterbach/Albers/Hartmann* Einf. vor § 750 Rdn. 2–4).

Kosten und Gebühren

Wie Form. III. A. 14.

Fristen und Rechtsmittel

Vgl. Form. III. A. 15.

17. Vollstreckungsabwehrklage mit Antrag auf einstweilige Einstellung (§ 767 ZPO)

An das
Landgericht[1]

Klage gemäß § 767 ZPO[2]

Klage und Antrag auf einstweilige Anordnung des ......[3]
wegen Unzulässigkeit der Zwangsvollstreckung
Streitwert: ......[4]

Namens und in Vollmacht des Klägers erhebe ich Klage und werde beantragen zu erkennen:

Die Zwangsvollstreckung aus dem vollstreckbaren Urteil des LG ...... vom ...... Az. ...... wird für unzulässig erklärt[5].

Zugleich beantrage ich, vorab im Wege der einstweiligen Anordnung zu beschließen:

Die Vollstreckung aus dem Urteil des LG ...... vom ...... Az. ...... wird bis zum Erlaß des Urteils in dieser Sache einstweilen eingestellt[6].

Begründung:

Der Kläger wurde im Vorprozeß[7] zu Rechnungslegung über das A-Meta-Geschäft der Parteien vom ...... sowie zur Zahlung von ...... DM rechtskräftig verurteilt.
Der Kläger hat Rechnung gelegt[8]. Ich überreiche als

Anlage 1

die Abrechnung vom ......, die dem Beklagten zugegangen ist. Dieser bestreitet, daß die Abrechnung richtig und vollständig sei. Er beanstandet das Fehlen von Belegen. Dies zu Unrecht. Belege pflegen branchenüblich nicht erteilt zu werden (§ 259 Abs. 1 BGB).

Beweis: 1. Auskunft der Handelskammer,
         2. anliegende eidesstattliche Versicherung.

Im übrigen ist die Abrechnung auch richtig und vollständig (ist auszuführen).
Auch die Forderung ist beglichen. Der Kläger hat mit dem als

Anlage 2

vorgelegten Schreiben an den Beklagten vom ...... die Aufrechnung mit einer Gegenforderung erklärt, die er nach dem Urteil im Vorprozeß erworben hat[9].

Außerdem hat der Beklagte in Zeugengegenwart ausdrücklich auf die Forderung verzichtet, da er „die ganze Sache endlich erledigen wolle"[10].

Beweis: Zeugnis des A (ladungsfähige Anschrift),

dessen Aussage ich zugleich in Form der eidesstattlichen Versicherung beifüge[11].
Nunmehr hat der Beklagte mit dem als

Anlage 3

beigefügten Schreiben vom . . . . . . angedroht, er werde die Zwangsvollstreckung betreiben. Daher ist nicht nur Klage, sondern auch der Antrag auf einstweilige Anordnung geboten[12].

Rechtsanwalt

Anmerkungen

1. Zuständig ist ausschließlich das erstinstanzliche Gericht des Vorprozesses, §§ 767 Abs. 1, 802 ZPO.

2. Die Klage gehört noch zum Rechtszug des Vorprozesses im Sinne von § 178 ZPO. Daher gelten die erteilten Prozeßvollmachten weiter. Beim Anwaltsprozeß ist also der Anwalt des Gegners anzugeben und an ihn zuzustellen.

3. Volles Rubrum wie Form. III. A. 5.

4. Streitwert nach dem Betrag, für den die Vollstreckung ausgeschlossen werden soll (OLG Köln RPfleger 1976, 138), hier also der volle Streitwert des Vorprozesses.

5. Die Fassung ergibt sich aus § 775 Nr. 1 ZPO. § 767 ZPO ist auch bei den übrigen Vollstreckungstiteln anwendbar, Beispiele bei *Baumbach/Lauterbach/Albers/Hartmann* § 767 Rdn. 9 ff.

6. Vgl. § 769 ZPO. Die Vollstreckungseinstellung gegen Sicherheit oder die Beschränkung auf Fortsetzung gegen Sicherheit sind ein Minus zur unbedingten Einstellung, also von diesem Antrag umfaßt. Hat die Vollstreckung schon begonnen, kommt zusätzlich ein Antrag auf Aufhebung der Vollstreckungsmaßregel in Betracht, jedoch nur gegen Sicherheitsleistung des Schuldners (§ 769 Abs. 1 S. 1 letzter Halbs. ZPO). Nach dem Ende der Vollstreckung fehlt für diese Klage das Rechtsschutzbedürfnis. Der Schuldner ist dann auf etwaige Bereicherungs- oder Schadensersatzansprüche angewiesen.

7. Die Parteirollen sind idR. umgekehrt wie im Vorprozeß.

8. Andere Fälle von § 767 ZPO vgl. bei *Baumbach/Lauterbach/Albers/Hartmann* § 767 Rdn. 6–8. Auch für Klage gegen Zahlungstitel ohne materielle Rechtskraft wg. Unklarheit, vgl. BGH ZIP 1994, 67.

9. Als Folge der Rechtskraft schließt § 767 Abs. 2 ZPO Einwendungen aus, die schon während des Vorprozesses bestanden. Zum maßgeblichen Ausschlußzeitpunkt bei den verschiedenen Vollstreckungstiteln vgl. *Mohrbutter*, Handbuch des gesamten Vollstreckungs- und Insolvenzrechts, 2. Aufl. 1974, S. 123 bis 126 mit zahlreichen Nachweisen. Bei vollstreckbaren Urkunden entfällt diese Präklusionswirkung, § 797 Abs. 4 ZPO.

Es kommt lediglich auf das Bestehen der Einwendung im Vorprozeß an, nicht auf Kenntnis des Berechtigten davon (ggf. Wiederaufnahme). Bei Gestaltungsrechten, insbesondere Aufrechnung, ist auf die Aufrechnungslage abzustellen (so BGHZ 24, 97; 42, 37; *Baumbach/Lauterbach/Albers/Hartmann* § 767 Rdn. 53; BAG NJW 1980, 143) ganz hM. Der Schuldner muß seine Gegenforderung dann gesondert einklagen und kann damit nicht den Titel des Gläubigers entwerten.

10. § 767 Abs. 3 ZPO zwingt den Kläger, alle seine Einwendungen in der Klage zu konzentrieren.

11. Soweit die Beweise nicht, etwa durch Urkunde, mit der Klage vorgelegt werden, ist Glaubhaftmachung erforderlich, § 769 Abs. 1 S. 2 ZPO. Im Beispielsfall wäre Glaubhaftmachung auch für die Branchenunüblichkeit von Belegerteilung erforderlich.

Zur Beweislastverteilung bei Vollstreckungsabwehrklage *Münch*, NJW 1991, 795, und BGH ZIP 1991, 544.

12. Will der Gläubiger nicht oder nicht mehr vollstrecken, kann das Rechtsschutzbedürfnis fehlen. Der beklagte Gläubiger kann ggf. nach § 93 ZPO vorgehen.

Bei Arrest ist § 767 ZPO wegen des einfacheren Weges nach §§ 926, 927 ZPO nicht gegeben (*Baumbach/Lauterbach/Albers/Hartmann* § 924 Rdn. 2).

Kosten und Gebühren

a) Gericht: normale Gebühren des Erkenntnisverfahrens, KV zum GKG Nr. 1201 ff.
b) Anwalt: normale Gebühren des Erkenntnisverfahrens, §§ 31 ff. BRAGO.
c) In Ostdeutschland 80 % der gesetzlichen Gebühren.

Fristen und Rechtsmittel

Wie im normalen Prozeß, vgl. Form. I. O. 1

18. Antrag auf einstweilige Einstellung an Vollstreckungsgericht (§ 769 Abs. 2 ZPO)

An das
Amtsgericht
Vollstreckungsgericht[1]

Antrag nach § 769 Abs. 2 ZPO

In der Vollstreckungssache ......[2]
Namens und in Vollmacht des Schuldners beantrage ich zu beschließen:
Die Zwangsvollstreckung des Gläubigers gegen den Schuldner aus dem Urteil des LG ...... vom ...... Az. ...... wird einstweilen eingestellt[3].
Die erfolgte Pfändung des schuldnerischen Warenlagers gemäß Pfandprotokoll des Gerichtsvollziehers A vom ...... DRNr. ...... wird gegen Sicherheitsleistung von ...... DM aufgehoben[4].

Begründung:

Die Vollstreckung des Gläubigers aus dem Urteil ist nicht mehr berechtigt. Ich verweise dazu auf die in Kopie beigefügte Vollstreckungsabwehrklage des Schuldners gegen den Gläubiger mit Antrag auf einstweilige Anordnung, die ich zugleich beim LG ...... erhebe[5]. Dort beigefügte eidesstattliche Versicherung überreiche ich gesondert und vom Prokuristen des Schuldners unterzeichnet.

Das heute gepfändete Warenlager ist für den schuldnerischen Geschäftsbetrieb unentbehrlich, da aus ihm ständig Waren zur Verarbeitung entnommen werden. Sonst muß der Schuldner schon morgen seinen Betrieb schließen. Durch die weiterlaufenden Löhne und die fehlende Erledigung dringlicher Aufträge wird der Schuldner dann unabsehbare wirtschaftliche Nachteile haben. Zum Beweis überreiche ich die weitere eidesstattliche Versicherung des Prokuristen X[6].

Danach sind unverzügliche Maßnahmen erforderlich. Ich bitte, mich von der Entscheidung telefonisch zu verständigen.

Rechtsanwalt

Anmerkungen

1. Zuständig das Vollstreckungsgericht, § 769 Abs. 2 ZPO (vgl. Form. III. A. 13 Anm. 1), dort der Rechtspfleger, § 20 Nr. 17 RPflG.

2. Volles Rubrum wie Form. III. A. 13.

3. Als vorläufige Maßnahme kommt nur Einstellung in Betracht, nicht Unzulässigerklärung der Vollstreckung insgesamt. Dieser Antrag umfaßt als Minus die Einstellung gegen Sicherheitsleistung.

4. Ausnahmsweise können ergangene Maßnahmen aufgehoben werden (Rangverlust des Gläubigers!), aber ausschließlich gegen Sicherheitsleistung, § 769 Abs. 1 S. 2 ZPO. Ohne Sicherheit, aber dann erst nach Rechtskraft des Beschlusses, § 765a Abs. 4 ZPO, könnte allenfalls eine Aufhebung nach § 765a ZPO beantragt werden.

5. Diese Klage mit dem Antrag auf einstweilige Anordnung des Prozeßgerichtes sollte – aber muß nicht – zugleich erhoben werden. Das Vollstreckungsgericht muß ohnehin Frist zur Beibringung der Entscheidung des Prozeßgerichtes setzen, § 769 Abs. 2 S. 1 ZPO.

Aus dem Sachvortrag sollte sich auch ergeben, weshalb der Antrag nach § 769 Abs. 2 ZPO erst jetzt gestellt wird. Wenn die Dringlichkeit vom Schuldner selbst verschuldet ist, ist sein Antrag arglistig (*Baumbach/Lauterbach/Albers/Hartmann* § 769 Rdn. 8).

6. Zusätzlich zu den Voraussetzungen von §§ 767, 769 Abs. 1 ZPO (Form. III. A. 17) ist die besondere Dringlichkeit für das Einschreiten des Vollstreckungsgerichtes glaubhaft zu machen, § 769 Abs. 2 mit Abs. 1 S. 2 ZPO (Hauptfall: Prozeßgericht ist ein auswärtiges Kollegialgericht, was aber bei heutigen Verkehrs- und Nachrichtenverbindungen nur noch ausnahmsweise das Tätigwerden des Vollstreckungsrichters rechtfertigen dürfte).

Kosten und Gebühren

a) Gericht: keine besonderen Gebühren.

b) Anwalt: keine besondere Gebühr neben den Prozeßgebühren, soweit keine besondere mündliche Verhandlung über den Antrag stattfindet, § 37 Nr. 3 BRAGO. Bei besonderer mündlicher Verhandlung über den Antrag erhält der Anwalt 3/10 der in § 31 BRAGO bestimmten Gebühren, § 49 Abs. 1 BRAGO, jedoch nur einmal, auch wenn der Antrag sowohl beim Prozeßgericht (§ 769 Abs. 1 ZPO) als auch beim Vollstreckungsgericht (§ 769 Abs. 2 ZPO) gestellt wird.

c) In Ostdeutschland 80% der gesetzlichen Gebühren.

Fristen und Rechtsmittel

Für Gläubiger und Schuldner die befristete Erinnerung nach § 11 RPflG binnen 2 Wochen (h. M.; *Baumbach/Lauterbach/Albers/Hartmann* § 769 Rdn. 11 mwN.; im einzelnen sehr strittig). Einige Gerichte, z.B. OLG Hamm FamRZ 1987, 500 mwN. halten den einstellenden Beschluß entsprechend § 707 Abs. 2 ZPO für unanfechtbar oder nur bei greifbarer Gesetzesverletzung anfechtbar.

19. Vollstreckungsabwehrklage gegen Vollstreckungsklausel (§ 768 ZPO)

An das
......gericht ......[1]

Klage gemäß § 768 ZPO[2]
und Antrag gemäß § 769 ZPO

des ......[3]

wegen Unzulässigkeit der Vollstreckung

Streitwert: ...... DM[4]

Namens und in Vollmacht des Klägers erhebe ich Klage und werde beantragen,
die Zwangsvollstreckung aus der notariellen Urkunde des Notars A vom ......
URNr. ...... mit der Vollstreckungsklausel vom ...... für unzulässig zu erklären[5].

Weiter beantrage ich,
gemäß § 769 Abs. 1 ZPO die Vollstreckung aus der genannten Urkunde einstweilen einzustellen[6].

Begründung:

Der Kläger hat sich in der genannten Urkunde verpflichtet, die Forderung von insgesamt ...... DM in monatlichen Raten von 1000,– DM zu zahlen. Er hat sich insoweit der sofortigen Vollstreckung unterworfen. Bei Verzug mit einer Rate sollte der Restbetrag fällig werden. Mit der Behauptung, die Dezember-Rate sei nicht gezahlt, hat die Beklagte für die Restforderung die vollstreckbare Ausfertigung der Urkunde beantragt und erhalten. Dies zu Unrecht. Zwar ist die Dezember-Rate tatsächlich nicht gezahlt. Aber der Beklagte hatte zuvor, nämlich am ...... dem Kläger Stundung dieser Rate für einen Monat gewährt.

Beweis: Zeugnis des L, dessen eidesstattliche Versicherung ich zugleich vorlege[7].

Wegen Stundung ist der Kläger also nicht in Verzug gekommen[8]. Danach durfte die Klausel für den Restbetrag nicht erteilt werden.

Rechtsanwalt

Anmerkungen

1. Zuständig bei Klagen gegen Urteile das Prozeßgericht erster Instanz, wie Form. III. A. 17 Anm. 1. Hier im Sonderfalle der vollstreckbaren Urkunde ist zuständig das nach §§ 13 oder 23 ZPO zuständige Gericht, § 797 Abs. 5 ZPO.

2. Die Klage nach § 768 ZPO hat einen sehr beschränkten Streitgegenstand. Sie ist nicht bei Einwänden gegen den materiellen Anspruch (dann § 767 ZPO), sondern nur bei Einwänden gegen die Klauselerteilung zulässig. Da aber wieder nur bei materiellen Mängeln der Klausel (zB. Fälligkeit des Anspruches nicht eingetreten, Rechtsnachfolge ist nicht erfolgt oder unwirksam), nicht aber bei formellen Mängeln (Klausel ist ohne gehörigen Nachweis oder durch ausgeschlossenen Notar erteilt), dann § 732 ZPO (vgl. RGZ 50, 365; BGH NJW 1957, 23: beide Entscheidungen behandeln unzulässige Klagen nach § 768 ZPO, wo nach § 732 ZPO vorgegangen werden mußte).

Da § 732 ZPO stets neben § 768 ZPO zulässig ist (§ 768 letzter Halbs.), aber nicht umgekehrt, empfiehlt es sich, im Zweifel nach § 732 ZPO vorzugehen. Rechtskräftige Klauselerteilung nach § 731 ZPO schließt Einwendungen sowohl nach § 732 als nach § 768 ZPO aus.

3. Rubrum wie Form. III. A. 5.

4. Streitwert wie Form. III. A. 17 Anm. 3.

5. Formel ergibt sich aus § 775 Nr. 1 ZPO.

6. Antrag nach § 769 ZPO ist auch bei Klage nach § 768 ZPO geboten. Denn mit Fortsetzung und Beendigung der Vollstreckung würde sich sonst die Hauptsache erledigen bzw. die Klage mangels Rechtsschutzbedürfnisses unzulässig werden.

7. Die Glaubhaftmachung ist für den Antrag nach § 769 Abs. 1 ZPO erforderlich.

8. Der Schuldner muß schlüssig einen solchen materiellen Einwand gegen die Klausel vortragen (RGZ 50, 366).

Kosten und Gebühren

Wie Form. III. A. 17.

Fristen und Rechtsmittel

Wie Form. III. A. 17.

20. Drittwiderspruchsklage (§§ 771 bis 774 ZPO)

An das
......gericht ......[1]

Drittwiderspruchsklage, § 771 ZPO, und Anordnungsantrag gemäß §§ 771 Abs. 3, 769 ZPO

des Kaufmannes X (ladungsfähige Anschrift)

Klägers,

Prozeßbevollmächtigter:
RA B

gegen

1. den Baustofflieferanten Y (ladungsfähige Anschrift)

Beklagten zu 1.)

2. den Maurermeister Z (ladungsfähige Anschrift)

Beklagten zu 2.)

wegen Unzulässigkeit der Zwangsvollstreckung und Herausgabe[2].
Streitwert: ...... DM[3]

Namens und in Vollmacht des Klägers erhebe ich Klage und werde beantragen:

1. Die von dem Beklagten zu 1.) aus dem vollstreckbaren Urteil des LG ...... vom ...... Az. ...... gegen den Beklagten zu 2.) betriebene Vollstreckung in die Betonmischmaschine Marke ......, Bau-Nr. ...... wird für unzulässig erklärt[4].
2. Der Beklagte zu 2.) wird verurteilt, die genannte Maschine an den Kläger herauszugeben[5].

Ferner beantrage ich, vorab durch einstweilige Anordnung zu beschließen:

Die vom Beklagten zu 1.) aus dem genannten Urteil betriebene Zwangsvollstreckung in die genannte Betonmischmaschine wird einstweilen eingestellt[6].

20. Drittwiderspruchsklage III. A. 20

Begründung:

Der Kläger verkaufte die Betonmischmaschine an den Beklagten zu 2.) unter Eigentumsvorbehalt (ist näher auszuführen, unter Beweis zu stellen und glaubhaft zu machen)[7]. Der Beklagte zu 2.) bezahlte nicht. Mit dem als

Anlage 2

beigefügten Schreiben wurde er – erfolglos – zur Herausgabe der Maschine aufgefordert. Durch Zufall erfuhr der Kläger, daß die Maschine durch den Gerichtsvollzieher A mit Pfandprotokoll vom ...... DRNr. ...... für den Beklagten zu 1.) gepfändet ist. Versteigerung steht an am ......

Beweis: anliegende Ausfertigung des Protokolls[8]

Der Beklagte zu 1.) ist zur Freigabe aufgefordert worden, verweigert diese aber[9]. Der Kläger will die Maschine zurücknehmen. Daher ist Klage gegen beide Beklagten geboten. Um den Rechtsverlust durch die Versteigerung zu verhindern, bitte ich um unverzügliche Vorabentscheidung über den Antrag auf einstweilige Anordnung[10].

Rechtsanwalt

Anmerkungen

1. Ausschließlich zuständig ist örtlich das Gericht, „in dessen Bezirk die Zwangsvollstreckung erfolgt", §§ 771 Abs. 1, 802 ZPO. Sachliche Zuständigkeit nach §§ 23, 71 GVG, also je nach Streitwert AG oder LG.

2. Die Klage soll, wie das Aussonderungsrecht nach § 43 KO, dingliche Rechte Dritter am Vollstreckungsgegenstand schützen. Diese Rechte können vom Vollstreckungsorgan nicht geprüft werden, so daß bei Streit um das Bestehen solcher Rechte ein Erkenntnisverfahren erforderlich ist (vgl. *Blomeyer* AcP 165, 483).

3. Streitwert ist die Höhe der Vollstreckungsforderung, ohne Zinsen und Kosten, höchstens aber der Wert des Vollstreckungsgegenstandes (OLG München RPfleger 1977, 336).

4. Zur Antragsformel vgl. § 775 Nr. 1 ZPO. Aufhebung der erfolgten Pfändung muß nicht gesondert beantragt werden, § 776 mit § 775 Nr. 1 ZPO.

5. Diese besondere Klagehäufung gestattet § 771 Abs. 2 ZPO ausdrücklich.

6. Antrag gemäß §§ 771 Abs. 3, 769 Abs. 1 ZPO. Ergänzend kann, wenn die Drittberechtigung eindeutig glaubhaft gemacht werden kann, Aufhebung der Vollstreckungsmaßregel sogar ohne Sicherheitsleistung beantragt werden, § 771 Abs. 3 S. 2 ZPO (im Gegensatz zu § 769 Abs. 1 ZPO).

7. Dritteigentum oder sonstige dingliche Rechte sind die Hauptfälle für § 771 ZPO. Auch der Sicherungseigentümer kann bei Besitz des Sicherungsnehmers einer Pfändung bei diesem widersprechen, h. M., vgl. BGHZ 80, 296. Weitere Beispiele für Widerspruchsrechte bei *Baumbach/Lauterbach/Albers/Hartmann* § 771 Rdn. 14–28 und *Zöller/Stöber* Rdn. 14 zu § 771.

8. Zu beschaffen nach § 760 ZPO. Nach Verwertung und Erlösauskehrung fehlt für die Drittwiderspruchsklage das Rechtsschutzbedürfnis. Der Berechtigte kann dann nur noch Herausgabe der Bereicherung und bei Bösgläubigkeit ggf. Schadensersatz vom Gläubiger verlangen.

9. Der Pfändungsgläubiger muß unter Glaubhaftmachung der Drittrechte (d.h. also mindestens durch eidesstattliche Versicherung belegt) zur Freigabe aufgefordert werden. Sonst kann er nach § 93 ZPO vorgehen. (*Baumbach/Lauterbach/Albers/Hartmann* § 93 Rdn. 82).

III. A. 21

Der Pfändungsgläubiger hat alle Einwendungen gegen das Recht des Dritten, hier zB. fehlenden Eigentumsvorbehalt. Eine Einwendung entsteht auch, wenn der Drittberechtigte arglistig das Angebot des Pfändungsgläubigers auf Zahlung des Restkaufpreises ablehnt (*Baumbach/Lauterbach/Albers/Hartmann* § 771 Rdn. 10).

10. §§ 772 bis 774 ZPO enthalten 3 Fälle entsprechender Anwendung von § 771 ZPO:
a) § 772 ZPO, bei relativem Veräußerungsverbot. Antrag dann nur auf Unzulässigkeit der Verwertung, nicht der Pfändung, die – nachrangig – zulässig bleibt. Einfacher kann die Verwertung, die § 772 S. 1 ZPO verbietet, durch Erinnerung verhindert werden (*Baumbach/Lauterbach/Albers/Hartmann* § 772 Rdn. 3).
b) § 773 ZPO. Hier kann der Nacherbe in bestimmten Fällen die Verwertung verhindern, nicht die Pfändung. Der Antrag geht auch hier nur auf Unzulässigkeit der Verwertung. Auch hier stattdessen Erinnerung, § 766 ZPO, wegen des Verbots in § 773 S. 1 ZPO.
c) § 774 ZPO. Hier kann der (mit-) verwaltende Ehegatte entgegen § 741 ZPO die Vollstreckung ins Gesamtgut verhindern, wenn ausnahmsweise materiell das Gesamtgut nicht haftet (zB. Unkenntnis des verwaltenden Gatten vom Gewerbebetrieb; Kenntnis des Gläubigers von fehlender Genehmigung des Gatten; keine Geschäftsschuld). Der Antrag geht dann auf Unzulässigkeit der Vollstreckung in die zum Gesamtgut gehörenden Gegenstände.
d) Entsprechend § 771 ZPO muß auch der Erbe vorgehen, in dessen persönliches Vermögen Nachlaßgläubiger vollstrecken, und umgekehrt, wenn Gläubiger des Erben vor Erbschaftsannahme bereits in die Erbschaft vollstrecken, § 778 ZPO. Auch hier kann aber stattdessen die Vollstreckung, die § 778 ZPO verbietet, durch Erinnerung, § 766 ZPO, verhindert werden (vgl. *Baumbach/Lauterbach/Albers/Hartmann* § 778 Rdn. 3).

Kosten und Gebühren

a) Gericht: Gebühren des Erkenntnisverfahrens, KV zum GKG Nr. 1201 ff.
b) Anwalt: Gebühren des Erkenntnisverfahrens, §§ 31 ff. BRAGO. Für den Antrag auf Einstellung nach § 769 Abs. 1 ZPO vgl. Anm. „Kosten und Gebühren" zu Form. III. A. 18.
c) In Ostdeutschland 80 % der gesetzlichen Gebühren.

Fristen und Rechtsmittel

Wie im normalen Erkenntnisverfahren, vgl. Form. I. O. 1.

21. Klage auf vorzugsweise Befriedigung (§ 805 ZPO)

An das
......gericht ......[1]

Klage nach § 805 ZPO[2]
und Antrag auf einstweilige Anordnung

des ......[3]
wegen vorzugsweiser Befriedigung
Streitwert: ...... DM[4]

Namens und in Vollmacht des Klägers erhebe ich Klage und werde beantragen zu erkennen:

21. Klage auf vorzugsweise Befriedigung   III. A. 21

Der Kläger ist vor dem Beklagten aus dem Erlös der Pfandverwertung des Gerichtsvollziehers A zur DRNr. ...... wegen der Druckmaschine Marke ......, Bau–Nr. ...... zu befriedigen[5].

Zugleich beantrage ich, im Wege der einstweiligen Anordnung zu beschließen:

Der Erlös der Pfandverwertung des Gerichtsvollziehers A zur DRNr ...... wegen der Druckmaschine Marke ...... Bau-Nr. ...... ist in Höhe von ...... DM bis zum rechtskräftigen Urteil in dieser Sache zu hinterlegen[6].

Begründung:

Der Beklagte hat die genannte Maschine aufgrund vollstreckbaren Urteils des LG ...... vom ...... Az ...... bei dem Schuldner Z pfänden lassen.

Beweis: anliegende Ausfertigung des Pfandprotokolls

Die Maschine unterlag jedoch an diesem Tage bereits dem Vermieterpfandrecht des Klägers[7]. Der Schuldner Z hat die Räume seiner Druckerei vom Kläger gemietet.

Beweis: anliegende Mietvertragskopie

Er ist für die Zeit vom ...... bis ...... die Miete schuldig, zur Zeit mit einem Betrag von ...... DM.

Beweis: anliegendes Anerkenntnis des Schuldners Z.

Danach geht das Vermieterpfandrecht dem Pfändungspfandrecht des Beklagten vor. Der Beklagte hat sich trotz Aufforderung geweigert, dem Kläger den Vorrang einzuräumen[8].

Beweis: sein anliegendes Schreiben vom ......

Danach sind Klage und Anordnungsantrag geboten.

Rechtsanwalt

Anmerkungen

1. Zuständigkeit nach § 805 Abs. 2 ZPO im Ergebnis wie bei § 771 ZPO, vgl. Form. III. A. 20 Anm. 1.

2. § 805 ZPO ist eine mindere Form der Widerspruchsklage des § 771 ZPO für Rechte, die wie die Konkursabsonderung, §§ 48, 49 KO, nur Anspruch auf Vorabbefriedigung gewähren. Wer nach § 771 ZPO klagen kann, kann sich als Minus mit der Klage nach § 805 ZPO begnügen, wenn er selbst den Gegenstand auch verwerten will (*Baumbach/Lauterbach/Albers/Hartmann* § 805 Rdn. 1).

3. Volles Rubrum wie Form. III. A. 20.

4. Streitwert ist der Wert ohne Zinsen und Kosten der Forderung des Klägers oder Beklagten, und zwar der kleinere von beiden (*Baumbach/Lauterbach/Albers/Hartmann* Anh. § 3 Rdn. 136).

5. Diese Feststellung ist vom Vollstreckungsorgan oder der Hinterlegungsstelle bei der Erlösverteilung zu berücksichtigen.

Zusätzlich kann auch hier der Schuldner selbst als Streitgenosse in Anspruch genommen werden (vgl. oben Form. III. A. 20 Anm. 5), § 805 Abs. 3 ZPO, zB. auf Duldung der Pfandverwertung auch zugunsten des Klägers.

6. Der Kläger kann nicht, wie nach § 769 ZPO, Einstellung oder Aufhebung der Zwangsvollstreckung verlangen, da er kein hinderndes Recht hat. Da aber mit Auskehrung des Erlöses an den Beklagten die Klage aus § 805 ZPO in der Hauptsache erledigt wäre (für den Kläger dann ggf. Anspruch aus § 812 BGB, vgl. *Bruns/Peters*, Zwangsvollstreckungsrecht, 3. Aufl. 1987, S. 106), kann Kläger als vorläufige Maßnahme Hinterlegung verlangen, § 805 Abs. 4 ZPO.

7. Weitere Fälle für § 805 ZPO bei *Baumbach/Lauterbach/Albers/Hartmann* § 805 Rdn. 2 und 3.

8. Auch hier sollte wegen § 93 ZPO der Kläger dem Beklagten außergerichtlich sein Vorrecht glaubhaft machen und Vorrangseinräumung verlangen. Der Beklagte hat alle Einwendungen gegen das Vorrecht, hier ggf. den Einwand aus § 560 S. 2, letzter Halbs. BGB, daß die übrigen Sachen des Mieters den Kläger ausreichend sichern (BGHZ 27, 227).

Kosten und Gebühren

a) Gericht: Gebühren des Erkenntnisverfahrens, KV zum GKG Nr. 1201 ff.
b) Anwalt: Gebühren des Erkenntnisverfahrens, §§ 31 ff. BRAGO
c) In Ostdeutschland 80% der gesetzlichen Gebühren.

Fristen und Rechtsmittel

Wie im normalen Erkennntnisverfahren, vgl. Form. I. O. 1.

22. Sofortige Beschwerde (§ 793 ZPO)

An das
Amtsgericht[1]

Sofortige Beschwerde[2]

in der Vollstreckungssache

X   ./.   Y

Namens und in Vollmacht des Gläubigers lege ich gegen den Beschluß des dortigen Gerichtes in obiger Sache vom ......

sofortige Beschwerde

ein und beantrage,

den Beschluß aufzuheben und dem Antrag auf Erlaß eines Pfändungs- und Überweisungsbeschlusses stattzugeben.

Begründung:

Auf Antrag des Gläubigers erließ der Rechtspfleger den Pfändungsbeschluß vom ......, Az. ...... Auf die dagegen eingelegte Erinnerung des Schuldners[3] wurde der Pfändungsbeschluß durch den hier angegriffenen Beschluß aufschiebend bedingt[4] aufgehoben, weil der Schuldnervorname im Titel „Friedrich", in der Zustellungsurkunde dagegen „Fritz" laute, daher die Nämlichkeit nicht feststehe, § 750 Abs. 1 ZPO.

Es besteht jedoch Nämlichkeit zwischen Titelschuldner und Zustellungsempfänger (ist näher auszuführen, ggf. unter Beweis zu stellen)[5].

Rechtsanwalt

Anmerkungen

1. Einzureichen bei dem Gericht, das entschieden hat, § 569 ZPO, nur in Eilfällen beim Beschwerdegericht, § 569 Abs. 1 2. Halbs. ZPO.

22. Sofortige Beschwerde III. A. 22

2. § 793 ZPO regelt, wann sofortige Beschwerde in der Vollstreckung statthaft ist. Im übrigen gelten §§ 567 ff. ZPO, vgl. Form. I. O. 10 und 11 (beachte Beschwerdegrenze von 200 DM bzw. 100 DM bei Kostenentscheidungen, § 567 Abs. 2 ZPO).

Statthaft ist sofortige Beschwerde vom Beginn bis zur Beendigung der Vollstreckung gegen „Entscheidungen", wenn also unter Anhörung beider Seiten entschieden wurde (hM., vgl. *Baumbach/Lauterbach/Albers/Hartmann* Rdn. 1 zu § 793 mwN.). Bei allen sonstigen Maßnahmen in der Vollstreckung Erinnerung, § 766 ZPO, auf die dann eine beschwerdefähige Entscheidung ergeht.

Terminologisch verwirrend ist, daß bei vom Rechtspfleger getroffener Entscheidung der sofortigen Beschwerde die sofortige Erinnerung nach § 11 RPflG vorgeschaltet ist. Eine gegen die Entscheidung des Rechtspflegers eingelegte „Beschwerde" ist in diese Erinnerung umzudeuten. Erinnerung nach § 766 ZPO und nach § 11 RPflG unterscheiden sich durch
a) die Fristgebundenheit nach §§ 793 ZPO, 11 Abs. 1 S. 2 RPflG,
b) die Durchgriffswirkung: die Erinnerung nach § 11 RPflG gilt zugleich als sofortige Beschwerde, wenn der Richter nicht abhilft (§ 11 Abs. 2 RPflG).

Außer bei Entscheidungen des Vollstreckungsrichters ist stets Erinnerung der zunächst gegebene Rechtsbehelf. Allerdings wird die Vollstreckungserinnerung, § 766 ZPO, häufig als Durchgriffserinnerung behandelt (dafür nur *Kümmerlein* RPfleger 1971, 11), was Bedenken begegnet, da der Gläubiger es in der Hand haben soll, ob er es bei der Erinnerung nach § 766 ZPO beläßt oder – kostenpflichtig – Beschwerde einlegt (hM., *Mohrbutter*, Handbuch des gesamten Vollstreckungs- und Insolvenzrechts, 2. Aufl. 1974, S. 107 mwN.; *Zöller/Stöber* Rdn. 3 zu § 766).

3. Eine Vollstreckungserinnerung, § 766 ZPO, da der Pfändungsbeschluß ohne Anhörung des Schuldners erging, § 834 ZPO. Wenn der Schuldner angehört wurde, wäre die Erinnerung eine Durchgriffserinnerung nach § 11 RPflG (*Schrader/Steinert* Rdn. 441).

4. Die Aufhebung muß unter der aufschiebenden Bedingung der Rechtskraft des Aufhebungsbeschlusses erfolgen. Sonst würde auf jeden Fall zunächst die Pfändungswirkung – und damit der Pfändungsrang – entfallen. Das kann bei unberechtigter Aufhebung Amtshaftungsansprüche auslösen, vgl. OLG Köln RPfleger 1986, 441.

5. Bei eindeutigem Nachnamen wird hier an der Nämlichkeit des Schuldners kein Zweifel bestehen. Bei einem Häufigkeitsnachnamen und ggf. einem Adressenwechsel könnte es anders sein (vgl. näher *Petermann* RPfleger 1973, 153).

Kosten und Gebühren

a) Gericht: Beschwerdegebühr (volle Gebühr) nach KV zum GKG Nr. 1906, aber nur, soweit die Beschwerde erfolglos bleibt.
b) Anwalt: 5/10 Gebühr nach § 61 Abs. 1 Nr. 1 BRAGO.
c) Gegenstandswert: nach § 3 ZPO idR. der Betrag der zu vollstreckenden Forderung, aber der Wert des Vollstreckungsgegenstandes, wenn er geringer ist.
d) In Ostdeutschland 80 % der gesetzlichen Gebühren.

Fristen und Rechtsmittel

Rechtsmittel ist die weitere Beschwerde zum OLG, aber nur unter der Voraussetzung von § 568 Abs. 2 ZPO, daß in der Entscheidung des LG ein neuer selbständiger Beschwerdegrund enthalten ist.

Die in § 568 Abs. 2 ZPO jetzt geforderte besondere Bestimmung über die Zulässigkeit weiterer Beschwerde ergibt sich für die ZV aus § 793 Abs. 2 ZPO.

Frist: Für die sofortige Beschwerde zwei Wochen ab Zustellung, § 577 ZPO.

Sonstiges

23. Klage auf Schadensersatz wegen vorläufiger Vollstreckung (§ 717 Abs. 2 ZPO)

A. durch Zwischenantrag im schwebenden Prozeß[1]

An das
Oberlandesgericht
Az. ......

Antrag nach § 717 Abs. 2 ZPO[2]

in der Sache

    Firma X-GmbH   ./.   Firma Y-GmbH
    /RA. A/   /RA. B./

Namens und in Vollmacht des Beklagten beantrage ich – in Ergänzung des bisherigen Berufungsantrages –,
die Klägerin zu verurteilen, an die Beklagte als Schadensersatz[3] nach § 717 Abs. 2 ZPO ...... DM zu zahlen zuzüglich ...... % Zinsen[4] seit dem ...... auf ...... DM.

Begründung:

I.
Die Klägerin hat aus dem hier mit der Berufung angegriffenen Urteil nach Sicherheitsleistung vollstreckt, durch Pfändung und Versteigerung des Lkw der Beklagten Marke ...... gemäß Protokoll des Gerichtsvollziehers ...... vom ...... DRNr. ......

Beweis: anliegende Ausfertigung des Protokolls.

Nach der in zweiter Instanz durchgeführten Beweisaufnahme wird das Urteil der ersten Instanz aufzuheben sein. Daher ist die Klägerin verpflichtet, der Beklagten den aus der Vollstreckung dieses Urteils entstandenen Schaden zu ersetzen[5], § 717 Abs. 2 ZPO.

II.
Der Schaden errechnet sich wie folgt: (ist auszuführen)[6]

                                                                         Rechtsanwalt

B. durch gesonderte Klage[7]

An das
Landgericht[8]

Klage

des ...... [9]
wegen Schadensersatz nach § 717 Abs. 2 ZPO
Streitwert: ...... DM

Namens und in Vollmacht der Klägerin erhebe ich Klage und werde beantragen,
...... [10]

23. Klage auf Schadensersatz wegen vorläufiger Vollstreckung   III. A. 23

Begründung:

I.

Zwischen den Parteien schwebte ein Rechtsstreit gleichen Rubrums vor dem LG ...... Az. ...... und dem OLG ...... Az. ......, in dem die Klägerin die Beklagte auf Unterlassung wettbewerbswidrigen Verhaltens in Anspruch nahm, mit einem Streitwert von ...... DM. Die Klägerin unterlag in erster Instanz. Die Beklagte hat aus dem zu ihren Gunsten ergangenen Kostenfestsetzungsbeschluß des LG ...... vom ...... vollstreckt, indem sie (folgt näherer Sachverhalt) ......

In zweiter Instanz hat die Klägerin überwiegend obsiegt, so daß durch das rechtskräftige Urteil des OLG vom ...... die Kosten beider Instanzen zu ⅔ der Beklagten auferlegt wurden. Daher hat die Beklagte der Klägerin den ihr aus der Vollstreckung des Kostenfestsetzungsbeschlusses entstandenen Schaden zu ersetzen, § 717 Abs. 2 ZPO[11].

II.

Danach errechnet sich der Schaden der Klägerin wie folgt: (ist auszuführen)[12]

Rechtsanwalt

Anmerkungen

1. Der Zwischenantrag ist bis zum Schluß der mündlichen Verhandlung, auch noch in der Revision, zulässig (*Baumbach/Lauterbach/Albers/Hartmann* § 717 Rdn. 14). Da er kostenmäßig wie eine Widerklage nach § 19 GKG behandelt wird (hM., BGHZ 38, 238; *Baumbach/Lauterbach/Albers/Hartmann* § 717 Rdn. 14), ist das Kostenrisiko geringer als bei gesonderter Klage.

2. Der Zwischenantrag ist nach § 261 Abs. 2 ZPO geltend zu machen, zweckmäßig durch Schriftsatz, sonst kein Versäumnisurteil möglich, § 335 Abs. 1 Nr. 3 ZPO.

3. Der Anspruch aus § 717 Abs. 2 ZPO ist Schadensersatzanspruch aus unerlaubter Handlung, jedoch ohne Verschuldenserfordernis (*Baumbach/Lauterbach/Albers/Hartmann* § 717 Rdn. 5). Daher gelten §§ 249 ff. BGB. Der Anspruch richtet sich also zunächst auf Wiederherstellung. Erst in zweiter Linie, etwa nach Abschluß der Vollstreckung durch Pfandverwertung, geht er auf Geldersatz, § 251 BGB. Dies muß bei der Antragsfassung im Einzelfall beachtet werden.

Für Verjährung gilt insoweit § 852 BGB entsprechend. Sie beginnt mit der Aufhebung oder Änderung der unrichtigen Titel (BGH NJW 1957, 1926). Der Anspruch ist nicht gegeben für ein Ordnungsgeld gemäß § 890 ZPO, das der Schuldner wegen einer Handlung während der Geltung des später aufgehobenen Unterlassungsgebotes gezahlt hat (*Jauernig* NJW 1973, 1673, str.).

4. Nach § 717 Abs. 2 S. 2 2. Halbs. ZPO gilt der Anspruch als rechtshängig seit Schadenseintritt. Von da ab können also Prozeßzinsen verlangt werden, § 291 BGB.

5. Der Anspruch ist nicht gegeben für die meisten Urteile der Oberlandesgerichte, § 717 Abs. 3 ZPO, aber auch nicht in Sonderfällen, wenn der Grund für die Titelaufhebung erst später entstand (*Baumbach/Lauterbach/Albers/Hartmann* § 717 Rdn. 5). Dort haftet der Vollstreckende nur nach Bereicherungsgrundsätzen.

6. Auch für die Schadensberechnung gelten §§ 249 ff BGB, also auch entgangener Gewinn etc. Aber es gilt auch § 254 BGB, etwa bei verzögerlicher Erhebung von Einreden, bei unterlassenen Vollstreckungsschutzanträgen nach §§ 719, 707 ZPO oder dann, wenn der Kläger es unterlassen hat, auf einen drohenden ungewöhnlich hohen Vollstreckungsschaden hinzuweisen.

7. Die gesonderte Klage nach rechtskräftiger Entscheidung des Vorprozesses ist vorzuziehen, wenn der Ausgang des Vorprozesses unsicher ist.

8. Außer im allgemeinen Gerichtsstand des Beklagten, § 13 ZPO, kann die Klage auch am Ort der Vollstreckung oder Verwertungshandlung als dem Gerichtsstand der unerlaubten Handlung, § 32 ZPO, erhoben werden (vgl. *Baumbach/Lauterbach/Albers/Hartmann* § 717 Rdn. 13).

9. Volles Rubrum zu Form. III. A. 5.

10. Antrag wie oben unter A.

11. Entgegen dem Wortlaut von § 717 Abs. 2 ZPO kann der Anspruch sich auch gegen den Beklagten des Vorprozesses richten, wenn dieser aus einem später aufgehobenen Titel vollstreckt hat, etwa dem Kostenfestsetzungsbeschluß oder einem Widerklageurteil (vgl. *Baumbach/Lauterbach/Albers/Hartmann* § 717 Rdn. 6). Der Rechtsgedanke des § 717 Abs. 2 ZPO ist auch auf andere Vollstreckungstitel anwendbar; ferner, wenn ein Titel nur teilweise aufgehoben wird (Beispiele und Einschränkungen bei *Baumbach/Lauterbach/ Albers/Hartmann* § 717 Rdn. 21–37).

12. Ob die aufgrund des aufgehobenen Kostentitels gezahlten oder überzahlten Beträge im Kostenfestsetzungsverfahren „rückfestgesetzt" werden können, wenn sie unstreitig sind, ist umstritten (vgl. OLG Hamm AnwBl. 1974, 282; *Baumbach/Lauterbach/Albers/ Hartmann* § 104 Rdn. 14 mwN.). Jedenfalls bei Streit über diese Kosten und bei darüberhinausgehendem Schadensersatz, etwa entgangenem Gewinn, ist stets das Verfahren nach § 717 Abs. 2 ZPO erforderlich.

Kosten und Gebühren

a) Gericht: Gebühren des Erkenntnisverfahrens, KV zum GKG Nr. 1201 ff.
b) Anwalt: Gebühren des Erkenntnisverfahrens, §§ 31 ff. BRAGO.
c) Gegenstandswert: Wert des Ersatzanspruches ohne Zinsen und Kosten, BGHZ 38, 238; bei Zwischenantrag (Fall A.) unter Anwendung von § 19 GKG zu berechnen.
d) In Ostdeutschland 80% der gesetzlichen Gebühren.

Fristen und Rechtsmittel

Wie im normalen Erkenntnisverfahren, vgl. Form. I. O. 1.
Verjährung binnen 3 Jahren ab Aufhebung des Titels, vgl. oben Anm. 3.

B. Zwangsvollstreckung wegen Geldforderungen

Zwangsvollstreckung in bewegliche Sachen

1. Vollstreckungsauftrag mit Varianten (§ 754 ZPO)

An die
Verteilungsstelle für Gerichtsvollzieheraufträge
beim Amtsgericht[1]

Betr.: Vollstreckungsauftrag

In der Sache

X ./. Y

überreiche ich anliegend vollstreckbaren Schuldtitel – sowie beglaubigte Abschrift – mit dem Auftrag zur – Zustellung des Schuldtitels[2] und – Zwangsvollstreckung wegen folgender Beträge:

1. Hauptforderung ...... DM
2. vorgerichtliche Mahnkosten/Wechselkosten des Gläubigers ...... DM
3. festgesetzte Kosten ...... DM
4. Kosten des Mahnbescheides ...... DM
5. Kosten des Vollstreckungsbescheides ...... DM
6. Kosten früherer Vollstreckungsmaßnahmen
   (gemäß beigefügten Nachweisen)
   insgesamt ...... DM
7. ...... % Zinsen aus DM ...... seit dem ...... bis heute ...... DM
8. 4% Zinsen aus ...... DM seit dem ...... bis heute ...... DM
   Summe ...... DM
9. Kosten dieses Auftrages:
   a) Zwangsvollstreckungsgebühr, § 57 BRAGO: ...... DM
   b) Postgebührenpauschale ...... DM
   c) Mehrwertsteuer ...... DM
   Summe der Kosten ...... DM ...... DM

insgesamt ...... DM[3]
zuzüglich der ab morgen anfallenden Zinsen, Tageszins ...... DM.

Ich bitte,
– mich über die getroffenen Maßnahmen und alle sachdienlichen Feststellungen (§ 806a ZPO) durch Protokollabschrift zu informieren, ggf. mit Unpfändbarkeitsattest[4],
– um Überweisung eingezogener Beträge an mich[5].

Bei Arbeitgeberermittlung oder Feststellung sonstiger pfändbarer Forderungen bitte ich
a) um Ausbringung einer Vorpfändung nach § 845 Abs. 1 S. 2 ZPO und
b) um unverzügliche Nachricht[6].

Bei Durchsuchungsverweigerung durch den Schuldner bitte ich,
den beigefügten vorbereiteten Antrag auf Durchsuchungsanordnung kurzerhand einzureichen unter Beifügung des Protokolls und der Vollstreckungsunterlagen[7].

Bei Ratenangebot des Schuldners bitte ich gleichwohl zu pfänden, ggf. eine erste Rate einzuziehen und den Schuldner zum Abschluß eines Teilzahlungsvergleichs an mich zu verweisen[8].

Besondere Hinweise:
(hier sind, je nach Kenntnis des Gläubigers von den Verhältnissen des Schuldners z.B. folgende Varianten denkbar:)

1. (Anwesenheit des Gläubigers)
   Da der Gläubiger/Gläubigervertreter an der Vollstreckung teilnehmen wird, bitte ich um Aufgabe des Vollstreckungstermins[9].
2. (Besondere Vermögensgegenstände)
   Ich bitte insbesondere um Zugriff auf das Kraftfahrzeug des Schuldners Marke ...... amtliches Kennzeichen ...... Fahrgestell-Nr. ......, das der Schuldner in der X-Straße vor dem Hause Nr. ...... tagsüber zu parken pflegt.
3. (Hinweise zur Taschen- bzw. Kassenpfändung)
   Mir ist bekannt, daß der Schuldner seinen gesamten Geldbedarf bar aus der Kasse seines Ladengeschäftes entnimmt und daher stets größere Geldbeträge bei sich trägt. Ich bitte daher insbesondere um Taschen- und Kassenpfändung.
4. (Besondere Räume oder Behältnisse)[10]
   Ich weise darauf hin, daß der Schuldner auf dem Hof des Wohnblocks, in dem sich seine Wohnung befindet, eine Reparaturwerkstatt betreibt. Ich bitte, auch dort zu vollstrecken.
5. (Austauschpfändungsmöglichkeit)
   Mir ist bekannt, daß eine fast neuwertige Stereo-Anlage Marke ...... im Werte von ...... DM im Eigentum des Schuldners steht. Ich bitte ggf. um vorläufige Austauschpfändung, § 811b ZPO, sowie um rasche Benachrichtigung, damit ich den Antrag nach § 811a ZPO stellen kann[11].
6. (Vorwegpfändung)
   Das Kraftfahrzeug Marke ...... amtliches Kennzeichen ...... Fahrgestell-Nr. ...... im Eigentum des Schuldners hat dieser bislang für sein Reisegewerbe benutzt, so daß es wegen § 811 Nr. 5 ZPO unpfändbar war. Wie sich aus beiliegendem Stundungsgesuch ergibt, wird der Schuldner jedoch zum 1.7. sein Gewerbe aufgeben und sich in X-Stadt zum Bürokaufmann umschulen lassen. Dann besteht für das Fahrzeug kein Pfändungsschutz mehr[12]. Ich bitte daher um Vorwegpfändung gemäß § 811c ZPO.
7. (Pfändung bei Drittgewahrsam)
   Die Schuldnerin hat einen Nerzmantel beim Pelzhaus A in der B-Straße eingelagert. Ich bitte, dort zu pfänden. Pfändungs- und Überweisungsbeschluß des AG ...... vom ...... Az. ...... auf den Herausgabeanspruch füge ich bei[13].
8. (Pfändung bei Mitgewahrsam – Bankschließfach)
   Der Schuldner hält bei der V-Bank das Bankschließfach Nr. .... Ich bitte, dem Schuldner die Schließfachschlüssel wegzunehmen und den pfändbaren Inhalt des Schließfaches zu pfänden. Pfändungs- und Überweisungsbeschluß des AG ...... vom ...... Az. ...... auf die Mitwirkungsrechte der V-Bank für die Schließfachöffnung überreiche ich anliegend[14].
9. (Pfändung bei Eigentumsvorbehalt)
   Ich bitte, das Kraftfahrzeug des Schuldners Marke ...... Fahrgestell-Nr. ...... zu pfänden, auch wenn Schuldner Vorbehaltseigentum des Verkäufers nachweist. Ich überreiche anliegend Pfändungs- und Überweisungsbeschluß des AG ...... vom ...... Az. ......, wonach für den Gläubiger das Anwartschaftsrecht an diesem Fahrzeug gepfändet ist[15].

Rechtsanwalt[16]

1. Vollstreckungsauftrag mit Varianten   III. B. 1

Anmerkungen

1. Wenn der für die Vollstreckungsanschrift örtlich zuständige Gerichtsvollzieher nicht bekannt ist, vermittelt die Geschäftsstelle des für den Vollstreckungsort zuständigen AG die Verteilung, § 753 Abs. 2 ZPO, § 62 GVGA.

2. Der Vollstreckungsauftrag kann mit dem Zustellungsauftrag verbunden werden, § 750 Abs. 1 ZPO, was die Regel ist. Für reine Zustellungsaufträge vgl. Form. III. A. 6.

3. Die Kostenaufstellung enthält teils titulierte Beträge (Hauptforderung, festgesetzte Kosten), teils solche, die als Vollstreckungskosten ohne besondere Titulierung beizutreiben sind, § 788 Abs. 1 ZPO. Der Gläubiger muß sie aber glaubhaft machen *(Baumbach/ Lauterbach/Albers/Hartmann* § 788 Rdn. 13), also die Kostenbelege aus früherer Vollstreckung beifügen, ebenso Belege für sonstige Kosten des Gläubigers in der Vollstreckung, etwa für Anschriften- oder Arbeitgeberermittlungen.

Erteilt man – im Kosteninteresse – den Auftrag nur über einen Teilbetrag oder, nach Teilzahlungen, über einen Restbetrag, so braucht eine Abrechnung über die schon gezahlten Beträge und deren Verrechung m.E. nicht beigefügt zu werden. Denn die Darlegungs- und Beweislast für weitergehende Tilgung hat ja der Schuldner, auch bei Klage nach § 767 ZPO, vgl. Form III A. 17 (sehr strittig, vgl. *Stöber* Rdnr. 464; LG Frankfurt DGVZ 1988, 95 verlangt Aufstellung nur bei Anhaltspunkten für höhere Tilgung). Bei EDV-Bearbeitung wird man lieber die Aufstellung fertigen und übersenden, statt darüber zu streiten.

Die Zinsen bis zum Tage des Auftrages sind zu errechnen und anzusetzen. Denn auch nach ihnen bemißt sich der Gegenstandswert für die Vollstreckung, § 57 Abs. 2 BRAGO. Für weitere Zinsberechnungen, etwa eines zahlungswilligen Schuldners, sollte man den künftigen Tageszins nennen. Mit EDV sind diese Angaben heute mit geringem Aufwand möglich.

4. Der Gerichtsvollzieher teilt Ermittlungsergebnisse über den Schuldner durch Protokollübersendung mit. Die Schreibgebühr dafür (vgl. § 36 Abs. 1 Nr. 1 mit Abs. 2 Gerichtsvollzieherkostengesetz) fällt gegen den Wert solcher Informationen nicht ins Gewicht. Daher sollte man stets um Protokollabschrift bitten.

Durch § 806 a ZPO ist der Gerichtsvollzieher jetzt auch gesetzlich verpflichtet – und berechtigt –, nach Forderungen des Schuldners und insbesondere nach dem Arbeitgeber zu fragen und das Ergebnis dem Gläubiger mitzuteilen.

Führt die Pfändung nicht voll zur Befriedigung des Gläubigers, erteilt der Gerichtsvollzieher Unpfändbarkeitsattest, Voraussetzung für den Antrag auf Offenbarungsversicherung, § 807 Abs. 1 ZPO.

5. Prozeßvollmacht, die sich ggf. aus dem Titel ergibt, umfaßt ausdrücklich nur die Befugnis zur Empfangnahme der Kosten, § 81 letzter Halbs. ZPO. Betreibt der Prozeßbevollmächtigte auch die Vollstreckung, so ist Geldempfangsvollmacht als stillschweigend erteilt anzusehen (vgl. *Baumbach/Lauterbach/Albers/Hartmann* § 81 ZPO Rdn. 16; § 62 Nr. 2 GVGA).

6. Diese Möglichkeit eröffnet § 845 Abs. 1 S. 2 ZPO. Erforderlich ist ausdrücklicher Auftrag. Die Monatsfrist von § 845 Abs. 2 ZPO für das Nachschieben des Pfändungsbeschlusses ist zu beachten. (Näheres bei *Stöber* Rdn. 801 ff.).

7. Vgl. oben Form. III. A. 11 Anm. 5. Die Beifügung des Antrages wird es dem Gerichtsvollzieher häufig ermöglichen, den Schuldner zur Gestattung der Durchsuchung zu bewegen. Wird kein Durchsuchungsantrag beigefügt, so sollte an dieser Stelle die Bitte um schnellstmögliche Information durch Protokollabschrift geäußert werden.

8. Ratenzahlungsbereitschaft hindert Verwertung erst nach einem Beschluß gemäß § 813 a ZPO (vgl. unten Form. III. B. 4). Häufig wird ohne den Beschluß ähnlich abgewickelt, indem der Gerichtsvollzieher mit stillschweigender oder ausdrücklicher Billigung des

Gläubigers den Versteigerungstermin aussetzt, solange der Schuldner angemessene Raten zahlt.

9. Die Anwesenheit des Gläubigers oder seines mit Vollmacht versehenen Vertreters ist zulässig (*Baumbach/Lauterbach/Albers/Hartmann* § 758 Rdn. 25). Häufig ist sie sachdienlich, zB. bei umfangreichen Pfändungen, Suche nach bestimmten Gegenständen etc. Der Gläubiger kann zugleich als Zeuge nach § 759 ZPO fungieren (*Baumbach/Lauterbach/Albers/Hartmann* § 759 Rdn. 3).

Ob die Anwesenheit des Gläubigers in der Wohnung des Schuldners ohne dessen Zustimmung besonderer Erlaubnis in der richterlichen Durchsuchungsanordnung bedarf, ist umstritten; dafür *Zöller/Stöber* Rdn. 28 zu § 758 unter Hinweis auf LG Kassel DGVZ 88, 173, vgl. Form. III. A. 11, Anm. 4.

10. Umstritten ist, ob bei mehreren Wohnungen des Schuldners oder bei Trennung von Wohnung und Geschäftsräumen Unpfändbarkeit iSv. § 807 ZPO Pfändungsversuch in allen Räumlichkeiten voraussetzt oder nur im Hauptwohnsitz (für letzteres OLG Frankfurt RPfleger 1977, 145; *Thomas/Putzo* Rdn. 13 zu § 807; a. A. *Baumbach/Lauterbach/Albers/Hartmann* § 807 Anm. 2B). Pfändung in Nebenwohnsitz oder Geschäft ist aber allenfalls erforderlich, wenn der Gläubiger diese kennt oder zumutbar ermitteln kann, *Zöller/Stöber* Rdn. 14 zu § 807.

11. Die Austauschpfändung, § 811a ZPO, die vorläufig vom Gerichtsvollzieher vorgenommen werden kann, § 811b ZPO, ermöglicht für einige Fälle die Pfändung in dem nach § 811 ZPO geschützten Bereich, vgl. Form. III. B. 3. Ob nach § 811 ZPO geschützte Gegenstände für Gläubiger gepfändet werden können, die deren Vorbehalts- oder Sicherungseigentümer sind, ist umstritten (dafür AG Offenbach NJW 1987, 387; dagegen LG Heilbronn NJW 1988, 148), vgl. Form. III. A. 15 Anm. 5.

12. Vgl. LG Braunschweig MDR 1970, 338. Sowohl die Vorwegpfändung als auch die vorläufige Austauschpfändung gehören auch ohne besonderen Auftrag zu den Dienstpflichten des Gerichtsvollziehers. Ohne gezielten Hinweis wird er jedoch häufig diese Pfändungsmöglichkeit nicht erkennen können.

13. Sachen des Schuldners im Drittgewahrsam sind bei Herausgabebereitschaft des Dritten pfändbar, § 809 ZPO, und bei arglistiger Verweigerung der Herausgabe (letzteres str., vgl. *Baumbach/Lauterbach/Albers/Hartmann* § 809 Rdn. 1; *Mohrbutter*, Handbuch des gesamten Vollstreckungs- und Insolvenzrechtes, 2. Aufl. 1974, S. 218 mwN.). Sonst muß Gläubiger nach § 847 ZPO den Herausgabeanspruch des Schuldners gegen den Dritten pfänden und sich überweisen lassen. Weigert sich der Dritte auch dann noch, muß gegen ihn in entsprechender Anwendung von § 841 ZPO auf Herausgabe geklagt werden (*Mohrbutter* S. 294; *Baumbach/Lauterbach/Albers/Hartmann* § 847 Rdn. 5).

14. Beim Bankschließfach besteht kein Herausgabeanspruch gegen die Bank auf den Fachinhalt, sondern nur ein Anspruch auf Mitwirkung zur Öffnung (meist durch zweiten Schlüssel). Dieser Anspruch ist zu pfänden, wenn Bank sonst Öffnung verweigert (vgl. *Noack*, Kommunale Kassen-Zeitschrift 1975, 223). Danach kann der Gerichtsvollzieher Widerstand der Bank notfalls gewaltsam brechen, § 758 Abs. 2 ZPO (*Stöber* Rdn. 1752 ff. mwN.; anders wohl *Baumbach/Lauterbach/Albers/Hartmann* Grundz. vor § 704 Rdn. 105, danach Klage auf Duldung).

Ist Schlüssel des Schuldners nicht auffindbar, muß Gerichtsvollzieher das Fach ggf. durch Schlosser öffnen lassen, was erhebliche Kosten verursacht.

15. Zur Anwartschaftsrechtspfändung vgl. *Baumbach/Lauterbach/Albers/Hartmann* Grundz. vor § 704 Rdn. 60; *Stöber* Rdn. 1484 ff., beide mwN.

Da der Gerichtsvollzieher Sachen im ersichtlichen Eigentum Dritter nicht pfändet (§ 119 Abs. 2 GVGA), ist der besondere Hinweis geboten. Die Sachpfändung kann auch vorgehen und die Rechtspfändung nachgeholt werden.

Vgl. im übrigen Form. III. B. 28.

2. Vollstreckungsauftrag bei Sonderfällen **III. B. 2**

Weitere Hinweise sind je nach Sachlage und unter Heranziehung der GVGA denkbar, zB. die Bitte, nicht gepfändete Gegenstände genau zu bezeichnen, so daß ihre Unpfändbarkeit vom Gläubiger geprüft werden kann, § 135 Nr. 6 GVGA, oder Weisung, auch bei erst kürzlich festgestellter Unpfändbarkeit einen Pfändungsversuch zu machen, wenn es etwa um Verjährungsunterbrechung geht.

Kosten und Gebühren

a) Anwalt: 3/10 Gebühr nach § 57 Abs. 1 BRAGO. Zu beachten: Auch diese Gebühr erhöht sich bei mehreren Gläubigern nach § 6 BRAGO, maximal auf 6/10 Gebühren, vgl. *Gerold/Schmidt* BRAGO Rdn. 29.

b) GerVollz: Gebühren gem. § 17 GerVollzKostG nach Gebührentabelle zu § 13 GerVollzKostG, dazu Nebenkosten nach §§ 35–37 GerVollzKostG.

c) Gegenstandswert: für den Anwalt der Betrag der Forderung, wegen derer vollstreckt wird, bei Pfändung einer bestimmten Sache deren Wert, jeweils einschließlich der Nebenforderungen (Kosten und Zinsen bis zum Tage des Auftrages), § 57 Abs. 2 BRAGO, diese berechnet ohne die Kosten des Pfandauftrages selbst.

Für den GerVollz. im Ergebnis ebenso, § 17 GerVollzKostG mit Nr. 21 der Gerichtsvollzieherkostengrundsätze (bundeseinheitliche Verwaltungsvorschrift).

d) In Ostdeutschland 80 % der gesetzlichen Gebühren.

Fristen und Rechtsmittel

Für Gläubiger und Schuldner gegen die Art und Weise der Vollstreckung Erinnerung, § 766 ZPO, vgl. Form. III. A. 15.

2. Vollstreckungsauftrag bei Sonderfällen[1]

a) **Vollstreckungsauftrag bei betagter Vollstreckbarkeit, § 751 Abs. 1 ZPO**

……

überreiche ich anliegend den vollstreckbaren, auf den 3. 9. …… betagten Schuldtitel – sowie beglaubigte Abschrift – mit dem Auftrag zur – Zustellung des Schuldtitels und – Zwangsvollstreckung nach dem 3. 9. …… wegen folgender Beträge[2]:
(im übrigen wie Form. III. B. 1)

b) **Vollstreckungsauftrag bei Sicherheitsleistung, § 751 Abs. 2 ZPO**

……

überreiche ich anliegend den gegen Sicherheit durch Bankbürgschaft von …… DM vollstreckbaren Schuldtitel – sowie beglaubigte Abschrift – und Bürgschaft der X-Bank über …… DM – sowie beglaubigte Abschrift – mit Auftrag zur Zustellung des Titels und der Bürgschaftsurkunde und zur Vollstreckung wegen folgender Beträge[3]:
(im übrigen wie Form. III. B. 1)

c) **Vollstreckungsauftrag bei Sicherungsvollstreckung, § 720a ZPO**

……

überreiche ich anliegend den gegen Sicherheit vollstreckbaren Schuldtitel mit Vollstreckungsklausel, beide am 18. 8. …… zugestellt, mit Auftrag zur Sicherungsvollstreckung gemäß § 720a ZPO durch Pfändung wegen folgender Beträge[4]:
(im übrigen wie Form. III. B. 1)

d) Vollstreckungsauftrag bei Zug-um-Zug-Leistung, § 756 ZPO

......

überreiche ich anliegend den Zug um Zug gegen Lieferung von 10 Pumpventilen Marke ...... Katalog-Nr. ...... vollstreckbaren Schuldtitel – sowie beglaubigte Abschrift – und 10 Pumpventile Marke ...... Katalog-Nr. ...... in Originalverpackung mit Auftrag zur Zustellung des Titels, zum Anbieten der Ventile und zur Vollstreckung wegen folgender Beträge[5]:

(im übrigen wie Form. III. B. 1)

Anmerkungen

1. Während regelmäßig besondere Voraussetzungen der Vollstreckung schon vor Klauselerteilung nachzuweisen sind, vgl. oben Form. III. A. 3, ist in §§ 751 und 756 ZPO die Prüfung leicht feststellbarer besonderer Voraussetzungen dem Vollstreckungsorgan selbst zugewiesen.

2. § 751 ZPO gilt für alle Vollstreckungsarten. Für Forderungspfändung wird er durchbrochen durch Vorratspfändung, § 850d Abs. 3 ZPO (vgl. *Baumbach/Lauterbach/Albers/Hartmann* § 751 Rdn. 2; insbes. *Stöber* Rdn. 687 ff.; *Baer* NJW 1962, 574).

3. Bei Sicherheitsleistung durch Hinterlegung, § 108 Abs. 1 S. 2 ZPO, ist die Hinterlegungsanordnung der Hinterlegungsstelle als öffentliche Urkunde zuzustellen.

Praktisch häufiger ist Sicherheitsleistung durch Bankbürgschaft. Dabei wird die Bürgschaftsurkunde im Anwaltsprozeß dem Gegner nach § 198 ZPO zugestellt. Seine Empfangsbescheinigung gilt als öffentliche Urkunde iSv. § 751 Abs. 2 ZPO (so OLG Frankfurt NJW 1978, 1442 mwN.; LG Mannheim JurBüro 1989, 859, str.; dagegen *Zöller/Schneider* Rdn. 11 zu § 108). Vorsorglich sollte man deshalb die Bürgschaftsurkunde gem. § 132 BGB durch GerVollz. zustellen lassen.

4. § 720a ZPO eröffnet die Möglichkeit, ohne Sicherheitsleistung zu pfänden, aber nicht zu verwerten. Titel und Klausel müssen aber 2 Wochen vor Vollstreckungsbeginn zugestellt sein, § 750 Abs. 3 ZPO.

5. Für Umfang und Inhalt der Angebotspflicht gelten §§ 293 ff. BGB. Der Gerichtsvollzieher muß, ggf. durch Sachverständige, prüfen, ob die gebührende Leistung angeboten wird oder ob zB. nachgebessert ist. Der Umfang dieser Prüfungspflicht ist im einzelnen sehr str. (vgl. *Baumbach/Lauterbach/Albers/Hartmann* § 756 Rdn. 2–8 mwN.).

Sofern nicht der Gerichtsvollzieher die Gegenleistung anbietet, muß durch qualifizierte Urkunde nachgewiesen werden, daß Befriedigung oder Angebot vorher erfolgt sind, § 756 ZPO, sofern sich das nicht aus dem Urteilstenor ergibt (vgl. Form. II. A. 1 Anm. 3).

Kosten und Gebühren

Wie Form. III. B. 1. Der GerVollz. erhält für das Leistungsangebot im Rahmen einer Vollstreckung nach § 756 ZPO keine besondere Gebühr nach § 30 GerVollzKostG, vgl. Gerichtsvollzieherkostengrundsätze Nr. 37.

3. Antrag auf Gestattung der Austauschpfändung (§ 811a ZPO)

An das
Amtsgericht
Vollstreckungsgericht[1]

Antrag nach § 811a ZPO

in der Vollstreckungssache

X ./. Y

Namens und in Vollmacht des Gläubigers beantrage ich zu beschließen:

Die mit Protokoll des Gerichtsvollziehers A vom ...... DR-Nr. ...... erfolgte Pfändung[2] des schuldnerischen Kraftfahrzeuges Marke ...... Fahrgestell-Nr. ...... wird gegen Übereignung des gebrauchten Kraftfahrzeuges Marke ...... Fahrgestell-Nr. ...... im Werte von ...... DM an den Schuldner zugelassen. Dieser Betrag ist dem Gläubiger aus dem Vollstreckungserlös zu erstatten[3].

Begründung:

Der Schuldner repariert gewerbsmäßig Landmaschinen, so daß sein Fahrzeug unter § 811 Nr. 5 ZPO fällt[4]. Der im Antrag als Austauschobjekt genannte Kleinlieferwagen ist für sein Gewerbe ebenso geeignet wie die jetzt von ihm benutzte Limousine[5]. Dem Gläubiger liegt ein Verkaufsangebot für einen solchen Kleinlieferwagen vor, das ich mit der Expertise über den Zustand und einen Wert des Fahrzeuges von ...... DM beifüge. Der Wagen des Schuldners hat nach der Angabe des Gerichtsvollziehers im Pfändungsprotokoll einen fast doppelt so hohen mutmaßlichen Verwertungserlös[6]. Danach ist die Austauschpfändung angemessen[7].

Rechtsanwalt

Anmerkungen

1. Zuständig ist das örtliche Vollstreckungsgericht, §§ 811a Abs. 2, 764 Abs. 2 ZPO, und zwar der Rechtspfleger, § 20 Nr. 17 RPflG.

2. Vorläufige Austauschpfändung, § 811b ZPO; § 811b Abs. 2 ZPO: zweiwöchige Antragsfrist ab Benachrichtigung durch den Gerichtsvollzieher.

3. Ist Gläubiger zur Zwischenfinanzierung außerstande, kann der Antrag nach § 811a Abs. 1 2. Halbs. ZPO erweitert werden. Sinnvoll ist häufig auch zusätzlicher Antrag auf freihändige Verwertung nach § 825 ZPO (vgl. unten Form. III. B. 5).

4. Vgl. OLG Celle Rpfleger 1968, 290 = MDR 1969, 226. Austauschpfändung nur bei Pfändungsschutz zumindest auch nach § 811 Nr. 1, 5 und 6, OLG Köln DGVZ 1986, 13.

5. Der Austausch muß „nach Lage der Verhältnisse angemessen" sein, § 811a Abs. 2 ZPO.

6. Der Verkaufswert wird nach § 813 ZPO geschätzt. In der Regel schätzt der Gerichtsvollzieher ergänzend den niedrigeren gewöhnlichen Verwertungserlös.

7. Weitere Beispiele für Austauschpfändung:
– Radio gegen Musiktruhe, LG Kassel MDR 1951, 45
– einfacher Fernseher gegen Luxusgerät, ggf. auch Radio gegen Fernseher, LG Wiesbaden, Urteil v. 15. 1. 1992, 4 T 41/92; a.A. OLG Stuttgart NJW 1987, 196.
– Einfache Uhr gegen goldene Uhr.

Kosten und Gebühren

a) Gericht: keine Gebühr.
b) Anwalt: besondere ³⁄₁₀ Gebühr nach §§ 57, 58 Abs. 3 Nr. 4 BRAGO.
c) Gegenstandswert: Wertdifferenz zwischen Pfandgegenstand und Austauschgegenstand.
d) Kostentragung: Die Kosten dieses Verfahrens trägt regelmäßig der Schuldner, nur ausnahmsweise nach § 788 Abs. 3 ZPO der Gläubiger.
e) In Ostdeutschland 80% der gesetzlichen Gebühren.

Fristen und Rechtsmittel

Da der Rechtspfleger entscheidet, für Gläubiger und Schuldner sofortige Erinnerung nach § 11 RPflG binnen zwei Wochen.
Bei vorläufiger Austauschpfändung muß der Antrag binnen 2 Wochen ab Benachrichtigung von dieser Pfändung gestellt werden, § 811b Abs. 2 ZPO.

4. Antrag des Schuldners auf Aussetzung der Verwertung (§ 813a ZPO)

An das
Amtsgericht
Vollstreckungsgericht[1]

Antrag nach § 813a ZPO

in der Vollstreckungssache

X ./. Y

Namens und im Auftrage des Schuldners beantrage ich zu beschließen:

Die Zwangsvollstreckung in die vom Gerichtsvollzieher A gemäß Protokoll vom ......
DR-Nr. .... für den Gläubiger gepfändeten Druckmaschinen wird einstweilen eingestellt[2], wenn und solange der Schuldner an den Gläubiger monatliche Raten von ......
DM, beginnend mit dem ......, bis zur Tilgung der titulierten Forderung einschließlich Kosten und Zinsen bezahlt.
Der Gläubiger trägt die Kosten dieses Verfahrens gem. § 788 Abs. 3 ZPO.

Begründung:

Durch Krankheit, die ich durch anliegende ärztliche Bescheinigung belege, geriet der Schuldner in Zahlungsverzug[3]. Der Gläubiger ließ pfänden, obgleich der Schuldner bereits zweimal monatliche Teilbeträge von ...... DM gezahlt hat, über die ich Posteinlieferungsscheine beifüge. Mehr kann der Schuldner seinem kleinen Geschäft monatlich nicht entziehen. Dies ergibt sich aus der anliegenden Bestätigung seines Steuerberaters über seine wirtschaftlichen Verhältnisse, für die ich mich ergänzend auf

Zeugnis des Steuerberaters ......

beziehe. Eine Ratenzahlungsvereinbarung hat der Gläubiger gemäß seinem beigefügten Schreiben vom ...... abgelehnt. Mit den angebotenen Raten ist die Forderung in 7 Monaten[4] beglichen. Dem Gläubiger ist dieser Aufschub zuzumuten, so daß die Aussetzung der Verwertung angemessen ist[5].

Rechtsanwalt

4. Antrag des Schuldners auf Aussetzung der Verwertung III. B. 4

Anmerkungen

1. Zuständigkeit wie oben Form. III. B. 3.
2. Formel nach § 775 Nr. 2 ZPO, da die „Aussetzung" eine Einstellung iS. dieser Vorschrift ist (*Baumbach/Lauterbach/Albers/Hartmann* § 813a Rdn. 5).
3. Es muß dargelegt werden, daß der Schuldner vertrauenswürdig ist und sich nicht schuldhaft in seine Lage gebracht hat. Außerdem darf Gläubiger nicht dringend auf den Erlös angewiesen sein.
  Vorausgesetzt wird hier, daß die Maschine nicht schon unter § 811 Nr. 5 ZPO fällt.
4. § 813a Abs. 4 ZPO zeigt, daß die Ratenabwicklung längstens – nur in Ausnahmefällen – ein Jahr betragen darf. Praktisch wird eine Zwangsstundung bewilligt, die einen Stundungsvergleich ersetzen kann (*Baumbach/Lauterbach/Albers/Hartmann* § 813a Rdn. 1).
5. In entsprechender Anwendung von § 766 Abs. 1 S. 2 ZPO sind – zB. wenn noch Beweise erhoben werden müssen – einstweilige Anordnungen zulässig (*Baumbach/Lauterbach/Albers/Hartmann* § 813a Rdn. 10). Weit häufiger als nach § 813a ZPO werden solche Ratenabwicklungen, auch mit längerer Laufzeit, zwischen den Parteien direkt oder über den GVZ ohne Einschaltung des Gerichts getroffen.

Kosten und Gebühren

a) Gericht: Festgebühr von 20,– DM nach KV zum GKG Nr. 1642.
b) Anwalt: besondere 3/10 Gebühr nach §§ 57, 58 Abs. 3 Nr. 3 BRAGO
c) Gegenstandswert: Nach neuerer Auffassung (BGH NJW 1991, 2280) wird die einstweilige Einstellung der Vollstreckung (§§ 707, 719, 771 Abs. 3 ZPO) nach § 3 ZPO mit einem Bruchteil, meist 1/3, des zu vollstreckenden Betrages bzw. des Wertes der gepfändeten Sache bewertet. Das muß auch für die Einstellung nach § 813a ZPO gelten.
Kostentragung: Darüber muß im Beschluß mitentschieden werden (*Baumbach/Lauterbach/Albers/Hartmann* § 813a Rdn. 12). Regelmäßig treffen die Kosten den Schuldner, nur ausnahmsweise nach § 788 Abs. 3 ZPO den Gläubiger, so wohl, wenn er die außergerichtliche Stundung verweigert, obwohl die Voraussetzungen von § 813a ZPO ersichtlich vorliegen.
d) In Ostdeutschland 80% der gesetzlichen Gebühren.

Fristen und Rechtsmittel

Der Schuldner muß den Antrag binnen zwei Wochen nach Pfändung stellen, sonst droht Abweisung ohne Sachprüfung, § 813a Abs. 2 ZPO. Der die Aussetzung anordnende Beschluß ist unanfechtbar, § 813a Abs. 5 S. 4 ZPO, wenn er durch den Richter ergeht. Da regelmäßig der Rechtspfleger entscheidet, kann aber in diesen Fällen die Erinnerung nach § 11 RPflG eingelegt werden. Die Entscheidung des Amtsrichters darüber kann nur „bei greifbarer Gesetzeswidrigkeit" (z.B. Stundung für mehr als 1 Jahr) mit sofortiger Beschwerde angefochten werden, *Baumbach/Lauterbach/Albers/Hartmann* Rdn. 14 zu § 813a.

5. Antrag auf andere Verwertung (§ 825 ZPO)

An das
Amtsgericht
Vollstreckungsgericht[1]

Antrag nach § 825 ZPO

in der Vollstreckungssache

X ./. Y

Namens und in Vollmacht des Gläubigers beantrage ich zu beschließen:

Der durch Austauschpfändung des Gerichtsvollziehers A mit Protokoll vom ...... DR-Nr. ...... gepfändete Pkw Marke ...... ist durch den Gerichtsvollzieher dem B als Käufer zum Preise von ...... DM zu verkaufen[2].

Begründung:

Der GerVollz, hat lt. Protokoll, das ich beifüge, den mutmaßlichen Versteigerungserlös des Pkw mit ...... DM geschätzt. Der Gläubiger hat sich intensiv um Interessenten bemüht und B für den im Antrag genannten Preis gewonnen[3].

Beweis: anliegendes Schreiben
des B

Dieser Preis liegt 40% über dem mutmaßlichen Versteigerungserlös. Daher bitte ich, dem Antrag im Kosteninteresse beider Parteien stattzugeben.

Rechtsanwalt

Anmerkungen

1. Zuständigkeit wie Form. III. B. 3.
2. Denkbare Anordnungen nach § 825 ZPO sind zB. (vgl. *Baumbach/Lauterbach/Albers/Hartmann* § 825 Rdn. 10):
a) Verwertung zu anderer Zeit, etwa bei Saisonwaren.
b) Verwertung an anderem Ort, § 816 Abs. 2 ZPO.
c) Freihändiger Verkauf, auch an eine bestimmte Person, ggf. zu festgesetztem Preis (AG Charlottenburg DGVZ 1978, 92).
d) Überweisung an Gläubiger zu bestimmten Preis oder an Schuldner, wenn etwa Dritter für ihn zahlt.
e) Versteigerung durch andere Person, zB. Auktionator oder Notar.
f) Stundung des Steigerungspreises, entgegen § 817 Abs. 2 ZPO.

3. Versteigerungserlöse liegen meist unter dem Erlös freihändiger Verwertung. Letztere liegt daher im Interesse von Gläubiger und Schuldner, die beide den Antrag nach § 825 ZPO stellen können. Der Antrag kann ggf. zur Obliegenheit des Gläubigers werden, wenn er so Befriedigung erlangen kann (LG Oldenburg NJW 1969, 2243).

Einstweilige Anordnungen sind entsprechend §§ 766 Abs. 1 S. 2 ZPO mit 732 Abs. 2 ZPO möglich (*Zöller/Stöber* Rdn. 9 zu § 825 ZPO).

Kosten und Gebühren

a) Gericht: keine Gebühr.
b) Anwalt: besondere 3/10 Gebühr nach §§ 57, 58 Abs. 3 Nr. 4a BRAGO.

c) Kostentragung: § 788 Abs. 1 ZPO.
d) In Ostdeutschland 80 % der gesetzlichen Gebühren.

Fristen und Rechtsmittel

Für Gläubiger und Schuldner die sofortige Erinnerung nach § 11 RPflG (*Zöller/Stöber* Rdn. 12 zu § 825; *Baumbach/Lauterbach/Albers/Hartmann* Rdn. 17 zu § 825 ZPO), binnen zwei Wochen.

Zwangsvollstreckung in Geldforderungen

6. Pfändungs- und Überweisungsantrag (§§ 829, 835 ZPO)

An das
Amtsgericht
Vollstreckungsgericht[1]

Antrag auf Erlaß eines Pfändungs- und Überweisungsbeschlusses[2]

in der Vollstreckungssache

X ./. Y

Nach dem Urteil des LG ...... vom ...... Az. ......, dessen vollstreckbare zugestellte Ausfertigung[3] nebst Kostenfestsetzungsbeschluß ich beifüge, kann
der Gläubiger vom Schuldner beanspruchen:

1. Hauptforderung ...... DM
2. .... DM[4]

Namens und mit Vollmacht des Gläubigers beantrage ich zu beschließen:
Wegen dieser Ansprüche sowie wegen der Kosten für diesen Beschluß und seine Zustellung[5] wird die angebliche Kaufpreisforderung[6] des Schuldners gegen

die Firma Z, A-Straße in B[7] – Drittschuldner

aus Kaufvertrag über einen gebrauchten Pkw
Marke ...... vom ......[8]
einschließlich etwaiger zukünftiger Ansprüche aus diesem Rechtsverhältnis
gepfändet und dem Gläubiger in Höhe des Pfandbetrages zur Einziehung überwiesen[9].
Dem Drittschuldner wird verboten, an den Schuldner zu leisten, soweit gepfändet ist.
Dem Schuldner wird verboten, über die Forderung zu verfügen, insbesondere sie einzuziehen[10], soweit gepfändet ist.
Ich bitte,
die Zustellung zu vermitteln, an den Drittschuldner durch Gerichtsvollzieher persönlich mit der Aufforderung nach § 840 ZPO[11,12].

Rechtsanwalt

Schrifttum: Stöber, Forderungspfändung, 10. Aufl. 1993.

Anmerkungen

1. Abweichend von § 764 Abs. 2 ZPO das Wohnsitzgericht des Schuldners, § 828 Abs. 2 ZPO, bei dessen Fehlen ggf. der Vermögensgerichtsstand von § 23 ZPO, also der Sitz des Drittschuldners.

2. Der Pfändungsbeschluß schafft Pfandverstrickung der Forderung und Pfandrecht des Gläubigers daran (*Baumbach/Lauterbach/Albers/Hartmann* § 829 Rdn. 45). Erst der Überweisungsbeschluß ermöglicht die Verwertung, idR. durch Einziehung. Vorher ist die Pfändung eine nur „eingeleitete Vollstreckungsmaßnahme" im Sinne von § 7 Abs. 3 S. 1 GesO, die mit Eröffnung eines Gesamtvollstreckungsverfahrens unwirksam wird, BGH ZIP 1995, 480. Anders nach § 14 KO, wonach schon die Pfändung vor KO-Eröffnung zur abgesonderten Befriedigung berechtigt. Praktisch werden stets beide Beschlüsse verbunden. Anders nur in Sonderfällen, zB. beim Arrest (nur Pfändung) oder bei indossablen Wertpapieren (nur Überweisung).
Für die praktisch häufigen Forderungsarten (Arbeitslohn, Arbeitslosengeld, Ansprüche gegen Finanzamt, Banken und Lebensversicherungen) empfiehlt sich dringend die Verwendung handelsüblicher Antragsformulare mit Entwurf des Gerichtsbeschlusses.

3. Zur Forderungspfändung müssen alle Voraussetzungen nach § 750 Abs. 1 ZPO vorliegen, auch Zustellung, und ggf. zusätzliche Voraussetzungen nach §§ 751, 756 ZPO, ebenso weitere Titel (Kostenfestsetzungsbeschluß) und Nachweise sonstiger Vollstreckungskosten nach § 788 ZPO. Bei Antragsmängeln Zwischenverfügung des Gerichts, § 139 ZPO. Der entstehende Zeitverlust kann zu Rangverlust gegenüber zwischenzeitlichen fehlerfreien Anträgen Dritter führen (*Stöber* Rdn. 479).

4. Forderungsaufstellung wie Form. III. B. 1. Vgl. dazu Form. III. B 1 Anm. 3; Pfändung erfolgt „wegen dieser (hier berechneten) Ansprüche". Zu ihrer Glaubhaftmachung vgl. *Stöber* Rdn. 834. Wird zB. nach Teilzahlungen nur noch wegen eines Teils oder Restes der Hauptforderung gepfändet, kann eine Abrechnung über die erfolgten Zahlungen vom Gläubiger nicht gefordert werden (so zutr. *Baumbach/Lauterbach/Albers/Hartmann* § 829 Rdn. 10; *Stöber* Rdn. 464; strittig, Gegenansicht bei *Stöber* Anm. zu Rdn. 464). Denn es ist Sache des Schuldners, weitergehende Erfüllung einzuwenden, § 767 ZPO.

5. Die außergerichtlichen (Anwalts-)Kosten (§ 57 BRAGO) sollten am Schluß des Antrages berechnet werden. Gerichts- und Zustellungskosten werden von Amts wegen angesetzt (*Stöber* Rdn. 837). Die handelsüblichen Antragsformulare enthalten entsprechende Rubriken.

6. Im Pfändungsverfahren, das ohne Anhörung von Schuldner (§ 834 ZPO, anders bei Pfändung von Sozialleistungen, vgl. unten Form. III. B. 10) und Drittschuldner erfolgt, ist nicht zu prüfen, ob die Forderung gegen den Dritten besteht. Ob und in welcher Höhe sie besteht, müssen Gläubiger und Drittschuldner ggf. durch Erkenntnisverfahren, § 841 ZPO, klären (*Stöber* Rdn. 485; OLG Frankfurt RPfleger 1978, 229 mwN.; *Baumbach/ Lauterbach/Albers/Hartmann* § 829 Rdn. 14). Nur wenn offenkundig die Forderung nicht besteht oder zB. der Höhe nach nicht pfändbar ist, fehlt für den Antrag das Rechtsschutzbedürfnis (*Stöber* Rdn. 488 mwN.).
Strittig ist die Rechtslage, wenn die Forderung bei Zustellung der Pfändung an einen Vierten abgetreten ist, und später an den Schuldner zurückfällt, etwa durch Anfechtung. BGH (BGHZ 56, 339, 351) und BAG (NJW 1993, 2699) halten die Pfändung für dauernd (auch nach Rückfall der Forderung) unwirksam, außer bei Pfändung fortlaufender Bezüge. Das RG nahm an (Recht 1922, Nr. 1542), daß nach dem Rückfall die Pfändung wirksam wird. Das erspart eine erneute Pfändung, vgl. im Einzelnen *Tiedtke* ZIP 1993, 1452.

7. Der Drittschuldner soll so bezeichnet sein wie eine Prozeßpartei. Da Gläubiger meist nur ungenaue Kenntnis über ihn hat, genügt aber eine Bezeichnung, die bei Auslegung die

Person des Drittschuldners ausreichend individualisiert (Beispiele bei *Baumbach/Lauterbach/Albers/Hartmann* § 829 Rdn. 3; *Stöber* Rdn. 517 ff.; auch BGH NJW 1967, 822).

8. Auch die Forderung muß nach Rechtsgrund und Gegenstand (RGZ 140, 342) möglichst konkret bezeichnet werden. Mindestens muß sie bei Auslegung in allgemeinen Umrissen erkennbar sein (BGH NJW 1988, 2543). Sonst ist die Pfändung unwirksam, was jeder Beteiligte, auch ein nachrangiger Gläubiger, durch Erinnerung geltend machen kann (*Mohrbutter,* Handbuch des gesamten Vollstreckungs- und Insolvenzrechts, 2. Aufl. 1974, S. 250). Hat Schuldner mehrere Forderungen gegen Drittschuldner, muß die Konkretisierung weitergehen (BGH Betr. 1970, 1486; *Stöber* Rdn. 512 ff.).

Die Pfändung erfaßt ohne weiteres auch Nebenrechte im Sinne von § 401 BGB, etwa Kündigungsrechte (*Stöber* Rdn. 693; *Baumbach/Lauterbach/Albers/Hartmann* § 835 Rdn. 10). Zur Klarstellung ist aber ihre Erwähnung empfehlenswert.

Formulierungsbeispiele für die Anspruchsbezeichnung von 61 verschiedenen Anspruchsarten bei *Stöber* Rdn. 65 ff. (vgl. auch „Vollstreckungsschlüssel" bei *Baumbach/Lauterbach/Albers/Hartmann* Grundz. 9 vor § 704; Hinweise zu ca. 50 pfändbaren Forderungsarten bei *Baumbach/Lauterbach/Albers/Hartmann* Rdn. 3–9 zu § 829 und *Zöller/Stöber* Rdn. 33 zu § 829).

9. Die Überweisung zur Einziehung, § 835 Abs. 1 1. Alt. ZPO, ist die Regel. Überweisung an Zahlungs Statt, §§ 835 Abs. 1 2. Alt. ZPO, § 364 Abs. 1 BGB ist bei langfristigen, dinglich gesicherten Forderungen praktikabel.

Bei vorläufigen Vereinbarungen mit Schuldner und Drittschuldner sollte man nur auf die Rechte aus der Überweisung verzichten, aber wegen des Pfändungsranges nicht auf die aus der Pfändung.

10. Formulierung ergibt sich aus § 829 Abs. 1 ZPO.

11. Die Regel ist Zustellung durch Vermittlung der Geschäftsstelle, § 829 Abs. 2 S. 3 ZPO. Nur in Sonderfällen wird der Gläubiger Zustellung selbst veranlassen, § 829 Abs. 2 S. 1 und 2 ZPO. In beiden Fällen soll aber Zustellung an Drittschuldner nicht durch Aufgabe zur Post, § 193 ZPO, sondern durch Gerichtsvollzieher persönlich mit Aufforderung nach § 840 Abs. 2 ZPO erfolgen, damit Drittschuldnererklärung nach § 840 Abs. 3 ZPO an Gerichtsvollzieher erfolgen kann. Sonst kann Schadensersatzpflicht nach § 840 Abs. 2 S. 2 ZPO entfallen (hM., LG Tübingen MDR 1974, 677; *Stöber* Rdn. 633 mwN.; mE. falsch, da der Drittschuldner nach § 840 ZPO „dem Gläubiger zu erklären" hat, was Erklärungsmöglichkeit an GerVollz. nicht voraussetzt; ebenso LG Schweinfurt DGVZ 1956, 71).

Die Pfändung wird wirksam mit Zustellung an Drittschuldner, § 829 Abs. 3 ZPO, so daß diese vordringlich ist. Str. ist, ob beim Drittschuldner Ersatzzustellung an den Schuldner wirksam ist (dafür RGZ 87, 414; auch *Zöller/Stöber* Rdn. 14 zu § 829; *Noack* DGVZ 1981, 33; dagegen BAG NJW 1981, 1399; jetzt auch *Baumbach/Lauterbach/Albers/Hartmann* § 829 ZPO Rdn. 38). Deshalb sollte vorsorglich eine an den Schuldner erfolgte Ersatzzustellung wiederholt werden.

12. Auslandsfälle

a) Sitzt oder befindet sich der Schuldner im Ausland, ist das unschädlich. Denn die Pfändung ist wirksam mit Zustellung des Beschlusses an den Drittschuldner, § 829 Abs. 3 ZPO.

b) Sitzt der Drittschuldner im Ausland, so scheitert eine deutsche Pfändung regelmäßig an der fehlenden Rechtshilfe ausländischer Staaten dafür (vgl. *Stöber* Rdn. 38 (39)). Es bleibt nur die Vollstreckung im Ausland nach dortigem Recht.

Kosten und Gebühren

a) Gericht: Festgebühr von 20,– DM nach KV zum GKG Nr. 1640.

b) Anwalt: 3/10 Gebühr nach § 57 BRAGO. Auch bei Pfändung mehrerer Forderungen in einem Antrag fällt die Gebühr nur einmal an (LG Lübeck Büro, 53, 494), ebenso die Gerichtsgebühr. Gegenstandswert: Gesamtforderung incl. Zinsen und Kosten, § 57 Abs. 2 BRAGO.

c) GerVollz.: Zustellungsgebühren gemäß § 16 GerVollZKostG zuzüglich Nebenkosten.

d) In Ostdeutschland 80% der gesetzlichen Gebühren.

Fristen und Rechtsmittel

Für Gläubiger bei Ablehnung der Pfändung befristete Erinnerung nach § 11 RPflG binnen zwei Wochen. Für Schuldner bei Pfändung Erinnerung nach § 766 ZPO, ebenso für sonstige Beteiligte, da sie nicht gehört werden, § 834 ZPO, näher *Baumbach/Lauterbach/Albers/Hartmann* Rdn. 63–64 zu § 829.

7. Vorpfändung (§ 845 ZPO)

Vorläufiges Zahlungsverbot nach § 845 ZPO

Nach dem vollstreckbaren Versäumnisurteil[1] des LG ...... vom ...... AZ ...... kann der Gläubiger,

Firma X (volle Parteibezeichnung),
Bevollmächtigter: RA. Y

von dem Schuldner

Z (volle Parteibezeichnung),

die Zahlung folgender Beträge verlangen:

1. Hauptforderung ...... DM
2. .... DM[2]

Wegen dieses Anspruches steht die Pfändung der angeblichen Forderung des Schuldners gegen

die Firma (volle Drittschuldnerbezeichnung)

Drittschuldnerin

aus ......[3]
bevor,
wovon ich für den Gläubiger hiermit Schuldner und Drittschuldner benachrichtige.
Den Drittschuldner fordere ich auf, nicht an den Schuldner zu zahlen.
Den Schuldner fordere ich auf, sich jeder Verfügung über die Forderung, insbesondere ihrer Einziehung, zu enthalten.
Ich weise darauf hin, daß die Benachrichtigung von ihrer Zustellung an die Arrestpfändung der Forderung bewirkt, §§ 845, 930 ZPO[4].

RA/GerVollz[5]

7. Vorpfändung III. B. 7

An die
GerVollz-Verteilungsstelle
des Amtsgerichts
Herrn GerVollz ......
zur Zustellung an[6]

1. Drittschuldner
2. Schuldner

Anmerkungen

1. Die Vorpfändung verhindert Rangverlust durch Bearbeitungsdauer beim Gericht. Ob dies auch bei nachfolgendem Konkursbeschlag gilt, ist umstritten, vgl. dazu *Meyer-Reim*, NJW 1993, 3041 mwN. Sie kann vor Klauselerteilung und vor Zustellung erfolgen, § 845 Abs. 1 S. 3 ZPO, auch vor Erteilung einer Ausfertigung des Titels, LG Frankfurt RPfleger 1983, 32 mwN und vor Ablauf der Frist nach § 750 Abs. 3 ZPO, *Zöller/Stöber* Rdn. 2 zu § 845. Sie ist auch bei Sicherungsvollstreckung nach § 720a ZPO zulässig, BGH NJW 1985, 863.

2. Forderungsaufstellung wie in Form. III. B. 1.

3. Bezeichnung von Drittschuldner und Forderung wie beim Pfändungsantrag selbst, Form. III. B. 6 Anm. 7 und 8.

4. Diese Erläuterung ist für die Wirksamkeit der Pfändung unerheblich. Sie ist verständlicher als die dem Gesetz entnommene Formulierung „hat die Wirkung eines Arrestes". Es ist str., aber im Ergebnis gleich, ob die Vorpfändung ein bis zur Pfändung auflösend bedingtes Pfandrecht (*Stöber* Rdn. 802 ff.; *Baumbach/Lauterbach/Albers/Hartmann* § 845 Rdn. 9) oder ein aufschiebend bedingtes Pfandrecht mit Vorwirkungen schafft. Jedenfalls wird sie wirkungslos, wenn nicht die Pfändung – durch Zustellung des Pfändungsbeschlusses – binnen eines Monats bewirkt wird, § 845 Abs. 2 ZPO. Zahlt der Drittschuldner trotz Zahlungsverbotes an Schuldner, so bleibt er bei fristgerecht nachfolgender Pfändung dem Gläubiger zur Zahlung verpflichtet. Andererseits ist der Drittschuldner, solange nur eine Vorpfändung vorliegt, noch nicht berechtigt, schuldbefreiend an den Gläubiger zu zahlen, vgl. LG Hildesheim NJW 1988, 1916.
Die Monatsfrist sollte beim Gläubigeranwalt notiert und überwacht werden.

5. Die Vorpfändung kann bei ausdrücklichem Auftrag auch vom GerVollz. ausgebracht werden, § 845 Abs. 1 S. 2 ZPO, vgl. Form. III. B. 1 Anm. 6.

6. Die Benachrichtigung muß an Drittschuldner (Wirksamkeitserfordernis) und Schuldner zugestellt werden. Man kann ins Formular die Aufforderung zur Abgabe der Erklärung nach § 840 ZPO aufnehmen. Allerdings besteht die Verpflichtung dazu erst ab Pfändung, nicht ab Vorpfändung (BGH NJW 1977, 1199; *Stöber* Rdn. 810).

Kosten und Gebühren

a) Anwalt: Keine besondere Gebühr neben der allg. 3/10 Pfändungsgebühr, §§ 57, 58 Abs. 1 BRAGO für die Hauptpfändung selbst.

b) GerVollz.: Zustellungskosten wie beim Pfändungsbeschluß, vgl. Form. III. B. 6. Für die selbständige Ausbringung der Vorpfändung gemäß § 845 Abs. 1 S. 2 ZPO eine – als Anreiz zu niedrige – halbe Festgebühr nach §§ 13, 16a GerVollzKostG mit Nebenkosten.

c) In Ostdeutschland 80% der gesetzlichen Gebühren.

Fristen und Rechtsmittel

Da die Verpfändung ein bedingtes Pfandrecht schafft, ist sie mit einfacher nicht fristgebundener Erinnerung nach § 766 ZPO angreifbar (vgl. oben Form. III. A. 16), *Baumbach/Lauterbach/Albers/Hartmann* Rdn. 15 zu § 845.

Da die Wirkung auf einen Monat beschränkt ist, kommen aber solche Rechtsmittel praktisch kaum vor, der Streit wird dann um die Hauptpfändung selbst ausgetragen.

8. Überweisungsantrag bei verbrieften Forderungen (§§ 831, 835 ZPO)

An das
Amtsgericht
Vollstreckungsgericht[1]

Überweisungsantrag[2]

in der Sache

X ./. Y

Namens und im Auftrage des Gläubigers überreiche ich den Vollstreckungsbescheid des AG ...... vom ...... Az. ...... sowie Ausfertigung des Pfandprotokolls des GerVollz. ...... DR-Nr. ...... vom ...... und beantrage zu beschließen:

Die Rechte aus dem vom GerVollz. ...... gemäß dem Pfandprotokoll gepfändeten Blankowechsel, ausgestellt von B, von C als Bezogener angenommen, zahlbar am ...... in ......, werden hiermit einschließlich des Rechtes zur Ausfüllung des Wechsels in Höhe von ...... DM[3] zur Höhe von ...... DM zuzüglich ...... % Zinsen hieraus seit ...... und ...... DM Kosten dem Gläubiger zur Einziehung überwiesen.

Begründung:

......[4].

Rechtsanwalt[5]

Anmerkungen

1. Zur Zuständigkeit vgl. § 828 Abs. 2 ZPO.

2. Wertpapiere im engeren Sinne, bei denen das Recht aus dem Papier dem Recht am Papier folgt, werden einschließlich der verkörperten Forderung ohne Pfändungsbeschluß wie bewegliche Sachen gepfändet, § 808 Abs. 2 ZPO und § 831 ZPO. Soweit sie ohne Indossament durch Einigung und Übergabe übertragen werden oder sonstige Rechte verkörpern (zB. Aktie), erfolgt ihre Verwertung nach §§ 821 bis 823 ZPO (vgl. Aufzählung bei *Baumbach/Lauterbach/Albers/Hartmann* § 821 Rdn. 2). Bei den indossablen Forderungspapieren ergibt sich aus §§ 831, 835 ZPO, daß sie durch Überweisung zu verwerten sind (*Stöber* Rdn. 2085 ff.), also einen Überweisungsbeschluß erfordern. Dies gilt für

– Wechsel
– kaufmännische Orderpapiere nach § 363 HGB (auch Warenforderungen),
– Postspareinlagen, gemäß Regelung in § 23 Abs. 4 Postgesetz,
– Schecks nach Art. 14 Abs. 1 ScheckG auf bestimmte Person mit Orderklausel (Verrech-

9. Pfändungsantrag bei Hypotheken und Grundschulden   III. B. 9

nungsschecks, die begeben sind, werden vom GerVollz. über sein Dienstkonto eingezogen und der Erlös an den Gläubiger ausgekehrt, LG Göttingen NJW 1983, 635).

3. Auch der Blankowechsel ist nach § 831 ZPO verwertbar (*Canaris/Hueck*, Recht der Wertpapiere, 11. Aufl. 1977, S. 66), wobei das Ausfüllungsrecht mitgepfändet ist (*Schmalz* NJW 1964, 143 mwN.) und zur Einziehung bzw. Ausübung überwiesen wird (*Stöber* Rdn. 2090 ff.).

4. In der Antragsbegründung ist darzulegen – zB. nach Angaben des Schuldners gemäß § 836 Abs. 3 ZPO – in welcher Höhe der Wechsel auszufüllen ist.

5. Der Beschluß ist zuzustellen wie ein Pfändungsbeschluß, § 835 Abs. 3 ZPO.

Kosten und Gebühren

a) Gericht: Festgebühr von 20,– DM nach KV zum GKG Nr. 1640.

b) Anwalt: keine besondere Gebühr neben der durch Pfändung nach § 831 ZPO entstandenen 3/10 Gebühr, §§ 57, 58 Abs. 1 BRAGO.

c) GerVollz.: für die Pfändung nach § 831 ZPO Pfändungsgebühren, vgl. III. B. 1.
Für Zustellung des Überweisungsbeschlusses Zustellungsgebühren wie beim Pfändungsbeschluß, vgl. Form. III. B. 6.

d) In Ostdeutschland 80 % der gesetzlichen Gebühren.

Fristen und Rechtsmittel

Wie Form. III. B. 6.

9. Pfändungsantrag bei Hypotheken und Grundschulden[1] (§ 830 ZPO)

a) Hypothekarisch gesicherte Forderung[2]
......[2a]

wird die angebliche Forderung des Schuldners gegen

den A   – als persönlicher Drittschuldner –

aus dem Grundstückskaufpreis gemäß Kaufvertrag vom ...... mit der angeblich für diese Forderung im Grundbuch von ...... Bd. ...... Bl. ...... in Abt. III Nr. ...... auf dem Grundstück H-Straße Nr. ...... in K-Stadt

des B   – als dinglichem Drittschuldner –[3]

eingetragenen Briefhypothek[4]
in Höhe von ...... DM[5] nebst ......% Zinsen seit dem ...... gepfändet und dem Gläubiger in Höhe des Pfandbetrages zur Einziehung überwiesen.
Die Pfändung erfolgt auch wegen der noch nachzuweisenden Kosten in Höhe von ca. ...... DM für Briefwegnahme[6].
(Nur bei Briefhypothek:) Es wird angeordnet, daß der Schuldner den Hypothekenbrief an den Gläubiger, ggf. im Wege der Zwangsvollstreckung, herauszugeben hat[7].

......[8]

b) Durch Grundschuld gesicherte Forderung

Wie oben a), nur „Grundschuld" anstelle von „Hypothek"[9].

c) Eintragungsantrag an das Grundbuchamt (nur bei Buch-Hypothek)

An das
Amtsgericht
Grundbuchamt

Antrag nach § 830 Abs. 1 ZPO

Im Grundbuch von ...... Bd. ...... Bl. ...... ist in Abt. III Nr. ...... auf dem Grundstück H-Straße Nr. ...... in K für den Y eine Buch-Hypothek für eine Kaufpreisforderung von ...... DM nebst ......% Zinsen eingetragen. Diese Hypothekenforderung ist gemäß beigefügtem Pfändungs- und Überweisungsbeschluß des AG ...... vom ...... Az. ...... für den Gläubiger X gepfändet[10], und zwar auch für die Zustellungskosten von ...... DM.

Ich beantrage namens und in Vollmacht des Gläubigers,
diese Pfändung in das Grundbuch einzutragen[11].

Die Gerichtskosten für die Eintragung in Höhe von ...... DM zahle ich zugleich ein[12].

Rechtsanwalt

Schrifttum: Balser/Bögner/Ludwig, Vollstreckung im Grundbuch, 10. Aufl. 1994.

Anmerkungen

1. Die Vorschriften für die Pfändung einer hypothekarisch gesicherten Forderung gelten nach § 857 Abs. 6 ZPO entsprechend für

Grundschuld
Rentenschuld
Reallast.

Sie gelten nach § 830 Abs. 3 ZPO nicht für

a) die rückständigen Nebenleistungen, § 1159 BGB. Sie werden nach § 829 ZPO gepfändet.
b) die Sicherungshypothek für Inhaberpapiere, § 1187 BGB. Für sie gelten §§ 831, 821 ZPO vgl. oben Form. III. B. 8.
c) für die Höchstbetragshypothek, § 1190 BGB, vgl. § 837 Abs. 3 ZPO. Für sie gilt § 829 ZPO.

2. Forderung und Hypothek sind rechtlich untrennbar verbunden, haben also stets denselben Gläubiger. Da die Hypothek Nebenrecht ist, § 401 BGB, erfaßt die Forderungspfändung das Hypothekenrecht an sich mit. Wegen der Publizitätsanforderungen im Grundpfandrecht verlangt § 830 ZPO aber neben dem Pfändungsbeschluß einen grundpfandrechtlichen Publizitätsakt, Sicherstellung des Briefes bei Briefhypothek oder Grundbucheintragung der Pfändung bei Buchhypothek. Erst dadurch wird die Pfändung bewirkt!

2a. Rubrum, Forderungsberechnung und Einleitung des Antrags wie Form. III. B. 6.

3. (Dritt-)Schuldner der Forderung und (Dritt-)Schuldner der Hypothek können verschiedene Personen sein. Da die Zustellung an den Drittschuldner hier kein Wirksamkeitserfordernis ist, schadet ungenaue Bezeichnung nicht, wie auch ungenaue Bezeichnung der Hypothek die Pfändung wegen der zwangsläufigen Verbindung nicht unwirksam macht (*Baumbach/Lauterbach/Albers/Hartmann* § 830 ZPO Rdn. 2; *Stöber* Rdn. 1805). Sie muß aber beim Eintragungsantrag ohnehin genau bezeichnet werden.

4. Alternativ: Buchhypothek.

5. Vollstreckungsforderung mit Nebenforderungen.

6. Alternativ bei Buchhypothek: Grundbucheintragung.

10. Pfändungsantrag bei Sozialleistungen **III. B. 10**

7. Den Brief kann Gläubiger durch Hilfspfändung wegnehmen lassen. §§ 830 Abs. 1, 836 Abs. 3, 883 ZPO. Dies ergibt sich aus dem Gesetz, Aufnahme in den Beschluß ist aber zur Klarstellung gegenüber dem Schuldner empfehlenswert, da der Beschluß Herausgabetitel gegen ihn ist (BGH NJW 1979, 2045; näher *Stöber* Rdn. 1813). Besitzen Dritte den Brief, vgl. Form. III. B. 1 Anm. 13. Neben Wegnahme oder Eintragung ist Zustellung des Beschlusses an die Drittschuldner anzuraten, um die relative Wirkung nach § 830 Abs. 2 ZPO zu erreichen. Dafür sind ggf. 2 Ausfertigungen des Beschlusses zu beantragen.

8. Weitere Formulargestaltung wie Form. III. B. 6.

9. Bei Hypothek ist die Pfändung der Forderung ohne die Hypothek unwirksam (*Stöber* Rdn. 1797). Grundschuld und Forderung sind dagegen rechtlich selbständig und können einzeln gepfändet werden, die Forderung nach § 829 ZPO, die Grundschuld nach §§ 857 Abs. 6, 830 ZPO. Wegen der sonst entstehenden Einwendungen ist stets die Pfändung beider Rechte ratsam (vgl. *Stöber* Rdn. 1880 ff.).

10. Der Beschluß ist die „zu der Eintragung erforderliche" öffentliche Urkunde iSv. § 29 GBO. Er muß weder mit einer Vollstreckungsklausel versehen noch zugestellt sein. Der Eintragungsantrag bedarf daher nicht der notariellen Beurkundung oder Beglaubigung, ebensowenig die Vollmacht, § 30 GBO. Ist der Gläubigervertreter bereits im Pfändungsbeschluß als solcher bezeichnet, braucht er dem Grundbuchamt keine gesonderte Vollmacht einzureichen (vgl. *Stöber* Rdn. 1836).

11. Die Verwertung erfolgt auch hier durch Überweisung, vgl. § 837 Abs. 1 ZPO. Wirtschaftlich wird sich meist der Antrag auf andere Verwertung empfehlen, § 844 ZPO (vgl. unten Form. III. B. 15).

12. Zur Berechnung vgl. unten „Kosten und Gebühren". Für die Kosten haftet das Grundstück entsprechend § 867 Abs. 1 S. 3 ZPO; vgl. dazu unten Form. III. B. 32 Anm. 7.

Kosten und Gebühren

a) Gericht: Für Pfändungsbeschluß wie Form. III. B. 6. Für die Grundbucheintragung nach c., bei Buchhypothek, eine halbe Gebühr nach der Tabelle zu § 32 KostO, § 64 Abs. 1 KostO.

b) Anwalt: für die gesamte Vollstreckungsmaßnahme, also Pfändungsantrag einschließlich Auftrag an GerVollz. zur Briefwegnahme (Briefhypothek) oder Eintragungsantrag (Buchhypothek), erhält der Anwalt nur eine $^{3}/_{10}$ Gebühr, §§ 57, 58 Abs. 1 BRAGO.

c) GerVollz.: für Briefwegnahme entsteht die Wegnahmegebühr § 22 GerVollzKostG mit Nebenkosten.

d) In Ostdeutschland 80% der gesetzlichen Gebühren.

Fristen und Rechtsmittel

Bezüglich des Pfändungsantrages vgl. Form. III. B. 6. Bezüglich des Grundbuchantrages Beschwerde nach § 71 GBO.

10. Pfändungsantrag bei Sozialleistungen (§ 54 SGB)

a) Bei Sozialleistungsansprüchen auf einmalige Geldleistungen, § 54 Abs. 2 SGB
(wie Form. III. B. 6[1], jedoch ergänzt um eine Begründung für die Billigkeit der Pfändung[2]; zB. beim Sterbegeld nach § 203 RVO:)

Das Sterbegeld soll, soweit es nicht auf Bestattungskosten gezahlt wird, denen, die mit dem Verstorbenen in häuslicher Gemeinschaft gelebt haben, die wirtschaftliche Umstellung erleichtern. Hierzu gehört der Ausgleich von Nachlaßverbindlichkeiten, die hier geltend gemacht werden. Daher entspricht die Pfändung der Billigkeit.

b) Bei Sozialleistungsansprüchen auf laufende Geldleistungen, § 54 Abs. 3 Nr. 2 SGB[3]

(wie Form. III. B. 17, jedoch ergänzt um folgenden Vermerk:
6 DM Zustellungskosten für die Anhörung gemäß § 54 Abs. 6 SGB zahle ich nebengehend ein.[4,5]

Anmerkungen

1. § 54 SGB erlaubt die Pfändung von Sozialleistungen. Verfahren und Zuständigkeiten bestimmen sich nach §§ 828 ff. ZPO. Die Bezeichnung der Forderungen ergibt sich für die wichtigsten Sozialleistungen aus §§ 18–29 SGB. Dort sind zugleich die zuständigen Leistungsträger genannt, die als Drittschuldner zu benennen sind. Die örtlichen und sachlichen Zuständigkeiten dabei, etwa nach Landesrecht, müssen im einzelnen genau aufgeklärt werden. Denn die Pfändung etwa gegen ein örtlich nicht zuständiges Arbeitsamt ist wirkungslos (vgl. *Stöber* Rdn. 1366).

Die Pfändung erst künftig fällig werdender Leistungen (z.B. künftiger Altersrenten) ist zulässig, BFH NJW 1992, 855; OLG Celle Rpfleger 1992, 260; einschränkend OLG Köln NJW 1992, 3307; LG Hamburg NJW 1988, 2675; strittig, eingehende Nachweise bei *Stöber* Rdn. 1359 b. Vgl. auch *Zöller/Stöber* Rdn. 27 zu § 850 i ZPO, und *David*, NJW 1991, 2615.

2. § 54 Abs. 2 SGB fordert zusätzlich eine allgemeine Billigkeitsprüfung, die das Vollstreckungsgericht vorzunehmen hat. Wesentliches Kriterium muß dabei die Zweckbestimmung der Leistung sein (vgl. Begründung zu § 54, BT-Drucks. 7/868 vom 27. 6. 73, S. 32; *Stöber* Rdn. 1341). Fällt der zu vollstreckende Anspruch in den Rahmen der Zweckbestimmung, zB. Bestattungskosten bei Sterbegeld oder Mietforderungen bei Wohngeld (LG Göttingen NJW 1988, 2676), oder ist die Leistung allgemein einkommensersetzend, ist von der Billigkeit der Pfändung auszugehen (BGH NJW 1985, 976; *Stöber* Rdn. 1353; *Zöller/Stöber* Rdn. 22 zu § 850 i ZPO mwN.; *Hornung* Rpfleger 1981, 423 ff. mit zahlreichen Nachweisen). Die zahlreichen Streitfragen zum Verfahren, insbesondere zur Darlegungslast, sind seit 1. 1. 1989 durch die eingefügte Verfahrensvorschrift von § 54 Abs. 6 SGB im wesentlichen erledigt, vgl. nachfolgend Anm. 3.

3. Laufende Geldleistungen können „wie Arbeitseinkommen gepfändet werden", für gesetzliche Unterhaltsansprüche ohne weitere Voraussetzungen.

Für andere Forderungen ist neben der Billigkeitsprüfung erforderlich, daß der leistungsberechtigte Schuldner durch die Pfändung nicht sozialhilfebedürftig wird. Kritisch zur Gesetzestechnik – sehr zu Recht – *Stöber* Rdn. 1354.

Die Gesetzestechnik ist jetzt nachgebessert durch die neue Verfahrensvorschrift von § 54 Abs. 6 SGB. Danach trägt die Darlegungslast für eine Unbilligkeit der Pfändung oder eine etwa durch sie eintretende Bedürftigkeit im wesentlichen der Schuldner. In Durchbrechung von § 834 ZPO ist daher der Schuldner vor Erlaß des Pfändungsbeschlusses anzuhören, wenn nicht der Gläubiger diese Voraussetzungen schlüssig darlegt, vgl. *Zöller/Stöber*, Rdn. 26 a zu § 850 i ZPO. Gegen Zwischenverfügungen des Schuldners schützt § 54 Abs. 6 S. 3 SGB.

Die Anhörung erfordert Zustellung des Antrages an den Schuldner.

4. Pfändbare laufende Sozialleistungen sind vor allem:
– Arbeitslosengeld (§§ 100 ff. AFG) dessen Pfändung auch nachher bewilligte Arbeitslosenhilfe umfaßt, BSG BB 1988, 2180
– Arbeitslosenhilfe (§§ 134 ff. AFG)

11. Pfändungsantrag bei Steuerertattungsansprüchen   **III. B. 11**

- Krankengeld (§§ 182 ff. RVO)
- Mutterschaftsgeld (§§ 200 und 200a RVO)
- Unfallrente und Unfallhinterbliebenenrente (§§ 580–587 u. 589–602 RVO)
- Altersrente und Witwenrente (§§ 1245–1271 RVO)
- Altersgeld und Landabgaberente der Landwirte (§§ 1–4a, 40, 41–44 GAL)
- Ausgleichsrenten (§§ 30–35 BVG)

Für die Pfändung von Kindergeld gelten Besonderheiten, jetzt geregelt in § 54 Abs. 4 SGB, ebenso bei Kurzarbeitergeld (Drittschuldner ist der Arbeitgeber, § 74 Abs. 4a AFG), Schlechtwettergeld, Wintergeld und Konkursausfallgeld (vgl. dazu *Stöber* Rdn. 1441 ff.).

Unpfändbar sind Sozialhilfeansprüche, § 4 BSHG, und Erziehungsgeld, § 54 Abs. 5 SGB.

5. Zulässig ist Vorpfändung, § 845 ZPO (*Stöber* Rdn. 1414 ff.). Sie ist zu empfehlen, um ggf. schon darauf vom Leistungsträger zu erfahren, ob der Schuldner die Leistung noch bezieht. Ggf. kann dann der Pfändungsantrag für erledigt erklärt werden.

Kosten und Gebühren

Wie Form. III. B. 6.

Fristen und Rechtsmittel

Wie Form. III. B. 6.

11. Pfändungsantrag bei Steuererstattungsansprüchen (§ 46 AO)

wie Form. III. B. 6, mit folgender Pfändungsformulierung:

a) Einkommensteuererstattungsanspruch:

„Gepfändet wird die angebliche Forderung des Schuldners gegen

das Finanzamt A in X, Y-Straße[1]

auf Auszahlung des Erstattungsbetrages, der sich bei Abrechnung der Einkommensteuer[2] und der auf sie anzurechnenden Leistungen des Schuldners für die Jahre 1980 bis 1995[3] ergibt."

b) Anspruch aus dem Lohnsteuerjahresausgleich[4] gegen Finanzamt:

„Gepfändet wird die angebliche Forderung des Schuldners gegen

das Finanzamt A in X, Y-Straße,

auf Auszahlung des Erstattungsbetrages, der sich bei Durchführung des Lohnsteuerjahresausgleichs zugunsten des Schuldners für die Jahre 1980 bis 1995 ergibt.

Der Schuldner hat in seinem Besitz befindliche Lohnsteuerkarten für diese Jahre an den Gläubiger herauszugeben."

c) Lohnsteuererstattungsanspruch gegen Arbeitgeber:

„Gepfändet wird die angebliche Forderung des Schuldners gegen

seinen Arbeitgeber, Firma B in H, K-Straße[5]

auf Durchführung des Lohnsteuerjahresausgleichs und auf Auszahlung des Erstattungsbetrages, der sich danach zugunsten des Schuldners für das laufende Jahr und alle folgenden Kalenderjahre ergibt[6]."

Anmerkungen

1. Pfändung ist zulässig nach § 46 Abs. 1 AO. Drittschuldner ist nach § 46 Abs. 7 AO die Finanzbehörde, die über den Erstattungsanspruch zu entscheiden hat. Es muß also das örtlich und sachlich zuständige Finanzamt ermittelt werden. Bei Großstädten mit mehreren Finanzämtern ist eine Pfändung gegen das falsche Finanzamt innerhalb der Stadt unwirksam (*Forgach* BB 1976, 266; *Stöber* Rdn. 353 ff. mwN.). Notfalls Pfändung gegen mehrere Finanzämter zugleich.

2. Steuerart und Erstattungsgrund müssen bezeichnet werden. Leerformeln wie „Ansprüche auf Steuererstattung jeder Art" sind unbestimmt und daher unwirksam (näher *Stöber* Rdn. 367 mwN.). Im Zweifel sollten alle in Betracht kommenden Steuerarten genannt werden.

Bei Firmenschuldnern kommen, gerade bei schlechter Geschäftslage, Erstattungsansprüche bei Körperschafts- oder Umsatzsteuer in Betracht. Meist stehen aber andere Steuerschulden dagegen, mit denen das Finanzamt aufrechnet.

3. § 46 Abs. 6 AO beschränkt die Pfändbarkeit auf entstandene Ansprüche. Bei Jahressteuern wie Einkommens- und Körperschaftssteuer entsteht die Steuer und damit auch ein etwaiger Rückerstattungsanspruch mit dem Jahresende (zB. § 36 Abs. 1 EStG. Zu anderen Steuern vgl. *Stöber* Rdn. 357 ff.), soweit nicht ausnahmsweise während des Jahres die Steuerpflicht endet. Ein vorher gestellter Pfändungsantrag ist also unzulässig. Er wird aber mit Jahresablauf zulässig, soweit er noch nicht zurückgewiesen ist (OLG Düsseldorf NJW 1978, 2603). Gemäß § 46 Abs. 6 AO ist ein vor dem Jahreswechsel erlassener Beschluß nichtig (näher *Stöber* Rdn. 370 ff. mwN.). Ob die Pfändung „für 1988 und die früheren Jahre" ausreichend bestimmt ist, kann str. sein. Daher empfiehlt sich die Benennung eines bestimmten Zeitraums.

4. Ob Pfändung der Einkommensteuererstattung hierauf zu erstrecken ist, kann str. sein (dagegen *Stöber* Rdn. 367). Daher sind im Zweifel beide Ansprüche zu pfänden. Mit entsprechender Hilfspfändung kann auch der Anspruch des Schuldners auf Herausgabe der Lohnsteuerkarte durch den Arbeitgeber gepfändet werden, näher *Stöber* Rdn. 390 ff.

5. Soweit der Arbeitgeber den Lohnsteuerjahresausgleich durchführt, § 42b EStG, ist er Drittschuldner. Für ihn gilt die Pfändungsbeschränkung nach § 46 Abs. 6 AO nicht, so daß der Anspruch auch für die Zukunft pfändbar ist, § 832 ZPO, und zwar, da kein Arbeitseinkommen, in voller Höhe (LAG Hamm BB 1965, 669; *Stöber* Rdn. 377).

Ob die Lohnpfändung durch Auslegung auch diesen Anspruch umfaßt, ist str. (dafür LAG Saarland Betr. 1976, 1870). Vorsorglich sollte man diesen Anspruch im Lohnpfändungsantrag gesondert mitpfänden.

6. Der Gläubiger erwirbt auch die Nebenrechte, so das Recht auf Stellung des Antrages auf Lohnsteuerjahresausgleich (BFH BStBl. 1973 II 784 = BB 1973, 1198 = RPfleger 74, 64; näher *Stöber* Rdn. 387 ff.), auf Aushändigung der Lohnsteuerkarte etc. Zur Klarstellung können diese Ansprüche auch ausdrücklich im Pfändungsantrag genannt werden. Den Antrag kann an Stelle des Gläubigers trotz § 42 Abs. 2 S. 4 EStG sein Bevollmächtigter unterzeichnen, BFH BB 1992, 2490.

Die Kosten eines Steuerberaters, der im Auftrag des Gläubigers den Antrag auf Lohnsteuerausgleich stellt, können Kosten der Vollstreckung sein (LG München I AnwBl. 1987, 99), näher *Stöber* Rdn. 370.

Der Aufwand zur Stellung des Antrages lohnt selten.

Kosten und Gebühren

Wie Form. III. B. 6.

Fristen und Rechtsmittel

Wie Form. III. B. 6.

12. Pfändungsantrag bei Kontoguthaben und sonstigen Ansprüchen gegen Banken pp.

......[1]

werden die angeblichen Ansprüche des Schuldners gegen

die A-Bank, Zweigstelle B (Anschrift)

(bei Postgirokonten: die Bundespost/Postbank, vertr. durch das Postgiroamt A)

aus Kontoverbindung jeder Art,
insbesondere zur Kontonummer ......[2] gepfändet,

bei Sparkonten einschließlich des Anspruchs auf Auskehrung aller gegenwärtigen und künftigen Guthaben, auf Rückzahlung der Einlage, Zahlung von Zinsen und auf Kündigung der Guthaben[3].
Zugleich wird angeordnet, daß der Schuldner die über die gepfändeten Konten ausgestellten Sparbücher/Sparurkunden[4] an den Gläubiger herauszugeben hat.[5,6]

bei Girokonten einschließlich des Anspruchs – bei Kontokorrent nach Saldoziehung[7] – auf alle gegenwärtigen und zukünftigen Guthaben, ggf. je nach Saldoziehung und einschließlich der sonstigen pfändbaren Ansprüche aus dem Girovertrag, insbesondere des Anspruchs auf Gutschrift künftiger Eingänge, auf fortlaufende Auszahlung des Guthabens[8], auf Durchführung von Überweisungen an Dritte und auf Kündigung des Vertrages.[9,10]

bei Postgirokonto[11] einschließlich des Anspruchs auf Auszahlung des gegenwärtigen Guthabens und künftiger Guthaben durch künftige Gutschriften.[12,13]

Gepfändet werden weiter die angeblichen Ansprüche des Schuldners gegen die Bank als Inhaber eines Stahlkammerfaches
insbesondere zur Nummer ......, oder anderer Stahlkammerfächer, insbesondere die Ansprüche auf Zutritt zum Fach und auf Mitwirkung der Bank bei dessen Öffnung, einschließlich Öffnung durch die Bank allein, wobei der Gläubiger den Zutritt durch einen Gerichtsvollzieher zum Zwecke der Pfändung des Inhalts nehmen lassen kann.[14]

Gepfändet werden weiter die angeblichen Ansprüche auf Auszahlung oder Gutschrift gewährter Kredite einschließlich eingeräumter Überziehungskredite.[15]

Gepfändet werden weiter die angeblichen Ansprüche aus Wertpapierdepotvertrag, insbesondere die Ansprüche auf Herausgabe verwahrter Wertpapiere sowie auf Zahlung, Gutschrift und Auskehrung von Wertpapiererträgen.

Gepfändet werden schließlich die angeblichen Ansprüche auf Herausgabe und Freigabe freigewordener und noch freiwerdender Sicherheiten, insbesondere hinterlegter Wertpapiere, Grundschuldbriefe, Goldbarren oder -stücke und sonstiger Kostbarkeiten, ggf. nach Zahlung der Restschuld unter Pfändung des Schuldnerrechtes zum Widerspruch gegen Drittzahlung, § 267 Abs. 2 BGB, einschließlich des Anspruches auf Auszahlung von Übererlösen nach Verwertung von Sicherheiten durch die Bank
speziell auch ......[16]

Die gepfändeten Ansprüche werden in Höhe des Pfandbetrages dem Gläubiger zur Einziehung überwiesen.[17]

......(im übrigen wie Form. III. B 6)

Anmerkungen

1. Rubrum, Forderungsberechnung und Einleitung des Antrags wie Form. III. B. 6. Kontopfändung ist nach der Lohnpfändung die wichtigste Art der Forderungspfändung, insbesondere bei Firmenschuldnern.

2. Angabe von Kontonummer und kontoführender Zweigstelle ist für Wirksamkeit der Pfändung nicht erforderlich (hM. LG Berlin RPfleger 1978, 65; *Stöber* Rdn. 331 ff. mwN.), aber zur Klarheit und Beschleunigung dringend anzuraten. Die Pfändung auf Verdacht gegen eine Vielzahl von Banken soll rechtsmißbräuchlich sein (LG Hannover DGVZ 1985, 43). Auch bei Nennung einer konkreten Kontonummer ist die Pfändung mit dieser Formulierung nicht etwa auf das mit Nummer benannte Konto beschränkt, BGH NJW 1988, 2543.

3. Diese Nebenrechte sind im Zweifel auch ohne besondere Nennung mitgepfändet (vgl. Form. III. B. 6 Anm. 8).

4. Inhaber der Forderung muß nicht notwendig der im Buch benannte Berechtigte sein (*Canaris* NJW 1973, 825 ff.; *Stöber* Rdn. 339). Dies ist nicht im Pfändungsverfahren zu prüfen, sondern in den Verfahren nach § 841 ZPO oder § 771 ZPO.

5. Dieser Beschluß ist Titel für die Wegnahme nach § 836 Abs. 3 ZPO (*Schönke/Baur* § 28 V 4). Ist das Buch nicht auffindbar, muß Gläubiger ggf. das Aufgebotsverfahren nach § 808 Abs. 2 BGB mit §§ 1003, 1023 ZPO betreiben. Drittschuldner sollte vorher zahlen, um dem Schuldner die ihn gem. § 788 ZPO treffenden Kosten des Aufgebotsverfahrens zu ersparen.

6. Auch Prämiensparkonten sind pfändbar. Bei Einziehung vor Ablauf der Sperrfrist verfallen aber Prämien (§ 3 Abs. 5 Sparprämiengesetz) und Arbeitnehmersparzulagen (§ 13 Abs. 3 und Abs. 5 3. Vermögensbildungsgesetz). In krassen Fällen kann Schuldner dies über § 765 a ZPO verhindern (näher *Stöber* Rdn. 335 ff.).

7. Beim Kontokorrent muß der Saldo gepfändet werden, nicht die einzelne Gutschrift (dazu eingehend BGH RPfleger 1981, 290). Die Kontoauszüge erhält weiter der Schuldner, LG Itzehoe ZIP 1988, 1540.

8. Nach der Grundsatzentscheidung BGH NJW 1982, 2193 dürfte nun unstreitig sein, daß dieser Anspruch auf den Tagessaldo pfändbar ist (vgl. auch noch *Staub/Canaris* § 357 HGB Anm. 23 und 27; *Stöber* Rdn. 164 ff. mwN.).

9. Sonst könnte der Schuldner zwischen den Rechnungsabschlüssen über das Konto verfügen, also eingehende Beträge abheben. Obgleich als Nebenrechte wohl mitgepfändet (LG Hannover NJW 1974, 1095 mit Anm. *Schläger*), empfiehlt sich die ausdrückliche Nennung. Die verfehlte Auffassung, diese Nebenansprüche seien, weil höchstpersönlich, nicht pfändbar, hat sich nicht durchgesetzt, vgl. OLG Stuttgart RPfleger 1981, 445 und, oben erwähnt, BGH NJW 1982, 2193.

10. Ander- und Sonderkonten werden bei Pfändung gegen Treuhänder nur bei ausdrücklicher Nennung ergriffen. Treugeber muß dann mit Drittwiderspruchsklage vorgehen. Gläubiger des Treugebers können nicht das Anderkonto pfänden, sondern nur den Anspruch gegen den Treuhänder auf Rückgabe des Treugutes (näher *Stöber* Rdn. 400 ff.).
Andere Sonderfälle:

a) Bei einer Mehrheit von Schuldnern bzw. Kontoinhabern ergeben sich die Folgen aus §§ 420 ff. BGB. Beim „Oder-Konto" hat jeder Inhaber gem. § 428 BGB den vollen Anspruch. Er kann gepfändet werden, hindert aber nicht Verfügungen der anderen Inhaber. Beim „Und-Konto" kommt es darauf an, ob Gesamthands- oder Bruchteilsgemeinschaft vorliegt (letzteres wohl selten). Im ersten Fall ist ein Titel gegen alle Kontoinhaber erforderlich. Im letzten kann der Bruchteil des Schuldners gepfändet werden

12. Pfändungsantrag bei Kontoguthaben   III. B. 12

und seine Ansprüche gegen die Gemeinschaft auf deren Aufhebung (vgl. unten Form. III. B. 26).

b) Sind Gläubiger und Schuldner gemeinsam Kontoinhaber, kann beim „Oder-Konto" der Gläubiger ohne Titel über ein Guthaben verfügen. Beim „Und-Konto" kann er die Mitbefugnisse des Schuldners durch Kontopfändung nach diesem Muster pfänden, und dann die Ansprüche aus dem Kontoguthaben gegen die Bank geltend machen.

11. Zur Pfändungswirksamkeit muß das kontoführende Postgiroamt bezeichnet werden, da dieses das Unternehmen POSTBANK insoweit vertritt.

12. Beim Postgirokonto besteht keine Kontokorrentabrede, jeder Eingang unterliegt daher sofort der Pfändung. Sie erstreckt sich auch auf künftige Guthaben (OVG Münster BB 1968, 875; aA. *Stöber* Rdn. 278), die aber vorsorglich ausdrücklich genannt werden sollten.

13. Postspareguthaben werden nicht nach § 829 ZPO gepfändet, sondern gemäß § 23 Abs. 4 des bisherigen Postgesetzes durch Mobiliarpfändung des Postsparbuchs und Überweisung gemäß § 831 ZPO, vgl. oben Form. III. B. 8.

14. Auf diese Weise können – Pfändung sonstiger Rechte gem. § 857 ZPO – die vom Schuldner in einem Stahlkammerfach (Schließfach, Safe) der Bank verwahrten Gegenstände gepfändet werden (vgl. dazu Form. III. B. 1 Anm. 8).

15. Ob diese Ansprüche pfändbar sind, ist sehr strittig. Nach BGH ZIP 1985, 339 ist nicht pfändbar das Recht auf Überweisungen aus nur geduldeter Kontoüberziehung (vgl. auch BGH NJW 1985, 1218). Für die Pfändbarkeit des Anspruches auf Auszahlung eingeräumten Kredites („Kreditlinie") LG Itzehoe NJW-RR 1987, 819 und *Grunsky* ZZP 1982, 264. Dagegen OLG Schleswig NJW 1992, 579 und *Stöber* Rdn. 115 mwN.

Die praktische Bedeutung ist gering. Der Drittschuldner (meist Bank) wird eine Pfändung zum Anlaß nehmen, das Kreditversprechen gem. § 610 BGB zu widerrufen.

16. Wenn irgendmöglich sollte man die Sicherheiten konkret benennen, da sonst die Pfändung möglicherweise wegen Unbestimmtheit der Anspruchsbezeichnung unwirksam ist (vgl. LG Berlin MDR 1977, 59 und BGH NJW 1975, 980).

„Geübte" Schuldner übertragen ihr Konto auf eine nahestehende Person – die nicht Titelschuldner ist – und lassen sich eine umfassende Kontovollmacht einräumen. Ob die Ansprüche und Rechte an einer solchen Vollmacht pfändbar sind, ist strittig (vgl. dazu Vortmann NJW 1991, 1038). Jedenfalls sollte der dann bestehende Herausgabeanspruch gem. § 667 BGB gegen die nahestehende Person gepfändet werden.

17. Für die Auskehrung ist die Zwei-Wochen-Sperrfrist von § 835 Abs. 3 ZPO zu beachten (vgl. auch Form. III. B. 23).

Kosten und Gebühren

Wie Form. III. B. 6.

Fristen und Rechtsmittel

Wie Form. III. B. 6.

13. Pfändungsantrag bei GmbH-Stammeinlage

......[1]

wird die angebliche Forderung der Schuldnerin[2] gegen

1. den Kaufmann A (Anschrift)
2. den Kaufmann B[3] (Anschrift)

aus dem Gesellschaftsvertrag vom ...... auf Zahlung der Stammeinlage gepfändet ......[4]

Begründung:

Die Forderung stammt, wie aus dem Titel ersichtlich, aus durchgeführter Warenlieferung an die Schuldnerin. Dieser ist damit voller Gegenwert zugeflossen. Daher ist die Inanspruchnahme des Stammkapitals zur Befriedigung der Forderung zulässig.

Schrifttum: Bayer, Abtretung und Pfändung der GmbH-Stammeinlageforderungen, ZIP 1989, 8.

Anmerkungen

1. Rubrum, Forderungsberechnung und Einleitung des Antrags wie Form. III. B. 6.

2. Schuldnerin ist die GmbH, Drittschuldner sind die Gesellschafter, die ihren Gesellschaftsanteil nicht oder nicht voll gezahlt haben. Im Drittschuldnerstreit nach § 841 ZPO sind die Gesellschafter darlegungs- und beweispflichtig, daß, bzw. wann und wie sie ihre Einlage erbracht haben. Hin- und Herzahlungen sind als Umgehung von Sacheinlagen gem. § 19 Abs. 5 GmbH-Gesetz keine wirksame Erfüllung. Für den außenstehenden Gläubiger ist das aber meist nicht beweisbar.

3. Die Einlagen sind gleichmäßig von den Gesellschaftern zu leisten, § 19 Abs. 1 GmbHG. Eine ältere Ansicht (RGZ 133, 81; *Baumbach/Hueck* GmbHG § 19 Anm. 2 B) fordert daher auch bei Pfändung gleichmäßig Heranziehung. Vorsorglich sind daher alle noch offenen Einlagenforderungen zu pfänden, obgleich nach neuerer Ansicht die Einwendung nicht bei Pfändung gegeben ist (BGH NJW 1980, 2253; *Hachenburg/Ulmer* § 19 Anm. 17).

4. Weiter wie Form. III. B. 6, aber mit ergänzender Begründung. Der Stammeinlagenanspruch ist zweckgebunden für die Beschaffung des Haftungskapitals. Dritten steht er nur zur Verfügung, wenn sie vollwertige Gegenleistung ins Geschäftsvermögen erbracht haben oder die Gesellschaft nicht mehr werbend tätig ist (*Hachenburg/Ulmer* § 19 Anm. 68 und Anm. 71). Dies muß im Pfändungsantrag schlüssig vorgetragen werden (*Stöber* Rdn. 345).

Kosten und Gebühren

Wie Form. III. B. 6.

Fristen und Rechtsmittel

Wie Form. III. B. 6.

14. Pfändungsantrag bei sonstigen Geldforderungen

a) Bausparvertrag

......[1]

werden die angeblichen Ansprüche des Schuldners gegen

die Bausparkasse ...... (Anschrift)

aus Bausparvertrag, insbesondere zu Vertrags-Nr. ......, einschließlich der Ansprüche auf Auszahlung der Bausparsumme[2] nach Zuteilung, auf Auszahlung des Sparguthabens nach voller Einzahlung[3], auf Rückzahlung des Sparguthabens nach Kündigung und auf Kündigung[4] und Änderung, insbesondere Teilung, des Vertrages gepfändet. ......

b) Erbrechtliche Ansprüche

......[1]

wird die angebliche Forderung des Schuldners gegen

die A (Anschrift)[5]

auf Auszahlung eines Vermächtnisses gemäß dem Testament vom ...... aus dem Nachlaß des am ...... in ...... verstorbenen B gepfändet ......[6].

c) Lebensversicherung

......[1]

werden die angeblichen Ansprüche des Schuldners gegen

die A-Versicherungs AG (Anschrift)[7]

aus Versicherungsvertrag, insbesondere Lebensversicherungsvertrag Nr. ......[8], einschließlich der Ansprüche auf Zahlung der Versicherungssumme und der Gewinnanteile, auf Auszahlung des bei Aufhebung oder Kündigung des Vertrages sich ergebenden Rückkaufswertes, auf Kündigung und Umwandlung der Versicherung[9] und auf Bestimmung, Widerruf oder Änderung der Bezugsberechtigung[10]
gepfändet und dem Gläubiger in Höhe des Pfändungsbetrages zur Einziehung überwiesen. Es wird angeordnet, daß der Schuldner die Versicherungspolice und die letzte Prämienquittung an den Gläubiger herauszugeben hat[11].
Die Pfändung erfolgt auch wegen der noch nachzuweisenden Kosten für die Wegnahme von Versicherungspolice und letzter Prämienquittung in Höhe von ca. ...... DM.
......

Anmerkungen

1. Im übrigen (Rubrum etc.) wie Form. III. B. 6.

2. Die Bausparsumme nach Zuteilung besteht aus angespartem Eigenkapital und dem Darlehen. Letzteres ist als Baugeld zweckbestimmt und daher nur für Baugläubiger pfändbar (*Baumbach/Lauterbach/Albers/Hartmann* § 851 ZPO Rdn. 3–4).

3. Nimmt der Bausparer das Darlehen nicht in Anspruch, sondern zahlt voll ein, besteht ein normales Sparguthaben.

4. Vor Zuteilung oder für Nichtbaugläubiger muß das Sparguthaben durch Kündigung rückzahlbar gemacht werden, wobei ggf. Prämien verfallen (näher *Stöber* Rdn. 86 ff.).

5. Drittschuldner ist, wie auch beim Pflichtteilsanspruch (§ 2303 BGB), beim Zusatzpflichtteil (§ 2305 BGB) und beim Pflichtteilsergänzungsanspruch (§ 2325 BGB) der Erbe,

außer im Fall des Untervermächtnisses. Da das Vermächtnis erst mit dem Erbfall pfändbar ist (§ 2176 BGB), ist der Todestag des Erblassers anzugeben. Angabe der letztwilligen Verfügung ist nützlich, aber für die Wirksamkeit der Pfändung nicht erforderlich.

6. Bestimmte höchstpersönliche Forderungen sind erst ab Anerkennung oder Rechtshängigkeit pfändbar (vgl. § 852 ZPO), so
– der Pflichtteilsanspruch
– der Zugewinnausgleichsanspruch
– der Rückforderungsanspruch des verarmten Schenkers.
Ein vorher erlassener Pfändungsbeschluß wird geheilt (*Baumbach/Lauterbach/Albers/Hartmann* § 852 ZPO Rdn. 2). Anerkennung oder Rechtshängigkeit müssen im Pfändungsantrag dargelegt werden.
Zum Anteil an einer Erbengemeinschaft vgl. Form. III. B. 26.

7. Drittschuldner ist die Versicherungsgesellschaft, zuzustellen ist an ihre Haupt- oder die zuständige Zweigniederlassung. Zustellung an Agenturen ist unwirksam.

8. Die Angabe der Vertrags-Nr. ist nicht erforderlich, aber zweckmäßig.

9. Für zeitnahe Verwertung ist Ausübung dieser Gestaltungsrechte (§ 165 VVG) möglich, wenn die Prämien für 3 Jahre bezahlt sind (§ 173 VVG).

10. Ist ein Dritter widerruflich bezugsberechtigt, erwirbt er den Anspruch erst mit Eintritt des Versicherungsfalls. Vorher kann die Bezugsberechtigung auch durch den Pfändungsgläubiger widerrufen werden. Zur Klarstellung sollten diese Nebenrechte aber genannt werden (näher *Stöber* Rdn. 191 ff.).

11. Sind die Unterlagen nicht auffindbar, muß notfalls gemäß §§ 4 VVG, 808 BGB, 1003 und 1023 ZPO das Aufgebotsverfahren durchgeführt werden, vgl. auch Form. III. B. 12 Anm. 5.

Kosten und Gebühren

Wie Form. III. B. 6.

Fristen und Rechtsmittel

Wie Form. III. B. 6.

15. Antrag auf andere Verwertung (§ 844 ZPO)

An das
Amtsgericht
Vollstreckungsgericht[1]

Antrag nach § 844 ZPO[2]

in der Vollstreckungssache
X ./. Y.

Namens und in Vollmacht des Gläubigers[3] beantrage ich zu beschließen:
Der durch Pfändungsbeschluß dieses Gerichtes vom ...... Az. ...... für den Gläubiger gepfändete Gesellschaftsanteil des Schuldners von ...... DM an der Z-GmbH ist durch von dem Gerichtsvollzieher A durchzuführende Versteigerung[4] zu verwerten.

15. Antrag auf andere Verwertung

III. B. 15

Begründung:[5]

Nach dem als

Anlage 1

beigefügten Gesellschaftsvertrag der Z-GmbH ist die Vertragskündigung ausgeschlossen. Daher ist Verwertung durch Versteigerung geboten.

Rechtsanwalt

Anmerkungen

1. Zuständigkeit nach §§ 844, 828 Abs. 2 ZPO. Es entscheidet der Rechtspfleger.

2. Bedeutsamer als bei Geldforderungen ist die entsprechende Anwendung, § 857 Abs. 1 ZPO, von § 844 ZPO bei Vollstreckung in andere Vermögensrechte. Stets muß dargelegt werden, daß die Einziehung „mit Schwierigkeiten verbunden" ist (zu Einzelheiten *Stöber* Rdn. 1466 ff.).

3. Den Antrag kann auch der Schuldner stellen.

4. Außerdem kommen in Betracht (*Stöber* Rdn. 1474 ff.):
– freihändiger Verkauf durch eine Versteigerungsperson
– Überweisung an Zahlungs Statt zu einem Betrag unter Nennwert (sonst § 835 Abs. 1 2. Alt. ZPO);
– Ausübung des Rechts durch einen anderen, zB. Verwaltung, Verpachtung, Lizenzerteilung, insbesondere bei nur zur Ausübung pfändbaren Rechten, etwa Urheberrechten, § 857 Abs. 3 u. Abs. 4 ZPO.

5. Dieser Antrag sollte nicht mit dem Pfändungsantrag verbunden, sondern nachgeschoben werden. Denn nach § 844 Abs. 2 ZPO ist der Schuldner entgegen § 834 ZPO zu hören. Dadurch entfiele die Überraschung und die Pfändung würde verzögert (Rangverlust).

Kosten und Gebühren

a) Gericht: keine Gebühr.
b) Anwalt: neben der 3/10 Gebühr für die Pfändung keine besondere Gebühr für diesen Antrag, §§ 57, 58 Abs. 1 BRAGO.
c) In Ostdeutschland 80% der gesetzlichen Gebühren.

Fristen und Rechtsmittel

Befristete Durchgriffserinnerung nach § 11 RPflG binnen zwei Wochen.

16. Klage nach § 856 ZPO auf Hinterlegung durch Drittschuldner

An das
Amtsgericht ......

Klage
und Streitverkündung

des ......

– Klägers –

gegen

den ......

– Beklagten –

wegen Hinterlegung gem. § 853 ZPO[1].
Gegenstandswert: ......[2]
Streitverkündeter: Der Schuldner A (ladungsfähige Anschrift)[3]

Namens und in Vollmacht des Klägers erhebe ich Klage und beantrage, den Beklagten zu verurteilen

1. den pfändbaren Teil der Bezüge seines Angestellten A für die Monate ...... bis ...... und für die folgenden Monate bis zur Abdeckung der vorletzten beim Beklagten vorliegenden Lohnpfändung[4] für den Lohn des A bei der Hinterlegungsstelle des AG ...... zu hinterlegen
2. diese Hinterlegung mit der Tatsache der Mehrfachpfändung und unter Aushändigung der dem Beklagten zugestellten Pfändungsbeschlüsse für den Lohn des A dem Amtsgericht anzuzeigen, dessen Lohnpfändungsbeschluß ihm zuerst zugestellt wurde[5].

Für den Kläger verkünde ich dem A

den Streit

und fordere ihn auf, dem Rechtsstreit auf Seiten des Klägers beizutreten.

Die Streitverkündung erfolgt gem. §§ 856, 841 ZPO. Die Lage des Rechtsstreits ergibt sich aus der vorliegenden Klagschrift[6].

Ich bitte dem Streitverkündeten ein Exemplar der Klagschrift zuzustellen und füge dafür zusätzliches beglaubigtes Exemplar bei.

Begründung:

I.

Dem Kläger steht gegen den Streitverkündeten aus dem Vollstreckungsbescheid des Amtsgerichts ...... vom ...... Az. ...... eine Forderung in Höhe von ...... zzgl. ......% Zinsen seit dem ...... zu. Außerdem sind ...... DM an festgesetzten Kosten entstanden, die seit dem ...... mit 4% zu verzinsen sind, außerdem weitere ...... DM an bisherigen Vollstreckungskosten.

Beweis: Vorlage von Titel und Vollstreckungsunterlagen.

II.

Der Streitverkündete ist Arbeitnehmer des Beklagten. Sein Lohnanspruch gegen den Beklagten ist vom Kläger durch Pfändungs- und Überweisungsbeschluß[7] des AG ...... vom ...... gepfändet worden. Der Beschluß ist dem Beklagten am ...... zugestellt worden.

Beweis: Vorlage des Pfändungsbeschlusses mit Zustellungsbescheinigung.

16. Klage nach § 856 ZPO auf Hinterlegung durch Drittschuldner III. B. 16

Der Beklagte hat bei Zustellung nur angegeben, daß „Vorpfändungen vorlägen"[8].
Nachdem er auch auf Aufforderung keine näheren Auskünfte gegeben hatte, hat der Kläger ihn mit gem. § 132 BGB zugestelltem Brief[9] unter Fristsetzung aufgefordert, die pfändbaren Lohnteile gem. § 853 ZPO zu hinterlegen.

Beweis: anliegender Brief mit Zustellungsurkunde.

Nachdem der Beklagte gleichwohl nicht hinterlegt hat, ist Klage geboten[10].

III.

Aufgrund der bisherigen Weigerung des Beklagten besteht die Besorgnis, daß er auch künftig die pfändbaren Beträge nicht gem. § 853 ZPO hinterlegen würde. Daher rechtfertigt sich der auch auf künftige Hinterlegung gerichtete Klaganspruch, § 259 ZPO.

Rechtsanwalt

Anmerkungen

1. Eingeklagt wird ein eigener gesetzlicher Anspruch des Klägers (Gläubiger) gegen den Beklagten (Drittschuldner), also nicht etwa der gepfändete Anspruch des Schuldners gegen den Drittschuldner, der im Beispielsfall ein arbeitsrechtlicher Anspruch wäre. Für den Anspruch aus § 853 ZPO sind die Zivilgerichte zuständig.

2. Der Streitwert bemißt sich nach dem Interesse des Klägers, hier also nach dem Wert seiner titulierten Forderung, höchstens aber dem Wert des vom Beklagten zu hinterlegenden Betrages, hier wohl entsprechend § 17 Abs. 3 GKG des 3-Jahres-Betrages der pfändbaren Bezüge.

3. Diese Streitverkündung ist entsprechend § 841 ZPO erforderlich (hM., z.B. *Baumbach/Lauterbach/Albers/Hartmann* Rdn. 1. zu § 856 ZPO).

4. Der Anspruch setzt nach § 853 ZPO voraus, daß mehrere Pfandgläubiger vorhanden sind.

5. Die Antragsformel ergibt sich aus den Verpflichtungen, die § 853 ZPO dem Drittschuldner auferlegt.

6. Diese Angaben fordert § 73 ZPO für eine Streitverkündung.

7. Der Anspruch aus § 853 ff. ZPO steht nur dem Überweisungsgläubiger, nicht dem bloß pfändenden Gläubiger (z.B. Arrestgläubiger) zu, der aber Streitgenosse sein kann, § 856 Abs. 2 ZPO.

8. Das Hinterlegungsverlangen nach § 853 ZPO kann – bei mehr als einer Pfändung – auch gestellt werden, wenn vollständig und umfassend Auskunft erteilt ist. Es ist nicht, wie bei § 827 Abs. 2. ZPO, Streit um die Rangfolge erforderlich. Dem Drittschuldner, der das Recht zur Hinterlegung hat, soll das Risiko der Rangbestimmung abgenommen werden, dem Gläubiger soll Klärung der Rangfolge, ggf. ihrer Abänderung ermöglicht werden (dazu Form. III. B. 30 und 31).

9. Das ist zumindest bei unklarem Drittschuldnerverhalten zum Nachweis des Zugangs zu empfehlen.

10. Dem Beklagten soll nach allgemeiner Ansicht (z.B. *Baumbach/Lauterbach/Albers/Hartmann* Rdn. 4 zu § 856) der Einwand offenstehen, daß er inzwischen – nach der Hinterlegungsaufforderung – an den Bestberechtigten gezahlt habe. Daran dürfte richtig sein, daß bei Beweis dieser Tatsache durch den Drittschuldner für die Klage das Rechtsschutzbedürfnis fehlt. Der Kläger kann dann aber durch Klageänderung Feststellung beantragen, daß der Beklagte Schadensersatz wegen Nichterfüllung seiner Hinterlegungsverpflichtung schuldet. Dann trägt der Beklagte die Kosten (für die entsprechende Lage bei Drittschuldnerklage *Baumbach/Lauterbach/Albers/Hartmann* § 840 Rdn. 17 mwN.; *Zöller/Stöber* Rdn. 14 zu § 840, jetzt vor allem BGHZ 79, 275 ff.).

Kosten und Gebühren

a) Gericht: Gebühren des Erkenntnisverfahrens, KV zum GKG Nr. 1201 ff.
b) Anwalt: Gebühren des Erkenntnisverfahrens, §§ 31 ff. BRAGO.
c) In Ostdeutschland 80 % der gesetzlichen Gebühren.

Fristen und Rechtsmittel

Wie im normalen Erkenntnisverfahren, vgl. Form. I. O. 1.

Insbesondere: Vollstreckung in laufende Bezüge

17. Pfändungsantrag bei Arbeitseinkommen (§§ 850 ff. ZPO)

......
......
wird die angebliche Forderung des Schuldners gegen seinen Arbeitgeber
Fa. A (Anschrift)
auf das gesamte pfändbare Arbeitseinkommen (§ 850 ZPO)[2] einschließlich des Wertes von Sachbezügen[3] gepfändet[4] und dem Gläubiger bis zur Abdeckung seiner Forderung zur Einziehung überwiesen.
A. Für die Berechnung des pfändbaren Arbeitseinkommens gilt folgendes[5]:
 (folgt der Wortlaut von § 850 e Nr. 1 u. 3 und § 850 a ZPO).
B. Dieses Arbeitseinkommen ist unpfändbar, wenn es ...... (folgt der Wortlaut von § 850 c Abs. 1 bis Abs. 3 S. 1 ZPO).
Im übrigen wird für die Berechnung des pfändbaren Betrages auf die Tabelle zu § 850 c Abs. 3 ZPO Bezug genommen (z. Zt. nach dem Stand v. 1. 7. 1992).
Gepfändet wird ferner der Anspruch auf Herausgabe der Lohnsteuerkarte mit Lohnsteuerbescheinigung zur Stellung des Antrags auf Lohnsteuerjahresausgleich bzw. der Anspruch auf Auszahlung von Steuererstattungsansprüchen für das laufende Jahr und die folgenden Jahre bei Durchführung des Lohnsteuerjahresausgleichs durch den Arbeitgeber.[6]
Dem Drittschuldner (Arbeitgeber) wird verboten, an den Schuldner zu zahlen, soweit gepfändet ist.
......[7]

Anmerkungen

1. Rubrum, Forderungsberechnung und Einleitung des Antrags wie Form. III. B. 6. Die Pfändung von Arbeitseinkommen erfolgt grundsätzlich wie die anderer Geldforderungen, § 829 ZPO. Besonderheiten ergeben sich aus den sozialstaatlich begründeten Pfändungsfreigrenzen und aus der regelmäßig erfolgenden Pfändung künftig fälliger Forderungsteile.

2. § 850 Abs. 2 u. Abs. 4 ZPO erfassen unter dem Begriff „Arbeitseinkommen" alle in Betracht kommenden Bezüge in weitestem Umfang, auch z. B. Ansprüche auf Kündigungsschutzabfindung oder auf Urlaubsabgeltung (LAG Köln BB 1990, 1981), so daß besondere Klarstellung kaum erforderlich ist.

18. Pfändungsantrag auf bedingt pfändbare Bezüge **III. B. 18**

3. Sie sind auf den unpfändbaren Einkommensteil anzurechnen, § 850e Nr. 3 ZPO.

4. Die Erwähnung künftig fälliger Ansprüche ist wegen § 832 ZPO nicht erforderlich, anders zB. bei Mietforderungen.
Zu den Folgen anschließender Beendigung des Arbeitsverhältnisses sowie der Abtretung und der unwirksamen Abtretung der Lohnforderung zuletzt BAG NJW 1993, 2701.

5. Da meist die Familienverhältnisse des Schuldners unbekannt sind und er nicht gehört wird, § 834 ZPO, erfolgt die Pfändung dann als Blankettbeschluß ohne Bezifferung des pfandfreien Betrages mit Bezugnahme auf die gesetzliche Pfändungstabelle, § 850c Abs. 3 S. 2 ZPO (KG RPfleger 1978, 335; *Stöber* Rdn. 1054 mwN.). Die zusätzliche Nennung der einschlägigen Vorschriften stellt jedoch klar.

6. Karte und Bescheinigung werden benötigt, wenn der Gläubiger – sehr mühsam – den Erstattungsanspruch beim Finanzamt pfänden und den Antrag stellen will (vgl. oben Form. III. B 11 Anm. 4). Für den Fall, daß der Arbeitgeber gem. § 42b EStG den Ausgleich durchführt, sollte dieser Erstattungsanspruch mitgepfändet werden (vgl. oben Form. III. B. 11 Anm. 5).

7. Weitere Ausführungen wie Form. III. B. 6. Näher zur Lohnpfändung vgl. *Stöber* Rdn. 871 ff.; für Lohnpfändung und Lohnpfändung wegen Unterhaltsansprüchen, § 850d ZPO, sind die handelsüblichen Vordrucke zu empfehlen.
Werden zeitlich vorrangige Pfändungen oder Lohnabtretungen vorgelegt, sollte der Gläubiger sie kritisch auf formelle und materielle Mängel prüfen. Wird bei einer Lohnabtretung z.B. die Auszahlung des abgetretenen Betrages an den Schuldner gestattet, ist die Abtretung gegenüber dem später pfändenden Gläubiger unwirksam, BAG ZIP 1980, 287, ebenso bei unklaren Abtretungskonditionen, LG Münster ZIP 1991, 1282.

Kosten und Gebühren

Wie Form. III. B. 6.

Fristen und Rechtsmittel

Wie Form. III. B. 6.

18. Pfändungsantrag auf bedingt pfändbare Bezüge (§ 850b ZPO, Taschengeldanspruch)[1]

......[2]

wird die angebliche Forderung der Schuldnerin gegen

ihren Ehemann A (Anschrift)

auf Zahlung des pfändbaren Barunterhalts (Taschengeld)[3] einschließlich der künftig fällig werdenden Beträge[4] unter Bezug auf die Tabelle nach § 850c ZPO in Höhe von ...... DM
gepfändet ......[5]

Begründung:

Wie das beigefügte Vollstreckungsprotokoll des GerVollz. B vom ...... DR-Nr. ...... ergibt, ist die Schuldnerin unpfändbar und Hausfrau ohne eigenes Arbeitseinkommen. Sonstige pfändbare Forderungen der Schuldnerin sind dem Gläubiger nicht bekannt[6].

Die Schuldnerin entzieht sich seit ...... der Vollstreckung ...... (näher auszuführen). Wenn sie jetzt ihr Einkommen im vom Ehemann zu zahlenden Unterhalt findet, ist dies Einkommen jedenfalls für Mietgläubiger als pfändbar anzusehen[7].

Der Ehemann der Schuldnerin hat ein Nettoeinkommen von (mindestens) 2000,– DM. Da Kinder nicht vorhanden sind, hat die Schuldnerin nach der Düsseldorfer Tabelle, Stand 1. 1. 1989 (NJW 1992, 1367), einen Unterhaltsanspruch von 857,– DM (3/7 von 2000,– DM), wovon nach § 850c ZPO 60,20 DM pfändbar sind. Das in bar zu leistende Taschengeld beläuft sich auf mindestens 5% des Familieneinkommens[8], also mindestens 100,– DM, so daß der Betrag von 60,20 DM pfändbar ist[9] (vgl. OLG Hamm RPfleger 1979, 272)[10].

Rechtsanwalt

Anmerkungen

1. § 850b ZPO gilt für einkommensersetzende privatrechtliche Ansprüche (bei öffentlich-rechtlichen Ansprüchen § 54 SGB, Form. III. B. 10), die unter besonderen Voraussetzungen, § 850b Abs. 2 ZPO, pfändbar sind, dann wie Arbeitseinkommen (näher *Stöber* Rdn. 1005 ff.).

2. Rubrum, Forderungsberechnung und Einleitung des Antrags wie Form. III. B. 6.

3. Dieser Anspruch – auch der des „Hausmannes" gegen die verdienende Ehefrau (*Meyer-Scherling* FamRZ 1959, 392) – ist nach inzwischen hM. gemäß § 850b Abs. 1 Nr. 2 ZPO pfändbar (dafür ua. OLG Köln NJW 1993, 3335 mwN.; jetzt auch *Palandt/ Diederichsen* § 1360a Anm. 1c; *Stöber* Rdn. 1015 mwN.; *Baumbach/Lauterbach/Albers/ Hartmann* § 850b Rdn. 4 mwN.; dagegen ua. LG Berlin FamRZ 1978, 185), was nicht gegen Art. 6 GG verstößt (BVerfG FamRZ 1986, 773).

Ohne diese Pfändungsmöglichkeit wären alle nicht berufstätigen Ehepartner ohne eigenes Vermögen – ein erheblicher Teil der Gesamtbevölkerung – gegen Zwangsvollstreckung immun.

Zuvor sollte der Gläubiger stets prüfen, ob seine Forderung aus einem Geschäft zur angemessenen Deckung des Familienbedarfs stammt. Dann haftet gem. § 1357 BGB („Schlüsselgewalt") der andere Ehepartner direkt.

4. Nur Klarstellung, da § 832 ZPO entsprechend anwendbar.

5. Weitere Ausführungen wie Form. III. B. 6, aber mit Begründung.

6. Nach § 850b Abs. 2 ZPO muß die erfolglose Vollstreckung in das bewegliche Vermögen dargetan werden. Offenbarungsversicherung nicht erforderlich (*Zöller/Stöber* Rdn. 15 zu § 850b).

7. Daß dies bei einkommensersetzenden Bezügen gewollt ist, zeigt § 54 SGB, vgl. Anm. 4 zu Form. III. B. 10. Der Gläubiger muß zur Billigkeit der Pfändung vortragen, ua. zur Art seines Anspruchs.

8. Vgl. *Palandt/Diederichsen* Anm. 1c zu § 1360a BGB mwN.; jetzt auch OLG Köln NJW 1993, 3335.

9. Zur Berechnung vgl. OLG Celle NJW 1991, 1960. Die Berechnung zeigt, daß es entgegen der die Pfändung ablehnenden Meinung, objektive Maßstäbe zur Bemessung des Anspruches gibt.

10. Zum Umfang der Darlegungslast vgl. die genannte Entscheidung. Als Ausnahme zu § 834 ZPO sind Schuldner und Drittschuldner zu hören, § 850b Abs. 3 ZPO.

Kosten und Gebühren

Wie Form. III. B. 6.

Fristen und Rechtsmittel

Wie Form. III. B. 6.

19. Antrag auf Nichtberücksichtigung von Unterhaltsberechtigten (§ 850c Abs. 4 ZPO)

An das
Amtsgericht
Vollstreckungsgericht

Antrag gemäß § 850c Abs. 4 ZPO[1]

in der Vollstreckungssache

X ./. Y.

Namens und in Vollmacht des Gläubigers beantrage ich zu beschließen:
Der Pfändungsbeschluß des Gerichtes in dieser Sache vom ...... Az. ...... wird dahin ergänzt, daß ab dem ......[2]
1. die Ehefrau Z des Schuldners bei der Berechnung des unpfändbaren Teils des Arbeitseinkommens unberücksichtigt bleibt,
2. der Sohn A des Schuldners nur teilweise berücksichtigt wird, nämlich in der Weise, daß A bei der Berechnung des unpfändbaren Einkommenteils nach § 850c Abs. 1 ZPO als zweite Person nur mit 100,– DM und bei der Berechnung nach § 850c Abs. 2 ZPO als zweite Person nur mit $\frac{1}{20}$ des den nach § 850c Abs. 1 ZPO unpfändbaren Betrag überschießenden Einkommens anzusetzen ist[3].

Begründung:

Die Ehefrau verdient als Raumpflegerin 1000,– DM netto monatlich,

Beweis: Zeugnis des Arbeitgebers M.

Da dieser Betrag einen angemessenen Unterhalt der Ehefrau deckt, ist ihre zusätzliche Berücksichtigung im Pfändungsschutz ihres Mannes unbillig und daher aufzuheben.
Der Sohn ist Auszubildender und erhält 350,– DM Ausbildungsbeihilfe.

Beweis: Zeugnis des Ausbilders N

Der Betrag mag zum Unterhalt allein nicht ausreichen, trägt aber erheblich dazu bei. Daher entspricht es der Billigkeit, A nur noch teilweise, nämlich zur Hälfte im Pfändungsschutz seines Vaters zu berücksichtigen[4].

Rechtsanwalt

Anmerkungen

1. Auch ohne Antrag bleiben Angehörige unberücksichtigt, die sich selbst unterhalten können, § 1602 Abs. 1 BGB, und solche, denen der Schuldner trotz Verpflichtung keinen Unterhalt zahlt (*Stöber* Rdn. 1061). Nur bei geringerem Verdienst, der den Unterhaltsanspruch mindert, aber nicht beseitigt, greift § 850c Abs. 4 ZPO ein.

2. Der Antrag kann, wenn die Verhältnisse ausreichend bekannt sind, mit dem Pfändungsantrag verbunden werden. Aber auch spätere Abänderung ist zulässig, ebenso weitere Abänderung nach § 850g ZPO.

3. Bei teilweiser Berücksichtigung ist Bezugnahme auf die Tabelle für diese Person unzulässig, § 850c Abs. 4 2. Halbs. ZPO, da die Tabelle teilweise Berücksichtigung nicht vorsieht. Es ist also in Abänderung der Regelung in § 850c Abs. 1 u. 2 ZPO ziffern- bzw. anteilsmäßig anzugeben, wie die Person zu berücksichtigen ist (*Stöber* Rdn. 1062ff.).

4. Die Darlegungslast liegt beim Gläubiger (*Stöber* Rdn. 1065). Er kann die Informationen nach § 836 Abs. 3 ZPO beschaffen (wenig praktikabel), aus dem Vermögensverzeichnis des Schuldners, durch Detektivermittlung oder Zufallsinformation.

Kosten und Gebühren

a) Gericht: keine besondere Gebühr neben der Pfändungsgebühr nach KV zum GKG, Nr. 1149.

b) Anwalt: keine besondere Gebühr neben der 3/10 Pfändungsgebühr, §§ 57, 58 Abs. 1 BRAGO.

c) In Ostdeutschland 80% der gesetzlichen Gebühren.

Fristen und Rechtsmittel

Da bei diesem vom Pfändungsantrag gesonderten Antrag der Schuldner gehört wird, ist Rechtsbehelf die sofortige Durchgriffserinnerung nach § 11 RPflG, binnen zwei Wochen.

20. Pfändungsantrag bei Forderung aus unerlaubter Handlung (§ 850f Abs. 2 ZPO)

......

Für die Berechnung des pfändbaren Arbeitseinkommens gilt folgendes:

(folgt Wortlaut von § 850e Nr. 1 und 3 ZPO und § 850a ZPO)[2].

Die Pfändung erfolgt wegen einer Forderung aus vorsätzlicher unerlaubter Handlung, § 850f Abs. 2 ZPO.

Vom Arbeitseinkommen ist daher unpfändbar ein Betrag von 800,- DM monatlich für den notwendigen Unterhalt des Schuldners[3].

Dieser Betrag erhöht sich um[4]

die gemäß § 850c Abs. 1 S. 2 ZPO anzusetzenden Beträge für Personen, denen der Schuldner Unterhalt gewährt.

Übersteigt das Arbeitseinkommen den Betrag, bis zu dessen Höhe es je nach der Zahl der Personen, denen der Schuldner Unterhalt gewährt, nach Abs. 1 unpfändbar ist, so ist es hinsichtlich des überschießenden Betrages zu einem Teil unpfändbar, und zwar in Höhe von 2/10 für die erste Person, der Unterhalt gewährt wird, und je einem weiteren Zehntel für die 2. bis 5. Person.

(Folgt der Wortlaut von § 850c Abs. 2 S. 2 u. Abs. 3 S. 1 ZPO).

......[5]

Begründung:

Nach dem Titel stammt die Forderung des Gläubigers aus einer vorsätzlich begangenen unerlaubten Handlung des Schuldners, nämlich aus ......[6]. Zur Erfüllung seiner Unterhaltspflichten gegen seine nicht berufstätige Ehefrau und 2 Kinder sind ihm die dafür nach § 850c ZPO zustehenden Beträge als Maximalbeträge belassen[7].

Rechtsanwalt

20. Pfändungsantrag bei Forderung aus unerlaubter Handlung   III. B. 20

Anmerkungen

1. Rubrum, Forderungsberechnung und Pfändungsformel wie Form. III. B. 17.

2. Forderungen wegen – vorsätzlicher – unerlaubter Handlung sind durch Wegfall der Pfändungsgrenzen von § 850c ZPO privilegiert. Für die Berechnung des pfändbaren Einkommens gilt aber nichts besonderes. Str. ist, ob die Privilegierung auch Prozeßkosten, Vollstreckungskosten und Zinsen zukommt (dagegen für Prozeßkosten LG München I RPfleger 1965, 278; *Zöller/Stöber* Rdn. 5 zu § 850f; *Schneider* EWiR 1990, 309; anders KG RPfleger 1972, 67 und für Vollstreckungskosten *Stöber* Rdn. 1190 ff.). Sie sind also ggf. vom Antrag auszunehmen. Der Antrag für die privilegierte Forderung kann auch nach einer zunächst für die Gesamtforderung erfolgten „normalen" Lohnpfändung gestellt werden.

Bei teleologischer Auslegung ist nicht einsichtig, daß nur die Hauptforderung privilegiert ist, nicht aber die Nebenforderungen, die dadurch entstehen, daß der Schuldner die Hauptforderung rechtswidrig nicht befriedigt.

3. Untergrenze für notwendigen Unterhalt ist der je nach Wohnort unterschiedliche Sozialhilfesatz (*Stöber* Rdn. 1093 ff.; zur Berechnung *Berner* RPfleger 1958, 307). Sonderbedarf (zB. Krankheit) muß Schuldner durch Erinnerung geltend machen (*Zöller/Stöber* Rdn. 8 zu § 850f).

4. Wenn, wie meist, die Familienverhältnisse des Schuldners nicht bekannt sind, empfiehlt sich ein solcher Blankettbeschluß, vgl. Form. III. B. 18 Anm. 5.

Die Unterhaltsberechtigten sind vor dem Gläubiger zu berücksichtigen, aber höchstens mit den nach § 850c ZPO für sie zu berücksichtigenden Beträgen (LG Berlin Büro 1974, 375; *Stöber* S. 434; *Berner* RPfleger 1959, 80). Da Unterhaltsansprüche, etwa nach der Düsseldorfer Tabelle, auch bei niedrigem Einkommen meist die Sätze nach § 850c ZPO erreichen, können zur Vereinfachung durchgängig diese Ansätze berücksichtigt werden. Sind die Familienverhältnisse bekannt, kann statt des Blankettbeschlusses die Pfändung des gesamten pfändbaren Einkommens abzüglich eines in Anlehnung an die Sozialhilfesätze zu wählenden festen Freibetrages für den Schuldner und seine Unterhaltsgläubiger beantragt werden (OLG Karlsruhe MDR 1971, 401). Dabei ist sonstiges Familieneinkommen, zB. Kindergeld, vom Freibetrag abzusetzen (LG Berlin Büro 1974, 375).

5. Weitere Ausführungen wie Form. III. B. 6, aber mit ergänzender Begründung.

6. Ggf. sind Tatumstände zu schildern, die für das Maß des Pfändungseingriffs bedeutsam sein können (*Baumbach/Lauterbach/Albers/Hartmann* § 850f Rdn. 9). Str. ist, ob Herkunft der Forderung aus vorsätzlicher unerlaubter Handlung vom Vollstreckungsgericht festgestellt werden kann (so *Stöber* Rdn. 1193 mwN.; LG Düsseldorf RR 1987, 758; näher *Büchmann* NJW 1987, 172). Insbesondere bei Titulierung durch Mahnbescheid sollte man also durch die Forderungsbezeichnung deutlich machen, daß die Forderung aus vorsätzlicher unerlaubter Handlung stammt. Sonst ist ggf. später Feststellungsklage darauf erforderlich, vgl. BGH NJW 1990, 834 mit Anm. *Link*.

7. Noch weitergehend wird der Schuldner bei Vollstreckung von Unterhaltsforderungen beschränkt (§ 850d ZPO):

a) Bezüge nach § 850a Nr. 1 (Überstunden), Nr. 2 (Urlaubsgeld etc.) und Nr. 4 (Weihnachtsgeld) ZPO sind teilweise pfändbar, § 850d Abs. 1 ZPO.

b) Ausnahmsweise – entgegen § 751 Abs. 1 ZPO – ist die Pfändung für nicht fällige Forderungen zulässig, § 850d Abs. 3 ZPO, sog. Vorratspfändung zur Rangwahrung (*Baumann*, Zwangsvollstreckung, 1975, S. 72; näher zu § 850d ZPO *Stöber* Rdn. 1075 ff.). Für die Forderungsberechnung und die Angaben über die Reihenfolge der Unterhaltsgläubiger gemäß § 850d Abs. 2 ZPO vgl. die handelsüblichen Formulare.

III. B. 21

Kosten und Gebühren

Wie Form. III. B. 6.

Fristen und Rechtsmittel

Da Schuldner vor Pfändung gem. § 834 ZPO nicht gehört wird (hM. *Zöller/Stöber* Rdn. 10 zu § 850f.; LG Frankenthal RPfleger 1982, 231 aber strittig), vgl. Form. III. B. 6.

21. Schuldnerantrag auf Erhöhung des Pfandfreibetrages (§ 850f Abs. 1 ZPO)

An das
Amtsgericht
Vollstreckungsgericht[1]

Antrag nach § 850f Abs. 1 ZPO

in der Vollstreckungssache

X ./. Y.

Namens und in Vollmacht des Schuldners beantrage ich zu beschließen:

In Abänderung des Pfändungsbeschlusses dieses Gerichtes vom ...... Az. ...... wird gemäß § 850f Abs. 1 ZPO dem Schuldner abweichend von § 850c Abs. 1 ZPO ein Betrag von 1469,99 DM statt 1219,99 DM als unpfändbar belassen.

Begründung:

Gemäß beigefügtem Attest des behandelnden Arztes ist der Schuldner erkrankt und benötigt besondere Diätkost, für die monatlich Mehrkosten von ca. 250,- DM entstehen[2]. Daher muß der Pfändungsfreibetrag entsprechend heraufgesetzt werden[3].

Rechtsanwalt

Anmerkungen

1. Da der Antrag keine Erinnerung ist, sondern Abänderung bezweckt (LG Berlin RPfleger 1977, 224), entscheidet der Rechtspfleger. Der Beschluß ist Gläubiger, Schuldner und Drittschuldner von Amts wegen zuzustellen (*Stöber* Rdn. 1187).

2. Der Gläubiger, der zu hören ist, kann zB. Kostentragung durch die Krankenkasse einwenden oder daß – bei hohem Schuldnereinkommen – die Belastung aus dem pfandfreien Betrag zu tragen ist.

3. Weitere Fälle z.B.:

– Sozialhilfesatz liegt ausnahmsweise über dem Pfändungsfreibetrag, jetzt ausdrücklich geregelt in § 850f Abs. 1 S. 1a) ZPO
– es sind mehr als die 5 in § 850c ZPO berücksichtigten Unterhaltsberechtigten vorhanden.

Kosten und Gebühren

a) Gericht: keine Gebühr.
b) Schuldneranwalt: 3/10 Gebühr nach § 57 BRAGO.
c) Gläubigeranwalt: keine besondere Gebühr neben der 3/10 Pfändungsgebühr nach §§ 57, 58 Abs. 1 BRAGO, auch nicht für die Gläubigeranträge nach § 850f. Abs. 2 und Abs. 3 ZPO (AG Hanau RPfleger 1967, 426).
d) In Ostdeutschland 80% der gesetzlichen Gebühren.

Fristen und Rechtsmittel

Da nach Anhörung entschieden wird, sofortige Durchgriffserinnerung nach § 11 RPflG binnen zwei Wochen.

22. Schuldnerantrag im Sonderfall (§ 850i ZPO)

An das
Amtsgericht
Vollstreckungsgericht[1]

Antrag nach § 850i ZPO

in der Vollstreckungssache

X   ./.   Y.

Namens und in Vollmacht des Schuldners beantrage ich zu beschließen:
Der Pfändungsbeschluß dieses Gerichtes vom ...... Az. ...... wird dahin geändert, daß die Pfändung für einen Teilbetrag von ...... DM aufgehoben und dieser Teilbetrag dem Schuldner belassen wird[3].

Begründung:

Gepfändet ist Architektenhonorar des Schuldners. Gemäß beigefügter Bestätigung des Bauherrn, für deren Richtigkeit ich mich auf dessen Zeugnis berufe, hat das Projekt den Schuldner 2 Monate voll in Anspruch genommen, nämlich vom ...... bis ...... Da ein Anschlußauftrag fehlt, ist es angemessen, dem Schuldner vom Pfandbetrag dreimal den monatlichen Pfändungsfreibetrag gemäß § 850c ZPO für sich, seine Ehefrau und seinen Sohn zu belassen[4].
Da ausweislich der Bescheinigung in erheblichem Maße Sonntags- und Nachtarbeit erforderlich war, ist in entsprechender Anwendung von § 850a Nr. 1 ZPO zusätzlich ein Betrag von 5% des Gesamthonorars pfandfrei zu belassen. Hieraus ergibt sich die beantragte Freigabe.

Rechtsanwalt

Anmerkungen

1. Da keine Erinnerung, entscheidet der Rechtspfleger (*Stöber* Rdn. 1237 mwN.).

2. Der Antrag wird unzulässig, wenn die Vollstreckung beendet ist, also Drittschuldner an Gläubiger gezahlt hat (*Baumbach/Lauterbach/Albers/Hartmann* § 850i Rdn. 2).

3. § 850i ZPO bringt Pfändungsschutz für Selbständige, Künstler etc., die kein Arbeitseinkommen iSv. § 850 ZPO haben. Ähnlichen Schutz für Landwirte bietet § 851a ZPO, für Vermieter und Verpächter, allerdings nur für Grundstücksunterhaltung, § 851b ZPO und für gemischte Verträge § 850i Abs. 2 ZPO.

4. Die Einkünfte sind auf den Zeitraum zu verteilen, für den sie das alleinige Einkommen des Schuldners darstellen (*Baumbach/Lauterbach/Albers/Hartmann* § 850i Rdn. 2). §§ 850a, c, d, e und f ZPO sind entsprechend anzuwenden (*Stöber* Rdn. 1239).

Kosten und Gebühren

Wie Form. III. B. 21.

Fristen und Rechtsmittel

Da nach Anhörung entschieden wird, ist sofortige Durchgriffserinnerung nach § 11 RPflG binnen zwei Wochen gegeben.

23. Schuldnerantrag gegen Kontenpfändung (§ 850k ZPO)

An das
Amtsgericht
Vollstreckungsgericht

Antrag nach § 850k ZPO

in der Vollstreckungssache

X ./. Y.

Namens und in Vollmacht des Schuldners beantrage ich zu beschließen:

Der Pfändungsbeschluß dieses Gerichtes vom ...... Az. ...... wird dahin geändert, daß die erfolgte Pfändung des Guthabens zur Konto-Nr. ...... bei der Z-Bank in Höhe von ...... DM[1] und die Pfändung künftiger Geldeingänge in einer Höhe von monatlich ...... DM aufgehoben werden[2].

Ich beantrage weiter,

vorab die Pfändung in Höhe von ...... DM aufzuheben und bitte um sofortige Entscheidung[3].

Ich beantrage ferner,

gemäß §§ 850k Abs. 3, 732 Abs. 2 ZPO die Vollstreckung aus dem genannten Pfändungsbeschluß in Höhe von ...... DM einstweilen einzustellen.

Begründung:

1. Nach den beigefügten Überweisungsbelegen ist das Gehaltskonto des Schuldners gepfändet[4]. Nach der in Kopie beigefügten Lohnsteuerkarte unterhält der Schuldner folgende Personen ......, so daß ihm ein Pfändungsfreibetrag nach §§ 850a u. c ZPO von ...... DM zusteht[5]. Da die Pfändung gemäß Bankmitteilung am 21. des Monats zugestellt wurde und die Zahlung ausweislich der Überweisungsbelege monatlich am 1. des Monats erfolgt, ist die Pfändung in Höhe von ⅓ dieses Betrages aufzuheben.

23. Schuldnerantrag gegen Kontenpfändung   III. B. 23

Da die Pfändung auch künftige Geldeingänge erfaßt, ist sie für diese zugleich in Höhe des monatlich unpfändbaren Betrages aufzuheben.

2. Der Schuldner verfügt nach beigefügter eidesstattlicher Versicherung über keinerlei Bargeld mehr. Ich bitte daher vorab die Pfändung in der für den notwendigen Unterhalt erforderlichen Höhe für das restliche Monatsdrittel aufzuheben[6].

3. Da zu besorgen ist, daß die Entscheidung über den Hauptantrag erst nach Ablauf der 2- Wochen-Sperrfrist von § 835 Abs. 3 S. 2 ZPO ergeht und dann an den Gläubiger gezahlt werden muß, bitte ich, vorab die Vollstreckung in Höhe des voraussichtlichen Freibetrages einstweilen einzustellen. Ich bitte, mich von der Entscheidung vorab telefonisch zu unterrichten.

Rechtsanwalt

Anmerkungen

1. § 850 k ZPO verlängert den Lohnpfändungsschutz, um bargeldlose Zahlung zu ermöglichen. Bei Barzahlung schützt § 811 Nr. 8 ZPO entsprechend. Ähnlichen Kontoschutz bietet § 851 b Abs. 1 S. 2 ZPO, einen verstärkten § 55 SGB.

2. Bei Pfändung künftiger Geldeingänge (vgl. Form. III. B. 12 Anm. 2) ist auch für die Zukunft aufzuheben (*Stöber* Rdn. 1297). Verhindert der Schuldner weitere Zahlungen auf das Konto, muß er § 288 StGB beachten.

3. § 850 k Abs. 2 ZPO soll den notwendigen Unterhalt unverzüglich sichern.

4. Nicht erforderlich ist, daß gerade das gepfändete Guthaben aus Gehaltsüberweisung stammt (hM.; *Baumbach/Lauterbach/Albers/Hartmann* § 850 k Rdn. 2; *Arnold* BB 1978, 1320).

5. Schuldner muß die Voraussetzungen der Pfändungsfreiheit dartun.

6. Notwendig ist mindestens der Sozialhilfesatz (vgl. Form. III. B. 20 Anm. 2).

Kosten und Gebühren

Wie Form. III. B. 21, wobei für die Nebenanträge nach § 850 k Abs. 2 und Abs. 3 keine besonderen Gebühren entstehen.

Kostentragung: § 788 Abs. 3 ZPO, regelmäßig durch Schuldner, ausnahmsweise durch Gläubiger, wenn er etwa auf außergerichtliche Darlegung die Pfändung nicht beschränkt hat.

Fristen und Rechtsmittel

Sofortige Durchgriffserinnerung nach § 11 RPflG binnen zwei Wochen.

24. Klage gegen Drittschuldner auf Arbeitslohn

An das
Arbeitsgericht[1]

Klage[2]
und
Streitverkündungsschrift[3]

der Firma ......

Klägerin,

Prozeßbevollmächtigter ......

gegen

die Firma ......

Beklagte,

wegen Zahlung.
Streitwert[4]: ......
Streitverkündeter: Schlosser A (ladungsfähige Anschrift)[5]

Namens und in Vollmacht der Klägerin erhebe ich Klage und werde beantragen,

die Beklagte zu verurteilen,

1. an die Klägerin ...... DM nebst ......%[6] Zinsen auf diesen Betrag seit dem ...... zu zahlen,
2. künftig für die Dauer der Beschäftigung des Streitverkündeten bei ihr ...... DM monatlich, beginnend mit dem ......, bis zur völligen Abdeckung des Betrages von ...... DM nebst ...... % Zinsen an die Klägerin zu zahlen.

Außerdem verkünden wir ......[7]

Begründung:[8]

...... Seither steht die Lohnforderung des Streitverkündeten, soweit sie pfändbar ist, in Höhe des sich aus Hauptforderung, Zinsen und Kosten ergebenden Betrages der Klägerin zu. Diese hat die Beklagte mehrfach, erstmals mit Einschreiben vom ...... zur Abgabe der gesetzlich vorgeschriebenen Erklärung nach § 840 ZPO und zur Zahlung der sich danach ergebenden Beträge aufgefordert[9]. Die Beklagte hat nicht reagiert. Daher ist Klage geboten.

III.

Der Streitverkündete ist bei der Beklagten als KFZ-Schlosser tätig. Nach dem einschlägigen Tarifvertrag, nämlich dem Lohntarifvertrag für das KFZ-Handwerk vom ......, verdient ein Schlosser tariflich ...... DM netto wöchentlich[10]. Der Streitverkündete verdient bei der Beklagten mindestens diesen Betrag.

Beweis: 1. Vernehmung des Buchhalters X der Beklagten,
         2. Vernehmung des Streitverkündeten,
         3. Vernehmung des Inhabers der Beklagten als Partei.

Der Streitverkündete hat ...... Unterhaltsberechtigte (Ehefrau und ...... Kinder). Pfändbar ist danach wöchentlich ein Betrag von ...... DM. Mindestens diesen Betrag mußte die Beklagte für jeden Lohnfälligkeitstermin nach dem Zustellungstage an die Klägerin abführen, bis die Forderung gegen den Streitverkündeten abgedeckt ist. Seit Zustellung des Pfändungs- und Überweisungsbeschlusses ist der Lohn ......mal fällig gewesen. Hieraus

24. Klage gegen Drittschuldner auf Arbeitslohn

ergibt sich die Klageforderung zu 1. Die Klägerin arbeitet mit einem die Klage- und die Hauptforderung übersteigenden Bankkredit, für den sie mindestens ......% Zinsen zahlen muß

Beweis: 1. Bankbescheinigung,
2. Zeugnis des zuständigen Kreditsachbearbeiters der klägerischen Hausbank.

Danach rechtfertigt sich der Zinsanspruch nach Grund und Höhe.

IV.

Aufgrund der bisherigen Zahlungsverweigerung der Beklagten besteht die Besorgnis, daß sie auch die zukünftig fällig werdenden gepfändeten Beträge nicht an die Klägerin auszahlt. Daher rechtfertigt sich der auf zukünftige Zahlung gerichtete Klageanspruch zu 2., § 259 ZPO[12].

Anmerkungen

1. Eingeklagt wird der gepfändete Anspruch des Schuldners/Arbeitnehmers gegen den Drittschuldner/Arbeitgeber. Dies ist eine Arbeitssache im Sinne von § 2 ArbGG. Die örtliche Zuständigkeit richtet sich daher über §§ 46, 48 ArbGG nach der ZPO, Arbeitsgericht des Beklagtensitzes oder des Erfüllungsortes.

2. Obsiegt der Kläger, muß der Beklagte ihm Anwaltskosten nicht erstatten, § 12a Abs. 1 S. 1 ArbGG (BAG NJW 1990, 2643). Unterliegt er, weil der Beklagte – wie es häufig geschieht – im Prozeß Auskunft erteilt und danach kein pfändbarer Anspruch bestand, so kann er nach jetzt h.M. (BAG NJW 1990, 2643, unter Aufgabe der bisherigen Rechtsprechung; *Zöller/Stöber* Rdn. 14 zu § 840) die Klage ändern auf Zahlung der ihm entstandenen Kosten, auch der Anwaltskosten (so bisher schon die Zivilgerichte OLG Stuttgart DJ 1986, 460; LG Köln JurBüro 1990, 262; LG Tübingen NJW 1982 1890).

Jedenfalls sind solche Kosten, soweit sie vom Drittschuldner nicht zu erlangen sind, notwendige Kosten der Vollstreckung und vom Schuldner zu tragen, § 788 ZPO (LG München MDR 1966, 338; LG Ulm AnwBl. 1975, 239; *Baumbach/Lauterbach/Albers/ Hartmann*, § 788 Rdn. 22, Stichwort „Drittschuldner").

3. Der Gläubiger muß dem Schuldner den Streit verkünden, sofern dieser eine ladungsfähige Anschrift im Inland hat, § 841 ZPO. Der dazu nach § 73 ZPO erforderliche Schriftsatz kann mit der Klageschrift verbunden werden. Dann muß eine zusätzliche beglaubigte Abschrift zur Zustellung an den Streitverkündeten beigefügt werden.

4. Der Streitwert bemißt sich nicht nach dem Wert der Vollstreckungsforderung, sondern nach dem eingeklagten Teil der gepfändeten Forderung, zuzüglich des künftigen Anspruchs, zu berechnen nach § 9 ZPO.

5. Da an ihn zuzustellen ist (vgl. oben Anm. 3), muß der Streitverkündete mit ladungsfähiger Anschrift angegeben werden.

6. Als Zinsforderung darf nicht etwa diejenige aus dem Vollstreckungstitel angesetzt werden. Denn diese schuldet der Drittschuldner nicht. Forderungen auf Prozeß- oder Verzugszinsen gegen ihn müssen also wie sonst auch spezifiziert begründet werden (vgl. näher *Wenzel* MDR 1966, 971, 974).

7. Folgt Streitverkündung wie in Form. III. B. 16.

8. Begründung in I. und in II. erster Absatz wie in Form. III. B. 16.

9. Erst so werden Verzugszinsen gegen den Drittschuldner begründet, vgl. oben Anm. 6, soweit nicht § 284 Abs. 2 BGB eingreift.

10. Sofern der tatsächlich gezahlte Nettolohn nicht bekannt ist, verlangen viele Arbeitsgerichte zur schlüssigen Darlegung die Angabe des Tariflohnes. Dies setzt Ermittlung der Art der Tätigkeit und des einschlägigen Tarifvertrages voraus, was sehr aufwendig ist. Da

III. B. 25 — III. B. Zwangsvollstreckung wegen Geldforderungen

Drittschuldnerprozesse ohnehin häufig durch VU enden, ist es empfehlenswert, zunächst die Geltendmachung des Anspruches gegen den Drittschuldner im – arbeitsgerichtlichen – Mahnverfahren zu versuchen.

11. Mit dieser Berechnung ist der Anspruch gegen den Drittschuldner schlüssig dargelegt (vgl. im einzelnen zu den Schlüssigkeitserfordernissen *Wenzel* MDR 1966, 971 und *Süsse* BB 1970, 671). Bestreitet der beklagte Drittschuldner, ist der Kläger/Gläubiger beweispflichtig, LAG Hamm BB 1988, 488.

12. Die h.M. (BGH NJW 1984, 1901) hält bei schweigendem Drittschuldner nur diese Zahlungs-, nicht aber eine Auskunftsklage für zulässig (anders, für Auskunftsklage, BAG NJW 1985, 1181). Mit der neuen Rechtsprechung des BAG (vgl. oben Anm. 2) steht der Gläubiger kostenmäßig nicht mehr ganz so ungünstig, wenn er – vor dem Arbeitsgericht – auf Zahlung klagt, statt vor dem Zivilgericht auf Auskunft.

Kosten und Gebühren

a) Gericht: Pauschgebühr nach § 12 ArbGG, GV Nr. 9111
b) Anwalt: normale Gebühren des Erkenntnisverfahrens, §§ 31 ff. BRAGO, die auch die Streitverkündung abdecken.
c) In Ostdeutschland 80 % der gesetzlichen Gebühren.

Fristen und Rechtsmittel

Die des normalen, hier arbeitsgerichtlichen, Klageverfahrens, hier vgl. Abschnitt IV. D.

Zwangsvollstreckung in sonstige Rechte

25. Pfändungsantrag bei drittschuldnerlosem Recht (§ 857 Abs. 2 ZPO)[1]

......[2]

Wegen dieser Forderung sowie dem nachzuweisenden Kostenbetrag von ca. ...... DM für die Wegnahme der Patenturkunde wird das angeblich unter Nr. ...... beim Deutschen Patentamt für den Schuldner eingetragene Patent betreffend ...... einschließlich der Rechte aus diesem Patent gepfändet[3].
Dem Schuldner wird aufgegeben, die Patenturkunde an den Gläubiger herauszugeben[4].
Dem Schuldner wird verboten, über das Patent und die Rechte aus dem Patent zu verfügen.
Ich bitte, die Zustellung an den Schuldner zu vermitteln[5].

Rechtsanwalt

Anmerkungen

1. § 857 Abs. 1 ZPO macht die Vorschriften über Forderungspfändung entsprechend auf sonstige Vermögensrechte anwendbar, die nicht der Immobiliarvollstreckung unterliegen zB. das Nutzungsrecht des Leasingnehmers, vgl. OLG Düsseldorf NJW 1988, 1676 (Listen sonstiger Vermögensrechte bei *Zöller/Stöber* Rdn. 4 ff. zu § 857; *Stöber* Rdn. 1481 ff.). Davon sind drittschuldnerlos

26. Pfändungsantrag bei Gemeinschaftsanteilen **III. B. 26**

– die Eigentümergrundschuld (§ 857 Abs. 6 mit § 830 ZPO)
– Urheber-, Patent-, Gebrauchs- und Geschmacksmusterrechte, wenn sie nur einer Person zustehen (sonst Mitberechtigte Drittschuldner),
– ggf. Nacherbschaft, aber strittig (*Stöber* Rdn. 1652 ff.), weshalb vorsorglich dem Vorerben als Drittschuldner zugestellt werden sollte, ebenso bei Auflassungsanwartschaft, vgl. Form. III. B. 28.

2. Rubrum und Forderungsberechnung wie Form. III. B. 6.

3. Pfändbar schon vor Erteilung und sogar vor Anmeldung des Patentes (näher *Pinzger* ZZP 60, 414; *Schulte* GRUR 1961, 527; *Schramm* GRUR 1958, 480; *Stöber* Rdn. 1718 ff. mwN.). Die Pfändung erfaßt nicht vorher begründete Ansprüche aus Lizenzverträgen und aus Patentverletzung. Sie müssen normal unter Benennung des Drittschuldners gepfändet werden. Wegen der verschiedenen Wirksamkeitsvoraussetzungen (Zustellung an Schuldner einer- an Drittschuldner andererseits) ist gesonderter Antrag zu empfehlen.

4. Gemäß § 836 Abs. 3 ZPO.

5. Hier ist Zustellung an Schuldner für Wirksamkeit der Pfändung maßgeblich. Verwertung nicht durch Überweisung, sondern nach § 844 ZPO, vgl. Form. III. B. 15 insbes. Anm. 5.

Kosten und Gebühren

Wie Form. III. B. 6, nur Kosten für die Zustellung an Drittschuldner entfallen. Wird eine Verwaltung nach § 857 Abs. 4 ZPO angeordnet, fällt für den Anwalt mit Ausführung der Verwaltung eine gesonderte 3/10 Gebühr an, § 58 Abs. 3 Nr. 5 BRAGO.

Fristen und Rechtsmittel

Wie Form. III. B. 6.

26. Pfändungsantrag bei Gemeinschafts-, Gesellschafts- oder Genossenschaftsanteilen

a. Bruchteilsgemeinschaft, §§ 741 ff. BGB insbesondere an einem Grundstück

......[1]

werden die angeblichen Ansprüche des Schuldners an dem Grundstück X-Straße Nr. Y in Z, eingetragen im Grundbuch von Z, Bd. ......, Bl. ......, dessen Miteigentümer zu ½ er ist neben seiner Ehefrau

A (vollständige Anschrift), Drittschuldnerin[2]

insbesondere die Ansprüche gegen die Miteigentümerin[3]

– auf Aufhebung der Gemeinschaft
– auf Aufteilung des Verwertungserlöses und
– auf Auszahlung des anteiligen Erlöses und der anteiligen Einnahmen

gepfändet[4] ......[5]

b. BGB-Gesellschaft, oHG, KG

......[1]

wird der angebliche Anteil des Schuldners als Gesellschafter am Vermögen der mit den Ärzten

1. A (vollständige Anschrift)
2. B (vollständige Anschrift)   Drittschuldner[6]
3. C (vollständige Anschrift)

eingegangenen BGB-Gesellschaft (Gemeinschaftspraxis) einschließlich der jetzigen und zukünftigen Ansprüche auf[7]

– Zahlung des dem Schuldner für Geschäftsführung zustehenden Entgeltes[8],
– Zahlung des Gewinnanteils,
– Zahlung des Auseinandersetzungsguthabens,[8a]
– Rückzahlung von Darlehen oder nach sonstiger Vereinbarung der Gesellschaft gegebenen oder belassenen Beträge

gepfändet. ......[5,9]

c. GmbH

......[1]

werden die angeblichen Geschäftsanteile des Schuldners an der

X-GmbH, vertreten durch den Geschäftsführer, den Kaufmann Y,

Drittschuldnerin[10]

einschließlich der jetzigen und zukünftigen Ansprüche auf Nutzungen bzw. Gewinnanteile[11]
auf Vergütung für die Leistung persönlicher Dienste durch den Schuldner[12]
und auf Kündigung der Gesellschaft[13]
gepfändet. ......[5]

d. Genossenschaft

......[1]

werden die angeblich dem Schuldner als Genosse
der X-e.G.

Drittschuldnerin[14]

zustehenden jetzigen und zukünftigen Ansprüche

– auf Auszahlung des Gewinns,
– auf Auszahlung des Geschäfts- bzw. Auseinandersetzungsguthabens

gepfändet[15]. ......[5]

e. Erbengemeinschaft

......[1]

wird der angebliche Miterbenanteil des Schuldners am ungeteilten Nachlaß des am ...... in ...... verstorbenen A mit den weiteren Miterben

1. B (vollständige Anschrift)
2. C (vollständige Anschrift)   Drittschuldner[16]
3. D (vollständige Anschrift)

einschließlich des Rechtes auf Nachlaßauseinandersetzung gepfändet[17] ......[5]

Anmerkungen

1. Rubrum, Forderungsberechnung und Pfändungsformel wie Form. III. B. 6.

2. Drittschuldner sind alle anderen Miteigentümer, denen zuzustellen ist, § 829 Abs. 2 u. 3 ZPO (näher *Furtner* NJW 1969, 871).

3. Die Einzelansprüche sind als Nebenrechte mitgepfändet, vgl. § 751 S. 2 BGB, und nur zur Klarstellung genannt (*Stöber* Rdn. 1548).

4. Bruchteilseigentum an einem Grundstück als solches ist nicht nach § 857 ZPO pfändbar. Es unterliegt der Immobiliarvollstreckung (*Furtner* NJW 1957, 1620). Nach § 857 Abs. 3 ZPO können aber die hier genannten Ansprüche zur Ausübung gepfändet werden (hM. *Stöber* Rdn. 1544 mwN.; *Zeller/Stöber* ZVG § 180 Rdn. 11.3).
Aus solchem Pfändungsbeschluß kann der Gläubiger nach Überweisung die Teilung, ggf. Teilungsversteigerung betreiben, BGH NJW 1984, 1968, vgl. Form. III. B. 44. Es kommt dann das Gesamtgrundstück zur Versteigerung (sog. „großes" Antragsrecht), nicht nur der Miteigentumsanteil, der allein meist kaum verwertbar ist. Zuvor ist zur Rangsicherung Zwangshypothek auf dem Bruchteil des Schuldners zu empfehlen.

5. Weiter wie Form. III. B. 6.

6. Hier sind die Mitgesellschafter Drittschuldner. Ob Zustellung nur an die geschäftsführenden Gesellschafter ausreicht, war streitig. Nachdem nunmehr der BGH (NJW 1986, 1991) ausdrücklich bei der BGB-Gesellschaft die Zustellung nur an die geschäftsführenden Gesellschafter für ausreichend hält, wird man es dabei belassen können (*Zöller/Stöber* Rdn. 3 zu § 859 ZPO). Bei KG braucht nur den Komplementären zugestellt werden.

7. Ansprüche auf Gewinnanteil und Auseinandersetzungsguthaben sind im Zweifel mitgepfändet, die übrigen müssen gesondert genannt werden, außer dem Kündigungsrecht, § 725 BGB.

8. Der Anspruch kann nach §§ 850ff. ZPO unpfändbare Beträge enthalten, daher ggf. gesonderte Pfändung nach Form. III. B. 17 zu empfehlen.

8a. Der Gläubiger muß die Gesellschaft gemäß § 725 BGB kündigen. Dem Schuldner muß die Kündigung nicht zugehen, BGH ZIP 1993, ZIP-aktuell Nr. 42. Sofern im Gesellschaftsvertrag nichts anderes vorgesehen ist (zB. Ausscheiden des Schuldners gegen Zahlung des Abfindungsguthabens) ist gemäß § 730ff. BGB zu liquidieren – durch die bisherigen Gesellschafter. Verzögern diese die Liquidation, kann der Gläubiger sie anstelle des Schuldners selbst betreiben (*Stöber* Rdn. 1572, aber strittig). Gehört der Gesellschaft ein Grundstück, so muß der Gläubiger in diesem Fall auch Teilungsversteigerung betreiben können (anders aber LG Hamburg RPfleger 1983, 35 m. abl. Anm. *Behr*). Für die schlichte Rechtsgemeinschaft ist diese Gläubigerbefugnis unstreitig, vgl. oben Anm. 4.

9. Die Formulierung ist für Anteile an oHG und KG entsprechend verwendbar. Dort reicht aber die Firmenbezeichnung der Gesellschaft und Zustellung an sie, also an die vertretungsberechtigten Gesellschafter (ganz hM., Großkomm. HGB/*Ulmer* § 135 Anm. 11; *Schmidt* JR 1977, 178; *Stöber* Rdn. 1584 mwN.). Ausgleichsansprüche gegen andere Gesellschafter bei Liquidation müssen gesondert gepfändet werden (Großkomm. HGB/*Ulmer* § 135 Anm. 11).
Das Kündigungsrecht hat Gläubiger kraft Gesetzes, § 135 HGB und § 161 Abs. 2 HGB (*Baur/Stürner* § 30 II. 3.). Die anderen Gesellschafter können Kündigung durch Zahlung gemäß § 268 BGB abwenden. Außerdem muß vorher die Mobiliarvollstreckung versucht sein, § 135 HGB.

10. Drittschuldnerin ist allein die GmbH. Verwertung nach § 844 ZPO, Form. III. B. 15. (näher *Stöber* Rdn. 1611ff. mwN.).

11. Da str. ist, ob der Gewinnanspruch stillschweigend umfaßt ist (aA. *Schuler* NJW 1960, 1424; dafür *Pfaff* GmbHRdsch. 1964, 92), sollte er ausdrücklich mitgepfändet werden.

12. Dieser Anspruch wird häufig Arbeitseinkommen umfassen, so daß ggf. gesondert nach § 850 ff. ZPO zu pfänden ist, Form. III. B. 17.

13. Zur Klarstellung zu nennen (LG Karlsruhe Büro 1968, 1008), aber nur wirksam, wenn in der Satzung vorgesehen. Gesetzliches Kündigungsrecht hat der Pfandgläubiger nicht. Die Pfändung geht im Rang einer etwa schon bestehenden Abtretung des Auseinandersetzungsguthabens vor, da dies nur ein künftiger Anspruch ist, BGH NJW 1989, 458.

14. Drittschuldner ist die Genossenschaft, vertreten durch den Vorstand, dem zuzustellen ist.

15. Pfändbar sind die aus der Beteiligung fließenden Ansprüche, § 66 GenG. Pfandgläubiger kann dann kraft Gesetzes, § 66 Abs. 1 GenG, das Kündigungsrecht des Genossen (Schuldners) ausüben, jedoch erst nach fruchtloser Mobiliarvollstreckung. Letztere kann nach der Anspruchspfändung nachgeholt werden. Danach ist das Kündigungsrecht erneut zur Ausübung zu überweisen (*Stöber* Rdn. 1636). Möglich auch Verwertung durch Verkauf des Anteils (*Baumann*, Zwangsvollstreckung, 1975, S. 339), § 844 ZPO.

16. Drittschuldner sind und zuzustellen ist daher an alle Miterben (BGHZ 49, 206).

17. Um wirksame Verfügungen an gutgläubige Dritte zu hindern, sollte Gläubiger die Pfändung bei zum Nachlaß gehörenden Grundstücken und grundstücksgleichen Rechten ins Grundbuch eintragen lassen (RGZ 90, 237; *Stöber* Rdn. 1946). Verwertung des Anteils außer durch Aufhebung der Erbengemeinschaft auch nach § 844 ZPO.

Kosten und Gebühren

Wie Form. III. B. 6.

Fristen und Rechtsmittel

Wie Form. III. B. 6.

27. Pfändungsantrag bei Herausgabeanspruch (§ 846 ff. ZPO)[1]

a) bewegliche Sachen

......[2]

wird der angebliche Anspruch des Schuldners

gegen Firma X (Anschrift)

— Drittschuldnerin[3] —

auf Herausgabe des zur Reparatur übergebenen Kraftfahrzeuges Marke ......, polizeiliches Kennzeichen ......, gepfändet und dem Gläubiger zur Einziehung überwiesen. Zugleich wird angeordnet, daß das Fahrzeug an einen vom Gläubiger zu beauftragenden Gerichtsvollzieher herauszugeben ist[4]. ......[5].

b) unbewegliche Sachen

......[1]

wird der angebliche Anspruch des Schuldners

27. Pfändungsantrag bei Herausgabeanspruch **III. B. 27**

gegen Herrn A (Anschrift)

– Drittschuldner –

auf Übertragung des Eigentums durch Auflassung und Eintragungsbewilligung an dem Grundstück B-Straße, Nr. ...... in, ... eingetragen im Grundbuch von ...... Bd. ...... Bl. ......,

gepfändet und dem Gläubiger zur Einziehung überwiesen.

Zugleich wird angeordnet, daß das Grundstück an einen vom Amtsgericht ...... zu bestellenden Sequester (Treuhänder), wofür ich Herrn B vorschlage, herauszugeben und an ihn als Vertreter des Schuldners aufzulassen ist[6].

......[5]

Anmerkungen

1. §§ 846 ff. ZPO machen mit Abweichungen die Vorschriften für Pfändung von Geldforderungen entsprechend anwendbar, mithin auch Vorpfändung, § 845 ZPO.

2. Rubrum, Forderungsberechnung und Pfändungsformel wie Form. III. B. 6.

3. Die Anspruchspfändung ist nur erforderlich, wenn der Dritte nicht zur Herausgabe bereit ist, sonst § 809 ZPO. Nach § 846 ZPO ist auch vorzugehen bei Pfändung des Geldinhalts von Automaten, wenn der Zugang zum Aufstellungsort verweigert wird, LG Aurich NJW 1991, 1188.

Unzulässig ist die Pfändung bei nach § 811 ZPO unpfändbaren Sachen (*Baur/Stürner* § 29 II. 1.).

4. Da, anders als bei Geldforderung, mit Leistung des Drittschuldners der Geldanspruch des Gläubigers nicht befriedigt ist, ist anschließend Verwertung erforderlich, § 847 Abs. 2 ZPO. Um Zwischenverfügungen des Schuldners zu hindern, muß Drittschuldner nicht an ihn, sondern an Gerichtsvollzieher leisten. Dann entsteht aus dem Pfandrecht an der Forderung ein Pfandrecht an der Sache (*Baumbach/Lauterbach/Albers/Hartmann* § 847 Rdn. 3). Leistet Drittschuldner nicht, Drittschuldnerklage, vgl. Form. III. B. 24, auf Herausgabe an GerVollz.

Hat er Gegenforderungen, etwa auf Werklohn, kann Gläubiger ihn befriedigen. Die Kosten sind Kosten der Vollstreckung, § 788 ZPO, und bei Verwertung der Sache zu berücksichtigen (*Stöber* Rdn. 2024).

5. Weiter wie in Form. III. B. 6.

6. Zur Formulierung *Hoche* NJW 1955, 163. Herausgabe muß bei unbeweglichen Sachen durch Auflassung ergänzt werden. Sie darf, wieder zur Vermeidung von Schuldnerverfügungen, nur an einen Treuhänder als Vertreter des Schuldners erfolgen. Den Treuhänder sollte der Gläubiger vorschlagen, ggf. im Pfändungsantrag.

Mit Eigentumsübergang auf Schuldner entsteht kraft Gesetzes – ohne Eintragung – eine Sicherungshypothek, § 848 Abs. 2 S. 2 ZPO. Deren Eintragung gem. § 848 Abs. 2 S. 3 ZPO ist nur deklaratorisch (RGZ 71, 430), um gutgläubigen lastenfreien Erwerb Dritter zu hindern (*Baumbach/Lauterbach/Albers/Hartmann* § 848 Rdn. 8). Die weitere Vollstreckung nach Eintragung der Sicherungshypothek erfolgt durch Zwangsversteigerung (näher *Stöber* Rdn. 2034 ff.).

Kosten und Gebühren

Für Gericht und Anwalt wie Form. III. B. 6. Der GerVollz. erhält im Falle a) eine halbe Gebühr nach § 18 Abs. 1 GerVollzKostG.

Die Bestellung des Sequesters im Fall b) ist für den Anwalt keine besondere Angelegenheit, § 58 Abs. 2 Nr. 4 BRAGO. Der Sequester erhält, soweit er sich nicht Zahlung durch

Vertrag ausbedingt, eine vom Gericht analog zu § 153 ZVG festzusetzende Vergütung. Sie gehört, wie auch eine angemessene vertragliche Vergütung, zu den notwendigen Vollstreckungskosten nach § 788 ZPO.

In Ostdeutschland 80% der gesetzlichen Gebühren.

Fristen und Rechtsmittel

Wie Form. III. B. 6.

28. Pfändung von Anwartschaften an beweglichen Sachen[1] und Grundstücken

a) bewegliche Sachen
......[2]

wird das angebliche Anwartschaftsrecht des Schuldners gegen

Firma X-GmbH (Anschrift)

— Drittschuldnerin —[3]

auf das Eigentum an dem unter Eigentumsvorbehalt gekauften Kraftfahrzeug Marke ......, polizeiliches Kennzeichen ......, Fahrgestellnr. ......, einschließlich der gegenwärtigen und zukünftigen Ansprüche auf

— Entgegennahme des Restkaufpreises,
— Widerspruch gegen Drittzahlung, § 267 Abs. 2 BGB[4],
— Rückzahlung der nach Auflösung des Kaufvertrages, gleich aus welchem Grunde, zurückzuerstattenden Kaufpreisraten[5]

gepfändet.
......[6]

b) Grundstücke (Auflassungsanwartschaft)
......[7]

wird das angebliche Anwartschaftsrecht des Schuldners aus der Auflassung des Grundstücks in A, B-Straße Nr. ......, Grundbuch von ...... Band ...... Blatt ......, an ihn durch den Verkäufer[8] ...... am ...... zu URNr. ...... des Notars ......

gepfändet und dem Gläubiger zur Einziehung überwiesen[9]. Dem Schuldner wird verboten, über das Anwartschaftsrecht zu verfügen.
......[10]

Schrifttum: Balser/Bögner/Ludwig, Vollstreckung im Grundbuch, 10. Aufl. 1994.

Anmerkungen

1. Da das Anwartschaftsrecht mit Zahlung des Restkaufpreises erlischt und mangels einer § 848 Abs. 2 Satz 2 ZPO entsprechenden Vorschrift für bewegliche Sachen ein Pfandrecht an der Sache nicht kraft Gesetzes entsteht, ist nach hM. stets zusätzlich die Sache selbst nach § 808 ZPO zu pfänden (h.M. BGH NJW 1954, 1325; *Baumbach/Lauterbach/Albers/Hartmann* Rdn. 60 vor § 704; *Stöber* Rdn. 1487 mwN.).

2. Rubrum, Forderungsberechnung und Pfändungsformel wie Form. III. B. 6.

29. Pfändung von Rückübertragungsansprüchen   III. B. 29

3. Nachdem BGH NJW 1968, 493 bei Auflassungsanwartschaft den Verkäufer nicht als Drittschuldner ansieht, ist zweifelhaft, ob auch bei Anwartschaften an beweglichen Sachen Zustellung an Schuldner selbst ausreicht (*Strutz* NJW 1969, 831; anders noch BGH NJW 1954, 1325). Vorsorglich sollte an Schuldner und Drittschuldner beschleunigt zugestellt werden (*Stöber* Rdn. 1489).

4. Nennung erfolgt teilweise nur zur Klarstellung. Drittschuldner kann dann Zahlung des Gläubigers nicht mehr ablehnen, § 267 Abs. 1 BGB (BGH NJW 1965, 1475, 1476). Mit Zahlung des Gläubigers erwirbt Schuldner Eigentum, belastet mit Pfandrecht des Gläubigers. Wirtschaftlich sinnvoll ist dies nur, wenn Pfandverwertung mehr als Restkaufpreis plus Kosten erbringt. Der gezahlte Restkaufpreis gehört nach zutreffender herrschender Meinung zu den Vollstreckungskosten, § 788 ZPO, und wird aus dem Verwertungserlös erstattet; *Stöber* Rdn. 1500 mwN.).

5. Der Anspruch kann bei Rücktritt des Drittschuldners, etwa wegen Zahlungsverzuges, entstehen.

6. Weiter wie Form. III. B. 6.

7. Rubrum, Forderungsberechnung und Pfändungsformel wie Form. III. B. 6.

8. Die Auflassungsanwartschaft ist nach hM. drittschuldnerloses Recht (BGH NJW 1968, 493). Zustellung an Verkäufer und Leistungsverbot an ihn ist also unnötig, aber angesichts der Mindermeinung sicher nicht schädlich. In entsprechender Anwendung, § 857 Abs. 1 ZPO, von § 848 Abs. 2 S. 2 ZPO entsteht mit Umschreibung auf den Schuldner – ohne Treuhänder – für den Gläubiger eine Sicherungshypothek (*Stöber* Rdn. 2058 mwN.), vgl. Form III. B. 27 Anm. 4.

9. Umstritten ist, ob Auflassungsanwartschaften nur pfändbar sind, wenn Auflassung und Umschreibungsanträge erfolgt sind (so BGH ZIP 1989, 166), oder auch, wenn nur Auflassung erfolgte (*Stöber* Rdn. 2067ff.). Vorsorglich sind daher in diesen Fällen Anwartschaft und Übereignungsanspruch, (§ 848 ZPO, vgl. Form. III. B. 27) kumulativ zu pfänden (*Münzberg* in Festschrift für Schiedermair, 1976, S. 443).

10. Weiter wie Form. II. B. 6.

Kosten und Gebühren

Wie Form. III. B. 6.

Fristen und Rechtsmittel

Wie Form. III. B. 6.

29. Pfändung von Rückübertragungsansprüchen bei nicht- oder teilvalutierenden Grundschulden

......[1]
werden gepfändet die angeblichen Ansprüche des Schuldners

gegen die X-Bank (vollständige Anschrift), Drittschuldnerin[2]

– auf Rückübertragung der Grundschuld[3] durch Rückabtretung, Aufhebung oder Verzicht hinsichtlich der Grundschuld oder eines Teils der Grundschuld eingetragen auf dem Grundstück in A, B-Str. Nr. C, eingetragen im Grundbuch von A, Bd. ......, Bl. ...... in Abt. III Nr. ......

- einschließlich des Anspruches auf Auszahlung des Mehrerlöses[4] oder Abtretung des Anspruches auf Zahlung des Mehrerlöses für den Fall, daß bei Verwertung der Grundschuld, insbesondere bei Zwangsversteigerung, ein Betrag erlöst wird, der die durch die Grundschuld gesicherten Ansprüche des Drittschuldners gegen den Schuldner übersteigt,
- auf Berichtigung des Grundbuches durch gänzliche oder teilweise Umschreibung der oben bezeichneten Grundschuld in eine Eigentümergrundschuld[5]
- sowie bei Nichtvalutierung der Grundschuld der Anspruch des Schuldners auf Herausgabe des über die oben bezeichnete Grundschuld gebildeten Grundschuldbriefes
- sowie bei teilweiser Valutierung der genannten Grundschuld der Miteigentumsanteil des Schuldners am Grundschuldbrief und der Anspruch auf Aufhebung der Gemeinschaft am Grundschuldbrief und der Anspruch auf Vorlage des Briefes beim Grundbuchamt zwecks Bildung von Teilgrundschuldbriefen sowie der Anspruch auf Aushändigung des Teilbriefes über die Teileigentümergrundschuld[6]
- auf die danach dem Schuldner gegenwärtig und zukünftig zustehende Eigentümergrundschuld[7]

......[8]

Schrifttum: Balser/Bögner/Ludwig, Vollstreckung im Grundbuch, 10. Aufl. 1994.

Anmerkungen

1. Rubrum, Forderungsbezeichnung und Pfändungsformel wie Form. III. B. 6.

2. Insbesondere bei älteren Grundpfandrechten ist durch regelmäßige Tilgung häufig ein Teil oder sogar schon die ganze dem Grundpfandrecht zugrundeliegende schuldrechtliche Forderung (meist Darlehen) getilgt. Bei Hypotheken entsteht insoweit eine Eigentümergrundschuld kraft Gesetzes, § 1177 BGB. Sind nachrangige Grundpfandrechte vorhanden, besteht insofern aber meist der gesetzliche Löschungsanspruch, § 1179 a BGB, so daß Pfändung sinnlos ist.

3. Grundschulden stehen dagegen, von der Forderung abstrakt, weiterhin in voller Höhe dem eingetragenen Inhaber zu. Vorbehaltlich anderslautender Sicherungsabreden ist der jedoch gem. § 812 BGB verpflichtet, die Grundschuld ganz oder teilweise rückzuübertragen oder Löschung zu bewilligen. Dieser Anspruch wird hier gepfändet.

4. Ist in einer Zwangsversteigerung über das Schuldnergrundstück schon Zuschlag erteilt, so wird der auf die rückzuübertragende Grundschuld entfallende Versteigerungserlös zwingend dem eingetragenen Inhaber zugeteilt (*Zeller/Stöber* ZVG, 14. Aufl. Rdn. 7.5 zu § 114). Die dann dem Grundeigentümer/Schuldner zustehenden Ansprüche werden hierdurch gepfändet.

5. Dieser Anspruch ist nur bei der – praktisch seltenen – Buchgrundschuld relevant.

6. Die Rückübertragung der Briefgrundschuld wird durch Briefübergabe bewirkt. Bei nur teilweiser Rückübertragung müssen entsprechende Teilgrundschuldbriefe gebildet werden.

7. Die Rückübertragung der Grundschuld durch den Drittschuldner muß zur Vermeidung von Zwischenverfügungen des Schuldners an einen Sequester erfolgen (vgl. Form. III. B. 27, Anm. 6), den Gläubiger dann benennen sollte. Bei Buchgrundschulden muß auch noch die Eintragung des Pfändungsvermerks ins Grundbuch beantragt werden (vgl. Form. III. B. 9 unter c).

8. Weiter wie Form. III. B. 6.
Gehört das Grundstück mehreren Personen (praktisch häufig: einem Ehepaar) in Bruchteilsgemeinschaft, so ist zu unterscheiden:

a) Ruht die Grundschuld nur auf dem Anteil des Schuldners, so gelten keine Besonderheiten.

b) Ruht die Grundschuld auf dem Gesamtgrundstück, so kann die Pfändung nur dessen Bruchteil an den Forderungen gegen den Drittschuldner erfassen.

Kosten und Gebühren

Wie Form. III. B. 6.

Rechtsmittel und Fristen

Wie Form. III. B. 6.

Verteilungsverfahren

30. Widerspruch gegen den Teilungsplan (§ 876 ZPO)

An das
Amtsgericht
Vollstreckungsgericht

Widerspruch
nach §§ 876 ZPO, 115 ZVG im Zwangsversteigerungsverfahren[1]

X ./. Y.

Namens und in Vollmacht des Gläubigers A erhebe ich gegen den in obiger Sache erstellten Teilungsplan

Widerspruch[2]

insoweit als nach Abschnitt IV Nr. ...... des Planes auf den Gläubiger der Zwangshypothek Abt. III. Nr. ...... ein Betrag von ...... DM zugeteilt ist[3].

Begründung:

Die Eintragung der Zwangshypothek war rechtsfehlerhaft, weil ......[4]

Anmerkungen

1. Hauptbedeutung hat das Verteilungsverfahren durch entsprechende Anwendung der §§ 876 bis 882 ZPO im Zwangsversteigerungsverfahren, § 115 Abs. 1 ZVG. Sonstige Anwendungsfälle sind §§ 827, 853, 854 und 858 ZPO, und zwar nur dann, wenn Erlös zur Befriedigung aller Gläubiger nicht ausreicht und sie sich nicht einigen (vgl. *Martin*, Pfändungspfandrecht und Widerspruchsklage im Verteilungsverfahren, 1963; *Pieper* AcP 166, 536).

2. Widerspruch auch mündlich im Termin oder vorher zu Protokoll der Geschäftsstelle (§ 877 Abs. 1 ZPO).

3. Der Widerspruch muß erkennen lassen, welche Verteilung der Widersprechende beanstandet und wer insoweit vom Widerspruch betroffen wird (RGZ 26, 424). Bei formellen Fehlern im Verteilungsverfahren Rechtspflegererinnerung, § 11 RPflegerG (*Baumbach/Lauterbach/Albers/Hartmann* § 876 Rdn. 4; *Zöller/Stöber* Rdn. 11 zu § 876 ZPO; näher *Bruns/Peters*, Zwangsvollstreckungsrecht, 2. Aufl. 1976, S. 168).

4. Begründung ist für Wirksamkeit des Widerspruches – befristete Aussetzung der Planausführung, § 878 Abs. 1 ZPO – nicht erforderlich, für eine sinnvolle Widerspruchsverhandlung nach § 876 S. 2 ZPO aber zweckdienlich (*Bruns/Peters* aaO. S. 169).

Kosten und Gebühren

a) Gericht: für Verteilungsverfahren über bewegliche Habe, §§ 872 ff. ZPO eine halbe Gebühr nach KV zum GKG Nr. 1610.
Für Verteilungsverfahren im Zwangsversteigerungsverfahren nach § 115 Abs. 1 ZVG und §§ 872 ff. ZPO eine halbe Gebühr nach KV zum GKG Nr. 5140, die sich nach Nr. 5141 auf eine ¼ Gebühr ermäßigt bei außergerichtlicher Verteilung nach §§ 143, 144 ZVG.
b) Anwalt: für Vertretung im Verteilungsverfahren über bewegliche Habe eine 5/10 Gebühr, die sich bei Erledigung vor dem Termin auf 3/10 mindert, § 60 Abs. 1 BRAGO.
c) Gegenstandswert:
– für Gerichtsgebühren der zur Teilung hinterlegte Betrag einschließlich aufgelaufener Zinsen (§ 8 HinterlO).
– für Anwaltsgebühren die vertretene Forderung, maximal der zu verteilende Betrag, § 60 Abs. 2 BRAGO.
d) In Ostdeutschland 80 % der gesetzlichen Gebühren.

Fristen und Rechtsmittel

Der Widerspruch schiebt, bis zu seiner Erledigung nach §§ 878 ff. ZPO, die Ausführung des Teilungsplanes auf, soweit er durch den Widerspruch betroffen ist. Da über Aufschub oder Ausführung der Rechtspfleger unter Anhörung der Beteiligten entscheidet, ist gegen seine Entscheidung (etwa trotz nicht erledigten Widerspruchs auszuführen) sofortige Durchgriffserinnerung nach § 11 RPflG binnen zwei Wochen gegeben.

31. Widerspruchsklage gegen beteiligte Gläubiger (§ 878 ZPO)

An das
......gericht ......[1]

Widerspruchsklage, § 878 ZPO

......[2]
wegen Abänderung eines Teilungsplanes.
Streitwert: ...... DM[3]
Namens und in Vollmacht des Klägers beantrage ich zu erkennen:

I.

Der Widerspruch des Klägers gegen den Teilungsplan des AG ...... vom ...... im Verteilungsverfahren Az.: ...... ist begründet[4]. Der Teilungsplan wird dahin geändert, daß der

31. Widerspruchsklage gegen beteiligte Gläubiger   III. B. 31

Kläger mit seiner Forderung in Höhe von ...... DM vor derjenigen des Beklagten in Höhe von ...... DM zu befriedigen ist[5].

II.

Der Beklagte trägt die Kosten des Verfahrens.

Begründung:

Der Pfändungsbeschluß, auf dem der Vorrang des Beklagten beruht, ist wegen unzureichender Bezeichnung der gepfändeten Forderung unbestimmt und daher unwirksam[6]. ...... (näher auszuführen).

Rechtsanwalt

Anmerkungen

1. Rubrum wie Form. III. A. 20.

2. Zuständig das Verteilungsgericht (AG), bei höherem Streitwert das übergeordnete Landgericht, § 879 Abs. 1 ZPO.

3. Der Betrag, der wegen Widerspruches nicht ausgezahlt wird, sondern hinterlegt bleibt (*Zöller/Schneider* Rdn. 9 zu § 6), meist also der Betrag der Forderung des Beklagten, soweit darauf zugeteilt ist, höchstens aber die Forderung des Klägers.

4. Dies ist vom Streitgericht zu prüfen, nicht schon vom Verteilungsgericht (*Zöller/Stöber* Rdn. 5 zu § 876).

5. Die Klageerhebung ist binnen Monatsfrist dem Verteilungsgericht nachzuweisen, § 878 Abs. 1 S. 1 ZPO, etwa durch Klageschriftkopie mit Gerichtseingangsstempel oder durch Terminsladung des Prozeßgerichtes. Bei späterer Klage kann trotz Klage Verteilung angeordnet werden (*Baumbach/Lauterbach/Albers/Hartmann* § 878 Rdn. 3; RGZ 99, 205 ff.; *Zöller/Stöber* Rdn. 17 zu § 878). Der Kläger muß dann zur Bereicherungsklage, § 878 Abs. 2 ZPO, außerhalb des Verteilungsverfahrens übergehen.

6. Zu möglichen Klagegründen vgl. *Baumbach/Lauterbach/Albers/Hartmann* § 878 Rdn. 6 und 7. Die Pfändung ist zB. unwirksam, wenn dem Drittschuldner eine Ausfertigung des Pfändungsbeschlusses zugestellt wird, die anstelle der Unterschrift des Rechtspflegers ein Fragezeichen aufweist (BGH RPfleger 1981, 437). Zum Verteilungsverfahren bei Pfändung laufender Forderungen (Lohn, Miete) *Zöller/ Stöber* Rdn. 2 zu § 874.

Kosten und Gebühren

a) Gericht: Gebühren des Erkenntnisverfahrens KV zum GKG Nr. 1201.
b) Anwalt: Gebühren des Erkenntnisverfahrens, §§ 31 ff. BRAGO.
c) In Ostdeutschland 80% der gesetzlichen Gebühren.

Fristen und Rechtsmittel

Wie im normalen Erkenntnisverfahren, vgl. Form. I. O. 1.

Zwangsvollstreckung in das unbewegliche Vermögen: Zwangshypothek

32. Antrag auf Eintragung einer Zwangshypothek bei Grundstück, Erbbaurecht, Wohnungseigentum, Heimstätte (§ 867 ZPO)

a) Grundstück (hier: hälftiger Miteigentumsanteil an einem Grundstück)

An das
Amtsgericht
Grundbuchamt[1]

Antrag auf Eintragung einer Zwangshypothek

[2,3] ......

Namens und mit Vollmacht[3a] des Gläubigers beantrage ich

wegen dieser Ansprüche eine Zwangshypothek auf dem hälftigen Miteigentumsanteil des Schuldners an dem Grundstück in (Anschrift, FlStNr.), eingetragen[4] im Grundbuch von ...... Bd. ...... Bl. ......, einzutragen[5],
und zwar zu ...... DM der Hauptforderung zuzüglich ......% Zinsen darauf seit ...... auf dem Miteigentum des Schuldners an dem Grundstück Bestandsverzeichnis Nr. 1, FlStNr. ...... und für die restliche Forderung von ...... (mit Zinsen und Kosten anzugeben) auf dem Miteigentum des Schuldners an dem Grundstück Bestandsverzeichnis Nr. 2, FlStNr. ......[6].
Titel und Vollstreckungsunterlagen erbitte ich anschließend zurück.
Die Kosten des Eintragungsantrages berechne ich nachstehend[7,8].

Rechtsanwalt

b) Wohnungseigentum

......[2]

auf dem Wohnungseigentum des Schuldners in (Anschrift), eingetragen im Wohnungs-Grundbuch von ...... Bd. ...... Bl. ......, einzutragen
......(im übrigen wie a.)[9]

c) Erbbaurecht

......[2]

auf dem Erbbaurecht des Schuldners auf dem Grundstück in (Anschrift) eingetragen im Erbbaugrundbuch von ...... Bd. ...... Bl. ...... einzutragen.
Die Zustimmung des Grundstückseigentümers füge ich in notariell beglaubigter Form bei[10].
......(im übrigen wie oben a.)

d) Heimstätte

......[2]

auf dem Grundstück (Heimstätte) des Schuldners in (Anschrift), eingetragen im Grundbuch von ...... Bd. ...... Bl. ......, einzutragen.
Die Forderung bestand ausweislich des Titels bereits bei dem am ...... erfolgten Erwerb der Heimstätte durch den Schuldner[11].

Anmerkungen

1. Zuständig das Grundbuchamt des Amtsgerichts der Grundstücksbelegenheit, § 1 GBO. Der Antrag ist formlos zulässig. Rücknahme und Löschung aber nur in notariell beglaubigter Form, wegen § 29 GBO.

Wirtschaftlich wird dieser Antrag nur ausnahmsweise Erfolg haben. Denn bei Gewerbegrundstücken regelmäßig und bei Wohngrundstücken jedenfalls in den ersten Jahren nach Bau oder Erwerb sind die werthaltigen Rangstellen für die Finanzierung ausgeschöpft.

2. Rubrum und Forderungsberechnung wie Form. III. B. 6.

3. Voraussetzung ist ein vollstreckbarer zugestellter Titel, § 750 ZPO. Die nicht titulierten bisherigen Vollstreckungskosten sind zu belegen (Form. III. B. 1 Anm. 1). Für mehrere Titel, so Urteil und Kostenfestsetzungsbeschluß, kann „eine einheitliche Sicherungshypothek eingetragen werden", § 866 Abs. 3 S. 2 ZPO. Die Forderungen müssen einschließlich Kosten, ohne Zinsen (*Zeller/Stöber* ZVG Einl. Rdn. 66.2) 500,– DM übersteigen, § 866 Abs. 3 S. 1 ZPO.

3a. Wenn der Anwalt nicht schon im Titel als Bevollmächtigter des Gläubigers ausgewiesen ist, ist schriftliche Vollmacht beizufügen.

4. Schuldner muß Eigentümer und eingetragen sein (Ausnahmen bei *Zeller/Stöber* ZVG Einl. Rdnr. 63.5).

5. Mit Eintragung ist diese Vollstreckung, die nur einen Rang sichert, beendet, § 867 Abs. 1 S. 2 ZPO. Fortsetzung durch Zwangsversteigerungsantrag, mit dinglichem Titel, vgl. Form III. B. 33 Anm. 11.

6. Regelmäßig soll eine Forderung nur mit einer Zwangshypothek besichert werden (Ausnahmen bei *Zeller/Stöber* ZVG Einl. Rdn. 68.5). Bei Belastung mehrerer Grundstücke – auch auf einem Grundbuchblatt (!), § 4 GBO – muß die Forderung auf die einzelnen Grundstücke verteilt werden, § 867 Abs. 2 ZPO. Sonst erfolgt ungünstigstenfalls kurzerhand Antragsabweisung, richtigerweise aber eine – nicht rangwahrende – Zwischenverfügung (vgl. BGH NJW 1958, 1090; *Zeller/Stöber* ZVG Einl. Rdn. 68.2). Verteilung auch bei mehreren getrennten Grundstücken erforderlich, was durch Eintragung auf dem Titel, § 867 Abs. 1 S. 1 ZPO gesichert wird. In jeweils voller Höhe seiner Forderung kann der Gläubiger sich den Rang an zwei Schuldnergrundstücken sichern, indem er auf dem ersten Grundstück eine Zwangshypothek eintragen läßt, und dann auf dem zweiten Grundstück die Zwangsversteigerung beantragt.

Will der Gläubiger, etwa um sich auf einem anderen Grundstück rangbesser zu sichern, auf eine Zwangshypothek verzichten, muß er nach § 1168 BGB vorgehen; dazu, mit Formulierungsvorschlag, *Bruder* NJW 1990, 1163.

7. Die Antragskosten sind nur zu berechnen, nicht in die einzutragende Forderung aufzunehmen, da das Grundstück für sie kraft Gesetzes haftet, § 867 Abs. 1 S. 2 ZPO. Sonst evtl. Zurückweisung (*Löscher* Rpfleger 1960, 355), richtigerweise aber nur Nichteintragung dieser Kosten (*Zeller/Stöber* ZVG § 1 Einl. Rdn. 70.2).

8. Da der Miteigentumsanteil, zumal bei einem Einfamilienhaus, selten Marktwert hat, weitere Vollstreckung durch Aufhebung der Gemeinschaft (Form. III. B. 26 Anm. 4).

9. Wohnungs- oder Teileigentum unterliegt als besonders ausgestalteter Grundstücksmiteigentumsanteil wie ein solcher der Vollstreckung. Anzugeben ist die Wohnungsgrundbuchstelle, § 7 WEG.

10. Auch ins Erbbaurecht kann wie in ein Grundstück vollstreckt werden, § 11 ErbbauVO. Anzugeben ist die Erbbaugrundbuchbezeichnung, § 14 ErbbauVO. Ist für Belastungen Zustimmung des Eigentümers nach § 5 ErbbauVO vereinbart, muß diese vor Eintragung in der Form des § 29 GBO nachgewiesen werden, § 15 ErbbauVO. Bei grundloser

Weigerung kann das Recht auf Zustimmung und Ersetzung nach § 7 ErbbauVO zur Ausübung gepfändet und die Zustimmung durch das Gericht ersetzt werden (BGH NJW 1960, 2093; *Stöber* Rdn. 1535).

11. Zum Grundbuchverfahren bei der Heimstätte *Horber/Demharter*, 20. Aufl. Anh. § 44 Rdn. 164 ff. Die Vollstreckung in eine Heimstätte ist nach § 20 RHeimStG nur zulässig für
- öffentliche Abgaben,
- dinglich gesicherte Forderungen,
- für sonstige Forderungen, die bei Erwerb der Heimstätte schon bestanden, bis 1 Jahr nach Erwerb.

Nach Aufhebung des Heimstättengesetzes per 1. 10. 1993 besteht dieser Schutz nur noch übergangsweise bis 31. 12. 1998 gegen vor dem 1. 10. 1993 entstandene Forderungen.

Kosten und Gebühren

a) Gericht: volle Gebühr nach Tabelle zu § 32 KostO, gemäß § 62 Abs. 1 KostO. Bei Verteilung auf mehrere Grundstücke liegen mehrere Zwangshypotheken vor, für die jeweils gesondert die Eintragungsgebühr erhoben wird, § 63 Abs. 1 KostO.
b) Anwalt: besondere 3/10 Vollstreckungsgebühr nach §§ 57, 58 Abs. 3 Nr. 6 BRAGO.
c) In Ostdeutschland 80% der gesetzlichen Gebühren.

Fristen und Rechtsmittel

Da das Grundbuchamt tätig wird, sind bei unberechtigter Eintragung oder unberechtigter Ablehnung die Rechtsbehelfe nach der Grundbuchordnung gegeben, einfache (nicht fristgebundene) Beschwerde, § 71 GBO zum LG und weitere Beschwerde zum OLG. Gegen eine zu Unrecht erfolgte Eintragung kann sie meist nur zur Eintragung eines Amtswiderspruchs zur Verhinderung gutgläubigen Erwerbs führen, § 71 Abs. 2 GBO.

Zwangsversteigerung

33. Zwangsversteigerungsantrag für Grundstück, Erbbaurecht, Wohnungseigentum, Heimstätte

a. bei persönlicher Forderung[1]

**An das
Amtsgericht
Vollstreckungsgericht[2]**

Zwangsversteigerungsantrag

...... [2a]

Der Schuldner ist als Eigentümer des Grundstücks (...... des Miteigentumsanteils zu ½ an dem Grundstück ......[3])
(...... als Erbbauberechtigter des Erbbaurechts auf dem Grundstück ......[4])
(...... als Wohnungseigentümer auf dem Grundstück[5])

(...... als Eigentümer – Heimstätter – des Grundstücks – Heimstätte –[6])
in A, X-Straße Nr. ......, FlStNr. ......, im Grundbuch (im Erbbaugrundbuch; im Wohnungsgrundbuch) von ...... Bd. ...... Bl. ......[7] eingetragen. Ich beziehe mich insoweit auf die angegebene Grundbuchstelle[8].
Wegen der obigen Ansprüche des Gläubigers sowie wegen der Kosten dieses Verfahrens von ...... DM Anwaltskosten, ... DM Kosten für beglaubigten Grundbuchauszug und ca. ...... DM Reisekosten zum Versteigerungstermin[9] beantrage ich namens und mit Vollmacht des Gläubigers,

die Zwangsversteigerung dieses Grundstücks
(des Miteigentums des Schuldners an diesem Grundstück)
(dieses Erbbaurechts)
(dieses Wohnungseigentums)
(dieses Grundstücks – Heimstätte –)
anzuordnen.

Zugleich beantrage ich,
den Anordnungsbeschluß dem Pächter (Mieter) des Grundstücks, Herrn M, zuzustellen[10].

Rechtsanwalt

b. bei dinglich gesicherter Forderung[11]
......[2a]
Nach dem Urteil des Landgerichts ...... vom ...... Az. ......, dessen vollstreckbare zugestellte Ausfertigung ich beifüge, ist der Schuldner zur Duldung der Zwangsvollstreckung in das Grundstück (Anschrift, FlStNr.), eingetragen im Grundbuch von ...... Bd. ...... Bl. ......, aus der in Abteilung III Nr. ...... eingetragenen Zwangshypothek über ...... DM zuzüglich ......% Zinsen ab ...... verpflichtet[12].
Wegen dieses dinglichen Anspruches[13] sowie wegen der Kosten für
– Eintragung der Zwangshypothek,
– Erwirkung des dinglichen Titels,
– diesen Antrag[14]
beantrage ich namens und mit Vollmacht des Gläubigers,
die Zwangsversteigerung des genannten Grundstücks anzuordnen.

Rechtsanwalt

Schrifttum: Mohrbutter/Drischler/Radtke/Tiedemann, Die Zwangsversteigerungs- und Zwangsverwaltungspraxis, 7. Aufl. 1990; *Zeller/Stöber,* ZVG, 14. Aufl. 1993; *Storz,* Praxis des Zwangsversteigerungsverfahrens, 6. Aufl. 1991; *Balser/Bögner/Ludwig,* Vollstreckung im Grundbuch, 10. Aufl. 1994.

Anmerkungen

1. Man kann neben oder vor dem Versteigerungsantrag eine Zwangshypothek beantragen, vgl. § 866 Abs. 2 ZPO. Da auch die Eintragung des Zwangsversteigerungsvermerks bzw. der Beitritt (vgl. Form. III. B. 34) den Rang sichern, wird sich das wegen der Kosten nur ausnahmsweise rechtfertigen, etwa wenn vor der Zwangsversteigerung noch andere Vollstreckungsmaßnahmen erfolgen sollen.
Wirtschaftlich wird der Antrag eines bislang dinglich nicht am Grundstück besicherten Gläubigers nur ausnahmsweise Erfolg haben, da in der Regel die werthaltigen Rangstellen durch Grundpfandrechte belegt sind (vgl. Form. III. B. 32 Anm. 1).
In Extremfällen kann bei Vorbelastungen weit über dem Verkehrswert für den Versteigerungsantrag das Rechtsschutzbedürfnis fehlen oder das Verfahren nach § 765a ZPO

aufgehoben werden, Form. III. A. 13 (vgl. dazu OLG Koblenz RPfleger 1986, 25 mit Anm. *Meyer-Stolte* und LG Augsburg RPfleger 1986, 146).

2. Zuständig ist für Zwangsversteigerung das Vollstreckungsgericht, § 15 ZVG, örtliche Zuständigkeit nach § 1 ZVG beim AG der Grundstücksbelegenheit.

2a. Rubrum, Eingang und Forderungsaufstellung wie Form. III. B. 6. Soweit die Auffassung vertreten wird (LG Frankfurt RPfleger 1979, 433; LG Oldenburg RPfleger 1981, 492), bei geringer Gläubigerforderung – unter 500,– DM – sei der Antrag nur unter erschwerten Voraussetzungen (fehlgeschlagene Mobiliarpfändung oä.) zulässig, hat das keine Stütze im Gesetz und ist im Ansatz verfehlt. Wenn der Schuldner neben dem Grundbesitz mobiles Vermögen hat, muß er dies zur Tilgung der geringen Schuld einsetzen. Ihn, nicht den Gläubiger, treffen insoweit Obliegenheiten.

3. Wirtschaftlich nicht zu empfehlen, vgl. Form. III. B. 32 Anm. 8.

4. Nach h M. (BGB NJW 1960, 2093; *Zeller/Stöber* ZVG § 15 Rdn. 13.8 mwN.) muß eine nach § 5 ErbbauVO erforderliche Veräußerungszustimmung des Grundeigentümers erst bei Zuschlag, nicht schon bei Anordnung vorliegen, im übrigen Form. III. B. 32 Anm. 10. Bei Zwangsverwaltung ist Zustimmung nicht erforderlich (*Mohrbutter*, Handbuch des gesamten Vollstreckungs- und Insolvenzrechts, 2. Aufl. 1974, S. 608).

5. Auch beim Wohnungseigentum kann zur Veräußerung die Zustimmung Dritter erforderlich sein, § 12 WEG. Auch hier muß sie erst bei Zuschlag vorliegen. Der Gläubiger kann sie direkt, ohne vorherige Pfändung des Zustimmungsanspruches, verlangen, nach § 43 Abs. 1 WEG oder durch Klage, vgl. *Zeller/Stöber* ZVG § 15 Rdnr. 45.7.

6. Zu beachten sind die Vollstreckungsbeschänkungen in § 20 RHeimStG, Form. III. B. 32 Anm. 11 nach Aufhebung des Heimstättengesetzes per 1. 10. 1993 nur noch für Altfälle bis zum 31. 12. 1998 als Übergangsregelung (*Zeller/Stöber* ZVG § 15 Rdn. 31.1).

7. Zu den Antragserfordernissen vgl. § 16 ZVG.

8. Nur zulässig, wenn das Grundbuch, wie regelmäßig, beim gleichen Gericht geführt wird, § 17 Abs. 2 S. 2 ZVG. Sonst muß Zeugnis über die Eintragung des Schuldners als Eigentümer vorgelegt werden, § 17 Abs. 2 S. 1 ZVG.

9. Für Verfahrenskosten haftet das Grundstück kraft Gesetzes an der Rangstelle der Hauptforderung, § 10 Abs. 2 ZVG. Sie sind aber anzumelden und Berechnung im Antrag – soweit schon möglich – erspart gesonderte Anmeldung, § 114 Abs. 1 S. 2 ZVG (*Zeller/Stöber* ZVG § 10 Rdn. 15.8).

10. Alternativer Antrag: „...... Ermittlungen nach den Pächtern oder Mietern anzustellen." vgl. hierzu § 57b Abs. 1 ZVG (näher *Zeller/Stöber* ZVG § 57b Rdn. 6).

11. Zur Vollstreckung im Range einer Reallast, Hypothek oder Grundschuld benötigt der Gläubiger einen Duldungstitel gegen den Eigentümer, §§ 1147, 1192, 1107 BGB. Nach h M. gilt dies auch für die Zwangshypothek (OLG Hamburg MDR 1969, 769, 770; *Baur/Stürner* Rdn. 597; *Mohrbutter* aaO. § 29 V; *Zeller/Stöber* ZVG Einl. Rdn. 69.2). Die Klage auf Duldung verteuert und verzögert das Verfahren erheblich, wenn nicht der Schuldner sich in notarieller Urkunde der Vollstreckung aus dem Rang des Grundpfandrechtes unterwirft. Die Vollstreckung aus der persönlichen Forderung wäre nachrangig.

12. Zur dinglichen Klage vgl. Form. II. F. 12.
Der dingliche Titel ermöglicht gem. §§ 1147, 1123 BGB auch den vorrangigen Zugriff auf die für Vermietung des Grundstücks bestehenden Mietforderungen.

13. Wenn zugleich, etwa bei vollstreckbarer Urkunde, auch aus dem persönlichen Anspruch vollstreckt werden soll, ist dies anzugeben (*Zeller/Stöber* ZVG § 15 Rdn. 4.4).

14. Für alle nicht aus dem Grundbuch ersichtlichen Ansprüche ist Anmeldung erforderlich, entweder schon im Antrag (dann hier mit genauer Spezifizierung) oder spätestens bis zum Beginn der Bietungsstunde, § 37 Nr. 4 mit § 45 ZVG (*Zeller/Stöber* ZVG § 45

Rdn. 2.6). Bei eingetragenen Rechten sind anzumelden vor allem die Rechtsverfolgungskosten sowie rückständige Zinsen (näher zur Anmeldung *Zeller/Stöber*, ZVG Rdn. 3 und 5 zu § 45). Bei verspäteter Anmeldung droht Rangverlust, bei Unterlassung Anspruchsverlust. Für noch nicht entstandene Kosten können Pauschalen angesetzt werden, die vor Aufnahme in den Teilungsplan zu spezifizieren sind (*Dassler/Schiffhauer/Gerhardt* ZVG, 12. Aufl. 1990, § 10 Anm. XI.).

Kosten und Gebühren

a) Gericht: Für die Entscheidung über den Antrag wird jetzt eine Festgebühr von 100 DM erhoben, KV zum GKG Nr. 5100, für das weitere Verfahren i.d.R. 2 Gerichtsgebühren, vgl. KV Nr. 5110 ff.

b) Anwalt: für Zwangsversteigerungsantrag eine 3/10 Gebühr nach § 68 Abs. 1 Nr. 1 BRAGO.

c) Gegenstandswert: Wert der zu vollstreckenden Forderung ohne Nebenkosten (§ 22 Abs. 1 GKG), maximal der Grundstückswert, vgl. näher § 28 Abs. 1 GKG und § 68 Abs. 3 Nr. 1 BRAGO.

d) In Ostdeutschland 80% der gesetzlichen Gebühren.

Fristen und Rechtsmittel

Der Schuldner, der bei Anordnung nicht gehört wird, hat gegen diese die einfache Erinnerung, § 766 ZPO. Der Gläubiger hat, wenn die Anordnung der Versteigerung abgelehnt wird, die sofortige (fristgebundene) Durchgriffserinnerung nach § 11 RPflG, binnen zwei Wochen (näher: *Dassler/Schiffhauer/Gerhardt* ZVG, aaO., § 15 Anm. 3).

34. Antrag auf Zwangsversteigerungsbeitritt

An das
Amtsgericht
Vollstreckungsgericht

Antrag auf Zwangsversteigerungsbeitritt[1]

......[2]

beantrage ich namens und mit Vollmacht des Gläubigers,
den Beitritt zu der mit Beschluß vom ...... Az. ...... für dieses Grundstück bereits angeordneten[3] Zwangsversteigerung[4] zuzulassen.

Rechtsanwalt

Anmerkungen

1. Es kann auch ohne Nachteile Zwangsversteigerung wie Form. III. B. 33 beantragt werden, was kraft Gesetzes zum Beitritt führt, § 27 Abs. 1 ZVG, wenn die Zwangsversteigerung schon beantragt ist. Auch wird der Beitrittsantrag automatisch als Anordnungsantrag behandelt, wenn der Vorantrag zB. durch Rücknahme wegfällt (*Zeller/Stöber* ZVG § 27 Rdn. 2.2 und 2.3).

Ob für Beitritt der Eintragungsnachweis nach § 17 Abs. 2 ZVG erforderlich ist, ist str. (vgl. *Zeller/Stöber* ZVG § 27 Rdn. 2.5), deswegen vorsorglich geboten.

2. Rubrum, Forderungsaufstellung und Eingangsformel wie Form. III. B. 33.

3. Die dortige Beschlagnahme wirkt auch für den Beitretenden, § 27 Abs. 2 ZVG, aber erst von seinem Beitritt an (*Mohrbutter*, Handbuch des gesamten Vollstreckungs- und Insolvenzrechts, 2. Aufl. 1974, § 33 III).

4. Der Beitrittsantrag kann auch bei aussichtslosem Rang nützlich sein, vgl. „Taktische Hinweise" bei *Storz*, Praxis des Zwangsversteigerungsverfahrens, 6. Aufl. 1991, Abschn. C. 1. 4. 4.

Kosten und Gebühren

Wie Form. III. B. 33, da der Beitrittsantrag rechtlich ein selbständiges Versteigerungsverfahren einleitet.

Fristen und Rechtsmittel

Wie Form. III. B. 33.

35. Antrag auf Einstellung der Zwangsversteigerung

a) Gläubigerantrag, § 30 ZVG

An das
Amtsgericht
Vollstreckungsgericht

Einstellungsantrag
In der Zwangsversteigerungssache

X ./. Y

nehme ich Bezug auf die Einstellungsbewilligung des Gläubigers vom ......[1].
Namens und in Vollmacht des Gläubigers beantrage ich,
die Fortsetzung des Versteigerungsverfahrens und bewillige zugleich die erneute einstweilige Einstellung[2].
Die Verhandlungen über außergerichtliche Erledigung sind noch nicht abgeschlossen[3].

Rechtsanwalt

b) Schuldnerantrag, § 30 a ZVG[4]
......
beantrage ich namens und in Vollmacht des Schuldners,
das am ......[5] angeordnete Versteigerungsverfahren einstweilen bis ......[6] einzustellen.

Begründung:

1. Nach der beigefügten Bescheinigung des Autobahnneubauamtes O wird es das Grundstück in den nächsten Wochen zu ca. ...... DM aufkaufen. Dieser Preis deckt die Forderung beider betreibenden Gläubiger. Der Schuldner hat, wie aus dem weiter beigefügten Schreiben hervorgeht, dem Gläubiger die Abtretung des Kaufpreises in entsprechender Höhe angeboten, um die Versteigerung zu vermeiden[7].
2. ...... (zu Verhältnissen des Schuldners und Belangen des Gläubigers vgl. Begründung zu Form. III. B. 4).

35. Antrag auf Einstellung der Zwangsversteigerung   **III. B. 35**

3. Da das Grundstück als Ackerland genutzt und verkauft werden sollte, besteht die Gefahr eines Wertverlustes nicht.
4. Da nach Ausführungen zu 2. der Schuldner bis zum Verkauf höhere Leistungen als bisher auf die Zinsen nicht erbringen kann, bitte ich von einer Anordnung nach § 30a Abs. 3 ZVG abzusehen[8].

Rechtsanwalt[9]

Anmerkungen

1. Der Gläubiger kann das Versteigerungsverfahren einstweilen einstellen lassen, zB. wenn Leistung des Schuldners oder eines Dritten außergerichtlich in Aussicht steht. Er muß aber binnen 6 Monaten Fortsetzung beantragen, sonst Verfahrensaufhebung, § 31 Abs. 1 ZVG, mit Verlust der Beschlagnahmewirkung! Also Frist notieren!

2. Der Gläubiger kann nur zweimal für jeweils maximal 6 Monate einstellen lassen, § 30 Abs. 1 S. 2 ZVG. Schließt die zweite Einstellung an die erste an, ist vorsorglich wegen § 31 Abs. 1 ZVG Fortsetzung zu beantragen und zugleich erneute Einstellung zu bewilligen (*Ordemann* AcP 157, 470). Antrag auf „Verlängerung der Einstellung" ist aber entsprechend umdeutbar (*Zeller/Stöber* ZVG § 30 Rdn. 3.1 mwN.).

3. Begründung nicht erforderlich, aber zur Information nützlich.

4. Um unnötige Wertverluste durch Versteigerung zu vermeiden, kann der Schuldner unter strengen formellen und materiellen Voraussetzungen in Anlehnung an § 813a ZPO, Einstellung beantragen, vgl. Form. III. B. 4.

5. Der Antrag ist binnen einer Notfrist von 2 Wochen nach Belehrung über Antragsrecht und Antragsfrist zu stellen, § 30b Abs. 1 ZVG. Belehrung wird meist mit dem Anordnungsbeschluß zugestellt.

6. Höchstens 6 Monate, § 30a Abs. 1 ZVG. Einmal kann unter noch engeren Voraussetzungen erneute Einstellung beantragt werden, § 30d ZVG. Zur Anwendung von § 765a ZPO – Form. III. A. 13 – neben oder nach § 30aff. ZVG, auch entgegen § 30d Abs. 2 ZVG, vgl. *Zeller/Stöber* ZVG § 30d Rdn. 7. Zur Kombination der verschiedenen Einstellungsanträge *Zeller/Stöber* ZVG § 30 Rdn. 6.

7. An die Aussicht, Versteigerung zu vermeiden, stellt die Praxis strenge Anforderungen. Vage Ankündigungen reichen nicht.

8. Der Schuldner sollte auch zum Fehlen der Voraussetzungen von § 30a Abs. 2 u. Abs. 3 ZVG vortragen, insbesondere dartun, weshalb er nicht wenigstens die laufenden Zinsen aufbringen kann.

9. Im Konkurs, der die Zwangsversteigerung aus dinglichem Anspruch nicht hindert, §§ 4 und 47 KO, kann der Konkursverwalter einstweilige Einstellung geltend machen, § 30c ZPO. Häufigster Fall ist die beabsichtigte Verwertung eines Betriebes mit dem Betriebsgrundstück.
Auch das Prozeßgericht kann auf die allgemeinen Rechtsbehelfe hin die Vollstreckung einstweilen einstellen, zB. nach §§ 707, 719, 732 Abs. 2, 738, 742, 744, 745, 749, 769 bis 775, 785, 786, 794a ZPO. Dies führt zur Einstellung der Zwangsversteigerung durch das Vollstreckungsgericht nach § 775 Nr. 2 ZPO.
Zur Möglichkeit, durch ständige Schuldnerschutzanträge das Verfahren faktisch zu verschleppen vgl. *Engel* RPfleger 1981, 81 ff., mit Abhilfevorschlägen; zur Abhilfe auch OLG Köln RPfleger 1980, 234.

Kosten und Gebühren

Für das Einstellungsverfahren, gleich ob auf Gläubiger- oder Schuldnerantrag, fallen gesonderte Gebühren nicht an.

III. B. 36   III. B. Zwangsvollstreckung wegen Geldforderungen

Die Tätigkeit des Gerichtes dabei ist mit der allgemeinen Verfahrensgebühr von 0,5 der vollen Gebühr für die Zeit bis zum Beginn des Versteigerungstermins, KV zum GKG Nr. 5110, danach durch die Terminsgebühr, KV zum GKG Nr. 5120 abgegolten.

Die Tätigkeit des Anwalts wird auf Gläubiger- und Schuldnerseite, durch die allgemeine $5/10$ Versteigerungsverfahrensgebühr nach § 68 Abs. 1 Nr. 1 BRAGO abgegolten, wie § 68 Abs. 1 S. 1 BRAGO nun ausdrücklich bestimmt.

Soweit der Schuldnerantrag nach §§ 30a ff. ZVG auch als Antrag nach § 765a ZPO gestellt oder ein solcher daneben gesondert gestellt wird, ist strittig, ob hierfür eine besondere $3/10$ Anwaltsvollstreckungsgebühr anfällt, was angesichts der ausdrücklichen Regelung in § 58 Abs. 3 Nr. 3 BRAGO zu bejahen ist (so auch *Zeller/Stöber* ZVG Einleitung Rdn. 89.7 mwN.).

In Ostdeutschland 80 % der gesetzlichen Gebühren.

Fristen und Rechtsmittel

Antragsfrist für Schuldner zwei Wochen, vgl. Anm. 5. Gegen die Entscheidung über einen Schuldnerantrag auf Einstellung ist bei Entscheidung durch den Rechtspfleger die sofortige Durchgriffserinnerung nach § 11 RPflG gegeben, bei Richterentscheidung sofortige Beschwerde, § 30b Abs. 3 ZVG, beides je binnen zwei Wochen. Die weitere Beschwerde ist ausgeschlossen, § 30b Abs. 3 S. 2 ZVG. Näheres bei *Zeller/Stöber* ZVG § 30b Rdn. 9.

36. Beschwerde gegen Verkehrswertfestsetzung[1] (§ 74a Abs. 5 S. 3 ZVG)

An das
Amtsgericht
Vollstreckungsgericht

Sofortige Erinnerung[2]
in der Zwangsversteigerungssache

X   ./.   Y.

Namens und mit Vollmacht des Schuldners[3] beantrage ich,

den Wertfestsetzungsbeschluß in dieser Sache vom ...... aufzuheben und den Verkehrswert auf mindestens ...... DM festzusetzen[4].

Begründung:

Das Sachverständigengutachten vom ......, auf dem die Festsetzung beruht, leidet unter erheblichen Mängeln ...... (näher auszuführen).

Daß der Verkehrswert mindestens ...... DM beträgt, ergibt sich daraus, daß ...... (näher auszuführen)[5].

Rechtsanwalt

Anmerkungen

1. Nach § 85a ZVG wird, um Verschleuderung zu verhindern, im 1. Versteigerungstermin der Zuschlag von Amts wegen versagt, wenn das Meistgebot die Hälfte des Verkehrswertes nicht erreicht. Nach § 74a Abs. 1 ZVG geschieht das auf Antrag bei Meistgebot unter $7/10$ des Verkehrswertes. Die dafür bedeutsame Verkehrswertfestsetzung erfolgt nach

§ 74a Abs. 5 ZVG durch Beschluß, der vor Zuschlag, § 74a Abs. 5 S. 3 ZVG, aber nicht mehr bei Zuschlag, § 74a Abs. 5 S. 4 ZVG, anfechtbar ist.

2. Die in § 74a Abs. 5 S. 3 ZVG gegebene Beschwerde ist, da nach § 3 Nr. 1 i RPflG der Rechtspfleger entscheidet, als sofortige Erinnerung einzulegen, § 11 Abs. 1 S. 2 RPflG.

3. Beschwerdeberechtigt ist auch der Schuldner (OLG Frankfurt BB 1954, 1053; *Zeller/Stöber* ZVG § 74a Rdnr. 9.2 mwN., früher str.).

4. Es kann auch Herabsetzung des Wertes beantragt werden, zB. durch einen nach § 114a ZVG Beteiligten (hM., *Zeller/Stöber* ZVG § 74a Rdn. 9.4; *Dassler/Schiffhauer/Gerhardt* ZVG, 12. Aufl. 1991, § 74a Rdn. 35; anders LG Göttingen RPfleger 1973, 105). In der Regel strebt der Schuldner eine höhere, ein Gläubiger dagegen eine niedrigere Festsetzung des Wertes an. Aber auch gegenteilige Interessenlagen sind möglich, vgl. *Storz*, Praxis des Zwangsversteigerungsverfahrens, 6. Aufl. 1991, Abschn. C 2.2.4.

5. Zur Verkehrswertermittlung vgl. BGH NJW 1970, 2018 und *Zeller/Stöber* ZVG § 74a Rdn. 7.3 ff. mwN.

Kosten und Gebühren

Wie in Form. III. B. 35 sind auch die Tätigkeiten bei der Verkehrswertfestsetzung für Gericht und Anwalt durch die allgemeinen Verfahrensgebühren abgedeckt.

Fristen und Rechtsmittel

Die weitere Beschwerde ist durch § 74a Abs. 5 S. 3 ZVG ausdrücklich ausgeschlossen, so daß es keinen regulären Rechtsbehelf gibt. In Ausnahmefällen kommt – bei Grundrechtsverletzungen – Verfassungsbeschwerde in Betracht.

37. Antrag auf Aufhebung der Beschlagnahme von Zubehör

An das
Amtsgericht
Vollstreckungsgericht

In der Zwangsversteigerungssache

X ./. Y

beantrage ich namens und mit Vollmacht der Firma P (Adresse),

das Zwangsversteigerungsverfahren hinsichtlich der auf dem Versteigerungsgrundstück eingebauten Kegelbahnanlage Marke ...... mit 6 Bahnen (ggf. nähere Beschreibung) aufzuheben[1].

Begründung:

Die Bahn ist unter Eigentumsvorbehalt an den Schuldner verkauft und nicht bezahlt[2]. Der betreibende Gläubiger hat in seinem beigefügten Schreiben vom ...... zur Vorlage bei Gericht die Aufhebung der Versteigerung bezüglich der Kegelbahn bewilligt[3]. Sollten weitere betreibende Gläubiger vorhanden sein, bitte ich um Hinweis[4].

Rechtsanwalt

Anmerkungen

1. Zum Schutze des Bieters erstreckt sich die Versteigerung auch auf Zubehör im Besitz des Schuldners (nicht bei Alleinbesitz seiner Mieter, *Zeller/Stöber* ZVG § 55 Rdn. 3.2 mwN.). Ist es Eigentum Dritter, so obliegt es nach § 55 Abs. 2 mit § 37 Nr. 5 ZVG diesen, die teilweise Aufhebung oder Einstellung des Verfahrens für diese Gegenstände herbeizuführen. Sonst erwirbt der Ersteigerer an ihnen Eigentum, der Voreigentümer kann nur anteiligen Wertersatz aus dem Versteigerungserlös verlangen (näher *Zeller/Stöber* ZVG § 37 Rdn. 6.8).

2. Ob ein Gegenstand Zubehör oder Bestandteil ist, ist bei Bewilligung des Gläubigers oder prozeßgerichtlicher Entscheidung vom Vollstreckungsgericht nicht zu prüfen (OLG Hamm MDR 1967, 773; *Zeller/Stöber* ZVG § 29 Rdn. 4.2; *Dassler/Schiffhauer/Gerhardt*, ZVG, 12. Aufl. 1991, § 55 Rdn. 8). Zur Abgrenzung Zubehör/Bestandteil vgl. *Palandt/Heinrichs* § 93 Rdn. 5, § 97 Rdn. 11.

3. Gibt der Gläubiger die Sache nicht frei, ist Klage nach § 771 ZPO erforderlich, Form. III. A. 20, ggf. mit dem dort Anm. 6 genannten Antrag auf einstweilige Anordnung. In Eilfällen, etwa im Versteigerungstermin, kann auch das Vollstreckungsgericht vorläufig gemäß § 769 Abs. 2 ZPO einstellen, Form. III. A. 18.

4. Alle betreibenden Gläubiger müssen die Aufhebung bewilligen.

Kosten und Gebühren

Auch diese Tätigkeit wird für Gericht und Gläubigeranwalt durch die allgemeinen Verfahrensgebühren abgegolten, vgl. Form. III. B. 35.

Da auch der sein Recht anmeldende Eigentümer eines Zubehörteils Beteiligter iS. von § 9 ZVG ist (*Zeller/Stöber* ZVG § 9 Rdn. 2.5), erhält sein Anwalt für den Aufhebungsantrag die allgemeine $^{3}/_{10}$ Verfahrensbeteiligungsgebühr nach § 68 Abs. 1 Nr. 1 BRAGO. Vertritt der Anwalt einen nicht iS. von § 9 ZVG Beteiligten, so fallen Gebühren nach § 118 BRAGO an, außer bei Vertretung eines Bieters, wofür eine $^{2}/_{10}$ Gebühr nach § 68 Abs. 2 BRAGO anfällt.

In Ostdeutschland 80 % der gesetzlichen Gebühren.

Fristen und Rechtsmittel

Bei Ablehnung des Antrages – die bei Bewilligung des Gläubigers praktisch kaum vorkommen wird – hat der Antragsteller gegen die Rechtspflegerentscheidung die sofortige Durchgriffserinnerung nach § 11 RPflG binnen zwei Wochen, ebenso der Gläubiger, wenn der Rechtspfleger Beschlagnahme zu Unrecht aufhebt.

38. Antrag auf abweichende Versteigerungsbedingungen

An das
Amtsgericht
Vollstreckungsgericht

In der Zwangsversteigerungssache

X ./. Y

beantrage ich namens und mit Vollmacht des betreibenden Gläubigers,

von den gesetzlichen Vorschriften abweichend als Versteigerungsbedingung festzustellen[1], daß das Bargebot vom Zuschlag an mit 8% zu verzinsen ist[2].

Die Zustimmung des Schuldners und der 3 nicht im geringsten Gebot stehenden Gläubiger füge ich in notariell beglaubigter Form bei[3].

Rechtsanwalt

Anmerkungen

1. Abweichende Versteigerungsbedingungen ermöglicht § 59 ZVG bei Zustimmung der beeinträchtigten Beteiligten. Mögliche Änderungen sind (vgl. *Zeller/Stöber* ZVG § 59 Rdn. 5) zB.

– Bestehenbleiben oder Erlöschen von Rechten abweichend zu § 52 ZVG,
– Fälligstellung oder Beseitigung der Fälligkeit bestehenbleibender Rechte,
– Ausschluß des Kündigungsrechtes nach § 57a ZVG,
– Mindestsatz für ein Meistgebot.

2. Gesetzliche Bedingung sind 4% Zinsen, § 49 Abs. 2 ZVG mit § 246 BGB. Da die Zinserhöhung das Bargebot mindern kann, müssen Schuldner und die übrigen Gläubiger außerhalb des geringsten Gebotes zustimmen, und zwar im Termin zu Protokoll, sonst durch öffentlich beglaubigte Urkunde, § 84 Abs. 2 ZVG. Soll die höhere Verzinsung erst bei Nichtzahlung des Bargebots ab Verteilungstermin eintreten, wird kein Beteiligter beeinträchtigt, daher keine Zustimmung erforderlich (*Dassler/Schiffhauer/Gerhardt* ZVG, 12. Aufl. 1991, § 59 Rdn. 24).

3. Stimmt ein Beteiligter nicht zu und steht seine Beeinträchtigung durch die Abweichung (wie hier) nicht fest, ist mit und ohne Abweichung auszubieten (§ 59 Abs. 2 ZPO). Wird ohne Abweichung das höhere Gebot erzielt, ist mangels Zustimmung darauf zuzuschlagen. Wird mit Abweichung das höhere Gebot erzielt, so werden die Beteiligten durch die Abweichung nicht beeinträchtigt, so daß auch ohne Zustimmung darauf zuzuschlagen ist.

Kosten und Gebühren

Soweit der Antrag schriftlich vor dem Termin gestellt wird, Abgeltung durch die allgemeinen Verfahrensgebühren, vgl. Form. III. B. 35.

Wenn, wie praktisch häufig, solche Anträge erst im Termin gestellt werden, sind sie durch die pauschale Terminsgebühr abgegolten, für das Gericht eine halbe Gebühr nach KV zum GKG Nr. 5120, für den Anwalt eines Beteiligten eine $^{4}/_{10}$ Gebühr nach § 68 Abs. 1 Nr. 2 BRAGO.

In Ostdeutschland 80% der gesetzlichen Gebühren.

Fristen und Rechtsmittel

Die Entscheidung des Rechtspflegers ist wegen § 95 ZVG nicht gesondert, sondern nur im Rahmen des Zuschlagsbeschlusses angreifbar (*Dassler/Schiffhauer/Gerhardt* ZVG, 12. Aufl. 1991 § 59 Rdnr. 61), vgl. Form. III. B. 39.

39. Beschwerde (Erinnerung) gegen Zuschlagsbeschluß

An das
Amtsgericht

Sofortige Erinnerung[1]

in der Zwangsversteigerungssache

X u. a. ./. Y.

Namens und mit Vollmacht des Schuldners[2] beantrage ich,

den Beschluß des Gerichtes in dieser Sache vom ......[3], mit dem der Zuschlag an Herrn A erteilt wurde, aufzuheben und den Zuschlag zu versagen.

Begründung:

Der Schuldner hat nach dem Versteigerungstermin, aber noch vor dem Verkündungstermin nach § 87 ZVG gemäß § 765a ZPO Antrag auf Zuschlagsversagung gestellt[4], auf dessen Begründung ich Bezug nehme[5].
Der Rechtspfleger hat im Zuschlagsbeschluß diesen Antrag abgewiesen, weil eine sittenwidrige Härte nicht vorliege.
Dies ist unrichtig ...... (näher auszuführen).

Rechtsanwalt

Anmerkungen

1. Da der Rechtspfleger entscheidet, § 3 Nr. 1i RPflG, ist die sofortige Beschwerde des § 96 ZVG regelmäßig als sofortige Erinnerung nach § 11 Abs. 1 und 2 RPflG einzulegen. Gegenüber der ZPO-Beschwerde gelten einige Abweichungen, §§ 96 bis 104 ZVG.

2. Beschwerdeberechtigt sind die Beteiligten nach § 9 ZVG, der Schuldner, ein Bieter, dessen Gebot nach § 72 ZVG nicht erloschen ist, und zB. bei falschen Versteigerungsbedingungen, auch der Ersteher (*Zeller/Stöber* ZVG § 97 Rdn. 2.7).
Bei Zuschlagsversagung sind nur betreibende Gläubiger, Bieter, deren Gebote nicht erloschen sind, und Dritte im Sinne von § 81 ZVG beschwerdeberechtigt.

3. Die zweiwöchige Beschwerdefrist beginnt in Abweichung von § 577 Abs. 2 ZPO bei Zuschlagsversagung schon mit Verkündung, ebenso bei Zuschlag für die terminanwesenden Gläubiger, § 98 ZVG (näher *Zeller/Stöber* § 98 Anm. 2). Daher ggf. Teilnahme am Verkündungstermin zu empfehlen.

4. § 100 ZVG beschränkt die Beschwerde auf die in §§ 81, 83 bis 85a ZVG genannten Fälle und die Abänderung der Versteigerungsbedingungen. Hier liegt, wenn der Antrag nach § 765a ZPO begründet war, ein Beschwerdegrund nach § 83 Nr. 6 ZVG vor.

5. Vgl. Form. III. A. 13. Neue, nach Zuschlagsentscheidung entstandene Gründe, so die Konkretisierung einer besseren Verwertungsmöglichkeit sind unzulässig (OLG Hamm NJW 1976, 1754; *Dassler/Schiffhauer/Gerhardt* ZVG, 12. Aufl. 1991, § 100 Rdn. 1).

Kosten und Gebühren

a) Gericht: für Erinnerungsverfahren keine Gebühr. Erst wenn auf Erinnerung der Richter nicht abhilft, sondern dem LG vorlegt, gilt die Erinnerung als Beschwerde, § 11 Abs. 2 S. 5 RPflG. Für diese entsteht, wenn sie erfolglos bleibt, eine 0,25 Gerichtsgebühr nach KV zum GKG Nr. 5401.

b) Anwalt: Da „Rechtsmittelverfahren" im Sinne von § 70 Abs. 1 BRAGO schon die – allein zulässige – Erinnerung ist, entstehen mit ihr die Gebühren von § 70 BRAGO (*Hartmann*, Kostengesetze, 26. Aufl. Rdn. 4 zu § 70 BRAGO; anders, Gebührenbeginn erst bei Vorlage an das LG, *Gerold/Schmidt*, BRAGO, 12. Aufl. Rdnr. 2 zu § 70). Es fallen gemäß § 70 Abs. 1 BRAGO jeweils $^5/_{10}$ Gebühren an, zunächst die $^5/_{10}$ Prozeßgebühr, ggf. auch Terminsgebühr und Beweisgebühr.

c) In Ostdeutschland 80 % der gesetzlichen Gebühren.

Fristen und Rechtsmittel

Gegen eine Entscheidung des Beschwerdegerichtes – wenn also der Erinnerung nicht abgeholfen wurde – haben die dadurch Beschwerten, deren Kreis durch § 102 ZVG erweitert wird, in den Grenzen von § 568 Abs. 2 ZPO (neugefaßt per 1. 4. 1991) die weitere Beschwerde an das OLG. Da die angefochtene Beschwerdeentscheidung eine solche nach § 793 ZPO ist, ist auch die weitere Beschwerde fristgebunden, also binnen zwei Wochen einzulegen, § 577 ZPO.

40. Vereinbarung des Bestehenbleibens (§ 91 Abs. 2 ZVG)[1]

An das
Amtsgericht
Vollstreckungsgericht

In der Zwangsversteigerungssache

X ./. Y

überreiche ich namens und mit Vollmacht des Erstehers die notariell beglaubigte Vereinbarung[2] vom ...... zwischen Ersteher und dem Gläubiger der Buchgrundschuld Abt. III Nr. ......, wonach diese Grundschuld zu einem rangersten Teilbetrag[3] von ...... DM gemäß § 91 Abs. 2 ZVG bestehen bleiben[4] soll.
Ich bitte daher,
die Löschung gemäß § 130 ZVG nur für den restlichen Teilbetrag von ...... DM zu veranlassen.

Rechtsanwalt

Anmerkungen

1. Nach § 91 Abs. 1 ZVG erlöschen durch Zuschlag die nicht bestehenbleibenden Rechte. An ihre Stelle tritt, soweit die Rechte nicht ausfallen, der Anspruch auf das anteilige Bargebot. Stattdessen kann der Ersteher die Belastung übernehmen. Dafür mindert sich das Bargebot entsprechend, § 91 Abs. 3 S. 1 ZVG. Zu den Wirkungen im übrigen *Dassler/Schiffhauer/Gerhardt*, ZVG, 12. Aufl. 1991, § 91 Rdn. 22ff. Zu den Zinsen BGH NJW 1970, 1188 mit Anm. *Drischler* und *Zeller/Stöber* § 91 Rdn. 4.6.

2. Die Vereinbarung kann im Verteilungstermin zu Protokoll erklärt werden, sonst Nachweis in öffentlich beglaubigter Urkunde, § 91 Abs. 2 ZVG, bei Briefrechten unter Beifügung des Briefes.

3. Die Vereinbarung ist auch für einen Teilbetrag zulässig.

4. Der Grundschuldgläubiger verzichtet auf einen entsprechenden Anteil am Versteigerungserlös. Soweit er wegen Nichtvalutierung der Grundschuld den Anteil an den früheren Grundstückseigentümer hätte auskehren müssen (vgl. zu diesem Anspruch Form. III. B. 29 Anm. 4), bleibt dieser Anspruch durch die hiesige Vereinbarung unberührt, BGH NJW 1985, 388.

Kosten und Gebühren

a) Gericht: keine besondere Gebühr neben der allgemeinen halben Gebühr für das Verteilungsverfahren nach KV zum GKG Nr. 5140.

b) Anwalt: für den Antrag auf Liebenbelassung keine besondere Gebühr neben der allgemeinen 3/10 Verteilungsverfahrensgebühr nach § 68 Abs. 1 Nr. 3 BRAGO. Für den – außergerichtlichen – Abschluß der zugrunde liegenden Vereinbarung können daneben Gebühren nach § 118 BRAGO anfallen.

c) In Ostdeutschland 80 % der gesetzlichen Gebühren.

Fristen und Rechtsmittel

Der Antrag muß eingereicht werden, bevor das Grundbuchamt um Löschung des Rechtes ersucht worden ist, § 91 Abs. 2 ZVG. Gegen eine Ablehnung durch den Rechtspfleger ist sofortige Durchgriffserinnerung nach § 11 RPflG binnen zwei Wochen gegeben. § 95 ZVG schließt sie nur vor dem Zuschlag aus.

Zwangsverwaltung[1]

41. Zwangsverwaltungsantrag

......[2]
......beantrage ich namens und mit Vollmacht des Gläubigers,
die Zwangsverwaltung dieses Grundstücks anzuordnen.
Ich rege an, Herrn A (Anschrift) zum Zwangsverwalter zu bestellen[3].

Rechtsanwalt

Anmerkungen

1. Die Zwangsversteigerung erfaßt den Substanzwert des Grundstücks, aber nicht die Nutzungen, § 24 ZVG. Die Zwangsverwaltung erfaßt die Nutzungen, insbesondere also die Mieterträge, aber nicht den Substanzwert, § 148 Abs. 2 ZVG. Deshalb sind beide Verfahren, auch durch denselben Gläubiger, nebeneinander zulässig, § 866 Abs. 2 ZPO, und häufig sinnvoll. Selbst wenn die Zwangsverwaltung keine verteilungsfähigen Erträge bringt, kann die durch sie bewirkte ordnungsgemäße Verwaltung, § 152 ZVG, den Grundstückswert für das Versteigerungsverfahren erhalten oder steigern (näher *Storz*, Praxis des Zwangsversteigerungsverfahrens, 6. Aufl. 1991, Anm. 1.3.3).

2. Rubrum, Eingang, Forderungsaufstellung und Bezeichnung des der Vollstreckung unterliegenden Grundstücks wie Form III. B. 33. Denn Anordnungs- und Beitrittsverfahren sind der Zwangsversteigerung entsprechend geregelt, § 146 Abs. 1 ZVG.

3. Die Auswahl des Zwangsverwalters steht im Ermessen des Vollstreckungsgerichtes. Der Gläubiger kann nur Anregungen geben (*Zeller/Stöber* ZVG § 150 Rdn. 2). Um die Verwaltungsvergütung, § 153 Abs. 1 ZVG, zu sparen, kann ein Institutszwangsverwalter, § 150a ZVG, oder, wenn die Verwaltung vor allem in Ziehung von Sachnutzungen besteht, der Schuldner bestellt werden, § 150b ZVG, für den dann eine Aufsichtsperson zu bestellen ist.

Kosten und Gebühren

a) Gericht: Für die Anordnung eine Festgebühr von 100 DM, KV zum GKG Nr. 5200 und für die Durchführung des Verfahrens jährlich eine halbe Gebühr, KV zum GKG 5210.

b) Anwalt: im Anordnungs- oder Beitrittsverfahren je eine $3/10$ Gebühr nach § 69 Abs. 1 Nr. 1 BRAGO.

c) Gegenstandswert: nach dem beizutreibenden Anspruch einschließlich der Nebenforderungen, § 69 Abs. 2 BRAGO.

d) In Ostdeutschland 80% der gesetzlichen Gebühren.

Fristen und Rechtsmittel

Wie Form. III. B. 33.

42. Räumungsantrag nach § 149 Abs. 2 ZVG

An das
Amtsgericht
Vollstreckungsgericht

Antrag nach § 149 Abs. 2 ZVG
in der Zwangsverwaltungssache

X ./. Y.

Namens und mit Vollmacht des Gläubigers beantrage ich,

dem Schuldner aufzugeben, die auf dem Verwaltungsgrundstück (Anschrift) belassenen Räume[1], nämlich ...... (genaue Angabe) geräumt an den Verwalter herauszugeben[2].

Begründung:

Der Schuldner, der den landwirtschaftlichen Betrieb völlig verwahrlosen ließ, legt es mit seiner Familie darauf an, eine Verpachtung des Anwesens zu verhindern, indem er ...... (näher auszuführen und glaubhaft zu machen).

Da er die Verwaltung nicht nur gefährdet, sondern geradezu verhindert, ist sofortige Räumung durch ihn und seine Familie geboten[3].

Rechtsanwalt

Anmerkungen

1. Dem bei Beschlagnahme auf dem Grundstück wohnenden Schuldner sind die unentbehrlichen Räume zu belassen, § 149 Abs. 1 ZVG, allerdings ohne Nebenleistungen wie Zentralheizung oä., für die er zahlen muß (*Zeller/Stöber* ZVG § 149 Rdn. 2.3). Dies schränkt die Wirtschaftlichkeit einer Zwangsverwaltung zB. bei Einfamilienhäusern oder Eigentumswohnungen erheblich ein.

2. Die Räume müssen vollstreckungsfähig bezeichnet werden. Denn der auf Antrag des Zwangsverwalters, des betreibenden Gläubigers oder anderer Beteiligter nach § 9 ZVG (*Zeller/Stöber* ZVG § 149 Rdn. 3.4, letzteres str.) ergehende Räumungsbeschluß ist Räumungsvollstreckungstitel nach § 794 Abs. 1 Nr. 3 ZPO.

3. Nach dem Verhältnismäßigkeitsgrundsatz ist ggf. nur die Entfernung einzelner Familienmitglieder aufzugeben (str. für Ehegatten, *Zeller/Stöber* ZVG § 149 Rdn. 3.5 mwN.), oder es sind andere Sicherungsmaßnahmen nach § 25 ZVG, § 146 Abs. 1 ZVG zu treffen.

Kosten und Gebühren

Besondere Gebühren entstehen nicht. Für das Gericht ist dies Verfahren mit der allgemeinen Geschäftsgebühr von 0,5 für jedes angefangene Jahr der Verfahrensdauer nach KV zum GKG Nr. 5210 abgegolten, für den Anwalt durch die $^{3}/_{10}$ Geschäftsgebühr nach § 69 Abs. 1 Nr. 2 BRAGO.

Bei Rechtsmitteln gegen einen Räumungsbeschluß oder die Ablehnung eines solchen Beschlusses Gebühren wie Form. III. B. 39.

In Ostdeutschland 80% der gesetzlichen Gebühren.

Fristen und Rechtsmittel

Da nach Anhörung beider Seiten durch den Rechtspfleger entschieden wird, ist für Antragsteller und Schuldner Rechtsbehelf die befristete Durchgriffserinnerung nach § 11 RPflG, einzulegen binnen zwei Wochen (*Zeller/Stöber* ZVG § 149 Rdn. 3.9).

43. Klage auf Planänderung (§ 159 ZVG)

An das
......gericht ......[1]

Klage nach § 159 ZVG[2]

......[3]

wegen Änderung eines Verteilungsplans.
Streitwert ...... DM[4]
Namens und mit Vollmacht des Klägers beantrage ich zu erkennen:

1. Der Teilungsplan des AG ...... vom ...... in dem Zwangsverwaltungsverfahren gegen Y, Az. ......, wird dahin geändert, daß der Anspruch des Beklagten in Abschnitt IV Nr. .... des Plans auf Kosten, Zinsen und Hauptsache aus dem vollstreckbaren Titel des LG ...... vom ......, Az. ......, nicht vor dem Anspruch des Klägers in Abschnitt IV Nr. .... des Plans zu befriedigen ist[5].
2. Der Beklagte trägt die Kosten des Verfahrens.

44. Teilungsversteigerungsantrag

Begründung:

...... (zB. Fehlen von Vollstreckungsvoraussetzungen bei Antragstellung oder Beitritt, Erlöschen des Anspruches)

Rechtsanwalt

Anmerkungen

1. Da §§ 878 ff. ZPO nicht anzuwenden sind (*Zeller/Stöber* ZVG § 159 Rdn. 2.1), Gerichtsstand nach §§ 13 ff. ZPO.

2. Da die Verteilung ggf. langjährig, § 154 ZVG, in die Zukunft wirkt, ist Abänderungsklage auch noch möglich, wo Widerspruch und Widerspruchsklage (§§ 156 Abs. 2 S. 4, 115 ZVG, 876 ff. ZPO) nicht erhoben wurden. Sie wirkt jedoch nur für die Zukunft, § 159 Abs. 2 ZVG. Für vorher materiell-rechtlich falsch verteilte Beträge ggf. Bereicherungsklage (*Dassler/Schiffhauer/Gerhardt* ZVG, 12. Aufl. 1991, § 159 Rdn. 6). Nach Antrag und Zweck entspricht die vorliegende Klage sonst weitgehend der nach § 878 ZPO, vgl. Form. III. B. 31.

3. Rubrum wie Form. III. A. 20.

4. Vgl. Form III. B. 31 Anm. 3.

5. Da bis zur vollstreckbaren Entscheidung der Plan ausgeführt wird, ggf. einstweilige Verfügung auf Hinterlegung (*Zeller/Stöber* ZVG § 159 Rdn. 2.2).

Kosten und Gebühren

a) Gericht: Gebühren des Erkenntnisverfahrens, KV zum GKG Nr. 1201 ff.
b) Anwalt: Gebühren des Erkenntnisverfahrens, §§ 31 ff. BRAGO.
c) In Ostdeutschland 80% der gesetzlichen Gebühren.

Fristen und Rechtsmittel

Wie im normalen Erkenntnisverfahren, vgl. Form. I. O. 1.

Teilungsversteigerung und ähnliche Verfahren

44. Teilungsversteigerungsantrag

a. Antrag des Miterben

An das
Amtsgericht
Vollstreckungsgericht[1]

Zwangsversteigerungsantrag nach § 180 ZVG[2]

des A (Anschrift)
Verfahrensbevollmächtigter: RA. ......

gegen

1. B (Anschrift)
2. C (Anschrift)

Namens und mit Vollmacht des A beantrage ich[3] gemäß § 180 ZVG die Zwangsversteigerung des Grundstücks (Anschrift und FlStNr.), eingetragen im Grundbuch von ...... Bd. ...... Bl. ......, anzuordnen[4].

Begründung:

Eingetragener Eigentümer des obigen Grundstücks ist X, wofür ich auf die angegebene Grundbuchstelle Bezug nehme. Der Eigentümer ist am ...... in ...... verstorben. Er wurde beerbt von

A zu ½,
B zu ¼,
C zu ¼.

Hierüber lege ich den Erbschein des AG ...... vom ...... Az. ...... vor[5]. Mein Mandant betreibt die Nachlaßauseinandersetzung[6]. Da eine Einigung über die Verwertung unter den Miterben nicht erfolgte und Realteilung nicht in Betracht kommt[7], ist Zwangsversteigerung geboten.

Rechtsanwalt[8]

b. Antrag des Pfändungsgläubigers eines Bruchteilseigentümers[9]

......(Anschrift, Überschrift und Antrag wie oben a.).

Begründung:

Eingetragene Eigentümer des obigen Grundstücks sind die Eheleute X und Y je zur Hälfte in Bruchteilsgemeinschaft[10], wofür ich auf die angegebene Grundbuchstelle Bezug nehme. Der Anspruch auf Aufhebung der Gemeinschaft[11], Aufteilung des Verwertungserlöses und Auszahlung des anteiligen Erlöses ist durch den beigefügten zugestellten Pfändungsbeschluß des AG ...... vom ...... Az. ...... für meinen Mandanten gepfändet. Daher steht ihm das Antragsrecht nach § 181 Abs. 2 S. 1 letzter Halbsatz ZVG zu. Der Anspruch auf Aufhebung der Gemeinschaft ist geltendgemacht. Einvernehmliche Verwertung konnte nicht erreicht werden.

Rechtsanwalt

Anmerkungen

1. Zuständigkeit wie Form. III. B. 33 Anm. 1.

2. Bei Aufhebung einer Gemeinschaft (Bruchteils- und Gesamthandsgemeinschaft) werden die Regeln der Zwangsversteigerung nach § 180 Abs. 1 ZVG entsprechend angewandt. Der Antragsteller ist in der Rolle des Gläubigers, die übrigen Beteiligten in der des Schuldners (BGH NJW 1969, 929, 932). Sie haben aufschiebenden Vollstreckungsschutz nach § 180 Abs. 2 ZVG, vgl. Form. III. B. 35 b, nicht über § 765 a ZPO (streitig; wie hier LG Berlin FamRZ 1987, 1067; LG Frankenthal RPfleger 1985, 375; *Baumbach/Lauterbach/Albers/Hartmann* Rdn. 7 zu § 765 a; dagegen vor allem *Zöller/Stöber* Rdn. 2 zu § 765 a mwN.; OLG Braunschweig NJW 1961, 129, auch *Zeller/Stöber* ZVG Einl. Rdn. 52.6 mwN.).

3. Ein Vollstreckungstitel ist nicht erforderlich, § 181 Abs. 1 ZVG.

4. Diesen Antrag kann auch stellen, wer nur Miterbe eines Bruchteilseigentümers ist, sog. großes Antragsrecht (hM., OLG Hamm, RPfleger 1964, 351, *Zeller/Stöber* ZVG

§ 180 Rdn. 3.7), im Gegensatz zum kleinen Antragsrecht, nur auf Teilungsversteigerung des Bruchteils (OLG Hamburg MDR 1958, 45). Antragsberechtigt auch Testamentsvollstrecker uä.

5. Die vorzutragenden Antragserfordernisse ergeben sich aus § 181 Abs. 2 S. 1 ZVG.

6. Dieser Wille wird jedenfalls mit Antragstellung vermutet (RG JW 1919, 42).

7. Dies sind die Möglichkeiten, Teilungsversteigerung zu vermeiden.

8. § 180 ZVG ist weiter anwendbar, ggf. nach vorheriger Kündigung, auf Grundstücke in (*Zeller/Stöber* ZVG § 180 Rdn. 2.4)
— Bruchteilsgemeinschaft, § 741 BGB (bei Ehegatten BGH NJW 1977, 1234),
— ehelicher Gütergemeinschaft bei deren Auflösung,
— BGB-Gesellschaft,
— oHG und KG.
Vgl. auch die ähnlichen Verfahren nach § 172 ZVG (Versteigerung auf Antrag des Konkursverwalters) und nach § 175 ZVG (Versteigerung auf Antrag des Erben).

9. Vgl. Form. III. B. 26. Fall a., auch zB. bei Miterbenanteilspfändung (KG NJW 1953, 1832).

10. Beim Teilungsversteigerungsantrag des Ehegatten selbst muß vor Zuschlag ggf. die Zustimmung nach § 1365 BGB vorliegen, wenn der Grundstücksanteil nahezu das ganze Vermögen des Antragstellers ausmacht (*Mohrbutter*, Handbuch des gesamten Vollstreckungs- und Insolvenzrechts, 2. Aufl. 1974, S. 621; anders, Einwilligung muß schon bei Antragstellung vorliegen, wenn nach § 1365 BGB erforderlich, mit guten Gründen OLG Düsseldorf NJW 1982, 1543; *Zeller/Stöber* ZVG § 180 Rdn. 3.13). Dies gilt aber nicht für den Pfändungsgläubiger des Ehegatten (h.M., zuletzt OLG Düsseldorf NJW 1991, 851 mwN.; dagegen *Zeller/Stöber* ZVG § 180 Rdn. 3.13.q).

11. Bei Teilungsversteigerung unter Ehegatten ist die zusätzliche Einstellungsmöglichkeit gem. § 180 Abs. 3 ZVG zum Schutz von Kindern zu beachten, ggf. auch beim Antrag des Pfändungsgläubigers eines Ehegatten, *Zeller/Stöber* ZVG § 180 Rdn. 13.3.

Kosten und Gebühren

Wie in Form. III. B. 33, da die Teilungsversteigerung als Zwangsversteigerung durchgeführt wird. Die die einzelnen Beteiligten treffenden Kosten sind aber außerhalb des Verteilungsverfahrens, ggf. im Rahmen der Erlösverteilung, nach gemeinschaftsrechtlichen Grundsätzen, §§ 753 Abs. 2, 756 BGB, auszugleichen (*Zeller/Stöber* ZVG § 180 Rdn. 7.14 mwN.).

Fristen und Rechtsmittel

Wie Form. III. B. 33. Materielle Einwände, etwa daß statt Versteigerung Realteilung möglich ist, müssen im Erkenntnisverfahren verfolgt werden, nach § 771 ZPO (*Zeller/Stöber* ZVG § 180 Rdn. 7.20), oder richtiger wohl entsprechend § 767 ZPO (vgl. den Klagantrag in BGH NJW 1972, 818).

C. Zwangsvollstreckung wegen sonstiger Ansprüche

Herausgabe von Sachen

1. Vollstreckungsauftrag wegen Herausgabe beweglicher Sachen (§ 883 Abs. 1 ZPO)

An
......[1]

überreiche ich anliegend vollstreckbaren Schuldtitel – sowie beglaubigte Abschrift – mit dem Auftrag zur – Zustellung des Schuldtitels[2] – und Zwangsvollstreckung durch Wegnahme der vom Schuldner herauszugebenden[3] im Titel näher bezeichneten Sachen[4].
Zugleich bitte ich, wegen der titulierten Kosten und der Vollstreckungskosten um Mobiliarvollstreckung wegen folgender Beträge:[5],
......

Anmerkungen

1. Rubrum wie Form. III B. 1.

2. Auch hier gelten die allgemeinen Vollstreckungsvoraussetzungen, § 750 ZPO.

3. Bei Anspruch auf Übereignung wird der Übergabeanspruch nach § 883 ZPO vollstreckt, § 897 ZPO, die Einigungserklärung nach § 894 ZPO ersetzt. Das Verfahren nach § 883 ist auch anzuwenden, wenn der Schuldner die Sache nur vorlegen muß, *Baumbach/Lauterbach/Albers/Hartmann* Rdn. 13 zu § 883.
Zur Durchsuchung der Schuldnerwohnung nach der herauszugebenden Sache soll richterlicher Durchsuchungsbeschluß erforderlich sein, vgl. Form. III. A. 11 Anm. 5.

4. Hauptproblem bei Herausgabevollstreckung ist die Bestimmung des Vollstreckungsgegenstandes (*Bruns/Peters*, Zwangsvollstreckungsrecht, 3. Aufl. 1987, § 43 I). Er muß im Titel – mithin schon im Klageantrag (vgl. Form. II. F. 1) – so genau als möglich bezeichnet werden, um dem GerVollz. eine sichere Auslegung zu ermöglichen. Da ergänzende Angaben im Vollstreckungsauftrag unklaren Titel nicht heilen, ist nähere Bezeichnung nicht erforderlich, Bezugnahme auf Titel reicht aus.
Der Anspruch kann aber auf eine Sachgesamtheit lauten, z B. eine Bücherei oder Hausrat einer bestimmten Wohnung (vgl. LG Essen Büro 1975, 962).

5. Im übrigen wie Form. III B 1. Meist wird neben dem Herausgabeanspruch wegen Kosten die Geldvollstreckung durchzuführen sein. Dabei, nicht aber für den Herausgabeanspruch, sind §§ 811 ff. ZPO zu beachten.
Die Herausgabevollstreckung kann durch Gläubigerhinweise auf Aufbewahrungsort, durch Anwesenheit des Gläubigers und ggf. Stellung von Transportmitteln etc. sehr gefördert werden, vgl. Form. III B 1 Anm. 9.
Bei Gewahrsam Dritter gilt § 886 ZPO, also ggf. Pfändung des Herausgabeanspruches, Drittschuldnerklage, und dann Vollstreckung nach § 883 ZPO, vgl. Form. III. B 1 Anm. 13.

2. Vollstreckungsauftrag wegen Räumung

Wird die Sache nicht gefunden, muß der Schuldner auf Gläubigerantrag nach § 883 Abs. 2 ZPO die eidesstattliche Versicherung abgeben, vgl. Form. III D. 1. Dabei kann nach § 883 Abs. 3 ZPO zB. auch Auskunft verlangt werden, wie und an wen der Schuldner den Besitz verlor.

Kosten und Gebühren

a) Anwalt: 3/10 Gebühr nach § 57 BRAGO.

b) GerVollz.: Festgebühr von 20,– DM, §§ 13 Abs. 2, 22 GerVollzKostG, dazu Nebenkosten. Für jede weitere angefangene Stunde weitere 20,– DM, § 22 Abs. 2 GerVollzKostG. Wird die Sache nicht vorgefunden, nur die Hälfte dieser Wegnahmegebühr, § 22 Abs. 3 GerVollzKostG. Daneben ggf. Kosten für Geldvollstreckung, wie Form. III. B. 1.

c) Die Abgabe der eidesstattlichen Versicherung nach § 883 Abs. 2 ZPO ist für alle beteiligten Vollstreckungsorgane eine besondere Angelegenheit, vgl. § 58 Abs. 3 Nr. 11 BRAGO. Dazu vgl. Form. III. D. 1.

d) In Ostdeutschland 80 % der gesetzlichen Gebühren.

Fristen und Rechtsmittel

Wie Form. III. B. 1., da Sonderfall des Vollstreckungsauftrages.

2. Vollstreckungsauftrag wegen Räumung (§ 885 ZPO)

An
......[1]

...... mit dem Auftrag zur – Zustellung des Schuldtitels – und Zwangsvollstreckung durch Räumung[2] der im Titel näher bezeichneten Wohnung[3], nämlich
......
Falls das nicht wegen der Kosten zu pfändende Wohnungsmobiliar einer der in § 885 Abs. 2 ZPO genannten Personen nicht übergeben werden kann, bietet der Gläubiger zur Vermeidung von Lagerkosten an, die Gegenstände im Keller des Hauses zu lagern[4]. Ein Vertreter des Gläubigers wird insoweit an der Räumung teilnehmen. Daher bitte ich um Aufgabe von Termin und Kostenvorschuß[5].
Zugleich bitte ich, soweit die Schuldtitel auf Zahlung gerichtet sind, um Zwangsvollstreckung wegen folgender Beträge[6]:
......

Anmerkungen

1. Rubrum und Eingang wie Form. III C 1 bzw. Form. III B 1.

2. Der GerVollz. muß dem Schuldner – notfalls mit unmittelbarem Zwang und Amtshilfe der Polizei – die Verfügungsgewalt entziehen, ihm die Schlüssel abnehmen und ihn aus der Wohnung schaffen (vgl. § 758 Abs. 3 ZPO). Zur Zuweisung der Verfügungsgewalt an den Gläubiger ist dessen oder seines Vertreters Anwesenheit, wenn nicht geboten, so jedenfalls zweckmäßig (näher § 180 GVGA).

3. Auch hier muß das Vollstreckungsobjekt im Titel, also schon im Klageantrag, möglichst genau bezeichnet werden, einschließlich etwaiger Nebenräume, Boden, Keller etc. Der Titel wirkt nach überwiegender Ansicht gegen Familienangehörige, auch Ehegatten,

III. C. 3   III. C. Zwangsvollstreckung wegen sonstiger Ansprüche

die nicht selbst Mieter sind (LG Mainz MDR 1978, 765; *Zöller/Stöber* Rdn. 5 zu § 885 mwN.; *Baur/Stürner* Rdn. 659; *Baumbach/Lauterbach/Albers/Hartmann* § 885 Rdn. 9 + 10), sowie sonstige Partner (LG Berlin DGVZ 1993, 173; aA. AG Schönau NJW 1992, 3308; einschränkend OLG Hamburg NJW 1992, 3308, wonach kein besonderer Titel erforderlich ist, wenn der Mitbesitz der weiteren Person dem Vermieter verheimlicht wurde, die zu Lasten von Ehepaaren keine Analogie zu § 885 Abs. 2 ZPO ziehen). Bei mehreren Mietern (Ehegatten) oder bei selbständigen Untermietern muß Räumungstitel auch gegen diese vorhanden sein.

4. Der Gläubiger muß – zT. erheblich, 2000 DM und mehr – Vorschuß leisten für Kosten der Räumung und einer ersten Einlagerung (weitergehend – ganze Einlagerung – OLG Karlsruhe RPfleger 1974, 408) von Sachen, die weder Zubehör des Grundstückes sind noch für Kosten oder andere Geldforderungen (Restmiete) gepfändet und verwertet werden. Holt Schuldner solche Sachen nicht alsbald ab, Verwertung nach § 885 Abs. 4 ZPO. Gerümpel kann der GerVollz. als Müll behandeln (LG Karlsruhe DGVZ 1980, 14 und § 180 Nr. 5 a.E. GVGA).

5. Vgl. dazu auch § 180 GVGA.

6. Weiter wie Form. III. B. 1.

Kosten und Gebühren

a) Anwalt: 3/10 Gebühr nach § 57 BRAGO.

b) GerVollz.: Doppelte Festgebühr, 40,– DM, §§ 13 Abs. 2, 24 GerVollzKostG, für jede zusätzliche Stunde weitere 20,– DM, § 24 Abs. 2 GerVollzKostG, dazu Nebenkosten.

c) In Ostdeutschland 80% der gesetzlichen Gebühren.

Fristen und Rechtsmittel

Wie Form. III. B. 1. Ggf. kann der Schuldner Räumungsschutz nach § 721 Abs. 2 und 3 ZPO oder nach § 765 a ZPO beantragen, um die Räumung hinauszuzögern.

Vornahme vertretbarer Handlungen

3. Antrag auf Gestattung der Ersatzvornahme und Leistung eines Kostenvorschusses (§ 887 ZPO)

An das
......gericht ......[1]

Antrag nach § 887 ZPO
in der Vollstreckungssache

X   ./.   Y.

Namens und mit Vollmacht des Gläubigers beantrage ich zu beschließen:

1. Der Gläubiger wird ermächtigt, die nach dem vollstreckbaren Urteil des ......gerichts ...... vom ...... Az. ...... dem Schuldner obliegende Entfernung des Zwergpudels aus

3. Gestattung der Ersatzvornahme und Leistung eines Kostenvorschusses III. C. 3

der Wohnung des Schuldners in A, B-Straße Nr. ......, 2. Stock rechts, durch einen vom Gläubiger zu beauftragenden Tierfänger vornehmen zu lassen[2].

2. Der Schuldner ist verpflichtet, zu diesem Zweck das Betreten und die Durchsuchung seiner Wohnung durch den beauftragten Tierfänger zu dulden und diesem Zugang zu verschaffen[3].

Dies gilt zugleich als Durchsuchungsanordnung im Sinne von Art. 13 Abs. 2 GG[4].

3. Der Schuldner ist verpflichtet, die für die Entfernung des Hundes und die vorläufige Unterbringung im Tierheim entstehenden voraussichtlichen Kosten in Höhe von 300,– DM an den Gläubiger vorauszuzahlen[5].

Begründung:

Der Schuldner ist der Verpflichtung aus dem im Antrag genannten Urteil, dessen vollstreckbare zugestellte Ausfertigung ich als

Anlage 1

beifüge, bis heute nicht nachgekommen. Daher ist Vollstreckung durch Ersatzvornahme geboten[6].

Nach dem als

Anlage 2

beigefügten Kostenvoranschlag des Tierheims C belaufen sich die Kosten einer Entfernung des Hundes nebst Unterbringung im Tierheim für zunächst eine Woche auf 300,– DM. Da nach dem bisherigen Verhalten des Schuldners zu befürchten ist, daß er den Zutritt zu seiner Wohnung verweigert, ist ihm insoweit Duldung aufzugeben.

Ich bitte, mir eine vollstreckbare Ausfertigung des Beschlusses zu erteilen.

Rechtsanwalt

Anmerkungen

1. Zuständig ist – als Vollstreckungsorgan – das Prozeßgericht erster Instanz, § 887 Abs. 1 ZPO, dort nicht der Rechtspfleger, sondern der Richter, § 20 Nr. 17 RPflG. Dabei besteht Anwaltszwang nach den allgemeinen Regeln (hM. OLG Nürnberg MDR 1984, 58; *Zöller/Stöber* Rdn. 4 zu § 887.

2. Vgl. OLG Hamm NJW 1966, 2415. Beispiele zur Abgrenzung zwischen vertretbaren Handlungen (Vollstreckung nach § 887 ZPO) und unvertretbaren Handlungen (Vollstreckung nach § 888 ZPO) bei *Baumbach/Lauterbach/Albers/Hartmann* § 887 Rdn. 20–43 und *Zöller/Stöber* Rdn. 3 zu § 887. Auch die Befreiung von einer Geldschuld oder einer anderen Verbindlichkeit, etwa einem Grundpfandrecht oder einer Grundstücksbelastung ist nach § 887 ZPO zu vollstrecken, *Baumbach/Lauterbach/Albers/Hartmann* Rdn. 2 zu § 887.

3. Der Schuldner – nicht ein Dritter – muß die Ersatzvornahme dulden, soweit sie in seinen Bereich eingreift. Zur Klarstellung sollte das Gericht dies aussprechen und ggf. im einzelnen regeln.

4. Leistet der Schuldner gegen die Vornahme einer Handlung Widerstand, so ist dieser nach § 892 ZPO durch einen Gerichtsvollzieher zu brechen. Vorsorglich ist klarzustellen, daß das Gericht hier ausdrücklich die Durchsuchung der Wohnung iSv. Art. 13 Abs. 2 anordnet (vgl. Form. III A 11 Anm. 4).

5. Der Vorauszahlungsbeschluß nach § 887 Abs. 2 ZPO ist Titel für die Geldvollstreckung gegen den Schuldner nach § 794 Abs. 1 Nr. 3 ZPO. Der Gläubiger muß die Höhe der Kosten darlegen, der Schuldner wird nach § 891 ZPO dazu gehört. Nachforderung ist zulässig, § 887 Abs. 2 ZPO (zu Einzelheiten vgl. *Baumbach/Lauterbach/Albers/Hartmann* Rdn. 17 ff. zu § 887).

6. Die Einrede der Erfüllung muß der Schuldner nach § 767 ZPO geltend machen (*Baur/ Stürner* Rdn. 674; OLG Hamm MDR 1991, 411; OLG Köln MDR 1988, 505; aA. *Baumbach/Lauterbach/Albers/Hartmann* § 887 Rdn. 5 mwN.; auch *Bischoff* NJW 1988, 1957, der Erkenntnis- und Vol`streckungsverfahren nicht hinreichend trennt). Bei offenkundiger Erfüllung fehlt das Rechtsschutzbedürfnis für Antrag nach § 887 ZPO.

Kosten und Gebühren

a) Gericht: keine Gebühr für das gesamte Vollstreckungsverfahren vor dem Prozeßgericht (*Zöller/Stöber* Rdn. 15 zu § 887).

b) Anwalt: für den Antrag eine ³⁄₁₀ Verfahrensgebühr nach § 57 BRAGO. Hier entstehen in der Praxis häufiger auch die ³⁄₁₀ Terminsgebühr und die ³⁄₁₀ Beweisgebühr nach §§ 31, 57 Abs. 1 BRAGO.

Die weitere Vollstreckung aus dem nach § 887 Abs. 2 ZPO ergehenden Beschluß ist besondere Vollstreckungsangelegenheit, § 58 Abs. 3 Nr. 7 BRAGO, so daß dafür eine weitere ³⁄₁₀ Gebühr anfällt.

c) In Ostdeutschland 80 % der gesetzlichen Gebühren.

Fristen und Rechtsmittel

Sofortige Beschwerde, § 793 ZPO, binnen zwei Wochen. Ob bei Zuständigkeit des AG in I. Instanz als weiteres Rechtsmittel die weitere sofortige Beschwerde zum OLG statthaft ist, ist umstritten (dagegen OLG Frankfurt JurBüro 1992, 501; dafür OLG Köln NJW-RR 1992, 633, je mwN.).

Vornahme unvertretbarer Handlungen

4. Antrag auf Festsetzung von Zwangsmitteln (§ 888 ZPO)

An das
......gericht ......[1]

Antrag nach § 888 ZPO

in der Vollstreckungssache

X ./. Y.

Namens und mit Vollmacht des Gläubigers beantrage ich zu beschließen:
Gegen den Schuldner wird wegen Nichtvornahme der Erstellung einer Auseinandersetzungsbilanz per ...... für die von ihm und dem Gläubiger eingegangene stille Gesellschaft gemäß gerichtlichem Vergleich des LG ...... vom ...... Az. ...... ein Zwangsgeld festgesetzt[2] und für den Fall, daß dieses nicht beigetrieben werden kann, Zwangshaft[3].

Begründung:

In dem im Antrag genannten Vergleich, dessen vollstreckbare zugestellte Ausfertigung ich beifüge[4], hat der Schuldner unter II. die fragliche Verpflichtung übernommen. Trotz Zu-

4. Antrag auf Festsetzung von Zwangsmitteln   III. C. 4

stellung des Titels und trotz zusätzlicher Aufforderung vom ……, die ich in Kopie beifüge, hat er die Bilanz bis heute nicht vorgelegt. Daher ist Festsetzung eines empfindlichen Zwangsgeldes geboten[5].

Rechtsanwalt[6]

Anmerkungen

1. Zuständigkeit wie Form. III. C. 3 Anm. 1.

2. Die Zwangsmittel des § 888 ZPO – Zwangsgeld und Zwangshaft – können angedroht, aber auch sofort festgesetzt werden (*Baumbach/Lauterbach/Albers/Hartmann* § 888 Rdn. 13 mwN.), so daß Gläubiger zweckmäßig letzteres beantragt. Schuldner kann die Beitreibung des Zwangsgeldes zugunsten der Staatskasse, jederzeit vor Beitreibung durch Erfüllung abwenden (*Jauernig* NJW 1973, 1673).

3. Ersatzweise Zwangshaft soll neben dem Zwangsgeld schon von Amts wegen angeordnet werden (*Baumbach/Lauterbach/Albers/Hartmann* § 888 Rdn. 10). Die Höhe der Zwangsmittel steht im gesetzlichen Rahmen (Zwangsgeld: 5 bis 50000,– DM; Zwangshaft 1 Tag bis 6 Monate; *Zöller/Stöber* Rdn. 9 und 10 zu § 888) ebenso wie die Wahl der Zwangsmittel im Ermessen des Gerichtes. Antrag auf Zwangsmittel in bestimmter Höhe unzweckmäßig, da sonst ggf. Teilabweisung. Da das Zwangsgeld an die Staatskasse geht, wird Gläubiger an der Höhe wenig interessiert sein. Bei zu niedriger Festsetzung hat er die Beschwerde nach § 793 ZPO (OLG Karlsruhe NJW 1957, 917).

4. Vollstreckungsvoraussetzungen wie sonst, § 750 ZPO. Die Zwangsmittel können bei § 888 ZPO nicht, wie nach § 890 ZPO, schon im Titel angedroht werden (*Baumbach/Lauterbach/Albers/Hartmann* § 888 Rdn. 10).

5. Erfüllung muß Schuldner nach § 767 ZPO geltend machen (str., vgl. Form. III. C. 3 Anm. 6). Das Zwangsgeld wird nach Verhängung auf Gläubigerantrag nach § 1 Abs. 1 Nr. 3 der Justizbeitreibungsordnung in das Schuldnervermögen vollstreckt (vgl. *Baumbach/Lauterbach/Albers/Hartmann* § 888 Rdn. 18; OLG München NJW 1983, 947), nach anderer Ansicht durch Gläubigerauftrag an den GerVollz. oder andere Vollstreckungsorgane zugunsten der Staatskasse (so jetzt vor allem BGH NJW 1983, 1859; OLG Frankfurt JurBüro 1986, 1259; *Zöller/Stöber* Rdn. 14 zu § 888), was effektiver sein dürfte. Zwangshaft wird gegen den Handlungspflichtigen, also zB. den gesetzlichen Vertreter des Schuldners, Geschäftsführer einer GmbH oä. (*Baumbach/Lauterbach/Albers/Hartmann* § 888 Rdn. 19) vollstreckt.

Soll sofort Zwangshaft festgesetzt werden, ist der entsprechende Antrag besonders zu begründen, zB. mit Dringlichkeit der Erfüllung oder Fluchtgefahr.

6. Beispiele für unvertretbare Handlungen bei *Zöller/Stöber* Rdn. 3 zu § 888. Die Hinterlegung von Geld ist nicht nach § 888 zu vollstrecken, sondern als normale Geldvollstreckung, bei der lediglich nicht an den Gläubiger abzuführen sondern zu hinterlegen ist (KG JW 1934, 3218). Beachte die 3 Ausnahmen des § 888 Abs. 2 ZPO.

Kosten und Gebühren

a) Gericht: keine Gebühr für das Verfahren. Erst bei Beitreibung des Zwangsgeldes für die Staatskasse entstehen Beitreibungskosten.

b) Anwalt: $3/10$ Gebühr nach § 58 Abs. 3 Nr. 8 BRAGO.

c) Gegenstandswert (für Anwaltsgebühren): Interesse des Gläubigers an der Vornahme der Handlung, also nicht Höhe des Zwangsgeldes sondern idR. Streitwert des Erkenntnisverfahrens. Für den Rechtsmittelstreitwert jetzt BGH 65, ZIP 1995, S. 506, wonach es auf Zeitaufwand und Kosten für die Erfüllung ankommt.

d) In Ostdeutschland 80 % der gesetzlichen Gebühren.

Fristen und Rechtsmittel

Wie vorstehend Form. III. C. 3.

Erzwingung von Unterlassungen und Duldungen

5. Bestrafungsantrag (§ 890 ZPO)

An das
......gericht ......[1]

Bestrafungsantrag[2] nach § 890 ZPO

in der Vollstreckungssache

X ./. Y.

Namens und mit Vollmacht des Gläubigers beantrage ich zu beschließen:

1. Gegen den Schuldner wird wegen Verstoßes gegen das Verbot, seinen Betrieb als „größtes Möbelhaus am Platze" zu bezeichnen, ein Ordnungsgeld[3], und für den Fall daß dies nicht beigetrieben werden kann, Ordnungshaft[4] festgesetzt.
2. Der Schuldner ist verpflichtet, ab Zustellung dieses Beschlusses bis zum Ablauf des ...... eine Sicherheit von ...... DM zugunsten des Gläubigers zu leisten[5] für dessen durch fernere Zuwiderhandlung entstehenden Schaden.

Begründung:

Nach der vom angerufenen Gericht erlassenen einstweiligen Verfügung vom ...... Az. ......, deren zugestellte Ausfertigung[6] ich als

Anlage 1

beifüge, war dem Schuldner unter Androhung[7] eines für jeden Fall der Zuwiderhandlung festzusetzenden Ordnungsgeldes bis zu 500 000,– DM, ersatzweise Ordnungshaft bis zu 6 Monaten, oder von Ordnungshaft bis zu 6 Monaten[8] verboten worden, im geschäftlichen Verkehr zu Zwecken des Wettbewerbs seinen Betrieb als „größtes Möbelhaus am Platze" zu bezeichnen.

Nach Zustellung der einstweiligen Verfügung erschien in der A-Zeitung vom ...... ein Inserat des Schuldners, in dem sein Betrieb wiederum als „größtes Möbelhaus am Platze"[9] bezeichnet wird. Zum Beweis[10] füge ich als Anlage 2 ein Exemplar der Zeitung bei[11].

Außerdem hat der Schuldner bis heute nicht die Aufschrift an der Giebelwand seines Geschäftshauses abgeändert, die gleichfalls die Bezeichnung „größtes Möbelhaus am Platze" enthält[12]. Zum Beweis beziehe ich mich auf

1. Augenscheinseinnahme
2. Zeugnis des B (ladungsfähige Anschrift)

Wegen dieses mehrfachen Verstoßes muß der Schuldner durch empfindliches Ordnungsgeld[13] zur Einhaltung des gerichtlichen Gebotes gezwungen werden. Da der Schuldner keinerlei Anstalten zur Einhaltung des Gebotes macht, sind weitere Verstöße zu besorgen. Daher ist Sicherheitsleistung für die entstehenden Schäden des Gläubigers geboten, deren Höhe sich wie folgt ergibt ......[14].

Rechtsanwalt

5. Bestrafungsantrag **III. C. 5**

Schrifttum: Pastor, Die Unterlassungsvollstreckung nach § 890 ZPO, 3. Aufl. 1982; *Kramer,* Der richterliche Unterlassungstitel im Wettbewerbsrecht, 1982.

Anmerkungen

1. Zuständigkeit wie Form. III C 3 Anm. 1. Vgl. auch Form. II. N. 9.

2. Die Neufassung zum 1. 1. 1975 hat klargestellt, daß nach § 890 ZPO keine Kriminalstrafe verhängt wird (vgl. *Brehm* NJW 1975, 249). Korrekt ist daher „Antrag auf Festsetzung eines Ordnungsmittels". Die alte Bezeichnung ist aber prägnanter und jedenfalls nicht schädlich.

3. Wie beim Antrag nach § 888 ZPO (Form. III C 4. Anm. 3) sollte Gläubiger nur ausnahmsweise die Höhe des Ordnungsgeldes im Antrag beziffern – und dann i d R. nur als Mindestbetrag. Bei zu geringem Ordnungsgeld Beschwerde des Gläubigers, § 793 ZPO (OLG Karlsruhe NJW 1957, 917; *Baur/Stürner* Rdn. 688), bei zu hohem Beschwerde des Schuldners.

4. Schon von Amts wegen ist neben dem Ordnungsgeld ersatzweise Ordnungshaft festzusetzen (*Baumbach/Lauterbach/Albers/Hartmann* § 890 Rdn. 17).

5. Vgl. § 890 Abs. 3 ZPO. Jedoch sind neben dem Verstoß gegen das Unterlassungsgebot (*Baumbach/Lauterbach/Albers/Hartmann* § 890 Rdn. 36) nach Möglichkeit weitere Umstände vorzutragen, zB. wiederholte, besonders hartnäckige oder für den Gläubiger besonders nachteilige Verstöße.

6. Es müssen alle Vollstreckungsvoraussetzungen gegeben sein, § 750 ZPO, bei einstweiliger Verfügung zwar nicht die Klausel, §§ 936 mit 929 Abs. 1 ZPO, aber die Zustellung.

7. Diese vorherige Androhung, die beim Verstoß dem Schuldner bekannt, aber nicht notwendig zugestellt sein muß (OLG Hamburg BB 1973, 1189; *Baumbach/Lauterbach/ Albers/Hartmann* § 890 Rdn. 19), ist Voraussetzung für die Verhängung der Ordnungsmaßnahme, § 890 Abs. 2 ZPO. Regelmäßig wird sie in den Titel aufgenommen, so bei Unterlassungsverfügungen im Wettbewerbsrecht und Duldungs- oder Unterlassungsverfügungen nach § 1004 BGB, den Hauptfällen der Vollstreckung nach § 890 ZPO. Wo Androhung, wie stets beim gerichtlichen Vergleich (OLG Hamm NJW 1967, 58; *Baumbach/ Lauterbach/Albers/Hartmann* § 890 Rdn. 7; str.) im Titel fehlt, ist zunächst Antrag nach § 890 Abs. 2 ZPO erforderlich. Er gleicht dem Antrag nach § 890 Abs. 1 ZPO, geht nur auf Androhung, nicht auf Festsetzung.

8. Die Festsetzung muß im Rahmen der Androhung bleiben, die aber regelmäßig in der gesetzlichen Maximalhöhe erfolgt. Str. ist, ob die Ordnungsmaßnahme noch verhängt wird, wenn das Verbot nach dem Verstoß, aber vor dem Beschluß nach § 890 Abs. 1, aufgehoben oder unwirksam wird (dafür OLG Hamburg NJW-RR 1987, 1024 mwN.; *Bettermann* DVBl. 1969, 119; *Baur/Stürner* Rdn. 694 mwN.; dagegen OLG Frankfurt/M. NJW 1982, 1156; *Zöller/Stöber* Rdn. 9 zu § 890).

9. Praktisch wichtig und umstritten ist die Frage, welche nicht identischen Verstöße noch vom „Kern der Verletzungsform" umfaßt werden und daher nach § 890 ZPO ohne neue Klage sanktioniert sind (*Baumbach/Lauterbach/Albers/Hartmann* § 890 Rdn. 2–5 mwN.).

10. Voller Beweis erforderlich, nicht nur Glaubhaftmachung (*Baumbach/Lauterbach/ Albers/Hartmann* § 890 Rdn. 20).

11. Der Schuldner kann sich – bei Anhörung nach § 891 ZPO – zB. damit verteidigen, daß er die geschaltete Anzeige nach Kenntnis von Verbot und Androhung nicht mehr verhindern konnte. Dann wird die Streitfrage bedeutsam, ob die Ordnungsmaßnahme

Verschulden voraussetzt (hM., BVerfG 58, 159; *Zöller/Stöber* Rdn. 5 zu § 890) oder nicht (LAG Hamm MDR 1975, 696; *Baumbach/Lauterbach/Albers/Hartmann* § 890 Rdn. 21 mwN.).

12. Auch die aktive Beseitigung eingetretener Verstöße wird nach § 890 ZPO erzwungen (OLG Koblenz MDR 1965, 51; *Zöller/Stöber* Rdn. 3 zu § 890; OLG Hamburg WRP 1973, 276); anders, § 887 ZPO, OLG Koblenz WRP 1982, 427).

13. Der Gläubiger kann auch eine bestimmte Höhe oder Mindesthöhe anregen (*Baumbach/Lauterbach/Albers/Hartmann* § 890 Rdn. 12, vgl. auch Anm. 3).

Die Vollstreckung erfolgt von Amts wegen nach der Justizbeitreibungsordnung, *Zöller/Stöber* Rdn. 23 zu § 890 (hier allg. Ansicht, vgl. aber Form. III. C. 4 Anm. 5).

14. Ist ggf. näher auszuführen. Den Schaden muß der Gläubiger ggf. nach § 893 ZPO einklagen. Da er in Wettbewerbssachen nur selten nachweisbar ist (*Pastor*, Wettbewerbsprozeß, 3. Aufl. 1982, S. 1004), wird sich die Sicherheitsleistung meist nur auf künftige Kosten beziehen können.

Kosten und Gebühren

a) Gericht: keine Gebühren.

b) Anwalt: für jeden Antrag nach § 890 Abs. 1 ZPO entstehen die Gebühren nach § 31 BRAGO jeweils zu $^3/_{10}$, §§ 57 Abs. 1 und 58 Abs. 3 Nr. 9 BRAGO.

Der Antrag auf Androhung des Ordnungsgeldes nach § 890 Abs. 2 ZPO ist im Erkenntnisverfahren von den Prozeßgebühren abgegolten. Bei gesondertem Antrag nach Titulierung fällt die $^3/_{10}$ Gebühr nach § 57 Abs. 1 BRAGO an (OLG München NJW 1968, 411), er stellt aber mit einem nachfolgenden Antrag nach § 890 Abs. 1 ZPO nur eine Angelegenheit dar, § 58 Abs. 2 Nr. 6 BRAGO.

Der Antrag auf Sicherheitsleistung nach § 890 Abs. 3 ZPO ist stets besondere Angelegenheit, § 58 Abs. 3 Nr. 10 BRAGO, so daß dafür eine weitere $^3/_{10}$ Gebühr anfällt. Für den obigen Antrag ist also eine $^6/_{10}$ Anwaltsgebühr verdient.

c) In Ostdeutschland 80% der gesetzlichen Gebühren.

Fristen und Rechtsmittel

Wie vorstehend Form. III. C. 3.

D. Das Verfahren zur Abgabe der eidesstattlichen Versicherung

1. Antrag auf Abnahme der Offenbarungsversicherung[1] (§§ 807, 900 ZPO)

An das
Amtsgericht
Vollstreckungsgericht[2]

Antrag auf Bestimmung eines Termins zur Abgabe der Offenbarungsversicherung, §§ 807, 900 ZPO[3]

in der Vollstreckungssache

X ./. Y.

Namens und mit Vollmacht des Gläubigers beantrage ich,

Termin gemäß §§ 807, 900 ZPO zur Abgabe eines Vermögensverzeichnisses und der eidesstattlichen Versicherung des Schuldners[4] zu bestimmen.

Der Antrag wird auch für den Fall gestellt, daß gegen den Schuldner bereits Haft zur Erzwingung der Abgabe der eidesstattlichen Versicherung angeordnet ist[5].
Soweit der Schuldner in den letzten 3 Jahren die eidesstattliche Versicherung nach § 807 ZPO oder § 284 AO abgegeben hat, erkläre ich vorstehenden Antrag für erledigt[6]. In diesem Fall bitte ich um

Übersendung von Abschriften des Terminsprotokolls und des Vermögensverzeichnisses jener Versicherung,

sowie um Rückgabe der Vollstreckungsunterlagen[7].
Falls der Schuldner im Termin nicht erscheint[8] oder die Abgabe der Versicherung ohne Grund verweigert, wird schon jetzt

Haftbefehl gemäß § 901 ZPO

beantragt[9].
Ich bitte, mir umgehend nach dem Termin Protokoll und Vermögensverzeichnis oder Haftbefehl zu übersenden.
Ich überreiche anliegend vollstreckbaren zugestellten Schuldtitel, Antragskopie[10] und Vollstreckungsunterlagen, wonach der Gläubiger noch beanspruchen kann[11]:
……
Außerdem trägt der Schuldner die Kosten dieses Verfahrens (§ 788 ZPO), nämlich

1. 3/10 Geb. gem. §§ 11, 31, 57, 58 Abs. 3 Nr. 11 BRAGO[12],
2. Postgebührenpauschale, § 26 BRAGO,
3. Mehrwertsteuer,
4. Gerichtsgebühr, Nr. 1643 KV[13], 35 DM die ich zugleich einzahle.

Die Voraussetzungen von § 807 Abs. 1 ZPO mache ich glaubhaft durch ……[14].

Rechtsanwalt

III. D. Das Verfahren zur Abgabe der eidesstattlichen Versicherung

Anmerkungen

1. Kurzbezeichnung zur Unterscheidung von eidesstattlichen Versicherungen nach bürgerlichem Recht, § 889 ZPO, oder als Mittel der Glaubhaftmachung, § 294 ZPO.

2. Zuständig das Vollstreckungsgericht am Schuldnerwohnsitz, § 899 ZPO, dort der Rechtspfleger, § 20 Nr. 17 RPflG. Darüber keine Parteivereinbarung, um die ortsrichtige Eintragung nach § 915 ZPO zum Schutz des Rechtsverkehrs zu gewährleisten, ebenso keine Umgehung durch Abgabe der Versicherung vor einem Notar (LG Düsseldorf RPfleger 1981, 151) oder nach § 259 BGB mit §§ 163, 79 FGG. Aber der Gläubiger kann sich natürlich mit einem solchen Verzeichnis (das nur er kennt, und nicht auch konkurrierende Gläubiger!) zufrieden geben und den hiesigen Antrag für erledigt erklären. Dann wird der Schuldner nicht in das Verzeichnis nach § 915 ZPO eingetragen.
Auch gegen den Willen des Schuldners kann der Gläubiger manchmal ohne Titel und die Anforderungen von § 807 ZPO ein nur ihm zugängliches Vermögensverzeichnis erlangen: Durch Stellung eines Konkurs- oder Gesamtvollstreckungsantrages gegen den Schuldner. Das führt zur Ermittlung des Schuldnervermögens von Amts wegen durch Anhörung des Schuldners, §§ 105 Abs. 2, 106, 75 KO und noch deutlicher § 3 GesO. Im Gegensatz zu § 807 ZPO werden auch die Schulden ermittelt, was einen viel besseren Überblick über die wirtschaftliche Gesamtsituation des Schuldners gibt (vgl. *Smid*, ZIP 1993, 1037, 1041).
Umzug des Schuldners nach Antragstellung ist unerheblich (*Zöller/Stöber* Rdn. 2 zu § 899). Bei juristischen Personen kommt es auf den registermäßigen Sitz an, auch wenn dort kein Geschäftslokal mehr unterhalten wird und der gesetzliche Vertreter an anderem Ort wohnt (*Zöller/Stöber* Rdn. 2 zu § 899).

3. §§ 899 ff. ZPO regeln sowohl das Verfahren nach § 807 ZPO als auch das nach § 883 ZPO (vgl. Form. III. C. 1 Anm. 5), so daß die Norm anzugeben ist, aus der sich die Verpflichtung des Schuldners ergibt. Die Fassung des Antrages ergibt sich aus § 900 Abs. 1 ZPO.

4. Bei Prozeßunfähigen und juristischen Personen ist der gesetzliche Vertreter – der im Rubrum zu bezeichnen ist – zu laden, bei der GmbH auch der ausgeschiedene Geschäftsführer, wenn kein neuer bestellt ist (OLG Frankfurt MDR 1983, 135; *Zöller/Stöber* Rdn. 8 zu § 807 mwN.; OLG Hamm ZIP 1984, 1482; aA. LG Berlin RPfleger 1975, 374). Zum Umfang der Aussagepflicht des Geschäftsführers vgl. LG München I RPfleger 1983, 448. Bei einer wegen Vermögenslosigkeit gelöschten GmbH muß der letzte Geschäftsführer oder Liquidator offenbaren, wenn das Rechtsschutzbedürfnis des Gläubigers dadurch begründet werden kann, daß er spezifiziert vorträgt, weshalb trotz der Löschung wegen Vermögenslosigkeit noch Vermögen vorhanden sein kann (KG NJW-RR 1991, 933).

5. Dies wird, weil hartnäckige Nichtzahlung anzeigend, im Schuldnerverzeichnis eingetragen, hindert aber nicht erneute Terminsanberaumung.

6. Das Gericht prüft insoweit von Amts wegen, § 900 Abs. 2 ZPO. Ein Fortsetzungsantrag nach § 900 Abs. 2 S. 2 ZPO wäre zurückzuweisen, soweit nicht die Ausnahmen nach § 903 ZPO vorliegen, dazu Form. III. D. 2. Das stattdessen übersandte Vermögensverzeichnis liefert zwar Information über Zugriffsmöglichkeiten, kann aber bis zu 3 Jahre alt sein. Der Gläubiger kann auch, wenn ihm die Abgabe der Versicherung bekannt ist, unter Vorlage des Titels (dazu jetzt KG NJW 1989, 534) nur eine Abschrift vom Protokoll und Verzeichnis beantragen.

7. Die Gerichtsgebühr entsteht jetzt mit Eingang des Antrages bei Gericht, KV Nr. 1643. Bei Erledigung nach § 900 Abs. 2 S. 2 ZPO ist die Gebühr also angefallen. Selbst wenn nur die Erteilung einer Abschrift beantragt wird, fällt neuerdings dieselbe Gebühr nach KV Nr. 1644 an. Neuerdings entsteht auch für bloße Einsicht in das Verzeichnis die gleiche Gebühr, KV zum GKG Nr. 1645.

1. Antrag auf Abnahme der Offenbarungsversicherung   III. D. 1

8. Der Gläubiger oder sein Vertreter können am nach § 169 GVG nichtöffentlichen Verfahren teilnehmen. Für die Vollständigkeit der Offenbarung und den Abschluß von Ratenzahlungsvereinbarungen über § 900 Abs. 4 ZPO hinaus ist dies nützlich, aber aufwendig.

9. Der Antrag ist schon im Antrag nach § 900 ZPO zulässig (*Zöller/Stöber* Rdn. 2 zu § 901; *Baumbach/Lauterbach/Albers/Hartmann* § 901 Rdn. 3) und dringend anzuraten.

10. Die Vollstreckungsvoraussetzungen, § 750 ZPO, müssen vorliegen. Die Antragskopie wird dem Schuldner zur Information übersandt (*Zöller/Stöber* Rdn. 12 zu § 900).

11. Forderungsaufstellung wie Form. III. B. 1. Sie ist nicht Antragserfordernis (hM. *Stein/Jonas/Münzberg* § 900 Anm. III. 1.; *Baumbach/Lauterbach/Albers/Hartmann*, Rdn. 4 zu § 900; str.). Bei Ansatz eines Teilbetrages – den die Kostenregelung in § 58 Abs. 3 Nr. 11 BRAGO nahelegt – oder Restbetrages ist sie daher nicht erforderlich. Sie ist aber zur Kostenberechnung, sowie zur Beurteilung von Zahlungsangeboten nach § 900 Abs. 4 ZPO zweckmäßig.

12. Gegenstandswert max. DM 3000,–, § 57 Abs. 2 S. 5 BRAGO.

13. Nach KV Nr. 9002 deckt sie auch die Kosten einer ersten Zustellung ab.

14. Regelmäßig wird das Unpfändbarkeitsattest des GerVollz. vorgelegt, Form. III. B. 1 Anm. 4. Die in der Gerichtspraxis verwendete Regel, daß es nicht zu alt, nicht älter als zB. 6 Monate sein darf, hat keine Stütze im Gesetz (so überzeugend *Schneider* MDR 1976, 533; *Dempewolff* BB 1977, 1630; ähnlich *Zöller/Stöber* Rdn. 16 zu § 807; *Baumbach/ Lauterbach/ Albers/Hartmann* § 807 Rdn. 6) und provoziert – zum Kostennachteil des Schuldners, § 788 ZPO – millionenfach(!) aussichtslose Vollstreckungsaufträge. Erfolglosigkeit künftiger Pfändung wird meist glaubhaft gemacht durch Bescheinigung des GerVollz., daß er in jüngster Zeit in anderer Sache gegen den Schuldner die Pfändung ohne Erfolg versucht habe. Eine Bescheinung über verweigerte Durchsuchung kann ausreichen (hM. LG Traunstein RPfleger 1989, 115; LG Detmold NJW 1986, 2261; *Baumbach/ Lauterbach/Albers/Hartmann* Rdn. 10 mwN.; dagegen LG Hannover DGVZ 1987, 76; *Zöller/Stöber* Rdn. 14 zu § 807).

Bei Versicherung nach § 883 Abs. 2 ZPO ist durch GerVollz.-Protokoll glaubhaft zu machen, daß die herauszugebende Sache beim Schuldner nicht gefunden wurde.

Erfolglose Vollstreckung in anderes Vermögen ist nicht Voraussetzung, auch wenn solches bekannt ist (LG Düsseldorf MDR 1958, 171; str.). Mitteilung einzelner Vollstreckungsmöglichkeiten, zB. des Arbeitgebers, beseitigt die Pflicht zur Offenbarung nicht (LG Berlin RPfleger 1975, 373; *Zöller/Stöber* Rdn. 10 zu § 900; aA. offenbar KG MDR 1968, 56). Der Gläubiger hat Anspruch auf ein vollständiges Verzeichnis. Nur wenn er das gesamte Vermögen sicher kennt oder sicher weiß, daß keines vorhanden ist, kann das Rechtsschutzbedürfnis fehlen. Es fehlt nicht, weil die beizutreibende Forderung gering ist (*Morgenstern* NJW 1979, 2277).

Der Gläubiger muß die Mobiliarvollstreckung nur versucht haben, soweit ihm Wohn- oder Geschäftsräume des Schuldners mit zumutbarem Aufwand bekannt werden. Sonst kann er ohne Unpfändbarkeitsattest Offenbarungsversicherung beantragen (OLG Köln MDR 1976, 53; LG Essen MDR 1976, 53; die Praxis entscheidet unterschiedlich).

Kosten und Gebühren

Vgl. die Kostenaufstellung am Ende des Formulars. Für den Anwalt entsteht ggf. weiter die 3/10 Verhandlungsgebühr nach §§ 31 Abs. 1 Nr. 2, 57 Abs. 1 BRAGO, wenn er, was zumindest bei größeren Forderungen ratsam ist, am Termin teilnimmt. Die 3/10 Verfahrensgebühr entsteht auch bei Anforderung des Vermögensverzeichnisses (LG Köln JB 1977, 217).

Als Gegenstandswert ist nur die restliche Hauptforderung einschließlich Zinsen, aber ohne Kosten anzusetzen, maximal 3000,– DM, § 57 Abs. 2 S. 5 BRAGO.
In Ostdeutschland 80% der gesetzlichen Gebühren.

Fristen und Rechtsmittel

Der Rechtspfleger entscheidet; gegen Ablehnung der Terminbestimmung ist also sofortige Durchgriffserinnerung nach § 11 RPflegerG gegeben, binnen zwei Wochen (*Zöller/ Stöber* Rdn. 28 zu § 900; jetzt ebenso *Baumbach/Lauterbach/Albers/Hartmann* § 900 Rdn. 13). Der Schuldner hat gegen die Terminbestimmung keinen Rechtsbehelf (AG Ulm RPfleger 1982, 480 mwN.). Er muß, und zwar nicht nur schriftlich, sondern auch im Termin selbst, ggf. Widerspruch nach § 900 Abs. 5 ZPO einlegen, über den der Rechtspfleger entscheidet, vgl. Form. III. D. 4. Eine Befugnis zu ratenweiser Tilgung der Gläubigerforderung (ähnlich § 813a ZPO, vgl. oben Form. III. B. 4) kann der Schuldner, allerdings nur auf viereinhalb Monate, durch Vertagungsanträge nach § 900 Abs. 4 ZPO erhalten.

2. Ergänzung der eidesstattlichen Versicherung

An das
Amtsgericht
Vollstreckungsgericht

Az. . . . . . .

Antrag
auf Ergänzung der eidesstattlichen Versicherung[1]
in der Vollstreckungssache

X ./. Y.

Namens und mit Vollmacht des Gläubigers beantrage ich,

den Schuldner zur Ergänzung des zu obigem Az. am . . . . . . vor dem dortigen Gericht vorgelegten Vermögensverzeichnisses und zur eidesstattlichen Versicherung der Richtigkeit und Vollständigkeit zu laden, wegen folgender Punkte:

1. Der Schuldner möge für die unter Nr. 20 des Verzeichnisses angegebenen Lebensversicherung den Drittschuldner und den Versicherungsbeginn genau bezeichnen und die Versicherungs-Nr. angeben[2].
2. Der Schuldner möge die Angabe in Nr. 14 des Verzeichnisses, er arbeite für ständig wechselnde Arbeitgeber, konkretisieren gemäß LG München RPfleger 1982, 231[3].

Titel und Vollstreckungsunterlagen füge ich bei und bitte um baldige Veranlassung[4].

Für den Fall, daß der Schuldner im anzusetzenden Termin nicht erscheint, beantrage ich schon jetzt den Erlaß eines Haftbefehls.

Rechtsanwalt[5]

Anmerkungen

1. Zur Ergänzung des Vermögensverzeichnisses und eidesstattlicher Versicherung der Richtigkeit und Vollständigkeit (§ 807 Abs. 2 ZPO) dieser Ergänzung ist der Schuldner zu laden, wenn sich herausstellt, daß das bisherige Verzeichnis unvollständig war (OLG Köln RPfleger 1975, 180; LG Memmingen AnwBl. 1988, 589; *Zöller/Stöber* Rdn. 14 zu § 903).

2. Ergänzung der eidesstattlichen Versicherung III. D. 2

Dann wird man aber zunächst in dies bekannt gewordene Vermögen pfänden. Praktisch wichtiger sind Ungenauigkeit und Unvollständigkeit in den Vermögensangaben nach § 807 Abs. 1 S. 1 letzter Halbs. ZPO (*Schneider* MDR 1976, 535 f.; *Baumbach/Lauterbach/Albers/Hartmann* § 903 Rdn. 3 mwN.), die den Zugriff erschweren.

2. Andere häufige Auslassungen – deren Hinnahme durch den Rechtspfleger pflichtwidrig ist und Amtshaftung auslöst (BGHZ 7, 293; OLG Köln MDR 1975, 498; LG Göttingen NJW 1994, 1164) – sind zB. unzureichende Drittschuldnerbezeichnung bei Arbeitslohn, Sozialleistungen und Steuererstattungen, fehlende Standortangaben bei Kraftfahrzeugen (OLG Frankfurt MDR 1976, 320) sowie fehlende Vertrags- und Beweismittelbezeichnung bei Kaufpreis-, Werklohn- und ähnlichen Ansprüchen. Fehlen nur für die Vollstreckung nicht unbedingt erforderliche Angaben, wie die Versicherungs-Nr., so kann keine Ergänzung verlangt werden (AG Nürnberg RPfleger 1971, 265), vgl. Form. III. B. 14 Anm. 7.

3. Nach dieser praxisnahen Entscheidung ist „ständig wechselnd" eine rechtliche Würdigung. Der Schuldner muß Tatsachen nennen, also angeben, bei welchen Arbeitgebern er wie lange in letzter Zeit (ca. 1 Jahr) gearbeitet hat und mit welchem Tagesverdienst, LG Frankfurt/M RPfleger 1985, 245. Ähnliches muß für die beliebte Angabe „ständig wechselnder Auftraggeber" bei Gewerbetreibenden gelten.

4. Mit der Ergänzung wird das alte Verzeichnis nachgebessert, so daß die Voraussetzungen von § 903 ZPO nicht vorliegen müssen (*Zöller/Stöber* Rdn. 14 zu § 903 mwN.; ebenso *Baumbach/Lauterbach/Albers/Hartmann* § 903 Rdn. 3). Daher ist auch erneuter Unpfändbarkeitsnachweis unnötig, selbst wenn die Ergänzung erst nach Jahr und Tag von einem anderen Gläubiger beantragt wird (*Schneider* MDR 1976, 536). Die Ergänzung setzt das alte Verfahren fort (*Baumbach/Lauterbach/Albers/Hartmann* § 903 Rdn. 5), so daß der Schuldner die Verhältnisse am Tage der Ergänzung als dem Tag der letzten mündlichen Verhandlung, § 136 Abs. 4 ZPO, offenbaren muß, nicht die ggf. überholten am Tage der ersten Versicherung.

5. Möglich sind auch mehrere Ergänzungsverfahren nacheinander, LG Kassel RPfleger 1991, 118.

Kosten und Gebühren

a) Gericht: keine besondere Gebühr, da Gebühr nach KV zum GKG Nr. 1152 nur für die „Bestimmung des ersten Termins im Verfahren" anfällt, im übrigen meist auch aus dem Gesichtspunkt unrichtiger Sachbehandlung, § 8 GKG.

b) Anwalt: keine besondere Gebühr, wenn er im bisherigen Verfahren, das zum unvollständigen Verzeichnis führte, tätig war. Eine 3/10 Gebühr nach § 58 Abs. 3 Nr. 11 BRAGO, wenn er im bisherigen Verfahren nicht tätig war, etwa einen anderen Gläubiger vertritt.

c) In Ostdeutschland 80% der gesetzlichen Gebühren.

Fristen und Rechtsmittel

Wie Form. III. D. 1.

3. Wiederholte eidesstattliche Versicherung[1] (§ 903 ZPO)

An das
Amtsgericht
Vollstreckungsgericht

Antrag

auf Bestimmung eines Termins zur wiederholten Abgabe der Offenbarungsversicherung,
§ 903 ZPO

in der Vollstreckungssache

X ./. Y.

Namens und mit Vollmacht des Gläubigers beantrage ich,

Termin gemäß § 903 ZPO zur wiederholten Abgabe eines Vermögensverzeichnisses und der eidesstattlichen Versicherung des Schuldners zu bestimmen.

Der Antrag wird auch für den Fall gestellt, daß gegen den Schuldner bereits Haft zur Erzwingung der Abgabe der eidesstattlichen Versicherung angeordnet ist.

Falls der Schuldner im Termin nicht erscheint oder die Abgabe der Versicherung ohne Grund verweigert, wird schon jetzt

Haftbefehl gemäß § 901 ZPO

beantragt.

Ich bitte, mir umgehend nach dem Termin Protokoll und Vermögensverzeichnis oder Haftbefehl zu übersenden.
Ich überreiche anliegend Schuldtitel, Antragskopie und Vollstreckungsunterlagen, wonach der Gläubiger noch beanspruchen kann[2]:
......

Der Schuldner hat am ...... vor dem AG ...... zum Az. ...... die eidesstattliche Versicherung abgegeben[3].
Gemäß beigefügter Erklärung des damaligen Arbeitgebers, Firma ......, ist das dort bestehende Arbeitsverhältnis aufgelöst[4].
Danach ist der Schuldner zur erneuten Abgabe der Versicherung verpflichtet[5].

Rechtsanwalt

Anmerkungen

1. Der Schuldner muß erst 3 Jahre nach einer Offenbarungsversicherung sein Vermögen erneut offenbaren, § 903 ZPO. Vorher muß er dies nur, wenn
– die Eintragung im Schuldnerverzeichnis nach § 915 Abs. 2 1. Alt. ZPO vorher gelöscht wurde,
– Vermögenserwerb glaubhaft gemacht wird (der konkrete Zufluß einer nennenswerten Summe etwa aus Verkauf eines bisher gem. § 811 Nr. 5 ZPO unpfändbaren PKW reicht aus),
– Auflösung eines bisherigen Arbeitsverhältnisses glaubhaft gemacht wird,
– Unrichtigkeit des ersten Verzeichnisses glaubhaft gemacht wird (vgl. unten Anm. 5).
In allen vier Fällen besteht eine Vermutung für neue Vollstreckungsaussichten, die nach § 903 ZPO unverzüglich geklärt werden sollen.

2. Berechnung von Forderung und Antragskosten wie oben Form. III. D. 1, vgl. dort auch Anm. 10.

4. Widerspruch des Schuldners   **III. D. 4**

3. Neue Unpfändbarkeitsbescheinigung ist beim Antrag nach § 903 ZPO nicht erforderlich, es reicht die des alten Verfahrens (LG Göttingen JurBüro 1986, 304; LG Hannover MDR 1973, 769; *Schneider* MDR 1976, 536 mwN.; *Baumbach/Lauterbach/Albers/Hartmann* § 903 Rdn. 2; strittig).

4. Dies ist der praktisch häufigste Fall, die Glaubhaftmachung von Vermögenserwerb ist selten, weil der Gläubiger dann meistens direkt pfänden kann. § 903 ZPO ist auch anwendbar, wenn ein erst nach der ersten Versicherung aufgenommenes Arbeitsverhältnis beendet ist (LG Bremen NJW 1969, 152). Die Vorschrift ist entsprechend anwendbar, wenn der Schuldner eine selbständige Tätigkeit aufgibt (LG Hamburg DGVZ 1985, 90; *Zöller/Stöber* Rdn. 8 zu § 903 mwN.; *Baumbach/Lauterbach/ Albers/Hartmann* § 903 Rdn. 16; str.) oder bisherige Arbeitslosigkeit oder Rentenbezug endet (*Zöller/Stöber* aaO. mwN.; str.; ggf. glaubhaft zu machen durch Bescheinigung des Arbeitsamtes über Wegfall von Leistungen), auch bei sonstigem Wegfall der bisherigen Lebensgrundlage, etwa einer Witwenpension (OLG Hamm RPfleger 1983, 323 mwN.). Auch wenn der arbeitslose Schuldner später keine Arbeitslosenunterstützung beantragt, ist glaubhaft gemacht, daß er einen neuen Arbeitsplatz hat (LG Kassel MDR 1980, 237; LG Duisburg MDR 1982, 504 mwN.).

5. Er ist zur Abgabe eines vollständigen Verzeichnisses verpflichtet, nicht nur zu Einzelangaben, etwa über einen neuen Arbeitgeber (KG MDR 1968, 674; LG Krefeld MDR 1986, 1035; *Zöller/Stöber* Rdn. 10 zu § 903; *Baumbach/Lauterbach/Albers/Hartmann* § 903 Rdn. 1 mwN.).

Zur wiederholten vollständigen Abgabe – nicht nur Ergänzung – ist der Schuldner in entsprechender Anwendung von § 903 ZPO auch verpflichtet, wenn das frühere Verzeichnis zwar äußerlich vollständig, aber – meist strafbar – inhaltlich unrichtig war (OLG Köln MDR 1975, 498; *Schneider* MDR 1976, 536), wenn er also zB. beim angegebenen Arbeitgeber nie tätig oder bereits bei der ersten Versicherung ausgeschieden war (LG Berlin RPfleger 1971, 325).

Kosten und Gebühren

Da das Verfahren nach § 903 ZPO ein neues Verfahren ist, für das nur die 3jährige Sperrfrist entfällt, fallen die Gebühren an wie in Form. III. D. 1.

Fristen und Rechtsmittel

Wie Form. III. D. 1.

4. Widerspruch des Schuldners (§ 900 Abs. 5 ZPO)[1]

An das
Amtsgericht
Vollstreckungsgericht

Az. . . . . . .

Widerspruch

gemäß § 900 Abs. 5 ZPO

in der Vollstreckungssache

X   ./.   Y.

Namens und mit Vollmacht des Schuldners lege ich gegen die Bestimmung des Offenbarungstermins zu obigem Az. auf den . . . . . .

III. D. 4   III. D. Das Verfahren zur Abgabe der eidesstattlichen Versicherung

Widerspruch

ein und beantrage,

die Terminsbestimmung aufzuheben[2] und dem Gläubiger die Kosten des Verfahrens aufzuerlegen.

Begründung:

Für den Antrag des Gläubigers fehlt das Rechtsschutzbedürfnis[3]. Ihm sind als bisherigem Steuerberater des Schuldners dessen Vermögensverhältnisse genau bekannt. Dies ergibt sich auch aus einem Briefwechsel der Parteien, den ich als Anlage beifüge. Ergänzend überreiche ich anliegend eine eidesstattliche Versicherung des Schuldners, wonach die dem Gläubiger bekannten Angaben richtig und vollständig sind[4].

Daher ist der Termin aufzuheben[5].

Rechtsanwalt[6]

Anmerkungen

1. Der Antrag wird meist erst im Termin gestellt, um Abweisung vor dem Termin zu verhindern. Er muß jedenfalls auch mündlich im Termin gestellt werden, § 128 Abs. 1 ZPO. Sonst ist er unbeachtlich.

2. Dies ist das Ziel des Widerspruchs. Die bloße Bezeichnung als Widerspruch ohne den konkreten Antrag wäre aber entsprechend auszulegen.

3. Nach zutreffender h. M. kann der Schuldner mit Widerspruch nur prozessuale Mängel geltend machen (zB. fehlende Klausel; Zustellungsmängel; fehlendes Rechtsschutzbedürfnis; Mängel des Unpfändbarkeitsattestes; Prozeßunfähigkeit; Verstoß gegen § 903 ZPO; Härte iSv. § 765 a ZPO), nicht aber Einwendungen gegen den Anspruch oder die Klausel, die nach § 767 (Form. III. A. 17) bzw. § 732 ZPO (Form. III. A. 12) geltend zu machen sind (*Zöller/Stöber* Rdn. 14 zu § 900 mwN.; *Baumbach/Lauterbach/Albers/Hartmann* § 900 Rdn. 18).

4. Diese Versicherung ist nur prozessuales Beweismittel, § 294 ZPO, also nicht in die Schuldnerliste nach § 915 ZPO einzutragen. Belegt der Gläubiger, daß die Angaben des Schuldners unzuverlässig sind, ist sein Rechtsschutzbedürfnis gleichwohl gegeben.

In der Praxis dürften die unbegründeten, nur auf Zeitgewinn nach § 900 Abs. 5 S. 2 ZPO zielenden Widersprüche weit überwiegen. Bei fehlender oder abwegiger Begründung ist der Widerspruch unbeachtlich (*Baumbach/Lauterbach/Albers/Hartmann*, Rdn. 28 zu § 900; LG Düsseldorf RPfleger 1980, 484).

5. Nach § 900 Abs. 5 S. 2 ZPO bringt auch ein unbegründeter Widerspruch Zeitgewinn, selbst wenn nach Rechtskraft unverzüglich neu terminiert wird. Der Schuldner muß aber alle im Zeitpunkt des Widerspruchs bekannten Gründe geltend machen, sonst wird er präkludiert (*Baumbach/Lauterbach/Albers/Hartmann* § 900 Rdn. 31). Mit neuen Gründen ist erneuter Widerspruch zulässig, dem aber die aufschiebende Wirkung genommen werden kann, § 900 Abs. 5 S. 2 2. Halbs. ZPO.

Soweit der Schuldner nur Zahlungsaufschub wünscht, kann er diesen bis zu 4½ Monaten durch Anträge nach § 900 Abs. 4 ZPO erhalten, ähnlich wie nach § 813 a ZPO (Form. III. B. 4) oder nach § 30 a ZVG (Form. III. B. 35).

6. Statt mit Widerspruch versuchen Schuldner häufig wegen Krankheit den Offenbarungstermin hinauszuzögern. Bei Bettlägerigkeit muß aber ggf. der Rechtspfleger die Versicherung am Krankenbett abnehmen (OLG Frankfurt RPfleger 1977, 146; *Zöller/Stöber* Rdn. 26 zu § 900). Seelische Belastung durch die Offenbarungsversicherung beseitigt die Verpflichtung nicht (KG NJW 1967, 59), da die Abgabe der Versicherung den redlichen Schuldner seelisch entlastet (OLG Köln RPfleger 1978, 32). Ohnehin werden nur wenige Krankheiten den Schuldner wirklich hindern, einen Fragebogen auszufüllen und dessen Richtigkeit zu versichern.

Kosten und Gebühren

a) Gericht: keine besondere Gebühr neben der allgemeinen Verfahrensgebühr von 35,– DM nach KV zum GKG Nr. 1643.
b) Anwalt des Gläubigers: keine besondere Gebühr neben der 3/10 Verfahrensgebühr nach §§ 57, 58 Abs. 3 Nr. 11 BRAGO.
c) Anwalt des Schuldners: soweit er für den Widerspruch erstmals eingeschaltet wird, entstehen für ihn die 3/10 Gebühren für das Offenbarungsversicherungsverfahren nach §§ 31, 57 Abs. 1, 58 Abs. 3 Nr. 11 BRAGO.
d) In Ostdeutschland 80 % der gesetzlichen Gebühren.

Fristen und Rechtsmittel

Da der Rechtspfleger unter Beteiligung beider Seiten ohne mündliche Verhandlung durch Beschluß entscheidet, ist sofortige Durchgriffserinnerung nach § 11 RPflG binnen zwei Wochen gegeben (*Baumbach/Lauterbach/Albers/Hartmann* § 900 Rdn. 40, hM.).

5. Verhaftungsauftrag

An die[1]
......

Betr.: Verhaftungsauftrag[2]

In der Vollstreckungssache

X ./. Y

überreiche ich namens und mit Vollmacht des Gläubigers anliegend vollstreckbaren zugestellten Schuldtitel sowie Haftbefehl des AG ...... vom ...... Az. ...... und beglaubigte Abschrift[3] mit dem Auftrag,

den Schuldner zu verhaften und dem zuständigen Rechtspfleger zur Abnahme der eidesstattlichen Versicherung vorzuführen[4].

Die Vollstreckung erfolgt wegen der Verhaftungskosten und wegen folgender Beträge gemäß anliegender Vollstreckungsunterlagen[5]:
......
Bei Teilzahlung von mindestens ...... DM monatlich stimme ich ratenweiser Erledigung zu[6] und bitte um Überweisung auf mein Konto[7].

Rechtsanwalt[8]

Anmerkungen

1. Adressierung wie Form. III. B. 1.
2. Erscheint der Schuldner ohne ausreichende Entschuldigung nicht zum Offenbarungstermin oder verweigert er ohne Grund die Offenbarung, wird zur Erzwingung Haft angeordnet, § 901 ZPO, und darüber ein Haftbefehl ausgestellt, § 908 ZPO, den der Gläubiger durch GerVollz. vollstrecken lassen kann, § 909 ZPO.
Gegen die Haftanordnung – die der Richter vornimmt, § 4 Abs. 2 S. 2 RPflG – hat der Schuldner sofortige Beschwerde, § 793 ZPO, wobei er mit den Gründen eines schon

abgewiesenen Widerspruchs ausgeschlossen ist (*Zöller/Stöber* Rdn. 13 zu § 901). Ausgeschlossen ist er nach überwiegender Ansicht auch mit Gründen, wegen derer er Widerspruch hätte einlegen können (*Baumbach/Lauterbach/Albers/Hartmann* § 901 Rdn. 14 mwN.; aA. OLG Frankfurt RPfleger 1976, 27 mwN.).

3. Abschrift des Haftbefehls erforderlich wegen § 909 S. 2 ZPO. Gegen die h. M. (*Baumbach/Lauterbach/Albers/Hartmann*, § 901 Rdn. 6 und 11; *Zöller/Stöber* Rdn. 8 zu § 901 mwN.) wird vereinzelt eine Zustellung des Haftbefehls auch von Amts wegen für erforderlich gehalten (LG Lübeck RPfleger 1981, 153).

4. Regelmäßig wird dann die Versicherung abgegeben, so daß Haftvollzug fast nie vorkommt. Deshalb konnte der Haftkostenvorschuß 1978 entfallen.

5. Forderungsaufstellung wie Form. III. B. 1. Sie ist nicht Antragserfordernis. Da aber zur Abwendung der Verhaftung häufig die Forderung ganz oder in Raten gezahlt wird, ist die Angabe zweckmäßig und sollte durch Beifügung der Vollstreckungsunterlagen belegt werden.

6. Man kann auch den Haftbefehl nur zustellen (LG Ulm NJW 1963, 867) oder ihn außergerichtlich dem Schuldner zur Kenntnis geben, um ihn durch Androhung der Verhaftung zur Zahlung zu veranlassen.

7. Zur Geldempfangsvollmacht Form. III. B. 1 Anm. 5.

8. Die Vollziehung des Haftbefehls kann bis zur Verwirkungsgrenze noch nach Jahr und Tag erfolgen (LG Dortmund MDR 1967, 224; *Zöller/Stöber* Rdn. 4 und 5 zu § 909 mwN.), so wenn der Schuldner nicht auffindbar war oder zeitweise getilgt hat.

Die Vollziehung kann ggf. durch Gläubigerhinweise sehr erleichtert werden. Ist der Schuldner tagsüber nicht greifbar, ist ein Beschluß nach § 761 ZPO erforderlich, Form. III. A. 10.

Zur Verhaftung in den Räumen des Schuldners ist eine Durchsuchungsanordnung nach Art. 13 GG (Form. III. A. 11) nicht erforderlich, weil der richterliche Haftbefehl die Vollstreckung in der Schuldnerwohnung impliziert (hM. LG Berlin NJW 1980, 457; *Zöller/Stöber* Rdn. 10 zu § 758 mwN.).

Kosten und Gebühren

a) Anwalt: keine besondere Gebühr neben der 3/10 Gebühr des Offenbarungsversicherungsverfahrens, da keine besondere Angelegenheit iS. von § 58 Abs. 3 BRAGO. Der Verhaftungsauftrag kann aber mit einem Vollstreckungsauftrag (Form. III. B. 1) verbunden werden (AG Büdingen DGVZ 1985, 78 mwN.), für den dann eine besondere 3/10 Gebühr anfällt. Umstritten ist allerdings, ob und wann diese Gebühr vom Schuldner zu erstatten ist, wann sie also notwendig iS. von § 788 ZPO war.

b) GerVollz.: doppelte Festgebühr, also 40,– DM nebst Nebenkosten nach §§ 13 Abs. 2, 26 Abs. 1 GerVollzKostG.

c) In Ostdeutschland 80% der gesetzlichen Gebühren.

Fristen und Rechtsmittel

Gegen die Ablehnung oder Anordnung der Haft haben, da sie durch den Richter erfolgt (vgl. Anm. 2), beide Parteien die sofortige Beschwerde binnen zwei Wochen gemäß § 793 ZPO, vgl. Form. III. A. 22 (anders, zunächst Erinnerung nach § 766, gegen die ganz allgemeine Ansicht nur *Zöller/Stöber* Rdn. 11 zu § 901 mwN. in Rdn. 12). Gegen das Verfahren des Gerichtsvollziehers bei der Verhaftung ist – unbefristete – Erinnerung nach § 766 ZPO gegeben.

6. Schuldnerantrag auf Löschung im Schuldnerverzeichnis (§ 915 a ZPO)

An das
Amtsgericht
Schuldnerverzeichnis[1]

Antrag

auf Löschung im Schuldnerverzeichnis[2]

in der Vollstreckungssache

X ./. Y.

in obiger Sache ist zum Az. ...... beim dortigen Gericht am ...... Haftbefehl gemäß § 901 ZPO gegen den Schuldner ergangen. Namens und mit Vollmacht des Schuldners beantrage ich,

die darüber nach § 915 Abs. 1 ZPO erfolgte Eintragung im Schuldnerregister zu löschen. Nach der beigefügten Bescheinigung des Gläubigervertreters besteht keine Forderung mehr[3].

Rechtsanwalt

Anmerkungen

1. Um den Rechtsverkehr vor zahlungsunfähigen oder zahlungsunwilligen Schuldnern zu schützen, werden nach § 915 Abs. 1 ZPO beim Vollstreckungsgericht in ein jedermann zugängliches Verzeichnis eingetragen Schuldner,
– die in den letzten 3 Jahren die eidesstattliche Versicherung nach § 807 ZPO oder § 284 AO (also nicht nach § 883 ZPO) abgegeben haben,
– gegen die nach § 901 ZPO Haft angeordnet oder sogar 6 Monate vollstreckt wurde.
Da den Schuldnern damit Kreditgeschäfte weitgehend unmöglich werden, übt die drohende oder erfolgte Eintragung bzw. deren Bekanntgabe insbesondere über die Schufa und die berufsständischen Kammern starken Druck aus, sich um Tilgung zu bemühen.
Löschung und Auskunfterteilung sind jetzt seit 1. 1. 1995 – übertrieben akribisch – geregelt in §§ 915 a–h ZPO.

2. Vor Ablauf des dritten Jahres seit Eintragung erfolgt die Löschung nach § 915 a nur
– bei erfolgreichem Rechtsmittel gegen Terminsanordnung oder Haftanordnung,
– bei Wegfall des Vollstreckungstitels, sei es durch Befriedigung, sei es durch Rechtsmittel.

3. Der Nachweis (voller Beweis) kann auch anders geführt werden, zB. durch Vorlage des quittierten Titels, § 757 ZPO. Der Wegfall der Forderung kann auch auf Erlaß beruhen (LG Hannover RPfleger 1970, 442). Bloße Stundung berechtigt nicht zur Löschung, ebensowenig – wegen der Warnfunktion für Dritte – die Zustimmung des Gläubigers (LG Tübingen RPfleger 1986, 24). Die Parteien können aber auf die bisherige Forderung verzichten und eine neue vereinbaren, etwa Darlehen oder abstraktes Schuldanerkenntnis.

Kosten und Gebühren

a) Gericht: keine besondere Gebühr. Auch für mündliche und schriftliche Auskünfte aus dem Verzeichnis nach § 915 Rdn. 6 ZPO entstehen lediglich ggf. Schreibgebühren.

b) Anwalt: da das Verfahren auf Löschung besondere Angelegenheit ist, § 58 Abs. 3 Nr. 12 BRAGO, fallen gesonderte ³⁄₁₀ Gebühren nach §§ 31, 57 Abs. 1 BRAGO an, ggf. auch beim Gläubigeranwalt, wenn der Gläubiger gehört wird oder dem Löschungsantrag entgegentritt.

c) In Ostdeutschland 80 % der gesetzlichen Gebühren.

Fristen und Rechtsmittel

Über die Löschung entscheidet der Rechtspfleger durch Beschluß. Gegen ihre Ablehnung oder Anordnung steht den Parteien daher die Erinnerung nach § 11 Abs. 1 RPflG zu. Da eine Beschwerde ausgeschlossen ist, § 915 c, verbleibt es aber bei der Entscheidung des Amtsrichters.

E. Besonderheiten der Arrest- und Verfügungsvollstreckung

1. Pfändungsantrag bei Sicherungsverfügung mit Vereinbarung von Sequestration

An die
...... [1]

überreiche ich namens und mit Vollmacht des Gläubigers anliegend Beschluß[2] des LG
...... vom ...... [3] Az. ...... mit dem Auftrag zur Zwangsvollstreckung[4] durch Wegnahme der vom Schuldner herauszugebenden, im Titel näher bezeichneten Sachen.
Zugleich bitte ich wegen der Vollstreckungskosten um Pfändung in das sonstige Schuldnervermögen[5] wegen folgender Beträge:

1. Kosten dieses Antrages ...... DM
2. Gerichtsvollzieherkosten, die ich hinzuzusetzen bitte ...... DM
3. Sequestrationskosten, die ich hinzuzusetzen bitte ...... DM

Wegen der herauszugebenden Sachen ist Sequestration angeordnet[6]. Ich bitte den zuständigen Gerichtsvollzieher, das Amt des Sequesters zu übernehmen[7] und mir die dafür beanspruchte Vergütung aufzugeben[8,9].

Rechtsanwalt

Anmerkungen

1. Ausgangsfall ist eine Sicherungsverfügung wegen Eigentumsvorbehaltsware, die bei drohendem wirtschaftlichem Zusammenbruch des Schuldners gefährdet ist.
Adressierung ggf. wie Form. III. B. 1. Allerdings wird man zur Beschleunigung durch Anruf beim Gericht Namen und Anschrift des zuständigen GerVollz. ermitteln, ihm direkt den Auftrag übermitteln und diesen möglichst vorab mit ihm telefonisch besprechen. Zuständigkeit nach §§ 936, 930 Abs. 1 ZPO wie sonst bei Mobiliarvollstreckung.

2. Arresttitel (entsprechend auch Verfügungstitel, § 936 ZPO) benötigen außer bei Titelumschreibung keine Vollstreckungsklausel (§ 929 Abs. 1 ZPO). Um den Arrestschuldner – der immerhin einen Arrestgrund geliefert hat – zu überraschen, kann sogar die Zustellung der Vollstreckung nachfolgen, § 929 Abs. 3 ZPO.

3. Die Vollstreckbarkeit ist aber zeitlich auf einen Monat seit Verkündung, seit Aushändigung oder seit Zustellung des Beschlusses an den Gläubiger beschränkt, § 929 Abs. 2 ZPO. Wird innerhalb dieser Frist nicht vollstreckt, ist der Arrest auf Widerspruch aufzuheben (*Baumbach/Lauterbach/Albers/Hartmann* § 929 Rdn. 16), also Vollziehungspflicht! Heute wird allgemein angenommen, daß es als „Vollziehung des Arrestbefehls" anzusehen ist, wenn vor Ablauf der Frist die Vollstreckungsmaßnahme ordnungsgemäß (!) beantragt ist. Die Maßnahme selbst kann auch nach Fristablauf vollzogen werden (OLG München NJW 1968, 708; BFH NJW 1974, 1216; *Baur/Stürner* Rdn. 873; *Baumbach/Lauterbach/Albers/Hartmann* § 929 Rdn. 12). Mit dem Antrag beginnt aber die Wochenfrist von § 929 Abs. 3 ZPO (RGZ 81, 289). Der Gläubiger sollte ggf. 2 Ausfertigungen beantragen, um den Titel zur Wahrung beider Fristen vorlegen zu können.

4. Daß diese Vollstreckung, wie stets bei Arrest, §§ 930–932 ZPO, und meist bei einstweiliger Verfügung nur auf Sicherung, nicht auf Befriedigung geht, muß der Titel ergeben, der bei Herausgabe zB. auf Herausgabe an einen Sequester lautet, nicht an den Gläubiger.

5. Nach § 928 ZPO gilt § 788 ZPO entsprechend, so daß auch wegen des Kostenanspruches vollstreckt werden kann (*Baumbach/Lauterbach/Albers/Hartmann* § 928 Rdn. 3), soweit er nicht schon in einer Kostenpauschale mit tituliert ist.

6. Anordnung nach § 938 Abs. 2 ZPO. Ob sie – und mithin der Antrag darauf – zweckmäßig ist, hängt von der Beschaffenheit der herauszugebenden Sachen und der Art der Gefährdung ab. Sind Straftaten wie Siegel- und Verstrickungsbruch nicht zu befürchten, kann eine auf Pfändung und Siegelung beschränkte Verfügung unter Belassung der Sachen beim Schuldner erhebliche Kosten sparen.

Sequestration erfordert eine zur Übernahme des Amtes bereite Person, der eine Vergütung zusteht (*Noack* Büro 1977, 1317). Sequestration (= Treuhandverwaltung) sollte daher nur beantragt werden, wo etwas zu verwalten ist, zB. bei Wertpapieren mit Coupons, bei Einziehung von Mieten etc. Geht es nur um Lagerung von Waren, so kann bei Gefährdung Pfändung, entgegen § 808 Abs. 2 ZPO verbunden mit Wegnahme, beantragt werden, die zu amtlicher Verwahrung (Pfandkammer) führt, und deren Durchführung der GerVollz. nicht ablehnen darf. Allerdings können die landesrechtlich geregelten Kosten amtlicher Verwahrung, auf die Zeit zwischen Pfändung und Versteigerung kalkuliert, bei Verwahrung bis zum Abschluß des Hauptverfahrens ganz erheblich sein.

Dann hilft nur Verwertung nach Parteivereinbarung oder Antrag nach § 930 Abs. 3 ZPO, den auch der Schuldner stellen kann.

Kostengünstiger ist vielfach, Verwahrung durch einen Lagerhalter anzuordnen, bei besonderen Lageranforderungen (Kühlung, Warenpflege) auch Verwahrung durch den Gläubiger (Lieferanten) unter Aufsicht des GerVollz. oder eines anderen Sequesters. Bei einstweiliger Verfügung ist, anders als beim Arrest, auch Übertragung an den Gläubiger zur Verwertung gegen ausreichende Sicherheitsleistung denkbar und zB. bei marktgängigen, aber verderblichen Waren (Lebensmittel) sehr zweckmäßig.

7. Soweit danach Sequestration überhaupt zweckmäßig ist, wird man sie stets zuvor mit dem GerVollz. absprechen. Zur Übernahme des Amtes ist nämlich der GerVollz. auch bei Benennung im Beschluß nicht verpflichtet, da sie für ihn nicht Dienstpflicht, sondern Nebenamt ist (*Baumbach/Lauterbach/Albers/Hartmann,* Rdn. 23 zu § 938). Er braucht auch die Zustimmung seiner Dienstbehörde (OLG Koblenz MDR 1981, 855), die aber idR. erteilt wird. Daher ist telefonische Abstimmung schon vor dem Verfügungsantrag ratsam, um nachträgliche Titeländerungen zu vermeiden. Ebenso sollte Stellung von Transportraum und Hilfskräften abgesprochen sein.

Zum Sequester können auch andere Personen, zB. Anwälte, ernannt werden, an die der GerVollz. dann die weggenommenen Sachen abzugeben hat.

8. Zwar kann die Vergütung vom Gericht festgesetzt werden (OLG Celle RPfleger 1969, 216). Praktisch wird aber Vereinbarung und Vorschußzahlung verlangt, was wirksam ist (OLG Hamburg RPfleger 1957, 87 und KTS 1977, 176).

9. Bei Forderungspfändung mit Arresttitel (dazu oben Form. I. R. 1) ist abweichend von Form. III. B. 6 nur zu beachten, daß
– die Überweisung der Forderung unzulässig ist und
– das Arrestgericht zuständiges Vollstreckungsgericht ist, § 930 Abs. 1 S. 2 ZPO.

Letzteres ermöglicht, zur Beschleunigung den Pfändungsantrag mit dem Arrestantrag zu verbinden. Das Gericht verbindet dann Arrestbeschluß mit dem Pfändungsbeschluß (*Baumbach/Lauterbach/Albers/Hartmann* § 930 Rdn. 5; *Zöller/Vollkommer* Rdn. 3 zu § 930).

Bei Pfändung mehrerer Forderungen mit verschiedenen Drittschuldnern sollten mehrere Ausfertigungen beantragt werden, um gleichzeitig die Zustellung an die Drittschuldner zu betreiben. Auch bei Arrestvollstreckung an mehreren Orten oder in verschiedene Vermögensstücke sind mehrere Ausfertigungen – die wegen § 929 Abs. 1 ZPO tauglich Titel sind – geboten und bei entsprechender Darlegung zulässig (OLG Karlsruhe RPfleger 1977, 453), vgl. auch Form. III. A. 7 Anm. 6.

Kosten und Gebühren

a) Anwalt: ³⁄₁₀ Gebühr nach §§ 31, 57 Abs. 1, 58 Abs. 1, 59 Abs. 1 BRAGO, die auch eventuelle Maßnahmen nach § 930 Abs. 3 ZPO abgilt.
b) GerVollz.: volle Pfändungsgebühr gemäß § 17 Abs. 1 GerVollzKostG nach der Tabelle zu § 13 dieses Gesetzes, aber nur nach dem Wert des nach § 923 ZPO festzusetzenden Abwendungsbetrages, § 17 Abs. 2 GerVollzKostG.
Bei Siegelungen entstehen gemäß § 32 GerVollzKostG Gebühren nach der KostO.
Da die Übernahme des Sequesteramtes nicht Dienstpflicht des GerVollz. ist, besteht keine amtliche Kostenregelung.
c) In Ostdeutschland 80 % der gesetzlichen Gebühren.

Fristen und Rechtsmittel

Wie Form. III. B. 1, da, abgesehen von dem besonderen Titel mit der fehlenden Verwertungsbefugnis, normale Mobiliarpfändung vorliegt.

2. Arrestpfändung in eingetragenes Schiff (§ 931 ZPO)

An die
...... [1]

überreiche ich namens und mit Vollmacht des Gläubigers anliegend Arrestbeschluß des LG ...... vom ...... Az. ...... mit Pfändungsanordnung[2] für das Motorschiff ...... SchiffsregisterNr. ......[3] des AG ...... und Heimathafen ...... mit dem Auftrag,

die Pfändung vorzunehmen[4].

Das Schiff befindet sich zur Zeit im ......hafen, Kai ......
Ich zahle nebengehend gemäß Absprache Kostenvorschuß von ...... DM.
Ich bitte, anschließend unverzüglich dem Arrestschuldner Arrestbeschluß und Pfändungsanordnung in der Frist des § 929 Abs. 3 ZPO zuzustellen[5], und füge entsprechend beglaubigte Kopie bei.

Rechtsanwalt

Anmerkungen

1. Adressierung wie Form. III. B. 1. Auch hier wird man aber stets die Pfändung dem GerVollz. telefonisch avisiert haben und dann an ihn direkt übersenden.

2. Neben dem Arresttitel – ohne Klausel und Zustellungsurkunde – ist eine besondere Pfändungsanordnung in das Schiff erforderlich, § 931 Abs. 3 S. 1 ZPO. Sie wird zusammen mit dem Arrest beantragt, und dann mit ihm verbunden (*Zöller/Vollkommer* Rdn. 1 zu § 931). Sonst, wenn etwa das Schiffseigentum erst nachträglich, aber vor Ablauf der Monatsfrist von § 929 Abs. 2 ZPO bekannt wird, muß die Pfändungsanordnung gesondert beantragt werden, zweckmäßig unter Vorlage eines Schiffsregisterauszuges zur Glaubhaftmachung des Schuldnereigentums.

3. Die Sonderregelung von § 931 ZPO (Mischung von Mobiliar-, Forderungs- und Immobiliarvollstreckung) gilt nur für in Deutschland, auch im Zweitregister eingetragene Schiffe. Durch „Ausflaggung" sind sie heute auch in deutschen Häfen eher die Ausnahme.

Nicht eingetragene oder ausländische Schiffe sind normale bewegliche Sachen, Arrestpfändung nach § 930 Abs. 1 ZPO.

4. Das geschieht durch Inbesitznahme und anschließende Bewachung („an die Kette legen"). Hierfür hat der Gläubiger den nötigen Kostenvorschuß zu leisten und ggf. nachzuzahlen, bei Meidung der Aufhebung des Arrestes, § 934 Abs. 2 ZPO. Die Pfändung ist – mit Ausnahmen – unzulässig bei segelfertigen Seeschiffen, § 482 HGB.

5. Evtl. sind Pfändungsvollziehung und Zustellung mit 2 Ausfertigungen gleichzeitig zu betreiben.

Die Inbesitznahme durch den GerVollz. soll das faktische Verschwinden des eben doch beweglichen Schiffes verhindern. Das Pfandrecht, § 931 Abs. 2 ZPO, entsteht dagegen durch Zustellung der Pfändungsanordnung an den Schuldner (*Baumbach/Lauterbach/ Albers/Hartmann* § 931 Rdn. 2), also wie beim drittschuldnerlosen Recht, § 857 Abs. 2 ZPO. Zugleich wird im Schiffsregister eine Vormerkung eingetragen, § 931 Abs. 3 ZPO. Das außerhalb des Registers entstandene Pfandrecht muß der Gläubiger zur Vermeidung gutgläubigen Erwerbs Dritter eintragen lassen, § 931 Abs. 6 ZPO. Es wirkt wie eine Hypothek, § 931 Abs. 6 S. 2 ZPO.

Kosten und Gebühren

a) Gericht: für Anordnung der Pfändung keine besondere Gebühr neben der Arrestgebühr.

b) Anwalt: 3/10 Gebühr gemäß §§ 31, 57 Abs. 1, 59 Abs. 1 BRAGO. Muß die Pfändungsanordnung nach § 931 Abs. 3 ZPO gesondert beantragt werden, dient dies der Pfändungsvorbereitung, daher keine gesonderte Gebühr, § 58 Abs. 2 BRAGO.

c) GerVollz.: volle Pfändungsgebühr nach § 17 Abs. 2 GerVollzKostG.

d) In Ostdeutschland 80% der gesetzlichen Gebühren.

Fristen und Rechtsmittel

Wie Form. III. B. 1, bzgl. des GerVollz.

3. Antrag auf Arresthypothek (§ 932 ZPO)

An das
Amtsgericht
Grundbuchamt

Antrag

auf Eintragung einer Arresthypothek[1]

in der Vollstreckungssache

X ./. Y.

Namens und mit Vollmacht des Gläubigers überreiche ich anliegend Arrestbeschluß des LG ...... vom ......[2] Az. ...... und beantrage[3],

in Höhe der Lösungssumme[4] eine Arresthypothek auf dem Grundstück des Schuldners in (Anschrift, Flurstück-Nr.), eingetragen im Grundbuch von ...... Bd. ...... Bl. ...... einzutragen.

Titel bitte ich alsbald zurückzureichen. Die Kosten des Eintragungsantrages berechne ich nachstehend.

Rechtsanwalt[5]

3. Antrag auf Arresthypothek **III. E. 3**

Anmerkungen

1. Die Arresthypothek unterscheidet sich von der Zwangshypothek, § 867 ZPO (Form. III. B. 32), vor allem durch das Fehlen des gesetzlichen Löschungsanspruchs, § 932 Abs. 1 S. 2 ZPO (dazu *Stöber* RPfleger 1977, 426). Daher ist mit dem Titel aus dem Hauptprozeß die Umwandlung der Arrest- in eine Zwangshypothek gesondert zu beantragen (OLG Frankfurt RPfleger 1975, 103 mwN.; *Baumbach/Lauterbach/Albers/Hartmann* § 932 Rdn. 3).

2. Sofern der Erlaß des Arrestes einen Monat zurückliegt, muß wegen § 929 Abs. 2 ZPO dargetan werden, daß der Fristbeginn – Zustellung an den Gläubiger (!) – noch keinen Monat zurückliegt.

3. Der Antrag allein gilt hier ausdrücklich, § 932 Abs. 3 ZPO, als Vollziehung des Arrestes, vgl. Form. III. E. 1 Anm. 3. Er muß mangelfrei sein, oder Mängel – wie fehlende Verteilung bei mehreren Grundstücken, Form. III. B. 32 Anm. 5 – müssen vor Ende der Monatsfrist des § 929 Abs. 2 ZPO beseitigt sein.

4. Die Arresthypothek wird als Höchstbetragshypothek in Höhe der Arrestlösungssumme des § 923 ZPO eingetragen. Zinsen und Kosten sind in diese Summe einzurechnen, etwa titulierte zukünftige Leistungen gleichfalls (*Zöller/Vollkommer* Rdn. 3 zu § 932).

5. Im übrigen gelten die Vorschriften über die Zwangshypothek entsprechend, auch die Wertgrenze von 500.– DM (für den Höchstbetrag), §§ 932 Abs. 2, 866 Abs. 3 S. 1 ZPO, vgl. Form. III. B. 32.
Zwangsversteigerung oder -verwaltung finden aus einem Arresttitel nicht statt.

Kosten und Gebühren

Wie Form. III. B. 32.

Fristen und Rechtsmittel

Wie Form. III. B. 32.

F. Anfechtungsgesetz und Insolvenzrecht

Anfechtung

1. Anfechtungsankündigung durch einfaches Schreiben[1]

Frau A   (Ort, Datum)

Sehr verehrte Frau A,
hiermit zeige ich an, daß die Firma B ...... von mir anwaltlich vertreten wird.
Für meine Mandantin habe ich gegen Ihren Ehemann, Herrn A, ein Urteil bei dem Landgericht ...... Az. ...... vom ...... über eine Kaufpreisforderung in Höhe von DM ...... nebst Zinsen und Kosten erstritten[2]. Das Urteil ist noch nicht rechtskräftig[3].
Im Laufe der letzten mündlichen Verhandlung vor dem Landgericht habe ich in Erfahrung gebracht, daß Ihr Ehemann Ihnen durch notariellen Schenkungsvertrag vom ...... das Grundstück (Ort, Straße) eingetragen im Grundbuch von (Ort, Grundbuchstelle) übertragen hat[4].
Diese Übertragung stellt einen anfechtbaren Rechtserwerb gem. § 3 Abs. 1 Nr. 4 des Anfechtungsgesetzes dar. Ihnen war bekannt, daß durch diese Grundstücksübertragung jegliche Vollstreckungsversuche gegen Ihren Ehemann vereitelt werden sollten. Ich kündige Ihnen hierdurch an, daß ich Klage auf Rückgewähr dieses Grundstückes zum Schuldnervermögen gem. den §§ 2, 7 und 9 des Anfechtungsgesetzes in Form der Duldung der Zwangsvollstreckung in dieses Grundstück erheben werde[5]. Sie können diese Klage auch durch Zahlung der Forderung an mich abwenden. In Ihrem eigenen Interesse fordere ich Sie auf, sich über diesen Sachverhalt mir gegenüber bis zum ...... zu erklären.
Nach fruchtlosem Ablauf dieser Frist bin ich gegebenenfalls gezwungen, Klage auf Duldung der Zwangsvollstreckung zu erheben oder den Rückgewähranspruch meiner Mandantin im Wege des Arrestes[6] zu sichern.
Inkassovollmacht ist in anwaltlich beglaubigter Fotokopie beigefügt.

Rechtsanwalt

Schrifttum: Kilger/Huber, Anfechtungsgesetz, 8. Aufl. 1995; *Marotzke,* Dingliche Wirkungen der Gläubiger- und Konkursanfechtung, KTS 1987, 1 ff.

Anmerkungen

1. Nach § 4 AnfG durch Zustellung eines Schriftsatzes, jedoch nicht im technischen Sinne, es genügt einfache schriftliche Benachrichtigung, zB. durch eingeschriebenen Brief (mit Rückschein). Eine förmliche Zustellung der Anfechtunganzeige ist entbehrlich, wenn ihr Zugang auf andere Art und Weise bewiesen werden kann (BGH NJW 1983, 1738). Die Jahresfrist des § 3 Abs. 1 Nr. 2 AnfG wird jedenfalls durch rechtzeitige Zustellung eines Schriftsatzes gewahrt, der die Einrede der Anfechtung (§ 5 AnfG) enthält (BGH WPM 1986, 895).

2. Zum notwendigen Inhalt gehört die genaue Bezeichnung der Forderung, wegen der die Anfechtung stattfinden soll, § 4 AnfG.

2. Klage auf Duldung der Zwangsvollstreckung in eine Forderung III. F. 2

3. Es dürfen nicht schon sämtliche Voraussetzungen für die gerichtliche Geltendmachung des Anfechtungsanspruches selbst vorliegen. Entweder darf noch keine Fälligkeit der Forderung des Gläubigers gegen den Schuldner gegeben oder ein vollstreckbarer Schuldtitel darf noch nicht erlangt sein. Die Anfechtungsankündigung ist aber bereits zulässig, wenn weder Fälligkeit gegeben noch ein Schuldtitel erlangt ist (vgl. *Kilger/Huber* AnfG § 4 Anm. II 2). In diesem Beispiel fehlt es an der Rechtskraft, und eine Vollstreckbarkeit liegt noch nicht vor, weil zB. die Klausel oder die Zustellung noch ausstehen.

4. Weiteres Inhaltserfordernis ist die genaue Kennzeichnung der Rechtshandlung des Schuldners, die angefochten werden soll, hier die Schenkung, gem. § 3 Abs. 1 Nr. 4 AnfG. Hier kommen alle im Sinne des § 3 Abs. 1 Nr. 1–4 AnfG anfechtbaren Rechtshandlungen des Schuldners in Betracht.

5. Die Wirkung dieser Anfechtungsankündigung ist eine doppelte, nämlich einerseits die Wahrung der Fristen gem. §§ 3 und 3a AnfG und um diese möglichst weit nach „rückwärts" zu verschieben (Rückrechnung vom Datum der Zustellung der Erklärung an den Anfechtungsgegner), andererseits die Ingangsetzung der 2-Jahresfrist, innerhalb der der Anfechtungsanspruch gerichtlich geltend gemacht werden muß (zB. durch Anfechtungsklage). Zur Berechnung der Anfechtungsfrist bei einem schwebend unwirksamen Rechtsgeschäft gem. § 184 BGB vgl. BGH WPM 1981, 1237 ff.

Zur Problematik der Gläubigeranfechtung im Zusammenhang mit der Vollstreckungstätigkeit des Finanzamtes (gem. § 191 Abs. 1 AO 1977 durch Haftungs- oder Duldungsbescheid) vgl. die Darstellung bei *App* BB 1983, 309 ff. u. FG Schleswig-Holstein ZIP 1984, 1275 ff., OLG Karlsruhe ZIP 1993, 1484 sowie BGH WPM 1985, 245 ff., ferner BGH WPM 1991, 79 ff. (keine Bindung der Zivilgerichte an einen noch nicht bestandskräftigen, eine Gläubigeranfechtung geltend machenden Duldungsbescheid der Finanzverwaltung).

Eine Gemeinde kann auf dem Gebiet der Realsteuern ihre Rechte als Gläubigerin aus § 7 Abs. 1 AnfG durch Duldungsbescheid nach § 191 Abs. 1 AO geltend machen (vgl. BGH KTS 1990, 668). Zur Zulässigkeit des Zivilrechtsweges für den Rückgewähranspruch des Fiskus bei der Schenkungsanfechtung gem. § 7 AnfG vgl. OLG Hamm, ZIP 1993, 443.

6. Vgl. Form. III. F. 7.

2. Gläubigeranfechtung durch Klage auf Duldung der Zwangsvollstreckung in eine Forderung

An das
Landgericht[1]   (Ort, Datum)

Klage

des Herrn A

– Klägers –

Prozeßbevollmächtigter:

gegen

den Herrn B

– Beklagten –

wegen Forderung
Streitwert: DM ......

Namens und mit Vollmacht des Klägers erhebe ich Klage und werde beantragen:

1. Der Beklagte wird verurteilt, zugunsten des Klägers bis in Höhe von DM ......[2] die Zwangsvollstreckung in das Sparbuch Nr. ...... der Bank C zu dulden, hilfsweise, Wertersatz durch Zahlung in Höhe von DM ...... an den Kläger zu leisten.
2. Der Beklagte trägt die Kosten des Rechtsstreites.
3. Das Urteil ist gegen Sicherheitsleistung vorläufig vollstreckbar, die auch durch selbstschuldnerische, unbefristete Bürgschaft eines im Inland als Steuer- und Zollschuldner zugelassenen Kreditinstitutes erbracht werden kann[3].

Begründung:

I. Der Kläger hat mit Urteil des LG ......, Az. ...... vom ...... einen vollstreckbaren Schuldtitel gegen den Schuldner D in ...... über die Zahlung von insgesamt DM ...... einschließlich Zinsen und Kosten erstritten. Ein Zwangsvollstreckungsversuch gegen den Schuldner am ...... ist ausweislich des Pfändungsprotokolls des Gerichtsvollziehers E vom ...... erfolglos geblieben; der Schuldner hat außerdem am ...... eine eidesstattliche Versicherung abgegeben.

Beweis: 1. Vorlage des Urteils des LG ...... vom ......
2. Vorlage des Pfändungsprotokolls vom ......
3. Vorlage der eidesstattlichen Versicherung vom ......

II. Der Kläger hat in Erfahrung gebracht[4], daß der Schuldner D am ...... aufgrund einer letztwilligen Verfügung durch Erbfall seiner Mutter ein Sparbuch der Bank in C, Nr. ...... im Wege der Erbfolge zugewendet bekommen hat. Dieses Sparbuch übergab der Schuldner dem Beklagten am ...... als angebliche Sicherheit für einen eventuellen Ausgleichsanspruch des Beklagten gegenüber dem Schuldner aus einem zwischen den Parteien bestehenden Handelsvertreterverhältnis. Hiervon ist richtig, daß zwischen dem Schuldner, Herrn D, und dem Beklagten und Anfechtungsgegner B zwar ein Handelsvertretervertrag besteht,

Beweis: 1. Zeugnis F (ladungsfähige Anschrift)
2. Vorlage des Handelsvertretervertrages

daß aber ein Ausgleichsanspruch des Beklagten gegen den Schuldner weder besteht noch zu entstehen droht, da das Verhältnis zwischen diesen Parteien seit Jahren störungsfrei abgewickelt wird.

Beweis: Zeugnis des Prokuristen G (ladungsfähige Anschrift)

Der Schuldner wollte vielmehr durch die Weggabe dieses Sparbuches verhindern, daß der Kläger sich als Gläubiger aus dem Urteil vom ...... befriedigen konnte.
Dies wußte der Beklagte aus mehreren Gesprächen mit dem Schuldner, da dieser ihn auf die bevorstehende Verurteilung und drohende Pfändung hingewiesen hatte.
Zum Beweis[5] für den Inhalt dieser Gespräche bezieht sich der Kläger auf das

Zeugnis H (ladungsfähige Anschrift).

H ist Sekretärin im Gewerbebetrieb des Schuldners. Sie hat am ...... an geschäftlichen Besprechungen zwischen dem Schuldner und dem Beklagten teilgenommen, in deren Verlauf der Schuldner den Beklagten zunächst darauf hingewiesen hatte, daß „der Kläger von seinem Urteil nichts haben dürfe, er wolle ihm schon zeigen, daß bei ihm nichts zu holen sei, dafür gebe es Mittel und Wege", und daß dem Beklagten dann anläßlich eines weiteren Gespräches am ...... das Sparbuch übergeben worden sei; mit dem Bemerken, „es gut aufzuheben und vorerst verschwinden zu lassen."

Beweis: Zeugnis H (ladungsfähige Anschrift)

Dadurch wußte der Beklagte, daß der Kläger in seiner Vollstreckung behindert und benachteiligt werden sollte und daß durch die Weggabe des Sparbuchs letztlich sogar eine Befriedigung des Klägers vereitelt werden sollte.

2. Klage auf Duldung der Zwangsvollstreckung in eine Forderung

Diese Handlungsweise des Schuldners erfüllt den Tatbestand des § 3 Abs. 1 Nr. 1 AnfG[6], so daß der Beklagte als Rückgewährschuldner verpflichtet ist, gem. § 7 AnfG das von dem Schuldner an ihn abgegebene Sparbuch als noch zum Vermögen des Schuldners gehörig zurückzugewähren[7]. Er hat daher entweder die Zwangsvollstreckung in das Sparbuch zu dulden oder aufgrund der Wertersatzregelung Zahlung in Höhe der titulierten Forderung an den Kläger zu leisten; für den Fall, daß der Beklagte zwischenzeitlich über das Sparbuch verfügte, oder sonstwie eine Rückgewähr in Natur nicht mehr möglich ist, hat der Kläger hilfsweise den Anspruch auf Leistung von Wertersatz durch Zahlung in der Klage beantragt.

Rechtsanwalt

Anmerkungen

1. Der Anfechtungsrechtsstreit ist eine bürgerlich-rechtliche Rechtsstreitigkeit, § 13 GVG, vgl. hierzu auch BGH WPM 1991, 249: Der gesetzliche Rückgewährungsanspruch des § 7 AnfG ist auch dann dem bürgerlichen Recht zuzuordnen, wenn er von einer Finanzbehörde zum Zwecke der Befriedigung einer Steuerforderung geltend gemacht wird. Die Zuständigkeit der Klage richtet sich nach den allgemeinen Vorschriften der ZPO zur sachlichen und örtlichen Zuständigkeit; es gelten jedoch nicht die Regeln über die besonderen Gerichtsstände der §§ 24, 29, 32 ZPO. Der Streitwert ist maßgebend für die Gebührenberechnung und die Bestimmung des zuständigen Gerichts (AG oder LG). Für die Bemessung kommt es auf die Höhe der Forderung an, deren Befriedigung die Anfechtung dienen soll, sie ist einschließlich der zugesprochenen Zinsen und Kosten anzusetzen. Ist jedoch die Forderung höher als der Gegenstandswert der Anfechtung, dann ist dieser für die Streitwertbemessung maßgebend (vgl. *Kilger/Huber*, AnfG § 9 Anm. V und BGH WPM 1982, 1443).

2. Das Anfechtungsrecht begründet ein unmittelbar auf Gesetz beruhendes, auf „Rückgewähr" gerichtetes Schuldverhältnis zwischen dem Anfechtungsberechtigten (dem Gläubiger der befriedigungsbedürftigen Forderung) und dem Anfechtungsgegner als Erwerber der anfechtbaren Leistung (Handlung) des Schuldners. Der Hauptanspruch muß ein Geldsummenanspruch sein (BGH NJW 1970, 752; WPM 1969, 35; RGZ 143, 267). Auch ein Steuervorauszahlungsbescheid kann ein zur Anfechtung geeigneter Titel sein (BGH NJW 1976, 967). Gem. § 9 AnfG muß der Klageantrag bezeichnen, in welchem Umfang und in welcher Weise die Rückgewähr seitens des Empfängers bewirkt werden soll (vgl. zu den verschiedenen Möglichkeiten der Fassung des Klageantrages die Beispiele bei *Kilger/Huber* AnfG § 9 Anm. III 1–12). Anfechtungsberechtigt kann auch ein gewillkürter Prozeßstandschafter sein (BGH NJW 1983, 1678). Rechtshandlungen des Schuldners kann auch derjenige anfechten, der zur Zeit ihrer Vornahme noch nicht Gläubiger war, wenn er nur später durch sie benachteiligt wird (BGH WPM 1987, 881).

Bei der Abtretung einer Geldforderung geht der Anspruch, wenn die Forderung noch nicht eingezogen ist, auf Duldung der Zwangsvollstreckung mit anschließender Pfändung und Überweisung; nach Einzug der Forderung ist der Anfechtungsgegner zum Wertersatz, also zur Zahlung des Betrages der früheren Forderung an den Kläger verpflichtet (*Kilger/Huber* AnfG § 7 Anm. III 3).

3. Zur Klagebegründung gehören im einzelnen:
a) die Kennzeichnung der Forderung (einschl. Zinsen und Kosten) des Gläubigers gegen den Schuldner, zugunsten derer die Anfechtung erfolgt;
b) die Angabe der Tatsachen, welche die Anfechtbarkeit einer Rechtshandlung des Schuldners ergeben, und zwar so genau, daß eine Zuordnung zu den einzelnen Anfechtungstatbeständen des § 3 Abs. 1 Nr. 1–4 AnfG möglich ist;
c) schließlich die genaue Kennzeichnung aller einzelnen Anfechtungsgegenstände, deren Rückgewähr verlangt wird.

Es wird weiter ein spezielles Rechtsschutzbedürfnis verlangt, das gem. § 2 AnfG Fälligkeit, Vollstreckbarkeit und Uneinbringlichkeit der Forderung gegen den Schuldner voraussetzt (vgl. *Kilger/Huber* AnfG § 2 Anm. II 1 und OLG Köln ZIP 1983, 1316). Speziell zur Darlegung der Unzulänglichkeit des Schuldnervermögens und zur Beweislast vgl. BGH in ZIP 1990, 1420 ff. Die Anfechtungsklage muß die bestimmte Angabe enthalten, für welche vollstreckbare Forderung und für welchen Betrag der Rückgewähranspruch geltend gemacht wird. Andernfalls wahrt sie die Anfechtungsfrist nicht (BGH WPM 1987, 228).

4. Im Regelfall der Absichtsanfechtung gem. § 3 Abs. 1 Nr. 1 AnfG ist Voraussetzung eine Rechtshandlung des Schuldners, die er in Gläubigerbenachteiligungsabsicht vorgenommen hat sowie die Kenntnis des anderen Teils von der Benachteiligungsabsicht. Das Erfordernis objektiver Benachteiligung eines Gläubigers ist ausdrücklich nur in § 3 Abs. 1 Nr. 2 AnfG genannt, gilt aber für sämtliche Anfechtungstatbestände (RGZ 150, 42; BGH WPM 1978, 1182). Es genügt, wenn der Schuldner die Benachteiligung als mutmaßliche Folge seines Handelns erkannt und gebilligt hat (BGH WPM 1961, 671; WPM 1975, 1182; OLG Celle WPM 1982, 941). Es ist nicht erforderlich, daß die Gläubigerbenachteiligung das ausschließliche Motiv des Handelns des Schuldners ist (BGH MDR 1976, 221). Beim anderen Teil muß Kenntnis dieser Benachteiligungsabsicht vorliegen, wobei es genügt, wenn dieser die Überzeugung hat, der Schuldner handle in Benachteiligungsabsicht (*Kilger/Huber* AnfG § 3 Anm. I 4). Zur Problematik der Gläubigerbenachteiligungsabsicht bei Zwischenschaltung eines Strohmannes vgl. BGH ZIP 1981, 346 ff. Die Frist, innerhalb der eine anfechtbare Rechtshandlung nach § 3 Abs. 1 Nr. 1 AnfG angefochten werden muß, beträgt 10 Jahre (§ 12 AnfG). Die Anfechtung nach § 3 Abs. 1 Nr. 1 AnfG setzt nicht voraus, daß der Anfechtungsgegner die Gläubiger des Schuldners benachteiligen wollte (BGH WPM 1985, 923). Keine Anfechtbarkeit, wenn bei Geschäften zwischen Eltern und Kindern (zB. Schenkung) das Kind die Benachteiligungsabsicht des Schuldners nicht gekannt hat (BGH WPM 1985, 815). Die Gläubigeranfechtung ist auch nicht deswegen ausgeschlossen, weil der Gläubiger an der später angefochtenen Vermögensübertragung mitgewirkt hat (BGH KTS 1992, 243).

5. Zur Beweislast im Anfechtungsprozeß: Der Kläger (der Anfechtende) muß beweisen: die Vornahme der anfechtbaren Handlung durch den Schuldner; die Beeinträchtigung des haftenden Vermögens zum Nachteil des anfechtenden Gläubigers durch diese Rechtshandlung; die Gläubigerbenachteiligungsabsicht des Schuldners sowie die Kenntnis des anderen Teils von der Benachteiligungsabsicht des Schuldners (vgl. *Kilger/Huber* AnfG § 3 Anm. I 13). Bei § 3 Abs. 1 Nr. 2 AnfG (entgeltliche Verträge mit nahen Angehörigen) wird jedoch die Kenntnis der Absicht des anderen Teils „vermutet", so daß sich hier die Beweislast umkehrt und der andere Teil (der Anfechtungsgegner) das Nichtvorliegen dieser Tatbestandsmerkmale zu beweisen hat (*Kilger/Huber* AnfG § 3 Anm. II 11; BGH NJW 1975, 2193).

6. Zur Frage des Verhältnisses zwischen § 3 Abs. 1 Nr. 1 AnfG und § 138 Abs. 1 BGB vgl. BGH NJW 1973, 513. Ein Rechtsgeschäft ist anfechtbar und nicht nichtig, wenn bei seinem Abschluß nur eine dem anderen Teil bekannte Gläubigerbenachteiligungsabsicht vorlag. Um eine Nichtigkeit wegen Sittenverstoßes annehmen zu können, müssen noch besondere Umstände hinzukommen (BGH WPM 1987, 1172).

7. Der Rückgewähranspruch ist auf die Wiederherstellung der Zugriffslage vor der anfechtbaren Rechtshandlung des Schuldners gerichtet; das durch diese Handlung aus dem Vermögen des Schuldners Weggegebene muß als noch zu ihm gehörig vom Empfänger zurückgewährt werden (BGH NJW 1961, 1463 und WPM 1963, 219). Ziel ist die Duldung der Befriedigung des Gläubigers aus dem anfechtbar erlangten Vermögenswert; seine Zwangsvollstreckungsbefugnis wird erweitert im Wege einer gesetzlich begründeten Haftung für fremde Schuld beim Empfänger des anfechtbar erworbenen Gegenstandes.

3. Gläubigeranfechtung durch Klage auf Zahlung anfechtbar abgetretener Forderung

An das
Landgericht

(Ort, Datum)

Klage

des Herrn A

– Klägers –

Prozeßbevollmächtigter:

gegen

Frau B

– Beklagte –

wegen Forderung

Streitwert: DM ......

Namens und mit Vollmacht des Klägers erhebe ich Klage und werde beantragen:

1. Die Beklagte wird verurteilt, an den Kläger DM ...... nebst ......% Zinsen hieraus seit Rechtshängigkeit zu bezahlen[1].
2. Die Beklagte trägt die Kosten des Rechtsstreites.
3. Das Urteil ist gegen Sicherheitsleistung vorläufig vollstreckbar, die auch durch selbstschuldnerische, unbefristete Bürgschaft eines im Inland als Steuer- und Zollschuldner zugelassenen Kreditinstitutes erbracht werden kann.

Begründung:

I. Der Kläger hat gegen den Schuldner C am ...... ein vollstreckbares Urteil des Landgerichts ...... Az. ...... über die Zahlung von DM ...... nebst ......% Zinsen hieraus seit dem ...... und Kosten erstritten, insgesamt bisher DM ......[2]. Ein Vollstreckungsversuch aus diesem Titel ist am ...... fehlgeschlagen.

Beweis: 1. Urteil des LG ...... vom ......
2. Pfändungsprotokoll des Gerichtsvollziehers D vom ....

II. Die Beklagte ist die Chefsekretärin des Schuldners in seiner Praxis in (Ort). Angesichts des gegen ihn seit dem ...... schwebenden Prozesses, den der Kläger mit dem besagten Urteil vom ...... gewonnen hat, hat der Schuldner es vorgezogen, sich aller greifbaren Vermögensgegenstände zu entledigen. Insgesamt sind gegen den Schuldner noch 5 weitere Prozesse vor dem LG in ...... anhängig, so daß es dem Schuldner darum ging, möglichst viel von seinen Vermögensgegenständen vor dem Zugriff der Gläubiger auf die Seite zu bringen.
Die Benachteiligungsabsicht des Schuldners gegenüber dem Kläger als seinem Gläubiger und die Kenntnis der Beklagten hiervon als Zuwendungsempfängerin ergibt sich eindeutig aus einem Gespräch des Schuldners, das dieser am ...... mit der Beklagten führte und das die Ehefrau des Schuldners mitanhörte.

Beweis: Zeugnis der Frau C (ladungsfähige Anschrift)

III. Am ...... trat der Schuldner dann seinen fällig gewordenen Anspruch auf Auszahlung der Lebensversicherung in Höhe von DM ......, bei der Lebensversicherungs-AG, Nr. ......, an die Beklagte ab. Dies geschah durch Erklärung mit Brief vom ...... an die Lebensversicherungs-AG.

Beweis: 1. Vorlage des Briefes des Schuldners vom ...... an die Lebensversicherungs-AG
2. Zeugnis des Sachbearbeiters der Lebensversicherungs-AG, Herr E (ladungsfähige Anschrift)

Die Summe, insgesamt DM ...... wurde am ...... an die Beklagte ausbezahlt.

Beweis: Zeugnis des Sachbearbeiters der Lebensversicherungs-AG, Herr E, wie zuvor benannt

Zur Erhellung des Hintergrundes für diese Zuwendung ist zu bemerken, daß die Beklagte schon seit 2 Jahren mit dem Schuldner intime Beziehungen unterhält, deretwegen ein Scheidungsverfahren vor dem Amtsgericht ...... anhängig ist.

Beweis: Beiziehung der Akten, Az. ...... des AG ......

Die Beklagte hat diese Summe zugewendet bekommen, ohne daß sie dafür eine Gegenleistung erbracht hat[3].

Sie ist daher aufgrund der §§ 3 Abs. 1 Nr. 3, 7 AnfG verpflichtet, die Summe der Lebensversicherung dem Kläger zum Zwecke seiner Befriedigung so zur Verfügung zu stellen, daß er in diese vollstrecken kann. Dies geschieht dadurch, daß der Kläger Zahlung an sich verlangen kann (§§ 7, 9 AnfG), da die Forderung zwischenzeitlich von der Beklagten eingezogen wurde und damit der Anspruch auf Wertersatz[4] gerichtet ist.

Rechtsanwalt

Anmerkungen

1. Der Klageantrag bedarf der genauen Angabe, wie die Rückgewähr bewirkt werden soll, in diesem Falle lautet er direkt auf Zahlung, da die abgetretene Forderung eingezogen worden ist und der Anfechtungsgegner danach zum Wertersatz verpflichtet ist (vgl. *Kilger/Huber* AnfG § 7 Anm. III 3, § 9 Anm. III 4 u. 7); wäre die Forderung noch nicht ausbezahlt, müßte der Klageantrag auf „Duldung der Zwangsvollstreckung" lauten, wobei der Anfechtungsgläubiger dann die Forderung pfänden und sich überweisen lassen kann (*Kilger/Huber* AnfG § 9 Anm. III 1, 2).

2. Zur Begründung der Klage gehört die genaue Kennzeichnung der Forderung einschließlich Zinsen und Kosten, wegen der die Anfechtung erfolgt, die Angabe der Tatsachen, welche die Anfechtbarkeit der Rechtshandlung des Schuldners ergeben, sowie die genaue Kennzeichnung aller Anfechtungsgegenstände (Forderungen, Rechte), deren Rückgewähr verlangt wird (*Kilger/Huber* AnfG § 9 Anm. II, III). Zum Inhalt des Anfechtungsanspruchs gem. § 7 AnfG vgl. für den Fall eines Treuhandverhältnisses ausführlich BGH ZIP 1994, 218 ff. Vgl. ferner zu aktuellen Tendenzen in der Rechtsprechung zur Konkurs- und Einzelanfechtung, *Häsemeyer* in ZIP 1994, 418.

3. Im vorliegenden Falle handelt es sich um eine Schenkungsanfechtung gem. § 3 Abs. 1 Nr. 3 AnfG. Hierbei ist die Jahresfrist zu beachten; die unentgeltliche Zuwendung muß innerhalb des letzten Jahres vor der Anfechtung erfolgt sein. Maßgebend für den Beginn der Frist ist der Zeitpunkt der Vollendung der Zuwendung (vgl. *Kilger/Huber* AnfG § 3 Anm. III 11). Die Anfechtungsfristen nach § 3 AnfG beginnen bei der Übertragung von Grundeigentum erst mit der Umschreibung im Grundbuch (OLG Schleswig ZIP 1987, 1331).

Der Begriff der „unentgeltlichen Verfügung" ist weit zu fassen und geht weiter als eine Schenkung, § 516 BGB (vgl. *Kilger/Huber* AnfG § 3 Anm. III 1–8). Zu den Grundsätzen bei einer Schenkungsanfechtung und der Frage der unentgeltlichen Bestellung eines Grundpfandrechts vgl. BGH NJW 1983, 1679. Bei einer Gegenleistung des Anfechtungsgegners an einen Dritten soll keine Schenkungsanfechtung möglich sein, vgl. hierzu BGH ZIP 1992, 1089.

4. Klage auf Duldung der Zwangsvollstreckung in ein Grundstück

4. Grundsätzlich geht der Anspruch auf Duldung der Zwangsvollstreckung in den anfechtbar erworbenen Gegenstand („Rückgewähr" gem. § 7 AnfG). Ist dagegen eine solche Zwangsvollstreckung nicht möglich oder führt sie nicht zum Erfolg, etwa weil der Gegenstand nachträglich untergegangen, veräußert, in seinem Zustand verschlechtert oder im Verkehrswert gemindert ist, so ist der Anfechtungsgegner dem Gläubiger insoweit zum Wertersatz verpflichtet (BGH NJW 1972, 719). Zur Berechnung des vom Anfechtungsgegner geschuldeten Wertersatzes vgl. BGH KTS 1988, 125. Allgemein zu den Grundsätzen der Rückgewähr gem. § 7 AnfG vgl. BGH KTS 1992, 444 (im konkreten Fall bei anfechtbarer Übertragung eines Miterbenanteils).

4. Gläubigeranfechtung durch Klage auf Duldung der Zwangsvollstreckung in ein Grundstück

An das
Landgericht
(Ort, Datum)

Klage

der Firma A GmbH
vertreten durch ihren Geschäftsführer Herrn B, ebenda

– Klägerin –

Prozeßbevollmächtigter:

gegen

Frau C

– Beklagte –

wegen Duldung der Zwangsvollstreckung

Streitwert: DM ......

Namens und mit Vollmacht der Klägerin erhebe ich Klage und werde beantragen:

1. Die Beklagte wird verurteilt, wegen der vollstreckbaren Forderung der Klägerin in Höhe von DM ...... aufgrund des Urteils des LG ......, Az. ...... vom ...... die Zwangsvollstreckung in das Grundstück (Ort, Straße), Flurstück Nr. der Gemarkung (Ort), eingetragen im Grundbuch von (Ort, Grundbuchstelle) zu dulden[1].
2. Die Beklagte trägt die Kosten des Rechtsstreites.
3. Das Urteil ist vorläufig vollstreckbar gegen Sicherheitsleistung, die auch durch selbstschuldnerische, unbefristete Bürgschaft eines im Inland als Steuer- und Zollschuldner zugelassenen Kreditinstitutes erbracht werden kann.

Begründung:

I. Die Klägerin hat gegen den Schuldner am ...... ein vollstreckbares Urteil des LG ......, Az. ...... auf Zahlung von DM ...... nebst Zinsen und Kosten, insgesamt bisher DM ......, erstritten.
Die Zwangsvollstreckungsversuche am ...... und am ...... sind erfolglos geblieben. Am ...... hat der Schuldner im Rahmen der Abgabe einer eidesstattlichen Versicherung angegeben, das Grundstück, Flurstück Nr., Gemarkung (Ort), eingetragen im Grundbuch von (Ort, Grundbuchstelle), an seine Ehefrau durch notariellen Vertrag am ...... verschenkt zu haben. Das Grundstück ist frei von Belastungen[2].

Beweis: 1. Vorlage des Urteils des LG vom ......
         2. Vorlage des Pfändungsprotokolls vom ......

3. Vorlage der eidesstattlichen Versicherung des AG ...... vom ......
4. Vorlage des Schenkungsvertrages, Urkunde des Notariats, Urkundenrolle Nr. .... vom ....

II. Diese Grundstücksschenkung stellt eine gem. § 3 Abs. 1 Nr. 4 AnfG anfechtbare Rechtshandlung dar, so daß die Beklagte gehalten ist, die Klägerin so zu stellen, als ob sie das Grundstück in das Vermögen des Schuldners zurückgewährt hätte und dementsprechend die Klägerin sich im Wege der Zwangsvollstreckung in dieses Grundstück befriedigen kann.

Die 2-Jahresfrist gem. § 3 Abs. 1 Nr. 4 AnfG ist auch noch nicht verstrichen[3].

III. Der Schuldner der Klägerin wollte durch diese Grundstücksschenkung die Zwangsvollstreckung der Klägerin aus den vollstreckbaren Titeln, nämlich Urteil des LG ...... vom ...... sowie Kostenfestsetzungsbeschluß des LG ...... vom ......, in sein Vermögen vereiteln und damit die Klägerin als Gläubigerin benachteiligen.

Die Benachteiligung ergibt sich daraus, daß der Klägerin beim Schuldner nun keine Vollstreckungsmöglichkeiten mehr offenstehen (vgl. das Vermögensverzeichnis des Schuldners vom ......).

Die Beklagte wußte auch, daß ihr das Grundstück[4] von ihrem Ehemann nur deshalb geschenkt worden ist, weil er es dem Zugriff seiner Gläubiger entziehen wollte, da vor dem beurkundenden Notar über diesen Tatbestand und die sich daraus ergebenden Konsequenzen gesprochen wurde und der Notar noch auf die möglichen Auswirkungen hingewiesen hat. Trotzdem wurde diese Verfügung vorgenommen. Dies kann der Zeuge D bestätigen, der bei dem Notartermin anwesend war.

Beweis: Zeugnis des D, (ladungsfähige Anschrift).

Rechtsanwalt

Anmerkungen

1. Bei anfechtbaren Grundstücksübertragungen stellt sich das dem Gläubiger eingeräumte Rückgewährverlangen „in Natur" (§ 7 AnfG) so dar, daß das aus dem Vermögen des Schuldners weggegebene Grundstück haftungsmäßig als noch zum Vermögen des Schuldners gehörig angesehen werden muß, so daß der Rückgewähranspruch auf Duldung der Zwangsvollstreckung in das Grundstück geht (*Kilger/Huber* AnfG § 7 Anm. III 3, § 9 Anm. III 3 und 10; RGZ 60, 423). Wäre das Grundstück weiterveräußert worden, ginge der Anspruch auf Wertersatz, in diesem Falle dann unmittelbar auf Zahlung einer Geldsumme an den Anfechtungsgläubiger (vgl. *Kilger/Huber* AnfG § 9 Anm. III 11). Dieser Antrag kann vorsorglich auch als Hilfsantrag gestellt werden; ein Übergang in eine Wertersatzklage wird allerdings in der Revisionsinstanz als nicht mehr zulässig angesehen (BGH KTS 1977, 105 ff.).

2. Bei belasteten Grundstücken gilt folgendes: Ist das Grundstück zur Zeit der Übertragung auf einen Dritten bereits wertausschöpfend belastet, scheitert die Anfechtungsmöglichkeit an der fehlenden objektiven Benachteiligung des Anfechtungsgläubigers (vgl. *Kilger/Huber* AnfG § 1 Anm. IV 2, § 7 Anm. III 3; OLG Nürnberg KTS 1966, 250 ff.; *Blomeyer* KTS 1976, 85). Der Gläubiger ist nur dann benachteiligt, wenn zwischen Belastung und Verkehrswert noch eine freie Spitze vorhanden ist. Zu Einzelheiten im Zusammenhang mit der anfechtbaren Abtretung einer Restkaufpreisforderung vgl. jetzt BGH WPM 1981, 776 ff.

Wird das Grundstück erst nach dem Erwerb durch den Empfänger belastet, erwächst dem Anfechtungsgläubiger ein Rückgewähranspruch auf ein lastenfreies Grundstück bzw. ein Anspruch auf Rückgewähr in der Weise, daß der Anfechtungsgegner von seinem Recht gegenüber dem Anfechtungsgläubiger keinen Gebrauch macht (*Kilger/Huber* AnfG § 7 Anm. III 3; RGZ 47, 222).

3. Durch dieses Klagebeispiel soll eine unentgeltliche Verfügung (hier Schenkung) des Schuldners zugunsten seines Ehegatten angefochten werden. Die Ehegattenschenkungsanfechtung (§ 3 Abs. 1 Nr. 4 AnfG) wurde vom BVerfG als verfassungsgemäß eingestuft (vgl. BVerfG ZIP 1991, 736 und die Anmerkung hierzu von *Wagner* KTS 1991, 379 ff.) Zum Begriff der unentgeltlichen Verfügung vgl. *Kilger/Huber* AnfG § 3 Anm. III 1–8. Auch der Verzicht auf ein Pflichtteilsrecht stellt eine unentgeltliche Verfügung im Sinne von § 3 Abs. 1 Nr. 4 AnfG dar (BGH ZIP 1991, 454). Dieser Anfechtungstatbestand erfaßt Rechtshandlungen des Schuldners, die innerhalb der letzten zwei Jahre vor der Anfechtung vorgenommen worden sind. Zur Anfechtbarkeit von Eheverträgen allgemein und Güterrechtsverträgen (Begründung bzw. Veränderung von Güterständen), vgl. BGH NJW 1972, 48 ff. und *Kilger/Huber* AnfG § 3 Anm. V 1. Zur Pfändbarkeit und Anfechtbarkeit eines Pflichtteilsanspruches, die jetzt vom BGH zugelassen wird, vgl. BGH ZIP 1993, 1662.

4. Hier wird davon ausgegangen, daß das Grundstück unbebaut ist und es zwischen Schenkung und Anfechtung keinerlei Zustandsveränderung erfahren hat. Zu den Problemen, die sich ergeben, wenn nach Eigentumserwerb Verwendungen (zB. Bebauung) gemacht worden sind, vgl. *Kilger/Huber* AnfG § 7 Anm. III 1, 3–5. Zum Anspruch des Anfechtungsgegners auf Aufwendungsersatz wegen durchgeführter werterhöhender Maßnahmen vgl. BGH WPM 1984, 843.

Bei Grundstücken gelten für die Vollstreckung selbst die §§ 866 ff. ZPO und das ZVG; auch die Erwirkung einer Zwangshypothek ist zulässig (RGZ 151, 169); bei anfechtbarer Übereignung eines Miteigentumsanteils geht der Klageantrag auf Duldung der Zwangsvollstreckung in den Anteil; bei zwischenzeitlicher Verfügung der Miteigentümergemeinschaft über die Sache als ganzes kann nur noch Klage auf Wertersatz in Höhe des Anteilswertes gegen den erhoben werden, der in anfechtbarer Weise einen Miteigentumsanteil erworben hat (vgl. hierzu KG NJW 1974, 243 und jetzt BGH WPM 1984, 440 sowie BGH WPM 1985, 427). Zur Problematik der Klage auf Duldung der Zwangsversteigerung des gesamten Grundstücks bei anfechtbarer Übertragung eines Miteigentumsanteils an den Miteigentümer vgl. BGH ZIP 1985, 372. Zur Vollstreckung bei einem anfechtbar geschenkten Wohn- und Nutzungsrecht vgl. BGH WPM 1990, 1697. Zu den Problemen beim Anfechtungsrecht eines Pfändungsgläubigers in den Vermögensgegenstand einer GbR vgl. BGH ZIP 1992, 109.

5. Geltendmachung des Anfechtungsanspruches im Wege der Einrede

An das
Landgericht (Ort, Datum)

In Sachen

A

gegen

B

Az. . . . . . .

trage ich für den Beklagten B[1] im Wege der Einrede gem. § 5 AnfG[2] gegen die Inanspruchnahme gem. § 771 ZPO folgendes vor:

    I. Die Klägerin hat den streitbefangenen PKW (genaue Bezeichnung) in anfechtbarer Weise erworben und ist daher verpflichtet, diesen PKW dem Schuldnervermögen zurückzugewähren in der Form, daß dem Beklagten gestattet ist, diesen PKW im Wege der Pfändung und Versteigerung zu verwerten und die Klägerin verpflichtet ist, die Zwangsvollstreckung in diesen Gegenstand zu dulden. Folgender Tatbestand liegt der Anfechtungseinrede des Beklagten zugrunde:

II. Der Beklagte hat am ...... einen Vollstreckungsbescheid, Az. ...... gegen den Schuldner C über DM ...... erstritten[3]; dieser ist dem Schuldner am ...... zugestellt worden.

III. Eine am ...... durchgeführte Vollstreckung führte zur Pfändung des PKW (genaue Bezeichnung) durch den Gerichtsvollzieher D. Die Klägerin beruft sich mit dieser Klage auf ihr Sicherungseigentum an diesem Fahrzeug, das ihr der Schuldner mit Vertrag vom (Datum) übertragen habe[4]. Dieses Sicherungseigentum hat die Klägerin jedoch in anfechtbarer Weise erworben, so daß der Tatbestand des § 3 Abs. 1 Nr. 1 AnfG erfüllt ist.

IV. Zum Zeitpunkt der Sicherungsübertragung kam es dem Schuldner darauf an, alle verwertbaren Gegenstände, die er noch besaß, vor dem Zugriff der Gläubiger in Sicherheit zu bringen. In diesem Sinne äußerte sich der Schuldner beiläufig in einem Gespräch mit dem Zeugen E anläßlich eines Frühschoppens am ...... in der Gaststätte (Name) in ....

Beweis: Zeugnis des E (ladungsfähige Anschrift)

Der Klägerin war die prekäre finanzielle Situation des Schuldners auch bereits seit längerem bekannt. Sie hatte sich zur Absicherung ihrer Forderung bereits am ...... eine werthaltige, selbstschuldnerische Bürgschaft von dem Zeugen F geben lassen, so daß in der Sicherungsübereignung des Fahrzeuges an die Klägerin vom ...... darüber hinaus möglicherweise eine unzulässige Übersicherung vorliegt, da der Zeuge F vermögend ist.

Die Klägerin kannte die Umstände, die zu einem Vermögensverfall beim Schuldner geführt haben und wußte, daß der Schuldner durch die Weggabe des PKW seine Gläubiger benachteiligen wollte.

Anläßlich des Gespräches, das der Schuldner am ...... in den Geschäftsräumen der Klägerin führte und dabei auch den Kraftfahrzeugbrief an den Geschäftsführer G übergab, äußerte er nämlich, daß „wohl einige Prozesse gegen ihn laufen würden, er aber schon dafür sorgen werde, daß bei ihm nichts gepfändet werden könne, lieber gebe er vorher alles weg". Diese Äußerung hörte der zufällig anwesende Zeuge H.

Beweis: Zeugnis des H (ladungsfähige Anschrift)

Dadurch steht die Gläubigerbenachteiligungsabsicht des Schuldners und die Kenntnis der Klägerin hiervon fest. Die Klägerin muß sich die Kenntnis des Geschäftsführers G wie eigene Kenntnis anrechnen lassen, § 166 BGB. Danach hat die Klägerin den PKW gem. § 3 Abs. 1 Nr. 1 AnfG in anfechtbarer Weise erworben und muß sich so behandeln lassen, als ob der PKW noch zum Schuldnervermögen gehören würde (§ 7 AnfG), so daß der Beklagte sich aus dem PKW im Wege der Zwangsvollstreckung befriedigen kann.

Rechtsanwalt

Anmerkungen

1. Dem Formular liegt der Sachverhalt zugrunde, daß der Beklagte bei einem Schuldner einen PKW gepfändet hat, woraufhin sich ein Dritter (zB. eine Bank) berühmt, daß dieser PKW ihr sicherungsübereignet worden sei und die Drittwiderspruchsklage gem. § 771 ZPO erhoben hat.

2. Die Geltendmachung erfolgt hier durch einen Schriftsatz und nachfolgenden Vortrag in der mündlichen Verhandlung im Rahmen einer Drittwiderspruchsklage (vgl. *Kilger/Huber* AnfG § 5 Anm. 2, 3).

6. Geltendmachung des Anfechtungsrechts durch Replik   III. F. 6

Zur Geltendmachung eines Anfechtungsrechts im Wege der Einrede im Prozeß nach § 771 ZPO, vgl. weiterhin *Blomeyer* KTS 1976, 81 ff., 91 ff.

3. Die Einrede kann auch schon erhoben werden, bevor ein vollstreckbarer Schuldtitel für die Forderung erlangt, ist § 5 AnfG; in diesem Falle hat das Gericht dem Gläubiger eine Frist zur Beibringung des Titels zu setzen (zB. 1 Jahr, vgl. OLG Frankfurt WPM 1977, 1240; vgl. hierzu *Kilger/Huber* AnfG § 5 Anm. 7 ff.).

4. Zum Umfang des Begriffs der Rechtshandlungen des Schuldners vgl. *Kilger/Huber* AnfG § 3 Anm. I 2.

6. Geltendmachung des Anfechtungsrechts durch Replik[1]

(Ort, Datum)

Einschreiben

Firma A

Betr.: Ihre Einwendung gem. § 840 ZPO gegen die von uns bewirkte Forderungspfändung

Sehr geehrte Herren,

wie Ihnen bekannt ist, haben wir durch Pfändungs- und Überweisungsbeschluß des Amtsgerichts ......, Az. ...... vom ...... die unserem Schuldner B gegen Sie zustehende Forderung auf Rückzahlung des Darlehens vom ...... in Höhe von DM ...... gepfändet und uns zur Einziehung überweisen lassen.
Sie teilen uns nun nach Aufforderung gem. § 840 ZPO mit, daß der Schuldner Ihnen diese Darlehensforderung am ...... erlassen habe. Da dieser Erlaß somit knapp 1 Monat vor Erlaß des Urteils gegen den Schuldner Ihnen gegenüber ausgesprochen worden ist, sehen wir uns veranlaßt, diesen Erlaß gem. § 3 Abs. 1 Nr. 1 AnfG anzufechten. Der Schuldner hat in anfechtbarer Weise auf die Rückzahlung des gewährten Darlehens verzichtet, um uns als Gläubiger zu benachteiligen. Davon hatten Sie Kenntnis.
Wir haben einen Zeugen für die Abreden, die zwischen Ihnen und unserem Schuldner anläßlich des angeblichen „Erlasses" der Darlehensforderung am ...... getroffen worden sind. Es ist dies Fräulein C, die bei den Gesprächen in ...... am ...... zugegen war und zufällig mit dem Gläubiger der Hauptforderung weitläufig verwandt ist.
Wir fordern Sie daher auf, uns gem. §§ 3, 7 AnfG dadurch Befriedigung zu verschaffen, daß Sie uns die gepfändete Forderung bezahlen und so der Pfändung vom ...... genügen.
Sie haben die Zwangsvollstreckung in diese Forderung nach § 7 AnfG so zu dulden, als gehöre diese Forderung noch zum Vermögen des Schuldners.
Falls keine Zahlung bis zum ...... erfolgt, sehen wir uns gezwungen, Anfechtungsklage gegen Sie zu erheben.

Anmerkungen

1. Hier erfolgt die Geltendmachung des Anfechtungsrechts gem. § 5 AnfG im Wege einer Replik. Folgender Sachverhalt liegt dabei zugrunde:
Aufgrund eines vollstreckbaren Titels gegen den Hauptschuldner über einen bestimmten Betrag hat der Gläubiger eine Forderung des Hauptschuldners gegen den Drittschuldner (hier Firma A) gepfändet und sich zur Einziehung überweisen lassen. Der Drittschuldner wendet nun ein, der Hauptschuldner habe ihm zwischenzeitlich die Forderung (hier auf Rückzahlung eines Darlehens) erlassen (vgl. noch die Beispiele bei *Kilger/Huber* AnfG § 5 Anm. 2 und 3). Im Prozeß erfolgt die Geltendmachung durch Vortrag in der mündlichen

Verhandlung unter Bezugnahme auf entsprechenden Schriftsatz. Im vorliegenden Beispiel hat die Geltendmachung des Anfechtungsrechts durch Schriftsatz außerhalb des Prozesses gleichzeitig die Wirkung gem. § 4 AnfG (Ankündigungswirkung und Fristwahrung).

7. Arrestantrag wegen drohender Vereitelung eines Anfechtungsanspruchs[1]

An das
Amtsgericht[2] (Ort, Datum)

In Sachen

A
– Antragstellers –

Verfahrensbevollmächtigter: ......

gegen

Frau B
– Antragsgegnerin –

wegen Arrest

Vorläufiger Streitwert: DM ......

wird namens und mit Vollmacht des Antragstellers beantragt, wegen Dringlichkeit ohne mündliche Verhandlung folgenden Arrest zu erlassen:

1. Der dingliche Arrest in das bewegliche Vermögen der Antragsgegnerin wird angeordnet[3].
2. In Vollzug dieses Arrestes wird der PKW (genaue Bezeichnung) der Antragsgegnerin mit der Maßgabe gepfändet, ihn an den Gerichtsvollzieher als Sequester herauszugeben.
3. Der Antragsgegnerin werden die Kosten des Verfahrens auferlegt.

Begründung:

I. Der Antragsteller A hat in einem Rechtsstreit vor dem LG ...... unter dem Aktenzeichen ...... am ...... ein rechtskräftiges, vollstreckbares Urteil über die Zahlung von DM ...... gegen Herrn B (Anschrift), Ehemann der Antragsgegnerin, erstritten.
Beweis: Vorlage des Urteils vom ....

II. Wie der Antragsteller jetzt erfuhr, hat Herr B während des Prozesses, nämlich am ......, seiner Ehefrau, der Antragsgegnerin, sein Kraftfahrzeug (genaue Bezeichnung) im Werte von DM ...... geschenkt. Die Weggabe des Fahrzeuges an die Antragsgegnerin ist anfechtbar gem. § 3 Abs. 1 Nr. 4 AnfG. Die Antragsgegnerin muß dem Antragsteller den PKW so zurückgewähren, daß dieser zur Befriedigung seines vollstreckbaren Titels vom ...... zur Verfügung steht (§§ 7, 9 AnfG). Ein Zwangsvollstreckungsversuch gegen Herrn B vom ...... ist erfolglos geblieben.
Beweis: Vorlage des Pfändungsprotokolls des Gerichtsvollziehers C vom ....

III. Bei der Schenkung des PKW durch Herrn B an die Antragsgegnerin hat Herr B bewußt in der Absicht gehandelt, den Antragsteller als Gläubiger zu benachteiligen und seine Vollstreckungsmöglichkeiten zu vereiteln. Dies wußte die Antragsgegnerin.
Zur Glaubhaftmachung der Kenntnis beider Eheleute B beziehe ich mich auf die als Anlage beigefügte eidesstattliche Versicherung des Zeugen D (ladungsfähige Anschrift).

IV. Der Antragsteller wird in Kürze beim LG ...... Klage gegen die Antragsgegnerin auf Duldung der Zwangsvollstreckung in den PKW gem. den §§ 3 Abs. 1 Nr. 4, 9 AnfG erheben. Es steht jedoch zu befürchten, daß in der Zwischenzeit die Realisierung des vollstreckbaren Anspruches des Antragstellers dadurch vereitelt wird, daß die Antragsgegnerin den PKW veräußert und außer Landes zieht, da Herr B und seine Ehefrau, die Antragsgegnerin, Vorbereitungen treffen, sich nach Südamerika abzusetzen. Sie sind dabei, ihren Haushalt aufzulösen und haben sich bereits Flugtickets nach Rio de Janeiro bestellt.

Beweis: 1. Vorlage der Wochenendausgabe der Zeitung (Name, Datum) mit der Kleinanzeige unter dem Namen der Antragsgegnerin auf Seite 12 „Haushaltsauflösung"
2. Eidesstattliche Versicherung der Zeugin D, Sachbearbeiterin im Reisebüro (Name)

Wegen der Gefahr des drohenden baldigen Verkaufes im Zusammenhang mit der bevorstehenden Abreise der Antragsgegnerin wird gebeten, im Beschlußwege ohne mündliche Verhandlung zu entscheiden.

Für die Höhe der Lösungssumme gem. § 923 ZPO ist die zu sichernde Forderung maßgeblich. Sie beträgt einschließlich Zinsen und Kosten bisher DM ...... Urteil und Kostenfestsetzungsbeschluß vom ...... sind beigefügt.

Rechtsanwalt

Anmerkungen

1. Allgemein zum Arrest vgl. Form. I.R.1 und 2.

2. Die Zuständigkeit richtet sich hier nach § 919 ZPO, nämlich das Amtsgericht des mit Arrest zu belegenden Gegenstandes; weiterhin kann das AG zuständig sein, wenn die Antragsgegnerin hier ihren allgemeinen Gerichtsstand hat und der mit der Hauptsacheklage zu verfolgende Anfechtungsanspruch wegen des Streitwertes ebenfalls zur Zuständigkeit des AG gehört.

3. Dieses Formular soll das bestehende Anfechtungsrecht durch Arrest sichern (vgl. hierzu *Kilger/Huber* AnfG § 2 Anm. VII). Vorliegen müssen Arrestanspruch (anfechtbare Handlung) und Arrestgrund. Die Hauptsacheklage ist der nachfolgende Anfechtungsprozeß gegen die Ehefrau. Zur einstweiligen Verfügung wegen Sicherung des Anfechtungsanspruches gegen den Empfänger eines anfechtbar geschenkten Grundstücks vgl. OLG Köln NJW 1955, 717 und OLG Koblenz ZIP 1992, 1754.

8. Anfechtungsklage im Wege der Stufenklage

An das
Landgericht (Ort, Datum)

Klage

des Herrn A
— Klägers —

Prozeßbevollmächtigter: ......

gegen

den Herrn B
— Beklagten —

wegen Auskunft und Duldung der Zwangsvollstreckung

III. F. 8 F. Anfechtungsgesetz und Insolvenzrecht

Vorläufiger Streitwert: DM ......

Namens und mit Vollmacht des Klägers erhebe ich hiermit Klage und werde beantragen:

1. Der Beklagte wird verurteilt, dem Kläger durch Aufstellung eines Verzeichnisses Auskunft über den Bestand der Aktien zu erteilen, die ihm am ...... von C übergeben worden sind, sowie eine eidesstattliche Versicherung über die Vollständigkeit dieses Verzeichnisses abzugeben[1].
2. Der Beklagte wird weiterhin verurteilt, zugunsten der vollstreckbaren Forderung des Klägers über insgesamt DM ...... gemäß dem Urteil des Landgerichts ...... vom ...... nebst Zinsen und Kostenfestsetzungsbeschluß vom ...... die Zwangsvollstreckung in die bei ihm befindlichen, nach Vorliegen des Verzeichnisses gem. Ziff. 1 des Antrages genau zu bezeichnenden Aktien des Schuldners C zu dulden, hilfsweise Wertersatz durch Zahlung in Höhe von DM ...... zu leisten[2].
3. Der Beklagte trägt die Kosten des Rechtsstreites.
4. Das Urteil ist gegen Sicherheitsleistung vorläufig vollstreckbar, die auch durch selbstschuldnerische, unbefristete Bürgschaft eines im Inland als Steuer- und Zollschuldner zugelassenen Kreditinstitutes erbracht werden kann.

Begründung:

I. Der Kläger hat am ...... ein vollstreckbares Urteil gegen den Schuldner C über insgesamt DM ...... vor dem Landgericht ...... erstritten. Der Schuldner schuldet daneben laut Kostenfestsetzungsbeschluß vom ...... weitere DM ......, zusammen mit Zinsen insgesamt bisher DM ......
Die Zwangsvollstreckung ist fehlgeschlagen.

Beweis: Vorlage des Urteils vom ......
Vorlage des Kostenfestsetzungsbeschlusses vom ......
Vorlage des Pfändungsprotokolls des Gerichtsvollziehers vom ......

II. Der Kläger hat in Erfahrung gebracht, daß der Schuldner am ...... dem Beklagten ein Aktienpaket im Werte von DM ...... zur Sicherung übereignet hat.
Diese Übergabe stellt eine anfechtbare Rechtshandlung im Sinne des § 3 Abs. 1 Nr. 1 AnfG dar. Der Schuldner wollte den Kläger als Gläubiger benachteiligen und seine Zwangsvollstreckung vereiteln. Dies ergibt sich aus dem Gespräch, das der Schuldner am ...... anläßlich der Übergabe dieses Aktienpaketes an den Beklagten mit ihm im Beisein des Zeugen D führte, in dessen Verlauf er erklärte, daß „er dieses Paket vor dem drohenden Zugriff seiner Gläubiger in Sicherheit bringen müsse".

Beweis: Zeugnis des D, (ladungsfähige Anschrift).

III. Daraus ergibt sich auch die Kenntnis des Beklagten von der Benachteiligungsabsicht, die der Schuldner bei der Weggabe des Aktienpaketes hegte.
Der Beklagte ist daher verpflichtet, die Aktien in das Vermögen des C zurückzugewähren und sie der Zwangsvollstreckung des Klägers so zur Verfügung zu stellen, daß dieser die Aktien pfänden kann. Dem berechtigten Auskunftsverlangen des Klägers ist der Beklagte trotz Aufforderung und Fristsetzung bisher nicht nachgekommen.

Beweis: Vorlage des Mahnschreibens des Klägers vom ......

Klage ist daher geboten.

Rechtsanwalt

Anmerkungen

1. Die Stellung des nach § 9 AnfG erforderlichen Klagantrags ist uU. nur möglich, wenn der Anfechtungsgegner vorher Auskunft erteilt hat; diese ist dann Bestandteil der Rückgewährpflicht gem. § 7 AnfG (RGZ 150, 44; *Kilger/Huber* AnfG § 9 Anm. III 12).

2. Aus § 9 AnfG ergibt sich, daß im Klagantrag der Anfechtungsklage die Art und Weise und der Umfang der Rückgewähr von Seiten des Empfängers bezeichnet werden müssen (vgl. *Kilger/Huber* AnfG § 9 Anm. II und III). Zum Umfang ist die Angabe des Forderungsbetrages unter Einbeziehung der Zinsen und Kosten erforderlich, aber auch ausreichend. Der vorliegende Klagantrag ist bewußt ausführlicher gehalten, indem die Forderung, zugunsten derer die Anfechtung erfolgt, genauer beschrieben wird. In der Begründung muß in jedem Fall die Forderung genau individualisiert werden.

Vergleich

9. Antrag einer Kommanditgesellschaft auf Eröffnung des Vergleichsverfahrens mit Liquidationsvergleich[1]

An das (Ort, Datum)
Amtsgericht[2]
– Vergleichsgericht –

Als alleinige Komplementärin der Firma A Kommanditgesellschaft[3] beantrage ich, über die Vermögen der Gesellschaft und der persönlich haftenden Gesellschafterin das gerichtliche Vergleichsverfahren[4] zur Abwendung des Konkurses zu eröffnen.
Die Firma wurde als Einzelfirma gegründet und später in eine Kommanditgesellschaft umgewandelt. Sie betreibt einen Großhandel mit Geräten und ist im Handelsregister eingetragen.
Frau B ist Komplementärin und der Sohn C Kommanditist. Der Ehemann D der Komplementärin ist als Geschäftsführer von der Gesellschaft angestellt.
Die Firma ist zahlungsunfähig[5] und hat ihre Zahlungen eingestellt. Die Zahlungsunfähigkeit hat folgende Ursachen:
Seit Ende des letzten Jahres gerieten in zunehmendem Maße Kunden, die aus Gerätelieferungen größere Beträge schuldeten, in Zahlungsschwierigkeiten. Zufolge der Mitverpflichtungen aus Wechselfinanzierungen für Kunden wurde die Gesellschaft und Komplementärin immer mehr aus nicht eingelösten Finanzierungswechseln in Anspruch genommen, für deren Einlösung ihr die flüssigen Mittel fehlten.
Da noch ausreichende Vermögenswerte vorhanden sind, aus deren Erlös bei langfristiger Verwertung die Forderungen der Gläubiger weitgehend befriedigt werden können, wird den Gläubigern im angestrebten Liquidationsvergleichsverfahren folgender

Vergleichsvorschlag

unterbreitet:
Die Firma A Kommanditgesellschaft und die persönlich haftende Gesellschafterin B als Vergleichsschuldner stellen ihr gesamtes Vermögen zur Befriedigung der Forderungen ihrer Gläubiger zur Verfügung.
Der durch die Verwertung des Vermögens nicht gedeckte Teil der Forderungen sowie die Zinsen ab dem Tage der Eröffnung des Vergleichsverfahrens werden erlassen. Der Erlaß erstreckt sich jedoch nicht auf den an fünfunddreißig vom Hundert der Vergleichsforderungen fehlenden Betrag.
Die Vergleichsschuldner ermächtigen den Vergleichsverwalter zur Verteilung des Erlöses aus der Liquidation. Ausschüttungen hat der Vergleichsverwalter vorzunehmen, sobald aus der Verwertung des Vermögens hierfür 10% zur Verfügung stehen[6].

Gem. § 3 Vergleichsordnung werden nachfolgende Erklärungen abgegeben:
1. Die persönlich haftende Gesellschafterin B ist am ...... in ...... geboren.
2. Die Gesellschaft und ihre Komplementärin haben sich in den letzten fünf Jahren vor dem Tage dieses Antrages mit ihren Gläubigern nicht außergerichtlich verglichen.
3. Innerhalb derselben Frist wurde weder über das Vermögen der Gesellschaft noch über dasjenige der Komplementärin im Inlande ein Konkurs- oder Vergleichsverfahren rechtskräftig eröffnet noch die Eröffnung eines dieser Verfahren mangels Masse rechtskräftig abgelehnt.
4. Eine Vorladung zur Abgabe einer eidesstattlichen Versicherung in einem inländischen Zwangsvollstreckungsverfahren wegen einer Geldforderung ist innerhalb derselben Frist nicht zugegangen.
Die Richtigkeit der Angaben unter Nr. 1–4 werden an Eides Statt versichert.

Diesem Antrag sind eine Doppelschrift[7] und folgende Anlagen[8] in je zwei Stücken gemäß § 4 Vergleichsordnung beigefügt:
1. Je eine Vermögensübersicht der Gesellschaft und der Komplementärin unter Berücksichtigung der Erfordernisse des § 5 Abs. 1 Vergleichsordnung,
2. je ein Verzeichnis der Gläubiger und der Schuldner unter Angabe der einzelnen Forderungen und Schulden sowie der weiteren Angaben gem. § 6 Vergleichsordnung,
3. die Bilanzen mit Gewinn- und Verlustrechnungen der letzten drei Jahre.

Als persönlich haftende Gesellschafterin wird gem. der Vorschrift des § 4 Abs. 1 Nr. 3, 4 und 5 Vergleichsordnung folgende Erklärung abgegeben:
1. Innerhalb des letzten Jahres vor dem Tage des Antrages hat zwischen mir und meinem Ehegatten vor und während der Ehe oder mit einem sonstigen nahen Angehörigen[9] keine Vermögensauseinandersetzung stattgefunden.
2. Auch habe ich neben gebräuchlichen Gelegenheitsgeschenken keine Verfügungen über Vermögensgegenstände innerhalb der letzten zwei Jahre vor dem Tage des Antrages zugunsten einer dieser Personen vorgenommen.
3. Zur Abgabe der in § 69 Abs. 2 Vergleichsordnung vorgesehenen eidesstattlichen Versicherung bin ich bereit.

Zur Begründung des Antrages wird vorgetragen:
Ausweislich der beigefügten Bilanzen war der Geschäftsgang in den letzten Jahren zufriedenstellend. Durch Insolvenzen bei 23 Kunden, ausgelöst durch Auftragsrückgang und Kreditkündigungen, traten im letzten und dem laufenden Jahr hohe Verluste ein. Die Entwicklung auf dem Gerätemarkt verminderte in den letzten Monaten die Umsätze um 50–60%. Die hohen Lagerbestände konnten nicht mehr in dem erforderlichen Umfang verflüssigt werden. Weitere Verluste ergaben sich auch durch die erst kürzlich entdeckten Veruntreuungen eines Angestellten, der seit einem Monat in Untersuchungshaft ist.
Einer Vielzahl von Gläubigern stehen Aus- und Absonderungsrechte zu, die durch Sicherungsübereignungen oder durch Lieferungen unter Eigentumsvorbehalt begründet wurden. Einzelheiten sind der beigefügten Vermögensübersicht der Gesellschaft zu entnehmen. Für eine Ablösung dieser Rechte sind zusätzliche Vermögenswerte nicht vorhanden. Eine Aufrechterhaltung und Fortführung des Betriebes ist deshalb ausgeschlossen. Den Interessen aller Gläubiger dient bei diesen wirtschaftlichen Gegebenheiten deshalb der angestrebte Liquidationsvergleich.
Ergänzend werden je zweifach als weitere Anlagen beigefügt:
1. Entwicklung des Kapitalkontos der Komplementärin
2. Entwicklung des Kapitalkontos des Kommanditisten
3. Aufstellung der Bezüge des Geschäftsführers
4. Gesellschaftsvertrag
5. Aufstellung der Umsatzzahlen der letzten 3 Jahre

9. Antrag einer KG auf Eröffnung des Vergleichsverfahrens   III. F. 9

Wegen der im Betriebe der Gesellschaft notwendigen, größeren Investitionen in den letzten 3 Jahren wird auf die beigefügten Bilanzen verwiesen.
Es wird gebeten, dem Antrag auf Eröffnung des Vergleichsverfahrens stattzugeben.

B
Komplementärin[10]

Schrifttum: *Böhle-Stamschräder/Kilger*, Vergleichsordnung, 11. Aufl. 1986; *Uhlenbruck/Delhaes*, Handbuch der Rechtspraxis, Bd. 3, Konkurs- und Vergleichsverfahren, 5. Aufl. 1990; *Bley/Mohrbutter*, Vergleichsordnung, 4. neubearbeitete Aufl., Band 1, §§ 1–81, 1979, Band 2, §§ 82–132, 1981.

Anmerkungen

A. Vergleichsordnung

1. Eine Form ist nicht vorgeschrieben. Der Antrag kann schriftlich oder zu Protokoll der Geschäftsstelle des Amtsgerichts gestellt werden. Zum Inhalt wird dringend empfohlen, das Merkblatt für gerichtliche Vergleichsanträge, das insbesondere auch ein Muster für eine Vermögensübersicht enthält, zu beachten. Es ist abgedruckt bei *Uhlenbruck/Delhaes*, Anh. 6; s. auch bei *Bley/Mohrbutter*, Anh. F und bei *Böhle-Stamschräder/Kilger*, Anh. 5.

2. Die sachliche und örtliche Zuständigkeit des Amtsgerichts ergibt sich aus § 2 VerglO in Verbindung mit § 71 KO.

3. Bei der Kommanditgesellschaft handelt es sich um ein Sondervergleichsverfahren gem. § 109 VerglO, durch das zugleich der Umfang der persönlichen Haftung der Komplementäre begrenzt wird.
Nach § 2 Abs. 1 VerglO ist der Vergleichsantrag unter den gleichen Voraussetzungen wie ein Konkursantrag zulässig. Antragsberechtigt ist ausschließlich der Schuldner. Den Gläubigern steht kein Antragsrecht zu. Bei OHG, KG und KGaA ist der Antrag von den vertretungsberechtigten Gesellschaftern, bei AG und GmbH von den Vorstandsmitgliedern bzw. den Geschäftsführern zu stellen.

4. Das Vergleichsverfahren setzt Vergleichsfähigkeit des Schuldners, die der Konkursfähigkeit entspricht, voraus. Es ist demnach zulässig über das Vermögen einer natürlichen Person, einer juristischen Person und eines Vereins, der als solcher verklagt werden kann, §§ 2, 108, 111 VerglO, mit den Ausnahmen nach § 112 VerglO hinsichtlich Versicherungsunternehmungen und Kreditinstitute; ferner als Sondervergleichsverfahren über das Vermögen einer OHG und einer KG, § 109 VerglO, sowie über den Nachlaß, das Gesamtgut einer fortgesetzten Gütergemeinschaft und der Gütergemeinschaft, §§ 113, 114, 114a VerglO. Nicht zulässig ist das Vergleichsverfahren über das Vermögen einer Gesellschaft des bürgerlichen Rechts, § 705 BGB, sowie über das Vermögen einer stillen Gesellschaft, § 335 HGB (vgl. *Böhle-Stamschräder/Kilger* VerglO § 2 Anm. 1). Kein Vergleichsverfahren findet statt bei Versicherungsunternehmungen und Bausparkassen, § 112 Abs. 1 VerglO, und nach § 112 Abs. 2 VerglO bei bestimmten Kreditinstituten, hier nur mit Zustimmung des Bundesaufsichtsamtes (s. *Böhle-Stamschräder/Kilger* VerglO § 2 Anm. 5).

5. Sachliche Voraussetzung für Einleitung, Eröffnung und Durchführung des Vergleichsverfahrens ist ein Vergleichsgrund entsprechend dem Konkursgrund, nämlich Zahlungsunfähigkeit und/oder Überschuldung. Die Zahlungseinstellung als wichtigste Erscheinungsform der Zahlungsunfähigkeit ist nicht selbst Vergleichsgrund (vgl. *Böhle-Stamschräder/Kilger* VerglO § 2 Anm. 4 Abs. 2). Nach RGZ 50, 41 ist Zahlungsunfähigkeit das auf dem Mangel an Zahlungsmitteln beruhende andauernde Unvermögen des Schuldners, seine sofort zu erfüllenden Geldschulden noch im wesentlichen zu berichtigen. Überschul-

dung ist das Überwiegen der Passiven über die Aktiven. Zahlungsfähigkeit kann trotz Überschuldung vorliegen, zB. bei ausreichendem Kredit (s. *Böhle-Stamschräder/Kilger* VerglO § 2 Anm. 4, Abs. 2, 3, 4). Konkurs- bzw. Vergleichsgrund (§ 2 Abs. 1 S. 3 VerglO) sind: bei natürlichen Personen, bei der Offenen Handelsgesellschaft und der Kommanditgesellschaft Zahlungsunfähigkeit (§§ 102, 209 KO); beim Nachlaß und bei der fortgesetzten Gütergemeinschaft Überschuldung (§§ 215, 236 KO); beim gemeinschaftlich verwalteten Gesamtgut der ehelichen Gütergemeinschaft Zahlungsunfähigkeit beider Ehegatten (§ 236a KO); für die Aktiengesellschaft, Kommanditgesellschaft auf Aktien, Gesellschaft mit beschränkter Haftung, offene Handelsgesellschaften und Kommanditgesellschaften, wenn kein persönlich haftender Gesellschafter eine natürliche Person ist, den rechtsfähigen und nichtrechtsfähigen Verein, für die privatrechtliche Stiftung, die Körperschaften, Stiftungen und Anstalten des öffentlichen Rechts – soweit für die letzteren ein Konkursverfahren zulässig ist – sowohl Zahlungsunfähigkeit als auch Überschuldung (§§ 207, 209 Abs. 1 S. 2, 3, 213 KO; § 63 GmbHG); für Genossenschaften ist stets Zahlungsunfähigkeit Konkursgrund (§ 98 Abs. 1 GenG), bei einer Genossenschaft, bei der die Genossen keine Nachschüsse zu leisten haben, bei einer aufgelösten Genossenschaft sowie bei einer Genossenschaft, bei der die Genossen Nachschüsse bis zu einer Haftsumme zu leisten haben, auch Überschuldung, allerdings nur, sofern diese ein Viertel der Haftsumme aller Genossen übersteigt (§ 98 Abs. 1 Nr. 2, 3 GenG), bei den in Auflösung begriffenen eingetragenen Genossenschaften ist sowohl die Zahlungsunfähigkeit wie Überschuldung Konkursgrund (§ 98 GenG), (s. *Uhlenbruck/Delhaes* Rdn. 1083, 132–145).

Durch einen Antrag auf Eröffnung des gerichtlichen Vergleichsverfahrens genügt der Schuldner einer ihm gesetzlich obliegenden Pflicht zur Stellung des Konkursantrages, vgl. für jur. Personen §§ 42 Abs. 2, 48, 53, 86, 88, 89 Abs. 2 BGB; für fortges. Gütergem. §§ 1489 Abs. 2, 1980 BGB; für Erben und Nachlaßverw. §§ 1980, 1985 BGB; für AG, KGaA und GmbH §§ 92 Abs. 2, 268 Abs. 2, 278 Abs. 3, 283 Nr. 14 AktG; § 64 GmbHG; für eingetr. Genossenschaften §§ 99, 118, 140, 148 GenG (s. *Böhle-Stamschräder/Kilger* VerglO § 2 Anm. 5). Die Motive für die Stellung des Vergleichsantrags, zB. Ausnutzung der Rückschlagsperre nach § 104 VerglO, sind unbeachtlich (BGH ZIP 1983, 1472).

6. Der Liquidationsvergleich ist mit einem Treuhandauftrag zu verbinden, vgl. Form. III. F. 10.

7. S. § 4 Abs. 3 VerglO. Die Zweitschrift mit Doppel der Anlagen ist erforderlich zur Weitergabe an die Berufsvertretung, vgl. § 14 VerglO. Bei Genossenschaften bedarf es der Vorlage von 3 Stücken zwecks zusätzlicher Weitergabe an den Prüfungsverband, s. § 111 Nr. 2, 3 VerglO.

8. Für die Vorlage der Anlagen wird dem Schuldner in der Regel auf Antrag eine Nachholfrist bewilligt. In Großverfahren werden die Fristen des § 10 VerglO nahezu immer überschritten (vgl. *Uhlenbruck/Delhaes* Anm. 7 Abs. 2 zu Rdn. 822).

9. Im Vergleichsverfahren über eine Kommanditgesellschaft gelten die nahen Angehörigen der persönlich haftenden Gesellschafter als nahe Angehörige der KG. Im Verfahren über eine OHG gelten die nahen Angehörigen auch eines nicht vertretungsberechtigten Gesellschafters als nahe Angehörige der OHG. Nach § 108 Abs. 2 VerglO gelten im Vergleichsverfahren über eine GmbH die Gesellschafter und deren nahe Angehörige als nahe Angehörige der Gesellschaft (s. *Böhle-Stamschräder/Kilger* VerglO § 4 Anm. 2).

10. Wird der Antrag durch einen Bevollmächtigten gestellt und/oder soll dieser den Vergleichsschuldner auch im Verfahren vertreten, so ist eine Vollmacht vorzulegen, die ergeben muß, daß der Vertreter zur Stellung des Vergleichsantrages und/oder zur Vertretung im Vergleichsverfahren ermächtigt ist. Allgemeine Prozeßvollmacht genügt nicht. Das Fehlen einer solchen Vollmacht hat das Gericht von Amts wegen zu beachten (vgl. *Böhle-Stamschräder/Kilger* VerglO § 2 Anm. 2; *Uhlenbruck/Delhaes* Rdn. 1083, 113, 181, 770). Die Vorlage einer Vollmacht entfällt jedoch nach § 88 Abs. 2 ZPO, sofern als Bevollmächtigter ein Rechtsanwalt auftritt (vgl. *Bley/Mohrbutter* VerglO, 1. Bd. 1979, § 2 Rdn. 29).

B. Gesamtvollstreckungsordnung

Nach dem EinigV, Anlage I, Kap. III, Sachgebiet A, Abschnitt I Nr. 1 wurde die Vergleichsordnung als Bundesrecht in den fünf neuen Bundesländern und denjenigen Teilen von Berlin, in denen bis zum 3. 10. 1990 das Grundgesetz nicht galt, nicht in Kraft gesetzt. Die Gesamtvollstreckungsordnung in der Neufassung der Bekanntmachung vom 23. 5. 1991 (BGBl. I S. 1185) sieht nur einen verfahrensbeendenden Vergleich gem. § 16 Abs. 1 GesO vor, der den Regelungen des Zwangsvergleichs gem. §§ 173 ff. KO entspricht (vgl. *Smid*, Arbeitsbuch, S. 153). Auf Würdigkeitsvoraussetzungen und eine Mindestquote wird verzichtet, wobei alle Formen der Vergleichsvorschläge, wie Liquidationsvergleich, Stundungsvergleich, Quotenvergleich und Kombinationen zulässig sind (vgl. *Haarmeyer/Wutzke/Förster* § 16 Rdn. 2, 13 bis 15).

Kosten und Gebühren

Gem. § 1 GKG werden Kosten (Gebühren und Auslagen) für das Verfahren nach der Vergleichs- und Konkursordnung nach den Bestimmungen des Gerichtskostengesetzes erhoben. Maßgebend sind die §§ 35 bis 38 GKG und über § 11 GKG die Nr. 1400 bis 1441 des Kostenverzeichnisses und die Gebührentabelle.

Gem. § 1 BRAGO bemißt sich die Vergütung (Gebühren und Auslagen) des Rechtsanwalts für die Tätigkeit in Vergleichs- und Konkursverfahren nach den Vorschriften der BRAGO, soweit der Rechtsanwalt nicht als Vergleichs- oder Konkursverwalter, als Mitglied des Gläubigerbeirates oder des Gläubigerausschusses tätig ist. Maßgebend für die Anwaltstätigkeit in Vergleichs- und Konkursverfahren sind die §§ 72 bis 81 und 82 BRAGO sowie über § 11 BRAGO die Gebührentabelle. Wegen der Einzelheiten s. bei *Uhlenbruck/Delhaes* Rdn. 1320, 1350 bis 1357, 1360, 1372 bis 1379 und jeweils die entsprechenden Anmerkungen zu den Form. III. F. 9 bis 30.

10. Treuhandvertrag bei Liquidationsvergleich[1]

Vertrag

zwischen[2]

1. a) Firma A Kommanditgesellschaft
   vertreten durch die persönlich haftende Gesellschafterin B
   b) Frau B, Komplementärin
   im folgenden Vergleichsschuldner genannt

und

2. Herrn Rechtsanwalt C
   im Folgenden Treuhänder genannt.

§ 1

Unter der Bedingung, daß der am ...... von den Gläubigern angenommene Vergleich in dem Vergleichsverfahren über das Vermögen der Vergleichsschuldner – Amtsgericht ...... Az. ...... – von dem Vergleichsgericht bestätigt wird, bevollmächtigen die Vergleichsschuldner den Treuhänder unwiderruflich, ihr gesamtes Vermögen im Interesse der Durchführung des Vergleiches zu verwerten[3].
Der Treuhänder ist hierzu bereit.
Die Vergleichsschuldner verpflichten sich, ihre gesamten Kenntnisse und volle Arbeitskraft dem Treuhänder zur Erreichung dieses Zweckes unentgeltlich zur Verfügung zu stellen,

sowie die erforderlichen Rechtshandlungen vorzunehmen und Willenserklärungen abzugeben.

§ 2

Die dem Treuhänder erteilte Vollmacht[4] ist seitens der Vergleichsschuldner unwiderruflich.
Sie kann jedoch von dem Vergleichsgericht jederzeit widerrufen werden, wenn die Mehrheit der Vergleichsgläubiger, berechnet nach § 74 Abs. 1 Vergleichsordnung, dieses verlangt.
Der Treuhänder kann das ihm übertragene Mandat jederzeit durch schriftliche Anzeige gegenüber dem Vergleichsgericht, dem Vergleichsverwalter[5] und den Vergleichsschuldnern niederlegen.
Die Vollmacht des Treuhänders endet, wenn das Anschlußkonkursverfahren über das Vermögen der Vergleichsschuldner eröffnet wird oder wenn der Vergleich erfüllt ist.

§ 3

Der Treuhänder hat die Aufgabe, das gesamte Vermögen der Vergleichsschuldner rasch, aber unter Berücksichtigung der wirtschaftlichen Gesamtlage, bestmöglich zu verwerten. Er hat diese Aufgabe mit der Sorgfalt eines ordentlichen Kaufmannes zu erfüllen.
Verfügungsbeschränkungen des Vergleichsgerichtes, die den Vergleichsschuldnern auferlegt sind oder werden, sind auch für den Treuhänder bindend. Er hat insbesondere für die Abführung sämtlicher Erlöse auf das von dem Vergleichsverwalter zur Vergleichserfüllung geschaffene Konto zu sorgen.
Soweit ungeachtet dieser Bestimmung dem Treuhänder Werte zufließen, die dieser nicht für die Durchführung seiner Aufgabe benötigt, hat er diese kalendervierteljährlich bis zum 15. des folgenden Monats an den Vergleichsverwalter herauszugeben. Auch hat der Treuhänder dem Vergleichsverwalter jederzeit auf Verlangen Rechnung zu legen, diesem alle Auskünfte zu geben und den erforderlichen Einblick in seine Unterlagen zu gewähren.

§ 4

Die Tätigkeit des Treuhänders beginnt am . . . . . .
Er erhält für seine Tätigkeit beginnend ab . . . . . . und zunächst für die Dauer eines Jahres eine monatliche Vergütung von DM . . . . . . von den Vergleichsschuldnern. Hiermit sind auch alle Fahrtkosten und Spesen abgegolten, die dem Treuhänder dadurch entstehen, daß der Schwerpunkt seiner Tätigkeit in . . . . . . (Sitz der Vergleichsschuldner) liegt.
Fahrtkosten und Spesen, die dadurch entstehen, daß der Treuhänder eine Tätigkeit außerhalb . . . . . . ausübt, werden gegen gesonderte Abrechnung vergütet.
Für die Zeit nach . . . . . . ist eine neue Vereinbarung über die Vergütung des Treuhänders zu treffen, die dem dann noch vorhandenen Umfang der Aufgabe des Treuhänders angemessen zu sein hat.

(Ort und Datum)

A	B	C
Kommanditgesellschaft	Komplementärin	Treuhänder

Der vorstehende Vertrag wird, soweit er eine Verpflichtung der Vergleichsschuldner enthält, die auf Grund der gerichtlich angeordneten Verfügungsbeschränkung meiner Genehmigung bedarf, hiermit genehmigt[6].

(Ort und Datum)

D
Vergleichsverwalter

Anmerkungen

1. Vgl. Form. III. F. 9. Der Liquidationsvergleich ist ausdrücklich in § 7 Abs. 4 VerglO anerkannt. Aus dem Vermögen des Schuldners wird die Liquidationsmasse ausgesondert und den Gläubigern zur Verwertung überlassen. Die Verwertung zum Zwecke der Gläubigerbefriedigung wird in der Regel einem Treuhänder übertragen. Erforderlich ist dann der Abschluß eines Treuhandvertrages. Er kann Teil des gerichtlichen Vergleiches unter Beteiligung des Treuhänders sein oder aber der Vergleichsvorschlag enthält das Versprechen der Vergleichsschuldner zum Abschluß eines Treuhandvertrages (s. *Böhle-Stamschräder/ Kilger* VerglO § 7 Anm. 3). Da der Abschluß des Vertrages erst nach Annahme des Vergleiches erfolgt, kann die Bestätigung des Vergleiches seitens des Vergleichsgerichts auch von der Vorlage eines wirksam abgeschlossenen Treuhandvertrages abhängig gemacht werden, was sich in der Praxis bewährt hat. Nicht bewährt hat sich die Aufhebung des Verfahrens mit Sachwalterschaft (s. *Uhlenbruck/Delhaes* Rdn. 1102, Anm. 18, Rdn. 1103).

2. Parteien des Treuhandvertrages sind Vergleichsschuldner und Treuhänder, wobei es sich um einen Vertrag zugunsten Dritter, nämlich der Vergleichsgläubiger, handelt (s. *Böhle-Stamschräder/Kilger* VerglO § 7 Anm. 3).

3. Zu unterscheiden sind unechte und echte Treuhand. Bei ersterer wird der Treuhänder lediglich zur Verfügung über das Treugut ermächtigt und/oder bevollmächtigt, als Vertreter des Schuldners zu handeln. Dagegen werden bei der echten Treuhand die zum Treugut gehörenden Vermögensgegenstände dem Treuhänder zur Verwertung für die Gläubiger übereignet bzw. abgetreten (s. *Böhle-Stamschräder/Kilger* VerglO § 7 Anm. 3).

4. Bei diesem Beispiel handelt es sich um eine unechte Treuhand, die in der Praxis die Regel sein dürfte. Wird Treugut übereignet, also echte Treuhand begründet, so empfiehlt sich die auflösend bedingte Übereignung im Hinblick auf eine mögliche spätere Konkurseröffnung über das Vermögen des Vergleichsschuldners (s. *Uhlenbruck/Delhaes* Rdn. 1104).

5. Das Amt des Vergleichsverwalters bleibt in der Regel bestehen, da nur selten mit Bestätigung des Vergleiches das Verfahren aufgehoben wird (s. *Uhlenbruck/Delhaes* Rdn. 1102, Anm. 18).

6. Die Genehmigung des Vergleichsverwalters ist erforderlich, wenn das Vergleichsverfahren nicht aufgehoben wird und auch die Verfügungsbeschränkungen bestehen bleiben.

11. Vergleichsvorschlag im Quotenvergleich mit vereinbarter Überwachung und Sicherheit für die Erfüllung des Vergleiches[1]

Vergleichsvorschlag

der Firma A Gesellschaft mit beschränkter Haftung, in ......, vertreten durch die Geschäftsführer B und C, im Vergleichsverfahren beim Amtsgericht ...... – Az. VN ...... –

I. Die am Vergleich teilnehmenden Gläubiger[2] erhalten auf ihre anerkannte[3] Forderung eine Quote von 40%[4].

II. Die am Vergleich teilnehmenden Gläubiger verzichten auf ihre Mehrforderung, sowie auf eventuelle Zinsansprüche für die Zeit nach ......[5].

III. Die Vergleichsquote wird wie folgt bezahlt[6]:
    a) 1. Rate mit 5% innerhalb von 6 Monaten nach rechtskräftiger, gerichtlicher Bestätigung des Vergleiches, voraussichtlich im (Monat und Jahr).

b) 2. Rate mit 5% im (Monat und Jahr).
   c) 3. Rate mit 5% im (Monat und Jahr).
   d) 4. Rate mit 10% im (Monat und Jahr).
   e) 5. Rate mit 5% im (Monat und Jahr).
   f) 6. und letzte Rate mit 10% im (Monat und Jahr).
IV. Das Vergleichsverfahren wird nach der rechtskräftigen Bestätigung des Vergleiches nicht aufgehoben. Dem Vergleichsverwalter wird die Überwachung und Erfüllung des Vergleiches und die Auszahlung der Quoten übertragen.
V. Unter der Voraussetzung der rechtskräftigen, gerichtlichen Bestätigung des Vergleiches wird die Erfüllung dadurch garantiert, daß die Firma D die unwiderrufliche Bürgschaft übernimmt. Die schriftliche Bürgschaftserklärung wurde beim Vergleichsgericht mit dem Eröffnungsantrag eingereicht[7].

(Ort, Datum)   B   C
                                                     Geschäftsführer

Anmerkungen

1. Vgl. *Uhlenbruck/Delhaes* Rdn. 1092–1107; *Mohrbutter* KTS 1967, 32 ff. Der Vergleichsvorschlag wird hier dem Eröffnungsantrag nachgereicht. Ziel des Vergleichsverfahrens ist hier die Erhaltung des Unternehmens und die Abwendung des Konkurses.

2. Unabhängig von der Aufnahme in das Gläubigerverzeichnis und einer Forderungsanmeldung werden vom Vergleich alle Vergleichsgläubiger betroffen. Bei der Abstimmung werden die Gläubiger berücksichtigt, wenn sie im Gläubigerverzeichnis eingetragen sind oder ihre Forderung bis zum Beginn der Abstimmung bei dem Gericht angemeldet haben (vgl. *Uhlenbruck/Delhaes* Rdn. 1068). Die Vergleichsgläubiger sind durch Gesetz bestimmt (§ 25 VerglO). Sie entsprechen grundsätzlich den Konkursgläubigern (§§ 3, 61 Abs. 1 Nr. 6 KO). Abweichungen ergeben sich aus §§ 26, 29, 36 VerglO (vgl. *Böhle-Stamschräder/Kilger* VerglO § 25 Anm. 1).

3. Streitfragen über den Bestand der Forderungen sowie über Aus- und Absonderungsrechte sind notfalls im Prozeßwege zu klären. Die Prozeßführungsbefugnis des Schuldners wird durch das Vergleichsverfahren nicht berührt. Er bleibt aktiv und passiv legitimiert. Eine Unterbrechung anhängiger Prozesse findet nicht statt (§ 49 VerglO; s. *Böhle-Stamschräder/Kilger* VerglO § 49 Anm. 1; *Uhlenbruck/Delhaes* Rdn. 1067).

4. Nach § 7 Abs. 1 u. 2 VerglO beträgt der Mindestsatz einer Quote 35%, der sich auf 40% bei einer Zahlungsfrist von mehr als einem Jahr ab Vergleichsbestätigung erhöht. Eine Zahlungsfrist von mehr als 18 Monaten darf nur für einen 40% übersteigenden Betrag in Anspruch genommen werden (vgl. *Bley/Mohrbutter* VerglO, Bd. 1, 4. Aufl., § 7 Anm. II; *Böhle-Stamschräder/Kilger* VerglO § 7 Anm. 2).

5. Die nach Eröffnung des Vergleichsverfahrens entstehenden Zinsen gelten als erlassen, wenn im Vergleichsvorschlag keine abweichende Regelung getroffen ist (§§ 29 Nr. 1, 83 Abs. 2 VerglO). Der nichterlassene Teil der Vergleichsforderung bleibt auch nach Vergleichsbestätigung unverzinslich (vgl. BGH WPM 1983, 1335/1337).

6. Hier wird eine Zahlungsfrist von 18 Monaten in Anspruch genommen, so daß kraft Gesetzes 40% Quote innerhalb dieser Frist zu zahlen sind. Die Zahlung hat gemäß § 7 Abs. 4 VerglO in bar zu erfolgen. Sie soll bei Fortführung des Betriebes im wesentlichen aus den Erlösen erwirtschaftet werden.

7. Die Vorlage der Bürgschaft kann seitens des Vergleichsgerichts an den Vergleichsschuldner auch zur Auflage gemacht werden, die dann spätestens nach der Annahme, jedoch vor gerichtlicher Bestätigung des Vergleiches zu erfüllen ist.

12. Vergleichsvorschlag im Quotenvergleich mit Besserungsklausel bei Aufhebung des Vergleichsverfahrens, Bestellung des Vergleichsverwalters zum Treuhänder, sowie Garantie- und Bürgschaftserklärung für die Erfüllung des Vergleiches durch Auffanggesellschaft[1]

Vergleichsvorschlag

der Firma A Gesellschaft mit beschränkter Haftung, in ......, vertreten durch die Geschäftsführer B und C, im Vergleichsverfahren beim Amtsgericht ...... – Az. VN ...... –

I. Die am Vergleich teilnehmenden Gläubiger[2] erhalten auf ihre anerkannte[3] Forderung eine Quote von 35%[4].

II. Die am Vergleich teilnehmenden Gläubiger verzichten auf ihre Mehrforderung sowie auf eventuelle Zinsansprüche für die Zeit nach ....

III. Die Vergleichsquote wird wie folgt bezahlt[5]:
    a) 1. Rate mit 20% innerhalb 4 Wochen nach rechtskräftiger, gerichtlicher Bestätigung des Vergleiches, voraussichtlich (Monat und Jahr).
    b) 2. Rate mit 15% innerhalb 6 Monaten nach rechtskräftiger, gerichtlicher Bestätigung des Vergleiches, voraussichtlich (Monat und Jahr).

IV. Die Erfüllung des Vergleiches wird unter der Voraussetzung der rechtskräftigen, gerichtlichen Bestätigung dadurch garantiert, daß die Geschäftsanteile der Vergleichsschuldnerin[6] mit Wirkung vom Tage der rechtskräftigen, gerichtlichen Bestätigung von der Firma D, Gesellschaft mit beschränkter Haftung in ......, vertreten durch den alleinigen Geschäftsführer E, übernommen werden und diese die Bürgschaft für die Erfüllung des Vergleiches unwiderruflich übernimmt.

Das rechtsverbindlich unterzeichnete Original dieser Garantie- und Bürgschaftserklärung vom ...... liegt dem Vergleichsgericht vor.

V. Das Vergleichsverfahren wird nach rechtskräftiger Bestätigung des Vergleiches aufgehoben[7].

VI. Die Vergleichsschuldnerin verpflichtet sich, das Anwesen ...... in ......, eingetragen im Grundbuch von ......, Band ...... zu verkaufen und einen über den Nominalwert der in Abtlg. III lfd. Nr. ...... eingetragenen Grundschuld in Höhe von DM ...... nebst Verwertungskosten hinausgehenden Verkaufs- oder Versteigerungserlös als Nachbesserung an die Vergleichsgläubiger quotenmäßig entsprechend den anerkannten Forderungen zu verteilen[8].

Zur Erreichung einer bestmöglichen Verwertung erteilt die Vergleichsschuldnerin auf ihre Kosten dem bisherigen Vergleichsverwalter als Treuhänder der beteiligten Vergleichsgläubiger Auftrag und Vollmacht, das genannte Anwesen innerhalb von 4 Monaten nach rechtskräftiger, gerichtlicher Bestätigung des Vergleiches zu verkaufen[9]. Nach fruchtlosem Ablauf dieser Frist ist der Treuhänder berechtigt und verpflichtet, die Zwangsversteigerung des genannten Anwesens auf Kosten der Vergleichsschuldnerin zu betreiben. Zu diesem Zwecke hat die Vergleichsschuldnerin auf ihre Kosten zugunsten des Treuhänders unverzüglich nach rechtskräftiger, gerichtlicher Bestätigung des Vergleiches eine jederzeit fällige Grundschuld mit Unterwerfungsklausel in Höhe von DM ...... nebst ...... % Zinsen auf dem genannten Anwesen nach den dinglichen Belastungen in Abtlg. III lfd. Nr. ...... bestellen und eintragen zu lassen[10]. Sämtliche hier angesprochenen Kosten sind Verwertungskosten im Sinne der Ziff. VI, Abs. 1.

Gelingt der Verkauf oder die Verwertung durch Zwangsversteigerung nicht innerhalb von 12 Monaten nach rechtskräftiger, gerichtlicher Bestätigung des Vergleiches, so erlöschen Auftrag und Vollmacht an den Treuhänder und die Vergleichsschuldnerin ist berechtigt, das genannte Anwesen nach freiem Belieben zu verkaufen. Auch in diesem Falle gilt die Regelung in Ziff. VI, Abs. 1, jedoch mit der Maßgabe, daß die laufenden Kosten für dieses Anwesen ab diesem Zeitpunkt bis zum Verkauf als Verwertungskosten anzusehen sind. Der Treuhänder ist zu diesem Zeitpunkt berechtigt und verpflichtet, die zu seinen Gunsten bestellten dinglichen Lasten auf Kosten der Vergleichsschuldnerin löschen zu lassen, wobei auch diese Kosten als Verwertungskosten anzusehen sind.

(Ort, Datum)   B   C
Geschäftsführer

Anmerkungen

1. Vgl. Form. III. F. 11 Anm. 1. Ein solcher Vergleichsvorschlag kann grundsätzlich erst nach Verfahrenseröffnung und abgeschlossenen Verhandlungen mit Übernahmeinteressenten unterbreitet werden. Auch hier ist die Abwendung des Konkurses bei Weiterführung des Unternehmens zwecks Erhaltung der Arbeitsplätze Ziel des Vergleichsverfahrens.

2. Vgl. Form. III. F. 11 Anm. 2.

3. Vgl. Form. III. F. 11 Anm. 3.

4. Vgl. Form. III. F. 11 Anm. 4.

5. Vgl. Form. III. F. 11 Anm. 5. Da hier die Zahlungsfrist unter einem Jahr liegt, ist kraft Gesetzes der Mindestsatz von 35% zulässig.

6. Hier erwirbt die den Betrieb übernehmende Auffanggesellschaft sämtliche Geschäftsanteile der schuldnerischen Gesellschaft mit beschränkter Haftung. Der Kaufpreis besteht aus der zu zahlenden Quote von 35% zuzüglich Übernahme der Verpflichtungen gegenüber den am Vergleichsverfahren nicht beteiligten Gläubigern. Die Erfüllung des Vergleiches wird von ihr selbstschuldnerisch verbürgt.

7. Die neuen Gesellschafter der Vergleichsschuldnerin wollen verständlicherweise weder eine direkte noch indirekte Überwachung des erworbenen Unternehmens durch Vergleichsgericht oder Vergleichsverwalter. Den Interessen der Gläubiger ist durch die selbstschuldnerische Bürgschaft Genüge getan. Auch erfolgt die Gründung einer sog. Auffanggesellschaft oft unter Beteiligung der Großgläubiger.
Wegen der Haftung bei Betriebsübergang, Anwendung des § 613a BGB, Mitwirkung des Betriebsrates bei Vergleichsantrag, Herbeiführung eines Interessenausgleiches und Verhandlungen über einen Sozialplan, s. *Bley/Mohrbutter* VerglO, 1. Bd., 4. Aufl., § 7 Rdn. 17 u. 18; *Böhle-Stamschräder/Kilger* VerglO § 7 Anm. 6; *Uhlenbruck/Delhaes* Rdn. 1086 und 1087.

8. Hier handelt es sich um eine Besserungsklausel zugunsten der Vergleichsgläubiger (s. *Uhlenbruck/Delhaes* Rdn. 1106). Im Einvernehmen mit der Auffanggesellschaft, die den Betrieb fortführt, wird ein für die Produktion nicht notwendiges Anwesen aus der Vergleichsmasse ausgegliedert und ein evtl. Übererlös nach Befriedigung der dinglichen Belastungen den Vergleichsgläubigern zur Nachbesserung ihrer Quote überlassen.

9. Vgl. Form. III. F. 10 Anm. 1. Der Treuhandvertrag ist hier Teil des gerichtlichen Vergleiches. Wie in Form. III. F. 10 handelt es sich gleichfalls um eine unechte Treuhand (vgl. Form. III.F.10 Anm. 3). Da der Verkauf eines Grundstückes ansteht, bedarf es zusätzlich einer notariellen Verkaufsvollmacht der Vergleichsschuldnerin auf den Treuhänder.

10. Einer dinglichen Belastung zugunsten des Treuhänders bedarf es, damit der Treuhänder aus eigenem Recht die Zwangsversteigerung betreiben kann.

13. Antrag des Vergleichsschuldners auf Ermächtigung zur Ablehnung der Erfüllung eines noch nicht erfüllten gegenseitigen Vertrages[1]

An das
Amtsgericht
– Vergleichsgericht – (Ort, Datum)

In dem Vergleichsverfahren über das Vermögen der Firma A, Aktiengesellschaft in ......, Az. VN ......
wird beantragt, gem. § 50 Vergleichsordnung die Ermächtigung zur Ablehnung der Erfüllung des Kaufvertrages über eine Datenverarbeitungsmaschine mit der Firma B in ...... zu erteilen.
Zur Begründung des Antrages wird vorgetragen:
Am ...... wurde der Beschluß über die Eröffnung des Vergleichsverfahrens bekannt gegeben[2]. Die Datenverarbeitungsmaschine soll nach längerer Lieferzeit jetzt ausgeliefert werden. Die Vergleichsschuldnerin hat aber infolge der gegebenen wirtschaftlichen Situation und der dadurch bedingten Aufgabe mehrerer auswärtiger Filialen für die Datenverarbeitungsmaschine keine Verwendung mehr. Diese Investition wurde im wesentlichen im Hinblick auf eine schnellere Erfassung der Rechnungsdaten in den einzelnen Filialen geplant. Eine Abnahme dieser Maschine und Zahlung des beachtlichen Kaufpreises würde bei der beabsichtigten Einschränkung des Betriebes das Zustandekommen und die Erfüllbarkeit des Vergleiches gefährden.
Der Lieferfirma B wird die Ablehnung der Erfüllung keinen verhältnismäßig großen Schaden bringen, da diese Datenverarbeitungsmaschine sehr gefragt ist und kurzfristig anderweitig veräußert werden kann.
Es wird gebeten, dem Antrag stattzugeben.

C
Vorstand

Dem vorstehenden Antrag stimme ich als Vergleichsverwalter zu[3].
(Ort, Datum)

D
Vergleichsverwalter

Anmerkungen

1. Antragsberechtigt ist der Vergleichsschuldner. Nach § 50 VerglO handelt es sich hier nur um gegenseitige Verträge, die bei Eröffnung des Vergleichsverfahrens noch von keiner Seite voll erfüllt sind. Erfolgt keine Ablehnung der Erfüllung, so kommt § 36 VerglO zur Anwendung. Bei Miete, Pacht und Dienstvertrag gilt § 51 VerglO. Schadensersatzansprüche bei Abwicklung gegenseitiger Verträge regelt § 52 VerglO. Der Vertragspartner des Vergleichsschuldners wird mit seiner Forderung Vergleichsgläubiger.

2. Die Ermächtigung muß spätestens zwei Wochen nach der öffentlichen Bekanntmachung des Eröffnungsbeschlusses beantragt werden.

3. Vor der Entscheidung hat das Gericht den Verwalter und den Vertragsgegner zu hören.

14. Anmeldung einer Vergleichsforderung mit Zustimmungserklärung[1]

An das
Amtsgericht (Ort, Datum)
– Vergleichsgericht –

Az. VN ......
Abschrift anbei

In dem Vergleichsverfahren über das Vermögen der Firma A wird die Firma C in ...... als am Verfahren beteiligte Gläubigerin von mir anwaltlich vertreten[2]. Im Auftrage meiner Mandantin melde ich folgende Forderungen an[3]:

1. Forderung aus Warenlieferung gem. Rechnung vom ......   DM ......
2. Forderung aus Wechsel per ...... ausgestellt am ......   DM ......
3. Zinsforderung gem. beigefügter Aufstellung unter Berücksichtigung der Fälligkeit der Rechnungen sowie des Wechsels bis zum Tage der Vergleichseröffnung DM ......[4]   DM ......

zus.   DM ......

Abschriften der Rechnung und des Wechsels sind beigefügt[5]. Namens meiner Auftraggeberin stimme ich dem vorgeschlagenen Vergleich zu[6].

Rechtsanwalt

Anmerkungen

1. S. § 67 VerglO; vgl. Form. III. F. 11 Anm. 2. Die Anmeldung kann schriftlich oder zur Niederschrift beim Vergleichsgericht bis zum Beginn der Abstimmung im Vergleichstermin erfolgen. Beifügung einer Abschrift für den Vergleichsverwalter wird erbeten. Anmeldungen beim Vergleichsverwalter sind unwirksam. Sie werden aber bei Weitergabe an das Vergleichsgericht mit Eingang wirksam (vgl. *Böhle-Stamschräder/Kilger* VerglO § 67 Anm. 2). Zweckmäßigerweise sollen Anmeldungen erst nach Eröffnung des Vergleichsverfahrens erfolgen.

2. Vgl. Form. III. F. 9 Anm. 10; *Böhle-Stamschräder/Kilger* VerglO § 67 Anm. 2.

3. Die Anmeldung muß Betrag und Grund der Forderung enthalten; bei eingetragener Genossenschaft auch die Angabe, ob Gläubiger Mitglied ist (§ 111 Nr. 2 VerglO). Urkundliche Beweisstücke sind in Urschrift oder Abschrift beizufügen. In der Regel erfolgt die Vorlage in Abschrift; dann kann die Vorlage der Urschrift im Vergleichstermin verlangt werden (vgl. *Böhle-Stamschräder/Kilger* VerglO § 67 Anm. 4; *Uhlenbruck/Delhaes* Rdn. 1214).

4. Wegen der im Vergleichsverfahren ausgeschlossenen Ansprüche s. § 29 VerglO. Hierzu gehören ua. die seit der Eröffnung des Verfahrens laufenden Zinsen sowie die Kosten, die den einzelnen Gläubigern durch ihre Teilnahme an dem Verfahren unter Einschluß der Anmeldekosten und der Inanspruchnahme eines Vertreters erwachsen (vgl. *Böhle-Stamschräder/Kilger* VerglO § 29 Anm. 2 u. 3).

5. S. § 67 Abs. 2 VerglO; vgl. oben Anm. 3.

6. Die Gläubiger geben ihre Stellungnahme zum Vergleich sehr oft mit der Forderungsanmeldung in Form einer Zustimmungserklärung ab. Nach § 73 VerglO ist die schriftliche Zustimmung zulässig; sie muß bis zum Schluß der Abstimmung dem Gericht zugegangen sein. Sie gilt auch dann als erteilt, wenn die Forderung des Gläubigers bestritten wird.

15. Antrag auf Erteilung eines vollstreckbaren Auszuges III. F. 15

Diese Wirkung tritt nur dann nicht ein, wenn die Zustimmung zu der schriftlichen Erklärung für diesen Fall ausdrücklich verweigert worden ist (§ 73 Abs. 2 VerglO; s. *Böhle-Stamschräder/Kilger* VerglO § 73 Anm. 4).

Der Vergleichsschuldner muß sich um die Beibringung der Zustimmungserklärungen bemühen. Das Gericht wird insoweit nicht tätig. Es ist zweckmäßig, daß sich der Vergleichsschuldner an seine Gläubiger unter Darstellung der Gründe, die ihn zum Vergleich veranlaßt haben, wendet und ihnen auch eine vorbereitete Zustimmungserklärung übersendet (vgl. *Uhlenbruck/Delhaes* Rdn. 1216). Stimmberechtigt gem. § 74 VerglO sind nur die im Termin anwesenden oder rechtswirksam vertretenen (vgl. oben Anm. 2) Gläubiger; bei der Ermittlung der Mehrheiten sind aber die schriftlich vorliegenden Zustimmungen mit einzurechnen.

15. Antrag auf Erteilung eines vollstreckbaren Auszuges aus dem berichtigten Gläubigerverzeichnis durch Vergleichsgläubiger[1]

An das
Amtsgericht   (Ort, Datum)
– Vergleichsgericht –

In dem Vergleichsverfahren über das Vermögen der Firma A – Az. VN ...... – wird die Firma B in ...... als Vergleichsgläubigerin von mir anwaltlich vertreten.
Meine Mandantin ist unter Nr. ...... in der Stimmliste eingetragen. Der angenommene Vergleich wurde durch Beschluß vom ...... gerichtlich bestätigt. Die Vergleichsquote mit 35% sollte binnen Jahresfrist seit gerichtlicher Bestätigung bezahlt werden. Diese Frist ist am ...... abgelaufen. Eine Zahlung erfolgte, trotz Nachfristsetzung gemäß Schreiben vom ......, von dessen Durchschrift Fotokopie beigefügt ist, bisher nicht.
Namens der Vergleichsgläubigerin Firma B beantrage ich, dieser einen vollstreckbaren Auszug über ihre in der Stimmliste unter Nr. ...... eingetragene Forderung zu erteilen[2].

Rechtsanwalt

Anmerkungen

1. Nach § 85 Nr. 1 VerglO kann aus dem bestätigten Vergleich in Verbindung mit dem berichtigten Gläubigerverzeichnis gegen den Schuldner und nach Maßgabe des § 85 Abs. 2 VerglO bei ergänzendem Antrag auch gegen die Vergleichsgaranten vollstreckt werden.
Liegen die Voraussetzungen des § 9 Abs. 1 VerglO vor, so ist die Vollstreckung nach Maßgabe des § 85 VerglO gegen den Schuldner in voller Höhe der ursprünglichen Forderung möglich. Eine entsprechend erweiterte Vollstreckungsklausel wird nach § 85 Abs. 3 VerglO auf Antrag erteilt, wenn Mahnung und Ablauf der Nachfrist des § 9 Abs. 1 VerglO glaubhaft gemacht werden. (vgl. *Böhle-Stamschräder/Kilger* VerglO § 85 Anm. 5).

2. Die Zuständigkeit für Klagen bei Vollstreckung des Vergleichs regelt § 86 VerglO (s. *Böhle-Stamschräder/Kilger* VerglO § 86 Anm. 1 und 2).

16. Antrag des Vergleichsschuldners auf Aufhebung des fortgesetzten Vergleichsverfahrens nach Erfüllung des Vergleiches[1]

An das (Ort, Datum)
Amtsgericht
– Vergleichsgericht –

In dem fortgesetzten Vergleichsverfahren über das Vermögen der Firma A, Kommanditgesellschaft und der persönlich haftenden Gesellschafterin B, – Az. VN ...... – wird die Aufhebung des Vergleichsverfahrens beantragt[2].
Der Vergleich ist vollständig erfüllt.
Zur Glaubhaftmachung werden als Anlage eine Aufstellung der geleisteten Zahlungen an die Vergleichsgläubiger in der Reihenfolge des Gläubigerverzeichnisses sowie ein Ordner mit Zahlungsbelegen überreicht[3].

B
Komplementärin

Die Erfüllung des Vergleiches wird von mir bestätigt[4]. In meiner Eigenschaft als Vergleichsverwalter stimme ich hiermit dem Antrag des Vergleichsschuldners auf Aufhebung des Vergleichsverfahrens zu[5].

(Ort, Datum)

C
Vergleichsverwalter

Anmerkungen

1. Vgl. § 96 VerglO. Eine Aufhebung des Vergleichsverfahrens zugleich mit der Bestätigung des Vergleiches nur in den Fällen der §§ 90, 91 VerglO; Fortsetzung des Verfahrens nach Maßgabe des § 96 ist die Regel (vgl. *Böhle-Stamschräder/Kilger* VerglO § 96 Anm. 1).

2. Vgl. § 96 Abs. 4 VerglO. Antragsberechtigt sind Vergleichsverwalter und Vergleichsschuldner.

3. Bei Antrag des Schuldners ist Glaubhaftmachung der Erfüllung erforderlich. Sie geschieht in der Regel durch Vorlage von Unterlagen (Quittungen etc.). Im Zweifel hört das Gericht den Vergleichsverwalter (vgl. *Böhle-Stamschräder/Kilger* VerglO § 96 Anm. 5; *Uhlenbruck/Delhaes* Rdn. 1247, 1248).

4. Die Bestätigung des Vergleichsverwalters dem Schuldnerantrag beizufügen, ist zweckmäßig und beschleunigt den Erlaß des Aufhebungsbeschlusses.

5. Kann der Vergleich nicht erfüllt werden, so hat das Gericht im Nachverfahren von Amts wegen unter den Voraussetzungen des § 96 Abs. 5 VerglO über die Eröffnung des Konkursverfahrens bei gleichzeitiger Berücksichtigung der Bestimmungen in § 96 Abs. 6 und 7 VerglO zu entscheiden. Kommt es zu einer Konkurseröffnung, so ist dieses Verfahren gem. § 102 VerglO als Anschlußkonkurs zu bezeichnen. Die Fälle eines Anschlußkonkursverfahrens ergeben sich aus § 102 VerglO (vgl. *Böhle-Stamschräder/Kilger* VerglO § 102 Anm. 1; *Uhlenbruck/Delhaes* Rdn. 1278 ff.).

17. Erinnerung des Vergleichsschuldners gegen die Einstellung des Vergleichsverfahrens unter gleichzeitiger Eröffnung des Anschlußkonkursverfahrens[1]

An das   (Ort, Datum)
Amtsgericht
– Vergleichsgericht –

Die Firma A wird in dem anhängigen Vergleichsverfahren – AzVN ...... – von mir anwaltlich[2] vertreten.

Namens der Vergleichsschuldnerin[3] lege ich gegen dortigen Beschluß vom ......, zugestellt am ......,

Erinnerung[4]

ein und beantrage, unter Aufhebung des angefochtenen Beschlusses das Verfahren aufzuheben[5].
Zur Begründung trage ich vor:
Mit dem angefochtenen Beschluß hat das Amtsgericht entgegen dem Antrag vom ......[6] das Vergleichsverfahren nicht aufgehoben, sondern dessen Einstellung unter gleichzeitiger Eröffnung des Anschlußkonkursverfahrens mit der Begründung verfügt, die Erfüllung des Vergleichsverfahrens sei nicht ausreichend glaubhaft gemacht[7].
Dieser Auffassung widersprechen sowohl die vorgelegte Bestätigung des Vergleichsverwalters über die Erfüllung des Vergleiches als auch die eingereichten Belege zum Nachweis der Zahlung der Vergleichsquote[8].
Darüber hinaus hat das Gericht im Zweifel vor seiner Entscheidung über die Eröffnung des Anschlußkonkursverfahrens gem. § 96 Abs. 5 S. 2 VerglO zusätzlich den Vergleichsschuldner und Vergleichsverwalter zu hören. Gerade für den Fall der Erfüllung des Vergleiches soll die Anhörung die Aufhebung des Verfahrens nach § 96 Abs. 4 VerglO ermöglichen. Selbst wenn sich dabei ergeben sollte, daß die Rückstände in der Vergleichserfüllung gering sind, kann das Gericht gem. § 96 Abs. 7 VerglO das Vergleichsverfahren aufheben und von einer Entscheidung über die Eröffnung des Konkursverfahrens absehen. Die Voraussetzungen für eine Aufhebung des Verfahrens gem. § 96 Abs. 4 u. 7 VerglO liegen somit vor[9]. Ich bitte deshalb, meinem Antrag stattzugeben.

Rechtsanwalt

Anmerkungen

1. Gem. § 121 Abs. 1 VerglO sind Entscheidungen des Vergleichsgerichts nur nach Maßgabe der Vergleichsordnung anfechtbar, so in den Fällen der §§ 19 Abs. 2, 80 Abs. 2, 101, 96 Abs. 5 u. 6 VerglO die Entscheidungen über die Eröffnung des Konkursverfahrens, weiterhin die Entscheidungen über Festsetzung der Vergütung und Auslagenerstattung des Vergleichsverwalters und der Mitglieder eines Gläubigerbeirates gem. §§ 43 Abs. 3, 45 Abs. 2 VerglO und soweit gegen den Verwalter eine Ordnungsstrafe gem. § 41 VerglO festgesetzt wird (vgl. *Böhle-Stamschräder/Kilger* VerglO § 121 Anm. 1).

Haben Entscheidungen ihre Rechtsgrundlage außerhalb der Vergleichsordnung, so gelten die dafür vorgesehenen Rechtsmittel der ZPO, des GKG, des ZuSEG usw. (vgl. *Böhle-Stamschräder/Kilger* VerglO § 121 Anm. 8; *Uhlenbruck/Delhaes* Rdn. 1076).

2. Vgl. Form. III. F. 9 Anm. 10.

3. Antragsberechtigt ist nur der Schuldner (vgl. *Böhle-Stamschräder/Kilger* VerglO § 96 Anm. 7 a).

4. Nach § 3 Nr. 2 Buchst. f des Rechtspflegergesetzes 1970 (s. BGBl. I S. 911) sind die Verfahren nach der Vergleichsordnung grundsätzlich dem Rechtspfleger übertragen. Beim Richter verbleibt gem. § 19 Abs. 1 RPflG nur noch das Antragsverfahren mit den erforderlichen Ermittlungen und die Entscheidung über den Antrag auf Eröffnung des Vergleichsverfahrens sowie die Ernennung des Vergleichsverwalters. Behält sich der Richter gem. § 19 Abs. 3 RPflG das Vergleichs- oder ein mögliches Anschlußkonkursverfahren nicht ganz oder teilweise vor, so ist das Verfahren nach der Eröffnung und Ernennung des Verwalters kraft Gesetzes dem Rechtspfleger in vollem Umfange übertragen. In seinen Zuständigkeitsbereich fällt nach § 19 Abs. 2 RPflG dann auch die Entscheidung über die Eröffnung des Anschlußkonkurses gem. §§ 80 Abs. 1, 96 Abs. 5 u. 6, 101 VerglO, soweit diese von Amts wegen zu treffen ist, und die Ernennung des Konkursverwalters. Für diese Fälle gilt § 18 Abs. 1 RPflG, der im Verfahren nach der Konkursordnung dem Richter das Antragsverfahren bis zur Entscheidung über den Konkurseröffnungsantrag vorbehält, nicht (vgl. *Böhle-Stamschräder/Kilger* VerglO § 2 Anm. 6 b; *Uhlenbruck/Delhaes* Rdn. 1079, 1080, 65 ff.).

Werden anfechtbare Entscheidungen des Vergleichsgerichts (vgl. Anm. 1) vom Richter erlassen, so ist gem. § 121 Abs. 2 S. 1 VerglO die sofortige Beschwerde, bei Erlaß durch den Rechtspfleger gem. § 11 RPflG die sofortige Erinnerung gegeben. Anders als sonst beträgt die Frist bei der Beschwerde und der Erinnerung nur eine Woche. Sie ist eine Notfrist, die mit Verkündung der Entscheidung oder, wenn sie nicht verkündet wird, mit ihrer Zustellung beginnt. Weitere Beschwerde ist allgemein ausgeschlossen (vgl. § 121 Abs. 2 u. 3 VerglO; *Böhle-Stamschräder/Kilger* VerglO § 121 Anm. 2, 3, 4 u. 5, § 96 Anm. 7 a; *Uhlenbruck/Delhaes* Rdn. 1075, 1076).

5. Die Aufhebung des Verfahrens setzt die vollständige Erfüllung des Vergleiches (vgl. § 96 Abs. 4 VerglO) voraus. Sie ist auch zulässig bei verhältnismäßig geringfügigen Rückständen (vgl. § 96 Abs. 7 VerglO) und beim Liquidationsvergleich, wenn das Treuhandvermögen verwertet ist (vgl. §§ 96 Abs. 4 S. 2; 7 Abs. 4 VerglO, *Uhlenbruck/Delhaes* Rdn. 1244; Form. III. F. 9 u. 10). Nach § 96 Abs. 4 VerglO hat das Vergleichsgericht auf Anzeige des Vergleichsverwalters über die Erfüllung des Vergleiches oder auf Antrag des Schuldners, wenn er die Vergleichserfüllung glaubhaft macht, das Verfahren aufzuheben. Neben der Anhörung des Vergleichsverwalters beim Schuldnerantrag kann das Vergleichsgericht in beiden Fällen im Zweifel eigene Ermittlungen gem. § 116 VerglO anstellen (vgl. *Böhle-Stamschräder/Kilger* VerglO § 96 Anm. 5; *Uhlenbruck/Delhaes* Rdn. 1245).

6. Vgl. Form. III. F. 16.

7. S. § 96 Abs. 4 u. 6 VerglO; vgl. *Böhle-Stamschräder/Kilger* VerglO § 96 Anm. 7 a.

8. Vgl. Form. III. F. 16 Anm. 3 u. 4.

9. Vgl. *Böhle-Stamschräder/Kilger* VerglO § 96 Anm. 6; *Uhlenbruck/Delhaes* Rdn. 1245, 1248. Der Schuldner kann mit dem Rechtsbehelf auch geltend machen, daß die Aufhebung des Vergleichsverfahrens, zB. weil der Vergleich erfüllt gewesen sei, zu Unrecht abgelehnt wurde. Da dann gleichzeitig eine Entscheidung über die Eröffnung des Konkurses ergeht, wird die Entscheidung über die Aufhebung des Vergleichsverfahrens, die für sich allein der Anfechtung entzogen ist, mittelbar anfechtbar (vgl. *Böhle-Stamschräder/Kilger* VerglO § 96 Anm. 7 a aE.; *Uhlenbruck/Delhaes* Rdn. 1248).

Konkurs und Gesamtvollstreckung

18. Antrag des Schuldners auf Eröffnung des Konkursverfahrens[1,8]

An das   (Ort, Datum)
Amtsgericht[2,9]
– Konkursgericht –

Als alleinvertretungsberechtigter[3] Geschäftsführer der Firma A Gesellschaft mit beschränkter Haftung[4,10] beantrage ich, über das Vermögen der Gesellschaft das Konkursverfahren zu eröffnen.
Die Gesellschaft betreibt seit ...... in ...... ein (Art des Unternehmens) unter der Firma A. Sie ist im Handelsregister des dortigen Amtsgerichts unter Nr. (Angabe der Registernummer) eingetragen. Aus der Eintragung im Handelsregister ergibt sich auch meine Legitimation zur Alleinvertretung der Schuldnerin.
Die Gesellschaft ist überschuldet. Auch mußten mangels flüssiger Mittel die Zahlungen am ...... eingestellt werden. Die von den Lieferanten akzeptierten Wechsel gehen deshalb zu Protest. Da auch die Löhne und Gehälter nicht mehr bezahlt werden konnten, ist mit Zustellungen von Zahlungsklagen der Arbeitnehmer durch das zuständige Arbeitsgericht in den nächsten Tagen zu rechnen[5,11].
Pfändungen liegen bis jetzt noch nicht vor. Ein Teil des Warenbestandes und der Geschäftseinrichtung ist frei von Eigentumsvorbehaltsrechten. Auch sind die Außenstände nicht abgetreten. Darüber hinaus ist bei der Verwertung des Geschäftsgrundstückes ein Überschuß nach Befriedigung der hierauf lastenden Grundschulden zu erwarten.
Zur Deckung der Kosten des Verfahrens sind somit ausreichende Vermögenswerte vorhanden[6].
Eine Vermögensübersicht sowie ein Verzeichnis der Gläubiger und Schuldner werden nachgereicht[7,12].

                                                                                            B
                                                                                    Geschäftsführer

Schrifttum: Kilger/Karsten Schmidt, 16. Aufl. 1993; *Uhlenbruck/Delhaes*, Handbuch der Rechtspraxis, Bd. 3 Konkurs- und Vergleichsverfahren, 5. Aufl. 1990; *Kuhn/Uhlenbruck*, Konkursordnung, 11. Aufl. 1994; *Jaeger/Lent*, Konkursordnung, 8. Aufl., Band 1, 1958; *Jaeger/Weber*, Konkursordnung, 8. Aufl. Band 2, 1973; *Jaeger/Henkel*, Konkursordnung, 9. Aufl. §§ 1–9, 1977, §§ 10–18, 1979, 9. Aufl. §§ 19–28, 1982, §§ 29–42, 1991; *Haarmeyer/Wutzke/Förster*, Gesamtvollstreckungsordnung, 2. Aufl. 1992; *Smid*, Arbeitsbuch 1992.

Anmerkungen

A. Konkursordnung

1. Für den Antrag besteht kein Formerfordernis (vgl. *Kilger/Karsten Schmidt* § 103 Anm. 2; Form. III. F. 9 Anm. 1).
Gem. § 103 Abs. 1 KO kann das Konkursverfahren nur auf Antrag eröffnet werden. Es bedarf jedoch keines Antrages, wenn das Vergleichsverfahren gescheitert und gem. §§ 19, 80, 96 oder 101 VerglO von Amts wegen das Anschlußkonkursverfahren zu eröffnen ist (vgl. Anm. bei Form. III. F. 16 u. 17; *Uhlenbruck/Delhaes* Rdn. 104).

Nach § 103 Abs. 2 KO kann der Antrag vom Schuldner und von jedem Gläubiger gestellt werden. Seit der Neufassung des § 103 KO gem. Art. 2 § 1 Nr. 4 des Konkursausfallgeldgesetzes (Drittes Gesetz zur Änderung des Arbeitsförderungsgesetzes vom 17. Juli 1974 – BGBl. I S. 1481 – abgedruckt bei *Kilger/Karsten Schmidt* Anh. 8 und bei *Uhlenbruck/Delhaes* Rdn. 31) sind neben den Gläubigern der §§ 3 u. 5 KO auch die in § 59 Abs. 1 Nr. 3 KO genannten Massegläubiger antragsberechtigt (s. auch Form. III. F. 19).

Eine Pflicht zur Stellung des Antrages auf Konkurseröffnung besteht nur, wenn dies gesetzlich vorgeschrieben ist, so zB. bei der GmbH für die Geschäftsführer nach § 64 GmbHG (weiterhin vgl. Form III. F. 9 Anm. 5 letzter Abs.; *Kilger/Karsten Schmidt* § 103 Anm. 3; *Uhlenbruck/Delhaes* Rdn. 104).

2. Die sachliche und örtliche Zuständigkeit des Amtsgerichts ergibt sich aus § 71 KO (vgl. auch Form. III. F. 9 Anm. 2; *Kilger/Karsten Schmidt* § 71 Anm. 3).

Nach § 3 Nr. 2 e RPflG sind auch die Verfahren nach der Konkursordnung grundsätzlich dem Rechtspfleger übertragen. § 18 RPflG regelt im einzelnen die Zuständigkeit des Richters und des Rechtspflegers (vgl. für das Vergleichsverfahren Form. III. F. 17 Anm. 4; für die entsprechende Regelung im Konkursverfahren, *Kilger/Karsten Schmidt* § 71 Anm. 3; *Uhlenbruck/Delhaes* Rdn. 62, 70).

3. Der Antragsteller muß seine Legitimation darlegen und nachweisen. Dabei genügt Bezugnahme auf die beim gleichen Gericht geführten Akten, so zB. die Handelsregisterakten, aus denen sich die Vertretungsbefugnis ergibt (vgl. *Uhlenbruck/Delhaes* Rdn. 181).

4. Das Konkursverfahren setzt Konkursfähigkeit des Schuldners, die der Parteifähigkeit im Zivilprozeß entspricht, voraus (vgl. Form. III. F. 9 Anm. 4; *Uhlenbruck/Delhaes* Rdn. 182).

5. Sachliche Voraussetzung für die Eröffnung des Verfahrens ist ein Konkursgrund, nämlich Zahlungsunfähigkeit und/oder Überschuldung (vgl. Form. III. F. 9 Anm. 5; *Kilger/Karsten Schmidt* § 102 Anm. 1; *Uhlenbruck/Delhaes* Rdn. 132 ff.).

Das Gesetz fordert grundsätzlich keine Glaubhaftmachung der Angaben des Schuldners (s. § 104 KO; Ausnahmen nach Maßgabe der §§ 208 Abs. 2, 210 Abs. 2, 213, 217 Abs. 2 KO, § 63 GmbHG, § 100 GenG; vgl. *Kilger/Karsten Schmidt* § 104 Anm. 2; *Uhlenbruck/Delhaes* Rdn. 232 ff.). Die Konkurseröffnung darf aber nur erfolgen, wenn das Gericht von der Richtigkeit der Schuldnerangaben überzeugt ist und diese den Konkursgrund ergeben; sonst ist das Gericht zu eigenen Ermittlungen nach §§ 75, 102 Abs. 1 KO verpflichtet (vgl. *Kilger/Karsten Schmidt* § 104 Anm. 2).

6. Zweckmäßig ist der Hinweis, daß eine den Kosten des Verfahrens entsprechende Masse vorhanden ist, da sonst nach erfolglosen Ermittlungen des Gerichts die Eröffnung des Konkursverfahrens mangels Masse gem. § 107 KO abzulehnen ist (vgl. *Uhlenbruck/Delhaes* Rdn. 399).

7. Bei dem nach § 104 KO einzureichenden Gläubiger- und Schuldnerverzeichnis sind im Hinblick auf § 111 Abs. 3 KO die ladungsfähigen Anschriften, also keine Postfachbezeichnungen, wesentlich. Bei den Schulden sollen Betrag und Rechtsgrund, bei den Forderungen der realisierbare Wert angegeben werden. Kenntlich zu machen sind auch Aus- und Absonderungsrechte. Die Vermögensübersicht muß alle Aktiven und Passiven, die Aktiven nach ihrem wirklichen Wert, aufführen. Bei Grundstücken und grundstücksgleichen Rechten sind die genauen Grundbuchstellen schon im Hinblick auf die Eintragung des Konkursvermerkes gem. § 113 KO anzugeben. Zulässig ist die Nachreichung des Gläubiger- und Schuldnerverzeichnisses auch nach Konkurseröffnung (vgl. *Kilger/Karsten Schmidt* § 104 Anm. 3; *Uhlenbruck/Delhaes* Rdn. 193 ff.).

B. Gesamtvollstreckungsordnung

8. Der Antrag kann formlos gestellt werden, da die GesO keine von der ZPO abweichende Vorschrift enthält (§ 1 Abs. 3 GesO).

18. Antrag des Schuldners auf Eröffnung des Konkursverfahrens III. F. 18

Das Verfahren kann nur auf Antrag (§ 2 Abs. 1 S. 1 GesO) eröffnet werden. Antragsberechtigt sind der Schuldner und jeder Gläubiger (§ 2 Abs. 1 S. 2 GesO). Der Gläubigerbegriff der Gesamtvollstreckungsordnung ist weiter als in § 103 Abs. 2 KO. Antragsberechtigt ist jeder, der im Zeitpunkt der Antragstellung bzw. Eröffnung des Gesamtvollstreckungsverfahrens einen persönlichen Anspruch gegen den Schuldner hat, weshalb auch Gläubiger mit Forderungen aus Geldstrafen, Geldbußen etc., die nach § 63 Nr. 3 KO keine Konkursforderungen darstellen, antragsberechtigt sind (vgl. *Haarmeyer/Wutzke/Förster* § 2 Rdn. 8).

Wegen der Antragsverpflichtung vgl. zunächst oben Anm. 1. Von dieser Antragsverpflichtung sind auch die Organe von Treuhandunternehmen zumindest nach dem 31. 12. 1990 (vgl. *Haarmeyer/Wutzke/Förster* § 2 Rdn. 35) nicht ausgenommen.

9. Die sachliche und örtliche Zuständigkeit ergibt sich aus § 1 Abs. 2 GesO.

Im Rahmen der Amtsermittlung gem. § 2 Abs. 2 S. 1 GesO hat das Gericht beim Eigenantrag des Schuldners zu prüfen, daß wegen der späteren Restschuldbefreiung gem. § 18 Abs. 2 S. 3 GesO kein Gerichtsstand künstlich begründet wird (vgl. *Haarmeyer/Wutzke/Förster* § 18 Rdn. 37), wobei auch Bürger der sogenannten alten Bundesländer die Wohltat der Restschuldbefreiung dann nutzen können, wenn sie im Geltungsbereich der GesO ihren Wohnsitz oder Mittelpunkt ihrer geschäftlichen Tätigkeit haben (vgl. *Haarmeyer/Wutzke/Förster* § 1 Rdn. 144).

10. Konkursfähig ist im Gegensatz zur KO (vgl. *Kuhn/Uhlenbruck* Vorbem. B § 207 Rdn. 1) auch die Gesellschaft bürgerlichen Rechts (vgl. § 1 Abs. 1 S. 1 GesO).

11. Die Konkursgründe Zahlungsunfähigkeit und/oder Überschuldung sind in der KO und GesO identisch (aA. *Haarmeyer/Wutzke/Förster* § 1 Rdn. 46 bis 58, 62 bis 63).

Zahlungsunfähigkeit und/oder Überschuldung sind glaubhaft zu machen (§ 2 Abs. 1 S. 2 GesO).

Während nach § 75 KO das Gericht Ermittlungen anstellen „kann", wird dem Gericht nach § 2 Abs. 2 S. 2 GesO eine Amtsermittlungspflicht (vgl. *Haarmeyer/Wutzke/Förster* § 2 Rdn. 47 bis 52) auferlegt.

12. Die Verpflichtung zur Einreichung des Gläubiger- und Schuldnerverzeichnisses gem. § 3 Abs. 1 Nr. 2 und 3 GesO entspricht § 104 KO. Auch hier ist die Angabe der ladungsfähigen Anschrift erforderlich, da sonst z.B. § 5 Nr. 3, 11 GesO ihre Wirkung nicht entfalten könnten. Über § 104 KO hinaus sind Forderungen und Verbindlichkeiten, Sicherungs- und Pfandrechte genau anzugeben sowie ein vollständiges Vermögensverzeichnis mit Aktiva und Passiva vorzulegen (vgl. *Haarmeyer/Wutzke/Förster* § 3 Rdn. 3 bis 6). Die Aufstellung des Vermögensverzeichnisses ist somit Aufgabe des Schuldners und nicht Aufgabe des Verwalters (vgl. §§ 123, 124 KO).

Bei Grundbesitz, grundstücksgleichen Rechten und Gebäuden ist zum Zwecke der Benachrichtigung von der Eröffnung und zur Ermöglichung des Eintragungsersuchens (§ 6 Abs. 1 Nr. 4 GesO) die genaue Grundbuchstelle anzugeben.

19. Antrag eines Gläubigers auf Eröffnung des Konkursverfahrens[1]

An das (Ort, Datum)
Amtsgericht[2]
– Konkursgericht –

Antrag[3]

des A
– Antragstellers –

Verfahrensbevollmächtigter: ......

gegen

den B
– Antragsgegner –

wegen Konkurseröffnung

zeige ich an, daß der Antragsteller von mir anwaltlich vertreten wird[4,10].
In seinem Namen beantrage ich, über das Vermögen des B in ...... das Konkursverfahren zu eröffnen[5].

Begründung:

Der Antragsteller hat eine titulierte Forderung in Höhe von DM ...... aus rückständigem Arbeitsentgelt[6,11]. Die Zwangsvollstreckung aus dem Urteil des Arbeitsgerichts ...... vom ...... – Az. ...... – war fruchtlos. Ausweislich des Pfändungsprotokolles des Gerichtsvollziehers C vom ...... sind Zwangsvollstreckungsmaßnahmen bei dem Antragsgegner in der letzten Zeit erfolglos gewesen. Der Antragsgegner ist zahlungsunfähig[7].
Zur Glaubhaftmachung[8,12] sind beigefügt:
1. Vollstreckbare Ausfertigung des Urteils des Arbeitsgerichts ...... vom ......
2. Fruchtlosigkeitsbescheinigung des Gerichtsvollziehers C vom ......
Ferner rege ich an, gem. § 106 KO Sicherungsmaßnahmen anzuordnen[9,13].

Rechtsanwalt

Anmerkungen

A. Konkursordnung

1. Vgl. Form. III. F. 18 Anm. 1.

2. Vgl. Form. III. F. 18 Anm. 2.

3. Das Konkurseröffnungsverfahren ist streitiges Parteiverfahren (vgl. Form. III. F. 21; *Uhlenbruck/Delhaes* Rdn. 103).

4. Vgl. Form. III. F. 9 Anm. 10, was auch für das Konkursverfahren gilt (vgl. *Kuhn/Uhlenbruck* KO § 103 Rdn. 7a; *Uhlenbruck/Delhaes* Rdn. 113, 181).

5. Vgl. Form. III. F. 18 Anm. 4.

6. Vgl. Form. III. F. 18 Anm. 1 Abs. 3. Der Grundsatz des § 3 KO, der auf den Zeitpunkt der Konkurseröffnung abhebt, wird durch die Neuregelung in § 103 Abs. 2 KO, wonach auch die Massegläubiger des § 59 Abs. 1 Nr. 3 KO ein Konkursgläubigerrecht (vgl. *Kilger/Karsten Schmidt* § 105 Anm. 1a) haben, durchbrochen. Der Arbeitnehmer ist jetzt wegen rückständiger Lohnansprüche konkursantragsberechtigt, obwohl diese Ansprüche für die letzten 3 Monate vor Konkurseröffnung Masseschulden, die grundsätzlich immer nur

20. Anregung eines Gläubigers zur einstw. Anordnung   III. F. 20

nach Konkurseröffnung entstehen können, darstellen. Auf die Bundesanstalt für Arbeit gehen diese Ansprüche nach § 141m Abs. 1 AFG erst mit Stellung des Antrages auf Konkursausfallgeld über und werden bevorrechtigte Forderungen nach § 61 Abs. 1 Nr. 1 KO (zur Frage des rechtlichen Charakters dieser Forderungen vgl. *Kilger* NJW 1980, 271 f.).

7. Vgl. Form. III. F. 18 Anm. 5 Abs. 1.

8. Nach § 105 Abs. 1 KO hat der Gläubiger seine Forderung und die Zahlungsunfähigkeit des Schuldners glaubhaft zu machen. Mittel der Glaubhaftmachung sind alle prozessualen Beweise und die eidesstattliche Versicherung (s. § 294 ZPO; vgl. *Kilger/Karsten Schmidt* § 105 Anm. 1a; *Uhlenbruck/Delhaes* Rdn. 227).

Voraussetzung für die Zulassung des Konkursantrages ist auch, daß der beantragende Gläubiger ein rechtlich anzuerkennendes Interesse hat. Ein solches Rechtsschutzbedürfnis fehlt ua., wenn die Befriedigung auf einfachere, schnellere oder zweckmäßigere Weise erreicht werden kann, wobei es jedoch auf die Forderungshöhe nicht ankommt (vgl. *Kilger/Karsten Schmidt* § 105 Anm. 2; *Kuhn/Uhlenbruck* KO § 105 Rdn. 6, 6a–k; *Uhlenbruck/Delhaes* Rdn. 217).

9. Vgl. Form. III. F. 20.

B. Gesamtvollstreckungsordnung

10. Bezüglich der Vollmacht gelten §§ 88 ff. ZPO i.V. § 1 Abs. 3 GesO, weshalb oben auf Anm. 4 verwiesen wird.

11. Der Gläubigerbegriff gem. § 2 Abs. 1 S. 2 GesO ist weiter als nach § 103 Abs. 2 KO, weshalb auch antragsberechtigt sind Gläubiger mit Forderungen aufgrund von Geldstrafen, Geldbußen etc. (vgl. Form. III. F. 18 Anm. 8).

12. Zur Amtsermittlung und Glaubhaftmachung des Antragsgrundes (vgl. Form. III. F. 18 Anm. 9), wobei keine mindere Intensität der Glaubhaftmachung gegenüber dem Geltungsbereich der KO zuzubilligen ist (aA. *Haarmeyer/Wutzke/Förster* § 2 Rdn. 46).

13. Vgl. Form. III. F. 20 Anm. 8 ff.

19. Antrag eines Gläubigers auf Eröffnung des Konkursverfahrens[1] von Sicherungsmaßnahmen vor Eröffnung des Konkursverfahrens[1,8]

An das   (Ort, Datum)
Amtsgericht[2]
– Konkursgericht –

Az. ......

In Sachen[3]

des A

                                                                                              – Antragstellers –

Verfahrensbevollmächtigter: ......

gegen

den B

                                                                                              – Antragsgegner –

wegen Konkurseröffnung

habe ich mit Schriftsatz vom ......[4] für den von mir anwaltlich vertretenen Antragsteller A die Eröffnung des Konkursverfahrens über das Vermögen des Antragsgegners B beantragt. Eine Entscheidung über diesen Antrag liegt noch nicht vor[5].

Namens des Antragstellers rege ich an, nunmehr ergänzend vorläufige Maßnahmen zur Sicherung der Konkursmasse anzuordnen[6, 9].

Begründung:

Der Antragsteller brachte in Erfahrung, daß der Antragsgegner in den letzten Tagen nach Kenntnis des Antrages auf Konkurseröffnung die wertvolle, unbelastete Ladeneinrichtung an seinen Freund C als Sicherheit für dessen Darlehensforderung übereignete. Auch haben verschiedene Gläubiger, die gleichfalls von dem Konkursantrag Kenntnis erhielten, wegen Konkursforderungen Pfändungen ausbringen lassen.

Zur Glaubhaftmachung füge ich eidesstattliche Versicherung des Antragstellers vom . . . . . . als Anlage bei[7].

Durch die Rechtshandlung des Antragsgegners und die Vollstreckungsmaßnahmen[10] der Gläubiger wird die Konkursmasse geschädigt und verringert. Zur Wahrung der Belange der gesamten Konkursgläubiger sind deshalb sofortige Sicherungsmaßnahmen gem. § 106 KO geboten.

Rechtsanwalt

Anmerkungen

A. Konkursordnung

1. Gem. § 106 KO können nach Eingang eines Antrages des Schuldners auf Eröffnung des Konkursverfahrens (vgl. Form. III. F. 18) oder nach Zulassung des Konkursantrages eines Gläubigers (vgl. § 105 KO; Form. III. F. 19) bis zur Entscheidung über die Konkurseröffnung (s. §§ 107 ff. KO) zu jeder Zeit vorläufige Maßnahmen zur Sicherung der Konkursmasse durch das Konkursgericht angeordnet werden. Eines ausdrücklichen Antrages bedarf es nicht. Die Anordnungen nach § 106 KO hat das Konkursgericht nach freiem, pflichtmäßigem Ermessen von Amts wegen zu erlassen. Voraussetzung ist das Vorliegen eines zulässigen Konkursantrages (vgl. *Kilger/Karsten Schmidt* § 106 Anm. 1; *Uhlenbruck/ Delhaes* Rdn. 205, 332 ff.).

Bei Erlaß einer solchen Maßnahme hat der Schuldner die sofortige Beschwerde nach § 73 Abs. 3 KO (vgl. *Uhlenbruck/Delhaes* Rdn. 336; Form. III. F. 21).

2. Vgl. Form. III. F. 18 Anm. 2.

3. Vgl. Form. III. F. 19 Anm. 3.

4. Vgl. Form. III. F. 18.

5. Vgl. Anm. 1 Abs. 1 S. 1.

6. Die Anordnungen können ohne Anhörung des Schuldners erlassen werden (vgl. *Kuhn/Uhlenbruck* KO § 106 Rdn. 1 b; *Uhlenbruck/Delhaes* Rdn. 335). Bei der Anregung durch den Gläubiger muß der Schuldner gehört werden (*Kuhn/Uhlenbruck* KO § 106 Rdn. 1 b und § 73 Rdn. 2). Zu den Aufgaben des Konkursgerichts gehört die Prüfung, ob und welche Sicherungsmaßnahmen gegen den Schuldner zu treffen sind. Als solche kommen ua. in Betracht: Zwangsvorführung, Haftanordnung, Siegelung des Vermögens, Sequestration, Zwangsverwaltung des Grundbesitzes oder eines gewerblichen Betriebes, Schließung der Büro- und Betriebsräume, allgemeines oder besonderes Veräußerungsverbot, einstweilige Einstellung oder Schließung eines Geschäftsbetriebes (vgl. *Kilger/Karsten Schmidt* § 106 Anm. 4; *Uhlenbruck/Delhaes* Rdn. 205, 332 ff., 338 ff.).

7. Vgl. Form. III. F. 19 Anm. 8.

B. Gesamtvollstreckungsordnung

8. § 2 Abs. 3 GesO gestattet ebenso wie § 106 KO vorläufige Sicherungsmaßnahmen. Es bedarf keines ausdrücklichen Antrags, sondern der Erlaß der Anordnung durch den Rich-

ter steht in dessen freiem, pflichtgemäßen Ermessen (*Haarmeyer/Wutzke/Förster* § 2 Rdn. 59).
Als Sicherungsmaßnahmen kommen in Betracht:
– Beschlagnahme von Bankguthaben und/oder Forderungen des Schuldners;
– Beschlagnahme einzelner Vermögenswerte;
– Anordnung der Sequestration mit oder ohne Ermächtigung zum Forderungseinzug;
– Erlaß eines allgemeinen oder besonderen Veräußerungsverbots.
Als vorläufige Maßnahme nach § 2 Abs. 3 GesO kann **nicht** angeordnet werden:
– Postsperre;
– Prozeßführungsbefugnis des Sequesters;
– Sequestration unter Verleihung der Befugnisse eines Insolvenzverwalters an den Sequester;
– Anordnung der Betriebsschließung.

9. Vor Erlaß des Beschlusses nach § 2 Abs. 3 GesO ist der Schuldner nicht zu hören. Der Beschluß wird wirksam mit Zustellung an den Schuldner (vgl. *Haarmeyer/Wutzke/Förster* § 2 Rdn. 69). Mit der Beschlußzustellung sollte dann auch dem Schuldner rechtliches Gehör gewährt werden (*Kuhn/Uhlenbruck* KO § 106 Rdn. 1b).
Gegen die Anordnungen nach § 2 Abs. 3 GesO steht dem Schuldner die sofortige Beschwerde (§ 20 GesO) zu. Die weitere sofortige Beschwerde ist nicht gegeben (vgl. *Haarmeyer/Wutzke/Förster* § 20 Rdn. 15; OLG Rostock ZIP 1993, 1417; aA. OLG Naumburg ZIP 1993, 1573, 1574).

10. Bereits im Antragsverfahren sind gem. § 2 Abs. 4 GesO Vollstreckungsmaßnahmen vorläufig einzustellen. Dies entspricht im Ansatz § 13 Abs. 1 VerglO, wobei es jedoch weder eines Antrages des Sequesters und/oder Verwalters bedarf. Die Einstellung erfolgt ohne Sicherheitsleistung. Der Einstellungsbeschluß muß die von der Einstellung betroffene Einzelzwangsvollstreckungsmaßnahme konkret bezeichnen. Die Entscheidung ist bekannt zu machen (vgl. *Haarmeyer/Wutzke/Förster* § 2 Rdn. 95). Die Bekanntmachung erfolgt durch Zustellung des Beschlusses an Gläubiger, Schuldner und Sequester.

21. Sofortige Beschwerde des Gemeinschuldners gegen die Eröffnung des Konkursverfahrens auf Antrag eines Gläubigers[1]

An das (Ort, Datum)
Amtsgericht[2]
– Konkursgericht –

Az. ......

In Sachen[3]

des A

                                                            – Antragstellers –

Verfahrensbevollmächtigter: ......
gegen
den B

                                                          – Antragsgegner –

Verfahrensbevollmächtigter: ......

wegen Konkurseröffnung

zeige ich an, daß der Antragsgegner als Gemeinschuldner[4] von mir anwaltlich[5] vertreten wird.

III. F. 21   F. Anfechtungsgesetz und Insolvenzrecht

In seinem Namen lege ich gegen den Beschluß des Amtsgerichts über die Eröffnung des Konkursverfahrens vom ......, zugestellt am ......,

sofortige Beschwerde[6, 13]

ein und beantrage:
1. Der Beschluß des Amtsgerichts vom ...... wird aufgehoben.
2. Der Antragsteller trägt die Kosten des Verfahrens[7].

Begründung:

Der Gemeinschuldner ist nicht zahlungsunfähig[8].
Anläßlich seiner Anhörung[9] am ...... hat er dargetan und durch Quittungen, Überweisungsträger sowie sonstige Urkunden belegt, daß seine laufenden Verbindlichkeiten, insbesondere fällige Löhne, Gehälter, Sozialversicherungsbeiträge, Steuern usw., bezahlt sind. Auch legte er den zu Protest gegangenen Wechsel des Lieferanten C zum Beweis nachträglicher Einlösung vor.
Damit ist offensichtlich, daß es sich bei dem Gemeinschuldner nur um eine vorübergehende Zahlungsstockung handelt[10]. Die Zahlungen hat er auch nicht eingestellt. Zutreffend wurde deshalb von ihm das Vorliegen der Zahlungsunfähigkeit ausdrücklich bestritten. Nachdem somit der Gemeinschuldner weder seine Zahlungsunfähigkeit noch eine Zahlungseinstellung einräumte, hätte das Amtsgericht von Amts wegen ermitteln müssen, ob ein Konkursgrund vorliegt[11, 14]. Allein die ergebnislose Sachpfändung rechtfertigt nicht die Annahme der Zahlungsunfähigkeit. Das Gericht hat es unterlassen, sowohl den Schuldenstand als auch den kurzfristig realisierbaren Wert des Vermögens des Gemeinschuldners festzustellen. Nach seinen eigenen Angaben sind die noch nicht fälligen Verbindlichkeiten bereits durch die Außenstände gedeckt[12].
Die Voraussetzungen für eine Eröffnung des Konkursverfahrens über das Vermögen des Antragsgegners sind somit nicht gegeben.

Rechtsanwalt

Anmerkungen

A. Konkursordnung

1. Vgl. Form. III. F. 17 Anm. 1. Für das Konkursverfahren gelten entsprechende Regelungen gem. §§ 72, 73 KO. Unanfechtbare Entscheidungen sehen die §§ 95 Abs. 3, 96 Abs. 2, 163 Abs. 1 S. 2, 189 Abs. 3, 190 Abs. 1 S. 2 KO vor (vgl. *Uhlenbruck/Delhaes* Rdn. 97, 101).
Beschwerdeberechtigt ist nach § 73 Abs. 3 KO jeder Beteiligte, sofern er beschwert ist. Eine Sonderregelung enthält § 109 KO: Beschwerde gegen den Eröffnungsbeschluß hat nur der Gemeinschuldner; beschwerdeberechtigt gegen den die Konkurseröffnung ablehnenden Beschluß ist ausschließlich der abgewiesene Antragsteller. Unanfechtbar sind die Eröffnungsbeschlüsse in den Konkursverfahren über das Vermögen einer Versicherungs-AG, eines Versicherungsvereins aG, einer Bausparkasse und eines Kreditinstituts (*Kuhn/Uhlenbruck* KO § 109 Rdn. 12; *Uhlenbruck/Delhaes* Rdn. 482).
Über die Konkurseröffnung entscheidet der Richter. Der Rechtsbehelf ist deshalb die sofortige Beschwerde. Soweit das Verfahren nach Konkurseröffnung dem Rechtspfleger übertragen ist, sind dessen Entscheidungen mit der unbefristeten Erinnerung oder der befristeten, sog. sofortigen Erinnerung anfechtbar (vgl. Form. III. F. 18 Anm. 2, Abs. 2; *Kilger/Karsten Schmidt* § 73 Anm. 5; *Uhlenbruck/Delhaes* Rdn. 93 ff. „Rechtsmittel").

2. Für die Einlegung der Beschwerde gelten § 72 KO, §§ 577 Abs. 2, 569 Abs. 2 ZPO. Das Amtsgericht als Konkursgericht ist gem. § 577 Abs. 3 ZPO zu einer Änderung seiner Entscheidung nicht befugt.

21. Sofortige Beschwerde gegen die Eröffnung des Konkursverfahrens III. F. 21

3. Vgl. Form. III. F. 19 Anm. 3. Der Konkurseröffnungsbeschluß ist kein „Urteil in einer Rechtssache" (vgl. *Kilger* KO § 109 Anm. 9). Zur Zulässigkeit der weiteren Beschwerde gegen den Beschluß des Beschwerdegerichts. (Vgl. *Kilger/Karsten Schmidt* § 109 Anm. 6, § 73 Anm. 4; *Uhlenbruck/Delhaes* Rdn. 96.)

4. S. § 1 KO.

5. Vgl. Form. III. F. 19 Anm. 4.

6. Die Beschwerdefrist beträgt 2 Wochen. Sie ist eine Notfrist, die gem. §§ 111, 76 KO erst ab Wirksamkeit der öffentlichen Bekanntmachung des angefochtenen Beschlusses zu laufen beginnt, selbst wenn die Einzelzustellung früher erfolgt ist (vgl. *Kilger/Karsten Schmidt* § 73 Anm. 4, § 109 Anm. 4; *Uhlenbruck/Delhaes* Rdn. 483).

7. Bei rechtskräftiger Aufhebung des Eröffnungsbeschlusses durch das Beschwerdegericht hat das Konkursgericht alle getroffenen Maßnahmen rückgängig zu machen. Eines besonderen Beschlusses des Konkursgerichts über die Aufhebung bedarf es nicht (vgl. *Uhlenbruck/Delhaes* Rdn. 484).

Auf die Kostenentscheidung ist § 72 KO iVm. §§ 91 ff. ZPO anzuwenden (*Kuhn/Uhlenbruck* KO § 72 Rdn. 3 b). Dem antragstellenden Gläubiger ist Prozeßkostenhilfe zu gewähren (vgl. *Kuhn/Uhlenbruck* KO § 72 Rdn. 3 c), während dies beim Gemeinschuldner ausscheidet (vgl. *Kilger/Karsten Schmidt* § 72 Anm. 4).

8. Vgl. Form. III. F. 19, insbes. Anm. 7.

9. Die Anhörung des Schuldners schreibt § 105 Abs. 2 KO zwingend vor. Grundsätzlich ist die Anhörung sowie die Durchführung weiterer Ermittlungen Sache des Richters. Er kann schriftliche, zweckmäßiger jedoch mündliche Anhörung verfügen. Dem Schuldner wird üblicherweise ein ausführlicher Fragebogen zur Aufklärung seiner Verhältnisse übersandt (vgl. *Uhlenbruck/Delhaes* Rdn. 256 ff.).

10. Begrifflich gehört zur Zahlungsunfähigkeit ein dauernder Mangel an Zahlungsmitteln. Ist der Mangel nur vorübergehend, so liegt lediglich eine Zahlungsstockung vor (vgl. *Kilger/Karsten Schmidt* § 30 Anm. 5; Form. III. F. 18 Anm. 5).

11. Die wichtigste Prüfung seitens des Konkursgerichts hat hinsichtlich des Vorliegens des Konkursgrundes, also Zahlungsunfähigkeit und/oder Überschuldung zu erfolgen (vgl. Form. III. F. 18 Anm. 5 Abs. 2). Bestreitet der Schuldner seine Zahlungsunfähigkeit bzw. Überschuldung, so ist die Vorlage einer vollständigen und geordneten Vermögensübersicht, insbesondere im Falle der Überschuldung, und/oder die Bestellung eines Sachverständigen, vor allem in umfangreichen Verfahren, anzuordnen. Wegen der wirtschaftlichen Tragweite der Entscheidung müssen die Ermittlungen sorgfältig geführt werden (vgl. *Kilger/Kasten Schmidt* § 105 Anm. 4a; *Uhlenbruck/Delhaes* Rdn. 194 ff.).

Nach durchgeführten Ermittlungen kann der Eröffnungsantrag aber auch gem. § 107 Abs. 1 KO mangels Masse abzulehnen sein, wenn eine den Kosten des Verfahrens entsprechende Masse nicht vorhanden ist, und ein Vorschuß zur Deckung der gerichtlichen Verfahrenskosten sowie der Ausgaben für die Verwaltung, Verwertung und Verteilung der Masse entsprechend § 58 Ziff. 1 u. 2 KO in den Fällen des Gläubigerantrages nicht geleistet wird (vgl. *Kilger/Karsten Schmidt* § 107 Anm. 4; *Uhlenbruck/Delhaes* Rdn. 399 ff., 1327, 1331).

12. Bevor das Antragseröffnungsverfahren rechtskräftig entschieden ist, kann der Schuldner in jeder Lage des Verfahrens die Aussetzung der Entscheidung über einen Antrag auf Konkurseröffnung durch Stellung eines Antrages seinerseits auf Eröffnung des Vergleichsverfahrens erreichen. Die Aussetzung der Entscheidung gem. § 46 VerglO tritt kraft Gesetzes ein (vgl. *Jaeger/Weber* KO § 105 Anm. 5; *Böhle-Stamschräder/Kilger/Huber* VerglO § 46 Anm. 1 u. 3; *Uhlenbruck/Delhaes* Rdn. 296; Form. III. F. 9).

Das Konkurseröffnungsverfahren kann auch durch Rücknahme des Antrages seine Erledigung finden. Diese ist aber nur bis zum Wirksamwerden des Eröffnungsbeschlusses zulässig. Wirksam wird der Beschluß, wenn er keine innere Angelegenheit des Gerichts mehr ist, also mit öffentlicher Bekanntmachung, Zustellung, Ersuchen an Registergericht oder Grundbuchamt, auch Mitteilung an Gemeinschuldner, Konkursverwalter und Konkursgläubiger im Einverständnis mit dem Konkursrichter, usw. (vgl. *Kilger/Karsten Schmidt* § 108 Anm. 1; *Uhlenbruck/Delhaes* Rdn. 120, 272). Hat von mehreren Geschäftsführern einer gegen den Willen der oder des anderen Konkursantrag gestellt, so sind nur sämtliche organschaftlichen Vertreter zusammen zur Antragsrücknahme berechtigt (*Kuhn/Uhlenbruck* KO § 103 Rdn. 3).

B. Gesamtvollstreckungsordnung

13. Die Eröffnung des Gesamtvollstreckungsverfahrens gem. § 5 GesO stellt eine Entscheidung des Gerichts iSv. § 20 GesO dar, so daß das Rechtsmittel der sofortigen Beschwerde gegeben ist.

Auf das Beschwerdeverfahren finden §§ 567 ff. ZPO Anwendung mit der Folge, daß die sofortige Bewerde innerhalb der Notfrist von 2 Wochen (§ 577 Abs. 2 S. 1 ZPO) einzulegen ist. Der Lauf der Beschwerdefrist beginnt entweder mit Zustellung der Entscheidung bzw. bei öffentlicher Bekanntmachung mit Ablauf des zweiten Tages nach der Veröffentlichung der Entscheidung (vgl. *Haarmeyer/Wutzke/Förster* § 20 Rdn. 9).

Gegen die Entscheidungen des Beschwerdegerichts ist keine weitere Beschwerde gegeben (vgl. Form. III. F. 20 Anm. 9).

14. Wegen der Amtsermittlung vgl. Form. III. F. 18 Anm. 9.

22. Antrag eines Konkursgläubigers auf Bestellung eines vorläufigen Gläubigerausschusses[1,9]

An das   (Ort, Datum)
Amtsgericht
– Konkursgericht –

Az. ......

In dem Konkursverfahren über das Vermögen der Firma A Gesellschaft mit beschränkter Haftung wird die Firma B Kommanditgesellschaft als Konkursgläubigerin[2] von mir anwaltlich[3] vertreten. Ihre Konkursforderung habe ich mit Schreiben vom ...... beim Konkursgericht zur Konkurstabelle angemeldet[4].

Namens der von mir vertretenen Gläubigerin rege ich die Bestellung eines vorläufigen Gläubigerausschusses an. Er ist erforderlich, da die Gemeinschuldnerin technische Gegenstände herstellte und der Konkursverwalter ohne sachkundigen Rat weder die vorhandenen Halbfabrikate noch die Lizenzen und Patente wirtschaftlich optimal verwerten kann[5]. Es wird insbesondere auch im Hinblick auf eine mindestens zeitweilige Fortführung des Betriebes zwecks Fertigstellung der Halbfabrikate vorgeschlagen, zu Mitgliedern des vorläufigen Gläubigerausschusses[6,10] den Betriebsratsvorsitzenden[7] C, den freiberuflich tätigen technischen Berater[8] D des Gemeinschuldners und die Lieferfirma E Aktiengesellschaft zu bestellen.

                                                                       Rechtsanwalt

Anmerkungen

A. Konkursordnung

1. Gem. § 87 Abs. 1 KO kann vor der ersten Gläubigerversammlung (s. § 110 KO) das Gericht nach freiem Ermessen einen vorläufigen Gläubigerausschuß bestellen. Eines besonderen Antrages bedarf es nicht. Die formlose Anregung kann durch den Konkursverwalter oder durch Konkursgläubiger erfolgen.

Darüber hinaus hat nach § 87 Abs. 2 KO die Gläubigerversammlung über die Bestellung eines Gläubigerausschusses und die Wahl der Mitglieder zu beschließen.

Im Genossenschaftskonkurs muß gem. § 103 GenG ein Gläubigerausschuß bestellt werden (vgl. *Kuhn/Uhlenbruck* KO § 87 Rdn. 1; *Uhlenbruck/Delhaes* Rdn. 21, 565).

Die Bestellung eines vorläufigen Gläubigerausschusses ist nicht anfechtbar (vgl. *Jaeger/Weber* KO § 73 Anm. 7), jedoch die Bestellung einer Person zum Mitglied des vorläufigen Gläubigerausschusses (vgl. *Kuhn/Uhlenbruck* KO § 87 Rdn. 2 a).

2. S. §§ 3, 5, 103 Abs. 2 KO; vgl. Form. III. F. 19 Anm. 6.

3. Vgl. Form. III. F. 19 Anm. 4.

4. Vgl. Form. III. F. 24.

5. Der vorläufige Gläubigerausschuß hat gem. §§ 87, 88 KO die gleichen Rechte und Pflichten wie der durch die Gläubigerversammlung gewählte Ausschuß (vgl. *Kuhn/Uhlenbruck* KO § 87 Rdn. 2). Er soll insbesondere auch einen branchenunkundigen Verwalter beraten und unterstützen (vgl. OLG Koblenz KTS 1956, 159).

6. Bei der Auswahl der Mitglieder sind die verschiedenen Gläubigerinteressen zu berücksichtigen (vgl. *Uhlenbruck/Delhaes* Rdn. 566).

Die Zahl der Mitglieder ist durch Gesetz nicht festgelegt; sie soll jedoch ungerade sein (vgl. *Jaeger/Weber* KO § 87 Anm. 2).

Mitglieder eines vorläufigen Gläubigerausschusses können gem. § 87 Abs. 1 KO nur Gläubiger oder Gläubigervertreter sein. In dem von der Gläubigerversammlung gewählten Gläubigerausschuß können nach § 87 Abs. 2 KO auch Personen Mitglieder sein, die keine Gläubiger sind. Neben natürlichen können auch juristische Personen zu Mitgliedern des endgültigen Gläubigerausschusses bestellt oder gewählt werden (vgl. *Kilger/Karsten Schmidt* § 87 Anm. 2; *Jaeger/Weber* KO § 87 Anm. 2, 4 u. 5; *Kuhn/Uhlenbruck* KO § 87 Rdn. 7). Die Berufung einer Behörde in den Gläubigerausschuß ist nichtig (vgl. BGH ZIP 1994, 46).

Jedem bestellten oder gewählten Mitglied eines Gläubigerausschusses wird seitens des Gerichts das Merkblatt für den Gläubigerausschuß im Konkursverfahren ausgehändigt, in dem die Rechte und Pflichten der Ausschußmitglieder dargestellt sind (vgl. *Uhlenbruck/Delhaes* Rdn. 570 ff., 573 mit Wortlaut des Merkblattes).

7. Ein Mitglied des Betriebsrates ist insbesondere bei größeren Betrieben zweckmäßigerweise zu bestellen bzw. zu wählen (vgl. *Kuhn/Uhlenbruck* KO § 87 Rdn. 4; *Uhlenbruck/Delhaes* Rdn. 566).

8. Soweit dieses vorgeschlagene Mitglied Gläubiger ist, kann er in den vorläufigen Gläubigerausschuß bestellt, sonst nur von der Gläubigerversammlung gewählt werden (vgl. oben Anm. 6).

B. Gesamtvollstreckungsordnung

9. Es handelt sich um keinen förmlichen Antrag, sondern um eine Anregung zur Bestellung des vorläufigen Gläubigerausschusses gem. § 15 Abs. 2 S. 3 GesO. Mitglieder des vorläufigen Gläubigerausschusses können sowohl Gläubiger als auch sonstige natürliche oder juristische Personen sein, da § 15 Abs. 2 S. 3 GesO eine Einschränkung bei den Mitgliedern des vorläufigen Gläubigerausschusses entgegen § 87 Abs. 1 KO nicht trifft.

10. Mitglieder des endgültigen Gläubigerausschusses können nicht nur natürliche (§ 15 Abs. 2 S. 2 GesO), sondern auch juristische, Personen sein.

Die Aufnahme der Sachkunde in § 15 Abs. 2 S. 2 GesO entspricht der Auslegung von § 87 Abs. 1 und 2 KO.

23. Antrag eines Konkursgläubigers auf Ladung des Gemeinschuldners zur Abgabe der eidesstattlichen Versicherung[1, 11]

An das   (Ort, Datum)
Amtsgericht[2, 13]
– Konkursgericht –

Az. ......

In dem Konkursverfahren über das Vermögen des A wird der Konkursgläubiger B von mir anwaltlich[3] vertreten. Seine titulierte Konkursforderung habe ich mit Schreiben vom ...... unter Vorlage des Originals der vollstreckbaren Ausfertigung des Urteils des Amtsgerichts in ...... vom ...... beim Konkursgericht zur Konkurstabelle angemeldet[4].
Namens des von mir vertretenen Gläubigers beantrage[5] ich, den Gemeinschuldner[6] zur Abgabe der eidesstattlichen Versicherung[7] zu laden.
Für den Fall, daß der Gemeinschuldner nicht erscheint oder die Abgabe der eidesstattlichen Versicherung verweigert, beantrage ich, Haftbefehl zu erlassen[8, 14].

Begründung:

Durch Einsichtnahme in das bei den Konkursakten befindliche Inventar habe ich festgestellt, daß der Personenkraftwagen (genaue Bezeichnung) mit einem Zeitwert[9] von mindestens DM ...... nicht erfaßt ist. Da dieses Fahrzeug im Zeitpunkt der Konkurseröffnung Eigentum des Gemeinschuldners war, unterliegt es dem Konkursbeschlag[10].
Das Inventar ist somit unvollständig und deshalb der Antrag auf Abgabe der eidesstattlichen Versicherung berechtigt[12].

Rechtsanwalt

Anmerkungen

A. Konkursordnung

1. Auf das Verfahren zur Abgabe der eidesstattlichen Versicherung nach § 125 KO finden die Vorschriften der Zivilprozeßordnung gem. § 807 ZPO mit Ausnahme der §§ 900 Abs. 2, 4, 903, 914 und 915 ZPO Anwendung (vgl. *Kilger/Karsten Schmidt* § 125 Anm. 1; *Uhlenbruck/Delhaes* Rdn. 605, 618).

2. Zuständig ist das Vollstreckungsgericht des Amtsgerichts, bei dem das Konkursverfahren anhängig ist, also nicht das Konkursgericht. Durch Geschäftsverteilungsplan ist in der Regel bei Amtsgerichten mit Konkursabteilungen die Abnahme der eidesstattlichen Versicherung auf diese und damit auf den Konkursrichter bzw. Rechtspfleger übertragen (vgl. *Kuhn/Uhlenbruck* KO § 125 Rdn. 5; *Uhlenbruck/Delhaes* Rdn. 618, 638ff. und Anm. 181a; Form. III. F. 18 Anm. 2). Sofern sich der Gemeinschuldner gem. § 101 Abs. 1 KO mit Genehmigung des Konkursgerichts nicht im Bezirk des für das Konkursverfahren zuständigen Amtsgerichts aufhält, weil er zB. verzogen ist, so kann ein anderes Gericht um Abnahme der eidesstattlichen Versicherung ersucht werden (*Jaeger/Weber* KO § 125 Anm. 3; *Uhlenbruck/Delhaes* Rdn. 647).

3. Vgl. Form. III. F. 18 Anm. 4.

4. Forderungsanmeldung ist zum Nachweis der Gläubigereigenschaft erforderlich (vgl. *Kilger/Karsten Schmidt* § 125 Anm. 1; Form. III. F. 24). Auch ist es zweckmäßig, die Konkursforderung schon bei Antragstellung nachzuweisen, da dem Gemeinschuldner der Widerspruch nach § 900 Abs. 5 ZPO zusteht (vgl. *Kilger/Karsten Schmidt* § 125 Anm. 1; *Kuhn/Uhlenbruck* KO § 125 Rdn. 2).

23. Abgabe der eidesstattlichen Versicherung **III. F. 23**

5. Voraussetzungen sind Anfertigung des Inventars gem. § 124 KO durch den Konkursverwalter sowie Antrag eines Konkursgläubigers oder des Konkursverwalters gem. § 125 KO (vgl. *Kilger/Karsten Schmidt* § 125 Anm. 1; *Uhlenbruck/Delhaes* Rdn. 491, 638). Aussonderungsberechtigte gem. § 43 KO haben kein Antragsrecht (vgl. *Kuhn/Uhlenbruck* KO § 125 Rdn. 2). Absonderungsberechtigte jedoch mit der Ausfallforderung nach § 64 KO.

6. Die Verpflichtung zur Abgabe der eidesstattlichen Versicherung nach § 125 KO trifft im Gegensatz zur Anhörung nach § 75 KO nur den Gemeinschuldner bzw. bei juristischen Personen die Vertretungsorgane. Sofern der Gläubiger nur Anhaltspunkte für die Unvollständigkeit des Inventars hat, empfiehlt es sich, zunächst Ermittlungen des Konkursgerichts nach § 75 KO zu beantragen.

7. Der Inhalt der eidesstattlichen Versicherung beschränkt sich auf die Richtigkeit und Vollständigkeit der in die Konkursmasse fallenden Aktiven des Inventars des Konkursverwalters bei Konkurseröffnung. Einzubeziehen sind auch die dem Gemeinschuldner bewußten Anfechtungsrechte nach § 37 KO, vermögenswerte Anwartschaften und Auslandsvermögen (BGH ZIP 1983, 961). Die eidesstattliche Versicherung ist den jeweiligen Umständen des Einzelfalles anzupassen. Eine Eintragung in das Schuldnerverzeichnis erfolgt nicht (vgl. *Kilger/Karsten Schmidt* § 125 Anm. 1 u. 4; *Uhlenbruck/Delhaes* Rdn. 639).

8. Eine Vertagung des Termines gem. § 900 Abs. 4 ZPO ist unzulässig. Diese Vorschrift gilt nur bei Einzelvollstreckung, so daß § 72 KO hier keine entsprechende Anwendung findet (vgl. *Uhlenbruck/Delhaes* Rdn. 638).

Die Verpflichtung zur Abgabe der eidesstattlichen Versicherung nach § 125 KO besteht grundsätzlich bis zur Beendigung des Konkursverfahrens. Nach Abgabe der Versicherung kann im gleichen Konkursverfahren keine nochmalige Abgabe verlangt werden (vgl. *Kilger/Karsten Schmidt* § 125 Anm. 2).

Solange der Gemeinschuldner die geforderte Abgabe der Versicherung nach § 125 KO verweigert, ist gem. § 175 Nr. 1 KO ein Zwangsvergleich unzulässig (vgl. *Kilger/Karsten Schmidt* § 125 Anm. 1).

Zwangsweise Vorführung und Haft gem. § 101 Abs. 2 KO können gem. § 4 Abs. 2 Nr. 2 und § 4 Abs. 3 RPflG nur vom Richter, die Haft erst nach Anhörung des Gemeinschuldners angeordnet werden (vgl. *Kilger/Karsten Schmidt* § 101 Anm. 2; *Uhlenbruck/Delhaes* Rdn. 496).

9. Der Wert ist zu benennen, da völlig wertlose Gegenstände weder im Inventar aufgeführt noch vom Gemeinschuldner angegeben werden müssen (vgl. *Kilger/Karsten Schmidt* § 125 Anm. 1; *Kuhn/Uhlenbruck* KO § 125 Rdn. 4). Dagegen sind die mit Ab- und/oder Aussonderungsrechten belasteten Vermögensteile aufzuführen und anzugeben (vgl. *Jaeger/Weber* KO § 124 Anm. 2).

10. Voraussetzung der Offenbarungspflicht ist, daß der Aktivposten des Inventars dem Konkursbeschlag unterliegt (*Kuhn/Uhlenbruck* KO § 125 Rdn. 4; zum Begriff: Konkursbeschlag oder Konkursbefangenheit vgl. *Kuhn/Uhlenbruck* KO § 3 Rdn. 1).

B. Gesamtvollstreckungsordnung

11. Eines Antrages seitens eines Gläubigers und/oder des Verwalters bedarf es nicht. Die eidesstattliche Versicherung ist bereits im Antragsverfahren von Amts wegen abzunehmen (vgl. § 3 Abs. 2 GesO). Eine Inventarerstellung ist entgegen §§ 123, 124 KO nicht Aufgabe des Verwalters (vgl. § 3 Abs. 1 Nr. 1–3 GesO).

12. Das Vermögensverzeichnis hat vollständig zu sein (§ 3 Abs. 1 Nr. 1 GesO), so daß eine spätere Ergänzung und nochmalige, ergänzende, eidesstattliche Versicherung ausscheidet (aA. *Haarmeyer/Wutzke/Förster* § 3 Rdn. 13).

13. Zuständig ist das Vollstreckungsgericht (aA. *Haarmeyer/Wutzke/Förster* § 3 Rdn. 10).

14. Wegen der zwangsweisen Vorführung und Haft vgl. oben Anm. 8.

24. Anmeldung mehrerer selbständiger Konkursforderungen mit Antrag auf Vorwegbefriedigung bevorrechtigter Forderungen[1]

An das (Ort, Datum)
Amtsgericht[2, 20]
– Konkursgericht –

Az. ......

Abschrift erhält Konkursverwalter direkt[3, 21]

In dem Konkursverfahren über das Vermögen der Firma A Gesellschaft mit beschränkter Haftung wird die Firma B als Konkursgläubigerin[4] von mir anwaltlich[5] vertreten. In ihrem Namen melde ich folgende Konkursforderungen[6, 22] zur Konkurstabelle[7, 23] an[8]:

I. Gewöhnliche Forderungen[9]
   1. Forderung aus Warenlieferung[10] gem. Rechnung vom ...... DM ......
   2. Forderung aus Wechsel per ...... ausgestellt am ...... DM ......
   3. Kosten[11] der Vertretung des Gläubigers im Vergleichs- und
      Konkursantragsverfahren gem. Rechnung vom ...... DM ......
   4. Aufgelaufene Zinsen gem. beigefügter Aufstellung[12] DM ......
      insgesamt DM ......

II. Bevorrechtigte Forderungen[13]
   1. Verauslagte Einfuhrumsatzsteuer[14] gem. Rechnung vom ...... DM ......
   2. Aufgelaufene Zinsen gem. beigefügter Aufstellung[15] DM ......
      insgesamt DM ......

Für die Forderungen unter Ziff. II, 1 u. 2 wird das Vorrecht nach § 61 Abs. 1 Nr. 2 KO beansprucht[16].
Abschriften der Rechnungen und des Wechsels sind beigefügt[17].
Nach Abhaltung des allgemeinen Prüfungstermins bitte ich um Übersendung einer Bestätigung, daß die angemeldeten Forderungen anerkannt wurden[18, 24].
Auch beantrage ich, den Konkursverwalter zu ermächtigen, die festgestellten bevorrechtigten Forderungen unabhängig von den Verteilungen zu befriedigen[19, 25].

Rechtsanwalt

Anmerkungen

A. Konkursordnung

1. Während im Vergleichsverfahren unabhängig von der Aufnahme in das Gläubigerverzeichnis und einer Forderungsanmeldung alle Vergleichsgläubiger vom Vergleich betroffen werden (s. Form. III. F. 11 Anm. 2), müssen die Konkursgläubiger, die an dem Konkursverfahren teilnehmen wollen, ihre Forderungen nach §§ 138 ff. KO bei dem Konkursgericht anmelden. Unterlassen Konkursgläubiger aus welchen auch immer gearteten Gründen die Forderungsanmeldung, so sind sie weder am Konkursverfahren beteiligt, noch können sie mangels Eintrages in die Konkurstabelle einen vollstreckbaren Titel für die Zeit nach Beendigung des Konkursverfahrens gem. § 164 KO erhalten.

24. Anmeldung mehrerer selbständiger Konkursforderungen III. F. 24

Kein Konkursgläubiger, ob am Verfahren beteiligt oder nicht, kann zufolge § 14 KO die Einzelzwangsvollstreckung während des Verfahrens gegen den Gemeinschuldner betreiben. Eine Ausnahme besteht für die ab Konkurseröffnung entstehenden Zinsen (vgl. *Kilger/Karsten Schmidt* § 14 Anm. 1), soweit diese tituliert sind. Entsprechend dem Vergleichsverfahren wirkt ein bestätigter Zwangsvergleich gem. § 193 KO jedoch für und gegen alle nicht bevorrechtigten Konkursgläubiger, auch wenn sie nicht am Konkursverfahren teilgenommen haben (vgl. Form. III. F. 31).

Eine Anmeldung ist auch bei vorausgegangenem Vergleichsverfahren nicht entbehrlich. Das Anmeldeprinzip wird lediglich im Nachlaßkonkursverfahren unter den Voraussetzungen des § 229 KO durchbrochen (vgl. *Kilger/Karsten Schmidt* § 138 Anm. 1; *Uhlenbruck/Delhaes* Rdn. 17, 767).

Die Anmeldung hat schriftlich in deutscher Sprache beim Konkursgericht oder zu Protokoll bei dessen Geschäftsstelle zu erfolgen (vgl. *Kilger/Karsten Schmidt* § 139 Anm. 2; *Kuhn/Uhlenbruck* KO § 139 Rdn. 7). Sofern die Anmeldung beim Konkursverwalter erfolgt, hat er die Anmeldung entweder an das Konkursgericht weiterzuleiten oder dem Gläubiger unter Hinweis auf die gesetzlichen Bestimmungen zurückzusenden (vgl. *Jaeger/Weber* KO § 139 Anm. 6; aA. LG Berlin KTS 1972, 121/122; vgl. auch *Kilger/Karsten Schmidt* § 139 Anm. 2; Form. III. F. 14 Anm. 1).

Der Konkurseröffnungsbeschluß gem. § 110 KO wird neben der öffentlichen Bekanntmachung gem. § 111 Abs. 2 u. 3 KO den bekannten Gläubigern und Schuldnern (vgl. Form. III. F. 18 Anm. 7) gem. § 111 Abs. 3 KO durch Aufgabe zur Post zugestellt. Beigefügt ist in der Regel ein Merkblatt für Konkursgläubiger, abgedruckt bei *Uhlenbruck/Delhaes* Rdn. 773b, dessen Hinweise dringend zur Beachtung empfohlen werden (vgl. auch *Kilger/Karsten Schmidt* § 111 Anm. 3, § 139 Anm. 6; Form. III. F. 9 Anm. 1). Die im Eröffnungsbeschluß bestimmte Anmeldefrist ist keine Ausschlußfrist. Wegen der Behandlung nachträglicher Anmeldungen s. § 142 KO und vgl. *Kilger/Karsten Schmidt* § 142 Anm. 1–4; *Uhlenbruck/Delhaes* Rdn. 769.

Die Anmeldung hat gem. § 139 KO zu enthalten:
a) Betrag der Forderung, getrennt nach Hauptforderung, Kosten und Zinsen bis zur Konkurseröffnung. Mehrere selbständige Forderungen sind getrennt aufzuführen.
b) Genaue Bezeichnung des Schuldgrundes und zwar die der Forderung zugrunde liegenden Tatumstände, ohne rechtliche Gesichtspunkte. Bei Anmeldung der Ansprüche aus Kontokorrent ist das Kontokorrentverhältnis der Schuldgrund, so daß die Anmeldung des Saldos genügt.
c) Ein etwa beanspruchtes Vorrecht, das nicht von Amts wegen, sondern nur auf Antrag berücksichtigt wird (vgl. *Kilger/Karsten Schmidt* § 139 Anm. 1; *Uhlenbruck/Delhaes* Rdn. 771).

Die nach den Vorschriften des § 139 KO erfolgte Forderungsanmeldung unterbricht gem. § 209 Abs. 2 Nr. 2 BGB die Verjährung (vgl. *Kilger/Karsten Schmidt* § 139 Anm. 3).

Die Vorwegbefriedigung bevorrechtigter Forderungen sieht § 170 KO vor. Diese Vorschrift gibt keinen Anspruch auf Befriedigung außer der Reihe, gewährt aber den Vorrechtsgläubigern ein Antragsrecht (vgl. *Kilger/Karsten Schmidt* § 170 Anm. 1).

Nach der Rangordnung des § 61 KO gibt es 6 Rangklassen, von denen sich fünf auf bevorrechtigte Forderungen beziehen. Wegen der Einzelheiten und weiterer Konkursvorrechte vgl. *Kilger/Karsten Schmidt* § 61 Anm. 1–12; *Uhlenbruck/Delhaes*, Rdn. 751 ff.

2. Vgl. Form. III. F. 18 Anm. 2.

3. Abschriften der Anmeldung für den Konkursverwalter sind entweder beim Gericht miteinzureichen oder dem Verwalter direkt zuzusenden (vgl. *Kilger/Karsten Schmidt* § 139 Anm. 2).

4. Vgl. Form. III. F. 22 Anm. 2.

5. Vgl. Form. III. F. 19 Anm. 4.

6. Vgl. oben Anm. 4; dem Begriff „Konkursgläubiger" entspricht der Begriff „Konkursforderung" (vgl. *Kilger/Karsten Schmidt* § 3 Anm. 1). Neben den begründeten und klagbaren Vermögensansprüchen gegen den Gemeinschuldner zur Zeit der Konkurseröffnung (§ 3 Abs. 1 KO) sind Konkursforderungen auch solche Ansprüche, die erst zufolge der Konkurseröffnung entstehen (s. §§ 26, 27 u. 28 KO; zu Fragen der Abwicklung schwebender Rechtsgeschäfte gem. §§ 17–28 KO und der sich daraus ergebenden Konkursforderungen vgl. *Uhlenbruck/Delhaes* Rdn. 661–675). Zu den Ansprüchen an den Gemeinschuldner, die keine Konkursforderungen sind, s. Aufzählung bei *Kilger/Karsten Schmidt* § 3 Anm. 2 und bei *Uhlenbruck/Delhaes* Rdn. 746.

7. Nach § 140 Abs. 1 KO sind die Anmeldungen in der Geschäftsstelle zur Einsicht der Beteiligten niederzulegen. Beteiligte sind: Gemeinschuldner, Konkursverwalter, Konkursgläubiger, Gläubigerausschußmitglieder, Massegläubiger und evtl. auch ein Käufer des Geschäftes im Ganzen (vgl. *Jaeger/Weber* KO § 140 Anm. 1; *Kilger/Karsten Schmidt* § 140 Anm. 1). Die Eintragung in die Konkurstabelle regelt § 140 Abs. 2 KO.

8. Vgl. Form. III. F. 14.

9. Gewöhnliche Forderungen sind nichtbevorrechtigte Konkursforderungen (§ 61 Abs. 1 Nr. 6 KO).

10. Der Forderungsgrund ist bei der Anmeldung anzugeben. Wird dies unterlassen, ist die Anmeldung unwirksam. Unwirksame Anmeldungen werden nicht in die Konkurstabelle eingetragen. Die Zurückweisung erfolgt durch Beschluß des Urkundsbeamten der Geschäftsstelle (vgl. *Kuhn/Uhlenbruck* KO § 140 Rdn. 3). Ob die Anmeldung wirksam ist oder nicht, hat Auswirkungen auf die durch Forderungsanmeldung eintretende Unterbrechung der Verjährung nach § 209 Abs. 2 Nr. 2 BGB (vgl. *Kuhn/Uhlenbruck* KO § 139 Anm. 1 b).

11. Nicht anmeldefähig sind die Kosten, welche dem Gläubiger durch die Teilnahme an dem Konkursverfahren erwachsen (§ 63 Nr. 2 KO). Dies gilt nicht für die Anwaltskosten des Antrags auf Eröffnung des Konkursverfahrens (vgl. *Kuhn/Uhlenbruck* KO § 62 Rdn. 2). Ebenso sind alle Kosten des Gläubigers aus einem vorgängigen Vergleichsverfahren anmeldefähig, da es sich nicht um Kosten des Konkursverfahrens handelt (s. § 62 Nr. 1 KO; vgl. *Kuhn/Uhlenbruck* KO § 62 Rdn. 2).

12. Zinsen sind, wie Kosten der Eröffnung des Konkursverfahrens und Vertragsstrafen gem. § 62 KO, Nebenansprüche, die den Rang der Hauptforderung teilen, aber nur bis zum Tage vor Konkurseröffnung gem. § 63 Nr. 1 KO angemeldet werden können. Im Anschlußkonkurs gem. § 104 KO ist trotz § 107 Abs. 2 VerglO anzunehmen, daß die Zinsen nicht nur bis zum Tage der Vergleichseröffnung, sondern bis zum Tage der Eröffnung des Anschlußkonkursverfahrens als anmeldefähige Konkursforderungen gelten (vgl. *Kilger/Karsten Schmidt* § 62 Anm. 4).
Der Ausschluß der Anmeldefähigkeit nach § 63 Nr. 1 KO bedeutet jedoch nicht, daß ab Konkurseröffnung grundsätzlich keine Zinsen mehr gefordert werden könnten. Sofern für die Hauptforderung ein Absonderungsrecht besteht, kann zu Lasten des abzusondernden Gegenstandes Befriedigung für die Zinsen gefordert werden (BGH NJW 1956, 1594). Auch können die ab Konkurseröffnung entstehenden Zinsen gegen den Gemeinschuldner eingeklagt und es kann wegen dieses Anspruches in sein konkursfreies Vermögen vollstreckt werden (vgl. *Kuhn/Uhlenbruck* KO § 63 Rdn. 1b; *Kilger/Karsten Schmidt* § 63 Anm. 1 u. 2; BGH ZIP 1987, 245). § 63 Nr. 1 KO gilt nicht für Masseschulden (BSG ZIP 1981, 1108).

13. Vgl. oben Anm. 1 letzter Absatz. Das Konkursvorrecht beruht grundsätzlich auf dem Entstehungsgrund der Forderung und haftet nicht dem Inhaber der Forderung, also nicht der Person oder Institution an, zu dessen Gunsten es geschaffen wurde (vgl. *Kilger/Karsten Schmidt* § 61 Anm. 2).

14. Soweit eine Forderung des § 61 Abs. 1 Nr. 2 KO auf eine Privatperson übergeht, kann diese zwar nicht den Anspruch im Verwaltungszwangsverfahren durchsetzen, jedoch das Konkursvorrecht geltend machen (vgl. *Kilger/Karsten Schmidt* § 61 Anm. 2; *Kuhn/ Uhlenbruck* KO § 61 Rdn. 64).

15. Vgl. oben Anm. 12. Die Nebenansprüche des § 62 KO teilen den Rang der Hauptforderung (vgl. *Kilger/Karsten Schmidt* § 62 Anm. 1).

16. Das beanspruchte Vorrecht muß unter Angabe des Ranges angemeldet werden. Eine Berücksichtigung von Amts wegen findet nicht statt. Ohne Anmeldung erfolgt weder eine Eintragung des Vorrechts mit der angemeldeten Forderung in die Konkurstabelle noch eine Feststellung im Prüfungstermin (vgl. *Kilger/Karsten Schmidt* § 139 Anm. 1c u. § 141 Anm. 1; *Kuhn/Uhlenbruck* KO § 139 Rdn. 6; *Uhlenbruck/Delhaes* Rdn. 771).

17. Der Anmeldung sind gem. § 139 S. 3 KO die urkundlichen Beweisstücke in Urschrift oder Abschrift beizufügen. Eine Verweisung auf die Unterlagen des Gemeinschuldners ist unzulässig, da jeder Gläubiger das Recht zur Einsicht in die Anmeldeunterlagen besitzt, und er nur auf Grund vollständiger Anmeldeunterlagen prüfen kann, ob er von seinem Widerspruchsrecht im Prüfungstermin gem. § 144 Abs. 1 KO Gebrauch machen soll (vgl. *Kuhn/Uhlenbruck* KO § 139 Rdn. 1a).

Beweisstücke im Sinne der genannten Vorschrift sind Schuldscheine, Wechsel, Schecks, Vertragsurkunden, Schuldtitel, Rechnungen, Kontoauszüge, Abrechnungsurkunden usw. (vgl. *Kilger/Karsten Schmidt* § 139 Anm. 5; *Uhlenbruck/Delhaes* Rdn. 771).

Aus § 145 Abs. 1 S. 2 KO folgt, daß Wechsel und sonstige Schuldurkunden, wie zB. Schuldtitel, im Original vorzulegen sind, da auf diesen Urkunden die Feststellung zu vermerken ist (vgl. *Kilger/Karsten Schmidt* § 145 Anm. 2; *Uhlenbruck/Delhaes* Rdn. 808a). Die Weigerung, eine Urkunde im Original vorzulegen, steht einer Feststellung der Forderung nicht entgegen (vgl. *Jaeger/Weber* KO § 145 Anm. 2). Sie kann jedoch zum Widerspruch des Konkursverwalters oder Gemeinschuldners führen, da zB. nur durch den Feststellungsvermerk ein Schuldtitel seine Vollstreckungswirkung verliert. Spätestens im Prüfungstermin sind jedoch Schuldtitel vorzulegen (vgl. *Kuhn/Uhlenbruck* KO § 146 Rdn. 32). Dies ist notwendig, um feststellen zu können, auf welche Weise ein Widerspruch gegen die angemeldete Konkursforderung zu verfolgen ist. Bei einer titulierten Forderung hat den Widerspruch der Widersprechende (vgl. *Kuhn/Uhlenbruck* KO § 146 Rdn. 33), bei einer nicht titulierten Forderung der Gläubiger zu verfolgen (vgl. *Kuhn/Uhlenbruck* KO § 146 Rdn. 4). Auch wirkt der Feststellungsvermerk in der Konkurstabelle wie ein rechtskräftiges Urteil (vgl. *Jaeger/Weber* KO § 145 Anm. 4). Es muß somit vermieden werden, daß der anmeldende Gläubiger nach Aufhebung des Konkursverfahrens zwei Vollstreckungstitel in der Hand hat.

18. Gläubiger festgestellter Forderungen erhalten von dem Ergebnis des Prüfungstermins weder Nachricht noch einen Auszug aus der Konkurstabelle. Dies gilt auch dann, wenn der Gemeinschuldner der Feststellung widersprochen hat. Dagegen ist von Amts wegen dem Gläubiger ein Auszug aus der Konkurstabelle zu übersenden, wenn der Konkursverwalter oder ein Gläubiger im Prüfungstermin die angemeldete Forderung ganz oder teilweise bestritten hat (vgl. *Jaeger/Weber* KO § 146 Anm. 30; *Uhlenbruck/Delhaes* Rdn. 808b).

Soweit im Prüfungstermin der Konkursverwalter die angemeldete Forderung nur vorläufig bestreitet (Einzelheiten zum vorläufigen Bestreiten vgl. *Kuhn/Uhlenbruck* KO § 144 Rdn. 29), ist dennoch ein Tabellenauszug zu erteilen (vgl. OLG Köln KTS 1979, 119). Erhebt der Gläubiger Feststellungsklage oder nimmt er einen unterbrochenen Rechtsstreit auf, ohne durch Rückfrage beim Konkursverwalter festgestellt zu haben, ob dieser sein vorläufiges Bestreiten aufgibt, trägt der Gläubiger bei sofortigem Anerkenntnis des Konkursverwalters die Kosten des Rechtsstreits (OLG Düsseldorf ZIP 1982, 201; OLG Karlsruhe ZIP 1989, 791, 792).

Auf ausdrücklichen Antrag wird gegen Entrichtung der Schreibgebühren nach dem GKG von dem Konkursgericht die Bestätigung über die Anerkennung der zur Konkurstabelle angemeldeten Forderung erteilt. Eine solche Bestätigung ist für den Gläubiger beim Bestehen einer Kreditversicherung notwendig (vgl. Merkblatt zur Forderungsanmeldung des Amtsgerichts München gem. Hinweis bei *Kilger/Karsten Schmidt* § 139 Anm. 6; abgedruckt in BB 1950, 7f.).

19. Zur Antragstellung gem. § 170 KO sind die Vorrechtsgläubiger und der Konkursverwalter berechtigt. Die Forderungen müssen als bevorrechtigt mit bestimmtem Rang festgestellt sein. Demzufolge sind Zahlungen vor dem Prüfungstermin nicht zulässig. Trotz gerichtlicher Ermächtigung ist der Konkursverwalter zur Zahlung nicht verpflichtet, wenn die Befriedigung der Gleich- oder Besserberechtigten sowie der Massegläubiger gefährdet würde. Der Genehmigungsbeschluß kann von den Gleich- oder Besserberechtigten sowie den Massegläubigern angefochten werden. Gegen den ablehnenden Beschluß können Konkursverwalter und Vorrechtsgläubiger Rechtsmittel einlegen (vgl. *Kilger/Karsten Schmidt* § 170 Anm. 2).

B. Gesamtvollstreckungsordnung

20. Im Geltungsbereich der GesO ist die Forderungsanmeldung beim Verwalter vorzunehmen (vgl. § 5 Nr. 3 GesO). Die Anmeldung hat Kapital, Kosten und bis zur Eröffnung des Gesamtvollstreckungsverfahrens angefallene Zinsen gesondert auszuweisen. Der Schuldgrund ist anzugeben. Der Rang für die Verteilung nach § 17 Abs. 3 GesO ist anzugeben (Einzelheiten: *Smid*, Arbeitsbuch, S. 127). Da die Tabellenführung dem Verwalter übertragen ist, hat der Verwalter Gläubiger auf Mängel der Anmeldung hinzuweisen und in gravierenden Fällen die Eintragung der Anmeldung abzulehnen. Die Art der Tabellenführung ist dem Verwalter überlassen (vgl. *Haarmeyer/Wutzke/Förster* § 11 Rdn. 18, 19).

21. Die Tabelle ist nach der Anmeldefrist (§ 5 Nr. 3 GesO) abzuschließen und dem Gericht vorzulegen (vgl. § 11 Abs. 1 S. 2 GesO). Das Beifügen eines Anmeldedoppels für das Gericht ist entbehrlich, da im Prüfungstermin gem. § 11 Abs. 2 S. 1 GesO nur die vom Verwalter vorgenommenen Eintragungen in der Tabelle verlesen und die Erklärungen der anwesenden Gläubiger, des Schuldners und des Verwalters protokolliert (vgl. *Haarmeyer/Wutzke/Förster* § 11 Rdn. 30, 36) werden. Eine Kontrolle der vom Verwalter erstellten Tabelle seitens des Gerichts unter Zuhilfenahme der Anmeldungen erfolgt nicht.

22. Anzumelden sind Eigentums- und Pfandrechte iSv. § 12 GesO.

Die Rangordnung der Befriedigungen ergibt sich aus § 17 Abs. 3 GesO, wobei der Katalog der bevorrechtigten Forderungen gegenüber § 61 Nr. 1 KO wesentlich reduziert ist.

In § 17 Abs. 3 c GesO ist § 4 S. 2 SozplG übernommen.

23. Im Gegensatz zur KO stellt die Anmeldefrist gem. § 5 Nr. 3 GesO eine Ausschlußfrist dar. Verspätet eingehende Forderungen sind nur unter zwei Voraussetzungen (vgl. § 14 Abs. 1 S. 1 GesO) noch anzuerkennen und in die Tabelle aufzunehmen, nämlich
– mangelndes Verschulden;
– Zustimmung des Gerichts.

Lehnt in der ersten Stufe der Verwalter die Aufnahme in die Tabelle ab, kann nunmehr der Gläubiger Antrag an das Gericht stellen (vgl. BGH ZIP 1994, 157/159). Stimmt das Gericht zu, so hat der Verwalter die angemeldete Forderung vorläufig in die Tabelle aufzunehmen mit der Folge, daß sie im Prüfungstermin mitgeprüft wird.

Gegen die Zustimmung steht dem Verwalter und gegen die Ablehnung der Zustimmung dem Gläubiger die Beschwerde gemäß § 20 GesO zur Verfügung.

Dieser Ausschluß bei Verschulden des Gläubigers oder seines Bevollmächtigten verstößt nicht gegen die Eigentumsgarantie (vgl. BVerfG ZIP 1995, 923).

24. Über das Ergebnis des Prüfungstermins ist allen Gläubigern und anderen Beteiligten durch den Verwalter Mitteilung zu machen (vgl. *Haarmeyer/Wutzke/Förster* § 11

Rdn. 37), so daß auch die Gläubiger mit anerkannten Forderungen im Gegensatz zu § 146 KO zu benachrichtigen sind (aA. *Smid*, Arbeitsbuch, S. 146).

25. §§ 17 Abs. 2 i. V. 18 GesO schließen eine Vorwegbefriedigung von Forderungen nach § 17 Abs. 3 GesO aus, da Grundlage der Verteilung der Masse der Beschluß der Gläubigerversammlung im Schlußtermin gem. § 18 GesO darstellt.

25. Anmeldung einer Ausfallforderung durch aus- und absonderungsberechtigten Gläubiger[1, 18]

An das
Amtsgericht[2]
– Konkursgericht –
(Ort, Datum)

Az. ......

Abschrift erhält Konkursverwalter direkt[3]

In dem Konkursverfahren über das Vermögen der Firma A Gesellschaft mit beschränkter Haftung wird die Firma B Aktiengesellschaft als aus- und absonderungsberechtigte Gläubigerin[4] von mir anwaltlich vertreten.
In ihrem Namen melde ich zur Konkurstabelle[6] eine Forderung aus dem Kontokorrentverhältnis[7] mit der Gemeinschuldnerin in Höhe von DM ...... für den Ausfall[8] an.
Zum Nachweis der Forderung füge ich Fotokopie des Kontokorrentkontos bei[9].
Die Gemeinschuldnerin hat der Gläubigerin folgende Sicherheiten[10] bestellt[11]:
1. Grundschuld über DM ...... nebst ...... % Zinsen p.a. ab (Datum der Eintragung im Grundbuch) gem. Grundschuldbestellungsurkunde vom ......, Grundschuldbrief (genaue Bezeichnung) vom ...... und Eintragungsnachricht vom ...... des Grundbuchamtes in ......[12].
2. Abtretung der Forderungen gem. Erklärung vom ......
3. Übereignung folgender Fahrzeuge gem. Vertrag vom ......:
    a) Personenkraftwagen (genaue Bezeichnung)
    b) Lastkraftwagen (genaue Bezeichnung)[13].

Zum Nachweis der Bestellung dieser Sicherheiten füge ich Fotokopie der genannten Urkunden bei. Auch weise ich darauf hin, daß die Gläubigerin im Besitze der Kraftfahrzeugbriefe für die sicherungsübereigneten Fahrzeuge ist.
Die Gläubigerin verlangt aus dem Sicherungsgut abgesonderte Befriedigung ihrer Kontokorrentforderung sowie der Kosten und auflaufenden Zinsen bis zum Zeitpunkt der Verwertung[14].
Da die Lieferungen der Gläubigerin unter Eigentumsvorbehalt erfolgten, wurden auch die Aussonderungsrechte bereits durch Schreiben vom ...... gegenüber dem Konkursverwalter geltend gemacht[15].
Schließlich besitzt die Gläubigerin für den Teilbetrag in Höhe von DM ...... eine selbstschuldnerische unbefristete Bürgschaft des Gesellschafters C[16].
Trotz dieser Aus- und Absonderungsrechte sowie der teilweisen gesamtschuldnerischen Haftung des Bürgen ist nicht mit einer vollen Befriedigung der Forderung der Gläubigerin, sondern mit einem erheblichen Ausfall zu rechnen. Die vom Konkursverwalter mit Schreiben vom ...... erbetene Auskunft über den Umfang, den Verbleib und die Werthaltigkeit des Sicherungsgutes liegt noch nicht vor[17, 19].

Rechtsanwalt

Anmerkungen

A. Konkursordnung

1. Vgl. zunächst Form. III. F. 24.

Die hier angesprochene Ausfallforderung findet ihre gesetzliche Grundlage in § 64 KO. Diese Vorschrift bezieht sich auf die Rechtslage des nach § 4 iVm. §§ 47ff. KO absonderungsberechtigten Konkursgläubigers, dem der Gemeinschuldner auch persönlich haftet, sich also in seiner Person dingliche Haftung und persönliche Schuld vereinigen. Das Absonderungsrecht muß deshalb an einem zur Konkursmasse gehörenden Gegenstand bestehen. Verzichtet der Gläubiger nicht auf dieses Recht, so kann er konkursmäßige Befriedigung wegen seiner persönlichen Forderung nur hinsichtlich des tatsächlichen Ausfalls verlangen (vgl. *Kilger/Karsten Schmidt* § 64 Anm. 1 u. 6). Dort bezeichnet *Kilger* „den Ausfall als tatsächlichen Rest nach Durchführung des Zugriffs auf den Sicherungsgegenstand".

Nach § 47 KO dienen die Gegenstände, die der Zwangsvollstreckung in das unbewegliche Vermögen unterliegen, zur abgesonderten Befriedigung für diejenigen, die ein Recht auf Befriedigung aus dem Gegenstand haben. Eine solche Immobiliarabsonderung gewähren Hypotheken, Grund- und Rentenschulden usw. (vgl. *Kilger/Karsten Schmidt* § 47 Anm. 4; *Uhlenbruck/Delhaes* Rdn. 734). Absonderungsberechtigt sind nach § 48 KO auch Gläubiger, die an einem Massegegenstand ein durch Rechtsgeschäft bestelltes Pfandrecht haben, sowie die ihnen gleichgestellten Pfandgläubiger des § 49 KO. Hierzu zählt das Sicherungseigentum, das Pfändungspfandrecht aus der Zeit vor Konkurseröffnung, die gesetzlichen Pfandrechte wegen öffentlicher Abgaben (§ 49 Abs. 1 Nr. 1 KO), des Vermieters oder Verpächters (§§ 559, 581, 585 BGB, § 49 Abs. 1 Nr. 2 KO), das Pfandrecht des Gastwirts (§ 704 BGB), des Werkunternehmers (§ 647 BGB), des Kommissionärs, Spediteurs, Lagerhalters und Frachtführers (§ 49 Abs. 2 Nr. 2 KO). Gleichgestellt ist das Zurückbehaltungsrecht wegen nützlicher Verwendungen (§ 49 Abs. 1 Nr. 3 KO) und das handelsrechtliche Zurückbehaltungsrecht (§ 49 Abs. 1 Nr. 4 KO; vgl. *Kilger/Karsten Schmidt* § 49 Anm. 1–9; *Uhlenbruck/Delhaes* Rdn. 735). Auch wer sich mit dem Gemeinschuldner in einem Miteigentum, in einer Gesellschaft nach bürgerlichem Recht, offenen Handelsgesellschaft, Kommanditgesellschaft oder einer Bruchteilsgemeinschaft sowie Erbengemeinschaft befindet, kann gem. § 51 KO wegen seiner Forderung bei der Teilung oder sonstigen Auseinandersetzung abgesonderte Befriedigung außerhalb des Konkurses gem. § 16 KO verlangen (vgl. *Kilger/Karsten Schmidt* § 51 Anm. 3 u. 5; *Uhlenbruck/Delhaes* Rdn. 736). Die abgesonderte Befriedigung findet gem. § 4 Abs. 2 KO außerhalb des Konkursverfahrens durch Verwertung des belasteten Massegegenstandes statt (*Uhlenbruck/Delhaes* Rdn. 738).

Während das Absonderungsrecht auf vorzugsweise Befriedigung einer Forderung aus einem zur Masse gehörenden Gegenstand geht, wird mit der Geltendmachung des Aussonderungsrechts gem. § 43 KO das Ausscheiden eines Gegenstandes aus der Konkursmasse verlangt, weil er iSd. § 1 KO dem Gemeinschuldner nicht gehört (vgl. *Kilger/Karsten Schmidt* § 43 Anm. 1, § 47 Anm. 1). Gegenstand des Aussonderungsrechts können bewegliche und unbewegliche Sachen, dingliche und persönliche Rechte, Forderungen sowie der Besitz sein (vgl. *Kilger/Karsten Schmidt* § 43 Anm. 1), so zB. Eigentum an beweglichen Sachen, einfacher Eigentumsvorbehalt (§ 455 BGB), verlängerter und erweiterter Eigentumsvorbehalt usw. (vgl. *Kilger/Karsten Schmidt* § 43 Anm. 2–16; *Uhlenbruck/Delhaes* Rdn. 722–731). Die Geltendmachung des Aussonderungsrechts erfolgt außerhalb des Konkursverfahrens, gegebenenfalls im ordentlichen Prozeß zwischen Gläubiger und Konkursverwalter (vgl. *Kilger/Karsten Schmidt* § 43 Anm. 15). Führt die Geltendmachung eines Aussonderungsrechts, zB. in Form eines einfachen und/oder erweiterten Eigentumsvorbehalts, nicht zur vollen Befriedigung der Ansprüche des aussonderungsberechtigten

25. Anmeldung einer Ausfallordnung III. F. 25

Gläubigers, so kann auch hier eine Restforderung verbleiben, die in der Praxis für den Ausfall anzumelden sein wird. Entsprechendes gilt, soweit gem. § 54 KO die Aufrechnung zulässig ist. Nach § 53 KO braucht ein zur Aufrechnung befugter Gläubiger seine Forderung im Konkursverfahren nicht geltend zu machen. Ist die volle Befriedigung seiner Forderung durch erklärte oder noch zu erklärende Aufrechnung nicht gewährleistet, so empfiehlt sich gleichfalls eine Anmeldung für den Ausfall (vgl. wegen Unzulässigkeit der Aufrechnung die gesetzliche Regelung in § 55 KO).

2. Vgl. Form. III. F. 18 Anm. 2.

3. Vgl. Form. III. F. 24 Anm. 3.

4. Vgl. Form. III. F. 22 Anm. 2 und oben Anm. 1.

5. Vgl. Form. III. F. 19 Anm. 4.

6. Vgl. Form. III. F. 24 Anm. 7.

7. Vgl. Form. III. F. 24 Anm. 1 Abs. 9 Nr. 2; *Kuhn/Uhlenbruck* KO § 139 Rdn. 4.

8. Vgl. oben Anm. 1. Die Prüfung der Forderung erfolgt in voller Höhe. Bei Nichtbestreiten oder Beseitigung eines Widerspruchs wird sie als „Konkursforderung für den Ausfall" festgestellt (vgl. *Kilger/Karsten Schmidt* § 64 Anm. 3; *Kuhn/Uhlenbruck* KO § 64 Rdn. 9). Der Ausfall ist vom Gläubiger gem. § 153 KO dem Konkursverwalter nachzuweisen (vgl. *Kuhn/Uhlenbruck* KO § 153 Rdn. 2). Dieser Nachweis kann nur geführt werden, wenn die Verwertung des Gegenstandes, hinsichtlich dessen abgesonderte Befriedigung begehrt wird, erfolgt ist (vgl. *Kuhn/Uhlenbruck* KO § 153 Rdn. 2b). Nach der gem. § 153 KO hier anzuwendenden Vorschrift des § 152 KO besteht zur Erbringung des Nachweises eine Ausschlußfrist von zwei Wochen (vgl. *Kilger/Karsten Schmidt* § 153 Anm. 1 u. 2, § 152 Anm. 2).

Soweit bei einer Abschlagsverteilung weder der Ausfall nachgewiesen noch ein Verzicht auf abgesonderte Befriedigung erklärt wird, ist durch den Gläubiger der mutmaßliche Ausfall glaubhaft zu machen. Nur unter dieser Voraussetzung wird der Teilbetrag, der auf den mutmaßlichen Ausfall entfällt, zurückbehalten. Sofern der Nachweis des endgültigen Ausfalls bis zu der für die Schlußverteilung (§ 156 KO) laufenden Ausschlußfrist nicht erbracht ist, wird der zurückbehaltene Betrag für die Schlußverteilung frei (vgl. *Kuhn/Uhlenbruck* KO § 153 Rdn. 3).

9. Vgl. Form. III. F. 24 Anm. 17.

10. Die hier gewählten Sicherheiten gewähren ein Absonderungsrecht, das anders als beim Aussonderungsrecht jederzeit durch Zahlung der besicherten Forderung beseitigt werden kann (vgl. *Kuhn/Uhlenbruck* KO § 47 Rdn. 1).

11. Aus § 15 KO ergibt sich, daß grundsätzlich das die Absonderung rechtfertigende Recht bei Konkursbeginn bereits wirksam begründet sein muß (vgl. *Kilger/Karsten Schmidt* § 47 Anm. 2; s. dort auch die Möglichkeiten der Entstehung von Absonderungsrechten nach Konkurseröffnung). Die genaue Angabe und gegebenenfalls auch der Nachweis des Zeitpunkts der Bestellung der Sicherheiten ist im Hinblick auf die Vorschriften der §§ 29 ff. KO über die Konkursanfechtung geboten.

12. Die Grundschuld gewährt nach § 47 KO ein Recht auf Befriedigung aus dem belasteten Grundstück. Der berechtigte Gläubiger kann aufgrund dieses Rechtes gem. § 4 Abs. 2 KO außerhalb des Konkursverfahrens nach den allgemeinen Bestimmungen des bürgerlichen Rechts und des Prozeßrechts die Absonderung im Wege der Zwangsversteigerung bei dem zuständigen Gericht betreiben. Hierzu bedarf es aber eines gegen den Konkursverwalter gerichteten oder gegen ihn umgeschriebenen Titels (vgl. *Kilger/Karsten Schmdit* § 47 Anm. 5; *Kuhn/Uhlenbruck* KO § 47 Rdn. 7; *Uhlenbruck/Delhaes* Rdn. 734). Da das Recht auf abgesonderte Befriedigung nicht auf der persönlichen Forderung, sondern auf dem dinglichen Recht beruht und nach § 14 KO die unbeschränkte Zwangs-

vollstreckung in das Schuldnervermögen unzulässig ist, kann sich eine Klage zur Erwirkung eines Titels nur auf Duldung der Zwangsvollstreckung in den Pfandgegenstand richten (vgl. *Kuhn/Uhlenbruck* KO § 47 Rdn. 6). Sofern bereits zur Zeit der Konkurseröffnung ein Vollstreckungstitel, wie zB. die Grundschuldsbestellungsurkunde mit Unterwerfungsklausel, vorliegt, ist dementsprechend die Klausel, auf dingliche Wirkung und Pfandgegenstand beschränkt, auf Antrag gegen den Konkursverwalter umzuschreiben und erneut zuzustellen (vgl. *Kuhn/Uhlenbruck* KO § 47 Rdn. 7). Die Immobiliarabsonderung umfaßt auch die freiwillige, vereinbarte Veräußerung und die Freigabe aus der Masse durch den Konkursverwalter wegen zu hoher Belastung und dadurch bedingtem Mangel an einem Überschuß für die Masse. In letzterem Falle muß der Gläubiger die Zwangsversteigerung gegen den Gemeinschuldner betreiben (vgl. *Kilger/Karsten Schmidt* § 47 Anm. 4, 7 u. 8; *Uhlenbruck/Delhaes* Rdn. 734).

13. Nach § 48 KO können auch an beweglichen Gegenständen (§ 90 BGB) und Forderungen (§ 1279 BGB) Absonderungsrechte durch rechtsgeschäftlich bestelltes Pfandrecht begründet werden. Gem. § 127 Abs. 2 S. 1 KO ist zunächst der Absonderungsberechtigte zur Verwertung befugt, wenn er sich aus dem Gegenstand ohne gerichtliches Verfahren befriedigen darf, was insbesondere für das Pfandrecht an beweglichen Sachen (§§ 1233 ff. BGB) unter Einschluß des Sicherungseigentums und an Forderungen (§§ 1280 ff. BGB) gilt (vgl. *Kilger/Karsten Schmidt* § 48 Anm. 1, § 127 Anm. 4 u. 5; *Uhlenbruck/Delhaes* Rdn. 741).

14. Im Konkurs des Sicherungsgebers hat der Sicherungseigentümer kein Aus-, sondern ein Absonderungsrecht (vgl. *Kilger/Karsten Schmidt* § 127 Anm. 5 b, § 43 Anm. 9). Ein von ihm in Ausübung seines Selbstverwertungsrechts nach § 127 Abs. 2 KO erzielter Überschuß ist an die Konkursmasse abzuführen (vgl. *Kuhn/Uhlenbruck* KO § 127 Rdn. 16).

Sofern der Gläubiger die Verwertung verzögert, kann der Konkursverwalter beim Konkursgericht beantragen, daß zur Verwertung eine Frist gesetzt wird. Nach Fristablauf ist der Konkursverwalter befugt, die Verwertung selbst vorzunehmen, ohne daß dem Gläubiger ein Widerspruchsrecht zusteht (vgl. *Kuhn/Uhlenbruck* KO § 127 Rdn. 19; *Kilger/Karsten Schmidt* § 127 Anm. 3–5; *Uhlenbruck/Delhaes* Rdn. 741).

Nutzt der Konkursverwalter das Sicherungsgut nach Konkurseröffnung selbst weiter oder vermietet es, so steht dem Sicherungseigentümer nur dann eine Nutzungsentschädigung zu, wenn ihm ein Nutzungsrecht vertraglich zugebilligt war. In allen sonstigen Fällen sind erst ab unberechtigter Verweigerung der Herausgabe die gezogenen Nutzungen gem. §§ 987 ff. BGB herauszugeben (vgl. BGH WPM 1979, 1326).

Die Befriedigungsfolge aus dem Absonderungsrecht ergibt sich aus § 48 KO. Es gilt der Grundsatz der §§ 367 Abs. 1 BGB, 12 ZVG entsprechend (vgl. *Kuhn/Uhlenbruck* KO § 48 Rdn. 25; *Kilger/Karsten Schmidt* § 48 Anm. 6). Auch bei einer Verwertung durch freiwillige, vereinbarte Veräußerung des Pfandgegenstandes gilt diese Befriedigungsfolge (vgl. *Kilger/Karsten Schmidt* § 48 Anm. 6).

15. Eigentumsvorbehaltsrechte gewähren im Konkurs kein Ab-, sondern ein Aussonderungsrecht (vgl. BGHZ 54, 218). Es ist außerhalb des Konkursverfahrens gegenüber dem Konkursverwalter geltend zu machen. Eine Verbindung mit der Anmeldung einer Konkursforderung zur Konkurstabelle ist unbeachtlich (vgl. *Kuhn/Uhlenbruck* KO § 43 Rdn. 68 u. § 47 Rdn. 7). Der Konkursverwalter kann den Aussonderungsanspruch beseitigen, indem er nach § 17 KO in den Vertrag eintritt und den Restkaufpreis bezahlt (vgl. *Kilger/Karsten Schmidt* § 43 Anm. 3; *Kuhn/Uhlenbruck* KO § 43 Rdn. 28).

16. Bei einem Gesamtschuldverhältnis, wie zB. bei der Bürgschaft, kann der Gläubiger nach § 68 KO seine zum Zeitpunkt der Konkurseröffnung bestehende Forderung sowohl in voller Höhe im Konkursverfahren als auch gegenüber dem Gesamtschuldner, also hier gegenüber dem Bürgen, bis zu seiner vollen Befriedigung geltend machen. § 68 KO findet auch Anwendung, wenn der Gemeinschuldner für die ganze Forderung, der Bürge aber nur

für einen Teilbetrag haftet. Dann beschränkt sich jedoch die Anwendbarkeit des § 68 KO auf den Forderungsteil, für den Gesamthaftung besteht (vgl. BGH NJW 1960, 1295). Zahlt in solchem Falle der sog. Teilbürge in voller Höhe den von ihm verbürgten Betrag und entfällt damit seine Haftung, so kommt § 68 KO nicht mehr zum Zuge (vgl. BGH NJW 1969, 796 f.). Er kann also den auf ihn übergegangenen Teilbetrag zur Konkurstabelle anmelden (vgl. *Kilger/Karsten Schmidt* § 68 Anm. 6; *Kuhn/Uhlenbruck* KO § 68 Rdn. 1 b).

17. Der aus- und absonderungsberechtigte Gläubiger hat gegen den Konkursverwalter einen Auskunftsanspruch als Nebenverpflichtung aus dem Hauptvertrag. Die zu erteilende Auskunft soll insbesondere Angaben über den Umfang, den Verbleib und den Wert des Sicherungsgutes enthalten. Grundsätzlich bemißt sich der Umfang der Auskunftspflicht nach der Zumutbarkeit für den Konkursverwalter einerseits und dem schutzwürdigen Sicherungsinteresse des Gläubigers andererseits (vgl. OLG Karlsruhe ZIP 1990, 187). Will oder kann der Konkursverwalter gegenüber Sicherungsnehmern oder Eigentumsvorbehaltsgläubigern seiner Auskunftspflicht nicht nachkommen, so kann er deren Anspruch durch Verweisung auf die Einsichtnahme und Prüfung der Geschäftsunterlagen erfüllen. Für eine Klage auf Auskunftserteilung fehlt dann das Rechtsschutzbedürfnis (vgl. BGHZ 49, 11/16; BGHZ 70, 86/91; *Kuhn/Uhlenbruck* KO § 6 Rdn. 53 a ff.; *Kilger/Karsten Schmidt* § 6 Anm. 4 b; *Uhlenbruck/Delhaes* Rdn. 512).

B. Gesamtvollstreckungsordnung

18. Die Anmeldung von Eigentums- und Pfandrechten gem. § 12 Abs. 1 GesO erfolgt beim Verwalter im Rahmen der Forderungsanmeldung gem. § 5 Nr. 3 GesO.

19. Der Herausgabeanspruch nach § 12 Abs. 1 GesO entspricht dem Aussonderungsrecht nach § 43 KO. Eigentumsvorbehaltsrechte, einschließlich verlängertem und erweitertem Eigentumsvorbehalt, berechtigen zur Aussonderung (vgl. *Haarmeyer/Wutzke/Förster* § 12 Rdn. 11 bis 14).

Das Pfandrecht gewährt lediglich ein Recht zur Befriedigung aus dem Erlös, jedoch keinen Herausgabeanspruch. Ein Selbstverwertungsrecht (vgl. § 127 Abs. 2 KO) besitzt der Gläubiger nicht.

26. Stufenklage[1] eines Aussonderungsgläubigers[2, 18] gegen den Konkursverwalter

An das   (Ort, Datum)
Landgericht[3]
– Kammer für Handelssachen[4] –

Klage

der Firma A

– Klägerin –

Prozeßbevollmächtigter: ......

gegen

den B, handelnd in seiner Eigenschaft als Konkursverwalter über das Vermögen der Firma C

– Beklagten –

wegen Auskunft[5], Forderung[6] und Herausgabe[7]
Vorläufiger Streitwert[8]: DM ......

Namens und mit Vollmacht der Klägerin erhebe ich Klage und werde beantragen:
I. Der Beklagte wird verurteilt,
1. der Klägerin über die von ihr an die Firma C gemäß den Rechnungen vom ......
   gelieferten Stoffe Auskunft wie folgt zu erteilen:
   a) Bestand der vorhandenen fertigen und halbfertigen Kleider zum Zeitpunkt der Konkurseröffnung[9] am ......,
   b) Bestand der offenen Kundenforderungen aus dem Verkauf fertiger Kleider zum Zeitpunkt der Konkurseröffnung[10] am ......,
   c) Bestand der nach Konkurseröffnung eingezogenen Kundenforderungen aus dem Verkauf von fertigen Kleidern[11],
   soweit die Herstellung unter Verwendung der von der Klägerin gelieferten Stoffe erfolgte.
2. erforderlichenfalls die Richtigkeit und Vollständigkeit seiner Angaben zu Ziff. I, 1 an Eidesstatt zu versichern[12],
3. hilfsweise: der Klägerin die Einsichtnahme in die Geschäftsunterlagen zwecks Feststellung ihrer Eigentumsvorbehaltsansprüche aus Lieferungen an die Firma C zu gestatten[13],
4. an die Klägerin Zahlung in einer nach Auskunftserteilung noch zu bestimmenden Höhe nebst ......% Zinsen seit Rechtshängigkeit zu leisten[14],
5. an die Klägerin folgende Stoffe herauszugeben[15]: ......
II. Der Beklagte trägt die Kosten des Rechtsstreites.

Begründung:

Durch Beschluß des Amtsgerichts ...... vom ...... wurde unter dem Az. ...... über das Vermögen der Firma C das Konkursverfahren eröffnet und der Beklagte zum Konkursverwalter bestellt.

Die Klägerin lieferte vor Konkurseröffnung an die Gemeinschuldnerin Stoffe, welche diese zu Kleidern weiterverarbeitete. Aus diesen Lieferungen stehen die Rechnungen vom ...... in Höhe von insgesamt DM ...... noch offen. Diese Forderung hat die Klägerin mit Schreiben vom ...... bei dem genannten Amtsgericht als Konkursgericht für den Ausfall zur Konkurstabelle angemeldet[16].

Beweis: Vorlage der Abschrift der Anmeldung vom ......

Mit Schreiben vom ...... wies die Klägerin dem Beklagten nach, daß zwischen der Gemeinschuldnerin und ihr deren allgemeine Geschäftsbedingungen vereinbart sind. Danach lieferte die Klägerin unter einfachem, verlängertem und erweitertem Eigentumsvorbehalt.

Beweis: 1. Vorlage des Schreibens der Klägerin an den Beklagten vom ......
2. Vorlage einer Fotokopie der allgemeinen Geschäftsbedingungen.

Aufgrund der Vereinbarung des Eigentumsvorbehaltes forderte die Klägerin mit dem vorerwähnten Schreiben vom ...... den Beklagten auf, die bei Konkurseröffnung noch vorhandenen, unverarbeiteten Stoffe an die Klägerin herauszugeben und Auskunft zu erteilen, an wen die Gemeinschuldnerin Kleider, die aus den von der Klägerin gelieferten Stoffen gefertigt wurden, veräußert hat, sowie welche Forderungen aus diesen Verkäufen bei Konkurseröffnung noch bestanden und welche Zahlungen nach Konkurseröffnung eingegangen sind.

Den Eigentumsvorbehalt der Klägerin hat der Beklagte grundsätzlich anerkannt. Über den Bestand der zum Tage der Konkurseröffnung vorhandenen, unverarbeiteten Stoffe übersandte er auszugsweise Fotokopie der Inventur. Gleichzeitig wurde von ihm mitgeteilt, daß er die unverarbeiteten Stoffe derzeit nicht herausgeben könne, da Absonderungsansprüche aufgrund Raumsicherungsvertrages und Vermieterpfandrechtes bei ihm geltend gemacht worden seien[17]. Im übrigen verweigerte der Beklagte die Erteilung weiterer Auskünfte sowie die Einsichtnahme in die Geschäftsunterlagen der Gemeinschuldnerin zwecks Feststellung der Eigentumsvorbehaltsansprüche.

26. Stufenklage eines Aussonderungsgläubigers III. F. 26

Beweis: Vorlage des Schreibens des Beklagten an die Klägerin vom ......

Die örtliche und sachliche Zuständigkeit des angerufenen Gerichts ergibt sich aus Ziff. ...... der allgemeinen Geschäftsbedingungen der Klägerin, die den Kaufverträgen mit der Gemeinschuldnerin zugrunde liegen.

Rechtsanwalt

Anmerkungen

A. Konkursordnung

1. Vgl. Form. I. D. 10 mit Anmerkungen.

2. Vgl. zunächst Form. III. F. 25 und dort insbesondere die Anm. 1 Abs. 3 und Anm. 15 sowie Form III. F. 31 mit Anmerkungen.
Der Aussonderungsgläubiger verlangt gem. § 43 KO das Ausscheiden eines Gegenstandes aus der Konkursmasse, weil er iSd. § 1 KO dem Gemeinschuldner nicht gehört (vgl. *Kilger/Karsten Schmidt* § 43 Anm. 1). Die Geltendmachung eines Aussonderungsrechtes zB. in Form eines einfachen, verlängerten und/oder erweiterten Eigentumsvorbehaltes (vgl. *Kilger/Karsten Schmidt* § 43 Anm. 3 u. 11; *Kuhn/Uhlenbruck* KO § 43 Rdn. 28–47) erfolgt außerhalb des Konkursverfahrens, gegebenenfalls im ordentlichen Prozeß (§ 13 GVG) zwischen Gläubiger und Konkursverwalter (vgl. *Kuhn/Uhlenbruck* KO § 43 Rdn. 1 u. 71). Der Aussonderungsanspruch hat regelmäßig das Verlangen auf Herausgabe zum Inhalt, kann aber auch auf Feststellung gerichtet sein (vgl. *Kilger/Karsten Schmidt* § 43 Anm. 15; *Kuhn/Uhlenbruck* KO § 43 Rdn. 1, 71 u. 73). Die Art der Klage zum Zwecke der Durchsetzung des Aussonderungsanspruches richtet sich nach den allgemeinen zivilprozessualen Grundsätzen und nach der gegebenen Sach- und Rechtslage im Zeitpunkt der Klageerhebung. So richtet sich der jeweilige Klagantrag nach dem materiellrechtlichen Inhalt des einzelnen Aussonderungsrechts (vgl. *Kilger/Karsten Schmidt* § 43 Anm. 15; *Kuhn/Uhlenbruck* KO § 43 Rdn. 73). Möglich ist deshalb auch die Stufenklage mit Antrag auf Erteilung einer Auskunft in Verbindung mit einer Zahlungs- und Herausgabeklage.

3. Der Gerichtsstand für die Aussonderungsklage vor dem Prozeßgericht bestimmt sich nach §§ 13–16, 24, 27, 29 ZPO. Vereinbarungen mit dem Gemeinschuldner hinsichtlich des Gerichtsstandes sind für den Konkursverwalter bindend (vgl. *Kuhn/Uhlenbruck* KO § 11 Rdn. 5a). Auch ist der Konkursverwalter an eine vom Gemeinschuldner früher getroffene Schiedsabrede gebunden (vgl. *Kilger* KO § 6 Anm. 7b; BGHZ 24, 15, 18). Ein besonderer Gerichtsstand für Aussonderungsklagen, zB. bei dem Gericht des Ortes, an dem sich die Konkursmasse befindet, ist nicht begründet (vgl. *Kuhn/Uhlenbruck* KO § 43 Rdn. 76). Grundsätzlich wird der allgemeine Gerichtsstand bei einer natürlichen Person durch deren Wohnsitz (§ 13 ZPO), bei einer juristischen Person durch deren Sitz (§ 17 ZPO) bestimmt (vgl. *Jaeger/Henckel* KO § 6 Anm. 60). Prozesse, welche die Konkursmasse betreffen, sind aber nicht unbedingt am Wohnsitz oder Sitz des Gemeinschuldners zu führen. Sofern kein ausschließlicher Gerichtsstand gegeben ist, bestimmt sich der allgemeine Gerichtsstand für Klagen gegen die Konkursmasse nach dem Wohnsitz des Konkursverwalters (OLG Celle KTS 1974, 238; BGHZ 88, 331; aA. *Kilger/Karsten Schmidt* § 6 Anm. 7b; *Kuhn/Uhlenbruck* KO § 43 Rdn. 76b).

4. Der Aussonderungsanspruch kann Handelssache (§ 95 Nr. 1 GVG) sein, was insbesondere für den Anspruch aus dem vorbehaltenen Eigentum zutrifft, wenn Verkäufer und Käufer Kaufleute sind (vgl. *Kuhn/Uhlenbruck* KO § 43 Rdn. 77; *Kilger/Karsten Schmidt* § 43 Anm. 15).

5. Vgl. Form. III. F. 25 Anm. 17.
Auskunftsansprüche der Mobiliarkreditgeber (Vorbehaltsverkäufer, Sicherungseigentümer, Sicherungszessionare) über den Umfang des noch vorhandenen Sicherungsgutes und dessen Verbleib sind vom Konkursverwalter zu erfüllen (vgl. *Jaeger/Henckel* KO § 3 Anm. 25 mit weiteren Nachweisen; BGHZ 49, 11). Vgl. auch Anm. 13.

III. F. 26 F. Anfechtungsgesetz und Insolvenzrecht

6. Ersatzaussonderungsansprüche gem. § 46 KO gewähren dem Aussonderungsberechtigten Ersatz für vereitelte Aussonderungsrechte (vgl. *Kilger/Karsten Schmidt* § 46 Anm. 1) im Falle unberechtigter Veräußerung. Solange sich der Vorbehaltskäufer an die Grenzen der Ermächtigung hält, scheiden Ersatzaussonderungsansprüche aus (BGHZ 27, 306; vgl. *Kilger/Karsten Schmidt* § 46 Anm. 7 mwN.). Hat der Konkursverwalter die Forderung eingezogen und befindet sich die Gegenleistung noch unterscheidbar in der Masse, so kann Ersatzaussonderung verlangt werden (vgl. *Kuhn/Uhlenbruck* KO § 46 Rdn. 13). Ist der Betrag nicht mehr unterscheidbar vorhanden, so verwandelt sich der Ersatzaussonderungsanspruch in einen Masseschuldanspruch nach § 59 Abs. 1 Nr. 4 KO (BGHZ 23, 307, 316; BGH NJW 1982, 1751).

Ist bei Geltendmachung des Ersatzaussonderungsanspruches die Gegenleistung noch nicht zur Masse gelangt, so kann Abtretung des Rechts auf die Gegenleistung verlangt werden. Der Ersatzaussonderungsanspruch richtet sich auf die volle Gegenleistung nebst Nebenforderungen (vgl. *Kilger/Karsten Schmidt* § 46 Anm. 8). Es liegt ein Fall der erzwingbaren Abtretung, nicht der Fall eines gesetzlichen Gläubigerwechsels nach § 412 BGB vor (vgl. *Jaeger/Lent* KO § 46 Anm. 14). Weigert sich der Konkursverwalter, die Abtretungserklärung abzugeben, so ist Klage auf Abtretung der Forderung zu erheben (vgl. Form I. D. 7). Da es sich um eine Klage auf Abgabe einer Willenserklärung handelt, gilt die Abtretung mit Rechtskraft des Urteils als vorgenommen (§ 894 ZPO). Mit der Abtretung gehen die Sicherungsrechte (§ 401 BGB) über.

Voraussetzung des Anspruchs auf Abtretung der Gegenleistung ist jedoch, daß kein Abtretungsverbot vereinbart ist (vgl. *Kuhn/Uhlenbruck* KO § 46 Rdn. 15), da diese Vereinbarung auch der Konkursverwalter gegen sich gelten lassen muß (BGHZ 56, 228). Andererseits bleibt den Ersatzaussonderungsberechtigten der Anspruch nach § 46 S. 2 KO auf Auskehrung des zur Masse gelangten Betrages erhalten (BGHZ 30, 176).

7. Soweit Ware unter Vereinbarung des Eigentumsvorbehaltes an den Gemeinschuldner verkauft wurde und der Kaufpreis bei Konkurseröffnung ganz oder teilweise noch offensteht, hat der Konkursverwalter nach § 17 KO ein Wahlrecht (vgl. *Kuhn/Uhlenbruck* KO § 17 Rdn. 18 e). Lehnt der Konkursverwalter die Erfüllung des Kaufvertrages ab, so kann der Verkäufer die Kaufsache aussondern. Der Aussonderungsanspruch geht regelmäßig auf Herausgabe (vgl. *Kuhn/Uhlenbruck* KO § 43 Rdn. 49 u. 73). Eine Klage auf Feststellung (vgl. Form. I. D. 3, Form. II. D. 5, Form. II. D. 8, Form. II. I. 1 und Form. II. I. 2) des Aussonderungsrechts kann insbesondere in Betracht kommen, wenn die Konkursmasse berechtigt ist, eine Sache auf bestimmte Zeit oder zur Ausübung eines Nießbrauchs oder eines Mietrechts zu behalten. Nimmt der Konkursverwalter eine Forderung, den Nießbrauch oder ein sonstiges Recht an fremder Sache für die Masse in Anspruch, dann ist immer der Feststellungsantrag zweckmäßig. Das Feststellungsinteresse (§ 256 ZPO) ist durch die Konkurseröffnung und das Bestreiten des Konkursverwalters oder das Ausbleiben seiner Erklärung trotz Aufforderung gegeben (vgl. *Kuhn/Uhlenbruck* KO § 43 Rdn. 73).

8. Vgl. Form. I. D. 10 Anm. 2.

9. Der Eigentumsvorbehalt erlischt durch Verarbeitung (§§ 946 ff BGB). Sofern bei der Verarbeitung Miteigentum entsteht (§§ 947, 948 BGB) kann aufgrund des Miteigentums ein anteiliges Absonderungsrecht geltend gemacht werden (vgl. *Kuhn/Uhlenbruck* KO § 43 Rdn. 30 c).

10. Durch die erlaubte Weiterveräußerung verliert der Vorbehaltsverkäufer sein Eigentum, ohne daß er gem. § 46 KO ein Recht auf die Gegenleistung erlangt (BGHZ 58, 259). Der Vorbehaltsverkäufer kann jedoch sein Einverständnis mit der Weiterveräußerung der Vorbehaltsware, ihrer Verarbeitung oder der Verwendung des gelieferten Materials davon abhängig machen, daß der Vorbehaltskäufer ihm den Anspruch aus der Weiterveräußerung abtritt. Die sogenannte Verlängerungsklausel hat nur Sicherungszweck und berech-

tigt somit lediglich zur Absonderung (vgl. *Kuhn/Uhlenbruck* KO § 43 Rdn. 36). Auf das Ersatzabsonderungsrecht ist § 46 KO jedoch entsprechend anwendbar (vgl. *Kuhn/Uhlenbruck* KO § 46 Rdn. 4).

11. Im Falle der Verarbeitung erwirbt der Eigentumsvorbehaltsverkäufer lediglich Miteigentum, so daß er nicht die aus dem Weiterverkauf resultierende Forderung in voller Höhe beanspruchen kann, sondern nur den Anteil aus dem Verhältnis des Wertes des gelieferten Rohstoffes zum Wert der übrigen Rohstofflieferungen. Ein Mehrwert durch die Verarbeitung steht der Masse zu (*Kilger/Karsten Schmidt* § 43 Anm. 3 b aa), es sei denn, die konkrete Abtretung bezieht sich auf den Anteil am Verarbeitungsgewinn (BGHZ 46, 117/118; vgl. wegen Einzelheiten zu Fragen des Eigentumsvorbehalts: *Kuhn/Uhlenbruck* KO § 43 Rdn. 28–44 c). Soweit der Käufer der Vorbehaltsware mit dem Gemeinschuldner ein Abtretungsverbot vereinbart hat, bezieht sich dieses nicht auf den Forderungsübergang aufgrund verlängerten Eigentumsvorbehalts, so daß Ersatzaussonderungsansprüche bestehen (BGHZ 30, 176/183).

12. Vgl. Form. I. D. 10 Anm. 4 u. 8.

13. Der Umfang der Auskunftspflicht des Konkursverwalters bemißt sich nach der Zumutbarkeit, so daß die zeitlich befristete, jedoch nicht zu kurz bemessene Gewährung der Einsichtnahme in die Geschäftsunterlagen der Gemeinschuldnerin ausreicht (BGHZ 70, 86/91).

Im Falle der Weigerung zur Auskunftserteilung besteht analog zu § 87c Abs. 3 HGB der Anspruch auf Einsicht in Bücher und Urkunden. Wie beim Ausgleichsanspruch des Handelsvertreters können der Anspruch auf Auskunft und Einsicht nicht gleichzeitig nebeneinander gefordert werden (BGHZ 56, 290, 297), weshalb der Antrag auf Einsichtnahme in die Geschäftsbücher nur hilfsweise möglich ist.

Während die Vollstreckung des Urteils auf Auskunft und Rechnungslegung nach § 888 ZPO erfolgt (vgl. *Baumbach/Lauterbach/Albers/Hartmann* ZPO § 287 Anm. 6), ist der Hilfsantrag auf Gewährung der Einsicht in die Geschäftsunterlagen nach § 890 ZPO zu vollstrecken (vgl. *Stein/Jonas/Münzberg* ZPO § 890 Anm. II, 1). Es ist deshalb möglich, mit dem Hilfsantrag sogleich den Antrag auf Verhängung des Ordnungsmittels zu verbinden.

Wegen des Antrags auf Festsetzung von Zwangsmitteln: vgl. Form. III. C. 4.

Wegen des Bestrafungsantrags nach § 890 ZPO: vgl. Form. III. C. 5.

14. Vgl. Form. I. D. 10 Anm. 5.

Da § 63 Nr. 1 KO nur für Konkursforderungen gilt, können auf Masseansprüche Zinsen auch für die Zeit nach Konkurseröffnung gefordert werden (vgl. *Kuhn/Uhlenbruck* KO § 63 Rdn. 2c).

15. Vgl. Form. II. F. 9 und Form. III. F. 31.

Grundsätzlich hat der Aussonderungsberechtigte kein Recht, die Geschäftsräume des Gemeinschuldners zu betreten, um das Aussonderungsgut auszusuchen, zu besichtigen und zu inventarisieren (vgl. *Kilger/Karsten Schmidt* § 43 Anm. 15; LG Düsseldorf KTS 1964, 246). Da andererseits dem Eigentumsvorbehaltsverkäufer der Konkursverwalter auskunftspflichtig ist (vgl. Anm. 5 u. 13), genügt er seiner Auskunftspflicht durch die Verschaffung der Möglichkeit zur eigenen Feststellung des Vorbehaltsverkäufers an Ort und Stelle (BGHZ 70, 86/91).

16. Vgl. Form. III. F. 25.

17. Vgl. Form. III. F. 25 Anm. 1 Abs. 2.

B. Gesamtvollstreckungsordnung

18. Besonderheiten im Rahmen der GesO ergeben sich bei der Verfolgung von Aussonderungsrechten, einschließlich der Auskunft- und Rechnungslegungsansprüche, nicht, da § 12 Abs. 1 GesO dem Aussonderungsrecht nach § 43 KO entspricht.

27. Schadensersatzklage[1,11] gegen den Konkursverwalter

An das (Ort, Datum)
Landgericht[2]

Klage

der Firma A

– Klägerin –

Prozeßbevollmächtigter: ......

gegen

den B[3]

– Beklagten –

wegen Forderung

Streitwert: DM ......

Namens und mit Vollmacht der Klägerin erhebe ich Klage und werde beantragen:

1. Der Beklagte wird verurteilt, an die Klägerin DM ...... nebst ......% Zinsen zu zahlen.
2. Der Beklagte trägt die Kosten des Rechtsstreits.

Begründung:

Der Beklagte ist Konkursverwalter über das Vermögen der Firma C. Mit Schreiben vom ...... machte die Klägerin gegenüber dem Beklagten an den von ihr an die Firma C unter Eigentumsvorbehalt gelieferten Stoffen Aussonderungsrechte[4] geltend und forderte den Beklagten unter Fristsetzung bis zum ...... zur Herausgabe[5] auf.

Beweis: Vorlage des Schreibens der Klägerin an den Beklagten vom ......

Nach Mahnung hatte der Beklagte das Aussonderungsrecht der Klägerin anerkannt. Auch teilte er mit, daß die von der Klägerin gelieferten Stoffe in der Zwischenzeit zum Preise von DM ...... verkauft worden seien. Die Befriedigung der Ersatzaussonderungsansprüche[6] der Klägerin könne jedoch nicht erfolgen, da er im Staatsanzeiger die Masseunzulänglichkeit[7] veröffentlicht habe. Ob und in welcher Höhe auf die Zahlungsansprüche der Klägerin eine Masseschuldquote entfalle, sei ungewiß.

Beweis: Vorlage des Schreibens des Beklagten an die Klägerin vom ......

Da der Beklagte die Aussonderungsgegenstände nicht von der Verwertung[8] der Konkursmasse ausnahm, obgleich ihm das Eigentumsrecht der Klägerin nachgewiesen war, handelte er schuldhaft[9] und haftet auf Schadensersatz[10].

Rechtsanwalt

Anmerkungen

A. Konkursordnung

1. Vgl. Form. I. D. 1.

2. Vgl. zunächst Form. III. F. 26 Anm. 3. Da hier der Konkursverwalter persönlich in Anspruch genommen wird, richtet sich die Zuständigkeit nach seinem allgemeinen Gerichtsstand gem. §§ 12 ff. ZPO.

3. Die persönliche Verantwortlichkeit des Verwalters gegenüber einem Beteiligten steht einer gleichzeitigen Haftung der Masse nicht entgegen (vgl. *Jaeger/Lent* KO § 59 Anm. 1).

Es besteht ein Gesamtschuldverhältnis (vgl. BGHZ 21, 285, 287; BGH NJW 1975, 1969). Bei der Haftung ist zwischen interner und externer Verantwortlichkeit zu unterscheiden (BGHZ 99, 151). Die interne Verantwortlichkeit besteht gegenüber der Konkursmasse, Konkursgläubigern, Masseschuldgläubigern und Gemeinschuldner. Die externe Verantwortlichkeit besteht gegenüber sonstigen Dritten. Die Haftung nach § 82 KO kommt nur bei Verletzung konkursspezifischer Pflichten in Betracht (BGHZ 100, 346/350).

Es wäre möglich, den Beklagten auch in seiner Eigenschaft als Konkursverwalter als Gesamtschuldner mitzuverklagen (BGH ZIP 1991, 42, 43), da die Voraussetzungen einer subjektiven Klagenhäufung vorliegen (zu den Voraussetzungen vgl. *Baumbach/Lauterbach/Albers/Hartmann* ZPO § 59 Anm. 3, § 60 Anm. 1).

Die subjektive Klagehäufung empfiehlt sich jedoch nicht, da aus der Selbständigkeit der durch eine Streitgenossenschaft verbundenen Prozesse folgt, daß u.a. die örtliche Zuständigkeit des angerufenen Gerichts für jeden Streitgenossen begründet sein muß (vgl. *Baumbach/Lauterbach/Albers/Hartmann* ZPO Überbl. § 59 Anm. 3). Da oftmals keine Identität des allgemeinen Gerichtsstands des Konkursverwalters und der Gemeinschuldnerin vorliegt (vgl. Form. III. F. 26 Anm. 3), muß Teilverweisung mit Abtrennung erfolgen (§§ 145, 281 ZPO).

4. Vgl. zunächst Form. III. F. 25 Anm. 1 und Form. III. F. 26 Anm. 7.

Der Aussonderungsgläubiger ist Beteiligter i.S. von § 82 KO (vgl. *Kilger/Karsten Schmidt* § 82 Anm. 2). Die Vereitelung der Ersatzaussonderung führt zum Schadensersatzanspruch nach § 82 KO (BGH WPM 1982, 1354; BGHZ 103, 310, 315). Der Beteiligtenbegriff ist weit auszulegen, wobei eine Verfahrensbeteiligung nicht erforderlich ist. Beteiligt sind alle, denen gegenüber der Verwalter als solcher kraft Gesetzes oder Vertrages Pflichten zu erfüllen hat (vgl. *Kuhn/Uhlenbruck* KO § 82 Rdn. 8). Nur die konkursverwalterspezifischen Pflichten werden durch § 82 KO sanktioniert, wobei der Verwalter auch nach anderen Normen, zB. § 823 BGB oder c.i.c. haften kann (vgl. *Kilger/Karsten Schmidt* § 82 Anm. 1c).

5. Vgl. Form. III. F. 25 Anm. 15.

6. Vgl. Form. III. F. 25 Anm. 1 u. Form. III. F. 26 Anm. 6.

7. Vgl. zunächst Form. III. F. 32.

Da der Konkursverwalter die fremde Sache an einen gutgläubigen Dritten veräußerte, ist ein Masseschuldanspruch nach § 59 Abs. 1 Nr. 4 KO gegeben, sofern der Erlös nicht unterscheidbar mit sonstigen Massegeldern vermischt wurde (vgl. *Kilger/Karsten Schmidt* § 59 Anm. 6) und der Verwalter nicht schuldhaft handelte. Für den Fall, daß der Erlös unterscheidbar in der Masse vorhanden ist (vgl. Form. III. F. 26. Anm. 6), besteht ein Masseschuldanspruch nach § 59 Abs. 1 Nr. 1 KO (BGH BB 1958, 718). Da der Konkursverwalter neben der Masse haftet, ist der geschädigte Gläubiger nicht gehindert, seine Ansprüche gegen den Konkursverwalter bereits vor Abschluß des Masseteilungsverfahrens nach § 60 KO gerichtlich geltend zu machen (BGH WPM 1977, 847).

8. Der Konkursverwalter hat nach § 117 KO die Teilungsmasse, d.h. die Aktivmasse iSd. §§ 1, 2 KO, zu verwerten (vgl. *Kilger/Karsten Schmidt* § 117 Anm. 1), auch soweit sich diese im Ausland befindet (BGHZ 88, 147 ff.). Das Verwertungsrecht des Konkursverwalters folgt auch nicht aus § 127 Abs. 1 KO (vgl. *Kilger/Karsten Schmidt* § 127 Anm. 3).

9. Die Haftung nach § 82 KO setzt Verschulden voraus, wobei auch leichte Fahrlässigkeit genügt (vgl. *Kilger/Karsten Schmidt* § 82 Anm. 3). Ein eventuelles Mitverschulden von Mitgliedern des Gläubigerausschusses ist unerheblich und führt nur zu einer gesamtschuldnerischen Haftung (vgl. *Kilger/Karsten Schmidt* § 82 Anm. 7), wobei der gleiche Haftungsmaßstab wie bei dem Konkursverwalter anzuwenden ist (OLG Frankfurt/M. ZIP 1990, 722). Auch bei Zustimmung der Gläubigerversammlung und des Gläubigerausschusses verbleibt es bei der Haftung des Konkursverwalters (vgl. *Kuhn/Uhlenbruck* KO § 82 Rdn. 11b). Die Verjährungsfrist beträgt gem. § 852 BGB drei Jahre und beginnt mit

Rechtskraft des Aufhebungs- bzw. Einstellungsbeschlusses (BGH ZIP 1985, 359) und der Kenntnis des Schadens.

10. Für die Schadensberechnung sind zunächst §§ 249 ff. BGB maßgebend (vgl. *Kilger/ Karsten Schmidt* § 82 Anm. 6). Ein mitwirkendes Verschulden (§ 254 BGB) des Beteiligten ist deshalb zu berücksichtigen (BGH ZIP 1981, 887/889). Ebenso haftet der Konkursverwalter auf entgangenen Gewinn (§ 252 BGB).

Soweit die schuldhafte Pflichtwidrigkeit des Konkursverwalters nicht einen einzelnen Beteiligten, sondern die Konkursmasse schädigte, gehört dieser Anspruch zur Konkursmasse und ist während der Dauer des Konkursverfahrens durch einen neubestellten Konkursverwalter geltend zu machen (BGH NJW 1973, 1198). Nach Aufhebung des Verfahrens kann dieser Anspruch jedoch von jedem Konkursgläubiger und dem Gemeinschuldner verfolgt werden (vgl. *Jaeger/Weber* KO § 82 Anm. 11), wobei diese Auffassung fragwürdig ist, da sich ein Gemeinschaftsschaden nicht ohne weiteres in Einzelschäden aufteilen läßt (vgl. *Kilger/Karsten Schmidt* § 82 Anm. 4).

B. Gesamtvollstreckungsordnung

11. Die Haftung des Verwalters bestimmt sich nach § 8 Abs. 1 S. 2 GesO, dessen Regelungsinhalt identisch ist mit § 82 KO (vgl. *Haarmeyer/Wutzke/Förster* § 8 Rdn. 36), so daß auf Kommentierung und Judikatur zu § 82 KO zu verweisen ist.

28. Klage auf Feststellung einer streitig gebliebenen Konkursforderung[1,12]

Amtsgericht[2,13] (Ort, Datum)
(Ort)

Klage

des A

– Klägers –

Prozeßbevollmächtigter ......

gegen

den B, handelnd in seiner Eigenschaft als Konkursverwalter über das Vermögen der Firma C GmbH & Co. KG

– Beklagten –

wegen Feststellung

Vorläufiger Streitwert[3,14]: DM ......

Namens und mit Vollmacht des Klägers erhebe ich Klage und werde beantragen:
1. Die Forderung des Klägers wird in Höhe von DM ...... zur Konkurstabelle festgestellt[4,15].
2. Der Beklagte trägt die Kosten des Rechtsstreites.

Begründung:

Der Beklagte ist Konkursverwalter[5] in dem Konkursverfahren über das Vermögen der Firma C GmbH & Co. KG, das am ...... von dem Amtsgericht ...... unter dem Az. ...... eröffnet wurde.
Der Kläger meldete mit Schreiben vom ...... zur Konkurstabelle[6] seine nicht bevorrechtigte Forderung[6] in Höhe von DM ...... an.
Es handelt sich um eine Forderung aus getätigten Provisionsgeschäften für die Gemein-

schuldnerin in der Zeit vom ...... bis zum Tage der Konkurseröffnung, die der Kläger als Handelsvertreter[8] vermittelt hat.

Beweis: 1. Vorlage des Handelsvertretervertrages vom ......
        2. Vorlage der Abrechnung über die getätigten Geschäftsabschlüsse vom ...... nebst Durchschriften der Aufträge.

Aus der vertraglichen Regelung gem. Ziff. 5 und den vorgelegten Auftragsdurchschriften ergibt sich, daß der Kläger eine Provisionsforderung in Höhe von DM ...... hat. Im Prüfungstermin wurde durch den Beklagten die angemeldete Forderung bestritten[9].

Als Anlage ist ein gerichtlich beglaubigter Auszug aus der Konkurstabelle der Klageschrift beigefügt[10].

Der vorläufige Streitwert ergibt sich daraus, daß auf die gewöhnlichen Konkursforderungen nach Angaben des Beklagten zur Zeit nur eine Quote von ......% zu erwarten ist[11].

                                              Rechtsanwalt

Anmerkungen

A. Konkursordnung

1. Mit einer Feststellungsklage gem. § 146 KO strebt ein Konkursgläubiger außerhalb des Konkursverfahrens an, eine gerichtliche Entscheidung über das Bestehen einer von ihm angemeldeten Konkursforderung (vgl. Form. III. F. 24) zu erhalten. Klageziel ist die Feststellung des Konkursgläubigerrechts durch Eintragung in die Konkurstabelle nach Betrag und eventuellem Vorrecht. Sachurteilsvoraussetzung ist, daß die Forderung angemeldet und im Prüfungstermin bestritten worden ist (vgl. *Kilger/Karsten Schmidt* § 146 Anm. 2e; OLG Stuttgart NJW 1962, 1018). Die Klage ist jeweils gegen den Widersprechenden zu richten. Zum Widerspruch sind neben dem Konkursverwalter auch alle Gläubiger berechtigt, die Konkursforderungen gem. §139 KO angemeldet haben (vgl. Form. III. F. 24 Anm. 17). Ein Bestreiten nur durch den Gemeinschuldner führt gleichwohl zur Feststellung in der Konkurstabelle, hat jedoch Auswirkungen gem. § 164 Abs. 2 KO.

2. Die Zuständigkeit richtet sich nach § 146 Abs. 2 KO. Örtlich ausschließlich zuständig ist das Amtsgericht, bei dem das Konkursverfahren anhängig ist, bei entsprechendem Streitwert das übergeordnete Landgericht. Die Vorschriften über besondere Verfahrensarten (Urkunden-, Scheck-, Wechselprozeß) sind nicht zu beachten, da das ergehende Vorbehaltsurteil zur Eintragung in die Konkurstabelle ungeeignet ist (vgl. *Kilger/Karsten Schmidt* § 146 Anm. 2a). Auch wenn kein Wechselprozeß vorliegt, ist die Klage auf Feststellung einer Wechselforderung zur Konkurstabelle „Wechselsache" und damit Feriensache (vgl. BGH NJW 1967, 1371). Die Zuständigkeit der besonderen Gerichtsbarkeiten wie Arbeits- und Sozialgerichte, Finanzgericht usw. (s. § 146 Abs. 5 KO; vgl. *Kilger/Karsten Schmidt* § 146 Anm. 2c) besteht auch für den Feststellungsprozeß.

Nicht ausgeschlossen ist auch eine schiedsgerichtliche Entscheidung (vgl. *Kilger/Karsten Schmidt* § 146 Anm. 2a). Im Rechtsstreit zwischen dem widersprechenden Konkursverwalter und dem Anmelder bleibt ein unanfechtbarer Schiedsvertrag mit dem Gemeinschuldner maßgebend (vgl. RGZ 137, 111; BGHZ 24, 15).

3. Die Streitwertfestsetzung erfolgt gem. § 148 KO, wobei der Streitwert nach der zu erwartenden Konkursquote geschätzt wird und maßgeblicher Zeitpunkt für die Bemessung die bei Klagerhebung bzw. Aufnahme des Rechtsstreits gem. § 146 Abs. 1, 3 KO für den Kläger zu erwartende Quote ist (vgl. OLG Frankfurt KTS 1980, 66; OLG Hamburg ZIP 1989, 1345, 1346; BGH KTS 1980, 247). Ist eine Konkursquote nicht zu erwarten, so ist der Streitwert in Höhe der niedrigsten Wertstufe festzusetzen (vgl. BGH ZIP 1993, 50/51). Die Vollstreckungsmöglichkeit gem. § 164 Abs. 2 KO ändert hieran nichts.

4. Der Antrag lautet auf Feststellung der angemeldeten Forderung zur Konkurstabelle (vgl. *Kuhn/Uhlenbruck* KO § 146 Rdn. 5; BGH WPM 1957, 1334 und BGH NJW 1962,

153). Die Klage ist immer gegen den Widersprechenden zu richten, also entweder gegen den Konkursverwalter oder gegen eine oder mehrere widersprechende Gläubiger. Ist der Konkursgläubiger jedoch bereits im Besitze eines Titels, so ist es Sache der Widersprechenden, die titulierte Forderung im Klagewege anzugreifen (s. § 146 Abs. 6 KO). Der Antrag lautet in diesem Falle dahin, den Widerspruch gegen die Forderung für begründet zu erklären (vgl. Form. III. f. 24 Anm. 17).

War über die Forderung des Konkursgläubigers zur Zeit der Eröffnung schon ein Rechtsstreit anhängig, so ist der unterbrochene Prozeß durch den Gläubiger gegen den widersprechenden Konkursverwalter aufzunehmen, und zwar bei dem Gericht, vor dem der Rechtsstreit anhängig ist. Der Klageantrag ist jedoch umzustellen und auf Feststellung zu richten (s. § 146 Abs. 3 KO; vgl. *Kilger/Karsten Schmidt* § 146 Anm. 2 d; BGH NJW 1962, 153; Form. III. F. 29).

Die Aufnahme eines Mahnverfahrens ist nicht möglich (vgl. *Kilger/Karsten Schmidt* § 146 Anm. 2 d). Es bleibt hier nur die Einleitung eines selbständigen Feststellungsprozesses, wobei die Anmeldung hinsichtlich der Fristwahrung zurückwirkt (vgl. *Jaeger/Weber* KO § 146 Anm. 27; *Baumbach/Lauterbach/Hartmann* ZPO § 693 Rdn. 16).

5. Im Formular richtet sich die Klage gegen den Konkursverwalter, der die angemeldete Forderung im Prüfungstermin bestritten hat. Bei Steuerforderungen ergeht ein Feststellungsbescheid gem. § 251 Abs. 3 AO anstelle der Erhebung einer Feststellungsklage.

6. Die Feststellungsklage kann nur auf den Grund und den Betrag gestützt werden, die in der Anmeldung angegeben wurden. Gegenstand des Anmelde- und Prüfungsverfahrens und des Feststellungsprozesses müssen sich decken (vgl. *Kuhn/Uhlenbruck* KO § 146 Rdn. 20, 20 a u. 22). Als Nachweis für diese Klagevoraussetzung dient ein gerichtlich beglaubigter Auszug aus der Konkurstabelle, der gem. § 146 Abs. 1 S. 2 KO dem Gläubiger zu erteilen ist (vgl. Form III. F. 24 Anm. 18).

7. Handelt es sich bei der bestrittenen Forderung um eine bevorrechtigte Forderung, so ist auch zugleich über das Bestehen oder Nichtbestehen dieses Konkursvorrechtes zu entscheiden. Hierüber befindet auch die für die Forderung zuständige Gerichtsbarkeit (s. oben Anm. 2; BGHZ 55, 224; BGHZ 60, 64; BFH NJW 1973, 295; BAG NJW 1968, 719).

8. Das Formular geht davon aus, daß keine Masseschuld im Sinne des § 59 Abs. 1 Nr. 3 c KO vorliegt.

9. Das Urteil wirkt mit Rechtskraft für und gegen alle Konkursgläubiger (§ 147 KO). Das obsiegende Urteil berechtigt den obsiegenden Teil zur Berichtigung der Konkurstabelle (§ 146 Abs. 7 KO).

10. Zum Erfordernis dieses Auszuges aus der Konkurstabelle als Prozeßvoraussetzung s. Anm. 6).

11. Vgl. Anm. 3.

B. Gesamtvollstreckungsordnung

12. Die Feststellung der Forderung zur Tabelle ist Voraussetzung, daß die Forderung gem. § 17 Abs. 2 GesO bei dem Verteilungsvorschlag berücksichtigt und nach Abschluß des Verfahrens eine vollstreckbare auszugsweise Ausfertigung aus dem Verzeichnis der Forderungen gem. § 18 Abs. 2 S. 2 GesO zum Zwecke der weiteren Vollstreckung gegen den Schuldner erteilt wird.

13. Unabhängig von der Höhe des Streitwertes ist das Amtsgericht zuständig (vgl. § 11 Abs. 3 S. 3 GesO). Entgegen der mißverständlichen Formulierung von § 11 Abs. 3 S. 3 GesO jedoch das Prozeßgericht und nicht das Gesamtvollstreckungsgericht.

Die Sonderzuständigkeit im Sinne von § 146 Abs. 5 KO für Feststellungsrechtsstreitigkeiten bleibt gegeben, da § 11 Abs. 3 S. 3 GesO die Zuständigkeit für bürgerliche Rechtsstreitigkeiten (§ 13 GVG) regelt.

14. Der Streitwert der Feststellungsklage bestimmt sich analog § 148 KO nach der zu erwartenden Verteilung gem. § 18 Abs. 2 S. 1 GesO.

15. Der Antrag des Gläubigers auf Urteilserlaß lautet: „Es wird festgestellt, daß dem Kläger in der Gesamtvollstreckung in das Vermögen der X-GmbH eine Forderung in Höhe von DM X zusteht".

Begehrt der Gläubiger die Feststellung einer Vorrechtsforderung, ist die begehrte Rangklasse zu bezeichnen.

29. Aufnahme eines unterbrochenen Rechtsstreites durch den Gläubiger gegen den Konkursverwalter[1,8]

Landgericht[2]   (Ort, Datum)
(Ort)
Az. ......

In Sachen

A

– Klägers –

Prozeßbevollmächtigter: ......

gegen

Firma B

– Beklagte –

wegen Herausgabe

nehme ich als Prozeßbevollmächtigter für den Kläger den unterbrochenen Rechtsstreit auf.

Das Rubrum bitte ich auf seiten der Beklagten wie folgt zu ändern:

C (ladungsfähige Anschrift), handelnd in seiner Eigenschaft als Konkursverwalter über das Vermögen der Firma B[3].

Dieser Schriftsatz ist dem Konkursverwalter zuzustellen[4].

Im Termin zur mündlichen Verhandlung werde ich folgende Anträge verlesen:

1. Der Beklagte wird verurteilt, an den Kläger die Werkzeugmaschine (genaue Bezeichnung) herauszugeben.
2. Der Beklagte trägt die Kosten des Rechtsstreites[5,9].
3. Das Urteil ist vorläufig vollstreckbar.

Begründung:

Durch Beschluß des Amtsgerichts ...... wurde über das Vermögen der Firma B am ......, Az. ......, das Konkursverfahren eröffnet und der Beklagte zum Konkursverwalter bestellt.

Der Kläger hat die Gemeinschuldnerin[6] bereits vor Konkurseröffnung auf Herausgabe der Werkzeugmaschine verklagt. Diese wurde am ...... unter Eigentumsvorbehalt geliefert. Die Gemeinschuldnerin bisher keinerlei Zahlung geleistet.

Zur Begründung des Eigentumsrechts des Klägers beziehe ich mich ergänzend auf meine Ausführungen im Schriftsatz vom ......

Bei dem geltend gemachten Anspruch handelt es sich um ein Aussonderungsrecht gem. § 43 KO, so daß der Kläger berechtigt ist, diesen Anspruch außerhalb des Konkursverfahrens durch Aufnahme des unterbrochenen Rechtsstreites gem. den §§ 240, 250 ZPO, § 11 KO weiter zu verfolgen.

Der Konkursverwalter hat trotz Aufforderung vom ...... und Fristsetzung bis zum ......
die Maschine nicht herausgegeben und die Erfüllung des Vertrages verweigert[7].
Beweis: Vorlage des Schreibens des Beklagten vom ......
Die Aufnahme des Rechtsstreites ist daher geboten.

Rechtsanwalt

Anmerkungen

A. Konkursordnung

1. Die Konkurseröffnung unterbricht kraft Gesetzes gem. § 240 ZPO alle Prozeßverfahren, welche die Konkursmasse betreffen und an denen der Gemeinschuldner als Partei beteiligt ist (vgl. *Baumbach/Lauterbach/Hartmann* ZPO § 240 Rdn. 1; *Kilger/Karsten Schmidt* § 10 Anm. 1). Für die Fortsetzung der bei Konkurseröffnung anhängigen und unterbrochenen Rechtsstreite gelten die §§ 240, 250 ZPO und §§ 10 ff. KO; hierbei ist zu unterscheiden:

a) Aktivprozesse gem. § 10 KO kann nur der Konkursverwalter aufnehmen. Die Aufnahme erfolgt gem. § 250 ZPO durch Zustellung eines Schriftsatzes. Für den Gegner muß der eindeutige Wille erkennbar sein, daß der Konkursverwalter mit Zustellung der Erklärung den Prozeß fortsetzen will. Hierzu genügt der Antrag, das Rubrum zu ändern (BGH WPM 1983, 401).

Erst wenn der Konkursverwalter den Rechtsstreit nach einer angemessenen Fristsetzung nicht aufnimmt, kann die gegnerische Prozeßpartei ihm – nicht dem Prozeßbevollmächtigten der Gemeinschuldnerin – gem. § 10 Abs. 1 S. 2 KO in Verbindung mit § 239 Abs. 2 ZPO eine Ladung zur Aufnahme zustellen lassen und gleichzeitig die Verhandlung zur Hauptsache beantragen (vgl. *Kilger/Karsten Schmidt* § 10 Anm. 6). Wenn der Konkursverwalter die Aufnahme des Rechtsstreites ablehnt, § 10 Abs. 2 KO, kann der Rechtsstreit gegen den Gemeinschuldner aufgenommen werden. Die Ablehnung der Aufnahme gilt als Freigabe aus der Konkursmasse (vgl. Anm. 6).

b) Passivprozesse gem. § 11 KO sind anhängige Rechtsstreitigkeiten gegen den Gemeinschuldner, die im Konkurs zu Ansprüchen auf Aussonderung, Absonderung oder zu Masseschuldansprüchen werden. Diese Prozesse können sowohl vom Konkursverwalter als auch vom Gegner aufgenommen werden. Das Formular stellt einen Schriftsatz zur Aufnahme eines Passivprozesses durch einen Gläubiger gem. § 11 KO dar, der seinen Herausgabeanspruch nunmehr als Aussonderungsanspruch gem. § 43 KO weiterverfolgt (vgl. Form. III. F. 25 Anm. 1).

Die Unterscheidung zwischen Aktiv- und Passivprozessen ist nicht an die Parteistellung des Gemeinschuldners gebunden (vgl. *Kilger/Karsten Schmidt* § 11 Anm. 1).

Andere anhängige Rechtsstreite gegen den Gemeinschuldner, die Konkursforderungen zum Gegenstand haben, können erst aufgenommen werden, wenn die Forderung gem. §§ 12, 138 ff., 146 KO angemeldet und geprüft worden sind. Auf die Einhaltung dieser Vorschriften können die Parteien nicht wirksam verzichten (vgl. *Kilger/Karsten Schmidt* § 10 Anm. 5 a). Diese Forderungen müssen gegebenenfalls im Wege der Feststellungsklage gem. § 146 KO weiterverfolgt und die Anträge entsprechend umgestellt werden (vgl. Form. III. F. 28).

Wegen sonstiger prozessualer Folgen der Unterbrechung vgl. *Kilger/Karsten Schmidt* § 10 Anm. 2 und *Baumbach/Lauterbach/Hartmann* ZPO § 240 Rdn. 1.

2. Die Zuständigkeit des bisherigen Prozeßgerichts wird durch die Konkurseröffnung nicht berührt, § 261 Abs. 3 Nr. 2 ZPO.

3. Der Prozeß wird in der Lage aufgenommen, in der er sich befindet (vgl. *Jaeger/Henckel* KO § 10 Anm. 117). Sofern der Rechtsstreit zwischen zwei Instanzen schwebt, kann die Aufnahmeerklärung in einem Schriftsatz an das Rechtsmittelgericht mit der Ein-

legung des Rechtsmittels verbunden werden (vgl. BGHZ 36, 258). Der Schriftsatz ist nicht mehr dem Gemeinschuldner bzw. seinem Prozeßbevollmächtigten zuzustellen, sondern dem Konkursverwalter, da dieser gem. § 6 KO auch die Prozeßführungsbefugnis erlangt hat und die vorherige Prozeßvollmacht durch Konkurseröffnung erloschen ist (vgl. *Kuhn/ Uhlenbruck* KO § 23 Rdn. 7; RGZ 118, 158 und BGH LM Nr. 5 zu § 250 ZPO). Zur Aufnahme des Rechtsstreites in der Revisionsinstanz vgl. BGH WPM 1965, 626 und zur Frage der Aufnahme eines Rechtsstreites gegen den Konkursverwalter und daneben gegen den Gemeinschuldner vgl. BGH ZIP 1980, 23.

4. Die Aufnahme erfolgt durch einen bei Gericht gem. § 250 ZPO einzureichenden Schriftsatz, der dem Konkursverwalter von Amts wegen zuzustellen ist. Der Mangel der Zustellung dieses Schriftsatzes kann durch ausdrücklichen oder konkludenten Verzicht geheilt werden (vgl. BGHZ 50, 397).

5. Bei den Kosten sind drei Fälle zu unterscheiden:
Wenn der Konkursverwalter unterliegt, stellen die Kosten des Rechtsstreites in ihrer Gesamtheit Masseschulden nach § 59 Abs. 1 Nr. 1 KO dar (vgl. *Kilger/Karsten Schmidt* § 10 Anm. 8). Eine Unterscheidung nach Kosten, die vor Konkurseröffnung entstanden sind, und solchen, die nach Konkurseröffnung anfielen, findet nicht statt (vgl. *Jaeger/ Henckel* KO § 11 Anm. 20).

Sofern der Konkursverwalter sofort iSv. § 93 ZPO den Anspruch anerkennt und der Gemeinschuldner zur Klageerhebung Veranlassung gegeben hat, trägt der beklagte Konkursverwalter zwar die Kosten, aber durch § 11 Abs. 2 KO wird klargestellt, daß es sich bei dem klägerischen Kostenerstattungsanspruch nicht um einen Masseschuldanspruch handelt, sondern er lediglich eine Konkursforderung erwirbt (vgl. *Jaeger/Henckel* KO § 11 Anm. 22; *Kilger/Karsten Schmidt* § 11 Anm. 3 und 4).

Schließlich trägt der Kläger die Kosten, wenn der Gemeinschuldner zur Klageerhebung keine Veranlassung gegeben hatte. Der Kostenerstattungsanspruch bildet einen Teil der Konkursmasse (vgl. *Jaeger/Henckel* KO § 11 Anm. 20).

6. Der Gemeinschuldner kann nur dann selbst den Rechtsstreit aufnehmen, wenn der Konkursverwalter den Gegenstand aus der Konkursmasse freigegeben hat (vgl. *Jaeger/ Henckel* KO § 10 Anm. 130, 131 und BGH KTS 1974, 47).

Zur Ablehnung der Aufnahme des Rechtsstreits durch den Konkursverwalter und der darin liegenden Freigabeerklärung vgl. RGZ 127, 200 und *Kilger/Karsten Schmidt* § 10 Anm. 7.

7. Zur Anwendung des § 17 KO im Konkurs des Vorbehaltskäufers vgl. *Kilger/Karsten Schmidt* § 17 Anm. 3 c.

B. Gesamtvollstreckungsordnung

8. Ein anhängiger Zivilprozeß wird mit Eröffnung des Gesamtvollstreckungsverfahrens analog § 240 ZPO unterbrochen (BGH DtZ 1992, 282).

Im Rahmen der Verwalterbefugnisse gem. § 8 Abs. 2 GesO ist der Verwalter befugt, einen unterbrochenen Aktivrechtsstreit aufzunehmen. Wegen Einzelheiten vgl. oben Anm. 2 bis 4.

9. Die Kosten des aufgenommenen Rechtsstreits stellen in ihrer Gesamtheit Masseansprüche gemäß § 13 Abs. 1 Ziff. 1 GesO dar, wenn der Verwalter ganz oder teilweise unterliegt.

30. Klage eines Massegläubigers[10] bei Unzulänglichkeit der Masse[1,11]

An das
Landgericht[2] (Ort, Datum)

Klage

des A

– Klägers –

Prozeßbevollmächtigter: ......

gegen

den B, handelnd in seiner Eigenschaft als Konkursverwalter über das Vermögen der Firma C[3]

– Beklagten –

wegen Forderung

Vorläufiger Streitwert[4]: DM ......
Namens und mit Vollmacht des Klägers erhebe ich Klage und werde beantragen:
1. Es wird festgestellt, daß dem Kläger ein Masseanspruch in Höhe von DM ...... zusteht[5,12].
2. Der Beklagte wird verurteilt, an den Kläger die auf seinen festgestellten Masseanspruch entfallende Quote zu bezahlen[6,13].
3. Der Beklagte trägt die Kosten des Rechtsstreites.

Begründung:

Durch Beschluß des Amtsgerichts ...... vom ...... wurde unter dem Az. ...... über das Vermögen der Firma C das Konkursverfahren eröffnet und der Beklagte zum Konkursverwalter bestellt.

Beweis: Beiziehung der Akten des Amtsgerichts als Konkursgericht.

Der Kläger hatte an die Gemeinschuldnerin das Gebäude in (Ort, Straße) als Ausstellungs- und Verkaufsräume zum monatlichen Mietzins von DM ...... vermietet. Durch Kündigung des Beklagten mit Schreiben vom ...... endete das Mietverhältnis zum ......

Beweis: 1. Vorlage des Mietvertrages vom ......
         2. Vorlage des Kündigungsschreibens vom ......

Für die Zeit ab Konkurseröffnung bis zur Beendigung des Mietverhältnisses stehen dem Kläger Mietzinsforderungen als Masseschuld gem. § 59 Abs. 1 Nr. 2 KO[7,14] in Höhe von DM ...... zu.

Der Beklagte bestreitet die Höhe dieser Forderung[8]. Auch wendet er ein, die Masse sei nicht ausreichend, um alle Massegläubiger vollständig befriedigen zu können[9].

Rechtsanwalt

Anmerkungen

A. Konkursordnung

1. Auf Massegläubiger finden § 12 – Schuldenmassestreit – (vgl. Form. III. F. 28), § 14 – keine Einzelzwangsvollstreckung – (vgl. Form. III. F. 24 Anm. 1), §§ 61–70 – Konkursgläubiger – und §§ 138–171 KO – Schuldenmasse und Verteilung – (vgl. Form. III. F. 24 und Form. III. F. 25) keine Anwendung. Sie sind weder aus- noch absonderungsberechtig-

te (vgl. Form. III. F. 25) noch bevorrechtigte Konkursgläubiger (vgl. Form. III. F. 24). Als Gläubiger eigener Art sind ihre Masseansprüche gem. § 57 KO aus der Masse, die nach Vollzug der Aussonderung, Absonderung und Aufrechnung verbleibt, vorweg zu befriedigen, also auch vor den bevorrechtigten Konkursgläubigern (vgl. Form. III. F. 24 Anm. 1 letzter Absatz u. Anm. 9) und unabhängig von einer Verteilung der Restmasse nach §§ 149 ff. KO (vgl. *Kilger/Karsten Schmidt* § 57 Anm. 1 u. 3). Die Behandlung verspätet bekanntgewordener Masseansprüche regelt § 172 KO.

Kraft Gesetzes sind die Masseansprüche unterschieden in Massekostenansprüche und Masseschuldansprüche. Während die Massekosten durch § 58 KO bestimmt werden, ergeben sich die Masseschuldansprüche aus § 59 Abs. 1 Nr. 1–4 KO (wegen Art und Umfang der Massekosten und Masseschulden im einzelnen vgl. die Anmerkungen bei *Kilger/Karsten Schmidt* zu §§ 58 u. 59; *Uhlenbruck/Delhaes* Rdn. 843–852; Form. III. F. 19 Anm. 6). Die Massegläubiger können ihre Forderungen während des Konkursverfahrens im Wege der Klage geltend machen. Da für sie das Vollstreckungsverbot des § 14 KO nicht gilt, ist auch die Vollstreckung in die Masse zulässig. Für die unechten Masseschulden des § 59 Abs. 1 Nr. 3 KO gilt jedoch das Vollstreckungsverbot (zutreffend vgl. *Kuhn/Uhlenbruck* KO § 14 Rdn. 14; *Lüke* NJW 1990, 2665 ff.; BGHZ 79, 124; offen BSG NJW 1990, 2708/2710; aA.: OLG Bamberg ZIP 1988, 252). Nach § 11 KO ist ihnen neben dem Konkursverwalter die Aufnahme eines unterbrochenen Rechtsstreites möglich, wenn die Forderung infolge der Konkurseröffnung zu einem Masseanspruch wird (vgl. *Kilger/Karsten Schmidt* § 57 Anm. 4; Form. III. F. 29 Anm. 1).

Stellt sich jedoch heraus, daß die Masse bereits zur vollständigen Befriedigung aller Massegläubiger nicht ausreicht, so bestimmt § 60 Abs. 1 KO zwar die Rangfolge der Befriedigung von Masseansprüchen, stellt aber kein Verfahren zur Verfügung (vgl. *Uhlenbruck/Delhaes* Rdn. 853, 854; s. auch § 107 KO: Abweisung des Eröffnungsantrages mangels Masse; Form. III. F. 18 Anm. 6; § 204 KO: Einstellung eines eröffneten Konkursverfahrens mangels Masse; zum Verfahren bei Masseunzulänglichkeit nach § 60 KO vgl. *Weber/Irschlinger/Wirth* KTS 1979, 133 ff.; zu den Ursachen und Problemen der Masselosigkeit vgl. *Kilger* KTS 1975, 142 ff.; *Pape* ZIP 1990, 141 ff.).

Voraussetzung einer Anwendung des § 60 KO ist, daß die Masseunzulänglichkeit äußerlich erkennbar wird. Maßgebend ist für den einzelnen Massegläubiger der Zeitpunkt, zu dem er davon Kenntnis erlangt. Dies geschieht in der Regel durch Mitteilung des Konkursverwalters und öffentliche Bekanntmachung (vgl. *Kilger/Karsten Schmidt* § 60 Anm. 2).

2. Das Konkursgericht ist weder befugt, die Unzulänglichkeit der Masse festzustellen, noch einen Streit über diese Frage zu entscheiden (vgl. *Kilger* KO § 60 Anm. 2). Auf einen die Teilungsmasse betreffenden Rechtsstreit findet § 13 GVG Anwendung. Die sachliche und örtliche Zuständigkeit richtet sich nach den entsprechenden Vorschriften der ZPO, wobei auch die Zuständigkeit der besonderen Gerichtsbarkeiten wie Arbeits- und Sozialgerichte usw. zu beachten sind (vgl. auch Form. III. F. 2 Anm. 1 u. Form. III. F. 26 Anm. 2). An eine früher vom Gemeinschuldner getroffene Schiedsabrede ist der Konkursverwalter auch gebunden (vgl. *Kilger/Karsten Schmidt* § 6 Anm. 5 Abs. 2). Für Passivprozesse, welche die Konkursmasse betreffen, ist aber für den örtlichen Gerichtsstand nicht der Wohnsitz des Gemeinschuldners, sondern der des Konkursverwalters maßgebend (vgl. OLG Celle KTS 1974, 238; *Kilger/Karsten Schmidt* § 11 Anm. 1; Form. III. F. 26 Anm. 3).

3. Nach § 6 KO wird ab Konkurseröffnung das Verwaltungs- und Verfügungsrecht in Ansehung der Masse an Stelle des Gemeinschuldners durch den Konkursverwalter ausgeübt, der in Bezug auf das konkursbefangene Vermögen auch die Prozeßführungsbefugnis erlangt. Er ist „Partei kraft Amtes" und als solcher in Masseprozessen zur Parteivernehmung, der Gemeinschuldner jedoch als Zeuge, zugelassen (vgl. *Kilger/Karsten Schmidt* § 6 Anm. 3 u. 8; Form. III. F. 29 Anm. 3).

4. Bei der Höhe des Streitwertes ist wohl vom Interesse des Klägers an der begehrten Feststellung sowie der zu erwartenden Quote auszugehen. Insoweit bietet sich eine analoge

Anwendung des § 148 KO an (zur Streitwertfestsetzung nach § 148 KO vgl. Form. III. F. 28 Anm. 3).

5. Während vor Kenntnis der Masseunzulänglichkeit jeder Massegläubiger seine Forderung im Wege der Leistungsklage gerichtlich geltend machen und sich im Vollstreckungswege Sicherung und Befriedigung aus der Masse verschaffen kann (vgl. *Kilger/Karsten Schmidt* § 60 Anm. 1 und oben Anm. 1 Abs. 3), endet dieses Recht des Massegläubigers mit der Kenntnis der Unzulänglichkeit der Masse. Die Zahlungsklage eines Massegläubigers gegen den Konkursverwalter ist jetzt mangels Rechtsschutzbedürfnis unzulässig (vgl. LAG Köln Nr. 2 zu § 60 in EzA), sofern über Grund und Höhe des Masseschuldanspruchs kein Streit besteht. Sofern über die Höhe eines Masseanspruchs zwischen den Parteien kein Streit besteht und die Höhe der Masseschuldquote nicht feststeht, kann der Massegläubiger sachgerecht nur noch den Erlaß eines Feststellungsurteils begehren (vgl. *Weber/Irschlinger/Wirth* KTS 1979, 133/143 u. 145; LAG Düsseldorf BB 1976, 1465 f.; LG Mannheim KTS 1979, 129 ff.; BAG NJW 1980, 141 ff.). Zur Problematik der unterschiedlichen Behandlung von Altmassegläubigern und Neumassegläubigern vgl. die abzulehnende Entscheidung BGH ZIP 1984, 612 ff. mit abl. Anm. *Eckert* aaO.; BAG ZIP 1989, 1590 = BAGE 62, 338; OLG Hamm ZIP 1990, 189; *Kuhn/Uhlenbruck* KO § 60 Rdn. 2 b–2 d. Für die Konkursverwaltervergütung werden die Tätigkeiten vor Anzeige der Masseunzulänglichkeit und danach gesondert berechnet und festgesetzt, so daß die Ansprüche des Konkursverwalters von der Rangfolgenregelung des § 60 Abs. 1 Nr. 1, 2 KO nicht erfaßt werden (BGHZ 116, 233). Diese Auslegung durch den BGH entspricht verfassungskonformer Auslegung des § 60 KO, da die Massegläubiger erst nach Eintritt der Masseunzulänglichkeit eine Risikogemeinschaft bilden (BVerfG ZIP 1993, 838). Die Entscheidungen des BGH und BVerfG bedeuten nicht, daß die Neumasseverbindlichkeiten bevorzugt befriedigt werden dürfen (aA. *Kuhn/Uhlenbruck* KO § 60 Rdn. 2c; *Pape* EWiR § 60 KO 4/93, 701/702). Die Begründung und insbesondere auch Befriedigung von „Neumasseschulden" durch den Konkursverwalter führt zur Haftung des Verwalters nach § 82 KO (vgl. BGH KTS 1972, 251; OLG Hamm ZIP 1990, 189 mit abl. Anm. *Pape* ZIP 1990, 141 ff.).

6. Ist die Höhe des Masseanspruchs unstreitig, dann sollte ein anhängiger Rechtsstreit in analoger Anwendung des § 148 ZPO ausgesetzt werden, bis die Höhe der Quote nach § 60 KO endgültig feststeht (vgl. *Kuhn/Uhlenbruck* KO § 60 Rdn. 3 d; *Uhlenbruck* KTS 1978, 66/72 u. 74; BAG ZIP 1986, 1338/1339).

Nach BAG (NJW 1980, 141/142) darf bereits dann kein Leistungsurteil ergehen, wenn die Erschöpfung der Masse zwar droht, aber noch keine Klarheit über den Umfang der Masse besteht. In dieser Zwischenzeit erscheint bei streitiger Forderung gleichfalls ein Feststellungsurteil als sachgerecht. Dem Massegläubiger bleibt jedoch die Möglichkeit, die Verurteilung des Konkursverwalters in Höhe der nach § 60 KO zu errechnenden Quote zu begehren, obwohl im Hinblick auf dessen Haftung nach § 82 KO davon ausgegangen werden kann, daß er bereits aufgrund eines Feststellungsurteils im Rahmen des § 60 Abs. 1 KO leisten wird (vgl. hierzu auch LG Mannheim KTS 1979, 129/131 und LAG Düsseldorf BB 1976, 1465/1466).

7. Auf Miet- und Pachtverhältnisse finden die §§ 19, 20 u. 21 KO Anwendung. Die vor Konkurseröffnung entstandenen Mietzinsforderungen sind einfache Konkursforderungen gem. § 61 Abs. 1 Nr. 6 KO. Die während des Konkurses entstehenden Mietzinsforderungen sind dagegen Masseschuldansprüche nach § 59 Abs. 1 Nr. 2 KO, wobei es auf den Zeitpunkt der Fälligkeit nicht ankommt. Gegebenenfalls ist ein Vermieterpfandrecht als Absonderungsrecht nach § 49 Abs. 1 Nr. 2 KO geltend zu machen (vgl. *Kilger/Karsten Schmidt* § 19 Anm. 9; Form. III. F. 24 Anm. 6; Form. III. F. 25 Anm. 1 Abs. 2). Im Konkurs des Leasingnehmers nach Überlassung des Leasinggutes findet § 19 KO Anwendung (vgl. *Kuhn/Uhlenbruck* KO § 19 Rdn. 23). Wenn der Leasingvertrag vor Konkurseröffnung gekündigt wurde, stellen die Entschädigungsansprüche nach § 557 BGB keinen

Masseschuldanspruch nach § 59 Abs. 1 Nr. 2 KO dar. Auch Masseschuldansprüche nach § 59 Abs. 1 Nr. 4 KO scheiden dann aus, wenn der Konkursverwalter nachweislich nach Konkurseröffnung das Leasinggut nicht nutzt (BGH ZIP 1993, 1874 ff.).

8. Vgl. Anm. 5 u. 6.

9. Für die bereits eingetretene oder jedenfalls drohende Unzulänglichkeit der Masse ist im Streitfall der Konkursverwalter darlegungs- und beweispflichtig. Es ist ihm aber je nach Umfang des Konkurses eine angemessene Einarbeitungszeit zuzubilligen (vgl. *Weber/ Irschlinger/Wirth* KTS 1979, 133/135; BAG NJW 1980, 141/142).

B. Gesamtvollstreckungsordnung

10. Eine Unterscheidung in Massekosten und Masseschulden findet nicht statt. Die Befriedigung der Massegläubiger erfolgt gem. § 13 GesO.

11. Die Masseunzulänglichkeit ist durch den Verwalter den bekannten Massegläubigern mitzuteilen und öffentlich bekannt zu machen (vgl. *Kilger/Karsten Schmidt* § 60 Anm. 2).

12. Solange die Masse zulänglich ist, hat der Verwalter entsprechend der Rangfolge des § 13 Abs. 1 GesO die Forderungen der Massegläubiger zu befriedigen. Anders als nach § 57 KO bedarf der Verwalter zur Auszahlung einer Einwilligung des Gerichts. Die Regelung ist systemwidrig und nicht praktikabel, so daß das Gericht dem Verwalter in einem Beschluß generell die Einwilligung zu Zahlungen entsprechend der Rangfolge des § 13 GesO erteilen sollte (vgl. *Haarmeyer/Wutzke/Förster* § 13 Rdn. 16, 17).

13. Wegen der Vollstreckung von Massegläubigern nach Masseunzulänglichkeit vgl. oben Anm. 5, 6 und 9.

14. Auf Miet- und Pachtverhältnisse findet § 9 Abs. 3 GesO Anwendung. Die vor Eröffnung des Gesamtvollstreckungsverfahrens entstandenen Mietzinsansprüche stellen Forderungen nach § 17 Abs. 3 Nr. 4 GesO und Mietzinsansprüche für die Zeit nach Eröffnung gem. § 13 Abs. 1 Nr. 1 GesO vorab zu begleichende Ansprüche dar.

31. Vorschlag einer Kommanditgesellschaft als Gemeinschuldnerin zum Abschluß eines Liquidationszwangsvergleiches[1, 10]

An das
Amtsgericht (Ort, Datum)
– Konkursgericht[2] –

Az. ......

In dem Konkursverfahren über das Vermögen der Firma A Kommanditgesellschaft schlage ich als alleiniger Komplementär der Gemeinschuldnerin den nicht bevorrechtigten Gläubigern den Abschluß des folgenden

Zwangsvergleiches[3]

vor:

I. Einleitung[4]

1. Nach dem bisherigen Ergebnis der Verwertung des Vermögens der Gemeinschuldnerin können die Masseschulden, Massekosten und Vorrechtsforderungen voll befriedigt sowie auf die gewöhnlichen Forderungen eine Quote von ...... % ausgeschüttet werden.

2. Aufgrund eines während des Verfahrens abgeschlossenen Vertrages ist von dritter Seite[5] im Falle eines Zwangsvergleiches mit den Gläubigern der Gemeinschuldnerin

eine Zahlung zu erbringen, die mit der gerichtlichen Bestätigung eines von den Gläubigern angenommenen Zwangsvergleiches fällig wird und nach Abzug entstehender Auslagen und Kosten die Ausschüttung einer weiteren Quote von ...... % auf die gewöhnlichen Forderungen ermöglicht.

3. Mangels Fälligkeit konnten vertragsgemäß einbehaltene Sicherheitsbeträge bisher nicht zur Masse eingezogen und somit nicht verwertet werden. Sofern keine begründeten Abzüge vorgenommen werden können, würden diese Beträge, die am ...... und ...... fällig werden, die Ausschüttung einer weiteren Quote von ...... % nach Abzug von Auslagen und Kosten ermöglichen.

4. Bei Annahme und gerichtlicher Bestätigung des Zwangsvergleiches können somit die nicht bevorrechtigten Gläubiger mit einer Quote von ca. ...... % rechnen.

II. Liquidations-Vergleichsvorschlag[6, 11, 12]

1. Die erläuternden Ausführungen unter Ziff. I „Einleitung" sind ihrem Inhalt nach Teil des Vergleichsvorschlages.

2. Masseschulden, Massekosten und Vorrechtsforderungen werden aus der vorhandenen Teilungsmasse durch den Konkursverwalter voll bezahlt.

3. Der durch
   a) die Verwertung des Vermögens der Gemeinschuldnerin und
   b) den mit gerichtlicher Bestätigung des Vergleiches fälligen Betrag
   nicht gedeckte Teil der Forderungen der nicht bevorrechtigten Gläubiger wird von diesen erlassen. Der Erlaß erstreckt sich jedoch nicht auf den an ...... % der Forderung fehlenden Betrag.

4. Die Ausschüttung der Teilquote von ...... % erfolgt aus der vorhandenen Teilungsmasse durch den Konkursverwalter innerhalb von vier Wochen nach Rechtskraft des gerichtlichen Bestätigungsbeschlusses.

5. Der Konkursverwalter wird unwiderruflich als Treuhänder[7, 13] der Gemeinschuldnerin und der Gläubiger beauftragt und bevollmächtigt, den mit gerichtlicher Bestätigung des Vergleiches fälligen Betrag einzuziehen und innerhalb von vier Wochen nach Eingang dieses Betrages eine weitere Teilquote von ...... % auszuschütten.

6. Weiterhin wird der Konkursverwalter gleichfalls als Treuhänder der Gemeinschuldnerin und der Gläubiger unwiderruflich beauftragt und bevollmächtigt, die bisher nicht verwerteten Masseteile, insbesondere die noch nicht fälligen Sicherheitsbeträge, zu verwerten und innerhalb von vier Wochen nach abgeschlossener Verwertung, voraussichtlich im Jahre ......, die Schlußquote auszuschütten.

7. Die Verwertung und Verwaltung erfolgen seitens des Konkursverwalters als Treuhänder selbständig und unabhängig im Interesse der Gläubiger. Der Treuhänder ist in der Eigenschaft als unbeschränkt und unwiderruflich Beauftragter und Bevollmächtigter der Gemeinschuldnerin und, soweit erforderlich, gleichzeitig auch als Beauftragter und Bevollmächtigter aller Gläubiger für seine angegebene Tätigkeit gerichtlich und außergerichtlich aktiv und passiv legitimiert[8].

8. Für seine Tätigkeit als Treuhänder erhält der Konkursverwalter eine Vergütung in Höhe von DM ......[9]

Komplementär

Anmerkungen

A. Konkursordnung

1. Vgl. Form. III. F. 9. Der Zwangsvergleich ist in den §§ 173–201 KO geregelt. Nach *Weber/Lent* (KO § 173 Anm. 1) ist der Zwangsvergleich der vom Konkursgericht bestätigte Vertrag des Gemeinschuldners mit den nicht bevorrechtigten Konkursgläubigern über eine bestimmte, an die Stelle der Konkursverteilungen tretende Befriedigung dieser Gläubiger. Der Zwangsvergleich wird also nur mit den nicht bevorrechtigten Gläubigern (vgl.

Form. III. F. 24 Anm. 1 letzter Absatz und Anm. 9) geschlossen. Er ist unzulässig, wenn die Masse zur Befriedigung der Masseansprüche (vgl. Form. III. F. 30) und der Vorrechtsgläubiger (vgl. Form III. F. 24 Anm. 1 letzter Absatz) nach Maßgabe des § 191 KO nicht ausreicht und dieser Mangel auch nicht behoben werden kann (vgl. *Kilger/Karsten Schmidt* § 175 Anm. 5; *Uhlenbruck/Delhaes* Rdn. 955, 957).

Der Abschluß eines Zwangsvergleiches ist gem. § 173 KO zeitlich nur zulässig nach Abhaltung des allgemeinen Prüfungstermines und vor Genehmigung der Schlußverteilung durch das Konkursgericht (vgl. §§ 141, 161 KO; *Kilger/Karsten Schmidt* § 173 Anm. 2; *Uhlenbruck/Delhaes* Rdn. 958). Der Vergleichstermin kann mit dem allgemeinen Prüfungstermin verbunden werden; der Vergleichsvorschlag kann bereits vor dem Prüfungstermin eingereicht werden (vgl. *Kuhn/Uhlenbruck* KO § 173 Rdn. 5).

Der Zwangsvergleich stellt an den Schuldner geringere Anforderungen als der Vergleich im Vergleichsverfahren, insbesondere da im Gegensatz zu § 7 VerglO, abgesehen von der Einschränkung des § 187 KO, eine Mindestquote nicht vorgeschrieben ist (vgl. *Kilger/Karsten Schmidt* § 173 Anm. 4; *Uhlenbruck/Delhaes* Rdn. 960).

Da das Konkursgericht von Amts wegen zu prüfen und gegebenenfalls nach § 75 KO zu ermitteln hat, ob einer der Hinderungsgründe des § 175 KO dem Zwangsvergleich entgegenstehen (vgl. *Kilger* KO § 175 Anm. 4), empfiehlt sich in der Praxis mit Einreichung des Zwangsvergleiches eine entsprechende eidesstattliche Erklärung des Gemeinschuldners vorzulegen.

Weiterhin bedarf es nach § 177 KO der Erklärung des Gläubigerausschusses über die Annehmbarkeit des Vorschlages, sofern ein Gläubigerausschuß bestellt ist (vgl. *Kilger/Karsten Schmidt* § 177 Anm. 1; Form. III. F. 22 Anm. 1, 5 u. 6). Eine Anhörung des Konkursverwalters schreibt das Gesetz zwar nicht vor, ist aber stets zweckmäßig und üblich, insbesondere wenn kein Gläubigerausschuß bestellt ist (vgl. *Jaeger/Weber* KO § 177 Anm. 5). In jedem Falle ist vor Einleitung eines Zwangsvergleiches eingehende Erörterung des Vorschlages mit dem Konkursverwalter und gegebenenfalls auch mit dem Gläubigerausschuß zu empfehlen. Gem. § 193 S. 1 KO wirkt der rechtskräftig bestätigte Zwangsvergleich für und gegen alle nicht bevorrechtigten Konkursgläubiger, auch wenn sie am Verfahren nicht teilgenommen haben (vgl. *Kilger/Karsten Schmidt* § 193 Anm. 1; Form. III. F. 24 Anm. 1). Der Zwangsvergleich unterscheidet sich grundlegend von dem außergerichtlichen Sanierungsvergleich, da letzterer nur die Beteiligten bindet (BGHZ 116, 319).

Die Zwangsvollstreckung aus dem Vergleich regelt § 194 KO (vgl. Form. III. F. 32 Anm. 1 u. 7).

Die gerichtliche Bestätigung des Zwangsvergleiches beendet gem. § 190 KO nicht von selbst das Konkursverfahren, sondern es bedarf eines ausdrücklichen Aufhebungsbeschlusses durch das Konkursgericht. Mit Wirksamkeit dieses Beschlusses endet auch das Amt des Konkursverwalters. Ist er im Zwangsvergleich mit der Durchführung des Vergleichs beauftragt oder zum Treuhänder bestellt, so beruht diese weitere Tätigkeit auf Vertrag ohne Aufsicht des Konkursgerichts (vgl. *Uhlenbruck/Delhaes* Rdn. 992) und ist gesondert nach der BRAGO zu vergüten.

Wegen einiger Besonderheiten siehe im Gesellschaftskonkurs § 211 KO, im Nachlaßkonkurs § 230 KO, im Konkurs des Gesamtguts der fortgesetzten Gütergemeinschaft § 236 KO und im Konkurs der Eheleute über das gemeinschaftlich verwaltete Gesamtgut § 236b KO. Für den Genossenschaftskonkurs ist § 115e GenG und im Konkurs eines Versicherungsvereins aG § 52 VAG zu beachten.

Die Voraussetzung einer sofortigen Beschwerde oder befristeten Erinnerung bestimmt § 189 KO (vgl. Form. III. F. 18 Anm. 2; Form. III. F. 21 Anm. 1).

2. Der Vorschlag ist schriftlich beim Konkursgericht einzureichen oder mündlich zu Protokoll der Geschäftsstelle zu erklären (vgl. *Kilger/Karsten Schmidt* § 174 Anm. 1).

3. Der Zwangsvergleich erfordert nach § 173 KO einen Vergleichsvorschlag, der vom Gemeinschuldner oder seinem Vertreter ausgehen muß. Gem. § 211 Abs. 1 KO müssen im

Konkurs von Personengesellschaften, also der offenen Handelsgesellschaft, Kommanditgesellschaft und der Kommanditgesellschaft auf Aktien, alle persönlich haftenden Gesellschafter den Zwangsvergleich mit einem einheitlichen Inhalt vorschlagen (vgl. *Kilger/ Karsten Schmidt* § 173 Anm. 2 , § 211 Anm. 2; *Uhlenbruck/Delhaes* Rdn. 959). Der Zwangsvergleich begrenzt im Gesellschaftskonkurs gem. § 211 Abs. 2 KO, soweit er nicht etwas anderes festsetzt, zugleich den Umfang der persönlichen Haftung der Gesellschafter nach §§ 128, 161 Abs. 2 HGB, § 278 AktG (vgl. *Kilger/Karsten Schmidt* § 211 Anm. 3; Form. III. F. 9 Anm. 3). Die Haftung als Bürge besteht fort (vgl. § 193 S. 2 KO). Die Beseitigung kann nicht im Rahmen des Zwangsvergleichsvorschlags, sondern nur durch Vereinbarung mit den betroffenen Gläubigern erfolgen (vgl. *Kilger/Karsten Schmidt* § 193 Anm. 6).

4. Eine Einleitung ist zweckdienlich. Sie informiert die nicht bevorrechtigten Konkursgläubiger über den Stand des Konkursverfahrens sowie über die tatsächlichen Voraussetzungen des Zwangsvergleichsvorschlages. Durch Aufgabe zur Post gem. § 77 KO werden die nicht bevorrechtigten Gläubiger, die Forderungen angemeldet haben, unter Mitteilung des Vergleichsvorschlages und gegebenenfalls des Ergebnisses der Erklärung des Gläubigerausschusses nach § 179 Abs. 1 S. 3 KO zum Vergleichstermin geladen und erhalten so auch Kenntnis von der informatorischen Einleitung (vgl. *Kilger/Karsten Schmidt* § 179 Anm. 2; *Uhlenbruck/Delhaes* Rdn. 974).

5. Zur Vorbereitung der Abwicklung eines Zwangsvergleiches zahlen oft der Gemeinschuldner oder Dritte erforderliche Geldbeträge an den Konkursverwalter, was rechtlich zulässig ist (vgl. *Uhlenbruck/Delhaes* Rdn. 960). Derartige Zuschüsse sind in der Praxis die Regel und stellen Sondervermögen dar (vgl. *Kuhn/Uhlenbruck* KO § 173 Rdn. 11); denn die bei der Verwertung erzielte Teilungsmasse steht den nicht bevorrechtigten Konkursgläubigern nach Befriedigung der Vorrechte auch ohne Zwangsvergleich zu. Um also die Annahme eines Zwangsvergleichsvorschlages zu erreichen, muß der Gemeinschuldner etwas mehr als die vorhandene Masse zur Verteilung anbieten.

6. Notwendiges Inhaltserfordernis ist gem. § 174 KO die bestimmte Angabe über Höhe, Art und Zeit der Befriedigung der Gläubiger. In der Regel ist der Vergleich ein Erlaß- und Stundungsvergleich. Praktisch bedeutsam sind auch die Liquidationsvergleiche. Zulässig ist auch die Verbindung von Quoten- und Liquidationsvergleich dergestalt, daß die Gläubiger jedenfalls eine bestimmte Quote erhalten sollen, auch wenn die Liquidationsmasse bei ihrer Verwertung weniger erbringen sollte (vgl. *Kilger/Karsten Schmidt* § 174 Anm. 2; *Uhlenbruck/Delhaes* Rdn. 960; Form. III. F. 9, 11 u. 12).

7. Vgl. Form. III. F. 10 u. 12. Der Liquidationsvergleich in der Form einer Treuhand bedeutet Sicherstellung iSd. § 174 KO. In der Regel dienen zur Sicherstellung: Bürgschaft, Verpfändung, Eintragung einer Grundschuld, Sicherungsübereignung, Sicherungsabtretung usw. (vgl. *Kilger/Karsten Schmidt* § 174 Anm. 3; *Uhlenbruck/Delhaes* Rdn. 960).

8. Dem Treuhandverhältnis liegt hier eine Ermächtigung des Konkursverwalters ohne Übereignung der Masse, somit eine unechte Treuhand, zugrunde (vgl. Form. III. F. 10 Anm. 3 u. 4). Die hier gewählte Formulierung lehnt sich an das Beispiel bei *Uhlenbruck/ Delhaes* Rdn. 967 an, das aufgrund des Hinweises in Anm. 22 aus RGZ 89, 131 entnommen wurde.

9. Für seine Tätigkeit kann der Konkursverwalter eine gesonderte Vergütung nach §§ 675, 612 Abs. 1 u. 2 BGB verlangen (*Kilger/Karsten Schmidt* § 85 Anm. 5), über die im Streitfall nicht das Konkursgericht, sondern das Streitgericht entscheidet (vgl. *Kuhn/Uhlenbruck* KO § 192 Rdn. 6a). Die Vereinbarung im Zwangsvergleichsvorschlag ist problematisch, da zumindest Gebührenvereinbarungen mit dem Sachwalter nach § 92 VerglO vor Bestätigung des Vergleichs nichtig sind (BGH ZIP 1981, 1350/1353). Der Abschluß einer Vergütungsvereinbarung zwischen Zustandekommen des Vergleichs und der gerichtlichen Vergleichsbestätigung ist zulässig (vgl. *Kuhn/Uhlenbruck* KO § 85 Rdn. 15).

B. Gesamtvollstreckungsordnung

10. Eine Beendigung des Gesamtvollstreckungsverfahrens kann durch Vergleich erfolgen (vgl. § 16 Abs. 1 GesO).

Die Regelungen von § 16 GesO lehnen sich eng an die Regelungen in der KO über den Zwangsvergleich an (vgl. *Haarmeyer/Wutzke/Förster* § 16 Rdn. 1).

Der Vergleich kann nach Abhaltung des allgemeinen Prüfungstermins und vor Genehmigung der Schlußverteilung abgeschlossen werden (vgl. § 16 Abs. 2 GesO). Die Regelung entspricht § 173 KO. Durch § 16 Abs. 4 S. 2 GesO wird expressis verbis die Verbindung von Prüfungstermin und Vergleichstermin gestattet, was der Praxis im Geltungsbereich der KO entspricht (vgl. *Kuhn/Uhlenbruck* KO § 173 Rdn. 5).

Eine Mindestquote ist nicht vorgeschrieben, wobei Gläubigerforderungen gem. § 13 Abs. 1 GesO und die Vorrechtsforderungen gem. § 17 Abs. 3 Nr. 1 bis 3 GesO in voller Höhe zu befriedigen sind.

Die Gläubiger mit Forderungen gem. § 17 Abs. 3 Nr. 4 GesO sind gleich zu behandeln. Eine Ungleichbehandlung ist auch nicht mit Einwilligung der zurückgesetzten Gläubiger möglich (vgl. *Haarmeyer/Wutzke/Förster* § 16 Rdn. 18).

Ein gem. § 15 Abs. 2 GesO gewählter Gläubigerausschuß hat mangels einer § 177 KO entsprechenden Regelung zu dem Vergleichsvorschlag keine Stellungnahme abzugeben.

Der Vergleich wirkt für und gegen alle Gläubiger mit Forderungen gem. § 17 Abs. 3 Nr. 4 GesO (vgl. § 16 Abs. 5 S. 2 GesO).

Die Zwangsvollstreckung aus dem Vergleich regelt § 16 Abs. 6 GesO.

Der Vergleich ist gerichtlich zu bestätigen (vgl. § 16 Abs. 5 S. 1 GesO). Die Bestätigung kann nur versagt werden, wenn der Vergleich auf unlautere Weise zustande gekommen ist (entspricht § 188 Abs. 1 Nr. 1 KO) oder einen Teil der Gläubiger unangemessen benachteiligt (vgl. § 16 Abs. 5 S. 3 GesO). Wenn die beiden vorgenannten Versagungsgründe nicht vorliegen, hat das Gericht die Vergleichsbestätigung vorzunehmen, da ein Ermessensspielraum nicht besteht.

Die Vergleichsbestätigung ist auch nicht von Würdigkeitsvoraussetzungen (vgl. § 187 KO) abhängig. Auch eine nachträgliche Aufhebung des Bestätigungsbeschlusses wegen Verurteilung wegen Bankrotts (vgl. § 197 Abs. 1 KO) sieht § 16 GesO nicht vor.

Das Quorum für die Annahme des Vergleichsvorschlags (vgl. § 16 Abs. 4 S. 3 GesO) bezieht sich auf die im Vergleichstermin anwesenden Gläubiger und erleichtert somit im Gegensatz zu § 74 VerglO und insbesondere auch § 182 Abs. 1 KO die Möglichkeit des Zustandekommens eines Vergleichs.

11. Ein Vergleichsvorschlag kann nur vom Schuldner unterbreitet werden. Der Vorschlag kann schriftlich bei Gericht oder mündlich zu Protokoll der Geschäftsstelle erklärt werden.

Der Vergleichsvorschlag muß zwingend (vgl. § 16 Abs. 3 GesO) Höhe, Art und Zeit der Befriedigung der Gläubiger angeben sowie Angaben darüber enthalten, ob und in welcher Weise eine Sicherstellung der Vergleichserfüllung erfolgt (vgl. *Haarmeyer/Wutzke/Förster* § 16 Rdn. 10).

Mit Vorlage eines Vergleichsvorschlages, der den Voraussetzungen gemäß § 16 Abs. 3 GesO entspricht, wird kraft Gesetzes das Gesamtvollstreckungsverfahren in ein Vergleichsverfahren übergeleitet.

12. Als Vergleichsvorschlag nach § 16 Abs. 3 S. 1 GesO sind ein Liquidations-, Stundungs- oder Quotenvergleich sowie Kombinationen dieser Vergleichsarten zulässig. Insbesondere ist auch ein Sanierungsvergleichsvorschlag dahingehend zulässig, daß das schuldnerische Vermögen auf eine Auffanggesellschaft übertragen wird (vgl. *Haarmeyer/Wutzke/Förster* § 16 Rdn. 24 bis 28).

13. Wegen der Vergleichssicherstellung vgl. zunächst oben Anm. 7. Mangels entsprechender Regelung zu § 194 KO kann gegen einen Vergleichsgaranten nicht vollstreckt werden, sondern hier bedarf es der Zahlungsklage.

32. Antrag eines Konkursgläubigers auf Erteilung der Ausfertigung eines vollstreckbaren Tabellenauszuges[1,8]

An das
Amtsgericht (Ort, Datum)
– Konkursgericht[2] –

Az. ......

In dem Konkursverfahren über das Vermögen des A wird die Firma B als Konkursgläubigerin von mir anwaltlich[3] vertreten.
In ihrem Namen habe ich zur Konkurstabelle eine Forderung angemeldet und erhielt auch antragsgemäß eine Bestätigung über die Anerkennung dieser Forderung zwecks Vorlage bei der Kreditversicherung meiner Mandantin[4].
Die angemeldete und auch von dem Gemeinschuldner nicht bestrittene Forderung ist in der Konkurstabelle unter Nr. ...... festgestellt[5,9].
Das Konkursverfahren wurde nach durchgeführter Schlußverteilung durch Beschluß des Konkursgerichts vom ...... aufgehoben[6,10].
Namens der von mir vertretenen Konkursgläubigerin beantrage ich, die Ausfertigung eines vollstreckbaren Tabellenauszuges zu erteilen[7,11].

Rechtsanwalt

Anmerkungen

A. Konkursordnung

1. Nach § 164 Abs. 1 KO können nach Aufhebung des Konkurses Gläubiger, die sich am Verfahren nicht beteiligt haben (vgl. Form. III. F. 24 Anm. 1), ihre volle Forderung und die am Verfahren beteiligten Konkursgläubiger den unbefriedigten Teil ihrer Forderung, jedoch gegebenenfalls unter Beachtung einer Nachtragsverteilung gem. § 166 KO, unbeschränkt geltend machen. Die beteiligten Gläubiger, deren Forderungen festgestellt und von dem Gemeinschuldner im Prüfungstermin oder nachträglich gem. § 165 KO nicht ausdrücklich bestritten worden sind, können gem. § 164 Abs. 2 KO in Verbindung mit den §§ 724 bis 793 ZPO auf Grund eines vollstreckbaren Tabellenauszuges die Zwangsvollstreckung gegen den Schuldner betreiben (vgl. *Kuhn/Uhlenbruck* KO § 164 Rdn. 1; *Uhlenbruck/Delhaes* Rdn. 1045; Form. III. F. 15).

Entsprechendes gilt im Falle der Einstellung des Konkursverfahrens mangels Masse nach § 204 KO gem. § 206 Abs. 2 KO (vgl. *Uhlenbruck/Delhaes* Rdn. 1046) und muß analog auch bei Aufhebung des Konkurses wegen Masseunzulänglichkeit nach abgeschlossenem Verfahren gem. § 60 KO gelten (vgl. Form. III. F. 30; *Weber/Irschlinger/Wirth* KTS 1979, 133/143). Im Verfahren nach Abschluß eines Zwangsvergleichs kann gem. § 194 KO, wie beim Vergleich nach § 85 Abs. 2 VerglO, die vollstreckbare Ausfertigung auch gegen die Vergleichsgaranten erteilt werden (vgl. *Kilger/Karsten Schmidt* § 194 Anm. 2; Form. III. F. 15 Anm. 1).

2. Der Antrag kann schriftlich beim Konkursgericht eingebracht oder mündlich zu Protokoll der Geschäftsstelle erklärt werden.

3. Vgl. Form. III. F. 19 Anm. 4.

4. Vgl. Form. III. F. 24 Anm. 18.

5. Nach § 164 Abs. 2 KO hat die „Feststellung" des Anspruchs als Konkursforderung die Wirkung eines rechtskräftigen Urteils und berechtigt zur Zwangsvollstreckung gegen

den Schuldner. Titel ist der Tabelleneintrag. Ein früherer Titel wird verdrängt (vgl. *Kilger/ Karsten Schmidt* § 164 Anm. 2; *Uhlenbruck/Delhaes* Rdn. 1048; Form. III. F. 24 Anm. 17).

6. Die vollstreckbare Ausfertigung kann auch schon vor Beendigung des Konkursverfahrens beantragt werden. Die vollstreckbare Ausfertigung der Eintragung in die Konkurstabelle kann erst nach Aufhebung des Konkursverfahrens erteilt werden (vgl. *Kuhn/Uhlenbruck* KO § 164 Rdn. 3a).

7. Die vollstreckbare Ausfertigung besteht aus einem Auszug aus der Tabelle mit der Vollstreckungsklausel. Die Wirkung der Forderungsfeststellung in diesem Titel ist jedoch beschränkt auf die Konkursforderung, also auf die persönliche Forderung, so daß dieser Titel als Grundlage für die Verwertung des Gegenstandes eines Absonderungsrechts (vgl. Form. III. F. 25 Anm. 1) nicht geeignet ist. Im Verfahren nach Zwangsvergleich (vgl. Form. III. F. 31) ist der vollstreckbaren Ausfertigung des Tabellenauszuges eine Ausfertigung und des Bestätigungsbeschlusses mit Rechtskraftvermerk sowie gegebenenfalls der Bürgschaftserklärung beigefügt (vgl. *Kilger/Karsten Schmidt* § 194 Anm. 1; *Uhlenbruck/Delhaes* Rdn. 1047, 1051). Die Klausel muß den Einfluß des Zwangsvergleichs klarstellen (vgl. § 15 Nr. 8 AktO), also die Höhe der Zwangsvergleichsquote nennen.

B. Gesamtvollstreckungsordnung

8. Nach § 18 Abs. 2 S. 2 GesO erhalten die Gläubiger durch das Gericht von Amts wegen vollstreckbare auszugsweise Ausfertigungen aus dem bestätigten Gläubigerverzeichnis. Dieses im Prüfungstermin gem. § 11 Abs. 2 S. 1 GesO nach Erörterung der angemeldeten Forderungen erstellte Verzeichnis entspricht der Konkurstabelle iSv. § 140 Abs. 2 KO. Wegen der Wirkung der Eintragung der festgestellten Forderung als rechtskräftiges Urteil gegenüber allen Gläubigern und gegenüber dem Schuldner, sofern er der Feststellung im Prüfungstermin nicht widersprochen hat, ist die Führung der Tabelle Aufgabe des Gerichts (*Haarmeyer/Wutzke/Förster* § 11 Rdn. 35).

9. Der Auszug wird erteilt, wenn weder der Verwalter noch der Gemeinschuldner die Forderung im Prüfungstermin bestritten haben.

10. Obgleich in § 18 Abs. 2 S. 2 GesO nicht ausdrücklich geregelt, setzt die Erteilung der vollstreckbaren Ausfertigung voraus, daß die Schlußverteilung seitens des Verwalters vorgenommen ist, da erst dann der für die Vollstreckung verbleibende Restbetrag feststeht (*Haarmeyer/Wutzke/Förster* § 19 Rdn. 26).

11. § 18 Abs. 2 S. 3 GesO gewährt im Gegensatz zu § 164 Abs. 1 KO und damit dem Postulat des unbegrenzten Nachforderungsrechts dem redlichen Schuldner (vgl. § 18 Abs. 2 S. 3 Halbs. 2 GesO) eine partielle „Restschuldbefreiung". Im Gegensatz zu § 287 Abs. 2 InsO wird dem Gemeinschuldner keine Wohlverhaltensphase von 7 Jahren abverlangt, sondern die Restschuldbefreiung tritt bei Vorliegen der Voraussetzungen sofort ein.

§ 18 Abs. 2 S. 3 GesO lehnt sich an schweizerisches Recht (vgl. *Lübchen/Landfermann* NJ 1991, 401) an. Nach Art. 265 des Bundesgesetzes betreffend Schuldbeitreibung und Konkurs (SchKG) ist die Vollstreckung aus dem Verlustschein, der dem vollstreckbaren Tabellenauszug nach § 18 Abs. 2 S. 2 GesO entspricht, nur zulässig, wenn der Schuldner über ein angemessenes Einkommen hinaus zu Neuvermögen gelangt ist. Dem Schuldner ist die Führung eines standesgemäßen Lebenswandels zuzubilligen (vgl. *Haarmeyer/Wutzke/ Förster* § 18 Rdn. 64, 65; *Wenzel* ZIP 1991, 425/428/429). Neu eingegangene Verbindlichkeiten sind von dem Nettovermögen in Abzug zu bringen (vgl. *Smid*, Arbeitsbuch, S. 151).

Das Verfahren nach § 18 Abs. 2 S. 3 GesO stellt kein Antragsverfahren dar (aA. *Haarmeyer/Wutzke/Förster* § 18 Rdn. 49), sondern die in dem obigen Sinne dargestellte Restschuldbefreiung tritt kraft Gesetzes ein.

Für Streitigkeiten wegen der Vollstreckung in das neue Vermögen des Schuldners ist die Zuständigkeit des Amtsgerichts als Vollstreckungsgericht und nicht des Insolvenzgerichts gegeben (vgl. *Haarmeyer/Wutzke/Förster* § 18 Rdn. 53). Als Rechtsbehelfe kommen entweder in Frage die Rechtspflegererinnerung gem. § 11 Abs. 1 S. 2 RPflg oder die Gerichtsvollziehererinnerung nach § 766 ZPO (vgl. *Wenzel* ZIP 1991, 425/429; *Smid*, Arbeitsbuch, S. 152).

Kraft Gesetzes tritt die Restschuldbefreiung nicht ein, wenn der Schuldner vor oder während des Gesamtvollstreckungsverfahrens zum Nachteil der Gläubiger gehandelt hat (§ 18 Abs. 2 S. 3 Halbs. 2 GesO). Generalisierende Regelungen zu dem Ausschluß der Vollstreckungssperre können nicht aufgestellt werden, wobei sicherlich eine rechtskräftige Verurteilung wegen einer Konkursstraftat (§ 283 ff. StGB), wegen Kreditbetrugs (§ 265 b StGB) oder auch wegen permanenter Verstöße und/oder Behinderungen im Rahmen des anhängigen Gesamtvollstreckungsverfahrens (vgl. *Haarmeyer/Wutzke/Förster* § 18 Rdn. 57), zum Ausschluß der Restschuldbefreiung führen. Der Verstoß des Schuldners muß schuldhaft – vorsätzlich oder grob fahrlässig – gewesen und auf die Gläubiger dieses Verfahrens bezogen sein. Ergänzend kann auf § 17 Ziff. 2 bis 9 VerglO zurückgegriffen werden, jedoch nicht auf die Unwürdigkeitsgründe des § 18 Nr. 1 VerglO. Auch die Regelungen der Restschuldbefreiung gem. § 219 InsO können analog zur Wertung herangezogen werden (vgl. *Haarmeyer/Wutzke/Förster* § 18 Rdn. 55).

IV. Der Arbeitsgerichtsprozeß

A. Leistungsklagen der Arbeitnehmer mit den häufigsten Beklagtenformen im Rubrum

1. Zahlungsklage wegen rückständigen Lohnes und fehlerhafter Eingruppierung, auch im öffentlichen Dienst

An das
Arbeitsgericht

Klage

des Arbeiters/gewerblichen/kfm. Angestellten ......

Klägers

– Prozeßbevollmächtigter: RA ...... –

gegen

den Handwerksmeister ......

Beklagten

wegen Arbeitsvergütung

Namens und mit Vollmacht des Klägers erhebe ich Klage und werde beantragen zu erkennen:
  I. Der Beklagte wird verurteilt, ... DM nebst 4% Zinsen aus dem Nettobetrag seit dem ...... an den Kläger zu zahlen[1].
 II. Der Beklagte trägt die Kosten des Rechtsstreites.

Begründung:[2, 3]

Der am ...... geborene, verheiratete Kläger[4], der ...... Kinder hat, wurde am ...... von dem Beklagten eingestellt. Das Arbeitsverhältnis ist vom Kläger/Beklagten gekündigt zum ...... / besteht ungekündigt fort/wurde am ...... beendet[5]. Der Beklagte betreibt einen Handwerksbetrieb für ......
Beide Parteien sind kraft Organisationszugehörigkeit tarifgebunden. Der Kläger ist Mitglied der IG ......, der Beklagte Mitglied der Handwerksinnung ......[6].
Es gilt mithin der für das ...... Handwerk geltende Lohntarifvertrag/Gehaltstarifvertrag vom ....
Nach § X des Lohnrahmenabkommens ist der Kläger nach seiner überwiegend verrichteten Tätigkeit einzugruppieren. Der Kläger ist in die Vergütungsgruppe/Gehaltsgruppe ...... einzugruppieren[7]. Die Gruppenmerkmale lauten .... Zu dem Aufgabenbereich des Klägers gehört ......[8].
Der Beklagte zahlt nur Vergütung nach Lohngruppe/Gehaltsgruppe .... Der Kläger hat mithin Anspruch auf die Lohndifferenz/Gehaltsdifferenz zur Vergütungsgruppe .... Der Betriebsrat/Personalrat hat bei der Eingruppierung mitzuwirken (§§ 99 ff. BetrVG)/ mitzubestimmen (§ 75 BPersVG). Er hat ......[9]. Die Vergütungsdifferenz beträgt in der Woche bei 40-stündiger Arbeitszeit ...... /im Monat .... Verlangt wird die Nachzahlung für die Zeit vom ...... bis .... Der Beklagte ist am ...... zur Zahlung aufgefordert worden und befindet sich in Verzug (§ 284 BGB). Er weigert sich zu zahlen[10].

Rechtsanwalt

Anmerkungen

1. Zulässig ist auch ein Feststellungsantrag, festzustellen, daß der Kläger Vergütung nach Vergütungsgruppe ...... des Lohn/Gehaltstarifvertrages für ...... vom ...... zu beanspruchen hat (*Schaub* ArbR-Formb. § 91 III; ArbR-Hdb. § 67 II). Im öffentlichen Dienst wird regelmäßig geklagt, daß der Arbeitnehmer aus einer bestimmten Vergütungsgruppe zu entlohnen ist (BAG AP Nr. 56 zu § 3 TOA; AP Nr. 46 zu § 256 ZPO; AP Nr. 53 zu §§ 22, 23 BAT; AP Nr. 4 zu § 23 a BAT). Dagegen ist eine Klage unzulässig, wenn darüberhinaus die Feststellung begehrt wird, daß der Arbeitnehmer nach einer bestimmten Fallgruppe innerhalb der Vergütungsgruppe zu entlohnen sei (BAG AP Nr. 14 zu § 23 a BAT; AP Nr. 3 zu §§ 22, 23 Kn AT; AP Nr. 10 zu § 24 BAT). Dies gilt auch, wenn davon der Bewährungsaufstieg abhängt. Mit der Feststellungsklage kann auch ein Antrag verbunden werden, die sich aus der Einreihung in die höhere Vergütungsgruppe ergebenden Nachzahlungen zu verzinsen (BAG AP Nr. 30 zu §§ 22, 23 BAT; anders bei fehlendem Verschulden: BAG AP 49 zu §§ 22, 23, BAT 1975 = NJW 1982, 2279; AP Nr. 2 zu § 21 MTL II; AP Nr. 1 zu § 21 MTL II). Im öffentlichen Dienst spricht das BAG in aller Regel nur Rechtshängigkeitszinsen aus dem Nettobetrag zu (BAG AP 49 zu §§ 22, 23 BAT 1975).

2. Alternative für eine einfache Leistungsklage: Der im Jahre ...... geborene Kläger steht seit dem ...... als ...... in den Diensten der Beklagten. Der Kläger verdiente ...... DM im Monat/in der Woche/in der Stunde. Der Beklagte hat seit dem ...... keine Vergütung mehr gezahlt. Der Beklagte schuldet mithin Nachzahlung für die Zeit von ...... bis ...... in Höhe von ...... DM.

3. Alternative für eine Eingruppierungsklage im öffentlichen Dienst:[11]
Der Kläger ist graduierter Bauingenieur und steht seit dem ...... als techn. Angestellter beim ...... in den Diensten des Beklagten. Das Arbeitsverhältnis richtet sich aufgrund Organisationszugehörigkeit/einzelvertraglicher Vereinbarung nach dem Bundesangestelltentarifvertrag vom 1. 2. 1961 in seiner jeweils geltenden Fassung. Der Kläger bezieht nach seinem Arbeitsvertrag Vergütung nach VergGr IVa der Anlage 1 zum BAT. Der Kläger ist der Auffassung, daß ihm Vergütung nach VergGr ...... der Anlage 1 zum BAT zusteht. Die Vergütungsgruppenmerkmale haben nachfolgenden Wortlaut .... Der Kläger wird im ...... Amt beschäftigt. Dieses Amt wird von dem ...... geleitet. Dem Amtsleiter unterstehen die vom Kläger geleitete Abteilung sowie die Abteilungen .... Der Amtsleiter ist Dipl.-Ing. und als Angestellter in die VergGr ...... BAT eingruppiert. Die Abteilungsleiter sind in die Vergütungsgruppe ...... eingereiht. Nur der Kläger befindet sich in der VergGr IVa BAT. Der Kläger erfüllt die Voraussetzungen des Arbeitsvorganges .... Ihm obliegen nachfolgende Einzelaufgaben: (1) Aufstellen von Entwürfen ...... (2) Ermittlung von Kostenbeteiligungen Dritter ...... (3) Aufstellung und Prüfung von Ausschreibungsunterlagen ...... (4) Bauüberwachung und Abrechnung ...... usw.
Der Kläger erfüllt mit seiner Tätigkeit die Grundmerkmale der VergGr .... Er erfüllt aber auch die Heraushebungsmerkmale der VergGr ....

4. Im Arbeitsrecht ist es üblich, die Sozialdaten des Klägers anzugeben, auch wenn es nicht entscheidungserheblich ist.

5. Angaben zur Beendigung sind wegen Vergleichsbemühungen von Bedeutung.

6. Tarifgebunden sind die Parteien, wenn sie Mitglieder der den Tarifvertrag abschließenden Organisationen sind (§ 3 TVG) oder dieser für allgemeinverbindlich (§ 5 TVG) erklärt worden ist (*Schaub* ArbR-Hdb. §§ 206, 207). Für Betriebsnormen reicht auch die Tarifbindung des Arbeitgebers aus. Handwerksmeister sind idR. Mitglied der Innung (Landesinnung), die den Tarifvertrag abgeschlossen hat.

7. Die Eingruppierung hat nur deklaratorische, dagegen keine konstitutive Bedeutung (*Schaub* ArbR-Hdb. § 67 II; MünchKomm/*Schaub* § 612 Rdn. 34). Im allgemeinen erfolgt

die Eingruppierung nach der überwiegend vom Arbeitnehmer verrichteten Tätigkeit. Eine Besonderheit besteht für Eingruppierungsklagen nach dem BAT. Hier sind zunächst die Arbeitsvorgänge zu ermitteln. Alsdann werden diese unter die einzelnen Gruppenmerkmale subsumiert.

8. Der Kläger ist für die Tatsachen darlegungs- und beweispflichtig, aus denen sich der Schluß ziehen läßt, daß er die tariflichen Tätigkeitsmerkmale unter Einschluß der darin vorgesehenen Qualifikationen erfüllt (BAG AP Nr. 16, 36 zu §§ 22, 23 BAT 1975).

9. Betriebs- und Personalrat haben bei der Ein-, Um- und Höhergruppierung ein Mitwirkungs-/Mitbestimmungsrecht (vgl. §§ 99 ff. BetrVG, § 75 BPersVG), vgl. für den Privatdienst: BAG AP Nr. 4 zu § 99 BetrVG 1972; für den öffentlichen Dienst: BAG AP Nr. 34, 54, 95 zu §§ 22, 23 BAT; AP Nr. 3 zu § 24 BAT; AP Nr. 8, 9, 11 zu § 71 PersVG; AP Nr. 5, 6, 8, 9, 10 zu § 1 TVG Tarifverträge: BAVAV. Hat der Arbeitnehmer in der Vergangenheit höherwertige Tätigkeit verrichtet, hat er Anspruch auf höhere Vergütung (BAG AP Nr. 72, 95 zu §§ 22, 23 BAT; AP Nr. 8 zu §§ 22, 23 BAT 1975). Führt der Arbeitgeber eine Ein- oder Umgruppierung ohne oder gegen die Mitwirkung des Betriebsrats/Personalrats durch, so sind sie zivilrechtlich wirksam. Der Betriebsrat/Personalrat hat nur Anspruch darauf, daß seine Zustimmung eingeholt wird. Ist die Ein- oder Umgruppierung dagegen rechtswidrig, kann er verlangen, daß die Maßnahme rückgängig gemacht wird (BAG AP Nr. 5, 6 zu § 101 BetrVG 1972; AP Nr. 27 zu § 118 BetrVG 1972; AP Nr. 37 zu § 99 BetrVG 1972; AP Nr. 9 zu Art. 33 Abs. 2 GG).

10. Es ist nach prozeßtaktischen Erwägungen zu entscheiden, ob die Einwendungen schon in der Klageschrift substantiiert werden oder nicht.

11. Nach § 22 Abs. 2 BAT ist der Angestellte in die Vergütungsgruppe einzugruppieren, deren Tätigkeitsmerkmale die gesamte von ihm nicht nur vorübergehend auszuübende Tätigkeit entspricht. Die gesamte auszuübende Tätigkeit entspricht den Tätigkeitsmerkmalen einer VergGr, wenn zeitlich mindestens zur Hälfte Arbeitsvorgänge anfallen, die für sich genommen die Anforderungen eines Tätigkeitsmerkmals oder mehrerer Tätigkeitsmerkmale der VergGr erfüllen (§ 22 Abs. 2 Unterabs. 2 S. 1 BAT). Der Begriff des Arbeitsvorganges ergibt sich aus der Protokollnotiz Nr. 1 zu § 22 BAT. Das BAG hat den Arbeitsvorgang als eine unter Hinzuziehung der Zusammenhangstätigkeit und bei Berücksichtigung einer vernünftigen, praktischen Verwaltungsübung nach tatsächlichen Gesichtspunkten abgrenzbare und tariflich selbständig bewertbare Arbeitseinheit der zu einem bestimmten Arbeitsergebnis führenden Tätigkeit eines Angestellten definiert (vgl. BAG AP Nr. 2 zu §§ 22, 23 BAT 1975). Ist ein Arbeitnehmer mit der Vollstreckung von Steuerbescheiden beauftragt, so ist Arbeitsergebnis die Beitreibung der Steuerforderung. Es liegt ein einheitlicher Arbeitsvorgang vor, unabhängig davon, ob in Grundstücke, bewegliche Sachen oder Forderungen vollstreckt wird. Der Kläger hat bei einer Eingruppierungsfeststellungsklage die Einzelheiten seiner Tätigkeit sowie sämtliche Tatsachen vorzutragen, die das Gericht zur rechtlichen Bestimmung der Arbeitsvorgänge kennen muß. Jedoch hat der Kläger nicht die Pflicht, seine Tätigkeit bereits nach Arbeitsvorgängen vorgegliedert den Tatsachengerichten zu schildern (BAG AP Nr. 36, 47, 67 zu §§ 22, 23 BAT 1975). Es gibt keinen Rechtsgrund dafür, den Angestellten des öffentlichen Dienstes tagebuchartige oder sonstige Aufzeichnungen über die Einzelheiten ihrer Tätigkeit und deren Zeitaufwand abzuverlangen (AP Nr. 36 aaO.). Ausgangspunkt der Rechtsprechung des BAG, welche Anforderungen an die Darlegung zum Arbeitsvorgang zu stellen sind, war die Entscheidung vom 28. 3. 1979 (BAG AP Nr. 19 zu §§ 22, 23 BAT 1975). Ein Kläger verlangte Vergütung nach VergGr. V BAT, Fallgr. 1c. Dort werden neben gründlichen und vielseitigen Fachkenntnissen selbständige Leistungen gefordert. Dazu wurde ausgeführt, daß mindestens zur Hälfte selbständige Leistungen anfallen müssen und die Tätigkeitsmerkmale für einen einzelnen tariflich zu bewertenden Arbeitsvorgang erst dann erfüllt sind, wenn im Arbeitsvorgang mindestens zur Hälfte selbständige Leistungen anfallen. Diese Rechtsprechung wurde bestätigt von BAG AP Nr. 53, 68, 89 zu §§ 22, 23 BAT 1975. Sie hat bei den

Tarifpartnern keine Zustimmung gefunden; zu einer Änderung der Tarifverträge ist es jedoch nicht gekommen. Die Rechtsprechung konnte sich zum Vor- wie Nachteil der Arbeitnehmer auswirken. Fallen zB. 50% Arbeitsvorgänge an, in denen jeweils ein Drittel selbständige Leistungen zu erbringen waren, reichte bereits dieses aus, um eine Höhergruppierung zu erzielen. Andererseits konnte ein Arbeitnehmer mit 49% Arbeitsvorgängen mit selbständigen Leistungen eine Höhergruppierung nicht erreichen. Dies hat zur Änderung der Rechtsprechung am 19. 4. 1986 geführt (BAG AP Nr. 116 zu §§ 22, 23 BAT 1975). Seither nimmt das BAG an, daß immer dann, wenn tarifliche Anforderungen in einem bestimmten zeitlichen Ausmaß gefordert werden, nicht darauf abzustellen ist, ob die Hälfte der Gesamtarbeitszeit ausmachende Arbeitsvorgänge ihrerseits das tariflich geforderte Ausmaß der Qualifizierung erfüllen, sondern jeweils zu prüfen ist, ob in dem geforderten Ausmaß der Gesamtarbeitszeit Arbeitsvorgänge anfallen, die ihrerseits die tariflichen Anforderungen erfüllen. Es muß also die Gesamttätigkeit darauf überprüft werden, ob sie noch den erforderlichen Anteil an Tätigkeiten enthält, die den Qualifizierungsmerkmalen genügt. Diese Rechtsprechung ist fortgesetzt in BAG AP Nr. 115, 120 zu §§ 22, 23 BAT 1975. Eine Übersicht über die von der Rechtsprechung anerkannten Arbeitsvorgänge ergibt sich aus *Schaub* ArbR Hdb. § 186 III 4. Arbeitsvorgänge sind zB. Stoffsammlung für eine Dokumentation, Durchsicht von Zeitungen und Zeitschriften zum Zwecke der Unterbreitung von Themenvorschlägen, Zeitungslektüre zur persönlichen Unterrichtung bei einem Redakteur, Erstellung von Bebauungsplänen usw. Regelmäßig bauen die VergGr des öffentlichen Dienstes aufeinander auf. Es ist mithin zunächst darzulegen, daß der Arbeitsvorgang die Ausgangsvergütungsgruppe erfüllt; alsdann sind die jeweiligen Hervorhebungsmerkmale der höheren Vergütungsgruppe herauszustellen. Zusammenstellung der Rechtsprechung bis 1980: *Scherr,* Die Rechtsprechung des BAG zur Eingruppierung von BAT-Angestellten, ArbuR 1980, 269; danach *Schaub* PersV 1986, 47; *Menken* PersV 1985, 498; zur Rechtsprechungsänderung 1986: *Clemens* ZTR 1987, 74; *Jesse* ZTR 1987, 193; *Neumann* ZTR 1987, 41.

Kosten und Gebühren

Vermögensrechtliche Streitigkeit: § 64 Abs. 2 ArbGG; Berechnung des Beschwerdewertes: § 64 Abs. 6 ArbGG; §§ 511a, 2 ff. ZPO; Berechnung des Gebührenstreitwertes: §§ 1 Abs. 3, 12, 17 GKG. Besonderheiten bei Alternativvorschlag Anm. 1: § 12 Abs. 7 ArbGG. Gerichtsgebühren: § 12 Abs. 1, 2 ArbGG. Rechtsanwaltsgebühren: § 9 Abs. 1 BRAGO; bei Veränderung des Streitwertes während Instanz: §§ 31, 10 Abs. 1 BRAGO. Nach hM. ist bei unrichtiger Festsetzung des Gebührenstreitwertes die Beschwerde nicht gegeben (§ 25 Abs. 2 GKG). Die abweichende Meinung der früheren Auflagen hat sich nicht durchgesetzt (LAG Hamburg AnwBl. 1989, 167).

2. Klage gegen Einzelkaufmann auf Über- und Mehrarbeitsstundenvergütung

An das
Arbeitsgericht

Klage

des kaufmännischen Angestellten ......   Klägers

– Prozeßbevollmächtigter: RA ...... –

gegen

den Kaufmann ......   Beklagten

wegen Über- und Mehrarbeitsstundenvergütung.

2. Klage gegen Einzelkaufmann auf Über- und Mehrarbeitsstundenvergütung IV. A. 2

Namens und mit Vollmacht des Klägers erhebe ich Klage und werde beantragen zu erkennen:

I. Der Beklagte wird verurteilt, ... DM nebst 4% Zinsen seit dem ...... an den Kläger zu zahlen.

II. Der Beklagte trägt die Kosten des Rechtsstreits.

Begründung:

Der am ...... geborene Kläger war vom ...... bis ...... als ...... bei dem Beklagten beschäftigt. Das Arbeitsverhältnis wurde vom Kläger beendet, weil es zu ständigen Auseinandersetzungen über die geforderte Über- und Mehrarbeit[1] gekommen ist. Die Parteien sind nicht tarifgebunden[2].

Der Kläger hat monatlich ...... DM verdient. Im Betrieb des Beklagten wird betriebsüblich 40 Stunden wöchentlich in der 5-Tage-Woche gearbeitet[3]. Ein Tag ist in der Woche jeweils dienstfrei. Die freien Tage wechseln jeweils wöchentlich/monatlich.

Seit dem ...... mußte der Kläger jedoch an allen Wochentagen während der geschäftsoffenen Zeit arbeiten. Ihm wurde lediglich täglich eine Mittagszeit von 12.00–12.30 Uhr eingeräumt.

Der Beklagte hat die Über- und Mehrarbeitsstunden angeordnet[4–6], weil der Arbeitskollege des Klägers erkrankt ist und andere Arbeitnehmer in der Abteilung nicht zur Verfügung standen. Der Kläger hat bei einer Geschäftszeit von montags bis freitags von 9.00–18.30 Uhr und sonnabends von 9.00 bis 14.00 Uhr 50 Stunden wöchentlich gearbeitet. Ihm steht mithin für wöchentlich acht Stunden Überstundenvergütung zu (§ 612 Abs. 1 BGB). Überstunden, also Stunden, die über die regelmäßige betriebliche Arbeitszeit hinaus geleistet werden, sind nur gegen eine besondere Vergütung zu erwarten (§ 612 Abs. 1 BGB). Die Überstundenvergütung ist nach § 612 Abs. 2 BGB zu berechnen[7]. Neben der Grundvergütung ist ein Tarifzuschlag von 25% üblich. Dem Kläger stehen mithin ...... für den Monat zu. Diese berechnen sich aus der Grundvergütung (Monatsgehalt × 3 Monate geteilt durch [40h × 13 Wochen] und einem Zuschlag in Höhe von 25 vH. ...... Darüberhinaus hat der Kläger wöchentlich zwei Mehrarbeitsstunden geleistet. Die werktägliche Arbeitszeit darf acht Stunden nicht übersteigen (§ 3 ArbZG). Auch diese Zeit ist zu vergüten. Dies ergibt sich aus dem Arbeitsvertrag. Es ergibt sich mithin ein weiterer Anspruch in Höhe von ......

Der Beklagte weigert sich zu zahlen, weil er rechtsirrtümlich glaubt, Überstunden brauchten bei fehlender Tarifbindung nicht bezahlt zu werden.

Rechtsanwalt

Anmerkungen

1. Überstunden sind die über die regelmäßige betriebliche Arbeitszeit, Mehrarbeitsstunden die über die nach dem ArbZG zulässige Arbeitszeit geleisteten Stunden (*Schaub* ArbR-Hdb. § 45 VII 2).

2. Zur Tarifbindung vgl. Form. IV. A. 1 Anm. 6.

3. Bei der in vielen Wirtschaftszweigen durchgeführten Flexibilisierung der Arbeitszeit ist umstr., ob bereits ab der 38,5 Stunde Überstundenvergütung zu zahlen ist (Münchener Vertragshandbuch Bd. 4/*Schaub* Form. V. 31). Dies hängt ab von der jeweiligen Formulierung des Tarifvertrages und der Art der Arbeitszeitgestaltung.

4. Alternative bei Tarifbindung: Nach dem Rahmentarifvertrag für ...... vom ...... hatte der Kläger eine wöchentliche Arbeitszeit von ......, diese war auf fünf Tage in der Woche verteilt. Wöchentlich war ein Tag dienstfrei .... Für geleistete Überarbeit ist tariflich ein Zuschlag von 25% vorgesehen. Der Kläger hat mithin Anspruch ....

5. Der Kläger ist im Über- und Mehrarbeitsstundenprozeß darlegungs- und beweispflichtig: a) für die regelmäßige übliche Arbeitszeit; b) die täglich geleistete Überarbeit/

Mehrarbeit; c) daß die Überarbeit/Mehrarbeit entweder angeordnet worden ist oder betriebsnotwendig war und vom Arbeitgeber geduldet worden ist (BAG v. 4. 5. 1994 – 4 AZR 445/93 – NZA 1994, 1035; *Schaub* ArbR-Hdb. § 69 III).

6. Der Arbeitnehmer schuldet regelmäßig nur im Rahmen bestimmter Arbeitszeiten Arbeitsleistung. Leistet er Über- und Mehrarbeit, so folgt die Vergütungspflicht nach § 612 Abs. 1 BGB. Die Höhe wird nach § 612 Abs. 2 BGB berechnet. Der Arbeitnehmer ist auch insoweit darlegungs- und beweispflichtig (MünchKomm/*Schaub* § 612 Rdn. 195 ff.).

7. Die Darlegungs- und Beweislast für Mehrarbeitsstunden entspricht der bei Überstunden (*Schaub* ArbR-Hdb. § 69 II). Für die über die 48 Stunden hinaus geleistete Arbeit besteht nach dem ArbZG kein gesetzlicher Anspruch auf Vergütung. Der Anspruch muß mithin aus dem Arbeitsvertrag abgeleitet werden.

Kosten und Gebühren

Vermögensrechtliche Streitigkeit: § 64 Abs. 2 ArbGG; Beschwerdewert: § 64 Abs. 6 ArbGG; §§ 511a, 2 ff. ZPO. Gebührenstreitwert: § 1 Abs. 3 GKG. Gerichtsgebühren: § 12 Abs. 1, 2 ArbGG. Rechtsanwaltsgebühren: § 9 Abs. 1 BRAGO, bei Streitwertänderung §§ 31, 10 Abs. 1 BRAGO. Nach hM. ist bei unrichtiger Festsetzung des Gebührenstreitwertes die Beschwerde nicht gegeben (§ 25 Abs. 2 GKG). Die abweichende Meinung der Vorauflagen hat sich nicht durchgesetzt (LAG Hamburg AnwBl. 1989, 167).

3. Klage gegen einen Freiberufler auf Vergütungsfortzahlung bei Arbeitsverhinderung[1] und im Krankheitsfalle[2]

An das
Arbeitsgericht

Klage

des Arbeiters/Angestellten ......   Klägers

– Prozeßbevollmächtigter RA ...... –

gegen

Rechtsanwalt ......

Beklagten

wegen Arbeitsverhinderung und Gehaltsfortzahlung im Krankheitsfalle
Namens und mit Vollmacht des Klägers erhebe ich Klage und werde beantragen zu erkennen:
 I. Der Beklagte wird verurteilt, ... DM nebst 4% Zinsen aus dem Nettobetrag seit dem ...... an den Kläger zu zahlen.
II. Der Beklagte trägt die Kosten des Rechtsstreits.

Begründung:

Der ...... Jahre alte, verheiratete Kläger ist seit dem ...... bei dem Beklagten beschäftigt. Das Arbeitsverhältnis besteht ungekündigt fort. Der Kläger verdient ...... DM monatlich. Vom ...... bis ...... war der Kläger arbeitsunfähig krank. Der Kläger hat die Erkrankung unverzüglich angezeigt[3] und eine ärztliche Bescheinigung[4] vorgelegt.
Der Beklagte weigert sich zu Unrecht, Vergütungsfortzahlung im Krankheitsfalle zu erbringen. Diese beträgt ......[5].

3. Klage gegen einen Freiberufler auf Vergütungsfortzahlung   IV. A. 3

Der Beklagte wird sich voraussichtlich darauf berufen, der Kläger habe die Erkrankung verschuldet[6]. Dies ist aber unzutreffend. Die Erkrankung beruht auf einem Verkehrsunfall. Der Kläger ist an einer unübersichtlichen Stelle von einem überholenden Fahrzeug gerammt worden. Allerdings hatte er keinen Sicherheitsgurt angelegt[7]. Hierauf ist jedoch der Unfall und die Erkrankung nicht zurückzuführen. Auch die Dauer der Erkrankung ist nicht beeinflußt worden.

Der Kläger mußte nach Wiederherstellung seiner Arbeitsfähigkeit noch wiederholt zu Nachuntersuchungen und Heilbehandlungen eines Masseurs. Zu den Nachuntersuchungen ist er vom Arzt bestellt worden. Beweis: .... Den Massagetermin hat er jeweils mit dem Masseur vereinbart; aus medizinischen Gründen sollen die Massagen in bestimmten Zeitabständen verabfolgt werden. Die Massagetermine wurden daher auch entsprechend den Möglichkeiten des Masseurs vereinbart. Beweis: .... Hierdurch ergab sich die Notwendigkeit, daß die Arzt- wie die Masseurbesuche häufig während der Arbeitszeit stattfinden mußten. Der Beklagte hat dem Kläger wegen der Arztbesuche ...... DM und wegen der Massagen ...... DM vom Gehalt für den Monat ...... abgezogen. Dieser Abzug ist nicht gerechtfertigt. Er wird gleichfalls mit der Klage verlangt.

Rechtsanwalt

Anmerkungen

1. a) Grundsätzlich ist für alle Arbeitnehmer der Anspruch auf Vergütungsfortzahlung bei persönlicher Arbeitsverhinderung in § 616 BGB geregelt. In seiner älteren Rechtsprechung hat das BAG angenommen, daß bei Erkrankung naher Angehöriger, insbesondere von Kindern der Anspruch auch aus §§ 63 HGB, 133c GewO abgeleitet werden könne, weil die Erkrankung ein Unglück im Rechtssinne sei. In neuerer Zeit ist es hiervon abgerückt (BAG AP Nr. 49 zu § 616 BGB = NJW 1980, 903). Allerdings sei die Krankheit ein Unglück. Dieses Unglück hindere aber noch nicht die Arbeitsleistung, sondern erst die übernommene Pflege für das Kind bzw. den nahen Angehörigen. Der Sinn der Rechtsprechung lag darin, den Tarifpartnern eine Regelungsmöglichkeit zu eröffnen, da § 616 Abs. 1 S. 1 BGB dispositiv, dagegen §§ 63 HGB, 133c GewO nicht dispositiv waren (BAG AP Nr. 51 zu § 616 BGB). Inzwischen sind durch das EntgeltFG die Vorschriften für die Entgeltfortzahlung im Krankheitsfall vereinheitlicht.

b) Der Anspruch aus § 616 BGB hat drei Voraussetzungen, von denen der Arbeitnehmer zwei darzulegen und zu beweisen hat. (1) Der Arbeitnehmer muß vom vertragsmäßigen Beginn der Arbeitsleistung bis zu dessen Beendigung durch einen in seiner Person liegenden Grund an der Arbeitsleistung verhindert sein. Eine persönliche Arbeitsverhinderung ist dann gegeben, wenn dem Arbeitnehmer nach Treu und Glauben nicht zugemutet werden kann, seinen Arbeitspflichten nachzukommen. Hierzu gehören familiäre Ereignisse wie Tod, Begräbnis, Geburt, Hochzeiten, persönliche Arbeitshindernisse wie Arztbesuche, ärztliche Behandlungen usw. sowie Wahrnehmung von öffentlichen Aufgaben bei Ladung zu Behörden, Gerichten, Ausübung politischer Ämter usw. Keine persönlichen Arbeitsverhinderungen sind objektive Leistungshindernisse wie Straßensperren, Witterungskatastrophen wie Schnee und Glatteis (BAG AP Nr. 58 zu § 616 BGB; AP Nr. 59 aaO. = NJW 1983, 1078) usw. Das Ereignis ist für die Verhinderung ursächlich, wenn der Arbeitnehmer vernünftigerweise die Angelegenheiten nicht außerhalb seiner Dienstzeit regeln konnte. Arztbesuche und Behandlungen können daher während der Arbeitszeit vorgenommen werden, wenn die Heil- oder Hilfsperson andere Termine nicht zur Verfügung stellt. (2) Die Zeitspanne der verhältnismäßig nicht erheblichen Zeit ist unter Berücksichtigung der Umstände des Einzelfalles zu bestimmen. Als Bestimmungskriterien kommen vor allem in Betracht das Verhältnis der Verhinderungszeit zur Gesamtdauer des Arbeitsverhältnisses, die für den Verhinderungsgrund objektiv notwendige Zeit. Im Krankheitsfall ist als nicht erhebliche Zeit ein Zeitraum von sechs Wochen, bei der Notwendigkeit der Pflege von erkrankten Kindern unter zwölf Jahren für jedes Kind längstens für 10 Arbeitstage, für Alleinerziehende für 20 Arbeitstage angemessen (vgl. § 45 SGB V). Die Arbeitsfreistellung braucht nicht in unmittelbarem Zusammenhang mit dem auslösenden Ereignis zu stehen (bei Sterbefall kann die Verhinderung der Begräbnistag sein). (3) Nach h.M. ist ein vom Arbeitgeber darzulegendes und zu beweisendes Verschulden dann anzunehmen, wenn der Arbeitnehmer in grober Weise gegen das von einem verständigen Menschen in eigenem Interesse zu erwartende Verhalten verstößt.

c) Der Anspruch aus § 616 BGB kann durch Tarifvertrag oder Arbeitsvertrag für die Fälle der Arbeitsverhinderung, nicht dagegen der Krankheit abbedungen werden (BAG AP Nr. 1 zu § 26 ArbGG 1979; AP Nr. 62 zu § 616 BGB = NJW 1984, 1706). Eine tarifliche Abdingung ist aber noch nicht dann gegeben, wenn der Tarifvertrag keine abschließende Regelung der Verhinderungsfälle enthält (der Arbeitnehmer hat insbesondere Anspruch, wenn ......). Dagegen ist der Anspruch nach § 616 Abs. 1 S. 1 BGB ausgeschlossen, wenn der Tarifvertrag bestimmt, daß nur die geleistete Arbeit bezahlt wird und hiervon einzelne Ausnahmen macht (BAG AP Nr. 55, 58 zu § 616 BGB). Hieraus ergibt sich, daß in den verschiedenen Tarifverträgen unterschiedlich geregelt sein kann, ob Arztbesuche zu vergüten sind (vgl. BAG AP Nr. 22 zu § 1 TVG Tarifverträge: Metallindustrie = NJW 1984, 2720; AP Nr. 64 zu § 616 BGB = NJW 1984, 2720).

2. Durch das Gesetz zur sozialen Absicherung des Risikos der Pflegebedürftigkeit (Pflege-Versicherungsgesetz – PflegeVG) vom 26. 5. 1994 (BGBl I 1014) wurde das Gesetz über die Zahlung des Arbeitsentgelts an Feiertagen und im Krankheitsfall (Entgeltfortzahlungsgesetz) erlassen. Nach seinem persönlichen Geltungsbereich gilt es für alle Arbeitnehmer und im Bereich der Heimarbeit. Arbeitnehmer sind Arbeiter und Angestellte und die zur Berufsausbildung Beschäftigten. Im Bereich der Seeschiffahrt bestehen noch einige Sonderregeln.

3. Alle Arbeitnehmer sind zur Anzeige verpflichtet; dies folgt aus vertraglicher Nebenpflicht und aus § 5 EntgeltFG. Im Falle der Nichtanzeige kann der Arbeitnehmer schadensersatzpflichtig werden; uU. besteht auch nach vorheriger Abmahnung ein Recht zur ordentlichen oder außerordentlichen Kündigung (*Schaub* ArbR-Hdb. §§ 98 VI, 130 II).

4. Dauert die Arbeitsunfähigkeit länger als drei Kalendertage, hat der Arbeitnehmer eine ärztliche Bescheinigung über das Bestehen der Arbeitsunfähigkeit sowie deren voraussichtliche Dauer spätestens an dem darauffolgenden Arbeitstag vorzulegen. Gemeint ist der vierte und nicht der fünfte Tag. Der Arbeitgeber ist berechtigt, die Vorlage der ärztlichen Bescheinigung früher zu verlangen (§ 5 EntgeltFG). Der Arbeitgeber wird nicht generell die Vorlage am ersten Tag verlangen können. Andererseits braucht er für das Verlangen keinen besonderen Grund. Die Vorlage darf aber nicht mißbräuchlich verlangt werden.

Der Arbeitnehmer ist darlegungs- und beweispflichtig für die Voraussetzung der Arbeitsvergütung ohne Arbeitsleistung, also daß die Arbeitsunfähigkeit infolge Krankheit eingetreten ist. Der Nachweis wird regelmäßig durch ein ärztliches Attest geführt. Für seine Richtigkeit spricht der Anscheinsbeweis, er kann erschüttert werden, wenn der Arbeitgeber greifbare Anhaltspunkte dafür erbringt, daß der Arbeitnehmer nicht krank war (BAG AP Nr. 2 zu § 3 LohnFzG = NJW 1977, 350) oder das Attest ein Gefälligkeitsattest war. Hat der Arbeitgeber Umstände nachgewiesen, die zu ernsthaften Zweifeln an der Erkrankung Anlaß bieten, so hat eine erschöpfende und in sich widerspruchsfreie Würdigung aller Umstände im Rahmen des § 286 ZPO zu erfolgen (*Schaub* ArbR-Formb. § 97 V 4). Einer von einem ausländischen Arzt im Ausland ausgestellten Arbeitsunfähigkeitsbescheinigung kommt im allgemeinen der gleiche Beweiswert zu wie einer von einem deutschen Arzt ausgestellten Bescheinigung (EuGH NJW 1992, 2687).

5. Es gilt das Lohnausfallprinzip (§ 4 EntgeltFG). Es ist das Arbeitsentgelt fortzuzahlen, das dem Arbeitnehmer bei der für ihn maßgebenden regelmäßigen Arbeitszeit für den Zeitraum der Arbeitsunfähigkeit zustehen würde (vgl. BAG AP Nr. 40 zu § 63 HGB = NJW 1986, 2906). Bei Zeitlöhnern (5-Tage-Woche): Drei-Monatsverdienst geteilt durch

65 mal Zahl der mit Fehlzeit belegten Arbeitstage. Bei Leistungslöhnern Errechnung der wahrscheinlich ausgefallenen Vergütung. Hierbei kann auf den Durchschnitt der letzten drei Monate zurückgegangen werden. Entsprechendes gilt bei Zeitlöhnern mit wechselndem Zuschlag (*Schaub* ArbR-Hdb. § 98 V; MünchKomm/*Schaub* § 616 Rdn. 104).

6. Der Beklagte ist für das Verschulden darlegungs- und beweispflichtig (BAG AP Nr. 13 zu § 1 ArbKrankG; AP Nr. 12 zu § 63 HGB; AP Nr. 8, 18, 26 zu § 1 LohnFzG). Hat der an Alkoholabhängigkeit erkrankte Arbeitnehmer sich einer stationären Entziehungskur unterzogen, ist er dabei über die Gefahren des Alkohols für sich aufgeklärt worden, und ist es ihm abschließend gelungen, für längere Zeit (mehrere Monate) abstinent zu bleiben, dann kann ein schuldhaftes Verhalten vorliegen, wenn er sich wieder dem Alkohol zuwendet und dadurch erneut arbeitsunfähig krank wird (BAG AP Nr. 75 zu § 616 BGB).

7. Nach Auffassung des BAG handelt ein Arbeitnehmer, der die vorgeschriebenen Sicherheitsgurte nicht anlegt, schuldhaft. Er verliert seinen Anspruch auf Lohnfortzahlung jedoch nur dann, wenn und soweit die bei einem Unfall erlittenen Verletzungen auf das Nichtanlegen des Sicherheitsgurts zurückzuführen sind (BAG NJW 1982, 1013).

Kosten und Gebühren

Vermögensrechtliche Streitigkeit: § 64 Abs. 2; Beschwerdewert: § 64 Abs. 6 ArbGG, §§ 511a, 2 ff. ZPO; Gebührenstreitwert: § 1 Abs. 3 GKG; Gerichtsgebühren: § 12 Abs. 1, 2 ArbGG; Rechtsanwaltsgebühren: § 9 Abs. 1 BRAGO, bei Streitwertänderung: §§ 31, 10 Abs. 1 BRAGO. Nach hM. ist bei unrichtiger Festsetzung des Gebührenstreitwertes die Beschwerde nicht gegeben (§ 25 Abs. 2 GKG). Die abweichende Meinung der Vorauflagen hat sich nicht durchgesetzt (LAG Hamburg AnwBl. 1988, 167).

4. Klage des Arbeiters gegen einen Sachverständigen wegen Vergütungsfortzahlung bei Kur und Krankheit

An das
Arbeitsgericht

Klage

des Arbeiters ......

– Klägers –

–Prozeßbevollmächtigter: RA –

gegen

den Sachverständigen ......

Namens und mit Vollmacht des Klägers erhebe ich Klage und werde beantragen zu erkennen:
  I. Der Beklagte wird verurteilt, ... DM nebst 4% Zinsen seit dem ...... und weitere ...... DM nebst 4% Zinsen seit dem ...... jeweils aus dem Nettobetrag an den Kläger zu zahlen.
  II. Der Beklagte trägt die Kosten des Rechtsstreits.

Begründung:

Der Beklagte ist Sachverständiger für Bauwesen. Er ist gemäß § 36 GewO öffentlich bestellt worden. Der Kläger ist seit dem ...... als Arbeiter bei dem Beklagten beschäftigt.

Der Kläger war wegen eines Herzinfarktes vom 1. 3. ...... bis 15. 7. arbeitsunfähig krank. Nach seiner Genesung hat er wieder bei dem Beklagten gearbeitet. Am 15. 9. ...... bewilligte ihm die Landesversicherungsanstalt ein Heilverfahren in Bad .... Die Kosten des Heilverfahrens sind von der Landesversicherungsanstalt getragen worden. Diesem Heilverfahren hat sich der Kläger in der Zeit vom 1. 4. ...... bis 15. 5. ...... des Folgejahres unterzogen[1]. Danach war dem Kläger noch für die Zeit vom 16. 5. bis 26. 5. Schonzeit bewilligt[2]. In dieser Zeit war er arbeitsunfähig krank. Das Heilverfahren wurde unter ärztlicher Aufsicht durchgeführt.

Der Kläger hat bislang weder für die Dauer der Erkrankung noch während des Heilverfahrens und der anschließenden Schonzeit Entgeltfortzahlung erhalten.

Nach § 3 EntgeltFG hat ein Arbeitnehmer Anspruch auf Entgeltfortzahlung bis zur Dauer von sechs Wochen, wenn er durch Arbeitsunfähigkeit infolge Krankheit an seiner Arbeitsleistung verhindert ist, ohne daß ihn ein Verschulden trifft. Demnach steht dem Kläger für die Zeit vom 1. 3. ...... bis 11. 4. ...... Entgeltfortzahlung zu. Dies wird der Beklagte auch nicht in Abrede stellen. Die Parteien können sich jedoch nicht über die Berechnung der Entgeltfortzahlung einigen. Der Kläger verdiente 20,– DM in der Stunde. Zwischen den Parteien war eine 40-Stunden-Woche vereinbart. Der Kläger hat jedoch in den letzten drei Monaten vor seiner Erkrankung ständig wöchentlich fünf Überstunden geleistet. Beweis: Lohnabrechnungen .... Es ist daher davon auszugehen, daß er ohne seine Erkrankung nach dem 1. 3. ...... Überstunden geleistet hätte, da die Aufträge im Frühjahr erfahrungsgemäß steigen. Der Beklagte meint jedoch, während der Erkrankung brauche er keine Überstunden zu bezahlen. Dies ist rechtsirrig[3]. Damit ergibt sich eine Klageforderung in Höhe von sechs Wochen × 45 h × 20,– DM = 5400 DM. Hinzu kommen die Zuschläge für Überstunden in Höhe von 30 Stunden × 5,– DM (25% von 20,– DM) = 150,– DM insgesamt also 5550,– DM. Diese Forderung ist seit dem ...... zu verzinsen, da der Kläger den Beklagten zur Zahlung abgemahnt hat.

Der Beklagte schuldet dem Kläger aber auch Entgeltfortzahlung während des Heilverfahrens. Nach § 9 Abs. 1 EntgeltFG hat ein Arbeitnehmer bei Arbeitsverhinderung infolge einer Maßnahme der medizinischen Vorsorge oder Rehabilitation, die ein Träger der gesetzlichen Renten-, Kranken- oder Unfallversicherung, eine Verwaltungsbehörde der Kriegsopferversorgung oder ein sonstiger Sozialleistungsträger bewilligt hat und die in einer Einrichtung der medizinischen Vorsorge oder Rehabilitation durchgeführt wird, Anspruch auf Entgeltfortzahlung bis zur Dauer von sechs Wochen. Der Beklagte beruft sich zu Unrecht darauf, daß er für die Dauer des Heilverfahrens keine Entgeltfortzahlung zu erbringen brauche, da es sich insoweit um eine Fortsetzungserkrankung gehandelt habe[4]. Der Beklagte irrt jedoch. Nach § 3 Abs. 1 S. 2 EntgeltFG verliert bei erneuter Arbeitsunfähigkeit der Arbeitnehmer nicht den Anspruch auf Entgeltfortzahlung, wenn er vor erneuter Arbeitsunfähigkeit mindestens sechs Monate nicht infolge derselben Krankheit arbeitsunfähig war oder seit Beginnn der ersten Arbeitsunfähigkeit infolge derselben Krankheit eine Frist von zwölf Monaten abgelaufen ist. Die Rahmenfrist rechnet vom 1. 3., so daß der Kläger auch für die Dauer des Heilverfahrens Anspruch auf Entgeltfortzahlung hat[5]. Während der 4-wöchigen Kur konnte der Kläger verlangen 4 × 40 Stunden × 20,– DM = 3200,– DM.

Ferner steht dem Kläger noch Entgeltfortzahlung während der Schonzeit zu ....

Anmerkungen

1. Die Voraussetzungen, unter denen ein Arbeitgeber Entgeltfortzahlung bei Maßnahmen der medizinischen Vorsorge oder Rehabilitation (Kur und Heilverfahren) erbringen muß, sind für alle Arbeitnehmer in § 9 EntgeltFG vereinheitlicht. Ein Anspruch erwächst, wenn einer der genannten Sozialleistungsträger die Maßnahme bewilligt. Die Maßnahme muß in einer Einrichtung stationär durchgeführt werden. Ist der Arbeitnehmer nicht Mit-

glied einer gesetzlichen Krankenkasse oder nicht in der gesetzlichen Rentenversicherung versichert, so gelten die Vorschriften entsprechend, wenn eine Maßnahme der medizinischen Vorsorge oder der Rehabilitation ärztlich verordnet worden ist und stationär in einer Einrichtung der medizinischen Vorsorge oder Rehabilitation oder einer vergleichbaren Einrichtung durchgeführt wird. Eine Kur i.S. der gesetzlichen Bestimmungen setzt voraus, daß sie vom Kurträger bewilligt und verantwortlich gestaltet wird. Kann der Arbeitnehmer die Kur in urlaubsmäßigem Zuschnitt verbringen, besteht kein Vergütungsfortzahlungsanspruch. Eine medikamentöse Behandlung ist nicht erforderlich; lediglich eine ärztliche Überwachung (BAG AP Nr. 4 zu § 7 LohnFzG). Hat ein Sozialversicherungsträger unter den gesetzlichen Voraussetzungen des SGB VI eine Kur bewilligt, ist die medizinische Notwendigkeit der Maßnahme im allgemeinen nicht gesondert zu prüfen (BAG AP Nr. 2 zu § 7 LohnFzG). Eine Abweichung vom Erfahrungssatz kann gelten, wenn handgreifliche Zweifel an der medizinischen Notwendigkeit der Kur bestehen (BAG AP Nr. 3 zu § 7 LohnFzG). Der Arbeitnehmer hat wie bei der Erkrankung die Kurbewilligung und den Kurantritt mitzuteilen und entsprechende Bescheinigungen vorzulegen (§ 9 EntgeltFG), andernfalls können Einreden (§§ 7, 9 EntgeltFG) für den Arbeitgeber erwachsen (BAG AP Nr. 1 zu § 7 LohnFzG).

2. Nach § 9 EntgeltFG besteht kein Anspruch auf Entgeltfortzahlung während der Schonungszeit. Eine Ausnahme ist dann gegeben, wenn der Arbeitnehmer arbeitsunfähig krank ist (§ 3 EntgeltFG). Nach § 7 Abs. 1 S. 2 BUrlG ist Urlaub zu gewähren, wenn der Arbeitnehmer dies im Anschluß an eine Maßnahme der medizinischen Vorsorge oder Rehabilitation beantragt. Maßnahmen der medizinischen Vorsorge oder Rehabilitation dürfen nicht auf den Urlaub angerechnet werden, soweit ein Anspruch auf Fortzahlung des Arbeitsentgelts nach den gesetzlichen Vorschriften über die Entgeltfortzahlung im Krankheitsfalle besteht (§ 10 BUrlG).

3. Nach § 4 Abs. 1 S. 1 EntgeltFG hat ein Arbeitnehmer für die Dauer von sechs Wochen der Arbeitsunfähigkeit Anspruch auf Fortzahlung des Arbeitsentgelts, das ihm bei der für ihn maßgebenden regelmäßigen Arbeitszeit zusteht. Es gilt mithin das Lohnausfallprinzip. Der Arbeitnehmer ist darlegungs- und beweispflichtig dafür, daß er auch während der Erkrankung Überstunden geleistet hätte. Wenn ein Vergleichsmann fehlt, kann der Arbeitnehmer dieser Darlegungslast im allgemeinen nicht genügen. Die Rechtsprechung hat zugelassen, daß die Verhältnisse in einer 3-monatigen Bezugsperiode vor der Erkrankung dargelegt werden. Der Arbeitgeber muß alsdann den Beweis des ersten Anscheins zerstören (vgl. BAG AP Nr. 3, 4, 8 zu § 2 LohnFzG). Im allgemeinen besteht keine Fortzahlungspflicht bei Aufwendungsersatz (§ 4 Abs. 1 S. 2 EntgeltFG). Erhält der Arbeitnehmer eine auf das Ergebnis der Arbeit abgestellte Vergütung, so ist der von dem Arbeitnehmer in der für ihn maßgebenden regelmäßigen Arbeitszeit erzielbare Durchschnittsverdienst fortzuzahlen.

4. Eine Fortsetzungskrankheit ist dann gegeben, wenn ein Arbeitnehmer wiederholt an denselben Grundleiden erkrankt. Dagegen ist eine wiederholte Erkrankung wegen der gleichen Krankheit (z.B. Schnupfen) keine Fortsetzungskrankheit. Einzelh. bei *Schaub*, ArbR-Hdb., § 98 III 2.

5. Die Rahmenfrist von einem Jahr rechnet ab dem Zeitpunkt der ersten Erkrankung (§ 3 Abs. 1 S. 2 EntgeltFG, vgl. früher BAG AP Nr. 33 zu § 1 LohnFzG; AP Nr. 56 aaO. = Betr. 1984, 351). Der Sozialversicherungsträger braucht weder dafür zu sorgen, daß das Heilverfahren in der Rahmenfrist noch vor Ablauf von sechs Monaten durchgeführt wird (vgl. ArbG Stuttgart AP Nr. 6 zu § 7 LohnFzG).

Kosten und Gebühren

Keine Besonderheiten; vgl. Form. IV. A. 2, 3.

5. Klage gegen Gesellschaft bürgerlichen Rechtes auf Urlaubsabgeltung

An das
Arbeitsgericht

Klage

des Arbeiters/Angestellten ......   Klägers
– Prozeßbevollmächtigter: RA ...... –
gegen
die Architekten 1. ...... 2. ......
als Gesellschafter bürgerlichen Rechts,   Beklagte

Namens und mit Vollmacht des Klägers erhebe ich Klage und werde beantragen zu erkennen:

I. Die Beklagten werden als Gesamtschuldner verurteilt, ... DM nebst 4% Zinsen seit dem ...... an den Kläger zu zahlen.
II. Die Beklagten tragen die Kosten des Rechtsstreits.

Gründe

Der Kläger war vom ...... bis ...... bei den Beklagten als ...... beschäftigt. Im Jahre des Ausscheidens hat er noch keinen Urlaub erhalten/hat er ...... Tage Urlaub erhalten. Für jeden Monat der Beschäftigung stehen ihm nach § 5 Abs. 1 BUrlG 2 Tage Urlaub zu[1]. Der Kläger hat zuletzt ...... DM verdient. Ihm stehen mithin zu ...... DM[2,3]. Die Beklagten weigern sich zu zahlen, weil ...... Ihnen steht jedoch kein Leistungsverweigerungsrecht zu, denn ......

Rechtsanwalt

Anmerkungen

1. § 3 Abs. 1 BUrlG ist mit Inkrafttreten zum 1. 1. 1995 dahin geändert, daß der gesetzliche Urlaubsanspruch 24 Werktage beträgt. Alternative: Für das Jahr 19. ...... steht ihm der volle Urlaubsanspruch von 24 Tagen zu, da er nach Erfüllung der Wartezeit in der zweiten Hälfte des Jahres ausgeschieden ist.

Für die Höhe des Urlaubsanspruches können sich Besonderheiten aus dem Arbeitsvertrag, einem Tarifvertrag oder einer Betriebsvereinbarung ergeben. In Betriebsvereinbarungen werden vielfach Ansprüche auf Zusatzurlaub (Arbeitserschwernis, lange Betriebszugehörigkeit usw.) geregelt.

2. Für die Berechnung der Urlaubsabgeltung gilt das modifizierte Referenzprinzip. Entgelt der letzten 13 Wochen: 78 = Tagesverdienst. Bei nicht nur vorübergehenden Verdiensterhöhungen ist von dem erhöhten Geldfaktor auszugehen (*Schaub* ArbR-Hdb. § 102 VI, VII).

3. Die Rechtsprechung zur Urlaubsabgeltung hat sich wesentlich geändert (vgl. *Schaub* ArbR-Hdb. § 102 A II 6, V 5; Arbeitsrecht von A–Z, 14. Aufl., 1994). Die neuere Rechtsprechung betont, daß es für das Entstehen des Urlaubsanspruches nicht darauf ankommt, daß der Arbeitnehmer im Urlaubsjahr auch gearbeitet hat. Anderseits wird der Urlaubsanspruch streng an das Urlaubsjahr gebunden und erlischt mit dessen Ablauf, sofern die Übertragungsvoraussetzungen nicht vorliegen (zur Begründung *Leinemann* Betr. 1983, 989; *ders.* NZA 1985, 137; *ders.* ArbuR 1987, 193).

Kosten und Gebühren

Keine Besonderheiten; vgl. Form. IV. A. 2, 3.

6. Stufenklage[1] gegen Firma auf Erteilung einer Abrechnung und Auszahlung verdienter Provision

An das
Arbeitsgericht
......

Klage

des/der Angestellten ......   Kläger(in)
– Prozeßbevollmächtigter: RA ...... –

gegen

die Firma ......

wegen Provisionsabrechnung und -zahlung   Beklagte

Namens und mit Vollmacht des Klägers erhebe ich Klage und werde beantragen zu erkennen:

   I. Die Beklagte wird verurteilt, dem Kläger Auskunft über die in der Zeit vom ...... bis ...... verdienten Provisionen zu erteilen[2, 3].
 II. Die Beklagte wird verurteilt, die sich aus der Auskunft ergebenden Provisionen an den Kläger zu zahlen[4, 5].
III. Die Beklagte trägt die Kosten des Rechtsstreits.

Gründe

Der Kläger war vom ...... bis ...... bei der Beklagten als ...... beschäftigt. Das Arbeitsverhältnis endete auf die Kündigung des Klägers, weil die Parteien sich über die Höhe der Provision nicht einigen konnten.
In dem der Klage beigefügten Arbeitsvertrag vom ...... heißt es unter der Überschrift „Vergütung":
„Herr/Frau/Fräulein ...... erhält ein Monatsgehalt in Höhe von ...... DM.
Herr/Frau/Fräulein ...... erhält daneben eine betrieblich noch zu regelnde Provision."
Die Beklagte hat während des Bestandes des Arbeitsverhältnisses eine Provisionsregelung nicht getroffen.
Sie hat zu Unrecht geleugnet, die Vergütungsvereinbarung sei wirksam und bestritten, zu einer Provisionsregelung wegen einer bevorstehenden Umstrukturierung des Betriebes in der Lage zu sein. Ist eine Vergütungsregelung im Arbeitsvertrag nicht getroffen, so bestimmt sich die Höhe der Vergütung nach § 612 Abs. 2 BGB, § 87b Abs. 1 HGB. Vorliegend hat sich die Beklagte die Bestimmung nach § 315 BGB vorbehalten. Trifft sie keine Bestimmung oder entspricht sie nicht der Billigkeit, ist sie durch rechtsgestaltendes Urteil bei der Zahlungsklage im Rahmen der Stufenklage zu bestimmen. Im übrigen ist die Umstrukturierung längst abgeschlossen.
Der/die Kläger(in) hat die Abrechnung mit Schreiben vom ...... abgelehnt. Eine anwaltlich beglaubigte Abschrift ist beigefügt.
Die Beklagte hat im Rahmen der vorgerichtlichen Korrespondenz weiter eingewandt, daß Abrechnungs- und Provisionsanspruch infolge Ablaufes der tariflichen Ausschlußfrist erlo-

schen seien. Auch dieser Einwand ist ungerechtfertigt. Allerdings unterliegt das Arbeitsverhältnis dem allgemeinverbindlichen Rahmentarifvertrag für den Groß- und Außenhandel vom ...... im Bezirk .... Die Verfallfrist lautet ...... Der Kläger hat jedoch seinen Anspruch auf Festsetzung der Provision rechtzeitig am ...... geltend gemacht. Im übrigen sind der Provisions- wie Abrechnungsanspruch nicht verfallen, denn die Provisionsfestsetzung hat konstitutive Bedeutung. Vor ihrer Festsetzung kann die Fälligkeit nicht eintreten; ebensowenig kann zuvor der Auskunftsanspruch fällig geworden sein[6].

Rechtsanwalt

Anmerkungen

1. Die Stufenklage ist objektive Klagenhäufung. Als Ausnahme von § 253 Abs. 2 Nr. 2 ZPO ist in der letzten Stufe zunächst ein unbestimmter Klageantrag zulässig (*Baumbach/ Lauterbach* § 254 Anm. 1 (RZ 1); *Thomas/Putzo* § 254 Anm. 1 (RZ 1); *Schaub* ArbR-Formb. §§ 31 I 5, 91 V 5). Sie kann aber schon auf den Betrag beziffert sein, den der Kläger glaubt, mindestens beanspruchen zu können (BGH WM 1972, 1121). Grundsätzlich können in der Klageschrift schon alle Anträge der Stufenklage angekündigt werden. Dies ist umstr., aber hat sich aus Gründen der Prozeßökonomie durchgesetzt (*Baumbach/ Lauterbach* § 254 RZ 13; *Thomas/Putzo* § 254 RZ 4). Davon ist allerdings die Verfahrensweise zu unterscheiden. Das Gericht kann alle Stufen abweisen, weil es Auskunfts-, Versicherungs- und Zahlungsansprüche verneint. Will das Gericht der 1. Instanz jedoch zusprechen, ist sukzessive über jede Stufe zu verhandeln und durch Teilurteil zu entscheiden. Eine sachliche Entscheidung über eine spätere Stufe ist auch dem Grunde nach grundsätzlich unzulässig, solange nicht die vorhergehende Stufe durch Teilurteil erledigt ist (BGHZ 10, 386). Es muß jeweils die Fortsetzung des Verfahrens beantragt werden. Die 2. Instanz darf grundsätzlich nur über die 1. Stufe entscheiden, wenn das Gericht der 1. Instanz nur über die 1. Stufe entschieden hat (BAG AP Nr. 2 zu § 10 MuSchG = NJW 1963, 2142; OLG Celle NJW 1961, 786). Hiervon werden jedoch Ausnahmen gemacht, wenn (1) die Gründe des Berufungsgerichts für den noch in erster Instanz anhängigen Rest oder für eine Widerklage ebenfalls zutreffen (BGH 30, 213; NJW 1983, 1311); (2) für den in 1. Instanz verbliebenen Rest kein Raum mehr ist (BGH VersR 1977, 430); (3) die ganze Stufenklage abgewiesen wird (BAG AP Nr. 25 zu § 138 ZPO = NJW 1963, 2142; AP Nr. 8 zu § 75 b HGB = NJW 1969, 678; bestr.); (4) die Parteien einverstanden sind (BGHZ 97, 280; OLG Frankfurt JR 1984, 290).

2. Alternative, wenn Provisionsstaffel im Arbeitsvertrag bestimmt:
I. Die Beklagte wird verurteilt, die von dem Kläger in der Zeit vom ...... bis ...... verdienten Provisionen abzurechnen.
II. Dem Kläger über die in dieser Zeit verdienten Provisionen einen Buchauszug zu erteilen;
III. Dem Kläger die sich aus der Abrechnung ergebenden Provisionen zu zahlen.
Vgl. dazu *Schaub* ArbR-Hdb. § 76 VI.

3. Für den Fall, daß die Auskunft unrichtig ist oder der substantiiert darzulegende Verdacht der Unrichtigkeit besteht, kann in der zweiten Stufe beantragt werden: Die Beklagte wird weiter verurteilt, die Richtigkeit der Auskunft an Eides Statt zu versichern.

4. Die Verurteilung in der ersten Stufe schafft keine Bindungswirkung oder Rechtskraft für den Grund des Zahlungsanspruches (BGH NJW 1969, 880; BGH JZ 1970, 226; umstr.). Die materielle Rechtskraft greift jedoch ein, wenn die unmittelbar ausgesprochene Rechtsfolge im späteren Verfahren als Vorfrage von Bedeutung ist.

5. Weist die 1. Instanz die Klage überhaupt ab, verurteilt dagegen das Berufungsgericht zur Rechnungslegung, so ist bei den ordentlichen Gerichten wegen der weiteren Stufen der Rechtsstreit in die 1. Instanz (§ 538 Abs. 1 Nr. 3 ZPO) zurückzuverweisen (BGH NJW

1982, 236). Die Rechtslage wird bei den Gerichten für Arbeitssachen entsprechend sein (vgl. BAG AP Nr. 47 zu § 72 ArbGG 1953; AP Nr. 1 zu § 538 ZPO; AP Nr. 1 zu § 68 ArbGG 1979), da durch § 68 ArbGG keine Zurückverweisung nach § 538 ZPO unterbunden wird.

6. Die Argumentation entspricht einer unveröffentlichten Entscheidung des BAG vom 14. 2. 1980 – 3 AZR 806/77. Im übrigen unterbricht die Stufenklage Verjährungs- und Ausschlußfristen (BAG AP Nr. 58 zu § 4 TVG Ausschlußfristen). Die dritte Stufe wird mit Klageerhebung und Zustellung rechtshängig.

Kosten und Gebühren

Gebührenstreitwert: §§ 1, 18 GKG; sonst keine Besonderheiten vgl. Form. IV. A. 2, 3.

7. Stufenklage auf Erteilung einer Akkordabrechnung und Zahlung gegen Arbeitsgemeinschaft

An das
Arbeitsgericht

Klage

des Arbeiters ......   Klägers
– Prozeßbevollmächtigter: ...... –
gegen
1. die Bauunternehmung ......
2. Firma ......
als Gesellschafter bürgerlichen Rechtes
vertreten durch die bauleitende Firma ......[1]

wegen Akkordabrechnung und Zahlung des Akkordlohnes[2]   Beklagte
Namens und mit Vollmacht des Klägers erhebe ich Klage und werde beantragen zu erkennen:
I. Die Beklagten werden verurteilt, dem Kläger für den in der Zeit vom ...... bis ...... verdienten Lohn eine Akkordabrechnung zu erteilen.
II. Die Beklagten werden weiter verurteilt, den sich aus der Akkordabrechnung ergebenden Lohn an den Kläger zu zahlen.
III. Die Beklagten tragen die Kosten des Rechtsstreits

Begründung:

Der Kläger wurde am ...... von der Beklagten zu 1 als ...... eingestellt. Die Beklagte zu 1 hat mit der Beklagten zu 2 eine Arbeitsgemeinschaft zur ...... gegründet. In dieser Arbeitsgemeinschaft hat die Beklagte zu 2 die Geschäftsführung und Vertretung übernommen.
Beweis: ......
Am ...... wurde der Kläger mit seinem Einverständnis zur Arbeitsgemeinschaft abgestellt (§§ 2, 9 Bundesrahmen-Tarifvertrag für das Baugewerbe vom 3. 2. 1981 i.d.F. vom 10. 5. 1983, 20. 10. 1983, 26. 9. 1984, 29. 4. 1988, 22. 12. 1989, 27. 4. 1990, 24. 9. 1990, 19. 5. 1992 und 10. 9. 1992).

Der Kläger hat im Gruppenakkord gearbeitet. Zur Errechnung seines Akkordverdienstes ist er nicht in der Lage. Die Beklagten sind nach § 5 Nr. 10 BRTV-Bau zur Erteilung einer Abrechnung verpflichtet.
Zur Wahrung der tariflichen Ausschlußfristen[3] ist schon jetzt Zahlungsklage zu erheben.[4]

Anmerkungen

1. Gesellschafter bürgerlichen Rechtes sind nach § 714 BGB gesamtvertretungsberechtigt. Bei Arbeitsgemeinschaften übernimmt häufig eine Gesellschaft die „Federführung".

2. Im Baugewerbe kommt der Geld- und Zeitakkord vor (*Schaub* ArbR-Hdb. § 64 II–V). Die Berechnungsformel für den Geldakkord lautet: Leistungseinheit qm verputzte Fläche, erstelltes Mauerwerk usw. × Geldfaktor; die für den Zeitakkord lautet: Vorgabezeit × Akkordrichtsatz : 60 × Geldfaktor. Die Auskunft muß sich daher auf die Leistungseinheit bzw. beim Zeitakkord auf Vorgabezeit, Arbeitsmenge und Geldfaktor erstrecken. Beim Gruppenakkord wird der Anteil des Gruppenmitgliedes errechnet. Ferner muß die Abrechnung die Abzüge ausweisen. Nach Auffassung des BAG gehört das Aufmaß nicht zur Abrechnung (BAG AP Nr. 93 zu § 4 TVG Ausschlußfristen = NZA 1986, 429).

3. Zur Geltendmachung einer Forderung gehört im allgemeinen die Spezifizierung nach Grund und Höhe (*Schaub* ArbR-Hdb. § 205 V). Fordert eine einstufige tarifliche Verfallfrist allein die schriftliche Geltendmachung einer Forderung, so kann statt der schriftlichen Geltendmachung sofort Klage erhoben werden, wenn diese innerhalb der tariflichen Verfallfrist zugeht (BAG AP Nr. 3 zu § 496 ZPO = NJW 1970, 583; AP Nr. 4 aaO. = NJW 1976, 1520; AP Nr. 4 zu § 345 ZPO = NJW 1974, 1103; AP Nr. 20 zu § 670 BGB = NJW 1975, 79). Zweifelhaft mag es sein, wenn sofort eine Stufenklage erhoben wird, weil diese in der Zahlungsstufe regelmäßig unbeziffert ist. In jedem Fall genügt die Stufenklage, um die tarifliche Klagefrist einer zweistufigen Ausschlußfrist zu wahren (Form. IV A.6 Anm. 6). Wenn ein Tarifvertrag gestufte Ausschlußfristen in der Weise vorsieht, daß ein Anspruch zunächst schriftlich und später gerichtlich geltend gemacht werden muß, so dient nur die erste Frist der schnellen Information über Inhalt und Umfang des erhobenen Anspruches (BAG AP Nr. 58 zu § 4 TVG Ausschlußfristen).

4. Alternative: Kommt der Beklagte seiner Verpflichtung zur Auskunftserteilung nicht binnen einer Frist von ...... nach, so wird er zur Zahlung einer Entschädigung in Höhe von ...... verurteilt. Nach § 61 Abs. 2 ArbGG ist der Beklagte auf Antrag des Klägers zur Zahlung einer Entschädigung zu verurteilen, wenn er eine Handlung nicht binnen einer festzusetzenden Frist vornimmt. Bei der Bemessung der Frist sind allgemeine rechtsstaatliche Grundsätze zu berücksichtigen, wie sie etwa in der Länge der allgemeinen Rechtsmittelfristen zum Ausdruck kommen (BAG AP Nr. 67 zu § 1 TVG Tarifverträge – Bau = EzA Nr. 30 zu § 4 TVG Bauindustrie).

Kosten und Gebühren

Vgl. Form. IV. A. 6.

8. Klage auf Zahlung einer Karenzentschädigung gegen eine OHG

An das
Arbeitsgericht

Klage

des/der Arbeiter(in)/Angestellten ......   Kläger(in)
– Prozeßbevollmächtigter ...... –
gegen

1. die offene Handelsgesellschaft ......
   gesetzlich vertreten durch die persönlich haftenden Gesellschafter 1. ...... 2. ....
2. den persönlich haftenden Gesellschafter ......

Beklagte

wegen Zahlung einer Karenzentschädigung.
Namens und mit Vollmacht des Klägers erhebe ich Klage und werde beantragen zu erkennen:
   I. Die Beklagten werden verurteilt, ... DM nebst 4% Zinsen seit dem ...... an den Kläger zu zahlen.
   II. Die persönlich haftenden Gesellschafter haften für die Schulden der Gesellschaft als Gesamtschuldner[1]
   III. Die Beklagten tragen die Kosten des Rechtsstreits.

Begründung:

Der/Die Kläger(in) war vom ...... bis ...... bei der Beklagten als ...... beschäftigt. In dem schriftlich abgeschlossenen Arbeitsvertrag, der in der Anlage beigefügt ist, haben die Parteien für die Zeit nach der Beendigung des Arbeitsverhältnisses ein Wettbewerbsverbot[2] geschlossen.
Der/Die Kläger(in) hat sich an das Wettbewerbsverbot gehalten. Er/Sie ist seit dem ...... bei der Firma ...... beschäftigt, die mit der Beklagten nicht im Wettbewerb steht.
Der Kläger ist durch das Wettbewerbsverbot gezwungen worden, seinen Wohnsitz zu verlegen. Er hat im Umkreis seines bisherigen Wohnortes keine andere Stelle annehmen können. Er mußte daher umziehen[3], um die Arbeit bei der Firma ...... aufzunehmen.
Der/Die Kläger(in) hat bei der Beklagten einen Monatsverdienst von ...... DM gehabt. Z.Zt. verdient der/die Kläger(in) ...... DM. Er/Sie hat mithin Anspruch auf eine monatliche Karenzentschädigung in Höhe von ...... DM[4,5]. Die Beklagte weigert sich für die Zeit von ...... bis ...... zu Unrecht zu zahlen. Klage ist daher geboten.

Anmerkungen

   1. Nach ständiger Rspr. des BAG haften eine Personengesellschaft und ihre persönlich haftenden Gesellschafter nicht als Gesamtschuldner (BAG AP Nr. 145 zu § 242 BGB Ruhegehalt; AP Nr. 1 zu § 128 HGB; AP Nr. 67 zu § 4 TVG Ausschlußfristen; BGHZ 47, 376, 378f.; aber auch Betr. 1981, 2628).
   2. Vgl. *Schaub* ArbR-Hdb. § 58.
   3. Die erhöhte Abrechnungsgrenze gilt nur dann, wenn das Wettbewerbsverbot für den Wohnsitzwechsel des Arbeitnehmers ursächlich ist. Ein Zwang zur Wohnsitzveränderung besteht dann, wenn der Arbeitnehmer eine Arbeitsstelle außerhalb seines bisherigen

Wohnortes antritt, weil er nur dort eine Tätigkeit ausüben kann, die nach Art, Vergütung und Aufstiegschancen seiner bisherigen Tätigkeit nahekommt (BAG AP Nr. 9 zu § 74 c HGB = Betr. 1982, 1471 = BB 1982, 1361; AP Nr. 12 aaO. = Betr. 1986, 334 = NZA 1986, 329; Folgeentscheidung AP Nr. 14 zu § 74 c HGB = Betr. 1988, 1959).

4. Zur Berechnung der Karenzentschädigung *Schaub* ArbR-Hdb. § 58 V; ArbR-Formb. § 4 I 4:
a) Jahresberechnung: Letzte Jahresvergütung: 2 = Quotient, wenn Karenzentschädigung in Höhe von 50% der letzten Vergütung. Quotient: 12 = Monatlich zahlbare Karenzentschädigung, wenn nicht c.
b) Monatsberechnung: Letzte Monatsvergütung: 2 = Karenzentschädigung, wenn nicht c.
c) Berücksichtigung anderweitigen Verdienstes:
   aa) Letzte Jahresvergütung + 10 vH., im Falle des Wohnungswechsels 25 vH. Gesamtsumme von 110 oder 125 vH. – Karenzentschädigung = Nicht anrechenbare Vergütung.
   bb) Neues Jahreseinkommen – Nicht anrechenbare Vergütung aus aa) = Anrechenbare Vergütung.
   cc) Karenzentschädigung aus a) – Anrechenbare Vergütung aus bb) = Zahlbare Karenzentschädigung.

Vgl. aber auch § 75 HGB. Hierzu *Schaub* ArbR-Hdb. § 58 VII.

5. Karenzentschädigungen unterliegen der Lohnsteuer (§ 2 Abs. 2 Nr. 4 LStDV; vgl. BFH v. 13. 2. 1987 BStBl. II 87, 386). Sie gehören nicht zu den außerordentlichen Einkünften iS. von § 34 EStG und sind nicht nach §§ 24, 34 EStG tarifbegünstigt. Sie sind kein Arbeitsentgelt iS. von § 14 SGB I; von ihr sind mithin keine Sozialversicherungsbeiträge abzuführen (*Schroeter* BB 1979, 1407; *Schneider* BlStSozArbR 1984, 104). Arbeitslosengeld ist auf die Karenzentschädigung anzurechnen (BAG AP Nr. 11 zu § 74 c HGB = NJW 1986, 275 = Betr. 1986, 127). Dagegen hat das BAG die Anrechnung von Übergangsgeld verneint (BAG AP Nr. 15 zu § 74 c HGB = NZA 1990, 397 = BB 1990, 711, 854 = DB 1990, 889). Wettbewerbsverbote liegen in berechtigtem Interesse des Arbeitgebers (§ 74 a I 1 HGB), so daß es nicht gerechtfertigt ist, die Gemeinschaft der Beitragszahler mit der Erhöhung des Vermittlungsrisikos zu belasten (BSG v. 24. 9. 1992 – SozR 3 – 4100 § 128 a Nr. 7). Der Eintritt der Erstattungspflicht hängt nicht von dem Nachweis des Kausalzusammenhangs zwischen der Beschränkung der beruflichen Tätigkeit des Arbeitnehmers und seiner Arbeitslosigkeit bzw. deren Dauer ab (BSG v. 28. 6. 1990 – SozR 4100 § 128 a Nr. 3; v. 24. 9. 1992 Nr. 7). Sie tritt auch dann ein, wenn der Arbeitnehmer gekündigt hat oder der Arbeitgeber aus wichtigem Grund kündigen konnte (BSG v. 13. 3. 1990 – BB 1990, 2268; v. 9. 8. 1990 – NZA 1991, 159), oder sich der Arbeitnehmer sich unabhängig vom Wettbewerbsverbot aus anderen Gründen um einen der verbotenen Arbeitsplätze beworben hat (BSG v. 13. 3. 1990 – NZA 1990, 906). Erstattungsansprüche macht die BAnstArb. durch Verwaltungsakt geltend.

Kosten und Gebühren

Keine Besonderheiten, vgl. Form. IV. A. 2, 3.

9. Klage auf Feststellung der Ruhegeldverpflichtung und Zahlung von Ruhegeld gegen eine KG

An das
Arbeitsgericht

Klage

des/der Arbeiter(in)/Angestellten ......   Klägers(in)
– Prozeßbevollmächtigter: RA ...... –
gegen
1. die Firma ...... KG gesetzlich vertreten durch den Komplementär ......
2. den Komplementär Kaufmann ...... , ...   Beklagte

wegen Zahlung von Ruhegeld
Namens und mit Vollmacht des/der Klägers(in) erhebe ich Klage und werde beantragen zu erkennen:
   I. Es wird festgestellt, daß die Beklagte verpflichtet ist, dem/der Kläger(in) Ruhegehalt nach der Ruhegeldordnung vom ...... in Höhe von ...... zu zahlen.
  II. Die Beklagte wird verurteilt, ... DM nebst ...... Zinsen zu zahlen.
 III. Der persönlich haftende Gesellschafter haftet für die Ruhegeldverbindlichkeit und die Schulden als Gesamtschuldner[1].
 IV. Die Beklagten tragen die Kosten des Rechtsstreits.

Gründe

Der/die am ...... geborene Kläger(in) war vom ...... bis ...... bei der Beklagten als ...... beschäftigt.
Die Beklagte hat dem/der Kläger(in) eine Ruhegelddirektzusage[2] erteilt. Die Ruhegeldordnung der Beklagten ist beigefügt.
In der Ruhegeldordnung heißt es, daß die Beklagte allen ihren Mitarbeitern unter der Bedingung eine Ruhegeldzusage erteile, daß sie 10 Jahre in ihren Diensten stünden.
Diese Voraussetzung erfüllt der/die Kläger(in). Die Beklagte beruft sich zu Unrecht darauf, daß die Ruhegeldanwartschaft im Zeitpunkt des Ausscheidens des/der Kläger(in) verfallen sei. Die Beklagte vermochte den Kläger weder durch eine sog. Vorschaltzeit noch durch eine bedingte Ruhegeldzusage länger als 10 Jahre zu binden[3].
Inzwischen ist der Ruhegeldfall eingetreten. Der Ruhegeldfall tritt ein, wenn der Mitarbeiter die Altersgrenze erreicht oder berufs- oder erwerbsunfähig wird[4]. Der Kläger hat am ...... sein ...... Lebensjahr erreicht/ist berufsunfähig/erwerbsunfähig geworden.
Beweis: ......
Es bedarf daher der Feststellung der Ruhegeldverpflichtung der Beklagten. Ferner wird das monatliche Ruhegeld von ...... für die Zeit vom ...... bis ...... verlangt. Der Beklagte zu 2 haftet für die Verbindlichkeit als Gesamtschuldner.

Rechtsanwalt

Anmerkungen

1. Vgl. Form. IV. A. 8 Anm. 1.
2. Die Arbeitgeber gewähren Ruhegelder aufgrund einer Direktzusage, also aus dem Firmenvermögen, über eine betriebliche Unterstützungskasse, eine Pensionskasse oder aufgrund eines zugunsten des Arbeitnehmers abgeschlossenen Versicherungsvertrages (vgl.

Form. IV. A. 10). Eine Unterstützungskasse ist eine rechtlich selbständige Versorgungseinrichtung, die auf ihre Leistungen keinen Rechtsanspruch einräumt (§ 1 Abs. 4 BetrAVG). Dagegen ist die Pensionskasse eine rechtlich selbständige Versorgungseinrichtung (§ 1 Abs. 3 BetrAVG), die Rechtsansprüche einräumt (*Schaub* ArbR-Hdb. § 80 B IV; § 81 XIV, XV).

3. Eine Ruhegeldanwartschaft ist unverfallbar, wenn das Arbeitsverhältnis nach Eintritt des 35. Lebensjahres endet und für den Arbeitnehmer entweder die Versorgungszusage mindestens 10 Jahre bestanden hat oder der Beginn der Betriebszugehörigkeit mindestens 12 Jahre zurückliegt und die Versorgungszusage mindestens 3 Jahre bestanden hat (§ 1 Abs. 1 BetrAVG). Vielfach wird versucht, die Unverfallbarkeitsfrist zu verlängern, sei es, daß eine sog. Vorschaltzeit geschaffen wird oder die Versorgungszusage selbst bedingt erteilt wird (vgl. BAG AP Nr. 3 zu § 1 BetrAVG Wartezeit = NJW 1977, 2376; AP Nr. 5 aaO. = NJW 1980, 2428; AP Nr. 7 aaO. = NJW 1981, 1855; AP Nr. 4, 8, 12 aaO.). Nach der Rspr. des BAG ist eine Ruhegeldzusage iS. von § 1 BetrAVG dann erteilt, wenn dem Arbeitgeber kein Entscheidungsspielraum mehr verbleibt, ob er überhaupt Ruhegeld gewähren will, sondern die Entstehung des Anspruches allein vom Zeitablauf abhängt. Beruht die Versorgungsanwartschaft auf einer Betriebsvereinbarung, so besteht die „Ruhegeldzusage" seit dem Zeitpunkt, seit dem der Arbeitnehmer unter den Geltungsbereich der Betriebsvereinbarung fällt. In den neuen Bundesländern trat das BetrAVG erst am 1. 1. 1992 in Kraft. Es gilt aber nur für Ruhegeldzusagen, die nach dem 31. 12. 1991 erteilt wurden. Für Altzusagen gelten nur die Grundsätze der Rechtsprechung.

4. IdR. ist Voraussetzung eines Ruhegeldanspruches:
a) Das Bestehen einer Versorgungszusage (Einzelzusage, Gesamtzusage, Tarifvertrag, Betriebsvereinbarung, Gleichbehandlung oder betriebliche Übung);
b) Ablauf der Wartezeit (diese ist nicht zu verwechseln mit der Unverfallbarkeitsfrist (BAG AP Nr. 1 zu § 1 BetrAVG Wartezeit); von dem Ablauf der Unverfallbarkeitsfrist des § 1 BetrAVG hängt ab, ob eine Ruhegeldanwartschaft unverfallbar wird; von der Wartefrist hängt die Entstehung des Ruhegeldanspruches ab. Ist die Wartefrist länger als die Unverfallbarkeitsfrist, kann sie noch in einem Folgearbeitsverhältnis (uU. sogar nach Eintritt eines Versorgungsfalles) zurückgelegt werden (§ 1 Abs. 1 S. 5 BetrAVG).
c) Eintritt des Versorgungsfalles (Altersgrenze, Berufs- oder Erwerbsunfähigkeit);
d) Versetzung in den Ruhestand.
Für diese Voraussetzungen ist der Arbeitnehmer darlegungs- und beweispflichtig.

Kosten und Gebühren

Vermögensrechtliche Streitigkeit: § 64 Abs. 2 ArbGG; Beschwerdewert: §§ 64 Abs. 6, 12 Abs. 7 ArbGG; §§ 511a, 2ff. ZPO; Gebührenstreitwert: § 1 Abs. 3 GKG, § 12 Abs. 7 ArbGG; Gerichtsgebühren: § 12 Abs. 1, 2 ArbGG; Rechtsanwaltsgebühren: § 9 Abs. 1 BRAGO, bei Streitwertänderung §§ 31, 10 Abs. 1 BRAGO. Nach hM. ist bei unrichtiger Festsetzung des Gebührenstreitwerts die Beschwerde nicht gegeben (§ 25 Abs. 2 GKG). Die abweichende Meinung der Vorauflagen hat sich nicht durchgesetzt.

10. Feststellungsklage gegen eine Unterstützungskasse wegen einer unverfallbaren Versorgungsanwartschaft bei Anrechnung von Vordienstzeiten

An das
Arbeitsgericht

Klage

des/der kaufmännischen Angestellten ......   Klägers(in)
– Prozeßbevollmächtigter RA –
gegen
1. Die Betriebsunterstützungskasse der Firma ......[1]
   gesetzlich vertreten durch ......
2. Die Firma ...... KG[2]
   gesetzlich vertreten durch den Komplementär ......
wegen des Bestehens einer Versorgungsanwartschaft

Namens und mit Vollmacht des/der Klägers(in) erhebe ich Klage und werde beantragen zu erkennen:
1. Es wird festgestellt, daß die Beklagte zu 1 bei Eintritt eines Versorgungsfalles Leistungen der betrieblichen Altersversorgung nach dem Leistungsplan vom ...... zu leisten verpflichtet ist.
2. Es wird festgestellt, daß die Beklagte zu 2 den Teil der Versorgungsleistungen zu erbringen hat, der auf der Anrechnung von Vordienstzeiten beruht.
3. Die Beklagten haben die Kosten des Rechtsstreites zu tragen.

Begründung:

Der/Die am ...... geborene Kläger(in) war vom ...... bis zum ...... bei der Firma ...... als Buchhalter(in) beschäftigt. Diese Firma gewährt Leistungen der betrieblichen Alters- und Hinterbliebenenversorgung. Auch der/die Kläger(in) besaß eine Versorgungszusage vom ......

Beweis: Vorlage des Versorgungsvertrages.

Am ...... trat der Kläger/die Klägerin in die Dienste der Beklagten zu 2. Im Arbeitsvertrag haben die Parteien vereinbart, daß die Klägerin Ruhegeld nach der jeweiligen Ruhegeldordnung der Beklagten zu 1 erhält. Indes werde die Beklagte zu 1) die Dienstzeit bei der Firma ...... anrechnen[3].

Beweis: Arbeitsvertrag vom ......

Die Beklagte zu 1 ist die Betriebsunterstützungskasse der Beklagten zu 2. Sie ist in der Rechtsform einer(s) GmbH/eingetragenen Vereins/Stiftung errichtet. Der Leistungsplan (Versorgungsordnung) der Beklagten zu 1 ist in von ihr erlassenen Richtlinien geregelt. Bei Begründung des Arbeitsverhältnisses galt der Leistungsplan idF. vom .... In dem Leistungsplan ist vorgesehen, daß allen Arbeitnehmern nach einer Wartezeit von 15 Jahren eine Alters- und Hinterbliebenenversorgung gewährt wird in Höhe von 0,4% des letzten Monatsgehaltes für jedes Beschäftigungsjahr. Am ...... hat der Vorstand den Leistungsplan geändert. Hierdurch ist vorgesehen, daß nach einer Wartezeit von ...... für jedes Beschäftigungsjahr nur 3,– DM gezahlt werden[4]. Die Änderung ist wegen Verletzung des Mitbestimmungsrechtes des Betriebsrats unwirksam[5].

Beweis: Leistungspläne vom ......

Am ...... wurde das Arbeitsverhältnis beendet. Nach ihrem Ausscheiden hat der/die Kläger(in) Auskunft über das Bestehen seiner/ihrer Versorgungsanwartschaft verlangt (§ 2 Abs. 6 BetrAVG).

Die Beklagte zu 1 hat dem/der Kläger(in) mitgeteilt, daß bei seinem/ihrem Ausscheiden die Versorgungsanwartschaft verfallen sei, weil er/sie die Voraussetzungen des BetrAVG nicht erfülle. Außerdem müsse er/sie sich auch die Änderung des Leistungsplanes entgegenhalten lassen.

Beweis: Schreiben vom ......, das in Fotokopie beigefügt ist.

Diese Auskunft ist in mehrfacher Hinsicht falsch.

Der/Die Kläger(in) besitzt eine unverfallbare Versorgungsanwartschaft. Nach § 1 Abs. 1 S. 1 BetrAVG behält ein Arbeitnehmer seine Versorgungsanwartschaft, wenn sein Arbeitsverhältnis vor Eintritt des Versorgungsfalles endet, sofern in diesem Zeitpunkt der Arbeitnehmer mindestens das 35. Lebensjahr vollendet hat und entweder die Versorgungszusage für ihn mindestens 10 Jahre bestanden hat oder der Beginn der Betriebszugehörigkeit mindestens 12 Jahre zurückliegt und die Versorgungszusage für ihn mindestens drei Jahre bestanden hat. Diese Voraussetzungen sind gegeben. Der/Die Kläger(in) ist ...... alt. Ausweislich des Arbeitsvertrages ist ihm/ihr die Vorsorgungszusage am ...... erteilt worden. Der/Die Kläger(in) besitzt jedoch auch eine anrechenbare 12-jährige Betriebszugehörigkeit. Die Zeiten bei der Firma ...... sind mitzurechnen. Dagegen kommt es nicht darauf an, ob die/der Kläger(in) bereits die Wartezeit nach der Versorgungsordnung zurückgelegt hat. Diese Wartezeit kann er/sie notfalls noch in einem späteren Arbeitsverhältnis erfüllen (§ 1 Abs. 1 S. 4 BetrAVG).

Die/Der Kläger(in) braucht sich aber auch die Änderung der Versorgungsordnung nicht entgegenhalten zu lassen ......

Rechtsanwalt

Anmerkungen

1. Betriebliche Unterstützungskassen werden regelmäßig in der Rechtsform einer GmbH, eines eingetragenen Vereins und seltener auch in der einer Stiftung gegründet. Entsprechend ist das Rubrum anzupassen.

2. Wird die betriebliche Altersversorgung über eine Betriebsunterstützungskasse abgewickelt, so sind drei Rechtsbeziehungen zu unterscheiden, nämlich (1) Arbeitnehmer/Arbeitgeber, (2) Arbeitnehmer/Unterstützungskasse, (3) Unterstützungskasse/Arbeitgeber. Für die neuen Bundesländer vgl. Form. IV. A. 9 Anm. 3.

Im Verhältnis Arbeitnehmer/Arbeitgeber besteht der Arbeitsvertrag und das Versorgungsversprechen (BAG AP Nr. 3 zu § 1 BetrAVG Unterstützungskassen = NZA 1985, 22; AP Nr. 4 aaO. = NZA 1986, 57; AP Nr. 8 aaO. = NZA 1986, 357, 746). Die Betriebsunterstützungskasse ist lediglich das technische Hilfsmittel, dessen sich der Arbeitgeber zur Abwicklung der Ruhegeldverbindlichkeiten bedient. Hieraus folgt, daß sich der Arbeitnehmer grundsätzlich an die Unterstützungskasse halten soll, aber der Arbeitgeber gleichwohl für die Erfüllung der Verbindlichkeiten durch die Unterstützungskasse einstehen muß (BAG AP Nr. 2 zu § 242 BGB Ruhegehalt – Unterstützungskasse; AP Nr. 3 aaO. = NJW 1971, 1379; AP Nr. 5 aaO. = NJW 1973, 1016; AP Nr. 6 aaO. = NJW 1973, 1946; AP Nr. 12 aaO.; hierzu BVerfG NJW 1984, 476 = AP Nr. 2 zu § 1 BetrAVG Unterstützungskassen; AP Nr. 4 zu § 1 BetrAVG Unterstützungskassen = NZA 1986, 57 = DB 1986, 228; AP Nr. 6 zu § 1 BetrAVG Unterstützungskasse; AP Nr. 1 zu § 161 HGB = NZA 1990, 557). Das BVerfG hat entschieden, daß es verfassungsrechtlich nicht zu beanstanden ist, wenn in der Rspr. des BAG wegen der starken Abhängigkeit der Unterstützungskasse vom Trägerunternehmen angenommen werde, daß der Arbeitgeber entweder die zur Erbringung der Versorgungsleistungen benötigten Mittel zur Verfügung stellen müsse oder selbst die Leistungsverpflichtungen gegenüber den Arbeitnehmern zu erfüllen habe (BVerfG AP Nr. 11, 12, 13 zu § 1 BetrAVG Unterstützungskassen). Ohne spezielle Erfahrungen im Ruhegeldrecht ist es nicht ratsam, den Anspruch gegen den Arbeitgeber nicht anhängig zu machen oder vor dem Rechtsstreit mit der Unterstützungskasse rechtskräftig werden zu lassen. Dies zeigt der vorliegende Fall. Ist in der Ruhegeldordnung der Unterstützungskasse eine Anrechnung von Vordienstzeiten nicht vorgesehen, wird diese regelmäßig für daraus resultierende Ansprüche nicht einzustehen haben. Sie kann, darf und will nur im Rahmen ihrer Ruhegeldordnung leisten. Wegen dieses Anteils muß der Arbeitgeber einstehen.

Im Verhältnis Arbeitnehmer/Unterstützungskasse ist ein Rechtsanspruch auf Ruhegeldgewährung ausgeschlossen. Der Ausschluß des Rechtsanspruches erfolgt, damit die Unterstützungskasse nicht der Versicherungsaufsicht unterliegt und ihre Mittel im Unternehmen des Trägers anlegen kann. Der Ausschluß des Rechtsanspruches bedeutet aber nicht, daß die Kasse einzelne Arbeitnehmer von der Versorgung ausschließen könnte oder nach ihrem Ermessen die Leistungen ausschließen, einschränken oder ändern könnte. Insoweit verbietet der Gleichbehandlungsgrundsatz den Ausschluß einzelner Arbeitnehmer. In der Rechtsprechung hat der Ausschluß des Rechtsanspruches im allgemeinen nur die Bedeutung, daß dem Arbeitgeber vorbehalten ist, einen Leistungsplan zu ändern und der wirtschaftlichen Entwicklung anzupassen (vgl. BAG AP Nr. 8 zu § 242 BGB Ruhegehalt-Unterstützungskasse; AP Nr. 9 aaO. = NJW 1980, 79; AP Nr. 12 aaO., dazu BVerfG NJW 1984, 476; AP Nr. 1 zu § 1 BetrAVG Unterstützungskasse = NJW 1982, 1773; AP Nr. 4 aaO. = NZA 1986, 57; AP Nr. 23 aaO. = NZA 1989, 845 = BB 1989, 1984 = DB 1989, 1876). Das BVerfG hat auch diese Rspr. im Grundsatz gebilligt (BVerfG AP Nr. 11 zu § 1 BetrAVG Unterstützungskassen). Gleichwohl ergeben sich daraus erhebliche Unterscheidungen. Da der Ausschluß des Rechtsanspruchs nur die Bedeutung eines Widerrufsvorbehaltes hat, kann die Versorgungsordnung aus sachlichen Gründen und in genereller Form widerrufen und durch eine andere ersetzt werden oder zum Nachteil der Versorgungsberechtigten geändert werden. Bei den Änderungen müssen jedoch die Besitzstände gewahrt werden. Je stärker der Besitzstand ist, umso weniger kann in ihn eingegriffen werden (BAG GS AP Nr. 17 zu § 77 BetrVG 1972 = NZA 1987, 168, 185). Insoweit hat das BAG ein Dreistufenmodell entwickelt. *(1)* Der Teil der Versorgungsanwartschaft, der bereits zeitanteilig erdient ist und nach § 2 Abs. 1, 4 BetrAVG berechnet wird, bleibt bei Beendigung des Arbeitsverhältnisses erhalten und ist gegen Insolvenz geschützt. Seine Änderung oder Verschlechterung ist nur aus zwingenden Gründen möglich. *(2)* Richtet sich der Anwartschaftswert nach dem Arbeitsentgelt des begünstigten Arbeitnehmers bis zum Eintritt des Versorgungsfalles (Halbdynamik) oder eines vergleichbaren Arbeitnehmers während des Ruhestandes (Volldynamik), so ist die Dynamik bis zum Zeitpunkt der Ablösung bereits erdient. Ihre Änderung oder Verschlechterung ist nur aus triftigem Grund möglich. *(3)* Dagegen können die noch nicht erdienten dienstzeitabhängigen Zuwachsraten aus sachlichem Grund geändert werden (BAG AP Nr. 4 zu § 1 BetrAVG Unterstützungskassen = NZA 1986, 57; AP Nr. 6 = NZA 1986, 60; AP Nr. 4 zu § 1 BetrAVG Ablösung = NZA 1986, 63; Zusammenfassung: AP Nr. 23 zu § 1 BetrAVG Unterstützungskasse = NZA 1989, 845 = BB 1989, 1984 = DB 1989, 1876; AP Nr. 8 zu § 1 BetrAVG Besitzstand = NZA 1991, 176; AP Nr. 11 = BB 1992, 2224; vom 17. 11. 1992 – AP Nr. 13). In dieses System hat das BVerfG eingegriffen. Es hat entschieden, daß immer dann, wenn die Versorgung auf Unterstützungskassen-Richtlinien beruht, die aus der Zeit vor Inkrafttreten des BetrAVG stammen, die Arbeitgeber darauf haben vertrauen können, daß zumindest aus triftigem Grund ein Widerruf möglich sei (BVerfG AP Nr. 2 zu § 1 BetrAVG Unterstützungskassen = NJW 1984, 468; AP Nr. 11, 12, 13 aaO.). Das BVerfG hat alsdann die Insolvenzfälle des § 7 Abs. 1 BetrAVG für Altfälle um den triftigen Grund erweitert. Ob die Rspr. des BVerfG auch zu sonstigen Widerrufsgründen von Bedeutung ist (zB. Treubruch), ist umstr.

Im Verhältnis Unterstützungskasse/Arbeitgeber hat zwar die Unterstützungskasse keinen Rechtsanspruch auf regelmäßige Dotierung; gleichwohl muß sie auf diesen einwirken, auf eine hinreichende Dotierung zu achten. Dotiert der Arbeitgeber die Unterstützungskasse nicht hinreichend, so muß der Arbeitgeber eintreten (BAG AP Nr. 7 zu § 242 BGB

Ruhegehalt – Unterstützungskasse). Hat die Unterstützungskasse bereits Leistungen für den Arbeitgeber erbracht, hat sie gegen den Arbeitgeber einen Aufwendungsersatzanspruch (§ 670 BGB). Scheidet ein Arbeitgeber aus dem Kreis der Trägerunternehmen der Unterstützungskasse aus, so endet die Leistungspflicht. Vielmehr muß der Arbeitgeber hinfort die Leistungen selbst erbringen (BAG AP Nr. 17 zu § 1 BetrAVG Unterstützungskasse; AP Nr. 32 = NZA 1992, 931; AP Nr. 17 zu § 7 BetrAVG Widerruf = NJW 1992, 86 = NZA 1992, 934).

3. Der Arbeitgeber kann mit seinem Arbeitnehmer frei vereinbaren, ob er Vordienstzeiten anrechnen will oder nicht. Im Wege der Auslegung ist zu ermitteln, ob die Berücksichtigung von früheren Versorgungszusagen oder Vordienstzeiten nur die Höhe des Ruhegeldes verbessern oder sich auch auf die Unverfallbarkeitsfristen auswirken soll. Haben die Parteien nach der Entscheidung des Senats vom 10. 3. 1972 (BAG AP Nr. 156 zu § 242 BGB Ruhegehalt), mit der erstmals die Unverfallbarkeit einer Versorgungszusage nach 20jähriger Betriebszugehörigkeit ausgesprochen wurde, eine Vereinbarung über die Anrechnung von Vordienstzeiten auf die Betriebszugehörigkeit getroffen, so besteht die Auslegungsregel, daß durch die Anrechnung nicht nur die Höhe des Ruhegeldes verbessert, sondern auch die Vordienstzeiten angerechnet werden sollen. Ist dagegen die Anrechnung zuvor vereinbart worden, so ist im Zweifel davon auszugehen, daß die Parteien nicht bedacht haben, ob die Vordienstzeiten sowohl für die Unverfallbarkeit als auch die Höhe der Versorgung Bedeutung haben soll. In diesen Fällen ist eine Vertragslücke erwachsen, die im Wege ergänzender Vertragsauslegung geschlossen werden muß. In diesen Fällen werden Dienstzeiten aus früheren Arbeitsverhältnissen grundsätzlich nur dann für die Unverfallbarkeit gewertet, wenn diese von einer Versorgungszusage begleitet waren (BAG AP Nr. 2 zu § 1 BetrAVG). Eine ganz andere Frage ist, ob Versorgungsanwartschaften, die wegen der Anrechnung von Zusagezeiten oder Vordienstzeiten unverfallbar geworden sind, den Insolvenzschutz genießen (BAG AP Nr. 1; AP Nr. 17 aaO. = NJW 1984, 1199; AP Nr. 54 aaO. = NZA 1990, 348 = BB 1990, 636 = DB 1990, 383). Hat der Arbeitgeber eine beamtenähnliche Versorgung versprochen, so hat die Anrechnung von Vordienstzeiten keine Bedeutung für die Unverfallbarkeitsfrist, da Beamtenversorgungen bei Beendigung des Beamtenverhältnisses vor Eintritt eines Versorgungsfalles erlöschen (BAG AP Nr. 7 zu § 1 BetrAVG Vordienstzeiten; AP Nr. 17 zu § 18 BetrAVG = Betr. 1988, 2463).

4. Der Leistungsplan einer Betriebsunterstützungskasse unterliegt der erzwingbaren Mitbestimmung des Betriebsrates (§ 87 Abs. 1 Nr. 8 BetrVG). Vgl. dazu BAG AP Nr. 5 zu § 87 BetrVG Altersversorgung = NJW 1979, 2534; AP Nr. 1 zu § 1 BetrAVG Unterstützungskassen = NJW 1982, 1773; AP Nr. 3 aaO. = NZA 1985, 22; AP Nr. 16 zu § 87 BetrVG 1972 Altersversorgung = Betr. 1988, 2411 = BB 1988, 2249; AP Nr. 34 zu § 1 BetrAVG Unterstützungskasse = NJW 1992, 3190 = NZA 1992, 949. Um die Mitbestimmungsrechte des Betriebsrates zu wahren, können Betriebsvereinbarungen zwischen Betriebsrat und Arbeitgeber abgeschlossen werden. Alsdann muß der Arbeitgeber dafür Sorge tragen, daß die Unterstützungskasse den Leistungsplan übernimmt. Rechtstechnisch widerruft die Unterstützungskasse den Leistungsplan und erläßt einen neuen. Es ist aber auch denkbar, daß die Organe der Unterstützungskasse paritätisch besetzt werden und die Vertreter der Arbeitnehmerseite einen Betriebsausschuß bilden, der alsdann für den Betriebsrat Mitbestimmungsrechte ausübt (vgl. BAG AP Nr. 5 zu § 87 BetrVG 1972 Altersversorgung).

5. Ist die Änderung der Versorgungsordnung nach Beendigung des Arbeitsverhältnisses erfolgt, ist § 2 Abs. 5 BetrAVG zu beachten.

Kosten und Gebühren

Keine Besonderheiten, vgl. Form. IV. A. 9.

11. Klage gegen eine GmbH auf Anpassung des Ruhegeldes[1]

An das
Arbeitsgericht

Klage

des/der Rentners/Rentnerin ......

Kläger(in)

– Prozeßbevollmächtigter RA –

gegen

die Firma ...... GmbH ......,
gesetzlich vertreten durch den Geschäftsführer ......,

wegen Anpassung des Ruhegeldes
Beklagte

Namens und mit Vollmacht des/der Kläger(in) erhebe ich Klage und werde beantragen zu erkennen:

I. Es wird festgestellt, daß der Beklagte verpflichtet ist, vom ...... bis ...... eine Betriebsrente in Höhe von ...... und für die Zeit ab ...... eine Betriebsrente in Höhe von ...... zu zahlen[2].

II. Die Beklagte wird verurteilt, ... DM nebst 4% Zinsen seit dem ...... an den/die Kläger(in) zu zahlen.

III. Die Beklagte hat die Kosten des Rechtsstreits zu tragen.

Begründung

Der/die am ...... geborene, ledige/verheiratete/geschiedene/verwitwete Kläger(in) war vom ...... bis zu seiner/ihrer Versetzung in den Ruhestand am ...... bei der Beklagten beschäftigt.

Die Beklagte hat dem/der Kläger(in) am ...... eine Versorgungszusage erteilt. Wegen der Einzelheiten wird auf anliegende Versorgungsordnung verwiesen. Seit der Versetzung in den Ruhestand am ...... erhielt der/die Kläger(in) ein betriebliches Ruhegeld von monatlich ...... DM. Die Sozialversicherungsrente des/der Kläger(in) betrug von ...... bis .... DM und von ...... bis .... DM

Die Beklagte hätte die Versorgungsbezüge nach § 16 BetrAVG anpassen müssen. Hiernach hat der Arbeitgeber alle drei Jahre eine Anpassung der laufenden Leistungen der betrieblichen Altersversorgung zu prüfen und hierüber nach billigem Ermessen zu entscheiden. Dabei sind insbesondere die Belange der Versorgungsempfänger und die wirtschaftliche Lage des Arbeitgebers zu berücksichtigen.

Die Beklagte hätte nach Versetzung des/der Kläger(in) in den Ruhestand sowohl 1991 als auch 1994 eine Anpassung vornehmen müssen. Seit Versetzung des/der Kläger(in) in den Ruhestand im Jahre 1988 ist der Preisindex für die Lebenshaltung von 4-Personen-Arbeitnehmerhaushalten mit mittlerem Einkommen, Basisjahr 1985 um 7,8% gestiegen[3]. Bis zum Jahre 1994 ist ein weiterer Anstieg um 10,1% zu verzeichnen. Damit ergibt sich von 1988 bis 1994 ein Preisanstieg von 17,9%[4]. Die Beklagte muß diesen Geldwertschwund ausgleichen, so daß sich ein monatlich zu zahlendes Ruhegeld in Höhe von ...... DM ergibt.

Die wirtschaftlichen Verhältnisse der Beklagten lassen auch eine entsprechende Anpassung zu. Jedenfalls hat die Beklagte nichts Gegenteiliges dargelegt[5].

Ab 1994 errechnet sich das monatlich zu zahlende Ruhegeld wie folgt ......

Die Beklagte vermag sich auch nicht darauf zu berufen, der Geldwertschwund sei bereits durch die Steigerung der Sozialversicherungsrente ausgeglichen[6]. Die Sozialversicherungs-

rente bleibt bei der Berechnung der Anpassung grundsätzlich unberücksichtigt. Die reallohnbezogene Obergrenze wird bei der geforderten Anpassung nicht überschritten.
Die Beklagte ist daher für die Zeit vom 1. 1. 1988 bis 31. 12. 1991 zur Zahlung einer Betriebsrente von monatlich ...... DM und ab 1. 1. 1994 zur Zahlung einer Betriebsrente in Höhe von ...... DM verpflichtet. Insoweit bedarf es der gerichtlichen Feststellung.
Daneben wird die Nachzahlung der Bezüge für den Zeitraum von ...... bis ...... verlangt.

Rechtsanwalt

Anmerkungen

1. Der Arbeitgeber ist auch dann zur Anpassung verpflichtet, wenn das Ruhegeld über eine betriebliche Unterstützungskasse oder Pensionskasse gewährt wird. Die Anpassung kann durch die Kassen vorgenommen werden. Der Pensionssicherungsverein ist nicht zur Anpassung verpflichtet (BAG AP Nr. 14 zu § 16 BetrAVG = NJW 1983, 2902; v. 5. 10. 1993 – AP Nr. 28), es sei denn, daß bereits in der Versorgungszusage eine Anpassungsverpflichtung enthalten war (BAG AP Nr. 3 zu § 7 BetrAVG = BB 1078, 1825 *Arend/Förster*). Sonderprobleme können sich bei Anpassung gegenüber Dienstnehmern ergeben (vgl. BGH AP Nr. 12 zu § 16 BetrAVG = NJW 1981, 2059).

Die Anpassungsüberprüfung hat alle drei Jahre zu erfolgen; der Dreijahres-Rhythmus begann in den alten Bundesländern mit dem Inkrafttreten des BetrAVG, abgerundet dem 1. 1. 1975 (BAG AP Nr. 1 zu § 16 BetrAVG = NJW 1976, 1861; AP Nr. 2 aaO.; AP Nr. 4 aaO. = NJW 1977, 828; BGH AP Nr. 6 aaO.). Auf das Überschreiten einer Opfergrenze kommt es nicht an (BAG AP Nr. 4 zu § 16 BetrAVG = NJW 1977, 828). Wegen der regelmäßigen Anpassung kann eine betriebliche Übung erwachsen (BAG AP Nr. 18 zu § 16 BetrAVG = Betr. 1986, 2551 = NZA 1986, 787; AP Nr. 20 aaO. = NZA 1987, 666 = BB 1987, 1673 = DB 1987, 2046). Der Ermittlung des Anpassungsbedarfs war der Preisindex (Basisjahr 1970) zugrunde zu legen, der für die Lebenshaltung von 4 Personen-Arbeitnehmer-Haushalten mit mittlerem Einkommen vom Statistischen Bundesamt ermittelt und veröffentlicht wird (BAG AP Nr. 4 zu § 16 BetrAVG = NJW 1977, 828). Inzwischen wird man von einem späteren Basisjahr ausgehen können. Der vorgeschriebene Dreijahres-Rhythmus zwingt nicht zu starren, individuellen Prüfungsterminen. Der Arbeitgeber kann die in einem Jahr fälligen Anpassungsprüfungen zu einem bestimmten Zeitpunkt innerhalb oder am Ende des Jahres vornehmen (BAG AP Nr. 24 zu § 16 BetrAVG = BB 1992, 2152).

Steht aufgrund der Anpassungsüberprüfung fest, daß ein Anpassungsbedarf besteht, so hat der Arbeitgeber die Anpassungsentscheidung nach billigem Ermessen zu treffen. Bei der Berücksichtigung der Belange des Arbeitnehmers sind nicht die individuellen Verhältnisse, sondern die Entwicklung der Lebenshaltungspreise zu berücksichtigen. Der Arbeitgeber darf seine wirtschaftlichen Verhältnisse in Rechnung stellen. Dabei ist auf die zukünftige Entwicklung des Unternehmens abzustellen (BAG AP Nr. 17 zu § 16 BetrAVG = NZA 1985, 496 = Betr. 1985, 1642; AP Nr. 16 zu § 16 BetrAVG = NZA 1985, 499 = Betr. 1985, 1645; AP Nr. 22 aaO. = NZA 1989, 844 = BB 1989 1902 = DB 1989, 1471). In deren Beurteilung sind einzubeziehen Ertragskraft des Unternehmens, Gewinn, Umsatz, Rendite, Auftragslage, notwendige Investitionen, Lohnerhöhungen, Preissteigerungen. Bei der Anpassung ist der Gleichbehandlungsgrundsatz zu berücksichtigen (BAG AP Nr. 3, 4 zu § 16 BetrAVG; AP Nr. 13 aaO. = NJW 1982, 350). Die Anpassung braucht nicht notwendig rentenförmig geleistet werden; sie kann auch durch einmalige Zahlungen erfolgen (BAG AP Nr. 15 zu § 16 BetrAVG = NZA 1984, 357 = Betr. 1984, 1833). Wurde in der Vergangenheit kein voller Geldwertausgleich gewährt, ist bei Folgeprüfungen der Kaufkraftverlust seit Rentenbeginn und nicht erst seit den letzten Jahren zu berücksichtigen (BAG AP Nr. 24 zu § 16 BetrAVG = BB 1992, 2152; AP Nr. 25 = BB 1992, 2292; AP Nr. 26 = BB 1992, 2296).

12. Klage auf Dokumentation der Ruhegeldanwartschaft

2. Wegen der Anpassung für die zurückliegende Zeit kann zweifelhaft sein, ob der Feststellungsantrag zulässig ist. Im übrigen ist die Feststellungsklage zulässig.

3. Beträgt die veröffentlichte Indexzahl (Basisjahr 1985 = 100) für Dezember 1990 107,8 und für November 1987 100, so erfolgt die Berechnung (107,8 : 100 − 1) × 100 = 7,8%. Die Teuerungsrate betrug 1984–1987 2,6%, 1985–1988 1,3%, 1986–1989 1,2%, 1987–1990 5,7%, 1988–1991 7,8%, 1989–1992 10,5%, 1990–1993 11%, 1991–1994 10,1% (vgl. *Bode/Grabner* BetrAV 1991, 29, 1995, 61).

4. War im Jahre 1987 ein Ruhegeld von 300 DM zugesagt, so wären ab 1. 1. 1991 300 + (300 × 7,8%) = 324,40 DM zu zahlen. Für die 1. Anpassung im Jahre 1975 hatte das BAG das sog. Halbierungsprinzip zugelassen. Dagegen hat es erkannt, daß für die 2. Anpassung im Jahre 1978 der halbe Teuerungsausgleich grundsätzlich nicht mehr billigem Ermessen genügt (BAG AP Nr. 7 zu § 16 BetrAVG = NJW 1980, 1181).

5. Die wirtschaftliche Lage des Arbeitgebers kann bereits dann eine Anpassung der Betriebsrente an die Kaufkraftentwicklung ausschließen, auch wenn keine Notlage gegeben ist (BAG AP Nr. 13 zu § 16 BetrAVG = NJW 1982, 350; AP Nr. 17 zu § 16 BetrAVG = EWiR § 16 BetrAVG 1/85; AP Nr. 22 aaO. = NZA 1989, 844 = BB 1989, 1902 = DB 1989, 1471; AP Nr. 24 = BB 1992, 2152; AP Nr. 25 = BB 1992, 2292). Ein Ausschluß ist im allgemeinen dann gerechtfertigt, wenn der Teuerungsausgleich nicht aus dem Wertzuwachs des Unternehmens und dessen Erträgen in der Zeit nach dem Anpassungsstichtag aufzubringen ist. Für die Ausschlußtatbestände trägt der Arbeitgeber die Darlegungs- und Beweislast. Wegen der wirtschaftlichen Verflechtung von Konzerngesellschaften kann es bei der Beurteilung der wirtschaftlichen Lage auf die des Konzerns ankommen (BAG AP Nr. 22 zu § 16 BetrAVG; AP Nr. 25 = BB 1992, 2292). Die gegen das letzte Urteil eingelegte Verfassungsbeschwerde blieb erfolglos (BVerfG v. 12. 2. 1993 – AP Nr. 25 a zu § 16 BetrAVG).

6. Das BAG hat daran festgehalten, daß bei der Anpassung die Sozialversicherungsrente grundsätzlich unberücksichtigt bleiben muß (BAG AP Nr. 5 zu § 16 BetrAVG = NJW 1977, 2370; AP Nr. 8 aaO. = NJW 1980, 1184). Das BAG hat die im Schrifttum entwickelte absolute (AP Nr. 8 aaO. NJW 1980, 1184) und relative Obergrenze (BAG AP Nr. 10 zu § 16 BetrAVG = NJW 1981, 190) abgelehnt. Es hat stattdessen die reallohnbezogene Obergrenze entwickelt (BAG AP Nr. 11 zu § 16 BetrAVG = NJW 1982, 957; AP Nr. 23 aaO. = NZA 1989, 675 = BB 1989, 1554 = DB 1989, 1422). Wenn die aktive Belegschaft keinen vollen Teuerungsausgleich erhält, müssen sich auch die Betriebsrentner mit einer entsprechend geringeren Anpassungsrate begnügen. Deshalb widerspricht es nicht der Billigkeit, wenn der Arbeitgeber die durchschnittliche Steigerungsrate der Reallöhne als Maßstab bei der Anpassung der Betriebsrente verwendet.

12. Klage gegen eine GmbH & Co KG auf Dokumentation der Ruhegeldanwartschaft

An das
Arbeitsgericht

           Klage

des/der Arbeiter(in)/Angestellten ......
– Prozeßbevollmächtigter RA –   – Klägers(in)

gegen

die Firma ...... GmbH & Co KG,
gesetzlich vertreten durch die ...... GmbH,
diese wiederum vertreten durch den Geschäftsführer ......,   Beklagte
wegen Dokumentation einer Ruhegeldanwartschaft.

Namens und mit Vollmacht des Klägers erhebe ich Klage und werde beantragen zu erkennen:
I. Die Beklagte wird verurteilt, eine Bescheinigung zu erteilen, in welcher Höhe Anspruch auf Versorgungsleistungen bei Erreichen der in der Versorgungsordnung der Beklagten vom ...... vorgesehenen Altersgrenze besteht[1].
II. Die Beklagte trägt die Kosten des Rechtsstreits.

Begründung:

Der/Die am ...... geborene, ledige/verheiratete Kläger(in) war vom ...... bis ...... bei der Beklagten als ...... beschäftigt. Die Beklagte hat dem/der Kläger(in) am ...... eine Versorgungszusage erteilt. Die Einzelheiten sind aus dem anliegenden Versorgungsvertrag zu ersehen.

Da der/die Kläger(in) bei Beendigung des Arbeitsverhältnisses das 35. Lebensjahr vollendet hat und die Versorgungszusage für ihn/sie mindestens 10 Jahre bestanden hat (§ 1 BetrAVG), ist die Versorgungsanwartschaft unverfallbar geworden. Die Beklagte hat dem/der Kläger(in) gemäß § 2 Abs. 6 BetrAVG den Wert der Versorgungsanwartschaft zu dokumentieren[2].

Allerdings wird die Beklagte einwenden, vor Erteilung der Versorgungszusage sei eine Vorschaltzeit vereinbart worden. Diese Einwendung ist indes unbegründet[3].

Rechtsanwalt

Anmerkungen

1. Kommt der Arbeitgeber seiner Auskunftspflicht nicht nach, kann der Arbeitnehmer den Auskunftsanspruch im Wege der Leistungsklage gerichtlich geltend machen. Sachlich zuständig ist das Arbeitsgericht, soweit es sich um Klagen der Arbeitnehmer handelt. Dies gilt auch dann, wenn die Ruhegelder durch eine Pensions- oder Unterstützungskasse gezahlt werden. Ist die Auskunft unvollständig oder unrichtig erteilt, so kann der Arbeitnehmer grundsätzlich nicht nach §§ 259 Abs. 2, 260 Abs. 2 BGB vorgehen, da es sich nicht um Tatsachenmitteilungen handelt. Vielmehr kann der Arbeitnehmer auf die Feststellung der Versorgungsanwartschaft (vgl. Form. IV. A. 10) klagen (BAG AP Nr. 3 zu § 2 BetrAVG = Betr. 1984, 836). Die Auskunft stellt kein deklaratorisches Schuldanerkenntnis dar (BAG AP Nr. 3 aaO.). Hat der Arbeitgeber jedoch schuldhaft die fehlerhafte Auskunft erteilt, so kann er wegen positiver Forderungsverletzung schadensersatzpflichtig werden. Für die neuen Bundesländer vgl. Form. IV. A. 9 Anm. 3.

2. Die Auskunft muß sich darauf beziehen, ob die Voraussetzungen der Unverfallbarkeit gegeben sind und in welcher Höhe Versorgungsleistungen in Zukunft zu erwarten sind. Da nur dem Arbeitgeber die Beschäftigungsdaten bekannt sein können, bezieht sich die Auskunftspflicht insoweit nur auf ihn und nicht etwa auf rechtlich selbständige Versorgungsträger. Die Auskunft muß so gründlich sein, daß dem Arbeitnehmer eine Nachprüfung ermöglicht ist.

3. Eine Versorgungszusage iS. von § 1 BetrAVG ist dann gegeben, wenn dem Arbeitgeber kein Entscheidungsspielraum mehr verbleibt, ob er überhaupt betriebliche Altersversorgung erbringen will. Sie ist dann gegeben, wenn die Leistungsverpflichtung nur noch vom Zeitablauf oder dem Eintritt eines Stichtages abhängt. Eine Zusage liegt mithin auch bei einer Betriebsvereinbarung vor, wenn der Arbeitnehmer zum Kreis der Begünstigten gehört. BAG AP Nr. 3 zu § 1 BetrAVG Wartezeit = NJW 1977, 2376; AP Nr. 4, 7 aaO.; AP Nr. 5 BetrAVG Wartezeit = NJW 1980, 2428.

Kosten und Gebühren

Vgl. Form. IV. A. 10.

13. Schadensersatzklage gegen eine Gemeinde wegen Verletzung der Beratungs- und Belehrungspflicht über die Altersversorgung

An das
Arbeitsgericht

Klage

des/der Angestellten ......   Klägers(in)
Prozeßbevollmächtigter RA –
gegen

......   Beklagte[1].

wegen fehlerhafter Belehrung über die Altersversorgung.

Namens und mit Vollmacht des Klägers erhebe ich Klage und werde beantragen zu erkennen:
I. Es wird festgestellt, daß die Beklagte verpflichtet ist, dem Kläger allen Schaden zu ersetzen, den er daraus erleidet, daß er nicht ab ...... (sondern erst ab ......) bei der Versorgungsanstalt des Bundes und der Länder versichert ist[2].
II. Die Beklagte trägt die Kosten des Rechtsstreits.

Begründung:

Der/Die ...... im Jahre ...... geb. Kläger(in) ist von Beruf Journalist(in). Bis zum Jahre ...... war er/sie als Redakteur(in) bei dem Zeitungsverlag ...... beschäftigt. Während dieser Zeit war er/sie bei dem Versorgungswerk der Presse GmbH Stuttgart versichert. Im Jahre ...... trat er/sie in die Dienste der Beklagten und wurde beim Presse- und Informationsamt eingesetzt. Das Arbeitsverhältnis richtet sich nach dem BAT vom 23. 2. 1961 und den diesen ergänzenden Tarifverträgen.
Bei der Einstellung wurde der/die Kläger(in) von dem Leiter der Personalabteilung der Beklagten über die Versorgungsmöglichkeiten im öffentlichen Dienst belehrt. Er/Sie wurde u. a. darauf hingewiesen, daß er/sie bei der gesetzlichen Sozialversicherung, also bei der Bundesversicherungsanstalt für Angestellte versichert werde. Ferner bestehe die Möglichkeit, daß er/sie bei der Versorgungsanstalt des Bundes und der Länder zusatzversichert werde. Nach § 6 Abs. 4 des Tarifvertrages über die Versorgung des Arbeitnehmers des Bundes und der Länder sowie von Arbeitnehmern kommunaler Verwaltungen und Betriebe (VersorgungsTV) vom 4. 11. 1966 habe er/sie jedoch die Möglichkeit, sich von der Zusatzversorgung befreien zu lassen, da sie freiwillig Mitglied einer berufsständischen Versicherung oder Versorgungseinrichtung sei. Er/Sie werde alsdann einen entsprechenden Zuschuß zu den bestehenden Versicherungen nach § 18 VersorgungsTV erhalten. Nach der bisherigen beruflichen Entwicklung empfehle er einen entsprechenden Antrag zu stellen. Er werde einen solchen vorbereiten.
Diese Empfehlung war falsch. Der/Die Kläger(in) kann den Befreiungsantrag nach § 6 Abs. 4 VersorgungTV nicht widerrufen. Wäre der/die Kläger(in) bereits seit der Einstellung bei der Versorgungsanstalt des Bundes und der Länder zusatzversichert worden, hätte er/sie bei Eintritt eines Versorgungsfalles im Jahre ...... voraussichtlich Rentenansprüche in Höhe von ....

Beweis: Auskunft der VBl.

Dagegen erlangt sie im Versorgungswerk der Presse nur Ansprüche in Höhe von ....

Beweis: Auskunft des Versorgungswerkes.

Die Beklagte muß diesen Schaden ausgleichen ......[3].

Schaub

Anmerkungen

1. Da die Gemeindeordnungen in der Bundesrepublik unterschiedlich sind, kann das Rubrum nicht allgemein vorformuliert werden.

2. Schadensersatzansprüche können im Wege der Feststellungsklage verfolgt werden, wenn der schädigende Zustand noch andauert und die Entstehung weiteren Schadens zu erwarten ist (BAG AP Nr. 5 zu § 256 ZPO; AP Nr. 32, 33 zu Art. 9 GG Arbeitskampf).

3. Vor allem im öffentlichen Dienst spielen Belehrungs- und Beratungspflichten bei der Begründung oder im Verlaufe des Arbeitsverhältnisses eine Rolle. Der Arbeitgeber muß einen Arbeitnehmer über die verschiedenen Versorgungsmöglichkeiten belehren; dagegen braucht er keine Ratschläge zu erteilen, welche Versorgung er für die zweckmäßigste hält. Erteilt er aber einen Ratschlag, so muß dieser richtig, vollständig und eindeutig sein (vgl. dazu BAG AP Nr. 5, 6 zu § 611 BGB Öffentlicher Dienst; AP Nr. 6 zu § 242 BGB Ruhegehalt-VBL; BAG AP Nr. 3 zu § 1 BetrAVG Zusatzversorgungskassen = NZA 1985, 459; AP Nr. 5 = NZA 1985, 712; AP Nr. 6 aaO. = NZA 1985, 712; AP Nr. 12 aaO. = NJW 1986, 2208; AP Nr. 28 = NZA 1989, 402; AP Nr. 32 = NZA 1992, 973). Namentlich bei Beendigung des Arbeitsverhältnisses bestehen nach der Rspr. des BAG nur nach den Umständen des Einzelfalles zu beurteilende Belehrungspflichten BAG AP Nr. 5 zu § 1 BetrAVG Zusatzversorgungskassen = NZA 1985, 712; AP Nr. 6 aaO. = NZA 1985, 712; AP Nr. 22 aaO. = NZA 1989, 690 = BB 1989, 1274 = DB 1989, 1527; AP Nr. 23 aaO. = NZA 1989, 512 = BB 1989, 988 = DB 1989, 932; AP Nr. 28 aaO. = NZA 1989, 442 = BB 1990, 211 = DB 1989, 2492. Scheidet ein Arbeitnehmer vor Eintritt eines Versorgungsfalles aus dem öffentlichen Dienst aus, wandelt sich der Versorgungsrentenanspruch in einen Versichertenrentenanspruch, dessen Wert nur einen Bruchteil beträgt. Das BAG hat eine Belehrungspflicht verneint, wenn eine Arbeitnehmerin ausschied, um zu heiraten; es hat sie bejaht, wenn ein häufig erkrankter Arbeitnehmer veranlaßt wurde, auszuscheiden und sich arbeitslos zu melden, um vorgezogenes Altersruhegeld zu beziehen (vgl. BAG AP Nr. 6 zu § 1 BetrAVG Zusatzversorgungskassen = NZA 1985, 712; AP Nr. 5 aaO. = NZA 1985, 712; AP Nr. 2 aaO. = NZA 1985, 184).

14. Ansprüche des Arbeitnehmers wegen Verletzung des Grundsatzes der Gleichbehandlung und der Lohngleichheit

An das
Arbeitsgericht

Klage

Der Arbeitnehmerin ...... – Klägerin
– Prozeßbevollmächtigter RA –

gegen die Firma ...... Beklagte

gesetzlich vertreten durch ......

wegen Verkaufsprämie

Namens und mit Vollmacht der Klägerin erhebe ich Klage und werde beantragen zu erkennen:
 I. Die Beklagte wird verurteilt, der Klägerin ...... DM nebst 4% Zinsen seit dem ...... zu zahlen[1].
 II. Die Beklagte trägt die Kosten des Rechtsstreits.

14. Ansprüche wegen Verletzung des Gleichbehandlungsgrundsatzes   IV. A. 14

Begründung:

Die im Jahre ...... geborene Klägerin trat am ...... als Verkäuferin in die Dienste des Beklagten. Aufgrund ihrer Befähigung wurde sie am ...... zur Substitutin befördert. Seit dem ...... ist sie Abteilungsleiterin der Abteilung für ....
Am ...... hat die Klägerin geheiratet und am ...... ein Kind geboren. Aus diesem Grunde arbeitet sie seit dem ...... nur noch in Teilzeitbeschäftigung.
Die Beklagte bezahlt seit dem ...... allen Abteilungsleitern eine monatliche Verkaufsprämie in Höhe von .... Lediglich die teilzeitbeschäftigten Abteilungsleiter werden hiervon ausgenommen.
Die Klägerin ist der Auffassung, daß auch ihr aufgrund des Gleichbehandlungsgrundsatzes die Prämie zusteht[2]. Die Prämie mag zwar entsprechend der Arbeitszeit gekürzt werden; ein völliger Ausschluß der Teilzeitbeschäftigten ist jedoch nicht möglich. Die Beklagte beruft sich allerdings darauf, daß sie die Vollzeitbeschäftigung anreizen wolle, weil bei diesen die Personalnebenkosten geringer seien, sie während der gesamten Ladenöffnungszeiten zur Verfügung ständen und mit diesen eine bessere Personaleinsatzplanung möglich sei. Dies überzeugt jedoch nicht. Ob der Einsatz von Voll- und Teilzeitarbeitskräften günstiger ist, kann nur nach einer Kosten/Nutzenrelation beurteilt werden[3]. Auch eine vollzeitbeschäftigte Verkäuferin steht nicht während der ganzen Ladenöffnungszeiten zur Verfügung und Teilzeitbeschäftigte können jeweils in Stoßzeiten eingesetzt werden. Die Klägerin macht auch immer während dieser Zeiten Dienst.
In jedem Fall verstößt die Beklagte gegen den Grundsatz der Lohngleichheit von Mann und Frau bzw. des gleichen Entgeltes (Art. 119 EG-Vertrag; Art. 3 GG), wenn die Teilzeitbeschäftigten von der Prämiengewährung ausgeschlossen werden[4]. Insoweit liegt eine mittelbare Frauendiskriminierung vor ....

Rechtsanwalt

Anmerkungen

1. Es ist nur ein Leistungsantrag gestellt; um aber die Verpflichtung klarzustellen, kann sich zusätzlich ein Feststellungsantrag empfehlen.

2. Der Gleichbehandlungsgrundsatz wird in der Rechtsprechung des BAG zur Anspruchsbegründung und zur Inhaltskontrolle von vertraglichen Regelungen verwandt.
Er verbietet die willkürliche Schlechterstellung einzelner Arbeitnehmer. Er enthält das Verbot der sachfremden Differenzierung zwischen vergleichbaren Arbeitnehmern in einer bestimmten Ordnung (BAG AP Nr. 176 zu § 242 BGB Ruhegehalt; AP Nr. 42 zu § 242 BGB Gleichbehandlung = NJW 1979, 181; AP Nr. 44 zu § 242 BGB Gleichbehandlung = NJW 1980, 2374; NJW 1984, 83; AP Nr. 21 zu § 5 BetrAVG = NZA 1986, 748; AP Nr. 2 zu § 2 BeschFG 1985 = NZA 1989, 209 = BB 1989, 1127 = DB 1989, 1726). Schematisiert ausgedrückt liegt ein Verstoß gegen den Gleichbehandlungsgrundsatz vor, wenn (1) der Arbeitgeber eine bestimmte Ordnung in der Reihe oder in der Zeit (Stichtage) geschaffen hat, (2) ein oder einzelne Arbeitnehmer von dieser Ordnung ausgenommen werden, (3) für die Ausnahme kein sachlicher Grund besteht. Dabei wird jedoch auch überprüft, ob die vom Arbeitgeber getroffene Ordnung (Gruppeneinteilung) selbst sachlich gerechtfertigt ist. Den Arbeitnehmer trifft die Darlegungs- und Beweislast für die Ordnung und seine Ausnahme. Wegen des sachlichen Grundes wird der Arbeitgeber die Gründe darlegen und der Arbeitnehmer sie widerlegen müssen, daß diese nicht richtig sind oder nicht zutreffen.
Der Gleichbehandlungsgrundsatz dient zur Anspruchsbegründung; konstruktiv ist der Ausschluß des Benachteiligten unwirksam. Alsdann erwächst eine Regelungslücke, die im Wege ergänzender Auslegung zu schließen ist. Dabei wird die Auslegung im allgemeinen zur Anpassung führen. Er dient auch zur Inhaltskontrolle von Regelungen, wenn durch sie

bestimmte nicht gerechtfertigte Gruppeneinteilungen geschaffen werden (*Schaub* NZA 1984, 73).

Das Verbot der Ungleichbehandlung zwischen Voll- und Teilzeitbeschäftigung wird vor allem aus § 2 Abs. 1 BeschFG abgeleitet. Das BAG hat angenommen, daß eine unterschiedliche anteilige Vergütung für Voll- und Teilzeitbeschäftigte unwirksam ist (BAG AP Nr. 2 zu § 2 BeschFG 1985 = NZA 1989, 209; Nr. 6 = NZA 1990, 37; Nr. 9 = NZA 1991, 247). Dies gilt im allgemeinen auch für die betriebliche Altersversorgung (BAG AP Nr. 18 zu § 1 BetrAVG Gleichbehandlung = NZA 1993, 215; AP Nr. 6 zu § 1 BetrAVG Teilzeitarbeit.

3. Die Argumentation basiert auf einer Entscheidung des EuGH NJW 1981, 2639; vgl. auch EuGH NJW 1981, 2637; ZIP 1986, 726. Danach meint der EuGH, daß ein Arbeitgeber Lohnanreize für die Vollzeitbeschäftigung schaffen könne. Sie wird nach § 2 BeschFG überholt sein (vgl. BAG AP Nr. 2 zu § 2 BeschFG 1985 = NZA 1989, 209).

4. Die Rechtsprechung des BAG zum Grundsatz der Lohngleichheit bzw. des gleichen Entgelts von Männern und Frauen war nicht einheitlich. Nach der Rechtsprechung des 5. Senats wird der arbeitsrechtliche Grundsatz der Gleichbehandlung inhaltlich vom Gleichberechtigungsgrundsatz des Art. 3 Abs. 2 GG und vom Benachteiligungsverbot geprägt (BAG AP Nr. 117 zu Art. 3 GG = NJW 1982, 416; AP Nr. 53 zu § 242 BGB Gleichbehandlung = NJW 1983, 190). Dagegen heißt es in der Rechtsprechung des 3. Senates, daß der Gleichberechtigungssatz wesentlich über den allgemeinen Gleichheitssatz und den arbeitsrechtlichen Gleichbehandlungsgrundsatz hinausgeht. Die Gestaltungsfreiheit des Arbeitgebers aus sachlichen Gründen bis zur Grenze der Willkür zu differenzieren, wird insoweit ausgeschlossen, wie das Geschlecht als Unterscheidungsmerkmal dient. Die biologischen und funktionalen Unterschiede der Geschlechter sind nach dem Willen der Verfassung grundsätzlich unerheblich, solange sie nicht unterschiedliche Regelungen geradezu gebieten (BAG AP Nr. 1 zu § 1 BetrAVG Gleichbehandlung = NJW 1982, 2013). Die Rspr. zum Lohngleichheitssatz wird zumeist auf Art. 119 EWG-Vertrag, § 612 Abs. 3 BGB und, soweit Teilzeitbeschäftigte betroffen sind, auf § 2 Abs. 3 BeschFG 1985 gestützt. Hiernach ist eine unmittelbare Diskriminierung untersagt. Bei der unmittelbaren Geschlechtsdiskriminierung wird unmittelbar an das Geschlecht angeknüpft oder an Merkmale, die regelmäßig nur von Personen eines Geschlechtes erfüllt werden (verdeckte Diskriminierung). Nach Art. 119 EWG-Vertrag ist aber auch eine mittelbare Diskriminierung untersagt. Ausgangsentscheidung des EuGH ist die Bilka-Entscheidung (EuGH AP Nr. 10 zu Art. 119 EWG-Vertrag = NJW 1980, 3020 = BB 86, 1525), die alsdann durch das BAG in ständiger Rspr. in der betrieblichen Altersversorgung umgesetzt worden ist (BAG AP Nr. 11 = NJW 1987, 2183 = DB 1986, 2237; AP Nr. 5 zu § 1 BetrAVG Gleichberechtigung = NJW 1990, 68 = NZA 1990, 25; Nr. 7 = NZA 1990, 778). Das BVerfG hat diese Rspr. gebilligt (BVerfG vom 28. 9. 1992 – AP Nr. 32 zu Art. 119 EWG-Vertrag). Nach der Rspr. des 3. Senats liegt eine mittelbare Diskriminierung vor, wenn *(1)* eine Regelung gegeben ist, durch die eine bestimmte Gruppe von Arbeitnehmern ausgeschlossen ist, *(2)* durch diese Regelung wesentlich mehr Personen des einen als des anderen Geschlechts betroffen werden, *(3)* die nachteilige Regelung mit dem Geschlecht oder der Geschlechtsrolle zu erklären ist. Liegt eine mittelbare Diskriminierung vor, so kann die Unterscheidung gerechtfertigt sein, wenn das gewählte Mittel *(1)* einem wirklichen Bedürfnis des Arbeitgebers entspricht, *(2)* zur Erreichung des Zieles geeignet ist und *(3)* nach den Grundsätzen der Verhältnismäßigkeit erforderlich ist (*Pfarr* NZA 1986, 585). Zu den sog. Leichtlohngruppen hat der EuGH (AP Nr. 13 zu Art. 119 EWG-Vertrag = NJW 1987, 1138) entschieden: „Ein System der Differenzierung von Lohnstufen nach dem Grad der erforderlichen muskelmäßigen Anstrengung ist nicht allein deshalb diskriminierend, weil es auf Eigenschaften abstellt, die Männer eher besitzen. Ein System der beruflichen Einordnung muß jedoch, um insgesamt nicht diskriminierend zu sein und damit den Grundsätzen der Richtlinie 75/117 zu entsprechen, so ausgestaltet sein, daß es, wenn die Art der in

14. Ansprüche wegen Verletzung des Gleichbehandlungsgrundsatzes IV. A. 14

Frage stehenden Tätigkeiten es zuläßt, als gleichwertig anerkannte Arbeitsplätze umfaßt, bei denen andere Kriterien berücksichtigt werden, hinsichtlich deren die weiblichen Arbeitnehmer besonders geeignet sein können". Das BAG hat darauf entschieden (AP Nr. 32 zu § 1 TVG Tarifverträge: Einzelhandel = NZA 1993, 181): „Schwere körperliche Arbeit kann sich ergeben wegen der bei der Tätigkeit notwendigen Körperhaltung, bei taktgebundener oder repetetiver Arbeit, aus nervlicher oder sensorischer Belastung, Lärm und sonstigen Umwelteinwirkungen, sozialen Belastungsfaktoren." Auf dem Gebiet der Entlohnung hat der EuGH entschieden (EuGH AP Nr. 19 = Nr. 27 zu Art. 119 EWG-Vertrag = NZA 1990, 772: „Die EG-Richtlinie 75/117 zur Angleichung der Rechtsvorschriften der Mitgliedstaaten über die Anwendung des Grundsatzes des gleichen Entgelts für Männer und Frauen ist wie folgt auszulegen: *(1)* Wenn in einem Unternehmen ein Entlohnungssystem angewandt wird, dem jede Durchschaubarkeit fehlt, obliegt dem Arbeitgeber der Nachweis, daß seine Lohnpolitik nicht diskriminierend ist, sofern der weibliche Arbeitnehmer auf der Grundlage einer relativ großen Zahl von Arbeitnehmern belegt, daß das durchschnittliche Entgelt der weiblichen Arbeitnehmer niedriger ist als das der männlichen Arbeitnehmer. *(2)* Ergibt sich, daß die Anwendung von Zulagekriterien wie Flexibilität, Berufsausbildung oder Ancienität des Arbeitnehmers die weiblichen Arbeitnehmer systematisch benachteiligt, so – kann der Arbeitgeber die Anwendung des Kriteriums der Flexibilität rechtfertigen, wenn es so verstanden wird, daß es sich auf die Anpassungsfähigkeit an unterschiedliche Arbeitszeiten und Orte bezieht, indem er darlegt, daß diese Anpassungsfähigkeit für die Ausführung der dem Arbeitnehmer übertragenen spezifischen Aufgaben von Bedeutung ist, nicht aber, wenn dieses Kriterium so verstanden wird, daß es die Qualität der vom Arbeitnehmer verrichteten umfaßt; – kann der Arbeitgeber die Anwendung des Kriteriums der Berafsausbildung rechtfertigen, in dem er darlegt, daß diese Ausbildung für die Ausführung der dem Arbeitnehmer übertragenen spezifischen Aufgaben von Bedeutung ist; – braucht der Arbeitgeber die Anwendung des Kriteriums der Ancienitäten nicht besonders zu rechtfertigen". Zu den Folgeentscheidungen des BAG gehören vor allem BAG AP Nr. 1 zu § 611 BGB Diskriminierung = EzA § 612 BGB Nr. 16: „*(1)* Sind männliche und weibliche Arbeitnehmer mit der gleichen Arbeit beschäftigt und entlohnt der Arbeitgeber fast die Hälfte der Männer, dagegen nur ein $^{1}/_{10}$ der Frauen über Tarif, dann liegt hierin ein Verstoß gegen § 612 Abs. 3 BGB, wenn die höhere Entlohnung der männlichen Arbeitnehmer nicht durch Gründe gerechtfertigt ist, die nicht auf das Geschlecht bezogen sind. *(2)* Die nach § 612 Abs. 3 S. 3 i. V. mit § 611a Abs. 1 S. 3 BGB für die Verlagerung der Beweislast auf den Arbeitgeber erforderlichen Tatsachen, die eine Benachteiligung wegen des Geschlechts vermuten lassen, sind jedenfalls dann durch die zahlenmäßige wesentlich größere nachteilige Betroffenheit der Angehörigen eines Geschlechts glaubhaft gemacht, wenn die Kriterien für die Entlohnungspraxis des Arbeitgebers für die Arbeitnehmer nicht durchschaubar sind. *(3)* Nach dem Grundsatz der gemeinschaftsrechtskonformen Auslegung beruht eine Entgeltdiskriminierung jedenfalls dann auf einer Vereinbarung i.S. des § 612 Abs. 3 S. 1 BGB, wenn der unterschiedlichen Behandlung zumindest eine Vereinbarung mit den begünstigten Arbeitnehmern zugrundeliegt. Eine Vereinbarung mit den benachteiligten Arbeitnehmern muß nicht hinzukommen. Es bleibt unentschieden, ob angesichts der Vorgaben des Gemeinschaftsrechts dem Tatbestandsmerkmal der Vereinbarung in § 612 Abs. 3 S. 1 BGB eigenständige Bedeutung zukommen kann. *(4)* Im Falle eines Verstoßes gegen § 612 Abs. 3 BGB haben die wegen ihres Geschlechts benachteiligten Arbeitnehmer Anspruch auf die Leistungen, die der bevorzugten Gruppe gewährt werden." In der Entscheidung AP Nr. 2 zu § 612 Diskriminierung = BB 1993, 1664 (L) heißt es: *„(1)* Ist die mit einem teilzeitbeschäftigten Arbeitnehmer getroffene Vergütungsvereinbarung wegen Verstoßes gegen Art. 1 § 2 Abs. 1 BeschFG 1985 nichtig, so ist die Höhe der dem Teilzeitbeschäftigten nach § 612 Abs. 2 BGB zustehenden üblichen Vergütung anhand der Vergütung zu ermitteln, die der Arbeitgeber vergleichbaren Vollzeitbeschäftigten zahlt. *(2)* Dies gilt auch, wenn die dem Vollzeitbeschäftigten gewährte Vergütung übertariflich ist, sofern nicht insoweit sachliche Gründe für die ungleiche Behandlung vorliegen. (3) Die Wahrung sozialer Besitzstände ist als sachlicher Grund zur Rechtfertigung einer unterschiedlichen Behandlung geeignet". Aus dieser Rspr. ergibt sich vor allem, daß das BAG bei den Voraussetzungen der mittelbaren Diskriminierung von dem dritten Tatbestandsmerkmal (Geschlecht und Geschlechtsrolle) abrückt, das später auch vom EuGH nicht mehr erwähnt wird. Schwierigkeiten bereitet vor allem, die Vergleichszahlen darzulegen. Dies ist in AP Nr. 1 zu § 612 BGB Diskriminierung ausführlich erklärt. Die Entscheidung EuGH AP Nr. 19, 27 zu Art. 119 EWG-Vertrag wird darüberhinaus weitgehende Auswirkungen auf die Eingruppierung von Arbeitnehmern nach ihrer beruflichen Ausbildung haben (BAG v. 23. 2. 1994 – 4 AZR 219/93 – NZA 1994, 1136).

Kosten und Gebühren

Keine Besonderheiten, vgl. Form. IV. A. 10.

15. Ansprüche des Arbeitnehmers aus betrieblicher Übung

An das
Arbeitsgericht

Klage

des/der Arbeiters(in)/Angestellten ......   Klägers(in)
– Prozeßbevollmächtigter: RA –
gegen
die Bundesrepublik Deutschland gesetzlich vertreten durch ......
Namens und mit Vollmacht des Klägers erhebe ich Klage und werde beantragen zu erkennen:
I. Es wird festgestellt, daß die Beklagte verpflichtet ist, dem/der Kläger(in) auch weiterhin für die Arbeit am ...... einen Lohnzuschlag in Höhe von ...... zu zahlen[1].
II. Die Beklagte trägt die Kosten des Rechtsstreites.

Begründung:

Der/Die ...... Jahre alte Kläger(in) ist seit dem ...... bei der Beklagten beschäftigt. Das Arbeitsverhältnis richtet sich kraft Organisationszugehörigkeit/kraft Verweisung nach den jeweiligen Bestimmungen des BAT vom 23. 2. 1961 einschl. seiner Anlagen und Ergänzungen in der jeweiligen Fassung[2]. Der/Die Kläger(in) ist in die Vergütungsgruppe ...... eingereiht. Er/Sie arbeitet als ...... in der Abteilung ...... der ....
Die Beklagte zahlt seit dem ...... für die Arbeitsleistung eine tarifliche Zulage in Höhe von ...... des Stundenlohnes. Die Zahlungen sind auch bei der Tarifänderung vom ...... beibehalten worden. Durch diese Verhaltensweise ist für den/die Kläger(in) ein Vertrauenstatbestand erwachsen, so daß er/sie für seine/ihre Arbeitsleistung auch weiterhin eine Zulage erhalten wird[3].
Mit Wirkung vom ...... hat die Beklagte die Zahlungen eingestellt[4].
Sie beruft sich darauf, daß sie sich nur tarifgerecht habe verhalten wollen. In Wirklichkeit lägen die Voraussetzungen für die Zulage nicht vor. Sie sei mithin berechtigt, die Zahlung einzustellen. Dies ist unzutreffend ......[5].
Die Beklagte handelt arglistig, wenn sie eine Zahlungsverpflichtung leugnet, weil die Zahlung einer Zulage nicht schriftlich vereinbart worden ist. Nach § 4 Abs. 2 BAT bedürfen Nebenabreden allerdings der Schriftform. Die Berufung der Beklagten auf die Einhaltung der Schriftform ist aber arglistig, weil ......[6].

                                                                  Rechtsanwalt

Anmerkungen

1. Ein Leistungsantrag wäre möglich. Gegen öffentliche Arbeitgeber wird aber regelmäßig ein Feststellungsantrag gestellt (*Schaub* FormB § 93 III m. weit. Nachw.). In neuerer Zeit weigert sich die öffentliche Hand gelegentlich, Entscheidungen des BAG zu befolgen. Ratsam ist daher ein Leistungsantrag, kumuliert mit einer Zwischenfeststellungsklage (§ 256 Abs. 2 ZPO).

2. Richtet sich das Arbeitsverhältnis nach den Bestimmungen eines Tarifvertrages, sollte dies in jedem Falle vorgetragen werden. Zu unterscheiden sind die Tarifbindung und der tarifliche Geltungsbereich (*Schaub* ArbR-Hdb §§ 203, 205).

3. Die betriebliche Übung kann zur Anspruchsbegründung wie auch als Auslegungsregel im Arbeitsrecht dienen (*Schaub* ArbR-Hdb. § 111). Die Bindungswirkung der betrieblichen Übung wurde mit normativen, Rechtsgeschäfts- und Zurechnungstheorien begründet. Die normativen Theorien, nach denen die betriebliche Übung ein Gewohnheitsrecht des Betriebes darstellt, sind überholt. Nach der Theorie von der objektiven Zurechnung erwächst aufgrund betrieblicher Übung ein Anspruch, wenn (1) das Verhalten des Arbeitgebers objektiv geeignet war, das Vertrauen des Arbeitnehmers auf den Fortbestand der Übung zu erwecken (objektiver Vertrauenstatbestand), (2) der Arbeitgeber die das Vertrauen begründeten Tatsachen kannte oder infolge von Fahrlässigkeit nicht kannte und (3) der Arbeitnehmer auf die Fortsetzung der Übung vertraute und sich darauf eingerichtet hat. Bei kollektiven Übungen entsteht die bindende Wirkung mit Eintritt des Arbeitnehmers in den Betrieb, so daß das Einrichten des Arbeitnehmers fehlen kann. Bei Übungen, die den Arbeitnehmer benachteiligen, wird allerdings auch zumeist von den Vertretern der Erwirkungslehre eine rechtsgeschäftliche Theorie vertreten. Diese steht im Vordergrund der Rechtsprechung des BAG.

Die Rechtsgeschäftstheorie geht von der Erwägung aus, daß eine Willenserklärung ausdrücklich oder konkludent abgegeben werden kann. Zum inneren Tatbestand gehört alsdann Handlungswillen, Erklärungsbewußtsein und Geschäftswille. Dabei ist das Erklärungsverhalten vom Standpunkt eines Dritten auszulegen, so wie dieser es verstehen durfte. Die betriebliche Übung wird mithin als konkludentes Vertragsangebot aufgefaßt. Demnach setzt die betriebliche Übung ein langandauerndes gleichbleibendes Verhalten voraus, aus dem der Arbeitnehmer auf einen Bindungswillen des Arbeitgebers schließen durfte (vgl. dazu BAG AP Nr. 1 zu § 3 TV ArbBundespost; AP Nr. 56 zu § 611 BGB Dienstordnungsangestellte = EzA Nr. 9 zu § 242 BGB Betriebliche Übung; AP Nr. 15 zu § 242 BGB Betriebliche Übung = Betr. 1984, 1252; AP Nr. 1 zu § 1 BetrAVG Betriebliche Übung = NZA 1985, 531 = Betr. 1985, 1747; AP Nr. 19 zu § 242 BGB Betriebliche Übung; AP Nr. 32 aaO. = NZA 1989, 57 = BB 1989, 356 = DB 1989, 281; Nr. 34, 35). Die Rechtsprechung geht grundsätzlich davon aus, daß dieses Angebot vom Arbeitnehmer konkludent angenommen wird (vgl. Anm. 6). Lediglich in einer Entscheidung hat das BAG angenommen, daß die betriebliche Übung ein einseitiger Verpflichtungstatbestand sei (BAG AP Nr. 90 zu § 242 BGB Ruhegehalt = NJW 1963, 1996).

4. Unter welchen Voraussetzungen die betriebliche Übung wieder beseitigt werden kann, ist noch nicht abschließend geklärt (vgl. *Schaub* ArbR.-Hdb. § 111). Soweit aufgrund der betrieblichen Übung im Arbeitsverhältnis bereits Ansprüche erwachsen sind, können diese nur im Wege individualvertraglicher Gestaltungsmittel beseitigt werden. Die betriebliche Übung für zukünftig begründete Arbeitsverhältnisse wird beseitigt, wenn der Vertrauenstatbestand für den Arbeitnehmer wegfällt. Allein daraus, daß der Arbeitgeber einmalig die durch betriebliche Übung begründeten Ansprüche nicht erfüllt, läßt sich die Aufgabe der Übung nicht herleiten (BAG AP Nr. 32 zu § 242 BGB Betriebliche Übung = NZA 1989, 57).

5. Wegen des rechtsgeschäftlichen Willens geht das BAG im öffentlichen Dienst von einer Auslegungsregel aus, daß der öffentliche Arbeitgeber sich regelmäßig nur normge-

mäß verhalten will, dagegen keine weitergehenden, übertariflichen sozialen Leistungen auf Dauer erbringen will. Die Zahlung von Zulagen, deren tarifliche Voraussetzungen irrtümlich angenommen worden ist, kann mithin eingestellt werden (BAG AP Nr. 16 zu § 242 BGB Betriebliche Übung = Betr. 1985, 183; AP Nr. 19 aaO. = NJW 1986, 2596 = NZA 1986, 604; AP Nr. 12 zu § 4 BAT = BB 1986, 2056; AP Nr. 38 zu § 242 BGB Betriebliche Übung = NZA 1993, 749). Dasselbe gilt, wenn ein Tarifvertrag des öffentlichen Dienstes in Bezug genommen worden ist (BAG AP Nr. 29 zu § 242 BGB Betriebliche Übung = NZA 1987, 778 = BB 1987, 1885 = DB 1987, 1996). Etwas anderes gilt in der Privatwirtschaft, da insoweit nicht von einer strikten Tarifeinhaltung ausgegangen werden kann.

6. Vom öffentlichen Arbeitgeber wird zumeist eingewandt, aufgrund betrieblicher Übung könnten keine Ansprüche erwachsen. Nach § 4 Abs. 2 BAT und vergleichbaren Vorschriften für Arbeiter sind Nebenabreden nur wirksam, wenn sie schriftlich vereinbart werden. An der Einhaltung der Schriftform fehlt es regelmäßig. In der Rechtsprechung des 3. und 4. Senats des BAG bestehen Divergenzen. Nach der Rechtsprechung des 4. Senates sind Nebenabreden alle Vereinbarungen, die sich auf Leistungen beziehen, die nicht im Gegenseitigkeitsverhältnis des Arbeitsvertrages stehen. Nach der Rechtsprechung des 3. Senates sind Nebenabreden alle, die sich auf irreguläre Leistungen im Arbeitsverhältnis erstrecken (Einzelh. BAG AP Nr. 1–8 zu § 4 BAT sowie BAG AP Nr. 1 zu § 3 TV Arb Bundespost). Der vorübergehend zuständige 7. Senat hat sich der Rspr. des 3. Senats angeschlossen (BAG AP Nr. 29 zu § 242 BGB Betriebliche Übung = Betr. 1987, 1996). Der zweite Einwand bezieht sich auf die Mitbestimmungsrechte. Insoweit ergibt sich eine Neuorientierung der Rspr. aus BAG AP Nr. 31 zu § 75 BPersVG = NZA 1990, 899; Nr. 37 = NZA 1993, 469.

16. Klage wegen fehlerhafter Ausübung des Direktionsrechtes

An das
Arbeitsgericht

Klage

des/der ......   Klägers(in)
– Prozeßbevollmächtige(r) RA –

gegen

die Firma ......   Beklagte

wegen fehlerhafter Ausübung des Direktionsrechtes[1].

Namens und mit Vollmacht des/der Klägers(in) erhebe ich Klage und werde beantragen zu erkennen:
  I. Es wird festgestellt, daß die Beklagte nicht berechtigt ist, den Kläger in die Filiale ...... zu versetzen[2].
  II. Die Beklagte trägt die Kosten des Rechtsstreits.

Begründung:

Der/Die im Jahre ...... geborene Kläger(in), der/die verheiratet und für ...... minderjährige Kinder unterhaltspflichtig ist, trat am ...... als ...... in die Dienste der Beklagten. Das Arbeitsverhältnis richtet sich kraft Organisationszugehörigkeit/vertraglicher Vereinbarung nach dem Tarifvertrag vom ...... und den diesen ergänzenden Tarifverträgen. Der/Die Kläger(in) war in der Filiale ...... eingesetzt[3]. Am ...... hat die Beklagte angeordnet, daß der Kläger hinfort in der Filiale ...... arbeitet. Der/Die Kläger(in) hat dieser Versetzung sofort widersprochen[4]. Der/Die Kläger(in) hat sich auch an den Betriebsrat gewandt; dieser hat erklärt, daß er von der Versetzung überhaupt nichts wisse[5].

16. Klage wegen fehlerhafter Ausübung des Direktionsrechtes   IV. A. 16

Beweis: Betriebsratsvorsitzender ......
Gleichwohl beharrt die Beklagte darauf, daß der/die Kläger(in) hinfort in ...... arbeitet.
Die Versetzung ist unwirksam, weil ......

Anmerkungen

1. Art, Ort und Inhalt der vom Arbeitnehmer zu leistenden Arbeit ergeben sich aus dem Arbeitsvertrag, der unter Berücksichtigung kollektivvertraglicher Normen nach Treu und Glauben und der Verkehrssitte sowie einer etwa bestehenden betrieblichen Übung auszulegen ist. Im Rahmen des Arbeitsverhältnisses kann der Arbeitgeber aufgrund des Direktionsrechts (Weisungsrechtes) den Inhalt des Arbeitsverhältnisses näher bestimmen (BAG AP Nr. 26 zu § 611 Direktionsrecht = EzA § 611 BGB Direktionsrecht Nr. 2 = BB 1980, 1267).

2. Der Inhalt des Arbeitsverhältnisses kann im Wege der Feststellungsklage nach § 256 ZPO geklärt werden, da es sich insoweit um ein Rechtsverhältnis handelt (§ 256 Abs. 1 ZPO).

3. I.d.R. ist der Leistungsort des Arbeitsverhältnisses der Betriebssitz des Arbeitgebers. Das Weisungsrecht kann jedoch erweitert sein, wenn der Arbeitnehmer nach dem Inhalt des Arbeitsvertrages auch an anderen Stellen eingesetzt werden soll. Nach langjähriger Beschäftigung konkretisiert sich die Arbeitspflicht auf den Beschäftigungsort, wenn der Arbeitnehmer nicht mehr mit einer Änderung des Arbeitsortes zu rechnen braucht. Unberührt bleibt das Recht der Umsetzung im Betrieb, auch wenn der Arbeitnehmer langfristig an einem konkreten Arbeitsplatz beschäftigt war. Nach dem Inhalt des Arbeitsvertrages richtet sich auch die Art der zu leistenden Arbeit. Je genauer die Arbeitsleistung im Arbeitsvertrag umschrieben wird, umsomehr ist das Weisungsrecht eingeschränkt. Im allgemeinen herrscht der Grundsatz, daß dem Arbeitnehmer keine geringerwertige Arbeit als im Arbeitsvertrag vereinbart, zugewiesen werden kann. Geringerwertig ist jede geringer entlohnte aber auch in der sozialen Anschauung geringer bewertete Arbeit (*Schaub* ArbR-Hdb. § 45 III, IV). Im öffentlichen Dienst ist im allgemeinen eine Versetzung im Rahmen der Vergütungsgruppe möglich (BAG AP Nr. 10 zu § 24 BAT).

4. Bei jeder Versetzung ist individualrechtlich und kollektivrechtlich die Wirksamkeit der Versetzung zu beurteilen.
Es bedarf daher zunächst der Prüfung, ob die Direktionsrechtsmaßnahme individualvertraglich wirksam ist. Sie kann durch Gesetz, Tarifvertrag, Betriebsvereinbarung oder Einzelvertrag ausgeschlossen werden. In jedem Fall darf der Arbeitgeber nur im Rahmen von § 315 BGB die Arbeitsleistung des Arbeitnehmers bestimmen.

5. Grenzen des Versetzungsrechtes ergeben sich aber vor allem aus den personellen Mitwirkungsrechten des Betriebsrates (§ 99 BetrVG). Insoweit ist auch der Vortrag anzupassen. Allerdings decken sich der individualvertragliche und betriebsverfassungsrechtliche Versetzungsbegriff nicht völlig. (Einzelheiten bei *Schaub* ArbR-Hdb. § 45 III, IV; § 241; dtv – Der Betriebsrat, 6. Aufl., 1995, § 49). Eine Versetzung, die ohne Zustimmung des Betriebsrats oder ohne Ersetzung der Zustimmung durch das Arbeitsgericht erfolgt, ist dem Arbeitgeber gegenüber unwirksam (BAG AP Nr. 50 zu § 99 BetrVG 1972 = NZA 1988, 476). Wird ein Arbeitnehmer auf Dauer in einen anderen Betrieb des Arbeitgebers versetzt, bedarf es neben der Zustimmung des Betriebsrats des aufnehmenden Betriebes auch der Zustimmung des Betriebsrates des abgebenden Betriebes, wenn der Arbeitnehmer mit der Versetzung nicht einverstanden ist (BAG AP Nr. 84 zu § 99 BetrVG 1972 = NZA 1991, 195; Nr. 102 = EzA § 99 BetrVG 1972 Nr. 112 = DB 1993, 1094).

Kosten und Gebühren

Keine Besonderheiten. Vgl. Form. IV. A. 9. Gelegentlich wird vertreten bei der Schätzung des Streitwerts könne auf die Grenzen des § 12 Abs. 7 ArbGG zurückgegriffen werden. Dies ist kaum richtig.

17. Anrufung einer Schiedsstelle wegen Vergütungsfortzahlung im Krankheitsfalle[1]

Anmerkungen

1. Nach dem Gesetz über die Errichtung und das Verfahren der Schiedsstellen für Arbeitsrecht vom 29. 6. 1990 (GBl. I Nr. 38 S. 305) sind den Individualstreitigkeiten aus dem Arbeitsverhältnis Schiedsstellenverfahren vorgeschaltet. Das DDR-SchG ist durch den EV Anl. II Kap. VIII Sachgebiet A Abschn. III Nr. 3 aufrechterhalten worden. Es ist aber durch das Gesetz zur Aufhebung des Gesetzes über die Errichtung und das Verfahren der Schiedsstellen vom 20. 12. 1991 (BGBl. I S. 2321) aufgehoben worden. Es hat kaum noch Bedeutung, da inzwischen anhängige Verfahren abgewickelt sein dürften.

B. Klagen des Arbeitnehmers und Klageentgegnungen im Zusammenhang mit Beendigung des Arbeitsverhältnisses

1. Kündigungsschutzklage des Arbeitnehmers gegen eine AG

An das
Arbeitsgericht

Klage

des/der Arbeiter(in)/Angestellten ......   Klägers(in)
– Prozeßbevollmächtigter: RA ...... –
gegen
die ...... AG
gesetzlich vertreten durch die Vorstandsmitglieder 1. ...... 2. ......,   Beklagte
wegen Kündigungsschutz.

Namens und mit Vollmacht des Klägers erhebe ich Klage und werde beantragen zu erkennen:

I. Es wird festgestellt, daß das Arbeitsverhältnis durch die ordentliche/außerordentliche Kündigung vom ...... – zugegangen am ...... – nicht aufgelöst worden ist[1-6].
II. Die Beklagte trägt die Kosten des Rechtsstreites.

Begründung:

Der/die am ...... geb., led./verh. Kläger(in), der/die ...... Kinder hat, wurde am ...... von der Beklagten eingestellt. Die Beklagte beschäftigt ...... Arbeitnehmer[7].
Die Beklagte hat das Arbeitsverhältnis mit Schreiben vom ...... – zugegangen am ...... – ordentlich/außerordentlich zum ...... gekündigt.

Beweis: Anliegendes Kündigungsschreiben.

Die im Kündigungsschreiben angegebenen Gründe sind unzutreffend[8-11].
Die Beklagte hat die dem Kläger zustehende Kündigungsfrist nicht gewahrt.

Beweis: Anliegender Arbeitsvertrag.

Bei der Beklagten besteht ein Betriebsrat. Dieser ist nicht/nicht ordnungsgemäß gehört/hat der Kündigung widersprochen[12].

Rechtsanwalt

Anmerkungen

1. **Klagefrist**: § 4 KSchG. Für die Kündigungsschutzklage gelten die Formvorschriften für bestimmende Schriftsätze. Indes stellt das BAG insoweit keine strengen Anforderungen. Es genügt, daß aus der Klage ersichtlich ist, gegen wen sie sich richtet, wo der Kläger tätig war und daß er seine Kündigung nicht als berechtigt anerkennen will (BAG AP Nr. 8 zu § 3 KSchG = NJW 1956, 1772; AP Nr. 7 zu § 4 KSchG 1969 = NJW 1982, 1174). Geht innerhalb der Frist des § 4 KSchG beim Arbeitsgericht ein nicht unterzeichneter, den Erfordernissen einer Klage genügender Schriftsatz ein, so kann der Mangel der Unterzeichnung nach § 295 ZPO geheilt werden (BAG AP Nr. 14 zu § 4 KSchG 1969 = NJW 1986,

3224 = NZA 1986, 761; vgl. zur Unterzeichnung einer Matritze in Massenverfahren: BAG AP Nr. 60 zu Art. 9 GG Arbeitskampf = NJW 1979, 233). Zweifelhaft ist, in welchem Umfang die Klagefrist auch für außerordentliche Kündigungen im Berufsausbildungsverhältnis gilt. Das BAG hat angenommen, daß die Klagefrist jedenfalls dann nicht gilt, wenn gemäß § 111 Abs. 2 S. 5 ArbGG eine Verhandlung vor einem zur Beilegung von Streitigkeiten aus einem Berufsausbildungsverhältnis gebildeten Ausschuß stattfinden muß (BAG AP Nr. 21 zu § 4 KSchG 1969 = NZA 1990, 395 = BB 1989, 2256 = DB 1990, 586). Dagegen ist die Klagefrist dann einzuhalten, wenn ein solcher Ausschuß nicht besteht (BAG v. 5. 7. 1990 – 2 AZR 53/90 – AP Nr. 23 zu § 4 KSchG 1969 = NJW 1991, 2101 = NZA 1991, 671). Versäumung der Klagefrist, insbesondere bei zweifelhafter Rechtslage zur Frist, führt zu Haftungsfällen beim Rechtsanwalt (OLG Karlsruhe AP Nr. 20 zu § 4 KSchG 1969).

2. Nach der Rspr. des BAG gilt zu § 4 KSchG die sog. punktuelle Streitgegenstandstheorie (BAG AP Nr. 17 zu § 3 KSchG 1951 = NJW 1959, 1459; AP Nr. 18 aaO. = NJW 1959, 1387; AP Nr. 4 zu § 66 BetrVG = NJW 1955, 1374; AP Nr. 40 zu § 3 KSchG 1951 = NJW 1971, 1380; AP Nr. 2 zu § 81 ZPO; AP Nr. 50 zu § 256 ZPO = BB 1979, 1715; AP Nr. 3 zu § 4 KSchG 1969 = NJW 1977, 1895; AP Nr. 17 zu § 4 KSchG 1969 = NZA 1987, 273; AP Nr. 19 zu § 4 KSchG 1969 = NJW 1988, 890 = NZA 1988, 651 = Betr. 1988, 1758). Etwas verkürzt ausgedrückt prüft das Gericht mithin nur nach, ob ein Arbeitsverhältnis bestanden hat und ob es bis zum Zugang der Kündigung und durch die angegriffene Kündigung aufgelöst worden ist (vgl. BAG AP Nr. 19 zu § 4 KSchG 1969 = NJW 1988, 890 = NZA 1988, 651 = Betr. 1988, 1758; AP Nr. 10 zu § 611 BGB Treuepflicht = NJW 1991, 518 = NZA 1991, 141; v. 27. 1. 1994 – NZA 1994, 812; *Schaub* ArbR-Hdb. § 136 I; *Hueck/von Hoyningen-Huene* § 4 KSchG Rdn. 6; KR – *Friederich* § 4 KSchG Rdn. 225 ff.). Die Wirksamkeit der Kündigung wird jedoch unter jedem rechtlichen Gesichtspunkt geprüft. Folgerungen: Wendet sich der Kläger gegen eine ihm gegenüber gleichzeitig ausgesprochene außerordentliche und (hilfsweise) ordentliche Kündigung, so muß das Urteil gesondert über den Hauptantrag und unechten Eventualantrag befinden (BAG AP Nr. 1 zu § 133b GewO = NJW 1959, 1149; AP Nr. 9 zu § 313 ZPO = NJW 1977, 1504). Ob eine unechte Eventualklage gegen eine in einer außerordentlichen Kündigung enthaltene ordentliche Kündigung gegeben ist, muß im Wege der Auslegung entschieden werden (vgl. BAG AP Nr. 1 zu Art. 5 Abs. 1 GG Meinungsfreiheit = NJW 1959, 1197). Im allgemeinen empfiehlt sich Klarstellung (es wird beantragt, festzustellen, daß das Arbeitsverhältnis durch die Kündigung vom ...... weder außerordentlich, noch ordentlich zum ...... beendet worden ist; festzustellen, daß das Arbeitsverhältnis durch die fristlose Kündigung vom ...... nicht am ...... aufgelöst wurde, sondern erst mit Ablauf der Kündigungsfrist am ...... endet). Ein auf die fristlose Kündigung gerichteter Feststellungsantrag wahrt die Dreiwochenfrist, wenn der Arbeitnehmer noch bis zum Schluß der mündlichen Verhandlung erklärt, auch die hilfsweise erklärte ordentliche Kündigung angreifen zu wollen (BAG AP Nr. 38 zu § 3 KSchG 1951). Es ist auch unschädlich, wenn die Klage gegen eine außerordentliche Kündigung gerichtet wird, obwohl tatsächlich eine ordentliche ausgesprochen war (BAG AP Nr. 7 zu § 4 KSchG 1969 = NJW 1982, 1174).

Ist zu erwarten, daß der Arbeitgeber im Prozeß nicht nur die Auflösung des Arbeitsverhältnisses infolge Kündigung, sondern auch aufgrund anderer Tatbestände (Anfechtung, Auflösungsvertrag usw.) behaupten wird, so wird zweckmäßig im Wege der kumulativen Klagehäufung zugleich eine Feststellungsklage nach § 256 ZPO erhoben[3]. Stellt ein gekündigter Arbeitnehmer mit der Klageschrift den Antrag nach § 4 KSchG und fügt er – gleichsam prophylaktisch zur vermeintlichen Klarstellung – diesem Antrag den Zusatz bei, festzustellen, daß das Arbeitsverhältnis unverändert fortbestehe, hat der Richter zu fragen (§ 139), was mit diesem weiteren Antrag bezweckt wird. Bringt der Kläger zum Ausdruck, er wolle nur den Inhalt des Antrags nach § 4 KSchG etwa dahin verdeutlichen, wenn die angegriffene Kündigung unwirksam sei, bestehe das Arbeitsverhältnis eben fort, so hat der

1. Kündigungsschutzklage des Arbeitnehmers gegen eine AG   IV. B. 1

Zusatz als völlig überflüssig (sog. unselbständiges Anhängsel) wegzubleiben und hat trotz des Zusatzes keine eigene prozeßrechtliche Bedeutung. Beruft sich der Kläger dagegen darauf, es handele sich um eine vorsorgliche Feststellungsklage, es könne ja sein, daß irgendwann einmal eine Erklärung des Beklagten abgegeben werde, die eine Kündigung sein könne, ist diese Klage als unzulässig abzuweisen (BAG vom 27. 1. 1994 – NZA 1994, 812; v. 16. 3. 1994 – NZA 1994, 860). Spricht der Arbeitgeber mehrere Kündigungen hintereinander aus, so muß zur Meidung der Wirksamkeit der Kündigungen (§ 7 KSchG) jede einzelne Kündigung nach § 4 KSchG angegriffen werden. Es kann aber auch im Wege kumulativer Klagehäufung mit einer Kündigungsschutzklage nach § 4 KSchG gegen die erste Kündigung eine Feststellungsklage nach § 256 ZPO erhoben werden[3]. Streitgegenstand einer Feststellungsklage nach § 256 ZPO ist die Frage, ob ein Arbeitsverhältnis im Zeitpunkt der letzten mündlichen Verhandlung in der Tatsacheninstanz oder über einen bestimmten späteren Zeitpunkt hinaus fortbesteht (BAG AP Nr. 19 zu § 4 KSchG 1969 = NJW 1988, 890 = NZA 1988, 651 = Betr. 1988, 1758; v. 27. 1. 1994 – NZA 1994, 812; v. 16. 3. 1994 – NZA 1994, 860). Damit sind die sog. „Serienkündigungen" weitgehend überholt. Die Feststellungsklage nach § 256 ZPO setzt im Kündigungsschutzprozeß wie jede andere Feststellungsklage ein Rechtsschutzinteresse voraus. Dies besteht nicht schon deshalb, weil eine bestimmt bezeichnete Kündigung ausgesprochen worden und wegen dieser ein Kündigungsrechtstreit anhängig ist. Es ist vielmehr erforderlich, daß der klagende Arbeitnehmer durch Tatsachenvortrag angeblich weitere Kündigungen oder Beendigungsgründe in den Prozeß einführt oder wenigstens glaubhaft macht und damit belegt, warum dieser, die Klage nach § 4 KSchG erweiternde Antrag – noch dazu alsbald – gerechtfertigt sein soll (BAG v. 27. 1. 1994 – NZA 1994, 812; v. 16. 3. 1994 – NZA 1994, 860). Das Feststellungsinteresse fehlt, wenn der Arbeitnehmer jede einzelne Kündigung mit der Kündigungsschutzklage nach § 4 KSchG angegriffen hat (BAG AP Nr. 10 zu § 611 BGB Fürsorgepflicht = NZA 1991, 141 = NJW 1991, 518). Unabhängig davon fehlt das Interesse des Arbeitnehmers an der Feststellung der Sozialwidrigkeit einer Kündigung wegen eines gleichzeitig mit Ablauf der Kündigungsfrist wirksam werdenden Beendigungstatbestandes nur dann, wenn die Wirksamkeit dieser anderen Beendigung zwischen den Parteien unstreitig oder rechtskräftig festgestellt ist (BAG AP Nr. 8 zu § 4 KSchG 1969). Die Modifikation der Rechtsprechung des BAG zwingt zur erneuten Überdenkung zweckmäßiger Antragstellung im Kündigungsschutzprozeß (vgl. *Diller* NZA 1994, 830). Im allgemeinen wird man den Feststellungsantrag nach § 4 KSchG und davon abgesetzt den Antrag nach § 256 ZPO stellen.

3. Alternative: Es wird festgestellt, daß das Arbeitsverhältnis durch die ordentliche/außerordentliche Kündigung vom ...... – zugegangen am – ...... nicht aufgelöst worden ist, sondern über den ...... fortbesteht.

4. Alternative bei Auflösungsantrag:
I. Es wird festgestellt, daß das Arbeitsverhältnis durch die ordentliche/außerordentliche Kündigung vom ...... – zugegangen am ...... – nicht aufgelöst worden ist, sondern über den ...... fortbestanden hat.
II. Das Arbeitsverhältnis wird gegen Zahlung einer Abfindung, deren Höhe in das Ermessen des Gerichtes gestellt wird, die aber ...... DM nicht unterschreiten sollte, aufgelöst[5-6].

Der Auflösungsantrag ist seiner Rechtsnatur nach ein unechter Eventualantrag, der nur für den Fall der Begründetheit des Feststellungsantrages gestellt wird (BAG AP Nr. 1 zu § 133b GewO = NJW 1959, 1149; AP Nr. 20 zu § 7 KSchG = NJW 1965, 787). Ob ein Auflösungsantrag vorliegt, ist im Wege der Auslegung zu ermitteln, dies ist nicht der Fall, wenn der Arbeitgeber einen Auflösungsantrag gestellt hat und der Arbeitnehmer in der 2. Instanz allein eine höhere Abfindung begehrt (BAG AP Nr. 8 zu § 7 KSchG). Dagegen liegt in einem Zahlungsantrag auch denknotwendig der Auflösungsantrag (BAG AP Nr. 5 zu § 7 KSchG). Die Auflösung erfolgt zum Zeitpunkt des Zugangs einer außerordentlichen

Kündigung oder bei ordentlicher Kündigung dem Ablauf der ordentlichen Kündigungsfrist (§ 9 Abs. 2 KSchG). Die Vorschrift des § 9 Abs. 2 KSchG ist verfassungsgemäß (BAG AP Nr. 12 zu § 9 KSchG 1969 = NJW 1985, 991 = NZA 1985, 60). Abfindungsurteile sind vorläufig vollstreckbar (AP Nr. 4 zu § 62 ArbGG 1979 = NZA 1988, 329 = Betr. 1988, 659 = BB 1988, 843).

5. Der Auflösungsantrag kann bis zum Schluß der mündlichen Verhandlung 2. Instanz gestellt werden. § 67 ArbGG steht nicht entgegen (arg. § 9 Abs. 1 S. 3 KSchG). Ist in der 1. Instanz kein Auflösungsantrag gestellt, so ist bei Obsiegen mangels Beschwer eine Berufung unzulässig, mit der allein die Auflösung des Arbeitsverhältnisses erstrebt wird. Einige LAG halten eine Berufung auch dann für zulässig, wenn ein unbezifferter Antrag auf Abfindung gestellt wird, diese aber ersichtlich hinter den Vorstellungen des Klägers zurückbleibt (LAG Hannover ArbuR 1969, 158; *Hueck/von Hoyningen-Huene* KSchG, 11. Aufl., § 10 Anm. 17). Wird eine zu hohe Abfindungsforderung gestellt, sind anteilige Kosten zu zahlen (BAG AP Nr. 3 zu § 10 KSchG 1969 = NZA 1987, 139). Ein Auflösungsantrag kann bis zum Schluß der letzten mündlichen Verhandlung in der Berufungsinstanz zurückgenommen werden (BAG AP Nr. 8 zu § 7 KSchG). Hierbei handelt es sich nicht um eine teilw. Klagerücknahme, so daß eine Einwilligung des Gegners nicht erforderlich ist (vgl. BAG AP Nr. 5 zu § 9 KSchG 1969 = NJW 1980, 1484). Ob in der Rücknahme ein Verzicht enthalten ist, muß durch Auslegung ermittelt werden (BAG AP Nr. 8 zu § 7 KSchG). Der vom Arbeitgeber neben dem Antrag auf Abweisung einer Kündigungsschutzklage hilfsweise gestellte Auflösungsantrag nach § 9 Abs. 1 S. 2 KSchG wird dann, wenn der Arbeitnehmer gegen die Abweisung der Kündigungsschutzklage durch das Landesarbeitsgericht Revision einlegt, auch ohne Anschlußrevision des Arbeitgebers in der Revisionsinstanz anhängig, wenn das Revisionsgericht auf die Revision der Kündigungsschutzklage stattgibt oder ein Feststellungsurteil des Arbeitsgerichts bestätigt. Dann ist zugleich über den Auflösungsantrag zu entscheiden (BAG AP Nr. 22 zu § 102 BetrVG 1972 = NJW 1981, 2316). Haben in einem Kündigungsschutzprozeß beide Parteien einen Auflösungsantrag gestellt und löst das Arbeitsgericht das Arbeitsverhältnis auf, so ist der Arbeitnehmer, der die Höhe der festgesetzten Abfindung nicht angreift, durch dieses Urteil nicht beschwert und seine Berufung deshalb unzulässig, auch wenn das Arbeitsgericht das Arbeitsverhältnis auf den Antrag des Arbeitgebers hin auflöst. Der Arbeitnehmer kann in einem derartigen Fall nicht allein mit dem Ziel Berufung einlegen, seinen erstinstanzlich gestellten Antrag zurückzunehmen und eine Fortsetzung des Arbeitsverhältnisses zu erreichen (BAG v. 23. 6. 1993 – AP Nr. 23 zu § 9 KSchG).

6. Abfindungen wegen einer vom Arbeitgeber veranlaßten oder gerichtlich ausgesprochenen Auflösung sind nach § 3 Abs. 1 Nr. 9 EStG innerhalb bestimmter Grenzen steuerfrei. Ob sie steuerfrei sind, beurteilt sich nach dem Steuerrecht. Die Arbeitsgerichte gehen daher grundsätzlich vom Bruttoprinzip aus (LAG Düsseldorf Betr. 1975, 2379). Verpflichtet sich der Arbeitgeber, vergleichsweise eine Nettoabfindung zu zahlen, so liegt darin möglicherweise eine Übernahme der Steuerschuld (LAG Berlin BB 1975, 1637 = Betr. 1976, 202). Die Auflösung ist vom Arbeitgeber veranlaßt, wenn dieser die entscheidende Ursache für die Auflösung gesetzt hat (BFH BStBl II 1980, 205). Der formale Auflösungstatbestand ist unerheblich. Steuerfrei sind nur solche Abfindungen, die wegen der Auflösung des Arbeitsverhältnisses gezahlt werden (BStBl II 1980, 205). Rückständige, bereits verdiente Löhne, Urlaubsgelder usw. sind steuerpflichtig, auch wenn sie als Abfindungen bezeichnet werden. Zahlungen an einen von der Arbeit freigestellten Arbeitnehmer, die aufgrund eines arbeitsgerichtlichen Vergleichs bis zum vereinbarten Ende des Arbeitsverhältnisses geleistet werden, sind keine Abfindungen (BFH v. 27. 4. 1994 – EzA § 3 EStG Nr. 1). Zur Beitragspflicht der Abfindung in der Sozialversicherung vgl. BAG AP Nr. 6 zu § 10 KSchG 1969 = NJW 1989, 1381 = NZA 1989, 271 = Betr. 1989, 327 = BB 1989, 428; BSG v. 21. 2. 1990 – EzA Nr. 35 zu § 9 KSchG nF.; v. 21. 2. 1990 – EzA Nr. 37 aaO.

1. Kündigungsschutzklage des Arbeitnehmers gegen eine AG

7. Der Kläger ist darlegungs- und beweispflichtig für Bestand des Arbeitsverhältnisses und Ablauf der 6-monatigen Wartezeit (§ 1 Abs. 1 KSchG) sowie die Zahl der Arbeitnehmer (§ 23 Abs. 1 S. 2 KSchG). Bei der Feststellung der Zahl der beschäftigten Arbeitnehmer sind nur solche zu berücksichtigen, deren regelmäßige Arbeitszeit wöchentlich 10 Stunden oder monatlich 45 Stunden übersteigt (§ 23 Abs. 1 S. 3 KSchG). Aufgrund der Besitzstandsregelung von § 23 Abs. 1 S. 4 KSchG behalten jedoch solche Arbeitnehmer ihren Kündigungsschutz, die am 1. Mai 1985 aufgrund der Zählung der Beschäftigten nach Köpfen (BAG NJW 1984, 510) Kündigungsschutz besaßen.

8. Zumeist ist es unzweckmäßig, selbst die Kündigungsgründe, für die der Arbeitgeber darlegungs- und beweispflichtig ist, in den Prozeß einzuführen. Zweckmäßiger ist, die Klageentgegnung (§ 61a ArbGG) abzuwarten und dann umgehend zu erwidern. Ist in einem Kündigungsrechtsstreit entschieden, daß das Arbeitsverhältnis durch eine bestimmte Kündigung nicht aufgelöst worden ist, so kann der Arbeitgeber eine erneute Kündigung nicht auf Kündigungsgründe stützen, die er schon zur Begründung der ersten Kündigung vorgebracht hat und die in dem ersten Kündigungsschutzprozeß materiell geprüft worden sind mit dem Ergebnis, daß sie die Kündigungen nicht rechtfertigen können (BAG v. 26. 8. 1993 – AP Nr. 113 zu § 626 BGB).

9. Alternative bei Auflösungsantrag: Nach Zugang der Kündigung hat die Beklagte den Kläger grob beleidigt. Sie hat über den Kläger behauptet, ...
Beweis: ......
Mit Rücksicht hierauf ist dem Kläger die Fortsetzung des Arbeitsverhältnisses nicht mehr zumutbar. Es ist daher das Arbeitsverhältnis gegen Zahlung einer Abfindung aufzulösen. Die Abfindung sollte ...... DM nicht unterschreiten, denn ......
Der Auflösungsantrag ist begründet, wenn dem Arbeitnehmer die Fortsetzung des Arbeitsverhältnisses nicht mehr zumutbar ist. Seine bisherige Auffassung, daß die Zumutbarkeit nach den gleichen Grundsätzen zu beurteilen sei, wie bei einer außerordentlichen Kündigung (BAG AP Nr. 20 zu § 7 KSchG = NJW 1965, 767) hat das BAG aufgegeben (BAG AP Nr. 8 zu § 9 KSchG 1969 = Betr. 1982, 757). Das Verhalten dritter Personen ist als Grund für den Auflösungsantrag des Arbeitgebers nur geeignet, wenn der Arbeitnehmer dieses Verhalten entscheidend veranlaßt hat (BAG AP Nr. 18 zu § 9 KSchG 1969).

10. Nach der in NRW geltenden Faustregel wird für jedes Beschäftigungsjahr ½ Monatsgehalt zuerkannt und alsdann dieser Grundbetrag je nach den individuellen Verhältnissen erhöht oder vermindert. Die Faustregel ist jedoch in den Gerichtssprengeln verschieden. Bei der Bemessung der Abfindung sind zu berücksichtigen: Lebensalter, Dauer der Betriebszugehörigkeit, Familienstand, wirtschaftliche Lage des Arbeitgebers (nicht dagegen die des Arbeitnehmers), Verlust etwaiger betrieblicher Anwartschaftsrechte, Chancen auf dem Arbeitsmarkt, Maß der Sozialwidrigkeit (vgl. § 10 KSchG, dazu *Schaub* ArbR-Hdb. § 141 VII). In welchem Umfang Abfindungen einer tariflichen Ausschlußfrist unterliegen, ist durch Auslegung der Verfallklausel zu ermitteln (vgl. BAG AP Nr. 7 zu § 9 KSchG 1969).

11. Auch dann, wenn der Arbeitgeber nach Erhebung der Kündigungsschutzklage die Kündigung zurücknimmt, bleibt das Rechtsschutzinteresse für die Klage bestehen. Die Kündigungsrücknahme nimmt dem Arbeitnehmer auch nicht das Recht, erst danach gem. § 9 KSchG die Auflösung des Arbeitsverhältnisses zu verlangen (BAG AP Nr. 6 zu § 9 KSchG 1969 = NJW 1982, 1118; AP Nr. 9 zu § 9 KSchG 1969).

12. Der Arbeitgeber ist für die ordnungsgemäße Anhörung des Betriebsrates darlegungs- und beweispflichtig (BAG AP Nr. 2, 5 zu § 102 BetrVG 1972). Zweckmäßig wird aber auf Mängel des Anhörungsverfahrens bei Klageerhebung hingewiesen.

Kosten und Gebühren

Vermögensrechtliche Streitigkeit: § 64 Abs. 2 ArbGG (BAG AP Nr. 1 zu § 64 ArbGG 1979 = NJW 1980, 2151); seit jeher ist die Bemessung des Streitwerts umstr. Nach der einen Meinung besteht bei der Kündigungsschutzklage ein Ermessensspielraum, ob der Streitwert auf 1,– DM oder den Dreimonatsverdienst festgelegt wird (vgl. BAG AP Nr. 22 zu § 12 ArbGG 1953; AP Nr. 9 zu § 12 ArbGG 1979 = NZA 1985, 369; LAG Bad.-Württemberg AP Nr. 2 zu § 12 ArbGG 1979); nach anderer Meinung ist der Vierteljahresverdienst der Regelstreitwert (zumeist die LAG, die der Rspr. des BAG nicht gefolgt sind. LAG Frankfurt NZA 1986, 171; LAG München NZA 1986, 171; LAG Hamm BB 85, 1472; LAG Düsseldorf LAGE Nr. 41 zu § 12 ArbGG 1979 Streitwert; LAG Köln LAGE Nr. 42 zu § 12 ArbGG 1979 Streitwert; LAGE Frankfurt Nr. 45 zu § 12 ArbGG Streitwert; LAGE Niedersachsen Nr. 46 aaO.; LAGE Bremen Nr. 49 aaO.; LAGE München Nr. 50, 51 aaO.). Diese beruft sich darauf, daß dieser nach dem RegEntw. der Regelstreitwert war (BT-Drucks. I/3516 S. 26). Da der Rechtsstreit aber auch nur um eine zweiwöchige Kündigungsfrist geführt werden könnte, erhielt das Gesetz die vorliegende Fassung, obwohl man von einem Regelstreitwert eines Vierteljahres ausging (Prot. des Ausschusses für Rechtswesen und Verfassungsrecht v. 15. 1. 1953 Nr. 229 S. 4). Die Streitwertbemessung ist bei den einzelnen LAG unterschiedlich (Übersicht bei *Schaub* Formb. § 104). Hat ein Arbeitnehmer die Klage auf Feststellung des Fortbestehens eines Arbeitsverhältnisses (§ 256 ZPO) mit einer Kündigungsschutzklage nach § 1 KSchG verbunden, so gilt nach der Rspr. des BAG gleichfalls die Höchstgrenze des § 12 Abs. 7 ArbGG (BAG AP Nr. 8 zu § 12 ArbGG 1979 = NZA 1985, 296 = EzA Nr. 34 zu § 12 ArbGG 1979 Streitwert (krit. *Schneider* = NZA 1985, 296). Berechnung des Beschwerdewertes: §§ 64 Abs. 6, 12 Abs. 7 ArbGG, §§ 511a, 2 ff. ZPO; Berechnung des Gebührenstreitwertes: § 12 Abs. 7 ArbGG. Wird ein Abfindungsantrag gestellt (Alternative Anm. 4), wird dieser nicht hinzugerechnet (§ 12 Abs. 7 S. 1 ArbGG). Gerichtsgebühren: § 12 Abs. 1, 2 ArbGG. Rechtsanwaltsgebühren: § 9 Abs. 1 BRAGO; bei Veränderung des Streitwertes während der Instanz: §§ 31, 10 Abs. 1 BRAGO. Nach jetzt h. M. ist bei unrichtiger Festsetzung des Gebührenstreitwerts die Beschwerde nicht gegeben (§ 25 Abs. 2 GKG). Die abweichende Auffassung der früheren Auflagen hat sich nicht durchgesetzt.

2. Kündigungsschutzklage, Klage aus Annahmeverzug und auf Weiterbeschäftigung gegen eingetragene Genossenschaft

An das
Arbeitsgericht

Klage

des/der Arbeiters(in)/Angestellten ......   Klägers(in)
– Prozeßbevollmächtigter: RA ...... –

gegen

die ...... eG,
gesetzlich vertreten durch den Vorstand 1. ...... 2. ......,   Beklagte

Namens und mit Vollmacht des/der Klägers(in) erhebe ich Klage und werde beantragen zu erkennen:

    I. Es wird festgestellt, daß das Arbeitsverhältnis durch die ordentliche Kündigung vom ...... – zugegangen am ...... – nicht aufgelöst worden ist.
    II. Es wird festgestellt, daß das Arbeitsverhältnis über den ...... fortbesteht.

2. Kündigungsschutzklage gegen eingetragene Genossenschaft   **IV. B. 2**

III. Die Beklagte wird verurteilt, ... DM nebst 4% Zinsen seit dem ...... an den/die Kläger(in) zu zahlen[1-2-3].

IV. Die Beklagte wird verurteilt, den/die Kläger(in) über den ...... zu unveränderten Bedingungen auf demselben Arbeitsplatz weiter zu beschäftigen[4-5].

V. Die Beklagte trägt die Kosten des Rechtsstreits.

Begründung:

Der/die am ...... geb., led./verh. Kläger(in), der/die ...... Kinder im Alter von ...... bis ...... hat, wurde am ...... eingestellt.

Beweis: Anliegender Arbeitsvertrag.

Die Beklagte betreibt ein ......, sie beschäftigt ...... Arbeitnehmer.

Mit Schreiben vom ...... – zugegangen am ...... – hat die Beklagte dem/der Kläger(in) zum ...... gekündigt.

Beweis: Kündigungsschreiben vom ......

Die Beklagte hatte keinen Grund zur Kündigung. Die angegebenen Kündigungsgründe sind unzutreffend.

Der Betriebsrat ist vor Ausspruch der Kündigung gehört worden. Er hat der Kündigung widersprochen. Der Widerspruch ist fristgemäß unter Angabe der Widerspruchsgründe erfolgt[6]. Die Kündigung ist daher auch nach § 1 Abs. 2 S. 2 KSchG ungerechtfertigt[7]. Unabhängig hiervon hat der/die Kläger(in) nach § 102 Abs. 5 BetrVG Anspruch auf Weiterbeschäftigung über das Ende der ordentlichen Kündigungsfrist.

Der/die Kläger(in) hat zuletzt ...... DM verdient. Er/sie hat seine/ihre Dienste am ...... angeboten[8]. Die Beklagte befindet sich mithin in Verzug. Sie ist zur Gehaltsfortzahlung verpflichtet.

Rechtsanwalt

Anmerkungen

1. Vor oder nach Einleitung der Kündigungsschutzklage kann es sich vielfach empfehlen, Kontakt mit dem Beklagten aufzunehmen. In jedem Fall ist es sinnvoll, die Arbeitsleistung des Mandanten noch einmal anzubieten, um in jedem Fall den Eintritt der Verzugsvoraussetzungen zu gewährleisten. Das BAG hat allerdings ausgeführt, daß der Arbeitgeber in Annahmeverzug gerät, wenn er dem Arbeitnehmer unberechtigt kündigt, ohne daß es eines Arbeitsangebots des Arbeitnehmers bedarf (BAG AP Nr. 34 zu § 615 BGB = NZA 1985, 119 = Betr. 1985, 552 = NJW 1985, 935; AP Nr. 35 aaO. = NZA 1985, 778 = NJW 1985, 2662 = Betr. 1985, 1744; AP Nr. 2 zu § 297 BGB = Betr. 1987, 377; dagegen aber BGH ZIP 1988, 453). Zur Begründung hat es sich darauf berufen, daß es zur Arbeitsleistung einer Mitwirkungshandlung des Arbeitgebers bedürfe, die nach dem Kalender bestimmt sei. Er habe einen funktionsfähigen Arbeitsplatz zur Verfügung zu stellen und die Arbeit zuzuweisen. Der Arbeitnehmer müsse dagegen seine Arbeitskraft anbieten, wenn er im Zeitpunkt der Kündigung nicht leistungsfähig oder leistungsbereit sei. Auch insoweit hat es zunächst Einschränkungen gemacht (BAG AP Nr. 45 zu § 615 BGB = NZA 1991, 228; AP Nr. 50 aaO. = BB 1992, 356 = DB 1992, 586). War der Arbeitnehmer zum Zeitpunkt der – später für unwirksam erklärten – Kündigung und danach infolge Krankheit mehrfach befristet arbeitsunfähig geschrieben, so treten nach der neueren Rechtsprechung des BAG die Verzugsfolgen mit Eintritt der Arbeitsunfähigkeit unabhängig von der besonderen Anzeige ein, wenn der Arbeitnehmer dem Arbeitgeber durch Erhebung einer Kündigungsschutzklage oder sonstigen Widerspruch gegen die Kündigung seine weitere Leistungsbereitschaft deutlich gemacht hat (BAG AP Nr. 50 zu § 615 BGB = NJW 1992, 932 = NZA 1992, 403, 587). Es hält aber an der Auffassung fest, daß der Arbeitgeber bei einer von ihm ausgesprochenen Kündigung gehalten ist, wegen § 296 BGB von sich aus

den Arbeitnehmer zur Wiederaufnahme der Arbeit aufzufordern, wenn er die Folgen des Annahmeverzuges vermeiden will (BAG v. 21. 1. 1992 – AP Nr. 53 zu § 615 BGB NZA 1993, 550).

Betrifft: Mitarbeiter ......
Sehr geehrte Damen und Herren!
Ihr Mitarbeiter ...... hat mich mit der Wahrnehmung seiner Interessen Ihrem Hause gegenüber beauftragt. Sie haben meinem Mandanten mit Schreiben vom ...... gekündigt. Namens und im Auftrag meines Mandanten habe ich zur Fristwahrung Kündigungsschutzklage beim Arbeitsgericht ...... erhoben. Gleichwohl bin ich der Auffassung, daß es im Interesse beider Parteien liegt, wenn die Rechtssache außergerichtlich beigelegt wird. Falls Sie Ihrerseits ebenfalls interessiert sind, bitte ich um Ihre Nachricht.

Mein Mandant wird Ihnen auch weiterhin seine Dienste anbieten./Namens und in Vollmacht meines Mandanten biete ich Ihnen seine Dienstleistungen an. Er wird sich fortlaufend zur Arbeitsleistung für Sie bereit halten.

Zur Wahrung etwaiger tariflicher Ausschlußfristen werden die Ansprüche meines Mandanten auf rückständiges und zukünftiges Arbeitsentgelt – gleich welcher Art oder Benennung – ausdrücklich geltend gemacht. Insbesondere werden geltend gemacht Ansprüche auf Grundgehalt, Zulagen, freiwillige Leistungen, Urlaubs- und Weihnachtsgelder, zwischenzeitliche Gehaltserhöhungen, Provisionen und Tantiemen sowie Gratifikationen aller Art.

Bitte bestätigen Sie den Eingang dieses Briefes binnen 10 Tagen, da ich sonst genötigt bin, ihn aus Beweisgründen durch einen Gerichtsvollzieher zustellen zu lassen.

Mit vorzüglicher Hochachtung

Sofern nur ein mündliches Angebot notwendig ist, reicht auch ein Arbeitsangebot durch einen Vertreter. Dagegen ist die pauschale Geltendmachung zur Wahrung der Ausschlußfrist im allgemeinen unzureichend. Die Aufzählung soll als Merkposten für das Beratungsgespräch dienen.

2. Eine Klage auf zukünftige Leistung (§§ 257 ff. ZPO) für die Zeit nach letzter mündlicher Verhandlung ist unzulässig (BAG AP Nr. 30 zu § 615 BGB = NJW 1975, 1336).

3. In manchen Tarifverträgen (z.B. Baugewerbe, Groß- und Außenhandel) gelten sog. 2- stufige Ausschlußklauseln, d.h., Vergütungsansprüche müssen innerhalb bestimmter Fristen schriftlich geltend gemacht werden und binnen weiterer Fristen eingeklagt werden. In der Erhebung der Kündigungsschutzklage kann eine schriftliche Geltendmachung (BAG AP Nr. 23 zu § 615 BGB = NJW 1963, 1517; AP Nr. 56 zu § 4 TVG Ausschlußfristen = NJW 1977, 74; AP Nr. 57 aaO. = NJW 1977, 544; AP Nr. 60 aaO. = NJW 1977, 2230; AP Nr. 63 aaO. = NJW 1978, 1942; AP Nr. 65, 66 aaO.; AP Nr. 46 zu § 615 BGB = NZA 1991, 226), dagegen keine gerichtliche Geltendmachung gesehen werden (BAG AP Nr. 31 zu § 4 TVG Ausschlußfristen = NJW 1966, 1477; AP Nr. 43 aaO. = NJW 1970, 1472; AP Nr. 56 aaO. = NJW 1977, 74; AP Nr. 1 zu § 8 TVG 1969; *Schaub* ArbR-Hdb. § 205 V). Ist durch die Erhebung der Kündigungsschutzklage die tarifliche Frist gewahrt, so müssen nach Rechtskraft des Urteils im Kündigungsschutzprozeß die tariflichen Lohnansprüche nicht erneut innerhalb der tariflichen Ausschlußfristen geltend gemacht werden (BAG AP Nr. 46 zu § 615 BGB = NZA 1991, 226). Eine Kündigungsschutzklage unterbricht nicht die Verjährung (BAG AP Nr. 1 zu § 209 BGB = NJW 1960, 838, 1333; AP Nr. 2 aaO. = NJW 1961, 1787; AP Nr. 23 zu § 615 BGB = NJW 1963, 1517). Die gleichzeitige Erhebung der Lohnfortzahlungsklage ist gelegentlich daher unabdingbar. Im Baugewerbe haben die Tarifpartner die Notwendigkeit der Klageerhebung auf Vergütungsfortzahlungsansprüche während des Kündigungsschutzprozesses beseitigt (vgl. § 16 BRTV-Bau). Nach § 615 S. 2 BGB ist der anderweitige Verdienst des Arbeitnehmers auf die Vergütung für die gesamte Dauer des Annahmeverzuges und nicht nur auf die Vergütung für den Zeitabschnitt anzurechnen, in dem der Arbeitnehmer seine Dienste anderweitig verwendet (BAG v. 29. 7. 1993 – AP Nr. 52 zu § 615 BGB).

4. Im allgemeinen wird in der Rechtsprechung der LAGe ein Antrag auf Weiterbeschäftigung zu den bisherigen Arbeitsbedingungen als hinreichend bestimmt angesehen, so daß eine Umschreibung der bisherigen Tätigkeit entbehrlich ist (LAGE Hamm Nr. 4 zu § 888 ZPO; LAGE Schleswig Holstein Nr. 10 aaO.; LAGE Frankfurt Nr. 12 aaO.; LAGE Frankfurt Nr. 30 aaO.; einschränkend LAGE Berlin Nr. 27 aaO.). Bedenken werden nur dann geäußert, wenn der Umfang der bisherigen Beschäftigung umstritten ist (LAGE Rheinland-Pfalz Nr. 6 aaO.; LAGE Hamm Nr. 22 aaO.). Die Vollstreckung eines Beschäftigungstitels erfolgt nach § 888 ZPO. Dies ist inzwischen unstreitig. Eine Vollstreckung scheidet jedoch aus, wenn dem Schuldner eine Beschäftigung nicht mehr möglich ist, weil der Arbeitsplatz weggefallen ist (LAGE Hamm Nr. 5, 22 zu § 888 ZPO; LAGE Rheinland-Pfalz Nr. 6 aaO.; LAGE Berlin Nr. 7 aaO.) oder der Arbeitnehmer inzwischen versetzt worden ist (vgl. LAGE Rheinland-Pfalz Nr. 6 zu § 888 ZPO; LAGE Köln Nr. 15 aaO.). Insoweit kann die Rechtmäßigkeit der Versetzung nicht dem Vollstreckungsverfahren überlassen bleiben. Der Arbeitgeber kann sich aber der Verpflichtung zur Weiterbeschäftigung nicht durch eine Umorganisation des Betriebs entziehen (LAGE München Nr. 34 aaO.). Im allgemeinen halten die LAGe die Festsetzung eines Zwangsgeldes für jeden Tag der Zuwiderhandlung gegen die Weiterbeschäftigungspflicht für unzulässig; vielmehr fordern sie, daß das Zwangsgeld in einer Summe festgesetzt wird (LAGE Berlin Nr. 3 zu § 888 ZPO; LAGE Hamm Nr. 4 aaO.; LAGE Frankfurt Nr. 8 aaO.; dagegen LAGE Hamburg Nr. 17 aaO.). Die Zwangsvollstreckung eines Urteils, das auf dem BAG GS beruht, endet, wenn das Urteil im Kündigungsschutzprozeß rechtskräftig geworden ist (LAGE Köln Nr. 13 aaO.).

5. Gesetzlich ist der Weiterbeschäftigungsanspruch nur in § 102 Abs. 5 BetrVG geregelt. Ein derartiger Weiterbeschäftigungsanspruch kann auch im Wege der einstweiligen Verfügung (§§ 935, 940 ZPO) verfolgt werden. Ob dem Arbeitnehmer unabhängig hiervon ein Weiterbeschäftigungsanspruch zusteht, war lange Zeit umstr. Das BAG GS NJW 1985, 2968 hat hierzu ausgeführt: Außerhalb der Regelung der § 102 Abs. 5 BetrVG, § 79 Abs. 2 BPersVG hat der gekündigte Arbeitnehmer einen arbeitsvertraglichen Anspruch auf vertragsgemäße Beschäftigung über den Ablauf der Kündigungsfrist oder bei einer fristlosen Kündigung über deren Zugang hinaus bis zum rechtskräftigen Abschluß des Kündigungsprozesses, wenn die Kündigung unwirksam ist und überwiegende schutzwerte Interessen des Arbeitgebers einer solchen Beschäftigung nicht entgegenstehen. Außer im Falle einer offensichtlich unwirksamen Kündigung begründet die Ungewißheit über den Ausgang des Kündigungsprozesses ein schutzwertes Interesse des Arbeitgebers an der Nichtbeschäftigung des gekündigten Arbeitnehmers für die Dauer des Kündigungsprozesses. Dieses überwiegt idR. das Beschäftigungsinteresse des Arbeitnehmers bis zu dem Zeitpunkt, in dem im Kündigungsprozeß ein die Unwirksamkeit der Kündigung feststellendes Urteil ergeht. Solange ein solches Urteil besteht, kann die Ungewißheit des Prozeßausgangs für sich allein ein überwiegendes Gegeninteresse des Arbeitgebers nicht mehr begründen. Hinzu kommen müssen dann vielmehr zusätzliche Umstände, aus denen sich im Einzelfall ein überwiegendes Interesse des Arbeitgebers ergibt, den Arbeitnehmer nicht zu beschäftigen. Der arbeitsvertragliche Beschäftigungsanspruch kann im Klagewege geltend gemacht werden. Eine Aussetzung des Verfahrens bis zum rechtskräftigen Abschluß eines anhängigen Rechtsstreits über die Wirksamkeit der Kündigung ist nicht zwingend. Ist die Wirksamkeit einer Kündigung nach den Vorschriften des Kündigungsschutzgesetzes zu beurteilen, so darf einer Beschäftigungsklage nur stattgegeben werden, wenn ein Gericht für Arbeitssachen auf eine entsprechende Kündigungsschutzklage des Arbeitnehmers hin festgestellt hat oder gleichzeitig feststellt, daß das Arbeitsverhältnis durch die Kündigung nicht aufgelöst worden ist. Wegen des allgemeinen Weiterbeschäftigungsanspruches wird regelmäßig eine einstweilige Verfügung nicht in Betracht kommen. Hat ein Gericht für Arbeitssachen festgestellt, daß eine bestimmte Kündigung unwirksam ist und hat es deshalb zur Weiterbeschäftigung verurteilt, so beendet eine danach ausgesprochene weitere Kündigung den Weiterbeschäftigungsanspruch dann, wenn sie zu einer Ungewißheit über den Fortbestand

des Arbeitsverhältnisses führt. Dagegen bleibt der Weiterbeschäftigungsanspruch unberührt, wenn die weitere Kündigung offensichtlich unwirksam ist (BAG AP Nr. 17 zu § 611 BGB Beschäftigungspflicht = Betr. 1986, 176). Die Grundsätze des Beschlusses des Gr. Sen. gelten auch für befristete Arbeitsverhältnisse (BAG AP Nr. 19 aaO. = NJW 1987, 680 = BB 1986, 1437). Der Anspruch auf Weiterbeschäftigung wird nicht von tariflichen Ausschlußfristen erfaßt; er kann mithin auch noch während des Kündigungsschutzverfahrens geltend gemacht werden (BAG AP Nr. 23 zu § 611 BGB Beschäftigungspflicht = NZA 1991, 979). Wird der Arbeitgeber zur Weiterbeschäftigung verurteilt und verliert er den Kündigungsschutzprozeß, so besteht das alte Arbeitsverhältnis fort. Der Arbeitnehmer hat mithin alle Vergütungsansprüche. Wird dagegen die Kündigungsschutzklage rechtskräftig abgewiesen und ist der Arbeitnehmer weiterbeschäftigt worden, so ist nach der Rspr. des BAG zu unterscheiden: Ist der Arbeitnehmer einvernehmlich weiterbeschäftigt worden, so ist entweder das alte Arbeitsverhältnis resolutiv auf den Eintritt der Rechtskraft bedingt oder ein neues resolutiv bedingtes Arbeitsverhältnis abgeschlossen worden. Dies hat zur Folge, daß der Arbeitnehmer auch dann Vergütungsansprüche erwerben kann, wenn die Arbeitsleistung etwa wegen Arbeitsverhinderung oder Krankheit unterbleibt (BAG AP Nr. 66 zu § 1 LohnFzG = NJW 1986, 2133 = NZA 1986, 561; AP Nr. 22 zu § 611 BGB Beschäftigungspflicht = NZA 1987, 376 = Betr. 1987, 1154). Wird dagegen die Weiterbeschäftigung im Wege der Vollstreckung erzwungen oder nur zur Abwendung der Vollstreckung hingenommen, hat der Arbeitnehmer nur Ansprüche aus ungerechtfertigter Bereicherung (§§ 812 ff. BGB). Diese sollen im Falle der Arbeitsleistung allerdings den Vergütungsansprüchen entsprechen (BAG AP Nr. 1 zu § 611 BGB Weiterbeschäftigung = Betr. 1987, 1045; vgl. *Dütz* ArbuR 1987, 317; *v. Hoyningen-Huene* BB 1988, 264; *Barton/Hönsch* NZA 1987, 721).

6. Für den Widerspruch gelten strenge Formvorschriften (*Schaub* ArbR-Hdb. § 123 VIII 9).

7. Die Klage ist doppelt begründet nach § 1 Abs. 2 S. 1 KSchG und nach § 1 Abs. 2 S. 2 KSchG.

8. Zur Begründung des Annahmeverzuges gelten §§ 284 ff. BGB (MünchKomm/*Schaub* § 615 Rdn. 9; *Schaub* ArbR-Hdb. § 48). Es bedarf grundsätzlich des tatsächlichen oder wörtlichen Angebots der Arbeitsleistung, wenn diese zuvor unterbrochen war. Einzelheiten Anm. 1.

Kosten und Gebühren

Vgl. Form. IV. B. 1. Für die kumulative Klagehäufung gilt § 5 ZPO. Nach bisheriger, umstr. Rechtsprechung (BAG AP Nr. 16 zu § 12 ArbGG 1953) erfolgte jedoch bei zeitlicher wirtschaftlicher Identität keine Zusammenrechnung des Zahlungs- und Feststellungsanspruches (vgl. *Schaub* ArbR-Formb. § 104 V 10). Vielmehr war der höhere Wert maßgebend (BAG AP Nr. 17 zu § 12 ArbGG 1953). Die Instanzgerichte verfahren vielfach großzügiger. Nach ihrer Auffassung ist bei Verbindung von Kündigungsfeststellungsklage und Gehaltsklage im Wege kumulativer Klagehäufung der Streitwert des Leistungsantrages dem Wert des Feststellungsantrages hinzuzurechnen. Das gelte namentlich für den Zeitraum, für den der Bestand des Arbeitsverhältnisses streitig sei (LAG Mannheim AnwBl. 1982, 75; LAG Berlin Betr. 1968, 180; 1984, 151; LAG Hamm MDR 1971, 428; LAG Hamburg NJW 1977, 2327; 1984, 150; LAG Düsseldorf AnwBl. 1979, 26; LAG Frankfurt EzA 32 zu § 12 ArbGG 1979; LAG Bad.-Württemberg EzA 16 zu § 12 ArbGG 1979 Streitwert; LAG Hamm EzA 21 aaO.). Ob die Geltendmachung des Weiterbeschäftigungsanspruches eine vermögensrechtliche Streitigkeit ist, wird inzwischen allgemein bejaht. Auch für die Streitwertbemessung hat sich in NRW eine h.M. herausgebildet. Alle LAG in NRW setzen einheitlich zwei Monatsgehälter als Gegenstandswert für den Weiterbeschäftigungsanspruch an (LAG Düsseldorf AnwBl. 1979, 26; LAG Düsseldorf/Köln

EzA Nr. 1 zu § 12 ArbGG 1979 Streitwert; LAG Hamm AnwBl. 1984, 147, 149, 152; LAGE Hamm Nr. 56 zu § 12 ArbGG 1979 Streitwert: ⅔ des Kündigungsschutzprozesses). Es handele sich um einen Fall der objektiven Klagehäufung, wobei über die Anträge nicht einheitlich entschieden zu werden brauche, so daß die verschiedenen Streitwerte zu addieren seien. Dagegen setzen an: LAG Bremen KostRspr. § 12 ArbGG 1979 Nr. 30; LAG Hamburg AnwBl. 1984, 316; LAG Bad.-Württemberg EzA 17 zu § 12 ArbGG 1979 Streitwert: ein Nettogehalt; LAG Mainz AnwBl. 1983, 36 die Hälfte des Streitwerts der Kündigungsschutzklage; BAG AP Nr. 1 zu § 11 GKG (nichtvermögensrechtliche Streitigkeit; damaliger Regelstreitwert von 2.000 DM).

3. Kündigungsschutzklage und Antrag auf nachträgliche Zulassung

An das
Arbeitsgericht

(Volles Rubrum und Angabe des Streitgegenstandes bei Form. IV. B. 1)
 I. Es wird festgestellt, daß das Arbeitsverhältnis durch die ordentliche/außerordentliche Kündigung vom ...... – zugegangen am ...... – nicht aufgelöst worden ist, sondern über den ...... fortbesteht.[1]
 II. Vorsorglich: Die Kündigungsschutzklage wird nachträglich zugelassen.
 III. Der/die Beklagte trägt die Kosten des Rechtsstreits.

Begründung:

Der/die am ...... geb., led./verh. Kläger(in), der/die Kinder im Alter von ...... bis ...... hat, wurde am ...... von der/dem Beklagten als ...... eingestellt. Der/die Beklagte betreibt ein Unternehmen für ......; er/sie beschäftigt ...... Arbeitnehmer.
Vom ...... bis ...... befand sich der/die Kläger(in) in Urlaub. Als er/sie aus dem Urlaub am ...... zurückkehrte, fand er/sie im Briefkasten eine ordentliche/außerordentliche Kündigung zum ...... vor[2]. Für die Kündigung bestanden keine Gründe.
Der Betriebsrat ist gehört/nicht gehört worden. Die Kündigung ist daher schon rechtunwirksam.
Der/die Kläger(in) brauchte während des Urlaubs nicht mit einer Kündigung zu rechnen. Die Kündigung ist daher erst am ...... zugegangen. Bei einem Zugang am ...... hat der/die Beklagte die Kündigungsfrist nicht eingehalten.
Vorsorglich wird beantragt, die Kündigungsschutzklage nachträglich zuzulassen[3]. Der Antrag ist zulässig. Der/die Kläger(in) hat erst am ...... von der Kündigung erfahren (§ 5 Abs. 3 KSchG). Der Antrag ist auch begründet, denn der/die Kläger(in) brauchte mit der Kündigung nicht zu rechnen. Im übrigen ......[4].
Anlage: Eidesstattliche Versicherung[5].

Rechtsanwalt

Anmerkungen

1. Wegen des Antrages vgl. Form. IV. B. 1 Anm. 2.
2. Wird während des Urlaubs ein Kündigungsschreiben an die Heimatanschrift des Arbeitnehmers gerichtet, so geht dies im allgemeinen zu (BAG AP Nr. 16 zu § 130 BGB = NZA 1988, 875, 877 = Betr. 1988, 2415). Dasselbe gilt, wenn sich der Arbeitnehmer in Auslieferungshaft befindet, auch wenn dem Arbeitgeber dies bekannt ist (BAG AP Nr. 17 zu § 130 BGB = NJW 1989, 2213 = NZA 1989, 635). Vorübergehend hat das BAG hiervon eine Ausnahme dann gemacht, wenn dem Arbeitgeber bekannt ist, daß der Arbeit-

nehmer verreist ist (vgl. BAG AP Nr. 11 zu § 130 BGB = NJW 1981, 1470 = EzA Nr. 10 zu § 130 BGB; vgl. *Schaub* ArbR-Hdb. § 123 II 1). Im allgemeinen wird jedoch die Kündigung während des Urlaubs die nachträgliche Zulassung rechtfertigen (*Schaub* ArbR-Hdb. § 136 II 3 unter Hinweis auf die Rspr. des BVerfG).

3. Der Antrag kann stillschweigend gestellt werden (BAG AP Nr. 1 zu § 41 VerwGO); die verspätete Klageerhebung reicht jedoch nicht als Zulassungsantrag aus (LAG Berlin AP Nr. 11 zu § 4 KSchG 1951). Der Antrag ist mit der Klageerhebung zu verbinden oder in ihm ist auf die Klage Bezug zu nehmen. Er muß die die nachträgliche Zulassung begründenden Tatsachen und die Mittel für deren Glaubhaftmachung enthalten. Die Schuldlosigkeit an der Klagefristversäumung ist nach allen Richtungen schlüssig darzulegen. Innerhalb der Antragsfrist können Gründe der nachträglichen Zulassung nachgeschoben werden; ob dies auch nach Ablauf der Frist gilt, ist umstr., aber zu verneinen, es sei denn, daß die Gründe nur zur Abrundung dienen (LAG Bad.-Württemberg AP Nr. 6 zu § 4 KSchG 1961; BB 1965, 496; 1966, 1188; MDR 1978, 789; LAG Hamm AP Nr. 7 zu § 5 KSchG 1969). Der Antrag wird zweckmäßig vorsorglich gestellt. Umstr. ist, worauf sich die Prüfung im Verfahren der nachträglichen Zulassung erstreckt. Das Verfahren der nachträglichen Zulassung endet in jedem Fall in der 2. Instanz, während über das Verfahren in der Hauptsache auch das BAG entscheiden kann. Nach richtiger Auffassung wird im Verfahren der nachträglichen Zulassung der Kündigungszugang, die Einhaltung der Klagefrist sowie das Verschulden an der verspäteten Klageerhebung zu prüfen sein (BAG AP Nr. 4 zu § 5 KSchG 1969 = NJW 1984, 255; AP Nr. 6 = NJW 1984, 2488). Dagegen bleiben sonstige Vorfragen im Verfahren der nachträglichen Zulassung unberücksichtigt (z.B. Anwendung des KSchG, leitender Angestellter usw.; aA. LAG Hamm AP Nr. 8 zu § 5 KSchG 1969. Dazu *Schaub* ArbR-Hdb. § 136 II 4). Das Arbeitsgericht hat über die nachträgliche Zulassung nach mündlicher Verhandlung durch Beschluß zu entscheiden (§ 5 Abs. 4 S. 1 KSchG). Wird gleichwohl über die nachträgliche Zulassung und über die Kündigungsschutzklage in gesetzwidriger Weise einheitlich durch Urteil entschieden, so können hiergegen sowohl die Berufung als auch die sofortige Beschwerde eingelegt werden. Wird nur das Rechtsmittel der Berufung eingelegt, muß das Landesarbeitsgericht die Berufung, soweit sie sich gegen die Entscheidung nach § 5 KSchG richtet, als sofortige Beschwerde behandeln und über die nachträgliche Zulassung endgültig durch Beschluß entscheiden. Entscheidet es durch Urteil und läßt gleichwohl die Revision zu, so kann hierdurch eine Erweiterung der Prüfungskompetenz des BAG nicht herbeigeführt werden (BAG AP Nr. 2 zu § 72 ArbGG 1979 = NJW 1984, 254). Der Beschluß, mit dem über die nachträgliche Zulassung entschieden worden ist, entfaltet für das Verfahren in der Hauptsache Bindungswirkung (BAG AP Nr. 4 zu § 5 KSchG 1969 = NJW 1984, 255).

4. Gegen die Zurückweisung des Antrages auf nachträgliche Zulassung ist binnen einer Frist von zwei Wochen die sofortige Beschwerde an das LAG gegeben (§ 5 Abs. 4 S. 2 KSchG, § 78 ArbGG).

5. Eidesstattliche Versicherung. In Kenntnis der Bedeutung einer eidesstattlichen Versicherung und nach Belehrung über die strafrechtlichen Folgen einer unrichtigen eidesstattlichen Versicherung versichere ich, der/die Kläger(in) ......, nachfolgendes an Eides Statt. Ich war vom ...... bis ...... in ...... in Urlaub. Als ich aus dem Urlaub zurückkehrte, fand ich in meinem Briefkasten eine Kündigung vor. Mir ist niemals erklärt worden, daß ich eine Kündigung zu gewärtigen hätte. Außerdem bin ich niemals abgemahnt worden usw.

Ein vom Arbeitnehmer selbst verfaßter Antrag auf nachträgliche Zulassung kann regelmäßig dahin ausgelegt werden, daß sich der Arbeitnehmer zur Glaubhaftmachung auf die eigene eidesstattliche Versicherung beziehen will, soweit es um das eigene Verhalten und um eigene Wahrnehmungen geht. Dasselbe gilt für einen Rechtsanwalt, wenn es um dessen eigene Wahrnehmungen geht (LAG Hamm AP Nr. 7 zu § 5 KSchG 1969).

Kosten und Gebühren

Vgl. Form. IV. B. 1. Keine besonderen Gerichtsgebühren für Beschluß über nachträgliche Zulassung 1. Instanz. Gebührenstreitwert 2. Instanz: Grundsätzlich Vergütung eines Vierteljahres (§ 12 Abs. 7 ArbGG), es sei denn, daß noch sonstige Mängel der Kündigung behauptet, alsdann zwei Monatsgehälter. Gerichtsgebühren: § 12 Abs. 1 iVm. Anl. 1 zu § 12 ArbGG Nr. 2301.

4. Klageentgegnung bei Kündigung aus personenbedingten Gründen[1]

In Sachen

...... /......

...... Ca .... /......

wird beantragt, die Klage abzuweisen.

Begründung:

Der Kläger ist am ...... geb.; er ist led./verh. und hat ...... Kinder. Er wurde am ...... als ...... eingestellt[2]. Die Beklagte beschäftigt ...... Arbeitnehmer. In der Abteilung, in der der Kläger arbeitet, werden noch ...... Arbeitnehmer beschäftigt. Im Berufsbild des Klägers hat die Beklagte in dieser Abteilung niemand/......[3].

Die Beklagte hat dem Kläger am ...... zum ...... gekündigt. Sie hat zuvor den Betriebsrat angehört. Dieser hat sich nicht geäußert/der Kündigung zugestimmt/ihr widersprochen[4].

Die Kündigung war aus personenbedingten Gründen gerechtfertigt. Die Beklagte ist sich bewußt, daß sie krankheitsbedingte Fehlzeiten ihrer Arbeitnehmer grundsätzlich durch Aushilfskräfte zu überbrücken versuchen muß[5]. Indes sind bei dem Kläger die Voraussetzungen der Kündigung wegen Krankheit gegeben.

Der Kläger war im Durchschnitt der letzten drei Jahre[6] an mehr als 14 v.H.[7] aller Arbeitstage arbeitsunfähig krank. So hat der Kläger gefehlt vom ...... bis ....

Beweis: Anliegende Personalkarte.

Personalsachbearbeiter(in): ......

Es ist auch damit zu rechnen, daß der Kläger in Zukunft in demselben Umfang krank sein wird. Der Kläger ist von unserem Personalleiter, Herrn ...... gehört worden[8]. Er hat bei dieser Gelegenheit erklärt, er leide an ...... und es sei nicht damit zu rechnen, daß sich sein Gesundheitszustand in absehbarer Zeit bessere. Nach der Art der geschilderten Krankheitssymptome ist die Arbeit für den Kläger nicht geeignet.

Beweis: Personalleiter ......

Notfalls: Einholung eines Gutachtens über die Eignung des Klägers.

Gegenüber unserem Betriebsratsvorsitzenden hat der Kläger sogar geäußert, er wüßte nicht, wann er die Arbeit wieder aufnehmen könne. Er müsse erst noch eine Kur machen.

Beweis: Betriebsratsvorsitzender ......

Die Beklagte muß den Arbeitsplatz des Klägers anderweitig besetzen. Die Interessen der Beklagten an der Beendigung des Arbeitsverhältnisses überwiegen[9] auch unter Beachtung des Grundsatzes der Verhältnismäßigkeit[10]. Die Beklagte beschäftigt in der Fachrichtung des Klägers nur ....../einen Mitarbeiter; es kommt daher immer zu betrieblichen Schwierigkeiten, wenn der Kläger ausfällt ...... (Ist auszuführen) ...... Infolge der häufig nur

kurzfristigen Erkrankungen, die nicht durch fremde Aushilfskräfte überbrückt werden können, ist die Beklagte genötigt, bei Arbeitskollegen Über- und Mehrarbeitsstunden anzuordnen. ...... Kann die Beklagte den Ausfall nicht durch Mehr- und Überarbeitsstunden ausgleichen, weil sie nur den Kläger als Spezialisten beschäftigt ...... Dagegen kann der Kläger, dessen Gehaltsfortzahlungsansprüche bei der Beklagten ohnehin erschöpft sind, auf dem Arbeitsmarkt leicht eine andere Stelle finden. Wegen der Dauer der Beschäftigung besteht ihm gegenüber keine besondere Fürsorgepflicht ......
Die Beklagte vermag die Kündigung auch nicht durch Versetzung auf einen anderen Arbeitsplatz zu vermeiden[11]. Sie hat sämtliche Versetzungsmöglichkeiten mit dem Betriebsrat geprüft; sie hat aber keinen geeigneten Arbeitsplatz gefunden. Auch der Kläger vermag nicht anzugeben, wo und wie er sich seine Weiterbeschäftigung denkt.

Anmerkungen

1. Personenbedingte Kündigungsgründe sind solche, die auf persönlichen Eigenschaften des Arbeitnehmers beruhen (*Schaub* ArbR-Hdb. § 129). Der wichtigste Beispielsfall ist die Erkrankung, also ein regelwidriger Körper- oder Geisteszustand, der in der Behandlung wahrnehmbar zutage tritt (BAG AP Nr. 40 zu § 1 LohnfzG). Dem Krankheitsbegriff unterfallen mithin Suchtkrankheiten, insbesondere die Trunksucht (BAG AP Nr. 18 zu § 1 KSchG 1969 Krankheit) sowie seelische Erkrankungen (BAG AP Nr. 19 zu § 14 SchwBeschG = NJW 1960, 215; LAG Bad.-Württemberg BB 1961, 333; LAG Niedersachsen ArbuR 1963, 30; LAG Düsseldorf Betr. 1957, 144). Zur Kündigung wegen epileptischer Anfälle: LAG Bad.-Württemberg AP Nr. 80 zu § 1 KSchG; BB 1964, 135. Bei simulierter Krankheit kann eine verhaltensbedingte Kündigung in Betracht kommen.

Zu unterscheiden sind drei Fallgruppen krankheitsbedingter Kündigung: a) die langanhaltende Erkrankung; b) häufige Kurzerkrankungen; c) krankheitsbedingte Minderung der Leistungsfähigkeit. Beurteilungszeitpunkt für die Sozialrechtfertigung ist der Zugang der Kündigung (BAG AP Nr. 1 zu § 1 KSchG Krankheit = NJW 1968, 1693; AP Nr. 7 zu § 1 KSchG 1969 Krankheit = AP Nr. 16 zu § 1 KSchG 1969 Krankheit = NZA 1985, 357 = NJW 1985, 2783). Maßgeblich ist die objektive Lage; unterläßt es der Arbeitgeber, sich über den Verlauf zu erkundigen, führt dies nicht unmittelbar zur Sozialwidrigkeit (BAG AP Nr. 1 aaO. = NJW 1968, 1693; AP Nr. 4 zu § 1 KSchG 1969 Krankheit = NJW 1977, 2132; AP Nr. 6 aaO.).

Eine langanhaltende Krankheit berechtigt zur Kündigung, wenn der Arbeitnehmer längere Zeit krank war und bei prognostischer Betrachtung (BAG AP Nr. 16 zu § 1 KSchG 1969 Krankheit = NZA 1985, 357 = NJW 1985, 2783; AP Nr. 30 = NZA 1993, 497) die Genesung nicht absehbar ist. Die Dauer der zur Kündigung berechtigenden Erkrankung ist unter Berücksichtigung der Umstände des Einzelfalles zu beurteilen. Entscheidungskriterien: Ursache der Erkrankung (zur Beweislast bei betriebl. Ursachen BAG AP Nr. 22 zu § 1 KSchG 1969 Krankheit = NJW 1990, 2341 = NZA 1990, 307; zur Teilursache: AP Nr. 26 aaO. = NZA 1991, 185), Dauer, Art, Häufigkeit, Alter des Arbeitnehmers, Betriebszugehörigkeit, Länge der Kündigungsfrist (BAG AP Nr. 6 zu § 1 KSchG 1969 Krankheit = NJW 1981, 298; AP Nr. 1 zu § 1 KSchG 1969 Krankheit = NJW 1968, 1693; AP Nr. 7 zu § 1 KSchG Krankheit 1969). Der Arbeitgeber muß vor Ausspruch der Kündigung prüfen, ob er eine Ersatzkraft auf unbestimmte Zeit einstellt (BAG AP Nr. 7 zu § 1 KSchG Krankheit 1969). Häufige, nicht unerhebliche Kurzerkrankungen berechtigen zur Kündigung, wenn auch in Zukunft eine Wiederholungsgefahr besteht (BAG AP Nr. 2 zu § 1 KSchG 1969 = NJW 1977, 351; AP Nr. 4 aaO. = NJW 1977, 2132; BAG AP Nr. 10 zu § 1 KSchG 1969 Krankheit = NJW 1984, 1836; AP Nr. 17 zu § 1 KSchG 1969 Krankheit = NJW 1983, 2897; AP Nr. 21 aaO. = NJW 1990, 2340 = NZA 1990, 307; AP Nr. 22 aaO. = NJW 1990, 2341 = NZA 1990, 307; AP Nr. 23 aaO. = NJW 1990, 2338 = NZA 1990, 434; vgl. auch BAG AP Nr. 16 zu § 1 KSchG 1969 Krankheit = NZA 1985, 357 =

4. Klageentgegnung bei Kündigung aus personenbedingten Gründen   IV. B. 4

NJW 1985, 2783). Die Möglichkeit der Einstellung von Aushilfskräften ist allerdings bei häufigen Kurzerkrankungen eingeschränkt. Der Arbeitgeber ist darlegungspflichtig für Dauer und Häufigkeit, der Arbeitnehmer, daß aus der Zahl nicht auf die Wiederholungsgefahr zu schließen ist (BAG AP Nr. 10 zu § 1 KSchG 1969 Krankheit).

Zur Kündigung wegen Leistungsminderung: BAG AP Nr. 1 zu § 1 KSchG 1969 Krankheit = NJW 1977, 125; Betr. 1964, 1523; AP Nr. 18 zu § 1 KSchG = NJW 1957, 79; AP Nr. 25 zu § 1 KSchG 1969 Krankheit = NZA 1990, 727 = BB 1990, 1207; AP Nr. 28 aaO. = NZA 1992, 1073). Die krankheitsbedingte dauernde Unfähigkeit, die vertraglich geschuldete Leistung zu erbringen, kann als personenbedingter Kündigungsgrund den Arbeitgeber nach § 1 KSchG zur ordentlichen Kündigung berechtigen (BAG AP Nr. 25 zu § 1 KSchG 1969 Krankheit = NJW 1990, 2953 = NZA 1990, 727).

2. Da es bei der Beurteilung der Sozialrechtfertigung auf die Abwägung der sozialen Verhältnisse des Klägers gegen die betrieblichen Interessen ankommt, sind diese genau zu überprüfen. Wenn betriebliche Verhältnisse (z.B. Staubluft) nicht die alleinige Ursache der Erkrankung sind, sind sie zwar bei der Abwägung zu berücksichtigen. Es ist aber unschädlich, wenn das LAG einer möglichen Mitursächlichkeit kein ausschlaggebendes Gewicht beimißt (BAG AP Nr. 26 zu § 1 KSchG 1969 Krankheit = NZA 1991, 185).

3. Die nähere Arbeitsumgebung sollte namentlich bei Kündigung wegen Krankheit geschildert werden.

4. Alternative, wenn Anhörung des Betriebsrats bestritten: Die Beklagte hat am ...... zu Händen des Betriebsratsvorsitzenden anliegendes Formblatt (*Schaub* ArbR – Formb. § 14 II) zur Anhörung des Betriebsrates gesandt. Der Betriebsratsvorsitzende hat am ...... nachfolgenden Beschluß mitgeteilt/hat sich bis zum ...... nicht geäußert. Im Anhörungsverfahren hat der Arbeitgeber dem Betriebsrat bei einer Kündigung wegen häufiger Kurzerkrankungen nicht nur die bisherigen Fehlzeiten und die Art der Erkrankung mitzuteilen, sondern auch die wirtschaftlichen Belastungen und Betriebsbeeinträchtigungen, die infolge der Fehlzeiten entstanden sind und mit denen noch gerechnet werden muß (BAG AP Nr. 30 zu § 102 BetrVG 1972 = Betr. 1984, 1149).

5. Vgl. im einzelnen *Schaub* ArbR-Hdb. § 129 II 5.

6. Bei kürzerer Beschäftigungsdauer ist auf diese abzustellen.

7. Kürzeste vom BAG anerkannte Fehlzeit BAG AP Nr. 4 zu § 1 KSchG 1969 Krankheit = NJW 1977, 2132; AP Nr. 2 aaO. = NJW 1977, 351 17,9 vH.; AP Nr. 14 zu § 102 BetrVG = NJW 1978, 603 23 vH.; AP Nr. 20 zu § 1 KSchG 1969 Krankheit zwischen 24 vH. u. 41 vH.

8. BAG AP Nr. 4 zu § 1 KSchG 1969; AP Nr. 14 zu § 102 BetrVG 1972. Der Arbeitnehmer ist von sich aus nicht verpflichtet, den Arbeitgeber über Art und Verlauf seiner Krankheit zu informieren. Die fehlende Benachrichtigung des Arbeitgebers durch den Arbeitnehmer spricht daher ebensowenig gegen die Sozialwidrigkeit wie die unterlassene Erkundigung des Arbeitgebers nach den Fortschritten der Genesung (BAG AP Nr. 7 zu § 1 KSchG 1969 Krankheit).

9. Betriebliche Interessen: Mangelnde Planungsmöglichkeiten, Auswirkungen auf den Arbeitsablauf, Zusammenarbeit der Arbeitnehmer, Überlastung der übrigen Arbeitnehmer, unverhältnismäßige Lohn- und Lohnnebenkosten (BAG AP Nr. 10 zu § 1 KSchG 1969 Krankheit = NJW 1984, 1836; AP Nr. 14 aaO. = NJW 1984, 2655 = NZA 1984, 86; AP Nr. 20 aaO. = NJW 1989, 3299 = NZA 1989, 923; v. 29. 7. 1993 – AP Nr. 27 aaO.), Produktionsausfall, Verlust von Kundenaufträgen, nicht beschaffbares Ersatzpersonal. Der Arbeitgeber hat bei Kündigung wegen häufiger krankheitsbedingter Fehlzeiten ebenso wie bei einer Kündigung wegen langanhaltender Erkrankung im einzelnen darzulegen, welche unzumutbaren Betriebsbeeinträchtigungen erwachsen. Durch den Hinweis auf eine bestimmte Krankheitsquote genügt der Arbeitgeber nicht der ihm obliegenden Darlegungslast (BAG AP Nr. 10 zu § 1 KSchG 1969 Krankheit = NJW 1984, 1836; AP Nr. 12 zu § 1 KSchG 1969 Krankheit = NJW 1984, 1837).

10. BAG AP Nr. 6 zu § 1 KSchG 1969 Krankheit.

11. Arbeitgeber trifft Last zur Überprüfung der Versetzungsmöglichkeit. Behauptet er, keine Versetzungsmöglichkeit zu haben, muß der Arbeitnehmer nach dem Prinzip der abgestuften Beweislast einen Arbeitsplatz bezeichnen. Alsdann trifft den Arbeitgeber die Beweislast, daß eine Beschäftigung dort nicht möglich ist (BAG AP Nr. 1 zu § 1 KSchG 1969 Krankheit = NJW 1977, 125; AP Nr. 14 zu § 102 BetrVG 1972 = NJW 1977, 2132).

5. Klageentgegnung bei Kündigung aus verhaltensbedingten[1] Gründen

In Sachen

......./......

...... Ca ....../......

wird beantragt, die Klage abzuweisen.

Begründung:

Der Kläger wurde am ...... eingestellt. Er ist verheiratet und hat ...... minderjährige Kinder. Dem Kläger wurden die Aufgaben eines ...... übertragen. Er verdiente zuletzt ...... DM. Am ...... hat die Beklagte dem Kläger zum ...... gekündigt. Zur Kündigung hat sie den Betriebsrat gehört (§ 102 BetrVG). Dieser hat sich nicht geäußert/der Kündigung zugestimmt/Einwendungen erhoben/widersprochen.

Die Kündigung ist sozial gerechtfertigt; ihr lagen folgende Verfehlungen zugrunde. 1. ...... 2. ...... 3. ......[2]. Der Kläger ist wiederholt mündlich und schriftlich abgemahnt worden[3]. Am ...... hat ihn der Meister ...... abgemahnt.

Beweis: ......

Die Einwendungen des Betriebsrates gegen die Kündigung sind nicht gerechtfertigt.

Rechtsanwalt

Anmerkungen

1. Verhaltensbedingte Kündigungsgründe sind vor allem Vertragsverletzungen, Umstände aus dem Verhältnis des Gekündigten zu Arbeitskollegen, betrieblichen und überbetrieblichen Einrichtungen, Organisationen und Behörden (*Schaub* ArbR-Hdb. § 130 mit zahlreichen Beispielen). Das BAG unterscheidet Fallgruppen nach bestimmten Pflichtbereichen im Arbeitsverhältnis (BAG AP Nr. 2 zu § 1 KSchG 1969 Sicherheitsbedenken = NJW 1990, 597 = NZA 1990, 614), also Pflichtwidrigkeiten im Leistungsbereich (z.B. Schlechtleistung), gegen die betriebliche Ordnung (Verstoß gegen Rauchverbot), im personalen Vertrauensbereich (z.B. Vollmachtsmißbrauch), bei nebenvertraglichen Pflichten (z.B. Verstoß gegen Verschwiegenheitspflicht), Nichtanzeige von Krankheiten (BAG AP Nr. 23 zu § 1 KSchG 1969 Verhaltensbedingte Kündigung = NZA 1990, 433 = BB 1990, 559 = DB 1990, 790; AP Nr. 26 aaO.; AP Nr. 27 = NZA 1993, 17), bei außerdienstlichem Verhalten (BAG AP Nr. 19 zu § 1 KSchG 1969 Verhaltensbedingte Kündigung = NJW 1988, 2261 = BB 1988, 1466 = DB 1988, 1757), durch die das Arbeitsverhältnis konkret beeinträchtigt wird (Sittlichkeitsdelikt eines Lehrers), wiederholtes unentschuldigtes Fehlen, insbesondere, wenn es zu Störungen im Betriebsablauf kommt (BAG AP Nr. 25 zu § 1 KSchG 1969 Verhaltensbedingte Kündigungen = NJW 1991, 1906 = NZA 1991,

5. Klageentgegnung bei Kündigung aus verhaltensbedingten Gründen

557). Aus dem Grundsatz der Betriebsbezogenheit folgt, daß sich das Verhalten auf den und im Betrieb auswirkt (BAG AP Nr. 11 zu § 1 KSchG 1969 Verhaltensbedingte Kündigung = NJW 1985, 507; AP Nr. 13 aaO. = NJW 1985, 1882 = NZA 1985, 285; AP Nr. 22 aaO. = NJW 1990, 597 = NZA 1990, 614).

2. Es sind die Vertragsverletzungen substantiiert unter Beweisantritt darzulegen (vgl. BAG AP Nr. 8 zu § 626 BGB). Dies gilt auch für solche Umstände, die einen Entschuldigungs- oder Rechtfertigungsgrund für den Arbeitnehmer ausschließen (BAG AP Nr. 3 zu § 1 KSchG 1969; aA. BAG AP Nr. 8 zu § 611 BGB Treuepflicht = NJW 1977, 646).

3. Vor allem bei Störungen im Leistungsbereich oder der betrieblichen Ordnung, also regelmäßig bei Vertragsverletzungen, darf der Arbeitgeber erst als ultima ratio von der Kündigung Gebrauch machen. Er muß den Arbeitnehmer zuvor abmahnen (vgl. z.B. BAG AP Nr. 57 zu § 626 BGB; AP Nr. 1 zu § 124 GewO; AP Nr. 9 zu § 1 KSchG Verhaltensbedingte Kündigung; LAG Düsseldorf DB 1979, 556). Auch eine formell unwirksame Abmahnung wegen fehlender Anhörung des Arbeitnehmers nach § 13 BAT entfaltet die notwendige Warnfunktion (BAG AP Nr. 28 zu § 1 KSchG 1969 Verhaltensbedingte Kündigung = NJW 1993, 154 = NZA 1992, 1028). Dies kann aber auch gelegentlich bei Störungen im Vertrauensbereich notwendig sein. Die Abmahnung muß dem Arbeitnehmer zugehen, damit er von ihr Kenntnis nehmen kann (BAG AP Nr. 12 zu § 1 KSchG 1969 Verhaltensbedingte Kündigung = NZA 1985, 124 = NJW 1985, 823 = Betr. 1984, 2703). Abmahnung ist der Ausdruck der Mißbilligung wegen der Verletzung arbeitsvertraglicher Pflichten durch den Arbeitnehmer unter Androhung von Rechtsfolgen (BAG AP Nr. 3 zu § 1 KSchG 1969 Verhaltensbedingte Kündigung = Betr. 1980, 1351; AP Nr. 3 zu § 1 KSchG 1969 Abmahnung = NJW 1989, 2493 = NZA 1989, 633). Abmahnungsberechtigt sind nicht nur die Kündigungsberechtigten, sondern alle Mitarbeiter, die verbindliche Anweisungen bezüglich des Ortes, der Zeit sowie der Art und Weise der arbeitsvertraglich geschuldeten Arbeitsleistung geben können (BAG AP Nr. 3 zu § 1 KSchG Verhaltensbedingte Kündigung; LAG Hamm Betr. 1983, 1930). Die Abmahnung ist nicht nach § 87 Abs. 1 Nr. 1 BetrVG mitbestimmungspflichtig (BAG AP Nr. 2 zu § 87 BetrVG 1972 Betriebsbuße = NJW 1980, 856). Dies gilt auch dann, wenn sie gegenüber einem freigestellten Betriebsratsmitglied wegen der Versäumung von Arbeitszeit erfolgt, die dieser nicht zur Ausführung des Betriebsratsamts für erforderlich halten kann (BAG AP Nr. 39, 40 zu § 37 BetrVG 1972; AP Nr. 9 zu § 611 BGB Abmahnung). Mitbestimmungspflichtig wird die Abmahnung dann, wenn sie einen über den Warnzweck hinausgehenden Sanktionscharakter hat (BAG AP Nr. 3 zu § 87 BetrVG 1972 Betriebsbuße). Für die Abmahnung gibt es keine Ausschlußfristen, innerhalb derer das Rügerecht ausgeübt werden muß (BAG AP Nr. 96 zu § 611 BGB Fürsorgepflicht = NJW 1986, 1777 = BB 1986, 1437). Andererseits kann eine Abmahnung infolge Zeitablaufs unwirksam werden. Dieser muß nach den Umständen des Einzelfalls bemessen werden (BAG AP Nr. 17 zu § 1 KSchG Verhaltensbedingte Kündigung = BB 1987, 761). Der Arbeitnehmer braucht nicht gegen eine Abmahnung gerichtlich vorzugehen. Unterläßt er es, so sind hieraus für das Kündigungsschutzverfahren keine Folgerungen zu ziehen (BAG AP Nr. 18 zu § 1 KSchG Verhaltensbedingte Kündigung = NZA 1987, 518 = Betr. 1987, 1494). Der Arbeitnehmer kann die Entfernung der Abmahnung aus seinen Personalakten verlangen, wenn sie zu Unrecht erteilt worden oder für die Beurteilung nicht mehr von Bedeutung ist (BAG AP Nr. 100 zu § 611 BGB Fürsorgepflicht = NJW 1988, 2693 = NZA 1988, 654; AP Nr. 8 zu § 611 BGB Abmahnung). Werden in einem Abmahnungsschreiben mehrere Pflichtverletzungen gerügt, von denen nur einige zutreffen, dann muß das ganze Abmahnungsschreiben aus der Personalakte entfernt werden (BAG AP Nr. 5 zu § 611 BGB Abmahnung = NJW 1991, 2510 = NZA 1991, 768). Auch bei verhaltensbedingten Kündigungen kann aus dem ultima-ratio-Prinzip folgen, daß der Arbeitgeber vor der Beendigungskündigung versuchen muß, seine Interessen durch eine Versetzung (BAG AP Nr. 5 zu § 1 KSchG Verhaltensbedingte Kündigung = NJW 1983, 700) oder Änderungskündigung zu wahren.

6. Kündigung aus betriebsbedingten[1] Gründen

In Sachen

...... /......
...... Ca ...... /......

wird beantragt, die Klage abzuweisen.

Begründung:

Der am ...... geb., led./verh. Kläger, der ...... Kinder hat, wurde am ...... als ...... eingestellt. Am ...... hat der Beklagte dem Kläger aus betriebsbedingten Gründen gekündigt. Der Betriebsrat ist vor der Kündigung gehört worden; er hat sich nicht geäußert/der Kündigung zugestimmt/Einwendungen erhoben/ihr widersprochen (§ 102 BetrVG)[2].
Der Kläger hat auch eingesehen, daß die Beklagte betriebsbedingte Gründe hat, denn er hat bei Aushändigung seiner Arbeitspapiere eine Ausgleichsquittung unterschrieben, daß ihm „Ansprüche aus dem Arbeitsverhältnis und seiner Beendigung nicht mehr zustehen"[3]. Unabhängig hiervon war die Kündigung infolge Arbeitsmangels gerechtfertigt. Die Beklagte stellt ...... her. Bei normalem Geschäftsgang beträgt das Produktionsvolumen ...... zu einem Auftragswert von ...... So hatte die Beklagte in der Zeit von ...... bis ...... folgende Aufträge ...... Z.Zt. verfügt die Beklagte nur über einen Auftragsbestand von ...... Weitere Aufträge sind nicht in Sicht.
Infolge des Auftragsmangels ist der Arbeitsplatz des Klägers weggefallen[4] ...... Die Beklagte hat weiteren ...... Arbeitnehmern kündigen müssen[5]. Der Auftragsmangel kann nicht durch andere Maßnahmen überwunden werden, weil ...... Ebensowenig vermag die Beklagte den Kläger in eine andere Abteilung zu versetzen.
Die Beklagte hat sorgfältig geprüft, welchen ihrer Arbeitnehmer die Kündigung am wenigsten hart trifft[6]. Hierbei ist die Auswahl auf den Kläger gefallen.

Rechtsanwalt

Anmerkungen

1. Nach § 1 Abs. 2 S. 1 KSchG ist eine Kündigung sozial ungerechtfertigt, wenn sie nicht durch dringende betriebliche Erfordernisse bedingt ist, die einer Weiterbeschäftigung des Arbeitnehmers in diesem Betrieb entgegenstehen. Damit erstreckt sich die Darlegungs- und Beweislast des Arbeitgebers auf: (1) Eine Unternehmerentscheidung, mit der einem veränderten Arbeitsbedarf Rechnung getragen wird. Die Unternehmerentscheidung ist das Konzept zur Anpassung des Personals an den Arbeitsbedarf (BAG AP Nr. 11 zu § 1 KSchG 1969 = Betr. 1986, 2236 = NZA 1986, 823); (2) Betriebliche Erfordernisse; dies können alle wirtschaftlichen, technischen oder organisatorischen Ursachen sein. Unerheblich ist, worauf sie beruhen, z.B. gesamtwirtschaftlichen Rezessionserscheinungen, branchenspezifischen Strukturveränderungen, Entscheidungen des Arbeitgebers, selbst wenn sie „verschuldet" sind. Der Arbeitgeber kann grundsätzlich entscheiden, ob er veränderten Marktdaten durch Vorratswirtschaft, geringere Produktion, gesteigerte Werbung, Haltung einer Personalreserve, Personalabbau Rechnung tragen will. Im Falle der Betriebsstillegung muß aber ein ernsthafter und endgültiger Beschluß gefaßt sein (BAG AP Nr. 41 zu § 1 KSchG 1969 Betriebsbedingte Kündigung = NZA 1987, 700; AP Nr. 53 aaO. = NZA 1991, 891). Die wirtschaftliche Zweckmäßigkeit seiner Entscheidung kann von Ausnahmen abgesehen im Kündigungsschutzprozeß nicht geprüft werden (BAG AP Nr. 6, 22 zu § 1 KSchG Betriebsbedingte Kündigung; AP Nr. 1 zu § 1 KSchG 1969 Betriebsbedingte Kündigung; AP Nr. 6 aaO. = NJW 1979, 902; AP Nr. 8 aaO. = NJW 1981, 301; AP Nr. 42

6. Kündigung aus betriebsbedingten Gründen   IV. B. 6

aaO. = NJW 1987, 3216 = NZA 1987, 776; AP Nr. 27 zu § 2 KSchG 1969 = NZA 1990, 734 = BB 1990, 1843 = DB 1990, 1773; AP Nr. 42 zu § 1 KSchG 1969 Betriebsbedingte Kündigung = NJW 1987, 3216 = NZA 1987, 776); (3) die Dringlichkeit des Erfordernisses. Hierin kommt der Grundsatz der Verhältnismäßigkeit zum Ausdruck. Die betriebsbedingte Kündigung ist nur als ultima ratio möglich; der Unternehmer hat mithin vor Ausspruch einer Kündigung zu prüfen, ob sie durch zumutbare technische, organisatorische oder wirtschaftliche Maßnahmen vermieden werden kann. Es muß mithin geprüft werden, ob sie sich durch Abbau von Überstunden, Vorverlegung von Werksferien, Versetzung des Arbeitnehmers (BAG AP Nr. 21 zu § 1 KSchG 1969 Betriebsbedingte Kündigung = NZA 1985, 489) oder seine Änderungskündigung (BAG AP Nr. 8 zu § 2 KSchG 1969 = NJW 1985, 1797) usw. vermeiden läßt; dagegen sind Maßnahmen der Arbeitsstreckung der gerichtlichen Kontrolle entzogen; (4) voll nachprüfbar ist, ob die für die unternehmerische Entscheidung wesentlichen Umstände auch vorliegen (BAG AP Nr. 1 zu § 1 KSchG 1969 Betriebsbedingte Kündigung; AP Nr. 6 aaO. = NJW 1979, 1902). Dabei ist zwischen außer- und innerbetrieblichen Ursachen zu unterscheiden. Bei außerbetrieblichen Ursachen (z.B. Arbeitsmangel, Umsatzrückgang – BAG AP Nr. 45 zu § 1 KSchG 1969 Betriebsbedingte Kündigung = NZA 1990, 65) ist eine betriebsbedingte Kündigung gerechtfertigt, wenn dadurch der Arbeitsanfall so stark zurückgeht, daß der Bedarf zur Weiterbeschäftigung eines oder mehrerer Arbeitnehmer entfällt. Der Arbeitgeber hat mithin die Auswirkungen auf den einzelnen Arbeitsplatz darzustellen (BAG AP Nr. 45 zu § 1 KSchG 1969 Betriebsbedingte Kündigung = NZA 1990, 65 = DB 1989, 2384). Interne Ursachen (z.B. Gewinnverfall, Unrentabilität) begründen nicht unmittelbar betriebliche Erfordernisse, weil sie sich nicht unmittelbar auf die Verringerung der Arbeit auswirken. Sie rechtfertigen dann eine Kündigung, wenn der Arbeitgeber die Ertragslage zum Anlaß nimmt, zur Kostenersparnis oder zur Verbesserung des Betriebsergebnisses durch technische oder organisatorische innerbetriebliche Maßnahmen die Zahl der Arbeitsplätze zu verringern; nach neuerer Rspr. ist auch insoweit die Auswirkung auf den einzelnen Arbeitsplatz darzulegen (BAG AP Nr. 24 zu § 1 KSchG 1969 Betriebsbedingte Kündigung = Betr. 1986, 232; vgl. AP Nr. 47 aaO. = NZA 1990, 607 = BB 1990, 1628); (5) schließlich muß eine Interessenabwägung stattfinden. Es gilt der Grundsatz der Verhältnismäßigkeit (BAG AP Nr. 8 zu § 2 KSchG 1969 = NZA 1985, 455 = NJW 1985, 1797). Eine betriebsbedingte Kündigung ist nur dann sozial gerechtfertigt, wenn die betrieblichen Gründe bei verständiger Würdigung in Abwägung der Interessen der Vertragsparteien und des Betriebes die Kündigung als billigenswert erscheinen lassen. Insoweit ist zu überprüfen, Möglichkeit der Beschäftigung auf einem anderen Arbeitsplatz, ggf. nach Ausspruch einer Änderungskündigung oder zumutbare Umschulungs- und Fortbildungsmaßnahmen. Der Arbeitgeber muß mithin vor jeder Beendigungskündigung dem Arbeitnehmer eine zumutbare Weiterbeschäftigung auf einem freien Arbeitsplatz anbieten (BAG AP Nr. 8 zu § 2 KSchG 1969 = NZA 1985, 455 = NJW 1985, 1797); er braucht aber keine Beförderungsstelle anzubieten (BAG AP Nr. 50 zu § 1 KSchG 1969 Betriebsbedingte Kündigung = NJW 1991, 587 = NZA 1991, 181); (6) wegen der Beurteilung ist jeweils auf den Zeitpunkt des Zugangs der Kündigung abzustellen. Einzelheiten *Schaub* NZA 1987, 217; *ders.* ArbR-Hdb. § 131.

2. Das BAG hat unter Aufgabe früherer Rechtsprechung entschieden, daß zur wirksamen Anhörung auch die sofortige Mitteilung der Gründe der sozialen Auswahl gehört (BAG AP Nr. 31 zu § 102 BetrVG 1972 = NJW 1984, 2374).

3. Der Arbeitnehmer kann nach Ausspruch der Kündigung vor Ablauf der Klagefrist auf die Erhebung der Kündigungsschutzklage verzichten. Eine Ausgleichsquittung beseitigt jedoch nur dann das Recht, eine Kündigungsschutzklage zu erheben, wenn sie eindeutig auf die Klagebefugnis Bezug nimmt (vgl. BAG AP Nr. 5 zu § 4 KSchG 1969 = NJW 1979, 287; AP Nr. 6 aaO. = NJW 1979, 2267).

4. Die Kündigung wird mit externen betrieblichen Ursachen begründet; es müssen also die Auswirkungen auf den einzelnen Arbeitsplatz dargestellt werden (vgl. Anm. 1).

5. Bei erheblichem Personalabbau muß möglicherweise ein Sozialplan abgeschlossen werden (BAG AP Nr. 3 zu § 111 BetrVG 1972; AP Nr. 4 = NJW 1980, 83; AP Nr. 5 aaO.; AP Nr. 7 aaO. = NJW 1980, 2094). Vgl. dazu § 112a BetrVG. Es können auch die Vorschriften über die Massenentlassung zu beachten sein (§§ 17ff. KSchG).

6. Bei einer personen- oder verhaltensbedingten Kündigung steht die Berechtigung der Kündigung fest, wenn ihre Tatbestandsmerkmale vorliegen. Bei der betriebsbedingten Kündigung handelt es sich dagegen um einen zweistufigen Tatbestand. In der ersten Stufe ist zunächst festzustellen, ob betriebsbedingte Gründe vorliegen, also ob überhaupt eine Kündigung möglich ist. In der zweiten Stufe wird geprüft, wer von ihr betroffen wird. Nach § 1 Abs. 3 S. 1 KSchG in der Auslegung der Rechtsprechung hat der Arbeitnehmer einen materiellrechtlichen Anspruch auf die Mitteilung der Gründe, die für die soziale Auswahl maßgebend waren. Der Anspruch ist zweckmäßigerweise spätestens bei Klageerhebung geltend zu machen. Der Arbeitgeber hat im Umfang seiner materiellrechtlichen Mitteilungspflicht auch im Prozeß die Gründe darzulegen, die ihn zu der sozialen Auswahl veranlaßt haben. Im übrigen trägt der Arbeitnehmer die Darlegungs- und Beweislast (BAG AP Nr. 12 zu § 1 KSchG 1969 Betriebsbedingte Kündigung = NJW 1984, 78 = EzA Nr. 21 zu § 1 KSchG Betriebsbedingte Kündigung; AP Nr. 4 zu § 1 KSchG 1969 Soziale Auswahl = Betr. 1984, 2303; AP Nr. 17 aaO. = NZA 1989, 264 = BB 1989, 75 = DB 1989, 485; ferner LAG Berlin EzA Nr. 22 zu § 1 KSchG Betriebsbedingte Kündigung).

7. Replik wegen fehlerhafter sozialer Auswahl[1]

In Sachen

...... / ......
...... Ca ...... / ......

wird auf die Klageentgegnung vom ...... erwidert.
Die vom Kläger unterzeichnete Ausgleichsquittung hat den Kündigungsschutz nicht beseitigt[2]. Die Klage ist begründet.
Selbst wenn die Beklagte gezwungen war, Mitarbeiter zu entlassen, so hat sie keine zutreffende soziale Auswahl getroffen. Der Kläger hat die Beklagte nach § 1 Abs. 3 S. 1 KSchG aufgefordert, die Gründe zur sozialen Auswahl mitzuteilen[3]. Schon aus dem in der Anlage beigefügten Schreiben ergibt sich, daß die Beklagte sich die Gründe zur sozialen Auswahl nicht hinreichend vergegenwärtigt hat[4]. Die Beklagte hat nicht sämtliche vergleichbaren Arbeitnehmer entlassen[5]. Sie beschäftigt noch ......, deren Arbeit der Kläger verrichten könnte. Zu den Arbeitnehmern, die von der Kündigung weniger hart betroffen sind, gehören ......
1. (Name) ...... 2. (Name) ......
Die benannten Arbeitnehmer sind erst kürzere Zeit beschäftigt ...... und sind zudem jünger[6] usw.

Beweis: Der Betriebsratsvorsitzende ......;
         Leiter der Personalabteilung ......
         zu laden bei der Beklagten.

Rechtsanwalt

Anmerkungen

1. Bei der Ermittlung, wer im Falle der betriebsbedingten Kündigung gekündigt werden kann (vgl. Form. IV. B. 6 Anm. 6), sind sämtliche Arbeitnehmer des Betriebes in die Sozialauswahl einzubeziehen, die auf vergleichbaren Arbeitsplätzen beschäftigt werden. Die Pflicht zur sozialen Auswahl ist betriebsbezogen (BAG AP Nr. 4 zu § 1 KSchG Kon-

zern = Betr. 1986, 2547 = NZA 1987, 125). Es ist mithin zu prüfen, welche Arbeitsplätze durch dringende betriebliche Erfordernisse ganz oder teilweise in Wegfall kommen. Alsdann ist festzustellen, ob es vergleichbare Arbeitsplätze im Betrieb gibt. Besteht zwischen mehreren Arbeitsplätzen nur eine partielle Identität, kommt es darauf an, ob der zur Kündigung ausersehene Arbeitnehmer auch die Funktionen auf dem partiell identischen Arbeitsplatz wahrnehmen kann. *Schaub* ArbR-Hdb. § 132; NZA 1987, 217.

2. Form IV. B. 6 Anm. 3.

3. Bei der Sozialauswahl zu berücksichtigende Umstände sind Lebensalter, Dauer der Betriebszugehörigkeit, Familienstand, bestehende Unterhaltspflichten und Unterhaltsansprüche (BAG AP Nr. 7 zu § 1 KSchG Betriebsbedingte Kündigung; AP Nr. 15 aaO. = NJW 1964, 2369), Vermögensverhältnisse, insbesondere unverschuldet hohe Ratenzahlungsverpflichtungen (Haus, Eigentum), Nebeneinkünfte, Krankheiten, im Betrieb erlittene Gesundheitsschädigungen, Berufsaussichten. Der Arbeitgeber hat einen gewissen Bewertungsspielraum (BAG AP Nr. 6 zu § 1 KSchG 1969 = NJW 1985, 2046 = NZA 1985, 423). Es muß jeweils eine Bewertung nach den Umständen des Einzelfalles erfolgen. Damit ist die Würdigung mit Hilfe einer Punktetabelle nicht zu vereinbaren (BAG AP Nr. 12 zu § 1 KSchG Betriebsbedingte Kündigung = NJW 1984, 78 = EzA Nr. 21 zu § 1 KSchG Betriebsbedingte Kündigung; AP Nr. 19 zu § 1 KSchG 1969 Soziale Auswahl = NZA 1990, 729 = DB 1990, 1335). Erfolgt die soziale Auswahl mit Hilfe eines Punkteschemas (zB. bei Interessenausgleich und Sozialplan), muß immer noch eine Überprüfung im Einzelfall vorgenommen werden (BAG AP Nr. 19 zu § 1 KSchG 1969 Soziale Auswahl = NZA 1990, 729). Erfolgt die soziale Auswahl mit Hilfe von Auswahlrichtlinien (§ 95 BetrVG), so ist die soziale Auswahl dann nicht zu beanstanden, wenn die Auswahlrichtlinien die wesentlichen Grundsätze der Auswahl (Lebensalter, Betriebszugehörigkeit, Unterhaltsverpflichtungen) gewahrt haben. Etwaigen Ausnahmen muß jedoch durch Härteklauseln Rechnung getragen werden (BAG AP Nr. 13 zu § 1 KSchG Betriebsbedingte Kündigung = NJW 1984, 1648 = Betr. 1984, 563; AP Nr. 18 aaO. = NZA 1990, 226 = BB 1990, 351 = DB 1990, 380). Im Rahmen der sozialen Auswahl sind Leistungsunterschiede nicht mehr zu berücksichtigen. Es spricht eine vom Arbeitgeber auszuräumende tatsächliche Vermutung dafür, daß eine Auswahl, bei der keine sozialen Gesichtspunkte, sondern ausschließlich betriebliche Belange berücksichtigt worden sind, auch im Ergebnis sozialwidrig ist (BAG AP Nr. 18 zu § 1 KSchG 1969 Betriebsbedingte Kündigung = Betr. 1985, 974). Widerspricht der Arbeitnehmer dem Übergang seines Arbeitsverhältnisses auf einen Betriebs(teil)übernehmer, dann kann er sich auf eine fehlerhafte soziale Auswahl nur berufen, wenn für den Widerspruch ein sachlicher Grund gegeben ist (BAG v. 7. 4. 1993 – AP Nr. 22 zu § 1 KSchG 1969 Soziale Auswahl).

4. Der Arbeitgeber hat die Erwägungen mitzuteilen, die für und gegen die getroffene soziale Auswahl sprechen (§ 1 Abs. 3 S. 1 KSchG). Sinn des materiellrechtlichen Auskunftsanspruches ist, dem Arbeitnehmer eine rechtzeitige Abwägung der mit der Kündigungsschutzklage verbundenen Prozeßrisiken zu ermöglichen und ihn in den Stand zu versetzen, einen etwaigen Fehler in der sozialen Auswahl zu rügen. Nach seinem Inhalt hat der Arbeitgeber den Kreis der in die soziale Auswahl einzubeziehenden Personen, die auswahlerheblichen Sozialdaten und deren Bewertungsmaßstab anzugeben (BAG AP Nr. 17 zu § 1 KSchG 1969 Soziale Auswahl = NZA 1989, 264). Verletzt der Arbeitgeber die Mitteilungspflicht, führt dies nicht zur Unwirksamkeit der Kündigung, da auf die objektiven, im Prozeß nachschiebbaren Umstände abzustellen ist. Indes können Schadenersatzansprüche erwachsen. Der Arbeitgeber ist darlegungspflichtig, welchen Personenkreis er in die Auswahl einbezogen, welche Sozialdaten er bei der Auswahl berücksichtigt und welchen Bewertungsmaßstab er hierbei angelegt hat. Dagegen trifft den Arbeitnehmer die Darlegungs- und Beweislast dahin, daß der Arbeitgeber die Sozialdaten nicht hinreichend oder unrichtig dargestellt habe (BAG AP Nr. 12 zu § 1 KSchG 1969 Betriebsbedingte Kündigung = NJW 1984, 78; AP Nr. 4 zu § 1 KSchG 1969 Soziale Auswahl = Betr.

1984, 2303; vgl. vor allem BAG AP Nr. 17 zu § 1 KSchG 1969 Soziale Auswahl = NZA 1989, 264 = BB 1989, 75 = DB 1989, 485).

5. Der Arbeitgeber ist im Rahmen der sozialen Auswahl nicht verpflichtet, von sich aus einem sozial schlechter gestellten Arbeitnehmer eine Weiterbeschäftigung zu geänderten, verschlechterten Bedingungen anzubieten, um für ihn durch Kündigung eines sozial besser gestellten Arbeitnehmers einen Arbeitsplatz freizumachen. Unentschieden war dies vorübergehend, wenn der Arbeitnehmer vor oder unmittelbar nach der Kündigung sich bereit erklärt (BAG AP Nr. 9 zu § 1 KSchG 1969 Soziale Auswahl = Betr. 1986, 436; jetzt verneint: BAG AP Nr. 30 zu § 1 KSchG 1969 Betriebsbedingte Kündigung = NJW 1991, 587 = NZA 1991, 181). Zur Sozialauswahl bei Massenkündigungen (BAG AP Nr. 7 zu § 1 KSchG 1969 Soziale Auswahl = NZA 1986, 64 = NJW 1986, 274 = Betr. 1985, 2205; AP Nr. 6 zu § 1 KSchG 1969 Soziale Auswahl = NZA 1985, 423 = NJW 1985, 919, 2046 = Betr. 1985, 1083).

6. Der Replik kann mit einer Duplik aus § 1 Abs. 3 S. 2 KSchG begegnet werden. In seiner älteren Rechtsprechung stand das BAG auf dem Standpunkt, daß nur dann von der Sozialauswahl abgesehen werden könne, wenn die betriebstechnischen, wirtschaftlichen oder sonstigen berechtigten betrieblichen Belange die Weiterbeschäftigung eines anderen Arbeitnehmers zwingend notwendig machten. Hiervon ist das BAG neuerdings abgerückt; aus dem Vergleich der Tatbestandsmerkmale in § 1 Abs. 2 S. 1 (dringende betriebliche Erfordernisse) und § 1 Abs. 3 S. 2 (berechtigte betriebliche Bedürfnisse) kommt es zu dem Ergebnis, daß die Sozialauswahl bereits dann überwunden werden kann, wenn die Weiterbeschäftigung anderer Arbeitnehmer im betrieblichen Interesse notwendig ist. Hierzu heißt es: Betriebliche Belange, insbesondere auch Unterschiede und Belastungen des Betriebes aufgrund von krankheitsbedingten Fehlzeiten, sind nicht bei der sozialen Auswahl nach S. 1 zu berücksichtigen, sondern allein im Rahmen der Prüfung nach S. 2, ob betriebliche Bedürfnisse einer sozialen Auswahl entgegenstehen. Leistungsunterschiede stehen einer Auswahl nach sozialen Gesichtspunkten nicht nur entgegen, wenn sich der Betrieb in einer Zwangslage befindet, sondern auch dann, wenn die Beschäftigung eines weniger schutzbedürftigen Arbeitnehmers erforderlich (notwendig) ist. Dagegen stehen krankheitsbedingte Fehlzeiten einer Auswahl nach sozialen Gesichtspunkten nur dann entgegen, wenn zugleich die Voraussetzungen einer krankheitsbedingten Kündigung erfüllt sind (BAG AP Nr. 12 zu § 1 KSchG Betriebsbedingte Kündigung = NJW 1984, 78 = EzA Nr. 22 zu § 1 KSchG Betriebsbedingte Kündigung).

8. Kündigungsschutzklage mit Antrag auf Auflösung des Arbeitsverhältnisses

An das
Arbeitsgericht

Klage

des/der ......   Kläger(in)
– Prozeßbevollmächtigter: RA ...... –
gegen
die Firma ......   Beklagte
wegen Kündigungsschutz[1].

Namens und mit Vollmacht des/der Kläger(in) erhebe ich Klage und beantrage zu erkennen:
    I. Es wird festgestellt, daß das Arbeitsverhältnis durch die Kündigung vom ...... nicht aufgelöst worden ist.

8. Kündigungsschutzklage mit Antrag auf Ablösung des Arbeitsverhältnisses   IV. B. 8

II. Das Arbeitsverhältnis wird gemäß §§ 9, 10 KSchG am ...... aufgelöst. Die Beklagte wird zur Zahlung einer Abfindung in Höhe von ...... DM nebst 4% Zinsen seit Rechtskraft des Abfindungsurteils verurteilt[2].

III. Die Beklagte hat die Kosten des Rechtsstreites zu tragen.

Begründung:

Der/Die im Jahre ...... geborene Kläger(in), der/die für ...... unterhaltsberechtigte Kinder im Alter von ...... zu sorgen hat, trat am ...... in die Dienste der Beklagten. Der Arbeitsvertrag wurde schriftlich abgeschlossen.

Beweis: Vertrag vom ......

Die Beklagte beschäftigt ...... Arbeitnehmer. Mit Schreiben vom ...... hat die Beklagte das Arbeitsverhältnis gekündigt. Diese Kündigung ist dem/der Kläger(in) am ...... zugegangen. Vor Ausspruch der Kündigung hat die Beklagte den Betriebsrat nicht gehört. Sie hat dem Betriebsrat zwar mitgeteilt, daß sie beabsichtige, den/die Kläger(in) zu kündigen. Sie hat ihm jedoch keine Gründe mitgeteilt[3]. Solche Gründe bestehen auch nicht.

Als der/die Kläger(in) widersprach, seine/ihre Arbeitskraft anbot und darauf hingewiesen hat, daß er/sie Klage erheben wird, hat der Inhaber der Beklagten erklärt, er/sie sei ein frecher unverschämter Kerl/Göre. Dies ist eine schwerwiegende Beleidigung. Es ist nunmehr dem/der Kläger(in) nicht zuzumuten, das Arbeitsverhältnis fortzusetzen[4-5]. Es bedarf daher der Auflösung des Arbeitsverhältnisses gegen Zahlung einer Abfindung.

Rechtsanwalt

Anmerkungen

1. Vgl. Form. IV. B. 1, 2.

2. Vgl. Form. IV. B. 1 Anm. 4–6, 9, 10. Die Vorschrift des § 13 Abs. 1 S. 3 KSchG über die Auflösung des Arbeitsverhältnisses auf Antrag des Arbeitnehmers nach unwirksamer fristloser Arbeitgeberkündigung ist auf das Berufsausbildungsverhältnis nicht anwendbar (BAG AP Nr. 6 zu § 13 KSchG 1969 = Betr. 1985, 2515). Haben in einem Kündigungsrechtsstreit beide Parteien einen Auflösungsantrag gestellt, so ist das Arbeitsverhältnis aufzulösen. Hat das Arbeitsgericht das Arbeitsverhältnis auf Antrag des Arbeitgebers aufgelöst, so ist ein Arbeitnehmer, der die Höhe der festgesetzten Abfindung nicht angreift, nicht beschwert, so daß seine Berufung unzulässig ist (BAG v. 23. 6. 1993 – AP Nr. 23 zu § 9 KSchG 1969).

3. Zweckmäßig wird auch dann gerügt, der Betriebsrat sei nicht gehört, wenn ihm nicht hinreichend die Gründe zur Kündigung mitgeteilt worden sind. Hierdurch wird das Recht des Arbeitnehmers, die Auflösung des Arbeitsverhältnisses zu verlangen, nicht berührt.

4. Das BAG hat die Anforderungen an einen Auflösungsantrag wesentlich gemildert (BAG AP Nr. 8 zu § 9 KSchG 1969 = NJW 1982, 2015). Das Verhalten dritter Personen ist zur Begründung des Auflösungsverlangens des Arbeitgebers nur dann geeignet, wenn der Arbeitnehmer darauf entscheidenden Einfluß genommen hat (BAG AP Nr. 18 zu § 9 KSchG 1969 = NZA 1988, 16).

5. Nach der Rechtsprechung ist die Auflösung zum Zeitpunkt des Ablaufs der ordentlichen Kündigungsfrist oder im Falle der außerordentlichen Kündigung auf den Zeitpunkt des Zugangs der Kündigung festzusetzen. Urteile auf Zahlung einer Abfindung nach Auflösung des Arbeitsverhältnisses sind vorläufig vollstreckbar (BAG AP Nr. 4 zu § 62 ArbGG 1979 = NZA 1988, 329 = Betr. 1988, 659). Zur Versteuerung und Beitragspflicht: Form IV. B.1 und Anm. 6.

Kosten und Gebühren

Keine Besonderheiten. Vgl. Form. IV. B. 1.

9. Kündigungsschutzklage bei Änderungskündigung

An das
Arbeitsgericht

Klage

des ...... Klägers
– Prozeßbevollmächtigter: RA ...... –
gegen
die Firma ...... Beklagte
wegen Änderungskündigung[1-2]

Namens und mit Vollmacht des Klägers erhebe ich Klage und werde beantragen zu erkennen:
I. Es wird festgestellt, daß die Änderungskündigung vom ...... unwirksam ist und das Arbeitsverhältnis über den Ablauf der Kündigungsfrist am ...... unverändert fortbesteht[3-4].
II. Die Beklagte trägt die Kosten des Rechtsstreits.

Begründung

Der im Jahre ...... geborene Kläger, der ledig/verh./verw./gesch. ist und für Kinder im Alter von ...... unterhaltspflichtig ist, trat am ...... in die Dienste der Beklagten. Diese beschäftigt ...... Arbeitnehmer. Die Arbeitsvertragsbedingungen sind schriftlich niedergelegt.
Beweis: Arbeitsvertrag Anlage 1.
Das Arbeitsverhältnis im übrigen richtet sich nach dem ...... Tarifvertrag für ...... vom ...... und den diesen ergänzenden Tarifverträgen.
Im Arbeitsvertrag hat die Beklagte dem Kläger folgende besonderen Leistungen ...... zugesagt. Die Beklagte hat mit Schreiben vom ...... das Arbeitsverhältnis des Klägers gekündigt und diesem zugleich den Abschluß eines neuen Arbeitsvertrages angeboten.
Beweis: Schreiben vom ...... und Arbeitsvertrag vom ......; Anlage 2.
Die Beklagte hat den Betriebsrat vor Ausspruch der Kündigung gehört/nicht gehört[5]. Dieser hat sich nicht geäußert/geäußert/wie folgt geäußert/der Kündigung widersprochen ......
Der Kläger hat mit Schreiben vom ...... den Arbeitsvertrag zu den geänderten Bedingungen unter dem Vorbehalt angenommen, daß die Kündigung nicht sozial ungerechtfertigt ist[6].
Beweis: Schreiben vom ......; Anlage 3.
Die Kündigung ist jedoch sozial ungerechtfertigt[7]. Für sie bestanden weder personen- noch verhaltens- oder betriebsbedingte Gründe.
Die Beklagte ist daher zur Weiterzahlung des Gehaltes nach den unveränderten Arbeitsbedingungen verpflichtet. Dieser Anspruch wird zugleich vorsorglich geltend gemacht.

Rechtsanwalt

Anmerkungen

1. Der Begriff der Änderungskündigung ergibt sich aus § 2 KSchG. Die Änderungskündigung kommt im wesentlichen in zwei Formen vor, nämlich als unbedingte Kündigung des Arbeitsverhältnisses verbunden mit einem neuen Arbeitsvertrag, oder als Kündigung unter der Potestativbedingung, daß sich der Kündigungsempfänger nicht mit dem Ab-

9. Kündigungsschutzklage bei Änderungskündigung IV. B. 9

schluß eines Arbeitsvertrages zu geänderten Bedingungen einverstanden erklärt (*Schaub* ArbR-Hdb. § 137 I 3). Zur Erklärung einer Änderungskündigung braucht nicht unbedingt die Bezeichnung Änderungskündigung verwandt werden. Vielfach wird versucht, eine Änderung des Arbeitsverhältnisses durch eine Maßnahme des Direktionsrechtes (Form. IV. A. 16) zu erzwingen. Vor Erhebung der Klage bedarf es daher der Abgrenzung und Auslegung der getroffenen Maßnahmen (vgl. Form. IV. A. 16 Anm. 1). Die Arbeitsvertragsparteien können auch einzelne Arbeitsbedingungen befristet vereinbaren. Derartige Vereinbarungen sind jedoch nur dann wirksam, wenn für sie ein sachlicher Grund besteht. Insoweit gelten die Grundsätze des befristeten Arbeitsverhältnisses (BAG AP Nr. 19 zu § 2 KSchG 1969 = NZA 1987, 241; v. 21. 4. 1993 – AP Nr. 34 aaO.; vgl. *Leuchten* NZA 1994, 721).

2. Ihrer Rechtsnatur nach ist die Änderungskündigung eine echte Kündigung; sie kommt als ordentliche, außerordentliche oder Massenänderungskündigung vor. Hieraus folgt, der Arbeitgeber muß die Kündigungsfrist einhalten (§ 622 BGB), den Betriebsrat bzw. Personalrat anhören (§ 102 BetrVG, § 79 BPersVG), den besonderen Kündigungsschutz (Form. IV. B. 13) beachten. Insoweit können sich vor allem besondere Probleme bei der Massenänderungskündigung ergeben. Der Massenentlassungsschutz gilt nicht, wenn die Arbeitnehmer die Änderungskündigung unter dem Vorbehalt der sozialen Rechtfertigung angenommen haben (BAG AP Nr. 2 zu § 2 KSchG 1969 = NJW 1982, 2839). Andererseits muß auch der Arbeitnehmer, wenn er dem KSchG unterliegt (Form. IV. B. 1 Anm. 1), die Klagefrist einhalten (§ 4 KSchG); bei deren Versäumung kann die Änderungskündigung fiktiv wirksam werden.

Die Formalien der Änderungskündigung werden in Zukunft besondere Bedeutung erlangen. Das BAG hat die Auffassung vertreten, daß der Arbeitgeber nach dem Grundsatz der Verhältnismäßigkeit vor jeder ordentlichen Beendigungskündigung von sich aus dem Arbeitnehmer eine beiden Parteien zumutbare Weiterbeschäftigung auf einem freien Arbeitsplatz auch zu geänderten Arbeitsbedingungen anbieten muß (BAG AP Nr. 8 zu § 2 KSchG 1969 = NZA 1985, 455 = NJW 1985, 1797 = Betr. 1985, 1186).

3. Die Formulierung des Klageantrages ist für den Streitgegenstand von Bedeutung, sie ist umstr. So wurde vorgeschlagen: (1) festzustellen, daß das Arbeitsverhältnis trotz der Änderungskündigung vom ...... und der Änderungsabsprache vom ...... unverändert fortgilt (*Adomeit* Betr. 1969, 2181), (2) festzustellen, daß das Arbeitsverhältnis über den Kündigungstermin hinaus unverändert fortbestanden hat (*Wenzel* MDR 1969, 977), (3) festzustellen, daß die Änderungskündigung unwirksam ist (*Schaub* RdA 1970, 235), (4) festzustellen, daß die Änderungen der Arbeitsbedingungen im Zusammenhang mit der Kündigung vom ...... sozial ungerechtfertigt ist (*Becker-Schaffner* BlStSozArbR 1975, 275), (5) festzustellen, daß die Änderung der Arbeitsbedingungen durch die Kündigung vom ...... unwirksam ist (KR-*Rost* § 2 KSchG RZ 154). Durch die Formulierung des Klageantrages muß gewährleistet sein, daß sämtliche der Änderungskündigung anhaftende Rechtsmängel und nicht nur die mangelnde Sozialrechtfertigung geprüft werden. Die Formulierung des Klageantrages sollte daher nicht zu eng an den Gesetzestext von § 2 KSchG angepaßt sein.

4. Umstr. ist, ob auch ein Auflösungsantrag nach §§ 9, 10 KSchG gestellt werden kann. Zu unterscheiden ist, ob der Arbeitnehmer das Angebot zum Abschluß eines abgeänderten Arbeitsvertrages zurückgewiesen hat. Alsdann ist die Kündigung zu einer Beendigungskündigung geworden, so daß auch ein Auflösungsantrag gestellt werden kann. Hat dagegen der Arbeitnehmer die geänderten Vertragsbedingungen unter Vorbehalt angenommen, so scheidet ein Auflösungsantrag aus, wenn die Änderung sozial gerechtfertigt war. War die Kündigung dagegen sozial ungerechtfertigt, so sind die Meinungen über den Auflösungsantrag geteilt (verneinend *Hueck* § 9 Rz 17, § 4 Rz 30; KR-*Rost* § 2 Rz 166; bejahend: *Herbst* BArbBl 1969, 976; *Maurer* BB 1971, 1327; *Schaub* RdA 1970, 235, 236; *Wenzel* MDR 1969, 976; *ders.* MDR 1978, 190). Teilweise wird auch die Möglichkeit

eines Auflösungsantrages für die Ablösung der besseren Arbeitsbedingungen bejaht, wenn insoweit die Kündigung unwirksam ist (*Schaub* RdA 1970, 236).

5. Da die Änderungskündigung eine echte Kündigung ist, müssen auch Betriebs- bzw. Personalrat vor Ausspruch der Kündigung mitwirken (§ 102 BetrVG; § 79 BPersVG). Dem Betriebsrat müssen das Änderungsangebot und die Gründe der Kündigung mitgeteilt werden (BAG AP Nr. 53 zu § 102 BetrVG 1972 = NZA 1990, 529 = BB 1990, 704 = DB 1990, 993). Nimmt der Arbeitnehmer die Vertragsänderung unter Vorbehalt an, steht fest, daß das Arbeitsverhältnis nicht mehr sein Ende finden wird. Es können mithin nur noch die Betriebsratsrechte nach §§ 99 ff. BetrVG, nach §§ 75 ff. BPersVG in Betracht kommen (vgl. dazu BAG AP Nr. 12 zu § 99 BetrVG 1972 = NJW 1981, 2375; BVerwG AP Nr. 2 zu § 70 BPersVG Versetzung; *Schaub* ArbR-Hdb. § 241 I).

6. Wird dem Arbeitnehmer eine Änderungskündigung erklärt, so kann er das Vertragsangebot unter dem Vorbehalt annehmen, daß die Änderung der Arbeitsbedingungen nicht sozial ungerechtfertigt ist. Dem Arbeitnehmer soll das Risiko abgenommen werden, daß er ein Vertragsangebot ausschlägt und damit den Arbeitsplatz überhaupt verliert. Die Rechtsnatur des Vorbehalts ist umstr. Nach § 146 BGB gilt die Annahme eines Vertragsangebotes unter Einwendungen, Einschränkungen oder sonstigen Änderungen als Ablehnung verbunden mit einem neuen Antrag. Dies hat kaum geändert werden sollen. Der Vorbehalt hat daher nur prozessuale Bedeutung. Der Arbeitnehmer nimmt die Vertragsänderung unbedingt an; sie steht jedoch unter der resolutiven Bedingung der Feststellung der Sozialwidrigkeit. Hieraus folgt, daß einem aus dem ursprünglichen Arbeitsvertrag erwachsenden höheren Lohnanspruch erst mit Rechtskraft der Klage stattgegeben werden kann. Ab diesem Zeitpunkt laufen Verjährungs- und Verfallfristen. In die Klage ist vorsorglich eine Geltendmachung von höheren Ansprüchen aufgenommen, da die Rechtslage noch ungeklärt ist (vgl. Form. IV. B. 2 Anm. 3).

Umstr. ist, bis zu welchem Zeitpunkt der prozessuale Vorbehalt erklärt werden muß. Nach richtiger Auffassung ist der Vorbehalt innerhalb der Kündigungsfrist und bei längerer als 3-wöchiger Frist innerhalb der Klagefrist zu erklären (*Schaub* ArbR-Hdb. § 137 II 3). Versäumt der Arbeitnehmer die Frist, wird die Änderungskündigungsschutzklage unbegründet. Der Arbeitnehmer kann allenfalls noch die normale Kündigungsschutzklage erheben, sofern die Klagefrist noch läuft.

Die Vorschrift des § 4 S. 2 KSchG über die Änderungsschutzklage gegen ordentliche Änderungskündigungen ist auf die außerordentliche Änderungskündigung aus wichtigem Grund entsprechend anzuwenden (BAG AP Nr. 3 zu § 55 BAT = Betr. 1985, 446 = NZA 1985, 62). Dasselbe gilt für § 2 KSchG (BAG AP Nr. 16 zu § 2 KSchG 1969 = Betr. 1986, 2604). Das bedeutet, daß der Arbeitnehmer bei einer außerordentlichen Kündigung den Vorbehalt unverzüglich erklären muß. In der widerspruchs- und vorbehaltlosen Weiterarbeit kann eine konkludente Annahme enthalten sein (BAG AP Nr. 20 zu § 2 KSchG 1969 = NZA 1988, 737 = BB 1988, 913 = DB 1988, 1068).

7. Auch der Prüfungsmaßstab bei der Änderungskündigung ist umstr. Nach der Rechtsprechung sind der Bestands- und Inhaltsschutz zu unterscheiden. Im Falle der Änderungskündigung soll nur der Inhalt des Arbeitsvertrages geändert werden. Hieraus folgt, daß gegeneinander abzuwägen ist, ob für die ordentliche Kündigung Gründe i.S. von § 1 Abs. 2 KSchG (BAG AP Nr. 14 zu § 2 KSchG 1969 = NZA 1986, 824 = BB 1986, 2130 = DB 1986, 2442), für die außerordentliche solche aus § 626 BGB vorliegen und andererseits die neuen Bedingungen für den Arbeitnehmer zumutbar sind (BAG AP Nr. 1 zu § 626 BGB Änderungskündigung; AP Nr. 10 zu § 626 BGB Ausschlußfrist). Bei einer betriebsbedingten Änderungskündigung unterliegt die Unternehmerentscheidung nur der Mißbrauchskontrolle (Form. IV B 6 Anm. 1). Das macht es aber nicht entbehrlich zu überprüfen, ob die Organisationsänderung eine Beendigungs- oder Änderungskündigung unvermeidbar macht oder das geänderte unternehmerische Konzept nicht auch durch andere Maßnahmen verwirklicht werden kann (BAG AP Nr. 27 zu § 2 KSchG 1969 = NZA 1990, 734 =

BB 1990, 1843 = DB 1990, 1773). Die irrtümliche Eingruppierung eines einzelnen Arbeitnehmers in eine zu hohe Vergütungsgruppe der für den öffentlichen Dienst geltenden Vergütungsordnung kann zu einem dringenden betrieblichen Erfordernis für eine Änderungskündigung zum Zwecke der Rückgruppierung in die tariflich richtige Vergütungsgruppe führen (BAG AP Nr. 28 zu § 2 KSchG 1969 = NZA 1992, 120). Im Falle der betriebsbedingten Änderungskündigung gelten auch die Grundsätze der sozialen Auswahl (BAG AP Nr. 13 zu § 1 KSchG 1969 Soziale Auswahl = NZA 1987, 155). Dem KSchG läßt sich nicht die Wertung entnehmen, der Arbeitgeber müsse auf Grund einer Rationalisierung im Dienstleistungsbereich anstelle mehrerer Änderungskündigungen eine Beendigungskündigung aussprechen (BAG v. 19. 5. 1993 – AP Nr. 31 zu § 2 KSchG 1969).

Kosten und Gebühren

Hat der Arbeitnehmer die ihm angetragene Vertragsänderung abgelehnt, so ist der Streitwert nach § 12 Abs. 7 KSchG festzusetzen (Form. IV. B. 1). Umstr. ist die Streitwertbemessung, wenn der Arbeitnehmer unter Vorbehalt die Änderungskündigung angenommen hat. Nach der einen Meinung steht fest, daß das Arbeitsverhältnis zu geänderten Bedingungen fortbesteht. Der Streitwert kann mithin nur auf die Differenz des Wertes der alten und neuen Vertragsbedingungen berechnet werden, wobei nach § 12 Abs. 7 ArbGG höchstens die Differenz für drei Monate den Streitwert ergeben kann (LAG Berlin AP Nr. 24 zu § 12 ArbGG 1953; modifizierend LAG Hamm EzA Nr. 14, 26 zu § 12 ArbGG 1979, das auch Gründe des Prestiges berücksichtigt. Bestätigend: LAGE Hamm Nr. 43 zu § 12 ArbGG 1979 Streitwert). Nach anderer Meinung hat die Streitwertbemessung nach §§ 3 ff. ZPO zu erfolgen; § 12 Abs. 7 ArbGG limitiert den Streitwert auf höchstens 3 Monatsverdienste, so daß dieser höher als die Differenz des Wertes des Arbeitsvertrages vor und nach der Änderungskündigung sein kann (LAG Köln EzA Nr. 13 zu § 12 ArbGG 1979 Streitwert; LAGE Rheinland-Pfalz Nr. 37 zu § 12 ArbGG 1979 Streitwert). Das BAG vertritt eine vermittelnde Meinung. Zunächst ist der Wert der Änderung gemäß § 17 Abs. 3 GKG für drei Jahre zu ermitteln und dieses an den Wertgrenzen des § 12 Abs. 7 ArbGG zu messen (BAG AP Nr. 1 zu § 17 GKG 1975 = BB 1989, 1348 = DB 1989, 1880). Nach LAG Düsseldorf EzA Nr. 35 zu § 12 ArbGG 1979 Streitwert zwei Monatsverdienste.

10. Feststellungsklage wegen Unwirksamkeit einer Teilkündigung

An das
Arbeitsgericht

Klage

des ......   Klägers
– Prozeßbevollmächtigter: RA – ......
gegen

die Firma ......   Beklagte
wegen Teilkündigung[1].

Namens und mit Vollmacht des Klägers erhebe ich Klage und werde beantragen zu erkennen:
I. Es wird festgestellt, daß die Teilkündigung (Widerruf) vom ...... rechtsunwirksam ist und das Arbeitsverhältnis zu unveränderten Bedingungen, wie sie im Arbeitsvertrag vom ...... nebst Anlagen niedergelegt sind, fortbesteht[2].
II. Die Beklagte hat die Kosten des Rechtsstreits zu tragen.

IV. B. Klagen des Arbeitnehmers bei Beendigung des Arbeitsverhältnisses

Begründung:

Der im Jahre ...... geborene Kläger trat aufgrund des schriftlichen Arbeitsvertrages vom ...... am ...... in die Dienste der Beklagten.

Beweis: Arbeitsvertrag vom ......; Anlage 1.

Das Arbeitsverhältnis im übrigen richtet sich kraft vertraglicher Vereinbarung/Organisationszugehörigkeit nach dem Tarifvertrag vom ...... Der Kläger ist Mitglied der ......; die Beklagte ist Mitglied des ......

Zu den Aufgaben des Klägers gehört der Verkauf von ...... im Außendienst. Ihm ist der Bezirk ...... übertragen. Für seine Tätigkeit erhält er ein Grundgehalt in Höhe von ...... Dies entspricht dem Tarifgehalt nach Vergütungsgruppe ...... Daneben erhält er eine Umsatzprovision nach anliegender Provisionsstaffel.

Beweis: Provisionsstaffel; Anlage 2.

Im Vertrag hat sich die Beklagte vorbehalten, die Provisionsstaffel jederzeit zu widerrufen. Hiervon hat sie mit Schreiben vom ...... Gebrauch gemacht.

Beweis: Schreiben vom ......; Anlage 3.

Dieser Widerruf ist jedoch ungerechtfertigt. Der Widerrufsvorbehalt ist unwirksam, da er dem Kläger den Kündigungsschutz gegen Änderungskündigungen nimmt[3]. Vor Ausspruch des Widerrufs hat die Beklagte auch nicht den Betriebsrat gehört[4]. Der Widerruf ist aber auch unbillig ......[5].

Rechtsanwalt

Anmerkungen

1. Mit der Teilkündigung sollen einzelne Bestimmungen des Arbeitsvertrages unter Fortbestand der übrigen gekündigt werden. Die Teilkündigung ist grundsätzlich unwirksam (BAG AP Nr. 25 zu § 123 GewO; AP Nr. 2 zu § 242 BGB Betriebliche Übung; AP Nr. 1, 2 zu § 620 BGB Teilkündigung). Nach älterer Auffassung war die Teilkündigung von Arbeitsbedingungen nur zulässig, wenn sie im Arbeitsvertrag vorgesehen war. Dem folgt die neuere Meinung nicht mehr (BAG AP Nr. 5 zu § 620 BGB Teilkündigung = NJW 1983, 2284). Sie unterscheidet zwischen solchen Arbeitsvertragsbedingungen, die im Gegenseitigkeitsverhältnis stehen und anderen. Bei solchen Arbeitsvertragszusagen, die im Gegenseitigkeitsverhältnis stehen, also z.B. Akkordvergütungen, Provisionen usw. wird die Teilkündigung als unwirksam angesehen, da der Arbeitnehmer auch einen Inhaltsschutz seines Arbeitsverhältnisses genießt und dieser durch die Teilkündigung ausgehöhlt wird (BAG AP Nr. 5 zu § 611 BGB Lohnzuschläge; AP Nr. 5 zu § 620 BGB Teilkündigung). Auf den Inhaltsschutz kann der Arbeitnehmer nicht verzichten. Widerruft dagegen der Arbeitgeber sonstige Arbeitsbedingungen, so handelt es sich nicht um eine Teilkündigung, sondern um einen Widerruf im Rechtssinne.

2. Je nach der vom Beklagten verwandten Ausdrucksweise scheint eine Anpassung im Klageantrag (Teilkündigung oder Widerruf) angemessen (vgl. Anm. 1).

3. Der Widerruf kann mit einer Kündigungsschutzklage nicht angefochten werden; jedoch wird der Widerruf von Arbeitsvertragsbedingungen nach § 256 ZPO überprüft. Der Prüfungsmaßstab ergibt sich aus § 315 BGB (vgl. dazu BAG AP Nr. 10 zu § 315 BGB; AP Nr. 12 aaO; AP Nr. 4 zu § 611 BGB Arzt-Krankenhaus-Vertrag = NJW 1978, 1692).

4. Vgl. BAG AP Nr. 5 zu § 620 BGB Teilkündigung = NJW 1983, 2284.

5. Eine Anhörung des Betriebsrates nach § 102 BetrVG ist nicht notwendig. Möglicherweise hat der Betriebsrat wegen der Provisionsstaffel ein Mitbestimmungsrecht nach § 87 Abs. 1 Nr. 10 BetrVG).

11. Klagebeantwortung bei außerordentlicher Kündigung

An das
Arbeitsgericht

In Sachen
...... /......
...... Ca ...... /......

wegen außerordentlicher Kündigung[1]

wird beantragt,
 I. die Klage abzuweisen;
 II. das Arbeitsverhältnis wird gegen Zahlung einer Abfindung, deren Höhe in das Ermessen des Gerichts gestellt wird, aufgelöst[2].

Begründung:

Der im Jahre ...... geborene Kläger, der verheiratet ist und für ...... Kinder im Alter von ...... unterhaltspflichtig ist, wurde aufgrund des schriftlichen Arbeitsvertrages vom ...... als ...... eingestellt. Er verdiente zuletzt ...... DM monatlich. Die Beklagte hat mit Schreiben vom ...... das Arbeitsverhältnis außerordentlich und hilfsweise ordentlich gekündigt.

Beweis: Schreiben vom ......

Sie hat zuvor den Betriebsrat gehört (§ 102 BetrVG); dieser hat der außerordentlichen/ordentlichen Kündigung zugestimmt/sich nicht geäußert/Bedenken gegen die Kündigung geäußert ...... Die Äußerung des Betriebsrates ist zur Kenntnis des Gerichtes beigefügt.

Schreiben des Betriebsrates ......

Die außerordentliche Kündigung ist gerechtfertigt. Der Kläger hat als ...... folgende Vertragsverletzungen begangen ...... Der Kläger ist mit Schreiben vom ...... abgemahnt worden[3].

Beweis: Schreiben vom ......

Die Beklagte hat ihm erklärt, daß sie derartige Vertragsverletzungen nicht dulden könne und im Wiederholungsfalle mit einer Beendigung des Arbeitsverhältnisses zu rechnen sei.

Beweis: Zeugnis des ......

Auch der Betriebsratsvorsitzende hat den Kläger ermahnt.

Beweis: Betriebsratsvorsitzender ......

Das Verhalten des Klägers stellt einen wichtigen Grund dar ......[4]
Am ...... hat der Kläger die gleiche Vertragsverletzung wiederum begangen. Auch in diesem Falle hat sich die Beklagte begnügt, den Kläger nur abzumahnen.

Beweis: Zeugnis ......

Alle Ermahnungen und Abmahnungen haben jedoch nichts genützt. Am ...... hat der Kläger die gleiche Vertragsverletzung erneut begangen[5].

Beweis: Zeugnis des ......

Hiervon hat die Beklagte am ...... erfahren[6].
Der Beklagten war nicht zumutbar, den Kläger weiterzubeschäftigen.
Sollte das Gericht der Auffassung sein, daß die außerordentliche Kündigung nicht gerechtfertigt war, so hat die Beklagte jedoch vorsorglich die ordentliche Kündigung erklärt. / So ist die außerordentliche Kündigung in eine ordentliche Kündigung umzudeuten[7-8]. Auch hierzu hat die Beklagte den Betriebsrat gehört ......[9]

Rechtsanwalt

IV. B. 11 IV. B. Klagen des Arbeitnehmers bei Beendigung des Arbeitsverhältnisses

Anmerkungen

1. Zur Klage wegen außerordentlicher Kündigung vgl. Form. IV. B. 1.

2. Nach §§ 13 Abs. 1, 9 KSchG ist nach einer außerordentlichen Kündigung des Arbeitsverhältnisses durch den Arbeitgeber nicht vorgesehen, daß der Arbeitgeber einen Auflösungsantrag stellen kann. Der Auflösungsantrag kann daher allenfalls Wirkungen entfalten, wenn das Gericht zu der Auffassung kommt, daß die außerordentliche Kündigung ungerechtfertigt und auf die hilfsweise erklärte ordentliche Kündigung das Arbeitsverhältnis aufzulösen ist.

3. Die außerordentliche Kündigung ist die „ultima ratio". Im allgemeinen muß vor ihrem Ausspruch eine Abmahnung des Arbeitnehmers erfolgen (vgl. Form. IV. B. 5 Anm. 3).

4. Der Kündigende ist für die Gründe der außerordentlichen Kündigung darlegungs- und beweispflichtig. Ein wichtiger Grund ist nur dann gegeben, wenn Tatsachen vorliegen, aufgrund derer dem Kündigenden unter Berücksichtigung aller Umstände des Einzelfalles und unter Abwägung der Interessen beider Vertragsteile nicht zugemutet werden kann, das Arbeitsverhältnis für die Dauer der Kündigungsfrist oder bis zur vereinbarten Beendigung fortzusetzen. Der wichtige Grund enthält mithin zwei Elemente. Es müssen Tatsachen vorliegen, die einer Weiterbeschäftigung entgegenstehen. Hierbei handelt es sich zumeist um Vertragsverletzungen, die in verschiedenen Bereichen des Arbeitsverhältnisses vorkommen können (bei der Begründung, im Leistungsbereich, im Bereich der betrieblichen Verbundenheit aller Mitarbeiter, im persönlichen Vertrauensbereich, aus der Person des Arbeitnehmers, im Unternehmensbereich usw.). Bei der Zumutbarkeitsprüfung sind Umstände darzulegen, die es dem Arbeitgeber unmöglich machen, das Arbeitsverhältnis über das Ende der Kündigungsfrist fortzusetzen. Für die neuen Bundesländer ergeben sich außerordentliche Kündigungsgründe aus EV Anl. XIX Abschn. III Nr. 1.

5. Die zur Begründung der außerordentlichen Kündigung herangezogenen Vertragsverletzungen müssen im gleichen Unrechtsbereich liegen, andernfalls kann es geboten sein, vor Ausspruch der Kündigung erneut abzumahnen.

6. Nach § 626 Abs. 2 BGB kann die außerordentliche Kündigung nur innerhalb einer Ausschlußfrist von zwei Wochen ausgesprochen werden; sie muß innerhalb der Frist zugehen (BAG AP Nr. 12 zu § 626 BGB Ausschlußfrist = NJW 1978, 2168). Für die Einhaltung der Frist ist der Kündigende darlegungs- und beweispflichtig. Die Frist beginnt mit dem Zeitpunkt, in dem der Kündigungsberechtigte von den für die Kündigung maßgebenden Gründen sichere Kenntnis erlangt (Einzelheiten bei *Schaub* ArbR-Hdb. § 125 IV 4).

7. Im allgemeinen wird es sich empfehlen, außerordentlich und vorsorglich ordentlich zu kündigen. Eine außerordentliche Kündigung, die aus irgendeinem Grunde rechtsunwirksam ist, kann in eine ordentliche Kündigung zum nächstzulässigen Termin umgedeutet werden (§ 140 BGB). Da die außerordentliche Kündigung regelmäßig den Willen enthält, das Arbeitsverhältnis in jedem Falle zu beenden, ist im Zweifel davon auszugehen, daß eine unberechtigte außerordentliche Kündigung zum nächstzulässigen Termin gewollt ist. Die sich im Wege der Konversion ergebende ordentliche Kündigung kann nur dann Rechtswirkungen entfalten, wenn sie ihrerseits nicht mit Rechtsmängeln behaftet ist oder gegen Kündigungsbeschränkungen verstößt (vgl. *Schaub* ArbR-Hdb. § 123 XI).

8. Soll eine Umdeutung erfolgen, muß der Arbeitgeber im Prozeß über die außerordentliche Kündigung vor Urteilserlaß die Gründe darlegen, aus denen eine Umdeutung erfolgen soll. Andernfalls ist er damit ausgeschlossen. Von Amts wegen hat das Gericht keine Veranlassung hierauf einzugehen (BAG AP Nr. 2 zu § 615 BGB Böswilligkeit; AP Nr. 3 zu § 13 KSchG 1969 = NJW 1975, 408; AP Nr. 10 zu § 626 BGB Druckkündigung = NJW 1976, 869).

9. Die ordnungsgemäße Anhörung des Betriebsrats setzt voraus, daß der Arbeitgeber dem Betriebsrat die Art der beabsichtigten Kündigung, insbesondere also mitteilt, ob eine ordentliche oder eine außerordentliche Kündigung ausgesprochen werden soll. Will der Arbeitgeber sicherstellen, daß eine außerordentliche Kündigung notfalls in eine ordentliche Kündigung umgedeutet wird, so muß er den Betriebsrat deutlich darauf hinweisen (BAG AP Nr. 15 zu § 102 BetrVG 1972 = NJW 1979, 76; AP Nr. 58 aaO. = NZA 1992, 416). Hat der Arbeitgeber eine außerordentliche Kündigung ausgesprochen und der Betriebsrat dieser zugestimmt, so ist eine Konversion in eine ordentliche Kündigung zulässig, da grundsätzlich davon auszugehen ist, daß der Betriebsrat auch einer milderen Maßnahme zugestimmt hätte (BAG AP Nr. 15 zu § 102 BetrVG 1972 = NJW 1979, 76). Hat dagegen der Betriebsrat der außerordentlichen Kündigung widersprochen, so ist eine Konversion nur möglich, wenn der Arbeitgeber vorsorglich auch zur ordentlichen Kündigung angehört hat.

12. Feststellungsklage bei befristetem Arbeitsverhältnis

An das
Arbeitsgericht

Klage

des/der ...... Klägers(in)
– Prozeßbevollmächtigter: RA ...... –

gegen

die Bundesanstalt ...... Beklagte

wegen Befristung eines Arbeitsverhältnisses[1].

Namens und mit Vollmacht des/der Kläger(in) erhebe ich Klage und werde beantragen zu erkennen:

I. Es wird festgestellt, daß das Arbeitsverhältnis über den ...... fortbesteht[2-3].
II. Die Beklagte wird verurteilt, den/die Kläger(in) über den Ablauf des ...... weiterzubeschäftigen.
III. Die Beklagte hat die Kosten des Rechtsstreites zu tragen.

Begründung:

Der/Die im Jahre ...... geborene Kläger(in) trat am ...... als ...... in die Dienste der Beklagten. In dem schriftlich abgeschlossenen Arbeitsvertrag vom ...... war vereinbart, daß das Arbeitsverhältnis mit dem ...... auflösend befristet abgeschlossen ist. Im übrigen sollte sich das Arbeitsverhältnis nach dem Bundesangestellten-Tarifvertrag vom 23. 2. 1961 in seiner jeweiligen Fassung einschl. den dazu ergangenen Zusatz- und Ergänzungstarifverträgen richten. Bei Beendigung des 1. Arbeitsverhältnisses haben die Parteien die Verlängerung des Arbeitsverhältnisses bis zum ...... vereinbart. Am ...... hat die Beklagte dem/der Kläger(in) mitgeteilt, daß das Arbeitsverhältnis nicht verlängert werde. Die Befristung war jedoch unwirksam, da die Voraussetzungen der Sonderregelungen für Zeitangestellte, Angestellte für Aufgaben von begrenzter Dauer und für Aushilfsangestellte (SR 2y BAT) nicht vorliegen ...... Im übrigen bestand kein sachlicher Grund für die Befristung[4,5]. Die Beklagte hat durch den Abschluß befristeter Arbeitsverträge dem/der Kläger(in) den Kündigungsschutz genommen, ...

Rechtsanwalt

Anmerkungen

1. Befristete Arbeitsverträge können abgeschlossen werden, daß die Dauer des Arbeitsverhältnisses bestimmt wird oder daß die Dauer aus der Beschaffenheit oder dem Zweck der Dienste zu entnehmen ist. Sie kommen vor allem im öffentlichen Dienst vor. Vielfach bestehen für den Abschluß befristeter Verträge tarifliche Sonderregeln. Im öffentlichen Dienst besteht die SR 2y BAT. Ist das Arbeitsverhältnis zweckbefristet abgeschlossen, muß der Arbeitgeber auf das bevorstehende Ende hinweisen, wenn sich der Zeitpunkt des Endes absehen läßt (BAG AP Nr. 113 zu § 620 BGB Befristeter Arbeitsvertrag = NZA 1988, 201; AP Nr. 103 aaO. = NZA 1987, 238).

2. Soll die Unwirksamkeit einer Befristung geltend gemacht werden, so erfolgt dies regelmäßig im Wege der Feststellungsklage nach § 256 ZPO. Ob auch ein Weiterbeschäftigungsanspruch über das Ende der Befristung besteht, war umstr., wird aber inzwischen bejaht (vgl. Form. IV. B. 2 Anm. 5). Die Feststellungsklage ist zulässig. Jedoch muß der Arbeitnehmer ein Feststellungsinteresse darlegen, wenn er vor Ablauf der Frist die Weitergeltung des Arbeitsverhältnisses über das Ende der Frist geltend machen will. Im allgemeinen reicht aber schon die bloße Unsicherheit (BAG AP Nr. 48 zu § 620 BGB Befristeter Arbeitsvertrag).

3. Ist die Befristung unwirksam, so braucht der Arbeitnehmer nicht binnen der Frist des § 4 S. 1 KSchG am Ende der Befristung (BAG AP Nr. 50 zu § 620-Befristeter Arbeitsvertrag = NJW 1980, 1766; AP Nr. 54 zu § 620 BGB-Befristeter Arbeitsvertrag = DB 1980, 1498) oder Zugang der Erklärung über die Nichtverlängerung des Arbeitsverhältnisses (BAG AP Nr. 47 zu § 620 BGB-Befristeter Arbeitsvertrag = Betr. 1979, 1557 = Betr. 1979, 1991) Klage zu erheben. Die Mitteilung, das Arbeitsverhältnis solle nicht verlängert werden, stellt regelmäßig keine vorsorgliche Kündigung dar (BAG AP Nr. 47, 49, 54 zu § 620 BGB Befristeter Arbeitsvertrag). Indes bedarf es der genauen Auslegung der Erklärung. Ist eine Befristung unwirksam, ist im Interesse der Parteien eine schnelle Klärung notwendig. Eine Feststellungsklage, mit der die Unwirksamkeit einer Befristung geltend gemacht wird, kann verwirken. Im Rahmen der Prozeßverwirkung kann auch die 3-Wochenfrist von Bedeutung sein (BAG AP Nr. 54 zu § 620 BGB-Befristeter Arbeitsvertrag).

4. Der unbefristete Arbeitsvertrag ist der sozialstaatlich erwünschte Tatbestand. Der Arbeitgeber, der sich auf den Abschluß eines befristeten Arbeitsvertrages beruft, muß die Abweichung vom Normaltatbestand darlegen und beweisen. Dagegen ist für die Behauptung, daß für die Befristung ein sachlicher Grund nicht gegeben sei, nach h. M. der Arbeitnehmer beweispflichtig (BAG GS AP Nr. 16 zu § 620 BGB Befristeter Arbeitsvertrag = NJW 1961, 798; BAG AP Nr. 35, 47 aaO.). Nach den Grundsätzen des Beweises des ersten Anscheins können dem Arbeitnehmer Beweiserleichterungen zugutekommen (BAG GS AP Nr. 11 zu § 620 BGB-Befristeter Arbeitsvertrag; BAG AP Nr. 35 aaO). Der Arbeitgeber muß die Gründe darlegen, aus denen die Zulässigkeit der Befristung folgen soll.

5. Bei Prüfung der Frage, ob eine Befristung rechtswirksam ist, ist zunächst zu prüfen, ob aufgrund Gesetz, Tarifvertrag oder Betriebsvereinbarung eine Befristung möglich ist. Gesetzliche Regeln bestehen für Auszubildende (§ 14 BBiG), wissenschaftliches Personal (§§ 57 a ff. HRG idF. vom 9. 4. 1987 – BGBl I 1170 m. spät. Änd.), Ärzte in der Weiterbildung (G vom 15. 5. 1986 – BGBl I 742 m. spät. Änd.) und im BeschFG. Die Tarifpartner können die Befristung überhaupt oder eine bestimmte Dauer ausschließen. Durch die SR 2y BAT ist die Befristung überhaupt ausgeschlossen, sofern nicht die dort geregelten Ausnahmen vorliegen. Die SR 2y geht dem BeschFG vor (BAG AP Nr. 1 zu § 1 BeschFG 1985 = NZA 1988, 358 = BB 1988, 1042 = DB 1988, 1022; AP Nr. 7 aaO. = NZA 1989, 690 = BB 1989, 1346). Bei der in Nr. 2 Abs. 1 SR 2y enthaltenen Regelung, nach der im Arbeitsvertrag zu vereinbaren ist, ob der Angestellte als Zeitangestellter, als Ange-

13. Kündigungsschutzklage bei besonderem Kündigungsschutz IV. B. 13

stellter für Aufgaben von begrenzter Dauer oder als Aushilfsangestellter eingestellt wird, handelt es sich nicht um eine formbedürftige Nebenabrede (BAG AP Nr. 126 zu § 620 BGB Befristeter Arbeitsvertrag). Ein konkludenter Ausschluß ist gegeben, wenn der Tarifvertrag ein lückenloses System für die Beendigung des Arbeitsverhältnisses enthält. Ergeben sich keine Sonderbestimmungen, ist von dem Grundsatz auszugehen, daß sowohl der befristete als auch der unbefristete Abschluß eines Arbeitsvertrages möglich ist. Indes kann sich der Arbeitgeber nach allgemeinen Rechtsgrundsätzen, die sich aus der Rechtsprechung des BAG ergeben, dann nicht auf die Befristung berufen, wenn durch einen Mißbrauch der Gestaltungsmöglichkeit der Zweck zwingender Bestimmungen des Kündigungsschutzrechtes vereitelt wird, den Arbeitsplatz zu erhalten und das Kündigungsrecht zu beschränken. Eine Befristung ist mithin nur zulässig, wenn für sie nach Auffassung verständiger und verantwortungsbewußter Vertragspartner ein sachlich gerechtfertigter Grund besteht. Ob dies der Fall ist, muß danach beurteilt werden, ob (1) aus rechtlich billigenswerten Gründen die Befristung branchenüblich ist; (2) nach den Umständen des Einzelfalles eine Befristung angemessen ist; (3) bei Befristung für nur einen Teil der Arbeitnehmerschaft eine berechtigte, für sie durchschaubare Regel besteht. Ist die Befristung dem Grunde nach gerechtfertigt, so darf sie nicht die angemessene Dauer überschreiten. Die Angemessenheit der Dauer ist zu orientieren an den Sachgründen für die Befristung, der Üblichkeit im Arbeitsleben und den Umständen des Einzelfalles (BAG AP Nr. 124 zu § 620 BGB Befristeter Arbeitsvertrag = NZA 1989, 965). Da es für die Zulässigkeit der Befristung vor allem darauf ankommt, ob die Befristung branchenüblich ist, hat das BAG im Wege typologischer Auslegung Gestaltungen entwickelt, bei denen von der Zulässigkeit befristeter Arbeitsverträge auszugehen ist (wegen Einzelheiten vgl. *Schaub* ArbR-Hdb. § 39). Bei mehreren hintereinander geschalteten Arbeitsverhältnissen bedarf es allein der Überprüfung des letzten Arbeitsverhältnisses (Unter Aufgabe früherer Rspr.: BAG AP Nr. 97 zu § 620 BGB Befristeter Arbeitsvertrag = NJW 1987, 150; AP Nr. 100 aaO. = NZA 1987, 58; AP Nr. 135 aaO. = NZA 1990, 744; AP Nr. 1 zu § 620 BGB Saisonarbeit = NZA 1987, 627).

13. Kündigungsschutzklage bei besonderem Kündigungsschutz

An das
Arbeitsgericht

Klage

des Betriebsratsmitgliedes ......   Klägers
– Prozeßbevollmächtigter: RA ...... –

gegen

die Firma ......   Beklagte

wegen Kündigungsschutz

Namens und mit Vollmacht des Betriebsratsmitgliedes ...... erhebe ich Klage und werde beantragen zu erkennen:
  I. Es wird festgestellt, daß das Arbeitsverhältnis durch die Kündigung vom ...... nicht aufgelöst worden ist.
 II. Die Beklagte trägt die Kosten des Rechtsstreites ......

Begründung:

Der/Die ...... Jahre alte Kläger(in) steht seit dem ...... in den Diensten der Beklagten. Im Jahre ...... wurde er/sie in den Betriebsrat gewählt. Am ...... hat die Beklagte das Arbeitsverhältnis außerordentlich gekündigt. Der Betriebsrat hat dieser Kündigung nicht zugestimmt. Sie ist daher nichtig[1,2].

Rechtsanwalt

Anmerkungen

1. Sofern ein absoluter Kündigungsschutz besteht, kann die Klage mit wenigen Sätzen erhoben werden.

2. Alternative ...... Jahre alte Klägerin steht seit dem ...... in den Diensten der Beklagten. Die Beklagte hat das Arbeitsverhältnis am ...... ordentlich/außerordentlich gekündigt. Diese Kündigung ist nichtig. Die Klägerin befindet sich in anderen Umständen. Die Entbindung wird voraussichtlich am ...... stattfinden. Die Klägerin hat am ...... der Beklagten von der Schwangerschaft Mitteilung gemacht.

Kosten und Gebühren

Vgl. Form. IV. B. 1

14. Vergleich wegen Beendigung des Arbeitsverhältnisses

Zwischen dem/der ......   nachstehend Arbeitnehmer

und

der Firma ......   nachstehend Arbeitgeber

wird ohne Präjudiz für die Sach- und Rechtslage nachfolgender Vergleich geschlossen.

1. Die Parteien sind sich darüber einig, daß das Arbeitsverhältnis auf die Kündigung des Arbeitgebers[1] mit dem ...... sein Ende finden wird.
2. Der Arbeitgeber verpflichtet sich, ... DM in Monatsraten von je ...... DM am ...... an den Arbeitnehmer auszuzahlen[2].
3. Der Arbeitnehmer wird mit sofortiger Wirkung von der Arbeit freigestellt[3]. Er ist berechtigt, schon vor Ablauf der Kündigungsfrist in ein anderes Arbeitsverhältnis zu treten. Etwaiger Zwischenverdienst wird auf die weiterzuzahlende Vergütung angerechnet/nicht angerechnet[4].
4. Der Arbeitgeber verzichtet während des Bestandes des Arbeitsverhältnisses auf die Einhaltung des gesetzlichen Wettbewerbsverbotes[5].
5. Die Arbeitsvertragsparteien sind sich darüber einig, daß etwaiger dem Arbeitnehmer noch zustehender Urlaub während der Arbeitsfreistellung in Natur gewährt wird[6]. Der Arbeitgeber verpflichtet sich, dem Kläger ein Urlaubsgeld in Höhe von ...... DM zu zahlen.
6. Der Arbeitgeber verpflichtet sich, dem Arbeitnehmer eine Abfindung nach §§ 9, 10 KSchG, § 3 Nr. 9 EStG wegen Verlustes des Arbeitsplatzes in Höhe von ...... DM zu zahlen[7,8,9,10].
7. Der Arbeitnehmer hat das Recht, den Personenkraftwagen ...... Pol.-Kz. ...... zu übernehmen. Der Übernahmepreis richtet sich nach dem Gutachten eines Sachverständigen, den der Arbeitgeber bestimmt. Der Arbeitnehmer kann binnen einer Frist von zwei Wochen seit Mitteilung des vom Gutachter ermittelten Preises das Übernahmerecht ausüben. Der Arbeitgeber ist berechtigt, den Übernahmepreis von der Abfindung abzuziehen.
Der Arbeitgeber trägt die Kosten der Versteuerung und Versicherung des Kraftwagens bis zum ......
8. Sonstige Bestimmungen[11].
9. Der Arbeitgeber verpflichtet sich, dem Arbeitnehmer ein berufsförderndes Zeugnis zu

14. Vergleich wegen Beendigung des Arbeitsverhältnisses   IV. B. 14

erteilen, das sich auf Art und Dauer sowie Führung und Leistung in dem Arbeitsverhältnis erstreckt.
10. Die Arbeitsvertragsparteien sind sich darüber einig, daß andere als in diesem Vergleich geregelten Ansprüche nicht mehr gegeneinander bestehen[11]. Von dieser Ausgleichsquittung nicht erfaßt werden etwaige Ansprüche aus betrieblicher Altersversorgung.

Anmerkungen

1. Gelegentlich wünschen die Arbeitsvertragsparteien, daß im Vergleichstext die Kündigung unerwähnt bleibt. Aus steuerrechtlichen Gründen ist aber notwendig, daß die Auflösung des Arbeitsverhältnisses auf Veranlassung des Arbeitgebers erfolgt.

2. Es soll gewährleistet sein, daß der Arbeitgeber bis zu einem in der Zukunft liegenden Termin noch die Monatsvergütung auszahlt. Aus Gründen des Vollstreckungsrechtes ist der Betrag in einer Summe ausgeworfen und alsdann in Raten fällig gestellt.

3. Der Arbeitnehmer hat nur in seltenen Ausnahmefällen einen Anspruch auf Suspendierung von der Arbeit. Dies kann etwa der Fall sein, wenn einem leitenden Angestellten erhebliche Befugnisse oder Vollmachten entzogen werden. Andererseits ist der Arbeitgeber nicht ohne weiteres berechtigt, den Arbeitnehmer vom Dienst zu suspendieren (BAG AP Nr. 7 zu § 628 BGB = NJW 1972, 2279; AP Nr. 4 zu § 611 BGB Beschäftigungspflicht = NJW 1977, 215).

4. Verzichtet der Arbeitgeber auf die Anrechnung etwaigen Zwischenverdienstes nicht, wird dieser angerechnet (BAG AP Nr. 24 zu § 615 BGB = NJW 1964, 1243; AP Nr. 25 aaO).

5. Alternative: Der Arbeitnehmer ist bis zum Ablauf der Kündigungsfrist, also bis zum ...... zur Einhaltung des gesetzlichen Wettbewerbsverbotes nach §§ 60, 61 HGB verpflichtet.

6. Wird der Urlaub nicht erteilt, könnte bei Beendigung des Arbeitsverhältnisses noch ein Abgeltungsanspruch erwachsen. Ein Erlaß des Abgeltungsanspruches ist aus Gründen des Arbeitnehmerschutzes unwirksam (vgl. *Schaub* ArbR-Hdb. § 102 VII).

7. Abfindungen wegen einer vom Arbeitgeber veranlaßten oder gerichtlich ausgesprochenen Auflösung des Arbeitsverhältnisses sind bis zu 24 000 DM steuerfrei (§ 3 Nr. 9 EStG). Bei Arbeitnehmern die das 50. Lebensjahr vollendet haben, ist dieser Betrag erhöht. Ist die Abfindung höher als der steuerfreie Betrag, kann sie als Entschädigung steuerbegünstigt sein (§§ 34 Abs. 1, 2; 24 Nr. 1 EStG). Arbeitnehmer sind alle Dienstpflichtigen im lohnsteuerrechtlichen Sinne, also auch leitende Angestellte, Vorstandsmitglieder, Geschäftsführer von Kapitalgesellschaften, Gesellschafter-Geschäftsführer von Kapitalgesellschaften und Arbeitnehmerehegatten. Die Auflösung ist vom Arbeitgeber veranlaßt, wenn er die entscheidende Ursache für die Auflösung des Dienstverhältnisses gesetzt hat (BFH BStBl. II 1980, 205). Unerheblich ist der formale Auflösungsgrund. Nur solche Abfindungen sind steuerfrei, die wegen der Auflösung des Arbeitsverhältnisses gezahlt werden (BStBl. II 1980, 205). Soweit der Arbeitnehmer bei seinem Ausscheiden bereits von ihm erdiente Ansprüche auf Gehalt, Lohn, Tantieme, Urlaubsgeld ausgezahlt erhält, sind sie keine Abfindung, selbst wenn sie als solche bezeichnet oder zusammen mit Abfindungsbeträgen ausgezahlt werden. Dagegen sind alle darüberhinaus gezahlten, bisher also noch nicht verdienten Beträge keine Abgeltung bereits vertraglich erlangter Ansprüche. Sie sind also Abfindungen. Für die Beurteilung der Frage, ob die Beträge bereits verdient waren, ist der vom Arbeitgeber und Arbeitnehmer vereinbarte Auflösungszeitpunkt maßgebend (BFH BStBl. II 1979, 155; II 1980, 205; II 1991, 723). Die Abfindung kann sowohl als Einmalbetrag als auch in Monatsraten gezahlt werden (BStBl. II 1980, 205). Wird die Abfindung in Teilbeträgen oder in fortlaufenden Raten ausgezahlt, so sind die einzelnen

Raten so lange steuerfrei, bis der für den Arbeitnehmer maßgebende Freibetrag ausgeschöpft ist. Etwas anderes kann nach § 3 Nr. 9 S. 3 EStG gelten. Die Steuerfreiheit wird schon im Rahmen der Auszahlung der Abfindung im Lohnsteuerabzugsverfahren berücksichtigt. Werden die Beträge in Raten ausgezahlt, sind sie bis zum Höchstbetrag steuerfrei.

8. In welchem Umfang Abfindungen dem Beitragsabzug zur gesetzlichen Sozialversicherung unterliegen, ist umstr. Der Beitragsabzug richtet sich nach §§ 15–17 SGB IV iVm. VO über die Bestimmung des Arbeitsentgelts in der Sozialversicherung idF. vom 18. 12. 1984 (BGBl I 1642, 1644) m. spät. Änd. Das BAG nimmt an, daß Abfindungen, die nach Beendigung des Arbeitsverhältnisses gezahlt werden, beitragsfrei sind (BAG AP Nr. 6 zu § 10 KSchG 1969 = NJW 1989, 1381 = NZA 1989, 271 = Betr. 1989, 327 = BB 1989, 428). Das BSG hat entschieden, daß Abfindungen, die bei vorzeitiger Beendigung eines Arbeitsverhältnisses gezahlt werden, nach dem Modell des § 117 Abs. 2, 3 AFG in einen Entgelt- und Abfindungsteil aufzuspalten sind und lediglich der Entgeltteil als Grundlohn der Berechnung der Beiträge zur freiwilligen Krankenversicherung zugrunde zu legen ist (BSG Betr. 1988, 1018). In Folgeentscheidungen hat das BSG die echte Abfindung als beitragsfrei angesehen (BSG v. 21. 2. 1990 – NJW 1990, 2274 = NZA 1990, 751). Es hat aber dann und insoweit eine Beitragspflicht bejaht, wenn die Abfindung verstecktes Arbeitsentgelt enthält (BSG v. 21. 2. 1990 – 12 RK 65/87 – EzA Nr. 37 zu § 9 KSchG n. F.).

9. Nach § 117 AFG ruht der Anspruch auf Arbeitslosengeld, wenn das Arbeitsverhältnis ohne Einhaltung einer der ordentlichen Kündigungsfrist des Arbeitgebers entsprechenden Frist beendet wird. Zum Ruhen des Arbeitslosengeldanspruches kommt es im allgemeinen daher nur nach einer außerordentlichen Kündigung. Die Regelung ist sehr verwickelt (vgl. *Schaub* ArbR-Hdb., § 23 II; *Gagel* Betr. BB 1983, 453). Der Arbeitgeber ist im allgemeinen nicht verpflichtet, den Arbeitnehmer über Sperrfristen und Ruhenstatbestände des Arbeitslosengeldes zu belehren (BAG AP Nr. 99 zu § 611 BGB Fürsorgepflicht = NJW 1989, 247 = NZA 1988, 837 = Betr. 1988, 2006).

Der Arbeitgeber war nach §§ 128 AFG, 1395b RVO, 117b AVG verpflichtet, unter bestimmten Voraussetzungen Sozialversicherungsleistungen dem Leistungsträger zu erstatten. Insoweit hat das BVerfG die Vorschriften teilweise für verfassungswidrig erklärt (BVerfG v. 23. 1. 1990 – BGBl I 223). Sie sind durch G. vom 21. 6. 1991 (BGBl I 1306) aufgehoben worden. Inzwischen ist § 128 AFG neu gefaßt worden (G. v. 18. 12. 1992 – BGBl I, 2044) und durch G. v. 26. 7. 1994 geändert worden (vgl. *Buchner* NZA 1993, 481; ZIP 1993, 717; *Stindt* DB 1993, 1361; *Stolz* BB 1993, 1650; *Wissing* NZA 1993, 385).

10. Abfindungsvergleiche werden vor allem auch bei vorzeitiger Pensionierung geschlossen (vgl. *Schaub* ArbR-Formb. §§ 4 III, 28 III 5). Wird ein Vorruhestandsvertrag nicht geschlossen (vgl. Beck'sches Formularbuch/*Schaub* Form. III. F. 15, *Schaub* ArbR-Formb. § 4 III) wurden sog. 128-Verträge geschlossen. BAG und BSG haben sie für unwirksam angesehen. Es bestehen zahlreiche Versuche, die Erstattungspflichten zu umgehen (vgl. *Hümmerich* DB 1994, 1722).

11. Es kann sich empfehlen noch an folgende Rechtsverhältnisse zu denken: (1) Gewinnbeteiligungen, Tantiemen; (2) Provisionen; (3) Gratifikationen; (4) Werkswohnung; (5) Darlehen; (6) Diensterfindung; (7) nachvertragliches Wettbewerbsverbot; (8) Betriebsgeheimnisse; (9) Firmenunterlagen; (10) sonstiges Firmeneigentum, Firmenausweise; (11) Zurückbehaltungsrechte; (12) Aufrechnungsverbot; (13) Arbeitsbescheinigung nach § 133 AFG; (14) Kosten des Vergleichs; (15) salvatorische Klausel bei teilweiser Unwirksamkeit.

15. Klage auf Herausgabe der Arbeitspapiere[1] und Erteilung eines Zeugnisses[2]

An das
Arbeitsgericht

Klage des ...... (volles Rubrum) wegen Herausgabe der Arbeitspapiere und Erteilung eines Zeugnisses

Es wird beantragt, den/die Beklagte(n) zu verurteilen,
  I. die Arbeitspapiere des Klägers bestehend aus
    1. Lohnsteuerkarte
    2. Sozialversicherungs-Nachweisheft
    3. Rentenversicherungskarte
    4. Sozialversicherungs-Ausweis
  herauszugeben[3];
  II. dem Kläger ein Zeugnis zu erteilen, das sich auf Art und Dauer sowie Führung und Leistung in dem Arbeitsverhältnis erstreckt[4];
  III. dem/der Beklagten die Kosten des Rechtsstreits aufzuerlegen.

Begründung:

Der/die Kläger(in) war vom ...... bis ...... als ...... bei dem/der Beklagten beschäftigt. Nach Beendigung des Arbeitsverhältnisses ist der/die Beklagte verpflichtet, die Arbeitspapiere herauszugeben. Dem/der Beklagten steht hieran ein Zurückbehaltungsrecht nicht zu. Ferner ist der/die Beklagte verpflichtet, dem/der Kläger(in) ein Zeugnis zu erteilen, das sich auf Art und Dauer sowie Führung und Leistung im Arbeitsverhältnis erstreckt (§ 630 BGB)[5-6].

Rechtsanwalt

Anmerkungen

1. Vgl. *Schaub* ArbR-Hdb. § 149.

2. Vgl. *Schaub* ArbR-Hdb. § 146.

3. Nach § 2 Abs. 1 Nr. 3e ArbGG sind die Arbeitsgerichte zuständig für bürgerliche Rechtsstreitigkeiten über Arbeitspapiere. Die Herausgabe und vollständige Ausfüllung kann daher vor den Arbeitsgerichten verlangt werden. Umstr. ist, ob auch die Berichtigung von Eintragungen verlangt werden kann. Dies entspr. an sich der Vorstellung des Gesetzgebers (BT-Drucks. 8/2535 S. 34), wird aber in der Lit. zumeist mit der Begründung verneint, es handele sich nicht um eine bürgerlich rechtliche Rechtsstreitigkeit (*Schaub* ArbR-Formb. § 82 IV 4; *Wenzel* ArbuR 1979, 225; aA. wegen der Zwecksetzung *Grunsky* ArbGG § 2 Rnr. 104). Für die Berichtigung der Arbeitsbescheinigung sind die Sozialgerichte zuständig (BSG v. 12. 12. 1990 – NZA 1991, 696). Zum Sozialversicherungs-Ausweis vgl. *Schaub* ArbR-Hdb. § 134.

4. Die Formulierung des Zeugnisses ist Aufgabe des Arbeitgebers.

5. Alternative für Berichtigungsantrag[6]: „Der/die Beklagte wird verurteilt, das dem Kläger am ...... ausgehändigte Zeugnis vom ...... in nachfolgenden Punkten zu berichtigen:
1. ......
2. ......
Im Berichtigungsprozeß hat der Arbeitnehmer einen konkreten Antrag zu stellen (LAG

Düsseldorf Betr. 1973, 1853). Da das Zeugnis ein einheitliches Ganzes ist, kann es u. U. vom Arbeitnehmer vorformuliert werden.

6. Der fristgerecht entlassene Arbeitnehmer hat spätestens mit Ablauf der Kündigungsfrist oder bei seinem tatsächlichen Ausscheiden Anspruch auf ein Zeugnis über Führung und Leistung (BAG AP Nr. 16 zu § 630 BGB = NZA 1987, 628). Es ist im allgemeinen auf Firmenpapier zu verfassen (BAG v. 3. 3. 1993 – AP Nr. 20 zu § 630 BGB). Oberster Grundsatz eines Zeugnisses ist, daß der Inhalt der Wahrheit entspricht. Es soll zwar von einem verständigen Wohlwollen für den Arbeitnehmer getragen werden. Die Rücksichtnahme findet dort ihre Schranke, wo sich die Interessen des künftigen Arbeitgebers an die Zuverlässigkeit des Arbeitnehmers aufdrängen (BAG AP Nr. 1 zu § 73 HGB = NJW 1960, 1073). Der Arbeitgeber ist für die Tatsachen beweispflichtig, die der Zeugniserteilung und der darin enthaltenen Bewertung zugrunde liegen (BAG AP Nr. 1 aaO). Ein vom Arbeitgeber berichtigtes Zeugnis ist auf das ursprüngliche Ausstellungsdatum zurückzudatieren (BAG v. 9. 9. 1992 – AP Nr. 19 zu § 630 BGB). Die Darlegungs- und Beweislast dafür, daß die Nichterteilung, die verspätete Erteilung oder die Erteilung eines unrichtigen Zeugnisses für einen Schaden des Arbeitnehmers ursächlich gewesen ist, liegt beim Arbeitnehmer (BAG AP Nr. 6 zu § 73 HGB = NJW 1968, 1350). Dabei können dem Arbeitnehmer Beweiserleichterungen zugutekommen (BAG AP Nr. 12 aaO.). Der Anspruch auf Erteilung eines qualifizierten Zeugnisses unterliegt im allgemeinen einer tariflichen Verfallfrist (vgl. für § 70 BAT BAG AP Nr. 10 zu § 70 BAT = Betr. 1983, 2043) sowie der Verwirkung (BAG AP Nr. 17 zu § 630 BGB = NJW 1988, 1616 = NZA 1988, 427 = Betr. 1988, 978).

Kosten und Gebühren

Vermögensrechtliche Streitigkeit: § 64 Abs. 2 ArbGG. Berechnung des Beschwerdewertes: § 64 Abs. 6 ArbGG, §§ 511a, 2ff. ZPO. Berechnung des Gebührenstreitwertes: § 1 Abs. 3 GKG. Bei der Streitwertbemessung werden idR. für die Herausgabe der Arbeitspapiere 300,– DM und für die Erteilung eines Zeugnisses ein Monatsgehalt (*Schaub* ArbR-Hdb. § 146 V 2; ArbR-Formb. § 104 V) angesetzt. Zum Teil wird der Regelstreitwert für das Zeugnis dann – mit nicht logischer Begründung – für zu hoch gehalten, wenn der Anspruch unstreitig und gelegentlich eines allgemeinen Vergleiches mitgeregelt wird (500,– DM). Im übrigen vgl. Form. IV. A. 1 bis 3.

C. Anträge und Klagen des Arbeitgebers

1. Klage auf Unterlassung von Wettbewerb vor und nach Beendigung des Arbeitsverhältnisses[1]

An das
Arbeitsgericht

Klage des ...... (volles Rubrum)
wegen Unterlassung von Wettbewerb.
Namens und in Vollmacht des/der Klägers(in) werde ich beantragen zu erkennen:
 I. Der/die Beklagte wird verurteilt,
  1. Wettbewerb zum Nachteil des/der Kläger(in), insbesondere den Vertrieb nachfolgender Gegenstände ...... im Bezirk ...... zu unterlassen[2–3].
  2. Die Arbeit bei der Firma ...... einzustellen.
 II. Der/die Beklagte trägt die Kosten des Rechtsstreits.

Begründung:

Der/die Kläger(in) betreibt ein Unternehmen für ...... Sie stellt her/vertreibt nachfolgende Gegenstände ...... Die Einzelheiten des Produktions- und Vertriebsprogramms ergeben sich aus anliegender Preisliste.
Der/die Beklagte wurde am ...... als ...... eingestellt.

Beweis: Anliegender Arbeitsvertrag.

Im Arbeitsvertrag ist eine Kündigungsfrist von ...... zum ...... vereinbart. Gleichwohl hat der/die Beklagte am ...... zum ...... ordentlich/außerordentlich gekündigt. Gründe für eine außerordentliche Kündigung bestehen nicht. Hierfür ist der/die Beklagte darlegungs- und beweispflichtig.
Am ...... ist der/die Beklagte in die Dienste der Firma ...... getreten. Die Firma ...... steht mit dem/der Kläger(in) in Konkurrenz. Das Produktions- und Vertriebsprogramm der Firma ergibt sich aus anliegender Angebotsliste.
Das Produktions- und Vertriebsprogramm ist namentlich wegen folgender Gegenstände gleich ....
Da die ordentliche Kündigungsfrist des/der Beklagten noch bis zum ...... läuft, ist der/die Beklagte zur Unterlassung von Wettbewerb und mithin zur Einstellung der Arbeit verpflichtet[4–5].
Der/die Kläger(in) hat aber auch für die Zeit nach Beendigung des Arbeitsverhältnisses ein Wettbewerbsverbot geschlossen und dieses dem/der Beklagten ausgehändigt (§ 74 Abs. 1 HGB). Das Wettbewerbsverbot ergibt sich aus dem als Anlage ...... zur Klageschrift eingereichten Arbeitsvertrag.
Der/die Beklagte ist daher auch für die Zeit nach Beendigung des Arbeitsverhältnisses zur Unterlassung von Wettbewerb verpflichtet.

Rechtsanwalt

Anmerkungen

1. *Schaub* ArbR-Hdb. §§ 57, 58; ArbR-Formb.; § 4 I Beck'sches Formularbuch des Bürgerlichen, Handels- und Wirtschaftsrechts/*Schaub* Form. III. F. 2 § 16.

2. Alternative: Der/die Beklagte wird verurteilt, dem/der Kläger(in) eine Vertragsstrafe in Höhe von ...... DM nebst 4% Zinsen seit dem ...... zu zahlen.

Zur Vertragsstrafe: *Schaub* ArbR-Hdb. § 58 VIII; auch § 60.

3. Wird bei einem Wettbewerbsverbot rechtskräftig festgestellt, daß eine Unterlassungspflicht bestand, so ist in dem folgenden Schadensersatzprozeß davon auszugehen, daß ein Verstoß gegen die Unterlassungspflicht rechtswidrig war (BAG AP Nr. 1 zu § 268 ZPO = NJW 1967, 1876; AP Nr. 22 zu § 74 HGB). Läuft während des Rechtsstreits die Verbotsfrist ab, so ist eine Verurteilung zur Unterlassung ausgeschlossen. Indes kann noch in der Revisionsinstanz eine Änderung der Unterlassungsklage in eine Feststellungsklage erfolgen, wenn hieran ein besonderes Feststellungsinteresse besteht (BAG AP Nr. 20 zu § 133 f. GewO; AP Nr. 22 zu § 74 HGB). UU. ist die Erledigung der Hauptsache eingetreten.

4. Das Wettbewerbsverbot folgt für kaufm. Angestellte aus § 60 HGB, für sonstige Angestellte aus der Treuepflicht (BAG AP Nr. 7 zu § 611 BGB Treuepflicht; AP Nr. 8 aaO. = NJW 1977, 646).

5. Grundsätzlich kann der Arbeitgeber keine Unterlassung anderweitiger Beschäftigung verlangen. Indes kann er die Unterlassung von Wettbewerb begehren.

Kosten und Gebühren

Vgl. Form. IV. A. 2–3. Der Streitwert für das Unterlassungsbegehren richtet sich nach dem Interesse des Klägers.

2. Schadensersatzklage des Arbeitgebers (Verkehrsunfall)[1]

An das
Arbeitsgericht

Klage des ...... (volles Rubrum)

wegen Schadensersatzes aus Verkehrsunfall.

Namens und in Vollmacht des Klägers werde ich beantragen zu erkennen:
 I. Der/die Beklagte wird verurteilt, ... DM nebst 4% Zinsen seit dem ...... an den Kläger zu zahlen.
 II. Der/die Beklagte trägt die Kosten des Rechtsstreits.

Begründung:

Der Kläger betreibt ein Speditionsunternehmen. Der/die Beklagte war bei dem Kläger vom ...... bis ...... als Kraftfahrer(in) beschäftigt. Er/sie verdiente zuletzt ...... DM.
Am ...... befuhr der/die Beklagte mit dem dem Kläger gehörenden LKW Marke ......, Pol.-KZ. ......, die Straße ...... von ...... nach .... In Höhe von Straßenkilometer ...... kam der/die Beklagte mit dem von ihm/ihr gelenkten LKW von der Straße ab und stürzte die Böschung herunter. Irgendwelche Gründe außerhalb des Verhaltens des/der Beklagten hierfür sind nicht ersichtlich[2]. Die Straße ist an der Unfallstelle gerade, mit Asphalt belegt; es herrschten gute Sichtverhältnisse. Zur Unfallzeit war es trocken.

Beweis: Unfallbericht der Polizeidienststelle ......

Der/die Beklagte hat den Unfall mit schwerem Verschulden herbeigeführt[3-5]. Dies folgt aus ......

2. Schadensersatzklage des Arbeitgebers (Verkehrsunfall)   **IV. C. 2**

Infolge des Unfalls sind dem Kläger nachfolgende Schäden entstanden:
1. Kosten des LKW's bzw. Rep.-Kosten,
2. Abschleppkosten,
3. Kosten des Sachverständigen,
4. Verdienstausfall.

Rechtsanwalt

Anmerkungen

1. Schadensersatzklagen sind fast ausnahmslos nach dem gleichen Muster aufgebaut:
a) Haftungsbegründender Tatbestand (unerlaubte Handlung, verschuldete Vertragsverletzung),
b) Haftungsbegründender Kausalzusammenhang,
c) Schaden,
d) Haftungsausfüllende Kausalität und
e) Schadenshöhe.

Die Tatbestandsmerkmale von a–c sind nach § 286 ZPO, die nach d, e nach § 287 ZPO nachzuweisen (BAG AP Nr. 1 zu § 282 BGB Vertragsverletzung; AP Nr. 48, 58 zu § 611 BGB Haftung des Arbeitnehmers).

Macht der Kläger einen Teilbetrag aus mehreren selbständigen Ansprüchen geltend, so bedarf es einer Abgrenzung der verschiedenen Ansprüche. Diese kann entweder dadurch erfolgen, daß der Kläger Teilbeträge der einzelnen Ansprüche bezeichnet, die zusammen den Betrag des Klageantrages ausmachen, oder daß er die einzelnen Ansprüche unter Bezifferung eines jeden derart in ein Abhängigkeitsverhältnis zueinander bringt, daß der eine Anspruch als Hauptanspruch und die übrigen in genau anzugebender Reihenfolge als Hilfsansprüche geltend gemacht werden (BAG AP Nr. 90 zu § 611 BGB Haftung des Arbeitnehmers = NZA 1988, 200).

2. Auch im Arbeitsrecht gelten die Grundsätze des Anscheinsbeweises (*Schaub* ArbR-Formb. § 46 III). Indes kann hieraus nicht auf grobes Verschulden geschlossen werden (BAG AP Nr. 5 zu § 282 BGB = NJW 1967, 269; AP Nr. 42 zu § 611 BGB Haftung des Arbeitnehmers = NJW 1968, 1799; *Schaub* ArbR-Hdb. § 52 VI 3; ArbR-Formb. § 96 III).

3. Das Haftungsrecht des Arbeitnehmers ist durch neuere Entscheidungen des BAG wiederholt geändert worden. (1) Schon in der Rspr. des RG und des RAG war anerkannt, daß die Regelung des BGB für die Haftung des Arbeitnehmers zu weitgehend sei. Das BAG GS ist alsdann davon ausgegangen, daß die Haftung des Arbeitnehmers in den Fällen der gefahrgeneigten Arbeit eingeschränkt ist. Eine gefahr- oder schadensgeneigte Arbeit ist dann gegeben, wenn die Eigenart der vom Arbeitnehmer zu leistenden Arbeit es mit großer Wahrscheinlichkeit mit sich bringt, daß auch dem sorgfältigen Arbeitnehmer gelegentlich Fehler unterlaufen, die für sich allein betrachtet zwar jedesmal vermeidbar waren, mit denen aber angesichts der menschlichen Unzulänglichkeit als mit einem typischen Abirren der Dienstleistung erfahrungsgemäß zu rechnen ist (BAG GS AP Nr. 4 zu §§ 898, 899 RVO = NJW 1958, 235, 1086; AP Nr. 26 zu § 611 BGB Haftung des Arbeitnehmers; AP Nr. 78 aaO. = NJW 1976, 1229). (2) Im Rahmen des innerbetrieblichen Schadensausgleichs bei gefahrgeneigter Arbeit hatte nach älterer Rechtsprechung der Arbeitnehmer den ganzen Schaden zu ersetzen, wenn ihm Vorsatz oder grobe Fahrlässigkeit zur Last fällt; bei mittlerer (einfacher) Fahrlässigkeit war der Schaden in angemessenem Umfang zwischen Arbeitgeber und Arbeitnehmer zu verteilen; bei leichter Fahrlässigkeit trug der Arbeitgeber den Schaden allein. (3) Für die Entscheidung von Schadensersatzprozessen war vorübergehend der 7. Senat des BAG zuständig. Dieser hat entschieden, daß es auf eine Unterscheidung zwischen leichter und mittlerer Fahrlässigkeit nicht ankomme, da das vom Arbeitgeber in entsprechender Anwendung des § 254 BGB zu tragende Betriebsrisiko die Haftung des Arbeitnehmers für Schäden ausschließt, die in Ausübung gefahrgeneigter Arbeit weder

vorsätzlich noch grob fahrlässig verursacht worden sind. Ein unterhalb dieses Verschuldensgrades liegendes Verhalten des Arbeitnehmers gegenüber dem Arbeitgeber war dem Arbeitnehmer wegen des vom Arbeitgeber zu tragenden Betriebsrisikos weder vertragsrechtlich noch deliktsrechtlich haftungsrechtlich zuzurechnen. Dies galt jedenfalls in den Fällen der gefahrgeneigten Arbeit (BAG AP Nr. 82 zu § 611 BGB Haftung des Arbeitnehmers = NJW 1983, 1693 = EzA Nr. 14 zu § 611 BGB Gefahrgeneigte Arbeit; AP Nr. 84 aaO. = NJW 1984, 2488 = Betr. 1984, 1482). Diese Rechtsprechung hat zu einer lebhaften wissenschaftlichen Diskussion und zu Verhandlungen auf dem 56. Deutschen Juristentag geführt. Für die Entscheidung von Schadensersatzprozessen war beim BAG erneut der 3. Senat zuständig geworden. Dieser hat wegen der grundsätzlichen Bedeutung einer Rechtssache den Gr. Senat angerufen. Im Ausgangsfall war eine Kinderkrankenschwester einem Säugling zum Schadensersatz verpflichtet worden, weil sie ihn hatte fallen lassen. Sie begehrte von ihrem Arbeitgeber Freistellung von der Schadensersatzverpflichtung, weil sie allenfalls leicht fahrlässig gehandelt habe (BAG AP Nr. 86 zu § 611 BGB Haftung des Arbeitnehmers = NJW 1986, 954 = Betr. 1985, 497, 2562). Die Anfrage an den Gr. Sen. hat sich erledigt, weil der Arbeitgeber die Erstattungsansprüche außergerichtlich anerkannt hat. Darauf haben die Parteien des Ausgangsverfahrens die Hauptsache für erledigt erklärt und der Arbeitgeber hat die Pflicht zur Kostenerstattung anerkannt (BAG AP Nr. 86 b zu § 611 BGB Haftung des Arbeitnehmers = NJW 1988, 990 = NZA 1988, 259). (4) Die Zuständigkeit für Schadensersatzprozesse ist auf den 8. Sen. des BAG übergegangen. Dieser hat entschieden: Schäden, die ein Arbeitnehmer bei gefahrgeneigter Arbeit nicht grob fahrlässig verursacht, sind bei normaler Schuld (auch normale, leichte oder mittlere Fahrlässigkeit oder mittleres Verschulden genannt) in aller Regel zwischen Arbeitgeber und Arbeitnehmer zu teilen, wobei die Gesamtumstände von Schadensanlaß und Schadensfolgen nach Billigkeitsgrundsätzen und Zumutbarkeitsgesichtspunkten gegeneinander abzuwägen sind (BAG AP Nr. 93 zu § 611 BGB Haftung des Arbeitnehmers = NJW 1988, 2816 = NZA 1988, 579). Er ist damit zur Rspr. des BAG GS (unter (1)) zurückgekehrt. Er hat aber zunächst ausdrücklich offengelassen, ob die Haftung des Arbeitnehmers nicht allgemein, also unabhängig von der gefahrgeneigten Tätigkeit eingeschränkt sei. (5) Seit Beginn der 70er Jahre ist in Rspr. und Schrifttum umstr., ob ein Arbeitgeber gehalten ist, Kraftfahrzeuge kasko zu versichern. Hierzu hat der 8. Sen. in einer weiteren Entscheidung ausgeführt (BAG AP Nr. 92 zu § 611 BGB Haftung des Arbeitnehmers = NJW 1988, 2820 = NZA 1988, 584): *(5.1)* Der Arbeitgeber ist gegenüber dem Arbeitnehmer, der ein betriebseigenes Kraftfahrzeug zu führen hat, nicht verpflichtet, eine Kraftfahrzeugkaskoversicherung abzuschließen, wenn sich dies nicht aus dem Arbeitsvertrag oder den das Arbeitsverhältnis gestaltenden normativen Bestimmungen ergibt. *(5.2)* Haftet der Arbeitnehmer, der als Fahrer eines Kraftfahrzeugs seines Arbeitgebers einen Unfall verschuldet hat, nach den Grundsätzen über den innerbetrieblichen Schadensausgleich (4) für den an dem Kraftfahrzeug des Arbeitgebers entstandenen Schaden anteilig, so kann bei Abwägung aller für den Haftungsumfang maßgebenden Umstände zu Lasten des Arbeitgebers ins Gewicht fallen, daß dieser für das Unfallfahrzeug keine Kaskoversicherung abgeschlossen hat. Dies kann dazu führen, daß der Arbeitnehmer nur in Höhe der Selbstbeteiligung haftet, die bei Abschluß einer Kaskoversicherung zu vereinbaren gewesen wäre. Unentschieden hat der Senat gelassen, ob die Haftung summenmäßig zu begrenzen ist. (6) In einer weiteren Entscheidung hat der 8. Senat schließlich ausgeführt, daß in den Fällen gefahrgeneigter Arbeit auch bei grober Fahrlässigkeit des Arbeitnehmers eine Schadensquotelung vorgenommen werden könne, wenn der Verdienst des Arbeitnehmers in einem deutlichen Mißverhältnis zum Schadensrisiko stehe (BAG AP Nr. 97 zu § 611 BGB Haftung des Arbeitnehmers = NJW 1990, 468 = NZA 1990, 97). Schließlich hat der 8. Senat erneut den Gr. Sen. zu der Frage angerufen, ob die Haftung des Arbeitnehmers unabhängig von den Fällen der gefahrgeneigten Arbeit eingeschränkt werden könne (BAG AP Nr. 98 zu § 611 BGB Haftung des Arbeitnehmers = NZA 1990, 95 = BB 1990, 64 = DB 1989, 2173). Der Gr. Sen. wollte dann die Auffassung vertreten, daß die Haftung des Arbeitneh-

3. Schadensersatzklage des Arbeitgebers (Mankohaftung)

mers ohne Rücksicht auf die Gefahrneigung einzuschränken sei. Er hat alsdann den Gemeinsamen Senat der Obersten Gerichtshöfe des Bundes angerufen, weil der BGH in seiner früheren Rechtsprechung die des BAG übernommen hatte (BAG GS AP Nr. 101 zu § 611 BGB Haftung des Arbeitnehmers). Der BGH hat alsdann der beabsichtigten Rechtsprechungsänderung zugestimmt; jedoch gegen einen Teil der Begründung Bedenken angemeldet. Der Gr. Sen. des BAG hat am 27. 9. 1994 entschieden: Die Grundsätze über die Beschränkung der Arbeitnehmerhaftung gelten für alle Arbeiten, die durch den Betrieb veranlaßt sind und aufgrund eines Arbeitsverhältnisses geleistet werden, auch wenn diese Arbeiten nicht gefahrgeneigt sind (BAG GS NZA 1994, 1083 = BB 1994, 2205 = DB 1994, 2237). Damit wird in allen Fällen der Arbeitnehmerhaftung nach dem Grad des Verschuldes gequotelt werden. Die Gefahrneigung wird im Rahmen der Quotelung von Belang bleiben. Eine Haftungsbeschränkung wird jedoch nur bei Arbeiten eingreifen, die durch den Betrieb veranlaßt sind; nicht erfaßt werden im allgemeinen die Fälle der Unmöglichkeit und des Verzuges. Eine Ausnahme kann im Falle des Irrtums bestehen. *(7)* Das Haftungssystem hat vor allem Bedeutung für *(7.1)* Schadensersatzansprüche des Arbeitgebers gegen den Arbeitnehmer, *(7.2)* Freistellungsansprüche des Arbeitnehmers gegen den Arbeitgeber, wenn der Arbeitnehmer von Dritten in Anspruch genommen wird, *(7.3)* Aufwendungsersatzansprüche des Arbeitnehmers gegen den Arbeitgeber, wenn der Arbeitnehmer sein Kraftfahrzeug im Interesse des Arbeitgebers einsetzt (vgl. BAG AP Nr. 6 zu § 611 BGB Gefährdungshaftung). Möglicherweise wird es auch zur Haftungsbeschränkung bei der Mankohaftung kommen (*Schaub* ArbR-Hdb. § 52 VI 3).

4. Bei Zusammentreffen gefahrgeneigter Arbeit und eines Mitverschuldens des Arbeitgebers wird zunächst nach § 254 BGB gequotelt, alsdann nach den Grundsätzen gefahrgeneigter Arbeit (BAG AP Nr. 61 zu § 611 BGB Haftung des Arbeitnehmers).

5. In den neuen Bundesländern war die Haftung des Arbeitnehmers durch §§ 260 ff. AGB-DDR geregelt (vgl. *Schaub* Beil. 38 zu BB 90). Die Vorschriften traten am 31. 12. 1991 außer Kraft.

Kosten und Gebühren

Vgl. Form. IV. A. 2–3.

3. Schadensersatzklage des Arbeitgebers (Mankohaftung)[1]

**An das
Arbeitsgericht**

Klage des ...... (volles Rubrum)

wegen Schadensersatzes aus Mankohaftung.

Namens und in Vollmacht des Klägers werde ich beantragen zu erkennen:
  I. Der/die Beklagte wird verurteilt, ... DM nebst 4% Zinsen seit dem ...... an den Kläger zu zahlen.
  II. Der/die Beklagte trägt die Kosten des Rechtsstreits.

Begründung:

Der/die ...... Jahre alte, led./verh. Beklagte wurde am ...... als ...... eingestellt.
Beweis: Anliegender Arbeitsvertrag.

Dem/der Beklagten wurde die Führung der ...... Kasse übertragen. Der/die Beklagte hatte als einzige(r) Zugriff zur Kasse[2].

Daneben hatte der/die Beklagte die Kassengeschäfte zu verbuchen. Die Kasseneinnahmen hatte der/die Beklagte jeweils zu quittieren. Am ...... wurde eine Kassenprüfung vorgenommen. Bei dieser Überprüfung haben Ist- und Sollbestand der Kasse übereingestimmt. Vom ...... bis ...... sind ...... DM zur Kasse verbracht worden. Die jeweils von dem/der Beklagten quittierten Beträge ergeben sich aus anliegender Aufstellung:

Beweis: Aufstellung der Kasseneinnahmen; Quittungen.

Am ...... wurde erneut eine Kassenprüfung vorgenommen. Bei dieser Überprüfung ergab sich ein Kassenfehlbestand in Höhe von ...... DM. Diesen ist der/die Beklagte zu erstatten verpflichtet.

Rechtsanwalt

Anmerkungen

1. *Schaub* ArbR-Hdb. § 52 X; *ders.* ArbR-Formb. § 97 V 2.
2. Der Arbeitgeber hat darzulegen und zu beweisen,
a) daß das Manko durch eine pflichtwidrige Handlung des Arbeitnehmers entstanden ist; der Nachweis kann durch Beweis des alleinigen Zugriffsrechtes des Arbeitnehmers geführt werden (BAG AP Nr. 67 zu § 611 BGB Haftung des Arbeitnehmers). Der Zugang Dritter ist dann unschädlich, wenn durchgreifende Zweifel bestehen, daß diese die fehlenden Gelder oder Waren entnommen haben (BAG AP Nr. 49 aaO.).
b) Bestand und Höhe des Mankos (§§ 667, 280, 282 BGB). Ist dem Arbeitnehmer auch die Buchführung übertragen, muß er diese gegen sich gelten lassen (BAG AP Nr. 49, 64, 67 zu § 611 BGB Haftung des Arbeitnehmers; AP Nr. 3 zu § 56 ZPO; AP Nr. 2 zu § 308 ZPO). Weitergehende Zugänge hat der Arbeitgeber, darüber hinausgehende Abgänge der Arbeitnehmer zu beweisen (BAG AP Nr. 4, 32 aaO.). Sind vorstehende Beweise erbracht, muß der Arbeitnehmer nachweisen, daß das Manko eine andere Ursache als sein Fehlverhalten hat.

Hat der Arbeitnehmer nicht den alleinigen Zugriff zum Kassen- oder Warenbestand, muß im einzelnen die schuldhafte Schlechtleistung dargelegt und bewiesen werden.

Kosten und Gebühren

Vgl. Form. IV. A. 2–3.

4. Schadensersatzklage des Arbeitgebers wegen Vertragsbruch des Arbeitnehmers

An das
Arbeitsgericht

Klage

des ...... (volles Rubrum)

wegen Schadensersatz bei Vertragsbruch[1].

Namens und in Vollmacht des Klägers werde ich beantragen zu erkennen:
 I. Der/Die Beklagte wird verurteilt, ... DM nebst 4% Zinsen seit dem ...... an den Kläger zu zahlen.
II. Der/Die Beklagte trägt die Kosten des Rechtsstreits.

Begründung:

Der/Die Beklagte wurde am ...... als ...... eingestellt.

Beweis: Arbeitsvertrag vom ......, Anlage 1.

Der/Die Beklagte hat die Arbeit nicht angetreten/hat die Arbeit am ...... ohne Einhaltung einer Kündigungsfrist verlassen. Rechtfertigende Gründe für den Nichtantritt der Arbeit oder das vorzeitige Verlassen der Arbeitsstelle standen dem/der Beklagten nicht zu. Am ...... hat der/die Kläger(in) den/die Beklagte noch einmal zur Arbeit aufgefordert. Dieser Aufforderung hat der/die Beklagte nicht Folge geleistet[2].

Infolge des Vertragsbruches hat der/die Kläger(in) für folgende Arbeitnehmer Überstunden anordnen müssen: ...... Durch die Anordnung der Überstunden sind folgende Kosten erwachsen: .... Dagegen hätte der/die Beklagte in dieser Zeit nur ...... DM verdient. Diesen Schaden muß der/die Beklagte ersetzen[3].

Der/Die Klägerin hat ein Zeitungsinserat aufgegeben, um für den/die Kläger(in) eine Ersatzkraft einzustellen. Dieses Zeitungsinserat hat gekostet ...... DM.

Beweis: Rechnung der Zeitung ...... Anlage 2.

Auch zum Ersatz dieser Kosten ist der/die Beklagte verpflichtet.

Rechtsanwalt

Anmerkungen

1. Im Falle der Nichtleistung der Arbeit, also wenn der Arbeitnehmer die Arbeit verspätet aufnimmt, überhaupt nicht beginnt, nach einer berechtigten Unterbrechung verspätet oder überhaupt nicht mehr aufnimmt oder vorzeitig einstellt oder mit seiner Arbeitskraft zurückhält, können für den Arbeitgeber folgende Rechte erwachsen: (1) Erfüllungsansprüche; es ist also auf Arbeitsleistung zu klagen (vgl. aber § 888 ZPO), (2) Zurückbehaltungsrechte und Einreden wegen der Arbeitsvergütung; (3) ordentliche oder außerordentliche Kündigungsrechte (vgl. aber IV. B.); (4) Schadensersatzansprüche; (5) Vertragsstrafenansprüche, wenn Vertragsstrafen vereinbart worden sind. Die Vereinbarung ist rechtswirksam (BAG AP Nr. 9 zu § 339 BGB = NJW 1985, 91 = NZA 1984, 255). Dagegen ist im allgemeinen nicht mehr von einer Verwirkung der Urlaubsansprüche auszugehen. Ersatzansprüche nach § 124b GewO sind gegenstandslos (vgl. BAG AP Nr. 2 zu § 124b GewO; dazu BVerfG Betr. 1983, 1878; BAG AP Nr. 4 zu § 124b GewO = Betr. 1984, 2199). Geringe Bedeutung mag noch § 134 GewO zukommen, wenngleich auch insoweit Zweifel an der Verfassungsmäßigkeit bestehen mögen, da der Geltungsbereich wie bei § 124b GewO unbestimmt ist. Schließlich kann der Arbeitnehmer aus der Krankenkasse abgemeldet werden (vgl. dazu §§ 190 ff. SGB V).

2. Eine Schadensersatzklage wegen Vertragsbruches setzt Darlegungen voraus a) über die Vertragsverletzung, b) Verschulden, c) den Kausalzusammenhang zwischen Vertragsverletzung und Schaden und d) Schaden.

3. Der Arbeitnehmer ist zum Ersatz des Schadens verpflichtet, der infolge der Vertragsverletzung erwachsen ist. Der Umfang des zu ersetzenden Schadens bestimmt sich nach §§ 249 ff. BGB. Zu ersetzen können also entgangener Gewinn, Mehraufwendungen für den Einsatz anderer Arbeitnehmer, Aufwendungen für die Einrichtung des Arbeitsplatzes (BAG AP Nr. 10 zu § 276 BGB Vertragsbruch = Betr. 1984, 2701), Kosten wegen des Maschinenstillstandes und Konventionalstrafen des Arbeitgebers bei seiner verspäteten Leistung sein. Ein Ersatzanspruch wegen der Aufgabe von Inseraten wird im allgemeinen nicht in Betracht kommen. Nach der Rechtsprechung sind nur solche Schäden zu ersetzen, die bei Einhaltung einer ordentlichen Kündigungsfrist vermeidbar gewesen wären. Ersatzpflichtig ist also nur der sog. Verfrühungsschaden (BAG AP Nr. 6 zu § 276 BGB Vertrags-

bruch; AP Nr. 7 aaO. = NJW 1981, 2430 = Betr. 1981, 1832; AP Nr. 8 aaO. = NJW 1984, 2846). Aber auch bei dem ersetzbaren Verfrühungsschaden sind Inseratskosten nur in angemessenem Umfang ersatzpflichtig.

5. Antrag des Arbeitgebers an Behörden auf Zustimmung zur Kündigung

An die
Hauptfürsorgestelle[1-4]

Antrag auf Zustimmung zur außerordentlichen/ordentlichen/Änderungs-/ Kündigung des Schwerbehinderten/Gleichgestellten ......, geb. am ...... wohnhaft in ....
Der Schwerbehinderte/Gleichgestellte ist led./verh./verw./gesch. und für ...... Kinder unterhaltspflichtig. Er hat einen Grad der Behinderung von ...... v. H.
Der Grad der Behinderung ist (nicht) nachgewiesen durch .... Ein Antrag auf Anerkennung des Grades der Behinderung ist beim Versorgungsamt ...... gestellt.
Der Schwerbehinderte ist von Beruf .... Er wurde am ...... eingestellt und zuletzt zu einem Verdienst von ...... DM beschäftigt. Die außerordentliche/ordentliche/Änderungs-/Kündigung soll mit einer gesetzlichen/tariflichen/vereinbarten Kündigungsfrist zum ...... erfolgen. Die Kündigung ist notwendig, weil ....
Der/die Antragsteller(in) beschäftigt ...... Arbeitnehmer. Die Pflichtzahl beträgt mithin ...... [5]. Es werden ...... Schwerbehinderte/Gleichgestellte beschäftigt; darunter sind ...... Schwerstbehinderte, die nach Art oder Schwere ihrer Behinderung im Arbeits- und Berufsleben besonders betroffen sind (§ 6 SchwbG). Ferner werden ...... Inhaber von Bergmannsversorgungsscheinen beschäftigt[6].
Für weitere Auskünfte steht der Sachbearbeiter ...... zur Verfügung. Beauftragter des Arbeitgebers für Schwerbehinderten-Angelegenheiten ist ...... Vertrauensmann der Schwerbehinderten ist .... Der Betriebsratsvorsitzende heißt ......
Die Stellungnahme des Betriebsrates und der Schwerbehindertenvertretung ist beigefügt[7].
Anlage: Stellungnahme des Betriebsrates. Der Betriebsrat hat in seiner Sitzung vom ...... beschlossen, den Antrag auf Zustimmung zur Kündigung des Schwerbehinderten/Gleichgestellten ...... (nicht) zu unterstützen, weil ....
Anlage: Stellungnahme der Schwerbehindertenvertretung[8].
Es wird beantragt, dem Antrag vom ...... zur Kündigung des Schwerbehinderten/Gleichgestellten ...... (nicht) stattzugeben, weil ....

Anmerkungen

1. Weitere Anzeigen und Anträge kommen in Betracht nach
a) § 8 AFG,
b) § 17 KSchG,
c) § 9 MuSchG,
d) § 18 BErzGG. Vgl. dazu Allgemeine Verwaltungsvorschriften zum Kündigungsschutz bei Erziehungsurlaub vom 2. 1. 1986 (BAnz. 4).

2. Für Anträge und Anzeigen nach § 8 AFG, § 17 KSchG werden zweckmäßig die Formblätter der BAnstArb. verwandt. Deren Verwendung ist zwar nicht zwingend, aber zweckmäßig, weil verschiedene Arbeitsämter die Anträge zurückgeben, wenn sie nicht auf Formblatt erfolgen. Dies mag unzulässig sein. Auseinandersetzungen führen jedoch zu vermeidbaren Verzögerungen. Lediglich der Inhalt der Anzeigen ist gesetzlich vorgeschrieben (vgl. *Schaub* ArbR-Formb. § 9 I). Auch die Hauptfürsorgestellen haben zumeist Formblätter.

3. Zum Antrag nach § 9 MuSchG: *Schaub* ArbR-Formb. § 9 III.

4. Zum Bestandsschutz *Schaub* ArbR-Hdb. § 179.

5. Vgl. *Schaub* ArbR-Hdb. § 178 IV.

6. Vgl. § 9 IV SchwbG; dazu *Schaub* ArbR-Hdb. § 180.

7. Vor Ausspruch der Kündigung ist der Betriebsrat zu hören (§ 102 BetrVG). Das Anhörungsverfahren kann bereits vor Abschluß des Zustimmungsverfahrens eingeleitet werden (BAG AP Nr. 6 zu § 12 SchwbG = NJW 1980, 1918; AP Nr. 2 zu § 18 SchwbG; AP Nr. 23 zu § 102 BetrVG 1972). Die Hauptfürsorgestellen verlangen im allgemeinen die Beifügung der Stellungnahme des Betriebsrats. Der Antrag auf Zustimmung zur außerordentlichen Kündigung kann nur binnen einer Frist von zwei Wochen gestellt werden (§ 21 Abs. 2 SchwbG, § 626 Abs. 2 BGB). Umstritten ist, ob auch die Anhörung des Betriebsrats innerhalb von zwei Wochen erfolgen muß oder ob die Anhörung nachgeholt werden kann, wenn die Hauptfürsorgestelle zustimmt oder sich verschweigt (§ 21 Abs. 3 SchwbG). Nach richtiger, aber noch nicht vom BAG bestätigter Auffassung, wird die Anhörung (§ 102 BetrVG) unverzüglich nach Zustimmung oder Ablauf der Zwei-Wochenfrist nachgeholt werden können, da die Anhörung nicht fristgebunden ist und der Standpunkt vertreten werden kann, daß vor Kündigung überhaupt feststehen muß, ob der Arbeitgeber kündigen kann.

8. Vgl. § 25 SchwbG; dazu *Schaub* ArbR-Hdb. § 178 VI.

Kosten und Gebühren

Die Anträge auf Zustimmung zur Kündigung (Anm. 1) sind gebührenfrei (§ 64 SGB X). Soweit der Widerspruch gegen die Entscheidung erfolgreich ist, hat der Rechtsträger, dessen Behörde den angefochtenen Verwaltungsakt erlassen hat, demjenigen der Widerspruch erhoben hat, die zur zweckentsprechenden Rechtsverfolgung oder Rechtsverteidigung notwendigen Aufwendungen zu erstatten. Einzelheiten: § 63 SGB X.

6. Klage des Arbeitgebers wegen Widerrufs eines Ruhegeldes aufgrund wirtschaftlicher Notlage[1]

Klage

der Firma ...... Klägerin

Prozeßbevollmächtigter: Rechtsanwalt......

gegen

1. den/die kfm. Angestellten/Arbeiter ......
2. den Pensionssicherungsverein, Versicherungsverein auf Gegenseitigkeit (PSVaG),

Beklagte

wegen Widerrufs eines Ruhegeldes infolge wirtschaftlicher Schwierigkeiten.
Namens und mit Vollmacht der Klägerin erhebe ich Klage und werde beantragen zu erkennen:
  I. Es wird festgestellt, daß der Widerruf der betrieblichen Altersversorgung vom ...... gegenüber dem/der Beklagten zu 1) ...... gerechtfertigt ist[2].
 II. Die Beklagten tragen die Kosten des Rechtsstreits.

Begründung:

Der/die Beklagte zu 1) war vom ...... bis zu seiner/ihrer Versetzung in den Ruhestand am ...... bei der Klägerin beschäftigt[3]. Die Klägerin hat dem/der Beklagten zu 1) eine

Versorgungszusage erteilt, deren Einzelheiten sich aus anliegendem Versorgungsvertrag ergeben. Seit der Versetzung in den Ruhestand bezieht der/die Beklagte zu 1) von der Klägerin[4] ein betriebliches Ruhegeld in Höhe von monatlich ...... DM. Die Klägerin ist zur Weitergewährung des Ruhegeldes nicht mehr in der Lage[5]. Sie hat es daher aus wirtschaftlichen Gründen widerrufen.

Die Klägerin hat dem Beklagten zu 2) am ...... Mitteilung von der Erteilung einer Versorgungszusage an den/die Beklagte zu 1) gemacht. Am ...... hat sie den Beklagten zu 2) unter Vorlage der Bilanzen informiert, daß sie[6] zur Weiterzahlung der Ruhegelder nicht in der Lage ist. Der Beklagte zu 2) hat die Voraussetzungen eines Sicherungsfalles (§ 7 Abs. 1 S. 3 Nr. 5 BetrAVG) zu Unrecht verneint. Nach der Rspr. des BAG ist die Klägerin daher gehalten, sowohl den Pensionär[7] als auch den Beklagten zu 2) vor den Gerichten für Arbeitssachen auf Feststellung zu verklagen, daß der Widerruf des Ruhegeldes aus wirtschaftlichen Gründen gerechtfertigt ist[8]. Das BAG will damit sicherstellen, daß der Ruheständler entweder von der zusagenden Firma oder dem Beklagten zu 2) Ruhegeld erhält.

Der Widerruf, der im übrigen in der Versorgungszusage vorbehalten ist, ist aus wirtschaftlichen Gründen gerechtfertigt ......[9].

Rechtsanwalt

Anmerkungen

1. *Schaub* ArbR-Hdb. § 81 X 6; XVII 2. Arbeitnehmer und Pensionssicherungsverein sind Streitgenossen (BAG AP Nr. 33 zu § 36 ZPO = Betr. 1984, 400 = BB 1984, 409).

2. Rechtsverhältnis ist eine aus dem vorgetragenen Sachverhalt abgeleitete rechtliche Beziehung von Personen untereinander oder zu einem Gegenstand. Darunter fällt auch die Ausübung eines Gestaltungsrechts. *Thomas/Putzo* § 256 Anm. 3a.

3. Alternative: Der/die Beklagte zu 1) war vom ...... bis ...... bei der Klägerin beschäftigt. Die Klägerin hat dem/der Beklagten zu 1) eine Versorgungszusage erteilt, deren Einzelheiten sich aus anliegendem Versorgungsvertrag ergeben. Bei dem Ausscheiden des/der Beklagten zu 1) war die Versorgungsanwartschaft unverfallbar.

4. Alternative: Von der Unterstützungskasse der Klägerin.

5. Alternative: Die Unterstützungskasse ist zur Weitergewährung nicht mehr in der Lage, da die wirtschaftlichen Mittel verbraucht sind .... Die Klägerin ist auch außer Stande, die Unterstützungskasse in größerem Umfang zu dotieren ....

6. Alternative: Ihre Unterstützungskasse.

7. Alternative: Den Anwartschaftsberechtigten.

8. BAG AP Nr. 4 zu § 7 BetrAVG = NJW 1980, 2398; AP Nr. 1 zu § 4 BetrAVG; krit. BGH AP Nr. 11 zu § 7 BetrAVG Widerruf = NJW 1985, 2951; darauf teilw. ändernd BAG AP Nr. 12 zu § 7 BetrAVG Widerruf = NZA 1987, 664.

9. Der Pensionssicherungsverein gibt Merkblätter heraus, unter welchen Voraussetzungen die Rspr. eine Kürzung oder Einstellung der betrieblichen Altersversorgung wegen wirtschaftlicher Schwierigkeiten zuläßt. Zur Rspr.: BAG AP Nr. 1 zu § 7 BetrAVG Widerruf = NJW 1982, 1829; AP Nr. 8 aaO. = Betr. 1986, 2029 = NZA 1987, 62. Im übrigen vgl. *Schaub* ArbR-Hdb. § 81 X 6.

Kosten und Gebühren

Vgl. Form. IV. A. 9.

7. Drittschuldnerklage nach § 850 h ZPO[1]

a. An das
Arbeitsgericht[2]

Klage

des/der ......   Klägers(in)

Prozeßbevollmächtigter ......

gegen

den/die Firma ......   Beklagte(r)

wegen Drittschuldnerklage

Namens und in Vollmacht des/der Klägers(in) erhebe ich Klage und werde beantragen zu erkennen:
I. Der/die Beklagte wird verurteilt, ... DM nebst 4% Zinsen seit dem ...... an den/die Kläger(in) zu zahlen.
II. Der/die Beklagte trägt die Kosten des Rechtsstreits.

Begründung:

Der/die Klägerin besitzt eine titulierte Forderung über ...... DM nebst ...... % Zinsen seit dem ...... gegen den/die Streitverkündete(n).

Beweis: Fotokopie des Vollstreckungstitels.

Wegen dieser Forderung hat die Klägerin gegen den/die Beklagte(n) einen Pfändungs- und Überweisungsbeschluß wegen der Vergütungsansprüche des Streitverkündeten gegen den/die Beklagte(n) ausgebracht. Der Pfändungs- und Überweisungsbeschluß ist dem/der Beklagten am ...... zugestellt worden[3].

Beweis: Pfändungs- und Überweisungsbeschluß vom ...... nebst Zustellungsnachweis.

Der/die Streitverkündete und der/die Beklagte sind Eheleute[4]. Der Streitverkündete leistet dem/der Beklagten in einem ständigen Verhältnis Arbeit ......[5].
Die von dem Streitverkündeten geleisteten Dienste werden üblicherweise vergütet[6] ......
Die Dienste werden gegen eine unverhältnismäßig geringe Vergütung geleistet. Der/die Beklagte hat auf die nach § 840 ZPO gestellte Frage erklärt, der/die Streitverkündete erhalte nur Taschengeld/Unterhalt ......[7].
Die übliche Vergütung beträgt ...... Mithin hat der/die Klägerin Anspruch auf die pfändbare Vergütung vom ...... bis ...... in Höhe von monatlich ......[8–9]

Anlage: Streitverkündung.

                                                                                                    Rechtsanwalt

b. An das
Arbeitsgericht

Streitverkündung

In Sachen

des/der ......   Klägers(in)

Prozeßbevollmächtigter ......

gegen

den/die Firma ......   Beklagte(n)

verkünde ich namens und mit Vollmacht des/der Kläger(in) dem Arbeiter/Angestellten
......

den Streit und fordere ihn auf, dem Rechtsstreit auf der Seite des/der Kläger(in) beizutreten.

Begründung:

Der/die Kläger(in) hat den/die Beklagte(n) auf Zahlung der gepfändeten Bezüge in Anspruch genommen. Der Sach- und Streitstand ergibt sich aus der Klageschrift, die in beglaubigter Abschrift beigefügt ist (§ 73 ZPO). Die Streitverkündung erfolgt nach § 841 ZPO.

Rechtsanwalt

Anmerkungen

1. Vgl. Form. III. B. 24, *Schaub* ArbR-Hdb. § 89 VI; ArbR-Formb. § 12 II.

2. Bei wirtschaftlicher Abhängigkeit ist die Annahme begründet, der Familienangehörige sei eine arbeitnehmerähnliche Person (§ 5 Abs. 1 S. 2 ArbGG). Vgl. BGH NJW 1977, 853.

3. Die Fiktion verschleierten Arbeitseinkommens gilt nur zugunsten von Vollstreckungsgläubigern, dagegen nicht zugunsten der Gläubiger einer Lohnabtretung. Ist die Forderung bereits vorgepfändet, so ist auch in den Fällen der Pfändung einer fiktiven Forderung nach § 850h ZPO das Prioritätsprinzip anzuwenden (BGH AP Nr. 17 zu § 850h ZPO = NJW 1991, 491; BAG AP Nr. 18 zu § 850h ZPO = BB 1984, 2284).

4. Familienrechtliche Mitarbeit schließt die Anwendung von § 850h Abs. 2 ZPO nicht aus (BAG NJW 1978, 343; LAG Frankfurt AP Nr. 11 zu § 850h ZPO). Arbeitet ein Schuldner im Geschäft seiner Ehefrau mit, so kommt es für die Beurteilung darauf an, ob es sich um eine ständige und üblicher Weise zu vergütende Mitarbeit handelt (BAG NJW 1978, 343). Andererseits liegt keine sittenwidrige Schädigung vor, wenn ein Ehegatte seinem Ehegatten Unterhalt gewährt, ohne ihn mitarbeiten zu lassen (BAG AP Nr. 14 zu § 850h ZPO).

5. ZB.: Der Streitverkündete arbeitet regelmäßig mit, arbeitet als Geschäftsführer, Personalleiter usw. Einzelheiten darlegen.

6. ZB.: Dienstleistung kommt Vermögenswert zu; anstelle des Streitverkündeten müßte eine andere Arbeitskraft eingestellt werden.

7. Eine unverhältnismäßig geringe Vergütung ist gegeben, wenn diese etwa 20 bis 30 vH. hinter der üblichen Vergütung zurückbleibt. Übliche Vergütung ist zumeist die tarifliche Vergütung (*Schaub* ArbR-Hdb. § 89 VI 3). Zur Anwendung von § 850h ZPO ist nicht der Nachweis erforderlich, daß das Arbeitsentgelt mit Rücksicht auf die Gläubiger besonders niedrig festgesetzt wurde (BGH AP Nr. 12 zu § 850h ZPO). Eine Verpflichtung des Gläubigers, dem Drittschuldner die Kosten der Auskunftserstattung zu ersetzen, besteht mangels Rechtsgrundlage nicht (BAG AP Nr. 4 zu § 840 ZPO = NJW 1985, 1181 = NZA 1985, 289).

8. Bei der Festsetzung der angemessenen Vergütung ist zunächst die „übliche" zu ermitteln und diese zu der vereinbarten in Relation zu setzen. Wenn sich dabei ergibt, daß der Schuldner gegen eine unverhältnismäßig geringe Vergütung arbeitet, ist unter Berücksichtigung aller Umstände die angemessene festzusetzen (BAG AP Nr. 10 aaO.).

9. Verletzt der Arbeitgeber als Drittschuldner die ihm nach § 840 Abs. 1 ZPO obliegende Erklärungspflicht, umfaßt der Anspruch des Pfändungsgläubigers auf Schadensersatz gemäß § 840 Abs. 2 ZPO auch die Kosten für die Zuziehung eines Prozeßbevollmächtigten zur Eintreibung der gepfändeten Forderung (BAG AP Nr. 6 zu § 840 ZPO = NJW 1990, 2643 = NZA 1991, 27 unter Aufgabe der früheren Rspr.).

Kosten und Gebühren

Keine arbeitsrechtlichen Besonderheiten. Vgl. Form. IV. A. 1–3.

D. Rechtsbehelfe und Rechtsmittel im Arbeitsgerichtsverfahren

1. Einspruch gegen ein Versäumnisurteil des Arbeitsgerichts

An das
Arbeitsgericht

Einspruch[1]

der Firma ...... Beklagte
– Prozeßbevollmächtigter –

gegen

den/die ...... Kläger(in)

das Versäumnisurteil des erkennenden Gerichts

Namens und mit Vollmacht der Beklagten[2] lege ich gegen das Urteil des Arbeitsgerichts ...... vom ...... Ca ....../...... Einspruch ein und werde beantragen zu erkennen:
 I. Das Versäumnisurteil des erkennenden Gerichts vom ...... wird aufgehoben.
 II. Die Klage wird abgewiesen.
 III. Der/die Kläger(in) trägt die Kosten des Rechtsstreits mit Ausnahme der Kosten, die durch die Säumnis entstanden sind.

Begründung:

......

Anmerkungen

1. Der Einspruch wird beim ArbG schriftlich oder durch Abgabe einer Erklärung zur Niederschrift der Geschäftsstelle eingelegt (§ 59 S. 2 ArbGG). Die Einspruchsschrift muß enthalten.
 a) die Bezeichnung des Urteils, gegen das der Einspruch gerichtet wird, nach Datum und Aktenzeichen;
 b) die Erklärung, daß gegen dieses Urteil Einspruch eingelegt wird (§ 340 Abs. 2 ZPO). Genügt ein Einspruch nicht diesen Voraussetzungen, ist er unzulässig (BAG AP Nr. 2 zu § 340 ZPO = NJW 1971, 147).
Enthält der Einspruch dagegen keine Begründung oder wird diese nicht innerhalb der Einspruchsfrist nachgeholt, so ist er zwar zulässig, indes kann eine Partei mit weiterem Vorbringen ausgeschlossen werden (BAG AP Nr. 3 zu § 340 ZPO = Betr. 1984, 408; BGH NJW 1979, 1988; 1980, 1105; LAG Düsseldorf EzA Nr. 1 zu § 340 ZPO). Voraussetzung ist die Belehrung über die Zurückweisungsmöglichkeit. Wenngleich nach § 47 Abs. 2 ArbGG regelmäßig keine Aufforderung an den Beklagten ergeht, sich auf die Klage schriftlich zu äußern, ist § 340 Abs. 3 ZPO auch im Arbeitsgerichtsverfahren anzuwenden (arg. §§ 46 Abs. 2, 59 ArbGG, § 330 ZPO). Voraussetzung einer Zurückweisung ist aber immer, daß der Termin, in dem das Versäumnisurteil ergangen ist, ordnungsgemäß angesetzt war. Das ist nach Ansicht des LAG Hamm EzA Nr. 2 zu § 340 ZPO dann nicht der Fall, wenn die Terminsverfügung nur mit einer Paraphe unterzeichnet war. Eine Zurückweisungsmöglichkeit besteht auch wegen des Einwandes einer Partei, sie fechte das Rechtsgeschäft wegen arglistiger Täuschung an. Unerheblich ist, ob bereits die Anfechtungsfrist

nach § 124 BGB verstrichen ist oder noch läuft (BAG AP Nr. 3 zu § 340 ZPO = Betr. 1984, 408).

Ist ein Versäumnisurteil in einem Kammertermin ergangen, so kann bereits eine Frist nach §§ 56, 61a ArbGG (*Schaub* ArbR-Formb. § 100) gesetzt worden sein. Vorbringen, das im Zeitpunkt der Terminsversäumnis verspätet war, bleibt es weiterhin.

Umstr. war, unter welchen Voraussetzungen das mit der Einspruchsschrift vorgetragene Vorbringen zurückgewiesen werden kann. Nach jetzt hM. hat das Gericht nach form- und fristgerechtem Einspruch Termin zur streitigen Verhandlung über Einspruch und Hauptsache zu bestimmen (§ 341a ZPO). Die durch die Säumnis bedingte Vorzögerung nimmt das Gesetz in Kauf. Der Einspruchsführer braucht die Säumnis nicht zu entschuldigen. Immer dann, wenn die Verspätung des Parteivorbringens durch zumutbare vorbereitende Maßnahmen des Gerichts ausgeglichen werden kann, wenn also die Beweismittel durch prozeßleitende Verfügung des Gerichts beigeschafft werden können, ist das Vorbringen im Einspruchstermin zu berücksichtigen (BGH NJW 1980, 1105; OLG München NJW 1979, 2619; 1978, 2559). Weitere Einzelheiten *Schaub* ArbR-Formb. § 101 III 3.

2. Bei Versäumnisurteil gegen Kläger: I Das Versäumnisurteil des erkennenden Gerichts vom ...... wird aufgehoben. II Der/Die Beklagte wird verurteilt, ... III Der Beklagte trägt die Kosten des Rechtsstreits mit Ausnahme der Kosten, die durch die Säumnis entstanden sind.

2. Rechtsmittel wegen Verwerfung eines Einspruches gegen ein Versäumnisurteil[1,2]

An das
Landesarbeitsgericht

Berufung[3,4]

der Firma ......
Beklagte und Berufungsklägerin
– Prozeßbevollmächtigter ...... –
gegen
den/die Angestellte(n)/Arbeiter/(in) ......   Kläger(in) und Berufungsbeklagte(r)
wegen Verwerfung eines Einspruches gegen ein Versäumnisurteil.

Namens und mit Vollmacht der Beklagten und Berufungsklägerin lege ich Berufung gegen das Urteil des Arbeitsgerichts ...... vom ...... – ...... Ca ....../...... – ein und werde beantragen zu erkennen[5].

I. Auf die Berufung des Beklagten wird das Urteil des Arbeitsgerichts ...... vom ...... – ...... Ca/...... – abgeändert[6,7,8].
II. Dem Beklagten wird die Wiedereinsetzung in den vorigen Stand gewährt.
III. Die Klage wird abgewiesen.
IV. Der/die Kläger(in) trägt die Kosten des Rechtsstreits.

Begründung:

Der/die Kläger(in) war bei der Beklagten als ...... beschäftigt. Mit Schriftsatz vom ...... hat der/die Kläger(in) gegen die Beklagte Klage auf ...... erhoben. Im Termin zur Güteverhandlung/streitigen Verhandlung vom ...... ist die Beklagte nicht erschienen und nicht vertreten gewesen. Auf Antrag des/der Klägers(in) hat das Arbeitsgericht die Beklagte im Wege des Versäumnisurteils zur Zahlung von ...... verurteilt. Dieses Versäumnisurteil ist der Beklagten am ...... zugestellt worden. Gegen dieses Versäumnisurteil hat die Beklagte

2. Rechtsmittel wegen Verwerfung eines Einspruchs

Einspruch eingelegt. Diesen Einspruch hat das Arbeitsgericht durch Urteil zu Unrecht als unzulässig verworfen (§ 341 ZPO)[9].
Der Beklagte hat mit Schriftsatz vom ...... die Wiedereinsetzung in den vorigen Stand beantragt[10]. Der Antrag war zulässig, denn ...... Der Antrag war auch begründet, denn ......

Rechtsanwalt

Anmerkungen

1. Über die Zulässigkeit des Einspruchs kann das Arbeitsgericht aufgrund mündlicher Verhandlung durch Urteil oder ohne mündliche Verhandlung durch Beschluß entscheiden (§ 341 ZPO). Beschlüsse außerhalb der mündlichen Verhandlung können durch den Vorsitzenden der Kammer allein ergehen (§ 53 Abs. 1 ArbGG). Hat das Arbeitsgericht aufgrund mündlicher Verhandlung durch Urteil entschieden, so ist unter den Voraussetzungen von § 64 ArbGG die Berufung an das LAG statthaft. Berufungsfrist und Berufungsbegründungsfrist betragen je einen Monat (§ 66 ArbGG). Gegen das Urteil des LAG ist unter den Voraussetzungen von § 72 ArbGG die Revision statthaft.

Hat das Arbeitsgericht durch Beschluß entschieden, ist die sofortige Beschwerde an das LAG (§ 341 Abs. 2 ZPO, § 577 ZPO) statthaft. Eine weitere Beschwerde an das BAG ist nur dann zulässig (§ 78 Abs. 2 ArbGG), wenn gegen ein entspr. Urteil des LAG die Revision zulässig wäre. Das impliziert, daß eine weitere Beschwerde nur dann stattfindet, wenn das LAG sie zugelassen hat (§ 568 a ZPO). Dagegen kann die Nichtzulassung der weiteren Beschwerde nicht in unmittelbarer oder entspr. Anwendung von § 72a ArbGG 1979 selbständig durch Beschwerde erreicht werden (BAG AP Nr. 1 zu § 78 ArbGG 1979).

2. Das LAG kann über die Verwerfung des Einspruchs gegen sein Versäumnisurteil aufgrund mündlicher Verhandlung oder ohne mündliche Verhandlung durch Beschluß entscheiden. Hat es aufgrund mündlicher Verhandlung durch Urteil entschieden, ist unter den Voraussetzungen von § 72 ArbGG die Revision an das BAG zulässig. Hat das LAG durch Beschluß entschieden, ist die sofortige Beschwerde an das BAG statthaft, wenn gegen ein entspr. Urteil die Revision statthaft wäre (§ 64 Abs. 6 ArbGG, §§ 542 Abs. 3, 341 Abs. 2 ZPO). Sie ist also zulässig, wenn sie das LAG zugelassen hat (BAG AP Nr. 3 zu § 70 ArbGG 1953 = NJW 78, 2215). Ob die Nichtzulassung in entspr. Anwendung von § 72 a ArbGG durch die Nichtzulassungsbeschwerde erzwungen werden kann, ist zweifelhaft, aber zu verneinen (vgl. BAG AP Nr. 1 zu § 78 ArbGG 1979; bejahend: *Grunsky* § 70 Anm. 3).

3. Nach früherer Rspr. des BAG mußte sich aus der Berufung die ladungsfähige Anschrift des Beklagten bzw. seines Prozeßbevollmächtigten sowie die genaue Bezeichnung des Urteils ergeben (BAG AP Nr. 22, 23, 29, 30, 37, 44 zu § 518 ZPO; AP Nr. 27 aaO. = NJW 75, 1429; AP Nr. 33 aaO. = NJW 76, 727; AP Nr. 43 aaO. = NJW 79, 2000). Formfehler konnten aber noch innerhalb der Berufungsfrist behoben werden. Fehlte die genaue Anschrift des Berufungsbeklagten oder seines Prozeßbevollmächtigten, so genügte es, wenn die erforderlichen Angaben fristgerecht nachgereicht wurden oder sich aus den übrigen Umständen ergaben (BAG AP Nr. 43 zu § 518 ZPO = NJW 79, 2000; AP Nr. 44, 47 aaO). Diese Rechtsprechung ist vom BAG GS AP Nr. 53 zu § 518 ZPO = NJW 1987, 1356 = NZA 1987, 136 = Betr. 1987, 544 aufgegeben. Im arbeitsgerichtlichen Verfahren ist eine Rechtsmittelschrift auch dann ordnungsgemäß, wenn sie nicht die ladungsfähige Anschrift des Rechtsmittelbeklagten oder seines Prozeßbevollmächtigten enthält. Es werden nur noch diejenigen Anforderungen wie in der ordentlichen Gerichtsbarkeit (vgl. Form. IV. D. 4 Anm. 3) gestellt. Zu Rechtsmitteln mit modernen Kommunikationsmitteln: Vgl. Form. IV. D. 4 Anm. 3a.

4. Das Form. kann entspr. bei der sofortigen Beschwerde verwandt werden. Die sofortige Beschwerde an das LAG kann aber auch durch die Partei selbst eingelegt werden (§ 577 Abs. 1 ZPO iVm. § 78 Abs. 2 ZPO).

5. Die Berufung kann innerhalb eines Monats seit Berufungseinlegung begründet werden. Alsdann ist bei der Berufung lediglich das Rubrum auszufüllen und das Urteil zu bezeichnen (§ 518 ZPO).

6. Vgl. § 536 ZPO.

7. Das LAG kann die Sache an das Arbeitsgericht zur anderweiten Verhandlung zurückverweisen (§ 538 ZPO, dazu BAG AP Nr. 47 zu § 2 ArbGG; AP Nr. 1 zu § 183 ZPO; *Schaub* ArbR-Formb. § 107 XI 1).

8. Bei Versäumnisurteil gegen den Kläger lautet der Antrag zu III: Der Beklagte wird verurteilt, ...

9. Vielfach ist die Zustellung des Versäumnisurteils nicht gesetzmäßig. Außerdem bestehen strenge Formvorschriften für die Rechtsmittelbelehrung, so daß sich Mängel eingeschlichen haben können. Sind insoweit Mängel vorhanden, ist die Einspruchsfrist nicht in Lauf gesetzt (BAG AP Nr. 1 zu § 9 ArbGG 1979 = NJW 1980, 1871). Einzelheiten *Schaub* ArbR-Formb. § 103 III 3, IV.

10. Für die Wiedereinsetzung in den vorigen Stand gelten im Arbeitsgerichtsverfahren keine Besonderheiten. Vgl. Form. I. F. 1.

Kosten und Gebühren

Vermögensrechtliche Streitigkeit; § 64 Abs. 2 ArbGG; Berechnung des Beschwerdewertes: § 64 Abs. 6 ArbGG, §§ 511a, 2 ff. ZPO. Berechnung des Gebührenstreitwertes: § 1 Abs. 3 GKG. Gerichtsgebühren: § 12 Abs. 3 ArbGG iVm. Anl. 1 zu § 12 ArbGG (bei Entscheidung durch Urteil: Anl. 1 zu § 12 ArbGG Nr. 2120 ff.; bei Entscheidung durch Beschluß: Anl. 1 zu § 12 ArbGG Nr. 2301). Rechtsanwaltsgebühren: § 62 BRAGO. Gegen die Festsetzung des Gebührenstreitwertes durch das LAG ist ein Rechtsmittel nicht gegeben (§ 78 ArbGG).

3. Rechtsmittel wegen Verwerfung einer Berufung[1]

An das Bundesarbeitsgericht
Graf Bernadotte-Platz
Postfach 410255
34114 Kassel-Wilhelmshöhe
Graf Bernadotte Platz 5
34119 Kassel

Sofortige Beschwerde[2]

In Sachen

...... (volles Rubrum)

Namens und in Vollmacht des ...... lege ich sofortige Beschwerde gegen den Beschluß des Landesarbeitsgerichts ...... vom ...... – ...... Sa ....../...... – ein und werde beantragen zu erkennen:

I. Der Beschluß des Landesarbeitsgerichtes ...... vom ...... – ...... Sa ....../...... – wird aufgehoben.

II. Der/die ...... trägt die Kosten des Verfahrens.

3. Rechtsmittel wegen Verwerfung einer Berufung IV. D. 3

Begründung:

Der Kläger hat von dem/der Beklagten ...... verlangt. Das Arbeitsgericht hat die Klage abgewiesen/ihr stattgegeben. Das Urteil ist dem Kläger/der Beklagten am ...... zugestellt worden. Der Kläger/Beklagte hat mit Schriftsatz vom ...... – eingegangen beim Landesarbeitsgericht am ...... – Berufung eingelegt und diese mit einem weiteren Schriftsatz vom ...... – beim Landesarbeitsgericht eingegangen am ...... – begründet. Mit Schriftsatz vom ...... hat der Kläger/Beklagte die Wiedereinsetzung in den vorigen Stand wegen der Versäumung der Berufungsfrist/Berufungsbegründungsfrist[3] beantragt. Das Landesarbeitsgericht hat die Berufung mit Beschluß vom ...... als unzulässig verworfen, weil sie nicht fristgemäß eingelegt/nicht fristgemäß begründet worden sei. In seinem Beschluß hat es die Revisionsbeschwerde zugelassen (§ 77 ArbGG).

Der Beschluß des Landesarbeitsgerichtes ist falsch, weil ......

Rechtsanwalt

Anmerkungen

1. Das Landesarbeitsgericht kann über die Zulässigkeit der Berufung aufgrund mündlicher Verhandlung durch Urteil oder ohne mündliche Verhandlung durch Beschluß entscheiden (§ 519b Abs. 2 ZPO). Gegen ein Urteil ist unter den Voraussetzungen von § 72 ArbGG die Revision zulässig; vgl. Form. IV. D. 7. Dagegen ist die Revisionsbeschwerde nur dann zulässig (§ 77 ArbGG), wenn sie das LAG wegen der Bedeutung der Rechtssache (unzulässig bei Divergenz) zugelassen hat (BAG AP Nr. 1, 2 zu § 77 ArbGG 1979). Die Nichtzulassung der Revisionsbeschwerde kann nicht selbständig durch Beschwerde angefochten werden. § 72a Abs. 1 ArbGG ist nicht entsprechend anwendbar. Unzulässig ist die Beschwerde, wenn sie nicht in dem die Berufung verwerfenden Beschluß, sondern in einem späteren Beschluß zugelassen worden ist, in dem die Verwerfung noch einmal bestätigt wird (BAG AP Nr. 15 zu § 77 ArbGG). Das Rechtsschutzinteresse an einer Revisionsbeschwerde entfällt nicht deshalb, weil der Beschwerdeführer erneut beim LAG die Wiedereinsetzung in den vorigen Stand gegen die Versäumung der Berufungsbegründungsfrist beantragt (BAG AP Nr. 10 zu § 130 ZPO = NJW 1989, 1822 = NZA 1989, 525).

2. Die sofortige Beschwerde kann beim Landesarbeitsgericht oder beim BAG eingelegt werden (§ 577 ZPO). Wird sie beim BAG eingelegt, so unterliegt sie dem Anwaltszwang; wird sie beim LAG eingereicht, muß sie von einem Verbandsvertreter oder einem Rechtsanwalt unterzeichnet sein (§ 11 Abs. 2 ArbGG). Die sofortige Beschwerde braucht nicht begründet zu werden (BAG AP Nr. 10 zu § 11 ArbGG 1953 = NJW 56, 1413; AP Nr. 19 zu § 519 ZPO). Über sie entscheidet ein Senat des BAG ohne Hinzuziehung des ehrenamtlichen Richters.

3. Die Revisionsbeschwerde ist zulässig gegen einen die Berufung verwerfenden Beschluß sowie gegen einen Beschluß durch den die Wiedereinsetzung in den vorigen Stand wegen Versäumung der Berufungs- oder der Berufungsbegründungsfrist zurückgewiesen wird (BAG AP Nr. 6 zu § 77 ArbGG 1953; AP Nr. 7 aaO. = NJW 60, 2212; AP Nr. 12 aaO. = NJW 65, 1981; AP Nr. 14 zu § 233 ZPO 1977 = NJW 1989, 2708 = NZA 1989, 818).

Kosten und Gebühren

Berechnung des Gebührenstreitwertes: § 1 Abs. 3 GKG. Gerichtsgebühren: § 12 Abs. 3 ArbGG iVm. Anl. 1 zu § 12 ArbGG (bei Entscheidung durch Urteil Nr. 2120ff.; bei Entscheidung durch Beschluß Nr. 2128). Rechtsanwaltsgebühren: § 62 BRAGO.

Fristen und Rechtsmittel

Vgl. Anm. 2 und 3.

4. Berufung und Berufungsbegründung[1,2]

An das
Landesarbeitsgericht

In Sachen
des/der ......

                         Klägers(in)/Beklagten und Berufungsklägers(in)

Prozeßbevollmächtigter: ......

gegen

den/die ......

                         Beklagter/Kläger(in) und Berufungsbeklagte(n)[3]

Prozeßbevollmächtigter 1. Instanz: ......

wegen ......

Ich lege namens und mit Vollmacht des ...... Berufung gegen das Urteil des Arbeitsgerichts ...... vom ...... – ...... Ca ....../...... [4] ein und werde beantragen zu erkennen:
 I. Das Urteil des Arbeitsgerichts ...... vom ...... – ...... Ca /...... – wird abgeändert. Es wird nach den Schlußanträgen 1. Instanz erkannt[5].
 II. Der/die ...... trägt die Kosten des Rechtsstreits.

Begründung[6]:

 I. Der/Die Kläger(in)/Beklagte war vom ...... bis ...... bei der Beklagten/dem/der Kläger(in) beschäftigt. Mit der Klage hat der/die Kläger(in) vom/von der Beklagten ...... verlangt[7].
 II. Das Arbeitsgericht hat durch Urteil vom ...... die Klage abgewiesen/der Klage stattgegeben, weil ......[8].
 III. Die Entscheidung des Arbeitsgerichtes ist unrichtig, weil ......[9–10].

                                                                  Rechtsanwalt[11]

Anmerkungen

1. Wie im ordentlichen Zivilprozeß können Berufung und Berufungsbegründung in jeweils gesonderten Schriftsätzen beim Landesarbeitsgericht eingereicht werden. Berufungs- und Berufungsbegründungsfrist betragen je einen Monat (§ 66 Abs. 1 S. 1 ArbGG). Sie kann einmal verlängert werden (§ 66 Abs. 1 S. 4 ArbGG; vgl. Form. IV. D. 7 Anm. 1). Die Berufungsfrist beginnt mit der Zustellung des in vollständiger Form abgefaßten Urteils, spätestens aber mit dem Ablauf von fünf Monaten nach der Verkündung (§ 516 ZPO). Zum Urteil gehört auch die Rechtsmittelbelehrung (BAG AP Nr. 1 zu § 9 ArbGG 1979 = NJW 1980, 1871), die vom Gericht unterzeichnet und die vollständige Anschrift des Landesarbeitsgerichts enthalten muß. Ist die Belehrung unterblieben, so führt dies dazu, daß nach § 9 Abs. 5 S. 4 ArbGG die Einlegung des Rechtsmittels nur innerhalb eines Jahres seit Zustellung der Entscheidung zulässig ist, außer wenn die Einlegung vor Ablauf der Jahresfrist infolge höherer Gewalt unmöglich war oder eine Belehrung dahin erfolgt ist, daß ein Rechtsmittel nicht gegeben sei (vgl. BAG AP Nr. 3 zu § 9 ArbGG 1979 = NZA 1985, 195). Die Berufungsfrist kann sich also verlängern. Zu Belehrungsmängeln: *Schaub* ArbR-Formb. § 103 III 3.
Die Berufungsbegründungsfrist beginnt mit der Einlegung der Berufung (§ 519 Abs. 2 S. 2 ZPO), auch wenn das Urteil noch nicht zugestellt ist. Es ist daher unzweckmäßig, vor Urteilszustellung Berufung einzulegen.

4. Berufung und Berufungsbegründung IV. D. 4

Oft kommt es zu Problemen, wenn die Berufung vor Zustellung des Urteils erster Instanz eingelegt worden ist. Hier gibt es folgende Möglichkeiten: *(1)* Ist das Urteil noch nicht zugestellt worden, so muß innerhalb der Berufungsbegründungsfrist begründet werden. Risiko: Es werden die Formalien der Begründung verfehlt. *(2)* Es wird wegen der Versäumung der Berufungsbegründungsfrist die Wiedereinsetzung in den vorigen Stand beantragt. Wiedereinsetzungsgründe werden i. d. R. nicht vorliegen. Jedenfalls sind sie nicht wegen der fehlenden Zustellung der Urteilsgründe gegeben. *(3)* Der einfachste Weg ist, nach Zustellung des Urteils erneut Berufung einzulegen und diese fristgemäß zu begründen.

2. Die Berufung ist nur statthaft (*Schaub* ArbR-Formb. § 107 II), a) in nicht vermögensrechtlichen Streitigkeiten ohne Rücksicht auf den Streit oder Beschwerdewert (§ 64 Abs. 1 ArbGG), hierzu gehören insbesondere Widerrufs- und Unterlassungsansprüche aus Verletzung der Ehre, des Persönlichkeitsrechts usw.; b) in vermögensrechtlichen Streitigkeiten, wenn sie in dem Urteil des Arbeitsgerichtes zugelassen worden ist (§ 64 Abs. 2 ArbGG). Rechtsstreitigkeiten sind vermögensrechtlich, wenn der prozessuale Anspruch auf Geld oder geldwerte Gegenstände gerichtet ist oder der Streitgegenstand auf einem vermögensrechtlichen Rechtsverhältnis beruht, das auf Gewinn von Geld oder geldwerten Gegenständen gerichtet ist, auch wenn der prozessuale Anspruch auf eine Leistung, Feststellung oder Gestaltung gerichtet ist, die nicht in Geld oder Geldeswert besteht (BAG AP Nr. 1 zu § 64 ArbGG 1979). Hierzu gehören Rechtsstreitigkeiten über den Kündigungsschutz (BAG AP Nr. 1 zu § 64 ArbGG 1979), aus Berufsausbildungsverhältnissen (BAG AP Nr. 7 zu § 12 ArbGG 1979), über Abmahnungen (BAG AP Nr. 3 zu § 64 ArbGG 1979), die Beschäftigungspflicht (BAG AP Nr. 14 zu § 611 BGB Beschäftigungspflicht = NJW 1985, 2968, den Umfang des Weisungsrechts (BAG AP Nr. 14 zu § 64 ArbGG 1979 = NZA 1990, 202 = BB 1989, 2256). Eine Zulassung der Berufung gemäß § 64 Abs. 2 ArbGG liegt nicht allein darin, daß in der Rechtsmittelbelehrung auf die Möglichkeit hingewiesen wird, Berufung einzulegen (BAG AP Nr. 4 zu § 64 ArbGG 1979 = EzA Nr. 8 zu § 64 ArbGG 1979). Die Zulassung kann auf einen prozessualen Anspruch beschränkt werden; die Beschränkung kann sich auch aus den Entscheidungsgründen ergeben (BAG AP Nr. 5 zu § 64 ArbGG 1979 = EzA Nr. 11 zu § 64 ArbGG 1979). Die Zulassung des Rechtsmittels erfolgt im allgemeinen im Tenor; in den Entscheidungsgründen, wenn diese verkündet werden (BAG AP Nr. 122 zu §§ 22, 23 BAT 1975 = NZA 1987, 179). Dagegen kann eine Zulassung im Wege des Ergänzungsurteils oder des Berichtigungsbeschlusses nicht erfolgen (BAG AP Nr. 20 zu § 319 ZPO). Diese Rechtsprechung hat das BVerfG zunächst bestätigt (BVerfG AP Nr. 15 zu § 92 ArbGG 1953). In einer weiteren Entscheidung hat es dagegen ausgeführt, daß die Rechtsprechung der Gerichte für Arbeitssachen das Rechtsstaatsprinzip verletzt, wenn eine Rechtsmittelzulassung weder durch Berichtigungsbeschluß noch – bei fehlender Verkündung – durch Aufnahme in die Entscheidungsgründe nachgeholt werden kann. Der 4. Senat hat darauf bei den übrigen Senaten angefragt, ob sie mit einer Modifizierung der Rechtsprechung einverstanden seien (v. 29. 9. 1993 – 4 AZR 528/92). Die Senate haben zum Teil der Modifikation der Rechtsprechung zugestimmt; zum Teil wollen sie auf ein Verkündungserfordernis überhaupt verzichten. Er hat alsdann entschieden, daß die Zulassung der Revision zu ihrer Wirksamkeit der Verkündung im Urteil bedarf. Ausnahmsweise sei sie jedoch auch dann wirksam, wenn sie vom Gericht beschlossen, aber versehentlich nicht verkündet und dies in den Entscheidungsgründen zum Ausdruck gebracht ist (BAG v. 23. 11. 1994 – AP Nr. 27 zu § 72 ArbGG 1979 = EBE/BAG 1995, 60). Bereits zuvor hat sich das BVerfG mit dieser Rechtsprechung befaßt. Hat das ArbG die Berufung in den Entscheidungsgründen des Urteils zugelassen, ohne daß diese verkündet worden sind, so ist die Berufung unzulässig (vgl. BAG AP Nr. 23 zu § 72a ArbGG 1979 = NZA 1989, 695). Allerdings kann eine Verfassungsbeschwerde wegen unfairer Prozeßführung gegeben sein (BVerfG NZA 1990, 579). Ist eine Zulassung unterblieben, kann sie nicht durch Nichtzulassungsbeschwerde erzwungen werden; c) in vermögensrechtlichen Streitigkeiten, wenn der Wert des Beschwerdegegenstandes 800 DM übersteigt (§ 64 Abs. 2 ArbGG). Der Beschwerdewert hängt von zwei Faktoren ab. Er ist abhängig von der sog. formellen Beschwer, sie ist das Zurückbleiben der angefochtenen Entscheidung hinter dem in der vorhergehenden Instanz gestellten Antrag. Zum anderen ist der Beschwerdewert abhängig von dem in der Berufungsinstanz gestellten Antrag, der den Umfang bestimmt, in dem das Urteil abgeändert werden soll. Es hat zu den umstrittensten Streitfragen des Arbeitsverfahrensrechts gehört, welche Bedeutung der Streitwertfestsetzung im Urteil des ArbG zukommt (Einzelheiten *Schaub* ArbR-Formb. § 104 I, II). Dieser Streit hat nur noch geringe Bedeutung. Das BAG hat entschieden, daß das Berufungsgericht bei der Ermittlung des Wertes des Beschwerdegegenstandes an die Streitwertfestsetzung des Arbeitsgerichtes gebunden ist, wenn diese nicht offensichtlich unrichtig ist (vgl. BAG AP Nr. 3 zu § 61 ArbGG 1979). Die Änderung des Rechtsmittelsystems im Verfahren vor den Gerichten der Arbeitsgerichtsbarkeit durch das Gesetz zur Bereinigung und Beschleunigung des Arbeitsgerichtsverfahrens vom 21. 5. 1979 hat die Streitwertfestsetzung durch das Arbeitsgericht nach § 61 Abs. 1 ArbGG in ihrem rechtlichen Charakter unberührt gelassen (BAG AP Nr. 6 zu § 64 ArbGG 1979 = NJW 1984, 142 = EzA Nr. 12 zu § 64 ArbGG 1979). Hat also das Arbeitsgericht den Streitwert des Kündigungsschutzprozesses auf 700,– DM festgesetzt, so kann das Urteil nicht mit der Berufung angefochten werden, weil der Beschwerdewert nicht über 700,– DM steigen kann. Legt eine in vollem Umfang unterlegene Partei Berufung ein, so stimmen Streit- und Beschwerdewert überein (BAG AP Nr. 11 zu § 64 ArbGG 1979 = NZA 1988, 705). Zur Einschränkung des Berufungsantrages nach Einlegung der Berufung: *Schaub* ArbR-Formb. § 107 III 4b; BGH NJW 83, 1063. Im Verfahren vor den ordentlichen Gerichten unterliegt ein Versäumnisurteil, gegen das der Einspruch an sich nicht statthaft ist, der Berufung insoweit, als sie darauf gestützt ist, daß der Fall der Versäumung nicht vorgelegen habe (§ 513 Abs. 2 ZPO). Das BAG hat angenommen, daß in § 64 Abs. 2 ArbGG abschließend geregelt sei, wann eine Berufung statthaft ist. § 513 Abs. 2 S. 2 ZPO sei mithin nicht entsprechend anwendbar. Die Berufung gegen ein zweites Versäumnisurteil ist nur statthaft, wenn sie vom Arbeitsgericht zugelassen worden ist oder der Wert des Beschwerdegegenstandes 800,– DM übersteigt (BAG AP Nr. 13 zu § 64 ArbGG 1979 = NJW 1989, 2644 = NZA 1989, 693 = BB 1989, 1699 = DB 1989, 1632). Unter diesen Voraussetzungen ist die Berufung gegen ein zweites Versäumnisurteil zulässig, wenn es aufgrund unschlüssiger Klage ergeht (BAG AP Nr. 5 zu § 513 ZPO; LAG Hamm AP Nr. 1 zu § 513 ZPO 1977 = EzA Nr. 2 zu § 345 ZPO m. Anm. von *Dütz;* vgl. *Marcelli* NJW 81, 2558).

3. Die Form der Berufungseinlegung richtet sich nach § 518 ZPO.

a) Die Berufung wird durch Einreichung der Berufungsschrift bei dem Berufungsgericht eingelegt (§ 518 Abs. 1 ZPO). Die Berufung kann eingelegt werden durch Schriftsatz, telegraphisch (RGZ 151, 82, 86; BAG AP Nr. 1 zu § 129 ZPO = NJW 1971, 2190; AP Nr. 48 zu § 518 ZPO = Betr. 1984, 1688 = BB 1984, 856), durch Fernschreiben (BGHZ 79, 314, 316) oder durch Telekopie (BAG AP Nr. 54 zu § 1 LohnFzG = NJW 1984, 199; AP Nr. 2 zu § 94 ArbGG 1979 = NJW 1986, 1178 = NZA 1986, 578; BGH v. 20. 9. 1993 – AP Nr. 62 zu § 518 ZPO). Eine telegraphische Berufungsschrift muß wenigstens aus dem Zusammenhang erkennen lassen, welcher Rechtsanwalt für den Text verantwortlich ist und die Aufgabe des Telegramms veranlaßt hat (BAG AP Nr. 48 zu § 518 ZPO). Bei Berufungseinlegung durch Telekopie muß die beim Landesarbeitsgericht eingehende Kopie die Unterschrift des Absenders wiedergeben (BSG AP Nr. 1 zu § 160a SGG; BAG AP Nr. 2 zu § 94 ArbGG 1979). Ausreichend ist, wenn die Telekopie einem Empfangsgerät des Rechtsmittelgerichts zugeht oder einem Empfangsgerät der Post und von dort auf postalischem Weg dem Rechtsmittelgericht zugeleitet wird. Unzureichend ist es, wenn die Telekopie einer Privatperson zugeleitet und von dieser durch Boten dem Gericht überbracht wird (BAG AP Nr. 39 zu § 519 ZPO = NJW 1990, 3165 = NZA 1990, 985).

b) Die Berufung muß von einem bei einem deutschen Gericht zugelassenen Rechtsanwalt oder einem Verbandsvertreter unterzeichnet sein (§ 11 Abs. 2 ArbGG). Ausreichend ist, wenn ein anderer Rechtsanwalt als der von der Partei Beauftragte „i. V." unterzeichnet;

4. Berufung und Berufungsbegründung   IV. D. 4

unzureichend dagegen „i.A." (BAG AP Nr. 11 zu § 518 ZPO = Betr. 1967, 1904). Ein Rechtsanwalt, der für „einen anderen Rechtsanwalt die Berufung begründet, handelt erkennbar als Unterbevollmächtigter" (BAG AP Nr. 38 zu § 519 ZPO = NJW 1990, 2706 = NZA 1990, 828). Hat ein zum Kreis der Prozeßbevollmächtigten gehörender Rechtsanwalt in seiner Eigenschaft als Mitglied der bevollmächtigten Anwaltskanzlei eine von einem anderen Prozeßbevollmächtigten abgefaßte Rechtsmittel – oder Rechtsmittelbegründungsschrift mit einem auf den sachbearbeitenden Rechtsanwalt hinweisenden Zusatz unterzeichnet, so ist i.d.R. davon auszugehen, daß er auch die Verantwortung für den Inhalt dieser fristwahrenden bestimmenden Schriftsätze übernimmt (BAG AP Nr. 54 zu § 518 ZPO). Eine beglaubigte, eigenhändig unterzeichnete Abschrift kann die Urschrift ersetzen (BAG AP Nr. 42 zu § 518 ZPO = NJW 1979, 183). Die Unterzeichnung des Beglaubigungsvermerkes unter einer Berufungsbegründungsschrift ist nur dann ausreichend, wenn sie von demselben Rechtsanwalt herrührt, der auch die Berufungsbegründung verfaßt hat (BAG v. 2.12.1992 – AP Nr. 14 zu § 3 TVG). Die Unterschrift braucht nicht lesbar zu sein; sie muß aber charakteristische Schriftzeichen aufweisen (BAG AP Nr. 38 zu § 518 ZPO; AP Nr. 46 aaO. = NJW 1982, 1016). Unzureichend ist die Unterzeichnung mit einer Paraphe (BAG AP Nr. 1 zu § 130 ZPO); ausreichend dagegen, wenn eine Rechtsanwältin mit Doppelnamen ihren zweiten Namen abkürzt (BAG AP Nr. 6 zu § 130 ZPO = Betr. 1988, 920).

c) Die Berufungsschrift muß das angefochtene Urteil bezeichnen (§ 518 Abs. 2 Nr. 1 ZPO). Es muß das Gericht angegeben werden, von dem das Urteil stammt (BAG AP Nr. 45 zu § 518 ZPO = Betr. 1981, 1037). Ist die Angabe unrichtig, ist die Berufung unzulässig (BAG AP Nr. 26 zu § 518 ZPO = Betr. 1975, 1324). Eine falsche Bezeichnung des Gerichts des ersten Rechtszuges kann unschädlich sein und formlos berichtigt werden, wenn nach Lage des jeweiligen Falles kein vernünftiger Zweifel bestehen kann, welches Gericht mit der unrichtigen Bezeichnung gemeint ist (BGH AP Nr. 58 zu § 518 ZPO = NJW 1989, 2395). Unschädlich ist, wenn nur das Aktenzeichen falsch angegeben ist (BAG AP Nr. 35 zu § 518 ZPO = NJW 1976, 2039). Das Verkündungsdatum ist entbehrlich, wenn das Urteil eindeutig zu identifizieren ist und nicht mehrere Urteile zwischen den Parteien ergangen sind (BAG AP Nr. 45 zu § 518 ZPO = Betr. 1981, 1037).

d) Innerhalb der Rechtsmittelfrist muß sich ergeben, für und gegen wen die Berufung eingelegt wird (BAG AP Nr. 15 zu § 518 ZPO = BB 71, 310; AP Nr. 31 aaO. = BB 75, 1439; AP Nr. 41 = NJW 1978, 2120; BGH AP Nr. 52 zu § 518 ZPO). Ergibt sich die Parteirolle nicht aus der Berufungsschrift, so können nur solche Umstände herangezogen werden, die dem Berufungsgericht innerhalb der Berufungsfrist bekannt geworden sind (BAG AP Nr. 14, 15, 29, 30, 31, 47 zu § 518 ZPO).

e) Das BAG hat in seiner früheren Rechtsprechung angenommen, daß sich aus der Berufung die ladungsfähige Anschrift des Beklagten ergeben müsse (vgl. Form. IV. D. 2 Anm. 3). Diese Rspr. hat das BAG inzwischen aufgegeben (BAG GS AP Nr. 53 zu § 518 ZPO = NJW 1987, 1356 = NZA 1987, 136).

4. Nach § 518 Abs. 2 Nr. 1 ZPO muß das Urteil bezeichnet sein (vgl. Anm. 3 c).

5. Berufungsanträge sind die Erklärung, inwieweit das Urteil angefochten und welche Abänderung des Urteils beantragt wird (§ 519 Abs. 3 Nr. 1 ZPO). Anträge brauchen nicht förmlich gestellt werden; ausreichend ist, wenn die Anträge mit hinreichender Klarheit (BGH NJW 1975, 2013) aus Berufung und Berufungsbegründung entnommen werden können (BAG AP Nr. 9 zu § 519 ZPO; AP Nr. 122 zu § 1 TVG Auslegung; AP Nr. 5 zu § 44 BAT). Enthält die Berufungsbegründung keine, auch nicht durch Auslegung zu ermittelnden Anträge, ist die Berufung unzulässig. Nach hM. können die Berufungsanträge auch nach Ablauf der Berufungsfrist erweitert werden (BGHZ 91, 194, 159; BAG AP Nr. 4 zu § 580 ZPO = NJW 1958, 1605; aA. *Grunsky* NJW 1966, 1393; ZZP 88, 49, 51 ff.). Eine Einschränkung ist unter den Voraussetzungen von § 515 ZPO möglich. Enthält eine Rechtsmittelschrift bereits einzelne, aber nicht alle vom Rechtsmittelführer in der Vorinstanz gestellte Anträge, so kann allein hieraus nicht auf eine Beschränkung des Rechtsmittels geschlossen werden (BGH NJW 1983, 1561; BAG v. 4. 8. 1993 – AP Nr. 38 zu § 1 TVG Tarifverträge: Einzelhandel). Entscheidet das Urteil über mehrere Ansprüche, so sind für jeden eine Begründung und ein Antrag erforderlich. Eine Ausnahme gilt dann, wenn der eine Anspruch von dem anderen abhängt. Wenn die Klage des Arbeitnehmers auf Weiterbeschäftigung für die Dauer eines Kündigungsrechtsstreites vom Arbeitsgericht abgewiesen wird, weil es die Kündigung für wirksam hält, bedarf es im Berufungsverfahren keiner gesonderten Berufungsbegründung wegen des Weiterbeschäftigungsanspruches (BAG AP Nr. 96 zu § 626 BGB = NZA 1987, 808).

6. Für die Berufungsbegründung gelten im Arbeitsgerichtsverfahren die gleichen Grundsätze wie im Zivilprozeß; vgl. daher Form. I.0.2. Die Berufungsbegründung darf sich nicht in allgemeinen Redewendungen erschöpfen. Vielmehr muß gesagt werden, warum das Urteil keinen Bestand haben kann. Unzureichend: Verweisung auf Vorbringen erster Instanz (BAG AP Nr. 4 zu § 234 ZPO = NJW 1962, 1933; BGH AP Nr. 34 zu § 519 ZPO), Angabe eines verletzten Paragraphen (BAG AP Nr. 2 zu § 519 ZPO); ausreichend dagegen: Bezugnahme auf Prozeßkostenhilfegesuch, sofern dieses die Voraussetzungen einer Berufungsbegründung erfüllt (BAG AP Nr. 12 zu § 519 ZPO = Betr. 1960, 388). Zum Novenrecht s. Anm. 10.

7. Gedrängte Darstellung des unstreitigen und streitigen Sachverhalts.

8. Gedrängte Darstellung des Kerns der Entscheidungsgründe.

9. Auch in einfach liegenden Streitfällen genügt es nicht, daß die Berufungsbegründung angibt, in welchem Punkt das Urteil angegriffen wird. Sie muß auch zu erkennen geben, weshalb die Beurteilung durch den ersten Richter unrichtig ist.

10. Die Berufungsbegründung muß die Anfechtungsgründe sowie die neuen Tatsachen, Beweismittel und Beweiseinreden enthalten. Keine ausreichende Berufungsbegründung stellen formale und nicht auf den konkreten Streitfall bezogene Ausführungen oder nur eine Verweisung auf das Vorbringen erster Instanz dar. Schlüssig braucht das Vorbringen zur Vermeidung der Unzulässigkeit dagegen nicht zu sein. Ist der Sachverhalt unstreitig, bedarf es einer Auseinandersetzung mit den Rechtsansichten des Arbeitsgerichtes.

Ist der Sachverhalt nicht hinreichend aufgeklärt, bedarf es der Beachtung der Grundsätze des Novenrechtes (*Schaub* ArbR-Formb. § 107 IX): Grundsätzlich können im Berufungsrechtszug neue Tatsachen und Beweismittel vorgebracht werden (§ 519 Abs. 3 Nr. 2 ZPO). Indes ist das Novenrecht eingeschränkt (§ 67 ArbGG). Die Vorschrift ist zweistufig aufgebaut. 1. Stufe: In § 67 Abs. 2 ArbGG ist bestimmt, ab wann neue Angriffs- oder Verteidigungsmittel zurückgewiesen werden können (unter d). 2. Stufe: Sind die berufungsrechtlich vorgesehenen Fristerfordernisse für neuen Parteivortrag erfüllt, so kann nach § 67 Abs. 1 ArbGG eine Zurückweisung erfolgen, weil das Vorbringen bereits in 1. Instanz verspätet war. Zu unterscheiden sind folgende Fallgruppen:

a) Hat der Vorsitzende des Arbeitsgerichtes den Parteien Auflagen zur Ergänzung und Erläuterung ihres Vorbringens oder zur Vorlage von Urkunden gemacht (§§ 56 Abs. 1 S. 2 Nr. 1, 61a Abs. 3, 4 ArbGG), ohne daß die Parteien sachdienlich vorgetragen haben, so ist das Nachschieben dieser Gründe in der Berufungsinstanz nur zuzulassen, wenn nach der freien Überzeugung des LAG ihre Zulassung die Erledigung des Rechtsstreits nicht verzögern würde oder wenn die Partei die Verspätung genügend entschuldigt (§ 67 Abs. 1 S. 1 ArbGG).

b) Hat bereits das Arbeitsgericht Sachvorbringen rechtmäßig als verspätet zurückgewiesen, so bleibt es auch in der 2. Instanz ausgeschlossen, § 67 Abs. 1 S. 3 ArbGG, § 528 Abs. 3 ZPO (BVerfG NJW 1981, 271).

c) Ist dagegen ein Sachvorbringen in der 1. Instanz überhaupt noch nicht vorgebracht worden, obwohl dies nach § 282 Abs. 1, 2 ZPO der allgemeinen Prozeßförderungspflicht entsprochen hätte, so ist es in der 2. Instanz nur zuzulassen, wenn die Zulassung

4. Berufung und Berufungsbegründung IV. D. 4

nach der freien Überzeugung des Gerichtes die Erledigung des Rechtsstreites nicht verzögern würde oder wenn die Partei das Vorbringen im 1. Rechtszug nicht aus grober Nachlässigkeit unterlassen hatte. Das Gericht hat jedoch neu angebotene Beweismittel zu laden, wenn dies möglich ist (BAG AP Nr. 5 zu § 529 ZPO; AP Nr. 25 zu § 74 HGB; AP Nr. 97 zu § 611 BGB Haftung des Arbeitnehmers = NJW 1990, 468 = NZA 1990, 97 = BB 1990, 65). Eine der Partei anzulastende Verzögerung soll auch dann vorliegen, wenn ein verspätet benannter Zeuge trotz ordnungsgemäßer Ladung aus in seiner Person liegenden Gründen zur ersten mündlichen Verhandlung vor dem Berufungsgericht nicht erscheint (vgl. BGH NJW 1989, 719).

d) Ist das Vorbringen nach a–c überhaupt zulässig, so ist es vom Berufungskläger in der Berufungsbegründung und vom Berufungsbeklagten in der Berufungsbeantwortung vorzubringen, also innerhalb der jeweils fristgebundenen Schriftsätze (BAG AP Nr. 1 zu § 4 TVG Besitzstand = NZA 1986, 472 = BB 1986, 667). Wird das Vorbringen verspätet vorgebracht, so ist es nur zuzulassen, wenn es nach der Berufungsbegründung oder nach der Berufungsbeantwortung entstanden ist oder das verspätete Vorbringen nach der freien Überzeugung des LAG die Erledigung des Rechtsstreits nicht verzögern würde oder nicht auf Verschulden einer Partei beruht. Werden Tatsachen, die der Berufungsbeklagte in erster Instanz unter Beweis gestellt hat und auf die es nach der Beurteilung des Erstgerichtes nicht ankam, im Berufungsrechtszug infolge einer anderen rechtlichen Beurteilung des Berufungsgerichtes erheblich, so muß letzteres die entsprechenden Beweisanträge des Berufungsbeklagten aus dem ersten Rechtszug jedenfalls dann beachten, wenn der Berufungsbeklagte pauschal darauf Bezug genommen hat und das Berufungsgericht ihn nicht rechtzeitig vor der mündlichen Verhandlung auf seine von der des Erstgerichts abweichende Beurteilung der Tatsachen hingewiesen hat (BGH NJW 1982, 581).

e) Das Verfassungsgebot des rechtlichen Gehörs ist verletzt, wenn ein Berufungsgericht ungewöhnlich komplizierte und umfangreiche Geschäftsunterlagen verwertet, die erst in der letzten mündlichen Verhandlung vorgelegt wurden und dem Prozeßgegner innerhalb einer nachgelassenen Schriftsatzfrist nur für die Dauer von drei Arbeitstagen zur Prüfung, Erörterung und Stellungnahme vorlagen (BAG AP Nr. 33 zu Art. 103 GG).

Zum Begriff der Verzögerung: BGH NJW 1979, 1988, 2105; 1980, 945, 1102. Ob eine Verzögerung des Rechtsstreits eintritt, ist bezogen auf den Zeitpunkt des Vorbringens festzustellen. Nach jetzt h. M. wird der Rechtsstreit verzögert, wenn er bei Zulassung des verspäteten Vorbringens länger dauern würde als bei seiner Zurückweisung. Dies ist auch dann der Fall, wenn alle angetretenen Beweise in der ersten Berufungsverhandlung erhoben werden könnten, im Falle der Beweisführung aber andere unter Beweis gestellte Behauptungen entscheidungserheblich würden und durch die Erhebung dieser Folgebeweise ein neuer Termin anberaumt werden müßte (BGH NJW 1983, 1495).

Ist Parteivorbringen zu Unrecht zugelassen worden, so ist das unanfechtbar. Dies rechtfertigt sich aus der Überlegung, daß die Verzögerung des Rechtsstreits eingetreten ist und durch die Zurückweisung in der Rechtsmittelinstanz nicht mehr aufgeholt werden kann (BAG AP Nr. 2 zu § 21 TV AL II; AP Nr. 3 zu § 42 TV AL II = BB 1985, 799; BGH NJW 1981, 928).

11. Berufung und Berufungsbegründung müssen durch einen Rechtsanwalt oder einen Verbandsvertreter unterzeichnet sein (vgl. Anm. 3b).

Kosten und Gebühren

Das LAG berechnet bei vermögensrechtlichen Streitigkeiten den Beschwerdewert nach §§ 64 Abs. 6, 12 Abs. 7 ArbGG, §§ 511a, 2ff. ZPO. Der Gebührenstreitwert folgt aus § 1 Abs. 3 GKG, § 12 Abs. 7 ArbGG. Gerichtsgebühren: § 12 Abs. 2 iVm. Anl. 1 zu § 12 ArbGG Nr. 2120ff. Rechtsanwaltsgebühren: § 62 BRAGO.

5. Nichtzulassungsbeschwerde wegen Divergenz[1]

An das
Bundesarbeitsgericht

Nichtzulassungsbeschwerde

In Sachen

...... (volles Rubrum)[2]

Namens und mit Vollmacht des Klägers/Beklagten lege ich wegen der Nichtzulassung der Revision in dem Urteil des Landesarbeitsgerichts ...... vom ...... – ...... Sa ....../ ...... – Nichtzulassungsbeschwerde[3] ein und beantrage zu erkennen:
Die Revision gegen das Urteil des Landesarbeitsgerichtes ...... vom ...... – Sa ....../ ...... – wird zugelassen.

Begründung

I. Der Kläger war vom ...... bis ...... bei dem Beklagten beschäftigt. Der Kläger hat von dem Beklagten verlangt ...... Das Arbeitsgericht hat der Klage stattgegeben/hat die Klage abgewiesen. Die gegen dieses Urteil eingelegte Berufung hat das Landesarbeitsgericht zurückgewiesen/auf die gegen dieses Urteil eingelegte Berufung hat das Landesarbeitsgericht das Urteil abgeändert und erkannt ...... In seinem Urteil hat das Landesarbeitsgericht die Revision nicht zugelassen. Hiergegen richtet sich die Nichtzulassungsbeschwerde.

II. Das Landesarbeitsgericht hat der Klage stattgegeben/hat die Klage abgewiesen, weil ...... Es hat dabei folgenden Rechtsgrundsatz aufgestellt ......[4].
Mit diesem Rechtsgrundsatz ist es von der Entscheidung des BAG vom ...... – ...... AZR ....../...... abgewichen[5]. In dieser Entscheidung hat das BAG nachfolgenden Rechtsgrundsatz[6] aufgestellt ...... Das Urteil des Landesarbeitsgerichtes beruht auf dem von ihm aufgestellten Rechtsgrundsatz. Denn hätte das LAG den vom BAG aufgestellten Rechtsgrundsatz angewandt, hätte es der Klage stattgegeben/sie abweisen müssen. Denn ......[7]

Rechtsanwalt

Anmerkungen

1. Die Beschwerde ist bei dem BAG innerhalb einer Notfrist von einem Monat nach der Zustellung des in vollständiger Form abgefaßten Urteils schriftlich einzulegen (§ 72a Abs. 2 ArbGG). Der Beschwerdeschrift soll eine Ausfertigung oder beglaubigte Abschrift des Urteils beigefügt werden, gegen das die Revision eingelegt werden soll (§ 72a Abs. 2 S. 2 ArbGG 1979). Sie ist binnen einer Notfrist von zwei Monaten nach Zustellung des in vollständiger Form abgefaßten Urteils zu begründen (§ 72a Abs. 3 S. 1 ArbGG). Die Frist zur Begründung der Nichtzulassungsbeschwerde endet auch dann zwei Monate nach Zustellung der anzufechtenden Entscheidung, wenn der Beschwerdeführer die Beschwerdefrist versäumt hat und über seinen Wiedereinsetzungsantrag noch nicht entschieden ist (BAG AP Nr. 25 zu § 72a ArbGG 1979 = NJW 1989, 317 = NZA 1989, 150). Die Beschwerde ist beim BAG einzulegen; ihre Einlegung beim LAG wirkt nicht fristwahrend (BAG AP Nr. 7 zu § 72a ArbGG 1979). Die Nichtzulassungsbeschwerde kann nur unbedingt eingelegt werden (BAG AP Nr. 22 zu § 72a ArbGG 1979 = NZA 1985, 788 = MDR 86, 83). Sie ist mangels Devolutiveffekt in der Sache kein Rechtsmittel (BAG AP Nr. 5 zu § 72a ArbGG 1979 = NJW 1980, 2599). Das LAG braucht insoweit keine

5. Nichtzulassungsbeschwerde wegen Divergenz

Rechtsmittelbelehrung (§ 9 ArbGG) erteilen, sondern lediglich auf deren Möglichkeit hinweisen. Werden durch das Urteil eines LAG beide Parteien beschwert, so können sie unabhängig voneinander Nichtzulassungsbeschwerde einlegen. Dies ist jedoch nur insoweit möglich, wie der Beschwerdeführer jeweils beschwert ist (BAG AP Nr. 11 zu § 72a ArbGG 1979 = NJW 1982, 72). Für jede Nichtzulassungsbeschwerde ist alsdann ihre Zulässigkeit und Begründetheit zu überprüfen. Werden die Notfristen für die Einlegung oder Begründung der Nichtzulassungsbeschwerde versäumt, so ist die Wiedereinsetzung in den vorigen Stand möglich (§§ 233 ff. ZPO). Indes stellt das Gericht strenge Anforderungen (vgl. BAG AP Nr. 7 zu § 72a ArbGG 1979; AP Nr. 11 aaO. = NJW 1982, 72). Hat eine Partei die Frist zur Einlegung der Nichtzulassungsbeschwerde schuldlos versäumt, weil sie außerstande war, die Kosten des Prozesses zu bestreiten (§ 114 ZPO), so ist ihr nach Gewährung der Prozeßkostenhilfe unter den weiteren Voraussetzungen der §§ 234, 236 ZPO Wiedereinsetzung auch dann zu bewilligen, wenn sie die Frist zur Begründung der Beschwerde (§ 72a Abs. 3 ArbGG) ebenfalls versäumt hat. Der betreffenden Partei steht in diesem Fall zur Begründung der Beschwerde eine Frist von einem Monat zur Verfügung, die mit der Zustellung des die Wiedereinsetzung bewilligenden Beschlusses beginnt (BAG AP Nr. 18 zu § 72a ArbGG 1979 = NJW 1984, 941). Übernimmt das LAG in vollem Umfang die Entscheidung des Arbeitsgerichtes nach § 543 ZPO, so sind dessen Ausführungen Grundlage der Überprüfung (BAG AP Nr. 14 zu § 72a ArbGG 1979 = NJW 1981, 2717).

2. Das Gesetz enthält keine ausdrückliche Rechtsnorm, welchen Formvorschriften eine Nichtzulassungsbeschwerde genügen muß. Das BAG hat dazu die Auffassung vertreten, daß eine formgültige Nichtzulassungsbeschwerde erkennen lassen muß, wer Beschwerdeführer und wer Beschwerdegegner ist. Hingegen sei die Mitteilung der ladungsfähigen Anschriften von Parteien oder Parteivertretern entbehrlich (BAG AP Nr. 13 zu § 72a ArbGG 1979 = NJW 1982, 846; AP Nr. 53 zu § 518 ZPO = NJW 1987, 1356 = NZA 1987, 136).

3. Eine formgültige Nichtzulassungsbeschwerde muß das anzufechtende Berufungsurteil eindeutig bezeichnen. Dazu gehört die Angabe des Berufungsgerichts, das das anzufechtende Urteil erlassen hat (BAG AP Nr. 12 zu § 72a ArbGG 1979 = NJW 1982, 846).

4. Die Nichtzulassungsbeschwerde wegen Divergenz ist nur dann ordnungsgemäß begründet, wenn der Beschwerdeführer einander widersprechende abstrakte Rechtssätze aus dem Berufungsurteil und aus divergenzfähigen Entscheidungen gegenüberstellt (BAG AP Nr. 1 zu § 72a ArbGG 1979 = NJW 1980, 312; AP Nr. 2 aaO. = NJW 1980, 1814; AP Nr. 3, 6 aaO.; stRspr.). Unzureichend ist es, wenn die Entscheidungen, von denen das Berufungsurteil abgewichen sein soll, nur nach Datum und Aktenzeichen bezeichnet werden oder wenn die Beschwerdebegründung nur angebliche Rechtsfehler des Berufungsurteils bezeichnet, wenn sie also zur Darlegung der Divergenz lediglich ausführt, das angefochtene Urteil weiche in der Handhabung von Vorschriften von der ständigen Rechtsprechung des BAG ab (BAG AP Nr. 1 zu § 72a ArbGG 1979 Divergenz). Ferner muß dargelegt werden, daß die angefochtene und die angezogene Entscheidung auf dem angeführten Rechtssatz beruht. Einzelheiten *Schaub* ArbR-Formb. § 108 III 3. Die Regelung des § 72a Abs. 1 ArbGG 1979 und die Anforderungen, welche die Rechtsprechung des BAG für die Nichtzulassungsbeschwerde an die Darlegung einer Divergenz stellt, ist mit der Verfassung vereinbar (BVerfG AP Nr. 9, 10, 14, 16 zu § 72a ArbGG 1979; BAG AP Nr. 5 zu § 72a ArbGG 1979 Divergenz; BVerfG AP Nr. 5, 8a aaO.).

Ob das LAG einen abstrakten Rechtsgrundsatz aufgestellt hat, muß im Wege der Auslegung ermittelt werden. Dies ist dann der Fall, wenn es einen den Fall übergreifenden Rechtsgrundsatz aufgestellt hat, der für eine Vielzahl von Fällen gilt. Keine Divergenzbeschwerde ist möglich, wenn das LAG keinen Rechtsgrundsatz aufgestellt hat, aber u.U. rechtsfehlerhaft von einer vorangegangenen (BAG AP Nr. 6, 13 zu § 72a ArbGG 1979 Divergenz) Entscheidung eines divergenzfähigen Gerichts abgewichen ist. Hierdurch kann die Rechtseinheit nicht gefährdet werden (BAG AP Nr. 1, 13 zu § 72a ArbGG 1979 Divergenz = NJW 1980, 1030; vgl. auch BAG AP Nr. 2 zu § 92a ArbGG 1979). Hat das LAG nach § 543 Abs. 1 ZPO auf die Entscheidung des Arbeitsgerichts verwiesen, so wird seine Entscheidung so gelesen, als habe es die Entscheidungsgründe in sein Urteil aufgenommen (BAG AP Nr. 4 zu § 72a ArbGG 1979 Divergenz = Betr. 1981, 1340). Enthält das angezogene Urteil mehrere Begründungen, die jede für sich die Entscheidung tragen, so liegt eine Divergenz schon dann vor, wenn das LAG von einer Begründung abgewichen ist (BAG AP Nr. 2 zu § 72a ArbGG 1979 Divergenz). Dagegen ist keine Divergenz gegeben, wenn von einem obiter dictum abgewichen wird. In der Rechtsprechung zur Divergenzrevision war das BAG davon ausgegangen, daß der abstrakte Rechtsgrundsatz aus der anzufechtenden wie aus der angezogenen Entscheidung unmittelbar und deutlich abzulesen war (BAG AP Nr. 24 zu § 72a ArbGG 1953 Divergenzrevision = NJW 1963, 2292; AP Nr. 31 aaO. = NJW 1968, 72; AP Nr. 33 aaO. = NJW 1968, 1981; AP Nr. 11 zu § 72a ArbGG 1979 Divergenz). Eine Divergenzbeschwerde ist auch dann statthaft, wenn das LAG keinen abstrakten Rechtsgrundsatz aufgestellt hat, sich aber aus seinen Ausführungen unzweifelhaft ergibt, daß es von einem bestimmten abstrakten Rechtssatz ausgegangen sein muß (BAG AP Nr. 9 zu § 72a ArbGG 1979 Divergenz = Betr. 1981, 2497; einschränkend: BAG AP Nr. 11, 13, 15, 24 zu § 72a ArbGG 1979 Divergenz). Dies ist aber noch nicht dann anzunehmen, wenn das Berufungsgericht den vorgetragenen Sachverhalt unter bestimmten rechtlichen Aspekten überhaupt nicht gewürdigt hat. Eine Nichtzulassungsbeschwerde wegen Divergenz ist auch dann möglich, wenn nach Zurückverweisung einer Sache das Landesarbeitsgericht die damalige rechtliche Beurteilung des Revisionsgerichts gemäß § 565 Abs. 2 ZPO seiner Entscheidung zugrundelegt, das BAG aber zwischenzeitlich seine Rechtsauffassung geändert hat (BAG AP Nr. 1 zu § 92a ArbGG 1979 = BB 1981, 674; AP Nr. 21 zu § 72a ArbGG 1979 Divergenz = NZA 1989, 183 = BB 1989, 700 = DB 1989, 487).

5. Die Nichtzulassung der Revision durch das LAG kann selbständig durch Beschwerde angefochten werden, wenn das Berufungsurteil von einer Entscheidung des Bundesverfassungsgerichts, von einer Entscheidung des Gemeinsamen Senats der Obersten Gerichtshöfe des Bundes, von einer Entscheidung des BAG oder, solange eine Entscheidung des Bundesarbeitsgerichts in der Rechtsfrage nicht ergangen ist, von einer Entscheidung einer anderen Kammer desselben Landesarbeitsgerichtes (Bichler, Betr. 1981, 694) oder eines anderen Landesarbeitsgerichtes abweicht und die Entscheidung auf dieser Abweichung beruht. Die Entscheidungen anderer als der aufgezählten Gerichte wirken nicht divergenzbegründend (BAG AP Nr. 25 zu § 72a ArbGG 1979 Grundsatz; AP Nr. 17 zu § 72a ArbGG 1979 Divergenz = NJW 1986, 2456 = NZA 1986, 578). Dies gilt auch für Vorlagebeschlüsse an den Gr.Sen. (BAG AP Nr. 18 zu § 72a ArbGG 1979 Divergenz = EzA Nr. 48 zu § 72a ArbGG 1979). Die früher fehlende Divergenzfähigkeit von Entscheidungen des BVerfG ist durch eine Gesetzesänderung vom 2. 8. 1993 beseitigt. Abweichende ältere Rechtsprechung des BAG ist überholt. Grundlage einer Divergenzbeschwerde können keine Beweisbeschlüsse sein (BAG AP Nr. 22 zu § 72a ArbGG 1979 Divergenz = NZA 1989, 281 = BB 1989, 76 = DB 1989, 1428). Die Entscheidung, von der abgewichen wird, muß bereits zuvor ergangen sein (BAG AP Nr. 6 zu § 72a ArbGG 1979 Divergenz). Eine Entscheidung des BAG in einer Rechtsfrage ist schon dann im Sinne von § 72a Abs. 2 Nr. 2 ArbGG ergangen, wenn das BAG lediglich in der Begründung einer Entscheidung zu einer anderen Rechtsfrage eine bestimmte Rechtsansicht geäußert hat (BAG AP Nr. 7 zu § 72a ArbGG 1979 Divergenz).

6. In der Rechtsprechung zur Divergenzrevision hatte das BAG verlangt, daß in der angefochtenen wie angezogenen Entscheidung herauszuarbeitende Rechtsgrundsätze die jeweiligen Entscheidungen tragen. Zur Nichtzulassungsbeschwerde hat es diese Frage zunächst offengelassen (BAG AP Nr. 3 zu § 72a ArbGG 1979). Später hat es entschieden, daß eine Divergenz nur vorliege, wenn das Berufungsgericht mit einem tragenden abstrak-

5. Nichtzulassungsbeschwerde wegen Divergenz **IV. D. 5**

ten Rechtssatz von einem abstrakten Rechtssatz einer angezogenen Entscheidung abweiche (BAG AP Nr. 11 zu § 72a ArbGG 1979 Divergenz). Nach dem Wortlaut von § 72a Abs. 2 Nr. 2 ArbGG ist davon auszugehen, daß in jedem Fall dargelegt werden muß, daß die anzufechtende Entscheidung auf dem abstrakten Rechtsgrundsatz beruht (BAG AP Nr. 3 zu § 72a ArbGG 1979 Divergenz). Eine Divergenzbeschwerde ist mithin nicht statthaft, wenn die anzufechtende Entscheidung die Rechtsfrage dahingestellt läßt, einen Rechtssatz aufstellt, der sich auf die Entscheidung nicht auswirkt, eine Tatfrage abweichend beurteilt. Dagegen wird eine Divergenzbeschwerde bereits dann zulässig sein, wenn die Divergenz zu einem abstrakten Rechtsgrundsatz der angezogenen Entscheidung besteht.

Eine Divergenzrevision war nicht statthaft, wenn die angefochtene Entscheidung nur in der Hauptbegründung (BAG AP Nr. 27 zu § 72 ArbGG 1953 Divergenzrevision = NJW 1965, 1455) oder Hilfsbegründung (BAG AP Nr. 35 zu § 72 ArbGG 1953 Divergenzrevision) einen abweichenden Rechtsgrundsatz aufgestellt hat, die andere Begründung aber die Entscheidung trug. Zur Divergenzbeschwerde hat das BAG bislang lediglich entschieden, daß in den Fällen der alternativen Begründung einer divergenzfähigen Entscheidung die Divergenzbeschwerde statthaft ist, wenn die angefochtene Entscheidung von einer Begründung abweicht (BAG AP Nr. 2 zu § 72a ArbGG 1979 Divergenz). Umgekehrt ist die Divergenzbeschwerde nicht zulässig, wenn die anzufechtende Entscheidung mehrere Begründungen enthält, die die Entscheidung tragen, von denen aber nur eine abweicht (BAG AP Nr. 3 aaO.).

Entscheidet das LAG über mehrere Klagebegehren und weicht es nur bei der Beurteilung eines Anspruchs von einer divergenzfähigen Entscheidung ab, so kann nur insoweit die Revision zugelassen werden (BAG AP Nr. 8 zu § 72a ArbGG 1979 = NJW 1982, 351).

7. Gegen den Beschluß durch den eine Nichtzulassungsbeschwerde verworfen wird, gibt es keine Gegenvorstellung (BAG AP Nr. 2 zu § 329 ZPO). Ebensowenig gibt es ein Rechtsmittel gegen einen Beschluß, durch den die Revision oder Rechtsbeschwerde zugelassen worden ist (BAG AP Nr. 19 zu § 72a ArbGG 1979 = Betr. 1985, 136).

Kosten und Gebühren

§ 12 ArbGG iVm. Anl. 1 zu § 12 ArbGG Nr. 2132. Für das Verfahren der Nichtzulassungsbeschwerde kann auch dem Beschwerdegegner Prozeßkostenhilfe bewilligt werden (BAG AP Nr. 6 zu § 72a ArbGG 1979). Wird um Prozeßkostenhilfe für die Einlegung der Nichtzulassungsbeschwerde nachgesucht, so sind nach § 114 ZPO die Erfolgsaussichten darzulegen (anders BSG SozR SGG § 167 Nr. 4; BVerwG MDR 1965, 410). Nach richtiger Auffassung wird das Revisionsgericht prüfen, ob eine Divergenz sinnvollerweise dargelegt werden kann.

Fristen und Rechtsmittel

Vgl. Anm. 1, 2 und 7.

6. Nichtzulassungsbeschwerde wegen grundsätzlicher Bedeutung und fehlerhafter Tarifauslegung

An das
Bundesarbeitsgericht

Nichtzulassungsbeschwerde

In Sachen
...... (volles Rubrum)[1]

Namens und mit Vollmacht des/der Beklagten lege ich wegen der Nichtzulassung der Revision in dem Urteil des Landesarbeitsgerichts ...... vom ...... – ...... Sa ....../ ...... – Nichtzulassungsbeschwerde[2] ein und werde beantragen zu erkennen:
Die Revision gegen das Urteil des Landesarbeitsgerichts vom ...... – ...... Sa. ....../ ...... – wird zugelassen.

Begründung[3]:

I. Der/die Kläger(in) ist seit dem ...... als Verwaltungsangestellte(r) bei dem/der Beklagten/dem beklagten Land beschäftigt. Auf das Arbeitsverhältnis ist kraft beiderseitiger Tarifbindung/kraft vertraglicher Vereinbarung der Bundesangestelltentarifvertrag einschließlich seiner Ergänzungen anzuwenden.
Seit dem ...... ist der/die Kläger(in) in der Abteilung ...... als ...... eingesetzt. Für die Zeit vom ...... bis ...... erhält der/die Kläger(in) Vergütung nach Vergütungsgruppe ...... der Anlage 1 zum BAT.
Mit der Klage hat die Klägerin von dem/der Beklagten/beklagten Land Vergütung nach Vergütungsgruppe ...... Fallgruppe ...... Anlage 1 zum BAT verlangt. Das Arbeitsgericht hat der Klage stattgegeben; das Landesarbeitsgericht hat die Berufung zurückgewiesen. Die Revision hat es nicht zugelassen. Mit der Nichtzulassungsbeschwerde erstrebt der/die Beklagte/das beklagte Land die Zulassung der Revision.

II. Das Landesarbeitsgericht hat die Revision zu Unrecht nicht zugelassen. Nach § 72a Abs. 1 Nr. 2 iVm. § 72 Abs. 2 Nr. 1 ArbGG ist die Nichtzulassungsbeschwerde an das BAG zulässig, wenn die Rechtssache grundsätzliche Bedeutung hat und die Parteien über die Auslegung eines Tarifvertrages[4], dessen Geltungsbereich sich über den Bezirk des Landesarbeitsgerichtes hinaus erstreckt, streiten. Diese Voraussetzungen sind gegeben:

1. Der Bundesangestelltentarifvertrag gilt über den Bezirk des Landesarbeitsgerichtes ...... hinaus (§ 1 BAT)[5].
2. Der/die Kläger(in) ist in die Vergütungsgruppe ...... einzureihen, wenn sie nachfolgende Tatbestandsvoraussetzungen erfüllt ...... Das Landesarbeitsgericht hat das Tatbestandsmerkmal ...... wie folgt definiert ...... Dies ist unrichtig, weil ......[6].
3. Die Rechtssache hat grundsätzliche Bedeutung. Das Bundesarbeitsgericht hat dieses Tatbestandsmerkmal in seiner bisherigen Rspr. noch nicht ausgelegt ......[7].

Rechtsanwalt

Anmerkungen

1. Vgl. Form. IV. D. 5 Anm. 2.
2. Vgl. Form. IV. D. 5 Anm. 3.
3. Die Beschwerde muß innerhalb einer Notfrist von einem Monat eingelegt werden (§ 72a Abs. 2 ArbGG). Sie muß innerhalb von zwei Monaten nach Zustellung des in

6. Nichtzulassungsbeschwerde wegen grundsätzlicher Bedeutung IV. D. 6

vollständiger Form abgefaßten Urteils begründet werden (§ 72a Abs. 3 ArbGG). Die Begründungsfrist kann nicht verlängert werden. In der Begründung müssen die Voraussetzungen von § 72a Abs. 1 und von § 72a Abs. 2 Nr. 1 ArbGG dargelegt werden. Vgl. Form. IV. D. 5 Anm. 1.

4. Die Grundsatzbeschwerde ist nur statthaft, wenn die Sache grundsätzliche Bedeutung hat und einen der in § 72a Abs. 1 ArbGG aufgezählten Fälle betrifft (BAG AP Nr. 7 zu § 72a ArbGG 1979 Grundsatz). Hierzu gehören Rechtsstreitigkeiten zwischen Tarifvertragsparteien aus Tarifverträgen oder über das Bestehen oder Nichtbestehen von Tarifverträgen; über die Auslegung eines Tarifvertrages, dessen Geltungsbereich sich über den Bezirk eines Landesarbeitsgerichts hinaus erstreckt oder zwischen tariffähigen Parteien oder zwischen diesen und Dritten aus unerlaubten Handlungen (BAG AP Nr. 33 zu § 72a ArbGG 1979 Grundsatz = BB 1987, 2099 = Betr. 1987, 2264), soweit es sich um Maßnahmen zum Zwecke des Arbeitskampfes oder um Fragen der Vereinigungsfreiheit einschließlich des hiermit im Zusammenhang stehenden Betätigungsrechts der Vereinigungen handelt (§ 72a Abs. 1 ArbGG 1979). Nach dem AGB-DDR wirksam zustande gekommene Rahmenkollektivverträge sind Tarifverträge iS. von § 72a ArbGG (BAG AP Nr. 26 zu § 72a ArbGG 1979). Sie ist mithin auch nicht deshalb zulässig, weil sie auf einen Verstoß gegen die Rechte aus Art. 101 Abs. 1 S. 2, 103 Abs. 1 GG oder sonstige Gesetze gestützt ist (BAG AP Nr. 4, 21, 22, 27 zu § 72a ArbGG 1979; AP Nr. 24 = NZA 1986, 763 = Betr. 1986, 2688; AP Nr. 25, 28 zu § 72a ArbGG 1979 Grundsatz). Die Beschränkung der Grundsatzbeschwerde auf die in § 72a Abs. 1 Nr. 1–3 ArbGG genannten Streitigkeiten ist verfassungsgemäß (BAG AP Nr. 8 zu § 72a ArbGG 1979 Grundsatz; BVerfG AP Nr. 9, 10 zu § 72a ArbGG 1979).

5. Die Nichtzulassungsbeschwerde ist auch dann zulässig, wenn in einem Land mehrere Landesarbeitsgerichte bestehen und der Tarifvertrag sich über den Bezirk eines Landesarbeitsgerichtes hinaus erstreckt. Der Geltungsbereich eines Tarifvertrages erstreckt sich aber nicht dann über den Bereich eines Landesarbeitsgerichts hinaus, wenn er wohl über den Bezirk von sog. detachierten Kammern, nicht aber über den des LAG hinausgeht (BAG AP Nr. 15 zu § 72a ArbGG 1979) oder wenn eine bestimmte Tarifnorm in anderen Tarifverträgen außerhalb des LAG-Bereichs wiederholt wird (BAG AP Nr. 10 zu § 72a ArbGG 1979 Grundsatz = Betr. 1981, 328). Stimmt ein Tarifvertrag, dessen Geltungsbereich auf den Bezirk eines Landesarbeitsgerichts beschränkt ist, in einem Regelungsbereich (hier Zuschüsse des Arbeitgebers zu Unterhalts- und Kurzarbeitergeld) mit mindestens einem in einem anderen Landesarbeitsgerichtsbezirk geltenden Tarifvertrag wörtlich überein und weisen beide Tarifverträge auch im übrigen keine für eine Auslegung unter Berücksichtigung des jeweiligen Regelungszusammenhangs erheblichen Unterschiede auf, so sind diese Tarifverträge für die Anwendung von § 72a Abs. 1 Nr. 2 ArbGG jeweils einem über den Bezirk eines Landesarbeitsgerichtes hinaus geltenden Tarifverträge gleich zu achten (BAG v. 24. 3. 1993 – AP Nr. 21 zu § 72 ArbGG 1979).

6. Nicht jeder Rechtsstreit, der über die Berechtigung eines tariflichen Anspruchs geführt wird, ist ein Rechtsstreit über die Auslegung des Tarifvertrages (*Schaub* ArbR-Formb. § 108 III 2). Vielmehr ist der Begriff Auslegung des Tarifvertrages entspr. dem Sinn und Zweck der Nichtzulassungsbeschwerde zu beschränken, das Bundesarbeitsgericht in die Lage zu versetzen, der Rechtseinheit und Rechtsfortbildung zu dienen. Die Rechtseinheit wird durch das Revisionsgericht dadurch gewahrt, daß es zur Auslegung von Rechtsnormen oder zu sonstigen Rechtsfragen abstrakte und generelle Regeln aufstellt, die für die Instanzgerichte und die sonstige Rechtspraxis eine Richtschnur bei der Beurteilung von Einzelfällen darstellen können. Bei der Rechtsfortbildung soll durch die Aufstellung neuer abstrakt-genereller Regeln das geltende Recht Entwicklungen oder Veränderungen auf sozialem, wirtschaftlichem, technischem oder sonstigem Gebiet angepaßt werden (BAG AP Nr. 1 zu § 72a ArbGG 1979 Grundsatz = NJW 1980, 1812; AP Nr. 2 aaO. = NJW 1980, 1815). Demgemäß ist bereits in der Zulässigkeitsstation der Nichtzulassungsbe-

schwerde darzulegen, inwieweit die Definition eines bestimmten Tatbestandsmerkmals eines bestimmten Tarifvertrages durch das Landesarbeitsgericht fehlerhaft ist (BAG AP Nr. 4 zu § 72a ArbGG 1979 Grundsatz = Betr. 1980, 1029; AP Nr. 13, 27 aaO.). Unzureichend ist, wenn nur dargelegt wird, die Auslegung eines Tarifvertrages sei fehlerhaft. Verweist der Tarifvertrag lediglich auf eine außertarifliche normative Regelung, so handelt es sich nicht um eine eigenständige tarifliche Regelung, so daß der Rechtsstreit nicht um die Auslegung des Tarifvertrages geführt wird (BAG AP Nr. 3 aaO. = Betr. 1980, 1029; AP Nr. 17 aaO. = NJW 1982, 595). Dasselbe gilt, wenn die grundsätzliche Regelung (wichtiger Grund) in den Tarifvertrag übernommen wird (BAG AP Nr. 17 zu § 72a ArbGG 1979 Grundsatz = NJW 1982, 595).

Von der Auslegung ist die Subsumtion des Sachverhaltes unter die Rechtsnorm zu unterscheiden. Bei unbestimmten Rechtsbegriffen (zB. wichtiger Grund) ist die Überprüfung durch das Revisionsgericht darauf beschränkt, ob der Rechtsbegriff selbst verkannt ist, ob die Unterordnung des Sachverhalts unter den Rechtsbegriff Denkgesetze oder allgemeine Erfahrungssätze verletzt und ob die Beurteilung wegen Außerachtlassung wesentlicher Umstände offensichtlich fehlerhaft ist (*Schaub* ArbR-Formb. § 108 VII 2c). Nach neuerer Rspr. liegt eine Begriffsverkennung auch dann vor, wenn das Tatsachengericht den Rechtsbegriff zwar zunächst zutreffend darlegt, ihn aber bei der Subsumtion des Sachverhalts wieder aufgibt. Wegen des eingeschränkten Prüfungsmaßstabes des Revisionsgerichtes kann daher die Nichtzulassungsbeschwerde nur in Ausnahmefällen auf Subsumtionsfehler gestützt werden, wenn nämlich das Landesarbeitsgericht sich nicht im Rahmen seines Beurteilungsspielraumes hält (BAG AP Nr. 1 zu § 72a ArbGG 1979 Grundsatz = NJW 1980, 1812; AP Nr. 2 aaO. = NJW 1980, 1815; AP Nr. 16 aaO.).

Um eine Tarifauslegung handelt es sich nicht, wenn die Tarifauslegung die zwingende Folge einer möglicherweise falschen Gesetzesauslegung ist (BAG AP Nr. 7 zu § 72a ArbGG 1979 Grundsatz) oder unbewußte Tarifvertragslücken ergänzend ausgelegt werden müssen (BAG AP Nr. 31 zu § 72a ArbGG 1979 Grundsatz), ein Vorvertrag zu einem Tarifvertrag (BAG AP Nr. 23 aaO.), nicht tarifierte Auslegungsgrundsätze (BAG AP Nr. 29 zu § 72a ArbGG 1979 Grundsatz), Dienstordnungen der Sozialversicherungsträger (BAG AP Nr. 26 aaO.), die Richtlinien für Arbeitsverträge in den Einrichtungen des Deutschen Caritasverbandes (BAG AP Nr. 9 aaO.; AP Nr. 1 zu § 7 AVR Caritasverband = NZA 1988, 425 = BB 1988, 1749) der BAT-KF (AP Nr. 36 aaO. = NJW 1989, 549 = NZA 1988, 842; AP Nr. 37 aaO. = NJW 1990, 2033 = NZA 1989, 769), kirchliche Arbeitsordnungen, die auf einen Tarifvertrag verweisen, der selbst kirchliche Arbeitsverhältnisse ausnimmt (BAG AP Nr. 22 aaO.), Vergütungserlasse für Lehrer (BAG AP Nr. 9, 21, 42 zu § 72a ArbGG 1979 Grundsatz), Richtlinien der Tarifgemeinschaft Deutscher Länder über die Vergütung der im Angestelltenverhältnis tätigen Lehrkräfte (BAG AP Nr. 21 zu § 72a ArbGG 1979 Grundsatz) oder die Eingruppierung des im Angestelltenverhältnis beschäftigten Ausbildungspersonals an den Katastrophenschulen der Länder (BAG AP Nr. 30 zu § 72a ArbGG 1979 Grundsatz) ausgelegt werden oder allgemeine Grundsätze des Tarifrechts (AP Nr. 11 aaO.), bindende Festsetzungen nach dem HAG (BAG AP Nr. 12 aaO.), einen bundesweit geltenden Tarifvertrag ergänzende Betriebsvereinbarungen (BAG AP Nr. 15 zu § 72a ArbGG 1979 Grundsatz = Betr. 1981, 1292) ausgelegt werden. Auf eine Tarifauslegung kommt es jedoch an, wenn der Tarifvertrag nur vertraglich in Bezug genommen ist. EWG-VOen sind keine Tarifverträge iS. von § 72a ArbGG (BAG AP Nr. 43 zu § 72a ArbGG 1979 Grundsatz).

7. Teilweise vermeiden die Senate des BAG die grundsätzliche Bedeutung positiv zu definieren. Der 4. Senat bejaht die grundsätzliche Bedeutung dann, „Wenn die Entscheidung des Rechtsstreits von einer durch das Revisionsgericht klärungsfähigen und klärungsbedürftigen Rechtsfrage abhängt und diese Klärung entweder von allgemeiner Bedeutung für die Rechtsordnung ist oder sie wegen ihrer tatsächlichen (zB. wirtschaftlichen) Auswirkungen die Interessen der Allgemeinheit oder eines größeren Teils der Allgemeinheit eng berühren" (BAG AP Nr. 1 aaO. = NJW 1980, 1812; AP Nr. 20 aaO.). Eine

grundsätzliche Bedeutung liegt mithin nicht vor, wenn die Entscheidung nicht von der Auslegung des dargelegten tariflichen Rechtsbegriffs abhängt (BAG AP Nr. 13 zu § 72a ArbGG 1979 Grundsatz = Betr. 1981, 1340; AP Nr. 27 aaO. = NZA 1985, 435 = Betr. 1985, 556) oder die Entscheidung des Rechtsstreits nur für wenige gleichgelagerte Sachverhalte von Bedeutung ist (BAG AP Nr. 20, 24 aaO). Klärungsfähig und klärungsbedürftig ist sie dann nicht, wenn sich zu einem Begriff bereits eine feste obergerichtliche Rechtsprechung gebildet hat oder wenn der Begriff offensichtlich eindeutig ist (BAG AP Nr. 13, 17 aaO.; AP Nr. 9 zu § 1 TVG Tarifverträge: Metallindustrie = Betr. 1982, 288; AP Nr. 32 zu § 72a ArbGG 1979 Grundsatz = Betr. 1987, 1948), der Rechtsstreit nicht von seiner Auslegung abhängt (BAG AP Nr. 13, 27 aaO.) oder bei Alternativbegründung nur eine Begründung die Tarifvorschrift betrifft (BAG AP Nr. 38 aaO. = NZA 1990, 201). Die Nichtzulassung der Revision kann nicht mit der Begründung angefochten werden, die Rechtssache habe eine grundsätzliche Bedeutung, weil die angefochtene Entscheidung Verfassungsrecht verletze (BAG AP Nr. 4 zu § 72a ArbGG 1979 = Betr. 1980, 1029), gegen Grundsätze der Darlegungs- und Beweislast des allgemeinen materiellen (BAG AP Nr. 7 aaO.) oder des formellen Rechts (BAG AP Nr. 2 aaO.) verstoße, Gesetzesrecht fehlerhaft auslege, selbst wenn es von verschiedenen obersten Gerichtshöfen des Bundes unterschiedlich ausgelegt wird (BAG AP Nr. 25 aaO.) oder der Streit- und Beschwerdewert bzw. der Begriff der vermögensrechtlichen Streitigkeit verkannt sei (BAG AP Nr. 6 aaO.). Bejaht worden ist die grundsätzliche Bedeutung, wenn es um die Frage geht, ob eine öffentliche Verwaltung die Zusatzversorgung des Arbeitnehmers bei der VBL schuldet, weil sie eine nach dem Versorgungstarifvertrag nicht versorgungspflichtige Tätigkeit zum Zwecke der getarnten übertariflichen Bezahlung wie eine zusatzversorgungspflichtige Tätigkeit bezahlt hat (BAG AP Nr. 5 zu § 72a ArbGG 1979 Grundsatz).

Kosten und Gebühren

Vgl. Form. IV. D. 5.

Fristen und Rechtsmittel

Vgl. Anm. 3 und 4; Form. IV. D. 5 Anm. 7.

7. Revision mit Aufklärungs- und Beweisrügen[1]

An das
Bundesarbeitsgericht

Revision

In Sachen

...... (volles Rubrum)

lege ich namens und mit Vollmacht des Klägers/Beklagten gegen das Urteil des Landesarbeitsgerichts ...... vom ...... – ...... Sa. ...... Revision ein und beantrage zu erkennen:
I. Auf die Revision des Klägers/Beklagten wird das Urteil des Landesarbeitsgerichtes ...... vom ...... – ...... Sa. ...... / ...... aufgehoben[2].
    Auf die Berufung des Klägers/Beklagten wird das Urteil des Arbeitsgerichts ...... vom ...... – Ca ...... / ...... – abgeändert.
    Die Beklagte wird verurteilt ...... / die Klage wird abgewiesen ......
II. Der Kläger/Beklagte trägt die Kosten des Rechtsstreits.

Begründung[3]:

I. Der Kläger war vom ...... bis ...... bei dem/der Beklagten als ...... beschäftigt. Seit dem ...... war er Prokurist. Mit seinem Ausscheiden ist der Kläger in den Ruhestand getreten. Am ...... hat der/die Beklagte dem Kläger eine Versorgungszusage erteilt. Der/die Beklagte hat dem Kläger geschrieben, er erhalte bei seinem Ausscheiden infolge der Altersgrenze ein betriebliches Ruhegeld (Anlage ...... zum Schriftsatz vom ......; Blatt ...... VA). Allerdings hat der/die Beklagte bei der Erteilung der Versorgungszusage die Höhe noch offengelassen[4].

Mit der Klage hat der Kläger die Gewährung von Versorgungsbezügen verlangt. Das Arbeitsgericht hat die Klage abgewiesen. Das Berufungsgericht hat die Berufung zurückgewiesen. Es hat die Revision zugelassen.

II. 1. Das Urteil des LAG unterliegt bereits aus prozessualen Gründen der Aufhebung. Die Entscheidung des LAG ist am ...... verkündet worden. Die Entscheidungsgründe sind dem Kläger erst am ...... zugestellt worden. Das LAG hat in seinem Urteil festgestellt .... Diese Feststellung ist falsch, wie sich aus dem Vortrag des Klägers/Beklagten aus dem Schriftsatz vom ...... ergibt. Hätte das LAG das Urteil rechtzeitig zugestellt, dann hätte der Kläger/Beklagte innerhalb der Frist zur Tatbestandsberichtigung diese beantragen können (§ 320 ZPO). Diese Frist ist wegen der verspäteten Zustellung versäumt worden[5].

2. Beide Vorinstanzen haben übereinstimmend die Klage mit der Begründung abgewiesen, die Versorgungszusage sei unwirksam, weil die Höhe des Ruhegeldes nicht bestimmt worden sei. Dies ist falsch, denn es wird die Rspr. des BAG über die Blankettzusage verkannt ......[6].

3. Im übrigen hat das LAG den Sachverhalt nicht hinreichend aufgeklärt und nicht die angebotenen Beweise erhoben.

a) Der Kläger hat sich auf die ihm schriftlich erteilte Versorgungszusage berufen. Er hat ferner dargelegt, daß die Parteien beständig über das zu gewährende Ruhegeld verhandelt haben. Das LAG hat dem Kläger zum Vorwurf gemacht, diese Verhandlungen nicht substantiiert dargelegt zu haben. Insoweit hat es die Grundsätze des richterlichen Fragerechts und der Fragepflicht verletzt (§ 139 ZPO).

Hätte das LAG den Kläger aufgefordert, die Vertragsverhandlungen im einzelnen darzulegen, hätte der Kläger noch vorgetragen .... Auch hierauf beruht die angefochtene Entscheidung ......[7].

b) Im übrigen hat das LAG auch die angebotenen Beweise nicht ausgeschöpft. Der Kläger hat auf Blatt ...... des Schriftsatzes vom ...... (Bl. ...... VA) vorgetragen, daß der Beklagte noch bei dem Ausscheiden des Klägers erklärt habe, daß er dem Kläger zwar Ruhegeld zugesagt habe, aber er sich wegen der fehlenden Bestimmung der Höhe verklagen lassen wolle. Dies hat der Kläger an der angegebenen Fundstelle in das Zeugnis des ......, zu laden bei ...... gestellt[8].

c) Im übrigen ist die Beweiswürdigung des LAG unzureichend[9].

Rechtsanwalt

Anmerkungen

1. Die Revision ist nur statthaft, wenn das LAG oder auf Nichtzulassungsbeschwerde das BAG sie zuläßt. Die Zulassung erfolgt i.d.R. im Tenor (vgl. BAG AP Nr. 33 zu § 611 BGB Bühnenengagementsvertrag = BB 1988, 568 = Betr. 1988, 136; AP Nr. 2 zu § 1 TVG Tarifverträge – Schuhindustrie = NZA 1988, 553) oder in den Gründen, soweit sie verkündet werden. Läßt das LAG die Revision zu, ohne die Zulassung zu verkünden, kann die Verfassungsbeschwerde gegeben sein (BVerfG NZA 1990, 579). Zur irrtümlichen Nichtzulassung Form. IV. D. 4 Anm. 2. Die Revisionsfrist und die Revisionsbegründungsfrist betragen je einen Monat. Regelmäßig werden Revision und Revisionsbegründung in

7. Revision mit Aufklärungs- und Beweisrügen — IV. D. 7

getrennten Schriftsätzen eingereicht. Die Frist für die Revisionsbegründung beginnt mit der Einlegung der Revision (§ 554 Abs. 2 ZPO). Die Revisionsbegründungsfrist kann einmal bis zu einem weiteren Monat verlängert werden (§ 74 Abs. 1 ArbGG). Es wird beantragt, die am ...... ablaufende Revisionsbegründungsfrist um einen Monat zu verlängern. Gründe. Vor Begründung der Revision bedarf es noch einer Rücksprache mit der Partei. Diese ist jedoch nicht innerhalb der Revisionsbegründungsfrist durchzuführen, weil der Unterzeichner mit Arbeit überlastet ist ...... Die Verlängerung kann auch noch nach Ablauf der Begründungsfrist erfolgen, sofern sie bis zum Ablauf des letzten Tages der Frist beantragt worden ist (BGHZ 83, 217; BAG GS AP Nr. 1 zu § 66 ArbGG 1979 = NJW 1980, 309; BAG AP Nr. 10 zu § 233 ZPO = NZA 1986, 107).

2. Soweit die Revision begründet ist, ist das Urteil aufzuheben (§ 564 ZPO). Es braucht nur ein Sachantrag gestellt werden; dagegen wird von Amts wegen aufgehoben und zurückverwiesen, wenn noch weitere Aufklärungen notwendig sind. Wenn das Urteil aufgehoben wird, muß über das Schicksal des Urteils des Arbeitsgerichtes entschieden werden. Alternative: Die Berufung des Klägers/Beklagten gegen das Urteil des Arbeitsgerichtes ...... vom ...... – ...... Ca ...... / ...... wird zurückgewiesen.

3. Der notwendige Inhalt der Revisionsbegründung ergibt sich aus § 554 Abs. 3 ZPO. Zur Form vgl. Form. IV. D. 4 Anm. 3.

a) Die Revisionsbegründung muß die Revisionsanträge enthalten (§ 554 Abs. 3 Nr. 1 ZPO). Ist weder in der Revisionsschrift noch in der Revisionsbegründungsschrift ein ausdrücklicher Revisionsantrag gestellt, so ist die Revision dann zulässig, wenn die Revisionsbegründung zweifelsfrei erkennen läßt, in welchem Umfang das Berufungsurteil angegriffen wird (BAG AP Nr. 24 zu § 611 BGB Ärzte, Gehaltsansprüche = NJW 1961, 2085; AP Nr. 4 zu § 59 PersVG = NJW 1966, 269). Ausnahme: Der Anspruch hängt von dem andern ab: BAG AP Nr. 27 zu § 72 ArbGG Streitwertrevision = BB 1976, 1553 = Betr. 1977, 360.

b) In der Revisionsbegründung müssen die Revisionsgründe angegeben werden (§ 554 Abs. 3 Nr. 3 ZPO). Zu unterscheiden sind materiellrechtliche Rügen und Verfahrensrügen. Bei Rüge einer Verletzung des materiellen Rechtes muß die verletzte Rechtsnorm bezeichnet werden. Bei Geltendmachung eines Verfahrensfehlers muß außerdem die Tatsache bezeichnet sein, aus der sich der Fehler ergibt. Soweit die Revision wegen mehrerer Ansprüche statthaft ist, müssen die Revisionsgründe für jeden Anspruch angegeben werden, sonst ist die Revision teilweise unzulässig (BAG AP Nr. 1 zu § 32 AOG Tarifordnung = Betr. 1955, 667; AP Nr. 2 zu § 1 KSchG Verhaltensbedingte Kündigung = NJW 1961, 1421).

Soweit ein materiellrechtlicher Fehler gerügt wird, muß die verletzte Rechtsnorm bezeichnet werden. Ausreichend ist, wenn ein allgemeiner Rechtsgrundsatz genannt wird. Unschädlich ist selbst, wenn versehentlich eine unrichtige Vorschrift angegeben wird (BAG AP Nr. 2 zu § 161 ZPO = NJW 1957, 1492; AP Nr. 60 zu § 1 TVG Tarifverträge: Bau). Das Revisionsgericht ist an den geltend gemachten Fehler nicht gebunden. Ist die Revision einmal zulässig, überprüft das Gericht das Urteil insgesamt auf materiellrechtliche Fehler. Insoweit ist das Risiko auch bei geringer Revisionserfahrung nicht groß. Nach ganz h.M. muß sich der Revisionskläger mit den Gründen der angefochtenen Entscheidung auseinandersetzen (BAG AP Nr. 15 zu § 554 ZPO = BB 1975, 1439; AP Nr. 60 zu § 1 TVG Tarifverträge: Bau; BSG AP Nr. 16 zu § 554 ZPO; a.A. *Grunsky* ArbGG, 6. Aufl., § 74 RZ 7b).

Wird dagegen eine Verfahrensrüge erhoben, so ist (1) die verletzte Rechtsnorm, (2) der Sachverhalt, aus dem sich die Verfahrensverletzung ergibt und (3) der Kausalzusammenhang zwischen Verfahrensfehler und Urteilsinhalt darzulegen. Das Revisionsgericht überprüft grundsätzlich nur die gerügten Verfahrensverletzungen. Nach Ablauf der Revisionsbegründungsfrist können weitere Verfahrensrügen durch den Revisionskläger nicht nachgeschoben werden. Nach der Rspr. des BAG ist bei unverschuldeter Versäumung einer Verfahrensrüge die Wiedereinsetzung in den vorigen Stand nicht möglich (BAG AP Nr. 18, 20 zu § 72 ArbGG Divergenzrevision; a.A. *Grunsky* aaO. § 74 RZ 8). Verfahrensrügen werden nur dann von Amts wegen berücksichtigt, wenn es sich um die sog. Prozeßfortsetzungsbedingungen handelt. Insoweit ist aber manches streitig. Der Darlegung des Kausalzusammenhangs zwischen Verfahrensfehler und Urteilsinhalt bedarf es nicht bei den absoluten Revisionsgründen (§ 551 ZPO). Bei geringer Revisionserfahrung können irreparable Schäden erwachsen.

c) Ausnahmsweise kann der Revisionsbeklagte gezwungen sein, eine Verfahrensrüge zu erheben. Dies ist dann der Fall, wenn er beim Landesarbeitsgericht obsiegt hat und dort ein Verfahrensfehler unterlaufen ist. In diesen Fällen muß er die Möglichkeit haben, zur Meidung des Prozeßverlustes noch eine Verfahrensrüge zu erheben, wenn eine Aufhebung des Urteils des LAG ansteht. Die Rüge kann bis zum Schluß der mündlichen Verhandlung vor dem Revisionsgericht erfolgen (BAG AP Nr. 2 zu § 276 BGB Vertragsbruch = NJW 1965, 2268).

d) Revision und Revisionsbegründung müssen von einem bei einem deutschen Gericht zugelassenen Rechtsanwalt unterzeichnet sein (§ 11 Abs. 2 ArbGG; vgl. Form. IV. D. 4 Anm. 3 b).

e) Eine Klageänderung ist in der Revisionsinstanz grundsätzlich unzulässig, weil die Entscheidung über den neuen Streitgegenstand die Feststellung neuer Tatsachen erfordert (BAG AP Nr. 6 zu § 256 ZPO = Betr. 1957, 659; AP Nr. 27 zu § 620 BGB Befristeter Arbeitsvertrag; AP Nr. 46 zu §§ 22, 23 BAT). Eine Ausnahme von diesem Grundsatz gilt dann, wenn bei dem neuen Streitgegenstand ein „Weniger an Tatsachen" als beim bisherigen Streitgegenstand erforderlich ist. Dies ist der Fall beim Übergang von der Leistungs- zur Feststellungsklage (BAG AP Nr. 104 zu § 242 BGB Ruhegehalt = Betr. 1965, 1918; AP Nr. 20 zu § 133 f. GewO; AP Nr. 5 zu § 611 BGB Betriebsgeheimnis = NJW 1988, 1186 = NZA 1988, 502).

4. Das Revisionsgericht ist an die Feststellungen des LAG gebunden, so daß es fehlerhaft ist, anderen, neuen oder modifizierten Sachverhalt vortragen zu wollen. Es kann sich daher nur empfehlen, die Struktur des Tatbestandes unter Hervorhebung des Rechtsproblemes zusammenzufassen. Neuer Sachverhalt kann in der Revisionsinstanz nur berücksichtigt werden, wenn er zur Begründung einer Verfahrensrüge (§ 554 Abs. 3 Nr. 3b ZPO) dient, in der Revisionsinstanz streitlos (vgl. BAG AP Nr. 154 zu § 242 BGB Ruhegehalt) gestellt wird (z.B. ein Datum usw.) oder wenn der Revisionskläger die Revision ausschließlich auf neue Tatsachen stützt, sofern diese nach der letzten mündlichen Verhandlung vor dem Berufungsgericht entstanden sind und unter Zugrundelegung der Rechtsauffassung in der angefochtenen Entscheidung zu einer anderen Beurteilung der Klageforderung führen können (BAG AP Nr. 21 zu § 554 ZPO = NJW 1990, 2641 = NZA 1990, 825; AP Nr. 7 zu § 2 TVG Tarifzuständigkeit = NZA 1991, 21 = DB 1991, 104). Neu ist ein Vorbringen, wenn es in der Vorinstanz nicht vorgetragen war. Ob das der Fall ist, muß sich gemäß § 313 Abs. 1 Nr. 3, § 314 ZPO aus dem Tatbestand des angefochtenen Urteils einschl. der darin in Bezug genommenen Schriftsätze ergeben (BAG AP Nr. 13 zu § 611 BGB Ärzte, Gehaltsansprüche = NJW 1960, 166). Hat das LAG Tatsachen fehlerhaft festgestellt, kann nach § 320 ZPO bei dem LAG ein fristgebundener Antrag auf Tatbestandsberichtigung gestellt werden. Dies muß auch geschehen, da sonst das Revisionsgericht von dem festgestellten Tatbestand ausgeht (BAG AP Nr. 2 zu § 7 KSchG; AP Nr. 32 zu § 611 BGB Haftung des Arbeitnehmers). Zum Tatbestand im Rechtssinne gehören alle tatsächlichen Feststellungen ohne Rücksicht auf ihre äußere Einordnung in den Zusammenhang des Urteils, also auch Teile der Entscheidungsgründe (BGH VersR 1974, 1021).

5. Verfahrensfehler werden in der Revisionsinstanz nur auf eine Verfahrensrüge nach § 554 Abs. 3 ZPO berücksichtigt (Anm. 3). (1) Grundsätzlich können Rügen, der Sachverhalt sei unrichtig festgestellt worden, in der Revisionsinstanz nicht berücksichtigt werden, weil dafür die Tatbestandsberichtigung gegeben ist (Anm. 4). Nur ausnahmsweise können

7. Revision mit Aufklärungs- und Beweisrügen IV. D. 7

sie auch in der Revisionsinstanz angebracht werden, wenn das Urteil des LAG nach Ablauf der Frist zur Tatbestandsberichtigung zugestellt worden ist (BAG AP Nr. 1 zu § 60 ArbGG = NJW 1956, 39; AP Nr. 2 zu § 60 ArbGG = NJW 1957, 1165; AP Nr. 1 zu § 320 ZPO). (2) Die Revision ist nicht bereits dann begründet, wenn das LAG das Urteil nach Ablauf der in § 69 ArbGG genannten Fristen zur Geschäftsstelle verbringt (BAG AP Nr. 1 zu § 60 ArbGG = NJW 1956, 39; AP Nr. 1 zu § 320 ZPO; seither ständig). Dagegen hat das BAG zunächst angenommen, daß der absolute Revisionsgrund dann gegeben sei, wenn das Urteil nach Ablauf eines Jahres zugestellt werde (BAG AP Nr. 10 zu § 551 ZPO = NJW 1981, 2079; AP Nr. 1 zu § 1 TVG Presse = NJW 1982, 302; AP Nr. 1 zu § 68 ArbGG 1979 = SAE 1982, 183 *(Grunsky)*; AP Nr. 82 zu §§ 22, 23 BAT 1975 = Betr. 1984, 1203; AP Nr. 166 zu §§ 22, 23 BAT). Dieser Rechtsprechung ist der Gemeinsame Senat der Obersten Gerichtshöfe des Bundes nicht gefolgt. Er hat entschieden, daß ein bei Verkündung noch nicht vollständig abgesetztes Urteil als nicht mit Gründen versehen anzusehen ist, wenn Tatbestand und Entscheidungsgründe nicht binnen fünf Monaten nach Verkündung schriftlich niedergelegt, von den Richtern besonders unterschrieben und der Geschäftsstelle übergeben worden sind (Gem Sen OGH v. 27. 4. 1993 – AP Nr. 21 zu § 551 ZPO). Das BAG hat sich inzwischen dieser Rechtsprechung angeschlossen (BAG v. 4. 8. 1993 – EzA Nr. 2 zu § 551 ZPO; v. 8. 2. 1994 – Nr. 3). Die verspätete Urteilsabsetzung wird aber nur dann berücksichtigt, wenn eine entsprechende Verfahrensrüge erhoben wird. Die Überschreitung der fünfmonatigen Frist rechtfertigt aber nicht die Zulassung der Revision auf Nichtzulassungsbeschwerde (BAG AP Nr. 28 zu § 72a ArbGG 1979). Vgl. *Keil*, Das unpünktliche Urteil, NZA 1994, 817. (3) Zu den Grenzen der Bezugnahme auf das Urteil erster Instanz (§ 543 ZPO) vgl. BAG AP Nr. 42 zu § 72 ArbGG 1953 = EzA Nr. 1 zu § 543 ZPO; AP Nr. 2 zu § 543 ZPO = NJW 1980, 2078 = EzA Nr. 2 zu § 543 ZPO; AP Nr. 3 zu § 543 ZPO = NJW 1982, 1832 = EzA Nr. 3 zu § 543 ZPO; AP Nr. 4, 5 aaO.; AP Nr. 2 zu § 92 ArbGG 1979; Zusammenfassung *Schaub* ArbR-Formb. § 107 XI 2).

6. Von einer Blankettzusage wird dann gesprochen, wenn Leistungen der betrieblichen Altersversorgung dem Grunde nach versprochen werden, deren Höhe aber noch offenbleibt, BAG AP Nr. 110, 167, 181 zu § 242 BGB Ruhegehalt.

7. Muster einer Rüge nach § 139 ZPO: BAG AP Nr. 8 zu § 322 ZPO; AP Nr. 37 zu § 233 ZPO = NJW 1963, 877; AP Nr. 10 zu § 565 ZPO; AP Nr. 36, 70 zu §§ 22, 23 BAT. Bei einer Aufklärungsrüge ist mithin vorzutragen, (1) was das Gericht hätte fragen sollen und warum hierzu Veranlassung bestand, (2) was die Partei geantwortet hätte, (3) inwieweit hierdurch die Entscheidung beeinflußt worden wäre.

8. Muster einer Rüge nach § 286 ZPO: BAG AP Nr. 22 zu § 620 BGB Befristeter Arbeitsvertrag; AP Nr. 8 zu § 322 ZPO. Die Beweisrüge setzt voraus (1) Beweisantrag und Beweisthema, (2) Angabe der Fundstelle in den Vorprozeßakten, (3) Einfluß auf die Entscheidung.

9. Mit der Revision kann nicht eine andere Würdigung der erhobenen Beweise erreicht werden. Es müssen Widersprüche, Denkverstöße, Auslassungen usw. dargelegt werden, und daß die Würdigung des LAG hierauf beruht.

Kosten und Gebühren

§ 12 Abs. 3 ArbGG iVm. Anl. 1 zu § 12 ArbGG Nr. 2130 ff.

E. Beschlußverfahren

1. Antrag auf Bestellung eines Wahlvorstandes zur Betriebsratswahl

An das
Arbeitsgericht

Antrag im Beschlußverfahren[1]
des 1. ...... 2. ...... 3. ......[2]   Antragsteller

vertreten durch ......

gegen

die Firma ......   Antragsgegnerin

wegen Bestellung eines Wahlvorstandes.

Namens und mit Vollmacht der Antragstellerin leite ich ein Beschlußverfahren[3] ein und werde beantragen zu beschließen:

    Das Arbeitsgericht bestellt einen aus drei Personen bestehenden Wahlvorstand zur Durchführung der Betriebsratswahl bestehend aus
    1. ......als Vorsitzender sowie
    2. Angestellte(r) ......,
    3. Arbeiter(in) ...... als Beisitzende.

Begründung:

Die Antragstellerin beschäftigt ...... Arbeitnehmer. Sie ist daher gemäß § 1 BetrVG betriebsratspflichtig. Ein Betriebsrat besteht nicht.

Die Antragsteller/Antragstellerin haben/hat am ...... zu einer Betriebsversammlung eingeladen. Eine Betriebsversammlung hat nicht stattgefunden/hat einen Wahlvorstand nicht gewählt[4].

Beweis: ......

Gemäß § 17 BetrVG hat daher das Arbeitsgericht einen Wahlvorstand zu bestellen. Die Vorgeschlagenen sind zur Übernahme des Amtes bereit.

Beweis: Anliegende Erklärungen.

Anmerkungen

1. a) Das Beschlußverfahren ist als selbständige Verfahrensart neben dem Urteilsverfahren im ArbGG ausgebildet. Es ist echte Rspr., bei der vom Gericht der Sachverhalt ermittelt und darauf Rechtsnormen angewandt werden. Insoweit bestehen wesentliche Unterschiede zu den Regelungsstreitigkeiten vor den betriebsverfassungsrechtlichen Einigungs- und Schlichtungsstellen. Gleichwohl sind die Unterschiede zwischen Beschluß- und Urteilsverfahren nicht sehr groß.

b) Beschluß- und Urteilsverfahren schließen sich wechselseitig aus (BAG AP Nr. 2 zu § 46 ArbGG; AP Nr. 1 zu § 80 ArbGG = NJW 1970, 349). Das Beschlußverfahren ist für die in § 2a ArbGG aufgezählten Fälle gegeben. Die Abgrenzung erfolgt nach der eigentlichen Anspruchsgrundlage. Soweit eine im anderen Verfahren zu entscheidende Frage als

Vorfrage zu bescheiden ist, kann darüber inzidenter entschieden werden. Die Wahl der Verfahrensart erfolgt durch die Antragsschrift (Anm. 3).

c) Die richtige Verfahrensart ist Prozeßvoraussetzung, die in jeder Lage des Verfahrens von Amts wegen geprüft wird. Ob dies auch für die höheren Instanzen zutrifft, war umstr., wurde aber von der h.M. bejaht (BAG AP Nr. 1, 2 zu § 78a BetrVG 1972; AP Nr. 1 zu § 23 SchwbG; a.A. *Grunsky*, ArbGG, 6. Aufl. § 80 RZ 9). Inzwischen ist durch G. vom 17. 12. 1990 (BGBl. I 2809) § 48 ArbGG geändert und die Verweisung in die richtige Verfahrensart ausdrücklich geregelt; vgl. *Schaub* ArbR-Formb. § 84.

d) Zu den Verfahrensvoraussetzungen im übrigen Form. IV. E. 2 Anm. 4.

2. Zum Antragsrecht § 17 Abs. 3 BetrVG; vgl. *Schaub* ArbR-Hdb. § 217 I.

3. Nach § 81 Abs. 1 ArbGG wird ein Beschlußverfahren nur auf Antrag eingeleitet. Hieraus folgt auch, daß im Schriftsatz hierauf besonders hingewiesen werden muß. Beschlußverfahren und Urteilsverfahren schließen sich wechselseitig aus. Zur Einleitung einer unrichtigen Verfahrensart: Anm. 1; *Schaub* ArbR-Formb. § 84, § 112 I. Für den Antrag ist die voll besetzte Kammer des Arbeitsgerichtes im Beschlußverfahren zuständig (§ 2a ArbGG).

4. Das Arbeitsgericht hat nur eine subsidiäre Bestellungsfunktion (§ 17 Abs. 3 BetrVG; vgl. *Schaub* ArbR-Hdb. § 217 I).

Kosten und Gebühren

In Verfahren nach § 2a ArbGG werden Kosten nicht erhoben. Die Gerichte für Arbeitssachen erlassen daher keine Kostenentscheidung und setzen keinen Streitwert für die Gerichtsgebühren fest. Die Streitwertfestsetzung für die Rechtsanwaltsgebühren richtet sich nach §§ 8ff. BRAGO. Es handelt sich um eine nichtvermögensrechtliche Streitigkeit, da die Einrichtung des Betriebsrates im Streit ist. Bei der Schätzung ist die Zahl der beschäftigten Arbeitnehmer zu berücksichtigen und entspr. der Regelstreitwert zu ändern. Zur Durchsetzung des Honoraranspruches des Rechtsanwaltes Form. IV. E. 17.

2. Wahlanfechtung einer Betriebsratswahl[1]

An das
Arbeitsgericht

Antrag

im Beschlußverfahren

mit den Beteiligten

1. ...... 2. ...... 3. ......[2]   Antragsteller

– Verfahrensbevollmächtigter: ......–

gegen

Betriebsrat der Firma ......, vertreten durch den Betriebsratsvorsitzenden ......

     Antragsgegner

die Firma ......

     Beteiligte zu 5

Betriebsratsmitglied ......

     Beteiligter zu 6

wegen Anfechtung der Betriebsratswahl

Namens und mit Vollmacht der Antragsteller und Beteiligten zu 1 bis 3 wird ein Beschlußverfahren eingeleitet und beantragt,

festzustellen, daß anstelle des Beteiligten zu 6 der Arbeitnehmervertreter ...... in den Betriebsrat gewählt worden ist[3].

Begründung[4]:

Die Antragsteller sind drei im Betrieb der Antragsgegnerin und Beteiligten zu 5 beschäftigte Arbeitnehmer. Am ...... haben Betriebsratswahlen stattgefunden. Das Wahlergebnis ist am ...... durch den Wahlvorstand bekanntgemacht worden (§ 19 Abs. 2 BetrVG).

Beweis: Wahlakten

Die Wahl ist in Gruppenwahl erfolgt. Bei der Angestelltengruppe hat eine Verhältniswahl stattgefunden. Es wurden ...... Wahlvorschläge mit ...... gültigen Stimmen abgegeben. Von den gültigen Stimmen erhielt die Liste 1 ...... und die Liste 2 ...... Stimmen. Auf der Liste 1 haben kandidiert 1. ...... 2. ...... usw. Auf der Liste 2 haben kandidiert 1. ...... 2. .... Der Wahlvorstand hat die Auffassung vertreten, nachfolgende Bewerber seien gewählt worden 1. ...... 2. .... Diese Ansicht ist rechtsirrig. Bei richtiger Anwendung des d'Hondtschen-Systems[5] sind folgende Bewerber gewählt ...... (vorrechnen).

Anmerkungen

1. Das Muster kann bei einer Anfechtung einer Aufsichtsratswahl entsprechend angewandt werden.

2. Antragsberechtigt sind drei Arbeitnehmer oder eine im Betrieb vertretene Gewerkschaft (§ 19 BetrVG). Nimmt die Gewerkschaft eine Wahlanfechtung nicht wahr, so ist sie nicht Beteiligte eines von anderen angestrengten Beschlußverfahrens (BAG AP Nr. 12 zu § 19 BetrVG 1972 = NZA 1986, 368 = Betr. 1986, 864). Ein von drei oder mehreren Arbeitnehmern eingeleitetes Wahlanfechtungsverfahren wird nicht unzulässig, wenn die Arbeitnehmer während der Dauer des Beschlußverfahrens aus dem Arbeitsverhältnis ausscheiden. Allerdings müssen wenigstens drei Arbeitnehmer das Beschlußverfahren weiterbetreiben (unter Aufgabe früherer Rspr.: BAG AP Nr. 17 zu § 19 BetrVG 1972 = NZA 1990, 115 = BB 1989, 1984 = Betr. 1989, 2626; gegen BAG AP Nr. 13 zu § 19 BetrVG 1972 = Betr. 1987, 232 = NZA 1987, 120, 166; vgl. auch BAG AP Nr. 27 zu § 76 BetrVG = NZA 1985, 786).

Anfechtungsgegner ist der Betriebsrat (BAG AP Nr. 14 zu § 18 BetrVG; AP Nr. 26 zu § 76 BetrVG = Betr. 1982, 2087 = NJW 1983, 701).

3. Das Muster ist auf die fehlerhafte Verteilung der Betriebsratssitze zugeschnitten.

Alternative: Es wird beantragt, die Betriebsratswahl vom ...... für unwirksam zu erklären.

Zur Begründung sind alsdann Verstöße gegen wesentliche Vorschriften über das Wahlrecht, die Wählbarkeit oder das Wahlverfahren darzulegen; vgl. *Schaub* ArbR-Hdb. § 218 III.

Alternative: Es wird beantragt, die Wahl der Vertreter der Arbeiter/Angestelltengruppe bei der Betriebsratswahl vom ...... für unwirksam zu erklären.

Die Anfechtung kann auf eine Gruppe beschränkt werden. (*Schaub* ArbR-Hdb. § 218 III).

4. Wegen der Prozeßvoraussetzungen gelten die Vorschriften des Urteilsverfahrens vielfach entspr.

a) Im Beschlußverfahren wird nicht von Parteien, sondern von Beteiligten gesprochen.

Hierbei handelt es sich aber nur um eine abweichende Terminologie. Formell Beteiligter des Beschlußverfahrens ist, von und gegenüber wem betriebsverfassungsrechtliche Rechte geltend gemacht werden. Der Begriff der Beteiligungsfähigkeit entspricht dem der Parteifähigkeit. Wer im Urteilsverfahren parteifähig ist, ist auch beteiligungsfähig im Beschlußverfahren (BAG AP Nr. 2 zu § 97 ArbGG 1953 = Betr. 1971, 1577). Durch § 10 ArbGG ist die Beteiligungsfähigkeit erweitert. Vgl. Form. IV. E. 6 Anm. 2.

b) Das ArbGG enthält wegen der Prozeßfähigkeit keine Sondervorschriften. Die Prozeßfähigkeit richtet sich mithin nach §§ 51 ff. ZPO. Prozeßfähig ist aber auch derjenige, der nach § 10 ArbGG beteiligungsfähig ist. Umstr. ist, ob der minderjährige Jugend- und Auszubildendenvertreter prozeßfähig ist; dies wird im allgemeinen bejaht.

c) Jeder Beteiligte kann sich im Beschlußverfahren vertreten lassen. Der Betriebsrat kann sich durch einen Gewerkschaftsvertreter vertreten lassen, wenn nur ein Betriebsratsmitglied bei der Gewerkschaft Mitglied ist (BAG AP Nr. 7 zu § 11 ArbGG = NJW 1955, 477; AP Nr. 21 zu § 76 BetrVG = NJW 1971, 1151). Welche Gewerkschaftsvertreter mit der Vertretung beauftragt werden, richtet sich nach dem Beschluß des Betriebsrates (§ 33 BetrVG).

Im Beschlußverfahren kann ein Dritter für den Rechtsinhaber das Recht im eigenen Namen als Prozeßstandschafter geltend machen. Fälle der Prozeßstandschaft ergeben sich aus §§ 50 Abs. 2, 58 Abs. 2 BetrVG (vgl. BAG AP Nr. 1 zu § 69 BetrVG = NJW 1966, 1333). In gewillkürter Prozeßstandschaft kann die Gewerkschaft ermächtigt werden, Ansprüche eines Betriebsratsmitgliedes geltend zu machen. Nach der Rspr. des BAG ist dazu aber ein eigenes Interesse der Gewerkschaft notwendig (BAG AP Nr. 4 zu § 40 BetrVG 1972 = Betr. 1974, 731; umstr., vgl. *Grunsky* § 80 RdNr. 20; *Schaub* § 113 II 6).

d) Besonderheiten ergeben sich für die örtliche Zuständigkeit im Beschlußverfahren (§ 82 ArbGG).

e) Im Beschlußverfahren sind Leistungs-, Feststellungs- und Gestaltungsanträge möglich. Der Feststellungsantrag ist wie im Urteilsverfahren dem Leistungsantrag subsidiär (BAG AP Nr. 1 zu § 80 ArbGG = Betr. 1962, 274, 308).

f) Der Antragsteller muß an der Durchführung des Beschlußverfahrens ein Rechtsschutzinteresse haben (vgl. Form. IV. E. 13 Anm. 3). Im betriebsverfassungsrechtlichen Wahlanfechtungsverfahren nach § 19 BetrVG entfällt das Rechtsschutzinteresse für einen Antrag, die Wahl für unwirksam zu erklären, mit Ablauf der Amtszeit des Gremiums, dessen Wahl angefochten wird (BAG AP Nr. 20 zu § 19 BetrVG 1972 = NZA 1991, 946).

g) Die Beschlüsse des Beschlußverfahrens erwachsen in Rechtskraft (vgl. Form. IV. E. 6 Anm. 3 a. E.).

5. Sind in einem Wahlgang mehrere Betriebsratssitze zu besetzen und zwei oder mehrere Vorschlagslisten für den Wahlgang eingereicht, so findet Verhältniswahl statt. Sie bezweckt einen angemessenen Minderheitenschutz. Sie wird als Listenwahl durchgeführt; dh., der Wähler kann keine Kandidaten streichen oder hinzusetzen. Die Verteilung der Sitze erfolgt entsprechend folgendem Beispiel: Zu wählen sind 19 Betriebsräte; eingereicht waren drei Listen; es sind entfallen auf Liste I 1150, Liste II 700, Liste III 600 Stimmen.

Liste I	Liste II	Liste III
1150 : 1 = 1150	700 : 1 = 700	600 : 1 = 600
: 2 = 575	: 2 = 350	: 2 = 300

Die Reihenfolge der Höchstzahlen ist 1150, 700, 600, 575, 350, 300. Gewählt ist jeweils der erste Kandidat jeder Liste.

Kosten und Gebühren

Vgl. Form. IV. E. 1. Nichtvermögensrechtliche Streitigkeit; zur Streitwertbemessung: *Schaub* ArbR.-Formb. § 104 V 5; *Wenzel* Betr. 1977, 722. Rspr.: LAG Hamm BB 1976, 746; Betr. 1977, 357 (10 000 DM; umfangreiche bei 3 600 Wahlberechtigten: 75 000 DM).

3. Verfahren zur Erstattung von Lohn oder Schulungskosten bei Betriebsratsschulung (§§ 37 Abs. 6, 40 BetrVG[1])

An das
Arbeitsgericht

Klage

...... / ...... (volles Rubrum)

Namens und mit Vollmacht des/der Klägers(in) erhebe ich Klage und werde beantragen zu erkennen:
 I. Der/die Beklagte wird verurteilt, ... DM nebst 4% Zinsen seit dem ...... an den/die Kläger(in) zu zahlen[2].
 II. Der/die Beklagte trägt die Kosten des Rechtsstreits.

Begründung:

Der/die Kläger(in) ist von Beruf ....
Er/sie ist seit dem ...... bei dem/der Beklagten beschäftigt. Seit dem ...... gehört er/sie dem Betriebsrat an. Im Betriebsrat hat er/sie folgende Funktionen ....
Der/die Beklagte ist ein Unternehmen für ...... Er/sie beschäftigt ...... Arbeitnehmer. Der Betriebsrat besteht mithin aus ...... Mitgliedern (§ 9 BetrVG).
Am ...... hat der Betriebsrat den Beschluß gefaßt, daß der/die Kläger(in) an einer Bildungsveranstaltung der ...... mit dem Thema ...... teilnehmen soll.
Der Bildungsveranstaltung liegt folgender Themenkatalog zugrunde ....
Der Beschluß ist dem/der Beklagten am ...... mitgeteilt worden. Der/die Beklagte hat wegen des Zeitpunktes der Schulungsveranstaltung keine Einwendungen erhoben. Indes leugnet er/sie die Notwendigkeit der Schulung. Er/sie hat daher dem/der Kläger(in) für die Zeit vom ...... bis ...... keine Arbeitsvergütung gezahlt[3]. Hätte er/sie an der Schulungsveranstaltung nicht teilgenommen, hätte er/sie bei dem/der Beklagten ...... verdient[4].
Der Rechtsstandpunkt der Beklagten ist rechtsirrig. Nach § 37 Abs. 6 i.V.m. § 37 Abs. 2 BetrVG hat ein Mitglied des Betriebsrats Anspruch auf Lohnfortzahlung, wenn es an Schulungs- und Bildungsveranstaltungen teilnimmt, auf denen Kenntnisse vermittelt werden, die für die Arbeit des Betriebsrats erforderlich sind. Nach der Rspr. des BAG sind die vermittelten Kenntnisse dann erforderlich, wenn sie unter Berücksichtigung der konkreten Situation im Betrieb und im Betriebsrat benötigt werden, damit Betriebsratsmitglieder ihre derzeitigen oder demnächst anfallenden Aufgaben erfüllen können. Für die Schulung muß ein konkreter, betriebsbezogener Anlaß vorhanden sein, der eine Vermittlung von Kenntnissen über bestimmte Aufgaben des Betriebsrats notwendig macht. In diesen Fällen hat der Arbeitgeber Vergütungsfortzahlung zu gewähren / die Schulungskosten zu tragen.
Diese Voraussetzungen sind unter Berücksichtigung des dem Betriebsrat zustehenden Ermessensspielraums gegeben.
Die Schulung vom ...... bezieht sich ausweislich ihres Themenplans auf Aufgaben des Betriebsrats ......[5].
Die Schulungsveranstaltung war nach den Verhältnissen des Betriebes und des Betriebsrats aktuell notwendig ......[6].
Der Kläger war schulungsbedürftig und es war ihm auch nicht zuzumuten, sich bei anderen Betriebsratsmitgliedern oder aus allgemein zugänglichen Quellen zu informieren, denn ......[7].
Auch der Besuch des Spezialkursus war notwendig, denn ......[8].
Die Dauer der Schulungsveranstaltung ist unter Berücksichtigung des zu vermittelnden Wissens angemessen ......[9].
Die Höhe der Vergütungsfortzahlung / der Schulungskosten beträgt ......

Rechtsanwalt

3. Verfahren zur Erstattung von Lohn oder Schulungskosten **IV. E. 3**

Anmerkungen

1. Verdienstausfall ist im Urteilsverfahren, Schulungskosten sind dagegen im Beschlußverfahren geltend zu machen. Die Darlegungslast ist im wesentlichen gleich. Zur Einleitung der richtigen Verfahrensart: Form. IV. E. 1 Anm. 1.

2. Alternative für Beschlußverfahren:
Der/die Antragsgegner(in) wird verpflichtet, ... DM nebst 4% Zinsen an den/die Antragsteller(in) zu erstatten.

3. Alternative: Im Rahmen eines Beschlußverfahrens über die Erstattung von Schulungskosten ist hier deren Höhe und Zusammensetzung darzulegen.

4. Für den Vergütungsfortzahlungsanspruch gilt das Lohnausfallprinzip. Der Arbeitnehmer hat Anspruch auf die Vergütung, die er erzielt hätte, wenn er gearbeitet hätte (BAG AP Nr. 3, 11 zu § 37 BetrVG 1972). Fortzuzahlen ist der Bruttolohn einschließlich aller Zulagen (BAG AP Nr. 43 zu § 37 BetrVG 1972), auch wenn infolge der Teilnahme an Schulungsveranstaltungen die Steuerfreiheit einzelner Vergütungsbestandteile wegfällt (BAG AP Nr. 37 zu § 37 BetrVG 1972; AP Nr. 50 aaO. = NZA 1986, 263 = BB 1986, 1222). Dauert die Schulung in die Freizeit hinein, erwachsen keine Ansprüche auf Über- und Mehrarbeitsstundenvergütung (BAG AP Nr. 3, 31, 76 zu § 37 BetrVG 1972). Im Baugewerbe hat ein Betriebsratsmitglied auch dann nur Anspruch auf Schlechtwettergeld, wenn es während des Arbeitsausfalls Betriebsratstätigkeit verrichtet (BAG AP Nr. 55 zu § 37 BetrVG 1972). Fernauslösungen sind im allgemeinen pauschalierte Aufwandsentschädigungen, die nicht zum fortzuzahlenden Arbeitsentgelt im Sinne des § 37 BetrVG gehören (BAG AP Nr. 82 zu § 37 BetrVG 1972 = NZA 1992, 936). Umstr. ist die Bezahlung von Teilzeitarbeitnehmern, die außerhalb ihrer individuellen Arbeitszeit an Schulungsveranstaltungen teilgenommen haben. Dies gilt auch, soweit Mehr- und Überstundenvergütung in Rede steht. Das LAG Berlin hat in dem Ausschluß von Freizeit bzw. Bezahlung eine mittelbare Frauendiskriminierung gesehen (LAG Berlin v. 24. 10. 1990 – BB 1991, 142). Der EuGH hat im Falle Bötel (v. 4. 6. 1992 – AP Nr. 39 zu Art. 119 EWG-Vertrag) entschieden: Art. 119 EWG-Vertrag und die Richtlinie 75/117 EWG des Rates vom 10. Februar 1975 zur Angleichung der Rechtsvorschriften der Mitgliedstaaten stehen einer nationalen Regelung entgegen, die für eine erheblich größere Zahl von Frauen als von Männern gilt und die die Vergütung, die teilzeitbeschäftigte Betriebsratsmitglieder von ihrem Arbeitgeber in Form von bezahlter Arbeitsfreistellung oder von Bezahlung von Überstunden bei Teilnahme an Schulungsveranstaltungen – die für die Betriebsratstätigkeit erforderliche Kenntnisse vermitteln und die während der betrieblichen Vollarbeitszeit veranstaltet werden, deren Dauer aber über die individuelle Arbeitszeit dieser Teilzeitbeschäftigten hinausgeht – zu erhalten haben, auf ihre individuelle Arbeitszeit beschränkt, während vollzeitbeschäftigte Betriebsratsmitglieder bei Teilnahme an denselben Schulungsveranstaltungen eine Vergütung bis in die Höhe der Vergütung für Vollarbeitszeit erhalten. Es bleibt dem Mitgliedstaat unbenommen nachzuweisen, daß diese Regelung durch objektive Faktoren gerechtfertigt ist, die nichts mit einer Diskriminierung aufgrund des Geschlechts zu tun haben. Das BAG hat erneut ein Vorabentscheidungsverfahren eingeleitet, daß es an der bisherigen Rechtsprechung festhalten will, daß keinem Betriebsratsmitglied ein Anspruch auf Ausgleich der Freizeit zusteht, die es für eine außerhalb seiner individuellen Arbeitszeit liegende Schulungsveranstaltung aufgewandt hat (BAG v. 20. 10. 1993 – AP Nr. 90 zu § 37 BetrVG 1972). Zur Schulung von Ersatzmitgliedern: BAG AP Nr. 53 zu § 37 BetrVG 1972 = NZA 1986, 803 = Betr 1986, 2189.

5. Einzelheiten darlegen, daß Themen zum Aufgabengebiet des Betriebsrates gehören. Vgl. zur Leistungsentlohnung: BAG AP Nr. 4, 9 zu § 37 BetrVG 1972; menschengerechte Arbeitsgestaltung: BAG AP Nr. 30 zu § 37 BetrVG 1972; Bilanzwesen: BAG AP Nr. 5 zu

§ 37 BetrVG 1972; Datenschutz: LAG Niedersachsen EzA Nr. 64 zu § 37 BetrVG 1972; Arbeitsschutz und Unfallverhütung (Arbeitssicherheit): BAG AP Nr. 54 zu § 37 BetrVG 1972 = NZA 1986, 803 = Betr. 1986, 2189; Grundkenntnissen im Arbeitsrecht: BAG AP Nr. 58 aaO. = Betr. 1987, 891; AP Nr. 67 aaO. = NZA 1990, 149 = Betr. 1990, 230. Nicht zu den Aufgaben gehören: Lohnsteuerrecht: BAG AP Nr. 5 zu § 80 ArbGG; Ziele gewerkschaftlicher Bildung: BAG AP Nr. 20 zu § 37 BetrVG 1972. Nicht erforderlich ist die Teilnahme an einem Kursus Sprechwirksamkeit: BAG AP Nr. 91 zu § 37 BetrVG 1972.

6. Einzelheiten darlegen, zB. Betriebsvereinbarung über Arbeitszeit, Akkord usw.: BAG AP Nr. 36 zu § 37 BetrVG 1972.

7. Einzelheiten darlegen, zB.: erstmalige Mitgliedschaft, andere Betriebsratsmitglieder noch nicht geschult, durchgreifende Gesetzes- oder Tarifänderungen. Ein neu in den Betriebsrat gewähltes Betriebsratsmitglied kann idR. an einer Schulungsveranstaltung für Arbeitsrecht teilnehmen (BAG AP Nr. 18, 35 zu § 37 BetrVG 1972; AP Nr. 58 aaO. = Betr. 1987, 891; AP 67 aaO. = NZA 1990, 149; AP Nr. 12 zu § 40 BetrVG 1972).

8. Etwaige Mitgliedschaften in Ausschüssen usw. Nimmt ein Betriebsratsmitglied unmittelbar vor dem Ende seiner Amtszeit an einer Schulungsveranstaltung (hier § 37 Abs. 7) teil, so muß es darlegen, aufgrund welcher besonderen Umstände des Einzelfalles eine solche Festlegung des Zeitpunktes der Schulungsveranstaltung durch den Betriebsrat pflichtgemäßem Ermessen entsprochen habe (BAG AP Nr. 86 zu § 37 BetrVG 1972).

9. Zum Grundsatz der Verhältnismäßigkeit: BAG AP Nr. 26 zu § 37 BetrVG 1972.

Kosten und Gebühren

Für Anspruch auf Vergütungsfortzahlung im Urteilsverfahren Form. IV. A. 3; für Beschlußverfahren Form. IV. E. 1. Der Streitwert entspricht dem Zahlungsantrag.

4. Antrag auf Freistellung eines Betriebsratsmitgliedes zur Schulungsveranstaltung

An das
Arbeitsgericht

In Sachen

des Betriebsrats der Firma ......[1]

vertreten durch den Betriebsratsvorsitzenden	Antragsteller
– Verfahrensbevollmächtigter: RA ...... –	
gegen	
die Firma	Antragsgegnerin
Betriebsratsmitglied	Beteiligter zu 1

Namens und mit Vollmacht des Betriebsrates leite ich ein Beschlußverfahren ein und werde beantragen zu beschließen.
Der Antragsgegnerin wird aufgegeben, den Beteiligten zu 1 für die Teilnahme an dem Betriebsrätekursus ...... der ...... für die Zeit vom ...... bis ...... von der Arbeit freizustellen[2].

Begründung:

Der Antragsteller ist der Betriebsrat der Beklagten. Er besteht aus ...... Mitgliedern. Der Beteiligte zu 1 ist seit dem ...... Betriebsratsmitglied. Ihm obliegen im Betriebsrat folgende Aufgaben ...... Von Beruf ist er ......
Die Antragsgegnerin ist ein Unternehmen ...... Sie beschäftigt ...... Arbeitnehmer.
Am ...... hat der Betriebsrat den Beschluß gefaßt, daß der Beteiligte zu 1 an der Schulung für Betriebsräte der ...... teilnimmt. Diesen Beschluß hat er der Antragsgegnerin am ...... mitgeteilt[3]. Die Teilnahme an der Schulungsveranstaltung ist notwendig ......[4]. Die Antragsgegnerin hat der Teilnahme zu Unrecht widersprochen mit der Begründung, sie sei nicht notwendig.
Auch wegen des Zeitpunktes hat der Betriebsrat hinreichend die Interessen der Antragsgegnerin gewahrt. Insoweit hat diese auch keine Einwendungen erhoben.

Rechtsanwalt

Anmerkungen

1. Der Anspruch auf Teilnahme an einer Schulungsveranstaltung steht nach h. M. dem Betriebsrat zu. Zur Verfahrensart Form. IV. E. 1 Anm. 1. Erst aufgrund des Betriebsratsbeschlusses, welches Betriebsratsmitglied geschult wird, erwächst ein abgeleiteter Individualanspruch. Antragsteller ist daher der Betriebsrat. Nach richtiger Auffassung ist aber auch das einzelne Betriebsratsmitglied antragsberechtigt (vgl. BAG AP Nr. 46 zu § 37 BetrVG 1972 = NZA 1984, 127 = Betr. 1984, 1785; LAG Hamm EzA Nr. 47 zu § 37 BetrVG 1972).

2. Der Arbeitgeber kann der Teilnahme eines Betriebsratsmitgliedes an einer Schulungsveranstaltung widersprechen, weil er sie für nicht notwendig hält oder weil er wegen des Zeitpunktes die betrieblichen Interessen nicht hinreichend gewahrt sieht. Widerspricht der Arbeitgeber, weil die Schulungsveranstaltung nicht notwendig ist, ist für die Entscheidung das Arbeitsgericht zuständig, das notfalls auch im Wege der einstweiligen Verfügung (§ 85 ArbGG) im Beschlußverfahren angerufen werden kann. Widerspricht dagegen der Arbeitgeber, weil die betrieblichen Interessen bei der Festlegung des Zeitpunktes nicht hinreichend gewahrt sind, so kann er die Einigungsstelle anrufen (§ 37 Abs. 6 S. 4 BetrVG). Der Spruch der Einigungsstelle ersetzt die Einigung zwischen Arbeitgeber und Betriebsrat. Er kann alsdann in einem Verfahren nach § 76 BetrVG überprüft werden. Ob das Betriebsratsmitglied schon vor Durchführung der Verfahren sich eigenmächtig von der Arbeit entfernen darf, ist im Schrifttum umstr. Es geschieht jedenfalls auf seine eigene Gefahr.

3. Der Betriebsrat hat dem Arbeitgeber die Teilnahme und die zeitliche Lage der Schulungsveranstaltung so rechtzeitig mitzuteilen, daß sich dieser auf sie einstellen und die Voraussetzungen der Freistellung noch überprüfen kann (BAG AP Nr. 27 zu § 37 BetrVG 1972). Bei der Mitteilung sind der Zeitraum, Ort der Veranstaltung und Themenplan bekanntzugeben (vgl. Form. IV. E. 3).

4. Zur Erforderlichkeit vgl. Form. IV. E. 3.

Kosten und Gebühren

Nicht vermögensrechtliche Streitigkeit; Streitwert jedoch im allgemeinen in Höhe der Lohnkosten während der Freistellung. Vgl. im übrigen bei Form. IV. E. 1.

5. Antrag auf Freistellung und Kostenerstattung für die Beschaffung von Hilfsmaterial[1]

An das
Arbeitsgericht

Antrag im Beschlußverfahren

des Betriebsrats ......   Antragstellers

vertreten durch den Betriebsratsvorsitzenden ......
– Verfahrensbevollmächtigter: Rechtsanwalt ...... –

gegen

die Firma ......   Antragsgegnerin

wegen Beschaffung von Zeitschriften.

Namens und mit Vollmacht des Antragstellers leite ich ein Beschlußverfahren ein und werde beantragen zu erkennen:
Die Antragsgegnerin wird verpflichtet, den Antragsteller von seiner Verpflichtung für ...... in Höhe von ...... gegenüber ...... freizustellen[2].
Hilfsweise.
Die Antragsgegnerin wird verpflichtet, dem Antragsteller ...... auf ihre Kosten ab ...... zur Verfügung zu stellen.

Begründung:

Der Antragsteller ist der Betriebsrat der Antragsgegnerin. Er benötigt zur Durchführung seiner Aufgaben ...... Die Antragsgegnerin weigert sich, dem Betriebsrat ...... zur Verfügung zu stellen. Dies ist ungerechtfertigt. Der Betriebsrat benötigt aus folgenden Gründen ...... Die anfallenden Kosten sind auch nicht unverhältnismäßig ......

Rechtsanwalt

Anmerkungen

1. Der Betriebsrat kann u.U. Anschaffungen auf Kosten des Arbeitgebers zur Durchführung seiner Arbeit vornehmen (§§ 677, 683, 670 BGB). Der Freistellungsantrag bietet keine Besonderheiten. Auch das einzelne Betriebsratsmitglied kann Ansprüche auf Freistellung oder Kostenerstattung haben (BAG AP Nr. 28 zu § 40 BetrVG 1972 = NZA 1989, 641 = Betr. 1989, 1829). Die Kostenerstattungsforderung ist nach Eintritt des Verzugs oder der Rechtshängigkeit zu verzinsen (BAG AP Nr. 28 aaO.). Zu Rechtsverteidigungskosten des Betriebsratsmitgliedes: BAG AP Nr. 29 aaO. = NJW 1990, 853 = NZA 1990, 233. Mit dem Hilfsantrag soll der Arbeitgeber zur Überlassung der benötigten Gegenstände gezwungen werden (vgl. BAG AP Nr. 20 zu § 40 BetrVG 1972 = NJW 1984, 2309). Der Betriebsrat kann nicht die Überlassung einer Tageszeitung verlangen (Handelsblatt: BAG AP Nr. 32 aaO. = NZA 1990, 448 = Betr. 1990, 1093). Auch dann, wenn der Arbeitgeber seine Arbeitnehmer durch ein elektronisches Informationssystem mit Mailbox informiert, folgt nicht, daß er dieses auch dem Betriebsrat zur Verfügung stellen muß (BAG v. 17. 2. 1993 – AP Nr. 37 zu § 40 BetrVG 1972).

2. Zur materiellen Anspruchsbegründung vgl. *Schaub* ArbR-Hdb. § 222.

Kosten und Gebühren

Vermögensrechtliche Streitigkeit. Streitwert in Höhe des Zahlungsantrages. Vgl. Form. IV. E. 1.

6. Antrag auf Auflösung des Betriebsrates oder Ausschluß eines Betriebsratsmitgliedes

An das
Arbeitsgericht

In Sachen

der Gewerkschaft ......   Antragstellerin[1]

gegen

das Betriebsratsmitglied ......   Antragsgegner

weitere Beteiligte[2]

Betriebsrat der Firma ......

gesetzlich vertreten durch ......   Beteiligter zu 1

Firma ......   Beteiligte zu 2

wegen Ausschluß eines Betriebsratsmitgliedes.

Namens und mit Vollmacht der Antragstellerin leite ich ein Beschlußverfahren ein und beantrage zu erkennen.

Das Betriebsratsmitglied ...... wird aus dem Betriebsrat ausgeschlossen[3].

Begründung:

Die Antragstellerin ist im Betrieb der Beteiligten zu 2 vertreten. Sie hat dort ...... (mehrere) Mitglieder.

Beweis: Vernehmung des Vorsitzenden der Ortsstelle.

Beteiligter zu 1 ist der Betriebsrat der Firma ...... Dieser besteht aus ...... Mitgliedern. Der Antragsgegner wurde bei der Betriebsratswahl im Jahre ...... in den Betriebsrat gewählt.

Beweis: Betriebsratsvorsitzender ......

Der Antragsgegner ist aus dem Betriebsrat auszuschließen, denn er hat seine Pflichten als Betriebsratsmitglied grob verletzt ......[4].

Anmerkungen

1. Antragsberechtigt sind (1) mindestens ein Viertel der Wahlberechtigten Arbeitnehmer, (2) der Arbeitgeber, (3) eine im Betrieb vertretene Gewerkschaft, (4) der Betriebsrat (§ 23 Abs. 1 BetrVG).

2. In einem Beschlußverfahren formal beteiligt ist, wer Rechtschutz gegen einen anderen begehrt (vgl. Form. IV. E. 2 Anm. 4). Der Begriff des formell Beteiligten, der durch die Antragsschrift bestimmt wird, ist von dem des materiell Beteiligten zu unterscheiden. Materiell Beteiligter ist derjenige, von dem behauptet wird, daß ihm Ansprüche der in § 2 a

ArbGG aufgezählten Art gegen einen anderen zustehen. Der Begriff des materiell Beteiligten entspricht demnach der Aktiv- und Passivlegitimation im Urteilsverfahren (BAG AP Nr. 2 zu § 81 ArbGG 1953; AP Nr. 6 zu § 20 BetrVG 1972; AP Nr. 3 zu § 47 BetrVG 1972; AP Nr. 70 Art. 9 GG Arbeitskampf). Die Zahl der formell Beteiligten richtet sich mithin nach der Antragstellung. Von dem Begriff des materiell Beteiligten hat das BAG eine besondere Antragsbefugnis des materiell Beteiligten abgespalten und methodisch fehlerhaft als besondere Prozeßvoraussetzung behandelt (vgl. dazu BAG AP Nr. 38 zu § 37 BetrVG 1972 = NJW 1982, 68; AP Nr. 2 zu § 83 ArbGG 1979 = Betr. 1982, 546; AP Nr. 13 zu § 83 ArbGG 1979 = NZA 1986, 400 = Betr. 1986, 1024; AP Nr. 6 zu § 47 BetrVG 1972 = Betr. 1987, 1642 = NZA 1988, 27). In betriebsverfassungsrechtlichen Streitigkeiten ist antragsberechtigt nur, wer aus dem Betriebsverfassungsrecht eigene Rechte geltend macht oder Anträge zum Schutz seiner betriebsverfassungsrechtlichen Rechtsposition stellt (BAG AP Nr. 6 zu § 81 ArbGG 1979 = NZA 1988, 26). Werden in einem Beschlußverfahren im Wege objektiver Antragshäufung mehrere Anträge gestellt, so ist wegen jedes Antrages zu prüfen, welche Personen und Stellen Beteiligte sind. Soweit sie nur bei einem Antrag Beteiligte sind, können sie kein Rechtsmittel wegen eines anderen Antrages einleiten (BAG AP Nr. 12 zu § 81 ArbGG 1979 = NZA 1989, 606 = BB 1989, 1128). Die Gewerkschaft hat keine Antragsbefugnis im Beschlußverfahren, die Feststellung der Unwirksamkeit einer Betriebsvereinbarung zu beantragen (BAG AP Nr. 6 zu § 81 ArbGG 1979 = NZA 1988, 26; AP Nr. 9 zu § 81 ArbGG 1979).

Beteiligter ist grundsätzlich der Arbeitgeber. Das ist die juristische Person oder die Gesamthandgemeinschaft, vertreten durch ihre Organe. Bei Streitigkeiten auf Unternehmens- oder Konzernebene ist deren Spitze zu beteiligen, unabhängig, ob sie auch Arbeitgeber im arbeitsrechtlichen Sinne sind. Der Arbeitgeber ist nach h. M. auch dann zu hören, wenn er, wie in Innenstreitigkeiten des Betriebsrates, nicht unmittelbar betroffen ist, weil er daran interessiert ist, daß in seinem Betrieb die Betriebsverfassung korrekt eingehalten wird.

Beteiligte sind die Arbeitnehmer. In betriebsverfassungsrechtlichen Streitigkeiten werden diese durch die zuständigen Betriebsverfassungsorgane repräsentiert (BAG 2, 97, 98 f = AP Nr. 2 zu § 81 BetrVG; AP Nr. 1 zu § 83 ArbGG). Der einzelne Arbeitnehmer wird nur dann gehört, wenn es um seine betriebsverfassungsrechtliche Stellung geht. Dies gilt vor allem für die Fälle des aktiven und passiven Wahlrechtes, der Mitgliedschaft in einem betriebsverfassungsrechtlichen Organ. In den Fällen der personellen Mitbestimmung ist dagegen manches streitig. Nach § 103 Abs. 2 S. 2 BetrVG ist der Arbeitnehmer beteiligt, wenn es um die Ersetzung der Zustimmung des Betriebsrates zur außerordentlichen Kündigung geht. Dasselbe gilt aber auch gegen die Rspr. des BAG dann, wenn es sich um sonstige Maßnahmen der personellen Mitbestimmung handelt wie bei Versetzungen (a. A. BAG AP Nr. 3 zu § 80 ArbGG 1979 = NJW 1983, 192), Eingruppierungen (a. A. BAG AP Nr. 6 zu § 101 BetrVG 1972 = Betr. 1983, 2313; AP Nr. 27 zu § 118 BetrVG 1972 = NJW 1984, 1143). Beteiligte sind aber auch der Ersatzmann des Arbeitnehmers, der beantragt hat, anstelle des Arbeitnehmers in ein Organ gewählt zu sein (BAG AP Nr. 6 zu § 76 BetrVG). Beteiligter ist der Betriebsrat im Verfahren über die Anfechtung der Wahl zur Jugend- und Auszubildendenvertretung (BAG AP Nr. 1 zu § 63 BetrVG 1972). Nicht beteiligt ist der beschwerdeführende Arbeitnehmer nach § 85 Abs. 2 BetrVG im Verfahren über die Wirksamkeit des Spruchs einer Einigungsstelle (BAG AP Nr. 1 zu § 85 BetrVG 1972 = NZA 1985, 189).

Beteiligter kann eine Gewerkschaft sein, wenn sie durch die Entscheidung unmittelbar berührt wird und Mitglieder im Betrieb hat. Nur eine Gewerkschaft hat betriebsverfassungsrechtliche Rechte und Pflichten (BAG AP Nr. 2 zu § 97 ArbGG = Betr. 1971, 1577). Inzwischen zeichnen sich einschränkende Tendenzen in der neuen Rspr. ab. Gelegentlich wird gesagt, daß sie nur dann beteiligt sind, wenn sie dem Verfahren beigetreten sind (vgl. BAG AP Nr. 20 zu § 37 BetrVG 1972 = Betr. 1975, 1084, 1996). Zur Beteiligung der Gewerkschaften vgl. bei: Streit um die Beteiligung bei Betriebsratswahlen: Bejahend BAG

6. Antrag auf Auflösung des Betriebsrates   IV. E. 6

AP Nr. 1 zu § 56 BetrVG; AP Nr. 26 zu § 76 BetrVG; AP Nr. 3 zu § 47 BetrVG 1972 = NJW 1979, 2422; AP Nr. 24 zu § 118 BetrVG 1972 = NJW 1982, 1894; AP Nr. 10 zu § 19 BetrVG 1972 = Betr. 1983, 2142; einschränkend unter Aufgabe früherer Rspr. BAG AP Nr. 12 zu § 19 BetrVG 1972 = NZA 1986, 368; vgl. BVerwG 54, 172); Streit um die Beteiligung bei Aufsichtsratswahlen: vgl. BAG AP Nr. 1 zu § 56 BetrVG; AP Nr. 21 zu § 76 BetrVG = NJW 1971, 1151; AP Nr. 26 aaO. = NJW 1983, 701; Beteiligung an Betriebsabteilungsversammlungen: BAG AP Nr. 1 zu § 45 BetrVG = Betr. 1964, 446, 992; Freistellung von Betriebsratsmitgliedern zu Schulungsveranstaltungen: BAG AP Nr. 20 zu § 37 BetrVG 1972 = Betr. 1975, 1084, 1996); Streit um die Kompetenzverteilung zwischen Arbeitgeber und Betriebsrat: BAG AP Nr. 63 zu Art. 9 GG Arbeitskampf = NJW 1980, 140; Streit um die Entsendung von Gesamtbetriebsratsmitgliedern in den Konzernbetriebsrat: BAG AP Nr. 13 zu § 83 ArbGG 1979 = NZA 1986, 400 unter Aufgabe von BAG AP Nr. 3 zu § 47 BetrVG 1972 = NJW 1979, 2422.

Beteiligter ist im allgemeinen nicht die Einigungsstelle in Verfahren über die Wirksamkeit ihres Spruches (BAG AP Nr. 3 zu § 87 BetrVG 1972 Lohngestaltung = NJW 1981, 75; AP Nr. 3 zu § 87 BetrVG 1972 Arbeitssicherheit = NJW 1982, 2140; AP Nr. 2 zu § 87 BetrVG 1972 Urlaub = NJW 1982, 959; AP Nr. 1 zu § 87 BetrVG 1972 Vorschlagswesen = NJW 1982, 405).

Zumindest passiv beteiligt können Sprecherausschüsse für leitende Angestellte (alte Rechtslage) sein (BAG AP Nr. 9 zu § 5 BetrVG 1972). Vgl. das Sprecherausschußgesetz vom 20. 12. 1988 (BGBl. I S. 2330). Einzelheiten: *Schaub* ArbR-Hdb §§ 245 ff.

Wer Beteiligter eines Verfahrens ist, hat das Gericht von Amts wegen zu prüfen (BAG AP Nr. 18 zu § 76 BetrVG = NJW 1969, 526; AP Nr. 36 zu § 2 TVG = NZA 1987, 947). Notfalls hat es von seinem Fragerecht Gebrauch zu machen. Ist die Anhörung eines Beteiligten in der 1. Instanz unterblieben, so ist die Anhörung fehlerhaft. Die Entscheidung erwächst gegenüber dem Nichtangehörten nur dann in Rechtskraft, wenn er Antragsteller oder Antragsgegner ist. Die übrigen nicht angehörten Beteiligten können dagegen nach h.M. ein Rechtsmittel einlegen (BAG AP Nr. 18 zu § 76 BetrVG = NJW 1969, 526; AP Nr. 14 zu § 2 TVG = Betr. 1963, 1681; 1964, 590; AP Nr. 8 zu § 89 ArbGG = BB 74, 372; AP Nr. 8 zu § 83 ArbGG = Betr. 1978, 168). In der Beschwerdeinstanz ist alsdann die Anhörung nachzuholen. Ist die Anhörung beim LAG unterblieben, ist der Beschwerdebeschluß aufzuheben und an das Landesarbeitsgericht zurückzuverweisen, wenn der Beschluß hierauf beruht (BAG AP Nr. 1 zu § 26 BetrVG 1972 = Betr. 1974, 1629). Dies gilt jedoch dann nicht, wenn nicht zu erwarten ist, daß durch die Anhörung neue Gesichtspunkte gewonnen werden (BAG AP Nr. 1 zu § 26 BetrVG 1972 = Betr. 1974, 1629). Das BAG verfährt im allgemeinen sehr großzügig bei der Nachholung der Anhörung in der Rechtsbeschwerdeinstanz (BAG AP Nr. 16 zu § 40 BetrVG 1972 = Betr. 1979, 1706; AP Nr. 3 zu § 47 BetrVG 1972 = NJW 1979, 2422).

Ist dagegen jemand zu Unrecht als Beteiligter gehört worden, so ist er in der Rechtsmittelinstanz nicht mehr zu hören (BAG AP Nr. 11 zu § 76 BetrVG = Betr. 1963, 174). Etwas anderes gilt dann, wenn gegen oder für ihn jetzt Anträge gestellt werden. Ist unklar, ob jemand Beteiligter ist, kann die Anhörung in der Beschwerdeinstanz hierauf beschränkt werden (BAG AP Nr. 3 zu § 87 BetrVG 1972 Lohngestaltung = NJW 1981, 75; AP Nr. 1 zu § 87 BetrVG 1972 Vorschlagswesen = NJW 1982, 405).

3. Alternative: Der im Betrieb ...... der Firma ...... bestehende Betriebsrat wird aufgelöst. Alsdann ist der Betriebsrat Antragsgegner.

4. Zu groben Pflichtverletzungen vgl. *Schaub* ArbR-Hdb. § 219 V.

Kosten und Gebühren

Nicht vermögensrechtliche Streitigkeit, sowohl bei Ausschließungs- wie Auflösungsverfahren. Der Regelstreitwert wird angemessen zu erhöhen sein. Die außergerichtlichen

IV. E. 7   IV. E. Beschlußverfahren

Kosten des von einem Ausschlußverfahren betroffenen Betriebsratsmitgliedes können vom Arbeitgeber zu erstatten sein, wenn sie Kosten der Betriebsratstätigkeit sind (LAG Hamm DB 80, 213; vgl. auch BAG AP Nr. 16 zu § 40 BetrVG 1972); zum Erstattungsanspruch des Betriebsrats (BAG AP Nr. 14, 18 zu § 40 BetrVG 1972). Im übrigen vgl. Form. IV. E. 1.

7. Antrag auf Ersetzung der Zustimmung des Betriebsrates nach §§ 99, 100 BetrVG[1]

An das
Arbeitsgericht

In dem Beschlußverfahren
der Firma ......, vertreten durch ......

                                                                 Antragstellerin

– Verfahrensbevollmächtigter: ......–
gegen
den Betriebsrat der Firma ...... vertreten durch den Betriebsratsvorsitzenden ......

                                     Antragsgegner und Beteiligter zu 2

Weitere Beteiligte: Arbeitnehmer ......

                                                                     Beteiligter zu 3[2]

wegen Einstellung[3]

Namens und mit Vollmacht der Antragstellerin leite ich ein Beschlußverfahren ein und werde beantragen zu beschließen:
I. Die vom Antragsgegner verweigerte Zustimmung zur Einstellung des/der Arbeitnehmer(in) ...... wird ersetzt[4].
II. Es wird festgestellt, daß die am ...... vorgenommene vorläufige Einstellung[5] aus sachlichen Gründen gerechtfertigt ist.

                                                       Begründung:

Die Antragstellerin hat den Betriebsrat z.Hd. seines Vorsitzenden (Personalausschuß zu Hd. seines Vorsitzenden) am ...... über die beabsichtigte Einstellung[6] des Beteiligten zu 3 unterrichtet. Der Antragsgegner (Personalausschuß) hat mit Schreiben vom ...... seine Zustimmung zu den personellen Maßnahmen verweigert.

Beweis: Schreiben vom ......

Die vom Antragsgegner/Personalausschuß angegebenen Gründe zur Verweigerung sind nicht gerechtfertigt ......[7].
Die Antragstellerin hat den Beteiligten zu 3 am ...... vorläufig eingestellt[8]. Sie hat dies dem Antragsgegner (Personalausschuß) unverzüglich mitgeteilt. Der Antragsgegner (Personalausschuß) hat mit Schreiben vom ...... – zugegangen am ...... – bestritten, daß die vorläufige Maßnahme dringend erforderlich war[9]. Dies ist jedoch nicht zutreffend. Aus folgenden Gründen war die Maßnahme dringend erforderlich ......[10–11].

                                                                         Rechtsanwalt

7. Antrag auf Ersetzung der Zustimmung des Betriebsrates IV. E. 7

Anmerkungen

1. Vgl. *Schaub* ArbR-Hdb. § 241; ArbR-Formb. § 64.

2. Wird das Ersetzungsverfahren wegen Verweigerung der Zustimmung durchgeführt, so soll der betroffene Arbeitnehmer nicht Beteiligter sein (BAG AP Nr. 3 zu § 80 ArbGG 1979 = NJW 1983, 192; bei Ein- und Umgruppierungen: BAG AP Nr. 6 zu § 101 BetrVG 1972 = BB 1983, 1986 = Betr. 1983, 2313; AP Nr. 27 zu § 118 BetrVG 1972 = NJW 1984, 1143 = Betr. 1984, 995; BAG AP Nr. 18 zu § 99 BetrVG = BB 1984, 671 = Betr. 1983, 2638). Vgl. Form. IV. E. 6 Anm. 2.

3. Alternative: Eingruppierung/Umgruppierung.

Einstellung, die der Zustimmung des Betriebsrats nach § 99 BetrVG bedarf, ist die tatsächliche Beschäftigung im Betrieb, nicht aber der Abschluß des Arbeitsvertrages (BAG AP Nr. 98 zu § 99 BetrVG 1972). Eingruppierung ist die Einreihung in ein Vergütungsgruppenschema. Da sich die Eingruppierung in eine Vergütungsgruppe eines Tarifvertrages automatisch vollzieht (sog. Tarifautomatismus), hat der Betriebsrat ein Mitbeurteilungsrecht. Das Mitbestimmungsrecht des Betriebsrats bei einer Eingruppierung erschöpft sich nicht darin, daß der Arbeitgeber dem Betriebsrat die von ihm für richtig befundene Eingruppierung mitteilt und dem Betriebsrat Gelegenheit zur Stellungnahme gibt. Der Arbeitgeber hat vielmehr die Zustimmung des Betriebsrats zur beabsichtigten Eingruppierung einzuholen und bei deren Verweigerung ein Zustimmungsersetzungsverfahren einzuleiten (BAG AP Nr. 103 zu § 99 BetrVG 1972). Nach der Rechtsprechung des 1. Sen bezieht sich das Mitbestimmungsrecht des Betriebsrats auch auf die konkrete Fallgruppe einer Vergütungsgruppe (BAG AP Nr. 110 zu § 99 BetrVG 1972). Dagegen hat nach der Rechtsprechung des 4. Senats der einzelne Arbeitnehmer kein Feststellungsinteresse, auf die Vergütung nach einer bestimmten Fallgruppe zu klagen. Umgruppierung ist jede Änderung der Einreihung in Tarifgruppen. Es ist die Feststellung des Arbeitgebers, daß die Tätigkeit des Arbeitnehmers nicht – oder nicht mehr – den Tätigkeitsmerkmalen derjenigen Vergütungsgruppe entspricht, in die der Arbeitnehmer eingruppiert ist, sondern den Tätigkeitsmerkmalen einer anderen – höheren oder niedrigeren (BAG AP Nr. 79 zu § 99 BetrVG 1972).

4. Alternative: Die vom Antragsgegner verweigerte Zustimmung zur Eingruppierung/ Umgruppierung in die Lohn-/Gehaltsgruppe ...... des ...... wird ersetzt.

5. Alternative: Eingruppierung/Umgruppierung

6. Alternative: Eingruppierung/Umgruppierung.

7. Den Betriebsrat trifft die Darlegungs- und objektive Beweislast für die Einhaltung der Formalien der Zustimmungsverweigerung, also zB. Einhaltung der Form und Frist. Dagegen trifft den Arbeitgeber die Darlegungs- und objektive Beweislast, daß die vom Betriebsrat behaupteten Verweigerungsgründe nach § 99 Abs. 1 Nr. 1, 2, 5, 6 und zum Teil auch für Nr. 3, 4 BetrVG nicht vorliegen. Das BAG hat zunächst angenommen, daß der Betriebsrat konkret Verweigerungsgründe des Kataloges geltend machen müsse. Von dieser Rechtsprechung ist es inzwischen abgerückt; nach neuerer Rspr. muß der Arbeitgeber das Zustimmungsersetzungsverfahren auch dann einleiten, wenn der Betriebsrat widerspricht und es nicht völlig ausgeschlossen ist, daß die Zustimmungsverweigerungsgründe vorliegen (BAG AP Nr. 50 zu § 99 BetrVG 1972 = NZA 1988, 476 = Betr. 1988, 1167). Dies sei gerechtfertigt, weil dem Arbeitgeber keine Schlüssigkeitsprüfung wegen des Verlangens des Betriebsrats obliege. Vgl. *Schaub* ArbR-Hdb. § 241 V.

8. Alternative: Vorläufig in die Gehalts-/Lohngruppe ...... eingruppiert.

9. Bestreitet der Betriebsrat, daß die Maßnahme aus sachlichen Gründen dringend erforderlich ist, muß der Arbeitgeber die dreitägige Frist des § 100 Abs. 2 BetrVG beachten (vgl. BAG AP Nr. 46 zu § 99 BetrVG 1972 = Betr. 1988, 128 = NZA 1988, 101).

10. Das Arbeitsgericht hat folgende Entscheidungsmöglichkeiten: *a)* Kein Grund zur Zustimmungsverweigerung, Maßnahme dringlich: Obsiegen des Arbeitgebers. *b)* Zustimmungsverweigerung berechtigt, Maßnahme nicht dringlich: Obsiegen des Betriebsrats. Sanktion folgt aus § 101 BetrVG (Der Firma ...... wird aufgegeben, ...; die Einstellung / Eingruppierung / Umgruppierung / Versetzung des Arbeitnehmers ...... wird aufgehoben). Nach der Rspr. des BAG soll der Betriebsrat bei Eingruppierung des Arbeitnehmers ohne seine (des Betriebsrats) Zustimmung nicht die Aufhebung der Eingruppierung, sondern die nachträgliche Einholung seiner Zustimmung und, wenn er diese verweigert, die Durchführung des arbeitsgerichtlichen Zustimmungsersetzungsverfahrens verlangen können (BAG AP Nr. 27 zu § 118 BetrVG 1972 = NJW 1984, 1143 = Betr. 1984, 995). Bei Versetzung ist dagegen der Antrag auf Aufhebung gerichtet (BAG AP Nr. 10 zu § 101 BetrVG 1972 = NJW 1988, 370 = NZA 1988, 99). *c)* Zustimmungsverweigerung berechtigt; Maßnahme aber dringlich: Obsiegen des Betriebsrats. Vorläufige Maßnahme muß aufgehoben werden. Sanktion aus § 101 BetrVG (vgl. BAG AP Nr. 4 zu § 100 BetrVG 1972 = NZA 1989, 183. *d)* Zustimmungsverweigerung nicht berechtigt, aber Maßnahme auch nicht dringlich. Die Rechtslage ist umstr. Nach wohl hM. soll der Arbeitgeber mit beiden Anträgen unterliegen, wenn die vorläufige Maßnahme offensichtlich ungerechtfertigt. In einer Entscheidung ist das BAG davon ausgegangen, daß mit einer Auslegung der Anträge das (zweifelhafte) Übermaß der gesetzlichen Reaktion zu vermeiden sei (BAG AP Nr. 4 zu § 100 BetrVG 1972 = NZA 1989, 183).

11. Erledigt sich das Ersetzungsverfahren, weil z.B. der Arbeitnehmer endgültig ausscheidet, so besteht nur ausnahmsweise ein Rechtsschutzinteresse an einer Antragsänderung, festzustellen, daß der Betriebsrat der Einstellung/Eingruppierung berechtigt widersprochen hat (BAG AP Nr. 3 zu § 81 ArbGG 1979).

Kosten und Gebühren

Vgl. Form. IV. E. 1. Nicht vermögensrechtliche Streitigkeit, da Streitgegenstand Mitbestimmung des Betriebsrats. Je nach Bedeutung der Sache Erhöhung oder Verminderung des Regelstreitwerts.

8. Anträge des Betriebsrates bei personeller Mitwirkung

An das
Arbeitsgericht

In der Beschlußsache

des Betriebsrates der Firma ......
vertreten durch den Betriebsratsvorsitzenden
– Verfahrensbevollmächtigter: Rechtsanwalt ...... –   Antragstellers
gegen
die Firma ......   Antragsgegnerin
Arbeitnehmer[1]   Beteiligter
wegen Festsetzung eines Zwangsgeldes[2].
Namens und in Vollmacht des Antragstellers wird ein Vollstreckungsverfahren im Beschlußverfahren eingeleitet und beantragt.
Der Antragsgegnerin wird aufgegeben, den Beteiligten ...... bei Meidung eines Zwangs-

8. Anträge des Betriebsrates bei personeller Mitwirkung   IV. E. 8

geldes, dessen Höhe in das Ermessen des Gerichts gestellt wird, aus dem Betrieb zu entlassen[3].

Begründung:

Der Beteiligte ...... wurde am ...... von der Antragstellerin eingestellt. Der Antragsteller hat mit Beschluß vom ...... seine Zustimmung zur Einstellung verweigert. Darauf hat die Antragsgegnerin den Beteiligten am ...... vorläufig eingestellt. Der vorläufigen Einstellung hat der Antragsteller widersprochen. Das Arbeitsgericht hat den Antrag der Antragsgegnerin, die Zustimmung des Antragsstellers zu ersetzen, mit Beschluß vom ...... abgewiesen.

Beweis: Beschluß des Arbeitsgerichtes vom ......
         Akten des Arbeitsgerichtes, deren Beiziehung beantragt wird.

Auf den Antrag des Antragstellers hat das Arbeitsgericht der Antragsgegnerin aufgegeben, den Beteiligten zu entlassen. Der Beschluß ist rechtskräftig[4].

Beweis: Beschluß des Arbeitsgerichtes vom ......
         Akten des Arbeitsgerichtes ...... deren Beiziehung beantragt wird.

Die Antragstellerin beschäftigt den Beteiligten gleichwohl weiter. Es bedarf daher der Festsetzung eines Zwangsgeldes, dessen Höhe in das Ermessen des Gerichts gestellt wird.

Rechtsanwalt

Anmerkungen

1. Nach der Rspr. des BAG ist der Arbeitnehmer nicht beteiligt. Vgl. Form. IV. E. 6 Anm. 2; E 7 Anm. 2.

2. Wird der Antrag des Arbeitgebers auf Ersetzung der Zustimmung des Betriebsrates zur Einstellung, Eingruppierung, Umgruppierung (vgl. Form. IV. E. 7 Anm. 3) oder Versetzung zurückgewiesen oder stellt er überhaupt keinen Antrag, kann der Betriebsrat seinerseits gegen den Arbeitgeber vorgehen, um etwaige durchgeführte personelle Einzelmaßnahmen wieder zu beseitigen. Ein entsprechender Antrag für ein Verfahren nach § 101 BetrVG findet sich Form. IV. E. 7 Anm. 10.

3. Die Möglichkeit zur Festsetzung eines Zwangsgeldes nach § 101 S. 2 BetrVG ist Spezialregelung gegenüber § 85 Abs. 1 ArbGG und § 23 Abs. 3 S. 3 BetrVG und verdrängt diese (BAG AP Nr. 4 zu § 101 BetrVG 1972 = Betr. 1979, 1282; aufgegeben von BAG AP Nr. 7 zu § 23 BetrVG 1972 = NZA 1987, 786). Zweck ist nicht die Ahndung von Unrecht, sondern Zwangsmaßnahme zur Durchsetzung. Sie kann mithin unabhängig vom Verschulden des Arbeitgebers verhängt werden. Für die Festsetzung ist keine mündliche Verhandlung notwendig (§ 85 Abs. 1 ArbGG, § 891 ZPO). Der Beschluß kann alsdann durch den Vorsitzenden ergehen (§ 53 ArbGG). Die Vollstreckung erfolgt aus rechtskräftigen Beschlüssen von Amts wegen. Die Zwangsgelder fließen der Staatskasse zu (zwischen 5,– und 500,– DM).

4. Es bedarf keiner Erteilung der Vollstreckungsklausel (§ 724 ZPO). Sehr umstr.; vgl. die Rechtslage zu § 888 ZPO.

Kosten und Gebühren

Vgl. Form. IV. E. 1; nichtvermögensrechtliche Streitigkeit, da Streitgegenstand Mitbestimmung des Betriebsrates.

9. Antrag auf Ersetzung der Zustimmung des Betriebsrates zur Kündigung eines Betriebsratsmitgliedes (§ 103 BetrVG)[1]

An das
Arbeitsgericht

Im Beschlußverfahren

der Firma ......

Antragstellerin und Beteiligte zu 1

– Verfahrensbevollmächtigter: ......–

gegen

den Betriebsrat der Firma ......

Antragsgegner und Beteiligter zu 2

Weitere Beteiligte: Betriebsratsmitglied ......

Beteiligter zu 3[2]

wegen Ersetzung der Zustimmung zur Kündigung
Namens und mit Vollmacht der Antragstellerin leite ich ein Beschlußverfahren ein und werde beantragen zu beschließen:
Die Zustimmung des Betriebsrats zur Kündigung des Betriebsratsmitgliedes ...... (Beteiligter zu 3) wird ersetzt[3].

Begründung:

Die Antragstellerin betreibt ein Unternehmen für .... Sie beschäftigt ...... Arbeitnehmer. Antragsgegner ist der aus ...... Mitgliedern bestehende Betriebsrat. Der Beteiligte zu 3 ist Mitglied des Betriebsrats.
Mit Schreiben vom ...... hat die Antragstellerin den Betriebsrat um Zustimmung zur außerordentlichen Kündigung des Beteiligten zu 3 ersucht. Der Antragsgegner hat die Zustimmung verweigert und dies am ...... mitgeteilt. Er hat seine Zustimmung zu Unrecht verweigert, denn der Beteiligte zu 3 hat einen wichtigen Grund zur Kündigung gesetzt[4,5]. Denn ......[6,7].

Rechtsanwalt

Anmerkungen

1. Der Arbeitgeber muß so rechtzeitig die Zustimmung bei dem Betriebsrat beantragen, daß er bei ihrer Nichterteilung noch innerhalb der Zwei-Wochenfrist des § 626 Abs. 2 BGB die Ersetzung der Zustimmung beim Arbeitsgericht beantragen kann (BAG AP Nr. 1 zu § 103 BetrVG 1972 = NJW 1975, 181; AP Nr. 2 aaO. = NJW 1975, 1575; AP Nr. 10 aaO. = NJW 1978, 661). Unzulässig ist eine vorsorgliche Einleitung für den Fall, daß der Betriebsrat seine Zustimmung nicht erteilt (BAG AP Nr. 18 zu § 103 BetrVG 1972 = Betr. 1986, 1883 = NZA 1986, 719). Die Zustimmung gilt als verweigert, wenn der Betriebsrat innerhalb von drei Tagen keine Erklärung abgibt. Im Zustimmungsverfahren nach § 103 BetrVG ist das Betriebsratsmitglied, dem gekündigt werden soll, rechtlich verhindert, an der Beratung und Beschlußfassung des Betriebsrats über die Kündigung teilzunehmen. Für das betroffene Betriebsratsmitglied war ein Ersatzmitglied zu laden. Ist ein solches nicht geladen worden, ist der Betriebsratsbeschluß nichtig. Der Arbeitgeber genießt einen eingeschränkten Vertrauensschutz (BAG AP Nr. 17 zu § 103 BetrVG 1972 = NJW 1985, 1976). *Schaub* ArbR-Hdb. § 143.

9. Antrag auf Ersetzung der Zustimmung des Betriebsrats IV. E. 9

2. Das betroffene Betriebsratsmitglied ist beteiligt (§ 103 Abs. 2 S. 2 BetrVG) und selbständig beschwerdeberechtigt. Das betroffene Betriebsratsmitglied kann gegen den Ersetzungsbeschluß des Arbeitsgerichts selbst dann Beschwerde einlegen, wenn der Betriebsrat die gerichtliche Entscheidung hinnimmt (BAG AP Nr. 4 zu § 87 ArbGG 1979). Einzelheiten Form. IV. E. 6 Anm. 2; E 7 Anm. 2.

3. Aus taktischen Gründen wird vielfach empfohlen, gleichzeitig ein Verfahren auf Ausschließung aus dem Betriebsrat anhängig zu machen (§ 23 BetrVG); vgl. BAG AP Nr. 1 zu § 74 BetrVG 1972 = NJW 1978, 2216. Formulierungsvorschlag: Es wird beantragt, das Betriebsratsmitglied ...... aus dem Betriebsrat auszuschließen (hierzu *Schaub* ArbR-Hdb. § 219 V; vgl; Form. IV. E. 6).

4. Wichtigen Grund darlegen. Ein wichtiger Grund (§ 626 Abs. 1 BGB) ist dann gegeben, wenn dem Arbeitgeber nicht zugemutet werden kann, das Arbeitsverhältnis bis zum Ablauf der ordentlichen Kündigungsfrist fortzusetzen. Bei der Bemessung der Kündigungsfrist war auch auf die verfassungswidrige Regelung des § 622 Abs. 2 BGB a. F. abzustellen (BAG AP Nr. 96 zu § 626 BGB = NZA 1987, 808; vgl. auch BAG AP Nr. 31 zu § 622 BGB = NJW 1991, 3168 = NZA 1991, 803; AP Nr. 30 zu § 622 BGB = NZA 1991, 801 = BB 1991, 1785 = DB 1991, 2438; 2 AZR 323/84 (A) AP Nr. 29 zu § 622 BGB = NZA 1991, 797). Es ist also bei der Zumutbarkeitsprüfung auf die fiktive Kündigungsfrist abzustellen, die ohne den besonderen Kündigungsschutz bei einer ordentlichen Kündigung gelten würde (BAG AP Nr. 35 zu § 15 KSchG 1969). Wichtiger Grund kann die Bereitschaft zur Falschaussage sein (BAG AP Nr. 95 zu § 626 BGB = NZA 1987, 392). Der Betriebsrat hat bei Vorliegen der Voraussetzungen eines wichtigen Grundes keinen Ermessensspielraum, ob er die Zustimmung verweigern will (BAG AP Nr. 1, 7 zu § 103 BetrVG 1972). Es werden im Ersetzungsverfahren nur solche Gründe behandelt, die dem Betriebsrat mitgeteilt waren.

5. Zur Abgrenzung von Amtspflichtverletzungen und Arbeitsvertragsverletzungen *Schaub* ArbR-Hdb. § 143. Liegt nur eine Amtspflichtverletzung vor, kommt nur Ausschluß aus dem Betriebsrat in Betracht (BAG AP Nr. 2 zu § 13 KSchG = NJW 1955, 569, 606, 1052; AP Nr. 3 aaO. = NJW 1955, 1855; AP Nr. 4 aaO. = NJW 1956, 398; AP Nr. 57 zu § 626 BGB). Eine außerordentliche Kündigung kann dann berechtigt sein, wenn durch die Amtspflichtverletzung das Arbeitsverhältnis unmittelbar erheblich beeinträchtigt wird (BAG AP Nr. 19 zu § 13 KSchG = NJW 1970, 827; AP Nr. 1 zu § 103 BetrVG 1972 = NJW 1975, 181).

6. Hat das Arbeitsgericht die Zustimmung ersetzt, so kann der Arbeitgeber außerordentlich kündigen. Umstr. ist, binnen welcher Frist die Kündigung erfolgen muß. Nach Ansicht des BAG muß der Arbeitgeber nach Rechtskraft der die Zustimmung ersetzenden Entscheidung unverzüglich kündigen (BAG AP Nr. 3 zu § 103 BetrVG 1972 = NJW 1975, 1752; AP Nr. 10 aaO. = NJW 1978, 661; AP Nr. 12 aaO.). Nach dem Eintritt der formellen Rechtskraft muß sich der Arbeitgeber erkundigen. Hat das LAG die Zustimmung ersetzt, so soll bereits unverzüglich nach Zustellung des Beschlusses gekündigt werden, wenn eine Divergenzbeschwerde nach altem Recht nicht in Betracht kam (BAG AP Nr. 12 aaO.). Wird ein Betriebsratsmitglied während des Zustimmungsersetzungsverfahrens nicht wieder gewählt, so genießt es nur noch den nachwirkenden Kündigungsschutz. Das bedeutet, daß das Verfahren einzustellen ist (§ 83 a ArbGG) und der Arbeitgeber ohne weitere Anhörung kündigen kann (BAG AP Nr. 4 zu § 15 KSchG 1969 = NJW 1980, 80; AP Nr. 14 zu § 103 BetrVG = NJW 82, 2891).

7. Auch nach Durchführung des Ersetzungsverfahrens hat das Betriebsratsmitglied noch ein Rechtsschutzinteresse an einer Kündigungsschutzklage. Der Ersetzungsbeschluß entfaltet wegen des wichtigen Grundes jedoch Bindungswirkung (BAG AP Nr. 3 zu § 103 BetrVG 1972).

Kosten und Gebühren

Vgl. Form. IV. E. 1. Obwohl es sich um eine nichtvermögensrechtliche Streitigkeit handelt, wird der Streitwert sowohl beim Ausschluß aus dem Betriebsrat (Anm. 2) als auch beim Zustimmungsersetzungsverfahren in der Praxis in Anlehnung an § 12 Abs. 7 ArbGG bestimmt (LAG Hamm MDR 1975, 260; AnwBl. 1975, 29). Das einzelne Betriebsratmitglied hat im Zustimmungsersetzungsverfahren grundsätzlich keinen Anspruch auf Anwaltskostenerstattung (BAG AP Nr. 14, 16 zu § 40 BetrVG 1972). Ausnahme: Antrag des Arbeitgebers wird abgewiesen: BAG AP Nr. 28 zu § 103 BetrVG 1972).

10. Antrag des Arbeitgebers auf Entbindung von der Weiterbeschäftigung eines Jugend- und Auszubildendenvertreters[1]

An das
Arbeitsgericht

Antrag
in der Beschlußsache[2]

der Firma ......   Antragstellerin
– Verfahrensbevollmächtigter: Rechtsanwalt ...... –

gegen

den/die Auszubildende(n) ...... gesetzlich vertreten durch ......   Antragsgegner(in)
Betriebsrat der Firma ...... vertreten durch den Betriebsratsvorsitzenden ......
                                                                      Beteiligter zu 1
Jugend- und Auszubildendenvertretung der Firma ...... vertreten durch den Vorsitzenden
der Jugend- und Auszubildendenvertretung ......   Beteiligter zu 2[3]

wegen Entbindung von der Weiterbeschäftigung eines Jugend- und Auszubildendenvertreters.
Namens und in Vollmacht der Antragstellerin leite ich ein Beschlußverfahren ein und werde beantragen:
Es wird festgestellt, daß ein Arbeitsverhältnis zwischen der Antragstellerin und dem/der Antragsgegner(in) nach Ablauf der Ausbildungszeit am ...... nicht begründet wird[4].

Begründung:

Die Antragstellerin betreibt ein Unternehmen für ...... Sie beschäftigt ...... Arbeitnehmer, darunter ...... Auszubildende. Die Antragstellerin hat mit dem/der Antragsgegner(in) einen Ausbildungsvertrag über die Ausbildung zum ...... geschlossen. Das Ausbildungsverhältnis ist in das Berufsausbildungsverzeichnis bei der Industrie- und Handelskammer eingetragen. Im Vertrag ist eine ......jährige Ausbildung für die Zeit vom ...... bis zum ...... vorgesehen. Das Ausbildungsverhältnis endet mithin voraussichtlich am ...... Der Prüfungstermin ist für den ...... vorgesehen.
Der/Die Antragsgegner(in) ist seit dem ...... Mitglied der Jugend- und Auszubildendenvertretung, der Beteiligten zu 2. Die Jugend- und Auszubildendenvertretung besteht aus ...... Personen; sie vertritt ...... jugendliche Betriebsangehörige. Die Antragstellerin hat dem/der Antragsgegner(in) bereits am ...... mitgeteilt, daß sie nicht beabsichtigt, mit ihm/ihr ein Arbeitsverhältnis einzugehen. Der / Die Antragsgegner(in) hat mit Schreiben vom ...... seine/ihre Weiterbeschäftigung verlangt.

10. Antrag des Arbeitgebers auf Entbindung von der Weiterbeschäftigung   IV. E. 10

Der Beteiligte zu 1 ist der Betriebsrat der Antragstellerin. Er hat gleichfalls die Weiterbeschäftigung verlangt/ihr widersprochen ......
Der Antragstellerin kann unter Berücksichtigung aller Umstände des/der Antragsgegners(in) nicht zugemutet werden[5] ......

Rechtsanwalt

Anmerkungen

1. Das Berufsausbildungsverhältnis endet mit Ablauf der Ausbildungszeit oder zuvor mit Bestehen der Abschlußprüfung (§ 14 BBiG; dazu *Schaub* ArbR-Hdb. § 174 VII). Wird ein Auszubildender über die Ausbildungszeit hinaus weiter beschäftigt, so gilt ein Arbeitsverhältnis als auf unbestimmte Zeit begründet (§ 17 BBiG). Diese Rechtsfolge tritt nicht ein, wenn der Arbeitgeber den Auszubildenden nicht weiterbeschäftigt. Hier setzt der Schutz des § 78 a BetrVG ein. Will der Arbeitgeber den Auszubildenden nicht weiterbeschäftigen, so hat er dies drei Monate vor Ablauf des Ausbildungsverhältnisses mitzuteilen. Bei Fristversäumnis geht das Arbeitsverhältnis nicht automatisch über (BAG AP Nr. 7 zu § 78 a BetrVG 1972). Der Arbeitgeber wird allenfalls schadensersatzpflichtig (BAG AP Nr. 2 zu § 17 BBiG). Andererseits kann auch der Auszubildende drei Monate vor Beendigung des Ausbildungsverhältnisses die Weiterbeschäftigung verlangen. Ein vorher gestelltes Verlangen ist unwirksam (BAG AP Nr. 7 aaO.). Bei Beendigung des Ausbildungsverhältnisses am 30. 4. kann das Verlangen frühestens am 1. 2. spätestens am 30. 4. gestellt werden (vgl. dazu BAG AP Nr. 15 zu § 78 a BetrVG 1972 = Betr. 1986, 700).

2. Das BAG hat seine frühere Rechtsprechung, nach der über einen Antrag des Arbeitgebers im Urteilsverfahren zu entscheiden war (vgl. BAG AP Nr. 2 zu § 78 a BetrVG 1972 = NJW 1976, 1230; AP Nr. 3 aaO.; AP Nr. 6 aaO. = NJW 1980, 1541) aufgegeben. Nach seiner jetzigen Auffassung ist im Beschlußverfahren zu entscheiden (BAG AP Nr. 13 zu § 78 a BetrVG 1972 = NJW 1984, 2599).

3. Zum Begriff des Beteiligten: Form. IV. E. 6 Anm. 2; E. 7 Anm. 2.

4. Wird das Beschlußverfahren vor Beendigung des Berufsausbildungsverhältnisses eingeleitet, so ist der Antrag nach § 78 a Abs. 4 Nr. 1 BetrVG zu stellen. Dieser Antrag kann nach Beendigung des Berufsausbildungsverhältnisses beibehalten werden (BAG AP Nr. 5 zu § 78 a BetrVG 1972; wohl modifiziert: BAG AP Nr. 20 aaO. = NZA 1991, 233, 537 (Bengelsdorf)). Wird das Beschlußverfahren erst nach Beendigung des Berufsausbildungsverhältnisses eingeleitet, so ist der Antrag nach § 78 a Abs. 4 Nr. 2 BetrVG zu stellen. Werden die gesetzlichen Voraussetzungen der Weiterbeschäftigung vom Arbeitgeber überhaupt geleugnet, kann der Feststellungsantrag und hilfsweise der Auflösungsantrag gestellt werden (BAG AP Nr. 9 aaO. = NJW 1980, 2271). Auf das Verfahren nach § 78 a Abs. 4 S. 1 Nr. 2 ist die Ausschlußfrist nach § 626 Abs. 2 BGB und nach § 15 Abs. 4 BBiG nicht anzuwenden (BAG AP Nr. 12 zu § 78 a BetrVG 1972 = NJW 1984, 2598).

5. Zur Zumutbarkeit vgl. BAG AP Nr. 5 zu § 78 a BetrVG; AP Nr. 9 aaO. = NJW 1980, 2271; sowie *Schaub* ArbR-Hdb. § 227 IV). Hat ein Auszubildender die Weiterbeschäftigung verlangt und ist dem Arbeitgeber nur eine Weiterbeschäftigung in Teilzeitbeschäftigung zumutbar, so muß er das Verfahren nach § 78 a BetrVG einleiten (BAG AP Nr. 18 zu § 78 a BetrVG 1972 = NZA 1989, 439 = BB 1988, 2244 = Betr. 1988, 2414). Eine Übernahme in ein Teilzeitarbeitsverhältnis ist nur kraft vertraglicher Vereinbarung möglich (BAG AP Nr. 23 zu § 78 a BetrVG 1972 = BB 1992, 352 = NZA 1992, 174).

Kosten und Gebühren

Vgl. Form. IV. E. 1. Der Steitwert wird auf drei Monatsvergütungen festzusetzen sein (§ 12 Abs. 7 ArbGG entspr.)

11. Klage des Jugend- und Auszubildendenvertreters auf Weiterbeschäftigung nach Beendigung des Ausbildungsverhältnisses

An das
Arbeitsgericht

Klage[1]

des/der Jugend- und Auszubildendenvertreters(in) ......   Klägers(in)
– Prozeßbevollmächtigter: Rechtsanwalt ...... –
gegen
die Firma ......   Beklagte
wegen Weiterbeschäftigung nach Beendigung des Ausbildungsverhältnisses.

Namens und mit Vollmacht des/der Klägers(in) erhebe ich Klage und werde beantragen zu erkennen:
I. Die Beklagte wird verurteilt, den/die Kläger(in) über die Beendigung des Ausbildungsverhältnisses am ...... weiter zu beschäftigen.
II. Die Beklagte trägt die Kosten des Rechtsstreits.

Begründung:

Die Parteien haben am ...... einen Ausbildungsvertrag über die Ausbildung des/der Klägers(in) zum ...... geschlossen. Das Ausbildungsverhältnis ist in das Berufsausbildungsverzeichnis bei der Industrie- und Handelskammer eingetragen. Es wird voraussichtlich am ...... sein Ende finden. Am ...... wurde der/die Kläger(in) in die Jugend- und Auszubildendenvertretung gewählt.
Die Beklagte hat dem/der Kläger(in) am ...... mitgeteilt, daß sie nach Beendigung des Ausbildungsverhältnisses nicht weiterbeschäftigt werde. Der/Die Kläger(in) hat am ...... seine/ihre Weiterbeschäftigung verlangt. Damit ist nach § 78 a Abs. 2 S. 1 BetrVG ein Arbeitsverhältnis auf unbestimmte Zeit zustandegekommen[2]. Ein Antrag der Beklagten, sie von der Weiterbeschäftigung zu entbinden, hat das Arbeitsgericht zurückgewiesen.

Beweis: Beschluß vom ......

Gleichwohl kommt die Beklagte ihrer Beschäftigungspflicht nicht nach. Sie muß daher im Wege der Klage gezwungen werden.

Rechtsanwalt

Anmerkungen

1. Der Anspruch auf Weiterbeschäftigung im Arbeitsverhältnis ist ein individualvertraglicher. Er muß daher im Wege des Klageverfahrens geltend gemacht werden (BAG AP Nr. 1 zu § 78a BetrVG 1972). Insoweit hat das BAG seine Rechtsprechung bislang nicht geändert (BAG AP Nr. 11 zu § 78a BetrVG 1972 = NJW 1984, 2599 = Betr. 1984, 936). Regelmäßig wird jedoch auch eine einstweilige Verfügung nach §§ 935, 940 ZPO in Betracht kommen. Dasselbe gilt für den Anspruch nach dem BPersVG (BAG AP Nr. 4 zu § 9 BPersVG = Betr. 1987, 2104 = NZA 1987, 820). Will der Arbeitgeber nur in Teilzeit weiterbeschäftigen: vgl. BAG AP Nr. 20 zu § 78a BetrVG 1972; AP Nr. 23 aaO. = BB 1992, 352 = NZA 1992, 174.

2. Wegen der Einzelheiten der Auslegung von § 78a vgl. *Schaub* ArbR-Hdb. § 227 IV.

Kosten und Gebühren

Streitwert des Beschäftigungsanspruches im allgemeinen drei Monatsgehälter, vgl. im übrigen Form. IV. E. 10.

12. Feststellung der Unwirksamkeit eines Sozialplanes und des Spruches einer Einigungsstelle

An das
Arbeitsgericht

Antrag im Beschlußverfahren

des Konkursverwalters ......   Antragstellers

Verfahrensbevollmächtigter ......

gegen

den Betriebsrat der Firma ...... vertreten durch den Betriebsratsvorsitzenden ......

Antragsgegner

wegen Feststellung der Unwirksamkeit eines Sozialplans

Namens und mit Vollmacht des Konkursverwalters leite ich ein Beschlußverfahren ein und werde beantragen zu beschließen:

Es wird festgestellt, daß der Sozialplan vom ...... unwirksam ist[1].

Begründung:

Die Beteiligten streiten über die Wirksamkeit des Sozialplanes. Die Firma ...... stellte am ...... ihre Zahlungen ein und beantragte die Einleitung eines Vergleichsverfahrens. Am ...... wurde das Konkursverfahren über das Vermögen der Firma eröffnet und der Antragsteller zum Konkursverwalter ernannt.

Am ...... haben die Verfahrensbeteiligten einen Interessenausgleich beschlossen. Dieser hat nachfolgenden Inhalt / Ein Interessenausgleich hat nicht stattgefunden (§ 112 BetrVG). Nachdem Verhandlungen zwischen dem Antragsteller und dem Antragsgegner über die Aufstellung eines Sozialplanes gescheitert waren, trat am ...... die Einigungsstelle[2] zusammen und beschloß einen Sozialplan nachfolgenden Inhalts ....

Dieser Sozialplan verstößt gegen § 2 Gesetz über den Sozialplan im Konkurs- und Vergleichsverfahren vom 20. 2. 1985 (BGBl. I 369) ...... Er ist daher unwirksam ......[3].

Anmerkungen

1. BAG AP Nr. 9 zu § 112 BetrVG 1972 = NJW 1980, 1542. Da auch ein auf dem Spruch der Einigungsstelle beruhender Sozialplan eine Vereinbarung der Beteiligten ist, wird dieser nicht aufgehoben, sondern bei Rechtsfehlern nur seine Unwirksamkeit festgestellt. Fehler des Spruches können sich ergeben, wenn der Spruch mit wechselnden Mehrheiten zustande gekommen ist (BAG AP Nr. 34 zu § 87 BetrVG 1972 Arbeitszeit = NJW 1989, 2771 = NZA 1989, 807), Interessenausgleich und Sozialplan unrichtig abgegrenzt sind (BAG AP Nr. 41 zu § 112 BetrVG 1972; AP Nr. 59 = NZA 1992, 227).

2. Entgegen einer verbreiteten Ansicht ist die Einigungsstelle nicht beteiligt (vgl. BAG AP Nr. 3 zu § 87 BetrVG 1972 Lohngestaltung; AP Nr. 1 zu § 87 BetrVG 1972 Vorschlagswesen; AP Nr. 7 zu § 111 BetrVG 1972). Einzelheiten: Form. IV. E. 6 Anm. 2.

3. Die Beschlüsse der Einigungsstelle können unwirksam sein, weil (1) sie gegen höherrangiges Recht verstoßen. Derartige Fehler können zu jeder Zeit geltend gemacht werden. Diese sind notfalls als Vorfrage in einem Individualprozeß eines einzelnen Arbeitnehmers gegen den Arbeitgeber zu prüfen; (2) sie billiges Ermessen verletzen. Nach § 76 Abs. 5 S. 3 BetrVG faßt die Einigungsstelle ihre Beschlüsse unter angemessener Berücksichtigung der Belange des Betriebes und den betroffenen Arbeitnehmern nach billigem Ermessen. Die Überschreitung der Grenzen des Ermessens kann durch den Arbeitgeber oder den Betriebsrat nur binnen einer Frist von zwei Wochen, vom Tage der Zuleitung des Beschlusses an gerechnet, beim Arbeitsgericht geltend gemacht werden (§ 76 Abs. 5 S. 4 BetrVG). Bei der Frist von zwei Wochen handelt es sich um eine materiellrechtliche Ausschlußfrist (BAG AP Nr. 26 zu § 76 BetrVG 1972 = NZA 1989, 26). Regelmäßig werden nur einzelne Bestimmungen des Spruches der Einigungsstelle gegen billiges Ermessen verstoßen, so daß sich empfiehlt, diese im Antrag genau zu bezeichnen. Zur Begründung ist alsdann die getroffene Regelung darzulegen und aus welchen Gründen sie billiges Ermessen verletzen soll. Der Antrag, die Unwirksamkeit des Spruches einer Einigungsstelle wegen der Überschreitung der Grenzen des Ermessens festzustellen, ist nicht deswegen unzulässig, weil diese nicht fristgemäß begründet worden ist. Unentschieden ist, ob er unbegründet ist und ob nach Fristablauf noch andere Tatsachen nachgeschoben werden können (BAG AP Nr. 16 zu § 76 BetrVG 1972 = Betr. 1985, 2153 = NZA 1985, 715). Die Betriebspartner können nicht vereinbaren, daß Meinungsverschiedenheiten zwischen Arbeitgeber und Arbeitnehmern aus der Anwendung des Spruches durch einen verbindlichen Spruch der Einigungsstelle entschieden werden sollen. Dies stellt eine unzulässige Schiedsabrede dar (BAG AP Nr. 22 zu § 76 BetrVG 1972 = NZA 1988, 207). Ebensowenig kann die Fälligkeit von Abfindungen davon abhängig gemacht werden, daß die Arbeitnehmer gegen die Kündigung des Arbeitsverhältnisses keine Schritte unternehmen. Die Abfindungen können aber erst nach Rechtskraft des Urteils im Kündigungsschutzprozeß fällig gestellt werden (BAG AP Nr. 33 zu § 112 BetrVG 1972 = NJW 1986 2785 = NZA 1986 258).

Kosten und Gebühren

Zur Festsetzung des Gebührenstreitwerts ist der wirtschaftliche Wert des Sozialplanes zu schätzen. Vgl. Form. IV. E. 1.

13. Beschlußverfahren über Umfang und Grenzen des Mitbestimmungsrechtes des Betriebsrats[1]

An das
Arbeitsgericht

In Sachen

des Betriebsrats der Firma ......

vertreten durch den Betriebsratsvorsitzenden ......   Antragstellers
– Verfahrensbevollmächtigter: Rechtsanwalt ...... –

gegen

die Firma ......   Antragsgegnerin

wegen eines Mitbestimmungsrechtes des Betriebsrates bei ......

Namens und mit Vollmacht des Antragstellers leite ich ein Beschlußverfahren bei dem Arbeitsgericht ein und werde beantragen zu erkennen:
Es wird festgestellt, daß dem Betriebsrat bei ...... ein Mitbestimmungsrecht zusteht[2-3].

13. Beschlußverfahren über Umfang u. Grenzen des Mitbestimmungsrechts IV. E. 13

Begründung:

Der Antragsteller ist der Betriebsrat der Antragsgegnerin. Er besteht aus ...... Personen und wird durch den Betriebsratsvorsitzenden ...... vertreten. Die Antragsgegnerin ist ein Unternehmen der ...... Sie stellt ...... her. Bei ihr werden ...... Arbeitnehmer beschäftigt.

Die Antragsgegnerin beschäftigt ...... Monteure zur Montage ihrer Aggregate bei den Kunden. ...... Monteure arbeiten nur im Ausland. Die bei den ausländischen Einsätzen auftretenden Fragen hinsichtlich des Versicherungsschutzes, der Familienheimfahrten, der Zahlung von Auslösungen und Spesen werden einzelvertraglich mit den Monteuren geregelt. Hierbei werden die von der Antragsgegnerin erlassenen Richtlinien für Monteure im Ausland zugrundegelegt. Der Betriebsrat hat der Antragsgegnerin den Entwurf einer Betriebsvereinbarung vorgelegt. Die Betriebsvereinbarung enthält ...... Paragraphen über die auftretenden Fragen wie regelmäßige Arbeitszeit, Mehr-, Nacht-, Sonn- und Feiertagsarbeit usw. Der Entwurf ist in der Anlage beigefügt.

Beweis: Entwurf einer Betriebsvereinbarung.

Die Parteien haben sich über den Entwurf nicht einigen können. Streit herrscht über die Mitbestimmungsrechte des Betriebsrates in folgenden Angelegenheiten ...... Dieser Streit bedarf der Klärung.

Rechtsanwalt

Anmerkungen

1. Über Bestehen, Umfang und Grenzen des Mitbestimmungsrechtes des Betriebsrates kann ein gerichtliches Verfahren durchgeführt werden. Dies kommt vor allem auch in Betracht, wenn ein Einigungsstellenverfahren eingeleitet werden soll oder bereits eingeleitet ist (Form. IV. E. 14).

2. Wird über das Bestehen eines Mitbestimmungsrechtes gestritten, so bereitet vor allem die Formulierung des Antrages Schwierigkeiten: (1) Soll auf Antrag des Betriebsrates das Mitbestimmungsrecht festgestellt werden, so ist es im allgemeinen unzureichend, die Feststellung zu beantragen, daß dem Betriebsrat bei Abschluß der Betriebsvereinbarung vom ...... ein Mitbestimmungsrecht zusteht. Vielmehr bedarf es im einzelnen der Angabe der mitbestimmungspflichtigen Tatbestände: BAG AP Nr. 19 zu § 80 BetrVG 1972 = BB 1983, 1984 = Betr. 1983, 1986; AP Nr. 2 zu § 81 ArbGG 1979 = BB 1984, 729 = Betr. 1984, 408; AP Nr. 9 zu § 87 BetrVG 1972 Überwachung = NJW 1985, 450 = NZA 1985, 28; AP Nr. 26 zu § 95 BetrVG 1972; v. 3. 5. 1994 – 1 ABR 24/93 = NZA 1995, 40 = NJW 1995, 1044. Die Formulierung könnte z.B. lauten, festzustellen, daß dem Betriebsrat ein Mitbestimmungsrecht zusteht „bei der Anordnung von Überstunden für das Verkaufspersonal anläßlich der Inventur", „bei der Anordnung von Überstunden nach Ausfall von Arbeitszeit für Wochenfeiertage", „bei der Anordnung von Überstunden für Betriebshandwerker zur Beseitigung von Störungsfällen", „bei der Regelung der Arbeitszeit zwischen Weihnachten und Neujahr", „anläßlich der Installation von Datensichtgeräten in der Abteilung Auftragsabwicklung", „bei der Veranstaltung des Verkaufswettbewerbs ...... für die Außendienstmitarbeiter", „bei der Regelung des Zutrittsrechtes zu dem Forschungsbereich ......". Die Beispiele sind *Matthes* Betr. 1984, 453 entnommen. Es soll klargestellt werden, daß die einzelnen Streitfälle bezeichnet werden müssen. Das Gericht muß mit ja oder nein antworten können. Dagegen läuft die Antragstellung auf ein Rechtsgutachten hinaus, wenn es antworten müßte, wenn ...... dann ...... (2) Gelegentlich wird empfohlen, den Antrag zu formulieren, festzustellen, daß dem Betriebsrat ein Mitbestimmungsrecht nach § 87 Abs. 1 Nr. 10, 11 zusteht (vgl. auch BAG AP Nr. 1 zu § 87 BetrVG 1972 Provision = NJW 1977, 1654). Derartige Anträge bedürfen der Auslegung. Bei einem vom Betriebsrat gestellten positiven Feststellungsantrag wird die Bezeichnung

der Gesetzesstelle im allgemeinen nur Begründung des Antrags sein. Dem Betriebsrat ist es gleichgültig, aus welcher Norm heraus er mitbestimmen kann. Beim Arbeitgeber ist die Bezeichnung der Gesetzesstelle sinnlos; ihm kommt es darauf an, daß der Betriebsrat überhaupt nicht mitbestimmen darf. Die Bezeichnung des Paragraphen ist daher im allgemeinen zur Individualisierung des Streitgegenstandes unzureichend. Vielmehr bedarf es seiner genauen Bezeichnung. (3) Stellt der Arbeitgeber den Antrag, festzustellen, daß der Betriebsrat bei dem Erlaß einer von ihm geplanten Dienstreiseordnung für Reisende ...... nicht mitzubestimmen habe, so leugnet er das Bestehen des Mitbestimmungsrechtes überhaupt. Die Entscheidung lautet nur auf Bejahung oder Verneinung des Mitbestimmungsrechtes. Dagegen ist das Gericht nicht in der Lage, über den Umfang des Mitbestimmungsrechtes zu entscheiden. Der Antrag ist daher im allgemeinen ungeeignet. Es bedarf auch der genauen Konkretisierung, in welchen Fällen ein Mitbestimmungsrecht verneint wird. So hat z.B. das BAG einen Antrag, festzustellen, daß der Gesamtbetriebsrat für die in seinem (beigefügten) Entwurf geplanten Gegenstände kein Mitbestimmungsrecht zusteht, ausgelegt. Es ist von einem Antrag ausgegangen, festzustellen, daß der Gesamtbetriebsrat anläßlich der Installation von Bildschirmgeräten an Büroarbeitsplätzen keine Regelung verlangen kann über (a) die Ausgestaltung der Bildschirmarbeitsplätze selbst, (b) die Arbeitszeit an Bildschirmarbeitsplätzen und deren Unterbrechung durch bezahlte Pausen, (c) die Beschäftigung von schwangeren Arbeitnehmerinnen an Bildschirmarbeitsplätzen usw. Vgl. dazu BAG AP Nr. 7 zu § 87 BetrVG 1972 Überwachung = NJW 1984, 1475 = Betr. 1984, 775.

3. Das Rechtsschutzinteresse für ein Verfahren über Umfang und Grenzen des Mitbestimmungsrechtes eines Betriebsrates wird regelmäßig vom BAG bejaht (BAG AP Nr. 5 zu § 87 BetrVG 1972 Arbeitszeit = NJW 1982, 671; AP Nr. 3 zu § 81 ArbGG 1979 = NZA 1984, 364; AP Nr. 24 zu § 87 BetrVG 1972 Arbeitszeit = Betr. 1988, 341 = NZA 1988, 251). Vgl. auch Form. IV. E. 14. Gleichwohl bedarf es einiger Unterscheidungen. Beantragt der Arbeitgeber die Feststellung, daß dem Betriebsrat kein Mitbestimmungsrecht zusteht und hat dieser bereits die Einigungsstelle angerufen, wird im allgemeinen das Rechtsschutzinteresse zu bejahen sein (anders, wenn die Einigungsstelle die Anregung des Betriebsrats nicht aufgreift – BAG AP Nr. 7 zu § 81 ArbGG 1979 = NZA 1988, 249). Handelt es sich im übrigen um einmalige Fälle im Betrieb, so werden die Vorgänge regelmäßig im Verlauf des Verfahrens schon abgeschlossen sein. Alsdann wird der Antrag mangels Rechtsschutzinteresse unzulässig (BAG AP Nr. 5 zu § 83 ArbGG 1979 = Betr. 1983, 656), weil das Beschlußverfahren nicht dazu dient, einem Beteiligten zu attestieren, ob er Recht oder Unrecht hatte. Die Sache ist also für erledigt zu erklären. Etwas anderes gilt nur dann, wenn sich noch Folgewirkungen ergeben können. Handelt es sich dagegen um Fälle, die auch in Zukunft wieder vorkommen können, so kann noch die Feststellung begehrt werden, daß der Betriebsrat wegen der zukünftig zu regelnden Angelegenheiten ein Mitbestimmungsrecht hat (BAG AP Nr. 5 zu § 83 ArbGG 1979 = Betr. 1983, 656). Es bedarf jedoch der Darlegung, daß die Fälle wieder vorkommen können. Beispiele sind, daß bestimmt zu bezeichnende personelle Maßnahmen als Versetzung der Zustimmung des Betriebsrats bedürfen (BAG AP Nr. 33 zu § 99 BetrVG 1972 = NZA 1986, 616 = BB 1986, 2056 = Betr. 1986, 1523), ferner die Fragen, ob der Betriebsrat die Zustimmung zur Einstellung mit der Begründung verweigern kann, die vorgesehene Befristung sei unzulässig (BAG AP Nr. 21 zu § 99 BetrVG 1972 = NJW 1986, 2967 = NZA 1986, 163), oder ob bestimmte Personen oder Personengruppen zum Betriebsrat wahlberechtigt sind. Eine Antragsänderung von den vergangenen auf die zukünftigen Fälle ist jedoch in der Rechtsbeschwerdeinstanz nicht mehr zulässig (BAG AP Nr. 3 zu § 81 ArbGG 1979 = NZA 1984, 353). Das Rechtsschutzinteresse für einen Feststellungsantrag, ein Arbeitnehmer sei leitender Angestellter, entfällt, wenn der Arbeitnehmer aus dem Betrieb ausgeschieden ist (BAG AP Nr. 31 zu § 5 BetrVG 1979 = EzA Nr. 7 zu § 233 ZPO).

Kosten und Gebühren

Nicht vermögensrechtliche Streitigkeit, da Mitbestimmungsrecht des Betriebsrats Streitgegenstand ist. Je nach Gewicht Abweichung vom Regelstreitwert. Vgl. Form. IV. E. 1.

14. Vorabentscheidungsverfahren über Umfang des Mitbestimmungsrechts und Zuständigkeit einer Einigungsstelle[1]

An das
Arbeitsgericht

In Sachen

der Firma ......   Antragstellerin
– Verfahrensbevollmächtigter: RA ...... –

gegen

den Betriebsrat ......   Antragsgegner

über die Zuständigkeit der Einigungsstelle[2].

Namens und mit Vollmacht der Antragstellerin leite ich ein Beschlußverfahren vor dem Arbeitsgericht ein und werde beantragen zu beschließen:

Es wird festgestellt, daß dem Betriebsrat kein Mitbestimmungsrecht bei ...... zusteht[3].

Begründung:

Die Antragstellerin ist ein Unternehmen der ...... Sie beschäftigt ...... Arbeitnehmer. Der Antragsgegner ist ihr Betriebsrat. Er besteht aus ...... Mitgliedern. Betriebsratsvorsitzender ist ......

Die Antragstellerin leidet unter Auftragsmangel. Sie ist daher aus betriebsbedingten Gründen gezwungen ...... Arbeitnehmer zu entlassen. Der Antragsgegner ist der Auffassung, daß dies eine Betriebsänderung i.S. von § 112a Abs. 1 BetrVG sei. Er hat den Abschluß eines Interessenausgleichs und eines Sozialplanes verlangt. Die Antragstellerin hat sich geweigert, einen Interessenausgleich und Sozialplan abzuschließen. Ein Mitbestimmungsrecht des Betriebsrats besteht nicht ...... Darauf hat der Betriebsrat die Errichtung einer Einigungsstelle erzwungen. Er hat ...... Diese ist jedoch nicht zuständig ......[4,5].

Anmerkungen

1. Die Durchführung eines Einigungsstellenverfahrens macht erhebliche Kosten. Im Verfahren zur Bestellung des Vorsitzenden einer Einigungsstelle bzw. der Bestimmung der Zahl ihrer Beisitzer wird deren Zuständigkeit grundsätzlich nicht überprüft (vgl. Form. IV. E. 16 Anm. 3). Vor allem der Arbeitgeber ist daher daran interessiert, in einem Beschlußverfahren die Zuständigkeit vorab klären zu lassen. Grundsätzlich ist die Einigungsstelle berechtigt, über ihre Zuständigkeit selbst zu befinden. Der Beschluß im Vorabentscheidungsverfahren entfaltet Bindungswirkung für spätere Verfahren (BAG AP Nr. 15 zu § 113 BetrVG 1972 = NZA 1988, 287).

2. Die sog. Vorabentscheidungsverfahren weisen zwei prozessuale Schwierigkeiten auf: (1) Der Antrag muß hinreichend bestimmt gefaßt sein; (2) das Rechtsschutzinteresse muß gegeben sein.

3. Der Antrag muß konkret gefaßt sein. Vom Gericht kann kein Rechtsgutachten erwartet werden (vgl. dazu Form. IV. E. 13 Anm. 2). Aus diesem Grunde sind gelegentlich Anträge empfohlen worden, festzustellen, „daß die angerufene Einigungsstelle zur Beschlußfassung über ...... nicht zuständig ist". Diese Anträge sind nicht zulässig. Der Streit der Beteiligten geht regelmäßig nicht darum, ob die Einigungsstelle zuständig ist, sondern ob dem Betriebsrat ein erzwingbares Mitbestimmungsrecht in einer bestimmten Angelegenheit zusteht. Der Antrag ist also zu unbestimmt. Ein Feststellungsantrag über die Zuständigkeit der Einigungsstelle kann allenfalls in Betracht kommen, wenn die Beteiligten darüber streiten, ob die Einigungsstelle oder eine tarifliche Schlichtungsstelle zuständig ist (vgl. aber BAG AP Nr. 2 zu § 87 BetrVG 1972 Vorschlagswesen).

4. Entgegen einer verbreiteten Meinung im Schrifttum wird das Rechtsschutzinteresse für das Vorabentscheidungsverfahren grundsätzlich vom BAG bejaht (BAG AP Nr. 11 zu § 76 BetrVG 1972; AP Nr. 7 zu § 87 BetrVG 1972 Überwachung = NJW 1984, 1475 = Betr. 1984, 775). Beachte, daß in den Fällen des § 112a Abs. 2 BetrVG 1972 ein Interessenausgleich zur Vermeidung der Ansprüche aus § 113 BetrVG versucht werden muß, dagegen der Betriebsrat keinen Sozialplan erzwingen kann (BAG AP Nr. 18 zu § 113 BetrVG 1972 = NZA 1989, 278 = BB 1989, 773 = Betr. 1989, 331). Da das BAG jetzt einen vorbeugenden Unterlassungsanspruch (Anm. 5) bejaht, kommt dem Vorabentscheidungsverfahren kaum noch Bedeutung zu.

5. In seiner neueren Rechtsprechung bejaht das BAG einen vorbeugenden Unterlassungsanspruch gegen Betriebsänderungen ohne Ausschöpfung des Mitbestimmungsverfahrens des Betriebsrats (BAG v. 3. 5. 1994 – 1 ABR 24/93 – NZA 1995, 40 = NJW 1995, 1044.

Kosten und Gebühren

Vgl. Form. IV. E. 1. Es handelt sich um eine nicht vermögensrechtliche Streitigkeit, Schätzung entsprechend dem Wert des Interessenausgleichs und des Sozialplanes.

15. Verbot der Einführung von Kurzarbeit (einstweilige Verfügung im Beschlußverfahren)[1]

An das
Arbeitsgericht

Antrag

auf Erlaß einer einstweiligen Verfügung im Beschlußverfahren

In Sachen

des Betriebsrats der Firma ......,
vertreten durch den Betriebsratsvorsitzenden ......

Antragstellers,

Verfahrensbevollmächtigter: Rechtsanwalt ......

gegen

die Firma ......   Antragsgegnerin,

wegen Unterlassung der Einführung von Kurzarbeit.

Namens und mit Vollmacht des Antragstellers beantrage ich den Erlaß einer einstweiligen Verfügung im Beschlußverfahren:

15. Verbot der Einführung von Kurzarbeit — IV. E. 15

Dem Arbeitgeber wird untersagt, ab ...... Kurzarbeit im Betrieb ...... der Firma ...... einzuführen.

Begründung:

Der Antragsteller ist der aus ...... Mitgliedern bestehende Betriebsrat der Antragsgegnerin für deren Betrieb ...... in ......
Die Antragsgegnerin betreibt ein Unternehmen für ....
Am ...... hat sich die Antragsgegnerin an den Antragsteller mit dem Ersuchen gewandt, eine Betriebsvereinbarung/Regelungsabsprache[2] über die Einführung von Kurzarbeit ab ...... abzuschließen. Zur Begründung hat sie sich darauf berufen, daß ......

Beweis: Schreiben vom ......

Der Betriebsrat hat in seiner Sitzung vom ...... die Einführung von Kurzarbeit abgelehnt, weil ......

Beweis: Beschluß des Betriebsrats vom ......;
  Auszug aus dem Sitzungsprotokoll vom ....

Bevor der Betriebsrat Beschluß gefaßt hat, haben die Betriebspartner am ...... über die Einführung von Kurzarbeit verhandelt.

Beweis: ......

Im Rahmen dieser Verhandlungen hat dem Betriebsrat jedoch die Notwendigkeit der Kurzarbeit nicht einsichtig gemacht werden können. Die Betriebspartner streiten im wesentlichen über folgende Punkte: ......
Nach Zuleitung des Beschlusses vom ...... hat die Antragsgegnerin mitgeteilt, daß sie ab ...... einseitig Kurzarbeit einführen werde. Dies ist unzulässig, denn dem Betriebsrat steht nach § 87 Abs. 1 Nr. 3 BetrVG bei der Einführung der Kurzarbeit ein erzwingbares Mitbestimmungsrecht zu[3]. Zur Wahrung der betriebsverfassungsrechtlichen Rechte des Betriebsrates und zur Vermeidung von Nachteilen für die Belegschaft bedarf es des Erlasses einer einstweiligen Verfügung.
Wegen der Kürze der zur Verfügung stehenden Zeit wird angeregt, daß die einstweilige Verfügung durch den Vorsitzenden der Kammer allein ergeht.[4,5]

Rechtsanwalt

Anmerkungen

1. Nach § 85 Abs. 2 ArbGG ist der Erlaß einer einstweiligen Verfügung auch im Beschlußverfahren zulässig. Für eine einstweilige Verfügung im Urteilsverfahren bedarf es der Darlegung eines Verfügungsanspruches, eines Verfügungsgrundes und der Glaubhaftmachung. Entsprechend ist auch eine einstweilige Verfügung im Beschlußverfahren zu gliedern. Im Rahmen der gestellten Anträge und des vorgetragenen Sachverhalts hat das Arbeitsgericht den Sachverhalt von Amts wegen zu ermitteln. Um Verfahrensverzögerungen zu vermeiden, sind aber die Mittel der Glaubhaftmachung zweckmäßig anzugeben. Einzelheiten *Schaub* ArbR-Formb. § 117; *Dütz* ZFA 1972, 247; ArbuR 1973, 372; *Küster* Betr. 1972, 613; *Wenzel* Betr. 1972, 1290.

2. Zur betrieblichen Einigung *Schaub* ArbR-Hdb. § 231.

3. Die Einführung von Kurzarbeit unterliegt der erzwingbaren Mitbestimmung des Betriebsrates (BAG AP Nr. 1–3 zu § 87 BetrVG Kurzarbeit). Es gehört zu den umstrittensten Fragen des Arbeitsrechts, ob der Betriebsrat Maßnahmen des Arbeitgebers mit einem Unterlassungsanspruch verhindern kann, wenn er seine Mitbestimmungsrechte noch nicht ausgeschöpft hat. Dies gilt zB. für die Einführung von Kurzarbeit, Anordnung von Über- und Mehrarbeitsstunden (§ 87 BetrVG), aber auch für den Ausspruch von Kündigungen bei Betriebsänderungen (§ 112a BetrVG), wenn noch kein Interessenausgleich und Sozial-

plan zustandegekommen sind. Das BAG hat einen allgemeinen Unterlassungsanspruch zunächst verneint (BAG AP Nr. 2 zu § 23 BetrVG 1972 = NJW 1984, 196; AP Nr. 19 zu § 80 BetrVG 1972 = Betr. 1983, 1986; AP Nr. 11 zu § 87 BetrVG 1972 Arbeitszeit = Betr. 1984, 1479). Die Rspr. ist auf zum Teil heftige Kritik gestoßen (vgl. auch BAG AP Nr. 5 zu § 23 BetrVG 1972 = NZA 1985, 783 = Betr. 1985, 2511). Die Rspr. der Landesarbeitsgerichte war unterschiedlich. Diese Rechtsprechung hat das BAG aufgegeben (BAG v. 3. 5. 1994 – 1 ABR 24/93 – NZA 1995, 40 = NJW 1995, 1044). Es hat angenommen, daß dem Betriebsrat bei Verletzung seiner Mitbestimmungsrechte (hier § 87 BetrVG) ein Anspruch auf Unterlassung der mitbestimmungspflichtigen Maßnahme zusteht. Dieser Anspruch setzt keine grobe Pflichtverletzung des Arbeitgebers im Sinne des § 23 Abs. 3 BetrVG voraus. Ist der Unterlassungsantrag des Betriebsrats so weit gefaßt, daß er viele denkbare künftige Fallgestaltungen betrifft, ist er insgesamt unbegründet, wenn nicht in allen diesen Fällen ein Mitbestimmungsrecht besteht (BAG v. 3. 5. 1994 – 1 ABR 24/93 – NZA 1995, 40 = NJW 1995, 1044). Ein Unterlassungsanspruch auf Einführung von Über- oder Mehrarbeit wird jedenfalls unbegründet, wenn die Betriebspartner inzwischen die Beteiligung in einer Betriebsvereinbarung geregelt haben (BAG AP Nr. 8 zu § 81 ArbGG 1979 = NZA 1988, 517 = BB 1988, 1331 = Betr. 1988, 1272).

Alternativen: (1) Dem/Der Antragsgegner(in) wird aufgegeben, Überstunden ohne Beachtung des Mitbestimmungsrechts des Betriebsrats bei . . . . . . anzuordnen oder zu dulden. (2) Für jeden Fall der Zuwiderhandlung gegen die Verpflichtung zu Nr. 1 wird dem/der Antragsgegner(in) – bezogen auf jeden Tag und jeden Arbeitnehmer – ein Ordnungsgeld, dessen Höhe in das Ermessen des Gerichtes gestellt wird, ersatzweise Ordnungshaft, angedroht.

(1) Dem/Der Antragsgegner(in) wird aufgegeben, es zu unterlassen, Einstellungen und Versetzungen vorzunehmen, solange der Antragsteller die Zustimmung nicht erteilt hat oder im Verweigerungsfalle die fehlende Zustimmung im arbeitsgerichtlichen Beschlußverfahren ersetzt worden ist. (2) Vollstreckungsandrohung.

4. Die einstweilige Verfügung wird durch die Kammer des Arbeitsgerichtes erlassen. Das Arbeitsgericht kann mit und ohne mündliche Verhandlung entscheiden. Die Entscheidung ergeht in jedem Falle durch Beschluß. Hat das Arbeitsgericht ohne mündliche Verhandlung die einstweilige Verfügung erlassen, ist gegen den Beschluß der Widerspruch gegeben. Hat dagegen das Arbeitsgericht aufgrund mündlicher Verhandlung entschieden, ist gegen den Beschluß die Beschwerde an das Landesarbeitsgericht gegeben. Es gelten insoweit die Regeln des Beschlußverfahrens (vgl. *Schaub* ArbR-Formb. § 117).

5. Wird über eine einstweilige Verfügung im Beschlußverfahren wegen der Dringlichkeit ohne mündliche Anhörung der Beteiligten entschieden, so ergeht die Entscheidung des Arbeitsgerichts nicht durch den Vorsitzenden allein, sondern unter Hinzuziehung der ehrenamtlichen Richter, also durch die vollbesetzte Kammer (BAG AP Nr. 2 zu § 85 ArbGG 1979 = NZA 1992, 41).

Kosten und Gebühren

Nichtvermögensrechtliche Streitigkeit. Anhaltspunkt für die Schätzung des Gebührenstreitwerts ist die eingesparte Lohnsumme. Vgl. Form. IV. E. 1.

16. Antrag auf Errichtung einer Einigungsstelle[1]

An das
Arbeitsgericht

In Sachen
des Betriebsrats der Firma ......,
vertreten durch den Betriebsratsvorsitzenden ......

                                                                 Antragstellers,

Verfahrensbevollmächtigter: ......

gegen

die Firma ......   Antragsgegnerin,

wegen Bestellung des Vorsitzenden einer Einigungsstelle.
Namens und mit Vollmacht des Antragstellers leite ich ein Beschlußverfahren vor dem Vorsitzenden der zuständigen Kammer des Arbeitsgerichtes ein[2] und werde beantragen zu beschließen:

  I. Der Vorsitzende Richter am LAG ...... wird zum Vorsitzenden einer Einigungstelle bei der Firma ...... bestellt.
 II. Die Zahl der von jeder Seite zu benennenden Beisitzer wird auf ...... festgesetzt.

Begründung:

   I. Die Betriebspartner streiten ......
  II. Zur Beilegung der Regelungsstreitigkeit ist die Errichtung einer Einigungsstelle notwendig. Die Beteiligten haben sich auf den Vorsitzenden und die Zahl der von jeder Seite zu benennenden Beisitzer nicht einigen können. Es bedarf daher der Bestimmung durch das Gericht (§ 76 Abs. 2 BetrVG).
 III. Die Antragsgegner werden sich darauf berufen, daß die Einigungsstelle zur Regelung nicht zuständig ist. Dies ist jedoch unzutreffend, denn ...... Im Rahmen des Errichtungsverfahrens hat das Arbeitsgericht die Zuständigkeit der Einigungsstelle nicht zu prüfen, denn die Einigungsstelle entscheidet über ihre Kompetenz allein. Ein Fall offenbarer Unzuständigkeit[3] der Einigungsstelle ist nicht gegeben (§ 98 ArbGG), denn ......

Anmerkungen

1. IdR. wird die Einigungsstelle durch Vereinbarung zwischen Arbeitgeber und Betriebsrat errichtet. Der in Aussicht genommene Vorsitzende wird telefonisch oder schriftlich gebeten, das Amt zu übernehmen. Beamte und Richter bedürfen zur Übernahme des Amtes einer Genehmigung durch die Dienstaufsichtsbehörde. Die Genehmigung wird erteilt, wenn der Richter dienstlich nicht mit der Sache befaßt werden kann (§ 40 DRiG). Vgl. dazu OVG NRW Betr. 1983, 1312; LAG Rheinl.-Pfalz Betr. 1984, 56. BVerwG v. 30. 6. 1983 – 2 C 57/82 –. Durch Tarifvertrag kann bestimmt sein, daß anstelle der vereinbarten Einigungsstelle eine tarifliche Schlichtungsstelle tritt (§ 76 Abs. 8 BetrVG).
2. Zuständig ist der geschäftsplanmäßig zuständige Vorsitzende § 98 ArbGG; dazu *Schaub* ArbR-Formb. § 116 II; LAG Hamm AP Nr. 1 zu § 112 BetrVG 1972.
3. Offensichtlich unzuständig ist die Einigungsstelle, wenn sich die beizulegende Streitigkeit zwischen dem Arbeitgeber und dem Betriebsrat bei sachkundiger Beurteilung durch

das Gericht sofort erkennbar nicht unter einen mitbestimmungspflichtigen Tatbestand des Gesetzes subsumieren läßt (LAG Berlin AP Nr. 1 zu § 98 ArbGG 1979; LAG Düsseldorf Betr. 1981, 849; vgl. auch LAG Rheinland-Pfalz NZA 85, 190; ArbG Kiel BB 1981, 1894; dagegen LAG Köln Betr. 1985, 1240 = NZA 1985, 91; LAG Hamburg BB 1985, 1729; LAG Bad.-Württemberg NZA 1985, 163; LAG Düsseldorf NZA 1985, 468; Betr. 1977, 1954; 1980, 213). Die Einigungsstelle ist nicht offensichtlich unzuständig, wenn der Betriebsrat eine Beschwerde nach § 85 Abs. 2 S. 1 BetrVG 1972 weiter verfolgt (LAGE Nr. 7 zu § 98 ArbGG 1979); offensichtlich unzuständig ist sie aber bei Streitigkeiten um die Rechtsfrage, ob am Arbeitskampf beteiligte Arbeitnehmer von Zuwendungen ausgeschlossen werden dürfen (LAGE Nr. 8 zu § 98 ArbGG 1979) oder sich zu der streitigen Frage eine gefestigte Rspr. des BAG entwickelt hat (LAGE Nr. 10 zu § 98 ArbGG 1979). Vgl. im übrigen die Übersichten bei *Schaub* ArbR-Hdb. § 232 u. ArbR-Formb. § 117 II. Hat der Vorsitzende die Bestellung wegen offensichtlicher Unzuständigkeit abgelehnt, so kann gleichwohl noch ein Beschlußverfahren anhängig gemacht werden. Umstr. war, ob bei Anhängigkeit eines Beschlußverfahrens über die Zuständigkeit das Bestellungsverfahren nach § 148 ZPO ausgesetzt werden kann. Dies ist nach überwiegender Ansicht zu verneinen (*Schaub* ArbR-Formb. § 117 II, BAG AP Nr. 11 zu § 76 BetrVG 1972 = Betr. 1982, 1413 = EzA Nr. 33 zu § 76 BetrVG 1972; AP Nr. 2 zu § 87 BetrVG 1972 Vorschlagswesen; AP Nr. 1 zu § 81 ArbGG 1979; a.A. LAGE Rheinland-Pfalz Nr. 9 zu § 98 ArbGG 1979). In jedem Fall ist das Vorabentscheidungsverfahren zulässig (vgl. Form. IV. E. 13 Anm. 3; IV. E. 14). Seine Aussetzung bis zur Entscheidung der Einigungsstelle ist unzulässig (BAG AP Nr. 10 zu § 76 BetrVG 1972).

Kosten und Gebühren

Nichtvermögensrechtliche Streitigkeit. Bei der Schätzung des Streitwertes ist der Wert der Regelungsstreitigkeit zu berücksichtigen. Teils wird idR von einem Streitwert von 3000 DM ausgegangen (LAG Hamm Betr. 1972, 880). Neuerdings angehoben auf 4000 DM (LAG Hamm Betr. 1986, 132). Vgl. Form. IV. E. 1.

Fristen und Rechtsmittel

Gegen die Entscheidung des Vorsitzenden findet die fristgebundene Beschwerde an den zuständigen Vorsitzenden des Landesarbeitsgerichts statt. Die Beschwerde ist binnen einer Frist von zwei Wochen einzulegen und zu begründen (§ 98 Abs. 2 ArbGG).

17. Anhang: Honoraranspruch des Rechtsanwaltes

An das Arbeitsgericht ......

Antrag

im Beschlußverfahren

des Rechtsanwaltes ...... Antragstellers,

gegen

die Firma ...... Antragsgegnerin,

Weitere Verfahrensbeteiligte: Betriebsrat der Firma ......, vertreten durch den Betriebsratsvorsitzenden ...... Beteiligter zu 3

17. Anhang: Honoraranspruch des Rechtsanwaltes   IV. E. 17

wegen Bezahlung von Rechtsanwaltskosten.

Gegen die Antragsgegnerin leite ich ein Beschlußverfahren ein und werde beantragen zu beschließen:

Die Antragsgegnerin wird verpflichtet, ... DM nebst ...... % Zinsen seit dem ...... an den Antragsteller zu zahlen.

Begründung:

Der Betriebsrat und Beteiligter zu 3 hat in dem bei dem erkennenden Gericht unter dem Az. ...... geführten Beschlußverfahren von der Antragsgegnerin die Erstattung von Schulungskosten verlangt. Das erkennende Gericht hat dem Antrag des Betriebsrates durch Beschluß vom ...... stattgegeben/hat den Antrag des Betriebsrates mit Beschluß vom ...... abgewiesen. Der Beschluß ist rechtskräftig.

In diesem Beschlußverfahren ist der Betriebsrat durch den Antragsteller als Verfahrensbevollmächtigten vertreten worden[1]. Die bei dem Antragsteller erwachsenen Gebühren in Höhe von ...... weigert sich die Antragsgegnerin zu zahlen. Hierzu ist sie aber nach § 40 Abs. 1 BetrVG verpflichtet. Zu den erstattungsfähigen Betriebsratskosten gehören auch die Kosten für die Hinzuziehung eines Verfahrensbevollmächtigten[2]. Die Hinzuziehung eines Rechtsanwaltes war notwendig.

Die Gewerkschaft hat dem Betriebsrat keinen Rechtsschutz erteilt[3]. Die rechtskundige Vertretung des Betriebsrates war jedoch notwendig, da schwierige Sach- und Rechtsfragen zu behandeln waren. Dies ergibt sich bereits aus dem Beschluß des erkennenden Gerichtes vom ......, dessen Beiziehung beantragt wird.

Abgesehen davon betrug der Streitwert des damaligen Verfahrens mehr als 300,– DM[4].

Der Betriebsrat hat mit Beschluß vom ...... seine Ansprüche auf Kostenerstattung an den Antragsteller abgetreten.

Beweis: Beschluß vom ......, der in beglaubigter Abschrift beigefügt wird.

Der Antragsteller hat die Abtretung angenommen[5].

Anmerkungen

1. In der bisherigen Rechtsprechung des BAG hat jeweils der Betriebsrat die Erstattung der Anwaltskosten vom Arbeitgeber verlangt. Das BAG hat insoweit die Auffassung vertreten, daß der Verfahrensbevollmächtigte an dem Beschlußverfahren nicht beteiligt ist (BAG AP Nr. 14 zu § 40 BetrVG 1972; seither ständig).

Es dürften indes keine durchgreifenden verfahrensrechtlichen Bedenken bestehen, daß sich der Anwalt die Kostenerstattungsforderung abtreten läßt (aA. LAG Berlin AP Nr. 25 zu § 40 BetrVG 1972; danach besteht allenfalls die Möglichkeit einer Prozeßstandschaft).

2. Der Betriebsrat hat Wahlmöglichkeit, ob er das Verfahren selbst führt, einen Gewerkschaftssekretär hinzuzieht oder sich der Hilfe eines Rechtsanwalts bedient. Vgl. BAG AP Nr. 1, 7 zu § 39 BetrVG; AP Nr. 6 zu § 20 BetrVG 1972; AP Nr. 14, 16 zu § 40 BetrVG 1972; AP Nr. 18 aaO. = Betr. 1980, 2091. Zu Massenverfahren LAG Berlin AP Nr. 21 zu § 40 BetrVG 1972.

Honoraransprüche können insbesondere erwachsen, wenn der Betriebsrat sich im Verfahren vor der Einigungsstelle durch einen Rechtsanwalt vertreten läßt (vgl. BAG AP Nr. 34 zu § 76 BetrVG 1972 = NJW 1990, 404 = NZA 1990, 107).

3. BAG AP Nr. 14, 16 zu § 40 BetrVG 1972; AP Nr. 18 aaO. = Betr. 1980, 2091.

4. BAG AP Nr. 14 zu § 40 BetrVG 1972; (der Beschluß betraf ein Verfahren vor Inkrafttreten des ArbGG 1979); AP Nr. 16 aaO. danach ständig ohne die Streitwertgrenze.

5. Zum Erstattungsanspruch, wenn ein einzelnes Betriebsratsmitglied vom Rechtsanwalt vertreten wurde: BAG AP Nr. 1 zu § 13 BetrVG 1972; AP Nr. 16, 19 zu § 40 BetrVG

1972; AP Nr. 29 aaO. = NJW 1990, 853 = NZA 1990, 233. Zum Honoraranspruch des Vorsitzenden einer Einigungsstelle: BAG AP Nr. 5 zu § 76 BetrVG 1972; zur Behandlung im Konkurs AP Nr. 7 aaO.; des Beisitzers einer Einigungsstelle: BAG AP Nr. 3, 6, 8 zu § 76 BetrVG 1972; AP Nr. 13 aaO. = Betr. 1984, 934; AP Nr. 15 aaO. = Betr. 1984, 2307 = NZA 1984, 330. Ein Rechtsanwalt hat für seine Tätigkeit als Einigungsstellenbeisitzer grundsätzlich keinen höheren Vergütungsanspruch als $7/10$ des Vorsitzendenhonorars (BAG v. 20. 2. 1991 – 7 ABR 6/90 – EZA Nr. 56 zu § 76 BetrVG 1972 = NZA 1991, 651 = NJW 1991, 1846). Ein mehrwertsteuerpflichtiger Rechtsanwalt, der zum Mitglied einer Einigungsstelle bestellt worden ist, kann nach der Rspr. des BAG die Erstattung der auf das Honorar entfallenden Mehrwertsteuer nur verlangen, wenn dies – in der Regel vorher – vereinbart worden ist (BAG AP Nr. 19 zu § 76 BetrVG 1972 = Betr. 1987, 441); Betriebliche Beisitzer einer Einigungstelle haben keinen Gebührenanspruch (BAG AP Nr. 2 zu § 76 BetrVG 1972). Durch das Gesetz zur Änderung des BetrVG, über Sprecherausschüsse der leitenden Angestellten und – zur Sicherung der Montan-Mitbestimmung vom 20. 12. 1988 (BGBl. I S. 2312) sind die Honoraransprüche näher geregelt worden. Eine RechtsVO ist aber bislang noch nicht ergangen. Vgl. zur Neuregelung *Schaub* ArbR-Hdb. § 232.

Kosten und Gebühren

Vermögensrechtliche Streitigkeit. Gebührenstreitwert in Höhe des Zahlungsantrages. Vgl. Form. IV. E. 1.

F. Rechtsmittel im Beschlußverfahren

1. Beschwerde[1,2]

An das
Landesarbeitsgericht

In Sachen

...... (volles Rubrum, vgl. Beschluß des Arbeitsgerichtes[3])

Namens und mit Vollmacht der Antragsteller/Antragsgegner lege ich gegen den Beschluß des Arbeitsgerichts ...... vom ...... – ...... BV ...... / ...... – Beschwerde ein und werde beantragen zu erkennen:

Der Beschluß des Arbeitsgerichtes ...... vom ...... – ...... BV ...... / ...... – wird abgeändert.

Es wird festgestellt, ... / der/die Beteiligte ...... wird verpflichtet ......

Begründung[4]:

I. ...... (Gedrängte Darstellung des Sach- und Streitstandes und etwaiger neuer Tatsachen).

II. ...... (Rechtliche Auseinandersetzung mit den Gründen des Arbeitsgerichtes).[5]

Anmerkungen

1. Gegen die das Verfahren beendenden Beschlüsse der Arbeitsgerichte findet die Beschwerde an das Landesarbeitsgericht statt (§ 87 ArbGG).

a) Beschluß ist jeder instanzbeendende Beschluß des Arbeitsgerichtes im Beschlußverfahren. Hierzu gehören auch Teil- und Zwischenbeschlüsse. Die Beschwerde ist unabhängig von der Höhe der Beschwer statthaft. Unzulässig ist die Beschwerde ausschließlich wegen der Kostenentscheidung, § 99 Abs. 1 ZPO (BAG AP Nr. 9 zu § 92 ArbGG). Umstritten war, ob die unselbständige Anschlußbeschwerde zulässig ist. Dies hat das BAG zunächst wegen des Beschleunigungsprinzipes verneint. Diese Auffassung hat es jedoch inzwischen aufgegeben (BAG AP Nr. 3 zu § 87 ArbGG 1979 = NZA 1988, 217).

b) Die Beschwerdebefugnis ist umstritten. Beschwerdebefugt sind alle Beteiligten, die durch die Entscheidung in ihren betriebsverfassungsrechtlichen, personalvertretungsrechtlichen oder mitbestimmungsrechtlichen Rechtsstellung betroffen sind (BAG AP Nr. 2 zu § 83 ArbGG 1979 = BB 1983, 579 = Betr. 1982, 546; AP Nr. 34 zu § 2 TVG = NJW 1986, 1708 = NZA 1986, 332; AP Nr. 4 zu § 2 TVG Tarifzuständigkeit = NJW 1987, 514 = NZA 1986,, 480). Darüber hinaus ist jeder beschwerdebefugt, wer in der ersten Instanz einen Sachantrag gestellt hat. Soweit es darum geht, ob ein Beteiligter beteiligungsfähig ist (Form. IV. E. 6 Anm. 2), kann er in jedem Fall Beschwerde einlegen, um seine Beteiligungsfähigkeit prüfen zu lassen (BAG AP Nr. 3 zu § 87 BetrVG 1972 Lohngestaltung = Betr. 1980, 1895 = NJW 1981, 75).

c) Die Beschwerde ist nur zulässig, wenn der Beschwerdeführer beschwert ist (BAG AP Nr. 21 zu § 87 BetrVG 1972 Lohngestaltung = NZA 1986, 531). Hat der Beschwerdeführer in der ersten Instanz einen Antrag gestellt, so ist die Beschwer im allgemeinen wie bei der Berufung zu bestimmen. Eine Beschwerde ist dann gegeben, wenn der Beschluß des Arbeitsgerichtes hinter dem gestellten Antrag zurückbleibt. Sind dagegen auch die übrigen Beteiligten beschwerdebefugt, so ist die Beschwerde materiell zu bestimmen; sie ist gegeben, wenn die Entscheidung dem Beschwerdeführer ungünstig ist.

d) Die Beschwerde muß innerhalb einer Beschwerdefrist von einem Monat eingelegt werden (§§ 87 Abs. 2 S. 1, 66 ArbGG). Die Beschwerdefrist beginnt mit der Zustellung des angefochtenen Beschlusses. Bei ihrer Versäumung ist die Beschwerde unzulässig. Die Wiedereinsetzung in den vorigen Stand ist statthaft. Für einen Beteiligten, dem die Beschwerde nicht zugestellt worden ist, läuft die Beschwerdefrist nicht (BAG AP Nr. 8 zu § 89 ArbGG). Der Beschluß muß eine Rechtsmittelbelehrung enthalten (§ 9 Abs. 5 ArbGG). Bei verspäteter Zustellung vgl. aber Form. IV. D. 4 Anm. 1.

e) Die Beschwerde muß begründet werden. Die Begründungsfrist beträgt einen Monat seit Einlegung (§§ 87 Abs. 2 S. 1, 66 ArbGG). Die Begründungsfrist kann einmal auf Antrag vom Vorsitzenden um einen Monat verlängert werden (§§ 87 Abs. 2 S. 1, 66 Abs. 1 S. 4 ArbGG). Die Beschwerdebegründung kann mithin wie die Berufungsbegründung in einem besonderen Schriftsatz erfolgen.

Ausnahme zu d und e: Im Verfahren zur Bestellung des Vorsitzenden einer Einigungsstelle und zur Bestimmung der Zahl der Beisitzer ist die Beschwerde innerhalb einer Frist von zwei Wochen einzulegen und zu begründen (§ 98 ArbGG).

2. Für das Beschwerdeverfahren gelten die für das Berufungsverfahren maßgebenden Vorschriften über die Einlegung der Berufung und ihrer Begründung entsprechend (§ 87 Abs. 2 S. 1 ArbGG).

a) Für die Prozeßfähigkeit gilt nichts anderes als im Verfahren erster Instanz (Form. IV. E. 2 Anm. 4). Dasselbe gilt für die Beteiligungsfähigkeit (Form. IV. E. 2 Anm. 4). Im Beschwerdeverfahren sind mithin auch die Beteiligten zu hören, die in der ersten Instanz zu hören waren.

b) Für die Vertretung der Beteiligten gilt § 11 Abs. 1 ArbGG entsprechend (§ 87 Abs. 2 S. 1 ArbGG). Hieraus folgt, die Beteiligten können das Verfahren selbst führen; sie können sich aber auch vertreten lassen. Für das Beschwerdeverfahren gibt es keinen Vertretungszwang (LAG Berlin BB 1976, 605). Jedoch muß die Beschwerdeschrift von einem Rechtsanwalt oder einer sonst nach § 11 Abs. 2 S. 2 zur Vertretung befugten Person unterzeichnet sein (§ 89 Abs. 1 ArbGG). Ob dies auch für die Beschwerdebegründung gilt, ist umstritten (Anm. 3).

c) Die Ladungsfristen bestimmen sich wegen der fehlenden Verweisung (§§ 87 Abs. 2 S. 1, 64 Abs. 7) auf § 47 ArbGG nach § 217 ZPO. Da kein Vertretungszwang besteht, beträgt die Ladungsfrist mindestens drei Tage. Für die Einlassungsfrist gilt das gleiche wie im Berufungsverfahren. Die Zustellung an die Beteiligten erfolgt von Amts wegen.

d) Nach der Verweisung von § 87 Abs. 2 S. 1 ArbGG auf § 66 Abs. 1 S. 2 ArbGG muß die Beschwerde innerhalb einer Frist von einem Monat nach Zustellung der Beschwerdebegründung beantwortet werden. Da im Beschwerdeverfahren aber auch das Amtsermittlungsprinzip gilt, ist zweifelhaft, ob diese Vorschrift entsprechend gilt. Die Beschwerdeschrift muß von einem Rechtsanwalt oder einem sonst Postulationsfähigen unterzeichnet sein (§ 11 Abs. 2 S. 2 ArbGG). Dies gilt nach richtiger Ansicht auch für die Beschwerdebegründung. Besonderheiten gelten für das Beschwerdeverfahren nach § 98 ArbGG (Bestellung des Vorsitzenden einer Einigungsstelle und Bestimmung der Zahl ihrer Mitglieder). Vgl. Form. IV. E. 16.

3. Für die Formalien gelten dieselben Vorschriften wie für die Berufung (Form. IV. D. 4 Anm. 1 u. 3). Die Beschwerdeschrift muß denselben Formalien genügen wie die Berufungsschrift.

a) Die Beschwerde wird beim Landesarbeitsgericht eingelegt. Wird sie beim Arbeitsgericht eingereicht, wird die Beschwerdefrist nur gewahrt, wenn sie rechtzeitig dem Landesarbeitsgericht zugeht.

1. Beschwerde

b) Die Beschwerde kann durch Schriftsatz, telegrafisch oder durch Telekopie eingelegt werden (Form. IV. D. 4 Anm. 3).
c) Die Beschwerdeschrift muß von einem Rechtsanwalt oder einer sonst nach § 11 Abs. 2 S. 2 ArbGG postulationsfähigen Person unterzeichnet sein. Dasselbe wird aber auch für die Beschwerdebegründung gelten.
d) Innerhalb der Beschwerdefrist muß sich ergeben, für und gegen wen die Beschwerde eingereicht wird.
e) Dagegen führt das Fehlen der ladungsfähigen Anschrift des Beschwerdegegners nicht mehr zur Unzulässigkeit der Beschwerde (BAG GS Nr. 53 zu § 518 ZPO = NJW 1987, 1356 = NZA 1987, 136).

4. Die Beschwerdebegründung muß angeben, auf welche im einzelnen anzuführenden Beschwerdegründe sowie auf welche neuen Tatsachen die Beschwerde gestützt wird (§ 89 Abs. 2 S. 2 ArbGG).

a) Wie die Berufungsbegründung (Form. IV. D. 4 Anm. 6) muß die Beschwerdebegründung im einzelnen angeben, warum der angefochtene Beschluß abzuändern ist. Bei mehreren verfolgten Ansprüchen muß für jeden eine Begründung gegeben werden (BAG AP Nr. 4 zu § 94 ArbGG). Die Beschwerdebegründung darf sich nicht in formelhaften Redewendungen oder Bezugnahmen erschöpfen. Das Durchlesen des Beschlusses und der Beschwerdebegründung muß ergeben, warum der Beschwerdeführer den Beschluß für unrichtig hält (BAG AP Nr. 7 zu § 89 ArbGG = NJW 1973, 870).
b) Da in § 89 Abs. 2 S. 2 ArbGG ein neues Vorbringen erwähnt wird, ist anzunehmen, daß § 67 ArbGG über das Zurückweisen des Sachvorbringens in der zweiten Instanz nicht gilt. Das entspricht dem Amtsermittlungsprinzip des Beschlußverfahrens.
c) Im ArbGG ist ein besonderer Beschwerdeantrag nicht erwähnt. Nach h.M. ist hieraus aber nicht zu folgern, daß es keines Beschwerdeantrages bedarf. Es gelten daher insoweit die Grundsätze des Berufungsverfahrens (Form. IV. D. 4 Anm. 5). Der Antrag braucht zur Vermeidung der Unzulässigkeit zwar nicht ausdrücklich gestellt zu werden. Es muß sich aber deutlich ergeben, inwieweit eine Abänderung des angefochtenen Beschlusses erstrebt wird (BAG AP Nr. 6 zu § 1 TVG Tarifverträge: Bundesbahn = NZA 1986, 169; AP Nr. 24 zu § 99 BetrVG 1972). Ob eine Antragsänderung in der Beschwerdeinstanz zulässig ist, ist umstritten (vgl. BAG AP Nr. 10 zu § 89 ArbGG 1953 = NJW 1976, 727).

5. Hat des LAG eine Beschwerde als unzulässig verworfen, so ist gegen diesen Verwerfungsbeschluß die Rechtsbeschwerde auch dann unstatthaft und damit unzulässig, wenn das LAG sie ausdrücklich zugelassen hat (BAG AP Nr. 6 zu § 92 ArbGG 1979 = NZA 1990, 73 = BB 1989, 2119 = Betr. 1989, 2544).

Kosten und Gebühren

Keine Kostenentscheidung und kein Verfahrensstreitwert (§ 12 Abs. 5 ArbGG). Gebührenstreitwert für Rechtsanwälte §§ 8 ff. BRAGO. Rechtsanwaltsgebühren: § 62 Abs. 2 BRAGO.

2. Nichtzulassungsbeschwerde (§ 92a ArbGG)[1, 2, 3]

An das
Bundesarbeitsgericht

In Sachen

...... (volles Rubrum, vgl. Beschluß des LAG)

Namens und mit Vollmacht der Antragsteller/Antragsgegner lege ich wegen der Nichtzulassung der Rechtsbeschwerde in dem Beschluß des Landesarbeitsgerichts ...... vom ...... – ...... / ...... – Nichtzulassungsbeschwerde ein und werde beantragen zu erkennen:

Die Rechtsbeschwerde gegen den Beschluß des Landesarbeitsgerichtes ...... vom ...... – TaBV ...... / ...... – wird zugelassen.

Begründung[4]:

Die Antragsgegnerin gehört zum ...... Konzern.
Sie beschäftigt sich mit der Planung und dem Engineering von ...... Sie beschäftigt ...... Arbeitnehmer; darunter befinden sich ...... leitende Angestellte und ...... AT-Angestellte.
Der Antragsteller ist der Betriebsrat der Antragsgegnerin. Bei der Antragsgegnerin werden Leistungen der betrieblichen Altersversorgung aufgrund der Konzernbetriebsvereinbarung vom ...... gewährt. Bei den von der Antragsgegnerin beschäftigten AT-Angestellten handelt es sich zumeist um hochqualifizierte Akademiker, die spät in das Berufsleben eingetreten sind. Die Antragsgegnerin hat diesen über die Konzernrichtlinien hinaus Versorgungszusagen gemacht. Der Antragsteller hat Auskunft verlangt, nach welchen Grundsätzen die Antragsgegnerin besondere Versorgungszusagen erteilt. Dies hat die Antragsgegnerin abgelehnt. Das Arbeitsgericht hat mit Beschluß vom ...... den Antrag des Antragstellers abgewiesen. Das LAG hat mit Beschluß vom ...... die Beschwerde zurückgewiesen. Die Rechtsbeschwerde hat es nicht zugelassen. Hiergegen richtet sich die Nichtzulassungsbeschwerde.
Diese ist zulässig und begründet. Das Landesarbeitsgericht hat den Rechtsgrundsatz aufgestellt, der Betriebsrat könne nur dann Auskunft über die Versorgungsgrundsätze der Antragsgegnerin verlangen, wenn er an der Auskunft ein berechtigtes Interesse darlege. Auf diesem Rechtsgrundsatz beruht die angefochtene Entscheidung. Demgegenüber hat das Bundesarbeitsgericht in seiner Entscheidung vom 19. 3. 1981 – 3 ABR 38/80 – AP Nr. 14 zu § 80 BetrVG 1972 den Grundsatz aufgestellt, daß ein Arbeitgeber, der seinen außertariflichen Angestellten individuelle Versorgungszusagen erteile, die über eine generelle Versorgungsordnung hinausgehen, dem Betriebsrat Auskunft über die dabei angewandten Grundsätze erteilen muß. Der Betriebsrat habe kein besonderes Interesse darzulegen.
Wäre das LAG von dem vom BAG aufgestellten Rechtsgrundsatz ausgegangen, hätte es dem Antrag stattgeben müssen. ......

Anmerkungen

1. Die Nichtzulassungsbeschwerde ist binnen Monatsfrist seit Zustellung des in vollständiger Form abgefaßten Beschlusses beim BAG einzureichen (§§ 92a S. 2, 72a Abs. 2 ArbGG) und binnen zwei Monaten seit Zustellung des Beschlusses zu begründen (§§ 92a S. 2, 72a Abs. 3 ArbGG). Es gelten dieselben Grundsätze wie im Urteilsverfahren Form. IV. D. 5 Anm. 1–7.

3. Rechtsbeschwerde IV. F. 3

2. Die Nichtzulassungsbeschwerde ist zulässig als Divergenzbeschwerde (§§ 92a S. 1, 72 Abs. 2 Nr. 2 ArbGG) und als Grundsatzbeschwerde (§§ 92a S. 1, 72 Abs. 2 Nr. 1 ArbGG). Als Grundsatzbeschwerde jedoch nur dann, wenn die Rechtssache Streitigkeiten über die Tariffähigkeit und (gemeint ist oder) Tarifzuständigkeit (BAG AP Nr. 4 zu § 92a ArbGG 1979 = NZA 1984, 235) einer Vereinigung betrifft (vgl. Form. VI. D. 5 Anm. 3, 4; IV. D. 6 Anm. 3–5, 7). Auf grundsätzliche Bedeutung kann die Nichtzulassungsbeschwerde auch dann nur gestützt werden, wenn die Rechtssache Streitigkeiten über die Tariffähigkeit oder Tarifzuständigkeit einer Vereinigung betrifft. Das ist nur der Fall, wenn einer dieser Fragen Streitgegenstand der gerichtlichen Auseinandsetzung ist. Es genügt nicht, daß derartige Fragen als Vorfragen in einem Beschlußverfahren mit einem anderen Streitgegenstand zu klären sind (BAG AP Nr. 1 zu § 92a ArbGG 1979 Grundsatz = NZA 1992, 186). Die Beschränkung der Grundsatzbeschwerde auf Streitigkeiten über die Tariffähigkeit oder Tarifzuständigkeit verstößt nicht gegen Art. 3 und Art. 19 Abs. 4 GG (BAG AP Nr. 3 zu § 92a ArbGG 1979 = Betr. 1985, 136 = NZA 1984, 98).

3. Zur Rechtsbeschwerde gegen Beschlüsse des LAG vgl. Form. VI. F. 1 Anm. 5.

4. Wegen der Formalien wird auf die Nichtzulassungsbeschwerde zur Eröffnung des Revisionsverfahrens verwiesen. Die Ausführungen gelten daher sinngemäß.

Kosten und Gebühren

Vgl. Form. IV. F. 1.

3. Rechtsbeschwerde[1]

An das
Bundesarbeitsgericht

In Sachen

...... (volles Rubrum, vgl. Beschluß des LAG)

Namens und mit Vollmacht der Antragsteller / Antragsgegner lege ich gegen den Beschluß des Landesarbeitsgerichts ...... vom ...... – ...... / ...... – Rechtsbeschwerde ein und werde beantragen zu erkennen:

I. Der Beschluß des LAG ...... vom ...... – ...... TaBV ...... / ...... – wird aufgehoben[2].

II. Es wird beantragt, ...

Begründung[3]:

......

Anmerkungen

1. Für die Rechtsbeschwerde gelten die für das Revisionsverfahren maßgebenden Vorschriften. Die Rechtsbeschwerde findet nur gegen verfahrensbeendende Beschlüsse der Landesarbeitsgerichte statt (Ausnahme: Sprungrechtsbeschwerde § 96a ArbGG). Die Beschwerde ist statthaft, wenn sie das Landesarbeitsgericht zugelassen oder auf Nichtzulassungsbeschwerde (Form. IV. F. 2) durch das BAG zugelassen worden ist (§ 92 Abs. 1 ArbGG). In den Fällen des § 85 Abs. 2 ArbGG findet eine Rechtsbeschwerde nicht statt

(§ 92 Abs. 1 S. 2 ArbGG). Ist die Rechtsbeschwerde nicht statthaft, wird sie auch nicht durch Zulassung des Landesarbeitsgerichts statthaft (BAG AP Nr. 4, 5, 11 zu § 92 ArbGG). Für die Rechtsbeschwerdebefugnis, Beschwerde und Beteiligungsbefugnis gelten die Ausführungen zur Beschwerde sinngemäß (Form. IV. F. 1). Für die Rechtsbeschwerde, die Begründung und das Verfahren herrscht Anwaltszwang. Rechtsbeschwerdefrist ein Monat seit Zustellung des Beschlusses; Rechtsbeschwerdebegründungsfrist ein Monat seit Einlegung der Beschwerde (§§ 92 Abs. 2 S. 1, 74 Abs. 1 S. 1 ArbGG). Die Rechtsbeschwerde kann durch Telekopie eingelegt werden. Die beim Rechtsmittelgericht eingehende Kopie muß die Unterschrift des Absenders wiedergeben (BAG AP Nr. 2 zu § 94 ArbGG 1994).

2. Wenn auch in der Beschwerdeinstanz unterlegen: Auf die Beschwerde wird der Beschluß des Arbeitsgerichts vom ...... – ...... BV ....../...... – abgeändert. Es gilt das gleiche Schema wie im Revisionsverfahren. Vgl. Form. IV. D. 7.

3. Es gelten die gleichen Grundsätze wie für die Revisionsbegründung. Vgl. Form. IV. D. 7. Die Rechtsbeschwerdebegründung muß sich mit den Gründen der angefochtenen Entscheidung auseinandersetzen und darlegen, was der Rechtsbeschwerdeführer daran zu beanstanden hat (BAG AP Nr. 1 zu § 94 ArbGG 1979 = BB 1984, 2006; AP Nr. 41 zu § 112 BetrVG 1972 = BB 1988, 761 = DB 1988, 558 = NZA 1988, 203). Über die Rechtsbeschwerde ist im allgemeinen ohne mündliche Anhörung der Beteiligten zu entscheiden (BAG AP Nr. 23 zu § 99 BetrVG 1972 = Betr. 1986, 593 = NZA 1986, 366).

Kosten und Gebühren

Vgl. Form. IV. F. 1.

G. Vorabentscheidungsverfahren beim Europäischen Gerichtshof

Beschluß[1-3]

Der Fünfte Senat hat dem Europäischen Gerichtshof folgende Fragen zur Vorabentscheidung vorgelegt:[4-6]

1. Entfällt die Anwendbarkeit der Verordnung (EWG) Nr. 1408/71 für die Lohnfortzahlung durch den Arbeitgeber gemäß Art. 22 Abs. 1 im Hinblick auf das Erfordernis der Unverzüglichkeit der Leistungsgewährung dann, wenn die Leistung nach dem anzuwendenden deutschen Recht erst längere Zeit (3 Wochen) nach Eintritt der Arbeitsunfähigkeit fällig ist?
2. Bedeutet die vom EuGH in der Rechtssache – C-45/90 – im Urteil vom 3. Juni 1992 vorgenommene Auslegung von Art. 18 Absätze 1 bis 4 und 5 der Verordnung (EWG) Nr. 574/72 des Rates vom 21. März 1972, daß es dem Arbeitgeber verwehrt ist, einen Mißbrauchstatbestand zu beweisen, aus dem mit Sicherheit oder hinreichender Wahrscheinlichkeit zu schließen ist, daß Arbeitsunfähigkeit nicht vorgelegen hat?
3. Falls die Frage zu 2. bejaht wird, verstößt Art. 18 der Verordnung (EWG) Nr. 574/72 des Rates vom 21. März 1972 dann gegen den Grundsatz der Verhältnismäßigkeit (Art. 3b Abs. 3 EGV)?

Gründe

A. Sachbericht
B. Die Entscheidung des Rechtsstreits hängt ab[7-8]

Anmerkungen

1. Vorabentscheidungsverfahren sind geregelt in Art. 177 des Vertrages zur Gründung der Europäischen Gemeinschaft vom 25. 3. 1977, Art. 41 des Vertrages über die Gründung der Europäischen Gemeinschaft für Kohle und Stahl vom 18. 4. 1951, Art. 150 des Vertrages zur Gründung der Europäischen Gemeinschaft (Euratom / EAG) vom 25. 3. 1957 sowie Art. 1 des Protokolls vom 3. 6. 1971 betreffend die Auslegung des EuGVÜ (BGBl. 1972 II S. 846). Zweck des Vorabentscheidungsverfahrens ist die Regelung der Zusammenarbeit zwischen den mitgliedschaftlichen Gerichten und dem EuGH. Durch die Rspr. des EuGH soll gewährleistet sein, daß das Gemeinschaftsrecht in allen Mitgliedstaaten einheitlich ausgelegt und angewandt wird.

Mit Beschluß 88/591/EWG vom 24. 10. 1988 (ABl. 1988 L 319/1; ber. ABl. 1989 L 241/4) hat der Rat auf Antrag des EuGH ein Gericht erster Instanz der EG errichtet. Der Gerichtshof erster Instanz ist für die Bescheidung von Vorabentscheidungsverfahren nicht zuständig. Hierfür ist die Zuständigkeit des EuGH gegeben.

Das Verfahrensrecht des EuGH ergibt sich aus der Satzung des Gerichtshofes der Europäischen Wirtschaftsgemeinschaft vom 17. 4. 1957 (BGBl. II S. 1166) mit zahlreichen Änderungen, der Verfahrensordnung des Gerichtshofes der europäischen Gemeinschaft vom 19. 6. 1991 (ABl. EG v. 4. 7. 1991 Nr. L 176/7; ber. ABl. 1992 Nr. L 383/117) und der zusätzlichen Verfahrensordnung des Gerichtshofes der Europäischen Gemeinschaft vom 8. 12. 1974 (ABl. Nr. L 350/29, geänd. am 16. 9. 1981 ABl. Nr. L 282/1 und am 8. 5. 1987 (ABl. Nr. L 165/4). Die Vorabentscheidungssachen gehören grundsätzlich vor das

IV. G. Vorabentscheidungsverfahren beim Europäischen Gerichtshof

Plenum des EuGH (Art. 165 Abs. 2 EGV). Sie können jedoch nach Art. 95 VerfO EuGH vor die Kammer verwiesen werden. Hiervon hat der EuGH in der jüngsten Zeit in etwa 50% der Fälle Gebrauch gemacht.

2. Der EuGH entscheidet nach Art. 177 EGV im Wege der Vorabentscheidung (a) über die Auslegung des EGV, (b) über die Gültigkeit und die Auslegung der Handlungen der Organe der Gemeinschaft, (c) über die Auslegung der Satzungen der durch den Rat geschaffenen Einrichtungen, soweit diese Satzungen dies vorsehen. Gegenstand des Vorabentscheidungsverfahrens ist das gesamte primäre Gemeinschaftsrecht, also der EGV selbst, die in ihm genannten Anhänge und Protokolle, die nach Art. 239 EGV Bestandteil des Vertrages sind, sowie die Änderungs- und Ergänzungsverträge. Im Vorabentscheidungsverfahren über die Gültigkeit und Auslegung der Handlungen der Organe der Gemeinschaft werden die in Art. 189 EGV genannten Akte überprüft, also die Verordnungen, Richtlinien, Entscheidungen und Empfehlungen. Hierzu zählt das gesamte sekundäre Gemeinschaftsrecht. Die Auslegung der vom Rat geschaffenen Einrichtungen hat für das Arbeitsrecht noch keine Bedeutung erlangt. Das Vorabentscheidungsverfahren ist auf die Normen des Gemeinschaftsrechtes beschränkt. Der EuGH ist nicht berechtigt, nationales Recht auszulegen oder anzuwenden. Hierzu heißt es „*(1) Der Gerichtshof ist im Vorabentscheidungsverfahren nicht befugt, die Rechtsvorschriften eines Mitgliedsstaates an Bestimmungen des Gemeinschaftsrechtes zu messen; dies ist Sache der staatlichen Gerichte, welche das Gemeinschaftsrecht auf den bei ihnen anhängigen Rechtsstreit anzuwenden haben. (2) Der Gerichtshof kann nicht über die Zuständigkeit der staatlichen Gerichte und die Zulässigkeit der bei ihnen erhobenen Klagen entscheiden. Der Gerichtshof ist wirksam angerufen und zur Entscheidung verpflichtet, wenn ein staatliches Gericht ihm ein in Art. 177 des Vertrages genannten Frage zur Vorabentscheidung vorlegt und eine Entscheidung über diese Frage zum Erlaß seines Urteils für erforderlich hält (EuGH v. 19. 12. 1968 – RS 19/68 – Cicco u.a. / LVA Schwaben – EuGHE 1968, 707).*" Er kann demnach nicht angerufen werden mit der Fragestellung, ob nationales Recht mit dem Gemeinschaftsrecht vereinbar ist. Der EuGH ist im Vorabentscheidungsverfahren nicht befugt, die Rechtsvorschriften eines Mitgliedsstaates an Bestimmungen des Gemeinschaftsrechtes zu messen; dies ist Sache der staatlichen Gerichte, die das Gemeinschaftsrecht auf den bei ihnen anhängigen Rechtsstreit anzuwenden haben. Der EuGH ist wirksam angerufen und zur Entscheidung verpflichtet, wenn ein staatliches Gericht ihm eine der in Art. 177 des Vertrages genannten Fragen zur Vorabentscheidung vorlegt und eine Entscheidung über diese Frage zum Erlaß seines Urteils für erforderlich hält (EuGHE 1968, S. 707 – Cicco u.a. / LVA Schwaben –).

3. Vorlageberechtigt sind alle Gerichte der Gemeinschaft. Gerichte deren Entscheidungen noch mit Rechtsmitteln angefochten werden können, sind zur Vorlage berechtigt, aber nicht verpflichtet (BVerwG – AP Nr. 15 zu Art. 177 EWG-Vertrag). Vorlagepflichtig sind alle Gerichte, deren Entscheidungen selbst nicht mehr mit Rechtsmitteln angegriffen werden können. Zur Auslegung, welche Gerichte vorlagepflichtig sind, werden die abstrakte und die konkrete Theorie vertreten. Nach der abstrakten Theorie sind nur die obersten Gerichtshöfe des Bundes und das BVerfG vorlagepflichtig. Nach der konkreten Theorie sind dagegen alle Gerichte vorlagepflichtig, gegen deren Entscheidung im Einzelfall kein Rechtsmittel mehr gegeben ist. Umstr. ist, ob die Nichtzulassungsbeschwerde ein Rechtsmittel ist. Diese Frage ist nach richtiger Auffassung zu verneinen, weil sie nur in begrenztem Umfang die 3. Instanz eröffnet.

Von der Vorlagepflicht können Ausnahmen bestehen. Der EuGH hat angenommen, daß die Vorlagepflicht nur für das Hauptverfahren gilt, dagegen noch nicht für ein Verfahren der einstweiligen Verfügung (EuGHE v. 24. 5. 1977 – RS 107/76 – Hoffmann – La Roche/Centrafarm – EuGHE 1977, 957, 972 ff.; v. 19. 6. 1990 – C 213/89 – EuGHE I 1990, 2433 = RIW/AWD 1990, 677; ständig). Nach h.M. entfällt die Vorlagepflicht, wenn ein vernünftiger Zweifel an der Gültigkeit oder der Auslegung des Gemeinschaftsrechtes nicht möglich ist. Zu berücksichtigen ist aber, daß das Gemeinschaftsrecht in mehreren Sprachen abgefaßt ist. Es bedarf daher des Vergleiches der verschiedenen Formulierungen. Außerdem brauchen die Rechtsinstitute nicht mit dem nationalen Recht eines Mitgliedsstaates übereinstimmen. In keinem Fall kann mehr von einem acte clair gesprochen werden, wenn die Auslegungsfrage in der Rspr. und im Schrifttum umstr. ist oder wenn mehrere Auslegungen möglich sind (EuGH v. 6. 10. 1982 – RS 283/81 – AP Nr. 11 zu Art. 177 EWG-Vertrag = NJW 1983, 1257). Schließlich entfällt die Vorlagepflicht, wenn sich der EuGH selbst bereits in einem früheren Verfahren zu der gleichen Frage geäußert hat und neue Umstände, die Veranlassung zu einer neuen Auslegung geben könnten, nicht hervorgetreten sind (EuGH v. 27. 3. 1963 – RS 28–30/62 – Da Costa en Schaake – EuGHE 63, 63, 81 ff.; ständig).

Verletzt ein zur Vorlage verpflichtetes Gericht seine Verpflichtungen aus Art. 177 EWG-Vertrag, so stellt dies eine Vertragsverletzung dar, die zu einem Vertragsverletzungsverfahren gegen den Mitgliedstaat des vorlagepflichtigen Gerichtes führen kann (Art. 169 EGV). Vertragsverletzungsverfahren finden sich insoweit nur selten. Das BVerfG hat dagegen in dem Solange-Beschluß II angenommen (BVerfG NJW 1987, 577; vgl. auch NJW 1991, 830; 1992, 678; 1993, 2864), daß der EuGH gesetzlicher Richter i.S. des Art. 101 Abs. 1 S. 2 GG ist. Allerdings geht es davon aus, daß die Vorlage willkürlich unterblieben ist. Damit bleibt bei Nichtvorlage die Verfassungsbeschwerde.

Die einzelne Partei kann die Vorlage bei dem EuGH nur anregen, aber nicht erzwingen. Eine Ausnahme besteht bei Verstoß gegen den gesetzlichen Richter.

4. Nach Art. 177 EGV entscheidet das nationale Gericht über die Erforderlichkeit der Vorlage. Im Unterschied zum BVerfG überprüft der EuGH nicht die Entscheidungserheblichkeit (vgl. Anm. 1). Ein Vorabentscheidungsverfahren ist zulässig, wenn es sich um einen Rechtsstreit handelt, auf den Gemeinschaftsrecht anwendbar ist, und wenn es sich um einen echten Rechtsstreit handelt, der nicht um einen konstruierten Fall geführt wird. Unzulässig ist die Vorlage, wenn das Vorlageverfahren zweckentfremdet wird und der EuGH in Wirklichkeit veranlaßt werden soll, aufgrund eines fiktiven Rechtsstreites zu entscheiden oder offensichtlich ist, daß die Gemeinschaftsbestimmung nicht anwendbar sein kann (Schaub, ArbR-Formb. § 124 II 6 mwN. der Rspr.). Unzulässig wird das Vorabentscheidungsverfahren, wenn nicht nach der Auslegung des Gemeinschaftsrechtes, sondern nach der Vereinbarkeit nationalen Rechtes mit dem Gemeinschaftsrecht gefragt wird. Das erkennende Gericht muß mithin darlegen, daß es das Gemeinschaftsrecht für auslegungsbedürftig hält oder berechtigte Zweifel an der Rechtmäßigkeit einer Bestimmung des Gemeinschaftsrechtes hat.

Es muß eine Vorlagefrage gestellt werden. Die Vorlagefrage kann die Auslegung des Gemeinschaftsrechtes betreffen. Auslegung ist die Ermittlung des Inhalts und der Tragweite des Gemeinschaftsrechtes. Zur Auslegung gehört aber auch die Lückenschließung, Rechtsfortbildung und Ergänzung. Die Vorlagefrage nach der Gültigkeit des Gemeinschaftsrechtes bezieht sich auf dessen Rechtmäßigkeit. Die Rechtmäßigkeitskontrolle erfolgt nicht anhand des nationalen Rechtes, sondern höherrangigen Gemeinschaftsrechtes. Im Rahmen der Normenhierarchie hat das primäre Gemeinschaftsrecht den höchsten Rang sowie die in der Gemeinschaftsordnung angenommenen allgemeinen Rechtsgrundsätze. Es folgen die völkerrechtlichen Verträge, an die die Gemeinschaft gebunden ist, sowie das sekundäre Gemeinschaftsrecht. Die Vorlagefrage muß abstrakt gestellt werden. Verfehlt sind Fragestellungen, ob der Ausschluß der Teilzeitbeschäftigten von der betrieblichen Altersversorgung mit dem Gemeinschaftsrecht vereinbar ist.

Der EuGH vermeidet fehlerhafte Auslegungsfragen als unzulässig abzuweisen. Er darf sie zwar nicht in ihrem Wesensgehalt verändern. Er legt sie aber aus (vgl. EuGH v. 6. 4. 1962 – RS 13/61 – Bosch-Prozeß – EuGHE 1962, 97 ff., 110 ff.; v. 15. 7. 1964 – RS 6/64 – Costa / Enel – EuGHE 1964, 1268). Der EuGH legt das Gemeinschaftsrecht aus, um das vorlegende Gericht in den Stand zu versetzen, daraus die Folgerungen für die Anwendbarkeit des nationalen Rechtes zu ziehen. Wird der EuGH wiederholt angegangen, entscheidet er zur Sache, weist aber auf seine früheren Entscheidungen hin.

5. Soll ein Vorabentscheidungsverfahren durchgeführt werden, so hat das nationale Gericht sein Verfahren nach § 46 Abs. 2 ArbGG, § 148 ZPO auszusetzen (vgl. Schaub, ArbR-Formb. § 94 VIII 4). Daneben wird der Tenor des Vorlagebeschlusses in die Sitzungsniederschrift aufgenommen. Der Vorlagebeschluß selbst enthält im Tenor die Fragen zur Auslegung oder zur Wirksamkeit des Gemeinschaftsrechtes (vgl. Anm. 1–3). Alsdann folgen die Gründe, die aus einem Sachbericht (A) und der Begründung (B) bestehen. Als Muster einer Anfrage ist die Paletta-Entscheidung (BAG v. 27. 4. 1994 – NZA 1994, 683 = DB 1994, 1523) gewählt. Der Sachbericht soll dem EuGH den Tatbestand der Rechtssache vermitteln. Die Entscheidungsgründe müssen die wesentlichen Erwägungen wiedergeben. Es kann aber nicht fehlerhaft sein, wenn auf die Bedeutung der Sache für das nationale Recht hingewiesen wird. Die Anwendung des Ergebnisses der Auslegung des EuGH oder der Beurteilung der Wirksamkeit des Gemeinschaftsrechtes obliegt dagegen wieder dem nationalen Gericht.

Umstr. ist, ob der Aussetzungsbeschluß mit der Beschwerde angefochten werden kann. Für einen Aussetzungsbeschluß gilt § 252 ZPO. Das aus Art. 177 EGV resultierende Vorlagerecht kann jedoch nicht eingeschränkt werden. Hierdurch würde zudem in die gerichtliche Unabhängigkeit bei der Entscheidung eingegriffen. Der EuGH hat entschieden, daß er durch eine Beschwerde gegen den Vorlagebeschluß nicht an der Entscheidung gehindert sei (EuGH v. 6. 4. 1962 – RS 13/61 – EuGHE 62, 97, 109). Er verfolgt jedoch die Praxis, daß er Verfahren aussetzt, wenn ihm die Rechtsmitteleinlegung mitgeteilt wird oder das Vorlagegericht darum bittet (EuGH v. 3. 6. 1969 und 16. 6. 1970 – EuGHE 1970, 403 f., 404 f.).

6. Für die Verfahrensabwicklung vor dem EuGH bestehen keine besonderen Vorschriften. Der Verkehr mit dem EuGH erfolgt von Geschäftsstelle zu Geschäftsstelle, also nicht auf dem Dienstweg oder über diplomatische Instanzen. Form: Bundesarbeitsgericht Der Vors. des ...... Senats. An den Gerichtshof der Europäischen Gemeinschaft, Palais de la Cour de Justice, Plateau du Kirchberg, L 2925 Luxembourg. In dem Rechtsstreit X ./. Y werden 13 beglaubigte Abschriften des Beschlusses des BAG vom ...... AktZ. ...... vorgelegt. Die Akten des BAG und die vorinstanzlichen Prozeßakten sind mit der Bitte um Rückgabe beigefügt. Der Vorsitzende des ...... Senats Anlagen: 13 beglaubigte Abschriften des Beschlusses vom ...... ein Band Akten ...... zwei Bände Akten (Vorinstanzen) ...... LAG ....../ArbG .... Der Vorlagebeschluß wird vom Kanzler des EuGH den Mitgliedstaaten in der Originalfassung zusammen mit einer Übersetzung in der Amtssprache des Empfängerstaates übermittelt.

7. Das Verfahren vor dem EuGH richtet sich nach der VerfO-EuGH v. 19. 6. 1991 (oben 1). Besonderheiten ergeben sich aus Art. 103, 104 VerfO EuGH. Hinsichtlich der Vertretung und des persönlichen Erscheinens der Parteien des Ausgangsverfahrens in den Vorabentscheidungsverfahren trägt der Gerichtshof den vor den nationalen Gerichten, die ihn angerufen haben, geltenden Verfahrensvorschriften Rechnung. Die Unternehmen und alle natürlichen und juristischen Personen müssen sich des Beistandes eines Anwalts bedienen, der zur Anwaltschaft in einem Mitgliedstaat zugelassen ist. Universitätsprofessoren, die Angehörige von Mitgliedstaaten sind, deren Gesetze ihnen ein Recht zum plädieren gibt, genießen beim Gerichtshof die den Anwälten in diesem Art. zuerkannten Rechte (Art. 20 EuGH Satzung/EGKS).

Stimmt eine zur Vorabentscheidung vorgelegte Frage offensichtlich mit einer Frage überein, über die der Gerichtshof bereits entschieden hat, so kann der Gerichtshof nach Unterrichtung des vorlegenden Gerichtes und nachdem er den in Art. 20 der EWG-Satzung, 21 der EAG-Satzung und Art. 103 § 3 dieser Verfahrensordnung bezeichneten Beteiligten Gelegenheit zur Äußerung gegeben hat, sowie nach Anhörung des Generalanwalts durch Beschluß entscheiden, der mit Gründen zu versehen ist und auf das frühere Urteil verweist (Art. 104 § 3 VerfO EuGH). Die Entscheidung über die Kosten des Vorabentscheidungsverfahrens ist Sache des nationalen Gerichtes. In besonderen Fällen kann der Gerichtshof im Rahmen der Prozeßhilfe eine Beihilfe bewilligen, um es einer Partei zu erleichtern, sich vertreten zu lassen oder persönlich zu erscheinen.

8. Die Urteile des EuGH werden mit dem Tag ihrer Verkündung rechtskräftig (Art. 65 VerfO EuGH). Änderungen und Ergänzungen sind nur in engen Grenzen zulässig (Berichtigung von Schreibfehlern: Art. 66 VerfO EuGH; Korrektur versehentlich unterbliebener Behandlung von Anträgen: Art. 67 VerfO EuGH, unterbliebene Kostenentscheidung: Art. 67 VerfO EuGH). In Rechtskraft erwachsen Tenor und tragende Gründe. Die Rechtskraft beschränkt sich grundsätzlich auf die am Prozeß unmittelbar Beteiligten. Die Rechtskraft kann durch Wiederaufnahme des Verfahrens (Art. 98 VerfO EuGH), Wiedereinsetzung in den vorigen Stand (Art. 42 Abs. 2 Satzung EWG) und Drittwiderspruchsklage (Art. 39 Satzung EWG) beseitigt werden. Der EuGH ist in den Folgeverfahren an seine frühere Entscheidung nicht gebunden (vgl. EuGH v. 12. 2. 1974 – RS 146/73 – Differenztheorie – EuGHE 1974, 139, 148). Von der Rechtskraft zu unterscheiden ist die Bindung.

Das erkennende Gericht und alle ihn im Instanzenzug vorgesetzten Gerichte sind an den Tenor der Entscheidung des EuGH gebunden. Der Urteilsausspruch ist in der Auslegung der Entscheidungsgründe zu bestimmen. Bei Unklarheiten kann das Gericht den EuGH erneut anrufen (EuGH v. 27. 3. 1963 – RS 28–30/62 – Da Costa en Schaake – EuGHE 63, 63, 81 f.; v. 13. 5. 1981 – 66/80 – EuGHE 81, 1191 = NJW 1982, 1205). Stellt der EuGH fest, daß ein Gemeinschaftsakt ungültig ist, stellt sich die Frage, ob die Ungültigkeitserklärung Rückwirkung entfaltet oder erst mit Erlaß des Urteils eintritt. Der EuGH bezeichnet in entsprechender Anwendung von Art. 174 Abs. 2 EGV die Wirkungen des Rechtsaktes, die als fortgeltendes Recht zu betrachten sind. Die Entscheidung des EuGH hat nur Bindungswirkung für das Ausgangsverfahren. Grundsätzlich kann in einem anderen Rechtsstreit die Vorschrift des Gemeinschaftsrechtes anders ausgelegt werden. Insoweit greift aber wiederum Art. 177 EGV ein, weil erneut ein Vorabentscheidungsverfahren durchgeführt werden muß. Insoweit haben die Entscheidungen präjudizielle Wirkung. Der EuGH kann alsdann von seiner früheren Entscheidung abweichen.

V. Das Verwaltungsstreitverfahren

A. Außergerichtliche Rechtsbehelfe und sonstige Rechtshandlungen

1. Anregungen und Bedenken zum Entwurf eines Flächennutzungsplanes

An den Bürgermeister der Stadt ...... (Stadtplanungsamt)

Betrifft: Anregungen und Bedenken zu dem in der Zeit vom 3. 2.–3. 3. ......[1] öffentlich ausgelegten Entwurf des Flächennutzungsplanes der Stadt ......[2]

Sehr geehrter Herr Bürgermeister!

In dieser Sache vertreten wir die ...... AG. Eine uns legitimierende Vollmacht liegt an.[3]

I. Unsere Mandantin ist Eigentümerin des etwa 20 000 qm großen Grundstücks A-Straße Nr. ...... Dieses Grundstück grenzt auf seiner Nordseite mit einer Länge von etwa 200 m an die A-Straße und auf seiner Westseite mit einer Länge von etwa 100 m an die B-Straße. Auf der Süd- und Ostseite schließen sich bisher unbebaute, landwirtschaftlich genutzte Flächen an.

Auf ihrem Gelände betreibt unsere Mandantin seit dem Jahre 1895 eine Brauerei. Für alle Gebäude und Anlagen liegen die erforderlichen baurechtlichen und gewerbe- bzw. immissionsschutzrechtlichen Genehmigungen vor.

In dem Entwurf des Flächennutzungsplanes sind das Betriebsgelände unserer Mandantin und die nördlich der A-Straße sowie die westlich der B-Straße gelegenen Flächen als Gewerbegebiet (GE) dargestellt.[4] Südlich an das Betriebsgelände unserer Mandantin soll sich ein 100 m breiter Geländestreifen zur Anlage von Schutz- und Verkehrsgrün anschließen, daran eine Wohnbaufläche (W).

Der Bereich östlich des Grundstücks unserer Mandantin ist als Fläche für die Landwirtschaft vorgesehen.

II. Zu den geplanten Darstellungen tragen wir namens unserer Mandantin gem. § 3 Abs. 2 BauGB folgende Anregungen und Bedenken vor:[5]

1. Es bestehen zunächst Bedenken gegen die Darstellung des Betriebsgeländes unserer Mandantin als Gewerbegebiet (GE).

Die von unserer Mandantin betriebene Brauerei stellt eine nach dem BImSchG genehmigungspflichtige Anlage dar, § 4 BImSchG mit Nr. 7.27 des Anhanges zur 4. BImSchVO. Solche Anlagen sind im allg. – vorbehaltlich der Möglichkeit einer Befreiung bei Vorliegen einer Ausnahmesituation[6] – nur in Industriegebieten (§ 9 BauNVO) zulässig, da sie nach der gesetzlichen Definition des § 4 BImSchG für ihre Umgebung zu erheblichen Belästigungen führen und deshalb in Gewerbegebieten (§ 8 BauNVO) grundsätzlich nicht zugelassen werden können (BVerwG NVwZ 1987, 885).

Unsere Mandantin beabsichtigt nicht, ihren Betrieb in absehbarer Zeit zu verlegen. Eine entsprechende Verlagerungsabsicht besteht auch bei der Stadt nicht. Folglich muß sich die Darstellung in dem Flächennutzungsplan an der ausgeübten Nutzung orientieren; eine davon abweichende Planung, deren Verwirklichung auf absehbare Zeit ausgeschlossen ist, wäre wegen Funktionslosigkeit unwirksam (BVerwG NJW 1977, 2325; UPR 1984, 24).

Wir regen nach allem an, das Betriebsgelände unserer Mandantin als Industriegebiet (GI) darzustellen.

V. A. 1   V. A. Außergerichtliche Rechtsbehelfe und sonstige Rechtshandlungen

Falls der Rat dieser Anregung nicht folgen kann, sollten die für eine gewerbliche Nutzung vorgesehenen Flächen unserer Mandantin unter Verzicht auf die Darstellung eines Baugebietes als gewerbliche Bauflächen (G) dargestellt werden. Aus diesen könnten dann im Rahmen der verbindlichen Bauleitplanung Gewerbegebiete (GE) und Industriegebiete (GI) entwickelt werden. Damit wäre die Möglichkeit eröffnet, in einem späteren Bebauungsplan zB. den westlichen Teil des Betriebsgeländes unserer Mandantin, auf dem sich im wesentlichen Verwaltungs- und Lagergebäude befinden, als Gewerbegebiet (GE) und den östlichen Teil mit den Produktionsanlagen als Industriegebiet (GI) festzusetzen, uU. unter Beschränkung des Industriegebietes auf die von unserer Mandantin betriebenen Anlagen (§ 1 Abs. 9 BauNVO).

2. Nach Nr. 161 des Anhanges zum Runderlaß des Ministers für Umwelt, Raumordnung und Landwirtschaft des Landes NRW vom 21. 3. 1990 (Abstandserlaß)[7] soll grundsätzlich zwischen einem Wohngebiet und einer Brauerei mit einem Ausstoß von 5 000 hl Bier oder mehr je Jahr ein Abstand von mindestens 200 m eingehalten werden. Im vorliegenden Falle beträgt der Abstand zwischen der südlichen Grenze des Betriebsgeländes und dem weiter südlich dargestellten Wohngebiet nur 100 m. Wir regen an, diesen Abstand durch Verringerung der Wohnbaufläche oder durch ihre Verschiebung auf mindestens 200 m zu vergrößern, um Beeinträchtigungen der Wohnnutzung durch die von dem Betrieb unserer Mandantin ausgehenden Immissionen zu vermeiden.

Rechtsanwalt

Schrifttum: Battis/Krautzberger/Löhr, BauGB, 4. Aufl. 1994; Berliner Kommentar zum BauGB, 1988; *Brügelmann,* BauGB, Losebl.-Komm., Stand: Juni 1994; *Ernst/Zinkahn/Bielenberg,* BauGB, Losebl.-Komm., Stand: September 1994; *Fickert/Fieseler,* BauNVO, 7. Aufl. 1992; *Gelzer/Birk,* Bauplanungsrecht, 5. Aufl. 1991; *Knaup/Stange,* BauNVO, 8. Aufl. 1990; *Schlez,* BauGB, 4. Aufl. 1994; *Schrödter,* BauGB, 5. Aufl. 1992; *Mainczyk,* BauGB, 2. Aufl. 1994; *Boeddinghaus/Dieckmann,* BauNVO, 3. Aufl. 1994; *Gaentzsch,* BauGB 1991; *Cholewa/David/Dyong/von der Heide/Sailer,* BauGB, 3. Aufl. 1994; *Müller/Weiss,* BauNVO, 7. Aufl. 1991; *Schlez,* BauNVO, 3. Aufl. 1994; *Hoppenberg,* Handbuch des öffentlichen Baurechts, Losebl.

Anmerkungen

1. Nach § 3 Abs. 2 BauGB hat die Gemeinde die Entwürfe der Bauleitpläne (Flächennutzungsplan, Bebauungsplan) auf die Dauer eines Monats öffentlich auszulegen. Ort und Dauer der Auslegung sind mindestens eine Woche vorher ortsüblich bekanntzumachen mit dem Hinweis darauf, daß Bedenken und Anregungen während der Auslegungsfrist vorgetragen werden können. Diese Frist ist allerdings keine Ausschlußfrist in dem Sinne, daß die Gemeinde nach Fristablauf eingehende Anregungen und Bedenken nicht mehr berücksichtigen dürfte; sie ist lediglich nicht verpflichtet, verspätet eingehende Eingaben zu prüfen und das Ergebnis mitzuteilen, da sich diese Pflicht nur auf die „fristgemäß vorgebrachten" Anregungen und Bedenken bezieht, § 3 Abs. 2 S. 4 BauGB.

2. Sinn der Anregungen und Bedenken ist es, dem Rat bei der Ausübung des ihm nach § 1 Abs. 5 und Abs. 6 BauGB eingeräumten Planungsermessens eine Entscheidungshilfe zu geben und es ihm zu ermöglichen, alle für die Planung maßgebenden Gesichtspunkte zu erkennen und zu berücksichtigen. Anregungen und Bedenken sind deshalb keine Rechtsmittel. Es ist deshalb falsch, wenn, wie dies in der Praxis häufig geschieht, gegen den Entwurf des Bauleitplanes innerhalb der Monatsfrist „Einspruch" oder „Widerspruch" eingelegt und die „Begründung" dazu erst nach Ablauf der Frist eingereicht wird.

Folgt der Rat den Anregungen und Bedenken nicht, so ist dagegen ein Rechtsmittel nicht gegeben. Es muß dann zunächst der Abschluß des Planaufstellungsverfahrens abgewartet werden. Leidet der Plan an formellen oder materiellen Mängeln, so sind diese innerhalb bestimmter Fristen geltend zu machen (s. dazu Form. V. A. 2).

3. Die Wirksamkeit einer von einem Bevollmächtigten in einem Verwaltungsverfahren abgegebenen Erklärung hängt nicht von der gleichzeitigen Überreichung einer Vollmacht ab. Die Vollmacht ist nur auf Verlangen schriftlich nachzuweisen, § 14 Abs. 1 S. 3 VwVfG (s. dazu BVerwG DVBl. 1979, 625).

4. Bei einem Flächennutzungsplan spricht man von „Darstellungen", § 5 BauGB, bei einem Bebauungsplan von „Festsetzungen", § 8 BauGB. Zu den möglichen Darstellungen in einem Flächennutzungsplan s. § 1 Abs. 1 und Abs. 2 BauNVO.

5. Da Anregungen und Bedenken Entscheidungshilfe für den Rat bei der Ausübung seines Planungsermessens sind (s. Anm. 2), erschöpft sich ihr Sinn nicht darin, eventuelle Rechtsfehler der beabsichtigten Planung aufzuzeigen. Zulässiger und sinnvoller Inhalt von Anregungen und Bedenken kann es auch sein, nur Planungswünsche vorzutragen oder darauf hinzuweisen, daß und warum eine andere als die vorgesehene Planung städtebaulich sinnvoller sei.

6. Dieser Hinweis erscheint geboten, weil keineswegs sicher ist, daß den Anregungen und Bedenken gefolgt und das Betriebsgelände als Industriegebiet (GI) dargestellt wird. Aus diesem Grunde sollte nicht schlechterdings ausgeschlossen werden, daß der Betrieb des Grundstückseigentümers auch in einem Gewerbegebiet (GE) planungsrechtlich zulässig sei. Für die Zulässigkeit könnte hier sprechen, daß eine Brauerei zu den im vereinfachten Verfahren nach dem BImSchG zu genehmigenden Anlagen gehört (§ 2 Abs. 1 Nr. 2 der 4. BImSchVO mit Nr. 7.27 des Anhanges zu dieser VO) und sie im konkreten Falle – das sei angenommen – erhebliche Nachteile oder Belästigungen für die Umgebung nicht verursacht (s. dazu BVerwG GewA 1993, 86; OVG Berlin UPR 1985, 301).

7. NVwZ 1990, 944.

2. Geltendmachung von Verfahrens- und Formfehlern eines Bebauungsplanes

An den Bürgermeister der Stadt ...... (Stadtplanungsamt)[1]
Betrifft: Bebauungsplan der Stadt Nr. 27

Sehr geehrter Herr Bürgermeister!

Die Eheleute ...... haben mich in der vorbezeichneten Bauplanungsangelegenheit mit ihrer Vertretung beauftragt; meine Vollmacht liegt an.[2]
Meine Mandanten sind Eigentümer des mit einem Einfamilienwohnhaus bebauten Grundstücks A-Straße Nr. ......
Der am ...... gem. § 12 BauGB bekanntgemachte Bebauungsplan Nr. 27 leidet an folgenden formellen und materiellen Mängeln,[3] die hiermit in Wahrung der in § 7 Abs. 6 GO NRW und § 215 BauGB normierten Fristen[4] geltend gemacht werden:[5]

I. An der Sitzung des Rates vom ......, in der über die zu dem Bebauungsplan vorgetragenen Anregungen und Bedenken entschieden und der Bebauungsplan als Satzung beschlossen wurde, hat Herr A teilgenommen. Der Bruder von Herrn A ist Eigentümer eines im Planbereich gelegenen Grundstücks. Herr A war deshalb von der Beratung und Entscheidung über den Bebauungsplan ausgeschlossen, § 31 Abs. 1 S. 1 Nr. 2 GO NRW. Seine Mitwirkung war für die Entscheidung des Rates auch ursächlich, § 31 Abs. 6 GO NRW, da der Bebauungsplan nur mit einer Mehrheit von einer Stimme beschlossen worden ist.

II. Der Entwurf des Bebauungsplanes ist in der Zeit vom 3. 3. bis 3. 4. ...... öffentlich ausgelegt worden. Art und Dauer der Auslegung wurden am 27. 2. ...... in den beiden Tageszeitungen ......, die nach § ...... der Hauptsatzung Bekanntmachungsorgane der Stadt sind, bekanntgemacht. Die Bekanntmachung erfolgte weniger als eine Woche vor Beginn der Auslegung. Damit wurde gegen § 3 Abs. 2 S. 2 BauGB verstoßen, wonach Ort und Dauer der Auslegung mindestens eine Woche vor ihrem Beginn ortsüblich bekanntzumachen sind. Dieser Verfahrensfehler ist nach § 214 Abs. 1 S. 1 Nr. 1 BauGB beachtlich und führt zur Nichtigkeit des Bebauungsplanes.

III. Der Bebauungsplan sieht vor, daß unmittelbar an der rückwärtigen Grenze des Grundstücks meiner Mandanten ein sog. Bolzplatz angelegt wird. Diese Festsetzung beruht auf einen Mangel im Abwägungsvorgang, der offensichtlich und auf das Abwägungsergebnis von Einfluß gewesen und damit nach § 214 Abs. 3 S. 2 BauGB beachtlich ist. Denn im Planaufstellungsverfahren sind keine Ermittlungen dazu angestellt worden, welche Lärm- und Staubbelästigungen von einem Bolzplatz ausgehen und ob diese die Wohnqualität eines unmittelbar angrenzenden, zu einem reinen Wohngebiet gehörenden Wohnhauses beeinträchtigen ......[6]

Rechtsanwalt

Anmerkungen

1. Die Verletzung von Verfahrens- oder Formvorschriften muß gegenüber der Gemeinde gerügt werden, § 215 Abs. 1 BauGB, § 7 Abs. 6 S. 1d GO NRW. Es dürfte genügen, wenn der Fehler schriftsätzlich in einem mit der Gemeinde geführten Rechtsmittelverfahren (Widerspruchs-, Verwaltungsstreit-, Normenkontrollverfahren) dargelegt wird (so in einem obiter dictum BVerwG DÖV 1982, 905; ferner OVG Münster BauR 1982, 137/138; *Kohls* BauR 1982, 126; *Dolde* NJW 1982, 1785/1791; aA. BGH NJW 1980, 1751/1752; *Gelzer/Birk* Rdn. 485). Da dies aber nicht unzweifelhaft ist, sollte der Verfahrens- oder Formfehler auch dann, wenn ein Rechtsmittelverfahren anhängig ist, sicherheitshalber in einem gesonderten Schreiben an die Gemeinde gerügt werden.

2. Zur Vorlage einer Vollmacht s. Form. V. A. 1 Anm. 3.

3. Ob formelle oder materielle Mängel bestehen, kann oft nur durch eine Einsichtnahme in die Planaufstellungsakte festgestellt werden. Umstritten ist, ob eine solche Einsichtnahme verlangt werden kann (bejahend *Boecker* BauR 1979, 361/364; verneinend *Battis/ Krautzberger/Löhr* § 215 Rdn. 4; *Gelzer/Birk* Rdn. 486). Aus § 29 VwVfG folgt ein Akteneinsichtsrecht jedenfalls nicht, da das Verfahren zur Aufstellung eines Bebauungsplanes ein Rechtsetzungsverfahren und kein Verwaltungsverfahren iSd. § 9 VwVfG ist.

Ein Akteneinsichtsrecht besteht auf jeden Fall im gerichtlichen Verfahren, §§ 99, 100 VwGO, etwa im Rahmen eines Normenkontrollverfahrens gegen den Bebauungsplan (s. dazu Form. V. G. 1). Ein solches Verfahren muß notfalls eingeleitet werden, um Einsicht in die Planaufstellungsakte nehmen und Mängel des Verfahrens feststellen zu können.

4. Eine Verletzung von Verfahrens- oder Formvorschriften des BauGB muß innerhalb eines Jahres, Mängel der Abwägung müssen innerhalb von sieben Jahren seit Bekanntmachung des Flächennutzungsplanes oder des Bebauungsplanes gerügt werden, § 215 Abs. 1 BauGB; andernfalls ist der Fehler geheilt. Die Frist beginnt allerdings nur, wenn die Gemeinde bei der Bekanntmachung auf die Voraussetzungen für die Geltendmachung der Verletzung von Verfahrens- oder Formvorschriften und die Rechtsfolgen hinweist, § 215 Abs. 2 BauGB; § 7 Abs. 6 S. 2 GO NRW enthält für Verstöße gegen Vorschriften der GO eine ähnliche Regelung.

5. Für den Inhalt der Rüge gilt § 215 Abs. 1 2. Halbs. BauGB; danach ist der Sachverhalt, der die Verletzung der Verfahrens- oder Formvorschriften oder den Mangel der Abwägung begründen soll, darzulegen. Es genügt also nicht, nur diejenigen Gesetzesbe-

stimmungen, die verletzt sein sollen, zu zitieren, vielmehr muß der die Verletzung ergebende Tatbestand vorgetragen werden. Diese Sachverhaltsschilderung ist andererseits auch ausreichend; es ist nicht notwendig, die verletzte Rechtsvorschrift zu bezeichnen.

6. Die Geltendmachung des Verfahrens- oder Formfehlers oder des Abwägungsmangels führt dazu, daß der Fehler nicht durch Zeitablauf geheilt wird, sondern in Zukunft in jedem Verfahren, in dem es auf die Gültigkeit des Bebauungsplanes ankommt, beachtlich bleibt. Auf den Fehler kann sich jedermann berufen, nicht nur derjenige, der ihn innerhalb der Frist geltend gemacht hat (BVerwG DÖV 1982, 905). In der Erklärung der Gemeinde, der gerügte Fehler bestehe nicht, liegt kein Verwaltungsakt, sondern lediglich die Äußerung einer Rechtsauffassung. Rechtsbehelfe gegen eine solche Erklärung sind deshalb weder möglich noch notwendig.

3. Geltendmachung eines Planungsschadens

An den Oberbürgermeister der Stadt ......[1]　　　　　　...... den 16. 12. 1994

Betrifft: Geltendmachung eines Planungsschadens wegen Änderung des Bebauungsplanes Nr. 62 Sb/02

Sehr geehrte Damen und Herren!

In dieser Sache vertreten wir die Eheleute ...... Eine uns legitimierende Vollmacht liegt an.[2]

I. Unsere Mandanten sind Eigentümer des 12 000 qm großen unbebauten Grundstücks Gemarkung ...... Flur ...... Flurstück ...... Das Grundstück grenzt mit seiner Westseite auf einer Länge von 80 m an die A-Straße und mit seiner Südseite auf einer Länge von 150 m an die in dem Bebauungsplan Nr. 62 Sb/02 festgesetzte Trasse einer von der A-Straße abzweigenden, in der Örtlichkeit noch nicht vorhandenen Stichstraße, die an der Ortsgrenze des Grundstücks unserer Mandanten enden soll.

Der am 15. 2. 1988 in Kraft getretene Bebauungsplan Nr. 62 Sb/02 wies das Grundstück unserer Mandanten als allgemeines Wohngebiet (WA) aus und setzte eine dreigeschossige Bebaubarkeit mit einer Geschoßflächenzahl (GFZ) von 1,0 fest. Inzwischen hat die Stadt den Bebauungsplan Nr. 62 Sb/02 durch den Bebauungsplan Nr. 62 Sb/03 ersetzt, der am 17. 5. 1993 in Kraft getreten ist. Der neue Bebauungsplan sieht für das Grundstück unserer Mandanten nur noch eine zweigeschossige Bebauung mit einer GFZ von 0,7 vor.

II. Durch die Herabsetzung des Maßes der Bebauung, insbesondere durch die Verringerung der GFZ von 1,0 auf 0,7 ist der Wert des Grundstücks nicht unwesentlich vermindert worden,[3] so daß unsere Mandanten nach § 42 Abs. 1 und Abs. 2 iVm. § 44 Abs. 1 S. 2 BauGB von der Stadt eine angemessene Entschädigung in Höhe der Differenz des Wertes des Grundstücks bei dreigeschossiger Bebaubarkeit mit einer GFZ von 1,0 und des Wertes bei einer zweigeschossigen Bebaubarkeit mit einer GFZ von 0,7 verlangen können.[4] Diese Wertdifferenz beträgt nach dem anliegend beigefügten Gutachten des Sachverständigen ......

III. Der Planungsschaden ist für das gesamte Grundstück entstanden. Denn das gesamte Grundstück konnte bis zum Inkrafttreten des neuen Bebauungsplanes gem. § 30 BauGB dreigeschossig mit einer GFZ von 1,0 bebaut werden.

Die nach § 30 BauGB erforderliche Sicherung der Erschließung war nicht nur für den unmittelbar an der A-Straße gelegenen Grundstücksteil gegeben, sondern auch für den Teil des Grundstücks, der durch die in dem Bebauungsplan festgesetzte, in der Örtlichkeit noch nicht vorhandene Stichstraße erschlossen werden soll.[5] Denn die Sicherung der Erschließung iSd. § 30 BauGB setzt nicht voraus, daß die notwendigen Erschließungsanlagen (öffentliche Verkehrsflächen, Versorgungs- und Abwasserleitungen) bereits im Zeitpunkt des Bauantrages vorhanden sind. Es genügt, wenn als gesichert angenommen werden kann, daß sie im Zeitpunkt der Fertigstellung des Bauvorhabens vorhanden sein werden (BGH ZfBR 1981, 101/102 mwN.). Davon kann vorliegend ausgegangen werden, weil unsere Mandanten und der Eigentümer der auf der anderen Seite der Stichstraße gelegenen Grundstücke bereit waren, mit der Stadt einen Erschließungsvertrag über den Bau der Stichstraße einschließlich der Grundstücksversorgungs- und Abwasserleitungen abzuschließen und sie der Stadt mit Schreiben vom 12. 5. 1991 ein entspr. Angebot unterbreitet haben. Die Stadt konnte dieses Erschließungsangebot, dessen Annahme ihr zumutbar war, nicht ablehnen, ohne selbst erschließungspflichtig zu werden, § 124 Abs. 3 S. 2 BauGB. Dafür, daß die Annahme des Angebotes zumutbar war, spricht schon, daß die Stadt nach Inkrafttreten des neuen Bebauungsplanes den angebotenen Erschließungsvertrag abgeschlossen hat.

IV. Die Antragsfrist des § 44 Abs. 4 BauGB ist gewahrt.[6]

Schrifttum: Gelzer/Busse, Der Umfang des Entschädigungsanspruchs aus Enteignung und enteignungsgleichem Eingriff, NJW-Schriften 2, 2. Aufl. 1980.

Anmerkungen

1. Entschädigungsansprüche nach den §§ 39 ff. BauGB sind in einem besonders geregelten Verfahren geltend zu machen; sie können nicht direkt bei Gericht eingeklagt werden (BGH NJW 1976, 1264). Es ist zunächst ein schriftlicher Antrag auf Leistung der Entschädigung bei dem Entschädigungspflichtigen (das ist idR. die Gemeinde, § 44 Abs. 1 S. 2 BauGB), zu stellen, § 44 Abs. 3 S. 1 und S. 2 BauGB. Kommt eine Einigung über die Höhe der Entschädigung nicht zustande, so entscheidet die höhere Verwaltungsbehörde, § 43 Abs. 2 S. 1 BauGB. Deren Entscheidung kann nach § 217 BauGB durch Antrag auf gerichtliche Entscheidung angefochten werden, über den das LG – Kammer für Baulandsachen – entscheidet, §§ 219, 220 BauGB (s. Form. V. B. 11).

2. Zur Vorlage einer Vollmacht s. Form. V. A. 1 Anm. 3.

3. Davon geht offenbar auch der BGH (ZfBR 1981, 101) aus.

4. Im vorliegenden Falle ist § 42 Abs. 2 und nicht § 42 Abs. 3 BauGB anwendbar, weil die zulässige Nutzung innerhalb von 7 Jahren (ab Zulässigkeit) geändert wurde: Der die Zulässigkeit begründende Bebauungsplan trat am 15. 2. 1988 in Kraft, der die Zulässigkeit ändernde Plan am 17. 5. 1993.

5. Eine bauliche Nutzung ist nur dann iSd. § 42 BauGB zulässig, wenn auf ihre Ausübung oder Verwirklichung nach den bauplanungsrechtlichen Vorschriften der §§ 30, 33, 34 oder 35 ein Anspruch besteht (*Battis/Krautzberger/Löhr* § 42 Rdn. 4). Es muß also ua. die Erschließung gesichert sein. Bezieht sich die Aufhebung oder Änderung eines Bebauungsplanes auf Grundstücke, die wegen fehlender Sicherung der Erschließung nicht bebaubar waren, so kann ein Entschädigungsanspruch nach § 42 BauGB nicht entstehen.

6. Nach § 44 Abs. 4 mit Abs. 3 S. 1 und S. 2 BauGB muß der Entschädigungsanspruch innerhalb von drei Jahren seit Ablauf des Kalenderjahres, in dem er entstanden ist, schriftlich gegenüber dem Entschädigungspflichtigen geltend gemacht werden; andernfalls erlischt er. Vorliegend läuft die Frist, da der neue Bebauungsplan am 17. 5. 1993 in Kraft trat, am 31. 12. 1996 ab. Auf die Dreijahresfrist muß von der Gemeinde in der Bekanntmachung des den Entschädigungsanspruch auslösenden Bebauungsplanes hingewiesen werden, § 44 Abs. 5 BauGB; andernfalls beginnt die Frist nicht zu laufen (*Gelzer/Busse* Rdn. 633).

4. Widerspruch gegen einen belastenden Verwaltungsakt (Baurecht)

An den Bürgermeister der Stadt ......, Bauaufsichtsamt[1]
Betrifft: Grundstück Gemarkung ...... Flur ...... Flurstück ...... (Az. ......)

Sehr geehrte Damen und Herren!

In der vorbezeichneten Angelegenheit vertreten wir Herrn ...... Unsere Vollmacht liegt an[2].

Gegen Ihre Verfügung vom ......, zugestellt am ......[3], mit der Sie unserem Mandanten aufgegeben haben, das Wochenendhaus auf dem vorgenannten Grundstück bis zum 31. 7. 1995 abzureißen, legen wir hiermit

Widerspruch

ein. Zur Begründung führen wir aus[4]:

Es ist richtig, daß das Wochenendhaus von dem Voreigentümer des Grundstücks im Jahre 1978 ohne Baugenehmigung errichtet wurde und damit formell baurechtswidrig ist. Ob es auch gegen die Vorschriften des materiellen Baurechts, insbesondere § 35 BauGB verstößt, kann dahinstehen. Denn jedenfalls ist die angefochtene Ordnungsverfügung ermessensfehlerhaft, weil Sie im wesentlichen gleichgelagerte Baufälle ohne sachlichen Grund ungleich behandelt haben (OVG Münster BRS 28 Nr. 166). Sie haben nämlich im Jahre 1979 die Genehmigung erteilt, auf dem unmittelbar angrenzenden Nachbargrundstück ...... an ein bestehendes Wochenendhaus einen etwa 8 m × 6 m großen Anbau zu errichten. Dieser Anbau hat etwa die gleiche Größe wie das Wochenendhaus unseres Mandanten und ist planungsrechtlich nicht anders zu beurteilen; er ist insbesondere nicht von dem Bestandsschutz des bereits bestehenden Gebäudes gedeckt.

Wenn aber das Wochenendhaus unseres Mandanten nach § 35 BauGB nicht errichtet werden durfte, ist auch der von Ihnen auf dem Nachbargrundstück genehmigte Anbau planungsrechtlich unzulässig. Dann aber verstößt es gegen den Gleichheitsgrundsatz und stellt einen Fehlgebrauch des Ihnen nach § 14 Ordnungsbehördengesetz NRW eingeräumten Ermessens dar, wenn Sie in einem der beiden gleich zu beurteilenden Fälle eine Beseitigung der baulichen Anlage verlangen und im anderen Falle die Anlage genehmigen.

Der eingelegte Widerspruch hat nach § 80 Abs. 1 VwGO aufschiebende Wirkung, so daß unser Mandant den angeordneten Abbruch zunächst nicht vorzunehmen braucht[5]. Eine Anordnung der sofortigen Vollziehung nach § 80 Abs. 2 Nr. 4 VwGO ist nicht erfolgt; sie ist insbesondere nicht darin zu sehen, daß zur Vornahme des Abbruchs eine Frist bis zum 31. 7. 1995 gesetzt wurde (*Kopp* § 80 Rdn. 62 mwN.).

Schrifttum: Knack, VwVfG, 4. Aufl. 1994; *Kopp*, VwVfG, 5. Aufl. 1991; *Meyer/Borgs-Maciejewski*, VwVfG, 2. Aufl. 1982; *Obermayer*, VwVfG, 2. Aufl. 1990; *Stelkens/Bonk/Sachs*, VwVfG, 4. Aufl. 1993; *Ule/Laubinger*, VwVfG, 3. Aufl. 1986; *Weides*, Verwaltungsverfahren und Widerspruchsverfahren, 3. Aufl. 1993.

Anmerkungen

1. Der Widerspruch ist grundsätzlich bei der Behörde einzulegen, die den Verwaltungsakt erlassen hat, § 70 Abs. 1 S. 1 VwGO. Die Frist wird auch durch Einlegung bei der Behörde, die den Widerspruchsbescheid zu erlassen hat, gewahrt, § 70 Abs. 1 S. 2 VwGO.

2. Die Wirksamkeit des Widerspruchs ist von der Beifügung einer schriftlichen Vollmacht nicht abhängig; diese ist nur auf Verlangen der Behörde vorzulegen, §§ 79

2. Halbs., 14 Abs. 1 S. 3 VwVfG (s. dazu BVerwG DVBl. 1979, 625). Die Vorlage einer schriftlichen Vollmacht empfiehlt sich aber, weil in diesem Falle der Widerspruchsbescheid dem Bevollmächtigten zuzustellen, § 8 Abs. 1 S. 2 VwZG, und deshalb eine Kontrolle der mit dieser Zustellung beginnenden Klagefrist gewährleistet ist. Ohne Vorlage einer schriftlichen Vollmacht können alle Zustellungen auch an den Vertretenen erfolgen. § 8 Abs. 1 S. 1 VwZG.

3. Der Widerspruch ist innerhalb eines Monats seit Bekanntgabe des Verwaltungsakts einzulegen, § 70 VwGO.

4. Für den Widerspruch ist weder ein bestimmter Antrag noch eine Begründung vorgeschrieben (*Kopp* § 70 Rdn. 5).

5. Dieser Hinweis ist zweckmäßig, um zu verhindern, daß die Behörde in Verkennung der Rechtslage Vollziehungsmaßnahmen einleitet.

Kosten und Gebühren

Sowohl in der Abhilfeentscheidung (§ 72 VwGO) als auch in dem Widerspruchsbescheid (§ 73 Abs. 3 S. 2 VwGO) ist zu bestimmen, wer die Kosten des Widerspruchsverfahrens trägt (Kostenlastentscheidung). Für den Inhalt der Kostenentscheidung sind sondergesetzliche Bestimmungen des Bundes und der Länder maßgebend, zB. § 80 VwVfG. S. dazu Form. V. A. 5.

Für die Vertretung im Vorverfahren erhält der Anwalt Gebühren nach den §§ 118, 119 Abs. 1 BRAGO.

5. Antrag auf Erstattung der Kosten eines isolierten Vorverfahrens[1]

An den
Herrn Gemeindedirektor der Gemeinde ......

Betr.: ...... Az: ......

Sehr geehrter Herr Gemeindedirektor!

Nachdem Sie unserem Widerspruch vom ...... abgeholfen und die angefochtene Ordnungsverfügung[2] vom ...... aufgehoben haben, beantragen wir:
  I. Die Kosten des Widerspruchsverfahrens der Gemeinde aufzuerlegen,[3]
  II. unsere Hinzuziehung im Vorverfahren für notwendig zu erklären[4] und
  III. die von der Gemeinde unserem Mandanten zu erstattenden Anwaltsgebühren wie folgt festzusetzen:[5] ......

Da nicht einfache Rechtsfragen (fehlerhafte Ermessensausübung bei Inanspruchnahme unseres Mandanten als Zustandsstörer nach § 18 Abs. 1 anstelle des Verhaltensstörers nach § 17 Abs. 1 Ordnungsbehördengesetz NRW) zu behandeln waren, war es notwendig, daß sich unser Mandant bereits im Widerspruchsverfahren anwaltlicher Hilfe bediente.[6]

Schrifttum: Odenthal, Das Verhältnis zwischen Grund- und Betragsentscheidung bei der Kostenentscheidung nach § 80 VwVfG, NVwZ 1990, 641.

Anmerkungen

1. Dieser Antrag kommt in Betracht, wenn der Widerspruch bereits im Vorverfahren Erfolg gehabt hat, weil ihm entweder von der Ausgangsbehörde abgeholfen (§ 72 VwGO)

5. Antrag auf Erstattung der Kosten eines isolierten Vorverfahrens   **V. A. 5**

oder von der Widerspruchsbehörde stattgegeben wurde (§ 73 VwGO). Schließt sich dagegen, weil der Widerspruch erfolglos blieb, an das Vorverfahren eine Klage an und hat diese Erfolg, so kann Erstattung der Kosten des Vorverfahrens nach Maßgabe des § 162 Abs. 2 S. 2 VwGO begehrt werden. Zu dem insoweit zu stellenden Antrag s. Form. V. B. 1 Anm. 8.

Ein Widerspruch, dem die Widerspruchsbehörde stattgegeben hat, war auch dann iSd. § 80 Abs. 1 S. 1 VwVfG „erfolgreich", wenn er – an sich – unstatthaft oder unzulässig war (BVerwG NVwZ 1983, 544).

2. § 80 VwVfG gilt nicht, wenn sich der Bürger erfolgreich gegen eine bloße Verfahrenshandlung der Behörde, die keinen Verwaltungsakt darstellt, wehrt (BVerwG NVwZ 1983, 345).

3. Diese Kostenentscheidung („Kostenlastentscheidung") wird von der Behörde, die den angefochtenen Verwaltungsakt erlassen und dem Widerspruch abgeholfen hat (§ 72 VwGO), oder von der Widerspruchsbehörde getroffen (§ 73 Abs. 3 S. 2 VwGO). Hat die Behörde, wie hier, versehentlich nicht über die Kostenpflicht entschieden, so kann jederzeit Ergänzung der Entscheidung beantragt werden (OVG Münster DÖV 1992, 122; *Stelkens/Bonk/Sachs* § 80 Rdn. 22). Die Kostenentscheidung kann notfalls mit der Verpflichtungsklage erstritten werden (BVerwG NVwZ 1987, 249).

Die Kostenentscheidung hat für das Kostenfestsetzungsverfahren konstitutive Bedeutung (*Odenthal* NVwZ 1990, 641/642). Im Kostenfestsetzungsverfahren über die Höhe der zu erstattenden Aufwendungen kann das Bestehen einer Kostenerstattungspflicht dem Grunde nach nicht mehr verneint werden, wenn eine Kostenentscheidung zugunsten des Widerspruchsführers getroffen und die Hinzuziehung eines Bevollmächtigten für notwendig erklärt wurde und diese Verwaltungsakte rechtsbeständig geworden sind (BVerwG DÖV 1988, 1014).

4. Die Entscheidung darüber, ob die Hinzuziehung eines RA oder eines sonstigen Bevollmächtigten notwendig war, ist neben (s. dazu BVerwG NVwZ 1987, 489) der Kostenentscheidung (s. Anm. 3) zu treffen, § 80 Abs. 3 S. 2 VwVfG (BVerwG DÖV 1991, 554). Es handelt sich um einen Verwaltungsakt, der notfalls mit der Verpflichtungsklage erstritten werden kann (BVerwG NVwZ 1988, 249).

Kein Kostenerstattungsanspruch nach § 80 VwVfG besteht, wenn sich ein Widerspruchsverfahren ohne eine Entscheidung in der Sache selbst erledigt (BVerwG NJW 1982, 300; OVG Koblenz NJW 1982, 2460; str.; s. dazu *Dreier* NVwZ 1987, 474).

Ob § 80 idF. des jeweiligen LVwVfG auch für Kommunalabgabenverfahren gilt, ist auch nach der Entscheidung des BVerwGE 82, 336 umstritten und hängt davon ab, ob das LVwVfG grundsätzlich keine Anwendung in Kommunalabgabensachen findet und/oder ob die Anwendung des § 80 LVwVfG durch eine Sonderregelung ausgeschlossen bzw. besonders vorgesehen ist. Vgl. dazu im einzelnen *Stelkens/Bonk/Sachs* § 80 Rdn. 11 ff. Die meisten Länder schließen in ihrem § 2 Abs. 2 Nr. 1 LVwVfG die Anwendung des LVwVfG in Verfahren aus, in denen Vorschriften der AO entspr. anzuwenden sind (so zB. Bad.-Württ., Brandenburg, Bremen, Hessen, Niedersachsen, NRW, Saarland, Thüringen). Solche Verfahren sind die Kommunalabgabensachen, in denen das jeweilige KAG Vorschriften der AO für anwendbar erklärt (so zB. § 3 KAG Bad.-Württ., § 12 KAG Brandenburg, Art. 13 KAG Bay., § 12 KAG NRW, § 39 KAG Rheinland-Pfalz, § 12 KAG Sachsen). Dies hat zB. zur Konsequenz, daß es in NRW in Kommunalabgabensachen keine Kostenerstattung im isolierten Vorverfahren nach § 80 LVwVfG gibt. In Bad.-Württ. wäre die Situation gleich, wenn nicht § 80 Abs. 4 LVwVfG eine Sonderregelung enthielte; danach sind – ungeachtet der generellen Nichtanwendbarkeit des LVwVfG – die Kosten des isolierten Vorverfahrens in Kommunalabgabensachen nach Maßgabe des § 80 Abs. 1–3 erstattungsfähig.

5. Der Betrag der zu erstattenden Kosten wird auf Antrag von der Behörde, die die Kostenentscheidung getroffen hat (s. Anm. 3), festgesetzt, § 80 Abs. 3 S. 1 VwVfG; dabei entscheidet die Behörde incident über die Höhe des Streitwertes mit; für eine gesonderte Streitwertfestsetzung ist kein Raum (OVG Koblenz DVBl. 1985, 1075).

6. Die Zuziehung eines RA ist notwendig, „wenn es der Partei nach ihren persönlichen Verhältnissen nicht zuzumuten war, das Vorverfahren selbst zu führen" (BVerwG DÖV 1991, 554). Da einschränkende Tendenzen in der Rspr. erkennbar sind (s. dazu *Mallmann* NVwZ 1983, 338), empfiehlt sich in möglichen Zweifelsfällen eine etwas eingehendere Begründung. Im Streitfall ist der Anspruch auf Erstattung von Rechtsanwaltskosten nicht durch allg. Leistungsklage, sondern durch eine Verpflichtungsklage geltend zu machen (BVerwG NJW 1988, 87).

6. Antrag auf Wiederaufgreifen eines Verfahrens (Abgabenrecht)[1]

An den Stadtdirektor der Stadt ...... Tiefbauverwaltungsamt

Betr.: Heranziehung zu einem Erschließungsbeitrag für das Grundstück X-Straße Nr. .... Az: ......

Sehr geehrter Herr Stadtdirektor!

In dieser Sache vertrete ich Herrn ...... Meine Vollmacht liegt an.[2]

Mit Bescheid vom ...... haben Sie meinen Mandanten zu einem Erschließungsbeitrag für das oa. Grundstück in Höhe von ...... herangezogen. Der Bescheid ist bestandskräftig geworden.[3]

Wie sich inzwischen herausgestellt hat, war der Heranziehungsbescheid rechtswidrig. Mein Mandant hat vor zwei Wochen erfahren, daß ein früherer Eigentümer des Grundstücks, der verstorbene Herr ......, mit der früheren Gemeinde ......, die seit dem ...... in die Stadt ...... eingemeindet ist, eine Ablösungsvereinbarung nach § 133 Abs. 3 S. 5 BauGB getroffen und den Ablösungsbetrag gezahlt hatte. Damit konnte eine Beitragspflicht nicht mehr entstehen und war deshalb eine Heranziehung zu einem Erschließungsbeitrag nach endgültiger Herstellung der Straße nicht möglich. Eine Ablichtung der Ablösungsvereinbarung ist beigefügt.

Es wird beantragt, den Heranziehungsbescheid nach § 3 Abs. 1 Nr. 4c KAG Bad.-Württ. mit § 173 Abs. 1 Nr. 2 AO aufzuheben.[4] Mit dem Auffinden der Ablösungsvereinbarung sind nachträglich Tatsachen und Beweismittel bekanntgeworden, aus denen sich ergibt, daß eine Erschließungsbeitragspflicht nicht entstanden und der Bescheid daher rechtswidrig ist. Daran, daß die Ablösungsvereinbarung erst jetzt bekanntgeworden ist, trifft meinen Mandanten kein Verschulden ...... Damit ist nach den oa. Bestimmungen ein Rechtsanspruch auf Aufhebung des Bescheides gegeben.[5]

Anmerkungen

1. Im allg. Verwaltungsverfahren ist das Wiederaufgreifen des Verfahrens in § 51 VwVfG geregelt. Diese Bestimmung findet jedoch im kommunalen Abgabenrecht grundsätzlich keine Anwendung (zur Anwendung des jeweiligen LVwVfG auf Kommunalabgabensachen s. Form. V. A. 5 Anm. 4 und *Stelkens/Bonk/Sachs* § 2 Rdn. 42 a f.).

Bestr. ist, ob § 51 VwVfG Ausdruck eines allg. Rechtsgedankens ist, der auch ohne ausdrückliche gesetzliche Regelung Anwendung finden kann (so OVG Münster KStZ 1980, 239; aA. *Hombitzer* KStZ 1984, 24 mwN.).

2. Zur Vorlage einer Vollmacht s. Form. V. A. 1 Anm. 3.

3. Vor Stellung eines Aufhebungsantrages ist vorrangig zu prüfen, ob nicht noch ein Widerspruch gegen den Verwaltungsakt möglich ist, weil zB. wegen einer unrichtigen

6. Antrag auf Wiederaufgreifen eines Verfahrens

Rechtsmittelbelehrung die einmonatige Widerspruchsfrist nicht begonnen hat und deshalb für den Widerspruch eine Frist von einem Jahr gegeben ist, §§ 70 Abs. 2, 58 Abs. 2 VwGO.

4. § 173 AO ist ferner anwendbar kraft Verweisung in dem Gesetz über die Anwendbarkeit der AO in Berlin; § 2 AbgabenG Bremen; § 39 Abs. 1 Nr. 4 KAG Rheinland-Pfalz; § 11 KAG Schleswig-Holstein. In NRW ist § 173 AO auch nicht im Wege der Analogie anwendbar (OVG Münster DVBl. 1988, 912).

5. Die §§ 172, 173 AO regeln die Aufhebung und Änderung von Abgabenbescheiden abschließend; daneben ist für die Anwendung der allg. Vorschrift des § 130 AO kein Raum, § 172 Abs. 1 S. 1 Nr. 2d AO (*Jäger* KStZ 1984, 149).

Verweist das Landes-KAG nicht auf die §§ 172, 173 AO, sondern auf § 130 AO (zB. Art. 13 KAG Bay; § 4 KAG Hessen; § 12 KAG NRW; § 12 KAG Saarland), so ist die Aufhebung eines nachträglich als rechtswidrig erkannten Abgabenbescheides in das Ermessen der Behörde gestellt, wobei ein Anspruch auf fehlerfreie Ausübung dieses Ermessens besteht (OVG Münster KStZ 1980, 239). Es empfiehlt sich deshalb auch bei Nichtanwendbarkeit der Vorschriften über das Wiederaufgreifen des Verfahrens (§ 173 Abs. 1 Nr. 2 AO, § 51 VwVfG) einen Aufhebungsantrag zu stellen, wenn nachträglich Tatsachen oder Beweismittel bekanntwerden, die die Rechtswidrigkeit des Abgabenbescheides ergeben.

B. Klageverfahren erster Instanz

1. Anfechtungsklage (Erschließungsbeitragsrecht)

An das
Verwaltungsgericht

Klage[1]

des ...... (Klägers)
Prozeßbevollmächtigter: ......

gegen

den Gemeindedirektor der Gemeinde[2] ...... (Beklagten)

wegen: Heranziehung zu Erschließungsbeiträgen[3]
Streitwert: DM 6350,–[4]

Namens und mit Vollmacht[5] des Klägers erhebe ich Klage mit dem Antrag[6],
 I. den Heranziehungsbescheid des Beklagten vom ...... in der Gestalt des Widerspruchsbescheides vom ...... aufzuheben,
 II. dem Beklagten die Kosten des Verfahrens aufzuerlegen[7],
 III. die Hinzuziehung des Prozeßbevollmächtigten des Klägers im Vorverfahren für notwendig zu erklären[8],
 IV. das Urteil hinsichtlich der Kosten für vorläufig vollstreckbar zu erklären[9],
 V. dem Kläger zu gestatten, eine zulässige oder erforderliche Sicherheit auch durch Bankbürgschaft zu erbringen[10].

Zur Begründung führe ich aus[11]:
 I. Der Kläger ist Eigentümer des Grundstücks X-Str. Nr. ...... in ...... Durch Bescheid vom ...... zog der Beklagte den Kläger zu einem Erschließungsbeitrag für die X-Straße in Höhe von DM 6350,– heran. Gegen den Bescheid legte der Kläger mit Schreiben vom ...... Widerspruch ein, den der Beklagte mit Widerspruchsbescheid vom ...... zurückwies. Der Widerspruchsbescheid wurde dem Kläger am ...... zugestellt[12]. Die angefochtenen Bescheide sind in Ablichtung beigefügt[13].
 II. Der Heranziehungsbescheid in der Gestalt des Widerspruchsbescheides ist aus folgenden Gründen rechtswidrig:
Die Heranziehung ist gestützt auf die Erschließungsbeitragssatzung der Gemeinde ...... vom ...... Diese Satzung enthält jedoch keine dem § 132 Nr. 4 BauGB entspr. Bestimmung der Merkmale der endgültigen Herstellung der Erschließungsanlagen. § 9 Abs. 1 S. 1 der Satzung läßt neben dem „Eigentum der Gemeinde" an den Straßenflächen auch einen „rechtsverbindlichen Übertragungsvertrag zu Gunsten der Gemeinde" als Herstellungsmerkmal ausreichen. Ob ein solcher Vertrag vorliegt, läßt sich von den betroffenen Bürgern nicht anhand erkennbarer objektiver Kriterien hinreichend sicher feststellen. Diese die Rechtslage der Straßenfläche betreffende Unsicherheit führt zur Ungültigkeit der gesamten Herstellungsregelung des § 9 der Satzung (vgl. BVerwG DÖV 1980, 341). Damit ist eine Heranziehung des Klägers zu Erschließungsbeiträgen nicht möglich (OVG Münster BauR 1977, 269).
Ich bitte darum, die Verwaltungsvorgänge, insbesondere die Straßenbau- und Abrechnungsakte beizuziehen (§ 99 VwGO) und mir die Gelegenheit zur Einsichtnahme zu gewähren (§ 100 VwGO). Anschließend werde ich die Klage ergänzend begründen.

1. Anfechtungsklage V. B. 1

III. Meine Beauftragung im Widerspruchsverfahren war wegen der Schwierigkeit der zu behandelnden erschließungsbeitragsrechtlichen Fragen notwendig iSv. § 162 Abs. 2 S. 2 VwGO[14]. 2 Durchschriften sind beigefügt[15].

Rechtsanwalt[16]

Schrifttum zur VwGO: *Eyermann/Fröhler*, VwGO, 9. Aufl. 1988; *Kopp*, VwGO, 10. Aufl. 1994; *Redeker/von Oertzen*, VwGO, 11. Aufl. 1994; – Zum Erschließungsbeitragsrecht; *David*, Das Erschließungsbeitragsrecht in Leitsätzen, 1986; *Driehaus*, Erschließungs- und Ausbaubeiträge, NJW-Schriften 42, 4. Aufl. 1995; *Schmidt/Bogner/Steenbock*, Handbuch des Erschließungsrechts, 6. Aufl. 1991; *Quaas*, Erschließungs- und Erschließungsbeitragsrecht, 2. Aufl. 1990; *Ludyga/Steiner*, Erschließungsbeitrag, Losebl.-Komm., Stand: Juli 1993.

Anmerkungen

1. Der notwendige Inhalt der Klageschrift ergibt sich aus § 82 VwGO.

2. Die Klage ist grundsätzlich gegen die Körperschaft zu richten, § 78 Abs. 1 Nr. 1 VwGO. Dies gilt auch bei Anfechtungs- und Verpflichtungsklagen, wobei hier zur Bezeichnung des Beklagten die Angabe der Behörde genügt, § 78 Abs. 1 Nr. 1, 2. Halbs. VwGO; nach § 78 Abs. 1 Nr. 2 VwGO kann durch Landesrecht bestimmt werden, daß die Anfechtungs- oder Verpflichtungsklage gegen die Behörde selbst zu richten ist; von dieser Ermächtigung haben das Saarland allgemein (§ 17 Abs. 2 AGVwGO), NRW mit Ausnahme von Klagen nach § 52 Nr. 4 VwGO (§ 5 Abs. 2 AGVwGO), Schleswig-Holstein (§ 6 S. 2 AGVwGO) und Niedersachsen (§ 8 Abs. 2 AGVwGO) für Landesbehörden Gebrauch gemacht.

3. Nach § 82 Abs. 1 S. 1 VwGO muß die Klage den Kläger, den Beklagten und den Gegenstand des Klagebegehrens bezeichnen. Fehlt es an einem dieser Erfordernisse, so kann der Vorsitzende oder Berichterstatter dem Kläger für die Ergänzung eine Ausschlußfrist setzen, § 82 Abs. 2 S. 2 VwGO. Der Streitgegenstand ergibt sich idR. bereits aus der Angabe des angefochtenen oder begehrten Verwaltungsakts oder aus der Begründung und braucht dann nicht noch einmal besonders genannt zu werden.

4. Nach § 23 GKG ist der Streitwert mit der Klage anzugeben. Die Bestimmung wird im Verwaltungsprozeß praktisch nicht angewandt, die Unterlassung der Angabe ist unschädlich (*Redeker/von Oertzen* § 82 Rdn. 7). Zur Höhe des Streitwerts s. § 13 GKG. Hier ergibt sich der Streitwert aus der Höhe des mit dem angefochtenen Bescheid festgesetzten Beitrages, § 13 Abs. 2 GKG. – Zum Streitwert im Verwaltungsstreitverfahren im allg. s. den Streitwertkatalog NVwZ 1991, 1156; ferner *Zimmer/Schmidt*, Der Streitwert im Verwaltungs- und Finanzprozeß, NJW-Schriften 52.

5. Der Prozeßbevollmächtigte muß eine schriftliche Vollmacht vorlegen, § 67 Abs. 3 S. 1 VwGO. Die für das Vorverfahren erteilte Vollmacht reicht ohne besonderen Zusatz nicht aus (*Redeker/von Oertzen* § 67 Rdn. 6). Die Vollmacht kann nachgereicht werden; hierfür kann das Gericht (nicht nur der Spruchkörper, sondern auch der Vorsitzende oder Berichterstatter, BVerwG NJW 1985, 2963) eine Frist setzen, § 67 Abs. 3 S. 2, 2. Halbs. VwGO. Diese Frist hat allerdings keine ausschließende Wirkung, sondern nur „eine gesteigerte Warnfunktion in dem Sinne ......, daß nach Ablauf der Frist mit der Entscheidung nicht mehr zugewartet zu werden braucht" (BVerwG NJW 1985, 2963).

Nach § 88 Abs. 2 ZPO hat das Gericht den Mangel der Vollmacht von Amts wegen zu berücksichtigen, wenn nicht als Bevollmächtigter ein Rechtsanwalt auftritt. Diese Vorschrift ist über § 173 VwGO im Verwaltungsprozeß in der Weise anzuwenden, „daß bei Auftreten eines Rechtsanwalts als Prozeßbevollmächtigtem eine Prüfung der Vollmacht von Amts wegen grundsätzlich nicht, wohl aber dann stattfindet, wenn besondere Umstände dazu Anlaß geben, die Bevollmächtigung des Anwalts in Zweifel zu ziehen" (BVerwG NJW 1985, 1178/1179; ebenso BVerwG NJW 1985, 2963).

6. Das Fehlen eines Klageantrages macht die Klage nicht unzulässig, da § 82 Abs. 1 S. 2 VwGO nur eine Soll-Vorschrift ist.

7. Dieser Antrag ist üblich, aber nicht notwendig, da das Gericht über die Kosten von Amts wegen entscheidet, § 161 Abs. 1 VwGO.

8. Nach § 162 Abs. 2 S. 2 VwGO sind die durch die Beauftragung eines Bevollmächtigten im Vorverfahren entstandenen Gebühren und Auslagen nur erstattungsfähig, wenn das Gericht auf Antrag die Zuziehung eines Bevollmächtigten für das Vorverfahren für notwendig erklärt hat. Der Ausspruch darüber kann im Tenor des Urteils oder in einem gesonderten Beschluß erfolgen, der keine Urteilsergänzung darstellt und deshalb nicht an die Frist des § 120 Abs. 2 VwGO gebunden ist (BVerwG DÖV 1981, 343).

Ein Beschluß über die Notwendigkeit der Zuziehung eines Bevollmächtigten für das Vorverfahren kann nicht iR. eines Verfahrens nach § 80 Abs. 5 VwGO gefaßt werden, sondern nur iR. eines Klageverfahrens. Nur zu diesem ist das Widerspruchsverfahren Vorverfahren iSv. § 162 Abs. 1 VwGO (OVG Münster NWVBl. 1993, 312).

Ein Beschluß über die Notwendigkeit der Zuziehung eines Bevollmächtigten für das Vorverfahren setzt weiter voraus, daß der Bevollmächtigte nach außen aufgetreten ist. Eine nur interne Beratung reicht nicht aus, da sie nicht den Begriff der Bevollmächtigung erfüllt (OVG Münster aaO.).

9. Da es sich um eine Anfechtungsklage handelt, kann das Urteil nur hinsichtlich der Kosten für vorläufig vollstreckbar erklärt werden, § 167 Abs. 2 VwGO. Über die vorläufige Vollstreckbarkeit ist von Amts wegen im Urteil zu entscheiden, §§ 167 Abs. 1 VwGO, 708 ZPO (BVerwG NJW 1963, 2042). Ein ausdrücklicher Antrag ist aber zweckmäßig, da die Erklärung der vorläufigen Vollstreckbarkeit in der Praxis oft unterbleibt.

10. §§ 167 VwGO, 709 ff., 108 ZPO.

11. Die Klage kann zur Fristwahrung auch ohne Begründung erhoben werden, da § 82 Abs. 1 S. 3 VwGO nur eine Soll-Vorschrift enthält, das Fehlen des dort vorgeschriebenen Klageinhalts die Klage also nicht unzulässig macht (*Kopp* § 82 Rdn. 10). Allerdings kann nach § 87 b Abs. 1 S. 1 der Vorsitzende oder Berichterstatter dem Kläger eine Frist zur Angabe der Tatsachen setzen, durch deren Berücksichtigung oder Nichtberücksichtigung im Verwaltungsverfahren er sich beschwert fühlt. Nach Ablauf der Frist vorgebrachte Erklärungen und Beweismittel können unter den Voraussetzungen des § 87 b Abs. 3 VwGO zurückgewiesen werden.

12. Das Datum der Zustellung des Widerspruchsbescheides ist für die Prüfung der Rechtzeitigkeit der Klageerhebung von Bedeutung; die Klagefrist beträgt einen Monat nach Zustellung des Widerspruchsbescheides, § 74 VwGO.

13. § 82 Abs. 1 S. 3 VwGO.

14. S. dazu Form. V.A.5 Anm. 6.

15. § 81 Abs. 2 VwGO.

16. Eine Klage ist nicht iSd. § 81 Abs. 1 S. 1 „schriftlich" erhoben, wenn die Klageschrift nur maschinenschriftlich unterzeichnet ist. Die Beifügung von Fotokopien der angefochtenen Bescheide ersetzt die fehlende handschriftliche Unterzeichnung nicht (BVerwG DÖV 1984, 174 Nr. 25).

Zur Wirksamkeit einer durch Telefax übermittelten Rechtsmittelschrift s. BVerwG DÖV 1991, 116; BGH NJW 1990, 187 und 188; 1992, 244; 1994, 2097; OVG Münster DÖV 1991, 562; *Ebnet* NJW 1992, 2985.

Kosten und Gebühren

In Verwaltungsstreitverfahren gelten für die Berechnung der Gerichtskosten die Nrn. 2110 ff. KV. Nach § 188 VwGO werden in bestimmten Verfahren Gerichtskosten nicht erhoben. Eine Vorschußpflicht für den Kläger besteht im Verwaltungsstreitverfahren nicht, da § 65 GKG nur für bürgerliche Rechtsstreitigkeiten gilt. Persönliche Kostenfreiheit des Bundes, der Länder oder der Körperschaften und Anstalten öffentlichen Rechts besteht im Verwaltungsstreitverfahren nicht, § 2 Abs. 3 S. 1 GKG. Für Streitigkeiten über den Erlaß von Gerichtskosten ist der Verwaltungsrechtsweg gegeben (OVG Berlin NVwZ 1983, 681).

Für die Berechnung der Rechtsanwaltsgebühren gelten nach § 114 Abs. 1 BRAGO die Vorschriften über die Gebühren in bürgerlichen Rechtsstreitigkeiten (§§ 31 ff. BRAGO) entspr. Wegen der Besonderheiten des anwaltlichen Gebührenrechts im Verwaltungsstreitverfahren s. *Johlen* AnwBl. 1983, 484 und *Madert/Tacke*, Anwaltsgebühren in Verwaltungs-, Steuer- und Sozialsachen, 1991.

2. Anfechtungsklage gegen einen Widerspruchsbescheid (Kündigungsschutz)[1]

An das
Verwaltungsgericht

Klage[2]

der Arbeiterin ...... (Klägerin)
Prozeßbevollmächtigter: ......

gegen

den Regierungspräsidenten ......[3] (Beklagten)
beizuladen: RA ...... als Konkursverwalter über das Vermögen der Fa. ......[4]

wegen: Zulassung der Kündigung eines Arbeitsverhältnisses

Streitwert: DM 9000,–[5]

Namens der Klägerin erhebe ich Klage mit dem Antrag, den Widerspruchsbescheid des Beklagten vom ...... aufzuheben.[6]

Zur Begründung führe ich aus:[7]

I. Die Klägerin ist seit dem ...... bei der Fa. ...... als Arbeiterin tätig. Über das Vermögen der Fa. ...... wurde das Konkursverfahren eröffnet.
Am ...... beantragte RA ...... als Konkursverwalter beim Gewerbeaufsichtsamt, die Kündigung der schwangeren Klägerin gem. § 9 Abs. 3 S. 1 MuSchG zuzulassen. Diesen Antrag lehnte das Gewerbeaufsichtsamt mit Bescheid vom ...... ab. Gegen den Ablehnungsbescheid legte der Konkursverwalter Widerspruch ein. Diesem Widerspruch gab der Beklagte als zuständige Widerspruchsbehörde mit dem in einer Ablichtung beigefügten Widerspruchsbescheid vom ...... statt und ließ unter Aufhebung des ablehnenden Bescheides des Gewerbeaufsichtsamtes vom ...... die Kündigung zu.

II. Die Klage ist zulässig, da die Zulassung der Kündigung im Verhältnis zu dem zu kündigenden Arbeitnehmer einen Verwaltungsakt darstellt, für dessen Anfechtung der Verwaltungsrechtsweg gegeben ist (BVerwG E 10, 148/150).

III. Die Klage ist auch begründet.
Durch die Aufhebung des Ablehnungsbescheides des Gewerbeaufsichtsamtes und die

Zulassung der Kündigung im Widerspruchsbescheid wurde die Klägerin als „Dritte" beschwert. Für diesen Fall sieht § 71 VwGO vor, daß der Dritte vor Erlaß des Widerspruchsbescheides gehört werden soll. Besondere Gründe, die den Beklagten als Widerspruchsbehörde dazu berechtigten, ausnahmsweise von einer Anhörung abzusehen, liegen hier nicht vor; damit liegt ein Verstoß gegen eine wesentliche Verfahrensvorschrift vor.

Der Widerspruchsbescheid beruht auch auf diesem Verstoß iSd. § 79 Abs. 2 S. 2 VwGO. Denn da die Zulassung der Kündigung in das Ermessen der Behörde gestellt ist, ist nicht auszuschließen, daß bei einer Anhörung der Klägerin eine andere Entscheidung in der Sache selbst getroffen worden wäre (vgl. §§ 79 letzter Halbs., 46 VwVfG).

Rechtsanwalt

Anmerkungen

1. Es handelt sich um eine „isolierte" Anfechtungsklage gegen einen Widerspruchsbescheid, durch den ein Dritter erstmalig beschwert wird.

2. Zum Inhalt der Klage im allg. s. Form. V.B.1.

3. Die Klage ist nach § 78 Abs. 2 VwGO gegen die Widerspruchsbehörde bzw. die Körperschaft, zu der die Widerspruchsbehörde gehört, zu richten (s. dazu Form. V.B.1 Anm. 2).

4. Klagt ein Dritter gegen den Widerspruchsbescheid, so ist der Widerspruchsführer nach § 65 Abs. 2 VwGO notwendig beizuladen.

5. Nach § 13 Abs. 1 S. 1 GKG ist der Streitwert nach der sich aus dem Antrag des Klägers für ihn ergebenden Bedeutung der Sache nach Ermessen zu bestimmen. Beim Streit um die Zustimmung zur Kündigung ist nach Ziff. II des Streitwertkatalogs (NVwZ 1991, 1156/1158, Stichwort „Mutterschutzrecht") der 3fache Betrag des Bruttomonatseinkommens zugrundezulegen, das hier mit 3000,– DM angenommen werden soll.

6. Angriffsziel der Klage ist nach § 79 Abs. 1 Nr. 2 VwGO nur der Widerspruchsbescheid, nicht der die Klägerin begünstigende Ausgangsbescheid des Gewerbeaufsichtsamtes. Dieser wird deshalb in dem Klageantrag nicht erwähnt.

Eines weiteren Vorverfahrens bedarf es in den Fällen, in denen ein Dritter durch den Widerspruchsbescheid erstmalig beschwert wird, nicht, § 68 Abs. 1 S. 2 Nr. 2 VwGO.

Hilft die Behörde, die den Verwaltungsakt erlassen hat, dem Widerspruch gem. § 72 VwGO ab und wird dadurch ein Dritter erstmals beschwert, so liegt kein Fall des § 68 Abs. 1 Nr. 2 VwGO vor. Dem Dritten steht deshalb das Rechtsmittel des Widerspruchs und nicht der Klage gegen die Abhilfeentscheidung zu (*Redeker/von Oertzen* § 72 Rdn. 2; str.).

7. Vgl. OVG Bremen NVwZ 1983, 1869.

3. Verpflichtungsklage (Baurecht)

An das
Verwaltungsgericht

Klage[1]

des ...... (Klägers)
Prozeßbevollmächtigter: RA ......

gegen

den Oberkreisdirektor des Kreises ...... (Beklagten)
wegen: Erteilung einer Bebauungsgenehmigung
beizuladen: 1. Die Gemeinde ......[2]
                 2. Der Regierungspräsident in ......[3]
Streitwert: DM 15 000,–[4]

Namens des Klägers erhebe ich Klage mit dem Antrag,

unter Aufhebung des Bescheides des Beklagten vom ...... in der Gestalt des Widerspruchsbescheides des Regierungspräsidenten in ...... vom ...... den Beklagten zu verpflichten, dem Kläger den beantragten Vorbescheid für die Errichtung eines Einfamilienwohnhauses auf dem Grundstück ...... zu erteilen.

Zur Begründung führe ich aus:

I. Der Kläger ist Eigentümer des Grundstücks ...... Dieses liegt inmitten einer aus 7 Wohnhäusern und 2 Nebengebäuden bestehenden Ansiedlung, die 800 m vom Ortsrand von ...... entfernt ist.

Unter dem ...... beantragte der Kläger, ihm durch einen Vorbescheid die Genehmigung zur Bebauung seines Grundstücks mit einem Einfamilienwohnhaus zu erteilen. Diesen Antrag lehnte der Beklagte mit Bescheid vom ...... ab mit der Begründung, das Grundstück liege im Außenbereich und seine Bebauung beeinträchtige öffentliche Belange, zumal der Flächennutzungsplan den fraglichen Bereich als Fläche für die Landwirtschaft darstelle. Den gegen den Ablehnungsbescheid eingelegten Widerspruch wies der Regierungspräsident in ...... mit Widerspruchsbescheid vom ......, zugestellt am ......, zurück. Die angefochtenen Bescheide sind in Ablichtung beigefügt.

II. Die hier allein streitige planungsrechtliche Zulässigkeit des Vorhabens beurteilt sich nach § 35 Abs. 2 und 3 BauGB, weil die Ansiedlung wegen der geringen Zahl der Gebäude kein im Zusammenhang bebauter Ortsteil iSv. § 34 BauGB ist. Nach § 35 Abs. 2 BauGB ist der geplante Bau eines kleinen Wohnhauses mit einer Grundfläche von höchstens 100 qm und einer Geschoßfläche von höchstens 160 qm zulässig, weil es an dem geplanten Standort öffentliche Belange nicht beeinträchtigt. Da das Wohnhaus in einer knapp 40 m breiten Lücke zwischen zwei innerhalb der Ansiedlung liegenden Wohnhäusern gleicher Größe errichtet werden soll, wird bei einer Zulassung der Bebauung die als Splittersiedlung zu charakterisierende Ansiedlung nicht räumlich erweitert. Sie wird zwar verfestigt, diese Verfestigung ist aber städtebaulich nicht unerwünscht und damit nicht zu „befürchten" iSv. § 35 Abs. 3 S. 1, 8. Querstrich BauGB. Denn die hier vorzunehmende Schließung einer engen Baulücke rundet lediglich das Bild einer ohnehin vorhandenen Splittersiedlung ab (BVerwG E 54, 73; OVG Münster BRS 22 Nr. 74; 28 Nr. 33).

Eine Beeinträchtigung öffentlicher Belange liegt auch nicht deshalb vor, weil das Vorhaben den Darstellungen des Flächennutzungsplanes der Gemeinde widerspricht, § 35 Abs. 3 S. 1, 1. Querstrich BauGB. Denn der Flächennutzungsplan ist insoweit wegen mangelnder Aussagekraft unbeachtlich (BVerwG NJW 1967, 1385; OVG Münster

BauR 1978, 296). Er stellt die gesamte Ansiedlung als „Fläche für die Landwirtschaft" dar. Mit dieser Darstellung sollte jedoch angesichts des zwangsläufig groben Rasters des Flächennutzungsplan nicht strikt jegliche Bebauung, jedenfalls aber nicht die Schließung eindeutig baulich vorgeprägter Lücken, verhindert werden (BVerwG BRS 39 Nr. 82) ......

Rechtsanwalt

Verteiler: Gericht 5fach[5]

Schrifttum: Zum Bauplanungsrecht s. Form. V. A. 1.

Anmerkungen

1. Zum Inhalt der Klage im allg. s. Form V.B.1.

2. Über die Zulässigkeit eines Bauvorhabens im Außenbereich nach § 35 BauGB wird im Einvernehmen mit der Gemeinde entschieden, § 36 Abs. 1 S. 1 BauGB. Diese ist deshalb nach § 65 Abs. 2 VwGO notwendig beizuladen (BVerwG NJW 1966, 1530).

3. Für die Erteilung einer Genehmigung nach § 35 Abs. 2 BauGB ist die Zustimmung der höheren Verwaltungsbehörde erforderlich, wenn die Landesregierung dies bestimmt, was hier geschehen sein soll, § 36 Abs. 1 S. 3 BauGB. Aus diesem Grunde ist hier auch der Regierungspräsident beizuladen (BVerwG E 52, 8). Die Beiladung braucht von dem Kläger aber nicht beantragt zu werden. Auch ist die Benennung der beizuladenden Personen in der Klageschrift nicht erforderlich.

4. Zum Streitwert in Bausachen s. Ziff. II des Streitwertkatalogs (NVwZ 1991, 1156/1157, Stichwort „Bau- und Bodenrecht"), ferner *Dombert* BauR 1989, 154.

5. Damit wird berücksichtigt, daß neben dem Beklagten noch zwei Beigeladene am Verfahren beteiligt sind.

4. Untätigkeitsklage (Handwerksrecht)

An das
Verwaltungsgericht

Klage[1]

des ......   (Klägers)
Prozeßbevollmächtigter: RA ......

gegen

den Regierungspräsidenten ......   (Beklagten)
beizuladen: Die Handwerkskammer ......[2]

wegen: Erteilung einer Ausnahmebewilligung nach § 8 HandwO
Namens des Klägers erhebe ich Klage mit dem Antrag[3], den Beklagten unter Aufhebung seines Bescheides vom 18. 4. 1994 zu verpflichten, dem Kläger eine Ausnahmebewilligung zur Eintragung in die Handwerksrolle als Beton- und Stahlbetonbauer mit dem Teilgebiet „Herstellung von Stahlbetonstürzen" zu erteilen.[4]

Zur Begründung führe ich aus:

    I. Der am 23. 1. 1940 geborene Kläger ist Maurergeselle. Im einzelnen gestaltete sich sein beruflicher Lebensweg nach erfolgreichem Abschluß der Volksschule wie folgt ......

4. Untätigkeitsklage (Handwerksrecht) V.B. 4

Am 25. 2. 1994 beantragte der Kläger bei dem Beklagten, ihm die Ausnahmebewilligung nach § 8 HandwO zu erteilen, nachdem sich für ihn überraschend die Möglichkeit ergeben hatte, von seinem Arbeitgeber dessen Betrieb, der sich mit der Herstellung von Stahlbetonstürzen befaßt, zu übernehmen. Der Beklagte vertrat zunächst die Ansicht, daß ein Ausnahmefall iSd. § 8 Abs. 1 S. 2 HandwO vorliege und unterzog den Kläger zur Feststellung seiner Kenntnisse und Fertigkeiten einer Vergleichsprüfung, die der Kläger auch bestand.

Gleichwohl lehnte der Beklagte mit Bescheid vom 18. 4. 1994 die Erteilung der Ausnahmebewilligung mit der Begründung ab, eine erneute Prüfung habe ergeben, daß bei dem Kläger ein Ausnahmefall doch nicht vorliege. Gegen den Ablehnungsbescheid legte der Kläger mit Schreiben vom 23. 4. 1994 Widerspruch ein. Über diesen Widerspruch ist bis heute nicht entschieden.

II. Die Klage ist nach § 75 VwGO auch ohne Erlaß eines Widerspruchsbescheides zulässig, nachdem seit Einlegung des Widerspruchs drei Monate vergangen sind und ein Grund für die Nichtbescheidung des Widerspruchs nicht ersichtlich ist.[5]

III. Die Klage ist auch begründet, da dem Kläger ein Rechtsanspruch auf Erteilung der Ausnahmebewilligung nach § 8 HandwO zusteht.

1. Der Kläger hat durch das Bestehen der Vergleichsprüfung nachgewiesen, daß er die Kenntnisse und Fertigkeiten zur selbständigen Ausübung des Beton- und Stahlbetonbauerhandwerks in dem Teilgebiet „Herstellung von Stahlbetonstürzen" besitzt. Damit sind die Voraussetzungen des § 8 Abs. 1 S. 1 HandwO erfüllt, § 8 Abs. 2, 2. Halbs. HandwO.

2. Darüber hinaus liegt auch ein Ausnahmefall vor, weil die Ablegung der Meisterprüfung für den Kläger aus den nachfolgend dargelegten Gründen eine unzumutbare Belastung bedeuten würde, § 8 Abs. 1 S. 2 HandwO ......

IV. Ich rege an, den Streitwert auf DM 12 000,– festzusetzen (so für Klagen auf Erteilung einer Ausnahmebewilligung zur Eintragung in die Handwerksrolle BVerwG NVwZ-RR 1992, 516.

Rechtsanwalt

Schrifttum: Aberle, HandwO, Losebl.-Komm., Stand: September 1994; *Musielak/Detterbeck,* Das Recht des Handwerks, 3. Aufl. 1995; *Honig,* HandwO, 1993, mit Nachtrag 1994. – Zur Untätigkeitsklage: *Weides/Bertrams,* Die nachträgliche Verwaltungsentscheidung im Verfahren der Untätigkeitsklage, NVwZ 1988, 673.

Anmerkungen

1. Zur Gestaltung der Klage im allg. s. Form. V.B.1.

2. Die Notwendigkeit der Beiladung der Handwerkskammer ergibt sich aus § 8 Abs. 4, 2. Halbs. HandwO.

3. Die Besonderheit der Untätigkeitsklage nach § 75 VwGO besteht lediglich darin, daß es wegen der Untätigkeit der Behörde eines vollständigen Vorverfahrens nach § 68 VwGO nicht bedarf. Um eine besondere Klageart handelt es sich nicht. Die Klage ist nicht auf Bescheidung schlechthin zu richten, sondern wie bei einer normalen Anfechtungs- oder Verpflichtungsklage auf Aufhebung des – mit dem bisher nicht beschiedenen Widerspruch – angefochtenen oder auf Verpflichtung zum Erlaß des beantragten Verwaltungsaktes (OVG Koblenz NJW 1967, 2329; VGH Mannheim NJW 1970, 1143; unklar BVerwG NJW 1968, 1643).

4. Die Erteilung der Ausnahmebewilligung nach § 8 HandwO ist nicht in das Ermessen der Behörde gestellt. Die Bewilligung muß vielmehr erteilt werden, wenn die in § 8 HandwO genannten Voraussetzungen erfüllt sind (BVerwG DVBl. 1970, 976). Aus diesem

Grunde wird hier ein Verpflichtungsantrag und nicht lediglich ein Bescheidungsantrag (s. Form. V.B.5) gestellt.

5. Ergeht, nachdem die Klage gem. § 75 VwGO nach Ablauf der 3-Monats-Frist erhoben wurde, ein Bescheid, mit dem dem Antrag oder Widerspruch des Klägers stattgegeben wird, so ist die Hauptsache für erledigt zu erklären. Die Kosten werden dann nach § 161 Abs. 3 VwGO der beklagten Behörde durch Beschluß auferlegt, und zwar unabhängig davon, ob das Gericht der Behörde gem. § 75 S. 3 VwGO eine Frist gesetzt hatte (*Redeker/ von Oertzen* § 161 Rdn. 10).

Ergeht eine negative Entscheidung, wird also der beantragte Verwaltungsakt abgelehnt oder der Widerspruch zurückgewiesen, und will der Kläger, weil die Ablehnungsgründe ihn überzeugen, das Verfahren nicht fortführen, so kann er den Rechtsstreit für in der Hauptsache erledigt erklären; es ergeht dann eine Kostenentscheidung nach § 161 Abs. 3 VwGO (*Eyermann/Fröhler* § 161 Rdn. 17; str.). Führt der Kläger den Rechtsstreit nach Ablehnung seines Antrages fort, so bleibt die Klage auch ohne Vorverfahren weiter zulässig (BVerwG NJW 1983, 227; VGH Mannheim NJW 1986, 149; vgl. auch BVerwG NVwZ 1991, 180). Hatte das Gericht der Behörde eine Frist nach § 75 S. 3 VwGO gesetzt, so ist zu unterscheiden: Erläßt die Behörde innerhalb der Frist eine ablehnende Entscheidung, so ist dagegen Widerspruch einzulegen und eine gerichtliche Sachentscheidung erst nach Durchführung des Widerspruchsverfahrens zulässig (BVerwGE 42, 108; NJW 1983, 2276). Ergeht die ablehnende Entscheidung erst nach Ablauf der Sperrfrist, so bedarf es der Durchführung eines Widerspruchsverfahrens nicht (VGH Mannheim NJW 1986, 149; str.).

Vorsorglich sollte gegen einen während des Verwaltungsstreitverfahrens ergehenden ablehnenden Bescheid stets Widerspruch eingelegt und ein während des Verwaltungsstreitverfahrens erlassener negativer Widerspruchsbescheid stets innerhalb der Klagefrist ausdrücklich mit in das Klageverfahren einbezogen werden.

5. Bescheidungsklage (Beamtenrecht)

An das
Verwaltungsgericht

Klage[1]

des Kreisoberinspektors ......   (Klägers)
Prozeßbevollmächtigter: ...... RA ......

gegen

den Kreis ......, vertreten durch den Oberkreisdirektor, ...[2]   (Beklagten)

wegen: Erteilung eines Dienstzeugnisses
Streitwert: DM 8000,–[3]

Namens des Klägers erhebe ich Klage mit dem Antrag, den Beklagten unter Aufhebung seines Bescheides vom ......[4] in der Gestalt des Widerspruchsbescheides[5] vom ...... zu verpflichten, dem Kläger ein neues Dienstzeugnis unter Beachtung der Rechtsauffassung des Gerichts zu erteilen.[6]

Zur Begründung führe ich aus:

I. Der Kläger steht seit 1971 im Dienste des Beklagten. Er war zunächst Angestellter und wurde zum 1. 3. 1980 zum Beamten ernannt. Nachdem er zunächst im Ordnungsamt eingesetzt war, war er vom Dezember 1973 bis September 1980 im Tiefbauamt tätig. Von dort wurde er Anfang Oktober 1980 zum Straßenverkehrsamt umgesetzt.

5. Bescheidungsklage (Beamtenrecht) V. B. 5

Im Oktober 1993 beantragte der Kläger die Ausstellung eines Dienstzeugnisses, das ihm unter dem ...... erteilt wurde. Mit Schreiben vom ...... bat er um Abänderung des Zeugnisses in einigen Punkten. Diesen Antrag lehnte der Beklagte mit Bescheid vom ...... ab. Den dagegen eingelegten Widerspruch wies der Beklagte aufgrund eines Beschlusses des Kreistages vom ...... mit Widerspruchsbescheid vom ...... zurück. Die angefochtenen Bescheide sind in Ablichtung beigefügt.

II. Der Kläger hat einen Anspruch auf erneute Bescheidung seines Antrages auf Erteilung eines Dienstzeugnisses.

1. Der Kläger hat iSd. § 104 Abs. 2 S. 1 Landesbeamtengesetz NRW ein berechtigtes Interesse an der Erteilung des Dienstzeugnisses, weil er beabsichtigt, sich beruflich zu verändern ......

2. Der Beklagte hat den Begriff des Dienstzeugnisses und den gesetzlichen Rahmen, innerhalb dessen er von seiner Beurteilungsermächtigung Gebrauch machen kann, verkannt. Er hat nicht genügend beachtet, daß ein Dienstzeugnis Aussagen über die gesamte Dauer des Bestehens des Beamtenverhältnisses enthalten muß, wie sich aus § 104 Abs. 2 S. 2 Landesbeamtengesetz NRW ergibt. Diesen Anforderungen wird das dem Kläger erteilte Zeugnis nicht gerecht; denn es gibt Auskunft nur über die Leistungen des Klägers seit dem 1. 10. 1980, nicht aber über die davor liegende Zeit seit Begründung des Beamtenverhältnisses ......

Rechtsanwalt

Schrifttum: Battis, BBG, 1980; *Plog/Wiedow/Beck/Lemhöfer,* BBG, Losebl.-Komm., Stand: April 1995; *Scheerbarth/Höffken,* Beamtenrecht, 6. Aufl. 1993; *Schnellenbach,* Beamtenrecht in der Praxis, NJW-Schriften 40, 3. Aufl. 1994; *Schütz,* Beamtenrecht des Bundes und der Länder, Losebl.-Komm., Stand: Februar 1995; *Weißhaar,* Beamtenrecht, 4. Aufl. 1994.

Anmerkungen

1. Zur Gestaltung der Klage im allg. s. Form. V.B.1.

2. In NRW, wo der Fall spielen soll, sind in Beamtensachen auch Anfechtungs- und Verpflichtungsklagen nicht gegen die Behörde, sondern gegen die Körperschaft zu richten, § 5 Abs. 2 S. 2 AGVwGO NRW mit § 52 Nr. 4 VwGO (s. dazu auch Form. V.B.1 Anm. 2.).

3. Auffangstreitwert nach § 13 Abs. 1 S. 2 GKG. Allerdings kann, wenn nur Bescheidung beantragt wird, der Streitwert einen Bruchteil, mindestens jedoch ½ des Wertes der entspr. Verpflichtungsklage betragen, Ziff. I. 6 des Streitwertkatalogs (NVwZ 1991, 1156).

4. Das Dienstzeugnis als solches ist ebensowenig wie eine dienstliche Beurteilung ein Verwaltungsakt, wohl dagegen die Entscheidung der Behörde, mit der der Antrag auf Abänderung des Zeugnisses oder der Beurteilung abgelehnt wird (BVerwG E 21, 127; 28, 191; *Günther* ZBR 1981, 77; str.).

5. Nach § 126 Abs. 3 BRRG bedarf es in Beamtensachen immer eines Vorverfahrens nach den §§ 68 ff. VwGO, also auch bei einer Leistungs- und Feststellungsklage und auch dann, wenn der Verwaltungsakt von der obersten Dienstbehörde erlassen worden ist.

6. Nach hM. ist eine dienstliche Beurteilung – gleiches gilt für ein Dienstzeugnis – ein dem Dienstherrn vorbehaltener Akt wertender Erkenntnis. „Die verwaltungsgerichtliche Nachprüfung hat sich deshalb darauf zu beschränken, ob die Verwaltung den anzuwendenden Begriff oder den gesetzlichen Rahmen, in dem sie sich frei bewegen kann, verkannt hat oder ob sie von einem unrichtigen Sachverhalt ausgegangen ist, allg. gültige Wertmaß-

stäbe nicht beachtet, sachfremde Erwägungen angestellt oder gegen Verfahrensvorschriften verstoßen hat" (BVerwG NVwZ 1982, 101). Da deshalb das Gericht den Beklagten nicht zur Erteilung eines Dienstzeugnisses mit einem bestimmten Inhalt verpflichten kann, kommt nur ein Bescheidungsurteil in Betracht; dem trägt der Antrag Rechnung. Allerdings geht der Kläger kein Kostenrisiko ein, wenn er statt des Bescheidungs- einen Verpflichtungsantrag stellt. Denn der Erlaß eines Bescheidungsurteils statt des beantragten Verpflichtungsurteils stellt für den Kläger kein teilweises Unterliegen iSd. § 155 Abs. 1 VwGO dar (*Redeker/von Oertzen* § 113 Rdn. 42).

6. Kombinierte Anfechtungs- und Verpflichtungsklage (Asylrecht)[1]

An das
Verwaltungsgericht ......[2]

Klage

des ...... (Klägers)
Prozeßbevollmächtigter: RA ......

gegen

die Bundesrepublik Deutschland, vertreten durch das Bundesministerium des Innern in Bonn, dieses vertreten durch den Präsidenten des Bundesamtes für die Anerkennung ausländischer Flüchtlinge, Außenstelle ......
Beteiligter: Der Bundesbeauftragte für Asylangelegenheiten, Rothenburger Str. 29, 90513 Zirndorf[3]

wegen: Asylrechts
Streitwert: DM 6000,–[4]

Namens und mit Vollmacht[5] des Klägers erhebe ich Klage mit dem Antrag,
I. die Beklagte unter Aufhebung des Bescheides des Bundesamts für die Anerkennung ausländischer Flüchtlinge vom ...... zu verpflichten, den Kläger als Asylberechtigten anzuerkennen;
II. den Bescheid des Bundesamtes vom ...... aufzuheben.[6]

Zur Begründung führe ich aus:
I. Der Kläger ist ...... Staatsangehöriger und syrisch-orthodoxer Christ. Er stammt aus der Stadt ...... in der Provinz ...... Ende ...... floh der Kläger aus seiner Heimat in die Bundesrepublik, nachdem es in der Region zunehmend zu schweren, von ...... an Christen begangenen Straftaten wie Mord, Mordversuch, Entführung, Viehdiebstahl und Sachbeschädigung gekommen war. Die Sachwalter des ...... Staates ahndeten das Vorgehen der ...... aufgrund der weitgehend von feudalen Stammes- und Religionsführern bestimmten Machtstrukturen in der Region nicht oder nur völlig unzureichend.
Den Asylantrag lehnte die Beklagte mit Bescheid des Bundesamtes vom ...... ab.[7] Das Bundesamt drohte dem Kläger gleichzeitig die Abschiebung an, falls er nicht innerhalb von ...... aus der Bundesrepublik ausreise.[8]
II. Die Klage ist begründet, weil der Kläger entgegen der Ansicht der Beklagten einen Anspruch darauf hat, als asylberechtigt iSv. Art. 16a Abs. 1 GG iVm. dem AsylVfG anerkannt zu werden.
Nach der Rspr. des BVerfG (NVwZ 1990, 151) und des BVerwG (NVwZ 1990, 1175; DÖV 1994, 479) ist politisch verfolgt iSd. vorgenannten Bestimmungen, wer wegen seiner Rasse, Religion, Nationalität, Zugehörigkeit zu einer sozialen Gruppe oder

wegen seiner politischen Überzeugung Verfolgungsmaßnahmen mit Gefahr für Leib und Leben oder Beschränkungen seiner persönlichen Freiheit ausgesetzt ist oder solche Verfolgungsmaßnahmen begründet befürchtet.[9]

Der Kläger gehört einer durch die gemeinsame Religion miteinander verbundenen Gruppe an, die wegen ihrer Religion von Andersgläubigen verfolgt worden ist. Von dieser Verfolgung war auch der Kläger betroffen. Richtet sich politische Verfolgung gegen Gruppen von Menschen, die durch gemeinsame Merkmale wie etwa Rasse, Religion oder politische Überzeugung verbunden sind, so ist idR. davon auszugehen, daß sich diese Verfolgung gegen jeden Angehörigen der verfolgten Gruppe richtet (BVerfG E 54, 341/358, 359; Informationsbrief Ausländerrecht 1993, 196; DVBl. 1993, 1003; BVerwG NJW 1985, 574; NVwZ 1986, 569; 1988, 635; 1990, 1175). Besondere Umstände, aus denen sich ergibt, daß der Kläger von der Gruppenverfolgung ausgenommen war (BVerwG NJW 1985, 574/575), sind nicht gegeben. Im Gegenteil ist der Kläger noch wenige Tage vor der Flucht aus seiner Heimatstadt von ...... Jugendlichen so geschlagen worden, daß ihm ein Arm brach.

Beweis: Zeugnis des ......[10]

Die dem Kläger zuteil gewordene Verfolgung ging zwar nicht unmittelbar vom Staat aus. Nach der Rspr. des BVerfG (NVwZ 1988, 237; 1990, 151) kann eine asylrechtlich beachtliche Verfolgung auch von nicht-staatlicher Seite ausgehen, sofern sie dem jeweiligen Staat zuzurechnen ist. Das gilt dann, wenn – wie hier – der Staat zur Gewährung von Schutz gegenüber den Betroffenen entweder nicht bereit ist oder wenn er sich nicht in der Lage sieht, die ihm an sich verfügbaren Mittel gegenüber Verfolgungsmaßnahmen bestimmter Dritter hinreichend einzusetzen.

Entgegen der Ansicht der Beklagten ist der Asylantrag nicht deshalb abzulehnen, weil dem Kläger in anderen Regionen seines Heimatlandes keine Verfolgung drohe. Zwar ist nach st. Rspr. (BVerfG NVwZ 1990, 151; BVerwG DVBl. 1986, 99 mwN.; NVwZ 1990, 1175) eine Anerkennung als Asylberechtigter nicht möglich, wenn dem Asylbewerber nur in Teilen seines Heimatstaates politische Verfolgung erstmalig oder wiederholt droht, er aber in anderen Teilen des Landes ohne Furcht vor politischer Verfolgung leben kann (sog. inländische Fluchtalternative). Im vorliegenden Falle muß jedoch davon ausgegangen werden, daß der Kläger landesweit in einer ausweglosen Lage ist; ihm drohen auch in anderen Landesteilen Verfolgungen, weil allg. eine starke Aversion gegen Christen besteht und es keine Gegend gibt, in der noch nicht Gewaltakte gegen Christen wegen ihres Glaubens verübt worden sind.[11] Damit ist nicht mit hinreichender Wahrscheinlichkeit auszuschließen, daß der Kläger bei seiner Rückkehr in seinen Heimatstaat erneut politisch verfolgt wird, was, weil der Kläger bereits einmal politischen Verfolgungen ausgesetzt war, für die Annahme seiner Asylberechtigung ausreicht (BVerwG Buchholz 402.24 § 28 Ausländergesetz Nr. 27). Der Anerkennung des Klägers als Asylberechtigter steht auch nicht entgegen, daß er sich vor der Einreise in das Bundesgebiet 5 Wochen in ...... aufgehalten hat;[12] denn er hatte dort keine anderweitige Sicherheit vor Verfolgung i.S.d. § 27 AsylVfG erlangt. Letzteres kann nach der Rspr. (BVerwG NVwZ 1988, 1136; DÖV 1989, 993) erst dann angenommen werden, wenn die Flucht des politisch Verfolgten in dem Drittstaat ihr Ende gefunden hatte mit der Folge, daß zwischen der Flucht aus dem Heimatstaat und der Einreise in die Bundesrepublik kein Zusammenhang mehr besteht. Davon kann hier keine Rede sein, weil es sich bei dem Aufenthalt des Klägers in ...... um einen bloßen, die Flucht nicht beendenden Zwischenaufenthalt gehandelt hat.[13]

Rechtsanwalt

Schrifttum: *Brunn/Fritz,* Gemeinschaftskomm. zum AsylVfG und zum AuslR, 2. Aufl., Losebl.; *Beitz/Wollenschläger,* Handbuch des Asylrechts, 1980; *Bertrams,* Aus der neueren höchstrichterlichen Asylrechtsprechung, DVBl. 1988, 759; Aktuelle höchstrichterliche

Entscheidungen zum Asylrecht, DVBl. 1989, 953; Das materielle Asylrecht in der aktuellen höchstrichterlichen Rechtsprechung, DVBl. 1990, 1129; *Hailbronner*, Ausländerrecht, Losebl.-Komm. Stand: Mai 1995; *Huber*, Handbuch des Ausländer- und Asylrechts, 1995; *Kanein/Renner*, Ausländerrecht, 6. Aufl. 1993; *Kimminich*, Grundprobleme des Asylrechts, 1983; *Kloesel/Christ/Häußer*, Deutsches Ausländerrecht, Losebl.-Komm., Stand: März 1995; *Marx/Strate/Pfaff*, AsylVfG, 2. Aufl. 1987; *Säcker*, Das materielle Asylrecht in der neueren Rechtsprechung des Bundesverwaltungsgerichts, DÖV 1988, 158; *Hehl*, Die Neuregelung des Asylrechts, ZRP 1993, 301; *Henkel*, Das neue Asylrecht, NJW 1993, 2705; *Huber*, Prozessuale Besonderheiten asylrechtlicher Eilverfahren auf Gestattung der Einreise, NVwZ 1994, 138; *Renner*, Der „Asylkompromiß" und seine Folgen, NVwZ 1994, 452; *Schoch*, Das neue Asylrecht gemäß Art. 16a GG, DVBl. 1993, 1161; *Wollenschläger/Schraml*, Art. 16a GG, Das neue "Grundrecht" auf Asyl?, JZ 1994, 61; *Schiedermaier/Wollenschläger*, Handbuch des Ausländerrechts, Losebl., Stand: Dezember 1993.

Anmerkungen

1. Das Asylrecht hat durch das Gesetz vom 28. 6. 1993, mit dem Art. 16a in das GG eingeführt worden ist, wesentliche Änderungen erfahren (vgl. das AsylVfG idF. der Bekanntmachung vom 27. 7. 1993). In das materielle Asylrecht sind insbes. die sog. Drittstaatenklausel sowie die verfolgungsfreien Herkunftsländer aufgenommen worden. Das Verwaltungsverfahren ist unter teilweiser Einbeziehung der Grenzbehörden konzentriert, der Rechtsweg punktuell eingeschränkt worden. Zur Anwendung des neuen Rechts auf sog. Altfälle vgl. BVerwG Informationsbrief Ausländerrecht 1994, 70.

2. Die Entscheidung im Klageverfahren soll nach Maßgabe des § 76 Abs. 1 und 2 AsylVfG dem Einzelrichter übertragen werden. Dagegen bestehen keine verfassungsrechtlichen Bedenken (BVerfG NJW 1984, 559). In Verfahren des vorläufigen Rechtsschutzes entscheidet gem. Abs. 4 ein Mitglied der Kammer als Einzelrichter (sog. originärer Einzelrichter). Zur örtlichen Zuständigkeit des VG s. § 52 Nr. 2 S. 3 VwGO und BVerwG DVBl. 1984, 1015. – Zum Inhalt der Klage im allg. s. Form. V.B.1.

3. Die Beteiligung des Bundesbeauftragten, der an Weisungen des Bundesministeriums des Innern gebunden ist, ergibt sich aus § 6 Abs. 2 AsylVfG. Der Bundesbeauftragte hat im verwaltungsgerichtlichen Verfahren die dem Vertreter des öffentlichen Interesses entspr. Rechtsstellung. Er kann gegen ein Urteil des VG Berufung auch dann einlegen, wenn er sich im erstinstanzlichen Verfahren nicht beteiligt hatte (BVerwG NVwZ 1983, 413).

4. § 83b AsylVfG, der die Gerichtskostenfreiheit der Asylverfahren regelt (Abs. 1), enthält verbindliche Vorgaben für die Streitwertfestsetzung im Klageverfahren, im Verfahren nach § 80 Abs. 5 VwGO sowie im Hinblick auf sog. Familienklagen (Abs. 2).

5. Zum Umfang des Auftrages und der Vollmacht des RA in Asylsachen s. OVG Koblenz NJW 1983, 1509.

6. Zum Klageantrag s. VGH Kassel NVwZ 1982, 136.
Das auf Verpflichtung der Beklagten zur Anerkennung des Klägers als Asylberechtigten gerichtete Begehren umfaßt den Antrag auf Feststellung der Gefahr politischer Verfolgung iS. des § 51 Abs. 1 AuslG mit. Gem. § 13 Abs. 2 AsylVfG wird nämlich mit jedem Asylantrag sowohl die Feststellung, daß die Voraussetzungen des § 51 Abs. 1 AuslG vorliegen, als auch – wenn der Ausländer dies nicht ausdrücklich ablehnt – die Anerkennung als Asylberechtigter begehrt. Folgerichtig hat das Bundesamt für die Anerkennung ausländischer Flüchtlinge gem. § 31 Abs. 2 AsylVfG ausdrücklich festzustellen, ob die Voraussetzungen des § 51 Abs. 1 AuslG vorliegen und ob der Antragsteller als Asylberechtigter anerkannt wird.

7. Das Bundesamt kann einen Asylantrag als (einfach) unbegründet oder unter den Voraussetzungen des § 30 AsylVfG als offensichtlich unbegründet ablehnen.

6. Kombinierte Anfechtungs- und Verpflichtungsklage (Asylrecht)

Die Wahl der Ablehnungsart hat für den Asylbewerber wegen der unterschiedlichen Rechtsfolgen wesentliche Bedeutung. Bei einer Ablehnung des Antrages als einfach unbegründet ist dem Asylbewerber eine Ausreisefrist von einem Monat zu setzen, § 38 Abs. 1 AsylVfG. Die Frist für eine Klage gegen den Ablehnungsbescheid beträgt – in Abweichung von der nach der VwGO geltenden einmonatigen Klagefrist – zwei Wochen nach Zustellung, § 74 Abs. 1, 1. Halbs. AsylVfG. Mit der Erhebung der Klage tritt aufschiebende Wirkung insoweit ein, als die Ausreisefrist erst einen Monat nach dem unanfechtbaren Abschluß des Asylverfahrens endet, § 38 Abs. 1 S. 2 AsylVfG.

Wird der Asylantrag dagegen als offensichtlich unbegründet abgelehnt (vgl. dazu BVerfG NVwZ-Beilage 6/1994 S. 41), beträgt die Ausreisefrist – wie bei unbeachtlichen Asylanträgen, § 29 AsylVfG – nur eine Woche, § 36 Abs. 1 AsylVfG. Die Klage ist gleichfalls binnen einer Woche zu erheben, § 74 Abs. 1, 2. Halbs. AsylVfG; sie entfaltet keine aufschiebende Wirkung, § 75 AsylVfG. Gegen die drohende Abschiebung kann wiederum innerhalb einer Woche Antrag nach § 80 Abs. 5 VwGO auf AO der aufschiebenden Wirkung der Klage gestellt werden, §§ 36 Abs. 3 S. 1, 74 Abs. 1, 2. Halbs. AsylVfG. Die Abschiebung darf vom Gericht nur ausgesetzt werden, wenn ernstliche Zweifel an der Rechtmäßigkeit des angegriffenen Verwaltungsaktes bestehen, Art. 16a Abs. 4 GG. Für den Beschluß nach § 80 Abs. 5 VwGO wird dem Gericht – ein Novum in der Geschichte der Verwaltungsgerichtsbarkeit – mittels Soll-Vorschrift eine Entscheidungsfrist von einer Woche gesetzt, § 36 Abs. 3 S. 5 AslyVfG. Der Beschluß des Gerichts (Einzelrichter) ist rechtskräftig, weil die Beschwerde – wie auch für andere Beschlüsse im Asylverfahren (zB. betr. die Gewährung von Prozeßkostenhilfe oder die Festsetzung des Streitwertes) – ausgeschlossen ist, § 80 AsylVfG.

8. Lehnt das Bundesamt den Asylantrag ab und besitzt der Ausländer keine Aufenthaltsberechtigung, so erläßt das Bundesamt nach den §§ 50 und 51 Abs. 4 AuslG die Abschiebungsandrohung. Eine Anhörung des Ausländers vor Erlaß der Abschiebungsandrohung ist nicht erforderlich, § 34 Abs. 1 AsylVfG. Die Abschiebungsandrohung soll mit der Entscheidung über den Asylantrag verbunden werden, § 34 Abs. 2 AsylVfG.

Sowohl gegen die Ablehnung des Asylantrages als auch gegen die Androhung der Abschiebung findet ein Widerspruch nicht statt, ist vielmehr sogleich Klage gegeben, § 68 Abs. 1 S. 2, 1. Halbs. VwGO mit § 11 AsylVfG.

9. Von Vorverfolgungs- bzw. Vorfluchtgründen zu unterscheiden sind die sog. Nachfluchtgründe, § 28 AsylVfG. Auf Tatbestände, die nach der Flucht des Asylbewerbers aus seinem Heimatland entstanden sind, kann das Asylrecht nur insoweit erstreckt werden, als dies nach Sinn und Zweck der verfassungsrechtlichen Asylverbürgung geboten ist (BVerfG NVwZ 1987, 311). Davon ist bei objektiven Nachfluchtgründen, die durch Ereignisse im Heimatstaat unabhängig von der Person des Asylbewerbers ausgelöst werden, auszugehen; dagegen kann bei subjektiven Nachfluchttatbeständen, die der Asylbewerber nach Verlassen des Heimatstaates aus eigenem Entschluß geschaffen hat, eine Asylberechtigung in aller Regel nur dann in Betracht gezogen werden, wenn diese Nachfluchttatbestände sich als Ausdruck und Fortführung einer schon während des Aufenthalts im Heimatstaat vorhandenen und erkennbar betätigten festen Überzeugung darstellen (BVerfG NVwZ 1987, 311). Ausnahmsweise kann auch schon die Beantragung von Asyl als selbstgeschaffener Nachfluchtgrund die Voraussetzungen für die Gewährung von Asyl erfüllen, wenn nämlich der Asylbewerber sich vor dem Verlassen seines Heimatstaates aus politischen Gründen in einer sog. latenten Gefährdungslage befunden hat (BVerwG DVBl. 1989, 722).

10. Auch in Asylsachen muß das Gericht die volle Überzeugung von der Wahrheit – und nicht nur von der Wahrscheinlichkeit – des vom Kläger behaupteten individuellen Schicksals erlangen, aus dem er seine Furcht vor politischer Verfolgung herleitet (BVerwG E 55, 83; DVBl. 1985, 956; NVwZ 1990, 171; kritisch dazu *Bertrams* DVBl. 1987, 1181).

Bei einem Beweisantrag auf Vernehmung eines Zeugen zum persönlichen Verfolgungsschicksal eines Asylbewerbers ist im einzelnen darzulegen, welche Bekundungen über konkrete Wahrnehmungen von dem Zeugen zu erwarten sind, so daß das Gericht in die Lage versetzt wird, die Tauglichkeit des Beweismittels zu beurteilen.

Es genügt nicht, bei Angabe des Beweisthemas lediglich die Tatbestandsvoraussetzungen für die Anerkennung als Asylberechtigter zu wiederholen (BVerwG MDR 1983, 869; OVG Bremen NVwZ 1984, 58).

Die Vernehmung von im Heimatstaat des Asylbewerbers lebenden Zeugen ist idR. ein schlechthin ungeeigneter Beweisantritt, wenn die Vernehmung allenfalls durch Behörden oder Gerichte des angeblichen Verfolgerstaates möglich wäre (BVerwG NJW 1984, 574).

Auskünfte des Auswärtigen Amtes in Asylsachen stellen zulässige und selbständige Beweismittel dar, die ohne förmliches Beweisverfahren im Wege des Freibeweises verwertet werden können (BVerwG NVwZ 1986, 35).

Zur Beweiseignung einer eidesstattlichen Versicherung im asylrechtlichen Eilverfahren vgl. BVerfG NVwZ-Beilage 1/1994 S. 2.

11. Bei der Beurteilung asylrechtlicher Sachverhalte ist auf den Zeitpunkt der letzten gerichtlichen Tatsachenentscheidung abzustellen, § 77 Abs. 1 AsylVfG. Es kommt also nicht etwa (auch) auf die Lage im Heimatland zur Zeit der Flucht an (BVerfGE 54, 341/ 359, 360; BVerwG DVBl. 1984, 95; NVwZ 1990, 654).

12. Will der Asylbewerber aus einem sog. sicheren Drittstaat einreisen, ist ihm die Einreise von den Grenzbehörden zu verweigern, § 18 Abs. 2 Nr. 1 AsylVfG. Sichere Drittstaaten iSd. Art. 16a Abs. 2 S. 1 GG sind gem. § 26a Abs. 2 AsylVfG die Mitgliedstaaten der Europäischen Gemeinschaften sowie weitere in der Anlage I zu § 26a AsylVfG aufgeführte Staaten, zB. Finnland, Polen (zur Einreise aus Polen vgl. OVG Frankfurt (Oder) NVwZ-Beilage 6/1994 S. 42), Schweiz, Tschechische Republik (zur Einreise aus der Tschechischen Republik vgl. VGH München NVwZ-Beilage 1/1994 S. 4), in denen die Anwendung des Abkommens über die Rechtsstellung der Flüchtlinge und der Konvention zum Schutze der Menschenrechte und Grundfreiheiten sichergestellt ist. Das BVerfG (Informationsbrief Ausländerrecht 1993, 388) hat iRe. Verfassungsbeschwerde dem Grenzschutzamt durch einstw. AO untersagt, die verfügte Einreiseverweigerung zu vollziehen, und ihm aufgegeben, der aus Griechenland kommenden irakischen Asylbewerberin die Einreise in die Bundesrepublik zu gestatten.

Ist der Asylbewerber aus einem sicheren Drittstaat eingereist, wird er nicht als Asylberechtigter anerkannt, § 26a Abs. 1 S. 2 AsylVfG.

Ein Asylbewerber, der in einem sonstigen Drittstaat vor Verfolgung sicher war, wird gleichfalls nicht als Asylberechtigter anerkannt, § 27 AsylVfG.

Der Antrag eines Asylbewerbers, der aus einem sicheren – dh. verfolgungsfreien – Herkunftsstaat stammt, ist als offensichtlich unbegründet abzulehnen, § 29a Abs. 1 AsylVfG. Sichere Herkunftsstaaten iSd. Art. 16a Abs. 3 S. 1 GG sind die in Anlage II zu § 29a AsylVfG bezeichneten Staaten, zB. Bulgarien (zur Einreise aus Bulgarien vgl. VG Stuttgart NVwZ-Beilage 1/1994 S. 8), Gambia, Slowakische Republik, Ungarn. Allerdings hat der Asylbewerber die Möglichkeit, die Vermutung – daß im Herkunftsstaat nicht verfolgt werde – durch entspr. Vorbringen zu entkräften. Sein individueller Vortrag darf deshalb nicht unter Hinweis auf die allg. Lage im Herkunftsstaat pauschal als unglaubhaft abqualifiziert werden (BVerfG DVBl. 1993, 1007).

Will ein Asylbewerber aus einem sicheren Herkunftsstaat über einen Flughafen einreisen und bei der Grenzbehörde um Asyl nachsuchen, wird das Asylverfahren vor der Entscheidung über den Asylantrag zunächst über die Einreise durchgeführt, § 18a Abs. 1 AsylVfG; dabei wird der Asylbewerber auf dem Gelände des Flughafens untergebracht, sog. Flughafenverfahren (vgl. dazu BVerfG NVwZ-Beilage 2/1994 S. 11). Lehnt das Bundesamt den Asylantrag als offensichtlich unbegründet ab, ist dem Asylbewerber die Einreise zu verweigern (Abs. 3). Ein Antrag auf Gewährung vorläufigen Rechtsschutzes gem. § 80 Abs. 5 VwGO ist innerhalb von drei Tagen nach Zustellung des Beschlusses zu stellen (Abs. 4).

6. Kombinierte Anfechtungs- und Verpflichtungsklage (Asylrecht)

Der Antrag zielt auf Gewährung der Einreise und richtet sich sodann gegen die Abschiebungsandrohung (Abs. 5).

13. Gegen das Endurteil des VG, mit dem die Klage als (einfach) unzulässig oder unbegründet abgewiesen wird, findet die Berufung nur statt, wenn sie durch Beschluß des OVG zugelassen wird, § 78 Abs. 2 S. 1 AsylVfG. In diesem Falle gelten für die Durchführung des Berufungsverfahrens nach Maßgabe des § 79 AsylVfG die allg. Vorschriften (s. dazu Form. V.C.2).

Die Berufung ist nur zuzulassen, wenn einer der in § 78 Abs. 3 AsylVfG aufgeführten Zulassungsgründe vorliegt. Grundsätzliche Bedeutung iSv. § 78 Abs. 3 Nr. 1 AsylVfG hat die Rechtssache einmal, wenn eine klärungsbedürftige Rechtsfrage zu entscheiden ist. Darüber hinaus umfaßt dieser Berufungszulassungsgrund auch solche Fälle, in denen sich die grundsätzliche Bedeutung der Rechtssache allein aus den verallgemeinerungsfähigen Auswirkungen ergibt, die die in der Berufungsentscheidung zu erwartende Klärung von Tatfragen haben wird (BVerwG DVBl. 1984, 1016). Entspr. gilt für das Gebiet des Asylrechts auch für den Berufungszulassungsgrund der Abweichung, § 78 Abs. 3 Nr. 2 AsylVfG (*Säcker* DVBl. 1985, 1048/1056). – Zu den Zulassungsgründen im einzelnen s. *Ritter* NVwZ 1983, 202.

Nach § 78 Abs. 4 AsylVfG ist die Zulassung der Berufung innerhalb von zwei Wochen nach Zustellung des Urteils zu beantragen. Der Antrag ist bei dem VG zu stellen. Er muß das angefochtene Urteil bezeichnen. Im Antrag sind die Gründe, aus denen die Berufung zuzulassen ist, darzulegen. Die Stellung des Antrags hemmt die Rechtskraft des Urteils.

Die Nichtzulassung der Berufung durch das OVG kann nicht mit der Beschwerde an das BVerwG angefochten werden, § 78 Abs. 5 S. 2 AsylVfG.

Läßt das OVG die Berufung zu, wird das Antragsverfahren als Berufungsverfahren fortgesetzt; der Einlegung einer Berufung bedarf es nicht, § 78 Abs. 5 S. 3 AsylVfG. Gem. § 78 Abs. 2 S. 2 AsylVfG findet die Revision gegen das Urteil des VG nicht statt.

Weist das VG die Klage als offensichtlich unzulässig oder als offensichtlich unbegründet (zu den Voraussetzungen vgl. BVerfG NVwZ 1990, 854) ab, sind die Berufung und jedes weitere Rechtsmittel ausgeschlossen, § 78 Abs. 1 S. 1 AsylVfG. Dies gilt auch dann, wenn nur das Klagebegehren auf Gewährung des Asyls als offensichtlich unzulässig oder offensichtlich unbegründet abgewiesen wird, für das Klagebegehren gegen den asylaufenthaltsrechtlichen Bescheid dagegen eine „einfache" Klageabweisung erfolgt, § 78 Abs. 1 S. 2 AsylVfG.

Wegen der Rechtskraft der verwaltungsgerichtlichen Urteile und Beschlüsse nach § 80 Abs. 5 VwGO besteht die Möglichkeit der Erhebung von Verfassungsbeschwerden; denn das VG wendet mit Art. 16a GG unmittelbar Verfassungsrecht an (zur Vorlagepflicht auch im Eilverfahren vgl. VGH München Informationsbrief Ausländerrecht 1994, 72). Davon wird nicht selten Gebrauch gemacht, wie die steigende Zahl von Entscheidungen des Senates und der Kammern des BVerfG zeigt (vgl. dazu *Roeser* EUGRZ 1994, 85).

7. Kombinierte Anfechtungs- und Bescheidungsklage (Wehrpflichtrecht)

An das
Verwaltungsgericht

Klage[1]

des Wehrpflichtigen ...... (Klägers)
Prozeßbevollmächtigter: RA ......

gegen

die Bundesrepublik Deutschland[2], vertreten durch das Bundesministerium der Verteidigung in Bonn, dieses vertreten durch die Wehrbereichsverwaltung ...... (Beklagte)

wegen: Zurückstellung vom Wehrdienst
Streitwert: DM 8000,– DM[3]

Namens des Klägers erhebe ich Klage mit dem Antrag,
I. den Einberufungsbescheid des Kreiswehrersatzamtes ...... vom 22. 2. 1994 in der Gestalt des Widerspruchsbescheides der Wehrbereichsverwaltung vom 18. 3. 1994 aufzuheben[4],
II. unter Aufhebung des Bescheides des Kreiswehrersatzamtes ...... vom 4. 3. 1994 in der Gestalt des Widerspruchsbescheides der Wehrbereichsverwaltung vom 18. 3. 1994 die Beklagte zu verpflichten, über den Antrag des Klägers auf Zurückstellung vom Wehrdienst unter Beachtung der Rechtsauffassung des Gerichts neu zu entscheiden[5].

Zur Begründung führe ich aus:
I. Der am 3. 1. 1973 geborene Kläger steht nach dem Musterungsbescheid des Kreiswehrersatzamtes ...... vom 28. 3. 1992 zur Ableistung des Grundwehrdienstes zur Verfügung. Nachdem der Kläger im Juni 1992 die Reifeprüfung bestanden hatte, trat er in das elterliche Textilgeschäft ein, um seinen zu dieser Zeit bereits schwerkranken Vater zu entlasten. Nachdem der Vater im August 1992 verstorben war, wurde der Kläger auf seinen Antrag hin bis zum 31. 12. 1993 gem. § 12 Abs. 4 S. 2 Nr. 2 WPflG vom Wehrdienst zurückgestellt. Am 1. 10. 1992 begann der Kläger ein rechtswissenschaftliches Studium.
Mit Einberufungsbescheid vom 22. 2. 1994 berief das Kreiswehrersatzamt ...... den Kläger zum 1. 4. 1994 zur Ableistung des Grundwehrdienstes ein. Dagegen legte der Kläger mit Schreiben vom 24. 2. 1994 Widerspruch[6] ein und beantragte gleichzeitig seine Zurückstellung vom Wehrdienst. Diesen Antrag lehnte das Kreiswehrersatzamt mit Bescheid vom 4. 3. 1994 ab. Den dagegen und gegen den Einberufungsbescheid eingelegten Widerspruch wies die Wehrbereichsverwaltung mit Widerspruchsbescheid vom 18. 3. 1994, zugestellt am 19. 3. 1994, zurück. Die angefochtenen Bescheide sind in Ablichtung beigefügt.
II. Der Kläger kann nach § 12 Abs. 4 S. 2 Nr. 3a WPflG Zurückstellung vom Wehrdienst verlangen, da zum Zeitpunkt der Einberufung am 1. 4. 1994 sein Studium der Rechtswissenschaften weitgehend gefördert ist. Nach § 5a Abs. 1 DRiG beträgt die Mindestdauer idR. dreieinhalb Jahre. Davon sind, da das Studium am 1. 10. 1992 begonnen wurde, am 1. 4. 1994 einhalb Jahre vorüber, also mehr als ein Drittel. Damit ist das Studium weitgehend gefördert (BVerwG NJW 1969, 1789; 1982, 2273). Die Antragsfrist des § 20 S. 1 WPflG ist gewahrt. Der Zurückstellungsgrund entstand, nachdem ein Drittel der vorgeschriebenen Studienzeit vorüber war, also am 1. 12. 1993. Innerhalb von drei Monaten, nämlich bis zum 1. 3. 1994, ist der Zurückstellungsantrag gestellt worden.

7. Kombinierte Anfechtungs- und Bescheidungsklage (Wehrpflichtrecht) V. B. 7

Die Geltendmachung des Zurückstellungsgrundes verstößt entgegen der Ansicht der Beklagten nicht gegen Treu und Glauben. Denn der Kläger hat die ihm wegen seiner Unentbehrlichkeit für den elterlichen Betrieb gewährte Zurückstellung nicht rechtsmißbräuchlich benutzt, um mit der Aufnahme des Studiums während der Zurückstellungsfrist einen neuen Zurückstellungsgrund zu schaffen (vgl. BVerwG NJW 1970, 1203). Denn der Zweck der zunächst gewährten Zurückstellung, die Erhaltung des elterlichen Betriebes, ist durch die intensive Mitarbeit des Klägers voll erreicht worden. Diesem war es aufgrund besonderen Einsatzes und rationeller Zeiteinteilung möglich, sowohl die für die Erhaltung des Betriebes, insbesondere die Einarbeitung eines neuen Geschäftsführers erforderliche Arbeitsleistung zu erbringen, als auch sich dem Studium der Rechtswissenschaften zu widmen ......

Da ein Zurückstellungsgrund besteht, konnte der Kläger nicht zum Wehrdienst einberufen werden, so daß auch der ergangene Einberufungsbescheid rechtswidrig ist.

Rechtsanwalt

Schrifttum: Greve/Winkler, Zitat-Komm. zum WPflG, 1975; *Hahnenfeld/Boehm-Tettelbach,* WPflG, Losebl.-Komm., Stand: Februar 1995; *Johlen,* Wehrpflichtrecht in der Praxis, NJW-Schriften 23, 3. Aufl. 1989; *Scherer/Steinlechner,* WPflG, 4. Aufl. 1988.

Anmerkungen

1. Zum Inhalt der Klage im allg. s. Form. V.B.1.

2. Klagegegner ist nach § 78 Abs. 1 Nr. 1 VwGO die Bundesrepublik Deutschland; § 78 Abs. 1 Nr. 2 VwGO findet keine Anwendung, da die hier tätigen Bundesbehörden nicht einer landesgesetzlichen Regelung unterliegen können (BVerwG NJW 1963, 350).

3. Nach der Rspr. des BVerwG beträgt der Streitwert in Wehrpflichtsachen regelmäßig gem. § 13 Abs. 1 S. 2 GKG DM 8000.–, „weil sich das Interesse eines Klägers am Obsiegen in solchen Verfahren durch einen bestimmten Betrag nicht hinreichend objektivieren läßt" (NVwZ 1983, 607/608; kritisch dazu *Johlen* Rdn. 362).

4. Die Klage gegen den Einberufungsbescheid hat keine aufschiebende Wirkung, § 35 S. 1 WPflG. Es empfiehlt sich deshalb, gleichzeitig einen Antrag auf Anordnung der aufschiebenden Wirkung nach den §§ 35 S. 2 WPflG, 80 Abs. 5 VwGO zu stellen (s. dazu Form. V.D.2).

5. Nach § 12 Abs. 4 WPflG „soll" der Wehrpflichtige in Fällen besonderer Härte zurückgestellt werden. Die Behörde hat also einen, wenn auch kleinen, Entscheidungsspielraum. Sieht also das Gericht bei einer auf Zurückstellung gerichteten Verpflichtungsklage im Gegensatz zu der Behörde eine besondere Härte als gegeben an, so kann es, weil die Behörde von ihrem Ermessen noch keinen Gebrauch gemacht hat, nur ein Bescheidungsurteil nach § 113 Abs. 5 S. 2 VwGO erlassen (s. *Johlen* Rdn. 114 mwN.). Allerdings ist es unschädlich und begründet für den Kläger auch kein Kostenrisiko, wenn auf Erlaß des beantragten Zurückstellungsbescheides und nicht nur auf Bescheidung des Zurückstellungsantrages geklagt wird (s. dazu Form. V.B.5 Anm. 6).

6. In Wehrpflicht- und Zivildienstsachen beträgt die Widerspruchsfrist zwei Wochen, § 33 Abs. 1 WPflG, § 18 Abs. 1 Kriegsdienstverweigerungsgesetz, § 72 Abs. 2 Zivildienstgesetz.

8. Feststellungsklage (Wegerecht)

An das
Verwaltungsgericht

Klage[1]

der Eheleute ...... (Kläger)
Prozeßbevollmächtigter: RA ......

gegen

die Gemeinde ......, vertreten durch den Bürgermeister[2] ...... (Beklagte)

wegen: Feststellung der Nichtöffentlichkeit eines Weges
Streitwert: DM 8000,–[3]

Namens der Kläger erhebe ich Klage mit dem Antrag,

festzustellen, daß der über das Grundstück der Kläger A-Straße Nr. ...... in ...... (Gemarkung ...... Flur ...... Flurstück ......) verlaufende Fußweg kein öffentlicher Weg ist.

Zur Begründung führe ich aus:

I. Die Kläger erwarben im Jahre 1993 das im Klageantrag bezeichnete, bis dahin unbebaute Grundstück, auf dem sie in den Jahren 1994/95 ein Einfamilienwohnhaus errichteten.
Bereits zum Zeitpunkt des Kaufes des Grundstücks verlief auf dem westlichen Grundstücksteil entlang der seitlichen Grundstücksgrenze ein etwa 2 m breiter unbefestigter Weg, der allg. als fußläufige Verbindung zu der an der B-Straße befindlichen Omnibushaltestelle benutzt wird. Bei den Kaufverhandlungen erklärte der Grundstücksverkäufer, der Weg sei nicht öffentlich, die Benutzung des Grundstücks durch Dritte könne von den Klägern jederzeit unterbunden werden, vor allem im Falle einer Bebauung des Grundstücks.
Als die Kläger sich nach dem Bau ihres Einfamilienwohnhauses daranmachten, ihr Grundstück insgesamt einzufriedigen und gärtnerisch anzulegen, wurde ihnen von dem Gemeindedirektor der Beklagten mitgeteilt, es handele sich nach Ansicht der Gemeinde um einen öffentlichen Weg, der von den Klägern deshalb nicht gesperrt werden dürfe. Der Weg werde seit dem Bau der B-Straße und der Anlegung einer Bushaltestelle im Jahre 1964 von der Allgemeinheit benutzt und sei als solcher in einem seit dem Jahre 1986 rechtskräftigen Bebauungsplan ausgewiesen.

II. Die erhobene Feststellungsklage ist zulässig. Bei der Öffentlichkeit oder Nichtöffentlichkeit eines Weges handelt es sich um ein Rechtsverhältnis iSv. § 43 Abs. 1 VwGO (OVG Münster OVGE 9, 32; 15, 294). Die Kläger haben ein berechtigtes Interesse an der begehrten Feststellung, da die Beklagte sich der Öffentlichkeit des Weges berühmt. Die Kläger können auch nicht auf die Möglichkeit verwiesen werden, eine künftige, bei Sperrung des Weges möglicherweise ergehende Ordnungsverfügung anzufechten, § 43 Abs. 2 VwGO. Denn da die Einfriedigung des Grundstücks und die gärtnerische Gestaltung des bisher als Weg benutzten Grundstücksteils mit erheblichen Aufwendungen verbunden sind, die im Falle einer späteren Wiedereröffnung des Weges vergeblich wären, haben die Kläger ein berechtigtes Interesse daran, nicht erst den Erlaß einer Ordnungsverfügung abzuwarten, sondern die Nichtöffentlichkeit des Weges bereits jetzt feststellen zu lassen (vgl. dazu BVerwG NJW 1967, 996).

III. Die Feststellungsklage ist auch begründet, da der Weg nicht öffentlich ist.
Seit Inkrafttreten des Landesstraßengesetzes NRW am 1. 1. 1962 kann ein öffentlicher Weg nur durch das in § 6 Straßen- und Wegegesetz NRW vorgeschriebene förmliche

Widmungsverfahren entstehen, das hier nicht stattgefunden hat. Eine tatsächliche Benutzung durch die Öffentlichkeit über einen längeren Zeitraum reicht für die Entstehung eines öffentlichen Weges nicht aus. Der Fall der Entstehung eines öffentlichen Weges nach dem Rechtsinstitut der unvordenklichen Verjährung (s. dazu OLG Hamm NVwZ-RR 1993, 227) ist nicht gegeben.

Eine förmliche Widmung ist auch nicht deshalb entbehrlich, weil die Wegefläche in dem Bebauungsplan als öffentliche Verkehrsfläche ausgewiesen ist. Denn der Bebauungsplan ersetzt die Widmung nicht (OVG Lüneburg DVBl. 1971, 792) ....

Rechtsanwalt

Schrifttum: Germershausen/Seydel/Marschall, Wegerecht und Wegeverwaltung in der Bundesrepublik Deutschland und deren Ländern, 5. Aufl. 1961; *Kodal/Krämer,* Straßenrecht, 5. Aufl. 1995; *Zeitler,* Bayerisches Straßen- und Wegegesetz, Losebl.-Komm., Stand: Dezember 1994; *Walprecht/Neutzer/ Wichary,* Straßen- und Wegegesetz des Landes Nordrhein-Westfalen, 2. Aufl. 1986.

Anmerkungen

1. Zum Inhalt der Klage im allg. s. Form. V.B.1.

2. Die Klage ist gegen den sachlichen Streitgegner zu richten, hier also gegen die Körperschaft (*Redeker/von Oertzen* § 43 Rdn. 28). § 78 Abs. 1 Nr. 2 VwGO gilt nur für Anfechtungs- und Verpflichtungsklagen und findet deshalb keine Anwendung. Die Gemeinde wird im konkreten Falle, der in NRW spielt, vom Bürgermeister vertreten, § 63 Abs. 1 S. 1 GO NRW.

3. Auffangstreitwert nach § 13 Abs. 1 S. 2 GKG.

9. Allgemeine Leistungsklage (Erschließungsvertrag)[1]

An das
Verwaltungsgericht

Klage[2]

der Gemeinde ......, vertreten durch den Bürgermeister ......   (Klägerin)
Prozeßbevollmächtigter: RA ......

gegen

die ......Wohnungsbaugesellschaft mbH, vertreten durch ihren Geschäftsführer ......
(Beklagte)

wegen: Schadensersatz wegen Nichterfüllung eines Erschließungsvertrages
Streitwert: DM 35 698,–

Namens der Klägerin erhebe ich Klage mit dem Antrag,
  I. die Beklagte zu verurteilen, an die Klägerin 35 698,– DM nebst 4% Zinsen seit Klagezustellung zu zahlen,
  II. der Beklagten die Kosten des Verfahrens aufzuerlegen,
  III. das Urteil für vorläufig vollstreckbar zu erklären[3],
  IV. der Klägerin zu gestatten, zulässige oder erforderliche Sicherheiten auch durch Bürgschaft der Kreissparkasse ...... zu erbringen.

Zur Begründung führe ich aus:
I. Die Parteien schlossen am ...... einen Erschließungsvertrag nach § 124 BauGB. Darin verpflichtete sich die Beklagte, auf eigene Kosten die zur Erschließung des durch den Bebauungsplan Nr. ...... der Gemeinde festgesetzten Baugebietes erforderlichen Anlagen herzustellen. Die Einzelheiten ergeben sich aus dem bei den Verwaltungsvorgängen befindlichen Vertrag.

Die Beklagte führte die Erschließungsarbeiten bis auf die Aufbringung der Verschleißdecke auf der Fahrbahn der A-Straße und die Anlegung des Bürgersteiges auf der Nordseite dieser Straße durch. Anschließend stellte sie ihre Erschließungstätigkeit ein. Die Klägerin forderte die Beklagte mehrfach vergeblich zur Fertigstellung der Erschließungsanlagen auf. Zuletzt setzte sie mit Schreiben vom ...... eine letzte Frist bis zum ...... mit der Androhung, daß sie nach ergebnislosem Ablauf der Frist die restliche Erfüllung des Erschließungsvertrages durch die Beklagte ablehnen und die Restarbeiten auf Kosten der Beklagten durchführen lassen werde. Dies ist dann auch geschehen, nachdem die Beklagte die ihr gesetzte Frist verstreichen ließ. Nach den bei den Verwaltungsvorgängen befindlichen Rechnungen der Tiefbaufirma ...... hat die Fertigstellung der A-Straße 35 698,– DM gekostet.

II. Der Verwaltungsrechtsweg ist nach § 40 Abs. 1 S. 1 VwGO gegeben, da der Erschließungsvertrag ein öffentlich-rechtlicher Vertrag iSv. § 54 VwVfG (BVerwG NVwZ 1985, 346/347; BGH NJW 1986, 1109; *Johlen* DVBl. 1972, 881) und deshalb die Klage auf Erfüllung von Ansprüchen aus diesem Vertrag eine öffentlich-rechtliche Streitigkeit ist. Der ordentliche Rechtsweg ist im vorliegenden Falle nach § 40 Abs. 2 VwGO nicht gegeben, da diese Vorschrift Schadensersatzansprüche aus der Verletzung eines öffentlich-rechtlichen Vertrages von der Verweisung an die ordentlichen Gerichte ausdrücklich ausnimmt.

Das Rechtsschutzinteresse für die erhobene Leistungsklage ist gegeben, da eine Durchsetzung der von der Beklagten übernommenen Pflichten durch Verwaltungsakt nicht möglich ist (BVerwG NJW 1976, 1516). Eine Unterwerfung unter die sofortige Vollstreckung nach § 61 VwVfG ist nicht erfolgt.

III. Der Klageanspruch ist nach den §§ 62 S. 2 VwVfG, 326 Abs. 1 BGB begründet, da die Beklagte trotz Mahnung, Fristsetzung und Androhung der Erfüllungsablehnung die ihr nach dem Erschließungsvertrag obliegenden Pflichten nicht vollständig erfüllt hat ......

IV. Der geltend gemachte Zinsanspruch ergibt sich aus einer sinngemäßen Anwendung des § 291 BGB (BVerwG NJW 1965, 1547; BauR 1979, 500; *Czybulka* NVwZ 1983, 125).

V. Die Verwaltungsvorgänge sind beigefügt[4].

Rechtsanwalt

Anmerkungen

1. Die allg. Leistungsklage ist in der VwGO nicht ausdrücklich geregelt, sie wird jedoch in den §§ 43 Abs. 2, 111 und 113 Abs. 4 VwGO erwähnt. Für sie ist, außer in Beamtensachen, § 126 Abs. 3 BRRG, ein Vorverfahren nach den §§ 68 ff. VwGO nicht erforderlich.

2. Zum Inhalt der Klage im allg. s. Form. V.B.1.

3. Die Zulässigkeit der vorläufigen Vollstreckbarkeit ergibt sich aus § 167 Abs. 1 VwGO, §§ 709, 708 Nr. 11 ZPO. § 167 Abs. 2 VwGO findet auf die allg. Leistungsklage keine Anwendung (vgl. *Eyermann/Fröhler* § 167 Rdn. 20).

4. § 99 VwGO.

10. Antrag auf gerichtliche Entscheidung (Personalvertretungsrecht)

An das
Verwaltungsgericht
Fachkammer für Bundespersonalvertretungssachen

Antrag auf gerichtliche Entscheidung

In Sachen

des Personalrates des Bundesamtes für ......, vertreten durch seinen Vorsitzenden ......[1]

(Antragstellers)

Prozeßbevollmächtigter: RA ......

gegen

den Präsidenten des Bundesamtes für ......[2] (Beteiligter)

wegen: Feststellung des Mitbestimmungsrechts

beantrage ich namens des Antragstellers:
Es wird festgestellt, daß der Antragsteller gem. § 75 Abs. 1 Nr. 1 BPersVG bei der Verlängerung eines Zeitarbeitsvertrages eines Angestellten oder Arbeiters mitzubestimmen hat[3].

Zur Begründung führe ich aus:

I. Bei dem Bundesamt für ...... ist der Angestellte ...... aufgrund eines Zeitarbeitsvertrages beschäftigt. Dieser Arbeitsvertrag endete am ...... und wurde von dem Beteiligten bis zum ...... verlängert, ohne daß dazu die Zustimmung des Antragstellers eingeholt wurde. Der Beteiligte ist der Ansicht, daß die Verlängerung eines Zeitarbeitsvertrages unter keine der in § 75 BPersVG aufgeführten mitbestimmungsbedürftigen Personalangelegenheiten falle.

II. Diese Auffassung ist unrichtig. Denn die Verlängerung eines Zeitarbeitsvertrages ist eine „Einstellung" iSd. § 75 Abs. 1 Nr. 1 BPersVG. Ich verweise hierzu auf den Beschluß des BVerwG vom 13. 2. 1979 (ZBR 1979, 278), in dem zutreffend ausgeführt ist ......

III. Der Antragsteller hat in seiner Sitzung vom ...... beschlossen, zur Klärung der zwischen ihm und dem Beteiligten streitigen Rechtsfrage eine gerichtliche Entscheidung nach § 83 Abs. 1 Nr. 3 BPersVG herbeizuführen[4].

IV. Es wird beantragt, den Wert des Gegenstandes der anwaltlichen Tätigkeit in Anlehnung an § 13 Abs. 1 S. 2 GKG auf DM 8000,– festzusetzen.[5]

Rechtsanwalt

Schrifttum: Altvater/Bacher/Hörter/Sabottig/Schneider/Vohs, BPersVG, 3. Aufl. 1990; *Cecior/Dietz/Vallendar*, LandesPersVG NRW, Losebl.-Komm., Stand: März 1995; *Dietz/Richardi*, BPersVG, 2. Aufl. 1978; *Fischer/Goeres*, Personalvertretungsrecht des Bundes und der Länder, Losebl.-Komm., Stand: 1995; *Grabendorff/Windscheid/Ilbertz/Widmaier*, BPersVG, 8. Aufl. 1995; *Havers*, LandesPersVG NRW, 8. Aufl. 1992; *Lorenzen/Haas/Schmitt*, BPersVG, Losebl.-Komm., Stand: März 1995; *Schelter*, Bayerisches PersVG, 2. Aufl. 1987.

Anmerkungen

1. Zum Vertretungsrecht des Vorsitzenden s. Anm. 4.

2. Beteiligter (Antragsgegner) ist der Leiter der Dienststelle, nicht der Dienstherr (BVerwG 9, 107).

3. Für eine Kostenentscheidung und damit einen Kostenantrag ist im personalvertretungsrechtlichen Beschlußverfahren kein Raum (BVerwG NJW 1958, 1649; VGH Mannheim ZBR 1980, 259 Nr. 8).

4. Die Führung eines Rechtsstreits gegen den Leiter der Dienststelle ist kein vom Vorstand allein zu besorgendes laufendes Geschäft iSv. § 32 Abs. 1 S. 4 BPersVG. Aus diesem Grunde muß dem Antrag auf gerichtliche Entscheidung ein Beschluß des gesamten Personalrates zugrunde liegen. Im Rahmen dieses Beschlusses vertritt der Vorsitzende den Personalrat allein, § 32 Abs. 3 S. 1 BPersVG.

5. Nach der Rspr. (BVerwG Buchholz G 1 Nr. 238. 3 A § 83 BPersVG Nr. 26; OVG Münster ZBR 1987, 255; VGH Kassel NVwZ-RR 1993, 224) wird der Gegenstandswert in personalvertretungsrechtlichen Beschlußverfahren gem. § 10 Abs. 1 BRAGO und nicht nach den Vorschriften des GKG festgesetzt. Für die Höhe des Gegenstandswertes kann jedoch nach wie vor § 13 Abs. 1 S. 2 GKG herangezogen werden.

Kosten und Gebühren

Das Verfahren ist gerichtskostenfrei, §§ 83 Abs. 2 BPersVG, 80 Abs. 1, 12 Abs. 5, 2a Abs. 1 ArbGG.

Der Anwalt erhält im Verfahren erster Instanz die normalen 10/10 Gebühren, §§ 83 Abs. 2 BPersVG, 62 Abs. 1 BRAGO.

Die dem Personalrat durch die Prozeßführung entstandenen Kosten (insbesondere Anwaltskosten) sind als durch die Tätigkeit des Personalrates entstandene Kosten von der Dienststelle zu erstatten, § 44 Abs. 1 S. 1 BPersVG (BVerwG NJW 1959, 1746; VGH Mannheim ZBR 1980, 259 Nr. 8).

11. Antrag auf gerichtliche Entscheidung (Kammer für Baulandsachen)[1]

**An den
Regierungspräsidenten**[2]

In Sachen

des ...... (Antragstellers)[3]
Verfahrensbevollmächtigter: RA ......[4]

gegen

die Gemeinde ......, vertreten durch den Bürgermeister ...... (Beteiligte)
stelle ich Antrag auf gerichtliche Entscheidung[5] und beantrage[6],
  I. den Enteignungsbeschluß des Regierungspräsidenten in ...... vom ...... (Az: ......)[7] teilweise aufzuheben und die Beteiligte zu verurteilen[8], an den Antragsteller über die festgestellte Entschädigung hinaus
    1. weitere DM 24 000,– für das enteignete Grundstück
       und
    2. weitere DM 414,00 Rechtsvertretungskosten
    zu zahlen, und zwar jeweils nebst 2% Zinsen über dem Diskontsatz der Deutschen Bundesbank seit dem ......,
  II. der Beteiligten die Kosten des Verfahrens aufzuerlegen[9],
  III. das Urteil für vorläufig vollstreckbar zu erklären[10].
Zur Begründung führe ich aus[11].
  I. Der Antragsteller war Eigentümer des im Gemeindegebiet der Beteiligten gelegenen unbebauten Grundstücks X-Straße Nr. ...... Das Grundstück ist 2400 qm groß. Es

11. Antrag auf gerichtliche Entscheidung (Kammer für Baulandsachen)   V. B. 11

grenzt auf seiner Südseite mit einer Frontlänge von 60 m an die X-Straße. Die auf der West- und Ostseite angrenzenden sowie die auf der gegenüberliegenden Straßenseite gelegenen Grundstücke sind mit Einfamilienwohnhäusern bebaut.
Der seit dem ...... rechtsverbindliche Bebauungsplan Nr. .... der Beteiligten setzt für das Grundstück des Antragstellers eine Nutzung als öffentliche Grünfläche fest. Nachdem Verhandlungen über einen freihändigen Erwerb zu keinem Ergebnis geführt hatten, beantragte die Beteiligte die Enteignung des Grundstücks. Mit dem angefochtenen Beschluß vom ......, zugestellt am ......[12], enteignete der Regierungspräsident das Grundstück und übertrug es der Beteiligten zu Eigentum. Die an den Antragsteller zu zahlende Entschädigung wurde auf DM 50,– / qm, also auf insgesamt DM 120 000,–, festgesetzt. Hinzu kommen die im Enteignungsverfahren entstandenen Rechtsvertretungskosten.

II. Der Antragsteller wendet sich gegen die Höhe der festgesetzten Entschädigung.

1. Nach § 95 Abs. 1 S. 1 BauGB bemißt sich die Entschädigung nach dem Verkehrswert (§ 194 BauGB) des enteigneten Grundstücks. Dabei ist für die Bestimmung der wertbildenden Faktoren der Zeitpunkt maßgebend, zu dem das Grundstück von einer konjunkturellen Weiterentwicklung ausgeschlossen wurde (*Aust/Jacobs* S. 290 ff.), also hier der Zeitpunkt des Inkrafttreten des Bebauungsplanes, der das Grundstück als öffentliche Grünfläche ausweist. Bis zu dieser Ausweisung war das Grundstück erschlossenes Bauland; es stellte eine Baulücke innerhalb eines im Zusammenhang bebauten Ortsteils dar und konnte deshalb nach § 34 BauGB bebaut werden. Davon geht auch der Regierungspräsident aus.
Maßgebend für die Ermittlung des Verkehrswertes ist der Zeitpunkt des Enteignungsbeschlusses, § 95 Abs. 1 S. 2 BauGB. Zu dieser Zeit war das Grundstück DM 60,– / qm wert. Entgegen der Ansicht des Regierungspräsidenten ist der für die Wertermittlung maßgebende Zeitpunkt nicht deshalb gem. § 95 Abs. 2 Nr. 3 BauGB vorzuverlegen und dem Antragsteller nur eine Entschädigung von DM 50,– / qm zu zahlen, weil die Beteiligte dem Antragsteller am ...... ein Kaufpreisangebot über DM 50,– /qm gemacht hat und dieses Angebot dem damaligen Verkehrswert entsprach. Denn die Beteiligte ist kurz darauf wieder von diesem Angebot abgerückt und hat dem Antragsteller nur noch DM 35,– / qm angeboten, weil sie zu Unrecht annahm, daß es sich lediglich um Bauerwartungsland handele. Damit verlor das Angebot vom ...... seine Eignung, gem. § 95 Abs. 2 Nr. 3 BauGB den Stichtag für die Preisverhältnisse auf den Zeitpunkt des Angebotes vorzuverlegen (BGH NJW 1976, 1255).
Dem Antragsteller steht mithin eine Entschädigung in Höhe von 2400 qm á DM 60,– = DM 144 000,– zu. Über die festgesetzten DM 120 000,– hinaus sind also noch DM 24 000,– zu zahlen.

2. Zu der Enteignungsentschädigung gehören auch die Kosten der Rechtsvertretung im Enteignungsverfahren, § 121 Abs. 2 BauGB. Diese sind vom Regierungspräsidenten unter Zugrundelegung eines Gegenstandswertes von DM 120 000,– mit DM 5958,60 ermittelt worden. Bei einem Gegenstandswert von DM 144 000,–[13] betragen die Rechtsvertretungskosten gem. anliegend beigefügter Kostenrechnung DM 6372,60 Der Differenzbetrag von DM 414,00 ist noch zu zahlen.

3. Der Zinsanspruch folgt aus § 99 Abs. 3 S. 1 BauGB.

Rechtsanwalt

2 Durchschriften sind beigefügt.

Schrifttum: Aust/Jacobs, Die Enteignungsentschädigung, 3. Aufl. 1991: *Gelzer/Busse*, Der Umfang des Entschädigungsanspruchs aus Enteignung und enteignungsgleichem Eingriff, NJW-Schriften 2, 2. Aufl. 1980; ferner die Komm. zum BauGB (s. Form. V. A. 1).

Anmerkungen

1. Gegenstand eines Verfahrens vor der Kammer für Baulandsachen können nach § 217 Abs. 1 BauGB alle Verwaltungsakte sein, die in einem Umlegungs-, Grenzregelungs-, Enteignungs- oder Härteausgleichsverfahren ergehen, sowie alle im BauGB sonst noch vorgesehenen Verwaltungsakte, die eine Entschädigungsregelung enthalten oder enthalten sollen. Diese Verwaltungsakte werden nicht durch „Klage", sondern durch „Antrag auf gerichtliche Entscheidung" angefochten.

2. Der Antrag ist bei der Stelle einzureichen, die den Verwaltungsakt erlassen hat, § 217 Abs. 2 S. 1 BauGB, und zwar auch dann, wenn ein Widerspruchsverfahren (§ 212 BauGB) stattgefunden und eine von der Ausgangsbehörde verschiedene Widerspruchsbehörde entschieden hat (BGHZ 41, 249; 54, 364). Nicht fristwahrend ist die Einreichung bei Gericht (BGH NJW 1971, 97). Ein durch den Widerspruchsbescheid erstmalig beschwerter Beteiligter kann den Antrag auf gerichtliche Entscheidung wirksam auch bei der Widerspruchsbehörde einreichen (BGH NJW 1992, 2637).

3. Im Verfahren stehen sich nicht Kläger und Beklagter gegenüber, vielmehr gibt es nur einen (oder mehrere) Antragsteller und sonstige Beteiligte, § 222 Abs. 1 BauGB.

4. Ein Anwaltszwang besteht nur für Beteiligte, die Anträge zur Hauptsache stellen wollen, § 222 Abs. 3 S. 2 BauGB, § 78 ZPO. Dies bedeutet, daß der Antrag auf gerichtliche Entscheidung ohne anwaltliche Vertretung bei der Verwaltungsbehörde eingereicht werden kann (BGH NJW 1964, 1522; NJW-RR 1994, 1021), sich der Antragsteller aber für alle weiteren prozessualen Erklärungen in der Hauptsache einschl. der die Anträge ankündigenden Schriftsätze (OLG München NJW 1968, 2065) der Hilfe eines nach Maßgabe des § 222 Abs. 4 BauGB zugelassenen Anwaltes bedienen muß.

5. Über den Antrag entscheidet die beim LG gebildete Kammer für Baulandsachen in der in § 220 BauGB festgelegten Besetzung. Für das Verfahren gilt grundsätzlich die ZPO, jedoch kann das Gericht auch von sich aus Beweise erheben und nach Anhörung der Beteiligten auch solche Tatsachen berücksichtigen, die von ihnen nicht vorgebracht worden sind, § 221 BauGB.

6. Ein bestimmter Antrag muß spätestens in der mündlichen Verhandlung gestellt werden, § 221 Abs. 1 BauGB, § 308 ZPO. Für die Antragsschrift ist ein bestimmter Antrag nicht zwingend vorgeschrieben, da § 217 Abs. 3 S. 2 BauGB nur eine Sollvorschrift ist.

7. Die Bezeichnung des angefochtenen Verwaltungsaktes ist nach § 217 Abs. 3 S. 1 BauGB unentbehrlich.

8. Mit dem Antrag auf gerichtliche Entscheidung kann nicht nur die Aufhebung eines Verwaltungsaktes, sondern auch die Verurteilung zum Erlaß eines Verwaltungsaktes oder einer sonstigen Leistung sowie eine Feststellung begehrt werden, § 217 Abs. 1 S. 3 BauGB.

9. Ein Kostenantrag ist üblich, aber nicht notwendig, da das Gericht über die Kosten von Amts wegen zu entscheiden hat, § 221 Abs. 1 BauGB, § 308 Abs. 2 ZPO.
Stellt die Gemeinde als Beteiligte keinen dem Antrag auf gerichtliche Entscheidung widersprechenden Sachantrag und obsiegt der Antragsteller, so sind die Kosten des Verfahrens dem Regierungspräsidenten aufzuerlegen, § 228 Abs. 1 BauGB, § 91 ZPO.

10. Aus den Besonderheiten des Baulandverfahrens ergibt sich, daß nur Urteile, in denen eine Geldleistung festgesetzt wird, und Kostenentscheidungen nach § 221 Abs. 1 BauGB, §§ 708 ff. ZPO für vorläufig vollstreckbar erklärt werden, ggf. gegen Sicherheitsleistung.

11. Die Begründung ist nur ein Sollerfordernis, § 217 Abs. 3 S. 3 BauGB.

12. Die Antragsfrist beträgt einen Monat nach Zustellung, § 217 Abs. 2 S. 1, oder 6 Wochen seit ortsüblicher Bekanntmachung, wenn eine solche vorgeschrieben ist, § 217

12. Klageerwiderung (Erschließungsbeitragsrecht) V. B. 12

Abs. 2 S. 2 BauGB. Ob der Lauf der Frist von der in den §§ 211, 113 Abs. 1 S. 2 BauGB vorgeschriebenen Rechtsmittelbelehrung abhängt, ist umstritten, da die §§ 217ff. BauGB eine dem § 58 VwGO entspr. Regelung nicht enthalten (dazu *Battis/Krautzberger/Löhr* § 211 Rdn. 3).

13. Die im Enteignungsverfahren entstandenen und nach § 121 Abs. 2 BauGB zu ersetzenden Anwaltsgebühren werden nicht nach dem Streitwert der Entschädigungsforderung des Enteigneten berechnet, sondern nach der Höhe der festgesetzten bzw. nach Ansicht des Gerichts festzusetzenden Entschädigung (*Gelzer/Busse* Rdn. 423).

Kosten und Gebühren

Nach § 221 Abs. 4 BauGB besteht die Verpflichtung zur Zahlung eines Gerichtskosten- und Auslagenvorschusses nach § 65 Abs. 1 S. 1 und S. 3 GKG nicht. Es verbleibt aber bei der Vorschußpflicht für Sachverständige oder Zeugen gem. § 68 GKG.

12. Klageerwiderung[1] (Erschließungsbeitragsrecht)

An das
Verwaltungsgericht
Az.: ......

In der Verwaltungsstreitsache ...... gegen ......

beantrage ich:
 I. Den Kläger mit der Klage abzuweisen,
 II. ihm die Kosten des Verfahrens aufzuerlegen[2],
 III. das Urteil hinsichtlich der Kosten für vorläufig vollstreckbar zu erklären,
 IV. dem Beklagten zu gestatten, eine zulässige oder erforderliche Sicherheit auch durch Bankbürgschaft zu erbringen.

Zur Begründung führe ich aus[3]:
Es mag dahinstehen, ob § 8 Nr. 1 der Erschließungsbeitragssatzung vom ...... eine dem § 132 Nr. 4 BauGB entspr. Bestimmung der Herstellungsmerkmale enthielt. Um Zweifel an der Gültigkeit der Satzung auszuräumen, hat der Rat der Gemeinde eine neue Erschließungsbeitragssatzung erlassen, deren neu gefaßter § 8 auf jeden Fall den Anforderungen der Rspr. genügt. Damit ist die möglicherweise rechtswidrige Heranziehung geheilt worden (BVerwG NJW 1980, 2209), ohne daß der neuen Satzung Rückwirkung beigelegt werden mußte (BVerwG DVBl. 1982, 544; NVwZ 1984, 648)[4].
Weitere Ausführungen werde ich nach Eingang der angekündigten ergänzenden Klagebegründung machen.
Die Verwaltungsvorgänge sind beigefügt[5].

Unterschrift

Anmerkungen

1. Die Klageerwiderung bezieht sich auf die Klage Form. V. B. 1.

2. Zu diesem und den folgenden Klageanträgen s. Form V. B. 1 Anm. 7, 9 und 10.

3. Mit der Übersendung der Klageschrift bittet das Gericht üblicherweise darum, innerhalb eines bestimmten Zeitraumes zu der Klage Stellung zu nehmen. Damit ist jedoch keine Erklärungsfrist mit der Folge gesetzt, daß nachträgliches Vorbringen ausgeschlossen werden könnte. Nach § 87b Abs. 2 VwGO kann aber der Vorsitzende oder der Berichter-

statter einem Beteiligten unter Fristsetzung aufgeben, zu bestimmten Vorgängen Tatsachen anzugeben oder Beweismittel zu bezeichnen sowie Urkunden oder andere bewegliche Sachen vorzulegen, soweit der Beteiligte dazu verpflichtet ist. Nach Ablauf der Frist vorgebrachte Erklärungen und Beweismittel können unter den Voraussetzungen des § 87b Abs. 3 VwGO zurückgewiesen werden.

4. Wird ein ursprünglich rechtsfehlerhafter Bescheid während des Klageverfahrens von der Behörde geheilt und will der Kläger deshalb die Klage nicht fortführen, so kann er den Rechtsstreit für in der Hauptsache erledigt erklären (s. dazu Form. V.B.14). Die Kosten des Verfahrens sind dann der beklagten Behörde aufzuerlegen (BVerwG NJW 1976, 115; VGH Kassel NVwZ-RR 1994, 125).

5. § 99 VwGO.

13. Fortsetzungsfeststellungsantrag[1] (Baurecht)

An das
Verwaltungsgericht
Az.: ......

In der Verwaltungsstreitsache ...... gegen: ......

beantrage ich nunmehr gem. § 113 Abs. 1 S. 4 VwGO festzustellen, daß der Bescheid des Beklagten vom ...... in der Gestalt des Widerspruchsbescheides des Regierungspräsidenten in ...... vom ...... rechtswidrig war.

Zur Begründung führe ich aus:
I. Wie in der Klageschrift vom ...... dargelegt wurde, durfte die beklagte Stadt die beantragte Baugenehmigung nicht versagen, da das Bauvorhaben des Klägers nach § 34 BauGB zulässig war. Inzwischen hat jedoch der Rat der Stadt nach § 2 Abs. 1 BauGB die Aufstellung eines Bebauungsplanes sowie den Erlaß einer Veränderungssperre nach § 14 BauGB beschlossen, die am ...... in Kraft getreten ist. Da bei einer Verpflichtungsklage auf die Sach- und Rechtslage im Zeitpunkt der mündlichen Verhandlung abzustellen ist (BVerwGE 29, 304) und die begehrte Baugenehmigung nunmehr nicht mehr erteilt werden kann, hat sich die Klage in der Hauptsache erledigt.
II. Nach ständiger Rspr. ist § 113 Abs. 1 S. 4 VwGO entspr. anzuwenden, wenn sich der mit der Verpflichtungsklage verfolgte Anspruch während des Prozesses durch Erlöschen oder anders erledigt (BVerwG NJW 1981, 473). Der Kläger beabsichtigt, wegen der rechtswidrigen Verweigerung der Baugenehmigung Schadensersatzansprüche geltend zu machen. Er hat aus diesem Grunde ein berechtigtes Interesse an der Feststellung, daß der Ablehnungsbescheid bis zum Inkrafttreten der Veränderungssperre rechtswidrig war (vgl. dazu BVerwG NJW 1973, 1014; 1981, 2426/2428; 1986, 1826; NVwZ 1992, 1092)[2].

Rechtsanwalt

Anmerkungen

1. § 113 Abs. 1 S. 4 VwGO ist entspr. anwendbar, wenn sich der Verwaltungsakt vor Erhebung der Klage erledigt (BVerwG NJW 1989, 2486). In diesem Falle kann von vornherein Klage auf Feststellung der Rechtswidrigkeit des erledigten Verwaltungsakts erhoben werden, wenn ein berechtigtes Interesse an dieser Feststellung besteht. Dieses berechtigte Feststellungsinteresse besteht aber – anders als im Falle der nach Erhebung der Klage eingetretenen Erledigung – nicht, wenn die Fortsetzungsfeststellungsklage nur der Vorbereitung eines Amtshaftungsprozesses dienen soll (BVerwG NJW 1989, 2486).

14. Kostenantrag nach Erledigung der Hauptsache   V. B. 14

2. Das Feststellungsinteresse ist in einem solchen Falle nicht gegeben, wenn der in Aussicht genommene Amtshaftungs- oder Entschädigungsprozeß offensichtlich aussichtslos ist (BVerwG NJW 1988, 926; NVwZ 1989, 1156; DVBl. 1991, 46). So kommt idR. ein Verschulden der Behörde nicht in Betracht, wenn ein mit mehreren Rechtskundigen besetztes Kollegialgericht das Verhalten der Behörde als rechtmäßig angesehen hat (BVerwG NVwZ 1985, 265; NJW 1985, 876; NVwZ 1989, 1156/1157; 1991, 270/271). Dies ist zu bedenken, wenn sich der Rechtsstreit im Berufungs- oder Revisionsverfahren erledigt und die Klage in der Vorinstanz abgewiesen worden war, weil nach Ansicht des Gerichts der angefochtene Verwaltungsakt rechtmäßig war. In einem solchen Falle wird regelmäßig für einen Fortsetzungsfeststellungsantrag das Feststellungsinteresse fehlen, so daß es sich dann empfiehlt, das Verfahren durch Rücknahme des Rechtsmittels oder durch Erklärung der Erledigung der Hauptsache (s. dazu Form. V.B.14) zu beenden.

Zum Feststellungsinteresse bei Wiederholungsgefahr BVerwG DVBl. 1994, 168.

14. Kostenantrag nach Erledigung der Hauptsache

An das
Verwaltungsgericht

Az.: ......

   In der Verwaltungsstreitsache ...... gegen ......

hat der Beklagte mit Bescheid vom ...... (Datum) den angefochtenen Erschließungsbeitragsbescheid aufgehoben. Damit ist der Rechtsstreit in der Hauptsache erledigt[1].

Ich beantrage[2],

   die Kosten des Verfahrens gem. § 161 Abs. 2 VwGO dem Beklagten aufzuerlegen.

Es entspricht der Billigkeit, daß der Beklagte die Kosten des Verwaltungsstreitverfahrens trägt, da er sich durch die Aufhebung des Bescheides freiwillig in die Rolle des Unterlegenen begeben hat und außerdem die Klage ohne das erledigende Ereignis Erfolg gehabt hätte[3].

                                                    Rechtsanwalt

Schrifttum: Günther, Kostenentscheidung nach beiderseitiger Erledigungserklärung, DVBl. 1988, 612.

Anmerkungen

1. Ein Fall der Erledigung der Hauptsache ist ebenfalls gegeben, wenn die Behörde den angefochtenen Verwaltungsakt während des Klageverfahrens heilt (s. dazu Form. V.B.12).

2. Ist der Rechtsstreit in der Hauptsache erledigt, so entscheidet das Gericht nach § 161 Abs. 2 VwGO über die Kosten des Verfahrens von Amts wegen durch Beschluß; eines Kostenantrages bedarf es nicht. Der Beschluß ist nach § 158 Abs. 2 VwGO unanfechtbar.

3. Das Gericht trifft seine Entscheidung nach billigem Ermessen unter Berücksichtigung des bisherigen Sach- und Streitstandes. Neben dem Prozeßausgang spielt auch eine Rolle, ob einer der Beteiligten durch eigene Willensentschließung die Erledigung herbeigeführt hat (BVerwGE 46, 215/218). Das ist hier der Fall, da die beklagte Behörde den angefochtenen Bescheid aufgehoben hat.

Kosten und Gebühren

Für den Beschluß wird nach Nrn. 2118, 2128, 2138 KV in allen Instanzen grundsätzlich eine 1,5 Gerichtsgebühr erhoben.

Bestr. ist, ob der RA, der den klagenden Adressaten des aufgehobenen Verwaltungsaktes vertreten hat, stets eine Erledigungsgebühr nach § 24 BRAGO erhält (so *Schmidt* AnwBl. 1982, 27; *Johlen* AnwBl. 1983, 484/486) oder nur dann, wenn er eine besondere, über die Prozeßführung hinausgehende, auf das Einlenken der Behörde gerichtete Tätigkeit ausgeübt hat (so BVerwG AnwBl. 1982, 27; OVG Münster NVwZ-RR 1993, 111; VGH Mannheim NVwZ-RR 1993, 448).

15. Antrag auf Beiladung (Immissionsschutzrecht)

An das
Verwaltungsgericht
Az.: ......

In der Verwaltungsstreitsache ...... gegen ......

beantragen wir mit anliegender Vollmacht,

die Eheleute ...... (vollständige Anschrift) beizuladen.

Zur Begründung führen wir aus:
Mit der vorliegenden Klage begehrt die Klägerin die Verpflichtung des Beklagten, ihr gem. § 4 BImSchG die Genehmigung für die Erstellung eines Schotterwerkes und für die Erweiterung eines Steinbruchgeländes zu erteilen. Die beizuladenden Eheleute ...... sind Eigentümer eines mit einem Wohnhaus bebauten Grundstücks, welches in einer Entfernung von etwa 300 m von dem vorgesehenen Betriebsgelände der Klägerin liegt. Die Beizuladenden haben im förmlichen Genehmigungsverfahren rechtzeitig Einwendungen gegen das Vorhaben nach § 10 Abs. 3 BImSchG erhoben, da von der geplanten Anlage unzumutbare Immissionen ausgehen werden ......
Die beantragte Beiladung ist geboten, weil durch die ergehende gerichtliche Entscheidung rechtliche Interessen unserer Mandanten berührt werden, § 65 Abs. 1 VwGO (VGH Mannheim NJW 1977, 1308) ......
Die Stellung von Anträgen behalten wir uns vor[1].

Rechtsanwalt

Schrifttum: Feldhaus, Bundesimmissionsschutzrecht, Losebl.-Komm., Stand: April 1995; *Jarass,* BImSchG, 3. Aufl. 1995; *Landmann/Rohmer,* Umweltrecht, Losebl.-Komm., Stand: Oktober 1994; *Sellner,* Immissionsschutzrecht und Industrieanlagen, NJW-Schriften 31, 2. Aufl. 1988.

Anmerkungen

1. Der einfache Beigeladene kann (wirksam) Sachanträge nur im Rahmen der Sachanträge der Hauptbeteiligten (Kläger bzw. Beklagter) stellen, der notwendige Beigeladene, § 65 Abs. 2 VwGO, dagegen auch abweichende Sachanträge, § 66 VwGO.
Unabhängig davon, ob eine einfache oder notwendige Beiladung vorliegt, kann der Beigeladene selbständig, dh. auch gegen den Willen der Hauptbeteiligten, Rechtsmittel einlegen, soweit er durch die Entscheidung in eigenen Rechten verletzt ist (BVerwG NJW 1982, 951).

15. Antrag auf Beiladung (Immissionsschutzrecht)   V. B. 15

Ob der Beigeladene einen eigenen Antrag stellt, sollte vor allem wegen des damit verbundenen Kostenrisikos sorgfältig überlegt werden. Nach § 154 Abs. 3 VwGO können dem Beigeladenen Kosten nur auferlegt werden, wenn er Anträge gestellt (oder Rechtsmittel eingelegt) hat, wobei es sich entgegen dem Wortlaut der Bestimmung nicht um eine Ermessensentscheidung handelt, das Gericht vielmehr bei Vorliegen der Voraussetzungen des § 154 Abs. 3 VwGO verpflichtet ist, dem Beigeladenen Kosten aufzuerlegen, wenn und soweit seinem Antrag nicht stattgegeben wurde (*Eyermann/Fröhler* § 154 Rdn. 12).

Die Erstattung der dem Beigeladenen selbst entstandenen Kosten richtet sich nach § 162 Abs. 3 VwGO. Danach sind die außergerichtlichen Kosten des Beigeladenen nur erstattungsfähig, wenn sie das Gericht aus Billigkeit der unterliegenden Partei oder der Staatskasse auferlegt. Die Erstattung der außergerichtlichen Kosten des Beigeladenen entspr. im allg. der Billigkeit, wenn er (erfolgreich) Anträge gestellt und damit nach § 154 Abs. 3 VwGO das Risiko eigener Kostenpflicht übernommen hat (*Kopp* § 162 Rdn. 23; *Redeker/ von Oertzen* § 162 Rdn. 15).

Die in einem Urteil versehentlich unterbliebene Entscheidung über die Erstattungsfähigkeit der außergerichtlichen Kosten des Beigeladenen kann nur im Wege der Urteilsergänzung nach § 120 VwGO nachgeholt werden (VGH München DVBl. 1990, 158). Der Antrag ist innerhalb einer Frist von 2 Wochen nach Zustellung des Urteils zu stellen, § 120 Abs. 2 VwGO. Eine Ergänzung des Urteils ohne entspr. Antrag von Amts wegen ist nicht möglich (BVerwG DVBl. 1994, 210).

C. Rechtsmittel

1. Beschwerde gegen die Nichtzulassung der Berufung[1]

An das
Verwaltungsgericht[2]
...... Kammer
Az.: ......

In der Verwaltungsstreitsache des ......   (Klägers)
Prozeßbevollmächtigter: RA ......[3]

gegen

den Gemeindedirektor der Gemeinde ......   (Beklagten)
Prozeßbevollmächtigter: RA ......

wegen: Heranziehung zu Straßenreinigungsgebühren
lege ich hiermit namens des Klägers gegen die Nichtzulassung der Berufung in dem Urteil der Kammer vom ......, zugestellt am ......,[4]

Beschwerde

ein mit dem Antrag,
die Entscheidung über die Nichtzulassung der Berufung aufzuheben und die Berufung zuzulassen.

Zur Begründung führe ich aus:[5]
Der Beklagte hat den Kläger zu Straßenreinigungsgebühren in Höhe von DM 480,– herangezogen. Die dagegen gerichtete Anfechtungsklage hat das VG mit der Begründung abgewiesen, der Kläger sei, weil für ihn im Grundbuch ein lebenslänglicher unentgeltlicher Nießbrauch sowie eine Vormerkung zur Sicherung des Anspruchs auf Rückauflassung eingetragen sei, als sog. wirtschaftlicher Eigentümer nach § 12 Abs. 1 S. 1 Nr. 2b KAG NRW mit § 39 AO gebührenpflichtig. Mit dieser Ansicht weicht das VG von der soeben veröffentlichten Entscheidung des OVG Münster vom 16. 6. 1993 (9 A 1684/91 – KStZ 1994, 90) ab. Danach ist Gebührenpflichtiger iSd. § 3 Abs. 1 S. 1 StraßenreinigungsG NRW der Bucheigentümer, nicht der sog. wirtschaftliche Eigentümer ......[6]

Rechtsanwalt

Anmerkungen

1. Nach § 131 Abs. 1 VwGO kann die Berufung für besondere Rechtsgebiete von einer besonderen Zulassung abhängig gemacht werden. Dies ist zB. durch § 131 Abs. 2 VwGO, § 46 Abs. 1 BundesleistungsG, § 37a WohngeldG und Nr. 2 RMBeschrG geschehen.
Eine Sonderregelung über die Zulassung der Berufung auf Antrag durch das Berufungsgericht enthält § 78 Abs. 2–7 AsylVfG.
Nach § 131 Abs. 2 S. 1 VwGO bedarf die Berufung der Zulassung in dem Urteil des VG, wenn der Wert des Beschwerdegegenstandes bei einer Klage, die eine Geldleistung oder einen hierauf gerichteten Verwaltungsakt betrifft, DM 1000,– oder bei einer Erstattungsstreitigkeit zwischen juristischen Personen des öffentlichen Rechts oder Behörden DM 10000,– nicht übersteigt. Kein Fall des § 131 Abs. 2 S. 1 Nr. 1 VwGO liegt bei einer

1. Beschwerde gegen die Nichtzulassung der Berufung

Zwangsgeldandrohung oder -festsetzung vor, so daß hier die Berufung unabhängig von der Höhe des angedrohten oder festgesetzten Zwangsgeldes zulässig ist (OVG Münster NWVBl. 1994, 346). Hat das VG durch Gerichtsbescheid entschieden und die nur kraft Zulassung zulässige Berufung nicht zugelassen, so kann statt der Nichtzulassungsbeschwerde auch Antrag auf mündliche Verhandlung gestellt werden, § 84 Abs. 2 Nr. 2 VwGO.

Die Berufung ist, wenn sie einer besonderen Zulassung bedarf, nur zuzulassen, wenn die Rechtssache grundsätzliche Bedeutung hat oder das Urteil von einer Entscheidung des OVG, des BVerwG oder des GemSOGB abweicht und auf dieser Abweichung beruht oder ein Verfahrensmangel vorliegt, auf dem die Entscheidung beruhen kann, § 131 Abs. 3 VwGO.

Gegen die Nichtzulassung der Berufung kann Beschwerde eingelegt werden, § 131 Abs. 5 VwGO.

2. Die Beschwerde ist beim VG einzulegen, § 131 Abs. 5 S. 2 VwGO. Die Einlegung beim OVG als Beschwerdegericht wahrt abweichend von der allg. Regel des § 147 Abs. 2 VwGO die Frist nicht (BVerwG NJW 1970, 75). Die Beschwerde hemmt die Rechtskraft des Urteils des VG, § 131 Abs. 6 VwGO.

3. Es besteht kein Anwaltszwang, § 67 Abs. 2 VwGO.

4. Die Beschwerdefrist beträgt hier einen Monat nach Zustellung des Urteils, § 131 Abs. 5 S. 2 VwGO.

5. Nach § 131 Abs. 5 S. 3 VwGO muß die Beschwerde das angefochtene Urteil bezeichnen. „Sie soll die zur Begründung dienenden Tatsachen und Beweismittel angeben", § 131 Abs. 5 S. 4 VwGO. Daraus könnte geschlossen werden, daß anders als nach § 133 Abs. 3 S. 3 VwGO der Beschwerdegrund (grundsätzliche Bedeutung, Abweichung, Verfahrensmangel) nicht angegeben werden muß. Da dies in der Rspr. aber noch nicht geklärt ist, empfiehlt sich eine substantielle Beschwerdebegründung innerhalb der Beschwerdefrist. Nach Ansicht des VGH Kassel (DVBl. 1994, 214) sind an die Begründung eines Antrages auf Zulassung der Berufung geringere Anforderungen zu stellen als an eine Revisionsnichtzulassungsbeschwerde. So soll das Fehlen der genauen Bezeichnung der obergerichtlichen Entscheidung mit Datum und Az., von der abgewichen sein soll, dann unschädlich sein, wenn sich aus dem angegriffenen Urteil des VG mit hinreichender Deutlichkeit ergibt, welche obergerichtliche Entscheidung gemeint ist. Noch großzügiger verfährt das OVG Münster (NWVBl. 1994, 346). Nach seiner Auffassung ist „anders als in § 132 Abs. 3 VwGO für die Beschwerde gegen die Nichtzulassung der Revision und § 78 Abs. 4 AsylVfG für den Antrag auf Zulassung der Berufung eine Begründung der Beschwerde gegen die Nichtzulassung der Berufung vom Gesetz bewußt nicht vorgeschrieben" worden. Das Gesetz trage damit dem fehlenden Vertretungszwang Rechnung. Ob sich andere Obergerichte dieser Auffassung anschließen werden, ist zweifelhaft. Aus diesem Grunde sollte die Beschwerde in jedem Falle begründet werden.

6. Wird der Beschwerde abgeholfen oder läßt das OVG die Berufung zu, so wird das Beschwerdeverfahren als Berufungsverfahren fortgesetzt; der Einlegung einer Berufung durch den Beschwerdeführer bedarf es nicht, § 131 Abs. 8 S. 1 VwGO.

Kosten und Gebühren

Im Verfahren über die Beschwerde gegen die Nichtzulassung der Berufung erhält der RA eine $^{13}/_{10}$ Gebühr, §§ 11 Abs. 1 S. 6, 14 Abs. 2 BRAGO (*von Eicken* NJW 1994, 2258/2259).

2. Berufung

An das
Verwaltungsgericht[1]
...... Kammer

Az.: ......

In der Verwaltungsstreitsache

des ......   (Klägers)

gegen

den Gemeindedirektor der Gemeinde ......   (Beklagten)

Prozeßbevollmächtigte: ......[2]

beteiligt: Der Vertreter des öffentlichen Interesses bei dem Verwaltungsgericht ......

wegen: ......

legen wir namens des Beklagten gegen das Urteil der ...... Kammer des Verwaltungsgerichts ...... vom ......, zugestellt am ......[3],

Berufung[4]

ein mit dem Antrag[5]:

Unter teilweiser Abänderung des angefochtenen Urteils den Kläger in vollem Umfange mit der Klage abzuweisen.

Zur Begründung führen wir aus: ......[6]

Rechtsanwalt

Anmerkungen

1. Die Berufung ist schriftlich oder zur Niederschrift des Urkundsbeamten der Geschäftsstelle bei dem Gericht einzulegen, dessen Urteil angefochten wird (iudex a quo), § 124 Abs. 2 S. 1 VwGO. Sie kann fristwahrend auch beim Berufungsgericht (OVG bzw. VGH) eingereicht werden (iudex ad quem), § 124 Abs. 2 S. 2 VwGO.
Zur Rechtsmitteleinlegung durch Telefax s. Form. V. B. 1 Anm. 16.

2. Es besteht kein Anwaltszwang, § 67 Abs. 2 VwGO.

3. Die Berufungsfrist beträgt einen Monat nach Zustellung des vollständigen Urteils, § 124 Abs. 2 VwGO.

4. Für bestimmte Rechtsgebiete ist die Berufung ausgeschlossen, so z.B. nach § 339 Abs. 3 LAG, § 34 S. 1 WPflG, § 75 S. 1 ZivildienstG. In diesen Fällen kann gegen das Urteil des VG unter den Voraussetzungen des § 135 S. 2 VwGO Revision oder nach Maßgabe des § 135 S. 3 mit § 132 und § 133 VwGO Revisionsnichtzulassungsbeschwerde eingelegt werden (s. dazu Form. V.C.5 – 8.). Dies gilt nicht im Falle des Ausschlusses der Berufung nach § 78 Abs. 1 S. 1 AsylVfG (Abweisung der Klage als offensichtlich unzulässig oder offensichtlich unbegründet); hier ist auch die Revision und damit auch die Revisionsnichtzulassungsbeschwerde ausgeschlossen.
Zur Zulassungsberufung s. Form. V. C. 1 Anm. 1.

5. Nach § 124 Abs. 3 VwGO muß die Berufungsschrift einen bestimmten Antrag enthalten. Diesem Erfordernis ist nach hM. genügt, wenn das Ziel des Rechtsmittels aus der

Tatsache seiner Einlegung allein oder iVm. den während der Rechtsmittelfrist abgegebenen Erklärungen erkennbar ist (BVerwG NJW 1961, 1642; *Kopp* § 124 Rdn. 5). Fehlt es an diesem Erfordernis, so kann der Berufungsantrag, ggf. auf entspr. Aufforderung durch den Vorsitzenden des erkennenden Senates, auch nach Ablauf der Berufungsfrist noch nachgeholt werden (BVerwG NJW 1962, 219; *Redeker/von Oertzen* § 124 Rdn. 15; aA. VGH München DVBl. 1962, 32; *Eyermann/Fröhler* § 124 Rdn. 30). Da die Rechtssituation nicht eindeutig ist, sollte auf jeden Fall innerhalb der Berufungsfrist ein bestimmter Berufungsantrag gestellt werden. Es genügt auch die Bezugnahme auf den in der Vorinstanz gestellten schriftlichen Antrag, wenn dieser hinreichend bestimmt ist. Üblich ist die Formulierung: „Unter Abänderung des angefochtenen Urteils nach den Schlußanträgen des ...... in erster Instanz zu erkennen."

6. Nach § 124 Abs. 3 S. 2 VwGO sollen (nicht müssen) die zur Begründung dienenden Tatsachen und Beweismittel angegeben werden. Es ist also eine Begründung innerhalb bestimmter Frist nicht zwingend vorgeschrieben.

Hinsichtlich des Inhalts der Berufungsbegründung gelten gegenüber dem Vorbringen erster Instanz keine Besonderheiten. Nach § 128 VwGO prüft das OVG den Streitfall innerhalb des Berufungsantrages im gleichen Umfange wie das VG. In der Berufungsinstanz ist neuer Sachvortrag möglich. Nach § 128a VwGO sind jedoch neue Erklärungen und Beweismittel, die im ersten Rechtszug entgegen einer hierfür gesetzten Frist (§ 87b Abs. 1 und 2 VwGO; s. hierzu Form. V. B. 12 Anm. 3) nicht vorgebracht worden sind, nur zuzulassen, wenn nach der freien Überzeugung des Gerichts ihre Zulassung die Erledigung des Rechtsstreits nicht verzögern würde oder wenn der Beteiligte die Verspätung genügend entschuldigt. Der Entschuldigungsgrund ist auf Verlangen des Gerichts glaubhaft zu machen. Die Zurückweisungsmöglichkeit besteht nicht, wenn der Beteiligte im ersten Rechtszug über die Folgen einer Fristversäumung nicht nach § 87b Abs. 3 Nr. 3 VwGO belehrt worden ist oder wenn es mit geringem Aufwand möglich ist, den Sachverhalt auch ohne Mitwirkung des Beteiligten zu ermitteln. Erklärungen und Beweismittel, die das VG in erster Instanz zurückgewiesen hat, bleiben auch im Berufungsverfahren ausgeschlossen.

Kosten und Gebühren

Für das Berufungsverfahren erhält der RA 13/10 Gebühren nach den §§ 114 Abs. 1, 31, 11 Abs. 1 S. 4 BRAGO. Weist das Gericht die Berufung nach § 130a VwGO durch Beschluß zurück, so entsteht für den RA im Anhörungsverfahren nach § 130a S. 2 mit § 125 Abs. 2 S. 3 VwGO eine $^{13}/_{20}$ Verhandlungsgebühr, § 114 Abs. 3 BRAGO.

3. Revision

An das
Oberverwaltungsgericht[1]
...... Senat

Az.: ......

In der Verwaltungsstreitsache

des ......　　　　　　　　　　　　　　　　　　　　　　　　　　　　(Klägers)
Prozeßbevollmächtigter: RA ......[2]

gegen

die Stadt ......　　　　　　　　　　　　　　　　　　　　　　　　　　(Beklagte)
beteiligt: Der Vertreter des öffentlichen Interesses bei dem Oberverwaltungsgericht ......

wegen: ......

lege ich namens des Klägers gegen das Urteil des Senates vom ......, zugestellt am ......[3],

Revision

ein[4].
Antrag und Begründung folgen in einem besonderen Schriftsatz[5].

　　　　　　　　　　　　　　　　　　　　　　　　　　　　　　　　Rechtsanwalt

Anmerkungen

1. Die Revision ist schriftlich bei dem Gericht einzulegen, dessen Urteil angefochten wird (iudex a quo), § 139 Abs. 1 S. 1 VwGO. Das ist normalerweise das OVG, § 132 Abs. 1 VwGO, bei der Sprungrevision (§ 134 VwGO) und beim Ausschluß der Berufung (§ 135 VwGO) das VG. Die Einlegung beim BVerwG wahrt die Frist, § 139 Abs. 1 S. 2 VwGO.

2. Die Revision kann grundsätzlich nur durch einen Rechtsanwalt oder durch einen Rechtslehrer an einer deutschen Hochschule (dazu gehören nicht Fachhochschullehrer, BVerwG NJW 1979, 1174; OVG Münster NJW 1980, 1590) eingelegt werden, § 67 Abs. 1 VwGO. Juristische Personen des öffentlichen Rechts und Behörden können sich auch durch Beamte oder Angestellte mit Befähigung zum Richteramt (s. dazu BVerwG DÖV 1993, 916) vertreten lassen, § 67 Abs. 1 S. 3 VwGO.

3. Die Revisionsfrist beträgt einen Monat; sie beginnt nach § 139 Abs. 1 S. 1 VwGO mit der Zustellung des die Zulassung enthaltenen Urteils, im Falle der Sprungrevision mit Zustellung des die Revision zulassenden Beschlusses des VG, § 134 Abs. 3 S. 2 VwGO.

4. Die Revision gegen ein Urteil des OVG kann nur eingelegt werden, wenn sie im Urteil des OVG zugelassen wird, § 132 Abs. 1 VwGO. Die Nichtzulassung der Revision kann durch Beschwerde angefochten werden, § 133 VwGO (s. dazu Form. V. C. 5–8). Zur Revision gegen Urteile des VG s. §§ 134, 135 VwGO.

5. Antrag und Begründung der Revision können nachgereicht werden, § 139 Abs. 3 VwGO. Zu der dafür bestehenden Frist s. Form. V.C.4 Anm. 1.

Kosten und Gebühren

Für das Revisionsverfahren erhält der RA $^{13}/_{10}$ Gebühren nach den §§ 114 Abs. 1, 31, 11 Abs. 1 S. 4 BRAGO.

4. Revisionsbegründung[1]

An das
Bundesverwaltungsgericht[2]
...... Senat
Hardenbergstr. 31
10623 Berlin

Az.: ......

Revisionsbegründung
In der Verwaltungsstreitsache

......

gegen den Oberkreisdirektor ......

beantrage ich[3]:

Unter Abänderung des angefochtenen Urteils des OVG ...... vom ...... den Beklagten unter Aufhebung seines Ablehnungsbescheides vom ...... in der Gestalt des Widerspruchsbescheides vom ...... zu verpflichten, die dem Beigeladenen am ...... erteilte Baugenehmigung zur Errichtung eines Einfamilienwohnhauses auf dem Grundstück ...... zurückzunehmen[4].

Zur Begründung führe ich aus[5]:

Entgegen der Ansicht des Berufungsgerichts ist der Beklagte verpflichtet, die dem Beigeladenen erteilte Baugenehmigung zurückzunehmen, weil diese Genehmigung gegen § 34 BauGB verstößt und sie entgegen einer dem Kläger gegebenen Zusage erteilt worden ist (s. dazu BVerwG NJW 1976, 303).

I. Das Berufungsgericht hat das Schreiben des Beklagten vom ...... dahin ausgelegt, daß der Beklagte mit Bindungswillen dem Kläger die Zusage gegeben hat, dem Beigeladenen keine Genehmigung für ein Einfamilienwohnhaus zu erteilen, welches die durch die bereits vorhandene Bebauung gebildete einheitliche rückwärtige Baugrenze überschreitet oder die einheitliche Firsthöhe der benachbarten vier Häuser nicht einhält. An diese Auslegung ist das Revisionsgericht gebunden, § 137 Abs. 2 VwGO. Sie läßt einen Rechtsverstoß nicht erkennen. Das Berufungsgericht hat im Einklang mit der im öffentlichen Recht entspr. anwendbaren Vorschrift des § 133 BGB sich nicht allein an dem Wortlaut des Schreibens orientiert, sondern die gesamten Umstände, unter denen es an den Kläger gerichtet wurde, mitberücksichtigt ......

II. Die dem Kläger erteilte Zusage ist rechtsverbindlich, weil sie den formellen und materiellen Anforderungen des § 38 VwVfG NRW entspricht. Bei dieser Vorschrift handelt es sich nach § 137 Abs. 1 Nr. 2 VwGO um revisibles Recht, da sie ihrem Wortlaut nach mit § 38 VwVfG Bund übereinstimmt.

Entgegen der Ansicht des Berufungsgerichts ist die dem Kläger erteilte Zusage nicht deshalb unwirksam, weil sie ohne Mitwirkung der Gemeinde erfolgt ist. Zwar ist nach § 36 BauGB über die Zulässigkeit eines Vorhabens nach § 34 BauGB von der Baugenehmigungsbehörde im Einvernehmen mit der Gemeinde zu entscheiden. Dieses Einvernehmen ist jedoch nur dann erforderlich, wenn die Behörde die Genehmigung erteilt, nicht dagegen im Falle einer Versagung (*Gelzer/Birk* Rdn. 952). Daraus folgt, daß nach § 38 Abs. 1 S. 2 VwVfG NRW nur die Zusage der Erteilung einer Baugenehmigung des Einvernehmens der Gemeinde bedarf, nicht dagegen die Zusage, eine Baugenehmigung (an einen Dritten) nicht zu erteilen (*Dohle* BauR 1976, 395/399 Nr. 3). Vorliegend ist aber von dem Beklagten nicht die Erteilung (einer dem § 34

BauGB entsprechenden), sondern die Nichterteilung einer (dem § 34 BauGB widersprechenden) Baugenehmigung zugesagt worden.

III. Durch die Erteilung der auch nach Ansicht des Berufungsgerichts rechtswidrigen Baugenehmigung hat sich der Anspruch des Klägers gegen den Beklagten auf Einhaltung der Zusage in einen Anspruch auf Rücknahme der zusagewidrigen Baugenehmigung umgewandelt (BVerwG NJW 1976, 303/305). Dieser Rücknahme stehen rechtliche Hindernisse nicht entgegen, insbesondere nicht Gesichtspunkte des Vertrauensschutzes.

Rechtsanwalt

Anmerkungen

1. Für die Länge und den Lauf der Revisionsbegründungsfrist gilt folgendes:
Ist in dem Urteil des Berufungsgerichts die Revision zugelassen worden, so ist die Revision innerhalb von zwei Monaten nach Zustellung des vollständigen Urteils zu begründen, § 139 Abs. 3 S. 1, 1. Halbs. VwGO. Mit der Zulassung des Urteils beginnen also die einmonatige Revisionsfrist nach § 139 Abs. 1 S. 1 VwGO (s. dazu Form. V. C. 3 Anm. 3) und die zweimonatige Revisionsbegründungsfrist nach § 139 Abs. 3 S. 1, 1. Halbs. VwGO. Der Lauf der Revisionsbegründungsfrist ist vom Zeitpunkt der Einlegung der Revision und des Ablaufs der Revisionsfrist unabhängig.

Ist vom VG die Sprungrevision nach § 134 VwGO zugelassen worden, so beginnt die Revisionsbegründungsfrist mit der Zustellung des Zulassungsbeschlusses, § 139 Abs. 3 S. 1, 1. Halbs. VwGO.

Wird auf eine Revisionsnichtzulassungsbeschwerde hin die Revision zugelassen, so beträgt die Revisionsbegründungsfrist einen Monat; sie beginnt mit der Zustellung des Beschlusses über die Zulassung der Revision, § 139 Abs. 3 S. 1, 2. Halbs. VwGO.

Die Begründungsfrist kann auf einen vor ihrem Ablauf gestellten (und zu begründenden, § 57 Abs. 2 VwGO, § 224 Abs. 2 ZPO!) schriftlichen (dazu BVerfG NVwZ 1994, 781) Antrag durch den Vorsitzenden verlängert werden, § 139 Abs. 3 S. 3 VwGO. Es kommt also nur darauf an, daß der begründete Verlängerungsantrag vor Ablauf der Frist beim BVerwG (BVerwG KStZ 1993, 232) gestellt wird; die Verlängerung selbst kann nach Ablauf der Frist verfügt werden (BVerwG E 10, 75; BAG GS NJW 1980, 309).

Zu den Sorgfaltspflichten des RA bei der Überprüfung und Kontrolle der Revisionsbegründungsfrist s. BVerwG KStZ 1994, 153.

2. Nach § 139 Abs. 3 S. 2 VwGO ist die Begründung beim BVerwG einzureichen.

3. Die Revision oder die Revisionsbegründung müssen einen bestimmten Antrag enthalten, § 139 Abs. 3 S. 4 VwGO.

4. Es genügt auch die Bezugnahme auf den in der Vorinstanz gestellten schriftlichen Antrag, wenn dieser hinreichend bestimmt ist (BVerwGE 23, 41). Üblich ist dann die Formulierung: „Unter Abänderung des angefochtenen Urteils nach den Schlußanträgen des ...... im Berufungsverfahren zu erkennen."

Es ist nicht erforderlich, neben dem Hauptantrag hilfsweise zu beantragen, „das angefochtene Urteil aufzuheben und die Sache zur anderweitigen Verhandlung und Entscheidung an das Berufungsgericht zurückzuverweisen", weil dieser Antrag als ein Minus im Hauptantrag enthalten ist.

5. Die Revision kann nur auf die Verletzung einer Rechtsnorm gestützt werden, § 137 Abs. 1 VwGO. An die in dem angefochtenen Urteil getroffenen tatsächlichen Feststellungen ist das BVerwG gebunden, außer wenn in Bezug auf diese Feststellungen zulässige und begründete Revisionsgründe vorgebracht sind, § 137 Abs. 2 VwGO.

Gerügt werden kann grundsätzlich nur die Verletzung von Bundesrecht, § 137 Abs. 1 Nr. 1 VwGO. Landesrecht ist nur revisibel, wenn es durch Bundesgesetz für revisibel erklärt ist. Dies ist durch § 137 Abs. 1 Nr. 2 VwGO für Vorschriften des VwVfG eines Landes, die ihrem Wortlaut nach mit Vorschriften des VwVfG Bund übereinstimmen, geschehen, sowie durch § 127 Nr. 2 BRRG für Klagen aus einem Beamtenverhältnis.

Kein revisibles Bundesrecht liegt vor, wenn durch Landesrecht eine bundesrechtliche Vorschrift für entspr. anwendbar erklärt wird (BVerwG NVwZ 1984, 101).

Die Revisionsbegründung muß nach § 139 Abs. 3 S. 4 VwGO die verletzte Rechtsnorm und, soweit Verfahrensmängel gerügt werden, die Tatsachen bezeichnen, die den Mangel ergeben. Der Prozeßbevollmächtigte des Revisionsklägers muß – für das Revisionsgericht objektiv erkennbar – eine Sichtung und Durchdringung des Streitstoffes vornehmen. Dieser ist nicht identisch mit dem Streitstoff der Vorinstanzen oder eines vorangegangenen Revisionsbeschwerdeverfahrens. Aus diesem Grund reicht eine Bezugnahme auf früher eingereichte Schriftsätze nicht aus (BVerwG NJW 1985, 1235). Dies gilt auch für die Nichtzulassungsbeschwerde (BVerwG DÖV 1978, 814; DVBl. 1989, 415). Eine „vollinhaltliche" Bezugnahme auf die Beschwerdeschrift läßt das BVerwG nur dann als Revisionsbegründung ausreichen, „wenn die Beschwerdeschrift den Anforderungen (auch) an eine Revisionsbegründung genügt und – bei mehreren im Beschwerdeverfahren geltend gemachten Zulassungsgründen – in der Revisions- bzw. Revisionsbegründungsschrift unmißverständlich klargestellt wird, welche der geltend gemachten Zulassungsgründe – nunmehr als Revisionsgründe – zur Stützung der Revision dienen sollen" (BVerwG NJW 1985, 1235/1236; ferner DVBl. 1989, 265). Wegen der damit verbundenen Unsicherheiten sollte stets von einer Bezugnahme auf andere Schriftsätze abgesehen und eine aus sich selbst heraus verständliche Revisionsbegründung verfaßt werden.

5. Beschwerde gegen die Nichtzulassung der Revision

An das
Oberverwaltungsgericht[1]
Az.: ......

In der Verwaltungsstreitsache

des ...... (Klägers)
Prozeßbevollmächtigter: RA[2] ......

gegen

den Oberstadtdirektor ...... (Beklagten)

beteiligt: Der Vertreter des öffentlichen Interesses bei dem Oberverwaltungsgericht ......
wegen: Heranziehung zu einem Erschließungsbeitrag

lege ich hiermit namens des Klägers gegen die Nichtzulassung der Revision in dem Urteil des Senats vom ......, zugestellt am ......[3],

Beschwerde

ein mit dem Antrag,
die Entscheidung des Oberverwaltungsgerichts ...... über die Nichtzulassung der Revision gegen sein Urteil vom ...... aufzuheben und die Revision zuzulassen.
Die Begründung reiche ich nach.[4]

Rechtsanwalt

Schrifttum: Weyreuther, Revisionszulassung und Nichtzulassungsbeschwerde in der Rechtsprechung der obersten Bundesgerichte, NJW-Schriften 14, 1971; *Kummer,* Die Nichtzulassungsbeschwerde, 1990.

Anmerkungen

1. Die Revisionsnichtzulassungsbeschwerde ist schriftlich bei dem Gericht einzureichen, dessen Entscheidung angefochten wird, also i.d.R. beim OVG, § 133 Abs. 2 S. 1 VwGO, im Falle des § 135 VwGO beim VG, § 135 S. 3 mit § 133 Abs. 2 S. 1 VwGO. Die Einlegung beim BVerwG wahrt die Frist nicht (BVerwG NJW 1970, 75).

2. Es besteht Anwaltszwang, § 67 Abs. 1 S. 2 mit S. 1 VwGO, außer für juristische Personen des öffentlichen Rechts und Behörden, § 67 Abs. 1 S. 3 VwGO. S. dazu Form. V. C. 3 Anm. 2.

3. Die Beschwerdefrist beträgt einen Monat seit Zustellung des Urteils, § 133 Abs. 2 S. 1 VwGO. Die Beschwerde muß das angefochtene Urteil bezeichnen, § 133 Abs. 2 S. 2 VwGO. Sie braucht noch keine Begründung zu enthalten.

4. S. dazu Form. V. C. 6–8.

Kosten und Gebühren

Der RA erhält für die Vertretung im Revisionsnichtzulassungsbeschwerdeverfahren eine $13/10$ Gebühr, §§ 11 Abs. 1 S. 6, 14 Abs. 2 BRAGO (*von Eicken* NJW 1994, 2258/2259).

6. Begründung der Beschwerde gegen die Nichtzulassung der Revision wegen grundsätzlicher Bedeutung

An das
Oberverwaltungsgericht[1]
Az.: ......

In der Verwaltungsstreitsache

......
führe ich zur Begründung der Beschwerde vom ...... gegen die Nichtzulassung der Revision in dem Urteil des Senates vom ...... aus:[2]
Die Revision ist nach § 133 mit § 132 Abs. 2 Nr. 1 VwGO zuzulassen, weil die Rechtssache grundsätzliche Bedeutung hat.[3]
Der Kläger ist zu einem Erschließungsbeitrag für einen Wohnweg herangezogen worden, der im Jahre 1986 gebaut worden ist. Wohnwege sind nach der seit dem 1. 7. 1987 geltenden Vorschrift des § 127 Abs. 2 Nr. 2 BauGB beitragspflichtige Erschließungsanlagen. Nach Ansicht des OVG hat der Kläger einen Erschließungsbeitrag für den Wohnweg zu zahlen, da nach § 242 Abs. 4 BauGB § 127 Abs. 2 Nr. 2 BauGB auch auf Verkehrsanlagen anzuwenden ist, die vor dem 1. 7. 1987 endgültig hergestellt sind, sofern nicht eine Beitragspflicht nach Landesrecht entstanden ist.
Gegen die Rechtsgültigkeit des § 242 Abs. 4 BauGB bestehen erhebliche verfassungsrechtliche Bedenken, da ein Fall sogenannter echter Rückwirkung vorliegen dürfte (s. dazu *Driehaus*, § 12 Rdn. 64). Das vorliegende Verfahren wirft damit die klärungsbedürftige, höchstrichterlich nicht entschiedene Frage nach der Gültigkeit des § 242 Abs. 4 BauGB auf. Diese Frage ist von allgemeiner, über den hier zu entscheidenden Einzelfall hinausreichender Bedeutung für die einheitliche Auslegung und Anwendung des Erschließungsbeitragsrechts des Bundes ......[4]

Rechtsanwalt

Anmerkungen

1. Die Beschwerde ist innerhalb von 2 Monaten nach der Zustellung des vollständigen Urteils zu begründen, § 133 Abs. 3 S. 1 VwGO. Die Begründung ist bei dem Gericht, gegen dessen Urteil Revision eingelegt werden soll, einzureichen, § 133 Abs. 3 S. 2 VwGO.

2. In der Begründung muß die grundsätzliche Bedeutung der Sache dargelegt oder die Entscheidung, von der das Urteil abweicht, oder der Verfahrensmangel bezeichnet werden, § 133 Abs. 3 S. 3 VwGO. Erforderlich ist ein sehr sorgfältiges Eingehen auf den jeweiligen Zulassungsgrund, das nicht umfangreich zu sein braucht. Der Begründungszwang ist „eine Förmlichkeit, die nach ständiger Rspr. des BVerwG schon durch einige wenige Sätze erfüllt werden kann" (BVerwG DÖV 1974, 105 Nr. 33).

3. Die Rechtsfrage muß revisibles Recht (§ 137 Abs. 1 VwGO) betreffen (BVerwG NJW 1976, 905) und ihre Klärung dazu dienen, die Rechtseinheit in ihrem Bestand zu erhalten oder die Weiterentwicklung des Rechts zu fördern (BVerwG DVBl. 1983, 33). Es reicht nicht aus, daß die Entscheidung nur tatsächlich, d.h. für eine Vielzahl von gleichgelagerten Fällen bedeutsam ist (BVerwG NJW 1962, 218; str.).

4. Wird der Beschwerde gegen die Nichtzulassung der Revision abgeholfen oder läßt das BVerwG die Revision zu, so wird das Beschwerdeverfahren als Revisionsverfahren fortgeführt, wenn nicht das BVerwG das angefochtene Urteil nach § 133 Abs. 6 VwGO aufhebt (s. dazu Form. V. C. 8 Anm. 3); der Einlegung einer Revision durch den Beschwerdeführer bedarf es nicht, § 139 Abs. 2 VwGO. Mit der Zustellung des Zulassungsbeschlusses beginnt die einmonatige Revisionsbegründungsfrist, § 139 Abs. 3 S. 1, 2. Halbs. VwGO.

7. Begründung der Beschwerde gegen die Nichtzulassung der Revision wegen Divergenz[1]

An den
Verwaltungsgerichtshof
......[2]

Zur Begründung führe ich aus:

Der VGH hat die klageabweisende Entscheidung des VG bestätigt, da der Kläger durch die von dem Beklagten dem Beigeladenen erteilte Baugenehmigung zur Errichtung eines Hotels nicht in seinen Rechten verletzt sei. Bei dem Gebiet, in dem die Grundstücke des Klägers und des Beigeladenen liegen und für das kein Bebauungsplan besteht, handele es sich nach seinem tatsächlichen Charakter um ein reines Wohngebiet (§ 3 BauNVO). In diesem sei das geplante Hotel planungsrechtlich unzulässig, da es sich nach seiner Größe nicht um einen im WR-Gebiet ausnahmsweise zuzulassenden kleinen Beherbergungsbetrieb iSd. § 3 Abs. 3 Nr. 1 BauNVO handele. Durch die somit rechtswidrig erteilte Baugenehmigung seien aber keine Rechte des Klägers verletzt, da § 34 Abs. 2 BauGB mit § 3 BauNVO keinen nachbarschützenden Charakter habe und das allgemeine baurechtliche Rücksichtnahmegebot nicht verletzt sei, da durch den Betrieb des Hotels die Wohnruhe der benachbarten Grundstücke nicht beeinträchtigt werde.
Mit dieser Auffassung weicht der VGH von dem nach Verkündung seiner Entscheidung ergangenen Urteil des BVerwG[3] vom 16. 9. 1993 (4 C 28.91 – BauR 1994, 224) ab. Danach hat die Festsetzung von Baugebieten durch Bebauungspläne kraft Bundesrechts grundsätzlich nachbarschützende Funktion. Derselbe Nachbarschutz besteht im unbeplanten Innenbereich, wenn die Eigenart der näheren Umgebung einem der Baugebiete der

BauNVO entspr., § 34 Abs. 2 BauGB. Die früher zu § 34 Abs. 3 S. 1 BBauG ergangene Rspr. des BVerwG (BRS 44 Nr. 71; ZfBR 1984, 301), auf die der VGH seine Entscheidung stützt, kann auf § 34 Abs. 2 BauGB nicht übertragen werden.
Die Entscheidung des Berufungsgerichts beruht auch auf der Abweichung. Wäre nämlich der VGH von einem nachbarschützenden Charakter des § 34 Abs. 2 BauGB ausgegangen, hätte er der Klage stattgeben und die Baugenehmigung aufheben müssen ......[5]

Rechtsanwalt

Anmerkungen

1. Zur Nichtzulassungsbeschwerde im allg. s. Form. V.C.5.

2. Zum Rubrum und Antrag s. Form. V.C.5.

3. Bei Klagen aus dem Beamtenverhältnis kann die Nichtzulassungsbeschwerde auch darauf gestützt werden, daß das Urteil von der Entscheidung eines anderen OVG abweicht und auf dieser Abweichung beruht, solange eine Entscheidung des BVerwG in der Rechtsfrage nicht ergangen ist, § 127 Nr. 1 BRRG.

4. Die Entscheidung, von der das Berufungsgericht abweicht, muß in der Beschwerdeschrift so genau bezeichnet werden, § 133 Abs. 3 S. 3 VwGO, „daß die Identität gesichert und die Heranziehung ohne Schwierigkeit möglich ist" (*Weyreuther* Rdn. 219). Die Angabe des Datums allein reicht nicht aus (BVerwG MDR 1964, 624), es muß auch auf das Az. oder die Fundstelle hingewiesen werden. Unerheblich ist, ob das Berufungsgericht bewußt von der Entscheidung des BVerwG abgewichen ist; auch eine nach Erlaß des Urteils ergangene Entscheidung des BVerwG kann die Zulassung der Revision wegen Divergenz rechtfertigen (*Kopp* § 132 Rdn. 17).

5. Die Divergenz allein reicht nicht aus, vielmehr ist zusätzlich darzulegen, daß die Entscheidung auf der Abweichung beruht, § 132 Abs. 2 Nr. 2 VwGO.

8. Begründung der Beschwerde gegen die Nichtzulassung der Revision wegen eines Verfahrensmangels[1]

An das
Oberverwaltungsgericht
......[2]

Zur Begründung führe ich aus:

Die Revision ist nach § 133 mit § 132 Abs. 2 Nr. 3 VwGO zuzulassen, da das OVG den Sachverhalt entgegen § 86 VwGO nicht ausreichend erforscht hat und das Urteil auf diesem Verfahrensmangel beruht[3].
Nach Ansicht des OVG ist die angefochtene Verfügung vom ...... über die Festsetzung des Zwangsmittels der Ersatzvornahme rechtswidrig, wenn die zugrunde liegende Abrißverfügung vom ...... 1991 in der Zeit nach ihrer Bestandskraft rechtswidrig geworden ist. Dies könnte der Fall sein, wenn die in der näheren und weiteren Umgebung des streitbefangenen Wochenendhauses vorhandenen Bauwerke erst nach Bestandskraft der Abrißverfügung vom ...... 1991 entstanden sind. Dieser von ihm als erheblich erkannten Frage ist das OVG nicht ausreichend nachgegangen. Es durfte sich nicht auf seine eigene Einschätzung des Alters der Bauwerke verlassen, sondern mußte dem von dem Kläger in der mündlichen Verhandlung vor dem Berufungsgericht gestellten Beweisantrag[4] auf Beiziehung der Bauakten der Grundstücke ...... und Vernehmung des Leiters des Bauaufsichtsamtes des Beklagten, des Zeugen ......, nachgehen. Hätte das Berufungsgericht die bean-

tragte Beweisaufnahme durchgeführt, so hätte sich ergeben, daß von den in der Umgebung des streitbefangenen Wochenendhauses vorhandenen Bauwerken vier in den Jahren 1992–1994 genehmigt und errichtet worden sind, und zwar ......[5]. Dann aber ist bei Zugrundelegung der Rechtsauffassung des Berufungsgerichts die Abrißverfügung vom ...... 1991 rechtswidrig geworden und deshalb die angefochtene Verfügung vom ...... 1994 über die Festsetzung der Ersatzvornahme aufzuheben ......

Rechtsanwalt

Anmerkungen

1. Zur Nichtzulassungsbeschwerde im allg. s. Form. V.C.5.

2. Zum Rubrum und Antrag s. Form. V.C.5.

3. Stellt das BVerwG fest, daß der geltend gemachte Verfahrensmangel besteht und die Entscheidung auf diesem Mangel beruhen kann, so kann es in seinem Beschluß das angefochtene Urteil aufheben und den Rechtsstreit zur anderweitigen Verhandlung und Entscheidung zurückverweisen, § 133 Abs. 6 VwGO. Diese Aufhebung und Zurückverweisung müssen in der Revisionsnichtzulassungsbeschwerde nicht ausdrücklich beantragt werden.

4. Das Gericht ist auch nach § 86 VwGO nicht verpflichtet, von sich aus ohne jeden Hinweis der Parteien Sachermittlungen anzustellen (*Redeker/von Oertzen* § 86 Rdn. 11 mwN.). Die Aufklärungspflicht findet ihre Grenze in der Pflicht der Beteiligten, an der Aufklärung des Sachverhalts mitzuwirken (BVerwG DVBl. 1984, 1005). Aus diesem Grunde müssen Beweisanträge, wenn ihr Übergehen notfalls mit der Nichtzulassungsbeschwerde gerügt werden soll, in der mündlichen Verhandlung förmlich zu Protokoll gestellt werden, § 86 Abs. 2 VwGO, und zwar als Hauptantrag (BVerwG NJW 1963, 877).

5. Bei einer auf einen Verfahrensmangel gestützten Zulassungsbeschwerde genügt es nicht, den Verfahrensmangel zu bezeichnen, vielmehr muß auch dargelegt werden, daß das Urteil auf diesem Mangel „beruhen kann", § 132 Abs. 3 Nr. 3 VwGO. Es muß also auch ausgeführt werden, daß, wenn das OVG den Verfahrensmangel nicht begangen, hier also die beantragte Beweisaufnahme durchgeführt hätte, es zu einem für den Rechtsmittelführer sachlich günstigeren Ergebnis hätte gelangen können (BVerwG NJW 1962, 2121; 1976, 1705).

9. Antrag auf Zulassung der Sprungrevision[1]

An das
Verwaltungsgericht
Az.: ......

In der Verwaltungsstreitsache

des ......

(Klägers)

Prozeßbevollmächtigter: RA ......[2]
gegen
den Oberkreisdirektor des Kreises ......

(Beklagten)

Beigeladene: die Eheleute ......
beantrage ich namens des Klägers[3]:
Die Sprungrevision gegen das Urteil der Kammer vom ......
zugestellt am ......[4], zuzulassen.

V. C. 9

Die Zustimmungserklärung des Beklagten[5] ist beigefügt.

Die Voraussetzungen für die Zulassung der Revision sind nach § 134 Abs. 2 S. 1 mit § 132 Abs. 2 Nr. 1 VwGO gegeben, weil die Rechtssache grundsätzliche Bedeutung[6] hat ......[7].

Rechtsanwalt

Anmerkungen

1. Nach § 134 Abs. 1 S. 1 VwGO kann gegen ein Urteil des VG unter Umgehung der Berufungsinstanz Revision (Sprungrevision) eingelegt werden, wenn der Kläger und der Beklagte schriftlich zustimmen und die Revision vom VG zugelassen wird. Die Zulassung durch das VG erfolgt im Urteil oder nachträglich auf Antrag durch Beschluß. Hier wird davon ausgegangen, daß die Revision im Urteil nicht zugelassen wurde, die Beteiligten eine Revision an das BVerwG wegen der aus den Entscheidungsgründen erkennbaren grundsätzlichen Bedeutung der Sache für sinnvoll und eine weitere Klärung des Sachverhalts und/oder eine Nachprüfung der tatsächlichen Feststellungen des VG durch die Berufungsinstanz nicht für notwendig halten.

Zur Sprungrevision, wenn die Berufung der Zulassung bedarf (s. dazu Form. V. C. 1) s. BVerwG DÖV 1993, 772. Zur Rechtsmittelbelehrung bei der Zulassung der Sprungrevision und den Folgen einer falschen Belehrung BVerwG NVwZ-RR 1994, 361.

2. Für den Antrag auf Zulassung der Revision besteht kein Anwaltszwang.

3. Die Zulassung der Revision kann jeder Beteiligte, auch der Beigeladene und der Vertreter des öffentlichen Interesses, beantragen (*Kopp* § 134 Rdn. 1).

4. Der Antrag auf Zulassung der Revision ist innerhalb eines Monats nach Zustellung des vollständigen Urteils beim VG einzureichen, § 134 Abs. 1 S. 2 VwGO.

5. Nach § 134 Abs. 1 S. 1 VwGO müssen der Kläger und der Beklagte der Einlegung der Revision schriftlich zustimmen. Die Zustimmung kann auch zur Niederschrift des Gerichts erklärt werden (BVerwGE 14, 259/260; 69, 295/296; NVwZ-RR 1993, 219; 1994, 361). Sie muß sich auf die Einlegung der Revision, nicht nur auf den Antrag auf Zulassung der Revision, beziehen (BVerwG NVwZ 1986, 120; DVBl. 1989, 410; NVwZ-RR 1993, 219). Die Zustimmungserklärung ist dem Antrag auf Zulassung der Revision oder, wenn die Revision im Urteil zugelassen wurde, der Revisionsschrift beizufügen, § 134 Abs. 1 S. 3 VwGO. Im letzteren Falle kann die Zustimmung auch innerhalb der noch offenen Revisionsfrist nachgereicht werden (BVerwGE 39, 314/315; 81, 81/82; NVwZ-RR 1993, 29). Der Zustimmung eines Beigeladenen bedarf es nicht.

6. Nach § 134 Abs. 2 S. 1 VwGO ist die Revision vom VG nur zuzulassen, wenn die Voraussetzungen des § 132 Abs. 2 Nr. 1 (grundsätzliche Bedeutung der Sache) oder des § 132 Abs. 2 Nr. 2 VwGO (Abweichung von einer Entscheidung des BVerwG) vorliegen. Auf Mängel des Verfahrens kann die Sprungrevision nicht gestützt werden, § 134 Abs. 4 VwGO.

7. Lehnt das VG den Antrag auf Zulassung der Revision durch Beschluß ab, beginnt mit der Zustellung dieser Entscheidung der Lauf der Berufungsfrist oder der Frist für die Beschwerde gegen die Nichtzulassung der Berufung von neuem, sofern der Antrag in der gesetzlichen Frist und Form gestellt und die Zustimmungserklärung beigefügt war, § 134 Abs. 3 S. 1 VwGO.

Läßt das VG die Revision durch Beschluß zu, beginnt mit der Zustellung dieser Entscheidung die einmonatige Revisionsfrist, § 134 Abs. 3 S. 2 VwGO, und die zweimonatige Frist zur Begründung der Revision, § 139 Abs. 3 S. 1, 1. Halbs. VwGO.

D. Vorläufiger Rechtsschutz[1]

Anträge nach § 80 VwGO

1. Antrag an die Widerspruchsbehörde auf Aussetzung der Vollziehung (Abgabenrecht)

An den Gemeindedirektor der Gemeinde ......

Betrifft: Heranziehung zu Straßenbaubeiträgen für das Grundstück A-Straße Nr....... in ...... (Az.: ......)

Sehr geehrter Herr Gemeindedirektor!

Mit Schreiben vom ...... habe ich gegen Ihren Heranziehungsbescheid vom ...... namens der Grundstückseigentümer Widerspruch eingelegt und diesen Widerspruch begründet[2]. Ein Widerspruchsbescheid ist noch nicht ergangen. Ergänzend beantrage ich, die Vollziehung des Heranziehungsbescheides bis zum rechtskräftigen Abschluß des Widerspruchsverfahrens und eines eventuell nachfolgenden Klageverfahrens auszusetzen.

Die Aussetzung ist nach § 80 Abs. 4 S. 3 VwGO geboten, weil, wie aus meiner Widerspruchsbegründung hervorgeht, ernstliche Zweifel an der Rechtmäßigkeit des Heranziehungsbescheides bestehen. Darüber hinaus würde die Vollziehung für meine Mandanten eine unbillige, nicht durch überwiegende öffentliche Interessen gebotene Härte zur Folge haben. Denn eine freiwillige oder erzwungene Zahlung würde zur Vernichtung der wirtschaftlichen Existenz meiner Mandanten führen und ihnen damit einen Schaden zufügen, der über die mit der Zahlung verbundenen Nachteile weit hinausgeht und deshalb auch durch eine künftige Rückerstattung nicht wieder gutzumachen ist (vgl. BFH NJW 1967, 1440; OVG Münster OVGE 1, 77/78) ......[3]

Unterschrift

Schrifttum: Finkelnburg/Jank, Vorläufiger Rechtsschutz im Verwaltungsstreitverfahren, NJW-Schriften 12, 3. Aufl. 1986; *Dunkl/Moeller/Baur/Feldmeier/Wetekamp,* Handbuch des vorläufigen Rechtsschutzes, 2. Aufl. 1991.

Anmerkungen

1. Zum vorläufigen Rechtsschutz bei Verwaltungsakten mit Doppelwirkung s. Form. V. E.3 und 4.

2. Eine Aussetzung der Vollziehung durch die Widerspruchsbehörde ist erst möglich, wenn gegen den Verwaltungsakt Widerspruch eingelegt ist (str.; aA. *Kopp* § 80 Rdn. 68). Sie kommt nicht mehr in Betracht, wenn der Verwaltungsakt bestandskräftig geworden ist (BGH NJW 1976, 1864; OVG Koblenz NJW 1976, 908).

3. Dies ist durch entspr. Tatsachenvortrag substantiiert darzulegen. „Routinemäßige Floskeln" genügen dazu nicht (BFH NJW 1967, 1440).

Kosten und Gebühren

Für den bei der Behörde gestellten Aussetzungsantrag erhält der RA keine besondere Gebühr. Das behördliche Aussetzungsverfahren ist zusammen mit dem Widerspruchsverfahren, für das der RA Gebühren nach den §§ 118, 119 Abs. 1 BRAGO erhält, eine Angelegenheit, § 119 Abs. 3 BRAGO.

2. Antrag auf Anordnung der aufschiebenden Wirkung der Anfechtungsklage (Abgabenrecht)

An das
Verwaltungsgericht

In Sachen

des ......   (Antragstellers)

Verfahrensbevollmächtigter: RA ......

gegen

den Gemeindedirektor der Gemeinde ......   (Antragsgegner)

wegen: Heranziehung zu Erschließungsbeiträgen
Streitwert: DM 635,–[1]

beantrage ich namens des Antragstellers und unter Hinweis auf meine im Klageverfahren überreichte Prozeßvollmacht[2],

I. die aufschiebende Wirkung der gleichzeitig erhobenen Klage gegen den Heranziehungsbescheid des Antragsgegners vom ...... in der Gestalt des Widerspruchsbescheides vom ...... anzuordnen[3],

II. die Kosten des Aussetzungsverfahrens dem Antragsgegner aufzuerlegen[4].

Zur Begründung führe ich aus:

Die Anordnung der aufschiebenden Wirkung der Klage ist nach § 80 Abs. 5 mit Abs. 4 S. 3 VwGO geboten, da ernstliche Zweifel an der Rechtmäßigkeit des mit der Klage angefochtenen Heranziehungsbescheides bestehen. Diese sind immer dann gegeben, wenn aufgrund summarischer Prüfung der Sach- und Rechtslage ein Erfolg des Rechtsbehelfs/Rechtsmittels im Hauptsacheverfahren wahrscheinlicher als ein Mißerfolg ist (OVG Münster NWVBl. 1994, 337). Dies ist hier der Fall. Hierzu verweise ich auf den Inhalt der gleichzeitig eingereichten Klageschrift ......[5]

Der Antragsteller hat am ...... bei dem Antragsgegner die Aussetzung der Vollziehung des Beitragsbescheides beantragt. Diesen Antrag hat der Antragsgegner mit Schreiben vom ...... abgelehnt.[6]

Rechtsanwalt

Anmerkungen

1. Nach den §§ 20 Abs. 3, 13 Abs. 1 GKG ist der Wert des Streitgegenstandes für das Aussetzungsverfahren des § 80 Abs. 5 VwGO nach der sich aus dem Antrag des Antragstellers für ihn ergebenden Bedeutung der Aussetzung der Vollziehung nach dem Ermessen des Gerichts zu bestimmen. Dabei wird im allg. wegen der Vorläufigkeit der Maßnahme das Interesse geringer zu bewerten sein als das im Hauptverfahren verfolgte Interesse an der endgültigen Aufhebung des Verwaltungsaktes. Für Aussetzungsverfahren, die Verwaltungsakte über öffentliche Abgaben oder Kosten betreffen, werden als Streitwert teils 10 vH. (OVG Hamburg NJW 1968, 1003), teils 25 vH. (VGH Mannheim NVwZ 1983, 42; VGH Kassel NVwZ 1983, 54; OVG Koblenz NVwZ-RR 1992, 110; OVG Münster NVwZ-RR 1992, 386), teils ⅓ (VGH München NVwZ-RR 1990, 328 und 373) des streitigen Abgabenbetrages zugrunde gelegt.

2. Nach § 173 VwGO, § 82 ZPO umfaßt die im Klageverfahren überreichte Prozeßvollmacht auch das Aussetzungsverfahren.

3. Bis zur Entscheidung über den Aussetzungsantrag vergeht naturgemäß eine gewisse Zeitspanne. Im allg. legen die Gerichte der Verwaltung unförmlich nahe, bis zur Entschei-

dung im Aussetzungsverfahren von einer Vollziehung abzusehen (*Redeker/von Oertzen* § 80 Rdn. 54). Wird nicht so verfahren, so muß notfalls der Vorsitzende allein nach § 80 Abs. 8 VwGO eine zeitlich befristete vorläufige Aussetzung anordnen.

4. Im Aussetzungsverfahren nach § 80 Abs. 5 VwGO hat das Gericht eine eigene Kostenentscheidung zu treffen, die nach § 161 Abs. 1 VwGO von Amts wegen erfolgt und deren Inhalt sich nach den §§ 154 ff. VwGO richtet.

5. S. Form. V. B. 1.

6. Nach § 80 Abs. 6 VwGO ist bei der Heranziehung zu öffentlichen Abgaben und Kosten ein Antrag nach § 80 Abs. 5 VwGO nur zulässig, wenn die Behörde einen Antrag auf Aussetzung der Vollziehung ganz oder zum Teil abgelehnt hat (zu einem solchen Antrag s. Form. V. D. 1). Dies gilt nicht, wenn die Behörde über den Antrag ohne Mitteilung eines zureichenden Grundes in angemessener Frist sachlich nicht entschieden hat oder eine Vollstreckung droht.

Die Ablehnung des bei der Behörde zu stellenden Aussetzungsantrages muß im Zeitpunkt der Antragstellung bei Gericht vorliegen. Der unterbliebene Aussetzungsantrag kann nicht während des gerichtlichen Verfahrens nachgeholt oder durch Einlassung der Behörde als entbehrlich angesehen werden (OVG Koblenz DÖV 1992, 976; VGH München KStZ 1993, 177; NVwZ-RR 1994, 127; OVG Hamburg KStZ 1993, 232; VGH Kassel DVBl. 1994, 805).

Kosten und Gebühren

Nach Nr. 2210 KV entsteht im Verfahren nach § 80 Abs. 5 VwGO eine 0,5 Gerichtsgebühr.

Der RA erhält 10/10 Gebühren nach den §§ 114 Abs. 5 S. 1, 40, 31 BRAGO. Wird der Aussetzungsantrag im Berufungs- oder Revisionsverfahren beim OVG oder BVerwG als Gericht der Hauptsache gestellt, tritt nach § 40 Abs. 3 BRAGO keine Gebührenerhöhung auf 13/10 ein.

3. Antrag auf Wiederherstellung der aufschiebenden Wirkung des Widerspruchs (Entziehung der Fahrerlaubnis)

An das
Verwaltungsgericht

In Sachen

des ...... (Antragstellers)
Verfahrensbevollmächtigter: RA ......

gegen

den Oberstadtdirektor der Stadt ......, Amt für öffentliche Ordnung, ...

(Antragsgegner)

wegen: Entziehung der Fahrerlaubnis
Streitwert: DM 4000,–[1]

beantrage ich,
I. die aufschiebende Wirkung des Widerspruchs des Antragstellers und einer eventuell nachfolgenden Anfechtungsklage[2] gegen die Verfügung des Antragsgegners vom ...... wiederherzustellen,
II. die Kosten des Aussetzungsverfahrens dem Antragsgegner aufzuerlegen[3].

Zur Begründung führe ich aus:
I. Der Antragsteller besitzt seit dem Jahre 1976 den Führerschein. Er ist bis heute unfallfrei gefahren. In der Zeit von August 1990 bis März 1994 wurden gegen ihn wegen

Geschwindigkeitsüberschreitung, Verletzung der Wartepflicht, Fahren mit abgefahrenen Reifen und fahrlässiger Körperverletzung viermal Bußgelder verhängt. Im Verkehrszentralregister ist er deshalb mit 14 Punkten eingetragen. Aus diesem Grunde forderte der Antragsgegner den Antragsteller nach § 15b Abs. 2 S. 1 Nr. 3 StVZO auf, sich einer theoretischen Befähigungsprüfung nach § 11 Abs. 3 StVZO zu unterziehen. Aufgrund des Ergebnisses von drei theoretischen Prüfungen, denen sich der Antragsteller im Abstand von jeweils drei Monaten unterzog, und der diese Prüfung veranlassenden Verkehrsverstöße entzog ihm der Antragsgegner mit der in einer Ablichtung beigefügten Verfügung die Fahrerlaubnis und ordnete die sofortige Vollziehung an. Gegen die Verfügung legte der Antragsteller mit Schreiben vom ...... Widerspruch ein, über den noch nicht entschieden ist.

II. Die aufschiebende Wirkung des Widerspruchs ist aus folgenden Gründen nach § 80 Abs. 5 VwGO wiederherzustellen.

Die Anordnung der sofortigen Vollziehung des Entzuges der Fahrerlaubnis und der Einziehung des Führerscheins ist nicht ausreichend begründet[4]. Der Antragsgegner führt zur Begründung nur aus, der Antragsteller habe sich als ungeeignet zum Führen von Kraftfahrzeugen erwiesen. Damit sind aber lediglich die Gründe für die Entziehung der Fahrerlaubnis selbst (§ 4 StVG), nicht jedoch für deren sofortige Vollziehung dargetan, was nach § 80 Abs. 3 S. 1 VwGO erforderlich ist (VGH Kassel NVwZ 1985, 918)[5]. Zwar kann die Begründung des besonderen Interesses an der sofortigen Vollziehung uU. zusammen mit der Begründung für die Entziehung der Fahrerlaubnis gegeben werden (VGH Mannheim NJW 1977, 165); dies ist jedoch hier nicht geschehen. Denn der Antragsgegner legt in dem angefochtenen Bescheid nicht dar, daß die Umstände, aus denen sich die Ungeeignetheit des Antragstellers zum Führen eines Kraftfahrzeugs ergeben sollen, gleichzeitig das besondere öffentliche Interesse an der sofortigen Vollziehung des Entzuges der Fahrerlaubnis begründen[6].

Darüber hinaus ist die Anordnung der sofortigen Vollziehung auch deshalb nicht gerechtfertigt, weil ein überwiegendes Vollziehungsinteresse der Öffentlichkeit nicht besteht. Denn ein genügend konkretisierter Verdacht, daß der Antragsteller zum Führen von Kraftfahrzeugen ungeeignet sei und er deshalb andere Verkehrsteilnehmer so sehr gefährde, daß der Ausgang des Hauptverfahrens nicht abgewartet werden könne, ist nicht gegeben. Die dem Antragsteller bei der Befähigungsprüfung gestellten Fragen, die er nicht oder nicht vollständig beantwortet hat, waren nicht geeignet, die Eignung des Antragstellers zum Führen von Kraftfahrzeugen festzustellen. Sie lagen auch außerhalb des durch § 11 Abs. 3 StVZO beschriebenen Prüfungsrahmens .... Jedenfalls aber hatten die nicht oder nur unzureichend beantworteten Fragen keine unmittelbare Bedeutung für die Verkehrssicherheit. Darüber hinaus hat der Antragsgegner nicht ausreichend berücksichtigt, daß der Antragsteller bis zur Entziehung der Fahrerlaubnis jahrelang unfallfrei gefahren ist. ......

Rechtsanwalt

Schrifttum: Herlan/Schmidt-Leichner, Entziehung der Fahrerlaubnis nach Fahrverbot durch Strafrichter und Verwaltungsbehörden, NJW-Schriften 10, 1972; *Himmelreich/ Hentschel*, Fahrverbot und Führerscheinentzug, Band II, 7. Aufl. 1992; *Finkelnburg/Jank*, Vorläufiger Rechtsschutz im Verwaltungsstreitverfahren, NJW-Schriften 12, 3. Aufl. 1986, Rdn. 1107 ff.

Anmerkungen

1. Zum Streitwert im Aussetzungsverfahren s. Form. V. D. 2 Anm. 1. Sofern es sich nicht um ein Aussetzungsverfahren betreffend öffentliche Abgaben oder Kosten handelt, beträgt der Streitwert des Aussetzungsverfahrens etwa ½ oder ⅓ des Wertes der Hauptsache (Nachw. bei *Finkelnburg/Jank* Rdn. 835; zum Streitwert bei Klagen gegen die Entziehung der Fahrerlaubnis BVerwG NVwZ-RR 1989, 670).

2. Nach hM. wirkt die aufschiebende Wirkung des Widerspruchs auch nach seiner Zurückweisung durch den Widerspruchsbescheid bis zur Unanfechtbarkeit des Verwaltungsakts fort (OVG Bremen NJW 1973, 341; OVG Münster NJW 1975, 794/795; OVG Hamburg DÖV 1989, 360 Nr. 59). Da dies nicht völlig unzweifelhaft ist (s. dazu *Finkelnburg/Jank* Rdn. 527), sollte die hier verwandte Formulierung gewählt werden.

3. Zu den Kosten s. Form. V. D. 2 Anm. 4.

Die Kostenentscheidung im Aussetzungsverfahren betrifft nicht die Kosten des Vorverfahrens. Es kann deshalb im Aussetzungsverfahren nicht nach § 162 Abs. 2 S. 2 VwGO darüber entschieden werden, ob die Zuziehung eines Bevollmächtigten für das Vorverfahren notwendig war (OVG Münster NWVBl. 1993, 312).

4. Str. ist, ob eine fehlende oder unzureichende Begründung der AO der sofortigen Vollziehung nur zu deren Aufhebung (so OVG Hamburg NJW 1978, 2167; VGH München NVwZ 1985, 663) oder zur Wiederherstellung der aufschiebenden Wirkung des Widerspruchs bzw. der Anfechtungsklage (so VGH Kassel NJW 1983, 2404; OVG Magdeburg DVBl. 1994, 808) führt.

5. Zur Nachholung der Begründung der AO der sofortigen Vollziehung im gerichtlichen Verfahren s. OVG Münster NJW 1986, 1894.

6. Zu beachten ist allerdings, daß, wenn sich jemand zum Führen von Kraftfahrzeugen als ungeeignet erweist, dies idR nicht nur die Entziehung der Fahrerlaubnis nach § 4 Abs. 1 StVG, sondern auch die AO der sofortigen Vollziehung dieser Verfügung rechtfertigt, „um den ungeeigneten Fahrerlaubnisinhaber unverzüglich von der weiteren Teilnahme am Straßenverkehr auszuschließen" (OVG Bautzen LKV 1994, 224). Aus diesem Grunde sollte in dem Aussetzungsantrag vor allem die Rechtsfehlerhaftigkeit der Entziehung der Fahrerlaubnis, also die Geeignetheit des Antragstellers zum Führen von Kraftfahrzeugen, glaubhaft dargestellt werden.

Kosten und Gebühren

Vgl. Anm. 3 sowie die Bemerkungen zu Form. V. D. 2.

4. Antrag auf Wiederherstellung der aufschiebenden Wirkung des Widerspruchs und Aufhebung der Vollziehung[1] (Bauordnungsrecht)

An das
Verwaltungsgericht

In Sachen

des ......   (Antragstellers)
Verfahrensbevollmächtigter: RA ......

gegen

den Stadtdirektor der Stadt ......   (Antragsgegner)
wegen: Stillegung von Bauarbeiten
Streitwert: DM ......

beantrage ich,
  I. die aufschiebende Wirkung des Widerspruchs des Antragstellers und einer eventuell nachfolgenden Anfechtungsklage gegen die Stillegungsverfügung des Antragsgegners vom ...... wiederherzustellen,
  II. anzuordnen, daß der Antragsgegner sämtliche von ihm angebrachten Siegel am und im Hause ...... zu entfernen hat[2].

Zur Begründung führe ich aus:
I. Der Antragsteller ist Eigentümer des Grundstücks ......, auf dem sich ein im Jahre 1926 errichtetes zweigeschossiges Wohnhaus befindet. Der Antragsteller beabsichtigt, dieses Haus, aus dem die bisherigen Mieter ausgezogen sind, zu modernisieren und umzubauen. Nachdem er mit den Bauarbeiten begonnen hatte, ordnete der Antragsgegner mit sofortiger Vollziehung die Einstellung der Bauarbeiten an und versiegelte die Baustelle. Dagegen legte der Antragsteller mit Schreiben vom ...... Widerspruch ein, über den noch nicht entschieden ist.
II. Der Antrag auf Wiederherstellung der aufschiebenden Wirkung ist nach § 80 Abs. 5 S. 1 und S. 2 VwGO begründet; denn ein überwiegendes öffentliches Interesse an der sofortigen Vollziehung der Stillegungsverfügung besteht schon deshalb nicht, weil diese offensichtlich rechtswidrig ist. Die Verfügung wird ausschließlich damit begründet, daß der Antragsteller ohne Baugenehmigung genehmigungspflichtige Bauarbeiten durchführe. Dies ist jedoch nicht der Fall; denn nach § 65 Abs. 2 Bauordnung NRW sind die von dem Antragsteller durchzuführenden Bauarbeiten nicht genehmigungspflichtig ......
III. Als Folge der Wiederherstellung der aufschiebenden Wirkung des Widerspruchs ist nach § 80 Abs. 5 S. 3 VwGO die Aufhebung der Vollziehung der Stillegungsverfügung anzuordnen. Da die Verfügung durch Anbringung von Siegeln am und im Haus vollzogen wurde, sind diese Siegel von dem Antragsgegner wieder zu entfernen.

Rechtsanwalt

Schrifttum zum Bauordnungsrecht: *Gädtke/Böckenförde/Temme*, Landesbauordnung Nordrhein-Westfalen, 8. Aufl. 1989; *Grosse-Suchsdorf/Schmaltz/Wiechert*, Niedersächsische Bauordnung, 5. Aufl. 1992; *Sauter*, Landesbauordnung Baden-Württemberg, Losebl.-Komm., Stand: September 1993; *Simon*, Bayerische Bauordnung, Losebl.-Komm., Stand: April 1995; *Stich/Gabelmann*, Landesbauordnung Rheinland-Pfalz, Losebl.-Komm., Stand: 1993; *Boeddinghaus/Hahn*, Landesbauordnung Nordrhein-Westfalen, Losebl.-Komm., Stand: März 1994; *Finkelnburg/Ortloff*, Öffentliches Baurecht, Band II, 3. Aufl. 1994.

Anmerkungen

1. Zum Inhalt des Aussetzungsantrages im allg. s. Form. V.D.2 und 3.

2. Zur Notwendigkeit, bei einem bereits vollzogenen Verwaltungsakt sowohl die Wiederherstellung der aufschiebenden Wirkung (§ 80 Abs. 5 S. 1 VwGO) als auch die Aufhebung der Vollziehung (§ 80 Abs. 5 S. 3 VwGO) zu beantragen s. VGH Mannheim NJW 1971, 1764.

Kosten und Gebühren

Vgl. Bemerkungen zu Form. V.D.2.

5. Antrag auf Wiederherstellung/Anordnung der aufschiebenden Wirkung des Widerspruchs (Ausländerrecht)

An das
Verwaltungsgericht

In Sachen

des ...... (Antragstellers)

Verfahrensbevollmächtigter: RA ......

gegen

den Oberkreisdirektor des Kreises ......, Ausländerbehörde ......

(Antragsgegner)

wegen: Ausweisung und Verlängerung der Aufenthaltserlaubnis[1]
Streitwert: DM 8000,–[2]

beantrage ich,

I. die aufschiebende Wirkung des Widerspruchs des Antragstellers gegen die Ausweisungsverfügung des Antragsgegners vom ...... wiederherzustellen;[3]
II. die aufschiebende Wirkung des Widerspruchs des Antragstellers gegen die Ablehnung des Antrages auf Verlängerung der Aufenthaltserlaubnis des Antragsgegners vom ......anzuordnen;[4]
III. die Kosten des Verfahrens dem Antragsgegner aufzuerlegen.

Zur Begründung führe ich aus:

I. Der am 3. 8. 1960 geborene Antragsteller ist türkischer[5] Staatsangehöriger. Er reiste 1986 in die Bundesrepublik zum Zwecke der Arbeitsaufnahme ein. Die vom Antragsgegner erteilte Aufenthaltserlaubnis vom 28. 11. 1986 wurde zuletzt durch Bescheid vom 21. 3. 1993 bis zum 21. 3. 1994 verlängert. Der Antragsteller, der gut deutsch spricht, ist seit seiner Einreise bei der Firma ...... beschäftigt.
Die Ehefrau des Antragstellers ist im Jahre 1988 nachgereist. Sie hält sich berechtigt in der Bundesrepublik Deutschland auf. Die Eheleute leben mit ihrer im Jahre 1990 geborenen Tochter in einer 3-Zimmer-Wohnung.
Der Antragsteller wurde mit rechtskräftigem Strafbefehls des AG ...... vom 13. 1. 1990 ...... wegen Körperverletzung zu einer Geldstrafe in Höhe von 1000 DM verurteilt. Durch rechtskräftiges Urteil des AG ...... vom 30. 7. 1992 wurde er wegen gefährlicher Körperverletzung zu einer Freiheitsstrafe von 6 Monaten mit Bewährung verurteilt.
Nach erfolgter Anhörung wies der Antragsgegner den Antragsteller mit Bescheid vom ...... aus der Bundesrepublik aus. Die sofortige Vollziehung wurde angeordnet.
Unter dem 16. 3. 1994 beantragte der Antragsteller die Verlängerung der am 21. 3. 1994 endenden Aufenthaltserlaubnis. Diesen Antrag lehnte der Antragsgegner mit Bescheid vom ...... ab. Gegen beide Bescheide legte der Antragsteller Widerspruch ein, über den noch nicht entschieden ist.

II. Die aufschiebende Wirkung des Widerspruchs gegen die Ausweisungsverfügung ist nach § 80 Abs. 5 VwGO wiederherzustellen, da diese Verfügung offensichtlich rechtswidrig ist und deshalb ein überwiegenden Interesse des Antragstellers an der vorläufigen Außervollzugsetzung besteht (s. dazu *Kanein/Renner* § 72 Rdn. 12).
  1. Eine Ausweisung wegen besonderer Gefährlichkeit nach § 47 AuslG kommt nicht in Betracht, da die Straftaten bzw. Verurteilungen des Antragstellers nicht den Merkmalen des § 47 Abs. 1 oder 2 AuslG entsprechen.

2. Auch die Voraussetzungen einer Ausweisung nach § 46 Nr. 2 mit § 45 AuslG sind nicht erfüllt. Zwar hat der Antragsteller ausweislich der strafgerichtlichen Verurteilungen wiederholt und nicht nur geringfügig gegen Strafvorschriften verstoßen. Der Antragsgegner hat jedoch durch die letzte Verlängerung der Aufenthaltserlaubnis konkludent zum Ausdruck gebracht, daß der Aufenthalt des Antragstellers trotz der begangenen Rechtsverstöße die Interessen der Bundesrepublik Deutschland nicht beeinträchtigt (§ 7 Abs. 2 Nr. 3 AuslG). Ferner wurden bei der Ausweisungsentscheidung die Folgen der Ausweisung für die Ehefrau und Tochter des Antragstellers, die sich rechtmäßig im Bundesgebiet aufhalten und mit dem Antragsteller in familiärer Lebensgemeinschaft leben, entgegen § 45 Abs. 2 Nr. 2 AuslG nicht ausreichend berücksichtigt.

III. Die aufschiebende Wirkung des Widerspruchs gegen die Nichtverlängerung der Aufenthaltserlaubnis ist nach § 80 Abs. 5 VwGO anzuordnen, da die Versagung der Verlängerung offensichtlich rechtswidrig ist. Dem Antragsteller steht nach § 24 Abs. 1 AuslG ein Anspruch auf unbefristete Verlängerung der Aufenthaltserlaubnis zu, weil er die Erlaubnis seit 5 Jahren besitzt (Abs. 1 Nr. 1), er als Arbeitnehmer im Besitz einer besonderen Arbeitserlaubnis ist (Abs. 1 Nr. 2), er sich in deutscher Sprache mündlich verständigen kann (Abs. 1 Nr. 4), über ausreichenden Wohnraum für sich und seine mit ihm in häuslicher Gemeinschaft lebende Familie verfügt (Abs. 1 Nr. 5) und kein Ausweisungsgrund vorliegt (Abs. 1 Nr. 6). Die beiden strafgerichtlichen Verurteilungen stellen aus den oben (Ziffer II.) dargelegten Erwägungen keinen ausreichenden Ausweisungsgrund dar ......

Schrifttum zum Ausländerrecht s. Form. V. B. 6.

Anmerkungen

1. Nach dem AuslG 1990 ist die Aufenthaltserlaubnis ein Unterfall der Aufenthaltsgenehmigung. Diese wird nach § 5 AuslG erteilt als Aufenthaltserlaubnis (§§ 15, 17), Aufenthaltsberechtigung (§ 27), Aufenthaltsbewilligung (§§ 28, 29) und Aufenthaltsbefugnis (§ 30).

2. Die Rspr. geht bei Streitverfahren um eine Aufenthaltsgenehmigung oder um eine Ausweisung meist vom Auffangstreitwert des § 13 Abs. 1 S. 2 GKG (DM 8000,–) aus. Bei Klagen wegen Ausweisung und Verlängerung der Aufenthaltsgenehmigung sind die Streitwerte zusammenzufassen (BVerwG DÖV 1982, 410; vgl. auch VGH München BayVBl. 1981, 540/541). Im Hauptverfahren wäre der Streitwert also DM 16 000,–. Wegen des vorläufigen Charakters der hier angestrebten Entscheidung wurde ½ dieses Wertes zugrunde gelegt (s. dazu Form. V. D. 3 Anm. 1).

3. Der Widerspruch gegen eine Ausweisungsverfügung hat nach § 80 Abs. 1 VwGO aufschiebende Wirkung. Diese ist nicht durch § 72 Abs. 1 AuslG ausgeschlossen, wie aus § 72 Abs. 2 S. 1 AuslG hervorgeht. Aus diesem Grunde wurde hier von der Ausländerbehörde die sofortige Vollziehung besonders nach § 80 Abs. 2 Nr. 4 VwGO angeordnet.

4. Beantragt ein Ausländer, der mit einem mit Zustimmung der Ausländerbehörde erteilten Visum eingereist ist oder sich seit mehr als 6 Monaten rechtmäßig im Bundesgebiet aufhält, die Erteilung oder Verlängerung einer Aufenthaltsgenehmigung, so gilt sein Aufenthalt bis zur Entscheidung der Ausländerbehörde als erlaubt, § 69 Abs. 3 S. 1 AuslG. Mit der Ablehnung des Antrages endet die vorläufige Erlaubnis. Der Ausländer ist zur unverzüglichen Ausreise verpflichtet, § 42 Abs. 1 AuslG. Die Ausreisepflicht ist in diesem Falle vollziehbar, wenn die Versagung der Aufenthaltsgenehmigung vollziehbar ist, § 42 Abs. 2 S. 2 AuslG. Die Versagung der Aufenthaltsgenehmigung ist vollziehbar, da Widerspruch und Klage keine aufschiebende Wirkung haben, § 72 Abs. 1 AuslG. Die aufschie-

bende Wirkung kann durch das Gericht nach § 80 Abs. 5 VwGO angeordnet werden, was hier beantragt wird. Ergeht die AO, so ist die Vesagung der Aufenthaltsgenehmigung und damit auch die Ausreisepflicht nicht vollziehbar, § 42 Abs. 2 S. 2 AuslG.

5. Das übergeleitete deutsch-türkische Niederlassungsabkommen vom 12. 1. 1927 (RGBl. II S. 53) sieht vor, daß Einreise und Aufenthalt den ausländerrechtlichen Vorschriften des jeweiligen Vertragsstaates unterliegen. Erleichterungs- bzw. Wohlwollensklauseln existieren nicht.

Das Assoziierungsabkommen mit der Türkei vom 12. 9. 1963 (BGBl. II S. 509) bewirkte keine Änderung der Rechtslage. Vgl. ferner Beschluß Nr. 1/80 des Assoziationsrats EWG/Türkei über die Entwicklung der Assoziation, abgedr. bei *Kanein/Renner* S. 764.

6. Antrag auf Aufhebung der Anordnung der aufschiebenen Wirkung (Abgabenrecht)[1]

An das
Verwaltungsgericht

Az.: ......

In der Verwaltungsstreitsache

......

gegen den Gemeindedirektor der Gemeinde ......

beantrage ich namens des Antragsgegners,

den Beschluß des OVG ...... vom ......, mit dem die aufschiebende Wirkung des Widerspruchs des Antragstellers gegen den Heranziehungsbescheid des Antragsgegners vom ...... angeordnet wurde, aufzuheben und den Antrag auf Anordnung der aufschiebenden Wirkung abzulehnen.

Zur Begründung führe ich aus:

I. Das OVG hat als Beschwerdeinstanz die aufschiebende Wirkung des Widerspruchs des Antragstellers gegen den Erschließungsbeitragsbescheid des Antragsgegners vom ...... angeordnet. Anschließend hat der Antragsgegner den Widerspruch des Antragstellers zurückgewiesen. Gegen den Widerspruchsbescheid hat der Antragsteller Klage erhoben, die bei der Kammer unter dem Az.: ...... anhängig ist. Das VG ist damit Gericht der Hauptsache und als solches im Abänderungsverfahren nach § 80 Abs. 7 VwGO zuständig, obwohl die Aussetzungsentscheidung nach § 80 Abs. 5 VwGO vom OVG getroffen wurde (OVG Koblenz DVBl. 1991, 1324).

II. Der Aufhebungsantrag ist begründet, da ernstliche Zweifel an der Rechtmäßigkeit des Heranziehungsbescheides nicht mehr bestehen. Das OVG hat diese Bedenken daraus abgeleitet, daß der Verteilungsmaßstab in der Erschließungsbeitragssatzung der Gemeinde ...... vom ...... nicht der Vorschrift des § 131 Abs. 2 BauGB entspreche. Inzwischen hat die Gemeinde eine neue Erschließungsbeitragssatzung erlassen, deren Verteilungsmaßstab den Anforderungen der Rspr. genügt. Diese Satzung hat den Heranziehungsbescheid, sollte er rechtswidrig gewesen sein, geheilt (BVerwG NJW 1980, 2209; DVBl. 1982, 544)[2].

Rechtsanwalt

Anmerkungen

1. Gegen die Entscheidung, mit der die aufschiebende Wirkung angeordnet oder der Antrag auf AO der aufschiebenden Wirkung abgelehnt wird, kann nach § 147 VwGO binnen zwei Wochen Beschwerde eingelegt werden. Daneben eröffnet § 80 Abs. 7 VwGO dem Gericht die Möglichkeit, Beschlüsse über Anträge nach § 80 Abs. 5 VwGO jederzeit abzuändern oder aufzuheben. Voraussetzung ist entspr. § 927 Abs. 1 ZPO, daß sich die Voraussetzungen, von denen das Gericht bei seiner Entscheidung gem. § 80 Abs. 5 VwGO ausgegangen ist, nachträglich geändert haben (*Kopp* § 80 Rdn. 108 mwN.: str.).

2. Die Behörde ist nach Heilung des Mangels darauf angewiesen, beim VG die Aufhebung des Aussetzungsbeschlusses zu beantragen; sie kann nicht etwa selbst die sofortige Vollziehbarkeit des nunmehr rechtmäßig gewordenen Bescheides feststellen bzw. anordnen (OVG Saarlouis NVwZ 1985, 920).

Anträge nach § 123 VwGO

7. Antrag auf Erlaß einer einstweiligen Anordnung (mit Befriedigungstendenz – Hochschulzulassungsrecht)[1]

An das
Verwaltungsgericht[2]

In Sachen

des Studienbewerbers ...... (Antragstellers)
Verfahrensbevollmächtigter: RA ......

gegen

die ...... Universität,[3] vertreten durch den Rektor (Präsidenten)[4] ......(Antragsgegnerin)
wegen: Zulassung zum Studium der Humanmedizin im ersten Fachsemester[5]
Streitwert: DM 4000,–[6]
beantrage ich namens und mit Vollmacht[7] des Antragstellers,
die Antragsgegnerin im Wege einer einstweiligen Anordnung nach § 123 Abs. 1 S. 2 VwGO[8] zu verpflichten, den Antragsteller an einem Vergabeverfahren um freie Studienplätze im Studiengang Humanmedizin nach den Vergabekriterien des Gerichts im Wintersemester 1994/95[9] zu beteiligen und ihm einen Studienplatz vorläufig[10] zuzuweisen, falls er ausgewählt wird.[11]

Zur Begründung führe ich aus:[12]
I. Der Antragsteller bestand am ...... die Reifeprüfung. Eine Ablichtung des Reifezeugnisses ist beigefügt. Er bewarb sich anschließend über die Zentralstelle für die Vergabe von Studienplätzen (ZVS) um einen Studienplatz im Studiengang Humanmedizin. Dieser Antrag wurde mit dem in Ablichtung beigefügten Bescheid abgelehnt.[13] Mit Schreiben vom ......[14] bewarb sich der Antragsteller bei der Antragsgegnerin um einen Studienplatz außerhalb der an die ZVS gemeldeten Höchstzahl.[15] Über diesen Antrag hat die Antragsgegnerin noch nicht entschieden.[16]
II. Der Antragsteller hat einen Anspruch auf Zulassung zum Studium der Medizin. Art. 12 Abs. 1 GG verbürgt in Verbindung mit dem Gleichheitssatz und dem Sozialstaatsprinzip die freie Wahl der Stätten der Hochschulausbildung (BVerfGE 33, 303/332 = NJW 1972, 1561). Soweit der Mangel an Studienplätzen ein objektives Zugangshindernis

darstellt, sind knappheitsbedingte Beschränkungen der Hochschulzulassung nur in den „Grenzen des unbedingt Erforderlichen" zulässig (BVerfG aaO. S. 338). Dem sich daraus ergebenden Gebot, die Zahl der aufzunehmenden Studenten nicht niedriger festzusetzen, als dies unter Berücksichtigung der personellen, räumlichen, sächlichen und fachspezifischen Gegebenheiten zur Aufrechterhaltung einer geordneten Wahrnehmung der Aufgaben der Hochschulen in Forschung, Lehre und Studium sowie in der Krankenversorgung unbedingt erforderlich ist (§ 29 Abs. 2 Hochschulrahmengesetz), wird die nach Maßgabe der KapazitätsVO vom ...... in der ZulassungszahlenVO vom ...... festgesetzte Zulassungsquote nicht gerecht. Denn die tatsächliche Ausbildungskapazität der Antragsgegnerin im Studiengang Humanmedizin im Wintersemester 1994/95 übersteigt die festgesetzten Zulassungszahlen von ...... um mindestens ......
Das Ministerium ...... hat bei der Aufteilung des Curricular-Normwertes auf die Lehreinheiten, denen der Studiengang Medizin zugeordnet ist, den Eigenanteil der vorklinischen Lehreinheit zu hoch angesetzt (vgl. BVerwG NVwZ 1987, 687; VGH Mannheim NVwZ 1983, 621). Dies führt zu einer überhöhten Lehrnachfrage und damit zu einer ungerechtfertigten Einschränkung der Kapazität.[17] Der Antragsteller ist für das Wintersemester 1994/95 im Studiengang Medizin weder vorläufig noch endgültig von einer anderen Hochschule im Geltungsbereich des GG zum Studium zugelassen. Eine entsprechende eidesstattliche Versicherung[18] füge ich bei[19].

Rechtsanwalt

Schrifttum: Bahro, Das Hochschulzulassungsrecht in der Bundesrepublik Deutschland 2. Aufl. 1986; *Becker,* Die Entwicklung des Hochschulzulassungsrechts in den Jahren 1989 bis 1993, NVwZ 1994, 750; *Denninger,* Hochschulrahmengesetz, 1984 mit Nachtrag 1986; *Finkelnburg/Jank,* Vorläufiger Rechtsschutz im Verwaltungsstreitverfahren, NJW-Schriften 12, 3. Aufl. 1986, Rdn. 951 ff.; *Forsthoff,* Die Auswahl bei der Hochschulzulassung, DÖV 1984, 331; *Hauck,* Neues Recht zur Studienplatzvergabe, NVwZ 1986, 348; *Hümborg,* Die Vergabe von Studienplätzen durch die ZVS, DVBl. 1984, 545; *Brehm/Zimmerling,* Die verwaltungsgerichtliche Kontrolle zahlenförmiger Normen und die Rechtsfolgen der Kassation, NVwZ 1992, 340; *Hailbronner,* Hochschulrahmengesetz, Losebl.-Komm., Stand: Dezember 1994.

Anmerkungen

1. Mit dem gegen die Hochschule gerichteten Antrag auf Erlaß einer einstw. AO auf Zulassung zum Studium in einem sog. numerus-clausus-Fach beansprucht der Studienbewerber einen außerhalb der Kapazität liegenden Studienplatz mit der Begründung, die festgesetzte Zulassungszahl sei zu niedrig berechnet.
Die jährliche (Aufnahme-)Kapazität einer Hochschule wird auf der Grundlage des Staatsvertrages der Länder über die Vergabe von Studienplätzen mittels KapazitätsVOen nach folgendem System ermittelt: Das Lehrangebot des jeweiligen Studienganges wird durch die Lehrnachfrage (= Ausbildungsaufwand) geteilt, wobei weitere kapazitätsbestimmende Kriterien zu berücksichtigen sind. Das Lehrangebot errechnet sich im wesentlichen aus den dienstrechtlichen Lehrverpflichtungen (bezogen auf die Stellen) des wissenschaftlichen Personals eines Studienganges. Der Ausbildungsaufwand, dh. das für die ordnungsgemäße Ausbildung eines Studenten erforderliche Maß an Ausbildung, wird durch studiengangsspezifische Normwerte (Curricularnormwerte) festgelegt, die eine gleichmäßige und erschöpfende Auslastung der Hochschule gewährleisten sollen. Als weitere kapazitätsbestimmende Kriterien sind vor allem räumliche und sächliche Gegebenheiten an einer bestimmten Hochschule anzusehen.
Bei der gerichtlichen Kontrolle festgesetzter Kapazitäten iR. von Studienzulassungsverfahren haben die VGe – nach einer neuen Entscheidung des BVerfG (NVwZ 1992, 361) –

zunächst die Anwendung kapazitätsbestimmender Regelungen zu überprüfen; darüber hinaus müssen sie die KapazitätsVOen selbst nicht nur am Willkürverbot, sondern auch daraufhin überprüfen, ob sie den Erfordernissen rationaler Abwägungen genügen. Definieren die KapazitätsVOen die Ausbildungskapazität mittels Zahlenwerten und Formeln, muß sich die verwaltungsgerichtliche Kontrolle auch auf diese erstrecken. Die Vorgaben des BVerfG bewirken eine weitere Verschärfung der verwaltungsgerichtlichen Überprüfung der Ausbildungskapazitäten. Allerdings werden die oben genannten – schwierigen und aufwendigen – Kontrollen schwerlich im Verfahren des vorläufigen Rechtsschutzes erfolgen können, sie werden vielmehr zumeist dem Verfahren der Hauptsache vorbehalten bleiben müssen, das aus Zeit- und Kostengründen für abgelehnte Studienbewerber von geringerem Interesse sein wird.

2. Zuständig ist das Gericht der Hauptsache, bei dem das Hauptsacheverfahren bereits anhängig ist oder das, wenn ein solches Verfahren noch nicht anhängig ist, dafür zuständig wäre, § 123 Abs. 2 VwGO.

3. Bei der Vergabe von Studienplätzen in sog. numerus-clausus-Fächern ist zu unterscheiden zwischen Studienplätzen innerhalb der landesrechtlich für eine bestimmte Hochschule festgesetzten Zulassungszahl und Studienplätzen außerhalb der Zulassungszahl, wenn diese zu niedrig festgesetzt worden ist. Studienplätze innerhalb der ausgewiesenen Kapazität werden nur in höheren Semestern durch die jeweiligen Hochschulen selbst vergeben, während die Zulassung für Studienanfänger zentral durch die ZVS in Dortmund vorgenommen wird mit der Folge der gerichtlichen Zuständigkeit des VG Gelsenkirchen (vgl. § 52 Nr. 3 S. 4 VwGO). Dagegen ist ein Antrag auf Zuweisung eines Studienplatzes außerhalb der festgesetzten Kapazität an die jeweilige Hochschule zu richten (vgl. dazu BVerfGE 39, 276/300).

4. Antragsgegner ist, wer im Hauptverfahren Beklagter ist oder wäre. Zum Beklagten im Hauptverfahren s. Form. V. B. 1 Anm. 2.

5. Sofern die vorläufige Zulassung für ein höheres Fachsemester erstrebt wird, ist ein Bescheid der zuständigen (Prüfungs-)Behörde (vgl. zB. § 12 Approbationsordnung für Ärzte) vorzulegen, in dem die Anrechnung fachfremder Studienzeiten auf das Medizinstudium ausgesprochen wird (sog. Anrechnungsbescheid).

6. Im hochschulrechtlichen Zulassungsverfahren gehen die Gerichte im Rechtsstreit zur Hauptsache durchweg vom Auffangstreitwert des § 13 Abs. 1 S. 2 GKG aus, dh. der Streitwert wird auf DM 8000,– festgesetzt.

In Verfahren auf Erlaß einer einstw. AO (§ 20 Abs. 3 GKG) ist die Rspr. weniger einheitlich; hier schwanken die Streitwertfestsetzungen – in unterschiedlicher Bewertung des Gesichtspunktes der Vorwegnahme der Hauptsache im vorläufigen Verfahren – zwischen der Hälfte und dem Ganzen des Auffangwertes (vgl. die Nachweise bei *Finkelnburg/Jank* Rdn. 1008).

Eine weitere Differenzierung nimmt das OVG Münster vor. Es unterschied danach, ob ein unbedingter Antrag auf Zulassung zum Studium gestellt oder – wie zumeist – nur die Beteiligung an einem Vergabeverfahren (Losverfahren) über weitere Studienplätze begehrt wird. Im letztgenannten Fall setzt das OVG den Streitwert sowohl im Hauptverfahren als auch im vorläufigen Verfahren auf DM 300,– fest.

7. Ist bereits ein Klageverfahren anhängig, so umfaßt die dort überreichte Prozeßvollmacht auch das einstw. Verfahren, § 173 VwGO, § 82 ZPO.

8. Nach hM. handelt es sich um eine sog. Regelungs-AO nach § 123 Abs. 1 S. 2 VwGO (*Finkelnburg/Jank* Rdn. 963 mwN.).

9. Der Antragsteller kann die vorläufige Zulassung nicht allg., sondern nur zu einem bestimmten Semester erreichen, dessen tatsächlichen und rechtlichen Verhältnisse für die Entscheidung über den Antrag maßgebend sind (BVerfG NJW 1975, 1504; 1980, 2693/2695; BVerwG NJW 1973, 1812). Durch den Ablauf des Bewerbungssemesters erledigt sich aber das Anordnungsverfahren nicht (OVG Lüneburg NVwZ 1983, 106).

10. Die Vorläufigkeit besteht allein darin, daß die Zulassung durch den Abschluß des

Hauptsacheverfahrens begrenzt wird. Dadurch wird die Hauptsache zumindest zT. vorweggenommen, was § 123 Abs. 1 VwGO grundsätzlich nicht zuläßt. Ausnahmsweise kann jedoch eine AO auch auf eine (unter dem Vorbehalt des Ausgangs des Hauptsacheverfahrens stehende) vorläufige Befriedigung des Anspruchs gerichtet sein, wenn anders effektiver Rechtsschutz nicht möglich ist (OVG Berlin NJW 1978, 1871; OVG Lüneburg NVwZ 1983, 106).

Zum Prioritätsprinzip und zur kapazitätsdeckenden Wirkung der einstw. AO vgl. BVerwG NVwZ-RR 1991, 362.

11. Der Antrag auf Erlaß einer einstw. AO muß bis zum Semesterbeginn (1. Vorlesungstag) gestellt werden (OVG Hamburg NVwZ-RR 1992, 22), andernfalls fehlt das Rechtsschutzinteresse. Der Antrag muß so bestimmt sein, daß sich erkennen läßt, welchen Rechtsschutz der Antragsteller begehrt. Im Rahmen des Antrages bestimmt das Gericht nach freiem Ermessen, welche AO es trifft, § 123 Abs. 3 VwGO mit § 938 Abs. 1 ZPO. Über die Kosten entscheidet das Gericht nach § 161 Abs. 1 VwGO von Amts wegen unter Anwendung der §§ 154 ff. VwGO.

12. AO-Anspruch und AO-Grund sind substantiiert und schlüssig darzulegen. Der Tatsachenvortrag des Antragstellers ist glaubhaft zu machen (§ 123 Abs. 3 VwGO, § 920 Abs. 2 ZPO), ggf. durch Vorlage eidesstattlicher Versicherungen (§ 294 ZPO). Das gilt angesichts der den Verwaltungsprozeß insgesamt beherrschenden und deshalb auch für das AO-Verfahren grundsätzlich geltenden (vgl. *Finkelnburg/Jank* Rdn. 299 mwN.). Amtsermittlungsmaxime (§ 86 Abs. 1 VwGO) allerdings nicht uneingeschränkt. So hat das VG namentlich die eigentlichen Fragen der Kapazitätsfestsetzung von Amts wegen zu erforschen. Dies ist umso unerläßlicher, als die Zahlen, Daten und Fakten, die der Kapazitätsfestsetzung zugrunde liegen, dem Studienbewerber nicht bekannt sind und deshalb von ihm im Prozeß auch nicht beigebracht werden können.

13. Die Teilnahme am Verfahren über die Vergabe von Studienplätzen innerhalb der festgesetzten Kapazität bei der ZVS mag für den Studienbewerber sinnvoll sein, eine (rechtliche) Voraussetzung für die Bewerbung um Studienplätze außerhalb der festgesetzten Kapazität bei der jeweiligen Hochschule ist sie jedoch nicht (vgl. OVG Münster DVBl. 1976, 881/882).

14. Zu der für diesen Antrag einzuhaltenden Frist s. OVG Lüneburg NVwZ 1983, 106; VGH Mannheim KMK-HSchR-NF 11 C Nr. 7.

Es ist sinnvoll, daß möglichst „flächendeckend" prozessiert wird. Es ist also zunächst bei jeder Universität eine Bewerbung abzugeben, die mit der Nichtausschöpfung von Kapazitäten – im Fach Medizin hilfsweise unter Beschränkung auf den vorklinischen Studienabschnitt – begründet werden muß. Gleichzeitig ist ein Antrag auf Erlaß einer einstw. AO bei dem zuständigen VG zu stellen. Führt dieser nicht zum Erfolg, sind die Beschwerde und im Hauptsacheverfahren Klage, Berufung und evtl. Revision ratsam. Eine Verfassungsbeschwerde gegen den das Verfahren des vorläufigen Rechtsschutzes abschließenden Beschluß des OVG kommt nicht in Betracht (BVerfG zitiert bei *Becker* NVwZ 1994, 758 FN 124). Das Verstreichen des Semesters schadet nichts (Anm. 9). S. im einzelnen dazu *Becker/Hauck* NVwZ 1983, 81.

Erledigt sich das einstw. Verfahren dadurch, daß der Antragsteller an einer anderen Hochschule endgültig zugelassen wird, so sind bei der dann nach § 161 Abs. 2 VwGO ergehenden Kostenentscheidung nach Ansicht des BVerwG (DVBl. 1982, 736; NVwZ-RR 1990, 348) die Kosten des Verfahrens dem Antragsteller aufzuerlegen. AA. ist das OVG Saarlouis (DVBl. 1984, 283), welches auch in diesem Falle die bei ungewissem Verfahrensausgang übliche Kostenteilung vornimmt (vgl. auch VGH Kassel NVwZ 1987, 702).

15. Der bei der einzelnen Hochschule gestellte Zulassungsantrag ist notwendig, aber auch ausreichend, um ein Rechtsverhältnis iSv. § 123 Abs. 1 S. 2 VwGO zu begründen (OVG Lüneburg NVwZ 1983, 106; VGH Mannheim NVwZ-RR 1990, 566).

16. Das mit dem Zulassungsantrag begründete Rechtsverhältnis (s. Anm. 15) ist unter den besonderen Verhältnissen des Hochschulwesens auch dann str. iSv. § 123 Abs. 1 S. 2 VwGO, wenn die Hochschule den Antrag noch nicht abgelehnt hat (OVG Lüneburg NVwZ 1983, 106).

17. Zur Kapazitätsermittlung BVerfGE 39, 276 ff. und 290 ff. = NJW 1975, 1501; E 54, 173 = NJW 1980, 2693 (Lehrdeputatsbeschluß); E 59, 172 = NJW 1982, 1454 L (Teilzulassungsbeschluß); BVerwG E 57, 112 = DVBl. 1977, 345; NJW 1982, 2617 ff.; NVwZ 1982, 104; E 65, 303 = NVwZ 1983, 94; NVwZ 1987, 682, 687, 689, 690; 1989, 357 (Übergang vom Verteilungsverfahren zum Auswahlverfahren); 1989, 366 (Stellenausstattung einer Lehreinheit); NVwZ-RR 1989, 184 (Schwundberechnung); 1989, 186 (Kapazitätsrechnerische Berücksichtigung des semesterweisen Freibleibens eines Studienplatzes); 1989, 188 (Kapazitätsdeckende Wirkung der vorläufigen Zulassung von Mitbewerbern); 1989, 193 (Erhöhung des Curricularnormwertes); 1990, 349 (Kapazitätserschöpfungsgebot); KMK-HSchR-NF 41 C Nr. 2 (Zulassungsanspruch nach europäischem Gemeinschaftsrecht); VGH Mannheim NVwZ 1983, 369; 621; NVwZ 1987, 716; VGH München NVwZ 1987, 719; OVG Berlin NVwZ 1987, 720 (EG-Ausländer); NVwZ-RR 1992, 191 (Anspruch von Ausländern auf Zuweisung sog. versteckter Kapazitäten); OVG Münster NVwZ-RR 1995, 277; OVG Hamburg NVwZ 1983, 361; 626 L; VGH Kassel NVwZ 1988, 855 (Zulassung von Ausländern); KMK-HSchR-NF 41 C Nr. 9 (Luxusstudiengang); Kreisgericht Dresden KMK-HSchR-NF 41 C Nr. 5 (abweichende Kapazitätsermittlung beim Aufbau von Hochschulen).

18. Die Vorlage einer solchen eidesstattlichen Versicherung empfiehlt sich. Zahlreiche Gerichte verlangen sie zur Vermeidung von Mehrfachzulassungen in der Erwägung, daß bereits eine – auch nur vorläufige – Zulassung zum Studium im angestrebten Studiengang an einer anderen Hochschule die gewünschte Studienmöglichkeit an sich eröffnet; mit Rücksicht darauf sind wesentliche Nachteile des Studienbewerbers im Falle des Unterbleibens der einstw. AO (vgl. § 123 Abs. 1 S. 2 VwGO) in aller Regel nicht erkennbar. Bei Nichtbeibringung einer eidesstattlichen Versicherung fehlt es deshalb an der Glaubhaftmachung des AO-Grundes (vgl. OVG Münster 16. 11. 1984 – 13 B 8597/84).

19. Wird die einstw. AO erlassen, so muß sie innerhalb der Frist des § 929 Abs. 2 ZPO vollzogen werden. Andernfalls ist sie wegen veränderter Umstände nach § 80 Abs. 7 VwGO, § 927 ZPO aufzuheben (OVG Münster DVBl. 1991, 1321).

Kosten und Gebühren

Nach Nr. 2210 KV entsteht im Verfahren nach § 123 VwGO eine 0,5 Gerichtsgebühr. Der RA erhält 10/10 Gebühren nach den §§ 114 Abs. 5 Satz 1, 40, 31 BRAGO. Wird die einstw. AO beim OVG als Gericht der Hauptsache beantragt, tritt nach § 40 Abs. 3 BRAGO keine Gebührenerhöhung auf 13/10 ein.

8. Antrag auf Erlaß einer einstweiligen Anordnung[1] (Sicherung eines Unterlassungsanspruchs)

An das
Verwaltungsgericht[2]

In Sachen

des ......   (Antragstellers)
Verfahrensbevollmächtigter: RA ......

gegen

8. Antrag auf Erlaß einer einstweiligen Anordnung V. D. 8

die Stadt ......, vertreten durch den Oberbürgermeister ......
(Antragsgegnerin)

wegen: Stillegung von Bauarbeiten
Streitwert: DM ......

beantrage ich unter Hinweis auf meine im Klageverfahren überreichte Prozeßvollmacht[3]:

I. Der Antragsgegnerin im Wege einer einstweiligen Anordnung nach § 123 VwGO aufzugeben, die Arbeiten zur Errichtung eines Bauhofes auf dem Grundstück X-Str. 5 in ...... bis zum Abschluß des Klageverfahrens einzustellen,

II. bis zur Entscheidung der Kammer über diesen Antrag eine Vorsitzenden-Entscheidung nach §§ 123 Abs. 2 S. 3, 80 Abs. 8 VwGO zu treffen.

Zur Begründung führe ich aus:

I. Der Antragsteller ist Eigentümer des mit einem Wohnhaus bebauten Grundstücks X-Str. 3. Eigentümerin des Nachbargrundstücks X-Str. 5 ist die Antragsgegnerin. Das Grundstück ist unbebaut. Auf ihm sollte früher ein Kinderspielplatz errichtet werden. Diesen Plan hat die Antragsgegnerin jedoch aufgegeben und beabsichtigt nunmehr, das Grundstück als Bauhof für ihre Straßenbaukolonne zu nutzen. Sie hat gestern damit begonnen, das Grundstück mit einem Maschendrahtzaun einzufrieden und zu befestigen.

II. Die einstweilige Anordnung ist nach § 123 Abs. 1 S. 1 VwGO zur Sicherung des dem Antragsteller gegen die Errichtung des Bauhofes zustehenden Unterlassungsanspruchs geboten (Kopp § 123 Rdn. 7).

1. Für die im Hauptverfahren erhobene Unterlassungsklage ist nach § 40 Abs. 1 VwGO der Verwaltungsrechtsweg eröffnet. Denn der Antragsteller macht einen Abwehranspruch gegenüber Anlagen der Antragsgegnerin geltend, die diese in Ausübung schlichthoheitlicher Verwaltungstätigkeit betreiben will (vgl. dazu BVerwG DVBl. 1989, 463; OVG Münster DÖV 1983, 1020; VGH München NVwZ 1987, 986; 1989, 269; OLG Koblenz NVwZ 1987, 1021).

2. Wie in dem Klageverfahren im einzelnen vorgetragen wurde, ergibt sich der öffentlich-rechtliche Abwehranspruch des Antragstellers unmittelbar aus Art. 14, Art. 2 GG. Der Betrieb des Bauhofes ist baurechtlich nicht genehmigt und nach § 34 BBauG auch nicht genehmigungsfähig. Er führt zu Beeinträchtigungen, die der Antragsteller nach der entspr. anzuwendenden Vorschrift des § 906 BGB nicht hinzunehmen braucht (vgl. OVG Münster DÖV 1983, 1020) ......

Der Erlaß der einstweiligen Anordnung ist zur Sicherung des Abwehrspruchs des Antragstellers geboten, weil mit einer kurzfristigen Fertigstellung und Inbetriebnahme des Bauhofes zu rechnen ist ......[4]

Rechtsanwalt

Anmerkungen

1. Zum Antrag auf Erlaß einer einstw. AO im allg. s. Form. V.D.7.

2. Zuständig ist das bereits mit der Klage befaßte Gericht, § 123 Abs. 2 VwGO.

3. § 173 VwGO, § 82 ZPO.

4. Nach § 123 Abs. 3 VwGO mit § 945 ZPO ist der Antragsteller dem Antragsgegner schadensersatzpflichtig, wenn sich die erlassene einstw. AO als unbegründet erweist, weil entweder im Hauptprozeß festgestellt wird, daß kein Anspruch bestand, oder die AO im Anordnungsverfahren aufgrund mündlicher Verhandlung oder Berufung aufgehoben wird.

Kosten und Gebühren

Vgl. Bemerkungen zu Form. V.D.7.

E. Anträge und Rechtsbehelfe bei Verwaltungsakten mit Doppelwirkung (Baurecht)

Rechtsschutz des Dritten

1. Widerspruch gegen eine Baugenehmigung[1] und Antrag auf Stillegung von Bauarbeiten durch die Behörde

An den Stadtdirektor der Stadt ......, Bauaufsichtsamt ......

Betrifft: Errichtung eines fünfgeschossigen Wohn- und Geschäftshauses auf dem Grundstück A-Straße Nr. 3
hier: Ihre Baugenehmigung vom ...... (Az.: ......)

Sehr geehrte Damen und Herren!

In der vorbezeichneten Sache vertrete ich die Eigentümer des Grundstücks A-Straße Nr. 5, die Eheleute ...... Meine Vollmacht liegt an. Gegen Ihre Baugenehmigung vom ......, zugestellt am ......, lege ich hiermit Widerspruch ein. Zur Begründung führe ich aus:

Mit dem angefochtenen Bescheid haben Sie dem Bauherrn unter Befreiung von den Festsetzungen des rechtsverbindlichen Bebauungsplanes Nr. ...... gestattet, auf dem Grundstück A-Straße Nr. 3 statt der nach dem Bebauungsplan höchstzulässigen drei Vollgeschosse fünf Vollgeschosse zu errichten. Diese Befreiung ist rechtswidrig, da für sie die Voraussetzungen des § 31 Abs. 2 BauGB nicht erfüllt sind ...... Durch die rechtswidrige Befreiung sind meine Mandanten in eigenen Rechten bzw. rechtlich geschützten Interessen verletzt. Die Beschränkung der Zahl der Vollgeschosse in dem Bebauungsplan ist nämlich nach der diesem Plan beigegebenen Begründung zum Schutze der bereits vorhandenen Gebäude erfolgt, hat also nachbarschützenden Charakter (s. dazu BVerwG DVBl. 1981, 928).

Meine Mandanten werden darüber hinaus auch tatsächlich in ihrem Eigentum an dem Grundstück A-Straße Nr. 5 beeinträchtigt. Denn durch die zusätzlich auf dem Grundstück A-Straße Nr. 3 errichteten zwei Vollgeschosse wird die Belichtung und Besonnung des auf dem Grundstück meiner Mandanten stehenden dreigeschossigen Wohnhauses erheblich eingeschränkt ......

Da der Widerspruch nach § 80 Abs. 1 S. 2 VwGO aufschiebende Wirkung hat[2], beantrage ich nach § 80a Abs. 1 Nr. 2 VwGO analog (s. dazu OVG Koblenz DVBl. 1994, 809), dem Bauherrn aufzugeben, von der Baugenehmigung vorläufig keinen Gebrauch zu machen[3].

Unterschrift

Schrifttum: Bender/Dohle, Nachbarschutz im Zivil- und Verwaltungsrecht, NJW-Schriften 13, 1972; *Birkl*, Nachbarschutz im Bau-, Umwelt- und Zivilrecht, Losebl.-Komm., Stand: Jan. 1995; *Gelzer/Birk*, Bauplanungsrecht, 5. Aufl. 1991, Rdn. 969 ff., 1219 ff., 1477 ff.; *Dehner*, Nachbarrecht, Losebl., Stand: Dez. 1994; *Bayer/Lindner/Grziwotz*, Bayerisches Nachbarrecht, 2. Aufl. 1994.

Anmerkungen

1. Zum Widerspruch im allg. s. Form. V.A.4.

2. Zur aufschiebenden Wirkung des Widerspruches gegen eine Baugenehmigung s. Form. V. E. 3. Anm. 1.

3. Ergeht eine solche AO zu Unrecht, kann der Bauherr analog § 80a Abs. 3 VwGO deren Aufhebung durch das VG beantragen (OVG Koblenz DVBl. 1994, 809).

Kosten und Gebühren

S. dazu Form. V.A.4. Ob die Baugenehmigungsbehörde für die Bearbeitung des Widerspruchs Gebühren erheben kann, richtet sich nach Landesrecht.

2. Anfechtungsklage gegen eine Baugenehmigung

An das
Verwaltungsgericht

Klage[1]

des Schreinermeisters ...... X-Straße Nr. 3, ... (Klägers)
Prozeßbevollmächtigter: RA ......

gegen

die Stadt ...... (Beklagte)[2]

beizuladen: Die B-GmbH ......[3]
wegen: Anfechtung einer Baugenehmigung
Streitwert: DM 10000,–[4]

Namens des Klägers erhebe ich Klage und werde beantragen,
die der B-GmbH erteilte Baugenehmigung zur Errichtung von fünf Einfamilienreihenhäusern auf dem Grundstück X-Straße Nr. 5 in ...... und den Widerspruchsbescheid des Regierungspräsidenten vom ...... aufzuheben[5].

Zur Begründung führe ich aus:

I. Der Kläger ist Eigentümer des Grundstücks X-Straße Nr. 3 in ...... Auf diesem Grundstück betreibt er seit dem Jahre 1972 eine Schreinerei, für die alle erforderlichen behördlichen Genehmigungen vorliegen. Zuletzt wurde ein Erweiterungsbau im Jahre 1978 genehmigt. Ein Bebauungsplan besteht für das Gebiet nicht.
Das auf der Westseite des klägerischen Grundstücks liegende Grundstück X-Straße Nr. 5 war bisher unbebaut. Unter dem ...... erteilte die Beklagte der B-GmbH die Genehmigung zur Errichtung von fünf Einfamilienreihenhäusern auf diesem Grundstück. Gegen die Baugenehmigung legte der Kläger Widerspruch ein, den der Regierungspräsident mit dem in einer Ablichtung beigefügten Widerspruchsbescheid vom ......, zugestellt am ......, zurückwies. Mit den Bauarbeiten ist bisher noch nicht begonnen worden[6].

II. Die Klage ist begründet, da die angefochtene Baugenehmigung rechtswidrig ist, sie gegen eine auch dem Nachbarschutz dienende Vorschrift verstößt und der Kläger durch die Ausführung und Benutzung des genehmigten Vorhabens tatsächlich in seinem Eigentum beeinträchtigt wird (s. dazu OVG Münster BauR 1979, 221).

Da ein Bebauungsplan nicht besteht, beurteilt sich die planungsrechtliche Zulässigkeit der fünf Reihenhäuser nach § 34 BauGB. Nach dieser Vorschrift müssen sich die Wohnhäuser ua. nach der Art ihrer baulichen Nutzung in die Eigenart der näheren Umgebung einfügen. Dies ist nicht der Fall. Zwar grenzt das zu bebauende Grundstück an ein Wohngebiet an. Es liegt jedoch gleichzeitig im Einwirkungsbereich des Gewerbebetriebes des Klägers, der wegen der auf das Grundstück der Bauherrin einwirkenden Immisssionen den Grundstückscharakter mitprägt und es einer wohnbaulichen Nutzung entzieht. Damit fügt sich das genehmigte Vorhaben nicht in die Umgebungsbebauung ein.

Auf die Verletzung des § 34 Abs. 1 BauGB kann sich der Kläger berufen. § 34 BauGB stellt sich ua. als eine Ausprägung des baurechtlichen Gebotes der Rücksichtnahme dar (BVerwG NJW 1984, 138; DVBl. 1986, 188). Diesem (objektivrechtlichen) Gebot kommt insoweit drittschützende Wirkung zu, als in qualifizierter und zugleich individualisierter Weise auf schutzwürdige Interessen eines erkennbar abgegrenzten Kreises Dritter Rücksicht zu nehmen ist (BVerwG NJW 1978, 62; 1986, 1703). Dies ist bei dem Kläger der Fall. Er betreibt seit Jahren mit behördlicher Genehmigung eine lärmintensive Schreinerei und muß befürchten, daß ihm zum Schutze der künftigen Bewohner der Reihenhäuser gegen Lärmimmissionen Schutzauflagen erteilt werden, die zu unzumutbaren Einschränkungen seines eingerichteten und ausgeübten Gewerbebetriebes führen ...... (s. dazu BVerwG NVwZ 1986, 469; VGH Mannheim BauR 1992, 45).

Rechtsanwalt

Anmerkungen

1. Zum Inhalt der Klage im allg. s. Form. V.B.1.

2. Die baurechtliche Nachbarklage richtet sich nicht gegen den Bauherrn, sondern gegen die Baugenehmigungsbehörde, die die Baugenehmigung erteilt hat.

3. Der Bauherr ist nach § 65 Abs. 2 VwGO notwendig beizuladen. Aus diesem Grunde ist es zweckmäßig (nicht notwendig), seinen Namen und seine Anschrift in der Klageschrift anzugeben. Zur Erstattungsfähigkeit der dem Beigeladenen entstandenen Kosten s. Form. V.B.15 Anm. 1.

4. Der Streitwert richtet sich nach dem Rechtsschutzbegehren des Klägers, § 13 Abs. 1 S. 1 GKG, also dem Maß der von ihm behaupteten Beeinträchtigungen seines Eigentums, nicht nach der wirtschaftlichen Bedeutung, die das Vorhaben für den Bauherrn hat (BVerwG NVwZ-RR 1990, 669; DÖV 1990, 1062; OVG Koblenz NVwZ-RR 1990, 231 Nr. 7). Es empfiehlt sich, zum Maße der Betroffenheit des Klägers nähere Angaben zu machen, die dem Gericht die Festsetzung eines angemessenen Streitwertes ermöglichen. Nach Ziff. II des Streitwertkataloges (NVwZ 1991, 1156/1157, Stichwort „Bau- und Bodenrecht") beträgt der Streitwert bei der Klage eines drittbetroffenen Nachbarn DM 10 000,–; mindestens ist der Betrag einer geltend gemachten Grundstückswertminderung anzusetzen.

5. Richtet sich die Klage gegen eine bereits erteilte Baugenehmigung (einen Bauvorbescheid, eine Befreiung, eine Bodenverkehrsgenehmigung), so handelt es sich um eine Anfechtungsklage auf Aufhebung der angefochtenen Baugenehmigung (so die hM. seit BVerwGE 22, 129).

6. In diesem Falle wäre zusätzlich vorläufiger Rechtsschutz zu beantragen; s. dazu Form. V.E.3 und 4.

Kosten und Gebühren

Vgl. Bemerkungen zu Form. V.B.1.

3. Antrag auf Anordnung der aufschiebenden Wirkung eines Widerspruches und Stillegung von Bauarbeiten nach § 80 a mit § 80 Abs. 5 VwGO (Wohnungsbau)[1]

An das
Verwaltungsgericht

In Sachen

des Schreinermeisters ......, X-Straße Nr. 3 ...... (Antragstellers)
Verfahrensbevollmächtigter: ...... RA ......

gegen

die Stadt (Antragsgegnerin)[2]
beizuladen: Die B-GmbH[3]

wegen: Stillegung von Bauarbeiten
Streitwert: DM ......[4]

beantrage ich,

1. die aufschiebende Wirkung des Widerspruches des Antragstellers gegen die der B-GmbH erteilte Baugenehmigung zur Errichtung von fünf Einfamilien-Reihenhäusern auf dem Grundstück X-Straße Nr. 5 in ...... bis zur bestandskräftigen Entscheidung über den Widerspruch des Antragstellers anzuordnen[5],
2. der Antragsgegnerin aufzugeben, der Beigeladenen die Fortführung der Bauarbeiten zur Errichtung von fünf Einfamilien-Reihenhäusern auf dem Grundstück X-Straße Nr. 5 in ...... zu untersagen und die Baustelle durch unverzügliche Entsendung eines Baukontrolleurs stillzulegen.[6]

Zur Begründung führe ich aus:

I. Der Antragsteller ist Eigentümer des Grundstücks X-Straße Nr. 3 in ...... Auf diesem Grundstück betreibt er seit dem Jahre 1972 eine Schreinerei, für die alle erforderlichen behördlichen Genehmigungen vorliegen. Zuletzt wurde ein Erweiterungsbau im Jahre 1978 genehmigt. Ein Bebauungsplan besteht für das Gebiet nicht. Das auf der Westseite des Grundstücks des Antragstellers liegende Grundstück X-Straße Nr. 5 war bisher unbebaut. Unter dem ...... erteilte die Antragsgegnerin der B-GmbH die Genehmigung zur Errichtung von fünf Einfamilienreihenhäusern auf diesem Grundstück.[7] Gegen die Baugenehmigung legte der Antragsteller Widerspruch ein, über den noch nicht entschieden ist.[8] Die B-GmbH hat inzwischen mit den Bauarbeiten begonnen. ZZt. werden die Bodenplatten gelegt.

II. Die aufschiebende Wirkung des Widerspruches des Antragstellers ist anzuordnen, weil das private Interesse des Antragstellers an der vorläufigen Nichtausnutzung der Baugenehmigung das Interesse der Beigeladenen an der sofortigen Verwirklichung des Bauvorhabens überwiegt. Denn die erteilte Baugenehmigung ist offensichtlich rechtsfehlerhaft und verletzt den Antragsteller in seinen Rechten als Nachbar.
Der vom Antragsteller eingelegte Widerspruch gegen die der B-GmbH erteilte Baugenehmigung wird aus folgenden Gründen Erfolg haben ...... (s. jetzt weiter Form. V. E. 2 Ziff. II).[9]

                 Rechtsanwalt

Anmerkungen

1. Nach § 80 Abs. 1 S. 2 mit S. 1 VwGO hat der Widerspruch eines Dritten gegen den an einen anderen gerichteten, diesen begünstigenden und ihn selbst belastenden Verwaltungsakt (Verwaltungsakt mit Doppelwirkung) aufschiebende Wirkung. Dies gilt also auch für den von einem Nachbarn eingelegten Widerspruch gegen eine Baugenehmigung (OVG Lüneburg BauR 1991, 443). Eine Ausnahmeregelung besteht für Vorhaben des Wohnungsbaus. Nach § 10 Abs. 2 BauGB-MaßnahmenG haben Widerspruch und Klage eines Dritten gegen die bauaufsichtliche Genehmigung eines Vorhabens, das überwiegend Wohnzwecken, auch zum vorübergehenden Wohnen oder zur vorübergehenden Unterbringung dient, keine aufschiebende Wirkung. Dieser Fall ist hier gegeben, da sich der Widerspruch des Antragstellers gegen die Genehmigung von Wohnhäusern richtet.

In den neuen Bundesländern haben Widerspruch und Klage eines Dritten gegen eine Baugenehmigung allg. keine aufschiebende Wirkung, Nr. 3 mit Nr. 2a RMBeschrG.

2. Zum richtigen Antragsgegner s. Form. V.E.2 Anm. 2.

3. Zur Beiladung des Bauherrn s. Form. V.E.2 Anm. 3.

4. Zum Streitwert s. Form. V.E.2 Anm. 4.

5. Hat, wie hier, der Widerspruch keine aufschiebende Wirkung, so kann das VG nach § 30a Abs. 3 S. 2 mit § 80 Abs. 5 S. 1 VwGO die aufschiebende Wirkung anordnen.

6. Nach § 80a Abs. 3 S. 1 mit Abs. 1 Nr. 2 VwGO kann das Gericht, wenn ein Dritter Widerspruch gegen einen Verwaltungsakt mit Doppelwirkung einlegt, auf Antrag des Dritten nach § 80 Abs. 4 die Vollziehung aussetzen und einstweilige Maßnahmen zur Sicherung der Rechte des Dritten treffen. Gleiches dürfte dann gelten, wenn der Widerspruch des Dritten zwar nicht kraft Gesetzes (§ 80 Abs. 1 S. 2 VwGO) aufschiebende Wirkung hat, das VG diese aufschiebende Wirkung jedoch gem. § 80 Abs. 5 VwGO anordnet. – Zum Rechtsschutzinteresse für den Antrag zu 2) s. OVG Münster BauR 1991, 443.

7. Nach § 10 Abs. 2 S. 2 BauGB-MaßnahmenG kann der Antrag auf AO der aufschiebenden Wirkung (§ 80a Abs. 3 S. 2 mit § 80 Abs. 5 S. 1 VwGO) nur innerhalb eines Monates nach Zustellung der Genehmigung an den Dritten (Nachbarn) gestellt werden. § 58 VwGO gilt entspr., § 10 Abs. 2 S. 3 BauGB-MaßnahmenG. Dies bedeutet, daß die Monatsfrist nur läuft, wenn eine entspr. Rechtsbehelfsbelehrung erfolgt ist (OVG Lüneburg NVwZ 1994, 698; VG Bayreuth NVwZ 1994, 719).

8. Str. ist, ob der Antrag bei Gericht erst zulässig ist, wenn ein bei der Behörde gestellter Antrag auf Aussetzung der Vollziehung keinen Erfolg gehabt hat. Bejahend OVG Lüneburg UPR 1993, 698; NVwZ 1994, 698; OVG Koblenz BauR 1993, 718; verneinend VG Bayreuth NVwZ 1994, 719; OVG Bremen BauR 1992, 608; VGH Mannheim NVwZ 1995, 292; OVG Hamburg BauR 1995, 379; *Schoch* NVwZ 1991, 1121/1126).

9. Dem Antragsteller drohen keine Schadensersatzansprüche, wenn durch den beantragten Beschluß des VG die Baustelle stillgelegt, der Beschluß jedoch auf eine Beschwerde hin aufgehoben wird oder der Antragsteller im Hauptverfahren unterliegt. § 123 Abs. 3 VwGO mit der Verweisung auf § 945 ZPO gilt nicht für die Fälle der §§ 80 und 80a, § 123 Abs. 5 VwGO. Außerdem würde auch eine Anwendung des § 123 Abs. 3 VwGO mit § 945 ZPO bei der hier behandelten Fallkonstellation nicht zu einer Ersatzpflicht führen. Denn Schadensersatz könnte nur der Antragsgegner, hier also die Stadt, verlangen, nicht dagegen der beigeladene Bauherr; dieser ist nicht „Gegner" iSd. § 945 ZPO (BGH NJW 1981, 349). Der Stadt aber wird in aller Regel durch die Stillegung des Bauvorhabens kein Schaden entstehen.

4. Antrag auf Stillegung von Bauarbeiten bei aufschiebender Wirkung des Widerspruches (Wohn- und Geschäftshaus, alte Bundesländer)[1]

An das
Verwaltungsgericht

In Sachen

der Eheleute ....., A-Straße Nr. 5 ...... (Antragsteller)
Verfahrensbevollmächtigter: RA ......

gegen

die Stadt ...... (Antragsgegnerin)[2]
beizuladen: Die X-GmbH[3]
wegen: Stillegung von Bauarbeiten
Streitwert: DM ......[4]

beantrage ich,

der Antragsgegnerin aufzugeben, die Bauarbeiten zur Errichtung eines Wohn- und Geschäftshauses auf dem Grundstück A-Straße Nr. 3 in ...... stillzulegen.[5]

Zur Begründung führe ich aus:

I.

Die Antragsteller sind Eigentümer des Grundstückes A-Straße Nr. 5. Dieses Grundstück und das Nachbargrundstück A-Straße Nr. 3 liegen im Bereich des Bebauungsplanes Nr. ......, der für die beiden Grundstücke ein Mischgebiet mit bis zu dreigeschossiger Bebauung festsetzt.

Mit Baugenehmigung vom ...... hat die Antragsgegnerin der beizuladenden X-GmbH die Baugenehmigung zur Errichtung eines fünfgeschossigen Wohn- und Geschäftshauses auf dem Grundstück A-Straße Nr. 3 erteilt. Mit der Baugenehmigung wurde zugleich Befreiung von den Festsetzungen des Bebauungsplanes hinsichtlich der höchstzulässigen Zahl der Vollgeschosse erteilt. Gegen die Baugenehmigung haben die Antragsteller fristgerecht Widerspruch eingelegt. Über diesen Widerspruch ist noch nicht entschieden.

II.

Der Widerspruch der Antragsteller hat nach § 80 Abs. 1 S. 2 VwGO aufschiebende Wirkung. Die Ausnahmeregelung des § 10 Abs. 2 BauGB-MaßnahmenG greift nicht Platz, da die Errichtung eines nicht überwiegend Wohnzwecken dienenden Gebäudes genehmigt wurde.

Trotz Einlegung des Widerspruches wurden die Bauarbeiten fortgesetzt. Die Antragsgegnerin und die A-GmbH als Bauherrin mißachten offensichtlich die aufschiebende Wirkung des Widerspruches. Aus diesem Grunde ist nach § 80a Abs. 3 S. 1 mit Abs. 1 Nr. 2 VwGO zur Sicherung der Rechte der Antragsteller die vorläufige Stillegung der Bauarbeiten anzuordnen.[6]

Rechtsanwalt

Anmerkungen

1. Dieser Antrag wird im Fall Form. V. E. 1 neben dem dort behandelten Widerspruch gestellt, nachdem der Bauherr mit den Bauarbeiten begonnen hat.

2. Zum richtigen Antragsgegner s. Form. V. E. 2 Anm. 2.

3. Zur Beiladung des Bauherrn s. Form. V. E. 2 Anm. 3.

4. Zum Streitwert s. Form. V. E. 2 Anm. 4.

5. S. iü. wie Antrag Ziff. 2 in Form. V. E. 3.

6. S. iü. Form. V. E. 3.

5. Beschwerde gegen die Anordnung der sofortigen Vollziehung der Baugenehmigung durch das Verwaltungsgericht

An das
Verwaltungsgericht[1]
Az.: ......

In der Verwaltungsstreitsache

der Eheleute: ...... (Antragsteller)

gegen

die Kreisverwaltung, Untere Bauaufsichtsbehörde in ...... (Antragsgegnerin)

Beigeladene: ......
Verfahrensbevollmächtigte: RAe ......

wegen: Anordnung der sofortigen Vollziehung einer Baugenehmigung

legen wir hiermit namens der Beigeladenen gegen den Beschluß der Kammer vom ......, zugestellt am ......[2],

Beschwerde

ein mit dem Antrag,

unter Abänderung des angefochtenen Beschlusses den Antrag auf Anordnung der sofortigen Vollziehung der den Antragstellern erteilten Baugenehmigung abzulehnen.

Zur Begründung führen wir aus:

I. Mit dem angefochtenen Beschluß hat das VG auf Antrag der Antragsteller[3] die den Antragstellern von dem Antragsgegner erteilte Baugenehmigung zur Errichtung eines Wohn- und Geschäftshauses auf dem Grundstück X-Straße Nr. 5 nach § 80a Abs. 3 S. 1 mit Abs. 1 Nr. 1 und § 80 Abs. 2 Nr. 4 VwGO für sofort vollziehbar erklärt, nachdem die Beigeladenen als Nachbarn gegen diese Baugenehmigung Widerspruch eingelegt hatten[4]. Gegen die Anordnung der sofortigen Vollziehung richtet sich die Beschwerde der von uns vertretenen Beigeladenen.

II. Die Beschwerde ist begründet, da die erteilte Baugenehmigung, wovon auch das VG ausgeht, rechtswidrig ist und die Festsetzung der Geschoßflächenzahl, von der das genehmigte Vorhaben erheblich abweicht, entgegen der Ansicht des VG nachbarschützenden Charakter hat ......[5]

Rechtsanwalt

Anmerkungen

1. Die Beschwerde ist nach § 147 Abs. 1 VwGO bei dem Gericht, von dem die Entscheidung erlassen wurde, einzulegen. Die Einlegung beim Beschwerdegericht wahrt die Frist auch, § 147 Abs. 2 VwGO.

2. Die Beschwerdefrist beträgt zwei Wochen seit Bekanntgabe der Entscheidung, § 147 VwGO.

6. Antrag an das VG auf Anordnung der sofortigen Vollz. d. Genehmigung V. E. 6

    3. Zu einem solchen Antrag s. Form. V.E.7.
    4. Zur aufschiebenden Wirkung des Widerspruchs s. Form. V.E.3 Anm. 1.
    5. S. dazu Form. V.E.1.

Kosten und Gebühren

Im Beschwerdeverfahren entfällt eine Gerichtsgebühr, wenn die Beschwerde verworfen oder zurückgewiesen wird, Nr. 2502 KV.

Der Anwalt erhält 5/10 Gebühren nach den §§ 61 Abs. 1 Nr. 1, 31 BRAGO.

Rechtsschutz des Begünstigten

6. Antrag an die Behörde auf Anordnung der sofortigen Vollziehung der Genehmigung[1]

An die Kreisverwaltung, Untere Bauaufsichtsbehörde ......

Betrifft: Baugenehmigung vom ...... zur Errichtung einer Garage auf dem Grundstück ...... (Bauschein Nr. ......)

Sehr geehrte Damen und Herren!

In der vorbezeichneten Sache vertreten wir ausweislich der beigefügten Vollmacht die Bauherren, die Eheleute B. Diese haben von Ihnen unter dem ...... die Genehmigung zur Errichtung einer Garage an der Grenze zum Grundstück der Eheleute N erhalten. Gegen diese Genehmigung haben, wie Sie am ...... mitteilten, die Eheleute N Widerspruch eingelegt. Da dieser Widerspruch nach § 80 Abs. 1 S. 2 VwGO aufschiebende Wirkung hat und deshalb unsere Mandanten bis zum rechtskräftigen Abschluß des Widerspruchsverfahrens nicht bauen können, beantragen wir hiermit, gem. § 80a Abs. 1 Nr. 1 mit § 80 Abs. 2 Nr. 4 VwGO die sofortige Vollziehung der Baugenehmigung anzuordnen, notfalls gegen Abgabe einer Risiko- und Verpflichtungserklärung.[2]

Die AO ist im überwiegenden Interesse der Eheleute B geboten, weil die Baugenehmigung offensichtlich rechtmäßig und der von den Eheleuten N dagegen eingelegte Widerspruch offensichtlich unbegründet ist (*Finkelnburg/Jank* Rdn. 886 mwN.). Denn nach § 8 Abs. 9 S. 1 Nr. 1 Landesbauordnung Rheinland-Pfalz ist die genehmigte Garage im Bauwich zulässig. Die Traufhöhe von 3,40 m des hinteren Teils der Garage ist durch die Hängigkeit des Geländes verursacht und führt nicht dazu, daß die zulässige mittlere Wandhöhe von 3,20 m überschritten wird.

                                                                  Unterschrift

Anmerkungen

1. Dieser Antrag ist dann geboten, wenn dem Widerspruch des Dritten gegen die dem Begünstigten erteilte baurechtliche, immisionsschutzrechtliche oder sonstige Genehmigung nach § 80 Abs. 1 S. 2 VwGO aufschiebende Wirkung zukommt und der Begünstigte deshalb von der Genehmigung vorläufig keinen Gebrauch machen darf (s. dazu Form. V.E.3 Anm. 1), der Widerspruch des Dritten in der Sache aber offensichtlich aussichtslos ist.

2. Zur Zulässigkeit einer solchen Erklärung s. *Traumann* NVwZ 1988, 415.

Kosten und Gebühren

Für diesen Antrag erhält der Anwalt in entspr. Anwendung des § 114 Abs. 5 S. 1 BRAGO eine 10/10 Gebühr gem. § 40 BRAGO. Diese Gebühr entsteht jedoch nicht gesondert neben einer Geschäftsgebühr nach den §§ 119 Abs. 1, 118 Abs. 1 Nr. 1 BRAGO für das Vorverfahren, § 119 Abs. 3 BRAGO.

7. Antrag an das Verwaltungsgericht auf Anordnung der sofortigen Vollziehung der Genehmigung[1]

An das
Verwaltungsgericht

In Sachen

der Eheleute B, X-Straße Nr. 5 ......   (Antragsteller)
Verfahrensbevollmächtigter: RA ......

gegen

die Kreisverwaltung, Untere Bauaufsichtsbehörde in ......
                                                                          (Antragsgegnerin)
beizuladen: die Eheleute N, X-Straße Nr. 7 ......[2]
wegen: Anordnung der sofortigen Vollziehung einer Baugenehmigung
Streitwert: DM ......

beantrage ich,

die sofortige Vollziehung der den Antragstellern von der Antragsgegnerin unter dem ...... erteilten Baugenehmigung zur Errichtung einer Garage auf dem Grundstück X-Straße Nr. 5 anzuordnen[3].

Zur Begründung führe ich aus:
I. Die Antragsteller sind Eigentümer des Grundstücks X-Straße Nr. 5 in ...... Auf diesem befindet sich ein Einfamilienwohnhaus, welches zu dem seitlich angrenzenden Grundstück der Eheleute N, X-Straße Nr. 7, einen Bauwich von 3 m einhält. Die Grundstücke liegen in einem Gebiet offener Bauweise.
Unter dem ...... erteilte die Antragsgegnerin den Antragstellern die Genehmigung zur Errichtung einer Garage an der gemeinsamen Grundstücksgrenze. Gegen diese Genehmigung legten die Eheleute N Widerspruch ein, über den noch nicht entschieden ist. Den Antrag, die sofortige Vollziehung der Baugenehmigung nach § 80a Abs. 1 Nr. 1 mit § 80 Abs. 2 Nr. 4 VwGO anzuordnen und damit die aufschiebende Wirkung des Widerspruchs zu beseitigen[4], lehnte die Antragsgegnerin mit dem in Ablichtung beigefügten Bescheid vom ...... ab[5].
II. Der Antrag ist nach § 80a Abs. 3 S. 1 mit Abs. 1 Nr. 1 und § 80 Abs. 2 Nr. 4 VwGO zulässig und begründet. Die AO der sofortigen Vollziehung der Baugenehmigung ist im überwiegenden Interesse der Antragsteller geboten, da die Baugenehmigung offensichtlich rechtmäßig, jedenfalls aber der von den Eheleuten N eingelegte Widerspruch offensichtlich unbegründet ist.[6] ......

Rechtsanwalt

Anmerkungen

1. Zum Anlaß dieses Antrags s. vorstehend Form. V.E.6 Anm. 1.

2. Der Nachbar, der Widerspruch eingelegt hat, ist nach § 65 Abs. 2 VwGO notwendig beizuladen. S. dazu auch Form. V.E.2 Anm. 3.

3. Aus dem Wortlaut des § 80a Abs. 3 S. 1 mit Abs. 1 Nr. 1 VwGO folgt, daß das VG selbst die sofortige Vollziehung anordnen kann, also nicht darauf beschränkt ist, die Behörde zu dieser AO zu verpflichten (vgl. zur früheren Rechtslage Finkelnburg/Jank Rdn. 888 mwN.).

4. S. dazu Form. V. E. 6. Nach hM. (OVG Lüneburg BauR 1992, 603; OVG Koblenz BauR 1993, 718; VG Bayreuth NVwZ 1994, 719) ist der erfolglos bei der Behörde gestellte Antrag auf Sofortvollzug Zulässigkeitsvoraussetzung für den Antrag auf AO der sofortigen Vollziehung durch das VG.

5. Gegen diesen ablehnenden Bescheid ist ein anderes Rechtsmittel als der hier gestellte Antrag an das VG auf Anordnung der sofortigen Vollziehung nicht gegeben (*Finkelnburg/Jank* Rdn. 887).

6. Maßstab der Entscheidung über einen Antrag des Bauherrn auf gerichtliche AO der sofortigen Vollziehung der Baugenehmigung ist eine Abwägung der widerstreitenden Bürgerinteressen. Dabei ist in erster Linie auf die überschaubaren Erfolgsaussichten des vom Nachbarn eingelegten, mit der Rechtsfolge des § 80 Abs. 1 S. 2 VwGO ausgestatteten Rechtsbehelfs abzustellen, nicht jedoch darauf, ob sich die Baugenehmigung aufgrund summarischer Prüfung als objektiv rechtmäßig oder rechtswidrig erweist (OVG Münster NWVBl. 1994, 332; ferner VG Gießen NVwZ-RR 1995, 367).

Kosten und Gebühren

Im Verfahren vor dem VG auf AO der sofortigen Vollziehung erhält der Anwalt $^{10}/_{10}$ Gebühren nach den §§ 114 Abs. 5 S. 1, 40, 31 BRAGO.

8. Beschwerde gegen einen Beschluß nach § 80a mit § 80 Abs. 5 VwGO zur vorläufigen Stillegung von Bauarbeiten[1]

An das
Verwaltungsgericht
...... Kammer

Az.: ......

In der Verwaltungsstreitsache
der Eheleute N ......   (Antragsteller)

gegen

die Kreisverwaltung, Untere Bauaufsichtsbehörde in ......
            (Antragsgegnerin)

Beigeladene: Die Eheleute B ......
Verfahrensbevollmächtigter: RA ......

V. E. 9 V. E. Anträge und Rechtsbehelfe bei Verwaltungsakten mit Drittwirkung

wegen: Vorläufiger Stillegung von Bauarbeiten
legen wir hiermit namens der Beigeladenen[2] gegen den Beschluß der Kammer vom ......, zugestellt am ......

Beschwerde

ein mit dem Antrag,
den angefochtenen Beschluß abzuändern und den Antrag auf AO der aufschiebenden Wirkung des Widerspruches der Antragsteller und auf vorläufige Stillegung der Bauarbeiten auf dem Grundstück der Beigeladenen abzulehnen.

Zur Begründung führen wir aus:
Mit dem angefochtenen Beschluß hat das VG gem. dem Antrag der Antragsteller[3] die aufschiebende Wirkung des Widerspruches der Antragsteller gegen die den Beigeladenen zur Errichtung eines Wohnhauses auf dem Grundstück ...... erteilte Baugenehmigung angeordnet und die Antragsgegnerin verpflichtet, die Bauarbeiten vorläufig stillzulegen. Diese Entscheidung ist rechtsfehlerhaft, weil den Antragstellern gegenüber dem Bauvorhaben der Beigeladenen ein nachbarlicher Abwehranspruch nicht zusteht. Die von dem Antragsgegner den Beigeladenen erteilte Baugenehmigung ist rechtmäßig. Sie verletzt jedenfalls nicht solche Vorschriften, die auch dem Schutze der Antragsteller als Nachbarn zu dienen bestimmt sind ......

Rechtsanwalt

Anmerkungen

1. Zur Beschwerde im allg. s. Form. V.E.5.
2. Die Beschwerde kann von den Beigeladenen, die durch die angefochtene Entscheidung beschwert sind, nach § 66 VwGO selbständig eingelegt werden.
3. S. dazu Form. V.E.3.

9. Klage gegen einen die Genehmigung aufhebenden Widerspruchsbescheid[1]

An das
Verwaltungsgericht

Klage[2]

des ......   (Klägers)
Prozeßbevollmächtigte: RAe ......

gegen

den Regierungspräsidenten ......   (Beklagten)
beizuladen: Die Eheleute ......

wegen: Anfechtung einer Ausnahmegenehmigung nach der BaumschutzVO
Streitwert: DM ......[3]

Namens des Klägers erheben wir Klage mit dem Antrag,
den Widerspruchsbescheid des Beklagten vom ...... aufzuheben.

Zur Begründung führen wir aus:
   I. Der Kläger ist Eigentümer des in der Stadt X gelegenen Grundstücks Y-Straße Nr. 3. Eigentümer des Nachbargrundstücks Y-Straße Nr. 5 sind die beizuladenden Eheleute ......

9. Klage gegen einen die Genehmigung aufhebenden Widerspruchsbescheid V. E. 9

Das Grundstück des Klägers ist mit einem Einfamilienwohnhaus bebaut. Der Kläger beabsichtigt, an der bisherigen Hinterfront des Gebäudes in einem Abstand von 12 m zu dem Grundstück der Eheleute ...... einen sechs Meter tiefen Anbau mit einer sich daran anschließenden drei Meter tiefen Terrasse zu errichten. Zu diesem Zwecke müssen vier Bäume gefällt werden. Die Stadt X erteilte hierzu die nach § 3 Abs. 1b BaumschutzVO der Stadt X erforderliche Ausnahmeerlaubnis. Gegen diese Erlaubnis legten die Eheleute ...... Widerspruch ein. Diesem Widerspruch gab der Beklagte mit dem in einer Ablichtung beigefügten Widerspruchsbescheid vom ...... statt, weil die Voraussetzungen für die Erteilung der Ausnahmeerlaubnis nicht gegeben seien.

II. Der angefochtene Widerspruchsbescheid beschwert den Kläger erstmalig und kann von diesem deshalb nach den §§ 79 Abs. 1 Nr. 2, 68 Abs. 1 Nr. 2, 78 Abs. 2 VwGO unmittelbar mit der Klage angefochten werden.

III. Entgegen der Ansicht des Beklagten ist die Ausnahmeerlaubnis rechtmäßig, weil das Verbot der Beseitigung der Bäume zu einer offenbar nicht beabsichtigten Härte führen würde und die Ausnahmeerlaubnis mit den öffentlichen Belangen iSd. BaumschutzVO vereinbar ist, § 3 Abs. 1b BaumschutzVO.

Dies braucht jedoch nicht vertieft dargestellt zu werden, weil der Beklagte dem Widerspruch der Eheleute ...... schon deshalb nicht stattgeben durfte, weil die Ausnahmeerlaubnis die Eheleute ...... nicht in eigenen Rechten verletzen konnte. Denn die auf der Grundlage von § ...... des ...... Naturschutzgesetzes erlassene BaumschutzVO dient als natur- und landschaftsschutzrechtliche Bestimmung ausschließlich öffentlichen Zwecken (VGH München BRS 36 Nr. 223). War aber der Widerspruch der Eheleute ...... unzulässig, so durfte der Beklagte die erteilte Ausnahmeerlaubnis selbst dann nicht aufheben, wenn sie objektivrechtlich rechtswidrig war (BVerwG BauR 1980, 451; DÖV 1984, 173).

Rechtsanwalt

Anmerkungen

1. Zur „isolierten" Klage gegen einen Widerspruchsbescheid s. Form. V.B.2.

2. Zum Inhalt der Klage im allg. s. Form. V.B.1.

3. Der Streitwert richtet sich nach dem Rechtsschutzbegehren des Klägers, § 13 Abs. 1 S. 1 GKG, also im Falle der Aufhebung eines drittbelastenden Verwaltungsaktes durch die Widerspruchsbehörde nicht nach dem Maß der Beeinträchtigung des Widerspruchsführers (s. dazu Form. V.E.2 Anm. 4), sondern nach dem Interesse des begünstigten Adressaten an der Erhaltung des Verwaltungsaktes.

F. Anträge im Vollstreckungsverfahren

1. Antrag auf Vollstreckung zugunsten der öffentlichen Hand[1]

An den Vorsitzenden der ...... Kammer des Verwaltungsgerichts ......

In der Vollstreckungssache

der Bundesrepublik Deutschland (Gläubigerin)
Verfahrensbevollmächtigte: RAe ......[2]

gegen

den ...... (Schuldner)

beantragen wir,

die Vollstreckung aus dem Kostenfestsetzungsbeschluß des Urkundsbeamten der Geschäftsstelle der Kammer vom ...... (Az.: ......) zu verfügen und die Gläubigerin als Vollstreckungsbehörde zu beauftragen, wegen eines Betrages von ...... und der nachfolgend berechneten Kosten des Vollstreckungsverfahrens die Vollstreckung in das bewegliche Vermögen des Schuldners zu betreiben.

Durch den oa. Kostenfestsetzungsbeschluß sind die von dem Schuldner an die Gläubigerin zu erstattenden Kosten des Verfahrens ...... auf ...... DM festgesetzt worden[3]. Der festgesetzte Betrag ist von dem Schuldner trotz Mahnung und Fristsetzung nicht gezahlt worden. Damit ist die Vollstreckung geboten. Die möglicherweise nach § 3 Abs. 1 VwVG erforderliche VollstreckungsAO der Gläubigerin erfolgt hiermit.[4]

Die nach § 167 Abs. 1 S. 1 VwGO, § 788 Abs. 1 ZPO ohne besondere Titulierung mit beizutreibenden Kosten der Vollstreckung (VGH München NVwZ 1985, 352) betragen:
......

Rechtsanwalt

Anmerkungen

1. Die Vollstreckung zugunsten der öffentlichen Hand aus Vollstreckungstiteln nach § 168 VwGO richtet sich in Abweichung von § 167 VwGO nicht nach den Vorschriften der ZPO, sondern nach dem VwVG, § 169 Abs. 1 S. 1 VwGO. Vollstreckungsbehörde iSd. VwVG ist der Vorsitzende des Gerichts des ersten Rechtszuges, § 169 Abs. 1 S. 2, 1. Halbs. VwGO. Er kann für die Ausführung der Vollstreckung eine andere Vollstreckungsbehörde oder einen Gerichtsvollzieher in Anspruch nehmen, § 169 Abs. 1 S. 2, 2. Halbs. VwGO.

2. Die Prozeßvollmacht für das Verwaltungsstreitverfahren erstreckt sich auch auf das Vollstreckungsverfahren, § 173 VwGO, § 81 ZPO (VGH München NVwZ 1985, 352).

3. Einer Vollstreckungsklausel bedarf es bei einer Vollstreckung zugunsten der öffentlichen Hand nicht, §§ 171, 169 VwGO. Voraussetzung der Vollstreckung ist lediglich die von Amts wegen erfolgende (§ 56 VwGO) Zustellung des Kostenfestsetzungsbeschlusses an den Schuldner, § 167 Abs. 1 S. 1 VwGO, §§ 795, 794 Nr. 2, 750 ZPO.

2. Antrag auf Vollstreckung gegen die öffentl. Hand wegen einer Geldforderung **V. F. 2**

4. Ob es bei der Vollstreckung aus einem gerichtlichen Titel noch einer besonderen VollstreckungsAO nach § 3 Abs. 1 VwVG bedarf, ist bestr. (*Kopp* § 169 Rdn. 5). Zuständig für den Erlaß einer solchen AO ist jedenfalls nicht der Vorsitzende des Gerichts, sondern die Behörde, die den zu vollstreckenden Anspruch geltend macht (OVG Münster NVwZ 1981, 111; VGH München NVwZ 1984, 736; 1985, 352; OVG Koblenz NJW 1986, 1191). Die VollstreckungsAO der Behörde kann, falls sie erforderlich ist (dieses Erfordernis verneint VGH München NVwZ 1985, 352 unter Aufgabe seiner früheren Ansicht), jedenfalls in dem Antrag an das Gericht auf Zulassung der Vollstreckung gesehen werden (OVG Koblenz aaO.; VGH Mannheim NVwZ 1993, 73).

Kosten und Gebühren

Die Kosten der Vollstreckung trägt der Schuldner. Für die Erhebung der Kosten verweist § 19 VwVG auf die Vorschriften der AO.

Nach Nr. 2400 KV entfällt im Verfahren über Anträge auf gerichtliche Handlungen der Zwangsvollstreckung gem. §§ 169, 170 VwGO eine Gebühr in Höhe von DM 20,–.

Für den Antrag auf Erlaß einer VollstreckungsAO erhält der RA eine $^3/_{10}$ Gebühr, §§ 114 Abs. 1, 57 Abs. 1 BRAGO.

2. Antrag auf Vollstreckung gegen die öffentliche Hand wegen einer Geldforderung[1]

An das
Verwaltungsgericht
...... Kammer[2]

In der Vollstreckungssache

des ......   (Gläubigers)
Verfahrensbevollmächtigte: RAe ......

gegen

die Stadt ......, vertreten durch ......   (Schuldnerin)

beantragen wir,

die Vollstreckung aus dem Urteil der Kammer vom ...... (Az.: ......) gegen die Schuldnerin zu verfügen[3].

Durch das vorstehend aufgeführte vorläufig vollstreckbare[4] Urteil ist die Schuldnerin verurteilt worden, an den Gläubiger 1200,– DM zu zahlen. Das Urteil wurde der Schuldnerin am ...... von Amts wegen zugestellt[5]. Der Urteilsbetrag ist trotz Mahnung und Fristsetzung nicht gezahlt worden. Aus diesem Grunde ist die Vollstreckung aus dem Urteil nach den §§ 168 Abs. 1 Nr. 1, 170 VwGO durchzuführen.

Rechtsanwalt

Anmerkungen

1. § 170 VwGO regelt die Vollstreckung gegen die öffentliche Hand aus Titeln gem. § 168 VwGO wegen einer Geldforderung. In Betracht kommen vor allem Leistungsurteile und Kostenfestsetzungsbeschlüsse. Für Verpflichtungsurteile gilt die Sondervorschrift des § 172 VwGO (s. dazu Form. V.F.3).

2. Zuständig ist, anders als bei § 169 VwGO, nicht der Vorsitzende, sondern das Gericht des ersten Rechtszuges als Spruchkörper.

3. Der Antrag ist in dieser Form ausreichend, da das Gericht Art und Weise der Vollstreckung nach seinem Ermessen bestimmt (*Kopp* § 170 Rdn. 3).

4. Zur vorläufigen Vollsteckbarkeit eines Leistungsurteils s. Form. V.B.9 Anm. 3.

5. Einer Vollstreckungsklausel bedarf es nicht, § 171 VwGO. Voraussetzung der Vollstreckung ist lediglich die von Amts wegen erfolgende (§ 116 Abs. 1 S. 2 VwGO) Zustellung einer einfachen Ausfertigung des Urteils an den Schuldner, § 167 Abs. 1 S. 1 VwGO, § 750 ZPO.

Kosten und Gebühren

Für den Antrag erhält der RA eine 3/10 Gebühr, §§ 114 Abs. 1, 57 Abs. 1 BRAGO.

3. Antrag auf Vollstreckung gegen eine Behörde aus einem Verpflichtungsurteil[1]

An das
Verwaltungsgericht
...... Kammer[2]

In der Vollstreckungssache

des ......   (Gläubigers)
Verfahrensbevollmächtigte: RAe ......

gegen

den Oberkreisdirektor des Kreises ......   (Schuldner)

beantragen wir namens des Gläubigers,

dem Schuldner zur Erteilung der Bebauungsgenehmigung gem. Urteil des OVG ...... vom ...... (Az.: ......) eine Frist von zwei Wochen zu setzen und für den Fall, daß die Genehmigung innerhalb der Frist nicht erteilt wird, die Festsetzung eines Zwangsgeldes in Höhe von DM 2000,– anzuordnen.

Durch das vorstehend aufgeführte rechtskräftige[3] Urteil ist der Schuldner verpflichtet worden, dem Gläubiger im Wege eines Vorbescheides die Genehmigung zur Bebauung des Grundstücks ...... zu erteilen. Der Schuldner hat, obwohl seit Rechtskraft des Urteils mehr als ein Monat verstrichen ist und er von dem Gläubiger gemahnt wurde, die Bebauungsgenehmigung nicht erteilt[4]. Aus diesem Grunde ist die begehrte Fristsetzung und Anordnung eines Zwangsgeldes durch das Gericht des ersten Rechtszuges nach den §§ 168 Abs. 1 Nr. 1, 172 VwGO erforderlich. Eine Ausfertigung des Urteils mit Vollstreckungsklausel ist dem Schuldner am ...... zugestellt worden[5].

Rechtsanwalt

Anmerkungen

1. § 172 VwGO regelt die Vollstreckung gegen die öffentliche Hand aus Titeln gem. § 168 VwGO, die nicht unmittelbar auf Geldleistungen (in diesem Falle gilt § 170 VwGO), sondern auf den Erlaß eines Verwaltungsakts oder auf eine Folgenbeseitigung gerichtet sind. Ob zu den vollstreckungsfähigen Titeln neben den ausdrücklich erwähnten Urteilen

und der einstw. AO auch der Prozeßvergleich gehört, ist bestr. (s. dazu OVG Münster DVBl. 1992, 785).

2. Zuständig ist, anders als bei § 169 VwGO, nicht der Vorsitzende, sondern das Gericht des ersten Rechtszuges als Spruchkörper.

3. Da es sich um ein Verpflichtungsurteil handelt und dieses nach § 167 Abs. 2 VwGO nur wegen der Kosten für vorläufig vollstreckbar erklärt werden kann, ist eine Vollstreckung wegen der Hauptsache erst nach Rechtskraft möglich, § 168 Abs. 1 Nr. 1 VwGO. § 894 ZPO, wonach, wenn der Schuldner zur Abgabe einer Willenserklärung verurteilt worden ist, diese Erklärung als mit Rechtskraft des Urteils abgegeben gilt, ist im Verwaltungsprozeß bei der Verurteilung zum Erlaß eines Verwaltungsaktes nicht anwendbar. Es gilt ausschließlich § 172 VwGO.

4. Dieser Hinweis ist erforderlich, weil die Androhung des Zwangsgeldes erst zulässig ist, wenn seit Rechtskraft des Urteils eine angemessene Frist verstrichen ist, innerhalb deren es der Behörde billigerweise zugemutet werden konnte, ihre Verpflichtung zu erfüllen (BVerwG NJW 1969, 476).

5. Eine Vollstreckungsklausel ist nach den § 167 Abs. 1 S. 1 VwGO, §§ 724, 795 ZPO erforderlich. Die Ausnahmevorschrift des § 171 VwGO findet in den Fällen des § 172 VwGO keine Anwendung.

Kosten und Gebühren

Für den Antrag erhält der RA eine 3/10 Gebühr, §§ 114 Abs. 1, 57 Abs. 1 BRAGO.

4. Vollstreckungsabwehrklage und Antrag auf einstweilige Einstellung (Baurecht)

An das Verwaltungsgericht[1]

Klage

des Stadtdirektors der Stadt ...... (Klägers)[2]
Prozeßbevollmächtigter: RA ......

gegen
die Eheleute ...... (Beklagte)
Prozeßbevollmächtigter: RA ......[3]

wegen: Unzulässigkeit der Vollstreckung
Streitwert: DM 15.000,–[4]

Namens und mit Vollmacht[5] des Klägers erhebe ich Klage und werde beantragen,

I. die Vollstreckung aus dem Urteil des VG ...... vom ...... iVm. dem Urteil des OVG ...... vom ...... für unzulässig zu erklären,[6]
II. das Urteil für vorläufig vollstreckbar zu erklären,[7]
III. die Vollstreckung aus dem Urteil des VG ...... vom ...... iVm. dem Urteil des OVG ...... vom ...... bis zum Erlaß eines vollstreckbaren Urteils in dieser Sache einstweilen einzustellen.

Begründung:

I. Die Beklagten sind Eigentümer des unbebauten Grundstücks X-Straße Nr. ...... in ...... Sie beantragten, ihnen im Wege eines Bauvorbescheides eine Bebauungsgenehmigung zur Errichtung eines Einfamilienwohnhauses auf dem Grundstück zu erteilen.

Diesen Antrag lehnte der Kläger ab. Nach erfolglosem Widerspruchsverfahren erhoben die Beklagten Klage vor dem erkennenden Gericht (Az. ......). Diese Klage hatte Erfolg. Mit Urteil vom ...... verpflichtete das VG den Kläger zur Erteilung der Bebauungsgenehmigung, da es den Bebauungsplan wegen eines Formfehlers als nichtig und damit das Bauvorhaben als nach § 34 BauGB planungsrechtlich zulässig ansah. Die gegen das Urteil eingelegte Berufung wies das OVG ...... durch Urteil vom ...... zurück. Das Urteil ist rechtskräftig.

Bereits während des Berufungsverfahrens beschloß der Rat der Stadt erneut die Aufstellung des Bebauungsplanes und führte das Planaufstellungsverfahren durch. Unmittelbar nach Zustellung des Urteils des OVG wurde der Bebauungsplan durch ortsübliche Bekanntmachung des Anzeigeverfahrens nach § 12 BauGB rechtsverbindlich. Der Bebauungsplan weist das Grundstück der Beklagten wiederum als öffentliche Grünfläche aus.

II. Die Vollstreckungsabwehrklage ist nach §§ 167 Abs. 1, 168 Abs. 1 Nr. 1 VwGO, § 767 ZPO zulässig. Nach § 167 Abs. 1 S. 1 VwGO gilt für die Vollstreckung das Achte Buch der ZPO entsprechend, soweit sich aus der VwGO nichts anderes ergibt. Der VwGO läßt sich nicht entnehmen, daß § 767 ZPO nicht anzuwenden wäre. Deshalb kann der Kläger Einwendungen, die den durch das Verpflichtungsurteil des VG iVm. dem Urteil des OVG festgestellten Anspruch der Beklagten betreffen, im Wege der Vollstreckungsabwehrklage geltend machen (BVerwG NVwZ 1985, 563).[8]

III. Die Klage ist begründet, weil der Anspruch auf Erteilung der Bebauungsgenehmigung durch den nach Abschluß des Berufungsverfahrens in Kraft getretenen Bebauungsplan erloschen ist. Denn das Vorhaben der Beklagten widerspricht den Festsetzungen dieses Bebauungsplanes und ist deshalb nach § 30 BauGB nicht mehr planungsrechtlich zulässig. Dieser Umstand kann dem gerichtlich festgestellten Anspruch als „Einwendung" iSd. § 767 ZPO entgegengesetzt werden. Zwar kann sich ein Bauvorbescheid, der die planungsrechtliche Zulässigkeit eines Bauvorhabens feststellt, gegenüber nachträglichen Rechtsänderungen durch Inkrafttreten eines Bebauungsplanes durchsetzen (BVerwG BauR 1984, 384). Den Beklagten ist aber noch keine Bebauungsgenehmigung erteilt worden. Der rechtskräftig titulierte Anspruch auf Erteilung einer solchen Genehmigung steht der bereits erlassenen Genehmigung nicht gleich.[9] Er ist weniger als diese gegen nachträgliche Rechtsänderungen abgesichert (BVerwG NVwZ 1985, 563; OVG Münster NJW 1980, 2427).

IV. Da die Beklagten inzwischen einen Antrag auf Vollstreckung gegen den Kläger nach § 172 VwGO gestellt haben,[10] ist der Erlaß einer einstweiligen Anordnung nach § 167 Abs. 1 VwGO, § 769 ZPO geboten.[11]

V. Die Bauakte sowie die Planaufstellungsakte betreffend den Bebauungsplan Nr. ...... sind beigefügt.[12]

Anmerkungen

1. Die Vollstreckungsabwehrklage ist nach § 167 Abs. 1 VwGO, § 767 Abs. 1 ZPO bei dem Prozeßgericht des ersten Rechtszuges zu erheben, und zwar auch dann, wenn, wie hier, der Vorprozeß in der Berufungsinstanz anhängig war.

2. Die Parteirollen sind gegenüber dem Vorprozeß vertauscht. Dort war nicht die Stadt (Körperschaft), sondern der Stadtdirektor (Behörde), verklagt (s. dazu Form. V. B. 1 Anm. 2.).

3. Die dem Prozeßbevollmächtigten im Vorprozeß erteilte Prozeßvollmacht ermächtigt auch zur Vertretung bei einer Vollstreckungsabwehrklage, § 173 VwGO, § 81 ZPO; denn es handelt sich um Prozeßhandlungen, die durch die Vollstreckung veranlaßt werden (*Baumbach/Lauterbach/Albers/Hartmann* § 81 Rdn. 9).

4. Vollstreckungsabwehrklage und Antrag auf einstweilige Einstellung V. F. 4

Aus diesem Grunde ist an den Anwalt, der die Beklagten im Vorprozeß vertreten hat, zuzustellen, § 67 Abs. 3 S. 3 VwGO.

4. Da die Vollstreckbarkeit insgesamt beseitigt werden soll, dürfte der Streitwert dem des Vorprozesses (s. Form. V. B. 3 Anm. 4) entsprechen.

5. S. dazu Anm. 3.

6. Diese Formulierung ergibt sich aus § 167 Abs. 1 VwGO, § 775 Nr. 1 ZPO.

7. Die Unzulässigkeit der Vollstreckung gilt erst vom Eintritt der Rechtskraft oder von der vorläufigen Vollstreckbarkeit des Urteils an, § 167 Abs. 1 VwGO, § 775 Nr. 1 ZPO. Nach § 167 Abs. 2 VwGO können Urteile auf Anfechtungs- und Verpflichtungsklagen nur wegen der Kosten für vorläufig vollstreckbar erklärt werden. Die Vollstreckungsabwehrklage ist eine prozessuale Gestaltungsklage, keine auf die Aufhebung bzw. den Erlaß eines Verwaltungsaktes gerichtete Anfechtungs- bzw. Verpflichtungsklage. Deshalb dürfte es zulässig sein, ein ergehendes Urteil für vorläufig vollstreckbar zu erklären. Ein darauf gerichteter Antrag ist zweckmäßig (s. dazu Form. V. B. 1 Anm. 9).

8. Die Vollstreckungsabwehrklage ist auch gegen die anderen in § 168 Abs. 1 VwGO aufgeführten Vollstreckungstitel zulässig (VGH München BayVBl. 1978, 53). Gegen den Vollzug unanfechtbarer Verwaltungsakte ist eine Vollstreckungsabwehrklage nicht zulässig (Kopp § 167 Rdn. 18 f.).

9. § 894 ZPO ist auf Urteile, die zum Erlaß eines Verwaltungsaktes verpflichten, nicht anwendbar (s. dazu Form. V. F. 3 Anm. 3).

10. S. dazu Form. V. F. 3.

11. Eine solche einstw. AO ist bei einer Vollstreckungsabwehrklage gegen ein verwaltungsgerichtliches Urteil zulässig (OVG Lüneburg NJW 1974, 918/919; VGH Kassel DÖV 1989, 64). Sie ist auch geboten, weil die Erhebung der Vollstreckungsgegenklage allein nicht zur Unzulässigkeit der Vollstreckung aus einem rechtskräftigen Urteil führt. Unzulässig wird die Vollstreckung vielmehr erst dann, wenn das Prozeßgericht der Klage stattgegeben hat und die Entscheidung rechtskräftig oder vorläufig vollstreckbar ist (VGH Mannheim NVwZ-RR 1993, 447).

12. § 99 VwGO.

G. Normenkontrollverfahren nach § 47 VwGO

1. Antrag auf Normenkontrolle

An das
Oberverwaltungsgericht Nordrhein-Westfalen[1]

Antrag

der Eheleute ......   (Antragsteller)

Verfahrensbevollmächtigter: RA ......[2]

gegen

die Stadt[3] ......   (Antragsgegnerin)

wegen: Gültigkeit eines Bebauungsplanes[4]

Streitwert: DM 20 000,–[5]

Namens und in Vollmacht der Antragsteller beantrage ich, für Recht zu erkennen:

Der Bebauungsplan Nr. ......[6] vom ......[7] der Antragsgegnerin ist nichtig[8]. Die Antragsgegnerin trägt die Kosten des Verfahrens[9].

Zur Begründung führe ich aus.[10]

I. Die Antragsteller sind Eigentümner eines mit einem Einfamilienwohnhaus bebauten Grundstücks im Stadtgebiet der Antragsgegnerin. Das Grundstück grenzt mit seiner Vorderseite an die in Ost-West-Richtung verlaufende A-Straße. Von dieser Straße zweigt in nördlicher Richtung ein ca. 5m breiter Wirtschaftsweg ab, der entlang der östlichen Grenze des Grundstücks der Antragsteller verläuft. Dieser Weg dient dem Zugang zu den nördlich des Grundstücks der Antragsteller gelegenen Acker- und Weideflächen.

Die Antragsgegnerin plant, die bisher unbebauten Flächen auf der Nordseite des Grundstücks der Antragsteller einer umfangreichen Wohnbebauung zuzuführen. Das neue Baugebiet soll an das bestehende öffentliche Verkehrsnetz über eine Straße angebunden werden, die in der Trasse des bisher bestehenden Wirtschaftsweges unmittelbar an der nördlichen Grenze des Grundstücks der Antragsteller vorbeiführt. Dadurch wird das Grundstück der Antragsteller mit erheblichen Immissionen (Lärm, Abgase) belastet werden. Gegen die geplante Straßentrasse haben die Antragsteller fristgerecht Bedenken erhoben und angeregt, das neue Baugebiet an einer anderen Stelle an die A-Straße anzubinden. Diesen Anregungen und Bedenken ist der Rat jedoch nicht gefolgt. Er hat den Bebauungsplan am ...... als Satzung beschlossen. Der Bebauungsplan ist mit der ortsüblichen Bekanntmachung der Durchführung des Anzeigeverfahrens (§ 11 Abs. 3 BauGB) am ...... in Kraft getreten, § 12 BauGB.

II. Der Antrag ist zulässig.

1. Die Antragsteller werden durch die Verwirklichung des Bebauungsplanes einen Nachteil iSd. § 47 Abs. 2 VwGO erleiden. Nach gefestigter Rechtsprechung ist ein solcher Nachteil gegeben, wenn der Antragsteller durch den angegriffenen Bebauungsplan oder seine Anwendung in einem Interesse negativ betroffen wird, das iRd. planerischen Abwägung gem. § 1 Abs. 6 BauGB zu berücksichtigen war (grundlegend BVerwGE 59, 87). Diese Voraussetzung ist hier erfüllt. Denn das Interesse der

1. Antrag auf Normenkontrolle V. G. 1

Antragsteller, nicht durch die mit dem Zu- und Abgangsverkehr zum neuen Plangebiet verbundenen Immissionen belastet zu werden, war abwägungserheblich. Dies gilt selbst dann, wenn die zusätzliche Belastung des Grundstücks der Antragsteller mit Verkehrslärm gering sein sollte (BVerwG NVwZ 1994, 683), was hier nicht der Fall ist......

2. Das allg. Rechtsschutzinteresse (vgl. dazu *Redeker/von Oertzen* § 47 Rdn. 21) für den Normenkontrollantrag ist gegeben; denn die Feststellung der Nichtigkeit des Bebauungsplanes verbessert die Rechtsposition der Antragsteller. Ohne Bebauungsplan kann nämlich das bisher im Außenbereich gelegene Plangebiet weder erschlossen noch bebaut werden, §§ 125 Abs. 1, 35 BauGB ......[11]

III. Der Antrag ist auch begründet; denn der Bebauungsplan ist aus formellen und materiellen Gründen nichtig.

1. Der Plan leidet an mindestens zwei Verfahrensfehlern.

a) An der Sitzung des Rates vom ......, in der über die zu dem Bebauungsplan vorgetragenen Anregungen und Bedenken entschieden und der Bebauungsplan als Satzung beschlossen wurde, hat Herr A teilgenommen. Der Bruder von Herrn A ist Eigentümer eines im Planbereich gelegenen Grundstücks. Herr A war deshalb von der Beratung und Entscheidung über den Bebauungsplan ausgeschlossen, § 31 Abs. 1 S. 1 Nr. 2 GO NRW. Seine Mitwirkung führt zur Nichtigkeit des Bebauungsplanes (OVG Münster NVwZ 1984, 667).

b) Der Entwurf des Bebauungsplanes ist in der Zeit vom 3. 3. – 3. 4. ...... öffentlich ausgelegt worden. Art und Dauer der Auslegung wurden am 27. 2. ...... in den beiden Tageszeitungen, die nach § ...... der Hauptsatzung Bekanntmachungsorgane der Antragsgegnerin sind, bekanntgemacht. Die Bekanntmachung erfolgte weniger als eine Woche vor Beginn der Auslegung. Damit wurde gegen § 3 Abs. 2 S. 2 BauGB verstoßen, wonach Ort und Dauer der Auslegung mindestens eine Woche vor ihrem Beginn ortsüblich bekanntzumachen sind. Dieser Verfahrensfehler ist nach § 214 Abs. 1 S. 1 Nr. 1 BauGB beachtlich und führt zur Nichtigkeit des Bebauungsplanes.

c) Beide Verfahrensfehler sind rechtzeitig, dh. innerhalb eines Jahres, § 215 Abs. 1 BauGB, § 7 Abs. 6 GO NRW, gegenüber der Antragsgegnerin geltend gemacht worden.[12]

2. Der Bebauungsplan verstößt darüber hinaus gegen das Abwägungsgebot des § 1 Abs. 5 und 6 BauGB.

a) Der Rat der Antragsgegnerin hat ausweislich der Begründung des Bebauungsplanes die Zufahrtsstraße zu dem neuen Baugebiet ausschließlich deshalb entlang der Nordgrenze des Grundstücks der Antragsteller festgesetzt, weil hier bereits ein Wirtschaftsweg verläuft. Aus diesem Grunde hat er andere, sich ohne weiteres anbietende und von der Antragstellerin auch aufgezeigte Alternativen sachwidrig nicht geprüft. Er hat damit gegen das Abwägungsgebot verstoßen ...... Dieser Fehler war offensichtlich und auf das Abwägungsergebnis von Einfluß, also beachtlich, § 214 Abs. 3 S. 2 BauGB ......

b) Der Rat hat das Abwägungsgebot darüber hinaus auch aus einem anderen Grunde verletzt.

In der Nähe des Plangebietes wurde früher eine Zinkhütte betrieben, die ihre Produktion 1931 eingestellt hat. Aus diesem Grunde ist der Planbereich ausweislich des in der Planaufstellungsakte befindlichen Gutachtens ...... mit Schwermetallen belastet, die bei oraler Aufnahme zu Gesundheitsgefährdungen führen können, also insbesondere für Kinder. Der Rat hat dies auch erkannt und deshalb beschlossen, die im Planbereich festgesetzten öffentlichen Grünflächen, darunter einen Kinderspielplatz, zu sanieren. Die festgestellte Gesundheitsgefährdung besteht aber zumindest in gleicher Weise auch im Bereich der privaten Hausgärten, für die irgendwelche

Sanierungs- oder Schutzmaßnahmen nicht vorgesehen sind. Der Bebauungsplan berücksichtigt damit nicht in ausreichendem Maße die allg. Anforderungen an gesunde Wohnverhältnisse und verstößt damit gegen § 1 Abs. 5 S. 2 Nr. 1 BauGB (OVG Münster NVwZ 1994, 301).[13]

Rechtsanwalt

Schrifttum: S. dazu die Komm. zur VwGO (s. Form. V. B. 1) und zum BauGB (s. Form. V. A. 1). Ferner *Quaas/Müller*, Normenkontrolle und Bebauungsplan, 1986.

Anmerkungen

1. Die Länder Bad.-Württ., Bayern und Hessen haben die Bezeichnung „Verwaltungsgerichtshof" beibehalten, vgl. § 184 VwGO. Sonst heißt das zuständige Gericht „Oberverwaltungsgericht", § 47 Abs. 1 S. 1 VwGO.

2. Zur Vertretung vor dem OVG (VGH) s. Form. V. C. 2 Anm. 2.

3. Nach § 47 Abs. 2 S. 2 VwGO ist der Normenkontrollantrag gegen die Gemeinde zu richten, die den Bebauungsplan erlassen hat.
Eine Beiladung Dritter, etwa der Eigentümer der im Planbereich gelegenen Grundstücke, kommt nicht in Betracht (BVerwGE 65, 131; str.; aA. *Kopp* § 47 Rdn. 23). Ihnen ist jedoch uU. entspr. § 47 Abs. 2 S. 3 VwGO Gelegenheit zur Äußerung zu geben (*Kopp* § 47 Rdn. 22).

4. Nach § 47 Abs. 1 Nr. 1 VwGO entscheidet das OVG auf Antrag über die Gültigkeit von Satzungen aufgrund des BauGB oder von Rechtsverordnungen nach § 246 Abs. 2 BauGB. Satzungen nach dem BauGB sind insbes. Bebauungspläne, § 10 BauGB, Satzungen nach § 34 Abs. 4 BauGB, ferner nach § 10 Abs. 1 S. 1 mit § 7 BauGB MaßnahmenG Satzungen über den Vorhaben- und Erschließungsplan (s. dazu BVerwG BauR 1994, 492), nach § 173 Abs. 3 S. 1 BBauG übergeleitete Bebauungspläne, nicht dagegen Flächennutzungspläne, die nicht den Charakter einer Rechtsnorm haben (BVerwG BRS 50 Nr. 36).
Nach § 47 Abs. 1 Nr. 2 VwGO ist der Normenkontrollantrag ferner zulässig gegen andere im Rang unter dem Landesgesetz stehende Rechtsvorschriften, sofern das Landesrecht dies bestimmt. Von dieser Möglichkeit haben Bad.-Württ., Bayern, Bremen, Hessen, Niedersachsen, das Saarland und Schleswig-Holstein uneingeschränkt, Rheinland-Pfalz mit der Einschränkung Gebrauch gemacht, daß Rechtsverordnungen, die Handlungen eines Verfassungsorgans iSd. Art. 130 Abs. 1 der Landesverfassung sind, der Normenkontrolle nicht unterliegen.

5. Auch im Normenkontrollverfahren richtet sich der Streitwert gem. § 13 Abs. 1 S. 1 GKG nach dem Interesse des Klägers (Antragstellers) an der beantragten Entscheidung. Dieses Interesse ist so zu bewerten wie eine auf das gleiche Ziel gerichtete Anfechtungs- oder Verpflichtungsklage, Ziff. I 5 S. 2 Streitwertkatalog (NVwZ 1991, 1156). Im allg. setzen die Gerichte in Normenkontrollverfahren einen Streitwert von zwischen 10 000,– und 100 000,– DM fest.

6. Der Bebauungsplan muß im Antrag genau bezeichnet werden.

7. Nach Nr. 1 S. 1 RMBeschrG besteht bis zum 30. 4. 1998 in den Ländern Brandenburg, Mecklenburg-Vorpommern, Sachsen, Sachsen-Anhalt und Thüringen für die Erhebung von Normenkontrollklagen nach § 47 Abs. 1 Nr. 1 VwGO, also ua. gegen Bebauungspläne, eine Frist von 3 Monaten ab Inkrafttreten der Rechtsvorschrift. § 58 VwGO ist nicht anzuwenden, Nr. 1 S. 2 RMBeschrG; dies bedeutet, daß der Lauf der Frist nicht von einer Rechtsmittelbelehrung abhängt.
Iü. ist die Erhebung der Normenkontrollklage als solche an keine Frist gebunden. Zu beachten sind aber – das ist dann für die Begründetheit eines Normenkontrollantrages von

1. Antrag auf Normenkontrolle V. G. 1

Bedeutung – die Jahresfrist für die Geltendmachung formeller Fehler, § 215 Abs. 1 Nr. 1 BauGB, und die 7-Jahres-Frist für die Geltendmachung von Abwägungsmängeln, § 215 Abs. 1 Nr. 2 BauGB. Ferner bestehen ggf. auch Rügefristen für die Verletzung von Vorschriften des Landesrechts, zB. nach § 7 Abs. 6 GO NRW (s. dazu Form. V. A. 2).

8. Mit einem dem Antrag stattgebenden Urteil wird die Nichtigkeit des Bebauungsplanes – deklaratorisch – festgestellt, und zwar mit allg. Verbindlichkeit, § 47 Abs. 6 S. 2 VwGO. Der Bebauungsplan wird also nicht etwa – konstitutiv – „aufgehoben". Dem hat der Antrag Rechnung zu tragen.

Der Antragsteller muß prüfen, ob die von ihm gerügten Mängel zur Nichtigkeit des ganzen Planes oder nur eines Teils führen. Die Verletzung von Verfahrensvorschriften führt stets zur Gesamtnichtigkeit. Bei inhaltlichen Mängeln kommt entspr. § 139 BGB eine Teilnichtigkeit in Betracht, sofern nicht mit den verbleibenden Festsetzungen ein untrennbarer Regelungszusammenhang besteht (BVerwG DVBl. 1978, 536). Iü. beurteilt sich die Frage, ob eine Teil- oder Gesamtnichtigkeit gegeben ist, danach, „ob der gültige Teil des Planes, für sich betrachtet, noch eine den Anforderungen des § 1 BauGB gerecht werdende sinnvolle städtebauliche Ordnung bewirken kann und ob die Gemeinde nach ihrem im Planverfahren zum Ausdruck kommenden Willen im Zweifel auch einen Plan dieses eingeschränkten Inhalts beschlossen hätte" (VGH Kassel BRS 54 Nr. 11 unter Hinweis auf BVerwG NVwZ 1992, 567).

Über den Antrag auf Feststellung der Teilnichtigkeit kann das Gericht hinausgehen und den gesamten Bebauungsplan für nichtig erklären, wenn der antragsgemäß für nichtig zu erklärende Teil mit anderen, nicht angegriffenen Teilen des Bebauungsplanes in einem untrennbaren Zusammenhang steht (BVerwG BRS 52 Nr. 36).

9. Zu diesem Antrag s. Form. V. B. 1 Anm. 7.

10. Der Normenkontrollantrag kann zunächst auch ohne Begründung eingereicht werden. Diese Verfahrensweise empfiehlt sich, wenn zur Vorbereitung der Antragsbegründung zunächst die Planaufstellungsakte vom Gericht beigezogen werden, § 99 VwGO, und in sie Einsicht genommen werden soll, § 100 VwGO. Außerhalb eines Normenkontrollverfahrens wird die Einsichtnahme von den Gemeinden häufig mit der Begründung verweigert, bei dem Planaufstellungsverfahren handele es sich um ein Rechtssetzungsverfahren, nicht um ein Verwaltungsverfahren, so daß ein Akteneinsichtsrecht nach § 29 VwVfG nicht bestehe.

11. Für einen Normenkontrollantrag bedarf es neben dem die Antragsbefugnis begründenden Nachteil eines Rechtsschutzbedürfnisses als Zulässigkeitsvoraussetzung. Dieses ist zB. dann nicht gegeben, wenn der Antragsteller seine Rechtsstellung mit der begehrten Entscheidung, also mit der Feststellung der Nichtigkeit des Bebauungsplanes, nicht verbessern kann (BVerwGE 82, 225; BauR 1994, 212).

12. Vgl. dazu Form. V. A. 2.

13. Ein Bebauungsplan ist eine Satzung, § 10 BauGB, also eine Rechtsnorm. Als solche ist der Bebauungsplan entweder gültig oder nichtig. Dies bedeutet, daß Abwägungsfehler, die beachtlich sind, zur Nichtigkeit des Planes im Verhältnis zu jedermann führen, und zwar unabhängig davon, ob das Abwägungsgebot gerade gegenüber demjenigen, der die Nichtigkeit des Planes rügt, verletzt wurde. Aus diesem Grunde kann hier mit Aussicht auf Erfolg ein Abwägungsfehler gerügt werden, der an sich die Interessen der Antragsteller nicht berührt. Damit besteht eine andere Situation als zB. bei der Anfechtung eines Planfeststellungsbeschlusses, der ein Verwaltungsakt ist. Hier kann nur die Verletzung des Abwägungsgebotes gegenüber dem Kläger gerügt werden (BVerwGE 48, 56/66 = DÖV 1975, 605; 1984, 426 f.; NJW 1988, 1288; NVwZ 1988, 534 f.).

Kosten und Gebühren

Nach Nr. 2116 KV fällt für Entscheidungen nach § 47 VwGO eine 2,5 Gerichtsgebühr an.

Der Anwalt erhält für die Vertretung im erstinstanzlichen Verfahren vor dem OVG 13/10 Gebühren nach den §§ 114 Abs. 2, 11 Abs. 1 S. 4 BRAGO.

2. Nichtvorlagebeschwerde (§ 47 Abs. 7 VwGO)[1]

An das
Oberverwaltungsgericht[2]
...... Senat
Az. ......

In dem Normenkontrollverfahren
des ......   (Antragstellers)[3]
Verfahrensbevollmächtigter: RA ......[4]

gegen

die Gemeinde ......   (Antragsgegnerin)

lege ich hiermit für den Antragsteller gegen das Urteil des Senats vom ......, zugestellt am ......[5]

Beschwerde

ein mit dem Antrag zu beschließen:

I. Dem Anwohner einer Straße, die den Zu- und Abfahrtsverkehr für ein neu geplantes Baugebiet aufnehmen soll, ist die Antragsbefugnis gem. § 47 Abs. 2 S. 1 VwGO für einen Normenkontrollantrag gegen einen dies ermöglichenden Bebauungsplan nicht deshalb abzusprechen, weil die errechnete Erhöhung des Verkehrslärms geringfügig ist oder weil eine solche Entwicklung zu erwarten war.
II. Die Normenkontrollsache wird zur erneuten Entscheidung an das Oberverwaltungsgericht zurückverwiesen.[6]
III. Die Entscheidung über die außergerichtlichen Kosten des Beschwerdeverfahrens bleibt der Schlußentscheidung vorbehalten.

Zur Begründung führe ich aus.[7]

Mit dem angefochtenen Urteil hat der Senat den Normenkontrollantrag des Antragstellers als unzulässig abgelehnt. Er hat angenommen, der Antragsteller sei nach § 47 Abs. 2 S. 1 VwGO nicht antragsbefugt, da er durch den Bebauungsplan oder seine Anwendung keinen Nachteil erleide. Die Erschließung und Bebauung des Plangebietes werde nämlich nur eine geringfügige Verstärkung des Verkehrs auf der an der Nordseite des Grundstücks des Antragstellers vorbeiführenden Straße zur Folge haben; diese bewirke eine Erhöhung des Verkehrslärms um 1,5 dB(A). Das Interesse des Antragstellers, von einer so geringfügigen Zunahme des Verkehrslärms verschont zu bleiben, sei geringwertig, jedenfalls aber nicht schutzwürdig und deshalb bei der Entscheidung über die planerischen Festsetzungen nicht in den Abwägungsvorgang einzustellen gewesen. Eine Verletzung dieses Interesses könne deshalb keinen „Nachteil" iSd. § 47 Abs. 2 S. 1 VwGO begründen (vgl. dazu BVerwG E 59, 87). Mit dieser Auffassung weicht der Senat von der soeben veröffentlichten Entscheidung des BVerwG vom 18. 2. 1994 (4 NB 24.93 – ZfBR 1994, 196) ab. Danach ist dem Anwohner einer Straße, die den Zu- und Abfahrtsverkehr für ein neu geplantes Baugebiet aufnehmen soll, die Antragsbefugnis gem. § 47 Abs. 2 S. 1 VwGO nicht deshalb abzusprechen, weil die errechnete Erhöhung des Verkehrslärms geringfügig ist oder weil eine solche Entwicklung zu erwarten war.

Wegen der Abweichung ist die Sache dem BVerwG zur Entscheidung vorzulegen, § 47 Abs. 5 S. 1 Nr. 2 VwGO. Dabei spielt es keine Rolle, daß die Entscheidung des BVerwG erst nach dem angefochtenen Urteil des Senates erlassen worden ist (*Kopp* § 132 Rdn. 17).

– Rechtsanwalt –

Schrifttum: von Oertzen, Zur Beschwerde gegen die Nichtvorlage im Normenkontrollverfahren, DÖV 1988, 296; *Schlichter,* Überlegungen zur Einführung einer Nichtvorlagebeschwerde im Normenkontrollverfahren, NJW 1985, 2446.

Anmerkungen

1. Nach § 47 Abs. 5 S. 1 VwGO legt das OVG (der VGH) die Sache unter Begründung seiner Rechtsauffassung dem BVerwG zur Entscheidung über die Auslegung revisiblen Rechts vor, wenn die Rechtssache grundsätzliche Bedeutung hat oder das OVG von der Entscheidung eines anderen OVG, des BVerwG oder des GemSOGB abweichen will. Das BVerwG entscheidet nur über die Rechtsfrage, nicht in der Sache selbst, § 47 Abs. 5 S. 3 VwGO.

Erfüllt das OVG seine Vorlagepflicht nicht, sondern entscheidet es in der Sache selbst, so kann gegen die Entscheidung von dem durch sie Beschwerten Nichtvorlagebeschwerde nach § 47 Abs. 7 VwGO eingelegt werden. Diese Beschwerde erfüllt zT. die Funktion einer im Normenkontrollverfahren nicht möglichen Revision (*Kopp* § 47 Rdn. 89). Im einzelnen sind die Bestimmungen über die Nichtvorlagebeschwerde denen über die Zulassungsbeschwerde nach § 133 VwGO nachgebildet. Anders als bei dieser kann die Nichtvorlagebeschwerde aber nicht auf einen Verfahrensmangel gestützt werden.

2. Die Nichtvorlagebeschwerde ist beim OVG (VGH), nicht beim BVerwG einzulegen, § 47 Abs. 7 S. 2 mit § 133 Abs. 2 S. 1 VwGO.

3. Wer im Normenkontrollverfahren nicht Beteiligter iSv. § 63 VwGO war, sondern nur angehört worden ist (s. dazu Form. V. G. 1 Anm. 3), ist zur Einlegung der Nichtvorlagebeschwerde nicht berechtigt (BVerwG BRS 50 Nr. 44).

4. Zur Vertretung vor dem BVerwG s. § 67 VwGO und Form. V. C. 3 Anm. 2.

5. Die Beschwerdefrist beträgt nach § 47 Abs. 7 S. 2 mit § 133 Abs. 2 S. 1 VwGO einen Monat nach Zustellung der Normenkontrollentscheidung des OVG nach § 47 Abs. 6 VwGO.

6. Der Antrag orientiert sich an § 47 Abs. 7 S. 6 VwGO. Danach verweist das BVerwG, wenn das OVG die Rechtsfrage abweichend beantwortet hat und seine Entscheidung auf dieser Abweichung beruht, die Sache an das OVG zurück, das unter Aufhebung seiner Entscheidung neu entscheidet. Das BVerwG selbst hebt die Entscheidung des OVG nicht auf (*Schlichter* NJW 1985, 2446).

Wird die grundsätzliche Bedeutung der Sache geltend gemacht und ist die Beschwerde zulässig und begründet, weil die Rechtssache tatsächlich grundsätzlich Bedeutung hat, so entscheidet das BVerwG durch sog. Rechtsentscheid nur über die Rechtsfrage, § 47 Abs. 7 S. 5 VwGO. Stellt das BVerwG fest, daß die Rechtsfrage vom OVG zutreffend beantwortet ist, weist es die Beschwerde durch Beschluß nach § 47 Abs. 7 S. 4 VwGO zurück. Beantwortet es dagegen die Rechtsfrage anders als das OVG, so verweist es die Sache an das OVG zur erneuten Entscheidung zurück.

7. Die Begründungsfrist beträgt nach § 47 Abs. 7 S. 2 mit § 133 Abs. 3 S. 1 VwGO zwei Monate; sie beginnt mit der Zustellung der Normenkontrollentscheidung (Urteil oder Beschluß) und kann nicht verlängert werden.

Kosten und Gebühren

Die Entscheidung ergeht gerichtsgebührenfrei.
Für die Einlegung der Beschwerde erhält der RA eine 5/10 Gebühr, § 61 Abs. 1 Nr. 1 BRAGO.

3. Antrag auf Erlaß einer einstweiligen Anordnung (§ 47 Abs. 8 VwGO)[1]

An das
Oberverwaltungsgericht[2]
...... Senat

In Sachen

der Eheleute ......   (Antragsteller)

Verfahrensbevollmächtigter: ......

gegen die Gemeinde ......   (Antragsgegnerin)[3]

beantrage ich unter Hinweis auf meine in dem Normenkontrollverfahren Az. ...... überreichte Vollmacht[4],

durch den Erlaß einer einstw. AO nach § 47 Abs. 8 VwGO für Recht zu erkennen:
I. Der am ...... in Kraft getretene Bebauungsplan ...... wird bis zur Entscheidung über den Normenkontrollantrag der Antragsteller vom ...... (Az.: ......)[5] außer Vollzug gesetzt. II. Die Antragsgegnerin trägt die Kosten des Verfahrens.[6]

Zur Begründung führe ich aus:

I. Die Antragsteller sind Eigentümer des an der A-Straße in ...... gelegenen, mit einem mehrgeschossigen Wohnhaus bebauten Grundstücks. Zur Beseitigung der höhengleichen Kreuzung der A-Straße mit der Bahnlinie S-P, die als Hochgeschwindigkeitsstrecke ausgebaut werden soll, plant die Antragsgegnerin eine Neutrassierung der A-Straße mit einer Bahnüberführung. Eine entpr. Festsetzung enthält der am ...... in Kraft getretene Bebauungsplan ...... Dieser setzt ferner beidseitig der A-Straße ein Allgemeines Wohngebiet fest. Für die vorhandene und für die geplante Wohnbebauung werden in dem Bebauungsplan teilweise Lärmschutzmaßnahmen vorgesehen.
Gegen den Bebauungsplan haben die Antragsteller bei dem erkennenden Senat unter dem Az. ...... einen Normenkontrollantrag gestellt.

II. Der Antrag auf Erlaß einer einstw. AO nach § 47 Abs. 8 VwGO ist zulässig. Die Antragsteller sind nämlich für den bereits gestellten Normenkontrollantrag nach § 47 Abs. 2 S. 1 VwGO antragsbefugt,[7] weil sie durch die Verwirklichung des Bebauungsplanes einen Nachteil erleiden werden. Der Bebauungsplan sieht nämlich die Inanspruchnahme einer ca. 1650qm großen Teilfläche des Grundstücks der Antragsteller für die Neuführung der A-Straße vor. Die Antragsgegnerin beabsichtigt, diese Teilfläche auf der Grundlage des Bebauungsplanes zu enteignen.

III. Der Antrag ist auch begründet; denn die begehrte einstw. AO ist zur Abwehr schwerer Nachteile für die Antragsteller dringend geboten.[8]

1. Der Vollzug des Bebauungsplanes, insb. die Inanspruchnahme einer ca. 1650qm großen Teilfläche des Grundstücks der Antragsteller für die Zwecke des Straßenbaus, wird zu einem schwerwiegenden Eingriff in das Grundeigentum der Antrag-

steller führen.⁹ Dieser Eingriff ist im Falle eines Erfolges des Normenkontrollantrages nicht oder nur mit unverhältnismäßigem Aufwand rückgängig zu machen, da die Grundstücksinanspruchnahme Teil eines größeren, die Neutrassierung der Straße und den Bau der Bahnüberführung umfassenden Projektes ist, das praktisch nicht rückabgewickelt werden kann ......¹⁰

2. Der Vollzug des Bebauungsplanes vor der Entscheidung im Normenkontrollverfahren ist für die Antragsteller auch deshalb nicht hinzunehmen, weil der Bebauungsplan sich schon aus folgendem Grunde als offensichtlich rechtsfehlerhaft erweist: Die Festsetzung „Lärmschutz (vegetativ) Höhe = 3m über Gradiente" an der Neubautrasse der A-Straße zum Schutze des angrenzenden Wohngebietes ist nicht hinreichend konkret und wegen mangelnder inhaltlicher Bestimmtheit unwirksam; sie wird damit den Anforderungen des § 9 Abs. 1 Nr. 24 BauGB nicht gerecht. Was unter einem 3m hohen vegetativen = pflanzlichen Lärmschutz zu verstehen ist, läßt sich auch durch Auslegung nicht ermitteln (OVG Münster NWVBl. 1994, 224/225) ...... Die Nichtigkeit der Festsetzung der Lärmschutzeinrichtung erfaßt den gesamten Plan, da mit dieser Maßnahme der Konflikt zwischen Wohnbebauung und Verkehrslärm gelöst werden sollte. Es kann nicht davon ausgegangen werden, daß der Rat den Plan auch ohne eine Lärmschutzmaßnahme beschlossen, insb. angrenzend an die A-Straße ein Allgemeines Wohngebiet festgesetzt hätte (OVG Münster aaO.).¹¹

Rechtsanwalt

Schrifttum: Erichsen/Scherzberg, Die einstweilige Anordnung im Verfahren der verwaltungsgerichtlichen Normenkontrolle, DVBl. 1987, 168; *Grave,* Vorläufiger Rechtsschutz gemäß § 47 Abs. 7 VwGO, BauR 1981, 156; *Finkelnburg/Jank* Rdn. 437 ff.

Anmerkungen

1. Nach § 47 Abs. 8 VwGO kann das Gericht auf Antrag eine einstw. AO erlassen, „wenn dies zur Abwehr schwerer Nachteile oder aus anderen wichtigen Gründen dringend geboten ist."

2. S. Form. V. G. 1 Anm. 1. Zuständig ist das Gericht der Hauptsache. Das OVG bleibt auch dann zuständig, wenn eine Vorlage nach § 47 Abs. 5 VwGO an das BVerwG erfolgt ist (BVerwG BayVBl. 1980, 26).

3. Antragsgegner im Verfahren nach § 47 Abs. 8 VwGO ist stets die Körperschaft, Anstalt oder Stiftung des öffentlichen Rechts, die die Rechtsvorschrift erlassen hat, § 47 Abs. 2 S. 2 VwGO. Ein Hoheitsträger, der die Norm anzuwenden hat, kann nicht daneben in das Verfahren einbezogen werden (VGH Kassel BRS 50 Nr. 54; str.).

4. S. Form. V. D. 2 Anm. 2.

5. Ein Antrag nach § 47 Abs. 8 VwGO kann auch schon vor Anhängigkeit des Normenkontrollverfahrens gestellt werden (OVG Münster BRS 50 Nr. 55). Eine erlassene einstw. AO ist aber entspr. ihrer Funktion, die Entscheidung in der Hauptsache effektiv offenzuhalten, vom Fortbestand des Hauptsacheverfahrens abhängig. Sie verliert also mit der Beendigung dieses Verfahrens ihre Wirkung (VGH München BRS 52 Nr. 41).

6. S. Vorm. V. B. 1 Anm. 7.

7. Zu den Voraussetzungen s. Form. V. G. 1.

8. Die Anforderungen decken sich weitgehend mit denen des § 32 BVerfGG. Es ist ein strenger Maßstab anzulegen, weil mit der begehrten Außervollzugsetzung die Entscheidung in der Hauptsache zeitweise im Ergebnis vorweggenommen wird (BVerfG NJW 1977, 430; OVG Münster BRS 35 Nr. 31; 36 Nr. 40; NWVBl. 1993, 29 ff.; 1994, 224;

VGH Kassel BRS 50 Nr. 54). IRd. vorzunehmenden Interessenabwägung, bei der die Folgen des Vollzuges und des Nichtvollzuges des Bebauungsplanes im Falle eines Erfolges oder Nichterfolges der Normenkontrollklage zu bedenken sind, spielen auch die Erfolgsaussichten des Normenkontrollantrages in der Hauptsache eine Rolle (OVG Münster BRS 50 Nr. 55; NWVBl. 1993, 29).

9. Für den Antrag auf Erlaß einer einstw. AO fehlt das allg. Rechtsschutzinteresse, wenn der Bebauungsplan durch die Erteilung von Baugenehmigungen und Vorbescheiden im wesentlichen bereits umgesetzt ist (OVG Münster ZfBR 1994, 195), die AO also für den Antragsteller nichts Positives mehr bewirkt. Den Bestand und Vollzug bereits erteilter Genehmigungen berührt eine einstw. AO nach § 47 Abs. 8 VwGO nicht, § 47 Abs. 6 S. 3 mit § 183 VwGO (VGH München BRS 52 Nr. 41; VGH Kassel BRS 50 Nr. 54).

10. Die Antragsteller können die Nichtigkeit des Bebauungsplanes auch im Enteignungsverfahren geltend machen. In diesem Falle hat die Enteignungsbehörde oder das mit der Überprüfung eines Enteignungsbeschlusses und/oder einer vorläufigen Besitzeinweisung befaßte Gericht die Gültigkeit des Bebauungsplanes „inzidenter" zu überprüfen. Diese Inzidentprüfung ist aber erfahrungsgemäß nicht so gründlich wie die Überprüfung in einem Normenkontrollverfahren. Auf sie sollte sich deshalb der Betroffene nicht verlassen.

11. Zur Teilnichtigkeit eines Bebauungsplanes s. Form V. G. 1 Anm. 8.

Kosten und Gebühren

Nach Nr. 2210 KV fällt eine 0,5 Gerichtsgebühr an.

Im Verfahren auf Erlaß einer einstw. AO nach § 47 Abs. 8 VwGO erhält der RA Gebühren nach den §§ 114 Abs. 5, 40 BRAGO. Dabei ist zweifelhaft, ob $^{10}/_{10}$ oder $^{13}/_{10}$ Gebühren anfallen. § 40 Abs. 3 BRAGO ist nicht unmittelbar anwendbar, da das OVG im Hauptverfahren (Normenkontrollverfahren) nicht als Berufungsgericht, sondern als Gericht der Hauptsache tätig wird. § 40 Abs. 3 BRAGO dürfte jedoch für diesen Fall entspr. gelten, so daß $^{13}/_{10}$ Gebühren anfallen (OVG Münster NVwZ-RR 1990, 667; aA. VGH München BayVBl. 1989, 28; NVwZ-RR 1990, 666).

VI. Verfassungsrecht

1. Verfassungsbeschwerde gegen Zivilgerichtsurteil (Art. 5 Abs. 1 GG)

An das
Bundesverfassungsgericht

Verfassungsbeschwerde

des Herrn ......

– Beschwerdeführer –

Verfahrensbevollmächtigter[1]: Rechtsanwalt ......

wegen[2]: Urteil des Landgerichts H. vom ...... Az. ...... (Fotokopie Anlage 1)[3].

Ich zeige an, daß mir der Beschwerdeführer Vollmacht erteilt (Anlage 2)[4] und mich mit der Wahrnehmung seiner Interessen beauftragt hat.

Namens und im Auftrag des Beschwerdeführers erhebe ich

Verfassungsbeschwerde

gegen die Entscheidung[5]

des Landgerichts H. vom ...... Az. ......

Gerügt wird die Verletzung des Art. 5 Abs. 1 GG[6].

Begründung[7]

I. Sachverhalt[8]

Der Beschwerdeführer, Leiter der Pressestelle der Stadt H., hatte zum Boykott des Veit-Harlan-Films „Jud Süß" aufgerufen. Das Landgericht H. untersagte ihm entsprechende Äußerungen.

II. Rechtsausführungen

§ 1 Zulässigkeit

(1) Fristberechnung[9]
a) Nach der am 1. Juli 1977 in Kraft getretenen Neufassung des § 317 ZPO beginnt die Frist zur Erhebung einer Verfassungsbeschwerde mit der Zustellung der vollständigen Entscheidung (§ 93 Abs. 1 S. 2 BVerfGG), BVerfGE 50, 32.
b) Die Verfassungsbeschwerde ist deshalb fristgerecht eingelegt worden. ......

(2) Erschöpfung des Rechtswegs
a) Grundsätzlich ist die Verfassungsbeschwerde subsidiär: der Rechtsweg muß erschöpft sein, § 90 Abs. 2 BVerfGG.
b) Im vorliegenden Fall liegen die beiden Ausnahmefälle des § 90 Abs. 2 S. 2 BVerfGG vor: die Verfassungsbeschwerde ist von allgemeiner Bedeutung, weil sie grundsätzliche verfassungsrechtliche Fragen aufwirft. Außerdem entstünde dem Beschwerdeführer ein schwerer und unabwendbarer Nachteil, wenn er zunächst auf den Rechtsweg verwiesen würde[10].

(3) Zum Prüfungsumfang bei Gerichtsentscheidungen
a) „Das Bundesverfassungsgericht ist nicht befugt, seine eigene Wertung des Einzelfalls

nach Art eines Rechtsmittelgerichts an die Stelle derjenigen des zuständigen Richters zu setzen. Es kann vielmehr in derartigen Fällen eine Verletzung des Grundrechts der unterlegenen Partei nur feststellen, wenn der zuständige Richter entweder nicht erkannt hat, daß es sich um eine Abwägung widerstreitender Grundrechtsbereiche handelt, oder wenn seine Entscheidung auf einer grundsätzlich unrichtigen Anschauung von der Bedeutung des einen oder anderen der Grundrechte, insbesondere vom Umfang ihrer Schutzbereiche, beruht", BVerfGE 30, 173/197.

b) „Wie die richtige Lösung einer bürgerlich-rechtlichen Streitigkeit konkret auszusehen hat, ist im Grundgesetz nicht vorgeschrieben. ...... Die Grenzen der Eingriffsmöglichkeiten des Gerichts hängen von der Intensität der Grundrechtsbeeinträchtigung ab. Je nachhaltiger ...... ein zivilgerichtliches Urteil im Ergebnis die Grundrechtssphäre des Unterlegenen betrifft, desto strengere Anforderungen sind an die Begründung dieses Eingriffs zu stellen und desto weiterreichend sind folglich die Nachprüfungsmöglichkeiten des Bundesverfassungsgerichts; in Fällen höchster Eingriffsintensität ...... ist es durchaus befugt, die von den Zivilgerichten vorgenommene Wertung durch seine eigene zu ersetzen", BVerfGE 42, 147 ff.

c) Diese Voraussetzungen sind im vorliegenden Fall gegeben. ......

§ 2 Begründetheit

(1) a) Grundsatz
„Das Grundrecht auf freie Meinungsäußerung ist als unmittelbarster Ausdruck der menschlichen Persönlichkeit in der Gesellschaft eines der vornehmsten Menschenrechte überhaupt. ...... Für eine freiheitlich-demokratische Staatsordnung ist es schlechthin konstituierend, denn es ermöglicht erst die ständige geistige Auseinandersetzung, den Kampf der Meinungen, der ihr Lebenselement ist", BVerfGE 7, 198/208.

b) „Schaukeltheorie"
„Die gegenseitige Beziehung zwischen Grundrecht und ‚allgemeinem Gesetz' ist also nicht als einseitige Beschränkung der Geltungskraft des Grundrechts durch die ‚allgemeinen Gesetze' aufzufassen; es findet vielmehr eine Wechselwirkung in dem Sinne statt, daß die ‚allgemeinen Gesetze' zwar dem Wortlaut nach dem Grundrecht Schranken setzen, ihrerseits aber aus der Erkenntnis der wertsetzenden Bedeutung dieses Grundrechts im freiheitlichen-demokratischen Staat ausgelegt und so in ihrer das Grundrecht begrenzenden Wirkung selbst wieder eingeschränkt werden müssen", BVerfGE 7, 198/208 f.

c) Begriff des „allgemeinen Gesetzes"
„Allgemeine Gesetze" sind solche, „die nicht eine Meinung als solche verbieten ......, die vielmehr dem Schutze eines schlechthin, ohne Rücksicht auf eine bestimmte Meinung, zu schützenden Rechtsgutes dienen", BVerfGE 7, 198/209.

d) Güterabwägung
„Es wird deshalb eine ‚Güterabwägung' erforderlich: das Recht zur Meinungsäußerung muß zurücktreten, wenn schutzwürdige Interessen eines anderen von höherem Rang durch die Betätigung der Meinungsfreiheit verletzt würden", BVerfGE 7, 198/210.

(2) Eine Meinungsäußerung, die eine Aufforderung zum Boykott enthält, verstößt nicht notwendig gegen die guten Sitten im Sinne des § 826 BGB; sie kann bei Abwägung aller Umstände des Falls durch die Freiheit der Meinungsäußerung verfassungsrechtlich gerechtfertigt sein. So liegt es hier. ......

§ 3 Annahmevoraussetzungen[11]

Die Voraussetzungen für die Annahme der Erfassungsbeschwerde zur Entscheidung sind gegeben (§ 93 a BVerfGG)[12].

(1) Der Verfassungsbeschwerde kommt grundsätzliche Bedeutung zu (§ 93 a Abs. 2 a BVerfGG). Diese ist nur gegeben, wenn die Verfassungsbeschwerde eine verfassungsrecht-

1. Verfassungsbeschwerde gegen Zivilgerichtsurteil **VI. 1**

liche Frage aufwirft, die sich nicht ohne weiteres aus dem Grundgesetz beantworten läßt und noch nicht durch die verfassungsgerichtliche Rechtsprechung gelöst oder die durch die veränderten Verhältnisse erneut klärungsbedürftig geworden ist (BVerfG NJW 1994, 993)[13].

So liegt es hier ......[14]

(2) Unabhängig davon[15] ist aber die Annahme der Verfassungsbeschwerde zur Durchsetzung des hier als verletzten Grundrechts angezeigt (§ 93 a Abs. 2 b BVerfGG). Das ist der Fall, wenn die geltend gemachte Verletzung von Grundrechten oder grundrechtsgleichen Rechten besonderes Gewicht hat oder den Beschwerdeführer in existentieller Weise betrifft. Besonders gewichtig ist eine Grundrechtsverletzung, die auf eine generelle Vernachlässigung von Grundrechten hindeutet oder wegen ihrer Wirkung geeignet ist, von der Ausübung von Grundrechten abzuhalten. Eine geltend gemachte Verletzung hat ferner dann besonderes Gewicht, wenn sie auf einer groben Verkennung des durch ein Grundrecht gewährten Schutzes oder einem geradezu leichtfertigen Umgang mit grundrechtlich geschützten Positionen beruht oder rechtsstaatliche Grundsätze krass verletzt. Eine existentielle Betroffenheit des Beschwerdeführers kann sich vor allem aus dem Gegenstand der angegriffenen Entscheidung oder seiner aus ihr folgenden Belastung ergeben, BVerfG NJW 1994, 993[16].

So liegt es hier ......

Schrifttum: Alternativ-Kommentar zum Grundgesetz 2. Aufl. 1989; *Benda/Maihofer/Vogel,* Handbuch des Verfassungsrechts, 2. Aufl. 1994; *Hesse,* Grundzüge des Verfassungsrechts der Bundesrepublik Deutschland, 18. Aufl. 1991; *Jarass/Pieroth* GG, 3. Aufl. 1995; *Lechner* BVerfGG, 3. Aufl. 1973, Anm. zu § 90 BVerfGG; *Leibholz/Rupprecht* BVerfGG, 1968, Nachtrag 1971 mit Anm. zu § 90 BVerfGG; *Leibholz/Rinck* GG, 6. Aufl. 1991 ff.; *v. Mangoldt/Klein/Starck* GG, Bd. 1 3. Aufl. 1985; *Maunz/Zippelius,* Deutsches Staatsrecht, 28. Aufl. 1991; *Maunz/Dürig/Herzog/Scholz* GG, 1970 ff.; *Maunz/Schmidt-Bleibtreu/Klein/Ulsamer* BVerfGG, Stand 1994; *v. Münch* GG, Bd. 1 4. Aufl. 1992, Bd. 2 1976, Bd. 3 1978; *Schmidt-Bleibtreu/Klein* GG, 7. Aufl. 1990; *Seifert/Hömig* GG, 2. Aufl. 1985; *Stern,* Das Staatsrecht der Bundesrepublik Deutschland, Bd. 1, 2. Aufl. 1983, Bd. 2 1980; *Zuck,* Die Verfassungsbeschwerde, 2. Aufl. 1988; *Pestalozza,* Verfassungsprozeßrecht 3. Aufl. 1991; *Schlaich,* Das Bundesverfassungsgericht, 3. Aufl. 1994; *Gusy,* Die Verfassungsbeschwerde 1988; *Dörr,* Die Verfassungsbeschwerde in der Prozeßpraxis, 1990; *Benda/Klein,* Lehrbuch des Verfassungsprozeßrechts 1991; *Umbach/Clemens,* BVerfGG 1992..

Anmerkungen

1. Es herrscht kein Anwaltszwang, § 22 BVerfGG.

2. Es gibt im Verfassungsbeschwerdeverfahren keine Gegner, sondern nur Beteiligte.

3. Es ist erforderlich, die angegriffenen Entscheidungen sowie die sonstigen entscheidungserheblichen Unterlagen in (Fotokopie) beizufügen. Der Verfassungsbeschwerdeschriftsatz sollte dem Gericht 3-fach vorgelegt werden (je eine Fertigung für jedes Mitglied der Kammer nach § 93 b BVerfGG). Der Vorsitzende entscheidet zu gegebener Zeit, wieviele weitere Abschriften vorzulegen sind, § 23 Abs. 3 BVerfGG.

4. Zur (Spezial)Vollmacht nach § 22 Abs. 2 BVerfGG vgl. Form. VI. 15.

5. Die Verfassungsbeschwerde richtet sich gegen alle die Entscheidungen, die den Beschwerdeführer belasten. Es genügt deshalb häufig nicht, nur die Endentscheidung anzugreifen, s. § 92 BVerfGG.

6. § 92 BVerfGG schreibt die förmliche Grundrechtsrüge vor. Das Bundesverfassungsgericht kann auch nicht gerügte Grundrechte in seine Überlegungen miteinbeziehen, ist

dazu aber nicht verpflichtet. Dagegen ist es im Regelfall überflüssig (aber auch unschädlich), einen Antrag auszuformulieren. Das gilt auch für die Anordnung der Auslagenerstattung nach § 34a Abs. 2 BVerfGG.

7. §§ 23, 92 BVerfGG schreiben eine Begründung vor. Wichtig ist, daß diese Begründung innerhalb der Fristen des § 93 BVerfGG vorzulegen ist. Das schließt nicht aus, „die Begründung der Verfassungsbeschwerde nachträglich in tatsächlicher und rechtlicher Hinsicht zu ergänzen. Dies darf jedoch nicht dazu führen, daß nach Fristablauf ein neuer Sachverhalt ...... zum Gegenstand der Verfassungsbeschwerde gemacht wird", BVerfGE 18, 85/89.

8. Vgl. dazu BVerfGE 7, 198 ff.

9. Wiedereinsetzung in den vorigen Stand gibt es nunmehr auch im Verfassungsbeschwerdeverfahren, vgl. § 93 Abs. 2 BVerfGG. Dies betrifft aber nur den Sachverhalt des Abs. 1, nicht den des Abs. 3.

10. BVerfGE 9, 120/121. Aber Achtung: Das Bundesverfassungsgericht hat bislang nur in wenigen Fällen das Vorliegen der Ausnahmen des § 90 Abs. 2 S. 2 BVerfGG bejaht.

11. Über die Annahme der Verfassungsbeschwerde zur Entscheidung entscheidet die zuständige Kammer, vgl. §§ 15a, 93b BVerfGG. Zu diesem Zweck muß sich die Kammer mit der Zulässigkeit und Begründetheit der Verfassungsbeschwerde schon beschäftigt haben. Die Klärung der Annahmevoraussetzungen ist deshalb gegenüber der Erörterung der Zulässigkeit (§ 1) und der Begründetheit (§ 2) nachrangig.

12. Die Annahmevoraussetzungen des § 93a Abs. 2 BVerfGG sind alternativ.

13. Über die Beantwortung der verfassungsrechtlichen Frage müssen also ernsthafte Zweifel bestehen. Anhaltspunkt für eine grundsätzliche Bedeutung in diesem Sinne kann sein, daß die Frage in der Fachliteratur kontrovers diskutiert oder in der Rechtsprechung der Fachgerichte unterschiedlich beantwortet wird. An ihrer Klärung muß zudem ein über den Einzelfall hinausgehendes Interesse bestehen. Das kann etwa dann der Fall sein, wenn sie für eine nicht unerhebliche Anzahl von Streitigkeiten bedeutsam ist oder ein Problem von einigem Gewicht betrifft, das in künftigen Fällen erneut Bedeutung erlangen kann. Bei der Prüfung der Annahme muß bereits absehbar sein, daß sich das BVerfG bei seiner Entscheidung über die Verfassungsbeschwerde mit der Grundsatzfrage befassen muß. Kommt es auf sie hingegen nicht entscheidungserheblich an, so ist eine Annahme nach § 93a Abs. 2a BVerfGG nicht geboten, vgl. BVerfG NJW 1994, 993. Die damit verbundenen Fragen sind noch nicht abschließend geklärt, vgl. *Klein*, NJW 1993, 2073; *Zuck*, NJW 1993, 2641.

14. Die Behauptung trifft nur auf den Zeitpunkt der Entscheidung BVerfGE 7, 198, der der Fall nachgebildet ist, zu. Heute ist die verfassungsrechtliche Frage durch BVerfGE 7, 198 geklärt. Für einen vergleichbaren Fall fehlte es an der grundsätzlichen Bedeutung. Angesichts einer mehr als 40jährigen Rechtsprechung wird deshalb eine Verfassungsbeschwerde von grundsätzlicher Bedeutung selten sein. Das wird – beispielhaft – deutlich in BVerfG NJW 1994, 2347f.

15. Vgl. Anm. 12.

16. Ein besonders schwerer Nachteil ist jedoch dann nicht anzunehmen, wenn die Verfassungsbeschwerde keine hinreichende Aussicht auf Erfolg hat oder wenn deutlich abzusehen ist, daß der Beschwerdeführer auch im Falle einer Zurückverweisung an das Ausgangsgericht im Ergebnis keinen Erfolg haben würde, vgl. BVerfG NJW 1994, 993. S.a. Anm. 13.

Kosten und Gebühren

Das Verfahren ist grundsätzlich kostenfrei, § 34 Abs. 1 BVerfGG; vgl. im übrigen die Form. VI. 17, 18. Das Risiko der Mißbrauchsgebühr ist zu beachten (§ 34 Abs. 2 BVerfGG).

Fristen und Rechtsmittel

Die Verfassungsbeschwerde ist binnen eines Monats zu erheben, wenn sie sich gegen ein Gesetz richtet, binnen eines Jahres, § 93 BVerfGG. Die Verfassungsbeschwerde hat keine aufschiebende Wirkung. Rechtsmittel gibt es gegen die Endentscheidungen des Bundesverfassungsgerichts im Verfassungsbeschwerdeverfahren nicht. Gegen die Entscheidung des Bundesverfassungsgerichts über den Erlaß einer einstweiligen Anordnung im Verfassungsbeschwerdeverfahren gibt es ebenfalls keinen Rechtsbehelf (§ 32 Abs. 3 S. 2 BVerfGG).

2. Verfassungsbeschwerde gegen Strafgerichtsurteil (Art. 19 Abs. 4, 101 Abs. 1, 103 Abs. 1 GG)

An das
Bundesverfassungsgericht

Verfassungsbeschwerde[1]

des Herrn ......

– Beschwerdeführer –

Verfahrensbevollmächtigter: Rechtsanwalt ......

wegen:
1. Urteil des Amtsgerichts S. vom ...... Az. ......
   (Fotokopie Anlage 1)
2. Urteil des Landgerichts S. vom ...... Az. ......
   (Fotokopie Anlage 2)

Ich zeige an, daß mir der Beschwerdeführer Vollmacht erteilt (Anlage 3) und mich mit der Wahrnehmung seiner Interessen beauftragt hat.

Namens und im Auftrag des Beschwerdeführers erhebe ich

Verfassungsbeschwerde

gegen
1. Urteil des Amtsgerichts S. vom ...... Az. ......
2. Urteil des Landgerichts S. vom ...... Az. ......

Gerügt wird die Verletzung der Grundrechte des Beschwerdeführers aus Art. 19 Abs. 4, 101 Abs. 1, 103 Abs. 1 GG.

Begründung

I. Sachverhalt

L. war vom Amtsgericht wegen eines Verkehrsverstoßes durch Strafbefehl zu einer Geldstrafe verurteilt worden. Das Landgericht gab der Berufung nicht statt. Der Einspruch gegen den Strafbefehl sei verspätet eingegangen. Die 4-tägige Post-Laufzeit müsse sich L. zurechnen lassen. Der Vorsitzende der Berufungskammer war von Gesetzes wegen vom Verfahren ausgeschlossen. Er nahm aber intensiv Einfluß auf die Terminsanberaumung durch den nunmehr zuständigen Richter.

II. Rechtsausführungen

§ 1 Zulässigkeit[1]

(1) ......

(2) ......

(3) Zum Prüfungsumfang bei Gerichtsentscheidungen

a) Strafgerichtliche Urteile können nur darauf überprüft werden, ob bei der Anwendung einfachen Gesetzesrechts Grundrechte des Verurteilten verletzt worden sind, BVerfGE 12, 113/124.
Dabei ist die Intensität der Grundrechtsbeeinträchtigung von Bedeutung, BVerfGE 43, 130/135 f.

b) Die Auslegung der StPO ist grundsätzlich Sache der ordentlichen Gerichte, BVerfGE 9, 89/102. Allerdings fordert der Grundsatz der Verhältnismäßigkeit, daß die Maßnahme unerläßlich ist, daß sie in angemessenem Verhältnis zur Schwere der Tat steht und daß die Stärke des bestehenden Tatverdachts sie rechtfertigt. Insofern steht die Verfahrensgestaltung unter dem Gebot des Grundrechtsschutzes, BVerfGE 17, 108/117 f.

§ 2 Begründetheit

(1) Art. 19 Abs. 4 und Art. 103 Abs. 1 GG gebieten, § 44 StPO dahin auszulegen, daß dem Bürger bei der schriftlichen Einlegung des Einspruchs gegen einen Strafbefehl Verzögerungen der Briefbeförderung oder der Briefzustellung durch die Deutsche Bundespost, die er nicht zu vertreten hat, nicht zugerechnet werden, BVerfGE 41, 23/25.
Mit einer 4-tägigen Post-Laufzeit mußte der Beschwerdeführer nicht rechnen.

(2) Art. 101 Abs. 1 S. 2 GG ist auch dann verletzt, wenn ein ausgeschlossener Kammervorsitzender durch seine Autorität die Terminsanberaumung eines anderen Richters maßgeblich beeinflußt, BVerfGE 4, 412/422[3].

......

§ 3 Annahmevoraussetzungen[4]

......

Schrifttum: S. Form. VI. 1.

Anmerkungen

1. Zum Rubrum s. die Anm. 1–7 zu Form. VI. 1. **Achtung:** Die Monatsfrist zur Einlegung einer Verfassungsbeschwerde gegen ein Strafgerichtsurteil beginnt (schon) mit der formlosen Zusendung der Entscheidung an den Verteidiger, BVerfG NJW 1991, 2623. **Achtung:** Ist der Revisionsführer bei der Verkündung der Entscheidung selbst anwesend und unterbleibt ein Antrag nach § 35 Abs. 1 StPO, dann beginnt die Frist mit der Verkündung des Revisionsurteils. Es ist dann geboten, nach § 93 Abs. 1 S. 3 2. Halbsatz BVerfGG zu verfahren.

2. S. Form. VI. 1 und dort Text II § 1.

3. Art. 101 Abs. 1 S. 2 GG schützt nur vor Willkür, nicht vor Irrtum; *Eduard Kern,* Der gesetzliche Richter, 1927, S. 191; s. BVerfGE 3, 359/364 f.

4. Vgl. Form VI. 1 II. § 3.

Kosten und Gebühren

Das Verfahren ist grundsätzlich kostenfrei, § 34 Abs. 1 BVerfGG; vgl. im übrigen die Form. VI. 17, 18. Das Risiko der Mißbrauchsgebühr ist zu beachten (§ 34 Abs. 2 BVerfGG).

3. Verfassungsbeschwerde gegen Verwaltungsgerichtsurteil (Wesentlichkeitstheorie/Art. 14 Abs. 1 GG)

An das
Bundesverfassungsgericht

Verfassungsbeschwerde[1]

des Herrn ......

– Beschwerdeführer –

Verfahrensbevollmächtigter: Rechtsanwalt ......

wegen: Urteil des Bundesverwaltungsgerichts vom ......
Az. ...... (Fotokopie Anlage 1).

Ich zeige an, daß mir der Beschwerdeführer Vollmacht erteilt (Anlage 2) und mich mit der Wahrnehmung seiner Interessen beauftragt hat.

Namens und im Auftrag des Beschwerdeführers erhebe ich

Verfassungsbeschwerde

gegen die Entscheidung

des Bundesverwaltungsgerichts vom ...... Az. ......[2].

Gerügt wird die Verletzung der Grundrechte des Beschwerdeführers aus Art. 2 Abs. 1 GG (Art. 20 Abs. 1 GG), Art. 14 Abs. 1 GG.

Begründung

I. Sachverhalt

Der Beschwerdeführer wird vom geplanten Ausbau des Verkehrsflughafens F. betroffen. Er wehrt sich gegen die Entscheidung des Bundesverwaltungsgerichts, weil das Gericht nach seiner Meinung in individuelle Rechtspositionen eingegriffen und materielle Planungsgrundsätze durch Richterrecht geschaffen hat.

II. Rechtsausführungen

§ 1 Zulässigkeit[3]

(1) ......

(2) ......

(3) a) „Das Bundesverfassungsgericht ist ...... nicht die letzte verwaltungsgerichtliche Instanz, die etwaige Ermessensfehler ebenso umfassend zu prüfen hätte wie die Verwaltungsgerichte vor ihm. Ist eine gerichtliche Nachprüfung behördlichen Ermessensgebrauchs vorausgegangen, so beschränkt sich die Zuständigkeit des Bundesverfassungsgerichts ...... auf die Prüfung, ob die Gerichtsentscheidung selbst" Verfassungsrechtsnormen verkennt, BVerfGE 9, 338/354.

b) ......

§ 2 Begründetheit

(1) Vorbehalt des Gesetzes – Wesentlichkeitstheorie

a) Aus Rechtsstaats- und Demokratieprinzip folgt grundsätzlich, daß der Gesetzgeber verpflichtet ist, „alle wesentlichen Entscheidungen selbst zu treffen. ...... In welchen Bereichen danach staatliches Handeln einer Rechtsgrundlage im förmlichen Gesetz bedarf, läßt sich nur im Blick auf den jeweiligen Sachbereich und die Intensität der geplanten oder getroffenen Regelung ermitteln. Die verfassungsrechtlichen Wertungskriterien sind deshalb in erster Linie den tragenden Prinzipien des Grundgesetzes, insbesondere den vom Grundgesetz anerkannten und verbürgten Grundrechten zu entnehmen", BVerfGE 49, 89/126 f.

b) Im vorliegenden Fall handelt es sich um eine solche wesentliche Entscheidung. Von einer Flughafenerweiterung werden ganze Landstriche, letzten Endes hunderttausende von Menschen betroffen. Welche Präferenzen zwischen Verkehr/Umweltschutz/Individualrechten zu setzen sind, darf nicht von einem Gericht, sondern muß vom parlamentarischen Gesetzgeber entschieden werden. Der Verstoß gegen den Grundsatz des Vorbehalts des Gesetzes kann im übrigen über Art. 2 Abs. 1 GG gerügt werden, BVerfGE 46, 202/203.

(2) Verstoß gegen Art. 14 Abs. 1 GG

Das Bundesverwaltungsgericht hat in seiner Entscheidung ausgeführt, daß die Anordnung von Lärmschutzmaßnahmen im Rahmen des § 9 Abs. 2 LuftVG nachgeholt werden kann. Konsequenzen für die Planung als solche ergäben sich daraus nicht. Gegebenenfalls müsse durch eine Enteignungsmaßnahme nach § 28 LuftVG die Voraussetzung für eine Entschädigung geschaffen werden.

Darin liegt ein Verstoß gegen Art. 14 Abs. 1 GG.

a) Grundsatz

„Das verfassungsrechtlich geschützte Eigentum ist ...... gekennzeichnet durch Privatnützigkeit ...... und ...... grundsätzliche Verfügungsbefugnis über den Eigentumsgegenstand", BVerfGE 50, 290/339.

b) Inhalt und Schranken

„Die konkrete Reichweite des Schutzes durch die Eigentumsgarantie ergibt sich erst aus der Bestimmung von Inhalt und Schranken des Eigentums", BVerfGE 50, 290/339 f.
......
„Soweit es um die Funktion des Eigentums als Element der Sicherung der persönlichen Freiheit des einzelnen geht, genießt dieses einen besonders ausgeprägten Schutz. ......
Dagegen ist die Befugnis des Gesetzgebers ...... um so weiter, je mehr das Eigentumsobjekt in einem sozialen Bezug und einer sozialen Funktion steht. ......
Diesen Grundsätzen entspricht es, wenn Eigentumsbindungen stets verhältnismäßig sein müssen", BVerfGE 50, 290 (340 f.).

c) Das ist hier nicht der Fall. ......

§ 3 Annahmevoraussetzungen[4]

Schrifttum: S. Form. VI. 1.

Anmerkungen

1. Zum Rubrum s. die Anm. 1–7 zu Form. VI. 1.

2. Zum Problem Verfassungsbeschwerde gegen die Entscheidung eines OVG (VGH)/ Nichtzulassungsbeschwerde vgl. BVerfGE 16, 1 (2); 55, 154 (157).

3. S. Form. VI. 1 und dort Text II § 1.

Kosten und Gebühren

Das Verfahren ist grundsätzlich kostenfrei, § 34 Abs. 1 BVerfGG; vgl. im übrigen die Form. VI. 17, 18. Das Risiko der Mißbrauchsgebühr ist zu beachten (§ 34 Abs. 2 BVerfGG).

4. Verfassungsbeschwerde gegen Sozialgerichtsurteil (Sozialstaatsprinzip/Art. 3 Abs. 1 GG)

An das
Bundesverfassungsgericht

Verfassungsbeschwerde[1]

des Herrn ......

– Beschwerdeführer –

Verfahrensbevollmächtigter: Rechtsanwalt ......

wegen:

Urteil des Landessozialgerichts Nordrhein-Westfalen vom ...... Az. ......
(Fotokopie Anlage 1)

Ich zeige an, daß mir der Beschwerdeführer Vollmacht erteilt (Anlage 2) und mich mit der Wahrnehmung seiner Interessen beauftragt hat.

Namens und in seinem Auftrag erhebe ich

Verfassungsbeschwerde

gegen das

Urteil des Landessozialgerichts Nordrhein-Westfalen vom ...... Az. ......[2]

Gerügt wird eine Verletzung des Sozialstaatsprinzips in Verbindung mit Art. 3 Abs. 1 GG.

Begründung[3]

I. Sachverhalt

In der knappschaftlichen Rentenversicherung erhält der Versicherte ebenso wie in den Rentenversicherungen der Arbeiter und Angestellten für jedes Kind einen Kinderzuschuß zur Rente. Als Kinder gelten auch Enkel, die der Versicherte vor Eintritt des Versicherungsfalls überwiegend unterhält. Die Verfassungsbeschwerde wehrt sich gegen die Versagung eines Kinderzuschusses für ein nach Eintritt des Versicherungsfalls geborenes Enkelkind.

II. Rechtsausführungen

§ 1 Zulässigkeit[4]

......

§ 2 Begründetheit

(1) a) Grundsatz
Das Sozialstaatsprinzip[5] verpflichtet den Staat, für eine gerechte Sozialordnung zu sorgen. Die Ausgestaltung des Prinzips obliegt aber dem Gesetzgeber, BVerfGE 36, 73 (84). Infolgedessen gibt es auch keine Garantie des bestehenden Systems der Sozialversicherung, BVerfGE 39, 302/314f.

b) Grundsätze der Sozialversicherung
Die deutsche Sozialversicherung beruht seit alters her nicht allein auf dem Versicherungsprinzip, sondern auch auf den „versicherungsfremden" Prinzipien der Fürsorge und des sozialen Ausgleichs, BVerfGE 39, 316/330.

c) Sozialstaatsprinzip und Gleichheitssatz
„Eine gesetzliche Regelung kann zwar typisieren, sie darf aber nicht einen atypischen Fall als Leitbild wählen", BVerfGE 27, 142/150.

(2) So liegt es hier. ......

§ 3 Annahmevoraussetzungen[6]

Schrifttum: S. Form. VI. 1.

Anmerkungen

1. Zum Rubrum s. die Anm. 1–7 zu Form. VI. 1.
2. Zum Problem Verfassungsbeschwerde gegen eine Entscheidung des Landessozialgerichts/Nichtzulassungsbeschwerde, vgl. BVerfGE 16, 1 (2); 55, 154 (157).
3. Zum Fall s. BVerfGE 39, 316 ff.
4. Vgl. Form. VI. 1 Text II § 1 (1).
5. Vgl. Form. VI. 6 Text II § 2 (2).
6. Vgl. Form. VI. 1 II. § 3.

Kosten und Gebühren

Das Verfahren ist grundsätzlich kostenfrei, § 34 Abs. 1 BVerfGG; vgl. im übrigen die Form. VI. 17, 18. Das Risiko der Mißbrauchsgebühr ist zu beachten (§ 34 Abs. 2 BVerfGG).

5. Verfassungsbeschwerde gegen Finanzgerichtsurteil (Art. 6 Abs. 1 GG)

An das
Bundesverfassungsgericht

Verfassungsbeschwerde[1]

des Herrn ......

– Beschwerdeführer –

Verfahrensbevollmächtigter: Rechtsanwalt ......
wegen:
Urteil des Bundesfinanzhofs vom ...... Az. ......
(Fotokopie Anlage 1)

Ich zeige an, daß mir der Beschwerdeführer Vollmacht erteilt (Anlage 2) und mich mit der Wahrnehmung seiner Interessen beauftragt hat. Namens und in seinem Auftrag erhebe ich

Verfassungsbeschwerde

gegen das

5. Verfassungsbeschwerde gegen Finanzgerichtsurteil

VI. 5

Urteil des Bundesfinanzhofs vom ...... Az. ......[2]

Gerügt wird die Verletzung des Art. 6 Abs. 1 GG.

Begründung[3]

I. Sachverhalt

Der Beschwerdeführer wehrt sich gegen die Nichtanerkennung eines Arbeitsvertrages zwischen einer Personengesellschaft und den Ehefrauen der Gesellschafter bei der einheitlichen und gesonderten Gewinnfeststellung.

II. Rechtsausführungen

§ 1 Zulässigkeit[4]

  (1) ......

  (2) ......

  (3) Umfang der gerichtlichen Nachprüfung

Die Kontrolle der Instanzgerichte auf die Berücksichtigung des Einflusses der Grundrechte ist gerade für die Finanzgerichtsbarkeit ...... von besonderer Bedeutung, da sie nicht über Rechtsstreitigkeiten der Bürger untereinander oder über Maßnahmen der gewährenden Verwaltung, sondern über Akte aus der wichtigsten staatlichen Eingriffsverwaltung entscheidet, also zur Wahrung der Grundrechte, die in erster Linie Abwehrrechte des Bürgers gegen den Staat sind, im besonderen Maße berufen ist, BVerfGE 13, 318/325 f.

§ 2 Begründetheit

  (1) a) Grundsatz

„Art. 6 Abs. 1 GG ist nicht nur ein klassisches Grundrecht zum Schutze der spezifischen Privatsphäre von Ehe und Familie sowie Institutsgarantie, sondern darüberhinaus zugleich eine Grundsatznorm, dh. eine verbindliche Wertentscheidung für den gesamten Bereich des Ehe und Familie betreffenden privaten und öffentlichen Rechts", BVerfGE 6, 55.

b) Bedeutung

Als Institutsgarantie gewährleistet Art. 6 Abs. 1 GG einen Normkern des Ehe- und Familienrechts verfassungsrechtlich, BVerfGE 6, 55/72.

Als wertentscheidende Grundsatznorm liefert Art. 6 Abs. 1 GG die rechtlichen Grenzen für die Freiheit des gesetzgeberischen Ermessens, BVerfGE 6, 55/78.

Als Grundrecht gibt Art. 6 Abs. 1 GG dem einzelnen ein Abwehrrecht gegen störende und schädigende Eingriffe des Staates in seine Familie und seine Ehe, BVerfGE 6, 386/388.

c) Art. 6 Abs. 1, 3 Abs. 1 GG

Meist sind bei der Kontrolle von Vorschriften des Steuerrechts durch Ehepartner sowohl Art. 6 Abs. 1 GG als auch Art. 3 Abs. 1 GG im Spiel. Es ist dann zu prüfen, welches Grundrecht die stärkere sachliche Beziehung zu dem zu prüfenden Sachverhalt hat und sich so als der adäquatere Maßstab erweist. Bei Objektsteuern ist das in der Regel Art. 3 Abs. 1 GG, vgl. BVerfGE 13, 290/298, bei der personalen Einkommensteuer dagegen Art. 6 Abs. 1 GG.

  (2) Im vorliegenden Fall gibt es keinen rechtfertigenden Grund für die steuerliche Benachteiligung der Ehegatten. ......

§ 3 Annahmevoraussetzungen[5]

Schrifttum: S. Form. VI. 1.

Anmerkungen

1. Zum Rubrum s. die Anm. 1–7 zu Form. VI. 1.
2. Zum Problem Verfassungsbeschwerde gegen eine Entscheidung des Finanzgerichts/ Nichtzulassungsbeschwerde vgl. BVerfGE 16, 1 (2); 55, 154 (157).
3. Zum Fall vgl. BVerfGE 13, 318 ff.
4. Vgl. Form. IV. 1 Text II § 1 (1).
5. Vgl. Form. VI. 1 II. § 3.

Kosten und Gebühren

Das Verfahren ist grundsätzlich kostenfrei, § 34 Abs. 1 BVerfGG; vgl. im übrigen die Form. VI. 17, 18. Das Risiko der Mißbrauchsgebühr ist zu beachten (§ 34 Abs. 2 BVerfGG).

6. Verfassungsbeschwerde gegen Arbeitsgerichtsurteil (Art. 2 Abs. 1, 20 Abs. 3 GG – richterliche Rechtsfortbildung)

An das
Bundesverfassungsgericht

Verfassungsbeschwerde[1]

des Herrn ......

als Konkursverwalter über das Vermögen des ......[2]

– Beschwerdeführer –

Verfahrensbevollmächtigter: RA ......

wegen:

1. Urteil des ArbG ...... vom ...... Az. ...... (Photokopie Anlage 1)
2. Urteil des LArbG ...... vom ...... Az. ...... (Photokopie Anlage 2)
3. Urteil des BAG ......vom ...... Az. ...... (Photokopie Anlage 3)
4. Beschluß des Großen Senats des BAG vom ...... Az. ......

Ich zeige an, daß mir der Beschwerdeführer Vollmacht erteilt (Anlage 4) und mich mit der Wahrnehmung seiner Interessen beauftragt hat.

Namens und im Auftrag des Beschwerdeführers erhebe ich

Verfassungsbeschwerde

gegen die Entscheidungen

1. Urteil des ArbG ...... vom ...... Az. ......
2. Urteil des LArbG ...... vom ...... Az. ......
3. Urteil des BAG ...... vom ...... Az. ......

mittelbar gegen den Beschluß des Großen Senats des BAG vom ...... Az. ......

Gerügt wird die Verletzung der Rechte des Beschwerdeführers aus Art. 2 Abs. 1 GG in Verbindung mit Art. 20 Abs. 3 GG.

6. Verfassungsbeschwerde gegen Arbeitsgerichtsurteil VI. 6

Begründung

I. Sachverhalt[3]

Der Beschwerdeführer ist Konkursverwalter. Der Betrieb des Gemeinschuldners wurde stillgelegt. Verhandlungen über einen Sozialplan blieben erfolglos. Die betriebliche Einigungsstelle beschloß einen Sozialplan, der für die Arbeitnehmer Abfindungen für den Verlust ihrer Arbeitsplätze vorsah.

Die Kläger des Ausgangsverfahrens waren Arbeitnehmer des Gemeinschuldners. Sie vertraten die Ansicht, ihre Abfindungsansprüche seien Masseschulden gemäß § 59 Abs. 1 Nr. 1 KO. Da der Beschwerdeführer den geltend gemachten Ansprüchen nur den Rang einfacher Konkursforderungen nach § 61 Abs. 1 Nr. 6 KO einräumen wollte, klagten die Arbeitnehmer vor dem Arbeitsgericht und dem Landesarbeitsgericht mit Erfolg. Im Revisionsverfahren rief das Bundesarbeitsgericht den Großen Senat mit der Frage an, ob überhaupt im Konkurs ein Sozialplan aufzustellen sei und bejahendenfalls, ob Abfindungsansprüche aus dem Sozialplan Masseschulden oder bevorrechtigte Konkursforderungen nach § 61 Abs. 1 Nr. 1 KO seien. Der Große Senat bejahte das Erfordernis des Sozialplans auch für den Konkurs und räumte den Abfindungsansprüchen einen Rang vor Nr. 1 des § 61 Abs. 1 KO ein (Nr. 0). Das Bundesarbeitsgericht stellte daraufhin die Abfindungsansprüche der Kläger als Konkursforderungen mit dem Vorrecht Nr. 0 fest.

II. Rechtsausführungen

§ 1 Zulässigkeit

(1) Fristberechnung

Die Entscheidung des Bundesarbeitsgerichts ist dem Beschwerdeführer am ...... zugestellt worden. Von diesem Tag an läuft deshalb die Monatsfrist des § 93 BVerfGG, vgl. § 72 Abs. 6, § 50 ArbGG, § 93 BVerfGG.

(2) Erschöpfung des Rechtswegs

Gegen die Entscheidung des Bundesarbeitsgerichts ist kein Rechtsmittel mehr gegeben. Der Rechtsweg ist deshalb erschöpft. Der Beschwerdeführer war auch nicht gehalten, die Entscheidung des Großen Senats mit der Verfassungsbeschwerde anzugreifen[4].

(3) ......[5]

Begründetheit

(1) Der Beschwerdeführer stützt sich darauf, daß das Bundesarbeitsgericht die Grenzen zulässiger richterlicher Rechtsfortbildung überschritten hat. Darin liegt ein Verstoß gegen Art. 20 Abs. 3 GG. Ein solcher Verstoß kann über Art. 2 Abs. 1 GG gerügt werden[6].

(2) Zwar ist die Aufgabe und Befugnis der Gerichte zu richterlicher Rechtsfortbildung stets anerkannt gewesen[7]. Im vorliegenden Fall hat das Bundesarbeitsgericht aber die ihm durch den Grundsatz der Rechts- und Gesetzesbindung (Art. 20 Abs. 3 GG) gezogenen Grenzen eindeutig überschritten. Die gesetzliche Ordnung des Konkursrechts bietet keinen Anhaltspunkt, zu dem vom Bundesarbeitsgericht gefundenen Ergebnis zu gelangen, weil es sich um eine abschließende Regelung zwingenden Charakters handelt, und sich auch aus dem Betriebsverfassungsrecht nichts anderes ergibt. Auch aus höherrangigem Recht folgt nichts anderes. Das Sozialstaatsprinzip enthält infolge seiner Weite und Unbestimmtheit keine Handlungsanweisungen, die durch die Gerichte ohne gesetzliche Grundlage in einfaches Recht umgesetzt werden könnten. Insoweit ist es richterlicher Inhaltsbestimmung weniger zugänglich als die Grundrechte ......[8]. Im übrigen geht es weder um den Schutz von Rechten, die im Mittelpunkt des Wertsystems der Grundrechte stehen, noch wird die rechtsfortbildende Entscheidung des Bundesarbeitsgerichts von einer allgemeinen Rechtsüberzeugung gestützt[9].

§ 3 Annahmevoraussetzungen[10]

Schrifttum: S. Form. VI. 1.

Anmerkungen

1. Zum Rubrum s. die Anm. zu Form. VI. 1.

2. Der Konkursverwalter handelt im Ausgangsverfahren als Partei kraft Amtes aus eigenem Recht. Er ist infolgedessen befugt, Verstöße gegen Grundrechte in diesem Verfahren eigenständig geltend zu machen, BVerfGE 21, 139/143; 27, 326/333; 51, 405/409; 65, 182/190. Ein Gemeinschuldner kann dagegen nicht Verfassungsbeschwerde erheben, BVerfG EuGRZ 1979, 479.

3. Zum Fall vgl. BVerfGE 65, 182 und dazu *Picker* JZ 1984, 153; *Bauer/Moench* NJW 1984, 468; *Müller* BB 1984, 1073.

4. BVerfGE 31, 55.

5. S. dazu Form. VI. 1 Text II § 1 (3).

6. BVerfGE 38, 386/396; 46, 202/203; 65, 182/190.

7. BVerfGE 34, 269/286 ff.; 49, 304. S. dazu *J. Ipsen*, Richterrecht und Verfassung, 1975; *Krey* JZ 1978, 361; *Weitnauer* Festschrift Fünfundzwanzig Jahre BAG, 1979, 617; *Zeuner* Festschrift Fünfundzwanzig Jahre BAG, 1979, 727.

8. BVerfGE 65, 182/193; s. a. Form. VI. 4 § 2 (1) A.

9. BVerfGE 34, 269/290; 65, 182/195.

10. Vgl. Form. VI. 1 II. § 3.

Kosten und Gebühren

Das Verfahren ist grundsätzlich kostenfrei, § 34 Abs. 1 BVerfGG; vgl. im übrigen die Form. VI. 17, 18. Das Risiko der Mißbrauchsgebühr ist zu beachten (§ 34 Abs. 2 BVerfGG).

7. Verfassungsbeschwerde wegen Verstoß gegen den Grundsatz rechtlichen Gehörs (Art. 103 Abs. 1 GG)

An das
Bundesverfassungsgericht

Verfassungsbeschwerde[1]

des Herrn ......

– Beschwerdeführer –

Verfahrensbevollmächtigter: RA ......

wegen: Urteil des Amtsgerichts ...... vom ...... Az. ......
 (Photokopie Anlage 1)

Ich zeige an, daß mir der Beschwerdeführer Vollmacht erteilt (Anlage) und mich mit der Wahrnehmung seiner Interessen beauftragt hat.

Namens und im Auftrag des Beschwerdeführers erhebe ich

Verfassungsbeschwerde

gegen das

Urteil des Amtsgerichts ...... vom ...... Az. ......

Gerügt wird eine Verletzung der Rechte des Beschwerdeführers aus Art. 103 Abs. 1 GG.

7. Verfassungsbeschwerde wegen Verstoß gegen den Grundsatz rechtl. Gehörs

Begründung

1. Sachverhalt[2]

Der Kläger des Ausgangsverfahrens macht gegen den Beklagten aus einem Kfz-Unfall einen Anspruch in Höhe von DM 480,– geltend. Das Amtsgericht bestimmte frühen ersten Termin. In der Ladung setzte es dem Beklagten eine Frist zur Klageerwiderung von drei Wochen. Am Ende des Formulars heißt es weiter: „Einlassungsfrist zwei Wochen". Der Beklagte erwiderte nach vier Wochen, die Prozeßparteien hätten sich noch am Unfallort durch eine Zahlung von DM 50,– geeinigt. Im Verhandlungstermin bot der Beklagte für Zahlung und Einigung Zeugenbeweis an mit dem Versprechen, ladungsfähige Anschrift nachzubringen. Das Amtsgericht bestimmte Verkündungstermin. Es gab der Klage statt. Der Vortrag des Beklagten sei verspätet, der angebotene Zeugenbeweis ohnehin, mangels Anschrift, nicht zu berücksichtigen gewesen. Gegen das Urteil erhob der Beklagte Verfassungsbeschwerde.

2. Rechtsausführungen

§ 1 Zulässigkeit
Erschöpfung des Rechtswegs[3]
Der Rechtsweg ist erschöpft, weil ein Rechtsmittel gegen die Entscheidung des Amtsgerichts nicht gegeben ist (§ 511 a ZPO)[4].

§ 2 Begründetheit

(1) Art. 103 Abs. 1 GG gibt den Prozeßbeteiligten ein Recht darauf, sich zu dem der gerichtlichen Entscheidung zugrundeliegenden Sachverhalt vor Erlaß der Entscheidung zu äußern. Dem entspricht die Pflicht des Gerichts, Anträge und Ausführungen der Prozeßbeteiligten zur Kenntnis zu nehmen und in Erwägung zu ziehen[5]. Die Ausgestaltung des Grundsatzes des rechtlichen Gehörs im einzelnen ist jedoch der jeweils maßgeblichen Verfahrensordnung überlassen[6]. Art. 103 Abs. 1 GG schützt deshalb nicht dagegen, daß das Gericht das Vorbringen der Prozeßbeteiligten aus Gründen des formellen oder materiellen Rechts ganz oder teilweise unberücksichtigt läßt[7].

(2) Im vorliegenden Fall ist das Amtsgericht diesen Grundsätzen nicht gerecht geworden.

a) Es hat zunächst das rechtliche Gehör des Beschwerdeführers durch falsche Anwendung der Präklusionsvorschriften des Prozeßrechts unzulässig eingeschränkt[8]. Die Vorschriften der §§ 275, 277, 296 ZPO schränken zwar das rechtliche Gehör in verfassungsrechtlich zulässiger Weise ein. Präklusionsvorschriften haben jedoch strengen Ausnahmecharakter, weil sie zu einschneidenden Folgen für die säumige Partei führen. Die Anwendung dieser Vorschriften bedarf deshalb in besonderem Maße der Rechtsklarheit[9]. Deshalb können den Parteien und ihren Prozeßbevollmächtigten die schweren Folgen der Versäumung richterlicher Erklärungsfristen nur dann zugemutet werden, wenn über Beginn und Ende der jeweiligen Frist schon zu Beginn der Frist Gewißheit besteht[10]. Hier war die Fristsetzung widersprüchlich. § 296 Abs. 1 ZPO hätte deshalb nicht angewendet werden dürfen[11].

b) Auch die zweite Erwägung des Amtsgerichts trägt verfassungsrechtlich nicht. Art. 103 Abs. 1 GG in Verbindung mit den Grundsätzen der ZPO gebietet nämlich die Berücksichtigung erheblicher Beweisanträge[12]. Der Beweisantritt des Beschwerdeführers wurde nämlich nicht dadurch unbeachtlich, daß es an einer ladungsfähigen Anschrift fehlte. Das Gericht hätte dem Beschwerdeführer zunächst eine Frist zur Beibringung der Anschrift setzen müssen[13]. Erst nach derem fruchtlosem Ablauf hätte es, wenn es im übrigen nach seiner freien Überzeugung zu einer Verzögerung des Prozesses gekommen wäre, die Beweiserhebung ablehnen können (§ 356 ZPO).

(3) Wäre der Beschwerdeführer richtig belehrt worden, und wäre ihm eine Frist zur Beibringung der Zeugenanschrift gesetzt worden, dann hätte er fristgerecht vorgetragen[14].

(4) Das angefochtene Urteil beruht auf dem Verstoß gegen Art. 103 Abs. 1 GG. Es ist nicht ausgeschlossen, daß nach Vernehmung des Zeugen[15] die Klage abgewiesen worden wäre[16].

§ 3 Annahmevoraussetzungen[17]

Schrifttum: S. VI. 1.

Anmerkungen

1. Zum Rubrum s. Anm. zu Form. VI. 1.

2. Zu ähnlichen Fällen vgl. BVerfGE 60, 1; 65, 305.

3. Achtung: Wird ein Verstoß gegen Art. 103 Abs. 1 GG im Instanzenzug gerügt, so ist das nur zulässig, wenn die Rüge dort schon erhoben wurde, so daß die nächste Instanz Gelegenheit zur Behebung des Mangels erhielt, BVerfGE 16, 124/127.

4. Die Rüge der Verletzung des rechtlichen Gehörs eröffnet für sich allein keine weitere Instanz, weil in der ZPO eine §§ 33a, 311a StPO vergleichbare Regelung fehlt, BVerfGE 28, 88/95f.; 42, 252/254; 49, 252/256; 60, 96/98. Aber Achtung: Das Bundesverfassungsgericht wendet im schriftlichen Verfahren § 513 Abs. 2 ZPO entsprechend an, so daß trotz Nicht-Erreichens der Berufungssumme des § 511a ZPO zum Rechtsweg die Berufung gehört, BVerfGE 60, 96/99; 61, 78/80; 61, 119/121.

5. BVerfGE 11, 218/220; 14, 320/323; 22, 267/273; 58, 353/356; 60, 1/5; 65, 305/307, st.Rspr.

6. BVerfGE 9, 89/95f.; 60, 1/5.

7. BVerfGE 21, 191/194; 22, 267/273; 51, 188/191; 55, 72/93ff.; 60, 1/5.

8. Der Beschwerdeführer muß die Rüge, ihm sei nicht in genügendem Maße rechtliches Gehör gewährt worden, substantiiert erheben. Er muß also dartun, um welches Vorbringen und um welche gerichtlichen Maßnahmen es geht (Substantiierungspflicht), vgl. etwa BVerfGE 24, 203/213; 28, 17/19, 20; 29, 183/197; s.a. Anm. 14.

9. BVerfGE 59, 330/334f.; 60, 1/6

10. BGHZ 76, 236/239f.; BVerfGE 60, 1/6.

11. BVerfGE 60, 1/7; s.a. OLG Oldenburg NJW 1980, 295; OLG Düsseldorf NJW 1978, 2203.

12. BVerfGE 60, 247/249; 60, 250/252; 65, 305/307.

13. BGH NJW 1974, 188; BVerfGE 65, 305/307.

14. Der Beschwerdeführer muß im Zusammenhang mit der Substantiierungspflicht auch vortragen, was er, wenn er rechtliches Gehör gehabt hätte, vorgetragen hätte, vgl. die Nachweise in Anm. 9.

15. Sind mehrere Zeugen benannt, so steht es dem Gericht nicht zu, unter ihnen ohne Gründe des formellen oder materiellen Rechts eine Auswahl zu treffen, BVerfGE 50, 32/35; 60, 250/252.

16. Sogenannte Kausalitätsprüfung. Nach dem Vorbringen des Beschwerdeführers darf es nicht ausgeschlossen sein, daß eine ihm günstigere Entscheidung ergeht, wenn der bislang übergangene Vortrag beachtet wird, BVerfGE 13, 132/145; 53, 219/233; 60, 247/20, st.Rspr.

17. Vgl. Form. VI. 1 II. § 3

Kosten und Gebühren

Das Verfahren ist grundsätzlich kostenfrei, § 34 Abs. 1 BVerfGG; vgl. im übrigen die Form. VI. 17, 18. Das Risiko der Mißbrauchsgebühr ist zu beachten (§ 34 Abs. 2 BVerfGG).

8. Verfassungsbeschwerde gegen Zwischenentscheidung
(Art. 103 Abs. 3 GG)

An das
Bundesverfassungsgericht

Verfassungsbeschwerde[1]

des Herrn ......

– Beschwerdeführer –

Verfahrensbevollmächtigter: Rechtsanwalt ......

wegen: Beschluß des OLG Sch. vom ...... Az. ......
    (Fotokopie Anlage 1).

Ich zeige an, daß mir der Beschwerdeführer Vollmacht erteilt (Anlage 2) und mich mit der Wahrnehmung seiner Interessen beauftragt hat.

Namens und im Auftrag des Beschwerdeführers erhebe ich

              Verfassungsbeschwerde

gegen die Entscheidung

          des OLG Sch. vom ...... Az. ......

Gerügt wird die Verletzung des Art. 103 Abs. 3 GG.

Begründung

I. Sachverhalt

Der Beschwerdeführer ist wegen Judendeportationen in Belgien von einem belgischen Gericht zu 20 Jahren Zwangsarbeit verurteilt worden. Von einer Schuld am Tod der Juden wurde er freigesprochen. Die belgische Strafe hat er verbüßt. In der Bundesrepublik Deutschland wird er wegen derselben Tat wegen Beihilfe zur grausamen und heimtückischen Tötung verfolgt. Das Landgericht F. hat die Eröffnung des Hauptverfahrens abgelehnt. Auf die sofortige Beschwerde der Staatsanwaltschaft hat das OLG Sch. das Hauptverfahren gegen den Beschwerdeführer eröffnet.

II. Rechtsausführungen

§ 1 Zulässigkeit
   (1) Fristberechnung

§ 35 Abs. 2 StPO gilt auch für Beschlüsse. Also läuft die Monatsfrist des § 93 BVerfGG erst ab Zustellung des Beschlusses in vollständiger Form. Dabei kann offen bleiben, ob das Datum der Zustellung an den Verteidiger entscheidend ist (vgl. BVerfGE 12, 113/123; die Verfassungsbeschwerde ist auf jeden Fall fristgerecht. ......

   (2) Erschöpfung des Rechtswegs

Der Rechtsweg ist erschöpft, da § 210 Abs. 1 StPO ausdrücklich bestimmt: „Der Beschluß, durch den das Hauptverfahren eröffnet worden ist, kann von dem Angeklagten nicht angefochten werden."

(3) Zwischenentscheidung

Die Entscheidung über die Eröffnung des Hauptverfahrens ist eine Zwischenentscheidung. Solche Zwischenentscheidungen sind dann mit der Verfassungsbeschwerde nicht selbständig anfechtbar, wenn Verfassungsverstöße noch mit der Anfechtung der Endentscheidung gerügt werden können, BVerfGE 21, 139/143. Verfassungsbeschwerden gegen erstinstanzliche Eröffnungsbeschlüsse sind deshalb grundsätzlich unzulässig, BVerfGE 25, 336/343. Dagegen hat das Bundesverfassungsgericht die Verfassungsbeschwerde stets gegen Eröffnungsbeschlüsse zugelassen, die im Beschwerdeverfahren ergangen sind, BVerfGE 17, 262/264.

(4) Zum Prüfungsumfang bei Gerichtsentscheidungen[2]

......

§ 2 Begründetheit

Die erneute Strafverfolgung verstößt gegen das Verbot der Doppelbestrafung (Art. 103 Abs. 3 GG). Zwar hat der BGH angenommen, der Grundsatz „ne bis in idem" gelte nur bei inländischen Verurteilungen[3]. Dem kann nicht gefolgt werden. Art. 103 Abs. 3 GG folgt aus der grundgesetzlich anerkannten Freiheit und Würde des Menschen. Dieser Grundsatz wird verletzt, wenn nach Aburteilung in einem rechtsstaatlichen Verfahren – wie in Belgien – die erneute Verwicklung in ein Strafverfahren möglich ist.

§ 3 Annahmevoraussetzungen[4]

Schrifttum: S. Form. VI. 1.

Anmerkungen

1. Zum Rubrum s. die Anm. 1–7 zu Form. VI. 1.
2. S. Form. VI. 2 Text II § 1.
3. BGHSt 24, 54/57; NJW 1969, 1542; GA 1977, 111; JZ 1979, 650.
4. Vgl. Form. VI. 1 II. § 3

Kosten und Gebühren

Das Verfahren ist grundsätzlich kostenfrei, § 34 Abs. 1 BVerfGG; vgl. im übrigen die Form. VI. 17, 18. Das Risiko der Mißbrauchsgebühr ist zu beachten (§ 34 Abs. 2 BVerfGG).

9. Verfassungsbeschwerde gegen Gesetz (Unterlassen des Gesetzgebers/Art. 33 Abs. 5 GG)

An das
Bundesverfassungsgericht

Verfassungsbeschwerde[1]

des Herrn ......

– Beschwerdeführer –

Verfahrensbevollmächtigter: ......

wegen: Siebentes Gesetz zur Änderung beamtenrechtlicher und besoldungsrechtlicher Vorschriften vom 20. Dezember 1974 (BGBl. I S. 3716).

9. Verfassungsbeschwerde gegen Gesetz VI. 9

Ich zeige an, daß mir der Beschwerdeführer Vollmacht (Anlage) und mich mit der Wahrnehmung seiner Interessen beauftragt hat. Namens und in seinem Auftrag erhebe ich

Verfassungsbeschwerde

gegen

Art. 1 Nr. 2, Nr. 5, Nr. 11 und Nr. 12 des 7. BBÄndG, § 12 Abs. 1 S. 1 und Anlage II BBesG in der Fassung durch Art. I Nr. 5 und Nr. 13 (Anlage) des 7. BBÄndG.

Ich stelle folgenden Antrag[2]:
1. Der Gesetzgeber hat dadurch den Beschwerdeführer in seinem Recht auf amtsangemessene Alimentierung verletzt, daß er es unterlassen hat, bei der Besoldungsneuregelung der Zahl der Kinder ausreichend Rechnung zu tragen[3].
2. Die Bundesrepublik Deutschland hat dem Beschwerdeführer die notwendigen Auslagen zu erstatten[4].

Gerügt wird die Verletzung des Art. 33 Abs. 5 GG.

Begründung

I. Sachverhalt

Der Beschwerdeführer ist Professor. Er wehrt sich gegen die Streichung des Kinderzuschlags und eine unzureichende Änderung des kinderbezogenen Teils des Ortszuschlags als Folge des Übergangs von der Steuerermäßigung auf eine Kinderentlastung durch Kindergeld. Nach seiner Ansicht wird ihm dadurch der amtsangemessene Kinderunterhalt vorenthalten.

II. Rechtsausführungen

§ 1 Zulässigkeit

   (1) Voraussetzungen für die Gesetzesverfassungsbeschwerde
a) Der Beschwerdeführer muß selbst betroffen sein.
   „Daß der Beschwerdeführer selbst in einem seiner Grundrechte ...... verletzt sein muß, unterscheidet die Verfassungsbeschwerde des Grundgesetzes von der Popularklage, BVerfGE 1, 97/101.
   ......
b) Der Beschwerdeführer muß gegenwärtig betroffen sein.
   „Ob eine gegenwärtige (,aktuelle') Verletzung des Beschwerdeführers vorliegt, kann nur von Fall zu Fall entschieden werden. Jedenfalls ...... ist die ...... Praxis des schweizerischen Bundesgerichts ...... nicht übertragbar. Nach dieser ...... Praxis braucht der Beschwerdeführer nur zu behaupten, daß er irgendwann einmal in der Zukunft (,virtuell') von der gerügten Gesetzesbestimmung betroffen werden könnte. Da ein ,virtuelles' Betroffenwerden des Staatsbürgers stets zu bejahen wäre, würde die Übernahme dieser Praxis die Verfassungsbeschwerde ...... im Ergebnis doch zu einer Popularklage ausweiten", BVerfGE 1, 97/102.
   ......
c) Der Beschwerdeführer muß unmittelbar betroffen sein. „Setzt das Gesetz ...... zu seiner Durchführung rechtsnotwendig oder auch nur nach der tatsächlichen Verwaltungspraxis einen besonderen, vom Willen der vollziehenden Gewalt beeinflußten Vollzugsakt voraus (zB. in Gestalt einer Steuerveranlagung oder aus sonstigem Verwaltungsakt), so kann sich die Verfassungsbeschwerde nur gegen diesen Vollziehungsakt als dem unmittelbaren Eingriff in die Rechte des einzelnen richten, und der Beschwerdeführer hat einen gegen den Vollziehungsakt etwa gegebenen Rechtsweg zu erschöpfen, bevor er die Verfassungsbeschwerde erhebt", BVerfGE 1, 97/102 f.

(2) Unterlassen des Gesetzgebers

a) Grundsätze

Ein im Sinne des § 90 BVerfGG relevantes Unterlassen des Gesetzgebers liegt nur vor, wenn das Grundgesetz den Gesetzgeber zum Erlaß einer bestimmten Regelung verpflichtet hat, aus der der einzelne einen Anspruch auf ein Handeln des Gesetzgebers herleiten kann, BVerfGE 12, 139/142.

b) Ein solcher Auftrag – hier: bezogen auf Besoldungs- und Versorgungsansprüche – folgt aus Art. 33 Abs. 5 GG, BVerfGE 44, 249/281.

§ 2 Begründetheit

(1) a) Grundsatz

Der Anspruch des Beamten auf Dienstbezüge und Versorgung ist in seinem Kernbestand durch Art. 33 Abs. 5 GG geschützt. Die Ausgestaltung im einzelnen obliegt dem Gesetzgeber.

b. Grenzen

Die Grenzen der dem Gesetzgeber dadurch aufgetragenen Gestaltung sind jedoch überschritten, wenn die Dienstbezüge von Beamten mit mehr als 2 Kindern ihnen nicht mehr ein auch nur annähernd gleiches Lebensniveau wie ihren nicht durch die Kosten des Unterhalts und der Schul- und Berufsausbildung der Kinder belasteten Kollegen in vergleichbaren Ämtern gewährleisten.

(2) ......

§ 3 Annahmevoraussetzungen[5]

Schrifttum: S. Form. VI. 1.

Anmerkungen

1. Zum Rubrum s. die Anm. 1–7 zu Form. VI. 1.

2. Anders als im Regelfall (vgl. Form. VI. 1 Anm. 6.) ist es bei Unterlassen des Gesetzgebers zweckmäßig, durch den Antrag klarzustellen, wo und in welchem Umfang das Unterlassen vorliegt.

3. Zum Fall vgl. BVerfGE 44, 249 ff.

4. Wenn schon – ausnahmsweise – überhaupt ein Antrag gestellt wird (s. Anm. 2), kann auch ein Kostenantrag gestellt werden. Erforderlich ist er nicht.

5. Vgl. Form. VI. 1 II. § 3.

Kosten und Gebühren

Das Verfahren ist grundsätzlich kostenfrei, § 34 Abs. 1 BVerfGG; vgl. im übrigen die Form. VI. 17, 18. Das Risiko der Mißbrauchsgebühr ist zu beachten (§ 34 Abs. 2 BVerfGG).

10. Verfassungsbeschwerde gegen Gesetz (Art. 12 Abs. 1 GG)

An das
Bundesverfassungsgericht

Verfassungsbeschwerde[1]

der Firma ......

– Beschwerdeführerin –

Verfahrensbevollmächtigter: Rechtsanwalt ......

wegen Gesetz über Mindestvorräte an Erdölerzeugnissen vom 9. September 1965 (BGBl. I S. 1217)

Ich zeige an, daß mir der Beschwerdeführer Vollmacht erteilt (Anlage) und mich mit der Wahrnehmung seiner Interessen beauftragt hat. Namens und im Auftrag des Beschwerdeführers erhebe ich hiermit

Verfassungsbeschwerde

gegen:

Gesetz über Mindestvorräte an Erdölerzeugnissen vom 9. September 1965 (BGBl. I S. 1217).

Ich stelle folgenden Antrag[2]:

1. Das Gesetz über Mindestvorräte an Erdölerzeugnissen vom 9. September 1965 (BGBl. I S. 1217) ist mit Art. 12 Abs. 1 GG unvereinbar, soweit es keine Möglichkeit vorsieht, bei Unternehmen, deren Vorratspflicht ausschließlich auf der Einfuhr von Erdölerzeugnissen beruht, und die weder unter dem beherrschenden Einfluß anderer vorratspflichtiger Unternehmen stehen noch auf sie einen solchen Einfluß auszuüben vermögen, eine sich aus der wirtschaftlichen Struktur des Unternehmens ergebende, seine Wettbewerbsfähigkeit wesentlich verschlechternde Belastung durch die Vorratspflicht angemessen zu berücksichtigen[3].
2. Die Bundesrepublik Deutschland hat der Beschwerdeführerin die notwendigen Auslagen zu erstatten.

Begründung

I. Sachverhalt

Die Beschwerdeführerin wehrt sich gegen die durch das Gesetz eingeführte Bevorratungspflicht für die einstufig tätigen, konzernunabhängigen mittelständischen Mineralölimporteure, die sich ausschließlich oder überwiegend mit der Einfuhr von Erdölerzeugnissen befassen. Diese Unternehmen werden zur ständigen Vorratshaltung verpflichtet, ohne Entlastung von den damit verbundenen Kosten. Dadurch wird ihre wirtschaftliche Existenz in Frage gestellt.

II. Rechtsausführungen

§ 1 Zulässigkeit[4]

§ 2 Begründetheit

(1) a) Grundsatz

„Die Freiheit der Berufswahl darf nur eingeschränkt werden, soweit der Schutz besonders wichtiger Gemeinschaftsgüter es zwingend erfordert. ...... Die Freiheit der Berufsausübung kann beschränkt werden, soweit vernünftige Erwägungen des Gemeinwohls es zweckmäßig erscheinen lassen", BVerfGE 7, 377/405 ff.

Hier liegt ein Eingriff in die Freiheit der Berufsausübung vor. ......

b) Voraussetzungen

„Der Gesetzgeber darf die freie Berufsausübung nur im Interesse des Gemeinwohls und nur zur Lösung solcher Sachaufgaben beschränken, die ein Tätigwerden des Gesetzgebers überhaupt zu rechtfertigen vermögen und der Wertordnung des Grundgesetzes nicht widersprechen. Er muß den Eingriff in das Grundrecht mit sachgerechten und vernünftigen Erwägungen des Gemeinwohls begründen können und darf seine Rechtsetzungsmacht nicht zu sachfremden Zwecken mißbrauchen", BVerfGE 30, 292/316 f.

c) Prinzip der Verhältnismäßigkeit

„Das vom Gesetzgeber eingesetzte Mittel muß geeignet und erforderlich sein. ..... Die Grenze der Zumutbarkeit (muß) gewahrt sein", BVerfGE 30, 292/316 f.

(2) Im vorliegenden Fall tritt die verfassungswidrige Wirkung des Gesetzes dadurch ein, daß die Beschwerdeführerin als unabhängiger Importeur ohne sachlichen Grund wesentlich stärker belastet wird als andere Gruppen .....

§ 3 Annahmevoraussetzungen[5]

Schrifttum: S. Form. VI. 1.

Anmerkungen

1. Zum Rubrum s. die Anm. 1–7 zu Form. VI. 1.
2. Anders als im Regelfall (vgl. Form. VI. 1 Anm. 6) ist ein Antrag dann zweckmäßig, wenn der Beschwerdeführer klarstellen will, in welchem Umfang er eine gesetzliche Regelung für verfassungswidrig hält. Wenn schon ein solcher Antrag gestellt wird, kann er auch durch einen Kostenantrag ergänzt werden.
3. Zum Fall s. BVerfGE 30, 292 ff.
4. Text II § 1 (1) zu Form. VI. 9.
5. Vgl. Form. VI. 1 II. § 3.

Kosten und Gebühren

Das Verfahren ist grundsätzlich kostenfrei, § 34 Abs. 1 BVerfGG; vgl. im übrigen die Form. VI. 17, 18. Das Risiko der Mißbrauchsgebühr ist zu beachten (§ 34 Abs. 2 BVerfGG).

11. Verfassungsbeschwerde gegen Gesetz (Art. 3 Abs. 1 GG)

An das
Bundesverfassungsgericht

Verfassungsbeschwerde[1]

der Firma ...... GmbH

– Beschwerdeführerin –

Verfahrensbevollmächtigter: Professor ......[2]

wegen: § 4 Nr. 14 S. 2 des Umsatzsteuergesetzes (UStG 1973) in der Fassung vom 16. November 1973 (BGBl. I S. 1682)

11. Verfassungsbeschwerde gegen Gesetz VI. 11

Ich zeige an, daß mir der Beschwerdeführer Vollmacht erteilt (Anlage) und mich mit der Wahrnehmung seiner Interessen beauftragt hat.
Namens und im Auftrag des Beschwerdeführers erhebe ich

Verfassungsbeschwerde

gegen

§ 4 Nr. 14 S. 2 UStG 1973.

Ich stelle folgenden Antrag[3]:
1. § 4 Nr. 14 S. 2 UStG 1973 ...... ist insofern mit Art. 3 Abs. 1 GG unvereinbar, als einerseits allen dort bezeichneten Gemeinschaften Steuerfreiheit für Leistungen an ihre ärztlichen Mitglieder gewährt wird, andererseits entsprechende Leistungen gewerblicher Analyseunternehmen an Ärzte der Steuerpflicht unterliegen.
2. Die Bundesrepublik Deutschland hat der Beschwerdeführerin die notwendigen Auslagen zu erstatten[4].

Gerügt wird ein Verstoß gegen Art. 3 Abs. 1 GG[5].

Begründung:

I. Sachverhalt

Die Beschwerdeführerin ist ein umsatzsteuerpflichtiges gewerbliches Analyseunternehmen. Sie wehrt sich gegen die Bevorzugung ärztlicher Laborgemeinschaften: für deren Leistungen sieht das angegriffene Gesetz Umsatzsteuerfreiheit vor.

II. Rechtsausführungen

§ 1 Zulässigkeit[6]

......

§ 2 Begründetheit[7]

(1) a) Grundsatz

„Der Gleichheitssatz ist verletzt, wenn sich ein vernünftiger, sich aus der Natur der Sache ergebender oder sonstwie sachlicher einleuchtender Grund für die gesetzliche Differenzierung oder Gleichbehandlung nicht finden läßt, kurzum, wenn die Bestimmung als willkürlich bezeichnet werden muß", BVerfGE 1, 14/52[8] (klassische Formel, heute noch 2. Senat). Der 1. Senat wendet den Gleichheitssatz in st. Rspr. seit BVerfGE 55, 72/88 wie folgt an: „Der allgemeine Gleichheitssatz ist verletzt, wenn der Staat eine Gruppe von Normadressaten im Vergleich zu anderen Normadressaten anders behandelt, obwohl zwischen beiden Gruppen keine Unterschiede von solcher Art und solchem Gewicht bestehen, daß sie die ungleiche Behandlung rechtfertigen könnten", BVerfGE 82, 60/86.

b) Gestaltungsfreiheit

Dem Gesetzgeber ist weitgehende Gestaltungsfreiheit zuzuerkennen. Nur die Einhaltung der äußersten Grenzen der gesetzgeberischen Freiheit ist vom Gericht nachzuprüfen. Die Unsachlichkeit der getroffenen Regelung muß evident sein, BVerfGE 18, 121/124. Ist die Regelung noch mit Art. 3 Abs. 1 GG vereinbar, so kommt es nicht darauf an, ob eine andere gerechter oder vernünftiger gewesen wäre oder dem Gleichheitssatz noch besser entsprochen hätte, BVerfGE 13, 162/182.

c) Prüfvorgang

„Wenn fraglich ist, ob eine gesetzliche Vorschrift den Gleichheitssatz verletzt, muß Klarheit darüber bestehen, welche Aufgabe dem Gesetz gestellt war und welcher rechtlichen Mittel es sich bei ihrer Lösung bedient hat; nur so läßt sich beurteilen, ob die Merkmale erkannt und ‚richtig', d.h. unter Beachtung der Forderungen der Gerechtigkeit bewertet sind, die bestimmte Sachverhalte als ‚gleich' oder ‚ungleich' im Sinne dieser konkreten rechtlichen Regelung erscheinen lassen, und ob danach diese Sachverhalte zu Recht oder zu Unrecht in die gesetzlichen Tatbestände einbezogen oder aus ihnen ausgeschieden sind", BVerfGE 9, 291/294.

(2) Im vorliegenden Fall läßt sich ein rechtfertigender Grund für die Differenzierung nicht finden. ......

§ 3 Annahmevoraussetzungen[9]

Schrifttum: S. Form. VI. 1.

Anmerkungen

1. Zum Rubrum s. die Anm. 1–7 zu Form. VI. 1.

2. Vgl. § 22 Abs. 1 BVerfGG.

3. Vgl. Form. VI. 9 Anm. 3.

4. Vgl. Form. VI. 9 Anm. 5.

5. Eine auf Art. 3 GG gestützte Verfassungsbeschwerde, mit der die Ausdehnung einer begünstigenden Regelung verlangt wird, kann ihrer Natur nach im Regelfall nur zur Feststellung der Verletzung des Art. 3 GG führen, BVerfGE 6, 257/265. Auf eine Ausdehnung auf die ausgeschlossene Personengruppe kann nur erkannt werden, wenn es entweder verfassungsrechtlich geboten ist, den Verstoß gegen den allgemeinen Gleichheitssatz gerade auf diese Weise zu beseitigen, BVerfGE 15, 46/76 oder mit Sicherheit angenommen werden kann, daß der Gesetzgeber, hätte er den Verstoß gegen den Gleichheitssatz erkannt, ihm dadurch begegnet wäre, daß er die ausgeschlossene Gruppe in die begünstigende Regelung einbezogen hätte, BVerfGE 18, 288/301 f.

6. S. Text II § 1 (1) zu Form. VI. 9.

7. Zum Fall s. BVerfGE 43, 58 ff.

8. Zum Wandel im Verständnis des Gleichheitssatzes vgl. *Wendt*, Der Gleichheitssatz, NVwZ 1988, 778.

9. Vgl. Form VI. 1 II. § 3.

Kosten und Gebühren

Das Verfahren ist grundsätzlich kostenfrei, § 34 Abs. 1 BVerfGG; vgl. im übrigen die Form. VI. 17, 18. Das Risiko der Mißbrauchsgebühr ist zu beachten (§ 34 Abs. 2 BVerfGG).

12. Verfassungsbeschwerde gegen Gesetz (Art. 2 Abs. 1, 20 GG – Rückwirkungsverbot)

An das
Bundesverfassungsgericht

Verfassungsbeschwerde[1]

des Herrn ......

– Beschwerdeführer –

Verfahrensbevollmächtigter: ......

wegen: Wohnungsbau-Prämiengesetz 1975 vom 28. August 1974 (BGBl. I S. 2105)

12. Verfassungsbeschwerde gegen Gesetz VI. 12

Ich zeige an, daß mir der Beschwerdeführer Vollmacht erteilt (Anlage) und mich mit der Wahrnehmung seiner Interessen beauftragt hat.

Namens und seinem Auftrag erhebe ich

Verfassungsbeschwerde

gegen

§ 2a und § 3 in Verbindung mit § 10 Abs. 1 des Wohnungsbau-Prämiengesetzes 1975 (WoPG) ......

Gerügt wird ein Verstoß gegen Art. 2 Abs. 1, 20 GG.

Begründung[2]

I. Sachverhalt

Der Beschwerdeführer wehrt sich dagegen, daß das WoPG 1975 rückwirkend in seinen unter der Geltung des WoPG 1969 abgeschlossenen Bausparvertrag eingreift. Nach altem Recht konnte er DM 1600,– jährlich prämienbegünstigt anlegen, jetzt nur noch DM 800,–. Außerdem entfällt die Prämie, weil er jetzt die Einkommensgrenze überschreitet.

II. Rechtsausführungen

§ 1 Zulässigkeit[3]

......

§ 2 Begründetheit

(1) a) Grundsatz

Es ist zwischen echter und unechter Rückwirkung zu unterscheiden.

Echte Rückwirkung eines Gesetzes liegt nur vor, wenn das Gesetz nachträglich in abgewickelte, der Vergangenheit angehörende Tatbestände eingreift, BVerfGE 11, 139/145 f. Unechte Rückwirkung entfaltet eine Norm dann, wenn sie zwar nicht auf vergangene, aber auch nicht nur auf zukünftige, sondern auf gegenwärtige, noch nicht abgeschlossene Sachverhalte und Rechtsbeziehungen für die Zukunft einwirkt und damit zugleich die betroffene Rechtsposition nachträglich im ganzen entwertet, BVerfGE 30, 392/402 f. Hier liegt ein Fall der unechten Rückwirkung vor. ......

b) Zulässigkeit der unechten Rückwirkung

Grenze der unechten Rückwirkung ist das geschützte Vertrauen des einzelnen. Es ist nicht schutzwürdig, wenn der Bürger mit der Regelung rechnen mußte, wenn das geltende Recht unklar und verworren war. Unabhängig davon kann sich der Bürger nicht auf den von einer ungültigen Norm erzeugten Rechtsschein verlassen. Außerdem gehen zwingende Gründe des Gemeinwohls vor, BVerfGE 13, 261/272.

(2) Im vorliegenden Fall hat das Vertrauen des betroffenen Bürgers am Fortbestand der ihm günstigen Regelung Vorrang[4].

§ 3 Annahmevoraussetzungen[5]

Schrifttum: S. Form. VI. 1.

Anmerkungen

1. Zum Rubrum s. die Anm. 1–7 zu Form. VI. 1.

2. Zum Fall s. BVerfGE 48, 403.

3. S. Text II § 1 (1) zu Form. VI. 9.

4. AA. BVerfGE 48, 403/416. Zur jüngsten Entwicklung in der Rechtsprechung vgl. BVerfGE 62/117; 63/152; 63/312; 63/343; 67/1; 68/193; 68/287 und dazu *Pieroth*, Die neuere Rechtsprechung des Bundesverfassungsgerichts zum Grundsatz des Vertrauens-

schutzes, JZ 1984, 971; *H. Bauer*, Neue Tendenzen in der bundesverfassungsgerichtlichen Rechtsprechung zum Rückwirkungsverbot, NVwZ 1984, 220; *ders.*, Bundesverfassungsgericht und Rückwirkungsverbot, JuS 1984, 241.

5. Vgl. Form VI. 1 II. § 3.

Kosten und Gebühren

Das Verfahren ist grundsätzlich kostenfrei, § 34 Abs. 1 BVerfGG; vgl. im übrigen die Form. VI. 17, 18. Das Risiko der Mißbrauchsgebühr ist zu beachten (§ 34 Abs. 2 BVerfGG).

13. Antrag auf Erlaß einer einstweiligen Anordnung

An das
Bundesverfassungsgericht

Antrag auf Erlaß einer einstweiligen Anordnung des Herrn ......

– Antragsteller[1] –

Verfahrensbevollmächtigter: Rechtsanwalt ......[2]

Ich zeige an, daß mirt der Antragsteller Vollamcht erteilt (Anlage[3]) und mich mit der Wahrnehmung seiner Interessen beauftragt hat. Namens und in seinem Auftrag beantrage[4] ich, folgende einstweilige Anordnung[5] zu erlassen:

1. Die Vollziehung der Beschlüsse des Sozialgerichts K. vom ...... Az. ...... und des Landessozialgerichts Baden-Württemberg vom ...... Az. ...... wird bis zur Entscheidung[6] über die Verfassungsbeschwerde[7] des Antragstellers ausgesetzt.
2. Das Land Baden-Württemberg[8] hat die notwendigen Auslagen des Antragstellers ganz zu erstatten.

Begründung

I. Sachverhalt

Der Antragsteller ist Arzt. Er betreibt eine Kassenpraxis. Der Zulassungsausschuß hat ihm die RVO-Kassenzulassung entzogen. Außerdem ist der Beteiligungswiderruf am Arzt/Ersatzkassenvertrag angeordnet worden. Die sofortige Vollziehung dieser Entscheidungen ist angeordnet worden. Die Gerichte haben das gebilligt. In der Hauptsache liegt noch keine Entscheidung vor.

II. Rechtsausführungen

§ 1 Strenger Maßstab
Nach ständiger Rechtsprechung des Bundesverfassungsgerichts ist bei Prüfung der Voraussetzungen des § 32 BVerfGG ein strenger Maßstab anzulegen, BVerfGE 46, 1/11.

§ 2 Unbeachtlichkeit der Hauptsache
Würdigt das Bundesverfassungsgericht die Umstände, die für oder gegen den Erlaß einer einstweiligen Anordnung sprechen, so haben die Gründe, die für die Verfassungswidrigkeit des beanstandeten Hoheitsaktes angeführt werden, grundsätzlich außer Betracht zu bleiben, es sei denn, die Verfassungsbeschwerde erweise sich von vornherein als unzulässig oder offensichtlich unbegründet, BVerfGE 46, 1/11.
Im vorliegenden Fall liegt nach Ansicht des Antragstellers keiner der beiden Ausnahmefälle vor.

13. Antrag auf Erlaß einer einstweiligen Anordnung   VI. 13

§ 3 Folgenabwägung

(1) Dann sind nach ständiger Rechtsprechung des Gerichts „grundsätzlich allein die Folgen abzuwägen, die eintreten würden, wenn eine einstweilige Anordnung nicht ergünge, der Antrag in der Hauptsache aber Erfolg hätte, gegenüber den Nachteilen, die entstünden, wenn die begehrte einstweilige Anordnung erlassen würde, dem Antrag in der Hauptsache aber der Erfolg zu versagen würde", BVerfGE 46, 1/11.

(2) Eine Abwägung nach den genannten Grundsätzen ergibt hier folgendes[9]:

a) Ergeht die einstweilige Anordnung nicht, so wird der Praxis des Antragstellers die wirtschaftliche Grundlage entzogen. Dies erwiese sich auch als irreparabel: eine Rückgewinnung der Patienten wäre nach der Lebenserfahrung schon deshalb nicht möglich, weil der Antragsteller die dafür erforderliche Zeit wirtschaftlich nicht überbrücken kann. Außerdem würden Unbeteiligte betroffen (Entlassung von 12 Arzthelferinnen).

b) Ergeht die einstweilige Anordnung, bleibt aber später der Verfassungsbeschwerde der Erfolg versagt, so ist der Antragsteller in der Zwischenzeit an der kassenärztlichen Versorgung weiterhin beteiligt und kann seine Leistungen abrechnen. Da die Tätigkeit des Antragstellers nicht mehr zu beanstanden ist, die Fortführung der Praxis also keine Patienten gefährdet, kann in diesem Fall lediglich die kassenärztliche Vereinigung N. dadurch besonders belastet werden, daß sie den Abrechnungen des Antragstellers erhöhte Aufmerksamkeit widmen muß. Das erscheint vertretbar.

Auch unter Anlegung strenger Maßstäbe ist die beantragte einstweilige Anordnung deshalb zu erlassen.

Schrifttum: Granderath, Die einstweilige Anordnung im Verfahren vor dem Bundesverfassungsgericht, NJW 1971 542 ff.; *Maunz/Schmidt- Bleibtreu/Klein/Ulsamer,* BVerfGG, Stand 1993, Anm. zu § 32 BVerfGG; *Zuck,* Die Verfassungsbeschwerde, 2. Aufl. 1988, Rz. 172 ff.; *Karpen,* Der einstweilige Rechtsschutz im Verfassungsprozeß, JuS 1984, 455; *Zuck,* Die einstweilige Anordnung bei der Verfassungsbeschwerde gegen strafrechtliche Entscheidungen, NStZ 1985, 241; *Gusy,* Die Verfassungsbeschwerde, 1988 S. 187 ff.; *Dörr,* Die Verfassungsbeschwerde in der Prozeßpraxis 1990 Rdn. 367 ff.; *Berkemann,* in: *Umbach/Clemens,* BVerfGG 1992 Anm. zu § 32.

Anmerkungen

1. Im Verfahren über den Erlaß einer einstweiligen Anordnung gibt es keinen Antragsgegner, nur Verfahrensbeteiligte, in der Regel die Bundesrepublik Deutschland oder eines ihrer Länder.

2. Es besteht kein Anwaltszwang, § 22 BVerfGG.

3. Vgl. dazu Form. VI. 15.

4. Die einstweilige Anordnung kann ohne Antrag erlassen werden. Im Rahmen eines Verfassungsbeschwerdeverfahrens ist es aber üblich und angebracht, einen solchen Antrag zu stellen.

5. Da der Erlaß einer einstweiligen Anordnung nicht von einem Antrag abhängt, ist das Bundesverfassungsgericht auch nicht an den Inhalt des Antrags gebunden. Maßgebend ist vielmehr § 32 Abs. 1 BVerfGG.

6. Die Entscheidung in der Hauptsache darf nicht vorweggenommen werden, BVerfGE 3, 41/43.

7. Zwar muß die Verfassungsbeschwerde noch nicht erhoben sein; sie muß aber (noch) erhoben werden können. Ohne anhängiges Verfassungsbeschwerdeverfahren gibt es keine Entscheidung über den Erlaß einer einstweiligen Anordnung. Üblich und angebracht ist es, beide Anträge (Verfassungsbeschwerde/einstweilige Anordnung) gleichzeitig zu stellen und zu begründen. Mit der negativen Entscheidung über die Hauptsache erledigt sich der Antrag auf Erlaß einer einstweiligen Anordnung. Die Entscheidung kann auch die Kammer im Rahmen des § 93 d BVerfGG treffen, es sei denn, die einstweilige Anordnung betreffe die Aussetzung der Anwendung eines Gesetzes, § 93 d Abs. 2 S. 2 BVerfGG. Gegen die ablehnende Entscheidung gibt es kein Rechtsmittel.

8. Erstattungspflichtig ist derjenige Träger der öffentlichen Gewalt, dem die vom Antragsteller erfolgreich gerügte Grundrechtsverletzung zuzurechnen ist. Der Erstattungsanspruch richtet sich nach § 34a Abs. 3 BVerfGG.

9. Zu einem ähnlichen Fall vgl. BVerfGE 40, 179. Ausnahmsweise kommt es auf die Erfolgsaussichten der Hauptsache an, BVerfGE 63/254; 67/152.

Kosten und Gebühren

Das Verfahren ist grundsätzlich kostenfrei, § 34 Abs. 1 BVerfGG. Für die Auslagenerstattung, die § 34a Abs. 3 BVerfGG folgt, ist das Verfahren über den Erlaß einer einstweiligen Anordnung gebührenrechtlich selbständig, BVerfGE 41, 228/230. Auch hier gilt § 113 BRAGO, s. Form. VI. 17, 18. Wird in der Entscheidung über eine Verfassungsbeschwerde die Erstattung notwendiger Auslagen angeordnet, so erfaßt dieser Anspruch regelmäßig nicht die Auslagen, die durch einen Antrag auf Erlaß einer einstweiligen Anordnung entstanden sind, BVerfGE 89, 91.

14. Antrag auf Durchführung eines konkreten Normenkontrollverfahrens nach Art. 100 GG

An das
Amtsgericht

Im Ordnungswidrigkeitenverfahren

gegen Dr. A.

stelle ich den Antrag[1],

das Verfahren auszusetzen[2] und eine Entscheidung des Bundesverfassungsgerichts darüber einzuholen, ob § 8 Abs. 2 S. 1 Tierschutzgesetz vom 24. Juli 1972 insoweit mit dem Grundgesetz vereinbar ist, als nur Personen mit abgeschlossener Hochschulbildung der Biologie und den erforderlichen Fachkenntnissen an Hochschulen oder staatlichen wissenschaftlichen Einrichtungen, nicht aber an anderen wissenschaftlichen Einrichtungen Tierversuche mit operativen Eingriffen durchführen dürfen.

Begründung[3]

I. Sachverhalt

Dr. A. ist als Pharmakologe bei einem Arzneimittelhersteller der Privatindustrie tätig. Er muß Tierversuche mit operativen Eingriffen durchführen, um die therapeutische Wirkung von Substanzen zu prüfen. Nach § 8 Abs. 2 S. 1 TierSchG ist eine solche Tätigkeit nur an staatlichen wissenschaftlichen Einrichtungen erlaubt. Die Stadtverwaltung L. hat Dr. A. deshalb mit einem Bußgeldbescheid von DM 100,– belegt. Dr. A. hat Einspruch eingelegt[4].

II. Rechtsausführungen

§ 1 Entscheidungserheblichkeit

(1) Eine Vorlage an das Bundesverfassungsgericht ist nur zulässig, wenn die Endentscheidung des vorliegenden Gerichts von der Gültigkeit des für verfassungswidrig gehalte-

14. Antrag auf Durchführung eines konkreten Normenkontrollverfahrens

nen Gesetzes abhängt, BVerfGE 50, 108/113. Das setzt voraus, daß das Gericht sich klar darüber ausspricht, daß und wann es bei Gültigkeit der Norm anders entscheiden würde als bei ihrer Ungültigkeit; denn nur dann kommt es bei der Entscheidung auf die Gültigkeit der Norm an, BVerfGE 11, 330/334 f. Das Bundesverfassungsgericht wird dabei grundsätzlich von der Rechtsansicht des vorlegenden Gerichts ausgehen, sofern dessen Auffassung nicht offensichtlich unvertretbar ist, BVerfGE 50, 108/112.

(2) Im vorliegenden Fall liegt auf der Hand, daß das Amtsgericht bei Bejahung der Vorlagefrage eine Geldbuße gegen Dr. A. festsetzen (§ 72 Abs. 2 OWiG), ihn bei Verneinung aber freisprechen muß. Also ist die Vorlagefrage entscheidungserheblich.

§ 2 Prüfungsmaßstab

Die beanstandete Regelung verstößt gegen Art. 12 Abs. 1 GG in Verbindung mit Art. 3 Abs. 1 GG. Daß Biologen an nicht staatlichen wissenschaftlichen Einrichtungen die Befugnis zur selbständigen Durchführung von operativen Eingriffen bei Tierversuchen versagt ist, bedeutet für diesen Personenkreis eine erhebliche Einschränkung seiner Berufsausübung, die durch keinen sachlichen Grund gerechtfertigt ist[5].

Schrifttum: AK-GG-*Rinken,* 1984, Anm. zu Art. 100 GG; *Leibholz/Rupprecht* BVerfGG, 1968, Nachtrag 1971, Anm. zu §§ 80 ff. BVerfGG; *Maunz,* in: *Maunz/Dürig/ Herzog/Scholz* GG, 1971, Anm. zu Art. 100 GG; *Stern,* in: Bonner Kommentar zum GG, Zweitbearbeitung, 1968, Anm. zu Art. 100 GG; *Maunz/Schmidt-Bleibtreu/Klein/Ulsamer* BVerfGG, Stand 1979, Anm. zu §§ 80 ff. BVerfGG; *W. Meyer,* in: *v. Münch* GG, Bd. 3, 1978, Anm. zu Art. 100 GG; *Klein,* in: *Umbach/Clemens,* BVerfGG 1992 Anm. zu §§ 80 ff.

Anmerkungen

1. Da das Bundesverfassungsgericht das Monopol für die Verwerfungskompetenz für formelle, nachkonstitutionelle Gesetze hat, ist die Instanzgerichtsbarkeit verpflichtet, wenn sie die Verfassungsmäßigkeit eines formellen, nachkonstitutionellen Gesetzes verneint, die Entscheidung des Bundesverfassungsgerichts einzuholen, BVerfGE 1, 184. Streng genommen handelt es sich bei dem „Antrag" des Betroffenen nur um eine Anregung an das Gericht; s. § 80 Abs. 3 BVerfGG.

2. Art. 100 Abs. 1 S. 1 GG. Der Aussetzungsbeschluß ist je nach den prozessualen Vorschriften des Ausgangsverfahrens zu verkünden, den Beteiligten zuzustellen oder formlos mitzuteilen.

3. Die Begründung des vorlegenden Gerichts muß angeben, inwiefern von der Gültigkeit der Rechtsvorschrift die Entscheidung des Gerichts abhängig ist und mit welchen übergeordneten Rechtsnormen sie unvereinbar ist (§ 80 Abs. 2 BVerfGG). Infolgedessen empfiehlt sich auch für den Antragsteller im Ausgangsverfahren, auf diese Fragen einzugehen.

4. Zu den Einzelheiten des Sachverhalts vgl. BVerfGE 48, 376.

5. Zu den Einzelheiten der rechtlichen Begründung vgl. BVerfGE 48, 376/389 ff.

Kosten und Gebühren

Ergeht ein Vorlagebeschluß, so gibt § 82 Abs. 3 BVerfGG ua. den Beteiligten des Ausgangsverfahrens das Recht, sich im Verfahren vor dem Bundesverfassungsgericht zu äußern (Äußerungsbeteiligte). Sie werden nicht Beteiligte des Normenkontrollverfahrens. Dennoch setzt das Bundesverfassungsgericht den Gegenstandswert für das Normenkontrollverfahren fest (aA. früher BVerfGE 7, 87/88).

Die Höhe der Gebühren richtet sich nach § 113 BRAGO. Eine Kostenerstattung findet nur im Rahmen der Vorschriften des einfachen Rechts, nicht nach § 34a BVerfGG statt, BVerfGE 36, 101 (str. vgl. *Göttlich/Mümmler* BRAGO, 17. Aufl. 1989, Stichwort „Normenkontrolle").

15. Vollmacht

Hiermit erteile ich Herrn ......

Vollmacht[1], mich vor dem Bundesverfassungsgericht zur Durchführung eines Verfassungsbeschwerdeverfahrens[2,3] wegen
1. Urteil des Amtsgerichts – Familiengericht –, K. vom ......, Az. ......
2. Urteil des Oberlandesgerichts K. vom ......, Az. ...... [4]

zu vertreten und alle zur Durchführung dieses Verfahrens erforderlichen Handlungen vorzunehmen.

K., den ......

......
(Unterschrift).

Schrifttum: Zuck, Die Verfassungsbeschwerde, 2. Aufl. 1988 Rdz. 708 ff.; vgl. im übrigen die Nachweise bei Form. VI. 1.

Anmerkungen

1. Die Vollmacht ist schriftlich zu erteilen, § 22 Abs. 2 S. 1 BVerfGG. Sie ist Wirksamkeitsvoraussetzung für alle Prozeßhandlungen. Die Vollmacht darf nicht nur außerhalb der Ausschlußfrist des § 93 BVerfGG nachgereicht werden (BVerfGE 1, 433). Es ist auch zulässig, sie erst nach Ablauf dieser Frist auszustellen (BVerfGE 50, 381/383. Es ist aber zu beachten, daß das Bundesverfassungsgericht neuerdings eine Frist zur Vorlage der Vollmacht setzt. Diese Frist ist strikt einzuhalten.

2. Die Vollmacht muß sich ausdrücklich auf das Verfahren beziehen, § 22 Abs. 2 S. 2 BVerfGG. Die allgemeine Anwaltsvollmacht genügt deshalb nicht.

3. Oder: Antrag auf Erlaß einer einstweiligen Anordnung wegen ......

4. Oder: Verfassungswidrigkeit des § ...... Abs. ...... S. ...... des Gesetzes ...... vom ...... (BGBl. I S. ......).

16. Ablehnungsgesuch

An das
Bundesverfassungsgericht
Im Verfahren über die Verfassungsbeschwerde des Herrn G.

wird Bundesverfassungsrichter X.[1]
wegen Besorgnis der Befangenheit abgelehnt[2].

Begründung[3]

Der Beschwerdeführer hat soeben erfahren, daß Bundesverfassungsrichter X. für den Beklagten des Ausgangsverfahrens ein Privatgutachten erstattet hat. In diesem Gutachten hat er sich auch – für den Beschwerdeführer negativ – zu den im Verfassungsbeschwerdeverfahren zu behandelnden verfassungsrechtlichen Fragen geäußert.

17. Antrag auf Festsetzung des Gegenstandswerts VI. 17

Zwar ist in verfassungsgerichtlichen Verfahren in die „vernünftige Würdigung aller Umstände" die besondere Eigenart miteinzubeziehen, daß kein neuer Richter an die Stelle des (erfolgreich) Abgelehnten tritt und schon wenige erfolgreiche Ablehnungen zur Beschlußunfähigkeit des zuständigen Senats führen können (BVerfGE 32, 288, 290; 35, 171, 173; 43, 126, 128). Es ist deshalb auch ein strenger Maßstab anzulegen (BVerfGE 47, 105, 108)[4]. Auch unter diesen einschränkenden Bedingungen[5] ist die Besorgnis der Befangenheit jedoch berechtigt. Bundesverfassungsrichter X. hat nicht allgemein seine wissenschaftliche Meinung zu einer verfahrensrelevanten Rechtsfrage geäußert. Er war vielmehr für einen Beteiligten jenes Verfahrens tätig, dessen Endentscheidung mit der Verfassungsbeschwerde angegriffen worden ist.

Schrifttum: Maunz/Schmidt-Bleibtreu/Klein/Ulsamer, BVerfGG, Stand 1987, Anm. zu § 19 BVerfGG; *Zuck,* Das Recht der Verfassungsbeschwerde, 2. Aufl. 1988, Rdz. 809ff.; *von Bargen,* in: *Umbach/Clemens,* BVerfGG 1992 Anm. zu § 19; vgl. im übrigen die Nachweise bei Form. VI. 1.

Anmerkungen

1. Eine pauschale Ablehnung namentlich nicht genannter Richter, insbesondere eines ganzen Senats oder des Bundesverfassungsgerichts überhaupt, ist unzulässig, BVerfGE 11, 1; 46, 200.

2. Abgesehen vom Fall der Selbstablehnung, § 19 Abs. 3 BVerfGG – Beispiel: BVerfGE 43, 126 – setzt die Ablehnung einen Antrag voraus. Die Prüfung der Frage von Amts wegen, ob ein Richter Anlaß zur Besorgnis der Befangenheit gegeben hat, ist unstatthaft, BVerfGE 46, 34/35.

3. Die Ablehnung ist zu begründen, § 19 Abs. 2 S. 1 BVerfGG.

4. Weder die Abstammung, die Zugehörigkeit zu einer politischen Partei oder ein ähnlicher allgemeiner Gesichtspunkt (vgl. § 18 Abs. 2 BVerfGG) noch die frühere Mitwirkung im Gesetzgebungsverfahren oder die Äußerung einer wissenschaftlichen Meinung zu einer für das Verfahren bedeutsamen Rechtsfrage rechtfertigen deshalb die Ablehnung, BVerfGE 43, 126/128.

5. Es gibt nur wenig erfolgreiche Ablehnungsgesuche, vgl. BVerfGE 20, 1ff.; 20, 9ff.; 35, 246f. Zum ausgeschlossenen Richter vgl. BVerfGE 79, 127/140f.

17. Antrag auf Festsetzung des Gegenstandswerts

An das
Bundesverfassungsgericht

Im Verfahren über die Verfassungsbeschwerde des Herrn G. beantrage ich,

den Gegenstandswert auf DM 1 Mio. festzusetzen[1].

Begründung[2]

I. Sachverhalt
Es handelt sich um eine Verfassungsbeschwerde, mit der das gesetzliche System des sogenannten Familienlastenausgleichs angegriffen worden war[3].

II. Rechtsausführungen

§ 1 Bedeutung der Angelegenheit
Die subjektive Beschwer hat im vorliegenden Fall nur DM 200,– betragen. Das ist die Höhe der jährlichen Steuerersparnis. Es ist jedoch anerkannt, daß auch die objektive

Bedeutung des Verfahrens zu berücksichtigen ist[4]. Vom Familienlastenausgleich sind rund 1 Mio. Personen betroffen. Unterstellt man auch hier eine persönliche Belastung von DM 200,– je Person, so ist von objektiven Auswirkungen des Verfahrens in Höhe von DM 2,4 Mrd. auszugehen.

§ 2 Umfang und Schwierigkeit anwaltlicher Tätigkeit
Im übrigen ist darauf hinzuweisen, daß der Sachverhalt außerordentlich komplex ist; dasselbe gilt für die – umfangreiche – Darstellung des einfachen Rechts. Dies zeigt auch der Umfang der Verfassungsbeschwerde mit 250 Seiten; außerdem waren zeitraubende Ermittlungen erforderlich.

§ 3 Vermögens- und Einkommensverhältnisse
Der Beschwerdeführer ist ein wohlhabender Geschäftsmann mit gesichertem, überdurchschnittlichem Einkommen.

§ 4 Nach billigem Ermessen
ist es deshalb angebracht, den Gegenstandswert auf DM 1 Mio. festzusetzen.

Schrifttum: Zuck, Die Festsetzung des Gegenstandswerts im Verfassungsbeschwerdeverfahren, AnwBl. 1974, 34 ff.; AnwBl. 1978, 333 ff.; s. a. *Zuck*, Das Recht der Verfassungsbeschwerde, 2. Aufl. 1988, Rdz. 997 ff.

Anmerkungen

1. Das Gericht wird nur auf Antrag tätig. Der Antrag ist schriftlich einzureichen. Im allgemeinen setzt das Bundesverfassungsgericht den Gegenstandswert restriktiv an. Es lassen sich jedoch folgende Fallgruppen bilden (vgl. dazu ausführlich *Zuck* AnwBl. 1978, 333 ff.):

Wiedereinsetzung in den vorigen Stand (Art. 19 Abs. 4 GG) DM 6000,– bis DM 30000,–;
Versagung des rechtlichen Gehörs (Art. 103 Abs. 1 GG) DM 6000,– bis DM 30000,–;
Zulassungs- und Statusfragen DM 100.000,–;
Gesetzesverfassungsbeschwerden DM 100000,–.
Höhere Gegenstandswerte sind selten.

2. Maßgebend sind § 34a Abs. 2, 3 BVerfGG, § 113 Abs. 2 S. 3 BRAGO. Die Begründungspflicht ergibt sich aus § 23 BVerfGG.

3. Zum Sachverhalt im einzelnen vgl. BVerfGE 45, 104. Das Bundesverfassungsgericht hat in dieser Sache den Gegenstandswert auf DM 800000,– festgesetzt.

4. Zum Verhältnis der subjektiven und objektiven Funktionen der Verfassungsbeschwerde bei der Festsetzung des Gegenstandswerts sowie der praktischen Bewertung der einzelnen Faktoren vgl. die beiden Grundsatzentscheidungen BVerfG, NJW 1989, 2047; 2048.

18. Antrag auf Kostenfestsetzung

An das
Bundesverfassungsgericht

Im Verfahren über die Verfassungsbeschwerde des Herrn G.

stelle ich den Antrag[1], die Kosten des Beschwerdeführers wie folgt festzusetzen:
Gegenstandswert: DM 800000,–

18. Antrag auf Kostenfestsetzung   VI. 18

13/10 Prozeßgebühr gemäß § 113 Abs. 2, § 11 Abs. 1 S. 2, § 31 Abs. 1 Nr. 1 BRAGO[2]	DM 7117,50
Post- und Telekommunikation gemäß § 26 BRAGO	DM 40,—
50 Fotokopien à DM 1,– 632 Fotokopien à DM –,30 gemäß § 27 BRAGO[3]	DM 239,60
Informationsreise Stuttgart/München hin und zurück 440 km à DM –,52 gemäß § 28 Abs. 1 BRAGO	DM 228,80
Abwesenheitsgeld über 8 Stunden gemäß § 28 Abs. 2 BRAGO	DM 110,—
15% Mehrwertsteuer	DM 1160,39
	DM 8896,29[4]

Ich beantrage, die festgesetzten Kosten von der Anbringung des Gesuchs ab mit 4% zu verzinsen[5].

Schrifttum: Maunz/Schmidt-Bleibtreu/Klein/Ulsamer, BVerfGG, Stand 1993, Rdz. 24 ff. zu § 34a BVerfGG; *Zuck,* Das Recht der Verfassungsbeschwerde, 2. Aufl. 1988, Rdz. 1037 ff.

Anmerkungen

1. Hat das Bundesverfassungsgericht im Verfassungsbeschwerdeverfahren eine Entscheidung nach § 34a Abs. 2, 3 BVerfGG getroffen, so setzt der Rechtspfleger beim Bundesverfassungsgericht (§ 21 Abs. 1 RPflG) auf Antrag (§ 23 BVerfGG) in entsprechender Anwendung der §§ 103, 104 ZPO die Kosten fest. Erstattungsfähig sind auch die Kosten des Rechtsanwalts, der sich selbst vertritt, BVerfGE 81, 387/389.

2. Im allgemeinen fällt nur die Prozeßgebühr an. Bei einem Regelgegenstandswert von DM 8000,– beträgt die 13/10 Prozeßgebühr DM 630,50. Der Abschluß einer Gebührenvereinbarung ist deshalb zu empfehlen. Ob auch vereinbarte Gebühren erstattungsfähig sind, ist umstritten. Eine Beweisgebühr fällt an, wenn eine Beweiserhebung durch das BVerfG angeordnet (objektive Voraussetzung) und der Rechtsanwalt im Beweisaufnahmeverfahren tätig geworden ist (subjektive Voraussetzung), BVerfGE 77, 360/362.

3. Zu beachten ist, daß wegen § 23 Abs. 3 BVerfGG Fotokopien in erheblichem Umfang anfallen können. Insoweit, also für die sogenannten Überstücke der Verfassungsbeschwerde und weitere Schriftsätze, ist die Erstattung zweifelsfrei, vgl. BVerfGE 65, 72. Kosten für Anlagen zu Schriftsätzen gehören zu den Auslagen, die durch die Prozeßgebühr abgegolten sind, vgl. BVerfGE 61, 208/209, 65, 72/74. Sind die Auslagen aber sehr zahl- oder umfangreich, was im Verfassungsbeschwerdeverfahren nicht selten ist, so sind auch die insoweit anfallenden Fotokopiekosten erstattungsfähig. Pauschale Angaben genügen nicht. Erstattungsfähige Auslagen können nur aufgrund genauer Angaben des Antragstellers festgesetzt werden, BVerfGE 65, 72/74.

4. Zugrundegelegt sind die Gebührensätze der BRAGO idF. des KostRÄndG 1994 (BGBl. I 1325). Das Gesetz ist am 1. 7. 1994 in Kraft getreten. Zum Überleitungsrecht vgl. § 134 BRAGO nF. und dazu *von Eicken,* NJW 1994, 2258/2261.

5. § 104 Abs. 1 ZPO. Gegen die Entscheidung des Rechtspflegers ist gemäß § 11 Abs. 1 RPflG die Erinnerung zulässig. Sie ist innerhalb einer Notfrist von 2 Wochen einzulegen (§ 21 Abs. 2 RPflG). Über diese entscheidet der Senat, bei dem die Hauptsache anhängig war. Das Erinnerungsverfahren ist ebenfalls kostenfrei.

VII. Der Finanzgerichtsprozeß einschließlich des außergerichtlichen Vorverfahrens

Einspruch

1. Einspruch gegen einen Einkommensteuerbescheid mit Festsetzung von Vorauszahlungen, verbunden mit einem Antrag auf Aussetzung der Vollziehung und einstweiliger Stundung

An das Finanzamt ......　　　　　　　　　　　　...... (Ort), ... (Datum)
in ......

Betrifft: Steuernummer ...... (und Name des Steuerpflichtigen)

Bezug: Einkommensteuerbescheid für 19.. vom ...... (Datum des Steuerbescheides); zugegangen[1] am ...... (Datum des Eingangs des Bescheides)

Sehr geehrte Damen und Herren!

I. Namens und in Vollmacht[2] des ...... lege ich gegen den oben bezeichneten Einkommensteuerbescheid Einspruch[3,4,5] ein. Ich beantrage, die Einkommensteuer auf ...... DM herabzusetzen.

Begründung:[6,7]

Der Steuerpflichtige ist Eigentümer eines Mehrfamilienhausgrundstücks, das er von seinen Eltern geerbt hat. Während der Ehe des Steuerpflichtigen hat sich ein Wertzuwachs für das Grundstück (einschließlich des Gebäudes) von 100 000 DM ergeben. Die Ehe des Steuerpflichtigen ist geschieden. Seine vormalige Ehefrau erhob gegen ihn im Hinblick auf die Wertsteigerung des Grundstücks eine Zugewinnausgleichsforderung von 50 000 DM. Zur Begleichung dieser Forderung hat der Steuerpflichtige einen durch eine an dem Grundstück bestellte Grundschuld gesicherten Bankkredit aufgenommen, der mit jährlich 9 % zu verzinsen ist. Im Streitjahr hat der Steuerpflichtige 4500 DM Zinsen entrichtet. Das FA hat den Abzug der Zinsen als Werbungskosten zu Unrecht versagt, weil die Ausgleichsverpflichtung sich durch die Wertsteigerung eines der Einkünfteerzielung dienenden Wirtschaftsgutes ergeben hat. Werden die Zinsen als Werbungskosten zum Abzug zugelassen, ergibt sich für das Streitjahr 1983 eine Erhöhung des steuerlich ausgleichsfähigen Verlustes bei den Einkünften aus Vermietung und Verpachtung um ...... DM und eine Minderung der Einkommensteuer auf ...... DM.

II. Es wird beantragt[8], die Vollziehung des angefochtenen Einkommensteuerbescheids auszusetzen,[9] soweit die Einkommensteuer höher als ...... DM festgesetzt ist. Bis zur Entscheidung über den Aussetzungsantrag wird um stillschweigende Stundung gebeten[10].

1. Einspruch gegen einen Einkommensteuerbescheid VII. 1

Begründung:

In Höhe der sich durch den Abzug der Zinsen als Werbungskosten ergebenden Minderung der Einkommensteuer bestehen an der Rechtmäßigkeit des angefochtenen Bescheids ernstliche Zweifel; denn das der Einkünfteerzielung dienende Grundstück muß wirtschaftlich als mit der Ausgleichsverpflichtung belastet angesehen werden. Die gegenteilige Auffassung des FA, es fehle am Veranlassungszusammenhang zwischen Schuldentstehung und Einkünfteerzielung, ist deshalb zumindest ernstlich zweifelhaft.

III. Es wird ferner beantragt[8], die Vorauszahlungen zur Einkommensteuer rückwirkend ab 1983 um ...... DM niedriger festzusetzen[11].

Begründung:

Da die Zinsen, die als Werbungskosten abzugsfähig sind, bis zur Tilgung des Darlehens in voraussichtlich ...... Jahren die Einkünfte aus VuV mindern werden, ergibt sich auf diese Zeit eine entsprechende Minderung der voraussichtlich geschuldeten Einkommensteuer.

Mit vorzüglicher Hochachtung
Unterschrift

Schrifttum: Gräber, Finanzgerichtsordnung, Kommentar, 1977, 3. Aufl. 1993 bearbeiter von v. Groll, Koch und Ruban; *Hübschmann/Hepp/Spitaler*, Kommentar zur Abgabenordnung und Finanzgerichtsordnung; *Klein/Orlopp*, Abgabenordnung, Kommentar, 4. Aufl. 1989; *Kühn/Kutter/Hofmann*, Abgabenordnung, Finanzgerichtsordnung, Kommentar, 17. Aufl. 1994; *Tipke/Kruse*, Abgabenordnung, Finanzgerichtsordnung, Kommentar; *Ziemer/Birkholz*, Finanzgerichtsordnung, Kommentar, 3. Aufl. 1978; *Ziemer/Haarmann/Lohse*, Rechtsschutz in Steuersachen; *Herrmann*, Die Zulassung der Revision und die Nichtzulassungsbeschwerde im Steuerprozeß, 1986; *Klein/Ruban*, Der Zugang zum Bundesfinanzhof, 1986; *Ruban*, Der Rechtsweg zum Bundesfinanzhof, Steuerliche Vierteljahreshefte 1991, 142.

Anmerkungen

1. Vgl. § 122 Abs. 1 und 2 AO 1977; im Besteuerungsverfahren ergehende Bescheide können auf Anordnung des FA zugestellt werden (§ 122 Abs. 5 AO 1977). Zur Bekanntgabe von Steuerbescheiden s. im einzelnen *BMF* BStBl. I 91, 398; Bekanntgabe von Steuerbescheiden und Einspruchsentscheidungen kann auch im Ausland durch einfachen Brief durch die Post erfolgen, sofern der ausländische Staat dies zuläßt. Dazu gehören alle EG-Staaten und Österreich, nicht aber die Schweiz (vgl. *OFD Hannover* v. 20. 10. 1987).

2. Wegen der Befugnis, sich gegenüber den Finanzverwaltungsbehörden vertreten zu lassen, s. § 80 AO 1977. Uneingeschränkt zur Hilfeleistung – und damit zur Vertretung im Besteuerungsverfahren – sind die in § 3 Steuerberatungsgesetz aufgeführten Personen befugt. Bei Vertretung des Steuerpflichtigen kann der Steuerbescheid dem Steuerpflichtigen selbst nur in Ausnahmefällen bekanntgegeben werden (§ 122 Abs. 1 S. 3 AO 1977; BFH BStBl. II 1986, 569; BFH/NV 1986, 320; 1988, 274). Wegen der Verpflichtung zur Bekanntgabe an den Bevollmächtigten s. *BMF* BStBl. I 91, 398; *Klein/Orlopp* AO § 122 Anm. 3; *Tipke/Kruse* AO § 122 Rdn. 21.

3. Die in der Regel schriftlich zu erteilenden Steuerbescheide (§§ 155, 157 AO 1977) können, sofern ihnen die vorgeschriebene (§ 157 Abs. 1 S. 3 AO 1977) Rechtsbehelfsbelehrung nicht fehlt (§ 356 Abs. 1 AO 1977), nur binnen einer Frist von einem Monat nach Bekanntgabe mit dem Einspruch (§ 348 AO 1977/§ 347 AO 1977 i.d.F. des Gesetzes vom

24. 6. 1994, BStBl. I, 440) – oder mit Zustimmung des FA mit der Sprungklage (§ 45 Abs. 1 und 2 FGO; s. aber für weiter aufklärungsbedürftige Sachen auch §§ 65, 79b FGO) – angefochten werden (§ 355 Abs. 1 AO 1977). Eine Anleitung zur Berechnung der Rechtsbehelfsfrist braucht die Rechtsbehelfsbelehrung nicht zu enthalten (BFH BStBl. II 1981, 70). Wird eine schriftliche Rechtsbehelfsbelehrung nicht zusammen mit dem Steuerbescheid erteilt, kann der Bescheid grundsätzlich binnen eines Jahres nach der Bekanntgabe angefochten werden (§ 356 Abs. 2 AO 1977).

Die Frist, binnen der ein Steuerbescheid angefochten werden kann, beginnt im Fall der **Bekanntgabe** nach § 122 Abs. 2 Nr. 1 AO 1977 (vgl. Anm. 1) am Tag nach dem Zugang des Steuerbescheids (§ 187 Abs. 1 BGB, § 108 Abs. 1 AO 1977), frühestens jedoch am vierten Tag nach Aufgabe des Bescheids zur Post (§ 122 Abs. 2 AO 1977). Für die Zugangsvermutung des § 122 Abs. 2 AO 1977 gilt § 108 Abs. 3 AO 1977 nicht, d.h. der Bescheid gilt z.B. in den Fällen des § 122 Abs. 2 Nr. 1 AO 1977 als mit dem dritten Tag nach Aufgabe zur Post auch dann als zugegangen, wenn dieser Tag ein Sonnabend oder Sonntag ist (*Klein/Orlopp* AO, § 122 Anm. 4b). Wird der Steuerbescheid nach § 122 Abs. 5 AO 1977 durch **Zustellung** bekannt gegeben, beginnt die Frist für seine Anfechtung an dem auf die Zustellung folgenden Tag (§ 187 Abs. 1 BGB). Sie endet grundsätzlich mit Ablauf desjenigen Tages des folgenden Monats, der durch seine Zahl dem Tag des vorangegangenen Monats entspricht, an dem der Bescheid zugegangen ist oder nach § 122 Abs. 2 AO 1977 als bekannt gegeben gilt (§ 188 Abs. 2 1. Alt. BGB, § 108 Abs. 1 AO 1977). Läuft die Jahresfrist (§ 356 Abs. 2 AO 1977), so gilt entsprechendes. Fehlt der für den Ablauf der Frist maßgebende Tag (zB. der „31."), so endet die Frist mit dem Ablauf des letzten Tags dieses Monats (§ 188 Abs. 3 BGB). Fällt das Ende der Frist auf einen Sonnabend, Sonntag oder einen gesetzlichen Feiertag, so endet die Frist mit dem Ablauf des nächstfolgenden Werktags (§ 108 Abs. 3 AO 1977).

Wird die Frist zur Einlegung des Einspruchs versäumt, kann unter den Voraussetzungen des § 110 AO 1977 Wiedereinsetzung in den vorigen Stand gewährt werden.

4. Der Einspruch ist **schriftlich, telegrafisch** (§ 357 Abs. 1 S. 3 AO 1977 i.d.F. des Gesetzes vom 24. 6. 1994, BStBl. I, 440), **mit Telefax** (BGH HFR 90, 584) oder zur Niederschrift beim FA einzulegen (§ 357 AO 1977). Unterzeichnung ist nicht vorgeschrieben, aber ratsam; denn es muß erkennbar sein, wer Einspruch erhebt. Telefonische Einlegung ist unwirksam, auch wenn der zuständige Beamte beim FA darüber eine „Niederschrift" fertigt.

5. Seit dem Inkrafttreten der AO 1977 sind die außergerichtlichen Rechtsbehelfe (zum Wegfall der Beschwerde ab 1. 1. 1996 s. Form. VII 7 Anm. 1 und 4c), also auch der Einspruch, kostenfrei; s. unten Kosten und Gebühren. Einem Beteiligten im außergerichtlichen Vorverfahren entstandene Kosten (zB. für einen Bevollmächtigten) können aber weiterhin nach § 139 FGO erstattet werden, wenn dem Einspruchsverfahren ein Rechtsstreit vor dem FG gefolgt ist.

Bei der Entscheidung über den Einspruch kann der angefochtene Verwaltungsakt auch zu Lasten des Rechtsbehelfsführers geändert („verbösert") werden (§ 367 Abs. 2 S. 2 AO 1977). Auf eine beabsichtigte Verböserung muß das FA den Betroffenen hinweisen und ihm Gelegenheit zur Stellungnahme, und also zur Zurücknahme des Einspruchs (§ 362 AO 1977) geben. Nimmt er den Einspruch zurück, kann der Verwaltungsakt nur dann noch (zu Lasten des Betroffenen) geändert werden, wenn die allgemeinen Voraussetzungen dafür (z.B. § 173 Abs. 1 Nr. 1 AO 1977) erfüllt sind.

6. Der Einspruch muß nicht begründet werden (§ 357 Abs. 3 AO 1977). Eine Begründung ist aber ratsam, da die Verpflichtung des FA zur Aufklärung des Sachverhalts nicht grenzenlos ist (§ 88 AO 1977) und vom Vorbringen des Steuerpflichtigen beeinflußt wird (*Kühn/Kutter/Hofmann*, Kommentar zur AO, § 88 Bem. 3). Werden für die Beurteilung eines Streitfalles erhebliche Tatsachen erst im anschließenden gerichtlichen Verfahren vorgetragen, obwohl der Steuerpflichtige sie bereits im Besteuerungsverfahren – zu dem das

1. Einspruch gegen einen Einkommensteuerbescheid VII. 1

Einspruchsverfahren gehört – hätte vortragen können, so können ihm insoweit auch bei Erfolg in der Sache selbst die Kosten des gerichtlichen Verfahrens auferlegt werden (§§ 137, 138 Abs. 2 S. 2 FGO).

7. Zur materiell-rechtlichen Beurteilung des Streitfalles vgl. BFH BStBl. II 1989, 706 (für Privatvermögen) und BFH/NV 1991, 594 (für Betriebsvermögen). Zur Behandlung von Erbfallschulden s. *L. Schmidt,* Kommentar zum EStG, 14. Aufl. 1995, § 16 Anm. 120 c, 120 d mwN.

8. Es empfiehlt sich, dem FA so viele Ausfertigungen des Schriftsatzes zu übersenden wie Anträge gestellt werden, weil häufig verschiedene Stellen innerhalb des FA oder Zentralfinanzämter mit der Bearbeitung bestimmter Aufgaben (zB. Vollstreckung, Rechtsbehelf) betraut sind.

9 a. Die Einlegung des **Einspruchs** beseitigt die **Vollziehbarkeit** des angefochtenen Steuerbescheids nicht (§ 361 Abs. 1 S. 1 AO 1977). Hält der Steuerpflichtige den Bescheid für (ganz oder teilweise) unrichtig (rechtswidrig), und will er die Steuer, soweit sie zu hoch festgesetzt ist, nicht bei Fälligkeit entrichten, so muß er, um die Verwirkung von Säumniszuschlägen zu vermeiden (§ 240 AO 1977), einen Antrag auf Aussetzung der Vollziehung stellen und bis zur Entscheidung über diesen Stundung beantragen.

b. Steuerzahlungs- und Steuererstattungsansprüche sind nach Maßgabe des § 233 a AO 1977 zu verzinsen (s. dazu unter Kosten und Gebühren). Für Stundung und Aussetzung der Vollziehung sind Zinsen in gleicher Höhe (0,5 % je Monat) zu entrichten.

c. Aussetzung der Vollziehung kann als vorläufiger Rechtsschutz gegenüber Steuerbescheiden (§§ 155, 157 AO 1977) beantragt werden (§ 361 AO 1977). Der Antrag ist regelmäßig an die Behörde zu richten, die den Bescheid erlassen hat (vgl. § 69 Abs. 4 FGO). Das Erfordernis vorheriger Antragstellung bei der Behörde, also regelmäßig beim FA, gilt für jeden Verfahrensabschnitt, d.h. für Einspruchs- und Klageverfahren gesondert (*Gräber/Koch,* FGO, § 69 Rdn. 64). Wird der an die erlassende Behörde gerichtete Antrag nicht binnen angemessener Frist beschieden, wird er abgelehnt oder droht eine Vollstreckung (BFH BStBl. II 1986, 237), so kann AdV. unmittelbar beim FG beantragt werden (§ 69 Abs. 4 FGO). Das gilt auch, wenn die Finanzbehörde schon vor der Antragstellung zu erkennen gegeben hat (siehe *Beermann* DStR 1986, 252/257 f.), daß sie die Vollziehung nicht aussetzen werde oder wenn es im Einzelfall dem Betroffenen nicht zumutbar ist, zunächst einen Antrag bei der Behörde zu stellen.

Hat das FA einen Antrag auf AdV. abgelehnt, so kann das Gericht nur nach § 69 Abs. 3 und 5 Satz 3 angerufen werden (§ 69 Abs. 7 FGO). Eine auf AdV. gerichtete Beschwerde an die OFD sowie eine an das Beschwerdeverfahren anschließende Klage ist nicht (mehr) statthaft (§ 361 Abs. 5 AO 1977).

Ein Antrag auf AdV. ist nur zulässig, wenn der auszusetzende Bescheid noch nicht bestandskräftig geworden ist (BFH BStBl. II 1982, 133). Er muß daher grundsätzlich spätestens bei Stellung des Aussetzungsantrags angefochten werden, wenn nicht wegen des Laufs der Einspruchsfrist eine frühere Anfechtung erforderlich ist.

AdV. soll auf Antrag gewährt werden, wenn ernstliche Zweifel an der Rechtmäßigkeit des angefochtenen Verwaltungsaktes (Steuerbescheides) bestehen (§ 361 Abs. 2 AO 1977). AdV. kann nicht in weiterem Umfang gewährt werden, als das Anfechtungsbegehren reicht. Ist der Einspruch gegen einen Steuerbescheid bei Stellung des Aussetzungsantrags noch nicht begründet, so müssen die ernstlichen Zweifel an der Rechtmäßigkeit zur Begründung des Aussetzungsbegehrens dargelegt werden. Abweichend vom Beispielsfall ist dann der Aussetzungsantrag in einem selbständigen Schriftsatz zu stellen. Das schließt eine spätere abweichende, auch weitergehende Begründung des Einspruchs nicht aus. Wird der Einspruch sogleich bei seiner Einlegung begründet, empfiehlt es sich, den Aussetzungsantrag damit (wie vorgeschlagen) zu verbinden. Einer besonderen Darlegung der die ernstlichen Zweifel an der Rechtmäßigkeit des angefochtenen Bescheides begründenden Umstände bedarf es dann nicht (vgl. BFH BStBl. III 1967, 531; *Gräber/Koch* FGO § 69 Rz. 18).

10. Werden durch Steuerbescheid festgesetzte Steuerbeträge bei Fälligkeit, die im Bescheid angegeben wird, nicht entrichtet, so sind für jeden angefangenen Monat der Säumnis 1 vH. des rückständigen (abgerundeten) Steuerbetrages als Säumniszuschläge zu entrichten (§ 240 AO 1977). Wird einem Aussetzungsantrag entsprochen, so entstehen Säumniszuschläge nicht mehr. Bis zu der Entscheidung über den Antrag fallen aber noch Säumniszuschläge an. Um dem zu entgehen, ist es angezeigt, (stillschweigende) Stundung bis zur Entscheidung über den Aussetzungsantrag zu beantragen, da auch Stundung die Verwirkung von Säumniszuschlägen ausschließt. Das beruht darauf, daß „rückwirkende" Aussetzung der Vollziehung nicht möglich sein soll; s. aber BFH BStBl. II 1977, 645; ein Antrag auf Aufhebung der Vollziehung, mit der die rückwirkende Beseitigung der entstandenen Säumniszuschläge erreicht werden kann, kommt ebenfalls in Betracht (BFH BStBl. II 1987, 389; dagegen *Gräber/Koch* FGO § 69 Rdn. 54).

Für die Dauer einer gewährten Stundung werden grundsätzlich Zinsen von 0,5 vH. je vollem Monat erhoben (§§ 234, 238 AO 1977). Bleibt die Anfechtung eines Steuerbescheides (durch Einspruch oder Anfechtungsklage) endgültig erfolglos, so sind mit dem angefochtenen Bescheid festgesetzte Steuerbeträge, hinsichtlich derer AdV. gewährt worden war, ebenfalls zu verzinsen (§§ 237, 238 AO 1977; s. a. Anm. 9b).

11. Der Antrag auf Herabsetzung der Vorauszahlungen ist verfahrensrechtlich völlig selbständig gegenüber den Verfahren zur Gewährung vorläufigen Rechtsschutzes (hier: AdV.) oder endgültigen Rechtsschutzes (Einspruch, Klage). Aus praktischen Gründen kann er aber gleichzeitig gestellt werden, wenn die Gründe, die gegen die Rechtmäßigkeit des angefochtenen Steuerbescheids sprechen, zugleich die Herabsetzung der festgesetzten Vorauszahlungen rechtfertigen.

Statt eines Antrags auf Herabsetzung kann die Festsetzung von Vorauszahlungen (§ 37 Abs. 3 EStG 1977) auch selbständig angefochten werden, und zwar mit dem Einspruch (§ 348 Abs. 1 AO 1977). Anfechtung statt eines Herabsetzungsantrags kann angezeigt sein, wenn etwa der Erfolg eines gegen die Einkommensteuerfestsetzung (den Einkommensteuerbescheid) erhobenen Rechtsbehelfs von langwierigen Ermittlungen abhängt (zB. Auskünften anderer Stellen) oder wenn Einwendungen erhoben werden, die nur für künftige Veranlagungszeiträume zu einer niedrigeren Steuer (und entsprechend niedrigeren Vorauszahlungen) führen können.

Kosten und Gebühren

1. Für das Rechtsbehelfsverfahren werden nach der AO 1977 keine Kosten erhoben. Eine Erstattung der Kosten, die dem Rechtsbehelfsführer entstanden sind, insbesondere für die Vertretung durch einen Rechtsanwalt, Steuerberater oder Wirtschaftsprüfer, findet nicht statt, auch wenn das Verfahren mit einer dem Rechtsbehelfsführer günstigen Entscheidung abgeschlossen wird. Hat sich der Rechtsbehelfsführer im außergerichtlichen Rechtsbehelfsverfahren durch eine zur geschäftsmäßigen Hilfeleistung in Steuersachen befugte Person vertreten lassen, ist er dieser aber zur Entrichtung des vereinbarten oder üblichen Honorars verpflichtet. Er kann aber nach einer in Vordringen befindlichen Rechtsprechung (LG Hannover, Nieders. Rpfl. 1991, 225; LG Duisburg Stbg 1993, Nr. 1; LG Oldenburg Urteil v. 19. 1. 1993 – 7 O 2998/92) einen auf Ersatz der Kosten gerichteten Amtshaftungsanspruch haben, wenn das FA die Steuer zunächst unter Verletzung seiner Amtsermittlungspflicht unrichtig festgesetzt hat. M. E. steht § 139 FGO dieser Auffassung entgegen; so auch LG Verden DB 1987, 2292; LG Bochum Urteil v. 3. 3. 1993 – 6 O 615/92 –, weil das Verhältnis von Mitwirkungs- und Amtsermittlungspflicht verkannt und der Grundsatz der Kostenfreiheit des Einspruchsverfahrens unterlaufen wird. Bei Vertretung durch einen Rechtsanwalt gilt für die Höhe der Gebühren die Bundesgebührenordnung für Rechtsanwälte (vgl. §§ 118, 119 BRAGO), bei Vertretung durch Steuerbera-

1. Einspruch gegen einen Einkommensteuerbescheid   VII. 1

ter ergeben sich die Gebühren aus §§ 40–44 StGebV. Für Wirtschaftsprüfer gibt es eine vergleichbare Gebührenordnung nicht. Wirtschaftsprüfer, die zugleich Steuerberater sind, können ohne ausdrückliche schriftliche Vereinbarung keine höheren Gebühren als nach der Steuerberatergebührenverordnung zulässig verlangen.

2. Schließt sich an ein Rechtsbehelfsverfahren ein gerichtliches Verfahren an, so können auf Antrag nach dessen Abschluß stets auch die Kosten des außergerichtlichen Vorverfahrens erstattet werden. Bei Vertretung durch eine zur geschäftsmäßigen Hilfeleistung in Steuersachen befugte Person können Aufwendungen bis zur Höhe der gesetzlichen Gebühren und Auslagen der Rechtsanwälte erstattet werden, wenn das Gericht die Zuziehung eines Bevollmächtigten oder Beistandes (auf Antrag) für notwendig erklärt hat (§ 139 Abs. 3 S. 3 FGO. Die Höhe der Gebühren bei Vertretung durch einen Steuerberater (oder Wirtschaftsprüfer) richtet sich nach der BRAGO, auf die §§ 45, 46 StGebV verweisen. Vgl. ferner Form. VII. 9 Anm. 9 und Kosten und Gebühren.

3. Gemäß §§ 233a, 238 AO 1977 sind nach dem 31. 12. 1988 entstandene (Art. 97 § 15 Abs. 4 EGAO) Erstattungsansprüche des Steuerpflichtigen und Nachzahlungsforderungen des Fiskus betreffend die Einkommen-, Körperschaft-, Vermögen-, Umsatz- oder Gewerbesteuer mit 0,5 % je Monat zu verzinsen (sog. **Vollverzinsung**). Der Zinslauf beginnt grundsätzlich 15 Monate (bei Überwiegen der Einkünfte im Sinne des § 2 Abs. 1 Nr. 1 EStG: 21 Monate) nach Ablauf des Jahres, in dem der Steueranspruch entstanden ist (vgl. § 36 Abs. 1 EStG; § 48 KStG; § 18 GewStG; § 13 UStG; § 5 Abs. 2 VStG). Diese sog. Karenzzeit soll gewährleisten, daß keine Zinsen entstehen, bevor – bei normalem Ablauf (fristgerechte Steuererklärung, alsbaldige Veranlagung) – die Steuer fällig ist. Der Zinslauf endet mit der Fälligkeit der Steuerforderung, spätestens aber vier Jahre nach seinem Beginn. Wird **Stundung** oder **AdV.** gewährt, ist eine Nachzahlungsforderung in gleicher Höhe zu verzinsen (§§ 234, 237, 238 AO 1977). Wird eine Steuerforderung nicht bei Fälligkeit beglichen, entstehen für jeden Monat der Säumnis (§ 240 AO 1977) **Säumniszuschläge** in Höhe von 1 % der offenen Steuer. Bei **Prozeßzinsen** auf Erstattungsforderungen beginnt der Zinslauf mit der Rechtshängigkeit (vgl. § 236 AO 1977). Zinsen nach § 233a AO 1977 werden auf Prozeßzinsen angerechnet (§ 236 Abs. 4 AO 1977). Die Berechnung der Zinsen kann, namentlich wenn Bescheide wiederholt geändert werden, komplizierte Berechnungen erfordern. Zu Berechnungsbeispielen vgl. *Krabbe* NWB Fach 2, S. 5119 (1988).

Zinsen, die gezahlt oder erstattet werden sollen, werden durch Bescheid, der grundsätzlich mit dem Bescheid über die Steuerfestsetzung verbunden wird, festgesetzt (§ 239 AO 1977). Gegen den Zinsbescheid ist der Einspruch gegeben (§ 348 Abs. 1 Nr. 10 AO 1977); ist der Zinsbescheid von einer Gemeindebehörde erlassen worden, ist der Widerspruch gegeben (§ 69 VwGO).

Zinsen auf Umsatz- oder Gewerbesteuerforderungen sind Betriebsausgaben bzw. Betriebseinnahmen. Hinterziehungszinsen dürfen allerdings nicht abgezogen werden (§ 4 Abs. 5 Satz 1 Nr. 8a EStG). Entsprechendes gilt für Zinsen auf Körperschaftsteuer (§ 10 Nr. 2 KStG); abgezogene Zinsen werden aber bei der Körperschaftsteuer unterliegenden Gewerbebetrieben wieder dem Gewerbeertrag hinzugerechnet (§ 8 Nr. 11 GewStG). Zinsen auf Personensteuern nach § 233a AO 1977 sowie Stundungs- oder Aussetzungszinsen (§§ 234, 237 AO 1977) können als Sonderausgaben abgezogen werden (§ 10 Abs. 1 Nr. 5 EStG).

Fristen und Rechtsmittel

Vgl. Anm. 3–6, 9. Bleibt der Einspruch ganz oder teilweise erfolglos, kann gegen die Einspruchsentscheidung binnen eines Monats seit ihrer Bekanntgabe (§ 47 Abs. 1 FGO) Klage zu dem örtlich zuständigen Finanzgericht erhoben werden; vgl. Form. VII. 9ff.

2. Einspruch gegen einen Bescheid über gesonderte und einheitliche Feststellung von Einkünften einer (gewerblich tätigen) Mitunternehmerschaft verbunden mit einem Antrag auf Aussetzung der Vollziehung unter Ausschluß von Sicherheitsleistung

An das Finanzamt .... (Ort), ... (Datum)

in ......

Betrifft: Steuernummer ...... (und Firma bzw. die Namen der Mitunternehmer)

Bezug: Feststellungsbescheid für 19...... vom (Datum des Bescheids); zugegangen[1] am ...... (Datum des Eingangs des Bescheids)

Sehr geehrte Damen und Herren!

I. Namens und in Vollmacht[2] der A-KG, vertreten durch ihren persönlich haftenden Gesellschafter A[3], lege ich gegen den oben bezeichneten Feststellungsbescheid[4] Einspruch[5, 6] ein. Ich beantrage, den Gewinn um ...... DM niedriger festzustellen.

Begründung[7]:

Die A-KG ist Eigentümerin eines Grundstücks in ...... Sie beabsichtigte auf dem Grundstück ein Lagerhaus nach den Plänen des Architekten M zu errichten. Als die Planung nahezu abgeschlossen war, ergab sich die Notwendigkeit, die ursprüngliche Planung aufzugeben. Es wurde nach gänzlich anderen Plänen des Architekten N ein Kühlhaus errichtet. Die Kosten der ursprünglichen Planung sind demzufolge als sofort abzugsfähige Aufwendungen zu behandeln. Das FA hat diese Besonderheit verkannt und die Kosten der Planung des Lagerhauses als Teil der Herstellungskosten des Kühlhauses angesehen. Der Gewinn ist infolgedessen zu hoch festgestellt worden. Die Gewinnminderung ergibt sich nach Ausgleich mit der AfA-Ermäßigung von ...... DM und der Ermäßigung der Gewerbesteuerrückstellung von ...... DM mit ...... DM.

II. Es wird ferner beantragt, die Vollziehung des angefochtenen Feststellungsbescheids 19...... insoweit auszusetzen[8], als der Gewinn höher als ......DM festgestellt worden ist, und die Aussetzung der Folgebescheide nicht von Sicherheitsleistungen abhängig zu machen[9].

Begründung:

Ernstliche Zweifel an der Rechtmäßigkeit des angefochtenen Feststellungsbescheids 19...... bestehen insoweit, als der Gewinn wegen der Behandlung der Kosten der Fehlplanung des Lagerhauses als Teil der Herstellungskosten des Kühlhauses zu hoch angesetzt worden ist.

Mit vorzüglicher Hochachtung
Unterschrift

Anmerkungen

1. Vgl. Form. VII. 1 Anm. 1. Wegen der Bekanntgabe von Feststellungsbescheiden, die die Mitglieder einer Personengesellschaft betreffen, s. insbesondere *BMF* BStBl. I 1991, 398 unter 2.5.

2. Vgl. Form. VII. 1 Anm. 2.

3. Nach § 352 Abs. 1 AO 1977 (§ 48 Abs. 1 FGO) – neugefaßt durch das Gesetz v. 24. 6. 1994, BStBl. I, 440 – darf einen einheitlichen (§ 179 Abs. 2 AO 1977) **Feststellungs-**

bescheid über Einkünfte aus Gewerbebetrieb (grundsätzlich) nur der (die) zur Geschäftsführung befugte(n) Mitunternehmer (mit Einspruch und/oder Klage) anfechten, sofern nicht darum gestritten wird, wer an den festgestellten Einkünften beteiligt ist und wie diese sich auf die einzelnen Mitunternehmer verteilen, oder der Streit über Fragen geführt wird, die einen Mitunternehmer persönlich angehen (zB. Sondervergütungen für im Interesse der Mitunternehmerschaft ausgeführte Tätigkeiten nach § 15 Abs. 1 Nr. 2 EStG). Einzelheiten sind streitig (vgl. *Gräber* FGO § 48 Anm. 10, 11; *Ziemer/Birkholz* FGO § 48 Rdn. 8, 9; s. BFH-Beschluß BStBl. II 1980, 329; *Gräber/von Groll* FGO § 48 Rdn. 17–26). Einige der Streitfragen sind durch die Neufassung des § 352 AO 1977 und § 48 FGO durch das Gesetz v. 24. 6. 1994, BStBl. I, 440 geklärt. Ausgeschiedene Gesellschafter sind für den Zeitraum, in dem sie beteiligt waren, daneben persönlich klagebefugt (BFH BStBl. II 1981, 33); das gilt auch, wenn die Gesellschaft wegen Vermögenslosigkeit im Handelsregister gelöscht worden ist (vgl. BFH BStBl. II 1989, 359, 1018).

4. Bescheide über gesonderte Feststellung von Einkünften (§ 2 EStG) sind **Grundlagenbescheide** (§ 171 Abs. 10 AO 1977). Die – eine Ausnahme vom Grundsatz des § 157 Abs. 2 AO 1977 bildende – gesonderte Feststellung ist in den §§ 179 ff. AO 1977 geregelt. Ihre wesentliche Bedeutung besteht darin, als bindende Grundlage für Folgebescheide (zB. über Einkommensteuer) zu dienen (§ 182 AO 1977). Es wird bei der gesonderten und einheitlichen Feststellung entschieden über die Art der Einkünfte, ihre Abgrenzung (zB. Sonderbetriebsausgaben, laufender und Veräußerungsgewinn), die Höhe der Einkünfte und darüber, wer an den Einkünften beteiligt ist und wie sie auf die Beteiligten zu verteilen sind. Ab dem VZ 1990 (§ 52 Abs. 1 EStG) ist auch der Verlust im Sinne des § 10d EStG gesondert festzustellen (§ 10d Abs. 3 EStG).

5. Nach § 181 Abs. 1 S. 1 AO 1977 sind auf die gesonderte Feststellung von Besteuerungsgrundlagen die Vorschriften über die Steuerfestsetzung entsprechend anwendbar. **Feststellungsbescheide** ergehen daher ebenfalls grundsätzlich schriftlich (§ 157 Abs. 1 AO 1977). Auch die sonstigen für das Besteuerungsverfahren geltenden **Verfahrensvorschriften** der AO 1977, insbesondere bezüglich der Anfechtung, sind im Feststellungsverfahren anwendbar (vgl. Form. VII. 1 Anm. 3–6). Nach § 357 Abs. 2 S. 2 AO 1977 i.d.F. des Gesetzes vom 24. 6. 1994 (BStBl. I, 440) kann der Einspruch gegen einen Bescheid, mit dem Besteuerungsgrundlagen festgestellt oder ein Meßbetrag festgesetzt wird **auch bei dem für den Erlaß des Steuerbescheids** (Folgebescheids) **zuständigen Finanzamt** eingelegt werden; diese Regelung gilt ab 1. 1. 1996.

6. Werden Einkünfte gesondert festgestellt, so kann die darauf beruhende Steuerfestsetzung, d.h. der Folgebescheid, nicht mit der Begründung angefochten werden, die gesonderte Feststellung sei unrichtig. Will der an den gesondert festgestellten Einkünften Beteiligte das geltend machen, kann dies nur durch Anfechtung des Feststellungsbescheids (Grundlagenbescheids) geschehen (§ 351 Abs. 2 AO 1977); *Kühn/Kutter/Hofmann*, Kommentar zur AO, § 351 Bem. 4 mwN.).

Der Einspruch gegen einen Einkünftefeststellungsbescheid bewirkt nicht, daß Folgebescheide nicht erlassen werden dürften (§ 361 Abs. 1 S. 2 AO 1977). Ergangene Folgebescheide sind auch vollziehbar (s. aber Anm. 8).

7. Wegen der materiell-rechtlichen Beurteilung des Beispielsfalles vgl. BFH BStBl. I 1976, 614; s. ferner Beschluß des Großen Senats des BFH BStBl. II 1978, 620 sowie BFH BStBl. II 1984, 303/306.

8. Wird die **AdV. eines Grundlagenbescheides** (zB. eines „Gewinnfeststellungsbescheides") ausgesprochen, so sind auf diesem beruhende Folgebescheide (zB. Einkommensteuerbescheid eines Mitunternehmers) auszusetzen, ohne daß dazu ein weiterer Antrag des Steuerpflichtigen erforderlich wäre (§ 361 Abs. 3 S. 1 AO 1977). Ein Antrag auf AdV des Folgebescheids trägt aber u.U. zur Beschleunigung bei; zur Begründung genügt der Hinweis auf § 361 Abs. 3 S. 1 AO 1977 und auf die AdV. des Grundlagenbescheids. Soweit

also Einkünfte gesondert festgestellt werden, kann AdV. der darauf zu entrichtenden Steuern grundsätzlich nur durch AdV. der jeweiligen Grundlagenbescheide erreicht werden. Wegen der Rechtsbehelfe bei Ablehnung eines Aussetzungsantrags vgl. Form. VII. 1 Anm. 9; aus § 357 Abs. 2 S. 2 AO 1977 i. d. F. des Gesetzes vom 24. 6. 1994 (BStBl. I, 440) folgt, daß AdV. auch bei dem für den Erlaß des Steuerbescheids zuständigen Finanzamt hinsichtlich des Grundlagenbescheids gestellt werden kann (s. Anm. 5).

Ein Antrag auf Stundung (vgl. Form. VII. 1 Anm. 10) der mit einem Folgebescheid festgesetzten Steuer ist nicht an das FA zu richten, das den Feststellungsbescheid erlassen hat. Der Stundungsantrag kann daher nicht wie in Form. VII. 1 mit dem Einspruch und dem Aussetzungsantrag verbunden werden.

9. Vgl. § 361 Abs. 3 S. 3 AO 1977; BFH-Beschluß BStBl. II 1979, 666.

Kosten und Gebühren

Vgl. Form. VII. 1. Zinsfolgen löst die Feststellung von Einkünften nicht aus. Diese ergeben sich für den/die Steuerpflichtigen allein nach Maßgabe der von ihnen nachzuzahlenden bzw. ihnen zu erstattenden Steuer gemäß § 233a AO 1977. Entsprechendes gilt auch bei AdV. des Grundlagenbescheids.

Fristen und Rechtsmittel

Bescheide über die gesonderte Feststellung von Einkünften sind Grundlagenbescheide (§ 171 Abs. 10 AO 1977). Auf sie finden die Vorschriften über Steuerbescheide entsprechende Anwendung (§ 181 Abs. 1 AO 1977; vgl. auch Anm. 4). Wegen Voraussetzungen, unter denen Feststellungsbescheide angefochten werden können, gelten daher die Ausführungen zu Form VII. 1 Anm. 3–6, 9 entsprechend. Wegen der subjektiven Anfechtungsberechtigung und zum Verhältnis zu Folgebescheiden vgl. Anm. 3–6.

Bleibt der Einspruch ganz oder teilweise erfolglos, kann gegen die Einspruchsentscheidung binnen eines Monats seit ihrer Bekanntgabe (§ 47 Abs. 1 FGO) Klage zu dem örtlich zuständigen Finanzgericht erhoben werden; vgl. Form. VII. 9 ff.

3. Einspruch gegen einen Bescheid über gesonderte und einheitliche Feststellung von Einkünften einer freiberuflichen Mitunternehmerschaft

An das Finanzamt .... (Ort), ... (Datum)
in ......
Betrifft: Steuernummer ...... (und Namen der freiberuflichen Mitunternehmer)
Bezug: Feststellungsbescheid für 19...... vom ...... (Datum des Bescheids); zugegangen[1]
am ...... (Datum des Eingangs des Bescheids)

Sehr geehrte Damen und Herren!

I. Namens und in Vollmacht[2] des Prüfingenieurs für Baustatik P lege ich gegen den oben bezeichneten Feststellungsbescheid[3] Einspruch[4,5] ein. Ich beantrage, den Gesamtgewinn der Sozietät und den Gewinnanteil des Herrn P um ...... DM niedriger festzustellen.

3. Einspruch bei Feststellung v. Einkünften e. freiberufl. Mitunternehmerschaft VII. 3

Begründung[6]:

P ist im Verlaufe des Jahres, für den der Feststellungsbescheid ergangen ist, in die Sozietät der Prüfingenieure eingetreten. Aus diesem Grund mußte er seinen Wohnsitz von A-stadt nach B-stadt, dem Niederlassungsort der Sozietät verlegen. Die ihm dadurch entstandenen Umzugskosten von ...... DM sind in der Buchführung des Betriebes nicht erfaßt und dadurch versehentlich nicht als Betriebsausgaben geltend gemacht worden.

II. Es wird ferner beantragt, die Vollziehung des angefochtenen Bescheides auszusetzen[7], soweit darin ein zu hoher Gesamtgewinn und ein zu hoher Gewinnanteil des Herrn P festgestellt ist.

Begründung:

Gegen die Rechtmäßigkeit des angefochtenen Bescheides bestehen insoweit ernstliche Zweifel, als unter Feststellung eines zu hohen Gesamtgewinns ein zu hoher Gewinnanteil für Herrn P festgestellt worden ist.

Mit vorzüglicher Hochachtung
Unterschrift

Anmerkungen

1. Vgl. Form. VII. 1 Anm. 1.

2. Vgl. Form. VII. 1 Anm. 2.

3. Vgl. Form. VII. 2 Anm. 4.

4. Eine Beschränkung der Befugnis zur Anfechtung eines Gewinnfeststellungsbescheids bei Einkünften aus freiberuflicher Tätigkeit gibt es nicht (§ 352 Abs. 2 AO 1977; § 48 Abs. 2 FGO; *Gräber/von Groll* FGO, § 48 Rdn. 11). Eine solche besteht nur bei einheitlicher Feststellung gewerblicher Einkünfte (vgl. Form. VII. 2 Anm. 3). Die ab 1. 1. 1996 geltende Neufassung des § 352 AO 1977 bzw. des § 48 FGO, die auf dem Gesetz v. 24. 6. 1994 (BStBl. I, 440) beruht, hat an der Anfechtungsbefugnis aller an einer freiberuflichen Mitunternehmerschaft Beteiligten nichts geändert.

Nach § 357 Abs. 2 S. 2 AO 1977 i.d.F. des Gesetzes vom 24. 6. 1994 (BStBl. I, 440) kann der Einspruch gegen einen Bescheid, mit dem Besteuerungsgrundlagen festgestellt oder ein Meßbetrag festgesetzt wird, auch bei dem für den Erlaß des Steuerbescheids (Folgebescheids) zuständigen Finanzamt eingelegt werden; diese Regelung gilt ab 1. 1. 1996 (vgl. Form. VII. 2 Anm. 5).

5. Vgl. Form. VII. 2 Anm. 5, 6.

6. Zur materiell-rechtlichen Beurteilung des Beispielsfalles vgl. die BFH-Urteile BStBl. II 1972, 458, BStBl. II 1975, 327.

7. Vgl. Form. VII. 2 Anm. 8.

Kosten und Gebühren

Vgl. Form. VII. 1; Form. VII. 2.

Fristen und Rechtsmittel

Bescheide zur gesonderten Feststellung freiberuflicher Einkünfte sind nach dem für die Anfechtung von Steuerbescheiden geltenden Vorschriften anfechtbar (vgl. Form. VII. 2

Anm. 3–6). Jedoch ist jeder an den Einkünften Beteiligte anfechtungsberechtigt (vgl. oben Anm. 4).

Bleibt der Einspruch ganz oder teilweise erfolglos, kann gegen die Einspruchsentscheidung binnen eines Monats seit ihrer Bekanntgabe (§ 47 Abs. 1 FGO) Klage zu dem örtlich zuständigen Finanzgericht erhoben werden; vgl. dazu Form. VII. 9 ff.

4. Einspruch gegen einen Grunderwerbsteuerbescheid

An das Finanzamt .... (Ort), ... (Datum)
in ......

Betrifft: Grunderwerbsteuerliste Nr. ......

Bezug: Grunderwerbsteuerbescheid vom ...... (Datum des Bescheids); zugegangen[1] am ...... (Datum des Eingangs des Bescheids)

Sehr geehrte Damen und Herren!

Namens und in Vollmacht[2] des ...... lege ich gegen den oben bezeichneten Bescheid Einspruch[3] ein. Ich beantrage, die Grunderwerbsteuerfestsetzung aufzuheben[4].

Begründung[5]:

Der Kläger blieb im Versteigerungstermin vom ...... mit einem Bargebot von 1 185 000 DM Meistbietender bei der Zwangsversteigerung des Grundstücks in ...... Grundbuch von ...... Band ...... Blatt .... Ihm wurde durch Beschluß des Versteigerungsgerichts vom ...... der Zuschlag erteilt; Rechte blieben nicht bestehen. Das Finanzamt setzte mit dem angefochtenen Bescheid gegen den Kläger aus seinem Meistgebot Grunderwerbsteuer von 23 700 DM fest. Dagegen richtet sich der Einspruch.

Das Zwangsversteigerungsverfahren war auf Antrag der in Abteilung III Nr. 1 des Grundbuchs eingetragenen Grundpfandgläubigerin, für die eine Grundschuld von 1 Million DM eingetragen war, durch Beschluß vom ...... angeordnet worden. Der Verkehrswert des Grundstücks war auf 1 780 000 DM festgestellt. Der Kläger war nicht in der Lage, das Bargebot nebst Zinsen zu erbringen (vgl. § 49 Zwangsversteigerungsgesetz), da ihm gegebene Kreditzusagen nicht eingehalten wurden. Deshalb hat die betreibende Gläubigerin nach zwei Monaten die Wiederversteigerung beantragt (§ 118 Abs. 2 Zwangsversteigerungsgesetz). Das Versteigerungsgericht ist dem Antrag gefolgt. Ein Dritter hat das Grundstück inzwischen ersteigert und ist nunmehr dessen Eigentümer.

Im Hinblick auf die Wiederversteigerung hat zwar der frühere Eigentümer das Eigentum an dem Grundstück nicht wiedererlangt, aber durch die Abgabe des Meistgebotes bei der rechtzeitig beantragten Wiederversteigerung ist der Erwerb des Klägers rückgängig gemacht worden. Nur diese Auslegung entspricht dem Sinn und Zweck des § 16 Abs. 2 Nr. 3 GrEStG 1983.

Mit vorzüglicher Hochachtung
Unterschrift

Anmerkungen

1. Vgl. Form. VII. 1 Anm. 1.

2. Wegen der Möglichkeiten zur Vertretung im Einspruchsverfahren vgl. Form. VII. 1 Anm. 2.

5. Einspruch gegen einen Erbschaftsteuerbescheid VII. 5

3. Wegen der bei der Einlegung des Einspruchs zu beachtenden Besonderheiten vgl. Form. VII. 1 Anm. 3 bis 6, 8 und 9.

4. Daneben kann AdV. beantragt werden. Dies kann, wie in Form. VII. 1 unter II vorgeschlagen, zusammen mit dem Einspruch geschehen. Zur Begründung kann auf die Ausführungen zur Begründung des Einspruchs Bezug genommen werden.

5. Zur materiell-rechtlichen Beurteilung des Beispielfalles vgl. BFH BStBl. II 1989, 150.

Kosten und Gebühren

Vgl. Form. VII. 1.

Fristen und Rechtsmittel

Vgl. Anm. 3. Bleibt der Einspruch ganz oder teilweise erfolglos, kann gegen die Einspruchsentscheidung binnen eines Monats seit ihrer Bekanntgabe (§ 47 Abs. 1 FGO) Klage zu dem örtlich zuständigen Finanzgericht erhoben werden (vgl. Form. VII. 9 ff.).

5. Einspruch gegen einen Erbschaftsteuerbescheid

An das Finanzamt ......　　　　　　　　　　　　　...... (Ort), ... (Datum)
in ......

Betrifft: Steuernummer ......; ...... (Name, Todestag und letzter Wohnsitz des Erblassers); Frau A (Name und Anschrift des Erben bzw. sonstigen Zuwendungsempfängers)

Bezug: Erbschaftsteuerbescheid vom ...... (Datum des Bescheids); zugegangen[1] am ...... (Datum des Eingangs des Bescheids)

Sehr geehrte Damen und Herren!

Namens und in Vollmacht[2] der Frau A lege ich gegen den oben bezeichneten Erbschaftsteuerbescheid Einspruch[3] ein. Ich beantrage, die Erbschaftsteuer auf ...... DM herabzusetzen[4].

Begründung[5]:

Die Einspruchsführerin, Frau A, ist Nacherbin ihres Vaters; Vorerbin ist ihre Mutter. In einem notariell beurkundeten Vertrag vom ...... vereinbarten Frau A und ihre Mutter, daß Frau A ihr Nacherbenanwartschaftsrecht auf ihre Mutter überträgt. Dafür hatte die Mutter an Frau A ...... DM aus dem Nachlaß zu zahlen.

Das FA hat Frau A wegen des in der Zahlung liegenden Erwerbs gemäß § 1 Abs. 1 Nr. 1, § 3 Abs. 2 Nr. 6 ErbStG 1974 zur Erbschaftsteuer herangezogen. Dagegen werden dem Grunde nach Einwendungen nicht erhoben. Das FA hat aber nicht berücksichtigt, daß die Steuer sich nach § 27 Abs. 1 ErbStG 1974 ermäßigte. Nach § 3 Abs. 2 Nr. 6 ErbStG 1974 gilt als vom Erblasser zugewendet auch, was als Entgelt für die Übertragung des Nacherbenanwartschaftsrechts gewährt wird. Diese gesetzliche Fiktion ist auch bei der Anwendung des § 27 Abs. 1 ErbStG 1974 zu beachten. Die gegen Frau A festgesetzte Erbschaftsteuer ist daher herabzusetzen. Die weiteren Voraussetzungen des § 27 ErbStG 1974 liegen vor[6].

Mit vorzüglicher Hochachtung
Unterschrift

Anmerkungen

1. Vgl. Form. VII. 1 Anm. 1.
2. Wegen der Möglichkeit zur Vertretung im Einspruchsverfahren vgl. Form. VII. 1 Anm. 2.
3. Wegen der bei der Einlegung des Einspruchs zu beachtenden Besonderheiten s. Form. VII. 1 Anm. 3 bis 6, 8 und 9.
4. Daneben kann AdV. beantragt werden. Dies kann, wie in Form. VII. 1 unter II. vorgeschlagen, zusammen mit dem Einspruch geschehen, so daß es wegen der Möglichkeit, auf die Begründung des Einspruchs Bezug zu nehmen, keiner selbständigen Begründung des Aussetzungsantrags bedarf.
5. Zur materiell-rechtlichen Beurteilung des Beispielsfalles vgl. BFH BStBl. II 1980, 46.

Kosten und Gebühren

Vgl. Form. VII. 1.
Die Regelung über die Vorfälligkeitsverzinsung entstandener Steuerforderungen nach § 233a AO 1977 gilt nicht für die Erbschaftsteuer.

Fristen und Rechtsmittel

Bleibt der Einspruch ganz oder teilweise erfolglos, kann gegen die Einspruchsentscheidung binnen eines Monats seit ihrer Bekanntgabe (§ 47 Abs. 1 FGO) Klage zu dem örtlich zuständigen Finanzgericht erhoben werden (vgl. Form. VII. 9 ff.).

6. Einspruch gegen Haftungsbescheid („Betriebsübernahme")

An das Finanzamt .... (Ort), ... (Datum)
in ......

Betrifft: Steuernummer ......; ...... (Name des Inanspruchgenommenen)
Bezug: Haftungsbescheid vom ...... (Datum des Bescheids); zugegangen[1] am ...... (Datum des Eingangs des Bescheids)

Sehr geehrte Damen und Herren!

Namens und in Vollmacht[2] des ...... lege ich gegen den oben bezeichneten Haftungsbescheid[3] Einspruch[4] ein. Ich beantrage, den Haftungsbescheid aufzuheben.

Begründung[5]:

Die Gesellschafter der A GmbH & Co KG haben ihre Anteile aufgrund Vertrages vom ...... 19.. gegen Entgelt übertragen, und zwar die GmbH an B und die Kommanditisten an C und D. Die neuen Gesellschafter führen das Unternehmen unter der bisherigen Firma fort. Zu Unrecht hat das FA in der entgeltlichen Übertragung aller Anteile an der Gesellschaft eine Übereignung des Unternehmens im Ganzen im Sinne des § 75 Abs. 1 S. 1 AO 1977 erblickt und die Anteilserwerber wegen rückständiger Betriebsteuern aus der Zeit vor der Anteilsübertragung in Haftung genommen. Die Übertragung aller Anteile an einer Personenhandelsgesellschaft läßt die Identität des Unternehmensinhabers, der Gesellschaft, unberührt.

Mit vorzüglicher Hochachtung
Unterschrift

Anmerkungen

1. Vgl. Form. VII. 1 Anm. 1.

2. Wegen der Möglichkeiten zur Vertretung im Einspruchsverfahren vgl. Form. VII. 1 Anm. 2.

3. Die steuerrechtlichen Haftungstatbestände sind in den §§ 69 bis 77 AO 1977 nicht abschließend geregelt, sie sind zum Teil auch in den Einzelsteuergesetzen enthalten (vgl. *Tipke/ Kruse* Vor § 69 AO; *Kühn/Kutter/Hofmann* Vor §§ 69 mit 77 AO). Das zuständige FA erläßt, wenn es die Voraussetzungen einer Haftung für fremde Steuerschuld für gegeben erachtet, einen Haftungsbescheid (§ 191 Abs. 1, 3 AO 1977). Das gilt auch, wenn die Haftung auf außersteuerrechtlichen Normen beruht (§ 191 Abs. 4 AO 1977), zB. auf § 25 HGB (vgl. *Tipke/Kruse* Vor § 69 AO Anm. 10 ff.). Wenn die Haftung vertraglich übernommen wurde, darf das FA keinen Haftungsbescheid erlassen (§ 192 AO 1977); in solchen Fällen ist, wenn der Haftende die Leistung verweigert, das FA darauf verwiesen, Klage vor einem Zivilgericht zu erheben.
Für Erlaß und Änderung von Haftungsbescheiden gelten nicht die für den Erlaß und die Abänderung von Steuerbescheiden geltenden Vorschriften, sondern die des Dritten Teils der Abgabenordnung (*Kühn/Kutter/Hofmann* § 191 AO Anm. 1; teilweise aA. *Tipke/ Kruse* § 191 AO Anm. 18 ff.).

4. Die schriftlich zu erteilenden Haftungsbescheide (§ 191 Abs. 1 S. 2 AO 1977) werden mit dem Einspruch angefochten (§ 348 Abs. 1 Nr. 4 AO 1977), so daß wegen der bei ihrer Anfechtung zu beachtenden Besonderheiten auf Form. VII. 1 Anm. 3 bis 6, 8 und 9 Bezug genommen werden kann.

5. Zur materiell-rechtlichen Beurteilung des Beispielsfalles vgl. BGHZ 44, 229; Urteil des Niedersächsischen FG EFG 1977, 452; BFH BStBl. II 1977, 654 und BFH-Beschluß BStBl. II 1980, 329. Nach *Heymann/Kötter* HGB § 130 Anm. 1 vollzieht sich der Gesellschafterwechsel durch Aufnahmevertrag mit der Folge der Haftung nach § 130 HGB. Diese Vorschrift hat das Niedersächsische FG unerörtert gelassen.

Kosten und Gebühren

Vgl. Form. VII. 1.
Die Regelung über die Vorfälligkeitsverzinsung gemäß § 233 a AO 1977 gilt nicht für Haftungsansprüche. Auch entstehen keine Prozeßzinsen gemäß § 236 AO 1977 (*Tipke/ Kruse*, AO, § 236 Rz 2) und keine Aussetzungszinsen gemäß § 287 AO 1977 (*Tipke/ Kruse*, AO, § 237 Rz 2), wohl aber Säumniszuschläge gemäß § 240 AO 1977 (*Tipke/ Kruse*, AO, § 240 Rz 6).

Fristen und Rechtsmittel

Vgl. Anm 4. Bleibt der Einspruch ganz oder teilweise erfolglos, kann gegen die Einspruchsentscheidung binnen eines Monats seit ihrer Bekanntgabe (§ 47 Abs. 1 FGO) Klage zu dem örtlich zuständigen Finanzgericht erhoben werden (vgl. Form. VII. 9 ff.).

Beschwerde

7. Beschwerde gegen die Ablehnung eines Erlaßantrags

An das Finanzamt[1] .... (Ort), ... (Datum)
in ......

Betrifft: Steuernummer ......; A (Name des Steuerpflichtigen)

Bezug: Bescheid vom ...... (Datum des Bescheids) über die Ablehnung des Erlaßantrags vom ......; zugegangen[2] am ...... (Datum des Eingangs des Bescheids)

Sehr geehrte Damen und Herren!

Namens und in Vollmacht[3] des A lege ich gegen die Ablehnung des Erlaßantrags vom ...... durch den oben bezeichneten Bescheid Beschwerde[4] ein. Ich beantrage, dem Erlaßantrag zu entsprechen.

Begründung[5]:

A hatte gegen den Einkommensteuerbescheid für 19.. Einspruch eingelegt und beim FA Aussetzung der Vollziehung in Höhe der erstrebten Steuerherabsetzung beantragt. Das FA lehnte den Aussetzungsantrag ab; der sodann an das FG gerichtete Antrag hatte (ab Antragstellung) Erfolg. Der BFH hat auf die wegen grundsätzlicher Bedeutung zugelassene Beschwerde des FA die Aussetzungsentscheidung des FG aufgehoben. Das FA verlangt die Entrichtung von Säumniszuschlägen ab Fälligkeit. Den oben bezeichneten Antrag auf Erlaß der Säumniszuschläge hat es abgelehnt. Dagegen richtet sich die Beschwerde.
Die Ablehnung des Erlasses der Säumniszuschläge war ermessensfehlerhaft, da A, solange der Aussetzungsbeschluß des FG bestand (und noch nicht aufgehoben worden war), nicht verpflichtet war, die festgesetzte Steuer auch insoweit zu entrichten, als er die Aussetzung der Vollziehung des angefochtenen Einkommensteuerbescheides beantragt hatte. Zwar wurde der Aussetzungsbeschluß des FG mit Wirkung für die Vergangenheit aufgehoben. Das beseitigte aber nicht die tatsächlichen Wirkungen, die er während der Dauer seines Bestehens erzeugt hat.

Mit vorzüglicher Hochachtung
Unterschrift

Anmerkungen

1. Die Beschwerde ist an die Finanzbehörde zu richten, deren Entscheidung (Verwaltungsakt, § 118 AO 1977) angefochten werden soll. Die Möglichkeit, Beschwerde zu erheben, entfällt mit Ablauf des 31. 12. 1995. Dann ist alleiniger Rechtsbehelf der Abgabenordnung nur noch der Einspruch (vgl. den siebenten Teil der Abgabenordnung – §§ 347 bis 367 AO 1977 – in der Fassung des Gesetzes vom 24. 6. 1994, BGBl. I, 1395). Am 1. 1. 1996 anhängige Beschwerden, über die noch nicht entschieden ist, werden als Einsprüche behandelt (Art. 97 § 18 Abs. 2 S. 2 EGAO). Vgl. auch Anm. 4.

2. Schriftlich ergehende Verwaltungsakte werden nach § 122 AO 1977 bekannt gegeben (vgl. Form. VII. 1 Anm. 1).

3. Wegen der Möglichkeit zur Vertretung im Beschwerdeverfahren vgl. § 80 AO 1977, §§ 3 ff. Steuerberatungsgesetz (s. a. Form. VII. 1 Anm. 2).

4. Der Rechtsbehelf der Beschwerde entfällt ab 1. 1. 1996 (vgl. §§ 347 ff. AO 1977 i.d.F. des Gesetzes vom 24. 6. 1994, BGBl. I 1395, BStBl. I, 440). Zunächst wird die bis zum 31. 12. 1995 fortbestehende Rechtslage erläutert.

a) Die Beschwerde ist als außergerichtlicher Rechtsbehelf grundsätzlich in allen Abgabenangelegenheiten und in den weiteren in § 347 Abs. 1 AO 1977 aufgeführten Verfahren gegeben, soweit nicht nach § 348 AO 1977 der Einspruch eröffnet ist (§ 349 Abs. 1 AO 1977); eine Einschränkung ergibt sich aus § 69 Abs. 7 FGO für die Aussetzung der Vollziehung. Daneben besteht die Möglichkeit, Untätigkeitsbeschwerden zu erheben (§ 349 Abs. 2 AO 1977). Nicht mit der Beschwerde – sondern unmittelbar ohne außergerichtliches Vorverfahren mit der Klage – können die in § 349 Abs. 3 AO 1977 aufgeführten Verwaltungsakte angefochten werden.

Zur Entscheidung über die Beschwerde ist die nächsthöhere Behörde (bei Beschwerde gegen eine Entscheidung eines FA also die Oberfinanzdirektion) berufen (§ 368 Abs. 2 S. 2 AO 1977). Die Behörde, deren Entscheidung angegriffen wird, kann der Beschwerde abhelfen (§ 368 Abs. 1 AO 1977).

In Streitigkeiten, in denen die Beschwerde als außergerichtlicher Rechtsbehelf gegeben ist, kann nicht – wie in den Fällen des § 348 AO 1977 – unmittelbar Klage erhoben werden (vgl. §§ 45 FGO, BFH BStBl. II 1976, 56). Wird über die Beschwerde nicht binnen angemessener Frist entschieden, so ist jedoch Erhebung der Klage nach § 46 FGO zulässig.

Für die Berechnung der Frist, innerhalb der die Beschwerde nur zulässigerweise erhoben werden kann, und für die Form, die bei der Einlegung der Beschwerde beobachtet werden muß, sowie für den Fortbestand der Vollziehbarkeit eines mit der Beschwerde angegriffenen Verwaltungsaktes gelten dieselben Vorschriften wie für den Einspruch (§§ 355 bis 366 AO 1977), so daß insoweit auf Form. VII. 1 Anm. 3 Abs. 2 und Abs. 3, Anm. 4, 5, 6 und 8 Bezug genommen werden kann.

Eine Verböserung ist im Beschwerdeverfahren nicht gestattet (vgl. Form. VII. 1 Anm. 5 2. Abs.), da eine dem § 367 Abs. 2 S. 2 AO 1977 entsprechende Vorschrift für das Beschwerdeverfahren fehlt. Allerdings kann der Verwaltungsakt nach allgemeinen Vorschriften auch während des Beschwerdeverfahrens geändert werden (§ 130 AO 1977), sofern die Voraussetzungen dafür vorliegen.

b) Beschwerden, die bis zum 31. 12. 1995 eingelegt worden sind, über die aber bis dahin noch nicht entschieden worden ist, werden als Einsprüche behandelt (Art. 97 § 18 Abs. 2 S. 2 EGAO).

c) Ab dem 1. 1. 1996 ist im vorliegenden Fall Einspruch einzulegen. Einspruch ist auch gegeben, wenn über einen Antrag, einen Verwaltungsakt zu erlassen, binnen angemessener Frist nicht entschieden worden ist (§ 347 Abs. 1 S. 2 AO 1977 i.d.F. des Gesetzes vom 24. 6. 1994, BStBl. I, 440). Wird über einen Einspruch binnen angemessener Frist nicht sachlich entschieden, kann Klage erhoben werden (§ 46 Abs. 1 FGO); erneuter Einspruch ist nicht statthaft (§ 348 Nr. 2 AO 1977 i.d.F. des Gesetzes vom 24. 6. 1994, BStBl. I, 440).

Für die Einlegung des Einspruchs und das Einspruchsverfahren gelten die allgemeinen Vorschriften (vgl. §§ 347 ff., § 355 ff. AO; s. auch Form. VII. 1 Anm. 3–6 und 8).

5. Zur materiell-rechtlichen Beurteilung des Beispielfalles vgl. BFH BStBl. II 1979, 58.

Kosten und Gebühren

Vgl. Form. VII. 1.

Fristen und Rechtsmittel

Vgl. Anm. 4. Bleibt die Beschwerde ganz oder teilweise erfolglos, kann gegen die Beschwerdeentscheidung binnen eines Monats seit ihrer Bekanntgabe (§ 47 Abs. 1 FGO) Klage zu dem örtlich zuständigen Finanzgericht erhoben werden (vgl. Form. VII. 9 ff.). Die Klage ist auch gegeben, wenn die Beschwerde als Einspruch zu behandeln ist (s.o. Anm. 4b) oder wenn anstelle der Beschwerde als Rechtsbehelf der Einspruch statthaft ist (s.o. Anm. 1 und 4c).

8. Untätigkeitsbeschwerde

An das Finanzamt[1] .... (Ort), ... (Datum)

in ......

Betrifft: Steuernummer ......; A (Name des Steuerpflichtigen)

Bezug: Erlaßantrag vom ...... (Datum des Erlaßantrags)

Sehr geehrte Damen und Herren!

Namens und in Vollmacht[2] des Herrn A erhebe ich Beschwerde[3] dagegen, daß der oben bezeichnete Antrag noch nicht beschieden worden ist. Ich beantrage, unverzüglich eine rechtsbehelfsfähige Entscheidung zu erlassen.

Begründung:

Herr A hat gegen die nach einer Außenprüfung ergangenen Änderungsbescheide über Einkommen- und Gewerbesteuer für die Veranlagungszeiträume 19.. bis 19.. Einspruch erhoben und zugleich mit dem oben bezeichneten Schreiben den Antrag auf Erlaß der festgesetzten Mehrsteuern gestellt. Die Einsprüche hatten keinen Erfolg. Herr A hat gegen die Änderungsbescheide daher Klagen erhoben, über die noch nicht entschieden ist. Über den Erlaßantrag hat das FA noch nicht befunden. Vielmehr hat der zuständige Sachgebietsleiter telefonisch erklärt, eine Entscheidung in der Erlaßsache könne erst nach rechtskräftigem Abschluß des Klageverfahrens ergehen. Dagegen richtet sich die Beschwerde. Das Erlaßverfahren und das gerichtliche Verfahren, in dem auf die Anfechtungsklage des Herrn A die Rechtmäßigkeit der Steuerfestsetzungen überprüft wird, sind voneinander unabhängig. Es liegt deshalb kein zureichender Grund i.S. des § 349 Abs. 2 S. 1 AO 1977 dafür vor, daß über den Erlaßantrag noch nicht entschieden worden ist.

Mit vorzüglicher Hochachtung
Unterschrift

Anmerkungen

1. Vgl. Form. VII. 7 Anm. 1.
2. Vgl. Form. VII. 7 Anm. 3.
3. Die sog. **Untätigkeitsbeschwerde** nach § 349 Abs. 2 AO 1977 richtet sich nicht gegen eine dem Antragsteller ungünstige Entscheidung über einen von ihm gestellten Antrag (vgl. dazu Form. VII. 7), sondern dagegen, daß über einen gestellten Antrag nicht binnen angemessener Frist ohne Mitteilung eines zureichenden Grundes für das Ausbleiben der Entscheidung befunden worden ist. Wann die angemessene Entscheidungsfrist überschrit-

8. Untätigkeitsbeschwerde

ten ist, läßt sich nur nach den Umständen des Einzelfalles bestimmen. Einen Anhaltspunkt bietet die in § 46 Abs. 1 FGO genannte Frist von sechs Monaten; das folgt aus § 46 Abs. 2 FGO, der in den Fällen des § 349 Abs. 3 AO 1977, in denen keine Beschwerde und keine Untätigkeitsbeschwerde stattfindet, § 46 Abs. 1 S. 2 und 3 FGO für sinngemäß anwendbar erklärt. Die angemessene Frist wird häufig kürzer anzunehmen sein (vgl. *Tipke/Kruse* § 349 AO Rdn. 13).

Die Möglichkeit, Untätigkeitsbeschwerde zu erheben, entfällt mit Ablauf des 31. 12. 1995. Dann ist alleiniger Rechtsbehelf der Abgabenordnung nur noch der Einspruch (vgl. den siebenten Teil der Abgabenordnung – §§ 347 bis 367 AO 1977 – in der Fassung des Gesetzes vom 24. 6. 1994, BGBl. I, 1395, BStBl. I, 440). Am 1. 1. 1996 anhängige Beschwerden, über die noch nicht entschieden ist, werden als Einsprüche behandelt (Art. 97 § 18 Abs. 2 S. 2 EGAO). Nach § 347 Abs. 1 S. 2 AO 1977 i.d.F. des Gesetzes vom 24. 6. 1994 (BStBl. I, 440) ist der **Untätigkeitseinspruch** statthaft.

Keine Untätigkeitsbeschwerde nach § 349 Abs. 2 AO 1977 bzw. Untätigkeitseinspruch (§ 347 Abs. 1 S. 2 AO 1977 i.d.F. des Gesetzes vom 24. 6. 1994, BStBl. I, 440), sondern „Untätigkeitsklage" nach § 46 Abs. 1 FGO ist gegeben, wenn über einen außergerichtlichen Rechtsbehelf (Einspruch, Beschwerde) nicht binnen angemessener Frist ohne Mitteilung eines zureichenden Grundes für die Verzögerung nicht entschieden worden ist (§ 349 Abs. 2 S. 2 AO 1977, § 348 AO 1977 i.d.F. des Gesetzes vom 24. 6. 1994, BStBl. I, 440). Die Untätigkeitsklage ist aber nicht auf die Herbeiführung einer Einspruchs- bzw. Beschwerdeentscheidung (§§ 367, 368 AO 1977), sondern auf eine Sachentscheidung über das Rechtsbehelfsbegehren des Rechtsbehelfsführers – wegen der Verzögerung – unter Verzicht auf einen förmlichen Abschluß des außergerichtlichen Rechtsbehelfsverfahrens gerichtet (Vgl. *Ziemer/Birkholz* § 46 Rdn. 5, 6).

Demgegenüber ersetzt die Untätigkeitsklage nach § 46 Abs. 2 FGO die in den Fällen des § 349 Abs. 3 AO 1977 bzw. des § 348 Nr. 3 und 4 AO 1977 i.d.F. des Gesetzes vom 24. 6. 1994, BStBl. I, 440 nicht statthafte Untätigkeitsbeschwerde bzw. den unzulässigen Untätigkeitseinspruch.

4. Zur Frage der Verknüpfung von Rechtmäßigkeitskontrolle und Erlaßverfahren vgl. *Kühn/Kutter/Hofmann* § 227 AO Anm. 4a; *Tipke/Kruse* § 227 AO Rdn. 21, 74.

Kosten und Gebühren

Vgl. Form. VII. 1.

Fristen und Rechtsmittel

Vgl. Anm. 3. Ergeht auf die Untätigkeitsbeschwerde bzw. den Untätigkeitseinspruch eine dem gestellten Antrag nicht stattgebende Entscheidung des Finanzamtes, kann diese mit Einspruch bzw. Beschwerde und – bei Erfolglosigkeit des außergerichtlichen Rechtsbehelfs – mit der Klage (vgl. Form. VII. 9ff.) angefochten werden. Die Hauptsache des Verfahrens über die Untätigkeitsbeschwerde bzw. den Untätigkeitseinspruch ist dann erledigt. Ergeht auch auf die Untätigkeitsbeschwerde bzw. den Untätigkeitseinspruch ohne Mitteilung eines zureichenden Grundes in angemessener Frist keine Sachentscheidung über die Untätigkeitsbeschwerde bzw. den Untätigkeitseinspruch oder über den Sachantrag, ist zur Durchsetzung des letzteren die Untätigkeitsklage an das örtlich zuständige Finanzgericht gegeben (*Tipke/Kruse* § 349 AO Rz. 13).

Klage[1]

9. Klage gegen einen Einkommensteuerbescheid

An das Finanzgericht[2] .... (Ort), ... (Datum)

in ......

Klage des ......

Klägers,

Prozeßbevollmächtigter[3]: ......

gegen

Finanzamt[4] ......

in ......

Beklagten,

wegen Einkommensteuer 19..

Steuernummer: ......

Namens und in Vollmacht des Klägers erhebe ich Klage[5]. Ich beantrage,
  I. die mit Bescheid vom ...... festgesetzte Einkommensteuer 19.. unter Aufhebung der Einspruchsentscheidung vom ...... auf ...... DM herabzusetzen,[6]
  II. das Urteil hinsichtlich der Kostenentscheidung für vorläufig vollstreckbar zu erklären[7,8],
  III. die Zuziehung eines Bevollmächtigten im Vorverfahren für notwendig zu erklären[9].

Begründung[10]:

Der Kläger ist als Arzt freiberuflich tätig. Seine Ehefrau ist beamtete Lehrerin. Beide benutzen ein Zimmer ihres Wohnhauses als (gemeinsames) Arbeitszimmer. Als der Kläger im Streitjahr seine Praxis veräußerte, hat das Finanzamt das Arbeitszimmer unter Berufung auf Abschnitt R 13 Abs. 7 und 8 EStR als selbständiges, zum Betriebsvermögen gehörendes Wirtschaftsgut angesehen. Es hat einen Entnahmegewinn ermittelt und diesen in den Veräußerungsgewinn einbezogen. Dagegen richtet sich die Klage. Der Kläger meint, das Arbeitszimmer sei nicht Betriebsvermögen, weil es nicht ausschließlich freiberuflich genutzt worden sei. Die ausschließliche Nutzung zu Zwecken der Einkünfteerzielung durch ihn und seine Ehefrau stehe seiner Auffassung nicht entgegen.

Unterschrift

Anmerkungen

1. Die Finanzgerichtsordnung erklärt in verschiedenen Bestimmungen Vorschriften der Zivilprozeßordnung und des Gerichtsverfassungsgesetzes für entsprechend anwendbar. § 155 FGO bestimmt ergänzend, daß, soweit die Finanzgerichtsordnung keine Vorschriften über das Verfahren enthält, das Gerichtsverfassungsgesetz und, soweit die grundsätzlichen Unterschiede der beiden Verfahrensarten es nicht ausschließen, die Zivilprozeßordnung sinngemäß anzuwenden ist. Vgl. wegen der aufgrund ausdrücklicher Bezugnahme und nach § 155 FGO entsprechend anwendbaren Vorschriften *Gräber* § 155 Anm. 3 und 5; *Ziemer/Haarmann/Lohse*, Band 1, Rdn. 17 ff.

9. Klage gegen einen Einkommensteuerbescheid VII. 9

2. Die Klage ist bei dem Gericht schriftlich zu erheben; sofern die Klage beim FG (und nicht nach § 37 FGO beim BFH) zu erheben ist, kann sie auch zur Niederschrift des Urkundsbeamten der Geschäftsstelle erklärt werden (§ 64 Abs. 1 FGO). Erhebung der Klage beim FA ist möglich und hat fristwahrende Wirkung (§ 47 Abs. 2 FGO).

3. Vor dem Finanzgericht **kann** sich der Kläger durch einen **Rechtsanwalt, Steuerberater** oder **Wirtschaftsprüfer** oder eine der in §§ 3, 4 StBerG genannten Personen vertreten lassen, sofern diese im Rahmen ihrer Befugnis zur Hilfeleistung in Steuersachen tätig werden. Vor dem BFH **muß** sich jeder Beteiligte, wenn er Anträge stellen will, durch einen Rechtsanwalt, Steuerberater oder Wirtschaftsprüfer vertreten lassen; andere Personen sind zur Vertretung vor dem BFH nicht zugelassen (Art. 1 Nr. 1 BFH-EnlastG). Im Falle der Prozeßvertretung hat der Vertreter die Bevollmächtigung durch Vorlage einer schriftlichen, im Original vorzulegenden Prozeßvollmacht nachzuweisen (§ 62 Abs. 3 S. 1 FGO; §§ 81–84 ZPO). Die Bevollmächtigung ist im finanzgerichtlichen Verfahren – auch bei Vertretung durch Anwälte – von Amts wegen zu prüfen (§ 62 Abs. 3 S. 2 FGO; BFH BStBl. II 1981, 678). Der Vorsitzende oder der Berichterstatter kann für die Vorlage der Vollmacht eine – angemessene (BFH BStBl. II 1980, 457) – Frist mit ausschließender Wirkung setzen (§ 62 Abs. 3 S. 3 FGO; BFH BStBl. II 1988, 836). Wird die Vollmacht nicht innerhalb der Frist beigebracht, so ist die Klage (bzw. das Rechtsmittel) unzulässig. Es kann aber Wiedereinsetzung in den vorigen Stand gewährt werden (§ 62 Abs. 3 S. 4 FGO, § 56 FGO). Wird die Vollmacht nach Ablauf der mit ausschließender Wirkung gesetzten Frist beigebracht (ohne daß die Voraussetzungen einer Wiedereinsetzung gegeben sind), so treten die Wirkungen der Vollmacht im übrigen jedoch ein. Die ergehende gerichtliche Entscheidung wirkt gegenüber dem Vertretenen (§ 89 Abs. 2 ZPO, § 155 FGO). Der Vertretene braucht daher nicht zu einem Termin zur mündlichen Verhandlung geladen zu werden. Das Recht auf Gehör wird durch seinen Bevollmächtigten wahrgenommen. Dem Vertretenen sind daher auch die Kosten des Verfahrens aufzuerlegen (BFH BStBl. II 1980, 229). Wird die Vollmacht nicht beigebracht, ist die Entscheidung auch dem vollmachtslos Vertretenen zuzustellen (BFH BStBl. II 1982, 128). Die Kostenlast trifft bei Nichtvorlage der Vollmacht den vollmachtslosen Vertreter.

4. Die Klage ist gegen die Behörde zu richten, die den ursprünglichen Verwaltungsakt (§ 118 AO 1977) erlassen hat (Anfechtungsklage) oder die es abgelehnt hat, den beantragten Verwaltungsakt zu erlassen (Verpflichtungsklage); vgl. § 63 Abs. 1 Nr. 1 und 2 FGO. Wegen der Besonderheiten bei Wechsel der Zuständigkeit s. § 63 Abs. 2 und 3 FGO.

5. Die Klage auf Herabsetzung einer Steuerschuld ist eine **Anfechtungsklage.** Sie ist nur zulässig, wenn der Kläger zuvor erfolglos Einspruch eingelegt hat (§ 44 Abs. 1 FGO). Die Klage ist binnen eines Monats seit Zustellung der schriftlich zu erteilenden Einspruchsentscheidung, die mit einer Rechtsbehelfsbelehrung versehen sein muß (§ 366 AO 1977), zu erheben (§ 47 Abs. 1 FGO). Die Monatsfrist läuft nur, wenn die Rechtsbehelfsbelehrung ordnungsgemäß erteilt worden ist (§ 55 Abs. 1 FGO); eine Anleitung zur Berechnung der Klagefrist braucht die Rechtsbehelfsbelehrung allerdings nicht zu enthalten (BFH BStBl. II 1981, 70). Fehlt die ordnungsmäßige Rechtsbehelfsbelehrung, kann die Klage grundsätzlich noch binnen einer Frist von einem Jahr seit dem Wirksamwerden der Einspruchsentscheidung (§ 124 AO 1977, § 366 S. 1 AO 1977, § 55 Abs. 2 FGO) erhoben werden. Wird die Frist zur Erhebung der Klage versäumt, kann unter den Voraussetzungen des § 56 FGO Wiedereinsetzung in den vorigen Stand erreicht werden.

Die **Frist,** innerhalb der die Klage nur wirksam erhoben werden kann, fängt mit dem Beginn des auf den Tag der Zustellung der Einspruchsentscheidung (wegen des Beginns des Fristablaufs im Fall der Sprungklage vgl. Form. VII. 1 Anm. 3 Abs. 2 und 3) folgenden Tags an zu laufen (§ 54 Abs. 2 FGO, § 222 Abs. 1 ZPO, § 187 Abs. 1 BGB). Die Frist endet mit Ablauf des Tages, der dem Tag der Zustellung seiner Zahl nach im folgenden Monat entspricht (§ 188 Abs. 2 BGB). Fehlt in dem Monat, in dem die Frist endet, ein Tag, der seiner Zahl nach dem Tag der Zustellung im Vormonat entspricht (zB. der „31."), so endet die Frist mit dem Ablauf des letzten Tags des Monats (§ 188 Abs. 3 BGB). Ist der Tag, mit dessen Ablauf die Frist danach enden würde, ein Sonnabend, ein Sonntag oder ein allgemeiner Feiertag, so endet die Frist mit dem Ablauf des nächsten Werktages (§ 222 Abs. 2 ZPO). Da eine Verlängerung der in § 47 Abs. 1, § 55 Abs. 2 FGO bestimmten Fristen gesetzlich nicht vorgesehen ist, sind § 224 Abs. 3, § 225, § 226 ZPO für die Berechnung der Klagefrist ohne Bedeutung (§ 224 Abs. 2 ZPO).

Der Grundsatz, daß die Anfechtungsklage nur nach erfolglosem Abschluß des außergerichtlichen Vorverfahrens zulässigerweise erhoben werden kann, ist durch zwei Ausnahmen eingeschränkt. Hat das FA über den Einspruch nicht binnen angemessener Frist, die grundsätzlich wenigstens sechs Monate beträgt (§ 46 Abs. 1 S. 2 FGO), nicht entschieden, so kann auch ohne Abschluß des Vorverfahrens Klage erhoben werden (§ 46 Abs. 1 S. 1 FGO). Mit Zustimmung des FA kann ferner unmittelbar (dh. ohne außergerichtliches Vorverfahren) Klage erhoben werden, wenn ein Verwaltungsakt der in § 348 AO 1977 bezeichneten Art angefochten werden soll (§ 45 Abs. 1 FGO). Das FG kann jedoch in einem solchen Fall die Sache an das FA unter den Voraussetzungen des § 45 Abs. 2 FGO abgeben; die unmittelbar erhobene Klage gilt dann als Einspruch.

6. Der Kläger muß geltend machen, durch den angefochtenen Verwaltungsakt in seinen Rechten verletzt worden zu sein (§ 40 Abs. 2 FGO), d.h. er muß, soll die Klage zulässig sein, eigene Interessen verfolgen; eine Klageerhebung zugunsten Dritter oder der Allgemeinheit (sog. **Popularklage**) ist nicht zulässig. Die Klage muß den Kläger (Name und Anschrift), den Beklagten (beklagtes Finanzamt), bei Anfechtungsklagen den angefochtenen Verwaltungsakt (Datum, Steuernummer, Steuerart) und die Einspruchsentscheidung bezeichnen, ferner insbesondere auch den Gegenstand des Klagebegehrens (§ 65 Abs. 1 FGO). Das erfordert eine Darlegung darüber, in welchem Punkt und mit welcher betragsmäßigen Auswirkung der angefochtene Verwaltungsakt rechtsfehlerhaft ist (vgl. Beschluß des großen Senat des BFH vom 26. 11. 1979 GrS 1/78, BStBl. II 1980, 99); der Umfang des Klagebegehrens muß erkennbar sein (§ 96 Abs. 1 Satz 2 FGO; *Tipke/Kruse,* FGO, § 65 Rdn. 4; *Kühn/Kutter/Hofmann,* FGO, § 65 Bem. 1). Der Kläger braucht dazu den Betrag der erstrebten Steuerermäßigung nicht zu berechnen. Seine Ausführungen müssen aber so konkret sein, daß das Gericht diese Berechnung vornehmen und damit zugleich den Wert des Streitgegenstandes bestimmen kann. Entspricht die Klage nicht den in § 65 Abs. 1 S. 1 FGO genannten Voraussetzungen hat der Vorsitzende oder der Berichterstatter den Kläger bzw. seinen Prozeßbevollmächtigten zu der erforderlichen Ergänzung aufzufordern. Dafür kann dem Kläger eine Frist mit ausschließender Wirkung gesetzt werden (§ 65 Abs. 2 S. 2 FGO). Verstreicht diese Frist, ohne daß die geforderte Ergänzung bei dem Finanzgericht eingegangen ist, wird die Klage unzulässig und ist abzuweisen. Allerdings kann dem Kläger wegen Versäumung der Frist mit ausschließender Wirkung unter den Voraussetzungen des § 56 FGO Wiedereinsetzung in den vorigen Stand gewährt werden (§ 65 Abs. 2 S. 3 FGO).

Ungeklärt ist die Abgrenzung zur „nachträglichen" betragsmäßigen Erweiterung des Klagebegehrens, die auch nach Ablauf der Klagefrist grundsätzlich noch möglich ist, sofern nicht der Kläger bei Stellung des ursprünglichen Antrags den Umfang seines Klagebegehrens bereits eindeutig begrenzt hatte (BFH GrS BStBl. II 1990, 327; *Tipke/Kruse,* FGO, § 65 Rdn. 4 a.E.).

Verspätetes Vorbringen kann das FG, wenn es dafür eine bestimmte angemessene Frist gesetzt hatte, übergehen („zurückweisen"), wenn es den Beteiligten (§ 57 FGO) bei Setzung der Frist auf diese Möglichkeit hingewiesen hatte (§ 79b FGO). Eine wirksame Fristsetzung zur Bezeichnung von Beweismitteln erfordert die Bezugnahme auf bestimmte aufklärungsbedürftige Tatsachen (vgl. BFH BStBl. II 1981, 443).

Um der Gefahr nicht ausreichender Bezeichnung des Streitgegenstandes bzw. des Gegenstands des Klagebegehrens und mangelnder Begründung des Klagebegehrens zu begegnen, ist es angezeigt, einen bestimmten Antrag – unter Berechnung der begehrten Steuerherabsetzung oder der Bemessungsgrundlage für die Steuerfestsetzung – zu stellen (s. § 65 Abs. 1

S. 1 FGO) und die den Antrag rechtfertigenden Umstände und Tatsachen unter Angabe der Beweismittel (Zeugen, Buchführungsunterlagen, Rechnungen) genau darzulegen.

7. Ein Kostenantrag ist überflüssig, da über die Kostenlast stets von Amts wegen zu befinden ist (§ 143 Abs. 1 FGO); enthält das Urteil keine Entscheidung in diesem Punkt, kann gemäß § 109 FGO innerhalb von zwei Wochen nach Zustellung des Urteils dessen Ergänzung beantragt werden (s. Form. VII. 21).

8. Urteile des Finanzgerichts auf Anfechtungs- und Verpflichtungsklagen sind wegen der Kostenentscheidung von Amts wegen ohne Sicherheitsleistung für vorläufig vollstreckbar zu erklären; dabei ist gleichzeitig gemäß § 711 ZPO, § 151 FGO auszusprechen, daß der Kostenschuldner die Vollstreckung durch Hinterlegung oder Sicherheitsleistung abwenden darf, wenn nicht der Gläubiger vor der Vollstreckung Sicherheit leistet (BFH-Beschluß BStBl. II 1981, 402).

9. Vgl. § 139 Abs. 3 S. 3 FGO. Diese Vorschrift hat auch nach der Beseitigung der Kostenpflicht im außergerichtlichen Vorverfahren ihre Bedeutung nicht verloren. Der Antrag betrifft das Kostenfestsetzungsverfahren nach § 149 FGO. Da über die Notwendigkeit der Zuziehung jedoch das Gericht entscheidet, ist es zweckmäßig, den Antrag schon bei Klageerhebung zu stellen. Die Finanzgerichte befinden darüber häufig im Rahmen der Kostenentscheidung. Dadurch ergibt sich eine Verfahrensvereinfachung. Wird der Antrag nach § 139 Abs. 3 S. 3 FGO abgelehnt, ist keine Beschwerde gegeben (§ 128 Abs. 4 S. 1 FGO; BFH-Beschluß BStBl. II 1977, 628).

Kosten, die für die Zuziehung eines Bevollmächtigten im außergerichtlichen Vorverfahren entstanden sind, sind nur dann erstattungsfähig, wenn das FG die Zuziehung für notwendig erklärt hat. Das wird auf Antrag regelmäßig geschehen, da das Steuerrecht wegen seiner Kompliziertheit stets die Zuziehung eines sachkundigen Vertreters rechtfertigt. Wird im Einspruchsverfahren einem Begehren bereits teilweise abgeholfen und betrifft die Klage mithin diesen Teil des Einspruchsverfahrens nicht, so ist das Einspruchsverfahren insoweit nicht außergerichtliches Vorverfahren. Es kann dafür keine Kostenerstattung verlangt werden.

10. Vgl. zur materiell-rechtlichen Beurteilung *Schmidt/Heinicke*, Kommentar zum EStG, 14. Aufl. 1995, § 4 Anm. 38 d.

Kosten und Gebühren

Der **Streitwert** bemißt sich im finanzgerichtlichen Verfahren gemäß §§ 1, 13 Abs. 2 GKG nach der beantragten Steuerherabsetzung, dh. der Differenz zwischen Steuerfestsetzung laut Steuerbescheid bzw. Einspruchsentscheidung und beantragter Steuerfestsetzung.

Es entstehen (abhängig von der Höhe des Streitwertes) folgende **Gebühren:**
a) Gerichtsgebühren: § 11 GKG; die einzelnen Gebühren sind aus dem Kostenverzeichnis (Anlage 1 zu § 11 GKG) iVm. der Gebührentabelle (Anlage 2 zu § 11 GKG) ersichtlich.
b) Finanzamt: keine.
c) Prozeßbevollmächtigter des Klägers (soweit nach § 139 Abs. 3 S. 2 FGO erstattungsfähig): Vorverfahren: §§ 118, 119 BRAGO; § 45 StBGebV.
    Klageverfahren (vor dem FG): §§ 114, 117, 31, 37, 24, 11 BRAGO; § 45 StBGebV.

Daneben kann das Gericht und der obsiegende Beteiligte **Auslagenersatz** verlangen. Die dem Prozeßbevollmächtigten zustehenden Vergütungsansprüche erhöhen sich um die **Umsatzsteuer** („**Mehrwertsteuer**"), § 25 Abs. 2 BRAGO.

Obsiegt der Kläger, hat er Anspruch auf Erstattung der ihm entstandenen zur zweckentsprechenden Rechtsverfolgung notwendigen Kosten, einschließlich derjenigen des außergerichtlichen Vorverfahrens, dh. soweit sich an das Einspruchs- oder Beschwerdeverfahren ein gerichtliches Verfahren angeschlossen hat (s. Anm. 9). Erstattungsfähig sind nicht nur die eigenen Aufwendungen des Klägers, sondern auch die dem von ihm beauftragten Prozeßbevollmächtigten geschuldete Vergütung, jedoch nur bis zur Höhe der gesetzlichen Gebühren und Auslagen der Rechtsanwälte (s.o.). Wurde auch für das Vorverfahren ein Bevollmächtigter bestellt (Form. VII. 1 Anm. 2), hängt die Erstattungsfähigkeit von der Entscheidung des Gerichts nach § 139 Abs. 3 S. 3 FGO ab (vgl. Form. VII. 9 Anm. 9).

Unterliegt der Kläger, hat er die Gerichtskosten und die Kosten für die Beauftragung eines Prozeßbevollmächtigten selbst zu tragen. Das Finanzamt bzw. die sonstige beklagte Finanzbehörde hat nur Anspruch auf Ersatz ihrer Auslagen. Wird die Kostenlast verhältnismäßig geteilt, so sind Kläger und Beklagter gleichzeitig Kostenschuldner und Kostengläubiger. Aufrechnung ist möglich.

Auch im finanzgerichtlichen Verfahren kann auf Antrag Prozeßkostenhilfe bewilligt werden (§ 142 FGO); vgl. Form. VII. 32. Da in Verfahren vor den Gerichten der Finanzgerichtsbarkeit ein Kostenvorschuß nicht zu erheben ist (vgl. *Ziemer/Birkholz* FGO Anh. 1b Anm. 6) und vor den (erstinstanzlichen) Finanzgerichten kein Vertretungszwang (wohl aber vor dem BFH) besteht, können „arme" Kläger als sog. Naturalbeteiligte auftreten, so daß die Prozeßkostenhilfe im finanzgerichtlichen Verfahren geringere Bedeutung hat als in anderen Gerichtszweigen.

Wegen Verzinsung der Nachzahlungs- bzw. Erstattungsforderungen s. Form. VII. 1 – Kosten und Gebühren – unter 3.

Fristen und Rechtsmittel

Die Klage zum Finanzgericht kann zulässigerweise nur binnen eines Monats nach Zustellung der Entscheidung über den Einspruch (oder die Beschwerde bis 31. 12. 1995, §§ 348, 349 AO 1977, § 44 Abs. 1 FGO) erhoben werden (§ 47 Abs. 1 FGO); Näheres, auch zur Berechnung der Frist, vgl. Anm. 5.

Bleibt die Klage ganz oder teilweise erfolglos, ist dagegen die Revision (§ 120 FGO) – außer in den Fällen des § 116 FGO – nur dann gegeben, wenn sie ausdrücklich zugelassen worden ist (Art. 1 Nr. 5 BFH-EntlastG). Wird die Revision nicht in dem Urteil des FG zugelassen, gilt sie als nicht zugelassen. Gegen die Nichtzulassung kann binnen eines Monats Beschwerde eingelegt werden (§ 115 Abs. 3 S. 1 FGO). Die Beschwerde ist bei dem FG, das das Urteil erlassen hat, einzulegen (§ 115 Abs. 3 S. 2 FGO). Die **Nichtzulassungsbeschwerde** ist binnen der Frist zu ihrer Einlegung auch zu begründen (§ 115 Abs. 3 S. 3 FGO); die **Frist** ist **nicht verlängerungsfähig** (s. auch Form. VII. 23).

10. Antrag auf Aussetzung der Vollziehung neben einer Klage gegen einen Einkommensteuerbescheid (zu Form. VII. 9)

An das Finanzgericht[1] .... (Ort), ... (Datum)
in ......
Antrag des ......
                                                            Antragstellers und Klägers,
Prozeßbevollmächtigter[2]: ......
gegen
Finanzamt[3] ......
in ......
                                                            Antragsgegner und Beklagten,
wegen Aussetzung der Vollziehung (Einkommensteuer 19..).
Steuernummer: ......

Namens und in Vollmacht des Antragstellers beantrage ich,
I. die Vollziehung[4] des Einkommensteuerbescheids für 19.. vom ...... (Steuernummer ......) auszusetzen, soweit die Steuer höher als ...... festgesetzt ist,
II. soweit Aussetzung der Vollziehung gewährt wird, die Verwirkung von Säumniszuschlägen bis zum Ergehen der gerichtlichen Entscheidung über den Aussetzungsantrag aufzuheben[5,6].

Begründung:

Der Antragsteller beantragte beim FA AdV. des oben bezeichneten Einkommensteuerbescheids. Das FA lehnte den Antrag ab. Zugleich wies es den Einspruch des Klägers als unbegründet zurück. Der Kläger hat mit Schriftsatz vom ...... Klage erhoben, mit der er Herabsetzung der festgesetzten Einkommensteuer um ...... DM begehrt. In demselben Umfang wird auch AdV. begehrt. Zur Begründung der ernstlichen Zweifel an der Rechtmäßigkeit des angefochtenen Steuerbescheids wird auf die vorliegende Klagebegründung verwiesen.

Da die Entscheidung über die Aussetzung der Vollziehung keine rückwirkende Kraft entfaltet, wird auch die Aufhebung der Säumniszuschläge begehrt, die seit dem Aussetzungsantrag an das FA entstanden sind; denn die die AdV. rechtfertigenden ernstlichen Zweifel an der Rechtmäßigkeit des angefochtenen Bescheids haben von Anfang an bestanden.

                                                            Unterschrift

Anmerkungen

1. Der Antrag auf AdV. ist schriftlich bei dem Gericht der Hauptsache zu stellen. Beim FG kann er auch zur Niederschrift des Urkundsbeamten der Geschäftsstelle erklärt werden. § 64 FGO ist entsprechend anwendbar. Bis zur Erhebung der Revision oder Einlegung einer Nichtzulassungsbeschwerde ist das FG für die Entscheidung zuständig (§ 69 Abs. 3 S. 1 FGO; BFH BStBl. II 1970, 786; a.A. *Gräber/Koch*, FGO, § 69 Rdn. 137). Wird Revision eingelegt, so wird der BFH Gericht der Hauptsache. Bei Erhebung von Nichtzulassungsbeschwerde bleibt das FG bis zur Nichtabhilfeentscheidung (§ 115 Abs. 5 S. 1; § 130 Abs. 1 FGO) Gericht der Hauptsache (BFH BStBl. II 1989, 424).

2. Vgl. Form. VII. 9 Anm. 3.

3. Antragsgegner ist grundsätzlich die Behörde (FA), die den angefochtenen Verwaltungsakt erlassen hat (vgl. § 63 FGO).

4. Durch die Erhebung der Klage wird die Vollziehung des angefochtenen (vollziehbaren) Verwaltungsakts nicht gehemmt (§ 69 Abs. 1 FGO). AdV. eines angefochtenen Verwaltungsakts setzt voraus, daß entweder ernstliche Zweifel an dessen Rechtmäßigkeit bestehen oder daß die sofortige Vollziehung eine unbillige und durch überwiegende öffentliche Interessen nicht gebotene Härte zur Folge haben würde (vgl. § 69 Abs. 2 S. 2, Abs. 3 S. 1 FGO). Insoweit decken sich die Voraussetzungen, unter denen sowohl die zuständige Finanzbehörde als auch das Gericht die Vollziehung aussetzen können (§ 361 Abs. 1 und 2 AO 1977, vgl. Form. VII. 1 Anm. 9). AdV. kann nicht in weiterem Umfang begehrt werden, als das Klagebegehren reicht. Der Antrag auf AdV. ist regelmäßig zunächst an die Behörde zu richten, die den (angefochtenen) Bescheid erlassen hat (§ 69 Abs. 4 FGO). Hat die Behörde den Antrag abgelehnt oder anderweitig zu erkennen gegeben, daß sie zu einer AdV. nicht bereit ist (s. dazu *Beermann* DStR 1986, 252/257 f.), wird dadurch der Antrag an das Gericht der Hauptsache statthaft. Gibt das FA auf einen unmittelbar bei dem Gericht gestellten Aussetzungsantrag zu erkennen, daß seiner Ansicht nach der Antrag unbegründet sei, wird der unmittelbare Antrag dadurch nicht zulässig (BFH-Beschluß BStBl. II 1980, 49). Gleichwohl ist der an das Gericht gerichtete Antrag kein Rechtsbehelf gegen die Ablehnung der AdV. durch die Behörde. Es beginnt vielmehr mit dem Antrag ein selbständiges gerichtliches Verfahren. Dieses ist auch unabhängig vom Hauptverfahren, wenn ein solches schon bei dem Gericht schwebt. Wird allerdings das Hauptverfahren beendet (durch rechtskräftige Entscheidung oder durch Klage- bzw. Revisionsrücknahme), ist eine Entscheidung über das Aussetzungsbegehren nicht mehr möglich; das folgt aus dem Erfordernis, daß (nur) die Vollziehung „angefochtener" Verwaltungsakte ausgesetzt werden kann. Vgl. auch Form. VII. 1 Anm. 9 und oben Anm. 1.

5. Entscheidungen über die AdV. wird nach h. M. keine rückwirkende Kraft beigelegt (BFH-Beschluß BStBl. II 1977, 645); s. aber BFH BStBl. II 1987, 389 (s. dazu auch *Gräber/Koch* FGO § 69 Rdn. 61). Da somit bis zur Entscheidung über einen Aussetzungsantrag (ab Fälligkeit) Säumniszuschläge verwirkt werden, kann das Gericht (mit Wirkung für die Vergangenheit) diese Folge aus der Vollziehbarkeit des angefochtenen Verwaltungsakts gemäß § 69 Abs. 3 S. 4 FGO beseitigen. Dazu bedarf es eines gesonderten Antrags. – Bleibt der Steuerpflichtige mit seiner Anfechtungsklage gegen den Steuerbescheid im Hauptverfahren ohne Erfolg, leben die Säumniszuschläge nicht wieder auf. Vielmehr sind Aussetzungszinsen auch für die Zeit zu entrichten, für die die Verwirkung von Säumniszuschlägen nach § 69 Abs. 3 S. 4 FGO beseitigt worden ist, da auch insoweit eine Aussetzung der Vollziehung iSd. § 237 Abs. 2 S. 2 AO 1977 vorliegt.

6. Gegen einen Beschluß des FG über einen Aussetzungsantrag findet die Beschwerde nur statt, wenn sie in dem Beschluß zugelassen worden ist (§ 128 Abs. 3 FGO).

7. Eine solche Bezugnahme wird für zulässig erachtet (BFH BStBl. III 1967, 531; *Gräber/Koch* FGO § 69 Rdn. 18), obwohl die Rechtsschutzziele von Klage und AdV. verschieden sind.

Kosten und Gebühren

Vgl. Form. VII. 9. Der Streitwert beträgt in der Regel 10% der im Hauptverfahren streitigen Steuer.
Gerichtsgebühren: Anlage 1 zu § 11 GKG Nr. 1332.
Prozeßbevollmächtigter: § 114 Abs. 4, § 40 BRAGO; § 45 StBGebV.
Ein beim FA gestellter Antrag auf AdV., der nach Maßgabe von § 69 Abs. 4 S. 1 FGO Zulässigkeitsvoraussetzung für einen an das FG gerichteten Aussetzungsantrag ist, gehört

zum Verwaltungsverfahren (§ 119 BRAGO), so daß für ihn keine Kostenerstattung in Betracht kommt.

Wird Aussetzung der Vollziehung gewährt, entstehen Aussetzungszinsen. Zwischen Fälligkeit und AdV. entstehen Säumniszuschläge. Vgl. dazu Form. VII. 1 unter Kosten und Gebühren zu Nr. 3.

Fristen und Rechtsmittel

Gegen einen Beschluß, durch den das Finanzgericht einen Antrag auf Aussetzung der Vollziehung ganz oder teilweise ablehnt, ist nach § 128 FGO die Beschwerde an den Bundesfinanzhof gegeben, wenn die Beschwerde vom FG zugelassen worden ist (§ 128 Abs. 3 FGO). Für die Zulassung der Beschwerde gilt § 115 Abs. 2 FGO entsprechend. Eine Beschwerde gegen die Nichtzulassung der Beschwerde sieht das Gesetz nicht vor.

11. Klage gegen einen Umsatzsteuerbescheid

An das Finanzgericht[1] ...... (Ort), ... (Datum)
in ......
Klage des ......

                        Klägers,

Prozeßbevollmächtigter[2]: ......
gegen
Finanzamt[3] ......
in ......

                        Beklagten,

wegen Umsatzsteuer 19..
Steuernummer: ......

Namens und in Vollmacht des Klägers erhebe ich Klage[4,5]. Ich beantrage,
  I. den mit Bescheid vom ...... festgesetzten Auszahlungsbetrag von ...... DM unter Aufhebung der Einspruchsentscheidung vom ...... auf ...... DM zu erhöhen[6],
 II. das Urteil hinsichtlich der Kostenentscheidung für vorläufig vollstreckbar zu erklären[7],
III. die Zuziehung eines Bevollmächtigten im Vorverfahren für notwendig zu erklären[8].

Begründung:

Der Kläger ist Unternehmer. Er hat im Jahre 19.. mit der Errichtung eines Geschäftshauses begonnen, das Büros, Läden und andere gewerblich zu nutzende Räumlichkeiten enthalten sollte. Bei Baubeginn erklärte der Kläger dem FA gegenüber, daß er auf die Steuerfreiheit in vollem Umfang verzichte, um die Vorsteuerabzugsberechtigung zu erlangen. Der Kläger, der zunächst beabsichtigte, das zu errichtende Gebäude durch Vermietung an andere Unternehmer zu nutzen, hat das Gebäude im Rohbau wegen eingetretener finanzieller Schwierigkeiten veräußert.

Zu Unrecht hat das FA die Weiterveräußerung als steuerfreien Vorgang behandelt und dem Kläger den Vorsteuerabzug für die bezogenen Bauleistungen versagt; denn im Gegensatz zu dem vom BFH mit Urteil vom 25. 1. 1979 V R 53/72, BStBl. II 1979, 394, entschiedenen Fall hat der Kläger nicht nur auf die Steuerfreiheit nach § 4 Nr. 12 UStG 1967, sondern auch auf die Steuerfreiheit nach § 4 Nr. 9 a UStG 1967 verzichtet.

Unterschrift

Anmerkungen

1. Vgl. Form. VII. 9 Anm. 2.
2. Vgl. Form. VII. 9 Anm. 3.
3. Vgl. Form. VII. 9 Anm. 4.
4. Der BFH hat mit Urteil vom 30. 9. 1976 V R 109/73, BStBl. II 1977, 227, entschieden, daß die Klage auf Festsetzung oder Erhöhung der Festsetzung eines „Rotbetrages" auf die Festsetzung einer negativen Steuerschuld (vgl. § 18 Abs. 1 UStG) gerichtet und, da Steuerschuld (§ 16 Abs. 1 UStG) und Vorsteuerabzugsansprüche (§ 16 Abs. 2 UStG) unselbständige Besteuerungsgrundlagen (§ 157 Abs. 2 AO 1977) sind, als Anfechtungsklage zu qualifizieren ist (s. *Weiß* Umsatzsteuerrundschau 1977, 38); so auch BFH BStBl. II 1982, 515.
5. Wegen des Erfordernisses eines erfolglos gebliebenen Vorverfahrens, der Klagefrist und ihrer Berechnung, sowie der Möglichkeiten zur unmittelbaren Klageerhebung vgl. Form. VII. 9 Anm. 5.
6. Vgl. Form. VII. 9 Anm. 6.
7. Vgl. Form. VII. 9 Anm. 7 und 8.
8. Vgl. Form. VII. 9 Anm. 9.

Kosten und Gebühren

Vgl. Form. VII. 9.

Fristen und Rechtsmittel

Vgl. Form. VII. 9.

12. Antrag auf Aussetzung der Vollziehung eines Umsatzsteuerbescheids (mit Abweichung von Form. VII. 11)

An das Finanzgericht[1] .... (Ort), ... (Datum)

in ......

Antrag des ......

Antragstellers und Klägers,

Prozeßbevollmächtigter[2]: ......

gegen

Finanzamt[3] ......

in ......

Antragsgegner und Beklagten,

wegen Aussetzung der Vollziehung (Umsatzsteuer 19..)

Steuernummer: ......

12. Antrag auf Aussetzung der Vollziehung eines Umsatzsteuerbescheids VII. 12

Namens und in Vollmacht des Antragstellers beantrage ich,
die Vollziehung[4] des Umsatzsteuerbescheids für 19.. vom ...... auszusetzen, soweit der Auszahlungsbetrag niedriger[5] als ...... DM festgesetzt worden ist[6].

Begründung:

Der Antragsteller hat beim FA AdV. des oben bezeichneten Umsatzsteuerbescheids beantragt. Das FA lehnte den Antrag ab. Zugleich wies es den Einspruch des Antragstellers als unbegründet zurück. Der Antragsteller hat mit Schriftsatz vom ...... Klage erhoben, mit der er eine Erhöhung der an ihn auszuzahlenden negativen Umsatzsteuer um ...... DM begehrt, da die abziehbaren Vorsteuerbeträge iS. des § 16 Abs. 2 UStG vom FA zu niedrig angesetzt worden sind. In demselben Umfang wird auch AdV. begehrt. Ernstliche Zweifel an der Rechtmäßigkeit des angefochtenen Umsatzsteuerbescheids bestehen, weil das Umsatzsteuergesetz gestattet, sowohl auf die Steuerfreiheit für Umsätze, die unter das Grunderwerbsteuergesetz und solche, die sich aus der Nutzungsüberlassung von Grundstücken ergeben, zu verzichten und weil ein solcher Verzicht auch tatsächlich erklärt worden ist, so daß der Kläger trotz der Nichterzielung von Vermietungsumsätzen einen steuerpflichtigen Umsatz durch die Grundstücksveräußerung bewirkt hat. Deshalb hätte der Vorsteuerabzug nicht versagt werden dürfen.[6]

Ergänzend zu der im Hauptverfahren[7] vorgetragenen Klagebegründung ist darauf hinzuweisen, daß das FA im Voranmeldungsverfahren die geltend gemachten Vorsteuerabzugsansprüche angesetzt und entsprechende Beträge ausgezahlt hatte, so daß der nunmehrige Ansatz niedrigerer Vorsteuerabzugsbeträge zu einer Nachentrichtungspflicht in Höhe der streitigen negativen Steuerzahlungsschuld geführt hat. Da sich somit das Leistungsgebot des FA auf Nachentrichtung, also Zahlung, des mit der Klage begehrten zusätzlichen negativen Steuerbetrages bezieht, ist AdV. des angefochtenen Steuerbescheids statthaft.

Unterschrift

Anmerkungen

1. Vgl. Form. VII. 10 Anm. 1.
2. Vgl. Form. VII. 9 Anm. 3.
3. Vgl. Form. VII. 9 Anm. 4.
4. S. § 18 Abs. 4 S. 3 UStG; vgl. Form. VII. 1 Anm. 9 und Form. VII. 10 Anm. 4.
5. Für sich betrachtet begründet der angefochtene Umsatzsteuerbescheid im Beispielsfall VII. 11/12 keine Leistungspflicht. Da dem Steuerpflichtigen aber im Rahmen des Voranmeldungsverfahrens bereits „Rotbeträge" ausgezahlt worden waren, hat er nunmehr eine Zahlungsverpflichtung (§ 18 Abs. 4 S. 3 UStG). Deshalb ist AdV. statthaft (BFH-Beschluß BStBl. II 1975, 239). Wird die „erstmalige" Festsetzung einer (höheren) negativen Steuer begehrt, so ist mangels Zahlungsverpflichtung aufgrund des angefochtenen Steuerbescheids AdV. nicht möglich (statthaft), (BFH-Beschluß BStBl. II 1975, 240). Vgl. ferner Form. VII. 11 Anm. 4 sowie *Weiß* Umsatzsteuerrundschau 1976, 96. Vorläufiger Rechtsschutz wird durch einstweilige Anordnung gewährt (BFH/NV 1987, 42). Es kann aber mit der einstweiligen Anordnung nicht Auszahlung erreicht werden, weil dadurch der Entscheidung in der Hauptsache vorgegriffen würde; es kann aber Stundung anderer Steuern erreicht werden (FG München EFG 1981, 610; *Tipke/Kruse*, FGO, § 69 Rdn. 5 unter Umsatzsteuerbescheid).

Die Rechtslage bei der AdV. von Umsatzsteuerbescheiden, die mit dem Begehren auf Festsetzung höherer Negativbeträge angefochten werden, ist deshalb nicht mit derjenigen bei AdV. von sog. Verlustfeststellungsbescheiden mit dem Ziel höherer Verlustberücksichtigung zu vergleichen (s. dazu BFH-Beschluß BStBl. II 1979, 567, GrS BStBl. II 1987, 637, sowie Form. VII. 14), da die AdV. der Folgebescheide (Einkommensteuerbescheide) allenfalls zu einer Herabsetzung der Steuer auf 0,– DM, aber nicht zu einer (vorläufigen) Auszahlung festgesetzter Einkommensteuer führen kann.

6. Vgl. Form. VII. 10 Anm. 7.
7. Vgl. Form. VII. 10 Anm. 6 und Form. VII. 9 Anm. 6.
8. Vgl. Form. VII. 11.

Kosten und Gebühren

Vgl. Form. VII. 10.

Fristen und Rechtsmittel

Vgl. Form. VII. 10.

13. Klage gegen einen Bescheid über einheitliche und gesonderte Feststellung von Einkünften aus Gewerbebetrieb („Verlustfeststellungsbescheid")

An das Finanzgericht[1] .... (Ort), ... (Datum)

in ......

Klage der ......

                                                                 Klägerin,

Prozeßbevollmächtigter[2]: ......

gegen

Finanzamt[3] ......

in ......

                                                                 Beklagten,

wegen einheitlicher und gesonderter Gewinnfeststellung 19 ..

Steuernummer: ......

Namens und in Vollmacht der Klägerin erhebe ich Klage[4]. Ich beantrage,
  I. den mit Bescheid vom ...... festgesetzten Verlust unter Aufhebung der Einspruchsentscheidung vom ...... auf ...... DM zu erhöhen[5],
 II. das Urteil hinsichtlich der Kostenentscheidung für vorläufig vollstreckbar zu erklären[6],
III. die Zuziehung eines Bevollmächtigten im Vorverfahren für notwendig zu erklären[7].

Begründung:

Die Klägerin ist eine Personenhandelsgesellschaft in Gestalt einer GmbH & Co KG. Sie hat ihren Sitz in Potsdam. Dort erwarb sie 1994 ein Gebäude für die Produktion von chemischen Erzeugnissen, das teilweise auch Wohnzwecken dient. Das FA hat angenommen, die nach § 3 Nr. 2 Buchst b FördergebietsG geforderte eigenbetriebliche Verwendung sei nicht in ausreichendem Umfang gegeben. Richtig ist zwar, daß das Gebäude nur zu 70% für die Produktion genutzt wird. Das FA hat aber nicht berücksichtigt, daß der Rest des Gebäudes

13. Klage gegen einen Bescheid   **VII. 13**

von Arbeitnehmern der Klägerin, die in dieser Betriebsstätte eingesetzt sind, bewohnt wird.
Damit dient das Gebäude insgesamt zu 100% den durch § 3 Nr. 2 Buchst b FördergebietsG begünstigten Zwecken; denn die entgeltliche Überlassung eines Teils des Gebäudes an eigene Arbeitnehmer der Klägerin bedeutet Verwendung zu eigenbetrieblichen Zwecken; das folgt z.B. aus Abschnitt R 13 (4) S. 3 EStR 1993. Da die Klägerin die nach § 4 FördergebietsG zulässigen Sonderabschreibungen im Streitjahr ausschöpfen möchte, ergibt sich der mit dem Antrag begehrte Verlust.

Unterschrift

Anmerkungen

1. Vgl. Form. VII. 9 Anm. 2.

2. Vgl. Form. VII. 9 Anm. 3.

3. Die Klage ist gemäß § 63 Abs. 1 FGO gegen das FA zu richten. Es kommt nicht darauf an, ob die Klage auf Feststellung eines höheren Verlustes eine Anfechtungs- oder eine Verpflichtungsklage ist.

4. Der BFH hat ausgesprochen, daß die Klage auf Feststellung eines höheren Verlustes eine Anfechtungsklage sei (BFH-Beschluß BStBl. II 1979, 567); die frühere gegenteilige Rechtsprechung (vgl. BFH-Beschluß BStBl. II 1978, 584) ist damit überholt (vgl. *Beermann* DStR 1986, 252/253f.).
Bedeutung hat die Änderung der Rechtsprechung im Klageverfahren vor allem für den vorläufigen Rechtsschutz. Nachdem der Große Senat des BFH (BStBl. II 1987, 637) entschieden hat, daß vorläufiger Rechtsschutz gegen sog. negative Gewinnfeststellungsbescheide, d.h. solche, mit denen das Vorliegen einer Mitunternehmerschaft überhaupt verneint und deshalb eine vertragsgemäße Verlustzurechnung abgelehnt wird, ebenfalls durch AdV. zu gewähren ist, ist AdV. stets statthaft, wenn vorläufiger Rechtsschutz gegen Steuer- oder Feststellungsbescheide (zur Feststellung von Besteuerungsgrundlagen) begehrt wird. Damit hat der BFH die aus der Trennung des Besteuerungsverfahrens in ein Feststellungsverfahren und ein Steuerfestsetzungsverfahren (§ 179ff. AO 1977) sich beim vorläufigen Rechtsschutz ergebenden Schwierigkeiten, für die AO (vgl. § 361 Abs. 3 S. 1 und 2 AO 1977) und FGO (§ 69 Abs. 2 S. 4 und 5 FGO) keine Regelungen vorsehen, im Wege der Rechtsfortbildung behoben (vgl. auch *Tipke/Kruse*, FGO, § 69 Rdn. 6).

5. Wegen des Erfordernisses eines erfolglos gebliebenen Vorverfahrens, der Klagefrist und ihrer Berechnung sowie der Möglichkeit zur unmittelbaren Klageerhebung vgl. Form. VII. 9 Anm. 5.
Wegen der Notwendigkeit eine (eigene) Beschwer durch den angefochtenen Verwaltungsakt (Feststellungsbescheid) geltend machen zu müssen und den Streitgegenstand in ausreichendem Umfang zu konkretisieren vgl. Form. VII. 9 Anm. 6.

6. Vgl. Form. VII. 9 Anm. 7 und 8.

7. Vgl. Form. VII. 9 Anm. 9.

Kosten und Gebühren

Vgl. Form. VII. 9. Der nach dem finanziellen Interesse des Klägers am Ausgang des Rechtsstreits zu bemessende Streitwert wird bei der gesonderten Gewinnfeststellung, wenn um die Höhe des Gewinns oder Verlustes gestritten wird, auf 25% des streitigen Betrages uU. – bei höheren streitigen Beträgen – auf bis zu 50% (vgl. *Ziemer/Birkholz* Anh. A 1b Rdn. 23; *Tipke/Kruse*, FGO, vor § 135 Rdn. 86, 103 unter Verlustfeststellung). Auf die finanzielle Auswirkung im Einzelfall kommt es nicht an.

Fristen und Rechtsmittel

Vgl. oben Anm. 5 und Form. VII. 9.

14. Antrag auf Aussetzung der Vollziehung neben einer Klage gegen einen Verlustfeststellungsbescheid (zu Form. VII. 13)

An das Finanzgericht[1] .... (Ort), ... (Datum)

in ......

Antrag der ......

                                                       Antragstellerin und Klägerin,

Prozeßbevollmächtigter[2]: ......

gegen

Finanzamt[3] ......

in ......

                                                     Antragsgegner und Beklagten,

wegen Aussetzung der Vollziehung (gesonderte und einheitliche Gewinnfeststellung 19..).
Steuernummer: ......

Namens und in Vollmacht der Antragstellerin beantrage ich, die Vollziehung[4] des Gewinnfeststellungsbescheids für ...... 19.. vom ...... auszusetzen, soweit der Verlust niedriger[5] als ...... DM festgestellt worden ist[6].

Begründung:

Die Antragstellerin hat beim FA AdV. des oben bezeichneten Gewinnfeststellungsbescheids beantragt. Das FA hat den Antrag abgelehnt. Zugleich wies es den Einspruch der Antragstellerin als unbegründet zurück. Die Antragstellerin hat mit Schriftsatz vom ...... Klage erhoben, mit der sie eine Erhöhung des festgestellten Verlustes begehrt. In demselben Umfang wird auch AdV. begehrt.

Da die Klage auf Feststellung eines höheren Verlustes eine Anfechtungsklage ist, ist vorläufiger Rechtsschutz im Wege der AdV. zu gewähren (BFH-Beschluß vom 10. 7. 1979 VIII B 84/78, BStBl. II 1979, 567)[7].

Ernstliche Zweifel an der Rechtmäßigkeit des angefochtenen Gewinnfeststellungsbescheids bestehen, weil die der Auffassung des FA zugrunde liegende Auslegung des § 14 Abs. 2 FGO dem Zweck des § 3 Nr. 2 Buchst. b FördergebietsG offenkundig widerspricht[8].

                                                               Unterschrift

Anmerkungen

1. Vgl. Form. VII. 10 Anm. 1.
2. Vgl. Form. VII. 9 Anm. 3.
3. Vgl. Form. VII. 10 Anm. 3.
4. Vgl. Form. VII. 1 Anm. 9 und Form. VII. 10 Anm. 4, Form. VII. 13 Anm. 4.

15. Klage auf Erlaß eines „Verlustfeststellungsbescheids"

5. Vgl. Form. VII. 12 Anm. 5, Form. VII. 11 Anm. 4 und Form. VII. 13 Anm. 4.
6. Vgl. Form. VII. 10 Anm. 6.
7. Vgl. *Beermann* DStR 1986, 252; s.a. Form. VII. 13 Anm. 4.
8. Auch eine Bezugnahme auf eine (vorliegende oder gleichzeitig eingereichte) Klagebegründung wird für zulässig erachtet; vgl. Form. VII. 1 Anm. 9 und Form. VII. 10 Anm. 7.

Kosten und Gebühren

Vgl. Form. VII. 10. Der Streitwert bemißt sich auf 10% des Streitwertes des Hauptverfahrens, also auf 10% von 25% des streitigen Gewinns bzw. Verlustes (s. Form. VII. 13).

Fristen und Rechtsmittel

Vgl. Form. VII. 10 und oben Anm. 4.

15. Klage auf Erlaß eines „Verlustfeststellungsbescheids"

An das Finanzgericht[1] .... (Ort), ... (Datum)

in ......

Klage des A ......

Klägers zu 1,

und des B ......

Klägers zu 2,

Prozeßbevollmächtigter: ......

gegen

Finanzamt[3] ......

in ......

Beklagten,

wegen gesonderter Feststellung der Einkünfte aus Gewerbebetrieb für 19..

Steuernummer: ......

Namens und in Vollmacht der Kläger erhebe ich Klage[4]. Ich beantrage,
 I. den Bescheid[5] vom ......, mit dem das FA die Durchführung einer gesonderten Feststellung der Einkünfte aus dem gemeinschaftlichen Gewerbebetrieb der Kläger abgelehnt hat, sowie die Einspruchsentscheidung vom ...... aufzuheben und das FA zum Erlaß eines Bescheids zu verpflichten, durch den für 19.. ein Verlust von ...... DM, der den Klägern je zur Hälfte zuzurechnen ist, gesondert und einheitlich festgestellt wird[6],
 II. das Urteil hinsichtlich der Kosten für vorläufig vollstreckbar zu erklären[7],
 III. die Zuziehung eines Bevollmächtigten im Vorverfahren für notwendig zu erklären[8].

Begründung[9]:

Die Kläger haben im Streitjahr auf einem gepachteten landwirtschaftlichen Anwesen, zu dem größere Weideflächen gehören, den Betrieb eines Reiterhofes eröffnet. Es sollen eigene Pferde gehalten und fremde Pferde in Pension genommen werden. Ferner soll durch angestellte Reitlehrer Reitunterricht erteilt werden. Das FA hat die im Streitjahr entstandenen Verluste nicht als Anlaufverluste eines Gewerbebetriebes, sondern vor allem wegen der eigenen Pferdehaltung als Liebhabereibetrieb beurteilt. Deshalb hat es die Durchführung einer gesonderten Gewinnfeststellung abgelehnt. Nach den inzwischen vorliegenden Pensionsverträgen und den Voranmeldungen für Reitkurse ist aber nachhaltig mit einem Gewinn aus dem Betrieb zu rechnen, der insgesamt die Anlaufverluste übersteigt[10], so daß auch die Verluste des Jahres der Betriebseröffnung als Verluste aus Gewerbebetrieb aufzufassen und ihre gesonderte Feststellung nach Maßgabe der abgegebenen Feststellungserklärungen geboten ist.

Unterschrift

Anmerkungen

1. Vgl. Form. VII. 9 Anm. 2.

2. Vgl. Form. VII. 9 Anm. 3.

3. Vgl. Form. VII. 9 Anm. 4.

4. Die Klage auf Vornahme einer gesonderten und einheitlichen Feststellung von Einkünften (§§ 179, 180 AO 1977) ist eine Verpflichtungsklage (BFH-Urteil BStBl. II 1977, 510; BFH-Beschlüsse BStBl. II 1978, 15, BStBl. II 1979, 567). Daran hat auch BFH GrS BStBl. II 1987, 637 (s. C. I. 1., 2. c.) nichts geändert.
Die Verfügung, mit der der Erlaß des beantragten Feststellungsbescheids abgelehnt wird, ist ein Verwaltungsakt iSd. § 118 AO 1977. Die Verpflichtungsklage schließt die Anfechtung dieses Verwaltungsakts mit ein. Die somit auch vorliegende Anfechtungsklage wird aber, da das Rechtsschutzbegehren über die bloße Kassation der Ablehnung des erstrebten Verwaltungsakts hinausgeht und der sachliche Schwerpunkt der Klage in dem Verpflichtungsantrag liegt, von der Verpflichtungsklage absorbiert.
Die Verpflichtungsklage auf Erlaß eines abgelehnten Verwaltungsakts (Ablehnungsklage) kann auch als Sprungklage nach § 45 FGO erhoben werden (GrS BFH BStBl. II 1985, 303).
Wird Einspruch eingelegt (§ 348 Abs. 2, Abs. 1 Nr. 2 AO 1977/§ 347 Abs. 1 Nr. 1 AO 1977 i. d. F. des Gesetzes vom 24. 6. 1994 BStBl. I, 440) und das Vorverfahren (§ 44 Abs. 1 FGO) abgeschlossen, so ist die Klage binnen eines Monats seit Zustellung der schriftlich zu erteilenden Einspruchs- bzw. Beschwerdeentscheidung, die mit einer Rechtsbehelfsbelehrung versehen sein muß (§ 366 AO 1977), zu erheben (§ 47 Abs. 1 S. 2 FGO). Die Monatsfrist läuft nur, wenn die Rechtsbehelfsbelehrung ordnungsgemäß erteilt worden ist (§ 55 Abs. 1 FGO; vgl. *Tipke/Kruse* § 55 FGO Rdn. 2). Ist das nicht geschehen, kann die Klage grundsätzlich noch binnen einer Frist von einem Jahr seit dem Wirksamwerden der Einspruchsentscheidung (§ 124 AO 1977, § 366 S. 1 AO 1977, § 55 Abs. 2 FGO) erhoben werden. Wird die Frist zur Erhebung der Klage versäumt, kann unter den Voraussetzungen des § 56 FGO Wiedereinsetzung in den vorigen Stand erreicht werden.
Wegen der Berechnung der Frist, innerhalb der die Klage nur zulässigerweise erhoben werden kann, vgl. Form. VII. 9 Anm. 5 Abs. 2. Die Rechtsbehelfsbelehrung braucht keine Anleitung zur Berechnung der Klagefrist zu enthalten (BFH BStBl. II 1981, 70).

5. Der Kläger muß geltend machen, durch die Ablehnung des beantragten Verwaltungsakts in seinen Rechten verletzt zu sein (§ 40 Abs. 2 FGO). Dies muß er zur Bezeichnung des Streitgegenstandes bzw. des Gegenstandes des Klagebegehrens (§ 65 Abs. 1 FGO) in ausreichendem Umfang darlegen. Insoweit gelten für die Verpflichtungsklage und die Anfechtungsklage übereinstimmende Grundsätze (vgl. Form. VII. 9 Anm. 6).

6. Vgl. § 101 FGO. Steht die Höhe der festzustellenden Verluste noch nicht fest, kann

16. Antrag auf vorläufige Verlustfeststellung   VII. 16

auch ein bloßer Bescheidungsantrag gestellt werden (vgl. *Ziemer/Birkholz* § 101 Rdn. 17f., 19ff.).

    7. Vgl. Form. VII. 9 Anm. 7, 8.
    8. Vgl. Form. VII. 9 Anm. 9.
    9. Zur materiell-rechtlichen Beurteilung des Beispielfalles vgl. BFH BStBl. II 1979, 246.
    10. Zum Erfordernis der Erzielung eines sog. Totalgewinns s. BFH GrS BStBl. II 1984, 751, *Seeger* Festschrift für L. Schmidt, München 1993, S. 38 ff.

Kosten und Gebühren

Vgl. Form. VII. 9. Der Streitwert bestimmt sich wie bei Form. VII. 13; jedoch ist bei sogenannten Abschreibungsgesellschaften der Streitwert stets auf 50% des streitigen Verlustbetrages zu bemessen (vgl. BFH-Beschluß BStBl. II 1980, 520).

Fristen und Rechtsmittel

Vgl. oben Anm. 4 und Form. VII. 9.

16. Antrag auf vorläufige Verlustfeststellung im Wege der Aussetzung der Vollziehung (zu Form. VII. 15)

An das Finanzgericht[1] .... (Ort), ... (Datum)
in ......
Antrag des A und B ......

                                                                                              Antragsteller,

Prozeßbevollmächtigter[2]: ......
gegen
Finanzamt[3] ......
in ......

                                                                                              Antragsgegner,

wegen Aussetzung der Vollziehung (gesonderte Feststellung von Verlust aus Gewerbebetrieb für 19..)
Steuernummer: ......

Namens und in Vollmacht der Antragsteller beantrage ich,
die Vollziehung des die Verlustfeststellung ablehnenden Bescheids mit der Maßgabe auszusetzen[4], daß vorläufig bis zur rechtskräftigen Entscheidung im Hauptverfahren von einem Verlust gemäß der dem FA eingereichten Feststellungserklärung für ...... ausgegangen wird[5], der sich auf A und B nach Maßgabe der Feststellungserklärung verteilt[6].

Begründung:

Die Antragsteller haben im Jahre 19.. einen gemeinschaftlich betriebenen Reiterhof eröffnet. Das FA hat die Durchführung eines Verfahrens zur Feststellung der Anlaufverluste abgelehnt, da es sich um einen Liebhabereibetrieb handele. Demgegenüber haben die Antragsteller geltend gemacht, daß sich aufgrund der nunmehr vorliegenden Voranmeldungen für Reitkurse und aus den seit der Betriebseröffnung bereits abgeschlossenen Pensionsverträgen in den folgenden Jahren Gewinne ergeben werden. Dazu werden Aufstellungen der zu erwartenden jährlichen Aufwendungen und Erträge vorgelegt. Daraus ergibt sich – wie in der Klagebegründung näher dargelegt –, daß kein Liebhabereibetrieb, sondern ein Gewerbebetrieb vorliegt. Deshalb bestehen ernstliche Zweifel an der Rechtmäßigkeit der Ablehnung der Feststellung und Vertretung der erklärten Verluste[7].

Unterschrift

Anmerkungen

1. Vgl. Form. VII. 10 Anm. 1.

2. Vgl. Vorm. VII. 9 Anm. 3.

3. Vgl. Form. VII. 10 Anm. 3.

4. Vgl. Form. VII. 10 Anm. 4.

5. Bis zur Entscheidung des Großen Senats (BFH BStBl II 1987, 637) konnte vorläufiger Rechtsschutz gegen sog. negative Verlustfeststellungsbescheide, also z.B. bei Ablehnung der Verlustfeststellung wegen Verneinung einer Mitunternehmerschaft oder Verneinung eines auf Gewinnerzielung gerichteten Betriebs („Liebhaberei"), nur im Wege einstweiliger Anordnung erlangt werden. Dies war wegen des Erfordernisses eines Anordnungsgrundes nur – im Verhältnis zur AdV., für die ein solches Erfordernis nicht gilt – unter erschwerten Voraussetzungen möglich. Durch die Entscheidung des Großen Senats ist die Rechtslage vereinfacht und für die Steuerpflichtigen auch verbessert worden. Vgl. im übrigen Form. VII. 13 Anm. 4, Form. VII. 15 Anm. 4.

6. Wegen der Fassung des Antrags, der dem Tenor der begehrten Entscheidung entsprechen muß s. BFH BStBl. II 1987, 637, Leitsatz 2.

7. Es empfiehlt sich, die ernstlichen Zweifel an der Rechtmäßigkeit des angefochtenen Ablehnungsbescheids darzulegen, da das Rechtsschutzziel von AdV. und Klage (s. Form. VII. 15) verschieden ist. Gleichwohl wird von der h.M. Verweisung auf die Klagebegründung, falls diese bereits vorliegt, für zulässig erachtet (vgl. BFH BStBl. III 1967, 531; *Gräber/Koch* FGO § 69 Rdn. 18).

Kosten und Gebühren

Vgl. Form. VII. 14.

Fristen und Rechtsmittel

Vgl. Form. VII. 10.

17. Erklärung nach § 68 FGO nach Änderung des angefochtenen Verwaltungsakts

An das Finanzgericht[1] .... (Ort), ... (Datum)
in ......
– Aktenzeichen: ...... (des FG) –
In dem Rechtsstreit[2]
......(Name und Anschrift des Klägers)

Klägers,

Prozeßbevollmächtigter[3]: ......
gegen
Finanzamt[4] ......
in ......

Beklagten,

wegen ...... (Steuerart und Streitjahr)[5]
Steuernummer: ......

Den Änderungsbescheid[6] vom ...... erkläre ich gemäß § 68 FGO zum Gegenstand des Verfahrens[7].

Unterschrift

Anmerkungen

1. Der Antrag nach § 68 FGO kann auch im Revisionsverfahren gestellt werden; er ist dann an den BFH zu richten; s.a. Anm. 6.

2. § 68 FGO betrifft den praktisch wichtigsten Fall der Klageänderung. Der Antrag führt nur dann zur Auswechslung des Verfahrensgegenstandes, wenn die ursprünglich erhobene Klage zulässig war. Ist der Antrag nach § 68 FGO wirksam gestellt worden, bleibt der Prozeß dennoch mit dem ursprünglichen Verfahren identisch; es entstehen keine „doppelten" Gebühren (vgl. im einzelnen v. Bornhaupt Finanzrundschau 1974, 185).

3. Die Stellung des Antrags nach § 68 FGO ist eine Prozeßhandlung. Sie muß daher, soweit Vertretungszwang besteht (also vor dem BFH, Art. 1 Nr. 1 BFHEntlastG), von dem Prozeßbevollmächtigten vorgenommen werden.

4. Erläßt infolge Wechsels der örtlichen Zuständigkeit ein anderes als das beklagte FA den Änderungsbescheid, so wird dieses durch den Antrag nach § 68 FGO Beklagter. In dem Schriftsatz, mit dem der Antrag gestellt wird, ist noch das ursprünglich beklagte FA aufzuführen.

5. Der ursprünglich angefochtene Verwaltungsakt und der Änderungsbescheid müssen (mit der in Anm. 4 erwähnten Ausnahme) dieselben Beteiligten und denselben Regelungsgegenstand (Besteuerungsgegenstand, zB. dieselbe Steuerart und dasselbe Jahr) betreffen. Ist das nicht der Fall, kann ein Antrag nach § 68 FGO nicht wirksam gestellt werden.

6. Der Änderungsbescheid kann die Steuer höher oder niedriger festsetzen als der ursprüngliche Bescheid. Wird dem Klagebegehren durch niedrigere Steuerfestsetzung teilweise entsprochen, so muß der Kläger zur Vermeidung der Kostenlast (insoweit) seinen Klage-

antrag einschränken (vgl. aber § 137 FGO, der auch dann zur Auferlegung der anteiligen Kosten führen kann). Wird die Steuer höher festgesetzt, kann der Kläger sein Rechtsschutzbegehren auch darauf erstrecken, indem er den Klageantrag entsprechend erweitert. Die erfolglose Durchführung des Vorverfahrens (§ 44 Abs. 1 FGO) ist dafür nicht Voraussetzung. Wird der Antrag nach § 68 FGO während des Revisionsverfahrens gestellt, kann dies zur Zurückverweisung der Sache an das FG (§ 127 FGO) führen; das ist stets der Fall, wenn der die Steuer höher als der ursprüngliche Steuerbescheid festsetzende Änderungsbescheid dergestalt zum Gegenstand des Verfahrens gemacht wird, daß der Kläger sich auch gegen den Erhöhungsbetrag wendet.

Ist der Kläger der Auffassung, der Änderungsbescheid hätte aus verfahrensrechtlichen Gründen nicht ergehen dürfen, so kann er auch dies nach Stellung eines Antrags nach § 68 FGO im gerichtlichen Verfahren geltend machen. Hat er damit Erfolg, ist über sein ursprüngliches Klagebegehren zu befinden, dh. er kann die Aufhebung des Änderungsbescheids und die Abänderung des ursprünglichen Bescheids in demselben gerichtlichen Verfahren beantragen und erreichen. Er kann sich aber auf die Anfechtung des Änderungsbescheids mit einem außergerichtlichen Rechtsbehelf beschränken. Dann ist das gerichtliche Verfahren über den ursprünglichen Verwaltungsakt bis zum Abschluß des zweiten (zunächst außergerichtlichen) Verfahrens auszusetzen.

Hat der Änderungsbescheid dem Klagebegehren in vollem Umfang abgeholfen, muß der Kläger, wenn er einen Antrag nach § 68 FGO zwecks anderweitiger Anfechtung des Änderungsbescheids nicht stellen will, die Hauptsache für erledigt erklären; andernfalls wird die Klage gegen den ursprünglichen Bescheid mit der Kostenfolge des § 135 Abs. 1 FGO als unzulässig abgewiesen.

7. Nach § 68 S. 2 FGO i.d.F. des Gesetzes vom 21. 12. 1992 (BGBl. I, 2109), die seit dem 1. 1. 1993 gilt, kann der Antrag nur binnen einer Frist von einem Monat nach Bekanntgabe des Änderungsbescheids wirksam gestellt werden. Wird die Frist versäumt, kann unter den Voraussetzungen des § 56 FGO Wiedereinsetzung in den vorigen Stand erlangt werden. Die Fristversäumung hat zur Folge, daß ein Sachurteil über die Klage gegen den ursprünglichen Bescheid (Verwaltungsakt) nicht mehr zulässig ist, solange der Änderungsbescheid besteht (vgl. BFH BStBl. II 94, 658).

Kosten und Gebühren

Es fallen keine besonderen Kosten an.

Fristen und Rechtsmittel

Der Antrag nach § 68 ist fristgebunden (vgl. oben Anm. 7). Es sind keine besonderen Rechtsmittel gegeben. Nichtberücksichtigung oder Unwirksamkeit einer Erklärung nach § 68 FGO können im laufenden Verfahren und – gegebenenfalls – in einem sich anschließenden Revisionsverfahren gerügt werden. Wird die Frist versäumt, kommt Wiedereinsetzung in den vorigen Stand (§ 56 FGO) in Betracht.

18. Erklärung zur Erledigung der Hauptsache und Kostenantrag

An das Finanzgericht[1] .... (Ort), ... (Datum)
in ......
– Aktenzeichen: ...... (des FG) –
In dem Rechtsstreit
...... (Name und Anschrift des Klägers)

Klägers,

Prozeßbevollmächtigter: ......
gegen
Finanzamt ......
in ......

Beklagten,

wegen ...... (Steuerart und Streitjahr)
Steuernummer: ......

Das FA hat dem Klagebegehren durch den Änderungsbescheid vom ...... abgeholfen[1]. Daher erkläre ich den Rechtsstreit in der Hauptsache für erledigt[2]. Ich beantrage, dem FA die Kosten aufzuerlegen[3].

Unterschrift

Anmerkungen

1. Hat das FA dem Klagebegehren in einem Änderungsbescheid nur teilweise abgeholfen und erklärt der Kläger gleichwohl den Rechtsstreit in vollem Umfang für in der Hauptsache erledigt, so liegt darin eine Einschränkung des Klagebegehrens (soweit dem Begehren nicht entsprochen worden ist). Die Kostenentscheidung ergeht auch in diesem Fall nach § 138 FGO.

2. Eine wirksame Erledigungserklärung setzt nach h.M. die Zulässigkeit der Klage voraus (vgl. *Gräber* FGO § 138 Rdn. 2 B III; *Gräber/Ruban* FGO § 138 Rdn. 18; *Kühn/ Kutter/Hofmann* § 138 FGO Anm. 1; a.A. BFH/NV 88, 182; BFH BStBl. II 73, 532; BFH BStBl. II 1974, 749).
Geben Kläger und Beklagter übereinstimmend Erledigungserklärungen ab, prüft das Gericht nicht, ob die Hauptsache tatsächlich erledigt ist, sondern trifft nur noch die Kostenentscheidung nach § 138 FGO (*Gräber/Ruban* FGO § 138 Rdn. 11). Bei nur einseitiger Erledigtklärung entscheidet das Gericht, ob ein erledigendes Ereignis eingetreten ist. Bejaht es die Frage, erlegt es demjenigen, der keine Erledigungserklärung abgegeben hat, die Kosten nach § 135 Abs. 1 FGO auf, und zwar, wenn das FA sich der Erledigungserklärung des Klägers nicht angeschlossen hat, unter Feststellung der Erledigung der Hauptsache, und wenn der Kläger (ohne die Hauptsache für erledigt zu erklären) an seinem Klagebegehren festgehalten hat, indem es die Klage als unzulässig abweist (BFH BStBl. II 1971, 307; Beschlüsse BStBl. II 1979, 378; BStBl. II 1979, 375; BStBl. II 1979, 709; BStBl. II 1979, 779). Ist die Hauptsache entgegen der Erklärung des Klägers nicht erledigt, so trifft ihn die Kostenlast, wenn er nicht hilfsweise seinen Antrag auf Erlaß einer Entscheidung in der Hauptsache aufrecht erhält. Folgt das Gericht der einseitigen Erledi-

gungserklärung des FA nicht, so ergeht dann eine Sachentscheidung über den Klageantrag des Klägers.

Mit dem Kostenantrag bei Abgabe der Erledigungserklärung kann auch der Antrag verbunden werden, die Zuziehung eines Bevollmächtigten im Vorverfahren für notwendig zu erklären (§ 139 Abs. 3 S. 3 FGO; vgl. Form. VII. 9 Anm. 9).

3. Der an sich nicht notwendige Kostenantrag (§ 143 Abs. 1 FGO) wird in der Regel begründet. Dabei ist insbesondere darzulegen, warum bis zum erledigenden Ereignis die Klage zulässig und begründet war. Das Gericht trifft seine Entscheidung allerdings nach summarischer Prüfung; Beweise werden nicht mehr erhoben (*Gräber/Ruban*, FGO, § 138 Rdn. 26).

Kosten und Gebühren

Der Streitwert bestimmt sich nach den bis zur Erledigung der Hauptsache entstandenen Gebührenansprüchen.

Gerichtsgebühren: Anlage 1 zu § 11 GKG Nr. 1308, 1318.

Prozeßbevollmächtigter des Klägers: (grundsätzlich) keine besondere Gebühr.

Fristen und Rechtsmittel

Die Erklärung zur Erledigung der Hauptsache ist nicht fristgebunden. Ergeht auf die Erledigungserklärung ein Beschluß gem. § 138 FGO, kann dieser nicht mit der Beschwerde angefochten werden (§ 128 Abs. 4 FGO).

19. Antrag auf Berichtigung eines Urteils wegen offenbarer Unrichtigkeit

An das Finanzgericht[1] .... (Ort), ... (Datum)
in ......
– Aktenzeichen: ...... (des FG) –
In dem Rechtsstreit[2]
...... (Name und Anschrift des Klägers)

Klägers,

Prozeßbevollmächtigter[3]: ......
gegen
Finanzamt ......
in ......

Beklagten,

wegen ...... (Steuerart und Jahr)
Steuernummer: ......

Namens und in Vollmacht des Klägers beantrage[4] ich, die Entscheidungsformel des Urteils vom .... (Datum und Aktenzeichen) ...... wie folgt zu berichtigen:
Unter Abänderung des Steuerbescheids vom ...... und der Einspruchsentscheidung vom ...... wird die ......steuer für 19.. auf ...... DM herabgesetzt. Im übrigen wird die

19. Antrag auf Berichtigung eines Urteils

Klage abgewiesen. Die Kosten des Verfahrens hat der Kläger zu ...... vH., der Beklagte zu ...... vH. zu tragen.

Begründung[5]:

Der Kläger hatte im Streitjahr außergewöhnliche Belastungen von ...... DM zu tragen. Das war schon vom FA bei der Einkommensteuerveranlagung berücksichtigt worden und auch im finanzgerichtlichen Verfahren nicht streitig. In der Berechnung der Steuer in dem finanzgerichtlichen Urteil ist der Betrag der abzugsfähigen außergewöhnlichen Belastung jedoch nicht vom dem zu versteuernden Einkommensbetrag mindernd abgesetzt. Das kann nur auf einer einem Schreib- oder Rechenfehler ähnlichen offenbaren Unrichtigkeit beruhen. Der festgesetzte Steuerbetrag ist daher antragsgemäß herabzusetzen.

Unterschrift

Anmerkungen

1. Anträge auf Urteilsberichtigung sind bei dem Gericht zu stellen, das das Urteil erlassen hat, gegebenenfalls also auch an den BFH.

2. Der Antrag ist unter demselben Rubrum (Streitsachenbezeichnung) zu stellen, unter dem das Urteil ergangen ist.

3. War für den Rechtsstreit ein Prozeßbevollmächtigter bestellt, so kann dieser den Antrag noch kraft der Prozeßvollmacht stellen (§§ 81, 83 ZPO; vgl. *Ziemer/Birkholz* § 62 Rdn. 13).

4. Eine Urteilsberichtigung nach § 107 FGO ist nicht von der Stellung eines Antrags abhängig. Die Berichtigung ist auch nicht an eine Frist gebunden.

Eine offenbare Unrichtigkeit liegt vor, wenn eine (richtige oder falsche) Überlegung falsch ausgedrückt worden ist und diese Unrichtigkeit des Ausdrucks auf der Hand liegt. Naheliegende Fehler der Überlegung sind keine offenbaren Unrichtigkeiten iS. des § 107 FGO (vgl. auch § 129 AO 1977). Eine offenbare Unrichtigkeit liegt auch vor, wenn etwas offenbar Gewolltes übersehen wird, so daß auch Auslassungen offenbare Unrichtigkeiten sein können. Maßstab ist jeweils der im Gesetz genannte Schreib- oder Rechenfehler.

Im Beispielsfall ist auch die Kostenentscheidung zu berichtigen, wenn infolge der mangelnden Berücksichtigung der abzugsfähigen außergewöhnlichen Belastung die Kostenverteilung in dem zu berichtigenden Urteil unrichtig war.

Die Berichtigung einer offenbaren Unrichtigkeit hat grundsätzlich keinen Einfluß auf den Lauf der Rechtsmittelfrist (*Gräber* § 120 Rdn. 5).

5. Zur Beurteilung des Beispielsfalles vgl. BFH-Beschluß BStBl. II 1972, 954.

Kosten und Gebühren

Die Entscheidung ergeht gerichtskostenfrei. Zusätzliche Gebühren für den Prozeßbevollmächtigten entstehen nicht (§§ 13, 37 BRAGO; § 45 StBGebV).

Fristen und Rechtsmittel

Die Berichtigung ist nicht antrags- oder fristgebunden; sie kann auch noch im Revisionsverfahren und nach Eintritt der Rechtskraft durchgeführt werden. Gegen den Beschluß, mit dem einem Berichtigungsantrag entsprochen oder dieser abgelehnt wird, ist die binnen zwei Wochen (§ 129 Abs. 1 FGO) einzulegende Beschwerde nach § 128 Abs. 1 FGO gegeben.

Die Frist zur Erhebung der Nichtzulassungsbeschwerde oder der Revision (s. Form. VII. 9 – Rechtsmittel und Fristen –) wird durch einen Berichtigungsantrag weder gehemmt noch unterbrochen.

20. Antrag auf Berichtigung eines Urteilstatbestands

An das Finanzgericht[1] .... (Ort), ... (Datum)
in ......
– Aktenzeichen: ...... (des FG) –
In dem Rechtsstreit[2]
...... (Name und Anschrift des Klägers)

Klägers,

Prozeßbevollmächtigter[3]: ......
gegen
Finanzamt ......
in ......

Beklagten,

wegen ...... (Steuerart und Jahr)
Steuernummer: ......

Namens und in Vollmacht des Klägers beantrage[4] ich, den Tatbestand des Urteils vom .... (Datum und Aktenzeichen) in der Weise zu berichtigen, daß am Ende der Darstellung des Vorbringens des Klägers eingefügt wird:

Der Kläger hat sich für die Richtigkeit der Behauptung, die Mehleinkäufe seien vollständig aus den vorliegenden Einkaufsrechnungen ersichtlich, auf das Zeugnis seines Gesellen A bezogen.

Begründung:

Der Kläger ist Bäcker. Das FA hat seine Buchführung als nicht ordnungsmäßig angesehen und den Gewinn geschätzt. Dabei ist es davon ausgegangen, die in dem Betrieb verbackenen Mengen an Mehl seien wegen starker Schwankungen im Mehlverbrauch größer, als vom Kläger angegeben, da er die Mehleinkäufe nicht fortlaufend aufgezeichnet, sondern nur die Einkaufsrechnungen, und zwar unvollständig, aufbewahrt habe. In dem Termin zur Beweisaufnahme, in dem auch der Kläger gehört worden ist, hat er nicht nur seine Behauptung wiederholt, die Einkaufsrechnungen und die Belege über den sonstigen Zugang von Mehl lägen vollständig vor, sondern er hat sich für die Richtigkeit seines Vorbringens auch auf das Zeugnis seines Gesellen A bezogen. Das hatte der Kläger bis dahin nicht getan, um A aus dem Prozeß herauszuhalten. Die Erklärung des Klägers ist infolge der erregten Diskussion in dem Termin nicht protokolliert worden. Da das Gericht sein Urteil noch am selben Tag verkündet hat, konnte der Beweisantritt nicht mehr schriftsätzlich wiederholt werden.

Der Kläger kann, da sein Beweisantrag weder in dem Urteilstatbestand noch im Protokoll enthalten ist, nur im Wege der Tatbestandsberichtigung nachweisen, daß das FG einen Beweisantrag übergangen und somit den Sachverhalt nicht im erforderlichen Maße aufgeklärt hat.

Unterschrift

20. Antrag auf Berichtigung eines Urteilstatbestands VII. 20

Anmerkungen

1. Anträge auf Tatbestandsberichtigung kommen nur beim FG in Betracht, da die Revisionsurteile in tatsächlicher Hinsicht auf dem Urteil der Tatsacheninstanz, also des FG beruhen (§ 118 Abs. 2 FGO).

2. Vgl. Form. VII. 19 Anm. 2.

3. Vgl. Form. VII. 19 Anm. 3.

4. Eine Tatbestandsberichtigung ist nach § 108 FGO nur auf Antrag möglich, der binnen zwei Wochen nach Zustellung des Urteils gestellt sein muß. Allerdings kann bei unverschuldeter Fristversäumnis Wiedereinsetzung in den vorigen Stand nach § 56 FGO gewährt werden.

Die Tatbestandsberichtigung kann dazu benutzt werden, die Anfechtung eines finanzgerichtlichen Urteils mit der Nichtzulassungsbeschwerde bzw. der Revision (s. Form. VII. 9 Rechtsmittel und Fristen –) vorzubereiten (vgl. dazu die insoweit anders liegenden Beispielsfälle VII. 24, 28). Gleichwohl hemmt weder der Berichtigungsantrag noch die (positive oder negative) Entscheidung über den Antrag den Lauf der Revisionsfrist (BFH-Beschluß BStBl. II 1977, 291). Anders ist die Lage, wenn es (zugleich) zu einer Urteilsergänzung nach § 109 FGO kommt (vgl. Form. VII. 21). Ein Rechtsmittel (Nichtzulassungsbeschwerde oder ggf. Revision, s. Form. VII. 9 – Rechtsmittel und Fristen –) ist also, wenn das finanzgerichtliche Urteil angegriffen werden soll, stets innerhalb der dafür vorgeschriebenen Frist (§ 115 Abs. 3, § 120 Abs. 1 FGO; vgl. Form. VII. 23, 26) einzulegen. Steht die Entscheidung über den Antrag bei Ablauf der Revisionsbegründungsfrist noch aus, so ist *vor* deren Ablauf eine Verlängerung herbeizuführen (§ 120 Abs. 1 S. 2 FGO).

Tatbestandsberichtigung setzt ein rechtliches Interesse des Antragstellers an der Berichtigung voraus. Ein solches Rechtsschutzinteresse an der Tatbestandsberichtigung ist dann gegeben, wenn andernfalls im Verfahren nach § 115 Abs. 3 FGO und Revisionsverfahren wegen der Beweiskraft von Urteilstatbestand (§ 105 FGO, § 314 S. 1 ZPO iVm. § 155 FGO) und Sitzungsprotokoll (§ 94 FGO, § 314 S. 2, § 165, § 160 Abs. 3 ZPO) von einem unrichtigen (unvollständigen) Sachverhalt auszugehen wäre (vgl. § 118 Abs. 2 FGO), dh. im Beispielsfall der Kläger nicht mit Aussicht auf Erfolg mangelnde Sachaufklärung rügen könnte (vgl. dazu Form. VII. 24, 28).

Der Beschluß über die Tatbestandsberichtigung ist unanfechtbar (§ 108 Abs. 2 S. 2 FGO).

Kosten und Gebühren

Der Beschluß ergeht gerichtskostenfrei. Zusätzliche Gebühren für den Prozeßbevollmächtigten entstehen nicht (§§ 13, 37 BRAGO).

Fristen und Rechtsmittel

Vgl. oben Anm. 4.

Seeger

21. Antrag auf Ergänzung eines Urteils

An das Finanzgericht[1] .... (Ort), ... (Datum)
in ......
– Aktenzeichen: ...... (des FG) –
In dem Rechtsstreit[2]
...... (Name und Anschrift des Klägers)

                                                                      Klägers,

Prozeßbevollmächtigter[3]: ......
gegen
Finanzamt ......
in ......

                                                                      Beklagten,

wegen ...... (Steuerart und Jahr)
Steuernummer: ......

Namens und in Vollmacht des Klägers beantrage[4] ich, das Urteil vom ...... (Datum und Aktenzeichen) durch eine Entscheidung über den unter 19.. gestellten Klageantrag zu ergänzen.

Begründung:

Der Kläger hat die ...... steuerfestsetzungen für die Jahre 1982 bis 1986 angefochten. Streitig war für 1983 bis 1986 die Höhe der Gewinne aus Gewerbebetrieb. Im Rahmen der Veranlagung für 1982 hat der Kläger geltend gemacht, vorbereitende Betriebsausgaben für seinen 1983 eröffneten Betrieb gehabt zu haben. Darüber hat das FG dem Tenor seiner Entscheidung nach nicht entschieden. Das ist in dem Ergänzungsurteil nachzuholen.

                                                                      Unterschrift

Anmerkungen

1. Anträge auf Urteilsergänzung (dh. auf Erlaß eines Ergänzungsurteils) sind bei dem Gericht zu stellen, das das ergänzungsbedürftige Urteil erlassen hat; gegebenenfalls also beim BFH.

2. Vgl. Form. VII. 19 Anm. 2.

3. Vgl. Form. VII. 19 Anm. 3.

4. Der Erlaß eines Ergänzungsurteils ist nach § 109 Abs. 1 FGO nur auf Antrag möglich, der binnen zwei Wochen nach Zustellung des Urteils gestellt sein muß. Allerdings kann bei unverschuldeter Fristversäumnis Wiedereinsetzung in den vorigen Stand nach § 56 FGO gewährt werden.

Die praktisch häufigsten Fälle der Urteilsergänzung ergeben sich bei der objektiven Klagehäufung, wenn (wie im Beispielsfall) über ein Streitjahr versehentlich keine Entscheidung ergeht. Ist die Klage (ohne Einschränkung) abgewiesen worden, so ist zweifelhaft, ob über einen vom Kläger gestellten Hilfsantrag, mit dem der Ansatz niedrigerer Einkünfte begehrt wurde, durch Ergänzungsurteil entschieden werden kann (vgl. *Kühn/Kutter/Hofmann* § 109 FGO Anm. 1).

Da Urteilsergänzung nur dann in Betracht kommt, wenn Anträge „nach dem Tatbestand" gestellt worden sind (§ 109 Abs. 1 FGO), kann es erforderlich sein, falls ein gestellter Antrag nicht aus dem Urteil hervorgeht, zugleich Tatbestandsberichtigung nach § 108 FGO zu beantragen (vgl. Form. VII. 20).

Ergeht antragsgemäß das Ergänzungsurteil, kann es selbständig angefochten werden, soweit dies nicht, wenn die Ergänzung nur im Kostenpunkt erfolgt, nach § 145 Abs. 1 FGO ausgeschlossen ist. Die Unrichtigkeit der in einem Ergänzungsurteil getroffenen Kostenentscheidung kann nur im Rahmen einer gegen das „ursprüngliche" Urteil erhobenen Revision geltend gemacht werden. Ergeht das Ergänzungsurteil noch innerhalb der Revisionsfrist (§ 120 Abs. 1 S. 1 FGO), so ist nach hM. § 517 S. 1 ZPO iVm. § 155 FGO entsprechend anwendbar, dh. es beginnt mit der Zustellung der nachträglichen Entscheidung der Lauf der Revisionsfrist gegen das zuerst ergangene Urteil von neuem (*Gräber* § 109 Rdn. 7 b; *Gräber/von Groll* FGO § 109 Rdn. 4; *Kühn/Kutter/Hofmann* § 109 FGO Anm. 2; *Ziemer/Birkholz* § 109 Rdn. 10; *Tipke/Kruse* § 109 FGO, Rdn. 2).

Das Ergänzungsurteil enthält, sofern es nicht zur Nachholung der Kostenentscheidung ergeht, eine Kostenentscheidung.

Kosten und Gebühren

Vgl. oben Anm. 4 Abs. 5. Zusätzliche Gebühren für den Prozeßbevollmächtigten entstehen nicht (§§ 13, 37 BRAGO).

Fristen und Rechtsmittel

Vgl. oben Anm. 4.

Beschwerde im finanzgerichtlichen Verfahren

22. Beschwerde gegen die Zurückweisung eines Gesuchs auf Ablehnung eines Richters

An das Finanzgericht[1] .... (Ort), ... (Datum)

in ......

– Aktenzeichen: ...... (des FG) –

In dem Rechtsstreit[2]

...... (Name und Anschrift des Klägers)

Klägers,

Prozeßbevollmächtigter[3]: ......

gegen

Finanzamt ......

in ......

Beklagten,

wegen ...... (Steuerart und Jahr)

Steuernummer: ......

Namens und in Vollmacht des Klägers erhebe ich Beschwerde[4] gegen den Beschluß des Finanzgerichts vom ...... (Datum und Aktenzeichen) und beantrage[5],
das Gesuch auf Ablehnung des Richter A wegen Besorgnis der Befangenheit für begründet zu erklären[6].

Begründung:

Der Kläger und der abgelehnte Richter waren in einen Verkehrsunfall verwickelt, bei dem beider PKW beschädigt wurden. Der Kläger und A erheben wechselseitig Schadensersatzansprüche. Es ist nicht auszuschließen, daß es zu einem Zivilrechtsstreit kommt. Das FG hat deshalb zu Unrecht Besorgnis der Befangenheit des abgelehnten Richters verneint.

Unterschrift

Anmerkungen

1. Die Beschwerde, über die der BFH zu entscheiden hat (§ 132 FGO), ist binnen zwei Wochen beim FG einzulegen (§ 129 Abs. 1 FGO), das ihr abhelfen kann (§ 130 Abs. 1 FGO). Die unmittelbare Einlegung beim BFH hat fristwahrende Wirkung (§ 129 Abs. 2 FGO; vgl. Anm. 4).

2. Die Beschwerde ist unter demselben Rubrum (Streitsachenbezeichnung) einzulegen, unter dem der Rechtsstreit geführt wird. Die abgelehnte Gerichtsperson ist lediglich im Antrag oder in der Begründung des Gesuchs aufzuführen.

3. Vgl. Form. VII. 19 Anm. 3. Für die Einlegung der Beschwerde besteht Vertretungszwang, dh. nur ein Rechtsanwalt, Steuerberater oder Wirtschaftsprüfer kann die Beschwerde wirksam einlegen (vgl. Art. 2 Nr. 1 BFH-EntlastG) s. a. Form. VII. 26 Anm. 2. Die Zurücknahme des Rechtsmittels ist auch durch den Beteiligten selbst (ohne oder gegen den Willen eines etwaigen Prozeßbevollmächtigten) möglich (BFH-Beschluß BStBl. II 1981, 395).

4. Andere Entscheidungen des FG als Urteile oder Vorbescheide können, soweit das Gesetz dies nicht wie in § 128 Abs. 2 FGO für prozeßleitende Maßnahmen ausschließt oder von der Zulassung der Beschwerde durch das FG – wie z.B. in Fällen der AdV. – abhängig macht (§ 128 Abs. 3 FGO), mit der Beschwerde angefochten werden (§ 128 Abs. 1 FGO). Die Beschwerde in Kostensachen ist ausgeschlossen (§ 128 Abs. 4 FGO).
Soweit eine Beschwerde statthaft („gegeben") ist, kann sie zulässigerweise nur binnen zwei Wochen seit Bekanntgabe der Entscheidung erhoben werden (§ 129 Abs. 1 FGO). Das gilt nicht für die Nichtzulassungsbeschwerde (§ 115 Abs. 3 FGO: Frist ein Monat). Die Beschwerdefrist ist gemäß § 54 FGO zu berechnen (vgl. Form. VII. 9 Anm. 5 Abs. 2).
Nach § 51 Abs. 1 FGO, § 46 Abs. 2 ZPO ist der Beschluß, mit dem einem Gesuch auf Ablehnung einer Gerichtsperson entsprochen wird, unanfechtbar; ein zurückweisender Beschluß ist nach § 46 Abs. 2 ZPO mit „sofortiger Beschwerde" anfechtbar, die – weil die FGO das Institut der „sofortigen Beschwerde" nicht kennt – als Beschwerde nach § 128 Abs. 1 FGO behandelt wird (BFH GrS BStBl. II 1982, 217, 219), so daß das FG befugt ist, der Beschwerde nach § 130 Abs. 1 FGO abzuhelfen; a.A. hinsichtlich Abhilfebefugnis *Tipke/Kruse*, FGO, § 51 Rdn. 11.

5. Über ein Ablehnungsgesuch entscheidet das Gericht, dem der Abgelehnte angehört. Ein abgelehnter Richter wirkt an der Entscheidung darüber nicht mit, sondern der Richter, der im Falle seiner Verhinderung nach dem Geschäftsverteilungsplan an seine Stelle tritt. Mit der Entscheidung ist das Gesuch iS. des § 47 ZPO erledigt; das folgt aus dem Zusammenhang der §§ 45 und 47 ZPO (BFH-Beschluß BStBl. II 1978, 404). Wird dem Gesuch nicht entsprochen, so ist der (zunächst vergeblich) abgelehnte Richter daher befugt und verpflichtet, an einer Entscheidung in der Hauptsache mitzuwirken, auch wenn gegen die Zurückweisung des Gesuchs Beschwerde eingelegt wird, da die Beschwerde keine aufschiebende Wirkung hat (§ 131 Abs. 1 S. 1 FGO; vgl. BFH-Beschluß BStBl. II 1978, 404).

Früher war umstritten, ob ein Beteiligter nach erfolgloser Ablehnung eines Richters wegen Besorgnis der Befangenheit sein Ablehnungsbegehren mit der Beschwerde auch dann weiterverfolgen konnte, wenn das Urteil des FG – unter Mitwirkung des erfolglos abgelehnten Richters – bereits ergangen war, oder ob er gezwungen war, den Ablehnungsgrund im Rahmen der Revision geltend zu machen (vgl. BFH-Beschlüsse BStBl. II 1978, 404, BStBl. II 1979, 565 und BStBl. II 1980, 592; s. ferner *Gräber* § 51 Rdn. 4 zu § 46 ZPO Rdn. 2b; *Ziemer/Birkholz* § 51 Rdn. 44). Der Große Senat des BFH hat entschieden, daß über die Beschwerde unabhängig von einem Revisionsverfahren zu entscheiden ist (BFH BStBl. II 1982, 217). Steht dem Kläger also kein weiterer zulassungsfreier (§ 116 FGO) Revisionsgrund zur Seite – kann er zB. mangels Zulassung der Revision (s. Form. VII. 9 – Rechtsmittel und Fristen –) seiner Meinung nach vorliegende materiell-rechtliche Fehler nicht rügen –, kann er die Beschwerdeentscheidung abwarten, ohne unter Übernahme des zusätzlichen Kostenrisikos sogleich Revision erheben zu müssen; hat die Beschwerde Erfolg, ist ihm nach der Entscheidung des Großen Senats wegen der Versäumung der Revisionsfrist Wiedereinsetzung in den vorigen Stand zu gewähren. Die Revision hat dann nach § 119 Nr. 2 FGO Erfolg (sofern sie zulässig ist).

6. Für die Ausschließung und die Ablehnung von Gerichtspersonen gelten nach § 51 FGO die §§ 41 bis 49 ZPO sinngemäß. Einen besonderen Ablehnungsgrund enthält § 51 Abs. 1 S. 2 FGO.

Ein Richter (auch ein ehrenamtlicher Richter) oder der Urkundsbeamte der Geschäftsstelle können außer in den Fällen, in denen sie von der Ausübung ihres Amtes kraft Gesetzes ausgeschlossen sind (vgl. §§ 41, 49 ZPO), auch abgelehnt werden, wenn Besorgnis der Befangenheit bei der Amtsausübung besteht (§ 42 ZPO). Diese Besorgnis ist gerechtfertigt, wenn ein Grund vorliegt, der für einen Beteiligten von seinem Standpunkt aus bei vernünftiger Betrachtung Zweifel an der Unvoreingenommenheit des Richters (oder der sonstigen Gerichtsperson) begründet; es kommt nicht darauf an, ob der Richter tatsächlich „befangen" ist. Ein Ablehnungsgrund kann nicht in allgemeinen rechtlichen oder politischen Anschauungen gefunden werden, die ein Richter geäußert hat. Auch Hinweise auf die Beurteilung eines anhängigen Verfahrens bilden keinen Ablehnungsgrund (vgl. BFH-Beschluß BStBl. II 1971, 243); anders wenn der Richter durch Äußerungen die berechtigte Befürchtung entstehen läßt, er werde Gegengründen nicht aufgeschlossen gegenüberstehen (BFH BStBl. II 1985, 555). Auch die Mitwirkung des Richters an in demselben Verfahren ergangenen, dem Kläger ungünstigen Entscheidungen begründet keine Besorgnis der Befangenheit (vgl. Mitwirkung an der Versagung von Prozeßkostenhilfe, BVerwG HFR 88, 479; Ablehnung der Aussetzung des Verfahrens wegen Anhängigkeit einer Verfassungsbeschwerde, EFG 90, 436). Ein Finanzrichter ist auch nicht wegen früherer Zugehörigkeit zur Finanzverwaltung ausgeschlossen, BVerfG HFR 89, 272. Es muß vielmehr grundsätzlich ein persönlicher Grund wie Feindschaft oder Streit vorliegen. Das Ablehnungsgesuch muß bei dem Gericht angebracht worden sein, bevor die Entscheidung ergangen ist, dh. das Gericht muß noch in der Lage sein, seine unter Mitwirkung des abgelehnten Richters getroffene Entscheidung zu ändern bzw. anders zu treffen (BFH-Beschluß BStBl. II 1980, 335 und BVerwG HFR 1980, 110).

Kosten und Gebühren

Der Streitwert beträgt 10% des Streitwertes der Hauptsache (BFH-Beschluß v. 3. 8. 1976 VII B 17–23, 37/76, BStBl. II 1976, 691).

Gerichtsgebühren: Anlage 1 zu § 11 GKG Nr. 1371.

Zusätzliche Gebühren für den Prozeßbevollmächtigten entstehen nicht (§§ 13, 37 BRAGO).

Fristen und Rechtsmittel

Vgl. oben Anm. 1, 4, 5.

Das Ablehnungsersuchen kann nicht mit einer nach Ergehen des finanzgerichtlichen Urteils erhobenen Nichtzulassungsbeschwerde oder Revision „nachgeholt" werden (*Gräber/Koch*, FGO, § 51 Rdn. 3 m.w.N.).

23. Beschwerde gegen die Nichtzulassung der Revision (Zulassung wegen grundsätzlicher Bedeutung)

An das Finanzgericht[1] .... (Ort), ... (Datum)

in ......

– Aktenzeichen, ... (des FG) –

In dem Rechtsstreit[2]

...... (Name und Anschrift des Klägers)

                               Klägers und Beschwerdeführers,

Prozeßbevollmächtigter[3]: ......

gegen

Finanzamt ......

in ......

                               Beklagten und Beschwerdegegner,

wegen ...... (Steuerart und Jahr)

Steuernummer: ......

Namens und in Vollmacht des Klägers erhebe ich Beschwerde[4] gegen die Nichtzulassung[6] der Revision gegen das Urteil des Finanzgerichts ...... vom ...... Aktenzeichen ......

Begründung:

Das FG hat die Klage als unzulässig, weil verspätet erhoben, abgewiesen. Die Klagefrist lief bis zum 24. 2. 19.. Am Abend des 24. 2. 19.. hat der Prozeßbevollmächtigte des Klägers die Klageschrift in einem an das FA adressierten Briefumschlag in den Hausbriefkasten des FA eingeworfen. Die Klageschrift ist mit dem Eingangsstempel des FA vom 25. 2. 19.. versehen worden, obwohl sie noch vor 24 Uhr am 24. 2. 19.. in den Briefkasten gelangt ist. Das FG hat den Eingangsstempel des FA als öffentliche Urkunde angesehen, die vollen Beweis für die darin bezeugten Tatsachen erbringe (§ 418 Abs. 1 ZPO). Es hat den nach § 418 Abs. 2 ZPO möglichen Gegenbeweis durch die die Sachdarstellung des Klägers bestätigende eidesstattliche Versicherung des Prozeßbevollmächtigten des Klägers als nicht geführt angesehen.

Hätte das FG über den Zeitpunkt der Einlegung der Klageschrift in den Hausbriefkasten des FA Beweis erhoben und die Beweise ohne Bindung an die Beweisregel des § 418 Abs. 1 und Abs. 2 ZPO gewürdigt, wäre es zu der Überzeugung gelangt, daß die Klageschrift noch rechtzeitig beim FA angebracht worden ist.

Der Kläger ist der Auffassung, daß § 418 ZPO im finanzgerichtlichen Verfahren nicht (entsprechend) anwendbar ist, da die Vorschrift in § 82 FGO nicht ausdrücklich für anwendbar erklärt ist und da sich die Bindung an Beweisregeln, wie sie § 418 ZPO enthält, nicht mit dem den Finanzprozeß beherrschenden Untersuchungsgrundsatz vereinbaren läßt, so daß die entsprechende Anwendung auch nicht über § 155 FGO zu rechtfertigen ist. Diese Frage ist höchstrichterlich noch nicht abschließend geklärt; sie hat grundsätzliche Bedeutung, da Finanzämter und Gerichte durchweg Eingangsstempel verwenden; die Frage nach dem Umfang der Beweiskraft dieser Stempel ist daher für eine Vielzahl von Fällen bedeutsam.

Im BFH-Urteil vom 17. 10. 1972 VIII 36–37/69, BStBl. II 1973, 271, ist die Anwendbarkeit des § 418 ZPO bejaht worden. In den Urteilen vom 7. 5. 1969 I R 68/67, BStBl. II 1969, 444, vom 7. 7. 1976 I R 66/75, BStBl. II 1976, 680, vom 8. 12. 1976 I R 240/74, BStBl. II 1977, 321, ist teils ausdrücklich, teils in der Sache der gegenteilige Standpunkt eingenommen worden. Unterschiedlich werden auch die Anforderungen an den Gegenbeweis nach § 418 Abs. 2 ZPO beurteilt; vgl. dazu die einander widersprechenden Entscheidungen: Bundesverwaltungsgericht – Urteil vom 27. 1. 1978 – 7 C 44/76, HFR 1979, 161, und BFH-Beschluß vom 14. 11. 1977 VIII B 52/77, BStBl. II 1978, 156.

Sollte trotz der uneinheitlichen höchstrichterlichen Rechtsprechung die grundsätzliche Bedeutung der Rechtssache verneint werden, so wird hilfsweise Abweichung des finanzgerichtlichen Urteils von dem BFH-Urteil vom 7. 5. 1969 I R 68/67, BStBl. II 1969, 444 geltend gemacht. BFH BStBl II 1969, 444 beruht auf dem Rechtssatz, daß §§ 415 bis 444 ZPO im finanzgerichtlichem Verfahren nicht gelten. Die angefochtene Entscheidung beruht auf der gegenteiligen Rechtsauffassung und weicht deshalb von BFH BStBl. II 1969, 444 ab.

Unterschrift

Anmerkungen

1. Die Nichtzulassungsbeschwerde (NZB) ist bei dem FG einzulegen, das das anzufechtende Urteil erlassen hat (§ 115 Abs. 3 S. 2 FGO). Das FG kann der NZB abhelfen (§ 115 Abs. 5 S. 1 FGO, § 130 Abs. 1 FGO); der BFH entscheidet, wenn ihr nicht abgeholfen wird (§ 115 Abs. 5 S. 1 FGO).

2. Vgl. Form. VII. 22 Anm. 2.

3. Vgl. Form. VII. 22 Anm. 3, Form. VII. 26 Anm. 2.

4. Ist die Revision wegen eines der in § 116 FGO aufgeführten Verfahrensfehler ohne Zulassung statthaft, ist insoweit die NZB nicht gegeben. Aus § 118 Abs. 3 S. 1 FGO folgt, daß neben der zulassungsfreien Verfahrensrevision nach § 116 Abs. 1 FGO die NZB wegen zulassungsbedürftiger Verfahrensmängel (zB. Verletzung rechtlichen Gehörs oder mangelnder Sachaufklärung) zulässig ist (vgl. *Gräber* § 116 Rdn. 1, § 118 Rdn. 14–16). Dasselbe gilt m.E., wenn der Kläger NZB erhebt und Divergenz oder grundsätzliche Bedeutung der Rechtssache geltend macht (§ 115 Abs. 2 Nr. 1 und 2 FGO).

Die Streitwertrevision ist durch Art. 2 und 3 des Gesetzes vom 4. 7. 1985 BGBl. I 1274, BStBl. I 496 für Urteile, die nach dem 16. Juli 1985 verkündet oder von Amts wegen an Stelle einer Verkündung zugestellt worden sind, während der Geltungsdauer des BFH-EntlastG abweichend von § 115 Abs. 1 FGO nicht mehr zulässig (s. auch Form. VII. 9 – Rechtsmittel und Fristen).

Die Frist zur Erhebung der NZB beträgt einen Monat (§ 115 Abs. 3 S. 1 FGO), bei Fehlen der Rechtsmittelbelehrung ein Jahr (§ 105 Abs. 2 Nr. 6, § 55 Abs. 2 FGO) seit Zustellung des Urteils an den Beschwerdeführer (§ 115 Abs. 3 S. 1 FGO). Wird die Beschwerde entgegen § 115 Abs. 3 S. 2 FGO beim BFH eingelegt, so wird dadurch die Frist *nicht* gewahrt; § 129 Abs. 2 FGO gilt nicht für die NZB (vgl. *Ziemer/Birkholz* § 115 Rdn. 47; *Tipke/Kruse* § 115 Rdn. 10). Bei Versäumung der Frist ist Wiedereinsetzung in den vorigen Stand nach § 56 FGO möglich. Die Frist ist nach § 54 FGO zu berechnen (vgl. Form. VII. 9 Anm. 5 Abs. 2, Form. VII. 26 Anm. 3 Abs. 1). Die NZB ist nach § 115 Abs. 3 FGO innerhalb der für ihre Einlegung geltenden Monatsfrist auch zu begründen. Die Frist von einem Monat kann vom Gericht nicht verlängert werden. Eine nicht fristgerecht begründete NZB ist, wenn sie nicht zurückgenommen wird, (vom BFH) als unzulässig zu verwerfen.

Erachtet das FG die Beschwerde für begründet, hilft es ihr durch Beschluß ab, dh. es läßt die Revision zu (s. Anm. 1); diese Entscheidung ist dann unanfechtbar und für den BFH grundsätzlich auch bindend (ausgenommen bei offenkundig gesetzwidriger Zulassung; vgl. *Ziemer/Birkholz* § 115 Rdn. 42). Hilft das FG nicht ab, sieht aber der BFH die NZB für begründet an, gibt er ihr durch Beschluß statt. Mit der Zustellung des Zulassungsbeschlusses (des FG oder des BFH) beginnt die Revisionsfrist zu laufen (§ 115 Abs. 5 S. 4 FGO).

Hat die NZB Erfolg, so enthält der die Revision zulassende Beschluß keine Kostenentscheidung, da das Zulassungsverfahren ein Zwischenverfahren ist, über dessen Kosten mit der das Revisionsverfahren abschließenden Entscheidung zu befinden ist (BFH-Beschluß BStBl. II 1976, 684). Hat die NZB keinen Erfolg, ergeht eine Kostenentscheidung zu Lasten des Beschwerdeführers. Mit dem erfolglosen Abschluß des Zulassungsverfahrens wird das zunächst infolge der Erhebung der NZB noch nicht rechtskräftige Urteil des FG (§ 115 Abs. 4 FGO) rechtskräftig (§ 115 Abs. 5 S. 3 FGO).

5. Die Reform des Zulassungsverfahrens wird noch immer geplant, allerdings nunmehr im Rahmen einer weitreichenden Reform des erstinstanzlichen Verfahrens. Wann Änderungen in Kraft treten werden, ist noch nicht absehbar.

6. Zur Begründung der NZB muß die grundsätzliche Bedeutung der Rechtssache, dh. der Rechtsfrage, von deren Beantwortung die Entscheidung des Rechtsstreits (mit-) abhängt, dargelegt oder die Entscheidung des BFH, von der das (anzufechtende) Urteil (in entscheidungserheblicher Weise) abweicht, bezeichnet oder, soweit Verfahrensfehler gerügt werden, müssen die Tatsachen angegeben werden, die den Verfahrensmangel ergeben (§ 115 Abs. 2, Abs. 3 S. 3 FGO). Die Begründung ist beim FG einzureichen; vgl. zur Darlegung der Divergenz BFH BStBl. II 1983, 479, zur Bezeichnung von Verfahrensmängeln BFH BStBl. II 1969, 84), s. im einzelnen *Klein/Ruban*, Der Zugang zum Bundesfinanzhof, 1986, Rdn. 137 ff.; *Herrmann*, Die Zulassung der Revision und die Nichtzulassungsbeschwerde im Steuerprozeß, 1986, Rdn. 102 ff.

Grundsätzliche Bedeutung hat eine Rechtssache, wenn die oder eine für die Entscheidung des Rechtsstreits maßgebliche Rechtsfrage noch nicht höchstrichterlich entschieden ist, wenn unterschiedliche höchstrichterliche Entscheidungen dazu vorliegen (auch anderer oberster Bundesgerichte; vgl. *Gräber*, § 115 Rdn. 13 A), wenn die Praxis nicht (einheitlich) nach der Rechtsprechung des BFH verfährt oder wenn neue gewichtige Gesichtspunkte vorgetragen werden, die gegen die Aufrechterhaltung der bisherigen Rechtsprechung oder Verwaltungspraxis sprechen (vgl. zum Ganzen *Gräber/Ruban* FGO § 115 Rdn. 7–15). Die Rechtsfrage muß von allgemeinem Interesse sein, dh. ihre Beantwortung in dem (künftigen) Revisionsverfahren muß geeignet sein, die einheitliche Entwicklung und Handhabung des Rechts zu fördern (BFH-Beschluß BStBl. II 1969, 663; s. a. *Ziemer/Birkholz* § 115 Rdn. 17, 18–21).

Das Urteil des FG **beruht** auf einer Abweichung von einer Entscheidung des BFH, wenn es eine Rechtsfrage, die der BFH in einem anderen Streitfall entschieden hat, anders als der BFH beantwortet und die Rechtsfrage sowohl für die frühere Entscheidung des BFH als für die Entscheidung des FG wesentlich war, dh. wenn die jeweilige Entscheidung anders ausgefallen wäre, wenn die Rechtsfrage anders (als geschehen) beantwortet worden wäre. Es muß sich also um eine Rechtsfrage handeln, auf deren Beantwortung die Entscheidung des jeweiligen Streitfalles beruhte (vgl. *Ziemer/Birkholz* § 115 Rdn. 22, 28). Weicht das Urteil des FG von einer Entscheidung eines anderen obersten Bundesgerichts ab, so kann deshalb die Zulassung der Revision nicht wegen Divergenz, sondern allein wegen grundsätzlicher Bedeutung begehrt werden. Liegt eine Abweichung von einer Entscheidung des Gemeinsamen Senats der obersten Gerichtshöfe des Bundes vor, kann die Zulassung we-

23. Beschwerde gegen die Nichtzulassung der Revision

gen Divergenz mit der NZB herbeigeführt werden (§ 18 Abs. 1 S. 1 RsprEinhG; *Gräber* § 115 Rdn. 15/§ 115 Abs. 2 Nr. 2 FGO-E).

Ein **Verfahrensmangel**, auf dem das Urteil des FG „beruhen kann" (§ 115 Abs. 2 Nr. 3 FGO), ist ein Fehler, den das FG (nicht die Verwaltungsbehörde im Vorverfahren) bei der Anwendung von Verfahrensvorschriften (insbesondere der FGO) auf dem Weg zum Urteil begeht (vgl. *Tipke/Kruse* § 115 FGO Rdn. 7); die unrichtige Beurteilung von Verfahrensvorschriften in dem Urteil des FG ist kein Verfahrensfehler (BFH BStBl. II 1986, 492, BFH/NV 1988, 176; a. A. *Gräber/Ruban* FGO § 115 Rdn. 25). Die praktisch bedeutsamsten Verfahrensfehler sind die Verletzung des rechtlichen Gehörs und mangelnde Sachaufklärung.

Nicht zu den Verfahrensfehlern, derentwegen die Zulassung der Revision mit der NZB erstrebt werden kann, gehören die in § 116 Abs. 1 FGO aufgezählten „wesentlichen Mängel des Verfahrens". Liegt ein solcher Verfahrensfehler vor, ist die Revision ohne Zulassung eröffnet; eine auf einen der Verfahrensfehler des § 116 Abs. 1 FGO gestützte NZB wäre unzulässig. § 119 FGO erleichtert die Revisionsbegründung. Der BFH kann mit der Entscheidung über eine auf Verfahrensmängel gestützte NZB das angefochtene Urteil sogleich aufheben und den Rechtsstreit an das FG zurückverweisen (§ 116 Abs. 6 FGO-E).

Die Zulassungsgründe des § 115 Abs. 2 FGO müssen vom Beschwerdeführer, der berechtigt sein muß, im Falle der Zulassung die Revision zu erheben, aufgezeigt werden. Wird die Zulassung wegen grundsätzlicher Bedeutung begehrt, so ist darzulegen, auf Grund welcher rechtlicher oder tatsächlicher Zusammenhänge sich eine (und welche) Rechtsfrage stellt, inwiefern diese für den Ausgang des Rechtsstreits von Bedeutung ist und warum diese entscheidungserhebliche Rechtsfrage von allgemeiner, über den vorliegenden Streitfall hinausgehender Bedeutung ist. Wird Zulassung der Revision wegen Divergenz erstrebt, so ist nicht nur die Entscheidung des BFH, von der das finanzgerichtliche Urteil abweicht, nach Datum, Aktenzeichen und Fundstelle genau zu bezeichnen, sondern es ist auch darzulegen, in bezug auf welche konkrete Rechtsfrage die Abweichung vorliegt. Dazu ist es erforderlich, die voneinander abweichenden (abstrakten) Rechtssätze der BFH-Entscheidung und des angefochtenen Urteils gegenüberzustellen (BFH BStBl. II 1983, 479). Soll die Revision wegen Verfahrensmangels zugelassen werden, so sind die Tatsachen zu bezeichnen, aus denen sich der Verfahrensfehler ergeben soll. Die Beschwerde ist nur dann begründet, wenn der Verfahrensverstoß tatsächlich vorliegt (*Gräber/Ruban* FGO § 115 Rdn. 33).

Kosten und Gebühren

Der Streitwert deckt sich mit dem des (angestrebten) Revisionsverfahrens (s. Form. VII. 26).

Gerichtsgebühren: Anlage 1 zu § 11 GKG Nr. 1371.

Prozeßbevollmächtigter: § 114 Abs. 3, § 31, § 11 Abs. 1 S. 2 BRAGO, dh. keine erhöhte Gebühr.

Fristen und Rechtsmittel

Vgl. oben Anm. 1, 4.

24. Beschwerde gegen die Nichtzulassung der Revision (Zulassung wegen mangelnder Sachaufklärung)

An das Finanzgericht[1] ...... (Ort), ... (Datum)
in ......
– Aktenzeichen: ...... (des FG) –
In dem Rechtsstreit[2]
...... (Name und Anschrift des Klägers)

        Klägers und Beschwerdeführers,

Prozeßbevollmächtigter[3]: ......
gegen
Finanzamt ......
in ......

        Beklagten und Beschwerdegegner,

wegen ...... (Steuerart und Jahr)
Steuernummer: ......

Namens und in Vollmacht des Klägers erhebe ich Beschwerde[4] gegen die Nichtzulassung[5] der Revision gegen das Urteil des Finanzgerichts ...... vom ...... Aktenzeichen ......

Begründung:

Der Kläger ist selbständiger Bäckermeister. Das FA hat seine Buchführung nach einer Außenprüfung als nicht ordnungsmäßig angesehen und den Gewinn geschätzt. Dabei ist es davon ausgegangen, die in dem Betrieb verbackenen Mengen Mehl seien wegen starker Schwankungen im Mehlverbrauch größer, als vom Kläger angegeben, da er die Mehleinkäufe nicht fortlaufend aufgezeichnet, sondern nur die Einkaufsrechnungen, und zwar unvollständig, aufbewahrt habe. Der Kläger hat die Annahme des FA bestritten, die vorgelegten Einkaufsrechnungen seien unvollständig; er hat ferner behauptet, auch nicht anderweitig – ohne Rechnung – von Kunden gegen Lieferung von Backwaren Mehl bezogen zu haben. Dafür hat er im Schriftsatz vom ...... Seite ...... Beweis angetreten, indem er seinen ehemaligen Gesellen G als Zeugen benannt hat. Wie im Schriftsatz vom ...... dargelegt ist, war G mit dem Mehleinkauf betraut und hätte daher bei einer Vernehmung als Zeuge die Sachdarstellung des Klägers bestätigt. Das FG hat G aber trotz des Beweisantritts nicht als Zeugen vernommen und dadurch den entscheidungserheblichen Sachverhalt entgegen der aus § 76 Abs. 2 FGO sich ergebenden Aufklärungspflicht nicht vollständig festgestellt. Hätte das FG G als Zeugen vernommen, hätte es bei seiner Entscheidung nicht von höheren als den vom Kläger erklärten Einkaufsmengen ausgehen können. Somit beruht das Urteil des FG auf dem Verfahrensfehler mangelnder Sachaufklärung.

        Unterschrift

Anmerkungen

1. Vgl. Form. VII. 23 Anm. 1.
2. Vgl. Form. VII. 22 Anm. 2.
3. Vgl. Form. VII. 22 Anm. 3, Form. VII. 26 Anm. 2.
4. Vgl. Form. VII. 23 Anm. 4.

5. Vgl. Form. VII. 23 Anm. 5. Zur Begründung der NZB ist nicht nur darzutun, daß ein Verfahrensfehler des FG vorliegt, sondern es muß ferner konkret ausgeführt werden, inwiefern das FG-Urteil voraussichtlich anders ausgefallen wäre, wenn es zu dem Verfahrensfehler nicht gekommen wäre. Dazu ist bei der Rüge mangelnder Sachaufklärung erforderlich, daß dargetan wird, warum (auf Grund welcher Tatsachen) das FG Anlaß zu weiterer Sachaufklärung gehabt hätte (vgl. BFH-Urteil BStBl. II 1974, 219; BStBl. II 1989, 291, 293; *Klein/Ruban*, der Zugang zum BFH, Rdn. 170; *Gräber*, § 120 Rdn. 20,. § 115 Rdn. 33). Im Beispielsfall war dies der Beweisantritt und die schriftsätzliche Mitteilung darüber, welche Tatsachen der Zeuge bekunden werde.

Es genügt auch zur Bezeichnung des Verfahrensfehlers, wenn dieser anhand des Protokolls über eine Beweisaufnahme oder die mündliche Verhandlung dargelegt werden kann. Ist ein mündlicher Beweisantritt nicht protokolliert worden, so muß mit der NZB zugleich auch Tatbestandsberichtigung (§ 108 FGO; Frist: 2 Wochen ab Urteilszustellung; vgl. Form. VII. 20) beantragt werden, da andernfalls weder die Darlegung noch der Nachweis des Verfahrensfehlers möglich ist. Der Antrag auf Tatbestandsberichtigung und die Entscheidung über diesen Antrag hemmt nicht die Frist für die Einlegung der NZB oder Revision (vgl. Form. VII. 20 Anm. 4).

Kosten und Gebühren

Vgl. Form. VII. 23.

Fristen und Rechtsmittel

Vgl. Form. VII. 23 Anm. 1, 4.

25. Beschwerde gegen die Nichtzulassung der Revision (Zulassung wegen Verletzung des rechtlichen Gehörs)

An das Finanzgericht[1] .... (Ort), ... (Datum)

in ......

– Aktenzeichen: ...... (des FG) –

In dem Rechtsstreit[2]

...... (Name und Anschrift des Klägers)

                                             Klägers und Beschwerdeführers,

Prozeßbevollmächtigter[3]: ......

gegen

Finanzamt ......

in ......

                                             Beklagten und Beschwerdegegner,

wegen ...... (Steuerart und Jahr)

Steuernummer: ......

Namens und in Vollmacht des Klägers erhebe ich Beschwerde[4,5] gegen die Nichtzulassung[6] der Revision gegen das Urteil des Finanzgerichts ...... vom ...... Aktenzeichen ......

Begründung[7]:

Der Kläger begehrt Herabsetzung der ......steuer wegen .... Das FA beharrt auf seinem gegenteiligen, schon bei der Steuerfestsetzung vertretenen Standpunkt. Beide Seiten haben ihre Auffassungen im finanzgerichtlichen Verfahren mehrfach schriftsätzlich vorgetragen. Das FG hat Termin zur mündlichen Verhandlung auf den 25. 3. 19.. anberaumt. Am 20. 3. 19.. ließ der frühere Eigentümer eines Grundstücks, das jetzt dem Kläger gehört, die Türen des Hauses aushängen und mit anderen Schlössern versehen. Dadurch wurde der Besitz des Klägers gestört. Der Kläger hat bei dem zuständigen Amtsgericht eine einstweilige Verfügung zur Beseitigung der Besitzstörung beantragt. Das Amtsgericht hat kurzfristig Termin zur mündlichen Verhandlung ebenfalls auf den 25. 3. 19.. anberaumt. Es war dem Kläger nicht zuzumuten, den Termin vor dem Amtsgericht verlegen zu lassen, da dadurch die Besitzstörung verlängert und der Erfolg seines Verfügungsbegehrens gefährdet worden wäre. Es hat deshalb und unter Darlegung dieser Umstände mit Schriftsatz vom 24. 3. 19.., der am 25. 3. noch vor Beginn der mündlichen Verhandlung dem Vorsitzenden vorgelegt worden ist, Verlegung des Termins beim FG beantragt. Das FG hat indes die mündliche Verhandlung in Abwesenheit des Klägers durchgeführt und ein klagabweisendes Urteil erlassen. Es hat u. a. ausgeführt, dem Verlegungsantrag sei nicht zu entsprechen gewesen, da der Kläger sich in der mündlichen Verhandlung vor dem FG durch seinen Prozeßbevollmächtigten hätte vertreten lassen können.

Der Kläger ist der Ansicht, daß das FG durch seine Entscheidung auf Grund der mündlichen Verhandlung vom 25. 3. 19.. den Anspruch des Klägers auf Gewährung rechtlichen Gehörs verletzt hat (§ 96 Abs. 2 FGO, Art. 103 Abs. 1 GG). Es hätte ihm Gelegenheit geben müssen, seinen Rechtsstandpunkt in der mündlichen Verhandlung darzulegen. Der Kläger konnte sich nicht durch seinen Prozeßbevollmächtigten dabei vertreten lassen, da dieser als Rechtsanwalt ihn auch in der einstweiligen Verfügungssache vertrat und deshalb ebenso wie der Kläger den Termin vor dem Amtsgericht wahrnehmen mußte. Auch dies war dem FG im Schriftsatz vom 24. 3. 19.. mitgeteilt worden.

Unterschrift

Anmerkungen

1. Vgl. Form. VII. 23 Anm. 1.

2. Vgl. Form. VII. 22 Anm. 2.

3. Vgl. Form. VII. 19 Anm. 3; Form. VII. 22 Anm. 3.

4. Vgl. Form. VII. 23 Anm. 4.

5. Vgl. Form. VII. 23 Anm. 5 wegen der gesetzlichen Umgestaltung des Zulassungsverfahrens.

6. Vgl. Form. VII. 23 Anm. 6 und Form. VII. 27 Anm. 3 sowie Form. 6 VII. 28 Anm. 3. Grundsätzlich muß dargelegt werden, wodurch die Verletzung eingetreten ist, was bei Gewährung des Gehörs vorgetragen worden wäre und daß dann eine andere Entscheidung hätte ergehen können. Der Anspruch auf Gewährung rechtlichen Gehörs umfaßt auch die Möglichkeit, in der mündlichen Verhandlung Rechtsausführungen machen zu dürfen und auf Rechtsausführungen anderer Prozeßbeteiligter zu erwidern (BFH BStBl. II 1976, 431). Wird das rechtliche Gehör in bezug auf einzelne Tatsachen nicht gewährt, so ist zur Begründung der NZB darzulegen, daß die Entscheidung des FG auf der Verwertung dieser Tatsachen beruht (§ 96 FGO; BFH BStBl. II 1968, 208). Es ist erforderlich darzulegen, inwiefern bei Gewährung rechtlichen Gehörs die angefochtene Entscheidung hätte anders ausfallen können (BFH BStBl. II 1989, 741); insoweit wird § 119 Nr. 3 FGO von der höchstrichterlichen Rechtsprechung restriktiv ausgelegt. Wird das gesamte Vorbringen

eines Beteiligten übergangen, bedarf es nicht der Darlegung, was bei Gewährung des Gehörs vorgetragen worden wäre (BFH BStBl. II 1988, 836).

7. Wegen der Beurteilung des Beispielsfalles vgl. BFH BStBl. III 1967, 25, und BStBl. II 1980, 208).

Kosten und Gebühren

Vgl. Form. VII. 23.

Fristen und Rechtsmittel

Vgl. Form. VII. 23 Anm. 1, 4, 5

Revision

26. Einlegung der Revision – Antrag auf Verlängerung der Revisionsbegründungsfrist

An das Finanzgericht[1]   ...... (Ort), ... (Datum)
in ......
– Aktenzeichen: ...... (des FG) –
In dem Rechtsstreit
...... (Name und Anschrift des Klägers)

                                     Klägers und Revisionsklägers,

Prozeßbevollmächtigter:[2] ......
gegen
Finanzamt ......
in ......

                                  Beklagten und Revisionsbeklagten,

wegen ...... (Steuerart und Jahr)
Steuernummer: ......

Namens und in Vollmacht des Klägers lege[3] ich gegen das am ...... verkündete Urteil des FG ...... Aktenzeichen ......, das mir am ...... zugestellt worden ist, Revision[4] ein. Die Frist zur Begründung[5,6] der Revision bitte ich bis zum ...... zu verlängern, da ich wegen meines bevorstehenden Jahresurlaubs nicht in der Lage sein werde, die Revision bis zu einem früheren Zeitpunkt zu begründen.

                                               Unterschrift

Anmerkungen

1. Nach § 120 Abs. 1 S. 1 FGO ist die Revision bei dem FG einzulegen, das das Urteil (den Gerichtsbescheid, § 90 Abs. 3 FGO, § 90a Abs. 1 FGO) erlassen hat, gegen das sich die Revision richtet. Die Einlegung *beim BFH* hat *keine* fristwahrende Wirkung (*Gräber/*

Ruban, FGO, § 120 Rdn. 1). Auch § 47 Abs. 2 FGO ist nicht anwendbar. Die Revision ist auch dann beim FG einzulegen, wenn der BFH sie auf NZB eines Beteiligten zugelassen hat. Wird die Revision bereits in dem angefochtenen Urteil zugelassen, ist – form- und fristgerechte – Einlegung der Revision erforderlich (vgl. § 120 Abs. 1 FGO).

Wird die Revision in einem gesonderten Schriftsatz nach Einlegung der Revision begründet, so kann dieser ständiger Praxis gemäß auch beim BFH unmittelbar eingereicht werden (vgl. aber den Wortlaut des § 120 Abs. 1 S. 1 FGO).

2. Wer ein Verfahren beim BFH anhängig machen will, muß sich dazu derzeit eines Rechtsanwalts, Steuerberaters oder Wirtschaftsprüfers als Bevollmächtigten bedienen (Art. 1 Nr. 1 BFH-EntlastG). Behörden können sich durch einen Bediensteten mit Befähigung zum Richteramt „vertreten" lassen.

Steuerberatungs- und/oder Wirtschaftsprüfungs**gesellschaften** sind vor dem BFH in Verfahren, für die der Vertretungszwang nach Art. 1 Nr. 1 BFH-EntlastG gilt (wegen des Beginns des Vertretungszwangs vgl. Art. 2 Nr. 1 BFH-EntlastG), nicht postulationsfähig (BFH-Beschluß BStBl. II 1981, 651); statt ihrer kann aber ein bei einer solchen Gesellschaft angestellter Rechtsanwalt, Steuerberater oder Wirtschaftsprüfer als Bevollmächtigter bestellt werden (BFH-Beschluß BStBl. II 1979, 699).

Steuerbevollmächtigte sind befugt, in Verfahren, die bis zum 31. 12. 1978 beim BFH anhängig geworden sind, als Bevollmächtigte aufzutreten (Art. 2 Nr. 1 S. 3 BFH-EntlastG).

War im Verfahren vor dem FG ein Rechtsanwalt, Steuerberater oder Wirtschaftsprüfer als Prozeßbevollmächtigter bestellt, so bedarf es für die Einlegung der Revision durch ihn grundsätzlich keiner erneuten Bevollmächtigung (§ 155 FGO, §§ 81, 83 ZPO; vgl. *Ziemer/Birkholz* § 62 Rdn. 13).

Die Zurücknahme der Revision ist auch ohne oder gegen den Willen des Prozeßbevollmächtigten durch den Beteiligten persönlich möglich (BFH-Beschluß BStBl. II 1981, 395). Insoweit besteht also kein Vertretungszwang.

3. Die Frist zur Erhebung der Revision beträgt, wenn in dem Urteil des FG die Zulassung der Revision ausgesprochen ist (vgl. Art. 1 Nr. 5 BFH-EntlastG i.d.F. des Gesetzes vom 4. Juli 1985, BGBl. I 1274, BStBl. I 496; Form. VII. 9 – Rechtsmittel und Fristen – und Form. VII. 23 Anm. 4) – und das Urteil des FG eine ordnungsmäßige Rechtsmittelbelehrung enthält (§ 55 Abs. 1 S. 2 FGO; vgl. Form. VII. 23 Anm. 4 Abs. 10 aE.), einen Monat ab Zustellung des vollständigen, mit Gründen versehenen (§ 105 FGO) Urteils (§ 120 Abs. 1 S. 1 FGO) oder einen Monat ab Zustellung des Beschlusses über die Zulassung der Revision (§ 115 Abs. 5 S. 4 FGO). Fehlt die Belehrung oder ist sie unrichtig, beträgt die Revisionsfrist ein Jahr; geht die Belehrung dahin, daß kein Rechtsbehelf gegeben sei oder ist die Einlegung des Rechtsmittels infolge höherer Gewalt unmöglich, so kann auch noch nach Ablauf eines Jahres Revision eingelegt werden (§ 55 Abs. 2 FGO).

Läuft die Frist, so beginnt sie mit dem auf den Tag der Zustellung des anzufechtenden Urteils bzw. des Zulassungsbeschlusses folgenden Tag (§ 54 Abs. 2 FGO, § 222 Abs. 1 ZPO, § 187 Abs. 1 BGB). Die Frist endet mit Ablauf des Tages, der dem Tag der Zustellung seiner Zahl nach im folgenden Monat entspricht (§ 188 Abs. 2 BGB). Fehlt in dem Monat, in dem die Frist endet, ein Tag, der seiner Zahl nach dem Tag der Zustellung im Vormonat entspricht (zB. der „31."), so endet die Frist mit dem Ablauf des letzten Tages des Monats (§ 188 Abs. 3 BGB). Ist der Tag, mit dessen Ablauf die Frist danach enden würde, ein Sonnabend, ein Sonntag oder ein allgemeiner Feiertag, so endet die Frist mit dem Ablauf des nächsten Werktages (§ 222 Abs. 2 ZPO). Wird die Frist zur Einlegung der Revision versäumt, kann unter den Voraussetzungen des § 56 FGO Wiedereinsetzung in den vorigen Stand gewährt werden.

Ergeht ein Gerichtsbescheid (§ 90a FGO), in dem die Revision zugelassen worden ist, kann Revision sofort nach dessen Zustellung eingelegt werden. Der Revisionskläger kann aber auch zunächst binnen eines Monats entscheiden, ob er mündliche Verhandlung (vor dem FG) beantragen will (§ 90 a Abs. 2 Nr. 3 FGO). Stellt er den Antrag nicht, kann er statt dessen Revision erheben (§ 90 a Abs. 2 Nr. 1 FGO). Die Revision ist schriftlich zu erheben. Die Revisionsschrift muß von dem postulationsfähigen Prozeßbevollmächtigten (s. oben) „eigenhändig" unterschrieben werden; allerdings ist auch telegraphische (auch Telefax) Revisionseinlegung durch den Prozeßbevollmächtigten möglich.

In der Revisionsschrift ist das Urteil, das angefochten wird, genau durch Angabe des FG, das das Urteil erlassen hat, sowie des Datums und des Aktenzeichens zu bezeichnen; ferner sind die Prozeßbeteiligten aufzuführen (§ 120 Abs. 2 S. 1 FGO).

Prozeßhandlungen, die ein gerichtliches Verfahren oder eine Instanz eröffnen (Klage, Beschwerde, Revision), können wirksam nicht unter einer Bedingung (vgl. § 158 BGB) vorgenommen werden. Ist ein Verfahren bei einem Gericht bereits anhängig, können innerhalb der jeweiligen Instanz Prozeßhandlungen auch von Bedingungen (dh. künftigen ungewissen Ereignissen) abhängig gemacht werden, die *innerhalb* des Verfahrens eintreten (zB. Hilfsanträge können für den Fall der Erfolglosigkeit des Hauptantrags gestellt werden; hilfsweise kann, für den Fall, daß das Rechtsmittel des Prozeßgegners Erfolg hat, ein Anschlußrechtsmittel – das gilt jedoch nicht für die NZB – eingelegt werden, *Gräber* § 128 Rdn. 7 B, § 120 Rdn. 3; *Ziemer/Birkholz* § 121 Rdn. 10–17).

4. Die Revision kann unter den Voraussetzungen des § 116 FGO (s. Anm. 3) zulassungsfrei erhoben werden. Wegen der Überschneidungen von zulassungsfreier und zulassungsbedürftiger Verfahrensrevision s. Form. VII. 23 Anm. 4 Abs. 1 und 2.

5. Die Frist zur Begründung der Revision beträgt einen Monat ab dem Ablauf der Revisionseinlegungsfrist (§ 120 Abs. 1 S. 1 FGO; vgl. Form. VII. 27 Anm. 3). Die Revisionsbegründungsfrist kann (mehrfach) auf einen *vor* ihrem Ablauf gestellten (dh. beim BFH eingegangenen) Antrag durch den Vorsitzenden des zuständigen Senats verlängert werden (§ 120 Abs. 1 S. 2 FGO). Der Antrag bedarf der Begründung. Erstmaligen Verlängerungsanträgen wird im allgemeinen entsprochen. Da jedenfalls bei Anträgen auf wiederholte Verlängerung auch mit deren Ablehnung gerechnet werden muß, ist der Verlängerungsantrag so rechtzeitig zu stellen, daß auch im Fall seiner Ablehnung noch die Möglichkeit besteht, die Revision zu begründen; denn wird eine Begründung nicht oder nach Ablauf der gesetzlichen oder richterlichen Begründungsfrist eingereicht, ist die Revision unzulässig und wird verworfen (§ 126 Abs. 1 FGO). Unter den Voraussetzungen des § 56 FGO kann zwar Wiedereinsetzung in den vorigen Stand gewährt werden (§ 56 FGO); jedoch ist Vertrauen darauf, die Frist werde verlängert werden, kein Wiedereinsetzungsgrund.

6. Vgl. auch Form. VII. 23 Anm. 4–6. Die Umgestaltung des Revisionsrechts ist noch nicht endgültig aufgegeben worden (vgl. Form. VII. 23 Anm. 5).

Kosten und Gebühren

Der Streitwert bestimmt sich im Revisionsverfahren nach den Anträgen des Revisionsklägers (§ 14 GKG).
Gerichtsgebühren: Anlage 1 zu § 11 GKG Nr. 1310 ff.
Prozeßbevollmächtigter: §§ 114, 117, 31, 24, 11, 37 BRAGO. Vgl. auch Form. VII. 9. Vgl. noch § 33 GKG: Bei Zurückverweisung an das FG entstehen dort keine zusätzlichen Gerichtsgebühren mehr. Kommt die Sache im zweiten Rechtsgang erneut an den BFH, entstehen aber die Gerichtsgebühren in vollem Umfang erneut. Die Gebühren für den Prozeßbevollmächtigten entstehen im Falle der Zurückverweisung erneut (mit der aus § 15 Abs. 2 S. 2 BRAGO ersichtlichen Einschränkung).

Fristen und Rechtsmittel

Wegen der bei Einlegung und Begründung der Revision zu beachtenden Fristen vgl. oben Anm. 3, 5, 6.

Gegen die Entscheidung über die Revision ist kein ordentliches Rechtsmittel mehr gegeben. Unter den gesetzlichen Voraussetzungen kann die Restitutions- oder die Nichtigkeitsklage (§ 134 FGO, §§ 578 ff. ZPO) oder Verfassungsbeschwerde (vgl. Form. VI. 1–11) erhoben werden.

27. Begründung der Revision – Rüge der Verletzung materiellen Rechts

An den ...... (Ort), ... (Datum)
Bundesfinanzhof[1]
– Aktenzeichen: ...... –

In dem Rechtsstreit
...... (Name und Anschrift des Revisionsklägers)

                                                        Klägers und Revisionsklägers,

Prozeßbevollmächtigter[2]: ......

gegen

Finanzamt ......

in ......

                                                   Beklagten und Revisionsbeklagten,

wegen ...... (Steuerart und Jahr)
Steuernummer: ......

Namens und in Vollmacht des Klägers beantrage[3] ich, das Urteil des FG ...... vom ...... Aktenzeichen ...... und die Einspruchsentscheidung vom ...... aufzuheben und die ......-steuer unter Abänderung des Bescheids vom ...... auf ...... DM herabzusetzen.

Begründung[4]:

Der Kläger und seine Ehefrau sind Schauspieler. Sie haben im Jahre 19.. geheiratet. Im Jahr der Eheschließung war der Kläger am Theater in A, seine Ehefrau am Theater in B engagiert. Der Ehefrau gehört in B ein Einfamilienhaus, in dem sie auch schon vor der Eheschließung wohnte. Der Kläger meldete sich nach der Eheschließung in B als seinem ersten Wohnsitz an, er zog in das Haus seiner Ehefrau ein, indem er ihm gehörende Möbel, Bilder und Bücher dorthin brachte. Seither hat der Kläger die Kosten der Unterhaltung des Einfamilienhauses in B und des gemeinsamen Hausstandes mitgetragen. In A bewohnte der Kläger weiterhin ein möbliertes Zimmer, das er gemietet hatte. An spielfreien Tagen begab er sich nach B zu seiner Ehefrau. Erst nach drei Jahren gelang es dem Kläger, am Theater in B ein Engagement zu erhalten. Der Kläger ist der Auffassung, die ihm entstandenen Kosten der doppelten Haushaltsführung seien beruflich veranlaßt. Das FA hat lediglich die Kosten für Familienheimfahrten als Werbungskosten zum Abzug zugelassen. Die Klage hatte keinen Erfolg. Das FG hat in seiner Entscheidung ausgeführt, da die Ehegatten – wie vor ihrer Eheschließung – weiter getrennt gelebt hätten, seien ihnen über die Kosten der Familienheimfahrten hinaus keine beruflich veranlaßten Mehraufwendungen nach der Eheschließung entstanden.

Dieser Auffassung des FG liegt eine Auslegung des § 9 Abs. 1 Nr. 5 EStG zugrunde, der der Kläger nicht zu folgen vermag. Die Vorschrift setzt nämlich nicht voraus, daß der Arbeitnehmer, der einen doppelten Haushalt führt, zunächst einen gemeinsamen Hausstand mit seinem Ehegatten hat und erst infolge Verlegung seiner beruflichen Tätigkeit an einen anderen Ort gezwungen ist, auch am Beschäftigungsort zu wohnen. Vielmehr kann ein doppelter Haushalt auch dadurch entstehen, daß an verschiedenen Orten wohnende und arbeitende Personen heiraten. Die dem Gesetz für diesen Fall zu entnehmende Voraussetzung, daß eine der Wohnungen Familienwohnung wird, ist im Streitfall erfüllt. Mithin liegen als Werbungskosten abzugsfähige Aufwendungen doppelter Haushaltsführung auch in Gestalt der Unterbringungskosten in A und der Verpflegungsmehraufwendungen vor.

Unterschrift

Anmerkungen

1. Die Revisionsbegründungsschrift kann – anders als die Revisionsschrift, die beim FG einzureichen ist (s. Form. VII. Anm. 1) – sowohl beim FG als auch beim BFH eingereicht werden (*Ziemer/Birkholz* § 120 Rdn. 18; *Gräber* § 120 Rdn. 11 A).

2. Soweit für beim BFH anhängige Verfahren Vertretungszwang besteht (s. Form. VII. 26 Anm. 2), muß auch die Revisionsbegründungsschrift von einem postulationsfähigen Prozeßbevollmächtigten unterschrieben sein (Form. VII. 26 Anm. 3 Abs. 3).

3. Die Revision ist schriftlich binnen eines Monats nach Ablauf der Revisionsfrist, gegebenenfalls innerhalb einer vom Vorsitzenden des zuständigen Senats des BFH gewährten Fristverlängerung, zu begründen (§ 120 Abs. 1 FGO; vgl. Form. VII. 26 Anm. 5). Die Revisionsbegründungsfrist fängt mit dem Beginn des Tages zu laufen an, der auf den Tag des Ablaufs der Revisionsfrist folgt (§ 54 Abs. 2 FGO, § 222 ZPO, § 187 Abs. 2 BGB). Wegen des Zeitpunkts des Ablaufs der Revisions- und der Revisionsbegründungsfrist s. Form. VII. 26 Anm. 3 Abs. 1.

In der Revisionsschrift oder der Revisionsbegründungsschrift ist ein bestimmter Antrag zu stellen (§ 120 Abs. 2 S. 2 FGO). Ein mit der Revision (nach – teilweiser – Klageabweisung) weiter verfolgtes Klagebegehren kann nur Erfolg haben, wenn die Sachurteilsvoraussetzungen erfüllt sind, die für das Klageverfahren vor dem FG gelten (insbesondere – sachlich – erfolgloses außergerichtliches Vorverfahren, fristgerechte Klageerhebung und Klagebegründung mit ausreichender Bezeichnung des Streitgegenstandes bzw. des Gegenstands des Klagebegehrens (vgl. § 65 Abs. 1 FGO, der im wesentlichen die Ergebnisse der bisherigen Rechtsprechung zusammenfaßt) und Geltendmachung einer Verletzung der subjektiven Rechte des Klägers; vgl. Form. VII. 9 Anm. 5, 6). Darüber hinaus muß der Revisionskläger sich in der Revisionsbegründung mit dem angefochtenen Urteil auseinandersetzen und darlegen, warum er diesem nicht zuzustimmen vermag. Dabei muß er die seiner Meinung nach verletzte, dh. unrichtig angewendete Rechtsnorm bezeichnen. Auf Tatsachen, die das FG in seinem Urteil nicht festgestellt hat, kann er sich dabei nicht stützen, da der BFH an die tatsächlichen Feststellungen des FG gebunden und zu eigenen tatsächlichen Feststellungen insoweit nicht befugt ist (§ 118 Abs. 2 FGO; BFH BStBl. II 1980, 449), als es sich nicht um Prozeßvoraussetzungen handelt. Will der Revisionskläger über die falsche Anwendung materiellen Rechts hinaus geltend machen, das FG habe seiner Entscheidung einen unrichtigen oder unvollständig ermittelten Sachverhalt zugrunde gelegt, so kann dies nur mit einer Verfahrensrüge geschehen, deren Geltendmachung aber nur erfolgversprechend ist, wenn das FG aufgrund von Anträgen der Prozeßbeteiligten oder nach Lage des Streitfalles gehalten war, weitere Ermittlungen anzustellen (vgl. Form. VII. 28).

4. Wegen der materiell-rechtlichen Beurteilung des Beispielsfalles vgl. BFH BStBl. II 1976, 654.

Kosten und Gebühren

Keine Gerichtsgebühren. Keine zusätzlichen Gebühren für den Prozeßbevollmächtigten (§ 37 BRAGO). Vgl. Form. VII. 26.

Fristen und Rechtsmittel

Vgl. Anm. 3 und Form. VII. 26.

28. Begründung der Revision – Rüge mangelnder Sachaufklärung

An den ...... (Ort), ... (Datum)
Bundesfinanzhof[1]
– Aktenzeichen: ...... –

In dem Rechtsstreit
...... (Name und Anschrift des Revisionsklägers)

Klägers und Revisionsklägers,

Prozeßbevollmächtigter[2]: ......

gegen

Finanzamt ......

in ......

Beklagten und Revisionsbeklagten,

wegen ...... (Steuerart und Jahr)

Steuernummer: ......

Namens und in Vollmacht des Klägers beantrage ich, das Urteil des FG ......vom ...... Aktenzeichen ...... aufzuheben und die Sache zur anderweitigen Verhandlung und Entscheidung zurückzuverweisen[3].

Begründung[4]:

Der Kläger ist selbständiger Bäckermeister. Das FA hat seine Buchführung bei einer Außenprüfung als nicht ordnungsgemäß angesehen und den Gewinn geschätzt. Dabei ist es davon ausgegangen, daß die Backausbeute bei der Mischbrotherstellung 144 kg je 100 kg Mehleinsatz betrage. Das FA hat dazu im finanzgerichtlichen Verfahren vorgetragen, dieser Wert habe sich als Erfahrungssatz aufgrund zahlreicher Prüfungen von Bäckereien ergeben. Der Kläger hält demgegenüber einen Ausbeutewert von 132 kg für zutreffend. Er hat dem FG eine Bescheinigung der Bundesforschungsanstalt für Getreideverarbeitung vorgelegt, die seine Auffassung bestätigt. Das FG ist in seiner Entscheidung dem vom FA genannten Ausbeutesatz ohne weitere Erhebungen gefolgt. Das bedeutet, daß das FG den für die Entscheidung des Streitfalles erheblichen Erfahrungssatz über die Backausbeute bei der Mischbrotherstellung unter Verletzung der ihm nach § 76 Abs. 1 S. 1 FGO obliegenden Verpflichtung zur Ermittlung des Sachverhalts nicht festgestellt hat. Es hätte weitere Angaben vom FA darüber anfordern müssen, worauf die angebliche Backausbeute von 144 kg beruht, insbesondere auf welche Getreide- bzw. Mehlsorten sich die vom FA getroffenen Feststellungen beziehen und ob diese auch im Betrieb des Klägers verwendet worden sind. Angesichts des von der Bundesforschungsanstalt für Getreideverarbeitung genannten abweichenden Ausbeutewerts mußte sich dem FG die Notwendigkeit weiterer Sachaufklärung aufdrängen. Die Entscheidung beruht auch auf dem Verfahrensfehler; denn bei Ansatz des vom Kläger für zutreffend erachteten Ausbeutesatzes von 132 kg würde sich keine Gewinnerhöhung gegenüber der Bilanz des Klägers ergeben.

Unterschrift

Anmerkungen

1. Vgl. Form. VII. 27 Anm. 1.

2. Vgl. Form. VII. 27 Anm. 2.

3. Vgl. Form. VII. 27 Anm. 3. An die in dem angefochtenen Urteil getroffenen tatsächlichen Feststellungen ist der BFH dann nicht gebunden, wenn dagegen begründete Revisionsrügen erhoben werden (§ 118 Abs. 2 FGO). Die Pflicht zur Sachverhaltsermittlung durch das FG erstreckt sich auch auf die Feststellung von (allgemeinen oder speziellen) Erfahrungssätzen. Wird wie im Beispielsfall substantiiert geltend gemacht, ein Erfahrungssatz habe einen anderen Inhalt als vom FA angenommen, müssen darüber weitere Feststellungen von Amts wegen getroffen werden (*Ziemer/Birkholz* § 96 Rdn. 9; *Thomas/Putzo* Vorbem. § 284 Rdn. 15). Eines Beweisantrags bedarf es dazu im finanzgerichtlichen Verfahren nicht (§ 76 Abs. 1 S. 4 FGO). Lag nach dem Vortrag der Beteiligten die Notwendigkeit weiterer Sachaufklärung auf der Hand, dh. mußte sie sich dem FG aufdrängen, kann mangelnde Sachaufklärung als Verfahrensrüge ohne weiteres geltend gemacht werden. Andernfalls, dh. wenn das FG den Sachverhalt für hinreichend geklärt ansehen durfte, aber ein Beteiligter aus seiner genaueren Kenntnis der tatsächlichen Umstände die Notwendigkeit weiterer Ermittlungen kannte, muß er im Rahmen seiner Mitwirkungspflicht (vgl. § 76 Abs. 1 S. 2 FGO) darauf hinweisen; zweckmäßigerweise durch einen entsprechenden Beweisantrag. Unterläßt er den gebotenen Hinweis (vgl. die ähnlichen, aber in der Aufklärungsfrage abweichenden Beispielsfälle Form. VII. 20 und Form. VII. 24), kann er die Rüge mangelnder Sachaufklärung im Revisionsverfahren nicht mehr erheben (*Gräber* § 76 Rdn. 2, S. 234). Dasselbe gilt, wenn man einer Mitwirkungspflicht bei der Sachaufklärung nicht nachkommt (BFH BStBl. II 1989, 462 auch zum Verhältnis der Mitwirkungspflicht zur Schätzungsbefugnis).

4. Wegen möglicher anderer Verfahrenslagen, aufgrund deren mangelnde Sachaufklärung gerügt werden kann, vgl. Form. VII. 20 und VII. 24.

Zur Erfassung des Sachverhalts bei Schätzung anhand von Vergleichsfällen s. BFH BStBl. II 1986, 226.

Kosten und Gebühren

Vgl. Form. VII. 26 und VII. 27.

Fristen und Rechtsmittel

Vgl. Form. VII. 26 und Form. VII. 27 Anm. 3.

29. Begründung der Revision – Rüge der Verletzung des Rechts auf Gehör

An den ...... (Ort), ... (Datum)
Bundesfinanzhof[1]
– Aktenzeichen: ...... –

In dem Rechtsstreit
...... (Name und Anschrift des Revisionsklägers)

Klägers und Revisionsklägers,

Prozeßbevollmächtigter[2]: ......
gegen
Finanzamt ......
in ......

Beklagten und Revisionsbeklagten,

wegen ...... (Steuerart und Jahr)
Steuernummer: ......

Namens und in Vollmacht des Klägers beantrage ich, das Urteil des FG ...... vom ...... Aktenzeichen ...... aufzuheben und die Sache zur anderweitigen Verhandlung und Entscheidung zurückzuverweisen[3].

Begründung:

Bei einer morgendlichen Fahrt von seiner Wohnung zur Arbeitsstätte erlitt der Kläger, der als Arbeitnehmer in ...... tätig ist, mit seinem PKW einen Unfall. Er hatte beim Überholen eines anderen PKW die an der Unfallstrecke zulässige Höchstgeschwindigkeit von 80 km/h (bewußt) überschritten, weil sich nach der Eigentümlichkeit der Strecke sonst keine Gelegenheit mehr zur Überholung des vor dem Kläger verhältnismäßig langsam herfahrenden anderen PKW ergeben hätte. Das FA hat die Abzugsfähigkeit der geltend gemachten Unfallkosten mit der Begründung verneint, der Kläger habe sich mit dem überholten Fahrzeug ein Wettrennen geliefert. Erst dem mit Einverständnis der Beteiligten ohne mündliche Verhandlung ergangenen Urteil des FG hat der Kläger entnommen, daß das FG die Akten über das – eingestellte – staatsanwaltschaftliche Ermittlungsverfahren, das gegen den Kläger geschwebt hat, beigezogen und die darin enthaltenen Feststellungen der Verkehrspolizei bei seiner klagabweisenden Entscheidung verwertet hat. Hätte das FG dem Kläger die Beiziehung der Akten mitgeteilt, hätte er diese vor Ergehen des angefochtenen Urteils einsehen und zu ihrem Inhalt Stellung nehmen können. Er hätte dann darauf hingewiesen, daß in dem nach Abschluß des Ermittlungsverfahrens durchgeführten Zivilprozeß zwischen ihm und dem Fahrer des anderen Fahrzeugs bzw. zwischen beider Haftpflichtversicherer aufgrund von Zeugenaussagen letztlich die Sachdarstellung des Klägers Bestätigung gefunden hat.
Somit beruht die angefochtene Entscheidung auf einer Verletzung des Rechts auf Gehör (§ 96 Abs. 2 FGO, Art. 103 Abs. 1 GG).

Unterschrift

Anmerkungen

1. Vgl. Form. VII. 27 Anm. 1.
2. Vgl. Form. VII. 27 Anm. 2.
3. Vgl. Form. VII. 25 Anm. 6 und Form. VII. 27 Anm. 3. Das Recht auf Gehör im (finanz-)gerichtlichen Verfahren soll jedem Verfahrensbeteiligten (§ 57 FGO) ermöglichen, durch Sachvortrag, Beweisantritt (§ 96 Abs. 2, § 76 Abs. 1 S. 2 und 3 FGO) und rechtliche Argumentation (§ 93 Abs. 1 FGO) die Bildung der rechtlichen Überzeugung des Gerichts in bezug auf den Streitfall zu beeinflussen (vgl. BFH BStBl. II 1976, 431), um einen ihm günstigen Ausgang des Rechtsstreits zu erreichen. Das Recht auf Gehör ist nicht verletzt, wenn der Beteiligte eine ihm gebotene Gelegenheit sich zu äußern nicht wahrnimmt.

Wird rechtliches Gehör nicht in ausreichendem Umfang gewährt, liegt ein Verfahrensfehler vor, der – nach Zulassung der Revision (vgl. Form. VII. 23 Anm. 4 Abs. 1 und 2; Form. VII. 25) – gerügt werden muß, damit das Revisionsgericht deswegen die erstinstanzliche Entscheidung aufheben kann. Nach § 119 FGO wird, wenn einer der in der Vorschrift aufgeführten Verfahrensfehler tatsächlich vorliegt, bereits die Kausalität des Fehlers für den dem Revisionskläger ungünstigen Inhalt des angefochtenen Urteils vermutet, d. h. er braucht nicht darzutun, daß das FG anders entschieden hätte, wenn der Verfahrensfehler nicht begangen worden wäre. Das gilt uneingeschränkt nur dann, wenn das FG die gesamte Urteilsgrundlage unter Verletzung des rechtlichen Gehörs des Revisionsklägers gewonnen hat, zB. bei Erlaß eines Urteils ohne mündliche Verhandlung, wenn die Beteiligten auf diese nicht nach § 90 Abs. 2 FGO verzichtet haben, oder bei Ablehnung eines begründeten Antrags auf Verlegung des Verhandlungstermins (vgl. Form. VII. 25 Anm. 5 und 6). Hat das FG dem Beteiligten (lediglich) nicht Gelegenheit gegeben, sich zu einzelnen Tatsachen zu äußern, so ist die Rüge der Versagung des rechtlichen Gehörs nur dann begründet, wenn das FG diese Tatsachen seiner Entscheidung zugrunde gelegt hat und wenn sich bei Außerachtlassung der fraglichen Tatsachen eine andere rechtliche Beurteilung und ein anderer Ausgang des Rechtsstreits ergibt; denn Tatsachen, auf die es für die Entscheidung (nach Auffassung des Revisionsgerichts) unter keinem denkbaren rechtlichen Gesichtspunkt ankommt, sind kein Teil der Urteilsgrundlage (§ 96 Abs. 1 S. 1 FGO), in bezug auf die nach § 96 Abs. 2 FGO rechtliches Gehör zu gewähren ist (BVerwGE 15, 24; BFH BStBl. III 1967, 25; BStBl. II 1968, 208).

Zur ordnungsmäßigen Rüge der Verletzung des Rechts auf Gehör ist sonach erforderlich, daß der Revisionskläger darlegt, aufgrund welchen Vorgehens des FG er – auch bei Ausschöpfung der ihm offenstehenden prozessualen Möglichkeiten, sich Gehör zu verschaffen (zB. Nachreichen eines Schriftsatzes mit neuem tatsächlichen Vorbringen nach Schluß der mündlichen Verhandlung, aber vor Ergehen des finanzgerichtlichen Urteils; vgl. aber die Möglichkeiten mit Vorbringen ausgeschlossen zu werden, § 79b FGO) –, gehindert war, sich zu entscheidungserheblichen Fragen zu äußern und was er vorgetragen hätte (BVerfGE 28, 17; BVerwG HFR 1977, 202). Dabei empfiehlt sich auch darzulegen, inwiefern – nach Auffassung des Revisionsklägers – sich bei Berücksichtigung seiner durch den Verfahrensfehler unterbundenen Ausführungen eine andere rechtliche Beurteilung hätte ergeben können; vgl. dazu BFH BStBl. II 1989, 741 und BStBl. II 1988, 836.

Kosten und Gebühren

Vgl. Form. VII. 26 und VII. 27.

Fristen und Rechtsmittel

Vgl. Form. VII. 26 und Form. VII. 27 Anm. 3.

30. Begründung der Revision – Rüge, daß die Entscheidung nicht mit Gründen versehen ist

An den ...... (Ort), ... (Datum)
Bundesfinanzhof[1]
– Aktenzeichen: ...... –
In dem Rechtsstreit
...... (Name und Anschrift des Revisionsklägers)

                 Klägers und Revisionsklägers,

Prozeßbevollmächtigter[2]: ......

gegen

Finanzamt ......

in ......

                 Beklagten und Revisionsbeklagten,

wegen ...... (Steuerart und Jahr)

Steuernummer: ......

Namens und in Vollmacht des Klägers beantrage ich, das Urteil des FG ...... vom ...... Aktenzeichen ...... aufzuheben und die Sache zur anderweitigen Verhandlung und Entscheidung zurückzuverweisen[3].

Begründung:

Das FA hat den Gewinn, den der Kläger bei der Veräußerung einer Reihe von Eigentumswohnungen, die sich in einem von ihm errichteten Gebäude befinden, als im Rahmen eines Gewerbebetriebes erzielt und daher steuerpflichtig angesehen. Ursprünglich beabsichtigte der Kläger, der als Architekt freiberuflich tätig ist, das Gebäude durch Vermietung zu nutzen. Erst aufgrund von Kostensteigerungen und dadurch eingetretener Finanzierungsschwierigkeiten sah sich der Kläger genötigt, Wohnungseigentum zu bilden und den überwiegenden Teil der Wohnungen zu verkaufen. Der Kläger hat deshalb geltend gemacht, daß ein Teil der durch die Baumaßnahmen geschaffenen Wertsteigerung noch in seine Privatsphäre gefallen sei und nicht als Teil des gewerblichen Gewinns behandelt werden dürfe. Er hat ferner gerügt, daß das FA die Herstellungskosten zu niedrig angesetzt habe. In seinem klagabweisenden Urteil hat das FG nur zu der Frage Ausführungen gemacht, ob der Gewinn aus der Veräußerung der Eigentumswohnungen steuerpflichtig sei. Zur Höhe des Gewinns hat es sich nicht geäußert. Das Urteil ist deshalb im Sinne des § 119 Nr. 6 FGO nicht mit Gründen versehen.

Unterschrift

Anmerkungen

1. Vgl. Form. VII. 27 Anm. 1.
2. Vgl. Form. VII. 27 Anm. 2.
3. Vgl. Form. VII. 27 Anm. 3. Ein Urteil ist (auch) nicht mit Gründen versehen, wenn es zu wesentlichen Streitpunkten keine Begründung für die getroffene Entscheidung enthält. Das ist insbesondere der Fall, wenn es nur zum Grund, nicht aber (wie im Beispielsfall) zur

Höhe des Steueranspruchs eine rechtliche Begründung gibt (BFH BStBl. II 1969, 492). Allerdings ist das FG nicht gehalten, in den Entscheidungsgründen auf jegliches Vorbringen der Beteiligten einzugehen. Der Entscheidung muß sich nur entnehmen lassen, von welcher rechtlichen Erwägung das FG ausgegangen ist und inwiefern es diese für die Streitentscheidung des konkreten Falles für erheblich erachtet hat. Soweit das FG gemäß § 105 Abs. 5 FGO befugt war, auf die Rechtsausführungen in der Entscheidung über den außergerichtlichen Rechtsbehelf Bezug zu nehmen und von dieser Möglichkeit Gebrauch gemacht hat, liegt kein Verstoß gegen § 119 Nr. 6 FGO vor.

Enthält der Tatbestand des finanzgerichtlichen Urteils keine Wiedergabe des bei der rechtlichen Würdigung übergangenen Sachverhalts, muß zunächst Tatbestandsberichtigung innerhalb der Zweiwochenfrist des § 108 Abs. 1 FGO beantragt werden (vgl. Form. VII. 20), gegebenenfalls kommt auch Protokollberichtigung nach § 94 FGO iVm. § 164 ZPO in Betracht (vgl. § 314 S. 2 ZPO). Da weder der Berichtigungsantrag noch ein diesem stattgebender Beschluß des FG nach dem BFH-Beschluß BStBl. II 1977, 291, Einfluß auf den Lauf der Revisionsfrist hat (aA. *Gräber* § 119 Rdn. 6A, der auf § 120 Abs. 1 S. 1 FGO hinweist), muß der Revisionskläger binnen der Frist des § 120 Abs. 1 S. 1 FGO (vgl. Form. VII. 26) Revision einlegen und Verlängerung der Revisionsbegründungsfrist gemäß § 120 Abs. 1 S. 2 FGO beantragen (vgl. Form. VII. 26 Anm. 5; Form. VII. 20 Anm. 4).

Ist nach dem Tenor des finanzgerichtlichen Urteils über einen Teil des Streitgegenstandes (zB. über den Antrag auf Herabsetzung der Steuer für eines von mehreren Streitjahren) nicht entschieden worden, liegt kein Fall des § 119 Nr. 6 FGO vor; vielmehr ist nach § 109 FGO Urteilsergänzung, dh. Nachholung der (teilweise) unterlassenen Entscheidung, zu beantragen (vgl. Form. VII. 21). Auch ein Antrag auf Urteilsergänzung hat grundsätzlich keinen Einfluß auf den Lauf der Revisionsfrist (vgl. Form. VII. 21 Anm. 3 Abs. 5).

Erläßt das FG ein Urteil, in dem es die Berechnung der Steuer dem FA gemäß § 100 Abs. 2 Satz 2 FGO überträgt, liegt keine Verletzung des § 116 Abs. 1 Nr. 5, § 119 Nr. 6 FGO vor. Führt das FG die Steuerberechnung vor Eintritt der Bindung an das Urteil (§ 110 Abs. 1 FGO) durch, ergeben sich gleichwohl keine durchgreifenden Bedenken gegen die Zulässigkeit einer vom FA gegen das Urteil des FG erhobenen Revision (vgl. *Wassermeyer* DStR 85, 76 gegen BFH BStBl. II 1983, 776; s. dazu auch § 100 Abs. 2 S. 3, 2. Halbsatz FGO). § 100 Abs. 2 S. 3, 2. Halbsatz FGO beruht auf der Auffassung, daß die „formlos" mitzuteilende Nachberechnung kein Verwaltungsakt sei, so daß danach § 68 FGO nicht eingreift. Da der (geänderte) Verwaltungsakt zufolge § 100 Abs. 2 S. 3, 2. Halbsatz FGO erneut bekanntzugeben ist, kann dagegen dann ggf. Einspruch eingelegt werden, mit dem geltend gemacht werden kann, die Berechnung entspreche nicht dem Urteil.

Kosten und Gebühren

Vgl. Form. VII. 26 und VII. 27.

Fristen und Rechtsmittel

Vgl. Form. VII. 26 und Form. VII. 27 Anm. 3.

Kostenfestsetzung und Prozeßkostenhilfe

31. Antrag auf Kostenfestsetzung für Klage- und Revisionsverfahren

An den ...... (Ort), ... (Datum)
Urkundsbeamten des Finanzgerichts[1] ......
Aktenzeichen: ......

In dem Rechtsstreit

...... (Name und Anschrift des Klägers)

Klägers,

Prozeßbevollmächtigter[2]: ......
gegen
Finanzamt ......
in ......

Beklagten,

wegen ...... (Steuerart und Jahr).

Namens und in Vollmacht[3] des Klägers beantrage ich die Festsetzung[4] der dem Kläger[5] zu erstattenden Aufwendungen[6]. Ferner beantrage ich, die Verzinsung der festgesetzten Kosten mit 4% jährlich auszusprechen[7]. Hinsichtlich der Kosten des außergerichtlichen Vorverfahrens wird die Entscheidung des Gerichts[8] beantragt, daß die Zuziehung eines Bevollmächtigten zum Vorverfahren notwendig war[9].

Dem Kläger sind folgende Kosten entstanden[10]:
1. Vorverfahren (Gegenstandswert[11]: ...... DM)

....../ 10 Geschäftsgebühr (§ 41 StBGebVO/§ 118 Abs. 1 Nr. 1, § 119 Abs. 1 BRAGO)	...... DM
....../ 10 Erhöhung wegen Tätigkeit für mehrere Auftraggeber (§ 41 Abs. 6 StBGebVO/§ 6 BRAGO)	...... DM
....../ 10 Besprechungsgebühr (§ 42 StBGebVO/§ 118 Nr. 2 BRAGO)	...... DM
....../ 10 Beweisaufnahmegebühr (§ 43 StBGebVO/§ 118 Nr. 3 BRAGO)	...... DM
Postgebühren (§ 16 StBGebVO/§ 26 BRAGO)	...... DM
Schreibauslagen (§ 17 StBGebVO/§ 27 BRAGO)	...... DM
Reisekosten (§§ 18, 19 StBGebVO/§§ 28, 29 BRAGO)	...... DM
Zwischensumme	...... DM
Umsatzsteuer (§ 15 StBGebVO/§ 25 Abs. 2 BRAGO)	...... DM
davon ....../...... gemäß Kostenentscheidung[12]	...... DM

2. Klageverfahren[13,15] (Gegenstandswert: ...... DM)

10/10 Prozeßgebühr (§ 45 StBGebVO, § 31 Abs. 1, § 114 Nr. 1 BRAGO)	...... DM
....../ 10 Erhöhung wegen Tätigkeit für mehrere Auftraggeber (§ 45 StBGebVO/§ 6 BRAGO)	...... DM
10/10 Verhandlungsgebühr (§ 45 StBGebVO, § 31 Abs. 1, § 114 Nr. 2 BRAGO)	...... DM
10/10 Beweisgebühr (§ 45 StBGebVO, § 31 Nr. 3 BRAGO)	...... DM
10/10 Erörterungsgebühr (§ 45 StBGebVO, § 31 Abs. 1, § 114 Nr. 4 BRAGO)	...... DM
10/10 Erledigungsgebühr (§ 45 StBGebVO/§ 24 BRAGO)	...... DM
Postgebühren (§ 45 StBGebVO, § 26 BRAGO)	...... DM
Schreibauslagen (§ 45 StBGebVO/§ 27 BRAGO)	...... DM
Reisekosten (§ 45 StBGebVO, § 28 BRAGO)	...... DM
Zwischensumme	...... DM

31. Antrag auf Kostenfestsetzung für Klage- und Revisionsverfahren VII. 31

Umsatzsteuer (§ 45 StBGebVO, § 25 Abs. 2 BRAGO)	...... DM
Auslagen des Klägers	...... DM
davon ....../...... gemäß Kostenentscheidung	...... DM

3. Nichtzulassungsbeschwerdeverfahren[14] (Gegenstandswert: ...... DM)

6,5/10 Prozeßgebühr (§ 45 StBGebVO, § 114 Abs. 3/§ 31 Abs. 1 Nr. 1, § 11 Abs. 1 S. 4 BRAGO)	...... DM
Schreibauslagen (§ 45 StBGebVO// 27 BRAGO)	...... DM
Postgebühren (§ 45 StBGebVO/§ 26 BRAGO)	...... DM
Zwischensumme	...... DM
Umsatzsteuer (§ 45 StBGebVO/§ 25 Abs. 2 BRAGO)	...... DM
Auslagen des Klägers	...... DM

4. Revisionsverfahren[15] (Gegenstandswert: ...... DM)

13/10 Prozeßgebühr (§ 45 StBGebVO, § 31 Abs. 1 Nr. 1, § 11 Abs. 1 S. 2, S. 4 BRAGO)	...... DM
13/10 Verhandlungsgebühr (§ 45 StBGebVO, § 31 Nr. 2, § 11 Abs. 1 S. 2 BRAGO)	...... DM
Schreibauslagen (§ 45 StBGebVO/§ 27 BRAGO)	...... DM
Postgebühren (§ 45 StBGebVO, § 26 BRAGO)	...... DM
Reisekosten (§ 45 StBGebVO, § 28 BRAGO)	...... DM
Zwischensumme	...... DM
Umsatzsteuer (§ 45 StBGebVO § 25 Abs. 2 BRAGO)	...... DM
Auslagen des Klägers	...... DM
davon ....../...... gemäß Kostenentscheidung	...... DM

Der festzusetzende Betrag soll auf Kontonummer ...... bei ...... überwiesen werden.

Unterschrift

Schrifttum: Eberl, Die Prozeßkostenhilfe in finanzgerichtlichen Verfahren, Der Steuerberater 1984, 36.

Anmerkungen

1. Der Antrag auf Kostenfestsetzung ist an den Urkundsbeamten des Gerichts des ersten Rechtszugs zu richten (§ 149 Abs. 1 FGO), also in der Regel an den Urkundsbeamten des FG. Der Urkundsbeamte des BFH ist in folgenden Fällen zuständig:
a) bei Anträgen auf Aussetzung der Vollziehung, die gemäß § 69 Abs. 3 S. 1 FGO beim BFH gestellt werden (*Gräber* § 149 Anm. 7; a. A. der Urkundsbeamte des BFH BStBl III 1967, 422) und
b) bei Anträgen auf Erlaß einer einstweiligen Anordnung gemäß § 114 FGO, sofern diese beim BFH gestellt werden.

Der Urkundsbeamte ist bei seiner Entscheidung unabhängig. Er kann gemäß § 51 FGO abgelehnt werden oder ausgeschlossen sein.

Die Entscheidung des Urkundsbeamten ist nach der FGO grundsätzlich mit Erinnerung an das Gericht und Beschwerde an den BFH anfechtbar. Die Beschwerde ist aber während der Geltungsdauer des BFHEntlG ausgeschlossen; vgl. dazu Anm. 4.

2. Der Kläger (oder ein anderer Beteiligter) kann den Antrag auch selbst ohne Einschaltung seines Prozeßbevollmächtigten stellen. Das gilt auch, wenn der Antrag an den Urkundsbeamten des BFH gerichtet ist, da Art. 1 Nr. 1 BFHEntlG nur für das gerichtliche Verfahren gilt.

3. Die Prozeßvollmacht erstreckt sich auch auf das Kostenfestsetzungsverfahren (*Thomas/Putzo* ZPO § 81 Rdn. 1).

4. Zu erstattende Aufwendungen werden nur festgesetzt, wenn ein (vorläufig) vollstreckbarer Titel vorliegt (z.B. Kostenentscheidung in einem Urteil, Kostenbeschluß nach § 138 FGO). Der Kostenfestsetzungsbeschluß legt die Höhe der zu erstattenden Aufwendungen fest. Er kann binnen einer Frist von zwei Wochen mit der Erinnerung angefochten werden (§ 149 Abs. 2 FGO). Über die Erinnerung entscheidet das Gericht (§ 149 Abs. 4 FGO). Gegen dessen Entscheidung kann nach § 149 Abs. 4 FGO, wenn die Voraussetzungen des § 115 Abs. 2 Nrn. 1 bis 3 FGO vorliegen, binnen zwei Wochen (§ 129 Abs. 1 FGO) Beschwerde erhoben werden. Gemäß Art. 1 Nr. 4 BFHEntlG ist die Beschwerde seit dem 15. 9. 1975 bis zum Außerkrafttreten dieser Regelung (also einstweilen bis zum 31. 12. 1987) nicht mehr gegeben.

5. Umstritten ist, ob die Abtretung des Erstattungsanspruchs an den Prozeßbevollmächtigten diesen berechtigt, den Antrag im eigenen Namen zu stellen. Dies ist m. E. zu bejahen (so auch *Kühn/Kutter/Hofmann* § 149 FGO Anm. 2; *Ziemer/Birkholz* § 139 Rdnr. 39; a. A. BFH BStBl II 1971, 242; *Gräber* § 149 Anm. 5).

6. Zu erstatten sind nur die zur zweckentsprechenden Rechtsverfolgung oder Rechtsverteidigung notwendigen Aufwendungen eines Beteiligten einschließlich der Kosten des Vorverfahrens (§ 139 Abs. 1 FGO). Die Aufwendungen der Finanzbehörden sind nicht zu erstatten (§ 139 Abs. 2 FGO). Wird ein Beteiligter durch einen Prozeßbevollmächtigten im gerichtlichen Verfahren vertreten, sind die Kostenansprüche des Prozeßbevollmächtigten gegen seinen Mandanten bereits entstanden. In Höhe der gesetzlich vorgesehenen Gebühren und Auslagen eines Bevollmächtigten sind diese Kosten stets erstattungsfähig (§ 139 Abs. 3 S. 1 FGO), auch wenn der Beteiligte sie noch nicht an seinen Prozeßbevollmächtigten entrichtet hat. Zum Umfang der erstattungsfähigen Aufwendungen vgl. Anm. 10.

Der Prozeßbevollmächtigte kann die ihm gegen seinen Mandanten zustehende gesetzliche Vergütung durch den Urkundsbeamten der Geschäftsstelle des Gerichts des ersten Rechtszugs festsetzen lassen (§ 19 BRAGO, ggf. i.V.m. § 45 StBGebVO). Diese Kostenfestsetzung betrifft aber nicht den Erstattungsanspruch des Beteiligten gegen den Prozeßgegner, sondern nur das Rechtsverhältnis zwischen dem Prozeßbevollmächtigten und seinem Auftraggeber.

7. § 155 FGO, § 104 Abs. 1 S. 2 ZPO.

8. Die Kosten des außergerichtlichen Vorverfahrens sind nur dann erstattungsfähig, wenn das Gericht ausspricht, daß die Zuziehung eines Bevollmächtigten zum Vorverfahren notwendig war. Die Entscheidung ist nach § 139 Abs. 3 S. 3 FGO zu treffen. Sie ist kein Teil der Kostenentscheidung, und zwar auch dann nicht, wenn sie zusammen mit dem Urteil ergeht; die Entscheidung über die Erstattungsfähigkeit der Kosten des Vorverfahrens ist vielmehr Teil des Kostenfestsetzungsverfahrens (BFH BStBl II 1968, 56).

9. Angesichts der Schwierigkeiten des Steuerrechts wird die Zuziehung eines Bevollmächtigten zum Vorverfahren regelmäßig für notwendig erklärt. Wird ein Angehöriger eines steuerberatenden Berufs in eigener Sache im Vorverfahren tätig, ergibt sich keine Erstattungspflicht (BFH BStBl II 1973, 535); vgl. im übrigen Anm. 10.

10. Stets erstattungsfähig sind die zur zweckentsprechenden Rechtsverfolgung oder Rechtsverteidigung notwendigen Aufwendungen eines Beteiligten in Höhe der gesetzlich vorgesehenen Gebühren und Auslagen eines Bevollmächtigten oder Beistandes (§ 139 Abs. 1, Abs. 3 S. 1 FGO). Die Höhe der erstattungsfähigen Gebühren und Auslagen für einen Bevollmächtigten bestimmt sich nach der BRAGO (§ 139 Abs. 3 S. 1 und 2 FGO, § 45 StBGebVO, §§ 114, 11, 31 ff., § 119 BRAGO). Anders als bei der Wahrnehmung einer eigenen Sache im Vorverfahren sind auch die Gebühren und Auslagen zu erstatten, die ein zur Rechtsberatung in Steuersachen Befugter (z.B. Steuerberater, Wirtschaftsprüfer, Rechtsanwalt) als Gebühren und Auslagen eines bevollmächtigten Rechtsanwalts erstattet verlangen könnte. Dies ergibt sich aus der entsprechenden Anwendung des § 91 Abs. 2 S. 4 ZPO i.V.m. § 155 FGO (BFH BStBl II 1972, 94). Wegen der Höhe der Gebühren vgl. Anm. 13, 14.

11. Für das außergerichtliche Vorverfahren bestimmt sich der Gegenstandswert danach, in welchem Umfang der außergerichtliche Rechtsbehelf erfolglos geblieben ist und inwieweit das Begehren aus dem außergerichtlichen Vorverfahren im Klageverfahren weiterverfolgt worden ist. Diese Einschränkung ergibt sich aus § 139 Abs. 3 S. 3 FGO (*Gräber* § 139 Anm. 13).

12. Maßgeblich für den Umfang der zu erstattenden Kosten ist die Kostenentscheidung der letzten gerichtlichen Entscheidung. Wird die Revision auf Nichtzulassungsbeschwerde zugelassen, sind Kosten des Zulassungsverfahrens nach dem Ergebnis des Revisionsverfahrens (ggf. der Kostenquote) zu erstatten (BFH BStBl. II 1991, 367).

13. Im Verfahren vor dem FG erhält der Prozeßbevollmächtigte die volle Gebühr nach § 11 Abs. 1 S. 1, 2 BRAGO, im Verfahren vor dem BFH die um $3/10$ erhöhte Gebühr (§ 11 Abs. 1 S. 4, § 114 Abs. 2 BRAGO). Der für die Gebührenberechnung maßgebende Gegenstandswert bestimmt sich nach den für die Gerichtsgebühren geltenden Vorschriften (§ 8 BRAGO). Wird der für die Gerichtsgebühren maßgebende Wert gerichtlich festgesetzt, so ist die Festsetzung auch für die Gebühren des Prozeßbevollmächtigten maßgebend (§ 9 BRAGO, § 45 StBGebVO). Eine gerichtliche Wertfestsetzung liegt noch nicht vor, wenn der Streitwert lediglich vom Kostenbeamten innerhalb des Kostenansatzverfahrens angesetzt wird. Zu einer die Gebührenberechnung des Prozeßbevollmächtigten verbindlichen Wertfestsetzung kann es, solange die in § 5 Abs. 2 S. 3 GKG vorgesehene Beschwerde im Kostenansatzverfahren nach Art. 1 Nr. 4 BFHEntlG nicht statthaft ist (BFH BStBl II 1976, 209; vgl. Anm. 4), nur kommen, wenn der Streitwert gemäß § 25 Abs. 1 S. 1 GKG durch das Gericht festgestellt wird.

14. Der Wert des Streitgegenstandes bestimmt sich nach denselben Grundsätzen wie im Revisionsverfahren (BFH BStBl. II 1978, 314); s. im übrigen Anm. 12.

15. Im Revisionsverfahren vor dem BFH erhöhen sich die erstattungsfähigen Gebühren der Prozeßbevollmächtigten um $3/10$ (§ 11 Abs. 1 S. 4, § 114 Abs. 2 BRAGO). Wegen der Ermittlung des maßgeblichen Gegenstandswerts vgl. Anm. 13.

Kosten und Gebühren

Für das Verfahren über die Kostenfestsetzung und eine etwaige Erinnerung werden Gerichtskosten nicht erhoben (*Tipke/Kruse* § 149 FGO Rdnr. 8). Die außergerichtlichen Kosten des obsiegenden Erinnerungsführers sind erstattungsfähig (§ 61 Abs. 1 Nr. 2 BRAGO).

Fristen und Rechtsmittel

Vgl. oben Anm. 4.

32. Antrag auf Prozeßkostenhilfe

An das ...... (Ort), ... (Datum)
Finanzgericht/den Bundesfinanzhof[1] ......

Antrag auf Bewilligung von Prozeßkostenhilfe in der Sache ...... (Name und Anschrift des Antragstellers)

Antragsteller,

Prozeßbevollmächtigter:[2] ......

gegen Finanzamt ......

in ......

wegen ...... (Steuerart und Streitjahr).

Namens und in Vollmacht[3] des Antragstellers beantrage ich
1. dem Antragsteller für das Verfahren vor dem Finanzgericht/Bundesfinanzhof Prozeßkostenhilfe zu bewilligen[4], 2. dem Antragsteller den Unterzeichnenden als Prozeßbevollmächtigten beizuordnen[5].

Wegen der persönlichen Einkommens- und Vermögensverhältnisse ist der amtlich vorgeschriebene Vordruck beigefügt[6].

Wegen der Darlegung der hinreichenden Erfolgsaussicht ist ein Entwurf der Rechtsmittelschrift beigefügt[7]. Das Verfahren soll nur durchgeführt werden, wenn die Prozeßkostenhilfe bewilligt wird.

Unterschrift
Rechtsanwalt/Steuerberater[8]

Anmerkungen

1. Die Vorschriften der ZPO über die Prozeßkostenhilfe gelten in den Verfahren nach der FGO sinngemäß (§ 142 Abs. 1 FGO). Der Antrag ist demgemäß für jedes selbständige Verfahren und jede Instanz getrennt zu stellen (§§ 119, 127 ZPO), also für Anträge und Klagen beim FG, an den BFH für Beschwerden, Revisionen und bei Anträgen auf Aussetzung der Vollziehung, die an den BFH gerichtet werden.

2. Prozeßkostenhilfe können erhalten natürliche Personen, Parteien kraft Amtes – insbesondere Konkursverwalter (§ 6 Abs. 2 KO), Sequester (§ 106 KO), Zwangsverwalter (§ 152 ZVG), Nachlaßverwalter (§ 1985 BGB), Testamentsvollstrecker (§§ 2212 f. BGB) –, inländische juristische Personen und parteifähige Personenvereinigungen, sofern sie nach § 57 FGO in der Lage sind, Beteiligter eines finanzgerichtlichen Verfahrens zu sein (z. B. OHG, KG).

3. Den Antrag kann der Antragsteller auch selbst stellen. Auch vor dem BFH besteht insoweit kein Vertretungszwang. Bedient sich der Antragsteller eines Bevollmächtigten, muß dieser eine schriftliche Vollmacht für dieses Verfahren vorlegen (§ 62 Abs. 1, Abs. 3 S. 1 FGO).

4. Das Prozeßkostenhilfeverfahren soll dem Beteiligten die Durchführung des Rechtsschutzverfahrens ermöglichen oder erleichtern. Ist das Rechtsschutzverfahren noch nicht in Gang gesetzt worden, hat die Bewilligung der Prozeßkostenhilfe die sich aus § 122 ZPO ergebenden Wirkungen. Insbesondere können Gerichtskosten und die auf die Staatskasse übergegangenen Ansprüche des beigeordneten Prozeßbevollmächtigten gegen den Beteiligten nur nach Maßgabe des Gesetzes geltend gemacht werden. Wird Prozeßkostenhilfe

dagegen erst nach Ingangsetzung des Rechtsschutzverfahrens beantragt, hat die Bewilligung der Prozeßkostenhilfe keinen Einfluß mehr auf die bis zur Antragstellung bereits entstandenen Gerichts- und Bevollmächtigtenkosten. Da Rechtsbehelfs- und Rechtsmittelfristen (z.B. Klage-, Revisions- oder Beschwerdefristen) laufen und diese durch den Antrag auf Prozeßkostenhilfe weder gehemmt noch unterbrochen werden, kann dem Antragsteller wegen Versäumung dieser gesetzlichen Fristen infolge der Dauer des Prozeßkostenhilfeverfahrens grundsätzlich Wiedereinsetzung in den vorigen Stand gewährt werden (§ 56 FGO). Voraussetzung ist allerdings, daß der Antrag auf Prozeßkostenhilfe innerhalb der Klage-, Revisions- oder Beschwerdefrist schriftlich oder zur Niederschrift der Geschäftsstelle (§ 117 Abs. 1 ZPO) und unter Darstellung der persönlichen und wirtschaftlichen Verhältnisse des Antragstellers auf dem amtlichen Vordruck (§ 117 Abs. 2 bis 4 ZPO) gestellt ist und daß zugleich die hinreichende Aussicht auf Erfolg für das Hauptverfahren (§ 114 S. 1 ZPO) – durch Beifügung des Entwurfs einer Klage- bzw. Rechtsmittelschrift oder in anderer Weise – dargelegt wird. Nur wenn die formellen und sachlichen Voraussetzungen für die Gewährung der Prozeßkostenhilfe vor dem Ende der Klage- bzw. Rechtsmittelfrist dem Prozeßgericht gegenüber dargetan sind, ist die Versäumung dieser Frist durch die Verzögerung der Entscheidung über die Prozeßkostenhilfe durch den Antragsteller nicht verschuldet und ihm daher Wiedereinsetzung in den vorigen Stand zu gewähren (vgl. BFH BStBl II 1982, 737).

5. Beigeordnet werden kann ein Rechtsanwalt (§ 121 ZPO) oder Steuerberater (§ 142 Abs. 2 FGO). Lohnsteuerhilfevereine oder Steuerberatungsgesellschaften können nicht beigeordnet werden. In Verfahren vor dem BFH besteht gemäß Art. 1 Nr. 1 BFHEntlG Vertretungszwang. Es ist deshalb stets gemäß § 121 Abs. 1 ZPO ein Rechtsanwalt oder Steuerberater beizuordnen. In Verfahren vor dem FG werden die Voraussetzungen für eine Beiordnung nach § 121 Abs. 2 bis 4 ZPO ebenfalls regelmäßig erfüllt sein.

6. § 117 Abs. 2, Abs. 4 ZPO. Der Vordruck für die Erklärung des Beteiligten über seine persönlichen und wirtschaftlichen Verhältnisse ist durch die Verordnung vom 24.11.1980 (BGBl I, 2163) eingeführt worden und muß deshalb verwendet werden. Wegen der dazu erforderlichen Erklärungen über die Einkommens- und Vermögensverhältnisse s. *Eberl,* Der Steuerberater 1984, 36ff. sowie die Erläuterungswerke zu § 142 FGO und §§ 115, 117 ZPO.

7. Die Gewährung von Prozeßkostenhilfe ist davon abhängig, daß die beabsichtigte Rechtsverfolgung oder Rechtsverteidigung hinreichend Aussicht auf Erfolg bietet und nicht mutwillig erscheint (§ 114 S. 1 ZPO). Zur Darlegung der hinreichenden Erfolgsaussicht dient die Beifügung des Entwurfs einer Klage- bzw. Rechtsmittelschrift. Die Durchführung von Klagen bzw. Rechtsmitteln mit hinreichender Erfolgsaussicht ist im finanzgerichtlichen Verfahren im allgemeinen nicht mutwillig; anders nur, wenn die Finanzbehörde bereits die Erteilung eines Abhilfe- oder Erlaßbescheides zugesagt hat. Die Erklärung, daß das Verfahren nur durchgeführt werden soll, wenn die Prozeßkostenhilfe bewilligt wird, dient der Klarstellung, daß die Einreichung der Klage- bzw. Rechtsmittelschrift nicht bereits die Erhebung der Klage bzw. des Rechtsmittels darstellt.

8. Über den Antrag auf Prozeßkostenhilfe entscheidet das Prozeßgericht durch Beschluß, der zu begründen ist, wenn der Antrag abgelehnt wird und deshalb mit der Beschwerde anfechtbar ist (§ 127 Abs. 2 ZPO, § 113 Abs. 2 FGO, Art. 3 § 6 VGFGEntlG). Die Entscheidung über den Antrag auf Prozeßkostenhilfe ist keine Entscheidung über Streitigkeiten betreffend Kosten, Gebühren und Auslagen i.S. von § 128 Abs. 3 FGO bzw. Art. 1 Nr. 4 BFHEntlG. Die Beschwerde an den BFH ist aber nur statthaft, wenn das zugehörige Hauptverfahren an den BFH gelangen könnte (BFH BStBl II 1982, 600).

Kosten und Gebühren

Für das Verfahren wegen Gewährung von Prozeßkostenhilfe entstehen keine Gerichtsgebühren und Kostenerstattung findet nicht statt. Auslagen des Gerichts sind den Gerichtskosten des Hauptsacheverfahrens hinzuzurechnen und teilen das Schicksal der Kosten in der Hauptsache. Die Gebühren des Bevollmächtigten im Verfahren über die Prozeßkostenhilfe ergeben sich aus § 51 BRAGO, § 45 StBGebVO.

Fristen und Rechtsmittel

Vgl. oben Anm. 8 und 4.

33. Antrag auf Festsetzung der Vergütung des beigeordneten Rechtsanwalts/Steuerberaters für das Klageverfahren

An den ...... (Ort), ... (Datum)
Urkundsbeamten der Geschäftsstelle
des Finanzgerichts/Bundesfinanzhofs[1]
Aktenzeichen: ......

In dem Rechtsstreit
...... (Name und Anschrift des Klägers)

Klägers,

Prozeßbevollmächtigter: ......

gegen

Finanzamt ......

in ......

Beklagten,

wegen ...... (Steuerart und Jahr).

Ich beantrage die Festsetzung meiner Vergütung[2] als im Verfahren der Prozeßkostenhilfe beigeordneter Rechtsanwalt/Steuerberater[3]. Soweit die Zahlungen des von mir vertretenen Beteiligten die Ansprüche der Staatskasse übersteigen, beantrage ich die Festsetzung einer weiteren Vergütung nach § 124 BRAGO.

I. Vergütung aus der Staatskasse (§ 121 BGAGO) unter Berücksichtigung der Gebührenbeschränkung nach § 123 BRAGO.

Streitwert des Klageverfahrens: ...... DM

10/10 Prozeßgebühr (§ 31 Abs. 1 Nr. 1 BRAGO)	...... DM
....../10 Erhöhung wegen Tätigkeit für mehrere Auftraggeber (§ 6 BRAGO)	...... DM
10/10 Verhandlungsgebühr (§ 31 Abs. 1 Nr. 2 BRAGO)	...... DM
10/10 Beweisgebühr (§ 31 Abs. 1 Nr. 3 BRAGO)	...... DM
10/10 Erörterungsgebühr (§ 31 Abs. 1 Nr. 4 BRAGO)	...... DM
10/10 Erledigungsgebühr (§ 24 BRAGO)	...... DM
Schreibauslagen (§ 27 BRAGO)	...... DM
Postgebühren (§ 26 BRAGO)	...... DM
Reisekosten (§§ 28, 126 BRAGO)	...... DM
Zwischensumme	...... DM

33. Antrag auf Festsetzung der Vergütung   VII. 33

Umsatzsteuer (§ 25 Abs. 2 BRAGO)	...... DM
festzusetzende Vergütung	...... DM

II. Weitere Vergütung ohne Beschränkung nach § 123 BRAGO[4])
Streitwert des Klageverfahrens: ...... DM

10/10 Prozeßgebühr (§ 31 Abs. 1 Nr. 1 BRAGO)	...... DM
....../10 Erhöhung wegen Tätigkeit für mehrere Auftraggeber (§ 6 BRAGO)	...... DM
10/10 Verhandlungsgebühr (§ 31 Abs. 1 Nr. 2 BRAGO)	...... DM
10/10 Beweisgebühr (§ 31 Abs. 1 Nr. 3 BRAGO)	...... DM
10/10 Erörterungsgebühr (§ 31 Abs. 1 Nr. 4 BRAGO)	...... DM
10/10 Erledigungsgebühr (§ 24 BRAGO)	...... DM
Schreibauslagen (§ 27 BRAGO)	...... DM
Postgebühren (§ 26 BRAGO)	...... DM
Reisekosten (§ 28 BRAGO)	...... DM
Zwischensumme	...... DM
Umsatzsteuer (§ 25 Abs. 2 BRAGO)	...... DM
Vergütung	...... DM
davon ab Vergütung aus der Staatskasse	...... DM
weitere Vergütung (höchstens)	...... DM

Der festzusetzende Betrag soll auf Konto ...... bei ...... überwiesen werden.

                                                                                      Unterschrift

Anmerkungen

1. Der Antrag auf Festsetzung der Vergütung ist an den Urkundsbeamten der Geschäftsstelle des Gerichts der jeweiligen Instanz (FG bzw. BFH) zu richten. Die Vergütung wird nicht von Amts wegen festgesetzt. Eine Verzinsung der Vergütung entsprechend § 104 Abs. 1 S. 2 ZPO findet nicht statt.

Gegen die Festsetzungen des Urkundsbeamten ist gemäß § 128 Abs. 3 BRAGO die Erinnerung gegeben. Über die Erinnerung entscheidet das jeweilige Prozeßgericht, soweit der Urkundsbeamte nicht abgeholfen hat. Gegen die Entscheidung des Gerichts findet die Beschwerde an den BFH nicht statt (§ 128 Abs. 4 S. 2 i. V. m. § 10 Abs. 3 S. 2 BRAGO).

2. § 128 Abs. 1 BRAGO, § 46 StBGebVO. Der beigeordnete Rechtsanwalt/Steuerberater kann keine Vergütungsansprüche gegen den von ihm vertretenen Beteiligten geltend machen. Er erhält seine Vergütung aus der Staatskasse bzw. unmittelbar von dem in die Kosten verurteilten Gegner (§ 122 Abs. 1 Nr. 3, § 126 ZPO). Macht er den Anspruch auf seine Vergütung an die Staatskasse geltend, ergibt sich von einem Gegenstandswert von mehr als 5000 DM bis 50 000 DM ein niedrigerer Gebührensatz als § 11 Abs. 1 S. 1 BRAGO; bei Gegenstandswerten von mehr als 50 000 DM ist eine Festgebühr von 765 DM (ab 1. 7. 1994) anzusetzen (§ 123 BRAGO). Läßt der beigeordnete Bevollmächtigte die ihm zustehenden Gebühren nach § 126 Abs. 1 ZPO im eigenen Namen zwecks Beitreibung vom Prozeßgegner festsetzen (s. dazu Form. VII. 34), ergibt sich die Gebührenbeschränkung aus § 123 BRAGO nicht. Eine Erhöhung der Gebührensätze nach § 123 BRAGO kann auch eintreten, wenn der vertretene Beteiligte die durch das Gericht festgesetzten Zahlungen geleistet hat und deren Summe die Gerichtskosten und die für den Steuerberater bereits geleisteten niedrigeren Zahlungen aus der Staatskasse übersteigt (§ 124 BRAGO).

3. § 121 ZPO, § 142 Abs. 2 FGO.

4. Vgl. Anm. 2.

Fristen und Rechtsmittel

Vgl. oben Anm. 1.

34. Antrag auf Festsetzung der Vergütung des beigeordneten Rechtsanwalts/Steuerberaters für das Klageverfahren gegenüber dem unterlegenen Gegner

An den
Urkundsbeamten des Finanzgerichts[1] ...... (Ort), ... (Datum)

Aktenzeichen: ......

In dem Rechtsstreit
...... (Name und Anschrift des Klägers)

                                                                                     Klägers

Prozeßbevollmächtigter: ......

gegen

Finanzamt ......

in ......

                                                                                    Beklagten

wegen ...... (Steuerart und Jahr).

Ich beantrage im eigenen Namen[2] die Festsetzung der mir als Vergütung zustehenden[3] gesetzlichen Gebühren[4].

$10/10$ Prozeßgebühr (§ 31 Abs. 1 Nr. 1 BRAGO)	...... DM
....../10 Erhöhung wegen Tätigkeit für mehrere Auftraggeber (§ 41 Abs. 6 StBGebVO/§ 6 BRAGO)	...... DM
$10/10$ Verhandlungsgebühr (§ 31 Abs. 1 Nr. 42 BRAGO)	...... DM
$10/10$ Beweisgebühr (§ 31 Abs. 1 Nr. 3 BRAGO)	...... DM
$10/10$ Erörterungsgebühr (§ 31 Abs. 1 Nr. 4 BRAGO)	...... DM
$10/10$ Erledigungsgebühr (§ 45 StGebVO/§ 24 BRAGO)	...... DM
Schreibauslagen (§ 27 BRAGO)	...... DM
Postgebühren (§ 26 BRAGO)	...... DM
Reisekosten (§§ 28, 126 BRAGO)	...... DM
Zwischensumme	...... DM
Umsatzsteuer (§ 25 Abs. 2 BRAGO)	...... DM
Festzusetzende Vergütung	...... DM

Anmerkungen

1. Wegen der Zuständigkeit s. Form. VII. 31 Anm. 1.

2. Das Beitreibungsrecht gegenüber dem unterlegenen Gegner (in der Regel = Finanzamt) ist ein dem beigeordneten Prozeßbevollmächtigten zustehendes Recht.

3. Wegen des Umfangs der erstattungsfähigen Gebühren und Auslagen s. Form. VII. Anm. 4, 6, 8, 10.

4. Nach Beendigung des Rechtsstreits entfällt das sich aus § 122 Abs. 1 Nr. 3 ZPO ergebende Verbot der Geltendmachung, so daß auch die sog. Differenzkosten festzusetzen sind (vgl. *Baumbach/Hartmann,* § 126 ZPO, Rdn. 8 f.).

Fristen und Rechtsmittel

Wird der Antrag abgelehnt oder wird ihm nur teilweise entsprochen, steht dem Prozeßbevollmächtigten die im eigenen Namen zu erhebende Erinnerung zu; Frist: zwei Wochen (§ 149 FGO; s. auch Form. VII. 31 Anm. 4). Über die Erinnerung entscheidet das Gericht.

VIII. Der Sozialgerichtsprozeß
Vorverfahren (§§ 77 ff. SGG)

1. Widerspruch[1]

An das
Arbeitsamt[2]

Widerspruch[3]

des technischen Zeichners ......
Verfahrensbevollmächtigter: RA ......
gegen den Bescheid des Arbeitsamtes ...... vom ...... – Az.: ...... – wegen Verhängung einer Sperrzeit.
Gegen den oben genannten Bescheid – zugestellt am ......[4] – erhebe ich namens und in Vollmacht des Widerspruchsführers Widerspruch und beantrage[5],
1. den Bescheid vom ...... aufzuheben,
2. dem Widerspruchsführer auch für die Zeit vom ...... bis ...... Arbeitslosengeld zu zahlen.

Begründung[6]:

Das Arbeitsamt ...... hat gegen den Widerspruchsführer eine Sperrzeit[7] von zwölf Wochen mit der Begründung verhängt, dieser habe sein Arbeitsverhältnis ohne wichtigen Grund gelöst. Es trifft zu, daß der Widerspruchsführer freiwillig und ohne Aussicht auf ein Anschlußarbeitsverhältnis gekündigt hat. Er hatte dafür aber einen wichtigen Grund im Sinne des § 119 Abs. 1 AFG. Wegen der erheblichen Entfernung seines bisherigen Arbeitsplatzes in A von seiner gemeinsamen ehelichen Wohnung in B konnte er Ehefrau und Kind nur am Wochenende aufsuchen. Nach Art. 6 GG hat der Schutz von Ehe und Familie Verfassungsrang, so daß der Widerspruchsführer wegen der Aufgabe seines Arbeitsverhältnisses sozialversicherungsrechtlich nicht benachteiligt werden darf.

Rechtsanwalt

Schrifttum: Niesel, Teil B: Das Widerspruchsverfahren.

Anmerkungen

1. Vor Erhebung einer Anfechtungs- oder Verpflichtungsklage ist grundsätzlich ein Vorverfahren durchzuführen, in dem Recht- und Zweckmäßigkeit des Verwaltungsakts (zum Begriff des Verwaltungsakts § 31 SGB X) nachzuprüfen sind (§ 78 Abs. 1 S. 1 SGG). Das Widerspruchsverfahren ist – abgesehen von den praktisch nicht bedeutsamen Ausnahmen des § 78 Abs. 1 S. 2 Nr. 1–3 SGG – *obligatorisch*.
Fehlt das vorgeschriebene Vorverfahren, muß das Gericht das Verfahren analog § 114 Abs. 2 SGG aussetzen und der Behörde Gelegenheit geben, das Vorverfahren nachzuholen. Wird die Möglichkeit, das Vorverfahren nachzuholen, nicht eröffnet, so liegt darin ein Verfahrensmangel (BSG SozR 1500 § 78 Nr. 8; näher dazu *Meyer-Ladewig* SGG § 78

1. Widerspruch   VIII. 1

Rdn. 3). Der nachgeholte Widerspruchsbescheid wird nach § 96 SGG Gegenstand des Verfahrens. Im Revisionsverfahren ist die Nachholung des Vorverfahrens nicht mehr möglich.

Aufschiebende Wirkung hat der Widerspruch nur in den in § 86 Abs. 2 SGG abschließend (enumerativ) geregelten Fällen sowie in bestimmten Angelegenheiten des sog. Kassenarztrechts (Entscheidungen der Zulassungs- und Prüfungsausschüsse, §§ 96 Abs. 4 und 106 Abs. 5 SGB V). Ferner kann auf Antrag der Vollzug in den Fällen des § 86 Abs. 3 und 4 SGG und darüber hinaus durch einstweilige Anordnung (vgl. *Meyer-Ladewig* SGG § 86 Rdn. 8) ausgesetzt werden.

Wird der Widerspruch für begründet erachtet, so ist ihm *abzuhelfen* (§ 85 Abs. 1 SGG).

2. Der Widerspruch ist bei der Stelle einzureichen, die den Verwaltungsakt erlassen hat (§ 84 Abs. 1 SGG). Zur Fristwahrung (s. Anm. 4) genügt jedoch auch der Eingang des Widerspruchs bei anderen Behörden (vgl. im einzelnen § 84 Abs. 2 SGG).

3. *Schriftlich* (Unterschrift nicht unbedingt erforderlich, BSG 19, 191; BVerwGE 30, 274; näher dazu *Meyer-Ladewig* SGG § 84 Rdn. 3 und § 90 Rdn. 5) oder zur Niederschrift der Stelle, die den Widerspruch erlassen hat (§ 84 Abs. 1 SGG), im letzteren Falle muß der Widerspruchsführer persönlich anwesend sein.

4. Die *Widerspruchsfrist* beträgt nach § 84 Abs. 1 SGG einen Monat nach der Bekanntgabe (§ 37 Abs. 1 SGB X) des Verwaltungsakts, und zwar auch bei einer Zustellung außerhalb des Geltungsbereichs des SGG (BSG SozR 1500 § 84 Nr. 5 und BSG 69, 9; aber str.). Bei unterbliebener oder unrichtiger Rechtsbehelfsbelehrung beträgt die Widerspruchsfrist ein Jahr (§ 66 Abs. 2 SGG).

Wiedereinsetzung in den vorigen Stand möglich (§ 84 Abs. 2 S. 3 SGG iVm. § 67 SGG), ggf. im sozialgerichtlichen Verfahren (vgl. BSG 43, 19). Wird trotz Fristversäumnis sachlich entschieden, wird Fristverletzung geheilt (BSG 49, 85; str.).

5. Der Widerspruch braucht nicht begründet zu werden und auch keinen Antrag zu enthalten. Beides ist allerdings zweckmäßig, um der Behörde die Grundlage für eine Überprüfung und eventuelle Abhilfe zu verschaffen. Wird nicht abgeholfen, ist der Widerspruch der für die Entscheidung zuständigen Stelle vorzulegen (vgl. § 85 Abs. 2 SGG).

6. Vgl. zum Begründungsbeispiel BSG 43, 269.

7. Die Verhängung von *Sperrzeiten* ist in §§ 119, 119a AFG geregelt und insbesondere vorgesehen, wenn der Arbeitslose ohne wichtigen Grund sein Arbeitsverhältnis gelöst oder durch sein vertragswidriges Verhalten Anlaß für die Kündigung des Arbeitgebers gegeben und er dadurch vorsätzlich oder grob fahrlässig die Arbeitslosigkeit herbeigeführt oder trotz Belehrung über die Rechtsfolgen eine ihm vom Arbeitsamt angebotene Arbeit nicht angenommen oder nicht angetreten hat, ohne für sein Verhalten einen wichtigen Grund zu haben. Auch Grundrechte können – wie im Beispielsfall – für die Auslegung des Begriffs „wichtiger Grund" iSd. § 119 Abs. 1 AFG von Bedeutung sein (s. dazu BSG SozR 4100 § 119 Nr. 13, 17, 30 und 34; BVerfG SozR 4100 § 119 Nr. 22). Die *Beweislast* dafür, daß der Arbeitslose wegen unberechtigter Arbeitsablehnung eine Sperrzeit verwirkt hat, trifft das Arbeitsamt grundsätzlich auch hinsichtlich der Frage, ob die Ablehnung ohne wichtigen Grund erfolgt ist (BSG 71, 256 = SozR 3 – 4100 § 119 Nr. 7).

Kosten und Gebühren

a) Das Widerspruchsverfahren ist *kostenfrei*, dh. die Behörden erheben keine Gebühren. Für das Widerspruchsverfahren, dem kein Klageverfahren folgt, das sog. *isolierte Widerspruchsverfahren*, ist die Kostenerstattung in § 63 SGB X geregelt (für das Widerspruchsverfahren, dem ein Klageverfahren folgt, vgl. Form. VIII. 30.). Soweit der Widerspruch erfolgreich ist, hat der Rechtsträger, dessen Behörde den angefochtenen Verwaltungsakt erlassen hat, dem Widerspruchsführer die zur zweckentsprechenden Rechtsverfolgung oder Rechtsverteidigung notwendigen Aufwendungen zu erstatten (vgl. § 63 Abs. 1 SGB X). Die *Kostenentscheidung* der Behörde bestimmt auch, ob die *Zuziehung eines RA* oder eines sonstigen Bevollmächtigten notwendig war (vgl. § 63 Abs. 3 S. 2 und Abs. 2 SGB X). Die Heranziehung eines RA ist idR. notwendig (vgl. dazu BVerwGE 17, 245 = NJW 1964, 686; einschränkend BVerwG NVwZ 1987, 883; für Schwerbehindertensachen BSG Urt. v. 8. 10. 1987 – 9a RVs 10/87 = SozSich 1988, 190; *Niesel* Rdn. 36; *Meyer-Ladewig* SGG § 193 Rdn. 5). Die Kostenentscheidung ist ein Verwaltungsakt, der mit der Klage angefochten werden kann (vgl. BSG SozR 1500 § 144 Nr. 27).

Die Behörde, die die Kostenentscheidung getroffen hat, setzt auf Antrag den Betrag der zu erstattenden Aufwendungen fest (§ 63 Abs. 3 S. 1 SGB X).

Sofern *im Widerspruchsbescheid eine Kostenentscheidung fehlt*, kann diese nachträglich beantragt und mit dem Antrag auf Kostenfestsetzung verbunden werden (s. das Schriftsatzmuster bei *Niesel*, 143 und Form. V.A.5.).

Der Kostenerstattungsanspruch ist bei einem isolierten Vorverfahren nicht zu verzinsen (BSG Urt. v. 24. 7. 1986 – 7 RAr 86/84 –).

b) Dem RA steht auch im Widerspruchsverfahren in Angelegenheiten, für die er im sozialgerichtlichen Verfahren nach § 116 Abs. 1 BRAGO Anspruch auf *Rahmengebühren* hat, nur eine Rahmengebühr zu; sie beträgt etwa zwei Drittel der im gerichtlichen Verfahren vor dem SG nach § 116 Abs. 1 S. 1 Nr. 1 BRAGO anfallenden Rahmengebühr (BSG SozR 1300 § 63 Nr. 2 und 3). Danach beträgt unter Zugrundelegung der ab 1. 7. 1994 geltenden Rahmengebühren der Gebührenrahmen 70 DM bis 870 DM und die für Durchschnittsfälle maßgebende *Mittelgebühr* 470 DM. Sind die Gebühren des RA gemäß § 116 Abs. 2 BRAGO nach dem *Gegenstandswert* zu berechnen, richtet sich die Gebühr im Widerspruchsverfahren nach §§ 118, 119 BRAGO (BSG SozR 1300 § 63 Nr. 11).

§ 116 Abs. 3 BRAGO (Erhöhung der Gebühren in den Fällen der §§ 23, 24 BRAGO, vgl. dazu den Hinweis bei Form. VIII. 2.) ist auch auf das isolierte Vorverfahren anzuwenden (str.; vgl. LSG Baden-Württemberg, Urt. v. 22. 3. 1994 – L 13 Vs 1836/93 –; *Kunze*, Die Angestelltenversicherung – DAngVers – 1994, 335).

c) *Kosten des dem Widerspruchsverfahren vorangegangenen Verwaltungsverfahrens* sind nicht erstattungsfähig (vgl. dazu BSG 55, 92).

Fristen und Rechtsmittel

Vgl. Anm. 4. Gegen den Widerspruchsbescheid: Klage gemäß §§ 87 ff. SGG. Die Klagefrist beginnt mit Zustellung des Widerspruchsbescheides (§ 87 Abs. 2 SGG) und beträgt einen Monat bzw. bei Zustellung außerhalb des Geltungsbereichs des SGG drei Monate (§ 87 Abs. 1 S. 2 SGG).

Klage (Klagearten)

2. Isolierte Anfechtungsklage – § 54 Abs. 1 SGG –

(grundsätzliche Hinweise)

An das
Sozialgericht[2]

Klage[3]

des Auszubildenden ....., Klägers,
Prozeßbevollmächtigter: RA ......[4]

gegen

den Gemeinde-Unfallversicherungsverband ..., Beklagten,
vertreten durch den Geschäftsführer,

wegen Rentenentziehung.

Namens und in Vollmacht des Klägers erhebe ich Klage und beantrage[5], den Bescheid der Beklagten vom ...... in der Gestalt des Widerspruchsbescheides vom ......[6] aufzuheben.

Begründung[7]:

Der Beklagte hatte dem Kläger mit Bescheid vom ...... wegen des Unfalls, den dieser am ...... beim Schulsport erlitten hat (§ 539 Abs. 1 Nr. 18 Buchst. b RVO), Verletztendauerrente in Höhe von 25 vH. der Vollrente bewilligt und war davon ausgegangen, daß die Minderung der Erwerbsfähigkeit –MdE– neurologischerseits 15 vH. und chirurgischerseits 15 vH. betrage. Er hat diese Rente durch den angefochtenen Bescheid nach § 48 SGB X mit der Begründung entzogen, die Drehbeweglichkeit des linken Unterarms habe sich weitestgehend normalisiert.

Der Entziehungsbescheid ist schon deshalb rechtswidrig, weil dem Kläger vorher nicht nach § 24 SGB X Gelegenheit gegeben worden ist, sich zu den für die Entscheidung erheblichen Tatsachen zu äußern[8]. Das allgemein gefaßte Schreiben des Beklagten vom ...... ließ den Kläger im unklaren, worauf die Entziehung gestützt werden sollte. Ferner ist dem Kläger das der Entziehung zugrundeliegende Gutachten nicht übersandt worden, obwohl er darum gebeten hatte[9].

Außerdem fehlen die materiell-rechtlichen Voraussetzungen für eine Rentenentziehung. Denn die Unfallfolgen haben sich, wie der Vergleich des Bewilligungszeitpunkts mit dem Zeitpunkt der Entziehung ergibt, nicht wesentlich gebessert. Auch der Beklagte geht davon aus, daß die Restfolgen des Schädel-Hirntraumas unverändert geblieben sind. Entgegen seiner Auffassung haben sich aber auch die unfallbedingten Gesundheitsstörungen auf chirurgischem Gebiet nicht wesentlich geändert. Denn aus dem Gutachten des Prof. Dr. P. und den darin mitgeteilten Bewegungsmaßen geht hervor, daß immer noch eine eindeutige Bewegungseinschränkung der Drehfähigkeit des linken Unterarms besteht. Außerdem schwillt der linke Arm schon bei leichter Beanspruchung in der Nähe der Frakturstelle an und ist nicht voll belastbar.

Rechtsanwalt

Anmerkungen

1. Die *isolierte* (reine) *Anfechtungsklage* hat im sozialgerichtlichen Verfahren eine geringere Bedeutung als im verwaltungsgerichtlichen Verfahren, da idR. Klageziel nicht nur

die Aufhebung eines belastenden Verwaltungsakts, sondern auch die Verurteilung zu einer bestimmten Sozialleistung ist. In den Fällen der reinen Anfechtungsklage erreicht der Kläger sein Klageziel – die Aufrechterhaltung der für ihn günstigen Rechtslage – schon durch die Aufhebung des belastenden Bescheides. Beispiele für die reine Anfechtungsklage: Aufhebung eines Verwaltungsakts mit Dauerwirkung bei wesentlicher Änderung der tatsächlichen oder rechtlichen Verhältnisse (§ 48 SGB X, praktisch: Entziehung, Umwandlung und Herabsetzung von Renten), Rücknahme eines rechtswidrigen begünstigenden Verwaltungsakts (§ 45 SGB X) und Erstattung (Rückforderung) zu Unrecht erbrachter Leistungen (§ 50 SGB X), Aufrechnung (§ 51 SGB I), Verrechnung (§ 52 SGB I), Auszahlung bei Verletzung der Unterhaltspflicht (§ 48 SGB I), Versagung von Leistungen wegen fehlender Mitwirkung (§ 66 SGB I), Entziehung der vertragsärztlichen Zulassung (§ 95 Abs. 6 SGB V), Feststellung des Ruhens des Leistungsanspruchs (s. dazu BSG 61, 62).

Die Anfechtungsklage ist zulässig, wenn der Kläger behauptet, durch einen Verwaltungsakt beschwert zu sein, weil dieser objektiv rechtswidrig sei und subjektiv in seine rechtlich geschützten Interessen eingreife (vgl. § 54 Abs. 1 und 2 SGG).

Maßgebend ist bei der Anfechtungsklage grundsätzlich die *Sach- und Rechtslage zum Zeitpunkt, in dem der angefochtene Verwaltungsakt erlassen* worden ist (BSG 68, 228/231 mwN.; BSG SozR 3–1500 § 54 Nr. 18 für den eine Verletztenrente entziehenden Bescheid).

2. Die Klage ist bei dem zuständigen SG *schriftlich* oder zur Niederschrift des Urkundsbeamten der Geschäftsstelle zu erheben (§ 90 SGG); s. auch Anm. 3. Anfechtungs- und Verpflichtungsklagen sind *binnen eines Monats* (außerhalb des Geltungsbereichs des SGG dreier Monate) nach Zustellung des Widerspruchsbescheides oder, wenn ein Vorverfahren (ausnahmsweise) nicht erforderlich war (§ 78 Abs. 1 SGG), nach Bekanntgabe oder Zustellung des Verwaltungsakts zu erheben (§ 87 SGG). Zur Fristwahrung genügt auch der Eingang bei einer anderen Behörde (s. § 91 SGG). Bei fehlender oder unrichtiger Rechtsmittelbelehrung gilt die Jahresfrist (§ 66 Abs. 2 SGG). Ist die Klagefrist ohne Verschulden versäumt, ist auf Antrag *Wiedereinsetzung in den vorigen Stand* zu gewähren (§ 67 SGG; ausführlich dazu *Niesel* Rdn. 82 ff.; *Krasney/Udsching* Kap. VI Rdn. 15 ff.).

Wird die Feststellung der Nichtigkeit eines Verwaltungsakts oder die Feststellung des zuständigen Versicherungsträgers oder die Vornahme eines unterlassenen Verwaltungsakts (Form. VIII. 5.) begehrt, läuft keine Klagefrist (§ 89 SGG), ebensowenig bei einer echten (isolierten) Leistungsklage (Form. VIII. 3.). S. dazu aber auch Form. VIII.8. Anm. 4.

3. Die Klage *soll* die Beteiligten und den Streitgegenstand bezeichnen, einen bestimmten Antrag (s. Anm. 6) enthalten und den angefochtenen Verwaltungsakt oder den Widerspruchsbescheid bezeichnen und die zur Begründung dienenden Tatsachen und Beweismittel angeben (s. Anm. 7); ferner soll die Klageschrift mit Orts- und Tagesangabe vom Kläger oder einer zu seiner Vertretung befugten Person unterzeichnet sein (§ 92 SGG). Es handelt sich nur um Sollvorschriften; das gilt auch für den Fall der fehlenden Unterschrift (vgl. BSG 19, 191/194 f.).

4. Vor dem *SG* und dem *LSG* besteht *kein Vertretungszwang*, jeder Beteiligte kann seinen Prozeß selbst führen. Die Beteiligten können sich jedoch in jeder Lage des Verfahrens durch prozeßfähige Bevollmächtigte vertreten lassen (s. im einzelnen § 73 SGG). Die *Vollmacht* ist schriftlich zu erteilen und bis zur Verkündung der Entscheidung zu den Akten einzureichen oder zur Niederschrift des Gerichts zu erklären (vgl. § 73 Abs. 2 SGG). *Wichtig:* Im sozialgerichtlichen Verfahren ist der Mangel der Vollmacht *von Amts wegen* zu beachten. Liegt die Vollmacht – trotz Fristsetzung – bis zur Entscheidung nicht vor, so ist die Klage als unzulässig abzuweisen bzw. das Rechtsmittel als unzulässig zu verwerfen (vgl. dazu GemSOGB SozR 1500 § 73 Nr. 4; BSG SozR 1500 § 73 Nr. 5; *Meyer-Ladewig* SGG § 73 Rdn. 13 und 18).

Eine Vollmacht, die für das Verwaltungsverfahren erteilt worden ist (vgl. § 13 SGB X), reicht für das Klageverfahren nicht aus (BSG SozR 3–1500 § 73 Nr. 2).

2. Isolierte Anfechtungsklage   VIII. 2

5. An die Fassung der Anträge ist das Gericht nicht gebunden (§ 123 SGG). Der Vorsitzende hat im Rahmen seiner Aufklärungspflicht darauf hinzuwirken, daß unklare Anträge erläutert und sachdienliche Anträge gestellt werden (§§ 106 Abs. 1 und 112 Abs. 2 S. 2 SGG). Der Umfang der Hinweispflicht richtet sich nach dem Einzelfall und ist bei einer Vertretung durch rechtskundige Personen weniger ausgeprägt (vgl. BSG SozR Nr. 16 zu § 106 SGG). Zum Umfang der Hinweispflicht *Krasney/Udsching* Kap. VI Rdn. 133 ff.

6. Hat ein Vorverfahren stattgefunden (Regelfall), so ist nach § 95 SGG *Gegenstand der Klage* der ursprüngliche Verwaltungsakt in der Gestalt, die er durch den Widerspruchsbescheid gefunden hat (Klagegegenstand im Unterschied zum Streitgegenstand, vgl. *Meyer-Ladewig* SGG § 95 Rdn. 1, 4 ff).
Wird nach Klageerhebung der *Verwaltungsakt* durch einen neuen Verwaltungsakt *abgeändert* oder *ersetzt*, so wird auch der neue Verwaltungsakt (Folgebescheid) nach der für das sozialgerichtliche Verfahren geltenden *Sondervorschrift* des § 96 SGG im Wege der gesetzlichen Klageänderung (Prozeßökonomie) Gegenstand des Verfahrens.

7. Nach § 92 SGG sollen lediglich die zur Begründung dienenden Tatsachen und Beweismittel angegeben werden. Eine *Begründung der Klage* ist also *nicht* zwingend *vorgeschrieben*. Sie liegt aber im Interesse des Klägers. In diesem Zusammenhang ist von Bedeutung, daß das Gericht bei der *Erforschung des Sachverhalts*, die *von Amts wegen* erfolgt (Untersuchungsmaxime), die Beteiligten heranzuziehen hat; es ist an das Vorbringen und die Beweisanträge der Beteiligten nicht gebunden (§ 103 SGG), vgl. auch Form. VIII. 21. Die Beteiligten haben die Folgen fehlender oder unzureichender Mitwirkung zu tragen, vgl. dazu *Haueisen*, NJW 1966, 764; *Meyer-Ladewig* SGG § 103 Rdn. 13–18.
Der Klageschrift, den sonstigen Schriftsätzen und nach Möglichkeit den Unterlagen sind *Abschriften* für die Beteiligten beizufügen (näher dazu die Sollvorschrift des § 93 SGG).

8. Nach der Rspr. des BSG ist ein ohne vorgeschriebene *Anhörung* (s. dazu § 24 SGB X) ergangener Verwaltungsakt rechtswidrig (anfechtbar) und die Anhörung nur im Widerspruchsverfahren, nicht aber im Klageverfahren nachholbar (s. zB. BSG 44, 207; 46, 57). Zu den Voraussetzungen der Anhörung BSG SozR 1300 § 24 Nr. 6. Der Beispielsfall weist die Besonderheit auf, daß der Entziehungsbescheid schon aus diesem verfahrensrechtlichen Grund rechtswidrig ist. Im Normalfall ist indessen zu begründen, weshalb keine *wesentliche Änderung* (Besserung) iS. des § 48 SGB X eingetreten ist. Insbesondere in der gesetzlichen Unfallversicherung sind Bescheide, mit denen Verletztenrente wegen einer wesentlichen Besserung der Unfallfolgen entzogen oder herabgesetzt wird, häufig Gegenstand sozialgerichtlicher Verfahren (zur wesentlichen Änderung in der Unfallversicherung s. BSG 32, 245; BSG Urt. v. 20. 10. 1983 – 2 RU 61/82 –: Senkung bzw. Erhöhung der MdE um mehr als 5 vH., idR. um 10 vH.).

9. Vgl. dazu BSG SozR 1300 § 24 Nr. 2 und 4.

Kosten und Gebühren

a) Das Verfahren vor den Gerichten der Sozialgerichtsbarkeit ist grundsätzlich *gerichtskostenfrei* (§ 183 SGG). *Ausnahmen:* (1) *Mutwillenskosten* (§ 192 SGG, der auch im Verhältnis zum anderen Beteiligten gilt), vgl. dazu *Goedelt*, SGb 1986, 493; *Lösche*, SGb 1987, 402. (2) *Pauschgebühr* für Körperschaften und Anstalten des öffentlichen Rechts, §§ 184 ff SGG. (3) Kosten für die Anfertigung von nicht beigefügten Abschriften (§ 93 S. 3 SGG) und im Zusammenhang mit Akteneinsicht (§ 120 Abs. 2 S. 1 SGG).
Die Erstattung der *außergerichtlichen Kosten* der Beteiligten untereinander ist in § 193 SGG geregelt. Kosten sind die zur zweckentsprechenden Rechtsverfolgung oder Rechtsverteidigung notwendigen Aufwendungen der Beteiligten, insbesondere die gesetzlichen Gebühren und notwendigen Auslagen eines RA (§ 193 Abs. 2 und 3 SGG). Dazu gehören

auch die Kosten eines Widerspruchsverfahrens, wenn es dem gerichtlichen Verfahren vorangegangen ist (*Niesel* Rdn. 318; *Meyer-Ladewig* SGG § 193 Rdn. 5). Zu den Kosten des *isolierten Vorverfahrens* s. Form. VIII. 1.

Aufwendungen der Behörden, Körperschaften und Anstalten des öffentlichen Rechts sind grundsätzlich nicht erstattungsfähig (näher dazu § 193 Abs. 4 SGG).

Ein *Kostenantrag* ist grundsätzlich *nicht erforderlich*, da das Gericht von Amts wegen im Urteil zu entscheiden hat, ob und in welchem Umfang die Beteiligten einander Kosten zu erstatten haben (§ 193 Abs. 1 Halbs. 1 SGG). Wird der Rechtsstreit jedoch auf andere Weise beendet als durch eine gerichtliche Entscheidung mit der Folge, daß eine Kostenentscheidung nicht getroffen wird (zB. bei Klage- und Rechtsmittelrücknahme oder angenommenem Anerkenntnis), ist nach § 193 Abs. 1 Halbs. 2 SGG ein besonderer *Antrag* erforderlich, über den durch Beschluß zu entscheiden ist; vgl. dazu Form. VIII. 29.

b) *Anwaltsgebühren:* (1) Grundsätzlich *Rahmengebühren* nach § 116 Abs. 1 BRAGO. Diese gelten die gesamte Tätigkeit des RA in der jeweiligen Instanz einschließlich aller Vorbereitungs-, Neben und Abwicklungstätigkeiten ab. Sie betragen ab 1. 7. 1994 im Verfahren 1. vor dem SG 100 bis 1300 DM (Mittelgebühr: 700 DM), 2. vor dem LSG 120 bis 1520 DM (Mittelgebühr: 820 DM), 3. vor dem BSG 170 bis 2540 DM (Mittelgebühr: 1355 DM). Zur für Durchschnittsfälle maßgebenden *Mittelgebühr* Form. VIII. 30. Anm. 8. Im Verfahren über die Zulassung eines Rechtsmittels erhält der RA die Hälfte der Gebühr (§ 116 Abs. 1 S. 2 BRAGO). Der RA erhält zwar keine besonderen Gebühren nach § 23 BRAGO (Vergleichsgebühr) und § 24 BRAGO (Erledigung durch völlige oder teilweise Rücknahme des angefochtenen Verwaltungsakts). Nach § 116 Abs. 3 BRAGO erhöhen sich aber in diesen Fällen die Höchstbeträge des § 116 Abs. 1 BRAGO um 50 vH., also auf 1950 DM (SG), auf 2280 DM (LSG) und auf 3810 DM (BSG); die Mittelgebühr beträgt dann 1025 DM (SG), 1200 DM (LSG) und 1990 DM (BSG).

(2) Nur in Angelegenheiten des § 116 Abs. 2 S. 1 Nr. 1–4 BRAGO werden die Gebühren nach dem *Gegenstandswert* (vgl. § 8 Abs. 1 S. 3 und Abs. 2 BRAGO) berechnet. Es handelt sich um Angelegenheiten, in denen soziale Aspekte kostenrechtlich unerheblich sind und zwar im wesentlichen um Angelegenheiten aus dem Bereich des sogenannten Kassenarztrechts (Bsp.: Entziehung der vertragsärztlichen Zulassung, vgl. dazu BSG SozR 1930 § 8 Nr. 2), Streitigkeiten zwischen juristischen Personen des öffentlichen Rechts sowie zwischen Arbeitgebern und juristischen Personen des öffentlichen Rechts (näher dazu *Meyer-Ladewig* SGG § 197 Rdn. 7a; *Niesel* Rdn. 324). Endet das Verfahren durch einen Gerichtsbescheid (§ 105 Abs. 1 SGG) oder wird die Berufung durch Beschluß zurückgewiesen (§ 153 Abs. 4 SGG), so erhält der RA eine halbe Verhandlungsgebühr (§ 116 Abs. 2 S. 3 SGG).

c) Im Beitrittsgebiet ermäßigen sich die Gebühren um 20 vH. (näher dazu Anlage I Kap. III Sachgebiet A Abschnitt III Nr. 26 Buchst. a) des Einigungsvertrages vom 31. 8. 1990, BGBl. II S. 885, 936).

d) *Eine Honorarvereinbarung* wird auch im sozialgerichtlichen Verfahren für zulässig gehalten (*Gerold/Schmidt*, Anm. 11 zu § 116).

Weiterführende Literatur zum Kosten- und Gebührenrecht im sozialgerichtlichen Verfahren: *Krasney/Udsching* Kap. XII; *Niesel* Teil H.; *Gerold/Schmidt* und *Hartmann*, jeweils Kommentierung des § 116 BRAGO; *H. Plagemann*, Neue Anwaltsgebühren im Sozialrecht, NJW 1990, 2717; *Madert/Engelbrecht*, Zur Neuregelung des § 116 BRAGO, AnwBl. 1990, 529; *v. Eicken*, Die Anwaltsvergütung im sozialgerichtlichen Verfahren, SGb 1991, 295; *Neumann*, Rahmengebühren im sozialgerichtlichen Verfahren, Die Angestelltenversicherung – DAngVers – 1994, 107.

3. Leistungsklage   VIII. 3

Fristen und Rechtsmittel

Vgl. Anm. 2. Gegen das Urteil bzw. den Gerichtsbescheid des SG idR. Berufung – § 143 SGG – (Form. VIII. 10.), ausnahmsweise NZB – § 145 SGG – Form. VIII. 11.). Die Berufung ist ausgeschlossen, wenn es sich um die Kosten des Verfahrens handelt (§ 144 Abs. 4 SGG).

3. Leistungsklage
(§ 54 Abs. 5 SGG)[1]

An das
Sozialgericht

Klage

der Allgemeinen Ortskrankenkasse ......   Klägerin,
vertreten durch den Geschäftsführer,

gegen

den Gemeindeunfallversicherungsverband ......,   Beklagten,
vertreten durch den Geschäftsführer,

wegen Erstattung von Leistungen[2]

Beigeladen[3]: Frau ......
Prozeßbevollmächtigter: RA ......
Namens und in Vollmacht der Beigeladenen schließe ich mich dem Antrag der Klägerin an, den Beklagten zu verurteilen, der Klägerin die ihr durch den Unfall der Beigeladenen entstandenen Heilbehandlungskosten in Höhe von ...... DM zu erstatten[4].

Begründung[5]:

Die Beigeladene, die bei der Klägerin krankenversichert ist, unterstützte seit ...... unentgeltlich eine in ihrer Nachbarschaft wohnende Bekannte B. Sie führte dreimal täglich deren Hund aus, erledigte dreimal wöchentlich Einkäufe, verrichtete einmal wöchentlich Gartenarbeit und kehrte die Straße. Am ...... stürzte sie beim Ausführen des Hundes und zog sich einen Bruch des rechten Oberschenkels zu. Die Klägerin hat durch diesen Unfall verursachte Kosten der Heilbehandlung in Höhe von ...... DM geltend gemacht. Die Klägerin hat, wie sie bereits zutreffend begründet hat, einen Erstattungsanspruch (§ 105 SGB X) gegen den Beklagten, weil die Heilbehandlungskosten durch einen vom Beklagten zu entschädigenden Arbeitsunfall (§ 548 RVO) verursacht worden sind. Die Beigeladene stand nach § 539 Abs. 2 RVO wie eine nach § 539 Abs. 1 Nr. 1 RVO Beschäftigte unter dem Schutz der gesetzlichen Unfallversicherung. Denn das Gesamtbild ihrer für B. verrichteten Tätigkeit entsprach dem einer abhängigen Arbeit und nicht, wie der Beklagte meint, einer unternehmerähnlichen Tätigkeit.

                                                                Rechtsanwalt

Anmerkungen

1. Die „echte" (isolierte) Leistungsklage (§ 54 Abs. 5 SGG) ist im Verhältnis „Bürger – Sozialleistungsträger" *selten*. Sie setzt voraus, daß auf die begehrte Leistung ihrer Art nach ein Rechtsanspruch besteht (Gegensatz: Ermessensleistungen, vgl. Form. VIII. 4.) und daß

ein Verwaltungsakt nicht ergangen ist und nicht zu ergehen hat. Mit ihr können Geld- und Sachleistungen erzwungen werden, aber auch Amtshandlungen, die keine Verwaltungsakte sind. Bsp.: Unterlassungsklage wegen Verletzung des Sozialgeheimnisses (BSG SozR 1200 § 35 Nr. 1); Beitragsanspruch einer Berufsgenossenschaft gegen den (subsidiär) beitragspflichtigen Bauherrn oder Zwischenunternehmer (BSG 30, 230/232), s. dazu das Muster einer solchen Klage bei *Krasney/Udsching,* Kap. IV Rdn. 66.

2. *Hauptanwendungsgebiet* der isolierten (echten) Leistungsklage sind *Erstattungsstreitigkeiten zwischen Leistungsträgern* (s. auch das Begründungsbeispiel). Die Erstattungsansprüche sind in §§ 102 ff. SGB X geregelt. Im Beispielsfall ist § 105 SGB X Rechtsgrundlage des Erstattungsanspruchs. Soweit ein Leistungsanspruch besteht, gilt der Anspruch des Berechtigten gegen den zur Leistung verpflichteten Leistungsträger als erfüllt (§ 107 Abs. 1 SGB X).

Erstattungsansprüche wegen zu Unrecht erbrachter Sozialleistungen werden *gegenüber dem Leistungsempfänger* hingegen nicht durch die Leistungsklage verfolgt, sondern es wird die zu erstattende Leistung durch Verwaltungsakt festgesetzt (vgl. § 50 SGB X iVm. §§ 45, 48 SGB X sowie die in SozR 1300 zu § 45 SGB X und zu § 50 SGB X veröffentlichte Rspr. des BSG). Gegen den Erstattungsbescheid bzw. den damit verbundenen Aufhebungsbescheid (vgl. § 50 Abs. 3 SGB X) ist die Anfechtungsklage gegeben (vgl. Form. VIII. 2.).

3. Da im Erstattungsstreit das Vorliegen eines Arbeitsunfalls als Vorfrage geprüft wird, kann der Verletzte wegen eventueller eigener Ansprüche aus der Unfallversicherung ein Interesse an der Beiladung haben. Nach BSG 46, 232/233 ist der Verletzte im Erstattungsstreit zwischen Kranken- und Unfallversicherungsträger nicht nach § 75 Abs. 2 SGG notwendig beizuladen (anders BSG SozR 1500 § 75 Nr. 60 und 80 hinsichtlich der notwendigen Beiladung des Versicherten zum Erstattungsstreit zwischen Sozialhilfeträger und Kranken- bzw. Rentenversicherungsträger).

4. Regelmäßig wird ein bezifferter Antrag gestellt, weil der geltend gemachte Anspruch der Höhe nach feststeht. Ein Grundurteil (§ 130 SGG) ist jedoch möglich.

5. S. zum Beispielsfall Urt. des BSG v. 26. 4. 1990 – 2 RU 39/89 –.

Kosten und Gebühren

Die Erstattung der außergerichtlichen Kosten des obsiegenden Versicherungsträgers ist im Beispielsfall nicht möglich, da Aufwendungen von juristischen Personen des öffentlichen Rechts nach § 193 Abs. 4 S. 1 SGG auch dann nicht erstattungsfähig sind, wenn diese miteinander streiten. Dagegen kann der Verletzte als Beigeladener Kostengläubiger sein (vgl. dazu *Meyer-Ladewig* SGG § 193 Rdn. 11). Die Frage, ob im Erstattungsstreit der Sozialleistungsträger auch die Gebühren des RA des Beigeladenen (natürliche Person) nach dem Gegenstandswert (vgl. § 116 Abs. 2 S. 1 Nr. 2 BRAGO) berechnet werden, ist str. (bejahend: LSG Hamburg *Breithaupt* 1987, 170; verneinend – Rahmengebühren – LSG Niedersachsen *Breithaupt* 1991, 878).

Fristen und Rechtsmittel

Keine Klagefrist. Vgl. Hinweis bei Form. VIII. 2.

4. Verpflichtungsklage
(§ 54 Abs. 1 SGG)[1]

An das
Sozialgericht

Klage

der Fotosetzerin ......,   Klägerin,
Prozeßbevollmächtigter: RA ......
gegen

die Landesversicherungsanstalt ......,   Beklagte,
vertreten durch die Geschäftsführung,

wegen Bewilligung eines Heilverfahrens[2].

Namens und in Vollmacht der Klägerin erhebe ich Klage und beantrage,
1. den Bescheid der Beklagten vom ...... in der Gestalt des Widerspruchsbescheides vom ...... aufzuheben[3],
2. die Beklagte zu verurteilen, der Klägerin einen neuen Bescheid unter Beachtung der Rechtsauffassung des Gerichts zu erteilen[4].

Begründung:

Die Klägerin ist als Hilfskraft in der Fotosetzerei ihres Ehemannes beschäftigt. Sie leidet an einer degenerativen Wirbelsäulenerkrankung mit häufigen Ischialgien. Am ...... beantragte sie als medizinische Leistung zur Rehabilitation (§§ 9 ff. SGB VI) ein Heilverfahren, möglichst für die Dauer von sechs Wochen in der für die Therapie ihrer Erkrankung besonders geeigneten ...... -Klinik in Bad B. Die Beklagte lehnte diesen Antrag mit der Begründung ab, die Erwerbsfähigkeit der Klägerin sei weder erheblich gefährdet noch gemindert und eine medizinische Begründung für eine ausschließlich durch ein stationäres Heilverfahren erzielbare Besserung des Leistungsvermögens liege nicht vor. Diese Auffassung trifft nicht zu. Denn aus der beigefügten ausführlichen Stellungnahme des behandelnden Arztes für Orthopädie Dr. B. ergibt sich, daß eine wesentliche Besserung der Beschwerden und der Leistungsfähigkeit nur durch ein stationäres Heilverfahren zu erzielen ist.

Rechtsanwalt

Anmerkungen

1. Die Verpflichtungsklage (§ 54 Abs. 1 SGG) ist eine Leistungsklage besonderer Art. Die begehrte Leistung besteht – wie im Beispielsfall – im Erlaß eines abgelehnten Verwaltungsakts (Vornahmeklage) oder im Erlaß eines unterlassenen Verwaltungsakts (Untätigkeitsklage, s. Form. VIII. 5.). Ziel der Verpflichtungsklage ist ein Verpflichtungsurteil (§ 131 Abs. 2 und 3 SGG). Da auf Sozialleistungen idR. ein Rechtsanspruch besteht (§ 38 SGB I) und insoweit die Anfechtungs- und Leistungsklage nach § 54 Abs. 4 SGG gegeben ist (Form. VIII. 6.), ist die Verpflichtungsklage in der sozialgerichtlichen Praxis verhältnismäßig selten.

Verpflichtungsklage ist insbesondere zu erheben, wenn Leistungen abgelehnt worden sind, auf die kein Rechtsanspruch besteht – *Ermessensleistungen* (§ 39 SGB I) – (vgl. zB. BSG SozR 2200 § 1236 Nr. 50 mwN.; s. auch Form. VIII. 3. Anm. 1). Solche Leistungen sind im Sozialrecht die Ausnahme. Ferner kann zB. die Erteilung einer Arbeitserlaubnis

(BSG 44, 82) oder die Ablehnung, die Nachentrichtung von Pflichtbeiträgen zuzulassen (BSG 41, 38), Gegenstand einer Verpflichtungsklage sein.

2. Zu den *Ermessensleistungen* gehören insbesondere die Leistungen der gesetzlichen Rentenversicherung zur medizinischen und beruflichen Rehabilitation (§§ 9 ff. SGB VI). Das Ermessen ist hier auf das „Wie" der Leistung beschränkt (§§ 9 Abs. 2, 13 Abs. 1 SGB VI, s. dazu zB. BSG SozR 3–5765 § 10 Nr. 1 – betr. Kfz-Hilfe – und KassKomm. – *Niesel* § 9 SGB VI Rdn. 9 und § 13 SGB VI Rdn. 4 ff., 14 jeweils mwN.).

3. Der Aufhebungsantrag ist in der Praxis üblich. Er dient der Klarstellung, wenngleich ihm nach hM. keine selbständige Bedeutung zukommt (*Meyer-Ladewig* SGG § 54 Rdn. 43 und § 131 Rdn. 13 mwN.).

4. Der Antrag ist auf Bescheidung unter Beachtung der Rechtsauffassung des Gerichts gerichtet. Hält das Gericht die Verurteilung zum Erlaß eines abgelehnten Verwaltungsakts für begründet und diese Frage in jeder Beziehung für spruchreif, so spricht es im Urteil die Verpflichtung aus, den beantragten Verwaltungsakt zu erlassen (§ 131 Abs. 2 SGG, näher dazu *Meyer-Ladewig* SGG § 131 Rdn. 12). Bei Ermessensentscheidungen ist das der Fall, wenn das Ermessen nur noch in einem bestimmten Sinn ausgeübt werden kann (vgl. BSG SozR 1200 § 48 Nr. 12 – S. 63 –: Anfechtungs- und Leistungsklage; anders BSG Urt. v. 14. 12. 1994 – 4 RA 42/94 – S. 4 f. –: Verpflichtungsklage). Auch wenn das Ermessen nach Auffassung des Klägers „auf Null reduziert" ist, sollte der Antrag auf Neubescheidung zumindest hilfsweise gestellt werden (BSG SozR 2200 § 1236 Nr. 50 – S. 111 –).

Kosten und Gebühren

Vgl. Hinweis zu Form. VIII. 2.

Fristen und Rechtsmittel

Vgl. Hinweis zu Form. VIII. 2.

5. Untätigkeitsklage
(§ 88 SGG)[1]

An das
Sozialgericht

Klage

des Betriebsschlossers ......,   Klägers,
Prozeßbevollmächtigter: RA ......

gegen

die Landesversicherungsanstalt ......,   Beklagte,
vertreten durch die Geschäftsführung,

wegen Erteilung eines Rentenbescheides.
Namens und in Vollmacht des Klägers erhebe ich Klage und beantrage,
die Beklagte zu verurteilen, den Rentenantrag des Kläger vom ...... unter Beachtung der Rechtsauffassung des Gerichts zu bescheiden[2].

Begründung:

Über den im Juni 1994 gestellten Antrag des Klägers auf vorzeitiges Altersruhegeld, dem alle erforderlichen Unterlagen beigefügt waren, hat die Beklagte bis jetzt – im Januar 1995 – noch nicht entschieden. Die beiden Sachstandsanfragen des Klägers vom ...... und vom ...... sind unbeantwortet geblieben.

Rechtsanwalt

Schrifttum: Noack, Die Untätigkeitsklage im allgemeinen und besonderen Verwaltungsprozeßrecht, Sozialversicherung –SozVers– 1975, 201; *Jaschinski*, Die Kostenentscheidung nach der Erledigung einer Untätigkeitsklage, SGb 1993, 406; *Dahm*, Die Untätigkeitsklage gemäß § 88 SGG, Die Berufsgenossenschaft –BG– 1994, 459.

Anmerkungen

1. Die Untätigkeitsklage (§ 88 SGG) soll gewährleisten, daß die Verwaltung den Betroffenen nicht durch Untätigkeit in seinen Rechten beeinträchtigt. Sie ist im sozialgerichtlichen Verfahren nicht auf einen Bescheid bestimmten Inhalts gerichtet, sondern auf Bescheidung schlechthin (vgl. BSG 19, 164; 72, 118/120; BSG SozR 3–1500 § 88 Nr. 1).

Die Untätigkeitsklage ist oft ein ungeeignetes Mittel, um das Verfahren zu beschleunigen, zumal die Verwaltungsakten dem Gericht vorgelegt werden und für die Sachbearbeitung nicht zur Verfügung stehen (*Niesel* Rdn. 56 mit dem Hinweis auf die Möglichkeit der Dienstaufsichtsbeschwerde und der Vorschußzahlung nach § 42 SGB I; s. auch *Krasney/Udsching* Kap. IV Rdn. 59).

Die Untätigkeitsklage nach § 88 SGG ist in *zwei Fällen* zulässig: a) Es ist ein Antrag auf Vornahme eines Verwaltungsakts innerhalb einer Frist von *sechs Monaten* sachlich nicht beschieden worden (§ 88 Abs. 1 SGG). Es reicht aus, daß die sechsmonatige Wartefrist nach Klageerhebung verstrichen ist (BSG SozR 3–1500 § 88 Nr. 2). b) Es ist über einen Widerspruch innerhalb einer Frist von *drei Monaten* nicht entschieden worden; abweichend gilt in Angelegenheiten der Krankenversicherung und der Bundesanstalt für Arbeit eine Frist von *einem Monat* (§ 88 Abs. 2 SGG). Abgesehen von diesen Fristen keine Klagefrist (§ 89 SGG).

Bei Vorliegen eines *zureichenden Grundes* dafür, daß der beantragte Verwaltungsakt oder der Widerspruch noch nicht erlassen ist, setzt das Gericht das Verfahren bis zum Ablauf einer bestimmten Frist aus. Diese Frist kann verlängert werden (§ 88 Abs. 1 S. 2 SGG). Die Verwaltung hat den zureichenden Grund darzulegen (BSG SozR 3–1500 § 88 Nr. 1 – S. 10 –).

Wird dem Antrag bzw. dem Widerspruch stattgegeben, ist die Hauptsache für erledigt zu erklären (§ 88 Abs. 1 S. 3 SGG), da kein Rechtsschutzbedürfnis mehr besteht. Im übrigen ist das Klageziel der Untätigkeitsklage mit dem Erlaß eines ablehnenden Bescheides oder zurückweisenden Widerspruchsbescheides grundsätzlich erreicht und der Rechtsstreit für erledigt zu erklären oder die Klage zurückzunehmen. Es kommt jedoch eine Klageänderung in Betracht (näher dazu *Meyer-Ladewig* SGG § 88 Rdn. 10 ff.; *Niesel* Rdn. 59) und ausnahmsweise auch eine Fortsetzungsfeststellungsklage mit dem Ziel festzustellen, daß ohne zureichenden Grund in angemessener Zeit kein Bescheid bzw. Widerspruchsbescheid erteilt worden ist (BSG aaO.).

2. Der Antrag ist darauf gerichtet, den Kläger unter Beachtung der Rechtsauffassung des Gerichts zu bescheiden (§ 131 Abs. 3 SGG).

Kosten und Gebühren

Hat sich die Untätigkeitsklage ohne Urteil erledigt, Entscheidung über die außergerichtlichen Kosten auf Antrag durch Beschluß gemäß § 193 Abs. 1 Halbs. 2 SGG (vgl. Form. VIII. 29.). Hat die Verwaltung den Kläger vor Klageerhebung über den zureichenden Grund für die Bescheidverzögerung informiert, wird angenommen, daß sie nicht zur Kostenerstattung verpflichtet ist (LSG Bremen *Breithaupt* 1987, 523; LSG Hessen *Breithaupt* 1993, 606; *Jaschinski*, SGb 1993, 406/412). Um eine negative Kostenentscheidung zu vermeiden, sollte ohne vorherige Sachstandsanfrage Untätigkeitsklage nicht erhoben werden.

Vgl. im übrigen Hinweis zu Form. VIII. 2.

Fristen und Rechtsmittel

Vgl. Anm. 1 und Hinweis zu Form. VIII. 2.

6. Anfechtungs- und Leistungsklage – § 54 Abs. 4 SGG –[1]
(Beispiel 1: Klage auf Rente wegen Erwerbsunfähigkeit)

An das
Sozialgericht

Klage

des Maurers ......,   Klägers,
Prozeßbevollmächtigter: RA ......

gegen

die Landesversicherungsanstalt ......,   Beklagte,
vertreten durch die Geschäftsführung,

wegen Gewährung einer Erwerbs- oder Berufsunfähigkeitsrente. Namens und in Vollmacht des Klägers erhebe ich Klage und beantrage,
1. den Bescheid der Beklagten vom ...... in der Gestalt des Widerspruchsbescheides vom ...... aufzuheben,
2. die Beklagte zu verurteilen, dem Kläger vom ...... an[2] Rente wegen Erwerbsunfähigkeit, hilfsweise Rente wegen Berufsunfähigkeit[3], zu zahlen[4,5].

Begründung:

Der 51 Jahre alte Kläger beantragte Rente wegen Erwerbsunfähigkeit[6]. Die Beklagte stützte die Ablehnung des Rentenantrags auf das Gutachten des ihrem Sozialmedizinischen Dienst angehörenden Arztes für innere Krankheiten Dr. I. vom .... Dr. I. vertrat die Ansicht, dem Kläger seien zumindest noch leichte körperliche Arbeiten vollschichtig zuzumuten. Die ärztliche Leistungsbeurteilung im Rentenverfahren ist unrichtig. Der Kläger ist erwerbsunfähig (§ 44 Abs. 2 SGB VI), weil er infolge von Krankheit eine Erwerbstätigkeit in gewisser Regelmäßigkeit nicht mehr ausüben kann: Er leidet seit der Operation, der er sich nach Klageerhebung unterziehen mußte[7], an einem „Dumping-Syndrom" mit Abgeschlagenheit, Kopfschmerzen und Müdigkeit. Sein behandelnder Arzt Dr. F. bezweifelt deshalb, ob der Kläger noch einem vollschichtigen Arbeitseinsatz gewachsen ist, und macht darauf aufmerksam, daß er außerdem Gelegenheit haben müsse, während der

Arbeitszeit mehrere kleine Mahlzeiten einzunehmen[8]. Eine Bescheinigung dieses Arztes vom ...... ist beigefügt. Sollte eine weitere Beweisaufnahme jedoch wider Erwarten ergeben, daß noch vollschichtig körperlich leichte Arbeiten zumutbar sind und es auf dem allgemeinen Arbeitsmarkt dem Leistungsvermögen des Klägers entsprechende Arbeitsplätze in ausreichender Zahl gibt, ist der Kläger jedenfalls berufsunfähig (§ 43 Abs. 2 SGB VI). Es liegt auf der Hand, daß er seinen bisherigen Beruf als Maurer nicht mehr ausüben kann. Tätigkeiten, auf die der Kläger als Facharbeiter sozial zumutbar verweisbar ist, sind nicht ersichtlich.

Rechtsanwalt

Anmerkungen

1. Häufigste Klage in der Sozialgerichtsbarkeit. Die kombinierte Anfechtungs- und Leistungsklage setzt voraus, daß eine Leistung durch Verwaltungsakt abgelehnt worden ist. Es muß sich im Unterschied zu Ermessensleistungen (s. Form. VIII. 4. Anm. 1) um Leistungen handeln, auf die ihrer Art nach ein Rechtsanspruch besteht (§ 38 SGB I). Beispiele: Renten aus der gesetzlichen Renten- und Unfallversicherung, ärztliche Behandlung und Krankengeld, Arbeitslosengeld und Arbeitslosenhilfe, Leistungen der Pflegeversicherung.

2. Rente aus der gesetzlichen Rentenversicherung wird nur auf *Antrag* gezahlt (§ 115 SGB VI). Der Antrag ist auch für den *Rentenbeginn* maßgebend (§ 99 SGB VI). Vgl. zum Leistungsbeginn für die wesentlichen Sozialleistungen *Krasney/Udsching* Kap. IV Rdn. 71.

3. Vgl. zum Begriff der Berufsunfähigkeit das Begründungsbeispiel zu Form. VIII. 11. Der Antrag auf Rente wegen Erwerbsunfähigkeit umfaßt grundsätzlich den Antrag auf Rente wegen Berufsunfähigkeit (BSG 21, 88/89).

4. Eine Bezifferung des Klageantrags ist nicht erforderlich und nicht üblich, da bei einer *auf Geld gerichteten* Leistungsklage zur Leistung nur dem Grunde nach verurteilt werden kann (§ 130 SGG) und von dieser Möglichkeit regelmäßig Gebrauch gemacht wird (vgl. im einzelnen die Kommentierung des § 130 SGG bei *Meyer-Ladewig* SGG). Da ein *Grundurteil* nur ergehen kann, wenn die Voraussetzungen des geltend gemachten Anspruchs vorliegen, empfiehlt es sich – unabhängig von einer entsprechenden Anregung des Vorsitzenden (§ 106 Abs. 1 SGG) –, den (die) geltend gemachten Anspruch (Ansprüche) nach Beginn, Leistungsart und Dauer im Klageantrag zu bezeichnen (s. BSG SozR 1500 § 130 Nr. 2). Das Grundurteil erledigt den Rechtsstreit in vollem Umfang. Nach der Verurteilung zur Leistung dem Grunde nach ist der Sozialleistungsträger verpflichtet, einen Bescheid (Ausführungsbescheid) zu erteilen, mit dem die Höhe der Leistung festgesetzt wird (zur aufschiebenden Wirkung der Berufung eines verurteilten Versicherungsträgers oder in der Kriegsopferversorgung eines Landes s. § 154 Abs. 2 SGG); wird das Urteil später aufgehoben, besteht idR. die Verpflichtung zur Rückzahlung der sog. Urteilsrente (näher dazu *Meyer-Ladewig* SGG § 130 Rdn. 4 und § 154 Rdn. 4 und 4a).

Aus Grundurteilen kann nicht vollstreckt werden; nach aA. ist jedoch § 201 SGG (Zwangsgeld) entsprechend anwendbar (vgl. *Meyer-Ladewig* SGG § 130 Rdn. 5 und § 201 Rdn. 2). Im übrigen haben die Vorschriften des SGG über die *Vollstreckung* (§§ 198–201) kaum praktische Bedeutung, weil rechtskräftig verurteilte Sozialleistungsträger durchweg von sich aus ihrer Verpflichtung nachkommen. Ausführlich zur Vollstreckung *Krasney/Udsching* Kap. XIII.

5. Ansprüche auf Geldleistungen sind nach Ablauf eines Kalendermonats nach dem Eintritt der Fälligkeit bis zum Ablauf des Kalendermonats vor der Zahlung mit vier vH. zu *verzinsen*. Die Verzinsung beginnt frühestens nach Ablauf von sechs Monaten nach Eingang des vollständigen Leistungsantrags, beim Fehlen eines Antrags nach Ablauf eines Kalendermonats nach der Bekanntgabe der Entscheidung über die Leistung (§ 44 SGB I).

Auch bei Leistungen der gesetzlichen Unfallversicherung, in der die Leistungen von Amts wegen festzustellen sind, ist der ggf. gestellte vollständige Leistungsantrag für den Beginn der Verzinsung maßgebend (BSG SozR 1200 § 44 Nr. 3 und SozR 3–1200 § 44 Nr. 4).

In der Praxis ist der *Antrag auf Verurteilung zur Zinszahlung nicht erforderlich* und nicht üblich. Denn die Leistungsträger, die zur Leistung auch für zurückliegende Zeit verurteilt sind, haben aufgrund ihrer gesetzlichen Pflicht (§ 44 SGB I) die Zinsen von Amts wegen zu ermitteln.

6. In der sozialgerichtlichen Praxis haben die auf Rente wegen Erwerbsunfähigkeit (§ 44 SGB VI) und auf Rente wegen Berufsunfähigkeit (s. Form. VIII. 10.) gerichteten Klagen eine herausragende Bedeutung. Dabei geht es vor allem um die Frage, ob der Versicherte *erwerbsunfähig* ist (zu den versicherungsrechtlichen Voraussetzungen s. § 44 Abs. 1 Nr. 2 und Nr. 3, Abs. 4 SGB VI). Erwerbsunfähig sind Versicherte, die wegen Krankheit oder Behinderung auf nicht absehbare Zeit außerstande sind, eine Erwerbstätigkeit in gewisser Regelmäßigkeit auszuüben oder Arbeitsentgelt oder Arbeitseinkommen zu erzielen, das ein Siebtel der monatlichen Bezugsgröße übersteigt (§ 44 Abs. 2 S. 1 SGB VI). Das BSG hat die Legaldefinition der Erwerbsunfähigkeit durch eine umfangreiche Rspr. konkretisiert. Entscheidend ist danach, ob der Versicherte mit dem verbliebenen Leistungsvermögen noch Tätigkeiten des allgemeinen Arbeitsmarktes verrichten kann. Das ist nicht der Fall, wenn ihm aus gesundheitlichen Gründen der Arbeitsmarkt verschlossen ist (sog. konkrete Betrachtungsweise). Davon ist auszugehen, wenn der Versicherte aus gesundheitlichen Gründen nur noch *Teilzeitarbeit* verrichten kann (BSG 30, 167; 43, 75; BSG SozR 3–5750 Art. 2 § 6 Nr. 6 = SGb 1994, 185 m. Anm. v. *Dörr;* näher dazu KassKomm. – *Niesel* § 43 SGB VI Rdn. 82 ff.). Ein noch *vollschichtig* einsatzfähiger Versicherter ist dagegen unabhängig von seinen Vermittlungschancen (Risiko der Arbeitslosenversicherung) grundsätzlich nicht erwerbsunfähig (BSG SozR 3–2200 § 1246 Nr. 41). Das gilt jedoch dann nicht, wenn der Arbeitsmarkt wegen *zusätzlicher atypischer Leistungseinschränkungen* (Summierung ungewöhnlicher oder schwerer spezifischer Leistungseinschränkungen, unübliche Arbeitsbedingungen, Einschränkungen der „Wegefähigkeit") als verschlossen anzusehen ist (vgl. BSG SozR 3–2200 § 1246 Nr. 41 und SozR 2200 § 1246 Nr. 137). Ausführlich dazu: KassKomm. – *Niesel* § 44 SGB VI Rdn. 22 („Schema") und § 43 Rdn. 88 ff.; „Deutsche Rentenversicherung" –DRV– 1993, 493.

Dementsprechend haben die Tatsachengerichte in medizinischer und berufskundlicher Hinsicht von Amts wegen die „Standardfrage" zu klären, ob und inwieweit das Leistungsvermögen des Klägers aus gesundheitlichen Gründen qualitativ und (oder) quantitativ (zeitlich) eingeschränkt ist und ob dieser noch Zugang zum allgemeinen Arbeitsmarkt hat.

Es ist zweifelhaft, ob die oben skizzierte Rspr. des BSG uneingeschränkt aufrechterhalten bleibt. Denn der 13. Senat des BSG hat mit Beschl. v. 23. 11. 1994 – 13 RJ 19/93 – dem GS des BSG folgende Fragen vorgelegt: „(1) Ist für die Beurteilung, ob ein Versicherter der Gruppe mit dem Leitbild des angelernten Arbeiters im unteren Bereich oder der Gruppe mit dem Leitbild des ungelernten Arbeiters berufs- oder erwerbsunfähig ist, die konkrete Benennung von Verweisungstätigkeiten erforderlich, wenn er seinen bisherigen Beruf nicht mehr ausüben und auch sonst nur noch körperlich leichte Arbeiten mit weiteren Einschränkungen verrichten kann? (2) Sind die Fallgruppen, bei denen das BSG bisher die erhebliche Gefahr einer Verschlossenheit des Arbeitsmarktes angenommen hat, als abschließend anzusehen?"

7. Bei der Anfechtungs- und Leistungsklage ist die *Sach- und Rechtslage zum Zeitpunkt der letzten mündlichen Verhandlung* zugrundezulegen (allgM.: *Meyer-Ladewig* SGG § 54 Rdn. 34; *Krasney/Udsching* Kap. VI Rdn. 119; ausf. und krit. dazu *Hasenpusch,* SGb 1994, 319). Deshalb ist im Beispielsfall das Vorbringen, der Gesundheitszustand des Klägers habe sich nach Klageerhebung verschlechtert, erheblich und kann Ermittlungen von Amts wegen erforderlich machen.

8. Die Notwendigkeit zusätzlicher Arbeitspausen verpflichtet zur Benennung konkreter Verweisungstätigkeiten (vgl. BSG SozR 2200 § 1247 Nr. 42 und SozR 2200 § 1246 Nr. 136).

Kosten und Gebühren

Vgl. Hinweis zu Form. VIII. 2.

Fristen und Rechtsmittel

Vgl. Hinweis zu Form. VIII. 2.

7. Anfechtungs- und Leistungsklage – § 54 Abs. 4 SGG –
(Beispiel 2: Klage auf Verletztenrente nach bindendem Ablehnungsbescheid)

An das
Sozialgericht

Klage

des Monteurs ......, Klägers,
Prozeßbevollmächtigter: RA ......

gegen

die Norddeutsche Metall-Berufsgenossenschaft ......, Beklagte,
vertreten durch den Geschäftsführer,

wegen Rücknahme eines unanfechtbaren rechtswidrigen Bescheides[1] und Gewährung einer Verletztenrente.
Namens und in Vollmacht des Klägers erhebe ich Klage und beantrage,
1. den Bescheid der Beklagten vom ...... in der Gestalt des Widerspruchsbescheides vom ...... (Daten des nach § 44 SGB X erlassenen, eine Rücknahme ablehnenden Bescheides und des Widerspruchsbescheides) sowie den Bescheid vom ...... in der Gestalt des Widerspruchsbescheides vom ...... (Daten des ursprünglichen, unanfechtbaren Bescheides und des Widerspruchsbescheides) aufzuheben,
2. die Beklagte zu verurteilen, dem Kläger vom ...... an Verletztenrente in Höhe von 25 vH. der Vollrente zu zahlen[2].

Begründung:

Der Kläger war als Monteur beschäftigt und befand sich auf einer Dienstreise, um auf einer auswärtigen Baustelle zu arbeiten. Nach der Arbeit fuhr er von der Baustelle zum Hotel und parkte seinen PKW einige Meter davor. Auf dem Fußweg zum Hotel bemerkte er, daß er seine Herrenhandtasche mit Personalausweis, Reisepaß, Kraftfahrzeug- und Führerschein im Wagen vergessen hatte. Er kehrte deshalb um und wollte die Tasche holen. Auf dem Wege dorthin erlitt er einen Unfall. Er wurde von einem PKW angefahren und zog sich eine Verletzung zu, die zum fast völligen Verlust des Sehvermögens des rechten Auges führte. Die Beklagte holte zwar das augenärztliche Gutachten des Prof. Dr. G. ein – dieser schätzte die unfallbedingte MdE auf 25 vH. –, lehnte aber eine Entschädigung ab, weil der Kläger bei einer „eigenwirtschaftlichen" Tätigkeit verunglückt sei (Bescheid vom ...... und Widerspruchsbescheid vom ......). Die dagegen gerichtete Kla-

ge war wegen Versäumung der Klagefrist erfolglos (rechtskräftiges Urteil des SG ......
vom ......).
Am ...... beantragte der Kläger die Rücknahme des unanfechtbaren ablehnenden Bescheides. Die Beklagte lehnte diesen Antrag unter Hinweis auf ihre schon zuvor vertretene Auffassung ab (Bescheid vom ...... und Widerspruchsbescheid vom ......).
Die Auffassung der Beklagten ist unzutreffend. Die Voraussetzungen des § 44 Abs. 1 S. 1 SGB X liegen vor. Die Beklagte hat bei der Ablehnung der Verletztenrente das Recht unrichtig angewandt. Denn der Kläger hat einen Arbeitsunfall (§ 548 Abs. 1 S. 1 RVO) erlitten. Die Tätigkeit, bei der sich der Unfall ereignete, stand nach den von der Rspr. des BSG für Dienstreisen entwickelten Wertungsmaßstäben im inneren Zusammenhang mit dem Beschäftigungsverhältnis. Danach handelt derjenige, der – wie der Kläger – während einer Dienstreise auf einem mit der beruflichen Tätigkeit zusammenhängenden Weg Ausweis, Kraftfahrzeugschein und Führerschein im abgestellten PKW vergißt und noch vor Beendigung des Weges dorthin zurückkehrt, um diese Papiere zu holen, rechtlich wesentlich auch im betrieblichen Interesse. Zur weiteren Begründung wird auf das einen gleichliegenden Sachverhalt betreffende Urteil des BSG v. 12. 6. 1990 – 2 RU 57/89 – (SozR 3–2200 § 548 Nr. 3) Bezug genommen.

Rechtsanwalt

Anmerkungen

1. Das Formular betrifft den praktisch wichtigen Fall, daß bereits durch einen bindenden Verwaltungsakt ablehnend entschieden ist. Die *Bindungswirkung* kann unter erleichterten Voraussetzungen beseitigt werden: Nach § 44 Abs. 1 SGB X ist ein Verwaltungsakt, auch nachdem er unanfechtbar geworden ist, mit Wirkung für die Vergangenheit zurückzunehmen, wenn sich im Einzelfall ergibt, daß bei Erlaß des Verwaltungsakts das Recht unrichtig angewandt worden oder von einem Sachverhalt ausgegangen worden ist, der sich als unrichtig erweist, und soweit deshalb *Sozialleistungen* (s. zum Begriff der Sozialleistungen § 11 SGB I, zu den einzelnen Sozialleistungen §§ 18 ff. SGB I) zu Unrecht nicht erbracht oder *Beiträge* zu Unrecht erhoben worden sind. Die Vorschrift durchbricht die materielle Bestandskraft (Bindungswirkung, vgl. § 77 SGG und die Kommentierung dieser Vorschrift durch *Meyer-Ladewig* SGG). Voraussetzung für die Aufhebung des ursprünglichen Bescheides ist „einfache Rechtswidrigkeit" (BSG SozR 2200 § 1251 Nr. 102). Aber nur, wenn die Prüfung im Rahmen eines Antrags nach § 44 SGB X zu dem Ergebnis führt, daß ursprünglich nicht beachtete Tatsachen oder Erkenntnisse vorliegen, die für die Entscheidung wesentlich sind, ist ohne Rücksicht auf die Bindungswirkung erneut (sachlich) zu entscheiden (näher dazu BSG 63, 33). Mit anderen Worten: Wenn der Antragsteller keine neuen Argumente bringt, wird sich der Sozialleistungsträger ohne nähere Prüfung des Anspruchs auf die Bindungswirkung des ursprünglichen Bescheides berufen. Eine unrichtige Rechtsanwendung iS. des § 44 Abs. 1 SGB X liegt auch vor, wenn sich die höchstrichterliche Rspr. geändert hat und die Änderung auf der Erkenntnis der Unrichtigkeit der bisherigen Rspr. beruht (s. aber auch § 48 Abs. 2 SGB X; vgl. dazu BSG 55, 87/89; 57, 209; 58, 27; *Schroeder-Printzen/Wiesner*, SGB X, Komm., 2. Aufl. 1990 § 48 Anm. 4.2.).

Auch die Erledigung eines Anspruchs durch *Vergleich* schließt nach BSG SozR 2200 § 1251 Nr. 115 einen Anspruch auf Neufeststellung nach § 44 SGB X nicht aus, soweit der Vergleich keinen Verzicht auf das materielle Recht iS. des § 46 SGB I enthält (str., s. *Heilemann*, Die Korrektur aus einem Rechtsbehelfsverfahren hervorgegangener Verwaltungsakte, SGb 1995, 240/242 f.).

Für Bescheide, die weder über eine Leistungsberechtigung noch über eine Beitragsverpflichtung befinden („Nichtleistungsbescheide"), enthält § 44 Abs. 2 SGB X eine besondere Regelung (Rücknahmepflicht für die Zukunft, Ermessen für die Vergangenheit).

8. Feststellungsklage   VIII. 8

Zu beachten ist, daß nach Aufhebung des rechtswidrigen Verwaltungsakts Sozialleistungen längstens für einen Zeitraum bis zu vier Jahren vor der Rücknahme erbracht werden (näher dazu § 44 Abs. 4 SGB X), und zwar auch dann, wenn den Sozialleistungsträger an der Rechtswidrigkeit des zurückgenommenen Bescheides ein Verschulden getroffen hat (BSG SozR 1300 § 44 Nr. 17).

2. Es handelt sich bei der auf § 44 Abs. 1 SGB X gestützten Klage nicht um eine Verpflichtungs-, sondern um eine *kombinierte Anfechtungs- und Leistungsklage* iS. des § 54 Abs. 4 SGG, wenn eine Leistung begehrt wird, auf die – wie idR. – ein Rechtsanspruch besteht (BSG 55, 87/89; *Krasney/Udsching* Kap. IV Rdn. 73).

Kosten und Gebühren

Vgl. Hinweis zu Form. VIII. 2.

Fristen und Rechtsmittel

Vgl. Hinweis zu Form. VIII. 2.

8. Feststellungsklage
(§§ 55 SGG)[1,2,3,4]

An das
Sozialgericht

Klage

des Rettungssanitäters ......,	Klägers,
Prozeßbevollmächtigter: RA	
gegen	
die Allgemeine Ortskrankenkasse ......,	Beklagte,
vertreten durch die Geschäftsführung,	

beigeladen:
1. Landesversicherungsanstalt ......
2. Bundesversicherungsanstalt für Angestellte ......
3. Stadt C.

wegen Feststellung des zuständigen Versicherungsträgers.
Namens und in Vollmacht des Klägers erhebe ich Klage und beantrage,
1. den Bescheid der Beklagten vom ...... in der Gestalt des Widerspruchsbescheides vom ...... aufzuheben,
2. festzustellen, daß der Kläger der Versicherungspflicht in der Rentenversicherung der Angestellten unterliegt[5].

Begründung[6]:

Der Kläger ist als Rettungssanitäter bei der Beigeladenen zu 3. beschäftigt und wird im Krankentransport sowie im Notarztwagen- und Feuerwehrdienst eingesetzt. Für ihn werden Beiträge zur Rentenversicherung der Arbeiter entrichtet. Der Kläger ist indessen Angestellter. Nach der Rechtsprechung des BSG erfolgt die Prüfung, ob jemand Arbeiter oder

Angestellter ist, in mehreren Stufen, wobei auf die folgende Stufe erst überzugehen ist, wenn auf der vorangegangenen Stufe keine Entscheidung möglich ist (BSG 47, 106; BSG SozR 2400 § 3 Nr. 5 und 6). Da im vorliegenden Fall die vorangegangenen Stufen keine Zuordnung ermöglichen – insbesondere fehlen eine bundeseinheitliche Tarifpraxis und eine allgemeine Verkehrsanschauung –, kommt es entscheidend darauf an, ob die Beschäftigung des Klägers vorwiegend körperlich oder vorwiegend geistig geprägt ist. Es überwiegt die geistige Leistung: Nicht nur als Rettungssanitäter, sondern auch als Fahrer des Notarztwagens hat der Kläger die Vitalfunktionen von Notfallpatienten zu beurteilen und aufrechtzuerhalten.

Rechtsanwalt

Anmerkungen

1. Mit der *Feststellungsklage* (§ 55 SGG) kann begehrt werden: 1. die Feststellung des Bestehens oder Nichtbestehens eines Rechtsverhältnisses, 2. die Feststellung, welcher Versicherungsträger der Sozialversicherung zuständig ist, 3. die Feststellung, ob eine Gesundheitsstörung oder der Tod die Folge eines Arbeitsunfalls, einer Berufskrankheit oder einer Schädigung iS. des Bundesversorgungsgesetzes ist, 4. die Feststellung der Nichtigkeit eines Verwaltungsakts, wenn der Kläger ein berechtigtes Interesse an der baldigen Feststellung hat. – Von erheblicher praktischer Bedeutung ist für die gesetzliche Unfallversicherung und das soziale Entschädigungsrecht die Feststellung des ursächlichen Zusammenhanges (Kausalität) nach § 55 Abs. 1 Nr. 3 SGG; s. dazu Form. VIII. 9. Das Begründungsbeispiel betrifft den Fall des § 55 Abs. 1 Nr. 2 SGG.

Die sog. „*Elementenfeststellungsklage*" ist ausnahmsweise zulässig, wenn durch sie der Rechtsstreit im ganzen bereinigt wird (BSG 31, 235; 48, 238/240).

Zur *Fortsetzungsfeststellungsklage* s. Anm. 2.

2. Hat sich der angefochtene Verwaltungsakt während des Rechtsstreites erledigt, wird die Klage idR. zurückgenommen oder der Rechtsstreit in der Hauptsache für erledigt erklärt. Der Klageantrag kann jedoch ausnahmsweise in einen Feststellungsantrag umgewandelt werden, wenn der Kläger ein berechtigtes Interesse an der Feststellung der Rechtswidrigkeit des Verwaltungsakts hat – sog. *Fortsetzungsfeststellungsklage* – (§ 131 Abs. 1 S. 3 SGG). Das Feststellungsinteresse kann rechtlicher, wirtschaftlicher oder ideeller Natur sein und kommt in drei Richtungen in Betracht: als Schadensinteresse, Rehabilitationsinteresse und wegen der Gefahr der Wiederholung (BSG SozR 4100 § 91 Nr. 5 mwN.; BSG SozR 3–1500 § 88 Nr. 1). Hat sich der Verwaltungsakt bei einer *Anfechtungsklage* erledigt, so ist der Antrag darauf zu richten, daß der Verwaltungsakt (Bescheid in der Gestalt des Widerspruchsbescheides) rechtswidrig war. Die Fortsetzungsfeststellungsklage kommt auch in Betracht, wenn sich das *Verpflichtungsbegehren* (Bsp.: Klage auf Erteilung einer Arbeitserlaubnis) erledigt hat (BSG aaO. und BSG 42, 212/216). In diesem Fall ist – entsprechend der anfänglichen Verpflichtungsklage – zu beantragen, daß die Behörde verpflichtet war, den abgelehnten Verwaltungsakt zu erlassen.

3. Nach BSG SozR 1500 § 78 Nr. 7 (= SGb 1978, 68 m. Anm. v. *Freitag*) sind *Feststellungen nach § 4 Schwerbehindertengesetz –SchwBG–* (Feststellung des Vorliegens einer Behinderung, des Grades der Behinderung –GdB– sowie weiterer gesundheitlicher Merkmale als Voraussetzung für die Inanspruchnahme von Nachteilsausgleichen) Leistungen, so daß sie nicht durch Feststellungs-, sondern durch Anfechtungs- und Leistungsklage (§ 54 Abs. 4 SGG) zu verfolgen sind (*Krasney/Udsching* Kap. IV Rdn. 86 ff.; aber str.). Ein solcher Klageantrag könnte zB. lauten: 1. den Bescheid des Versorgungsamtes L vom ...... in der Gestalt des Widerspruchsbescheides des Landesversorgungsamtes N. vom ...... zu ändern, 2. den Beklagten zu verurteilen, a) als weitere Behinderungen „arthrotische Veränderungen in den Hüft- und Kniegelenken" und „Einschränkungen der Finger-

9. Anfechtungs-, Feststellungs- und Leistungsklage **VIII. 9**

beweglichkeit", b) den GdB auf 70 und c) die gesundheitlichen Voraussetzungen des Nachteilsausgleichs „G" festzustellen.

Für die Verwaltungs- und Gerichtspraxis sind bedeutsam die vom Bundesminister für Arbeit und Sozialordnung herausgegebenen „Anhaltspunkte für die ärztliche Gutachtertätigkeit im sozialen Entschädigungsrecht", 1983. S. auch *Goedelt*, Die Festsetzung des Grades der MdE/des GdB nach dem Schwerbehindertengesetz, Zentralblatt für Sozialversicherung, Sozialhilfe und Versorgung-ZfS-1994, 97. Zum Streitgegenstand und zu den Beweisfragen im Schwerbehindertenrecht *Krasney/Udsching* Kap. III Rdn. 150 ff.

4. Nach § 89 SGG ist die Klage an keine Frist gebunden, wenn die Feststellung der Nichtigkeit eines Verwaltungsakts oder die Feststellung des zuständigen Versicherungsträgers begehrt wird. Darüber hinaus gilt allgemein, daß die isolierte Feststellungsklage an keine Frist gebunden ist. Ist dagegen – wie im Regelfall – der Feststellungsklage ein Verwaltungsakt vorausgegangen, der den Gegenstand der Feststellungsklage betrifft (vgl. Anm. 5), so gilt die Klagefrist des § 87 SGG (vgl. *Meyer-Ladewig* SGG § 87 Rdn. 2 und § 89 Rdn. 4).

5. Im Begründungsbeispiel ist die Feststellungs- mit der Anfechtungsklage verbunden. Nach BSG 57, 184 und 58, 150/152 ist die Feststellungsklage idR. ohne vorangegangenes Verwaltungsverfahren unzulässig, weil ein streitig gewordenes öffentlich-rechtliches Verhältnis zunächst in einem Verwaltungsverfahren durch Verwaltungsakt zu regeln ist (vgl. auch *Meyer-Ladewig* SGG § 55 Rdn. 15 und 19). Der Anwendungsbereich der „reinen" Feststellungsklage ist somit im Sozialrecht gering.

6. S. zum Begründungsbeispiel Urt. des LSG Niedersachsen v. 5. 5. 1993 – L 4 Kr 173/91 –.

Kosten und Gebühren

Vgl. Hinweis zu Form. VIII. 2.

Fristen und Rechtsmittel

Vgl. Anm. 4 und Hinweis zu Form. VIII. 2.

9. Anfechtungs-, Feststellungs- und Leistungsklage
– §§ 54 Abs. 4, 55 Abs. 1 Nr. 3 SGG –

(Klage auf Feststellung von Unfallfolgen und Verletztenrente)[1]

An das
Sozialgericht

Klage

des Kraftfahrers ......,	Klägers,
Prozeßbevollmächtigter: RA	
gegen	
die Verwaltungs-Berufsgenossenschaft ......,	Beklagte,
vertreten durch den Geschäftsführer,	

wegen Feststellung von Unfallfolgen und Zahlung von Verletztenrente
Namens und in Vollmacht des Klägers erhebe ich Klage und beantrage,

1. den Bescheid der Beklagten vom ...... in der Gestalt des Widerspruchsbescheides vom ...... aufzuheben,
2. festzustellen, daß die Gesundheitsstörung „Gonarthrose rechts mit Einschränkung der Beweglichkeit des rechten Kniegelenks" Folge des Arbeitsunfalls[2] vom ...... ist[3,4],
3. die Beklagte zu verurteilen, dem Kläger vom ...... an Verletztenrente in Höhe von mindestens 20 vH. der Vollrente zu zahlen[5,6,7].

Begründung:

Der Kläger hatte sich am ...... 1975 auf dem Weg zur Arbeit das rechte Kniegelenk verrenkt und den inneren Meniskus verletzt. Die Beklagte hatte den „Zustand nach Knieverletzung rechts und anschließender Meniskusoperation" als Folge dieses Arbeitsunfalls anerkannt und ihm für die Zeit vom ...... bis ...... 1976 Verletztenrente in Höhe von 20 vH. der Vollrente gewährt (Bescheide vom ......). Wegen einer schmerzhaften Gonarthrose rechts, die ihm seit 1991 Beschwerden bereitete, unterzog sich der Kläger am ...... 1995 einer erneuten Knieoperation. Gestützt auf das Gutachten des Dr. K. vom ...... lehnte die Beklagte den nach dieser Operation gestellten Antrag des Klägers auf Verletztenrente vom ...... ab, weil wegen des langen Zeitraums bis zum Auftreten der ersten Beschwerden und des auch am linken, vom Unfall nicht betroffenen Knie festgestellten Gelenkverschleißes der ursächliche Zusammenhang der Gonarthrose rechts mit dem Arbeitsunfall nicht wahrscheinlich sei (Bescheid vom ...... und Widerspruchsbescheid vom ......). Mit dieser Entscheidung ist der Kläger nicht einverstanden. Wie sich aus dem beigefügten Bericht des ihn behandelnden Arztes für Orthopädie Prof. Dr. P. vom ...... ergibt, spricht mehr für als gegen einen solchen ursächlichen Zusammenhang. Danach ist nicht nur zu berücksichtigen, daß die Arthrose der Kniegelenke rechts weit stärker als links ausgeprägt ist, sondern auch, daß eine Meniskektomie, wie sie hier 1975 erfolgt ist, die Entstehung und den Verlauf einer Arthrose begünstigt.

Die Arthrose bedingt aufgrund der schmerzhaften Bewegungseinschränkung des rechten Kniegelenks auch eine MdE zumindest in rentenberechtigendem Grad von 20 vH. (vgl. im einzelnen den o.a. Bericht des Prof. Dr. P.).

Rechtsanwalt

Anmerkungen

1. Diese Klagekombination – dh. die um die Feststellungsklage erweiterte Anfechtungs- und Leistungsklage – hat insbesondere für die gesetzliche Unfallversicherung praktische Bedeutung (ausführlich dazu *Brackmann*, Handbuch der Sozialversicherung, 11. Aufl. 1988, Bd. I/2, 240s Iff.).

2. Der Begriff des *Arbeitsunfalls* (§ 548 RVO) ist gesetzlich nicht definiert. Arbeitsunfall ist ein körperlich schädigendes, zeitlich (auf eine Arbeitsschicht) begrenztes Ereignis, das in einem *rechtlich wesentlichen ursächlichen Zusammenhang* mit einer versicherten Tätigkeit steht, sog. *haftungsbegründende Kausalität*. Ein Arbeitsunfall ist hiernach zB. zu verneinen, wenn eine *innere Ursache* (epileptischer Anfall o.ä.) und nach der Rspr. des BSG auch, wenn *Trunkenheit*, insbesondere alkoholbedingte Verkehrsuntüchtigkeit, oder *nicht betriebsbedingte Übermüdung* die allein wesentliche Unfallursache ist. Als Arbeitsunfall gilt auch ein sog. *Wegeunfall* (§ 550 RVO). Dem Arbeitsunfall gleichgestellt ist die *Berufskrankheit* (§ 551 RVO). Berufskrankheiten sind nur diejenigen berufsbedingten Erkrankungen, die aufgrund der in den §§ 551 Abs. 1 und 840 RVO enthaltenen Ermächtigung in der Berufskrankheitenverordnung –BKVO– bezeichnet sind (Enumerations- oder Listenprinzip; vgl. aber auch § 551 Abs. 2 RVO: Entschädigung wie eine Berufskrankheit). Näher zu Arbeitsunfall und Berufskrankheit KassKomm. – *Ricke*, Kommentierung der §§ 548, 550 und 551 RVO sowie *Schönberger/Mehrtens/Valentin*, Arbeitsunfall und Be-

rufskrankheit, Rechtliche und Medizinische Grundlagen für Gutachter, Sozialverwaltung und Gerichte, 5. Aufl. 1993.

3. Nach § 55 Abs. 1 Nr. 3 SGG kann die Feststellung begehrt werden, ob eine Gesundheitsstörung oder der Tod Folge eines Arbeitsunfalls, einer Berufskrankheit oder einer Schädigung iSd. BVG ist. Damit ist die sog. *haftungsausfüllende Kausalität* umschrieben, dh. der ursächliche Zusammenhang zwischen Arbeitsunfall, Berufskrankheit bzw. Schädigung iSd. BVG *und* der Gesundheitsstörung oder dem Tod (vgl. das Begründungsbeispiel). In der Praxis der Unfallversicherung wird in diesem Zusammenhang häufig darüber gestritten, ob der Unfall nach der im Sozialrecht geltenden Theorie der wesentlichen Bedingung im Hinblick auf eine unfallfremde Vorschädigung nur die Bedeutung einer rechtlich unwesentlichen „Gelegenheitsursache" hat, zB. bei Verletzungen vorgeschädigter Bandscheiben, Menisken und bei Herzinfarkten.

Für den Anwendungsbereich des BVG hat der Gesetzgeber die Feststellung iSd. § 55 Abs. 1 Nr. 3 SGG mit der Formulierung „Anerkennung einer Gesundheitsstörung als Folge einer Schädigung" (§ 1 Abs. 3 BVG) umschrieben (vgl. BSG SozR 3-3200 § 81 Nr. 1 – S. 3 –).

Die Feststellungsklage nach § 55 Abs. 1 Nr. 3 SGG umfaßt den gesamten Kausalzusammenhang zwischen versicherter Tätigkeit bzw. militärischem Dienst und einer Gesundheitsstörung. Sie ist deshalb auch zulässig, wenn (nur) die sog. *haftungsbegründende Kausalität* (s. auch Anm. 2), dh. das Vorliegen eines Arbeitsunfalls bzw. einer Wehrdienstschädigung, streitig ist (BSG SozR 3-3200 § 81 Nr. 1). Sie kann insbesondere dann sinnvoll und prozeßökonomisch sein, wenn lediglich darüber gestritten wird, ob die zum Unfall führende Tätigkeit unter Versicherungsschutz stand (vgl. dazu BSG aaO.; BSG SozR 2200 § 548 Nr. 53 und 72; BSG SozR 3-2200 § 550 Nr. 5; *Krasney/Udsching* Kap. IV Rdn. 82 ff.). Auch dann ist der Klageantrag ebenso zu formulieren wie beim Streit über die haftungsausfüllende Kausalität, dh. es sind die zweifelsfrei gegebenen Gesundheitsstörungen als Folgen des Arbeitsunfalls zu bezeichnen (vgl. dazu zB. den dem Urt. des BSG v. 24. 1. 1992 – 2 RU 32/91 – = SozR 3-2200 § 550 Nr. 5 entnommenen Klageantrag in Form. VIII. 17.). Str. ist, ob der Klageantrag in solchen Fällen auf die Feststellung der haftungsbegründenden Kausalität („...... festzustellen, daß es sich bei dem Unfall des Klägers am ...... um einen Arbeitsunfall gehandelt hat") gerichtet werden darf (*Meyer-Ladewig* SGG § 55 Rdn. 13 mwN.).

Bei *Berufskrankheiten* ist die Feststellung nach dem Wortlaut des § 55 Abs. 1 Nr. 3 SGG darauf zu richten, daß eine bestimmte Gesundheitsstörung Folge einer Berufskrankheit ist (zB. Feststellung einer Arthrose als Folge einer Berufskrankheit nach Nr. 2102 der Anlage 1 zur BKVO: „Meniskusschäden nach mehrjährigen andauernden oder häufig wiederkehrenden, die Kniegelenke überdurchschnittlich belastenden Tätigkeiten"). Stimmt die geltend gemachte Gesundheitsstörung mit der Definition der Listenerkrankung überein, sollte die Feststellung beantragt werden, daß diese Gesundheitsstörung eine Berufskrankheit ist (vgl. für die Lärmschwerhörigkeit – Berufskrankheit nach Nr. 2301 der Anlage 1 zur BKVO – BSG SozR 2200 § 551 Nr. 35, das insoweit auf § 55 Abs. 1 Nr. 1 SGG zurückgreift).

4. Das erforderliche *Rechtsschutzbedürfnis* für eine isolierte Feststellung von Unfallfolgen ist im Hinblick darauf, daß die Feststellung der unfallbedingten Schädigung Grundlage jeder späteren Regelung ist, regelmäßig gegeben (BSG Urt. v. 22. 3. 1983 – 2 RU 64/81 – = SozSich 1983, 297; *Dahm*, Die Zulässigkeit von Feststellungsklagen in Angelegenheiten der gesetzlichen Unfallversicherung, Kompaß 1994, 536; für *Wehrdienstbeschädigungen* s. BSG 21, 167, 168f. und BSG SozR 3-1500 § 55 Nr. 18). Daß die unfallbedingten Gesundheitsstörungen abgeklungen sind, steht dem nicht entgegen; denn gerade in Fällen, in denen geringfügige Schädigungen im Zeitpunkt der Entscheidung nicht geeignet sind, Leistungsansprüche auszulösen, gesundheitliche *Spätfolgen* des Unfalls jedoch *nicht auszuschließen* sind (BSG Urt. v. 3. 4. 1990 – 8 RKnU 3/88 –), ist die in § 55 Abs. 1 Nr. 3

SGG vorgesehene Feststellungsklage geboten (BSG Urt. v. 22. 3. 1983 – 2 RU 64/81 – aaO.; für *Wehrdienstbeschädigungen* s. BSG SozR 3–3200 § 81 Nr. 1 und BSG SozR 3–1500 § 55 Nr. 18).

Dementsprechend kann auch eine Berufskrankheit bereits vor Eintritt des Leistungsfalles iS. des § 551 Abs. 3 RVO festgestellt werden (BSG SozR 2200 § 551 Nr. 35 für eine Lärmschwerhörigkeit).

5. Zu unterscheiden sind in der gesetzlichen Unfallversicherung *vorläufige Renten und Dauerrenten* (s. im einzelnen § 1585 RVO). Spätestens nach Ablauf von zwei Jahren nach dem Unfall ist die Dauerrente festzustellen. Diese Feststellung setzt eine Änderung der Verhältnisse nicht voraus, der Versicherungsträger ist an die zuvor getroffene Feststellung der Grundlagen für die Rentenberechnung – dazu gehört auch die Schätzung der unfallbedingten MdE – nicht gebunden (§ 1585 Abs. 2 RVO). Zum Anspruch auf *Verletztengeld* s. §§ 560 ff. RVO.

6. Eine MdE in rentenberechtigendem Grade liegt in der Unfallversicherung erst bei einer MdE um 20 vH. vor (§ 581 Abs. 1 Nr. 2 RVO: „ein Fünftel"). Wichtige Ausnahme: die sog. „Stützrente", § 581 Abs. 3 RVO (10 vH.). In der gesetzlichen Unfallversicherung gilt – anders als im zivilrechtlichen Schadensersatzrecht – der *Grundsatz der abstrakten Schadensbemessung*. Maßgebend ist danach nicht der unfallbedingte tatsächliche Minderverdienst, sondern der im Einzelfall (individuell) aufgrund der *allgemein anerkannten unfallmedizinischen Erfahrenswerte* festzustellende *Grad der MdE* (detaillierte Übersicht über die MdE-Erfahrungswerte: KassKomm. – *Ricke*, § 581 Rdn. 41 ff.; *Izbicki/Neumann/Spohr*, Unfallbegutachtung, 9. Aufl. 1992, 111 ff. und Anhang 1 und 2). Diese Schadensbemessung berücksichtigt im allgemeinen die unfallbedingten beruflichen Nachteile hinreichend. Eine höhere Bewertung der MdE kann ausnahmsweise aufgrund des § 581 Abs. 2 RVO (besondere berufliche Betroffenheit) im Einzelfall zur Vermeidung unbilliger Härten gerechtfertigt sein (vgl. zB. BSG 70, 47 mwN.). Maßgebend für die Berechnung und damit die Höhe der Verletztenrente ist außerdem der *Jahresarbeitsverdienst* (vgl. im einzelnen §§ 570 ff., 581 Abs. 1 Nr. 1 RVO).

Ein bestimmter Grad der MdE braucht im Klageantrag nicht angegeben zu werden. Es kann auch beantragt werden, die Beklagte *dem Grunde nach* zu verurteilen, Verletztenrente zu zahlen. Dieser Antrag ist sinnvoll, wenn zwar der rentenberechtigende Grad der MdE erreicht ist, eine weitergehende Schätzung der MdE wegen insoweit fehlender Ermittlungen jedoch noch nicht möglich ist.

7. Der Verletzte erhält eine Rente, wenn die zu entschädigende MdE über die 13. Woche nach dem Arbeitsunfall hinaus andauert (s. § 580 Abs. 1 RVO). Die Rente beginnt idR. mit dem Tag nach dem Wegfall der Arbeitsunfähigkeit (§ 580 Abs. 2 RVO; Ausnahmen: § 580 Abs. 3 und 4 RVO).

Kosten und Gebühren

Vgl. Hinweis zu Form. VIII. 2.

Fristen und Rechtsmittel

Vgl. Hinweis zu Form. VIII. 2.

Berufung (§§ 143 ff. SGG)

10. Berufung[1]

An das
Landessozialgericht[2,3]

In dem Rechtsstreit

des Maurers ......,   Klägers und Berufungsklägers,
Prozeßbevollmächtigter: RA ......[4]

gegen

die Landesversicherungsanstalt ......,   Beklagte und Berufungsbeklagte,
vertreten durch die Geschäftsführung,

wird gegen das Urteil des Sozialgerichts ...... vom ...... Az. ...... – zugestellt am ...... –
Berufung eingelegt.
Namens und in Vollmacht des Klägers beantrage ich,
1. das Urteil des Sozialgerichts ...... vom ...... und den Bescheid der Beklagten vom ...... in der Gestalt des Widerspruchsbescheides vom ...... aufzuheben,
2. die Beklagte zu verurteilen, dem Kläger vom ...... an Rente wegen Berufsunfähigkeit zu zahlen[5].

Begründung[6,7]:

Das Sozialgericht hat die auf Rente wegen Erwerbsunfähigkeit und hilfsweise auf Rente wegen Berufsunfähigkeit gerichtete Klage abgewiesen. Der Kläger räumt zwar nunmehr ein, daß er nicht erwerbsunfähig ist, da er trotz erheblicher Verschleißerscheinungen der Wirbelsäule noch in der Lage ist, vollschichtig leichte und gelegentlich mittelschwere Arbeiten in wechselnder Körperhaltung zu verrichten. Im Berufungsverfahren wird daher nur noch Rente wegen Berufsunfähigkeit (§ 43 SGB VI) begehrt. Der Kläger hat aber Anspruch auf Rente wegen Berufsunfähigkeit. Das Sozialgericht hat ihn zu Unrecht nicht als Facharbeiter angesehen und ihn nur der Stufe der Angelernten zugeordnet. Es hat deshalb unzutreffend angenommen, er könne noch gesundheitlich und sozial zumutbar auf die ungelernten Tätigkeiten als Montierer und „Pförtner an der Nebenpforte" verwiesen werden. Es trifft zwar zu, daß der Kläger keinen aufgrund einer deutschen Berufsordnung erworbenen Ausbildungsabschluß als Facharbeiter besitzt. Er hat aber von ...... bis ......, also etwa sechs Jahre, den Beruf des Maurers voll wettbewerbsfähig ausgeübt. Nach der Rechtsprechung des BSG gehört der Kläger somit zur Gruppe der Facharbeiter mit der Folge, daß ihm nur solche Tätigkeiten sozial zuzumuten sind, die angelernten Tätigkeiten zumindest gleichstehen. Solche Tätigkeiten gibt es für den Kläger nicht[8].

Rechtsanwalt

Anmerkungen

1. Das Ges. zur Entlastung der Rechtspflege v. 11. 1. 1993 (BGBl. I S. 50) hat mit Wirkung v. 1. 3. 1993 die komplizierten Vorschriften des SGG über die Berufungsbeschränkungen aufgehoben. Nunmehr ist gegen die *Urteile der SGe* die *Berufung generell gegeben* (§ 143 SGG; näher dazu *Meyer-Ladewig*, NZS 1993, 137). Die Berufung bedarf nur dann der Zulassung, wenn der Wert des Beschwerdegegenstandes 1. bei einer Klage,

die eine Geld- oder Sachleistung oder einen hierauf gerichteten Verwaltungsakt betrifft, 1000 DM oder 2. bei einer Erstattungsstreitigkeit zwischen juristischen Personen des öffentlichen Rechts oder Behörden 10 000 DM nicht übersteigt; das gilt nicht, wenn die Berufung wiederkehrende oder laufende Leistungen für mehr als ein Jahr betrifft (§ 144 Abs. 1 SGG). – Die Berufung ist auch gegen *Gerichtsbescheide* (§ 105 SGG) gegeben (vgl. Form. VIII. 20.).

Gegen die Nichtzulassung der Berufung ist gem. § 145 SGG die NZB gegeben (Form. VIII. 11.).

Nach § 154 Abs. 1 SGG haben Berufung und NZB in den Fällen des § 97 Abs. 1 SGG (vgl. Form. VIII. 27. Anm. 1) und bei der Rückforderung von Beiträgen *aufschiebende Wirkung*. Die Berufung oder NZB eines Versicherungsträgers oder in der Kriegsopferversorgung eines Landes bewirken nur Aufschub, soweit es sich um Beträge handelt, die für die Zeit vor Erlaß des angefochtenen Urteils nachgezahlt werden sollen (§ 154 Abs. 2 SGG). Somit hat der zur Leistung verurteilte Sozialleistungsträger für die Zeit ab Erlaß des angefochtenen Urteils zu leisten (sog. *Urteilsrente*, vgl. Form. VIII. 5. Anm. 6). Der Vorsitzende des Rechtsmittelgerichts kann gemäß § 199 Abs. 2 SGG die *Vollstreckung* durch einstweilige Anordnung *aussetzen*, nach Auffassung des BSG jedoch nur in Ausnahmefällen, nämlich dann, wenn das Rechtsmittel offensichtlich Aussicht auf Erfolg hat (BSG 12, 138; 33, 118/121).

2. Die Berufung ist beim LSG innerhalb eines Monats nach Zustellung des Urteils schriftlich oder zur Niederschrift des Urkundsbeamten der Geschäftsstelle einzulegen (§ 151 Abs. 1 SGG). Die Berufungsfrist beträgt bei Zustellung im Ausland analog § 87 Abs. 1 S. 2 SGG drei Monate, es sei denn, daß das Urteil einem Prozeßbevollmächtigten oder Zustellungsbevollmächtigten im Inland zugestellt worden ist (BSG SozR 1500 § 151 Nr. 4). Die Frist wird durch Berufungseinlegung beim SG gewahrt (§ 151 Abs. 2 SGG). Einlegung bei anderen Behörden wahrt die Frist nicht, da § 91 SGG für das Berufungsverfahren nicht gilt (§ 153 Abs. 1 SGG).

Schriftform erfordert eigenhändig unterschriebenen Schriftsatz. Einlegung durch Telegramm, Fernschreiben, Telebrief (Telekopie, Telefax) zulässig (näher dazu *Meyer-Ladewig* SGG § 151 Rdn. 3–5 und bezüglich Wiedereinsetzung bei verspäteter Einlegung Rdn. 10a und 10b).

3. Eine *Anschlußberufung* ist zulässig (§ 202 SGG iVm. §§ 521, 522 ZPO). Zu unterscheiden sind die selbständige Anschlußberufung, die innerhalb der Berufungsfrist einzulegen ist, und die unselbständige Anschlußberufung, die auch nach Fristablauf noch eingelegt werden kann (näher dazu *Meyer-Ladewig* SGG § 143 Nr. 5).

4. Vor dem LSG besteht kein Vertretungszwang.

5. Die Berufungsschrift soll das angefochtene Urteil bezeichnen und einen bestimmten Antrag enthalten (§ 151 Abs. 3 SGG). Es handelt sich um eine Sollvorschrift, deren Verletzung keine Folgen hat. Die Berufung muß aber erkennen lassen, wer Berufungskläger ist (BSG SozR 1500 § 151 Nr. 11).

6. Die Berufung soll auch die zur Begründung dienenden Tatsachen und Beweismittel angeben (§ 151 Abs. 3 SGG). Die Verletzung der Sollvorschrift hat keine Folgen. Insbesondere braucht die Berufung nicht begründet zu werden (BSG SozR Nr. 2 zu § 151 SGG). Eine sorgfältige Begründung liegt jedoch im Interesse des Berufungsklägers.

7. In der sozialgerichtlichen Praxis haben die auf Rente wegen Erwerbsunfähigkeit (Form. VIII. 6.) und auf Rente wegen Berufsunfähigkeit gerichteten Klagen eine herausragende Bedeutung. Bei den letztgenannten Klagen geht es vor allem um die Frage, ob der Versicherte *berufsunfähig* ist (zu den versicherungsrechtlichen Voraussetzungen s. § 43 Abs. 1 Nr. 2 und 3 sowie Abs. 3 und 4 SGB VI; zur Bedeutung des Rentenantrags Form. VIII. 6. Anm. 3). Der Begriff der Berufsunfähigkeit ist in § 43 Abs. 2 SGB VI (bis 31. 12. 1991: § 1246 Abs. 2 RVO) ausführlich, jedoch recht unbestimmt definiert.

10. Berufung VIII. 10

Das BSG hat diese Legaldefinition der Berufsunfähigkeit durch eine umfangreiche und kaum noch zu überblickende Rspr. konkretisiert. Ausgangspunkt ist danach der *bisherige Beruf* des Versicherten. Kann der Versicherte ihn nicht mehr verrichten, ist zu prüfen, ob es gesundheitlich und sozial zumutbare Verweisungstätigkeiten gibt. Die Zumutbarkeit einer Verweisungstätigkeit beurteilt sich nach der Wertigkeit des bisherigen Berufs. „Zur Erleichterung dieser Beurteilung" hat das BSG ein *Mehrstufenschema* entwickelt und die *Arbeiterberufe* in vier Gruppen eingeteilt: 1) Vorarbeiter mit Vorgesetztenfunktion oder besonders hoch qualifizierter Facharbeiter 2) Facharbeiter (anerkannter Ausbildungsberuf mit einer Ausbildungszeit von mehr als zwei Jahren) 3) angelernter Arbeiter (sonstiger Ausbildungsberuf mit einer Regelausbildungszeit von drei Monaten bis zu zwei Jahren) mit der „Untergruppe" des angelernten Arbeiters des „oberen Bereichs" (Ausbildungszeit von mehr als einem Jahr, vgl. BSG SozR 3–2200 § 1246 Nr. 45 mwN.) und 4) ungelernter Arbeiter. Die Einordnung eines bestimmten Berufs in das Mehrstufenschema erfolgt nicht ausschließlich nach der Dauer der absolvierten förmlichen Berufsausbildung. Ausschlaggebend ist vielmehr die Qualität der verrichteten Arbeit, dh. der aus einer Mehrzahl von Faktoren zu ermittelnde Wert der Arbeit für den Betrieb. In diesem Zusammenhang kommt insbesondere der *tarifvertraglichen Einstufung* des Versicherten eine wesentliche Bedeutung zu. Grundsätzlich darf der Versicherte im Vergleich zu seinem bisherigen Beruf sozial zumutbar auf die nächstniedrigere Gruppe verwiesen werden. Bei ungelernten und angelernten Arbeitern des unteren Bereichs hat das BSG eine *konkrete Benennung von Verweisungstätigkeiten* nicht für erforderlich gehalten, weil eine Verweisung auf den allgemeinen Arbeitsmarkt zumutbar sei. Vgl. dazu aber jetzt den Vorlagebeschluss des 13. Senats des BSG v. 23. 11. 1994 – 13 RJ 19/93 –, Form. VIII. 6. Anm. 6 aE.

Das BSG hat auch für die *Angestelltenberufe* ein *Mehrstufenschema* entwickelt.

S. zur Berufsunfähigkeit im einzelnen die in SozR zu § 1246 RVO und § 43 SGB VI veröffentlichte Rspr. des BSG; KassKomm. – *Niesel* § 43 SGB VI Rdn. 21 ff. und 67 ff. mwN.; Deutsche Rentenversicherung –DRV– 1993, Heft 8/9.

Die „Standardfrage" nach der Berufsunfähigkeit kann dementsprechend umfangreiche Ermittlungen von Amts wegen erforderlich machen, da der bisherige Beruf und dessen Qualität festzustellen sind und ggf. das noch vorhandene fachliche und gesundheitliche Leistungsvermögen einschließlich der erforderlichen Anpassungsfähigkeit mit dem Anforderungsprofil einer Verweisungstätigkeit in medizinischer und berufskundlicher Hinsicht abzugleichen ist (vgl. zB. BSG SozR 3–2200 § 1246 Nr. 29 und SozR 3–2600 § 43 Nr. 1).

8. Zum Begründungsbeispiel s. BSG Urt. v. 17. 6. 1993 – 13 RJ 37/92 –.

Kosten und Gebühren

Der RA erhält idR. eine Rahmengebühr nach § 116 Abs. 1 S. 1 Nr. 2 BRAGO. Wegen der Einzelheiten vgl. Form. VIII. 2. Sonderregelung für den Ausnahmefall, daß sich die Gebühren gemäß § 116 Abs. 2 S. 1 BRAGO nach dem Gegenstandswert richten und die Berufung durch Beschluß nach § 153 Abs. 4 SGG zurückgewiesen wird: halbe Verhandlungsgebühr (§ 116 Abs. 2 S. 3 BRAGO).

Fristen und Rechtsmittel

Vgl. Anm. 1. Gegen das Urt. des LSG ist NZB (Form. VIII. 12.) oder – bei zugelassener Revision – Revision (Form. VIII.16.) gegeben.

11. Nichtzulassungsbeschwerde[1]

An das
Sozialgericht[2]

In dem Rechtsstreit

des Buchhalters ......,   Klägers und Beschwerdeführers,
Prozeßbevollmächtigter: RA ......
gegen
die Betriebskrankenkasse ......,   Beklagte und Beschwerdegegnerin,
vertreten durch den Geschäftsführer,

lege ich namens und in Vollmacht des Klägers gegen das Urteil des Sozialgerichts vom ...... Az: ...... – zugestellt am ...... –[3] Nichtzulassungsbeschwerde ein und beantrage, die Berufung zuzulassen.

Begründung[4,5]:

Die Beteiligten streiten darüber, ob die Beklagte verpflichtet ist, ihrem klagenden Pflichtmitglied die Kosten von 894,75 DM[5] für das im Dezember 1994 verordnete Medikament „Th ...... – einen Extrakt aus Thymusdrüsen junger Kälber – zu erstatten. Th. ist ein Medikament, das im Naturheilverfahren von Ärzten zur Behandlung chronisch-rheumatoider Polyarthritis angewandt wird. Das SG hat die Klage durch Urteil vom ...... abgewiesen und die Berufung nicht zugelassen. Die dagegen gerichtete Nichtzulassungsbeschwerde ist begründet, weil ein Verfahrensmangel und damit ein Zulassungsgrund iS. des § 144 Abs. 2 Nr. 3 SGG vorliegt: Nach der Rechtsprechung des BSG hängt die Leistungsverpflichtung der Krankenkasse bei Anwendung sogenannter Außenseitermethoden (vgl. auch § 2 Abs. 1 S. 2 SGB V) davon ab, daß keine anderweitige Behandlungsmöglichkeit besteht oder keinen Erfolg gehabt hat und durch eine unkonventionelle Therapie eine Besserung nach ärztlichem, an dem jeweiligen Erkenntnisstand orientierten Ermessen mit einer nicht nur geringen Erfolgsaussicht möglich erscheint (BSG 63, 102; 64 255/257). Das SG hat diese Rechtsprechung im angefochtenen Urteil zwar erwähnt. Es durfte aber danach eine Kostenerstattungspflicht nicht ohne weitere Ermittlungen verneinen und hat damit gegen seine Pflicht zur Erforschung des Sachverhalts von Amts wegen (§ 103 SGG) verstoßen. Es hätte einen Befundbericht des behandelnden Arztes einholen müssen, aus dem sich der Behandlungserfolg der bislang therapieresistenten Polyarthritis des Klägers ergeben hätte. Außerdem hätte es ein Gutachten eines mit dem Medikament Th. vertrauten Arztes – zB. des Prof. Dr. Z. – zur Frage veranlassen müssen, ob die Therapie einer chronisch-rheumatoiden Polyarthritis mit Thymusextrakt – gemessen an den Normen dieser Naturheilmethode – den Regeln der ärztlichen Kunst entspricht[6].

                                                                        Rechtsanwalt

Schrifttum: May, Die Entscheidung über die Zulassung der Berufung, SGb 1994, 53.

Anmerkungen

1. Die NZB (§ 145 SGG) ist gegeben (statthaft), wenn die Berufung nach § 144 SGG der Zulassung bedarf (s. dazu Form. VIII. 10.) und das SG die Berufung nicht zugelassen hat. Zur *aufschiebenden Wirkung* der NZB Form. VIII. 10. Anm. 2.

2. Die NZB ist innerhalb eines Monats nach Zustellung des vollständigen Urteils beim SG schriftlich oder zur Niederschrift des Urkundsbeamten der Geschäftsstelle einzulegen (§ 145 Abs. 1 S. 2 SGG). Die Beschwerdefrist ist auch gewahrt, wenn die Beschwerde innerhalb der Frist beim LSG schriftlich oder zur Niederschrift des Urkundsbeamten der Geschäftsstelle eingelegt wird (§ 145 Abs. 1 S. 3 SGG).

Das SG muß über die *Abhilfe* entscheiden. Wird der Beschwerde nicht abgeholfen, entscheidet das LSG durch *Beschluß* (§ 145 Abs. 4 S. 1 SGG). Bei einer zulässigen NZB läßt das LSG die Berufung zu, wenn ein Zulassungsgrund nach § 144 Abs. 2 SGG vorliegt (ausführlich zu den Zulassungsgründen – grundsätzliche Bedeutung, Divergenz und Verfahrensmangel – Meyer-Ladewig SGG § 144 Rdn. 26–37). Bei Abhilfe oder Zulassung wird das Beschwerdeverfahren als Berufungsverfahren fortgesetzt (§ 145 Abs. 5 SGG). Eine unzulässige NZB wird verworfen; eine unbegründete NZB wird zurückgewiesen („abgelehnt" als Oberbegriff, vgl. § 145 Abs. 4 S. 4 SGG).

3. Die NZB soll das angefochtene Urteil bezeichnen (§ 145 Abs. 2 SGG). Die Verletzung der Sollvorschrift hat keine Folgen.

4. Die NZB soll die zur Begründung dienenden Tatsachen und Beweismittel angeben (§ 145 Abs. 2 SGG). Die Begründung ist hiernach nicht vorgeschrieben, aber zweckmäßig. Darüber hinaus ist aus § 144 Abs. 1 Nr. 3 SGG herzuleiten, daß der Zulassungsgrund *Verfahrensmangel* ausdrücklich geltend gemacht werden muß (*May*, SGb 1994, 53/56).

5. Das Begründungsbeispiel betrifft die Ablehnung einer Geldleistung, deren Wert 1000 DM nicht übersteigt (§ 144 Abs. 1 Nr. 1 SGG). Weigert sich der Krankenversicherungsträger rechtswidrig, ein Heilmittel (§§ 27 Abs. 1 Nr. 3, 32 SGB V) als Sachleistung zur Verfügung zu stellen, so verwandelt sich der Sachleistungsanspruch in einen Kostenerstattungsanspruch und damit in eine Geldleistung (vgl. BSG SozR 2200 § 182 Nr. 86 und SozR 3100 § 18 Nr. 9).

6. Das Begründungsbeispiel ist dem Urt. des LSG Niedersachsen v. 24. 1. 1992 – L 4 Kr 121/89 – nachgebildet. S. zu den Außenseitermethoden aber auch die neuere (einschränkende) Rspr. des BSG: BSG 72, 252/260 f.; SozR 3 – 2500 § 31 Nr. 3 – S. 11 – und insbesondere Urt. v. 5. 7. 1995 – 1 RK 6/95 –.

Kosten und Gebühren

Läßt das SG die Berufung zu, bleibt die Kostenentscheidung der Hauptsache vorbehalten. Diese Entscheidung umfaßt dann die Kosten des Beschwerdeverfahrens (vgl. BSG SozR 1500 § 193 Nr. 7). Der RA erhält für das Verfahren über die NZB die Hälfte der Rahmengebühr nach § 116 Abs. 1 S. 1 Nr. 2 BRAGO (§ 116 Abs. 1 S. 2 BRAGO). Bei Gebühren nach dem Gegenstandswert (§ 116 Abs. 2 BRAGO) fällt eine 13/20-Gebühr an (§§ 11 Abs. 1, 61 BRAGO). Wird die Berufung zugelassen, so ist das anschließende Berufungsverfahren ein neuer Rechtszug (vgl. § 14 Abs. 2 BRAGO).

Fristen und Rechtsmittel

S. Anm. 2. Sofern die NZB verworfen oder zurückgewiesen wird, kein Rechtsmittel; das Urt. des SG wird rechtskräftig (§ 145 Abs. 4 S. 4 SGG).

Revision (§§ 160 ff. SGG)

12. Nichtzulassungsbeschwerde[1, 2] – Einlegung zur Fristwahrung[3] –

An das
Bundessozialgericht[4]

In dem Rechtsstreit

des Elektromeisters ......, Klägers und Beschwerdeführers,

gegen

die Landesversicherungsanstalt ......, Beklagte und Beschwerdegegnerin,
vertreten durch die Geschäftsführung,

lege ich namens und in Vollmacht des Klägers gegen das Urteil des Landessozialgerichts
...... vom ...... Az: ...... – zugestellt am ......[6] –
Nichtzulassungsbeschwerde ein und beantrage, die Revision gegen das oben bezeichnete
Urteil zuzulassen. Eine beglaubigte Abschrift des Urteils ist beigefügt.
Vorsorglich stelle ich den Antrag, die Begründungsfrist[7] nach § 160a Abs. 2 S. 2 SGG um
einen Monat zu verlängern, da mir der Kläger erst gestern das Mandat erteilt hat und eine
Einsichtnahme in die umfangreichen Akten erforderlich ist. Außerdem ist der Prozeßstoff
rechtlich außergewöhnlich schwierig[8].

Rechtsanwalt

Schrifttum: Friedrichs, Die Nichtzulassungsbeschwerde in der Rechtsprechung des BSG, NJW 1976, 1875; *Kummer,* Die Nichtzulassungsbeschwerde, 1990; *ders.,* Die Nichtzulassungsbeschwerde, Die Angestelltenversicherung –DAngVers– 1989, 115 und 173; *Behn,* Unzulässigkeit oder Unbegründetheit der Nichtzulassungsbeschwerde, Soziale Sicherheit –SozSich– 1994, 382; *Krasney/Udsching* Kap. IX (m. Begründungsbeispielen); *Niesel* Teil F: Die Nichtzulassungsbeschwerde, Rdn. 231 ff.

Anmerkungen

1. Die Nichtzulassung der Revision kann selbständig mit Beschwerde angefochten werden (§ 160a Abs. 1 S. 1 SGG). Hat also das LSG die Revision nicht zugelassen (Regelfall), so haben die Beteiligten die Möglichkeit, durch NZB die Zulassung der Revision durch das BSG zu erreichen. Das Rechtsmittel muß als NZB gekennzeichnet sein. Im Verfahren über die NZB geht es *ausschließlich* um die Frage, ob die gesetzlichen Voraussetzungen für die Zulassung der Revision (§ 160 Abs. 2 Nr. 1–3 SGG) vorliegen.

2. Die NZB kann nur *schriftlich* (eigenhändige Unterschrift) eingelegt werden. Unterschrift auch im Telebriefverfahren (Telefax, Telekopie) erforderlich (BSG SozR 1500 § 160a Nr. 53). Telegrafische und fernschriftliche Einlegung zulässig (näher dazu *Krasney/ Udsching* Kap. IX Rdn. 141 f.).

3. Die Beschwerde ist innerhalb eines Monats nach Zustellung des Urteils einzulegen (§ 160a Abs. 1 S. 2 SGG), bei Zustellung außerhalb des SGG innerhalb von drei Monaten (analog § 87 Abs. 1 S. 2 SGG; BSG 40, 40 = SozR 1500 § 160a Nr. 4). Die Beschwerdefrist kann *nicht verlängert* werden.

Gegen die Versäumung der Frist ist unter den Voraussetzungen des § 67 SGG Wiedereinsetzung in den vorigen Stand zu gewähren. Praktisch bedeutsam – auch aus Kostengründen – ist in diesem Zusammenhang, daß *innerhalb der Beschwerdefrist* ein isolierter *Antrag auf die Prozeßkostenhilfe* (kein Vertretungszwang) unter Beifügung der vorschriftsmäßig ausgefüllten Erklärung über die persönlichen und wirtschaftlichen Verhältnisse gestellt werden kann. Der isolierte Prozeßkostenhilfeantrag erfordert keine Begründung (s. auch Form. VIII. 25. Anm. 6). Das BSG prüft die Erfolgsaussicht von Amts wegen. Ist die Frist für die NZB versäumt worden, weil zunächst nur der isolierte Prozeßkostenhilfeantrag gestellt wurde, ist Wiedereinsetzung in den vorigen Stand zu gewähren und zwar auch bei fehlender Erfolgsaussicht, wenn der Beschwerdeführer sich als „arm" iSd. § 114 Abs. 1 ZPO ansehen durfte (BSG SozR 1500 § 67 Nr. 15). Näher dazu *Krasney/Udsching* Kap. IX Rdn. 152 ff.; *Niesel* Rdn. 298 f.; *Meyer-Ladewig* SG § 160 a Rdn. 7.

4. Die NZB ist *beim BSG* einzulegen (§ 160 a Abs. 1 S. 2 SGG). Keine Fristwahrung durch Einlegung beim LSG. Geht jedoch die NZB infolge pflichtwidrigen Verhaltens der unzuständigen Stelle erst nach Fristablauf ein, kommt Wiedereinsetzung in den vorherigen Stand in Betracht (vgl. dazu BSG 38, 248 = SozR 1500 § 67 Nr. 1).

5. Vor dem BSG müssen sich die Beteiligten, soweit es sich nicht um Behörden sowie Körperschaften oder Anstalten des öffentlichen Rechts handelt, durch Prozeßbevollmächtigte vertreten lassen – *Vertretungszwang* – (§ 166 Abs. 1 SGG). Ausnahme: Antrag auf Prozeßkostenhilfe (Anm. 3). Als Prozeßbevollmächtigter sind außer den bei einem deutschen Gericht zugelassenen Rechtsanwälten (§ 166 Abs. 2 S. 2 SGG) die in § 166 Abs. 2 S. 1 SGG bezeichneten natürlichen Personen zugelassen.

6. Der NZB soll eine Ausfertigung oder beglaubigte Abschrift des Urteils beigefügt werden, gegen das Revision eingelegt werden soll (§ 160 a Abs. 1 S. 3 SGG). Verstoß hiergegen macht NZB nicht unzulässig; die Beschwerde muß jedoch durch Angabe des Gerichts, des Urteilsdatums und des Aktenzeichens klar erkennen lassen, gegen welches Urteil sie sich richtet (BSG SozR 1500 § 160 a Nr. 16).
Außerdem müssen Beschwerdeführer und Beschwerdegegner bezeichnet sein (vgl. BSG SozR 1500 § 164 Nr. 16 und 29).

7. Die NZB ist, sofern die *Begründung* nicht in der Beschwerdeschrift enthalten ist, innerhalb von zwei Monaten nach Zustellung des Urteils, bei Zustellung außerhalb des Geltungsbereichs des SGG innerhalb von vier Monaten nach Zustellung des Urteils (BSG 40, 40 = SozR 1500 § 160 a Nr. 4), zu begründen (§ 160 a Abs. 2 S. 1 SGG). Für die Form der Begründung der NZB gilt das gleiche wie für die Einlegung der NZB (vgl. Anm. 2).

8. Die Begründungsfrist *kann* auf einen vor ihrem Ablauf gestellten *Antrag* von dem Vorsitzenden *einmal bis zu einem Monat verlängert* werden (§ 160 a Abs. 2 S. 2 SGG). Der Antrag sollte vorsorglich begründet werden (*Krasney/Udsching* Kap. IX Rdn. 167 ff.).

Kosten und Gebühren

Bei einer auf NZB zugelassenen Revision enthält die Entscheidung über die Kosten des Revisionsverfahrens auch die Kostenentscheidung für das Beschwerdeverfahren (BSG SozR 1500 § 193 Nr. 7). Bei Rahmengebühren (Regelfall) erhält der RA die Hälfte der Gebühr (§ 116 Abs. 1 S. 2 BRAGO). Bei Gebühren nach dem Gegenstandswert (§ 116 Abs. 2 BRAGO) fällt eine 13/20-Gebühr an (§§ 11 Abs. 1, 61 BRAGO). Wird die Revision zugelassen, so ist das anschließende Revisionsverfahren ein neuer Rechtszug (vgl. § 14 Abs. 2 BRAGO).

13. Begründung der Nichtzulassungsbeschwerde[1, 2]
– grundsätzliche Bedeutung –[3]

An das
Bundessozialgericht

In dem Rechtsstreit

des Geldboten ......, Klägers und Beschwerdeführers,
Prozeßbevollmächtigter: RA ......

gegen

das Land ......, Beklagten und Beschwerdegegner,
vertreten durch das Landesversorgungsamt ......,

begründe ich die mit Schriftsatz vom ...... gegen das Urteil des Landessozialgerichts ...... vom ...... – Az: ...... – eingelegte Nichtzulassungsbeschwerde wie folgt[4]:
Das LSG hat zu Unrecht die Revision nicht zugelassen. Die Rechtssache hat grundsätzliche Bedeutung iS. von § 160 Abs. 2 Nr. 1 SGG. Der Kläger war Geldbote eines gewerblichen Geldbewachungs- und Transportunternehmens. Bei seiner Tätigkeit wurde er am ...... in einem Kaufhaus überfallen und durch Schüsse aus der Maschinenpistole eines Geldräubers schwer verletzt, als er diesem die Geldbeute sogleich wieder entreißen wollte. Das LSG hat den eine Entschädigung ablehnenden Bescheid des Beklagten im wesentlichen mit folgender Begründung bestätigt: Die Schädigung iS. des § 1 Opferentschädigungsgesetzes –OEG– sei zwar durch einen rechtswidrigen Angriff verursacht worden. Eine Entschädigung sei aber „unbillig" iS. des § 2 Abs. 1 OEG, weil der Kläger einem durch eine private Versicherung zu deckenden erhöhten und spezifischen Berufsrisiko erlegen sei. Die Entscheidung des LSG beruht somit auf der Rechtsfrage, ob Geldboten eines gewerblichen Geldbewachungs- und Transportunternehmens als solche nach § 2 Abs. 1 OEG von einer Entschädigung ausgeschlossen sind. Die Rechtsfrage ist auch klärungsbedürftig. Sie ist höchstrichterlich noch nicht entschieden, und weder aus dem Gesetzeswortlaut („unbillig") noch aus den programmatischen Äußerungen in den Gesetzesmaterialien und aus der Literatur ergibt sich eine eindeutige Antwort auf die vorgenannte Rechtsfrage .... Sie hat eine über den Einzelfall hinausgehende grundsätzliche Bedeutung, da sie einen größeren Personenkreis betrifft, der dem Risiko tätlicher Angriffe in besonderem Maße ausgesetzt ist. Von einer Entscheidung des BSG hierzu kann erwartet werden, sie werde in einer die Interessen der Allgemeinheit berührenden Weise das Recht oder die Rechtsanwendung fortentwickeln. Die Rechtsfrage ist in einem anschließenden Revisionsverfahren auch klärungsfähig und entscheidungserheblich. Denn das angefochtene Urteil beruht allein auf der vorgenannten Rechtsauffassung des LSG, da im übrigen alle Voraussetzungen für ein zusprechendes Urteil erfüllt sind ......

Rechtsanwalt

Schrifttum: Wie bei Form. VIII. 12.

Anmerkungen

1. Zu Form und Frist der Begründung s. Form. VIII.12. Anm. 7.

2. Die Begründung der NZB kann nach § 160 Abs. 2 Nr. 1–3 SGG nur darauf gestützt werden, daß die Rechtssache grundsätzliche Bedeutung hat – *Grundsatzrevision* – (Begründungsbeispiel), oder das Urteil von einer Entscheidung des BSG, des GemSOGB oder

14. Begründung der Nichtzulassungsbeschwerde VIII. 14

des BVerfG abweicht und auf dieser Abweichung beruht – *Divergenzrevision* – (Form. VIII. 14.), oder ein Verfahrensmangel geltend gemacht wird, auf dem die angefochtene Entscheidung beruhen kann; der geltend gemachte Verfahrensmangel kann nicht auf eine Verletzung der §§ 109 und 128 Abs. 1 S. 1 SGG und auf die Verletzung des § 103 SGG nur gestützt werden, wenn er sich auf einen Beweisantrag bezieht, dem das LSG ohne hinreichende Begründung nicht gefolgt ist – *Verfahrensrevison* – (Form. VIII. 15.). In der Begründung muß die grundsätzliche Bedeutung der Rechtssache dargelegt oder die Entscheidung, von der das Urteil des LSG abweicht, oder der Verfahrensmangel bezeichnet werden (§ 160a Abs. 2 S. 3 SGG). Ist das angefochtene Urteil auf *mehrere selbständige* Begründungen gestützt, ist für jede Begründung ein Zulassungsgrund geltend zu machen (BSG SozR 1500 § 160a Nr. 38).

Auf die Begründung der NZB ist große Sorgfalt zu verwenden, da das BSG insoweit hohe Anforderungen stellt. Danach muß zumindest ein Zulassungsgrund *schlüssig* dargetan werden. In Zweifelsfällen empfiehlt sich der Rückgriff auf die oben genannte weiterführende Literatur zur NZB. Ferner sollte überlegt werden, ob nicht der Antrag auf Erteilung eines Bescheides nach § 44 SGB X (vgl. Form. VIII. 7.) eine größere Erfolgschance bietet (vgl. *Niesel* Rdn. 231).

3. Die Begründung der NZB wegen grundsätzlicher Bedeutung ist nur dann iS. von § 160a Abs. 2 S. 3 SGG dargelegt, wenn der Beschwerdeführer den nach seiner Auffassung vom Revisionsgericht einzuschlagenden Weg der Nachprüfung des angefochtenen Urteils und dabei insbesondere den Schritt darstellt, der die Entscheidung der als grundsätzlich bezeichneten Rechtsfrage notwendig macht (BSG SozR 1500 § 160a Nr. 31). Erforderlich ist die Darlegung folgender Punkte: *Bezeichnung der Rechtsfrage* (BSG SozR 1500 § 160a Nr. 11); *über den Einzelfall hinausgehende Bedeutung* (BSG SozR 1500 § 160a Nr. 11 und 39); *Klärungsbedürftigkeit* (BSG SozR 1500 § 160 Nr. 17; SozR 1500 § 160a Nr. 4, 19, 59 und 65); *Klärungsfähigkeit* (BSG SozR 1500 § 160 Nr. 39); *Entscheidungserheblichkeit* (BSG SozR 1500 § 160a Nr. 31).

4. S. zum Begründungsbeispiel BSG 52, 281.

Kosten und Gebühren

S. Bem. zu Form. VIII. 12.

14. Begründung der Nichtzulassungsbeschwerde[1, 2]
– Divergenz –[3]

An das
Bundessozialgericht

In dem Rechtsstreit

des Heizungsingenieurs ……, Klägers und Beschwerdeführers,
Prozeßbevollmächtigter: RA ……

gegen

die Bau-Berufsgenossenschaft ……, Beklagte und Beschwerdegegnerin,
vertreten durch den Geschäftsführer,

begründe ich die mit Schriftsatz vom …… gegen das Urteil des Landessozialgerichts …… vom …… – Az: …… – eingelegte Nichtzulassungsbeschwerde wie folgt:
Der Kläger erlitt bei seiner Tätigkeit als Heizungsingenieur 1989 eine Radiusköpfchenfraktur des rechten Handgelenks. Die Unfallfolgen bedingten zuächst keine MdE in ren-

tenberechtigendem Grad (vgl. den ablehnenden Bescheid vom ......). Nunmehr steht aufgrund der Feststellungen des LSG fest, daß die unfallbedingten Beschwerden und Funktionsstörungen durch eine Ellenbogengelenksarthrose zugenommen haben und die unfallbedingte MdE 20 vH. seit August 1995 beträgt, also einen rentenberechtigenden Grad erreicht (§ 581 Abs. 1 Nr. 2 SGG). Das LSG hat den einen Anspruch auf Verletztenrente ablehnenden Bescheid vom ...... bestätigt, weil der Kläger – auch das steht aufgrund der Feststellungen des LSG fest – seit Anfang 1992 infolge unfallfremder Erkrankungen – cerebraler Durchblutungsstörungen mit massiven psychischen Ausfällen – völlig erwerbsunfähig ist, während zum Zeitpunkt des Arbeitsunfalls seine Erwerbsfähigkeit noch nicht eingeschränkt war. Die Entscheidung des LSG beruht somit auf folgendem Rechtssatz: Erreicht die unfallbedingte MdE erst zu einem nach dem Unfall liegenden Zeitpunkt einen rentenberechtigenden Grad, so besteht kein Anspruch auf Verletztenrente, wenn der Verletzte zu diesem Zeitpunkt aus unfallunabhängigen Gründen völlig erwerbsunfähig ist. Diese Rechtsauffassung weicht von dem das Urteil des BSG vom 17. 3. 1992 – 2 RU 20/91 – (SozR 3–2200 § 581 Nr. 2) tragenden Rechtssatz ab, daß der Eintritt völliger Erwerbsunfähigkeit aus unfallfremden Gründen nach dem Arbeitsunfall dem Anspruch auf Verletztenrente nicht entgegenstehe, wenn der rentenberechtigende Grad der unfallbedingten MdE erst nach dem Arbeitsunfall erreicht werde. Immer wenn der Verletzte vor dem Arbeitsunfall noch nicht völlig erwerbsunfähig sei, richte sich die Haftung des Unfallversicherungsträgers ausschließlich, aber auch „ein für alle Mal" nach dem durch den Arbeitsunfall verursachten Gesundheitsschaden. Auf dieser Abweichung beruht das angefochtene Urteil des LSG. Denn unter Zugrundelegung der Rechtsauffassung des BSG hat der Kläger entgegen dem angefochtenen Urteil des LSG Anspruch auf Verletztenrente.

Rechtsanwalt

Schrifttum: Wie bei Form. VIII. 12.

Anmerkungen

1. Zu Form und Frist der Begründung s. Form. VIII. 12. Anm. 7.

2. Allg. zur Begründung der NZB s. Form. VIII. 13. Anm. 2.

3. Die Begründung der NZB wegen Divergenz erfordert die Darlegung folgender Punkte (vgl. dazu BSG SozR 1500 § 160a Nr. 14, 21 und 29): *Rechtssatz des angefochtenen Urteils; Rechtssatz der Entscheidung des BSG oder des GemSOGB oder des BVerfG, von der das LSG angeblich abgewichen ist; genaue Bezeichnung der anderen Entscheidung des BSG oder des GemSOGB oder des BVerfG nach Aktenzeichen und Datum oder der Fundstelle; Unvereinbarkeit der in den gegenübergestellten Entscheidungen enthaltenen Rechtssätze; Beruhen der angefochtenen Entscheidung auf der Abweichung.*

Ist eine Entscheidung *kumulativ* (mehrfach) begründet, muß dargetan werden, daß sich die Abweichung auf alle Begründungen auswirkt (BSG SozR 1500 § 160a Nr. 5) oder daß hinsichtlich der anderen Begründungen andere Zulassungsgründe vorliegen.

Kosten und Gebühren

S. Bem. zu Form VIII. 12.

15. Begründung der Nichtzulassungsbeschwerde[1,2]
— Verfahrensmangel —[3,4]

An das
Bundessozialgericht

In dem Rechtsstreit

des Maurerpoliers ......,   Klägers und Beschwerdeführers,
Prozeßbevollmächtigter: RA ......
gegen
die Landesversicherungsanstalt......,   Beklagte und Beschwerdegegnerin,
vertreten durch die Geschäftsführung,

begründe ich die mit Schriftsatz vom ...... gegen das Urteil des Landessozialgerichts ...... vom ...... – Az: ...... – eingelegte Nichtzulassungsbeschwerde wie folgt:
Gerügt wird die *Verletzung des rechtlichen Gehörs* (§ 62 SGG)[5]. Der Kläger, dessen persönliches Erscheinen zur mündlichen Verhandlung angeordnet war, mußte dem Termin wegen eines Krankenhausaufenthalts fernbleiben. Das hatte seine Ehefrau, wie sich aus dem Vermerk des Senatsvorsitzenden vom ...... (Gerichtsakten Bl. ......) ergibt, am Tag vor der mündlichen Verhandlung mitgeteilt und das Fernbleiben entschuldigen lassen. Das LSG hat daraufhin aufgrund einseitiger mündlicher Verhandlung entschieden. Unbeachtlich ist, daß der Kläger keinen ausdrücklichen Antrag auf Terminaufhebung gestellt hat. Nach der Rechtsprechung des BSG kommt es auf einen solchen Antrag nicht an, wenn der Beteiligte, dessen persönliches Erscheinen angeordnet war, sich zum Termin begründet entschuldigt hat. Er darf dann darauf vertrauen, daß er noch Gelegenheit zur persönlichen Äußerung erhält (BSG 47, 35/37; BSG Urteile v. 27. 1. 1993 – 6 RKa 19/92 – und v. 16. 12. 1993 – 13 RJ 37/93 –). Das angefochtene Urteil beruht auch auf dieser Verletzung des rechtlichen Gehörs: Der Kläger hätte in der mündlichen Verhandlung die wesentliche Verschlimmerung seiner Wirbelsäulenbeschwerden geschildert und diese durch eine Bescheinigung seines behandelnden Arztes für Orthopädie belegt. Wäre das LSG danach von einer wesentlichen Verschlimmerung des Wirbelsäulenleidens ausgegangen, so bestand die Möglichkeit, daß es – ggf. nach weiteren Ermittlungen – zu einem für den Kläger günstigeren sachlichen Ergebnis gekommen wäre. Denn der geltend gemachte Anspruch auf Rente wegen Erwerbs- oder Berufsunfähigkeit hängt – davon geht das LSG in materiellrechtlicher Hinsicht zutreffend aus – davon ab, in welchem Ausmaß die Erwerbsfähigkeit des Klägers aus gesundheitlichen Gründen herabgesunken ist.
Außerdem wird die *Verletzung der Amtsermittlungspflicht* (§ 160 Abs. 2 Nr. 3 SGG iVm. § 103 SGG) gerügt[6]. Denn das LSG ist einem Beweisantrag des Klägers ohne hinreichende Begründung nicht gefolgt. Der Kläger hat in seinem Schriftsatz vom ...... (Gerichtsakten Bl. ......) beantragt, im Hinblick auf die von ihm im einzelnen geltend gemachte Verschlimmerung seiner Wirbelsäulenerkrankung von Amts wegen ein orthopädisches Gutachten zum Umfang seines gesundheitlichen Leistungsvermögens einzuholen. Zu diesem Beweisantrag hat das LSG ausgeführt, der Kläger habe keine die behauptete Verschlimmerung bestätigenden Befundunterlagen vorgelegt. Es hat damit in unzulässiger Weise eine „Beweisführungspflicht" des Klägers angenommen (BSG SozR 1500 § 103 Nr. 27). Auch auf diesem Mangel beruht das angefochtene Urteil. Denn das LSG ist, wie schon ausgeführt, materiellrechtlich zutreffend davon ausgegangen, daß der geltend gemachte Anspruch vom Umfang des gesundheitlichen Leistungsvermögens abhängt. Ein orthopädisches Gutachten hätte möglicherweise ein – entscheidungserhebliches – weiteres Herabsinken der Leistungsfähigkeit des Klägers ergeben.

                                                                          Rechtsanwalt

Anmerkungen

1. Zu Form und Frist der Begründung s. Form. VIII. 12. Anm. 7.

2. Allg. zur Begründung der NZB Form. VIII. 13. Anm. 2.

3. Die Rüge von Verfahrensfehlern ist für die NZB durch § 160 Abs. 2 Nr. 3 Halbs. 2 SGG erheblich eingeschränkt: Sie kann auf eine Verletzung des § 109 SGG (Form. VIII. 22.) nicht gestützt werden; ebensowenig auf eine Verletzung des § 128 Abs. 1 S. 1 SGG, so daß nicht mit Erfolg geltend gemacht werden kann, die Beweiswürdigung des LSG verstoße gegen Denkgesetze oder Erfahrungssätze (BSG SozR 1500 § 160 Nr. 26, 35 und 41.). Zur Rüge der Verletzung des § 103 SGG (Amtsermittlungspflicht) s. Anm. 6.

4. Die Rüge eines Verfahrensmangels erfordert die substantiierte *Bezeichnung des Verfahrensmangels* und die *Darlegung, daß die Entscheidung auf dem Verfahrensmangel beruhen kann*, daß also das LSG unter Zugrundelegung seiner Rechtsauffassung ohne den Verfahrensmangel zu einem sachlich günstigeren Ergebnis hätte kommen können (vgl. BSG SozR 1500 § 160a Nr. 14).

5. Auch die Verletzung des rechtlichen Gehörs (§ 62 SGG) ist nur dann ein zur Zulassung der Revision führender Verfahrensmangel, wenn die angefochtene Entscheidung darauf beruhen kann (BSG SozR 1500 § 160 Nr. 31).

6. Die Rüge der Verletzung der Amtsermittlungspflicht ist nur eingeschränkt möglich: Es muß geltend gemacht werden, daß das LSG einem *Beweisantrag* – s. dazu Form. VIII. 21. – ohne hinreichende Begründung nicht gefolgt ist.
Erforderlich: Genaue *Bezeichnung des Beweisantrags* (BSG SozR 1500 § 160 Nr. 64: Bei mündlich gestelltem Beweisantrag Hinweis erforderlich, daß dieser protokolliert oder im Urteilstatbestand aufgeführt ist); *Darstellung, daß das LSG nach seiner materiellrechtlichen Auffassung die beantragte Beweiserhebung hätte vornehmen müssen* (BSG SozR 1500 § 160 Nr. 5 und SozR 1500 § 160a Nr. 34); *Darstellung des möglichen Ergebnisses der unterbliebenen Beweiserhebung* (vgl. zB. BSG SozR 1500 § 160a Nr. 24: Angabe dessen, was ein entgegen dem Beweisantrag nicht vernommener Zeuge hätte bekunden können); *Darlegung, zu welchem möglicherweise günstigeren Ergebnis das LSG bei Durchführung der beantragten Beweiserhebung gekommen wäre.*

Kosten und Gebühren

S. Bem. zu Form. VIII. 12.

16. Revisionsschrift[1,2]

An das
Bundessozialgericht[3]

In dem Rechtsstreit

des Betriebsschlossers ......,   Klägers und Revisionsklägers,
Prozeßbevollmächtigter: RA ......[4]

gegen

die Norddeutsche Metall-Berufsgenossenschaft ......,   Beklagte und Revisionsbeklagte,
vertreten durch den Geschäftsführer,

lege ich namens und in Vollmacht des Klägers gegen das Urteil des Landessozialgerichts ...... vom ......, Az: ......, zugestellt am ......[5,6], Revision ein[7].

Zugleich beantrage ich, die Frist für die Revisionsbegründung um einen Monat zu verlängern, da noch eine Rücksprache mit dem Kläger erforderlich ist, der sich zur Zeit auf einer längeren Dienstreise befindet[8].

Rechtsanwalt

Anmerkungen

1. Die Revision ist nur statthaft, wenn sie im Urteil des LSG oder auf NZB (vgl. Form. VIII. 12.) durch Beschluß des BSG zugelassen ist (§ 160 Abs. 1 SGG). Die Zulassungsgründe ergeben sich aus § 160 Abs. 2 SGG, vgl. Form. VIII. 12.–15.
Zur Möglichkeit der sog. *Sprungrevision* s. Anm. 2.

2. Mit der sog. *Sprungrevision* ist ein Urteil des SG unter den in § 161 Abs. 1 und 2 SGG näher geregelten Voraussetzungen anfechtbar (schriftliche Zustimmung des Gegners zur Einlegung der Revision und Zulassung im Urteil des SG oder auf Antrag durch Beschluß des SG). Wird die Sprungrevision zugelassen, steht den Beteiligten ein Wahlrecht zu, ob sie Berufung oder Revision einlegen wollen. Die Einlegung der Revision und die Zustimmung des Gegners gelten als Verzicht auf die Berufung, wenn das SG die Revision zugelassen hat (§ 161 Abs. 5 SGG). Das BSG ist an die Zulassung gebunden (§ 161 Abs. 2 S. 2 SGG). Die Ablehnung der Zulassung ist unanfechtbar (§ 161 Abs. 2 S. 3 SGG).
Die Sprungrevision ermöglicht es den Beteiligten, auf die zweite Tatsacheninstanz zu verzichten und sofort das Revisionsgericht anzurufen, um möglichst schnell die Entscheidung einer Rechtsfrage zu erreichen. Da sie auf Mängel des Verfahrens nicht gestützt werden kann (§ 161 Abs. 4 SGG), sollte sie *im Zweifel nicht eingelegt* werden.
Ausführlich zur Sprungrevision: *Krasney/Udsching* Kap. IX Rdn. 23 ff. mwN.; *Meyer-Ladewig* SGG, Kommentierung des § 161 SGG; s. auch *Meyer*, Die Zustimmungserklärung zur Einlegung der Sprungrevision, NZS 1995, 356.

3. Die Revision ist beim BSG einzulegen (§ 164 Abs. 1 S. 1 SGG). Keine Fristwahrung durch Einlegung beim LSG oder bei Behörden. S. auch Form. VIII. 12.

4. Wegen des Vertretungszwangs vor dem BSG vgl. Form. VIII. 12 Anm. 5.

5. Die Revision ist innerhalb eines Monats nach Zustellung des Urteils oder des Beschlusses über die Zulassung der Revision schriftlich (zur Schriftform s. Form. VIII. 12. Anm. 2) einzulegen (§ 164 Abs. 1 S. 1 SGG). Bei Zustellung außerhalb des Geltungsbereichs des LSG beträgt die Frist in entsprechender Anwendung des § 87 Abs. 1 S. 2 SGG drei Monate (vgl. BSG 40, 40 = SozR 1500 § 160a Nr. 4 – zur NZB –). Die Revisionsfrist kann – anders als die Begründungsfrist – nicht verlängert werden.

6. Das *angefochtene Urteil* muß genau – nach Gericht, Datum und Aktenzeichen – *angegeben* werden (vgl. § 164 Abs. 1 S. 2 Halbs. 1 SGG). Außerdem muß aus der Revisionsschrift hervorgehen, wer *Revisionskläger* und wer *Revisionsbeklagter* (BSG 50, 59/60; BSG SozR 1500 § 164 Nr. 29) ist (*Krasney/Udsching* Kap. IX Rdn. 264). Eine Ausfertigung oder beglaubigte Abschrift des angefochtenen Urteils soll beigefügt werden, sofern das nicht schon bei Einlegung der NZB geschehen ist (§ 164 Abs. 1 S. 2 Halbs. 2 SGG).

7. Die Revisionsschrift hat lediglich deutlich zu machen, daß Revision eingelegt werden soll. Der *Antrag* gehört bereits zur Begründung (Form. VIII. 17. Anm. 2), kann jedoch schon in der Revisionsschrift gestellt werden (vgl. auch BSG SozR 1500 § 164 Nr. 2).

8. Der Antrag auf Verlängerung der Begründungsfrist kann bereits vorsorglich in der Revisionsschrift gestellt werden.

Kosten und Gebühren

Grundsätzlich Rahmengebühr nach § 116 Abs. 1 S. 1 Nr. 3 BRAGO. S. auch Hinweis bei Form. VIII. 2.

Fristen und Rechtsmittel

Vgl. Anm. 3 und 5.

17. Revisionsbegründung[1,2]

An das
Bundessozialgericht

des Betriebsschlossers ......,   Klägers und Revisionsklägers,
Prozeßbevollmächtigter: RA ......

gegen

die Norddeutsche Metall-Berufsgenossenschaft ......,   Beklagte und Revisionsbeklagte,
vertreten durch den Geschäftsführer,

begründe[3] ich die mit Schriftsatz vom ...... gegen das Urteil des Landessozialgerichts ...... vom ......, Az: ......, eingelegte Revision wie folgt:
Der Kläger rügt die Verletzung des § 550 RVO. Denn der Unfall am ......, bei dem der Kläger erhebliche Verletzungen erlitt, stellt nach dieser Vorschrift einen Arbeitsunfall (Wegeunfall) dar. Nach den tatsächlichen Feststellungen des LSG sind nur zwei Alternativen möglich: Entweder sollte der Zeuge E. den Kläger unmittelbar nach dem Ende der Arbeitsschicht zu dessen Wohnsitz in H. oder zu einer mehrstündigen Preisskatveranstaltung in B. bringen. In jedem Fall hätte die zum Unfall führende Fahrt unter Versicherungsschutz gestanden, so daß der Klageanspruch im Wege der Wahlfeststellung (dazu BSG SozR 2200 § 548 Nr. 80) begründet ist. Für die erste Alternative (Weg zur eigenen Wohnung) ist dies zweifelsfrei und unter den Beteiligten unumstritten. Aber auch wenn man von der zweiten Alternative eines Weges zu einer mehrstündigen Preisskatveranstaltung ausgeht, gilt nichts anderes. Der Unfallversicherungsschutz bei einer Fahrt zum sogenannten „dritten Ort" setzt entgegen der Auffassung des LSG lediglich zweierlei voraus: Die Dauer des Aufenthalts muß so erheblich sein, daß dort der Versicherte in den privaten Bereich überwechselt. Außerdem muß die Entfernung zum „dritten Ort" in einem angemessenen Verhältnis zur Wegstrecke zur eigenen Wohnung stehen. Beide Voraussetzungen sind nach den tatsächlichen Feststellungen des LSG im vorliegenden Fall erfüllt ......[4,5].
Ich beantrage[6],
1. das Urteil des Landessozialgerichts vom ...... und das Urteil des Sozialgerichts vom ...... sowie den Bescheid der Beklagten vom ...... in der Gestalt des Widerspruchsbescheides vom ...... aufzuheben,
2. festzustellen, daß eine Fraktur des rechten Oberschenkels und eine Fraktur der linken Kniescheibe Folgen des Arbeitsunfalls vom ...... sind,
hilfsweise, das Urteil des Landessozialgerichts vom ...... aufzuheben und die Sache zur erneuten Verhandlung und Entscheidung an das Berufungsgericht zurückzuverweisen.
                                                                                                     Rechtsanwalt

Schrifttum: H. Plagemann, Stichworte zur Revisionsbegründung, Deutsche Rentenversicherung –DRV– 1988, 120; *Krasney/Udsching* Kap. IX Rdn. 231 ff.

Anmerkungen

1. Die Revisionsbegründung muß, sofern sie nicht schon in der Revisionsschrift enthalten ist, innerhalb von zwei Monaten nach Zustellung des Urteils oder des Zulassungsbe-

17. Revisionsbegründung VIII. 17

schlusses, bei Zustellung außerhalb des Geltungsbereichs des SGG innerhalb von vier Monaten (BSG SozR 40, 40 = 1500 § 160a Nr. 4) *schriftlich* erfolgen (§ 164 Abs. 2 S. 1 SGG). Verlängerung der Begründungsfrist ist auf rechtzeitigen Antrag – auch mehrfach – möglich (§ 164 Abs. 2 S. 2 SGG). Der Antrag auf Fristverlängerung kann bereits vorsorglich in der Revisionsschrift gestellt werden.

2. Die *Revisionsbegründung* muß gemäß § 164 Abs. 2 S. 3 SGG enthalten: a) Einen *bestimmten Antrag.* Auch wenn das BSG an dessen Bestimmtheit keine strengen Anforderungen stellt, sollte der Antrag möglichst eindeutig und als solcher erkennbar formuliert werden (ausf. dazu *Krasney/Udsching* Kap. IX Rdn. 311 ff.; *Niesel* Rdn. 226). b)*Bezeichnung der verletzten Rechtsnorm.* Dabei ist zu beachten, daß die Revision nur auf eine Verletzung einer nach § 162 SGG *revisiblen Rechtsnorm* (Vorschrift des Bundesrechts oder einer sonstigen im Bezirk des Berufungsgerichts geltenden Vorschrift, deren Geltungsbereich sich über den Bezirk des Berufungsgerichts hinaus erstreckt) gestützt werden kann (ausf. *Krasney/Udsching* Kap. IX Rdn. 285 ff.).

Die Revisionsbegründung muß bei *materiellrechtlichen Rügen* darlegen, daß und warum eine revisible Rechtsvorschrift auf den vom Tatsachengericht festgestellten Sachverhalt nicht oder nicht richtig angewandt worden ist (BSG SozR 1500 § 164 Nr. 5, 12, 20 und 28). Es ist daher zumindest eine kurze Auseinandersetzung mit den Entscheidungsgründen des angefochtenen Urteils erforderlich (*Krasney/Udsching* Kap. IX Rdn. 319 ff.).

Soweit *Verfahrensmängel* gerügt werden, sind die *Tatsachen zu bezeichnen, die den Mangel ergeben* und zwar so, daß das BSG sich ein Urteil darüber bilden kann, ob die angegriffene Entscheidung auf einem Verfahrensmangel beruht (BSG SozR 1500 § 164 Nr. 31; BSG, Beschluß v. 29. 9. 1994 – 4 RA 52/93 –). Anders als bei der NZB kann die Begründung der zugelassenen Revision auf alle wesentlichen Verfahrensmängel gestützt werden (*Krasney/Udsching* Kap. IX Rdn. 327 ff. mit Beispielen von Verfahrensmängeln).

Ist das angefochtene Urteil nebeneinander auf *mehrere Begründungen* gestützt worden, so muß im Hinblick auf jede dieser Begründungen ein Zulassungsgrund formgerecht gerügt werden (BSG SozR 1500 § 164 Nr. 22).

3. In der Revisionsbegründung kann auf die Begründung der NZB Bezug genommen werden, soweit die Verletzung *sachlichen Rechts* gerügt wird (BSG SozR 1500 § 164 Nr. 3, 4 und 27). Nach BSG SozR 1500 § 164 Nr. 3 soll hingegen bei der Rüge eines *Verfahrensmangels* eine Bezugnahme auf die Beschwerdebegründung nicht ausreichen, während eine Bezugnahme auf den Beschluß des BSG, der die Revision wegen des gerügten Verfahrensmangels zugelassen hat, zulässig ist (BSG SozR 1500 § 164 Nr. 18). Auch eine Bezugnahme auf das Vorbringen in den Vorinstanzen reicht nicht aus (BSG SozR 1500 § 164 Nr. 28). Danach *Vorsicht bei Bezugnahme* (näher dazu *Krasney/Udsching* Kap. IX Rdn. 322 ff. und 340 f.; *Meyer-Ladewig* SGG § 164 Rdn. 9a).

4. Das BSG überprüft bei zugelassener und zulässiger Revision das angefochtene Urteil in materiellrechtlicher Hinsicht umfassend. Es ist dabei an die tatsächlichen Feststellungen im angefochtenen Urteil gebunden, außer wenn in bezug auf diese zulässige und begründete Revisionsgründe vorgebracht sind (§ 163 SGG; näher dazu die Kommentierung des § 163 SGG durch *Meyer-Ladewig* SGG). Ist die Revision begründet, so hat das BSG in der Sache selbst zu entscheiden (§ 170 Abs. 2 S. 1 SGG). Ist eine abschließende Entscheidung nicht möglich, so muß es bei begründeter Revision das angefochtene Urteil aufheben und die Sache zur erneuten Verhandlung und Entscheidung zurückverweisen (§ 170 Abs. 2 S. 2 SGG und § 170 Abs. 5 SGG: Bindung an die rechtliche Beurteilung des Revisionsgerichts). Näher dazu *Krasney/Udsching* Kap. IX Rdn. 380 ff.

5. Zum Beispielsfall s. BSG Urt. v. 24. 1. 1992 – 2 RU 32/91 – = SozR 3–2200 § 550 Nr. 5.

6. Zum Antrag s. Anm. 2.

Kosten und Gebühren

Vgl. Hinweis bei Form. VIII. 16. Bei Zurückverweisung bleibt die Kostenentscheidung dem Gericht vorbehalten, an das verwiesen wird. Es entsteht dann in der Berufungsinstanz erneut eine Gebühr nach § 116 BRAGO.

Fristen und Rechtsmittel

Vgl. Anm. 1.

Wiederaufnahme des Verfahrens (§§ 179 ff. SGG)

18. Wiederaufnahmeklage[1]

An das
Landessozialgericht[2]

Wiederaufnahmeklage

der Schneiderin ......,
Prozeßbevollmächtigter: RA ......

gegen das Urteil des Landessozialgerichts vom ......

Ich beantrage namens und in Vollmacht der Klägerin, das durch Urteil des Landessozialgerichts vom ......, Az. ......, rechtskräftig abgeschlossene Verfahren wieder aufzunehmen und die Beklagte zu verurteilen, die Zeit vom ...... bis ...... als nachgewiesene Versicherungszeit bei der Rentenberechnung zusätzlich zu berücksichtigen.

Begründung:

Durch das oa. rechtskräftige Urteil des Landessozialgerichts ist zu Unrecht entschieden worden, daß die Zeit vom ...... bis ...... nicht als Beitragszeit rentensteigernd berücksichtigt werden kann. Der frühere Ehemann der Klägerin hat jetzt in seinen Unterlagen zufällig ein Zeugnis[3] der ehemaligen – inzwischen verstorbenen – Arbeitgeberin vom ...... gefunden. Eine Fotokopie dieses Zeugnisses ist beigefügt. Daraus ergibt sich, daß die Klägerin während der streitigen Zeit als Hausgehilfin gearbeitet hat und daß für sie Sozialversicherungsbeiträge entrichtet worden sind. Diese Urkunde konnte nur deshalb im Vorprozeß nicht benutzt werden, weil sie verborgen geblieben war.

Rechtsanwalt

Schrifttum: Krasney/Udsching Kap. XI: Wiederaufnahme des Verfahrens.

Anmerkungen

1. Ein rechtskräftiges Verfahren kann entsprechend den Vorschriften des 4. Buches der ZPO (§§ 578 ff.) wieder aufgenommen werden (§ 179 Abs. 1 SGG), so daß auf die Form. I.P. 1 u. 2 (Nichtigkeits- und Restitutionsklage) verwiesen wird. Es gelten folgende Besonderheiten:

a) der sich mit § 580 Nr. 4 ZPO überschneidende zusätzliche Wiederaufnahmegrund des § 179 Abs. 2 SGG (strafgerichtliche Verurteilung eines Beteiligten, weil er entscheidungserhebliche Tatsachen wissentlich falsch behauptet oder vorsätzlich verschwiegen hat);

b) Wiederaufnahme auch dann, wenn einander widersprechende rechtskräftige Entscheidungen verschiedener Leistungsträger ergangen sind (s. im einzelnen § 180 SGG und ferner §§ 181 und 182 SGG, die diesen Konfliktfall verhindern sollen);

c) gerichtliche Anordnung der Rückerstattung der gewährten Leistungen auf Antrag (§ 179 Abs. 3 SGG).

Die Wiederaufnahmeklage hat in der Praxis kaum Bedeutung, vgl. auch Anm. 3.

2. Grundsätzlich ist das Gericht zuständig, das im 1. Rechtszug entschieden hat, das Berufungsgericht (LSG), wenn dieses sachlich entschieden hat (vgl. § 584 ZPO; näher dazu *Krasney/Udsching* Kap. XI Rdn. 38 ff.).

3. Praktisch wichtigster Wiederaufnahmegrund dürfte das Auffinden einer Urkunde iS. des § 580 Nr. 7 Buchst. b ZPO sein. Existenz und Verbleib der Urkunde müssen bislang unbekannt gewesen sein (BSG 38, 207/209). Allgemein ist *wichtig*, daß § 44 Abs. 1 SGB X die Leistungsträger (auch bei Vorliegen eines rechtskräftigen Urteils, vgl. BSG 51, 139/141) verpflichtet, einen rechtswidrigen Verwaltungsakt zurückzunehmen, soweit Sozialleistungen zu Unrecht nicht erbracht oder Beiträge zu Unrecht erhoben worden sind. Es wird – anstelle einer Wiederaufnahme des Verfahrens – das Wiederaufgreifen des Verwaltungsverfahrens nach dieser Vorschrift regelmäßig der zweckmäßige Weg sein, um die Überprüfung eines unanfechtbaren Verwaltungsakts zu erreichen, vgl. dazu das Form. VIII. 7.

Für den Sozialleistungsträger kommt die Wiederaufnahme des Verfahrens in Betracht, wenn er aufgrund rechtskräftiger Verurteilung einen begünstigenden Verwaltungsakt erlassen hat, da in diesem Fall § 45 SGB X (Rücknahme begünstigender Verwaltungsakte) nicht anwendbar ist (BSG 60, 251/254). Auch braucht der Sozialleistungsträger die sittenwidrig herbeigeführte oder ausgenutzte Rechtskraft eines Urteils nicht zu beachten (BSG 60, 251).

Kosten und Gebühren

Vgl. Hinweis zu Form. VIII. 2.

Beschwerde (§§ 172 ff. SGG)

19. Beschwerde[1]

An das Sozialgericht[2]

In dem Rechtsstreit

des Schlossers ......   Klägers und Beschwerdeführers,
Prozeßbevollmächtigter: RA ......

gegen

die Landesversicherungsanstalt ......,   Beklagte und Beschwerdegegnerin,
vertreten durch die Geschäftsführung,

wird gegen die Anordnung des Sozialgerichts vom ...... – Az: ...... – Beschwerde eingelegt.

Begründung[3]:

Das Sozialgericht hat gegen den Kläger durch die oa. Anordnung ein Ordnungsgeld von 100 DM festgesetzt, weil er der mündlichen Verhandlung ferngeblieben ist, sowohl sein persönliches Erscheinen angeordnet war[4]. Diese Anordnung ist aufzuheben, da der Kläger, der mündlichen Verhandlung vom ...... ohne Verschulden ferngeblieben ist. Aus der beigefügten Bescheinigung des Arztes für Allgemeinmedizin Dr. A. vom ...... ergibt sich, daß der Kläger kurz vor der mündlichen Verhandlung einen schweren Asthmaanfall erlitt und deshalb seine Wohnung nicht verlassen konnte. Der Kläger lebt allein und hat kein Telefon. Er konnte dem Gericht daher auch den Grund seiner Verhinderung nicht rechtzeitig vorher mitteilen.

Rechtsanwalt

Schrifttum: Krasney/Udsching Kap. X: Beschwerde, Erinnerung.

Anmerkungen

1. Beschwerdefähig sind nach § 172 Abs. 1 SGG Entscheidungen der SGe mit Ausnahme der Urteile und der Entscheidungen der Vorsitzenden dieser Gerichte, soweit im SGG nichts anderes bestimmt ist (§ 172 Abs. 1 SGG). Nicht beschwerdefähig sind die in § 172 Abs. 2 SGG genannten Maßnahmen (prozeßleitende Verfügungen usw.), näher dazu *Meyer-Ladewig* SGG § 172 Rdn. 3–5. In der Praxis betrifft die Beschwerde meist die *Ablehnung der Übernahme von Kosten eines Gutachtens nach § 109 SGG auf die Staatskasse* (Form. VIII. 22.) und die *Ablehnung von Prozeßkostenhilfe* (besondere Regelung in § 73 a SGG iVm. § 127 Abs. 2 ZPO, vgl. auch Form. VIII. 25.).

2. Die Beschwerde ist binnen eines Monats nach Bekanntgabe der Entscheidung beim SG schriftlich oder zur Niederschrift des Urkundsbeamten der Geschäftsstelle einzulegen (§ 173 S. 1 SGG). Die Frage, ob die Monatsfrist auch bei Bekanntgabe außerhalb des Geltungsbereichs des SGG gilt, ist umstr. (verneinend: LSG Niedersachsen *Breithaupt* 1992, 159: analog § 87 Abs. 1 S. 2 SGG drei Monate). Die Beschwerdefrist wird nur durch den Eingang beim SG gewahrt. Hält das SG oder der Vorsitzende, dessen Entscheidung angefochten wird, die Beschwerde für begründet, so ist ihr abzuhelfen; sonst ist sie unverzüglich unter Benachrichtigung der Beteiligten dem LSG vorzulegen (§ 174 SGG). Das LSG entscheidet über die Beschwerde durch unanfechtbaren Beschluß (§§ 176, 177 SGG).

3. Begründung ist nicht vorgeschrieben, aber zweckmäßig.

4. Von der *Anordnung des persönlichen Erscheinens* eines Beteiligten (§ 111 Abs. 1 S. 1 SGG) wird im sozialgerichtlichen Verfahren häufig Gebrauch gemacht, um den Sachverhalt aufzuklären. Die Anhörung des Beteiligten ist jedoch, da dem SGG die Parteivernehmung unbekannt ist, keine Beweisaufnahme im eigentlichen Sinne. Auf die Folgen des Ausbleibens ist hinzuweisen (§ 111 Abs. 1 S. 2 SGG). Nichterscheinen kann mit Ordnungsgeld belegt werden (§ 202 SGG iVm. §§ 141 Abs. 3, 380, 381 ZPO).

Kosten und Gebühren

Grundsätzlich keine zusätzliche Gebühr (§ 116 Abs. 1 BRAGO) für den RA (vgl. LSG Hamburg *Breithaupt* 1986, 91; aA. *v. Eicken* SGb 1991, 295/297). Umfang und Schwierigkeit der Tätigkeit des RA sind jedoch bei der Festsetzung der Höhe der Rahmengebühr zu berücksichtigen. Für die Fälle des § 116 Abs. 2 BRAGO gilt § 61 Abs. 1 Nr. 1 BRAGO entsprechend. Eine Kostenentscheidung ist erforderlich, wenn die Beschwerde von einer

20. Antrag auf mündliche Verhandlung nach Gerichtsbescheid VIII. 20

Person eingelegt ist, die nicht Beteiligter ist (Zeuge, Sachverständiger, ehrenamtlicher Richter; wegen weiterer Ausnahmen *Meyer-Ladewig* SGG § 176 Rdn. 5).

Rechtsmittel und Fristen

Der Beschluß des LSG ist unanfechtbar (vgl. § 177 SGG).

Sonstige Anträge

20. Antrag auf mündliche Verhandlung nach Gerichtsbescheid
(§ 105 Abs. 2 S. 2 SGG)

In dem Rechtsstreit
der Frau ......, Klägerin,
Prozeßbevollmächtigter: RA ......

gegen

die Allgemeine Ortskrankenkasse ......, Beklagte,
vertreten durch den Geschäftsführer,

hat das Sozialgericht die auf Erstattung der Kosten für das Medikament „Th..." in Höhe von 894,75 DM gerichtete Klage durch Gerichtsbescheid[1] vom ...... abgewiesen.
Ich beantrage namens und in Vollmacht der Klägerin gemäß § 105 Abs. 2 SGG, eine mündliche Verhandlung anzuberaumen[2,3].

Rechtsanwalt

Anmerkungen

1. Die mit Wirkung vom 1. 3. 1993 für das Verfahren vor dem SG eingeführte Regelung über den *Gerichtsbescheid* (§ 105 SGG) bezweckt die Beschleunigung des Verfahrens; am 1. 3. 1998 soll die davor geltende Regelung wieder in Kraft treten (Art. 15 Abs. 1 und 3 des Ges. zur Entlastung der Rechtspflege vom 11. 1. 1993 – BGBl. I S. 50 –). Im Berufungsverfahren gibt es keinen Gerichtsbescheid, jedoch die Möglichkeit, durch *Beschluß* zu entscheiden, wenn das LSG die Berufung einstimmig für unbegründet und eine mündliche Verhandlung nicht für erforderlich hält; die Berufung darf dann jedoch nicht gegen einen Gerichtsbescheid gerichtet sein (§ 153 Abs. 4 SGG); eine *unzulässige Berufung* kann das LSG durch *Beschluß* verwerfen (vgl. § 158 SGG).

Das SG kann ohne mündliche Verhandlung durch Gerichtsbescheid entscheiden, wenn die Sache keine besonderen Schwierigkeiten tatsächlicher oder rechtlicher Art aufweist und der Sachverhalt geklärt ist; die Beteiligten sind *vorher zu hören* (§ 105 Abs. 1 SGG). Sofern sie mit der Entscheidung durch Gerichtsbescheid nicht einverstanden sind, sollten sie die Gründe für die Anberaumung einer mündlichen Verhandlung nennen und ggf. Beweisanträge stellen.

2. Der Antrag auf mündliche Verhandlung *nach* Gerichtsbescheid kann *nur ausnahmsweise* gestellt werden, nämlich dann, wenn die Berufung nicht gegeben ist (§ 105 Abs. 2 S. 2 SGG; s. auch Anm. 3). Der Antrag ist innerhalb eines Monats seit Zustellung des Gerichtsbescheides zu stellen (ergibt sich aus dem Regelungszusammenhang, vgl. *Meyer-Ladewig* SGG § 105 Rdn. 20). Wird rechtzeitig mündliche Verhandlung beantragt, gilt der Gerichtsbescheid als nicht ergangen (§ 105 Abs. 3 SGG).

Wird sowohl ein Rechtsmittel gegen den Gerichtsbescheid eingelegt als auch mündliche Verhandlung beantragt, findet grundsätzlich eine mündliche Verhandlung statt (§ 105 Abs. 2 S. 3 SGG).

3. Im Begründungsbeispiel ist die Berufung nach § 144 Abs. 1 S. 1 Nr. 1 SGG nicht gegeben, weil der Wert des Beschwerdegegenstandes 1000 DM nicht übersteigt.

Kosten und Gebühren

Wird rechtzeitig Antrag auf mündliche Verhandlung gestellt, wird auch die Kostenentscheidung des Gerichtsbescheides hinfällig. Kein gesonderter Gebührenanspruch für den Antrag auf mündliche Verhandlung.

Fristen und Rechtsmittel

Vgl. Anm. 2.

21. Beweisantrag (§§ 103, 160 Abs. 2 Nr. 3 SGG)[1,2,3]

An das
Landessozialgericht

In dem Rechtsstreit

des Gastwirts ......,   Klägers und Berufungsklägers,
Prozeßbevollmächtigter: RA ......

gegen

die Berufungsgenossenschaft Nahrungsmittel und Gaststätten ......, Berufungsbeklagte, vertreten durch den Geschäftsführer,

Az. ......

beantrage ich[4]

1. den Maler (Name, Anschrift) als Zeugen zu vernehmen, ob der PKW des Klägers in der Nacht vom ...... zum ...... gegen 3.00 Uhr auf dem Parkplatz vor der Gaststätte des Klägers („L'Auberge"), gestanden hat und
2. den Buchdrucker (Name, Anschrift) als Zeugen zu der Frage zu vernehmen, ob der Kläger kurz vorher gesagt hat, er müsse noch einmal seine Gaststätte aufsuchen, um den Kühlschrank einzuschalten.

Begründung:

Nach dem bisherigen Ergebnis des Verfahrens steht fest, daß der Kläger, der als Unternehmer bei der Beklagten gegen Arbeitsunfall versichert ist (§ 543 RVO iVm. der Satzung der Beklagten), seine Gaststätte kurz vor Mitternacht geschlossen, anschließend in der 3 km entfernten Gaststätte „Tenne" bis gegen 3.00 Uhr Karten gespielt hat und gegen 3.30 Uhr auf dem Weg zu seiner Wohnung mit dem Pkw verunglückt ist. Obwohl sein Heimweg aufgrund des Kartenspiels somit längere Zeit unterbrochen war, stand er bei seinem Unfall gemäß § 550 RVO (Wegeunfall) unter dem Schutz der gesetzlichen Unfallversicherung. Denn der Kläger suchte unmittelbar nach Beendigung des Kartenspiels noch einmal seine Gaststätte auf, schaltete den – zuvor abgetauten – Kühlschrank wieder ein und füllte ihn mit Getränken. Er trat also seine Heimfahrt unmittelbar im Anschluß an eine versicherte

21. Beweisantrag   **VIII. 21**

Tätigkeit an. Durch die Aussagen der Zeugen wird bewiesen[5,6] werden, daß die von der Beklagten bezweifelten Angaben des Klägers zutreffen.

Rechtsanwalt

Anmerkungen

1. Im sozialgerichtlichen Verfahren muß das Gericht unter Heranziehung der Beteiligten den Sachverhalt *von Amts wegen* erforschen, ohne an das Vorbringen und die Beweisanträge der Beteiligten gebunden zu sein (§ 103 SGG; Ausnahme: § 109 SGG, vgl. Form. VIII. 22.). Trotzdem kommt im Berufungsverfahren dem *Beweisantrag* eine eigenständige Bedeutung zu, da die NZB auf die Verletzung des § 103 SGG nur gestützt werden kann, wenn das LSG einem Beweisantrag ohne hinreichende Begründung nicht gefolgt ist, vgl. Form. VIII. 15.

In der Sozialgerichtsbarkeit kommt vor allem den Beweisanträgen, den Sachverhalt *in medizinischer Hinsicht* von Amts wegen durch Einholung von – in der Regel schriftlichen – *ärztlichen Gutachten* weiter aufzuklären (§ 103, 106 Abs. 3 Nr. 3 SGG), große praktische Bedeutung zu.

Hilfreich mit vielen weiterführenden Hinweisen: *H. Plagemann*, Medizinische Begutachtung im Sozialrecht, Schriftenreihe der Arbeitsgemeinschaften des Deutschen Antwaltsvereins / Arbeitsgemeinschaft Sozialrecht 2. Aufl. 1993. Die *typischen beweisbedürftigen Tatsachen* und die zugehörigen *sozialrechtlichen Fragestellungen* sind bei *Krasney/Udsching* Kap. III Rdn. 114 ff. anschaulich und praxisnah zusammengestellt.

2. Das SGG verweist wegen der *Beweisaufnahme* weitgehend auf die ZPO (vgl. § 118 Abs. 1 SGG). Die Beteiligten können beim SG oder LSG gemäß §§ 118 Abs. 1 S. 1, 153 Abs. 1 SGG iVm. § 411 Abs. 3 ZPO beantragen, das Erscheinen des Sachverständigen im Verhandlungstermin anzuordnen, damit dieser ein von ihm schriftlich erstattetes Gutachten erläutere; sie müssen nach § 411 Abs. 4 ZPO dann dem Gericht innerhalb eines angemessenen Zeitraums bzw. der vom Gericht gesetzten Frist ihre Einwendungen gegen das Gutachten, die die Begutachtung betreffenden Anträge und objektiv sachdienliche Ergänzungsfragen zu dem schriftlichen Gutachten mitteilen (s. dazu BSG SozR Nr. 160 zu § 162 SGG und SozR 1750 § 411 Nr. 2; vgl. auch *Schur*, SGb 1985, 529). IdR. wird das Gericht den Sachverständigen im Hinblick auf begründete Einwendungen und objektiv sachdienliche Fragen zu einer ergänzenden schriftlichen Stellungnahme auffordern (BSG SozR Nr. 160 zu § 162 SGG; BSG Beschl. v. 18. 3. 1987 – 9b RU 58/85 – S. 5 –).

Die Beteiligten können im Beweisaufnahmetermin an Zeugen und Sachverständige sachdienliche Fragen richten lassen bzw. selbst richten (§ 116 S. 2 SGG und § 118 Abs. 1 S. 1 SGG iVm. § 397 Abs. 2 ZPO; *Meyer-Ladewig* SGG § 116 Rdn. 4).

3. Überdies ist auch im sozialgerichtlichen Verfahren des *Beweissicherungsverfahrens* (mögliche Beweismittel: Augenschein, Zeugen, Sachverständige) zulässig (§ 76 SGG); vgl. dazu mit Beispielen *Niesel* Rdn. 147 f. und *Krasney/Udsching* Kap. III Rdn. 169 ff. Es ist das Gesuch eines Beteiligten erforderlich. Für das Verfahren gelten die Vorschriften der ZPO über das Beweissicherungsverfahren entsprechend (§ 76 Abs. 3 SGG), vgl. insoweit Form. I. H. 9.

4. Ein *Beweisantrag* iSd. § 160 Abs. 2 Nr. 3 SGG (Form. VIII. 15.) kann in der mündlichen Verhandlung, in einem vorbereitenden Schriftsatz (BSG SozR 1500 § 160 Nr. 12) oder zur Niederschrift der Geschäftsstelle gestellt werden. *Wichtig:* Er liegt jedoch dann nicht (mehr) vor, wenn sich aus den näheren Umständen ergibt, daß er in der letzten mündlichen Verhandlung nicht mehr aufrechterhalten wurde. Das wird nach der Rspr. des BSG bei rechtskundig vertretenen Beteiligten regelmäßig angenommen, wenn in der letzten mündlichen Verhandlung nur noch ein Sachantrag gestellt wird (vgl. zB. Beschluß v. 30. 3.

1988 – 2 BU 174/87 –; näher dazu *Krasney/Udsching* Kap. IX Rdn. 130 ff.). Der Beweisantrag sollte daher in der letzten mündlichen Verhandlung unbedingt zu Protokoll gegeben werden.

Eine Beweisanregung reicht nicht. Der Beweisantrag muß erkennen lassen, daß eine weitere Sachaufklärung von Amts wegen für erforderlich gehalten wird (BSG SozR 1500 § 160 Nr. 67 und SozR 3 – 1500 § 160 Nr. 9). Ein Antrag nach § 109 SGG (Form. VIII. 22.) genügt ebenfalls nicht (vgl. BSG SozR 1500 § 160 Nr. 67). Es muß außer dem *Beweismittel* das *Beweisthema* bezeichnet sein und zwar nach BSG SozR 1500 § 160 Nr. 45 iS. der einschlägigen Vorschriften der ZPO über den Beweisantritt (s. für den Zeugenbeweis § 373 ZPO und für den Sachverständigenbeweis § 403 ZPO, jeweils iVm. § 118 SGG). So könnte ein Beweisantrag für den Sachverständigenbeweis im Rechtsstreit um Rente wegen Erwerbsunfähigkeit (Form. VIII. 6.) zB. lauten: „Es wird beantragt, von Amts wegen ein ärztliches Gutachten zur Frage einzuholen, ob das in dem Bericht des behandelnden Arztes Dr. A. beschriebene „Dumping-Syndrom" noch einen Arbeitseinsatz des Klägers zuläßt und – falls dies bejaht wird –, welche körperlichen Arbeiten der Kläger noch leisten und in welchem zeitlichem Ausmaß und mit welchen Einschränkungen (wie zusätzlichen Arbeitspausen) er noch tätig sein kann."

Das LSG braucht auf Beweisanträge nicht hinzuwirken (BSG SozR 1500 § 160 Nr. 13).

5. Grundsätzlich ist auch im sozialgerichtlichen Verfahren der die volle Überzeugung des Gerichts begründende *Nachweis* (Vollbeweis) erforderlich, dh. ein so hoher Grad an Wahrscheinlichkeit, daß kein vernünftiger, die Lebensverhältnisse klar überschauender Mensch noch zweifelt (vgl. BSG 6, 142/144; 7, 103/106; 19, 52/53; 32, 203/207; vgl. auch BGHZ 53, 245/256). Für die Feststellung des *ursächlichen Zusammenhanges* in der gesetzlichen Unfallversicherung und im sozialen Entschädigungsrecht reicht *hinreichende Wahrscheinlichkeit* aus (BSG 45, 285/286; 58, 80/82; 60, 58; BSG SozR 3850 § 52 Nr. 1). Wahrscheinlichkeit liegt vor, wenn bei vernünftiger Abwägung aller Umstände die für den ursächlichen Zusammenhang sprechenden Umstände so stark überwiegen, daß darauf die richterliche Überzeugung gegründet werden kann, während die bloße Möglichkeit nicht genügt. In einigen gesetzlich besonders geregelten Fällen (vgl. zB. §§ 286a, 286b SGB VI, § 4 Abs. 1 Fremdrentengesetz – FRG –) genügt die *Glaubhaftmachung* – § 23 Abs. 1 S. 2 SGB X – (*Krasney/Udsching* Kap. III Rdn. 157 f.).

Nach dem im sozialgerichtlichen Verfahren geltenden *Grundsatz der objektiven Beweislast* hat derjenige die Folgen der Beweislosigkeit zu tragen, der aus der nicht bewiesenen Tatsache eine ihm günstige Rechtsfolge herleiten will (BSG 30, 121/123; BSG SozR 3– 4100 § 119 Nr. 7 – S. 32 –; näher dazu *Meyer-Ladewig* SGG § 103 Rdn. 19 und *Krasney/ Udsching* Kap. III Rdn. 26 ff. und Rdn. 154 ff.).

6. Die versicherte Tätigkeit (Begründungsbeispiel) muß voll bewiesen sein (vgl. BSG 58, 80/82 f.).

Kosten und Gebühren

Keine zusätzliche Gebühr für den RA.

22. Antrag auf Anhörung eines bestimmten Arztes
(§ 109 SGG)[1]

An das
Landessozialgericht

In dem Rechtsstreit

der Buchhalterin ......, Klägerin,
Prozeßbevollmächtigter: RA ......
gegen
die Bundesversicherungsanstalt für Angestellte ......, Beklagte,
vertreten durch die Geschäftsführung,
Az. ......
wird beantragt,
den Arzt für Neurologie und Psychiatrie Prof. Dr. F. Direktor der Psychiatrischen Klinik der Medizinischen Hochschule H., G-Straße ......[2], nach § 109 SGG gutachtlich zu hören[3] und die Kosten der Anhörung auf die Staatskasse zu übernehmen[4]

Begründung[5]:

Der prozeßleitenden Verfügung des Vorsitzenden vom ...... ist zu entnehmen, daß das Landessozialgericht den Sachverhalt in medizinischer Hinsicht für geklärt hält und dem Beweisantrag der Klägerin, von Amts wegen ein psychiatrisches Gutachten einzuholen, nicht folgen will. Die vorliegenden, andere Fachgebiete betreffenden Gutachten enthalten indessen deutliche Hinweise darauf, daß die Klägerin aufgrund einer Neurose gehindert sein könnte, ihre einer Arbeitsaufnahme entgegenstehenden Hemmungen zu überwinden. Es sollte in das Ermessen des ärztlichen Sachverständigen gestellt werden, ob das Gutachten zu dieser Frage nach ambulanter oder einer bis zu 3tägigen stationären Untersuchung zu erstatten ist.

Rechtsanwalt

Schrifttum: Stoll, Das Recht auf Anhörung eines bestimmten Arztes nach § 109 SGG, NZA 1988, 272; *Behn*, Der Verbrauch des Antragsrechts nach § 109 SGG, Die Sozialversicherung – SozVers – 1990, 1 und 29; *Udsching*, Besonderheiten des Sachverständigenbeweises im sozialgerichtlichen Verfahren, NZS 1992, 50; *Krasney/Udsching* Kap. III Rdn. 74 ff.; *Niesel* Rdn. 131 ff.

Anmerkungen

1. Der Antrag des Versicherten, des Versorgungsberechtigten oder Hinterbliebenen, nach § 109 SGG einen bestimmten Arzt zu hören, ist ein Beweisantrag. Er stellt eine wichtige Besonderheit des sozialgerichtlichen Verfahrens dar. Ihm muß das Gericht grundsätzlich entsprechen, wenn die in das Fachwissen des Arztes gestellte Beweisfrage *entscheidungserheblich* ist (BSG SozR 1500 § 109 Nr. 1). Angehörige anderer Heilberufe sind von § 109 SGG nicht erfaßt (s. aber BSG SozR Nr. 41 zu § 109 SGG: Bakteriologe). Der Antrag nach § 109 SGG, der auch im Berufungs-, nicht aber im Revisionsverfahren gestellt werden darf, ist immer dann zu erwägen, wenn das Gericht von Amts wegen nicht weiter ermitteln will, dem Antragsberechtigten der Sachverhalt aber in medizinischer Hinsicht noch klärungsbedürftig erscheint. Er ist auch als Hilfsantrag zulässig, insbesondere für den Fall, daß das Gericht dem Beweisantrag, von Amts wegen (§§ 103, 106 Abs. 3 Nr. 5 SGG) ein ärztliches Gutachten einzuholen, nicht folgt (BSG SozR Nr. 17 zu § 109 SGG).

Eine Pflicht des Gerichts, auf § 109 SGG hinzuweisen, besteht nach hM. grundsätzlich nicht (*Meyer-Ladewig* SGG § 109 Rdn. 9 mwN.).

Der Kläger sollte vorab klären, ob der Arzt zur Übernahme des Gutachtenauftrags bereit ist. Vor allem empfiehlt es sich, im Hinblick auf den Beweiswert des Gutachtens einen Arzt zu benennen, der spezielle Sachkunde auf dem entscheidungserheblichen medizinischen Fachgebiet hat und mit der Abfassung von Gutachten vertraut ist.

Das Gesetz sieht für den Antrag keine Frist vor. Das Gericht kann den Antrag aber gemäß § 109 Abs. 2 SGG ablehnen, wenn durch die Zulassung des Antrags die Erledigung des Rechtsstreits verzögert würde und der Antrag in der Absicht, das Verfahren zu verschleppen, oder aus grober Nachlässigkeit nicht früher gestellt worden ist (vgl. BSG SozR Nr. 24 und 40 zu § 109 SGG). Deshalb sind die vom Gericht für den Antrag nach § 109 SGG ggf. gesetzten Fristen unbedingt zu beachten. Insoweit handelt es sich um eine Ausnahme von dem Grundsatz, daß im sozialgerichtlichen Verfahren verspätetes Vorbringen nicht zurückgewiesen werden kann. Im Berufungsverfahren darf ein Antrag nach § 109 SGG jedoch nicht deshalb als verspätet zurückgewiesen werden, weil er vom SG mit dieser Begründung hätte zurückgewiesen werden können (BSG SozR 3 – 1500 § 109 Nr. 1).

Das Antragsrecht ist nach Erstattung des Gutachtens grundsätzlich „verbraucht". Das gilt nicht bei veränderter Sach-, Rechts- oder Beweislage, insbesondere wenn das Gericht noch ein weiteres Gutachten von Amts wegen einholt, oder wenn mehrere medizinische Fachrichtungen betroffen sind.

2. Da der Antrag auf Anhörung eines bestimmten Arztes gerichtet ist, empfiehlt es sich, den Arzt nach Namen und Anschrift zu bezeichnen; Bestimmbarkeit genügt jedoch. Auch auf § 109 SGG sollte ausdrücklich Bezug genommen werden. Ein im Ausland wohnhafter Arzt ist nur anzuhören, wenn besondere Gründe das Verlangen rechtfertigen (BSG SozR Nr. 38 zu § 109 SGG).

3. Das Gericht formuliert den Beweisbeschluß selbständig in seinen Einzelheiten. Antragsteller kann daher die Art der Gutachtenerstattung (mündlich oder schriftlich; nach Untersuchung oder nach Aktenlage) nur anregen, hat aber keine Gestaltungsrechte (str.). Das Beweisthema ergibt sich regelmäßig aus den Umständen und der Sachlage des Verfahrens. Es ist deshalb nicht erforderlich, allerdings zweckmäßig, das Beweisthema – wie im Beispielsfall in der Begründung – zu umreißen.

4. Es entspricht der sozialgerichtlichen Praxis, die Anhörung nach § 109 Abs. 1 S. 2 SGG davon abhängig zu machen, daß der Antragsteller die Kosten vorschießt und vorbehaltlich einer anderen Entscheidung des Gerichts endgültig trägt (Ermessensentscheidung). Das Gericht kann auch für die Einzahlung des Kostenvorschusses eine Frist setzen und die Einholung des Gutachtens nach Fristablauf in gleicher Weise nach § 109 Abs. 2 SGG ablehnen wie bei einer verspäteten Antragstellung (BSG SozR Nr. 32 zu § 109 SGG). Auch bei finanziellem Unvermögen kann das Gericht die Anhörung eines bestimmten Arztes von einem Kostenvorschuß abhängig machen (BSG SozR Nr. 15 zu § 109 SGG). Die Kosten eines Gutachtens nach § 109 SGG können nicht im Rahmen der Prozeßkostenhilfe übernommen werden (§ 73a Abs. 3 SGG iVm. § 109 Abs. 1 S. 2 SGG). Der Sachverständige wird nach dem ZuSEG entschädigt. Hat das Gutachten nach § 109 SGG zur Sachaufklärung beigetragen, so wird das Gericht *auf Antrag* oder von Amts wegen durch Beschluß entscheiden, daß die Kosten ganz oder teilweise auf die Staatskasse übernommen werden. Üblicherweise wird der – nicht befristete - Antrag auf Kostenübernahme erst nach Erstattung des Gutachtens gestellt; es sollte begründet werden, weshalb das Gutachten nach Auffassung des Klägers zur Sachaufklärung beigetragen hat. Kosten, die der Beteiligte nach § 109 SGG endgültig tragen muß, sind nicht nach § 193 Abs. 2 SGG erstattungsfähig.

5. Eine Begründung ist nicht erforderlich, s. auch Anm. 3.

Kosten und Gebühren

Kein zusätzlicher Gebührenanspruch für den RA.

Fristen und Rechtsmittel

Die Ablehnung des Antrags nach § 109 SGG kann nur mit dem Rechtsmittel gegen die Entscheidung in der Hauptsache angefochten werden; dabei kann eine NZB auf eine Verletzung des § 109 SGG nicht gestützt werden (Form. VIII. 15). Gegen den Beschluß des SG über die endgültige Kostentragung kann der Antragsteller Beschwerde einlegen.

23. Beiladungsantrag
(§ 75 SGG)[1]

An das
Sozialgericht

In dem Rechtsstreit[2]

des Lokführers ......, Klägers,
Prozeßbevollmächtigter: RA ......

gegen

den Gemeinde-Unfallversicherungsverband H ......, Beklagten,
vertreten durch die Geschäftsführung,
Az. ......

wird beantragt[3],
die Gartenbau-Berufsgenossenschaft ......, beizuladen[4].

Begründung[5]:

Der Kläger stürzte beim Entästen eines Obstbaumes auf dem Grundstück seines Nachbarn N. und zog sich eine Querschnittslähmung zu. Der Beklagte lehnte eine Entschädigung ab, weil der Kläger nicht wie ein Arbeitnehmer (§ 539 Abs. 2 RVO iVm. § 539 Abs. 1 Nr. 1 RVO) unter dem Schutz der gesetzlichen Unfallversicherung gestanden habe, sondern unternehmerähnlich tätig geworden sei. Dieser Auffassung ist der Kläger bereits mit Schriftsatz vom ...... entgegengetreten. Nach § 75 Abs. 2 SGG ist indessen die Gartenbau-Berufsgenossenschaft beizuladen, weil sie als leistungspflichtig in Betracht kommt. Arbeitsunfälle der nach § 539 Abs. 2 RVO Versicherten hat der für das Unternehmen, dem die Tätigkeit diente, zuständige Versicherungsträger zu entschädigen. Im vorliegenden Fall ist zweifelhaft, ob es sich bei dem Garten des N. noch um einen Kleingarten iS. des § 778 RVO handelt, der nicht als Unternehmen der Gartenpflege gilt und daher dem Haushalt des N. zuzurechnen ist. Es spricht nach den von der Rspr. des BSG entwickelten Kriterien viel dafür, daß der ca. 2000 m² große Garten im Hinblick auf den Arbeitsaufwand, der mit der Bewirtschaftung von 40 tragenden Obstbäumen verbunden ist, bereits ein Unternehmen des Gartenbaus iS. des § 776 Abs. 1 S. 1 Nr. 1 RVO darstellt.

Rechtsanwalt

Schrifttum: Schäfer, Die Beiladung im sozialgerichtlichen Verfahren, Mittel des Rechtsschutzes und der Prozeßökonomie (Sozialpolitik und Recht, Band 5), 1983; *Krasney/*

Udsching Kap. V Rdn. 5 ff.; *Niesel* Rdn. 60 ff.; *Meyer-Ladewig,* SGG, Kommentierung des § 75 SGG.

Anmerkungen

1. Die Beiladung hat für das sozialgerichtliche Verfahren erhebliche Bedeutung. Sie dient dem Interesse des Beigeladenen und der Prozeßökonomie, weil das rechtskräftige Urteil den Beigeladenen als Beteiligten (§ 69 Nr. 3 SGG) bindet, soweit über den Streitgegenstand entschieden worden ist (§ 141 Abs. 1 SGG) und die Beiladung auch zur umfassenden Aufklärung des Sachverhalts beitragen kann (zur Vernehmung des Beigeladenen als Zeuge BSG SozR 1500 § 117 Nr. 3). Außerdem kann ein Versicherungsträger ebenso wie in Angelegenheiten der Kriegsopferversorgung ein Land nach Beiladung verurteilt werden (§ 75 Abs. 5 SGG; vgl. dazu BSG 57, 1 = SozR 2200 § 1237a Nr. 25), es sei denn, daß der Beigeladene bereits einen – den Streitgegenstand betreffenden – bindend gewordenen ablehnenden Bescheid erteilt hat (BSG 50, 111/114; SozR 1500 § 75 Nr. 38; BSG Urt. v. 31. 5. 1988 – 2 RU 67/87 –).

2. Die Beiladung setzt einen anhängigen Rechtsstreit voraus. Sie ist in den Tatsacheninstanzen bis zur Erledigung des Rechtsstreits – durch rechtskräftige Entscheidung oder auf sonstige Weise – möglich. Im Revisionsverfahren ist eine Beiladung nur in den in § 168 S. 2 SGG geregelten Ausnahmefällen zulässig: Beiladung der Bundesrepublik Deutschland in Angelegenheiten der Kriegsopferversorgung – § 75 Abs. 1 S. 2 SGG – und Beiladung nach § 75 Abs. 2 SGG, wenn der Beizuladende zustimmt.

3. Der Antrag hat nur die Bedeutung einer Anregung. *Ausnahme:* Nach § 75 Abs. 1 S. 2 SGG muß die Bundesrepublik Deutschland in Angelegenheiten der Kriegsopferversorgung auf Antrag beigeladen werden.

4. Es sind zu unterscheiden die *einfache Beiladung* und die *notwendige Beiladung*. Die einfache Beiladung setzt voraus, daß die berechtigten Interessen anderer durch die gerichtliche Entscheidung berührt werden (§ 75 Abs. 1 S. 1 SGG). Darunter fallen nicht nur rechtliche, sondern auch wirtschaftliche, ideelle oder tatsächliche Interessen des öffentlichen und des privaten Rechts, wenn sie durch die Entscheidung des Gerichts nachteilig beeinflußt werden. Die einfache Beiladung steht im Ermessen des Gerichts.
Notwendig ist die Beiladung: 1. Wenn *die Entscheidung* auch *Dritten gegenüber nur einheitlich* ergehen kann (§ 75 Abs. 2, 1. Alt. SGG), sie sich also unmittelbar auf die Rechtssphäre eines Dritten auswirkt wie bei Verwaltungsakten mit Doppelwirkung (zB. Streit um Hinterbliebenenrente bei mehreren Berechtigten). Zahlreiche Nachw. der Rspr. bei *Meyer-Ladewig* SGG § 75 Rdn. 10a. 2. Wenn bei Ablehnung des Anspruchs ein *anderer Leistungspflichtiger* als der beklagte Versicherungsträger oder das beklagte Land in Betracht kommt (§ 75 Abs. 2, 2. Alt. SGG). Das ist dann nicht der Fall, wenn von vornherein feststeht, daß die Klage in jedem Fall abgewiesen werden muß (BSG, Urt. v. 18. 3. 1987 – 9b RU 56/85 – S. 8 –).
Die Beiladung erfolgt durch Beschluß, der allen Beteiligten zuzustellen ist und Sachstand sowie Grund der Beiladung angeben soll (§ 75 Abs. 3 S. 1 und 2 SGG).
Der Beigeladene kann als Beteiligter selbständig Angriffs- und Verteidigungsmittel geltend machen und alle Verfahrenshandlungen wirksam vornehmen; abweichende Sachanträge kann jedoch nur der nach § 75 Abs. 2 SGG Beigeladene stellen (§ 75 Abs. 4 SGG). Er kann auch Rechtsmittel einlegen, falls er durch das Urteil beschwert ist. Der Beigeladene kann aber nicht verhindern, daß die Hauptbeteiligten den Rechtsstreit ohne seine Zustimmung durch Klagerücknahme, Vergleich, Anerkenntnis oder Erledigungserklärung beenden.

5. S. zum Begründungsbeispiel BSG 64, 252 = SozR 2200 § 778 Nr. 2 und BSG SozR 2200 § 778 Nr. 1.

Kosten und Gebühren

Keine zusätzliche Gebühr für den RA.

Fristen und Rechtsmittel

Der Beiladungsbeschluß ist unanfechtbar (§ 75 Abs. 3 S. 3 SGG). Ein ablehnender oder die Beiladung aufhebender Beschluß des SG kann mit der Beschwerde angefochten werden.

24. „Antrag" auf Verweisung

(§ 98 SGG)

An das
Sozialgericht

In dem Rechtsstreit

des Arbeiters ......, Klägers,
Prozeßbevollmächtigter: RA ......

gegen

die Landesversicherungsanstalt ......, Beklagte,
vertreten durch die Geschäftsführung,
Az. ......

wird beantragt,
den Rechtsstreit an das zuständige Sozialgericht zu verweisen[1].

Begründung:

In der Rechtsmittelbelehrung des Widerspruchsbescheides vom ...... wird das befaßte Sozialgericht ...... als örtlich zuständiges Gericht bezeichnet. Dieser Hinweis der Beklagten ist unzutreffend. Der Kläger hatte zur Zeit der Klageerhebung seinen Wohnsitz[2] in E. Dieser Ort gehört nicht zum Sozialgerichtsbezirk ...... Da der Beschäftigungsort des Klägers ebenfalls nicht zum Zuständigkeitsbereich des angerufenen Sozialgerichts gehört, ist der Rechtsstreit an das örtlich zuständige Sozialgericht zu verweisen[3,4].

Rechtsanwalt

Anmerkungen

1. § 98 SGG regelt die Verweisung bei örtlicher und sachlicher Unzuständigkeit. Die Vorschrift ist durch das Ges. zur Neuregelung des verwaltungsgerichtlichen Verfahrens – 4. VwGOÄndG – v. 17. 12. 1990 (BGBl. I S. 2809) mit Wirkung zum 1. 1. 1991 neugefaßt worden. Danach gelten für die sachliche und örtliche Zuständigkeit die §§ 17, 17a und 17b Abs. 1, Abs. 2 S. 1 GVG, also die Vorschriften über die Zulässigkeit des beschrittenen Rechtsweges (zum Rechtsweg zu den Gerichten der Sozialgerichtsbarkeit s. Anm. 3), entsprechend. Die Verweisung an das zuständige Gericht setzt nunmehr – anders als bisher – keinen Antrag mehr voraus, sondern erfolgt *von Amts wegen* (*Kopp*, NJW 1991, 521/524 und 527). Der „Antrag" auf Verweisung hat daher nur den Charakter einer Anregung. Er

ist außerdem als Rüge iS. des § 17a Abs. 3 S. 2 GVG aufzufassen (näher dazu *Meyer-Ladewig* SGG § 98 Rdn. 4).

Sind mehrere Gerichte zuständig (zB. Wohnsitz und Beschäftigungsort liegen in verschiedenen Gerichtsbezirken), wird an das vom Kläger auszuwählende Gericht verwiesen oder, wenn die Wahl unterbleibt, an das vom Gericht bestimmte (§ 98 SGG iVm. § 17a Abs. 2 S. 2 GVG).

Zuständigkeitsvereinbarungen sind nicht zulässig (§ 59 SGG).

2. § 57 SGG regelt die *örtliche Zuständigkeit*. Diese richtet sich danach, wo der Kläger zur Zeit der Klageerhebung seinen Sitz oder Wohnsitz oder in Ermangelung dessen seinen Aufenthaltsort hat (§ 57 Abs. 1 S. 1 Halbs. 1 SGG). Unabhängig von Wohnsitz und Aufenthaltsort kann der Kläger, der in einem Beschäftigungsverhältnis steht, auch vor dem SG klagen, in dessen Bezirk sein Beschäftigungsort liegt (§ 57 Abs. 1 S. 1 Halbs. 2 SGG). Hat der Kläger seinen Sitz oder Wohnsitz oder Aufenthaltsort außerhalb des Geltungsbereichs des SGG, so ist das SG zuständig, in dessen Bezirk der Beklagte seinen Sitz, Wohnsitz oder in Ermangelung dessen seinen Aufenthaltsort hat (§ 57 Abs. 3 SGG). Eine Sonderregelung der örtlichen Zuständigkeit bei erstmaliger Bewilligung der Hinterbliebenenrente enthält § 57 Abs. 2 SGG und für Kassenarztangelegenheiten § 57a SGG; s. ferner § 57 Abs. 4 SGG (Festsetzung von Festbeträgen nach dem SGB V).

In § 8 SGG ist die grundsätzlich umfassende *sachliche Zuständigkeit* der Sozialgerichte geregelt (s. auch § 39 Abs. 2 SGG).

3. Der *Rechtsweg zu den Gerichten der SGb* ist in § 51 SGG geregelt (ausführlich: *Krasney/Udsching* Kap. II; *Meyer-Ladewig* SGG, Kommentierung des § 51 SGG). Danach entscheiden diese Gerichte über öffentlich-rechtliche Streitigkeit in Angelegenheiten der Sozialversicherung, der Arbeitslosenversicherung und der übrigen Aufgaben der Bundesanstalt für Arbeit sowie der Kriegsopferversorgung (§ 51 Abs. 1 und Abs. 2 S. 3 SGG) und über die in § 51 Abs. 2 S. 1 SGG im einzelnen aufgeführten Streitigkeiten in Angelegenheiten des SGB V („Kassenarztrecht") sowie über Streitigkeiten, die in Angelegenheiten nach dem SGB XI (Pflegeversicherung) entstehen (§ 51 Abs. 2 S. 2 SGG). Außerdem ist der Rechtsweg zu den Gerichten der SGb bei öffentlich-rechtlichen Streitigkeiten aufgrund des Lohnfortzahlungsgesetzes (§ 51 Abs. 3 SGG) und in den nach § 51 Abs. 4 SGG gesetzlich besonders zugewiesenen Fällen eröffnet (insbesondere nach § 27 BKGG, § 13 Bundeserziehungsgeldgesetz, § 88 Abs. 7 Soldatenversorgungsgesetz, § 51 Zivildienstgesetz, § 7 Opferentschädigungsgesetz, § 30 Gesetz über die Altershilfe der Landwirte, § 61 Abs. 2 Bundesseuchengesetz – Impfschäden –, § 4 Abs. 6 Schwerbehindertengesetz).

Hält das Gericht der SGb den zu ihm beschrittenen Rechtsweg nicht für gegeben, so verweist es den Rechtsstreit *von Amts wegen* an das zuständige Gericht des zulässigen Rechtsweges (näher dazu § 17a und 17b GVG).

4. Der Verweisungsbeschluß ist für das im Beschluß bezeichnete Gericht bindend (§ 98 S. 1 SGG iVm. § 17a Abs. 2 S. 3 GVG). Der Rechtsstreit wird mit Eingang der Akten bei dem im Beschluß bezeichneten Gericht anhängig (§ 98 S. 1 SGG iVm. § 17b Abs. 1 S. 1 GVG).

Kosten und Gebühren

Das Gericht, an das verwiesen worden ist, entscheidet insgesamt über die Kosten (§ 98 S. 1 SGG iVm. § 17b Abs. 2 S. 1 GVG). Kein zusätzlicher Gebührenanspruch, da Verweisung „auf derselben Ebene" (vgl. § 14 BRAGO).

Fristen und Rechtsmittel

Kein Rechtsmittel gegen Beschluß über Zuständigkeit und Verweisung (§ 98 S. 2 SGG; *Meyer-Ladewig* SGG § 98 Rdn. 7). Gegen Beschluß über Zulässigkeit oder Unzulässigkeit des Rechtsweges ist hingegen Beschwerde gegeben (vgl. § 17a Abs. 4 S. 3–5 GVG; *Meyer-Ladewig* SGG § 51 Rdn. 58).

25. Antrag auf Prozeßkostenhilfe
(§ 73 a SGG)[1]

An das
Sozialgericht[2]

In dem Rechtsstreit

des Auszubildenden ......,   Klägers,
Prozeßbevollmächtigter: RA ......

gegen

die Norddeutsche Metall-Berufsgenossenschaft ......,   Beklagte,
vertreten durch den Geschäftsführer,

überreiche ich eine Erklärung des Klägers über seine persönlichen und wirtschaftlichen Verhältnisse vom ......
und beantrage namens und in Vollmacht des Klägers,
1. dem Kläger für das Verfahren vor dem Sozialgericht Prozeßkostenhilfe zu bewilligen[3],
2. ihm den Unterzeichnenden als Prozeßbevollmächtigten beizuordnen[4].
Die beabsichtigte Rechtsverfolgung hat hinreichende Aussicht auf Erfolg und ist auch nicht mutwillig[5]. Hierzu wird auf die Klagebegründung Bezug genommen[6]. Aus der Klagebegründung ergibt sich auch, daß die Sach- und Rechtslage schwierig und die Beiordnung eines RA daher geboten ist[7].

                                                                                                           Rechtsanwalt

Schrifttum: Bley, Prozeßkostenhilfe – auch in der Sozialgerichtsbarkeit, Die Angestelltenversicherung –DAngVers– 1980, 403; *Behn*, die „Erforderlichkeit der Anwaltsbeiordnung" als Problem der entsprechenden Geltung der Vorschriften der ZPO über die Prozeßkostenhilfe im sozialgerichtlichen Verfahren, Die Sozialversicherung –SozVers– 1981, 305; *ders.*, Bewilligung von Prozeßkostenhilfe im sozialgerichtlichen Verfahren unter gleichzeitiger Ablehnung der Beiordnung eines zur Vertretung bereiten Rechtsanwalts? SGb 1982, 382; *ders.*, Probleme der Prozeßkostenhilfe mit Besonderheiten im sozialgerichtlichen Verfahren, 1985; *v. Maydell*, Die Auswirkung der Gesetze über die Prozeßkostenhilfe auf die Sozialgerichtsbarkeit, SGb 1981, 1; *ders.*, Sozialrecht und Anwaltschaft – nach Inkrafttreten des Prozeßkosten- und Beratungshilfegesetzes, NJW 1981, 1181; *Plagemann*, Die Bedeutung des Prozeßkostenhilfegesetzes für den Anwalt in der Sozialgerichtsbarkeit, SGb 1982, 188; *Scherer/Wiesner*, Die Prozeßkostenhilfe in der sozialgerichtlichen Praxis, NZA 1985, 47.

Anmerkungen

1. Die Vorschriften der ZPO über die Prozeßkostenhilfe (§§ 114ff. ZPO) gelten entsprechend (§ 73a Abs. 1 S. 1 SGG), vgl. daher auch Form. I. C. 1. Im sozialgerichtlichen Verfahren erschöpft sich die Prozeßkostenhilfe wegen der Kostenfreiheit des sozialgerichtlichen Verfahrens in der Beiordnung eines RA (*Behn*, SozVers 1981, 305/306 und SGb 1982, 383; vgl. aber auch LSG Hamburg *Breithaupt* 1983, 369). Sie erstreckt sich nicht auf die Kosten eines Gutachtens nach § 109 SGG (§ 73a Abs. 3 SGG).

Der Antrag auf Prozeßkostenhilfe wahrt die Rechtsmittelfrist nicht, jedoch ist bei vorschriftsmäßigem Antrag Wiedereinsetzung in den vorigen Stand zu gewähren. Von praktischer Bedeutung ist dies für den Antrag auf Prozeßkostenhilfe im NZB-Verfahren vor dem BSG, für den kein Vertretungszwang (§ 166 SGG) besteht (s. Form. VIII. 12. Anm. 3). Für das Verfahren vor dem SG und dem LSG besteht grundsätzlich kein Bedürfnis für einen Antrag auf Prozeßkostenhilfe vor Klageerhebung bzw. Berufungseinlegung, zumal der Antrag durch die Rahmengebühr (§ 116 Abs. 1 BRAGO) abgegolten ist (vgl. auch *Krasney/Udsching* Kap. V Rdn. 67). Es ist zweckmäßig und üblich, den Antrag zusammen mit der Klageerhebung bzw. Berufungseinlegung zu stellen (vgl. Anm. 2).

2. Der Antrag auf Prozeßkostenhilfe ist für jede Instanz gesondert zu stellen (§ 119 S. 1 ZPO). Er sollte möglichst früh – mit Klageerhebung bzw. Berufungseinlegung – gestellt werden, weil die Erfolgsaussicht nach Durchführung der Ermittlungen von Amts wegen gemindert oder ausgeschlossen sein kann.

3. Über den Antrag entscheidet das Gericht unverzüglich aufgrund einer summarischen Prüfung durch Beschluß. Eine verzögerte Entscheidung darf sich bei rechtzeitig gestelltem Antrag für den Kläger nicht nachteilig auswirken (näher dazu *Krasney/Udsching* Kap. V Rdn. 69; *Niesel* Rdn. 74).

4. Es kann nur ein RA beigeordnet werden. Macht der Beteiligte, dem Prozeßkostenhilfe bewilligt ist, von seinem Recht, einen RA zu wählen, nicht Gebrauch, wird auf seinen Antrag der beizuordnende RA vom Gericht ausgewählt (Sonderregelung für das sozialgerichtliche Verfahren, § 73 a Abs. 1 S. 2 SGG). Ist ein RA zum *besonderen Vertreter* (§ 72 SGG) bestellt worden, kann Prozeßkostenhilfe bewilligt werden (vgl. BSG SozR 1500 § 72 SGG Nr. 2). Prozeßkostenhilfe kann nicht bewilligt werden, wenn der Kläger durch einen Bevollmächtigten iS. des § 73 Abs. 6 S. 3 SGG (Verbandsvertreter) vertreten ist (§ 73 a Abs. 2 SGG).

5. Die Bewilligung von Prozeßkostenhilfe setzt neben Bedürftigkeit hinreichende Erfolgsaussicht und fehlende Mutwilligkeit der Rechtsverfolgung voraus. *Hinreichende Erfolgsaussicht* besteht schon dann, wenn das bisherige Verfahren einen Teilerfolg des Klägers „durchaus möglich" erscheinen läßt. Das ist anzunehmen, wenn der Rechtsstandpunkt des Antragstellers vertretbar ist und die rechtserheblichen Tatsachen als beweisbar erscheinen. Erfolgsaussicht ist idR. anzunehmen, wenn noch eine Beweisaufnahme durchzuführen ist, vor allem, wenn noch ein medizinisches Gutachten von Amts wegen eingeholt werden muß (näher dazu *Meyer-Ladewig* SGG § 73 a Rdn. 7). Die Erfolgsaussicht wird in einem höheren Rechtszug nicht geprüft, wenn der Gegner das Rechtsmittel eingelegt hat (§ 119 S. 2 ZPO).

6. Nach § 117 Abs. 1 S. 2 ZPO ist das Streitverhältnis darzustellen. Im erstinstanzlichen Verfahren ergibt sich der Streitstand regelmäßig aus der Klagebegründung, aber auch schon aus dem in der Klageschrift bezeichneten angefochtenen Verwaltungsakt in der Gestalt des Widerspruchsbescheides. Im Verfahren der Rechtsmittelinstanzen ist eine Darstellung des Streitverhältnisses nicht mehr erforderlich, da dieses bereits im erstinstanzlichen Verfahren klargestellt ist (BSG SozR Nr. 4 zu § 167 SGG; vgl. auch *Meyer-Ladewig* SGG § 73 a Rdn. 5).

7. Jedenfalls bei schwieriger Rechts- oder Sachlage ist die Vertretung durch einen RA „erforderlich", aber auch, wenn der Kläger mangels hinreichender geistiger Gewandheit nicht in der Lage ist, den Prozeß sachgerecht zu führen. Eine anwaltliche Vertretung ist danach auch und gerade in medizinisch schwierigen Fällen erforderlich (LSG Hamburg *Breithaupt* 1983, 369; str.). Sie ist dagegen nicht erforderlich, wenn die Sach- und Rechtslage einfach und für den Kläger klar überschaubar ist (vgl. dazu LSG Hamburg aaO.; LSG Rheinland-Pfalz *Breithaupt* 1982, 74 und 79/81; LSG Nordrhein-Westfalen AnwBl 1986, 456; *Niesel* Rdn. 73). Nach § 121 Abs. 2 S. 1 ZPO ist entsprechend dem Gedanken der „Waffengleichheit" die Erforderlichkeit nicht zu prüfen, wenn auch der Prozeßgegner

durch einen RA vertreten ist; rechts- und sachkundige Vertreter der Sozialleistungsträger stehen RAen jedoch insoweit nicht gleich. – Näher zur „Erforderlichkeit" *Krasney/Udsching* Kap. V Rdn. 61 ff.; *Meyer-Ladewig* SGG § 73 a Rdn. 9 mwN.

Kosten und Gebühren

Der beigeordnete RA hat im Rahmen seines Erstattungsanspruchs gegen die Staatskasse (§§ 121 ff. BRAGO) Anspruch auf die vollen Rahmengebühren nach § 116 Abs. 1 BRAGO. Bei der Ausfüllung des Rahmens ist jedoch § 12 BRAGO zu beachten (*Meyer-Ladewig* SGG § 73 a Rdn. 13 a). Auch der im sozialgerichtlichen Verfahren nach den Vorschriften der Prozeßkostenhilfe beigeordnete RA, dem eine Rahmengebühr nach § 116 Abs. 1 BRAGO zusteht, hat Anspruch auf einen Vorschuß nach § 127 BRAGO (BSG *Breithaupt* 1991, 527; LSG Baden-Württemberg, *Breithaupt* 1990, 777). Die Festsetzung der Gebühren erfolgt durch den Urkundsbeamten des Gerichts des jeweiligen Rechtszuges, nach Beendigung des Verfahrens durch den Urkundsbeamten des Gerichts des ersten Rechtszuges (vgl. § 128 BRAGO). Gegen seine Entscheidung ist Erinnerung möglich. Hilft er nicht ab, entscheidet das Gericht. Gegen den Beschluß des SG ist Beschwerde möglich, wenn der Beschwerdewert 100 DM übersteigt (§ 128 Abs. 4 BRAGO).

Kein besonderer Gebührenanspruch für den Prozeßkostenhilfeantrag in Verfahren nach § 116 Abs. 1 BRAGO. Eine Berechnung der Gebühr nach dem Gegenstandswert (§ 116 Abs. 2 BRAGO) dürfte praktisch kaum in Betracht kommen; es gelten die einschlägigen Vorschriften des 3. Abschnitts der BRAGO sinngemäß (vgl. §§ 37, 51 BRAGO).

Rechtsmittel und Fristen

Die Bewilligung der Prozeßkostenhilfe ist unanfechtbar (§ 127 Abs. 2 S. 1 ZPO). Im übrigen Beschwerde des Antragstellers (§ 127 Abs. 2 S. 2 ZPO), insbesondere gegen die Ablehnung und die Festsetzung der Raten (näher dazu *Meyer-Ladewig* SGG § 73 a Rdn. 12 a). Die Staatskasse (Bezirksrevisor) hat ein Beschwerderecht gem. § 127 Abs. 3 ZPO (*Meyer-Ladewig* SGG § 73 a Rdn. 12 b).

26. Zustimmung zur Entscheidung ohne mündliche Verhandlung
(§ 124 Abs. 2 SGG)[1,2]

An das
Sozialgericht

In dem Rechtsstreit

des Kraftfahrers ......,   Klägers,
Prozeßbevollmächtigter: RA ......

gegen

die Landesversicherungsanstalt H. ......,   Beklagte,
vertreten durch die Geschäftsführung,
Az: ......

erkläre ich namens und in Vollmacht des Klägers das Einverständnis mit einer Entscheidung ohne mündliche Verhandlung durch Urteil.

Rechtsanwalt

Anmerkungen

1. Mit Einverständnis der Beteiligten kann das Gericht *ohne mündliche Verhandlung* durch Urteil entscheiden (§ 124 Abs. 2 SGG). Von dieser Möglichkeit wird in der Praxis nicht selten Gebrauch gemacht. Widerruf der Einverständniserklärung nach hM. bis zum Eingang der Verzichtserklärung der übrigen Beteiligten oder bei wesentlicher Änderung der Prozeßlage möglich (*Meyer-Ladewig* SGG § 124 Rdn. 3 und 3 a).

2. Ferner kann das Gericht gemäß § 126 SGG *nach Aktenlage* entscheiden, wenn in einem Termin keiner der Beteiligten erscheint oder beim Ausbleiben von Beteiligten die erschienen Beteiligten es beantragen. Ein *Versäumnisurteil* kennt das sozialgerichtliche Verfahren nicht.

Vorläufiger Rechtsschutz

27. Vorläufiger Rechtsschutz[1, 2]

(Beispiel 1: Antrag auf Aussetzung der Vollziehung nach § 97 Abs. 3 SGG)[3]

In dem Rechtsstreit

des Arztes für Allgemeinmedizin Dr. ......,   Klägers,
Prozeßbevollmächtigter: RA ......

gegen

den Berufungsausschuß ......,   Beklagten,
vertreten durch seinen Vorsitzenden,

wegen Entziehung der vertragsärztlichen Zulassung
Az. ......

beantrage ich namens und in Vollmacht des Klägers, die mit Entscheidung des Berufungsausschusses vom ...... angeordnete sofortige Vollziehung der Entziehung der vertragsärztlichen Zulassung auszusetzen.

Begründung:

Der Kläger räumt ein, daß es bei der Abrechnung in seiner Praxis über einen langen Zeitraum hinweg zu Unregelmäßigkeiten gekommen ist. Trotzdem liegt die sofortige Vollziehung der Entziehung der vertragsärztlichen Zulassung nicht im öffentlichen Interesse. Es ist schon zweifelhaft, ob ein öffentliches Interesse iSd. § 97 Abs. 4 SGB V anzunehmen ist, wenn nur die finanziellen Belange der Krankenkassen betroffen sind, die auch durch verstärkte Abrechnungskontrollen hinreichend geschützt werden können (vgl. Kass-Komm. – *Hess*, § 97 SGB V Rdn. 5 ff.). Auch wenn man diese Frage bejaht, fehlt im vorliegenden Fall ein öffentliches Interesse an der sofortigen Vollziehung. Denn der Kläger hatte schon vor der Zulassungsentziehung eine mit der Abrechnung besonders vertraute Arzthelferin eingestellt, um künftige Abrechnungsfehler zu vermeiden. Außerdem ist dem Kläger durch das Entziehungsverfahren die Bedeutung einer gewissenhaften Abrechnung nachdrücklich klargeworden, so daß an einer korrekten Abrechnung für die Zukunft kein Zweifel besteht. Schließlich wären mit der Vollziehung der angefochtenen Entscheidung nicht wiedergutzumachende wirtschaftliche Folgen verbunden. ......

Rechtsanwalt

Schrifttum: Barton, Vorläufiger Rechtsschutz gegen den Erstattungsbescheid aufgrund der 59er-Regelung, NZA 1985, 721; *Brand*, Der vorläufige Rechtsschutz gegen das Handeln der Eingriffsverwaltung im sozialgerichtlichen Verfahren, NZA 1985, 726; *Heinze*,

27. Vorläufiger Rechtsschutz **VIII. 27**

Einstweiliger Rechtsschutz im sozialgerichtlichen Verfahren, NZA 1984, 305; *Husmann*, Der ungeregelte vorläufige Rechtsschutz in sozialgerichtlichen Anfechtungssachen, SGb 1987, 442; *H. Plagemann*, Vorläufiger Rechtsschutz in Verfahren vor den Sozialgerichten, 1979; *Schmidt*, Vorläufiger Rechtsschutz im sozialgerichtlichen Verfahren, SGb 1980, 510; *Siegfried*, System des vorläufigen Rechtsschutzes bei sozialgerichtlichen Streitigkeiten, SGb 1989, 555; *Timme*, Der einstweilige Rechtsschutz in der Rechtsprechung der Landessozialgerichte, NZS 1992, 91.

Anmerkungen

1. In sog. *Anfechtungssachen* (Klagetyp: Anfechtungsklage) bietet die *aufschiebende Wirkung* von Widerspruch (vgl. § 86 Abs. 2 SGG und Form. VIII. 1. Anm. 1) und Klage einstweiligen Rechtsschutz (zur aufschiebenden Wirkung von Berufung und Revision s. §§ 154 Abs. 1, 165 SGG).

§ 97 SGG regelt die *aufschiebende Wirkung der Klage*. Diese tritt – anders als grundsätzlich im verwaltungsgerichtlichen Verfahren (§ 80 Abs. 1 VwGO) – *nur ausnahmsweise* ein, nämlich in den in § 97 Abs. 1 Nr. 1–6 SGG aufgezählten Fällen (praktisch besonders bedeutsam: Rückforderung von Leistungen, § 97 Abs. 1 Nr. 2 SGG). Außerdem kann auf Antrag in speziellen Fällen durch *gerichtliche Anordnung* bzw. *Wiederherstellung der aufschiebenden Wirkung* vorläufiger Rechtsschutz gewährt werden (vgl. die unübersichtliche Regelung in § 97 Abs. 2–4 und Abs. 5 S. 2 SGG). Insbesondere: 1. Aussetzung des Vollzuges eines Verwaltungsaktes, der eine laufende Leistung herabsetzt oder entzieht (§ 97 Abs. 2 S. 1 SGG) 2. Aussetzung eines Verwaltungsaktes, mit dem eine Erlaubnis nach § 1 AÜG zurückgenommen, widerrufen oder nicht verlängert wird (§ 97 Abs. 2 S. 2 SGG) 3. Aussetzung der vom Berufungsausschuß angeordneten Vollziehung seiner Entscheidung in Zulassungssachen (§ 97 Abs. 3 S. 1 – 2. Alternative – SGG) s. dazu Anm. 3.

2. Die gesetzliche Regelung des vorläufigen Rechtsschutzes in sozialgerichtlichen *Anfechtungssachen* ist unzureichend und durch verfassungskonforme Auslegung zu ergänzen (vgl. BVerfGE 46, 166/178); s. auch Form. VIII. 28. Anm. 1). So wird auch für andere, von § 97 SGG nicht erfaßte Fälle angenommen, daß aufgrund analoger Anwendung der §§ 80 Abs. 5 oder 123 VwGO vorläufiger Rechtsschutz gewährt werden kann (vgl. zB. für Regreßbescheide gegenüber Vertragsärzten: BSG SozR 1500 § 97 Nr. 6 und für Erstattungsbescheide nach § 128 AFG: BVerfG NZA 1988, 412).

Wichtig: Es steht eine *gesetzliche Neuregelung* des einstweiligen Rechtsschutzes durch die Gerichte der SGb bevor (voraussichtlich als §§ 86a, 86b SGG). Sie orientiert sich an der Regelung der allgemeinen Verwaltungsgerichtsbarkeit und sieht ua. grundsätzlich die aufschiebende Wirkung von Widerspruch und Klage vor.

3. Das Formular betrifft den Fall des § 97 Abs. 3 S. 1–2. Alternative – SGG, also einen gesetzlich besonders geregelten Fall des vorläufigen Rechtsschutzes. Danach kann das Gericht auf Antrag nach Anhörung der übrigen Beteiligten eine vom Berufungsausschuß gemäß § 97 Abs. 4 SGB V angeordnete Vollziehung einer Entscheidung in Zulassungssachen aussetzen. Es empfiehlt sich, den Antrag sogleich mit der Anfechtungsklage gegen die Entscheidung über die Entziehung der vertragsärztlichen Zulassung (s. dazu §§ 96 Abs. 4, 97 Abs. 3 SGB V) zu stellen.

Kosten und Gebühren

Das Verfahren nach § 97 Abs. 3 SGG ist nach dem Beschl. des BSG v. 6. 9. 1993 – 6 RKa 25/91 – (SozR 3 – 1500 § 193 Nr. 6) kostenrechtlich selbständig mit der Folge, daß eine Gebühr nach dem Gegenstandswert (§ 116 Abs. 2 S. 1 Nr. 1 SGG) anfällt; dieser ist mit einem Anteil des Gegenstandswertes der Hauptsache zu bemessen. S. auch Hinweis zu Form. VIII. 28.

Fristen und Rechtsmittel

Gegen die ablehnende Entscheidung des SG ist die Beschwerde gegeben (*Meyer-Ladewig* SGG § 97 Rdn. 19). Dagegen kann die Anordnung der Aussetzung des Vollzuges der Entscheidung der Behörde – also die vorläufige Rechtsschutz gewährende Entscheidung – nur mit der Entscheidung in der Hauptsache angefochten werden (vgl. § 97 Abs. 2 S. 4, Abs. 3 S. 2 und Abs. 4 S. 2 SGG), und zwar auch in den gesetzlich nicht ausdrücklich geregelten Fällen (LSG Niedersachsen, *Breithaupt* 1986, 273; *Meyer-Ladewig* SGG § 97 Rdn. 13c und 19).

28. Vorläufiger Rechtsschutz

(Beispiel 2: Antrag auf Erlaß einer einstweiligen Anordnung)[1,2]

An das
Sozialgericht[3]

In Sachen

des ......   Antragstellers,
Verfahrensbevollmächtigter: RA ......

gegen

die Bundesanstalt für Arbeit ......,   Antragsgegnerin,
vertreten durch den Direktor des
Arbeitsamts H ......,

beantrage[4] ich namens und in Vollmacht des Antragstellers, die Beklagte im Wege der einstweiligen Anordnung zu verpflichten, dem Antragsteller eine Arbeitserlaubnis für eine Beschäftigung bei der Fa. ...... GmbH in H ...... zu erteilen[5].

Begründung:

Der Antragsteller ist ein 25 Jahre alter libanesischer Staatsangehöriger. Er hält sich seit zwei Jahren in der Bundesrepublik Deutschland auf und ist im Besitz einer gültigen Aufenthaltserlaubnis. Seine libanesische Ehefrau arbeitet in einem Lokal der Imbißkette der A. ...... GmbH in H. ...... als Küchenhelferin. Sie gibt diese Tätigkeit zum ...... auf, weil sie ein Kind erwartet. Dem in Fotokopie beigefügten Schreiben der Fa. ...... GmbH ist zu entnehmen, daß diese bereit ist, den Antragsteller anstelle seiner Ehefrau zu beschäftigen, sofern er – daraus ergibt sich die besondere Eilbedürftigkeit – die Arbeit als Küchenhelfer rechtzeitig zum ...... antritt. Hierfür benötigt der Antragsteller eine Arbeitserlaubnis (§ 19 AFG). Das Arbeitsamt H. hat seinen Antrag auf Erteilung der Arbeitserlaubnis mit dem beigefügten Bescheid vom ...... in der Gestalt des Widerspruchsbescheides vom ...... abgelehnt, weil für den Arbeitsplatz bei der Fa. ...... GmbH eine größere Zahl arbeitsloser deutscher oder gleichgestellter Arbeitnehmer zur Verfügung stehe.
Wie den Statistiken der Bundesanstalt für Arbeit zu entnehmen ist, trifft es nicht zu, daß im Gaststättengewerbe ein Überangebot von Arbeitsuchenden im Vergleich zur Zahl der offenen Stellen besteht. Außerdem geht aus dem o. a. Schreiben hervor, daß zur Zeit kein geeigneter Bewerber für den vom Antragsteller erstrebten Arbeitsplatz zur Verfügung steht. Schließlich bedeutet die Versagung der Arbeitserlaubnis nach den besonderen Umständen des vorliegenden Falles für den Antragsteller eine Härte iS. des § 2 Abs. 7 der Arbeitserlaubnisverordnung.

                                                                                    Rechtsanwalt

Schrifttum: wie Form. VIII. 27.

Anmerkungen

1. Das Begründungsbeispiel betrifft eine *Vornahmesache* (Klagetyp: Verpflichtungsklage sowie Anfechtungs- und Leistungsklage). Nach dem Beschl. des BVerfG v. 19. 10. 1977 (BVerfGE 46, 166 = SozR 1500 § 198 Nr. 1 = NJW 1978, 693) gebietet Art. 19 Abs. 4 GG bei Vornahmesachen jedenfalls dann vorläufigen gerichtlichen Rechtsschutz, wenn sonst schwere und unzumutbare, anders nicht abzuwendende Nachteile entstünden; insoweit ist es den Gerichten der SGb gestattet, in entsprechender Anwendung des § 123 VwGO einstweilige Anordnungen zu erlassen. Eine entsprechende gesetzliche Neuregelung des einstweiligen Rechtsschutzes im sozialgerichtlichen Verfahren steht bevor (s. Form. VIII.27. Anm. 2)

2. Bei Vornahmesachen wird wegen des subsidiär eingreifenden BSHG ein Bedürfnis für den Erlaß einstweiliger Anordnungen oft fehlen (BVerfGE 46, 166/179; s. aber auch Beschl. des LSG Niedersachsen v. 16. 6. 1989 – L 7 Ar 82/89 –, wonach es trotz des Anspruchs auf Sozialhilfe im Einzelfall zu schwerwiegenden und unzumutbaren Vermögensdispositionen kommen kann). Ferner kann das Recht, Vorschüsse zu verlangen (§ 42 SGB I), eine einstweilige Anordnung entbehrlich machen. Eine einstweilige Anordnung kommt auch dann nicht in Betracht, wenn eine höhere als die zuerkannte Rente aus der gesetzlichen Rentenversicherung begehrt wird (BSG SozR 3 – 1780 § 123 Nr. 1).
Anordnungsanspruch und *Anordnungsgrund* sind geltend und die zur Begründung erforderlichen Tatsachen *glaubhaft* zu machen (näher dazu § 123 Abs. 3 VwGO; *Kopp*, § 123 Rdn. 6 und 24).

3. Zuständig ist das Gericht der Hauptsache, dh. das Gericht, bei dem das Hauptverfahren bereits anhängig ist oder das, wenn ein solches Verfahren noch nicht anhängig ist, dafür zuständig wäre (vgl. *Meyer-Ladewig* SGG § 97 Rdn. 24). Der Antrag ist schriftlich oder zur Niederschrift des Urkundsbeamten der Geschäftsstelle zu stellen. Er wahrt nicht die Widerspruchs- und Klagefrist.

4. Das Gericht entscheidet auf Antrag durch Beschluß.

5. Zur Erteilung einer (vorläufigen) Arbeitserlaubnis im Wege der einstweiligen Anordnung: LSG Baden-Württemberg *Breithaupt* 1981, 245; LSG Schleswig-Holstein *Breithaupt* 1981, 443; LSG Niedersachsen, Beschl. v. 28. 10. 1981 – L 7 S (Ar) 102/81 –; *Meyer-Ladewig* SGG § 97 Rdn. 23 c und 23 d mwN. auch für andere Bereiche).

Kosten und Gebühren

In der Frage, ob in Verfahren des vorläufigen Rechtsschutzes bei anhängigem Hauptverfahren mit den Rahmengebühren gemäß § 116 Abs. 1 BRAGO der zusätzliche Arbeitsaufwand des RA nur bei der Festsetzung der Rahmengebühr berücksichtigt werden kann oder ob ein zusätzlicher Gebührenanspruch entsteht, herrschte Rechtsunsicherheit (vgl. z.B. *v. Eicken*, SGb 1991, 295/296). Es scheint sich die Auffassung durchzusetzen, daß es sich bei Verfahren des vorläufigen Rechtsschutzes kostenrechtlich um selbständige Verfahren handelt (vgl. BSG SozR 3 – 1500 § 193 Nr. 6; LSG Baden-Württemberg *Breithaupt* 1992, 698) mit der Folge, daß sowohl in Anfechtungs- als auch in Vornahmesachen eine Kostengrundentscheidung erforderlich ist und daß ein gesonderter Gebührenanspruch nicht nur entsteht, wenn sich die Gebühren (ausnahmsweise) nach § 116 Abs. 2 BRAGO (Gegenstandswert) richten, sondern auch dann, wenn – wie im Regelfall – Rahmengebühren (§ 116 Abs. 1 BRAGO) anfallen.

Fristen und Rechtsmittel

Gegen Beschlüsse des SG über eine einstweilige Anordnung – sowohl ablehnende wie stattgebende – ist die Beschwerde (§ 172 SGG) gegeben (näher dazu *Meyer-Ladewig* SGG § 97 Rdn. 25).

Kostenanträge

29. Antrag auf Kostenentscheidung durch Beschluß

(§ 193 Abs. 1 Halbs. 2 SGG)[1]

An das
Sozialgericht

In dem Rechtsstreit

der Witwe ......,   Klägerin,
Prozeßbevollmächtigter: RA ......,
gegen
das Land ......,   Beklagten,
vertreten durch das Landesversorgungsamt ......,
Az ......
ist der Rechtsstreit durch das Anerkenntnis des Beklagten vom ......, das die Klägerin mit Schriftsatz vom ...... angenommen hat [2], in der Hauptsache erledigt.
Ich beantrage[3], dem Beklagten die der Klägerin entstandenen außergerichtlichen Kosten aufzuerlegen[4].

                                                                                                    Rechtsanwalt

Schrifttum: Krasney/Udsching Kap. XII: Kosten, hier: Rdn. 64 ff.

Anmerkungen

1. Das Gericht hat im Urteil *von Amts wegen* dem Grunde nach zu entscheiden, ob und in welchem Umfang die Beteiligten einander Kosten zu erstatten haben (§ 193 Abs. 1 Halbs. 1 SGG), so daß ein Antrag nicht erforderlich ist (s. zur Kostenentscheidung auch Form. VIII. 2.). Dem Urteil stehen insoweit gleich: Gerichtsbescheid (§ 105 SGG), Beschluß, der anstelle eines Urteils ergeht (vgl. §§ 153 Abs. 4, 158, 160a Abs. 4, 169 SGG, Beschluß über den Antrag auf Erlaß einer einstweiligen Anordnung). Fehlt die Kostenentscheidung, ist Urteilsergänzung möglich (§ 140 SGG). Nur wenn das Verfahren *anders beendet* wird (z.B. durch *Rücknahme der Klage* – § 102 SGG – oder des Rechtsmittels, angenommenes *Anerkenntnis, Erledigung der Hauptsache*), wird über die Kosten *auf Antrag* durch Beschluß entschieden (§ 193 Abs. 1 Halbs. 2 SGG), sofern keine Kostenanerkenntnis abgegeben wird. **Wichtig:** Wird der Rechtsstreit durch *gerichtlichen Vergleich* (§ 101 Abs. 1 SGG) erledigt und haben die Beteiligten keine Bestimmung über die Kosten getroffen, so trägt jeder Beteiligte seine Kosten (§ 195 SGG). Eine vergleichsweise Kostenregelung ist nach hM. auch in der Weise möglich, daß die Beteiligten eine Kostenentscheidung des Gerichts nach § 193 Abs. 1 Halbs. 2 SGG beantragen (vgl. *Meyer-Ladewig* SGG § 195 Rdn. 3). Die Frage, ob bei einem außergerichtlichen Vergleich, der keine Kostenre-

gelung enthält, § 195 SGG analog anzuwenden ist oder ob das Gericht auf Antrag über die Kosten zu entscheiden hat, ist str. (*Krasney/Udsching* Kap. XII Rdn. 72 mwN.).

2. Nur das angenommene *Anerkenntnis* (Begründungsbeispiel) erledigt den Rechtsstreit in der Hauptsache (§ 101 Abs. 2 SGG). Die Annahme kann bei schriftlichem Anerkenntnis – das ist der Regelfall – schriftsätzlich erklärt werden (BSG SozR 1500 § 101 Nr. 6). Bei Nichtannahme des Anerkenntnisses ergeht ein Urteil unter Beachtung der materiell-rechtlichen Bindung des Beklagten an das Anerkenntnis (BSG SozR 1750 § 307 Nr. 1 und 2; SozR 6580 Art. 5 Nr. 4). Näher dazu: *Meyer-Ladewig* SGG § 101 Rdn. 19 ff.; *Krasney/Udsching* Kap. VI Rdn. 195 ff.

3. Der Antrag ist nicht fristgebunden, sollte aber alsbald gestellt werden.

4. Das Gericht hat die Kostenentscheidung nach sachgemäßem Ermessen zu treffen. Es berücksichtigt dabei in erster Linie den Verfahrensausgang bzw. beim Beschlußverfahren den vermeintlichen Verfahrensausgang aufgrund des bisherigen Sach- und Streitstandes (vgl. auch § 91a ZPO; BSG SozR Nr. 4 zu § 193 SGG und SozR 1500 § 193 Nr. 8). Näher dazu *Meyer-Ladewig* SGG § 193 Rdnr. 12 f.; *Krasney/Udsching* Kap. XII Rdn. 66; *Niesel* Rdn. 314. Nicht selten ist der Fall, daß sich nach Erlaß des angefochtenen Bescheides der Sachlage ändert und der beklagte Sozialleistungsträger dem sogleich durch ein Anerkenntnis (Teilanerkenntnis) Rechnung trägt; nach hM. soll er dann nach dem Veranlassungsprinzip keine Kosten tragen (vgl. zB. LSG Hamburg *Breithaupt* 1979, 936; LSG Nordrhein-Westfalen *Breithaupt* 1991, 173; *Meyer-Ladewig* SGG § 193 Rdn. 12; aA. mit beachtlichen Gründen LSG Niedersachsen *Breithaupt* 1984, 634).

Kosten und Gebühren

Kein zusätzlicher Gebührenanspruch des RA.

Fristen und Rechtsmittel

Die Kostenentscheidung im Urteil ist nicht gesondert anfechtbar (vgl. auch § 144 Abs. 4 SGG); näher dazu *Meyer-Ladewig* SGG § 192 Rdn. 11 und § 193 Rdn. 16. Gegen die Kostenentscheidung durch Beschluß des SG ist die Beschwerde (§ 172 SGG) gegeben.

30. Antrag auf Kostenfestsetzung

(§ 197 SGG)[1,2]

An den
Urkundsbeamten der Geschäftsstelle des
Sozialgerichts ......[3]

In dem Rechtsstreit

der Witwe ......, Klägerin,
Prozeßbevollmächtigter: RA ......

gegen

die Bau-Berufsgenossenschaft H ......, Beklagte,
vertreten durch den Geschäftsführer,
Az ......
beantrage ich[4],

die zu erstattenden Kosten auf ...... DM festzusetzen[5] und den Betrag ab Antragstellung mit 4 vH. zu verzinsen.[6]

Begründung:

Der Rechtsstreit ist durch rechtskräftiges Urteil des Landessozialgerichts vom ...... beendet, und die Beklagte ist verurteilt worden, der Klägerin die ihr entstandenen außergerichtlichen Kosten zu erstatten. Folgende Aufwendungen und Auslagen (§ 25 Abs. 2 und 3 BRAGO) waren zu einer zweckentsprechenden Rechtsverfolgung notwendig:

Vorverfahren [7]:

1. Gebühr nach § 116 Abs. 1 S. 1 Nr. 1 BRAGO (zwei Drittel des Gebührenrahmens)	...... DM
2. Auslagen nach § 26 BRAGO (Entgelte für Post- und Telekommunikationsdienstleistungen)	...... DM
3. Schreibauslagen nach § 27 BRAGO	...... DM
4. Mehrwertsteuer nach § 25 Abs. 2 BRAGO	...... DM
	...... DM

I. Instanz:

1. Gebühr nach § 116 Abs. 1 S. 1 Nr. 1 BRAGO	...... DM
2. Auslagen nach § 26 BRAGO	...... DM
3. Reisekosten nach § 28 BRAGO	...... DM
4. Schreibauslagen nach § 27 BRAGO	...... DM
5. Mehrwertsteuer nach § 25 Abs. 2 BRAGO	...... DM
	...... DM

II. Instanz:

1. Gebühr nach § 116 Abs. 1 S. 1 Nr. 2 BRAGO	...... DM
2. Auslagen nach § 26 BRAGO	...... DM
3. Reisekosten nach § 28 BRAGO	...... DM
4. Schreibauslagen nach § 27 BRAGO	...... DM
5. Mehrwertsteuer nach § 25 Abs. 2 BRAGO	...... DM
	...... DM
Insgesamt	...... DM

Die Überschreitung der Mittelgebühr ist wegen des Umfangs und der Schwierigkeit der Sache gerechtfertigt[8] .... Es handelt sich zudem um einen Rechtsstreit von überdurchschnittlicher Bedeutung für die Klägerin, da die Gewährung einer Hinterbliebenenrente erhebliche Auswirkungen auf ihre wirtschaftlichen Verhältnisse hat.

Anmerkungen

1. Die *Kostenfestsetzung* (§ 197 SGG) füllt die Kostengrundentscheidung des Gerichts hinsichtlich der *Höhe* aus. Sie betrifft lediglich das Verhältnis zwischen Kostengläubiger und Kostenschuldner. Haben sich die Beteiligten über die Höhe der Kosten (insbesondere im Vergleich) geeinigt, bedarf es keiner Kostenfestsetzung. Zur Höhe der Gebühren s. Form. VIII. 2.

2. Von der Kostenfestsetzung zu unterscheiden ist die *gerichtliche Festsetzung des Gegenstandswertes* (§ 8 Abs. 1 S. 3 und Abs. 2 BRAGO; näher dazu *Meyer-Ladewig* SGG § 197 Rdn. 7a), die in den Fällen des § 116 Abs. 2 BRAGO von Bedeutung ist (vgl. Form. VIII. 2.). Sie erfolgt *auf Antrag* durch das Gericht des Rechtszuges mit *Beschluß* (§ 10 BRAGO). Gegen den Beschluß des SG ist Beschwerde gegeben, wenn der Wert des Beschwerdegegenstandes 100 DM übersteigt (§ 10 Abs. 3 BRAGO). Es gilt die Zweiwochen-

30. Antrag auf Kostenfestsetzung VIII. 30

frist des § 10 Abs. 3 S. 3 BRAGO (str.; vgl. LSG Nordrhein-Westfalen *Breithaupt* 1995, 155). Der Urkundsbeamte ist an den vom Gericht festgestellten Gegenstandswert gebunden. Ansonsten hat er den Gegenstandswert selbst im Rahmen der Kostenfestsetzung festzulegen.

3. Zuständig ist der Urkundsbeamte des Gerichts des ersten Rechtszuges, dh. des SG, unabhängig davon, welche Instanz (LSG, BSG) die Kostenentscheidung getroffen hat (§ 197 Abs. 1 SGG). Zur Kostenfestsetzung im Prozeßkostenhilfeverfahren s. Form VIII. 25.

4. Der Urkundsbeamte wird nur *auf Antrag* der Beteiligten oder ihrer Bevollmächtigten tätig. Der Antrag kann schriftlich oder zur Niederschrift von jedem Beteiligten gestellt werden, der an der Festsetzung ein Interesse hat. Er ist an keine Frist gebunden, es ist aber Verwirkung möglich.

5. Die Festsetzung erfolgt durch Beschluß. Erstattungsfähig sind die zur zweckentsprechenden Rechtsverfolgung oder Rechtsverteidigung notwendigen Aufwendungen der Beteiligten, wobei die gesetzlichen Gebühren und die notwendigen Auslagen eines RA stets erstattungsfähig sind (§ 193 Abs. 2 und 3 SGG, s. auch Form. VIII. 2.).

6. Der festgesetzte Betrag ist gemäß § 202 SGG iVm. § 104 Abs. 1 S. 2 ZPO ab Antragstellung mit 4 vH. zu verzinsen (*Meyer-Ladewig* SGG § 197 Rdn. 9 mwN.).

7. Die Kosten des *Widerspruchsverfahrens* (Vorverfahrens), das dem gerichtlichen Verfahren vorangegangen ist, gehören zu den Kosten nach § 193 Abs. 2 SGG. Zur Höhe der Gebühren des RA Form. VIII. 1. Fehlt – wie idR. – eine Entscheidung des Gerichts über die Notwendigkeit der Zuziehung eines Bevollmächtigten iSd. § 63 Abs. 2 SGB X, nimmt sie der Urkundsbeamte im Rahmen der Kostenfestsetzung vor.

8. Bei *Rahmengebühren* bestimmt der RA die Gebühr gemäß § 12 BRAGO nach billigem Ermessen. Der Urkundsbeamte prüft, ob die Gebühr *unbillig* ist. Nach dem Beschluß des BSG v. 26. 2. 1992 – 9a RVs 3/90 = Soziale Sicherheit –SozSich– 1993, 218 ist für Durchschnittsfälle die *Mittelgebühr* maßgebend und der Gedanke des „Toleranzrahmens" (Überschreitung der Mittelgebühr bis zu 20%) nur hilfreich, wenn Gesichtspunkte dafür sprechen, daß das Verfahren „etwas über dem Durchschnitt" liegt (vgl. auch *Meyer-Ladewig* SGG § 197 Rdn. 7 mwN.). Sofern eine höhere Gebühr als die Mittelgebühr gefordert wird (vgl. dazu Form. VIII. 2.), empfiehlt es sich, auf die besonderen Gesichtspunkte (z.B. umfangreicher Prozeßstoff, schwierige Beweiswürdigung) hinzuweisen, die eine Überschreitung der Mittelgebühr rechtfertigen. Näher dazu *H. Plagemann*, NJW 1990, 2717/2718; *Niesel* Rdn. 322, jeweils mwN.

Kosten und Gebühren

Kein zusätzlicher Gebührenanspruch, auch nicht, wenn Erinnerung eingelegt worden ist. Ausnahme: In den Fällen des § 116 Abs. 2 BRAGO (§ 116 Abs. 2 S. 3 BRAGO iVm. § 61 Abs. 1 Nr. 2 BRAGO; vgl. LSG Rheinland-Pfalz *Breithaupt* 1981, 739/740; *Meyer-Ladewig* SGG § 197 Rdn. 3).

Fristen und Rechtsmittel

Rechtsbehelf gegen die Entscheidung des Urkundsbeamten der Geschäftsstelle ist die Erinnerung, die binnen eines Monats nach Bekanntgabe eingelegt werden muß (*Meyer-Ladewig* SGG § 197 Rdn. 10). Es entscheidet das SG, dem der Urkundsbeamte angehört, durch Beschluß endgültig (§ 197 Abs. 2 SGG).

Fristenübersicht

Hinweis

Die Bearbeiter der einzelnen Formulare verweisen im Zusammenhang mit den von ihnen behandelten Klagen, Anträgen, Rechtsmitteln und Rechtsbehelfen immer wieder darauf, daß bestimmte Fristen eingehalten werden müssen. Um diese verstreuten Hinweise leichter auffindbar zu machen, werden sie hier in Form einer Schnellübersicht zusammengefaßt. Die Bindung an den Zweck des Prozeßformularbuchs führt dabei zu zwei Konsequenzen, auf die hier ausdrücklich aufmerksam gemacht werden soll: Das Schwergewicht der in dieser Übersicht dargestellten Fristen liegt im prozessualen Bereich. Materielle Fristen sind nur vereinzelt behandelt worden. Der Benutzer sollte weiter beachten, daß es sich auch bei den prozessualen Fristen um keine in jedem Fall vollständige Übersicht handelt. Es sind von den Bearbeitern im allgemeinen nur die Fristen aufgenommen worden, die bei den von ihnen dargestellten Formularen beachtet werden müssen. Die Fristenübersicht folgt im übrigen dem Aufbau des Prozeßformularbuchs (vgl. Inhaltsverzeichnis).

I. Das allgemeine Zivilprozeßverfahren

I. B. Mahnverfahren

Anspruchsbegründung im Mahnverfahren, **2 Wochen**, § 697 Abs. 1 ZPO, Form. I. B. 7

Mahnbescheid, Widerspruch, **2 Wochen**, §§ 692 Abs. 1 Nr. 3, 694 ZPO, Form. I. B. 2

Vollstreckungsbescheid
– Antrag, **6 Monate**, § 701 ZPO, Form. I. B. 3
– Einspruch, **2 Wochen**, §§ 700, 339 Abs. 1 ZPO, Form. I. B. 4

I. C. Prozeßkostenhilfe

Antrag des Berufungsklägers, **1 Monat**, § 516 ZPO, Form. I. C. 3

Versagung der Bewilligung, Beschwerde, keine Frist, § 127 Abs. 2 ZPO, Form. I. C. 8

I. E. Klageerwiderung

Klageerwiderung, **mindestens 2 Wochen**, §§ 275 Abs. 1, 277 Abs. 3 ZPO, Form. I. E. 5
– bei schriftlichem Verfahren, **mindestens 4 Wochen**, § 276 Abs. 1 ZPO, Form. I. E. 5

Verteidigungsanzeige, **2 Wochen**, § 276 Abs. 1 ZPO, Form. I. E. 2

Schiedseinrede, **vor Verhandlung zur Hauptsache**, §§ 282 Abs. 3, 296 Abs. 3 ZPO, Form. I. E. 8

I. F. Zustellungen, Fristen und Termine

Fristverlängerung, Antrag, **bis Fristablauf**, § 224 Abs. 2 ZPO, Form. I. F. 6

Wiedereinsetzung, Antrag, **2 Wochen**, § 234 ZPO, Form. I. F. 1

I. G. Versäumnisverfahren/Entscheidung nach Lage der Akten

Antrag auf Erlaß eines Versäumnisurteils gegen den Beklagten
– Klagabweisung, Berufung, **1 Monat**, § 516 ZPO, Form. I. G. 1
– Vertagung, sofortige Beschwerde, **2 Wochen**, §§ 336 Abs. 1, 577 Abs. 2 ZPO, Form. I. G. 4
– Zurückweisung des Antrags durch Beschluß, sofortige Beschwerde, **2 Wochen**, §§ 336, 577 Abs. 2 ZPO, Form. I. G. 4

Fristenübersicht Fristen

Versäumnisurteil gegen den Beklagten
- Einspruch, **2 Wochen**, § 339 ZPO, Form. I. G. 5

I. H. Beweisverfahren

Ordnungsmittelbeschluß, Beschwerde, **keine Frist**, § 567 ZPO, Form. I. H. 2

Sachverständigenablehnung, unbegründete, sofortige Beschwerde, **2 Wochen**, §§ 406 Abs. 5, 577 Abs. 2 ZPO, Form. I. H. 6

Zeugnisverweigerungsrecht, Zwischenurteil, sofortige Beschwerde, **2 Wochen**, §§ 387 Abs. 3, 577 Abs. 2 ZPO, Form. I. H. 3

I. J. Besonderheiten bezüglich der Parteien

Nebenintervention, Zurückweisung, sofortige Beschwerde, **2 Wochen**, §§ 71 Abs. 2, 577 Abs. 2 ZPO, Form. I. J. 3

I. L. Anträge und Erklärungen im Prozeßverlauf

Ablehnungsantrag, Zurückweisung, sofortige Beschwerde, **2 Wochen**, §§ 46 Abs. 2, 577 Abs. 2 ZPO, Form. I. L. 7

Aussetzungsantrag nach § 149 ZPO oder bei Tod einer Partei
- Ablehnung, sofortige Beschwerde, **2 Wochen**, §§ 252, 577 Abs. 2 ZPO, Form. I. L. 1
- Stattgabe, Beschwerde, **keine Frist**, §§ 252, 567 ZPO, Form. I. L. 1

I. M. Beendigung des Prozesses durch Parteiprozeßhandlungen

Anerkenntnisurteil, Kostenentscheidung, sofortige Beschwerde, **2 Wochen**, §§ 99 Abs. 2, 577 Abs. 2 ZPO, Form. I. M. 6, 7

Erledigungserklärung, Kostenentscheidung, sofortige Beschwerde, **2 Wochen**, §§ 91a Abs. 2, 577 Abs. 2 ZPO, Form. I. M. 8

Klagrücknahme, Kostenentscheidung, sofortige Beschwerde, **2 Wochen**, §§ 269 Abs. 3, 577 Abs. 2 ZPO, Form. I. M. 3

I. N. Anträge zum Urteil

Berichtigung des Urteils, Antrag, **keine Frist**, Form. I. N. 1

Berichtigungsantrag, Zurückweisung, sofortige Beschwerde, **2 Wochen**, §§ 319 Abs. 3, 577 Abs. 2 ZPO

Ergänzung des Urteils, Antrag, **2 Wochen**, § 321 Abs. 2 ZPO, Form. I. N. 3

Tatbestandsberichtigung, Antrag, **2 Wochen**, § 320 Abs. 1 ZPO, Form. I. N. 4

Urteilszustellung, Hinausschieben, **innerhalb 5 Monaten**, § 317 Abs. 1 ZPO, Form. I. N. 5

I. O. Rechtsmittel und Rechtsbehelfe

Anschlußberufung
- selbständige, **1 Monat**, §§ 521 Abs. 1, 522 Abs. 2, 516 ZPO, Form. I. O. 3
- unselbständige, **bis zum Schluß der mündlichen Verhandlung**, §§ 522a, 521 ZPO, Form. I. O. 3

Anschlußrevision, **1 Monat**, §§ 556 Abs. 1 ZPO, Form. I. O. 7

Berufung, **1 Monat**, § 516 ZPO, Form. I. O. 1

Berufungsbegründung, **1 Monat**, § 519 Abs. 2 ZPO, Form. I. O. 2

Berufungserwiderung, **regelmäßig mindestens 2 Wochen**, § 520 Abs. 2 ZPO, Form. I. O. 4

Beschwerde
- einfache, **ohne Frist**, § 567 ZPO, Form. I. O. 10
- sofortige, **2 Wochen**, § 577 ZPO, Form. I. O. 11

Zuck

Fristen   Fristenübersicht

Gegenvorstellung, **ohne Frist**, Form. I. O. 12
Revision, **1 Monat**, § 552 ZPO, Form. I. O. 5
Revisionsbegründung, **1 Monat**, § 554 Abs. 2 ZPO, Form. I. O. 6
Revisionserwiderung, **ohne Frist**, §§ 555, 559 ZPO, Form. I. O. 8
Sprungrevision, **1 Monat**, §§ 552, 566a ZPO, Form. I. O. 9

I. P. Klagen betreffend Urteilswirkung

Abänderungsklage, allgemeine Verjährungsfristen, § 323 ZPO, Form. I. P. 4
Klage
– auf Anerkennung eines ausländischen Urteils, **ohne Frist**, § 328 ZPO, Form. I. P. 5
– wegen rechtskräftigen unrichtigen Urteils, **3 Jahre**, §§ 826, 852 BGB, Form. I. P. 3
Nichtigkeitsklage, **1 Monat**, §§ 579, 586 Abs. 1 ZPO, Form. I. P. 1
Restitutionsklage, **1 Monat**, §§ 580, 586 Abs. 1 ZPO, Form. I. P. 2

I. R. Arrest und einstweilige Verfügung

Antrag auf Arrest oder einstweilige Verfügung
– durch Beschluß: Beschwerde, **keine Frist**, § 567 Abs. 1 ZPO, vgl. *Baumbach/Lauterbach/Albers/Hartmann*, § 922 Rdn. 12
– durch Urteil: Berufung, **1 Monat**, § 516 ZPO
– Anordnung:
  – durch Beschluß. Widerspruch, **keine Frist**, § 924 ZPO, Form. I. R. 6
  – durch Urteil. Berufung, **1 Monat**, § 516 ZPO; s. a. § 545 Abs. 2 ZPO
Rechtfertigungsverfahren bei einstweiliger Verfügung, **keine Frist**, § 942 Abs. 1, 3 ZPO, Form. I. R. 5
Vollzugsfrist bei Arrest oder einstweiliger Verfügung, **1 Monat**, § 929 Abs. 2 ZPO, Form. I. R. 1
– vor Zustellung, **1 Woche**, § 929 Abs. 3 ZPO, Form. I. R. 1

I. S. Schiedsgerichtsverfahren

Schiedsrichter
– Ablehnung, **bis Einlassung und Antragstellung**, §§ 43, 44 Abs. 4, 1032 Abs. 1 ZPO, vgl. *Thomas/Putzo*, § 1032 Rdn. 5, Form. I. S. 3
– Ernennung, **1 Woche**, verlängerbar, § 1029 Abs. 1 ZPO, Form. I. S. 1
Schiedsspruch
– Aufhebung, **1 Monat**, § 1043 Abs. 2 ZPO, Form. I. S. 10
– Widerspruch gegen Vollstreckbarerklärung, **2 Wochen**, § 1042d Abs. 1 ZPO, Form. I. S. 9
Schiedsvertrag
– Einrede, **vor Verhandlung zur Hauptsache**, § 282 Abs. 3 ZPO, Form. I. S. 4

I. T. Internationales Zivilprozeßrecht

Antrag auf Ausländersicherheit, **keine Frist**, § 282 Abs. 3 ZPO, vgl. *Thomas/Putzo*, § 110 Rdn. 5, Form. I. T. 1
Beschwerde
– gegen Ablehnung der Klauselerteilung, **keine Frist**, Art. 40 EuGÜbK iVm. § 16 Abs. 1 AVAG, Form. I. T. 8

Fristenübersicht

- gegen Klauselerteilung, bei Wohnsitz des Schuldners
  - im Inland, **1 Monat**, Art. 36 EuGÜbK iVm. § 11 AVAG, Form. I. T. 9
  - in einem anderen Vertragsstaat, **2 Monate**, Art. 36 EuGÜbK iVm. § 11 AVAG, Form. I. T. 9
  - in einem Drittstaat, **1 Monat**, Art. 36 EuGÜbK iVm. § 11 AVAG, verlängerbar, § 9 Abs. 2 AVAG, Form. I. T. 9

Rechtsbeschwerde, **1 Monat**, Art. 37 Abs. 2, 41 EuGÜbK iVm. § 17 Abs. 2 AVAG, Form. I. T. 10

II. Klagen und Anträge im Zivilprozeß zu ausgewählten Gebieten des materiellen Rechts (einschließlich Anträge zum Kartellrecht)

II. A. Kaufrecht

Verjährung der Mängelansprüche, § 477 Abs. 1 BGB, Form. II. A. 4, 5
- bewegliche Sachen, **6 Monate**
- Grundstücke, **1 Jahr**
- Arglistiges Verschweigen eines Mangels, **30 Jahre**

II. B. Mietrecht

Kündigungswiderspruch, **2 Monate**, § 556a Abs. 6 BGB, Form. II. B. 3

Mieterhöhungsklage, **2 Monate**, § 2 Abs. 3 MHRG, Form. II. B. 2

Modernisierungsmaßnahmen, Duldung, **2 Monate**, § 541b Abs. 2 BGB, Form. II. B. 7

Räumungsfrist, Form. II. B. 10 bis 12
- Antrag **vor Schluß der mündlichen Verhandlung**, § 721 ZPO
- Ergänzungsantrag, **2 Wochen**, §§ 721 Abs. 1, 321 Abs. 2 ZPO
- Fortsetzungswiderspruch, **2 Wochen**, § 568 BGB, Form. II. B. 4
- bei künftiger Räumung, **2 Wochen vor Räumungstag**, § 721 Abs. 2 ZPO
- sofortige Beschwerde bei Bewilligung, **2 Wochen**, §§ 721 Abs. 6, 577 Abs. 2 ZPO, Form. II. B. 15

II. C. Werkvertragsrecht

Verjährung der Mängelansprüche, § 638 BGB
- Bauwerk, **5 Jahre**
- bewegliche Sachen, **6 Monate**
- Arbeiten an einem Grundstück, **1 Jahr**
- Arglistiges Verschweigen eines Mangels, **30 Jahre**

Mängelansprüche VOB, § 13 Nr. 4 VOB(B), außer nach schriftl. Mängelrüge, § 13 Nr. 5 Abs. 1 VOB(B)
- Bauwerk, **2 Jahre**
- Holzerkrankungen, **2 Jahre**
- Feuerungsanlagen, **1 Jahr**
- Grundstück, **1 Jahr**

Kostenerstattungsanspruch VOB, wie § 13 Nr. 4 VOB(B), BGH NJW 1976, 956

Kostenvorschuß VOB, wie § 13 Nr. 4 VOB(B), BGH NJW 1976, 956, Form. II. C. 2

II. D. Unerlaubte Handlung

Verjährung, **3 Jahre**, § 852 BGB, Form. II. D. 1 bis 8

II. F. Sachenrecht

Berichtigungsansprüche, **keine Verjährung**, § 898 BGB, Form. II. F. 5

Beseitigungsklage, Verjährung, §§ 195, 198, 221 BGB und dazu BGHZ 60, 239f, krit. *Baur*, JZ 1973, 560

Einstweilige Verfügung auf Eintragung einer Vormerkung zur Sicherung einer Bauhandwerkersicherungshypothek, Form. II. F. 3
- Antrag auf Fristsetzung für Hauptsacheklage, § 942 ZPO
- Aufhebungsantrag, §§ 936, 927 ZPO
- Berufung, **1 Monat**, § 516 ZPO
- Vollziehung der einstweiligen Verfügung, **1 Monat**, § 929 Abs. 2 ZPO
- Kostenwiderspruch, **keine Frist**
- Widerspruch, §§ 936, 924 Abs. 1 ZPO

Herausgabeklage, Verjährung, §§ 195, 198, 221 BGB, Form. II. F. 9

Notweg, § 924 BGB, Form. II. F. 7

Unterlassungsklage, s.o. Beseitigungsklage

II. G. Wohnungseigentumsrecht

Beschlußanfechtung, **1 Monat**, § 23 Abs. 4 WEG, Form. II. G. 4

Sofortige Beschwerde gem. §§ 45 Abs. 1 WEG, 22 Abs. 1 FGG, **2 Wochen**, Form. II. G. 7

Wiedereinsetzungsantrag, **2 Wochen**, Form. II. G. 4, 7

II. H. Familien- und Kindschaftssachen

1. *Kindschaftssachen* (§ 640 Abs. 2 ZPO)
   - Berufung, **1 Monat**, § 516 ZPO, Form. II. H. 1, 4
   - einstweilige Anordnung nach § 641d ZPO, Beschwerde, **keine Frist**, Form. II. H. 2

2. *Familiensachen*

   Abänderungsantrag, **bis zur Rechtskraft des Hauptsacheverfahrens** (str.), § 620b ZPO, Form. II. H. 23, 25 bis 27

   Berufungsbeschwerde, **1 Monat**, § 621 Abs. 1 Nr. 1, 3, 6, 7, 9 ZPO, Form. II. H. 16, 21, 31

   Beschwerdesystem, Form. II. H. 29

   Einstweilige Anordnung über Elterliche Sorge, Kindesherausgabe oder (Voll-)Zuweisung der Ehewohnung aufgrund mündlicher Verhandlung, sofortige Beschwerde, **2 Wochen**, §§ 620c, 569f, 577 Abs. 2 ZPO, Form. II. H. 27

   Entscheidungen in Ehesachen, Berufung, **1 Monat**, § 516 ZPO, Form. II. H. 5 bis 9

II. I. Erbrecht

Anfechtung
- eines Testaments, **1 Jahr**, § 2082 Abs. 1 BGB, Form. II. I. 3
- wegen Erbunwürdigkeit, **1 Jahr**, §§ 2340 Abs. 3, 2082 Abs. 1 BGB, Form. II. I. 4

Erbersatzanspruch, Verjährung, **3 Jahre**, § 1934b Abs. 2 BGB, Form. II. I. 13

Herausgabeklage gegen den Beschenkten, Verjährung, **3 Jahre**, § 2287 Abs. 1 BGB, Form. II. I. 8

Pflichtteilsanspruch, Verjährung, **3 Jahre**, § 2332 BGB, Form. II. I. 6

Pflichtteilsergänzungsanspruch, **10 Jahre**, § 2325 Abs. 3 BGB, Form. II. I. 7

Vorzeitiger Erbausgleich, Verjährung, **3 Jahre**, § 1934d Abs. 3 BGB, Form. II. I. 12

II. J. Gesellschaftsrecht

Aktienrechtliche Nichtigkeitsklage, § 249 AktG, Form. II. J. 24

Anfechtungsklage nach § 246 Abs. 1 AktG, **1 Monat**, Form. II. J. 23

Kündigung eines Gesellschafters, **6 Monate vor Schluß des Geschäftsjahres**, § 132 HGB, Form. II. J. 1

Kündigung des Privatgläubigers eines Gesellschafters, **6 Monate vor Schluß des Geschäftsjahres**, § 135 HGB

– Schadensersatzklage bei Wettbewerbsverbot, Verjährung, **3 Monate**, § 113 Abs. 3 HGB, Form. II. J. 12

Sofortige Beschwerde
– bei Abberufung eines Aufsichtsratsmitglieds nach § 103 AktG, **2 Wochen**, § 22 FGG, keine aufschiebende Wirkung, § 24 FGG, Form. II. J. 22
– bei Bestellung eines Vorstandsmitglieds nach § 85 AktG, **2 Wochen**, Form. II. J. 21

II. K. Kartellrecht

Anfechtungsbeschwerde, **1 Monat**, § 65 GWB, Form. II. K. 26

Nichtzulassungsbeschwerde, **1 Monat**, § 74 GWB, Form. II. K. 31

Rechtsbeschwerde, **1 Monat**, § 75 GWB, Form. II. K. 32

Verpflichtungsbeschwerde, **1 Monat**, § 65 GWB, Form. II. K. 27

II. L. Gesetz gegen den unlauteren Wettbewerb

Antrag auf Erlaß einer einstweiligen Verfügung (Dringlichkeit), je nach OLG-Bezirk 1– **3 Monate**, §§ 935, 940 ZPO iVm. § 25 UWG, Form. II. L. 2, 3

Erhebung einer Hauptklage nach Anordnung, § 926 ZPO, variabel, vom Gericht zu bestimmen, Form. II. L. 5

Sofortige Beschwerde gegen Urteil auf Kostenwiderspruch, § 99 Abs. 2 ZPO analog iVm. § 577 ZPO, **2 Wochen**, Form. II. L. 7

Vollziehung (Zustellung im Parteibetrieb) einer Unterlassungsverfügung, **1 Monat**, § 929 Abs. 2 ZPO, Form. II. L. 13

II. M. Patent-, Gebrauchsmuster-, Geschmacksmuster-, Warenzeichen- und Urheberrecht

Berufung Nichtigkeitsklage, **1 Monat**, § 110 Abs. 1 Satz 2 PatG 1981, Form. II. M. 7

Beschwerde gegen Entscheidung der Gebrauchsmusterstelle/Gebrauchsmuster-Abteilung, **1 Monat**, § 18 Abs. 1 GebrMG, Form. II. M. 12

Einzahlung
– der Beschwerdegebühr, **1 Monat**, § 18 Abs. 2 GebrMG, Form. II. M. 12
– der tariflichen Berufungsgebühr, **1 Monat**, § 110 Abs. 1 Satz 3 PatG 1981, Form. II. M. 7

Widerspruch gegen Löschungsantrag, **1 Monat**, § 17 Abs. 1 GebrMG, Form. II. M. 12

II. N. Presserecht

Gegendarstellung, unverzüglich, **spätestens innerhalb von 3 Monaten**, Form. II. N. 1

II. O. AGB-Gesetz

Unterlassungsanspruch, **2 Jahre**, § 13 Abs. 4 AGBG, Form. II. O. 4

Widerrufsanspruch, **2 Jahre**, § 13 Abs. 4 AGBG, Form. II. O. 4

III. Zwangsvollstreckung, Anfechtungsgesetz, Vergleichs- und Konkursordnung

III. A. Allgemeines Vollstreckungsrecht

Durchgriffserinnerung, **2 Wochen**, § 11 RPflG, Form. III. A. 16

Sofortige Beschwerde, **2 Wochen**, §§ 793, 577 Abs. 2 ZPO, Form. III. A. 22

III. B. Zwangsvollstreckung wegen Geldforderungen

Einstellungsantrag des Schuldners, **2 Wochen**, § 30b ZVG, Form. III. B. 35

Erhebung der Widerspruchsklage, **1 Monat**, § 878 ZPO, Form. III. B. 31

Pfändung nach vorläufigem Zahlungsverbot, **3 Wochen**, § 845 ZPO, Form. III. B. 7

Stundungsantrag, **2 Wochen**, § 813a Abs. 2 ZPO, Form. III. B. 4

Überweisungsblockade bei Kontopfändung, **2 Wochen**, § 835 Abs. 2 ZPO, Form. III. B. 23

III. D. Das Verfahren zur Abgabe der eidesstattlichen Versicherung

Erneuter Antrag auf Offenbarungsversicherung, **3 Jahre**, § 903 ZPO, Form. III. D. 3

III. E. Besonderheiten der Arrest- und Verfügungsvollstreckung

Vollziehung des Arrestbefehls, **1 Monat**, § 929 Abs. 2 ZPO, Form. III. E. 1

Zustellung des Arrestbefehls nach Vollziehung, **1 Woche**, § 929 Abs. 3 ZPO, Form. III. E. 1

III. F. Anfechtungsgesetz, Vergleichs- und Konkursordnung

1. *Anfechtungsfristen nach AnfG*, Form. III. F. 1
   - allgemeine Frist, **10 Jahre**, § 3 Nr. 1, § 3b Satz 1, § 12 Abs. 1 AnfG
   - entgeltliche Verträge des Schuldners mit dem Ehegatten, **1 Jahr**, § 3 Nr. 2 AnfG
   - Unentgeltliche Verfügungen, **1 Jahr**, § 3 Nr. 3 AnfG
   - Unentgeltliche Verfügungen zugunsten des Ehegatten, **2 Jahre**, § 3 Nr. 4 AnfG

2. *Konkursverfahren*, Form. III. F. 21

   Abschlagsverteilung, Einwendungen, **1 Woche nach der Ausschlußfrist des § 152 KO**, § 158 Abs. 1 KO

   Entscheidungen: Grundsätzlich sofortige Beschwerde, **2 Wochen**, § 73 Abs. 3 KO, § 577 Abs. 2 ZPO

   Insbesondere: – Ablehnung der Ernennung eines in der ersten Gläubigerversammlung gewählten neuen Konkursverwalters, § 80 KO
   - Bestellung einer Person zum Mitglied des vorläufigen Gläubigerausschusses, § 87 Abs. 1 KO
   - Einberufung oder Ablehnung der Einberufung einer Gläubigerversammlung, § 93 KO
   - Entlassung des Konkursverwalters, § 84 Abs. 1 KO
   - Ernennung des Konkursverwalters, § 78 KO
   - Festsetzung der Vergütung und der Auslagen
     - des Konkursverwalters, § 85 KO
     - der Mitglieder des Gläubigerausschusses, § 91 KO
   - Konkurseröffnungsbeschluß oder der die Eröffnung abweisende Beschluß, § 109 KO
   - Postsperre, Anordnung, Aufhebung und Beschränkung, § 121 Abs. 2 KO

   Nachweispflicht bei Verzeichnis nach § 151 KO, **2 Wochen**, § 152 KO

Rechtspflegerentscheidung: Befristete Erinnerung, **2 Wochen**, § 11 RPflG

Stimmrechtsgewährung nach §§ 95, 96 KO, keine Erinnerung, § 11 Abs. 5 Satz 2 RPflG

3. *Vergleichsverfahren*, sofortige Beschwerde, **1 Woche**, § 121 Abs. 2 VerglO, ist nur gegeben bei Richterentscheidung (bei Rechtspflegerentscheidung 1 Woche, § 11 RPflG) über
   – Auslagenerstattung und Vergütung für Vergleichsverwalter und Mitglieder des Gläubigerbeirats, §§ 43 Abs. 3, 45 Abs. 2 VerglO
   – Einstellung des Vergleichsverfahrens und Entscheidung über die Eröffnung des Konkursverfahrens, § 101 VerglO
   – Eröffnung des Konkursverfahrens oder Ablehnung, § 19 Abs. 2 KO
   – Nachverfahren, Entscheidung über die Konkurseröffnung, § 96 Abs. 6 VerglO
   – Ordnungsstrafe gegen Vergleichsverwalter, § 43 Abs. 4 VerglO
   – Versagung der Vergleichsbestätigungen und Entscheidung über die Konkurseröffnung, § 80 Abs. 2 VerglO

Unanfechtbar
– Anordnung oder Ablehnung der Vertagung des Vergleichstermins, § 77 VerglO
– Entscheidung, ob ein Vergleichsvorschlag zuungunsten der Gläubiger geändert wurde, § 76 Satz 2 VerglO
– Gewährung eines Stimmrechts, § 71 VerglO

IV. Der Arbeitsgerichtsprozeß

1. *Urteilsverfahren*

    Berufungseinlegung, **1 Monat**, § 66 ArbGG, Form. IV. D. 4

    Berufungsbegründung, **1 Monat**, § 66 ArbGG, Form. IV. D. 4

    Berufungsbeantwortung, **1 Monat**, § 66 ArbGG

    Einspruch
    – Versäumnisurteil 1. Instanz, **1 Woche**, § 59 ArbGG, Form. IV. D. 1
    – Versäumnisurteil 2. Instanz, **1 Woche**, §§ 64 Abs. 7, 59 ArbGG
    – Versäumnisurteil 3. Instanz, **2 Wochen**, §§ 72 Abs. 5 ArbGG, 566 ZPO iVm. §§ 523, 339 ZPO

    Kündigungsschutzklage, **3 Wochen**, § 4 KSchG, Form. IV. B. 1, 3

    Nichtzulassungsbeschwerde
    – Einlegung, **1 Monat**, § 72a Abs. 2 ArbGG, Form. IV. D. 5
    – Begründung, **2 Monate**, § 72a Abs. 3 Satz 1 ArbGG, Form. IV. D. 5

    Revision, Einlegung, **1 Monat**, § 74 Abs. 1 ArbGG, Form. IV. D. 7

    Revisionsbegründung, **1 Monat**, § 74 Abs. 1 ArbGG, Form. IV. D. 7

2. *Beschlußverfahren*

    Beschwerde, Einlegung, **1 Monat**, §§ 87, 66 ArbGG, Form. IV. F. 1

    Beschwerdebegründung, **1 Monat**, §§ 87, 66 ArbGG, Form. IV. F. 1

    Beschwerdebeantwortung, **keine Frist**, Grunsky, ArbGG, 4. Aufl. 1981, Rdn. 12 zu § 87 ArbGG

    Beschwerde, Besetzung der Einigungsstelle, **2 Wochen**, § 98 Abs. 2 ArbGG

    Nichtzulassungsbeschwerde
    – Einlegung, **1 Monat**, §§ 92a, 72a Abs. 2 ArbGG, Form. IV. F. 2
    – Begründung, **2 Monate**, §§ 92a, 72a Abs. 2 ArbGG, Form. IV. F. 2

Fristen   Fristenübersicht

Rechtsbeschwerde
- Einlegung, **1 Monat**, § 92 Abs. 2 ArbGG, Form. IV. F. 3
- Begründung, **1 Monat**, § 92 Abs. 2 ArbGG, Form. IV. F. 3

3. Mahnverfahren
- Einspruch Vollstreckungsbescheid, **1 Woche**, § 46a ArbGG, § 700 ZPO, § 59 ArbGG
- Widerspruch Mahnbescheid, **1 Woche**, § 46a ArbGG

V. Das Verwaltungsstreitverfahren

Anregungen und Bedenken gegen einen Bauleitplan Form. V. A 1 *1*

Antrag auf gerichtliche Entscheidung, **1 Monat**, § 217 Abs. 2 Satz 1 BauGB, Form. V. B. 11 *12*

Berufung
- Einlegung, **1 Monat**, § 124 Abs. 2 VwGO, Form. V. C. 2
- Begründung, **keine Frist**, Form. V. C. 2

Beschwerde, **2 Wochen** (wenn keine Sonderregelung), § 147 VwGO, Form. V. D. 6, V. E. 5

Klage, **1 Monat**, § 74 VwGO, Form. V. B. 1 *12*; **1 Jahr** bei unrichtiger Rechtsmittelbelehrung V. A. 6 *3*

Nichtvorlagebeschwerde
- Einlegung, **1 Monat**, §§ 97 Abs. 7 S. 2, 132 Abs. 3 S. 1 VwGO, Form. V. G. 2
- Begründung: innerhalb der Einlegungsfrist, Form. V. G. 2

Nichtzulassungsbeschwerde
- Berufung, **1 Monat**, Form. V. B. 6 *11*; V. C. 1 *4*
- Revision, **1 Monat**, § 132 Abs. 3 Satz 1 VwGO, Form. V. C. 5

Normenkontrolle
- Antrag, **fristfrei**, keine aufschiebende Wirkung, Form. V. G. 1
- einstweilige Anordnung, **fristfrei**, Form. V. G. 3
- Vorlage an das BVerwG, **fristfrei**, Form. V. G. 2

Revision, **1 Monat**, § 139 VwGO, Form. V. C. 3; V. C. 9

Revisionsbegründung, **1 Monat**, § 139 VwGO, Form. V. C. 4

Verfahrens- und Formfehler bei einem Bauleitplan, **1 Jahr**, Form. V. A. 1 *2*; V. A. 2 *5*

Widerspruch
- Antrag auf Wiederherstellung der aufschiebenden Wirkung, Form. V. D. 5
- Verwaltungsakt, **1 Monat** (wenn keine Sonderregelung), § 70 VwGO, Form. V. A. 4 *3*; 1 Jahr bei unrichtiger Rechtsmittelbelehrung, Form. V. A. 6 *3*
- Verwaltungsakt in Wehrpflicht- und Zivildienstsachen, **2 Wochen**, §§ 33 Abs. 1 WPflG, 18 Abs. 1 KriegsdienstverweigerungsG, 72 Abs. 2 ZivildienstG, Form. V. B. 7 *6*

VI. Verfassungsrecht

Einstweilige Anordnung, **fristfrei**, Form. VI. 13

Verfassungsbeschwerde
- Rechtsprechungsakt, **1 Monat**, § 93 BVerfGG, Form. VI. 1
- Rechtssetzungsakt, **1 Jahr**, § 93 BVerfGG, Form. VI. 9–12
- Verwaltungsakt, **1 Monat**, § 93 BVerfGG, Form. VI. 3

Fristenübersicht   Fristen

VII. Der Finanzgerichtsprozeß einschließlich des außergerichtlichen Vorverfahrens

Anfechtungsklage, **1 Monat**, § 47 Abs. 1 FGO, Form. VII. 9

Beschwerde (bis 31. 12. 1995)
— im Verfahren vor dem Finanzamt, **1 Monat**, §§ 349, 355 AO 1977, Form. VII. 7
— im finanzgerichtlichen Verfahren, **2 Wochen**, § 129 Abs. 1 FGO, Form. VII. 22

Einspruch, **1 Monat**, §§ 348, 355 AO 1977, Form. VII. 1 bis 6

Feststellungsklage, **keine Frist**, § 41 FGO

Leistungsklage, **keine Frist**, § 40 Abs. 1 FGO

Nichtzulassungsbeschwerde, **1 Monat**, § 115 Abs. 3 FGO, Form. VII. 23 bis 25

Revision, **1 Monat**, § 120 Abs. 1 Satz 1 FGO, Form. VII. 26

Revisionsbegründung, **1 Monat**, § 120 Abs. 1 Satz 1 FGO, Form. VII. 26

Tatbestandsberichtigung Urteil, **2 Wochen**, § 108 FGO, Form. VII. 20

Untätigkeitsbeschwerde, **keine Frist**, § 349 Abs. 2 AO 1977, Form. VII. 8

Untätigkeitsklage, **mindestens 6 Monate**, § 46 Abs. 1 Satz 2 FGO, Form. VII. 8

Urteilsergänzung, **2 Wochen**, § 109 Abs. 2 FGO, Form. VII. 21

Verpflichtungsklage, **1 Monat**, § 47 Abs. 1 FGO, Form. VII. 9

Wiedereinsetzung in den vorigen Stand
— im Verfahren vor dem Finanzamt, **1 Monat**, § 110 Abs. 1 AO 1977
— im finanzgerichtlichen Verfahren, **2 Wochen**, § 56 Abs. 2 FGO

VIII. Der Sozialgerichtsprozeß

Anfechtungsklage
— **1 Monat**, § 87 SGG, Form. VIII. 2, 6, 7, 9
— **3 Monate** bei Zustellung oder Bekanntgabe außerhalb des Geltungsbereichs des SGG, § 87 SGG

Antrag auf mündliche Verhandlung, **1 Monat**, §§ 105 Abs. 2, 158 SGG, Form. VIII. 18

Berufung, **1 Monat**, § 151 Abs. 1 SGG, Form. VIII. 11

Berufungsbegründung, **keine Frist**, Form. VIII. 11

Beschwerde, **1 Monat**, § 173 SGG, Form. VIII. 16

Erinnerung, **1 Monat**, § 197 Abs. 2 SGG, Form. VIII. 27

Feststellungsklage, **keine Frist**, § 55 SGG, Form. VIII. 8

Leistungsklage, **keine Frist**, § 54 Abs. 5 SGG, Form. VIII. 3

Nichtigkeitsklage, **keine Frist**, § 89 SGG, Form. VIII. 8

Nichtzulassungsbeschwerde, **1 Monat**, § 160a Abs. 1 SGG, Form. VIII. 12. Bei Zustellungen außerhalb des Geltungsbereichs des SGG **3 Monate**, BSG 40, 40
— Begründung, **2 Monate**, § 160a Abs. 2 SGG, Form. VIII. 12. Bei Zustellungen außerhalb des Geltungsbereichs des SGG 4 Monate, BSG 40, 40

Revision, **1 Monat**, § 164 Abs. 1 SGG, Form. VIII. 13. Bei Zustellung außerhalb des Geltungsbereichs des SGG 3 Monate

Revisionsbegründung, **2 Monate**, § 164 Abs. 2 SGG, Form. VIII. 13. Bei Zustellung außerhalb des Geltungsbereichs des SGG 4 Monate

Fristen Fristenübersicht

Sprungrevision, § 161 SGG, vgl. Form. VIII. 14, 13
– Antrag auf Zulassung, **1 Monat**, § 161 Abs. 1 SGG, Form. VIII. 14

Untätigkeitsklage
– **nicht vor 6 Monaten seit Antrag auf Vornahme des Verwaltungsakts**, § 88 Abs. 1 SGG, Form. VIII. 5
– **3 Monate seit Einlegung des Widerspruchs** (in Angelegenheiten der Krankenversicherung und der Bundesanstalt für Arbeit 1 Monat), § 88 Abs. 2 SGG, Form. VIII. 5

Verpflichtungsklage, **1 Monat**, § 87 SGG, Form. VIII. 4

Vornahmeklage, **keine Frist**, § 89 SGG

Widerspruch, **1 Monat**, § 84 Abs. 1 Abs. 1 SGG, Form. VIII. 1

Wiederaufnahme des Verfahrens, **1 Monat**, § 179 SGG iVm. § 586 ZPO, Form. VIII. 15

Wiedereinsetzungsantrag, **1 Monat**, § 67 Abs. 1 SGG, Form. VIII. 17

Sachregister

Die **fett** gesetzten römischen Zahlen und Großbuchstaben beziehen sich auf die einzelnen Sachgebiete, die nachfolgenden mageren Zahlen auf die Nummern der Formulare. *Kursiv* gesetzte Zahlen bezeichnen Paragraphen bzw. andere Untergliederungspunkte der Formulare.

Abänderungsklage nach § 323 ZPO **I.P.**4
– gegen Unterhaltstitel **II.H.**4
Abberufung eines Aufsichtsratsmitglieds **II.J.**22
– des WEG-Verwalters **II.G.**6
Abbruchverfügung V.A.4
Abfindung im Kündigungsschutzprozeß **IV.B.**1 *10*
– im Aktienrecht **II.J.**25
– des Arbeitnehmers **IV.B.**14 *7*
Abfindungsklage des ausgeschiedenen Personengesellschafters **II.J.**7
Abfindungsvergleich II.D.17
– **IV.B.**14 *10*
Abgabe an das Streitgericht **I.B.**1 *1*
Abgabenrecht V.A.6
– **V.D.**1,2,6
Abgabeverfahren nach § 46 WEG **II.G.**2
Abgrenzbarkeit der Teile bei Teilurteil **I.L.**4 *1*
Abhören I.H.1 *1*
Abkürzung richterlicher und gesetzlicher Fristen **I.F.**6 *2*
Ablehnung aller Richter **I.L.**7 *4*
– eines Gerichts **I.L.**7 *4*
– eines Richters **I.L.**7
– eines Richters im Finanzgerichtsprozeß **VII.**22
– eines Sachverständigen **I.H.**6
– eines Schiedsrichters **I.S.**3
– im Verfassungsprozeß **VI.**16
Ablehnung der Erfüllung eines Vertrages im Rahmen der VerglO **III.F.**13
– der Klauselerteilung nach Art. 40 EuGÜbK **I.T.**8
– der Prozeßkostenhilfe **I.C.**8
Ablehnung des Sachverständigen I.H.6
– im selbständigen Beweisverfahren **I.H.**9 *8*
– Fristen und Rechtsmittel **I.H.**6
Abmahnung nach AGB-Gesetz **II.O.**1
– des Arbeitnehmers **IV.B.**5 *3*, 11 *3*
– wegen Geschmacksmusterverletzung **II.M.**13
– im Presserecht **II.N.**6
– im Markenrecht **II.M.**18 *1*
Abmahnung wegen Patentverletzung, Frist **II.M.**1 *23*
– Reaktion **II.M.**1 *24*
– Rechnungslegung **II.M.**1 *14*
– Übersendung des Klageentwurfs **II.M.**2
– Unterlassungsanspruch **II.M.**1 *9*
– Wirtschaftsprüfervorbehalt **II.M.**1 *14*

Abmahnung im Urheberrechtsstreit **II.M.**23 *1*
Abmahnung im Wettbewerbsrecht, als Einschreiben mit Rückschein **II.L.**1 *2*
– Fristen und Rechtsmittel **II.L.**1
– Kostenanspruch **II.L.**1 *9*
– Prozeßvorbereitungsmaßnahme **II.L.**1 *1*
– sofortiges Anerkenntnis **II.L.**1 *1*
– Telefonwerbung **II.L.**1 *5*
– Unterlassungsgebot **II.L.**1
– Vertragsstrafeversprechen **II.L.**1
– Vollmacht **II.L.**1 *3*
– Wettbewerbsverhältnis **II.L.**1, *9*
– Zugangsrisiko **II.L.**1 *2*
Abnahme einer Bauleistung **II.C.**8
Abrechnung und Aufmaß **IV.A.**7 *2*
Abschlußschreiben im Presserecht **II.N.**10
– im Wettbewerbsrecht **II.L.**4
Abschriften der Klageschrift **I.D.**1 *23*
Absonderungsrechte im Konkurs **III.F.**25 *1*
Abstehen vom Urkundenprozeß **I.Q.**6
Abwägung im Bauplanungsrecht **V.E.**1, Ergebnis und Vorgang **V.E.**1
Änderung der Verhältnisse, im Sozialrecht **VIII.**2 *1, 8*
Änderungsbescheid im Steuerrecht **VII.**17 *6*, 18 *1*
Änderungskündigung IV.B.9
Äquivalenz im Patentrecht **II.M.**1 *12*
Ärztliche Bescheinigung im Arbeitsrecht **IV.A.**3 *3, 4*
Akkordabrechnung IV.A.7
Akteneinsicht nach § 71 GWB **II.K.**24 *6*, 26 *5*
Aktionär, Anfechtung **II.J.**23
Aktivlegitimation nach AGB-Gesetz **II.O.**1 *2*
– im Wettbewerbsrecht **II.L.**3,*9* 8
Alimentation im Beamtenrecht und Art. 33 Abs. 5 GG **VI.**9
Alkoholrechtsprechung im Sozialrecht **VIII.** 9 *2*
Alleinstellungswerbung II.L.9
Allgemeiner Erfindungsgedanke II.M.1 *12*
Allgemeine Geschäftsbedingungen II.O.
Allgemeines Gesetz VI.1
Altanmeldungen im Patentrecht **II.M.**5 *4*
Altersgeld für Landwirte, Pfändung **III.B.**10 *4*
Altersrente, Altersversorgung, Beratungs- und Belehrungspflichten **IV.A.**13
– Pfändung **III.B.**10 *4*
Altersruhegeld VIII.6 *6*

Sachregister

Fette Zahlen/Buchstaben = Sachgebiete

Amtsermittlungsgrundsatz, im sozialgerichtlichen Verfahren VIII.2 7
– VIII.21 1
Anerkenntnis I.M.6
– im schriftlichen Vorverfahren I.E.3
– sofortiges I.M.6 2
– im Sozialgerichtsprozeß VIII.29 2
– unwirksames I.M.6
– unter Verwahrung gegen die Kosten I.E.3, I.M.6
– unter Vorbehalt der Rechte im Nachverfahren I.Q.2 1
– Zug um Zug I.E.3 3
Anerkenntnisurteil I.M.7
– Rechtsmittel I.M.6, 7
Anerkennung eines ausländischen Urteils I.P. 5
– I.T.5
Anfechtung einer Betriebsratswahl IV.E.2
– des Beschlusses einer Eigentümerversammlung II.G.5
– eines Gesellschafterbeschlusses II.J.17
– des Testaments II.I.3
Anfechtungsankündigung III.F.1
Anfechtungsbeschwerde nach GWB II.K.26
Anfechtungsgesetz, Absichtsanfechtung III.F.2 4
– Anfechtungsankündigung III.F.1
– Arrestantrag III.F.7
– Aufwendungsersatz III.F.5 4
– Benachteiligungsabsicht III.F.2 4
– Beweislast III.F.2 5
– Einrede III.F. 5
– Gläubigeranfechtung durch Klage auf Duldung der Zwangsvollstreckung III.F.2,4
– Gläubigeranfechtung durch Zahlungsklage III.F.3
– Replik III.F.6
– Rückgewähranspruch III.F.2 7
– Stufenklage III.F.8
Anfechtungsklage, aktienrechtliche II.J.23
– gegen eine Baugenehmigung V.E.2
– wegen Erbunwürdigkeit II.I.4
– im Finanzgerichtsprozeß VII.9 5
– im Sozialgerichtsprozeß VIII.2,6,7,9
– im Verwaltungsprozeß V.B.1,2,6,7
Angestellter, Vergütungsfortzahlung bei Kur- und Heilverfahren IV.A.4
Anhörung, der Beteiligten im Sozialrecht VIII.2 8
– der Partei im Zivilprozeß I.H.8
– eines bestimmten Arztes im sozialgerichtlichen Verfahren VIII.22
– des Sachverständigen im sozialgerichtlichen Verfahren VIII.21 1
Ankündigung der Anfechtung III.F.1
Ankündigung der Sonderveranstaltung II.L.10 14
Anlagen zu Schriftsätzen I.D.1 18,23
Anmeldung einer Ausfallforderung im Konkurs III.F.25

– des Ausscheidens eines Gesellschafters II.J.9
– auf Eintragung von Wettbewerbsregeln nach GWB II.K.20
– von Empfehlungen für Geschäftsbedingungen oder Lieferungsbedingungen, oder Zahlungsbedingungen II.K.9
– eines Exportkartells ohne Inlandsbindung II.K.7
– eines Kartellvertrags für kleine und mittlere Unternehmen II.K.6
– eines Kartellvertrags über Leistungsbeschreibungen oder Preisaufgliederungen II.K.3
– eines Konditionenkartells II.K.1
– mehrerer selbständiger Konkursforderungen III.F.24
– von Normenempfehlungen II.K.8
– eines Normenkartells II.K.4
– eines Rabattkartells II.K.2
– eines Spezialisierungskartells II.K.5
– von Typenempfehlungen II.K.8
– eines Typenkartells II.K.4
– einer Vergleichsforderung III.F.14
Anmeldung eines Zusammenschlußvorhabens (§ 24a GWB) II.K.22
Anordnung des persönlichen Erscheinens, im Sozialgerichtsprozeß VIII.19 4
Anpassung des Ruhegeldes IV.A.11
Anrechnung von Vordienstzeiten IV.A. 10 2
Anrufung der Einigungsstelle nach UWG II.L.11
Anrufung der Schiedsstelle wegen Vergütungsfortzahlung im Krankheitsfalle IV.A.17
Anscheinsbeweis im Arbeitsrecht IV.C.2 2
Anschlußberufung I.O.3
– VIII.10 3
Anschlußkonkurs im Vergleichsverfahren III.F.17
Anspruchsbegründung nach Einspruch gegen Vollstreckungsbescheid I.B.8
– nach Widerspruch gegen Mahnbescheid I.B.7
Antrag unbeziffert, mit Feststellungsklage I.D.4 1
– auf andere Verwertung nach § 825 ZPO III.B.5
– auf Änderung der Ratenzahlungsanordnung I.C.4
– auf Abberufung eines Aufsichtsratsmitgliedes II.J.22
– auf Anerkennung einer ausländischen Ehescheidung I.T.13
– auf Anhörung eines bestimmten Arztes VIII.22
– auf Anordnung der aufschiebenden Wirkung nach § 80 Abs. 5 VwGO V.E.3
– auf Ausländersicherheit I.T.1
– auf Beratungshilfe I.A.7
– auf Berichtigung des Protokolls I.F.8
– auf Bestellung eines Vorstandes nach § 85 AktG II.J.21
– auf Bestimmung des zuständigen Gerichts I.I.5

magere/kursive Zahlen = Nr./§§ der Formulare

- auf Bezeichnung als Feriensache **I.F.**3
- auf eidliche Zeugenvernehmung im Schiedsverfahren **I.S.**7
- auf Einstellung der Zwangsvollstreckung **I.G.**5
- auf Erklärungsfrist nach § 283 ZPO **I.F.**9
- auf Errichtung einer Einigungsstelle **IV.E.**16
- auf Erteilung eines Erbscheins **II.I.**18–20, 22
- auf Feststellung nach § 51b GmbHG **II.J.**18
- auf gerichtliche Feststellung nach §§ 304, 305 AktG **II.J.**25
- auf streitige Härtescheidung **II.H.**6
- auf Fristverlängerung **I.F.**6
- auf gerichtliche Entscheidung in Baulandsachen **V.A.**11
- auf gerichtliche Entscheidung im Personalvertretungsrecht **V.B.**10
- auf gerichtliche Entscheidung gegen Feststellungen nach Art. 7 § 1 FamRÄndG **I.T.**14
- auf Klageerhebung im selbständigen Beweisverfahren **I.H.**10
- auf Klauselerteilung für ein ausländisches Urteil nach EuGÜbk **I.T.**7
- auf Kostenentscheidung nach § 193 Abs. 1 SGG **VIII.**29
- auf Kostenfestsetzung nach § 197 SGG **VIII.**30
- auf mündliche Verhandlung im Sozialgerichtsprozeß **VIII.**20
- auf Prozeßkostenhilfe **I.C.**1
- auf Gewährung von Räumungsschutz **II.B.**10–14
- auf Rubrumsberichtigung **III.A.**8
- auf Stillegung von Bauarbeiten bei aufschiebender Wirkung des Widerspruchs **V.E.**4
- auf Terminsverlegung **I.F.**7
- auf Verwerfung des Einspruchs gegen Vollstreckungsbescheid **I.B.**9
- auf Vollstreckbarerklärung des ausländischen Schiedsspruchs **I.T.**15
- auf Vollstreckbarerklärung eines ausländischen Unterhaltstitels nach Staatsvertrag **I.T.**6
- auf Vollstreckung zugunsten der öffentlichen Hand **V.F.**1
- auf Vorlage an das Bundesverwaltungsgericht **V.G.**2
- auf Vollstreckungsschutz nach § 765 ZPO **III.A.**13
- auf Zustellung im Ausland **I.T.**2
- auf andere Verwertung nach § 844 ZPO **III.B.**15
- auf die Aufnahme eines Unternehmens in eine Wirtschaftsvereinigung anzuordnen **II.K.**19
- bei Grundurteil **I.L.**5 *4*
- bei Schmerzensgeldforderung **II.D.**8 *4*
- im Verfahren nach WEG **II.G.**1 *12*
- auf Wiederaufgreifen eines Verfahrens **V.A.**6

Anwaltsverschulden und Wiedereinsetzung **I.F.**1 *9, 2 1*

Anwaltszwang bei Abänderungsklage **II.H.**4 *2*
- bei Ablehnung eines Sachverständigen **I.H.**6 *1*
- bei Anerkennung ausländischer Ehescheidungen **I.T.**13 *4*
- bei Anerkennung ausländischer Entscheidung **I.T.**12 *3*
- bei Antrag auf Urteilsberichtigung **I.N.**1
- bei Antrag auf Urteilsergänzung **I.N.**3
- in Baulandkammersachen **V.A.**13 *4*
- bei Berufung im Zivilprozeß **I.O.**1 *3*
- bei Beschwerde wegen Nichtzulassung der Berufung **V.C.**1 *3*
- im Beschwerdeverfahren Richterablehnung im Zivilprozeß **I.L.**7
- im Beweissicherungsverfahren **I.H.**9 *3*
- bei Eheaufhebungsklage **II.H.**5 *2*
- für Ehegatten in allen Ehe- und Folgesachen **II.H.**31 *2*
- bei Ehelichkeitsanfechtungsklage **II.H.**1
- auf einstweilige Anordnung zur Leistung eines Prozeßkostenvorschusses **I.C.**7
- bei Klage auf Feststellung der Vaterschaft **II.H.**2
- für alle Folgesachen des Katalogs des § 621 Abs. 1 ZPO **II.H.**10 *3*
- im Güterrechtsverfahren **II.H.**31 *2*
- bei Härtescheidung **II.H.**6 *2*
- bei Klage auf Kindesunterhalt **II.H.**12 *3*
- im Mahnverfahren **I.B.**1 *1*
- bei Antrag auf Prozeßkostenhilfe **I.C.**1 *7*
- bei Prozeßkostenhilfeantrag im Verfahren vor dem BFH **VII.**32 *3*
- im Recht des Versorgungsausgleichs **II.H.**17 *2*
- bei Klage auf Regelunterhalt **II.H.**2
- bei Schutzschrift gegen Klauselerteilung nach EG-Recht **I.T.**10 *3*
- bei sofortiger Beschwerde nach § 519b ZPO **I.Q.**12 *3*
- bei Tatbestandsberichtigung **I.N.**4
- bei Verfahren nach Art. 7 § 1 FamRÄndG **I.T.**14 *3*
- im Verfassungsbeschwerdeverfahren **VI.**1 *1*
- bei Versorgungsausgleich, Antrag auf Zwangsgeld wegen Auskunft **II.H.**22 *3*
- bei Versorgungsausgleich, Jugendamt, Träger der Beamtenversorgung, Träger der Rentenversicherung **II.H.**17 *2*
- bei Antrag auf Zugewinnausgleich **II.H.**15 *3*
- bei Klage auf Zuschläge zum Regelunterhalt **II.H.**3 *2*
- bei Antrag auf Zuteilung der Ehewohnung bzw. von Hausrat **II.H.**16 *2*

Anwartschaften, Pfändung **III.B.**28
Anwesenheit des Gläubigers bei Zwangsvollstreckung **III.B.**1 *9*
Anzeige der Mandatsniederlegung **I.A.**5
Anzeige eines Zusammenschlusses nach § 23 GWB **II.K.**21

Sachregister

Fette Zahlen/Buchstaben = Sachgebiete

Arbeiter, Lohnfortzahlung bei Kur- und Heilverfahren IV.A.4
Arbeitnehmer, Vertragsbruch IV.C.4
Arbeitseinkommen, Pfändung III.B.17
Arbeitserlaubnis VIII.4 *1*
– VIII.26
Arbeitsgerichtsurteil, Verfassungsbeschwerde VI.6
Arbeitslosengeld, Anrechnung auf Karenzentschädigung IV.A.8 *3*
– Anrechnung auf andere Leistungen IV.A.8 *3*
– Pfändung III.B.10 *4*
– Sozialrecht VIII.6 *1*
Arbeitslosenhilfe, Pfändung III.B.10 *4*
– Sozialrecht VIII.6 *1*
Arbeitspapiere, Herausgabe IV.B.15
Arbeitsunfähigkeit VIII.6
– Anzeige IV.A.3 *3*
– Nachweis IV.A.3 *4*
– Verschulden IV.A.3 *6*
Arbeitsunfähigkeitsbescheinigung IV.A.3 *4*
Arbeitsunfall VIII.9 *2*
Arbeitsverhältnis, Beendigung IV.A.13 *3*, IV.B.1 ff
– befristetes IV.B.12
– Wechsel- und Scheckansprüche I.Q.3
– Wettbewerbsverbot IV.C.1
Arbeitsverhinderung, Klage gegen Freiberufler IV.A.3
Arbeitszeit, flexible IV.A.2 *3*
Architekt, gesamtschuldnerische Haftung II.C.11
– Honorar II.C.14
– Minderungsklage II.C.4
Armenrechtsverfahren s. Prozeßkostenhilfe
Arrest, Aufhebung I.R.3
– dinglicher I.R.1
– persönlicher I.R.2
– Vollziehung III.E.1
Arrestantrag, Rücknahme I.M.2 *1*
– wegen Vereitelung eines Anfechtungsanspruchs III.F.7
Arrestbefehl, Zustellung im Ausland I.T.2
Arresthypothek III.E.3
Arrestpfändung I.R.1
– in eingetragenes Schiff III.E.2
Arrestvollziehung III.E.1 ff
Arzt, Zeugnisverweigerungsrecht I.H.3 *3*
Asylrecht V.B.6
Auffanggesellschaft bei Quotenvergleich III.F.12
Aufhebung des Arrests I.R.3
Aufhebung der Beschlagnahme von Zubehör III.B.37
Aufhebung des Prozeßvergleichs I.M.1 *2*
Aufhebung des fortgesetzten Vergleichsverfahrens III.F.16
Aufhebung der Vollziehung, im Finanzprozeß VII.1 *10*

– im Sozialgerichtsprozeß VIII.27
– im Verwaltungsprozeß V.D.4
Aufklärungspflicht, im Sozialgerichtsprozeß VIII.2 *5*
Aufklärungsrügen im arbeitsgerichtlichen Revisionsverfahren IV.D.7
Auflagen im Bauplanungsrecht V.G.1
Auflassungsanwartschaft, Pfändung III.B.28
Auflassungsklage II.F.8
Auflösung des Arbeitsverhältnisses IV.A.8, 9 *4*
– des Betriebsrats IV.E.6
Auflösungsklage, GmbH II.J.20
– nach § 133 HGB II.J.1
Aufnahme des Rechtsstreits I.L.2 *1 4*
– bei Anordnung der Testamentsvollstreckung I.L.3 *1*
– durch die Erben I.L.3
Aufrechnung, in der Berufung I.O.2 *9*
– im Sozialgerichtsprozeß VIII.2 *1*
– im Verwaltungsrechtsstreit V.B.9
Aufrechnung im Zivilprozeß I.E.6
– Vorbehaltsurteil bei Prozeßaufrechnung I.L.6
Aufschiebende Wirkung von Beschwerden nach GWB II.K.28,29
Aufschiebende Wirkung im finanzgerichtlichen Verfahren VII.10,14
– im Sozialgerichtsprozeß VIII.1 *1*
– VIII.27 *1*
Aufschiebende Wirkung im Verwaltungsprozeß, Anordnung V.D.2
– Antrag auf Aufhebung V.D.6
– Wiederherstellung V.D.3,4,5
Aufsichtsratsmitglied, Abberufung II.J.22
Auftragsschreiben an den Anwalt I.A.1
Aufwendungsersatz eines Gesellschafters II.J.11
Augenschein I.H.5
Ausbildungskapazität V.D.7 *1*
Auseinandersetzungsansprüche im Konkurs III.F.25
Ausfallforderung im Konkurs III.F.25
Ausfallzeit VIII.6 *6*
Ausführungsbescheid im Sozialgerichtsprozeß VIII.6 *4*
Ausgleich, angemessener nach §§ 304, 305 AktG II.J.25
Ausgleichsquittung im Arbeitsrecht IV.B.6 *2*
Ausgleichsrente, Pfändung III.B.10 *4*
Auskunft über bestehende Geschmacksmuster und sonstige Schutzrechte II.M.17 *3*
– im Konkurs III.F.25
– über verdiente Provision IV.A.6
– nach UWG II.L.4 *9*
– bei Versorgungsausgleich II.H.22
– über Versorgungszusagen IV.F.2
Auskunftsanspruch im Wettbewerbsrecht II.L.1 *9*
Auskunftsklage I.D.11
– Streitwert I.D.11 *3*
– Formulierung des Antrags I.D.11 *4*
Auskunftspflicht des Arbeitgebers IV.A.12 *1*

magere/kursive Zahlen = Nr./§§ der Formulare Sachregister

Auskunftsrecht des Gesellschafters II.J.18 *4*
Ausländerrecht V.B.6, V.D.5
Ausländersicherheit I.T.1
Ausländische Ehescheidung I.T.13
Ausländischer Schiedsspruch I.T.15
– *16*
Ausländischer Unterhaltstitel I.T.6
Ausländisches Urteil, Klauselerteilungsverfahren I.T.7 ff
– Schutzschrift gegen Klauselerteilung I.T.11
– Vollstreckbarkeit I.T.4, III.A.2
Auslandszustellung, undurchführbare I.F.5 *1*
– Antrag I.F.5
– Festsetzung der Einlassungsfrist I.F.5
Ausländische Streitkräfte, Versicherung II.D.9 *5*
Ausländische Beweisersuchen I.T.3
Auslagenvorschuß I.H.1
Ausnahmebewilligung nach § 8 HandwO V.B.4
Ausschließungsklage nach § 140 HGB II.J.2
Ausschluß eines GmbH-Gesellschafters II.J.19
– eines Betriebsratsmitglieds IV.E.6
Ausschlußklausel im Tarifrecht IV.B.2 *1*
Ausschüttung des Gewinns nach § 29 GmbHG II.J.17
Außenbereich im Baurecht V.A.4
Außerordentliche Kündigung IV.B.11
Außerprozessuale Unterwerfung II.L.1
Aussetzung des Rechtsstreits I.L.1
– Fristen und Rechtsmittel I.L.1
– bei Gebrauchsmusterverletzungsklage II.M.11
– Aufnahme durch Erben I.L.3
– im Patentrechtsstreit II.M.5, II.M.1
– wegen Strafverfahrens I.L.1
– bei Tod der Partei I.L.2
Aussetzung der Vollziehung im Sozialgerichtsprozeß VIII.27
– im Steuerrecht VII.1,2,4,5, 10,12,14,16
– nach § 80 VwGO V.D.1
Aussetzung der Verwertung III.B.4
Aussonderungsklage im Konkursrecht III.F.26
Aussonderungsrechte im Konkurs III.F.25
Ausstattung im Markenrecht II.M.18 *13*
Austauschpfändung III.B.1 *11, 3*
Auszahlung, von Sozialleistungen bei Verletzung der Unterhaltspflicht VIII.2 *1*
Auszubildendenvertreter IV.E.10,11

Bankbürgschaft I.D.1 *12*
Bankschließfach und Zwangsvollstreckung III.B.1 *14*
Bauarbeiten, Anfechtungsklage V.E.2
– sofortige Vollziehung V.E.5,6,7
– vorläufige Stillegung V.E.3,4,8
Baugenehmigung Widerspruch V.E.1
Bauhandwerker-Sicherungshypothek II.F.3
Bauherr, Anordnung der sofortigen Vollziehung V.E.6,7
Baulandsache V.B.11
Baumängel, Beweissicherung II.C.15

Bauordnungsrecht V.D.4
Bauprozeß, Taktik II.C.6,7 *5*
Baurecht V.A.4
– V.B.3,13
– V.E.
– V.F.4
Bausache, unbezifferte Leistungsklage II.C.6 *7*
Bauträgervertrag II.C.5 *2*
Bauunternehmer, Vergütungsanspruch II.C.13
Beamtenrecht V.B.5
– dienstliche Beurteilung V.B.5 *6*
Bebauungsplan, Formfehler V.A.2
– Verfahrensfehler V.A.2
Beeinträchtigung, öffentliche Belange im Baurecht V.B.3
Beendigung des Arbeitsverhältnisses IV.B.1 ff
– befristetes Arbeitsverhältnis IV.B.12
– Anfechtung IV.B.1 *2*
– Auflösungsantrag IV.B.1 *3,4,5*
Befangenheit des Richters I.L.7
– des Sachverständigen I.H.6
Befreiung von der Bürgschaft II.E.2
Befugungsantrag I.D.1 *11*
Beginn der Rente VIII.6 *2*
Begründungspflicht bei Klagen im Verwaltungsrechtsstreit V.B.1 *11*
Behinderung, im Schwerbehindertenrecht VIII.8 *3*
Beiladung nach § 51 Abs. 1 Nr. 4 GWB II.K.24
– im Normenkontrollverfahren V.G.1 *3*
– im Sozialgerichtsprozeß VIII.3
– VIII.25
– im Verwaltungsprozeß V.B.15
Beiordnung eines Rechtsanwalts auf Antrag des Beklagten I.C.2
– auf Antrag des Klägers I.C.1
– für auswärtige Beweisaufnahme I.C.3
– Vergütungsfestsetzung VII.34
Beitragszeit VIII.6 *6*
Beitritt des Nebenintervenienten I.J.3
Beitritt zur Zwangsversteigerung III.B.34
Beitrittsgebiet, Besonderheiten im sozialgerichtlichen Verfahren, Berufung VIII.10 *1,2*
– Rechtsanwaltsgebühren VIII.29 *5*
– Zuständigkeit VIII.24 *2*
Beiziehung von Akten im Verwaltungsrechtsstreit V.B.1
Bekanntheitsgrad bei Warenzeichen II.M.19
Belegloses Scheckeinzugsverfahren, Scheckmahnbescheid I.B.5 *1*
– im Scheckprozeß I.Q.5 *1*
Belehrungspflicht bei Beendigung des Arbeitsverhältnisses IV.A.13 *2*
Benachteiligungsabsicht im Anfechtungsrecht III.F.3 *4*
Beratungs- und Belehrungspflichten bei Altersversorgung IV.A.13
Beratungshilfe I.A.7
– Antrag I.A.7

1623

Sachregister

Fette Zahlen/Buchstaben = Sachgebiete

- Angaben über Einkünfte I.A.7 7,8
- Anwaltspflichten I.A.7 1
- Bewilligungsfolgen I.A.7 12
- Glaubhaftmachung I.A.7 10
- Rechtsanspruch I.A.7 12
- Vermögen I.A.7 9
- Vortrag I.A.7 4,5
- Zuständigkeit I.A.7 2

Berichtigende Ergänzung im Presserecht II.N.14

Berichtigtes Gläubigerverzeichnis III.F.19

Berichtigung des Mahnbescheides I.B.1 1
- der Parteibezeichnung I.N.2
- des Protokolls I.F.8
- des Tatbestandes I.N.4
- des Urteils I.N.1

Berichtigung eines Finanzgerichtsurteils VII.19
- des Urteilstatbestands VII.20

Berichtigung des Protokolls I.F.8

Berichtigung des Rubrums III.A.8, I.N.2

Berliner Testament I.I.14

Berliner Vergleich II.L.1 9

Berufsausbildungsverhältnis, Ende IV.E.10 1, 11

Berufsausübung VI.10

Berufsfreiheit VI.10

Berufskrankheit VIII.9 2

Berufsunfähigkeitsrente VIII.10 7

Berufswahl VI.10

Berufung im Arbeitsgerichtsprozeß IV.D.2 1,3
- Anschriften IV.D.1 3
- Anträge IV.D.4 5
- Begründung IV.D.4
- Berufungsbegründungsfrist IV.D.1 1,4
- Berufungsfrist IV.D.1 1,4
- Beschwerdegegenstand IV.D.4 2
- Form IV.D.1
- nichtvermögensrechtliche Streitigkeit IV.D.4 2
- neues Tatsachenvorbringen IV.D.4
- Novenrecht IV.D.4 10
- Rechtsmittelbelehrung IV.D.1 8,4,1
- Revisionsbeschwerde IV.D.2
- Statthaftigkeit IV.D.4 2
- vermögensrechtliche Streitigkeit IV.D.4 2
- verspätetes Vorbringen IV.D.4 10
- Verwerfung IV.D.4
- Wiedereinsetzung IV.D.2 9
- Zulässigkeit IV.D.4
- Zurückverweisung IV.D.2 7
- Zurückweisung von Parteivorbringen IV.D.4 10

Berufung im Asylrecht V.B.6 13

Berufung im Sozialgerichtsprozeß VIII.10

Berufung gegen Verbundurteil II.H.30

Berufung im Verwaltungsprozeß V.C.2
- Anträge I.O.2 2
- Ausschluß V.C.2 4
- Begründung I.O.2

- Erwiderung I.O.4
- Nichtzulassung V.C.1

Berufung im Zivilprozeß, Anfechtungsgründe I.O.2 6
- Anträge I.O.2 2,7
- Anwaltszwang I.O.1 3
- Aufrechnung I.O.2 8
- Beifügung des angefochtenen Urteils I.O.1 9
- Berufungsbeklagter I.O.1 4
- Beschwer I.O.1 4a
- Beschwerdewert I.O.2 6
- bedingungsfeindlich I.O.1 8
- Begründung I.O.1 8,2
- Berufungswille I.O.1 7
- Bezeichnung des angefochtenen Urteils I.O.1 6
- Einstellung der Zwangsvollstreckung I.O.1 11,2,4
- Erwiderung des Gegners I.O.4
- Erwiderungsfrist I.O.4 2
- Frist I.O.1 2
- Kostenantrag I.O.2 5a
- Prozeßkostenhilfe I.O.1 8
- Revisionszulassung I.O.2 4
- Sachantrag I.O.2 3
- Sicherheitsleistung I.O.2
- Unterschrift I.O.1 10,2,11
- Vollstreckungsschutz I.O.2
- Widerklage I.O.2 8
- Wiedereinsetzung I.O.1 8
- Zulässigkeit I.O.1 1
- Zuständigkeit I.O.1 2

Berufungsbegründungsfrist, Versäumung I.F.1 1,2

Berufungsbeschwerde gegen FGG-Entscheidung II.H.31

Berufungserwiderung I.O.4
- Bezugnahme auf erstinstanzielles Vorbringen I.O.2 9
- neues Vorbringen I.O.2 8
- verspätetes Vorbringen I.O.2 8
- zurückgewiesenes Vorbringen I.O.2 8

Berufungsfrist, Versäumung I.F.1 1,2

Berufungsgründe, Nachschieben I.Q.2 7

Beschäftigte Arbeitnehmer IV.B.1 7

Beschaffungseinrichtung, gemeinsame, und Rationalisierungskartell II.K.14

Bescheidungsklage im Finanzgerichtsprozeß VII.15 6
- im Sozialgerichtsprozeß VIII.4 4
- im Verwaltungsgerichtsprozeß V.B.5,7

Beschlagnahme von Zubehör III.B.37

Beschlußverfahren im Arbeitsgerichtsprozeß IV.E.1 ff.
- personalvertretungsrechtliches V.B.10
- Rechtsmittel IV.F.1,2,3

Beschwerde im arbeitsrechtlichen Beschlußverfahren IV.F.1
- im finanzgerichtlichen Verfahren VII.22

magere/kursive Zahlen = Nr./§§ der Formulare   **Sachregister**

- im Finanzgerichtprozeß bei Nicht-Erlaß einer einstweiligen Anordnung VII.16 *5*
- im Kartellrecht II.K.24 *8, 26,27*
- Ablehnung der Anordnung des Betragsverfahrens bei Grundurteil I.L.5
- bei Ablehnung der Bezeichnung als Feriensache I.F.3
- bei Nichtvorlagebeschluß V.G.2
- bei Nichtzulassung der Berufung im Verwaltungsprozeß V.C.1
- bei Nichtzulassung der Revision im Verwaltungsprozeß V.C.5–8
- bei Ablehnung der Urteilsberichtigung I.N.1
- bei Antrag auf öffentliche Zustellung von Klageschrift und Ladung I.F.4
- Anordnung der aufschiebenden Wirkung im Kartellrecht II.K.28
- Wiederherstellung der aufschiebenden Wirkung im Kartellrecht II.K.29
- im Sozialgerichtprozeß VIII.19
- im Steuerrecht gegen die Ablehnung eines Erlaßantrags VII.7
- gegen Anordnung der sofortigen Vollziehung eines Verwaltungsakts V.E.5
- Bewilligung der Aussetzung nach § 149 ZPO I.L.1
- bei Bewilligung der Aussetzung nach § 246 ZPO I.L.2
- bei einstweiligen Anordnungen nach § 641d ZPO II.H.2
- bei Erteilung der Vollstreckungsklausel III.A.12
- im Verfahren nach WEG II.G.8
- bei Hinausschieben der Urteilszustellung I.N.5
- im Zivilprozeß I.O.6
- im Zivilprozeß gegen Ablehnung der Prozeßkostenhilfe I.C.8
- gegen Zuschlagsbeschluß III.B.39

Beschwerdesystem im Familienrecht II.H.29 *1*
Beseitigungsklage nach § 1004 BGB II.F.10
Besitzstörung II.F.2
Besondere Vermögensgegenstände bei Zwangsvollstreckung III.B.1
Besonderer Kündigungsschutz IV.B.13
Besonderer Vertreter, im Sozialgerichtprozeß VIII.25 *4*
Besserungsklausel, bei Quotenvergleich III.F.12
Bestätigter Vergleich nach VerglO III.F.15
Bestellung eines Vorstandes, AG II.J.21
- eines Wahlvorstandes zur Betriebsratswahl IV.E.1

Besteuerungsgrundlagen im Umsatzsteuerrecht VII.12 *4*
Bestimmung des zuständigen Gerichts I.I.5
Bestrafungsantrag nach § 890 ZPO III.C.5
Beteiligte einer Aktiengesellschaft II.J.21 *3*
Beteiligte bei Fusionskontrolle II.K.21 *13.1, 13.2*
Betragsverfahren bei Grundurteil I.L.5

Betriebliche Altersversorgung IV.F.2
Betriebliche Übung IV.A.15
Betriebsbedingte Kündigung IV.B.6
Betriebsrat, Auflösungsantrag IV.E.6
- außerordentliche Kündigung IV.E.9 *6*
- Ausschluß IV.E. 6
- Ersetzung der Zustimmung IV.E.7
- Freistellungsansprüche IV.E.4, *5*
- Kostenerstattungsanspruch IV.E.5
- Mitbestimmungsrecht IV.E.13, 14
- Anträge bei personeller Mitwirkung IV.E.8
- Unterlassungsansprüche IV.E.15 *3*
- Rechtsanwaltskosten IV.E.17
- Zustimmung zur Einstellung IV.E.7
- Zustimmung zur Kündigung IV.E.9

Betriebsratsschulung, Freistellungsantrag IV.E.4
- Kostenerstattung IV.E.3

Betriebsratswahl, Bestellung eines Wahlvorstandes IV.E.1
- Anfechtung IV.E.2
- Gruppenwahl IV.E.2
- Listenwahl IV.E.2
- Verhältniswahl IV.E.2

Betriebsübernahme, steuerlich VII.6
Bevorrechtigte Forderungen im Konkurs III.F.24
Bewegliche Sachen, Pfändung III.B.28
- Vollstreckungsauftrag III.C.1

Beweisantrag im sozialgerichtlichen Verfahren VIII.19,22
Beweisantritt I.H.1 *2,3*
Beweisaufnahme und rechtliches Gehör VI.7
Beweisbeschluß, Fristen und Rechtsmittel I.H.1
Beweisersuchen, ausländisches I.T.3
Beweisfragen im Wettbewerbsprozeß II.L.9 *12, 13*
Beweislast für die Unwahrheit von Behauptungen II.D.4 *5*
Beweislast im Sozialgerichtprozeß VIII.21 *5*
Beweismittelverlust I.H.9 *1*
Beweisrügen im arbeitsgerichtlichen Revisionsverfahren IV.D.7
Beweissicherungsverfahren I.H.9
- wegen Baumängeln II.C.15
- im Sozialgerichtprozeß VIII.21 *2*
- s. auch Selbständiges Beweisverfahren

Beweisverfahren I.H.1 ff.
- Ablehnung des Sachverständigen I.H.6
- Augenschein I.H.5
- Beweissicherung I.H.9
- Kosten und Gebühren I.H.1,3,4,6–9
- mündliche Vernehmung des Sachverständigen I.H.5
- Nichterscheinen des Zeugen I.H.2
- Ordnungsmittel I.H.2
- Parteianhörung I.H.8
- Parteivernehmung I.H.8
- Sachverständigengutachten I.H.4
- Urkundenbeweis I.H.7
- Zeugenvernehmung I.H.1

1625

Sachregister

Fette Zahlen/Buchstaben = Sachgebiete

- Zeugnisverweigerungsrecht I.H.3
- Zweitgutachten I.H.6

Bewilligung der Prozeßkostenhilfe, auf Antrag des Berufungsklägers I.C.3
- auf Antrag des Beklagten I.C.2
- auf Antrag des Klägers I.C.1

Bilanzmitteilung, Klage II.J.6

Bindungswirkung eines sozialrechtlichen Verwaltungsakts VIII.7
- von Urkundenvorbehaltsurteilen I.Q.1
- von Verwaltungsakten im Sozialrecht VIII.1 *4*
- VIII.7 *1*

Blankowechsel, Pfändung III.B.8 *2*

Boykott VI.1

Briefzustellung, Verzögerungen VI.2

Bruchteilseigentum, Pfändung III.B.26 *4*

Bruttolohnmethode II.D.1 *10*

Buchwert II.J.7 *5*

Bürgerbeteiligung im Bauplanungsrecht V.G.1

Bürgschaft, Klage des Bürgen auf Befreiung II.E.2
- und Konkurs III.F.25 *16*
- als Sicherheitsleistung I.D.1 *11*

Bürgschaftserklärung, bei Quotenvergleich III.F.12

Bürgschaftsurkunde, Zustellung II.E.3

Büroversehen I.F.1 *1,9,2*

Bundespatentgericht, Zuständigkeit II.M.6 *1*

Bundespersonalvertretungsgesetz V.B.10

Darlehen, kapitalersetzendes II.J.15 *2*

Deutsche Auslegeschrift II.M.1 *4*

Deutsche Patentschrift II.M.1 *4*

Deutsche Offenlegungsschrift II.M.1 *4*

d'Hondtsches System IV.E.2 *4*

Dienstliche Beurteilung V.B.5

Dienstzeugnis V.B.5

Differenzmethode im Unterhaltsrecht II.H.13 *6*

Dinglicher Arrest I.R.1

Direktionsrecht IV.A.16

Distanzierung im Presserecht II.N.13

Doctrine of merger I.T.14 *2*

Dokumentation über Ruhegeldanwartschaft IV.A.10

Dolmetscher, Antrag auf Ladung I.H.1 *9*

Doppelerbschein II.J.24

Doppelpfändung des gegenwärtigen und künftigen Saldos III.B.12 *9*

Doppelverdienerehe II.H.13 *6*

Dreiteilungslehre im Patentrecht II.M.1 *9*

Dringlichkeit bei einstweiliger Verfügung II.L.3 *13*
- II.O.2 *4*

Drittgewahrsam und Pfändung III.B.1

Drittschuldnerklage III.B.24, IV.C.7

Drittwiderklage I.E.5

Drittwiderspruchsklage III.A.20

Düsseldorfer Tabelle II.H.12 *12*

Duldung der Zwangsvollstreckung und Gläubigeranfechtung III.F.2,4

Duldungsklage I.D.9

Durchsuchungsanordnung III.A.11, III.C.1 *4*

Ehe und Familie VI.5

Eheähnliche Lebensgemeinschaft II.H.13 *7*

Eheaufhebungsklage II.H.5

Ehegatten-Getrenntleben II.H.26

Ehegattenunterhalt, Elementarunterhalt II.H.12 *14*
- Stufenklage II.H.12 *7*
- Vorsorgeunterhalt II.H.12 *14*
- wirtschaftliche Verhältnisse II.H.12 *6*
- Zuständigkeit II.H.12 *1*

Ehelichkeitsanfechtungsklage, Anfechtung durch das Kind II.H.1 *9*
- Anfechtungsfristen II.H.1 *10*
- Anwaltszwang II.H.1 *3*
- Berechnung der Empfängniszeit II.H.1 *10*
- Beweismittel II.H.1 *11*
- Fristen und Rechtsmittel II.H.1
- Klagerecht II.H.1 *2*
- Zuständigkeit II.H.1 *1*

Ehescheidung, ausländische I.T.11

Ehevertrag, Anfechtbarkeit II.H.1

Ehewohnung, Antrag auf Zuteilung II.H.16
- einstweilige Anordnung II.H.25
- Zutritt II.H.25 *1*
- Zuweisung II.H.25 *4*

Ehrverletzende Behauptungen II.D.4 *6*

Eidesstattliche Versicherung im Erbrecht II.I.6

Eidesstattliche Versicherung des Gemeinschuldners III.F.23

Eidesstattliche Versicherung durch anwaltliche Versicherung I.F.1 *10*
- zur Glaubhaftmachung I.F.1 *9,11*

Eidesstattliche Versicherung nach §§ 807, 900 ZPO III.D.1
- Ergänzung III.D.2
- Krankheit III.D.4 *6*
- Unpfändbarkeitsbescheinigung III.D.1 *14*, 3 *3*
- Widerspruch III.D.4
- wiederholte - III.D.3

Eidesstattliche Versicherung bei der Stufenklage I.D.11

Eidliche Zeugenvernehmung im selbständigen Beweisverfahren I.S.7

Eigenbedarf bei Ermittlung eines Unterhaltsschadens II.D.7 *20*

Eigenbesitzer II.D.5 *6*

Eigentümergrundschuld, Pfändung III.B.25 *1*

Eigentümlichkeit im Geschmacksmusterrecht II.M.14 *26*

Eigentumsbindung VI.3

Eigentumsgarantie VI.3

Eigentumsinhalt VI.3

Eigentumsschranken VI.3

magere/kursive Zahlen = Nr./§§ der Formulare **Sachregister**

Eigentumsvorbehalt im Konkurs III.F.25 *1*, *15*, *26*
– bei der Pfändung III.B.3
Einberufungsbescheid V.B.7
Eingeschränkter Widerruf im Presserecht II.N.12
Eingeschränktes Gewerbegebiet V.G.1
Einfuhrkartell II.K.16
Eingetragenes Schiff, Arrestpfändung III.E.2
Eingruppierung, Antrag IV.A.1
– Bewährungsaufstieg IV.A.1 *1*
– Darlegungslast IV.A.1 *8*
– fehlerhafte IV.A.1
– Klage IV.A.1 *3*
– öffentlicher Dienst IV.A.1
– Unterscheidungsmerkmale IV.A.1 *10*
– Zustimmung des Betriebsrats IV.E.7 *3*
Einigungsstelle, Arbeitsrecht IV.E.12, 14, 16
– nach UWG II.L.12
Einkommensteuerbescheid VII.1
– Aussetzung der Vollziehung VII.10
– Einspruch VII.1
– einstweilige Stundung VII.1
– Fristen und Rechtsmittel VII.1, 9
– Klage VII.9
– Kosten und Gebühren im Einspruchs- und Beschwerdeverfahren VII.1
– Säumniszuschläge VII.1 *10*
– Vorauszahlungen VII.1
Einkünfte im Steuerrecht VII.2
Einlage, GmbH II.J.13 *3*
Einlassungsfrist, Festsetzung I.F.5
Einseitige Erledigung der Hauptsache I.M.10
Einsichtsrecht des Gesellschafters II.J.18 *4*
Einspruch im Arbeitsgerichtsprozeß gegen Versäumnisurteil IV.D.1
– IV.D.2 *1*
– gegen Erbschaftsteuerbescheid VII.5
– gegen steuerrechtlichen Feststellungsbescheid VII.2, 3
– gegen Grunderwerbsteuerbescheid VII.4
– gegen Haftungsbescheid im Steuerrecht VII.6
Einspruch gegen Einkommensteuerbescheid, Abschriften VII.1 *8*
– Aussetzung der Vollziehung VII.1 *9*
– Begründung VII.1 *6*
– Frist VII.1 *3*
– Fristberechnung VII.1 *3*
– Fristen und Rechtsmittel VII.1
– Form VII.1 *4*
– Herabsetzung der Vorauszahlungen VII.1 *11*
– Kosten VII.1 *5*
– Rechtsbehelfsbelehrung VII.1 *3*
– Säumniszuschläge VII.1 *10*
– Stundung VII.1 *9*
– Verböserung VII.1 *5*
– Vertretungsbefugnis VII.1 *2*
– Vollziehbarkeit des angefochtenen Bescheids VII.1 *9*
– Vorauszahlungen VII.1 *11*

– Wiedereinsetzung VII.1 *3*
– Zinsen VII.1 *10*
– Zustellung des Bescheides VII.1 *1*
Einspruch gegen Haftungsbescheid VII.6
Einspruch gegen Strafbefehl und rechtliches Gehör VI.2
Einspruch im Zivilprozeß, Antrag auf Verwerfung des Einspruchs gegen Versäumnisurteil I.G.6, I.G.7
– gegen Versäumnisurteil I.G.5
– gegen Vollstreckungsbescheid I.B.4
– Antrag auf Verwerfung des Einspruchs gegen Vollstreckungsbescheid I.B.9
– Teileinspruch I.G.5 *7*
Einspruchsfrist I.G.5
– Antrag auf Festsetzung I.G.1
– Versäumung I.F.1
Einstellung, iSd § 75 BPersVG V.B.10
– Zustimmung des Betriebsrates IV.E.7
Einstellung des Konkursverfahrens III.F.30
Einstellung des Vergleichsverfahrens III.F.17
Einstellung der Zwangsversteigerung III.B.35
Einstellung der Zwangsvollstreckung im Berufungsverfahren I.O.1 *13*
– im Mahnverfahren I.B.4 *5*
– im Nachverfahren I.Q.7
– gegen Sicherheitsleistung I.G.5 *8*
– aus Versäumnisurteil I.G.5
– aus Vorbehaltsurteil I.Q.7
– bei Wiedereinsetzung I.F.1
Einstweilige Anordnung, Antrag auf Abänderung im Familienrecht II.H.27
– wegen Ehegatten-Getrenntleben II.H.26
– wegen Ehewohnung II.H.25
– negative Feststellungsklage bei Fortbestand II.H.28
– Fristen und Rechtsmittel II.H.23, 24, 25, 26, 27
– wegen Getrenntleben II.H.25
– wegen Herausgabe eines Kindes II.H.24
– wegen Kindesunterhalt II.H.26
– von Sicherungsmaßnahmen vor Beginn des Konkursverfahrens III.F.20
– wegen persönlicher Gebrauchsgegenstände II.H.25
– wegen Prozeßkostenvorschuß I.C.7
– II.H.23
– wegen Regelung der elterlichen Sorge II.H.24
Einstweilige Anordnung im Finanzgerichtsprozeß VII.13 *4*, 16 *5*
Einstweilige Anordnung im Sozialgerichtsprozeß VIII.28
Einstweilige Anordnung nach GWB II.K.25, 30, 32 *3*
Einstweilige Anordnung im Verfassungsprozeß VI.13
Einstweilige Anordnung im Verwaltungsprozeß V.D.7, 8
– im Rahmen eines Normenkontrollverfahrens nach § 47 VwGO V.G.3

1627

Sachregister

Fette Zahlen/Buchstaben = Sachgebiete

Einstweilige Anordnung bei WEG gegen Verwalter II.G.6
Einstweilige Einstellung der Zwangsvollstreckung III.A.12,17,18
Einstweilige Stundung von Steuerschulden VII.1
Einstweilige Verfügung, bei AGB-Gesetz II.O.2
– im arbeitsgerichtlichen Beschlußverfahren IV.E.15
– im HGB auf vorläufige Entziehung der Geschäftsführungsbefugnis und der Vertretungsmacht II.J.4 2, 5
– auf Unterlassung im Presserecht II.N.8
– bei gebrauchsmusterrechtlichem Unterlassungsanspruch II.M.10 27
– bei geschmacksmusterrechtlichem Unterlassungsanspruch II.M.14 39
– bei patentrechtlichem Unterlassungsanspruch II.M.3 42
– bei markenrechtlichem Unterlassungsanspruch II.M.19
– im Wettbewerbsrecht II.L.3,5,10,13,14
– wegen Markenverletzung II.M.19
Einstweilige Verfügung im Zivilprozeß auf Beseitigung einer Besitzstörung II.F.2 1
– Dringlichkeit II.L.3 13
– auf Eintragung einer Vormerkung zur Sicherung einer Bauhandwerker-Sicherungshypothek II.F.3
– auf Eintragung eines Widerspruchs I.R.8
– auf Eintragung eines Widerspruchs gegen die Richtigkeit des Grundbuchs II.F.6
– auf Erwerbsverbot I.R.8
– auf Herausgabe II.F.1 1
– Kostenwiderspruch II.L.7
– auf Leistung I.R.10
– Rechtfertigungsverfahren I.R.5
– auf Regelung I.R.9
– Rücknahme des Antrags I.M.2 1
– Schutzschrift I.R.12
– auf Sicherung mit Grundbucheintragung I.R.7
– auf Sicherung eines Herausgabeanspruchs I.R.4
– Unterlassungsverfügung I.R.11
– Vollstreckung III.E.1 4
– Widerspruch gegen einstweilige Verfügung I.R.6
– Widerspruch im UWG II.L.5,6,8
– Zustellung im Ausland I.T.2 2,7
Eintragungsbewilligungsklage im Markenrecht
– Anrufung der Zivilkammer II.M.22 6
– Benutzungszwang II.M.22 10
– Frist II.M.22 8
– Leistungsklage II.M.22 4
– Löschungsbeschluß des Deutschen Patentamtes II.M.22 4
– Löschungsklage II.M.22 12
– sachlich-rechtliche Gründe II.M.22 4
– Streitwert II.M.22 3
– Warengleichartigkeit II.M.22 7

– Zeichenrechtliche Gründe II.M.22 9
– Zulässigkeit II.M.22 4
– Zuständigkeit II.M.22 2
Einverständliche Scheidung II.H.7
Einwilligung, bei Klageänderung I.K.1 1
Einziehung eines unrichtigen Erbscheins II.I.21
Einzelrichter I.D.1 15
– im Asylrechtsstreit V.B.6 2
Elementarunterhalt II.H.12 14
Elterliche Sorge II.H.10
– vorläufige Anordnung II.H.24
Empfehler von AGB II.O.4 1
Empfehlungen für Geschäfts-, Lieferungs- und Zahlungsbedingungen nach GWB II.K.9
Entgeltfortzahlungsgesetz IV.A.3 5
Entlastung des GmbH-Geschäftsführers II.J.16
Entschädigung nach BBauG V.B.11
Entschädigungsanspruch des Sachverständigen I.H.4
– Kosten und Gebühren I.H.6 5
Entscheidung nach Lage der Akten I.G.8
– Fristen und Rechtsmittel I.G.8
Entziehung der kassenärztlichen Zulassung VIII.2 1
– der Fahrerlaubnis im Verwaltungsprozeß V.D.3
– des Pflichtteils II.I.5
– der Rente VIII.2 1
Entziehung des Wohnungseigentums nach WEG II.G.9
Erbauseinandersetzungsklage II.I.11
– Klage bei einem Vertrag zugunsten eines Dritten auf den Todesfall II.I.10
Erbausgleich, vorzeitiger II.I.12
Erbbaurecht, Eintragung einer Zwangshypothek III.B.32
– Zwangsversteigerungsantrag III.B.33
Erbe, Drittwiderspruchsklage III.A.20 10
– Herausgabeklage II.I.8
Erbrecht, Klage auf Feststellung II.I.1,3
Erbschaftsteuerbescheid VII.5
– Fristen und Rechtsmittel VII.5
Erbschein II.I.18
– Doppelerbschein II.I.24
– gegenständlich beschränkt II.I.23
– gemeinschaftlicher II.I.19
– Nachlaßgläubiger II.I.22
– unrichtiger II.I.21
– Vor- und Nacherbfolge II.I.20
Erbscheinserteilung III.A.9
– Klage II.I.18–20,22–24
Erbunwürdigkeit, Anfechtungsklage II.I.4
Erbverzichtsvertrag II.I.7 8
Erfindung, Aufgabe bzw. Lösung II.M.3 25, 9 21
Erfindungsidee im Patentrechtsstreit II.M.5 4
Erfolgshonorar I.A.3 2
Ergänzung des Urteils I.N.3, I.N.1 5
– eines Finanzgerichtsurteils VII.21
– im Presserecht II.N.14,15

Erinnerung bei dinglicher Gläubigersicherung III.A.14
- gegen Änderungsbeschluß nach § 120 Abs. 4 ZPO I.C.5
- gegen Erteilung der Vollstreckungsklausel III.A.12
- bei Festsetzung der Vergütung für den im finanzgerichtlichen Verfahren beigeordneten Vertreter VII.33
- gegen Gerichtsvollziehermaßnahmen III.A.15
- im Konkursverfahren III.F.21 *1*
- bei Kostenfestsetzungsbeschluß im finanzgerichtlichen Verfahren VII.31
- im Sozialgerichtsprozeß VIII.27
- des Vergleichsschuldners III.F.17
- gegen Maßnahmen des Vollstreckungsgerichts III.A.16

Erklärung nach § 68 FGO VII.17
Erklärungsfrist im Verwaltungsprozeß V.B.11 *3*
- im Zivilprozeß I.F.9

Erlaßantrag, Fristen und Rechtsmittel VII.7
- im Steuerrecht VII.7

Erlaubnisantrag für ein Einfuhrkartell II.K.16
- für ein Exportkartell mit Inlandsbindung II.K.15
- für Rationalisierungskartell II.K.13
- für Rationalisierungskartell mit gemeinsamen Beschaffungseinrichtungen, Vertriebseinrichtungen und Preisabsprachen II.K.14
- für Schiedsklausel bei Exportkartell II.K.18
- für ein Sonderkartell II.K.17
- für Strukturkrisenkartell II.K.12
- für einen Zusammenschluß nach § 24 Abs. 3 GWB II.K.23

Erledigung vor Rechtshängigkeit I.M.8 *4*
Erledigung des Verwaltungsakts V.B.13 *1*
Erledigung der Hauptsache im Finanzgerichtsprozeß VII.18
- Fristen und Rechtsmittel I.M.8, 9, 10
- im Verwaltungsprozeß V.B.14
- im Zivilprozeß I.M.8, 9, 10
- Kostenbeschluß I.M.8 *3*

Erledigungserklärung des Klägers im Zivilprozeß (einseitige) I.M.8, 10
- übereinstimmende I.M.9

Ermessensausübung, fehlerhafte, im Polizeirecht V.A.5
Ermessensleistung im Sozialrecht VIII.4 *2*
Eröffnungsbeschluß im Konkurs III.F.24 *1*, 27 *1*
Ersatzaussonderung im Konkurs III.F.26 *6*
Ersatzvornahme nach § 887 ZPO III.C.3
Ersatzzeit VIII.6 *6*
Erschließungsbeitragsrecht Anfechtungsklage V.B.1
- Klageerwiderung V.B.12

Erschließungsbeitragssatzung V.B.12
Erschließungsvertrag V.B.9
Ersetzung der Zustimmung des Betriebsrates IV.E.7

Erschöpfung des Rechtsweges im Verfassungsbeschwerdeverfahren VI.1 *1*
Erstattungsanspruch, im Sozialrecht VIII.3 *1*
Erstattungsfähigkeit von Kosten des finanzgerichtlichen Verfahrens VII.31
Erteilungsakten im Patentrechtsstreit II.M.4 *6*
Erwerbsschaden II.D.1 *10*
Erwerbsunfähigkeitsrente VIII.6 *6*
Erwerbsverbot I.R.8
Europäisches Patentübereinkommen II.M.1
Europapatent II.M.1
Exequaturteil I.T.16
Exportkartell II.K.7, 15, 18

Fahruntüchtigkeit, alkoholbedingte VIII.9 *2*
Feriensache I.F.3
- und Scheckprozeß I.Q.5 *1*
- und Unterhaltsprozeß I.H.30 *12*
- und Wechselprozeß I.Q.3 *1*
- und Wiedereinsetzung I.F.2 *1*

Festsetzung der Einlassungsfrist I.F.5
- der Vergütung des im finanzgerichtlichen Verfahren beigeordneten Vertreters VII.33, 34
- von Zwangsmitteln III.C.4

Feststellung von Einkünften VII.2, 3
- nach § 51b GmbHG II.J.18
- der Unwirksamkeit eines Sozialplans IV.E.12

Feststellung der Vaterschaft II.H.2
Feststellungsbescheid im Steuerrecht VII.2, 13
- einheitlicher VII.2 *3*, 3, 13
- gesonderter VII.2 *4*, 3, 13

Feststellungsklage, aktienrechtliche II.J.25 *1,4*
- Anerkennung eines ausländischen Urteils I.T.5
- Anerkennung einer ausländischen Entscheidung I.T.12 *6*
- im Arbeitsrecht IV.A.9, 10, IV.B.10, 12
- wegen Baumängeln II.C.7
- Beschwerdefrist II.K.27 *5*
- im Erbrecht II.I.1, 2
- bei streitig gebliebener Konkursforderung III.F.28
- und Leistungsklage I.D.4 *2*
- negative, bei Entlastung des GmbH-Geschäftsführers II.J.15 *3*
- bei Patentverletzung II.M.3 *15*
- wegen künftigen immateriellen Schadens II.D.8
- im Sozialgerichtsprozeß VIII.8, 9
- bei Verkehrsunfall II.D.1
- im Verwaltungsprozeß V.B.8
- des Werkunternehmers II.C.11
- wegen Zukunftsschaden II.D.8

Feststellungsklage im Zivilprozeß I.D.3
- wegen künftigen Schadens I.D.4
- negative I.D.3 *4*, I.E.7
- positive I.D.3, 4
- bei Unfallschaden I.D.4
- Feststellungsinteresse I.D.3 *1*

Sachregister
Fette Zahlen/Buchstaben = Sachgebiete

Feststellungswirkung der Patenterteilung II.M.5 4
Finanzgerichtsprozeß VII.9 *1–5*
- Ablehnung eines Richters VII.22
- Änderungsbescheid VII.17 *4,5,6,* 18 *1*
- Anfechtungsklage VII.9 *4,5,* 13 *4*
- Anwendung der ZPO VII.9 *1*
- Ausschließung von Gerichtspersonen VII.22 6
- Aussetzung der Vollziehung VII.10,12,14,16
- Berichtigung des Urteils VII.19
- Bescheidungsklage VII.15 6
- Beschwerde VII.22
- einstweilige Anordnung VII.13 *4,* 16 *5*
- Erklärung nach § 68 FGO VII.17
- Erledigung der Hauptsache VII.18
- Frist VII.9 *5*
- Klage gegen Einkommensteuerbescheid VII.9
- Klage gegen Umsatzsteuerbescheid VII.11
- Klage gegen Verlustfeststellungsbescheid VII.13
- Klageänderung VII.17 *2*
- Kostenantrag VII.9 *7*
- Kostenerstattung VII.9 *9*
- Nichtzulassungsbeschwerde VII.23,24,25
- offenbare Unrichtigkeit des Urteils VII.19
- Rechtsverletzung VII.9 *6,* 15 *5*
- Revision VII.23 *4, 26–30*
- Streitwertrevision VII.23 *4*
- Tatbestandsberichtigung VII.20
- Urteilsergänzung VII.21
- Verfahrensmangel VII.23 *5, 24,28*
- Verletzung rechtlichen Gehörs VII.25,29
- Verpflichtungsklage VII.9 *4,* 15 *4*
- Vertretungszwang VII.9 *3*
- Vollmacht VII.9 *3,* 27 *2*
- Vorbescheid VII.26 *3*
- vorläufige Vollstreckbarkeit VII.9 *8*
- Vorverfahren VII.9 *5,9,* 15 *4*
- Zuständigkeit VII.9 *2*

Finanzgerichtsurteil, Verfassungsbeschwerde VI.5

Firmenrecht als Ausschlußrecht II.L.11 *3*
- prioritätsälteres II.M.22 *9*

Firmenrechtsverletzung II.L.11

Flächennutzungsplan, Anregungen und Bedenken zum Entwurf V.A.1

Flexible Arbeitszeit IV.A.2 *3*

Fluchtgründe im Asylrecht V.B.6 *9*

Flughafenbau und Verfassungsbeschwerde VI.3

Fortschritt als Patentvoraussetzung II.M.3 *24*

Fortsetzung des Rechtsstreits nach Anzeige der Bestellung durch den Testamentsvollstrecker I.L.2 *1*
- nach Aufhebung eines Prozeßvergleichs I.M.1 *2*
- nach Aufnahme durch die Erben I.L.2 *1*
- nach Vorbehaltsurteil I.Q.7,8

Fortsetzungsfeststellungsklage im Sozialgerichtsprozeß VIII.8 *2*
- im Verwaltungsprozeß V.B.15

Fortsetzungskrankheit IV.A.4 *4*

Freiberufliche Mitunternehmerschaft VII.3

Freie Entfaltung der Persönlichkeit VI.14

Freie Meinungsäußerung VI.1

Freigabe eines hinterlegten Betrags II.E.5

Freistellungsanspruch II.D.2 *2*
- für die Beschaffung von Hilfsmaterial IV.E.5
- des Betriebsratsmitglieds IV.E.4
- von einer Verbindlichkeit II.D.1 *4*

Fremdrechtserbschein II.I.24 *1*

Fremdrentengesetz VIII.21 *5*

Fristen, Abkürzung der Einlassungsfrist I.Q.3
- Abkürzung richterlicher und gesetzlicher Fristen I.F.6 *1*
- Festsetzung der Einlassungsfrist I.F.5
- Verlängerung I.F.4
- Wiedereinsetzung bei Versäumung I.F.1,2

Fristen und Rechtsmittel, Abänderungsklage gegen Unterhaltstitel II.H.4
- Abänderung und mündliche Verhandlung über einstweilige Anordnung II.H.27
- Ablehnung der Prozeßkostenhilfe I.C.6
- Ablehnung eines Sachverständigengutachtens I.H.6
- Abnahme der eidlichen Offenbarungsversicherung III.D.1
- abweichende Versteigerungsbedingungen III.B.38
- andere Verwertung nach § 844 ZPO III.B.15
- andere Verwertung nach § 825 ZPO III.B.5
- Anerkenntnisurteil I.M.7
- Anfechtung eines Gesellschafterbeschlusses II.J.17
- Anspruchsbegründung nach Überleitung in das streitige Verfahren I.B.7
- Aufhebung des Arrests wegen veränderter Umstände I.R.3
- Aufhebung der Beschlagnahme von Zubehör III.B.37
- Aussetzung der Verwertung III.B.4
- Aussetzung der Vollziehung im Steuerrecht VII.10, 12, 14
- Aussetzungsantrag nach § 149 ZPO I.L.1
- Auseinandersetzungsantrag nach § 246 ZPO I.L.2
- Austauschpfändung III.B.3
- Beitritt eines Nebenintervenienten I.J.3
- Berufung wegen Verbundurteil II.H.30
- Beschwerde gegen die Ablehnung eines Erlaßantrags VII.7
- Beschwerde im Zivilprozeß I.O.10
- Bestrafungsantrag III.C.5
- Beweisbeschluß I.H.1
- Beweissicherungsantrag I.H.9
- Bewilligungsverfahren über Prozeßkostenhilfe I.C.1, 3, 4
- Bezeichnung als Feriensache I.F.3
- dinglicher Arrest I.R.1
- dingliche Gläubigersicherung III.A.14

magere/kursive Zahlen = Nr./§§ der Formulare   Sachregister

- Eheaufhebungsklage II.H.5
- Ehelichkeitsanfechtungsklage II.H.1
- Einfache Beschwerde im Zivilprozeß I.O.10
- Einspruch gegen Bescheid über gesonderte und einheitliche Feststellung von Einkünften VII.2
- Einspruch gegen Einkommensteuerbescheid VII.1
- Einspruch gegen Erbschaftsteuerbescheid VII.5
- Einspruch gegen Grunderwerbsteuerbescheid VII.4
- Einspruch gegen Haftungsbescheid VII.6
- Einspruch gegen Versäumnisurteil I.G.5, 7
- Einspruch gegen Vollstreckungsbescheid I.B.4
- Einstweilige Anordnung wegen Ehegatten-Getrenntleben II.H.26
- Einstweilige Anordnung wegen Ehewohnung II.H.25
- Einstweilige Anordnung wegen elterlicher Sorge II.H.24
- Einstweilige Anordnung wegen Getrenntleben II.H.25
- Einstweilige Anordnung wegen Kindesunterhalt II.H.26
- Einstweilige Anordnung wegen persönlicher Gebrauchsgegenstände II.H.25
- Einstweilige Anordnung wegen Prozeßkostenvorschuß II.H.23
- Einstweilige Einstellung beim Vollstreckungsgericht III.A.18
- Einstweilige Verfügung I.R.4 *1*
- Einstweilige Verfügung auf Eintragung einer Vormerkung II.F.3
- Einstweilige Verfügung im Wettbewerbsrecht II.L.3, 5, 10, 13, 14
- Eintragung einer Zwangshypothek III.B.32
- Entscheidung nach Lage der Akten I.G.8
- Entscheidung über Zeugnisverweigerungsrecht I.H.3
- Ergänzung der eidesstattlichen Versicherung III.D.2
- Erhöhung des Pfandbeitrags III.B.21
- Erklärungen nach § 68 FGO VII.17
- Erlaß eines Mahnbescheids I.M.1
- Erlaß des Vollstreckungsbescheids I.B.3
- Erledigung des Rechtsstreits I.M.8, 9, 10
- Erledigung des Rechtsstreits im Finanzgerichtsprozeß VII.18
- Festsetzung der Vergütung für einen im finanzgerichtlichen Verfahren beigeordneten Vertreter VII.33
- Festsetzung von Zwangsmitteln III.C.4
- Feststellung der Vaterschaft II.H.2
- Fristverlängerung I.F.6
- Gebrauchsmusterlöschungsantrag II.M.12
- Gerichtsvollziehermaßnahmen III.A.15

- Gestattung der Austauschpfändung III.B.3
- Gestattung der Ersatzvornahme und Leistung eines Kostenvorschusses III.C.3
- Gestattung der Vollstreckung zur Nachtzeit III.A.10
- Gewährleistungsklage des Käufers II.A.4
- Grundurteil I.L.5
- Hinausschieben der Urteilszustellung I.N.5
- isolierte Anfechtungsklage nach § 54 Abs. 1 SGG VIII.2
- Klage gegen Einkommensteuerbescheid VII.9
- Klage gegen Umsatzsteuerbescheid VII.11 *10*
- Klage im Zivilprozeß I.D.1
- Klageänderung I.K.1
- Klauselerteilung für und gegen Rechtsnachfolger III.A.4, 12
- Klauselerteilung nach § 726 Abs. 1 ZPO III.A.3, 12
- Kostenentscheidung bei Anerkenntnisurteil I.M.6
- Kostenentscheidung nach Klagrücknahme I.M.3
- Kostenfestsetzung im finanzgerichtlichen Verfahren VII.31
- Kostenfestsetzung nach § 197 SGG VIII.30
- Leistungsklage nach § 54 Abs. 5 SGG VIII.3
- Löschung im Schuldnerverzeichnis III.D.6
- Mieterantrag auf Gewährung einer Räumungsfrist nach § 721 ZPO oder bei Räumungsvergleich II.B.10, 14
- negative Feststellungsklage wegen Fortbestand einer einstweiligen Anordnung II.H.28
- Nichtberücksichtigung von Unterhaltsberechtigten III.B.19
- Nichtzulassungsbeschwerde im Finanzgerichtsprozeß VII.23, 24, 25
- Normenkontrollverfahren nach § 47 VwGO V.G.1
- öffentliche Zustellung von Klagschrift und Ladung I.F.4
- Ordnungsmittelbeschluß I.H.2
- Parteierweiterung I.J.6
- Parteiwechsel I.J.5
- Patentnichtigkeitsklage II.M.6
- persönlicher Arrest I.R.2
- Pfändungs- und Überweisungsantrag III.B.6
- Pfändungsantrag von Anwartschaften III.B.28
- Pfändungsantrag bei Arbeitseinkommen III.B.17
- Pfändungsantrag von Auflassungsanwartschaften III.B.29
- Pfändungsantrag auf bedingt pfändbare Bezüge III.B.18
- Pfändungsantrag bei beweglichen Sachen III.B.28
- Pfändungsantrag bei drittschuldnerlosem Recht III.B.25
- Pfändungsantrag bei Forderung aus unerlaubter Handlung III.B.20

1631

Sachregister

Fette Zahlen/Buchstaben = Sachgebiete

- Pfändungsantrag bei GmbH-Stammeinlage **III.B**.13
- Pfändungsantrag bei Gemeinschafts-, Gesellschafts- und Genossenschaftsanteilen **III.B**.26
- Pfändungsantrag bei Herausgabeanspruch **III.B**.27
- Pfändungsantrag bei Hypotheken und Grundschulden **III.B**.9
- Pfändungsantrag bei Kontoguthaben und sonstigen Ansprüchen gegen Banken **III.B**.12
- Pfändungsantrag bei sonstigen Geldforderungen **III.B**.14
- Pfändungsantrag bei Sozialleistungen **III.B**.10
- Pfändungsantrag bei Steuererstattungsansprüchen **III.B**.11
- Protokollberichtigung **I.F**.8
- Prozeßkostenhilfeantrag im finanzgerichtlichen Verfahren **VII**.32
- Räumungsantrag nach § 149 Abs. 2 ZVG **III.B**.42
- Regelunterhalt **II.H**.2, 3
- Revision im Finanzgerichtsprozeß **VII**.26, 27, 28, 29, 30
- Richterablehnung im Finanzgerichtsprozeß **VII**.2
- Richterablehnung im Zivilprozeß **I.L**.7
- richterliche Durchsuchungsanordnung für Schuldnerwohnung **III.A**.11, 10
- Rubrumsberichtigung **III.A**.8
- Sachverständigengutachten **I.H**.4
- Schuldnerantrag gegen Kontenpfändung **III.B**.23
- Schuldnerantrag nach § 850i ZPO **III.B**.22
- sofortige Beschwerde wegen „greifbarer Gesetzwidrigkeit" **II.H**.29
- Sprungrevision im Verwaltungsprozeß **V.C**.9
- Stufenklage im Zivilprozeß **I.D**.11
- Tatbestandsberichtigung **I.N**.4
- Tatbestandsberichtigung im Finanzgerichtsprozeß **VII**.20
- Teilungsversteigerungsantrag **III.B**.44
- Teilurteil **I.L**.4
- Terminsverlegung **I.F**.7
- Überweisungsantrag bei verbrieften Forderungen **III.B**.8 *7*
- Untätigkeitsklage nach § 88 SGG **VIII**.5
- Untätigkeitsbeschwerde im Finanzgerichtsprozeß **VII**.8
- Urkundenbeweisantritt **I.H**.7
- Urkundenprozeß **I.Q**.1
- Urteilsberichtigung **I.N**.1
- Urteilsberichtigung im Finanzgerichtsprozeß **VII**.21
- Urteilsergänzung **I.N**.3
- Urteilsergänzung im Finanzgerichtsprozeß **VII**.21
- Vereinbarung des Bestehenbleibens nach § 91 ZVG **III.B**.40
- Verfassungsbeschwerdeverfahren **VI**.1
- Verhaftungsauftrag **III.D**.5
- Verkehrswertfestsetzung nach § 74a Abs. 5 Satz 3 ZVG **III.B**.36
- Verlustfeststellungsbescheid **VII**.9, 13, 15, 16
- Verpflichtungsklage nach § 54 Abs. 1 SGG **VIII**.4
- Versäumnisurteil gegen den Beklagten **I.G**.1
- Versäumnisurteil im schriftlichen Vorverfahren **I.G**.1, 2
- Versorgungsausgleich **II.H**.17–22
- Verweisung an die Kammer für Handelssachen **I.I**.1
- Verweisung wegen örtlicher Unzuständigkeit **I.I**.2
- Vorbehaltsurteil **I.L**.6
- Vollstreckungsauftrag wegen Räumung **III.C**.2
- Vollstreckungsauftrag nach § 754 ZPO **III.B**.1
- Vollstreckungsschutz nach § 765a ZPO **II.B**.16
- Vollstreckungsschutzantrag **III.A**.13
- Vorläufige Anordnung wegen elterlicher Sorge und Herausgabe eines Kindes **II.H**.24
- Vorpfändung **III.B**.7
- weitere vollstreckbare Ausfertigung **III.A**.7
- wettbewerbsrechtliche Abmahnung **II.L**.1
- Widerspruch gegen Mahnbescheid **I.B**.2
- Widerspruch des Schuldners (§ 900 Abs. 5 ZPO) **III.D**.4
- Widerspruch gegen Teilungsplan nach § 876 ZPO **III.B**.30
- Wiedereinsetzung in den vorigen Stand **I.F**.1
- Zugewinnausgleich **II.H**.15
- Zuschlagsbeschluß **III.B**.39
- Zustellungsauftrag **III.A**.6
- Zustimmung zum Realsplitting **II.H**.14
- Zurückweisung des Antrags auf Versäumnisurteil **I.G**.4
- Zuteilung von Ehewohnung und Hausrat **II.H**.16
- Zwangsversteigerungsantrag für Grundstück, Erbbaurecht, Wohnungseigentum, Heimstätte **III.B**.33
- Zwangsversteigerungsbeitritt **III.B**.34
- Zwangsverwaltung **III.B**.41
- Zweites Versäumnisurteil **I.G**.6

Fristverlängerung I.F.6
- Fristen und Rechtsmittel **I.F**.6

Fristversäumung und Anwaltsverschulden, fehlerhafte Anträge auf Prozeßkostenhilfe **I.F**.2 *1*
- fehlerhafte Entgegennahme von Berufungsaufträgen **I.F**.2 *1*
- fehlerhafte Kontrolle von Rechtsmittelfristen **I.F**.2 *1*
- fehlerhafte Rechtsmittelschrift **I.F**.2 *1*
- fehlerhafte Zuleitung an das Gericht **I.F**.2 *1*

magere/kursive Zahlen = Nr./§§ der Formulare   **Sachregister**

– Irrtum über Feriensache **I.F.2**
– Mißverständnisse gegenüber Kollegen **I.F.2** *1*
– Mißverständnisse gegenüber dem Mandanten **I.F.2** *1*
Früher erster Termin I.D.1 *13*, **E.1**
– und verspätetes Vorbringen **I.D.1** *13*
– **I.E.4** *1*
Fusionskontrolle II.K.21–23

Garantieerklärung bei Quotenvergleich **III.F.12**
Gebäude als Schadensursache **II.D.5**
Gebot der Rücksichtnahme im Baurecht **V.E.2**
Gebrauchsmuster II.M.8
– Schutzumfang **II.M.9** *24*
Gebrauchsmusterberühmung II.M.7 *6*
Gebrauchsmusterlöschungsantrag II.M.12
Gebrauchsmusterrecht, Pfändung **III.B.25** *1*
Gebrauchsmusterrolle II.M.9 *19*
Gebrauchsmusterverletzungsklage, Abmahnung **II.M.9**
– Akteneinsicht **II.M.10** *5*
– Auskunft **II.M.9**
– Beweisführung **II.M.9** *15*
– Eingriff in das Recht eines eingerichteten und ausgeübten Gewerbebetriebs **II.M.13** *1*
– Erfindungsbegriff **II.M.9** *21*
– formelle Klageerwiderung **II.M.10**
– Gebrauchsmusterrolle **II.M.9** *19*
– Konkretisierte Verletzungshandlung **II.M.9** *7*
– materielle Klageerwiderung **II.M.11**
– Merkmalsanalyse **II.M.9** *25*
– Mitteilung des Anmeldetages **II.M.9** *17*
– Nebenentscheidungen **II.M.9** *14*
– Priorität **II.M.9**
– Rechnungslegung **II.M.9**
– Schadensersatz **II.M.13** *1*
– Schutzansprüche **II.M.9**
– Schutzumfang **II.M.9** *24*
– Stand der Technik **II.M.9**
– Strafandrohungsklausel **II.M.9** *4*
– Streitwert **II.M.9** *3*
– Unionspriorität **II.M.9** *17*
– Unterlassungsanspruch **II.M.9**
– Verschulden **II.M.9** *27*
– Wirtschaftsprüfervorbehalt **II.M.9** *11*
– Zahl der Abschriften **II.M.9** *20*
– Zuständigkeit **II.M.9**
Gebühren s. Kosten und Gebühren
Gebührenteilung I.A.1 *2*
Gebührenvorschuß I.A.2 *4*
Gefährdungshaftung und Verkehrsunfall **II.D.16**
Gefahrgeneigte Tätigkeit IV.C.2 *3*
Gefahr im Verzug und Durchsuchungsanordnung **III.A.11** *7*
Gegendarstellung im Presserecht **II.N.1,4,5**
– Antrag auf Veröffentlichung **II.N.4**
– Antrag auf Abweisung eines Antrages auf Veröffentlichung **II.N.5**

– Ablehnung der Veröffentlichung **II.N.3**
– Aufforderung zum Abdruck **II.N.2**
Gegenstand der Erfindung II.M.1 *9*
Gegenstandswert im Verfassungsbeschwerdeverfahren **VI.17**
Gegenvorstellung I.O.12
Gehaltsfortzahlung im Krankheitsfall **IV.A.3**
Geldakkord IV.A.7 *2*
Geldforderungen, Pfändung **III.B.14**
Geldrente nach § 843 BGB **II.D.6**
– wegen immateriellem Schaden **II.D.8**
– wegen Tötung des Unterhaltspflichtigen **II.D.7**
Gemeinschaftlicher Erbschein II.I.19
Gemeinschaftsanteile, Pfändung **III.B.26**
Gemeinschaftspatent II.M.1
Gemeinschaftspatentübereinkommen II.M.1
Gemeinschuldner, Abgabe der eidesstattlichen Versicherung **III.F.23**
Genehmigung nach § 1587o BGB **II.H.6** *15*, *17*
Genossenschaftsanteile, Pfändung **III.B.26**
Gerichtsferien I.F.2 *1*
– Antrag auf Bezeichnung als Feriensache **I.F.3**
Gerichtsstand der unerlaubten Handlung **II.D.1** *1*
– im Geschmacksmusterrecht **II.M.14** *37*
– im Markenrecht **II.M.18** *2*
Gerichtsstandsvereinbarung, internationale **I.T.4** *14*
Gerichtsvollzieher, Erinnerung gegen seine Maßnahmen **III.A.15**
– Zustellungsauftrag **III.A.6**
Gerümpel in der Zwangsvollstreckung **III.C.2** *4*
Gesamtgut und § 771 ZPO **III.A.20** *10*
Gesamtschuld, Abfindungsklage **II.J.7**
– im Gesellschaftsrecht **II.J.7** *2*
Gesamtschuldnerische Haftung von Architekt und Werkunternehmer **II.C.11,12**
– von Fahrzeughalter und Versicherung **II.D.5** *7*
Gesamtvollstreckungsordnung, Antrag des Schuldners auf Eröffnung des Konkursverfahrens **III.F.18**
– Antrag eines Gläubigers auf Eröffnung des Konkursverfahrens **III.F.19**
– Anregung eines Gläubigers zur einstweiligen Anordnung von Sicherungsmaßnahmen vor Eröffnung des Konkursverfahrens **III.F.20**
– sofortige Beschwerde des Gemeinschuldners gegen die Eröffnung des Konkursverfahrens auf Antrag eines Gläubigers **III.F.21**
– Antrag eines Konkursgläubigers auf Bestellung eines vorläufigen Gläubigerausschusses **III.F.22**
– Antrag eines Konkursgläubigers auf Ladung des Gemeinschuldners zur Abgabe der eidesstattlichen Versicherung **III.F.23**
– Anmeldung mehrerer selbständiger Konkursforderungen mit Antrag auf Vorwegbefriedigung bevorrechtigter Forderungen **III.F.24**

Sachregister

Fette Zahlen/Buchstaben = Sachgebiete

- Anmeldung einer Ausfallforderung durch aus- und absonderungsberechtigten Gläubiger III.F.25
- Stufenklage eines Aussonderungsgläubigers gegen den Konkursverwalter III.F.26
- Schadensersatzklage gegen den Konkursverwalter III.F.27
- Klage auf Feststellung einer streitig gebliebenen Konkursforderung III.F.28
- Aufnahme eines unterbrochenen Rechtsstreites durch den Gläubiger gegen den Konkursverwalter III.F.29
- Klage eines Massegläubigers bei Unzulänglichkeit der Masse III.F.30
- Vorschlag einer Kommanditgesellschaft als Gesamtschuldnerin zum Abschluß eines Liquidationsvergleiches III.F.31
- Antrag eines Konkursgläubigers auf Erteilung der Ausfertigung eines vollstreckbaren Tabellenauszuges III.F.32

Geschäftsbedingungen und GWB II.K.9
Geschäftsbesorgung II.E.1
Geschäftsführer der GmbH II.J.16
Geschäftsführungsbefugnis, Entziehung nach HGB II.J.4, 5
Geschäftswert im Verfahren nach WEG II.G.1 10, 4 11
Geschmacksmuster II.M.13 16
Geschmacksmusterberühmungsklage II.M.17
Geschmacksmusterrecht, Pfändung III.B.25 1
Geschmacksmusterunfähigkeit II.M.14 22
Geschmacksmusterverletzung II.M.13
Geschmacksmusterverletzungsklage, Abmahnung II.M.13

- Art der Niederlegung II.M.13 3
- Äußerungsfrist II.M.13 11
- Bedeutung der Eintragung II.M.14 17
- Beschreibung der Merkmale II.M.13 8
- Darlegung des Verletzungstatbestandes II.M.13 10, 16
- Eigentümlichkeit II.M.14 26
- Entscheidung durch den Einzelrichter II.M.14 13, 15 8
- Feststellungsantrag II.M.14 31
- flächenhafte Erzeugnisse II.M.14 22
- formelle Klageerwiderung II.M.15
- Gerichtsstand der unerlaubten Handlung II.M.14 37
- Geschmacksmusterakten II.M.15 7
- Handelssache II.M.14 1
- Kostenerstattung II.M.13 22
- Lizenzgebühr II.M.13 16
- materielle Klageerwiderung II.M.16
- Merkmalskombinationen II.M.16 2
- Mitteilung des Anmeldetages II.M.14 16
- Nachbildung II.M.14 20, 29
- Nachbildungswille II.M.16 6
- Nebenentscheidungen II.M.14 12
- Neuheitschonfrist II.M.16 3

- Neuheitsvermutung II.M.14 25
- Patentstreitkammer II.M.14 1
- Prima-facie-Beweis bei Nachbildungen II.M.16 6,7
- Raumform II.M.14 22
- Rechnungslegung II.M.13 18, 14 33
- Schadensberechnung II.M.13 12, 21
- Schadensersatz II.M.13 12, 21, 14 3
- schriftliches Vorverfahren II.M.14 12
- Schuldvorwurf II.M.14 32
- Strafandrohungsklausel II.M.14 4
- Streitwert II.M.14 3
- Übereinstimmung II.M.16 7
- Unterlassungsanspruch II.M.13 12, 14
- Verletzergewinn II.M.13 18
- Verletzungsgegenstand II.M.13 16
- Verschulden II.M.13 1
- Verwarnung II.M.13,16
- Verweisung II.M.14 1
- Vollmacht II.M.13 2
- Vorlage von Abbildungen II.M.13 7
- Vorlage von Unterlagen II.M.13 16
- Vorverbreitung II.M.16 3
- Verwechslungsgefahr II.M.14 19
- Wirkung der Niederlegung II.M.16 3
- Wirtschaftsprüfervorbehalt II.M.13 19, 15 5
- Zivilkammer II.M.14 1

Geschmacksmusterverletzung – Abmahnung, unbegründete Abmahnung II.M.13 1
Gesellschafter, Aufwendungsersatz II.J.11
- Ausscheiden I.J.7,9
- Klage auf Übernahme nach § 142 HGB II.J.3
- Weigerung zu Klagen II.J.4 4

Gesellschafterbeschluß, Anfechtung II.J.17
- auf Ausschließung II.J.19 6

Gesellschafterdarlehen II.J.15 2
Gesellschaftsanteile, Pfändung III.B.26
Gesetz, Verfassungsbeschwerde VI.9, 10, 11, 12
Gesetzlicher Forderungsübergang II.D.1 5, 5 9
Gesetzlicher Richter VI.2
Gesonderte Feststellung von Besteuerungsgrundlagen VII.2 4,5
Geständnis I.E.3 5
Gestaltungsklage II.J.1 1, 2 1, 3 2, 4 2
Gesundheits-Reformgesetz VIII.3 1
Getrenntleben der Ehegatten, Begriff II.H.7 9, 9 7
- einstweilige Anordnung II.H.25,26
- weniger als 1 Jahr II.H.6
- mindestens 1–3 Jahre II.H.7,8

Gewährleistungsklage des Käufers II.A.4
Gewillkürte Prozeßstandschaft I.J.1
Gewinn- und Verlustrechnung II.J.6
Gewinnausschüttung nach § 29 GmbHG II.J.17
Gewinnfeststellungsbescheid VII.2 8, 3 4
Gewinnverteilungsbeschluß II.J.17 7
Glaubhaftmachung des Konkursgrundes III.F.18 5, 19 8
- im Sozialversicherungsrecht VIII.22 4

magere/kursive Zahlen = Nr./§§ der Formulare   **Sachregister**

Gläubigeranfechtung III.F.2,3,4
Gläubigerausschuß, vorläufiger III.F.22
Gläubigerversammlung III.F.22 *1*
Gläubigerverzeichnis im Konkurs III.F.18 *7*
Gleichbehandlungsgrundsatz im Arbeitsrecht IV.A.14
Gleichheitssatz VI.4, 11
GmbH, Auflösung II.J.20
GmbH-Gesellschafter II.J.19
GmbH-Stammeinlage, Pfändung III.B.13
Grad der Behinderung VIII.8 *3*
Grobe Unbilligkeit im Unterhaltsrecht II.H.13 *7*
Gründer einer GmbH II.J.13
Grundbuch, Eintragung II.F.4
– Löschung II.F.4
– Richtigkeit II.F.6
Grundbuchberichtigung II.F.5
– durch Nacherben II.I.15
Grunderwerbsteuerbescheid VII.4
– Fristen und Rechtsmittel VII.4
Grundlagenbescheid im Steuerrecht VII.2 *4,8*
Grundrechtsbeeinträchtigung VI.1,2
Grundrechtsrüge VI.1 *6*
Grundschuld im Konkurs III.F.25 *12*
– Pfändung III.B.9,29
– Vollstreckungsauftrag III.B.1 *1*
– Duldung der Zwangsvollstreckung nach Anfechtungsgesetz III.F.4
Grundstück, Auflassungsanwartschaft III.B.28
– Eintragung einer Zwangshypothek III.B.32
– Enteignung V.A.13
– Kaufpreisminderung II.A.5
– Verkehrswert V.B.11
– Zwangsversteigerungsantrag III.B.33
Grundstücksübertragung, anfechtbare III.F.4
Grundurteil im Zivilprozeß I.L.5
– verbunden mit Teilurteil I.L.4 *1*
– im Sozialgerichtsprozeß VIII.6
Gruppenakkord IV.A.7 *2*
Gruppenwahl bei Betriebsratswahlen IV.E.2
Güterabwägung VI.1
Güterrechtsvertrag, Anfechtbarkeit III.F.4 *3*

Hälfteteilungsprinzip im Arbeitsrecht IV.A.9 *4*
Härtescheidung II.H.6
Haftbefehl und Durchsuchungsanordnung III.D.5 *8*
– und § 901 ZPO III.D.5
Haftpflichtklage II.D.5
Haftpflichtversicherung als Anspruchsgegner II.D.10
– des Mandanten II.D.12 *11*
Haftung von Vorgesellschaften II.J.13 *1*
Haftungsausfüllende Kausalität VIII.9 *3*
Haftungsbegründende Kausalität VIII.9 *3*
Haftungsausgleich zwischen Architekt und Werkunternehmer II.C.10
Haftungsbescheid im Steuerrecht VII.6

Haftungsbeschränkung, Vereinbarung I.A.4
– des Erben II.I.17 *8*
Hamburger Brauch II.L.1 *6*
Handakten des Anwalts I.A.5 *2*
Handelsbilanz II.J.6 *2*
Handelssache, Zuständigkeit I.D.2 *2*
Handlungshaftung nach § 11 Abs. 2 GmbHG II.J.13 *1*
Handwerksrecht V.B.4
Hauptfürsorgestelle, Zustimmung IV.C.5
Hauptsache, Erledigung I.M.8,9,10
Hauptware im Zugaberecht II.L.14
Haushaltsführung und Schadensersatz II.D.6 *16*
Haushaltskosten II.D.7 *18*
Hausratsteilung II.H.16
Heilung von Mängeln eines Bebauungsplans V.G.1
Heimstätte, Eintragung einer Zwangshypothek III.B.32
– Zwangsversteigerungsantrag III.B.33
Herabsetzung der Vorauszahlungen auf Einkommensteuer VII.1
Herabzonung eines Plangebiets V.G.1
Herausgabe einer Bürgschaftsurkunde II.E.4
Herausgabe von Arbeitspapieren IV.B.15
Herausgabe beweglicher Sachen, Vollstreckungsauftrag III.C.1
Herausgabe eines Geschenks an den Erben II.I.8
Herausgabe eines Kindes II.H.24
Herausgabeanspruch, Pfändung III.B.27
Herausgabeklage I.D.7
– nach § 861 BGB I.F.1
– nach § 985 BGB II.F.9
– auf Unterlagen des WEG-Verwalters II.G.6
Hergebrachte Grundsätze des Berufsbeamtentums V.5
Herstellungsmerkmale im Erschließungsbeitragsrecht V.B.1
Hilfsantrag I.K.2
– bei Aufrechnung im Prozeß I.L.6 *2*
Hilfsaufrechnung I.E.6
– im Urkundenprozeß I.Q.2 *4*
Hilfswiderklage I.E.6
Hinausschiebung der Urteilszustellung I.N.5
Hinterlegung im Geschmacksmusterrecht II.M.14 *7*
Hinterlegungsanzeige des Drittschuldners III.B.16
Hinweise im Bauplanungsrecht V.G.1
Hinweispflicht, des Vorsitzenden im Sozialgerichtsprozeß VIII.2 *5*
Hinweisschreiben bei Gebrauchsmuster II.M.8 *1,2*
Hochschulzulassungsrecht V.D.7
Höchstbetragshypothek, Pfändung III.B.9 *1*
Honorar des Rechtsanwalts im Beschlußverfahren IV.E.17
Honorarrechnung, Prüffähigkeit II.C.14 *5*

1635

Sachregister

Fette Zahlen/Buchstaben = Sachgebiete

Honorarvereinbarung I.A.3
Hypothek, im Konkurs III.F.25 *1*
– Pfändungsantrag III.B.9
Hypothekenklage nach § 1147 BGB II.F.12

Immaterieller Schaden im Presserecht II.N.17
Immissionsschutzrecht V.B.15
Immobiliarabsonderung im Konkurs III.F.25 *1*
Impfschadensrecht VIII.21 *3*
Indizienbeweis I.H.1 *1*
Indossable Forderungspapiere, Pfändung III.B.8 *2*
Inhalt des Eigentums VI.3
Inhaltskontrolle nach AGB-Gesetz II.O.2 *7, 8*
Inkassozessionar I.J.1 *1*
„Insbesondere-Teil" im Wettbewerbsrechtsstreit II.L.10 *6*
Internationales Markenrecht II.M.18 *13*
Internationales Zivilprozeßrecht I.T.
Interventionswirkung im Zivilprozeß I.J.2 *1*
Irreführende Werbung II.L.3,9

Jahresabschluß II.J.6 *3*
Jahresarbeitsverdienst VIII.9 *6*
Jahresüberschuß II.J.17
Jugendvertreter, Entbindung von der Weiterbeschäftigung IV.E.10
– Weiterbeschäftigung IV.E.11

Kammer für Baulandsachen V.B.11
Kammer für Handelssachen, Zuständigkeit allgemein I.D.2
– im Urkundenprozeß I.O.1 *2*
– Verweisung I.I.1
Kapazitätsregelungen an Hochschulen V.D.7
Kapitalersetzendes Darlehen II.J.15 *2*
Karenzentschädigung IV.A.8
Kartellvertrag II.K.1 *2, 2 5, 4 1, 5 2, 6 2*
– für kleine und mittlere Unternehmen II.K.6
– über Leistungsbeschreibungen oder über Preisaufgliederungen II.K.3
– von Versicherungsunternehmen II.K.11
Kaskoversicherung II.D.15 *5*
Kassenpfändung III.B.1
Kaufmännische Orderpapiere, Pfändung III.B.8 *2*
Kaufpreisklage, bewegliche Sachen II.A.15
– Schlüssigkeit II.A.1 *6*
– Zahlung Zug um Zug II.A.1 *3,4*
– Zuständigkeit II.A.1 *1,2*
Kaufpublikum II.L.9
Kaufrecht II.A.1 ff.
– Abnahme der Kaufsache II.A.2
– Gewährleistung II.A.4
– Kaufpreisklage I.D.1
– Lieferung II.A.3
– Minderung beim Grundstückskauf II.A.5
– Rückzahlung II.A.4

Kausalität, haftungsausfüllende, bzw. haftungsbegründende im Sozialrecht VIII.9 *3*
Kaution im Mietrecht II.B.9
Kennzeichen im Markenrecht II.M.19
Kindergeld, Pfändung III.B.10 *4*
Kindesunterhalt II.H.12
– Anwaltszwang II.H.12 *3*
– Düsseldorfer Tabelle II.H.12 *11,12*
– einstweilige Anordnung II.H.26
– Stufenklage II.H.12 *7*
– Vertretungsbefugnisse II.H.12 *2*
– wirtschaftliche Verhältnisse II.H.12 *6*
– Zuständigkeit II.H.12 *1*
Kinderzuschuß in der Rentenversicherung VI.4
Kläger im Arbeitsgerichtsprozeß, AG IV.B.1
– Arbeitsgemeinschaft IV.A.7
– BGB-Gesellschaft IV.A.5
– Firma IV.A.6
– Freiberufler IV.A.3
– Genossenschaft IV.B.2
– GmbH IV.A.11
– GmbH & Co KG IV.A.12
– Handwerksmeister IV.A.1
– Kaufmann IV.A.2
– KG IV.A.9
– OHG IV.A.8
– persönlich haftender Gesellschafter IV.A.8
Klage auf Abänderung des Unterhalts II.H.4
– auf Abfindung des ausgeschiedenen Gesellschafters II.J.7
– auf Abgabe einer eidesstattlichen Versicherung im Erbrecht II.I.6
– auf Abgabe einer Willenserklärung I.D.8
– auf Abnahme einer Bauleistung II.C.8
– auf Abnahme der Kaufsache II.A.2
– auf Abwehr der Vollstreckung III.A.17
– auf aktienrechtliche Anfechtung II.J.23
– auf aktienrechtliche Nichtigkeit II.J.24
– wegen Alleinstellungswerbung II.L.9
– auf Anerkennung eines ausländischen Urteils I.P.5
– auf Anfechtung einer Baugenehmigung V.D.2
– auf Anfechtung der Ehelichkeit II.H.1
– wegen Anfechtung eines GmbH-Gesellschafterbeschlusses II.J.17
– auf Anfechtung im Sozialgerichtsprozeß VIII.2, 6, 7, 9
– auf Anfechtung eines Verwaltungsakts V.B.1, 2, 6, 7
– auf Anpassung des Ruhegeldes IV.A.11
– auf Architektenhonorar II.C.14
– auf Aufhebung der Ehe II.H.5
– auf Aufhebung des Schiedsspruchs I.S.10
– auf Auflassung II.F.8
– auf Auflösung einer GmbH II.J.20
– auf Auflösung nach § 133 HGB II.J.1
– auf Aufwendungsersatz eines Gesellschafters II.J.11

magere/kursive Zahlen = Nr./§§ der Formulare   **Sachregister**

- auf Auskunft **I.D.**11, **II.E.**1
- auf Auskunft im Arbeitsrecht **IV.A.**6
- auf Auskunft im Erbrecht **II.I.**6
- auf Ausschließung nach § 140 HGB **II.J.**2
- auf Ausschluß eines GmbH-Gesellschafters **II.J.**19
- auf Ausschüttung des Gewinns **II.J.**17
- auf Befreiung von der Bürgschaft **II.E.**2
- auf Bescheidung im Finanzgerichtsprozeß **VII.**15 6
- auf Bescheidung im Sozialgerichtsprozeß **VIII.**4 4
- auf Bescheidung im Verwaltungsprozeß **V.B.**5
- auf Beseitigung einer Besitzstörung **II.F.**2
- auf Beseitigung eines gemeinschaftswidrigen Zustands nach § 43 WEG **II.G.**1
- auf Beseitigung nach § 1004 BGB **II.F.**10
- auf Bilanzmitteilung **II.J.**6
- auf Dokumentation der Ruhegeldanwartschaft **IV.A.**12
- gegen Drittschuldner **III.B.**24
- auf Duldung **I.D.**9
- auf Duldung baulicher Maßnahmen durch den Vermieter **II.B.**7
- auf Duldung der Zwangsvollstreckung nach Anfechtungsgesetz **III.F.**2,4
- auf Ehegattenunterhalt **II.H.**12
- gegen Einkommensteuerbescheid **VII.**9
- auf eidesstattliche Versicherung **I.D.**11
- auf Einräumung eines Notwegrechts **I.D.**9
- bei einverständlicher Scheidung **II.H.**7
- auf Entziehung der Geschäftsführungsbefugnis bzw. der Vertretungsmacht **II.J.**4
- auf Entziehung des Wohnungseigentums **II.G.**9
- des Erben auf Herausgabe eines Geschenks **II.I.**8
- des Erben bei einem Vertrag zugunsten eines Dritten auf den Todesfall **II.I.**10
- auf Erbauseinandersetzung **II.I.**11
- wegen Erbunwürdigkeit **II.I.**4
- auf Erfüllung eines Vermächtnisses **II.I.**9
- auf Erstattung der erforderlichen Aufwendungen **II.C.**9
- auf Erstattung der Selbstbeseitigungskosten **II.C.**9
- auf Erteilung einer Akkordabrechnung **IV.A.**7
- auf Erteilung der Vollstreckungsklausel **III.A.**5
- des Erwerbers auf Räumung von Wohnraum **II.B.**5
- wegen fehlerhafter Eingruppierung **IV.A.**1
- auf Feststellung des Erbrechts **II.I.**1, 2
- auf Feststellung wegen Baumängeln **II.C.**7
- auf Feststellung künftigen Schadens **I.D.**4
- auf Feststellung einer streitig gebliebenen Konkursforderung **III.F.**28
- auf Feststellung der Vaterschaft **II.H.**2

- auf Feststellung der Versorgungsanwartschaft **IV.A.**9
- auf Feststellung im Sozialgerichtsprozeß **VIII.**8,9
- auf Feststellung im Verwaltungsprozeß **V.B.**8
- auf Fortsetzung des Mietverhältnisses **II.B.**3
- auf Fortsetzungsfeststellung im Verwaltungsprozeß **V.B.**13
- auf Freistellung **II.D.**2
- wegen Gebrauchsmusterverletzung **II.M.**9
- auf Geldrente nach § 843 BGB **II.D.**6
- auf Geschäftsbesorgung **II.E.**1
- wegen Geschmacksmusterberühmung **II.M.**17
- wegen Geschmacksmusterverletzung **II.M.**14
- gegen einen Gesellschafter auf Mängelbeseitigung **II.J.**10
- auf Gewinnausschüttung nach § 29 GmbHG **II.J.**17 3
- auf Gewährleistung des Käufers **II.A.**4
- eines GmbH-Geschäftsführers auf Entlastung **II.J.**16
- auf Grundbuchberichtigung **II.F.**5
- bei Härtescheidung **II.H.**6
- gegen einen handelnden Gründer nach § 11 Abs. 2 GmbHG **II.J.**13
- auf Herausgabe von Arbeitspapieren **IV.B.**15
- auf Herausgabe mit Fristsetzung und Schadensersatz **I.D.**1
- auf Herausgabe von Unterlagen durch den abberufenen WEG-Verwalter **II.G.**6
- auf Herausgabe nach § 861 BGB **II.F.**1
- auf Herausgabe nach § 985 BGB **II.F.**9
- aus der Hypothek nach § 1147 BGB **II.F.**12
- auf Kündigungsschutz **IV.B.**1
- auf künftige Leistung **I.D.**10
- auf Leistung im Sozialgerichtsprozeß **VIII.**3, 9
- auf Leistung im Verwaltungsprozeß **V.B.**9
- auf Lieferung der Kaufsache **II.A.**3
- auf Löschung einer nichtigen Marke **II.M.**18
- auf Lohnzahlung **IV.A.**1
- wegen Markenverletzung **II.M.**18
- des Massegläubigers **III.F.**30
- wegen Mängeln des Gemeinschaftseigentums **II.C.**8
- auf Mängelbeseitigung **II.C.**1
- wegen Mehrarbeitsstundenvergütung **IV.A.**2
- auf Mietzinszahlung **II.B.**1
- auf Minderung gegen einen Architekten **II.C.**4
- auf Schadensersatz beim Grundstückskauf **II.A.**5
- eines Miterben auf Erfüllung einer Nachlaßforderung **II.I.**16
- gegen Miterben auf Erfüllung einer Nachlaßverbindlichkeit **II.I.**17
- auf Mitwirkung bei der Anmeldung des Ausscheidens eines Gesellschafters **II.J.**9
- auf Mitwirkung bei der Eintragung einer OHG **II.J.**8

1637

Sachregister

Fette Zahlen/Buchstaben = Sachgebiete

- eines Nacherben auf Nachschuß gegen GmbH-Gesellschafter **II.J**.14
- des nichtehelichen Kindes auf vorzeitigen Erbausgleich **II.I**.12
- des nichtehelichen Kindes auf Zahlung des Pflichtteils **II.I**.13
- Nichtigkeitsklage **I.P**.1
- öffentliche Zustellung **I.F**.4
- wegen Patentberühmung **II.M**.7
- wegen Patentnichtigkeit **II.M**.6
- wegen Patentverletzung **II.M**.3
- auf Pflichtteilsergänzung **II.I**.7
- auf Planänderung nach § 159 ZVG **III.B**.43
- auf Räumung gewerblich genutzten Geländes **II.B**.8
- bei gewerblichem Zwischenmietverhältnis auf Räumung von Wohnraum **II.B**.5
- auf Rechenschaft **II.E**.1
- auf Rechnungslegung des WEG-Verwalters **II.G**.6
- zur Regelung der elterlichen Sorge **II.H**.10
- auf Regelunterhalt **II.H**.2
- Restitutionsklage **I.P**.2
- auf Rückgewähr des Kaufpreises **II.A**.4
- auf Rücknahme kreditgefährdender Äußerungen **II.D**.4
- des Mieters auf Rückzahlung der Kaution **II.B**.9
- wegen Schadensersatzanspruch des Arbeitgebers **IV.C**.2, 3
- auf Schadensersatz im Presserecht **II.N**.17
- auf Schadensersatz wegen unerlaubter Handlung **II.D**.1
- wegen Schadensersatzhöhe bei Markenverletzung **II.M**.21
- auf Schadensersatz durch eine Wohnungseigentümergemeinschaft **II.C**.10
- auf Schadensersatz nach § 635 BGB **II.C**.6
- auf Schadensersatz nach § 113 HGB **II.J**.12 2
- auf Schadensersatz nach § 717 Abs. 2 ZPO **III.A**.23
- im Scheckprozeß **I.Q**.1
- im schiedsgerichtlichen Verfahren **I.S**.4
- auf Schmerzensgeld **II.D**.8
- bei streitiger Scheidung **II.H**.8, 9
- Stufenklage **I.D**.11
- wegen Tötung des Unterhaltpflichtigen **II.D**.7
- auf Übereignung **I.D**.8
- auf Übernahme des Geschäfts nach § 142 HGB **II.J**.3
- wegen Überstundenvergütung **IV.A**.2
- wegen Untätigkeit im Sozialgerichtsprozeß **VIII**.5
- wegen Untätigkeit im Verwaltungsprozeß **V.B**.4
- auf Unterlassung nach AGB-Gesetz **II.O**.3, 4
- auf Unterlassung im Presserecht **II.N**.17

- auf Unterlassung nach § 1004 BGB **I.D**.6, **II.F**.11
- auf Unterlassung von Wettbewerb nach § 112 HGB **II.J**.12
- auf Unterlassung im Zivilprozeß **I.D**.6
- gegen Umsatzsteuerbescheid **VII**.11
- wegen Urheberrechtsverletzung **II.M**.23
- Urkundeneinsicht **II.E**.3
- im Urkundenprozeß **I.Q**.1
- auf Urlaubsabgeltung **IV.A**.5
- auf Vergütung des Bauunternehmers **II.C**.13
- auf Vergütungsfortzahlung im Krankheitsfall **IV.A**.3
- bei Verkehrsunfall und Alleinverschulden des Gegners **II.D**.13
- bei Verkehrsunfall, aus Gefährdungshaftung **II.D**.16
- bei Verkehrsunfall und Mitverschulden **II.D**.14, 15
- wegen Verkehrssicherungspflichtverletzung **II.D**.2
- auf Verletzung durch Gebäude **II.D**.5
- wegen Verlustfeststellung **VII**.13, 15
- auf Veröffentlichung einer Gegendarstellung **II.N**.4
- auf Verpflichtung zum Erlaß eines Verwaltungsaktes **V.B**.3
- auf Verpflichtung im Sozialgerichtsprozeß **VIII**.4
- auf Vollstreckbarkeit eines ausländischen Urteils **III.A**.2
- auf Vollstreckbarerklärung eines ausländischen Exequatururteils **I.T**.16
- des Vormerkungsberechtigten auf Zustimmung zur Eintragung bzw. zur Löschung **II.F**.4
- auf Vornahme einer Handlung **I.D**.5
- auf Vorschuß bei Mängelbeseitigung **II.C**.2
- auf vorzugsweise Befriedigung **III.A**.21
- auf Wandelung **II.C**.5
- im Wechselprozeß **I.Q**.1
- wegen Wettbewerbsverbot im Arbeitsrecht **IV.C**.1
- auf Widerruf nach AGB-Gesetz **II.O**.4
- auf Widerruf kreditgefährdender Äußerungen **II.D**.4
- auf Widerruf im Presserecht **II.N**.16, 17
- auf Wiederaufnahme im Sozialgerichtsverfahren **VIII**.18
- wegen Wohngeldforderung **II.G**.2
- eines Wohnungseigentümers auf Leistung von Schadensersatz nach WEG **II.G**.4
- auf Unterlassung gegen einen anderen Wohnungseigentümer **II.G**.4
- auf Zahlung im Anfechtungsprozeß **III.F**.3
- auf Zahlung des Kaufpreises **II.A**.1
- auf Zahlung einer Karenzentschädigung **IV.A**.8
- auf Zahlung nach § 32a KO **II.J**.15

magere/kursive Zahlen = Nr./§§ der Formulare   Sachregister

- auf Zahlung des Pflichtteils II.I.6
- auf Zahlung von Ruhegeld IV.A.9
- wegen markenrechtlicher Löschung II.M.18
- auf Zeugniserteilung IV.B.15
- auf Zuschläge zum Regelunterhalt II.H.3
- auf Zustimmung zur Lohnsteuerermäßigung II.D.14 *1*
- auf Zustimmung zur Mieterhöhung II.B.2
- auf Zustimmung zum Realsplitting II.H.14
- aus § 826 BGB I.P.3
- aus § 323 ZPO I.P.4
- nach § 771 ZPO III.A.20
- nach § 878 ZPO III.B.31

Klageänderung I.K.1
- im Finanzgerichtsprozeß VII.17 *2*

Klageerhebung, Abschriften I.D.1 *23*
- Anerkenntnisurteil I.D.1 *13, 14*
- Angabe des Rechtsanwalts I.D.1 *5*
- Angabe des Streitgegenstandes I.D.1 *6*
- Angabe des Streitwerts I.D.1 *7*
- Bankbürgschaft I.D.1 *12*
- Begründung I.D.1 *16*
- bestimmter Antrag I.D.1 *8*
- Beweismittel I.D.1 *17*
- Bezeichnung des Gerichts I.D.1 *1*
- Einzelrichter I.D.1 *15*
- früher erster Termin I.D.1 *13*
- Kostenentscheidung I.D.1 *9*
- Parteibezeichnung I.D.1 *2*
- Prozeßförderungspflicht I.D.1 *13*
- schriftliches Vorverfahren I.D.1 *13*
- Schutzantrag nach § 712 ZPO I.D.11
- Sicherheitsleistung I.D.1 *12*
- Übertragung auf den Einzelrichter I.D.1 *15*
- Unterschrift I.D.1 *24*
- Versäumnisurteil I.D.1 *13,14*
- auf Vollstreckbarkeit eines ausländischen Urteils III.A.2, I.T.4
- vorläufige Vollstreckbarkeit I.D.1 *10*
- Zinsansprüche I.D.1 *22*

Klageerweiterung durch Hilfsantrag I.K.2
- subjektive I.J.6

Klageerwiderung I.E.1 ff.
- Drittwiderklage I.E.5
- Erwiderungsmuster I.E.4
- früher erster Termin I.E.1
- Hilfswiderklage I.E.6
- Kosten und Gebühren I.E.3-6
- negative Feststellungsklage I.E.7
- Prozeßaufrechnung I.E.6
- schriftliches Vorverfahren I.E.2
- Teilanerkenntnis I.E.3
- im Urkundenprozeß I.Q.2
- Vertretungsanzeige I.E.1-3
- Verwahrung gegen die Kosten I.E.3
- im Verwaltungsrechtsstreit V.A.13
- im Wechselprozeß I.Q.4
- gegenüber Werklohnklage I.E.4
- Widerklage I.E.5

- auf Zahlung des Kaufpreises I.D.1
- auf Zahlung des Werklohnes I.D.2

Klagenhäufung I.K.2,3
- bei Vollstreckbarkeit ausländischer Urteile I.T.4 *7*

Klagerücknahme I.M.2
- Fristen und Rechtsmittel I.M.3
- Kostenantrag I.M.3
- Zustimmung des Beklagten I.M.3

Klageschrift, öffentliche Zustellung I.F.4

Klageverzicht I.M.4

Klauselerteilung nach EuGÜbK I.T.8, 9

Klauselerteilungsverfahren nach EG-Recht I.T.7 f
- im Zivilprozeßrecht III.A.3, 4, 5
- Schutzschrift I.T.11

Knappschaftliche Rentenversicherung VI.4

Kommanditgesellschaft als Gemeinschuldnerin III.F.31
- Klage auf Bilanzmitteilung II.J.6 *2*
- Vergleichsverfahren III.F.9 *3, 9*
- Vertretung II.J.11 *2*

Kommanditist, Ausschluß von der Geschäftsführung II.J.1 *9*
- Kaufmannseigenschaft II.J.11 *4*

Konditionenkartell II.K.1

Konfliktsbewältigung, planerische V.G.1

Konkursausfallgeld, Pfändung III.B.10 *4*

Konkursforderung III.F.24, 28

Konkursgrund III.F.18 *5*, III.F.21 *11*

Konkursgläubiger III.F.19, 20, 21, 22, 23

Konkursverfahren, Abschlagsverteilung III.F.25 *8*
- absonderungsberechtigter Gläubiger III.F.25
- Absonderungsrecht III.F.25 *1*
- Antrag auf Eröffnung III.F.18, 19
- Antragsrücknahme III.F.21 *12*
- Aktivprozesse III.F.27 *1*
- Anhörung des Schuldners III.F.21 *9*
- Anmeldung mehrerer selbständiger Forderungen III.F.24
- Aufhebung des Konkurses III.F.30 *1*
- Aufnahme des unterbrochenen Verfahrens III.F.29
- Ausfallforderung III.F.25
- Auskunftsansprüche III.F.25 *17*
- Aussetzung der Leistungsklage des Massegläubigers III.F.30 *5*
- aussonderungsberechtigter Gläubiger III.F.25
- Aussonderungsrecht III.F.25 *1*
- bevorrechtigte Forderungen III.F.24
- Beweisstücke bei Anmeldung III.F.24 *17*
- Bürgschaft III.F.25 *16*
- eidesstattliche Versicherung des Gemeinschuldners III.F.23
- Eigentumsvorbehalt III.F.25 *1, 14*
- Einstellung des Verfahrens III.F.30 *1*
- Erinnerung III.F.21 *1*
- Eröffnungsbeschluß III.F.24 *1*

1639

Sachregister

Fette Zahlen/Buchstaben = Sachgebiete

- Feststellungsklage III.F.24 *18*, *26*
- Forderungsgrund III.F.24 *10*
- Gesamtschuld III.F.25 *16*
- Gerichtsstand III.F.26 *3*
- Gläubigerausschuß III.F.31 *1*
- Gläubiger- und Schuldnerverzeichnis III.F.18 *7*
- Gläubigerversammlung III.F.22 *1*
- Grundschuld III.F.25 *12*
- Hypotheken III.F.25 *1*
- Kommanditgesellschaft III.F.31
- Konkursforderung III.F.24 *6*, *26*
- Konkursgläubiger III.F.22
- Konkursgrund III.F.18 *5*
- Konkurstabelle III.F.26 *4*
- Konkursverwalter III.F.30 *3*
- Kosten III.F.24 *11*
- Liquidationszwangsvergleich III.F.31
- Massegläubiger III.F.30
- Massekosten III.F.30 *1*
- Masseschuld III.F.30 *1*
- Miet- und Pachtverhältnisse III.F.30 *7*
- Passivprozesse III.F.27 *1*
- Pfandrechte III.F.25 *13*
- Prüfungstermin III.F.24 *18*
- Rangordnung III.F.24 *1*
- Rechtsschutzinteresse III.F.19 *8*
- Schlußverteilung III.F.25 *8*
- Sicherungseigentum III.F.25 *14*
- Sicherungsmaßnahmen III.F.20
- sofortige Beschwerde III.F.21
- sofortige Erinnerung III.F.21 *1*
- streitig gebliebene Konkursforderung III.F.26
- Streitwert III.F.26 *3*
- Tabellenauszug III.F.24 *18*
- Überschuldung III.F.18 *5*, *21 11*
- unterbrochener Rechtsstreit III.F.27
- Unzulänglichkeit der Masse III.F.30
- Vergleichsvorschlag III.F.31 *3*
- Verjährungsfrist III.F.27 *9*
- vorläufiger Gläubigerausschuß III.F.22
- Vorwegbefriedigung III.F.24
- Widerspruch III.F.24 *17*
- Zahlungseinstellung III.F.18 *5*, *21 10*
- Zwangsvergleich III.F.31 *1*

Konkursverwalter III.F.30 *3*
Kontoguthaben, Pfändung III.B.12, 23
Konzernrichtlinien IV.F.2
Korrespondenzanwalt und ausländischer Anwalt I.A.1 *3*
- Gebühren I.A.1 *2*
- Gebührenteilung I.A.1 *2*
- Haftung I.A.1 *3*, *1 3*

Kosten, Anmeldung im Konkurs III.F.24 *11*
Kosten und Gebühren bei Abänderungsklage II.H.4
- bei Ablehnung des Richters I.L.7
- bei Abmahnung im Patentrecht II.M.1, 2
- bei Abmahnung nach AGB-Gesetz II.O.2 *9*
- bei Abschlußschreiben im Presserecht II.N.10 *5*
- bei Änderungskündigung IV.B.9
- bei aktienrechtlicher Anfechtungsklage II.J.23
- bei aktienrechtlicher Nichtigkeitsklage II.J.24
- bei Anfechtungsklage im Verwaltungsprozeß V.B.1
- bei anderer Verwertung III.B.5, 15
- bei Anerkenntnis I.M.6
- bei Anerkenntnisurteil I.M.7
- bei Anerkennung ausländischer Ehescheidungen I.T.12
- wegen Anfechtung von Beschlüssen der Wohnungseigentümerversammlung II.G.5
- bei Anfechtung einer Betriebsratswahl IV.E.2
- bei Anfechtung eines Gesellschafterbeschlusses II.J.7
- bei Anfechtungsbeschwerde nach GBW II.K.26 *5*, *8*
- bei Anfechtungsklage im Sozialgerichtsprozeß VIII.2
- bei Anmeldung von Empfehlungen für Geschäfts-, Lieferungs- und Zahlungsbedingungen II.K.9 *3*
- bei Anmeldung eines Exportkartells ohne Inlandsbindung II.K.7 *5*
- bei Anmeldung eines Kartellvertrags für kleine und mittlere Unternehmen II.K.6 *3*
- bei Anmeldung eines Kartellvertrages über Leistungsbeschreibungen und Preisaufgliederungen II.K.3 *6*
- bei Anmeldung eines Konditionenkartells II.K.1 *3*
- bei Anmeldung von Normenempfehlungen oder von Typenempfehlungen nach § 38 Abs. 2 Nr. 2 GWB II.K.8 *6*
- bei Anmeldung eines Normenkartells oder eines Typenkartells II.K.4 *2*
- bei Anmeldung eines Rabattkartells II.K.2 *6*
- bei Anordnung der sofortigen Vollziehung V.E.6, 7
- bei Antrag auf Abänderung einer einstweiligen Anordnung II.H.27
- bei Antrag auf abweichende Versteigerungsbedingungen III.B.38
- bei Antrag auf Ausländersicherheit I.T.1
- bei Antrag auf Aussetzung der Vollziehung im Steuerrecht VII.10–12, 14
- bei Antrag auf Auflösung des Betriebsrats IV.E.6
- bei Antrag auf Ausschluß eines Betriebsratsmitglieds IV.E.6
- bei Antrag auf Bestellung eines Wahlvorstandes zur Betriebsratswahl IV.E.1
- bei Antrag auf Eintragung von Wettbewerbsregeln II.K.20 *4*
- bei Antrag auf Erlaß einer einstweiligen Anordnung wegen Ehewohnung II.H.25
- bei Antrag auf Erlaß einer einstweiligen An-

magere/kursive Zahlen = Nr./§§ der Formulare   Sachregister

ordnung wegen Regelung der elterlichen Sorge **II.H.24**
- bei Antrag auf Erlaß einer einstweiligen Anordnung wegen Getrenntlebens **II.H.25**
- bei Antrag auf Erlaß einer einstweiligen Anordnung wegen Herausgabe eines Kindes **II.H.24**
- bei Antrag auf Erlaß einer einstweiligen Anordnung wegen persönlicher Gebrauchsgegenstände **II.H.25**
- bei Antrag auf Erlaß einer einstweiligen Anordnung wegen Prozeßkostenvorschuß **II.H.23**
- bei Antrag auf Errichtung einer Einigungsstelle im Arbeitsrecht **IV.E.16**
- bei Antrag auf Ersetzung der Zustimmung des Betriebsrats **IV.E.7, 9**
- bei Antrag auf Erstattung von Anwaltskosten im arbeitsgerichtlichen Verfahren **IV.E.17**
- bei Antrag auf Festsetzung von Zwangsmitteln **III.C.4**
- bei Antrag auf Gestattung der Vollstreckung zur Nachtzeit **III.A.10**
- bei Antrag, nach GWB die Aufnahme in eine Wirtschaftsvereinigung einzuordnen **II.K.19** *4*
- bei Antrag auf Löschung im Schuldnerverzeichnis **III.D.6**
- bei Antrag auf Terminsverlegung **I.F.7**
- bei Antrag auf mündliche Verhandlung über eine einstweilige Anordnung **II.H.27**
- bei Antrag auf mündliche Verhandlung im Sozialgerichtsprozeß **VIII.20**
- bei Anträgen im Prozeßkostenhilfe-Verfahren **I.C.1,2,3,4,6**
- bei Antrag auf Vollstreckungsklausel bei bedingter Leistung **III.A.3**
- bei Antrag auf Zustimmung zur Kündigung **IV.C.5**
- bei Antrag nach § 733 ZPO **III.A.7**
- bei Antrag nach § 850c Abs. 4 ZPO **III.B.19**
- bei Antrag nach § 80 VwGO **V.C.1, 2**
- bei der Prozeßkostenhilfe **I.C.1–5**
- bei Arrestaufhebung **I.R.1**
- bei Arrestpfändung in eingetragenes Schiff **III.E.2**
- Arztanhörung **VIII.22**
- bei Aufhebung der Beschlagnahme von Zubehör **III.B.37**
- bei Aufnahme des Rechtsstreits durch die Erben **I.L.4**
- bei Aufnahme eines unterbrochenen Rechtsstreits nach Konkurs **III.F.29** *5*
- bei Auflösungsklage nach § 133 HGB **II.J.1**
- bei Ausschließungsklage nach § 140 HGB **II.J.2**
- bei Aussetzung des Rechtsstreits **I.L.1**
- bei Aussetzung der Verwertung **III.B.4**
- Aussetzung der Vollziehung im Sozialgerichtsprozeß **VIII.27**

- bei Austauschpfändung **III.B.3**
- im Bauprozeß **II.C.13**
- Beiladung **VIII.23**
- bei Berichtigung des Rubrums **III.A.8**
- bei Berufungsbeschwerde gegen FGG-Entscheidung **II.H.31**
- bei Beschwerde gegen Anordnung der sofortigen Vollziehung eines Verwaltungsakts **V.E.5**
- bei Beschwerde im arbeitsrechtlichen Beschlußverfahren **IV.F.1**
- im Beschwerdeverfahren nach FGG **II.G.7**
- bei Beitritt zur Zwangsversteigerung **III.B.34**
- bei Beschwerde im Finanzgerichtsprozeß **VII.22**
- bei Beschwerde im Sozialgerichtsprozeß **VIII.19**
- bei Beschwerde gegen Verkehrswertfestsetzung **III.B.36**
- bei Beschwerde gegen Zuschlagsbeschluß **III.B.39**
- bei Bestrafungsantrag nach § 890 ZPO **III.C.5**
- Betriebsratsschulung **IV.E.3**
- Beweisantrag **VIII.21**
- im Beweisverfahren **I.H.1, 3, 4, 6–9**
- im Beweissicherungsverfahren **II.C.13**
- bei Klage auf Bilanzermittlung **II.J.6**
- bei dinglichem Arrest **I.R.1**
- bei dinglicher Gläubigersicherung **III.A.14**
- bei Drittschuldnerklage **III.B.24**
- bei Drittwiderspruchsklage **III.A.20**
- für Durchsuchungsanordnung **III.A.11**
- bei Eheaufhebungsklage **II.H.5**
- bei eidesstattlicher Versicherung nach §§ 807, 900 ZPO **III.D.1**
- bei Einfuhrkartell **II.K.16** *6*
- bei Einspruch gegen Vollstreckungsbescheid **I.B.4**
- bei Einstellung der Zwangsversteigerung **III.B.35**
- bei einstweiliger Anordnung im Finanzgerichtsprozeß **VII.16**
- bei einstweiliger Anordnung nach GWB **II.K.25** *4*
- bei einstweiliger Anordnung nach § 47 Abs. 7 VwGO **V.G.2**
- bei einstweiliger Anordnung nach § 123 VwGO **V.D.7, 8**
- bei einstweiliger Einstellung der Zwangsvollstreckung **III.A.12, 18**
- bei einstweiliger Verfügung im arbeitsgerichtlichen Beschlußverfahren **IV.E.15**
- bei einstweiliger Verfügung auf Eintragung einer Vormerkung **II.F.3**
- bei Eintragung einer Zwangshypothek **III.B.32**
- bei einverständlicher Scheidung **II.H.7**
- bei Entziehung der Geschäftsführungsbefugnis bzw. der Vertretungsmacht nach HGB **II.J.4**

1641

Sachregister

Fette Zahlen/Buchstaben = Sachgebiete

- für Erbscheinserteilung **III.A**.9
- bei Ergänzung der eidesstattlichen Versicherung nach §§ 807, 900 ZPO **III.D**.2
- bei Erhöhung des Pfandfreibetrags **III.B**.21
- bei Erlaubnisantrag für Rationalisierungskartell **II.K**.13 *2*
- bei Erlaubnisantrag für Schiedsklausel bei Exportkartell **II.K**.18 *3*
- bei Erledigung der Hauptsache im Finanzgerichtsprozeß **VII**.18
- bei Erledigung der Hauptsache im Verwaltungsprozeß **V.B**.14
- bei Erledigungserklärung des Klägers im Zivilprozeß **I.M**.8, 10
- bei Ersatzvornahme nach § 887 ZPO **III.C**.3
- für Erteilung der Vollstreckungsklausel **III.A**.1
- bei Exportkartell mit Inlandsbindung **II.K**.15 *6*
- bei Feststellung der Vaterschaft **II.H**.2
- im Finanzgerichtsprozeß **VII**.9
- bei Fortsetzung des Rechtsstreits nach Vorbehaltsurteil **I.Q**.7, 8
- bei Fusionskontrolle **II.K**.21 *5*, 22 *4*, 23 *4*
- bei Gebrauchsmusterverletzung **II.M**.9
- bei Gebrauchsmusterlöschungsantrag **II.M**.12 *5*, *6*
- bei Geschmacksmusterverletzung **II.M**.14
- bei Grundurteil **I.L**.5
- bei Härtescheidung **II.H**.6
- bei Hausratsteilung **II.H**.16
- bei Hinausschieben der Urteilszustellung **I.N**.5
- bei Hinterlegungsanzeige des Drittschuldners **III.B**.16
- bei Klage gegen den abberufenen WEG-Verwalter **II.G**.6
- bei Klage auf Ausschluß eines GmbH-Gesellschafters **II.J**.18
- bei Klage auf Ausschüttung des Gewinns **II.J**.17
- bei Klage auf Ehegattenunterhalt **II.H**.12
- bei Klage auf Entlastung des GmbH-Geschäftsführers **II.J**.16
- bei Klage auf Erteilung der Vollstreckungsklausel **III.A**.5
- bei Klage wegen fehlerhafter Eingruppierung **IV.A**.1
- bei Klage auf Fortsetzung des Mietverhältnisses **II.B**.3
- bei Klage auf Herausgabe von Arbeitspapieren **IV.B**.15
- bei Klage auf Planänderung nach § 159 ZVG **III.B**.43
- bei Klage eines Miterben auf Erfüllung einer Nachlaßforderung **II.I**.16
- bei Klage gegen einen Miterben auf Erfüllung einer Nachlaßverbindlichkeit **II.I**.17
  - bei Klage auf Mitwirkung bei der Eintragung einer OHG **II.I**.8

- bei Klage auf Mehrarbeitsstundenvergütung **IV.A**.2
- bei Klage eines Nacherben **II.J**.15
- bei Klage auf Regelunterhalt **II.H**.2
- bei Klage auf Ruhegeld **IV.A**.9, 11
- bei Klage auf Überstundenvergütung **IV.A**.2
- bei Klage auf Vergütungsfortzahlung im Krankheitsfall **IV.A**.3
- bei Klage wegen Verlustfeststellungsbescheid **VII**.13, 15
- bei Klage wegen Versorgungsanwartschaft **IV.A**.10
- bei Klage auf Weiterbeschäftigung **IV.B**.2
- bei Klage wegen Wettbewerbsverbot **IV.C**.1
- bei Klage auf Zeugniserteilung **IV.B**.15
- bei Klage auf Zuschläge zum Regelunterhalt **II.H**.3
- bei Klage nach § 717 Abs. 2 ZPO **III.A**.23
- bei Klage nach § 878 ZPO **III.B**.31
- bei Klageänderung **I.K**.1
- bei Klagerücknahme **I.M**.2, 3
- bei Klauselerteilungsverfahren nach EG-Recht **I.T**.7
- bei Kündigungsschutzklage **IV.B**.1, 3
- bei Leistung eines Kostenvorschusses nach § 887 ZPO **III.C**.3
- bei Lohnzahlungsklage **IV.A**.1
- bei Meldung eines Beschlusses einer Vereinigung von Erzeugervereinigungen nach GWB **II.K**.10 *4*
- bei Meldung eines Kartellvertrags von Versicherungsunternehmen **II.K**.11 *4*
- bei Nebenintervention **I.J**.3
- bei Nichtzulassungsbeschwerde im Arbeitsgerichtsprozeß **IV.D**.5,6, **IV.F**.2
- bei Nichtzulassungsbeschwerde im Finanzgerichtsprozeß **VII**.23, 24, 25
- bei Nichtzulassungsbeschwerde im Sozialgerichtsprozeß **VIII**.11
- bei Nichtzulassungsbeschwerde im Verwaltungsprozeß **V.C**.5, 6, 7, 8
- im Normenkontrollverfahren nach Art. 100 Abs. 1 GG **VI**.14
- bei Normenkontrolle nach § 47 VwGO **V.G**.1
- bei Notfristzeugnis **III.A**.1
- gegen die öffentliche Hand, Zwangsvollstreckung **V.F**.2
- öffentliche Zustellung **I.F**.4
- bei Parteierweiterung **I.J**.6
- bei Patentnichtigkeitsklage **II.M**.6
- bei Patentverletzungsklage **II.M**.3
- im personalvertretungsrechtlichen Beschlußverfahren **V.B**.10 *3*
- bei Pfändung von drittschuldnerlosem Recht **III.B**.25
- bei Pfändung von Grundschulden **III.B**.9
- bei Pfändung eines Herausgabeanspruchs **III.B**.27
- bei Pfändung von Hypotheken **III.B**.9

magere/kursive Zahlen = Nr./§§ der Formulare

Sachregister

- bei Pfändungsantrag bei Sicherungsverfügung III.E.1
- bei Pfändungs- und Überweisungsbeschluß III.B.6
- bei Räumungsantrag nach § 149 Abs. 2 ZVG III.B.42
- bei Rechtskraftzeugnis III.A.1
- bei Rechtsmitteln im Arbeitsgerichtsprozeß IV.D.1–3
- bei Regelung der elterlichen Sorge II.H.10
- bei Revision im Arbeitsgerichtsprozeß IV.D.7
- bei Revision im Finanzgerichtsprozeß VII.26–30
- bei Revision im Sozialgerichtsprozeß VIII.16, 17
- im Scheckprozeß I.Q.1, 6
- bei Schutzschrift gegen Klauselerteilung nach EG-Recht I.T.11
- im Selbständigen Beweisverfahren II.C.15
- bei sofortiger Beschwerde nach § 793 ZPO III.A.22
- für Sonderkartell II.K.17 6
- im sozialgerichtlichen Vorverfahren VIII.1–11
- im steuerrechtlichen Einspruchs- und Beschwerdeverfahren VII.1–8, 22–25
- bei streitiger Scheidung II.H.8
- Streitverkündung im Zivilprozeß I.J.2
- bei Tatbestandsberichtigung I.N.4
- bei Tatbestandsberichtigung im Finanzgerichtsprozeß VII.20
- bei Teilurteil I.L.4
- bei Teilungsversteigerung III.B.44
- bei übereinstimmender Erledigungserklärung I.M.9
- bei Übernahmeklage nach § 142 HGB II.J.3
- bei Überweisungsantrag nach §§ 831, 835 ZPO III.B.8
- bei Unterlassungsklage nach § 112 HGB II.J.12
- bei unzulässigem Rechtsweg I.I.4
- bei Urheberrechtsverletzungen II.M.23
- im Urkundenprozeß I.Q.1, 6
- bei Urteilsberichtigung I.N.1
- bei Urteilsberichtigung im Finanzgerichtsprozeß VII.19
- bei Urteilsergänzung I.N.3
- bei Urteilsergänzung im Finanzgerichtsprozeß VII.21
- im Verfahren auf Anfechtung der Ehelichkeit II.H.1
- im Verfahren auf Entziehung des Wohnungseigentums nach WEG II.G.9
- im Verfahren über den Erlaß einer einstweiligen Anordnung vor dem BVerfG VI.12
- im Verfahren nach Lage der Akten I.G.8
- im Verfahren nach WEG II.G.1 10, 11, 4 11
- im Verfassungsbeschwerdeverfahren VI.1–12
- bei Vereinbarung nach § 91 Abs. 2 ZVG III.B.40
- im Vergleich I.M.1
- im Vergleichsverfahren III.F.9
- bei Verhaftungsauftrag III.D.5
- bei Verpflichtungsbeschwerde nach GWB II.K.27 5, 6
- im Versäumnisverfahren I.G.1–7
- bei Versorgungsausgleich II.H.17–22
- im Verwaltungsvorverfahren V.A.5
- bei Verweisung an die Kammer für Handelssachen I.I.1
- wegen örtlicher Unzuständigkeit I.I.2
- wegen sachlicher Unzuständigkeit I.I.3
- bei Verweisung im Sozialgerichtsprozeß VIII.24
- bei Verzicht I.M.4
- bei Vollstreckung, zugunsten der öffentlichen Hand V.F.1
- bei Vollstreckbarerklärung eines ausländischen Schiedsspruchs I.T.15
- bei Vollstreckbarerklärung eines ausländischen Unterhaltstitels nach Staatsvertrag I.T.6
- bei Vollstreckbarkeitserklärung für ein ausländisches Urteil III.A.2, I.T.4
- bei Vollstreckungsabwehrklage III.A.17
- bei Vollstreckungsauftrag wegen Herausgabe beweglicher Sachen III.C.1
- bei Vollstreckungsauftrag wegen der Räumung von Wohnraum III.C.2
- bei Vollstreckungsauftrag nach § 751 ZPO III.B.2
- bei Vollstreckungsauftrag nach § 754 ZPO III.B.1
- bei Vollstreckungsklausel für und gegen Rechtsnachfolger III.A.4
- bei Vollstreckungsschutz nach § 765a ZPO II.B.16
- bei Vollstreckungsschutzantrag III.A.13
- bei Vorbehaltsurteil I.L.6
- bei Vorlage an das BVerwG V.G.2
- bei Vorpfändung III.B.7
- bei vorzugsweiser Befriedigung III.A.21
- im Wechselprozeß I.Q.1, 6
- im Wettbewerbsprozeß II.L.1, 2, 4
- Widerspruch gegen Baugenehmigung V.D.1
- bei Widerspruch gegen belastenden Verwaltungsakt V.A.4
- bei Widerspruch nach § 900 Abs. 5 ZPO III.D.4
- bei Widerspruch gegen Teilungsplan III.B.30
- Wiedereinsetzung in den vorigen Stand I.F.1
- bei wiederholter eidesstattlicher Versicherung nach § 903 ZPO III.D.3
- im Zivilprozeß, Klageverfahren I.D.1, 2, 3, 10, 11
- im Zivilprozeß, Klageerwiderung I.E.4–6
- bei Zugewinnausgleich II.H.15
- bei Zustellungsaufträgen III.A.6
- bei Zustellung im Ausland I.T.2

1643

Sachregister

Fette Zahlen/Buchstaben = Sachgebiete

- bei Zwangsversteigerungsantrag III.B.33
- bei Zwangsverwaltungsantrag III.B.41

Kostenentscheidung im Sozialgerichtsprozeß VIII.29

Kostenerstattung im steuerrechtlichen Vorverfahren VII.9 *9*
- im Verwaltungsvorverfahren V.A.5

Kostenerstattungsanspruch des Betriebsrats IV.E.5

Kostenfestsetzung, gegen den Mandanten I.A.6
- im Finanzgerichtsprozeß VII.31
- im Sozialgerichtsprozeß VIII.27
- im Verfassungsbeschwerdeverfahren VI.18

Kostenregelung bei Prozeßvergleich I.M.1 *11*

Kostenvoranschlag II.C.2

Kostenvorschuß nach § 887 ZPO III.C.3
- im Werkvertragsrecht II.C.2 *1*

Kostenwiderspruch bei einstweiliger Verfügung II.L.7

Krankengeld, VIII.6 *1*
- Pfändung III.B.10 *4*

Krankheit und Abgabe der eidesstattlichen Versicherung III.D.4 *6*
- Begriff IV.B.1 *1*
- Informationspflichten des Arbeitnehmers IV.B.4 *8*
- als Kündigungsgrund IV.B.4 *1*

Krankheitsfall, Vergütungsfortzahlung IV.A.3

Kreditgefährdende Äußerungen II.D.4

Kriegsopferrente, Pfändung III.B.10 *4*

Kündigung, außerordentliche IV.B.11
- im Arbeitsrecht, Behördenzustimmung IV.C.5
- aus betriebsbedingten Gründen IV.B.6
- eines Betriebsratsmitglieds IV.E.9
- nach § 132 HGB II.J.1 *2*
- des Mandatsverhältnisses I.A.5
- aus personenbedingten Gründen IV.B.4
- aus verhaltensbedingten Gründen IV.B.5
- Zustimmung des Betriebsrats IV.E.7, 9

Kündigungsfrist bei außerordentlicher Kündigung IV.B.11 *6*

Kündigungsschutz, besonderer IV.B.13

Kündigungsschutzklage IV.B.1–3, 8, 9, 13
- Abfindungen IV.B.1 *6, 10*
- bei Änderungskündigung IV.A.9
- Anhörung des Betriebsrats IV.B.1 *12*
- Annahmeverzug IV.B.2
- Anträge IV.B.1 *2, 3, 4*
- Auflösungsantrag IV.B.8
- Auflösungsvertrag IV.B.1 *2*
- bei besonderem Kündigungsschutz IV.B.13
- Bestehen des Arbeitsverhältnisses IV.B.1 *2*
- Eventualklage IV.B.1 *2*
- Feststellungsantrag IV.B.1 *2*
- Frist IV.B.1 *1*
- Klagenhäufung IV.B.1 *2*
- Kosten und Gebühren IV.B.1
- nachträgliche Zulassung IV.B.3
- punktuelle Streitgegenstandstheorie IV.B.1 *2*

- Weiterbeschäftigung IV.B.2
- Wirksamkeit der Kündigung IV.B.1 *2*

Künftige Leistung, Klage I.D.10, 11

Kurzarbeit, Verbot der Einführung IV.E.15

Kurzarbeitergeld, Pfändung III.B.10 *4*

Ladung, öffentliche Zustellung I.F.4

Ladungsfähige Anschrift I.H.1 *4, 5*

Lagerhalle II.B.8

Lagerplatz, gewerblicher II.B.8

Landabgaberente, Pfändung III.B.10 *4*

Leistungsbeschreibungen, Kartellvertrag II.K.3

Leistungsklage, im Sozialgerichtsprozeß VIII.3, 6, 7, 9
- im Verwaltungsprozeß V.B.9

Leistungsklage im Zivilprozeß, freie Schadensschätzung I.D.4 *1, 5*
- Streitwert bei unbestimmtem Antrag I.D.4 *3*
- unbestimmter Antrag I.D.4 *1*

Letztverbraucher II.L.9

Letztwillige Verfügung II.I.2 *6*

Lieferbedingungen und GWB II.K.9

Liquidationsvergleich III.F.10
- Liquidationszwangsvergleich III.F.31

Lizenzanalyse II.M.19

Lizenzgebühr im Warenzeichenrecht II.M.19

Lizenzsatz im Warenzeichenrecht II.M.19

Löschungsklage, zeichenrechtliche II.M.18

Lohn, rückständiger IV.A.1

Lohnausfallprinzip IV.A.3 *5*

Lohnfortzahlung im Krankheitsfall IV.A.3, 4
- bei Kur IV.A.4

Lohngleichheit IV.A.14

Lohnkosten bei Betriebsratsschulung IV.E.3

Lohnsteuerjahresausgleich und Pfändung III.B.11 *6*

Lohnsteuerpflicht bei Karenzentschädigungen IV.A.8 *5*

Löschung im Schuldnerverzeichnis III.D.6

Löschungsantrag im Gebrauchsmusterrecht II.M.11 *3*, II.M.12

Mängel am Bau II.C.7
- am Wohnungseigentum II.C.9 *1*

Mängelbeseitigung durch einen Gesellschafter II.J.10

Mängelbeseitigungsklage, Abnahme der Bauleistung II.C.1 *2, 8*
- Aufforderung nach § 13 Nr. 5 Abs. 1 S. 1 VOB(B) II.C.1 *9*
- Begriff II.C.1 *1*
- Beweisführung II.C.1 *8*
- Erfüllungsklage II.C.1 *1*
- Gegenstand des Anspruchs II.C.1 *4, 5*
- Schriftform II.C.1 *10*
- VOB II.C.1 *1, 6*
- Zuständigkeit II.C.1 *3*

magere/kursive Zahlen = Nr./§§ der Formulare

Sachregister

Mahnbescheid I.B.1
- Fristen und Rechtsmittel I.B.1
- Widerspruch I.B.2

Mahnverfahren, Abgabe an das Streitgericht I.B.7 *2*
- amtlicher Vordruck I.B.1 *3*
- Anspruch I.B.1 *5*
- Anspruchsbegründung I.B.7
- Anspruchsbegründung nach Einspruch gegen Vollstreckungsbescheid I.B.8
- Antragsgegner I.B.1 *5*
- Antragsteller I.B.1 *5*
- Anwaltszwang I.B.1 *1*
- im Arbeitsrecht I.B.1 *2*
- automatische Datenverarbeitung I.B.1 *3*
- nach Einspruch gegen Vollstreckungsbescheid I.B.8
- Einspruch gegen Vollstreckungsbescheid I.B.4
- Fristen und Rechtsmittel I.B.1, 2, 3, 4, 7
- Gerichtskosten I.B.1 *5*
- Inkassobüro I.B.1 *5*
- Mahnantrag I.B.1 *5*
- Mahnbescheid I.B.1
- Prozeßkostenhilfe I.B.1 *5*
- Scheck-Mahnbescheid I.B.5
- streitiges Verfahren I.B.1 *5*, 2 *5*
- Unzulässigkeit I.B.1 *1*
- Urkunden-Mahnbescheid I.B.5
- Verbraucherkredite I.B.1 *1,5*
- Vollstreckungsbescheid I.B.3
- Währung eines Vertragsstaates des EuGÜbK I.B.1 *1, 4*
- Wechsel- Mahnbescheid I.B.5
- Widerspruch gegen Mahnbescheid I.B.2 *4*
- gegen Urkunden-, Wechsel- und Scheck-Mahnbescheid I.B.6
- wegen Wohngeldforderung nach § 46a WEG II.G.2 *1, 3*
- Zinsen I.B.1 *5*
- Zug-um-Zug-Antrag I.B.1 *5*
- Zuständigkeit I.B.1 *5, 8*

Maklervertrag I.O.3 *3*

Mandatsübernahme, Bestätigung I.A.2

Mandatsverhältnis, Anzeige der Niederlegung I.A.5
- Auftragsschreiben an den Anwalt I.A.1
- Gebührenteilung I.A.1 *2*
- Gebührenvorschuß I.A.2 *4*
- Haftungsbeschränkungsvereinbarung I.A.4
- Honorarvereinbarung I.A.3
- Korrespondenzanwalt I.A.1 *1*
- Kostenfestsetzung I.A.6
- Kündigung durch den Anwalt I.A.5
- Mandatsübernahmebestätigung I.A.2
- Untervollmacht I.A.1 *1*
- Vollmacht I.A.3 *2*

Mankohaftung IV.C.3

Markenlöschungsklage II.M.12 *18*, 22 *4*

Markenrecht, Abmahnung II.M.18 *1*
- Ausstattung II.M.18 *16*
- Bekanntheitsgrad des Zeichens II.M.21
- Benutzungsaufnahme II.M.22
- Benutzungsbeispiele II.M.22
- Eintragungsbewilligungsklage II.M.22
- freie Schadensschätzung II.M.21
- Kammer für Handelssachen II.M.18 *2*
- Lizenzanalogie II.M.21
- Lizenzgebühr II.M.21
- Lizenzsatz II.M.21
- Rechnungslegung II.M.18 *28, 21*
- Schadensberechnung II.M.21
- Schadensersatz II.M.18 *28*
- Strafandrohungsklausel II.M.18 *5*
- Streitwert II.M.18 *4*
- Streitwertherabsetzung, Kosten und Gebühren II.M.18
- Verletzungshandlung II.M.21, II.M.18 *6*
- Verwechslungsgefahr II.M.21
- Warengleichartigkeit II.M.21, II.M.22 *14*
- Warenidentität II.M.21, II.M.22 *4*

Markenrechtliche Streitigkeit, deutsche Marken II.M.18 *13*
- Feststellungsantrag II.M.18 *14*
- Gerichtsstand der unerlaubten Handlung II.M.18 *20*
- Gesamtschuld II.M.18 *17*
- international eingetragene Marken II.M.18 *13*
- Klagebegründung II.M.18 *13*
- Streitwert II.M.22 *2*
- Zuständigkeit II.M.22

Markenverletzung, Schadensersatzhöheklage II.M.21

Markenverletzungsklage II.M.18

Markenverletzungsklage, Nebenentscheidungen II.M.18 *10*
- Schadensersatz II.M.18 *9*
- Übertragung der Sache auf den Einzelrichter II.M.18 *11*
- Unterlassungsanspruch II.M.18
- Verschulden II.M.18 *16*
- Verwechselbarkeit II.M.18 *13*
- Warengleichartigkeit II.M.18 *13*
- markenmäßige Benutzung II.M.18 *13*
- Zivilkammer II.M.18 *11*

Masseansprüche im Konkurs III.F.30 *1*

Massegläubiger im Konkurs III.F.30

Massekostenanspruch im Konkurs III.F.30 *1*

Masseänderungskündigung IV.B.9 *2*

Masseschuldanspruch im Konkurs III.F.30 *1*

Masseunzulänglichkeit im Konkurs III.F.30

Maßgeblicher Zeitpunkt für die Beurteilung der Sach- und Rechtslage im Normenkontrollverfahren nach § 47 VwGO V.G.1
- im Verwaltungsrechtsstreit V.B.13

Meldung eines Beschlusses einer Vereinigung von Erzeugervereinigungen nach § 100 Abs. 1 S. 2 GWB II.K.10

Sachregister

Fette Zahlen/Buchstaben = Sachgebiete

– eines Kartellvertrags von Versicherungsunternehmen II.K.11
Mehrarbeitsstundenvergütung IV.A.2
Meinungsäußerung im Presserecht II.N.1 *4*, II.N.6 *5*, II.N.7 *4*, II.N.8 *8*, II.N.11 *2*, II.N.17 *9*
Meinungsfreiheit VI.1
Merkmalsanalyse im Patentrecht II.M.3 *28*
Mieterverein und AGB-Gesetz II.O.1 *2*
Mietrecht, Erhaltungsmaßnahmen II.B.7
– Fortsetzung des Mietverhältnisses II.B.3
– Mieterhöhung II.B.2
– Mietzins II.B.1
– Räumung von gewerblich genutzten Räumen II.B.8, von Wohnraum II.B.4,5
– Räumungsfrist nach § 721 ZPO II.B.10, bei künftiger Räumung II.B.12, bei Räumungsvergleich II.B.14, sofortige Beschwerde II.B.15
– Urteilsergänzung II.B.11
– Verlängerung II.B.13
– Verbesserungsmaßnahmen II.B.7
– Vollstreckungsschutz II.B.15,16
– Zwischenfeststellungsklage II.B.1
Mietverhältnis im Konkurs III.F.30 *7*
Mietwagenkosten II.D.10 *9*, 13 *17*, *18*
Mietzinserhöhungsklage, Fristen II.B.2 *6*
– Gesamtschuldner II.B.2 *4*
– Leistungsklage II.B.2 *2*
– Sachverständigengutachten II.B.2 *6*
– Schonfrist II.B.2 *8*
– Sperrfrist II.B.2 *8*
– Streitwert II.B.2 *3*
– Tatbestandsvoraussetzungen II.B.2 *6*
– vorläufige Vollstreckbarkeit II.B.2 *5*
– Zugang der Erklärung II.B.2 *7*
– Zuständigkeit II.B.2 *1*
Mietzinsklage, Minderungsrecht des Mieters II.B.1 *5*
– schriftliches Vorverfahren II.B.1 *6*
– Streitwert II.B.1 *2*
– Verzug II.B.1 *3*
– Zuständigkeit II.B.1 *1*
Minderung der Erwerbsfähigkeit VIII.9 *3*, *5*
Ministerkartell II.K.17
Mischmietverhältnis II.B.5 *4*
Mißfallensgebühr VI.1
Mitbestimmungsrecht des Betriebsrats IV.E.13, 14
Miteigentum, anfechtbare Übertragung III.F.4 *4*
Miterbe, Klage II.I.16, 17
Mitgewahrsam und Pfändung III.B.1
Mittelgebühr im Sozialgerichtsprozeß VIII.2, VIII.30 *8*
Mittellose Patentverletzung II.M.1 *9*
Mitunternehmerschaft im Steuerrecht VII.2, 3
Mitverschulden des Arbeitgebers IV.C.2 *3*, *4*
– bei Verkehrsunfällen II.D.14

Mitwirkung bei der Anmeldung des Ausscheidens eines Gesellschafters II.J.9
– bei der Eintragung einer OHG II.J.8
Mündliche Verhandlung über einstweilige Anordnung II.H.27
Mündliche Vernehmung des Sachverständigen I.H.5
Musterungsbescheid V.B.7
Mutterschaftsgeld, Pfändung III.B.10 *4*
Mutterschutz, Zustimmung zur Kündigung V.B.2
Mutwillenskosten, im Sozialgerichtsprozeß VIII.2

Nachbar, Widerspruch gegen Baugenehmigung V.E.1
Nachbarschützende Rechtsnormen V.E.2
Nachbarschutz im Zivilrecht, Klage auf Duldung I.D.9
– Unterlassungsklage I.D.6
– Klage auf Vornahme einer Handlung I.D.5
Nacherbschaft, Erbschein II.I.20
– Grundstück II.I.14
– Pfändung III.B.25 *1*
Nachbildung im Geschmacksmusterrecht II.M.14 *20*, *29*, 16 *6*
Nachlaßforderungen II.I.16
Nachlaßgläubiger, Erbschein II.I.22
Nachlaßverbindlichkeiten II.I.17
Nachschußklage II.J.14
Nachteil iSd. § 47 VwGO V.G.1
Nachteilsausgleich VIII.8 *3*
Nachträgliche Ergänzung im Presserecht II.N.15
Nachtzeit, Vollstreckung III.A.10
Nachverfahren im Urkunden-, Wechsel- und Scheckprozeß I.Q.7, 8
Ne bis in idem und Art. 103 Abs. 3 GG VI.8
Nebenintervention I.J.3
– im Verfahren nach WEG II.G.4 *9*
Nebenware im Zugaberecht II.L.14
Negative Feststellungsklage I.E.7
– bei Fortbestand einer einstweiligen Anordnung II.H.28
– des Verwenders von AGB II.O.5
Negativer Gewinnfeststellungsbescheid VII.16 *4*
Negativer Kompetenzkonflikt I.I.5 *1*
Negative Steuerschuld VII.11 *4*
Nettolohnmethode II.D.1 *10*
Neuheitsschädliche Vorwegnahme im Patentrecht II.M.6
Neuherstellung eines Werkes II.C.1 *2*
Neurose im Sozialrecht VIII. 22
Nichteheliches Kind, Klage auf vorzeitigen Erbausgleich II.I.12
– Klage auf Zahlung des Pflichtteils II.I.13
Nichteheliche Lebensgemeinschaft II.D.7 *14*
Nichterfüllung des Vergleichs nach VerglO III.F.16 *5*

magere/kursive Zahlen = Nr./§§ der Formulare   **Sachregister**

Nichtigkeit, eines Testaments II.I.1
Nichtigkeitsklage I.P.1
– aktienrechtliche II.J.24
– im Patentrecht II.M.6
Nichtöffentlichkeit eines Weges V.B.8
Nichtvorlagebeschwerde an den VGH V.G.2
Nichtzulassungsbeschwerde im Arbeitsgerichtsprozeß IV.D.5, 6
– im arbeitsrechtlichen Beschlußverfahren IV.F.2
– wegen Divergenz IV.D.5
– wegen fehlerhafter Tarifauslegung IV.D.6
– wegen grundsätzlicher Bedeutung IV.D.6
Nichtzulassungsbeschwerde im Finanzgerichtsprozeß VII. 23
– wegen Divergenz VII.23 *5*
– Fristen und Rechtsmittel VII.24, 25
– wegen mangelnder Sachaufklärung VII.24
– wegen Verletzung rechtlichen Gehörs VII.25
Nichtzulassungsbeschwerde im Finanzgerichtsprozeß wegen grundsätzlicher Bedeutung, Fristen und Rechtsmittel VII.23
– Rechtsschutzbedürfnis VII.23 *4*
– Zulässigkeit VII.23 *4*
– Zuständiges Gericht VII.23 *1*
Nichtzulassungsbeschwerde nach GWB II.K.31
Nichtzulassungsbeschwerde im Sozialgerichtsprozeß, Abschriften VIII.11 *4*
– Begründung VIII.11 *5*
– Behördenprivileg VIII.11 *3*
– Divergenzrevision VIII.11 *5*
– Frist VIII.11 *1*
– Grundsatzrevision VIII.11 *5*
– Schriftform VIII.11 *1*
– Verfahrensrevision VIII.11 *5,6*
– Vertretungszwang VIII.11 *3*
– Zuständigkeit VIII.11 *2*
Nichtzulassungsbeschwerde im Verwaltungsprozeß, wegen Divergenz V.C.7
– wegen grundsätzlicher Bedeutung V.C.6
– wegen Nichtzulassung der Berufung V.C.1
– wegen Verfahrensmangel V.C.8
Nichtzulassungsbeschwerde und Verfassungsbeschwerde VI.4 *2, 5 2, 6 3*
Normenempfehlung im Kartellrecht II.K.8
Normenkartell II.K.4
Normenkontrollverfahren nach Art. 100 Abs. 1 GG VI.14
– nach § 47 VwGO V.G.1
– Antrag V.G.1
– als Aussetzungsgrund I.L.1 *2*
– Beiladung V.F.1 *3*
– einstweilige Anordnung V.G.3
– Frist V.G.1 *7*
– Kosten und Gebühren V.G.1
– Nachteil V.G.1 *13*
– Nichtvorlagebeschwerde an den VGH V.G.2
– VI.15
Notfrist I.F.4 *1*

Notfristzeugnis III.A.1
Notweg I.D.9, II.F.7
Notwendige Beiladung im Sozialgerichtsprozeß VIII.23 *5,6*
Numerus clausus V.D.7
Nutzungsausfall bei Verkehrsunfall II.D.10 *3*

Obergrenze für Ruhegeldanpassungen IV.A.11 *6*
Obergutachten I.H.6
Öffentliche Zustellung I.F.4
– Fristen und Rechtsmittel I.F.4
– der Klageschrift I.F.4
– der Ladung I.F.4
– des Versäumnisurteils I.G.1
– nach Mahnverfahren I.B.1 *1*
Öffentlichkeit eines Weges V.B.8
Offenbare Unrichtigkeit eines Urteils, im Finanzgerichtsprozeß VII.19
Offenbarungseid s. eidesstattliche Versicherung
Offene Handelsgesellschaft, Eintragung II.J.8
Offenkundige Vorbenutzung im Patentrecht II.M.6 *13,14*
Offenlegungsschrift im Patentrecht II.M.1 *6*
Offensichtlicher Irrtum I.B.1 *5*
Ordnungsgeld gegen Zeugen I.H.2
Ordnungsmittelbeschluß I.H.2
Ortsbesichtigung des Sachverständigen I.H.5

Pachtverhältnis im Konkurs III.F.30 *7*
Parteiänderung I.J.4 *1,* I.J.5
Parteianhörung I.H.8
Parteiberichtigung I.J.4
– im Urteil I.N.2
Parteibezeichnung I.D.1 *2*
– Berichtigung I.J.4
– I.N.2
– fehlerhafte III.A.8 *3*
Parteierweiterung I.J.6
Parteivernehmung I.H.8
Parteiwechsel I.J.4 *1*
– I.J.5
– I.L.3 *3*
Patentanmeldung, Ansprüche II.M.3 *19*
Patenanwalt II.M.3 *42, 9 30*
Patentberühmung II.M.7
Patenterteilung, Benutzungsrecht II.M.1 *6*
– Einspruch II.M.1 *6*
– gesetzliche Wirkungen II.M.1 *6*
– Prüfungskompetenz II.M.5 *4*
– Schutzbereich II.M.1 *4*
– Tatbestandswirkung II.M.5 *4*
– Verbietungsrechte II.M.1 *4*
– Verwaltungsakt II.M.5 *4*
Patentfähigkeit, fehlende II.M.6
Patentnichtigkeitsklage, Antrag II.M.6 *5*
– Begründung II.M.6 *9,15*
– Beklagter II.M.6 *3*
– Berufung II.M.6 *17*
– Beweisführung II.M.6 *14*

Sachregister

Fette Zahlen/Buchstaben = Sachgebiete

- Fristen und Rechtsmittel II.M.6
- Gebühren II.M.6 7
- inländische offenkundige Vorbenutzung II.M.6 *13,14*
- Kostenantrag II.M.6 *6*
- mangelnde Offenbarung II.M.6 *15*
- neuheitsschädliche Vorwegnahme II.M.6
- offenkundige Vorbenutzung II.M.6 *13,14*
- Stand der Technik II.M.6
- unzulässige Erweiterung des erteilten Patents II.M.6 *15*
- unzulässige Erweiterung im Erteilungsverfahren II.M.6 *15*
- Vollmacht II.M.6 *8*
- widerrechtliche Entnahme II.M.6 *15*
- Zuständigkeit II.M.6 *1,2*

Patentrecht, Pfändung III.B.25 *1*

Patentschrift II.M.1

Patentstreitkammer, II.M.3 *1*, 4 *3*
- Zuständigkeit in Gebrauchsmustersachen II.M.9 *1*
- Zuständigkeit in Geschmacksmustersachen II.M.14 *1*

Patentverletzung, Abmahnung II.M.1, 2

Patentverletzungsklage, Abschriften II.M.3 *23*
- Akteneinsicht II.M.3 *22*
- Anerkenntnisurteil II.M.3 *18*
- Ansprüche aus Patentanmeldung II.M.3 *19*
- Bekanntmachungsbeschluß II.M.3 *21*
- Benutzungshandlungen II.M.3 *7*
- Benutzungsmonopol II.M.3 *32*
- Eingriff in den eingerichteten und ausgeübten Gewerbebetrieb II.M.1 *1*
- entgangener Gewinn II.M.3 *10*
- Entlastungsbeweis II.M.1 *1*
- Erfindung II.M.3 *24, 25*
- Ersatz des unmittelbaren Schadens II.M.3 *10*
- Feststellungsantrag II.M.3 *15*
- früher erster Termin II.M.3 *18*
- kennzeichnender Teil II.M.3 *6, 8, 30*
- Kostenerstattung II.M.1
- Lizenzgebühr II.M.3 *10*
- Lizenznehmer II.M.3 *19*
- Merkmalsanalyse II.M.3 *28*
- Mitteilung des Anmeldetages II.M.3 *20*
- Nebenanträge II.M.3 *16*
- Oberbegriff II.M.3 *6, 29*
- Patentansprüche II.M.3 *27*
- Rechnungslegung II.M.3 *15*
- Rollenauszug II.M.3 *22*
- Schadensberechnung II.M.3 *10*
- Schadensersatz II.M.1 *7*
- schriftliches Vorverfahren II.M.3 *18*
- Strafandrohungsklausel II.M.3 *4*
- Streitwert II.M.3 *3*
- Stufenklage II.M.3 *15*
- Übertragung der Sache auf den Einzelrichter II.M.3 *17*
- unbegründete II.M.1 *1*

- Unterlassungsanspruch II.M.3 *15*
- Unterlassungsverpflichtungserklärung II.M.1 *9*
- Verletzergewinn II.M.3 *10*
- Verletzungsform II.M.3 *6, 7, 8*
- Verletzungstatbestand II.M.1 *6*
- Versäumnisurteil II.M.3 *18*
- Verschulden II.M.1 *1*, 3 *33*
- Vertragsstrafeversprechen II.M.1 *8*
- Wirtschaftsprüfervorbehalt II.M.1, 3 *10, 11*
- Zuständigkeit II.M.3 *1*

Pauschgebühr, im Sozialgerichtsprozeß VIII.2

Pensionskasse IV.A.9 *2*

Persönlicher Arrest I.R.2

Persönliches Erscheinen des Beteiligten, im Sozialgerichtsprozeß VIII.19 *4*

Personalvertretungsrecht V.B.10

Personenbedingte Kündigung IV.B.4

Pfändbare Bezüge, Pfändung III.B.18

Pfändung, Altersrente III.B.10 *4*
- Altersgeld für Landwirte III.B.10 *4*
- von Anderkonten III.B.12 *10*
- von Anwartschaften III.B.28
- von Arbeitseinkommen III.B.17
- von Arbeitslosengeld III.B.10 *4*
- von Arbeitslosenhilfe III.B.10 *4*
- Auflassungsanwartschaft III.B.28
- Ausgleichsrente III.B.10 *4*
- Bankschließfach III.B.1 *14*
- bedingt pfändbare Bezüge III.B.18
- bewegliche Sachen III.B.28
- BGB-Gesellschaft III.B.26
- Blankowechsel III.B.8 *2*
- Bausparsumme III.B.14
- Bruchteilsgemeinschaft III.B.26
- bei Drittgewahrsam III.B.1
- bei drittschuldnerlosem Recht III.B.25
- Eigentümergrundschuld III.B.25 *1*
- bei Eigentumsvorbehalt III.B.1
- bei Forderung aus unerlaubter Handlung III.B.20
- Gebrauchsmusterrechte III.B.25 *1*
- Gemeinschaftsanteil III.B.26
- Genossenschaftsanteil III.B.26
- Geschmacksmusterrecht III.B.25 *1*
- bei Gesellschaftsanteilen III.B.26
- GmbH III.B.26
- GmbH-Stammeinlage III.B.13
- Grundschuld III.B.9
- Grundstücke III.B.28
- Herausgabeanspruch III.B.27
- Höchstbetragshypothek III.B.9 *1*
- Hypothek III.B.9
- kaufmännische Orderpapiere III.B.8 *2*
- Kindergeld III.B.10 *4*
- KG III.B.26
- Konkursausfallgeld III.B.10 *4*
- Kontoguthaben III.B.12, *23*
- Kontokorrent III.B.12 *8*

magere/kursive Zahlen = Nr./§§ der Formulare   **Sachregister**

- Krankengeld III.B.10 *4*
- des Anspruchs auf „Kreditlinie" III.B.12 *15*
- Kriegsopferrente III.B.10 *4*
- Kurzarbeitsgeld III.B.10 *4*
- Landabgabenrente III.B.10 *4*
- laufender Bezüge III.B.17
- Miteigentumsanteil III.B.26
- bei Mitgewahrsam III.B.1
- Mutterschaftsgeld III.B.10 *4*
- Nacherbschaft III.B.25 *1*
- Nichtberücksichtigung von Unterhaltsberechtigten III.B.19
- OHG III.B.26
- Patentrecht III.B.25 *1*
- Pflichtteilsanspruch III.B.14 *6*
- Pflichtteilsergänzungsanspruch III.B.14 *5*
- Postspareinlagen III.B.8 *2*
- Prämiensparkonto III.B.12 *7*
- Reallast III.B.9 *1*
- Rentenschuld III.B.9 *1*
- Rückforderungsanspruch des verarmten Schenkers III.B.14 *6*
- rückständige Nebenleistungen III.B.9 *1*
- Rückübertragungsansprüche bei Grundschulden III.B.29
- Scheck III.B.8 *2*
- Schlechtwettergeld III.B.10 *4*
- Schmerzensgeldanspruch III.B.14 *6*
- Schuldnerantrag nach § 850i ZPO III.B.22
- Sicherungshypothek für Inhaberpapiere III.B.9 *1*
- bei Sicherungsverfügung III.E.1
- bei Sonderkonten III.B.12 *11*
- sonstige Geldforderungen III.B.14
- bei Sozialleistungen III.B.10
- Steuererstattungsanspruch III.B.11
- Taschengeldanspruch III.B.18
- Unfallhinterbliebenenrente III.B.10 *4*
- Unfallrente III.B.10 *4*
- Urheberrechte III.B.25 *1*
- auf Verdacht III.B.14 *2*
- Vermächtnis III.B.14 *5*
- Wechsel III.B.8 *2*
- Wertpapiere III.B.8 *2*
- Wintergeld III.B.10 *4*
- Witwenrente III.B.10 *4*
- Zugewinnausgleichsanspruch III.B.14 *6*

Pfändungs- und Überweisungsantrag III.B.6
Pfandfreibetrag, Erhöhung III.B.21
Pfandrechte im Konkurs III.F.25 *1*
Pflichtteilsanspruch II.I.6
- Pfändung III.B.14 *6*

Pflichtteilsberechtigter, Übergehung II.I.2 *7*
Pflichtteilsentziehung I.D.3, II.I.5
Pflichtteilsergänzungsanspruch II.I.7
- Pfändung III.B.14 *5*

Pflichtteilszahlung II.I.6, 14
Planungsschaden V.A.3

Postspareinlagen, Pfändung III.B.8 *2*
Postulationsfähigkeit I.Q.1 *3*
- neue Bundesländer I.A.1 *1*

Prägung der ehelichen Lebensverhältnisse II.H.13 *6*
Präklusionsvorschriften der ZPO und rechtliches Gehör VI.7
Prämiensparkonto, Pfändung III.B.12 *7*
Preisabsprache und Rationalisierungskartell II.K.14
Preisaufgliederungen, Kartellvertrag II.K.3
Presserecht, Abschlußschreiben II.N.10
- Ergänzung II.N.14, 15
- Gegendarstellung II.N.1–5
- Klage auf Unterlassung II.N.17, 18
- Klage auf Schadensersatz II.N.17, 18
- Widerruf II.N.11, 12, 16, 17, 18
- Zwangsvollstreckung II.N.9

Pre-trial-discovery I.T.3 *1*
Privaturkunde I.H.7 *1*
Prorogation I.J.1 *1*, I.J.2 *1*
Protokollberichtigung I.F.8
Protokollierung eines Vergleichs I.M.1
Provision, verdiente IV.A.6
Provisionsstaffel IV.A.6 *2*
Prozeßaufrechnung I.E.6
Prozeßführungsbefugnis I.J.1
Prozeßkostenhilfe, Fristen und Rechtsmittel I.C.1, 3, 6
- Änderung der Bewilligung I.C.5
- Änderung der wirtschaftlichen Verhältnisse I.C.4,5
- Änderungsbeschluß I.C.5
- Antrag auf Änderung der Ratenzahlungsanordnung I.C.4
- Antrag auf Bewilligung I.C.1, 2
- Antrag auf Herabsetzung oder Fortfall der Raten I.C.4
- Anwaltszwang I.C.1 *7*
- für auswärtige Beweisaufnahme I.C.6
- für das Berufungsverfahren I.C.3
- für das Bewilligungsverfahren I.C.1 Vorbem.
- Beiordnung eines Rechtsanwalts I.C.1 *3,9*, I.C.2
- Beiordnung eines Verkehrsanwalts I.C.1 *3*
- Beschwerde gegen Ablehnung I.C.8
- Beweismittel I.C.1 *11*
- Beweissicherungsverfahren I.C.1 Vorbem.
- Bewilligung auf Antrag des Berufungsklägers I.C.3
- Einkommen I.C.1 *10*
- einstweilige Anordnung zur Leistung eines Prozeßkostenvorschusses I.C.7
- Erfolgsaussichten der Klage I.C.1 *11*, 2
- Erinnerung gegen Änderungsbeschluß I.C.5
- Erklärung über die persönlichen und wirtschaftlichen Verhältnisse I.C.1 *10*
- nach Erledigung der Hauptsache I.C.1
- im Familienrecht I.C.1

Sachregister

Fette Zahlen/Buchstaben = Sachgebiete

- im finanzgerichtlichen Verfahren, Kosten und Gebühren **VII.9**
- im Finanzgerichtsprozeß **VII.32**
- Folgen der Bewilligung **I.C.1** 2
- Gebührenanspruch des Rechtsanwalts **I.C.1** 2
- des beteiligten Kindes **II.H.1**
- Klageentwurf **I.C.1** 6
- Kostenerstattung **I.C.2**
- im Mahnverfahren **I.B.1** 5
- Nachzahlungsbeschluß **I.C.1** 2, **I.C.4**,5
- persönliche Verhältnisse **I.C.1** 10
- Prozeßkostenvorschuß **I.C.7**
- Ratenzahlungsanordnung **I.C.1** 2
- **I.C.4**
- im Rechtsmittelverfahren **I.C.3**, **I.O.1** 8
- Reisekosten **I.C.1** 2
- rückwirkende Bewilligung **I.C.1**
- Schonvermögen **I.C.5** 3
- im Sozialgerichtsprozeß **VIII.2**
- Streitverhältnis **I.C.1** 11
- Tod der Partei **I.C.1** 2
- Verbindung mit Klage **I.C.1** 1
- Vordruck **I.C.1** 10
- Wiedereinsetzung in den vorigen Stand **I.C.3** 1
- **I.F.2** 1, 2, 5
- wirtschaftliche Verhältnisse **I.C.1** 10
- wirtschaftliche Verhältnisse, Verbesserung **I.C.5**
- wirtschaftliche Verhältnisse, Verschlechterung **I.C.4**
- Zuständigkeit **I.C.1** 4
- Zwangsvollstreckungsverfahren **I.C.1** 8

Prozeßkostenhilfe im Sozialgerichtsprozeß, Zuständigkeit **VIII.25** 2
- Kosten und Gebühren **VIII.25**
- Verbandsvertreter **VIII.25** 4
- Verfahrensverstoß **VIII.11** 6
- Vordruck **VIII.25** 2
- Wiedereinsetzung in den vorigen Stand **VIII.25** 1

Prozeßkostenvorschuß, einstweilige Anordnung **I.C.7**
- **II.H.23**

Prozeßstandschaft, gewillkürte **I.J.1**
- im Urheberrechtsstreit **II.M.23** 15

Prozeßvollmacht, im Sozialgerichtsprozeß **VIII.2** 4
- im Verwaltungsprozeß **V.B.1** 5
- im Zivilprozeß **I.A.2** 3

Prüfungskompetenz des BVerfG **VI.1** 13

Quotenvergleich **III.F.11**, 12
Quotenvorrecht **II.D.15**

Rabattgesetz **II.L.15**
Rabattkartell **II.K.2**
Rabattverstoß **II.L.15**
Räumung von Wohnraum **III.C.2**

Räumungsantrag nach § 149 Abs. 2 ZVG **III.B.42**
Räumungsfrist, Antrag des Mieters **II.B.10**–12
- bei Räumungsvergleich **II.B.14**
- sofortige Beschwerde **II.B.15**
- Verlängerung **II.B.13**
Räumungsvergleich **II.B.14**
Rangordnung im Konkurs **III.F.24** 1
Ratenzahlungsanordnung **I.C.1** 2, **I.C.4**
- Erinnerung gegen Änderungsbeschluß **I.C.5**
Ratenzahlungsvereinbarung **I.M.1** 8
Rationalisierungserfolg **II.K.13** 4
Rationalisierungskartell **II.K.13**
- mit gemeinsamen Beschaffungseinrichtungen oder Vertriebseinrichtungen oder Preisabsprachen **II.K.14**
Rationalisierungsvereinbarung **II.K.5**
- im Geschmacksmusterrecht **II.M.14** 33
Raumformgedanke im Gebrauchsmusterrecht **II.M.12** 1
Reallast, Pfändung **III.B.9** 1
Realsplitting im Unterhaltsrecht **II.H.14**
Rechnungslegung, im Gebrauchsmusterrecht **II.M.9**
- im Geschmacksmusterrecht **II.M.13**
- im Konkurs **III.F.26** 13
- im Markenrecht **II.M.18** 9
- bei Namens- und Firmenrechtsverletzung **II.L.11**
- bei Patentverletzung **II.M.3** 10
- im Urheberrecht **II.M.23** 9, 10
- des WEG-Verwalters **II.G.6**
Rechtfertigungsverfahren **I.R.5**
Rechtliches Gehör **VI.7**
- Beweisaufnahme **VI.7**
- bei Einspruch gegen Strafbefehl **VI.2**
- im Finanzgerichtsprozeß **VII.25**, 29
- im schiedsgerichtlichen Verfahren **I.S.6** 2
- im Sozialgerichtsprozeß **VIII.16** 5
Rechtsanwalt, Honoraranspruch im arbeitsgerichtlichen Verfahren **IV.E.17**
- Zuziehung im Verwaltungsvorverfahren **V.A.5**
Rechtsbeschwerde im arbeitsrechtlichen Beschlußverfahren **IV.F.3**
- nach Art. 37 Abs. 2, 41 EuGÜbK **I.T.10**
- nach GWB **II.K.32**
Rechtskraftzeugnis **III.A.1**
Rechtsmittel s. Fristen und Rechtsmittel
Rechtsmittel und Rechtsbehelfe im Zivilprozeß, **I.O.1** ff.
- Anschlußberufung **I.O.3**
- Berufungsbegründung **I.O.2**
- Berufungseinlegung **I.O.1**
- Berufungserwiderung **I.O.4**
- Beschwerde **I.O.6**
- Gegenvorstellungen **I.O.8**
- Revisionseinlegung **I.O.5**
- sofortige Beschwerde **I.O.7**
- Telegramm, Telex, Telekopie **I.G.5** 2

magere/kursive Zahlen = Nr./§§ der Formulare   **Sachregister**

Rechtsweg, unzulässiger I.I.4
– zur Sozialgerichtsbarkeit VIII.24 *3*
Rechtsweggarantie VI.2
Regelunterhalt II.H.2
– Einwendungen des Beklagten II.H.3
– Fristen und Rechtsmittel II.H.2
– Zuschläge II.H.3
Relatives Veräußerungsverbot nach § 771 ZPO III.A.20 *10*
Rentenbeginn VIII.6 *2*
Rentenberechnung VIII.6 *6*
Rentenentziehung VIII.2 *1*
Rentenschuld im Konkurs III.F.25 *1*
– Pfändung III.B.9 *1*
Rentenversicherung, knappschaftliche VI.4
Restitutionsklage I.P.2
Revision im Arbeitsgerichtsprozeß IV.D.7
– Aufklärungsrüge IV.D.7
– Beweisrüge IV.D.7
Revision im Finanzgerichtsprozeß, Abhilfe durch das Finanzgericht VII.23 *4*
– Antrag VII.27 *3*
– Begründung VII.26–30
– Begründungspflicht VII.23 *4*
– Behördenprivileg VII.26 *2*
– Beruhen VII.23 *5*
– Fristen und Rechtsmittel VII.26–30
– Grundsätzliche Bedeutung VII.23 *5*
– Kostenentscheidung VII.23 *4*
– Rücknahme VII.26 *2*
– Steuerberatungsgesellschaft VII.26 *2*
– Steuerbevollmächtigter VII.26 *2*
– Verfahrensmangel VII.23 *5*
– Verhältnis zur Streitwertrevision VII.23 *4*
– Wiedereinsetzung in den vorigen Stand VII.23 *4*, 26 *3, 5*
– Wirtschaftsprüfergesellschaft VII.26 *2*
– Zulassung VII.9
– zuständiges Gericht VII.26 *1*
– Zwischenverfahren VII.23 *4*
Revision im Sozialgerichtsprozeß, Abschriften VIII.16 *6*
– Antrag 16 *7*, 17 *2*
– Begründung VIII.17
– Frist VIII.16 *5*
– Formalien VIII.16 *6*
– Schriftform VIII.16 *5*
– Sprungrevision VIII.16 *2*
– Vertretungszwang VIII.12 *5*
– Zulassung VIII.12 *1*
– zuständiges Gericht VIII.12 *4*
Revision im Verwaltungsprozeß V.C.3–9
– Begründung V.C.4
– Nichtzulassungsbeschwerde V.C.5,6,7,8
– Sprungrevision V.C.9
Revision im Zivilprozeß, Einlegung I.O.5
– Fristen und Rechtsmittel I.O.5
Revisionsanträge I.Q.6 *2*
Revisionsfrist I.Q.6

Revisionsgrund, absoluter I.Q.6 *4*
Richterablehnung im Zivilprozeß I.L.7
Rotbetrag VII.11 *4*
Rubrum, Berichtigung III.A.8
Rückforderung, zu Unrecht erbrachter Sozialleistungen VIII.2 *1, 3 2*
Rückforderungsanspruch des verarmten Schenkers, Pfändung III.B.14 *6*
Rückgriffsansprüche gegen Scheckaussteller I.Q.5 *4*
Rücknahme der Klage I.M.2
– Zustimmung des Beklagten I.M.3
– Kostenantrag I.M.3
– eines Verwaltungsakts V.B.3
– eines rechtswidrig begünstigenden Verwaltungsakts im Sozialrecht VIII.2 *1*
Rückschaffung entzogener Haushaltsgegenstände II.H.16 *1*
Rückständiger Lohn IV.A.1
Rückständige Nebenleistungen, Pfändung III.B.9 *1*
Rückübertragungsansprüche, Pfändung III.B.29
Rückwirkung der Entscheidung über die aufschiebende Wirkung VII.10 *5*
Rückwirkungsverbot VI.12
Rückzahlung der Kaution II.B.9
Ruhegeld, Anpassung IV.A.11
– Anspruch IV.A.9 *3*
– Anwartschaft IV.A.9 *3*
– Direktzusage IV.A.9 *2*
– Verpflichtung IV.A.9
– Widerruf IV.C.6
– Zusage IV.A.9 *3*

Sachverständigengutachten im Beweisverfahren I.H.4
– Ablehnung des Sachverständigen I.H.6
– Antrag auf Ortsbesichtigung I.H.5
– Antragstellung I.H.4 *3*
– Auswahl des Sachverständigen I.H.4 *4*
– Beweisantritt I.H.4 *2*
– im selbständigen Beweisverfahren I.H.9 *8*, II.C.13 *5*
– Einholung eines weiteren Gutachtens I.H.6
– Einwendungen I.H.5 *1*
– falsche tatsächliche Voraussetzungen I.H.6 *2*
– fehlende Sachkunde I.H.6 *2*
– Fristen und Rechtsmittel I.H.4
– Formulierung der Fragen I.H.5 *4*
– Haftung I.H.4
– Hilfskräfte I.H.4
– grobe Mängel I.H.6 *2*
– im Sozialgerichtsprozeß VIII.21,22
– im Verfahren nach WEG II.G.3 *19*
– mündliche Vernehmung I.H.5
– Vorschuß I.H.1
– weiteres Gutachten I.H.6
– widersprüchliche Ausführungen I.H.6 *2*
– Zweitgutachten I.H.6

Sachregister

Fette Zahlen/Buchstaben = Sachgebiete

Sättigungsgrenze im Unterhaltsrecht **II.H.13** *9*
Säumniszuschläge auf Einkommensteuer **VII.1** *10*
Schadensberechnung bei Patentverletzung **II.M.3** *10*, **II.M.21**
– bei Unterhaltsschaden **II.D.7** *17*
Schadensersatz, im Gebrauchsmusterrecht **II.M.9**
– im Geschmacksmusterrecht **II.M.13**
– im Markenrecht **II.M.21**
– nach § 635 BGB **II.C.6**
– nach § 113 HGB **II.J.12** *2*
– im Presserecht **II.N.17**
– bei unbegründeter einstweiliger Anordnung im Verwaltungsprozeß **V.D.7** *4*
– *wegen zu geringer Grundstücksfläche* **II.A.5**
Schadensersatzklage nach § 717 Abs. 2 ZPO **III.A.23**
Schadensfreiheitsrabatt **II.D.15** *10*
Schadensschätzung nach § 287 BGB **I.D.4** *1,5*
Schallschutz **II.C.5** *3*
Schaukeltheorie **VI.1**
Scheck, Anspruch aus dem Arbeitsverhältnis **I.Q.3**
– im Ausland ausgestellt **I.Q.5** *7*
– Pfändung **III.B.8** *2*
– Prozeß **I.Q.5**
Scheckprozeß **I.Q.5**
– **I.B.5**
– Abstehen vom **I.Q.6**
– gegen Aussteller **I.Q.5**
– Feriensache **I.Q.5** *1*
– Fortsetzung nach Vorbehaltsurteil **I.Q.7,8**
– Klageerwiderung **I.Q.2**
Scheck-Mahnbescheid **I.B.5**
Scheidungsverfahren, Anwaltszwang **II.H.6** *2, 3*
– Aussetzung **II.H.9** *8*
– Berufung gegen Verbundurteil **II.H.25**
– Eheprognose **II.H.7** *10*
– Einigungspapier **II.H.7** *14*
– einstweilige Anordnung wegen Ehewohnung, Getrenntleben, persönlicher Gebrauchsgegenstände **II.H.25**
– einstweilige Anordnung wegen Prozeßkostenvorschuß **II.H.23**
– einverständliche Scheidung **II.H.7**
– Elterliche Sorge, und Herausgabe eines Kindes, vorläufige Anordnung **II.H.24**
– Folgesachen **II.H.6** *13*
– Gegenstandswert **II.H.6** *4*
– Genehmigung nach § 1587 o BGB **II.H.6** *15*
– Getrenntleben **II.H.6**, *7, 8, 25, 26*
– Härteklauseln **II.H.6** *10, 9* *9*
– Härtescheidung **II.H.6** *10*
– Hausratsteilung **II.H.16**
– Kosten und Gebühren **II.H.6–9**
– Staatsangehörigkeit **II.H.6** *7*
– streitige Scheidung **II.H.8,9**
– Umgang mit Kindern **II.H.11**
– Unterhaltsverzicht **II.H.6** *14*
– Verbundschriftsatz **II.H.8** *12*
– Versorgungsausgleich **II.H.17–22**
– Zuständigkeit **II.H.6** *1*
– Zustellung der Ehewohnung **II.H.16**
Schenkung, und Pflichtteilsergänzungsanspruch **II.I.7**
Schenkungsanfechtung **III.F.3** *3*
Schiedseinrede **I.E.8**
– **I.S.4**
Schiedsgerichtliches Verfahren, Ablehnung des Schiedsrichters **I.S.3**
– Antrag zur Vollstreckbarkeit **I.S.8** *2,4*
– Aufforderung zur Bezeichnung eines Schiedsrichters **I.S.1,2**
– Aufhebung des Schiedsspruchs **I.S.10**
– ausländisches Recht **I.S.1** *2*
– Auswahl der Schiedsrichter **I.S.1** *1*
– Ernennung des Obmanns **I.S.1** *1*
– Ernennung des Schiedsrichters **I.S.1** *1*
– Klage **I.S.5**
– Kostenentscheidung **I.S.5** *4*
– rechtliches Gehör **I.S.10** *3*
– Schiedsrichtervertrag **I.S.5** *4*
– Unterbrechung der Verjährung **I.S.1** *3*
– Vergütung des Schiedsrichters **I.S.5** *4*
– Vorschuß **I.S.5** *4*
– Widerspruch gegen Vollstreckbarkeitserklärung **I.S.9**
– Zwangsvollstreckung **I.S.6**
Schiedsgerichtsbarkeit der AAA **I.T.16** *5*
Schiedsklausel bei Exportkartell **II.K.18**
Schiedsspruch, ausländischer **I.T.15, 16**
Schiedsstelle bei Streit um Vergütungsfortzahlung im Krankheitsfalle **IV.A.17**
Schiedsvergleich **I.S.6**
Schiedsvertrag **I.E.8** *4*
Schlechtwettergeld, Pfändung **III.B.10** *4*
Schlichte Leistungsklage im Verwaltungsrechtsstreit **V.B.9**
Schlußerbe **II.I.14** *4*
Schlußrechnung **II.C.13** *1*
Schlußurteil bei Teilanerkenntnis **I.M.7**
Schlußzahlung **II.C.13** *5, 6*
Schmerzensgeld **I.D.4**
Schmerzensgeldanspruch, Pfändung **III.B.14** *6*
Schmerzensgeldklage, Abänderungsklage **II.D.8** *8*
– allgemeines Persönlichkeitsrecht **II.D.8** *11*
– Bemessung **II.D.8** *5, 13*
– Beschränkung des Antrags **II.D.8** *6*
– Feststellungsklage **I.D.4**, **II.D.8**
– Gesamtstreitwert **II.D.8** *3*
– und Mitverschulden **II.D.14** *5*
– Rente **II.D.8** *8*
– Streitwert **I.D.4** *3*, **II.D.8** *3*
– unbezifferter Antrag **I.D.4**, **II.D.8** *4*
– Unfallhergang **II.D.8** *12*
– Vererblichkeit **II.D.8** *7*

magere/kursive Zahlen = Nr./§§ der Formulare

– Zahlungsklage I.D.4
– II.D.8
– Zuständigkeit II.D.8 *1, 2*
Schranken des Eigentums VI.3
Schriftliches Gutachten des Sachverständigen I.H.5
Schriftliches Vorverfahren im Zivilprozeß I.D.1 *13*, I.D.2 *7*
– Anerkenntnisurteil I.D.2 *8*
– nach Mahnverfahren I.B.7 *5*
– in Mietsachen II.B.1 *6*
– Versäumnisurteil I.D.2 *8*, I.G.2
– Verteidigungsanzeige I.E.2
Schriftliche Zeugenaussage I.H.1 *11*
Schriftsatznachlaß I.F.9
Schuldenmassestreit im Konkurs III.F.26, 30 *1*
Schuldnerverzeichnis, Antrag auf Löschung III.D.6
– im Konkurs III.F.18 *7*
Schuldtilgung nach Klagerhebung I.M.8
Schulungskosten bei Betriebsratsschulung IV.E.3
Schulungsveranstaltung für Betriebsratsmitglieder IV.E.4
Schutzauflagen bei Immissionen V.E.2
Schutzausschließungsgrund im Gebrauchsmusterrecht II.M.12 *1*
Schutzschrift bei einstweiliger Verfügung I.R.12
– im Wettbewerbsprozeß II.L.2
Schutzvoraussetzungen im Gebrauchsmusterrecht II.M.12 *1*
Schwerbehinderteneigenschaft im Sozialrecht VIII.8 *3*
Selbständiges Beweisverfahren, Ablehnung des Sachverständigen I.H.9 *8*
– Antrag I.H.9 *1*
– Antrag auf Klageerhebung I.H.10
– Antragsgegner I.H.9 *4*
– Anwaltsgebühren, Kosten und Gebühren I.H.9
– Anwaltszwang I.H.9 *3*
– Auswahl des Sachverständigen I.H.9 *8*
– Besorgnis des Beweismittelverlustes I.H.9 *1*
– Beweisthema I.H.9 *7*
– Darstellung des Sachverhaltes I.H.9 *9*
– Feststellung des Zustandes einer Sache I.H.9 *1*
– Fragenkatalog I.H.9 *7*
– Fristen und Rechtsmittel I.H.9
– Gerichtskosten, Kosten und Gebühren I.H.9
– Identität der Parteien I.H.9 *4*
– Inhalt des Gesuchs I.H.9 *1*
– Kostenerstattung, Kosten und Gebühren I.H.9, I.H.10 *1*
– Kostenvorschuß I.H.9 *12*
– mündliche Vernehmung des Sachverständigen I.H.9 *6,11*
– Rechtsschutzinteresse I.H.9 *10*
– schriftliches Gutachten des Sachverständigen I.H.9 *6*
– Streitverkündung I.H.9 *4*

Sachregister

– Streitwert I.H.9 *5*
– unbekannter Gegner I.H.9 *4*
– Unterbrechung der Verjährung
– zuständiges Gericht I.H.9 *2*
– Zustimmung des Gegners I.H.9 *1*
– wegen Baumängeln II.C.15
– im Sozialgerichtsprozeß VIII.21 *2*
Selbstbeseitigungskosten II.C.9
Sequestration III.E.1
Sicherheit für die Erfüllung eines Vergleichs III.F.11, 12
Sicherheitsleistung I.D.1 *12*
– Ausschluß, im Steuerrecht VII.2
– durch Bürgschaft I.D.1 *12*
– bei Vollstreckungsauftrag III.B.2
Sicherungsgeber, Konkurs III.F.25 *14*
Sicherheitsgurt und Lohnfortzahlung IV.A.3 *7*
Sicherungshypothek, und AGB II.F.3 *11*
– für Inhaberpapiere, Pfändung III.B.9 *1*
Sicherungsmaßnahmen im Konkurs III.F.20
Sofortige Beschwerde im Arbeitsgerichtsprozeß IV.D.2 *1, 2*
– Abänderung und mündliche Verhandlung über einstweilige Anordnung II.H.27
– Ablehnung der Aussetzung nach § 149 ZPO I.L.1
– Ablehnung der Aussetzung nach § 246 ZPO I.L.2
– Ablehnung eines Sachverständigen I.H.6
– Anordnung des Betragsverfahrens bei Grundurteil I.L.5
– Beitritt eines Nebenintervenienten I.J.3
– bei Bewilligung von Räumungsfrist II.B.15
– Bestrafungsantrag III.C.5
– Entscheidung über Zeugnisverweigerungsrecht I.H.3
– Festsetzung von Zwangsmitteln (§ 888 ZPO) III.C.4
– Gerichtsvollziehermaßnahmen III.A.15
– Gestattung der Ersatzvornahme III.C.3
– „Greifbare Gesetzwidrigkeit" II.H.29
– im Konkursverfahren III.F.21
– Kostenentscheidung bei Anerkenntnisurteil I.M.6
– Kostenentscheidung bei Erledigung der Hauptsache I.M.8, 9
– Kostenentscheidung nach Klagerücknahme I.M.3
– Mieterantrag auf Gewährung einer Räumungsfrist nach § 721 ZPO II.B.10–14
– Leistung eines Kostenvorschusses (§ 887 ZPO) III.C.3
– Räumungsvergleich II.B.14
– Richterliche Durchsuchungsanordnung III.A.11, 10
– Schlußurteil nach Teilanerkenntnis I.M.7
– Verhaftungsauftrag III.D.5
– im Versäumnisverfahren I.G.4

1653

Sachregister

Fette Zahlen/Buchstaben = Sachgebiete

- Vertagung im Versäumnisurteilverfahren I.G.1
- Vollstreckung zur Nachtzeit III.A.10
- Unzulässiger Einspruch gegen Versäumnisurteil I.G.7
- Urteilsberichtigung I.N.1
- im Zivilprozeß I.O.7
- nach § 793 ZPO III.A.22
- Zurückweisung des Antrags auf Erlaß eines Versäumnisurteils I.G.1
- Zurückweisung eines Gesuchs auf Richterablehnung I.L.7

Sofortige Erinnerung, Abnahme der Offenbarungsversicherung III.D.1
- Andere Verwertung III.B.15
- Aufhebung der Beschlagnahme von Zubehör III.B.37
- Einstweilige Einstellung durch Vollstreckungsgericht III.A.18
- Ergänzung der eidesstattlichen Versicherung III.D.2
- Gestattung der Austauschpfändung III.B.3
- im Konkursverfahren III.F.17
- Nichtberücksichtigung von Unterhaltsberechtigten III.B.19
- Pfändungs- und Überweisungsantrag III.B.6
- Räumungsantrag nach § 149 Abs. 2 ZVG III.B.42
- Schuldnerantrag auf Erhöhung des Pfändungsfreibetrags III.B.21
- Schuldnerantrag gegen Kontenpfändung III.B.23
- Schuldnerantrag im Sonderfall III.B.22
- Vereinbarung des Bestehenbleibens nach § 91 Abs. 2 ZVG III.B.40
- gegen Verkehrswertfestsetzung III.B.36
- Vollstreckungsschutz nach § 765a ZPO II.B.16
- Widerspruch des Schuldners nach § 900 Abs. 5 ZPO III.D.4
- Widerspruch gegen den Teilungsplan gemäß § 876 ZPO III.B.30
- Wiederholte eidesstattliche Versicherung III.D.3
- Zwangsversteigerungsantrag III.B.33
- Zwangsversteigerungsbeitritt III.B.34

Sofortige Vollziehung eines Verwaltungsakts V.E.5–7
Sonderangebot II.L.10
Sonderkartell II.K.17
Sonderveranstaltung, unzulässige II.L.10
Sorgerecht, s. elterliche Sorge
Sozialauswahl im Arbeitsrecht IV.B.7
Sozialdaten im Arbeitsgerichtsprozeß IV.A.1 *4*
Sozialgerichtsprozeß, Anfechtungsklage VIII.2
- Antrag auf Kostenentscheidung VIII.29
- Antrag auf mündliche Verhandlung VIII.20
- Armenrecht s. Prozeßkostenhilfe

- Arztanhörung VIII.22
- Aussetzung der Vollziehung VIII.27
- Beiladung VIII.23
- Berufung VIII.10
- Bescheidungsklage VIII.4 *4*
- Beschwerde VIII.19
- Beweisantrag VIII.21
- Beweissicherungsverfahren VIII.21 *2*
- Feststellungsklage VIII.8, 9
- Fristversäumnis VIII.1 *4*
- Kostenfestsetzung VIII.30
- Leistungsklage VIII.3
- Nichtzulassungsbeschwerde VIII.11
- Prozeßkostenhilfe VIII.25
- rechtliches Gehör VIII.16 *5*
- Revision VIII.16, 17
- Sprungrevision VIII.16 *2*
- Verpflichtungsklage VIII.4
- Vertretungszwang VIII.2 *4,* 10 *4,* 12 *3,* 5, 25 *4*
- Verweisung VIII.24
- Vorverfahren VIII.1–19
- Widerspruch im Vorverfahren VIII.1
- Wiederaufnahme des Verfahrens VIII.18
- Wiedereinsetzung VIII.2 2, 25 *1,* 27 *1,* 2
- Zuständigkeit VIII.24 *2*

Sozialgerichtsurteil und Verfassungsbeschwerde VI.4
Sozialleistungen, Begriff VIII.7 *1*
- Pfändung III.B.10

Sozialplan IV.B.6 *4,* IV.E.6
- bei Konkurs IV.E.12 *3*
- VI.6

Sozialstaatsprinzip VI.4
Sozialversicherung VI.4
Sperrzeit VIII.1 *7*
Spezialisierungskartell II.K.5
Splittersiedlung V.B.3
Sprungklage, im Finanzgerichtsprozeß VII.15 *4*
Sprungrevision I.O.9
- im Sozialgerichtsprozeß VIII.16 *2*
- im Verwaltungsstreitverfahren V.C.9

Steuerberater, Zeugnisverweigerungsrecht I.H.3 *3*
Steuerbilanz II.J.6 *2*
Steuererstattungsansprüche, Pfändung III.B.11
Steuerfreiheit von Abfindungen IV.B.1 *6*
- Abfindungshöhe IV.B.1 *6*
- Ausschlußklauseln IV.B.1 *10*
- Beweislast IV.B.1 *7*
- Darlegungspflichten IV.B.1 *7*
- Nettoabfindung IV.B.1 *6*

Steuerfreiheit im Umsatzsteuerrecht VII.11
Steuerschuld im Umsatzsteuerrecht VII.11 *4*
Stillegung von Bauarbeiten V.E.3,4,8
Strafbefehl und rechtliches Gehör VI.2
Strafbewehrte Unterlassungsverpflichtung im Wettbewerbsrecht II.L.1 6, 8, 13
Strafgerichtsurteil, Verfassungsbeschwerde VI.2
Straftaten als Aussetzungsgrund I.L.1 *2*

1654

magere/kursive Zahlen = Nr./§§ der Formulare

Sachregister

Straßenbau V.B.8
Streitgegenstand I.K
– im Finanzgerichtsprozeß VII.9 *6*
– im Sozialgerichtsprozeß VIII.2 *3*
Streitgenossen, notwendige, im Gesellschaftsrecht II.J.1 *1*, 2 *2*, 4 *4*
Streitige Scheidung, Anhörung II.H.8, 11
– anwaltlicher Vortrag II.H.8 *7, 10, 12*
– Aussetzung nach § 614 ZPO II.H.9 *8*
– Beweisfragen II.H.8 *3*
– Ehezeit II.H.8 *18*
– Einwendungen des Antragsgegners II.H.9
– Härteklauseln II.H.9 *9*
– internationale Zuständigkeit II.H.8 *8*
– Prognose II.H.9 *6*
– Scheidungstermin II.H.8 *6*
– Scheitern der Ehe II.H.8, 9
– Unterhaltsansprüche II.H.8 *15*, 9 *14*
– Verbundprobleme II.H.8 *12*
– Versöhnungszeiten II.H.8 *9*, 9 *7*
– Zusammenleben über längere Zeit II.H.9 *7*
Streitiges Sorgerechtsverfahren II.H.10 *7*
Streitiges Verfahren nach Mahnbescheid I.B.1 *1*, I.B.7
Streitverkündung, Beitritt des Streitverkündeten I.J.3
– im Beweissicherungsverfahren (selbständigen Beweisverfahren) I.H.9 *4*
– bei Drittschuldnerklage III.B.24
– im Verfahren nach WEG II.G.4 *9*
– im Zivilprozeß I.J.2
Streitwert bei Anerkennung einer ausländischen Entscheidung I.T.12 *5*
– bei Rechtsstreitigkeiten aufgrund des AGB-Gesetzes II.O.2 *2*
– im Anfechtungsprozeß III.F.2 *1*
– Beweissicherungsverfahren I.H.9 *5*
– Erledigung der Hauptsache im Finanzgerichtsprozeß VII.18
– Feststellungsklage II.D.1 *2*, I.D.4 *3, 11*
– im Finanzgerichtsprozeß VII.9, 13, 14, 16
– bei Gebrauchsmusterverletzung II.M.9 *3*
– bei Herausgabeklage I.D.7 *3*
– bei Klage auf Abgabe einer Willenserklärung I.D.8 *3*
– bei Klage auf Duldung I.D.9 *3*
– im Konkursverfahren III.F.26 *3*, 28 *4*
– in Markensachen II.M.18 *4*
– bei Patentverletzungsklage II.M.3 *3*
– bei positiver Feststellungsklage I.D.4 *3*
– bei Klage auf Gegendarstellung im Presserecht II.N.4 *3*
– Richterablehnung im Zivilprozeß I.L.7
– selbständiges Beweisverfahren I.H.9 *5*
– Studienplatzvergabe V.D.7
– bei Stufenklage I.D.11 *2*
– bei unbeziffertem Antrag I.D.4 *3*
– Unterlassungsklage I.D.6 *3*
– bei Urheberrechtsverletzungen II.M.23 *4*
– bei Klagen nach UWG II.L.9 *3*
– im verwaltungsgerichtlichen Prozeß V.B.1 *4*, 2 *5*, 3 *4*, 7 *3*, 8 *3*
– bei Verfahren nach § 80 VwGO V.D.2 *1*, 3 *1*
– bei einstweiliger Anordnung nach § 123 VwGO V.D.6
– bei Vollstreckbarkeitserklärung für ein ausländisches Urteil III.A.2 *4*
– bei Vollstreckungsabwehrklage III.A.17 *4*
– bei Klage auf Erteilung der Vollstreckungsklausel III.A.5 *3*
– im Vollstreckungsrecht bei Drittwiderspruchsklage III.A.20
– Klage auf Vornahme einer Handlung I.D.5 *2*
– bei zeichenrechtlicher Eintragungsbewilligungsklage II.M.22 *3*
Streitwertherabsetzung im Markenrecht, Kosten und Gebühren II.M.18
Streupflicht II.D.2
Strukturkrisenkartell II.K.12
Studienplatzvergabe V.D.7
Stufenklage I.D.11
– auf Abgabe der eidesstattlichen Versicherung, Auskunft und Rechenschaft II.E.1 *9*
– im Anfechtungsprozeß III.F.8
– im Arbeitsrecht IV.A.6, 7
– Antrag auf Zugewinnausgleich II.H.15
– auf Auskunft, Feststellung des Erbrechts und Herausgabe des Nachlasses II.I.2
– auf Auskunft, eidesstattliche Versicherung und Zahlung des Pflichtteils II.I.6
– auf Auskunft und Leistung II.H.12 *7*
– auf Ehegatten- und Kindesunterhalt nach Scheidung II.H.12
– Fristen und Rechtsmittel I.D.11
– bei Patentverletzung II.M.3 *15*
– bei Versorgungsausgleich II.H.17 *4*
– auf Zugewinnausgleich II.H.15
Stützrente VIII.9 *3*
Stundung, bei Einkommensteuer VII.1
– bei Feststellung von Einkünften VII.2 *8*
– Zinsen VII.1 *10*
Subjektive Klageerweiterung I.J.6
Substantiierung I.D.1 *16*, I.E.4 *5*

Tabellenauszug, vollstreckbarer III.F.32
Tarifbindung IV.A.1 *4*, 2 *3*
Taschenpfändung III.B.1
Tatbestandsberichtigung I.N.4
– eines Finanzgerichtsurteils VII.20, 30 *3*
– Fristen und Rechtsmittel I.N.4
Tatbestandswirkung der Patenterteilung II.M.5 *4*
Tatsachenbehauptung II.D.4 *5*
– im Presserecht II.N.1 *3, 4, 5*, II.N.6 *5*, II.N.7 *4*, II.N.11 *2, 3*, II.N.12 *1*, II.N.17
Teilanerkenntnis I.E.3
Teilanerkenntnisurteil I.M.7 *3*

1655

Sachregister

Fette Zahlen/Buchstaben = Sachgebiete

Teilklage I.E.7
Teilkündigung IV.B.10
Teilungsanordnung im Erbrecht II.I.11
Teilungserklärung nach WEG II.G.1 22
Teilungsplan Widerspruch III.B.30
Teilungsversteigerungsantrag III.B.26 4, 44
Teilurteil I.L.4
– verbunden mit Grundurteil I.L.4 1
– Unzulässigkeit I.L.4 1
Teilzeitarbeit VIII.6 6
Telefonwerbung II.L.1 5
Telekopie und Rechtsmittel IV.F.1 1
Termine I.F.
Terminanberaumung und gesetzlicher Richter VI.2
Terminverlegung I.F.7
– Anfechtung II.J.2
– Fristen und Rechtsmittel I.F.7
Testament, Nichtigkeit II.I.1
– sittenwidriges II.I.1 8
Testamentarische Erbfolge, Erbschein II.I.18
Tod der Partei I.L.2
Tötung des Unterhaltspflichtigen, Anrechnung von Einkünften II.D.7 20
– Aufteilung des Familieneinkommens II.D.7 19
– Beweislast II.D.7 6
– Eigenbedarf II.D.7 19
– Feststellungsantrag II.D.7 7, 12
– Gesamtbetrag II.D.7 9
– Gesamtgläubiger II.D.7 9
– Haftpflichtversicherung II.D.13 3–5, 7 13
– Haushaltskosten II.D.7 18
– Kindergeld II.D.7 20
– Lebensversicherung II.D.7 20
– Mitarbeit des Ehegatten II.D.7 19
– Rentendauer II.D.7 6
– Rentenhöhe II.D.7 10
– rückständige Rentenbeträge II.D.7 8
– Schadensersatzanspruch II.D.7 5, 15
– Schadensminderungspflicht II.D.7 16
– Streitwert II.D.7 4, 12
– Unterhaltsanspruch II.D.7 14
– Zusammentreffen von Ansprüchen II.D.7 11
– Zuständigkeit II.D.7 2, 3
Totalschadenfall II.D.13
Transportgut, beschädigtes I.J.1 1
Treuhandvermögen und Konkurs III.F.25 14
Treuhandvertrag bei Liquidationsvergleich III.F.10, 12
Typenempfehlung im Kartellrecht II.K.8
Typenkartell II.K.4

Überarbeit IV.A.2
Übereignung, Klage I.D.8
Übergangsgeld VIII.6 1
Übernahmerecht nach § 142 HGB II.J.3 4
Überschuldung als Konkursgrund III.F.18 5, 21 11

Überstundenvergütung IV.A.2
Übertragbarkeit des Urheberrechts II.M.23 18
Überweisungsantrag bei verbrieften Forderungen III.B.8
Umdeutung der außerordentlichen in eine ordentliche Kündigung IV.B.11 7, 8, 9
Umgang mit Kindern im Scheidungsverfahren II.H.11
Umsatzsteuerbescheid, Aussetzung der Vollziehung VII.12
– Fristen und Rechtsmittel VII.11, 10
– Klage VII.11
Umwandlungen nach GWB II.K.22 5
Unbezifferter Antrag I.D.4
– I.D.9 4
Unerlaubte Bezugnahme im Wettbewerbsrecht II.L.3
Unerlaubte Handlung, Feststellungsantrag II.D.1, 8
– bei immateriellem Schaden II.D.8
– Forderungspfändung III.B.20
– Freistellungsantrag II.D.2
– Geldrente, nach § 843 BGB II.D.6, nach § 844 Abs. 2 BGB II.D.7
– Haftpflichtklage II.D.5
– kreditgefährdende Äußerungen II.D.4
– Rücknahmeklage II.D.4
– Schadensersatz II.D.1
– Schmerzensgeld II.D.8
– Schmerzensgeldrente II.D.8
– Verkehrsunfall II.D.5
– vorbeugende Unterlassungsklage II.D.3
– Widerrufsklage II.D.4
– Zukunftsschaden II.D.8
Unfallflucht II.D.9 1
Unfallhinterbliebenenrente, Pfändung III.B.10 4
Unfallrente, Pfändung III.B.10 4
Ungewöhnliche Klauseln nach AGB-Gesetz II.O.2 3
Unmittelbarer Gegenstand der Erfindung II.M.1 9
Unmittelbare Patentverletzung II.M.1 9
Unpfändbarkeitsbescheinigung III.D.1 14, 3 3
Untätigkeitsbeschwerde nach GWB II.K.27 2
– im Steuerrecht VII.8
Untätigkeitsklage, im Finanzgerichtsprozeß VII.8 3
– im Sozialgerichtsprozeß VIII.5
– im Verwaltungsgerichtsprozeß V.B.4
Unterbrechung des Verfahrens I.L.2 1
– 3 1
Unterbrechung der Verjährung, durch Mahnbescheid I.B.1
– durch Klageerhebung I.D.1
– durch Prozeßaufrechnung I.E.6 1
– durch Streitverkündung I.J.2 1
– im Beweissicherungsverfahren I.H.9 4
– im schiedsgerichtlichen Verfahren I.S.1 3
– im Wettbewerbsrecht II.L.4 4

magere/kursive Zahlen = Nr./§§ der Formulare

Sachregister

Unterhalt des Ehegatten II.H.12
- des Kindes II.H.2-4, 12
- Prägung der ehelichen Lebensverhältnisse II.H.13 *6*

Unterhaltsabänderungsbegehren I.P.4 *1*

Unterhaltsanspruch, zeitliche Begrenzung II.H.12 *6*, 13 *7*

Unterhaltsklage, Erwiderung II.H.13
- und negative Feststellungsklage II.D.13 *10*
- und Prozeßkostenhilfe I.C.7

Unterhaltspflichtiger und Schadensersatz II.D.7

Unterhaltsprozeß und Feriensache II.H.30 *12*

Unterhaltsrente II.H.12

Unterhaltstitel, Abänderung II.H.4
- ausländischer I.T.5

Unterhaltsverwirkungsklausel II.H.12 *12*

Unterhaltsverzicht II.H.6 *14*

Unterlassen des Gesetzgebers VI.9
- von Wettbewerb nach § 112 HGB II.J.12

Unterlassung von Wettbewerb im Arbeitsrecht IV.C.1

Unterlassungsanspruch, des Betriebsrats IV.E.15 *3*
- im Gebrauchsmusterrecht II.M.9
- im Geschmacksmusterrecht II.M.13 *12*
- im Markenrecht II.M.18
- bei Namens- und Firmenrechtsverletzung II.L.11
- im Patentrecht II.M.3
- im Presserecht II.N.6, 7, 17
- im Urheberrecht II.M.23 *15*
- im Verwaltungsprozeß V.C.8
- im Wettbewerbsrecht II.L.1, 4 *7*, 9 *8*, 9

Unterlassungsklage I.D.6
- nach AGB-Gesetz II.O.3, 4
- des Besitzers II.F.2 *5*
- nach § 1004 BGB II.F.11
- im Presserecht II.N.17, 18
- vorbeugende II.D.3

Unterlassungsverfügung I.R.11

Unterlassungsverfügung im Presserecht II.N.8
- Abschlußschreiben II.N.10
- Zwangsvollstreckung II.N.9

Unterliegensgebühr VI.1

Unterschrift I.B.2 *6*
- I.B.4 *7*
- I.D.1 *24*

Untersuchungsgrundsatz, im Sozialgerichtsprozeß VIII.21 *1*

Unterstützungskasse IV.A.9 *2, 10*

Unverfallbarkeit von Ruhegeldanwartschaften IV.A.9 *3*

Unvertretbare Handlungen III.C.3 *2, 4*

Unzuständigkeit im Zivilprozeß, örtliche I.I.2
- sachliche I.I.3

Urheberrecht II.M.23
- Pfändung III.B.25 *1*

Urheberrechtsverletzungsklage, Abmahnung II.M.23 *1*

- Aktivlegitimation II.M.23 *15*
- Anspruchsvoraussetzungen II.M.23 *15*
- Anträge II.M.23
- Dauer des Urheberrechts II.M.23 *24*
- Feststellungsantrag II.M.23
- geschütztes Werk II.M.23
- immaterieller Schaden II.M.23 *11, 19*
- Kammer für Handelssachen II.M.23 *2*
- Nebenentscheidungen II.M.23 *13*
- Prozeßstandschaft II.M.23 *16*
- Rechnungslegung II.M.23 *9*
- Schadensersatz II.M.23 *11, 16, 21*
- Schadensumfang II.M.23
- Schutzfähigkeit II.M.23 *16, 17*
- Schutzvoraussetzungen II.M.23 *17*
- Sterbedatum des Künstlers II.M.23 *15*
- Strafandrohungsklausel II.M.23 *5*
- Streitwert II.M.23 *4*
- Tod des Urhebers II.M.23
- Unterlassungsanspruch II.M.23
- unzulässige Verbreitung II.M.23
- unzulässige Vervielfältigung II.M.23
- Vernichtungsanspruch II.M.23
- Veröffentlichung des Urteils II.M.23 *12*
- Verschulden II.M.23 *22*
- Verwertungsrechte II.M.23
- Vorlage von Abbildungen II.M.23 *6*
- Wiederholungsgefahr II.M.23 *16*
- Wirtschaftsprüfervorbehalt II.M.23 *9*, II.M.3 *11*
- Zuständigkeit II.M.23 *2*

Urkunde, äußere Mängel I.H.7 *1*
- Beweiskraft I.H.7 *1*
- Echtheit I.Q.1 *8*
- Privaturkunde I.H.7 *1*

Urkundenbeweis, Abschrift der Urkunde I.H.7 *2*
- Beweisantritt I.H.7 *1,2,3*
- freie Beweiswürdigung I.H.7 *1*
- Fristen und Rechtsmittel I.H.7
- Gegenbeweis I.H.7 *1*
- Kopie der Urkunde I.H.7 *2*
- Original der Urkunde I.H.7 *2*
- prozessuale Vorlegungspflicht I.H.7 *5*
- Vermutung der Vollständigkeit und Richtigkeit I.H.7 *1*
- Verpflichtung zur Vorlage der Urkunde I.H.7 *3*
- Vorlage der Urkunde I.H.7 *2*

Urkundeneinsicht II.E.3

Urkundenerteilung gem. § 792 ZPO III.A.9

Urkunden-Mahnbescheid I.B.5

Urkundennachweis I.Q.1 *7*

Urkundenprozeß, Abstehen vom I.Q.6
- Anerkenntnis I.Q.2 *1*
- beglaubigte Abschriften I.Q.1 *10*
- Beweismittel I.Q.1 *7,8*
- Echtheit der Urkunden I.Q.1 *8*
- Fristen und Rechtsmittel I.Q.1

1657

Sachregister

Fette Zahlen/Buchstaben = Sachgebiete

- Klage **I.Q**.1
- Klagebegründung **I.Q**.1 *5*
- Klageerwiderung **I.Q**.2
- Mahnbescheid **I.B**.5
- Nachverfahren **I.Q**.2 *3*
- Versäumnisurteil **I.G**.1 *1*
- Vorbehaltsurteil **I.Q**.1 *1, 7, 8*
- Vorlage der Urkunden **I.Q**.1 *7*
- Zinsanspruch **I.Q**.1 *9*
- Zuständigkeit der Kammer für Handelssachen **I.Q**.1 *2*

Urlaubsabgeltung **IV.A**.5
Ursächlicher Zusammenhang im Sozialrecht **VIII**.9 *2*
Urteilsberichtigung **I.N**.1
- Begünstigter **I.N**.1 *1*
- Fristen und Rechtsmittel **I.N**.1

Urteilsergänzung **I.N**.1 *5*, **I.N**.3, *4*
- Fristen und Rechtsmittel **I.N**.3

Urteilszustellung, Fristen und Rechtsmittel **I.N**.5
- Hinausschieben **I.N**.5

UWG s. Wettbewerbsrecht

Vaterschaftsfeststellung **II.H**.2
Veränderungssperre im Baurecht **V.B**.13
Verbandsempfehlung **II.O**.4 *1*
Verböserung im steuerlichen Beschwerdeverfahren **VII**.7 *4*
Verbot der Doppelbestrafung **VI**.9
Verbraucherkreditgesetz, Mahnbescheid **I.B**.1 *1*
- Wechsel- und Scheckverbot **I.Q**.5 *4,6*

Verbraucherverbände, Zuständigkeit nach AGB-Gesetz **II.O**.1 *2*
Verbreitung im Urheberrecht **II.M**.23
Verbundurteil, Berufung **II.H**.22
Vereinigung von Erzeugervereinigungen, § 100 GWB **II.K**.10
Vereinbarung nach § 91 Abs. 2 ZVG **III.B**.40
Verfahren nach WEG, Abberufung des Verwalters **II.G**.6
- Abgabeverfahren **II.G**.2
- Anfechtung von Beschlüssen der Wohnungseigentümerversammlung **II.G**.5
- Antrag **II.G**.1 *12*
- Antragsgegner **II.G**.1 *8*
- Beschwerde **II.G**.7
- Beseitigung eines gemeinschaftswidrigen Zustandes **II.G**.1
- Beteiligte **II.G**.1 *4*
- einstweilige Anordnung **II.G**.6
- Einziehungsermächtigung **II.G**.2 *4*
- Geschäftswert **II.G**.1 *10, 3 11*
- Herausgabe von Verwalterunterlagen **II.G**.6
- Jahresgesamtabrechnung **II.G**.6
- Kosten und Gebühren **II.G**.1–8
- Kostenvorschuß **II.G**.1 *11*
- Ladung zur Wohnungseigentümerversammlung **II.G**.5 *18*
- Mahnverfahren **II.G**.2

- Rechnungslegung des Verwalters **II.G**.6
- Säumnis **II.G**.1 *17*
- Schadensersatz des Wohnungseigentümers **II.G**.4
- Sondernutzungsrechte **II.G**.1 *23*
- Teileigentum **II.G**.1 *18*
- Teilungserklärung **II.G**.1 *22*
- Terminsantrag **II.G**.1 *16*
- Unterlassungsanspruch des Wohnungseigentümers **II.G**.4
- Verfahrenskosten **II.G**.1 *14*
- Verfahrensvollmacht **II.G**.1 *7*
- Verwalter **II.G**.1 *5, 2*
- Vollstreckbarkeit **II.G**.1 *15*
- weitere Beschwerde **II.G**.7
- Wiedereinsetzung **II.G**.5
- Wohngeldforderung **II.G**.2
- Wohnungseigentümer, Aktivlegitimation **II.G**.4 *1, 5 4*
- Einziehung des Wohnungseigentums **II.G**.8
- Wohnungseigentümergemeinschaft **II.G**.1 *3*
- Wohnungseigentümerversammlung und Beschlüsse **II.G**.5 *15*

Verfallfrist im Arbeitsrecht **IV.A**.6
Verfallklausel bei Ratenzahlungsvereinbarung **I.M**.1 *8*
Verfassungsbeschwerde, Ablehnung eines Richters **VI**.16
- Anwaltszwang **VI**.1 *1*
- gegen Arbeitsgerichtsurteil **VI**.6
- als Aussetzungsgrund **I.L**.1 *2*
- Begründungspflicht **VI**.1 *8*
- Beteiligte **VI**.1 *2*
- einstweilige Anordnung **VI**.13
- Erschöpfung des Rechtswegs **VI**.1 *10, 6*
- gegen Finanzgerichtsurteil **VI**.5
- Fristberechnung **VI**.1, *6*
- Fristen und Rechtsmittel **VI**.1
- Gegenstandswert **VI**.17
- gegen ein Gesetz **VI**.9–12
- Grundrechtsrüge **VI**.1 *6*
- Kosten und Gebühren **VI**.1–12
- Kostenfestsetzung **VI**.18
- und Nichtzulassungsbeschwerde **VI**.4 *2, 5 2, 6 2*
- Prüfungsumfang **VI**.1–6
- gegen Sozialgerichtsurteil **VI**.4
- gegen Strafgerichtsurteil **VI**.2
- gegen Verwaltungsgerichtsurteil **VI**.3
- Vollmacht **VI**.15
- Wiedereinsetzung in den vorigen Stand **VI**.1 *9*
- gegen Zivilurteil **VI**.1
- gegen Zwischenentscheidung **VI**.8

Verfügungen der Kartellbehörde **II.K**.26 *2*
Vergleich **I.M**.1
- im Bauprozeß **II.C**.12
- im Wettbewerbsrecht **II.L**.13
- Protokollierung **I.M**.1 *13*
- Verfallklausel **I.M**.1 *8*
- Widerruf **I.M**.1 *12*

magere/kursive Zahlen = Nr./§§ der Formulare **Sachregister**

Vergleich nach VerglO III.F.9
- Anmeldung einer Vergleichsforderung III.F.14
- Anschlußkonkurs III.F.17
- Anträge des Vergleichsschuldners III.F.13, 16, 17
- Auffanggesellschaft III.F.12
- bei Beendigung des Arbeitsverhältnisses IV.B.14
- Besserungsklausel bei Aufhebung des Vergleichsverfahrens III.F.12
- Garantie- und Bürgschaftserklärung III.F.12
- Motive für Vergleichsantrag III.F.9 *5*
- Quote III.F.11, 12
- Sicherheit für die Erfüllung III.F.11
- Überwachung III.F.11
- Vergleichsverwalter des Treuhänders III.F.12
- vollstreckbarer Auszug aus berichtigtem Gläubigerverzeichnis III.F.15
- Zustimmungserklärungen III.F.14

Vergleichsbetrag, im Grunderwerbsteuerrecht VII.4 *7*

Vergleichsgebühr im Sozialgerichtsprozeß VIII.30 *8*

Vergütungsfortzahlung im Krankheitsfall IV.A.3

Verhältnismäßigkeit, Grundsatz VI.10

Verhältniswahl bei Betriebsratswahlen IV.E.2

Verhaltensbedingte Kündigung IV.B.5

Verhaftungsauftrag III.D.5

Verhinderung des Rechtsanwalts I.F.7 *1*

Verkehrsanwalt, Prozeßkostenhilfe I.C.1 *3*

Verkehrsrecht im Scheidungsverfahren II.H.11

Verkehrssicherungspflicht II.D.2, 5

Verkehrsunfall I.D.4
- Abfindungsvergleich II.D.17
- Abschleppkosten II.D.10 *14*
- Aktenauszug II.D.10 *2, 3*
- außergerichtliches Schreiben II.D.9
- Kreditkosten II.D.10 *6*
- Mietwagenkosten II.D.10 *9*
- Mitverschulden II.D.14, 15
- Nutzungsausfall II.D.10 *9, 10*
- Polizeiverkehrsdienst II.D.11
- Quotenvorrecht II.D.15
- Rechtsanwaltskosten II.D.10 *17–19*
- Reparaturkosten II.D.10 *6, 7*
- Sachverständigenkosten II.D.10 *8*
- Schadensersatzklage des Arbeitgebers IV.C.2
- Unkosten II.D.10 *7*
- Vollkaskoversicherung II.D.10 *20*
- Vorschuß II.D.9 *10*
- Wertminderung II.D.10 *12, 13*

Verkehrswertfestsetzung, nach BauGB V.B.11
- Beschwerde III.B.36

Verlängerung der Klageerwiderungsfrist I.F.6
- I.E.1 *5*
- der Revisionsbegründungsfrist im finanzgerichtlichen Verfahren VII.26, Bedingungen VII.26 *3*
- Begründungsfrist VII.26 *5*

- Nichtzulassungsbeschwerde VII.26 *3*, VII.23 *4*
- Streitwertrevision VII.26 *4*
- Vorbescheid VII.26 *3*

Verlegung des Termins I.F.7

Verletztengeld VIII.9 *5*

Verletztenrente in der gesetzlichen Unfallversicherung VIII.9 *6*

Verletzung eines Unternehmenskennzeichens II.M.20

Verletzungsform, kennzeichnender Teil im Patentrecht II.M.3 *8*

Verletzungshandlung, im Gebrauchsmusterrecht II.M.9 *7*
- im Wettbewerbsrecht II.L.1 *6, 3 6, 10 6*

Verlustfeststellungsbescheid VII.12 *5*, 13, 15
- Fristen und Rechtsmittel VII.13, 9, 15, 16

Vermächtnis, Klage auf Erfüllung II.I.9
- Pfändung III.B.14 *5*

Vermessungsingenieur II.C.6

Vernichtungsanspruch im Urheberrecht II.M.23

Veröffentlichungsbefugnis bei Klagen nach AGB-Gesetz II.O.3 *4*
- bei presserechtlichen Gegendarstellungen II.N.4, *5*
- bei Urheberrechtsverletzungen II.M.23 *12*

Verpflichtungsbeschwerde nach GWB II.K.27

Verpflichtungsklage, im Finanzgerichtsprozeß VII.9 *4*, 15 *4*
- im Sozialgerichtsprozeß VIII.4, 6
- im Verwaltungsgerichtsprozeß V.B.3, 6

Verrechnung, im Sozialrecht VIII.2 *2*

Versagung, von Leistungen wegen fehlender Mitwirkung VIII.2 *1*

Versäumnisurteil, Antrag auf Einstellung der Zwangsvollstreckung I.G.5
- Antrag bei Säumnis des Beklagten I.G.1 *3*
- Antrag bei Säumnis des Klägers I.G.1 *2*, I.G.3
- Anwaltsprozeß I.G.1 *1*
- Einspruch I.G.5
- Einspruch im Arbeitsgerichtsprozeß IV.D.1
- Einstellung der Zwangsvollstreckung I.G.5 *9*
- gegen den Kläger I.G.3
- Ladung I.G.1 *1*
- Nichterscheinen I.G.1 *1*
- Nichtverhandeln I.G.1 *1*
- öffentliche Zustellung I.G.1
- Säumnis im Termin I.G.1 *1*
- Schlüssigkeit I.G.1 *1*
- im schriftlichen Vorverfahren I.G.2
- sofortige Beschwerde bei Zurückweisung des Antrags I.G.4
- unschlüssige Nebenforderungen I.G.1 *2*
- unzulässiger Einspruch I.G.7
- im Urkundenprozeß I.G.1 *1*
- Verkündung I.G.1 *1*
- Voraussetzungen I.G.1 *1*
- vorläufige Vollstreckbarkeit I.G.1 *1*, 5 *3*

1659

Sachregister

Fette Zahlen/Buchstaben = Sachgebiete

- Zulässigkeit der Klage I.G.1 *1*
- Zurückweisung des Antrags I.G.4
- Zustellung der Klage I.G.1 *1*
- zweites Versäumnisurteil I.G.6

Versäumnisverfahren im Zivilprozeß, Einspruch I.G.5
- Einspruchverwerfung I.G.7
- Einstellung der Zwangsvollstreckung I.G.5
- Fristen und Rechtsmittel I.G.1, 5, 6, 7
- Kosten und Gebühren I.G.1–8
- sofortige Beschwerde I.G.4
- Versäumnisurteil gegen den Beklagten I.G.1
- gegen den Kläger I.G.3
- im schriftlichen Vorverfahren I.G.2
- zweites Versäumnisurteil I.G.6

Versäumung der Einspruchsfrist I.F.1

Verschmelzungen nach GWB II.K.22 *8*

Verschwiegenheitspflicht und Zeugnisverweigerungsrecht I.H.1 *8*

Versetzungsrecht im Betrieb IV.A.16 *4*

Versicherung, im Ausland II.D.9 *3, 4*
- ausländischer Streitkräfte II.D.9 *5*

Versicherungsunterlagen VO VIII.21 *5*

Versicherungsunternehmen, Kartellvertrag II.K.11

Versicherungszeit VIII.6 *6*

Versorgungsanwartschaft IV.A.10

Versorgungsausgleich, Abtrennung einzelner Fragen II.H.17 *4*
- Altersruhegeld II.H.17 *4*
- von Amts wegen II.H.17 *4*
- Antrag auf anderweitige Regelung II.H.20
- Antrag auf Ausschluß II.H.18
- Antrag auf Herabsetzung II.H.19
- Antrag auf schuldrechtliche Regelung II.H.21
- Antrag auf Zwangsgeld wegen Auskunft II.H.22
- Anwaltszwang II.H.17 *2*
- Anwartschaften II.H.17 *9*
- Auskünfte II.H.17 *10*
- Auslandsversorgungsansprüche II.H.17 *4*
- Ausschlußurkunde II.H.17 *4*
- Beruhen auf gemeinsamer Leistung II.H.17 *4*
- Betriebsrente II.H.17 *4*
- Billigkeitserwägungen II.H.17 *4*
- Ehezeit II.H.17 *8*
- Feststellungsantrag II.H.17 *3, 4*
- Fristen und Rechtsmittel II.H.17–22
- Genehmigung nach § 1587o BGB II.H.17 *6, 7*
- nach Parteiwillen II.H.17 *4*
- Regelung in anderer Weise II.H.17 *4*
- Rentenbereiterklärung II.H.17 *4*, 18 *5*
- schuldrechtlicher II.H.17 *4*
- Stufenklage II.H.17 *4*
- Stundung II.H.17 *4*
- Versorgungswert II.H.17 *5*
- Zuständigkeit II.H.17 *1*

Versorgungszusagen IV.A.8 *3*, 11 *1*
- IV.F.2

Verspätetes Vorbringen im frühen ersten Termin I.E.4 *1*
- im Sozialgerichtsprozeß VIII.22 *1*

Versteigerungsbedingungen, abweichende III.B.38

Verteidigungsanzeige, im Zivilprozeß I.E.1 *3*
- bei schriftlichem Vorverfahren I.E.2

Verteilungsplan, Änderung nach § 159 ZVG III.B.43

Verteilungsverfahren III.B.30

Vertrag zugunsten eines Dritten, auf den Todesfall II.I.10

Vertragsbruch des Arbeitnehmers IV.C.4

Vertragsstrafe, im Arbeitsrecht IV.C.1 *2*

Vertragsstrafeversprechen im Patentrecht II.M.1 *4*
- im Wettbewerbsrecht II.L.1 *6, 8, 13*

Vertrauensschutz VI.12
- im Verwaltungsrecht V.B.3

Vertretbare Handlungen III.C.3 *2*

Vertretungsanzeige I.E.1–3

Vertretungsmacht, Entziehung nach HGB II.J.4, 5

Vertriebseinrichtung, gemeinsame und Rationalisierungskartell II.K.14

Vervielfältigung im Urheberrecht II.M.23 *7*

Verwahrung gegen die Kosten I.E.3, I.M.6

Verwaltungsakt mit Doppelwirkung im Sozialrecht VIII.23 *4*

Verwaltungsakt mit Drittwirkung, Problematik V.E.3 *1, 6*

Verwaltungsgericht, Verweisung vom Zivilgericht I.E.4

Verwaltungsgerichtsurteil, Verfassungsbeschwerde VI.3

Verwaltungsvorverfahren V.A.5
- Kostenerstattung V.A.5

Verwarnung bei Gebrauchsmuster II.M.8
- bei Geschmacksmuster II.M.13
- aus dem Patent II.M.1, 2

Verwechslungsgefahr im Markenrecht II.M.18 *2*

Verweisung an die Kammer für Handelssachen I.I.1
- in Kartellsachen II.K.35 *3*, 36 *2*
- nach Mahnverfahren I.B.1 *5*, I.N.4 *6*
- bei örtlicher Unzuständigkeit I.I.2
- bei sachlicher Unzuständigkeit I.I.3
- im Sozialgerichtsprozeß VIII.24
- wegen Unzulässigkeit des Rechtswegs I.I.4

Verweisungsantrag im Zivilprozeß bei örtlicher Unzuständigkeit I.I.2
- Antragstellung I.I.2 *2*
- Bezeichnung des zuständigen Gerichts I.I.2 *5*
- fehlende Kostenentscheidung. Kosten und Gebühren I.I.1
- Fristen und Rechtsmittel I.I.2
- hilfsweise I.I.2 *4, 6*

1660

magere/kursive Zahlen = Nr./§§ der Formulare   Sachregister

– Klageerweiterung I.I.2 *1*
– im Landgerichtsprozeß I.I.2 *1*
– Mehrkosten, Kosten und Gebühren I.I.2
– Prorogation I.I.2 *1, 3*
– Rüge des Gegners I.I.2 *1, 3*
– Streitwert bei Klage und Widerklage I.I.2 *4*
– im Termin I.I.2 *2*
– Urteilsergänzung, Kosten und Gebühren I.I.1
– durch vorbereitenden Schriftsatz I.I.2 *2*
– Wahlrecht I.I.2 *5*
– Widerklage I.I.2 *1*
– Zuständigkeit der Kammer für Handelssachen I.I.2 *3*
Verweisungsantrag im Zivilprozeß bei sachlicher Unzuständigkeit, Gegenvorstellungen I.I.2 *1, 3*
– Prorogation I.I.2 *1*
– Rechtsmittel I.I.2 *1*
– Zuständigkeit des Amtsgerichts I.I.2 *1, 3*
– Zuständigkeit des Arbeitsgerichts I.I.2 *1, 3*
– Zuständigkeit des Familiengerichts I.I.2 *1*
– Zuständigkeit des Landgerichts I.I.2 *1, 3*
Verwender von AGB II.O.5
Verwerfung des Einspruchs im Arbeitsgerichtsprozeß IV.D.2
– gegen Versäumnisurteil I.G.7
– gegen Vollstreckungsbescheid I.B.7
Verwertung von Aussagen aus dem Strafverfahren I.L.1 *1*
Verwertungsrechte im Urheberrecht II.M.23
Verwalter nach WEG II.G.1 *5, 6*
Verwirkung des Ehegattenunterhaltsanspruchs II.H.13 *7*
Verzicht I.M.4
Verzichtsurteil I.M.4, 5
Verzugszinsen I.D.1 *22*
– Mehrwertsteuer I.D.2 *6*
Vollmacht, im Normenkontrollverfahren VI.15
– im Sozialgerichtsprozeß VIII.2 *4*
– im Verfassungsbeschwerdeverfahren VI.15
– im Verwaltungsrechtsstreit V.B.1 *5*
Vollmachtsformular I.A.2 *3*
Vollstreckbare Ausfertigung III.A.7
– Klage auf Klauselerteilung III.A.5
– für und gegen Rechtsnachfolger III.A.4
Vollstreckbarer Auszug aus dem Gläubigerverzeichnis III.F.15
Vollstreckbarerklärung des ausländischen Schiedsspruchs I.T.15
– Antrag I.T.15 *7*
– anwendbares Recht I.T.15 *2*
– Außenhandelsabkommen sozialistischer Staaten I.T.15 *11*
– Exequaturteil I.T.15 *3*
– Kammer für Handelssachen I.T.15 *5*
– Kostenentscheidung I.T.15 *8*
– Sicherheitsleistung I.T.15 *10*
– Streitwert I.T.15 *6*
– Zuständigkeit I.T.15 *4*

Vollstreckbarerklärung des Schiedsspruchs I.S.8
– Widerspruch I.S.9
Vollstreckbarer Tabellenauszug III.F.32
Vollstreckbarkeit ausländischer Urteile III.A.2
– Feststellung ausländischen Rechts I.T.4 *18*
– Feststellungsurteil I.T.4 *6*
– Gerichtsstandsvereinbarung I.T.4 *14*
– Kammer für Handelssachen I.T.4 *2*
– Klageabweisendes Urteil I.T.4 *6*
– Klagehäufung I.T.4 *7*
– Kostenentscheidung I.T.4 *6*
– Leistungsklage I.T.4 *7*
– Nachprüfungsbefugnis des Gerichts I.T.4 *11*
– Umrechnung in DM I.T.4 *5*
– Untersuchungsmaxime I.T.4 *12*
– Urkunden- und Wechselprozeß I.T.4 *4*
– vollstreckbare Urkunde I.T.4 *6*
– Zuständigkeit I.T.4 *1, 3*
Vollstreckung in Arbeitseinkommen III.B.17 ff
– wegen sonstiger Ansprüche III.C.1 ff
– einstweiliger Anordnungen im Finanzgerichtsprozeß VII.16 *5*
– zur Nachtzeit III.A.10
– gegen die öffentliche Hand V.F.2
– zugunsten der öffentlichen Hand V.F.1
– in sonstige Rechte III.B.25 ff
– in das unbewegliche Vermögen III.B.32 ff
– aus einem Verpflichtungsurteil V.F.3
Vollstreckungsauftrag, bei betagter Vollstreckbarkeit III.B.2
– wegen Herausgabe beweglicher Sachen III.C.1
– wegen Räumung III.C.2
– nach § 751 ZPO III.B.2
– bei Sicherheitsleistung III.B.2
– bei Sicherheitsvollstreckung III.B.2
– Wirkung des Vollstreckungsauftrags III.B.1
– bei Zug-um-Zug-Leistung III.B.2
Vollstreckungsabwehrklage III.A.17
– gegen Vollstreckungsklausel III.A.19
– im Verwaltungsprozeß V.F.4
Vollstreckungsbescheid, Antrag I.B.3 *1*
– Anspruchsbegründung nach Einspruch I.B.8
– Einspruch I.B.4
– Einspruchsbegründung I.B.4 *3*
– Einspruchsfrist I.B.4 *3*
– Einstellung der Zwangsvollstreckung I.B.4 *5*
– Gerichtskosten I.B.3 *2*
– Verfahren nach Einspruch I.B.4 *6*
– Verweisung I.B.1 *5*, I.B.4 *6*
– Verwerfung des Einspruchs I.B.9
– Vordruck I.B.3 *2*
– Zulässigkeit I.B.3 *2*
– Zustellung I.B.3 *2*
– Zweites Versäumnisurteil I.B.8 *6*, I.G.7 *1*
Vollstreckungsgericht, Zuständigkeit III.A.13 *1*, 18 *1*

1661

Sachregister

Fette Zahlen/Buchstaben = Sachgebiete

Vollstreckungsklausel, bei Arrestbefehl III.A.1 6
- bei bedingter Leistung III.A.3
- einfache III.A.1
- bei Erbfolge III.A.4 5
- Erinnerung III.A.12
- bei Forderungsabtretung III.A.4 5
- bei Konkursverwalter III.A.4 5
- bei Kostenfestsetzungsbeschluß III.A.1 6
- bei Miterben III.A.4 5
- bei Nacherben III.A.4 5
- bei Nachlaßverwaltung III.A.4 5
- bei Parteien kraft Amtes III.A.4 5
- für und gegen Rechtsnachfolger III.A.4
- nach VerglO III.F.15 1
- bei Vollstreckung gegen die öffentliche Hand V.F.2 5, 3 5
- bei Vollstreckung zugunsten der öffentlichen Hand V.F.1 2
- Vollstreckungsabwehrklage III.A.19
- bei Vollstreckungsbescheid III.A.1 6
- Wortlaut III.A.1 6

Vollstreckungsschutz nach § 765a ZPO II.B.16
Vollstreckungsschutzantrag nach § 765a ZPO III.A.13
Vollziehbarkeit des angefochtenen Steuerbescheides VII.1 9
Vollziehung des angefochtenen Verwaltungsaktes VII.10 4
Vorabentscheidung über den Grund I.L.5
Vorabentscheidungsverfahren beim Europäischen Gerichtshof II.L.14, IV.G
Vorabentscheidungsverfahren im Arbeitsrecht IV.E.14
Vorauszahlungen auf Einkommensteuer VII.1
Vorauszahlungsbeschluß nach § 887 ZPO III.C.3 5
Vorbehalt des Gesetzes VI.3
Vorbehaltsantrag I.L.3 5
Vorbehaltsurteil I.L.6, I.Q.7, 8
- bei beschränkter Erbenhaftung II.H.17 4
- im Urkunden-, Wechsel- und Scheckprozeß I.Q.7, 8
- Fristen und Rechtsmittel I.L.6
- Fortsetzung des Rechtsstreits im Nachverfahren I.Q.7, 8
- bei Prozeßaufrechnung I.L.6

Vorbenutzung im Patentrecht II.M.5
Vorbescheid im Finanzgerichtsprozeß VII.26 3
- im Sozialgerichtsprozeß VIII.20

Vorbeugende Unterlassungsklage II.D.3
Vordienstzeiten, Anrechnung IV.A.10
Vorerbe, Erbschein II.I.20
- Klage gegen Nacherben II.I.14

Vorgesellschaften, Haftung II.J.13 1
Vorlagepflicht nach § 810 BGB I.H.7
Vorläufiger Rechtsschutz im Finanzgerichtsprozeß VII.1, 10, 16
- im Sozialgerichtsprozeß VIII.27, 28
- im Verwaltungsrechtsstreit V.D.1 ff

Vorläufige Sistierung von Bauarbeiten V.E.3, 4, 8
Vorläufige Verlustfeststellung VII.16
Vorläufige Vollstreckbarkeit, bei ausländischen Urteilen I.T.4 8
- bei Entziehung des Wohnungseigentums II.G.9 13
- im Finanzgerichtsprozeß VII.9 8
- im Presserecht II.N.16
- Schutzanträge I.D.1 11
- bei Teilurteil I.L.4 3
- im Verwaltungsprozeß V.B.1 9
- von Versäumnisurteilen I.G.1 1
- im Zivilprozeß I.D.1 10

Vorläufige Vollstreckung III.A.23
Vorlage an das BVerwG V.G.2
Vorlegungsfrist für Scheck I.Q.5 7
Vormerkung zur Sicherung einer Bauhandwerkersicherungshypothek II.F.3
Vormerkungsberechtigter II.F.4
Vornahme einer Handlung I.D.5
Vorpfändung III.B.7
Vorschaltzeit im Arbeitsrecht IV.A.9 3
Vorschuß bei Verkehrsunfällen II.D.9 10
Vorschußanspruch nach VOB II.C.2
Vorschußklage nach VOB II.C.2
- Abrechnung II.C.2 11
- Antrag II.C.2 4
- Aufforderung nach § 13 Nr. 5 Abs. 1 VOB (B) II.C.2 9
- Aufwendungsersatz II.C.2 10
- Mängelvorbehalte II.C.2 8
- Nachzahlung II.C.2 11
- Rechtsgrundlage II.C.2 1, 2
- Rückzahlung II.C.2 11
- Verjährung II.C.2 12
- Zinsanspruch II.C.2 3

Vorsorgeunterhalt II.H.12 14
Vorstandsbestellung, AG II.J.21
Vorsteuerabzugsansprüche im Umsatzsteuerrecht VII.1 4
Vorverfahren im Finanzgerichtsprozeß VII.1, 9 5
Vorverfahren im Sozialgerichtsprozeß VIII.1
- Kosten und Gebühren VIII.1
- Widerspruch VIII.1

Vorverfahren im Verwaltungsgerichtsprozeß V.A.5
Vorverfahrenskosten im Verwaltungsrechtsstreit V.A. 5
Vorwegbefriedigung im Konkurs III.F.24
Vorwegpfändung III.B.1
Vorzeitiger Erbausgleich II.I.12
Vorzugsweise Befriedigung III.A.21

Wahlanfechtung einer Betriebsratswahl IV.E.2
Wahlvorstand bei Betriebsratswahl IV.E.1
Wandelung II.A.4
- II.C.5

magere/kursive Zahlen = Nr./§§ der Formulare

Sachregister

Warengleichartigkeit im Markenrecht II.M.18, II.M.21, II.M.22
Warenidentität im Warenzeichenrecht II.M.21
Warenzeichen, Bekanntheitsgrad II.M.21
– Benutzungshandlungen II.M.21
– Löschungsreife II.M.22 *12*, *18* *11*, *15*
– prioritätsälteres Firmenrecht II.M.22
– Verwechslungsgefahr II.M.21
– Widerspruchszeichen II.M.22
– Wortzeichen II.M.22
Wechsel, Pfändung III.B.8 *2*
Wechsel-Mahnbescheid I.B.5
Wechselprozeß I.Q.3, I.B.5
– Abstehen vom I.Q.6
– gegen Annehmer I.Q.3
– gegen Aussteller I.Q.3
– Echtheit der Urkunden I.Q.3 *13*
– Feriensache I.Q.3 *1*
– Einwendungen gegen den Wechsel I.Q.3 *3*
– gesamtschuldnerische Haftung I.Q.3 *6*
– gegen Indossanten I.Q.3
– Klageerwiderung I.Q.4
– Protest I.Q.3 *14*
– Rückgriffsansprüche I.Q.3 *6*
– Streitwert I.Q.3 *5*
– Verkürzung der Einlassungsfrist I.Q.3 *9*
– Verzugsschaden I.Q.3 *16*
– Vorlage des Originalwechsels I.Q.3 *12*
– Zug-um-Zug-Ansprüche I.Q.3
– Zuständigkeit I.Q.3 *2*, *3*
Wegerecht V.B.8
Wegeunfall VIII.9 *2*
Wehrdienstbeschädigungen VIII.9 *4*
Wehrpflichtrecht V.B.8
Weiterbeschäftigung eines Jugendvertreters IV.E.10, 11
Weiterbeschäftigungsanspruch IV.B.2 *4;* IV.E.10, 11
Weitere Beschwerde, im Verfahren nach WEG II.G.8
– Entscheidung nach § 1587g Abs. 2 BGB I.Q.12
Werbemaßnahmen und UWG II.L.10 *10*
Werbung und Wettbewerbsrecht II.L.9
– Abmahnung II.L.9 *10*
– Antragstellung II.L.9 *5*
– Beweisfragen II.L.9 *12, 13*
– fliegender Gerichtsstand II.L.9
– irreführende Werbung II.L.9
– schriftliches Vorverfahren II.L.9 *7b*
– Verwarnung II.L.9 *10*
Werklohnklage, Abrechnung II.C.13 *4*
– Ausschluß von Nachforderungen II.C.13 *6*
– Fälligkeit II.C.13 *1, 4*
– Schlußrechnung II.C.13 *1*
– Schlußzahlung II.C.13 *5, 6*
– VOB II.C.13 *3, 4*
Werkunternehmer, gesamtschuldnerische Haftung II.C.10

Werkvertragsrecht II.C.1 ff.
– Abnahmeklage II.C.8
– Architektenhaftung II.C.11
– Architektenhonorar II.C.4
– Aufwendungen II.C.9
– Baumängel II.C.7, 12, 15
– Bauunternehmer II.C.13
– Beweissicherung bei Baumängeln II.C.15
– Feststellungsklage, wegen Baumängeln II.C.7, wegen Haftungsausgleich II.C.11
– Gemeinschaftseigentum II.C.9
– gesamtschuldnerische Haftung II.C.11, 12
– Haftungsausgleich II.C.11
– Klage auf Werklohn I.D.2
– Klageerwiderung I.E.4
– Kosten und Gebühren II.C.13
– Mängelbeseitigung II.C.1
– Minderungsklage II.C.4
– Nachbesserungspflicht des Architekten II.C.4 *6*
– Schadensersatzklage, gegen Werkunternehmer II.C.6, einer Wohnungseigentümergemeinschaft II.C.10
– Selbstbeseitigungskosten II.C.9
– Vergleich II.C.12
– Vergütungsklage II.C.13
– Vermessungsingenieur II.C.6
– VOB-Vertrag II.C.13
– Vorschußklage II.C.2
– Wandelungsklage II.C.4
– Werkunternehmer II.C.6, 11
– Wohnungseigentümer II.C.5, 9
– Wohnungseigentümergemeinschaft II.C.10
Wertermittlungsanspruch im Erbrecht II.I.7 *5*
Wertpapiere, Pfändung III.B.8 *2*
Werturteil II.D.4 *5*
– im Presserecht II.N.11 *2*
Wesentliche Änderung der Verhältnisse, im Sozialrecht VIII.2 *8*
Wettbewerb, Unterlassung, im Arbeitsrecht IV.C.1
Wettbewerbsrecht, Abmahnung II.L.1
– Abschlußschreiben II.L.4
– Alleinstellungswerbung II.L.9
– Auskunftsanspruch II.L.4 *9*
– Beweisfragen II.L.9 *12, 13*
– Dringlichkeit II.L.3 *13*
– Einigungsstelle II.L.11
– einstweilige Verfügung II.L.3, 10, 13, 14
– Fristen und Rechtsmittel II.L.1, 3, 5, 7
– irreführende Werbung II.L.3
– Kosten und Gebühren II.L.1, 2, 4
– Kostenwiderspruch II.L.7
– RabattG II.L.15
– Schutzschrift II.L.2 *3*
– Sonderveranstaltung II.L.10
– strafbewehrte Unterlassungsverpflichtung II.L.1 *6, 8, 13*
– Streitwert II.L.9 *3*
– Vergleich II.L.12

1663

Sachregister

Fette Zahlen/Buchstaben = Sachgebiete

- Verletzungshandlung II.L.1 6, 3 6, 10 6
- Vertragsstrafeversprechen II.L.1 6, 8, 13
- Werbemaßnahmen II.L.10 10
- Widerspruch gegen einstweilige Verfügung II.L.5, 6, 8
- ZugabeVO II.L.13

Wettbewerbsrechtliche Klage, Alleinstellungswerbung II.L.9 1
- Auskunft II.L.9 6
- Feststellungsantrag II.L.9 7
- Frist II.L.1 10
- Kaufpublikum II.L.9
- Letztverbraucher II.L.9
- Reaktion II.L.1 13
- Schadensersatz II.L.9 7
- Strafandrohungsklausel II.L.9 4
- strafbewehrte Unterlassungsverpflichtungserklärung II.L.1 6, 8
- Streitwert II.L.9 3
- Unterlassungsanspruch II.L.9
- Wettbewerbsverhältnis II.L.9 8
- Zuständigkeit II.L.9 2, 14

Wettbewerbsrechtlicher Vergleich II.L.12
Wettbewerbsregeln, Eintragung nach GWB II.K.20
Wettbewerbsverbot IV.C.1
- nach § 112 HGB II.J.12

Wichtiger Grund, nach § 61 GmbHG II.J.20 3
Widerklage I.E.5
- Anschlußberufung I.O.3
- Berufung I.O.2 8
- Drittwiderklage I.E.5
- Hilfswiderklage I.E.6
- im Wechselprozeß I.Q.4
- gegenüber Werklohnklage I.E.4

Widerruf von arbeitsvertraglichen Regelungen IV.B.10 3
- von kreditgefährdenden Äußerungen II.D.4
- im Presserecht II.N.11, 12, 16, 17
- eines Ruhegeldes IV.C.6

Widerrufsanspruch II.D.4 5
Widerrufsklage nach AGB-Gesetz II.O.4
- im Presserecht II.N.17, 18

Widerrufsvorbehalt bei Prozeßvergleich I.M.1 12
Widerspruch gegen Baugenehmigung V.E.1
- gegen belastenden Verwaltungsakt V.A.4
- gegen einstweilige Verfügung I.R.6, II.L.5, 6, 8
- der Kartellbehörde II.K.1 2
- gegen Mahnbescheid I.B.2
- gegen Scheck-, Urkunden- und Wechsel-Mahnbescheid I.B.6
- gegen Richtigkeit des Grundbuchs II.F.6
- im Sozialgerichtsprozeß VIII.1
- gegen Teilungsplan III.B.30
- gegen Termin zur Abgabe der eidesstattlichen Versicherung III.D.4

Widerspruchsbescheid, im Verwaltungsrecht V.A.4, V.B.2

Widerspruchsklage gegen beteiligte Gläubiger III.B.31
Widerspruchszeichen II.M.22
Widmung im Wegerecht V.A.10
Wiederaufgreifen eines Verfahrens V.A.6
Wiederaufnahme des Verfahrens VIII.18
Wiedereinsetzung, im Arbeitsgerichtsprozeß IV.D.2 10
- im finanzgerichtlichem Vorverfahren VII.1 3
Wiedereinsetzung in den vorigen Stand bei Antrag auf Prozeßkostenhilfe I.F.2 2
- im Berufungsverfahren I.F.2, I.O.1 8
- Ausschlußfrist I.F.1 2
- Berufungsbegründungsfrist I.F.1 2
- Berufungsfrist I.F.2
- Büroversehen I.F.1 1
- Einstellung der Zwangsvollstreckung I.F.1 7
- Fehlerquellen bei Fristversäumung I.F.2 1
- Form I.F.1 2
- Frist I.F.1 2
- Fristeintragung I.F.1 1
- Fristen und Rechtsmittel I.F.1, 2
- bei Fristversäumung I.F.1 1
- Gegenantrag I.F.1 6
- Glaubhaftmachung I.F.1 2, 10
- Grund I.F.1 1
- Kontrolle I.F.1 1
- Nachholung der Prozeßhandlung I.F.1 4
- Notfrist I.F.1 1
- Rechtsmittelfrist I.F.1 1
- Terminsversäumung I.F.1 1
- Unkenntnis der Zustellung I.F.1 1
- Versäumung der Berufungsfrist I.F.2
- Versäumung der Einspruchsfrist I.F.1
- Verschulden des Prozeßbevollmächtigten I.F.1 1
- Verstreichenlassen des Fristendes I.F.1 1
- Vortrag I.F.1 2
- Widerspruchsfrist bei Mahnbescheid I.F.1 1
- im Verfassungsbeschwerdeverfahren VI.1 9
- Wiedereinsetzungsfrist I.F.1 2, I.F.2 2
- Zuständigkeit I.F.1 3

Wiedereinsetzungsantrag nach § 22 Abs. 2 FGG II.G.5
Wiederherstellung der aufschiebenden Wirkung, von Beschwerden nach GWB II.K.29
- im Verwaltungsprozeß V.D.3, 4, 5

Wiederholungsgefahr I.D.6 6
- im Urheberrechtsstreit II.M.23 16
- im Wettbewerbsrecht II.L.1

Willenserklärung, Klage auf Abgabe I.D.8
Wintergeld, Pfändung III.B.10 4
Wirtschaftsprüfervorbehalt II.M.3 11, II.M.23 9, II.M.9 11, II.M.13 19
Wirtschaftsvereinigung, Aufnahmeantrag II.K.19
Witwenrente, Pfändung III.B.10 4
Wohngeldforderung nach WEG II.G.2
Wohnräume, Vollstreckungsauftrag wegen Räumung III.C.2

magere/kursive Zahlen = Nr./§§ der Formulare   **Sachregister**

Wohnungseigentümer, Abberufung des Verwalters II.G.6 *24*
- Abgabebeschluß II.G.2 *2*
- Abhilfeverlangen II.G.4
- Abrechnung II.G.2 *14, 15*
- Abwehrklage II.G.4 *1*
- actio pro socio II.G.4 *1*
- Aktivlegitimation II.G.4 *1*
- Amtsermittlungsprinzip II.G.1 *21*
- Anfechtung eines Beschlusses der Eigentümerversammlung II.G.5
- Angabe des Verwalters im Beschlußanfechtungsverfahren II.G.5 *5*
- Antrag II.G.1 *2*
- Antrag im Beschlußanfechtungsverfahren II.G.5 *9*
- Antragsberechtigung zur Beschlußanfechtung II.G.5 *2*
- Antrag auf Bestellung eines Verwalters II.G.7
- Antrag auf Feststellung des Fehlens eines Verwalters II.G.7
- Antrag auf Herausgabe von Verwalterunterlagen II.G.6
- Antrag auf Rechnungslegung II.G.6
- Antrag auf Ungültigerklärung eines Beschlusses einer Eigentümerversammlung II.G.5
- Antragsbefugnis bei Verwalterstreitigkeiten II.G.6 *2*
- Antragsbegründung II.G.1 *17*
- Antragsgegner II.G.1 *8*
- Antragsgegner im Beschlußanfechtungsverfahren II.G.5 *4*
- Antragsrücknahme II.G.1 *17*
- Aufrechnung II.G.2 *17*
- Außenmauer II.G.1 *19*
- Bauliche Veränderungen II.G.1 *20*
- Begründungserfordernisse bei der Beschlußanfechtung II.G.5 *14*
- Beschwerde nach § 45 WEG II.G.8
- Beseitigungsansprüche II.G.4 *1*
- bestimmter Antrag II.G.1 *12*
- Beweisanträge II.G.1 *21*
- Bruchteilsgemeinschaft II.G.2 *12*
- Einstehen für Dritte II.G.4 *18*
- einstweilige Anordnung II.G.6 *21, 22, 28,* 7 *15*
- Erfüllungsansprüche nach § 10 WEG II.G.4 *2*
- Erfüllungs-Nachbesserungsansprüche II.C.10 *1,* 11 *1*
- erforderliche Aufwendungen II.C.9
- Erstattung der Selbstbeteiligungskosten II.C.9
- Frist für die Beschlußanfechtung II.G.5 *10*
- Gerichtskosten II.G.1 *14*
- Geschäftswert II.G.1 *10,* 4 *11*
- gewillkürte aktive Verfahrensstandschaft II.G.2 *4*
- Instandhaltungsrücklage II.G.5 *16*
- Klage II.C.10

- Klage auf Entziehung des Wohnungseigentums II.G.9
- Klage auf Schadensersatz nach WEG II.G.4
- Klage gegen den abberufenen Verwalter II.G.6
- Kostenantrag II.G.1 *14*
- Kostenentscheidung II.G.2 *10*
- Kostenvorschuß II.G.1 *11*
- Mängel am Gemeinschaftseigentum II.C.9
- Mängelbeseitigungsanspruch II.C.9 *2*
- Mahnverfahren II.G.2 *1*
- Minderungsansprüche II.C.10 *1*
- nachbarrechtliche Verpflichtungen II.G.4 *18*
- Nebenintervention II.G.4 *9*
- Rechtsstellung des Mieters II.G.4 *8*
- Sachverständigenbeweis II.G.4 *19*
- Säumnis II.G.1 *17*
- Schadensersatzansprüche II.C.10 *3*
- Sondernutzungsrechte II.G.1 *23*
- Stellung des Verwalters II.G.6
- Streitverkündung II.G.4 *9*
- Teileigentum II.G.1 *18*
- Terminantrag II.G.1 *16*
- auf Unterlassung gegen einen anderen Wohnungseigentümer II.G.4
- Vereinbarungen II.G.1 *22*
- Verfahrensbeteiligung II.G.1 *3, 4,* 4 *8, 9*
- Verfahrensvollmacht II.G.6
- Verwalterpflichten II.G.6 *9, 10, 13, 18*
- Vollstreckbarkeit II.G.1 *15*
- weitere Beschwerde II.G.8
- Wiedereinsetzungsantrag II.G.5
- Wirtschaftsplan II.G.6 *15*
- Wohngeldforderung II.G.2
- Wohngeldkonten II.G.6 *14*
- Wohnlasten II.G.2 *13*
- Wohnungseigentümergemeinschaft, Aktivlegitimation II.G.1 *3*
- Antrag gegen einen Wohnungseigentümer auf Erfüllung seiner Pflichten II.G.1
- Verwalter II.G.1 *5, 6*
- Zahlungsaufforderung II.G.2 *18*
- Zinsanspruch II.G.2 *9*
- Zurückbehaltungsrecht II.G.2 *17*
- Zuständigkeiten II.G.4 *2, 3, 4*
- Zustellung an Verwalter II.G.5 *7*
- Zwangsvollstreckung II.G.4 *12*

Wohnungseigentümerversammlung, Angabe der Tagesordnung II.G.5 *24*
- Anfechtung von Beschlüssen II.G.4
- Beschlußfähigkeit II.G.5 *19*
- Einstimmigkeit II.G.5 *25*
- Entziehung des Wohnungseigentums II.G.9 *16*
- Eventualeinladung II.G.5 *18*
- Feststellung der Stimmenmehrheit II.G.5 *20, 23*
- Ladung II.G.5 *18*
- Verwalterbestellung II.G.7 *18*
- Willensbildung II.G.5 *15*
- Zustimmungserfordernisse II.G.5 *26*

Sachregister

Fette Zahlen/Buchstaben = Sachgebiete

Wohnungseigentum, Eintragung einer Zwangshypothek III.B.32
– Klage auf Entziehung II.G.9
– Zwangsversteigerungsantrag III.B.33
Wortzeichen II.M.22

Zahlungsbedingungen und GWB II.K.9
Zahlungsklage im Arbeitsrecht IV.A.1
Zahlungsklage nach § 32a KO II.J.15
Zahlungsklage im Zivilprozeß I.D.1
– mit unbezifferten Antrag I.D.4
Zahlungsunfähigkeit im Konkurs III.F.18 *5*, 21 *11*
Zeitarbeitsvertrag V.B.10
Zeitakkord IV.A.7 *2*
Zeithonorar I.A.3 *4*
Zeitliche Begrenzung von Unterhaltsansprüchen II.H.12 *6*, 13 *7*
Zentralruf der Autoversicherer II.D.9 *2*
Zeugen, Anschrift I.H.1 *3, 5*
– Beifahrer I.H.1 *8*
– Beweisantritt I.H.1 *2,3*
– Dolmetscher I.H.1 *9*
– Nichterscheinen I.H.2
– Ordnungsgeld I.H.2
– Pflichten I.H.1 *6*
– schriftliche Aussage I.H.1 *11*
– Stellung I.H.1 *1*
– Vorbereitung der Aussage I.H.1 *6*
– Vorschuß I.H.1
– Zeugnisverweigerung I.H.1 *10*
Zeugenbeweis I.H.1
– Verwertung von Aussagen aus dem Strafverfahren I.L.1 *1*
Zeugenentschädigung I.H.1
Zeugenvernehmung I.H.1
– Nichterscheinen des Zeugen I.H.2
– im Wege der Rechtshilfe durch ein auswärtiges Gericht I.C.4
Zeugnis, arbeitsrechtliches IV.B.15
Zeugnisverweigerungsrecht I.H.3, I.H.1 *10*
Zinsanspruch unter Kaufleuten I.D.2 *5*
– im Schadensersatzrecht II.D.1 *3*
– bei Zahlungsklagen I.D.1 *22*
Zinsen auf gestundete Einkommensteuer VII.1 *10*
– im Konkurs III.F.24 *12*
– bei Schadensersatzansprüchen im Erschließungsbeitragsrecht V.A.12
– im Scheckprozeß I.Q.5 *4*
– im Sozialleistungsrecht VIII.6 *5*, 7 *1*
Zinsen im Markenprozeß, Auflaufzinsen II.M.21 *3*
– Fälligkeitszinsen II.M.21 *3*
– Rechtshängigkeitszinsen II.M.21 *3*
– Verzugszinsen II.M.21 *3*
– Zinshöhe II.M.21 *3*
– Zinslauf II.M.21 *3*

Zinshöhe bei Markenzeichenverletzung II.M.21 *3*
Zinspflicht, bei Klage gegen GmbH-Gründer II.J.13 *4*
– bei Klage nach § 110 HGB II.J.11 *4*
Zivilurteil, Verfassungsbeschwerde VI.1
Zubehör, Aufhebung der Beschlagnahme III.B.37
Zugabeverordnung II.L.13
Zugewinnausgleich II.H.15
– Fristen und Rechtsmittel II.H.15
– Pfändung III.B.14 *6*
Zukunftsschaden II.D.8
Zulassungsrevision im Verwaltungsprozeß V.C.5–8
Zulassungsverfahren, Streitwert V.D.6 *2*
Zumutbare Weiterbeschäftigung IV.B.6 *1, 9 2*
Zurückbehaltung der Handakten I.A.5 *2*
Zurückbehaltungsrechte im Konkurs III.F.25 *1*
Zurücknahme der Klage I.M.2, 3
– Kostenantrag I.M.3
– Zustimmung des Beklagten I.M.3
Zurückstellung vom Wehrdienst V.B.7
Zurückweisung des Antrags auf Versäumnisurteil I.G.4
– von Vorbringen im Nachverfahren I.Q.7, 8
– von verspätetem Vorbringen I.E.4 *1*, I.F.9 *1*
Zusagen im Verwaltungsrecht V.C.4
Zusammenfassung in der Patentschrift II.M.1 *4*
Zusammenschluß, nach § 23 GWB II.K.21
– nach § 24 Abs. 3 GWB II.K.23
Zusammenschlußvorhaben nach § 24a GWB II.K.22
Zuschläge zum Regelunterhalt II.H.3
– im Unterhaltsrecht II.H.12
Zuschlagsbeschluß, Beschwerde III.B.39
– als Vollstreckungstitel II.B.16 *3*
Zuständigkeit bei Auskunftsklagen II.E.1 *2*
– Bestimmung des zuständigen Gerichts I.I.5
– in Gebrauchsmustersachen II.M.9 *1*
– in Geschmacksmustersachen II.M.14 *1*
– in Kartellsachen II.K.33, 35, 36
– im Konkursverfahren III.F.18 *2*, 23 *2*, 26 *2*
– in Patentsachen II.M.3 *1, 4 3, 6 1*
– sachliche, bei Klage auf Schadensersatz aus unerlaubter Handlung II.D.1 *2*
– im Sozialgerichtsprozeß VIII.24 *2*
– für Streitigkeiten aus AGB-Gesetz II.O.3 *2*
– bei Urheberrechtsverletzungen II.M.23 *2*
– Verweisung I.I.1, 2, 3
– in Warenzeichensachen II.M.18 *2*
– nach WEG II.G.4 *2, 3, 4*
– bei Widerrufsklage wegen kreditgefährdender Äußerungen II.D.4 *3*
Zustandsstörer V.A.5
Zustellung I.F.1 ff.
– im Ausland I.F.5, I.T.2
– der Ladung I.F.4
– öffentliche, I.B.1 *1*, I.F.4

magere/kursive Zahlen = Nr./§§ der Formulare

Sachregister

– des Urteils im Zivilprozeß I.N.5, III.A.6 *4*
– Hinausschieben der Urteilszustellung I.N.5
– des Versäumnisurteils I.G.1
– an Verwalter nach WEG II.G.5 *7*

Zustellungsauftrag III.A.6

Zustimmung, zur Anmeldung von Vergleichsforderungen III.F.14
– zur Eintragung ins Grundbuch II.F.4
– des Gesellschafters zur Klage II.J.4 *4*
– zur Klagerücknahme I.M.3
– zur Kündigung einer Schwangeren V.B.2
– zur Löschung im Grundbuch II.F.4
– zur Mieterhöhung II.B.2
– zum Realsplitting II.H.14

Zuziehung des Anwalts im verwaltungsgerichtlichen Vorverfahren V.A.5

Zwangsgeld nach § 888 ZPO III.C.4 *2*
– bei Auskunftsansprüchen für Versorgungsausgleich II.H.22

Zwangshaft nach § 888 ZPO III.C.4 *3*

Zwangshypothek, bei Erbbaurecht, Grundstück, Heimstätte, Wohnungseigentum III.B.32

Zwangsmittel, Festsetzung III.C.4

Zwangsvergleich III.F.29

Zwangsversteigerung, Einstellung III.B.35

Zwangsversteigerungsantrag für Grundstück, Erbbaurecht, Heimstätte, Wohnungseigentum III.B.33

Zwangsversteigerungsbeitritt III.B.34

Zwangsverwaltung, Antrag III.B.41

Zwangsvollstreckung, in bewegliche Sachen III.B.1 ff.
– einstweilige Einstellung III.A.12, 17, 18
– einstweilige Einstellung nach Versäumnisurteil I.G.5
– einstweilige Einstellung nach Vollstreckungsbescheid I.B.4
– bei Firmenübernehmer III.A.4 *5*
– in Geldforderungen III.B.6 ff.
– bei gesetzlichem Forderungsübergang III.A.4 *5*
– bei Kanzleiabwickler III.A.4 *5*
– Klage III.A.5
– bei Pfändungspfandgläubiger III.A.4 *5*
– und Pfleger III.A.4 *5*
– im Presserecht II.N.9
– und Sequester III.A.4 *5*
– und Testamentsvollstrecker III.A.4 *5*
– nach Vollstreckungsbescheid I.B.4
– nach Vorbehaltsurteil I.Q.7
– nach WEG II.G.4 *12*
– im Wiedereinsetzungsverfahren I.F.1 *7*
– und Zwangsverwalter III.A.4 *5*

Zweimanngesellschaft II.J.17 *1*

Zweites Versäumnisurteil I.G.6
– I.O.1 *1*

Zweitgutachten I.H.6

Zwischenentscheidung, Verfassungsbeschwerde VI.8

Zwischenfeststellungsklage des Vermieters II.B.1

Zwischenmietverhältnis II.B.6

Klaus Bitter